Der Widerstand gegen den Nationalsozialismus

Publikationen der
Historischen Kommission zu Berlin

Der Widerstand gegen den Nationalsozialismus

Die deutsche Gesellschaft und der Widerstand gegen Hitler

Herausgegeben von
Jürgen Schmädeke und Peter Steinbach

mit einem Vorwort von
Wolfgang Treue

im Auftrage der
Historischen Kommission zu Berlin
in Zusammenarbeit mit der
Gedenkstätte Deutscher Widerstand

Piper
München · Zürich

Die Internationale Konferenz zum 40. Jahrestag des 20. Juli 1944, „Die deutsche Gesellschaft und der Widerstand gegen Hitler — Eine Bilanz nach 40 Jahren", die vom 2. bis 6. Juli 1984 in Berlin stattfand, wurde mit finanzieller Unterstützung der Stiftung Deutsche Klassenlotterie Berlin durchgeführt, die auch eine Druckbeihilfe für diesen die Konferenz-Beiträge enthaltenden Band gab.

Die Publikationen der Historischen Kommission zu Berlin erscheinen mit Unterstützung des Senators für Wissenschaft und Forschung, Berlin.

Lektorat der Schriftenreihe: Christian Schädlich

ISBN 3-492-02988-4

Gesetzt aus der Garamond · Umschlag: Federico Luci
Satz und Umbruch: Historische Kommission zu Berlin
Druck: Clausen & Bosse, Leck
Printed in Germany

Geleitwort
des Regierenden Bürgermeisters von Berlin

Es bedeutet mir viel und ist mir wichtig, diesem Band über die Internationale wissenschaftliche Konferenz zum 40. Jahrestag des 20. Juli 1944 einige Gedanken voranschicken zu können. Ich freue mich sehr darüber, daß es der Historischen Kommission zu Berlin erneut gelungen ist, einen bedeutenden Kongreß zu einem Schlüsseldatum für die Identität und für das Selbstverständnis unserer Republik vorzubereiten. Dafür sage ich ihr und allen, die außerhalb der Historischen Kommission dabei mitgeholfen haben, meinen herzlichen Dank.

Ich denke dabei zurück an die Internationale wissenschaftliche Konferenz im Januar 1983, 50 Jahre, nachdem Adolf Hitler an die Macht gekommen war. Dasselbe Berlin, in dem 1933 die deutsche Diktatur ihre „Machtergreifung" feierte, war elf Jahre später, am 20. Juli 1944, der Ort, an dem sich das „andere Deutschland" erhob.

Männer wie Stauffenberg, Beck, Julius Leber und andere scheiterten zwar im Augenblick der Tat — aber sie waren es, die geistige und moralische Fundamente für das demokratische Gebäude Bundesrepublik Deutschland legten.

Für mich als Jüngeren sind der 20. Juli 1944 wie auch der 17. Juni 1953 darüber hinaus Brücken über dunkle Kapitel deutscher Geschichte hinweg etwa zur Frankfurter Paulskirche oder auch zum Hambacher Fest. Heute, in gesicherter Entfernung von all dem, bleiben die Fragen und gewinnen die Antworten allmählich an Kontur. Wir in Berlin wollen, gerade weil die Geschichte dieser Stadt durch den Nationalsozialismus und den Widerstand so unauslöschlich geprägt ist, von diesem Ort aus dazu beitragen, den Umgang mit dieser Geschichte und das Verständnis von ihr zu prägen. Die Tagung über den deutschen Widerstand ist dazu ein wichtiger und notwendiger Beitrag.

„Die deutsche Gesellschaft und der Widerstand gegen Hitler" — wer den Titel der Konferenz so gewählt hat, der mußte auch daran interessiert sein zu erfahren, wie sich die Forschung und die Diskussion zu diesem Thema in den beiden deutschen Staaten entwickeln.

Wir selbst erinnern uns inzwischen mit Respekt über den sogenannten „konservativen Widerstand" hinaus auch der anderen Beteiligten und ihrer Beiträge zum Widerstand. Wir begrüßen, daß sich in der DDR Interesse und Blickrichtung im Zusammenhang mit dem Widerstand gegen den Nationalsozialismus ebenfalls erweitert haben. Wir sehen auch hierin eine Entwicklung, die dem anspruchsvollen Begriff der „Verantwortungsgemeinschaft der Deutschen" entgegenkommt. Aber gerade deswegen finde ich es außerordentlich schade und bedauere es sehr, daß sich die Teilnahme von Historikern aus der DDR nicht realisieren ließ.

Ich bin Politiker, die meisten, die hier zusammenkamen, dürften Historiker sein. Neben vielen anderen Berührungspunkten zwischen uns gibt es einen besonders wichtigen: die politische Bildung.

Der Senat von Berlin hat im Vorfeld dieser Konferenz das Institut für Demoskopie Allensbach gebeten, Kenntnis und Urteil der Bevölkerung der Bundesrepublik, einschließlich Berlin (West), wenige Monate vor dem 40. Jahrestag des 20. Juli 1944 zu erfragen. Immerhin 58 Prozent der Bevölkerung konnten vollständig oder ungefähr richtig angeben, was am 20. Juli 1944, vor 40 Jahren, geschah. Ich finde, das ist, verglichen mit dem sonstigen historischen Kenntnisstand unserer Bevölkerung, ein eher befriedigendes Ergebnis. Sorgen macht mir aber: In der Altersgruppe der 16- bis 29jährigen machten nur 33 Prozent richtige Angaben; 1970 waren es noch 49 Prozent.

Ich will jetzt gar nicht nach den Ursachen dafür suchen und sie auch nicht in Verbindung setzen etwa zu dem Mißbrauch des Begriffes Widerstand, den wir in der schwierigen Friedensfrage zum Beispiel immer wieder erleben. Worauf es mir hier nur ankommt, ist dies: Hier erwartet uns alle, Politiker wie Historiker, Pädagogen wie Journalisten, eine zentrale Aufgabe, deren Vernachlässigung wichtige Folgen haben könnte. Die Historiker haben sich in ihrem Tätigkeitsfeld dieser Aufgabe zu stellen, auf ihre Weise. Wir tun es auch, insbesondere in unseren Schulen.

Einen wichtigen Beitrag soll aber auch die „Gedenkstätte Deutscher Widerstand" leisten, die hier in Berlin im Bendler-Block entsteht. Sie ist der Gesamtheit des deutschen Widerstands in der Vielfalt seiner Richtungen und Persönlichkeiten gewidmet und soll zum Mittelpunkt der Auseinandersetzung mit dem Widerstand werden. Sie wird — wie die Tatsache dieser wissenschaftlichen Konferenz — deutlich machen, daß Berlin der zentrale Ort der deutschen Geschichte war und ist.

Berlin-Schöneberg, im Mai 1985

Eberhard Diepgen

Dem Andenken
an

Friedrich Zipfel
(1920—1978)

Walter Lipgens
(1925—1984)

Klaus Scholder
(1930—1985)

Inhalt

Dritter Teil

Kirchen und Konfessionen zwischen Kooperation und Teilwiderstand

Vierter Teil

Konservative zwischen Anpassung und Opposition

Fünfter Teil

Gesellschaftliche und politische Zielvorstellungen des Widerstands

Sechster Teil

Auslandsbeziehungen des Widerstands

Siebenter Teil

Widerstand als Volksbewegung?

„Es ist keine Schande, Hitler unterlegen gewesen zu sein. Eine Schande ist es nur, dieses Versagen nachträglich nicht zu erkennen, seine Gründe nicht wissen zu wollen.“

Dies sagte Carl Friedrich von Weizsäcker in Berlin am 30. Jahrestag des Anschlags vom 20. Juli 1944 auf Hitler.

Zum 40. Jahrestag, im Juli 1984, stellte sich in Berlin eine internationale Konferenz von Historikern erneut der Aufgabe, den Gründen des Widerstands nachzugehen, neue Fragen zu stellen und zu prüfen, aber auch die Substanz des Widerstands zu sichern.

Der Tagungsband verzeichnet Kontroversen, Positionen und Ergebnisse der Diskussionen, vor allem aber der neueren Forschung zur Geschichte des Widerstands in seiner Vielfalt und Breite. Er wird drei früh verstorbenen Wissenschaftlern gewidmet, denen die moderne zeitgeschichtliche Erforschung des Widerstands entscheidende Impulse verdankt.

Friedrich Zipfel gab der Widerstandsforschung in Berlin früh eine Heimstatt. Er konzipierte maßgeblich die erste ständige Ausstellung in der Gedenk- und Bildungsstätte Stauffenbergstraße, wo in den nächsten Jahren ein nationales Zentrum der Beschäftigung mit der Geschichte des Kampfes gegen Hitler und sein Regime entstehen wird.

Walter Lipgens eröffnete der Widerstandsgeschichte eine europäische Perspektive und löste so das Vermächtnis vieler Widerstandskämpfer ein, die den Nationalstaat überwinden wollten. Lipgens nahm an dem Vorbereitungscolloquium zur Konferenz teil.

Klaus Scholder, der noch an der Konferenz teilnehmen konnte, stellte unbeirrt bequeme Selbstrechtfertigungen in Frage und verhalf uns auf diese Weise dazu, Widerstand vor dem Hintergrund von Anpassung und Versagen zu sehen.

Berlin/Passau, im Mai 1985 Die Herausgeber

Jürgen Schmädeke Peter Steinbach

Vorwort

Dieser Band ist das Ergebnis einer internationalen Konferenz, mit der die Historische Kommission zu Berlin einen weiteren Beitrag zu der großen Bestandsaufnahme des Forschungsstandes zum sogenannten Dritten Reich, zum NS-Regime leisten will — diesmal in guter Zusammenarbeit mit der Gedenkstätte Deutscher Widerstand.

Als 1981 und 1982 die große internationale Konferenz vorbereitet wurde, die der Erinnerung an Deutschlands Weg in die Diktatur, der nationalsozialistischen Machtübernahme gelten sollte, war den Veranstaltern voll bewußt, daß es ein verzerrtes, ein einseitiges Bild geben würde, wenn nicht auch die Kräfte mit einbezogen würden, die unter Gefährdung, dann unter Aufopferung ihres Lebens versuchten, Deutschland vor dem Sturz in die Vernichtung und in den moralischen Abgrund zu bewahren. Das durfte aber nicht am Rande, in einer von vielen Sektionen, geschehen. Und so wurde nun der 20. Juli 1944 zum Anlaß, des Widerstandes zu gedenken, aber nicht in der Begrenzung auf dieses Ereignis und die daran Beteiligten. Die Forschung muß weit ausholen. Sie muß den Widerstand in allen seinen Ansätzen, in allen seinen Begründungen zu erfassen suchen.

Es war zu erwarten, daß diese Zeit, in der sich viele Ereignisse zum 50. Male, andere erst zum 40. Male jähren, der Forschung starke Impulse geben würde. Das ist in der Tat geschehen, und es hat sich dabei erwiesen, daß zur Ausweitung der Forschung auch neue methodologische und interpretatorische Ansätze beigetragen haben. Mit ihrer Hilfe konnte neues Material erschlossen, konnten neue Fragestellungen in Angriff genommen werden. So ist zu hoffen, daß die Veranstaltung über die Bestandsaufnahme und über den Austausch von Forschungsergebnissen hinaus zu neuen und weiterführenden Fragestellungen beitragen konnte, also zu künftigen Forschungsaufgaben.

Es entspricht der Logik unseres Ansatzes, daß zu den Teilnehmern der Konferenz großenteils jüngere Wissenschaftler gehörten, die nicht Zeitgenossen des damaligen Geschehens waren. Sie haben in vielen schon veröffentlichten Arbeiten wichtige Beiträge geliefert. Sie haben der Forschung neue Perspektiven eröffnet — schon vor der Konferenz ließen die eingereichten und an die Teilnehmer versandten Texte ahnen, wie lebhaft die Diskussionen sein würden, die sich in der Tat daran anschlossen. Schließlich machen sie auch klar — und diese Bemerkung kann gewiß keine Kritik sein —, daß der zeitliche Abstand und damit die persönliche Distanz erhebliche Auswirkungen auf die Forschung ausüben.

Zwei Feststellungen mögen das verdeutlichen: Wer — wie der Schreiber dieser Zeilen — im Januar 1933 zwar erst 17 Jahre alt, aber doch bereits politisch einigermaßen wach war, konnte das Ende der Weimarer Republik und den Beginn der nationalsozialistischen Herrschaft in ihren Abläufen bewußt miterleben. Viele dieser jungen Menschen reagierten darauf mit wachsender Kritik; aber auch ihnen war gewiß nicht vorstellbar, welche grauenhaften Entwicklungen diesen Anfängen folgen würden. Eben deshalb haben wir vielfach in einer Weise gehandelt, die wir damals nicht als Widerstand bezeichnet hätten. Die kleinen Hilfen und Freundlichkeiten für die von den Nürnberger Gesetzen Betroffenen waren für uns nichts anderes als der Ausdruck der Mitmenschlichkeit und des Mitgefühls. Und wenn wir als Protestanten an der großen Berliner Fronleichnams-Prozession auf dem Platz vor der Hedwigskirche teilnahmen, dann empfanden wir uns mit unseren katholischen Kommilitonen gemeinsam wiederum als Protestanten — nun in einem anderen, in einem politischen Sinne. Aber als Widerstand im eigentlichen Wortsinn verstanden wir das wohl alle nicht. Gewiß registrierten wir dann mit zunehmender Bewußtheit die wachsende Denunziationsgefahr und erkannten, daß die steigende Rechtsunsicherheit und die Verschärfung der Strafmaße insbesondere seit Kriegsbeginn auch für diese Form des Widerwillens Risiken mit sich brachten, die unberechenbar wurden.

Ich erwähne diese Einzelheiten nicht um ihrer selbst willen, sondern um deutlich zu machen, daß wir uns damals um eine Definition dessen, was wir taten, keine Gedanken machten. Die Frage, wo die Grenze zwischen Unbehagen an der Zeit und wirklichem Protest, zwischen Resistenz und Widerstand lag, konnte sich für uns nicht stellen.

Aber auch auf die andere Frage hätten wir keine Antwort geben können: Was wir uns denn nun eigentlich anstelle des NS-Regimes wünschten, wie der Staat ohne NSDAP also beschaffen sein sollte. Die meisten von uns kamen aus einer Jugendbewegung, die den Stolz pflegte, unpolitisch zu sein, und die zur Verachtung der Politik und des politischen Denkens erzogen hatte. Und die letzten Jahre der Weimarer Republik konnten den jungen Menschen keine Idealvorstellung vermitteln, die man sich an der Stelle der Gewaltherrschaft hätte wünschen können. Ein anderer Staat — ja. Also Freiheit, persönliche Freiheit, kulturelle Freiheit, Rechtssicherheit, Respekt vor der Würde des Menschen und vieles andere mehr. Aber in welcher Form der Staatlichkeit, die zugleich Schutz vor dem Rückfall in die letzte Phase der Weimarer Republik geboten hätte, das geschehen sollte, dazu konnten wir nur schweigen. Die Alternative Unrechtsstaat oder demokratisch legitimierter Staat war für große, für sehr große Gruppen von Bürgern nicht gegeben — durchaus nicht nur für junge Menschen.

Erst sehr viel später, im Juni 1944 bei einem Zusammentreffen mit Jens Jessen, einem meiner Lehrer von der Berliner Universität, begann ich zu ahnen, welche Belastung es für die war, die den Entschluß zum Widerstand mit dem bewußten Risiko ihres Lebens faßten, daß die gesinnungsethische Begründung des Widerstands nicht mit einem überzeugenden politischen und praktischen Lösungsvorschlag verbunden war. Und noch eines spürte ich in diesem Gespräch: die Einsamkeit, in der diese Menschen letztlich standen. Die Einsamkeit, die ihnen die ungeheure Gefahr aufzwang, und jene andere Einsamkeit, die sich in so vielen Fällen aus dem Fehlen der konstruktiven Idee ergab. In einem der Referate, die für diese Veranstaltung erarbeitet worden sind, stehen die folgenden Sätze:

„Sie hätten einfach mitmachen können, in der Hoffnung, ‚Schlimmeres zu verhüten'; sie hätten sich ‚in innere Emigration' zurückziehen können, oder sie hätten auswandern können in der Erwartung, vom Ausland aus auf das Vaterland einwirken zu können. Jeder von denen, derer wir hier dieser Tage gedenken, wählte seinen Weg: einen unbetretenen Weg, einen einsamen, abgründigen Weg, der mit beinahe mathematischer Sicherheit in den Opfertod führte." (Klemens von Klemperer, S. 1097f.)

Ich sprach die zeitliche und persönliche Distanz an, die neue Fragestellungen, klare Definitionen und nüchterne Antworten erlaubt. Aber eben der Zeitverlauf hat auch — und das wird vielfach in den Beiträgen sichtbar — zur Veränderung von Begriffsinhalten, ja zu Begriffsentleerungen geführt, die, wie ich meine, die Gefahr von Mißverständnissen und Fehldeutungen entstehen lassen.

Werden wir und werden im besonderen junge Menschen heute nicht verlegen, wenn von nationaler Ehre gesprochen oder wenn das Wort „Patriotismus" gebraucht wird? Welches Gewicht haben Wörter wie Vaterland oder moralische Verpflichtung? Für die Menschen, die sich damals gegen ein verbrecherisches Regime empörten, hatten diese Begriffe noch ihren vollen Wert, einen verpflichtenden Inhalt — verpflichtend bis hin zur Opferung ihres Lebens. Die wahre Bedeutung dessen, was damals geschah, kann nur ermessen werden, wenn wir uns der Auswirkungen dieser sprachlichen und begrifflichen Verflachung bewußt bleiben.

Für uns liegt über die Forschung und die wissenschaftliche Erkenntnis hinaus in dem Opfer die Verpflichtung zur Toleranz, zur Liberalität, zum Eintreten für die Freiheit, die auch in unserer Zeit auf so mannigfache Weise — und nicht immer durch bösen Willen — bedroht ist.

*

Für die vorliegende Buchfassung der Konferenzbeiträge haben die veranstaltenden Institutionen je einen Herausgeber benannt: Dr. Jürgen Schmädeke (Historische Kommission zu Berlin), der auch das gemeinsame Konferenzbüro leitete, und Prof. Dr. Peter Steinbach (Passau), der für die Koordination der wissenschaftlichen Leitung bei der Neugestaltung der Gedenkstätte Deutscher Widerstand in Berlin zuständig ist. Sie beide zeichnen gemeinsam für die Gestaltung des vorliegenden Bandes verantwortlich.

Die Konferenz — und damit dieses Buch — wäre aber auch in dieser Form nicht zustande gekommen ohne die intensive Beratung durch den wissenschaftlichen Vorbereitungskreis, dem — neben dem Unterzeichneten als Vorsitzendem der Historischen Kommission zu Berlin, Wolfgang Göbel als Leiter der Gedenk- und Bildungsstätte Stauffenbergstraße und den Herausgebern — die Professoren Dr. Peter Lösche (Göttingen), Dr. Hans Mommsen (Bochum), Dr. Klaus-Jürgen Müller (Hamburg), Dr. Ger van Roon (Amsterdam) und Dr. Wolfgang Wippermann (Berlin) angehörten. Ihnen gilt der besondere Dank der Veranstalter, nicht minder jedoch dem Regierenden Bürgermeister von Berlin, Eberhard Diepgen, der die Teilnehmer auf einem Eröffnungsempfang im Rathaus Schöneberg begrüßte. Zu danken haben die Veranstalter aber auch weiteren Institutionen und Personen: der Stiftung Deutsche Klassenlotterie Berlin für die Mitfinanzierung der Konferenz; der Stiftung Preußischer Kulturbesitz für die unentgeltliche Bereitstellung des Otto-Braun-Saales zu vier öffentlichen Veranstaltungen; dem Hotel Palace für die Überlassung der Konferenz-Räumlichkeiten im Europa-Center; und schließlich und ganz gewiß nicht zuletzt allen beteiligten Mitarbeitern der Historischen Kommission zu Berlin und der Gedenk- und Bildungsstätte Stauffenbergstraße sowie der Senatskanzlei — und den Verlegern Klaus und Ernst R. Piper, deren persönliches Engagement dazu beitrug, die Ergebnisse dieser Konferenz in solchem Umfang der Öffentlichkeit vorzulegen.

Berlin-Nikolassee, im Mai 1985

Im Namen der veranstaltenden Institutionen

Dr. Dr. h. c. Wolfgang Treue

Vorsitzender der Historischen Kommission zu Berlin

Einleitung

Die deutsche Gesellschaft und der Widerstand gegen Hitler Zu einer Bilanz nach vierzig Jahren

I

Am 20. Juli 1944 setzte der Anschlag auf Hitler nicht nur vor aller Welt ein Zeichen des „andern Deutschland". An diesem Tag zerschlugen sich auch nahezu alle Hoffnungen der Gegner des NS-Regimes, Deutschland aus eigener Kraft von Hitlers Herrschaft befreien zu können. Das Attentat, welches der Chef des Stabes beim Befehlshaber des Ersatzheeres, Oberst i.G. Claus Graf Schenk von Stauffenberg, lange geplant und nach mehreren verschobenen Versuchen gemeinsam mit seinem Adjutanten Oberleutnant Werner von Haeften ausgeführt hatte, war keine isolierte Aktion von Militärs, die durch einen Putsch Hitler beseitigen und Angehörige der Wehrmacht an dessen Stelle setzen wollten. Die Tat des 20. Juli 1944 stellte vielmehr einen letzten Versuch dar, im Interesse aller Gegner des Nationalsozialismus und seines Regimes den verhaßten Diktator zu töten und auf diese Weise die Gewaltherrschaft zu brechen.

Die Tat Stauffenbergs gilt bis heute als Symbol des Gesamtwiderstands von Anhängern der Arbeiterbewegung, von Christen, Bürgerlichen ganz unterschiedlicher Tradition, von Demokraten, Liberalen, Konservativen und Adligen. Wie für viele Symbole typisch, drohte in den Jahren nach 1945 die exemplarische Würdigung dieser Tat alle anderen Bemühungen, gegen Hitler zu kämpfen und den Versuch einer politischen und moralischen Selbstbehauptung zu wagen, in den Hintergrund zu drängen.

Wenn sich im 40. Jahr nach dem Anschlag Historiker auf Einladung der Historischen Kommission zu Berlin und der neu konzipierten Gedenkstätte Deutscher Widerstand des Senats von Berlin versammelten, sollte dies dem Versuch dienen, die seit einigen Jahren intensiver betriebene Erforschung des Widerstands in seiner politischen Vielfalt und sozialen Breite zu bilanzieren. Von vornherein kam es den Initiatoren und Koordinatoren der Tagung darauf an, das Attentat Stauffenbergs in die Gesamtgeschichte des Widerstands einzufügen. Dies bedeutete, das Verhältnis ganz unterschiedlicher Traditionen und gesellschaftlicher Gruppen zum NS-Regime als Ausgangspunkt zu nehmen.

Die Geschichte des Dritten Reiches läßt sich nämlich ebensowenig als Geschichte des Widerstands schreiben wie als eine Geschichte ungebrochener Folgebereitschaft und Verstrickung in Verbrechen, die immer mit der deutschen Geschichte verbunden bleiben werden. Der Grundzug einer Geschichte der deutschen Gesellschaft in der NS-Zeit bleibt die breite Anpassung aus Furcht und Bequemlichkeit, aus Passivität und Karrieredenken, nicht zuletzt aus partieller innerer Übereinstimmung mit außen-, innen- oder gar rassenpolitischen Zielen der Nationalsozialisten. Erst vor dem Hintergrund dieser breiten Anpassung an das NS-Regime wird Widerstand in seinen zahlreichen Schattierungen — von der Resistenz bis zur aktiven Konspiration — zur Besonderheit, zum Zeichen eines Muts aus politischer Gegnerschaft, aus Mitmenschlichkeit oder aus politischem Anstand, der zunehmend lebensgefährlich wurde.

Die Geschichte des Widerstands ist keine Heldengeschichte, sondern zunächst die Geschichte der Blindheit, der partiellen Resistenz in Bereichen, welche das Regime als vergleichsweise randseitig einschätzte und die dennoch im Laufe der Folgejahre für die Markierung von Startbedingungen eines zunehmend rigoroser argumentierenden und schließlich handelnden Widerstands bedeutsam wurden. Entscheidend bleibt neben einer vielfältigen und ganz unterschiedliche Konsequenzen zeitigenden inneren Gleichschaltung, die Karl Dietrich Bracher als „Selbstgleichschaltung" der deutschen Gesellschaft gedeutet hat, daß es nach 1933 immer Gegner des Nationalsozialismus gab und daß sich trotz einer unerwartet erfolgreichen nationalsozialistischen Außenpolitik der Kern entschlossener Gegner sogar verbreitern konnte. Dennoch blieb der Widerstand ohne Massenbasis, ein Widerstand „ohne Volk".

Diese Tatsache ist nicht allein durch die partielle Übereinstimmung großer Bevölkerungsteile mit Zielen nationalsozialistischer Politik zu erklären. Sie ist auch Ergebnis eines sich rasch entfaltenden Terrors. Bereits unmittelbar nach ihrer Machtergreifung zerschlugen die Nationalsozialisten überdies nahezu alle Organisationen ihrer Gegner und damit mögliche Kristallisationskerne eines Widerstands. Jede Kritik wurde als Angriff auf den Staat und seine Institutionen bestimmt, und auf diese Weise wurde eine Definitionsmacht über oppositionelle Regungen und Strömungen etabliert. Als schließlich Kommunisten und Sozialdemokraten als Marxisten diffamiert und faktisch für vogelfrei erklärt wurden, trat an die Stelle des aktiven Kampfes gegen das System die Selbstbehauptung, das physische Überleben. Kommunisten, Sozialdemokraten, Gewerkschafter und Pazifisten zählten zu den Opfern der ersten, die Anhänger des Zentrums und der liberalen Parteien zu den Unterdrückten der zweiten Stunde. In Konzentrationslagern und Gefängnissen zerbrachen die Nationalsozialisten mit Terror und Unrecht manchen Willen ihrer „geborenen" Gegner zum Durchhalten und zum Widerstand. Weil die Nachbarstaaten des Deutschen Reiches nach Jahren außenpolitischer Stagnation Hitlers Revisionszielen entgegenkamen und sogar sicherheits- und rüstungspolitisch einen *modus vivendi* mit dem NS-Regime anstrebten, war auch die ins Exil geflohene Opposition vor allem aus dem Umkreis der Sozialdemokratie machtlos und überdies in sich zerstritten.

Die Evangelische Kirche stellte sich in ihrem „bekenntnistreuen" Flügel den „Deutschen Christen" seit 1934 zum Bekenntnis- und Kirchenkampf, ohne allerdings ungeschwächt und unkompromittiert die Auseinandersetzungen zu überstehen. Denn nur wenige evangelische Geistliche erkannten die über die innerkonfessionellen Streitigkeiten hinausgehende Bedeutung der rassenpolitischen Judenfrage und widersetzten sich, wie etwa Dietrich Bonhoeffer, von Anbeginn. Sein Mut darf jedoch nicht täuschen, denn Bonhoeffer blieb weitgehend isoliert. Überdies wurde bis 1938 der protestantische Widerstandswille ebenso wie wenige Jahre zuvor der Widerstand der Arbeiterbewegung entscheidend gebrochen.

Auch die katholische Kirche schwankte zwischen grundsätzlichem Widerstand zur Verteidigung des katholischen Bekenntnisses sowie der Autonomie ihrer Institutionen und partieller Kooperation zur Sicherung des institutionellen Zusammenhalts. Sie konzentrierte sich zunächst ganz auf die Verteidigung ihrer Glaubensvoraussetzungen und versuchte, kirchliche Institutionen und Organisationen durch ein Reichskonkordat zu verteidigen oder zu sichern. Viele hohe kirchliche Würdenträger kamen dem Regime zu weit entgegen und unterstützten mutige und opferfreudige Gläubige zu wenig. Nach 1933 waren immer wieder Geistliche der Schande von Gerichtsverfahren ausgesetzt. Sie wurden überwacht und schließlich in Gefängnisse und Lager eingewiesen, wenn sie sich nicht einschüchtern ließen. Dennoch darf die Vielzahl von „Priestern vor Hitlers Tribunalen" nicht den Eindruck eines geschlossenen Widerstands katholischer Christen und Geistlicher hervorrufen. Die Disziplinierungsmöglichkeiten des Regimes waren vielfältig und erstickten in der Regel eine konsequente Opposition im Keim. Politische Gegensätze blieben jedoch nahezu ohne Deckung durch die Kirchenleitung und warfen die widerstehenden Priester häufig auf sich selbst zurück. Ein Umsturz lag in der Regel außerhalb der Vorstellungskraft und der Möglichkeiten von Geistlichen und Gläubigen, und dies einte Katholizismus und Protestantismus.

Dennoch leisteten Geistliche beider Konfessionen ihren Teil zur Entwicklung einer distanzierenden Resistenz, die sich von der Dissidenz zur Nonkonformität, zum Protest und schließlich zum aktiven Widerstand oder sogar zur Konspiration steigern konnte. Aus der Überlieferung des Alten und des Neuen Testaments entwickelten Widerstandskämpfer, die sich unter dem Eindruck des nationalsozialistischen Unrechtsstaates vielfach erneut oder intensiver als bisher den Maßstäben des christlichen Glaubens öffneten, eine neue Sicherheit des Verhaltens und eine Widerständigkeit, die zunehmend weniger die Konsequenz des eigenen Tuns fürchtete. In dieser Steigerung des Bewußtseins ähnelte der Widerstand von Christen der Haltung von Angehörigen des Widerstands, der sich aus der sozialistischen und kommunistischen Tradition herleitete und in der Gesinnungspflege mehr als einen Ansatz zur Selbstbehauptung, zur moralischen Rigidität erblickte.

Neben die sozialistischen und christlichen Gemeinschaften und Stränge des Widerstands traten auch liberale und in sich vielfältige schattierte konservative Strömungen und Traditionen. Liberale Widerstandsgruppen bekannten sich zu den Idealen der Aufklärung und des Humanismus und kollidierten zwangsläufig mit den Ideologen des Nationalsozialismus, die sich in den Dienst einer Gegenaufklärung und „Überwindung" des Geistes der Französischen Revolution stellten. Angesichts des nationalsozialistischen Unrechts, welches Millionen Opfer nationalsozialistischer Gewaltverbrechen nach sich zog — sechs Millionen Tote allein in den Vernichtungslagern, etwa drei Millionen verhungerte sowjetische Kriegsgefangene, etwa zwei Millionen Opfer der Einsatzgruppen und Ghettoaktionen, etwa 100 000 Geisteskranke, ganz abgesehen von den vielen Millionen Gefallenen und Ziviltoten — mag dies als wenig erscheinen. Selbst die Versuche einer Identitätswahrung von Angehörigen des Bürgertums müssen jedoch als bedeutsam bewertet werden, wenn wir die Gesamtentwicklung zwischen Widerständigkeit und Widerstand, zwischen Resistenz und Protest, zwischen Verweigerung und aktiver Konspiration im Auge behalten.

Das System konnte nur von innen heraus, von den Machtpositionen des NS-Staates selbst, verändert werden, sieht man von der militärischen Kapitulation des Deutschen Reiches ab, die nur bedingungslos erfolgen konnte und deshalb das Ende der NS-Führung bedeuten mußte. Wenn aber das System von einem gewissen Zeitpunkt an, seit 1937/38, nur von Trägern der Macht beseitigt werden konnte, bedeutete dies, daß solche Widerstandskämpfer konsequent die Vorstellungen nationalsozialistischer Politik in sich überwinden mußten, die sie ursprünglich — in der Machtergreifungs- und Konsolidierungsphase des NS-Regimes 1933/34 — geteilt haben mochten. Von innen heraus zum Gegenschlag anzusetzen bedeutete, sich aus den Verstrickungen in das System befreien zu müssen

— aus Übereinstimmungen, Illusionen und Fehlern, die vor allem in die Fehleinschätzung mündeten, das NS-System durch Beeinflussung von grundsätzlichen Entscheidungen auf einen anderen Weg zwingen zu können. Widerstand begann so fast zwangsläufig als System- oder als Militäropposition.

Bis heute kreisen heftige Debatten der Forschung um die Einschätzung der Verstrickung hoher Verwaltungsbeamter, Diplomaten, Industrieller und Offiziere in das breite Feld nationalsozialistischer Innen-, Wirtschafts-, Rüstungs- und Außenpolitik. Heute wissen wir: Zum Kreis der Widerstandskämpfer, welche die NS-Führung gnadenlos bekämpfte, zählten selbst Angehörige der NSDAP, die vor ihrem Durchbruch in die konsequente Gegnerschaft vereinzelt sogar schwere moralische Schuld auf sich geladen und keineswegs allen Anfängen gewehrt hatten. Sie rafften sich aus ganz unterschiedlichen Motiven auf. Teilweise ertrugen sie die Verfolgung Andersdenkender nicht. Einzelne erschütterte zutiefst die Kenntnis von Verbrechen, von Weltherrschaftsplänen und Kriegsabsichten.

Für manche, die sich später in die Pläne Stauffenbergs einbinden ließen oder mit Tresckow dem „Antichristen" aktiv zu widerstehen suchten, war die augenscheinlich verantwortungslose oder dilettantische Kriegführung ein Hauptantrieb für Kritik und Opposition. Vor allem die Neuordnung der Kriegsspitzengliederung stieß auf Widerspruch, der sich angesichts der sicheren Niederlage, die Deutschland zum Trümmerfeld machte und den nationalen Bestand des Reiches bedrohte, weiterhin verfestigte. Teilweise suchten die Gegner des Regimes nach neuen politischen Formen und Inhalten und strebten bewußt danach, Verbindungen zu früheren politischen Gegnern herzustellen. So zeichnete den im militärischen Widerstand kulminierenden Willen, das NS-Regime zu beseitigen, eines keineswegs aus: der Wille zum Militärputsch aus Selbstzweck, zum Ruhme und zum alleinigen Nutzen der bewaffneten Macht, der die unmittelbar handelnden Widerstandskämpfer in der Regel angehörten und die sie durch Pflicht, Befehl und Gehorsam mit Skrupeln und Zweifeln, schließlich mit Schuld beladen hatte.

An einen Eid fühlte sich der enge Kreis der Konspirateure nicht mehr gebunden. Sie wußten, daß man einem Verräter keinen Gehorsam schuldig war. Sie unterstellten sich einer höheren Verantwortung, deren Prinzipien wir heute kaum mehr ohne weiteres verstehen. Das politische Ziel ihrer langwierigen und gefährlichen Bestrebungen war zweifellos nicht die Verfassungsstruktur, wie sie dann nach 1949 durch das Grundgesetz verwirklicht wurde. Auch außenpolitisch hingen viele Widerstandskämpfer alten Hegemonialvorstellungen an. Die Widerstandskämpfer waren nicht nur die Gegner des Nationalsozialismus, sondern ebenso das Produkt der deutschen Geschichte, und sie hatten damit an vielen illusionären Vorstellungen Anteil, die in einem vereinigten Europa keinen Platz mehr haben.

Dennoch hat der Historiker, der sich nicht völlig gegen historistische Prinzipien und Methoden wenden kann und deshalb nicht allein soziologische Analyse betreiben darf, sondern auch verstehen und erklären muß, die Einbindung des Widerstands in seine eigene Zeit zu erforschen. Diese Zeit mit ihren Wirrnissen, fragwürdigen Maßstäben und Strukturdefekten politischen Denkens und Handelns schien den Handelnden aus dem Scheitern einer parlamentarischen, rechtsstaatlichen, liberalen Demokratie hervorgegangen zu sein. Deshalb mißtrauten viele Widerstandskämpfer der parlamentarisch-demokratischen Ordnung und orientierten sich eher an ständischen Vorstellungen, deren Brüchigkeit die Mitglieder des Kreisauer Kreises, aber auch Stauffenberg erkannten.

Gerade die Grundvorstellungen des Widerstands fordern aber die Öffentlichkeit bis heute heraus, und sie prägten auch wiederholt die Kontroversen der Teilnehmer des internationalen Widerstandskongresses. Dabei zeigte sich, daß die politischen Diskussionen und Konstellationen der Nachkriegszeit die Fragestellungen der modernen Forschung, die Interpretationen von Daten und Fakten und schließlich auch die politische Bewertung der Ergebnisse moderner Widerstandsforschung stets mitbeeinflußt haben. Diese Forschung darf sich jedoch nicht in die Rolle eines „Sinnlieferanten" und „Sinnvermittlers" begeben, und sie muß folglich immer „anstößig" im wissenschaftlichen Sinne bleiben. Bei einem Thema der Geschichtswissenschaft, welches für die historische Deutung gegenwärtiger Maßstäbe politischen Handelns von zentraler Wichtigkeit ist, scheint dies unvermeidlich.

Dennoch wurde in den Konferenz-Diskussionen niemals die moralische Bedeutung des Widerstands bestritten, so sehr auch differenziert geurteilt werden mußte. Als seit 1943 allmählich die Lage der Gegner des Nationalsozialismus im Innern hoffnungslos wurde und die Zielvorstellungen der Alliierten außenpolitische Kontakte und Handlungsspielräume einengten, wurde manchen Widerstandskämpfern die verzweifelte Situation und die Aussichtslosigkeit ihres Bemühens bewußt. Die Verstrickung der Deutschen in Gewaltverbrechen, die im Rücken der Front und in dem durch deutsche Soldaten besetzten weiteren Hinterland begangen wurden und die ganze kriminelle Energie des Regimes zu mobilisieren schienen — die Endlösung der Judenfrage wurde geradezu zum endgültigen Haupt- und militärischen Ersatzziel eines Rassen- und Weltanschauungskrieges —, machte das Dilemma des Widerstands ganz deutlich: „Zwischen Bomben und Gestapo", zwischen Nationalstaatsillusionen und dem Bewußtsein deutscher Schuld, zwischen „Verteidigung des Vaterlandes" und Ermöglichung einer selbstmörderischen Politik der NS-Führung waren Verhaltensweisen von Kooperation, Teilwiderstand und Konspiration angesiedelt, die zunehmend in eine rigide politische Moral und Gesinnungsethik aufgehoben wurden. „Der Wurf muß gewagt werden", schien zur Handlungsmaxime zu werden, die nicht mehr nach den Kosten dieses Kampfes für die eigene Person und die Angehörigen fragte.

Mit den zunehmenden militärischen Niederlagen drohte auch der staatlichen Einheit große Gefahr. Wie aber sahen die Zielvorstellungen des Widerstands aus? Auf welchen Visionen fußte die Energie des Widerstands, die sich augenscheinlich nicht dadurch zähmen ließ, daß die Deutschen weiterhin an den „Endsieg" oder an das „militärische Genie" Hitlers glaubten und sich nicht zu einem breiten Volkswiderstand aufraffen konnten? Wie stellten sich die außenpolitischen Ziele, wie die innenpolitischen Verfassungsvorstellungen dar? Wie wurden die Einigungsmöglichkeiten mit den Alliierten eingeschätzt, und wie sollte das Verhältnis zum Exil oder zum Nationalkomitee Freies Deutschland gestaltet werden? Je mehr angesichts der abzusehenden militärischen Niederlage die Bedeutung derartiger Fragestellungen sank, um so deutlicher wurde, daß es bald weniger um einen effektiven Umsturz als vielmehr um die Demonstration des „andern Deutschland" ging. Heute wissen wir, daß die Tat von vornherein nahezu ohne Aussicht auf Erfolg war.

Vielleicht fragen wir gerade angesichts dieser verzweifelten Aussichtslosigkeit des Kampfes gegen das Regime immer wieder nach den Motiven der Attentäter. Wir sehen in ihnen den Keim eines neuen Anfangs, gleichsam die Vorgeschichte der deutschen Nachkriegsdemokratie. In dieser Einschätzung schlägt sich ein Geschichtsbild nieder, welches nicht zum Gegenstand der Kongreßdebatten gemacht wurde. Es zielt letztlich auf *unser* Verständnis der Beweggründe eines kaum mehr nachvollziehbaren Handelns. Läßt sich die Tat wirklich allein moralisch rechtfertigen? Kann man sie als „exemplarische Beschwerde des Menschen" bezeichnen, wie der ehemalige hessische Generalstaatsanwalt Fritz Bauer in heute erneut zu rezipierenden Arbeiten vorgeschlagen hat? Wird in der Vorstellung des Widerstands als Menschenrechtsbewegung die abwehrende Reaktion auf die Ansprüche eines totalitären Staates zu deutlich sichtbar, so daß die Zeitverhaftung der Ordnungsvorstellungen der Widerstandskämpfer unzulässig kaschiert zu werden scheint? Können wir schließlich in deren Plänen und Hoffnungen Ziele erkennen, die für uns heute wichtig sind und die damals den engen Vorstellungshorizont einer Zeit überwanden, die aus Furcht vor politischen Auseinandersetzungen und gesellschaftlicher Vielfalt die Zerstörung von Rechtsstaat, Parlamentarismus, Meinungs- und Pressefreiheit ersehnt oder hingenommen und mehr als zehn Jahre willig ertragen hat?

Vielen Widerstandskämpfern blieb trotz der Lebensgefahr, in der sie sich nach dem Entschluß zur Tat befanden, das Ringen um die Grundlinien einer neuen Politik aufgegeben. Einige erlagen nach ihrer Verhaftung dem Schrecken der Verhöre und dem Terror der Gerichtsverfahren vor dem Volksgerichtshof. Bis heute erstaunt die Unerschütterlichkeit ihrer Rechtfertigung vor sich und der Nachwelt und die Überwindung ihrer Todesfurcht angesichts des Galgens und der Verantwortung vor den zurückbleibenden Angehörigen: Frauen, Eltern, Kindern und Kameraden sowie Freunden. In der konkreten Erfahrung des Gegensatzes zum NS-Regime und der Gefährdung aller Gegner konnten schließlich alte, überkommene politische Gegensätze und Konflikte überwunden werden. Zwischen Katholiken und Protestanten wurden Möglichkeiten ökumenischen Denkens und Handelns sichtbar, und zwischen Vertretern der politischen Linken und der Rechten wuchs ein Vertrauen zur Gegenseite, das einen neuen politischen Konsens trotz partieller Unterschiede in Wertvorstellungen und politischen Prämissen begründete. So ließen die ständige Konfrontation mit dem wachsenden Totalitätsanspruch des Staates und die Erfahrung ständig eskalierender Willkür und Gewalt viele politische Gegensätze der Weimarer Zeit zunehmend in den Hintergrund treten. Hatten ursprünglich viele unterschiedliche Wege in die Gegnerschaft zum Nationalsozialismus geführt, so schien es bald nur noch eine gemeinsame Haltung im Widerstand gegen das Regime zu geben. Sie war durch den Willen gekennzeichnet, auch den politisch Andersdenkenden zu akzeptieren und einen tragfähigen Kompromiß mit ihm zu suchen, der die Vielfalt nicht homogenisierte, sondern in neuen politischen Grundentscheidungen weiterhin konfessionelle, kulturelle, soziale, politische und regionale Vielfalt sichtbar werden ließ. Erst dieser Grundkonsens ermöglichte die Vereinigung oppositioneller Dissidenten unterschiedlicher politischer und konfessioneller, kultureller und sozialer Traditionen und Milieus in Gesinnungsgemeinschaften und Zirkeln.

Diese Gruppen waren zunächst keineswegs von vornherein Zellen des Umsturzes, sondern wollten gedanklich die Grundlagen für eine Neuordnung Deutschlands nach dem Ende der nationalsozialistischen Herrschaft schaffen. In dieser Bemühung um eine geistige und moralische Erneuerung deutscher Politik machten Oppositionelle aller Richtungen einen Lernprozeß durch, der überkommene politische Traditionen und ideologische Zielsetzungen in den Hintergrund treten ließ. Wenn auch die konkrete Gestalt der Nachkriegsordnung weitgehend im dunkeln blieb, so war die Durchsetzung der „vollkommenen Majestät des Rechts" doch ein unumstrittener Grundsatz der neuen Politik, welche den Widerstand zur entscheidenden Alternative zum NS-Regime Hitlers machte. Dieses umfassende Bekenntnis zum Recht umschloß gleichermaßen liberales Verfassungsverständnis, sozialstaatliches Gleichheitsdenken und christliche Wertvorstellungen.

Übrigens läßt sich ein vergleichbarer Klärungsprozeß auch in den politischen Exilgruppen beobachten. Insbesondere angelsächsische Demokratievorstellungen prägten zunehmend das politische Grundverständnis vieler Emigranten und ließ ihre unterschiedliche Herkunft, die sich nach 1933 zunächst noch in den innerparteilichen Kontroversen des Exils mit der aus Flügel- und Richtungskämpfen bekannten Schärfe fortgesetzt hatte, zunehmend in den Hintergrund treten.

Es zählt zu den besonderen Leistungen des Widerstands gegen den Nationalsozialismus, daß er im Kampf gegen ein Regime, welches sich nicht an die Normen der Menschenwürde hielt, seine grundlegenden Wert- und Zielvorstellungen niemals aus den Augen verlor. Indem er sich gegenüber der Menschenverachtung seines Gegners als widerstandsfähig erwies, machte er dem NS-Regime den Anspruch auf die Zukunft streitig. Deshalb kreisten die Gedanken immer wieder um die Frage der Gerechtigkeit und der Verantwortung, der Wiedergutmachung des Unrechts und der kollektiven Verpflichtung der Deutschen zum Aufbau einer stabilen internationalen Nachkriegsordnung. Die jüngst erhobenen Vorwürfe, der Widerstand habe antisemitische Ziele verfolgt oder antibolschewistische Strömungen aufgenommen, außenpolitisch borniert hegemoniale Ziele vertreten und auf diese Weise grundlegende Ziele nationalsozialistischer Politik eher geteilt als bekämpft, erwiesen sich auf der Konferenz vor dem Hintergrund dieser Grundüberzeugungen als zumindest starker Modifikationen bedürftig und auf die zeitlich differenzierende Analyse gradueller Entwicklung des Widerstands angewiesen. In seinen Orientierungen an den Prinzipien des Menschenrechts und der Menschenwürde verkörperte der Widerstand trotz aller Interpretationsprobleme im einzelnen die einzige historische Alternative zum NS-Regime.

Die Frage nach der Motivation des Widerstands, die schließlich jede Beschäftigung mit der Geschichte des Kampfes gegen das NS-Regime überlagert, ist aber nicht allein eine Herausforderung an den Historiker. Sie richtet sich an die Nachgeborenen, an uns selbst. Denn wir können die Voraussetzungen und Zielvorstellungen einer zum Letzten vorstoßenden und die Grenze zwischen Leben und Tod bewußt überschreitenden Tat nur begreifen, wenn wir uns innerlich mit dem Widerstand auseinandergesetzt haben. So bleibt der Widerstand stets auch ein Stachel in unserem Fleisch, eine unausweichliche Frage an uns selbst, weil wir uns Rechenschaft ablegen müssen über unser Verhältnis zu den politischen Prinzipien und Alternativen, welche sich im Widerstand verkörpert fanden und uns mitbeeinflußt haben.

Im Widerstand fanden sich viele Motive und Traditionen der deutschen Geschichte am Ende in einer gemeinsamen und einenden Tat zusammen. Diese Vielfalt wurde gegen den nationalsozialistischen Anspruch auf Vereinheitlichung zu einem neuen Konsens gebündelt, der soziale, politische und weltanschauliche Vielfalt bewältigen, aber nicht beseitigen wollte. In diesem pluralistischen Ansatz und Anspruch verkörperte sich ein zukunftsoptimistischer Neuanfang des deutschen politischen Denkens, der endgültig die Denkvorstellungen der Weimarer Zeit überwand. Deshalb sollte man vermeiden, allzu vorschnell politische Bewegungen und gegenwärtige Positionen aus der Tradition des Widerstands gegen den Nationalsozialismus legitimieren zu wollen. Das Nebeneinander ganz unterschiedlicher Wege in den Widerstand belegt, daß die verhängnisvolle und folgenreiche Monopolisierung des Vaterlandsbegriffs, welche Theodor Heuss als Tendenz der Weimarer Politik ausmachte und die den deutschen Obrigkeitsstaat prägte, nicht durch die Monopolisierung des Widerstandsbegriffs abgelöst werden darf. Das Kennzeichnende der Lebenswirklichkeit im Widerstand zwischen 1933 und 1945 ist der Versuch, dem Nationalsozialismus zu widerstehen und zugleich neue Wege der Kooperation zu denken, zu bahnen und zu erproben. Deshalb fanden sich in solcher Zusammenarbeit Christen neben Sozialisten, Demokraten und Liberale neben ständisch geprägten Konservativen, Fabrikanten neben Gewerkschaftern, Berufssoldaten neben Verwaltungsfachleuten. Schließlich wurde sogar ganz bewußt der Kontakt zu Kommunisten gesucht.

Alle historische Detailkritik und Forschungsarbeit darf nicht übersehen lassen, daß die politische Kooperation und die in der Unterdrückung und Verfolgung durchlebte Gemeinsamkeit aller Gegner des Nationalsozialismus nur möglich werden konnte vor dem Hintergrund eines neuen politischen Grundverständnisses, welches Maßstäbe für die Zukunft setzte: das „geschändete Recht" zu sühnen, in streng gebundener rechtlicher Weise Verantwortung zu fordern und mit dem Bild des Menschen von sich selbst überhaupt den Menschen wieder in sein Menschenrecht einzusetzen. Vor diesen Prinzipien wiegen die Illusionen, Irrtümer, Mißverständnisse und Mißverhältnisse des Widerstands gering, die insgesamt die Zeitverhaftung historischer Akteure belegen.

Der Respekt vor dem Mut einzelner, die sich im Kampf gegen den totalitären Nationalsozialismus zur Würde des Menschen bekannten und sich in die Tradition des europäischen Widerstandsdenkens stellten, sollte nach 1945 ein wichtiger Orientierungspunkt staatlichen Handelns bleiben. Politisches Handeln läßt sich seitdem nicht mehr visionär rechtfertigen: durch Hinweise auf rassenutopische oder konfliktfreie Ziele der Geschichte. Und auch nackte Staats- und Machtinteressen geben keinen ausreichenden Legitimationsgrund für Politik ab. Auch der Krieg wurde als Mittel der Politik zunehmend fragwürdiger, wie gerade die langwierige Distanzierung führender Widerstandskämpfer vom Krieg als Mittel der Politik belegt. Schließlich überwanden einige das Prinzip des Nationalstaats, ohne daß sie damit gleichzeitig eine Zerschlagung des Deutschen Reiches akzeptieren mochten.

In der Auseinandersetzung mit der Geschichte des Widerstands kann die Deutung der Vergangenheit leicht zum billigen, raschen Argument werden. In politischen Auseinandersetzungen der Gegenwart drängen sich nicht selten schnelle, aus der Sicht der Geschichtswissenschaft häufig leichtfertige Vergleiche auf, die immer unter dem Teufel leiden, der nicht allein im Detail, sondern eben auch im Vergleich steckt. Vielleicht ist es angesichts der Aufgeregtheit, die seit den achtziger Jahren die Diskussion über Widerstandsrecht und zivilen Mut, über Demonstrationsrecht und Respekt vor der eigenständigen Legitimität des Staates prägte, bedeutsam, sich auf die vielfältige Wirklichkeit des Lebens zwischen der inneren und äußeren Front, an der gerade die Widerstandskämpfer standen, zu besinnen. Vielleicht ist es heilsam, sich im Rahmen einer wissenschaftlichen, internationalen Tagung auf eine vielen Parteirichtungen und Strömungen gemeinsame Tradition des *einen* Widerstands aus *einer* Gegnerschaft und *einem* Leiden zu erinnern. Auch beim Anschlag vom 20.Juli 1944 handelte es sich nicht um die Durchsetzung des Führungsanspruchs einer einzigen Widerstandsgruppe. Die Tat sollte den Weg in eine neue politische Ordnung freimachen, als deren Grundprinzipien Toleranz, Pluralität, Solidarität und Nächstenliebe zu gelten hatten.

Wir stellen heute andere Fragen als unsere Väter und die Beteiligten selbst, die sich noch lebensgeschichtlich, gleichsam existentiell durch den Widerstand herausgefordert fühlten. An diese Generation richtete der schaft und *einem* Leiden zu erinnern. Auch beim Anschlag vom 20. Juli Volk total verraten, verraten von seiner Regierung, und ein total verratenes Volk kann nicht mehr Gegenstand eines Landesverrats sein. Genauso wenig, wie man einen toten Mann durch einen Dolchstoß töten kann." Unsere Zeit findet sich vielleicht besser in einem Satz der Tochter von Julius Leber wieder, die heute unter anderem Namen in München lebt und schrieb: „Staunend sah ich an, was aus Vaters ‚Erbe' wurde. Vater hat wohl die Fähigkeit zur Selbstkritik an seinen Landsleuten überschätzt. Wie er auch vieles andere an ihnen hoch bewertet hat."

Beiden gemeinsam war die Meinung, in der Auseinandersetzung mit deutschen Schicksalen im Widerstand ließen sich Ansatzpunkte und Maßstäbe für eine Fixierung von Wertmaßstäben des politischen Lebens finden. In diesem Sinne betonte auch der Hamburger Oberbürgermeister Klaus von Dohnanyi, Sohn des bis jetzt nicht ausreichend gewürdigten Widerstandskämpfers Hans von Dohnanyi, vierzig Jahre nach dem Attentat, wir Nachlebenden müßten uns das Vermächtnis des Widerstands und dessen Vorbild immer noch verdienen.

Neben der wissenschaftlichen Bestandsaufnahme diente der Berliner Kongreß, der in diesem Tagungsband dokumentiert wird, dieser Verständigung über den Widerstand und seine Geschichte in der ganzen Breite. So viel mit dem politischen Wandel auch in der Widerstandsforschung in Fluß geraten ist, so notwendig ist es, sich immer erneut um die Substanz der Auflehnung gegen Hitler und sein Reich zu bemühen.

II

Die Anfang Juli 1984 in Berlin veranstaltete internationale Historiker-Konferenz zur Geschichte des Widerstands und des 20. Juli 1944 sollte gerade deshalb nicht allein Gedenkveranstaltung sein. Neue Quellen und die Bestrebung der wissenschaftlichen Zeitgeschichte, den Widerstand in die graduell und strukturell zu differenzierende Geschichte des NS-Regimes einzubetten, haben in den letzten Jahren Deutungen und Bewertungen nahegelegt, die wiederum nicht selten von gegenwartsbedingten politischen Orientierungen und Optionen der Forscher und der ihre Ergebnisse rezipierenden Öffentlichkeit abhängig bleiben. Vor allem der Widerstand im engeren Umkreis Stauffenbergs, Goerdelers und Becks rückte dabei in den Mittelpunkt einer neuen kritisch-„revisionistischen" Forschung. Die Berliner Konferenz sollte möglichst viele der modernen Fragestellungen, Bewertungen und aktuellen Kontroversen behandeln und in eine weiterführende Perspektive verwandeln. Neben der Bilanz hatte sie also der Formulierung offener Fragen, der Erörterung von Interpretationen und Bewertungsgrundlagen, schließlich der Auseinandersetzung über künftige Schwerpunkte der Widerstandsforschung zu dienen. Daß die Konferenz nicht nur auf das gescheiterte Attentat vom 20. Juli und die unmittelbar hinter ihm stehenden Personen und Gruppen beschränkt sein sollte, kam programmatisch im Titel „Die deutsche Gesellschaft und der Widerstand gegen Hitler" zum Ausdruck.

Die Historische Kommission zu Berlin und die Gedenkstätte Deutscher Widerstand als Veranstalter konnten damit thematisch an den anderthalb Jahre zuvor im Plenarsaal des Berliner Reichstagsgebäudes abgehaltenen internationalen Kongreß „1933 — Deutschlands Weg in die Diktatur" anknüpfen, den die Historische Kommission seinerzeit zusammen mit dem Institut für Zeitgeschichte, München, und der Deutschen Vereinigung für Parlamentsfragen, Bonn, organisiert hatte.[1]

Schon im Vorfeld dieser Veranstaltung vom Januar 1983, die das Thema Widerstand nur am Rande behandeln konnte, hatten Überlegungen begonnen, den 40. Jahrestag des 20. Juli 1944 zum Anlaß einer allein dem

Widerstand gewidmeten Konferenz zu nehmen, und nach einem die aktuelle Forschungssituation diskutierenden Colloquium im Herbst 1983 bildete sich ein Vorbereitungskreis und erarbeitete das Programm der Konferenz mit über 60 Einzelthemen, die an vier Konferenztagen in acht Arbeitssitzungen und einer Schlußsitzung zu behandeln waren.[2]

Mit der Konferenz verbunden waren als öffentliche Veranstaltungen drei Vorträge von Hans *Mommsen*, Klaus-Jürgen *Müller* und Ger *van Roon* sowie eine von Richard *Löwenthal* geleitete Podiumsdiskussion mit Angehörigen des Widerstandes in Frankreich (Pierre *Bertaux*, Pierre-Paul *Sagave*), Italien (Enzo Enriques *Agnoletti*), Jugoslawien (Anton *Kolendić*), Norwegen (Arvid *Brodersen*), Österreich (Eduard *Rabofsky*) und Polen (Tadeusz *Zawadzki-Zenczykowski*) mit dem Titel „Der Widerstand in den besetzten Ländern und der deutsche Widerstand — Hoffnungen und Zweifel".

Die Fülle der Einzelthemen ließ sich nur bewältigen, weil jeder der rund 60 „aktiven" Teilnehmer seinen Beitrag rechtzeitig vor der Konferenz einreichte, so daß er den anderen Referenten vorab zugesandt werden konnte. Deshalb konnten die einzelnen Sitzungen nach einer kurzen Einführung durch den jeweiligen „Berichterstatter" und Diskussionsleiter sogleich mit den Auseinandersetzungen über die Einzelbeiträge beginnen.

Die bedeutende Rolle, welche die „Berichterstatter" für den Konferenzverlauf spielten, kommt in dem vorliegenden gedruckten Band nur ungenügend zum Ausdruck. Deshalb sei sie an dieser Stelle nachdrücklich hervorgehoben. Es galt, anhand der vorliegenden Beiträge einleitend einen knapp analysierenden, pointierenden Überblick der Fragestellungen und Forschungsprobleme zu geben und aus ihnen zentrale Gesichtspunkte für die Diskussion zu entwickeln.

Diesen schwierigen Part übernahmen

— Walther *Hofer* für die 1. Arbeitssitzung („Widerstand in der Phase der sich konsolidierenden Diktatur — Die Zeit der Illusionen");
— Günther *van Norden* für die 2. Arbeitssitzung („Zwischen Kooperation und Teilwiderstand — Die Rolle der Kirchen und Konfessionen");
— Harold C. *Deutsch* für die 3. Arbeitssitzung („Konservative und Nationalrevolutionäre zwischen Anpassung und Opposition — Schritte zum Teilwiderstand");
— Karl Otmar *Frhr. von Aretin* für die 4. Arbeitssitzung („Gesellschaftliche und politische Zielvorstellungen des Widerstands");
— Karl W. *Deutsch* für die 5. Arbeitssitzung („Widerstand und Auslandsbeziehungen — Das Problem der politischen Legitimierung");
— Theo *Pirker* für die 6. Arbeitssitzung („Widerstand ohne Volk? — Das Problem der Verankerung und Unterstützung im Volk");

— Marlis *Steinert* für die 7. Arbeitssitzung („Volksbewegung und 20. Juli");
— Ernst *Nolte* für die 8. Arbeitssitzung („Die Entschlußlage im Frühsommer 1944: Außenpolitik und innere Situation — Chancen des Umsturzversuches").

Die Schlußsitzung mit mündlich vorgetragenen Referaten von Peter *Hoffmann*, Klemens *von Klemperer* und Franciszek *Ryszka* über „Politische und moralische Motivation beim Entschluß zum Widerstand" leitete Peter *Steinbach* und ließ sie in die Abschlußdiskussion einmünden. Als Vertreter der beiden veranstaltenden Institutionen waren Wolfgang *Treue*, Georg *Kotowski* und Wolfgang *Göbel* an der Konferenzleitung beteiligt. Die wissenschaftliche Verantwortung lag bei den Herausgebern, die vielen Kollegen, ganz besonders Hans *Mommsen*, eine Fülle von Anregungen, Rat und Hilfe bei der Vorbereitung der Konferenz, bei ihrer Verwirklichung und auch bei der Drucklegung dieses Bandes verdanken.

Die überarbeitet und mit Quellen- und Literaturhinweisen versehen schriftlich vorgelegten Konferenzbeiträge sind in diesem Band enthalten. Nachträglich aufgenommen wurden die Beiträge von Steven *Krolak* und Christoph *Strohm*, weil sie wichtige Ergänzungen darstellen.

Einige Beiträge wurden umgestellt, um sie in geeignetere inhaltliche Zusammenhänge bringen zu können. Die Beiträge zur 6. und 7. Arbeitssitzung wurden in einer Sektion zusammengefaßt. Der übergreifende Beitrag von Hugo *Stehkämper* mußte geteilt und so zwei Sektionen zugeordnet werden. Die Herausgeber haben sich für die Druckfassung der Beiträge darum bemüht, thematische Überschneidungen und Abweichungen von der insgesamt für die Konferenz vorgelegten Fragestellung im Einvernehmen mit den Autoren möglichst zu vermeiden. Sie haben aber grundsätzlich, auch um des dokumentarischen Charakters der Publikation willen, die inhaltliche Verantwortung respektiert, die jeder Autor für seinen Beitrag selbst trägt.

III

Die vielfältigen Ergebnisse der Berliner Konferenz belegen, daß die zeitgeschichtliche Forschung über den Widerstand in seiner Breite und Vielfalt auch im 40. Jahr nach dem Anschlag nur schwer in der Lage ist, „Abschließendes zur deutschen Opposition gegen das NS-Regime sagen oder eine Bilanz der wissenschaftlichen Beschäftigung mit dem Widerstand ziehen" (Hermann Graml) zu können. Die Konferenz illustrierte Forschung im Fluß und versuchte in zahlreichen Diskussionen, die am Schluß dieses Bandes zusammengefaßt sind, Positionen, Interpretationen, neue Quellen und zeitabhängige Widerstandsdiskussionen und -definitionen zu integrieren.

So muß ein *kritisches Tagungsresümee* gezogen werden: Die Deutung des Widerstands bleibt beengt durch politische Prämissen und Einschätzungen. In ihnen wird häufig die Erbschaft des Widerstands beschworen, und dies führt nicht selten zu Überlagerungen des historisch angemessenen Bildes vom Widerstand. Geschichtsforschung hat stets die Aufgabe, sich der historischen Wirklichkeit, die durch Deutung der Vergangenheit überwölbt werden kann, zu nähern, und muß dabei nicht selten offensiv oder gar polemisch vorgehen, indem zeitspezifische Begriffe und Maßstäbe gegenwärtiger Politikanschauung mit dem Denken und Wollen des Widerstands und seiner Zeitverhaftung konfrontiert werden. Methodische Reflexionen wurden nur selten angestellt, obwohl sich allein dadurch die Grundlagen des Urteilens und Wertens einer Erörterung geöffnet hätten. Annäherungen traten vor allem in Diskussionen ein, so kontrovers sie zuweilen auch abliefen.

Dabei zeigte sich, daß die Verbesserung der Quellenlage erlauben könnte, Vorstellungen und Entwicklungen des politischen Denkens und Planens der Widerstandskämpfer auf die Entstehungszeit dieser Überlegungen und Klärungen des Widerstands zu beziehen. Auf diese Weise schaffen Quellenrekonstruktion und Edition die Grundlage für eine Einbindung des Widerstands in seine Zeit. *Widerstand als Produkt und Gegensatz der nationalsozialistischen Zeit* und ihrer Politik ließe sich als Prozeß, als Weg, als Zielfindung und schließlich als Versuch zur Schaffung einer neuen Grundlage für Politik darstellen und insofern zeitlich und graduell differenzieren.

So machten gerade die zentralen Kontroversen der Berliner Konferenz deutlich, daß editorische Fortschritte der Quelleninterpretation nicht hermeneutische Bemühungen um ein angemessenes Textverständnis, die Darstellung des Alltags der Widerstandskämpfer und die Rekonstruktion des historischen Entstehungszusammenhangs und Vorstellungshorizontes der überlieferten Dokumente und Quellenreste ersetzen können. Vielleicht stellt aus diesem Grunde gerade die Erhellung zeitgeschichtlicher und geistesgeschichtlicher *Hintergründe des Denkens und Handelns* von Widerstandskämpfern ein Desiderat der Forschung dar. Nur die Erfassung dieser Hintergründe gibt Aufschluß über Leistungen und Defizite des Widerstands durch Beziehung auf seine politischen und programmatischen Möglichkeiten. Wenn Widerstand als Prozeß bestimmt wird, kommt es darauf an, die graduelle und zeitliche Differenzierung der behaupteten Entwicklung präzise zu bestimmen, die Voraussetzungen des Widerstands in *Kategorien moderner Resistenz- und Dissidenzforschung* zu erfassen, die Aktualisierung dieser Voraussetzungen in der Konfrontation mit zeitgeschichtlicher Wirklichkeit zu bestimmen und schließlich auch den Prozeß nachzuzeichnen, der vom Entstehen einer

Widerstandshaltung in die Steigerung dieser Position zur aktiven Konspiration führt.

Eine derartige Vorgehensweise würde gestatten, ein nachvollziehbares, realistisches Bild des Widerstands zu zeichnen, ohne die Widerstandskämpfer politisch zu stilisieren, moralisch zu überhöhen oder sie aus den Zeitbezügen ihres eigenen Lebens zu isolieren. Gerade diese Bezüge machen in ihrer Vielfalt Entwicklungsvoraussetzungen und Restriktionen des widerständigen Handelns deutlich und gestatten eine nachvollziehbare, angemessene Beurteilung der Leistung, die schließlich die Entscheidung zum Kampf gegen das NS-Regime ermöglichte.

Die Kontroversen, die es vor allem in der veröffentlichten Meinung um eine Berücksichtigung der Denkvoraussetzungen und Alltagsbeziehungen der einzelnen Widerstandskämpfer als Beitrag zur „Entheroisierung und Entmystifizierung" gegeben hat, zeigen, daß die Ergebnisse neuerer Bemühungen zur Erforschung des Widerstands nur schwer angenommen werden. Einesteils beharren Vertreter der öffentlichen Meinung auf der „Substanz" des Widerstands; andere kritisieren leichthin die „reaktionären Vorstellungen" des Widerstands. Eine *Vermittlung beider Einschätzungen* ist nötig und möglich. Sie könnte durch eine methodisch reflektierte, gleichermaßen hermeneutisch und verhaltensgeschichtlich orientierte Widerstandsforschung geleistet werden, welche

— die *Zeitbedingtheit ihrer eigenen Kategorien* und Urteilsmaßstäbe erkannt hat und bei ihrer Urteilsbildung berücksichtigt;

— akzeptiert, daß die *Entwicklung des Widerstands zeitlich zu differenzieren ist* und daß nach Entstehungsvoraussetzungen und Schwellen der Herausforderung durch das System in gradueller Steigerung (was nicht Kontinuität bedeutet) zu fragen ist;

— die *Vielfalt der Wege in den Widerstand* — individueller, gruppenspezifischer, kultureller, konfessioneller und weltanschaulicher Provenienz — in den Karrieren einzelner Widerstandskämpfer vergleichend und typisierend deutlich macht;

— die *Bewertung der gesellschaftlichen und politischen Konzeptionen und Ziele* der Widerstandskämpfer nicht mehr auf die Kriterien einer entwickelten Demokratie allein, sondern ebenso auf die Vorstellungen, Spielräume und Alternativen der Gegenwart des Widerstands gegen Hitler bezieht.

Die Berücksichtigung dieser Interessen und Ergebnisse könnte das häufig unkontrolliert durchschlagende Deutungspotential und politisch motivierte Interesse am Widerstand in seinen politischen und gesellschaftlichen Sonderungen überwinden und die wertenden Thesen relativieren, die weniger den Widerstand in seinen zeitgeschichtlich realen Grenzen spiegeln als Aufschluß über Denkvorstellungen und Befindlichkeiten der seit 1945 jeweils Urteilenden geben.

Wenn die Bewertung der Strukturen, Leistungen und Wirkungen des Widerstands aber von den Maßstäben der jeweils Urteilenden abhängt, kann es bedeutsam sein, die Voraussetzungen und Begleiterscheinungen historisch-politischer Urteilsbildung in den Diskussionen über Widerstandsgeschichte, Widerstandsrecht und Widerstandspflicht nachzuzeichnen. Auch neuere Forschungsinteressen spiegeln häufig die von den Diskussionen ausgehenden Anregungen und wirken somit auf das Bild vom Widerstand und seinen Leistungen, seinen Grenzen und Perspektiven zurück. Untersuchungen, welche

— das *Widerstandsbild in den Konjunkturen der Widerstandserfahrungen und -diskussionen,* das Forschungsinteresse und den politischen, sozialen und wissenschaftlichen Wandel, nicht zuletzt im *Vergleich zwischen der Bundesrepublik Deutschland und der DDR,* sowie schließlich die politisch-pädagogischen Überlegungen zum Gegenstand haben,

sollten deshalb ein weiteres Thema der modernen Auseinandersetzung mit dem Widerstand gegen das NS-Regime und mit seinen Nachwirkungen sein.

IV

Die Durchführung der internationalen Konferenz in Berlin und die rasche Drucklegung der Tagungsergebnisse war nur durch vielfältige institutionelle, finanzielle und persönliche Hilfestellungen möglich. Deshalb ist es den Herausgebern des Tagungsbandes ein besonderes Anliegen, den hieran Beteiligten Dank zu sagen. Dieser Dank gilt den bereits im Vorwort genannten Institutionen und Personen, die Geld und Räumlichkeiten zur Verfügung stellten und eine schnelle Drucklegung ermöglichten, er gilt den Kollegen im wissenschaftlichen Vorbereitungskreis, also insbesondere Wolfgang *Göbel,* Peter *Lösche,* Hans *Mommsen,* Klaus-Jürgen *Müller,* Ger *van Roon,* Wolfgang *Treue* und Wolfgang *Wippermann,* sowie allen als Wissenschaftler und Publizisten aktiv für die Konferenz Tätigen, und er gilt Senatsrat Dr. Dieter *Senoner,* der aus der Berliner Senatskanzlei den Organisatoren und Herausgebern vielfältige Unterstützung gegeben hat. Schließlich sei dem engsten Kreis derer gedankt, mit denen die Herausgeber vor, während, nach der Konferenz und bei der Redaktion dieses Bandes zusammenarbeiteten: Monika *Koch* und Margarete *Sabeck,* auf denen die Hauptlast der Organisation lag; cand. phil. Ansgar *Hinz,* der neben vielem anderem die Anmerkungsapparate und Register des Konferenzbandes bearbeitete, in Zusammenarbeit mit Barbara *Peymann,* die außerdem die englischsprachigen Konferenzbeiträge ins Deutsche übertrug; Gaby *Riedel,* M.A., stud. phil. Eva *Schlachter* und stud. jur. Joachim *Würth*, M.A., welche die Schlußkorrektur der Beiträge übernahmen; schließlich Karsten *Bremer*, Heide *Masuch*, M.A. und Christian *Schädlich*, die im Hause der Historischen Kommission für das Lektorat, die Satzherstellung und -korrektur sowie den Umbruch des hier vorliegenden Bandes verantwortlich waren.

Die Herausgeber

Anmerkungen

[1] Veröffentlicht unter dem Titel: *Deutschlands Weg in die Diktatur. Internationale Konferenz zur nationalsozialistischen Machtübernahme, im Reichstagsgebäude zu Berlin. Referate und Diskussionen. Ein Protokoll.* Im Auftrag der Historischen Kommission zu Berlin, des Instituts für Zeitgeschichte, München, der Deutschen Vereinigung für Parlamentsfragen, Bonn, herausgegeben von Martin Broszat, Ulrich Dübber, Walther Hofer, Horst Möller, Heinrich Oberreuter, Jürgen Schmädeke, Wolfgang Treue, Berlin 1983. — Vgl. dazu: *1933 — Deutschlands Weg in die Diktatur. Das Medien-Echo auf die Internationale Konferenz zur nationalsozialistischen Machtübernahme im Berliner Reichstagsgebäude, 13. bis 15. Januar 1983*, zusammengestellt von Jürgen Schmädeke (= Beilage zu *Informationen der Historischen Kommission zu Berlin*, N.F. Heft 9 [= Informationen, Beiheft 3]), Berlin 1983. — Die anschließende Vortragsreihe erschien unter dem Titel Wolfgang Treue/Jürgen Schmädeke (Hrsg.), *Deutschland 1933. Machtzerfall der Demokratie und nationalsozialistische „Machtergreifung“* (= Einzelveröffentlichungen der Historischen Kommission zu Berlin, Bd. 42), Berlin 1984.

[2] Als knappe Übersicht über die Konferenz-Beiträge siehe: Jürgen Schmädeke/Peter Steinbach, *Die deutsche Gesellschaft und der Widerstand gegen Hitler*, AHF-Information, Nr. 67 (6.12.1984). — Eine Sammlung von Berliner Gedenk-Reden und -Artikeln zum 20. Juli 1944 enthält: *Der 20. Juli 1944. Reden zu einem Tag der deutschen Geschichte*, hrsg. vom Informationszentrum Berlin, Einleitung von Peter Steinbach, Berlin 1984. Die Texte der Reden und Predigten, die bei den Gedenkfeiern in Berlin am 19. und 20. Juli 1984 gehalten wurden, liegen gedruckt vor in: *Vermächtnis des Widerstandes. Der 40. Jahrestag des 20. Juli 1944 in Berlin*, hrsg. von der Stiftung „Hilfswerk 20. Juli 1944“.

Erster Teil

Der Widerstand und die deutsche Gesellschaft

Der Widerstand gegen Hitler und die deutsche Gesellschaft

HANS MOMMSEN
Bochum

40 Jahre nach dem 20. Juli 1944, nach dem gescheiterten Versuch, den zerstörerischen Amoklauf des nationalsozialistischen Gewaltregimes zu beenden, ist in doppelter Weise Rechenschaft gefordert. Sie gilt sowohl der Einordnung der Geschichte des deutschen Widerstands gegen Hitler in das durch Forschungsfortschritt und Paradigmawechsel veränderte Gesamtbild der nationalsozialistischen Epoche wie der Herausforderung, die sie als unverzichtbarer Bestandteil der deutschen und der europäischen Geschichte für politische Gegenwart enthält. Der historisch-politische Kontext, in dem die deutsche Opposition ursprünglich in das Zentrum des zeitgeschichtlichen Interesses trat — die Zurückweisung alliierter Kollektivschuldvorwürfe und das Bedürfnis, eine Brücke geschichtlicher Kontinuität über die zunächst als verhängnisvollen Einbruch dämonisch-destruktiver Energien empfundenen zwölf Jahre nationalsozialistischer Herrschaft hinweg zu schlagen —, ist verblaßt.[1]

Ebenso tritt das Bedürfnis zurück, der demokratischen Neuordnung in der Bundesrepublik durch Berufung auf den Widerstand zusätzliche historisch-politische Legitimität zu verschaffen; im Vollgefühl des respektablen äußeren und inneren Erfolges der Bundesrepublik scheint sich die Suche nach historischer Bestätigung zu erübrigen — ganz im Gegensatz zur Deutschen Demokratischen Republik, die, keineswegs nur aus Gründen propagandistischer Manipulation, in der Identifizierung mit der Tradition des „antifaschistischen Kampfes" eine unentbehrliche Dimension ihres „nationalen" Selbstverständnisses erblickt.[2]

Ist der Widerstand gegen Hitler damit von der Tendenz politischer „Verfügbarmachung" freigesetzt und in die „Neutralität" vergangenen geschichtlichen Geschehens eingerückt? Ist er zum Gegenstand eines selbstverständlichen Konsenses geworden, aus dem ein sich regenerierendes nationales Geschichtsbild hervorgeht? In manchen Überblicksdarstellungen findet er sich nur noch marginal erwähnt.[3] In der zeitgeschichtlichen Forschung hat er sein früheres Gewicht eingebüßt, wenn man von Nachläufern, die den Widerstand der Linken und der Emigration zum Gegenstand haben, absieht. Hingegen fehlte es nicht an Bestrebungen, der Geschichte der deutschen Opposition in den Lehrplänen des Geschichtsunterrichts größeres Gewicht zu verschaffen, und der Preis des Bundespräsidenten hat das Interesse gerade am lokalen Widerstand intensiviert. Linke Geschichtswerkstätten bemühen sich, mit ähnlich ungebrochener Idealisierung wie in der Widerstandsliteratur der frühen Nachkriegszeit, um die Wiedererinnerung des Arbeiterwiderstandes, ohne viel Resonanz bei der offiziellen Geschichtsforschung zu finden. Die Medien sind, zumal anläßlich des Gedenkjahres, bemüht, dem Gegenstand neue Seiten abzugewinnen, und neuerdings suchen sowohl CDU/CSU wie, wenngleich in zurückhaltenderer Form, die SPD, den Widerstand als politisches Erbe herauszustellen.

Es besteht Einigkeit darüber, daß der Widerstand nicht an Kategorien des äußeren Erfolges gemessen werden kann. Vielmehr lehren die Erfahrungen mit Diktaturen in unserer Gegenwart wie eine genauere Kenntnis der Kampfbedingungen der Verschwörer, daß die Chancen verschwindend gering waren, das Regime von innen heraus zu Fall zu bringen. Die Betrachtung des Widerstands darf sich andererseits nicht in der Herausarbeitung seiner moralischen Dimension erschöpfen, wenngleich uns die Formel vom „Aufstand des Gewissens" zu Recht daran erinnert, daß das Handeln in der Grenzsituation des bewußten Hochverrats tiefere ethische Bindungen zur Voraussetzung hatte, der gegenüber politische Interessen und soziale Motive zweitrangig waren. Denn ein wirkliches Verständnis und eine angemessene Bewertung des Widerstands ist nur dann möglich, wenn die politischen Antriebe und Zielsetzungen der Verschwörer zusammen mit der sich verändernden Gesamtsituation des Regimes wie den in die Zeit der Weimarer Republik zurückreichenden gesellschaftspolitischen und ideengeschichtlichen Voraussetzungen in den Blick genommen werden.

Eine Heroisierung der Männer und Frauen der Opposition ist daher ebensowenig angebracht wie eine äußerlich bleibende Identifizierung mit den Kräften des „anderen Deutschland", die allzu leicht in den Versuch einmündet, der Auseinandersetzung mit den gesamtgesellschaftlichen Wurzeln der nationalsozialistischen Herrschaft auszuweichen. Desgleichen muß der unterschwelligen Tendenz zur Tabuisierung der Rolle der Kommunisten im Widerstand in der Bundesrepublik entgegengetreten werden. Dem kommunistischen Widerstand als einer dem Nationalsozialismus analogen „totalitären" Bewegung innere Berechtigung absprechen zu wollen, hieße die realen Bedingungen unter dem nationalsozialistischen

Herrschaftssystem zu verkennen und willkürlich normative an die Stelle analytischer Kriterien zu setzen. Die unterschiedlichen Formen und Richtungen des Widerstands müssen vielmehr in ihrer Gesamtheit als Spiegel der gegenüber dem Nationalsozialismus bestehenden politischen Alternativen der deutschen Gesellschaft begriffen werden.

Es hat lange die Tendenz überwogen, die Geschichte des Widerstands in einem dualistischen Sinne zu interpretieren, die Existenz des „anderen Deutschland" der nationalsozialistischen Wirklichkeit gegenüberzustellen.[4] Dies widerspricht jedoch den tatsächlichen Gegebenheiten, in denen nicht nur die Übergänge zwischen Verweigerung und Widerstand fließend waren, sondern auch diejenigen zwischen systemkonformen Alternativ- und systemsprengenden Umsturzstrategien, und in denen sich der Entschluß zum Hochverrat mit loyaler Mitarbeit in anderen Politikbereichen verbinden konnte. Zugleich war aktiver Widerstand nicht einfach das Resultat einer einmal gefaßten gesinnungsethischen Entscheidung, vielmehr abhängig von sich verändernden Erwartungshaltungen, Dispositionen und Handlungsmöglichkeiten, zugleich von der äußeren und inneren Entwicklung des Regimes selbst. Gerade am Beispiel des Widerstreits von Loyalitäten ist der jüngeren Generation die Einsicht in die tatsächlichen Handlungsbedingungen unter der Diktatur zu vermitteln.

Selbst wer den Nationalsozialismus grundsätzlich ablehnte, bedurfte, unabhängig von individueller Risikobereitschaft, einer Perspektive, aus der heraus der Schritt zum Widerstand getan werden konnte. Unbestreitbar gab es auch außerhalb des kommunistischen und sozialistischen Lagers, die von vornherein in einem unüberbrückbaren Gegensatz zur NSDAP gestanden hatten, zahlreiche Hitler-Gegner der ersten Stunde; der Altkonservative Ewald von Kleist-Schmenzin ist ein anschauliches Beispiel dafür.[5] Aber Gegnerschaft bedeutete — jedenfalls in den Anfangsjahren des Regimes, während derer bügerliche und konservative Kreise sich immer noch der Illusion hingaben, daß es durch die Disziplinierung der radikalen Kräfte in der NSDAP, zu denen man gerade Hitler nicht rechnete, zu einer politischen Mäßigung kommen könne — noch nicht Widerstand. Es bedurfte erst bitterer Erfahrungen, um zu erkennen, daß es nicht genügen konnte, Kurskorrekturen, so durch die Ausschaltung Himmlers und Goebbels', durch die Zurückdrängung der SS und die am 30. Juni 1934 ja erfolgende Eliminierung der radikalen SA-Führerschaft,[6] anzubringen.

Für die Mehrheit der Vertreter des nationalkonservativen Widerstands, von denen einige eindeutig nationalsozialistische Positionen vertraten und die meisten öffentlich relevante Funktionen innerhalb des Herrschaftssystem versehen hatten oder dem Offizierkorps angehörten, bestand zumindest bis Kriegsausbruch die Hoffnung, die radikalisierenden

Tendenzen des Regimes, die zunächst den außenpolitischen Bestand des Reiches zu bedrohen schienen, abfangen zu können, ohne an der inneren Struktur wesentliche Änderungen vorzunehmen. Der im Zusammenhang mit der heraufziehenden tschechoslowakischen Krise gefaßte Eventualbeschluß, Hitler notfalls zu verhaften, zielte keineswegs auf die Umwälzung des bestehenden Regimes,[7] und noch in der im X-Bericht dokumentierten Kontaktaufnahme mit dem Ausland, die über den Vatikan an England gerichtet war, findet sich der Vorschlag, Hermann Göring zum Reichskanzler zu machen.[8]

Für die KPD, die bereits das Weimarer System kompromißlos bekämpft hatte, bedeutete 1933 zunächst eine erst nach blutigen Verlusten voll durchgesetzte Änderung ihrer Kampfformen, wobei die verbreitete Erwartung einwirkte, daß Hitler rasch abwirtschaften werde. Für die Sozialdemokraten, die sich teilweise noch dem Regime anzupassen suchten, war trotz zahlreicher Warnungen aus den eigenen Reihen, so von Rudolf Breitscheid, die Vorstellung bezeichnend, durch Stillhalten die Parteiorganisation durch die Phase der offenen faschistischen Diktatur hindurchretten zu können. Nur die entschiedenen Gruppen wie „Neubeginnen" und „Roter Stoßtrupp" sahen die Notwendigkeit eines konspirativen Widerstands, der jedoch dem herkömmlichen Selbstverständnis des Sozialismus in Deutschland widersprach.[9] Im konfessionellen Bereich, besonders der katholischen Jugendbewegung, setzte man auf Selbstbehauptung. Allgemein gab man sich der Illusion hin, sich in einer offenen politischen Situation zu befinden.

Was für die Formierungsphase des Widerstands gilt, trifft auch für die Entwicklung während des Zweiten Weltkrieges zu. Der Popularitätsgewinn Hitlers durch den erfolgreichen Frankreichfeldzug ließ dessen Ausschaltung als nahezu aussichtsloses Unterfangen erscheinen, wie überhaupt der Krieg im Westen und die sich dadurch ständig verändernde militärische und außenpolitische Lage die nationalkonservative Opposition vor neuartige Voraussetzungen stellte, und dasselbe galt nach der Eröffnung des Ostkrieges. Aus der Politik der Kriegsverhinderung wurde eine Politik der Eindämmung oder Beendigung des Krieges. Hohe Militärs, die noch 1939 mit der Oppositionsgruppe um Beck, Hassell, Popitz und Goerdeler sympathisiert hatten, entzogen sich nun einer aktiven Mithilfe. Im Zeichen des antibolschewistischen Kreuzzugs gewann Hitler bei den Truppenführern an Sympathien, von denen sich viele, darunter prominente Vertreter der späteren Militäropposition, in die Politik der verbrecherischen Befehle verstrickten.[10] Die alliierte *Unconditional-surrender*-Forderung verengte den psychologischen Spielraum der Opposition, so sehr sich die Mehrheit der Hoffnung hingab, sie unterlaufen zu können. Schließlich war es fraglich, ob nach der alliierten Invasion in der

Normandie noch der Versuch einer militärischen Stabilisierung mit Aussicht auf Erfolg unternommen werden konnte.[11]

Auch in innenpolitischer Beziehung veränderten sich die Voraussetzungen oppositionellen Handelns fundamental. Die fortschreitende Aushöhlung der Zuständigkeit der klassischen Ministerien, die sich gleichzeitig vollziehende Informalisierung der Herrschaftsausübung durch einander bekämpfende führerimmediate Apparate und die von Hitler bewußt vorangetriebene Auflösung der inneren Homogenität des Offizierkorps sowie der Autonomie der Wehrmachtsführung machten es unmöglich, durch eine bloße Regierungsumbildung und die Ausschaltung einiger Machtzentren des Nationalsozialismus, wie des SS-Apparats und des Reichspropagandaministeriums, zu der angestrebten innenpolitischen Machtverlagerung zu gelangen.[12] Durch den von Goebbels planmäßig ausgebauten Hitler-Mythos gab es neben dem Diktator keine Institution mehr, die der Legitimitätsbeschaffung für die Umsturzregierung, wie im Falle Italiens die Monarchie, dienstbar gemacht werden konnte.[13] Stauffenbergs genialer Versuch, vermittels des Unternehmens „Walküre" die Armee zum Stabilisator einer Neuordnung zu machen, scheiterte nicht zuletzt daran, daß die innere Homogenität des preußisch-deutschen Offizierkorps infolge der Aufrüstungs- und Kriegspolitik längst verlorengegangen war.[14]

Es bedurfte daher eines grundlegenden Umdenkens, zugleich der Einsicht in die ihrem Wesen nach kriminelle und inhumane Natur des nationalsozialistischen Regimes, um zu begreifen, daß angesichts der angemaßten Legalität desselben nur ein „revolutionärer" Akt, der über die Ausschaltung der verbrecherischen Teile der NS-Elite hinausging, zu der angestrebten Änderung von Grund auf führen konnte. Dazu gehörte unter den gegebenen Bedingungen die Ermordung des Diktators. Unabhängig von dem im nachhinein überbewerteten Eidproblem[15] konnte die integrative Kraft des Führer-Mythos nicht anders ausgelöscht werden. Goerdelers Hoffnung, daß die Aufdeckung der Verbrechen und der Verantwortungslosigkeit des Führers die Massen auf die Seite der Verschwörer bringen werde,[16] übersah, daß in der erst in den letzten Kriegsmonaten zerbrechenden Loyalität gegenüber Hitler, bei gleichzeitiger verbreiteter Kritik an der Partei, der SS, ihren Repräsentanten und ihren Taten, ein irrationales Bedürfnis nach nationaler Identifikation enthalten war.

Wenn Henning von Tresckow in unvergeßlicher Präzision vom „Nessushemd" sprach, das die Verschwörer zu tragen hätten,[17] brachte er damit den Tatbestand zum Ausdruck, daß jeder Versuch, diese sozialpsychologisch tief verankerte Loyalitätsbindung zwischen Hitler und dem deutschen Volk zu zerstören, notwendig zur Folge hatte, daß sie als Hochverräter an der Nation betrachtet wurden.[18] Darin liegt ein Erklärungsgrund dafür, daß die aktiven Widerstandsgruppen nicht nur wegen der mehr oder minder effektiven Gestapoüberwachung und der terroristischen Pressionen auf die Bevölkerung, sondern nicht zuletzt wegen des psychologischen Hindernisses, aus dem durch Hitler konkret symbolisierten nationalen Verband herauszutreten, extrem isoliert waren. Es leuchtet daher ein, daß der Schritt von der Teilkritik am nationalsozialistischen System zum Widerstand nur von Personen getan werden konnte, die, wie die Kommunisten und Linkssozialisten, aus starken ideologischen und politischen Bindungen heraus dem Druck des Hitler-Mythos widerstanden oder die aufgrund ihrer gesellschaftlichen Herkunft und Stellung, zugleich eines autochthonen Nationalbewußtseins beziehungsweise einer Gegenutopie, sich, in unterschiedlichem Maße, diesem psychologischen Zwang zu entziehen vermochten.

Dies spiegelt sich zugleich in der sozialen Zusammensetzung derjenigen Regimegegner, die sich zu aktivem Widerstand entschlossen. In der Nachfolge von Hans Rothfels ist vielfach die Auffassung vertreten worden, daß die Widerstandsgruppen des 20. Juli Männer und Frauen aus allen sozialen Schichten der Bevölkerung umfaßt und somit ein Spiegelbild der deutschen Gesellschaft dargestellt hätten.[19] Helmuth James von Moltke war bestrebt, jeden Anschein sozialer Exklusivität zu vermeiden und Vertreter der Arbeiterschaft in die Tätigkeit des Kreisauer Kreises einzubeziehen,[20] und ähnlich galt das für Goerdeler. Aber die Rekrutierungsbedingungen der nationalkonservativen Opposition beschränkten sie auf die obere Mittel- und die Oberschicht und gaben ihr notwendig Honoratiorencharakter.[21] Der weitaus größte Teil der Mitglieder der zivilen Oppositionsgruppen bestand aus hohen Beamten, die teils in der inneren Verwaltung und im Justizbereich, teils im diplomatischen Dienst tätig waren. Die Gewerkschaftsführer wie Wilhelm Leuschner und Jakob Kaiser und Verbandsfunktionäre wie Max Habermann und Hermann Maass befanden sich in einer vergleichbaren Lage zu denjenigen, die wie Beck, Goerdeler und von Hassell aus dem öffentlichen Dienst ausgeschieden waren. Unabhängige Anwälte wie Josef Wirmer oder Parlamentarier wie, im bedingten Sinne, Julius Leber, waren die Ausnahme; dazu traten Intellektuelle, die zwischen den Klassen standen, so Carlo Mierendorff, Theodor Haubach, Adolf Reichwein und in gewissem Sinne Pater Alfred Delp.

Die herausragende Rolle von Angehörigen der Aristokratie, namentlich in der Militäropposition, ist ein weiterer Hinweis darauf, daß der nationalkonservative Widerstand sich primär aus gesellschaftlichen Residuen speiste, die dem Zugriff der Nazifizierung widerstanden und gleichsam vorpolitische Kommunikationsfelder bereitstellten. Professionelle Motive spielten bei der Rekrutierung eine wichtige Rolle; das galt für die Diplomaten wie für die Militärs, und es ist in dieser Beziehung an das

Infanterieregiment Nr. 9 als bevorzugtes Rekrutierungsfeld zu erinnern.[22] Gesellschaftliche und verwandtschaftliche Kontakte dienten weithin als Ersatz für eine konspirative Organisation, wie sie von der illegalen KPD unter Bildung von Zellen und Decknamen entwickelt wurde. Paradoxerweise hat dieser Sachverhalt sowie die in Kreisen der Oberschicht verbreitete Regimekritik dazu beigetragen, daß die Gestapo erst vergleichsweise spät — im Falle des Solf-Kreises und der Abwehr — eingriff und sich über das Ausmaß der Verschwörung erst Wochen nach dem Attentat klar wurde.[23]

Soziologisch geurteilt, stellte die nationalkonservative Verschwörung in erster Linie einen Widerstand der Staatsdiener dar. Die für sie selbstverständliche Identifikation mit dem deuschen Staatsgedanken erklärt, daß die nationalkonservative Opposition lange Zeit beanspruchte, repräsentativ für die Nation zu handeln, ohne die Wünschbarkeit demokratischer Legitimierungsmechanismen ins Auge zu fassen. Die im Umkreis Moltkes und Goerdelers entwickelten Neuordnungspläne atmeten daher mit innerer Notwendigkeit den Geist einer „Revolution von oben", wenngleich die Beschwörung der Idee der Subsidiarität der „kleinen Gemeinschaften" und des Selbstverwaltungsprinzips gegen den zentralistischen Macht- und Obrigkeitsstaat gerichtet war.[24] Gerade in den frühen Neuordnungsplänen, wie sie im Umkreis der Abwehr und von Hassell und Popitz entworfen wurden, ging man von der Existenz einer politischen *tabula rasa* aus, die durch die nationalsozialistische Gleichschaltungspolitik und die im Zuge der nationalsozialistischen Propaganda eintretende weitgehende Depolitisierung der Bevölkerung entstanden zu sein schien. An die Wiedererstehung eines Vielparteiensystems und die Rückkehr zum Parlamentarismus dachte niemand.

In der Tat ließ ein Blick über die Landkarte Kontinentaleuropas das parlamentarische Prinzip als überholt erscheinen. Dies korrespondiert mit der Tatsache, daß das politische Personal der Republik — im Unterschied zu demjenigen der späten Präsidialkabinette — im nationalkonservativen Widerstand weitgehend ausfiel.[25] Die sozialdemokratischen und die christlichen Gewerkschaftsführer dachten, im Anschluß an die Konzeption des Führerkreises der vereinigten Gewerkschaften vom April 1933, überwiegend in korporatistischen Kategorien.[26] Auch die Sozialisten im Kreisauer Kreis schlossen sich dem allgemeinen Bestreben an, die Wiedererstehung zentralistischer Parteiapparate und eines Vielparteiensystems nach Möglichkeit zu unterbinden oder doch zu begrenzen.[27]

Es ist schon davon die Rede gewesen, daß der nationalkonservative Widerstand nur schrittweise und zögernd den Weg von Systemkorrekturen und alternativen Strategien zu dem Gedanken des Staatsstreichs und der Neuordnung von Grund auf ging, wobei dem Kreisauer Kreis eine intellektuelle Vorreiterfunktion zufiel. Die frühen Umsturzpläne schlossen sich weitgehend an die gescheiterten autoritären Pläne der Papen- und Schleicher-Periode wie an die Konstellation vom Juni 1934 an.[28] Erst im Zusammenhang mit einer gewissen Ausweitung der sozialen Basis des Widerstands kam es zu Lösungsvorschlägen, die in stärkerem Maße auf eine politische Partizipation der Bevölkerung abstellten, wenngleich das Vorbild des Horthy-Ungarns und monarchistische Erwägungen nach wie vor maßgeblich einwirkten.[29] Die späteren Neuordnungspläne griffen in weitem Umfang auf die neokonservativen und korporatistischen Ideen der Weimarer Zeit, insbesondere auf Spenglers Modell des „preußischen Sozialismus", zurück. Die preußische Tradition, die für eine Reihe von Verschwörern, so für von der Schulenburg, ein zentrales Motiv für den Entschluß zum Widerstand darstellte,[30] war jedoch nicht unumstritten und wurde vor allem von Yorck und Moltke insofern in Frage gestellt, als sie jede Form der „Staatsvergottung" ablehnten und klar begriffen, daß die „Lüge des Obrigkeitsstaats", von der Gustav Radbruch gesprochen hatte, eine der Wurzeln des nationalsozialistischen Führerstaats bildete.[31]

Die Neuordnungspläne des nationalkonservativen Widerstands stellten den Versuch dar, die politisch gleichsam nicht verbrauchten Alternativen zum parlamentarischen System, darunter das berufsständische und das Selbstverwaltungsprinzip, zu reaktivieren. Es ist kein Zweifel, daß es ähnliche Bestrebungen auch auf seiten derjenigen Nationalsozialisten gab, die sich einen Sinn für staatliche Institutionen bewahrten und der fortschreitenden Amorphisierung des politischen Systems ablehnend gegenüberstanden. Vor allem hinsichtlich der Neugliederungs- und Verwaltungsreformpläne fehlte es nicht an Übereinstimmungen zwischen den nationalkonservativen Verschwörern und den isolierten Vorkämpfern institutioneller Reformen in der nationalsozialistischen Führungsschicht.[32] Ursprünglich war man bereit, eine ganze Reihe von spezifisch nationalsozialistischen Einrichtungen, darunter die Deutsche Arbeitsfront, bestehen zu lassen und die Judengesetzgebung nur dort zu revidieren, wo sie diskriminierenden Charakter hatte, während man die rassische Dissimilation, insbesondere bezüglich der nach 1918 zugewanderten Ostjuden, begrüßte.[33]

Kennzeichnend für das gesellschaftspolitische Denken der Widerstandsgruppen des 20. Juli, bei mancherlei Variationen und Abtönungen des autoritären Elements, war jedoch das tiefe Mißtrauen gegenüber dem, was neokonservative Autoren schon vor 1933 als „Massendemokratie" denunziert hatten.[34] Die Opposition überschätzte das politische Gewicht der nationalsozialistischen Massenmobilisierung in den Anfangsjahren des Regimes und die Bedeutung der ganz überwiegend agitatorischer Indoktrination zugeschriebenen Wahlerfolge der NSDAP von 1930 bis

1933. Für die Verschwörer stand die Weimarer Erfahrung nicht im Gegensatz zu derjenigen des Nationalsozialismus, vielmehr erschien dieser als deren folgerichtige Fortsetzung. Im Einparteiensystem des Dritten Reiches schien der Parteienstaat Weimars zu seiner äußersten Konsequenz vorangetrieben zu sein. Der historisch-politische Bezugspunkt der Verschwörer war demgegenüber die 1918/19 verspielte Chance einer umfassenden Neuordnung, die sie mit der preußischen Reform von 1809 oder — mit charakteristischer Akzentverschiebung — der deutschen Erhebung von 1813 in Beziehung setzten.[35]

Andererseits sah die Mehrheit des nationalkonservativen Widerstands — in deutlichem Unterschied zum Kern des Kreisauer Kreises — keinen Anlaß dazu, einen grundlegenden gesellschaftlichen und politischen Umbruch ins Auge zu fassen. Man wollte vielmehr die „richtigen" Ideen des Nationalsozialismus gegenüber deren Pervertierung durch korrupte, gewissenlose und unfähige Machthaber verwirklichen, zur „wahren" Volksgemeinschaft[36] an der Stelle einer ungeordneten Oligarchie nationalsozialistischer Emporkömmlinge gelangen, den deutschen Machtstaat, ja die mitteleuropäische Hegemonie gegen die verantwortungslosen militärischen Abenteuer Hitlers sichern. Aus dieser Sicht sprach von der Schulenburg wiederholt vom „kommenden Reich",[37] wie überhaupt der Gedanke des nationalen Aufbruchs, der durch den Nationalsozialismus ins Gegenteil verkehrt worden sei, eine gewisse Rolle gespielt hat. Dies mag auch die Ambivalenz bei einer Reihe von Verschwörern — man denke an Trotts Wahrnehmung des Indienreferats, an die auch an Himmler gerichteten späten Denkschriften von der Schulenburgs[38] und an die loyale Mitarbeit der Militärs in Fragen der unmittelbaren Kriegführung — erklären, die im Nebeneinander von Kooperation und Widerstand liegt.

Nur wenige Verschwörer wünschten den totalen Zusammenbruch des bestehenden politischen Systems, den hingegen Moltke und Yorck aus der für sie charakteristischen geschichtsphilosophischen Gesamtsicht als notwendige Bedingung eines säkularen gesellschaftlichen und ethischen Neuanfangs betrachteten. Sie beschränkten sich daher zunächst darauf, Planungen für den ersehnten Tag X zu treffen. Trotz ihrer Bedenken gegen ein Attentat und damit gegen einen willkürlichen Eingriff in den historischen Prozeß stellten sie sich jedoch seit 1942 in den Dienst des aktiven Umsturzes, nachdem ihnen das ganze Ausmaß der sich anbahnenden moralischen, militärischen und politischen Katastrophe zum Bewußtsein kam, das eine Politik des Abwartens nicht mehr zuließ.[39]

Die Grenzen zwischen Teilkritik, offener Gegnerschaft und aktivem Widerstand waren unter den gegebenen Bedingungen notwendig fließend. Deshalb ist es auch methodisch ziemlich unergiebig, eine begriffliche Scheidung von aktivem Widerstand und anderen Formen der Resistenz und des oppositionellen Verhaltens vorzunehmen.[40] Dies mag für die Mitglieder des kommunistischen Widerstands, abgesehen von dem Zwischenspiel des deutsch-sowjetischen Nichtangriffspakts, möglich sein. Für die Sozialisten ist diese Trennung schon viel schwieriger. Bei den Gruppen, die aus dem System heraus arbeiteten, sind pauschale Zuordnungen vielfach irreführend, insbesondere in Grenzfällen wie bei Ernst von Weizsäcker und Wilhelm Canaris.[41] Die Definitionsmacht über das, was als Widerstand im engeren Sinne zu bezeichnen ist, lag im Grunde bei der Gestapo, die auch nach dem 20. Juli den Kreis der zu Verfolgenden vergleichsweise willkürlich und extensiv festlegte, ganz abgesehen von der sich anschließenden Verhaftungswelle der „Gewitteraktion“, die Tausende von potentiellen Regimegegnern umfaßte, vor allem Repräsentanten der Weimarer Republik.[42]

Während der Kreis von Mitwissern, Sympathisanten und zeitweiligen Beratern bemerkenswert umfangreich war, blieb die Gruppe der eigentlichen aktiven Verschwörer äußerst begrenzt, und war sie in extremer Weise politisch isoliert. Die Trennungslinie ging hier vielfach, wie im Falle der Schulenburgs, kraß durch die Familien hindurch, und Ähnliches findet sich im Arbeiterwiderstand, in dem die Eltern die Denunziation der von der HJ indoktrinierten Kinder befürchten mußten. Psychologisch schlug sich dies in der Erscheinung nieder, daß Anregungen von außen, trotz zahlreicher Auslandskontakte und -erfahrungen, intellektuell kaum verwertet wurden, daß die Verschwörer vielmehr auf die eigene Erfahrungs- und Ideenwelt der 20er und frühen 30er Jahre zurückgriffen, woraus sich eine im Vergleich zur Emigration deutlich hervortretende „Introvertiertheit“ ihrer Neuordnungsvorstellungen ergibt. Diese Isolierung in einer feindlichen Umwelt, in der auch beim Zusammentreffen Gleichgesinnter ein offener Diskurs aus Sicherheitsgründen in der Regel vermieden wurde, was Mißverständnisse, wie die falsche Einschätzung der Haltung Erwin Rommels,[43] begünstigte, war von einem tiefen, wenngleich nicht immer eingestandenen Mißtrauen in die politische Mündigkeit des einzelnen Staatsbürgers begleitet.

Die Neuordnungspläne[44] zielten darauf ab, die Wahlbevölkerung in überschaubare lokale Einheiten zu zerlegen, in denen sich anstelle des anonym bleibenden Parteikandidaten der angesehene örtliche Bürger zur Wahl stellen sollte, der sich im nachbarschaftlichen Zusammenhang durch gemeinschaftsfördernde Initiativen und die Wahrnehmung unmittelbarer Wählerinteressen hervorgetan hatte. Direkte Wahlen sollte es nur auf dieser Ebene geben, was eine Oligarchisierung der sonst auf indirekten Wahlen beruhenden Repräsentativkörperschaften zur Folge hatte. Ideologische und propagandistische Einflüsse, wie die Rolle von Parteibürokratien, sollten so weit wie möglich zurückgedrängt, die Politik auf die konkreten Bedürfnisse des Bürgers vor Ort begrenzt werden. Dies war nicht nur eine Reaktion auf die plebiszitären Propagandaappelle der NSDAP; ganz ähnliche Wahlrechtsmodifikationen waren von Freiherrn von Gayl, dem Innenminister des Kabinetts von Papen, vorgeschlagen worden.[45] Auch im soziokulturellen Sinne strebte der nationalkonservative Widerstand eine „Entmassung der Masse“ an. Dies vermischte sich mit agrarromantischen Vorstellungen und Überlegungen, die Urbanisierung wenigstens teilweise rückgängig zu machen, wobei freilich strittig blieb, ob man die Folgen des Bombenkrieges dazu benützen könne. Dazu traten eine ausgeprägt mittelständische Wirtschaftspolitik und analoge Reformen im Bereich von Erziehung und Volksbildung.

Das Arsenal konservativer Gegenutopien, das sich hier auftat und von den einzelnen Richtungen und Repräsentanten des nationalkonservativen Widerstands mit unterschiedlicher Zuspitzung ausgeschöpft wurde, zeigt das Dilemma einer politischen Position, die letzten Endes das Weimarer parlamentarische System in eine Linie mit dem Nationalsozialismus rückte. Die Überformung des kommunistischen Widerstands durch die Instruktionen der Komintern hat gewisse Gemeinsamkeiten seines politischen Denkens mit der neokonservativen Kulturkritik verdeckt, die etwa in den zeitgenössischen Schriften Ernst Blochs hervortreten. Es war bezeichnend, daß sich die Vorstellungswelt der an der Widerstandsbewegung beteiligten Sozialisten durchaus nationalkonservativen Vorstellungen annäherte, die mit dem Begriff der „dritten Idee“, der Synthese aus westlichem Individualismus und östlichem Kollektivismus, und der Forderung eines christlichen Personalismus in der Tradition des deutschen Sonderweges standen. Daß die Kreisauer Philosophie aus diesem Gedankengebäude eigenständige und in vielfacher Hinsicht faszinierende, wenngleich utopische Konsequenzen zog, von denen einige, wie das nachbarschaftliche Prinzip, die Betonung des Regionalismus als Grundlage künftiger transnationaler Strukturen und die europäische Überwindung des Nationalstaats[46] und nicht zuletzt ökologische Erwägungen, in unserem Jahrzehnt neue Aktualität gewinnen, ändert an dem Tatbestand nichts, daß die Neuordnungsprogramme des deutschen Widerstands die Bedingungen einer fortgeschrittenen Industriegesellschaft weitgehend verkannten.

Es wäre verfehlt, den wenn nicht rückwärts gewandten, so doch explizit antiliberalen Grundzug des oppositionellen Denkens zu leugnen, der sich, auch bei Anhängern eines liberalen Wirtschaftssystems wie Goerdeler, mit ausgeprägt sozial-paternalistischen Zügen vermengte. Er beleuchtet die fundamentale Hilflosigkeit des bürgerlichen Antifaschismus angesichts der manipulativen Ausnutzung wesentlicher Elemente der nationalen Kultur durch den Nationalsozialismus, dessen technokratische Züge durchaus auch pseudodemokratische Konsequenzen enthielten. Auch die Sprache der Gegner paßte sich in manchem derjenigen der NSDAP an, und ihre Panazeen liegen in mancher Hinsicht auf der gleichen geschichtlichen Stufe wie die verlockenden Propagandavisionen des Regimes, die nun freilich nichts mit der Realität einer in innerer Auflösung begriffenen Gesellschaft zu tun hatten. Christentum, Rechtsstaatsgedanke und Korruptionsfreiheit der öffentlichen Verwaltung waren angesichts der extremen Mißstände im Dritten Reich gewichtige und ernst zu nehmende Zielsetzungen der Verschwörer, die dafür ihr Leben einsetzten und hingegeben haben. Aber die konkreten Vorschläge, diesen Wertvorstellungen Durchsetzung zu verschaffen, muten doch vergleichsweise realitätsfremd an, obwohl sie ausdrücklich mehr als Eventualplanungen darstellten.[47]

Diese Feststellung kann nicht als politisch-moralische Abwertung des nationalkonservativen Widerstands betrachtet werden. Es ist nicht leicht, sich einzugestehen, daß der Nationalsozialismus oder doch Teile der Ziele, für die er stand, so tief in das Denken und das Handeln der deutschen Massen eingedrungen waren, daß nur aus letztlich utopisch bestimmtem und tief religiösem Denken heraus Widerstandskräfte mobilisiert werden konnten, während pragmatisch denkende Politiker wie Konrad Adenauer oder Theodor Heuss[48] in Resignation verfielen oder keinen Ansatzpunkt zu realistischem Handeln erblicken zu können glaubten.

Der Kreis der Verschwörer konnte zu keinem Zeitpunkt damit rechnen, breite Unterstützung bei der Bevölkerung zu finden. Recherchen, die Pater Delp anstrengte, und Rückfragen Lebers ergaben, daß die Masse der Industriearbeiterschaft das Regime vergleichsweise loyal unterstützte.[49] Furcht vor einer Niederlage im Krieg und soziale Statuserhöhung in den Betrieben wirkten hierbei zusammen. Stimmungsberichte aus den Tagen nach dem Attentat zeigten eine vorübergehend ansteigende Popularität Hitlers selbst in traditionell „roten“ Bezirken wie dem Berliner Wedding.[50] Auch die Kommunisten machten die Erfahrung, daß der Versuch, die konspirative Organisation über den Kreis der früheren Parteikader auszudehnen und auch bürgerliche und christliche Gruppen anzusprechen, nahezu aussichtslos war und nur den Eingriff der Gestapo nach sich zu ziehen drohte.[51] Insbesondere die jüngere Generation, die dem indoktrinierenden Einfluß der HJ ausgesetzt war, blieb, von Ausnahmen wie der „Weißen Rose“ abgesehen, abseits und stellte eine potentielle Bedrohung der Umsturzbestrebungen dar.[52]

Kennzeichnend für die innere Situation des Dritten Reiches war jedoch vor allem, daß der breite Mittelstand völlig dem Sog der nationalsozialistischen Propaganda erlegen war. Repräsentanten von Handwerk, Gewerbe und Industrie und der freien Berufe fehlten im Widerstand gänzlich; zwar fand Goerdeler bei Bosch und Krupp indirekte Unterstützung, aber es fällt doch auf, daß Wirtschaftskreise sich deutlich zurückhielten und allenfalls, wie Hermann Abs, an der Peripherie tätig waren.[53] Nationalökonomen wie Schmölders und Constantin von Dietze, die als Sachverständige herangezogen wurden, vertraten zudem sozialpolitische Positionen, die denjenigen des Regimes zum Verwechseln ähnlich waren, so scharf sie es sonst auch verurteilten. Die Ordo-Liberalen, deren Denken den Kreisauer Vorstellungen verwandt war, tendierten eher dazu, sich an den systemkonformen Planungen zur Nachkriegswirtschaft zu beteiligen, die Otto Ohlendorf als Staatssekretär im Wirtschaftsministerium ohne das Wissen Hitlers angeregt hatte, um den von alliierter Seite vorgelegten Nachkriegsplänen ein Äquivalent entgegenzusetzen.[54]

Die großbürgerlichen Vertreter des Widerstands, in erster Linie Carl Goerdeler, fungierten daher gleichsam als Bourgeois ohne Klasse, ohne Vertrauen in ihre eigene Schicht. Dies ist eine Erklärung für die fast vollständige Absage an die liberale Tradition und für die anhaltenden Bestrebungen, zur Monarchie zurückzukehren, was sich jedoch angesichts der mangelnden Bereitschaft der Hohenzollerndeszendenten, sich für ein solches Experiment zur Verfügung zu stellen, als völlig utopische Zielsetzung erwies, die allerdings auch die Bedeutung hatte, die angestrebte autoritäre Regierungsform indirekt zu legitimieren. Man hat Hitler, im Anschluß an die Aufzeichnungen Hermann Rauschnings, als den Zerstörer des deutschen Bürgertums betrachtet.[55] Es ist wohl richtiger, ihn als Inkarnation der ihre eigene Tradition verleugnenden bürgerlichen Schichten in Deutschland zu bezeichnen. Denn von ihnen ging ein ernstlicher Widerstandsimpuls nicht aus; es waren die hohen Beamten, die sich wie im Vormärz und 1848 zum Sachwalter des Nationalinteresses machten.

Die Neuordnungspläne des nationalkonservativen Widerstands spiegeln diesen Sachverhalt. Sie wiesen eine weitgehend statische Struktur auf, in der eine von antagonistischen gesellschaftlichen Interessen, die in paritätisch gebildeten berufsständischen Gremien zu harmonischem Ausgleich gelangen sollten, weitgehend unabhängige Exekutivgewalt dem abstrakten Interesse des Staates gegenüber der Gesellschaft Durchsetzung verschaffte. Die formale Betonung des Rechtsstaatsprinzips verhinderte bei einer nur begrenzten „Mitwirkung aller Schichten des Volkes“[56] nicht, daß sich, ganz gegen die Absicht der Mehrheit der Verschwörer, einseitige Interessen an der Macht behaupteten. Zwar erkannte die nationalkonservative Opposition, nicht zuletzt unter dem Eindruck der Formverwandlung des kommunistischen Widerstands durch die Gründung des „Nationalkomitees Freies Deutschland“,[57] daß es notwendig war, den Umsturz durch eine breitere Verankerung in der Bevölkerung abzusichern und dessen Legitimationsgrundlagen zu verbreitern. Diesem Ziel diente das in den Monaten vor dem Attentat heiß umkämpfte Konzept der „überparteilichen Volksbewegung", die das neokonservative Gegenstück zu der in dieser Zeit durchbrechenden Tendenz zur Allparteienregierung und zum Blocksystem darstellte.[58] Aber es war doch bezeichnend, daß die Umsturzvorbereitungen in dieser Beziehung über kontrovers bleibende programmatische Vorarbeiten nicht hinausgelangten.

Die soziale Isolierung des Widerstands, und zwar eigentlich aller seiner politischen Richtungen, ist denn auch einer der Gründe dafür, daß sich seine Tätigkeit in weitem Umfange darauf erstreckte, Konzepte für eine gesellschaftliche und politische Neuordnung zu entwerfen. Es wäre auf den ersten Blick normal gewesen, zu der formell keineswegs außer Kraft gesetzten Weimarer Reichsverfassung zurückzukehren, wenngleich nach dem Tode Hindenburgs die verfassungsrechtliche Brücke dazu weggefallen war. Auch wäre eine pragmatische Beschränkung auf die für die Stabilisierung der angestrebten Umsturzregierung und die unmittelbar einzuschlagenden Maßnahmen denkbar gewesen. Psychologisch war dies jedoch ausgeschlossen, bedurfte es vielmehr einer Vision grundlegender Neuordnung, die in gewisser Hinsicht an den nationalen Aufbruchmythos der frühen 30er Jahre anknüpfte.

In der relativ entpolitisierten Atmosphäre des Dritten Reiches erhielten die Planungen zudem einen ausgeprägten technokratischen Grundzug, der von den realen gesellschaftlichen Interessen und virtuellen Parteigruppierungen weitgehend abstrahierte. Dies ist ein Indikator dafür, daß die ersten erfolgreichen Jahre der nationalsozialistischen Diktatur als definitive Abwendung von den Weimarer Verhältnissen empfunden wurden, und zwar auch in Kreisen, die ihr distanziert gegenüberstanden. Die politischen Ordnungs- und Wertvorstellungen der antirepublikanisch eingestellten deutschen Eliten von Weimar stellten daher den einzigen Fundus dar, aus dem eine politische Alternative zu Hitler bestückt werden konnte, während die kommunistische und linkssozialistische Programmatik, selbst in der auf ein demokratisches Blocksystem heruntergeschraubten Version des Nationalkomitees, auch bei der Arbeiterschaft keine nennenswerte Resonanz gefunden hätte.

Marion Gräfin Yorck, die an den Kreisauer Zusammenkünften teilnahm, hat zutreffend bemerkt, daß Claus Schenk von Stauffenberg den Schritt zum Attentat nicht getan haben würde, wenn hinter der generalstabsmäßigen, auf das Mittel des militärischen Ausnahmezustandes zurückgreifenden Umsturzplanung nicht ein umfassendes Konzept der Alternative zu Hitler gestanden hätte.[59] Dies kennzeichnet das Selbstverständnis auch der militärischen Verschwörung, bei der die eigentliche Initiative nicht von den verantwortlichen Heerführern, sondern von den in der Regel jüngeren Generalstabsoffizieren ausging. Ihnen mangelte, bei allem Respekt vor ihrer Gesinnung und ihrem Handeln, revolutionäre Qualität. Das Trauma der Novemberrevolution wirkte bei ihnen nach. Die Furcht, daß der Umsturz und eine nicht vermeidbare Niederlage eine ähnliche, nicht mehr kontrollierbare Situation wie am Ende des Ersten Weltkriegs heraufbeschwören könnten, war einer der Antriebe für die umfassenden Neuordnungspläne der zivilen Opposition. Diese hatten zugleich den Sinn, den angestrebten Umsturz politisch zu legitimieren und ihm das Odium zu nehmen, bloß der Wahrnehmung einseitiger militärischer und sozialer Interessen dienstbar zu sein, wie die nationalsozialistische Propaganda, aber auch Winston Churchill in seiner fatalen Unterhausrede behaupteten.[60]

Indem die Verschwörung des 20. Juli 1944 intellektuell und politisch im Horizont der Ideologie eines eigenständigen „deutschen Weges" verblieb, ist sie einer geschichtlichen Epoche zuzuordnen, die mit dem Zusammenbruch des Nationalsozialismus und der faschistischen Bewegungen im Mai 1945 — mit einigen nachlaufenden Tendenzen bis zum innenpolitischen Wendejahr 1948/49 — ihren Endpunkt fand. Konsequenterweise sind von ihr praktische politische Einflüsse auf die Demokratiegründung in Westdeutschland nicht ausgegangen. Die Überlebenden sahen sich vielmehr weithin politisch isoliert und beklagten, wie Theodor Steltzer und Paulus van Husen, den Weg zur Bonner Parteiendemokratie.[61] Die kommunistischen Widerstandsgruppen sahen sich in Mitteldeutschland, wenn auch in geringerem Maße als die bürgerlich-demokratischen Repräsentanten des Widerstands, weitgehend ausgeschaltet. In beiden deutschen Teilstaaten fiel die politische Initiative, unter wechselndem politischen Vorzeichen, an die in Weimar hervorgetretenen politischen Eliten zurück. Die gleichwohl erfolgende Berufung auf die Tradition des Widerstands, der im Sinne der nun dominierenden parlamentarischen oder volksdemokratischen Ausrichtung umgedeutet wurde, stellte daher eine grundlegende Verzeichnung der Absichten wie der Kampfbedingungen der Opposition, zugleich eine Verdrängung der tieferen gesellschaftlichen Ursachen der nationalsozialistischen Diktatur dar.

Aus größerem Abstand heraus und aufgrund der eingehenden Erschließung der nur fragmentarisch überlieferten Zeugnisse ist demgegenüber die geistige und politisch-ethische Eigenständigkeit gerade des nationalkonservativen Widerstands hervorzuheben, der sich nicht in die affirmativen Klischees unverbindlich bleibender Gedenkveranstaltungen einzwängen läßt. Es waren nicht die Demokraten und nicht die unterdrückten republikanischen Parteien, auch nicht die Kirchen als Institution, die Deutschland gegen Hitler zu verteidigen und die politische, militärische, vor allem aber die moralische Katastrophe abzuwenden versuchten, die durch den ungebremsten Amoklauf des späten Hitler-Regimes eintreten mußte. Es waren in vieler Hinsicht Außenseiter, nach dem 20. Juli aus der Solidargemeinschaft der Nation Ausgestoßene, die den Entschluß faßten, unter unsäglich schwierigen Bedingungen und zuletzt im Bewußtsein äußerer Aussichtslosigkeit den Umsturz zu wagen und damit ein Zeichen gegen die in Hitler verkörperte Herrschaft der absoluten Inhumanität zu setzen, während die große Mehrheit der Nation und ihrer Eliten schwieg.

Im Handeln der Verschwörer des 20. Juli, wie der vielen, die sich auf ihre Weise dem Regime widersetzten, indem sie Juden Unterschlupf gewährten, sowjetischen Kriegsgefangenen halfen, die Kenntnis der verbrecherischen Politik des Regimes verbreiteten und gegen Euthanasie und Menschenvernichtung protestierten, liegt eine Herausforderung, die mit der Rückkehr zu freiheitlich-demokratischen Verhältnissen nicht abgegolten ist. Helmuth James von Moltke hob einmal hervor, daß es letztlich darum gehe, das Bild des Menschen „im Herzen unserer Mitbürger" wiederherzustellen.[62] Der Ruf nach innerer Erneuerung auf der Grundlage der individuellen sozialen und moralischen Identität als Voraussetzung von Freiheit und sozialer Gerechtigkeit, nach Aktivierung der nachbarschaftlichen und mitmenschlichen Beziehung, nach größerer Verantwortungsfreudigkeit und individueller Initiative in einer durch das Anwachsen anonymer Apparaturen geprägten Gesellschaft gilt auch für unsere Gegenwart.

Die intellektuelle und die politische Bewältigung der Kultur- und Gesellschaftskrise der 20er und 30er Jahre, die der nationalkonservative Widerstand als Hauptursache der nationalsozialistischen Herrschaft begriff, die er aber zugleich repräsentierte, ist in der Bundesrepublik kaum hinreichend vollzogen. Es gibt Indikatoren dafür, daß nach einer Phase der Verdrängung wieder die Neigung besteht, an Argumente und Positionen anzuknüpfen, die dem Krisenbewußtsein der Zwischenkriegszeit entstammen, obwohl die Geschichte des deutschen Widerstands deren innere Problematik klar zur Anschauung bringt. Es ist zu wünschen, daß die historische Aufarbeitung der deutschen Opposition gegen Hitler an die Stelle einer affirmativen Verflachung die Bereitschaft zur Auseinandersetzung mit den tieferen politisch-historischen Wurzeln treten läßt, die sein notwendiges Scheitern mit begründeten.

Anmerkungen

1 Der Text dieses öffentlichen Vortrags wird auch abgedruckt in der *Historischen Zeitschrift.*

2 Zur Widerstandsforschung der DDR vgl. die Literaturübersicht in Dieter Lange u. a. (Hrsg.), *Forschungen zur deutschen Geschichte 1933—1945,* in: *Zeitschrift für Ge-*

schichtswissenschaft, 28. Jg. (1980), Sonderbd. *Analysen und Berichte*, S. 281 ff.; ferner Heinz Kühnrich, *Die KPD im Kampf gegen die faschistische Diktatur*, Berlin [Ost] 1983, und Klaus Mammach, *Der antifaschistische deutsche Widerstand 1933—1939*, 6. Aufl., Berlin [Ost] 1984. Vgl. meinen Beitrag *Der 20. Juli 1944 aus der historiographischen Sicht des geteilten Deutschland*, in: *Politik und Kultur*, 11. Jg. (1984), H. 4, S. 9—20.

[3] Z. B. bei Sebastian Haffner, *Anmerkungen zu Hitler*, München 1978, S. 76 f., 176 f. Bei Gordon A. Craig, *Deutsche Geschichte 1866—1945*, 3. Aufl., München 1981, ist der Kreisauer Kreis schon nicht mehr erwähnt.

[4] Vgl. die Pionierstudie von Hans Rothfels, *Die deutsche Opposition gegen Hitler. Eine Würdigung*, 1. Aufl., Krefeld 1949, Neuausgaben Frankfurt a. M. 1958, München 1969; ihm folgend Eberhard Zeller, *Geist der Freiheit. Der 20. Juli*, 4. Aufl., München 1963; Erich Zimmermann/Hans Adolf Jacobsen (Hrsg.), *20. Juli 1944*, 3. Aufl., Bonn 1960; *Vollmacht des Gewissens*, 2 Bde, hrsg. von der Europäischen Publikation e. V., Frankfurt a. M. 1960, 1965; John H. McCloy, *Die Verschwörung gegen Hitler. Ein Geschenk an die deutsche Zukunft*, Stuttgart 1963. Zur historiographischen Einordnung siehe Hans Mommsen, *Begriff und Problematik des deutschen Widerstands gegen Hitler in der zeitgeschichtlichen Forschung*, in: *Widerstandsbewegungen in Deutschland und in Polen während des Zweiten Weltkrieges* (= Schriftenreihe des Georg-Eckert-Instituts für Internationale Schulbuchforschung, 22/I), 2. Aufl., Braunschweig 1983, S. 16—23.

[5] Bodo Scheurig, *Ewald von Kleist-Schmenzin. Ein Konservativer gegen Hitler*, Oldenburg 1968. Unter den frühen Hitlergegnern im nationalkonservativen Widerstand sind vor allem Hans Oster (siehe Romedio G. Graf von Thun-Hohenstein, *Der Verschwörer. General Oster und die Militäropposition*, Berlin 1982, S. 45 ff.), Adam von Trott zu Solz (siehe Henry A. Malone, *Der Werdegang eines Verschwörers. Adam von Trott zu Solz*, Berlin 1985) und Helmuth James von Moltke zu nennen.

[6] Heinz Höhne, *Mordsache Röhm. Hitlers Durchbruch zur Alleinherrschaft 1933—34*, Hamburg 1984, S. 232 ff.

[7] Hermann Graml, *Die außenpolitischen Vorstellungen des deutschen Widerstands*, in: Walter Schmitthenner/Hans Buchheim (Hrsg.), *Der deutsche Widerstand gegen Hitler*, Köln 1966, S. 152 f. Vgl. Klaus-Jürgen Müller, *Die deutsche Militäropposition gegen Hitler. Zum Problem ihrer Interpretation und Analyse*, in: Ders., *Armee, Politik und Gesellschaft in Deutschland 1933—1945*, Paderborn 1979, S. 101 ff.

[8] Peter Ludlow, *Papst Pius XII., die britische Regierung und die deutsche Opposition im Winter 1939/40*, in: *Vierteljahrshefte für Zeitgeschichte*, 22. Jg. (1974), S. 299—341.

[9] Peter Grassmann, *Sozialdemokraten gegen Hitler 1933—1945*, München 1976; Richard Löwenthal/Patrik von zur Mühlen (Hrsg.), *Widerstand und Verweigerung in Deutschland 1933—1945*, Berlin 1982; Hans Mommsen, *Aktionsformen und Bedingungen des Widerstands in der Arbeiterschaft*, in: *Widerstandsbewegungen...* [Anm. 4], S. 70 ff.

[10] Christian Streit, *Keine Kameraden. Die Wehrmacht und die sowjetischen Kriegsgefangenen 1941—1945*, Stuttgart 1978, S. 33 ff.

[11] *Spiegelbild einer Verschwörung. Die Kaltenbrunner-Berichte an Bormann und Hitler über das Attentat des 20. Juli 1944*, hrsg. vom Archiv Peter, Stuttgart 1961, S. 111; Christian Müller, *Oberst i. G. Stauffenberg. Eine Biographie*, Düsseldorf o. J. [1971], S. 440 ff.

[12] Zur zunehmenden Einbindung der Armee siehe Klaus-Jürgen Müller, *Das Heer und Hitler. Armee und nationalsozialistisches Regime, 1933—1940*, Stuttgart 1969, sowie Manfred Messerschmidt, *Die Wehrmacht im NS-Staat. Zeit der Indoktrination*, Ham-

burg 1969. Zur inneren Auflösung des Regierungssystems vgl. neben Martin Broszat, *Der Staat Hitlers. Grundlagen und Entwicklung seiner inneren Verfassung,* 5. Aufl., München 1975, vor allem Lothar Gruchmann, *Die „Reichsregierung" im Führerstaat. Stellung und Funktion des Kabinetts im nationalsozialistischen Herrschaftssystem,* in: Günther Doeker/Winfried Steffani (Hrsg.), *Klassenjustiz und Pluralismus. Festschrift für Ernst Fraenkel,* Hannover 1973, S. 187—223.

[13] Ian Kershaw, *Der Hitler-Mythos. Volksmeinung und Propaganda im Dritten Reich,* Stuttgart 1980, S. 190f.

[14] Peter Hoffmann, *Zum Ablauf des Staatsstreichsversuches des 20. Juli 1944 in den Wehrkreisen,* in: *Wehrwissenschaftliche Rundschau,* 14. Jg. (1964), S. 377—397, sowie ders., *Widerstand, Staatsstreich, Attentat. Der Kampf der Opposition gegen Hitler,* München 1969, S. 479ff.

[15] *Vollmacht des Gewissens...* [Anm. 4], Bd. 1. Vgl. dagegen Dieter Ehlers, *Technik und Moral einer Verschwörung. Der Aufstand am 20. Juli 1944,* Bonn 1964, S. 59f.

[16] Gerhard Ritter, *Carl Goerdeler und die deutsche Widerstandsbewegung,* München 1964, S. 315.

[17] Fabian von Schlabrendorff, *Offiziere gegen Hitler,* Neuausgabe, Berlin 1984, S. 129; vgl. Bodo Scheurig, *Henning von Tresckow. Eine Biographie,* 4. Aufl., Oldenburg 1973, S. 184f.

[18] Stauffenberg war sich über diesen Sachverhalt völlig im klaren; vgl. Ch. Müller, *Oberst i. G. Stauffenberg...* [Anm. 11], S. 346f.

[19] H. Rothfels, *Die deutsche Opposition...* [Anm. 4], S. 168f.

[20] Ger van Roon, *Neuordnung im Widerstand. Der Kreisauer Kreis innerhalb der deutschen Widerstandsbewegung,* München 1967, S. 226ff.

[21] Hans Mommsen, *Gesellschaftsbild und Verfassungspläne des deutschen Widerstands,* in: W. Schmitthenner/H. Buchheim (Hrsg.), *Der deutsche Widerstand...* [Anm. 7], S. 73ff.

[22] Albert Krebs, *Fritz-Dietlof von der Schulenburg. Zwischen Staatsraison und Hochverrat,* Hamburg 1964, S. 191ff.

[23] P. Hoffmann, *Widerstand...* [Anm. 14], S. 613f.

[24] H. Mommsen, *Gesellschaftsbild...* [Anm. 21], S. 119f.

[25] Es ist charakteristisch, daß politische Praktiker wie Emil Henk, der als Berater Mierendorffs fungierte, und Parlamentarier wie Ludwig Bergsträsser, der mit Leuschner in Verbindung stand, an der Verschwörung nicht direkt beteiligt waren.

[26] Gerhard Beier, *Zur Entstehung des Führerkreises der vereinigten Gewerkschaften Ende April 1933,* in: *Archiv für Sozialgeschichte,* 15. Jg. (1975), S. 365ff., sowie Hans Mommsen, *Die deutschen Gewerkschaften zwischen Anpassung und Widerstand,* in: Ders., *Arbeiterbewegung und nationale Frage,* Göttingen 1979, S. 376ff.

[27] H. Mommsen, *Gesellschaftsbild...* [Anm. 21], S. 151f., sowie Dorothea Beck, *Julius Leber. Sozialdemokrat zwischen Reform und Widerstand,* Berlin 1983, S. 176f.

[28] H. Mommsen, *Gesellschaftsbild...* [Anm. 21], S. 131f.; es darf nicht übersehen werden, daß führende Militärs wie Beck den Fehlinformationen Görings und Himmlers Glauben schenkten und eine SA-Revolution real ins Auge faßten, die den militärischen Ausnahmezustand nach sich ziehen würde.

[29] Vgl. dazu Gerhard Ritter, *Carl Goerdeler und die deutsche Widerstandsbewegung,* Stuttgart 1954, S. 308ff.

[30] Hans Mommsen, *Fritz-Dietlof von der Schulenburg und die preußische Tradition,* in: *Vierteljahrshefte für Zeitgeschichte,* 32. Jg. (1984), S. 213—239.

[31] Briefwechsel von Moltke mit Peter Graf Yorck von Wartenburg vom Sommer 1940, abgedruckt bei G. van Roon, *Neuordnung im Widerstand...* [Anm. 20], S. 479 ff.; vgl. S. 372 f.

[32] Das betrifft die angestrebte Reichsmittelinstanz, die Trennung der Ausbildung von Verwaltungs- und Justizreferendaren, die territorialen Neugliederungspläne und die Schaffung eines Reichsgesetzgebungssenats. Zwischen Schulenburg und Staatssekretär Stuckart bestanden enge Beziehungen. Nicht anders galt das für Popitz. Zu diesem Komplex vgl. Peter Diehl-Thiele, *Partei und Staat im Dritten Reich. Untersuchungen zum Verhältnis von NSDAP und innerer Staatsverwaltung 1933—1945,* München 1969, sowie demnächst die Dissertation von Birgit Schulze, *Heinrich Himmler als Minister des Innern* (Ruhruniversität Bochum).

[33] Christof Dipper, *Der Widerstand gegen Hitler und die Judenfrage,* in: *Geschichte und Gesellschaft,* 9. Jg. (1983), S. 349—380, der das Material etwas ungleich verwertet, arbeitet zu wenig heraus, daß die Mehrheit der Nationalkonservativen, analog zur Tradition des deutschen Konservativismus seit dem Tivoli-Programm, den Standpunkt rassischer Dissimilation unter Ausnahme des angestammten assimilierten deutschen Judentums vertrat. Vgl. auch H. Mommsen, *Gesellschaftsbild...* [Anm. 21], S. 130.

[34] Z. B. Edgar Jung, *Die Herrschaft der Minderwertigen, ihr Zerfall und ihre Ablösung durch ein neues Reich,* 2. Aufl., Berlin 1930, S. 325 f. Zusammenfassung bei Klaus Fritzsche, *Politische Romantik und Gegenrevolution. Fluchtwege aus der bürgerlichen Gesellschaft,* Frankfurt a. M. 1976, S. 134 ff.

[35] H. Mommsen, *Gesellschaftsbild...* [Anm. 21], S. 159.

[36] Vgl. Goerdelers Denkschrift „Das Ziel", in: Wilhelm Ritter von Schramm, *Gemeinschaftsdokumente für den Frieden 1941/44,* München 1965, S. 133, vgl. S. 31. Dort findet sich eine charakteristische Formulierung vom „klassengelösten Bewußtsein der Volksgemeinschaft".

[37] H. Mommsen, *Fritz-Dietlof Graf von der Schulenburg...* [Anm. 30], S. 222.

[38] Denkschrift über „Bombenzerstörungen und Wiederaufbau", September 1943, sowie Denkschrift zur Verwaltungs- und Reichsreform sowie zur Sozialpolitik (Mitte 1943), Bundesarchiv Koblenz, NL 301/2.

[39] H. Mommsen, *Gesellschaftsbild...* [Anm. 21], S. 158 f. In der Literatur findet sich vielfach noch die irrtümliche Auffassung, der Kreisauer Kreis habe sich auf die Neuordnungsplanung beschränkt. Siehe auch die Materialzusammenstellung bei Freya von Moltke/Michael Balfour/Julian Frisby, *Helmuth James von Moltke 1907—1945. Anwalt der Zukunft,* Stuttgart 1975.

[40] Martin Broszat, *Resistenz und Widerstand,* in: Martin Broszat/Elke Fröhlich/Anton Grossmann (Hrsg.), *Bayern in der NS-Zeit,* Bd. 4, München-Wien 1981, S. 691—709; Peter Hüttenberger, *Vorüberlegungen zum „Widerstandsbegriff",* in: Jürgen Kocka (Hrsg.), *Theorien in der Praxis des Historikers* (= *Geschichte und Gesellschaft,* Sonderh. 3), Göttingen 1977, S. 117—134.

[41] Rainer A. Blasius, *Für Großdeutschland — gegen den großen Krieg. Staatssekretär Ernst Freiherr von Weizsäcker in den Krisen um die Tschechoslowakei und Polen 1938/39,* Köln 1981; Heinz Höhne, *Canaris. Patriot im Zwielicht,* München 1976.

[42] Walter Hammer, *Die „Gewitteraktion" vom 22. 8. 1944,* in: *Freiheit und Recht,* (1959), H. 8/9, S. 15 ff. Ursprüngliche Bezeichnung lt. Hammer „Aktion Gitter".

[43] Der Nachweis David Irvings *(Feldmarschall Rommel. Eine Biographie,* Hamburg 1978), daß Rommel nicht in das Attentat eingeweiht und nicht zu dessen Unterstützung entschlossen war, trifft zu.

[44] Analyse bei H. Mommsen, *Gesellschaftsbild...* [Anm. 21], S. 132 ff.; siehe auch die teilweise überholte Darstellung von Werner Münchheimer, *Verfassungs- und Verwaltungsreformbestrebungen der deutschen Opposition gegen Hitler zum 20. Juli 1944*, in: *Europa-Archiv*, 5. Jg. (1950), S. 3188 ff.

[45] Eberhard Schanbacher, *Parlamentarische Wahlen und Wahlsystem in der Weimarer Republik*, Düsseldorf 1982, S. 147 f.

[46] Vgl. Walter Lipgens, *Europa-Föderationspläne der Widerstandsbewegungen 1940—1945*, München 1968.

[47] Sowohl die frühen Neuordnungsentwürfe von Popitz, Hassell, Jessen und Beck wie die Planungen des Kreisauer und des Goerdeler-Kreises stellen langfristige Pläne, keineswegs Überlegungen zur unmittelbaren Machtsicherung im Falle des Umsturzes dar. Dies bedeutet nicht notwendig, daß viele der Verschwörer bei einer grundlegenden Veränderung der politischen Gesamtkonstellation nicht umgelernt haben würden.

[48] Zu Theodor Heuss, der persönliche Kontakte zu einer Reihe von Verschwörern, nicht zuletzt zu Goerdeler hatte, vgl. Ralf Dahrendorf/Martin Vogt (Hrsg.), *Theodor Heuss. Politiker und Publizist*, Tübingen 1984, S. 241, 243 f.

[49] H. Mommsen, *Gesellschaftsbild...* [Anm. 21], S. 75; dies wird durch neuere Untersuchungen zur Einstellung der Arbeiterschaft während des Krieges bestätigt; vgl. Wolfgang Werner, *„Bleib übrig!". Deutsche Arbeiter in der nationalsozialistischen Kriegswirtschaft*, Düsseldorf 1983; Gustav-Hermann Seebold, *Ein Stahlkonzern im Dritten Reich. Der Bochumer Verein von 1927 bis 1945*, Wuppertal 1981.

[50] Marlis G. Steinert, *Hitlers Krieg und die Deutschen. Stimmung und Haltung der deutschen Bevölkerung im Zweiten Weltkrieg.* Düsseldorf 1970, S. 471 f.

[51] Vgl. Emil Henk, *Die Tragödie des 20. Juli 1944*, 2. Aufl., Heidelberg 1946; Detlev Peukert, *Die KPD im Widerstand. Verfolgung und Untergrundarbeit an Rhein und Ruhr 1933 bis 1945*, Wuppertal 1980; H. Mommsen, *Aktionsformen und Bedingungen...* [Anm. 9], S. 70 ff.

[52] Vgl. die (etwas unkritische) Darstellung von Richard Hanser, *Deutschland zuliebe. Die Geschichte der Weißen Rose*, München 1982; Detlev Peukert, *Die Edelweißpiraten. Protestbewegung jugendlicher Arbeiter im Dritten Reich. Eine Dokumentation*, Köln 1980. Ohne Zweifel befanden sich die Edelweißpiraten in unüberbrückbarem Konflikt zum NS-System; aber es ist symptomatisch, daß sie nicht mehr mit der früheren, organisierten Arbeiterbewegung in irgendeinem Zusammenhang standen. Vgl. Detlev Peukert, *Protest und Widerstand von Jugendlichen im Dritten Reich*, in: R. Löwenthal/P. von zur Mühlen (Hrsg.), *Widerstand und Verweigerung...* [Anm. 9], S. 177—201.

[53] Christiane Blumenberg-Lampe, *Das wirtschaftliche Programm der „Freiburger Kreise". Entwurf einer freiheitlich-sozialen Nachkriegswirtschaft*, Berlin 1973. Die Entwürfe verweigerten z. B. der Arbeiterschaft das Streikrecht.

[54] Ludolf Herbst, *Der totale Krieg und die Ordnung der Wirtschaft. Die Kriegswirtschaft im Spannungsfeld von Politik, Ideologie und Propaganda 1933—1945*, Stuttgart 1982, insbes. S. 383 ff.

[55] Theodor Schieder, *Hermann Rauschnings „Gespräche mit Hitler" als Geschichtsquelle*, Opladen 1972.

[56] So die Formulierung im „Gesetz über die Wiederherstellung geordneter Verhältnisse im Staats- und Rechtsleben" in der Fassung vom Herbst 1943 (Ulrich von Hassell, *Vom anderen Deutschland. Aus den nachgelassenen Tagebüchern 1938—1944*, 3. Aufl., Frankfurt a. M. 1964, S. 337).

[57] Vgl. Arnold Sywottek, *Deutsche Volksdemokratie. Studien zur politischen Konzep-*

tion der KPD 1935—1946, Düsseldorf 1971. Ferner Bodo Scheurig, *Freies Deutschland. Das Nationalkomitee und der Bund Deutscher Offiziere in der Sowjetunion 1943—44,* 2. Aufl., München 1961.

[58] Vgl. meinen Beitrag *Verfassungs- und Verwaltungsreformpläne der Widerstandsgruppen des 20. Juli 1944,* in diesem Band.

[59] Mündliche Mitteilung an den Verfasser im Juli 1984.

[60] Vgl. die Sprachregelungen Bormanns vom 23. und 24. 7. 1944, die durch die Rede Robert Leys, der die deutsche Oberschicht pauschal angegriffen hatte, nötig wurden (Hans Adolf Jacobsen [Hrsg.], *„Spiegelbild einer Verschwörung". Die Opposition gegen Hitler und der Staatsstreich vom 20. Juli 1944 in der SD-Berichterstattung,* Bd. 2, Stuttgart 1984, S. 596 f., vgl. S. 624).

[61] Siehe Theodor Steltzer, *Von Deutscher Politik. Aufsätze und Vorträge,* hrsg. von F. Minssen, Frankfurt a. M. 1949; ders., *Der 20. Juli und die Bewältigung der Zukunft. Rede am 20. Juli 1961 in der Johann Wolfgang Goethe-Universität Frankfurt,* Frankfurt a. M. 1961; zu van Husen vgl. G. van Roon, *Neuordnung im Widerstand...* [Anm. 20], S. 198 f.

[62] Helmuth James von Moltke, *Letzte Briefe,* 8. Aufl., Berlin 1959, S. 18 f.

Nationalkonservative Eliten zwischen Kooperation und Widerstand

KLAUS-JÜRGEN MÜLLER
Hamburg

Im Sommer 1933 schrieb der Kommandeur der 1. Kavallerie-Division, Ludwig Beck, in einem Privatbrief,[1] der politische Umschwung jenes Jahres sei der erste große Lichtblick für ihn seit 1918 gewesen, und er habe ihn „seit Jahren erhofft"; knapp fünf Jahre später trat derselbe General unter Protest gegen Hitlers Kriegspolitik als Generalstabschef des neuen deutschen Heeres zurück, nannte Hitler bald einen Psychopathen, das NS-System eine Herrschaft der Minderwertigen.[2] Er wurde zur Zentralfigur des nationalkonservativen Widerstandes gegen das braune Regime.

Dieser lange Weg von der Kooperation zur Opposition, diese Entwicklung von einem loyalen, gar begeisterten Anhänger des politischen Systems des Dritten Reiches zum erbitterten Gegner und Widerständler bis zur letzten Konsequenz, ist nicht eine individuelle Spezialität dieses Generals, dieser Weg ist vielmehr typisch für viele der Männer und Frauen, die das repräsentierten, was wir mit einer Art Annäherungsbegriff „nationalkonservativen Widerstand" nennen, und in dem Militärs mit Diplomaten, hohen Verwaltungsbeamten und anderen Angehörigen von traditionellen Elitegruppen sich gegen das Regime zusammengefunden hatten. Das war eine Gruppierung von fraglos sehr ausgeprägten Individuen, die nur mit Vorbehalten unter einer gemeinsamen Etikettierung zusammengefaßt werden können. Ein Spezifikum dieses sehr komplexen nationalkonservativen Widerstandes lag eben darin, daß hier nicht von Anfang an sogleich Front gegen das NS-System gemacht wurde, sondern daß er sich aus der Anpassung an das System, gar aus der Kooperation mit ihm und in ihm entwickelte. Jene Repräsentanten der überkommenen staatstragenden Eliten erfuhren die verändernde Kraft der Konfrontation mit dem Nationalsozialismus. Es ist daher in diesem Zusammenhang auch der Prozeßcharakter dieses Widerstandes betont worden.

Unsere heutige Überlegung soll daher der Frage gewidmet sein, wie diese spezifische Entwicklung zu erklären ist und in welchen Stufen sie sich vollzog.

Damit ist zugleich die schwierige Frage nach einer präzisen Begriffsbildung, also einer angemessenen begrifflichen Erfassung der geschichtlichen Erscheinung des nationalkonservativen Widerstandes gestellt, denn diese Erscheinung hat sich im Laufe der Forschungsentwicklung als vielschichtiger und problembeladener erwiesen, als daß sie mit den bisher gewohnten, oft synonym benutzten Begriffen „Widerstand" oder „Opposition" hinreichend beschrieben werden könnte.[3]

I

Ordnen wir zunächst in einem ersten Teil die komplizierte geschichtliche Erscheinung „nationalkonservative Opposition" in den größeren historischen Zusammenhang ein, in dem sie gesehen werden muß, wenn wir sie verstehen wollen. In einer solchen umfassenden historischen Perspektive stellt sich nationalkonservativer Widerstand als ein Spezialfall des Verhaltens traditioneller Machteliten in einer geschichtlichen Umbruchsituation dar — einer Umbruchsituation, die durch tiefgreifenden gesellschaftlichen und politischen Wandel gekennzeichnet war.

Der Hintergrund, der hier nur recht holzschnittartig gezeichnet werden kann, ist folgender:[4] Die politisch-gesellschaftliche Legitimationsbasis der nationalkonservativen Eliten in Preußen-Deutschland war seit der Industrialisierung, vollends dann seit der Desintegration des politisch-sozialen Gefüges im Gefolge des Weltkrieges einem fortschreitenden Erosionsprozeß ausgesetzt.

Dieser historische Problemkomplex — der sich den Betroffenen subjektiv ebensosehr als Herausforderung wie als Bedrohung darstellte — bildet den geschichtlichen Rahmen, in dem die Bildung der Regierung Hitler —Papen Ende Januar 1933 gesehen werden muß.

Diese Regierung, gebildet auf der Grundlage einer Verständigung zwischen maßgeblichen Kräften der traditionellen Machteliten und der Führung der NS-Bewegung, kann also gleichsam als eine Art „Entente" zwischen sehr verschiedenen Kräften bezeichnet werden.

Jede der beteiligten Gruppen sah für sich in dieser Zusammenarbeit besondere Vorteile: Hitler hatte bislang erfahren müssen, daß er unfähig war, aus eigener Kraft an die Macht zu gelangen: Weder die *Coup-d'Etat*-Strategie von 1923 noch die Wahlerfolge von 1930—32 im Verfolg einer Pseudo-Legalitäts-Strategie hatten ihm den Weg an die Macht eröffnen können. Massenbewegung und Wahlen hatten ihn zwar an die Schwelle der Macht gebracht, aber nur die alten Eliten, welche immer noch an den

Schalthebeln der Machtapparaturen saßen, konnten ihm über diese Schwelle hinweghelfen. Den traditionellen Eliten ihrerseits war die Basis in der Gesellschaft zunehmend entglitten. Die Verfechter einer Allianz mit der Hitler-Bewegung in ihren Reihen hofften daher, diese Grundlage im Bunde mit Hitler wiederzufinden. Hitler schien ihnen die erforderlichen Voraussetzungen schaffen zu können, damit sie ihre zwei zentralen politischen Zielsetzungen verwirklichen könnten:

1. innenpolitisch im Rahmen dieser Entente ihre politisch-gesellschaftliche Führungsposition durch eine neue Massenbasis im Rahmen eines autoritären Systems wieder zu konsolidieren,
2. außenpolitisch die Gewinnung einer europäischen Hegemonial- oder gar einer globalen Großmachtposition des Reiches.

In dieser Verbindung mit Hitler war der Armee eine bevorzugte Stellung reserviert: Hatte der Reichspräsident der Reichswehr doch eine herausgehobene Rolle innerhalb dieser Entente zugedacht und hatte der neue Reichskanzler doch dies auch mehrfach betont, nicht zuletzt, indem er — geschickt auf die Erwartungshaltung der Militärs eingehend — die Formel von den zwei Säulen aufgriff, auf denen der neue Staat ruhen solle: auf der Armee und auf der Partei.[5] Das machte Eindruck. Auch im Auswärtigen Amt zum Beispiel hatte sich eine Tradition der Mitverantwortung und der Teilhabe an der Macht gehalten, die alsbald durch Ernst von Weizsäcker in besonderer Weise verkörpert wurde, der dieses Konzept einmal mit dem Bild beschrieb, es gelte „den Leerlaufmotor des Auswärtigen Amtes wieder an die Staatsmaschine an[zu]kuppeln ...", so daß er mitziehe.[6] Von entscheidender Bedeutung für die künftige Entwicklung des Verhältnisses dieser Teile der traditionellen Machteliten zum nationalsozialistischen Regime waren der Bündnischarakter des Systems und die erwähnten beiden zentralen Zielsetzungen. Fortan wurde dieses Verhältnis bestimmt von der Erfüllung beziehungsweise der Nicht-Erfüllung jener Erwartungen, welche die das Dritte Reich zunächst mittragenden überkommenen Elitegruppen mit der 1933 eingegangenen Kooperation verknüpft hatten: also innenpolitisch von der Verwirklichung beziehungsweise der Infragestellung einer mitbestimmenden und gleichberechtigten Position im neuen Regime und außenpolitisch von der Gewährleistung beziehungsweise Durchsetzung oder aber der Gefährdung der Großmachtzielsetzung.

Ein solcher historischer Bezugsrahmen erlaubt uns nun die geschichtliche Standortbestimmung der nationalkonservativen Opposition. Sie ist demnach zu definieren als ein differenziertes Konfliktphänomen innerhalb der Entente gewisser traditioneller Elitegruppen mit der Führung der NS-Massenbewegung. Damit wird klar, daß sie gegenüber anderen Widerstands- und Oppositionserscheinungen wie der Opposition der

Kirchen oder kommunistischem beziehungsweise sozialdemokratischem Widerstand etc. zunächst ein eigenständiges historisches Phänomen war; Widerstand im Dritten Reich war eben kein einheitliches Phänomen — es gab nicht *den* einen Widerstand, sondern eine Vielzahl von sehr unterschiedlichen Widerstandserscheinungen, und eine davon war eben der nationalkonservative Widerstand, der aus der Kooperation mit der Führung der NS-Bewegung herauswuchs.

II

Versuchen wir nun in einem zweiten Schritt, die Entstehung und Entwicklung dieser nationalkonservativen Opposition angemessen, das heißt ihrer komplizierten Natur entsprechend zu erfassen. Dazu müssen zwei analytische Kategorien herangezogen werden:

— Zum einen die Frage nach der subjektiven Gefahreneinschätzung. Für die Reaktion der kooperierenden Eliten innerhalb des Systems war entscheidend, ob und welche der beiden zentralen Zielsetzungen gefährdet erschienen: der Bündnischarakter des Systems oder die außenpolitische Großmachtkonzeption.

— Die zweite Kategorie ist die der jeweiligen subjektiven Gegnereinschätzung, das heißt die Frage, von wem und in welcher Weise die Beeinträchtigung oder Gefährdung der einen oder anderen zentralen politischen Zielsetzung vermeintlich oder tatsächlich erfolgte.

Mit solchen Fragestellungen läßt sich die ganze Bandbreite der unterschiedlichen Reaktionen in Konfliktlagen präzise erfassen, beschreiben und vor allem erklären: also die Entwicklung etwa von defensiver Sicherung der eigenen Position über offensive Stabilisierung dieser Position (zum Beispiel unter der Devise „Säuberung des Regimes von ‚radikalen' Elementen") bis zu systemdestabilisierenden Umsturzplanungen und -versuchen. Unter diesem Gesichtspunkt war es von erheblicher Bedeutung, ob in der Sicht der betroffenen Elitegruppen bestimmte Gefährdungen ihrer zentralen Zielsetzung etwa von einzelnen Persönlichkeiten und Gruppen der NS-Bewegung ausgingen oder gar von Hitler selbst. Die Eigenart der Reaktion wurde entscheidend davon bestimmt. Folgende Beispiele mögen dies zeigen:

1. Die *„Röhm-Affäre"* vom Juni 1934: Warum — so wird oft gefragt — haben die damaligen Morde an zwei Generalen und anderen konservativen Persönlichkeiten keine politisch bedeutsame Reaktion von seiten der berufenen Repräsentanten des Offizierkorps hervorgerufen? Die Antwort ist im Rahmen des skizzierten Interpretationsmusters klar: Die Politik der SA-Führung unter Ernst Röhm war für die Reichswehrführung der erste gefährliche Angriff auf die innenpolitische Stellung der

Armee in ihrer Eigenschaft als Monopolistin staatlicher Gewaltmittel wie auch in ihrer Qualität als einer der beiden konstitutiven „Säulen" des Regimes. Die SA stellte mit ihren innen- und militär-politischen Aspirationen die Kooperation von 1933 infrage. Hitler dagegen hatte sich gleichsam als loyaler Bündnispartner erwiesen, der mit seinem Vorgehen gegen die SA-Führung das System der zwei „Säulen" stabilisierte. Die Passivität gegenüber den Morden, die Entscheidung für Hitler als Hindenburgs Nachfolger, der Eid der Reichswehr auf Hitler lassen sich auf diese Weise erklären, ganz abgesehen davon, daß die Armeeführung sich in die Vorbereitung der Mord-Affäre selbst erheblich verstrickt hatte. Nur für einige wenige Einzelpersönlichkeiten in wenig herausgehobenen Positionen indessen wurden die damaligen Ereignisse schon zum Beginn fortschreitender Desillusionierung bezüglich des politisch-moralischen Charakters des Systems.[7]

2. Das Verhalten des Staatssekretärs *Ernst von Weizsäcker* in den internationalen Krisen von 1938/39 war relativ lange von der Überzeugung bestimmt, daß Ribbentrop der eigentliche Kriegstreiber sei, während Hitler nur einer — wenngleich fatalen — Fehleinschätzung der internationalen Lage zum Opfer gefallen sei;[8] sie gelte es durch informierende Einwirkung zu korrigieren. Weizsäcker bemühte sich daher, Einfluß auf Hitlers Entscheidungen unter Ausschaltung des Reichsaußenministers zu erlangen. Auch versuchte er, die Briten zu deutlichen Warnungen zu veranlassen, damit Hitler sich keinerlei Illusionen über die britischen Reaktionen hingebe. Diese Warnung aber sollte einerseits diskret, also nicht öffentlich sein, um des „Führers" Prestige zu schonen (jede Art von Gefährdung des Systems sollte also vermieden werden), andererseits sollte sie unter Umgehung des Außenministers erfolgen. Weizsäcker ging sogar soweit, dem britischen Botschafter eine Aktion zur Diskreditierung Ribbentrops nahezulegen.[9] Es war geradezu ein klassischer Fall von Gegendiplomatie im Rahmen eines system-immanenten Machtkampfes um Einfluß auf Hitler zugunsten einer alternativen Außenpolitik.

3. Ein anderes Beispiel ist die *Fritsch-Krise* vom Frühjahr 1938.[10] Im Gegensatz zu den beiden vorstehend behandelten Ereigniskomplexen war Hitlers Verhalten für die beteiligten beziehungsweise betroffenen Elitegruppen im Verlauf dieser Affäre nicht mehr so eindeutig. Vordergründig waren es Gestapo und SD, die mit der Intrige gegen General Werner Frhr. von Fritsch einen perfiden Schlag gegen die Armee als die eine der tragenden Säulen der Entente von 1933 geführt hatten. Hitlers Verhalten jedoch war mindestens undurchsichtig gewesen. Die von ihm schließlich durchgesetzten personellen und organisatorischen Lösungen ließen ihn nicht mehr zweifelsfrei als einen dem nationalkonservativen Bündnispartner wohlwollenden Schiedsrichter erscheinen. Einige Offiziere haben daher

schon damals verschiedene Schritte zur inneren Säuberung des Regimes vorgeschlagen, also offensive Maßnahmen zur Stabilisierung der Stellung der Armee innerhalb des Regimes, da Hitler offenkundig nicht mehr als Regulativ funktionierte.

4. Ein analoges Beispiel bietet *Carl Goerdeler.*[11] Er befürwortete 1933 die Entente mit Hitler in der Überzeugung, daß allein ein autoritärer Staat die Deutschland gemäße und der deutschen Machtstellung förderliche Regierungsform sei. 1934 diente er dem Diktator als Reichspreiskommissar; Ende 1935 arbeitete er maßgeblich an dem neuen Gesetz für die Gemeindeordnung und städtische Verwaltung mit. Mehrfach ließ er Hitler Denkschriften zugehen, tief davon überzeugt, daß — ungleich vielen seiner Trabanten — der „Führer" ein idealistisch gesonnener aufgeklärter Diktator sei, den sachliche Argumente überzeugen könnten. Als Hitler seinen Ratschlägen nicht folgte, sondern sich für eine hasardierende Finanz- und Wirtschaftspolitik entschied, und als Parteiorgane sich massive Übergriffe in Goerdelers Verantwortungsbereich zuschulden kommen ließen, legte dieser seine Ämter nieder und begann sehr allmählich, den Weg in die Opposition einzuschlagen. Noch lange aber hoffte er, bei Hitler durch Vorträge und Denkschriften eine alternative Politik im Rahmen des Systems durchsetzen zu können, lehnte die Partei jedoch mit zunehmender Schärfe ab. Kooperation und Konfrontation lagen in dieser Phase eng nebeneinander. Als er schließlich erkannte, daß es Hitler war, der das alles zu verantworten hatte und dabei war, das Reich in einen unheilvollen Krieg zu stürzen, wandte er sich grundsätzlichem Widerstand zu. Ähnlich wie er haben auch andere hohe Amtsträger, wie etwa der preußische Finanzminister Popitz, längere Zeit in Verkennung des Systems geglaubt, das Grundmuster der Entente durch Zusammenarbeit mit Hitler gegen die Partei, später mit Göring gegen Hitler und Himmler retten zu müssen.

Ein solches zeitweiliges Nebeneinander von Opposition und teilweiser Kooperation war als Durchgangsstufe zu fundamentalem Widerstand typisch für die Entwicklung der nationalkonservativen Opposition. Man hat daher in diesem Zusammenhang auch vom Prozeßcharakter und von der Inkohärenz dieser Art von Opposition gesprochen.[12] Ebenfalls war — wie aus vorstehenden Analysen erhellt — typisch für diese Phase der Entwicklung, daß nationalkonservative Opposition über gewisse Strekken hin auch Reflex eines system-internen Machtkampfes zwischen konkurrierenden beziehungsweise punktuell bereits antagonistischen Eliten war. Für Entstehung und Entwicklung, für die Intensität und Radikalität von oppositionellen Einstellungen und Aktivitäten innerhalb der nationalkonservativen Allianzpartner Hitlers war dabei — wie wir gesehen haben — die Gegnereinschätzung, die verschiedene Einschätzung der

Gefahren für das System der Kooperation mit Hitler, waren die jeweiligen unterschiedlichen Zielprioritäten von entscheidender Bedeutung.

Das läßt sich eindrucksvoll am Beispiel der persönlichen Entwicklung Henning von Tresckows zeigen, eine der großen Schlüsselfiguren des militärischen Flügels des nationalkonservativen Widerstandes.[13] Tresckow hatte 1934 trotz großer innerpolitischer Vorbehalte und Sorgen wegen nationalsozialistischer Machenschaften (wie zum Beispiel im Bereich der Kirchenpolitik) doch den Eid auf Hitler bejaht: Die Entente mit Hitler war für ihn damals also wichtiger als vermeintlich partikulare Negativ-Erscheinungen des Regimes. Er setzte also klare Prioritäten. Zwei Jahre darauf forderte er Schritte der Armee gegen SS und Gestapo, während er intensiv an den Aufmarschplänen gegen die Tschechoslowakei arbeitete: Hinsichtlich deutscher Großmachtbestrebungen befand er sich im Einklang mit dem Regime; von SS und Gestapo — aber noch nicht vom Totalitätsanspruch des Regimes — sah er die Position der Militärelite gefährdet; daher riet er während der Fritsch-Krise zu offensivem Vorgehen gegen diese Organisationen, um den Zwei-Säulen-Charakter des Regimes zu bewahren. 1938/39 dagegen überwog die Sorge vor einer Beeinträchtigung der Großmachtzielsetzung seine positive Einstellung zum System der Entente: Der Krieg müsse verhindert werden, da er nicht zu gewinnen sei. Hitler, der „tanzende Derwisch", müsse erschossen werden. Starke Worte eines jungen Generalstäblers, vor allem aber erneut eine klare Prioritäten-Setzung: Die Bewahrung der deutschen Großmachtzielsetzung war ihm in diesem Moment wichtiger als die Bewahrung des Systems. Folgerichtig war er umgekehrt nach dem Sieg über Frankreich 1940 für eine gewisse Zeit wieder begeistert, in der Hoffnung, dieser Krieg könne erfolgreich beendet und die errungene Großmachtstellung des Reiches erhalten werden. Das System hatte offenbar die deutsche Zukunft doch nicht in Frage gestellt.

Mit dem Rußlandfeldzug änderte sich dann der Bezugsrahmen seines Verhältnisses zum Regime: Er sah nicht nur die militärisch-politische Katastrophe des Systems kommen, sondern der verbrecherische Charakter des Regimes hatte sich ihm angesichts der Gewaltverbrechen im Osten enthüllt. Mehr und mehr kam er zu der Einsicht, daß Hitler selbst die Quelle des Bösen sei. Damit zeigt sich in Tresckows individueller Entwicklung, wie Sorge um die Machtposition der Armee im System der Allianz mit Hitler und um die Infragestellung der deutschen Großmachtzielsetzung zunächst seine Haltung bestimmten, und wie dann von einem bestimmten Moment an die Einsicht in den verbrecherischen Charakter des Systems und Hitlers zentrale Rolle darin sein Handeln zu bestimmen begannen: Der Weg zu Staatsstreich und Umsturz wurde so für ihn frei.

Hier zeigt sich eindrucksvoll jenes Element, das als Wirkfaktor in der Entwicklung der nationalkonservativen Opposition nun eine bestimmende Bedeutung erhielt: das ethisch-moralische Moment. In den Quellen tritt es uns oft und sehr eindrucksvoll entgegen. Hier liegt auch eine der Ursachen für jenen ausschließlich moralisch geprägten Widerstandsbegriff, der lange Zeit in der Widerstandsliteratur vorherrschend gewesen ist und der ein statisches und dualistisches Widerstandsbild geprägt hat, das mit der komplexen Wirklichkeit wenig zu tun hat. Solche Widerstandsauffassung verkennt, was die Forschung seit etlichen Jahren in diesem Zusammenhang hat aufzeigen können, daß nämlich bei der Entwicklung von Widerstandshandlungen das ethisch-moralische Element nie ein absolutes und generelles war, das etwa — trat es einmal auf — dann sofort und immer zum Widerstand hin gewirkt habe. Was bei der einen Persönlichkeit sofort und unmittelbar als ethisch-moralischer Impuls im Sinne des Widerstandes wirkte, mußte dies bei anderen noch keineswegs tun.[14] Nun könnte man diese Problematik einfach mit dem Verweis auf individuelle psychologische Unterschiede hinweg-erklären. Das wäre jedoch angesichts des heutigen Standards der Geschichtswissenschaft unangemessen. Daher wird man das ethisch-moralische Element für jeden Einzelfall analytisch aufgliedern müssen, und zwar in inhaltlicher, kausaler und zeitlicher Hinsicht.

Für General Beck war beispielsweise 1938 die leichtfertige und schludrige Sachplanung und Entscheidungsfindung im Vorfeld des Entscheidungsprozesses über Krieg und Frieden schon eine Frage der Moral, die seiner Sachkontroverse mit Hitler über die geeignetere Militärpolitik die besondere Schärfe verlieh. Er fand es einfach unmoralisch, daß Hitler in einer Frage von Krieg und Frieden, Leben und Tod, nicht den dafür ausgebildeten und kompetenten Fachleuten des Generalstabes die Sachplanung überließ, sie nicht einmal konsultierte, sondern in dieser zentralen Frage selbst dilettantisch sich Beurteilungs- und Entscheidungskompetenz anmaßte.[15]

Für General Hans Oster zum Beispiel war die entwürdigende Behandlung des obersten Repräsentanten des Heeres, des Generalobersten Freiherr von Fritsch, während jener schändlichen Intrige gegen den Oberbefehlshaber des Heeres der entscheidende Durchbruch zu moralischer Betroffenheit.[16]

Beide Beispiele zeigen aber auch, daß hier über das ethisch-moralische Anstoßnehmen hinaus noch andere Momente eine Rolle spielen, nämlich der Übergriff in die Sphäre der militärischen Autonomie und das Übergehen der militärischen Führungsinstanzen in außenpolitisch bedeutsamen Fragen und Entscheidungskomplexen. Das war mindestens indirekt zugleich eine Beeinträchtigung des Zwei-Säulen-Charakters des Regimes.

Ebenso zeigen später andere Beispiele, wie etwa die tiefe moralische Empörung des Majors Helmuth Stieff oder des Oberstleutnants Rudolf Freiherr von Gersdorff über die im Osten verübten Massenmorde der Einsatzgruppen,[17] die noch vor ihrem Engagement im Widerstand lagen, daß offensichtlich zu der persönlichen Betroffenheit noch weitere entscheidende Elemente hinzukommen mußten, um den politisch bedeutsamen Schritt tun zu können: etwa die Einsicht in fachlich verantwortungslose Führung militärischer Operationen wie bei Stieff oder ganz einfach die Begegnung mit Kameraden, die innerlich schon den Bruch mit dem Regime vollzogen hatten, und deren politischer Argumentation, wie es bei Gersdorff der Fall war. Der Entschluß zum Widerstand war demnach nicht einfach das Resultat einer einmal gefaßten ethischen Entscheidung, sondern war abhängig von bestimmten sich verändernden Handlungsmöglichkeiten und Erwartungshaltungen. Der als ethisch-moralisches Element zu bezeichnende Motivationsfaktor bei der Entstehung von Widerstandseinstellungen besitzt demnach auch eine über das Individuelle hinausgehende allgemeine Qualität. Damit aber wird er über jeden individual-psychologischen Verstehensansatz[18] hinaus objektiv beschreibbar und damit einer überindividuellen geschichtswissenschaftlichen Analyse zugänglich.

Über die subjektiven Befunde der individuellen Morallage hinaus kann man damit durchstoßen zu einer historischen Interpretation, die sich einpassen läßt in jenen zuvor skizzierten allgemeinen geschichtlichen Interpretationsrahmen. Der ausschließlich moralisch bestimmte Widerstandsbegriff herkömmlichen Verständnisses könnte dies nicht leisten. Er müßte schon im Vorfeld der Debatte an der Frage scheitern, warum moralisch anstößige oder vollends gar unmoralische Aktivitäten des Regimes nicht sofort und generell, sondern erst nach (individuell unterschiedlich anzusetzendem) Zeitverzug und erst wenn sie in bestimmten Bereichen auftraten, politische Wirkung im Sinne einer Widerstandshaltung zeigten. Das jedoch ist die Frage, der man sich zuallererst stellen muß, wenn man die Entwicklung des nationalkonservativen Widerstandes und den Stellenwert des moralischen Faktors in ihr analysieren und erklären will.

III

Wenden wir uns nun in einem dritten Abschnitt der angemessenen begrifflichen Erfassung dieses komplizierten Konfliktphänomens zu, das mit Begriffen wie „Widerstand“ oder „Opposition“ nur sehr oberflächlich und damit wissenschaftlich unzureichend gekennzeichnet wird. Zu diesem Zweck soll seine Struktur untersucht werden.

Greifen wir noch einmal auf die Blomberg-Fritsch-Krise vom Frühjahr 1938 zurück, welche die entscheidende Inkubationsperiode für die nationalkonservative Opposition darstellte. Damals wurden entscheidende Weichen auf spätere Widerstandsaktivitäten gestellt. Verschiedene Personen und Personengruppen fanden sich nun zu unmittelbaren Aktionsbeziehungen zusammen. Dabei handelte es sich noch nicht um die Bildung einer einheitlichen, in sich geschlossenen Oppositionsgruppierung, sondern um sehr unterschiedliche Aktivitäten auf verschiedenen Ebenen: Sehr unterschiedliche Ziele wurden von verschiedenen Gruppen und Personen mit unterschiedlichen Methoden angestrebt:

— Gemeinsam war der Anlaß, die Rehabilitierung des Generalobersten von Fritsch.

— Gemeinsam war die Stoßrichtung gegen SS und die von dieser gelenkten Gestapo.

— Divergierend waren Reichweite der Absichten, Intensität des Wollens und Ausmaß der Zielsetzung. Unterschiedlich waren daher auch die ins Auge gefaßten Methoden.

Ein militärisch-ziviler Kreis, dessen Zentrum in der Abwehr um Oster und Gisevius lag, wollte mit einer gewaltsamen Säuberungsaktion gegen SS und Gestapo die innerpolitischen Kräfteverhältnisse verändern und jene Machtgruppen, welche die Entente-Konstruktion von 1933 gefährdeten, als Machtfaktor ausschalten. In der Heeresleitung dagegen dachte man eher an eine mit gelindem Druck in die Wege geleitete, amtlich legitimierte Neuverteilung der Kompetenzen und an die Beschneidung von problematischem Wildwuchs im Dschungel der NS-Organisationen. Angestrebtes Ziel war nicht die grundsätzliche Veränderung des Regimes, sondern — über die Rehabilitierung des Generalobersten von Fritsch — die Sicherung und Verstärkung der Machtstellung der Armee innerhalb des Systems im Sinne der ursprünglichen Entente-Konstruktion von 1933.

Fassen wir zusammen: Die Fritsch-Krise brachte also einen Höhepunkt im system-immanenten Machtkampf, dem sowohl Tendenzen zur evolutionären Systemreform wie zu gewaltsamer System-Säuberung innewohnten, aber keineswegs eine auch nur im Ansatz auf System-Umsturz abzielende Verschwörung. Die nationalkonservative Opposition kann somit in dieser Phase sehr weitgehend als Ausfluß eines innenpolitischen Machtkampfes zwischen system-tragenden konkurrierenden und konfligierenden Eliten innerhalb des Regimes angesehen werden. Einige wenige Einzelpersönlichkeiten jedoch erfuhren im Verlaufe dieses Konflikts bereits innerlich den Bruch mit dem Regime und taten damit einen wichtigen Schritt auf dem Wege zum Widerstand, wenngleich dies sofort noch keine unmittelbare politische Bedeutung bekommen konnte.

Den nächsten entscheidenden Entwicklungsschub brachte sodann die Sudeten-Krise zwischen April und September 1938.[19] Jetzt entstand erstmals eine Kräftegruppierung, die als Anti-Kriegs-Partei bezeichnet werden kann. Ihre hervorragenden Vertreter waren damals auf militärischer Seite der Generalstabschef Ludwig Beck und sein Stellvertreter und späterer Nachfolger, General Halder,[20] sowie der Abwehrchef Admiral Canaris; auf seiten der Diplomatie waren es der Staatssekretär von Weizsäcker und einige jüngere Diplomaten.

Diese Anti-Kriegs-Partei gewann dadurch eine besondere Dynamik, daß ihre Aktivitäten zur Kriegsverhinderung zusammenflossen mit Bestrebungen jenes bereits akuten innenpolitischen Machtkampfes, von dem oben die Rede war. Diese Kombination machte damit auf dieser Entwicklungsstufe die Eigenart dessen aus, was mit dem Begriff „nationalkonservative Opposition“ nur sehr unscharf beschrieben wird, zumal die komplexe Struktur jede Etikettierung verbietet, welche die Vorstellung einer monolithischen Erscheinung suggerieren könnte.

Für die *Aktionsmöglichkeiten* der Anti-Kriegspartei und damit auch für ihre Erfolgschancen spielte ihre politische Motivation eine wesentliche Rolle. Die klassische *Zielvorstellung* der nationalkonservativen Eliten bestimmte auch jetzt das außenpolitische Denken dieser Gruppe: die Gewinnung einer hegemonialen Großmachtposition des Reiches in Mitteleuropa beziehungsweise die Abwendung einer jeglichen Gefährdung dieser Zielsetzung oder auch nur ihrer Möglichkeiten und Voraussetzungen.

Hinsichtlich der *Methoden* ihrer Realisierung wurde von ihren Mitgliedern der Einsatz militärischer Machtmittel nicht grundsätzlich ausgeschlossen. Allerdings waren sie sich einig, daß ein militärischer Konflikt in Europa — war er schon nicht zu vermeiden — nie zu einem gesamteuropäischen Krieg führen dürfe. Begrenzte kriegerische Konflikte waren aus diesem Konzept nicht ausgeklammert, aber auch nicht als zwangsläufig eingeplant.

Diese Zielsetzung und diese außenpolitischen Methoden brachten die genannten Vertreter der Anti-Kriegspartei allerdings angesichts der internationalen Lageentwicklung und der voluntaristischen Entschlüsse des deutschen Diktators bald in eine ausweglose Lage. Eindrucksvoll wird dies bei General Beck und bei Staatssekretär von Weizsäcker deutlich: Für Beck war die Verfügbarkeit überlegener militärischer Macht eine absolute Voraussetzung zur Erreichung der außenpolitischen Zielsetzung.[21] Dementsprechend war die von ihm konzipierte und durchgesetzte Militärpolitik auch angelegt, deren Kernstück die massive, beschleunigte und vor allem autonome, das heißt einseitige deutsche Aufrüstung war. Ungeachtet aller außenpolitischen, finanziellen und wirtschaftlichen Bedenken trieb er sie ungestüm voran. Dahinter stand das Kalkül, möglichst rasch durch die mit dieser einseitigen, außenpolitisch nicht abgesicherten Aufrüstung gegebene Risikophase hindurchzukommen und so stark zu werden, daß ein möglicher Konflikt im Verfolg deutscher Großmachtpolitik rasch beendet und dritte Mächte möglichst von einem Eingreifen abgehalten würden. Mit dieser Militärpolitik geriet der Generalstabschef ab Ende 1937 in eine schwierige Lage. In der bekannten Besprechung vom 5. November 1937 in der Reichskanzlei begründete Hitler seine geplante kriegerische Expansionspolitik unter anderem auch mit dem Zeitdruck, in den man durch den von der deutschen Aufrüstung ausgelösten Rüstungswettlauf hineingeraten sei.

Daß Hitler derart argumentieren konnte, war nicht zuletzt das Ergebnis der vom Generalstabschef konzipierten und getragenen Aufrüstungs- und Militärpolitik. Der General kritisierte daher in einem Memorandum vom 12. November 1937 — seiner Antwort auf Hitlers Ausführungen von einer Woche vorher[22] — auch nicht des Diktators *unmittelbare* Zielsetzung. Mit ihr stimmte er prinzipiell überein: Verschiedene Gründe — so schrieb er — sprächen durchaus für eine baldige gewaltsame Lösung der tschechischen Frage. Im übrigen sei auch die Tschechoslowakei „in ihrer jetzigen Gestalt" für Deutschland „unerträglich".[23] Er stimmte allerdings nicht mit dem von Hitler ins Auge gefaßten Zeitpunkt und nicht in der Frage der außenpolitischen Opportunität überein. Es war also damals noch kein prinzipieller Konflikt über das „Ob", sondern eher ein grundsätzliche Dimensionen annehmender Konflikt, der über das „Wie" und „Wann" ausbrach. Seine Schärfe sollte er dadurch gewinnen, daß Beck in einem Krieg zu unpassendem Zeitpunkt und unter ungünstigen Bedingungen eine Katastrophe für das Reich[24] sah und daß der Entscheidungsprozeß in einer solchen vitalen Frage um Krieg und Frieden durch verantwortungslosen Dilettantismus gekennzeichnet war, was sich für ihn nicht zuletzt in der Ausschaltung der Heeresführung aus dem außenpolitischen Planungsprozeß ausdrückte.[25]

Auch Staatssekretär von Weizsäcker hatte stets in der Neubegründung deutscher hegemonialer Großmachtstellung in Mitteleuropa das Ziel deutscher Außenpolitik gesehen. Ende 1937/Anfang 1938 sprach er davon, daß „wir von England Kolonien und freie Hand im Osten" wollen. Er war sich zwar klar, „die Verwirklichung unserer expansiven [sic!] Ideen verlange englische Toleranz", aber ein Ausgleich mit den Briten sei eben nach seiner Ansicht nicht unmöglich.[26] Auf keinen Fall aber dürfe es wegen der deutschen Ambitionen zu einem europäischen Krieg kommen. Zwar bejahte er die machtpolitische Ausschaltung der Tschechoslowakei als außenpolitische Zielsetzung, aber spätestens seit Frühjahr 1938 war ihm klar, daß die Lokalisierung eines deutsch-tschechoslowakischen Krieges nicht möglich sein werde. Krieg wurde daher in dieser Frage aus seinem außenpolitischen Instrumentarium vorerst eliminiert.

Für General Beck wurde die berühmte Wochenendkrise von Ende Mai 1938 zum entscheidenden Wendepunkt.[27] Bis Frühjahr 1938 hatte er die militärische und militärpolitische Planung gegen die CSR vorangetrieben in der Annahme, es sei frühestens ab 1940—43 mit einer militärischen Intervention gegen die CSR zu rechnen, also ab dem Zeitpunkt, wenn die deutsche Aufrüstung abgeschlossen sei. Nun traf es ihn wie ein Schock, als Hitler in Reaktion auf die Wochenendkrise nicht nur von einem kriegerischen Konflikt mit der CSR, sondern auch unter Umständen mit den Westmächten schon für 1938 sprach. Damit brachen für Beck nahezu alle Voraussetzungen seiner Militärpolitik zusammen. Seit Ende Mai — so bekannte er im November desselben Jahres gegenüber einem Vertrauten — habe er nur noch einen Gedanken gehabt, „Wie verhindere ich einen Krieg?“[28] Auch für Canaris und für Halder war die Mai-Krise der entscheidende Zeitpunkt ihrer Desillusionierung hinsichtlich des außenpolitischen Vabanque-Spiels Hitlers.

Weizsäcker reagierte etwas anders auf die Ereignisse von Ende Mai. Er entwickelte, einige beiläufig geäußerte Gedanken Ribbentrops aufnehmend, angesichts der sich zuspitzenden internationalen Krise ein eigenes Konzept, das die Zerstörung der Tschechoslowakei als Staat von machtpolitischem Gewicht in Europa mit der Vermeidung eines europäischen Krieges zu verbinden suchte. Er beschrieb dieses Konzept mit dem bildhaften Begriff „chemischer Auflösungsprozeß“ des tschechoslowakischen Staates, also Desintegration der CSR durch äußeren Druck unterhalb der Schwelle des Krieges und durch innere Subversion.[29] Dies blieb während der gesamten internationalen Krise die Leitlinie seiner Politik. Beck hatte bereits Ende Mai Hitlers Kriegspolitik erkannt, Weizsäcker jedoch erging sich den ganzen Juni und Juli über noch in „ständigem Rätselraten über die wirklichen Absichten Hitlers“.[30] Er glaubte einerseits an eine großangelegte Bluffstrategie Hitlers, um die Tschechen mürbe zu machen, andererseits wurde er nach vergeblichen Bemühungen, den Außenminister für sein Konzept der „chemischen Auflösung“ zu gewinnen, mehr und mehr davon überzeugt, daß es der Reichsaußenminister von Ribbentrop sei, der zum Kriege drängte und nicht Hitler von sich aus. Seit Anfang August versuchte er daher, am Reichsaußenminister vorbei auf Hitler einzuwirken, um diesen von riskanten Entschlüssen abzubringen.[31]

Darin ist ein Reflex jenes Phänomens abgestufter, zum Teil gar kontradiktorischer Loyalitäten erkennbar, welches die Eigenart einer bestimmten Entwicklungsstufe der nationalkonservativen Opposition mitbestimmt hat. Die Sorge, daß eine allzu aggressive deutsche Politik zum unrechten Moment das Risiko eines nicht zu isolierenden Krieges um die

Tschechoslowakei herbeiführte, solange die deutsche Rüstung unvollständig und die außenpolitische Absicherung nicht erfolgt war, ließ diese Männer zu entschiedenen Gegnern einer bedenkenlosen Machtpolitik werden, deren Voraussetzungen sie indessen zu einem erheblichen Teil mitgeschaffen hatten. Die nationalkonservative Opposition — wie sie damals die Anti-Kriegspartei verkörperte — stellte also zu jener Zeit noch keine Systemalternative dar, sondern eine über Differenzen hinsichtlich der Opportunität, Methoden und Risikofaktoren deutscher Machtpolitik sich herausbildende system-immanente Opposition hoher staatlicher Amtsträger, die eine alternative Außenpolitik durchzusetzen sich bemühten.

Dabei kam es zum Konflikt zwischen Generalstabschef und „Führer", der dazu tendierte, der Opposition eine neue Qualität zu verleihen. Der Konflikt, der damals zwischen Hitler und Ludwig Beck aufbrach und in dem Halder und Canaris ihm zur Seite standen und auch Weizsäcker mit ihm Fühlung hielt, ist häufig beschrieben worden. Ihn jedoch als ersten Staatsstreichversuch darzustellen — wie es eine Lehrmeinung will[32] — greift meines Erachtens fehl; ihn lediglich als „Kampf gegen den Krieg" zu bezeichnen (— so die Formulierung von Becks erstem Biographen Wolfgang Foerster[33] —), wäre eine unzutreffende Verkürzung, da sie seinen Charakter als innenpolitischen Machtkampf verkennt und vor allem die geschilderte militärpolitische Tiefendimension übersieht.[34] Becks Bemühungen im Sommer 1938 entwickelten sich, methodisch gesehen, *in drei Stufen:* Zunächst versuchte der Generalstabschef vergeblich, auf dem Wege normaler dienstlicher Einwirkungen (Denkschriften und Vorträge) über den Oberbefehlshaber des Heeres auf Hitler einzuwirken, um ihn von seinen kriegerischen Plänen abzubringen. Auf einer zweiten Stufe, auf der offenbar Canaris einen wichtigen Einfluß auf den Generalstabschef ausübte,[35] versuchte Beck, einen drohenden Krieg durch ungewöhnliche Maßnahmen zu verhindern: durch den kollektiven Rücktritt der höchsten Generalität, falls Hitler nicht auf deren gemeinsame Vorstellungen von seinen Kriegsabsichten ablasse. Schließlich nahm er — drittens — einen von Hoßbach und Canaris während der Fritsch-Krise ausgearbeiteten Plan wieder auf, modifizierte ihn etwas und kombinierte ihn mit dem Gedanken eines Kollektivrücktritts der höchsten Generalität: Die Drohung mit gemeinschaftlichem Rücktritt, die — wie General Beck schrieb — „nicht eindrucksvoll, hart und brutal genug abgefaßt werden" könnte, sollte verbunden werden mit einer Aktion des Militärs gegen jene radikalen Elemente innerhalb der NS-Bewegung, die er und andere Mitglieder der Militär-Elite hinter Hitlers Kriegspolitik als die treibenden Kräfte am Werk zu sehen vermeinten. Die infolge der Kollektiv-Rücktrittsdrohung wahrscheinlich entstehenden politischen Erschütterungen sollten zu einer

„innerpolitischen Flurbereinigung“ benutzt werden, zur Entmachtung jener ‚radikalen Kräfte‘ innerhalb des Systems, die augenscheinlich für das außenpolitische Vabanque-Spiel verantwortlich waren und die sich schon zuvor als innerpolitische Gegner der Armee demaskiert hatten.[36] In den Vorschlägen Becks floß also der Kampf gegen den Krieg zusammen mit dem langjährigen Machtkampf um die Bewahrung beziehungsweise Wiederherstellung des Entente-Charakters des Regimes.[37]

Damit ging Beck immerhin einen Schritt weiter als Weizsäcker, dessen Einwirkungsversuchen auch engere institutionelle Grenzen gesetzt waren. Aber weil auch Weizsäcker nicht nur das Ziel — die machtpolitische Ausschaltung der Tschechoslowakei — ebenso wie Beck bejahte, sondern auch weil er lange noch glaubte, Hitler betreibe mit dem Hochschaukeln der Krise nur eine etwas waghalsige Bluff-Politik,[38] blieb ihm der Ausweg in eine system-destabilisierende Fundamentalopposition ebenso verschlossen wie General Beck, der damals wohl gegen den von ihm so gefürchteten Krieg, aber doch grundsätzlich noch im Rahmen des zu reformierenden Systems handeln wollte.

Dieser system-immanente Ansatz — der hart an die Grenze der System-Destabilisierung gekommen war, denn eine Realisierung des Beck-Planes hätte natürlich die Machtverhältnisse im „Dritten Reich“ grundlegend verändert — wurde dann von Becks Nachfolger Halder in der zweiten Augusthälfte auf dem Höhepunkt der Sudetenkrise im Prinzip aufgegeben. Halder plante unter Heranziehung der Gruppe um Oster und Gisevius sowie mit Unterstützung von Canaris und in Fühlung mit Beck, Hassell und Goerdeler schlichtweg den Staatsstreich.[39] Damit gewann die Kriegsverhinderungspolitik eine neue Handlungsdimension und eine neue Qualität.

Kennzeichen dieser Phase wurde es daher, daß die konspirative Staatsstreichplanung einerseits und die politischen Bemühungen im In- und Ausland andererseits nebeneinander (wenngleich oft wenig koordiniert) im Rahmen der Kriegsverhinderungspolitik betrieben wurden. So gingen die schon zu Becks Zeiten begonnenen Geheimkontakte mit London,[40] vor allem Initiativen Weizsäckers und Canaris’, aber auch Halders (Mission Böhm-Tettelbach), ebenso weiter wie die Bemühungen, hohe Amtsträger wie Keitel und Brauchitsch für eine Kriegsverhinderungspolitik und dementsprechende Einwirkungen auf Hitler zu gewinnen. Gleichzeitig aber begann der Oster-Gisevius-Kreis im Auftrage Halders mit den technischen Vorbereitungen einer Staatsstreich-Aktion.[41] Jetzt kann erstmals von einer gegen die Führung des Regimes gerichteten Aktivität durch Repräsentanten der nationalkonservativen Elite die Rede sein.

Diese fundamentale Opposition war jedoch von prinzipiellen Divergenzen in Motiven und Zielsetzungen gekennzeichnet. Für Halder und

Canaris sollte der Staatsstreich die letzte und verzweifelte Möglichkeit der Kriegsverhinderung sein; für den Oster-Gisevius-Kreis war er das eigentlich anzustrebende Ziel, das — wie sie meinten — aus Anlaß eines unmittelbar drohenden Kriegsausbruches am besten erreichbar wäre. Diese Gruppe begann daher die Staatsstreichvorbereitung mit sehr viel weitergehenden Absichten, als sie Halder im Sinne hatte. Zugespitzt hat daher ein Beteiligter von der Existenz einer „Verschwörung innerhalb der Verschwörung"[42] gesprochen. Innerhalb dieser Umsturz-Gruppe entwickelte sich sogar eine kleine radikale Gruppe, die — ohne Wissen der Halder-Gruppe — ein Attentat gegen Hitler plante.

Die Radikalität des Wollens dieser kleinen Gruppe von Männern in relativ untergeordneten Positionen beruhte erstens offenkundig auf einer größeren Desillusionierung hinsichtlich des Systems, einer Desillusionierung, zu der sehr wesentlich — wie es scheint — eine starke moralische Betroffenheit beigetragen hatte. Aber es spielte — zweitens — auch ein generationsspezifischer, von demjenigen der hohen Amtsträger verschiedener Erlebnishintergrund eine Rolle; — hier standen gleichsam Stoßtruppoffiziere der Grabenkämpfe des Ersten Weltkrieges den weniger radikalen Generalstäblern des Weltkrieges und der Seeckt-Ära gegenüber;[43] dieser Generationssprung war neben der primär moralischen Betroffenheit wohl eine wichtige Quelle der größeren Radikalität der Attentatsgruppe.

Insgesamt waren also in der Sudetenkrise von einem bestimmten Zeitpunkt an destabilisierende Tendenzen entstanden; die Antikriegspartei hatte mit der Idee eines eventuellen Staatsstreiches eine neue Handlungsdimension entwickelt. Eine sich verselbständigende, letztlich jedoch wirkungslos bleibende Umsturz- und Attentatsgruppe dagegen ging nicht mehr bloß auf Kriegsverhinderung, sondern auf politische Neuordnung und Systemumsturz aus. Der Gedanke an einen Eventual-Staatsstreich von seiten der damals dominierenden Anti-Kriegs-Partei indessen stellte noch keine prinzipielle Aufkündigung und Ablehnung der Entente von 1933 dar, sondern eher eine bedingte, mit dem Vorbehalt gemacht, nicht zur System-Destabilisierung zu schreiten, wenn die durch Hitlers Kriegspolitik verursachte Gefährdung der deutschen Machtstellung abgewendet würde.

Damit blieb auch 1938 noch die doppelte Zielsetzung der innerpolitischen Stabilisierung der eigenen Position wie der außenpolitischen Gewinnung beziehungsweise Absicherung der deutschen Großmachtstellung das beherrschende Motiv der sich formierenden nationalkonservativen Opposition.

Die Einigung der Großmächte auf der Konferenz von München ließ indessen diese recht heterogene Opposition auseinanderbrechen. Für die

Repräsentanten der Anti-Kriegs-Partei war das Ziel, die Verhinderung des Krieges, erreicht, ohne ihr Zutun und ohne Staatsstreich. Die kleine Gruppe der Umsturz-Partei dagegen fühlte sich gleichsam durch Chamberlains geglückte Friedensinitiative um ihre Chance zum Regimesturz betrogen. „Chamberlain hat Hitler gerettet!" — so meinten auch Goerdeler und Hassell.[44]

Zwischen München und Kriegsausbruch 1939 zerfiel daher die Zusammenarbeit zwischen Anti-Kriegs-Partei und Umsturz-Gruppe. Es kam in der polnischen Krise lediglich wiederum nur zu system-immanenten Kriegsverhinderungsaktivitäten hoher Militärs und Diplomaten: Opposition wiederum als Versuch, eine alternative Außenpolitik innerhalb des Systems durchzusetzen — bekanntlich ohne durchschlagenden Erfolg.

Hier wirkte einerseits der Schock von „München" ebenso nach wie die Unsicherheit darüber, ob Hitler wirklich den großen Krieg auszulösen bereit wäre oder nicht doch zuguterletzt wieder — wie im Herbst des Vorjahres — einlenken würde. Zudem glaubte man, daß der Pakt mit Stalin — komme es doch zum Konflikt — den befürchteten Zweifrontenkrieg verhinderte.

IV

Nach Ausbruch des Krieges — und dieser Phase sei unser letzter Abschnitt gewidmet — wurde diese Motivlage zunächst noch beibehalten, aber die Prioritäten hatten sich geändert. Es ging an erster Stelle um die Sicherung beziehungsweise um die Rettung der deutschen Großmachtmöglichkeiten. Das zeigte sich bei dem Neuansatz der Verschwörung in der Zeit zwischen Ende des Polenfeldzuges und Beginn der Westoffensive: General Halder betrieb zusammen mit der Gruppe um Oster und dem Kreis um Beck und Goerdeler sowie mit Unterstützung auch von Canaris den Staatsstreich, um Hitler an der Fortsetzung und Ausweitung des Krieges zu hindern.[45] Die in diesem Zusammenhang geknüpften Kontakte mit den Briten hatten dabei den Zweck, die erreichte Großmachtstellung des Reiches bei der Liquidierung des Krieges zu sichern.[46] Ein Erfolg in dieser Hinsicht hätte dann auch — und hier kommt das zweite Zielmotiv zum Tragen — die Position der traditionellen Machteliten durchschlagend stabilisiert und es zudem ermöglicht, ein neokonservatives Regime, autoritär, jedoch rechtsstaatlich, gereinigt von polizeiterroristischer und parteimäßiger Willkür, im Sinne des 1933 von ihnen angestrebten Systems zu errichten.

Dieser Hintergrund scheint durch Becks Worte von damals hindurch, es gebe sonst nur die Alternative „Krieg mit völliger Vernichtung" oder „Untergang durch Herrschaft der Radikalen".[47] Diese Kriegsbegrenzungs-

und Kriegsbeendigungs-Politik war gleichsam die Fortsetzung der einstigen Anti-Kriegspolitik unter den veränderten Rahmenbedingungen seit Kriegsausbruch. Dabei hatte sich auch die Motivationslage schon etwas geändert. Der Übergang von einer Alternativpolitik zu einer Fundamentalopposition wird allmählich erkennbar. Gründlich geändert hatte sich vor allem die Art der Aktionspläne, also die Aktionsstruktur: Es ging jetzt nicht mehr um system-immanenten Machtkampf, sondern nur noch um Umsturz. Indessen scheiterte auch dieser Versuch — von den einzelnen Beteiligten wohl mit unterschiedlicher Entschlossenheit angestrebt — schon Anfang November 1939.

In der Phase vom Ende des Westfeldzuges bis zur Winterkrise in Rußland 1941—42 war die nationalkonservative Opposition zwar durch Isolierung und Frustration gekennzeichnet; auch wandte sich mancher, der einst mit im Zentrum der Verschwörung gestanden hatte — wie zum Beispiel Halder — von ihr ab; wichtig aber war, daß sie nicht zerfiel wie nach München, sondern einerseits trotz allem ihre personelle Basis ausweiten und stabilisieren konnte und andererseits ihre Motivation grundlegend veränderte.[48]

Die Kriegsmobilisierung zahlreicher ziviler Oppositioneller trug nicht zuletzt dazu bei, daß die Verbindung zwischen zivilen und militärischen Oppositionskräften sich festigte. Hier spielten politisch aktive Reserveoffiziere wie Hermann Kaiser, Fritz-Dietlof Graf von der Schulenburg, Cäsar von Hofacker und andere mehr eine wichtige Rolle.[49] Des weiteren kamen Verbindungen zustande zu Kreisen, die ideenmäßig die Denkschemata der traditionellen Eliteschichten überschritten, wiewohl sie soziologisch ihnen meist angehörten. Hier ist vor allem der Kontakt mit der anti-totalitären Reformbewegung des Kreisauer Kreises um die Grafen Helmuth James von Moltke und Peter Yorck von Wartenburg zu nennen.[50] Diese Verbindung gab der Tendenz zur Fundamentalopposition nicht nur neue Impulse, sondern auch eine größere Offenheit in sozialer wie politischer Hinsicht. Entscheidend für die Entwicklung der nationalkonservativen Opposition war, daß zwischen 1940 und 1944 eine eindeutige Verlagerung der Widerstandsmotivation eintrat, die bis zum 20. Juli ihren Charakter immer stärker prägen sollte. Der Charakter eines Machtkampfes zwischen rivalisierenden Eliten, jener Elitenkonflikt innerhalb des Systems und um die Durchsetzung einer alternativen Politik, trat zunehmend zurück. Angesichts der immer offenkundiger zutage tretenden nationalsozialistischen Gewaltherrschaft — wie sie zuerst für viele Militärs in den Gewaltverbrechen im besetzten Polen, dann schließlich im rasse-ideologischen Vernichtungs- und Ausrottungskrieg auf dem Boden der Sowjetunion sich enthüllte[51] — schob sich ein Motivationsbündel in den Vordergrund, dessen wesentliche Komponenten moralische Empörung und persönliche Betroffenheit waren, wenngleich allerdings auch nicht verschwiegen werden kann, daß teilweise auch das Gegenteil zu finden war: Männer des Widerstandes, die den antibolschewistischen „Kreuzzug" bejahten.[52]

Waren zuvor lange noch Säuberung, Reform, Verbesserung des Systems — und sei es auch mit gewaltsamen Methoden — das Ziel gewesen, so wandelte sich nunmehr die Haltung gegenüber dem Regime zu einer politisch wie moralisch begründeten grundsätzlichen Gegnerschaft. Es ging schließlich nur noch um Systemzerstörung und damit um eine Fundamental-Alternative zum NS-Regime. Die Kriegsbeendigungspolitik, anfangs noch motiviert durch das Bestreben, die errungene Großmachtposition zu bewahren, hatte jetzt allein noch den Sinn und Zweck, die totale Zerstörung des deutschen Nationalstaates zu verhindern.

Demonstrative Abkehr von einem als verbrecherisch erkannten System und Verhinderung einer das Reich zerstörenden Niederlage flossen als zentrale Elemente in die Motivation der nationalkonservativen Opposition ein; Widerstand zur Rettung der deutschen Staatssubstanz *und* zur Beseitigung eines verbrecherischen Systems, das war die prinzipielle und totale Absage an die Allianzpolitik von 1933. Jene Kräfte der überkommenen Eliten, die sich zu derart grundsätzlichem auf Umsturz und den (bis zuletzt allerdings innerhalb der Verschwörung umstrittenen) Tyrannenmord abzielenden Widerstand bereitfanden, verkörperten die Absage an das einstige Zusammengehen mit Hitler. Dagegen hatten sie sich jetzt anderen Kräften geöffnet, Kräften aus Arbeiterbewegung, Intelligenz und engagierten Christen, hatten selbst sich auch gewandelt, wie die Kreisauer bewiesen. Das führte im Ansatz zur Herausbildung einer neuen Elite und zu neuer gesellschaftlich-politischer Konsensbildung aus dem Widerstand. Das schuf die Grundlage für ein Handeln bis zur letzten Konsequenz. Ausdruck dieser Konsequenz war die moralische Rigidität gerade der dynamischsten Vertreter dieser Phase des Widerstandes — Männer wie Tresckow, Schulenburg, Stauffenberg —, war schließlich ebenso die Entschlossenheit, den Staatsstreich auch dann noch zu wagen, als dessen außenpolitische Absicherung infolge der erklärten Politik der Westmächte und — was ebenfalls nicht übersehen werden sollte — auch der eigenen außenpolitischen Begrenztheit des deutschen Widerstandes nicht mehr möglich war. Gewiß spielten hier mancherlei andere Faktoren auch mit, wie etwa jener Generationsschub, in dessen Verlauf der „ältere Kreis" des nationalkonservativen Widerstandes durch jüngere, radikaler denkende, entschlossener handelnde Mitverschwörer erweitert, teilweise auch ersetzt wurde. Ebenfalls spielte die sich rasch verschlechternde Kriegslage und zuletzt auch der drohende Zugriff der Gestapo eine Rolle, der mehrere Mitverschwörer schon vor dem 20. Juli zum Opfer fielen.

Nicht zu übersehen ist auch, daß der Zerfall der deutschen Großmachtposition in der zweiten Kriegshälfte die Fähigkeit der nationalkonservativen Opposition, realistische außenpolitische Konzeptionen zu entwickeln, hoffnungslos überforderte. Dadurch wurde andererseits aber die Tendenz zu moralisch-ethisch begründeter Radikalität jenseits aller Realpolitik verstärkt. So kam es schließlich, daß am Ende eine von jedem Erfolgskalkül — und damit auch von jeder bloß politischen Motivation — sich unabhängig machende ausschließlich moralische Entschlossenheit das Handeln des nationalkonservativen Widerstandes am 20. Juli 1944 bestimmte, wenngleich auch hier individuelle Unterschiede nicht zu übersehen sind.

Insgesamt hatten damit hervorragende Vertreter jener traditionellen Eliten, die 1933, noch weitgehend von partikularen Interessen und Zielsetzungen bestimmt, die Allianz mit Hitler eingegangen waren, diese gleichsam *in extremis* radikal widerrufen. Vor allem hatten sie damit im Augenblick des endgültigen Unterganges dieser alten Führungsschichten noch einmal die allgemeinen Interessen der Nation und der Humanität durch den Einsatz ihres Lebens symbolisch repräsentieren wollen, wie es in jenen Henning von Tresckow zugeschriebenen Worten zum Ausdruck kommt:

„Das Attentat muß erfolgen, *coûte que coûte.* Sollte es nicht gelingen, so muß trotzdem in Berlin gehandelt werden. Denn es kommt nicht mehr auf den praktischen Zweck an sondern darauf, daß die deutsche Widerstandsbewegung vor der Welt und vor der Geschichte den entscheidenden Wurf gewagt hat. Alles andere ist daneben gleichgültig.“[53]

Im Augenblick des historischen Scheiterns der traditionellen Machteliten Preußen-Deutschlands haben sie damit für einen kurzen geschichtlichen Augenblick noch einmal dem Begriff „Elite“ seinen alten Sinn wiedergegeben.

Eine historische Bilanzierung wird dies genauso deutlich hervorzuheben haben wie die Tatsache, daß das Zusammengehen von traditionellen Machteliten mit Hitler die Zerstörung des preußisch-deutschen Nationalstaates mit herbeiführte.

Anmerkungen

[1] Abgedruckt in: Klaus-Jürgen Müller, *General Ludwig Beck. Studien und Dokumente zur politisch-militärischen Vorstellungswelt und Tätigkeit des Generalstabschefs des deutschen Heeres 1933—38*, Boppard/Rh. 1980, S. 339.

[2] Aufzeichnung Major a. D. Holtzmann vom 16.11.1938, abgedruckt: *A. a. O.*, S. 579f.

[3] Vgl. Peter Hüttenberger, *Vorüberlegungen zum „Widerstandsbegriff*, in: *Theorien in der Praxis des Historikers*, hrsg. von Jürgen Kocka (= Geschichte und Gesellschaft, Sonderh. 3), Göttingen 1977, S. 117—134. Vgl. auch die knappen Erwägungen zum Widerstandsbegriff bei Christoph Kleßmann, *Gegner des Nationalsozialismus. Zum Widerstand im Dritten Reich*, in: *Aus Politik und Zeitgeschichte. Beilage zur Wochenzeitschrift Das Parlament*, B 46/1979, S. 25—37.

[4] Hierzu und zum Folgenden vgl. meine Aufsätze *Armee und Drittes Reich. Versuch einer historischen Interpretation* sowie *Die deutsche Militäropposition gegen Hitler. Zum Problem ihrer Interpretation und Analyse*, beide in: Klaus-Jürgen Müller, *Armee, Politik und Gesellschaft in Deutschland 1933—1945*, 3. Aufl., Paderborn 1981 (dort auch weiterführende Literatur).

[5] Hierzu Klaus-Jürgen Müller, *Das Heer und Hitler. Armee und nationalsozialistisches Regime 1933—1940*, Stuttgart 1969, Kap. I—III. Zur „Zwei-Säulen-Theorie" neuerdings Helmut Krausnick, *Zum militärischen Widerstand gegen Hitler 1933—1938. Möglichkeiten, Ansätze, Grenzen und Kontroversen*, in: *Aufstand des Gewissens. Der militärische Widerstand gegen Hitler und das NS-Regime 1933—1945*, im Auftrag des Bundesministers der Verteidigung hrsg. vom Militärgeschichtlichen Forschungsamt, Herford-Bonn o. J. (1984), S. 354, Anm. 41.

[6] Zit. nach Rainer A. Blasius, *Für Großdeutschland — gegen den großen Krieg. Ernst v. Weizsäcker in den Krisen über die Tschechoslowakei und Polen*, Köln-Wien 1981, S. 24. Vgl. auch Ernst v. Weizsäcker, *Die Weizsäcker-Papiere 1933—1950*, hrsg. von Leonidas E. Hill, Berlin 1974, S. 121 u. S. 122: „Das A. A. muß an den Reichswagen angekuppelt werden." Vgl. auch Rainer A. Blasius, *Weizsäcker contra Ribbentrop: „München" statt des großen Krieges*, in: Klaus-Jürgen Müller/Franz Knipping (Hrsg.), *Machtbewußtsein in Deutschland am Vorabend des Zweiten Weltkrieges*, Paderborn 1984, S. 93—188. Zu Weizsäcker und den oppositionellen Kräften im Auswärtigen Amt vgl. jetzt auch: Marion Thielenhaus, *Zwischen Anpassung und Widerstand. Deutsche Diplomaten 1938—1941. Die politischen Aktivitäten der Beamtengruppe um Ernst von Weizsäcker im Auswärtigen Amt*, Paderborn 1984.

[7] Zur Röhm-Affäre vgl. K.-J. Müller, *Das Heer*... [Anm. 5], Kap. III, sowie ders., *Reichswehr und „Röhm-Affäre"*, in: *Militärgeschichtliche Mitteilungen* [im folgenden *MGM* zitiert], 3. Jg. (1968), S. 107—144; Charles Bloch, *Die SA und die Krise des NS-Regimes 1934*, Frankfurt a. M. 1970, und Hermann Mau, *Die „Zweite Revolution" — Der 30. Juni 1934*, in: *Vierteljahrshefte für Zeitgeschichte* [im folgenden *VfZ* zitiert], 1. Jg. (1953), S. 135.

[8] Hierzu vgl. R. A. Blasius, *Für Großdeutschland*... [Anm. 6], passim, und die dort angeführte Literatur.

[9] *A. a. O.*, S. 120 f., 125. Vgl. speziell Botschafter Hendersons Brief an Lord Halifax vom 21.8.1939 über Weizsäckers Vorschlag, General Ironside möge einen warnenden Brief des britischen Premierministers an Hitler überbringen: „His visit might at least help to discredit Ribbentrop." (*Documents on British Foreign Policy 1919—1939*, hrsg. von Ernest L. Woodward und Rohan Butler, London 1946 ff. [im folgenden *DBFP* zitiert], 3. Serie, vol. 7, Nr. 117, S. 109). Vgl. vor allem M. Thielenhaus, *Zwischen Anpassung*... [Anm. 6], Kap. I—III.

[10] K.-J. Müller, *Das Heer*... [Anm. 5], Kap. IV: Blomberg-Skandal und Fritsch-Krise, sowie Harold C. Deutsch, *Das Komplott oder die Entmachtung der Generale. Blomberg- und Fritsch-Krise. Hitlers Weg zum Krieg*, Zürich 1974. Vgl. neuerdings auch den Beitrag von Jürgen Schmädeke im vorliegenden Band.

[11] Vgl. Gerhard Ritter, *Carl Goerdeler und die deutsche Widerstandsbewegung*, Stuttgart 1956, sowie den Beitrag von Michael Krüger-Charlé im vorliegenden Band.

[12] Hans Mommsen, *Der deutsche Widerstand gegen Hitler 1933—45. Ein Überblick*, in: Deutsches Institut für Fernstudien an der Universität Tübingen, *Nationalsozialismus im Unterricht*, Studieneinheit 6: *Widerstand und Opposition im Dritten Reich*, S. 5—17, sowie Mommsens Vortrag *Der Widerstand gegen Hitler und die deutsche Gesellschaft* im vorliegenden Band.

[13] Bodo Scheurig, *Henning von Tresckow. Eine Biographie*, Neuaufl., Hamburg 1980 (= Ullstein-Buch 2750).

[14] Vgl. meine Ausführungen zu diesem Problem in: *Die deutsche Militäropposition*... [Anm. 4], S. 120—122. Eindrucksvoll auch die Beispiele bei M. Thielenhaus, *Zwischen Anpassung*... [Anm. 6], S. 87 u. 89.

[15] K.-J. Müller, *General Ludwig Beck*... [Anm. 1], S. 260.

[16] Romedio G. Graf v. Thun-Hohenstein, *Der Verschwörer. General Oster und die Militäropposition*, Berlin 1982; Hermann Graml, *Der Fall Oster*, in: *VfZ*, 14. Jg. (1966), S. 26—39. General Beck notierte damals als vertrauliche Information, der Fall Fritsch „hat zwischen Hitler und dem Offizierkorps eine Kluft gerissen, auch in bezug auf das Vertrauen, die nie wieder zu überbrücken ist." (Bundesarchiv-Militärarchiv [im folgenden *BA-MA* zitiert], N 28/3, Bl. 43—45, Aufzeichnung vom 29.7.1938).

[17] Hans Rothfels, *Ausgewählte Briefe des Generalmajors Helmuth Stieff*, in: *VfZ*, 2. Jg. (1954), S. 300; Rudolf-Christoph Frhr. v. Gersdorff, *Soldat im Untergang*, Frankfurt a. M.-Wien-Berlin 1977, Kap. IV.

[18] Klassisches Beispiel dieses, einem moralisch bestimmten Widerstandsbegriff verpflichteten individuell-psychologischen Verstehensansatzes neuerdings noch bei H. Krausnick, *Zum militärischen Widerstand*... [Anm. 5].

[19] Hierzu und zum Folgenden vgl. Helmuth K. G. Roennefarth, *Die Sudetenkrise in der internationalen Politik. Entstehung, Verlauf, Auswirkung*, 2 Bde, Wiesbaden 1961; K.-J. Müller, *General Ludwig Beck*... [Anm. 1], Kap. V und VI, sowie R. A. Blasius, *Für Großdeutschland*... [Anm. 6], passim.

[20] Gerd R. Ueberschär, *Generaloberst Halder im militärischen Widerstand 1938—1940*, in: *Wehrforschung*, 1. Jg. (1973), H. 1, S. 20—31.

[21] Hierzu und zum Folgenden ausführlich K.-J. Müller, *General Ludwig Beck*... [Anm. 1]; eine Zusammenfassung der Ergebnisse dieses Buches bei: Ders., *Generaloberst Ludwig Beck. Generalstabschef des Heeres 1933—1938. Einige Reflexionen und neuere Forschungsergebnisse*, in: Ders., *Armee, Politik und Gesellschaft*... [Anm. 4], S. 51—100.

[22] Abgedruckt in: K.-J. Müller, *General Ludwig Beck*... [Anm. 1], S. 498—501; die Hoßbach-Niederschrift, in: *Akten zur Deutschen Auswärtigen Politik* [im folgenden *ADAP* zitiert], D, I, Nr. 19.

[23] Abgedr. in: K.-J. Müller, *General Ludwig Beck*... [Anm. 1], S. 521—528. Wenn H. Krausnick, *Zum militärischen Widerstand*... [Anm. 5], S. 338, meint, diesen Aussagen lägen rein militärstrategische Überlegungen zugrunde, dann übersieht er den gesamten militärpolitischen Kontext, in den für Beck das tschechoslowakische Problem eingebettet war. Es war ja gerade die militärisch abgestützte Revisions- und Hegemonialpolitik des Generalstabes, welche die CSR erst zu einem militärstrategischen Problem machte. Vgl. dazu auch die überlieferte Bemerkung Becks, die Krausnick, *a. a. O.*, S. 359, selbst zitiert: „Solange ein Blinddarm — die Tschechei — in Mitteleuropa existiert, kann Deutschland kaum Krieg führen." Krausnick müßte nach den politischen Zielvorstellungen fragen, die hinter solchen Auffassungen standen. Das waren keine rein theoretischen militärstrategischen Glasperlenspiele.

[24] Das ist ausdrücklich zu betonen gegenüber der unzutreffenden Darstellung meiner Auffassungen durch H. Krausnick, *a. a. O.*, und seiner in sich widersprüchlichen Kritik daran (*a. a. O.*, S. 340 im Widerspruch zu S. 359, Anm. 113). Zur Sache vgl. auch Becks Memorandum vom 16.7.1938 (abgedr. bei K.-J. Müller, *General Ludwig Beck*... [Anm. 1], S. 542—550), wo es heißt: „Die Absicht der gewaltsamen Lösung des tschechischen Problems *solange* zurückzustellen, *bis* sich die militärischen Voraussetzungen dafür grundlegend geändert haben. *Zur Zeit* halte ich sie für aussichtslos." (Hervorhebung vom Vf.)

[25] Diese militärpolitische und machtpolitische Seite der Affäre erkennt H. Krausnick, *a. a. O.*, offenbar nicht. Das zeigt sich bereits in der Nichtberücksichtigung der wichtigen Arbeiten von Wilhelm Deist, *The Wehrmacht and German Rearmament*, London 1981, und Michael Geyer, *Aufrüstung oder Sicherheit*, Wiesbaden 1980, speziell S. 419 f. und 430 f., sowie ders., *Rüstung und Außenpolitik. Aspekte militärischer Revisionspolitik in der Zwischenkriegszeit*, in: Manfred Funke (Hrsg.), *Hitler, Deutschland und die Mächte*, Düsseldorf 1976.

[26] *ADAP*, D, I, Nr. 21 und E. v. Weizsäcker, *Die Weizsäcker-Papiere*... [Anm. 6], S. 126: Eintrag vom 19.4.1938. Vgl. auch die Analysen der Konzeption Weizsäckers bei R. A. Blasius, *Für Großdeutschland*... [Anm. 6], und M. Thielenhaus, *Zwischen Anpassung*... [Anm. 6].

[27] Vgl. K.-J. Müller, *General Ludwig Beck*... [Anm. 1], S. 287 ff.

[28] Vgl. Aufzeichnung Holtzmanns über einen Besuch bei Beck am 16.11.1938, abgedr. bei K.-J. Müller, *a. a. O.*, S. 579 ff., hier S. 580.

[29] R. A. Blasius, *Für Großdeutschland*... [Anm. 6], Kap. 2, Abschn. II, speziell S. 41 ff. Vgl. auch den Beitrag von R. A. Blasius im vorliegenden Band.

[30] Zit. R. A. Blasius, *Für Großdeutschland*... [Anm. 6], (Aufzeichnung Theodor Kordt). So auch mit einigen Differenzierungen M. Thielenhaus, *Zwischen Anpassung*... [Anm. 6], S. 51 f., 57, 66, 74, 79 u. 81.

[31] E. v. Weizsäcker, *Die Weizsäcker-Papiere*... [Anm. 6], S. 168: „Ribbentrop monopolisierte daher auch die tschechische Sache ganz auf sich." Vgl. auch *a. a. O.*, S. 145 (Aufzeichnung vom 9.10.1938), wo Weizsäcker im Rückblick auf die Godesberger Verhandlung mit Chamberlain schreibt: „Es wäre der Gruppe, die den Krieg wollte, nämlich Rippentrop und der SS, beinahe doch noch gelungen, den Führer zum Losschlagen zu veranlassen." Vgl. auch M. Thielenhaus, *Zwischen Anpassung*... [Anm. 6], die in Kap. III die Entstehung und Entwicklung der Haltung Weizsäckers gut herausarbeitet.

[32] So Peter Hoffmann, *Widerstand, Staatsstreich, Attentat. Der Kampf der Opposition gegen Hitler*, 3., erw. u. überarb. Aufl., München 1979, Kap. IV. Auf die Auffassungen Hoffmanns, der u. a. in Beck einen General sieht, welcher „die in der Weimarer Verfassung festgelegte Ordnung gegen den Diktator ins Feld führen wollte" (ders., *Generaloberst Becks militärpolitisches Denken*, in: *Historische Zeitschrift* [im folgenden *HZ* zitiert], Bd. 234 [1982], S. 101—121), braucht hier nicht mehr eingegangen zu werden. Sie werden — wenn ich recht sehe — von niemandem mehr ernsthaft vertreten. Vgl. auch meine Stellungnahme zu Hoffmann: Klaus-Jürgen Müller, *Militärpolitik, nicht Militäropposition!*, in: *HZ*, Bd. 235 (1982), S. 355—371. Neuerdings vertritt dagegen Helmut Krausnick wieder mit stark psychologischer Deutung die Staatsstreich-These: Ders., *Zum militärischen Widerstand*... [Anm. 5], S. 337—346. Aufgrund der Ambivalenz der Quellen (einerseits schreibt Beck, der Kampf gegen die SS müsse „für den Führer" geführt werden, andererseits könne die geplante Intervention bei Hitler

„nicht eindrucksvoll, hart und brutal genug abgefaßt" werden) kann er nicht mehr als Vermutungen und vage Formulierungen für diese These vorbringen („... könnte sie auf taktischen Erwägungen beruhen" [S. 342]; „Sollte er sich aber nicht gesagt haben..." [S. 341]; „... möglich wäre auch..." [S. 342]; „.... scheint mir die Auffassung..." [*ebda.*]; „... so wird man sagen dürfen..." [*ebda.*]). Eine stringente Beweisführung ist dies nicht, ebenfalls kein Versuch einer rationalen Erklärung der ambivalenten Quellenaussagen durch einen größeren Zusammenhangsbezug. Dagegen werden so dubiose Quellen wie die Memoiren des Luftwaffen-Adjutanten von Below (S. 345) und taktisch motivierte Nachkriegsaussagen Halders (S. 343) zur Beweisführung herangezogen. Hinzu kommt, daß Auffassungen von Autoren, die nicht der monolithischen, integralen und moralischen Widerstandsinterpretation folgen, sinnentstellend zitiert werden (so S. 345 Zitat zu Anm. 140 und S. 346, Anm. 150; vgl. auch S. 362). Im übrigen übersieht K., daß in den Quellen, die von einer „innenpolitischen Flurbereinigung" sprechen, stets von der SS, dem SD oder „radikalen Elementen" und nicht von Hitler als Zielobjekt geplanter oppositioneller Aktionen die Rede ist (vgl. K.-J. Müller, *General Ludwig Beck*... [Anm. 1], Dokumente 50 und 51); lediglich die Rücktritts-Demarche sollte Hitler zum Adressaten haben. Gegen die Staatsstreich-These spricht neben anderen die Weizsäcker-Aufzeichnung, in der der Staatssekretär rückblickend auf die Ereignisse vom Sommer 1938 im Herbst 1939 schreibt: „Ein entschiedener Gegner des Krieges [sic!] war der Chef des Generalstabes Beck. Dieser sagte mir Anfang August, er gehe weg. Denn er wolle die Verantwortung für das kommende Unheil nicht mittragen. Meine Versuche, ihn umzustimmen, beantwortete er damit, daß man im Moment der Krise als Soldat nicht gehen könne, also müsse man es vorher tun. Für mich war er anderer Meinung, da der Politiker anders als der Soldat bis zum Schluß Möglichkeiten habe, abzuwenden." (Aufzeichnungen von Mitte Oktober 1939, in: E. v. Weizsäcker, *Die Weizsäcker-Papiere*... [Anm. 6], S. 169). Das paßt ganz und gar nicht auf einen zum Staatsstreich entschlossenen Generalstabschef.

33 So die überwiegende Mehrzahl der Literatur in Aufnahme der von W. Foerster (*Generaloberst Ludwig Beck. Sein Kampf gegen den Krieg*, München 1953) benutzten Formulierung. Gegen die Staatsstreichs-These Krausnicks spricht auch, daß Foerster, immerhin ein enger Vertrauter Becks, ausdrücklich schreibt (S. 127): „Innerpolitisch war sie (die Aktion) gedacht als *evolutionäre Säuberungsaktion*, nicht als Revolution." (Hervorhebung vom Vf.)

34 Diese Dimensionen des Konflikts insbesondere werden unter Verwendung umfassenden Quellenmaterials herausgearbeitet in meinen unter Anm. 1 und 5 genannten Arbeiten. Vgl. ebenso zur militärpolitischen Dimension die Arbeiten von Geyer und Deist (Anm. 25). Vgl. ebenso Gerd R. Ueberschär, *Gegner des Nationalsozialismus*, in: *MGM*, 35. Jg. (1984), H. 1, S. 167, der feststellt, daß auch andere Untersuchungen... inzwischen meine Ergebnisse bezüglich der militärpolitischen Seite des Gesamtkomplexes „bestätigt" haben.

35 Vgl. Heinz Höhne, *Canaris. Patriot im Zwielicht*, München 1976, S. 284 ff.; R. G. Graf v. Thun-Hohenstein, *Der Verschwörer*... [Anm. 16], S. 89 f., sieht eher Oberstleutnant Osters Einfluß auf Beck als entscheidend an.

36 Vgl. K.-J. Müller, *General Ludwig Beck*... [Anm. 1], S. 308 ff., und ders., *Das Heer*... [Anm. 5], S. 328.

37 Daß Beck ursprünglich in der „Entente" mit Hitler eine Art Neuauflage des preußisch-deutschen Dualismus von militärischer und politischer Staatskomponente gesehen hat, ergibt eine Analyse seiner politischen Vorstellungswelt (vgl. Klaus-Jürgen

Müller, *Staat und Politik im Denken Ludwig Becks. Ein Beitrag zur politischen Ideengeschichte des deutschen Widerstands,* in: *HZ,* Bd. 215 [1972], S. 607—631): „Erhaltung der führenden Position der militärischen Machtelite" hieß in diesem Zusammenhang eben — was H. Krausnick, *Zum militärischen Widerstand...* [Anm. 5], S. 325, nicht erkennt — „auch politische Mitsprache der Heeresführung, insbesondere des Generalstabes."

[38] So E. v. Weizsäcker, *Die Weizsäcker-Papiere...* [Anm. 6], S. 128 (22.5.1938: „Wir bluffen") und S. 131 f. (Gefahren einer Bluff-Politik) sowie im Rückblick (9.10.1938), S. 145. („Die Annahme ist daher unrichtig, daß der Führer etwa einen ganz großen und aufs höchste gesteigerten Bluff betrieben habe.") Zu diesem Problem jetzt differenziert M. Thielenhaus, *Zwischen Anpassung...* [Anm. 6], S. 51 f., 57, 66, 74, 79 u. 81.

[39] Ausführliche Darstellung bei P. Hoffmann, *Widerstand...* [Anm. 32], Kap. IV/4, sowie die eingehende Analyse bei K.-J. Müller, *Das Heer...* [Anm. 5], Kap. VIII („Die September-Verschwörung"). Vgl. auch den Überblick von G. R. Ueberschär, *Generaloberst Halder...* [Anm. 20], S. 20—31, sowie R. G. Graf v. Thun-Hohenstein, *Der Verschwörer...* [Anm. 16], S. 95—118.

[40] Vgl. hierzu außer der in vorstehender Anmerkung aufgeführten Literatur auch Sidney Aster, *Carl Goerdeler and the Foreign Office,* in: Arthur P. Young, *The X-Documents,* London 1971, Appendix, S. 219—240, und ders., *1939. The Making of the Second World War,* London 1973. Bezüglich von Koerber vgl. *DBFP,* II, Nr. 594, 595, 658, sowie Ewan Butler, *Mason Mac. The Life of Lt.-General Sir Noel Mason-Macfarlane,* London 1972, S. 74. Außerdem Lothar Kettenacker, *Die britische Haltung zum deutschen Widerstand während des Zweiten Weltkrieges,* in: Ders. (Hrsg.), *Das „Andere Deutschland" im Zweiten Weltkrieg. Emigration und Widerstand in internationaler Perspektive,* Stuttgart 1977, S. 49—76. Vgl. ebenso die interessante Analyse bei Gerhard Schulz, *Nationalpatriotismus im Widerstand,* in: *VfZ,* 32. Jg. (1984), S. 351 ff.

[41] Einzelheiten über die Planung Osters bei P. Hoffmann, *Widerstand...* [Anm. 32], S. 118 ff.; K.-J. Müller, *Das Heer...* [Anm. 5], S. 369, und R. G. Graf v. Thun-Hohenstein, *Der Verschwörer...* [Anm. 16], S. 100—118; hinzuweisen ist im übrigen auf die Tatsache, daß die Quellenbasis, auf der die einschlägigen Untersuchungen beruhen, außergewöhnlich schmal und qualitativ sehr schlecht ist. Es handelt sich ausschließlich um nachträgliche Aussagen.

[42] Zit. bei P. Hoffmann, *Widerstand...* [Anm. 32], S. 125.

[43] Vgl. hierzu den Beitrag von W. Schieder im vorliegenden Band.

[44] Vgl. die Formulierungen in Goerdelers Brief vom 11.10.1938 bei G. Ritter, *Carl Goerdeler...* [Anm. 11], S. 198, und die Tagebuch-Eintragung bei Ulrich v. Hassell, *Vom andern Deutschland. Aus den nachgelassenen Tagebüchern 1938—1944,* 2. Aufl., Zürich-Freiburg 1946, S. 19. Vgl. ebenso die Äußerung Hendersons zu Halifax am 6.10.1938: „... indem wir den Frieden bewahrten, retteten wir Hitler und sein Regime." (Rudi Strauch, *Sir Nevile Henderson,* Bonn 1959, S. 176. Über die differenzierte Einschätzung innerhalb der Oppositionskräfte im Auswärtigen Amt vgl. jetzt M. Thielenhaus, *Zwischen Anpassung...* [Anm. 6], S. 83 f.)

[45] Hierzu neuerdings Gerd R. Ueberschär, *Ansätze und Hindernisse der Militäropposition gegen Hitler in den beiden ersten Kriegsjahren 1939—1941,* in: *Aufstand des Gewissens...* [Anm. 5], S. 365—394 (mit der einschlägigen Literatur zu diesem Komplex), und Harold C. Deutsch, *Verschwörung gegen den Krieg. Der Widerstand in den Jahren 1939—1940,* München 1969.

[46] Hierzu außer der in Anm. 39 und 40 genannten Literatur: Josef Müller, *Bis zur letzten Konsequenz. Ein Leben für Frieden und Freiheit,* München 1975; Peter Ludlow,

Papst Pius XII., die britische Regierung und die deutsche Opposition im Winter 1939/40, in: *VfZ*, 22. Jg. (1974), S. 299—341, sowie die Analyse bei G. Schulz, *Nationalpatriotismus...* [Anm. 40], S. 353—362. Vgl. auch M. Thielenhaus, *Zwischen Anpassung...* [Anm. 6], Kap. VI.

[47] Zit. bei Helmut Groscurth, *Tagebücher eines Abwehroffiziers 1938—1940,* Stuttgart 1970, S. 168.

[48] Umfassende Darstellung dieser Phase (mit der einschlägigen Literatur) bei P. Hoffmann, *Widerstand...* [Anm. 32], sowie in den grundlegenden Biographien über die Hauptakteure: Christian Müller, *Oberst i. G. Stauffenberg. Eine Biographie,* Düsseldorf 1970; B. Scheurig, *Henning von Tresckow...* [Anm. 13]; R. G. Graf v. Thun-Hohenstein, *Der Verschwörer...* [Anm. 16], sowie in der älteren Literatur: Hans Rothfels, *Die deutsche Opposition gegen Hitler,* Neuausg. Frankfurt a. M. 1977, und Fabian v. Schlabrendorff, *Offiziere gegen Hitler,* Frankfurt a. M. 1960.

[49] Zu Kaiser vgl. Ger van Roon, *Hermann Kaiser und der deutsche Widerstand,* in: *VfZ*, 24. Jg. (1976), S. 259—286; zu Schulenburg vgl. den Beitrag von U. Heinemann in diesem Bande sowie Albert Krebs, *Fritz-Dietlof Graf von der Schulenburg. Zwischen Staatsräson und Hochverrat,* Hamburg 1964. Über Hofackers Rolle vgl. Chr. Müller, *Oberst i. G. Stauffenberg...* [Anm. 48], und David Irving, *Rommel. Eine Biographie,* Hamburg 1978.

[50] Zum Kreisauer Kreis vgl. Ger van Roon, *Neuordnung im Widerstand. Der Kreisauer Kreis innerhalb der deutschen Widerstandsbewegung,* München 1967, sowie Kurt Finker, *Graf Moltke und der Kreisauer Kreis,* Berlin 1978, und Freya von Moltke/Michael Balfour/Julian Frisby, *Helmuth James von Moltke 1907—1945. Anwalt der Zukunft,* Stuttgart 1975.

[51] Außer dem Beitrag von Manfred Messerschmidt im vorliegenden Band und der in Anm. 17 aufgeführten Literatur vgl. G. R. Ueberschär, *Ansätze und Hindernisse der Militäropposition...* [Anm. 45], und Helmut Krausnick, *Hitler und die Morde in Polen. Ein Beitrag zum Konflikt zwischen Heer und SS um die Verwaltung der besetzten Gebiete,* in: *VfZ*, 11. Jg. (1963), S. 196—209; K.-J. Müller, *Das Heer...* [Anm. 5], S. 426—456; Helmut Krausnick/Hans H. Wilhelm, *Die Truppe des Weltanschauungskrieges. Die Einsatzgruppen der Sicherheitspolizei und des SD 1938—1942,* Stuttgart 1981; vgl. ebenso die zusammenfassenden Darstellungen in: Horst Boog u. a., *Der Angriff auf die Sowjetunion* (= Das Deutsche Reich und der Zweite Weltkrieg, Bd. 4), Stuttgart 1983, hier speziell die Beiträge von Jürgen Förster.

[52] Hierzu vgl. außer dem Beitrag von M. Messerschmidt in diesem Band G. R. Ueberschär, *Ansätze und Hindernisse der Militäropposition...* [Anm. 45]. Zur Frage der Bedeutung der NS-Judenvernichtung für den deutschen Widerstand vgl. Christof Dipper, *Der deutsche Widerstand und die Juden,* in: *Geschichte und Gesellschaft,* 9. Jg. (1983), S. 349—380, sowie Dippers Beitrag in diesem Band. Kritische Anmerkungen zu Dipper bei G. R. Ueberschär, *Ansätze und Hindernisse der Militäropposition...* [Anm. 45], S. 376. Vgl. dazu aber meine Bemerkungen oben zur Bedeutung und Relativierung des moralischen Faktors. Ganz wichtig bezüglich der individuellen Entwicklung zum und im Widerstand Klemens v. Klemperers Beitrag *Sie gingen ihren Weg...* im vorliegenden Band.

[53] Überliefert bei F. v. Schlabrendorff, *Offiziere...* [Anm. 48], S. 175; vgl. auch B. Scheurig, *Henning von Tresckow...* [Anm. 13], S. 192 f.

Widerstand und Krieg

GER VAN ROON
Amsterdam

I

Depression — Faschismus — Widerstand

Eine Behandlung dieses Themas über fünfzig Jahre nach der Machtübernahme durch Hitler und rund vierzig Jahre nach Ende des Zweiten Weltkrieges muß einen anderen Charakter haben als die Wiedergaben aus der Nachkriegszeit. Eingebettet in Prozesse längerer Dauer, verlieren die Jahre 1933 bis 1945 gewiß nicht ihre spezielle Bedeutung; die Konturen jenes Zeitraums verlieren jedoch ihre absolute und trennende Funktion. Es werden durch die heutige Forschung auch neue und andere Fragen aufgeworfen. Daher scheint mir zunächst eine kurze Skizzierung des Bezugsrahmens dieses Themas erforderlich.

Die Erfahrungen der letzten fünfzehn Jahre haben uns wieder erinnert an die Existenz von Konjunkturwellen längerer Dauer, die — bis auf wenige Ausnahmen — nach den 1930er Jahren schnell vergessen wurden. Wir sind uns stärker der Konjunkturempfindlichkeit struktureller Prozesse und von Phänomenen sozialpsychologischer Art bewußt geworden.[1]

Bei den Historikern ist es keine unbekannte Erscheinung, daß sie die Forschung in Zusammenhang bringen mit der wirtschaftlichen Konjunkturentwicklung. Die Agrarhistoriker kennen diese Methode bereits lange. Auf breiterer Ebene haben sich die Historiker der französischen Schule der „Annales" bewegt.[2] Ihre Methode bietet eine stimulierende Perspektive für die Untersuchung der unterschiedlichsten Wellen- und Pendelbewegungen auf Entstehung, Entwicklung und Interdependenz.

Daß der Faschismus als gesamteuropäisches Phänomen vor allem in Zeiten der Depression wuchert, ist eine der Schlußfolgerungen einer Untersuchung des westdeutschen Historikers Hans Rosenberg. Er gilt als einer der Pioniere im Bereich der Depressionsgeschichte. Im Jahre 1933 wanderte er wegen seiner jüdischen Herkunft nach den Vereinigten Staaten aus. Beeindruckt von den Entwicklungen in seiner eigenen Zeit, hat er die Auswirkungen von Depressionsperioden auf den Geschichtsverlauf untersucht. Das erste Ergebnis war eine Studie über die Handelskrise der Jahre 1857—1859, die Rosenberg die erste wirtschaftliche Weltkrise nennt.[3] Während des Zweiten Weltkrieges erschien dann seine Arbeit über die sozialen und politischen Folgen des wirtschaftlichen Rückganges in den Jahren 1873—1896, den Jahren der Agrardepression, in Mitteleuropa.[4] Nach dem Vorbild englischer Kollegen fing auch Rosenberg an, diese Periode die der „großen Depression" zu nennen.

Am bekanntesten wurde Rosenberg durch sein nach dem Zweiten Weltkrieg erschienenes Buch *Große Depression und Bismarckzeit.*[5] Allein schon durch die Einteilung ist dies eine bemerkenswerte Arbeit. Rosenberg zeigt, wie eine Depression längerer Dauer während einer Periode industrieller Expansion zu großen sozialen und politischen Spannungen geführt hat.

Ein starker Rückgang des Wirtschaftswachstums und eine verschärfte Konkurrenz hatten eine zunehmende Unsicherheit zur Folge. Man drängte auf protektionistische Maßnahmen und auf Staatsintervention.[6] Die Mittelgruppen, die an Bedeutung gewonnen hatten, fühlten sich eingeengt zwischen Kapital und Arbeit. In einer solchen Lage konnten Antisemitismus und Präfaschismus prächtig gedeihen. Juden und Slawen, die wegen ihrer Zahl als eine Bedrohung der eigenen Existenz betrachtet wurden, mußten den Sündenbock abgeben. Dabei fällt auf, daß nicht so sehr das Individuum an und für sich, sondern vielmehr das Kollektivum der „Out"-Gruppe diese Gefühle erregte. Sie waren im Grunde genommen eine emotionelle Verteidigung gegen einen bestehenden oder drohenden Statusverlust, eine Folge dessen, daß strukturelle Veränderungsprozesse ungenügend verarbeitet worden waren. Da sein Augenmerk auch auf Wertveränderungen gerichtet war, konnte Rosenberg ein instruktives Bild vermitteln von dem, was unter einem „Depressionsklima" zu verstehen ist. Für unser Thema ist vor allem von Bedeutung, daß Rosenberg den Faschismus namentlich als ein Depressionsphänomen betrachtet.

Obgleich infolge der beiden Weltkriege jede Periodisierung der Entwicklung in der ersten Hälfte des zwanzigsten Jahrhunderts auf Schwierigkeiten stößt, ist es sinnvoll, mit westdeutschen Historikern wie Borchardt, Petzina und Abelshauser die Krise der dreißiger Jahre nicht allzu sehr zu isolieren, sondern die Jahre 1913 bis 1946 als eine einzige Konjunkturperiode zu betrachten;[7] 1913 fing eine lange währende Stockung des Nettosozialproduktes an. Diese Methode bietet deutlich Vorteile. Dadurch wird ein Zeitrahmen konstruiert, der auch die Jahre der Stockung während und nach dem Ersten Weltkrieg umfaßt. Sogar in den sogenannten „Goldenen Zwanzigern" waren Arbeitslosigkeit, Rationalisierung und Konzentration nach wie vor auffallende Kennzeichen. In Wirklichkeit beschränkte sich der Aufschwung auf eine Zwischenphase von vier Jahren.

Ende 1927 ließ das wirtschaftliche Wachstum wieder nach, 1928 ging der Umfang der amerikanischen Investitionen in Deutschland stark zurück. Anfangs schien die Rezession keinen unnormalen Charakter anzunehmen, der verringerte Import führte sogar zu einer positiven Handelsbilanz, doch der Zusammenbruch der Weltwirtschaft und des internationalen Währungssystems im Laufe des Jahres 1931 fügte Deutschland den größten Schlag zu. Das Festhalten an der Goldwährung, weil die Zeit der Inflation nach dem Ersten Weltkrieg noch in der Erinnerung wirkte, der hohe Konzentrationsgrad in der Wirtschaft, das Problem der Reparationszahlungen und die untergrabenden Aktionen seitens der NSDAP und ihrer Verbündeten und seitens der KPD verschärften die Folgen der Depression, die ab 1931 den Charakter einer internationalen Strukturkrise annahm. Die hier skizzierte Lage hatte gewiß eine in hohem Maße destabilisierende Wirkung auf die sozialen und politischen Verhältnisse. Im Oktober 1932 schrieb die Mutter Helmuth Moltkes an ihre Eltern in Südafrika:

„... I am very distrusted at the way things are going here, politically I mean. *What* a chance for Germany to say: ‚I'll agree to some sort of an East Locarno for 10 years, *if* the Big Powers will really do some honest disarming! Instead, we are drifting back into pre-war conditions, militarism, with all that it implies in stupidity, isolation, tacklessness, and crude nationalism, and we all feel that the advance made during the last 18 years has been entirely thrown away and destroyed. It is very tragic and of course the end of a regime like the present (if it lasts enough) is war."[8]

Die Weltwirtschafts- und Währungskonferenz, die 1933 in London abgehalten wurde, war vor dem Zweiten Weltkrieg die letzte Chance, zu einer internationalen Lösung der Folgen der Krise zu gelangen; diese Chance wurde versäumt. Der Völkerbund und seine Mitgliedsstaaten waren offenbar den damaligen Problemen nicht gewachsen.[9]

Wenn man in eine Analyse der Krise der 1930er Jahre die zwanziger Jahre mit einbezieht, wird es auch möglich sein, mit der sozialwirtschaftlichen Entwicklung als Hintergrund, nach einer gewissen Vorgeschichte zu fragen, die Phänomene und Entwicklungen aus den dreißiger Jahren in den zwanziger Jahren hatten. Dies ist auch von Bedeutung für die Faschismusforschung. Der Anfang der zwanziger Jahre wurde gekennzeichnet durch Mussolinis gelungenen „Marsch nach Rom" und die völkische Bewegung in Deutschland, gipfelnd in Hitlers gescheitertem Staatsstreich in München. Auch in anderen Ländern wie Österreich, Polen, Rumänien, Portugal und Frankreich gab es in jenen Jahren bereits faschistische und nationalsozialistische Gruppen und Bewegungen, obwohl sie sich nicht immer so nannten.[10] Bis in die dreißiger Jahre war Mussolinis Italien der Orientierungspunkt des internationalen Faschismus, sowohl was die Theorie, als auch was die Praxis betraf, wenn auch nicht unwichtige Unterschiede existierten. Sicher ab 1935 war Berlin das neue Orientierungszentrum geworden, worauf sich die faschistische und nationalsozialistische Aufmerksamkeit außerhalb Deutschlands hauptsächlich konzentrierte.[11] Dies wurde gefördert durch von Berlin aus inspirierte Infiltrations- und Presseaktionen, durch eine gleichgeschaltete, zentralisierte und bilateralisierte Außenhandelspolitik, durch Ausnutzung antibolschewistischer Gefühle und durch Einladung führender Ausländer nach Berlin und Nürnberg.

Als Hitler Ende Januar 1933 Kanzler geworden war, brauchte er keine umfassende Wirtschaftskrise zu bekämpfen. Im Gegensatz zu anderen Ländern hatte sie in Deutschland seit Sommer 1932 den absoluten Tiefpunkt überwunden. Getragen von den Wellen eines durch die Krise verstärkten massiven, jedoch verschieden gerichteten Unbehagens, war er an die Macht gekommen. Er war denn auch gezwungen, bei der Verfolgung und in den Phasen seiner Politik einstweilen gewisse Folgen der Krise zu berücksichtigen. Von Anfang an war jedoch die Wiederaufrüstung das wichtigste Ziel von Hitlers Politik. Bereits am 8. Februar 1933 wurde die absolute Priorität dieses Zieles, auch in bezug auf die Arbeitsbeschaffung, als Kabinettspolitik formuliert und genehmigt.

Die Vorbereitung einer Kriegswirtschaft in Friedenszeiten ist nicht ohne Schwierigkeiten verlaufen. Namentlich in den Jahren 1936/37 und 1938/39 wurde die Wirtschaftslage in Deutschland kritisch, da sich zu gleicher Zeit eine Anzahl Probleme ergaben.[12] Es ist anzunehmen, daß diese „Krisenerscheinungen" die Politik stark beeinflußt haben. Aufgrund mehrerer Gespräche zeichnete Brüning Ende August 1937 auf:

„Die wenigen weitblickenden führenden Persönlichkeiten der deutschen Wehrmacht sind sich vollkommen im klaren darüber, daß das Land am Rand der wirtschaftlichen Katastrophe steht. Ab und zu sprechen sie mit anderen über die Möglichkeiten eines radikalen Wandels, aber immer wieder verschafft eine neue internationale Situation den Nazis plötzlich unerwartete Chancen. Die Wehrmachtsführer scheuen sich, zur Tat zu schreiten. Ich fürchte, wenn sie noch ein Jahr zögern, wird es zu spät sein, überhaupt noch etwas zu unternehmen."[13]

Auch ist es nicht unwahrscheinlich, daß die „Krisensituationen" eine Verschärfung der Judenverfolgung zur Folge hatten. Dabei hatten es die Nazis vor allem auf die Guthaben und Besitztümer der reichen Juden abgesehen. Dabei rechneten sie damit, daß das Ausland sie gegen wertvolle Devisen loskaufen würde.

Die Wirtschaftsprobleme machten das Zustandekommen einer „Großraumwirtschaft" auf Deutschland orientierter Länder und Gebiete noch mehr erforderlich. Auch in dem Lebensraumprogramm Hitlers besaßen wirtschaftliche Fragen bekanntlich besondere Relevanz. Beim Anschluß Österreichs, bei der Besetzung der Tschechoslowakei usw. haben wirtschaftliche Ziele mitgespielt. Daher war der Blitzkrieg nicht ein genialer strategischer Plan an und für sich, sondern die einzige militärische Möglichkeit in einer „kriegsuntüchtigen Wirtschaftslage".[14] Meistens konzentriert sich das Interesse für die dreißiger Jahre entweder auf die Entstehung der Weltwirtschaftskrise und deren Folgen für die inneren Verhältnisse oder auf die Entstehung des Zweiten Weltkrieges mit dem Dritten Reich als Orientierungslinie. Von dieser Perspektive aus werden die Weltwirtschaftskrise und der Zweite Weltkrieg als zwei getrennte Bereiche dargestellt. Diese segmentierende Behandlungsweise hat sicher große Nachteile.

Die faschistischen und nationalsozialistischen Bewegungen bildeten eine Bedrohung für die Gesellschaft und die Kultur Europas. Ihr Rassismus und ihre Aggressivität lösten Proteste und Widerstand aus, zuerst hauptsächlich in Italien und Deutschland, später auch in den besetzten Gebieten.[15] Als Hitler in anderen Ländern noch gelobt und geschont wurde, hatte in Italien und Deutschland durch Individuen und kleine Gruppen der Widerstand bereits angefangen, ein Widerstand gegen die eigene Regierung. Jetzt, da wir mehr wissen über das Verhalten großer Bevölkerungsgruppen in den späteren besetzten Ländern, wie viele abwarteten oder sich anpaßten und wie wenige Widerstandskämpfer der ersten Stunde es gegeben hat, soll man den Widerstandsbewegungen in Italien und Deutschland die Achtung entgegenbringen, die sie verdienen.

Andererseits soll dabei nicht vergessen werden, daß der Widerstand innerhalb und außerhalb Deutschlands vielfach das Ergebnis eines Prozesses längerer Dauer gewesen ist. Diesen Prozeß wollen wir in diesem Vortrag insbesondere für den deutschen Widerstand während der Jahre des Zweiten Weltkrieges verfolgen. Dabei wird ein Spannungsverhältnis sichtbar werden zwischen nationalen und internationalen Tendenzen, wobei allerdings manche Variationen und vielfache Wandlungen zu berücksichtigen sind. Die in dem Vortrag zitierten Beispiele erheben freilich nicht den Anspruch auf Vollständigkeit.

II

Vorkriegszeit: 1933 bis 1938

Wenn wir uns nach dieser Skizzierung des Bezugsrahmens dem Hauptteil des Vortrages zuwenden, dann werden wir uns zunächst als Ausgangslage mit der Vorfrage befassen müssen, wie von Personen und Kreisen des späteren Widerstandes auf Aufrüstung und Kriegsvorbereitung reagiert worden ist. Dabei fällt sofort der unterschiedliche Charakter dieser Äußerungen auf. Nur Teile der Arbeiterschaft und kleine Gruppen des Bürgertums haben wie gelähmt auf die Machtübernahme reagiert. Auf Hindenburgs Befehl mußte der Chef der Heeresleitung, Kurt Frhr. von Hammerstein-Equord, im Januar 1933 den Gedanken fallen lassen, die Reichswehr gegen die Nationalsozialisten einzusetzen. Obwohl ein kompromißloser Gegner des Nationalsozialismus, fühlte er sich nicht dazu berufen, Hitlers Plänen offen entgegenzutreten.[16] Helmuth Moltkes Mutter schrieb am 30. Januar 1933 an ihre Eltern: „So Hitler is Reichskanzler after all. The situation is very serious, because practically all the ministers of the new cabinet are bent on breaking the constitution", und einige Monate später: „I had a very depressed letter from the dear Boy [Helmuth Moltke ist gemeint] some days ago, just unburdening his heart; of course he feels the present state of affair terribly, as we all do, and are really ashamed. It makes one feel so uprooted, as if not belonging to the country."[17]

Große Gruppen des Bürgertums einschließlich der beiden großen Kirchen[18] und von Teilen der Arbeiterschaft waren infolge ihrer nationalistischen Vergangenheit und ihrer Genugtuung über die „nationale Erhebung" des Jahres 1933 zu sehr geblendet, als daß sie die Gefahren unmittelbar erkannt hätten. Bei diesen Personen und Gruppen entwickelte sich der Gedanke von der Notwendigkeit eines Widerstandes erst viel später und langsamer. Der spätere Hauptmann Hermann Kaiser, der sich während des Krieges unermüdlich für den Widerstand eingesetzt hat, erhoffte sich 1933 von den Nationalsozialisten eine Änderung in den innen- und besonders in den außenpolitischen Verhältnissen seines Landes. Zum erstenmal seit 1918 schien ihm die Möglichkeit gegeben, ein positives Verhältnis zum Staat wiederzufinden. Außerdem war die NS-Bewegung „wehrfreudig", so daß die Voraussetzungen für die deutsche Wehrhaftigkeit zurückgewonnen werden könnten. Nach Kaiser hatte Hitler das Land vor einer drohenden „bolschewistischen Revolution" gerettet.[19] Ludwig Beck, später als Haupt des bürgerlichen Widerstandes anerkannt, schrieb im März 1933 in einem Privatbrief hinsichtlich der Bildung der neuen Regierung: „... ich habe ihn seit Jahren erhofft und freue mich, daß die Hoffnung nicht getrogen hat; es ist der erste große Lichtblick seit 1918."[20]

Nicht die Ermordung und Verhaftung demokratischer Politiker und Gewerkschaftsführer während der ersten Monate des Jahres 1933, sondern die Spannungen zwischen der SA und der Reichswehr, das Anlaufen des Kirchenkampfes und die Dezimierung der konservativen Opposition im

Juni 1934 führten bei einigen zu Bedenken mehr grundsätzlicher Art. So sind damals für Hans Oster „jene den Weg zum Widerstand versperrenden Schranken zum ersten Mal stärker angesplittert worden".[21] Die Ermordung des ihm bekannten Herbert von Bose aus dem Mitarbeiterstab Papens hat Hermann Kaiser stark bewegt. Im vertrauten Kreis seiner Angehörigen und Freunde hat er seinen Abscheu über diesen Mord wiederholt zum Ausdruck gebracht. Darauf wurde er vor die örtliche Parteistelle zitiert und vernommen.[22] Wenige Monate später sprach der junge Hauptmann Stieff von dem „Wahnsinn der Einparteienherrschaft".[23]

In Kreisen des Bürgertums wurde in die Reichswehr ein großes Vertrauen gesetzt, fraglich war aber, inwieweit sie eingreifen würde. Wenige Tage vor der Aktion am 30. Juni 1934 schrieb Moltkes Mutter aus der Tschechoslowakei skeptisch: „People talk of a military dictatorship (the Reichswehr isn't at all Nazi), but who knows if there is a personality capable of taking command?"[24]

Während das Dritte Reich in und nach 1933 aus taktischen Gründen ständig seinen „aufrichtigen Friedenswillen" beteuerte, bereitete es das deutsche Volk systematisch auf einen künftigen Krieg vor. Dabei wußte die NS-Führung die Freude vieler Deutscher an militärischen Dingen geschickt auszunutzen. So führte die Wiedereinführung der allgemeinen Wehrpflicht auch zu einem begeisterten Aufsatz Hermann Kaisers. Vorbei seien die Jahre, so heißt es dort, „der Zwietracht, der Ohnmacht, der Auflösung und des Widerspruchs". Dafür gebühre Hitler Dank.[25] Dagegen notierte Brüning nach einem Gespräch mit dem früheren Mitarbeiter Schleichers, von Vietinghoff-Scheel: „Sehe Lage klar bei Reichswehr. Durcheinander, weil zu schnell vergrößert. Endgültig bestätigt, was ich befürchte. Keinerlei politische Konzeption, weder nach innen noch außen. Keinerlei strategische Idee. Rüstungswut à outrance ohne Rücksicht, ob man schlagfertig ist. Heeresvermehrung, aber Verdummung."[26]

Aufrüstung sowie außenpolitische und außenwirtschaftspolitische Erfolge verstärkten die Autorität des Regimes. Dabei verwandelte sich unter dem Einfluß des Dritten Reiches der außenpolitische Revisionismus in Kreisen des Bürgertums in Expansionismus und Hegemonialdenken.[27] So notierte Karl-Heinrich von Stülpnagel Anfang 1935: „Ein bewaffneter Konflikt in absehbarer Zeit findet Deutschland in einer Lage, die um vieles günstiger ist als 1914."[28] Um die gleiche Zeit schrieb Leo Frhr. Geyr von Schweppenburg, der damalige Militärattaché in London und Beck-Informant[29] nach einem Besuch in Holland: „Der Augenblick, eine planmäßige deutsche Propaganda mit einem der wirksamsten Mittel, der Reichswehr, anzusetzen, ist also besonders günstig."[30] Ende 1934 berichtete der damalige Gesandte in der Schweiz, Ernst Frhr. von Weizsäcker, an das Auswärtige Amt — ich zitiere französisch —: „Regagner pas à pas la

Suisse à notre cause, est une tâche qui, du point de vue de la préparation au cas de guerre également, servira considérablement l'intérêt de notre Wehrmacht."[31]

Während seiner Auslandsreisen förderte Carl Goerdeler bewußt eine Großraumpolitik und schrieb zum Beispiel in seinem Bericht über eine Belgien-Reise 1937: „Über diese Zusammenarbeit im Kolonialgebiet gewinnt man aber auch Chancen für ein näheres wirtschaftliches Verhältnis mit Belgien auf dem Festland; die Belgier wünschen es offenbar. So können wir über Belgien und Holland die Oslogruppe anziehen, über Serbien, Bulgarien, Ungarn den Balkan; soweit ich mir ein Urteil bilden und erlauben kann, liegt die Zukunft der europäischen Entwicklung auf der Bildung großer Wirtschaftsräume."[32] Der Botschafter Ulrich von Hassell berichtete etwa um die gleiche Zeit, daß er in der Schweiz „völkisches deutsches Empfinden mit warmem Verständnis für das Dritte Reich und scharf-antikommunistischer Einstellung" gefunden habe.[33] Noch im September 1939 ließ er sich zu einer Mission nach Skandinavien entsenden, bei der er die dortigen Regierungen unter wirtschaftlichen Druck zu setzen hatte.[34]

Die Anfänge der Judenverfolgung und des Kirchenkampfes und die Ermordung konservativer Gegner des Regimes am 30. Juni 1934 hätten Voraussetzungen für Ansätze zum Protest und Widerstand in bürgerlichen Kreisen schaffen können; doch hat man den Eindruck, daß sich Bedenken, wenn sie schon entstanden, wie beim Expansionismus eher gegen Tempo und Methoden als gegen das Prinzip richteten.[35]

III

1938 bis 1939

Das Jahr 1938 sollte zwei weitere Möglichkeiten zum Widerstand bringen: die Fritsch-Krise und den Angriff auf die Tschechoslowakei. Vorher hatte es einige individuelle Kontakte zwischen Generalen und Oppositionellen aus dem zivilen Lager gegeben; erst während der Krise um den fälschlich der Homosexualität bezichtigten Heeres-Oberbefehlshaber haben sich die Kontakte verdichtet, so daß von Anfängen einer Opposition gesprochen werden kann. Das gilt übrigens nicht für Fritsch selber, der noch im Dezember in einem Privatbrief schrieb, „daß so viele Menschen trotz der doch unbestreitbaren gewaltigen Erfolge des Führers in diesem letzten Jahr mit wachsender Sorge in die Zukunft sehen", aber man müsse sich eben über die Schwere des Kampfes gegen die Juden klar sein.[36] Auch Beck hielt sich während der Fritsch-Krise sehr im Hintergrund. Als er von Halder aufgefordert wurde, sich an die Spitze der Generalität zu stellen und das Gestapohauptquartier zu besetzen, warf Beck ihm vor, das laufe hinaus auf „Meuterei, Revolution. Diese Worte gibt es nicht im Lexikon eines deutschen Offiziers."[37] Wenn Beck sich schließlich zu bestimmten Schritten durchrang, war das nur den ständigen Vorstellungen Hans Osters zu verdanken, für den eben die Fritsch-Krise, weil er Fritsch kannte und schätzte, das auslösende Moment gewesen war, Gegner nicht nur des Nationalsozialismus, sondern auch Hitlers zu werden.[38] Sogar Mitte Juli war Beck noch nicht so weit.[39] Dann verdrängten die Wogen der Begeisterung beim Einmarsch in Österreich fast jede Entschlossenheit. Wieder war eine Gelegenheit dahin.

Nach der Machtübernahme hatte Beck den Sieg des Nationalsozialismus begrüßt und selber die Aufrüstung gefördert. Seine Kritik an Hitlers Kriegsplänen gegenüber der Tschechoslowakei entsprang weniger einer generellen Ablehnung von Hitlers Außenpolitik, sondern der Furcht, damit zu große Risiken einzugehen, sein Rücktrittsgesuch war eher Resignation als Widerstand. Außerdem hatte Beck wie sein Nachfolger Halder als Generalstabschef des Heeres keine Befehlsgewalt über Truppen und war nach seiner Entlassung ein Zuschauer geworden, der zwar immer noch großes Ansehen genoß, aber keinen Apparat mehr hinter sich hatte. Verhängnisvoll war, daß die Opposition, während Hitler auch wegen der schwachen Reaktion des Westens mehrere außenpolitische Erfolge verbuchen konnte, damals anfing, ihre Aktionen faktisch von Zusagen der englischen Seite abhängig zu machen, um zögernde Generale überzeugen zu können.[40] Damit hatte man jedoch selber die eigene Handlungsfreiheit erheblich beschränkt. Denn trotz der Aktivität eines kleinen Kreises waren Großbritannien und Frankreich noch nicht zu einer sofortigen Kriegserklärung zu bewegen. Auch spielte dabei eine Rolle, daß die meisten im Umkreis der Opposition nicht grundsätzlich gegen einen erhofften kleinen Eroberungskrieg waren, sondern weil sie fürchteten, daß im Falle eines Kriegseintritts der Westmächte der Krieg nicht zu gewinnen war.[41]

Ein weiterer Aspekt des Jahres 1938 war, daß der Kreis der Oppositionellen anfing, sich auszudehnen. Es hatte sich eine Gruppe im Auswärtigen Amt gebildet, der unter anderen Albrecht Graf von Bernstorff, Otto C. Kiep, Albrecht von Kessel, Hans Bernd von Haeften und die Brüder Erich und Theodor Kordt angehörten. Dazu stießen auch Fritz-Dietlof Graf von der Schulenburg, Stellvertretender Polizeipräsident und überzeugter Nazi, bis er infolge der Fritsch-Krise seine Meinung geändert hatte,[42] dann Carl Goerdeler, früher Reichspreiskommissar und Oberbürgermeister von Leipzig, Hans von Dohnanyi, 1938 aus seiner Stellung im Reichsjustizministerium entlassen und als Reichsgerichtsrat nach Leipzig versetzt, und Hans-Bernd Gisevius, Regierungsrat im Reichsinnenministerium. Zu der „Aktionsgruppe" gehörte auch Helmuth Groscurth, Chef der Verbindungsgruppe der Abwehr beim Generalstab des Heeres. Er war Sohn eines Pfarrers, empört über Kirchenkampf und Judenverfolgung und entsetzt über das Benehmen der SS nach dem Einmarsch in das Sudetenland.[43] Durch Informationen Groscurths während einer Dienstreise in das Sudetenland und vielleicht auch durch die Freundschaft seines Bruders Heinrich mit Achim Oster, einem Sohn des Generals Oster in der Abteilung Abwehr im OKW, wurde auch Peter Graf Yorck von Wartenburg ein überzeugter Gegner des Regimes. Er sollte es bis zum 20. Juli 1944 bleiben. Als er im November 1938 aus dem Sudetenland zurückkehrte, sagte er: „Das treibt absolut in das imperialistische Denken. Dem muß baldigst entgegengetreten werden."[44]

IV

1939 bis 1941

Nachdem die Wehrmacht in der Fritsch-Krise vor dem Diktator kapituliert hatte und im September 1938 vielleicht die letzte Chance vor dem Kriege von der Opposition nicht ausgenutzt worden war, kam es Anfang September 1939 dennoch zu einer Kriegserklärung der Westmächte an Deutschland — dem Anfang vom Ende[45] — und kurze Zeit später sogar zu indirekten Kontakten Großbritanniens mit Hitlers Gegnern in Deutschland.[46]

Man bekommt den Eindruck, daß die Bevölkerung Berlins, obwohl sie, wie berichtet worden ist, wenig Kriegsbegeisterung zeigte,[47] dennoch dem Feldzug gegen Polen, einen der „beiden slawischen Randstaaten",[48] mit weniger Hemmungen begegnete als später dem Westfeldzug. In nationalistischen Kreisen in Deutschland war Polen sicher nicht beliebt.[49] Das gilt auch für Ludwig Beck.[50] Offenbar beeinflußt von dem gesteuerten Nachrichtenstrom, schrieb Hermann Kaiser noch Mitte August: „Wie hart wird die Geduld der Menschen auf die Probe gestellt. Alles spricht von der Vergeltung. Kann es nicht abwarten, bis sie einsetzt. Auch ich kann es nicht abwarten und vertraue auf Gott, daß die Übeltäter gestraft werden."[51] Vier Wochen später war übrigens Kaisers Kriegsbegeisterung schon verschwunden.[52] Während der Berliner Pfarrer Helmut Gollwitzer in einem Fürbittgottesdienst „die Städte und Dörfer, die drüben im Kriegsgebiet brennen" nicht vergessen wollte und von dem „großen Erschrecken" sprach, „das uns erfüllt in diesen Tagen, da zum zweiten Male ein Krieg losgebrochen ist, von dem man geglaubt hat, so etwas könne in unserem Jahrhundert nicht mehr geschehen",[53] wollte Alfred Delp den Krieg sicher nicht heroisieren, schrieb aber doch: „...da er existente

Wirklichkeit ist, muß und wird er uns willig finden, mit ihm fertig zu werden und ihn zu meistern."[54]

Für den Widerstand schien der Krieg zunächst ein Hemmnis zu sein; nicht nur, weil aus dem Kreis der Opposition viele einberufen waren und teilweise in Polen kämpften, sondern auch, weil mehrere sich fragten, ob der Krieg nicht die Durchführung der vorbereiteten Aktionen ausschloß, da die Gegner Deutschlands zwischen Regime und Volk keinen Unterschied machen würden.[55] Bis zum Ende des Zweiten Weltkrieges sollte dieses Argument den entschlossenen Widerständlern vorgehalten werden.

Dann sickerten mehr und mehr Nachrichten durch über die Vorgänge in Polen. Es wurden Einzelheiten bekannt über die Verbrechen der Einsatzkommandos, wenn man auch noch wochenlang im unklaren darüber blieb, daß die Befehle zur massenhaften Liquidierung von Polen und Juden von Hitler stammten. Schon am 8. September zeichnete Groscurth auf:

„Oster kam noch und sprach mit mir allein. Chef [Canaris] hat folgendes erfahren und befiehlt Weitergabe an OQu I [K.-H. v. Stülpnagel]: Heydrich hetzt weiter in wüstester Weise gegen Armee — es ginge alles viel zu langsam!!! ... Er würde das abstellen. Die Leute müßten sofort ohne Verfahren abgeschossen oder gehängt werden. ‚Die kleinen Leute wollen wir schonen, der Adel, die Popen und Juden müssen aber umgebracht werden. Nach dem Einzug in Warschau werde ich mit der Armee vereinbaren, wie wir diese Kerle alle herausdrücken.'"[56] Einen Tag später erfährt Groscurth von Halder: „... es sei Absicht des Führers und Görings, das polnische Volk zu vernichten und auszurotten."[57]

Die Aktionen der Einsatzkommandos fanden zunächst praktisch vor den Augen des Militärs statt und wurden daher auch einem relativ großen Kreis bekannt. Daher erreichte Berlin auch eine Zahl von Protesten gegen diese Vorgänge. Am bekanntesten wurde eine Denkschrift des Generals Blaskowitz vom November 1939, in der die Wiederherstellung gesetzmäßiger Zustände gefordert wurde.[58] Der schon früher erwähnte Helmuth Stieff schrieb seiner Frau: „Ich schäme mich, ein Deutscher zu sein ..."[59] Und Hermann Kaiser, der im Winter 1939/1940 zeitweise in Posen gestanden hatte, schrieb: „Wie tief viele Menschen gesunken sind, ist kaum zum Bewußtsein gekommen."[60]

Nachdem Hitler am 27. September 1939 auch noch gegenüber dem Oberbefehlshaber des Heeres, Walter von Brauchitsch, und Halder seine Angriffspläne gegen den Westen entwickelt hatte, reichte Halder am 30. September seinen Abschied bei Brauchitsch ein. Dieser lehnte das Gesuch ab, und beide kamen überein, gemeinsam Hitlers Pläne zu torpedieren. Brauchitsch stimmte mit Halder darin überein, daß sie aus militärischen Gründen versuchen mußten, die Offensive zu verhindern, aber er weigerte sich, politische Konsequenzen daran zu knüpfen. Groscurth wurde mit der Ausarbeitung eines Putschplanes beauftragt, und die Vorbereitungen von 1938 wurden überarbeitet. Nachdem zwei der führenden Generäle im Westen die Mitarbeit an einem Staatsstreich verweigert hatten, resignierte Halder. Er sehe kaum eine Möglichkeit, teilte er Beck mit, und sei der Meinung, daß es in Kriegszeiten gefährlich sei, einen Putsch zu unternehmen.[61] Wieder hatte die Wehrmacht vor dem Diktator kapituliert.

In diesem Zusammenhang will ich als Niederländer nicht versäumen, meine Achtung auszusprechen für Hans Oster, für den auch während des Krieges das Gebot der Menschlichkeit und der Verpflichtung des einzelnen gegenüber seinen Mitmenschen unbedingt galt. Er wollte sein Land und die Welt „von dieser Pest" befreien und teilte dem niederländischen Militärattaché in Berlin, Sas, die verschiedenen Angriffstermine in der Hoffnung mit, daß Hitler vielleicht den Angriff widerrufen würde, wenn Gegenmaßnahmen von niederländischer Seite erfolgten. Manche haben nach dem Kriege die Motive eines solchen Handelns zu wenig berücksichtigt und diese Tat zu Unrecht als Landesverrat bezeichnet.[62]

Die erfolgreichen Feldzüge von 1940 machten die Vorbereitung eines Staatsstreichs in dieser Zeit fast zu einer Illusion. Wieder schien Hitler recht gehabt zu haben, und jetzt nicht nur auf außenpolitischem, sondern auch auf militärischem Gebiet. Mit einem Schlag war viel Skepsis verschwunden. Wohl oder übel wurde davon auch ein Teil der Opposition beeinflußt.

Fast im Siegesrausch notierte Ulrich von Hassell in seinem Tagebuch:

„Die unvorstellbar großen Erfolge der Deutschen im Westen durch die weit überlegene Panzer- und Flugwaffe, nebst anderen modernen Kampfmitteln, durch den Schwung der Truppe (nothing is more successful than success) und durch die ausgezeichnete Führung, bei sträflicher Leichtfertigkeit und schlechter Führung auf der anderen Seite, haben eine neue Lage geschaffen. Die Skepsis der meisten Generale, vor allem Becks, ist widerlegt, der bramarbasierende Fromm hat recht behalten. Die Verdienste Hitlers und Görings an dem Schaffen der Waffe, und — Hitlers — auch wohl unmittelbar in der Führung scheinen eklatant."[63]

Hassell hatte dabei allerdings Sorge vor einer weiteren Sozialisierung der deutschen Gesellschaft und einem „Zerbrechen der Oberschichten" und fuhr fort: „Da dem Nationalsozialismus, so wie er geworden ist, jede Seele fehlt und sein eigentliches Bekenntnis ‚die Gewalt' ist, so werden wir eine entgötterte Natur, ein entseeltes, kulturloses Deutschland und vielleicht Europa bekommen, gewissenlos und roh." Staatssekretär von Weizsäcker meinte Hassell gegenüber, „man müsse sich damit trösten, daß große Wandlungen in der Geschichte sehr oft unter Verbrechen herbeigeführt würden".[64]

Die Begeisterung über die großen Erfolge dominiert auch in den Briefen Stauffenbergs aus dieser Zeit. Als am 10. Mai 1940 das Inferno der deutschen Kriegsmaschine über Belgien losbrach, gehörte Stauffenberg zu den Angreifern. Nach Hause schrieb er: „Uns geht es köstlich. Wie sollte es auch anders sein bei solchen Erfolgen ...“[65] Fast zehn Tage später ist er noch ganz von der Begeisterung erfaßt und schrieb: „Persönlich geht es uns ausgezeichnet; die Vorräte des Landes genießen wir in vollen Zügen ... In unseren Kämpfen bereiten sich die weittragendsten, das Gesicht der alten Welt verändernden Entscheidungen vor.“[66]

Kritischer gegenüber den Entwicklungen war der Zivilist Carl Goerdeler. In einem Memorandum vom 1. Juli 1940 betonte er, daß sowohl Großbritannien wie Polen zu einer Verständigung mit Deutschland bereit waren, daß das aber die Reichsregierung nicht wollte. Auch für den Westfeldzug galt das. Daher schrieb er: „Es wird vor der Geschichte nicht möglich sein, die Verantwortung für diesen Krieg anderen aufzubürden; ihn hat die derzeitige Reichsregierung gewollt und bewußt heraufbeschworen.“[67] Und Helmuth Groscurth schrieb Anfang Juni: „Wo ich bin, darf ich nicht schreiben. Was wir tun, darf ich auch nicht schreiben. Was ich denke, schreibe ich schon lange nicht.“[68] In einer Korrespondenz mit Peter Yorck, in der dieser einen Standpunkt einnahm, der mit dem Weizsäckers zu vergleichen ist,[69] sprach Helmuth Moltke von „einem Triumph des Bösen“.[70]

Sicher unterschätzte Hermann Kaiser den Einfluß Hitlers, als er meinte: „Vielleicht kommt es doch so, daß eine siegreiche Armee dann auch innenpolitisch durchgreift und alle unreinen Elemente aus der Verwaltung wieder beseitigt, Schulen und Universitäten wieder aufbaut, die Wirtschaft reinigt, die Kirche achtet als höchste Instanz eines gläubigen Volkes, das durch ein tiefes Tal mußte, um geläutert zu werden.“[71] Gegenüber Fabian von Schlabrendorff betonte Henning von Tresckow, der sich nicht ganz der Siegesbegeisterung entziehen konnte, daß „ein Schlag des Heeres gegen Hitler nur dann gewagt werden könne, wenn die deutsche Offensive gescheitert sei“.[72]

1941 stiegen die Chancen für einen Staatsstreich erneut. Es kam zu einer Zusammenarbeit zwischen der Widerstandsgruppe in Berlin und den Militärbefehlshabern in Belgien und Frankreich, Alexander von Falkenhausen und Karl Heinrich von Stülpnagel. Außerdem hatte sich eine Gruppe an der Ostfront gebildet unter Führung von Tresckow und Schlabrendorff. Jetzt waren es nicht nur ältere Offiziere, die sich am Widerstand beteiligten, sondern auch jüngere. Sie hatten sich im Kampf ausgezeichnet und dem Regime oft mit Überzeugung gedient. Weil jedoch Hitler — im Widerspruch zu einer 1939 getroffenen Abmachung — die Armee immer tiefer in seine Verbrechen verstrickte — der berüchtigte „Kommissarbefehl“ ist nur ein Beispiel[73] —, forderte die Gruppe junger Offiziere immer kompromißloser ein Attentat auf Hitler. Halder hielt den rechten Zeitpunkt noch nicht für gekommen. Als Brauchitsch gegenüber Hitler mit seinem Rücktritt drohte, akzeptierte Hitler diesen und übernahm selbst den Oberbefehl.[74] Da Hitler sich selten in der Öffentlichkeit zeigte und niemand aus dem Widerstand in sein Hauptquartier gelangen konnte, bestand während einer bestimmten Zeit kaum eine Möglichkeit, die Aktion auszuführen.

Während die Erfolge der Wehrmacht die Aussicht auf einen baldigen Sturz des Regimes in weite Ferne rücken ließen, betätigten sich einzelne und kleine Gruppen mit humanitärem Widerstand, mit publizistischer Arbeit oder mit Sabotage. Bei letzterem konnte es sich auch darum handeln, die Ausführung eines Befehls zu verhindern oder ihn nicht voll wirksam werden zu lassen. Damit befaßte sich unter anderen die völkerrechtliche Gruppe bei der Abteilung, später Amtsgruppe Ausland-Abwehr[75] unter der Führung Helmuth James Graf von Moltkes, der zugleich eine der führenden Persönlichkeiten des Kreisauer Kreises war. Die Arbeit dieser Gruppe war ein ständiger Kleinkampf gegen völkerrechtswidrige Befehle, war jedoch beschränkt auf das Gebiet der Wehrmacht. Moltke und seine Mitarbeiter konnten kleine Teilerfolge verbuchen in Besprechungen mit anderen Stellen hinsichtlich der Behandlung des feindlichen und des jüdischen Vermögens;[76] das gleiche gilt für Schutzmaßnahmen gegenüber ausländischen Kriegsgefangenen, Kombattanten und Geiseln.[77] Dabei wagte diese Gruppe es auch, direkt gegen die Mißhandlung sowjetrussischer Kriegsgefangener und die Verhältnisse in den Kriegsgefangenenlagern in Deutschland und den besetzten Gebieten Einspruch zu erheben. Über die Vorgänge in den besetzten Gebieten wurde die Gruppe ständig informiert. Wenn sie diese Informationen nicht bekam, versuchte sie diese zu bekommen.

Zwei Monate nach dem Anfang des Rußlandfeldzuges schrieb Moltke seiner Frau:

„Wir haben offenbar doch sehr, sehr große Verluste. Das wäre aber noch erträglich, wenn nicht Hekatomben von Leichen auf unseren Schultern lägen. Immer wieder hört man Nachrichten, daß von Transporten von Gefangenen oder Juden nur 20 % ankommen, daß in Gefangenenlagern Hunger herrscht, daß unsere eigenen Leute vor Erschöpfung zusammenbrechen. Was wird passieren, wenn das ganze Volk sich klar ist, daß dieser Krieg verloren ist, und zwar ganz anders verloren als der vorige? Das mit einer Blutschuld, die zu unseren Lebzeiten nicht gesühnt und nie vergessen werden kann, mit einer Wirtschaft, die völlig zerrüttet ist? Werden die Männer aufstehen, die imstande sind, aus dieser Strafe die

Buße und Reue und damit allmählich die neuen Lebenskräfte zu destillieren? Oder wird alles im Chaos untergehen?"[78]

In einem etwa zwei Monate später geschriebenen Brief heißt es: „Das, was mir augenblicklich am nächsten geht, sind die mangelhaften Reaktionen des Militärs ... Neue, schreckliche Befehle werden gegeben, und niemand scheint etwas dabei zu finden. Wie soll man die Mitschuld tragen? ... Mach' ich mich nicht mitschuldig? Was sage ich, wenn man mich fragt: und was hast Du während dieser Zeit getan? ... Wie kann jemand so etwas wissen und dennoch frei herumlaufen? Mit welchem Recht? Ist es nicht unvermeidlich, daß er dann eines Tages auch dran kommt, und daß man ihn auch in die Gosse rollt? Das alles sind ja nur Wetterleuchten, denn der Sturm steht vor uns. Wenn ich nur das entsetzliche Gefühl los werden könnte, daß ich mich selbst habe korrumpieren lassen, daß ich nicht mehr scharf genug auf solche Sachen reagiere, daß sie mich quälen, ohne daß spontane Reaktionen entstehen."[79]

An diesen und ähnlichen Berichten zeigt sich, in welchem Maße auch Teile der Wehrmacht sich dem Vernichtungskrieg kaum widersetzt haben. Nur eine ganz kleine Minderheit hat sich für eine Änderung dieser Methoden eingesetzt.

Als der Oberst Wilhelm Staehle, der mit Beck, Goerdeler und Oster in Verbindung stand, einmal bemerkte, er schäme sich fast, die Uniform eines deutschen Offiziers zu tragen, brachte er auf diese Weise seine Erschütterung über die verbrecherischen Befehle und das Benehmen der Generalität zum Ausdruck. Nicht zuletzt bewegte ihn auch der Gedanke, daß mit den Staatsstreichvorbereitungen für das Offizierkorps die große Chance zur Rehabilitierung gekommen sei.[80]

V

1942 bis 1944

Die Besprechungen und Vorbereitungen zu einer Aktion während der Jahre 1942 und 1943 sind in der Geschichte des deutschen Widerstandes selbständige Phasen, die keinesfalls nur als Vorgeschichte des späteren Staatsstreichversuchs am 20. Juli 1944 angesehen werden sollten. Dennoch handelte es sich, nachträglich betrachtet, auch um eine Zeit der Vorbereitung und des Aufbaus.

Die Endziele des Blitzkrieges in der Sowjet-Union waren so schnell nicht zu erreichen. Zwar hatten die russischen Truppen schwere Verluste erlitten, aber es war ihnen immer wieder gelungen, den Zusammenhalt der Frontlinie herzustellen. Vergeblich hatten die deutschen Truppen Moskau zu nehmen versucht. Dann war der russische Winter gekommen.

Während des Jahres 1942 entwickelte sich eine regelmäßige Verbindung zwischen der Heeresgruppe Mitte und dem Berliner Widerstandszentrum. Dabei bestand die Hoffnung, einzelne Oberbefehlshaber der Heeresgruppen zum Eingreifen zu bewegen. Dazu fuhr Goerdeler im August nach Königsberg zum Generalfeldmarschall Georg von Küchler und kurz darauf nach Smolensk zum Generalfeldmarschall Günther von Kluge. Bei der letzten Gelegenheit gelang es Tresckow, Kluge von der Notwendigkeit einer Aktion gegen Hitler zu überzeugen. Freilich stellte sich dann später heraus, daß Kluge doch wieder schwankend geworden war. Immerhin bedeutete die Begegnung Goerdelers mit Kluge den Anfang vieler Hoffnungen.[81]

Das Anlaufen neuer Vorbereitungen im Januar 1943, die ungünstige Lage an den Fronten und die Ankunft Waldersees aus dem Kessel von Stalingrad, um das Berliner Zentrum zu höchster Eile anzutreiben, führten zu einer hektischen Tätigkeit in den Kreisen des Widerstandes in Berlin. Es kam Tresckow darauf an, die Ostfront zu halten. Zwei Attentatsversuche im März 1943 gingen jedoch fehl.

Parallel damit entwickelte auch der politische Sektor des bürgerlichen Widerstandes große Aktivität. Im Januar 1943 scheiterte ein Versuch, die Goerdeler-Gruppe und den Kreisauer Kreis zueinander zu bringen. In dieser Phase erhielt der Plan eines Übergangsregimes unter General von Falkenhausen eine bestimmte Bedeutung, der sich jedoch später nicht realisieren ließ.[82] In Verbindung mit anderen Gruppen und Personen des zivilen und militärischen Widerstandes unterbreitete Moltke den westlichen Alliierten Ende 1943 in einer von ihm inspirierten Denkschrift Vorschläge, die die Bildung einer deutschen Gegenregierung in Aussicht stellten und auf politische und militärische Zusammenarbeit mit den westlichen Alliierten abzielten. Im Laufe der Jahre hatte sich eine engere Zusammenarbeit zwischen Personen aus den verschiedenen Gruppen des Widerstandes entwickelt. Das Attentat und der Staatsstreich am 20. Juli 1944 waren kein Einzelfall unter dem Eindruck der bevorstehenden Niederlage, sondern Ende und Höhepunkt einer Reihe von Putschplänen und Anschlägen.[83]

Für den deutschen Widerstand war der Krieg — faßt man alles hier Vorgetragene knapp zusammen — zugleich ein Hemmnis und ein Katalysator: Er war ein *Hemmnis*, weil sich aus den Reihen des Widerstandes viele in den besetzten Gebieten und an der Front befanden. Auch war es während des Krieges sehr viel schwieriger, mit dem Ausland in Verbindung zu treten. Gleichzeitig war der Krieg jedoch auch ein *Katalysator*. Neue Generationen und Gruppen wandten sich dem Widerstand zu, und infolge der Erweiterung des Krieges kam es unter Zwangsarbeitern, in

Konzentrationslagern und in den besetzten Gebieten zu Ansätzen einer Internationalisierung des Widerstandes.

VI

Umdenken

Wenn wir uns aus heutiger Sicht mit den Gedanken der Widerstandsgruppen befassen, dann könnte es sein, daß uns das restaurative Element weit stärker vorkommt als das revolutionäre. Dabei dürfen wir jedoch nicht vergessen, daß der deutsche Widerstand ein historisches Phänomen ist, daß seine Situation nicht die unsrige ist und heute schon 40 bis 50 Jahre zurückliegt. Erst wenn es uns gelingen wird, uns diese Situation vorzustellen, kann ein Bild erarbeitet werden, das den Widerständlern und ihrer Lage gerecht wird. Dann erst werden wir auch die historischen Normen finden, nach denen die Auffassungen der Widerständler beurteilt werden können.

Nicht zu Unrecht schrieben Walter Schmitthenner und Hans Buchheim in der Einleitung zu ihrem Sammelband: „Im historischen Urteil macht gerade das den Rang dieser Männer und den Wert ihrer Leistung aus, daß sie aus eigener Kraft ihre politische Vorstellungswelt zu revidieren und einen neuen Standpunkt zu finden vermochten. Daß Repräsentanten der führenden Schicht angesichts der Folgen eigener Irrtümer umzudenken vermochten, darin besteht der entscheidende Beitrag der Widerstandsbewegung zur deutschen Geschichte.“[84] Dabei sollte nicht vergessen werden, daß der deutsche Widerstand, der im europäischen Rahmen als deutsche Freiheits- und Protestbewegung und als Phase in der Geschichte der Menschenrechte gelten kann, nicht nur ein Forschungs-, sondern auch ein Vermittlungsproblem ist.

Anmerkungen

[1] Siehe dazu mehrere Beiträge in: Dietmar Petzina/Ger van Roon (Hrsg.), *Konjunktur, Krise, Gesellschaft*, Stuttgart 1981; auch: Christopher Freeman (Hrsg.), *Long Waves in the World Economy*, London 1983.

[2] Dazu Michael Erbe, *Zur neueren französischen Sozialgeschichtsforschung*, Darmstadt 1979.

[3] Vgl. Hans Rosenberg, *Die Weltwirtschaftskrise 1857—1859*, Göttingen 1974.

[4] Abgedruckt in: Hans Rosenberg, *Machteliten und Wirtschaftskonjunkturen*, Göttingen 1978, S. 161 ff.

[5] Hans Rosenberg, *Große Depression und Bismarckzeit*, Berlin 1967; Frankfurt a. M. 1976 (Taschenbuch).

[6] Dazu auch Jürgen Habermas, *Strukturwandel der Öffentlichkeit*, 14. Aufl., Darmstadt-Neuwied 1983, S. 172ff.

[7] Siehe Knut Borchardt, *Wandlungen des Konjunkturphänomens in den letzten hundert Jahren*, München 1976; Dietmar Petzina/Werner Abelshauser, *Zum Problem der relativen Stagnation der deutschen Wirtschaft in den zwanziger Jahren*, in: Hans Mommsen/ Dietmar Petzina/Bernd Weisbrod (Hrsg.), *Industrielles System und politische Entwicklung in der Weimarer Republik*, Düsseldorf 1974, S. 57ff.

[8] Brief Dorothy Moltke, 16.10.1932 (im Besitz der Gräfin Dr. F. von Moltke).

[9] Vgl. Charles P. Kindleberger, *The World in Depression 1929—1939*, Berkeley-Los Angeles 1973, S. 199ff.

[10] Grundlegend: Stein Ugelvik Larsen/Bernt Hagtvet/Jan Petter Myklebust, *Who Were the Fascists? Social Roots of European Fascism*, Bergen 1980.

[11] Siehe Ger van Roon, *The Oslo Group. Small Countries in Times of Crisis*, London 1985.

[12] Ausf. Timothy W. Mason, *Arbeiterklasse und Volksgemeinschaft*, Opladen 1975, S. 100ff.

[13] Notiz 27.8.1937, in: Heinrich Brüning, *Briefe und Gespräche 1934—1945*, Stuttgart 1974, S. 146.

[14] Hans-Erich Volkmann, *Autarkie, Großraumwirtschaft und Aggression*, in: *Militärgeschichtliche Mitteilungen*, 27. Jg. (1976), H. 81, S. 53.

[15] Siehe dazu die Beiträge in: Ger van Roon (Hrsg.), *Europäischer Widerstand im Vergleich*, Berlin 1985.

[16] Dazu Klaus-Jürgen Müller, *Das Heer und Hitler. Armee und nationalsozialistisches Regime 1933—1940*, Stuttgart 1969, S. 58—59.

[17] Briefe Dorothy Moltkes, 30.1. und 14.4.1933 [Anm. 8].

[18] Siehe John S. Conway, *Die nationalsozialistische Kirchenpolitik 1933—1945*, München 1969 (Übers.), S. 38—39; Eberhard Bethge, *Über das Erbe der Bekennenden Kirche*, in: *Wissenschaft und Praxis in Kirche und Gesellschaft*, April 1971, S. 150; Klaus Scholder, *Die Kirchen und das Dritte Reich*, Bd. 1, Frankfurt a. M. 1977, S. 277ff.; Günther van Norden, *Der deutsche Protestantismus im Jahr der nationalsozialistischen Machtergreifung*, Gütersloh 1979, S. 13ff.; Ger van Roon, *Zwischen Neutralismus und Solidarität. Die evangelischen Niederlande und der deutsche Kirchenkampf 1933—1942*, Stuttgart 1983, S. 149—150.

[19] Dazu mein Aufsatz *Hermann Kaiser und der deutsche Widerstand*, in: *Vierteljahrshefte für Zeitgeschichte*, 24. Jg. (1976), S. 261.

[20] Klaus-Jürgen Müller, *Armee, Politik und Gesellschaft in Deutschland 1933—1945*, Paderborn 1979, S. 65.

[21] Hermann Graml, *Der Fall Oster*, in: *Vierteljahrshefte für Zeitgeschichte*, 14. Jg. (1966), S. 30f.

[22] G. van Roon, *Hermann Kaiser*... [Anm. 19], S. 262.

[23] K.-J. Müller, *Das Heer*... [Anm. 16], S. 137.

[24] Brief Dorothy Moltke, 26.6.1934 [Anm. 8].

[25] G. van Roon, *Hermann Kaiser*... [Anm. 19], S. 262.

[26] Notiz, 11.3.1935, in: H. Brüning, *Briefe*... [Anm. 13], S. 63.

[27] Allgemein siehe Hermann Graml, *Die außenpolitischen Vorstellungen des deutschen Widerstandes*, in: Walter Schmitthenner/Hans Buchheim (Hrsg.), *Der deutsche Widerstand gegen Hitler*, Köln 1966, S. 19ff.

[28] Klaus-Jürgen Müller, *General Ludwig Beck*, Boppard am Rhein 1980, S. 434.

[29] *A.a.O.*, S. 259.

[30] Bericht über Strömungen in der Führung der holländ. Armee, 19.2.1935 (Bundesarchiv-Militärarchiv Freiburg, RW 5/v. 404).

[31] In einem weiteren Bericht: „Dans un conflit européen, le Gouvernement suisse..." (24.4.1934). Beide Zitate aus: Daniel Bourgeois, *Le Troisième Reich et la Suisse 1933—1941,* Neuchâtel 1974, S. 16—17.

[32] Reisebericht, Belgien, 4.—12.6.1937, S. 4 (Bundesarchiv Koblenz [im folgenden BA zitiert], Nachlaß Goerdeler, Nr. 14).

[33] Rom, 7.4.1937 (Politisches Archiv des Auswärtigen Amtes, Bonn [im folgenden AA zitiert], Abt. Inland II A/B, Bd. 1, Antikomintern).

[34] Dazu Klaus Wittmann, *Schwedens Wirtschaftsbeziehungen zum Dritten Reich 1933—1945,* München 1978, S. 150ff. Der Bericht über diese Mission ist offenbar in Ulrich von Hassells veröffentlichten Tagebüchern weggelassen (*Vom andern Deutschland,* Frankfurt a. M. 1964, S. 76; ein indirekter Hinweis auf S. 68).

[35] K.-J. Müller, *Das Heer...* [Anm. 16], S. 137, 232.

[36] Zitat aus Romedio Galeazzo Graf v. Thun-Hohenstein, *Der Verschwörer. General Oster und die Militäropposition,* Berlin 1982, S. 71.

[37] Zitat aus Helmut Krausnick, *Vorgeschichte und Beginn des militärischen Widerstandes gegen Hitler,* in: *Vollmacht des Gewissens,* hrsg. von der Europäischen Publikation, Bd. 1, Frankfurt a. M.-Berlin 1960, S. 295.

[38] Freilich war Oster der Meinung, daß man eine Revolution von oben machen sollte, und hat sich also offenbar von südamerikanischen Verhältnissen inspirieren lassen. (R. G. v. Thun-Hohenstein, *Der Verschwörer...* [Anm. 36], S. 80).

[39] „Für den Führer, gegen den Krieg" (Nicholas Reynolds, *Beck, Gehorsam und Widerstand,* Wiesbaden-München 1977, S. 145—146).

[40] Der erste Versuch dazu war eine Mission von Ewald von Kleist-Schmenzin im August 1938.

[41] Vgl. Willi A. Boelcke, *Die deutsche Wirtschaft 1930—1945,* Düsseldorf 1983, S. 152—153 (Schacht); Heinz Günther Sasse, *100 Jahre Auswärtiges Amt 1870—1970,* Bonn 1970, S. 167 (Weizsäcker); K.-J. Müller, *Das Heer...* [Anm. 16], S. 211 (Beck); ders., *Armee, Politik und Gesellschaft...* [Anm. 20], S. 119 (Tresckow).

[42] Vgl. Albert Krebs, *Fritz-Dietlof Graf von der Schulenburg,* Hamburg 1964, S. 158, 163f., 169f.

[43] Dazu Helmuth Groscurth, *Tagebücher eines Abwehroffiziers 1938—1940,* hrsg. von Helmut Krausnick und Harold C. Deutsch, Stuttgart 1970, S. 154.

[44] H. Groscurth, *Tagebücher...* [Anm. 43], S. 310, 331f.

[45] R. G. v. Thun-Hohenstein, *Der Verschwörer...* [Anm. 36], S. 80, 121.

[46] Ger van Roon, *Neuordnung im Widerstand. Der Kreisauer Kreis innerhalb der deutschen Widerstandsbewegung,* München 1967, S. 83.

[47] Vgl. Ruth Andreas-Friedrich, *Schauplatz Berlin,* Reinbek 1964, S. 12.

[48] Georg v. Sodenstern, *Vom Wesen des Soldatentums,* in: *Militärwissenschaftliche Rundschau,* 4. Jg. (1939), S. 16f.

[49] Vgl. Christoph Kleßmann, *Die Selbstbehauptung einer Nation. NS-Kulturpolitik und polnische Widerstandsbewegung,* Düsseldorf 1971, S. 24.

[50] Dazu K.-J. Müller, *General Ludwig Beck...* [Anm. 28], S. 158.

[51] G. van Roon, *Hermann Kaiser...* [Anm. 19], S. 264.

[52] „Wir müssen in nächster Zeit viel aushalten..." (20.9.1939); Zitat *a.a.O.*, S. 265.

[53] Helmut Gollwitzer, *Zuspruch- und Anspruch-Predigten,* München 1954, S. 92.

[54] *Stimmen der Zeit*, 69. Jg. (1939), S. 207f.

[55] G. van Roon, *Neuordnung*... [Anm. 46], S. 84 (aufgrund mehrerer Informationen).

[56] H. Groscurth, *Tagebücher*... [Anm. 43], S. 201.

[57] *A.a.O.*, S. 202.

[58] Siehe dazu K.-J. Müller, *Das Heer*... [Anm. 16], S. 437f.

[59] Brief, 21.11.1939, in: Hans Rothfels (Hrsg.), *Ausgewählte Briefe von Generalmajor Helmuth Stieff*, in: *Vierteljahrshefte für Zeitgeschichte*, 2. Jg. (1954), S. 291ff.

[60] Brief, 4.1.1940, (G. van Roon, *Hermann Kaiser*... [Anm. 19], S. 265).

[61] Ausführlich über diese Periode des Widerstandes: Harold C. Deutsch, *Verschwörung gegen den Krieg*, München 1969.

[62] Dazu R. G. v. Thun-Hohenstein, *Der Verschwörer*... [Anm. 36], S. 152ff.; Jacobus Gijsbertus de Beus, *Morgen bei Tagesanbruch*, Berlin 1982, S. 48ff.; H.-J. Müller, *Das Heer*... [Anm. 16], S. 572.

[63] Berlin, 24.5.1940 (U. von Hassell, *Vom andern Deutschland*... [Anm. 34], S. 155f.).

[64] *A.a.O.*, S. 136.

[65] Christian Müller, *Oberst i. G. Stauffenberg*, Düsseldorf o. J., S. 179.

[66] *A.a.O.*, S. 182.

[67] BA, Nachlaß Goerdeler, Nr. 18.

[68] H. Groscurth, *Tagebücher*... [Anm. 43], S. 520; siehe auch S. 543.

[69] Yorck an Moltke, 7.7.1940, in: G. van Roon, *Neuordnung*... [Anm. 46], S. 481.

[70] Moltke an Yorck, 17.6.1940, in: *A.a.O.*, S. 479.

[71] Brief, 6.6.1940, (G. van Roon, *Hermann Kaiser*... [Anm. 19], S. 265).

[72] Fabian von Schlabrendorff, *Offiziere gegen Hitler*, Neuausgabe, Berlin 1984, S. 40.

[73] Dazu Christian Streit, *Keine Kameraden. Die Wehrmacht und die sowjetischen Kriegsgefangenen 1941—1945*, Stuttgart 1978, S. 83ff.

[74] Vgl. Peter Hoffmann, *Widerstand — Staatsstreich — Attentat*, 3. Aufl., München 1979, S. 336.

[75] Siehe dazu Ger van Roon, *Graf Moltke als Völkerrechtler im OKW*, in: *Vierteljahrshefte für Zeitgeschichte*, 18. Jg. (1970), S. 12—61; Ger van Roon, *Völkerrecht im Dienste der Menschen. Helmuth James Graf von Moltke und die völkerrechtliche Gruppe bei Ausland-Abwehr*, Berlin 1985.

[76] Dokumente in AA, VR/KR, Nr. 20, Allg., Bd. 1 und BA, R2/30024.

[77] Dokumente in AA, VR/KR, Nr. 22.

[78] Moltke an seine Frau, 26.8.1941, in: G. van Roon, *Graf Moltke*... [Anm. 75], S. 38.

[79] Moltke an seine Frau, 21.10.1941, in: *A.a.O.*, S. 50—51.

[80] Ger van Roon, *Wilhelm Staehle. Ein Leben auf der Grenze 1877—1845*, München 1969, S. 35 (eine Neuauflage wird voraussichtlich 1985 erscheinen).

[81] Vgl. Gerhard Ritter, *Carl Goerdeler und die deutsche Widerstandsbewegung*, 4. Aufl., Stuttgart 1984, S. 348.

[82] Dazu G. van Roon, *Hermann Kaiser*... [Anm. 19], S. 279.

[83] Ausführlich dazu P. Hoffmann, *Widerstand*... [Anm. 74], S. 130—218, 315ff.

[84] W. Schmitthenner/H. Buchheim (Hrsg.), *Der deutsche Widerstand*... [Anm. 27], S. 13.

Zweiter Teil

Widerstand in der Konsolidierungsphase des NS-Regimes

Die Ambivalenz der kommunistischen Widerstandsstrategie bis zur „Brüsseler" Parteikonferenz

HERMANN WEBER
Mannheim

I

Nach der Regierungsübernahme durch Hitler am 30. Januar 1933 verbreitete die Kommunistische Partei Deutschlands ein vom Berliner Zentralkomitee herausgegebenes Flugblatt, das in der Forderung nach dem „Generalstreik" gegen Hitler gipfelte und in dem es hieß: „Schamloser Raub der Löhne, schrankenloser Terror der braunen Mordpest, Zertrampelung der letzten spärlichen Überreste der Rechte der Arbeiterklasse! Hemmungsloser Kurs auf den imperialistischen Krieg — das alles steht unmittelbar bevor ... Das blutige barbarische Terrorregime des Faschismus wird über Deutschland aufgerichtet."

Was wie eine klare Analyse kommender Ereignisse durch die Kommunisten aussah, zeigte freilich nur eine Seite der widersprüchlichen Lagebeurteilung der KPD, deren politische Gesamtkonzeption in eine ganz andere Richtung wies. Bereits seit Jahren hatte die KPD den „Sieg" des „Faschismus" konstatiert. Das Zentralkomitee (ZK) der KPD erklärte schon am 1. Dezember 1930, Deutschland sei nun eine „faschistische Republik". Danach war die Brüning-Regierung seit dem 1. Dezember 1930 „zur 1. Regierung der faschistischen Diktatur geworden". Den Regierungsantritt Papens bezeichnete die KPD als einen Beweis „gesteigerter faschistischer Methoden". Nach dem Staatsstreich vom 20. Juli 1932 rief die KPD zum „Generalstreik gegen die faschistische Generalsdiktatur" auf. Die Schleicher-Regierung wurde als eine weitere „Entfaltung des Faschismus" definiert.[1] Solche früheren Aussagen mußten den Wert der Erklärung vom 30. Januar 1933 erheblich relativieren.

Hinzu kam, daß die KPD auch 1933 ihre Analyse nicht grundsätzlich revidierte. So war es typisch, daß das ZK im Mai 1933 — also nach dem

Reichstagsbrand, der Auflösung der Gewerkschaften und nur kurz vor dem formellen Verbot der Sozialdemokratischen Partei Deutschlands — in einer Entschließung behauptete: "Die völlige Ausschaltung der Sozialfaschisten aus dem Staatsapparat, die brutale Unterdrückung auch der sozialdemokratischen Organisationen und ihrer Presse ändern nichts an der Tatache, daß sie nach wie vor die soziale Hauptstütze der Kapitalsdiktatur darstellen."

Diese These wurde sogar noch im Dezember 1933 von Wilhelm Pieck wiederholt; damit blieb die KPD weiterhin auf die Sozialdemokratie fixiert, die sie jahrelang als „sozialfaschistischen" Hauptfeind bekämpft hatte. Trotz der Zerschlagung der eigenen Organisation gelangten die Kommunisten zu keiner realistischen Einschätzung ihrer Gegner. Das hing mit der Generallinie der KPD, ihrer Strategie zusammen, die sie seit 1929 vertrat und erst ab 1934 schrittweise änderte. Diese Generallinie wiederum wurde von der Kommunistischen Internationale, der Komintern, bestimmt, und sie widerspiegelte das Strukturproblem der KPD, ihre Abhängigkeit von der Komintern und von der diese dirigierenden Sowjetunion.

II

Die KPD, seit 1920 eine Massenpartei, war 1932 mit fast 300 000 Mitgliedern und 6 Millionen Wählern drittstärkste deutsche Partei. Die Kommunisten standen auf dem äußersten linken Flügel des Parteienspektrums, bekämpften die Weimarer Republik und strebten eine Revolution an, um ein „Sowjet-Deutschland" zu errichten. Da die KPD keine selbständige Partei war, sondern eine „Sektion" der Kommunistischen Internationale (Komintern), hatte sie zur Realisierung ihrer Zielsetzung die Strategie der Weltorganisation zu übernehmen. So beruhte die Generallinie der KPD auf der seit 1928 gültigen ultralinken Konzeption der Komintern. Deren Politik war geprägt von den innen- und außenpolitischen Interessen der Sowjetunion und den ideologischen Vorstellungen von der Möglichkeit einer baldigen Revolution in Mitteleuropa. Die Komintern erwartete, die Weltwirtschaftskrise einerseits und die angebliche Gefahr eines Krieges kapitalistischer Staaten gegen die UdSSR andererseits würden eine „revolutionäre Situation" mit einer Radikalisierung der Arbeiterschaft bringen.

Bei dieser Konstellation sollte die Hauptaufgabe der Kommunistischen Parteien in wichtigen Ländern (vor allem in Deutschland) in der Vorbereitung der Revolution, im Kampf um das Sowjetregime und die „Diktatur des Proletariats" bestehen. Als strategisches Hauptziel galt daher die Gewinnung der Mehrheit der Arbeiter für den Kommunismus. Das hieß Kampf gegen die „faschisierte" Sozialdemokratie („Sozialfaschismus"), denn diese hielt die Arbeiter davon ab, zum Kommunismus zu kommen. Vor allem die linken Sozialisten wurden daher als Hauptfeinde bezeichnet. Ansetzen wollte die Komintern bei wirtschaftlichen Streiks, um dann zu politischen Auseinandersetzungen überzugehen, was auch verstärkten Kampf gegen die Gewerkschaftsführungen bedeutete.

Aus der Strategie der Komintern ergaben sich zwischen 1929 und 1934 folgende Konstanten der KPD-Politik, auf denen sie auch nach der Regierungsübernahme Hitlers und der Zerschlagung der KPD-Organisation weiter beharrte:

1. Die KPD mußte ihre ganze Kraft einsetzen, um ihr Vorbild Sowjetunion vor einem angeblich drohenden Überfall zu schützen.

2. In den Mittelpunkt ihrer Aktivitäten mußte die KPD den Kampf gegen die bestehende Regierung beziehungsweise den Staatsapparat stellen, denn sie erwartete in Deutschland das „Heranreifen" der Revolution und den bewaffneten Aufstand. An diesem irrealen Ziel hielt die KPD-Führung verbal auch 1933 und in der ersten Hälfte 1934 fest. Schließlich leugnete sie grundsätzliche Unterschiede zwischen bürgerlicher Demokratie und Faschismus, da angeblich beides Staatsformen der „Diktatur der Bourgeoisie" seien.

3. In der neuen „revolutionären Welle" erhob die KPD den Anspruch, allein die Arbeiterklasse zu vertreten. Alle übrigen Parteien waren danach als konterrevolutionär, ja „faschistisch" zu bekämpfen. Differenzen im Weimarer Parteiensystem erklärte die KPD als unwesentlich. So war die NSDAP („Nationalfaschismus") in dieser Sicht nur eine gegnerische Partei unter anderen, auch wenn sie nach ihrem rapiden Wachstum die besondere Aufmerksamkeit der KPD erweckte. Da auch die NSDAP als „Agent" des Kapitals beurteilt wurde, sprach ihr die KPD jede besondere Eigenständigkeit ab.

4. Hauptfeind innerhalb der Arbeiterklasse war für die KPD die Sozialdemokratie („Sozialfaschisten"), die es zu zerschlagen galt. Daher wurde jede Einheitsfront („Einheitsfront von oben") strikt abgelehnt. Statt dessen sollte durch die sogenannte „Einheitsfront von unten" die SPD zersetzt, und ihre Anhänger sollten für die KPD gewonnen werden. Zudem wurden die linken Sozialdemokraten weiterhin als „Hauptfeind" angegriffen.

5. Auch die Freien Gewerkschaften diffamierte die KPD als „faschisiert" und mit dem bürgerlichen Staatsapparat verfilzt. Daher mußte die KPD nicht nur die Gewerkschaftsleitung bekämpfen, sondern darüber hinaus eigene Organe zur Führung von Wirtschaftskämpfen bilden.

Die KPD konnte ihren Kurs trotz gegensätzlicher Einsichten, die sie im Widerstand gegen das Hitler-Regime gewann, nicht ändern, bis sich die Komintern-Linie wandelte. Die Erfahrungen der Kommunisten unter der

NS-Diktatur mußten freilich ein Spannungsverhältnis zur Generallinie hervorrufen.

III

Nach dem Reichstagsbrand wollte die Hitler-Regierung die KPD vernichten. Noch in der Nacht vom 27. zum 28. Februar 1933 wurden Tausende KPD-Funktionäre (allein in Berlin 1500), darunter Parteiführer und Reichstagsabgeordnete, verhaftet. Zwar hatte die KPD seit 1930 die Illegalität geübt, doch die Unterschätzung der NSDAP hatte zu falschen Vorstellungen des zu erwartenden Verbots geführt; auf den brutalen Terror der Nazis waren die Funktionäre und Mitglieder nicht vorbereitet. Die KPD wurde im Frühjahr 1933 faktisch zerschlagen, sie mußte sich dann in der Illegalität neu formieren.

Heute ist in der Forschung kaum umstritten, daß der rasch zunehmende Terror nach dem 30. Januar 1933 sich „zu allererst auf die KPD und ihre Anhänger konzentrierte".[2] Doch ist dabei zu berücksichtigen, daß diese Verfolgung schon 1933 mit aller Brutalität den Kommunisten als einem Teil der *Arbeiterbewegung* galt, also zu einer Zeit, in der die braune Diktatur gegenüber den bürgerlichen und konservativen sowie kirchlichen Kreisen noch sehr zurückhaltend war.

Die Schläge der Polizei gegen die KPD wirkten sich besonders verheerend aus, weil der zentralistische Organisationsaufbau und die entscheidende Rolle der hauptamtlichen Sekretäre die Partei verwundbar machten: Die Verhaftung von Führungskadern lähmte zunächst die unteren Einheiten. Aber noch hatte die KPD viele Anhänger, die nicht einfach vor der NSDAP kapitulierten. Nach dem Schock der kampflosen Niederlage entstanden überall illegale Widerstandsgruppen, und es gelang in relativ kurzer Zeit, doch wieder eine zentrale Leitung mit Verbindung zu den Bezirken aufzubauen.

Die KPD besaß noch eine Massenbasis, trotz des SA-Terrors erhielt sie bei den Wahlen im März 1933 4,8 Millionen Stimmen (12,3 Prozent). Zunächst war auch ein Großteil der etwa 80000 Parteifunktionäre zur Weiterarbeit bereit. In den ersten Wochen und Monaten nach dem Reichstagsbrand bestand die Wirklichkeit des Widerstandes der KPD im Kampf ums Überleben, im Neuaufbau der Organisation sowie in der illegalen Fortsetzung ihrer Tätigkeit. Der Begriff „Widerstand" der KPD gegen das Hitler-Regime umfaßte im wesentlichen Zusammenhalt und konspirative Aktivität der Parteimitglieder.

Diese Parteiarbeit war auf das Ziel gerichtet, die Organisation auch in der Illegalität aufrechtzuerhalten, sie bedeutete außerdem Agitation gegen das NS-Regime. In der Praxis konzentrierten sich die KPD-Gruppen daher einerseits auf Kassierung und Weiterleitung der Beiträge, um die Organisation zu sichern und finanzielle Mittel für den Kampf zu bekommen, andererseits auf Herstellung und Verteilung von Flugblättern und Zeitschriften, mit denen sie die eigenen Vorstellungen verbreiten und die Bevölkerung gegen Hitler mobilisieren wollten. Die unteren Parteiorganisationen legten großen Nachdruck auf den Beweis, daß die KPD noch „lebe", sie verteilten Flugblätter, malten Losungen an Häuserwände und Fabriken und veranstalteten sogar „Kurzdemonstrationen". Diese gefahrvollen Praktiken waren verlustreich, sie führten zu immer neuen Verhaftungen.

Die KPD-Spitze unterstützte diese verfehlte Taktik, denn sie entsprach völlig ihrer Strategie, beruhte aber auch auf der irrealen Einschätzung der Situation. Bis ins Jahr 1934 hinein beharrte die Parteiführung aufgrund ihrer Generallinie bei einer Analyse und der daraus abgeleiteten Politik, die sich für die Partei als katastrophal erwies:

Erstens entwickelte das ZK unter dem Einfluß der Komintern in Moskau die These, der Sieg Hitlers bedeute keine Niederlage der Arbeiterbewegung. Obwohl die KPD schwer getroffen und zahlreicher Führer und Funktionäre beraubt war, sprach sie von einem „geordneten Rückzug". So sagte Pieck auf dem XIII. Plenum des Exekutivkomitees der Komintern (EKKI) im Dezember 1933: „Die faschistische Diktatur in Deutschland wurde aufgerichtet gegen eine unbesiegte Arbeiterklasse, die zwar vorübergehend zurückwich, aber sich wieder zum Angriff sammelt."[3]

Zweitens wurde daraus abgeleitet, das System in Hitler-Deutschland sei keineswegs stabil, womit wieder einmal der Nationalsozialismus unterschätzt wurde. Nicht nur 1933, sondern auch noch im Frühjahr 1934, in ihren Thesen zum 15. Jahrestag der Komintern-Gründung, sprach die Internationale von der „beginnenden Krise des deutschen Faschismus".[4] Wie die meisten anderen Widerstandsgruppen ging auch die KPD illusionär davon aus, die Hitler-Diktatur werde nur kurzlebig sein.

Drittens wurde daraus geschlossen, die KPD brauche ihre strategischen und taktischen Ziele überhaupt nicht zu korrigieren, da (so das EKKI 1934) „die politische Linie und die organisatorische Politik, die das ZK der KPD mit dem Genossen Thälmann an der Spitze bis zum Hitlerschen Umsturz und im Augenblick dieses Umsturzes befolgte, vollständig richtig war". Die KPD propagierte daher weiterhin die Revolution und den „Kampf für die Sowjetmacht" und ein „Sowjet-Deutschland". Der „Sturz der herrschenden Klasse durch den bewaffneten Aufstand", der „revolutionäre Aufstand" als „Perspektive in Deutschland" wurde sowohl 1933 als auch noch 1934 als aktuelles Ziel angegeben.[5]

Viertens ergab sich daraus auch in der Einstellung gegenüber der Sozialdemokratie und den Gewerkschaften eine unverändert feindselige Haltung. Wie erwähnt, bezeichnete Pieck Ende 1933 die Sozialdemokratie noch als „soziale Hauptstütze" der Bourgeoisie. Er charakterisierte sie sogar als „Agentur des Faschismus". Zur gleichen Zeit erklärte der KPD-Führer Fritz Heckert, der Kampf gegen die „faschistische Bourgeoisie" müsse „nicht gemeinsam mit der Sozialdemokratischen Partei, sondern gegen sie" geführt werden.[6] Andere kommunistische Ideologen nannten Ende 1933 die harte Selbstkritik der SPD von Miles in „Neu Beginnen" bloße „Sophistik" des „Sozialfaschismus", die SPD blieb für sie eine „Agentur der Bourgeoisie".[7] Auch die Gewerkschaftspolitik der Revolutionären Gewerkschafts-Opposition (RGO) sollte fortgesetzt werden. „Einheitsfrontangebote" an die SPD reduzierten sich noch 1934 auf Aufrufe an „sozialdemokratische Gruppen", sich „mit der KPD zu vereinigen", und zwar auf der Grundlage der Forderung „für die Dikatatur des Proletariats und das Sowjetsystem".[8]

Fünftens resultierte daraus die Annahme der KPD, sie könne ihre Massenorganisationen in die Illegalität überführen und auch die alten Kampfformen beibehalten. Der kommunistische Widerstand geriet daher in einen Widerpruch, weil er im Kern zwei unvereinbare Ziele verfolgte: Einmal sollte der Widerstand Massenwirksamkeit zeigen, sich also nach außen richten, zum anderen mußte er aufgrund der Unterdrückung illegal geführt werden, also konspirativ sein. Die KPD-Leitung im Exil propagierte weiter den „Massenwiderstand", als die Widerstandsgruppen durch Verhaftungswellen längst gezwungen waren, sich konspirativ abzuschirmen.[9] So verlangte Pieck im Dezember 1933, die „Aktionen auf eine höhere Stufe zu heben, in denen unsere Klassenforderungen und das Gesicht der KPD und RGO im Mittelpunkt stehen und durch die die ökonomischen Kämpfe zu politischen Streiks gesteigert werden".[10]

Neben solchen propagandistischen Losungen stand freilich auch die Einsicht, daß Hitlers Herrschaft in Deutschland „Herd der europäischen Kriegsvorbereitungen" sei und daß neue Formen des illegalen Kampfes gefunden werden müßten.[11] Die Widerstandstätigkeit der Kommunisten in der Illegalität zeigte die Ambivalenz ihrer Politik. Während die Emigrationsleitung ungeachtet der deutschen Realität die alte Linie propagierte und weiterhin auftrat, als repräsentiere sie eine Massenpartei, wurden in Deutschland die kommunistischen Gruppen durch immer wieder neue Verhaftungswellen zerschlagen.

IV

Die KPD hatte von allen Parteien der Weimarer Republik, die 1933 von der Hitler-Diktatur zerschlagen wurden, die meisten Opfer zu beklagen. Von den etwa 300 000 registrierten Mitgliedern des Jahres 1932 wurden nach Angaben der SED 150000 mehr oder weniger lange inhaftiert. Nach durchaus realistischen Berechnungen wurden 1933 und 1934 60000 Kommunisten verhaftet, 1935 dürfte die Zahl bei 15000 gelegen haben. Bereits in den beiden ersten Jahren der NS-Diktatur sind etwa 2000 Kommunisten ermordet worden.[12] Diese Dimension der Verfolgung unterscheidet den kommunistischen Widerstand von dem aller übrigen Gruppen, denen auch nicht annähernd so viele Opfer abverlangt wurden. Die große Zahl zeigt den bedeutenden Umfang des kommunistischen Widerstandes, auch wenn Verfolgung allein noch kein Indiz für effektiven Widerstand sein muß.

Doch trotz der hohen Verluste der regionalen und lokalen Parteiorganisationen setzten diese 1933 und 1934 ihre Aktivitäten fort. Dabei wurde die Gefahr für die Illegalen immer größer, die zu erwartenden Strafen wurden immer härter. Schließlich hatte bereits am 4. Oktober 1933 Göring als Preußischer Ministerpräsident der Polizei befohlen, selbst gegen Verteiler kommunistischer Flugblätter, die auf Anruf nicht sofort stehenblieben, „rücksichtslos von der Schußwaffe Gebrauch zu machen". Göring versprach, Beamte zu decken, die „in Ausübung dieses Befehls handeln" und drohte „Bestrafung" bei „zaghaftem" Vorgehen an.[13] Kommunisten wurde so als Freiwild behandelt und mußten schon bei geringer illegaler Tätigkeit mit dem Tod rechnen. Um so höher ist ihre Aktivität einzuschätzen. Die KPD konnte 1933 und 1934 nur illegal bestehen dank der Einsatzbereitschaft ihrer Funktionäre, die trotz drohender Gefahren der Partei die Treue hielten und für sie kämpften. Selbst die Gestapo mußte feststellen: „Trotz schärfster Überwachung der KPD-Bewegung, verhältnismäßig schneller Zerschlagung der einzelnen Organisationszellen und abschreckender Strafen für die zahlreich festgenommenen Funktionäre finden sich immer wieder Personen, die sich der illegalen KPD-Arbeit zur Verfügung stellen und versuchen, den Organisationsapparat neu aufzuziehen." Und eine andere Gestapo-Dienststelle schrieb ähnlich: „Immer und immer wieder bestätigt sich die Tatsache, daß die illegale KPD über einen riesigen Stab taktisch und organisatorisch hervorragend befähigter Funktionäre verfügt, die in den einzelnen Bezirken teilweise mit gutem Erfolg die illegale KPD trotz schärfster Beobachtung in unermüdlicher Arbeit neu aufziehen konnten."[14] Der große Energieaufwand und die Risikobereitschaft der Kommunisten hatten verschiedene Gründe.[15] 1933 und noch 1934 beruhten sie auch auf der Überzeugung, die Hitler-Diktatur werde rasch zusammenbrechen.

Kommunistische Oppositionsgruppen, die in der Weimarer Republik aus der KPD ausgeschlossen worden waren und sich selbständig organisiert hatten, urteilten weit realistischer. Sie hatten im Gegensatz zur KPD bereits vor 1933 die NSDAP und ihre Gefahren richtig eingeschätzt und stellten sich auf eine längere Dauer der Diktatur ein. Dennoch war ihr Kampf gegen Hitler nicht weniger energisch, gemessen an der kleinen Zahl ihrer Mitglieder und Anhänger sogar eher noch intensiver als der Widerstand der KPD. Besonders aktiv in der Illegalität waren die sogenannten rechten Kommunisten, die KPO unter Brandler und Thalheimer. Deren etwa 3500 Mitglieder konnten fast geschlossen in die Illegalität überführt werden, und sie kämpften — angeleitet vom Exil her wie von einer Landesleitung — bis 1937. Ähnliche Widerstandsarbeit leisteten auch andere unabhängige kommunistische Gruppen, so der linkskommunistische Leninbund oder die Trotzkisten, die alle schon vor 1933 die Generallinie der KPD als verfehlt abgelehnt hatten.[16] Kommunistische Gruppen wie die „Versöhnler" oder die „Roten Kämpfer", aber auch die links von der KPD stehenden Syndikalisten seien hier ebenfalls erwähnt.[17]

Die kommunistische Opposition hatte zwar eine realistischere Strategie als die KPD, dennoch war auch ihr Widerstandskampf verlustreich. Die Politik der KPD indes führte bis 1935 zu einer Ausschaltung ihrer Leitungskader in Deutschland. Nach einem Bericht Piecks vom Oktober 1935 waren von den 422 leitenden Parteifunktionären 24 ermordet und 219 inhaftiert worden.[18] Weitere 125 befanden sich im Exil, 41 waren aus der Partei ausgeschieden, so daß nur noch 13 im illegalen Kampf in Deutschland aktiv waren. Dabei blieb der kommunistische Widerstand — wie der anderer Parteien und Personen — ohne sichtbaren Erfolg. Die Hitler-Diktatur erwies sich als stabil, und damit wurde auch die Zuversicht der KPD-Funktionäre auf ein rasches Ende des Terrors erschüttert. Diese Einsicht wiederum lähmte den aktiven Widerstand, der mehr und mehr an Geschlossenheit verlor.

Die kommunistischen Widerstandsgruppen in Deutschland hatten unter den schwierigen Bedingungen der Illegalität die Erfahrung machen müssen, daß es bei diesem Kampf um Leben und Tod ging. Die Realität hatte die abstrakten Losungen vom „Hauptfeind" Sozialdemokratie ebenso in den Hintergrund treten lassen, wie die Vorstellung korrigiert wurde, es gebe keinen Unterschied zwischen Demokratie und Faschismus. In der Praxis konzentrierte sich daher die Politik der Illegalen fast ausschließlich auf Aktivitäten gegen das NS-Regime, die frühere Strategie spielte kaum noch eine Rolle, lediglich die Verbundenheit zur Sowjetunion blieb unverändertes Leitbild.

Zwischen der Politik der kommunistischen Emigration (die freilich ihre Thesen über die eingeschleusten Zeitungen, Materialien und so weiter verbreitete) und der praktischen Politik der Widerstandsgruppen, die bereit waren, mit allen Antifaschisten zu kooperieren, bestanden so erhebliche Gegensätze. Doch die Illegalen verbreiteten die Argumente der Exil-Leitung nach innen und außen. Beispielsweise schrieb das Zentralorgan der KPD, die „Rote Fahne", noch im März 1934, daß die deutschen Arbeiter nur unter „Führung der KPD" siegreich sein könnten und es nur den „bolschewistischen Weg" zum Sozialismus gebe. Aus den Kämpfen in Österreich wurde für Deutschland die Schlußfolgerung gezogen, ein „Räte-Deutschland" müsse geschaffen werden. Nach wie vor proklamierte die KPD die Revolution, den „bewaffneten Aufstand".[19] Angesichts der zunehmenden Isolierung und Vereinzelung des kommunistischen Widerstands mußten solche irrealen Parolen den Kampf der Illegalen eher hemmen als fördern. Die KPD-Strategie von 1933/34 bedeutete insofern auch eine Behinderung des kommunistischen Kampfes gegen Hitler.

V

Die KPD-Führung in der Emigration brauchte geraume Zeit, um die Fakten in Deutschland zur Kenntnis zu nehmen und ihre Linie zu korrigieren. Allerdings war es auch diesmal wieder vor allem die Veränderung der Strategie der Komintern und der KPdSU, die den Kurswechsel der KPD brachte. Die Sowjetunion hatte zunächst ihre Außenpolitik gegenüber Deutschland auch unter Hitler beibehalten. Doch die sich immer deutlicher abzeichnenden aggressiven Ziele der Hitler-Regierung, vor allem der gegen die UdSSR gerichtete deutsch-polnische Nichtangriffspakt vom Januar 1934, führten zu einem Umschwung in Moskau, so daß die UdSSR schließlich im September 1934 dem Völkerbund beitrat. Schrittweise übernahm die Komintern die neue Linie. Seit Mitte 1934 begann eine Serie von Einheitsfrontangeboten Kommunistischer Parteien an die Sozialisten in verschiedenen Ländern.

Diesen Veränderungen mußte sich die KPD-Führung anschließen. Das verursachte erhebliche Differenzen in der Parteispitze. Die Komintern drängte seit Mitte 1934 die KPD zu einer elastischeren Politik. Doch die Emigrations-Leitung beharrte dogmatisch auf der alten ultralinken Linie mit der These vom Hauptfeind Sozialdemokratie und der Zielsetzung „Sowjet-Deutschland", so daß die Komintern die KPD im Oktober 1934 sogar rügte. In der KPD-Spitze kam es wegen des vorsichtigen Kurswechsels der Komintern 1934 zu erbitterten Auseinandersetzungen. Die Mehrheit des Politbüros (Florin, Dahlem, Heckert, Schubert und Schulte) wollte die ultralinke Politik fortführen, auch wenn gerade Schubert in taktischen Fragen flexibel blieb und Schulte schon früh für die Auflösung der RGO plädierte. Pieck und Ulbricht schwenkten sofort auf die Kominternpolitik um und versuchten mit Unterstützung Dimitroffs, die Politik zu bestimmen. Bei den Differenzen ging es nicht zuletzt auch um personelle Entscheidungen und persönlichen Ehrgeiz; so wollte Schubert ein Organisationsbüro schaffen, um dadurch die Parteiorganisation in die Hand zu bekommen und Pieck und Ulbricht auszuschalten.[20] Doch unter dem Druck der Komintern trennten sich Florin, Dahlem und Heckert von Schubert und Schulte, die nun ihrerseits isoliert waren und schließlich 1937 Opfer der Stalinschen Säuberungen wurden.

Die Führungskämpfe 1934 blieben vermutlich nicht ohne Auswirkungen auf die Anleitung des kommunistischen Widerstandes in Deutschland, auf jeden Fall brachten sie eine Veränderung der politischen Konzeption. Seit Mitte 1934 verzichtete die KPD in ihrer Agitation weitgehend auf Diffamierungen der SPD. Im August 1934 hatte das ZK der KPD in einem Aufruf an die Sozialdemokraten zwar den Prager SPD-Vorstand noch verbal angegriffen und weiterhin die Zielsetzung des „bolschewistischen Wegs" verkündet, aber immerhin die Auflösung der RGO und gemeinsame Gewerkschaften vorgeschlagen.[21] Außerdem wurde nun in der Agitation fast ausschließlich der Kampf gegen Hitler und das NS-Regime in den Vordergrund gerückt. Und ab Anfang 1935 stellte die KPD zunehmend die „Einheitsfront" in den Mittelpunkt ihrer Politik und ließ sich auch trotz Ablehnung ihrer Angebote durch den Prager SPD-Vorstand nicht mehr zu den früheren Angriffen und Beschimpfungen hinreißen: Auch der Begriff „Sozialfaschismus" wurde nicht mehr verwendet. Diese neue Linie war das Resultat einer mehrtägigen Konferenz der Spitzenführung der KPD mit dem Moskauer EKKI Mitte Januar 1935.

Eine radikale Wende der Politik erfolgte freilich erst nach dem VII. Weltkongreß der Komintern, der vom 25. Juli bis 20. August 1935 in Moskau tagte und die Politik der Einheits- und Volksfront für alle Sektionen verbindlich festlegte. Auch die vom 3. bis 15. Oktober ebenfalls in Moskau stattfindende, aber aus Tarnungsgründen „Brüsseler Konferenz"[22] genannte Tagung der KPD mußte diese Strategie übernehmen. Die 38 Delegierten stellten eine Konsolidierung des Hitler-Regimes fest. Selbstkritisch verwarfen sie die These, die SPD sei „Hauptfeind", sei „sozialfaschistisch", und sprachen sich gegen die Gewerkschaftsspaltung aus. Der Gegensatz zwischen Demokratie und Faschismus wurde hervorgehoben, die KPD bekannte sich zu den demokratischen Freiheiten und proklamierte nun als Aufgabe die Einheitsfront mit den Sozialdemokraten und die Volksfront mit allen Hitler-Gegnern. Entsprechend der neuen sowjetischen Politik und der Kominternlinie hatte auch die KPD ihren Kurs korrigiert. Grundsätzliche Positionen änderte die KPD indessen auch auf der „Brüsseler Konferenz" nicht, vor allem ordnete sie sich weiterhin bedingungslos der Sowjetunion Stalins unter. Somit blieb die erwähnte Selbstkritik halbherzig, das wirkliche Ausmaß der eigenen Mitschuld am Sieg Hitlers wurde verschleiert.

VI

Die heutige Behauptung der SED, die KPD habe sich stets „im Einklang mit den objektiven Gesetzmäßigkeiten der Geschichte" befunden, sie habe als „einzige politische Partei" den „Übergang in die Illegalität geschlossen vollzogen" und „nur sie" habe „unter der Führung ihres Zentralkomitees als einheitlich organisierte und politisch geschlossene Kraft" gekämpft, wobei die „kontinuierlich arbeitende Führung" es stets verstanden habe, ihre „Leitungstendenz den jeweiligen Bedingungen" anzupassen, ist reine Legende.[23] Gerade die politische Wende der „Brüsseler Konferenz" machte deutlich, daß der Versuch, die Massenpartei in die Illegalität zu überführen, ebenso gescheitert war wie die Fortsetzung der alten Politik. Da es sich bei der Wende aber vor allem um eine Anpassung an die sowjetische Politik handelte, mußte freilich auch die neue Strategie voller Widersprüche bleiben.

Die Ursache dafür lag im Strukturproblem der KPD, der Abhängigkeit der deutschen „Sektion" von der Komintern und damit der UdSSR. Diese Abhängigkeit hatte auch die ambivalente Strategie bis zur „Brüsseler Konferenz" geprägt, die hier skizziert wurde und die folgendermaßen zusammengefaßt werden kann: Trotz der radikalen Veränderungen, die der Untergang der Weimarer Republik und die Errichtung der NS-Diktatur für die Tätigkeit der KPD brachten, die damit aus einer legalen Oppositionspartei zu einer in ihrer Existenz bedrohten illegalen und verfolgten Organisation wurde, hielt die KPD an ihrer alten Strategie grundsätzlich fest und korrigierte diese ansatzweise erst ab Mitte 1934.

Der Widerspruch zwischen der Generallinie, die von der Emigrationsführung als gültig beibehielten wurde, und der Praxis des kommunistischen Widerstands in Deutschland war erheblich, und er zeigt die Ambivalenz der KPD-Politik 1933 und 1934. Der Verbalradikalismus der KPD-Führung und deren Vorstellung, in Hitler-Deutschland sei eine Revolution möglich, spielten bei den Funktionären an der Basis eine immer geringere Rolle, je mehr sie die Realität des NS-Regimes erkannten.

Allerdings kam die KPD-Führung bei der Analyse des „Dritten Reiches" durchaus zu richtiger Einschätzung typischer Merkmale des Hitler-Regimes (Terror, Kriegsvorbereitung usw.). Verbale Angriffe auf andere Hitler-Gegner, das Beharren auf der Gleichsetzung von Demokratie und Faschismus, also die Gesamtstrategie, überdeckten solche Einsichten freilich bis zur Wende von 1935.

Die Erfolglosigkeit der kommunistischen Konzeption ist indes nicht allein auf ihre Widersprüche und Fehlerhaftigkeit zurückzuführen, sondern auf Probleme, die der gesamte Widerstand gegen das Hitler-Regime hatte. Der perfekte Unterdrückungsstaat war durch eine Organisation, die sich bestenfalls auf Teile der Arbeiterschaft stützen konnte, ohnehin nicht zu stürzen, auch nicht mit einer neuen Politik.

Dennoch darf die Ambivalenz der kommunistischen Strategie bis 1935 nicht verdecken, daß auch der kommunistische Widerstand trotz seiner Problematik ein legitimer Teil des Kampfes gegen die Hitler-Diktatur ist.[24]

Anmerkungen

[1] Vgl. die Belege in: Hermann Weber, *Hauptfeind Sozialdemokratie. Strategie und Taktik der KPD 1929—1933,* Düsseldorf 1982.

[2] Hans-Rainer Sandvoß, *Widerstand in einem Arbeiterbezirk* (= Schriftenreihe über den Widerstand in Berlin, H. 1), Berlin 1983, S. 58.

[3] Wilhelm Pieck, *Wir kämpfen für ein Räte-Deutschland. XIII. Plenum des EKKI, Dezember 1933. Bericht über die Tätigkeit der KPD,* Moskau-Leningrad 1934, S. 24 (diese Schrift fehlt in der Ost-Berliner Ausgabe von Piecks Werken).

[4] *Leitfaden der Geschichte der Kommunistischen Internationale,* Moskau-Leningrad 1934, S. 49.

[5] *Faschismus in Deutschland,* Moskau-Leningrad 1934, S. 49. — W. Pieck, *Wir kämpfen...* [Anm. 3], S. 67. — *Leitfaden...* [Anm. 4], S. 52. — *Rundschau über Politik, Wirtschaft, Arbeiterbewegung,* Nr. 9 (1934), S. 229.

[6] Fritz Heckert, *Ist die Sozialdemokratie noch die soziale Hauptstütze der Bourgeoisie?,* Basel 1933, S. 15 ff.

[7] Kurt Sauerland, *Neu beginnen?,* in: *Unsere Zeit* (früher *Der Rote Aufbau,* hrsg. von Willi Münzenberg), Paris, H. 16 (Dezember 1933), S. 54.

[8] Kurt Heinrich, *Wels und Trotzki. Eine Abrechnung,* Basel 1934, S. 18. — Vgl. auch A. Fogarasi, *Der Bankrott der Theorien des Sozialfaschismus am Ende der kapitalistischen Stabilisierung,* Moskau-Leningrad 1934, S. 122.

[9] Vgl. zum Verhältnis Exil — Widerstand Beatrix Herlemann, *Die Emigration als Kampfposten. Die Anleitung des kommunistischen Widerstandes in Deutschland aus Frankreich, Belgien und den Niederlanden* (= Mannheimer Sozialwissenschaftliche Studien, Bd. 18), Königstein/Ts. 1982, S. 8 ff.

[10] W. Pieck, *Wir kämpfen...* [Anm. 3], S. 12.

[11] *A.a.O.*, S. 36.

[12] Siegfried Vietzke, *Die Kommunistische Partei Deutschlands im Kampf gegen den Hitler-Faschismus (1933—1939),* in: *Die Arbeiterbewegung europäischer Länder im Kampf gegen Faschismus und Kriegsgefahr in den zwanziger und dreißiger Jahren. Internationaler Sammelband,* Berlin [Ost] 1981, S. 149 f. — Die Zahl der KPD-Opfer bis 1945 wird mit 20 000 angenommen bei Horst Duhnke, *Die KPD von 1933 bis 1945,* Köln 1972, S. 525. — Vgl. auch Klaus Hildebrand, *Das Dritte Reich* (= Oldenbourg Grundriß der Geschichte, Bd. 17), 2. Aufl., München 1980, S. 98.

[13] Faksimile abgedruckt bei Margot Pikarski/Günter Uebel, *Die KPD lebt. Flugblätter aus dem antifaschistischen Widerstandskampf der KPD 1933—1945,* Berlin [Ost] 1980, S. 47.

[14] Hauptstaatsarchiv Düsseldorf, Aachen 1026. — *Probleme der Geschichte des Zweiten Weltkrieges,* Bd. 2, Berlin [Ost] 1958, S. 344.

[15] Vgl. dazu Detlev Peukert, *Der deutsche Arbeiterwiderstand 1933—1945*, in: Karl Dietrich Bracher/Manfred Funke/Hans-Adolf Jacobsen (Hrsg.), *Nationalsozialistische Diktatur 1933—1945. Eine Bilanz* (= Schriftenreihe der Bundeszentrale für politische Bildung, Bd. 192), Bonn 1983, S. 642 f.

[16] So konnte Leo Trotzki auch 1933 schreiben: „Die strategische Konzeption der Kommunistischen Internationale war von Anfang bis Ende falsch." In: *Die neue Weltbühne*, 2. Jg., Nr. 23 vom 8. 6. 1933, S. 702.

[17] Vgl. dazu u. a. Karl H. Tjaden, *Struktur und Funktion der „KPD-Opposition" (KPO)* (= Marburger Abhandlungen zur Politischen Wissenschaft, Bd. 4), Meisenheim am Glan 1964, S. 318 ff. — Rüdiger Zimmermann, *Der Leninbund: Linke Kommunisten in der Weimarer Republik* (= Beiträge zur Geschichte des Parlamentarismus und der politischen Parteien, Bd. 62), Düsseldorf 1978, S. 247 ff. — Walter Uhlmann (Hrsg.), *Sterben um zu leben. Politische Gefangene im Zuchthaus Brandenburg-Görden 1933—1945*, Köln 1983. — Rolf Theißen/ Peter Walter/ Johannes Wilhelms, *Der Anarcho-Syndikalistische Widerstand an Rhein und Ruhr*, Meppen 1980.

[18] Vgl. Klaus Mammach (Hrsg.), *Die Brüsseler Konferenz der KPD (3.—15. Oktober 1935)*, Berlin [Ost] 1975, S. 131 (Bericht Piecks).

[19] *Es lebe der Generalstreik! Es lebe der bewaffnete Aufstand*, in: *Die Rote Fahne. Zentralorgan der KPD (Sektion der Kommunistischen Internationale)*, Anfang März 1934, S. 1, 7 f.

[20] Vgl. die Einzelheiten bei B. Herlemann, *Die Emigration...* [Anm. 9], S. 40 ff. — Vgl. auch Siegfried Vietzke, *Die KPD auf dem Weg zur Brüsseler Konferenz*, Berlin [Ost] 1966, S. 141 ff.

[21] Vgl. *Der Gegenangriff. Antifaschistische Wochenschrift*, Paris, Nr. 33 vom 16. August 1934.

[22] Vgl. das Teil-Protokoll, K. Mammach (Hrsg.), *Die Brüsseler...* (Anm. 18).

[23] Heinz Kühnrich, *Die KPD im Kampf gegen die faschistische Diktatur 1933—1945*, Berlin [Ost] 1983, S. 313 f.

[24] Vgl. dazu Hermann Weber, *Die KPD in der Illegalität*, in: Richard Löwenthal/ Patrik von zur Mühlen (Hrsg.), *Widerstand und Verweigerung in Deutschland 1933 bis 1945*, Berlin-Bonn 1982, S. 100 f.; Detlev Peukert, *Die KPD im Widerstand. Verfolgung und Untergrundarbeit an Rhein und Ruhr 1933—1945*, Wuppertal 1980, S. 429; Ursula Büttner/ Werner Jochmann, *Hamburg auf dem Weg ins Dritte Reich*, Hamburg 1983, S. 55.

Die SPD zwischen Anpassung und Widerstand

PATRIK VON ZUR MÜHLEN
Bonn

I

Am 30. Januar 1933 tagten der sozialdemokratische Parteivorstand und der Vorstand der SPD-Reichstagsfraktion gemeinsam im Reichstagsgebäude. Wie Friedrich Stampfer, der beiden Vorständen angehörte, berichtet, hatte man einen Entschließungsantrag verabschiedet, in dem jeder Regierung, sofern sie verfassungsmäßig sei, die parlamentarische Duldung der Sozialdemokratie zugesagt wurde. Gerade in dem Augenblick, in dem Stampfer den Entwurf telefonisch an die Öffentlichkeit weiterleiten wollte, verbreitete sich die Nachricht von der Ernennung Hitlers zum Reichskanzler.[1]

Diese Episode ist symptomatisch für den damaligen Bewußtseinsstand der Partei: Sie war seit langem geprägt von Ratlosigkeit und tiefem Pessimismus, andererseits hatte sie mit dem, was dann 1933 eintrat, entweder überhaupt nicht oder aber nicht in diesem Maße gerechnet. Es hatte bis zum 30. Januar 1933 kein politisches Konzept für den Fall einer Amtsübernahme durch Hitler gegeben. Die Ereignisse lähmten den Parteivorstand, der auf diese Situation nicht vorbereitet war. Bezeichnend hierfür war die von Rudolf Breitscheid, dem Vorsitzenden der SPD-Reichstagsfraktion, abgegebene Erklärung, daß die Partei Hitler auf verfassungsmäßigem — also parlamentarischem — Wege bekämpfen werde, aber von außerparlamentarischen Maßnahmen solange absehen werde, als die neue Regierung nicht die Verfassung breche. Man müsse aber „für den Augenblick des Verfassungsbruchs" gerüstet sein.[2]

Mit dieser von einer Mehrheit im Parteivorstand getragenen Reaktion auf die Ereignisse setzte die Partei eine seit dem Sommer 1932 praktizierte Politik des Abwartens, des Nichthandelns und der Selbsttäuschung fort, die zu einem Verlust der Handlungsfähigkeit und der Einflußnahme auf die politische Entwicklung geführt hatte. Damals, so resümierte später Julius Leber im Gefängnis, habe die SPD einen tödlichen Stoß erhalten und das Vertrauen der Parteibasis in ihre Leitung schwer erschüttert.[3] Allerdings war die Entwicklung der letzten Monate nicht dazu angetan gewesen, die Sozialdemokratie zu stärken und zu ermutigen.

Das schlechte Wahlergebnis in Preußen am 24. April 1932, der mit der Kanzlerschaft Papens spürbar einsetzende Rechtsruck und die Schwäche der Arbeiterbewegung vor dem Hintergrund einer millionenfachen Arbeitslosigkeit hatten insgesamt ein Klima der Resignation herbeigeführt. Noch am Tage des Staatsstreiches gegen Preußen, am 20. Juli 1932, gelangten der Parteivorsitzende Otto Wels und der Vorstand des Allgemeinen Deutschen Gewerkschaftsbundes (ADGB) gemeinsam zu dem Ergebnis, daß kein Widerstand gegen die Reichsregierung zu leisten sei. Man setzte auf das Urteil des Staatsgerichtshofs sowie auf die Reichstagswahlen am 31. Juli 1932 und verzichtete weitgehend auf außerparlamentarische Formen des Widerstandes. So umstritten aus der Sicht des heutigen Historikers die Möglichkeiten und Chancen eines sozialdemokratischen „Aufbäumens" (Matthias) gegen die Entwicklung gewesen waren, so steht doch auch fest, daß Papens Staatsstreich im Vergleich zu allen späteren Schlägen gegen den Verfassungsstaat noch die günstigsten Voraussetzungen für einen außerparlamentarischen Widerstand geboten hätte: Der Verfassungsstaat war in Restbeständen noch erhalten, der Verfassungsbruch manifest, und die antirepublikanischen Kräfte waren in sich zerstritten.[4]

Der unbestreitbar richtige Hinweis auf die Schwäche der Arbeiterbewegung, bei der angesichts der Massenarbeitslosigkeit ein Generalstreik in der Tat sehr problematisch gewesen wäre, verdeckte jedoch auch ein bestimmtes Verhaltensmuster, das sich in der Folgezeit lähmend auf die Partei und ihr politisches Umfeld auswirken sollte. Es war das Legalitätsprinzip, das auf der Gültigkeit der Verfassungsrechte auch solchen Kräften gegenüber bestand, denen diese wenig bedeuteten. Aber auch dort, wo die Partei sich in einer Haltung grundsätzlicher Opposition befand — etwa gegenüber den Regierungen Papen und Schleicher — handelte es sich weniger um Widerstand als um Verweigerung. Wegen der Schwäche der republikanischen Kräfte und der Uneinigkeit zwischen der SPD und den ihr nahestehenden Organisationen in einigen wichtigen Fragen waren die Voraussetzungen für gemeinsames Handeln kaum gegeben. Der ADGB stand im Herbst 1932 den Plänen der Reichsregierung zur Ankurbelung der Wirtschaft aufgeschlossen gegenüber, während die Reichsbannerführung seit dem Sommer 1932 — von der Partei mißbilligte — Kontakte zum Reichswehrministerium unterhielt. Meinungsverschiedenheiten zwischen der Partei einerseits und den Freien Gewerkschaften beziehungsweise dem Reichsbanner andererseits bestanden in ähnlicher Weise auch unter Schleicher fort, so daß potentielle oppositionelle Energien sich gegenseitig blockierten.

II

Im folgenden sollen die bereits stark eingeschränkten Optionsmöglichkeiten zwischen dem 30. Januar und dem Reichstagsbrand am 27. Februar 1933 skizziert werden. Danach soll kurz der Zustand der Gesamtpartei, also vor allem der Basis, untersucht werden, und schließlich sollen die tatsächlichen und die möglichen alternativen Schritte der Partei bis zu ihrem Verbot am 22./23. Juni 1933 beleuchtet werden.

Die Ernennung Hitlers hatte auf unterer Parteiebene zunächst heftige Reaktionen ausgelöst, zu Protesten, Demonstrationen und Massenaufmärschen geführt. Ende Januar und Anfang Februar waren zahlreiche Funktionäre der Partei nach Berlin geeilt und hatten den Eindruck in ihre Ortsvereine mitgenommen, daß die Parteispitze zu größeren Aktionen bereit sei und dazu die entsprechenden Vorbereitungen getroffen habe. Der Massenaufmarsch im Berliner Lustgarten am 7. Februar, ähnliche Veranstaltungen in zahlreichen anderen Großstädten und ein befristeter Proteststreik in Lübeck — gegen die Verhaftung Julius Lebers — förderten den Eindruck einer in sich geschlossenen, kampfbereiten Partei. Aus den Betrieben häuften sich Anfragen an den Parteivorstand, „zu welchem Zeitpunkt die Arbeit niedergelegt werden sollte“.[5] Den Eindruck einer Partei, die über beträchtliche politische Kampfmittel verfügte, scheint der Parteivorstand zeitweilig selber von sich gehabt zu haben, jedenfalls deuten seine Sitzungsprotokolle vom 2. und 5. Februar 1933 eine trotzige Entschlossenheit an, sich an die Spitze einer Protest- und Oppositionsbewegung zu stellen. Wie realistisch oder trügerisch diese Selbsteinschätzung war, sei dahingestellt. Jedenfalls überdeckte die Entschlossenheit auch Resignation und Zweifel im Sinn von Aktionen, so daß die Partei ihre Energie fast ausschließlich auf den Wahlkampf für den 5. März 1933 konzentrierte.

Nun muß die Frage nach möglichen Formen des Widerstandes der SPD noch einmal den Blick auf die Kräfte richten, auf die die Partei hierbei angewiesen war: das Reichsbanner Schwarz-Rot-Gold und die Freien Gewerkschaften, mit denen die Sozialdemokraten im Rahmen der Eisernen Front verbündet waren. Das Reichsbanner verfügte 1932 über etwa 250000 Mitglieder, die wehrsportlich und vielfach wohl auch waffentechnisch ausgebildet waren; es hatte im thüringischen Suhl ein Waffenarsenal und besaß Funkgeräte und andere Ausrüstungen, um auch im Falle eines Staatsstreiches die Verbindung des Reichsbanner-Bundesvorstandes und der SPD-Führung mit den wichtigsten Gliederungen der Partei und der Organisation aufrecht zu erhalten.[6] Das Reichsbanner war darauf vorbereitet, in einigen wichtigen Orten Straßen und Eisenbahnlinien zu kontrollieren und den Telefonverkehr zu sperren. Es war unter den paramilitärischen Verbänden der Weimarer Republik einer der schlagkräftigsten Wehrverbände und eine potentiell wirksame Waffe gegen mögliche Putschgefahren. Die Bereitschaft zu Aktionen war unter den Mitgliedern nach Hitlers Ernennung zum Reichskanzler gewachsen, so daß die Führung wiederholt zu Ruhe und Besonnenheit mahnte.[7]

Allerdings beherrschte das für die SPD so charakteristische Legalitätsdenken auch die Reichsbannerführung, die ihren Einsatz sich nur in einer Situation vorstellen konnte, in der antidemokratische Kräfte mit gesetzeswidrigen Mitteln die Republik bedrohten. Der Kapp-Putsch von 1920 und der Hitler-Putsch von 1923 haben hier als denkbare Modellfälle gedient. Eine Aushöhlung der Demokratie und letztendlich ihre Beseitigung mit (pseudo-)legalen Mitteln lagen außerhalb der Fälle, auf die die Reichsbannerführung vorbereitet war. So war sie beispielsweise durchaus bereit, einen nationalsozialistischen Wahlsieg am 5. März 1933 als demokratische Entscheidung des Volkes zu respektieren. Die legalistische Abwehrhaltung des Reichsbanners deutet am besten die folgende Parole vom 4. Februar 1933 an: „Den ersten Schlag zu führen, ist dem neuen Kabinett vorbehalten — das weitere, verlaßt euch drauf, wird sich finden." Mit der Parole „Bereit sein ist alles" lenkte man die Aktionsbereitschaft auf eine Situation, die in der erwarteten Form nicht eintrat, und verkannte die Tatsache, daß der Gegner sein Ziel auf anderem Wege viel bequemer erreichte.[8]

Indessen wäre es verfehlt, das nach außen so entschlossen wirkende Reichsbanner als monolithischen Block zu betrachten. Die Kampfbereitschaft eines großen Teiles der Basis verdeckte vielfältige Erosionserscheinungen innerhalb der Gesamtorganisation. Gewiß, große oppositionelle Energien wurden nicht genutzt oder aber umgeleitet in die Kanäle des Wahlkampfes, aber in diese Energien mischten sich frühzeitig auch Skepsis und Resignation. Der Bundesvorstand des Reichsbanners traf bereits Anfang Februar 1933 Vorbereitungen für eine denkbare Situation der Illegalität und stellte sich auf einen Wahlsieg Hitlers am 5. März ein. Auf unterer Organisationsebene lieferte man sich zwar Saal- und Straßenschlachten mit der SA und wehrte manchen Übergriff der NSDAP auf Einrichtungen der Partei ab, andererseits aber hielten sich viele Mitglieder bereits im Februar unter dem Eindruck von Zeitungsverboten, Verhaftungen und Gewaltakten spürbar zurück.[9]

Auch die andere Kraft, ohne die die Partei keinen nennenswerten Widerstand hätte durchführen können, stellte einen in gewisser Hinsicht problematischen Bündnispartner dar. Bereits nach dem Papenschen Staatsstreich gegen Preußen hatte Otto Wels den ADGB als zu schwach eingeschätzt, um angesichts von sieben Millionen Arbeitslosen einen Generalstreik durchführen zu lassen. Gerade Wels hatte im Herbst 1932 mit dem Gedanken an einen Generalstreik gespielt und ihn ins Gespräch gebracht, war aber dabei stets auf den Widerspruch der Gewerkschaftsführung gestoßen. Die von den Gewerkschaften im zweiten Halbjahr 1932 ausgearbeiteten Pläne für Streikaktionen[10] scheinen daher niemals konkrete Formen angenommen zu haben. Hinzu kam, daß die Meinungsverschiedenheiten zwischen der Partei und dem ADGB seit dem Juli 1932 nicht gerade die Voraussetzungen für eine gemeinsame Politik begünstigt hatten. So wie das Reichsbanner in der Frage der Förderung von Wehrverbänden in begrenztem Maße zur Zusammenarbeit mit dem Kabinett Schleicher bereit gewesen war, so neigte auch der ADGB dazu, in der Frage der Arbeitsbeschaffung der Reichsregierung teilweise entgegenzukommen. Beides widersprach der damaligen Oppositionshaltung der SPD gegenüber der Schleicher-Regierung. Aus heutiger Sicht mag uns eine Schleicher-Diktatur als das geringere Übel erscheinen. Aber man wird der SPD nachträglich nicht verübeln können, daß sie einem Manne die Unterstützung versagte, der engstens in den Staatsstreich Papens gegen Preußen verwickelt gewesen war. Das gestörte Verhältnis zwischen Partei und Gewerkschaftsbund, das innerhalb des letzteren sogar kurzlebige Gedanken an eine eigene Gewerkschaftspartei hatte aufleben lassen, bildete keine solide Grundlage für abgestimmte Reaktionen auf den Amtsantritt Hitlers. Führende ADGB-Vertreter rechneten unmittelbar nach dem 30. Januar 1933 nicht mit bevorstehenden Verfassungsbrüchen der neuen Regierung. Ungeachtet der Streikbereitschaft in einzelnen Betrieben, Branchen und Orten und dem Willen der Basis, ihre Entschlossenheit durch Aktionen auszudrücken, sah sich der ADGB-Vorstand außerstande, einen Generalstreik auszurufen oder vergleichbare Maßnahmen zu ergreifen.[11] Derartige Aktionen von seiten der Partei ohne die gleichzeitige volle Rückendeckung und Mithilfe der Gewerkschaften wären zum Scheitern verurteilt gewesen.

Schließlich ist noch ein Blick auf die KPD als möglichen Bündnispartner der SPD erforderlich. Die Erfahrungen des Berliner Verkehrsarbeiterstreiks vom Anfang November 1932 waren noch nicht verblaßt, als Rudolf Breitscheid in einer Stellungnahme am 31. Januar einer Annäherung an die KPD eine Abfuhr erteilte. Verhandlungen mit der KPD, meinte er, würden doch nur zu dem führen, was man vielfach schon erlebt hatte, nämlich zu „Entlarvungsmanövern" der KPD: Die SPD würde sich in gemeinsamen Aktionen aufopfern müssen, um anschließend mit dem Vorwurf des Verrats und der Urheberschaft für die eingetretenen Folgen bedacht zu werden. Zwar schlossen führende Parteimitglieder ein gemeinsames Vorgehen von SPD und KPD auf parlamentarischer Ebene — wie beispielsweise am 4. Februar im preußischen Landtag (Antrag auf Auflösung des Landtags) — nicht aus. Ebenso machte die sozialdemokratische Presse durch Hinweise auf den Einsatz kommunistischer Arbeiter der KPD gewisse Avancen. Aber ein Bündnis beider Parteien mit gemeinsamer Kampfleitung war ausgeschlossen. Die SPD wollte nicht die Verantwortung für Entwicklungen übernehmen, die möglicherweise von der KPD gesteuert worden wären.[12] Überdies hatten Kontakte Friedrich Stampfers zur sowjetischen Botschaft ergeben, daß man seitens der Komintern — und damit also auch seitens der KPD — eine faschistische Machtergreifung in Deutschland für historisch unvermeidlich halte.[13] Ohne garantierte Unterstützung durch das Reichsbanner und die Gewerkschaften und ohne die Zusammenarbeit mit den Kommunisten aber waren die Voraussetzungen für einen Massenwiderstand nicht gegeben.

Es ist von heute aus schwer zu beurteilen, welche möglichen politischen Chancen unter diesen Voraussetzungen verpaßt wurden. Hier muß der Historiker sich auf das Feld von Spekulationen begeben. Im günstigsten Falle hätten die massive Opposition und ein drohender Bürgerkrieg Hindenburg und seine Ratgeber derart beeindruckt, vielleicht eingeschüchtert, daß sie Hitler entlassen und entweder Schleicher oder aber ein reines Beamtenkabinett mit der Regierungsgewalt beauftragt hätten. Aber dieses Modell ist doch recht phantastisch. Denn einer Absetzung Hitlers durch den Reichspräsidenten hätten ebenso begründete Befürchtungen vor Gewaltakten von seiten der SA entgegengestanden. Zudem bleibt es höchst zweifelhaft, ob Hindenburg und seine Hintermänner dem Druck von Sozialdemokratie, Gewerkschaften und Kommunisten nachgegeben hätten, um ein zwar ungeliebtes, aber ideologisch ihnen doch näher stehendes Regime zu entlassen. Da die dem Reichspräsidenten geistig verwandten Reichskanzler Papen und Schleicher beide an fehlender parlamentarischer Basis gescheitert waren, hätte für Hindenburg nur dann ein Motiv zur Entlassung Hitlers bestanden, wenn bürgerkriegsähnliche Zustände einerseits und das dringende Anraten der Reichswehr einen solchen Schritt nahegelegt hätten. Auch das Verhalten der Reichswehr war in jeder Beziehung zweifelhaft. Solange Hitler nicht die Verfassung in eklatanter Weise brach, hätte für die Reichswehr kein Motiv bestanden, gegen die Nationalsozialisten vorzugehen. Aber eben dies versuchte Hitler zu vermeiden. Er bewegte sich auf einer Ebene, in der die Reichswehr im Falle von bürgerkriegsähnlichen Konflikten zwischen Nationalsozialisten und der Linken nicht zum Eingreifen veranlaßt wurde. Auf wessen Seite sie eingegriffen hätte, soll hier eingedenk der Erfahrungen des Kapp-Putsches dahingestellt bleiben.

Aber eben diese Unsicherheiten dürften auch das Verhalten des sozialdemokratischen Parteivorstandes nicht unwesentlich beeinflußt haben.

Jeder Vorwurf der Untätigkeit übersieht die Schwierigkeiten der Lage und die möglichen Folgen bestimmter Aktionen. Hinzu kam die Einsicht, daß die günstigeren Zeitpunkte für einen massiven Widerstand längst verstrichen waren. In nationalsozialistischer Haft resümierte später Julius Leber, daß nach Hitlers Ernennung zum Reichskanzler die Entwicklung nicht mehr aufzuhalten gewesen sei. „Am 30. Januar 1933 wurde Hitler Reichskanzler, und schon an diesem Tag war die Bahn für den Nationalsozialismus ganz und gar frei."[14] Unter dieser Voraussetzung darf man allerdings auch dem Wunsch des Parteivorstandes, möglicherweise vergebliche Blutopfer eines Bürgerkrieges zu vermeiden, die Achtung nicht versagen.

Resignation und Fatalismus der Partei wurden ergänzt durch die Tatsache, daß manche Fehleinschätzung der Situation dazu verführte, die tatsächlichen Gefahren zu verdrängen oder zu verharmlosen. Die Vorstellung, daß die NS-Diktatur nur ein Neuaufguß der Bismarckschen Sozialistengesetze mit gewissen Elementen des italienischen Faschismus in seiner frühen Phase sein werde, war zu einer Zeit, in der bereits Presseerzeugnisse verboten, Versammlungen aufgelöst und Parteimitglieder verhaftet und mißhandelt wurden,[15] doch eine lernpathologische Selbsttäuschung. Allerdings wird man dem Parteivorstand zu dieser Zeit nicht vorwerfen können, er habe sich angepaßt. Anpassung — als Antithese zu Widerstand — bedeutete in dieser Situation eine Preisgabe eigener Positionen zugunsten eines Gegners, um von diesem dann Konzessionen in anderen Fragen einhandeln zu können. Davon kann aber vor dem Reichstagsbrand und vor der Reichstagswahl am 5. März keine Rede sein. Die Alternative „Anpassung oder Widerstand?" gewann erst von dieser Zeit an eine zentrale Bedeutung und sollte dann bis zur Auflösung der SPD am 22./23. Juni 1933 diese spalten und innerlich zerreißen.

III

Die bisherigen Ausführungen haben die Entwicklung der Partei vorwiegend aus der Sicht des Parteivorstandes betrachtet. Das Bild wäre jedoch unvollständig, wenn die Fragestellung nicht auf die gesamte Partei, also auch auf die Basis, ausgedehnt würde. Der Hinweis auf die breite Aktionsbereitschaft in der Parteibasis darf nicht den Blick für die Erosionserscheinungen trüben, die sich auch dort bemerkbar machten. Gewiß, Hitlers Amtsantritt als Reichskanzler bewirkte eine Mobilisierung der Parteibasis, die sogar am 5. März — trotz nationalsozialistischer Behinderungen und Übergriffen — der SPD lokale Stimmengewinne einbrachte, zum größten Teil aus dem Wählerreservoir der inzwischen unterdrückten KPD. Aber wie in den Gewerkschaften und im Reichsbanner führten die

Ereignisse auch in der Partei zu unverkennbaren Zerfallserscheinungen. Aus Hannover sind im Februar und März 1933 größere Austrittswellen bekannt. In Bayern trat die SPD in ihren großstädtischen Hochburgen während des Wahlkampfes zwar verstärkt in Erscheinung und verzeichnete bei den Reichstagswahlen am 5. März sogar Stimmengewinne, zeigte jedoch in den ländlichen Gebieten kaum noch Einsatzbereitschaft; die vorherrschende Stimmungslage war dort eine eher resignative und drückte ein Gefühl der Ohnmacht gegenüber den Ereignissen aus. Auf dem bayerischen Lande, wo die SPD ohnehin niemals sehr stark gewesen war, verzeichnete die Partei dann auch ihre größten Verluste.[16] Diese Beobachtungen dürften mit entsprechenden lokalen und regionalen Abweichungen auch für andere deutsche Gebiete gelten. Für das weitere Verhalten der Parteiführung gegenüber der Errichtung der NS-Diktatur dürfte die Erosion der Basis daher nicht ganz bedeutungslos gewesen sein.

Der Reichstagsbrand vom 27. Februar 1933, die „Verordnung zum Schutz von Volk und Staat", das KPD-Verbot und das Ergebnis der Reichstagswahl vom 5. März 1933 markierten innerhalb einer Woche eine Zäsur, von der ab man die Politik der Sozialdemokratie anders beurteilen muß als zuvor. Alle diese Ereignisse zeigten, daß das legalistische Denken und die Erwartungen in bezug auf das Wahlergebnis getäuscht hatten. Wer es nicht schon im Verlauf des Februar begriffen hatte, mußte nun erkennen, daß Hitlers Stellung stärker geworden war und daß er sich nicht bereit zeigte, die Spielregeln einer parlamentarischen Demokratie einzuhalten. Die Presse- und Versammlungsverbote, Verhaftungen und Mißhandlungen von sozialdemokratischen Funktionären im Februar ließen sich vielleicht noch als Auswüchse eines leidenschaftlichen Wahlkampfes mißverstehen oder verharmlosen, die Auflösung von Reichsbanner und Sozialistischer Arbeiter-Jugend sowie das Betätigungsverbot für eine Reihe sozialdemokratischer Sport- und Kulturvereine am 11. März 1933 nicht mehr.[17]

Durch die Ereignisse vollends in die Defensive gedrängt, hatte Otto Wels noch Anfang März die Frage aufgeworfen, ob bei einem Putschversuch Hitlers gewaltsamer Widerstand zu leisten sei — auch auf die Gefahr einer sicheren Niederlage —, hatte aber hierzu von seiten des ADGB-Vorstandes eine abschlägige und von seiten des zu diesem Zeitpunkt noch nicht verbotenen Reichsbanners eine ausweichende Antwort erhalten.[18] Für den Parteivorstand mußte nun klar werden, daß er weitgehend auf sich allein gestellt war, andererseits aber der Boden der Verfassung und der Legalität kein geeignetes Terrain mehr bot, um sich der Entwicklung entgegenzustemmen. Was mit der KPD, dann auch mit dem Reichsbanner, mit sozialdemokratischen Vereinen und Zeitungen geschehen war und dann schließlich am 2. Mai auch den Freien Gewerkschaften widerfuhr, das drohte nun auch der SPD. Daß der Parteivorstand dies auch klar erkannte, belegen die Worte Otto Wels' auf der Sitzung des Parteiausschusses am 14. März 1933: „Wir sind eben geschlagen und müssen wieder von vorn anfangen. Was bleibt uns sonst zu tun übrig?" Zu dieser Zeit wurde daher beschlossen, für den Fall eines zu erwartenden nationalsozialistischen Zugriffs auf Einrichtungen und Vermögen der Partei den Sitz des Vorstandes ins Ausland zu verlegen.[19] Die Aussicht, daß die Partei früher oder später, mit oder ohne Anpassungsversuche, verboten oder unterdrückt würde, war eigentlich klar und hätte den Widerstand — in welcher Form auch immer — als einzige konsequente Schlußfolgerung nahegelegt.

Aber die Möglichkeiten zum Handeln waren jetzt kaum noch gegeben. Generalstreiks, Blockaden, bewaffnete Aktionen und Massenaufmärsche waren nach der Zerschlagung des Reichsbanners, der Verhaftung zahlreicher Funktionäre und Mitglieder der Partei und nach massiver Einschüchterung des sozialdemokratischen Umfeldes ohnehin nicht mehr möglich. Es boten sich daher nur noch folgende Optionen an:

— Einmal die — inzwischen stark eingeschränkte — legale, parlamentarische Opposition, wie sie in der Ablehnung des Ermächtigungsgesetzes vom 23. März zum Ausdruck kam; eine Haltung, die deswegen Achtung verdient, weil sie unter größtem psychologischen Druck stand und weil bereits ein Viertel aller sozialdemokratischen Abgeordneten sich im Exil oder in Haft befand.

— Zum anderen aber in der Vorbereitung auf die drohende Illegalität, verbunden mit der Rettung von besonders gefährdeten Parteimitgliedern und des beweglichen Parteivermögens. Eine andere Option hätte darin bestanden, das drohende Ende der Partei durch Wohlwollen und Anpassung hinauszuzögern. Dieser Versuchung erlag die Partei in mehreren Fällen. Hierzu gehörten die sozialdemokratische Zustimmung zu Hitlers Regierungserklärung am 17. Mai 1933, die Versuche, die Schwesterparteien des Auslandes und an der Saar zur Mäßigung ihrer Kritik am NS-Regime zu bewegen, und der Austritt aus der SAI.[20] Aber da alle diese Maßnahmen das Verbot der Partei — auch nach damaliger Einschätzung der Entwicklung — nicht würden abwenden können, handelte es sich hier streng genommen nicht um eine echte, realistische Option, sondern um eine etappenweise vollzogene Selbstaufgabe.

IV

Der Parteivorstand war in sich gespalten. Ein Flügel um Paul Löbe verfocht diesen Kurs der Anpassung und damit auch den Verzicht auf Widerstand. Ein anderer Kreis um den Vorsitzenden Otto Wels entschied sich für die oppositionelle Arbeit vom Ausland aus. Es gab aber auch führende Sozialdemokraten, die sowohl den Anpassungskurs als auch die Emigration des Parteivorstandes mißbilligten und den Kampf in der Illegalität für sinnvoller hielten; zu ihnen gehörten Kurt Schumacher, Carlo Mierendorff und der Reichsbannervorsitzende Karl Höltermann; auch Julius Leber, damals bereits in Haft, urteilte später im Rückblick ähnlich.[21] Nach der Zerschlagung der Freien Gewerkschaften am 2. Mai 1933 begaben sich zwischen dem 6. und 10. Mai Otto Wels und andere Funktionäre der Partei außer Landes. Am 10. Mai wurde das Vermögen der Partei im Reich beschlagnahmt. Nach kurzer Zwischenstation in Saarbrücken war dann Prag der vorläufige Sitz dieser Gruppe von Vorstandsmitgliedern, die sich in der Folgezeit unter dem Namen Sopade als Exil-Vorstand der Partei etablierten.

Zwischen dem Prager Parteivorstand und den im Reich verbliebenen Funktionären entbrannte nun nicht nur der Streit um den richtigen Kurs, sondern auch um die Führung dessen, was von der durch Verhaftung, Exil und Einschüchterung angeschlagenen Partei noch übrig geblieben war. Für Paul Löbe stand nach eigener Darstellung das Motiv im Vordergrund, durch Wohlverhalten die zahlreichen verhafteten Funktionäre freizubekommen,[22] wahrscheinlich aber auch, die noch nicht Festgenommenen vor Verhaftung zu bewahren und ihnen das Schicksal eines erzwungenen Exils zu ersparen. Wieweit Löbe im Mai/Juni 1933 an Erfolgsaussichten ernsthaft geglaubt hat, bleibe dahingestellt. Mit Widerstand hatte diese Haltung jedenfalls nichts zu tun. Der Kurs der Anpassung ging sogar so weit, daß auf Initiative des Berliner Rumpfvorstandes eine Art Reichskonferenz der Partei am 19. Juni — übrigens gegen das Votum des nicht emigrierten Kurt Schumacher — den Mitgliedern des Prager Vorstandes die Mandate aberkannte und ein Direktorium als neues Leitungsorgan wählte. Aber auch dieser Vorgang brachte der Partei nichts ein, denn drei Tage später wurden die Mitglieder des Rumpfvorstandes verhaftet und die Partei insgesamt verboten. Dem desolaten Zustand der Parteispitze entsprach weitgehend auch der Zustand der Parteibasis. Der bereits erwähnte Erosionsprozeß hatte sich fortgesetzt, teilweise durch äußere Einwirkungen, aber auch aufgrund einer einmal ausgelösten Eigendynamik. Im Mai 1933 hatten sich zahlreiche Ortsvereine der SPD selbst aufgelöst, gefolgt vom württembergischen Landesverband, und somit das im Juni verhängte Verbot der Partei schon vorweggenommen.[23]

Die Spaltung des Parteivorstandes hatte keineswegs klare Verhältnisse geschaffen. Die Uneinigkeit, gegenseitige Schuldzuweisungen und Vorwürfe setzten sich auch im Exil fort und prägten in der für Emigrantenorganisationen charakteristischen Weise auch die deutsche Sozialdemokratie im Exil. Dennoch gewann der Prager Parteivorstand erst im Ausland und unabhängig von den im Reich vollendeten Tatsachen wieder Entscheidungsspielraum. Hemmende Rücksichten waren nun nicht mehr erforderlich.[24] Neben der Emigrantenfürsorge und der umfassenden Presse- und Informationsarbeit im Ausland wurde der Widerstand gegen Hitler das zentrale Betätigungsfeld der Sopade. Der Aufbau von insgesamt sechzehn sogenannten Grenzsekretariaten, die von grenznahen Orten Schriftgut schmuggeln und an teilweise noch intakte, teilweise sich neu bildende Parteizellen verteilen ließen, führte den SPD-Vorstand nach manchen Irritationen und Fehl- beziehungsweise Nicht-Entscheidungen auf eindeutige Positionen zurück. Daß die deutsche Sozialdemokratie aber auch im Exil noch gewisse legalistische Skrupel zeigte und sich Mäßigung auferlegte, wo ein radikaleres Auftreten möglich und vielleicht auch angebracht gewesen wäre, zeigt der Streit zwischen der Sopade und der saarländischen Tochterpartei.[25] Dennoch war und blieb der Sturz des Hitler-Regimes das zentrale Ziel der Sopade.

Aber auch die zum Widerstand bereiten sozialdemokratischen Gruppen in Deutschland waren nach der Illegalisierung der Partei paradoxerweise freier und souveräner. Rücksichten auf legalistische Bedenken und auf den Bestand der Organisationen waren nunmehr hinfällig geworden. Sowohl die Gruppen, die von außen durch die Grenzsekretäre mit Geld, Material und Informationen versorgt wurden, als auch die sich selbständig und ohne Außenkontakte formierenden Gruppen und Zellen reihten sich in eine klare Frontlinie ein. Die meisten von ihnen wurden zwischen 1935 und 1937 zerschlagen. In der Folgezeit mußte der sozialdemokratische Widerstand sich den veränderten Umständen anpassen und neue Techniken und Arbeitsweisen entwickeln.

V

In einer abschließenden Bewertung der sozialdemokratischen Politik der Jahre 1932/33 wird man von eindeutigen Unterlassungen eigentlich nur in der ersten Phase dieses Zeitraumes sprechen können, Unterlassungen allerdings, deren Folgen zu diesem Zeitpunkt nicht voll abzusehen waren. Je mehr die Entwicklung für die Partei an Berechenbarkeit verlor, desto mehr schwanden auch mögliche alternative Optionen mit klar vorhersehbaren positiven Folgen. Möglicherweise hätte nach Hitlers Machtübernahme eine verzweifelte Abwehrreaktion in der Art des 12. Februar 1934 in Österreich ein Zeichen des Widerstandes gesetzt und damit ein weniger von Selbstzweifeln belastetes Selbstverständnis und eine weniger gebrochene Widerstandstradition begründet. Aber so wie die österreichische Arbeiterschaft durch das Dollfuß-Regime blutig niedergeschlagen wurde, so hätte auch die deutsche Sozialdemokratie kaum das ungleich brutalere

Hitler-Regime beseitigen können, statt dessen aber Tausende von Mitgliedern geopfert. Das Dilemma nach dem 30. Januar 1933 bestand darin, daß jede denkbare Entscheidung mit Folgen verbunden war, die eine verantwortungsvolle Politik unter anderen Umständen zu vermeiden trachtet, während gleichzeitig konkrete Erfolgsaussichten nicht erkennbar waren. Diesen Dilemma-Charakter der Situation sollte sich vor Augen halten, wer mit moralisierenden Kategorien die Niederlage der Sozialdemokratie vorschnell und besserwisserisch beurteilt.

Anmerkungen

[1] Friedrich Stampfer, *Erfahrungen und Erkenntnisse. Aufzeichnungen aus meinem Leben,* Köln 1957, S. 260. — Vgl. das Protokoll der gemeinsamen Sitzung des Parteivorstandes, der Reichstagsfraktion und der ADGB-Führung am 30. 1. 33, in: Hagen Schulze (Hrsg.), *Anpassung oder Widerstand? Aus den Akten der deutschen Sozialdemokratie 1932/33* (= *Archiv für Sozialgeschichte,* Beih. 4), Bonn 1975, Dok. Nr. 4, S. 131 ff., hier S. 135 f.

[2] Protokoll vom 31. 1. 33; H. Schulze (Hrsg.), *a.a.O.,* Dok. Nr. 5, S. 135 ff., hier S. 146. — Vgl. Erich Matthias, *Die Sozialdemokratische Partei,* in: Erich Matthias/Rudolf Morsey (Hrsg.), *Das Ende der Parteien 1933. Darstellungen und Dokumente,* Bonn 1960, S. 161 f.; Henryk Skrzypczak, *Zerschlagung und Gleichschaltung der Arbeiterorganisationen,* in: Wolfgang Treue/Jürgen Schmädeke (Hrsg.), *Deutschland 1933. Machtzerfall der Demokratie und nationalsozialistische Machtergreifung* (= Einzelveröffentlichungen der Historischen Kommission zu Berlin, Bd. 42), Berlin 1984, S. 45—64.

[3] Julius Leber, *Schriften, Reden, Briefe, 1920—1945.* Mit Beiträgen von Willy Brandt und Golo Mann, München 1976, S. 239.

[4] Hans J. L. Adolph, *Otto Wels und die Politik der deutschen Sozialdemokratie 1894—1938. Eine politische Biographie,* Berlin 1971, S. 244 f. — Zu den Gründen des Verzichts auf außerparlamentarischen Widerstand s. Hagen Schulze, *Otto Braun oder Preußens demokratische Sendung. Eine Biographie,* Frankfurt a. M.-Berlin-Wien 1977, S. 747 ff. Dagegen betonen stärker die Chancen und Notwendigkeiten eines ggf. auch gewaltsamen Widerstandes E. Matthias, *Die Sozialdemokratische Partei...* [Anm. 2], S. 143, und Karl Dietrich Bracher, *Die Auflösung der Weimarer Republik. Eine Studie zum Problem des Machtzerfalls in der Demokratie,* 5. Aufl., Villingen 1971, S. 525.

[5] E. Matthias, *Die Sozialdemokratische Partei...* [Anm. 2], S. 151—153; Zitat nach H. Schulze, *Anpassung...* [Anm. 1], S. 161.

[6] Vgl. Karl Rohe, *Das Reichsbanner Schwarz Rot Gold. Ein Beitrag zur Geschichte und Struktur der politischen Kampfverbände zur Zeit der Weimarer Republik,* Düsseldorf 1966, S. 66 ff., 71.

[7] *A.a.O.,* S. 458.

[8] *A.a.O.,* S. 459.

[9] *A.a.O.,* S. 460.

[10] E. Matthias, *Die Sozialdemokratische Partei...* [Anm. 2], S. 150.

[11] H. Schulze, *Anpassung...* [Anm. 1], S. XXIII f., S. 148 f., 162.

[12] E. Matthias, *Die Sozialdemokratische Partei...* [Anm. 2], S. 155; H. Schulze, *ebda.*

[13] F. Stampfer, *Erfahrungen*... [Anm. 1], S. 264.

[14] J. Leber, *Schriften*... [Anm. 3], S. 240.

[15] H. Schulze, *Anpassung*... [Anm. 1], S. XXVII.

[16] E. Matthias, *Die Sozialdemokratische Partei*... [Anm. 2], S. 168 ff. und S. 239–241. — Hartmut Mehringer, *Die bayerische Sozialdemokratie bis zum Ende des NS-Regimes. Vorgeschichte, Verfolgung und Widerstand,* in: *Bayern in der NS-Zeit,* Bd. 5, hrsg. von Martin Broszat und Hartmut Mehringer, München-Wien 1983, S. 339 f.

[17] H. Mehringer, *a.a.O.*, S. 342 f.

[18] H. Adolph, *Otto Wels*... [Anm. 4], S. 179.

[19] H. Schulze, *Anpassung*... [Anm. 1], S. 169, (Zitat) S. 181.

[20] H. Adolph, *Otto Wels*... [Anm. 4], S. 266.

[21] Dorothea Beck, *Julius Leber. Sozialdemokrat zwischen Reform und Widerstand,* Berlin 1983, S. 119.

[22] H. Schulze, *Anpassung*... [Anm. 1], S. XXXII.

[23] H. Mehringer, *Die bayerische Sozialdemokratie*... [Anm. 16], S. 345 f.

[24] Lewis J. Edinger, *Sozialdemokratie und Nationalsozialismus. Der Parteivorstand im Exil von 1933–1945,* Hannover-Frankfurt am Main 1960, S. 31.

[25] Patrik v. zur Mühlen, *„Schlagt Hitler an der Saar!" Abstimmungskampf, Emigration und Widerstand im Saargebiet 1933–1935,* Bonn 1979, S. 81 ff.

Gewerkschaften zwischen Illusion und Aktion

Wandlungen gewerkschaftlicher Strategie vom potentiellen Massenwiderstand zur Technik der Verschwörung

GERHARD BEIER
Kronberg

I

Widerstand in Geschichte und Gegenwart der Gewerkschaften[1]

Es wird immer wieder die These vertreten, vom „Widerstand" sei in Deutschland erst nach 1945 die Rede gewesen. Es handle sich dabei um eine Übersetzung des französischen Begriffs *résistance.* Das mag für den kirchlichen und für den militärischen Bereich gelten. Aber auch dort sind Zweifel anzumelden, denn das Widerstandsrecht kommt aus christlichen Quellen, aus Naturrecht und Protestantismus. Es ist dem militärischen Denken in Deutschland gewiß nicht eigentümlich und gewinnt dort den Charakter der „Insubordination" gegenüber der Obrigkeit. Die kirchlichen und militärischen Traditionen in Deutschland waren der Kategorie des Widerstands und der damit verbundenen politischen Haltung nicht förderlich. Dagegen verstand sich die Arbeiterbewegung, insbesondere die Gewerkschaftsbewegung, traditionell als Widerstandsbewegung gegen die Gewalttaten des Kapitals und der mit ihm verbündeten Staatsmacht.

Der erfolgreiche Widerstand gegen das Sozialistengesetz wurde gelegentlich zum Mythos der Unschlagbarkeit überhöht. Die Aktionsformen gegen das Ausnahmegesetz von 1878 bildeten einen lebendigen Schatz an Widerstandserfahrungen, auf den zurückgegriffen wurde. Männer wie Theodor Leipart an der Spitze des Allgemeinen Deutschen Gewerkschaftsbundes (ADGB) hatten ihre politische Sozialisation noch unter dem Sozialistengesetz erfahren. Für jüngere Kräfte kamen die Eindrücke aus dem Ruhrkampf von 1923 hinzu. Aus der Gruppe der Hofgeismarer Jungsozialisten ging mit Ernst Niekisch ein „Widerstandskreis" hervor, der 1926 die *Blätter für sozialistische und nationalrevolutionäre Politik* unter dem Titel *Der Widerstand* herausgab.[2] Das war gewiß kein gewerkschaftliches Organ. Aber Berater des ADGB-Bundesvorstands wie Lothar Erdmann oder Franz Josef Furtwängler zeigten Nähe zu solchen Gruppierungen. Wilhelm Leuschner, seine Freunde Mierendorff und Haubach waren dem Hofgeismarkreis verbunden. Zum Auftakt der Bundesausschußsitzung vom 9./10. September 1932 meinte Theodor Leipart: „Wir müssen den Widerstand organisieren und werden dadurch erneut einen Auftrieb unserer Bewegung erhalten."[3] Wer in die gewerkschaftlichen Texte dieser Krisenjahre hineinhört, entdeckt in ihnen nicht nur die Attitüde der Anpassung, sondern auch die Parole des Widerstandes, und zwar häufig mit einem organisatorischen Appell verbunden. Insofern handelte die Führung des ADGB durchaus im Sinne der Widerstandsgeschichte in der Gewerkschaftsbewegung, als sie am 31. Januar 1933 verkündete: „Organisation — nicht Demonstration: das ist die Parole der Stunde." Dabei berief der Bundesausschuß sich ausdrücklich auf die genaue „Kenntnis der reichen Widerstandskräfte der deutschen Arbeiterschaft, die in ihrer jahrzehntelangen Geschichte schon manchen Gegner kommen und gehen sah, von dem die Sage ging, daß er die Arbeiterbewegung vernichten werde".[4]

Die moderne Funktion der Gewerkschaften in Wirtschaft, Gesellschaft und Staat der Bundesrepublik Deutschland wird immer wieder als Doppelfunktion aus „Ordnungsfaktor" und „Gegenmacht" beschrieben.[5] Während der „Ordnungsfaktor" auf Anpassung an herrschende Verhältnisse und Tendenzen gerichtet ist, läuft die Funktion der „Gegenmacht" auf Widerstandsarbeit hinaus. Dieser gewerkschaftliche „Widerstand" wird auch unter den rechts- und sozialstaatlichen Bedingungen immer wieder artikuliert und organisiert, wenn die erkämpften Fortschritte gefährdet erscheinen oder abgebaut werden. Im Jahre 1958 proklamierte die IG Metall entschlossenen „Widerstand gegen die soziale Demontage" unter der Politik Ludwig Erhards und Konrad Adenauers.[6] In einem Aufsatz über „Strategie und Taktik der Gewerkschaften im gegenwärtigen Stadium der gesellschaftlichen Entwicklung" sprach Otto Brenner von der Aufgabe, „die Arbeiter zum täglichen Kampf um die Aufbesserung ihrer Lebens- und Arbeitsbedingungen" zu organisieren und „sie in den Stand zu setzen, der Willkür der Produktionsmittelbesitzer Widerstand zu leisten und sich das Recht auf eine erträgliche, menschenwürdige Existenz zu erringen".[7] Zuletzt verlangte die IG Druck und Papier im Oktober 1983 die Einrichtung eines „Widerstandstages der Betriebe" gegen die Atomrüstung. Dazu hieß es in einer Schlagzeile: „Wir müssen den gewerkschaftlichen Widerstand üben, bis er ansteckend wirkt."[8]

Hier mag offenbleiben, wie exakt der Begriff des „Widerstandes" in gewerkschaftlichen Texten durch über hundert Jahre verwendet wird.

Auf jeden Fall wäre es lohnend, die zahlreichen Belege von der Ersten Internationale der 1860er Jahre bis auf den heutigen Tag semantisch zu analysieren. Dabei könnte ein Begriff des gesellschaftlichen Widerstandes an den Tag kommen, der historisch und politisch die Spannweite eines lediglich „antifaschistischen Widerstandes“ weit übertrifft, der gegen wirtschaftliche Ausbeutung, gegen jede Form der Fremdherrschaft und des Totalitarismus und gegen jeden Sozialabbau gerichtet ist.

Schon am 1.2.1933 veröffentlichten Metallarbeiter wie Walter Uhlmann ein Flugblatt unter dem Titel *Auf zum einheitlichen Kampf gegen die faschistische Diktatur!*[9] Darin warnten sie vor der Gefahr, keinen ausreichenden Widerstand zu leisten, weil Hitler dadurch ermutigt werde, die Verfassung zu brechen:

„Nur weil die faschistischen Arbeiter die faschistische Gefahr nicht ernst nahmen, weil sie im Nationalsozialismus eine Eintagserscheinung sahen, die von selbst an ihren Widersprüchen zusammenbrechen müsse, weil sie deshalb dem Faschismus keinen einheitlichen, entschlossenen, außerparlamentarischen Widerstand entgegensetzen, weil sie sich nicht einheitlich gegen die Kapitaloffensive wehrten, deshalb kann die kapitalistische Reaktion jetzt aufs Ganze gehen, deshalb konnte der Faschismus an die Macht gelangen.“

Widerstand mit gewerkschaftlichen Mitteln war unter den Bedingungen der faschistischen Diktatur nur noch sehr eingeschränkt möglich. Deshalb erscheint es außerordentlich wichtig, einen gewerkschaftlichen Widerstandsbegriff zu entwickeln, der nicht nur gegen die vollendete faschistische Diktatur gerichtet ist, sondern den Anfängen des Abgleitens in präfaschistische Verhältnisse gilt. Was später drohte, war durch Leuschner und Mierendorff mit der Veröffentlichung der „Boxheimer Dokumente“ bereits Ende 1931 bekannt geworden. Dort hieß es lakonisch über die Rechtslage unmittelbar nach der Machtergreifung: „Die Befehlshaber der SA und Landwehren befehlen, daß jeder Anordnung der SA und Landwehren sofort Folge zu leisten ist. Widerstand wird grundsätzlich mit dem Tode bestraft.“[10]

Es kam darauf an, Widerstand zu zeigen, solange es erlaubt war, bevor also die Gewaltherrschaft Tritt fassen konnte. Dieser antizipatorische Einsatz der *ultimo ratio* gewerkschaftlichen Massenwiderstandes zählt zu den strategisch-taktischen Paradoxien erfolgreicher Gewerkschaftsarbeit. Der politische Generalstreik gegen die Diktatur muß organisiert und ausgerufen werden, bevor eine solche Diktatur an die Macht gelangt. Es geht um vorbeugenden Widerstand, wenn er auf gewerkschaftliche Weise zum Ziel führen soll.

II

Führerkreis und illegale Reichsleitung

Wenn „Organisation" die Parole der Stunde hieß, dann bedeutete das nicht nur Verbesserung des Organisationsgrades, um die Schlagkraft der Gewerkschaften zu erhöhen. Es meinte nicht nur Verteidigung der Freien Gewerkschaften gegen Nationalsozialistische Betriebszellen-Organisation (NSBO) und Revolutionäre Gewerkschaftsopposition oder gegen sogenannte „Gelbe", von den Unternehmern abhängige Verbände. Unter dem Gedanken der Organisation verbarg sich das Prinzip der Einheitsgewerkschaft, der Organisation aller Schaffenden in einer einzigen, das gesamte arbeitende Volk umfassenden Gewerkschaft. Dieser Gedanke entsprach einem alten Ideal der Gewerkschaftsbewegung, das durch politische und weltanschauliche Richtungsgewerkschaften, durch ständische und berufliche Sonderorganisationen verlorengegangen war.

Unter dem Einfluß der Weltwirtschaftskrise und dem Ansturm des Nationalsozialismus wuchs besonders bei den Hirsch-Dunckerschen, den Christlichen und den Freien Gewerkschaften die Einsicht in die Notwendigkeit gemeinsamer Organisation. Nur so konnten die Unterstützungskassen fortgeführt, die Betriebsratswahlen bestanden und die gemeinsamen Kämpfe erfolgreich geführt werden. Die Einsicht führte zunächst beim schwächsten Glied, den Hirsch-Dunckerschen Arbeitergewerkschaften, zu Konsequenzen. Anton Erkelenz bot den Freien Gewerkschaften die Fusion an. Nach dem Sturz Heinrich Brünings begaben sich auch die Christlichen Verbände auf Einheitskurs. Anfang 1933 wurde immer intensiver verhandelt, wobei Wilhelm Leuschner (ADGB) und Jakob Kaiser (Christliche) immer mehr die Federführung übernahmen. Ende April 1933 kam es auf höchster Ebene zur Vereinbarung über den „Führerkreis der vereinigten Gewerkschaften".[11]

Zwar machte die gewaltsame Gleichschaltung vom 2. Mai 1933 einen Strich durch diese Rechnung, aber sobald Kaiser und Leuschner sich wiedersahen, versicherten sie sich gegenseitig der fortbestehenden Geltung des Textes. Ende Mai 1933 brachte das Titelblatt der Wochenschrift des Christlichen Metallarbeiterverbandes noch die Schlagzeile: „Auf dem Wege zur deutschen Einheitsgewerkschaft".[12] Im Verhör vom 18.8.1944 berief Leuschner sich ausdrücklich auf den Apriltext, indem er sagte: „Es war mein Bestreben, eine einheitliche Gewerkschaftsbewegung zu bilden, und ich setzte diese Bestrebungen auch dann noch fort, als ich mit den Vertretern der NSBO im Frühjahr 1933 verhandelte. Diese damals niedergelegten Grundsätze waren auch für die spätere Zeit mein Leitmotiv."[13] Tatsächlich hatten Leuschner und seine Freunde Anfang April

1933 mit Vertretern der NSBO über die Einheitsgewerkschaft gesprochen. Die Verhandlungen waren zwar geplatzt, aber es lag nicht im Interesse Leuschners, an seine Differenzen mit der NSBO zu erinnern.

Unter dem Dach des Führerkreises entstanden ab Mai 1933 „vorläufige" beziehungsweise „Illegale Reichsleitungen" der Gewerkschaften, und zwar sowohl für die Gesamtheit der früheren Arbeitergewerkschaften als auch für die Angestelltengewerkschaften und für die einzelnen Industrie- beziehungsweise Berufsgewerkschaften. Dabei handelte es sich selbstverständlich nicht um ausgebaute Vorstandsverwaltungen, sondern um mehr oder weniger fliegende Büros, in denen viel improvisiert werden mußte. Der normale Aufbau einer solchen illegalen Zentralorganisation sah wie folgt aus: Der frühere Vorsitzende war aller Ämter enthoben. Er lebte von einer reduzierten Rente, einer Arbeitslosenunterstützung oder einem kleinen Geschäft (Seifenhandel, Tabakwaren, Kaffee etc.). Nebenher kümmerte er sich in Berlin um die Versorgungsansprüche der früheren hauptberuflichen Funktionäre seines Verbandes im ganzen Reich. Er machte Eingaben, führte Verwaltungsprozesse und besorgte gelegentlich auch einen Strafverteidiger, wenn der bei einer Anklage helfen konnte.

Diese Arbeit verlief vollkommen legal unter den Augen des Gesetzes. Ihre Widerstandsqualität bestand darin, daß sie den Kollegen, die in keine Stelle und in keinen Betrieb vermittelt wurden, einen letzten Rückhalt bot. Darüber hinaus konnte auf diesem Wege ein Kommunikationsnetz aufgebaut werden, auf dem Nachrichten aus dem Reich gesammelt, illegale Druckschriften aus dem Ausland verteilt und zusätzliche Hilfsgelder an die richtige Adresse gebracht werden konnten. Besprechungen über Versorgungsfragen ergaben einen unverfänglichen Vorwand, um auch über illegale Aktivitäten zu reden. Der frühere zweite Vorsitzende oder ein jüngeres Vorstandsmitglied kümmerten sich um diese heimliche Arbeit und reisten jährlich oder häufiger ins Ausland zum Internationalen Berufssekretariat, das seinen Sitz in Kopenhagen, Amsterdam, London, Paris, Bern etc. hatte. Beim Berufssekretariat arbeitete ein emigrierter Kollege oder eine Kollegin aus der Vorstandsverwaltung, die ständig mit deutschen Belangen zu tun hatten. Vielfach lag in deren Händen auch die Herstellung einer gewerkschaftlichen Fachzeitung, die Nachrichten aus Deutschland und aus dem Ausland enthielt, auf Dünndruckpapier oder im Kleinformat gedruckt und nach Deutschland geschmuggelt wurde.

Diese illegalen Reichsleitungen der früheren Berufs- und Industrieverbände gab es bei Metall, bei den Eisenbahnern, den Bergarbeitern, den Buchdruckern, Buchbindern und Lithographen, bei den Fabrikarbeitern, den Café-Angestellten, den Landarbeitern und anderen Verbänden. Sie funktionierten unterschiedlich gut. Überall, wo genauer nachgeforscht wird, sind diese illegalen Reichsleitungen zu entdecken: so auch bei den

Bekleidungsarbeitern, bei den Holzarbeitern und bei den Pädagogen.[14] Es läßt sich sagen, daß auf diese Weise innerhalb eines Jahres funktionierende illegale Massenorganisationen in den meisten Organisationsbereichen entstanden. Viele wurden freilich innerhalb eines weiteren Jahres durch die Gestapo aufgerollt. Wer die großen Verhaftungswellen von 1935 bis 1938 überstand, wurde noch einmal bei den Überfällen auf Dänemark und Norwegen, auf die Niederlande, Belgien, Luxemburg und Frankreich gefährdet. Mehrere deutsche Gewerkschafter bei den Berufssekretariaten in den besetzten Gebieten begingen Selbstmord, um nicht von der Gestapo verhört werden zu können. Trotzdem wurden die Strukturen nicht völlig vernichtet. Manche Verbindungen hielten sogar über den 20. Juli und die „Aktion Gitter" hinaus bis in die Tage der Befreiung.

Einzelne Gruppen konnten sich als verschworene kleine Zirkel behaupten. Insgesamt war Mitte der dreißiger Jahre ein Strukturwandel vom Massenwiderstand zur Technik der Verschwörung zu beobachten. Die Kollegen verzichteten auf gedrucktes Material und schriftliche Aufzeichnungen. In den konspirativ besser geübten und politisch geschulten Einheiten kam es zum Aufbau von Fünfergruppen. Den erstaunlichsten Wandel vom Leitungsgremium einer Millionenorganisation zur Technik der Verschwörung erfuhr der frühere Vorstand des ADGB, der sich unter Leuschners Hand in ein gut getarntes Produktionsunternehmen verpuppte. Der alte Leipart kümmerte sich um Versorgungsansprüche und wurde kaum in die Illegalität hineingezogen. Der jüngere Leuschner war unmittelbar nach der Verhaftung am 2. Mai 1933 in der Gefängniszelle mit der Nachfolge Leiparts betraut worden. Aber ihm blieben nur wenige Tage in Berlin, um sich mit Heinrich Schliestedt und anderen über die illegale organisatorische Arbeit zu verständigen. Noch hoffte er auf einen raschen Sturz Robert Leys und anschließende neue Möglichkeiten. Er reiste am 3. Juni 1933 mit Ley nach Genf zum Internationalen Arbeitsamt, wo der Reichsorganisationsleiter der NSDAP tatsächlich eine vernichtende Niederlage erlitt. Aber Hitler hielt an dem folgsamen „Führer der Deutschen Arbeitsfront" fest. Leuschner wurde bei seiner Rückkehr an der Grenze abgefangen und für ein Jahr ins Konzentrationslager gesperrt. Unterdes führten Schliestedt vom Metallarbeiterverband und Hermann Schlimme, der frühere Stellvertreter Leiparts, die illegale Arbeit auf der Ebene des Bundesvorstands fort.[15]

Nach seiner Haftentlassung im Juni 1934 ging Leuschner nach Berlin. Er lebte dort unauffällig als hessischer Innenminister a. D. in der Bismarckstraße 84 gegenüber der Deutschen Oper mitten in Berlin. Bald beteiligte er sich an einer Fabrik für Bierzapfhähne. Dieser kleine Produktionsbetrieb wurde von Parteigenossen und Gewerkschaftskollegen geführt, die über technische und kaufmännische Kenntnisse verfügten, um auf diese Weise ihre Arbeitslosigkeit zu überwinden. Ernst Schneppenhorst, der jüngere Friedrich Ebert und Hermann Maaß sind in diesem Zusammenhang zu nennen. Sie erwarben im Laufe der Jahre zusätzliche Patente über die Verchromung von Aluminium im Granitalverfahren, so daß sie in einem wehrwirtschaftlich interessanten Bereich über ein kleines Monopol verfügten.[16]

Diese „Fabrik" erwies sich bald als vorzügliche Operationsbasis, um die Zentrale der illegalen Gewerkschaftsorganisation aufzunehmen und gleichzeitig ein unsichtbares Netz der illegalen Gewerkschaftsorganisation über das gesamte Reich und alle Branchen zu spannen. Die Bierdruckapparate erlaubten viele Kontakte zu alten Parteikneipen, zu Gaststätten in Gewerkschaftshäusern und zu neuen Restaurants, die von arbeitslosen Funktionären eröffnet wurden. Eine solche politische Kneipen- und Budiker-Kultur hatte sich schon unter dem Sozialistengesetz als besonders wirksame Infrastruktur für die illegale Arbeit bewährt. Neu war hingegen der technologische Aspekt: Unter dem Buntmetallmangel genoß die „Fabrik" den Schutz der Wirtschaftspolitik, denn Aluminium zählte zu den wichtigsten Ersatzstoffen für Kupfer und Messing. Darüber hinaus konnten Armaturen hergestellt werden, die für den U-Boot-Bau und für die gesamte Rüstung — natürlich auch für den Flugzeugbau — interessant waren. Dergestalt fanden Leuschner als „Fabrikant", Hermann Maaß als „Prokurist" und Sohn Wilhelm als Juniorchef manche Gelegenheit zu politischen und militärischen Kontakten, deren konspirativer Charakter nur schwer zu durchschauen war.

Bei Kriegsanfang wurde Leuschner zwar einige Tage in das Konzentrationslager Sachsenhausen gesperrt. Aber er durfte den Produktionsbetrieb aus der Zelle heraus weiterführen und wurde nach wenigen Tagen entlassen. Während Leuschner zuerst der regelmäßigen polizeilichen Meldepflicht unterlag und alle Reisen im Reich anmelden mußte, lockerten sich diese Auflagen im Laufe der Jahre. Ab 1940/41 konnte er ohne Genehmigung im ganzen Reich umherreisen. Er besaß sogar Sonderausweise, die ihm das Betreten militärischer Anlagen erlaubten. Angesichts der Kennkartenmentalität des Überwachungsapparates waren solche Papiere von unschätzbarer Bedeutung für die illegale Arbeit. Ein Minister a. D. mit Sonderausweisen war für jede untergeordnete Polizeidienststelle zunächst Respektsperson. Zur Camouflage kam dergestalt die Köpenickiade, ein Thema, das Leuschner mit seinem Freunde Zuckmayer schon in frühen Jahren durchgespielt hatte.[17]

Nachdem Heinrich Schliestedt bereits im Herbst 1934 in die Tschechoslowakei geflüchtet war und Hermann Schlimme am 20. Januar 1937 verhaftet wurde, übernahm Leuschner mit seiner Fabrik wieder voll die Geschäfte der Illegalen Reichsleitung. Dabei kam ihm das sehr geschickte

Verhalten Schlimmes vor dem Gericht zugute, so daß Leuschner sich verhältnismäßig sicher fühlen konnte,[18] zumal er es immer wieder verstand, bei den zuständigen Gestapo-Stellen ein vordergründiges Vertrauensverhältnis herzustellen.[19] Natürlich hat Leuschner seine gesamte Korrespondenz mit der Gestapo sorgfältig aufgehoben, wogegen für seine Widerstandsarbeit das Prinzip des Verzichts auf schriftliche Mitteilungen galt. Auch die Tagesmerkhefte Leuschners enthalten fast nur Orte und Daten, aus denen lediglich erhellt, daß Leuschner vierteljährlich eine mehrwöchige Rundreise unternahm, wobei er den Südwesten des Reiches besonders intensiv bearbeitete. Umgekehrt empfing er in Berlin Besuch aus dem Reich, sobald sich dafür eine günstige Gelegenheit ergab: Besuch der Funkausstellung, eine Geschäftsreise oder eine Familienfeier. Durch Hermann Schlimme, Carl Severing, Willi Richter und viele andere ist bezeugt, daß bei diesen Gelegenheiten immer wieder über den Stand der Verschwörung und den Aufbau des gewerkschaftlichen Widerstandes gesprochen wurde. Allerdings pflegte Leuschner dafür besondere Techniken, denn schon aus seiner Zeit als Innenminister war er über die Arbeitsweise der politischen Polizei genau informiert. Zu diesen Techniken gehörte das Gespräch unter vier Augen, das Gebot der vollkommenen Verschwiegenheit auch gegenüber den besten Freunden und Familienangehörigen und schließlich das Verbot jeglicher Aufzeichnungen. Diese Technik der Verschwörung half bis in die letzten schweren Verhöre vor der Hinrichtung am 29. September 1944. Sie war darüber hinaus so erfolgreich, daß die Geschichte der illegalen Reichsleitung heute gelegentlich zum Phantom erklärt wird.[20]

III

Das Beispiel der Metaller

Wer die Verschwörungstechnik Leuschners suspekt findet, die Tarnfunktion der „Fabrik" anzweifelt oder die illegale Reichsleitung als „Hirngespinst" abtun möchte, dem sei empfohlen, sich den organisatorischen Unterbau, das heißt die verschiedenen Reichsleitungen in den einzelnen Branchen genauer anzuschauen, zum Beispiel im Bereich des Deutschen Metallarbeiterverbandes. Dort übernahm der frühere Vorsitzende Alwin Brandes die Vertretung der Versorgungsansprüche. Der Vorstandssekretär Heinrich Schliestedt organisierte den illegalen Apparat und übernahm nach der Flucht Ende 1934 im Laufe des Jahres 1935 die Auslandsvertretung der Deutschen Gewerkschaften (ADG) in Komotau. Redakteur Fritz Kummer emigrierte ebenfalls und schrieb unter dem Zeichen „F. K." oder anonym für das *Mitteilungsblatt* des Internationalen Metallarbeiterbundes

(IMB), das deutschsprachig in Bern gedruckt wurde und verhältnismäßig leicht nach Südwestdeutschland einsickern konnte. Der Schriftsteller Paul Ufermann war in Berlin verblieben, übermittelte aber seine Berichte nach Bern, so daß das *Mitteilungsblatt* sich zum Ersatzorgan entwickelte, ohne als solches direkt erkennbar zu sein. Nach Schliestedts Flucht sprangen Metallarbeiter wie Max Urich und Richard Teichgräber ein, um die illegale Arbeit im Lande fortzusetzen. Erich Bührig war ihnen behilflich, dazu Ernst Fraenkel, der immer wieder als mutiger Rechtsbeistand auftrat. Der alte Brandes verhielt sich weniger ängstlich als Leipart. In seinem kleinen Eigenheim entwickelte sich ein lebhafter Publikumsverkehr. Gelegentlich kam auch Johann Kjerböl, der spätere dänische Minister, aus Kopenhagen angereist, um Hilfsgelder der Internationale bei Brandes abzugeben, die an verfolgte Kollegen weitergeleitet wurden.[21]

Obwohl Brandes sich geschickt an die Möglichkeiten der verbliebenen Legalität hielt und bei der illegalen Arbeit die Techniken der Verschwörung genau beachtete, war seine Arbeit so auffällig, daß er 1934 denunziert und verhaftet wurde. Zunächst reichte das Material nicht für eine Anklage. Brandes mußte wieder entlassen werden, unterstand aber der Meldepflicht. Er wurde im Januar 1936 abermals verhaftet und tatsächlich angeklagt. Der Staatsanwalt beantragte fünf Jahre Zuchthaus. Aber Brandes wußte seine Arbeit für die Kollegen so geschickt zu begründen, daß der Volksgerichtshof auf Freispruch erkannte. Nach einem Jahr und zehn Monaten Haft kam Brandes im Oktober 1937 wieder frei.

Er mußte sein Häuschen in Neutempelhof aufgeben. Aber seine Mietwohnung in Karolinenhof bei Berlin-Grünau entwickelte sich ab 1938 erneut zum Treffpunkt befreundeter und hilfesuchender Kollegen. Brandes führte weiter Prozesse, korrespondierte mit allen betroffenen Kolleginnen und Kollegen im Reich und erneuerte dergestalt den gut getarnten Rahmen für die illegale Arbeit der Gewerkschaftsbewegung im Widerstand. Über all das stand er in mündlichem und schriftlichem Kontakt mit Wilhelm Leuschner. Praktisch erreichte Brandes, daß der alte Funktionärs- und Vertrauensmännerapparat — soweit nicht inhaftiert oder emigriert, verstorben oder ermordet — den ganzen Krieg hindurch die Funktionäre und Mitglieder im Reich ansprechen konnte. Dabei handelte es sich um sehr eingeschränkte Möglichkeiten, die schon aus Sicherheitsgründen nur sparsam genutzt wurden. Sie reichten aber aus, um unmittelbar nach der inneren oder äußeren Befreiung wieder aktiv werden zu können und die Einheitsgewerkschaft als Massenorganisation aufzubauen.

Als wäre er noch formell im Amt, schickte Brandes am 22. April 1942 einen Tätigkeitsbericht an Robert Weißig, den früheren Vorsitzenden des Ausschusses, der satzungsgemäß für die Entgegennahme solcher Berichte zuständig war.[22] Demnach verfaßte Brandes seit seiner Freisprechung allein 2120 handschriftliche Briefe und verschickte dazu 2519 Drucksachen. Dazu kam eine außerordentliche Zahl von Verhandlungen mit dem Reichsinnenministerium, dem Reichsfinanzministerium und der Deutschen Arbeitsfront. Er setzte mehrere Anwälte ein und verständigte sich regelmäßig mit den Vertretern der anderen Verbände aus dem früheren ADGB. Die Arbeit häufte sich so sehr, daß Brandes sich „manchmal in frühere Zeiten versetzt fühlte". Dazu lobte er die Anhänglichkeit aller Kolleginnen und Kollegen mit dem Hinweis: „Es herrscht noch immer Disziplin." Mehr ließ sich unter der Briefzensur des NS-Systems schwerlich über den organisatorischen Zusammenhalt sagen. Zwar konnte Brandes keine Beiträge kassieren, aber die erstrittenen Summen beliefen sich auf insgesamt 1 392 000,— Reichsmark. Davon wurden ihm Unkosten erstattet und Honorare gezahlt, so daß er über einen Fonds verfügte, aus dem verfolgte Kollegen finanziell unterstützt und Anwälte bezahlt werden konnten.

Die Zahl der insgesamt von ihm betreuten früheren Gewerkschaftsangestellten bezifferte er auf 748 Personen. Im Jahre 1931 hatte die Zahl der angestellten Mitarbeiter des DMV 1079 betragen. Rechnet man die natürlichen Abgänge von dieser Zahl ab, dann läßt sich sagen, daß Brandes als ehemaliger Vorsitzender bis in die Jahre 1938/42 hinein fast den gesamten hauptamtlichen Apparat des Metallarbeiterverbandes weiterbetreuen konnte. Gewiß bleibt es schwierig, von diesem Sachverhalt auf entsprechende Mitgliederzahlen zu schließen, die sozusagen der illegalen Reichsleitung der Metallarbeiter zugeschlagen werden dürfen. Es sei aber darauf hingewiesen, daß in Friedenszeiten etwa ein bis zwei Angestellte auf 1000 Mitglieder entfielen. Eine Auffüllung der verbliebenen Kader von etwa 750 Personen nach diesem Verhältnis hätte also eine Mitgliedschaft von etwa 500 000 bedeutet. Das entsprach der Stärke des DMV vom Juni 1911 in kaiserlicher Zeit.

Eine solche „Schattenorganisation" reichte gewiß nicht aus, um einen erfolgreichen politischen Streik oder eine andere Massenaktion gegen das Regime zu führen. Im Ernstfalle standen mehr Metallarbeiter unter den Waffen, als überhaupt Kollegen zu mobilisieren waren — optimistisch gerechnet. Insofern war es strategisch und taktisch völlig richtig, daß Leuschner und seine Freunde den Generalstreik zum Sturz der Hitlerherrschaft als illusionär verwarfen und statt dessen den Umsturz mit militärischen Mitteln unter Verantwortung der Offiziere verlangten. Aber die Zahlen rechtfertigten den Schluß, daß nach einem erfolgreichen Putsch oder einem verlorenen Kriege rasch ein Millionenheer zur Verfügung stehen würde, das im Kampf für die wirtschaftliche, soziale und politische Neuordnung als stärkster Faktor in Frage kam.

IV

Bilanz

Obwohl bislang die genaue Erforschung des gewerkschaftlichen Widerstandes gegen das Hitlerregime aussteht und hier nur wenige Komplexe angesprochen werden konnten, läßt sich aus guten Gründen sagen, daß dieser Widerstand umfangreicher und besser organisiert wurde, als den Zeitgenossen bekannt war und der Wissenschaft bis heute deutlich geworden ist. Gleichwohl bleibt es bei der deprimierenden Bilanz, daß dieser Widerstand sowohl 1933 als auch 1944 gescheitert ist — wenn man ihn an seinen Zielen mißt. Seine Hauptwirkung liegt in den Wochen der äußeren Befreiung und in den Jahren des Wiederaufbaus. Es läßt sich überschlägig sagen, daß mehr als die Hälfte der Funktionäre, die 1945 an den Wiederaufbau der Verbände gingen, mehr oder weniger enge Verbindungen zur illegalen Reichsleitung und ihren Unterorganisationen besaßen. Was sie organisatorisch und programmatisch verfolgten: Einheitsgewerkschaft und Selbstverwaltung, dazu wirtschaftliche, soziale und politische Neuordnung in einem einigen Deutschen Reich, entsprach weitgehend den letzten Plänen Leuschners, soweit sie uns bekanntgeworden sind. Allerdings sind die Kollegen mit diesen Plänen in der Nachkriegszeit nochmals gescheitert.

Wenn man so will, war das Scheitern in der Nachkriegszeit die zweite Quittung, die der Gewerkschaftsbewegung für ihr Versagen im Jahre 1933 präsentiert wurde, und zwar von den ausländischen Kollegen auch mit der klaren Begründung durch mangelnden inneren Widerstand. Daraus folgt: Wer zu Lebzeiten der Republik sein Widerstandsrecht preisgibt, indem er es nicht wahrnimmt, der bewegt sich unter der Diktatur im Niemandsland zwischen Illusion und Aktion, der kann sich als Gewerkschafter nicht mehr im Rahmen gewerkschaftlicher Aktionsformen erfolgreich zur Wehr setzen, sondern muß resignieren oder zu neuen Aktionsformen greifen. Die Möglichkeiten des Massenwiderstandes sind unter der totalitären Diktatur illusionär, auch wenn sich potentielle Massenorganisationen wie „Schattenverbände" errichten lassen. Die verbliebenen Möglichkeiten der Aktion haben keinen gewerkschaftlichen Charakter mehr, sondern verlangen Konspiration in kleinsten Gruppen unter perfekter Camouflage. Diese negative Bilanz gilt vor allem unter den Bedingungen der Diktatur im eigenen Lande. Sie lichtet sich etwas auf, wo die Diktatur als Fremdherrschaft bekämpft werden kann. In Luxemburg und Holland fanden Anfang der vierziger Jahre Generalstreiks statt, auf die hier abschließend nur noch hinzuweisen ist. Der 17. Juni 1953 und die späteren Kämpfe der Gewerkschaft „Solidarność" in Polen lassen sich als weitere Beispiele dafür heranziehen, daß gewerkschaftliche Aktionen gegen äußere Mächte offenbar chancenreicher sind als solche gegen die Diktatur der eigenen Volksgenossen.

Anmerkungen

[1] Zur hier behandelten Thematik im ganzen siehe auch mein Buch *Die illegale Reichsleitung der Gewerkschaften 1933—1945*, Köln 1981, mit Einzelnachweisen, die hier nicht sämtlich wiederholt werden können.

[2] Franz Osterroth, *Der Hofgeismarkreis der Jungsozialisten*, in: *Archiv für Sozialgeschichte*, 4. Jg. (1964), S. 525—569, hier S. 562.

[3] Witich Roßmann, *Kann man in der Krise kämpfen?*, in: *Druck und Papier*, Nr. 23 (1982), S. 27. Dort das Zitat aus dem Protokoll der Bundesausschußsitzung.

[4] *Die Gewerkschaften und der Regierungswechsel. Bericht von der 13. Bundesausschußsitzung des ADGB am 31. Januar 1933*, in: *Gewerkschafts-Zeitung*, 43. Jg., Nr. 5 vom 4.2.1933, S. 67.

[5] Helga Grebing, *Gewerkschaften als Ordnungsfaktor oder als Gegenmacht?*, in: *Gewerkschaftliche Monatshefte*, 24. Jg. (1973), S. 393—399.

[6] *Metall. Zeitung der IG Metall für die Bundesrepublik Deutschland*, 10. Jg., Nr. 24 vom 26.11.1958, Titelblatt.

[7] Otto Brenner, *Strategie und Taktik der Gewerkschaften im gegenwärtigen Stadium der gesellschaftlichen Entwicklung*, in: *Frankfurter Hefte. Zeitschrift für Kultur und Politik*, Novemberheft 1968, S. 751—757, hier S. 751.

[8] *Der Vorstand berichtet aus seiner Arbeit*, in: *Druck und Papier*, Nr. 22 (1983), S. 12.

[9] Eine faksimilierte Wiedergabe des Flugblattes findet sich bei Walter Uhlmann, *Metallarbeiter im antifaschistischen Widerstand*, Berlin 1982, S. 22 f. Uhlmann gibt auch Hinweise auf betrieblichen Widerstand von Metallarbeitern, die hier nicht weiter berücksichtigt werden können.

[10] Martin Loiperdinger, *„Das Blutnest vom Boxheimer Hof". Die antifaschistische Agitation der SPD in der hessischen Hochverratsaffäre*, in: Eike Hennig, *Hessen unterm Hakenkreuz. Studien zur Durchsetzung der NSDAP in Hessen*, Frankfurt a. M. 1983, S. 433—468. Dort finden sich die Boxheimer Dokumente im einzelnen aufgeführt. Die hier zitierte Fassung wurde bereits Ende 1931 in der Arbeiterpresse veröffentlicht. *Metallarbeiterzeitung*, Nr. 50 vom 12.12.1931, S. 353.

[11] Staatsarchiv Darmstadt, Nachlaß Wilhelm Leuschner, Nr. 3/5.

[12] *Der Deutsche Metallarbeiter. Wochenschrift des Christlichen Metallarbeiterverbandes Deutschlands*, 34. Jg., Nr. 21 vom 27.5.1933.

[13] National Archives, Washington D.C., Microfilm Publications, T 175—310. Anlage 1 zu den Kaltenbrunner-Berichten vom 29.8.1944.

[14] Hildegard Feidel-Mertz/Hermann Schnorbach, *Lehrer in der Emigration. Der Verband deutscher Lehreremigranten 1933—1939 im Traditionszusammenhang der demokratischen Lehrerbewegung*, Weinheim 1981, insbesondere S. 67 ff. Auch der Schuhmacherverband und die Lederarbeiter verfügten über entsprechende Einrichtungen, wie aus der Biografie Josef Simons hervorgeht, an der z. Zt. der frühere Vorsitzende der Gewerkschaft Leder, Adolf Mirkes, arbeitet.

[15] Siehe dazu das Schreiben von Hermann Schlimme an Ludwig Bergstraesser vom 8.10.1952 im Staatsarchiv Darmstadt, Nachlaß Wilhelm Leuschner, Nr. 1/17.

[16] Leuschner berichtete darüber in einem Schreiben an die Gestapo vom 21.7.1939. Staatsarchiv Darmstadt, Nachlaß Wilhelm Leuschner, Nr. 4/7.

[17] Zum lebensgeschichtlichen Zusammenhang sei auf die Biografie von Joachim G. Leithäuser, *Wilhelm Leuschner. Ein Leben für die Republik*, Köln 1982, verwiesen.

[18] Zur Lebensgeschichte Brandes' und zum Prozeßverlauf siehe Paul Ufermann, *Alwin Brandes. Sein Leben und Wirken*, in: Paul Ufermann (Hrsg.), *Alwin Brandes. Leben und Wirken eines deutschen Gewerkschaftsführers*, Berlin 1949, S. 7—47, hier S. 42f. Ein kurzer Bericht über den Brandes-Prozeß brachte auch das *Mitteilungsblatt des IMB*, 12. Jg., Nr. 3 vom März 1936.

[19] Diverse Briefe Leuschners an die Gestapo — meist formalen Inhalts — finden sich im Staatsarchiv Darmstadt, Nachlaß Wilhelm Leuschner, Nr. 4/7.

[20] Auf der historischen Konferenz des Deutschen Gewerkschaftsbundes Anfang Mai 1983 in Dortmund wurden die illegalen Reichsleitungen der Gewerkschaften ironisiert, ohne daß ein Historiker nominiert wurde, der darüber hätte berichten können. Siehe dazu die *Gewerkschaftlichen Monatshefte*, Nr. 4/5 (1983). Vgl. auch die „vernichtende" Kritik der illegalen Reichsleitung durch Inge Marßolek in: *Internationale wissenschaftliche Korrespondenz zur Geschichte der deutschen Arbeiterbewegung*, 19. Jg. (1983), S. 117.

[21] Darüber berichtet Kjerböl persönlich in: P. Ufermann (Hrsg.), *Alwin Brandes...* [Anm. 18], S. 81—82.

[22] Der Brief ist teilweise wiedergegeben in: Fritz Opel/Dieter Schneider/Kurt Thomas Schmitz, *90 Jahre Industriegewerkschaft*, Köln 1981, S. 297f. Eine große Anzahl Briefe von Brandes, dazu Adressenlisten und Rundschreiben finden sich im Archiv der IG Metall, Frankfurt a. M., unter dem Titel: *Klageakten nach 1933/Korrespondenz mit den Angestellten des DMV bzw. deren Witwen.*

Schematische Übersicht des organisatorischen Aufbaus nach Gruppen und Phasen der Entwicklung

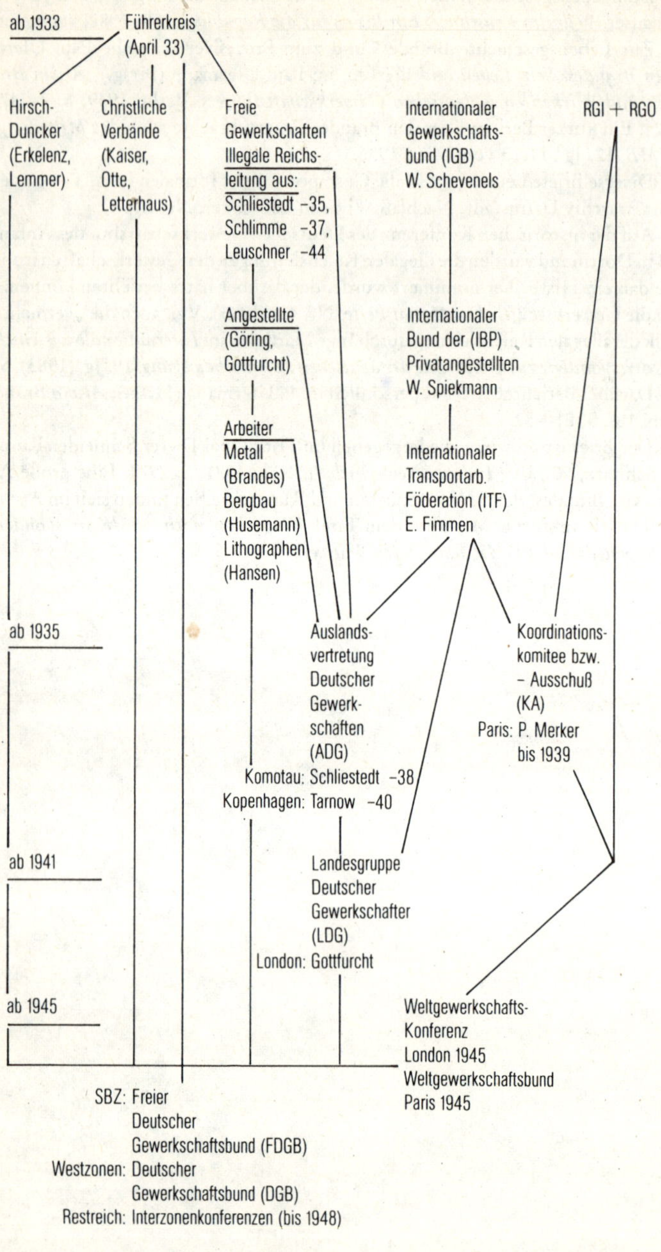

Protest, Opposition und Widerstand im Umkreis der (untergegangenen) Zentrumspartei

Ein Überblick, Teil I: Protest und Opposition*

HUGO STEHKÄMPER
Köln

Fritz Haferkamp in Bensberg
zum 60. Geburtstag

I

Die Grundanliegen des politischen Katholizismus: Freiheitlicher Rechtsstaat und Mitwirkung im Staat

Schon die Vereinigungen, die die Zentrumspartei zu ihren Vorläufern zählte, wehrten die Zurücksetzungen, welche sich Preußen gegen Kirche und Katholiken zuschulden kommen ließ, regelmäßig damit ab, daß sie auf die bürgerlichen Grund- und Freiheitsrechte pochten. Im rheinischen Provinziallandtag beantragte eine „katholische Partei" um den Freiherrn Max von Loë-Allner, Landrat des Siegkreises, am 18. Juni 1841, gegen den seit dem 20. November 1837 gefangenen Kölner Erzbischof Clemens August von Droste-Vischering entweder ein Gerichtsverfahren zu eröffnen oder ihn freizulassen.[1] In der Rechtsstaatlichkeit erblickte die katholische Minderheit ihren wirksamsten Schutz. Die Erlasse des preußischen Kultusministers Karl Otto von Raumer von 1852, die die Volksmissionen der Jesuiten einschränkten und Theologen den Besuch des Collegium Germanicum in Rom verboten, widersprachen allzu offenkundig der

* Der hier abgedruckte Beitrag des Verfassers und sein Beitrag auf Seite 888—916 bildeten ursprünglich ein zusammenhängendes Manuskript im Rahmen der 2. Arbeitssitzung der Konferenz. Da es inhaltlich starke Berührungspunkte mit der Thematik sowohl des zweiten wie des siebenten Teils dieses Bandes hat, wurde es von den Herausgebern im Einvernehmen mit dem Autor entsprechend aufgeteilt. Die Anmerkungen haben die Herausgeber ebenfalls mit Einwilligung des Verfassers stark zusammengefaßt.

kirchlichen Freiheit, die die 1850 verabschiedete Verfassung gewährleistete. Gegen diesen Verfassungsbruch bildete sich im Abgeordnetenhaus die „Katholische Fraktion". Ihr Vorsitzender August Reichensperger führte über ihre politischen Ziele aus:

„Festhalten und Conservieren der rechtsgiltigen Verfassung, Streben nach möglichster Selbständigkeit der corporativen Gliederungen, insbesondere der Gemeinden, nach individueller Freiheit und möglichster rechtlicher Gleichheit."[2]

Auch die Programmatik des politischen Katholizismus räumte den bürgerlichen Grundrechten Vorrang ein. Nach der Fundamental-These: „Die wesentliche Unterlage eines gerechten, freien Staatswesens besteht in den Lehren und Grundsätzen des Christentums", formulierte Hermann von Mallinckrodt im Programmentwurf für die Fraktion des Zentrums vom Frühjahr 1862 als zweite Grund-Erkenntnis die Forderung nach Bürgerfreiheit: „Je höher Beruf und Recht der obrigkeitlichen Gewalt zu achten, um so weniger darf verkannt werden, daß deren Rechtssphäre in dem Rechte der Individuen, Familien und Korporationen ihre Beschränkung findet." Nicht weniger grundlegend wies er drittens und abschließend allein dem Recht die Oberherrschaft im Staate zu: „Die Grundsätze der Moral und des Rechts müssen auch in der Politik Leitsterne sein. Unwürdig eigenen Rechtes, wer fremdes Recht mißachtet." Grundrechtspolitik gehörte zum ältesten, vornehmsten und unabdingbarsten Rüstzeug des Zentrums.[3]

Eine andere Mitgift gaben außerdem die geistigen Väter der Partei auf den Weg. Sie maßen ihr dasselbe Gewicht bei wie den Grundrechten. Es war das Gebot, im Staat fördernd und aufbauend mitzuarbeiten, gleichgültig wer dessen Macht in Händen hielt. Auf der sechsten der das Zentrums-Programm entwickelnden Soester Konferenzen besprach am 15. März 1865 Alfred Hüffer die Widersprüche zwischen dem *Syllabus errorum,* den Papst Pius IX. seiner Enzyklika *Quanta cura* vom 8. Dezember 1864[4] beigefügt hatte, und den geltenden Staatsgesetzen. Er fragte: „Wodurch sind wir vorkommendenfalls, wenn wir berufen sind, im Sinne und nach der Vorschrift dieser im Prinzip falschen Staatsgesetze zu wirken berechtigt?" Er antwortete mit dem „Ausnahmeprinzip ... der relativen Berechtigung bestehender Zustände" und holte in der christlichen Glaubenslehre zur Begründung weit aus:

„Nach dem Dogma der göttlichen Vorsehung verläuft die Geschichte des Menschengeschlechts nach einem von Ewigkeit festgesetzten Plane. Sie kommt unfehlbar an dem Ziele an, das ihr gesetzt ist. Allein der Wille Gottes kommt in der Geschichte nicht ungestört zur Durchführung, weil er den Menschen frei geschaffen und damit seinen Handlungen einen Einfluß auf die Geschichte eingeräumt hat. Dadurch gewinnt alle geschichtliche Entwicklung den Anschein eines Kampfes zwischen den ewigen Prinzipien der göttlichen Weltregierung und den revolutionären Einwirkungen menschlicher Verkehrtheit ... So frei nun aber auch der Mensch in seinen Handlungen ist, so ohnmächtig ist er in bezug auf seine Folgen. Die Folgen der menschlichen Handlungen stehen ganz und gar in Gottes Hand ... Damit kommen wir notwendig zu dem Schlusse, daß, wenn infolge einer schlechten menschlichen Tat ein veränderter Zustand der Dinge eintritt, dieser Zustand nur mit Gottes Willen eingetreten sein kann, daß er diesen Zustand in den Plan seiner Weltregierung aufgenommen hat ... In dieser ... aus dem Dogma von der göttlichen Vorsehung folgenden Wahrheit liegt aber das oben aufgestellte Ausnahmeprinzip von der relativen Berechtigung bestehender Zustände. Diese, wenn auch noch so widerwärtigen Zustände bilden ein von Gott eingefügtes Glied in seiner Weltregierung, und wenn wir einesteils berufen sind, ihnen gegenüber das richtige Prinzip unverrückt im Auge zu behalten und ... nach besten Kräften darauf hinzuarbeiten: Solange diese Zustände in Kraft bestehen, haben wir uns ihnen demütig als einer von Gott über uns verhängten Drangsal zu unterwerfen."[5]

Das war Staatsbejahung beinahe um jeden Preis, freilich auch den eines kraftvollen Widerstrebens gegen verderbliche Entwicklungen. Das war das Verbot des Rückzugs aus den Geschicken dieser Welt mit Berufung auf deren Schlechtigkeit; und das war das Gebot, sich im Vertrauen auf das von der ewigen Weisheit geleitete Weltregiment aktiv auf den Boden der Tatsachen zu stellen und nach Kräften Gutes zu wirken.

Zu den geistigen Grundlagen kamen die geschichtlichen Erfahrungen. Verlauf und Ausgang des Kulturkampfes hatten bekräftigt, daß gegenüber der vorwiegend protestantischen Staatsprägung allein der freiheitliche Rechtsstaat der katholischen Minderheit den nun einmal notwendigen Entfaltungsraum — übrigens zum Vorteil beider Bevölkerungsteile — am ruhigsten sicherte.[6] Die Mitgestaltung der Weimarer Reichsregierungen bis zu Brünings Sturz am 30. Mai 1932 — damals „bedeutete Anteil an der Regierung nicht Teilhabe an der Macht, sondern in erster Linie an höchst unpopulärer Verantwortung" — überzeugte die rechtlich urteilenden und billig denkenden Deutschen, daß überdies die katholische Minderheit nicht — wie viele Bismarck nachsprachen — national unzuverlässig war,[7] vielmehr zu den opferwilligsten Aufbaukräften zählte, und daß ohne ihre erstaunliche Integrationsfähigkeit 1919 der demokratische und soziale Rechtsstaat nicht zustande gekommen und kaum bis 1932/33 aufrechterhalten worden wäre.[8]

Grundrechtspolitik und Mitwirkung an den Geschicken des Staates ließen sich nach den Erkenntnissen und Erfahrungen einer siebzigjährigen Zentrumsarbeit zum Wohl für Staat und Kirche aufs förderlichste vereinbaren. Die Nationalsozialisten warfen diese überkommene Staatsklugheit über den Haufen. Verbrecher als rechtmäßige Obrigkeit, ein Unrechts- und Terrorstaat, aller Freiheiten beraubte Bürger, die nichts anderes als nur totale Nationalsozialisten sein durften und denen man bei Weigerung Gut und Leben nahm: — das überstieg, was sich Zentrums-Politiker als „Gottes Drangsal" vorstellen konnten. Das „Ausnahmeprinzip der relativen Berechtigung bestehender Zustände" hatte einen tieferen Sinn. Es gilt — das hatte Alfred Hüffer in seinen damaligen ruhigen Tagen übersehen — nicht uneingeschränkt für alle Zustände. Eugen Bolz, langjähriger Reichstagsabgeordneter des Zentrums und bis 1933 württembergischer Staatspräsident, schrieb im Frühjahr 1934 in einer Abhandlung *Katholische Aktion und Politik:* „Da das Gemeinwohl, ‚nächst Gott das erste und letzte Gesetz in der staatlichen Gemeinschaft' (Papst Leo XIII.), Ursache und Ziel des Staates ist, so kann die Befehls- und Zwangsgewalt des Staates nur so weit reichen, als diese dem Gemeinwohl dient ... Bei offensichtlichem und dauerndem Mißbrauch der Staatsgewalt besteht ein Notwehrrecht des Volkes."[9]

Dieser geraffte Überblick zählt nicht alle Oppositionsströmungen und Widerstandsgruppen auf. Darin liegt keine Abwertung der nicht berücksichtigten. Vernachlässigt fühlen werden sich der deutsche Südwesten und Osten. Das liegt an den frühen Widerstands-Schwerpunkten in Berlin und im Rheinland, aber ganz gewiß auch — ich erbitte Nachsicht — am Gesichtskreis des Verfassers, der sich im deutschen Westen am besten auskennt. Für den Osten ist zudem die Forschungslage ungünstig. Die Bayerische Volkspartei bleibt einer eigenen Würdigung durch einen Sachkenner vorbehalten.

II

Proteste

1. Gegen Verfassungs- und Rechtsbruch

Das Zentrum hatte Hitler am 30. Januar 1933 nicht an die Regierung gebracht. Formalrechtlich trug im übrigen seine Kanzler-Ernennung alle Merkmale bester demokratischer Ordnung.[10] Aber man kannte Hitler und seine Ziele. Man wußte, daß er die Alleinherrschaft beanspruchte, Widerstände mit Gewalt brach und Verbrechen mit seinem Namen deckte. Weil Hitlers Regierungsübernahme der Verfassung entsprach, fand sich das Zentrum — wie alle anderen Parteien — damit ab, daß er da war. Es verstand sich — getreu seiner Überlieferung — als staatsbejahende Partei, auch wenn andere die Regierung und Verantwortung trugen.[11]

Ludwig Kaas, der Parteivorsitzende, versuchte am 31. Januar bei Hitler zu klären, ob das Zentrum das neue Kabinett tolerieren könne.[12] Er erkundigte sich nach dem noch unbekannten Regierungsprogramm und legte deswegen dem Reichskanzler zehn Fragen vor. Nicht von ungefähr zielten die beiden ersten auf die Verfassung und die Grundrechte: „a) Welche Sicherheiten können seitens der Regierung dafür gegeben werden, daß ihre Maßnahmen sich im Rahmen der Verfassung halten? b) Ist die Reichsregierung insbesondere bereit, bindende Zusicherungen zu geben dafür, daß nicht auf Grund des sogenannten Staatsnotstandes verfassungswidrige Maßnahmen ergriffen werden?“[13]

Kaas hatte mit diesen Fragen mehr im Sinn, als nur eben zu fragen. Am 15. Februar verdeutlichte er vor dem Reichsparteiausschuß: „... (wir) wollen Deutschlands Rechtsordnung sichern ... aus der Überzeugung heraus, daß nur eine gesicherte Rechtsordnung die Freiheit der Bürger gewährleistet. Einseitige Parteiideologien können Recht verzerren, aber niemals Recht schaffen. Die ‚nationale Revolution‘ von Parteigruppen führt zur bolschewistischen Revolution.“ Der Reichsparteiausschuß bekräftigte Kaas’ Recht-und-Freiheit-Linie. Am selben 5. Februar verabschiedete er den Partei-Aufruf zu den kommenden Reichstags-Wahlen. Darin heißt es: „Indem die Führung der Partei Klarheit über die Willensrichtung der gegenwärtigen Reichsregierung verlangte, hat das Zentrum nicht ‚für links optiert‘, sondern für die Autorität des Rechts, für Volksfreiheit und Wahrung der Verfassung.“[14]

Ein *Wahlaufruf katholischer Organisationen,*[15] „Hilfstruppen“[16] des Zentrums, vom 17. Februar, betonte in noch schärferen Wendungen als Kaas und das Zentrum die Sorge um Recht und Freiheit:

„Das Volk verwirrt, das Rechtsbewußtsein erschüttert, ... Haß, Feindschaft und Gewalttat überall — das ist die Lage ... Recht und Gerechtigkeit ist die Sehnsucht, die durch unsere Zeit geht. Weite Kreise des Volkes haben den Eindruck, daß gewisse Machthaber keine Hochachtung vor den verfassungsmäßigen Volks- und Landesrechten haben, und daß sie mit zweierlei Maß messen. Damit ist der Glaube an die Autorität des Rechts ins Wanken gekommen und die Unsicherheit unserer Tage entstanden. Recht und Gerechtigkeit müssen aber die Grundlagen bleiben auch für unser Land und Volk ... Wir hören stolze Worte von deutschem Geist, deutscher Treue, deutscher Freiheit und Ehre, wahrem Christentum und reiner Religion. Deutsch ist nach unserer Überzeugung Treue gegenüber dem Schwur, den man der Verfassung leistet. Deutsch ist, die Freiheit lieben, auch die Freiheit des Gegners achten und Gewalttätigkeiten nicht straflos lassen. Wahres Christentum ist, seinem Stifter folgen, der selig nannte die Friedfertigen und jene, die Hunger und Durst nach der Gerechtigkeit haben.“ Wie Kaas werteten auch die Verbände Hitlers Weg als

Rechts-Bolschewismus: „Dem Bolschewismus und der Gottlosigkeit sagt man den Kampf an. Aber man versucht nicht, sie von innen her zu überwinden ... Statt dessen ahmt man Bolschewismus nach in Wortprägungen und Losungen. Wir erfahren es: Bolschewismus kann auch werden unter nationalem Vorzeichen." Zusammenfassend heißt es: „Uns ist die Freiheit ein hohes Gut. Darum lehnen wir eine Diktatur ab, die dem Volke nichts weiter zugesteht als sich regieren zu lassen ... Wir wollen die Erhaltung des Rechtes im öffentlichen Leben, die Heilighaltung des Verfassungseides, die Wahrung der staatsbürgerlichen und sozialen Grundrechte der Reichsverfassung." Der Aufruf schließt mit der alten, doch damals brand-aktuellen Zentrums-Losung: „Für Wahrheit, Recht und Freiheit!"

Der Aufruf ärgerte Hitler. Am 19. Februar „rechnete" er — beziehungsvoll in Köln — mit dem Zentrum „ab".[17] Dabei legte er diese Verbände-Kundgebung, die keine der Zentrumspartei war, zugrunde. Gegen den Vorwurf, „daß gewisse Machthaber keine Hochachtung vor der Verfassung und den Landesrechten hätten", erinnerte er an frühere Auseinandersetzungen zwischen Wilhelm Frick (NSDAP) als thüringischem Innenminister und Joseph Wirth (Zentrum) als Reichsinnenminister und beschuldigte diesen, „mit zweierlei Recht und Maß gemessen zu haben".[18] Gegen den Tadel, „Autorität und Recht" wankten, fragte er pathetisch, ob das deutsche Volk die letzten vierzehn Jahre „im Rechtsbewußtsein" gelebt habe und dies erst „seit drei Wochen durch uns ins Wanken geraten ist". Gegen die Anklage, Reichstag, preußischen Landtag, Gemeinde- und Provinzialparlamente zu durchsichtigem Vorteilsgewinn verfassungswidrig aufgelöst zu haben, trumpfte er auf: „Die Weimarer Verfassung habe ich nicht gemacht, sondern die haben Sie gemacht. Wenn Sie aber die Mehrheit heute als etwas Unpassendes ansehen wollen —: Ich bin auch bereit, mit einer Minderheit zu regieren." Den Versuch, ihn mit dem Hinweis auf seinen Eid auf die Reichsverfassung im Gewissen zu binden, beantwortete er mit einer Ehrabschneidung: „Sie wollen heute von Verfassung und von Schwur und von Eid reden! Wer sich auf den Boden des November 1918 stellt, hat überhaupt kein Recht, von Eid, von Verfassung, von Schwur zu reden!" Und auf die Mahnung: „Deutschland will die Freiheit, auch die Freiheit des Gegners achten", verstieg er sich gar — Hitlers entsittlichten Freiheitsbegriff erhellend — zu einer bösen Drohung: „Wir werden die Freiheit in Deutschland erst wieder kennen, wenn wir die Feinde der Freiheit vernichten!"

So ausführlich Hitler die Befürchtungen der Zentrums-Anhänger um den Rechtsstaat aufgriff, so peinlich wich er jedem eindeutigen Bekenntnis zu ihm aus. Durchschaute die *Frankfurter Zeitung* am 2. Februar, daß eine Antwort Hitlers zum sachlichen Inhalt von Kaas' Fragen einen „kollektiven Eid auf die Verfassung" bedeutet hätte,[19] so bot der Kanzler auch am 19. Februar auf die nachdrückliche Herausforderung, sich auf die Gewährleistung von Verfassung und Recht verbindlich zu verpflichten, nicht einmal in Andeutungen die Spur einer Zusicherung. Den Vorwurf über den Rechts-Bolschewismus seiner Partei überging er vollständig. Was Kaas am 31. Januar in Fragen gekleidet hatte, traf Hitler — seine schrille, in Beleidigung und Vernichtungsankündigung gipfelnde Kölner Antwort erweist dies — als Protest. Vorsorglich hatte es Kaas wohl unter anderem auch so gemeint. Und wohl nicht ohne Absicht hatte der Aufruf der Verbände bezwingend nachgehakt. Aufgebracht war darüber nicht allein Hitler, sondern auch Hermann Göring, damals kommissarischer preußischer Innenminister. Er erblickte darin einen die Regierung beleidigenden und verächtlich machenden Protest. Über ein halbes Dutzend Zentrums-Zeitungen, die den Aufruf veröffentlicht hatten, verbot er für mindestens drei Tage.[20] Oberpräsident Johannes Gronowski, der die Vollstreckung des Zeitungsverbotes für die Provinz Westfalen ablehnte — „Ich müßte meine Vergangenheit verleugnen, wenn ich meinen Namen unter ein Verbot der Wahrheit setzen müßte" —, erhielt von ihm deswegen die Amts-Enthebung[21] und Alt-Reichskanzler Wilhelm Marx eine eigenartige Audienz.

Einen Schnellschuß hatte Reinhold Heinen, Herausgeber der *Kommunalpolitischen Korrespondenz der Kommunalpolitischen Vereinigung der Deutschen Zentrumspartei,* in Nr. 11 (Sondernummer) schon am 6. Februar gegen die zwei Tage zuvor verfügte Auflösung der Gemeindeparlamente in Preußen abgefeuert: „Wie man hier mit dem freien Selbstbestimmungsrecht des freien Staatsbürgers, der scheinbar für die ‚autoritäre' Regierung nichts anderes als die ‚misera contribuens plebs' bedeutet, umspringt, ist in der Geschichte der Selbstverwaltung seit Stein noch nicht dagewesen."[22] Am 13. Februar legte der Vereinigungs-Vorstand gegen dieses „rücksichtslose" Vorgehen „schärfste Verwahrung" ein,[23] und am selben Tag rief Heinen in Nr. 16 seiner *Korrespondenz* auf, den künftigen „kommunalen Großwahltag zu einer machtvollen Kundgebung des Volkszorns über die Willkür der heutigen Machthaber ... zu gestalten", die sich „über alle Rechte des Volkes hinwegsetzen" und denen er zudem „rein parteiegoistisches Machtstreben" und „ausschließlich ... Befriedigung ihres Machthungers" vorwarf.[24] Auch zu diesem Protest verlangte Göring von Alt-Kanzler Marx eine — abgelehnte — Rücknahme.[25]

Hitlers Angriff gegen das Zentrum wehrte Kaas am 1. März — ebenfalls in der Rheinmetropole — ab. Diese Rede[26] war der Höhepunkt seines vom 22. Februar bis zum 3. März geführten Wahlkampfes. Nach seiner Art sprach er gemäßigt und in anspruchsvoller Beweisführung. Er hütete sich bereits, in Form und Absicht seine Rede als Hitler-Protest zu gestalten. Sprach er doch schon nicht mehr ganz frei und in der Erwartung „staatlichen Zwangsurlaubs". Zu Beginn der Rede schon erbrachte er ein unwiderlegliches Zeugnis darüber, wie ernst ihn die Sorge um die freiheitlichen Grundrechte und den Rechtsstaat bedrückte. Für einen Gegner, der ihm politisch wie geistig gewiß am fernsten stand, nämlich für die Kommunisten, legte er eine Lanze ein. Es ging um das aufwühlendste politische Verbrechen jener Tage. Natürlich verurteilte auch Kaas den Reichstagsbrand aufs schärfste, auch er wollte die Urheber unnachsichtig bestraft wissen. Aber wer wagte damals öffentlich Zweifel an der so sicher hingestellten Mitwisserschaft der KPD-Leitung? „Wenn man diese Wahnsinnstat überlegt, dann fragt man sich, wie denn überhaupt ein Mensch, in dem auch nur ein spärlicher Rest politischen Denkens noch vorhanden ist, glaubt, damit ausgerechnet seiner Bewegung dienen zu können." Wer prangerte — mittelbar — anderes Vorgehen an, indem er — unmittelbar — auf sorgfältiger Untersuchung und geordnetem Verfahren bestand? „Ich weigere mich zu glauben, daß diese Dinge vor dem Schnellrichter erledigt werden können." Wer schließlich warnte vor etwaiger politischer Justiz? „Was uns helfen kann allein, das ist, daß wir alle ohne Ausnahme, gleich zu welcher politischen Richtung wir gehören, innerlich das Gefühl haben: hier wird staatspolitisch vorgegangen, aber nicht aus irgendwelchen Gesichtspunkten, die mit der unbedingten Objektivität staatspolitischen Denkens nicht ganz vereinbar sein könnten."

Kaas sprach sicherlich vorsichtig, aber doch unmißverständlich. Zwei Tage nach dem Reichstagsbrand und einen Tag nach der Notverordnung, welche die bürgerlichen Freiheiten und Grundrechte aufhob, wagte er mit seiner Forderung nach unparteiischer Gerechtigkeit für die durch eine laute Propagandawelle vorverurteilten Kommunisten Außerordentliches. Bot er doch den Nationalsozialisten Handhabe, ihn als bolschewistischen Bundesgenossen zu verleumden. Der hergebrachte Kampf des Zentrums für den Rechtsstaat bewährte sich vor allem am politischen Gegner, dessen Freiheit das Zentrum, wie eben ausgeführt, „achten", Hitler jedoch „vernichten" wollte.[27]

Kaas brachte in dieser Rede erneut seinen Sammlungs-Ruf aus: „Wenn vier, fünf politische Führer Deuschlands heute sich einig wären, einen Treuepakt zu schließen, dafür zu sorgen, das autoritäre Prinzip zu verbinden mit dem Prinzip wirklicher Volksverbundenheit, und wenn dann der neuen Dynamik der deutschen Politik, die mit dem Einströmen der nationalsozialistischen Opposition gegeben ist, auch zu gleicher Zeit die Bremse der Mäßigung und realpolitischer Überlegung hinzugefügt würde, die im Zentrumsgedanken verwirklicht ist, ich glaube, man kann vaterländisch und zukunftspolitisch einen besseren Weg nicht gehen." Wenn Kaas hiermit auch eine „Diktatur auf Zeit" befürwortete, so wollte er sie doch als Mehrparteien-Einrichtung im Rahmen der Verfassung und unter Wahrung der Parlamentskontrolle über die Regierung. Kern und Wesen der Demokratie blieben mithin unverletzt. Indem er aber die Verfassungs- und Rechtsbrüche, die politische Justiz, den Wahlkampfterror, die Geschichtsklitterung und das Führerprinzip der Nationalsozialisten ablehnte sowie die Gefahren von Hitlers angestrebter Alleinherrschaft darlegte, wirkte seine Rede wie ein Protest — ungewollt, aber um so eindringlicher.

Als „Gipfelpunkt zentrümlicher Unverschämtheit und Anmaßung" wertete der *Westdeutsche Beobachter* am 9. März Joseph Joos' telegraphischen Protest vom Vortage bei Göring: „Überwiegender Teil der Bevölkerung ist mit Hissen von Hakenkreuzfahnen auf staatlichen und Kommunalgebäuden nicht einverstanden." Umgehend verwies Göring auf das Wahlergebnis vom 5. März, er wahre den Mehrheitswillen „und nicht die Wünsche einer Gruppe, die anscheinend die Zeichen der Zeit noch nicht verstanden hat". Der *Westdeutsche Beobachter* freute sich wie über einen gelungenen Jungenstreich: „Das ist der Ton, in dem das neue Deutschland mit den abgehalfterten Zentrumsbonzen verkehren wird!" Auch die übliche Drohung folgte: „Herr Joos, Adenauer und Genossen werden sich noch an ganz andere Dinge gewöhnen müssen." Doch Joos ließ sich nicht entmutigen. Er erneuerte sogleich seinen Protest unter Verweis auf die Rechtslage: „Solange nicht die verfassungsmäßige Mehrheit anders bestimmt."[28]

Während des revolutionären Terrors, den die Nationalsozialisten nach den Wahlen vom 5. und 12. März auslösten, vereitelte ein öffentlicher Protest mit Sicherheit von vornherein einen Erfolg in der Sache. Wandelte sich daher notwendig die Form des Protestes, so wirkte er doch auch als Wunsch im Vier-Augen-Gespräch auf den Adressaten gleichwohl wie Widerspruch. Hugenberg, weil als Regierungsmitglied nur formal mitverantwortlich, empfand in jenem Nachtgespräch vom 21. März Brünings Vorschlag, das im Entwurf vorliegende Ermächtigungsgesetz dadurch zu entschärfen, daß die in der Notverordnung vom 28. Februar aufgehobenen Grundrechte wieder in Kraft gesetzt würden, vielleicht weniger als Einspruch.[29] Mit Sicherheit aber mußte sich Hitler, der Brüning am 16. Mai deswegen Zusagen gemacht hatte, getroffen fühlen, als ihn der Zentrumsführer am 30. Mai bei ihrem letzten Treffen — natürlich vergebens — an das Versprechen erinnerte.[30]

Auch dem letzten Zentrumsvorsitzenden Brüning standen in der Auseinandersetzung mit den Nationalsozialisten die Grund- und Freiheitsrechte obenan. So wenig wie der offene Protest seines Vorgängers Kaas verhinderten seine unmittelbar bei Hitler deswegen vorgebrachten Einsprüche den Rückfall in die Rechtsbarbarei. Weder Kaas noch Brüning erkannten damals, daß der totalitäre Staat für Bürgerfreiheit und Herrschaft des Rechts keinen Raum geben konnte, es sei denn, er setzte sich selbst aufs Spiel.

2. Gegen angebliche nationale Unzuverlässigkeit

Im Wahlaufruf der Reichsregierung — Hitler verlas ihn am 1. Februar im Rundfunk — rechnete er das Zentrum ebenfalls zu den „November-Parteien", die „in vierzehn Jahren Deutschland ruiniert" hätten.[31] Bis dahin hatte er seine abgewandelte Dolchstoß-Legende vor allem gegen die Sozialdemokratie gerichtet. Die Einbeziehung der Zentrumspartei bedrohte nun auch diese mit dem Schicksal, das Hitler der „marxistischen" SPD zugedacht hatte. Kaas wies das am 5. Februar ebenfalls vor dem Reichsparteiausschuß zurück: „Was soll das ungeschichtliche und wahrheitswidrige Pauschalurteil...? Ein Trümmerfeld? Ist man sich klar, was das heißt? In diesen Zeitraum fallen auch Arbeitsjahre von deutschnationalen Männern und Kabinetten; in ihm sind acht Jahre Hindenburg... Es mögen politische Fehler gemacht worden sein im Kriege und in der Nachkriegszeit? Und doch — haben wir nicht aus dem Novemberdunkel des Jahres 1918, aus dem Ruhrchaos des Jahres 1923 und aus der Wirtschaftskrise der letzten Jahre ein einig Reich mit einer lebensstarken Nation herausgerettet?... Wir tragen Mitverantwortung für das Geschehen der letzten vierzehn Jahre. Heute verdunkeln Parteileidenschaft und bewußte Irreführung das wirkliche Geschehen und die Leistungen dieser schicksalsschweren Periode."[32] Am 1. März ging Kaas mit eindrucksvollen zusätzlichen Gründen gegen Hitlers plumpe, geschichtswidrige nationale Ehrenschändung vor: „Wo kommen wir hin, wenn wir... so tun, als ob die Geschichte beginne mit dem Jahre 1918 und wenn wir die Zeit von 1914 bis 1918 einfach totschweigen."[33]

Alt-Reichskanzler Joseph Wirth, hochempfindlich gerade gegen den Vorwurf der nationalen Unzuverlässigkeit, verwahrte sich am 10. Februar bei Hindenburg gegen die „ungeschichtlichen und der Wahrheit widersprechenden Behauptungen" des Regierungsaufrufs. Er erinnerte an die unter seiner Kanzlerschaft begonnene geheime Wiederaufrüstung und an den Grenzschutz, den er im Osten hatte aufbauen lassen. Hitler beharrte jedoch auf seiner Geschichtsfälschung. Er schrieb auf die von Hindenburg ihm zugeleitete Eingabe seines Amtsvorgängers: „Daß es den Herren des Zentrums nicht gelang, auch den letzten Rest der deutschen Wehrfähigkeit zu vernichten, ist nicht ihnen, sondern den Generalen der Reichswehr zu verdanken." Aus Luzern ersuchte Wirth am 12. Juli 1933 Staatssekretär Lammers, den Chef der Reichskanzlei — vergeblich —, um Entbindung von der Schweigepflicht, damit er gegen die fortdauernden Vorwürfe sich öffentlich wehren konnte.[34] Stegerwald sah sich — neben anderen Vorwürfen — ebenfalls wegen seiner nationalen Haltung verdächtigt. Er schrieb deswegen am 12. Juli 1933 einen acht Seiten langen Brief an Hitler. Sein Protest fand wie die anderen sogleich ein Aktengrab.[35]

Als im März Frankreich gegen die bewaffnete Hilfspolizei im entmilitarisierten linksrheinischen Gebiet protestierte, beschuldigte die nationalsozialistische Presse tückisch das Zentrum als Urheber des französischen Schritts. Höchst energisch verwahrte sich Kaas am 15. März dagegen, wie NSDAP-Zeitungen den französischen Protest mit „roten und schwarzen Landesverrätern" zusammenbrachten. Der Schaden, den die „vollständig grundlose Bezweiflung der Einheitlichkeit nationalen Willens im Urteil des Auslandes" dem deutschen Gesamtinteresse zufüge, sei zu bedauern, gehe aber nicht zu Lasten des Zentrums. Thomas Eßer, Vizepräsident des Reichstags, protestierte in derselben Angelegenheit beim Reichstagspräsidenten Göring.[36]

3. Adenauers Preußen-Proteste und Hitler-Abneigung[37]

Wohl der erste Zentrumsmann, der durch Widerstand nach der nationalsozialistischen Machtübernahme aufhorchen ließ, war der Kölner Oberbürgermeister Konrad Adenauer. Als am 4. Februar NSDAP und Deutschnationale Volkspartei (DNVP) nicht die erforderlichen Stimmen zusammenbrachten, um den Preußischen Landtag aufzulösen, sollte dies am selben Tag das ‚Dreimännerkollegium', nämlich Ministerpräsident Otto Braun (SPD), Landtagspräsident Hanns Kerrl (NSDAP) und Adenauer als Staatsratspräsident beschließen. Braun und Adenauer weigerten sich jedoch. Der Reichspräsident ersetzte — verfassungswidrig — durch eine Notverordnung Braun durch Franz von Papen. Eine erneute Sitzung des Dreimännerkollegiums am 6. Februar verließ Adenauer unter Protest gegen Hindenburgs Verfassungsbruch vor der Abstimmung. Neben Presseschimpfungen erhielt er von nun an auch anonyme Drohbriefe. Bis ins hohe Alter zitierte er — so Verwandte — mit selbstironischem Behagen einen solchen vom 4. Februar aus Frankfurt a. M.:

„Dieb, Verräter, Separatist,
Und was Du sonst noch alles bist.
An Rom verkaufst Du deutsches Recht,
Gewissenslump und Pfaffenknecht.
Jetzt wird's dem deutschen Volk zu bunt;
An den Laternenpfahl mit Dir, Du Schweinehund!"[38]

Als das Rheinische Zentrum am 7. Februar den Wahlkampf eröffnete, begründete er „seine von politischen Ansichten bewußt nicht beeinflußte rechtliche Überzeugung", beklagte erschüttert die „unheilvollen katastrophalen Anschauungen in gewissen maßgebenden Kreisen in bezug auf das, was Recht und Verfassung ist", und verurteilte die Aushöhlung des Rechtsgedankens „als die schwerste Sünde, die ein Mensch oder eine Partei an der Seele des Volkes begehen kann".

Seine „abgrundtiefe Abneigung" ließ der Oberbürgermeister zudem Hitler unmittelbar spüren. Dieser kam am 17. Februar abends 23 Uhr mit dem Flugzeug nach Köln. Zur Begrüßung fand sich Adenauer nicht selbst auf dem Flugplatz Butzweilerhof ein: Hitler käme ja nicht als Reichskanzler, sondern als Wahlredner. Das Kölner Stadtoberhaupt schickte vielmehr einen Beigeordneten, den wiederum Hitler bei der Begrüßung übersah. Obwohl die übrigen Behördenvertreter zu Hitlers Wahlkundgebung am 19. Februar erschienen, fehlte Adenauer. Er hatte vorher eine Einschaltung der Rheinbeleuchtung zu Hitlers Ehren abgelehnt, die von der SA an den Masten der Deutzer Hängebrücke angebrachten übergroßen Hakenkreuzfahnen entfernen und an rasch eingerammten Fahnenmasten vor der Messehalle — dort fand die Kundgebung statt — wieder aufziehen, auf der Brücke aber stadtkölnische Fahnen hissen lassen.[39] Gewiß hatte er längst vorausgesehen, was der ‚Westdeutsche Beobachter' in seinem Bericht am 21. Februar drohte: „Herr Adenauer mag wissen, daß solche Herausforderungen sich in Zukunft rächen werden!"

Der Oberbürgermeister ließ sich nicht einschüchtern. Am 23. Februar begründete er im Preußischen Staatsrat einen Zentrums-Antrag gegen die gesetzwidrige Auflösung der Kommunal- und Provinzial-Parlamente, gegen Görings berüchtigten Schießbefehl vom 17. und gegen dessen Hilfspolizei-Bestellung von SA, SS und Stahlhelm vom 22. Februar sowie gegen die ungesetzliche Landtags-Auflösung durch von Papen und Kerrl. Der Staatsrat beauftragte ihn, deswegen beim Reichspräsidenten zu protestieren. Adenauer zog jedoch zunächst Verhandlungen mit von Papen und Göring vor. Dieser versprach ihm am 25. Februar, seinen Schießbefehl dahin zu ändern: „Gesetzesübertreter, gleichviel welcher Partei sie angehören, zu verfolgen." Aber Göring blieb untätig. Adenauer mahnte deswegen am 1. März Papen. Darüber hinaus übermittelte er dem Vizekanzler und Reichskommissar für Preußen seine „große Besorgnis über die Beeinträchtigung der Wahlfreiheit durch Anwesenheit von SA- und SS-Leuten in den Wahllokalen" ebenso wie über die „Heranziehung von Hilfspolizei, namentlich wenn diese in der Uniform ihrer Organisationen auftritt". Doch auch Papen blieb stumm.

Allerdings fand Adenauer auch Anerkennung. Im Staatsrat dankte ihm am 23. Februar das sozialdemokratische Mitglied Caspari (Schneidemühl) für die „mannhafte Haltung". Rudolf Reuter, der Kölner Zentrumsvorsitzende, rühmte ihn am 1. März auf der großen Kölner Zentrums-Kundgebung unter „stürmischem Beifall" als „Ritter ohne Furcht und

Tadel" und „tapfere[n] Kämpfer für das Recht". Kaas hingegen verklausulierte seine Hochachtung: „Wir können an den metropolen Ruf von Köln nicht rühren, aber wir suchen doch in bezug auf das Gegenteil von Ängstlichkeit Köln wenigstens bescheiden zu folgen."[40]

4. Proteste gegen nationalsozialistischen Terror

Am 22. Februar telegraphierte Justizrat Hugo Mönnig, Vorsitzender der Rheinischen Zentrumspartei, an Hindenburg: „Der Wahlkampf steht im Zeichen schlimmsten Terrors. In Kaiserslautern sind katholische Männer, die für ihre religiöse und politische Überzeugung demonstrierten, aus dem Hinterhalt beschossen und teilweise schwer verletzt worden. Politische Rohlinge sind in eine Zentrumsversammlung in Krefeld eingedrungen und haben den Redner, Minister a. D. Stegerwald, und andere Versammlungsteilnehmer niedergeschlagen. Katholische Geistliche, die beruhigen wollten, wurden angegriffen. Aus Trier, Münster und anderen Orten werden ähnliche Vorfälle gemeldet. Gegen diese Gewalttätigkeiten erhebt das katholische Volk und die Zentrumspartei allerschärfsten Protest ... Wir erwarten von Ihnen, Herr Reichspräsident, daß Sie ihre ganze Autorität einsetzen, um die von der Verfassung garantierten Rechte und Freiheiten auch in diesem Wahlkampf zu sichern."

Vizekanzler von Papen bekam als Reichskommissar für Preußen von Mönnig zu lesen: „In Westdeutschland werden Wahlversammlungen und genehmigte Aufmärsche der Zentrumspartei von Ruhestörern terrorisiert, gesprengt und überfallen. Kaiserslautern, Krefeld, Münster, Trier offenbaren eine absolut unhaltbare Lage. Polizei wird, wenn sie auf Aufforderung der Versammlungsleitung vorgehen will, von SA-Leuten verlacht und greift infolge Anweisung von oben zum Teil nicht mehr ein. Über ihre Schutzlosigkeit empörte Bevölkerung, die an die Drangsale der Besatzungsherrschaft erinnert wird, ... verlangt Schutz der verfassungsmäßigen Freiheit und Anweisung an die Polizei, gegen Ruhestörer und Terrorakte unnachsichtlich vorzugehen."

Eugen Keußen, Vorsitzender der Krefelder Zentrumspartei, schilderte Göring am 22. Februar im einzelnen die Tätlichkeiten gegen Stegerwald: „... Kurz nach Redebeginn des Reichsministers a. D. Stegerwald wurde ohne jede Veranlassung nach plötzlich inszeniertem Geheul und Gebrüll eine Platzbombe von der Galerie auf die Rednertribüne geworfen. Sie explodierte dicht neben Stegerwald, dem der Wurf galt. Dann gaben sich die auf der Galerie stehenden Nationalsozialisten durch Ausziehen der Mäntel als SA-Leute zu erkennen ... Die Polizei wußte die Ruhestörer auf der Galerie nicht zu bändigen. Die mit dem Polizeihauptmann vereinbarte Säuberung der Galerie erfolgte nur langsam. Dabei traten die sich auf ihre

Uniform berufenden Ruhestörer den gütlichen Einwirkungen der Beamten mit tätlichem Widerstand entgegen. Sie konnten dabei ohne Behinderung durch die dicht neben ihnen stehenden Beamten eine große Anzahl von Stühlen auf die Versammlungsteilnehmer schleudern. Die Ruhestörer, verstärkt durch weitere Trupps, drangen dann in den Saal ein und hieben dort mit Stühlen auf die Besucher ein. Die Polizei sah diesen Vorgängen zu, ohne die Angegriffenen zu schützen. Ein Stoßtrupp, von dem ein Mann einen Revolver in der Hand trug, erstürmte die Tribüne und schlug Stegerwald mit Kopfhieben nieder. Dem sah die Polizei tatenlos zu. Wir protestieren, Herr Reichskommissar, gegen diese unter den Augen der Polizei geschehenen Vorkommnisse, die sich weder zur Zeit der Räteherrschaft noch zur Zeit des separatistischen Gesindels, das unter dem Schutz belgischer Bajonette gegen uns vorging, in Krefeld zugetragen haben. Herr Reichskommissar! Darf Ihr Erlaß vom 17. Februar so mißverstanden oder ausgelegt werden?"[41]

Aus dem umfangreichen Orts- und Regionalschrifttum[41a] oder den Ursprungsquellen ist bislang kein Überblick über die Gewalttaten der Nationalsozialisten gegen das Zentrum zusammengestellt worden. Die drei angeführten Proteste mögen als Beispiele viele ähnliche Brutalitäten veranschaulichen. Weder Hindenburg, immer wieder als Wahrer des Rechts und Hüter der Verfassung angerufen, noch Papen rührten deswegen einen Finger; erst recht kein Göring. Die Rufe nach Verfassung und Recht verhallten ohne Wirkung und Widerhall. Der Parteileitung blieb nur übrig, den Landes- und Ortsverbänden für Veranstaltungen einen Selbstschutz zu empfehlen.[42]

Nach der Notverordnung vom 28. Februar überschlugen sich geradezu die Versammlungs- und Zeitungsverbote sowie die Terroraktionen gegen das Zentrum. Wenigstens an einige Vorfälle mag erinnert werden. Am 9. März mißhandelten SA-Leute ungestraft den oberschlesischen Zentrumsvorsitzenden, Prälat Karl Ulitzka, Ratibor; sie nahmen ihn überdies vorübergehend in Schutzhaft.[43] Nachdem der gewesene Reichsfinanzminister Andreas Hermes, damals Präsident der Vereinigung der deutschen [christlichen] Bauernvereine, unter dem Druck des schon ziemlich gleichgeschalteten Vorstands auf sein Reichstagsmandat am 17. März verzichtet hatte, wurde er einige Tage später verhaftet.[44] Als Adenauer nach vorherigen terroristischen Schikanen auch gegen seine Familie[45] und Drohungen für Leib und Leben bei Göring nach dem 13. März gegen die gewaltsame Entfernung aus dem Amt persönlich protestierte, blieb das ohne Erfolg. Am 21. März, vor dem Staatsakt in der Potsdamer Garnisonkirche, wollten am Portal des Reichstages vor dem Besteigen der Autobusse Kriminalpolizisten die Zentrums-Abgeordneten — nicht jedoch die der DVP und DNVP — nach Waffen durchsuchen; diese Demütigung verhinderte zwar Kaas durch einen unmittelbaren telefonischen Protest im Preußischen Innenministerium, doch nur einen einzigen Abgeordneten, Hermann-Josef Schmitt, Generalsekretär der Katholischen Arbeitervereine, bewog diese Beleidigung, überhaupt auf die Fahrt nach Potsdam zu verzichten. So wundert es nicht, daß nach der Abstimmung über das Ermächtigungsgesetz am 23. März die nationalsozialistischen Absperrmannschaften Kaas, Brüning und anderen Zentrums-Abgeordneten beim Verlassen der Kroll-Oper Schimpf- und Drohreden entgegenschleuderten.

Nach dem Ermächtigungsgesetz — es war die letzte Schuldigkeit, die Nationalsozialisten vom Zentrum erwarteten — verschärften sie ihren Terror: Presse-Gleichschaltung, Beamten-Entlassungen, Verbände-Verbote usw. Das Kapitel „Verfolgung" gehört jedoch nicht zum hier gestellten Thema. Proteste waren gegen die vielfältigen Verfolgungen nicht nur unmöglich. Die neuen terroristischen Gesetze erlaubten es vielmehr, sie als staatsfeindliche Handlungen und sogar als Hochverrat zu ahnden.

5. Der Wahl-Protest vom 5. März 1933

Die Reichstagswahl vom 5. März bescherte dem Zentrum — trotz Behinderungen und Terror, trotz des überwältigenden nationalsozialistischen Propagandadrucks — den Erfolg von drei hinzugewonnenen Mandaten. Freilich: der prozentuale Anteil der Zentrumsstimmen sank gegenüber der Wahl vom 6. November 1932 von 11,9 auf 11,2 Prozent.[46]

Das hieß *politisch*: Die Überzahl derjenigen Katholiken, die bislang das Zentrum als ihre politische Heimat betrachtet hatten, stand zur Partei in unveränderter Treue. Die Volks- und Freiheitsrechte, deren Verteidigung der politische Katholizismus in den Mittelpunkt des Wahlkampfes gestellt hatte, hielten seine Anhänger im — verlästerten — demokratischen Parteienstaat für besser aufgehoben als bei einer diktatorischen Staatsgewalt. Die überlieferte, im Wahlkampf wieder geforderte Staatsbejahung des Zentrums galt dem Rechtsstaat, nicht der Diktatur.[47]

Das hieß *weltanschaulich:* Den Ideologien vom „Neuen Staat" oder „Totalen Staat", die die konservativen und nationalbürgerlichen Schichten beeindruckten und die in der ‚Arbeitsgemeinschaft deutscher Katholiken' und in von Papens ‚Kreuz und Adler'-Bund auch ihre Stoßtrupps ins katholische Lager entsandten, gelangen keine nennenswerten Einbrüche in den hauptsächlich von den katholischen Verbänden zusammengehaltenen Zentrums-Wählerstamm.[48] Auch Angehörige des alten Mittelstandes und die Bauern, die sich sonst gegenüber dem Nationalsozialismus als besonders anfällig erwiesen hatten, blieben dagegen weitgehend gefeit, soweit sie alte Zentrumswähler waren.

Das hieß *in Zahlen*: Während 65 Prozent der — arbeitslosen, hungernden, verhetzten — deutschen Wähler gegen die Demokratie und 52 Prozent für eine Hitler-Diktatur stimmten, verweigerten sich diesem Zug der damaligen Zeit 43 Prozent aller deutschen Katholiken (etwa 70 Prozent aller Katholiken hielten damals bekenntnistreu zur Kirche, davon wählten rund 60 Prozent Zentrum und 10 Prozent NSDAP).

Das hieß *räumlich:* in den katholischen oder mehrheitlich katholischen Reichsgebieten Oberschlesien, Ermland, dem Eichsfeld, großen Teilen Westfalens, im Rheinland und Bayern verschloß sich die Bevölkerung mindestens zu zwei Dritteln Hitler und der NSDAP. (Die Karten „Das Wahlverhalten der katholischen Bevölkerung 1932—1933"[48a] veranschaulichen dies im einzelnen.)

Das bedeutete: Während die übrigen bürgerlichen demokratischen Parteien zerfielen, sammelte sich die Zentrums-Wählerschaft in ungebrochenem Vertrauen unter der alt-überkommenen, 1933 höchst zeitgemäßen Parole „Für Wahrheit, Freiheit, Recht". Sie hielt sich in der gewohnten Stärke. Von der vielberedeten angeblichen inneren Verwandtschaft des Katholizismus mit dem Nationalsozialismus, deren geschichtlicher Augenblick, wirksam zu werden, damals hätte gekommen sein müssen, zeigte sich keinerlei Spur.[49] Der Widerspruch der Zentrumswähler gegen Hitler hätte am 5. März 1933 nicht eindeutiger ausfallen können. Hitler selbst wertete das Wahlergebnis im gleichen Sinn.[50]

Die Zentrums-Führung wähnte dagegen, das Wahlergebnis berechtige die Partei zu Mitsprache und Einfluß. Hitler winkte auch damit. Für entgegenkommende Zusicherungen an die Kirchen, jedoch ohne Rücknahme der Grundrechts-Einschränkungen erhielt er das Zentrums-„Ja" zum Ermächtigungsgesetz. Auch in den vorangehenden Verhandlungen am 21. bis 22. März haben die Zentrums-Führer — wie schon am 31. Januar — abermals die Redlichkeit ihres Partners falsch eingeschätzt und sich wieder über die eigene Stärke getäuscht.[51] Ihre Anständigkeit und hohe Achtung vor dem Kanzler-Amt erlaubte es ihnen — trotz Hitlers wiederholten Betörungen — nicht, seinen Zusicherungen zu mißtrauen. Trotz aller bisherigen Gewalttaten der Nationalsozialisten sträubten sie sich gegen wirklichkeitstreue Vorstellungen über die Brutalität totalitärer Gewaltmenschen. Die von Gott gesetzte Obrigkeit in den Händen von Verbrechern: diesen Gedanken vermochten die Zentrums-Führer einfach nicht zu fassen. Die herkömmliche Staatsbejahung verhinderte eine rechtzeitige und zutreffende Einsicht.[52] Alfred Hüffer hätte 1865 sein „Ausnahmeprinzip von der relativen Berechtigung bestehender Zustände" gewiß eingeschränkt, hätte er den — damals undenkbaren — Fall auch nur ahnen können, daß eine verbrecherische Staatsgewalt den Ausnahmezustand ohne Grund herbeiführt, ohne Not dauernd aufrechterhält, auf alle

Weise verschärft, um das eigene Volk zu verderben und dem Untergang durch Krieg entgegenzuführen.

Die Zentrumspartei entkräftete im übrigen durch ihre Zustimmung zum Ermächtigungsgesetz alle vorherigen Ein- und Widersprüche.

III

Opposition

1. Presse

Deutsche Tageszeitungen

Abdanken sollte — wäre es nach den eigenen Funktionären gegangen — die freie Meinung in den Zentrums-Zeitungen bereits drei Wochen nach Hitlers Regierungsübernahme. Ihr Dachverband, der ‚Augustinus-Verein zur Pflege der katholischen Presse', riet am 24. Februar zur „gemäßigten Schreibweise", um „dem katholischen Volk die katholische Tageszeitung zu erhalten".[53] Aus Selbsterhaltungsgründen folgten die Blätter dem Ratschlag. Trotzdem brachen Nationalsozialisten in Verlagshäuser ein.[54] Unterschwellig brach sich dennoch Widerwille Bahn.[55]

Der Spott, den die *Kölnische Volkszeitung* vordergründig über allzu anpassungseilige Zentrums-Mitglieder ausgoß, traf letztlich die nationalsozialistischen Urheber. Am 29. März machte sich das Blatt über diejenigen lustig, welche — nach dem Beispiel anderer Volksgenossen, die beim „Aufbruch der Nation" nicht abseits stehen wollten — sich beeilten, „im Laufschritt die Spitze dieses Aufbruchs" zu gewinnen, und sich dabei — so am 2. April — den neuen Machthabern in einer Körperstellung präsentierten, „die dem Winkel von 90 Grad entspricht". Mochten diesen Rat zu weniger Anpassung auch Nationalsozialisten belächelt haben, gefrorene Gesichter haben sie gewiß gezeigt, als die Zeitung am 20. April den Geburtstagsgruß an den Kanzler mit dem Wunsch verknüpfte, daß die Macht in Hitlers Händen „niemals eine Versuchung für ihn werden möge, die Grenzen zu verkennen, die allem Menschenwerk gesetzt" seien. Als überheblich, wenn nicht als Schmähung werteten sie sicherlich den Hinweis am 24. April auf das zur Nachahmung empfohlene Beispiel der katholischen Diaspora-Gemeinde Anzefahr bei Marburg; diese hatte zu Ehrenbürgern nicht allein Hindenburg und Hitler gewählt — wie in jenen Tagen die meisten Städte und Gemeinden —, sondern gleichzeitig auch Heinrich Brüning.[56]

Carl Bachem erwog bereits am 11. April für sich, wie ein Presseorgan ohne Zentrum, das er verloren gab, und ohne Gefahr für seine Existenz dafür sorgen könnte, daß „die Katholiken nicht einfach auseinanderlaufen und in Lethargie verfallen“: „Es bleibt nichts als die Schaffung einer neuen großen katholischen Zeitung, welche, wenn sie schon auf selbständige Staatspolitik, insbesondere auf selbständige Sozialpolitik verzichten muß, durch um so eifrigere Pflege des katholischen Gedankens die Katholiken geistig regsam erhält und ihnen einen geistigen Mittelpunkt bietet. Der gegebene Ort dafür ist Köln, die wohl beste Form eine ‚Neue Kölnische Volkszeitung‘.“ Bachem umreißt auch ein Programm. Die eben ausdrücklich ausgeklammerte Staats- und Sozialpolitik hatte darin Vorrang.[57] Diese und andere politische Zielsetzungen berechtigen, in Bachems „katholischem Gedanken“ nichts anderes zu sehen als sich in dieser neuen Form behauptenden politischen Katholizismus, der nur die äußeren Formen des Zentrums abgestreift hat.

Fordernder noch beanspruchte Freiheit Friedrich Muckermann SJ am 5. Mai in einem Artikel *Die Stunde der katholischen Presse.* Er berief sich auf die Hitler-Garantie für die Rechte und Selbständigkeit der Kirche vom 23. März: „Unsere katholische Gemeinschaft gliedert sich selbstverständlich und natürlich ein in die Volksgemeinschaft. Sie ist die älteste Kulturgemeinschaft der christlichen Zeit auf deutschem Boden, in diesem Sinne die deutscheste Volkskirche und Volksgemeinschaft, die es gibt.“ Noch zwingender nahm er den Propagandaminister beim Wort: „Wenn Reichsminister Dr. Goebbels von einer Freiheit der Presse spricht, die nicht einer vollkommenen Uniformierung weichen soll, dann wird die Presse des katholischen Volksteils eine solche Freiheit zu allererst für sich in Anspruch nehmen dürfen, und wir erwarten die volle Anerkennung dieser Freiheit von dem kommenden Journalistengesetz.“[58]

Machten weder Bachem noch Muckermann gegenüber der totalitären Diktatur hinsichtlich der überkommenen katholischen Staatsbejahung Abstriche, so brachten sie gleichwohl den Rechtsstaat in Erinnerung: diesmal unter dem Stichwort: „Freiheit der Kirche“. Das Hitler-Versprechen vom 23. März legte diese Taktik nahe; Klagen über die eingeschränkten Grund- und Freiheitsrechte hätten sicherlich Trotz-Reaktionen der Nationalsozialisten ausgelöst. Aus Bachem und Muckermann sprach auch kein Widerstandsgeist, sondern der Wille zur Selbstbewahrung. Dazu gehörte immerhin die Wahrung des Rechts auf Widerstand. Muckermann beschwört es in seinen Schlußsätzen: „Der katholische Volksteil wird alles tun, um sich seine Presse zu erhalten. Kostet es Opfer, nun so fordern wir diese Opfer. Wir fordern sie mit dem gleichen Freimut wie die nationale Erneuerungsbewegung Opfer vom Volke fordern muß.“[59]

Am frühesten wohl war das Berliner Zentrums-Blatt *Germania* auf einen neuen Kurs gebracht worden.[60] Der Hauptaktionär Franz von

Papen ließ Mitte Mai der Redaktion „bis auf den letzten Mann" kündigen und drängte ihr als neuen Chefredakteur Emil Ritter auf, der der „Arbeitsgemeinschaft Katholischer Deutscher" verbunden war.[61]

Am längsten vertrat ohne Zweifel die *Rhein-Mainische Volkszeitung*[62] ihre kritischen Zentrums-Überzeugungen. Friedrich Dessauer, der Herausgeber, schrieb am 2. Mai, Kaas, Brüning, Joos hätten sein Blatt als „die weitaus beste, charaktervollste, mutig und klug geleitete deutsche katholische Zeitung" gelobt.

Den „Sozialismus" der „Arbeiter"-Partei bezweifelte Werner Thormann am 5. Februar 1933; außer in ihrem Namen habe die NSDAP mit Sozialismus nichts zu tun. Den „Nationalismus" hatte ihr Walter Dirks schon am 21. April 1931 bestritten: „Deutschland" lebe in dieser Bewegung nicht; was sie als „deutsch" oder „germanisch" beschwöre, sei ein Phantasiegebilde und „Rasse" als Inhalt des Nationalen ein Gespenst. Der Rassenlehre hatte dann auch Thormann nicht den Rang des vornehmsten Ausschließungsgrundes zuerkannt, als er am 12. Juni 1931 die Unvereinbarkeit des katholischen Glaubens mit der nationalsozialistischen Weltanschauung erörterte; im tiefsten widerstreite ihm ihr totalitärer Anspruch, die „grundheidnische Idee der Staatsomnipotenz". Wenn die *Rhein-Mainische Volkszeitung* nach dem Ermächtigungsgesetz gegen den Nationalsozialismus nicht mehr grundsätzlich auftreten konnte, so hielt sie doch ihre Überzeugungen aufrecht. So war sie bisher gegen jeden Antisemitismus, und sie blieb dabei. Alois Eckert, später Stadtpfarrer in Frankfurt, mahnte nach den ersten Ausfällen gegen Juden am 4. April 1933: „*Hier* geschieht *deutsches Unrecht!*" Am 19. Mai druckte das Blatt noch einmal Martin Bubers Rede „Echter und falscher Nationalismus" von 1921 nach. Und in der Pfingstausgabe vom 3. Juni ließ Eckert verlauten: „Artverschiedenheit bedingt keine Wertverschiedenheit"; das Blut sei intolerant; es müsse im Heiligen Geist gläubig in der verschiedenen Eigenart bejaht werden.

Einen Tag nach Dessauers Freispruch im kleinen Volksvereinsprozeß,[63] am 21. Dezember 1933, beschlagnahmten die Nationalsozialisten dessen RMV-Besitzanteile und beriefen sich dabei auf die Vorschriften des Gesetzes über die Einziehung kommunistischen Vermögens vom 14. Juli 1933. Die Neujahrsnummer 1934 atmete zum letzten Mal Zentrums-Gesinnung.

Deutsche Zeitschriften

Nachdem den Zentrums-Blättern der Zentrums-Geist ausgeblasen worden war, rückten Organe in die Frontlinie, die bis dahin ihre Unabhängigkeit von der Partei und Abstand zur politischen Auseinandersetzung betont, sich jedoch im Gedankengut des Zentrums bewegt und bei dessen Anhängern die meisten Leser hatten.[64]

Mit seinem leisen Widerstand brachte *Hochland* bis zum Ende im Juli 1941 viel Mut auf. Es verband Unbeugsamkeit im Grundsätzlichen mit Unbestechlichkeit gegenüber Tagesfragen. Hinter vordergründiger Neutralität verbarg die Zeitschrift hintergründig ihren Widerstand. Natürlich ging das nicht ohne Schikanen ab; drei Hefte von Dezember 1939, August 1940 und April 1941 wurden verboten. Die Leser aber verstanden und belohnten die Opposition: 1933 betrug die Auflagenhöhe 5000, 1939 stand sie bei 12 000.[65]

Auch die *Stimmen der Zeit* verfochten unbeirrt ihren weltanschaulichen Gegensatz zum Teil mit politischem Widerspruch. Gustav Gundlach SJ hielt den Nationalsozialismus für schlimmer als den Bolschewismus: „... die Entgeistigung und religionsabgewandte Säkularisierung des Lebens überbieten noch das bolschewistische Vorbild. Klassengegensätze, Persönlichkeitswerte, unverrückbare Normen des individuellen und gesellschaftlichen Seins werden einfach hinwegkommandiert." Gundlach verwarf die „Stoßtruppherrschaft" und die Aushöhlung der Volkssouveränität durch das „Führerprinzip".[66] Im Dezemberheft 1934 verteidigte er den Pluralismus in der menschlichen Gesellschaft: „Ein Einheits- und Führerprinzip, das uniformierend, vereinerleiend dies übersehen und aufsaugen wollte, wäre der Tod echt organischen und fruchtbaren Zusammenlebens unter den Menschen. Am Ende stände das Massendasein und die vollkommene Passivität der Geführten ... Am Ende stände ferner, was eigentlich noch schlimmer wäre, eine Führungsapparatur, die zwangsläufig, weil von unten kein echtes Leben mehr aufquillt, mit einer ‚Aristokratie' der sogenannten Gesinnungstüchtigkeit, nicht aber der Leistungstüchtigkeit besetzt wäre."[67]

Obwohl die herausgebenden Jesuiten, ohnehin besonders gefährdet, für sich dadurch unabsehbare Weiterungen heraufbeschworen, bestellten sie gleichwohl 1939 ihren Mitbruder Alfred Delp zum soziologischen Referenten im Redaktionsstab der *Stimmen der Zeit.*[68]

Emigranten-Presse

Friedrich Muckermann SJ hatte mit seiner *Katholischen Korrespondenz* vor 1933 vor allem die Zentrums-Presse geprägt.[69] Nach seiner Flucht in die Niederlande im Juli 1934 baute er die Korrespondenz *Der deutsche Weg* (1934—1938) — in über 40 Ländern bezogen — durch ihren gleichbleibend hohen Rang zum meistgelesenen Organ der deutschen Emigranten-Presse aus. „Von Freund und Feind wurde das Blatt als die Speerspitze des katholischen Widerstandes gegen die Hitler-Diktatur eingestuft."[70]

Aus Kattowitz drang 1934—1939 *Der Deutsche in Polen. Wochenzeitung für christliche Politik, Kultur und Wirtschaft* vor allem in die Ostgebiete des Reiches ein. Obwohl die Zeitung nicht als „Emigrantenblatt zentrümlicher Provenienz" bewertet werden wollte, „wuchs ... das Organ ... doch wie selbstverständlich in die gegen den Nationalsozialismus gerichtete Front der Exilpublizistik hinein".[71] Die Röhm-Morde vom 30. Juni 1934, die erstmals Hitlers Brutalität offenbarten, legten dem Blatt die Aufgabe nahe, als Sprecher eines nichtnationalsozialistischen Deutschland hervorzutreten. In einem Kommentar vom 29. Juli 1934 führte es aus: „Wir Deutsche, die wir außerhalb der Grenzen des Reiches leben, haben die Pflicht, zu den letzten Ereignissen im Dritten Reich Stellung zu nehmen, schon aus dem Grunde, damit einst, wenn normale Verhältnisse eintreten, nicht das gesamte deutsche Volk die Verantwortung für die Gegenwart zu tragen hat ... Wenn wir schweigen sollten, wie es die gleichgeschaltete Presse bei uns tut, dann machen wir uns nicht nur mitschuldig an dem unschuldig vergossenen Blut, sondern verlieren auch jeden Anspruch, jemals für unsere Rechte eintreten zu können." Chefredakteur war Johann Carl Maier-Hultschin (1901—1958). Er traute der Demokratie sogar die Stärke zu, den Nationalsozialismus zu überwinden, mindestens sah er keine bessere Staatsform für das Deutschland nach Hitler. Weit öffnete sich das Blatt neuen geistigen Erscheinungen, über die die deutsche Presse schweigen mußte. In 35 Ausgaben entnahm 1935 dieses in Polen erscheinende Wochenblatt 77 Artikel aus den *Deutschen Briefen.* Bis zum Ende der *Deutschen Briefe* im Frühjahr 1938 blieb dieses hohe Übernahmeverhältnis bestehen.[72]

Den *Deutschen Briefen* Waldemar Gurians, seit 1934 in Luzern herausgebracht, kommt zweifellos der höchste Rang unter allen deutschen Exil-Erzeugnissen zu.[73] Die Auseinandersetzung mit dem Nationalsozialismus führte Gurian fast nur grundsätzlich. Mit scharfem Verstand und starker analytischer Kraft ging er Hitlers Politik auf den Grund, ihm ging es um die geistigen Wurzeln, und er versuchte, die Folgen abzuschätzen. Es galt ja nicht nur, in Deutschland selbst Kräfte des moralischen Widerstands zu wecken oder zu festigen, sondern auch die freien Katholiken etwa im Saarland, in Österreich und im übrigen Ausland vor Fehleinschätzungen des Nationalsozialismus zu bewahren. Daß dieser sich heuchlerisch als „positives Christentum" ausgab, machte ihn für Gurian so gefährlich, weil er damit seine unerbittliche Feindschaft zur Kirche verhüllte und gutwillige Katholiken zur Harmonisierung unvereinbarer Gegensätze verführte. Gurian leugnete, daß es ein tragfähiges Fundament für ein Miteinander von Kirche und Nationalsozialismus gebe, hielt einen Kampf beider Weltanschauungen für unausweichlich, tadelte diejenigen, die ihn aus taktischen Gründen hinausschoben und es dem Nationalsozialismus deswegen ermöglichten, sein wahres Gesicht vor der Welt länger als nötig zu verstecken.

Zuerst hatte Gurian bald nach den Röhm-Morden am 30. Juni 1934 — in Anlehnung an Görres' *Athanasius* — seine Schrift *Ambrosius und die deutschen Bischöfe* hinausgehen lassen. „Sie deutete das Massaker als Anspruch des Nationalsozialismus, nach eigenem Gutdünken zu bestimmen, was gut und was recht sei ... Darum war für Gurian das Schweigen der Bischöfe", die sich zu dem Blutbad nicht äußerten, „vielleicht noch furchtbarer als alles andere, was am 30. Juni geschehen ist". Doch die Kirchenoberen ließen sich auch nicht durch das vor Augen gestellte Vorbild des Mailänder Bischofs Ambrosius ermutigen; dieser hatte 390 dem christlichen Kaiser Theodosius das Betreten seiner Kirche verweigert und ihn zur Kirchenbuße genötigt, weil er ohne Urteil unbewaffnete Menschen hatte umbringen lassen.[74] *Der Kampf um die Kirche im Dritten Reich,* ein anderes Buch, führte das Ringen von wahrem Christenglauben mit der nationalsozialistischen und mit der wesensverwandten bolschewistischen „Ersatzreligion" auf die „totale Politisierung" zurück, die beide Systeme dem Menschen aufzwängen.[75] Kein Katholik sonst hat die politisch-weltanschauliche Kritik am Nationalsozialismus so schonungslos, eindringlich und überzeugend vorangebracht wie Waldemar Gurian.

Ein „Sonderbeauftragter des Reichs zur Bekämpfung des Nationalsozialismus", den Wirth 1930 als Innenminister bestellt hatte, hieß Carl Spiecker.[76] Alt-Kanzler Wilhelm Marx hatte ihn sich 1923—1924 als Reichspressechef und 1925 zur Organisation seines Wahlkampfs um die Reichspräsidentschaft geholt, danach aber nicht mehr fördern können. Seitdem sorgte Spiecker vom linken Zentrumsflügel aus für Unruhe in der Partei. Vor den Nationalsozialisten, die ihn wegen seiner Sondertätigkeit haßten, floh er im Februar 1933 über Lettland nach Paris. Dort arbeitete er Anfang 1936 in Heinrich Manns „Lutetia"-Ausschuß mit, der aber an der geplanten Zusammenfassung von Bürgerlichen, Sozialdemokraten und Kommunisten bald scheiterte. Auch in Thomas Manns Exil-Organisation betätigte sich Spiecker maßgebend. Beide Versuche enttäuschten ihn jedoch. Deswegen betrieb er im Winter 1936/1937 die Gründung einer antikommunistischen „Deutschen Freiheitspartei" (DFP) und gab seit dem Frühjahr 1937 die *Deutschen Freiheitsbriefe* heraus. Sie gaben vor, von innerdeutschen Widerständlern verfaßt zu sein, forderten die Beseitigung des braunen Regimes und die Wiederherstellung der Freiheit sowie eine tiefgreifende christliche Rückbesinnung. Mitarbeiter waren aus der ehemaligen Staatspartei der frühere preußische Finanzminister Otto Klepper und die Abgeordneten Hans Albert Kluthe und August Weber sowie der von der KPD abgesprungene Willi Münzenberg. Wenn Spiecker mit Hermann Rauschning, dem ehemaligen Danziger Senatspräsidenten, in Paris auch in einem Hause wohnte, so gingen weniger ihre

Ansichten, mehr jedoch ihre Pläne auseinander. Ab Januar 1938 ließ Spiecker in England die Monatsschrift *Das wahre Deutschland* mit dem Untertitel *Auslandsblätter der Deutschen Freiheitspartei* verbreiten. Ihr Inhalt glich weitgehend dem der *Freiheitsbriefe;* doch mußte er aus Geldmangel Ende 1940 diesen englischen Ableger einstellen. Nach dem deutschen Einmarsch in Frankreich konnte Spiecker ziemlich reibungslos nach Großbritannien weiter fliehen. Hier widmete er sich dem „grauen" Sender ‚*Research Unit*' („Forschungeinheit"), der täglich etwa eine Viertelstunde über nazistische Verbrechen berichtete. Spiecker riet nur zum passiven Widerstand; Märtyrer nützten nichts. Er leitete außerdem zur Abfassung von Kettenbriefen an. Vermutlich aus Krankheitsgründen ging er im August 1941 in die USA. Während seines Kanada-Aufenthaltes 1942—1945 gab er anscheinend seine politische Betätigung fast ganz auf. Freilich ließ er 1944 in London eine Schrift *Germany — From Defeat to Defeat* erscheinen: Die Deutschen seien nicht das Böse schlechthin, Hitler verkörpere nicht Deutschland und die NSDAP nicht das deutsche Volk; die Härte von Versailles, das Versagen der Weimarer Parteien, einen positiven Kompromiß zu finden, die gnadenlose Brutalität ihrer Gegner, die nationalsozialistische Verführungskunst gerade bei der Jugend machte Spiecker vor allem für Hitlers Aufstieg verantwortlich; er warb dafür, daß nach dem Ende des Zweiten Weltkriegs Deutschland nicht wieder gedemütigt und dem Elend preisgegeben werde. Spiecker war einer der ganz wenigen Zentrums-Emigranten, die seit dem August 1945 in der deutschen Politik wieder Fuß faßten.

Das Zentrum war nicht mehr. Aber Männer des Wortes, die ihm nahegestanden hatten, erhoben ihre Stimme nun aus dem Ausland für das freie Wort. Sie gaben zu verstehen: Rechte und Würde des Menschen, Freiheit der Meinung, gerechter Staat, soziale Humanität bedingen das freie Wort; das geknebelte Wort aber unterdrücke die Wahrheit und die Gerechtigkeit. Dazu hatten die braunen Machthaber wegen fortwährender Gewalttaten, zweierlei Maß in der Rechtsprechung, Lügen, Niederträchtigkeiten und Bestechlichkeit auch allen Anlaß. Unerschrocken nahmen die Journalisten indessen Berufsverbot, Verfolgung und Emigration auf sich. Wie immer heute der Erfolg ihrer Opposition beurteilt werden möge, Tatsache jedenfalls ist: die Nationalsozialisten jagten diese Männer, und, hätten sie sie ergriffen, sie hätten ihnen keine Chance gelassen zu überleben.[77]

2. Verbände

Das Zentrum war eine Wähler-, keine Mitgliederpartei. Es dachte sich als eine Art politischer Dachverband der zahlreichen und zum Teil mitgliederstarken Vereine und Verbände, die gleichsam die Basisorganisationen der Partei bildeten und die Wähler mobilisierten.[78] Ein Beispiel dieses — vorher bisweilen getrübten — Zusammenspiels bietet der oben besprochene Aufruf der Verbände vom 17. Februar 1933. Hitler wertete ihn wie selbstverständlich als Zentrums-Aufruf; Partei und Verbände ließen das ungerügt geschehen. Als nach dem Ermächtigungsgesetz sich die Partei kaum noch regen durfte, setzte Alt-Kanzler Wilhelm Marx seine Zukunfts-Erwartung auf die katholischen Verbände. Die Windthorst-Bunde begannen auch, sich darauf einzurichten; gegen eine nationalsozialistische Unterwanderung beschlossen sie am 8./9. April 1933 eine Mitgliedersperre. Doch dies war eine Rechnung ohne den Wirt. Am 1. Juli zählten auch sie zu den Organisationen, deren Geschäftsstellen die Gestapo schloß und deren Schriftwechsel und Vermögen sie einzog, „da sich" — so die amtliche Mitteilung — „herausgestellt hat, daß die genannten konfessionellen Hilfsverbände des Zentrums sich staatsfeindlich betätigt haben und durch eine systematische Hetze die natürliche Eingliederung großer Teile des katholischen Volkes in das nationale Deutschland zu sabotieren suchten".[79]

Friedensbund deutscher Katholiken[80]

Dieser Verband führte am 1. Juli die Verbots-Liste an. Der Bundesführer P. Franziskus M. Stratmann OP hatte sich zwar in einem Aufsatz *Unser Friedensbund im Dritten Reich* im April-Heft des *Friedenskämpfer* vom Zentrum losgesagt, doch die Nationalsozialisten verabscheuten den Pazifismus. Außerdem hatte sich der Verband mit der nationalsozialistischen Kriegsverherrlichung zuvor scharf auseinandergesetzt; unbeirrt verteidigte er seine Ideen auch nach Hitlers Regierungsübernahme. Einen geistigen Mittelpunkt hatte der Friedensbund in der Redaktion der *Rhein-Mainischen Volkszeitung;* der Hauptschriftleiter Heinrich Scharp und der Feuilleton-Redakteur Walter Dirks wurden wegen ihrer Friedensbund-Unterstützung verhaftet.[81] Zur selben Zeit aber hatten sich Waldemar Gurian und Johannes Maaßen die Anliegen der katholischen Friedensbewegung zu eigen gemacht und vertraten sie in den *Deutschen Briefen* oder in der *Jungen Front*.[82] Ob in den folgenden Jahren ehemalige Mitglieder in privaten Kreisen den Bund zusammenhielten, ist — bis auf einen Fall — bislang nicht zu ersehen. Die längere Schutzhaft für P. Stratmann und den Generalsekretär Paul Lenz, ihre sowie Franz Müllers Auswanderung,[83] schließlich die Hinrichtungen der ehemaligen Mitglieder Richard Kuenzer, Max Josef Metzger und des Reichsarchivrats Karl Heinrich Schäfer[84] — wenn auch nicht unmittelbar mit der Friedensbund-

Zugehörigkeit begründet — erhellen, für wie gefährlich die Nationalsozialisten die Träger der katholischen Friedensbewegung ansahen.

Reichs- und Heimatbund deutscher Katholiken[85]

Dieser Verein verfocht extrem föderalistische Ziele und erstrebte mit Österreich ein Groß-Deutschland, das den Katholiken mehr Einfluß sicherte. Benedikt Schmittmann (1872—1939), Kölner Universitäts-Professor für Sozialpolitik, hatte ihn 1924 gegründet, war die treibende Kraft und blieb als Vorsitzender der führende Kopf; er gab die Bundeszeitschrift *Reich und Heimat* sowie die Wochenzeitschrift *Heimat und Volk* heraus. Seine Gedanken paßten naturgemäß nicht zu den nationalsozialistischen Anschauungen. Schmittmann, der 1933 aus dem Dienst entfernt wurde und mehrere Wochen verhaftet war, hatte sich bei der Entlassung schriftlich verpflichtet, jede politische Tätigkeit zu unterlassen.

Dieses Versprechen verstand er offenbar nicht so wie die Gestapo. Sie beobachtet ihn. Für den 23. September und den 31. Oktober 1934 bemerkte sie ihn in Esssen bei als „Einkehrtag" und „Kaffeekränzchen" getarnten Zusammenkünften von über 100 Personen im Frauenbundhaus und im Pfarrsaal von St. Mariä Geburt. Hier führte er den nationalsozialistischen Erfolg auf die Schlappheit der Katholiken zurück, gab aber der Regierung nur eine kurze Lebensdauer, weil sie von einem Gewaltmenschen ausginge. Am 24. September 1935 lehnte Schmittmann die Bitte der Gattin des Essener Sanitätsrats Schumacher ab, die aus früheren Mitgliedern des „Reichsbundes" und des „Friedensbundes deutscher Katholiken" gebildete geheime Vereinigung „Heimat und Reich" mit Ideen zu unterstützen. Doch schon im Januar 1936 meldete der Gestapo-Vertrauensmann, Schmittmann freue sich über die wiederaufgenommene Verbindung, empfange kleine Personengruppen, empfehle intensive Pfarrarbeit ohne Vereinsbindungen, plane den Druck von Flugblättern für *Heimat und Reich* in Süddeutschland und gebe Hitler keine lange Frist mehr. Dies wiederholte er auf einer „unpolitischen" Zusammenkunft von etwa 30 Personen im Essener Kolpinghaus, wie die Essener Gestapo am 19. April 1937 erfuhr. Sie berichtete jedoch am 9. September 1939, als Schmittmann schon auf dem Weg nach Sachsenhausen war, er habe keine Zusammenkünfte mehr abgehalten und niemanden nach Köln eingeladen; seine „kopfscheuen" Freunde aber glaubten an einen baldigen Umschwung in Deutschland. Schmittmann starb, nachdem er beim täglichen Exerzieren entkräftet zusammengebrochen war, durch die Stiefeltritte eines wütenden SS-Mannes am 13. September 1939.

Weder der Friedensbund deutscher Katholiken noch der Reichs- und Heimatbund konnten sich unter den Vereinsschutz-Artikel 31 des

Reichskonkordats vom 20. Juni 1933 retten.[86] Ob anderswo andere Mitglieder ebenfalls geheim zusammentrafen und politische Themen besprachen, blieb bislang unbekannt. Der enge Zusammenhalt der Mitglieder vor dem Verbot läßt indessen vermuten, daß sie 1933 nicht einfach auseinandergingen.

Verein katholischer deutscher Lehrerinnen (VkdL)

Im Gegensatz zum Katholischen Lehrerverband[87] lehnte der Verein katholischer deutscher Lehrerinnen[88] eine Gleichschaltung ab. Weder gingen die Mitglieder geschlossen zum Nationalsozialistischen Lehrerbund (NSLB) über, noch gelangten Vorstandsämter und die Redaktion der Vereins-Zeitschrift in die Hände zuverlässiger Nationalsozialisten. Mutig bekannte sich im April 1933 eine Mitgliederversammlung zu katholischen Erziehungsidealen. Im Oktober 1933 erwirkte die unerschrockene Vorsitzende Maria Schmitz nach zähen, oft entmutigenden Verhandlungen für ihren Verein den Konkordatsschutz. Er verzichtete fortan auf alle Schul- und Berufspolitik und widmete sich nur noch der Fortbildung der Mitglieder. In philosophischen Kursen, Geschichtskreisen, religiösen Arbeitsgemeinschaften suchte man sich gegen die nationalsozialistische Weltanschauung zu wappnen, prüfte die von den Schulbehörden herausgebrachten Schriften und übte sich in der christlichen Umdeutung der neuen Schulbücher. Das blieb nicht unbemerkt. Der NSLB hielt eine Mitgliedschaft in konfessionellen Verbänden für eine „untragbare weltanschauliche Zersplitterung" und schloß alle, die dem VkdL treu blieben, aus seinen Reihen aus. Der VkdL behielt immerhin 78 Prozent seines vorherigen Mitgliederbestandes. Daraufhin löste das Reichserziehungsministerium am 15. August 1937 den Verein auf.

Katholischer Gesellenverein (KGV)/Deutsche Kolpingsfamilie (DKF)[89]

Am Abend des 17. November 1929 — es tobte ein Kommunal-Wahlkampf — stürmten Mitglieder der NSDAP den Festsaal des Kölner Kolpinghauses und verwundeten einige Ordner. Generalsekretär Johannes Christian Nattermann erklärte daraufhin eine Mitgliedschaft in der NSDAP mit der im Gesellenverein für unvereinbar. Doch 1931 warf er das Steuer herum. Mit bloßer Ablehnung — so suchte er zu überzeugen — treibe man die NSDAP in noch ärgere Religionsfeindlichkeit: Der katholische Gesellenverein begrüße und anerkenne daher nationale Werte, „soweit es eben Werte sind". Nach Hitlers Regierungsübernahme näherte sich Nattermann dem Nationalsozialismus noch mehr und verkündete am 15. März 1933 als Parole „Wir bauen mit!" Er wollte sich nicht von der Gestaltung gesellschaftlicher Verhältnisse abdrängen lassen und doch dabei die Unabhängigkeit des Gesellenvereins behaupten. Daß jedoch die Nationalsozialisten eigenständige Kräfte — namentlich wenn 125 000 Mitglieder dahinter standen — nicht duldeten und bis aufs letzte bekämpften, hätte ihn der 1. Gesellentag vom 8. bis 11. Juni 1933 in München lehren müssen. SA und SS schlugen dort mit brutaler Gewalt die Kolping-Söhne zusammen. Überdies beanspruchte die Deutsche Arbeitsfront (DAF) Robert Leys, die alleinige Arbeitgeber- und Arbeitnehmerorganisation zu sein; zum 29. Juni lud Ley die Führer sämtlicher katholischer und evangelischer berufsständischer Vereinigungen nach Berlin „zwecks Einschmelzung Ihrer Organisation in die Deutsche Arbeitsfront". Zunächst retteten Kardinal Bertram, dann das Reichskonkordat, schließlich am 18. und 19. September die Umgründung zur Deutschen Kolpingsfamilie (DKF) die Existenz und am 24. August 1934 Nattermanns Amtsenthebung — er konnte von seinen „Brückenbau"-Versuchen nicht lassen — vor weltanschaulicher Selbstpreisgabe.

Am Grabe Kolpings in der Kölner Minoritenkirche war am 3. Dezember 1933 ein Petitionsbuch ausgelegt worden, worin Bittsteller die Seligsprechung des Gesellenvaters mit ihrer Unterschrift unterstützten. Nach den ersten 29 Tagen enthielt das Petitionsbuch bereits 17 000 Unterschriften. 1934 kamen in Wallfahrten aus allen Landesteilen viele große geschlossene Gruppen nach Köln, um zu unterschreiben. Zum Jahresende wuchs die Zahl auf über 85 000, im Dezember 1938 waren es 310 000 Namen. Die Wallfahrten nach Köln betrachtete die Gestapo als politische Opposition, verbot daraufhin die Verbände in mehreren Diözesen und Orten und schränkte die Kolpings-Tätigkeiten weiterhin ein. Gleichwohl bildete sich 1944 in der Kölner Verbandszentrale ein oppositioneller Gesprächskreis, zu dem auch ehemalige christliche Gewerkschaftler wie Johannes Albers und Bernhard Günther, der Journalist Dr. Karl Zimmermann und der ehemalige preußische Zentrums-Abgeordnete Dr. Leo Schwering sich hielten. Durch eine Denunziation konnte die Gestapo alle Mitglieder festsetzen. Die führenden Köpfe dieser Gruppe, der Kölner Ortspräses Heinz Richter und der Geschäftsführer der Kölner Gesellenhäuser Theodor Babilon kamen wenige Wochen vor Kriegsende in den Konzentrationslagern Buchenwald beziehungsweise Ohrdruf ums Leben.[90]

Katholische Arbeiterbewegung (KAB)[91]

Die Katholischen Arbeitervereine Westdeutschlands hatten 1933 etwa 200 000 Mitglieder, bildeten eine der bedeutsamsten Zentrums-Stützen und besaßen in der Parteiführung großen Einfluß. Schon am 21. April

1923 hatte sich die *Westdeutsche Arbeiterzeitung* (*WAZ*), das Vereinsorgan, ausführlich mit der „geistigen Zeitkrankheit" des Nationalsozialismus auseinandergesetzt, und vor der Annahme des Ermächtigungsgesetzes wehrten sich gerade die KAB-Mitglieder Joos, Letterhaus, Hermann-Josef Schmitt in den Fraktions-Beratungen gegen die Zentrums-Zustimmung.[92] Sie bezweifelten beim Abschluß des Reichskonkordats öffentlich Hitlers Vertragstreue. Als Robert Ley am 29. Juni 1933 die „Einschmelzung" der ausdrücklich „Staatsfeinde" genannten katholischen Arbeiter-Verbände in die Deutsche Arbeitsfront plante, war es der KAB-Verbandspräses Dr. Otto Müller gewesen, der Kardinal Bertram dahin brachte, über die Verbände zu erklären, daß sie „unter der Aufsicht des Episkopats stehen[d] ... keinerlei Erklärungen geben und Abmachungen treffen [dürften], die das Wesen und die Daseinsmöglichkeiten der Vereine berühren".[93] Als Robert Ley am 27. April 1934 eine gleichzeitige Mitgliedschaft in der Deutschen Arbeitsfront und in der KAB oder Kolping für unzulässig erklärt hatte und damit bei der immer noch millionenfachen Arbeitslosigkeit die Widerstrebenden in ihrer Existenz zu treffen suchte, behielt die KAB etwa 90 Prozent ihres urprünglichen Mitgliederbestandes,[94] während — zum Vergleich — die illegal arbeitende KPD nur noch mit 10 Prozent ihrer Mitglieder vor 1933 rechnete.

Die Abschottung gegen den nationalsozialistischen Ungeist in Schulungen, durch Vorträge und in Gesprächskreisen beeindruckt schon durch die in Zahlen meßbaren Ergebnisse. Bereits 1933 unterlief die KAB das Verbot, öffentlich aufzutreten, durch Glaubensfahrten zu den Wallfahrtsorten der einzelnen Bistümer. Nahmen 1933 insgesamt über 90 000 Arbeiter teil, davon je 10 000 in Haltern und Xanten, so steigerten sich in den folgenden Jahren die Zahlen. In Essen-Werden waren es bei den Ludgerus-Feiern am 17. Juni 1934 bereits 20 000 Arbeiter, am 13. Juli 1934 zu Bischof Kettelers 57. (!) Todestag in Mainz wieder 20 000, am 21. November 1934 in Münster 30 000. Zu der „Dreikönigen-Wallfahrt des katholischen Werkvolkes in Köln" am 20. Januar 1934 strömten 30 000 Arbeiter in die Domstadt. Die KAB-Glaubensfahrten verzeichneten in den acht Monaten von Juni 1934 bis Januar 1935 mehr als 200 000 Teilnehmer. Ein Gestapo-Bericht aus dem 2. Halbjahr 1934 „Der politische Katholizismus" wertete die Glaubensfahrten als „Massenkundgebungen", die „durchaus demonstrativen Charakter" trügen und an denen „nicht nur religiöse Fanatiker" teilnähmen, „sondern auch alle diejenigen, denen es darum zu tun ist, einer politisch oppositionellen Haltung Ausdruck zu verleihen". Bemerkt hat die Gestapo ebenfalls, daß Anlässe für diese Glaubensfahrten oft konstruiert und daß Sozialdemokraten und sogar Kommunisten die kirchlichen „Demonstrationen" unterstützten.[95] Obwohl sie den Spielraum der KAB weiter einschränkte und die KAB die eigentliche Absicht solcher Fahrten stärker als vorher verdeckte — trotzdem entging sie den Unbeteiligten nicht —, kamen im Sommer 1936 zur Libori-Feier innerhalb von acht Tagen mehr als 100 000 Menschen nach Paderborn und 1937 — ebenfalls vor allem von der KAB organisiert — zur Aachener Heiltumsfahrt etwa 1 Million. Der letzten KAB-Einladung im Juli 1938 nach Bochum-Stiepel folgten noch 7000 Männer. Im August 1937 stellte der SD fest: „daß von sämtlichen Führern des westdeutschen Verbandes bis hinunter zu den kleinsten Amtsträgern der örtlichen Vereine nicht ein einziges NSDAP-Mitglied anzutreffen sei".

Das Ketteler-Haus, die Kölner Verbands-Zentrale der KAB, bildete bereits seit der Mitte der dreißiger Jahre ein Zentrum für Gespräche über die staatliche und gesellschaftliche Ordnung eines Deutschland ohne Hitler.[96] Otto Müller, der Verbandspräses mit anerkannter Autorität, „geschworener Hitlerfeind", war „einer der erbittertsten Feinde des Nationalsozialismus", „wartete wie kaum ein anderer auf das endliche Handeln gegen Hitler", unterstützte Jakob Kaiser nach Kräften ideell und materiell im Widerstand und beherbergte im Herbst 1943 über mehrere Tage Goerdeler.[97] Führender politischer Kopf und eigentlich treibende Kraft war ohne Zweifel Bernhard Letterhaus; über ihn ist im Widerstands-Zusammenhang zu sprechen.

Die Gesprächsrunden besuchten mehr oder minder regelmäßig Johannes Albers, Karl Arnold, Wilhelm Elfes, Walther Hensel, Andreas Hermes, Heinrich Koerner, Josef Ruffini sowie aus Walberberg die Dominikaner Laurentius Siemer und Eberhard Welty; Verbindungen hielten Paul Franken, Christine Teusch und Franz Thedieck sowie der Canaris-Mitarbeiter Josef Müller aus München.[98] Die Themen der Vorträge und die Beiträge einzelner Teilnehmer zu den Diskussionen sind — im Gegensatz zum Kreisauer Kreis — nicht mehr bekannt. Als Goerdeler da war, wurde auch über Persönlichkeiten gesprochen, denen im Rheinland und in Westfalen nach dem Umsturz leitende Ämter überantwortet werden könnten. Bildete für den Berliner Kaiser-Goerdeler-Kreis das Kölner Ketteler-Haus den westdeutschen Stützpunkt, so steuerte dies seinerseits kleinere Kreise in Düsseldorf,[99] Bonn[100] und Fulda.[101] Hausdurchsuchungen und Gestapo-Verhöre blieben naturgemäß nicht aus. Vor allem erbrachte die KAB-Führung einen ganz besonders hohen Blutzoll.

Otto Müller, den Verbandspräses, nahm die Gestapo nach dem 18. September 1944 in Haft. Er war 74 Jahre alt, krank, fast erblindet und hatte schon Monate vorher sein Haus bestellt. Eine lange Haftzeit und ein Volksgerichts-Prozeß blieben ihm erspart. Aus dem Gefängnis Berlin-Tegel verlegte man ihn in das „Staatskrankenhaus der Polizei". Hier starb er am 12. Oktober 1944.[102]

Nikolaus Groß, der Schriftsteller der *Ketteler-Wacht*, erst Bergarbeiter, hatte seit Letterhaus' Einberufung Ende August 1939 und Joos' Festnahme Juni 1940 die KAB-Arbeit beinahe allein getragen. Er wurde am 12. August 1944 in seiner Kölner Wohnung verhaftet, nachdem er am Vortage Frau Letterhaus von der Haft ihres Mannes unterrichtet hatte. Die ersten Verhöre und Folterungen erlitt er wohl im Konzentrationslager Ravensbrück. Die Teilnahme an den programmatischen und personalpolitischen Beratungen bei Goerdelers Kölner Besuch sowie seine in dessen Auftrag durchgeführte Reise nach Saarbrücken, um Rechtsanwalt Bartholomäus Koßmann als künftigen politischen Beauftragten beim Wehrkreiskommando XII zu gewinnen, reichten dem Volksgerichts-Präsidenten Freisler, Groß am 15. Januar 1945 zum Tode zu verurteilen: „Er schwamm im Verrat, muß folglich auch darin ertrinken." Am 23. Januar wurde er hingerichtet. Sein Abschiedsbrief aus der Todeszelle gehört zu den erschütterndsten Widerstands-Zeugnissen.[103]

Der Duisburger KAB-Sekretär Gottfried Könzgen hielt sich ebenfalls zum Goerdeler-Kreis. Frühere Verhöre und Verhaftungen hatten ihn nicht zermürbt. In der „Gewitteraktion" wurde er am 30. August 1944 verhaftet. Trotz Folter machte er aus seinem Abscheu vor dem Nationalsozialismus offenbar keinen Hehl. Er kam erst nach Sachsenhausen und starb im Konzentrationslager Mauthausen auf ungeklärte Weise.[104]

Hermann-Josef Schmitt, bis 1942 Generalsekretär der KAB, danach Studentenpfarrer in Berlin, wurde noch am 20. Juli 1944 in Haft genommen. Er hatte Verbindungen auch zu den Kreisauern und sogar zu Kommunisten; das führte zu seiner raschen Entdeckung. Der Volksgerichtshof sprach ihn am 12. Oktober 1944 mangels Beweisen frei. Aber die Gestapo lieferte ihn nach Dachau ein. Bei dem berühmten Todesmarsch der Dachau-Häftlinge kurz vor Kriegsende gelang ihm die Flucht.[105]

Heinrich Härtle veröffentlichte 1937 zur Schulung in der Deutschen Arbeitsfront eine Schrift *Berufsständische Vereine als Machtinstrumente des Politischen Katholizismus.* Ley riet im Vorwort jedem „Inhaber einer Dienststelle der Deutschen Arbeitsfront", sich „eingehendst" damit zu beschäftigen. Härtle warf den Standesvereinen „nationale Disziplinlosigkeit" und „gegnerische Staatsauffassung" vor. Dennoch habe man diese Vereine „nicht so behandelt, wie Staatsfeinde eigentlich zu behandeln sind". Der „Ungeist des Zentrums" halte sich noch in allen katholischen Organisationen versteckt". „Eines Tages ... wird das Volk von sich aus mit diesen berufsständischen ‚Vereinen' ein Ende machen und sie als das entlarven, was sie sind: der üble Rest der schwarz-roten Zentrumspartei."[106]

Diesem Oppositions-Zeugnis aus „berufenem" Munde ist hinzuzufügen, daß die Kolping- und KAB-Mitglieder wie die des Vereins katholischer deutscher Lehrerinnen durch ihren Ausschluß aus nationalsozialistischen Organisationen — etwa DAF und NSLB — wirtschaftliche Nachteile und gesellschaftliche Ächtung, überdies wegen ihrer Nicht-Anpassung die Überwachung und damit erhebliche Gefahren für Leib und Leben auf sich nahmen.[107] Sicherlich wagten sie dies nicht um der Behauptung ihrer Organisation willen. Letztlich kämpften sie für das Recht, nach einer selbstgewählten, nicht nach einer staatlich aufgezwungenen Weltanschauung zu leben, und für die Freiheit, diesen Glauben ohne staatliche Behinderung zu praktizieren. Der Opposition der Reste des politischen Katholizismus in Presse und Verbänden ging es um weltanschauliche Selbstbewahrung und Selbstbehauptung. Doch über die Abwehr hinaus erwuchs bei Kolping spät, entstand bei der Katholischen Arbeiterbewegung vom ersten Tage des nationalsozialistischen Regimes an ein fester Wille, auf seine Beseitigung vor allem hinzuwirken und nach Gelegenheiten zum Gegenstoß zu streben. Für die Gestapo indessen stand fest: „Ob frühere Bindung an das Zentrum oder die heutige an die Katholische Aktion: Beides ist im Wesen das Gleiche."[108]

Anmerkungen

Vorbemerkung: Zu Dank verpflichtet bin ich Dr. Günter Buchstab und Dr. Ulrich von Hehl, beide in Bonn, die diese Ausführungen durchsahen und mich vorher durch die Bereitstellung von Schrifttum unterstützten. Rudolf Morsey, Speyer, hat durch seine grundlegenden Forschungen besonders dem ersten Teil dieser Übersicht maßgebend vorgearbeitet.

1 Gustav Croon, *Der Rheinische Provinziallandtag bis zum Jahre 1874,* Düsseldorf 1918 (Nachdr. Bonn 1974), S. 174—176; Rudolf Lill, *Die Beilegung der Kölner Wirren 1840—1842* (= Studien zur Kölner Kirchengeschichte, Bd. 6), Düsseldorf 1962, S. 184—186; Winfried Becker, *Der politische Katholizismus in Rheinland-Westfalen vor 1890. Programmatische Entwicklung und regionale Verankerung,* in: Kurt Düwell/Wolfgang Köllmann (Hrsg.), *Rheinland-Westfalen im Industriezeitalter,* Bd. 1, Wuppertal 1983, S. 273 f.; Felix Monheim, *Johann Peter Joseph Monheim 1786—1855. Apotheker und Chemiker, sozial engagierter Bürger und Politiker in Aachen* (= Veröffentlichungen des Stadtarchivs Aachen, Bd. 2), Aachen 1981, S. 162—181.

2 Ludwig Pastor, *August Reichensperger 1808—1895,* Bd. 1, Freiburg 1899, S. 341—343; Karl Bachem, *Vorgeschichte, Geschichte und Politik der Deutschen Zentrumspartei,* Bd. 2, Köln 1919, S. 99—111.

3 K. Bachem, *a. a. O.,* S. 219; Friedrich Gerhard Hohmann, *Die Soester Konferenzen 1864—1866. Zur Vorgeschichte der Zentrumspartei in Westfalen,* in: *Westfälische Zeitschrift,* Bd. 114 (1964), S. 301—303; W. Becker, *Der politische Katholizismus...* [Anm. 1], S. 279.

4 Roger Aubert, *Innerkatholische Kontroversen im Blick auf den Liberalismus,* in: Hubert Jedin (Hrsg.), *Handbuch der Kirchengeschichte,* Bd. 6/2, Freiburg-Basel-Wien 1971, S. 750—756.

[5] G. Hohmann, *Die Soester Konferenzen*... [Anm. 3], S. 298—301, 319 f.

[6] W. Becker, *Der politische Katholizismus*... [Anm. 1], S. 286 f.

[7] Rudolf Morsey, *Der Untergang des politischen Katholizismus. Die Zentrumspartei zwischen christlichem Selbstverständnis und ,Nationaler Erhebung' 1932/33*, Stuttgart-Zürich 1977, S. 17.

[8] Rudolf Morsey, *Die Deutsche Zentrumspartei 1917—1923*, Düsseldorf 1966, S. 163—245; Herbert Hömig, *Das preußische Zentrum in der Weimarer Republik* (= Veröffentlichungen der Kommission für Zeitgeschichte [im folgenden zitiert: VKZ], Reihe B, Bd. 28), Mainz 1979; Michael Stürmer, *Koalition und Opposition in der Weimarer Republik 1924—1928*, Düsseldorf 1967, S. 262—265; R. Morsey, *Der Untergang*... [Anm. 7], S. 56—80.

[9] Max Miller, *Eugen Bolz, Staatsmann und Bekenner*, Stuttgart 1951, S. 483. — Über den Münchener Kaplan Hermann Wehrle und Ludwig Frhr. von Leonrod, die wegen dieser Frage am 14. 9. 1944 vor dem Volksgerichtshof standen und zum Tode verurteilt wurden: Walter Wagner, *Der Volksgerichtshof im nationalsozialistischen Staat*, Stuttgart 1974, S. 698—700. — Über die rechtliche Beurteilung der Volksnotwehr im Dritten Reich: *A. a. O.*, S. 793—795.

[10] Hierzu und zu den Abschnitten 1 und 2 insgesamt siehe vor allem: Konrad Repgen, *Hitlers Machtergreifung und der deutsche Katholizismus. Versuch einer Bilanz*, in: Dieter Albrecht (Hrsg.), *Katholische Kirche im Dritten Reich*, Mainz 1976, S. 16—20; R. Morsey, *Der Untergang*... [Anm. 7], passim; Georg May, *Ludwig Kaas. Der Priester, der Politiker und der Gelehrte aus der Schule von Ulrich Stutz*, Bd. 3, Amsterdam 1982, S. 290—320.

[11] Nach *Germania*, Nr. 31 vom 31. Januar 1933 wollte es Hitlers Kabinett mit dem Ausdruck „grundsätzlicher Bedenken und wachsamen Mißtrauens" begegnen, aber auch ruhig und sachlich. Die ganze Tragweite der Entscheidung, die freilich kaum einem Zeitgenossen klar sein konnte, wurde Hindenburg zugeschoben.

[12] Rudolf Morsey, *Hitlers Verhandlungen mit der Zentrumsführung am 31. Januar 1933*, in: *Vierteljahrshefte für Zeitgeschichte* [im folgenden *VfZ* zitiert], 9. Jg. (1961), S. 182—194. Schon in der ersten Sitzung der Hitler-Regierung wurde die Zentrumstolerierung als eine der ersten Fragen erörtert: Karl-Heinz Minuth (Bearb.), *Die Regierung Hitler*, T. 1: *1933/34*, Bd. 1, Boppard 1983, S. 1 f., Nr. 1.

[13] Vollständig u. a. in: Rudolf Morsey (Bearb.), *Die Protokolle der Reichstagsfraktion und des Fraktionsvorstands der Deutschen Zentrumspartei 1926—1933* (= VKZ, A 9), Mainz 1969, S. 614.

[14] Vollständige Rede: *Der Weckruf*, 9. Jg., Nr. 3 (1. März 1933), S. 2—4, Aufruf: S. 1. Enthalten im Historischen Archiv der Stadt Köln [im folgenden zitiert: HAStK], 1070/1034.) — Martin Schumacher, *Zwischen ,Einschaltung' und ,Gleichschaltung'. Zum Untergang der Deutschen Zentrumspartei 1932/33*, in: *Historisches Jahrbuch*, 99. Jg. (1979), S. 286, charakterisiert die Druckfassung der Rede als „für den Wahlkampf stilisiert".

[15] Abgedruckt in: Bernhard Stasiewski (Bearb.), *Akten deutscher Bischöfe über die Lage der Kirche 1933—1945*, Bd. 1: *1933—1934* (= VKZ, A 5), Mainz 1968, S. 3—6, Nr. 2.

[16] Über die zusätzliche Verbreitung des Aufrufs durch die Katholische Arbeiterbewegung (KAB): Jürgen Aretz, *Katholische Arbeiterbewegung und Nationalsozialismus* (= VKZ, B 25), Mainz 1978, S. 72. — Über einen Aufruf des Reichsarbeiterbeirats des

Zentrums vom 8. Februar 1933: R. Morsey, *Der Untergang*... [Anm. 7], S. 102, und der Katholischen Schulorganisation: *A. a. O.*, S. 111.

17 *Westdeutscher Beobachter* [im folgenden *WB* zitiert], 9. Jg. vom 20. 2. 1933.

18 [Friedrich Facius], *Politische Geschichte in der Neuzeit*, in: Hans Patze/Walter Schlesinger (Hrsg.), *Geschichte Thüringens*, Bd. 5/2, Köln-Wien 1978, S. 506—513, besonders S. 510.

19 Angeführt bei R. Morsey, *Der Untergang*... [Anm. 7], S. 91.

20 Hugo Stehkämper (Bearb.), *Der Nachlaß des Reichskanzlers Wilhelm Marx*, T. 1 (= Mitteilungen aus dem Stadtarchiv von Köln, Bd. 52), Köln 1968, S. 147—152.

21 Karl Teppe, *Johannes Gronowski*, in: Walter Först (Hrsg.), *Aus dreißig Jahren. Rheinisch-Westfälische Politiker-Porträts*, Köln-Berlin 1979, S. 34.

22 Enthalten in: HAStK 1070/438. — Reinhold Heinen (1894—1969) wurde 1933 und am 7. 2. 1941 verhaftet und bis Kriegsende im Konzentrationslager Sachsenhausen festgehalten: *Munzinger Archiv/Internationales Biographisches Archiv*, Lieferung 38/69 vom 20. 9. 1969, sowie *Kölnische Rundschau* vom 7. 1. 1964, S. 3, u. vom 24. 7. 1969, S. 3.

23 Abschrift: HAStK 1070/32; Regest: *Widerstand und Verfolgung in Köln 1933—1945*, Ausstellung des HAStK 1974, S. 72, Nr. 64.

24 *A. a. O.*, S. 71, Nr. 62; sowie HAStK 1070/438.

25 H. Stehkämper (Bearb.), *Der Nachlaß*... [Anm. 20], S. 150 f.

26 Abgedruckt in: *Kölnische Volkszeitung* [im folgenden *KV* zitiert] vom 2. 3. 1933.

27 Bemerkenswert ist, wie Kaas, der sich selbst als Locarno-Kritiker bekennt, in der Kölner Rede im Rahmen einer Rechtfertigung der Erfüllungspolitik ebenfalls das Andenken von Stresemann verteidigte.

28 J. Aretz, *Katholische Arbeiterbewegung*... [Anm. 16], S. 75.

29 R. Morsey, *Der Untergang*... [Anm. 7], S. 129 f. — Brüning unternahm nach seiner Wahl zum Zentrumsführer am 6. 5. 1933 noch einen weiteren Verzweiflungsschritt bei Hugenberg in der Illusion, den Rechtsstaat retten zu können: *A.a.O.*, S. 185 f.

30 *Ebda.*

31 *WB* vom 2. 2. 1933, 20. 2. 1933.

32 *Der Weckruf*... [Anm. 14], S. 2. — Gegen das „Trümmerfeld" veranstaltete Wilh. Marx mehrere Sitzungen mit Studenten und Akademikern, 20. Mai 1933: H. Stehkämper (Bearb.), *Der Nachlaß*... [Anm. 20], T. 4, S. 139 f.

33 *KV* vom 2. 3. 1933.

34 R. Morsey, *Der Untergang*... [Anm. 7], S. 103 (Zitat), 209.

35 *A. a. O.*, S. 209.

36 *A. a. O.*, S. 120.

37 Zum Abschnitt 3 sieht vor allem: Konrad Adenauer [jr.], *Konrad Adenauer als Präsident des Preußischen Staatsrats*, in: Hugo Stehkämper (Hrsg.), *Konrad Adenauer — Oberbürgermeister von Köln. Festgabe der Stadt Köln zum 100. Geburtstag*, Köln 1976, S. 395—402; Rudolf Morsey, *Adenauer und der Nationalsozialismus*, in: *A. a. O.*, S. 459—462; *Widerstand*... [Anm. 23], S. 55 f., Nr. 46, S. 57, Nr. 50.

38 HAStK 902/11/1, S. 345.

39 *WB* vom 21. 2. 1933;

40 *KV* vom 2. 3. 1933.

41 *KV* vom 23. 3. 1933.

41a Kurt Düwell, *Die regionale Geschichte des NS-Staates zwischen Mikro- und Makroanalyse. Forschungsaufgaben zu „Praxis im kleinen Bereich"*, in: *Jahrbuch für westdeutsche Landesgeschichte*, 9. Jg. (1983), S. 287—344; Peter Dohms, *Literaturbericht und*

Quellenübersicht zu Widerstand und Verfolgung im Rhein-Ruhrgebiet 1933—1945, in: Ders. (Bearb.), *Flugschriften in Gestapo-Akten. Nachweis und Analyse der Flugschriften in den Gestapo-Akten des Hauptstaatsarchivs Düsseldorf*, Siegburg 1977, S. 9—143.

[42] G. May, *Ludwig Kaas*... [Anm. 10], S. 311; dazu und zum folgenden Absatz auch R. Morsey, *Der Untergang*... [Anm. 7], S. 58, 63, 82, 109, 111, 128—143; ders., *Adenauer*... [Anm. 37], S. 463—466.

[43] Herbert Hupka, *Carl Ulitzka (1873—1953)*, in: Jürgen Aretz/Rudolf Morsey/Anton Rauscher (Hrsg.), *Zeitgeschichte in Lebensbildern*, Bd. 4, Mainz 1980, S. 182.

[44] Anna Hermes, *Und setzet ihr nicht das Leben ein. Andreas Hermes*, Stuttgart 1971, S. 82; Günter Buchstab, *Andreas Hermes*, in: Jürgen Aretz/Rudolf Morsey/Anton Rauscher (Hrsg.), *Zeitgeschichte in Lebensbildern*, Bd. 1—6, Mainz 1973—1984; hier: Bd. 6 (1984), S. 107; Hermes hatte sich im September 1932 scharf gegen den Nationalsozialismus ausgesprochen und außerdem das Hissen der Hakenkreuzfahne auf dem Hause der Vereinigung der deutschen christlichen Bauernvereine verhindert.

[45] *Widerstand*... [Anm. 23], S. 54 ff.; Paul Weymar, *Konrad Adenauer. Die autorisierte Biographie*, München 1955, S. 151; zeitgenössisch: Helene Schmittmann an ihren Mann Benedikt Schmittmann am 12., 13. u. 14.3.1933 in: Alfred Kuhlmann, *Das Lebenswerk Benedikt Schmittmanns*, München 1971, S. 376—382.

[46] Analysen und Würdigungen: R. Morsey, *Der Untergang*... [Anm. 7], S. 9—16, 103, 108 f., 115 f.; K. Repgen, *Hitlers Machtergreifung*... [Anm. 10], S. 7—9, 16—25; M. Schumacher, *Zwischen ‚Einschaltung'*... [Anm. 14], S. 288 f.

[47] Zu den Zentrums-Vorstellungen einer „reformierten" oder „autoritären Demokratie": R. Morsey, *Der Untergang*... [Anm. 7], S. 50.

[48] Klaus Breuning, *Die Vision des Reiches. Deutscher Katholizismus zwischen Demokratie und Diktatur (1929—1934)*, München 1969.

[48a] Hrsg. 1983 vom Katholischen Arbeitskreis für zeitgeschichtliche Fragen beim Sekretariat der Deutschen Bischofskonferenz, Bonn.

[49] Ulrich von Hehl, *Kirche und Nationalsozialismus. Ein Forschungsbericht*, in: *Rottenburger Jahrbuch für Kirchengeschichte*, 2. Jg. (1983), S. 18—20, 22, 24; Konrad Repgen, *Zur vatikanischen Strategie beim Reichskonkordat*, in: *VfZ*, 31. Jg. (1983), S. 524; Bruno Lowitsch, *Der Kreis um die Rhein-Mainische Volkszeitung in der Auseinandersetzung mit dem Nationalsozialismus*, Wiesbaden-Frankfurt a. M. 1980, S. 100, 102.

[50] In einer Ministerbesprechung am 7. März 1933: „Was die Wähler des Zentrums und der Bayerischen Volkspartei anlange, so würden sie erst dann für die nationalen Parteien zu erobern sein, wenn die Kurie die beiden Parteien fallen lasse"; vgl. K.-H. Minuth (Bearb.), *Die Regierung Hitler*... [Anm. 12], S. 15 f., Nr. 44.

[51] Rudolf Morsey, *Das ‚Ermächtigungsgesetz' vom 24. März 1933*, Göttingen 1968 (Neudr. 1976); G. May, *Ludwig Kaas*... [Anm. 10], S. 327—381; R. Morsey, *Der Untergang*... [Anm. 7], S. 116—141, 163 f.

[52] Kennzeichnend ein Artikel von Kaas, in: *KV* vom 5.4.1933. Darin betrachtete er die Märzentscheidung der Zentrumspartei zwar als „Opfer, wie es in ihrer Geschichte wohl selten zu verzeichnen ist", würdigte dieses aber als „die realpolitisch richtige und staatspolitisch pflichtmäßige positive Haltung auch solchen Entwicklungen gegenüber", die sie [die Zentrumspartei] nicht zu verantworten hat. Für sie ist „die Mitarbeit am Staat nicht abhängig von der jeweiligen Gestaltung der Staatsform oder des Staatsregimes ... Das unleugbare Übermaß formaler Freiheiten, die überall auf dem rein staatlichen, wirtschaftlichen, sozialen und kulturellen Gebiet zu Entartungen und Schwächungen geführt haben, wird eine herbe, vorübergehend zweifellos auch übertriebene

staatliche Disziplinierung all dieser Lebensgebiete ablösen ... Die Normalisierung dieser Übergangszeit, die nicht ohne Fehlgriffe und einzelne Exzesse verläuft, und die schnelle Rekonstruktion des deutschen Staatswesens auf neuen und zukunftsgerichteten Grundlagen wird sich um so eher vollziehen, je entschlossener auch diejenigen Kräfte ihre Mitarbeit leihen, von denen die Erstlings-Initiative zu diesem revolutionären Umschwung nicht ausgegangen ist." Diese Kaas-Rede ist Ausgangsquelle der Studie von M. Schumacher, *Zwischen ‚Einschaltung'...* [Anm. 14], S. 268—303.

[53] R. Morsey, *Der Untergang...* [Anm. 7], S. 106.

[54] Heinz-Dietrich Fischer, *Die ‚Kölnische Volkszeitung' im Jahre 1932/33*, in: *Communicatio Socialis. Zeitschrift für Publizistik in Kirche und Welt*, 6. Jg. (1973), S. 27—37.

[55] Heinz Boberach (Bearb.), *Berichte des SD und der Gestapo über Kirchen und Kirchenvolk in Deutschland 1934—1944* (= VKZ, A 12), Mainz 1971, S. 32—35.

[56] *KV* vom 29. 3., 2. 4., 24. 4. 1933.

[57] HAStK 1006/856. Vollständig abgedruckt bei H.-D. Fischer, *Die ‚Kölnische Volkszeitung'...* [Anm. 54], S. 30—33.

[58] Vollständig *a. a. O.*, S. 34—36.

[59] Eine kurze Darstellung vom Görreshaus-Prozeß und des Übergangs der *Kölnischen Volkszeitung* nach Essen bei Rolf Kramer, *Kölnische Volkszeitung (1860—1941)*, in: Heinz-Dietrich Fischer (Hrsg.), *Deutsche Zeitungen des 17. bis 20. Jahrhunderts*, Pullach 1972, S. 267; Josef Hofmann, *Journalist in Republik, Diktatur und Besatzungszeit. Erinnerungen 1916—1947*, bearb. von Rudolf Morsey (= VKZ, A 23), Mainz 1977, S. 72—75. — Zur Einschätzung durch die Gestapo: W. Boberach (Bearb.), *Berichte...* [Anm. 55], S. 34 f.

[60] Klaus Martin Stiegler, *Germania (1871—1938)*, in: H.-D. Fischer (Hrsg.), *Deutsche Zeitungen...* [Anm. 59], S. 310 f. — Zur Einschätzung durch die Gestapo: H. Boberach (Bearb.), *Berichte...* [Anm. 55], S. 35.

[61] Morsey, *Der Untergang...* [Anm. 7], S. 195.

[62] Zum folgenden: B. Lowitsch, *Der Kreis...* [Anm. 49]; die Zitate *a. a. O.*, S. 20—23, 23—25, 90, 95, 98, 99 f., 126 f.

[63] *A. a. O.*, S. 12—16; Alfred Bayer, *Der kleine Volksvereinsprozeß im Dezember 1933 in Mönchengladbach. Seine Folgen für den Volksverein, die Angeklagten und die beteiligten Richter und Rechtsanwälte*, Mönchengladbach 1982.

[64] Das erkannte ebenfalls die Gestapo: H. Boberach (Bearb.), *Berichte...* [Anm. 55], S. 35 f. — Schon am 13. 3. 1933 verbot sie die Zeitschrift *Der Gerade Weg. Deutsche Zeitung für Wahrheit und Recht*, die Dr. Fritz Gerlich (1883—1934) herausgab, der verhaftet wurde: [Günter Buchstab, Bearb.], *Verfolgung und Widerstand 1933—1945. Christliche Demokraten gegen Hitler. Begleitschrift zur Ausstellung des Archivs für Christlich-Demokratische Politik 1984*, S. 44 Taf. 20.

[65] Konrad Ackermann, *Der Widerstand der Monatszeitschrift Hochland gegen den Nationalsozialismus*, München 1965; Walter Ferber, *Karl Muth (1867—1944)*, in: *Zeitgeschichte...* [Anm. 44], Bd. 1 (1973), S. 101 f.

[66] Anton Rauscher, *Gustav Gundlach (1892—1963)*, in: *A. a. O.*, Bd. 2, Mainz 1975, S. 159—176, hier S. 165 f.

[67] Gustav Gundlach, *Die katholischen Verbände*, in: *Stimmen der Zeit*, Bd. 127 (1934), S. 401 f. — Gundlach wandte sich bereits seit Jahren in den *Stimmen der Zeit* gegen den damals zeitgemäßen Totalitarismus-Gedanken. In *Konservatismus und antiliberale Konjunktur*, in: *A. a. O.*, Bd. 123 (1931/32), S. 289—299, kritisierte er Wilhelm Stapel, und Othmar Spann, im Artikel *Zur Arbeitsdienstpflicht*, in: *A. a. O.*, Bd. 124

(1932/1933), S. 56—59, die nationalsozialistische „Folgerichtigkeit, die Arbeitsdienstpflicht dem ‚totalen' Staat einzuordnen. Vom Staat herkommende allgemeine Schulpflicht, allgemeine Arbeitsdienstpflicht und allgemeine Wehrpflicht sollen die Formung und Bildung des jungen und heranreifenden Staatsbürgers so ausschließlich gestalten, daß ihm eigentlich kaum noch ‚Ferien vom Staat' bleiben ... Das Ordnungsbild von Gesellschaft und Staat sieht in katholischer Zeichnung anders aus als das eben angedeutete Bild vom ‚totalen Staat', dessen Totalität doch schließlich allein auf autoritärdiktatorischer ‚Kommandogewalt' der Staatsmacht beruht." — Vgl. ferner seine Artikel *Grundsätzliches über Partei und Parteien,* in: *A.a.O.,* S. 152f.: „Für den deutschen Katholizismus ist die positive Stellung zur einheitlichen, parteimäßigen parlamentarischen Formung und Auswirkung des politischen Willens eine Lebensfrage", *Revolution und Wirtschaft,* in: *A. a. O.,* Bd. 127 (1933/1934), S. 162—170, *Die Orden im politischen Raum,* in: *A. a. O.,* Bd. 128 (1935), S. 396—403.

68 Franz von Tattenbach, *Das entscheidende Gespräch. Zum 10. Todestag P. Alfred Delps S.J.,* in: *Stimmen der Zeit,* Bd. 155 (1955), S. 321. Roman Bleistein S J, *Alfred Delp S J (1907—1945),* in: *Zeitgeschichte...* [Anm. 44], Bd. 6 (1984), S. 50—63, hier: S. 54. — Zur Gefährdung der Jesuiten: H. Boberach (Bearb.), *Berichte...* [Anm. 55], S. 242—273; W. Wagner, *Der Volksgerichtshof...* [Anm. 9], S. 408f., 776, 778, 780.

69 Franz Kroos, *Friedrich Muckermann (1883—1946),* in: *Zeitgeschichte...* [Anm. 44], Bd. 2 (1975), S. 51.

70 *A. a. O.,* S. 60. H. Boberach (Bearb.), *Berichte...* [Anm. 55], S. 239.

71 Heinz Hürten, *Der Deutsche in Polen. Skizze einer katholischen Zeitung 1934—1939,* in: Dieter Albrecht u. a. (Hrsg.), *Politik und Konfession. Festschrift für Konrad Repgen zum 60. Geburtstag,* Berlin 1983, S. 415—446, hier S. 419. H. Boberach (Bearb.), *Berichte...* [Anm. 55], S. 240f.

72 H. Hürten, *Der Deutsche...* [Anm. 71], S. 444f. *A. a.O.,* S. 426f.

73 Heinz Hürten (Hrsg.), *Deutsche Briefe 1934—1938. Ein Blatt der katholischen Emigration,* 2 Bde (= VKZ, A 6 und 7), Mainz 1969; Heinz Hürten, *Ein Zeuge der Krise unserer Welt in der ersten Hälfte des 20. Jahrhunderts* (= VKZ, B 11), Mainz 1972.

74 Heinz Hürten, *Waldemar Gurian (1902—1954),* in: *Zeitgeschichte...* [Anm. 44], Bd. 2 (1975), S. 114—124, hier S. 119.

75 *A. a. O.,* S. 121.

76 Detlev Hüwel, *Karl Spiecker (1887—1953),* in: Walter Först (Hrsg.), *Zwischen Ruhrkontrolle und Mitbestimmung* (= Beiträge zur neueren Landesgeschichte des Rheinlandes und Westfalens, Bd. 10), Köln 1982, S. 145—177.

77 H. Boberach (Bearb.), *Berichte...* [Anm. 55], S. 37. — Es gab noch drei weitere christlich geprägte Emigranten-Organe: *Abendland. Unabhängige deutsche europäische Stimmen für christliche Gesellschaftserneuerung,* in Prag herausgegeben von Hugo Rokyta; ferner: *Die Zukunft. Ein neues Deutschland: Ein neues Europa!,* in Paris herausgegeben von Willi Münzenberg und Werner Thormann; sowie *Europa. Wochenzeitung für Tat und Freiheit,* in Paris herausgegeben von Henri Rivet; vgl. *Verfolgung...* [Anm. 64], S. 47 Taf. 29.

78 Dazu am aufschlußreichsten das Kapitel „Die unzureichende Organisation" bei: R. Morsey, *Die Deutsche Zentrumspartei...* [Anm. 8], S. 583—598; ferner K. Repgen, *Hitlers Machtergreifung...* [Anm. 10], S. 16; R. Morsey, *Der Untergang...* [Anm. 7], S. 14f., 18f., 166; J. Aretz, *Katholische Arbeiterbewegung...* [Anm. 16], S. 73; H. Stehkämper (Bearb.), *Der Nachlaß...* [Anm. 20], T. 4, S. 139.

79 Wolffs Telegraphisches Büro (W.T.B.), Nr. 1596 vom 1.7.1933.

[80] Beate Höfling, *Katholische Friedensbewegung zwischen zwei Kriegen. Der ,Friedensbund Deutscher Katholiken' 1917—1933,* Waldkirch 1979, S. 262—289.

[81] B. Lowitsch, *Der Kreis*... [Anm. 49], S. 24, 27.

[82] Zur *Jungen Front* vgl. Klaus Gotto, *Die Wochenzeitung Junge Front/Michael. Eine Studie zum katholischen Selbstverständnis und zum Verhalten der jungen Kirche gegenüber dem Nationalsozialismus* (= VKZ, B 8), Mainz 1970.

[83] Franz H. Mueller/Therese J. Mueller, *Vor sechs Jahrzehnten,* in: Paulus Gordan (Hrsg.), *Um der Freiheit willen. Eine Festgabe für und von Johannes und Karin Schauff zum 80. Geburtstag,* Pfullingen 1983, S. 268.

[84] Bernhard Stasiewski, *Karl Heinrich Schäfer,* in: *Historisches Jahrbuch,* 62.—69. Jg. (1942—1949), S. 985—987.

[85] Hugo Stehkämper, *Benedikt Schmittmann (1872—1939),* in: *Zeitgeschichte*... [Anm. 44], Bd. 6 (1984), S. 29—49, hier: S. 43 ff.

[86] Ludwig Volk, *Das Reichskonkordat vom 20. Juli 1933. Von den Ansätzen in der Weimarer Republik bis zur Ratifizierung am 10. September 1933,* Mainz 1972 (= VKZ, B 5), Mainz 1972, S. 135—138, 151—162.

[87] Heinrich Küppers, *Der Katholische Lehrerverband in der Übergangszeit von der Weimarer Republik zur Hitlerdiktatur. Zugleich ein Beitrag zur Geschichte des Volksschullehrerstandes* (= VKZ, B 18), Mainz 1975.

[88] Marilone Emmerich, *Maria Schmitz (1875—1962),* in: *Zeitgeschichte*... [Anm. 44], Bd. 3 (1979), S. 216—219; Elisabeth Mleinek, *Der Verein katholischer deutscher Lehrerinnen im Kampf gegen den Nationalsozialismus,* in: Gertrud Ehrle (Hrsg.), *Licht über dem Abgrund. Aufzeichnungen und Erlebnisse christlicher Frauen 1933—1945,* Freiburg 1951, S. 47—58. — Beispiele der Verweigerung aus Trier: *Verfolgung*... [Anm. 64], S. 48 Taf. 34.

[89] Heinz-Albert Raem, *Katholischer Gesellenverein und die Deutsche Kolpingsfamilie in der Ära des Nationalsozialismus* (= VKZ, B 35), Mainz 1982, bes. S. 26—149, 209—239.

[90] Zu Theodor Babilon (1899—1945): *A.a.O.,* S. 232 (Anm. 83); zu Heinz Richter: Ulrich von Hehl, *Katholische Kirche und Nationalsozialismus im Erzbistum Köln 1933—1945* (= VKZ, B 23), Mainz 1977, S. 236 (Anm. 336). Über beide: *Widerstand*... [Anm. 23], S. 388—398.

[91] J. Aretz, *Katholische Arbeiterbewegung*... [Anm. 16], bes. S. 45 f., 56, 77 f., 81, 92—96, 102—104, 117—128, 140—147, 195 f., 239; vgl. ders., *Katholische Arbeiter gegen Hitler. Zur Auseinandersetzung zwischen KAB und Nationalsozialismus,* in: Monika Kringels-Kemen/Ludwig Lemhöfer (Hrsg.), *Katholische Kirche und NS-Staat. Aus der Vergangenheit lernen?,* Frankfurt a. M. 1981, S. 51—67; ders., *Katholische Arbeiterbewegung (KAB) im Dritten Reich,* in: Klaus Gotto/Konrad Repgen (Hrsg.), *Die Katholiken und das Dritte Reich,* Mainz 1983, S. 86—100. Zitiert wird im folgenden nach der zuerst angegebenen Arbeit. — Zur Einschätzung durch die Gestapo: H. Boberach (Bearb.), *Berichte*... [Anm. 55], S. 153—156, 163—170.

[92] R. Morsey, *Der Untergang*... [Anm. 7], S. 140, 150.

[93] J. Aretz, *Katholische Arbeiterbewegung*... [Anm. 16], S. 92—96; H.-A. Raem, *Katholischer Gesellenverein*... [Anm. 89], S. 91—98.

[94] Anders bei Kolping: H.-A. Raem, *a.a.O.,* S. 137 f.

[95] J. Aretz, *Katholische Arbeiterbewegung*... [Anm. 16], S. 140 mit Anm. 258; H. Boberach (Bearb.), *Berichte*... [Anm. 55], S. 166.

[96] J. Aretz, *Katholische Arbeiterbewegung*... [Anm. 16], S. 229—232.

[97] Elfriede Nebgen, *Jakob Kaiser. Der Widerstandskämpfer,* Stuttgart-Berlin-Köln-Mainz 1970, S. 15, 42 f., 80, 110, 162—164.

[98] Versuch einer graphischen Darstellung dieses Oppositions-Kreises in: *Verfolgung*... [Anm. 64], S. 24.

[99] Walther Hensel, *3 x Kommunalpolitik 1926—1964. Ein Beitrag zur Zeitgeschichte,* Köln-Berlin 1970, S. 33 f., 39, 52; E. Nebgen, *Jakob Kaiser*... [Anm. 97], S. 45 f., 72 f.; Detlev Hüwel, *Karl Arnold. Eine politische Biographie,* Wuppertal 1980, S. 53—60; Edmund Forschbach, *Edgar J. Jung. Ein konservativer Revolutionär,* Pfullingen 1984, S. 134—148.

[100] Edith Ennen/Dietrich Höroldt, *Vom Römerkastell zur Bundeshauptstadt. Kleine Geschichte der Stadt Bonn,* 3. Aufl., Bonn 1976, S. 325; E. Nebgen, *Jakob Kaiser*... [Anm. 97], S. 45, 56, 61, 82, 106.

[101] J. Aretz, *Katholische Arbeiterbewegung*... [Anm. 16], S. 205, 229.

[102] Jürgen Aretz, *Otto Müller (1870—1944),* in: *Zeitgeschichte*..., [Anm. 44], Bd. 3 (1979), S. 191—203. — Im Gefängnis sah ihn noch Andreas Hermes: A. Hermes, *Und setzet*... [Anm. 44], S. 129.

[103] Jürgen Aretz, *Nikolaus Groß (1898—1945),* in: *Zeitgeschichte*... [Anm. 44], Bd. 4 (1980), S. 159—171.

[104] J. Aretz, *Katholische Arbeiterbewegung*... [Anm. 16], S. 155, 201, 236 f.

[105] *A.a.O.*, S. 233. — Jürgen Aretz, *Hermann-Josef Schmidt (1896—1964),* in: *Zeitgeschichte*... [Anm. 44], Bd. 6 (1984), S. 115—126, hier: S. 120 f.

[106] Angeführt bei: H.-A. Raem, *Katholischer Gesellenverein*... [Anm. 89], S. 184.

[107] H. Boberach (Bearb.), *Berichte*... [Anm. 55], S. 15—17, 152—195; J. Aretz, *Katholische Arbeiterbewegung*... [Anm. 16], S. 200 f.

[108] H. Boberach (Bearb.), *Berichte*... [Anm. 55], S. 166. — Auch bei der Charakterisierung von Personen — z. B. Könzgen — unterließ die Gestapo es nicht, einer früheren Zentrums-Zugehörigkeit Gewicht beizumessen.

Die Illusion der konservativen Alternative

AXEL SCHILDT
Hamburg

I

Illusionen und falsche Einschätzungen der Stärke der Hitler-Bewegung sind bei den Protagonisten aller politischen Richtungen aufzufinden. Vor und nach dem Triumphmarsch der braunen Kolonnen durch das Brandenburger Tor in Berlin am 30. Januar 1933 wurde die NSDAP nicht selten als politischer Leichnam charakterisiert. Bekannt ist Rudolf Hilferdings falsche Voraussage im Januar 1933, die faschistische Gefahr sei endgültig überwunden; in der Kommunistischen Partei gab es Hoffnungen, die Hitler-Diktatur werde sich nur als kurzer Durchgangsweg zum sozialistischen Rätestaat erweisen („danach kommen wir"), und auch viele Prognosen der zahlreichen sozialistischen und linksdemokratischen Intellektuellenzirkel von der *Weltbühne* bis zum *Anderen Deutschland* erwiesen sich als illusorisch. Man kann geradezu fast die gesamte zeitgenössische Reaktion auf die Nazibewegung als Folge von Fehlbeurteilungen und damit Selbsttäuschungen darstellen.[1]

Vor diesem Hintergrund ist nach der Besonderheit konservativer Illusionen zu fragen, denn die Unterschätzung der Dynamik und Stabilität der NS-Bewegung und der Entschlossenheit ihrer Führung, die Regierungsgewalt in ihrem Sinne zu nutzen, war allgemein. Dazu sind zunächst einige Bemerkungen über den Konservatismus nach 1918 notwendig. Zwei Diskussionsfelder sind dabei analytisch zu trennen und aufeinander zu beziehen. Den ersten Bereich kann man mit dem Begriff der „politischen Kultur"[2] erfassen. Er umschreibt (vor-)politische und programmatische Mentalitäten und Grundwerte des Zwischenkriegskonservatismus. Dazu gehörten ein durch die Weltkriegsniederlage mit ihren Folgen übersteigerter und radikalisierter Nationalismus, der antisemitische Tendenzen durchaus einschloß; prinzipielle Ablehnung des demokratisch-parlamentarischen Systems, das als „undeutsch" und „artfremd" diffamiert wurde, wie überhaupt die Revolution von 1789 als Quelle allen modernistisch-rationalistischen Übels in der Politik galt; Verherrlichung militärischer Normen wie Gehorsam, Disziplin, Tapferkeit und Treue auch im zivilen Leben als obrigkeitsstaatliche Orientierung; Todfeindschaft gegenüber der marxistischen Arbeiterbewegung, ob nun sozialdemokratischer oder kommunistischer Provenienz. Dieser Katalog von jeweils unterschiedlich kombinierbaren Versatzstücken rechtfertigt es, die Weimarer Republik als von ihren Eliten her stark konservativ geprägtes Gemeinwesen zu charakterisieren — man denke an gesellschaftliche Sektoren wie Militär, Justiz, Kirchen, Schulen und Hochschulen, in denen entsprechende Mentalitäten nahezu konkurrenzlos das Feld beherrschten.

Dieses programmatisch-mentale Feld ist zu trennen von der deskriptiv verstandenen historischen Real-Kategorie „konservativ", die auf das so bezeichnete politische Spektrum abzielt: politische Kräfte vorrangig in protestantischen Bevölkerungskreisen, für die neben einer spezifisch protestantisch-konfessionellen Färbung der positive Bezug auf preußische Traditionen charakteristisch war, also Deutschnationale Volkspartei, Stahlhelm, konservative Intellektuellenzirkel, Splittergruppen etc.[3] Die zeitweilige Stärke dieses politischen Konservatismus ist zum Teil erklärbar durch die intensive Präsentation der genannten konservativen Werte im erfahrungsgesättigten Rahmen von Alltagsbeziehungen besonders auf dem Lande, aber auch in der Stadt. Beachtenswert erscheint, daß auch die NS-Bewegung sich aus diesen Verhältnissen rekrutierte. Ob man so weit gehen kann, sie als „ein echtes, durch die Kontinuität der Gedanken und Einstellungen klar identifizierbares Phänomen des Konservatismus"[4] zu charakterisieren, sei dahingestellt. Die Geschichte des Aufstiegs der Hitler-Partei vor dem Hintergrund des konservativen Münchener Klubwesens, ihrer Subventionierung durch Reichswehr und einzelne Unternehmer und der schließlichen Verleihung nationaler Dignität durch die Deutschnationale Volkspartei und die Scherl-Presse im Rahmen der Bewegung gegen den Young-Plan am Vorabend der Weltwirtschaftskrise weisen unzweifelhaft auf die enge Verbindung zwischen dem politischen Konservatismus und der NSDAP hin.

Diese „Gemengelage" von Konservatismus und NS-Bewegung ist als Hauptquelle der zentralen Illusion konservativer Gruppen anzusehen, sie könnten Hitler und die NSDAP „zähmen", sie für eigene Zwecke benutzen. Der Zähmungsbegriff ist immer dann benutzt worden, wenn vom Ziel eines konservativen, autoritär-diktatorischen Regimes die Rede war, das ohne die Nazipartei nicht erreichbar schien, in dem diese aber keine zentralen Funktionen ausüben sollte. Dies war die einzige mögliche konservative Alternative zur NS-Herrschaft: die alte, massenverachtende Idee des *Camelot de Roi*, mit dessen Posten Hitler selbst sich ja zu Beginn seiner Laufbahn bekanntlich noch zufrieden erklärt hatte, der die Massen hinter einem Kabinett konservativer Fachleute zu sammeln hatte. Warum dies illusorisch war, wird zu erläutern sein.

Angesichts der Kräftekonstellation, wie sie seit 1930 bestand, verdienen jedenfalls alle Versuche, konservative Strategie bündnisunabhängig von der faschistischen Bewegung zu denken, angesicht ihrer Realitätsferne kaum das Etikett einer „Alternative"; dies gilt etwa für die weltfremden Verfassungspläne des Papenschen Innenministers v. Gayl im Herbst 1932. Abgegrenzt werden muß der Begriff der konservativen Alternative aber auch von Ansätzen, sich aus taktischen, von Opportunismus nicht immer zu unterscheidenden Gründen der Nazipartei anzuschließen und in ihr für konservative Ziele zu arbeiten. Organisierende politische Kraft konnten solche individuellen Entschlüsse nicht entfalten. Die weit verbreitete konservative Scheu, die Regierungsgewalt direkt an Hitler auszuliefern, entstand — das muß betont werden — nicht aus demokratischen Skrupeln. In der Verachtung des Weimarer Systems ließen sich Konservative ungern übertreffen. Oft ziehen sie die Nazis ob ihrer Wahlerfolge sogar der parlamentarischen Sünde. Die Vorbehalte gegen die Nazis rührten eher daher, daß deren Nationalismus, „eine an sich gesunde Reaktion des Volkskörpers" (Holtzendorff), in Verbindung mit der hemmungslosen sozialen Demagogie Ängste weckte. Der Hausphilosoph des Reichswehrministeriums, Erich Marcks, kleidete dies nach dem ersten großen Wahlerfolg der NSDAP 1930 in die bange Frage: „Wohin aber gehen diese aufgewiegelten Massen, wenn ihre sozialen Aspirationen nicht erfüllt werden? Wird eine neue Gemeinschaftsgesinnung aus dieser Bewegung geboren, die in erster Linie das eigene Selbst der Gemeinschaft unterwirft? Oder wird nur der Haufen der Kommunisten verstärkt?"[5]

Diese Frage blieb auch in den folgenden Jahren, bis 1934, der Stachel konservativen Mißtrauens gegen den deutschen Faschismus, trotz aller beschwichtigenden Stellungnahmen Hitlers für das Privateigentum, für Preußen, für die Armee — kurz: für alles, was Konservativen lieb und teuer war. Viele Konservative waren schließlich geneigt, Hitler und besonders Strasser als „Garanten der Vernunft" in der NSDAP zu vertrauen, das Mißtrauen und die Zweifel gegenüber den faschistischen Anhängern und Unterführern aber wollte sich nicht legen und flackerte immer wieder auf, vor der Machtübernahme zuletzt angesichts der Streik- und Terrorwelle im Herbst 1932. Genährt wurde dieses Mißtrauen auch durch eine bis in das zweite Jahr der NS-Herrschaft hinein nicht geklärte wirtschaftspolitische Programmatik. All dies machte im Unternehmerlager, im Staatsapparat und bei konservativen Eliten einen unsoliden Eindruck, wirkte verunsichernd. So wurde von hier eine konservative Alternative zum Führungsanspruch der NSDAP unterstützt, allerdings stets unter zwei Voraussetzungen: Zum einen mußten Erfolge der konservativen Strategie bei der „Integration" der Nazibewegung garantiert sein, zum anderen sollte die Ausschaltung aller parlamentarisch-demokratischen Elemente gewährleistet werden.

Besonders im Kabinett v. Papen fällt die Schwäche der konservativen Position gegenüber der faschistischen Bewegung geradezu atmosphärisch auf: hier das verkalkte „Herrenreiterkabinett", dort die „junge", „nationale Freiheitsbewegung der Rechten", wie Papen selbst im Honigmond der gegenseitigen Beziehungen die NSDAP titulierte. Aber dieser Honigmond währte eben nur bis zur Erfüllung der Bedingungen, die für die Tolerierung dieser Präsidialregierung durch die Nazipartei ausgehandelt worden waren: Aufhebung der ohnehin wenig wirksamen Beschränkungen des Straßenterrors von SA und SS, Neuwahlen zum Reichstag und Schleifen der letzten ernstzunehmenden Weimarer Bastion, der sozialdemokratisch geführten Koalitionsregierung in Preußen. Beide Partner dieses Tolerierungsabkommens wußten, daß nach Erreichen dieser Ziele — die Gleichschaltung Preußens war eine Forderung aller rechten Gegner der Weimarer Demokratie und keine spezifische NS-Forderung — das Problem der Integration der NSDAP sich neu stellen würde.

Am 13. August 1932 ging das labile Einvernehmen zwischen Konservativen und NSDAP in ein schweres Zerwürfnis über, als Hindenburg sich weigerte, Hitler zum Kanzler zu ernennen. Papens Tage waren damit gezählt; der beschriebenen Aufgabe, die NS-Bewegung zu integrieren, schien er aus konservativer Sicht nicht gewachsen. Umgekehrt hatten schon die wenigen Tolerierungswochen der NSDAP gezeigt, welche Gefahren ihrem Masseneinfluß drohten, wenn sie allzu offensichtlich gemeinsame Sache mit der konservativen Regierung machte, deren brutale Wirtschafts- und Sozialpolitik nach den Leitlinien der Unternehmerverbände in der Bevölkerung Verbitterung auslöste. Die Sozialdemokraten begannen etwa, die Braunhemden der SA als „Notverordnungsjacken" zu verlästern.[6] Für das Regime eines von Papen Trommler zu sein, hätte auf längere Dauer bedeutet, die eigene Bewegung schrumpfen zu sehen. Auch von dieser Seite aus mußte der Weg zumindest einer derartigen konservativen Politik als nicht gangbar erscheinen.

II

Seit dem August 1932 wurde verstärkt die letzte und vielleicht einzig realistische konservative Alternative ins Auge gefaßt, von der Richard Löwenthal bemerkte, sie sei ein „Plan für einen Zirkusakt" gewesen, bei dem die Akteure allerdings dann im letzten Moment nicht bereit gewesen wären, „den Sprung zu wagen".[7] Dieser Plan, der hier nur in den strategischen Grundlinien umrissen werden soll,[8] ist geknüpft an die Person des letzten Reichskanzlers vor Hitler, General von Schleicher. Dabei muß zunächst betont werden, daß Schleicher und die ihn unterstützenden Kräfte weit eher noch konservativ im oben skizzierten Sinne waren als Papen und dessen Vertraute, nicht nur in konfessioneller Hinsicht, sondern vor allem im Zugehörigkeitsgefühl zu preußischen Traditionen. Der Nachlaß Schleichers enthält viele Hinweise auf seine enge Verbindung mit der deutschkonservativen Opposition in der DNVP seit dem Beginn der Weimarer Republik. Auch bei Schleichers Konzept handelte es sich um eine konservative Alternative im Sinne der „Zähmung" der Nazibewegung. Behauptungen, die besagen, Schleicher habe die NSDAP spalten oder gar vernichten wollen, sind unbewiesen. Damit hätte er sich selbst den Boden entzogen, und dieses typisch konservative Dilemma war auch ihm bewußt.

Die Reichswehrspitze um Schleicher kann durchaus als entscheidende Triebkraft der Entdemokratisierung, des Übergangs zum Notverordnungssystem nach 1930 angesehen werden. Es ist belegt, daß damit operative Handlungsmuster realisiert wurden, die bereits in den „ruhigen" Jahren der Weimarer Republik detailliert ausgearbeitet waren und der seit 1918 festgelegten Maxime entsprachen, nach Wiederherstellung der „Staatsautorität" und der wirtschaftlichen Konsolidierung zur Wiedererringung außenpolitischer Macht und zum Wiederaufbau einer modernen Armee überzugehen.[9] Nur die Ausschaltung parlamentarischer Kontrollmöglichkeiten und in dieser Sicht retardierender politischer Parteien, vor allem aber der Sozialdemokratie, vermochte diese Entwicklung zu sichern. Insofern hatte die Reichswehr schon von daher ein vehementes Interesse an konservativ-autoritärer Staatsführung und besonders an der Gleichschaltung Preußens. Spekulationen darüber, ob die SPD durch ein konstruktiveres Verhalten gegenüber der Reichswehr deren Zielsetzungen hätte ändern können, erscheinen vor diesem Hintergrund müßig. Die Reichswehr war der entscheidende konservative Machtfaktor und damit Ausgangspunkt der konservativen Alternative. Entsprechend war, was wenig beachtet wird, die Militarisierung aller Lebensbereiche von der Schule bis zur Medienlenkung — Carl von Ossietzky wurde vor 1933 eingekerkert —, der neben dem eruptiven Wachstum der faschistischen Bewegung entscheidende politische Wesenszug der Jahre vor der Nazidiktatur.

Bei aller Einigkeit mit anderen „Zähmern" über die Notwendigkeit einer autoritären Staatsführung — nach den Worten Hugenbergs die alleinige Garantie des „inneren Friedens"[10] — als Vorbedingung außenpolitischen Wiederaufstiegs gab es allerdings bei der Reichswehr einen spezifischen *horror vacui* vor einer Lösung, die den politischen Stimmungen der Bevölkerung nicht Rechnung trug. Die Tradition solcher militärischen Sensibilität für das Erfordernis eines sozial harmonisierten „Hinterlandes" ist zwar älter als die Erfahrung der Weltkriegsniederlage, war aber durch diese noch vertieft worden. Ständig wurde nach 1918 die innige Verbundenheit von Militär und Volk als einzige Möglichkeit „nationaler Gesundung" beschrieben. In vielfältigen Beschwörungen der Synthese von „Preußentum und Sozialismus" (Spengler) oder Varianten eines „konservativen Sozialismus" (Wichard v. Moellendorff) fand diese Sensibilität ihren zeitgemäßen Ausdruck.

Neben fanatischen Interessewaltern des kapitalistischen Wirtschaftssystems wie Hugenberg, die sich dieser Terminologie gelegentlich zu demagogischen Zwecken bedienten — Papen war in diesem Punkt zurückhaltender — gab es allerdings auch Konservative, für die „preußischer Sozialismus" mehr bedeutete als leere Propaganda. Für sie stand fest, daß großkapitalistische Profitmaximen zurückzutreten hatten gegenüber den Aufgaben der Nation, die letztlich in militärischer Ratio begründet gesehen wurden. Im Ersten Weltkrieg hatten diese Ansichten in Diskussionen um eine Beschneidung der großindustriellen Kriegsgewinne Konturen gewonnen.[11] In dieser Tradition fußte die Reichswehrführung um Schleicher, befanden sich die mit ihm in engem Kontakt stehenden, aus der DNVP am Vorabend und zu Beginn der Weltwirtschaftskrise ausscherenden konservativen Personen (Schulenburg, Schlange-Schöningen, Gereke u. a.) und Grüppchen, jene „Offiziere ohne Soldaten", darauf berief sich der Intellektuellenzirkel um die *Tat*, von der im Zenit ihres Einflusses 1931/32 etwa 30 000 Exemplare gedruckt wurden.[12]

Bei allen Unterschieden in Randfragen läßt sich als realer programmatischer Kern bei dieser Strömung des deutschen Konservatismus nach 1918, die ich im folgenden als „sozialkonservativ" bezeichnen werde — ihre Vertreter nannten sich auch „volkskonservativ" und zum Teil „konservativ-revolutionär" —, die Einsicht herausschälen, daß man um Eingriffe in die Verfügungsgewalt des privaten Kapitals der entscheidenden Wirtschaftssektoren nicht herumkommen würde, wenn der Übergang zu außenwirtschaftlicher und außenpolitischer Expansion gelingen sollte. Symptomatisch ist ihre Befürwortung der Verstaatlichung der „Vereinigten Stahlwerke", von Eingriffen in das Bankenwesen und der Aufsiedlung des Landes bankrotter Großgrundbesitzer. Ein einfaches Zurück zum „alten Kaiser" wurde als unrealistisch angesehen, der Kapp-Putsch war von vielen Sozialkonservativen nicht unterstützt und sein Ausgang als Beweis für die Angemessenheit dieser Einsicht beurteilt worden.[13] So ist Schleichers Erklärung in einer Rundfunkrede im Juli 1932 durchaus ernstzunehmen, die Reichswehr sei weder „eine Schutzmacht irgendwelcher Klassen oder Interessenten", noch wolle sie „überlebte Wirtschaftsformen oder unhaltbare Besitzverhältnisse decken".[14] Angesichts der schweren Wirtschaftskrise, der weitverbreiteten „antikapitalistischen Sehnsucht" (Gregor Strasser) in der Bevölkerung und der ständig mobilisierten Erinnerung an die „Ideen von 1914" (Plenge) konnte Schleicher mit solchen Absichtsbekundungen durchaus auf Zuspruch rechnen.

Zugleich ergab sich eine Kongruenz mit nationalsozialistischen Bemühungen, die sich gleichermaßen gegen den „absterbenden" Kapitalismus und den „materialistischen" Sozialismus richtende Stimmung mit Kritik am „bürgerlichen" und „verkalkten" Honoratiorenkonservatismus aufzufangen — eine Kongruenz, die offensichtlich von der NSDAP seit Jahren beachtet wurde und Ansatzpunkte für eine gemeinsame Strategie enthielt. Besonders Gregor Strasser hatte diese Affinität betont, und Polemik gegen die Reichswehrführung ist, wie man im Rückblick feststellen kann, von der NSDAP in den letzten Jahren vor 1933 offensichtlich mit Bedacht vermieden worden. So wie der militärpolitisch sensibilisierte Sozialkonservatismus die NS-Bewegung als begrüßenswerte Erscheinung auffaßte, wurde die Verbindung von konservativem Sozialismus und militärpolitischer Ratio auch in der NSDAP vertreten. Deutlich wurden die hier skizzierten Zusammenhänge von Gregor Strasser im Reichstag 1928 ausgesprochen:

„Wir Nationalsozialisten sind Militaristen vom Scheitel bis zur Sohle. Wir sind Militaristen, weil wir Nationalisten und weil wir Sozialisten sind. Nationalisten sind wir in der brutalen Erkenntnis, daß die Weltpolitik heute und immer als ihr natürliches Grundgesetz nur das Recht des Stärkeren kennt, das über den Schwachen, über den Feigen, über den, der sich nicht verteidigen will, herrscht und siegt. ... Wir sind Militaristen, weil wir Sozialisten sind. Deutsche Sozialisten, weil wir wissen, Deutschland muß frei sein ..., damit es in der Freiheit seiner Nation die soziale Revolution vorbereiten und durchführen kann."[15]

Und auch das sozialkonservative Mißtrauen gegen ein auf Kosten der „nationalen" Erfordernisse sich bereicherndes Großkapital fand in faschistischen Gedankengängen seine Entsprechung. Für Gregor Strasser galt es als ausgemacht, daß die Industrie „die nationalen Erfordernisse nur bis zu dem Punkt vertritt, bis zu dem ihre eigenen Interessen, ihre wirtschaftlichen Interessen parallel damit gehen, und daß sie die sozialen Forderungen sofort bekämpft, wenn sie an das Gewinninteresse stoßen".[16] Man kann also feststellen, daß bei gleicher Problematik des entscheidenden Führungsanspruchs für eine (sozial-)konservative Alternative inhaltlich tragfähige Ansatzpunkte zur faschistischen Gedankenwelt bestanden.

III

Aber nicht nur in dieser Hinsicht bestand hier ein weitreichenderes Problembewußtsein als bei solchen Konservativen, denen — wie Hugenberg — alle „staatssozialistischen" Überlegungen zutiefst verdächtig waren. Die politische Entwicklung in der Weltwirtschaftskrise hatte gezeigt, daß eine Integration wichtiger Bevölkerungsteile, vor allem städtischer Arbeiterbevölkerung, von der NSDAP nicht geleistet werden konnte. Die faschistische Bewegung machte zwar rasche Fortschritte, aber die Arbeiterparteien SPD und KPD erwiesen sich in Wahlen zusammengenommen als stabil. Zwar hatte überhaupt erst die nicht rückgängig zu machende politische Spaltung der Arbeiterbewegung die beschleunigte Entdemokratisierung als relativ risikolos erscheinen lassen, für die endgültige Fundierung und Stabilisierung des „autoritären Staates" aber mußten mindestens breite Teile der Arbeiterbewegung positiv integriert werden. Wenn wie bei allen anderen Konservativen und der NSDAP auch die stufenweise politische Ausschaltung der SPD als unumkehrbarer Prozeß vorangetrieben wurde, so blieb als Möglichkeit eine Integration der *Gewerkschaften* in den künftigen Staat. Dies sollte gleichzeitig die Sozialdemokratie ihrer Substanz berauben, die nicht zu Unrecht in erster Linie in ihrem gewerkschaftlichen Rückhalt gesehen wurde. In Umrissen wurde sichtbar, daß die SPD auf diese Weise „eleganter" als in anderen Denkmodellen ausgeschaltet werden könnte — ein Ziel, in dem sich Konservative und Faschisten wiederum einig waren.

Ansatzpunkte für eine entsprechende Strategie boten Entfremdungserscheinungen zwischen Sozialdemokratie und Freien Gewerkschaften. Die innerhalb der Gewerkschaftsbewegung vorgenommene sukzessive Zurücknahme der 40-Stunden-Woche zugunsten eines Arbeitsbeschaffungskonzepts im nationalen Rahmen[17] vor dem Hintergrund nationalistischer und militärfreundlicher Stimmungen auch und vor allem in der Gewerkschaftsspitze hatte zu erheblichen Differenzen mit dem SPD-Parteivorstand geführt. Eine konservative Alternative sah sich entsprechend vor die Aufgabe gestellt, diese aufbrechenden Gräben systematisch zu verbreitern. Der markante öffentliche Auftakt dieser Bemühungen ist bekannt: die Rede Gregor Strassers am 10. Mai 1932 im Reichstag. Sie enthielt eine Verbeugung vor den Gewerkschaften und gleichzeitig eine Invektive gegen den „Juden Hilferding". Diese Rede war verfaßt worden von einem Mitglied des Schleicher nahestehenden *Tat*-Kreises, der in den folgenden Wochen und Monaten vielfältige Kontakte zwischen Gewerkschaftsfunktionären, Angehörigen der Strasser-Richtung in der NSDAP, Vertretern der politischen Spitze des Reichswehrministeriums und wichtigen Repräsentanten des sozialkonservativen Lagers (z. B. Lübbert oder Gereke) vermittelte.

Es ist viel über die genauen Abläufe dieser Kontakte gerätselt und gestritten worden. Unbestritten ist ihr materielles Ergebnis: eine, wenn auch lockere, Institutionalisierung dieser Kontakte. Dies betraf einmal das Arbeitsbeschaffungsprogramm des Gereke-Kreises, welches — auch im Volumen — dem Woytinski-Tarnow-Baade-Plan (WTB-Plan) der Gewerkschaften recht nahe kam; zum zweiten gelang es, mit Vertretern der Wehrorganisationen SA, Stahlhelm und Reichsbanner — letztere mit Wohlwollen der ADGB-Spitze und gegen den ausdrücklichen Willen des SPD-Parteivorstandes[18] — in Fragen der vormilitärischen Ausbildung und des Arbeitsdienstes zu kooperieren. In Umrissen entstand hier die sogenannte „Querfront": Unterstützung einer sozialkonservativ akzentuierten autoritären Regierung des Militärs durch die faschistische Bewegung, ADGB (und andere Gewerkschaften), die Wehrverbände der Parteien und ständische Organisationsstrukturen.

Nachdem ein von der Reichswehrführung Ende November 1932 inszeniertes Planspiel eindrücklich demonstriert hatte, daß das autoritäre Regime Papens den Staat dem Untergang im Bürgerkrieg entgegenführen würde, kam die Stunde der Regierung Schleicher und damit der letzten konservativen Alternative. Was war daran, wenn man sich ihr Scheitern vergegenwärtigt, illusorisch?

Auffallend ist jedenfalls beim Überblick über die Publizistik der an einer solchen Querfront interessierten Kräfte[19] der Anteil von Wunschdenken. Es wurde zwar vehement ein „Wesensunterschied" zwischen Gewerkschaften und Sozialdemokratie behauptet, aber das real viel komplexere Verhältnis zwischen diesen beiden Elementen der Arbeiterbewegung wurde nicht wirklich analysiert. Ebensowenig wurden nüchtern die Konstellationen diskutiert, die in der NSDAP einer solchen Lösung entgegenstanden. Man hielt sich nicht lange auf mit Leuten wie Göring, Schacht oder Reupke, die gegen eine sozialkonservative Lösung mit allen Mitteln kämpften. Dem Problem der faschistischen Führerlogik, nach der die NSDAP ohne Aufgabe ihres Charakters überhaupt nicht auf den Reichskanzlerposten verzichten konnte, glaubte man mit einer kunstvollen, nicht eben realistischen Konstruktion begegnen zu können. Danach sollte Hitler der sozusagen unbefleckte theologische Führer des Faschismus bleiben, Strasser hingegen unabhängig davon in den Niederungen der Politik als Vizekanzler unter Schleicher „pragmatische" Politik treiben.[20]

Der umrissene Voluntarismus beschränkte sich aber nicht nur auf die Konstruktion der beiden wichtigsten Stützpfeiler dieser Querfront. Die Widerstände aus dem eigenen Lager glaubte man mit dem mächtigen antikapitalistischen Geist der Zeit leichthin wegfegen zu können. Die Widerstände gegen öffentliche Arbeitsbeschaffungsmaßnahmen, Verstaatlichungen, Agrarreformen im Osten — in adligen Großgrundbesitzerkreisen hieß dies bekanntlich „Agrarbolschewismus" — waren dann allerdings viel stärker als angenommen; vor allem aber mißfiel den Vertretern eines konservativ-deutschnationalen Herr-im-Hause-Standpunktes die Heranziehung auch noch so kooperationswilliger Gewerkschaften. Eine „italienische Lösung" erschien besonders bei vielen Schwerindustriellen weithin als die sympathischere, da sie eher den Abbau der sozialpolitischen Lasten zu garantieren schien.

Die skizzierte sozialkonservative Alternative wurde deshalb unter Konservativen vielfach nur als *ultima ratio* angesichts einer verzweifelten politischen Situation begriffen, die man aber nicht dauerhaft zu dulden bereit war.[21] Und insofern kam der Durchbruch der sozialkonservativen Alternative zur Regierungsgewalt sowohl zu früh als auch zu spät. Zu früh, weil die unterstützende „Querfront" erst in Bildung begriffen war und im Kabinett Schleicher bis auf Ausnahmen die konservativen Minister der vorherigen Regierung Platz nahmen; zu spät, weil bereits sichtbar wurde, daß der Tiefpunkt der wirtschaftlichen Krise erreicht und zum Teil durchschritten war. Statt Kriseneindämmung in höchster Not beschäftigte konservative Gemüter schon wieder die Frage, wie der erreichte Stand des Demokratie- und Sozialabbaus vom Beefsteak- auf den Reisstandard risikolos in der Phase des nahenden Aufschwungs erhalten werden könnte.

Zugleich bewegte viele Konservative die Sorge um einen möglichen Zerfall der NSDAP, die in den Novemberwahlen 1932 immerhin zwei Millionen Stimmen verloren hatte. Der anscheinend drohende Niedergang der faschistischen Bewegung aber hätte nicht nur die konservative Präsidiallösung ihres Rückgrats beraubt, auch die intransigente Führerclique der Faschisten, in diesem Punkt unterstützt von „Männern der Wirtschaft" wie Schacht und Thyssen, konnte mit Hinweis auf die drohenden Gefahren nun erst recht auf der Auslieferung des Kanzlerpostens an Hitler bestehen. Nachdem Strasser Anfang Dezember 1932 gescheitert war und die sozialkonservative Linie in der NSDAP Schiffbruch erlitten hatte, bestanden als Geschäftsgrundlage für den Querfrontplan bereits keine Voraussetzungen mehr.

IV

Illusionär war — so scheint es — diese letzte konservative Alternative weniger in Zielen und Mitteln als in dem Zeitpunkt, zu dem sie Wirklichkeit werden sollte. Die Vorgeschichte des Antritts der Regierung Hitler verdeutlicht das labile Verhältnis zwischen faschistischer Bewegung und dem in mehrere Fraktionen gespaltenen konservativen Lager zu diesem Zeitpunkt. Die Anhänger der gescheiterten sozialkonservativen Alternative fürchteten vor allem eine neue Regierung Papen. Schleichers Gefolgsleute intervenierten gegen entsprechende Pläne bei Hindenburg, am 28. Januar 1933 sprach sich auch das Kabinett einstimmig dagegen aus, sogar Gerüchte über einen Militärputsch für den Fall der Ernennung Papens zum Reichskanzler wurden kolportiert. Das bedeutet, daß die sozialkonservativen Kräfte die Nazidiktatur einer konventionellen autoritären Lösung vorzogen. Auf der anderen Seite bemühten sich Konservative wie Hugenberg bis fast zuletzt um eine solche rein autoritäre Lösung, um sich dann doch mit der von Hitler geführten Koalitionsregierung abzufinden, bei der man genügend Sicherungen eingebaut zu haben vorgab.[22] Es sei dahingestellt, ob es nur Arroganz oder vielleicht auch Zweckoptimismus war, wenn Papen meinte, man würde „Adolf kirre kriegen". Bezeichnenderweise sprachen die Koalitionspartner Hitlers nicht länger von „Zähmung", sondern von „Einrahmung". Die Linke erlag offensichtlich gleichfalls diesem Trugbild; auch bei ihr war vom Kabinett Hugenberg-Hitler die Rede. Der „Wirtschaftssuperminister" verlor seinen Posten innerhalb eines knappen halben Jahres; die Entwicklung rechtfertigte nachträglich seine anfänglichen Vorbehalte gegen diese Konzeption. Doch seit der Auslieferung der Reichszentrale an die deutschen Faschisten hatte eine konservative Alternative keine Chance mehr. Auf dem Spielplan stand nun lediglich noch der Epilog der konservativen Alternative, oder besser Alternativen, denn die Spaltung des Konservatismus war durch die Querelen bei der Einleitung der Hitler-Regierung zunächst sogar zementiert worden.

Aber wogegen hätten Konservative zu Beginn der NS-Diktatur eigentlich opponieren sollen? Der Sturz des ihnen verhaßten Weimarer Systems war geglückt und irreversibel geworden. Das Verbot der KPD hatte Hugenberg selbst noch in der ersten Kabinettssitzung der neuen Regierung gefordert. Gegen die Zerschlagung der Gewerkschaften und die Illegalisierung der Sozialdemokratie durften von dieser Seite keine Einwände erwartet werden. Noch dazu gelang dies alles relativ reibungslos, der „Tag der nationalen Arbeit" demonstrierte weithin pazifizierte Massen. Auch das Vorgehen gegen den „Kulturbolschewismus", gegen „wurzellose" und „zersetzende" Literaten war ein ureigenes Anliegen aller Konservativen gewesen. Vereinzeltes Schaudern vor diesem Barbarismus fiel da kaum ins Gewicht.[23] Das demonstrative Bemühen der Regierung um ein gutes Verhältnis zu den beiden großen Kirchen — Reichskonkordat mit der katholischen und „nationale" Ausrichtung der protestantischen Seite — fand im allgemeinen Ansatz gleichfalls konservativen Beifall.

Unmittelbar nach seinem Regierungsantritt hatte Hitler auch der Reichswehr versichert, alles für ihre materielle Stärke tun und ihre Sonderrechte nicht antasten zu wollen. Zumindest für kurze Zeit mochten konservative Politiker durchaus also das Gefühl haben, sie hätten den Sieg gegen das System erstritten und würden die eigentlichen Nutznießer sein. Die Anfangsphase der Diktatur ließ sie den späteren „SS-Staat" ja noch kaum ahnen. Zum Symbol dieser mit Hoffnungen besetzten Anfangsphase ist die „Potsdamer Rührkomödie" (Meinecke) geworden.[24] Das Treuebekenntnis zu den alten Traditionen, inszeniert als Staatsakt in der Potsdamer Garnisonkirche — ein Stuhl für Wilhelm II. war symbolisch freigehalten —, schließlich der tiefe Diener des Gefreiten in Zivil vor dem greisen Präsidenten des republikanischen Reichs in kaiserlicher Marschallsuniform: all dies sollte — so Hitler — „die Vermählung zwischen den Symbolen der alten Größe und der jungen Kraft" darstellen, übte eine starke Sogwirkung auf die konservativen Führungsgruppen aus und hat sicherlich die Frage provoziert, warum man denn die eigenen Organisationsstrukturen aufrechterhalten solle, wenn auch in der erfolgreicheren und dynamischeren NSDAP Platz für soviel konservatives Gedankengut sei. Selbst in der deutschnationalen Reichstagsfraktion warb eine Gruppe um Stadtler für den Übertritt zur NSDAP; die Auflösung des Stahlhelms und sein Aufgehen in der SA unterstrich diese Strömung.[25]

Es gibt wohl keine zweite Situation in der Geschichte, die den Verlust an Substanz und politischer Sensibilität, die einmal konservatives Qualitätskennzeichen gewesen war, sowie den Opportunismus und die Hilflosigkeit konservativer Politik in Deutschland dermaßen deutlich demonstriert hat. Die grausame Verfolgung der politischen Gegner des neuen Regimes mocht Konservative ob vielfach fehelender Rechtsförmigkeit irritieren, aber im Zweifelsfall konnte immer noch zur Beruhigung der Spruch herhalten: „Wo gehobelt wird, fallen Späne." Schließlich war das Ermächtigungsgesetz beschlossen worden, das nach dem Selbstverständnis auch der Konservativen den permanenten Bürgerkrieg (Carl Schmitt) beenden sollte. Übergriffe von Nazihorden sowie antisemitische Radauszenen und Ausschreitungen stärkten wiederum auf der anderen Seite den traditionellen antiplebejischen Hochmut gegenüber der „Straße". Es ist bezeichnend, daß konservative Kritiken sich in dieser Phase kaum gegen Hitler, sondern vor allem gegen die „undisziplinierte" SA richteten.[26] Der Charakter des neuen Regimes wurde offensichtlich verkannt.

V

Die Ausschaltung Hugenbergs als Minister mag als Lehrstück dafür dienen, wie dieses neue Regime mit konservativen Politikern, die zuvor übermächtig erschienen waren, umspringen konnte. Eine Berufung auf parlamentarisch-demokratische Spielregeln war nun nicht mehr angebracht und von Hugenberg selbst auch nicht gewollt.[27] Zudem wirkte auch hier die Spaltung im konservativen Lager. Die sozialkonservativen Anhänger einer Schleicher-Lösung mußten Genugtuung darüber empfinden, daß der reaktionäre „Silberfuchs" gescheitert war. Auch im Kabinett erhielt Hugenberg von seinen Kollegen Neurath, Schwerin-Krosigk, Papen und Schacht keine Rückendeckung. Angesichts der selbstverschuldeten Isolation gelang es Hitler mühelos, nun scheinbar zum Fürsprecher sozialer Interessen gegen einen starren Reaktionär zu werden.[28]

Aber nicht nur diejenigen konservativen Politiker, die sich zögernd auf eine NS-geführte Koalition eingelassen hatten, wurden im ganzen hilflos im Strom der Ereignisse mitgetrieben, auch die Sozialkonservativen konnten keine überzeugende Politik mehr entfalten. War nicht ihre Warnung vor dem unabsehbaren Risiko einer simplen terroristischen Ausschaltung der Gewerkschaften glänzend widerlegt worden? Grundsätzlich konnte es für sie drei politische Reaktionsformen geben:

— zum einen die Unterstützung der konservativen Kräfte in der Hitler-Regierung trotz des Widerwillens gegen Hugenberg;

— zum anderen den Eintritt in die NSDAP als zweitbeste Lösung nach dem Scheitern der Querfront-Hoffnungen;

— zum dritten — solange noch gewählt werden konnte — die Unterstützung der protestantisch-sozialkonservativen Splitterpartei „Christlich-Sozialer Volksdienst".[29]

Für diesen Teil des konservativen Lagers war *nolens volens* zunächst ein Abwarten der Entwicklung kennzeichnend. Man beschränkte sich auf die Aufrechterhaltung von Kontakten und hegte allenfalls vage Hoffnungen, daß noch einmal die Stunde kommen werde, in der die Sozialkonservativen gebraucht würden. Doch als diese Stunde im Sommer 1934 scheinbar gekommen war, konnte sie nicht genutzt werden.[30] Die Sonderbestrebungen der Intellektuellengruppe um Papen mit ihren Forderungen nach einem katholisch-faschistisch bestimmten Regime[31] und die schwer zu verifizierenden Einwirkungen sozialkonservativer Kreise auf die SA, die besitzbürgerlichen Kräfte und „Bonzokratie" im Staat mittels einer „zweiten Revolution" auszuhebeln,[32] ergaben das Gegenteil einer einheitlichen konservativen Politik.

Noch wichtiger aber war es, daß in dieser Situation die militärische Führung zu Hitler stand.[33] Der Überlieferung zufolge war die Erleichterung im konservativen Bürgertum und Großgrundbesitz über die Herstellung „ordentlicher" Verhältnisse gegen die anmaßenden SA-Horden größer als das Erschrecken über die blutige Abrechnung der SS mit konservativen Politikern verschiedener Richtungen beim Massaker am 30. Juni 1934. Die gleichzeitige Ermordung von Schleicher und Bredow auf der einen, Jung und Klausener auf der anderen Seite, sowie das Einverständnis von Reichswehr und Hindenburg mit diesem Vorgehen war ein deutliches Zeichen für die endgültige Ausschaltung des politischen Konservatismus.[34] Übrig blieb eine Kollektion von Reaktionen, welche die programmatische Ratlosigkeit und praktische Hilflosigkeit der Konservativen spiegelten: Leute wie Hugenberg, der Stahlhelmführer Franz Seldte, Papen und einige Fachminister, die Hitler 1933 übernommen hatte, standen bis zuletzt loyal zum Regime; konservative Literaten und Publizisten vor allem flüchteten in die „Innere Emigration",[35] gaben sich wehmütigen Reminiszenzen hin wie Ernst v. Salomon oder sammelten Insekten wie Ernst Jünger; konservative Spitzenbeamte konnten bisweilen in Nischen des Staatsdienstes, etwa beim Heer, im Wirtschaftsministerium oder im diplomatischen Dienst, überwintern. Wo für die ersten Jahre der NS-Diktatur von konservativem Widerstand gesprochen wird, da ist wie bei Ernst Niekisch das „Konservative" daran fraglich.[36]

Erst allmählich verbreiterte sich die konservative Enttäuschung, die Fritz-Dietlof von der Schulenburg 1939 so ausdrückte, daß die preußische Forderung an das Reich, die Vision der Verwirklichung des „preußischen Sozialismus" nach wie vor bestehen bleibe.[37] Von hier aus führte, verstärkt seit der Kriegswende 1942/43, ein Weg zur Vereinigung von einzelnen Repräsentanten des Zwischenkriegskonservatismus in ungleichzeitig verlaufenden, quälenden persönlichen Entscheidungen.

Das Dilemma des politischen Konservatismus vor 1933 war es gewesen, die zu der Zeit einzig mögliche konservative Alternative — über deren Ausformung kein positiver Konsens bestand — gleichermaßen gegen den verhaßten „Vielparteienstaat" und die Alleinherrschaft der Hitler-Partei nur mit derselben faschistischen Bewegung absichern zu können. Diese Alternative erwies sich endgültig als Illusion, nachdem die Regierungsführung Hitler übertragen worden war und die Konservativen mehr und mehr merkten, daß sie einen längeren Löffel brauchten, um mit dem Teufel zu soupieren.

Anmerkungen

[1] Vgl. die Beiträge in Thomas Koebner (Hrsg.), *Weimars Ende. Prognosen und Diagnosen in der deutschen Literatur und politischen Publizistik 1930—1933*, Frankfurt a. M. 1982; zahlreiche Belege auch in: Philipp W. Fabry, *Mutmaßungen über Hitler. Urteile von Zeitgenossen*, Düsseldorf 1969.

[2] Vgl. Peter Reichel, *Von demokratiefeindlichen Traditionen zum Faschismus. Zur politischen Kultur vor 1933*, in: Pressestelle der Universität Hamburg (Hrsg.), Ringvorlesung im Wintersemester 1982 und Sommersemester 1983, *1933 in Gesellschaft und Wissenschaft*, T. 1: *Gesellschaft*, Hamburg 1983, S. 91—112; vgl. auch Fritz K. Ringer, *Die Gelehrten. Der Niedergang der deutschen Mandarine 1890—1933*, Stuttgart 1983; für

die Beamtenschaft der Reichszentrale vgl. zuletzt Peter-Christian Witt, *Konservatismus als „Überparteilichkeit". Die Beamten der Reichskanzlei zwischen Kaiserreich und Weimarer Republik 1900—1933*, in: Dirk Stegmann u. a. (Hrsg.), *Deutscher Konservatismus im 19. und 20. Jahrhundert. Festschrift für Fritz Fischer zum 75. Geburtstag und zum 50. Doktorjubiläum*, Bonn 1983, S. 231—280.

3 Vgl. dazu Jens Flemming, *Identitäts- und Integrationsprobleme konservativer Politik. Anmerkungen zum Verhältnis von Konservatismus und Nationalsozialismus*, in: Pressestelle ... [Anm. 2], S. 113—126 (hier S. 117 f.); diese engere Definition des Konservatismus hat m. E. den Vorzug, ein genaueres Instrument für die realhistorische Analyse zu liefern als eine weitere, etwa Teile der DVP und das Zentrum einschließende Definition, die unter rein ideengeschichtlichem Blickwinkel durchaus berechtigt ist; vgl. Klaus Fritzsche, *Konservatismus*, in: Franz Neumann (Hrsg.), *Handbuch Politischer Theorien und Ideologien*, Reinbek b. Hamburg 1977, S. 65—105 (hier S. 86).

4 Ernst Nolte, *Konservatismus und Nationalsozialismus*, in: *Zeitschrift für Politik*, (NF), 2. Jg. (1964), S. 5—20 (Zitat: S. 18); um Mißverständnisse zu vermeiden, soll betont werden, daß sich dies auf den Konservatismus vor 1918 und der Zwischenkriegszeit bezieht; vgl. auch die Thesen von Hans-Jürgen Puhle, *Vom Programm zum Versatzstück. Zehn Thesen zum deutschen Konservatismus*, in: *Kursbuch*, 73 (1983), S. 45—60.

5 Tagebucheintragung vom 17.11.1930, zit. nach Otto Jacobsen, *Erich Marcks. Soldat und Gelehrter*, Göttingen-Frankfurt a. M.-Zürich 1971, S. 47.

6 Friedrich Stampfer, *Die ersten 14 Jahre der deutschen Republik*, Offenbach 1947, S. 628; vgl. dazu auch Joseph Goebbels, *Vom Kaiserhof zur Reichskanzlei*, München 1934, S. 107, 111, 116, 121.

7 Richard Löwenthal, *Die nationalsozialistische „Machtergreifung"— eine Revolution?*, in: Martin Broszat u. a. (Hrsg.), *Deutschlands Weg in die Diktatur. Internationale Konferenz zur nationalsozialistischen Machtübernahme*, Berlin 1983, S. 42—74 (Zitat: S. 52); angesprochen wurde diese letzte (staatliche) konservative Alternative vor Hitler auf dieser Tagung auch von Walter Laqueur (*a. a. O.*, S. 94) und Gerhard A. Ritter (*a. a. O.*, S. 111 f.); in jüngster Zeit versucht die Sicht einer angeblich fast demokratischen Alternative gegen Hitler zu vermitteln: Friedrich-Karl von Plehwe, *Reichskanzler Kurt von Schleicher. Weimars letzte Chance gegen Hitler*, Esslingen 1983.

8 Vgl. dazu und für das folgende Axel Schildt, *Militärdiktatur mit Massenbasis? Die Querfrontkonzeption der Reichswehrführung um General von Schleicher am Ende der Weimarer Republik* (= Campus Forschung, Bd. 225), Frankfurt a. M.-New York 1981.

9 Vgl. Michael Geyer, *Aufrüstung oder Sicherheit. Die Reichswehr in der Krise der Machtpolitik 1924—1936* (= Veröffentlichungen des Instituts für Europäische Geschichte Mainz, Bd. 91), Wiesbaden 1980.

10 Alfred Hugenberg, *Die soziale Frage in Deutschland*, Berlin 1932, S. 10.

11 Vgl. Jürgen Kocka, *Klassengesellschaft im Krieg. Deutsche Sozialgeschichte 1914—1918* (= Kritische Studien zur Geschichtswissenschaft, Bd. 8), Göttingen 1973.

12 Die beste Studie über den Tatkreis ist die von Klaus Fritzsche, *Politische Romantik und Gegenrevolution. Fluchtwege in der Krise der bürgerlichen Gesellschaft: Das Beispiel des ‚Tat'-Kreises* (= edition suhrkamp, Bd. 778), Frankfurt a. M. 1976.

13 Der Monarchismus kann kaum als eigenständige politische Strömung nach 1918 beurteilt werden. Entsprechende Lippenbekenntnisse oder ernsthafte Ambitionen der politischen Akteure waren nicht immer leicht zu unterscheiden. Immerhin bekannten sich zum monarchischen Prinzip gleichermaßen Brüning, Hindenburg, Hitler, Papen,

Schleicher und Hugenberg; vgl. auch Freiherr Hiller von Gaertringen, *Zur Beurteilung des „Monarchismus" in der Weimarer Republik*, in: *Tradition und Reform in der deutschen Politik. Gedenkschrift für Waldemar Besson*, Frankfurt a. M. 1976, S. 138—186; Willibald Gutsche/Joachim Petzold, *Das Verhältnis der Hohenzollern zum Faschismus*, in: *Zeitschrift für Geschichtswissenschaft*, 29. Jg. (1981), S. 917—937.

14 Zit. nach Ullrich Thürauf (Hrsg.), *Schulthess' Europäischer Geschichtskalender*, (N. F.), 48. Jg. (1932), München 1933, S. 131; vgl. auch die begleitende Publizistik in der Reichswehrzeitschrift *Wissen und Wehr*.

15 Vgl. die offiziell autorisierte Biographie von Hans Diebow, *Gregor Strasser und der Nationalsozialismus*, Berlin 1932, S. 60.

16 *A. a. O.*, S. 55.

17 Vgl. Michael Schneider, *Das Arbeitsbeschaffungsprogramm des ADGB. Zur gewerkschaftlichen Politik in der Endphase der Weimarer Republik* (= Schriften des Forschungsinstituts der Friedrich-Ebert-Stiftung, Bd. 120), Bonn-Bad Godesberg 1975; Eberhard Heupel, *Reformismus und Krise. Zur Theorie und Praxis von SPD, ADGB und Afa-Bund in der Weltwirtschaftskrise 1929—1932/33* (= Campus Forschung, Bd. 179), Frankfurt a. M.-New York 1981.

18 Sehr anschaulich hierzu die Edition von Hagen Schulze, *Anpassung oder Widerstand? Aus den Akten des Parteivorstandes der Sozialdemokratie 1932/33* (= *Archiv für Sozialgeschichte*, Beih. 4), Bonn-Bad Godesberg 1975; vgl. auch Axel Schildt, *Sozialdemokratische Arbeiterbewegung und Reichswehr — Zur Militärpolitik der SPD in den letzten Jahren der Weimarer Republik*, in: *Argument*, Sonderbd. 74, Berlin 1981, S. 109—132.

19 Vgl. als für den Tatkreis prototypisch Carl Rothe, *Die Front der Gewerkschaften*, Jena 1932.

20 Diesen Gedanken vertrat Hans Zehrer in Artikeln der *Täglichen Rundschau* im Herbst 1932.

21 Diese Position der schwerindustriellen *Deutschen Allgemeinen Zeitung* wurde von der KPD mit der Position des Bürgertums insgesamt identifiziert, eine Wertung, die von der DDR-Literatur übernommen wurde.

22 Vgl. Freiherr Hiller von Gaertringen, *Die Deutschnationale Volkspartei*, in: Erich Matthias/Rudolf Morsey (Hrsg.), *Das Ende der Parteien 1933* (= Veröffentlichungen der Kommission für die Geschichte des Parlamentarismus und der politischen Parteien), Düsseldorf 1960, S. 543—652 (hier S. 570 ff.).

23 Vgl. Inge Jens, *Dichter zwischen rechts und links. Die Geschichte der Sektion für Dichtkunst der Preußischen Akademie der Künste*, München 1979; Ulrich Walberer (Hrsg.), *10. Mai 1933. Bücherverbrennung in Deutschland und die Folgen*, Frankfurt a. M. 1983; *„Das war ein Vorspiel nur ...". Bücherverbrennung in Deutschland 1933: Voraussetzungen und Folgen (Katalog der Akademie der Künste Berlin)*, Berlin-Wien 1983.

24 Vgl. Karl Dietrich Bracher u. a., *Die nationalsozialistische Machtergreifung. Studien zur Entwicklung des totalitären Herrschaftssystems in Deutschland 1933—1934* (= Schriften des Instituts für Politische Wissenschaften, Bd. 14), Köln-Opladen 1960, S. 202 ff.

25 Vgl. H. v. Gaertringen, *Die Deutschnationale Volkspartei* ... [Anm. 22], S. 592 ff.

26 Vgl. umfassend Ian Kershaw, *Der Hitler-Mythos. Volksmeinung und Propaganda im Dritten Reich*, Stuttgart 1980; vgl. auch verschiedene Beiträge in Gerhard Hirschfeld/Lothar Kettenacker (Hrsg.), *Der „Führerstaat": Mythos und Realität. Studien zur Struktur und Politik des Dritten Reiches* (= Veröffentlichungen des Deutschen Historischen Instituts London, Bd. 8), Stuttgart 1981.

[27] Dies war innerhalb der DNVP sozusagen die mittlere Linie zwischen vereinzelten Stimmen, die das Parlament nun — im Frühjahr 1933 — doch nicht für immer abgeschafft sehen wollten (vgl. H. v. Gaertringen, *Die Deutschnationale Volkspartei...* [Anm. 22], S. 578) und Anhängern einer rein autoritären Lösung, die konservative Prinzipien durch eine parlamentarische Parteienkoalition mit der NSDAP ohnehin zerstört sahen. Zum Hintergrund dieser letzteren Strömung vgl. auch Jens Flemming, *Konservatismus als „nationalrevolutionäre Bewegung". Konservative Kritik an der Deutschnationalen Volkspartei 1918—1933,* in: D. Stegmann u. a. (Hrsg.), *Deutscher Konservatismus...* [Anm. 2], S. 295—332.

[28] Durch die Edition der entsprechenden Kabinettsprotokolle läßt sich dieser Vorgang jetzt gut nachvollziehen. Vgl. *Die Regierung Hitler,* T. 1: *1933/34. 30. Januar 1933 bis 27. August 1934,* bearb. von Karl-Heinz Minuth, Boppard 1983; vgl. vom Blickwinkel des Reichswirtschaftsministeriums her zuletzt Willi A. Boelcke, *Die deutsche Wirtschaft 1930—1945. Interna des Reichswirtschaftsministeriums,* Düsseldorf 1983, S. 47 ff.; vgl. auch Klaus Wernecke/Peter Heller, *Der vergessene Führer. Alfred Hugenberg,* Hamburg 1982, S. 183 ff.

[29] Vgl. H. v. Gaertringen, *Die Deutschnationale Volkspartei...* [Anm. 22], S. 583.

[30] Vgl. Charles Bloch, *Die SA und die Krise des NS-Regimes 1934* (= edition suhrkamp, Bd. 434), Frankfurt a. M. 1970; für den Ablauf die Reportage von Max Gallo, *Der schwarze Freitag der SA,* Wien-München-Zürich 1972.

[31] Zum Papenkreis vgl. speziell lediglich die ältere und unkritische Studie von Karl Martin Grass, *Edgar Julius Jung, Papenkreis und Röhm-Krise,* Phil. Diss., Heidelberg 1966; aus der Erinnerungsliteratur vgl. neuerdings Edmund Forschbach, *Edgar Julius Jung. Ein konservativer Revolutionär. 30. Juni 1934,* Pfullingen 1984.

[32] Vgl. C. Bloch, *Die SA...* [Anm. 30]; sehr stark auf Behauptungen von Otto Strasser stützt sich die Darstellung des DDR-Historikers Kurt Gossweiler, *Die Rolle des Monopolkapitals bei der Herbeiführung der Röhm-Affäre* (= Pahl-Rugenstein Hochschulschriften, Bd. 151), Köln 1983 (Phil. Diss., Berlin 1963).

[33] Einen konkreten Einblick in das Agieren der Reichswehr vermittelt die von Klaus-Jürgen Müller veröffentlichte und eingeleitete Dokumentation: *Reichswehr und „Röhm-Affäre". Aus den Akten des Wehrkreiskommandos VII (Bayern),* in: *Militärgeschichtliche Mitteilungen,* 8. Jg. (1968), S. 107—144.

[34] Berichte über die Ermordung Schleichers vgl. in: *Vierteljahrshefte für Zeitgeschichte,* 1. Jg. (1953), S. 197—221; über die Ermordung Klauseners sowie über die Schwierigkeiten bei der Durchfechtung von Versorgungsansprüchen in seinem und im Fall von Gregor Strasser in: *A. a. O.,* 19. Jg. (1971), S. 404—431; vgl. auch Franz Georg von Tschirschky, *Erinnerungen eines Hochverräters,* Stuttgart 1972; die Morde wurden bekanntlich von dem großen konservativen Staatsrechtslehrer Carl Schmitt, der vor 1933 noch *auctoritas* und *potestas* der Präsidialregierung legitimiert hatte, gerechtfertigt. Aus der Literatur zu Carl Schmitt vgl. zuletzt Volker Neumann, *Der Staat im Bürgerkrieg. Kontinuität und Wandlung des Staatsbegriffs in der politischen Theorie Carl Schmitts* (= Campus Forschung, Bd. 136), Frankfurt a. M-New York 1980.

[35] Vgl. etwa Ralf Schnell, *Innere Emigration und kulturelle Dissidenz,* in: Richard Löwenthal/Patrik von zur Mühlen (Hrsg.), *Widerstand und Verweigerung in Deutschland 1933 bis 1945,* Berlin-Bonn 1984, S. 211—225; der Begriff der „Inneren Emigration" selbst umschloß im übrigen noch unmittelbar nach 1945 mehr als die heute damit gemeinte Verhaltenspalette. Vgl. *Deutsche Innere Emigration. Anti-nationalsozialistische Zeugnisse aus Deutschland,* ges. u. erl. von Karl Otto Paetel. Mit Originalbeiträgen von

Carl Zuckmayer und Dorothy Thomson (= Dokumente des Anderen Deutschland, hrsg. von Friedrich Krause, Bd. 4), New York City 1946.

[36] Diese Uneindeutigkeit scheint (ähnlich wie im Fall Ernst Jüngers) der Grund für die gegenwärtige Niekisch-Renaissance im rechtsintellektuellen Lager zu sein, die dort allerdings auch mit Skepsis betrachtet wird. Vgl. Uwe Sauermann, *Ernst Niekisch. Zwischen allen Fronten.* Mit einem bio-bibliographischen Anhang von Armin Mohler, München-Berlin 1980; zu Kontakten einzelner Konservativer 1932/34 vgl. schon Rudolf Pechel, *Deutscher Widerstand,* Zürich 1947, S. 71 ff.

[37] Vgl. Hans Mommsen, *Die deutschen Eliten und der Mythos des nationalen Aufbruchs von 1933,* in: *Merkur,* 38. Jg. (1984), S. 97—102 (hier S. 99); vgl. auch den Beitrag von Ulrich Heinemann in diesem Band.

Die Situation der nationalrevolutionären Gegner Hitlers nach der Konstituierung des NS-Regimes

UWE SAUERMANN
München

I

Die „Nationalrevolutionäre" der Weimarer Zeit hatten und wollten keine gemeinsame Organisation. Die meisten von ihnen gehörten zwar der bündischen Jugendbewegung, manche auch nationalistischen Wehrverbänden an; je mehr sich ihre nationalrevolutionäre Ideologie jedoch am Ende der zwanziger Jahre festigte, desto offenkundiger wurde ihre Einflußlosigkeit innerhalb großer Verbände. Es blieben ein paar tausend Alleingänger, vor allem Angehörige der jüngeren Generation, die sich lose um diese oder jene nationalrevolutionäre Zeitschrift scharten. Einige örtliche Gruppen, zumeist am Sitz von Zeitschriftenherausgebern, haben existiert, im übrigen gelang es aber lediglich dem Kreis um das Niekisch-Organ *Widerstand*, sich ab 1931 vorübergehend fester zu organisieren.[1]

Eine Beschreibung der Situation der Nationalrevolutionäre wird durch den Umstand erschwert, daß ihre in der Regel selbstbewußten und zu Kompromissen unfähigen Vordenker untereinander zerstritten waren. Gemeinsam war ihnen jedoch das betont kämpferische Bekenntnis zur deutschen Nation und zu einem wie auch immer gearteten Sozialismus. Sie alle bekämpften das „westlerische" Weimarer „System" und wandten sich spätestens ab 1929/30 energisch gegen die angeblich nur zum Schein revolutionäre, in Wirklichkeit aber kleinbürgerliche, römisch-faschistisch und westlich-kapitalistisch ausgerichtete NSDAP.[2]

Wir konzentrieren uns im folgenden auf die Zeitschrift *Widerstand* und die „Widerstandsbewegung" Ernst Niekischs, weil hier die nationalrevolutionäre Ideologie am radikalsten vertreten wurde und weil sich um Niekisch zu Beginn der dreißiger Jahre einige der bekanntesten nationalrevolutionären Intellektuellen (Friedrich Georg Jünger und Ernst Jünger,

Otto Petras, vorübergehend auch Alexander Mitscherlich und Arnolt Bronnen) geschart hatten. Zudem war die „Widerstandsbewegung“ Niekischs die einzige nationalrevolutionäre Gruppierung, mit der die Machthaber des Dritten Reiches rechnen zu müssen glaubten. Das Propagandaministerium hielt es zunächst nicht für opportun, den *Widerstand* gleich anderen nationalrevolutionären Organen kurzerhand verbieten zu lassen. Erst im Dezember 1934 mußte Niekischs Zeitschrift ihr Erscheinen einstellen. 1937 sah sich die Gestapo veranlaßt, nahezu hundert Anhänger der „Widerstandsbewegung“ festzunehmen. 1939 wurde Niekisch vom Volksgerichtshof zu einer lebenslänglichen Zuchthausstrafe verurteilt.[3] Die nationalsozialistische Presse hielt es noch zu diesem Zeitpunkt für angemessen, ausführlich über den „Hochverrat“ dieser nationalrevolutionären Gruppe zu berichten.[4]

II

Unter den radikalen antifaschistischen Positionen nicht nur der Nationalrevolutionäre war die der Zeitschrift *Widerstand* sicherlich eine der subtilsten. Sie bediente sich der Argumentation der KPD und übernahm Wertungen des „romfeindlichen“ Tannenbergbundes Ludendorffs, ohne beide Argumentationsebenen völlig abzudecken. Vom antifaschistischen Kampf der Kommunisten unterschied sich die Position der Zeitschrift durch die weit ausholende Begründung ihres Antiliberalismus; der Vorwurf der KPD, Hitler sei ein Werkzeug der zum Einsatz des letzten Mittels genötigten Kapitalisten, wurde 1932 zwar vorübergehend auch vom *Widerstand* erhoben,[5] hier war er aber nur eine Popularisierung der antiliberalistisch-nationalistischen Vorbehalte gegenüber dem Nationalsozialismus. Mit Ludendorffs Tannenbergbund hatte der *Widerstand* gemein, daß er jede Gelegenheit wahrnahm, um die „Romhörigkeit“ Hitlers anzuprangern; die weitergehenden religiösen Vorstellungen der Ludendorff-Bewegung waren dem Kreis um Niekisch jedoch fremd.

Mit dieser unverwechselbaren oder, um es negativ auszudrücken, isolierten, fast sektiererischen antifaschistischen Haltung betrat die nationalrevolutionäre Zeitschrift 1933 den Boden des Dritten Reiches. Nun mußte es sich zeigen, wie belastbar der Antifaschismus des Niekisch-Kreises war, ob er angesichts des Terrors, aber auch der Erfolge der Nationalsozialisten zurückwich und in sich zusammenfiel oder ob er gefestigt genug war, um den Kampf aufzunehmen und seine Argumentation den sich überstürzenden Ereignissen anpassen zu können.

Der Regierungswechsel vom 30. Januar 1933 traf den *Widerstand* völlig überraschend. Noch in der Januar-Ausgabe hatte er den „erfolglosen“

Hitler verhöhnt.[6] Die Überraschung und Verwirrung dokumentierte sich in der aktuellen „Zeitschau“ des Februar-Heftes: Die Zeitschrift übernahm, indem sie Hugenberg zur „stärksten Figur“ des Kabinetts erklärte und Hitler lediglich die Rolle eines „populären Feigenblattes“ zubilligte, ohne Einschränkungen die Interpretation kommunistischer Blätter. Das „monopolkapitalistische“, „reaktionäre Bourgeoiskabinett“ habe einen Reichskanzler, den die „bürgerliche Reaktion“ für ihre Zwecke benutze. Das Kabinett sei „schwerindustriell und großagrarisch ausgerichtet“.[7] Noch in der März-Ausgabe wußte Niekisch keine andere Erklärung, als daß das „Großbürgertum“ sich nun der NSDAP bedienen wolle, um mittels dieser Massenpartei seine „Profitpolitik“ im „Volkswillen“ verwurzeln zu können. Das neue Kabinett sei „unverkennbar“ gegen die Arbeiterschaft gerichtet.[8] Im gleichen Heft wurde sogar vermutet, der Vizekanzler Franz von Papen könne einer der wichtigsten Männer des neuen Kabinetts werden.[9] Erst nach der Reichstagswahl vom 5. März 1933 begann der *Widerstand*, die Hitler-Bewegung als bestimmenden Faktor der zukünftigen deutschen Politik ernst zu nehmen und sie wieder mit nationalrevolutionären Maßstäben zu messen. Nun sah man ein, daß der „revolutionäre Nationalsozialismus“ sich innerhalb des Koalitionskabinetts durchgesetzt hatte.[10] Die „nationale Revolution“ fege „wie eine Lawine über Deutschland“ hinweg.[11] Der *Widerstand* war sich also des Ernstes der Lage bewußt, als er zu der für ihn typischen Kritik am Nationalsozialismus zurückkehrte.

Die Kritik der Zeitschrift bewegte sich in zwei Bereichen. War der *Widerstand* schon vor 1933 vorwiegend außenpolitisch orientiert, so wurde er es nun in einem noch stärkeren Maße.[12] Das könnte damit erklärt werden, daß er sich damit der gefahrvollen Aufgabe enthoben sah, innenpolitische Maßnahmen der neuen Regierung anzugreifen. Auf außenpolitischem Gebiet konnte scharfe, manchmal auch vernichtende Kritik geübt werden, ohne daß den herrschenden Nationalsozialisten sogleich ein Vorwand geliefert wurde, den *Widerstand* in die Lager der auszuschaltenden innenpolitischen Gegner, etwa in die der „Marxisten“ oder „Bolschewisten“, einzuordnen. Hinzu kam, daß außenpolitisch orientierte Aufsätze die Möglichkeit boten, die Kritik des Auslands an der nationalsozialistischen Innenpolitik zu zitieren, ohne ihr ausdrücklich zuzustimmen.[13] Der Leser, der „zwischen den Zeilen“ zu lesen verstand, wußte, was gemeint war, und die nationalsozialistischen Zensoren konnten die Möglichkeit nicht ausschließen, der Verfasser habe solche Stimmen nur zitiert, um ihre antideutsche Tendenz anzuprangern. Auf diese Weise gelang es dem *Widerstand* tatsächlich, Kritik an der Judenpolitik und an innenpolitischen Terrormaßnahmen des Dritten Reiches zu üben, ohne daß er deswegen belangt worden wäre.

Der zweite Bereich, in dem der *Widerstand* sich im nationalrevolutionären Sinne mit dem Nationalsozialismus auseinandersetzte, war der der Ideologie. Obwohl dieses Gebiet in den Augen Niekischs mit dem der Außenpolitik eng verzahnt war, soll zunächst versucht werden, es gesondert zu behandeln.

III

Im Rahmen einer Buchbesprechung umriß der *Widerstand* im Juni 1933 seinen eigenen nationalrevolutionären Standort dem Nationalsozialismus gegenüber. Die NSDAP sei eine Massenbewegung geworden, weil sie die widersprüchlichsten Tendenzen verkörpere. Sie sei „christlich und heidnisch, katholisch und protestantisch, bürgerlich und proletarisch, kapitalistisch und sozialistisch, städtisch und bäuerlich, zivilisatorisch und barbarisch".[14] Diese Beschreibung könnte als ein situationsbedingtes Zugeständnis an die nationalsozialistischen Machthaber verstanden werden, denn die Frage nach dem Wesen der NSDAP war von den Nationalrevolutionären bereits Jahre zuvor entschieden worden. Im nächsten Satz kam aber zum Ausdruck, was eigentlich gemeint war: Die nationalrevolutionären, die „preußisch-protestantischen, proletarisch-sozialistischen, heidnisch-östlichen Tendenzen", die früher auch im Nationalsozialismus wirkten und die nun, das legte die Formulierung nahe, vom *Widerstand* vertreten wurden, seien aus der NSDAP verdrängt worden. Die Nationalrevolutionäre seien deshalb dazu bestimmt, „die naturgemäße Opposition zu sein". Der Artikel ging noch einen Schritt weiter: In dieser Tendenz stecke „die stärkste revolutionäre Dynamik"; diese Richtung sei radikaler als der Nationalsozialismus.[15]

Der Gegensatz zwischen einer nationalrevolutionären, zu allem bereiten Politik und der Unzulänglichkeit der nationalsozialistischen „Revolution" wurde im *Widerstand* immer wieder herausgearbeitet. Das Heraufkommen des Nationalsozialismus, schrieb Niekisch im April 1933, sei kein revolutionäres Ereignis gewesen. Jede wirklich revolutionäre Bewegung stütze sich auf eine „verhältnismäßig geschlossene Volksschicht", die sich nach einer langen Zeit der Unterdrückung berufen fühle, eine geschichtliche Sendung zu erfüllen. In der NSDAP habe sich aber nur das entwurzelte Kleinbürgertum versammelt. Diese Menschen seien an sich selbst verzweifelt; sie wollten keine Rolle mehr spielen, sondern nur noch Zuflucht suchen. Hitler habe ihnen einen Halt gegeben; seine Berufung sei es, das „Verfallende und Verfallene" wieder aufzurichten; aufgerichtet werden könne das entwurzelte Kleinbürgertum aber nur noch in einer Massengesellschaft. Indem der Nationalsozialismus nicht restaurieren oder erhalten wolle, empfinde er sich als etwas Revolutionäres. In der Tat sei das Massenbewußtsein modern, es kenne aber keine revolutionäre Zielrichtung. Das „revolutionäre" Denken der Nationalsozialisten verirre sich folglich in das „Reich geschichtlicher Erinnerungen".[16] Die neue „cäsaristisch-massendemokratische Form" Deutschlands könne nicht darüber hinwegtäuschen, daß dieses Deutschland eine Rückzugsstellung bezogen habe, ergänzte Niekisch im Mai 1933. Der Kleinbürger habe eben, anders als der Proletarier oder — in der Vergangenheit — der Großbürger, „kein anderes Ordnungsprinzip als das, daß sein Handwerk einen goldenen Boden haben solle". Ihn dränge es, „auch bei seinen Exzessen Maß zu halten". Der Kleinbürger „als herrschender Typus" sei Ausdruck einer „weltgeschichtlich sinnlosen Existenz".[17]

Das Urteil des *Widerstand* über den Nationalsozialismus war aber durchaus Wandlungen unterworfen. Namentlich Niekisch versuchte in seinen Aufsätzen, auch hoffnungsvolle, „revolutionäre" nationalsozialistische Ansätze aufzudecken, selbst dann, wenn er sie erst gewaltsam konstruieren mußte. Es hat den Anschein, als ob Niekisch so verfuhr, weil er immer noch glaubte, nationalrevolutionäre Elemente innerhalb der NSDAP beeinflussen zu können.

Ein typisches Beispiel ist sein Artikel über die Zerschlagung der Gewerkschaften im Juni-Heft 1933.

Zunächst wurde ausgeführt, im Verlaufe der Weltwirtschaftskrise hätten die Gewerkschaften ihre Macht verloren; nicht mehr sie, sondern der Staat habe, da er seine soziale Gesetzgebung nicht preisgeben wollte, die Arbeiter vor der „Willkür" der Arbeitgeber geschützt. Der Weimarer Staat sei deshalb den Unternehmern ein Ärgernis gewesen. Nun sei er gestürzt, und die Gewerkschaften folgten ihm nach. Die „sozialpolitische Willensgemeinschaft", die zwischen dem Weimarer Staat und den Gewerkschaften bestanden habe, werde im Rahmen der neuen „Deutschen Arbeitsfront" in dieser Intensität nicht wiederkehren. Diese nüchterne Feststellung beendete den ersten Abschnitt des Artikels.

Aufschlußreich ist, was nun folgte.

Im zweiten Abschnitt wiederholte Niekisch seinen Rückblick auf die Weimarer Republik. Jetzt stellte er die Gewerkschaften als „liberale", „humanitäre" und „pazifistische" Vereinigungen dar, denen vorzuwerfen sei, keine nationalrevolutionäre Politik betrieben zu haben. Sie hätten um die Höhe der Löhne gerungen, als es schon längst darauf angekommen sei, die liberale Gesellschaftsordnung zu beseitigen und im Zuge der „deutschen Mobilmachung" eine „kriegerische" Arbeitsauffassung ähnlich der sowjetrussischen zu vertreten. Der Gewerkschafter, an seine „liberalen Vorstellungen gebunden", sei „taub für die ‚Zeichen der Zeit'" gewesen; dies sei ihm nun zum „Verhängnis" geworden. Der Nationalsozialismus habe diesem neuen Arbeitsbegriff gegen den Willen der Gewerkschaften

„Boden erobert", indem er die Arbeitsdienstpflicht einführe. Freilich habe er noch nicht das ganze Volk diesem Arbeitsbegriff unterworfen; das hätte eine soziale Revolution zur Folge gehabt. Vorerst noch lebten junge Menschen nur örtlich verstreut diesen Arbeitsbegriff vor, und die „kapitalistische Umwelt" lauere darauf, sie zu mißbrauchen. Aber immerhin stehe der Arbeitsbegriff des „Arbeitsdienstes" bereits im Gegensatz zu der „westlichen bürgerlichen Welt". Indem er als „Element der Welterneuerung" anerkannt sein wolle, habe er eine außenpolitische Zielrichtung. Zugleich könne er aber ein konstitutives Prinzip sein: „Das deutsche Volk soll *als kriegerisches Arbeitslager* neu gegründet werden". Die „Kriegsfront" gegen den Westen fiele dann mit der „Arbeitsfront, das Feldlager mit dem Arbeitslager zusammen". Der neue Arbeitsbegriff wäre der Maßstab für die Freund-Feind-Unterscheidung. „In der Verbindung mit der Idee des *antibürgerlichen* Seins entfaltete der neue Arbeitsbegriff erst die weltumwälzende Dynamik, die in ihm angestaut ist."[18]

Dieser Artikel macht deutlich, wie Niekisch in den ersten Monaten des Dritten Reiches vorging. Zunächst schilderte er seine eigene Auffassung und kam zu dem Ergebnis, das nationalsozialistische Regime sei nur eine besondere Variante der Herrschaft des Bürgertums. Im zweiten Teil versuchte er aber, Aspekte der nationalrevolutionären Ideologie so aufzubereiten, daß sie nahtlos mit Maßnahmen der nationalsozialistischen Regierung zu verbinden waren. Zu diesem Zweck unterlegte Niekisch den nationalsozialistischen Entscheidungen einen Sinn, von dem er sicherlich wußte, daß er unter allen Beweggründen wohl die geringste Rolle gespielt hatte. Diese nachträgliche Sinngebung versetzte den *Widerstand* in die Lage, einer bestimmten nationalsozialistischen Maßnahme eines der Ziele der Nationalrevolutionäre zu setzen und zugleich durchblicken zu lassen, daß „revolutionäre Tendenzen" innerhalb der NSDAP gerade diese Zielrichtung im Auge gehabt hätten, wenn auch vielleicht nur undeutlich. Ihnen zu zeigen, welche Richtung einzuschlagen wäre, um die bürgerlich-westlichen Tendenzen der Partei zu überwinden, scheint die Absicht der Schlußkapitel jener Aufsätze gewesen zu sein.[19]

Im Jahre 1934 scheinen diese recht gewaltsamen Konstruktionen immer weniger Anlässe gefunden zu haben. Im August 1934 schrieb der *Widerstand* unter dem Eindruck der Ereignisse vom 30. Juni des Jahres über die vom Nationalsozialismus angeblich verteidigte „abendländische Ordnungswelt", sie stehe vor dem Verfall und sehe vor sich nur noch die Anarchie. „Der Triumph über das näherrückende Gespenst der Anarchie ist nur noch um den Preis zu haben, daß man selbst zu der Waffe anarchischer Gesetzlosigkeit greift; damit aber sind nur Pyrrhussiege zu erfechten." Zwar wurde auch hier wieder von der Möglichkeit eines nationalrevolutionären „Umbruchs" gesprochen, der Deutschland vielleicht die

Chance gebe, „ein weiteres Jahrtausend an der Spitze mitmarschieren zu können“, aber nun wurde der Nationalsozialismus nicht mehr mit dieser Zukunftsaussicht in Zusammenhang gebracht.[20]

IV

Die außenpolitischen Betrachtungen des *Widerstand* unterschieden sich in manchem von der innenpolitischen und ideologisch begründeten Kritik. Das lag vor allem daran, daß der außenpolitische Druck auf das Deutsche Reich Niekisch und die revolutionären Nationalisten um ihn zwang, Partei für die deutsche Regierung zu ergreifen, auch wenn sie eine nationalsozialistische war, die die Nationalrevolutionäre von Herzen verabscheuten.[21] Die pessimistische Grundeinstellung, die nur gelegentlich Hoffnungsschimmer sah, dominierte aber auch in diesem Bereich.

Nach der Machtübernahme vom 30. Januar 1933 war auch den außenpolitisch orientierten Beiträgen des *Widerstand* eine gewisse Verwirrung anzumerken. Unter dem Eindruck der Verfolgung der „Marxisten“ schrieb Niekisch im März-Heft 1933, in dem Maße, in dem der innere Feind das Feld beherrsche, trete der äußere Feind zurück. „Versailles“ verliere für die Nationalsozialisten an Gewicht; „kaum spricht man noch davon“.[22] In der nächsten Ausgabe gab Niekisch eine Probe der zweckoptimistischen Sinnunterlegung, die bereits am Beispiel des Gewerkschafts-Artikels aufgezeigt worden ist. Die „Ausrottung der Sozialdemokratie“, behauptete Niekisch, ohne wohl im Ernst daran zu glauben, „war eine Säuberung des deutschen Bodens von französischen Kundschaftern, Vorhuten, Hilfstruppen“. Indem der Nationalsozialismus die traditionell westlich orientierte Sozialdemokratie vernichtet habe, sei ihm „dunkel“ bewußt gewesen, Frankreich eine Niederlage beigebracht zu haben. Niekisch fand sich sogar zu der Verallgemeinerung bereit, die „Faschisierung Deutschlands“ sei „der Prozeß, durch den die französische Überfremdung des deutschen Raumes ausgemerzt wird“.[23] Daß Deutschland trotzdem nicht aus dem bürgerlich-kapitalistischen Abendland, das vom Geist der Feinde des deutschen „protestlerischen“ Wesens beherrscht werde, ausgebrochen war, wurde im *Widerstand* freilich nie verschwiegen.[24] Die nationalrevolutionäre Idee eines deutsch-russischen Blocks, der allein Deutschland Freiheit und Weltgeltung verschaffen könne, leuchtete immer wieder auf,[25] allerdings glichen solche Ausführungen mehr Rückblicken auf verpaßte Gelegenheiten denn Zukunftsvisionen.[26]

Das „faschistische“ Deutschland, schrieb der *Widerstand* im Mai 1933, löse sich, da seine kleinbürgerliche Geisteshaltung nicht die „Leidenschaft eines großausholenden Imperiumswillens“ ähnlich dem russisch-proletarischen kenne, aus dem „Raum imperialistischer Weltverflechtung".[27] In den außenpolitischen Reden führender Nationalsozialisten nahm Niekisch sogar „eine Art von völkischem Pazifismus" wahr.[28] Aber konnte ein Volk, dessen militärische Macht durch eine „ungünstige Kriegsentscheidung" gebrochen worden war, seine frühere Stellung durch die Forderung nach „Gleichberechtigung" innerhalb des Abendlands „erlisten", wie es die nationalsozialistischen Kleinbürger glaubten? Mit den „Brosamen", die vom Tisch der Genfer Abrüstungsverhandlungen fallen könnten, dürfe sich Deutschland „angesichts seiner glänzenden Vergangenheit nicht zufrieden geben: es muß fragen, ob es die vernichtenden Folgen des verhängnisvollen Kriegsausgangs in den wesentlichen Punkten wieder aufheben kann, ohne sich zuvor mit Erfolg nochmals zum Krieg gestellt zu haben".[29]

Wie in dem innenpolitisch orientierten Gewerkschafts-Artikel, der in dem gleichen Heft veröffentlicht wurde, stellte Niekisch dem in seinen Augen unzulänglichen Nationalsozialismus auch hier seine eigenen nationalrevolutionären Forderungen nach einer „Kriegsverfassung" und „deutschen Mobilmachung" entgegen.[30] Angesichts der außenpolitischen „Einkreisung"[31] Deutschlands einerseits und der nun auch gegen bürgerliche Organisationen gerichteten Maßnahmen der nationalsozialistischen Regierung andererseits fand sich Niekisch aber im zweiten Halbjahr 1933 bereit, eine in seinem Sinne positive Verschärfung der nationalsozialistischen Politik ausdrücklich anzuerkennen: Die „grauenvolle Bedrängnis" Deutschlands durch das Ausland stehe „in einem ursächlichen Zusammenhang mit dem scharfen Regiment im Innern. Ringsum stößt Deutschland auf Feinde; es denkt nur noch in Schlachtfronten. Da wird jede Verordnung zur Waffe, jeder Verwaltungsakt zur kriegerischen Aktion, jedes Gesetz zu einer strategischen Umfassung."[32] Dies war eine Beschreibung der von Niekisch als notwendig erachteten nationalrevolutionären „Kriegsverfassung".[33] Nun stellte der *Widerstand* auch nicht länger in Abrede, daß der Nationalsozialismus eine Revision des Versailler Vertrages anstrebte[34] und ernsthaft aufrüstete.[35] Aber diesen „positiven" Aspekten stand weiterhin die Solidarität der Nationalsozialisten mit dem Abendland entgegen. In zahlreichen außenpolitischen Konstellationsanalysen versuchte der *Widerstand* immer wieder nachzuweisen, daß nur ein vollständiger Bruch mit dem Westen und auch mit Italien sowie eine Rückendeckung im Osten aus der Umklammerung durch feindliche Mächte herausführen könne.[36] Nach wie vor wurden im *Widerstand* auch „Friedensreden" führender Nationalsozialisten in einer Weise kommentiert, die bei dem Leser nur den Eindruck aufkommen lassen konnte, das nationalsozialistische Deutschland verkenne, indem es dem Pazifismus huldige, immer noch den Ernst der Lage.[37] Diese sei aber dergestalt, daß etwa der Genfer Völkerbund zu einem „Kriegsbund" gegen Deutschland geworden sei. Die „antideutsche Propaganda" des Auslands habe nur einen Sinn: „So ist die Welt gegen Deutschland ausgerichtet: die ‚Kriegsschuldfrage' des *kommenden* Krieges ist vorsorglicherweise heute bereits zu Lasten Deutschlands entschieden."[38]

Eine besondere Beachtung verdient die Kritik am Nationalsozialismus während der Jahre 1933 und 1934 unter dem für den *Widerstand* und andere nationalrevolutionäre Blätter seit 1929/30 typischen Gesichtspunkt des „Antiromanismus". Dem *Widerstand* war nicht verborgen geblieben, daß auch das katholische „Zentrum" und der politische Katholizismus überhaupt dem Ausschließlichkeitsanspruch der NSDAP zum Opfer gefallen war. Daß die dem *Widerstand* verhaßte katholische Kirche sich dem nationalsozialistischen Regime entgegenstellte, vermerkte die Zeitschrift häufig. Nach der Ermordung des österreichischen Bundeskanzlers Dollfuß bemühte sich Niekisch sogar, einen Gegensatz zwischen Nationalsozialismus und Faschismus herauszuarbeiten. Hatte sich der „romanische" Nationalsozialismus also gewandelt?

Nach der Unterzeichnung des Konkordats zwischen Deutschland und dem Vatikan am 20. Juli 1933 glaubte der *Widerstand* noch feststellen zu können, der „heilige Rock zu Trier" blähe sich, „für die Romkirche siegverheißend, in dem katholischen Winde, der mit neuerem, frischerem Zuge über Deutschlands Gaue streicht".[39] Völlig anders schilderte der *Widerstand* die Lage im Februar 1934: Die katholische Kirche tobe ihre „Wut" auf den Nationalsozialismus auf österreichischem Boden aus, weil sie diese feindlichen Gefühle „im Dritten Reich ohnmächtig hinunterschlucken muß".[40] Auch Otto Petras,[41] der nationalrevolutionäre Experte für Kirchenfragen, meinte in der gleichen Ausgabe des *Widerstand*, die „römische Kirche" nehme eine „keineswegs wohlwollende Haltung" gegenüber dem nationalsozialistischen Deutschland ein. Sie habe „einen feinen Geruch für jene offiziell nicht feststellbaren, aber doch sehr wirksamen religiösen Hintergründe des neuen deutschen Aufstandes". Kein Priester, der Rosenbergs *Mythus des 20. Jahrhunderts* gelesen habe, sei mehr durch beschwichtigende Erklärungen zu beruhigen.[42] Fortan erschien der Nationalsozialismus dem *Widerstand* nicht mehr als eine „romanische", sondern nur noch als eine „abendländische" Bewegung.[43] Für seinen offensichtlichen „Antiromanismus" wurde er aber nicht etwa gelobt, sondern Niekisch zog aus der veränderten Situation die bemerkenswerte Konsequenz, der in Deutschland wider Erwarten unterlegenen katholischen Kirche „Altersschwäche" zu bescheinigen.[44]

Auch den gegen den Nationalsozialismus erhobenen Vorwurf des „Faschismus" hielt die nationalrevolutionäre Zeitschrift 1934 nicht mehr aufrecht. Vor dem Hintergrund des deutsch-italienischen Streits um Österreich glaubte Niekisch im September dieses Jahres herausgefunden zu haben, welcher Unterschied zwischen Nationalsozialismus und Faschismus bestehe: Bei letzterem ruhten die „römisch geprägte Geistesstruktur und Willenshaltung, die hierarchischen Ordnungsformen", auf dem „Grunde eines ursprünglich römischen und katholischen Lebensgefühls". Im Falle des Nationalsozialismus seien diese Formen hingegen „Gefäße des germanisch-protestantischen Temperaments" geworden. Nur wenn dieses Temperament sich „nutzlos an einer unlösbaren Aufgabe" verzehre, werde „der römische Stil als reine Existenzform des ermatteten deutschen Gesamtdaseins" zurückbleiben.[45] Die Leser der Aufsätze des *Widerstand* wußten freilich, daß die vom Nationalsozialismus gestellte Aufgabe, *innerhalb* des Abendlandes die Freiheit Deutschlands zu erringen, unlösbar bleiben mußte.

V

Im November 1938, als Ernst Niekisch und seine nationalrevolutionären Freunde bereits im Gefängnis saßen, schrieb Walter von Kielpinski in der nationalsozialistischen Zeitschrift *Volk im Werden*, der Kreis um den *Widerstand* habe die NSDAP gerade wegen ihrer vermeintlich „unimperialistischen Reichsidee" bekämpft und ihr vorgeworfen, sie sei „westlich-kleinbürgerlich und großer Lösungen unfähig".[46] Hermann Rauschning schrieb im gleichen Jahr, Niekisch, dessen Buch *Die dritte imperiale Figur*[47] inzwischen erschienen war, verkörpere zusammen mit Ernst Jünger „die wirklich gefährliche, die ernste Form der deutschen Revolution". Er vertrete konsequent das, was der Nationalsozialismus nur „auf eine trübe und rauschvolle Art" sei. „Es ist eine grandiose, düster leuchtende Vision eines heraufsteigenden Weltimperiums, eines die reale Totalität des Erdraums umfassenden Imperiums, die in der prophetischen Verkündigung Jüngers und Niekischs sichtbar wird."[48]

Andererseits ist unbestreitbar, daß Niekisch und viele Nationalrevolutionäre Widerstand geleistet haben und ab Mitte der dreißiger Jahre einer gnadenlosen Verfolgung ausgesetzt waren. Daraus zu schließen, sie hätten auch nur am Rande etwas mit jener Widerstandsbewegung zu tun gehabt, die seit 1945 in Westdeutschland als Verkörperung eines „anderen", zivilisierten und demokratischen Deutschland gilt, wäre jedoch verfehlt. Kurt Sontheimer hat schon Ende der fünfziger Jahre darauf hingewiesen, daß der Widerstand der Nationalrevolutionäre problematisch war.[49] Zumindest der Kreis um Niekisch vertrat noch lange nach dem 30. Januar 1933 Gedanken, die, vom Antisemitismus abgesehen, der im nationalrevolutionären Lager nie eine Rolle gespielt hat, Hitler als einen relativ gemäßigten Politiker erscheinen ließen. Das nationalsozialistische Regime wollte man beseitigen. Dies aber nur, um den letzten Resten von bürgerlich-westlichen Wertvorstellungen in Deutschland um so gründlicher den Garaus machen zu können.

Anmerkungen

[1] Zum „Widerstand" und zur „Widerstandsbewegung" vgl. Uwe Sauermann, *Die Zeitschrift ‚Widerstand' und ihr Kreis. Die publizistische Entwicklung eines Organs des extremen Nationalismus und sein Wirkungsbereich in der politischen Kultur Deutschlands 1926—1934,* Phil. Diss., Augsburg 1984.

[2] Zu den „Nationalrevolutionären" der 1920er und 1930er Jahre vgl. u. a. Klemens von Klemperer, *Germany's New Conservatism. Its History and Dilemma in the Twentieth Century,* Princeton, N. J. 1957, S. 151—163; Otto-Ernst Schüddekopf, *Linke Leute von rechts. Die nationalrevolutionären Minderheiten und der Kommunismus in der Weimarer Republik,* Stuttgart 1960; Karl O. Paetel, *Versuchung oder Chance? Zur Geschichte des deutschen Nationalbolschewismus,* Göttingen 1965; Armin Mohler, *Die Konservative Revolution in Deutschland 1918—1932. Ein Handbuch,* Darmstadt 1972 (2. Fassung), S. 142—153, 241—256, 294—298, 441—478; Louis Dupeux, *Stratégie communiste et dynamique conservatrice. Essai sur les différents sens de l'expression ‚national-bolchevisme' en Allemagne, sous la République de Weimar (1919—1933),* Lille 1976.

[3] Zum Verhältnis der „Widerstandsbewegung" zum Nationalsozialismus vgl. Ann T. Carey, *Ernst Niekisch and National Bolshevism in Weimar Germany,* Phil. Diss. (University of Rochester), New York 1972, S. 309—380; James J. Ward, *Between Left and Right. Ernst Niekisch and National Bolshevism in Weimar Germany,* Phil. Diss., New York 1973, S. 201—258, 292—327; U. Sauermann, *Die Zeitschrift...* [Anm. 1], S. 89—172, 423—425.

[4] Vgl. z. B. *Der Angriff,* Nr. 9 vom 11. 1. 39 und *Völkischer Beobachter,* Nr. 11 vom 11. 1. 39.

[5] Vgl. Niekischs Aufsatz *Der großen Worte nackter Sinn,* in: *Widerstand,* Jg. 1932, Februar-Ausgabe, S. 42—53. Auf den S. 48 f. kam er dieser Auffassung sehr nahe. [Quellenangaben aus der Monatsschrift *Widerstand* werden im folgenden zitiert: W 32 (Jahr)/2 (Monat)/42—53 (Seite)].

[6] W 33/1/21—24.

[7] W 33/2/60—62.

[8] Ernst Niekisch, *Der Sinn von alledem,* in: W 33/3/81—85, 83 f.

[9] Spektator (Pseud. f. Niekisch), *Franz von Papen,* in: W 33/3/87—91, 89 f.

[10] W 33/4/124 f., 127.

[11] *A.a.O.,* S. 125.

[12] Vgl. Helmut Beer, *Widerstand gegen den Nationalsozialismus in Nürnberg 1933—1945* (= Nürnberger Werkstücke zur Stadt- und Landesgeschichte, Bd. 20), Nürnberg 1976, S. 275.

[13] Vgl. z. B. W 33/3/92; W 33/7/201; W 33/9/284 und W 34/8/285 f.

[14] W 33/6/191. Hier wurden noch 1933 erschienene Bücher über den „Nationalbolschewismus" vorgestellt; der Name des Rezensenten ist nicht angegeben.

[15] *Ebda.*

[16] Ernst Niekisch, *Schicksalsverfehlung,* in: W 33/4/101—115, 113 f. Der Aufsatz ist wiederabgedruckt in: Ders., *Widerstand. Ausgewählte Aufsätze aus seinen ,Blättern für sozialistische und nationalrevolutionäre Politik'*, hrsg. und eingel. von Uwe Sauermann, Krefeld 1982, S. 185—206.

[17] Ernst Niekisch, *Die antiimperialistische Situation,* in: W 33/5/129—136.

[18] Spektator, *Ende der Gewerkschaften,* in: W 33/6/185—187.

[19] Vgl. auch die folgenden, ganz ähnlich aufgebauten Aufsätze Niekischs: *Schicksalsverfehlungen*... [Anm. 16]; *Die antiimperialistische Situation,* in: W 33/5/129—136; *Zum Begriff des Politischen,* in: W 33/12/369—375.

[20] Ernst Niekisch, *Fatum,* in: W 34/8/256—260, 260.

[21] In dem Aufsatz *Von Stampfer bis Dollfuß* (W 33/7/199—209, 205) griff Niekisch z. B. die sozialdemokratischen Emigranten scharf an, weil sie „Werkzeuge des Auslandes gegen ihr Vaterland" geworden seien. Sie seien „armselige Versailler Soldaten" und „schäbige landesverräterische Kreaturen", denn sie leisteten dem „französischen Machtsystem billige Helfersdienste" gegen das nationalsozialistische Deutschland. Vgl. auch Ernst Niekisch, *Pakte — und ihre Hintergründe,* in: W 33/8/225—233, 233.

[22] Ernst Niekisch, *Der Sinn von alledem*... [Anm. 8], S. 84.

[23] Ders., *Schicksalsverfehlung*... [Anm. 16], S. 106, 104.

[24] Vgl. Niekischs Aufsätze: *Spiel der Kräfte,* in: W 33/11/321—331; *Die Friedensoffensive,* in W 33/12/353—361.

[25] Vgl. E. Niekisch, *Schicksalsverfehlung*... [Anm. 16], S. 108; Roderich v. Bistram, *Illusionäre Ostpolitik und Siedlungsromantik,* in: W 33/6/180—183; Eugen Schmahl, *Mit den Augen des Westens,* in: W 33/11/339—342.

[26] Vgl. z. B. Spektator, *Die Genfer ,Schicksalsschmiede',* in: W 34/10/355—367, 362.

[27] Ernst Niekisch, *Die antiimperialistische Situation*... [Anm. 17], S. 135, 134.

[28] Ders., *Atempause,* in: W 33/6/168—180, 174.

[29] *A.a.O.*, S. 168 f.

[30] W 33/6/187.

[31] W 33/6/170.

[32] Ernst Niekisch, *Pakte — und ihre Hintergründe*... [Anm. 21], S. 233.

[33] Vgl. hierzu Uwe Sauermann, *Ernst Niekisch — Zwischen allen Fronten,* München-Berlin 1980, S. 118—132.

[34] Im Aufsatz *Eindrücke* (W 33/9/257—265) sprach Niekisch von der „außenpolitisch antiversailler Aufgabe" des „deutschen Faschismus", die dieser allerdings fallenlassen werde, wenn er Frankreichs Wünschen nachkommen und sich „entmilitarisieren" und „entmannen" würde.

[35] Vgl. z. B. W 33/9/261.

[36] Vgl. E. Niekisch, *Schicksalsverfehlung*... [Anm. 16]; ders., *Atempause*... [Anm. 28]; ders., *Pakte*... [Anm. 21]; ders., *Eindrücke*... [Anm. 34]; Spektator, *Zwischen Tod und Teufel,* in: W 33/10/307—316; E. Niekisch, *Spiel der Kräfte*... [Anm. 24]; Spektator, *Die Friedensoffensive,* in: W 33/12/353—361; ders., *Die ,Verhandlungen'*, in: W 34/1/20—28; E. Niekisch, *Um Donau und Saar,* in: W 34/2/33—42; Spektator, *Noten und Reisen,* in: W 34/3/84—92; ders., *Die Zuspitzung,* in: W 34/4/115—123; ders., *Barthou und seine Folgen,* in: W 34/5/129—138.

[37] Vgl. z. B. E. Niekisch, *Atempause*... [Anm. 28].

[38] Spektator, *Um Wien und Warschau,* in: W 34/9/310—321.

[39] Ernst Niekisch, *Pakte*... [Anm. 21], S. 232.

[40] Ernst Niekisch, *Um Donau und Saar,* in: W 34/2/33—42, 34. Schon im Juli 1933 hatte Niekisch über „Maßnahmen des politischen Katholizismus gegen den Siegeszug des Nationalsozialismus" berichtet: E. Niekisch, *Von Stampfer bis Dollfuß*... [Anm. 21], S. 206 f.

[41] Zu Petras vgl. A. Mohler, *Die Konservative Revolution*... [Anm. 2], S. 466 f. und U. Sauermann, *Die Zeitschrift*... [Anm. 1], S. 81.

[42] Otto Petras, *Vorfeldkämpfe,* in: W 34/2/42—47, 43.

[43] Da zwischen diesen Begriffen für den *Widerstand* kein wesentlicher Unterschied bestand, war die Aufgabe des „Romanismus"-Vorwurfs nur insofern bemerkenswert, als bis 1933 die NSDAP immer wieder in die Nähe gerade der katholischen Kirche gerückt worden war.

[44] Ernst Niekisch, *Fatum*... [Anm. 20], S. 260. Vgl. auch W 34/8/287 f. Allerdings wurde in W 34/11/405 wieder behauptet, die katholische Kirche werde von keiner „Störung" mehr bedroht, und „Galen, der Bischof von Münster, sieht auch bereits das Ende des ‚neuheidnischen Ärgernisses' nahen".

[45] Spektator, *Um Wien und Warschau*... [Anm. 38], S. 313. Andeutungen dieser Art enthielt schon Niekischs Aufsatz *Eindrücke*... [Anm. 34], S. 258 ff.

[46] Walter v. Kielpinski, *Das Ende der Ost-Ideologie,* in: *Volk im Werden,* H. 11 (November 1938), S. 515—524, 519. Dies bemerkte auch schon Ferdinand Friedrich Zimmermann, *Der ewige Asphaltgeist,* in: *Deutsche Zeitung,* Nr. 281a vom 1. 12. 33.

[47] Ernst Niekisch, *Die dritte imperiale Figur,* Berlin 1935.

[48] Hermann Rauschning, *Die Revolution des Nihilismus. Kulisse und Wirklichkeit im Dritten Reich,* Zürich-New York 1938, S. 104, 110, 112.

[49] Vgl. Kurt Sontheimer, *Antidemokratisches Denken in der Weimarer Republik,* in: *Vierteljahrshefte für Zeitgeschichte,* 5. Jg. (1957), S. 42—62; ders., *Antidemokratisches Denken in der Weimarer Republik. Die politischen Ideen des deutschen Nationalismus zwischen 1918 und 1933,* München 1962, S. 357—371.

Bündische Jugend, Nationalsozialismus und NS-Staat

ARNO KLÖNNE
Paderborn

I

Das wissenschaftliche Interesse daran, Zusammenhänge oder Gegensätze zwischen der Bündischen Jugend (als der letzten Ausformung der klassischen deutschen Jugendbewegung) und dem Nationalsozialismus, speziell der Hitler-Jugend (HJ) zu identifizieren, hat seit einigen Jahren deutlich zugenommen.[1] Als Gründe für diese erneute Hinwendung zum Thema können angenommen werden:

— Die Erforschung von „Jugendkulturen" oder jugendlichen „Subkulturen" findet generell stärkere Beachtung; in nationalgeschichtlicher Blickrichtung legt sich damit gerade auch die deutsche Jugendbewegung mitsamt ihren Übergängen ins Dritte Reich als Untersuchungsfeld nahe.

— Die methodische Schwerpunktverlagerung in weiten Teilen der Geschichtswissenschaft hin zu „Alltags-" und „Lebensweltaspekten" läßt der Erhellung von Phänomenen und Prozessen politischer Sozialisation größeren Stellenwert zukommen; insofern wird, wenn es um den Nationalsozialismus geht, mehr als bisher nach dem spezifischen Jugendmilieu und nach dessen Differenzierung gefragt, um Voraussetzungen politischen Verhaltens herauszufinden.

— Bei der Analyse des historischen Vorganges der Durchsetzung nationalsozialistischer Hegemonie wird neuerdings die ideologische Ebene wieder intensiver beobachtet; für die Frage nach dem ideologischen „Vorraum" oder Umfeld des Nationalsozialismus bietet aber gerade die Jugendbewegung viel Material.[2] Hinzu kommt, daß Untersuchungen der Opposition gegen den Nationalsozialismus, nicht zuletzt im Zuge einer Erweiterung des Begriffes von „Widerstand" in Richtung auf „Resistenz", oppositionelle Erscheinungen im Bereich der Jugend oder jugendlicher Gruppen nicht mehr, wie es lange Jahre hindurch überwiegend geschah, aussparen.

Auch in diesem Kontext ist die Frage aktualisiert, welche Voraussetzungen oder Hindernisse von der Jugendbewegung oder Bündischen Jugend vor und um 1933 für die Entwicklung „widerständigen Verhaltens" jugendlicher Gruppen in der Zeit nach der Machtbefestigung des NS-Regimes bereitgestellt wurden; anders formuliert: Es wird diskutiert, ob „jugendbewegte" Traditionen eher der Integrationsfähigkeit des Nationalsozialismus und der HJ oder eher den Entfaltungsversuchen jugendlicher Opposition gegen das Dritte Reich zu Nutze waren.

In den fünfziger Jahren hat es zeitweise recht intensive und kontroverse Auseinandersetzungen über das Verhältnis von Bündischer Jugend und Nationalsozialismus gegeben. Freilich waren diese fast durchweg von der Intention bestimmt, direkte Verantwortlichkeiten für den „Weg in die Katastrophe" zu klären; auf die Jugendbewegung bezogen hieß dies: Schuldzuweisungen einerseits, Rechtfertigungen andererseits dominierten, die Fragestellung war etwa so gedacht: Hat die Bündische Jugend als Wegbereiter des Dritten Reiches gewirkt — oder waren Jugendbewegung und Nationalsozialismus unvereinbare Größen? Darstellungen, die die zweite genannte Interpretation vortrugen, verbanden sich meist mit dem Zusatz, der Nationalsozialismus habe zwar die Ideen und Formen der Bündischen Jugend aufgegriffen, diese aber „pervertiert". Gemessen an der eben angedeuteten Fragerichtung waren die öffentlichen und mehr noch die internen Bemühungen von Dienststellen, politischen Repräsentanten und Theoretikern des NS-Staates oder der HJ selbst, die Beziehungen von Jugendbewegung und Nationalsozialismus (speziell der Hitler-Jugend) zu klären, weitaus differenzierter, übrigens keineswegs in allen Punkten einheitlich, wenn es um die Einschätzung der Chancen oder Risiken jugendbewegter Leitbilder für das NS-Herrschaftssystem ging.[3] Das Material, das NS-amtliche Quellen zu diesem Thema bieten, ist bislang noch nicht hinreichend aufgearbeitet; immerhin lassen sich einige wichtige Argumentationslinien erkennen.

II

Weitgehend übereinstimmend konstatieren die NS- oder HJ-Autoren eine Vorläuferrolle der Jugendbewegung für den Nationalsozialismus und dessen Form der Jugenderziehung im Hinblick auf „völkisch" begründete, „lebensreformerische" und „jugendgemäße" Verhaltensmuster, so etwa die „Wiederentdeckung des Volkstums", die „Bodenverbundenheit", die „Körperertüchtigung". Die NS-Literatur attestiert der Jugendbewegung als in ihrem Sinne positive Errungenschaften die „Wiederbelebung" der jugendlichen Gruppe als eines „eigenständigen Erziehungsraumes" neben Elternhaus und Schule, ebenso die Herausbildung des

Prinzips, wonach „Jugend von Jugend geführt" sein müsse. Daß die Jugendbewegung sich gegen „liberalistische" und „rationalistische" Gesellschaftsauffassungen gestellt, daß sie „organisches Denken" verbreitet habe, wird ebenso zustimmend herausgestellt wie die „Führer-Gefolgschafts"-Orientierung der jugendbewegten Gruppen. Hervorgehoben wird in den NS-Darstellungen auch, daß die große Mehrheit der Bündischen Jugend „nationale Begeisterung" gezeigt habe.

Allerdings werden zumindest in den mehr intern gedachten NS-Schriften in dieser Hinsicht Unterscheidungen gemacht; die gerade in den letzten Jahren vor 1933 an Einfluß gewinnenden Richtungen um die „deutsche jungenschaft vom 1.11." und den „Nerother Wandervogel" werden als „national unzuverlässig" und „gegenvölkisch" angegriffen, zum Teil mit dem Argument, hier sei eine „anarchistische" Entwicklungslinie der Jugendbewegung aus der Zeit um den Ersten Weltkrieg erneut aufgetreten. Ganz generell wird aber der Bündischen Jugend der Vorwurf gemacht, sie habe sich nicht zum „politischen Einsatz" durchringen können; das jugendliche Erlebnis in der Gruppe habe ihr mehr bedeutet als die Einordnung in die Geschlossenheit der (nationalsozialistischen) „Bewegung" oder der „Volksgemeinschaft", kurzum: hier sei die jugendbündische Lebensform zum „Selbstzweck" geworden.[4]

Nach meinem Eindruck trifft diese NS-Interpretation den historischen Sachverhalt, und eben daraus wird die Ambivalenz im Verhältnis von Bündischer Jugend und Nationalsozialismus erklärlich, ebenso der zwiespältige Effekt, den die klassische deutsche Jugendbewegung für die Sozialgeschichte des Dritten Reiches erbrachte.

III

Der mit dem Wandervogel beginnende „Aufbruch" sensibler Teile der bildungsbürgerlichen jungen Generation in Deutschland vollzog sich ohne Zweifel zumindest mehrheitlich im ideologischen Rahmen der „deutschen Bewegung", also einer antiaufklärerischen, antiliberalen, zivilisationskritischen und zugleich nationalistisch getönten Strömung, die mit dem Begriff „konservativ-revolutionär" angedeutet werden kann.[5] Die Berufung auf „Jugendlichkeit" als „Regenerationskraft" völkischer „Erneuerung" war für diese „deutsche Bewegung" charakteristisch und bot günstige Anknüpfungspunkte für Gruppen und Bünde, die aus der industriegesellschaftlichen Ausweitung des kulturpubertären Spielraums ihre Antriebe bezogen. Die sich so entwickelnde bürgerliche Jugendbewegung bildete Strukturen jugendlichen Gruppenlebens heraus, die im Laufe der Weimarer Republik zunehmend auch bei nicht-bürgerlichen Schichten an Attraktion gewannen. Symbole, Lebensformen und Leitbilder der

Jugendbewegung waren bereits in den zwanziger Jahren weit über die unmittelbaren Nachfolgebünde des Wandervogels hinaus stilbildend für erhebliche Teile der Jugendgeneration; der Anspruch auf jugendbewegte Besonderung war gesamtgesellschaftlich akzeptiert.

Diese Situation fand der Nationalsozialismus in der Zeit vor der Machtergreifung vor; zudem gab es zahlreiche politische Berührungspunkte und ideologische „Schnittmengen" zwischen dem Nationalsozialismus und der Mehrheit bündischer Jugendbewegung. Angesichts dessen lag nichts näher als das Unterfangen, die Formenwelt der Jugendbewegung soweit wie möglich für den Aufbau der Hitler-Jugend nach 1933 zu übernehmen, die Bünde in die HJ zu überführen und die „nationalsozialistische Volksjugend" zur „Aufhebung" der Jugendbewegung zu erklären, dies im doppelten Sinne: Die HJ sollte jugendbewegtes Leben fortsetzen und für noch breitere Schichten der Jugend mitvollziehbar machen, zugleich aber sollten „Zersplitterung" und Autonomie der Bünde überwunden sein.

Andererseits lag es ebenso nahe, daß weite Teile der bündischen Jugend sich, ihren ideologischen Herkünften entsprechend, 1933 der „nationalen Erhebung" zuordneten, und auch das Angebot der HJ als „Volksjugend" traf auf Folgebereitschaft, weil es die längst vorher schon beschworene Hoffnung auf „Einheit der Jugend" zu realisieren schien. Diese Tendenz zur Integration in den Nationalsozialismus war bei der Bündischen Jugend vorherrschend und bis weit in die Turnerjugend und die Evangelische Jugend hinein verbreitet, auch die Katholische Jugend war davon nicht frei, wenngleich hier eine andere politische Vorgeschichte zu mehr Distanz führte; erst der Versuch eines machtpolitischen Zugriffs der HJ-Führung auf die katholischen Jugendbünde ließ dann bei diesen mehr Trennschärfe aufkommen. (Daß die sozialdemokratisch-sozialistischen und die kommunistischen Jugendgruppen sich politisch gegen den Sog der „nationalen Erhebung" stellten, braucht hier nicht eigens betont zu werden; zu bedenken ist, daß der Einfluß dieser Richtungen auf die „bewegte Jugend" insgesamt nicht dominant war.)

Die verschiedenen Versuche im Laufe des Jahres 1933, bündische Eigenständigkeiten organisatorisch zu erhalten („Großdeutscher Bund", „Reichsschaft Deutscher Pfadfinder"), waren nur bei relativ wenigen der handelnden Personen durch eine politische Abneigung gegen den neuen Staat motiviert; ganz überwiegend ging es hier (wie auch bei den Vorbehalten vieler evangelischer Jugendführer gegenüber der Eingliederung in die HJ) um die Intention, sich nicht dem organisationsstrukturellen Kommando der HJ-Führung zu unterwerfen. Eine „föderative Lösung", die den traditionellen Bundeszugehörigkeiten einen Spielraum innerhalb einer „nationalsozialistischen Volksjugend" belassen hätte, wäre vermutlich von den Führern der Bünde durchweg akzeptiert worden. Durchaus überzeugend hat Michael H. Kater im Detail nachgezeichnet, wie sehr die große Mehrheit der Bündischen 1933 bereit war, den nationalsozialistischen Führungsanspruch auch im Feld der Jugend anzuerkennen und sich in die „nationale Revolution" einzureihen.[6]

Und dennoch: Alle Quellen aus der NS-Zeit deuten darauf hin, daß die damaligen Staats- und Sicherheitsorgane sowie die HJ-Führung im Fortleben „bündischer Umtriebe" die vergleichsweise massivste Gefährdung des politischen Sozialisationsanspruchs für die „Jugend unter Hitler" gesehen haben, wobei als solche „Umtriebe" sowohl bündische Tendenzen in der Hitler-Jugend, speziell im Deutschen Jungvolk, als auch die Fortsetzung bündisch-katholischer Jugendgruppen, die Weiterexistenz illegaler freier bündischer Gruppen und vor allem die Tradierung bündischer Lebensformen hinein in neu sich ausbreitende, spontane Jugend-„Cliquen" im Stile der Edelweißpiraten und ähnlicher Gruppen verstanden wurden.[7] Obwohl gerade die Edelweißpiraten in jüngster Zeit mancherlei literarische oder wissenschaftliche Würdigung erfahren haben (mitunter, nicht sehr treffend, als Fortsetzung der Arbeiterjugendbewegung beschrieben), ist das Phänomen bündisch-jugendlicher Resistenz nach 1933 insgesamt bisher nicht annähernd erforscht und dokumentiert. Die Vernachlässigung dieser Erscheinungsform von Opposition gegen das Dritte Reich in der Geschichtsschreibung nach 1945 und bis heute hin mag auch damit zusammenhängen, daß bündisch-jugendliche „Umtriebe" nur schwerlich in der üblichen Auffächerung von NS-oppositionellen Richtungen unterzubringen sind.

Aber wie ist, was das Verhältnis von Bündischer Jugend und Nationalsozialismus angeht, die eigentümliche Widersprüchlichkeit von Zusammenhang und Gegensatz, von Integration und „Sprengkraft" zu erklären?

IV

Hier ist ein Hinweis auf Entwicklung und Wandel der NS-offiziellen „Jugendarbeit" notwendig. Die Hitler-Jugend hatte ihre raschen Erfolge bei der „Erfassung" der Jugend nach 1933 nicht zuletzt der Verwendung und Verallgemeinerung jugendbewegt-bündischer Formen jugendlichen Lebens zu verdanken, auch der Einbeziehung früherer bündischer Führer. Aber systemnotwendig zielte die HJ auf die „Verstaatlichung von Jugendbewegung" ab, auf Vereinheitlichung, Reglementierung — und beides zugleich war nicht möglich: Spontaneität jugendbewegten Lebens und organisierte soziale Kontrollierbarkeit von Jugend ließen sich auf Dauer nicht miteinander vereinbaren. So begann schon 1934 die HJ-Führung damit, die Jugendbewegung für „abgeschlossen" zu erklären und ihre

Einheiten von bündischen Elementen zu „säubern"; das HJ-Gesetz von 1936 setzte formal den Schlußpunkt unter diese Wende von der „nationalen Jugendbewegung" zur Staatsjugend. Der Trend zur „Jugenddienstpflicht" und damit zum Drill als in der HJ vorherrschender Sozialform rief aber Unbehagen und Widerstreben bei Jugendlichen hervor; die Erinnerung an das „freie bündische Leben" wurde zum oppositionellen Impuls, setzte subkulturelle, oft romantische Orientierungen abseits der HJ frei.[8]

Der Autonomie-Anspruch der Jugendbewegung, bis 1933 durchweg keineswegs als Widerspruch zu „völkisch-nationaler Verpflichtung" empfunden, geriet unter den Bedingungen des totalitären Staates in Konflikt mit der Praxis einer nationalsozialistischen Jugendorganisation, deren politische Ideen die meisten Jugendbewegten zunächst akzeptiert hatten; das Bedürfnis nach eigener Gestaltung der jugendlichen Gruppe und ihrer Aktivitäten, nach „Freiraum", war kaum noch zu vereinbaren mit dem Regelsystem der Hitlerjugend-Sozialisation. Sicherlich waren es Minoritäten innerhalb der Jugendgeneration des Dritten Reiches, die ein eigenes bündisches Leben in dieser oder jener Variante riskierten; aber sie waren, je mehr die Staatsjugend ihrer eigenen Logik folgte, desto weniger von den sozialen Bedürfnissen ihrer Altersgenossen abgeschnitten. Der Tendenz nach läßt sich sagen: Die Hitler-Jugend verlor — die jugendbündische Gruppe gewann an Attraktivität. Was den Einfluß der Jugendbewegung vor 1933 auf diese Entwicklung im Dritten Reich angeht, so zeigt sich hier, daß politische Ideologien und „lebensweltliche" Orientierungen historisch eine Verbindung eingehen können, die sich unter veränderten Bedingungen wieder lockern oder lösen kann; zunächst unpolitische Bedürfnisse können Konflikte auslösen, die politische Folgen haben.

Zu prüfen ist, ob das Widerspruchspotential jugendbewegter Herkunft oder jugendbündischen Charakters für NS und HJ vielleicht gerade deshalb so gefährlich war, *weil* es sich in mancher Hinsicht in der ideologischen und symbolischen *Nähe* des Dritten Reiches und seiner Jugendorganisation bewegte. Jedenfalls stieß die Unterdrückung des bündischen Milieus auf Unverständnis zunächst auch bei regimeloyalen Schichten der Bevölkerung und bei vielen Dienststellen der Partei und des Staates; es bedurfte eines längeren Prozesses der negativen Etikettierung und Kriminalisierung (bei dem tatsächlich gegebene oder fälschlich unterstellte homosexuelle Orientierungen der Bündischen eine große Rolle spielten), um den „Kampf gegen die Bündische Jugend" rigoros führen zu können. Andererseits bedeutete dies für die illegalen bündischen Gruppierungen einen Prozeß der gewissermaßen aufgezwungenen Politisierung, und gerade in der Auseinandersetzung mit den repressiven Zugriffen des NS-Staates gewann innerhalb der jugendbewegten Subkultur der spezifische, vom Nationalsozialismus als „kulturbolschewistisch" ausgegrenzte Stil der„ dj. 1.11." und des „Nerother Wandervogel" weiter an Boden.[9]

Keinesfalls war die Ausbreitung illegaler bündischer Jugend eine kriegsbedingte Erscheinung. Bereits vor 1939 hatte die Hitler-Jugend von der Jugendbewegung „Abschied genommen" und die Jugenddienstpflicht war vor Kriegsbeginn eingeführt worden; damit waren aber die wesentlichen Determinanten bündischer Opposition historisch gegeben. Daß für den Grad oder das Ausmaß jugendbündischer Resistenz und Illegalität die regional höchst unterschiedlichen sozialstrukturellen und jugendgeschichtlichen Vorbedingungen entscheidend waren, liegt nahe; besonders dicht entwickelte sich bündische Opposition dort, wo im lokalen Terrain die Jugendbewegung vor 1933 vergleichsweise stark gewesen war und wo „Sonderkulturen" der Arbeiterbewegung und/oder des populistischen Katholizismus auch nach 1933 noch nicht verdrängt waren. Begünstigt wurde die jugendbündische Resistenz dadurch, daß die katholischen Jugendbünde im halben Schutze des Konkordats bis 1937/38 noch teilweise legal weiter tätig sein und gerade in dieser Zeit bündisches Milieu in ihren Gruppen und in ihrer Publizistik tradieren konnten. Interessant ist, daß das „bündische Milieu", bis Anfang der Dreißiger Jahre eher von Jungen der Mittelschichten, insbesondere des Bildungsbürgertums getragen, sich in der NS-Zeit stärker in die Arbeiterjugend hinein verbreitete und nun zum Teil auch Mädchen einbezog. Für Arbeiterjugendliche war zumindest ab 1935/36 die bündische Illegalität eine Chance oppositionellen Verhaltens, die weitaus realistischer war als die illegale Fortsetzung der alten Arbeiterjugendorganisationen. Der Grund dafür lag nicht nur im Vernichtungsfeldzug, den der NS-Staat schon 1933/34 gegen die illegalen kommunistischen und sozialdemokratisch-sozialistischen Jugendgruppen führte und dem große Teile der Kader vor allem des Kommunistischen Jugendverbandes Deutschlands (KJVD) zum Opfer fielen; hinzu kam, daß das bündische Milieu den jugendlich-subkulturellen Bedürfnissen besser entsprach und sich per „Ansteckung", das heißt ohne feste Organisationsstrukturen aufrechterhalten und weiter verbreiten konnte.

Die vom NS-Staat immer eindeutiger konstatierte „Gefährdung der Jugend durch bündische Umtriebe"[10] hatte ihre Brisanz darin, daß ausgerechnet im Sozialisationsbereich Bruchstellen des NS-Herrschaftssystems zutage traten und nicht der verschwörerischen Aktivität der „alten Gegner" des NS zugeschrieben werden konnten. Der Nationalsozialismus, dessen Erfolg vor 1933 auch durch seinen Anspruch auf „Jugendlichkeit" zustandegekommen war und der verkündet hatte: „Wer die Jugend hat, hat die Zukunft", erwies sich als unfähig, die Gesamtheit der nachwachsenden Generation gesellschaftlich zu integrieren.

Anmerkungen

[1] Siehe hierzu fortlaufend Beiträge im *Jahrbuch des Archivs der deutschen Jugendbewegung,* Burg Ludwigstein.

[2] Informationsreich hierzu Michael Jovy, *Jugendbewegung und Nationalsozialismus,* Münster 1984. (Buchdruck einer bis dahin unveröffentl. Diss. aus dem Jahre 1952.)

[3] Siehe hierzu und zu allen Details dieses Aufsatzes Arno Klönne, *Jugend im Dritten Reich. Die Hitler-Jugend und ihre Gegner,* Köln 1984.

[4] Besonders interessant aus NS-Sicht hierzu: Luise Fick, *Die deutsche Jugendbewegung,* Jena 1939. Max Nitzsche, *Bund und Staat. Wesen und Formen der bündischen Ideologie,* Würzburg 1942.

[5] Dazu Näheres bei Arno Klönne, *Zurück zur Nation? Kontroversen zu deutschen Fragen,* Köln 1984.

[6] Michael H. Kater, *Bürgerliche Jugendbewegung und Hitlerjugend in Deutschland von 1926 bis 1939,* in: *Archiv für Sozialgeschichte,* 17. Jg. (1977), S. 127—174. Kater beschränkt sich allerdings, was die Entwicklung nach 1933 angeht, auf die Untersuchung der Stellungnahmen der Bünde und ihrer Führer zum Nationalsozialismus; das organisatorisch oft kaum zu definierende „bündische Milieu" kommt bei ihm selten in den Blick.

[7] Über die Edelweißpiraten ist in den letzten Jahren viel publiziert worden, oft nicht eben Zuverlässiges. Den besten Überblick bietet immer noch Detlev Peukert, *Die Edelweißpiraten. Protestbewegungen jugendlicher Arbeiter im Dritten Reich,* Köln 1980.

[8] Vgl. hierzu etwa die interne Denkschrift der Reichsjugendführung (Personalamt — Überwachung) über *„Cliquen- und Bandenbildung unter Jugendlichen"* vom September 1942, Bundesarchiv Koblenz, R 22/1177, Bl. 325 ff. Gedruckt in: D. Peukert, *Die Edelweißpiraten...,* [Anm. 7], S. 146—159. Ferner: Jugendführer des Deutschen Reiches (Hrsg.), *Kriminalität und Gefährdung der Jugend. Lagebericht bis zum Stande vom 1.1.1941,* abgedruckt bei: Arno Klönne (Hrsg.), *Jugendkriminalität und Jugendopposition im NS-Staat,* Münster 1981.

[9] Siehe hierzu die Beschreibungen aus nationalsozialistischer Sicht in Prozessen gegen illegale bündische Gruppen, als Beispiel: *Anklageschrift des Oberreichsanwalts beim Volksgerichtshof Berlin gegen den Schüler H. Ludwig vom 16.5.1838.* Institut für Zeitgeschichte, München.

[10] Siehe etwa Runderlaß des Reichsführers SS und Chefs der Deutschen Polizei vom 25.10.1944, über *„Bekämpfung jugendlicher Cliquen",* S V A3 Nr. 2530/44, BA Koblenz, R 22/1177, Bl. 514 ff., D. Peukert, *Die Edelweißpiraten...* [Anm. 7], S. 123 ff. Vgl. auch Heinrich Muth, *Jugendopposition im Dritten Reich,* in: *Vierteljahrshefte für Zeitgeschichte,* 30. Jg. (1982), S. 369—417.

Publizistische Opposition in den Anfängen des nationalsozialistischen Regimes

BERND SÖSEMANN
Göttingen

Sobald es die politischen Voraussetzungen zuließen, sind nach dem Untergang des nationalsozialistischen Regimes auch zu Fragen des Presse-, Propaganda- und Zensurwesens persönliche Berichte und Untersuchungen erschienen.[1] Sogar eine Gesamtdarstellung, die ausdrücklich „der wissenschaftlichen Forschung dienen" sollte und sie auch lange beeinflußt hat, lag bereits 1948 vor.[2] Diese ersten Schriften zur Publizistik waren, wie nahezu sämtliche Veröffentlichungen zur Geschichte der nationalsozialistischen Epoche, vorrangig von den Fragen nach dem „Verhalten des Einzelnen gegenüber der Tyrannis"[3] und den Ursachen der „deutschen Katastrophe"[4] bestimmt.

In den darauffolgenden Jahrzehnten haben sich neben den Zeitungs- oder Publizistikwissenschaftlern in wachsendem Maße auch Sozialwissenschaftler, Politologen und Historiker dem Pressewesen zugewandt.[5] Im Rahmen der prinzipiell reichhaltigen Forschung über die Publizistik im nationalsozialistischen Regime sind dabei einige Bereiche, einzelne Regionen und Presseorgane sowie publizistische Vorgänge der späteren Jahre des totalitären Systems intensiver, andere jedoch unzureichend oder noch gar nicht untersucht worden. Insbesondere fehlt eine Gesamtdarstellung, welche die Ausgangssituation untersucht, also die personellen Kontinuitäten und die Skala oppositioneller sowie opportunistischer Einstellungen, und die die jeweiligen Handlungsspielräume der Beteiligten in der nötigen Differenziertheit ausmißt, wobei die Wechselwirkungen mit den allgemeinen politischen und gesellschaftlichen Entscheidungen und Entwicklungen im Dritten Reich in dem notwendigen Umfang mit einbezogen werden müßten. Vor allem die ersten beiden Jahre des nationalsozialistischen Regimes sind weniger intensiv als die späteren behandelt worden, in denen sich offenkundig eher sowohl spektakuläre als auch typische Beispiele für Inhalte, Formen und Wirkungen propagandistischer Maßnahmen und für redaktionelle Verhaltensweisen anführen lassen.

Die im folgenden vorgenommene zeitliche Eingrenzung auf die Anfangsjahre des Dritten Reiches soll zugleich den Blick für die Übergangsphase zwischen dem Sommer 1930 und dem Januar 1933 sowie für die partielle Offenheit der politischen und damit auch der publizistischen Situation in den ersten Monaten nach der Machtübergabe an Hitler schärfen. Der Begriff „Opposition" wurde dem Widerstandsbegriff vorgezogen, weil er zum einen inhaltlich weiter gespannt und sowohl moralisch als auch politisch weniger belastet ist. Er vermag nämlich unterschiedlich motivierte, organisierte und spontane Widerstandshandlungen zu kennzeichnen. Zum anderen erscheint es im publizistischen Bereich sachlich gerechtfertigt, einen enger interpretierten Widerstands- und einen weiter gefaßten Oppositionsbegriff zu verwenden. So lassen sich zum Beispiel eine *reservatio mentalis* oder ein lediglich nonkonformistisches Verhalten aus Unzufriedenheit mit der Regierung von den Formen entschiedener „Fundamentalopposition" gegen ein System, das aus moralischen und juristischen Überlegungen als illegitim und ungerecht angesehen werden muß, deutlich trennen.

I

Presserechtlich gesehen, befanden sich Zeitungsverleger und Journalisten 1933 in einer wenig günstigen Lage, da es ihren Verbänden, dem „Verein Deutscher Zeitungsverleger" (VDZV) und dem „Reichsverband der deutschen Presse" (RVDP), in jahrelangen Verhandlungen nicht gelungen war, den Weg für ein Reichspressegesetz zu ebnen.[6] Ihr gemeinsamer Arbeitsausschuß hatte 1932 nur einen Entwurf, verfaßt von Kurt Haentzschel, vorlegen können, der das Reichsgesetz über die Presse von 1874 ablösen und ein demokratisch gewähltes Pressekammersystem schaffen sollte. Diesen Entwurf nahmen die Nationalsozialisten auf und ließen ihn von Hans Schmidt-Leonhardt, dem ehemaligen Assistenten des Verfassers,[7] und von dem deutsch-nationalen Vorstandsmitglied des RVDP, Paul Baecker, sogleich umarbeiten (April 1933).

Wie gründlich man die presserechtliche Beschreibung eines freiheitlich-demokratischen Systems in ihr Gegenteil verkehren — aus Wahlen wurden Ernennungen — und die Begriffe in einem „nationalen" Sinn uminterpretieren konnte, läßt sich der Bearbeitung des ersten Paragraphen entnehmen. Der Baecker-Entwurf behielt den Wortlaut des Paragraphen bei, setzte ihm jedoch die folgenden drei Sätze voran:

„Die Presse dient öffentlichem Interesse. Ihre Freiheit ist durch die Grundlagen des nationalen Staates bestimmt. Sie stellt sich dar als allgemeine Freiheit geistiger Betätigung."[8]

Der wirtschaftlich verunsicherte und politisch gespaltene Verlegerverband hat mit seiner Zustimmung zu diesem Entwurf seine eigene Position für die späteren Auseinandersetzungen erheblich geschwächt und nicht erfaßt, welchen anderen Sinn es haben mußte, wenn auch Hitler sich ihm gegenüber zu dem Prinzip einer freien Presse bekannte.[9] Der Baecker-Entwurf ist dann doch nicht zum Gesetz erhoben worden, denn die zahlreichen Einengungen der Pressefreiheit aus den Jahren 1931/32[10] und die Notverordnungen vom Februar 1933[11] erlaubten den Nationalsozialisten bereits die gewünschte Einflußnahme.

Im Gefolge der Wirtschaftskrise seit 1928 hatten sich in der im Vergleich zu anderen europäischen Staaten regional, inhaltlich und eigentumsrechtlich vielgestaltigen deutschen Presse strukturell bedingte Konzentrationsbewegungen beschleunigt. Des weiteren hatte der Staat in den Jahren der Präsidialkabinette geradezu eine Kontinuität der Presseverbote begründet. Die Gefahr eines Bürgerkriegs, die politische Radikalisierung und Polarisierung der Gesellschaft spiegelten sich somit auch in ihrem Pressewesen. Im Sommer 1932, noch vor dem hohen Wahlerfolg der NSDAP, hieß es deshalb im *Berliner Tageblatt,* in der Presse gebe es „keine irgendwie verbürgte Freiheit der Diskussion" mehr, es herrsche der „Eindruck, als ebne alles, was jetzt geschieht, den Weg ins Dritte Reich", und das geschehe in einer Zeit, in der die Presse die geistige Führungsposition von dem weitgehend ausgeschalteten Parlament zu übernehmen hätte.[12]

Eines der wenigen erhaltenen Dokumente[13] dieser Zeit über redaktions- und verlagsinterne Vorgänge vermittelt einen detaillierten Eindruck von den scharfen Auseinandersetzungen über den politischen Kurs des *Berliner Tageblatts* in der Endphase der Weimarer Republik. Die wirtschaftlichen Schwierigkeiten versuchte der Verleger, Hans Lachmann-Mosse, zu größeren Entlassungsaktionen und zur Schwächung der Position des Chefredakteurs zu nutzen, die das liberal-demokratische Blatt in konservative Bahnen bringen sollten. Theodor Wolff gelang es, seine „relative Dispositionsfreiheit" auch in personeller und redaktionstechnischer Hinsicht weiterhin zu sichern und eine entsprechende Erklärung des Verlegers durchzusetzen, da „die Zeitung nicht unter fortwährendem Druck und Zwang" geführt werden könne.[14]

Andere Chefredakteure verfügten nicht über eine so große Autorität in Redaktion und Verlag sowie über ein derartig hohes Ansehen in der Öffentlichkeit, um solche, letztlich politisch motivierten Interventionen abwehren zu können.[15]

Republikanische Standhaftigkeit in geschlossener Front hat es nicht einmal bei allen liberalen Zeitungen vor dem 30. Januar 1933 gegeben; denn selbst unter diesen Blättern verstärkten sich Tendenzen zu taktisch-temporärer Anpassung an den autoritären Kurs der Präsidialkabinette. So blieb beim *Hamburger Fremdenblatt* schließlich allein der Wirtschaftsteil in seiner Substanz liberal;[16] und selbst die *Frankfurter Zeitung* propagierte seit dem Sommer 1932 wiederholt ein „Zähmungskonzept", mit dem der NSDAP in einer Regierungskoalition die politische Attraktivität zu nehmen sei (Abnutzungstheorie).[17]

Die *Vossische Zeitung*, das *Berliner Tageblatt*, die *Kölner Zeitung* und die *Westfälischen Neuesten Nachrichten*, Münster, gehörten dagegen zu dem Kreis liberaler Zeitungen, der die Nationalsozialisten niemals an der Regierung beteiligt wissen wollte oder nachdrücklich ablehnte. Diese Zeitungen trennten nicht zwischen Formen und Taktiken links- beziehungsweise rechtsradikaler Parteien und ihrer paramilitärischen Organisationen, doch sahen sie die größeren Gefahren von der NSDAP und von einer allgemeinen Militarisierung der Politik ausgehen. Sie warnten:

„Die Kreise, die den Teufel des Marxismus mit dem Beelzebub des Rechtsradikalismus auszutreiben gedachten, müssen erkennen, daß ihre Rechnung nicht stimmt."[18]

Hatten sich bereits in den letzten Monaten der Weimarer Republik ehemals entschieden liberale Zeitungen durch Hitlers Legalitätstaktik, durch Schleichers autoritäre Krisenstrategie und durch den „parteiungebundenen Sachverstand" der Hitler-Zähmer beeindruckt gezeigt, so überrascht es nicht, daß ihre Reaktionen auf die Machtübergabe an Hitler einen Mangel an illusionsloser Nüchternheit aufwiesen: Sie unterschätzten weithin die Bedeutung der Regierungsbeteiligung der NSDAP und überschätzten die Bereitschaft der deutschnationalen „Einrahmungspolitiker".[19] Die *Frankfurter Zeitung*, die am 29. Januar immerhin noch gefragt hatte: „Wer garantiert dabei [in dem Fall einer Regierung Hitlers] die Einhaltung der Verfassung, wer garantiert, daß Herr Hitler wieder abgeht, wenn er gestürzt wird?",[20] gab sich nun der unbegründeten Hoffnung hin, der „starke Mann im Kabinett Hitler", Werner von Blomberg, werde eine Alleinregierung Hitlers oder Papens nicht dulden — ein General, der gerade zuvor seinem direkten Vorgesetzten den Gehorsam verweigert hatte.

Erst recht blieb eine geschlossene und entschiedene Opposition der Presseverbände nach Hitlers Regierungsantritt aus. Die „Reichsarbeitsgemeinschaft der Deutschen Presse" (RAG) — der RVDP und der VDZV hatten sie gemeinsam begründet — formulierte zwar ein „starkes Befremden", da drei Tage nach der Reichstagsauflösung wieder der Ausnahmezustand hergestellt wurde,[21] doch erkannte sie „in der heutigen Zeit schwerster politischer und wirtschaftlicher Erschütterungen das Recht und auch die Pflicht der Regierung an, Volk und Staat gegen offensichtlichen Mißbrauch der Pressefreiheit zu schützen". Relativ spät begehrte der „Reichsverband der Deutschen Presse" wegen der Notverordnung vom 28. Februar auf; doch auch seine Taktik blieb letztlich erfolglos. Dies lag nicht zuletzt daran, daß Unklarheit über die taktischen und programmatischen Züge der nationalsozialistischen Pressepolitik und selbst über die Inhalte publizistischer Begriffe bestand. Dabei hatten weder Hitler und Goebbels[22] noch der Pressechef der NSDAP, Otto Dietrich,[23] und das Heer der nationalsozialistischen Propagandisten[24] jemals verhehlt, welche außerordentliche Bedeutung sie der Presse grundsätzlich beimäßen und welche Aufgaben ihr im nationalsozialistischen Staat und besonders im Verlauf der „nationalen Erhebung" zufallen sollten. Die Begriffe „öffentliche Meinung", „Objektivität", „Pressefreiheit", „Publizistik", „Propaganda" hätten also ebenso vor den neuen politischen Erwartungs- und Erfahrungshorizonten interpretiert werden müssen wie „Verleger" oder „(Haupt-)Schriftleiter". Entsprechende offizielle Reden und Erklärungen zur „Pressefreiheit" konnten nur so lange als beschwichtigende, befriedigende oder klärende Stellungnahmen aufgefaßt werden, wie der veränderte Bedeutungsgehalt der Begriffe nicht bedacht wurde.

Eine unabdingbare Voraussetzung für das Durchschauen der ideologisierten Begrifflichkeit und damit auch des sogenannten Gleichschaltungsprozesses lag in der Fähigkeit, das Programm der NSDAP und die Ursachen sowie die Konsequenzen der Machtübertragung an die Hitler-Hugenberg-Koalition richtig einzuschätzen. Da diese Erkenntnisfähigkeit in den entscheidenden publizistischen Positionen fehlte, mußten auch Kommentare, wie die folgenden, vereinzelt bleiben:

„Die Armut kann man nicht abschaffen, aber die Freiheit kann man abschaffen. Die Not läßt sich nicht verbieten, aber die Presse läßt sich verbieten. Der Hunger läßt sich nicht ausweisen, aber die Juden kann man ausweisen. Noch schützt vor dem ärgsten Mißbrauch der Gewalt die Verfassung, aber deren Bande sind, um einen Ausdruck von Goebbels zu gebrauchen, ‚hauchdünn' geworden."[25]

„Ein Kabinett, in dem die Leute sitzen, die seit Wochen und Monaten verkündet haben, alles Heil — gemeint war das ihrige — liege im Staatsstreich, im Verfassungsbruch, in der Beseitigung des Reichstages, in der Knebelung der Opposition, in der unbegrenzten diktatorischen Gewalt. Wo sehen Kaas und Brüning nun die Bürgschaft dafür, daß nur mit dem Parlament regiert und der Staatsstreich verhindert werden wird? Kein Kind kann doch glauben, daß eine solche Bürgschaft existiert ... Um die Pressefreiheit, von der die Nationalsozialisten immer so kräftig Gebrauch gemacht haben, dürfte es wohl besonders übel stehen. Eine angenehme Zukunft breitet sich vor denjenigen aus, die leider nicht in der Lage sind, so sich zu äußern, wie es dem neuen Regime gefällt."[26]

Wenn unter dem neuen Regime der Manipulation, der Kontrolle und des Terrors einzelne Zeitungen noch „denselben Grundsatz einer freien Presse als eine der Voraussetzungen des öffentlichen Lebens" verteidigten und sich sogar auf traditionelle Werte und Grundsätze beriefen, dann bewies ihre Haltung zwar Mut, aber gleichzeitig auch Unkenntnis, denn sie übersahen dabei den Funktionswandel der Publizistik im nationalsozialistischen Staat: Ein zentral gelenktes „politisches Führungsmittel" hatte pluralistisch angelegte Meinungsbildung in gesteuerte Willensbildung umzuwandeln! Die „freie Meinungsbildung" schloß nunmehr die Pflicht ein, sie in der „Verantwortung für die Nation auszuüben".[27]

Von „Zensur" könne dabei keine Rede sein, führte einer der namhaften Verfassungsjuristen der Zeit, Ernst Rudolf Huber, aus, sondern nur von einer „inneren Gebundenheit des Kulturschaffens in Presse, Theater und Film"; die Kultur werde wie die Wirtschaft „wieder zu Lebensäußerungen der völkischen Gemeinschaft. Die geschichtliche Sendung durchwirkt alles Geschehen im Volke, und zwar nicht machtmäßig von außen, sondern geistig und seelisch von innen. Das Prinzip der Ganzheit begnügt sich nicht mit äußerer Anpassung und Gleichschaltung, sondern es verlangt eine wesensmäßige, substanzhafte Einordnung."[28] Es könne deshalb keine Neutralität oder Isolierung der Presse gegenüber dem Volk geben, dessen Wille ausschließlich im Führerwillen unverfälscht in Erscheinung trete; die NSDAP habe dabei als staats- und volkstragender „Führungskern" für die politische Erziehung des Volkes zu sorgen.[29] Vor diesem Hintergrund mußte „Propaganda" einen positiv besetzten Wert erhalten, „Pressefreiheit" zum „liberalistischen Schlagwort"[30] und die Zeitung zum „geistige[n] Bindeglied und überzeugenden Ausdruck der nationalen Gemeinschaft"[31] werden.

Bereits in der ersten Phase der nationalsozialistischen Herrschaft wurden die Korrektivaufgaben der Presse weitgehend zugunsten von Akklamations- und politisch-gesellschaftlichen Integrationsfunktionen beseitigt. Diesen Vorgang sicherten grundlegende rechtliche Bestimmungen ab, wie die Notverordnungen vom Februar 1933, das Ermächtigungsgesetz, das Verbot beziehungsweise die Selbstauflösung der Parteien und die Gesetze gegen die Neubildung der Parteien, zur „Sicherung der Einheit von Partei und Staat" und „über den Neuaufbau des Reiches". Im besonderen wurde die Gleichschaltung der Presse durch ein Bündel unterschiedlicher politischer, wirtschaftlicher, strafrechtlicher Maßnahmen — dazu sind die Strafandrohungen für heimtückische Angriffe gegen die Regierung und für sogenannte Lügenmeldungen zu zählen — und durch eine spezielle Pressegesetzgebung erzwungen. Die Nationalsozialisten bedienten sich dabei mitunter krimineller, von Trupps der „Hilfspolizei" (SA, SS, Stahlhelm) verübter Aktionen. Die meisten Erscheinungsverbote trafen kommunistische, sozialdemokratische und gewerkschaftliche Presseorgane.[32] Aber auch bürgerliche Zeitungen wurden mit diesem wirtschaftlichen Druckmittel diszipliniert.[33]

Des weiteren übte die NSDAP Druck auf die Zeitungsverbände, die Inserenten und auf einzelne Journalisten und Schriftleiter aus.[34] Sie nutzte die finanziellen Schwierigkeiten und die anhaltende Konzentrationsbewegung im Pressewesen für spektakuläre Ankäufe so großer Verlage wie Ullstein und Mosse[35] über Mittels- und Vertrauensmänner[36] oder für stillschweigende Veränderungen in den Besitz- und Entscheidungsverhältnissen der zahllosen kleinen Privatverlage.[37] Mit dem „Deutschen Nachrichtenbüro" (DNB), einer Zusammenlegung der „Continental-Telegraphen-Compagnie (Wolffs Telegraphisches Büro) AG" mit der „Telegraphen-Union Internationaler Nachrichtendienst GmbH",[38] besaß der Staat im Spätherbst 1933 das entscheidende Nachrichtenmonopol; die alltäglichen Anweisungen der Reichspressekonferenz füllten es inhaltlich detailliert aus. Eine alsbald gegründete Reichspresseschule sollte den neuen Journalistentypus ausbilden.[39]

II

Der Gleichschaltungsprozeß der Presse verlief nicht so einlinig und konsequent, wie aufgrund der Abfolge und inneren Geschlossenheit der erwähnten Bestimmungen, der Reden und der Aktivitäten parteiamtlicher und staatlicher Institutionen vermutet werden könnte. Die geringsten Schwierigkeiten ergaben sich, als der Pressechef der NSDAP, Otto Dietrich, sogleich in der ersten Woche begann, die nationalsozialistischen Zeitungen zur Regierungspresse umzubilden.[40] Bei der übrigen Presse leitete ein differenzierteres Vorgehen, eine Mischung von zeitweise eher taktisch bedingten, doch dann auch wieder allein ideologisch bestimmten Maßnahmen, die Umwandlung ein.[41] Beruhigende Erklärungen, aber auch Warnungen und unverhüllte Drohungen sowie innen- und außenpolitische Rücksichtnahmen bestimmten diesen vielschichtigen, mehrfach stockend, jedoch insgesamt zügig ablaufenden Prozeß ebenso wie regionale und lokale Verhältnisse, Konflikte zwischen Partei- und Staatsstellen und persönliche Wünsche oder Aversionen. Nicht nur in der Phase der Konkordatsverhandlungen hatten die Machthaber außerdem konfessionelle beziehungsweise kirchenpolitische Belange in gewissen Grenzen zu achten, wollten sie nicht jeglichen politischen Kredit verspielen.[42]

Mit der Errichtung des Reichsministeriums für Volksaufklärung und Propaganda am 11./13. März und der Reichskulturkammer am 22. September — die Reichspressekammer[43] arbeitete als eine ihrer sieben Kammern — sowie mit dem Erlaß des Schriftleitergesetzes am 4. Oktober 1933[44] wurden die Berufsverbote und die direkte Beeinflussung der Zeitungsinhalte erleichtert. Der Staat ging mit dem „Schriftleiter" ein öffentlich-rechtliches Pflichtverhältnis ein, aus dem er ein positives Aufsichtsrecht ableitete.[45] Einem ausländischen Beobachter, dem Schweizer Max Rychner, schien bereits im Herbst 1933 nicht nur jegliche Opposition im Bereich legaler Publizistik „unmöglich“, „sondern ebenfalls ihre leisetretende Schwester: die Sabotage“. Er fuhr fort:

„Eine neue Kunst des Lesens, der Rückübersetzung in eine andere als die vorschriftsmäßige Begriffswelt wird sich ausbilden, im Inland wie auch besonders im Ausland. Der unpolitische Teil der Zeitung wird von ausschlaggebender Wichtigkeit — obschon es derzeit etwas politisch Belangloses sozusagen nicht mehr gibt, da das gesamte deutsche Leben durchpolitisiert ist, bis zum Tisch und Bett.“[46]

Diesen Zustand hatten nicht allein die strukturellen Schwächen des Zeitungs- und Verlagswesens noch das zurückhaltende Taktieren der Presseverbände oder das geschickte Vorgehen der Nationalsozialisten herbeigeführt, sondern auch Einstellungen, Verhaltensweisen und Vorgänge, die unter dem Begriff „geistige Kapitulation“ zusammengefaßt werden. Die weitverbreitete Unterschätzung der Nationalsozialisten und die wachsende Bereitschaft, in einer Krisensituation autoritäre Lösungen für eine, wie man glaubte, „Übergangsperiode“ zu akzeptieren, fanden sich damals in der Publizistik ebenso wie in der übrigen Gesellschaft.

So gab sich noch am 31. März 1933 die *Frankfurter Zeitung* — ihr hatte in diesem Monat die Stillegung gedroht, Polizei war in die Büros eingedrungen und hatte Redakteure verhaftet[47] — der Illusion hin, daß die Regierung einen maßvollen Kurs steuern könne und daß wohl nur dort, wo die Interessen der Konservativen um Hugenberg und den Stahlhelm mit denen der NSDAP parallel liefen, „eine gemeinsame Neigung zur Schroffheit bestehen“ werde.[48] Diese Fehleinschätzung — Görings Schießbefehl existierte bereits über sechs Wochen — sowie partielle Übereinstimmungen mit dem politischen Kurs des nationalsozialistischen Regimes — besonders in der Außenpolitik — ließen in der Redaktion grundsätzliche Kritik verstummen, schufen die Voraussetzungen für ein Fortbestehen der Zeitung bis 1943 und dienten letztlich der Festigung des totalitären Systems. Der nationalsozialistische Propagandaapparat konnte somit vor allem dem Ausland gegenüber die ihm in einem tolerierbaren Umfang unbequeme *Frankfurter Zeitung* als Instrument der Meinungslenkung einsetzen, den Vorwurf der publizistischen Uniformität zurückweisen und schließlich auch gezielt und überzeugender Auslandspropaganda betreiben, als es mit den eigenen Blättern möglich gewesen wäre.[48a]

Die engen publizistischen Grenzen und die ethischen Dimensionen eines systemimmanenten Oppositionsversuchs hat Paul Scheffer rückblickend skizziert. Er hat das berühmte, ehemals liberale *Berliner Tage-*

blatt, das die Nationalsozialisten aus Prestigegründen vorerst nicht liquidierten, drei Jahre geführt.[49]

„Die Sache war die, daß der Leviathan (das Ungetüm des Staatsapparats) eine besonders üble Form angenommen hatte, und wenn man ihn nicht untätig gewähren lassen wollte oder die Pistole in die Hand nehmen, mußte man sich seiner Fangarme bemächtigen, um ihm entgegenzuwirken ... Das Volk kann ohne gewisse Institutionen nicht existieren, und sie müssen aufrechterhalten werden, selbst wenn sie verfälscht werden. Da liegt die Schwierigkeit, die der ‚Gegenarbeit' anhaftet — sie kann nur stattfinden auf der Plattform, auf der der Leviathan nun einmal sitzt. Es kommt alles auf ein Wettrennen heraus: Gewinne ich mehr Vorteile für einen kommenden Umsturz der Nazis durch das, was ich gegen sie tue, als ich der Erhaltung des Systems durch meine *Mitarbeit* damit Vorschub leiste? ... Man konnte auch von ‚Fühlung am Feind' sprechen ... Er [der Staat] bestimmt die Spielregeln. Man muß sie befolgen, um sie gegen ihn zu benutzen."[50]

Scheffer verwendete für seine schließlich gescheiterten Versuche, „Gegenarbeit" zu leisten, nicht Begriffe wie „Opposition" und „Widerstand". Denn er täuschte sich nicht darüber, daß diese „Gegenarbeit" zumindest kurzfristig dem Regime nützen könne, ja später sogar das System stabilisiere, daß sie sich auf das Reagieren zu beschränken habe („Tanzmaus-Existenz")[51] und zur Vorbereitung eines Umsturzes wenig beitragen könne. Publizistische Opposition reduzierte sich somit auf die Form der Camouflage:[52]

1. auf die sprachlich-stilistischen Möglichkeiten der „Sklavensprache", des indirekten, ironisch-satirischen, verschlüsselten Schreibens;[53] dazu gehörte auch die bewußte sprachliche Distanzierung von dem nationalsozialistischen Jargon („lingua tertii imperii");

2. auf die Darstellung historischer Persönlichkeiten und Themen für eine verschleierte Kennzeichnung Hitlers und des nationalsozialistischen Herrschaftssystems[54] und

3. auf das Gegenbild westlicher Freiheit oder auf die indirekte Abbildung der nationalsozialistischen Diktatur durch die Darstellung des Stalinschen Terrors.

Die Publizistin Margret Boveri hat am *Berliner Tageblatt* unter Paul Scheffer und selbst noch nach dessen resignierendem Ausscheiden aus der Chefredaktion gearbeitet.[55] Ihre von apologetischen Zügen nicht freie Darstellung dieser Zeit, unter dem Buchtitel *Wir lügen alle,* und ihre Auffassung von dem nationalsozialistischen *Berliner Tageblatt* als einem „Organ des ‚inneren Widerstands'", einer „bürgerlich-liberale[n] Oase in der gleichgeschalteten Presse"[56] hat den heftigsten Widerspruch bei einem der ehemals engeren Mitarbeiter Theodor Wolffs, bei dem im Frühjahr

1933 emigrierten Wolfgang Bretholz, hervorgerufen. Bretholz konzedierte den meisten Mitgliedern der damaligen Redaktion, daß sie dem nationalsozialistischen Regime „ablehnend oder zumindest mit großen Reserven gegenüberstanden", betont jedoch nachdrücklich, daß sie dem Regime auf einem wichtigen publizistischen Gebiet „einen Dienst von außerordentlichem Wert" geleistet hätten.[56a]

Eine gleichermaßen entschiedene Position nahm Theodor Wolff gegenüber den sogleich nach seiner Emigration einsetzenden nationalsozialistischen Bemühungen ein — das SA-Redaktionsmitglied Wilhelm Ohst hatte schließlich sogar nach Lugano zu reisen —, ihn zur Rückkehr aus dem schweizerischen Exil und zur erneuten Übernahme der Chefredaktion eines von Goebbels nachdrücklich geplanten „freien" *Berliner Tageblatts* zu bewegen.[57] Doch Wolff wollte nicht die gleiche Alibirolle wie die *Frankfurter Zeitung* übernehmen. Nicht zuletzt hatte ihm der Briefwechsel mit seinem Verleger Hans Lachmann-Mosse bewiesen, daß seine Ansicht über die nationalsozialistischen Veränderungen in der Presselandschaft nicht übertrieben pessimistisch war. Gleichzeitig läßt sich der politischen Grundeinstellung und der Argumentation Lachmann-Mosses entnehmen, daß sogar jüdische Verleger zum Erfolg der Gleichschaltungsmaßnahmen beitrugen. Wolff, der in einem Brief aus Tirol am 12. März die Nachgiebigkeit des Verlags während des Erscheinungsverbots gerügt hatte,[58] erhielt nämlich postwendend die politisch-publizistische Belehrung:

„Für unabsehbare Zeit wird sich das ‚Berliner Tageblatt', innerpolitisch im wesentlichen neutral, auf die Bearbeitung der grossen wirtschaftlichen und aussenpolitischen Fragen konzentrieren müssen. Aber wahre Demokratie und Gerechtigkeit verlangen, dass positive Leistungen des Staates, auch dann, wenn dieser Staat eine wesentlich andere Gestalt angenommen hat, sachliche Anerkennung erfahren ... Bei ruhiger Überlegung werden Sie diesen Gedankengängen folgen können. Ein Blatt kann nur wirken, wenn es erscheint, die Rolle eines Märtyrers kann es nicht spielen, denn jeden Tag, den es nicht erscheint, verliert es an Gewicht und Bedeutung."[59]

Das Verhalten Lachmann-Mosses war kein Einzelfall, wie aus der in denselben Wochen geänderten Satzung des Knorr & Hirth-Verlags in München hervorgeht, in der es heißt, die Presse müsse „ein Vorwerk des Volkstums und seines Staatswesens" bilden. „Die Schriftleiter sind also Verkünder und Werber des Nationalsozialismus. Verlage, Zeitungen und Schriftleiter, die gegen diesen Grundsatz handeln und wirken, treiben Sabotage im nationalsozialistischen Staatswerk."[60] Publizistische Oppositionsversuche mußten bei derart opportunistischen Verlegern immer beschwerlicher und gefährlicher für Andersdenkende werden. In den Redaktionen konnte — und dafür gibt es zahlreiche Beipiele — unter dem staatlichen und verlagsinternen Druck zwar das kollegiale Zusammengehörigkeitsgefühl wachsen, doch selbst für eine subtilere publizistische Opposition mußten die Möglichkeiten schwinden, als die mehrmals angekündigte Milderung staatlicher Lenkung und Kontrolle ausblieb[61] und das Mißtrauen der Überwachungsorgane weiter wuchs, denn wo „Kritik nicht mehr möglich ist, wird schon der geringere Hitzegrad des Glaubens als Kritik empfunden".[62]

Für einige bürgerliche und konservative, für evangelische und katholische Presseorgane lassen sich bewußte Verstöße gegen Presseanweisungen, ihre extensive oder bewußt naive Auslegung, ein geistvoll ironisches und karikierendes Spiel mit den Nachrichten oder ein gezieltes Ausnutzen der Intrigen in den Partei- und Staatsapparaten nachweisen, die zu Rügen, Verwarnungen, Verhaftungen oder zu Entlassungen führten.[63] Doch eine publizistische „Offensive der Wahrheit" konnte nicht hier, sondern ausschließlich im Exil unternommen werden[64] — wobei die Publizisten nicht einmal dort vor dem Zugriff nationalsozialistischer Verfolger sicher waren.[65]

III

Im Rückblick auf den Nationalsozialismus ist zum Problem des Widerstands einmal festgestellt worden, Diktaturen ließen „sich nur bekämpfen, ehe sie die Macht übernommen" hätten, also ehe der Schneeball zur Lawine geworden sei.[66] Dieses Bild läßt sich *cum grano salis* auf die hier skizzierten Strukturen und Methoden publizistischer Opposition in den Anfängen des nationalsozialistischen Regimes übertragen.

1. Entschiedener publizistischer Widerstand gegen eine Koalitions- oder Alleinregierung der Nationalsozialisten war in Deutschland nur bis zum 30. Januar 1933 möglich und wurde von dem relativ kleinen Kreis von Zeitungen, Zeitschriften und Verlagen geführt, der ohnehin parlamentarisch-demokratische Prinzipien engagiert vertrat. Bereits am 31. Januar erklärte Alfred Rosenberg im *Völkischen Beobachter:* „Jetzt ist Schluß mit der Hetze dieser Elemente, jetzt wird auf allen Gebieten das Saubermachen beginnen ..."[67] Der Versuch, eine starke „demokratische Offensivposition" zu schaffen, war gescheitert, denn die Publizistik konnte nicht Fehler und Versäumnisse der Parteien und ihrer Politiker oder strukturelle Mängel in Staat und Gesellschaft korrigieren. Außerdem schwächte die anhaltende Wirtschaftskrise das Presse- und Verlagswesen und ließ der autoritäre Kurs der Präsidialkabinette die Bereitschaft zum Kompromiß und zu einem gemeinsamen Handeln in der Publizistik ebenso schwinden wie in der Gesellschaft überhaupt.

2. Nach der Machtübergabe an Hitler und in den ersten Monaten der nationalsozialistischen Herrschaft fanden sich aufgrund der ungünstigen wirtschaftlichen, politischen, rechtlichen und allgemeinen publizistischen Voraussetzungen weder die Fachverbände noch sämtliche demokratisch orientierten Presseorgane zu einer geschlossenen Oppositionshaltung zusammen. Teilzugeständnisse in der aktuellen Politik, eine partielle Grundübereinstimmung mit dem Programm der „nationalen Erhebung", politischer Opportunismus — die personellen Kontinuitäten in den Ministerien oder Verbänden gehören ebenfalls dazu — und Selbstaufgabe aus unterschiedlichen Motiven waren stark verbreitet und erleichterten es den Nationalsozialisten, die Grundlagen der später folgenden publizistischen Gleichschaltung zu schaffen. Ihnen stand der publizistische Widerstand gegenüber, der von sozialdemokratischen, kommunistischen und gewerkschaftlichen sowie von einzelnen liberalen und konfessionellen Presseorganen in einem unterschiedlichen Ausmaß und in wechselnder Intensität geführt und sogleich mit den Mitteln des Staates und der NSDAP zielstrebig bekämpft wurde. Dabei konnte es wegen des Dualismus zwischen staatlichen und Parteiinstanzen vorübergehend zu Inkonsequenzen, Gegenläufigkeiten und Stagnationen kommen.

3. Unterschiedliche Einstellungen oder Überlegungen, die sich mitunter überlagerten, bestimmten die Haltung der Publizisten — sieht man von Sympathisanten und Opportunisten ab. Publizisten

— ließen sich durch Legalitätsbeteuerungen und die Versprechungen, den außenpolitischen Kurs fortzusetzen und innenpolitisch allein die Parteienanarchie, Marxistenwirtschaft und die kulturelle Libertinage beseitigen zu wollen, täuschen;

— schätzten die Hitler-Papen-Regierung als eher ephemeres oder temporäres Phänomen ein;

— unterschätzten die Zielstrebigkeit und Entschlossenheit der Nationalsozialisten;

— hielten sich mit deutlicher Ablehnung wegen partieller Übereinstimmung in den Zielen — zum Beispiel Revision des „Versailler Systems" — oder auch aus Motiven zurück, die aus persönlicher Verzweiflung, aus Ressentiments oder aus geschehener Demütigung erklärt werden könnten.

Schließlich bewirkte die Furcht vor dem nationalsozialistischen System des Terrors und der Rechtsunsicherheit ein Anwachsen von Passivität oder Anpassung.

4. Während des sogenannten Gleichschaltungsprozesses wurde die publizistische Opposition beseitigt (Zeitungsverbote, Inhaftierungen, Liquidationen) oder durch entsprechende gesetzliche und institutionelle Regelungen weitgehend unterdrückt. Eine totale Lenkung der Presse

konnte von den Nationalsozialisten jedoch nicht einmal in der Konsolidierungsphase erreicht, die propagandistischen Entstellungen der Wirklichkeit nicht völlig glaubhaft gemacht werden. Das nationalsozialistische Regime hat Distanzhaltungen in der Öffentlichkeit auch mit zunehmend rigideren publizistischen Lenkungs- und Disziplinierungsmaßnahmen langfristig nicht verhindern können.

5. Publizistische Opposition trat in dem totalitären System vereinzelt auf und mußte sich auf Camouflage („Politik durchs Feuilleton") beschränken, wenn sie in den eng gezogenen Grenzen öffentlich wirksam bleiben und nicht in den Untergrund gehen wollte. Damit geriet sie jedoch unterschiedlich stark in den Geruch der Kollaboration (Alibifunktion), konnte für Ziele der nationalsozialistischen Propaganda im In- und Ausland mißbraucht und nur noch von dem relativ kleinen Kreis derjenigen verstanden werden, die das Wenige „zwischen den Zeilen" überhaupt zu erkennen vermochten.

6. Die unterschiedlichen publizistischen Oppositionshandlungen und noch stärker die Formen und Wirkungen passiver „Resistenz" entziehen sich weitgehend einer empirisch-systematischen Erfassung. Doch läßt sich die Feststellung wagen, daß die oftmals unter hohem persönlichem Einsatz geleistete „Gegenarbeit" wohl nur selten über den Kreis grundsätzlich oppositionell eingestellter Gruppen hinaus wirkte. Eine Signalwirkung im In- und Ausland, die die Resignationsbereitschaft zu mindern und Oppositionshaltungen zu stärken vermochte, konnte in dieser Situation eher von dem Verbot eines Presseorgans oder von dem Rücktritt, dem Exil oder der Verhaftung eines bekannten Redakteurs ausgehen als von dem vorsichtigen Taktieren und von der das Publikum oftmals desorientierenden Selbstkontrolle.

7. Die publizistische Opposition der späteren Jahre war wie in den ersten Monaten der totalitären Diktatur zwar ebenfalls relativ gering und letztlich erfolglos, doch sind gerade deshalb die mutigen Aktionen einzelner unter erheblich erschwerteren Umständen besonders anzuerkennen. — Redaktionsinterne Vorgänge sind aufgrund der zumeist ungünstigen Quellenlage noch nicht in der wünschenswerten Genauigkeit und Breite zu erfassen.

Carl Schmitt verspottete zwar die „innere Emigration", wie sie sich in der *Frankfurter Zeitung* und dem *Berliner Tageblatt* oder in Pechels *Deutscher Rundschau* und im *Hochland* in unterschiedlichen Graden fand, als „Mentalreservation", jedoch war sie dem Regime bereits wegen ihrer politisch-kulturellen Distanz nicht ungefährlich. Zur Ambivalenz dieser Haltung gehört, daß diese Redakteure und Schriftsteller mit ihrer Tätigkeit auch die ihnen von dem totalitären Regime zugedachte Alibifunktion erfüllten. Eine historische Kritik hat jedoch nicht allein die moralische

Qualität derartiger Handlungen zu würdigen, sondern auch die politischen Inhalte, Motive und Ziele oppositioneller Einstellungen gegenüber dem Nationalsozialismus.

Anmerkungen

Vorbemerkung: Eine ungekürzte Fassung dieses Konferenzbeitrags erscheint in der Zeitschrift *Publizistik. Vierteljahreshefte für Kommunikationsforschung.*

1 Die bedeutenderen werden genannt und rezensiert in: Paul Kluke, *Der deutsche Widerstand. Eine kritische Literaturübersicht,* in: *Historische Zeitschrift,* Bd. 169 (1949), S. 136—161; Werner Conze, *Die deutsche Opposition gegen Hitler,* in: *Politische Literatur,* 2. Jg. (1953), S. 210ff.; Kurt Klotzbach, *Gegen den Nationalsozialismus. Widerstand und Verfolgung in Dortmund 1930—1945. Eine historisch-politische Studie,* Hannover 1969, S. 11—13, Anm. 14—29.

2 Walter Hagemann, *Publizistik im Dritten Reich. Ein Beitrag zur Methodik der Massenführung,* Hamburg 1948, S. 7.

3 Peter de Mendelssohn, *Der Geist in der Despotie. Versuche über die moralischen Möglichkeiten des Intellektuellen in der totalitären Gesellschaft,* Berlin 1953, S. 236.

4 Friedrich Meinecke, *Die deutsche Katastrophe. Betrachtungen und Erinnerungen,* Wiesbaden 1946.

5 Diese Entwicklung dokumentiert bis 1970 gut die ausführliche Bibliographie im Anhang (S. 506—566) von Kurt Koszyk, *Deutsche Presse 1914—1945,* Berlin 1972.

6 Emil Dovifat, *Journalistische Kämpfe um die Freiheit der Presse in der Weimarer Republik. Tragischer Rückblick eines Beteiligten,* in: *Publizistik,* 8. Jg. (1963), S. 216—221, hier S. 220.

7 Dr. Kurt Haentzschel, Oberregierungsrat/Ministerialdirigent im Referat Presse/Abt. I, Unterabt. Politik (radikale Parteien) des Reichsministeriums des Innern; zu seiner Person und Tätigkeit vgl. Ilse Maurer/Udo Wengst (Bearb.), *Staat und NSDAP 1930—1932. Quellen zur Ära Brüning,* eingel. von Gerhard Schulz, Düsseldorf 1977, S. XVII, XXXIIIf., 310—312. — Zum „alten" Entwurf vgl. Kurt Haentzschel, *Das neue Preßgesetz,* in: *Zeitungsverlag,* 33. Jg. (1932), S. 640ff.

8 Karl Bringmann, *Die Presse und ihr Recht. Reformentwürfe als Dokument und Selbstzeugnis 1924—1933,* in: Ders. u. a. (Hrsg.), *Festschrift für A. Betz,* Düsseldorf 1963, S. 117—164, hier S. 155; vgl. auch den § 6 des dort vollständig wiedergegebenen Entwurfs über hoheits- und polizeirechtliche Vorschriften. — Peter Bauer, *Die Organisation der amtlichen Pressepolitik in der Weimarer Zeit. Vereinigte Presseabteilung der Reichsregierung und des Auswärtigen Amtes,* Phil. Diss., Berlin 1962.

9 Oron J. Hale, *Presse in der Zwangsjacke 1933—1945,* Düsseldorf 1965, S. 86.

10 Am 28. 3. 1931 (*Reichsgesetzblatt* [im folgenden *RGBl* zitiert] 1931/I, S. 79ff.), am 17. 7. 1931 (*RGBl* 1931/I, S. 371ff.), am 14. 6. 1932 (*RGBl* 1932/I, S. 297ff.) und am 19. 12. 1932 (*RGBl* 1932/I, S. 548), wobei diese letzte Notverordnung sogar zum Dauerrecht wurde (Aufhebung durch das *Gesetz zur Regelung des öffentlichen Vereinsrechts* am 5. 8. 1964; vgl. *Bundesgesetzblatt* 1964/II, S. 785, § 30 Abs. 1 Nr. 3).

11 4. 2. und 28. 2. 1933 (*RGBl* 1933/I, S. 35, 83); Albrecht Dittmar, *Die Beschränkung der Preßfreiheit durch die Notverordnungen des Reichspräsidenten,* Jur. Diss., Erlangen 1933.

[12] Zur Situation der Presse in der Endphase der Weimarer Republik und den hierzu im folgenden gemachten Ausführungen vgl. generell, auch für Einzelbelege, meine Arbeiten: Bernd Sösemann, *Das Ende der Weimarer Republik in der Kritik demokratischer Publizisten: Theodor Wolff, Ernst Feder, Julius Elbau, Leopold Schwarzschild*, Berlin 1976; ders., *Periode des Übergangs oder „Ende des Systems"? Liberale Publizistik im Weimar der Präsidialkabinette*, in: Thomas Koebner (Hrsg.), *Weimars Ende. Prognosen und Diagnosen in der deutschen Literatur und politischen Publizistik 1930—1933*, Frankfurt a. M. 1982, S. 143—181.

[13] Brief von Theodor Wolff an Hans Lachmann-Mosse (Berlin, 13. 4. 1931; maschinenschriftlicher Durchschlag ohne Unterschrift), Bundesarchiv Koblenz, Nachlaß Wolff 14; Auszüge davon bei Ernst Feder, *„Heute sprach ich mit"*, hrsg. von Cecile Lowenthal-Hensel u. Arno Paucker, Stuttgart 1971, S. 293 f.

[14] So im Brief Wolffs an Lachmann-Mosse ... [Anm. 13].

[15] K. Koszyk, *Deutsche Presse*... [Anm. 5], S. 250—256 (Ullstein-Bernhard-Auseinandersetzungen).

[16] Jürgen Fromme, *Zwischen Anpassung und Bewahrung. Das „Hamburger Fremdenblatt" im Übergang von der Weimarer Republik zum „Dritten Reich". Eine politisch-historische Analyse*, Hamburg 1980.

[17] Michael Bosch, *Liberale Presse in der Krise. Die Innenpolitik der Jahre 1930 bis 1933 im Spiegel des „Berliner Tageblatts", der „Frankfurter Zeitung" und der „Vossischen Zeitung"*, Frankfurt a. M. 1976, S. 302.

[18] *Vossische Zeitung*, Nr. 149 vom 24. 6. 1930; auch *a. a.* O., Nr. 220 vom 15. 9. 1931 (Postausgabe).

[19] Zu dieser Situation vgl. Karl H. Minuth (Bearb.), *Die Regierung Hitler*, T. 1: *1933/34*, Bd. 1: *30. Januar bis 31. August 1933*, Boppard 1983, S. 284—286, S. 579—581; Henning Storek, *Dirigierte Öffentlichkeit. Die Zeitung als Herrschaftsmittel in den Anfangsjahren der nationalsozialistischen Regierung*, Opladen 1972, S. 31 ff.

[20] *Frankfurter Zeitung* vom 29. 1. 1933.

[21] Es richtete sich gegen die Notverordnung vom 4. 2. 1933; Paul Baecker, *Das neue Pressenotrecht*, in: *Deutsche Presse*, 23. Jg. (1933), H. 3, S. 29—31; Stellungnahme gedruckt in: *Zeitungsverlag*, Nr. 7 (1933), S. 106.

[22] Joseph Goebbels, *Rede bei der Eröffnung der Reichskulturkammer*, Frankfurt a. M. 1933; ders., *Signale der neuen Zeit. 25 ausgewählte Reden*, München 1934, S. 127—135.

[23] Otto Dietrich, *Der Schriftleiter im neuen Staat*, in: *Zeitungswissenschaft*, 8. Jg. (1933), S. 341 ff.

[24] Hans Schemm, *Der rote Krieg. Mutter oder Genossin?*, Bayreuth 1931; Karl Rau, *Die nationalsozialistische Forderung an die Presse*, in: *Beiträge zur nationalsozialistischen Zeitungswissenschaft*, Heidelberg o. J., S. S. 8 ff.; Eugen Hadamovsky, *Propaganda und nationale Macht. Die Organisation der öffentlichen Meinung für die nationale Politik*, Oldenburg 1933; Ewald Beckmann, *Die Presse im neuen Staat*, München 1933.

[25] *Vossische Zeitung* vom 31. 1. 1933.

[26] Theodor Wolff, *Es ist erreicht*, in: *Berliner Tageblatt* vom 31. 1. 1933.

[27] H[ans] Schmidt-Leonhard/P[eter] Gast, *Das Schriftleitergesetz vom 4. Oktober 1933 nebst den einschlägigen Bestimmungen*, Berlin 1934, S. 5.

[28] Ernst-Rudolf Huber, *Verfassungsrecht des Großdeutschen Reiches*, Hamburg 1939, S. 159.

[29] *A. a.* O., S. 287—296; vgl. auch S. 195.

[30] Otto Dietrich, *Weltpresse ohne Maske*, Dortmund 1937, S. 38.

[31] Otto Dietrich, *Die Zeitung des Volkes als nationale und soziale Forderung*, in: *Der Parteitag der Ehre (8.—14. 9. 1936). Offizieller Bericht* [...], München 1936.

[32] O. J. Hale, *Presse in der Zwangsjacke*... [Anm. 9], S. 68—82, S. 83—100.

[33] Die *Germania* am 19. Februar; die *Deutsche Allgemeine Zeitung* am 31. Mai für drei Monate, doch wurde das Verbot nach einer Intervention seines Großaktionärs Stinnes am 17. Juni vorzeitig aufgehoben. Kurt Koszyk, *Das Ende des Rechtsstaates 1933/34 und die deutsche Presse*, Düsseldorf 1960, S. 13, spricht von einer „Verbotsperiode" bis zum Oktober 1933, der eine „Gebotsperiode" bis zum Juli 1934 gefolgt sei. Im Juni 1934 stellte die *Vossische Zeitung* ihr Erscheinen ein, im Oktober 1934 *Der Tag*.

[34] O. J. Hale, *Presse in der Zwangsjacke*... [Anm. 9], S. 83—90; Jochen Mangelsen, *„Hannoversche Zeitung", Hannoverscher Anzeiger. Untersuchungen zur Entwicklung einer Tageszeitung seit ihrer Gründung im Jahre 1893. Ein Beitrag zur Zeitungsgeschichte der letzten fünfundsiebzig Jahre*, Phil. Diss., Berlin 1968, S. 228 ff.

[35] K. Koszyk, *Deutsche Presse*... [Anm. 5], S. 403—408; Albert Otto Limburg, *Der Pötz-Konzern. Ein Beitrag zur Geschichte der Konzernbildung im Zeitungsgewerbe und des Pressekampfes in der nationalsozialistischen Zeit*, Jur. Diss., Bonn 1946.

[36] Margret Boveri, *Wir lügen alle. Eine Hauptstadtzeitung unter Hitler*, Olten-Freiburg 1965, S. 214—244; O. J. Hale, *Presse in der Zwangsjacke*... [Anm. 9], S. 136—144.

[37] K. Koszyk, *Deutsche Presse*... [Anm. 5], S. 387 f., S. 397—399.

[38] Unter der Federführung der deutschnationalen „Telegraphen-Union".

[39] Sie wurde am 1. Mai 1935 in Berlin gegründet; Wilhelm Weiß, *Systematischer Neubau der deutschen Presse*, in: *Deutsche Presse*, 24. Jg. (6. 6. 1934), S. 1 ff.; und K. Koszyk, *Deutsche Presse*... [Anm. 5], S. 368.

[40] H. Storek, *Dirigierte Öffentlichkeit*... [Anm. 19], S. 32 f.

[41] Bezeichnend für dieses Vorgehen war eine bewußt weit gezogene Ermessensgrenze für die Behörden. So unterschied ein Erlaß des preußischen Innenministeriums vom 3. 3. 1933 zwischen „kommunistischen, anarchistischen, sozialdemokratischen und anderen" Blättern, Parteien und Organisationen und setzte damit nur für die erste Gruppe den Verlust der Rechtsgarantien fest, die der Presse in der Notverordnung vom 4. Februar — im Unterschied zu der vom 28. Februar 1933 — noch ausdrücklich zugesichert worden waren (Art. 118 Weimarer Reichsverfassung).

[42] Manfred Hüsgen, *Die Bistumsblätter in Niedersachsen während der nationalsozialistischen Zeit*, Hildesheim 1975, S. 24, S. 273.

[43] Hans Hinkel (Hrsg.), *Handbuch der Reichskulturkammer*, Berlin 1937, S. 209—243.

[44] Walter Stark, *Die Verantwortlichkeit des Schriftleiters*, Berlin 1935.

[45] Herbert Jux, *Der Zeitschriften-Verleger und die Anordnungen der Reichspressekammer*, Berlin 1934; H. Schmidt-Leonhard/P. Gast, *Das Schriftleitergesetz*... [Anm. 27], S. 35.

[46] *Neue Zürcher Zeitung* vom 10. 10. 1933 (*Bemerkungen zum deutschen Schriftleitergesetz*).

[47] Vgl. dazu Benno Reifenberg, Art. *Frankfurter Zeitung*, in: *Staatslexikon*, 6. Aufl., Freiburg 1959, Sp. 411—413; Rudolf Werber, *Die „Frankfurter Zeitung" und ihr Verhältnis zum Nationalsozialismus, untersucht an Hand von Beispielen aus den Jahren 1932—1943. Ein Beitrag zur Methodik der publizistischen Camouflage im Dritten Reich*, Phil. Diss., Bonn 1965.

[48] *Frankfurter Zeitung*, Nr. 81/82 vom 31.3.1933.

[48a] Vgl. Friedrich Sieburg, *Germany. My Country,* London 1933, S. 13 ff. („Prefatory letter").

[49] Dazu umfassend, jedoch mit geringer kritischer Distanz: M. Boveri, *Wir lügen alle*... [Anm. 36], S. 105—159, S. 245—621.

[50] Zit. nach Margret Boveri, *Der Verrat im 20. Jahrhundert,* Hamburg 1956, S. 11 f.

[51] M. Boveri, *Wir lügen alle*... [Anm. 36], S. 592.

[52] Karl Wolfgang Mirbt, *Methoden publizistischen Widerstandes im Dritten Reich, nachgewiesen an der „Deutshen Rundschau" Rudolf Pechels,* Phil. Diss., Berlin 1958, S. 54 f.

[53] Dazu gibt K. W. Mirbt, *a. a. O.*, S. 33—49, einen ganzen Katalog von Möglichkeiten und kann dafür gleichzeitig treffende Beispiele anführen. — Vgl. Victor Klemperer, *LTI. Notizbuch eines Philologen,* Berlin [Ost] 1947; und Marga Buchele, *Der politische Witz als getarnte Meinungsäußerung gegen den totalitären Staat,* Phil. Diss., München 1956; Gerd Renken, *Die „Deutsche Zukunft" und der Nationalsozialismus. Ein Beitrag zur Geschichte des geistigen Widerstandes,* Phil. Diss., Berlin 1970, S. 50—57.

[54] K. W. Mirbt, *Methoden*... [Anm. 52], S. 259 f.

[55] Margret Boveri, *Verzweigungen. Eine Autobiographie,* hrsg. von Uwe Johnson, München 1977, S. 226—248.

[56] M. Boveri, *Wir lügen alle*... [Anm. 36], S. 168—213, S. 470—537.

[56a] Wolfgang Bretholz, *Nein, nicht alle lügen!,* in: *National-Zeitung,* Basel, Nr. 264 vom 12.6.1966.

[57] Brief von Rudolf Wolff, Paris, dem jüngeren Sohn Theodor Wolffs, an den Vf. (B.S.) vom 3. 5. 1984.

[58] Brief von Theodor Wolff an Hans Lachmann-Mosse (Seefeld/Tirol, 12. 3. 1933; maschinenschriftlicher Durchschlag ohne Unterschrift), Bundesarchiv Koblenz, Nachlaß Wolff 14.

[59] Brief von Hans Lachmann-Mosse an Theodor Wolff (Berlin, 13. 3. 1933; maschinenschriftlicher Durchschlag mit Unterschrift), Bundesarchiv Koblenz, Nachlaß Wolff 14.

[60] H. Storek, *Dirigierte Öffentlichkeit*... [Anm. 19], S. 30; zu dem späteren Schicksal des Verlags vgl. K. Koszyk, *Deutsche Presse*... [Anm. 5], S. 398.

[61] Jürgen Hagemann, *Die Presselenkung im Dritten Reich,* Bonn 1970, S. 296 f.

[62] Zit. Aus *Neue Zürcher Zeitung*... [Anm. 46].

[63] Beispiele zitiert ausführlich J. Hagemann, *Die Presselenkung*... [Anm. 61], S. 316—318, Anm. 96—114; vgl. auch Karl O. Paetel, *Deutsche innere Emigration. Anti-nationalsozialistische Zeugnisse aus Deutschland,* New York 1946.

[64] Vgl. Ruth Fabian/Corinna Coulmas, *Die deutsche Emigration in Frankreich nach 1933,* München 1978; und Alfred Heuß, *Versagen und Verhängnis. Vom Ruin deutscher Geschichte und ihres Verständnisses,* Berlin 1984, insbesondere S. 104—111.

[65] Hartmut Mehringer/Werner Röder, *Gegner, Widerstand, Emigration,* in: Martin Broszat/Norbert Frei (Hrsg.), *Das Dritte Reich. Ursprünge, Ereignisse, Wirkungen,* Würzburg 1983, S. 173—184; Herbert E. Tutas, *Nationalsozialismus und Exil. Die Politik des Dritten Reiches gegenüber der deutschen politischen Emigration 1933—1939,* München 1970, insbes. S. 138—203.

[66] Aus einer Rede Erich Kästners zur 25. Wiederkehr des Jahrestages der Bücherverbrennung, gedruckt in: Ders., *Gesammelte Schriften,* Bd. 5, Köln 1959, S. 571—578.

[67] *Völkischer Beobachter* vom 31. 1. 1933.

In den Nischen des Systems: Der sozialdemokratische Pressespiegel „Blick in die Zeit“

PETER LÖSCHE/MICHAEL SCHOLING
Göttingen

Politische Konzeptionen, die Programm- und Organisationsgeschichte der deutschen Sozialdemokratie zwischen den Weltkriegen sind im Kontext des „historischen Alltags“ der sozialdemokratischen Bewegung zu interpretieren und zu analysieren. Diese „sozialdemokratische Alltäglichkeit“ versuchen wir in der folgenden Untersuchung mit dem Terminus *Solidargemeinschaft* auf ihren Begriff zu bringen. Was sozialdemokratische Solidargemeinschaft konkret bedeuten konnte, führen wir an einer Fallstudie, am Beispiel der 1933 bis 1935 erscheinenden Publikation *Blick in die Zeit* aus. Zeitlich verbinden wir damit die Weimarer Republik mit den Anfangsjahren des Dritten Reichs. Wir fragen schließlich, ob *Blick in die Zeit* als eine Form sozialdemokratischen Widerstandes und/oder als Verlängerung der sozialdemokratischen Solidargemeinschaft in das Dritte Reich hinein zu fassen ist. Damit soll eine weitere Dimension in jene Diskussion eingebracht werden, in der es um den Widerstandsbegriff geht.

I

Die Weimarer Sozialdemokratie als Solidargemeinschaft

Versucht man, die deutsche Sozialdemokratie aus dem konkreten historischen und sozialen Kontext der Weimarer Republik und in ihren verschiedenen Dimensionen — der politischen, der theoretisch-konzeptionellen, der organisatorischen, der kulturellen, der gewerkschaftlichen, der wirtschaftlichen — auf den Begriff zu bringen, so erscheint uns der Terminus „Solidargemeinschaft“ am treffendsten. Diese Begrifflichkeit hat den Vorzug, daß sie die Formen und Intentionen sozialdemokratischen Widerstandes zumindest in der ersten Phase des Dritten Reichs (1933—1935/36) zu erklären vermag. An unserer Fallstudie über *Blick in die Zeit* kann die vorgeschlagene Begrifflichkeit auf ihre Brauchbarkeit überprüft werden.

Solidargemeinschaft kennzeichnet in unserem Zusammenhang ein Bewußtsein, ein Zusammengehörigkeitsgefühl und eine praktizierte gegenseitige Unterstützung, die auf der Grundlage gleicher oder ähnlicher materieller Lebensbedingungen und damit gemeinsamer Bedürfnisse und Interessen entstanden sind: Es handelt sich um klassengebundene, proletarische Solidarität.

Die sozialdemokratische Solidargemeinschaft der Weimarer Republik ist durch die folgenden Merkmale gekennzeichnet gewesen:

1. Sie hat sich am Arbeitsplatz konstituiert. Trotz fehlender umfassender und systematischer Untersuchungen zur Sozialstruktur der Arbeiterbewegung können wir aufgrund von Einzelstudien begründet sagen, daß sie eine Solidargemeinschaft von Facharbeitern gewesen ist. Diese Aussage trifft auf die Mitglieder und Funktionäre ebenso zu wie auf die Wähler. Die Parteiintellektuellen haben sich diesem Facharbeitermilieu nicht zuletzt auch deswegen angepaßt, weil innerhalb der Sozialdemokratie sozialer Aufstieg typischerweise vom Arbeiter zum angestellten Parteiintellektuellen auch über die hohen Schulen der Redaktionsstuben, der Partei- und Arbeitersekretariate und nicht notwendigerweise über die staatlichen Akademien möglich gewesen ist. Die sozialdemokratische Solidargemeinschaft ging zwar vom (Fach-)Arbeitsplatz aus, sie umfaßte aber alle Lebensbereiche, das Wohnen ebenso wie die Freizeit und die Bildung. Zu Recht ist von der Sozialdemokratie als der Partei eines spezifischen Klassenmilieus *in* der Arbeiterschaft gesprochen worden — im Unterschied zu der Partei *der* Arbeiterschaft.[1]

2. Damit ist bereits die Organisationspraxis der Sozialdemokratie angesprochen: Die verschiedenen Lebensbereiche waren durch ein vielfältiges, komplexes, ausdifferenziertes Organisationsnetzwerk erfaßt und miteinander verbunden. Trotz der zweifellos dominierenden politischen Orientierung der SPD an Wahlen und Parlamentsarbeit war die Organisationsstruktur der sozialdemokratischen Arbeiterbewegung zugleich auch auf außerparlamentarische Arbeit und die Durchdringung aller Lebensbereiche mit sozialdemokratischen Organisationen und mit sozialdemokratischem Bewußtsein angelegt. Diese Organisationsstruktur gab den institutionellen Rahmen ab für jene Solidarität, die im politischen Kampf, am Arbeitsplatz und in der Freizeit erlebt und praktiziert wurde.

Organisation hatte im sozialdemokratischen Selbstverständnis natürlich eine Schutz- und Trutzfunktion gegenüber und innerhalb einer als bedrohlich empfundenen kapitalistischen Umwelt. Aber sie war mehr, nämlich Sozialismus im kleinen und im Vorgriff auf die Zukunft.

3. Diese praktizierte, organisatorisch abgesicherte Solidarität ist in die sozialismustheoretischen Vorstellungen der Sozialdemokratie eingegangen, gab diesen einen Realitätsbezug. Umgekehrt konnten reformistische Sozialismustheorien von sozialdemokratischen Arbeitern unter anderem deswegen rezipiert werden, weil sie in ihnen ihre eigene Organisationspraxis zu erkennen vermochten. Innerhalb der sozialdemokratischen Solidargemeinschaft gab es ein Zusammengehörigkeitsgefühl, existierten *consensus* und *concordia,* die (trotz mancher theoretischer Differenzen zwischen Parteiintellektuellen, Parteiflügeln oder auch zwischen verschiedenen Organisationen innerhalb der sozialdemokratischen Bewegung) sich in programmatischen Grundüberzeugungen niederschlugen, die nachgerade eine naturrechtliche Qualität annahmen, nämlich den Kapitalismus durch den Sozialismus zu überwinden und die parlamentarische Demokratie gegen rechts und links zu verteidigen. Konkretisiert wurden diese Grundüberzeugungen zum Beispiel in wirtschaftsdemokratischen Konzepten.[2] Sozialdemokratische Solidargemeinschaft als Sozialismus im kleinen und im Vorgriff auf die Zukunft bedeutete dann für die alltäglich praktizierte Programmatik, daß innerhalb der Organisation ein neuer Mensch geschaffen werden sollte, ein von den Schlacken bürgerlichen Eigensinns befreites Individuum. „Sozialdemokrat zu sein, das heißt nicht nur einen Stimmzettel abgeben und den Mitgliederbeitrag zahlen, sondern es heißt, ein anderer Mensch zu sein, auch in seinem Privatleben, im Verhältnis zu seiner Frau und zu seinen Kindern, im Verhältnis zu seinen Mitmenschen.“[3] Nur im Kontext sozialdemokratischer Solidargemeinschaft kann dann die Bedeutung von Theorien, Theoremen und Programmen (wie denen des Organisierten Kapitalismus und der Wirtschaftsdemokratie) historisch präzis verortet werden. Wird dieser Zusammenhang außer acht gelassen, verlieren diese Konzeptionen jenen Realitätsbezug, aus dem heraus und auf den hin sie formuliert worden sind.

4. Schließlich ist die so charakterisierte sozialdemokratische Solidargemeinschaft kein künstliches Konstrukt, sondern historisch gewachsen. Sie bewahrte in ihrer jeweiligen Theorie, Praxis und Alltäglichkeit die unter Sozialistengesetz, Wilhelminismus und im I. Weltkrieg gemachten Erfahrungen auf. In den Medien von Zeit und Gesellschaft, von Geschichte und Klassenkampf, ist die sozialdemokratische Identität entstanden, aus der die Widerstandskraft gegen den Nationalsozialismus und der Mut zur Wiedergründung 1945 wuchsen.

II

Die Fallstudie: „Blick in die Zeit"[4]

Der *Blick in die Zeit,* ein wöchentlich erscheinender Pressespiegel mit dem Untertitel: „Pressestimmen des In- und Auslandes zu Politik, Wirtschaft und Kultur", war eines von überhaupt nur zwei nicht-nationalsozialistischen Periodika, die nach der Machtübernahme der NSDAP gegründet werden konnten.[5] Die erste Nummer kam am 16. Juni 1933 heraus;[6] seither erschien der *Blick in die Zeit* über zwei Jahre lang ganz legal und regelmäßig in einer Auflage von bald über 100 000 Exemplaren,[7] ehe er im August 1935 auf Geheiß der Geheimen Staatspolizei „bis auf weiteres", das heißt aber endgültig, eingestellt werden mußte.[8]

Spiritus rector des Unternehmens war Kurt Hermann Mendel, sozialdemokratischer Druckereibesitzer in Berlin, der nach Rücksprache mit Hans Vogel — seit 1931 neben Otto Wels als Parteivorsitzender — die organisatorischen und finanziellen Voraussetzungen schuf.[9] Das Hauptproblem bestand darin, einen unverdächtigen, also unbedingt „nichtmarxistischen" Partner zu finden, der bereit war, den *Blick* als Herausgeber, Verleger und verantwortlicher Redakteur nach außen abzuschirmen. Dieser Mann fand sich in Dr. Alfred Ristow, Inhaber eines fernmeldetechnischen Unternehmens und ehemaliger preußischer Polizeioffizier, mit dem Mendel seit längerem in Geschäftsverbindung stand. Nachdem sich Mendel und Ristow darauf geeinigt hatten, Andreas Gayk, ehemaliger Redakteur der *Schleswig-Holsteinischen Volkszeitung* und Kinderfreunde-Funktionär, die (tatsächliche, aber geheimzuhaltende) Schriftleitung des *Blick* anzutragen, gelang es binnen kurzem, einen Kreis von vertrauenswürdigen Mitarbeitern zu sammeln und auch den technisch-organisatorischen Apparat aufzuziehen, wie er für die regelmäßige Herstellung einer Zeitschrift mit Massenauflage notwendig war.

— *Redaktion:*

In der Redaktion standen Gayk zunächst einige befreundete Genossen aus Kiel zur Seite, die — wie er — entweder politisch verfolgt waren oder „nur" ihre berufliche Existenz eingebüßt hatten und deshalb mit ihm nach Berlin gingen (Friedrich Mandelkow, Frieda Gayk, Karl Rickers). Aus dem Kreis der kurz zuvor verbotenen *Neuen Blätter für den Sozialismus* stießen August und Maria Rathmann sowie Rudolf Küstermeier (Roter Stoßtrupp) und Michael Freund hinzu. Andere folgten: Otto Suhr, Ludwig Preller, Rolf Bathe. Gayk war jedoch der einzige, der über Zahl und jeweiliges Aufgabengebiet der Mitarbeiter genau Bescheid wußte.

— *Druck:*
In Mendels Betrieb wurde der *Blick* gedruckt. Ihm, der im Dritten Reich manchmal auch Flugblätter und anderes illegales Material herstellte, war es aufgrund der Solidarität seiner ehemals freigewerkschaftlich organisierten Arbeiter gelungen, die Druckerei von NSDAP-Mitgliedern und -sympathisanten freizuhalten.

— *Vertrieb:*
Die rasche und weite Verbreitung des *Blick* über das gesamte Reichsgebiet war nur möglich, weil die Verbindungen vieler Mitglieder und Funktionäre der ehemaligen Reichsarbeitsgemeinschaft der Kinderfreunde über deren Verbot hinaus weitgehend intakt geblieben waren. Die Kinderfreunde-Organisation, aus der im übrigen auch Gayk, Mandelkow und andere kamen, konnte daher zum geheimen Vertriebsapparat des „Blick" umfunktioniert werden. Von Berlin aus hatten Hans Weinberger, seit 1928 hauptamtlicher Sekretär der Reichsarbeitsgemeinschaft, und Friedrich Weiß, seit 1924 Angestellter der Verlagsgesellschaft des Allgemeinen Deutschen Gewerkschaftsbundes (ADGB), den Vertrieb aufgebaut, der zum Teil auch über ehemalige sozialdemokratische und freigewerkschaftliche Buchhandlungen abgewickelt wurde.

Während der ersten Zeit nach dem Parteiverbot sammelte und veröffentlichte der *Blick* alle verfügbaren Meldungen und Informationen über Verbleib und *Schicksal verfolgter Parteigenossen.* Da wird berichtet, daß Breitscheid nach Paris entkommen sei,[10] daß Grzesinski sich in China aufhalte (um die dortige Polizei zu reorganisieren),[11] daß Mierendorff ins KZ Osthofen eingeliefert[12] und Hörsing aus dem Staatsdienst entfernt worden sei.[13] Viele, auch weniger prominente Genossen, die ihren Arbeitsplatz eingebüßt hatten oder aus dem KZ entlassen worden waren, aber auch andere, befanden sich in akuter Notlage und bedurften — für jeden *Blick*-Leser offensichtlich — sofortiger Unterstützung.[14] Manche Meldungen konnten nur als verschlüsselte Warnung an von der Verhaftung Bedrohte aufgefaßt werden.[15]

Seit Ende 1933/Anfang 1934 häuften sich Berichte über den sozialdemokratischen (und kommunistischen) *Widerstand:* „KPD und SPD sind zwar verboten, ihre Parteiapparate zerschlagen, ihre Führer im Ausland oder in Schutzhaft — der Marxismus selber aber gibt sich noch immer nicht geschlagen" — so ein Zitat, das der *Blick* dem *Völkischen Beobachter* entnimmt.[16] Selbst in der Berichterstattung der nationalsozialistischen Presse schimmern die Konturen sozialdemokratischer Solidargemeinschaft deutlich durch: So etwa in jenem Artikel der *Deutschen Wochenschau,* wo es heißt, daß die im Vergleich mit der KPD „viel morschere SPD den Zusammenbruch des Marxismus (interessanterweise) rein bewegungsmäßig besser überstanden" habe. Vor allem die „jüngeren Kreise der Partei" bildeten noch „eine Gemeinschaft von gewisser Unternehmungslust, was sich meist in sehr geschickt vertarnten Zusammenkünften ausdrückt".[17] Dem Leser wird nicht nur die breite Palette praktizierter Widerstandsformen zur Kenntnis gebracht, es wird zugleich auf die damit verbundenen Risiken aufmerksam gemacht. Auch Angaben etwa über offene Fluchtwege, Informationen über getarntes, nach Deutschland geschmuggeltes Agitationsmaterial, über Zeitungsverbote, Gerichtsverfahren sind dem *Blick* zu entnehmen. So vermittelt die Lektüre einen guten Einblick in die Bemühungen, sozialdemokratische und kommunistische *Organisationszusammenhänge* aufrechtzuerhalten oder wiederherzustellen.[18] Sie reichten von den „marxistischen Jugendgruppen", die „immer noch" gemeinsam „auf Fahrt gehen",[19] bis zu dem Organisationsleiter der KPD in Hamburg, dem es gelang, „binnen kurzem wieder 12 000 zahlende Mitglieder zusammenzufassen".[20] Im Frühsommer 1933 bereits hatte der *Blick* einen Brief Otto Wels' an die Parteien der II. Internationale zitieren können, in dem neben der neuen „Postadresse" des Parteivorstandes in Prag die Aufnahme einer „entschiedene(n) ... antifaschistische(n) Propaganda" sowie die Herausgabe des *Neuen Vorwärts* als wöchentlich erscheinendes Parteiorgan und des Prager Manifests angekündigt wurden.[21]

Ganz nebenbei ließ es sich der wegen seiner aktivistischen Grundhaltung bekannte Gayk nicht nehmen, die eigene *Kritik am Immobilismus* der SPD in den hämischen Worten faschistischer Presseorgane auszudrücken: Kam das endgültige Verbot der Partei nicht wirklich nurmehr dem „Beiseiteräumen eines Leichnams" gleich — wie Goebbels' *Angriff* frohlockte,[22] und hatten die sozialdemokratischen Führer nicht wirklich versagt — wie bürgerliche Zeitungen ganz offen verkündeten?[23] Dem würdelosen Untergang der deutschen Sozialdemokratie wird — in kaum versteckter Bewunderung — der „heldenhafte Kampf" der österreichischen Genossen entgegengehalten: ein Kampf, dem — wie Gayk in einer seiner seltenen redaktionellen Vorbemerkungen schrieb — „auch die erbittertsten Gegner ihre Achtung nicht versagen konnten".[24]

Die Entwicklung im Nachbarland gab dem *Blick* Gelegenheit, die Widerstandstätigkeit der „Revolutionären Sozialdemokratischen Partei Österreichs" — gleichsam als Handlungsanleitung — präzis und detailliert zu beschreiben.[25] Durch *geschickte Auswahl* und Zusammenstellung von Meldungen der damals noch zugänglichen Auslandspresse gelang es zudem, die internationale politisch-moralische Ächtung des faschistischen Deutschland herauszustellen.[26] Dessen massive Einmischung in Österreich wurde durch die — vom *Blick* aufmerksam registrierten — widersprüchlichen Rechtfertigungsversuche der NS-Presse noch zusätzlich unterstrichen.[27] Der *Blick* ließ nichts unversucht, *Widersprüche* zwischen NS-Ideologie und -Praxis und *Gegensätze* zwischen verschiedenen Repräsentanten des faschistischen Machtapparates im Wege synoptischer, zum kritischen Vergleich förmlich drängender Gegenüberstellung aufzudecken und dies mittels geeigneter Schlagzeilen noch hervorzuheben. Sehr anschaulich ist etwa die Berichterstattung über den zunächst großspurig angekündigten „Umbau der Wirtschaft", der dann bekanntlich wie eine Seifenblase platzte.[28] Ähnliche Beispiele dafür, wie der *Blick* die innere Hohlheit, Verlogenheit und Widersprüchlichkeit des Nationalsozialismus bewußt zu machen verstand, ließen sich zuhauf anführen.[29]

Manchmal ging Gayk den Weg karikierender, eindeutig zweideutiger Anspielungen: So etwa, wenn er unter der Überschrift: „Das Schwein als Kriterium nordischer und semitischer Völker" die an Geistlosigkeit kaum zu überbietenden Schriften des „Reichsbauernführers" Walther Darré in aller Ausführlichkeit zitiert — und damit klarmacht, daß Schweine sich auch in „führenden Funktionen" wohlfühlen.[30] Persiflage mit bitterernstem Hintergrund findet sich auch da, wo über einen Papagei berichtet wird, der wegen staatsfeindlicher „Hetzpropaganda" „eingezogen" worden sei, was für ihn „das Todesurteil bedeutete".[31]

Satirisch-ironische Kunstgriffe gehörten zwar zum ständigen Repertoire des *Blick*, mußten aber verständlicherweise in so wohldosierter und verklausulierter Form dargereicht werden, daß die Zeitschrift deshalb nicht in Gefahr geriet. Die *Entlarvung des Nationalsozialismus* bedurfte häufig solcher Kunstgriffe im Grunde nicht: Fälle von Veruntreuung, Unterschlagung oder Korruption durch NS-Parteifunktionäre wurden, sofern sie in der Presse erwähnt worden waren, auch vom *Blick* aufgegriffen.[32] Die offizielle NS-Ideologie schließlich verfiel einer Kritik, die zum großen Teil vom „hauseigenen" Chefideologen Alfred Rosenberg selbst besorgt wurde: Dessen ‚Widerlegung' des Marxismus nämlich nur zu lesen, dürfte jedem, der auch nur ein wenig von Marx begriffen hatte, Vergnügen und — beinahe — Ermutigung gewesen sein.[33]

Um keine Mißverständnisse aufkommen zu lassen: Die Mehrzahl bloß informativer, in Zusammenstellung und Titel unverfänglicher Pressestimmen mag sicher auch der Abschirmung einzelner brisanter Meldungen und ihrer redaktionellen Zuspitzung gedient haben. Dennoch — und dafür sprechen viele Leserstimmen — besaß eine geradlinige, *möglichst umfassende Unterrichtung*, die ohne versteckte Kritik oder ähnliche journalistische Kunstgriffe auskam, gewiß Priorität: ein Unterfangen, das angesichts des allgemeinen Zeitungssterbens und der weitgehenden „Gleichschaltung" schwierig genug war.

Die Leser, das wissen wir von Überlebenden, haben sehr gut verstanden, worum es dem *Blick* eigentlich zu tun war: Nicht allein tatsachenorientierte Information zu vermitteln und (indirekte) Kritik am Nationalsozialismus zu üben, sondern darüber hinaus der sich im Widerstand bewährenden sozialdemokratischen Solidargemeinschaft publizistisch den Rücken zu stärken, war die wohl vornehmste Aufgabe ihres „heimlichen Zentralorgans". Daß dies immerhin über gut zwei Jahre hin gelang, muß sowohl als Erfolg aller Beteiligten angesehen werden, sollte aber auch — und eher nebenbei bemerkt — die überkommene Vorstellung eines bereits 1933—1935 durch und durch „totalitären" Regimes nachhaltig infrage stellen.

Zusammenhänge zwischen der verbotenen SPD und dem *Blick in die Zeit* müssen dem staatlichen Überwachungsapparat nämlich längst klar gewesen sein: Bei Haussuchungen, die die Gestapo bei früheren SPD- oder auch KPD-Genossen durchführte, stieß sie in aller Regel auf dieses Blatt.[34] Gelegentlich wurden Vertriebsagenten verhaftet, manchmal fielen der Gestapo sogar sorgfältig geführte Interessentenkarteien in die Hände. Auch dürfte ihr bekannt gewesen sein, daß der *Blick* womöglich „von 10 Personen durch Weitergabe jeder Nummer gelesen wurde".[35]

Daß das Verbot der Zeitschrift so spät kam, mag auch an den couragierten Bemühungen des Herausgebers Dr. Ristow gelegen haben, der trotz gelegentlicher Beschlagnahmeverfügungen zu keinerlei Zugeständnissen bereit war. Schwierigkeiten mit der Zitierung ausländischer Zeitungen haben ihn beispielsweise nur dazu veranlaßt, einen im Impressum verantwortlich zeichnenden weiteren Strohmann[36] einzustellen — und nicht etwa dazu, die Auswertung der oft äußerst kritischen Auslandspresse zu reduzieren oder gar ganz einzustellen. Wahrscheinlich konnte sich Ristow seine guten persönlichen Verbindungen zu ehemaligen Offizierskameraden zunutze machen, die nach dem politischen Umbruch in diversen Staatsämtern untergekommen waren.

Nach dem Verbot der Zeitschrift kam der *Blick* in zahlreichen Gerichtsverfahren gegen linke Systemgegner zur Sprache.[37] Häufig waren ihm nämlich die illegale *Sozialistische Aktion* oder andere „Hetzschriften" beigelegt worden[38] — und dies, obwohl der Sopade-Parteivorstand im Exil die Illegalen aufgefordert hatte, ihre Beziehungen zu den Gruppen, die *Blick in die Zeit* lasen und diskutierten, abzubrechen.[39] Im nachhinein jedenfalls — das geht aus Anklage- und Urteilsschriften des Volksgerichtshofs hervor — war der *Blick* als bevorzugtes Lesematerial in „marxistischen Kreisen" durchaus bekannt.[40]

III

„Blick in die Zeit": Widerstand gegen den Nationalsozialismus oder Fortsetzung sozialdemokratischer Solidargemeinschaft im Dritten Reich?

Kann *Blick in die Zeit* unter den Begriff „Widerstand" gefaßt werden? Bekanntlich findet gegenwärtig unter Sozialwissenschaftlern und Historikern eine Debatte darüber statt, was eigentlich unter Widerstand gegen den Nationalsozialismus, speziell unter Widerstand der Arbeiterbewegung oder von Arbeitern gegen den Nationalsozialismus zu verstehen sei. Soll der Widerstandsbegriff im Hinblick auf diese präzisiert werden, so wäre zunächst jeweils nach dem sozialen Träger des Widerstands und nach den verschiedenen Perioden nationalsozialistischer Herrschaft zu unterscheiden, in denen Widerstand geleistet oder bestimmte Verhaltensweisen praktiziert wurden. Die terminologische Palette in der Sekundärliteratur reicht von „Immunität", „Resistenz", „Nonkonformität", „gesellschaftliche Verweigerung" und „innere Emigration" zu „aktiver Widerstand", „Umsturz" und „Aufstand".[41] Damit werden nicht nur unterschiedliche Intensitätsgrade von potentiellem und tatsächlich geleistetem Widerstand bezeichnet, sondern hinter diesen Begriffen stehen methodologische Differenzen, die im Zusammenhang mit dem Forschungsprojekt „Bayern in der NS-Zeit" deutlich hervorgetreten sind. So ist von dieser Forschungsgruppe „Resistenz" als strukturgeschichtlicher Begriff konzipiert worden, der — angeblich wertneutral — bewußt von dem moralisch-politischen Legitimationsbegriff „Widerstand" (oder auch dem der „Opposition") unterschieden wird. „Resistenz" bedeutet danach ganz „allgemein: wirksame Abwehr, Begrenzung, Eindämmung der NS-Herrschaft oder ihres Anspruches, gleichgültig von welchen Motiven, Gründen und Kräften her".[42] Die mit diesem Vorgehen verfolgte Absicht war es, eine „zum Mahnmal geronnene Thematik zurückzuholen in die komplizierte Wirkungs- und Erfahrungsgeschichte der Hitler-Zeit", eine Wirkungsgeschichte des NS-Regimes „von unten", von der sozialen Basis zu schreiben, zu einer „politischen Sozialgeschichte des Dritten Reichs" beizutragen, jede „Dämonisierung" und „Monumentalisierung" des Geschichtsbildes vom Dritten Reich zu vermeiden.

Die Vorzüge eines derartigen Zugangs zur Geschichte des Nationalsozialismus liegen auf der Hand: So war der totalitarismustheoretische Ansatz so weit zu modifizieren, daß nur noch der nationalsozialistische Anspruch auf totale Herrschaft im Politischen übrigblieb und deutlich wurde, daß eine Gesellschaft eben nicht totalitär gleichgeschaltet werden kann — eine Erkenntnis, die — wie oben bereits bemerkt — vom Ergebnis unserer Fallstudie bekräftigt worden ist. Ferner ermöglicht es der Resistenz-Begriff, nach den verschiedenen gesellschaftlichen Dispositionen für Widerstand, also nach dem Potential politisch gezielten und aktiven Handelns gegen den Nationalsozialismus zu fragen, wie umgekehrt nach den gesellschaftlichen Ursachen für Mitläufertum und nationalsozialistische Gewaltherrschaft zu forschen. Gerade die Untersuchung des Widerstandes der Arbeiter und Arbeiterbewegung zeigt, daß dieser aus einem bestimmten sozialen Kontext, einem besonderen Milieu und im Fall der Sozialdemokratie, wie *Blick in die Zeit* dokumentiert, aus dem hervorgegangen ist, was wir als Solidargemeinschaft zu fassen suchen.

Wird der Widerstand der Arbeiterbewegung mit dem Verhalten anderer sozialer Gruppen oder von Institutionen und Organisationen im Dritten Reich verglichen, so zeigt sich aber auch, welche Gefahren der Resistenzbegriff in sich birgt: Danach könnte nämlich jedes dysfunktionale Verhalten im nationalsozialistischen System als „resistent" erscheinen. Die Gefahr ist wohl nicht auszuschließen, daß in der Summe aller Mosaiksteine ein Bild des deutschen Volkes im Dritten Reich entstände, das gerade nicht von Mitläufern und NS-Sympathisanten geprägt ist, sondern von „resistenten" Kirchenbesuchern, ehemaligen preußischen Offizieren, Schwarzschlachtern usw. Die Verantwortung von einzelnen, von Gruppen, von Organisationen und Institutionen für den Nationalsozialismus würde dadurch verdeckt.

Im Rahmen einer politischen Sozialgeschichte des Dritten Reichs wäre aber — im Unterschied zum Bayern-Projekt — auch nach den Motiven für ein bestimmtes Verhalten und Handeln, wäre nach den Motiven für Widerstand zu fragen, wären die politischen, gesellschaftlichen und wirtschaftlichen Alternativen zu untersuchen, die dem Nationalsozialismus aus dem Widerstand entgegengesetzt wurden. Wird nicht nach Motiven und Intentionen konkreten Verhaltens im Dritten Reich geforscht, bleibt Geschichtsschreibung hilflos bei angeblich wertneutraler Beschreibung, grenzt damit — bewußt oder unbewußt — politische (und auch moralische) Verantwortung aus der Geschichte aus, oder zugespitzt formuliert: Sie stellte diejenigen, die für *Blick in die Zeit* gearbeitet haben, auf eine Stufe mit jenen, die irgendwann einmal schwarz geschlachtet haben.

Versucht man, sich an bisherigen Forschungen zu orientieren, die in ihrer Typologie weitgehend deskriptiv-phänomenologisch geprägt sind, so scheint es sich anzubieten, Tim Mason folgend,[43] *Blick in die Zeit* als politischen Widerstand zu kennzeichnen, der aus der organisierten Arbeiterbewegung hervorgegangen ist, und von Arbeiteropposition zu unterscheiden, nämlich wirtschaftlichem Klassenkampf in der Industrie, wie er nach 1936 in breiter Front aufbrach. Zum politischen Widerstand zählen „die eindeutig politisch bewußten Handlungen der Anhänger von verfolgten Organisationen, d. h. die illegale, konspirative Tätigkeit derjenigen Gruppen und Einzelpersonen, die danach trachteten, die Diktatur im Namen der Sozialdemokratie, des Kommunismus oder der Gewerkschaftsbewegung zu schwächen oder zu stürzen, eine politische Tätigkeit also, die durch eine prinzipielle Ablehnung und Herausforderung des Nationalsozialismus gekennzeichnet war".[44] Bereits an dieser Stelle taucht jedoch ein Problem auf: Diejenigen, die in Druckerei, Redaktion und Vertrieb am *Blick in die Zeit* mitgearbeitet und ihn verbreitet haben, handelten dabei zwar politisch bewußt, und sie waren Angehörige von Organisationen (SPD, freie Gewerkschaften, Kinderfreunde, Sozialistische Arbeiter-Jugend), die von den Nazis verfolgt wurden; was sie taten, stellt im engen Sinn aber keine konspirative und illegale Tätigkeit dar: Die Zeitschrift erschien öffentlich, einmal in der Woche, man konnte sie regelmäßig beziehen — wenn auch viele ihrer Mitarbeiter und Verteiler am Rande der Legalität lebten und zuweilen konspirativ arbeiteten. Das Ziel war jedoch eindeutig: durch politische Arbeit den Nationalsozialismus zu schwächen, ihn mittel- oder langfristig zu stürzen.

Kein Problem bereitet natürlich die Zuordnung von *Blick in die Zeit* zu einem politischen Lager: In der Literatur werden drei Typen des Widerstands der Arbeiterbewegung unterschieden, nämlich der gewerkschaftliche, der kommunistische und der sozialdemokratische. Nicht nur wegen der personalen Zusammensetzung der Mitarbeiter und Redakteure, sondern auch wegen Form und Intention ist der *Blick* dem sozialdemokratischen Widerstand zuzurechnen:[45] Es ging um Bewahrung der Tradition, der Gesinnung und des Zusammenhalts. Angesichts der Tatsache, daß sich das nationalsozialistische Regime nach dem Januar 1933 relativ schnell stabilisieren konnte und nicht in „einer aktuellen Krise" befand, ging es beim sozialdemokratischen Widerstand schon bald (und eben dies zeigt auch *Blick in die Zeit,* trotz aller mit seiner Herstellung verbundenen Risiken) um die Wahrung des eigenen Zusammenhalts[46] der verschiedenen Kleingruppen und der Kommunikation zwischen ihnen — eben nicht zuletzt durch den *Blick in die Zeit.* Der sozialdemokratische Widerstand war dabei im Unterschied zum kommunistischen weniger auf Außenwirkung bedacht, war nicht kadermäßig organisiert (im kommunistischen Widerstand klang die Erfahrung und mythologisierte Tradition der bolschewistischen Untergrundtätigkeit im zaristischen Rußland an), zielte vielmehr eher auf Bewahrung der organisatorischen Binnenstruktur ab. Sozialdemokratischer Widerstand erscheint so im Nachhinein weniger heroisch als der kommunistische, brachte weniger Märtyrer hervor; er war hingegen von pragmatischer Nüchternheit gekennzeichnet, von einer realistischen Sicht der Machtverhältnisse in den ersten Jahren nationalsozialistischer Herrschaft.[47] Sozialdemokraten waren in vielen kleinen Gruppen, in Gesangs- und Wandervereinen, aber auch ganz privaten Zirkeln zusammengefaßt, die Lektüre des *Blick* verband viele: Diese Verhaltensweise — wenn der Begriff entsprechend weit gefaßt wird: diese Widerstandsform — beruhte auf historischer Erfahrung und einer latenten Massenbasis, die mit dem Ende des Nationalsozialismus aktualisiert werden konnte. Der sozialdemokratische Widerstand schloß direkt an die Organisationspraxis der Sozialdemokratie in der Weimarer Republik an, an die Praxis der *Solidargemeinschaft*, und er begriff sich in einer Kontinuität, die bis in die Zeiten der Verfolgung unter dem Sozialistengesetz zurückreichte.

Blick in die Zeit wäre ohne das sozialdemokratische Milieu, die sozialdemokratische Solidargemeinschaft nicht möglich gewesen. Die Arbeit in Herstellung, Redaktion und Vertrieb war von sozialdemokratischen Grundüberzeugungen geprägt, die in eindeutigem Gegensatz zum Nationalsozialismus standen. Andere Voraussetzungen und Motive, den *Blick* zu schaffen, kamen natürlich hinzu — und auch hierin bestätigt die vorliegende Untersuchung einige neuere Ergebnisse der Widerstandsforschung:

1. Es bestanden enge persönliche Kontakte zwischen den Beteiligten, die über die innerhalb der Weimarer Sozialdemokratie üblichen hinausgingen. Kleine Freundeskreise ehemaliger SAJler, ehemaliger Kinderfreunde-Helfer, ehemaliger Mitarbeiter der „Neuen Blätter für den Sozialismus", früherer Kieler Genossen fanden sich zusammen.

2. Viele von ihnen waren — wie Andreas Gayk in Kiel — von nationalsozialistischen Behörden gesucht worden, ihnen drohte Verfolgung und Verhaftung. Sie mußten daher „untertauchen", einen neuen Arbeits- und Lebenszusammenhang suchen, den die relative Anonymität verheißende Weltstadt Berlin bot.

3. Da die ehemaligen sozialdemokratischen Funktionäre nach der nationalsozialistischen Machtübernahme und der Auflösung oder „Gleichschaltung" der sozialdemokratischen und freigewerkschaftlichen Organisationen und Unternehmen von Verfolgung und Arbeitslosigkeit besonders betroffen waren, suchten sie eine Möglichkeit, ein paar Groschen (dazu)zuverdienen: Der *Blick* bot diese Möglichkeit.

Auf etwas ganz Banales sollte in diesem Zusammenhang noch hingewiesen werden, das dem sozialdemokratischen, kommunistischen und gewerkschaftlichen Widerstand gemeinsam war:[48] daß nämlich dieser Widerstand auf einer Einschätzung des Nationalsozialismus beruhte, die sich in der Weimarer Republik bereits herausgebildet hatte und die sich aus den eigenen gesellschaftspolitischen Grundkonzepten, traditionellen Handlungsmustern und Wertorientierungen ergab. Oder anders und polemisch formuliert: Es bedurfte nicht erst der Niederlagen von Stalingrad und El Alamein, um die deutsche Arbeiterbewegung zu politischem Widerstand gegen den Nationalsozialismus zu bewegen.

Schließlich ist festzuhalten, daß *Blick in die Zeit* zu jener Art des Widerstandes zu rechnen ist, der sich nur in den ersten Jahren der Hitler-Diktatur entfalten konnte. Die Jahre 1935/36 bilden aus verschiedenen Gründen einen Einschnitt: In der ersten Periode des Dritten Reichs hatte sich der nationalsozialistische Herrschafts- und Gewaltapparat noch nicht voll etabliert. Die Hoffnung, daß die Diktatur nur ein vorübergehendes Phänomen sei, war für gewerkschaftliche, sozialdemokratische, linkssozialistische und kommunistische Widerstandsgruppen in dieser Zeit nicht völlig unbegründet. Und schließlich bestand in diesen Jahren noch eine enge Verbindung zu den exilierten Genossen, die später im Zuge der territorialen Expansion der Nationalsozialisten, ihres Einmarsches in Österreich und in die Tschechoslowakei, zusammenbrach.[49]

Blick in die Zeit scheint sich so einem bestimmten Typus von Widerstandstätigkeit zuordnen zu lassen. Und doch ist mit Nachdruck auf die Besonderheiten aufmerksam zu machen. Das Blatt wurde von einer kleinen Zahl von Personen verlegt, gedruckt und redigiert, jedoch von einer großen Zahl vertrieben. Diese Menschen konnten sich aufeinander verlassen — insbesondere in Redaktion und Vertrieb. Der große Vertrautheitsgrad, ja ein gewisses Maß an Konspirativität wird dadurch unterstrichen, daß die verschiedenen Personengruppen, die funktional an der Herstellung beteiligt waren (Redaktion, Druckerei, Vertrieb), voneinander kaum etwas oder gar nichts wußten. Gleichzeitig war jedoch die öffentliche Wirksamkeit der Zeitschrift ungeheuer groß:[50] Damit ist nicht nur die Tatsache gemeint, daß sie allwöchentlich in hoher Auflage erschien, vertrieben und von einem Publikum begierig aufgenommen wurde, dessen Zahl gewiß ein Vielfaches der formellen Auflagenhöhe betrug. Mehr noch: Sie war gleichsam das inoffizielle Zentralorgan des sozialdemokratischen Widerstandes. Dieser Pressespiegel war das Medium, mittels dessen der ideelle Zusammenhalt sowie die politischen und persönlichen Verbindungen zwischen den vielen „vereinsmeierischen" Gruppen sozialdemokratischen Widerstandes gewahrt oder erst hergestellt wurden. Die durch den *Blick* ermöglichte Kommunikation vollzog sich auf dreifache Weise: durch die Zeitungsausfahrer, durch die Weitergabe der Zeitschrift von Person zu Person und natürlich durch die Informationen, die ihr selbst zu entnehmen waren.

Damit stellt sich aber die Frage, ob es zureichend ist, *Blick in die Zeit* (und vielleicht auch andere sozialdemokratische Verhaltensweisen und Handlungen in dieser Periode) nur unter den Begriff des Widerstandes zu fassen. Handelt es sich hier nicht vielmehr auch und vor allem um die

Fortsetzung der sozialdemokratischen Solidargemeinschaft aus der Weimarer Republik unter den Bedingungen des Dritten Reichs?

Die Kategorie „Solidargemeinschaft“ erscheint uns zur Beschreibung sozialdemokratischen Verhaltens gerade auch dann geeignet, wenn darauf abgezielt wird, eine politische Sozialgeschichte des Widerstandes, seine Wirkungsgeschichte zu schreiben. Die Vorzüge einer solchen Begrifflichkeit sind:

1. Der Begriff „Solidargemeinschaft“ nimmt die Alltäglichkeit sozialdemokratischer Praxis auf, ohne einerseits den Gefahren des „neuen Historismus“ einer Geschichtsschreibung „von unten“ zu erliegen und gleichsam hilflos und wenig analytisch darzustellen, wie es angeblich wirklich gewesen ist, und ohne andererseits zu einer Programm-, Theorie- und Organisationsgeschichtsschreibung zurückzukehren, die nur Parteivorstände, Philosophen und Haupt- und Staatsaktionen kennt.

2. Die Kategorie „Solidargemeinschaft“ ermöglicht eine integrale Analyse sozialdemokratischer Realgeschichte, ist gleichsam auf einer mittleren Ebene angelagert und verbindet Organisationsbasis und Organisationsspitze, Theorie und Praxis, Alltäglichkeit und Krisensituationen, politische Partei und sogenannte Vorfeld- und Nebenorganisationen, also die kulturellen und Freizeitvereine sowie die wirtschaftlichen und sozialen Unternehmungen der Arbeiterbewegung.

3. Bezogen auf den Widerstand bezieht der Begriff „Solidargemeinschaft“ sowohl die historische Erfahrung, die gewachsenen Strukturen eines sozialen Milieus und Organisationsnetzwerkes ein, die die Reaktion der Sozialdemokratie auf den Nationalsozialismus (mit) erklären. Sie eignet sich auch im Blick auf die Wirkungsgeschichte für die Zeit nach dem Nationalsozialismus, also die Schlußfolgerungen, die aus den Erfahrungen mit dem Nationalsozialismus von der Sozialdemokratie nach 1945 gezogen worden sind.

4. Der Begriff „Solidargemeinschaft“ enthält mithin — und an dieser Stelle unterscheiden wir uns deutlich vom Resistenzbegriff — auch die Frage nach den Motiven für Widerstand und nach den gesellschaftspolitischen Alternativen gegenüber nationalsozialistischer Herrschaft. Dieser Begriff bleibt nicht hilflos und deskriptiv, sondern fordert zur Auseinandersetzung mit den Ursachen, Möglichkeiten und Zielen des Widerstandes gegen den Nationalsozialismus auf.

Anmerkungen

[1] Detlef Lehnert, *Sozialcharakter, politisches Selbstverständnis und Klassenstrategien der Weimarer Sozialdemokratie,* in: Horst Heimann/Thomas Meyer (Hrsg.), *Reformsozialismus und Sozialdemokratie,* Berlin-Bonn 1982, S. 248.

[2] Hierzu Peter Lösche, *Über den Zusammenhang von reformistischen Sozialismustheorien und sozialdemokratischer Organisationspraxis,* in: H. Heimann/Th. Meyer (Hrsg.), *a.a.O.*, S. 13—32.

[3] Otto Bauer, *Idealismus und Nüchternheit* (1926), in: *Werksausgabe,* Bd. 3, Wien 1976, S. 275 f.

[4] *Blick in die Zeit* hat in der wissenschaftlichen Literatur über die Presse oder über den Widerstand der deutschen Arbeiterbewegung im Dritten Reich so gut wie keine Berücksichtigung gefunden. Nicht einmal die SPD selbst hat die Bedeutung des *Blick* bisher erkannt und gewürdigt. Eine Ausnahme war möglicherweise Waldemar von Knoeringen, der Angaben Hans Weinbergers zufolge diesen nach 1945 mehrfach aufgefordert habe, seine Erinnerungen an *Blick in die Zeit* niederzuschreiben. (Hans Weinberger, *Vorbemerkung zu „Blick in die Zeit" — von 1933—35. Eine Rückschau,* unveröffentlichtes Manuskript, 1971—1973; liegt uns vor.) In jüngster Zeit ist die Zeitschrift immerhin mehrfach erwähnt worden: von Fritz Borinski, der sie in die Tradition der kurz zuvor verbotenen *Neuen Blätter für den Sozialismus* stellt. (Fritz Borinski, *Die Neuen Blätter für den Sozialismus,* in: *Jahrbuch des Archivs der deutschen Jugendbewegung,* 13. Jg. [1981], S. 85 f.); in dem Katalog zur Ausstellung *Widerstand 1933—1945. Sozialdemokraten und Gewerkschaften gegen Hitler* (o. O., o. J.), der *Blick in die Zeit,* immer noch etwas distanziert, als „eine der eigenartigsten Erscheinungen der deutschen Widerstandsbewegung" (S. 54) bezeichnet; schließlich von Kurt Hermann Mendel, *„Blick in die Zeit" 1933—1935,* hrsg. von der Gedenk- und Bildungsstätte Stauffenbergstraße (= Beiträge zum Thema Widerstand, 24), Berlin 1983; sowie Eugen Eberle/Peter Grohmann, *Die schlaflosen Nächte des Eugen E. Erinnerungen eines neuen schwäbischen Jacobiners,* Stuttgart 1982, S. 78—81. Die Bedeutung des *Blick* für die Kommunikation zwischen sozialdemokratischem Widerstand und Exil wird angedeutet bei Gerhard Hetzer, *Die Industriestadt Augsburg. Eine Sozialgeschichte der Arbeiteropposition,* in: Martin Broszat u. a. (Hrsg.), *Bayern in der NS-Zeit,* Bd. 3, München-Wien 1982, S. 195. Nähere Angaben finden sich lediglich in Jürgen Jensen/Karl Rickers (Hrsg.). *Andreas Gayk und seine Zeit: Erinnerungen an den Kieler Oberbürgermeister,* Neumünster 1974. Da das Buch nur in geringer Auflage erschien, dürften die darin enthaltenen Beiträge der ehemaligen *Blick*-Mitarbeiter Karl Rickers, Michael Freund, Ludwig Preller und August Rathmann, von denen nur die beiden letzten ausdrücklich auf *Blick in die Zeit* Bezug nehmen, einer breiteren Öffentlichkeit kaum bekannt geworden sein. Wichtige schriftliche und mündliche Zusatzinformationen erhielten wir von Kurt Exner, Kurt Hermann Mendel, August Rathmann, Karl Rickers, Fritz Sänger sowie Hanna Rau-Simon. Ohne ihre freundlichen Auskünfte hätte diese Fallstudie nicht durchgeführt werden können. Alle Nummern des *Blick* und der Unterhaltungsbeilage *Kurze Pause* liegen uns vor.

[5] So jedenfalls Kurt Koszyk, *Das Ende des Rechtsstaats 1933/34 und die deutsche Presse. Dortmunder Vorträge 1961* (2), S. 14. Die von Koszyk genannte Zahl ist ungenau, es gab mehrere Neugründungen. Das von Koszyk angeführte „Verbot von Neu-

gründungen“ kannte mehr als zwei Ausnahmen: Eine war die *Kurze Pause,* die im Dezember 1933 als „Unterhaltungsbeilage“ zum *Blick* behördlich zugelassen wurde.

[6] Franz Osterroth irrt, wenn er als das Datum des ersten Erscheinens den Oktober 1933 nennt. Vgl. Franz Osterroth, *Biographisches Lexikon des Sozialismus,* Bd. 1, *Verstorbene Persönlichkeiten,* Hannover 1960, S. 94. Zutreffend hingegen sind die Angaben bei Franz Osterroth/Dieter Schuster, *Chronik der deutschen Sozialdemokratie,* Bd. 2, Berlin-Bonn 1974, S. 317.

[7] K. Koszyk, *Das Ende*... [Anm. 5], S. 14, spricht irrtümlich von nur 56 000 im Jahre 1934.

[8] Die letzte uns vorliegende Nr. trägt das Datum des 2.8.1935.

[9] Diese wie auch die nachfolgenden Angaben zu Redaktion, Druck und Vertrieb beruhen im wesentlichen auf einer umfangreichen Korrespondenz sowie einer Vielzahl von Interviews mit den überlebenden Zeitgenossen. Die Briefe und Mitschriften befinden sich in unseren Akten.

[10] *Blick in die Zeit,* Jg. 1933, Nr. 8, S. 9 [im folgenden zitiert: B 33 (Jahr)/8 (Nummer)/9 (Seite)]

[11] B 33/26/9.

[12] B 33/4/9.

[13] B 33/10/9.

[14] So die Nachricht über Marie Arning aus Magdeburg in B 33/10/8: „Gegen die ehemalige sozialdemokratische Abgeordnete Frau Marie Arning aus Magdeburg wurde richterlicher Haftbefehl erlassen. Sie sollte sich am Dienstag vor der Korruptionskammer Magdeburg verantworten, erschien aber nicht, sondern schrieb dem Vorsitzenden, daß sie ‚am Ende ihrer Kräfte sei‘ und Magdeburg verlassen habe.“

[15] Siehe etwa die Notiz zu Max Brauer in B 33/2/11: „Das vor der Altonaer Korruptionskammer schwebende Verfahren gegen den ehemaligen Bürgermeister von Altona Max Brauer ... ist auf Antrag der Staatsanwaltschaft überraschend vertagt worden. Man hofft, den bisher flüchtigen Hauptangeklagten Brauer in kurzer Zeit dem Gericht vorführen zu können. Der Staatsanwalt teilte dem Gericht mit, daß der Aufenthalt Brauers jetzt bekannt sei. Brauer reise mit einem falschen Paß als Flüchtling von Land zu Land ...“

[16] B 33/8/5.

[17] B 33/1/8.

[18] Siehe etwa B 34/43/9, 35/3/8, 35/7/9, 35/23/9, 35/24/9.

[19] B 34/22/8.

[20] B 34/33/9.

[21] B 33/1/7.

[22] B 33/3/6.

[23] *ebda.*

[24] B 34/8/1.

[25] B 35/17/10. In einer im März 1934 vom Verlag zusammengestellten Broschüre, *Der Bürgerkrieg in Österreich. Tatsachen, Dokumente, Berichte,* wurden die österreichischen Ereignisse noch einmal zusammengefaßt und gesondert publiziert.

[26] Hierzu B 33/18/4, 33/21/2, 33/22/2, 33/23/3, 34/16/2, 35/13/12.

[27] B 34/31/5,6.

[28] Hierzu B 33/6/2, 33/7/2, 34/3/10, 34/12/10.

[29] Besonders prägnant B 33/18/6, 34/9/6, 33/26/1 f.

[30] B 34/12/13.

[31] B 33/13/15.

[32] Z. B. B 34/30/9, 35/7/9.

[33] Z. B. B 34/9/1 f.

[34] *Lagebericht der Stapostelle Halle a. S. für den Monat September, 1934, Halle, den 3.10.34,* Preußisches Geheimes Staatsarchiv, Berlin-Dahlem, Rep. 90p, Bd. 78.

[35] Bescheinigung Kurt Exners für Dr. Ristow, ausgestellt im Namen des Zentralausschusses der SPD am 31.10.45; Fotokopie liegt uns vor.

[36] Ein gewisser Karl-Franz Jurda, an den sich kein Mitarbeiter des *Blick* erinnern kann.

[37] In den Volksgerichtshofakten des Berlin Document Center befinden sich ca. 80 Anklage- und Urteilsschriften gegen Mitglieder der illegalen SPD, in denen der *Blick* wiederholt erwähnt wird.

[38] Urteil des Oberlandesgerichts Hamm gegen Heinrich Hahne u. a. Angkl. vom 27.5.1936; OJs 506/35.

[39] Siehe dazu Rundschreiben des Parteivorstandes (Sopade), Nr. 2/34, an Grenzsekretäre und Vertrauensleute, Prag, den 1.3.34, Archiv der sozialen Demokratie: Band G-2 („Emigration").

[40] So wörtlich im oben erwähnten Urteil des Oberlandesgerichts Hamm [Anm. 38].

[41] Hierzu als Einführung in die Problematik Ulrich Borsdorf, *Widerstand und Illegalität, Emigration und Exil. Zur Verwendung von Begriffen in der Geschichte der Gewerkschaften,* in: *Gewerkschaftliche Monatshefte,* 8 (1982), S. 486 ff.; Detlev Peukert, *Der deutsche Arbeiterwiderstand 1933—1945,* in: *Aus Politik und Zeitgeschichte,* B 28—29 (1979), S. 29 f.; Christoph Klessmann, *Gegner des Nationalsozialismus. Zum Widerstand im Dritten Reich,* in: *Aus Politik und Zeitgeschichte,* B 46 (1979), S. 25, 37; Kurt Klotzbach, *Gegen den Nationalsozialismus. Widerstand und Verfolgung in Dortmund 1930—1945,* Hannover 1969, S. 14 f.; Günter Plum, *Widerstandsbewegungen,* in: *Marxismus im Systemvergleich. Geschichte,* Bd. 5, Frankfurt a. M.-New York 1974; Ger van Roon, *Widerstand im Dritten Reich,* München 1979, S. 9, 15 f., 20; Martin Broszat u. a. (Hrsg.), *Bayern in der NS-Zeit,* 6 Bde, München 1977 ff.; Richard Löwenthal/Patrik von zur Mühlen (Hrsg.), *Widerstand und Verweigerung in Deutschland 1933—1945,* Berlin-Bonn 1982.

[42] Vgl. hierzu Martin Broszat, *Resistenz und Widerstand. Eine Zwischenbilanz des Forschungsprojekts,* in: *Bayern in der NS-Zeit,* Bd. 4, München-Wien 1981, S. 697.

[43] Tim Mason, *Arbeiteropposition im nationalsozialistischen Deutschland,* in: Detlev Peukert/Jürgen Reulecke (Hrsg.), *Die Reihen fast geschlossen. Beiträge zur Geschichte des Alltags unterm Nationalsozialismus,* Wuppertal 1981, S. 293 ff.

[44] *A.a.O.,* S. 293.

[45] Zum sozialdemokratischen Widerstand vgl. D. Peukert, *Der deutsche Arbeiterwiderstand...* [Anm. 41], S. 26, 29. Reinhard Mann, *Was wissen wir vom Widerstand? — Datenqualität, Dunkelfeld und Forschungsartefakte,* in: Christoph Klessmann/Frank Pingel (Hrsg.), *Gegner des Nationalsozialismus. Wissenschaftler und Widerstandskämpfer auf der Suche nach historischer Wirklichkeit,* Frankfurt a. M.-New York 1980, S. 50; Hans-Josef Steinberg, *Thesen zum Widerstand aus der Arbeiterbewegung,* in: *A.a.O.,* S. 71; Detlev Peukert, *Zur Rolle des Arbeiterwiderstandes im „Dritten Reich",* in: *A.a.O.,* S. 81, U. Borsdorf, *Widerstand...* [Anm. 41], S. 492; G. van Roon, *Widerstand...* [Anm. 41], S. 68; Reinhard Mann, *Widerstand gegen den Nationalsozialismus,* in: *Neue politische Literatur,* 22. Jg. (1977), S. 430 f.

[46] Hierzu Richard Löwenthal in seiner Einleitung in: R. Löwenthal/P. von zur Mühlen (Hrsg.), *Widerstand und Verweigerung*... [Anm. 41], S. 15f.

[47] Zur Beurteilung des Realitätssinns sozialdemokratischen Widerstandes vgl. M. Broszat, *Resistenz und Widerstand*... [Anm. 42], S. 708.

[48] D. Peukert, *Der deutsche Arbeiterwiderstand*... [Anm. 41], S. 24.

[49] Zum Problem der Periodisierung vgl. Detlev Peukert, *Arbeiterwiderstand — Formen und Wirkungsmöglichkeiten,* in: *Widerstand und Exil der deutschen Arbeiterbewegung 1933—1945. Grundlagen und Materialien,* Bonn 1982, S. 220f.

[50] Das Problem von „Öffentlichkeit“ und „Verborgenheit“ der Widerstandstätigkeit spricht an R. Mann, *Was wissen wir*... [Anm. 45], S. 47.

Dritter Teil

Kirchen und Konfessionen zwischen Kooperation und Teilwiderstand

Zwischen Kooperation und Teilwiderstand: Die Rolle der Kirchen und Konfessionen

Ein Überblick über Forschungspositionen

GÜNTHER VAN NORDEN
Wuppertal

Wenn wir das Verhalten der Kirchen in der Zeit des „Dritten Reiches" analysieren und interpretieren, können, ja sollten wir von der Fragestellung ausgehen, was denn eigentlich damals das Verhalten der Kirchen hätte sein müssen. Das ist sicherlich eine moralische Frage, die ich selbstverständlich als Historiker als Maßstab anlege — ich lebe ja nicht in einer sterilen Wertneutralität —, und sie ist um so mehr berechtigt, als ja die Kirchen selbst mit einem gewissen moralischen Selbstverständnis — nicht Wächter ziviler Tugenden zu sein, aber in „Sendung" und „Nachfolge" grundlegende und unaufgebbare ethische Wertmaßstäbe zu vermitteln, zu verteidigen, einzufordern — auftreten.

Welche *Verhaltensweisen* also gab es realiter in den Kirchen und Konfessionen gegenüber der nationalsozialistischen Herausforderung? Das Thema der Sektion, auf deren Einzelbeiträge sich die folgenden Ausführungen vor allem beziehen, lautet: „Zwischen Kooperation und Teilwiderstand". Damit wird vorausgesetzt, es habe jedenfalls an dem einen Ende der Skala auch so etwas wie Kooperation mit dem Nationalsozialismus beziehungsweise dem NS-System gegeben.

I

Kooperation

Man kann ohne Einschränkung sagen, daß die gegenwärtige evangelische kirchliche Zeitgeschichtsforschung diese Position stützt. Es gab nicht nur die Glaubensbewegung Deutsche Christen, sondern es gab die offizielle

Deutsche Evangelische Kirche, die von einer angeblich unpolitischen, neutralen Alltagskirchlichkeit bis hin zur Gleichschaltungsbereitschaft mit dem sogenannten Dritten Reich kooperierte. Eberhard Bethge nennt das in seinem Konferenzbeitrag die „Nazifizierung der Kirche". Dies gilt nicht nur von der Anfangsphase, in der auch die Bekennende Kirche weitgehende Kooperationsbereitschaft zeigte, sondern auch und gerade für die Kriegszeit. Allerdings wird zur Zeit von einigen Kirchenhistorikern ein Aspekt herausgearbeitet, der diese Aussage differenziert; darauf werde ich später zurückkommen.

Ganz anders sieht Heinz Hürten für den katholischen Bereich die Frage von Kooperation und Teilwiderstand. Ohne auf die im Thema der Sektion vorgegebene Begrifflichkeit einzugehen, so daß hier ein Problembereich ausgespart bleibt, stellt er in seinem Beitrag fest, es habe lediglich marginale Versuche von Intellektuellen „oder fortschrittlich gesinnte[n] Theologen" zum Brückenbau mit dem Nationalsozialismus gegeben, die „zudem nach der Enttäuschung erster Hoffnungen bald aufgegeben" worden seien. Die katholische Kirche habe nicht nur versucht, „die Jahre der nationalsozialistischen Herrschaft ohne Preisgabe ihres Wesens zu überdauern", sie habe vielmehr in der „kämpferischen Auseinandersetzung mit der nationalsozialistischen ‚Weltanschauung' und in der akzentuierten Einschärfung des unverbrüchlich geltenden Sittengesetzes" das System in „seinen ideologischen Grundlagen und in seiner Praxis" angegriffen, ohne es „ausdrücklich zu verwerfen".

Ich denke, daß Hürten mit dieser Position grundsätzlich weitgehend dem Forschungsstand in der katholischen Kirchengeschichtsschreibung entspricht, wobei auch deutlichere Differenzierungen zu erkennen sind, wenn zum Beispiel von „partieller Kooperation" gesprochen wird.[1] Auch Barbara Schellenberger spricht in ihrem Beitrag von „äußerster Kooperationsbereitschaft" der katholischen Jugendverbände mit den Regierenden und zugleich von dem „zähen Festhalten" an ihrer Eigenständigkeit (für die Zeit Juli bis Oktober 1933). Hugo Stehkämper verweist auf die Illusion des Zentrums-Vorsitzenden über eine „Mitarbeit" im NS-Staat.

Trotz solcher und anderer Differenzierungen unterscheidet sich diese Position radikal von der äußerst kritischen Selbsteinschätzung im evangelischen Bereich. Ob dies an dem unterschiedlichen Verständnis von „Kirche" liegt, ist eine Frage, die man hier vielleicht nicht diskutieren kann. Man könnte formelhaft die Situation so beschreiben: Während es im evangelischen Bereich — wenn auch mit den Jahren abnehmend — weitgehend Kooperation mit dem System gab bei zunehmender partieller Bereitschaft zu Widersetzlichkeiten, gab es im katholischen Bereich — mit den Jahren zunehmend — weitgehend Widersetzlichkeiten gegenüber dem System bei abnehmender partieller Bereitschaft zur Kooperation.

Allerdings gibt es im katholischen Bereich auch Forschungspositionen, die sich von den oben vorgetragenen absetzen und die das Verhalten der Kirche skeptischer interpretieren.[2]

II

Teilwiderstand

Dieser Begriff wird in der Forschungsdiskussion selbstverständlich differenziert.

1. Defensive „Resistenz" beziehungsweise „gesellschaftliche Verweigerung"

Diese Widerstandsformen spielten im katholischen Bereich eine erhebliche Rolle: Hier ging es nicht nur um die Bewahrung eines katholischen Milieus, um Nonkonformität,[3] sondern um die Bewahrung der Identität, um Selbstbehauptung, um Verteidigung der kirchlichen, theologischen und ethischen Autonomie. Darum Abwehr staatlicher Fremdbestimmung und das Bemühen, sich dem gesellschaftlichen Gleichschaltungsprozeß zu entziehen.

Hürten betont sehr deutlich im Einklang mit dem vorherrschenden katholischen Forschungsstand, daß gerade das Reichskonkordat der Kirche die Rechtsbasis gegeben habe, „welche die Selbstbehauptung ermöglichte".

Diese Widersetzlichkeiten schwächten zwar das System, waren aber nicht auf Beseitigung des Herrschaftssystems als solches gerichtet. Insofern sind sie nicht zu subsumieren unter eine politisch bestimmte Widerstandsbegrifflichkeit. Die Kirche habe — so Hürten — „ihre Existenz und ihr Handeln nicht als politisch" verstanden, sie habe sich „nicht in politischer Aktion engagiert" betrachtet. Er spitzt seine These noch zu, indem er behauptet, die im Reichskonkordat festgelegte Entpolitisierung des Klerus und der Verzicht auf jede politische Tätigkeit der katholischen Verbände seien nicht nur „strikt eingehalten", sondern auch niemals als „schmerzlicher Verlust" empfunden worden.

Klaus Scholder sieht die Funktion des Reichskonkordats als Rechtsbasis ähnlich wie Hürten, aber er akzentuiert die Folgewirkung komplexer. Das Konkordat habe zwar den Staat gebunden, aber es habe „angesichts der unterschiedlichen Kräfteverhältnisse" noch weit mehr die Kirche gebunden. Es habe jeden „unmittelbaren politischen Widerstand von seiten des Episkopats oder eines einzelnen Bischofs" ausgeschlossen. Scholder zitiert als Schlußfolgerung v. Aretin: Es habe „keinen katholischen Widerstand in Deutschland gegeben, es hat nur Katholiken im Widerstand gegeben".

Wird hier eine unterschiedliche Sicht deutlich, so muß auch die Behauptung bestritten werden, der im Konkordat ausgesprochene Verzicht auf politische Tätigkeit sei niemals als schmerzlicher Verlust betrachtet worden. Sie läßt sich jedenfalls von den Verbänden her schwer belegen. Stehkämper macht deutlich, daß zumindest in der Katholischen Arbeiterbewegung weiterhin politisch gearbeitet worden sei. Die christlichen Gewerkschafter, Männer der KAB und ehemalige Zentrums-Anhänger hätten „Keimzellen des Widerstandes" gebildet.

Für den evangelischen Bereich sind die Begriffe „Resistenz" und „Verweigerung" bisher nicht besonders betont worden. Eberhard Bethge verwendet den Begriff Resistenz ungebräuchlicherweise mehr in dem hugenottischen Sinne von politischem Widerstand.[4] In dem Sinn der hier besprochenen defensiven unpolitischen Resistenz als konservativer Bewahrung von Vorgegebenem gegenüber totalitärem Gleichschaltungsdruck wird der Begriff neuerdings besonders von Leipziger Kirchenhistorikern verwendet, speziell von Kurt Nowak, der die Behauptung aufstellt, es sei falsch, nur von Barmen her, nur von der (dahlemitischen) Bekennenden Kirche her eine „Widerstandsgeschichte des Protestantismus im Dritten Reich" zu schreiben.[5] Seine interessante Begründung lautet:

„Das widerspräche dem tatsächlichen historischen Sachverhalt; einmal insofern, als auch Barmenianer sich höchst staats- und politikkonform verhielten, zum anderen insofern, als gerade auch im nicht barmenianischen Protestantismus sich in beachtlicher Breite Resistenzen, Widerständigkeiten und Widerstand nachweisen lassen."

Nowak spitzt seine Position auf die These zu, „daß die wirksamste Resistenz zuletzt nur von einem relevanten, d. h. in der ganzen Breite der Gesellschaft anwesenden und wirksamen volkskirchlichen Protestantismus und also weniger von bekennenden Minoritäten mit dem Anspruch der ecclesia pura ausgehen konnte".

Diese bislang in der evangelischen kirchlichen Zeitgeschichte noch kaum vertretene originelle These von der stärkeren Resistenzkraft des sich seit 1935 zwischen den „Dahlemiten" und den „radikal-fanatisierten" Deutschen Christen konsolidierenden evangelischen Volkskirchentums steht, so denke ich, der katholischen Position von der Resistenzkraft eines volkskirchlichen katholischen Milieus näher als der im evangelischen Bereich vorherrschenden Interpretation, die der Resistenztheorie skeptisch, wenn nicht ablehnend begegnet. Solange nicht präzisiert wird, auf welchen Feldern dieser sogenannte volkskirchliche Protestantismus mit seiner von Nowak so bezeichneten „Normaltheologie" tatsächlich dem nationalsozialistischen Herrschaftsregime Resistenzen entgegensetzte, die seinen Machtanspruch bestritten, bleibt die These unbrauchbar. Denn es kann sich auch erweisen, daß diese Volkskirche leicht in eine affirmative, vielleicht sogar faschistoide Staatskirche umgemodelt beziehungsweise in eine unpolitische, in den Nischen des Systems neutralisierte Ghettokirche abgedrängt werden kann. Im ersten Falle wird sie als Stütze des Regimes und des Apparats der Herrschenden privilegiert, im zweiten als eine *Quantité négligeable* betrachtet, die der Pflege individueller jenseitsbezogener Frömmigkeit beziehungsweise eines rituellen Kultus dient.

Wolfgang Wippermann hat in einer akzeptablen vermittelnden Position von „protestantischer Resistenz" in regionalen, meist ländlichen Bereichen als einer Basis des Kirchenkampfes der Bekennenden Kirche gesprochen.

2. Offensiver Protest, aktive Confessio

Hier handelt es sich, wie Hürten schreibt, um den öffentlichen Appell an die Gläubigen, trotz aller Bedrückungen ihrer Kirche treu zu bleiben beziehungsweise — nach Schellenberger — um offensive Aktionen zum Beispiel der katholischen Jugend in der Öffentlichkeit, um den eigenen Verband zu stärken. Die Frage ist umstritten, wieweit dieser Appell eine politische Relevanz besaß. Hürten ist der Meinung, daß es sich hier um eine Mobilisierung des Kirchenvolkes gegen das System, von dem die Bedrückungen ausgingen, gehandelt habe, zwar nicht als „Vorbereitung eines politischen, aktiven Widerstandes", aber als Opposition gegen das Regime. Indem die „Aktivierung der Gläubigen in der Teilnahme am religiösen Leben gleichermaßen wie die Appelle an die politische Führung, von dem eingeschlagenen Wege abzulassen", offensiv vorgetragen worden seien und auf möglichst breite Schichten zielten, habe der Kirchenkampf, „über die Absichten der kirchlichen Führung hinausgehend", eine politische Dimension erhalten. Hürten spricht sogar von einer „Massenbasis", die der kirchliche Protest besessen habe, als einem „Machtfaktor". Das Regime selbst habe diesen Machtfaktor für gefährlicher gehalten als den Widerstand der KPD. Hier taucht die umstrittene These von der „religiös fundierten Volksopposition" auf, die auch von Heinz Boberach vertreten wird.[6]

Hürten macht deutlich, daß die Katholische Kirche „diese Massenbasis nicht zu politischer Umgestaltung, zur Beseitigung des Regimes" eingesetzt habe und einsetzen wollte, da das katholische Gewissen in seiner staatsbürgerlichen Verpflichtung gebunden sei. Darum habe „dieses politische Potential" nicht zur „Änderung der bestehenden Verhältnisse" verwendet werden können, sondern allein dazu, die „Verwirklichung der Absichten" des Regimes zu hemmen. Immerhin habe der „Angriff der Kirche auf das Neuheidentum auch die nationalsozialistische Bewegung" getroffen. Und dann steigert sich diese Aussagenreihe zu der Behauptung: „In der Rassenfrage hat sich die Kirche unzweideutig geäußert."

Hürten steht — so denke ich — auch mit diesen Feststellungen im Kontext der katholischen Kirchengeschichtsschreibung, wenn auch gerade die letzte Aussage hier sehr viel differenzierter behandelt wird.[7] Nachdem eine Reihe von Publizisten und Forschern dem Episkopat einen Mangel an öffentlichem Protest in der sogenannten Judenfrage vorgeworfen hat, kann ein solcher Satz wie: „In der Rassenfrage hat sich die Kirche unzweideutig geäußert", nicht in dieser monolithischen Einseitigkeit stehenbleiben.[8]

In der *evangelischen* kirchlichen Zeitgeschichtsforschung wird, wie auch aus den Beiträgen von Besier, Bethge und Scholder hervorgeht, diese Form der Widersetzlichkeit, nämlich offensiver Protest, aktive Confessio, sehr viel skeptischer gesehen. Auch diese Autoren sind der Meinung, daß das Bekenntnis, etwa das der Bekennenden Kirche in den sechs Thesen der Barmer Theologischen Erklärung oder in der Auseinandersetzung Künneths mit Rosenberg von heute her gesehen die Unvereinbarkeit mit dem Nationalsozialismus ausdrückt, insofern es „eine Begrenzung totalitärer Macht und Beschränkung ihres ideologischen Primats" darstellt, wie Bethge formuliert. Die Nationalsozialisten hätten dies selbst auch eher verstanden als die Majorität der Bekenner, denn hier wurde — nach Besier — „alles zum Politikum, was sich der Gleichschaltung" widersetzte. Aber dieses aktive Bekenntnis habe nach dem ausdrücklichen Zeugnis seiner Bekenner nichts zu tun mit einer Opposition gegen das System (wie es Hürten für die Katholische Kirche annimmt). Es sei ein „Kampf gegen die Nazifizierung der kirchlichen Strukturen gewesen", wie Bethge feststellt, offenbar nicht ein Kampf gegen die Nazifizierung der gesellschaftlichen und politischen Strukturen. Insofern war die Gruppe, die diesen Teilwiderstand geleistet hätte, also die Bekennende Kirche, auch nicht ein „politisches Potential", wie es Hürten für das katholische Kirchenvolk annimmt, das treu zur Kirche hielt.

Ich denke, daß dies belegbar ist: Die Protesthaltung der Kirche richtete sich nicht gegen das neue Regime. Sie verband sich im Gegenteil mit der wiederholten Beteuerung, daß sie im Grunde dem Staate diene. Die Kirchenführer verfolgten mit Sympathie die Einwirkungen der Nationalsozialisten im staatlichen Bereich, sie widersetzten sich ihnen lediglich im kirchlichen Bereich. Ein typisches Beispiel für diese Haltung ist der Hirtenbrief der bayerischen Bischöfe zur Volksabstimmung und Reichstagswahl am 12. November 1933. Neben den Beteuerungen, wie sehr die Katholiken die „kraftvollen Bemühungen des Führers" schätzten, die Gleichberechtigung des deutschen Volkes friedlich herzustellen und ihm

„die Greuel des Bolschewismus zu ersparen“, benannten die Bischöfe die „Belastungen des katholischen Gewissens“ wegen der Entheiligung des Sonntages und wegen der Maßnahmen gegen die katholischen Vereine und die Bekenntnisschule.[9]

Es wurde streng zwischen dem Bereich der Kirche, in den der Staat sich nicht einzumischen hat, und dem Bereich des Staates, in den die Kirche sich nicht einmischt, getrennt. Erst da, wo der Staat diese Grenze überschritt, traf er auf den Widerspruch der Kirche. Daß diese naive Trennung von vornherein eine Fiktion war, wurde nicht gesehen. Die Kirchen waren als gesellschaftliche Großgruppen so in gesellschaftliche Bindungen verstrickt, daß sie keine oder kaum Distanz zu den politischen Geschehnissen besaßen. Sie konnten lediglich Nein sagen, wo ihre engen Grenzen erstürmt wurden.

Hinzu kommt ein Zweites: Die Kirchen standen in dem Dilemma, den Staat nach *Römer 13* ehren und zugleich sich gegen Teile seiner „Ideologie“ wehren zu müssen. Dieses Dilemma kennzeichnet die Schwierigkeit und Gebrochenheit des kirchlichen Widerstandes nicht nur auf dieser Ebene des Protestes. Es ging nicht darum, den Staat in Frage zu stellen, aber es ging darum, Teile einer sogenannten Ideologie zu bekämpfen, die von Teilen der NS-Hierarchie vertreten wurde.

Die Aktionen der Kirchen, die für ihr Bekenntnis stritten, zeigen — von heute her — die Schwäche der kirchlichen Widersetzlichkeit, die durch theologische Traditionen (*Römer 13*, Zwei-Regimenten-Lehre), „ideologische“ Wertungen und politische Gebundenheiten gehemmt war. Damals aber zeigten sie dem nationalsozialistischen Staat in den beiden großen Institutionen einen Gegner, der wegen seiner breiten Außenwirkung auf weite Bevölkerungskreise sehr gefährlich war, weil er den totalitären Anspruch des Staates, im Nationalsozialismus die einzige richtige „Weltanschauung“ zu besitzen, bestritt und bekämpfte. Insofern hatte der Protest der Kirchen schon eine politische Dimension und kann als Widerstand bezeichnet werden. Es ist aufschlußreich, daß die Bekennende Kirche selbst ihren Protest, ihre Widersetzlichkeit als Widerstand begriffen und bezeichnet hat.[10]

Aber es muß in diesem Zusammenhang noch ein weiterer Problemkreis angesprochen werden, der sich aus der Position Bethges ergibt, der betont, daß die tapfere *Confessio*, die Bewahrung der reinen Lehre (*Solus Christus, Sola Ecclesia*), zum „unvermeidbaren Komplizentum mit den Mördern“ führe, wenn sie nicht *pro hominibus* gesprochen werde, wenn nicht aus dem Ja zum Bekenntnis ein Ja zu den Verfolgten werde. Auch die Verweigerung von Gleichschaltung, auch die *Confessio* in Christus-zentrierten Predigten Sonntag für Sonntag im Deutschland des „Dritten Reiches“, die niemand je verboten hat — „warum auch?“, fragt Bethge —, stünden nicht besser da als die „Kooperation mit dem Bösewicht", wenn nicht die Grenze überschritten werde zum Widerstand *pro hominibus*, für die Verfolgten und Entrechteten. Bethge: „Ein *status confessionis* verrottet, ... wenn er sich nicht einläßt auf seine Verantwortlichkeit für seine jeweilige Gesellschaft und ihre Opfer"; und sein Resümee: „Wir haben widerstanden mit dem Bekenntnis, aber wir haben nicht bekannt mit dem Widerstand."

In dieser Relativierung des Bekenntnisses als eines nur ersten, wenn auch wichtigen Schrittes zum Widerstand, in der damit verbundenen Relativierung des geistlichen, theologischen, kirchlichen „Widerstandes" vor der Folie der umfassenden ethischen, politisch-humanitären Herausforderung der Kirche, in der damit verbundenen Kritik an einer Bekennenden Kirche, in der der geistliche Aufruf „Kirche muß Kirche bleiben" zu einer engen Ideologie gerinnt, geht Bethge weiter als manche anderen Widerstandsforscher aus dem evangelischen Bereich. Hier besteht wohl auch immer noch, so denke ich, ein Dissens zu Scholder, der stärker auf die theologische Dimension als den eigentlichen Maßstab abhebt. Leider werden die unterschiedlichen Positionen von Bethge und Scholder aus den von ihnen vorgelegten Beiträgen nicht deutlich, so daß sie hier nur angedeutet werden können.[11] Sicher ist, daß für Bethge in der Widerstandsdiskussion die ethisch-humanitäre Dimension die entscheidende Rolle spielt, so daß er sich in diesem Punkte merkwürdigerweise mit den ihm sonst konträr entgegenstehenden Leipziger Kirchenhistorikern trifft.[12]

3. Proklamation der natürlichen Rechte des Menschen — Verteidigung von Recht und Menschlichkeit

Es scheint so, daß die eben ausgesprochene Problematik für den katholischen Bereich nicht relevant ist, da — wie Hürten sagt — die Eigenart der kirchlichen Verkündigung darin bestehe, daß sie nicht lediglich „katholische Spezialmoral, sondern allgemein gültige Normen" ausspreche. Hürten belegt diese These, daß die Kirche „die natürlichen und darum der Willkür des Staates entzogenen Rechte des Menschen proklamiert", nämlich das Recht auf persönliche Freiheit, auf Leben, Eigentum und Schutz der Ehre, mit dem Entwurf des Hirtenwortes der deutschen Bischöfe 1941/42. Er räumt zwar ein, daß die Verlesung als „Hirtenwort der deutschen Bischöfe" nicht zustande kam, weil der Breslauer Erzbischof Bertram sich dagegen wehrte und somit die Uneinigkeit unter den Bischöfen ein konsequenteres Eintreten für Recht und Freiheit nicht ermöglichte, aber dieser Konflikt über das „taktische Vorgehen" könne nicht den Sachverhalt verschleiern, daß die katholische Kirche in „der kämpferischen Auseinandersetzung mit der nationalsozialistischen ‚Weltanschauung' und in der akzentuierten Einschärfung des unverbrüchlich geltenden Sittengesetzes ... das System in seinen ideologischen Grundlagen und in seiner Praxis" angegriffen und insofern zwar nicht in der Absicht, aber in der Wirkung politisch gehandelt habe.[13]

Diese These beschreibt die herrschende Lehre in der katholischen Kirchengeschichtsschreibung, die allerdings von einer anderen Forschungsposition her skeptisch beurteilt wird. Auch Scholder stellt hier kritische Fragen: Er verweist auf das Schweigen der Bischöfe zur Ermordung Klauseners am 30. Juni 1934 und zitiert den enttäuschten Protest Waldemar Gurians: „Das Schweigen der Bischöfe ist vielleicht noch furchtbarer als alles, was am 30. Juni geschehen ist. Denn das Schweigen zerstört die letzte moralische Autorität in Deutschland ..." Scholder sieht auch in der Uneinigkeit der Bischöfe nicht lediglich eine über das taktische Vorgehen, sondern eine Uneinigkeit über die Frage: Kompromißpolitik (Bertram) oder aktiver, öffentlicher Protest (Freysing).[14] Im Hinblick auf das Hirtenwort von 1941/42 stellt er fest, daß „die gemeinsame Verabschiedung und öffentliche Kundgebung" unterblieb und daß damit der „große gemeinsame Schritt, der allein wirkliche politische Bedeutung hätte besitzen können", gescheitert war.

Besier, Bethge und Scholder repräsentieren die kirchliche Zeitgeschichte im evangelischen Bereich mit ihrer kritischen Interpretation, daß es in der Bekennenden Kirche etwa ab 1936 „zaghafte Ansätze" gegeben habe, die Menschenrechte einzufordern und für die Leidenden und Verfolgten einzutreten (Denkschrift an Hitler 1936, Briefe Wurms etc.). Bethge nennt dies unter Hinweis auf Peter Steinbach Formen „politischer Widerständigkeit".

Es muß darüber hinaus deutlich darauf hingewiesen werden, daß es auch auf dieser Ebene nicht um eine Kampfansage an den Staat ging, jedoch — im Auftrag des Wächteramtes der Kirche — um Mahnung, Warnung, Widerspruch und organisierten Protest auch da, wo die Kirche zwar nicht unmittelbar in eigenen Belangen betroffen war, sondern wo sie im gesellschaftlichen Bereich Recht, Wahrhaftigkeit und Menschlichkeit verletzt sah. Ihr Ziel war nicht, das Regime zu zerschlagen, sondern weiteres Unrecht zu verhindern. Daraus ergab sich für die Kirchen die Absage an jede gewaltsame Widerstandsaktion.

Es ist festzustellen, daß der Protest der Kirchen sich analog zur Verschärfung des nationalsozialistischen Terrors verstärkt. Nicht in dem Sinne, daß er anfangs ein mehr passiver, später ein mehr aktiver, politischer Widerstand gewesen wäre. Auch nicht in dem Sinne, daß er anfangs mehr partiell nur Sektoren des Systems angegriffen, später mehr generell das System als solches bekämpft hätte. Auch nicht in dem Sinne, daß er anfangs mehr im privaten, später mehr im öffentlichen Bereich wirksam gewesen wäre. Vielmehr war diese Widerständigkeit — wie auch vermutlich die in anderen Sektoren — immer, zu allen Zeiten des Dritten Reiches zugleich eine Äußerung von Nonkonformität in bestimmten Bereichen bei Konformität in anderen und zugleich von Verweigerung in bestimmten Bereichen bei Anpassung in anderen und von organisiertem Protest in bestimmten Bereichen bei grundsätzlicher Staatsloyalität.

Eine Entwicklung ist aber darin festzustellen, daß die Widerständigkeit anfangs 1933/34 noch überwiegend der Verteidigung der eigenen Organisationen und dann — ab 1934/35 — überwiegend der Verteidigung der kirchlichen Lehre, also den eigentlich kirchlichen Belangen galt, während sie sich später — ab 1935/36 — in Ansätzen auf den gesellschaftlichen Bereich ausweitete, da man — wenn auch zögernd — erkannte, daß das Wächteramt der Kirche nicht auf den kirchlichen Raum beschränkt ist, sondern überall verwirklicht werden muß, wo das Menschenrecht verletzt wird. Mit der Zunahme der nationalsozialisitschen Aggressivität vermehrten sich also auch die Motive zum Widerstand. Hingegen blieb die Absage an politische Mittel (Konspiration, gewaltsame Aktionen) und politische Ziele (Sturz des Regimes) konstant.

4. Aktiver politischer Widerstand

Hürten betont zu diesem Punkt eindeutig, daß die Kirche aus ihrem Widerstand gegen das nationalsozialistische System nicht die Folgerung gezogen habe, der Katholik sei „zum aktiven Widerstand berechtigt oder gar verpflichtet“. Er begründet das damit, daß die Kirche „ihre Existenz und ihr Handeln nicht als politisch verstand“. Die Kirche habe sich darum „mitsamt ihres gewöhnlich als ‚Katholizismus‘ bezeichneten gesellschaftlichen Umfeldes als nicht in politischer Aktion engagiert“ betrachtet. Ob dies für den Katholizismus so gilt, ist zu befragen, zumal Hürten selbst deutlich macht, daß „Einzelne und Gruppen aus dem deutschen Katholizismus“ aktiven politischen Widerstand geleistet hätten, allerdings „ohne Ermutigung durch die kirchliche Obrigkeit“. Von diesen einzelnen werden in den Beiträgen benannt Delp und Rösch sowie Gruppen wie die Katholische Arbeiterbewegung mit Otto Müller, Bernhard Letterhaus, Nikolaus Groß. Ihre Mitarbeit und besonders die von Kaiser und Wirmer im sogenannten Goerdeler-Kreis hätten — so meint Stehkämper — diesen anfänglich konservativen Widerstandszirkel „erst zu einem weit ins Reich und tief ins Volk greifenden Widerstands-Verband erweitert“. Stehkämper betont den „erheblichen Anteil“ ehemaliger Zentrumsanhänger an diesem „nach Umfang, Verbreitung und Schlagkraft“ bedeutendsten Widerstandskreis in der zweiten Kriegshälfte.

Auch Besier, Bethge und Scholder erkennen die politische Aktion lediglich im individuellen Widerstandshandeln evangelischer Christen und Gruppen, wie zum Beispiel bei Dietrich Bonhoeffer, Friedrich Justus Perels, Eugen Gerstenmaier, Hans Schönfeld und bei der Württembergischen Sozietät oder dem Freiburger Konzil. Aber Bethge ist — auch hier weit über Scholder hinausgehend — der Meinung, daß nicht nur der einzelne Christ, sondern die Kirche als solche ein politisches Mandat habe, das bis zum direkten politischen Widerstand gehen könne. Eine totale Trennung, „die politische Aktion dem individuellen Christen und die verkündigende Confessio der Kirche zuzuordnen", sei gefährlich, denn die Kirche stünde damit in der Gefahr, lediglich abstrakt lehrhaft zu reden und somit der „Komplize rücksichtsloser Macht" zu werden, statt dem Rad des Terrors in die Speichen zu fallen. Das heißt, die Kirche müsse in den jeweiligen Situationen und Zeiten über die Mittel, „jeweils zu widerstehen", nachdenken. So könne also ihre Verantwortung und Sorge für die Menschen aus ihrem Bekenntnis zur Nachfolge Jesu Christi dazu führen, daß sie nicht nur Partei ergreift und Aufklärungskampagnen unterstützt, sondern das „Risiko kontrollierter Maßnahmen von Gegengewalt" eingeht und Freiheitsbewegungen nicht nur anerkennt, sondern auch unterstützt.

Ich halte diese Folgerungen Bethges für richtig. Angesichts der Entlarvung des Staates als *bestia sine exemplo,* angesichts der Perversion des Rechts im *Holocaust,* hat Kirche nicht nur das Recht, sondern die Pflicht, von *Römer 13* weg auf *Apokalypse 13* zu zeigen: wo das Tier aus dem Abgrund erscheint und den Zustand der *Anomia* aufrichtet. Da, wo der Staat nicht mehr für Recht und Frieden sorgt, wie es seine gottgewollte Aufgabe ist (Barmer Theologische Erklärung), sondern wo er Unrecht und Unfrieden betreibt, hat Kirche nicht nur das Recht, sondern die Pflicht zum Widerstand. Dietrich Bonhoeffer hat von der Kirche gesprochen, die dem Rad des Terrors in die Speichen fahren soll (*Die Kirche vor der Judenfrage,* 1933). Und Karl Barth hat auch nicht lediglich von einzelnen Christen gesprochen, sondern von der Kirche, die gegenüber dem Tier aus dem Abgrund in der Solidarität mit der Rechtsordnung den aktiven, auch gewaltsamen Widerstand zu bejahen habe (*Rechtfertigung und Recht,* 1938). Er bezog sich bei diesen Überlegungen auf das Schottische Bekenntnis, das den aktiven Widerstand gegen die pervertierte politische Macht nicht nur erlaubt, sondern geradezu als „göttlich geforderte Resistenz" postuliert (*Gotteserkenntnis und Gottesdienst nach reformatorischer Lehre,* 1938).

III

Resümee

Damit sind wir zum Ausgangspunkt zurückgekommen und nehmen die Frage wieder auf, welche Verhaltensweise der Kirche die von ihr im „Dritten Reich" geschuldete war. Hürtens Resümee lautet, daß nicht nur Resistenz und institutionelle Verweigerung notwendige Verhaltensweisen gewesen wären, diese Begriffe allein verkürzten „die Realität der kirchlichen Haltung" — vielmehr hätten offensiver Protest und die Proklamation der Menschenrechte das Widerstandsverhalten der Kirche bestimmt. Er konstatiert, daß das Maß des Einsatzes umstritten sei — „damals wie heute", distanziert sich aber von den „Moralisten", die Kritik am Verhalten der Kirche äußern, da der Historiker lediglich „das Faktum des kirchlichen Widerstandes" zu erforschen und zu deuten habe.[15]

Bethge hingegen resümiert, daß die notwendige Verhaltensweise der Kirche zwar unabdingbar und unverzichtbar ihr Bekenntnis sei, die aktive *Confessio,* daß sie dabei aber nicht stehenbleiben dürfe. Er betont die ethisch-humanitäre Dimension der „Nachfolge". Wenn die Kirche bei der aktiven *Confessio* stehenbleibe, mache sie „aus dem Bekenntnis Alibiworte". Seine kritische Folgerung lautet: „Unterlassene Schritte vom Bekennen zum Widerstand enden bei der Duldung des Verbrechens."

Anmerkungen

1 Klaus Gotto/Hans Günther Hockerts/Konrad Repgen, *Nationalsozialistische Herausforderung und kirchliche Antwort. Eine Bilanz,* in: Klaus Gotto/Konrad Repgen (Hrsg.), *Kirche, Katholiken und Nationalsozialismus,* Mainz 1980, S. 105.

2 Vgl. die Arbeiten von Ernst-Wolfgang Böckenförde, *Der deutsche Katholizismus im Jahre 1933,* in: *Hochland,* 53. Jg. (1961), H. 3, S. 215ff., Hans Müller, *Katholische Kirche und Nationalsozialismus,* München 1965, Heinrich Missalla, *Für Volk und Vaterland. Die kirchliche Kriegshilfe im Zweiten Weltkrieg,* Königstein/Ts. 1878.

3 Vgl. die Ergebnisse des bayerischen Forschungsprojektes: Martin Broszat/Elke Fröhlich/Falk Wiesemann (Hrsg.), *Bayern in der NS-Zeit,* Bd. 1, München-Wien 1977, S. 327ff. et passim.

4 1560 französische Übersetzung der *Institutio* Calvins von 1536: „pro officio intercedere" wird „s'opposer et résister" (gegenüber der Maßlosigkeit der Könige gemäß der Pflicht) (4. Buch, Kap. 20, Abschnitt 31).

5 Kurt Nowak, *Wie es zu Barmen kam. Problem- und ereignisgeschichtliche Aspekte der Barmer Bekenntnissynode und ihrer „Theologischen Erklärung",* in: *Barmen und das Luthertum* (= Bekenntnis. Fuldaer Hefte 27. Schriften des Theologischen Konventes Augsburgischen Bekenntnisses, hrsg. von Reinhard Rittner), Hannover 1984, S. 34f.

6 Vgl. auch Klaus Tenfeldes Beitrag im vorliegenden Band.

7 Vgl. Burkhard van Schewick, *Katholische Kirche und nationalsozialistische Rassenpo-*

litik, in: K. Gotto/K. Repgen (Hrsg.), *Kirche, Katholiken und Nationalsozialismus...* [Anm. 1], S. 85 passim.

8 Vgl. Guenter Lewy, *Die katholische Kirche und das Dritte Reich*, München 1965.

9 Hans Müller (Hrsg.), *Katholische Kirche und Nationalsozialismus*, München 1965, S. 224.

10 *Erklärung der 5. Bekenntnissynode der Ev. Kirche der Altpreußischen Union (21.—27.8.1937)*, in: Joachim Beckmann (Hrsg.), *Kirchliches Jahrbuch für die Ev. Kirche in Deutschland 1933—1944*, 2. Aufl., Gütersloh 1976, S. 199 f. *Bericht der Bekennenden Kirche zur Jahreswende 1941/42*, in: *A.a.O.*, S. 368 f.

11 Hierzu Kurt Nowak, *Kirchenkampf und Widerstand im „Dritten Reich" — Erwägungen zu einem historiographischen Prinzipienproblem*, in: *Wissenschaftliche Zeitschrift der Karl-Marx-Universität Leipzig. Gesellschafts- und Sprachwissenschaftliche Reihe*, 30. Jg. (1981), H. 6, S. 584—596.

12 Kurt Meier, *Der evangelische Kirchenkampf*, Bd. 3, Göttingen 1984, S. 587—616.

13 Hierzu sehr differenziert K. Gotto/H. G. Hockerts/K. Repgen, *Nationalsozialistische Herausforderung...* [Anm. 1], S. 113—116.

14 Ludwig Volk spricht sogar von dem „Breslauer Appeasementkurs", in: K. Gotto/K. Repgen (Hrsg.), *Kirche, Katholiken und Nationalsozialismus...* [Anm. 1], S. 55.

15 Konrad Adenauer scheint ein solcher Moralist gewesen zu sein. Er schrieb 1946 an einen Pfarrer: „Ich glaube, daß, wenn die Bischöfe alle miteinander an einem bestimmten Tage öffentlich von den Kanzeln aus dagegen [gegen das Unrecht, d. Vf.] Stellung genommen hätten, sie vieles hätten verhüten können. Das ist nicht geschehen und dafür gibt es keine Entschuldigung... Alles das ist nicht geschehen und darum schweigt man am besten." (Zitiert nach Klaus Scholders Beitrag im vorliegenden Band.)

Selbstbehauptung und Widerstand der katholischen Kirche

HEINZ HÜRTEN
Eichstätt

I

Das Verhalten der katholischen Kirche in der Zeit des nationalsozialistischen Regimes ist seit Jahrzehnten Gegenstand einer bis heute noch nicht abgeschlossenen Diskussion, in der die Gesellschaft ihre Position zur Kirche bestimmt — und die somit selbst historisch ist.[1] Diese Debatte wird erschwert durch den Mangel ausreichender Klarheit über den Begriff „Widerstand" und über das, was in der damaligen Situation als Aufgabe der Kirche angesehen werden mußte.[2] Bis jetzt ist noch nicht ausgemacht, welche Verhaltensweise der Kirche die von ihr geschuldete, welche der konkurrierenden strategischen Konzeptionen des Episkopats die richtige war. Die damit zusammenhängenden Probleme zu erörtern, ist nicht Sache der Geschichtswissenschaft, sondern der Theologie, die sich dieser Probleme allerdings nur selten angenommen hat.[3]

In den Diskussionen um die Differenzierung des Widerstandsphänomens sind Hilfsbegriffe wie „Resistenz"[4] und „gesellschaftliche Verweigerung"[5] entwickelt oder Widerstandsformen „sozialer Einheiten"[6] konzipiert worden. Diese Verhaltensweisen sind bedingt durch die Tendenz zur Wahrung der eigenen Identität, zur Selbstbehauptung, die „dem totalitären Machtwillen Grenzen" setzte,[7] aber nicht auf Beseitigung des Herrschaftssystems als solches gerichtet war. Die Forschung hat somit zu prüfen, ob dieses Instrumentarium das tatsächliche Verhalten der katholischen Kirche erklärt und ob diese politisch bestimmte Widerstandsbegrifflichkeit geeignet ist, die Haltung einer Kirche zu fassen, die ihre Existenz und ihr Handeln nicht als politisch verstand.

II

Es dürfte historisch sicher sein, daß die katholische Kirche sich samt ihres gesellschaftlichen Umfeldes nach ihrem eigenen Selbstverständnis als nicht mehr in politischer Aktion engagiert betrachtete, nachdem durch die nationalsozialistische „Gleichschaltung“ der sogenannte politische Katholizismus zerschlagen war. Die im Reichskonkordat festgelegte Entpolitisierung des Klerus und der dort ausgesprochene Verzicht auf jegliche politische Tätigkeit der katholischen Verbände ist strikt eingehalten, der Vorwurf, in anderer Form „politischen Katholizismus“ zu betreiben, der dem Regime als Grund für konkordatswidrige Repressionsmaßnahmen diente, darum in kirchlichen Kreisen als sachlich ungerechtfertigt empfunden worden.[8] Die deutschen Bischöfe haben in ihrem Hirtenbrief vom 7. Juni 1934 die Kennzeichnung ihres Eintretens für die Wahrung religiöser und sittlicher Normen als politisch ausdrücklich eine „unwahre Mißdeutung“ ihres Handelns genannt.[9]

Das Reichskonkordat, das am 20. Juli 1933 zwischen dem Heiligen Stuhl und der Regierung Hitler abgeschlossen wurde, stellte den Versuch dar, den Aktionsraum der Kirche aus dem Bereich totalitärer Gleichschaltung auszugrenzen. Es schuf dem Anschein nach die Voraussetzung für einen Rückzug von Klerus und Laienverbänden aus ihren bisherigen politischen Aktionen, weil es eine Bestandsgarantie für den Kernraum kirchlichen Lebens enthielt, der in der Vergangenheit durch Wählermobilisierung und parlamentarische Arbeit gesichert worden war. Wenn auch bereits beim Abschluß dieses Vertrages im Vatikan die Skepsis groß war, in welchem Maße er tatsächlich funktionieren würde,[10] so war doch von der Reichsregierung mit ihm die Anerkenntnis ausgesprochen, in dem ausgehandelten Umfang der katholischen Kirche auch im „neuen Staat“ die Möglichkeit zu freier Entfaltung zu geben. Insofern enthielt das Reichskonkordat alle rechtlichen Voraussetzungen für eine Wahrung der kirchlichen Struktur und Identität. Es war eine Garantie für die darin beschriebenen Rechte der Kirche und erlaubte insofern den Verzicht auf die bisherigen politischen Sicherungen ebenso wie die Verteidigung des darin umschriebenen Status. Das Konkordat ermöglichte die Selbstbehauptung auf rechtliche Weise und gab eine Begründung, um Protest zu erheben, wenn die darin fixierten Rechte der Kirche verletzt wurden. Weil das Reichskonkordat durch die formelle Herausnahme des kirchlichen Tätigkeitsfeldes aus der Reichweite des nationalsozialistischen Umgestaltungswillens „die vertragsrechtliche Form der Nicht-Anpassung der katholischen Kirche“[11] war, konnte ihre Angleichung an Ideal und Wirklichkeit des nationalsozialistischen Systems und ihre Ausschaltung aus der Öffentlichkeit nur auf dem Wege der Aushöhlung und Verletzung dieses Vertrags erfolgen, wie dies die Enzyklika *Mit brennender Sorge* vor der Weltöffentlichkeit feststellte.[12] Die deutschen Bischöfe, vor allem aber das päpstliche Staatssekretariat haben in immer wiederholten Eingaben an die Reichsregierung Mißachtungen dieser Regelung gerügt und auf die

Einhaltung der vertragsrechtlichen Grundlagen gedrängt.[13] Aber indem die Kirche auf ihren Rechtsansprüchen beharrte, opponierte sie zugleich gegen das Regime. Sie widersetzte sich seinen Bestrebungen, und wenn ihre Proteste erfolglos blieben, was bald zur Regel wurde, war der Unrechtscharakter der beanstandeten Maßnahmen offenkundig gemacht.

Die Kirche hat keine der ihr abgepreßten Positionen unwidersprochen preisgegeben oder gar versucht, durch ein Arrangement mit den Machthabern sich kleine und kurzfristige Vorteile für den Verzicht auf eines ihrer Rechte einzuhandeln. Solches Festhalten an gesellschaftlichen Positionen war nicht allein auf dem Wege schriftlichen oder mündlichen Einspruchs möglich. Es bedurfte hierzu auch der Stabilisierung des sozialen Sektors, um den der Kampf ging. So haben die Bischöfe es nicht nur abgelehnt, die Verbände aufzulösen, sondern auch an deren Mitglieder appelliert, allen Bedrückungen zum Trotz standzuhalten.[14] Sie forderten damit die Verbandsangehörigen in aller Öffentlichkeit auf, sich den Absichten des Systems zu widersetzen. Das Kirchenvolk wurde mobilisiert gegen das Regime, von dem die Einengung des kirchlichen Lebensraums ausging. Auch die Schulabstimmungen, welche die nordwestdeutschen Bischöfe zur Aufrechterhaltung der Bekenntnisschule 1936/37 veranstalteten,[15] zeigen diesen Zusammenhang von versuchter Bewahrung des konkordatären *Status quo* und Aktivierung der Gläubigen.

III

An diesen Vorgängen wird erkennbar, daß die Abwehrhaltung der Kirche über die „Resistenz", die gesellschaftliche Verweigerung, faktisch hinausging und zur Mobilisierung gegen das System wurde. Sie sollte jedoch nicht der Vorbereitung eines politischen, aktiven Widerstandes, der „Fundamentalopposition" im heutigen Sprachgebrauch,[16] dienen, sondern hatte bereits ihren Sinn in sich selbst, der Stärkung der Überzeugungstreue; aber sie griff zugleich darüber hinaus. Denn es ging nicht allein darum standzuhalten, bis das Regime zusammengebrochen oder man selbst sein Opfer geworden war. Vielmehr stellte sich der kirchlichen Führung die Frage, ob sie nicht um des besseren Erfolgs ihrer Verteidigungsbemühungen willen generell zu solchen Aktivierungen schreiten müsse, anstatt sich mit Protesten zu begnügen, ob nicht ihre Defensive durch eine Offensive abgelöst werden müßte, die sich kämpferisch mit dem Nationalsozialismus und seiner Ideologie auseinandersetze und die Gläubigen noch enger an die Kirche binde.[17] Eine Darlegung zur kirchlichen Strategie im Kirchenkampf, die der Kölner Erzbischof Kardinal Schulte 1937 dem päpstlichen Staatssekretariat vorlegte, ging davon aus,

„daß nach menschlichem Ermessen der Vernichtungskampf gegen die Kirche nur dann haltmachen wird, wenn er auf einen Widerstand stößt, der vom Standpunkte der allgemeinen Machtpolitik des Gegners als bedenklich erscheint, wobei sowohl inner- als außenpolitische Erwägungen eine Rolle spielen könnten. Vom Standpunkt des katholischen Gewissens aber, das auch an seinen staatsbürgerlichen Verpflichtungen unverbrüchlich festhält, ist ein solcher Widerstand nur in einer Form denkbar, nämlich so, daß möglichst breite Schichten glaubensfreudiger und opferwilliger Katholiken einheitlich die Mitwirkung bei glaubensfeindlichen Maßnahmen ablehnen und die Rechte ihres katholischen Gewissens mutig reklamieren."[18]

Der Kirchenkampf wurde hier, über die ursprünglichen Absichten der kirchlichen Führung hinausgehend, als eine Form politischen Kampfes erkannt, dessen Entscheidung letztlich durch politische Mittel erreicht werden konnte. Es wurde klar, daß die Haltung der gläubigen Katholiken ein Machtfaktor war, der „vom Standpunkte der allgemeinen Machtpolitik" zu qualifizieren war. In der Massenbasis, die der kirchliche Protest mobilisieren konnte, lag das Problem für das Regime, dessen Sicherheitsorgane eben deshalb die katholischen Aktivitäten für gefährlicher hielten als den Widerstand der KPD.[19] Wenngleich mit der Zeit deutlich wurde, daß sich die Kirche nur dann in der Gesellschaft würde behaupten können, wenn ihre Position politisch durch den Willen breiter Bevölkerungsschichten stabilisiert würde, auf deren Zustimmung das Regime nicht verzichten konnte, so haben die Bischöfe sich doch in ihren *öffentlichen* Verlautbarungen gehütet, über die Wahrung des Rechtsstandpunktes hinauszugehen.

Die Kirche hat diese Massenbasis nicht zu politischer Umgestaltung, zur Beseitigung des Regimes eingesetzt und einsetzen wollen. Nicht nur, daß keine Alternative gegeben war, der sie hätte zur Verfügung gestellt werden können und die auch von der Kirche nicht zu formulieren war, auch die Legalitätsschranke wurde allenfalls in theoretischen Ansätzen durchbrochen, insofern der Autoritätsanspruch des Regimes als „Parteidiktatur" in Frage gestellt und die Unwirksamkeit der den kirchlichen Anordnungen entgegenstehenden Weisungen der Polizei an den Klerus betont wurden.[20] „Wir Christen machen keine Revolution", sagte der münstersche Bischof von Galen noch 1941 auf dem Höhepunkt seiner öffentlichen Anklagen gegen das Regime.[21] So ist dieses politische Potential, das die Treue vieler Katholiken zu ihrer Kirche darstellte, nicht zur Änderung der bestehenden Verhältnisse, sondern allein dazu verwendet worden, die Verwirklichung der Absichten, die das Regime hegte, zu hemmen.

IV

Das Konfliktfeld, in dem Kirche und Nationalsozialismus aufeinandertrafen, war nicht allein bestimmt durch den totalitären Gleichschaltungswillen des Systems, der die Kirche aus ihrer gesellschaftlichen Position zu verdrängen strebte, sondern auch durch die Unvereinbarkeit der nationalsozialistischen „Weltanschauung" mit dem christlichen Glauben. Wenn auch die handlungsleitende Funktion der nationalsozialistischen Ideologie für die Praxis der Herrschaftsausübung in ihrem Umfang umstritten sein mag, so duldet es doch keinen Zweifel, daß deren zentrales Element, die nationalsozialistische Rassenlehre — angefangen vom „Gesetz zur Verhütung erbkranken Nachwuchses" bis zum Holocaust — schauerliche Blüten getrieben hat.

Für die Zeitgenossen mochte nicht erkennbar sein, welchem Bestandteil in dem wirren Gemenge dieser „Weltanschauung", vor allem in ihrer Darbietung durch Alfred Rosenberg, letztlich das größte Gewicht zukommen werde, und so haben sich zahlreiche Angriffe der Kirche gegen Wotanskult und deutsche Nationalkirche gerichtet, die keine konsequent verfolgten Ziele der nationalsozialistischen Führung gewesen sind. Aber da diese sich von derartiger Propaganda nicht deutlich genug absetzte, traf der Angriff der Kirche auf das Neuheidentum auch die nationalsozialistische Bewegung, wie von deren Sicherheitsorganen registriert wurde.[22] Als der Verfasser des *Mythus des 20. Jahrhunderts* am 24. Januar 1934 zum „Beauftragten des Führers für die Überwachung der gesamten geistigen und weltanschaulichen Schulung und Erziehung der NSDAP" ernannt wurde, stand das schon seit Jahren verkaufte Buch zwei Wochen später auf dem Index der von der Kirche verbotenen Bücher. Die eigentliche Bedeutung der Auseinandersetzung mit dem Neuheidentum dürfte in der Verdeutlichung der Gefährdung christlichen Glaubens durch die nationalsozialistische „Weltanschauung" liegen. „Wenn das die nationalsozialistische Weltanschauung ist, dann lehnen wir die nationalsozialistische Weltanschauung ab", erklärte Galen öffentlich.[23]

In der Rassenfrage hat sich die Kirche unzweideutig geäußert, und der Sicherheitsdienst der SS behauptete 1934, daß in diesem Komplex „die päpstliche Stellungnahme einer Aufforderung zum Widerstand gegen die nationalsozialistische Staatsführung" gleichkomme.[24] Hier kam es bereits 1934 zu einem Konflikt, bei dem die Kirche offen den zivilen Ungehorsam befahl, als die Amtsärzte verpflichtet wurden, an der Sterilisierung Erbkranker mitzuwirken.[25] Die Polemik gegen die nationalsozialistische Rassenideologie reichte von der Enzyklika *Mit brennender Sorge* mit ihrer Verurteilung der These von der Rasse als höchster Norm und dem Auftrag des Vatikans an alle katholischen Universitäten und Fakultäten, die zentralen Thesen der nationalsozialistischen Rassenlehre zu widerlegen,[26] bis zur schlichten Predigt, die daran erinnerte, daß Christus ein Jude war.

Die ideologische Auseinandersetzung mit dem Nationalsozialismus stellte wesentliche Grundlagen der nationalsozialistischen Zielsetzungen in Frage, indem sie deren Widerspruch mit der gottgewollten und natürlichen Ordnung der Dinge feststellte. Die Unvereinbarkeit von Christentum und Nationalsozialismus, von der man auf beiden Seiten vielfach überzeugt war, ohne sie aus taktischen Gründen in amtlichen Verlautbarungen auszusprechen, ist auf diesem Felde früh deutlich geworden. Sie machte die Kirche in den Augen der nationalsozialistischen Führung zum Gegner im Innern *par excellence,* der nicht eigentlich wie andere Gruppen des Widerstandes ein Sicherheitsproblem darstellte, sondern den noch nicht überwundenen Feind, dem die entscheidende Auseinandersetzung galt, wenn auch der Tag dafür noch nicht bestimmt werden konnte.[27]

Die Dialektik von Selbstbehauptung und Widerstand, von institutioneller Verweigerung und öffentlicher Ablehnung der im nationalsozialistischen System geltenden Prinzipien läßt sich auch konstatieren in der Eigenart der kirchlichen Verkündigung, die nicht katholische Spezialmoral, sondern allgemein gültige Normen aussprach und eben in ihrer allgemeinen Verbindlichkeit betonte. Wie verhalten die Diskrepanz von ethischen Normen und politischer Praxis auch formuliert werden mochte, konnte sie doch nicht anders denn als Kritik und Protest verstanden werden. Die Bischöfe haben sich nicht leicht zu solchem Vorgehen entschlossen und darum manchen Tadel gefunden. Der Vorsitzende der Fuldaer Bischofskonferenzen, der Breslauer Erzbischof Kardinal Bertram, hat eine öffentliche Kritik am Regime immer abgelehnt und es für richtig gehalten, nur dann namens der Kirche Einspruch einzulegen, wenn deren unzweideutige Rechtsposition beeinträchtigt wurde. Mit dieser Haltung hat er sich zunächst durchgesetzt, aber im Laufe der Zeit eine Gruppe von Bischöfen, darunter den münsterschen Bischof von Galen und den Berliner, Konrad von Preysing, gegen sich formiert.[28]

Galen, der schon früh erkannte, daß der Kampf des Nationalsozialismus gegen die Kirche menschliche Grundwerte bedrohte, hat in seiner Denkschrift vom 31. Juli 1937 den Punkt bezeichnet, der ihm taktisch richtig und dem Wesen der Kirche angemessen schien: die Wahrung der natürlichen Rechte und Freiheiten des Menschen.[29] Wenn er sich auch noch durch das Vorgehen Bertrams beruhigen ließ, so kam er 1941 zur Erkenntnis, daß er nicht länger schweigen solle.[30] Als seine Diözese im Sommer 1941 zum Schauplatz nachweisbaren Mordes an Geisteskranken und eines rücksichtslosen Klostersturms wurde, hat er in drei weltberühmten Predigten[31] seinen Protest in einer Weise formuliert, der nicht mehr einzelne Mißstände anprangerte, sondern den Unrechtscharakter des Systems unverhüllt beim Namen nannte.

Er gab damit den Impuls, der von anderen Bischöfen aufgegriffen wurde. Im Jahr darauf wurden solche Proteste im Namen aller deutschen Bischöfe wiederholt. Das Hirtenwort der deutschen Bischöfe vom 22. März 1942 erklärte in aller Form: „Wir legen größten Wert darauf, nicht nur für die religiösen und kirchlichen Rechte an zuständiger Stelle einzutreten, sondern auch für die allgemein menschlichen gottverliehenen Rechte der Menschen. An der Achtung und Erhaltung dieser Rechte ist jeder ehrenhafte Mensch interessiert, ohne sie muß die ganze abendländische Kultur zusammenbrechen."[32] Von dieser Position aus wurden die natürlichen und darum der Willkür des Staates entzogenen Rechte des Menschen proklamiert, das Recht auf persönliche Freiheit, auf Leben, auf Eigentum und Schutz der Ehre. In diesem Text wurde deutlich, daß die Bischöfe zugleich den Anspruch erhoben, Einfluß auf die gesellschaftliche Gesamtordnung zu nehmen. Sie protestierten gegen das Unrecht des Nationalsozialismus „auch um des Gemeinwohls willen und als Verteidiger der Grundlagen der von Gott gewollten Sozialordnung".[33]

Der Hinweis auf die von der Kirche vertretene Sittenordnung besaß politische Relevanz. Die Beobachtung der hier eingeschärften Normen hätte das System inhaltlich verändert; insofern dieses aber nicht bereit war, sich solchen Vorschriften zu beugen, wurde manifestiert, daß die in Deutschland bestehende Herrschaftsordnung sich mit den Grundlagen abendländischer Gesittung in schärfstem Widerspruch befand. Diese Widerstandslinie der Bischöfe wäre weit kraftvoller gewesen, wenn der ursprünglich vorgesehene Text, der noch schärfer formuliert war, verlesen oder die oben zitierte milder gehaltene Fassung im ganzen Reich einheitlich verkündet worden wäre. Hierzu hat es an Übereinstimmung in Lagebeurteilung und Taktik gefehlt.[34] Gleichwohl wird aus diesem Sachverhalt erkennbar, daß eine unverkürzte Verkündigung des traditionellen Überlieferungsgutes der Kirche, die Wahrung ihrer moralischen und doktrinellen Identität sie zu einem Angriff auf das System führen mußte. Dieser war um so gefährlicher für das Regime, weil er nicht nur das Kirchenvolk mitreißen, sondern wegen seiner allgemein menschlichen Grundlagen auch von Nichtkatholiken mitgetragen werden konnte.

V

Auf dieser Linie war der münstersche Bischof Clemens August Graf v. Galen in einsamem Entschluß vorangegangen. Der spektakuläre Erfolg seiner Predigten hat seine schon früh geäußerte Auffassung bekräftigt, daß es möglich sei, „eine Front aller anständigen Menschen" zusammenzubringen,[35] und jene Amtsbrüder, die seinem Vorgehen zustimmten, hatten eben in diesem Echo Galens aus nichtkatholischen Kreisen einen zusätzlichen Ansporn zu offener Auseinandersetzung mit dem System gesehen. Das historische Urteil über die Haltung des Episkopats in dieser Sache muß allerdings in Rechnung stellen, daß die Folgen der von unterschiedlichen Standpunkten aus für richtig gehaltenen Praxis entscheidend davon abhingen, wie lange das Regime noch bestehen und welche der verschiedenen Belastungsproben, denen das Kirchenvolk auf die eine wie auf die andere Weise unterzogen worden wäre, sich als die weniger schwere erweisen würde. Auch Bischof Preysing, der zu den Befürwortern eines scharfen Kurses gehörte, war voller Sorge, daß eine Erschwerung des Konflikts viele Katholiken einem Druck aussetzen würde, dem sie nicht gewachsen wären.[36]

Die Bischöfe, die ein härteres Vorgehen für richtig hielten, haben aus ihrer Ablehnung von Weltanschauung und moralischen Prinzipien des Nationalsozialismus nicht die Folgerung gezogen, daß der Katholik zum aktiven Widerstand berechtigt oder gar verpflichtet sei, aber die je länger, um so deutlicher erfahrene Unvereinbarkeit von Nationalsozialismus und katholischem Glauben hat einzelne und Gruppen aus dem deutschen Katholizismus die direkte Aktion gegen das Regime suchen lassen. Sie taten dies ohne Ermutigung durch die kirchliche Obrigkeit, sondern aus Einsicht in ihre politische Verantwortung, die sie als katholische Christen bejahten. So steht neben der Selbstbehauptung und dem Widerstand der Kirche der Widerstand aus katholischer Inspiration.

Damit soll nicht behauptet werden, daß schon jeder Widerstand eines gläubigen Katholiken als spezifisch kirchlicher Widerstand zu qualifizieren sei, wenngleich die religiöse und moralische Motivation in vielen Fällen nicht gering zu veranschlagen sein dürfte. Wie an der Gestalt von Pater Delp und der Führungsgruppe der Katholischen Arbeiterbewegung (KAB) deutlich wird, konnte jedoch aktiver Widerstand sich unmittelbar, ohne Zwischenschaltung anderer Bindungen oder Ziele, aus dem originären Engagement für die Kirche ergeben. Im Falle der KAB ist sogar ein Teil der kirchlichen Struktur in ihrer durch das Reichskonkordat geschützten Form in die Front des aktiven Widerstands einbezogen worden, der auf die Beseitigung der nationalsozialistischen Herrschaft gerichtet war.[37]

Der aktive Widerstand lag jenseits der Linie, auf die die Kirche ihre Gläubigen verpflichtete, und die Frage nach seiner sittlichen Erlaubtheit dürfte auch für viele kirchliche Amtsträger allenfalls offen gewesen sein. Aber gerade angesichts der Tatsache, daß der Widerstand von Katholiken über die Positionen hinausging, welche die Kirchenführung bezog, verdient Beachtung, daß die Bischöfe sich niemals in der Öffentlichkeit von einem Priester oder Laien losgesagt haben, der aus politischen Gründen verfolgt wurde.[38] Die Kirche hat keines ihrer Glieder, die durch ihren Widerstand in die Mühle der Verfolgung gerieten, abgeschüttelt, ihre Haltung in ihren amtlichen Verlautbarungen nicht verurteilt und damit den Einsichtigen und Entschlossenen diesen Weg nicht verwehrt, obwohl dadurch der von der nationalsozialistischen Propaganda schon seit langem angereizte Haß gegen Kirche und Christentum in den Parteikreisen nur neue Nahrung erhalten konnte.

VI

Die Bilanz dieses knappen Überblicks über die Haltung der Kirche in der NS-Zeit dürfte eine doppelte Einsicht umfassen, die sowohl den faktischen Verlauf wie dessen theoretische Einordnung betrifft. Die Kirche als gesellschaftliche Größe mit eigener Organisationsstruktur hat die Jahre der nationalsozialistischen Herrschaft und deren Untergang besser überdauert als irgendeine vergleichbare Gruppe der Gesellschaft. Es kann kein Zweifel daran sein, daß das Reichskonkordat eine wesentliche Funktion für die Bewahrung der kirchlichen Identität in ihrer Organisation und Lehre gespielt hat. Denn es verwehrte dem Regime jeden größeren Einfluß auf die kirchliche Stellenbesetzung, als der Weimarer Staat sie besessen hatte, und ließ die Kontrolle von Religionsunterricht und theologischer Lehre (soweit diese später überhaupt noch möglich waren) uneingeschränkt bei der Kirche. Die Herausnahme der Kirche aus dem revolutionären Gleichschaltungswillen im Jahre 1933 war die Voraussetzung für die Verteidigung ihrer Identität, die dadurch einen positiven Rechtsgrund gewann, den sich die päpstlichen und bischöflichen Demarchen zunutze machen konnten. Auch ihr Personal hat sich in hohem Maße als resistent gegen die Verführung des Nationalsozialismus erwiesen. Einen Beleg für diese These bieten die Ergebnisse der späteren Entnazifizierungsaktionen.[39] Die in den Jahren des Regimes sichtlich wachsende Bindung an die Kirche ließ den Gläubigen nicht in einem von dem Anspruch des Regimes abgeschotteten Raum, sondern verlangte auch von ihm öffentliche Stellungnahme wie den als Indiz für nichtkonformes Verhalten genommenen sonntäglichen Kirchgang, die politisch mißliebige Teilnahme an öffentlichen Prozessionen oder die Abstimmung für die Bekenntnisschule. Wieweit die vergleichsweise hohe Resistenz des katholischen Milieus[40] von der kirchlichen Verkündigung unmittelbar beeinflußt wurde oder ob hier eine Gleichsinnigkeit immanenter Kräfte vorlag, bedürfte wohl noch der weiteren Untersuchung.

Die hier skizzierte Selbstbehauptung der Kirchen forderte trotz der durch das Reichskonkordat gegebenen Rechtsgrundlage erhebliche Opfer. Rund ein Drittel aller deutschen Kleriker sind in irgendeiner Weise, wobei die Skala von der Verwarnung durch die Gestapo bis zum Tod im Konzentrationslager oder auf dem Schafott reicht, Strafmaßnahmen des Regimes ausgesetzt gewesen.[41] Die Verfolgung der Laien wird sich nie in auch nur annähernder Vollständigkeit ermitteln lassen.

Die katholische Kirche hat nicht nur versucht, die Jahre der nationalsozialistischen Herrschaft ohne Preisgabe ihres Wesens zu überdauern. Die scheinbare Ausklammerung aus dem nationalsozialistischen Gleichschaltungsanspruch im Reichskonkordat enthob sie nicht der Notwendigkeit, ihren gesellschaftlichen *Status quo* zu verteidigen, die Übergriffe des Systems abzuwehren und Stellung zu nehmen, wenn ihre dogmatischen Grundlagen angegriffen oder sittliche Normen öffentlich verletzt wurden. In der kämpferischen Auseinandersetzung mit der nationalsozialistischen „Weltanschauung" und in der akzentuierten Einschärfung des unverbrüchlich geltenden Sittengesetzes griff die Kirche das System in seinen ideologischen Grundlagen und in seiner Praxis an, sie trat damit aus der Immunität heraus, die das Reichskonkordat ihr wahren sollte, und handelte, nicht der Absicht, sondern der Wirkung nach, politisch.

Sie verließ damit den Rahmen dessen, was in den Modellen „Resistenz" oder „gesellschaftliche Verweigerung" erfaßt wird. Auch der Versuch von Peter Hüttenberger, den Widerstand der Kirche als den einer Teileinheit des gesellschaftlichen Systems aufzufassen, die wegen ihres Einflusses auf die Bevölkerung geduldet werden mußte,[42] dürfte nicht ausreichen. Denn die öffentliche Demonstration des kirchlichen Wohlverhaltens beschränkte sich auf den Bereich, in dem dieses nach Überzeugung der Kirche geschuldet war, und dieses Wohlverhalten blieb weit hinter dem zurück, was die Machthaber meinten verlangen zu können. Die Kirche wehrte sich nicht nur, wenn sie angegriffen wurde, sondern sie griff von sich aus an, wenn sie sich dazu berechtigt und verpflichtet meinte, und der Angriff richtete sich nicht gegen mißliebige Details, sondern gegen die ideologischen Grundlagen des nationalsozialistischen Systems, ohne dieses ausdrücklich zu verwerfen.

Öffentlicher Protest gegen Maßnahmen oder Ideologie des Regimes bedeutete unter den Bedingungen totalitäter Herrschaft nicht mehr Widersetzlichkeit, sondern offensiven Widerstand.[43] Das erforderliche Maß dieser Form des Widerstandes ist damals wie heute moralisch und theologisch umstritten. Für den Historiker bleibt jedoch das Faktum des kirchlichen Widerstandes ebenso wie seine kategoriale Deutung eine Aufgabe weiterer Forschung.

Anmerkungen

[1] Ulrich v. Hehl, *Kirche und Nationalsozialismus. Ein Forschungsbericht,* in: *Rottenburger Jahrbuch für Kirchengeschichte,* 2. Jg. (1983), S. 11—29.

[2] Heinz Hürten, *Zeugnis und Widerstand im NS-Staat. Überlegungen zu Begriff und Sache,* in: *Stimmen der Zeit,* Bd. 201, 108. Jg. (1983), S. 363—373, sowie ders., *Katholischer Widerstand gegen Hitler aus deutscher und französischer Perspektive,* in: *A. a. O.*, Bd. 202, 109. Jg. (1984), S. 475—486.

[3] Vgl. *Der Katholizismus in der Bundesrepublik Deutschland 1945—1980. Eine Bibliographie,* hrsg. von Ulrich v. Hehl und Heinz Hürten (= Veröffentlichungen der Kommission für Zeitgeschichte [im folgenden: VKZ zitiert], Reihe A, Bd. 40), Mainz 1983, S. 330—333.

[4] Martin Broszat, *Resistenz und Widerstand. Eine Zwischenbilanz des Forschungsprojekts,* in: *Bayern in der NS-Zeit,* Bd. 4: *Herrschaft und Gesellschaft im Konflikt,* T. C, hrsg. von Martin Broszat, Elke Fröhlich und Anton Großmann, München-Wien 1981, S. 691—709.

[5] Richard Löwenthal, *Widerstand im totalen Staat,* in: *Nationalsozialistische Diktatur 1933—1945. Eine Bilanz,* hrsg. von Karl Dietrich Bracher, Manfred Funke und Hans-Adolf Jacobsen, Bonn 1983, S. 618—632.

[6] Peter Hüttenberger, *Vorüberlegungen zum „Widerstandsbegriff"*, in: Jürgen Kocka (Hrsg.), *Theorien in der Praxis des Historikers. Forschungsbeispiele und ihre Diskussion* (= *Geschichte und Gesellschaft,* Sonderh. 3), Göttingen 1977, S. 117—134; Zitat S. 133.

[7] R. Löwenthal, *Widerstand...* [Anm. 5], S. 626.

[8] Vgl. etwa die Denkschrift des deutschen Episkopats an Hitler vom 20. August 1935. Siehe dazu insgesamt die Serie der von Bernhard Stasiewski bzw. (ab Bd. 4) von Ludwig Volk bearbeiteten *Akten deutscher Bischöfe über die Lage der Kirche 1933—1945,* 5 Bde (= VKZ, Reihe A, Bde 5, 20, 25, 30, 34), Mainz 1968—1983 [im folgenden zitiert: *Akten*]. Zur Denkschrift siehe *Akten,* Bd. 2, S. 367 sowie S. 253. Zur Auseinandersetzung mit dem Vorwurf des „politischen Katholizismus" vgl. *a. a. O.*, S. 243 f., S. 361—365 u. ö.

[9] *Akten,* Bd. 1, S. 712.

[10] Vgl. hierzu die Ausführungen Pacellis gegenüber Ivone Kirkpatrick im August 1933. *Documents on British Foreign Policy,* Series 2, Vol. 5, London 1956, Nr. 342; sowie Ludwig Volk, *Das Reichskonkordat vom 20. Juli 1933. Von den Ansätzen in der Weimarer Republik bis zur Ratifizierung am 10. September 1933* (= VKZ, Reihe B, Bd. 5), Mainz 1972, S. 250—252.

[11] Konrad Repgen, *Über die Entstehung der Reichskonkordats-Offerte im Frühjahr 1933 und die Bedeutung des Reichskonkordats. Kritische Bemerkungen zu einem neuen Buch,* in: *Vierteljahrshefte für Zeitgeschichte,* 26. Jg. (1978), S. 533.

[12] Text der Enzyklika u. a. bei Dieter Albrecht (Bearb.), *Der Notenwechsel zwischen dem Hl. Stuhl und der Deutschen Reichsregierung,* Bd. 1 (= VKZ, Reihe A, Bd. 1), Mainz 1965, S. 402—443, *ebda.* der von Kardinal Faulhaber stammende Entwurf.

[13] Die bischöflichen Eingaben sind nunmehr leicht zugänglich in der Serie *Akten* [Anm. 8]; für die Demarchen der päpstlichen Kurie vgl. Dieter Albrecht (Bearb.), *Der Notenwechsel zwischen dem Hl. Stuhl und der Deutschen Reichsregierung,* 3 Bde (= VKZ, Reihe A, Bde 1, 10, 29), Mainz 1965—1980. Vgl. auch ders., *Der Vatikan und das Dritte Reich,* in: *Rottenburger Jahrbuch für Kirchengeschichte,* 2. Jg. (1983), S. 30—43.

[14] Protokoll der Plenarkonferenz des deutschen Episkopats, 20.—22. August 1935, in: *Akten*, Bd. 2, S. 267—288 u. ö.

[15] Ulrich v. Hehl, *Katholische Kirche und Nationalsozialismus im Erzbistum Köln 1933—1945* (= VKZ, Reihe B, Bd. 23), Mainz 1977, S. 150—155, S. 189—191 u. ö.

[16] Elke Fröhlich, *Gegenwärtige Forschungen zur Herrschafts- und Verhaltensgeschichte in der NS-Zeit: das Projekt „Widerstand und Verfolgung in Bayern 1933—1945" des Instituts für Zeitgeschichte*, in: Christoph Kleßmann/Falk Pingel (Hrsg.), *Gegner des Nationalsozialismus. Wissenschaftler und Widerstandskämpfer auf der Suche nach der historischen Wirklichkeit*, Frankfurt-New York 1980, S. 27.

[17] In diesem Sinne referierte der Osnabrücker Bischof Berning am 8. Januar 1936 vor der Plenarkonferenz des deutschen Episkopates. Vgl. *Akten*, Bd. 3, S. 165, Anm. 4. Vgl. auch die im Auftrag Bischof Preysings verfaßte Denkschrift bei Walter Adolph, *Geheime Aufzeichnungen aus dem nationalsozialistischen Kirchenkampf 1933—1943*, bearb. von Ulrich v. Hehl (= VKZ, Reihe A, Bd. 28), Mainz 1979, S. 166—171.

[18] *Akten*, Bd. 4, S. 151.

[19] Jörg Schadt, *Verfolgung und Widerstand unter dem Nationalsozialismus in Baden. Die Lageberichte der Gestapo und des Generalstaatsanwalts Karlsruhe 1933—1940*, Stuttgart-Berlin-Köln-Mainz 1976, S. 87.

[20] Vgl. *Akten*, Bd. 3, S. 382—385, und *Akten*, Bd. 4, S. 144.

[21] Heinrich Portmann, *Bischof Graf von Galen spricht! Ein apostolischer Kampf und sein Widerhall*, Freiburg i. Br. 1946, S. 57.

[22] *Lagebericht des Reichsführers SS, Chef des Sicherheitsamtes, für Mai/Juni 1934*, abgedruckt in: Friedrich Zipfel, *Kirchenkampf in Deutschland 1933—1945. Religionsverfolgung und Selbstbehauptung der Kirchen in der nationalsozialistischen Zeit*, Berlin 1965, S. 275. Zur Bedeutung des von der Forschung in den letzten Jahren weniger beachteten Gegensatzes von Nationalsozialismus und Kirche auf dem Gebiet der „Weltanschauung" vgl. jetzt Hans Günter Hockerts, *Die Goebbels-Tagebücher 1932—1941. Eine neue Hauptquelle zur Erforschung der nationalsozialistischen Kirchenpolitik*, in: Dieter Albrecht/Hans Günter Hockerts/Paul Mikat/Rudolf Morsey (Hrsg.), *Politik und Konfession. Festschrift für Konrad Repgen*, Berlin 1983, S. 359—392. Demnach hat Goebbels mehrfach davon gesprochen, daß der Nationalsozialismus zur „Kirche" werden müsse.

[23] H. Portmann, *Bischof Graf von Galen*... [Anm. 21], S. 42.

[24] *Lagebericht*... [Anm. 22], S. 291.

[25] *Akten*, Bd. 1, S. 535, Anm. 2.

[26] *Akten*, Bd. 4, S. 505 f.

[27] Hierzu jetzt Gerhard Hetzer, *Kulturkampf in Augsburg 1933—1945. Konflikte zwischen Staat, Einheitspartei und christlichen Kirchen, dargestellt am Beispiel einer deutschen Stadt*, Augsburg 1982, S. 211. Die in Paris erscheinende Emigrantenzeitschrift *Kulturkampf*, Nr. 111 vom 5. Dezember 1938, veröffentlichte einen Leitartikel unter der Überschrift: „Und nun der Christenpogrom?" Demnach wurde in den Tagen des Pogroms um den 8. November 1938 „überall die Ahnung laut, das nächste Opfer würde die Kirche sein. Bestimmte Anzeichen ... lassen befürchten, daß das Signal zum Christenpogrom sogar sehr bald geblasen wird." Die Zahl der Belege ließe sich leicht vermehren.

[28] Vgl. Ludwig Volk, *Der deutsche Episkopat und das Dritte Reich*, in: Klaus Gotto/Konrad Repgen (Hrsg.), *Die Katholiken und das Dritte Reich* (= Topos-Taschenbücher, 136), Mainz 1983, S. 56 f.

[29] Ludwig Volk (Bearb.), *Akten Kardinal Michael von Faulhabers 1917—1945*, Bd. 2 (= VKZ, Reihe A, Bd. 26), Mainz 1978, S. 382—366.

[30] *Akten*, Bd. 5, S. 362—366.

[31] Vgl. H. Portmann, *Bischof Graf von Galen*... [Anm. 21].

[32] Text dieses Hirtenbriefes in: *Akten*, Bd. 5, S. 700—704, Zitat S. 702. Zur Verlesung dieses Schreibens vgl. *a. a.* O., S. 700, Anm. 1. Die Kurzfassung, die in den Kirchen der Kölner und Paderborner Kirchenprovinz verlesen wurde, *a. a.* O., S. 705—708. Die Fassung der westdeutschen Bischöfe enthält den oben zitierten Satz nicht, doch findet sich die sachlich vergleichbare Feststellung: „Zu gewissen tiefbedauerlichen Vorgängen und Bestrebungen können die Bischöfe nicht schweigen. Denn es werden Werte und Rechte bedroht und mißachtet, deren Unantastbarkeit nicht erst die christliche Offenbarung, sondern schon das gottgegebene Naturrecht und die natürliche Sittlichkeit verlangen", *a. a.* O., S. 706. An anderer Stelle heißt es: „An der Achtung und Erhaltung dieser natürlichen Menschenrechte ist jeder ehrenhafte Mensch interessiert ... Sie sind die Grundlage der ganzen abendländischen Kultur, die durch ihre Mißachtung zusammenbrechen muß", *a. a.* O., S. 707f.

[33] *A. a.* O., S. 703. In der westdeutschen Fassung fehlt eine ausdrückliche Entsprechung.

[34] Entwurf eines gemeinsamen Hirtenbriefs der deutschen Bischöfe vom 15. November 1941. Druck: L. Volk (Bearb.), *Akten*... [Anm. 29], S. 827—835. Vgl. auch ders., *Episkopat und Kirchenkampf im Zweiten Weltkrieg* (I), in: *Stimmen der Zeit*, Bd. 198, 105. Jg. (1980), S. 607—609. Dort auch eine Analyse der widerstrebenden Haltung des Vorsitzenden der Fuldaer Konferenzen, Kardinal Bertram, an der die Verlesung scheiterte.

[35] W. Adolph, *Geheime Aufzeichnungen*... [Anm. 17], S. 232.

[36] Vgl. hierzu L. Volk, *Der deutsche Episkopat*... [Anm. 28], S. 64. Der Berliner Domvikar Walter Adolph notierte am 14. Januar 1938: „Der Kardinal [Bertram] hat sich geäußert, daß er den Kulturkampf mitgemacht habe und sich nicht dazu entschließen könne, es dazu kommen zu lassen, daß wieder Gläubige ohne Geistlichen sterben müßten. Dazu bemerkte unser Bischof [Preysing], daß es unter der Taktik des Kardinals dazu kommen könne, daß zwar Geistliche da seien, aber die Gläubigen ohne Geistlichen stürben, weil sie ihn nicht wollten." W. Adolph, *Geheime Aufzeichnungen*... [Anm. 17], S. 219 und S. 193.

[37] Jürgen Aretz, *Katholische Arbeiterbewegung und Nationalsozialismus. Der Verband katholischer Arbeiter- und Knappenvereine Westdeutschlands 1923—1945* (= VKZ, Reihe B, Bd. 25), Mainz 1978, S. 223—237.

[38] Bischof Berning (Osnabrück) hat sogar die zum Tode verurteilten Priester seines Diözesanklerus in ihren Zellen besucht. Else Pelke, *Der Lübecker Christenprozeß 1943*, 2. Aufl., Mainz 1963, S. 70f. Für den im Zusammenhang mit dem Attentat vom 20. Juli 1944 zum Tode verurteilten Nikolaus Groß reichte sein Diözesanbischof, Erzbischof Frings, ein Gnadengesuch ein. J. Aretz, *Katholische Arbeiterbewegung*... [Anm. 37], S. 235. Auch für den zum Tode verurteilten Priester Max Joseph Metzger reichte dessen Oberer, Erzbischof Gröber, ein Gnadengesuch ein, in dem er sich allerdings von dem ihm zur Last gelegten Verhalten — Feindbegünstigung —, möglicherweise aus taktischen Gründen, scharf distanzierte. In einem privaten Brief an Metzger versicherte Gröber diesen seiner ungebrochenen Zuneigung. Hugo Ott, *Dokumentation zur Verurteilung des Freiburger Diözesanpriesters Dr. Max Joseph Metzger und zur Stellungnahme des Freiburger Erzbischofs Dr. Conrad Gröber*, in: *Freiburger Diözesanarchiv*, 90 Jg. (1970), S. 303—315.

[39] *Office of Military Government for Bavaria. Annual Report. Religious Affairs. 12 July, 1946.* Mikrofiche in: Bayerisches Hauptstaatsarchiv München. OMGBY 10/66 —1/4; sowie *Office of Military Government for Greater Hesse. Education and Religious Affairs Division. Special Report. Denazification of Clergy and Major Church Employees. Greater Hesse. 1 October, 1946.* Mikrofiche in: Hessisches Hauptstaatsarchiv Wiesbaden. OMGH. RG 260-8/27 — 2/27.

[40] E. Fröhlich, *Gegenwärtige Forschungen...* [Anm. 16], S. 31.

[41] Vgl. hierzu Ulrich v. Hehl (Bearb.), *Priester unter Hitlers Terror. Eine biographische und statistische Erhebung* (= VKZ, Reihe A, Bd. 37), Mainz 1984.

[42] P. Hüttenberger, *Vorüberlegungen...* [Anm. 6], S. 133.

[43] Klaus Gotto/Hans Günter Hockerts/Konrad Repgen, *Nationalsozialistische Herausforderung und kirchliche Antwort. Eine Bilanz,* in: K. Gotto/K. Repgen (Hrsg.), *Die Katholiken...* [Anm. 28], S. 124. Die hier entwickelte Auffassung von „Stufen des Widerstands" berührt sich eng mit der von Eberhard Bethge, *Dietrich Bonhoeffer,* 3. Aufl., München 1970, S. 890, der „den einfachen passiven Widerstand" abhebt von dem „offenen ideologischen, bei dem die Kirchen bzw. Männer wie Graf Galen, Niemöller und Wurm ihre Aufgabe erfüllten — ohne freilich eine neue politische Zukunft zu konzipieren und anzustreben". Über die Auffassung der nationalsozialistischen Führung von der Haltung der Kirche als aktiver Gegnerschaft gegen das Regime gibt H. G. Hockerts, *Die Goebbels-Tagebücher...* [Anm. 22], neuen Aufschluß.

Politischer Widerstand oder Selbstbehauptung als Problem der Kirchenleitungen

KLAUS SCHOLDER
Tübingen

I

Zur Fragestellung

Eine gesonderte Behandlung der Kirchenleitungen im Zusammenhang mit der Widerstandsproblematik erscheint deshalb gerechtfertigt, weil die Kirchenleitungen der beiden großen Kirchen sich in einer anderen Situation befanden als Pfarrer und Gläubige. So verfügten Bischöfe und kirchenleitende Gremien in der Regel (soweit sie davon Gebrauch machten) über größere Informations- und Einflußmöglichkeiten. Nicht wenige Pfarrer und Gläubige erwarteten deshalb von ihnen ein entschiedenes Wort zur wachsenden Unterdrückung der Kirchen und zu den rechtswidrigen Maßnahmen des Regimes. Andererseits trugen die Bischöfe die Verantwortung für ihre Diözesen oder Landeskirchen, und zwar für deren institutionellen Bestand ebenso wie für den geordneten Fortgang von Predigt, Seelsorge und Kasualversorgung. In der Gesamtabwägung dieser verschiedenen Momente behauptete sich — so die These der folgenden Ausführungen — grundsätzlich die Sicherung und Behauptung des Bestehenden vor politischen oder kirchenpolitischen Aktionen, die das Bestehende gefährden oder gar aufs Spiel setzen konnten. Dies schloß im Einzelfall andere Entscheidungen nicht aus.

Die Frage stellt sich wegen der besonderen Bedeutung des Bischofsamtes für die katholische Kirche noch schärfer als für die evangelischen Landeskirchen, wo das kirchenleitende Amt nur in Ausnahmefällen eine vergleichbare Autorität besitzt. Gleichwohl sind in beiden Kirchen sehr ähnliche Reaktionsmuster zu beobachten.

Ein erster Blick gilt daher dem Verhalten des katholischen Episkopats.

II

Der katholische Episkopat

Die Grundlinien der katholischen Kirchenpolitik im Dritten Reich wurden kirchlicherseits weitgehend vom Heiligen Stuhl festgelegt. Das war eine Folge des römischen Zentralismus und wurde durch den verantwortlichen Leiter der vatikanischen Politik, Kardinalstaatssekretär Pacelli, verstärkt, der als langjähriger Nuntius in München und Berlin eng mit Deutschland verbunden war. So wie das Reichskonkordat als kirchenrechtliche *Causa major* in Rom vorbereitet und unterzeichnet wurde,[1] so fielen am Tiber auch die grundsätzlichen Entscheidungen über alle Fragen, die mit dem Reichskonkordat zu tun hatten. Diese Entscheidungen folgten der Linie, die durch den Abschluß dieses Vertrages vorgegeben war. Das hieß, daß der Heilige Stuhl und der Episkopat gemeinsam vor allem ihre vertraglichen Rechte zu sichern versuchten. Durch zahlreiche diplomatische Schritte des Heiligen Stuhls,[2] aber auch durch ungezählte Eingaben auf unterer und mittlerer Ebene,[3] wurden die staatlichen Rechtsbrüche beim Namen genannt und wurde — in den ersten Jahren nicht immer vergeblich — auf ihre Abstellung gedrängt. Diese kirchenpolitische Linie konnte aber nur dann erfolgreich sein, wenn die Kirche ihrerseits sorgfältig jede Situation vermied, die als Bruch der Loyalitätspflicht des Konkordats ausgelegt werden konnte. Diese Loyalitätspflicht ergab sich nicht nur aus einzelnen Artikeln des Konkordats (so etwa Art. 16, Treueid der Bischöfe; und Art. 30, Gebet für das Wohlergehen des Deutschen Reiches und Volkes), sondern mehr noch aus dem Konkordatsinhalt als Ganzem, der für die staatlichen Zugeständnisse eine „Entpolitisierung" von Klerus und Verbänden zusicherte.[4] Das Konkordat band also den Staat, aber es band angesichts der unterschiedlichen Kräfteverhältnisse doch noch weit mehr die Kirche.

Dies blieb der offizielle Kurs der katholischen Kirchenpolitik bis zum Kriegsende. Er schloß jeden unmittelbaren politischen Widerstand von seiten des Episkopats oder eines einzelnen Bischofs aus. Deshalb hat es „keinen katholischen Widerstand in Deutschland gegeben, es hat nur Katholiken im Widerstand gegeben".[5]

Die Hauptvertreter dieses Kurses im deutschen Episkopat waren der Vorsitzende der deutschen Bischofskonferenz, der Breslauer Kardinal Bertram, die Bischöfe Berning und Wienken sowie der Apostolische Nuntius Orsenigo.[6]

Obwohl dieser Kurs die katholische Kirchenpolitik bis zum Ende des Dritten Reiches bestimmte, war er keineswegs unumstritten. Zunächst eher am Rande, dann immer stärker im Episkopat selbst wuchs der Widerstand gegen eine Eingaben- und Kompromißpolitik, die zwar die Einrichtungen der Kirche zu retten versuchte, aber dafür ihre Glaubwürdigkeit gefährdete.

An drei Beispielen läßt sich diese Entwicklung zeigen.

Der *erste Fall:* Im Zusammenhang mit dem sogenannten Röhm-Putsch am 30. Juni 1934 wurde bekanntlich auch einer der prominentesten deutschen Katholiken, der Vorsitzende der Katholischen Aktion im Bistum Berlin, Ministerialdirektor Dr. Erich Klausener, ermordet. Nach dem ausführlichen Bericht über die Ereignisse, den das Berliner Ordinariat am 13. Juli an alle Bischöfe versandte,[7] konnte im Grunde kein Mitglied des Episkopats mehr daran zweifeln, daß es sich dabei um einen politischen Mord handelte, der den Katholizismus als politische Kraft treffen sollte.

So warteten vermutlich nicht wenige auf einen öffentlichen Protest der Bischöfe. Zu ihrem Wortführer machte sich Waldemar Gurian, der katholische Publizist, der kurz zuvor in die Schweiz emigriert war. Seine in Luzern erschienene Schrift *St. Ambrosius und die deutschen Bischöfe* thematisierte das Problem auf eindrucksvolle Weise. „Die Kirche ist nicht ein Verein", so beschwor Gurian Papst und Bischöfe, „der sich den jeweiligen Machtverhältnissen anpaßt; sondern sie ist die Wahrerin und Hüterin der sittlichen Ordnung für alle Menschen und alle Völker. Die Kirche muß sprechen, wenn die weltliche Macht diese Ordnung gefährdet und durchbricht."[8] *„Das Schweigen der Bischöfe"*, so meinte Gurian deshalb, „ist vielleicht noch furchtbarer als alles, was am 30. Juni geschehen ist. Denn das Schweigen zerstört die letzte moralische Autorität in Deutschland, es trägt eine Unsicherheit in die Reihen der Gläubigen, es droht zu einer Entfremdung zwischen den Bischöfen und dem Volke zu führen, dem dieses Schweigen nicht mehr begreiflich ist."[9]

Trotz dieser beschwörenden Worte sind die Ereignisse vom deutschen Episkopat niemals zu einem öffentlichen Thema gemacht worden. Vielmehr versuchte der Berliner Bischof Bares, zweifellos in Übereinstimmung mit dem Breslauer Kardinal, die Aufregung über den Mord nach Möglichkeit zu dämpfen. Die Kanzelvermeldung für das Berliner Bistum vom 8. Juli, in der der Tod Klauseners mitgeteilt wurde, beschränkte sich auf das Notwendigste. Zusätzlich wurde der Klerus ausdrücklich darauf aufmerksam gemacht, gegenüber den Ereignissen „die gebotene Zurückhaltung zu beobachten und das Gesamtwohl der Kirche nicht aus dem Auge zu lassen".[10] In dieser Formel lag zweifellos der Schlüssel zum Verständnis dieser Haltung.

Bei pflichtgemäßem Abwägen erschien dem Episkopat im Blick auf das Gesamtwohl der Kirche das Schweigen offensichtlich geratener als ein risikoreicher und zudem nutzloser Protest. Es wäre zu einfach, dies im Rückblick lediglich als Zeichen von Opportunismus und Feigheit zu deuten. Wer die Zeit kennt, weiß, daß es Gründe gab, so zu entscheiden. Gleichwohl bleibt hier eine offene Frage.

Der *zweite Fall* zeigt, daß die Zweifel an Recht und Sinn des Kompromißkurses inzwischen auch im Episkopat selbst Fuß gefaßt hatten. Nach der durch die Enzyklika *Mit brennender Sorge* ausgelösten Krise zwischen Staat und Kirche bot Kardinal Bertram im Herbst 1937 der Reichsregierung erneut Verhandlungen an. Bischof Preysing, inzwischen Nachfolger von Bares in Berlin, lehnte in einem Schreiben vom 18. Oktober 1937 seine Mitwirkung bei solchen Verhandlungen ab und erklärte dazu unter anderem, er halte es „für aussichtslos, wenn nicht für verhängnisvoll, Friedensverhandlungen zu führen, wenn kein Waffenstillstand vom Gegner gewährt wird. Die Kirche ist in ihrem Abwehrkampf gelähmt. Der Staat führt den Vernichtungskampf weiter".[11] In einem gleichzeitig mitgeschickten Memorandum aber hieß es darüber hinaus, die kirchenpolitische Lage erfordere, „endlich Abstand zu nehmen von der Als-ob-Politik und die geistigen Kräfte und tatsächlichen Vorgänge beim richtigen Namen zu nennen"; ferner, „sich von den bisher beobachteten Regeln feinster Diplomatie" abzuwenden; endlich, nach Möglichkeit Publizität herzustellen und „das katholische Volk ... durch kurze, aktuelle ... Hirtenbriefe aufzuklären".[12] Dieser Vorschlag hätte den Übergang von der eher passiven Verhandlungs- und Kompromißpolitik zu einer Politik des aktiven, öffentlichen Protestes bedeutet. Bertram jedoch wies diese Vorschläge nachdrücklich zurück und bekundete seine Entschlossenheit, an der bisherigen Linie festzuhalten.[13] Von diesem Augenblick an waren die Brücken zwischen Berlin und Breslau abgebrochen. Nur die Loyalität und Disziplin der Hierarchie verhinderte den offenen Bruch. — 1937/38 durfte Bertram mit dieser Entscheidung noch die große Mehrheit des deutschen Episkopats und den Heiligen Stuhl hinter sich wissen.

Beim *dritten Fall,* dem Streit um den Hirtenbrief im Jahre 1941, war dies — jedenfalls was den deutschen Episkopat betraf — nicht mehr der Fall. Ein kleines Gremium der Bischofskonferenz, unter ihnen die Bischöfe Gröber, Berning und Preysing, hatte im Sommer und Herbst 1941 einen neuen Hirtenbrief ausgearbeitet.[14] Vorausgegangen war eine wesentliche Verschärfung der Lage. Die Maßnahmen zur Ermordung der Geisteskranken, Nachrichten über Verfolgungen in den besetzten Gebieten, insbesondere in Polen, eine verheerende Aktion gegen Klöster und Ordenshäuser und nicht zuletzt der Angriff auf Rußland am 22. Juni 1941 hatten auch in der Bischofskonferenz die Stimmung umschlagen lassen. Dazu kam der Erfolg einer offenen und deutlichen Sprache, wie sie an den berühmten Predigten des Münsteraner Bischofs von Galen sichtbar wurde.

Dies alles bestimmte den ursprünglich für die Bearbeitung von Ordensangelegenheiten eingesetzten Ausschuß, ein gemeinsames Hirtenwort zu entwerfen, das die Dinge in Deutschland endlich beim Namen nennen sollte. In der Tat war die Sprache des im November 1941 vorliegenden Entwurfs von einer Offenheit, wie man sie bisher nicht gekannt hatte. Mit Ausnahme der Judenfrage, die bewußt ausgelassen worden war, fehlte kaum ein kritisches Thema.[15] In der beigefügten Begründung für die Notwendigkeit des Hirtenwortes hieß es, die Frage nach Erfolg oder Mißerfolg dürfe nicht von Bedeutung sein. „Entscheidend ist nur die Frage: Was ist im gegenwärtigen Augenblick unsere Pflicht? Was verlangt das Gewissen? Was erwartet Gott, das gläubige deutsche Volk von seinen Bischöfen?“[16]

Es war ein bedeutsames Zeichen für die Veränderung im Episkopat, daß bis Ende November bereits zwanzig Bischöfe der gemeinsamen Veröffentlichung zugestimmt hatten. Dann kam zunächst der Plan dazwischen, zusammen mit der evangelischen Kirche einen letzten, internen Vorstoß bei der Reichsregierung zu unternehmen. Als auch dieser wie üblich ohne Echo blieb, stand Anfang 1942 erneut die Frage der Veröffentlichung zur Debatte. Jetzt aber erklärte Bertram mit Entschiedenheit, „aus prinzipiellen und praktischen Gründen“ dem Beschluß zur Veröffentlichung nicht zustimmen zu können.[17] Der Konferenzvorsitzende spürte, daß er damit in die Minderheit geraten war. Wie Preysing lange Zeit allein gestanden hatte, so klagte nun Bertram, daß er sich, „seit 1906 zur Konferenz gehörig, mehr und mehr vereinsamt fühlte“.[18]

Gleichwohl hielt der alte Kardinal unbeirrt an seiner Linie fest, und die Disziplin im Episkopat war noch immer so groß, daß die gemeinsame Verabschiedung und öffentliche Kundgebung des Hirtenbriefes unterblieb. Einzelne Bischöfe brachten ihn gleichwohl den Gläubigen zur Kenntnis. Aber der große gemeinsame Schritt, der allein wirkliche politische Bedeutung hätte besitzen können, war damit gescheitert. Daß einzelne Bischöfe — wie etwa Graf Galen — ungewöhnlich mutige und auch weithin gehörte Predigten gegen das Unrecht hielten, konnte diesen gemeinsamen Schritt nicht ersetzen.

III

Die evangelischen Kirchenleitungen

Auf evangelischer Seite lagen die Dinge in mehrfacher Hinsicht anders. Nach lutherischem und erst recht nach reformiertem Verständnis ist die Kirche nicht hierarchisch, sondern gemeindlich geordnet. Im Unterschied zum katholischen Bischof ist Kirchenleitung hier ein auf Zeit verliehenes und grundsätzlich widerrufliches Amt. Das Jahr 1933 hatte von dieser grundsätzlichen Widerruflichkeit einen — freilich in dieser Form unvorhergesehenen — umfassenden Gebrauch gemacht.[19] Die deutschchristliche Bewegung hatte in den ersten stürmischen Monaten ihres Aufstiegs in den meisten kirchlichen Wahlgremien Mehrheiten erreicht, die nahezu überall zur Ablösung der alten konsistorialen Kirchenleitungen geführt hatten. An ihre Stelle waren durchweg junge, deutschchristliche Bischöfe getreten, deren Autorität umstritten blieb. Nach dem Scheitern der Reichskirchenpläne Ende 1934 gab es in der ganzen Deutschen Evangelischen Kirche nur noch drei Landesbischöfe, die den Sturm überlebt hatten, nämlich Meiser in München, Wurm in Stuttgart und Marahrens in Hannover. Ihre Landeskirchen wurden deshalb innerhalb der Bekennenden Kirche als „intakte Kirchen" bezeichnet. In den anderen größeren Landeskirchen, vor allem in der Altpreußischen Union, bestanden zwei Kirchenleitungen: ein offizielles, deutschchristliches Bischofsregiment und daneben eine freie, bruderrätliche Kirchenleitung. Man nannte diese Kirchen daher „zerstörte Kirchen". Es lag in der Entscheidung von Pfarrern und Gemeinden, welchem Kirchenregiment sie sich unterstellten.

Die deutschchristlichen Bischöfe können für unser Problem außer Betracht bleiben, da sie keinerlei Selbständigkeit gegenüber dem Staat beanspruchten. Um so interessanter ist die Beobachtung, daß sich innerhalb der Bekennenden Kirche die Kirchenleitungen in den „intakten" und in den „zerstörten" Kirchengebieten verschieden verhielten. Der kirchenpolitische Kurs in den „intakten Kirchen" glich eher dem Verhalten des katholischen Episkopats und war dementsprechend mehr auf die Erhaltung und Sicherung der kirchlichen Funktionen gerichtet — mit aller Bereitschaft zum Kompromiß, die dazu notwendig schien. Dagegen drängten die bruderrätlichen Leitungen in den „zerstörten Kirchen", wo ohnehin nicht mehr viel zu verlieren war, stärker auf einen staatsunabhängigen Kurs und wagten eher kritische Erklärungen in der Öffentlichkeit. Freilich verstand man dies auch hier keineswegs als „Widerstand", sondern lediglich als von der Kirche um ihres Auftrags willen geforderte Offenheit.

Der grundsätzliche Konflikt verschärfte sich 1935 nach der Einsetzung eines Reichskirchenministers. Im Streit um die Frage nach seiner Anerkennung und seinen Befugnissen — sichtbar geworden an den sogenannten Kirchenausschüssen — zerbrach die Bekennende Kirche im Februar 1936. Fortan gab es zwei große Flügel, die „Gemäßigten" unter Führung der „intakten Kirchen" und des „Rates der Evangelisch-Lutherischen Kirche Deutschlands" und die „Radikalen" unter Führung der sogenannten (II.) „Vorläufigen Kirchenleitung". Erst im Kriege gelang dem württembergischen Landesbischof Wurm dank seiner großen persönlichen Autorität die Wiederannäherung beider Flügel im sogenannten „Einigungswerk".

Zwei Ereignisse können die unterschiedliche Beurteilung der Situation durch die Kirchenleitungen in „intakten" und „zerstörten" Kirchen deutlich machen.

Am 4. Juni 1936 wurde in der Reichskanzlei im Auftrag der „Vorläufigen Kirchenleitung" eine Denkschrift an den „Führer und Reichskanzler" übergeben, die zum ersten Mal in der Geschichte der Bekennenden Kirche nicht nur die nationalsozialistische Ideologie, sondern auch die politische Praxis des Dritten Reiches unmittelbar angriff. So wendete sie sich, gestützt auf zahlreiche Belege, unter dem Stichwort „Sittlichkeit und Recht" gegen eine „völkische Nützlichkeitsmoral"; gegen die Inflation des politischen Eides; gegen die Wahlfälschungen bei der Reichstagswahl am 29. März 1936; gegen das Fortbestehen von Konzentrationslagern und die Tatsache, daß Maßnahmen der Gestapo richterlicher Nachprüfung entzogen seien.[20]

Diese Denkschrift, die zehn Unterschriften trug, sollte zunächst streng geheim bleiben, um Hitler eine persönliche Antwort zu ermöglichen. Ihre Veröffentlichung in der ausländischen Presse Mitte Juli, die auf eine gezielte Indiskretion aus dem Kreise der Mitarbeiter zurückging, brachte die „Vorläufige Kirchenleitung" in schwere Bedrängnis und zwang sie, von den dafür Verantwortlichen abzurücken.[21] Gleichzeitig jedoch bekräftigte sie ihre Entschlossenheit, „öffentlich zu diesem Wort zu stehen", und entwarf eine Kanzelabkündigung, die am 23. August von allen Bekenntnispfarrern verlesen werden sollte.[22] Diese Abkündigung war zwar politisch entschärft; immerhin enthielt sie neben der Aufforderung zur Staatstreue den Satz, auch das sei Treue, „wenn der Christ einem Gebot, das gegen Gottes Wort ist, widersteht und seine Obrigkeit dadurch zum Gehorsam gegen Gott zurückruft" — gleichsam *in nuce* die lutherische Begründung eines politischen Widerstandes.[23]

Soweit wir sehen können, ist die Abkündigung von den Bekenntnispfarrern in den zerstörten Kirchen weithin verlesen worden. Außerdem war sie als Flugblatt in schätzungsweise einer Million Exemplaren in Umlauf.

Die Bischöfe der „intakten" Kirchen jedoch lehnten für ihre Landeskirchen die Verlesung ab, obwohl sie inhaltlich mit der Abkündigung übereinstimmten. Marahrens begründete diese Ablehnung im September 1936 mit einem Hinweis, den Bertram ganz ähnlich hätte formulieren können. Er habe, so schrieb der hannoversche Bischof, den Versuch, „über die beobachteten und unbestreitbaren Tatbestände und die mit ihnen zusammenhängende Not durch Abkündigung von den Kanzeln Wandel zu schaffen, ... nicht für richtig ansehen können. Es bedeutet eine Durchkreuzung anderer sehr ernster Bemühungen und Verhandlungen."[24]

Zur schwersten Krise zwischen den Landesbischöfen und der „Vorläufigen Leitung" aber kam es im Herbst 1938. Angesichts der gespannten politischen Lage hatte die „Vorläufige Leitung“ für den 30. September 1938 einen „Gebetsgottesdienst angesichts drohender Kriegsgefahr“ angeordnet, in dessen Eingangsliturgie es unter anderem hieß: „Wir bekennen vor Dir die Sünden unseres Volkes. Dein Name ist in ihm verlästert, Dein Wort bekämpft, Deine Wahrheit unterdrückt worden. Öffentlich und im Geheimen ist viel Unrecht geschehen.“[25] Diese Liturgie erhält ihr volles Gewicht erst, wenn man bedenkt, daß die Wehrmachtführung für den Fall des dann von Hitler zu verantwortenden Kriegsausbruches einen Staatsstreich geplant hatte.[26] Hier lag zweifellos eine Art kirchlicher Legitimierung dieser Pläne vor.

Obwohl der Gottesdienst wegen des Münchner Abkommens nirgends gehalten wurde, nahm die SS-Zeitschrift *Das Schwarze Korps* die Liturgie zum Anlaß für schwere Vorwürfe gegen die Bekennende Kirche, die des „Landes- und Volksverrates“ beschuldigt wurde.[27] Unter dem Eindruck dieser Beschuldigungen gelang es dem Reichskirchenminister, die Bischöfe der „intakten“ Kirchen zu einer Erklärung zu bewegen, in der sie öffentlich von der „Vorläufigen Leitung“ abrückten. „Wir verurteilen“, so hieß es darin, die in der Gebetsliturgie „zum Ausdruck gekommene Haltung aufs schärfste und trennen uns von den für diese Kundgebung verantwortlichen Persönlichkeiten.“[28] „Kein Ereignis in der wechselvollen Geschichte der BK in Deutschland hat ... den schmerzlichen Zwiespalt zwischen den Bruderräten und den Lutherischen Bischöfen tiefer aufgewühlt als dieses.“[29] Tatsächlich gelang es erst im Laufe des Jahres 1940, nachdem die Bischöfe Wurm und Meiser ihre Erklärung zurückgenommen hatten, die abgerissenen Verbindungen wieder neu aufzunehmen. Dazu trug vor allem der württembergische Bischof bei, der als erster deutscher Bischof schon im Juli 1940 beim Reichsinnenministerium gegen die Euthanasiemaßnahmen protestierte[30] und in den folgenden Jahren immer mehr als ein entschiedener Warner hervortrat.

IV

Abschließende Überlegungen

Es ist kein Zweifel (das hat Hitler von Anfang an richtig gesehen), daß in den beiden großen Kirchen ein Widerstandspotential gegen Theorie und Praxis der nationalsozialistischen Herrschaft lag. Aber dieses Widerstandspotential ist von den Kirchenleitungen in beiden Kirchen (dies gilt grundsätzlich auch für die bruderrätlichen Kirchenleitungen der Bekennenden Kirche) zu keiner Zeit in größerem Umfang aktiviert worden. Diese Zurückhaltung hatte verschiedene Gründe, theologische, nationale, persönliche, in der evangelischen Kirche auch konfessionelle. Ein ähnliches Verhaltensmuster in beiden Kirchen läßt jedoch den Schluß zu, daß der entscheidende Grund für die Kirchenleitungen im Willen zur Erhaltung der Kirche und der kirchlichen Aufgaben auch im totalitären Staat lag.

Tatsächlich ist bis zum Kriegsende auch kein deutscher Bischof, weder auf katholischer noch auf evangelischer Seite, aus politischen Gründen inhaftiert worden. Dies war weniger die Folge einer Art von „Abkommen", als vielmehr ein Ausfluß der geschickten Kirchenpolitik Hitlers, der die unmittelbare Konfrontation mit den Kirchen während des Krieges vermeiden wollte.

Was an tatsächlichem Widerstand gegen das Regime von den Kirchen ausging, kam durchweg von unten, von Pfarrern, Gemeinden und einzelnen Christen. Sie hatten, wie die Listen der Opfer ausweisen, auch die ganze Last der Verfolgung zu tragen. Nicht selten haben Kirchenleitungen den aus politischen Gründen Inhaftierten und Verurteilten sogar die Solidarität verweigert.[31]

Man wird im Rückblick versuchen müssen, die Last und die besonderen Probleme eines kirchenleitenden Amtes in einem totalitären Weltanschauungsstaat zu verstehen. Auf die Frage nach dem „richtigen" Verhalten in dieser Lage gibt es für den Historiker keine einfache Antwort. Vielleicht können zwei Äußerungen aus der unmittelbaren Nachkriegszeit die ganze Spannweite des Problems verdeutlichen.

Am 15. April 1947 erklärte der heftig umstrittene Landesbischof Marahrens in seinem Rechenschaftsbericht vor der hannoverschen Landessynode: „Das für mich Entscheidende wurde folgendes: Mein Ziel, die Kirche durch die Bedrohung des Staates hindurchzuführen, den Gemeinden die Predigt des Evangeliums, den Pfarrhäusern den Frieden und die Ruhe der Arbeit zu erhalten, war erreicht."[32]

Dagegen schrieb Konrad Adenauer am 23. Februar 1946 an einen Bonner Pfarrer: „Ich glaube, daß, wenn die Bischöfe alle miteinander an einem bestimmten Tage öffentlich von den Kanzeln aus dagegen Stellung genommen hätten, sie vieles hätten verhüten können. Das ist nicht geschehen und dafür gibt es keine Entschuldigung. Wenn die Bischöfe dadurch ins Gefängnis oder in Konzentrationslager gekommen wären, so wäre das kein Schade, im Gegenteil. Alles das ist nicht geschehen und darum schweigt man am besten."[33]

Anmerkungen

1 Zu den Verhandlungen über das Reichskonkordat in Rom siehe Ludwig Volk, *Das Reichskonkordat vom 20. Juli 1933. Von den Ansätzen in der Weimarer Republik bis zur*

Ratifizierung am 10. September 1933 (= Veröffentlichungen der Kommission für Zeitgeschichte [im folgenden VKZ zitiert], Reihe B, Bd. 5), Mainz 1972, insbesondere S. 90ff., und Klaus Scholder, *Die Kirchen und das Dritte Reich*, Bd. 1: *Vorgeschichte und Zeit der Illusionen 1918—1934*, Frankfurt a. M.-Berlin-Wien 1977, S. 487ff.

[2] Zu den Bemühungen Pacellis siehe Dieter Albrecht, *Der Hl. Stuhl und das Dritte Reich*, in: Klaus Gotto/Konrad Repgen (Hrsg.), *Kirche, Katholiken und Nationalsozialismus* (= Topos Taschenbücher, Bd. 96), Mainz 1980, S. 39f.

[3] Zur sogenannten „Eingabenpolitik" Kardinal Bertrams siehe Ludwig Volk, *Der deutsche Episkopat*, in: *A.a.O.*, S. 54ff.

[4] Vgl. dazu auch Heinz Hürten, *Selbstbehauptung und Widerstand der katholischen Kirche*, in diesem Band.

[5] Karl Otmar v. Aretin, *Der deutsche Widerstand gegen Hitler*, in: Ulrich Cartarius, *Opposition gegen Hitler* (= Deutscher Widerstand 1933—1945), Berlin 1984, S. 9.

[6] Martin Höllen, *Heinrich Wienken. Der „unpolitische" Kirchenpolitiker. Eine Biographie aus drei Epochen des deutschen Katholizismus* (= VKZ, Reihe B, Bd. 33), Mainz 1981, S. 73ff.

[7] Bistumsarchiv Osnabrück 04-62-33. Zu den Ereignissen siehe auch Walter Adolph, *Erich Klausener*, Berlin 1955.

[8] Stefan Kirchmann (d. i. Waldemar Gurian), *St. Ambrosius und die deutschen Bischöfe*, Luzern 1934, S. 20.

[9] *A.a.O.*, S. 6. Vgl. dazu auch Heinz Hürten, *Waldemar Gurian. Ein Zeuge der Krise unserer Welt in der ersten Hälfte des 20. Jahrhunderts* (= VKZ, Reihe B, Bd. 11), Mainz 1972, S. 92ff.

[10] Text im Bericht des Berliner Ordinariats [wie Anm. 7].

[11] Preysing an Bertram, 18. Oktober 1937. Ludwig Volk (Hrsg.), *Akten deutscher Bischöfe über die Lage der Kirche 1933—45*, Bd. 4: *1936—1939* (= VKZ, Reihe A, Bd. 30), Mainz 1981, S. 365.

[12] Memorandum von Walter Adolph in: Walter Adolph, *Geheime Aufzeichnungen aus dem nationalsozialistischen Kirchenkampf 1935—1943* (= VKZ, Reihe B, Bd. 33), Mainz 1979, S. 170f.

[13] Bertram an Preysing, 21. Oktober 1937. L. Volk (Hrsg.), *Akten deutscher Bischöfe*... [Anm. 11], Nr. 413.

[14] Zur Geschichte dieses Hirtenbriefes siehe Ludwig Volk, *Die Fuldaer Bischofskonferenz von der Enzyklika „Mit brennender Sorge" bis zum Ende der NS-Herrschaft*, in: Dieter Albrecht (Hrsg.), *Katholische Kirche im Dritten Reich. Eine Aufsatzsammlung zum Verhältnis von Papsttum, Episkopat und deutschen Katholiken zum Nationalsozialismus 1933—1945* (= Topos Taschenbücher, Bd. 45), Mainz 1976, insbesondere S. 81ff.

[15] Text des Entwurfs vom 15. November 1941 bei Ludwig Volk (Hrsg.) *Akten Kardinal Michael v. Faulhabers 1917—1945*, Bd. 2: *1935—1945* (= VKZ, Reihe A, Bd. 26), Mainz 1978, Nr. 845a.

[16] *A.a.O.*, S. 838.

[17] So nach der Mitteilung Bernings an die Mitglieder der Kevelaerer Konferenz vom 12. März 1942, *a.a.O.*, S. 877. Siehe auch den Bericht aus dem Ausschuß für Ordensangelegenheiten vom 14. Juni 1942, *a.a.O.*, S. 936.

[18] Bertram an Faulhaber, 3. Juli 1941, *a.a.O.*, S. 759f. Zur Haltung Bertrams siehe auch Klaus Scholder, *Ein Requiem für Hitler. Kardinal Bertram und der deutsche*

Episkopat im Dritten Reich, in: *Frankfurter Allgemeine Zeitung,* Nr. 249 vom 25. Oktober 1980.

[19] Die folgenden Vorgänge sind vielfach dargestellt worden. Einen kurzen Überblick über die Entwicklung vermittelt Klaus Scholder, Artikel: *Kirchenkampf,* in: *Evangelisches Staatslexikon,* 2. Aufl., Stuttgart-Berlin 1975, Sp. 1177—1200.

[20] Text der Denkschrift vom Frühjahr 1936 u. a. in: Joachim Beckmann (Hrsg.), *Kirchliches Jahrbuch für die Evangelische Kirche in Deutschland 1933—1944,* 2. Aufl., Gütersloh 1976, S. 132—137.

[21] Siehe dazu Wilhelm Niemöller, *Die Bekennende Kirche sagt Hitler die Wahrheit. Die Geschichte der Denkschrift der vorläufigen Leitung von Mai 1936,* Bielefeld 1954, S. 30f.; Ernst C. Helmreich, *Die Veröffentlichung der „Denkschrift der vorläufigen Leitung der Deutschen Evangelischen Kirche an den Führer und Reichskanzler, 28. Mai 1936",* in: *Zeitschrift für Kirchengeschichte,* 87. Jg. (1976), S. 40—53.

[22] W. Niemöller, *Die Bekennende Kirche...,* [Anm. 21], S. 32.

[23] *A.a.O.,* S. 36.

[24] *A.a.O.,* S. 37.

[25] Text der Gebetsliturgie in: J. Beckmann (Hrsg.), *Kirchliches Jahrbuch...* [Anm. 20], S. 256—258.

[26] Peter Hoffmann, *Widerstand — Staatsstreich — Attentat. Der Kampf der Opposition gegen Hitler,* 2. Aufl., Frankfurt a. M.-Berlin-Wien 1976 (= Ullstein Buch Nr. 3077), S. 74ff.

[27] So nach einem Schreiben der „Vorläufigen Leitung" an die ihr angeschlossenen Landeskirchenregierungen und Landesbruderräte vom 28. Oktober 1938. J. Beckmann (Hrsg.), *Kirchliches Jahrbuch...* [Anm. 20], S. 258f.

[28] Heinrich Hermelink, *Kirche im Kampf. Dokumente des Widerstands und des Aufbaus in der Evangelischen Kirche Deutschlands von 1933—1945,* Tübingen-Stuttgart 1950, S. 455.

[29] *A.a.O.,* S. 457.

[30] Wurm an Frick, 19. Juli 1940. Gerhard Schäfer, *Landesbischof D. Wurm und der nationalsozialistische Staat 1940—1945,* Stuttgart 1968, S. 119—124.

[31] Bekannt ist auf evangelischer Seite das Beispiel Dietrich Bonhoeffers, dem die Bekennende Kirche „den Platz auf der Fürbittenliste verweigerte" (Eberhard Bethge, *Dietrich Bonhoeffer. Theologe, Christ, Zeitgenosse,* München 1967, S. 893). Auf katholischer Seite richteten 1946 11 der 16 überlebenden KZ-Priester der Erzdiözese Freiburg heftige Angriffe gegen die Freiburger Kirchenbehörde, der sie u. a. vorwarfen, daß „ein Priester der Kirchenbehörde um so lieber war, je weniger er mit der Geheimen Staatspolizei in Berührung kam". Hugo Ott, *Möglichkeiten und Formen kirchlichen Widerstands gegen das Dritte Reich von seiten der Kirchenbehörde und des Pfarrklerus, dargestellt am Beispiel der Erzdiözese Freiburg i. Brsg.,* in: *Historisches Jahrbuch der Görres-Gesellschaft,* 92. Jg. (1972), S. 312—333, das Zitat S. 328.

[32] Eberhard Klügel, *Die lutherische Landeskirche Hannovers und ihr Bischof 1933—1945. Dokumente,* Berlin-Hamburg 1965, S. 213.

[33] Adenauer an Pastor Bernhard Custodis, 23. Februar 1946. Adenauer, *Briefe 1945—1947* (= Rhöndorfer Ausgabe), Berlin 1983, S. 172f.

Ansätze zum politischen Widerstand in der Bekennenden Kirche

Zur gegenwärtigen Forschungslage

GERHARD BESIER
Loccum und Bethel

I
Definitionsprobleme

Die Formulierung des Themas führt mitten hinein in die Definitionsproblematik des Begriffes „Widerstand“, zumal des „politischen Widerstandes“. Folgt man der Begriffsklärung von Peter Steinbach, so meint *politischer* Widerstand zunächst ein Verhalten, das „auf den Umsturz des Systems zielt[e]“;[1] damit wäre im Rahmen der „Bekennenden Kirche“ (BK) nur ein sehr kleiner Personenkreis einbezogen. Eberhard Bethge rechnet zu dieser Kategorie — nach seinem Ordnungsversuch die letzte Stufe des „Widerstandes“ — lediglich Dietrich Bonhoeffer, Friedrich Justus Perels, Eugen Gerstenmaier und Hans Schönfeld.[2]

Nennt man einzelne Persönlichkeiten, taucht sofort die Frage auf, ob es legitim ist, die Teilnahme einiger weniger an der aktiven politischen Konspiration zu identifizieren mit der Widerstandshaltung der „Bekennenden Kirche“ insgesamt.[3] Ein solches Vorgehen schiene nur dann gerechtfertigt, wenn einzelne als Mandatsträger ihrer Gruppe gehandelt hätten. Davon aber kann im vorliegenden Fall nicht die Rede sein. Im Gegenteil. Gewichtige Teile der „Bekennenden Kirche“ distanzierten sich immer wieder ausdrücklich von Erklärungen, Denkschriften und Gebetsliturgien „der BK“, die als politisch motiviert mißverstanden werden konnten.[4]

Vor allem die lutherischen Bischöfe argwöhnten immer wieder, der radikale BK-Flügel wolle unter dem Etikett „innerkirchliche Auseinandersetzung“ in Wirklichkeit *politischen* Widerstand gegen das Nazi-Regime leisten. In einem Schreiben Günther Harders an Bischof Wurm vom 4. August 1938 heißt es dazu:

„Ich möchte meinen, daß dieser Augenblick [die Bekenntnissynode der Altpreußischen Union hatte den BK-Pfarrern gerade geraten, den staatlichen Treueeid zu leisten][5] der rechte ist, daß ich Ihnen noch einmal eine Auskunft und Antwort gebe, die Sie zu Schluß des Essener Kolloquiums in einem kurzen Zwiegespräch an mich richteten, auf die Frage nämlich, ob denn unser Kampf aus wirklich rein kirchlichem Grunde geführt und nicht von politischen Motiven getragen sei. Ich konnte Ihnen damals mit bestem Gewissen antworten, daß unser Widerstand tatsächlich durch nichts anderes als durch den göttlichen Auftrag der Kirche und des Amts der Kirche bestimmt sei. Denn der Herr der Kirche will weder, daß die falsche Lehre die Kirche regiert, noch, daß die Welt die Kirche leitet oder über das Amt der Kirche entscheidet, noch, daß auf weltliche Art in der Kirche regiert wird. Sie werden sich meiner Ausführungen in Essen entsinnen, in denen ich gelegentlich der letzten Sitzung sagte, daß die besondere Lage der zerstörten, d. h. einer öffentlich-rechtlich anerkannten Leitung beraubten Kirchen es bedingt, daß in ihnen alle kirchliche Sammlung, die auf der Grundlage der Kirche, wie sie der recht verstandene Artikel 1 der Kirchenverfassung umreißt, geschieht, nur im Widerstand gegen inner- und außerkirchliche Kräfte geschehen kann, und daß alle Sammlung ohne diesen Willen zum Widerstand zweck- und gegenstandslos sei. Gewiß, auch ich bin dem nicht entgangen, in den Ruf eines Staatsfeindes zu kommen. Frage ich aber nach, weshalb ich als solcher gelte, so zeigt es sich, daß es stets deswegen geschieht, weil ich den Weg des Widerstandes gegenüber einem häretischen Kirchenregiment gehe, und ebenso geht es allen meinen Brüdern und Schwestern der Bekennenden Kirche in den zerstörten Kirchen. Man sagt Ihnen, wir seien Staatsfeinde, mit denen nichts zu tun zu haben unter Umständen ratsam sei ... Die Bekennende Kirche in den zerstörten Kirchengebieten rückt so, weil sie dem Herrn der Kirche gehorsam sein und den Auftrag der Kirche ernst nehmen will, ohne Weiteres in das Licht der Illegalität, Widersetzlichkeit und Staatsfeindschaft. Wie aber soll sie sich dem entziehen? Es gäbe nur ein Mittel für sie: aufzuhören Bekennende Kirche zu sein, ihren von der Schrift gebotenen Widerstand aufzugeben, die gebotene Sorge für das Amt der Kirche und die Gemeinde zu verleugnen. Das aber werden Sie ihr, denke ich, nicht zumuten ..."[6]

In der BK selbst verdächtigte also eine Gruppierung die andere, ihre Opposition sei politisch motiviert!

Schon dieser Dissens weist darauf hin, daß es sich auch bei der Sammelbezeichnung „Bekennende Kirche" um eine begrifflich höchst unscharfe Zusammenfassung sehr heterogener Gruppierungen und Strömungen in der evangelischen Kirche handelt, deren gemeinsamer Minimalkonsens in der Negation offenkundiger Häresien der „Deutschen Christen" bestand.

Der zehnjährige Kampf zwischen den Gruppierungen innerhalb der BK um die rechte Interpretation und Reichweite der Barmer Theologischen Erklärung in ihren konfessionell-ekklesiologischen wie theologisch-ethischen Implikationen belegt das.[7] Paul Althaus meinte gar, bei dem „Ansbacher Ratschlag"[8] handele es sich „durchaus ... [um] ein Wort innerhalb der gemeinsamen Barmer Front",[9] was doch nichts anderes heißen konnte, als daß er selbst dieser Erklärung und ihren Unterzeichnern als einer genuin lutherischen Stimme den ihr gebührenden Platz im gemischten BK-Chor zuweisen wollte.

Auch bei Vernachlässigung solcher Extremvarianten unsachgemäßer Selbsteinordnung gilt, daß die überwältigende Mehrheit der Bekennenden Kirche nach eigenem Selbstverständnis niemals hat politischen Widerstand gegen das Nazi-Regime leisten wollen. Schon in den 1950er Jahren schrieb Wilhelm Niemöller unzweideutig: „Die Bekennende Kirche hat niemals, weder im Hitlerreich noch später, Wert darauf gelegt, als ‚Widerstandsbewegung', als ‚Opposition', als ‚Front' verstanden zu werden. Sie wollte das eine Wort Gottes in unserer Welt und Zeit bezeugen."[10]

Diese Bemerkung leitet zu einer andeutungsweise kritischen Auseinandersetzung Niemöllers mit der Rechtspolitik der Alliierten über, denn aufgrund des grobmaschigen *Gesetzes zur Befreiung von Nationalsozialismus und Militarismus* vom 5. März 1946[11] entlastete die „nachweisbare Zusammenarbeit mit einer Widerstandsbewegung" (Art. 39, Abs. II, Ziffer 2) die Betroffenen vor den Entnazifizierungs-Spruchkammern. Dieser Umstand und das (wohl auch durch Deutsche gepflegte) Bild der Westalliierten von der Bekennenden Kirche drängten diese förmlich in die Rolle einer Widerstandsbewegung, der anzugehören jetzt hohen praktischen Wert besaß.[12] Immer wieder mußten die Pastoren von ihren Kirchenleitungen ermahnt werden, nicht leichtfertig positive Leumundszeugnisse auszustellen.[13] Umgekehrt setzten freilich hohe geistliche Würdenträger ihr Widerstands-Fluidum auch gezielt ein, um in Form von Petitionen an Bischof Bell, aber auch andere, zugunsten eindeutig Belasteter, ja gar in Nürnberg Verurteilter, Gnadenakte zu erwirken.[14] Allerdings erhielt das Bild der „Widerstandsbewegung Bekennende Kirche" im Zusammenhang mit der kirchlichen „Selbstreinigung" schon früh häßliche Risse. So argumentierte im Juni 1946 ein Rechtsanwalt vor dem Außerordentlichen Kirchengericht der evangelisch-lutherischen Landeskirche Hannovers zur Verteidigung eines angeklagten Pastors:

„Soweit ich unterrichtet bin, sind die Personen der damaligen ‚Kirchenregierung', Herr Landesbischof D. Marahrens und Herr Dr. Mahrenholz (Oberlandeskirchenrat und Theologieprofessor in Göttingen) personeneins mit dem jetzigen Landesbischof D. Marahrens und dem jetzigen Oberlandeskirchenrat Dr. Mahrenholz. Wenn aber eben diese Führer der

Kirche eine derartige [nationalsozialistische] Weltanschauung im Namen der Kirchenregierung ‚für den deutschen Menschen verbindlich' erklärt haben [in der Erklärung der Kirchenregierung der ev.-luth. Landeskirche Hannovers vom 23. 6. 1939], wie kann man es dann verstehen, daß die ‚Notverordnung' [über Maßnahmen bei Verletzung der Amtspflicht in den Jahren 1933 bis 1945] vom 22. 1. 1946 das Gegenteil bekundet, dabei aber die Unterschrift des gleichen Mannes als des Verantwortlichen trägt für eine Verordnung, die nunmehr eine Anklage gegen denjenigen ermöglicht, der den Grundsätzen der ‚Kirchenregierung' entsprochen hat."[15]

Obwohl man also kaum davon reden kann, daß die Bekennende Kirche als Ganze eine „Widerstandsbewegung" gewesen sei und ihre Stilisierung zu einer solchen vornehmlich von außen aufgenötigt erscheint, erweist sie sich in Teilen doch „als eine gegenüber der nationalsozialistischen Weltanschauung und Kirchenpolitik dissidente, nonkonformistische Bewegung".[16] Die große Vielfalt der Anlässe, Motive und Ziele, die zur *Auflehnung*[17] von BK-Gruppen gegen den totalitären Staat führten, läßt sich freilich nur entsprechend multidimensional erfassen. Dies bedingt einen weiten Widerstandsbegriff, der den jeweils unterschiedlichen konkreten Bedingungen bei der Bewertung angemessen Rechnung trägt. So läßt sich bei Dietrich Bonhoeffer zum Beispiel nicht übersehen, daß seine großbürgerliche Herkunft sowie die weitverzweigten verwandtschaftlichen Bindungen ihm den Weg in die aktive politische Verschwörung zumindest ebneten[18] — Umstände, die nur für wenige Geistliche so zutrafen.

Insgesamt sollte man also die kritische Selbsteinschätzung namhafter „Kirchenkämpfer" ernstnehmen, die bis Mitte der 1960er Jahre immer wieder unterstrichen, sie hätten — wenn überhaupt — eigentlich „wider Willen",[19] also ohne Absicht Widerstand geleistet, denn „politisch erhofften viele auch weiterhin noch Gutes von Hitler".[20] Ihre kirchlichen Selbstbehauptungsakte für die freie und reine Verkündigung des Evangeliums Jesu Christi seien allein aus der Perspektive des Staates und oft gegen ihre ausdrückliche Intention und Versicherung als *politische* Konfrontation mißverstanden worden.[21]

Andererseits wird man sich davor hüten müssen, den „Kirchenkampf" allein als binnenkirchliche Auseinandersetzung zu verstehen. Berücksichtigt man das ekklesiologische Selbstverständnis der an Barmen festhaltenden BK-Gruppierungen, so wird deutlich, daß man hier die deutschchristlichen Kirchenleitungen nicht mehr als Glied der Kirche Jesu Christi ansah, sondern als Fünfte Kolonne der NSDAP mit ihrer neuheidnischen Weltanschauung. Damit aber gewann der Kampf auf beiden Seiten eine eindeutig politische Dimension.[22]

Schon am 27. Mai 1933 schrieb Hermann Stöhr — ein Beispiel, das man freilich nicht verallgemeinern kann — aufgrund der Anordnung des Evangelischen Oberkirchenrats (EOK), zur Schlageter-Feier die kirchlichen Dienstgebäude zu beflaggen, an die preußische Kirchenbehörde:

„Der genannte Flaggenerlaß spiegelt nichts vom Geiste Christi wider. Vielmehr sehe ich in ihm eine ähnliche Entgleisung parteipolitischer Art, wie sie auch schon in der Osterkundgebung des EOK enthalten war. Man scheint dort zu vergessen, daß der EOK nicht Filiale der NSDAP, sondern Teil der einen Kirche ist. Wenn man auf dem eingeschlagenen Wege fortfährt, nichts gegen den unchristlichen Antisemitismus zu sagen wagt, uns gar nächstens noch einen Horst-Wessel-Tag für die Kirche beschert, wird manches Kirchenmitglied auch darauf verzichten, seiner Kirche in einem Briefe seine Bedenken kundzutun."[23]

Bildeten solche scharfen Protestschreiben in den ersten Jahren nationalsozialistischer Herrschaft auch eher die Ausnahme, so finden sich in späterer Zeit zahlreiche Äußerungen, die die offizielle Deutsche Evangelische Kirche nurmehr als verlängerten Arm der NSDAP in den Raum der Kirche hinein zu begreifen scheinen.

So schrieb im Zusammenhang mit der Verordnung Dr. Werners vom 20. April 1938 Pfarrer Hans Böhm (Berlin) am 16. Mai an die Vorläufige Kirchenleitung (VKL):

„Die Verordnung über den Treueid sieht in § 4 unter Hinweis auf § 57 des deutschen Beamtengesetzes die Entlassung des Pfarrers vor ... Hier ist durch einen Federzug des deutsch-christlichen Kirchenregiments ein Paragraph des Beamtengesetzes in das kirchliche Recht übernommen worden. Wir werden es, wenn wir nicht diesen ersten Einbruch entschlossen abwehren, nicht hindern können, daß auch weitere Bestimmungen des Beamtenrechtes auf die Kirche übertragen werden, wie z. B. der Arierparagraph, sowie die politische Klausel, d. h. es kommt kein Pfarrer ins Amt ohne die Zustimmung der örtlichen oder der Kreis-Parteistellen usw. Es ist bekannt, daß in den Landeskirchen mit deutsch-christlichem Kirchenregiment die Vorarbeiten dafür schon im Gange sind."[24]

Der nationalsozialistische Weltanschauungsstaat mochte — dabei unterstützt auch von deutsch-christlichen Kreisen — eine Einschränkung seines Herrschaftsanspruches über seine Staatsbürger nicht dulden. Darum wurde alles zum Politikum, was sich der „Gleichschaltung", also der restlosen inneren wie äußeren Inbesitznahme, widersetzte. Das Problem christlich begründeten Widerspruchs verschärfte sich aus staatlicher Sicht noch dadurch, daß hinter der oppositionellen Haltung einzelner Christen eine ihnen unbegreifliche, schwer faßbare soziologische Größe stand, die einerseits brüchig, ja ausgesprochen marode wirkte, andererseits aber auch nach schweren Schlägen wieder erstaunlich schnell regenerierte und neue geistige Kräfte freisetzte, die sich wiederum der Kontrolle entzogen.[25]

Weiterhin bleibt zu beachten, daß die Auseinandersetzungen zwischen dem Staat und einzelnen kirchlichen Gruppen insgesamt eine qualitativ zunehmende Tendenz aufwiesen. Trotz wachsender Zersplitterung und Polarisierung in der BK selbst gewannen die Stellungnahmen und Handlungen einzelner und kleiner Kreise an Konkretion und artikulierten immer deutlicher Kritik an politischen Maßnahmen des Staates.[26] In diesem Sinne kann man von „*Ansätzen* zum politischen Widerstand" in der BK reden, ohne den Widerstandsbegriff derart zu zerdehnen, daß er keinen Informationswert mehr enthält. Dabei sollte man freilich nicht stehen bleiben, sondern sich auf die Suche nach den *Gründen* für diese Ansätze zum politischen Widerstand begeben.[27] Da, wo eine sittlich-moralische Verpflichtung sichtbar wird, die jenseits materialer Kosten-Nutzen-Rechnungen auf genuin christlichen Maximen basiert und die sich als handlungstragender geistig-mentaler Traditionsstrang erweist,[28] erschließt sich die Chance einer historisch-theologischen Interpretation.

Aus welchen Quellen lebendiger christlicher Frömmigkeit zum Beispiel Friedrich Justus Perels, der sachlich-nüchterne Rechtsberater der BK und unermüdliche Helfer der durch die NS-Justiz Verfolgten, schöpfte, geht aus den letzten Briefen an seine Frau hervor. Es heißt darin unter anderem:

„Wie alles auch kommen mag, wir wissen es nicht. Gott allein weiß es. Er hat mich hier nicht verlassen, sondern oft wunderbar errettet und gestärkt. Er wird Dich auch ganz gewiß nicht verlassen. Halte Dich ganz fest an Ihn. Er ist auferstanden und lebt. Aber über all unsere Not, Anfechtung und Sünde dürfen wir uns in den Tod und der Auferstehung des Herrn getrösten."[29]

II

Evangelische Kirche und Widerstand: Zum Stand der Forschung und Desiderate

In seinen beiden beeindruckend material- und aspektreichen Aufsätzen aus den Jahren 1980 und 1982 betont *Günther van Norden* die Schwierigkeit,[30] „eine *klare* Trennung zwischen politisch und theologisch motiviertem Widerstand" durchzuführen, und resümiert, „daß weder die Katholische noch die Evangelische Kirche die Vollmacht hatte, angesichts des Verbrechens des Regimes ihre Gläubigen zu politischem Widerstand — ‚Tyrannenmord' — aufzurufen".[31] Nach eingehender Untersuchung der ihm vorliegenden Dokumente und Konfliktabläufe gelangt van Norden schließlich zu dem Urteil: „Zu einem politischen Widerstand ist die Kirche nicht vorgedrungen (— nur in einzelnen ihrer Mitglieder —). Da Staat und Partei aber aus ihrem Selbstverständnis den kirchlichen Widerspruch so verstanden, kann man von einem politischen Widerstand der Kirchen gegen ihren Willen sprechen."[32]

Dieser Einschätzung des Gesamtkomplexes ist grundsätzlich gewiß nicht zu widersprechen. Allerdings skizziert van Norden einige Bereiche nur, die weiterer Untersuchung bedürfen und die möglicherweise das Bild des christlich-kirchlichen Widerstandes nicht unerheblich modifizieren:

— Ausmaß und Vorgeschichte der Prozesse gegen BK-Angehörige 1934—1944.[33]

— Die Tätigkeit der „Kirchlich-Theologischen Sozietät in Württemberg".[34]

— Umfang, Hintergründe und Probleme der Arbeit des „Büros Grüber" (Hilfsstelle für Rasseverfolgte).[35]

— Die Denkschriften und sonstige Dokumente des *Kreisauer Kreises* und vor allem der *Freiburger Kreise* sowie der Anteil von BK-geprägten Persönlichkeiten (Theologen und Laien) an ihrem Zustandekommen und Inhalt.[36]

Klemens von Klemperer publizierte 1980 einen Aufsatz, in dem er der Fragestellung nachgeht, welche „Formen der Frömmigkeit ... die Männer des Widerstandes im Laufe ihres Kampfes gegen den Nationalsozialismus [entwickelten] und inwieweit ... diese Frömmigkeit für sie richtunggebend [wurde]".[37] Die vielfach auf unveröffentlichten Quellen basierende Studie weist nach, daß eine große Anzahl der Widerständler sich zunehmend zu einer ausgesprochen christlichen Frömmigkeit durchrang, wobei die Jüngeren unter ihnen damit das Anliegen einer grundlegenden kirchenkritischen Erneuerung des christlichen Glaubens verbanden; sie wollten als verantwortlich handelnde Menschen in einer säkularisierten Welt glaubwürdiges Christsein praktizieren. Klemperers Veröffentlichung eröffnet sehr viel mehr ein interessantes Themenfeld, als daß es dieses abschließend und erschöpfend behandelt. Sein Aufsatz regt unter anderem zu folgenden weiteren Forschungsbemühungen an:

— Die Bedeutung christlicher Theologie und kirchlicher Frömmigkeit für die Begründung politischen Widerstandsdenkens und -handelns in allen konspirativen Gruppierungen.[38]

— Die Rolle, die christliche Bruderschaften (evangelische Michaelis-Brüder, Berneuchener),[39] die Jugendbewegung[40] und andere christliche Zusammenschlüsse für den Zusammenhalt einzelner Widerstandsgruppen spielten, sowie deren Bedeutung für die Querverbindungen zwischen den konspirativen Kreisen.

— Eine ebenso sorgfältige Aufarbeitung des Lebensweges, der Motive und Handlungen einzelner christlicher Widerstandskämpfer (zum Beispiel Friedrich Justus Perels, Hans-Bernd von Haeften, Hans Schönfeld), wie *Eberhard Bethge* das für Dietrich Bonhoeffer getan hat.[41]

Armin Boyens' Beitrag *Widerstand der Evangelischen Kirche im Dritten Reich*[42] stellt eine Ergänzung der Arbeiten van Nordens dar und bereichert das Themenfeld um den Aspekt des Widerstands der BK aus der Sicht der Ökumene. Dabei unterstreicht Boyens die Teilnahme der deutschen Opposition (Dietrich Bonhoeffer, Adam von Trott zu Solz und Helmuth J. Graf von Moltke) am Friedensdienst des Ökumenischen Rates der Kirchen (*ÖRK*) und urteilt: „Bei diesem Friedensdienst handelte es sich um die vierte Stufe des politischen Widerstandes, nämlich um die aktive Vorbereitung für das Danach. Die Diktatur des Nationalsozialismus hat diesen Friedensdienst als solchen Widerstand auch gewertet."[43]

Von ganz anderer, nämlich vor allem definitorischer Art ist der Aufsatz von *Kurt Nowak: Kirche und Widerstand gegen den Nationalsozialismus 1933—1945 in Deutschland.*[44] Der Leipziger Kirchenhistoriker kritisiert darin unter anderem den „Betrachtungszirkel theologisch-ethischer und widerstandsrechtlicher Fragestellungen", in dem die Forschung sich nach 1945 bewegt habe, und fordert eine breitere und sorgfältigere Analyse des „protestantischen Widerstandspotentials", wobei ihm der „moralisch ethische Impetus" des Widerstandsbegriffes der älteren Forschung ungeeignet erscheint. Nowak möchte bei einzelnen lutherischen Persönlichkeiten (Karl Koch, Theophil Wurm, Hans Asmussen, Helmuth Schreiner und Hermann Mulert) neu einsetzen und nennt als Auswahlkriterium deren „weltanschaulich-politische Prägung" (Altkonservatismus, Jungkonservatismus, Liberalismus), da nach seinem Verständnis das Kriterium der „kirchenpolitisch-theologischen Gruppenzugehörigkeit" die Gefahr „methodischer Engführung" in sich berge. Damit beschreitet Nowak den umgekehrten Weg, den der Profanhistoriker Klemens von Klemperer eingeschlagen hat: Während dieser nach dem innersten religiösen Movens fragt, betont jener die politische Sozialisation der widerständigen Theologen und Kirchenmänner —, unter anderem weil er den „moralisch-ethischen Widerstandsbegriff" im „vorpolitischen Gewissensbereich" angesiedelt sieht. So wichtig der politische Aspekt zweifellos ist, bleibt doch zu fragen, ob nicht gleichzeitig angestellte theologisch-ethische Reflexionen über den Geltungsbereich des Gewissensbegriffes angemessener gewesen wären als dessen bloße Verwerfung.[45] Es liegt nun im Gefälle seines Vorgehens, daß Nowak, um der einen perspektivischen Verengung zu entgehen, in die andere abzugleiten droht und — jedenfalls aus *kirchen*historischer Sicht — eher ein Wechsel von Peripherie und Zentrum stattzufinden scheint. Diese vorgenommenen Weichenverschiebungen mögen unter anderem auf die teilweise starke Orientierung an den Arbeiten von *Peter Hüttenberger* zurückzuführen sein.[46] *Peter Steinbach* bemerkt dazu: „Für die Auseinandersetzung mit der wissenschaftlichen Erforschung der Zeitgeschichte hat weiterhin zu gelten, daß es bei der Verfolgung neuer gesellschaftlicher Ansätze nicht darum gehen kann, mit der traditionellen Widerstandsforschung und -darstellung insgesamt oder in weiten Teilen zu brechen. Die Aktualität des Widerstandsbegriffs legt es gerade nahe, auf Ansätze der älteren Forschung zu schauen, denen es um eine Präzisierung des Widerstandsbegriffs ebenso ging wie um die Erfassung der durch ihn zu erfassenden komplexen Wirklichkeit. Insoweit liegen keine Welten zwischen den Studien der fünfziger und sechziger und denen der siebziger Jahre."[47]

Die von *Klaus Drobisch* und *Gerhard Fischer* herausgegebene Quellensammlung *Ihr Gewissen gebot es. Christen im Widerstand gegen den Hitlerfaschismus*[48] findet an dieser Stelle Erwähnung, weil neben längst Gedrucktem hier erstmals auch Dokumente aus dem Institut für Marxismus-Leninismus, dem Zentralen Parteiarchiv der SED und dem Zentralen Staatsarchiv Potsdam veröffentlicht wurden. Die Arbeit erinnert auch daran, wie wenig bislang auf westlicher Seite über den Widerstand des Religiösen Sozialismus (Emil Fuchs und andere) geforscht wurde.

Von ganz besonderer Bedeutung, unter anderem für die wissenschaftliche Erhellung der Rolle der *Freiburger Kreise* im Widerstand, aber auch für Einzelheiten zur Geschichte des Kirchenkampfes, ist die von *Klaus Schwabe* und *Rolf Reichardt* herausgegebene umfangreiche Edition: *Gerhard Ritter. Ein politischer Historiker in seinen Briefen.*[49]

Eine umfassende Untersuchung zu dem Themenkomplex „Ansätze zum politischen Widerstand in der BK" steht also noch aus. Angesichts der weit verzweigten, überdies auch recht disparaten Quellenlage und im Blick auf die Vielfalt der Fragestellungen dürfte eine solche Sisyphusarbeit auch noch auf sich warten lassen.[50] Um so mehr bleibt zu hoffen, daß Einzelanalysen das weite Forschungsfeld jedenfalls teilweise aufklären.[51]

Anmerkungen

1 Peter Steinbach, *Der Widerstand als Thema der politischen Zeitgeschichte. Ordnungsversuche vergangener Wirklichkeit und politischer Reflexionen*, in: Gerhard Besier/Gerhard Ringshausen (Hrsg.), *Bekenntnis, Widerstand, Martyrium. Von Barmen 1934 bis Plötzensee 1944*, Göttingen (im Druck). In diesem Aufsatz erfolgt eine eingehende Diskussion der gängigen Definitionsversuche sowie eine differenzierte Betrachtung der Geschichte des Widerstandes und seiner Motive. Damit einher geht eine breite Präsentation der Widerstandsliteratur, die das Eingehen auf dort bereits besprochene Arbeiten weitgehend erübrigt. Vgl. auch Andreas Lindt, *Kirchenkampf und Widerstand — neue Resultate und Perspektiven der Forschung*, in: *A. a. O.*, und Bernhard Unckel, *Gewalt und Widerstand — Erwägungen zur Geschichte des Widerstandes im Dritten Reich*, in: Jörg Calließ (Hrsg.), *Gewalt in der Geschichte*, Düsseldorf 1983, S. 159—177.

[2] Eberhard Bethge, *Dietrich Bonhoeffer. Theologe — Christ — Zeitgenosse,* München 1967, S. 890.

[3] Vgl. Peter Steinbach, *Der Widerstand...* [Anm. 1], Anm. 157.

[4] Das beginnt (wenn man von früheren Äußerungen einmal absieht, vgl. z. B. Karl Barth, *Theologische Existenz heute,* H. 5 [1933], S. 7 f.) mit Asmussens Vortrag über die Theologische Erklärung zur gegenwärtigen Lage der DEK (Alfred Burgmüller/Rudolf Weth [Hrsg.], *Die Barmer Theologische Erklärung. Einführung und Dokumentation,* Neukirchen-Vluyn 1983, S. 41 ff. (vgl. Gerhard Besier, *Bekenntnis und Widerstand. Stationen auf dem Weg zur Barmer Bekenntnissynode und lutherische Konsequenzen im Horizont von These V ihrer theologischen Erklärung,* in: *Pastoraltheologie,* 73. Jg. [1984], S. 277—299), setzt sich fort — um nur die großen Konfliktereignisse zu nennen — in der Diskussion über die Denkschrift der VKL „an den Führer und Reichskanzler" vom 28. Mai 1936 (vgl. Ernst C. Helmreich, *Die Veröffentlichung der „Denkschrift der Vorläufigen Leitung der Deutschen Evangelischen Kirche an den Führer und Reichskanzler, 28. Mai 1936",* in: *Zeitschrift für Kirchengeschichte,* 87. Jg. [1976], S. 39 ff.; siehe auch Joachim Beckmann [Hrsg.], *Kirchliches Jahrbuch für die EKD 1933—1944,* Gütersloh 1948, S. 130 ff.; vgl. *a. a. p.*, S. 300) und über die Gebetsliturgie der VKL angesichts der Tschechenkrise (vgl. Wilhelm Niesel, *Kirche unter dem Wort. Der Kampf der Bekennenden Kirche der altpreußischen Union 1933—1945,* Göttingen 1978, S. 187 ff.) und reichte bis zur eindeutigen Ablehnung des Putsches vom 20. Juli (vgl. „Das Wort der Kirchenleitung an die evangelischen Gemeinden in Berlin und Brandenburg" vom 20. Juli 1945 [!], in dem es heißt: „Die Kirche Jesu Christi kann einen Anschlag auf das Leben eines Menschen niemals gut heißen, in welcher Absicht er auch ausgeführt werden mag. Aber unter denen, die haben leiden müssen, waren Ungezählte, die einen solchen Anschlag niemals gewollt hatten ..." [Evangelisches Zentralarchiv in Berlin, Ev. Konsistorium Berlin-Brandenburg, Nachlaß Harder, *Kirchliche Ereignisse (Nov. 1942—Aug. 1946),* Nr. 42], sowie das bekannte Telegramm Marahrens' an Hitler [*Kirchl. Amtsblatt für die Ev.-luth. Landeskirche Hannovers* vom 21.7.1944.

[5] Vgl. dazu W. Niesel, *Kirche...* [Anm. 4], S. 178. Kurt Meier, *Der Evangelische Kirchenkampf,* Bd. 3, Göttingen 1984, S. 43 ff.

[6] Evangelisches Zentralarchiv in Berlin [im folgenden EZA zitiert], KKA, 371, pag. 3 ff.

[7] Vgl. dazu Hartmut Ludwig, *Das Ringen um die Barmer Theologische Erklärung im Kirchenkampf — ein Überblick,* in: *Barmen 1934—1984. Beiträge zur Diskussion um die Theologische Erklärung von Barmen,* Berlin [Ost] 1983, S. 109 ff.; Wolf-Dieter Hauschild/Georg Kretschmar/Carsten Nicolaisen (Hrsg.), *Die lutherischen Kirchen und die Bekenntnissynode von Barmen,* Göttingen 1984; Gerhard Besier, *Barmen und der Humanismus Gottes,* in: *Evangelische Theologie,* 44. Jg. (1984), S. 542—562. Das Bild wird noch komplizierter dadurch, daß nicht jede DC-resistente Gruppierung sich kontinuierlich als Element der BK verstand; vielmehr wird diese Bezeichnung erst *ex post* (also seit Mai 1945) einhellig akzeptiert. Vgl. zum Beispiel die Differenzierungen bei Wilhelm Pressel, *Unsere Zugehörigkeit zur bekennenden Kirche* (Stuttgart, im März 1938; EZA, KKA, 435, pag. 31—35). Th. Breit sagte in einer Besprechung mit dem Vorsitzenden des Reichskirchenausschusses W. Zoellner am 14. Mai 1936: „Der [Luther-]Rat wird künftig in seinen Verlautbarungen das Wort bekennende Kirche, wenn er es brauchen muß [!], ohne Anführungsstriche und klein schreiben, um zu zeigen, daß er nicht eine Organisation mit eigenem Recht und eigener Leitung meine ... Es sind gewiß psychologische Momente zu berücksichtigen. Der Loslösungsprozeß von der Bekennenden

Kirche als Organisation kann nicht in Form einer öffentlichen Aufkündigung erfolgen" (EZA, EKD, A 4/494, pag. 14—15 a).

[8] Abgedruckt u. a. bei Hermann Diem, *Karl Barths Kritik am deutschen Luthertum*, in: Paul Schempp (Hrsg.), *Evangelische Selbstprüfung*, Stuttgart 1947, S. 71 f.

[9] Zit. nach Paul Knitter, *Die Uroffenbarungslehre von Paul Althaus — Anknüpfungspunkt für den Nationalsozialismus?*, in: *Evangelische Theologie*, 33. Jg. (1973), S. 156. Während der 2. Bekenntnissynode in Dahlem (Oktober 1934) widerrief Althaus öffentlich seine Unterschrift unter den Ansbacher Ratschlag (Wilhelm Niemöller, *Die zweite Bekenntnissynode der DEK zu Dahlem*, Göttingen 1958, S. 50).

[10] Wilhelm Niemöller, *Die Evangelische Kirche im Dritten Reich. Handbuch des Kirchenkampfes*, Bielefeld 1956, S. 396. Vgl. ders., *Evangelischer Widerstand*, in: *Junge Kirche*, 24. Jg. (1963), S. 250 ff. Zur Würdigung der Person Niemöllers siehe Hartmut Ludwig, *D. Wilhelm Niemöller (1898—1983). Nestor der Kirchenkampfforschung*, in: *Zeichen der Zeit*, 38. Jg. (1984), S. 48 f. — Im *Wort der Berliner Bekenntnissynode an die Pfarrer und Gemeinden vom 31. Juli 1945*, das den Titel *Gottes Wort ruft uns zu Buße* trägt, heißt es: „Leider ist auch die Bekennende Kirche nicht ohne Schuld geblieben. Zwar hat das Zeugnis vieler Brüder und Schwestern in Wort, Tat und Leiden manches Zeichen des Widerstandes gegenüber der Totalität des Staates aufgerichtet, aber auch wir haben durch mangelnde Einmütigkeit, durch mangelnden Mut im Denken und Handeln, durch falsches Beharren auf alten Wegen, durch unsere eigenen Fehler und Schwächen die heilige Sache, die Gott uns anvertraut hat, beeinträchtigt. Es hat bei uns allen an dem Glauben gemangelt, daß Gott in unserer Zeit an uns und mit uns große Dinge schafft. Gegenüber allen diesen Tatsachen ist das, was wir gelitten und an Widerstand geleistet haben, gering. Wir können uns nicht den Vorwurf machen, daß wir zu radikal gewesen wären, im Gegenteil: auch unter uns machen sich viele den Vorwurf, gegenüber dem Terror zu zeiten geschwiegen zu haben, wo sie hätten reden müssen" (Zit. nach Günter Heidtmann [Hrsg.], *Hat die Kirche geschwiegen? Das öffentliche Wort der evangelischen Kirche aus den Jahren 1945—1964*, 3. Aufl., Berlin 1966, S. 12 f.). Vgl. dazu auch Gerhard Besier/Gerhard Sauter, *Wie Christen ihre Schuld bekennen. Die Stuttgarter Erklärung 1945*, Göttingen 1985.

[11] Vgl. zur Vorgeschichte, zum Inhalt und den Auswirkungen dieses Gesetzes Lutz Niethammer, *Die Mitläuferfabrik. Die Entnazifizierung am Beispiel Bayerns*, Berlin-Bonn 1982, bes. S. 318 ff.; siehe auch James F. Tent, *Mission on the Rhine. Reeducation and Denazification in American-Occupied Germany*, Chicago-London 1982, S. 74 ff.; ferner: Wolfgang Krüger, *Entnazifiziert! Zur Praxis der politischen Säuberung in Nordrhein-Westfalen*, Wuppertal 1982, und Klaus-Dietmar Henke, *Politische Säuberung unter französischer Besatzung. Die Entnazifizierung in Württemberg-Hohenzollern*, Stuttgart 1981.

[12] Der Kassationshof für Sonderaufgaben im Bayerischen Staatsministerium entschied am 14. 10. 1946 (Kass.-Reg. Nr. 377/46) als maßgebendes oberstes Gericht, daß die Bekenntniskirche „als Widerstandsbewegung im Sinne des Artikels 39/II/2 anerkannt werden" müsse (*Amtsblatt der EKD*, 1. Jg. [1947], Nr. 7 vom 15. März). — Mit Bezug auf diesen Entscheid definierte Landesbischof Meiser in einem Flugblatt vom 10. 12. 1946 unter der Überschrift: „Was war die ‚Bekennende Kirche' oder ‚Bekenntnisfront' in den Jahren 1934—1945?" das Selbstverständnis der BK: „Die ‚Bekennende Kirche' (BK) war die Kampf- und Widerstandsbewegung der Evangelischen Kirche gegen die nationalsozialistische Weltanschauung und die Bewegung der ‚Deutschen Christen' (DC)" (abgedruckt *a. a. O.*, Sp. 43). Aber lt. Protokoll der Sitzung des Rates

der EKiD vom 12./13. 5. 1947 erhob „Moderator Lic. Niesel Bedenken dagegen, daß die Bekennende Kirche in der Öffentlichkeit als eine Widerstandsbewegung hingestellt wird" (EZA, EKD, 1/46).

13 EZA, Bestand Kirchenkanzlei der EKD 1/283 b, pag. 99; 107.

14 Lambeth Palace Library, Bishop Bell Papers, German Churches No. 50/I Denazification (1946—1949), S. 164—307. Darunter finden sich Briefe von Martin Niemöller, Friedrich v. Bodelschwingh, Hanns Lilje und Theophil Wurm.

15 EZA, Bestand Kirchenkanzlei der EKD 1/280, Bd. 2, pag. 177.

16 P. Steinbach, *Der Widerstand*... [Anm. 1].

17 Zu „Widerstand als Auflehnung" rechnet Steinbach u. a., „daß nationalsozialistische Gesetze und Anordnungen nicht hingenommen oder politische Gegner des Nationalsozialismus versteckt, gewarnt oder außer Landes gebracht werden" (*a. a. O.*).

18 Vgl. E. Bethge, *Dietrich Bonhoeffer*... [Anm. 2], S. 698 ff.; 888 ff.

19 Diesen Begriff hat Ernst Wolf geprägt; vgl. seinen Aufsatz *Zum Verhältnis der politischen und moralischen Motive in der deutschen Widerstandsbewegung*, in: Walter Schmitthenner/ Hans Buchheim (Hrsg.), *Der deutsche Widerstand gegen Hitler*, Köln-Berlin 1966, S. 215—255.

20 Kurt Dietrich Schmidt, *Der kirchliche Widerstand*, in: Ders., *Gesammelte Aufsätze*, hrsg. von Manfred Jacobs, Göttingen 1967, S. 297; vgl. Heinz Brunotte, *Kirchenkampf als „Widerstand"*, in: Friedrich Wilhelm Kantzenbach/Gerhard Müller (Hrsg.), *Reformatio und Confessio. Festschrift für D. Wilhelm Maurer zum 65. Geburtstag am 7. Mai 1965*, Berlin-Hamburg 1965, S. 315—324.

21 Unter der Überschrift „Ist der Pfarrernotbund eine Organisation reaktionären Charakters?" heißt es z. B. in der Tagesmeldung des Geheimen Staatspolizeiamts vom 15. Januar 1934: „Im Anschluß an die gestrige Bielefelder Meldung, daß der dort bestehende Pfarrernotbund ganz überwiegend reaktionär eingestellt sei, berichten noch weitere westliche Staatspolizeistellen, so z. B. Dortmund und Kassel, daß die Mitglieder dieses Bundes nach ihrer teilweise sehr aktiven kirchenpolitischen Betätigung als politisch reaktionär bezeichnet werden müssen. In einzelnen westlichen Landkreisen gehören über die Hälfte aller Pfarrer dem Pfarrernotbund an. Inspirator und theologischer Sachverständiger des Bundes ist der Bonner Professor Barth, der Verfasser der bekannten Broschüre ‚Theologische Existenz heute', die scharfe Angriffe gegen den Nationalsozialismus enthält. Barth ist gebürtiger Schweizer, er trat im Oktober 1933 der SPD bei. Aller Wahrscheinlichkeit ist Barth auch der Verfasser der bekannten Leitartikel der ‚Neuen Zürcher Zeitung', welche den kirchlichen Frieden durch gehässige Betonung der kirchenpolitischen Gegensätze untergraben. Ferner inspiriert Barth die vom Pfarrernotbund herausgegebene Zeitschrift ‚Licht und Leben' (erscheint in Wuppertal). Nach Meldungen aus Königsberg und Allenstein erklärt der Vorsitzende des ostpreußischen Pfarrernotbundes — Pastor Küssner aus Loetzen — daß die letztere Organisation sich von der berliner Zentrale des Pfarrernotbundes — Vorsitzender Pfarrer Niemöller in Berlin-Dahlem — getrennt habe und Weisungen der berliner Zentrale ablehne.

Überhaupt scheint sich innerhalb des Pfarrernotbundes eine Oppositionsgruppe liberalistischer Tendenz bemerkbar zu machen" (Archiv der Vereinigung der Verfolgten des Nationalsozialismus in Westberlin; Akten nicht paginiert [im folgenden AVVN zitiert]). Über die politischen Wirkungen der Tätigkeit der Bekennenden Kirche *aus der Sicht des SS-Sicherheitshauptamtes* geben die von Heinz Boberach bearbeiteten *Berichte des SD und der Gestapo über Kirchen und Kirchenvolk in Deutschland 1934—1944,* Mainz 1971, beredte Auskunft.

[22] Vgl. dazu Rainer Baumgärtner, *Weltanschauungskampf im Dritten Reich. Die Auseinandersetzung der Kirchen mit Alfred Rosenberg* (= Veröffentlichungen der Kommission für Zeitgeschichte, Reihe B, Bd. 22), Mainz 1977.

[23] EZA, Bestand EOK, Gen. XVIII, 27, Akte nicht paginiert. Kapler schrieb an die obersten Kirchenbehörden der im Deutschen Ev. Kirchenbund zusammengeschlossenen Landeskirchen unter dem 22. 5. 1933: „Wie bereits durch Presse und Radio bekannt gegeben, setzen die Behörden des Reiches, der Länder und Gemeinden am Freitag, den 26. Mai aus Anlaß der zehnjährigen Wiederkehr des Tages, an dem Albert Leo Schlageter sein Leben für die Befreiung der Rheinlande geopfert hat, die Flaggen auf Vollmast. Unter der Voraussetzung, daß diese Nachricht zutreffend ist, erscheint es erwünscht, daß sich die Kirchen diesem Vorgehen anschließen und möglichst einheitlich in der üblichen Weise die Kirchenflagge zeigen." — Vgl. zu Stöhr auch Eberhard Röhm/Jörg Thierfelder, *Evangelische Kirche zwischen Kreuz und Hakenkreuz,* Stuttgart 1981, S. 116 ff., und Bernd Krebs, *Dr. Hermann Stöhr „Deshalb ist es uns als Christen verboten, Krieg zu führen"*, in: *Antifaschistisches Magazin,* 28. Jg. (1984), S. 11 f.

[24] EZA, Bestand KKA 371, pag. 57 f.; vgl. W. Niesel, *Kirche unter dem Wort...* [Anm. 4], S. 174 ff., und Angelika Gerlach-Praetorius, *Die Kirche vor der Eidesfrage. Die Diskussion um den Pfarrereid im „Dritten Reich"*, Göttingen 1967, bes. S. 97 ff.

[25] Vgl. dazu die Gestapo-Berichte über die Prozeß-Ergebnisse gegen die Attentäter des 20. Juli, in denen das christliche Element eine erstaunliche Rolle spielt: *Spiegelbild einer Verschwörung. Die Kaltenbrunner-Berichte an Bormann und Hitler über das Attentat vom 20. Juli 1944. Geheime Berichte aus dem ehemaligen Reichssicherheitshauptamt,* hrsg. vom Archiv Peter, Stuttgart 1961, S. 434 ff. Neuedition, bearb. von Hans-Adolf Jacobsen, Stuttgart 1984. Schon 1935 heißt es in einem Sonderbericht des SS-Sicherheitshauptamtes vom Februar/März 1935: „Durch die Schuld der Führung auf beiden Seiten [DC und BK] ist eine Religionskampfstimmung und Fanatisierung der Anhängerschaft eingetreten, die niemand im religiös indifferenten Protestantismus mehr erwartet hätte. Besonders die kirchliche Opposition hat es in überaus geschickter Art verstanden, das Kirchenvolk in Erregung zu bringen" (zit. nach H. Boberach [Bearb.]), *Berichte*... [Anm. 21], S. 69).

[26] Hier ist zu erinnern an die Denkschrift der 2. VKL an Hitler vom 18. Mai 1936 sowie Wurms couragierte Eingaben während des 2. Weltkrieges. Dies gestand ihm sogar Karl Barth zu, der im September 1945 schrieb: „Die Treysaer Konferenz war einberufen von dem 78jährigen württembergischen Landesbischof Wurm, in dem sich während des Krieges eine bemerkenswerte Wandlung in der Richtung des Widerstandes gegen den NS vollzogen und der sich von da an durch mehrere mutige Schritte gegenüber der Staatsregierung auch in der ‚Bekennenden Kirche' Achtung und Vertrauen erworben, sich auch nicht ohne Erfolg um die Einigung zwischen der ‚Bekennenden Kirche' und den in den 12 Jahren mit und ohne direkten nat. soz. Einfluß bedenklich schwankenden Landeskirchenführern bemüht hatte" (Bericht über eine Deutschlandreise. 19. August bis 4. September 1945, hier zit. nach einer Vervielfältigung aus dem LKA [Landeskirchlichen Archiv] Stuttgart, D1/208). Siehe dazu auch Jörg Thierfelder, *Theophil Wurm. Landesbischof von Württemberg,* in: Michael Bosch/Wolfgang Niess (Hrsg.), *Der Widerstand im deutschen Südwesten 1933—1945,* Stuttgart 1984, S. 47—59.

[27] Vgl. dazu Richard von Weizsäcker, *Der 20. Juli 1944 — Attentat aus Gewissen,* in: Ders., *Die deutsche Geschichte geht weiter,* Berlin 1983, S. 21—42.

[28] Wenn Karl Otmar von Aretin (in: Ulrich Cartarius, *Deutscher Widerstand 1933—1945. Opposition gegen Hitler,* Berlin 1984, S. 10) schreibt, die BK sei zwar „kein Zentrum des politischen Widerstandes" gewesen, wohl aber seien von ihr „wichtige Impulse an den deutschen Widerstand ausgegangen", so deutet er damit u. a. an, was hier gemeint ist.

[29] Zit. nach Helmut Gollwitzer/Käthe Kuhn/Reinhold Schneider (Hrsg.), *Du hast mich heimgesucht bei Nacht. Abschiedsbriefe und Aufzeichnungen des Widerstandes 1933—1945,* 4. Aufl., München 1956, S. 189.

[30] Günther van Norden, *Widerstand im deutschen Protestantismus 1933—1945,* in: Christoph Kleßmann/Falk Pingel (Hrsg.), *Gegner des Nationalsozialismus. Wissenschaftler und Widerstandskämpfer auf der Suche nach historischer Wirklichkeit,* Frankfurt a. M.-New York 1980, S. 103—125; ders., *Widerstand in den Kirchen,* in: Richard Löwenthal/Patrik von zur Mühlen (Hrsg.), *Widerstand und Verweigerung in Deutschland 1933 bis 1945,* Berlin-Bonn 1982, S. 111—128.

[31] G. v. Norden, *Widerstand in den Kirchen*... [Anm. 30], S. 125, 128.

[32] G. v. Norden, *Widerstand im deutschen Protestantismus*... [Anm. 30], S. 120.

[33] Vgl. G. v. Norden, *Widerstand in den Kirchen*... [Anm. 30], S. 126 f.

[34] Vgl. G. v. Norden, *Widerstand im deutschen Protestantismus*... [Anm. 30], S. 114; ders., *Widerstand in den Kirchen*... [Anm. 30], S. 121.

[35] *A. a. O.,* S. 122. Vgl. EZA, KKA, 180.

[36] Vgl. G. v. Norden, *Widerstand im deutschen Protestantismus*... [Anm. 30], S. 118.

[37] Klemens von Klemperer, *Glaube, Religion, Kirche und der deutsche Widerstand gegen den Nationalsozialismus,* in: *Vierteljahrshefte für Zeitgeschichte,* 28. Jg. (1980), S. 293—309; Zitat: S. 295. Vgl. auch Klemperers Aufsatz in diesem Band: *„Sie gingen ihren Weg...".* Hier auch eine kritische Auseinandersetzung mit dem Resistenzbegriff.

[38] Vgl. dazu auch E. Wolf, *Zum Verhältnis*... [Anm. 19], S. 247.

[39] Einige „Kreisauer", z. B. Steltzer und H.-B. von Haeften, waren Michaelsbrüder; vgl. Ger van Roon, *Neuordnung im Widerstand. Der Kreisauer Kreis innerhalb der Widerstandsbewegung,* München 1967, S. 139; 153; 154 (Berneuchener Bewegung). Vgl. EZA, KKA, 340 a.

[40] Vgl. z. B. den Hinweis bei Harald Poelchau, *Die Ordnung der Bedrängten. Autobiographisches und Zeitgeschichtliches seit den zwanziger Jahren,* Berlin 1963, S. 90 f.

[41] Vgl. neben Bethges Bonhoeffer-Biographie z. B. seine Aufsätze: *Dietrich Bonhoeffer und die theologische Begründung seines politischen Widerstandes* (1976), in: Ders., *Am gegebenen Ort. Aufsätze und Reden,* München 1979, S. 48 ff., und *Widerstand und Terrorismus am Beispiel von Bonhoeffers Schritt in die Gewalt,* in: Rüdiger von Voß (Hrsg.), *Von der Legitimität der Gewalt,* Stuttgart 1978, S. 49—70. Die von Bernhard Heinrich Forck herausgegebene Arbeit *und folget ihrem Glauben nach* (Stuttgart 1949) versteht sich als „Gedenkbuch für die Blutzeugen der Bekennenden Kirche" und läßt naturgemäß viele Fragen offen. Ähnlich verhält es sich mit den von H. Gollwitzer, K. Kuhn und R. Schneider, in: *Du hast mich heimgesucht*... [Anm. 29], herausgegebenen Abschiedsbriefen und Aufzeichnungen, die nur einen schmalen Ausschnitt aus dem bieten, was an Aspekten zu untersuchen wäre.

[42] In: Karl Dietrich Bracher/Manfred Funke/Hans-Adolf Jacobsen (Hrsg.), *Nationalsozialistische Diktatur 1933—1945. Eine Bilanz* (= Schriftenreihe der Bundeszentrale für politische Bildung, Bd. 192), Bonn 1983, S. 669—686; vgl. Armin Boyens, *Kirchenkampf und Ökumene 1939—1945. Darstellung und Dokumentation unter besonderer Berücksichtigung der Quellen des ÖRK,* München 1973, S. 209 ff.

[43] A. Boyens, *Widerstand der Evangelischen Kirche*, in: K. D. Bracher/M. Funke/H.-A. Jacobsen (Hrsg.), *Nationalsozialistische Diktatur*... [Anm. 42], S. 685; die Einordnung des Widerstands in Stufen übernimmt Boyens von E. Bethge, *Dietrich Bonhoeffer*... [Anm. 2], S. 890.

[44] Kurt Nowak, *Kirche und Widerstand gegen den Nationalsozialismus 1933—1945 in Deutschland. Erwägungen zu einem Forschungsproblem der kirchlichen Zeitgeschichtsschreibung unter besonderer Berücksichtigung des Luthertums*, in: Carsten Nicolaisen (Hrsg.), *Nordische und deutsche Kirchen im 20. Jahrhundert*, Göttingen 1982, S. 228—270. Die folgenden Zitate auf S. 229; 230; 231; 234; 259.

[45] Vgl. Wolfgang Huber, *Folgen christlicher Freiheit. Ethik und Theologie der Kirche im Horizont der Barmer Theologischen Erklärung*, Neukirchen-Vluyn 1983, S. 95 ff.

[46] Vgl. Peter Hüttenberger, *Vorüberlegungen zum „Widerstandsbegriff"*, in: Jürgen Kocka (Hrsg.), *Theorien in der Praxis des Historikers. Forschungsbeispiele und ihre Diskussion* (= *Geschichte und Gesellschaft. Zeitschrift für Historische Sozialwissenschaft*, Sonderh. 3), Göttingen 1977, S. 117—134; ders., *Probleme des Widerstandsbegriffs*, in: Beiheft zu *Geschichte in Wissenschaft und Unterricht (GWU)*, (Bericht über die 32. Versammlung deutscher Historiker in Hamburg), Stuttgart 1979, S. 98 f. Nowak läßt in dem besprochenen Aufsatz übrigens unerwähnt, daß er sich schon 1981 in der DDR zum Thema geäußert hat (*Kirchenkampf und Widerstand im „Dritten Reich". — Erwägungen zu einem historiographischen Prinzipienproblem*, in: *Wissenschaftliche Zeitschrift der Karl-Marx-Universität Leipzig. Gesellschafts- und Sprachwissenschaftliche Reihe*, 30. Jg. [1981], H. 6, S. 584—596). Es handelt sich bei diesem Aufsatz um „eine kritische Gegenüberstellung und Wertung der Widerstandskonzeptionen..." (S. 584) von Eberhard Bethge, Klaus Scholder und Kurt Meier, in deren Vollzug Nowak ungewöhnlich scharfe Kritik an dem Tübinger Kirchenhistoriker übt. Scholders „einfühlsames Verstehen" erzeuge „den fatalen Effekt..., Abwehrenergien gegen das ‚Dritte Reich' zu paralysieren... Der Eindruck erscheint unabweislich, daß der prononcierte Aufbau der politischen Prämisse für 1933 ein zuletzt theologisches Interesse hat, nämlich auf dem alternativlos-düsteren Hintergrund von 1933 das querliegende, widerständige und richtende verbum Dei um so glanzvoller aufstrahlen zu lassen" (S. 590 f.). Aber auch Bethge biete keine überzeugende „realhistorische" Alternative, sondern allein Kurt Meier. „Anders als Bethge, dessen humanitärer Widerstandsbegriff sein Pathos im Nein gegen Unmenschlichkeit an sich hat und deshalb in metahistorischen Rigorismus abzugleiten droht, der Geschichte zum Lernfeld gegenwärtiger politisch-ethischer Bewährung verkürzt, bleibt Meier ständig auf dem Boden der Frage nach dem realgeschichtlichen Ziel von Widerstand, das nicht in ethischen Appellen an die Nachgeborenen allein aufgehen kann. In der Bestimmung dieser Zielperspektive zieht Meier die Epochengrundrichtung auf Sozialismus hin aus" (S. 591 f.). Wenig später wird nochmals positiv hervorgehoben, daß Meier „... bei sonst historistischer Arbeitsweise — manche analytischen Hilfen der marxistischen Historiographie in Anspruch nimmt und den Grundcharakter der Epoche als sozialistisch bestimmt" (S. 595). Diese Einschätzung der Meierschen Geschichtsschreibung verrät eine zumindest lokal-temporäre historiographische Standortgebundenheit, deren Voraussetzungen auf wissenschaftstheoretischer Ebene einer Klärung zugeführt werden müßten. Vgl. dazu u. a. Helmut Rumpler, *Parteilichkeit und Objektivität als Theorie-Problem der DDR-Historie*, in: Reinhart Koselleck/Wolfgang J. Mommsen/Jörn Rüsen (Hrsg.), *Objektivität und Parteilichkeit in der Geschichtswissenschaft* (= Beiträge zur Historik, Bd. 1), München 1977, S. 228—262. Das Nowaks Charakterisierung zugrundeliegende Manuskript von Kurt Meier ist eben als Sachex-

kurs am Schluß seines 3. Bandes (K. Meier, *Der Evangelische Kirchenkampf*... [Anm. 5], S. 587—616) erschienen: *Der evangelische Kirchenkampf als Widerstandsproblem.*

[47] P. Steinbach, *Der Widerstand*... [Anm. 1].

[48] Klaus Drobisch/Gerhard Fischer (Hrsg.), *Ihr Gewissen gebot es. Christen im Widerstand gegen den Hitlerfaschismus,* Berlin [Ost] 1980. Das Buch beginnt mit einem Vorwort des Ost-CDU-Vorsitzenden Gerald Götting; in einer „Nachbemerkung" heißt es über die Absicht der Arbeit: „Die Stücke des vorliegenden Bandes wurden einer Fülle teils schon gedruckter, teils noch unveröffentlichter Materialien entnommen, die Aufschlüsse über den Anteil von Christen am Widerstand gegen den Hitlerfaschismus und über die in damaliger Zeit sichtbar werdenden Wurzeln heutiger vertrauensvoller Zusammenarbeit von Marxisten und Christen in der Deutschen Demokratischen Republik vermitteln... Insofern versteht sich das Buch als Beitrag zu dem Bemühen aller Kräfte der Nationalen Front der DDR, das Erbe des antifaschistischen Widerstandes in seinem ganzen Umfang zu bewahren und zu verwirklichen, das Vermächtnis seiner Helden lebendig zu halten und unserem Volk zu erschließen, die antifaschistische Tradition zu pflegen, zu schützen und weiterzuführen — sowohl bei der Gestaltung der entwickelten sozialistischen Gesellschaft in der DDR wie im Kampf gegen imperialistische Versuche, die nazistische Vergangenheit zu verharmlosen oder zu verfälschen, und gegen die gefährlichen neonazistischen Tendenzen jenseits unserer westlichen Staatsgrenzen" (S. 395 f.).

[49] Klaus Schwabe/Rolf Reichardt (Hrsg.), *Gerhard Ritter. Ein politischer Historiker in seinen Briefen* (= Schriften des Bundesarchivs, Bd. 33), Boppard 1984.

[50] Eine Vielzahl der Nachlässe von BK-nahen Männern des Widerstandes ist verloren oder noch ungesichert. Die Akten des im Geheimen Staatspolizeiamt bzw. Reichssicherheitshauptamt für die „politischen Kirchen" zuständigen Referats sind nicht überliefert. Auch die im Herbst 1944 von der Gestapo entdeckten Akten der Abwehr, die dort in einem Panzerschrank versteckt waren, bleiben unauffindbar. Aus dem staatlichen Bereich liegen die von dem Ltd. Archivdirektor Dr. Heinz Boberach (Bundesarchiv Koblenz) edierten *Berichte des SD und der Gestapo über Kirchen und Kirchenvolk in Deutschland 1934—1944,* Mainz 1971, vor; außerdem die sog. Kaltenbrunner-Berichte, die der Chef der Sicherheitspolizei und des SD nach dem 20. Juli 1944 der Parteikanzlei erstattet hat (s. o. Anm. 25). Eine Microfiche-Edition der Akten der Partei-Kanzlei der NSDAP (Rekonstruktion eines verlorengegangenen Bestandes) mit Register- und Regestenbänden, hrsg. vom Institut für Zeitgeschichte, erscheint beim K. G. Saur Verlag München (1983/85). Weiterhin erhalten sind die Unterlagen über einzelne Strafverfahren und die Ermittlungsakten der Staatspolizeistellen Düsseldorf, Würzburg und Neustadt, die in den zuständigen Staatsarchiven lagern. Neben der schon von A. Boyens (*Widerstand*... [Anm. 43], S. 679 Anm. 26) erwähnten Akte „Württemb. evangel. Landeskirche. Landesbischof D. Wurm, Stuttgart" befinden sich im Politischen Archiv des Auswärtigen Amtes (Inland I D Deutschland Kirche 1—3) u. a. auch Akten über das Kirchliche Außenamt (Heckel/Gerstenmaier). (Für freundliche Auskunft danke ich Herrn Dr. Boberach und Frau Dr. Keipert).

[51] Der Verfasser wird im Jahrbuch der Kirchlichen Hochschule Bethel, *Wort und Dienst*, 18. Jg. (1985), Einzelbeobachtungen zu folgenden Themen mitteilen: Prozesse gegen BK-Angehörige 1934—1944, die Kirchlich-Theologische Sozietät in Württemberg, das „Freiburger Konzil" und der Freiburger „Bonhoeffer-Kreis", Eugen Gerstenmaier — ein Mann der Kirche und des aktiven Widerstandes, Hermann Stöhr — ein Ökumeniker und christlicher Pazifist.

Zwischen Bekenntnis und Widerstand: Erfahrungen in der Altpreußischen Union

EBERHARD BETHGE
Bonn

I

„Status confessionis" in Wittenberg 1934

15 von 20 Provinz-Sächsischen Kandidaten fanden sich am 29. Oktober 1934 auf der Straße in Wittenberg, hinausgeworfen aus dem kürzlich erst durch die Reichskirchenregierung im Augustiner-Kloster wiedereröffneten Predigerseminar. Ein paar Tage lang hatten wir versucht, den Leiter des Seminars, Konsistorialrat Hage, zu überreden, das ganze Haus nach den Beschlüssen der 2. Bekenntnissynode von Dahlem den Bruderräten der Bekennenden Kirche zu unterstellen. An den Reichsbischof hatten wir einen Brief geschickt:

„Die Mitglieder der Bruderschaft der Hilfsprediger und Vikare innerhalb der Bekenntniskirche im Predigerseminar Wittenberg — Wittenberg, den 28. 10. 1934

An das Sekretariat des Herrn Reichsbischofs
Berlin

Die Unterzeichneten bitten, davon Kenntnis nehmen zu wollen, daß sie sich hinter die Botschaft der Bekenntnissynode der Deutschen Evangelischen Kirche vom 20. Oktober 1934 stellen. Auf Grund dieser Botschaft können sie sich nicht mehr an die Unterschriften unter die Bestimmungen für die Teilnahme an einem Lehrgang im Predigerseminar gebunden fühlen. Weisungen über ihre weitere Verwendung erwarten sie vom Bruderrat der Bekennenden Kirche."[1]

gez. 15 Unterschriften

Schon am Vormittag darauf kam ein Telegramm vom Reichsbischof aus

Berlin zurück, das uns umgehend das Haus zu räumen hieß unter Androhung gerichtlicher Verfolgung wegen Hausfriedensbruches.

So also sah das aus mit der ersten Erfahrung eines *Status-confessionis*-Vollzuges. Ein halbes Jahr zuvor hatte die Reichsbekenntnissynode in Barmen den Tatbestand häretischer Lehre und Administration seitens der deutsch-christlichen Kirchenleitungen und damit eines *Status confessionis* („wir bekennen — wir verwerfen") festgestellt. Damals war das immer noch ein Angebot zur Wende von falscher zu rechter Kirchenleitung. Nun hatte die zweite Reichsbekenntnissynode in Dahlem den Vollzug, das heißt das Ende des Debattierens und Argumentierens über Recht, Legitimität und Autorität der deutschchristlichen Kirchenregierungen verkündigt und begonnen, Notorgane zu errichten innerhalb der in falsche Hände geratenen Kirche für Leitung, Rechtsvollzüge, Finanzierung, Ausbildung u. a.[2]

An diesem 29. Oktober 1934 nahmen wir nun die Vollzugsaufforderung wörtlich. Da standen wir, zum ersten Mal abgeschnitten vom Konsistorium, seinen Finanzen — wie sich bald herausstellte, oft auch von den Pfarrhäusern und dem Zutritt zu den Kirchengebäuden. Und die ziemlich jungen Männer der Bruderräte zum ersten Mal beladen mit der ungewohnten Sorge um die postenlosen „Illegalen", die „Jungen Brüder". Anderthalb Jahre später schrieb der Provinzialbruderrat Sachsen zugleich mit der Aufforderung zur mündlichen Prüfung — inzwischen hatte auch der Reichsminister für kirchliche Angelegenheiten mit der *5. Verordnung zur Durchführung des Gesetzes zur Sicherung der D. E. K. [Deutschen Evangelischen Kirche]* Prüfungen, Ordinationen und Einführungen durch Bruderräte verboten —:

„Wir werden die Prüfung abhalten ... Wir können Ihnen keine Sicherung dafür geben, daß Sie angestellt werden, Gehalt bekommen, von irgendeiner staatlichen Stelle anerkannt werden. Wir wollen und dürfen Ihnen das nicht verschweigen. Es kann sein, daß Ihr Weg in Zukunft sehr schwer sein wird ..." gez. Staemmler.

(Provinzialbruderrat Sachsen, G. Nr. 5694, Magdeburg, Breiter Weg 19, den 29. Februar 1936).

In Wittenberg war unsere Stimmung zunächst einmal ausgezeichnet. Vorherrschend war das Gefühl, den Zwielichtigkeiten der letzten sechs Monate endlich entkommen zu sein. Denn sechs Monate lang hatte jeder ja immer noch den deutschchristlichen Bischöfen und Behörden unterstanden und folgen müssen, auch wenn Barmen sie für häretisch erklärt hatte. Sehr bald zeigte sich außerdem, welch eine Ermutigung von dem Wittenberger Exodus in die bekennenden Gemeinden der Provinz ausstrahlte. Sein Rumor ging durch ganz Preußen und selbst in die Schweizer und britische Presse. Unvergeßlich aber erst recht, wie die Existenzveränderung durch den vollzogenen *Status confessionis* die Theologie, das Predigen, das Beten und die Gemeinschaft für eine lange Zeit intensivierte. Und den Gesang! Wie heute mit Inbrunst gesungen wird „We shall overcome", so sangen wir damals: „Erhalt uns Herr bei deinem Wort/ und steure deiner Feinde Mord,/ die Jesum Christum, deinen Sohn/ wollen stürzen von deinem Thron". Damals hatte man im Hinterkopf die Umdichtung des DC-Bischofs und Polterers Hossenfelder in Berlin: „Erhalt uns Herr bei deinem Wort/ und steure jener Frommen Mord,/ die Jesum, Mensch und Gott zugleich/ wollen trennen vom Dritten Reich." Ein Wittenberger Mittäter, Gerhard Vibrans, schrieb nach Hause: „Der Reibi steht gegen eine unüberwindbare Mauer des Gebets."

Ein gewisser Stolz beherrschte uns aber auch, weil wir meinten, einen ziemlich verführerischen Test bestanden zu haben. Unser Direktor, Konsistorialrat Hage, war kaum ein überzeugter Nationalsozialist, eher ein gut gebildeter Theologe. Er hatte zum Studienbuch für unseren Wittenberger Kurs das eben erschienene Heft von Emil Brunner bestimmt: *Natur und Gnade. Zum Gespräch mit Karl Barth.* Das war zumindest geschickt gewählt mit seinen Argumenten für das Recht einer Natur- und Geschichtstheologie gegen einen drohenden Christomonismus Karl Barths und der 1. These der Barmer Erklärung. Vermittelte denn diese vernünftige Streitschrift nicht eine tief angesetzte Theologie, welche Natur und Geschichte als Quelle der Offenbarung mit der in Christus in Balance hielt? Meiner Erinnerung nach hatte keiner der 15 Kandidaten bei Barth selbst studiert. Dennoch waren wir bereits sensibilisiert für die große Versuchung der Kirche in diesen Monaten der Nazifizierung von Leitung und Lehre; der Versuchung, nach dem willkommenen Alibi durch einen so Respekt heischenden Theologen zu greifen und die Schützenhilfe durch seine ernsthafte Geschichtstheologie zu nutzen. Warum nach der einstigen Hellenisierung des Glaubens nun nicht auch eine legitime Germanisierung? Viele griffen zu, von den Neutralen bis zu den Deutschen Christen, von unserem milden Seminardirektor bis hin zu den groben Formulierern einer Nazi-Theologie, Nazi-Ekklesiologie, Nazi-Christologie und gar Nazi-Christlichen Ethik, in welchen es dann sogar Platz gab für den fatalen Arier-Paragraphen — den konnte man unter die „Mitteldinge", unter die „Adiaphora" plazieren, welche die Wahrheit des Evangeliums nicht berühren.

Erwartete man in Wittenberg von uns, daß wir lernten, wenigstens eine neutrale Haltung zur Nazifizierung der Kirche und ihrer Botschaft zu finden, eben mit dem Studium des großen Brunner? Jeder von uns wußte ja, daß der Reichsbischof nach der Schließung aller Predigerseminare als Stätten der Unbotmäßigkeiten im Frühjahr 1934 sie kürzlich wieder eröffnet hatte mit ausdrücklicher Unterstellung unter sein Amt in Berlin und der besonderen Aufsicht über den militarisierten Tageslauf und über die Inhalte des Lehrplans.

Ich besitze noch das Heft von Brunner aus jenen Tagen; und es überrascht mich heute, wo wir damals Ausrufungs- und Fragezeichen gesetzt haben; bei Sätzen, welche heute gar nicht unvernünftig klingen. Bei der Abreise aus Wittenberg schrieben wir wie verschworene Primaner noch unsere Namen gegenseitig in die Exemplare der Exodus-Genossen und setzten den erwähnten Brief mit der Kündigung unserer Loyalität für den Reichsbischof dazu. Wir wollten damit markieren, daß nunmehr die Zeit endlosen Debattierens über mögliche Geschichtstheologien vorüber sei und daß auch die ernsthaftesten und interessantesten Beiträge zur Lage, in der wir uns 1934 in Altpreußen befanden, daraufhin zu befragen waren, was sie bedeuteten für den Vorgang der Verschleierung der Nazifizierung der Kirche Christi, wie für den des *Status confessionis*.

Diese total vergessene reformatorische Terminologie von dem Niemöller des 16. Jahrhunderts, von Flacius Illyricus, und von der Konkordienformel („in statu confessionis nihil est adiaphoron“, FC Sol. Decl. Art. X) war aus einem Gegenstand des Abfragens im Examen plötzlich zum Stichwort für eine lebenswendende Erfahrung geworden; hier in Wittenberg für 15 Kandidaten; in der einen und anderen Form für mindestens 1000 weitere in den Bekennenden Kirchen der Altpreußischen Union. Wie einen neuen Erdteil hatten sie alle das uralte Wort „Häresie“ entdeckt und stellten sich den Folgen.

II

Confessio — nicht Widerstand

Was wir im Oktober 1934 entschieden und taten, das nannten wir damals ausschließlich Bekenntnis, Bekennen. Unsere Zugehörigkeit zu Christus wollten wir nicht arisieren lassen. Das war es. Niemand von uns dachte bei dem Hinauswurf um dieser Sache willen an politischen „Widerstand“. Und unsere Sicht stimmte ja auch überein mit der vielfach zum Ausdruck gebrachten Meinung der Abstimmer von Barmen und Dahlem.

Heute sieht man leicht, wie ungereimt unsere Auffassung war. Jede genaue Analyse des Barmer Wortlautes muß zu dem Schluß kommen, daß die Thesen unvereinbar sind mit dem Nationalsozialismus und seinen groben oder subtilen Vertretern in der Kirche. Barmen, Dahlem und sogar unser lokaler Akt in Wittenberg bedeuteten natürlich eine Begrenzung totalitärer Macht und Beschränkung ihres ideologischen Primats. Und das verstanden die Nazis schneller als wir und als die Majorität der Bekenner.

Aber wir weigerten uns damals, eine politische Interpretation unserer Worte und Taten zuzulassen.

Als die *Times* und die *Basler Nachrichten* von unserem Schritt berichteten — und natürlich als von Zeichen einer Resistenz im Dritten Reich —, reagierten wir mit Ärger, ja Verachtung: Die verstehen aber auch gar nichts. Sie begreifen nicht, daß unsere Schritte nichts mit einem Kampf zu tun haben, Hitlers Regierung zu beeinträchtigen oder gar zu stürzen; sondern alles mit einem Kampf gegen die Nazifizierung der kirchlichen Strukturen beziehungsweise für die Erneuerung von Lehre, Glaube und kirchlichem Leben. Vor allem, sie verdunkeln die Quelle unserer Entscheidung für Barmen und unserer Risikofreudigkeit nach Dahlem.

Asmussen hatte in Barmen deutlich genug betont, daß das Bekenntnis zum *Solus Christus* nichts zu tun habe mit einer Opposition gegen das neue Deutschland und seine veränderte Staatsform. Wir hörten sogar von Leuten wie Barth — später auch von Bonhoeffer —, welch eine niedrige Meinung sie hatten von der Fähigkeit westlicher Theologen und Publizisten, die Christus-zentrierten sechs Barmer Sätze gegen die Nazifizierung der Kirche zu begreifen, und wie sie ihre Vermarktung in der politischen Tagespresse des Auslandes bedauerten: das Mißverständnis der jungen Bekennenden Kirche als einer politischen Widerstandsbewegung. Sprachen denn die berühmten Thesen nicht klar gegen die nazifizierte Kanzel (These 1), gegen das nazifizierte christliche Leben (These 2), gegen eine nazifizierte Ekklesiologie (These 3) und gegen die nazifizierten Ämter (These 4)?

Wir verstanden unsere Entscheidung noch in keiner Weise als eine zwischen Christus oder Hitler, nicht als eine zwischen dem Kreuz oder dem Hakenkreuz, und erst recht nicht als eine zwischen Demokratie oder Führerstaat. Statt dessen sahen wir die Entscheidung als eine zwischen dem Kreuz und einem verhakenkreuzten Kreuz und für das damals gängige „Kirche muß Kirche bleiben“. Wir glaubten ganz gut zu wissen, an welcher Front wir zu kämpfen hätten und wer die eigentlichen Feinde seien: jene theologischen Lehrer an den Fakultäten und jene neuen Bischöfe mit ihren konsistorialen Verwaltungsbeamten, die ihren Enthusiasmus für Hitler mit dem christlichen Glauben mischten und den Christus für die Deutschen sogar sorgen ließen für die sogenannte rassische Reinheit der Kirche. So etwas erfüllte unsere Vorstellungswelt vom *Status confessionis* und beflügelte unseren Mut zum Risiko: Glaube und nicht Politik, *Confessio* und nicht Widerstand. Abweichungen in politische Programmatik konnten da doch nur das Bekenntnis zum *Solus Christus* schwächen. Für eine ganze Weile waren wir uns da ziemlich sicher. Und als junge Lutheraner waren wir für so etwas wie politischen Widerstand ziemlich unvorbereitet. 1934 gab es unter uns weder Erfahrung noch

Konzeptionen von derartigen Aktivitäten, — und zugegeben — die meisten unter uns glaubten damals noch, daß Hitlers Anfangsaktionen und -wege gut für Deutschland seien. Und als dieser Glaube zu wanken begann, sprach niemand die Sprache von Widerstand. Und dies erst recht nicht, als es wirklich zu bewußten Widerstandsaktivitäten im einen oder anderen Falle kam. Dann mußte das Wort vermieden werden und warten, bis es nach 1945 erst benutzt werden konnte. Emmi Bonhoeffer, die Witwe von Klaus Bonhoeffer, erzählte kürzlich in einem Vortrag:

„Das Wort ‚Widerstandsbewegung' habe ich zum ersten Mal 1947 in der Schweiz gehört, als ich nach vielen Schwierigkeiten die Erlaubnis bekam ..., zu meiner Schwester nach Zürich zu reisen. Mein Schwager in Zürich sagte zu mir: ‚Ihr werdet es ja nun hoffentlich etwas leichter haben als andere, weil Dein Mann im Widerstand gefallen ist.' ‚In was?' frug ich. ‚Im Widerstand. So nennt man das hier.' Ich schluckte und sagte: ‚Ja, so kann man das nennen.' Warum kannte ich das Wort nicht? Es gab es bei uns nicht."

Und 1934 hatte niemand in hörbarer Form Laut gegeben, daß mit der *Confessio* von Barmen und ihrem Vollzug durch die Dahlemer Konsequenzen bereits Tatbestände von Blindheit und Selbsttäuschung, von Unterlassungen und Kurzschlüssen, von tieferreichenden Verwicklungen gegeben sein könnten. Und unsere Augen lasen in der Barmer Erklärung nichts von Anweisungen zu politischem Widerstand, jedenfalls nicht damals. Oder gab es doch Zweifel?

III

Ahnungen

Das Jahr von Barmen und Dahlem, 1934, brachte auch für die Provinzler sichtbare Erschütterungen auf der politischen Bühne. Hitler tötete seinen Freund Ernst Röhm und eine unbekannte Anzahl anderer politischer Gestalten. Die Nazis versuchten, das österreichische System aus den Angeln zu heben, indem sie erlaubten, den Kanzler Dollfuß zu ermorden. Im Anschluß an den Tod Hindenburgs, der Leute wie uns ziemlich berührte, kombinierte Hitler das Amt des Kanzlers mit dem des Präsidenten auf seine Person, von nun an der „Führer" aller Deutschen. Und nun hatte die Gefangensetzung der süddeutschen lutherischen Bischöfe in München und Stuttgart die Weltpresse erregt.

In diesen Tagen schrieb einer aus unserem Wittenberger Kreis in einem Brief an seine Eltern, jener erwähnte Vetter:

„... das Dritte Reich — welch eine Tragik — erlebt hier seine erste, ernste Erschütterung, so oder so. Es ist hier nicht der Platz, die ganze

Frage nach Recht und Gerechtigkeit, Wahrheit und Wahrhaftigkeit im Dritten Reich aufzuwerfen. Die Sünde ist der Leute Verderben, aber Gerechtigkeit erhöht ein Volk.“ (Gerhard Vibrans, 25. Oktober 1934.)

Auf einmal sind da Ahnungen, daß mit unseren Bekenntnisschritten noch andere Dimensionen angerührt sein könnten; ein bißchen vage und allgemein, noch kaum wirklich anerkannt; am liebsten gleich wieder zurückgenommen. Aber doch die Beunruhigung, mit dem Schritt des *Status confessionis* möchte auch einmal die „ganze Frage nach Recht und Gerechtigkeit ... im Dritten Reich“ zu richten sein an uns selbst, an die Bekenner, an die Kirche, an die Öffentlichkeit.

An uns? Die wir ja bereits erregt und beschäftigt genug waren mit der Erfahrung dieses Exodus aus den Sicherheiten einer geordneten Laufbahn? Wir hatten ja schon genug damit zu tun, unser Wagnis besorgten Müttern und Bräuten zu erklären. Und nun noch diese ganz andere Dimension! War sie nicht tatsächlich ein Schritt in völliges Neuland?

Ungewohntes Neuland, weil dann eventuell zuzugeben war, die deutsche Erneuerung von 1933 könnte eine ungeheure Täuschung gewesen sein. Neuland, weil die eingeübte Trennung zwischen dem, was des Staates ist — und nun dieses Staates, der reinen Gottesgabe! — und dem, was der Kirche ist, eventuell abzubauen sei. Das hatten wir in Halle-Wittenberg nicht gelernt.

Neuland, weil eine verantwortliche Pflicht am Horizont auftauchte, sich um wahre Information zu bemühen, jenseits dessen, was die kontrollierte Provinzpresse veröffentlichte über Judenpogrome, über den Röhm-Putsch; ja, über die Dahlemer Synode, von der wir Einzelheiten erst erhielten, als jemand die *Basler Nachrichten* aufgetrieben hatte. Niemand hatte damals einen Empfänger auf seinem Nachttisch am Bett. *BBC-News* kamen erst Jahre später in Schwang.

Neuland, weil ja schon der erste Schritt in die Realität des *Status confessionis* all unsere Energie verbrauchte mit den Sorgen um Stellen, um Finanzen, um die Ausbildung und Ordination. Wie sollten die neuen Bruderräte das alles finden, schaffen und durchhalten? Wenigstens waren wir auf diesem Feld mit ungleich stärkerer theologischer Gewißheit ausgerüstet und motiviert als auf dem jener „Frage nach Recht und Gerechtigkeit“.

Neuland, weil wir einsichtig und überzeugend ständig gehört hatten, „Kirche muß Kirche bleiben“, und weil keiner der nun bekannten Kirchenmänner und Theologen, einschließlich Niemöller und Barth, sich öffentlich vernehmen ließ, daß wir etwa politische Mitverantwortung für eine Änderung des politischen Systems zu übernehmen hätten. Wer wagte damals, uns etwa öffentlich Gedanken an politische Mitverantwortung an den Judenpogromen einzuhämmern?

Wenn wir heute Quellen mit solchen Hinweisen finden, Briefe mit mehr oder weniger verhüllten Aufforderungen, so geschieht das als Ergebnis sorgfältiger Forschung. Natürlich finden wir solches Material unter anderem in Nachlässen Prager Emigranten, eingeschmuggelt nach Deutschland unter falschen Titeln und Umschlägen; aber gerade solches war kaum gemeint für Kandidaten der Theologie, für fromme Gemeinden und Pastoren ohne demokratische Traditionen und ohne Übung in Untergrundarbeit — heute hin und her im Lande ausgestellt; vielleicht aber doch auch in der Gefahr, überschätzt zu werden in seiner Wirkung und Streuung.

Von unserer eigenen zögerlichen Ahnung im Jahre 1934 her kann man dann aber verstehen, mit welcher Aufregung wir Jahre später entdeckten, daß 1938 Barth gerade unsere „Frage nach Recht und Gerechtigkeit" nun zu seinem eigenen, öffentlich gedruckten Thema gemacht hatte in seinem Heft *Rechtfertigung und Recht.* Aber auch erst 1938! Freilich erschien es eben in der Schweiz und wurde der weiteren Öffentlichkeit erst nach 1945 zugänglich und diskutierbar. 1934 jedoch gab es für uns keine so geartete Stimme.

Bonhoeffer gehörte zu den wenigen, die in der Lage waren, Barths *Rechtfertigung und Recht* alsbald zu lesen. Er brachte zum Ausdruck, daß hier nun ausgesprochen wurde, was so noch nicht in Barmen zu lesen war, und daß es — wie er Niebuhr gegenüber meinte — für so eine wichtige und notwendige theologische Klärung eigentlich mehr als nur eines Heftes bedurft hätte:

„If . . . one states an original position in many big volumes, one ought to define the change in one's position in an equally impressive volume and not in a little pamphlet."[3]

Dieses „Pamphlet", der Hromadkabrief und der Wipkinger Vortrag vom 5. Dezember 1938 *(Die Kirche und die politische Frage von heute)* stehen zwar in Kontinuität mit Barmen, wie Barth es gemeint und vorbereitet hatte, aber stellten dennoch neue Stationen dar, die dieser einzelne Theologe aussprach; aber nur wenige in der deutschen Bekennenden Kirche vollzogen sie mit.

1934 hörte jedenfalls noch niemand dergleichen, weder aus Bonn, noch aus Barmen und Dahlem. Bonhoeffers Stimme kannten damals nur wenige frühe Schüler im heißen Berlin — später unsere Mitkandidaten in Finkenwalde, ohne daß letztere uns etwa gleich bekanntmachten mit Bonhoeffers Juden-Aufsatz vom April 1933.

Dennoch — das Bekenntnis und das Bekennen im konkreten *Status confessionis* bereitete jetzt mit seinen einschneidenden Veränderungen unseres theologischen, kirchlichen und privaten Lebensstiles einen Boden, auf dem neue Einsichten, ja eventuell gar neue Entscheidungen wachsen konnten.

IV

Ein Weg in Neuland

Ein halbes Jahr nach dem Auszug aus den patrizierhaften Prachträumen im Augustinerkloster fanden wir uns vor in den unheizbaren, strohgedeckten Hütten an der Ostsee. Die Bruderräte hatten tatsächlich mit Erfolg fünf Notseminare in Altpreußen etabliert — und dies hier (Zingst, bald Finkenwalde) mit jenem außerordentlich jungen Direktor, Dietrich Bonhoeffer aus Berlin, gerade zurück aus dem Pfarramt an deutschen Gemeinden in London. Er war offensichtlich bald in der Lage, uns spüren zu lassen, daß es mit atemberaubenden bekennenden Schritten gegen die Gleichschaltung von Lehre und Praxis von oben herab nicht einfach getan und alles gut und recht war.

Bereits im Juni 1935 zeigte sich ein unübersehbarer neuer Aspekt. Jetzt verfolgten wir mit großer Spannung den Verlauf der, nun dritten, Reichs-Bekenntnis-Synode in Augsburg. Erhebliche Risse in den Barmen-Dahlemer Gruppierungen waren inzwischen offenbar; zu unserem Entsetzen waren die Lutheraner erfolgreich, Barth von Augsburg fernzuhalten (und er ging ja nun auch endgültig fort von Bonn nach Basel). Dennoch erwarteten wir, daß Augsburg unsere Schritte nach Dahlem als Verweigerung der Gleichschaltung bestätigte. Und das tat die Synode auch zu unserer großen Erleichterung. Aber Bonhoeffer fand offensichtlich das Ergebnis nicht ganz so gut wie wir. Er hatte noch etwas anderes erwartet. Er fand es an der Zeit, daß ein Wort für die Juden hätte gesagt werden müssen. Er wußte durch seine familiären Verbindungen frühzeitig von den Vorbereitungen der Nürnberger Gesetze im Sommer 1935 im Justizministerium (wo sein Schwager Hans von Dohnanyi arbeitete) und im Innenministerium von den peinvollen Verhandlungen zur Definition, wer Jude sei und wer nicht (mit einem, zwei oder drei Großelternteilen); wo also die Linien zu ziehen seien, um von den kommenden Nürnberger Gesetzen betroffen zu sein oder gerade noch nicht.

Würde Augsburg einen Hinweis und vielleicht den skrupelbeladenen Entwerfern und den kommenden Opfern eine Hilfe geben, also früh genug protestieren? Es geschah natürlich nichts dergleichen in Augsburg, und es konnte nach Lage der Dinge auch wohl kaum wirklich erwartet werden. Aber Bonhoeffers Erwartungen, Enttäuschungen und erste Gespräche darüber öffneten uns jedenfalls Perspektiven, an die wir solange nicht gedacht hatten, aus welchen Gründen auch immer. Jener erwähnte Vetter und Exodus-Genosse, G. Vibrans, schrieb aus Finkenwalde in einem Freundes-Rundbrief: Jetzt habe er hier im Seminar zum ersten Mal in seinem Leben drei Freunde Bonhoeffers kennengelernt, die alle von dem Nazi-Antisemitismus betroffen seien, aus ihrer Gemeinde entfernt oder von der SA verprügelt worden waren und nun Bonhoeffers Rat für die Emigration erbaten. Ziemlich erschüttert schrieb er von der plötzlichen Nähe zu dem eigentlichen Problem (es handelte sich um Franz Hildebrandt, Ernst Gordon und Willi Süßbach).

Wir hatten alle seit 1933 selbstverständlich mitgekämpft gegen die Häresie des Arier-Paragraphen in der Kirche, als Gleichschaltung von Lehre und Gemeindepraxis, wie das Barth und Niemöller am wirkungsvollsten als Grund zum *Status confessionis* hatten verbreiten können. Wir wußten nichts von Bonhoeffers Artikel *Die Kirche vor der Judenfrage*, in welchem er weit über das Problem der „Judenchristen" hinaus entwickelt hatte, daß und unter welchen Umständen die Kirche auch für die diskriminierten Juden zu sprechen und eventuell zu handeln habe („dem Rad selbst in die Speichen zu fallen").[4] Dort hatte Bonhoeffer simpel unterschieden zwischen einem „Zuviel" und einem „Zuwenig" an staatlichem Handeln; das heißt, von vergewaltigender Gleichschaltung, auch der Kirche, als dem „Zuviel" und von der Schutzversagung gegenüber jüdischen Minderheiten, also von dem Manko an Menschenrechten, als dem „Zuwenig", und beides habe die Kirche deutlich anzuprangern und entsprechend zu handeln. Danach hatten also Barmen und Dahlem dem „Zuviel" ganz gut entgegengesteuert und sich der Gleichschaltung verweigert, im Blick auf das „Zuwenig" aber fast ganz versagt. Dieser Aufsatz war kaum bekannt, oder er war schnell vergessen. Aber nun hörten wir zum ersten Mal, worum es ihm eigentlich ging — und wie immer noch niemand darauf einging.

Zum ersten Mal ging uns auf, unsere Bekenntnissynoden seien vielleicht tatsächlich gut in ihrer Sprache *gegen* (gegen die Gleichschaltung), aber eben nicht gut in einem eventuellen Wort *für*, nämlich für die Opfer der Gleichschaltung. Bonhoeffer hatte nicht nachgelassen, auf so etwas dringend zu warten. Davon stand nichts direkt Benanntes in Barmen und erst recht nicht in den Veröffentlichungen der folgenden Bekenntnissynoden. Wenn aber dergleichen, das Wort *für*, aus dem Bekenntnis zu Christus notwendig erwächst, dann schließt das unvermeidlich die Sorge darum ein, sich um die Lebensbedingungen jener Opfer zu kümmern, also eine wachsende Pflicht, um ihrer willen politische Verwicklungen zu erkennen und auf sich zu nehmen. Auch Barths scharfe Worte in Wipkingen für den politischen Einsatz einer bekennenden Kirche gingen ja aus von der leidenschaftlichen Stellungnahme zur gerade geschehenen „Kristallnacht". Nun war für ihn das Thema Kirche und politischer Einsatz zum eigenen, brennenen Thema geworden, was zur Zeit Barmens so noch nicht der Fall gewesen war.

Durch diese Begegnung mit Bonhoeffer von 1935 trat für manche unter uns nun auch das Problem, was wir heute das des politischen Widerstands nennen, stärker und stärker in den Vordergrund. Die Ebene des Bekennens rückte enger dorthin, wo Abläufe von Resistenz beginnen. Die eskalierende Judenverfolgung erzeugte eine immer untragbarere Situation — wenigstens für Bonhoeffer selbst.

Alle tapfere *Confessio* schlug um in unvermeidbares Komplizentum mit den Mördern, auch wenn immer neue Akte von Gleichschaltungsverweigerungen geschahen, auch wenn Sonntag um Sonntag Christus-zentrierte Predigten gehalten wurden. Niemand hat je letztere verboten in der Hitlerzeit. Warum auch?

Und dann konnte wohl der Punkt kommen, an dem die Grenzscheide zwischen Bekenntnis und Widerstand erreicht und zu überschreiten war. Plötzlich war dann deutlich, wenn hier die Grenze nicht überschritten wird, steht die *Confessio* nicht besser da als die Kooperation mit dem Bösewicht. Dann wurde deutlich, wie es um die Bekennende Kirche stand: *Wir haben widerstanden mit dem Bekenntnis, aber wir haben nicht bekannt mit dem Widerstand.*

Wenn aber die Grenze überschritten und politisch widerstanden wird, dann werden auch die ganze Vielfalt und erst recht auch Vieldeutigkeit politischer Aktionen sichtbar, für die eingestanden werden muß. Auch für Bonhoeffer brauchte es eine ganze Zeit, ehe er die bewußt politische Aktion auf sich nahm, und er endete bei der Konspiration des Widerstandes, die unter dem Datum 20. Juli 1944 bekannt geworden ist. Andere haben länger gebraucht, an diese Grenze zu treten und sie zu überschreiten; noch mehr haben sie nie überschritten. Dabei wissen Christen heute über die ganze Welt hin einiges darüber, daß ein Bekenntnis, daß ein *Status confessionis* verrottet, wenn er sich beschränkt auf die *Confessio gegen,* wenn er sich nicht einläßt auf die *Confessio für,* und das heißt, wenn er sich nicht einläßt auf seine Verantwortlichkeit für seine jeweilige Gesellschaft und ihre Opfer. Und das heißt: sich einläßt auf Bekenntnis *und* Widerstand, auf *Bekennen mit Widerstand.*

Es ist hier nicht der Platz, den Katalog zwischen Widerständigkeit (Peter Steinbach) und Widerstand in seiner Breite und seinen Abstufungen zusammenzustellen und die je angemessenen Möglichkeiten zu erörtern. In der Bekennenden Kirche gab es zaghafte Ansätze, wie die Denkschrift an Hitler von 1936, wie Bischof Wurms Briefe nach Berlin im Krieg; die äußerste Möglichkeit war die Beteiligung am konspirativen Putsch. Die Erfahrung zeigt, daß und wie man erst mittendrin wissen kann, welche der vielen Stufen angemessen ist und wie Widerstand die unterschiedlichsten Gesichter erhält, sei es in normalen, sei es in gespannten, sei es in extraordinären Situationen und Bedingungen; welche Bedeutung der Zeitfaktor, die Reife für eine Aktion hat; was für bestimmte Bereiche besser der einzelne Christ beziehungsweise politische Mandatsträger tun kann, was besser die Kirche als Institution.

Bischof Berggrav erklärte für seine Kirche durchaus effektiv und hochpolitisch das Interdikt von 1942 und organisierte einen wirkungsvollen Beerdigungsstreik. Die Kirche hat jedenfalls viele unterschiedliche Möglichkeiten, gerade ihr Mandat in politischer Widerständigkeit bis hin zu direktem Widerstand wahrzunehmen. Schon ihr Fürbitte-Gebet kann in seinem Inhalt nicht einfach vorausgesetzt werden, sondern wird erst ernst, wenn man sich um Information gekümmert, Analyse angestellt, Identifikation und Solidarität mit Betroffenen hergestellt hat — und das reicht tief in das politische Feld; sonst bleibt solch Gebet eine verbale Alibi-Bemühung.

Sie kann und muß ihre Möglichkeiten nutzen, die Grade von Antisemitismus, von Apartheid, von Zerstörung von Humanität in der kapitalistischen wie in der sozialistischen Welt, von den Maßen des Einsetzens der Massenvernichtungsmittel und der Erbgut- und genschädigenden Techniken zu analysieren, und muß auf Mittel, jeweils zu widerstehen, sinnen. Welche Lehren erteilt uns jetzt der Papst mit seinen geistlich-politischen Besuchen in aller Welt. So muß auch die Möglichkeit schließlicher Parteiergreifung offen bleiben, ja sogar das Risiko kontrollierter Maßnahmen von Gegengewalt, wozu sich Bonhoeffer eines Tages zu entschließen hatte. Auch die Kirche trägt Verantwortung und Sorge für die Verfolgten einer „Zuviel"- oder „Zuwenig"-Gesellschaft wie auch für die Verfolger, und die kann beginnen bei Aufklärungskampagnen und enden bei Anerkennung und Unterstützung von Freiheitsbewegungen.

Man hilft sich heute oft damit, die politische Aktion dem individuellen Christen und die verkündigende *Confessio* der Kirche zuzuordnen. Natürlich gibt es unterschiedliche Mandate, gibt es primäre und sekundäre Aufträge, die nicht ohne Not identifiziert oder ausgetauscht werden sollten. Aber die totale Trennung ist gefährlich; es klappt nicht unter allen Umständen. Denn die Kirche steht dabei in der Gefahr, doketisch und abstrakt zu werden und in Wahrheit der Komplize rücksichtsloser Macht, wie unsere Geschichte vielfach zeigt. Und der individuelle Christ bleibt allein gelassen, ausgesetzt vielen praktischen und geistlichen Gefährdungen.

V

Bekenntnis und Widerstand

Wir haben beobachtet, wie uns beim Vollzug des *Status confessionis* auf der Basis von Barmen die Vision für die Aspekte eines politischen Widerstandes gefehlt hat. Wir erwähnten Gründe dafür aus theologischer Tradition und aus mangelnder Wahrnehmung ganzer Felder der Realitäten. Wir berührten Schwierigkeiten des allzu langen Weges vom Bekenntnis zum Widerstand, schließlich unendlich kostspielig für den, der ihn fand; so kostspielig, daß sich auch heute die Kirche nur halb mit ihm zu identifizieren wagt.

Ich möchte nun in einer Summe betonen, daß auch ich die Zentralität des Bekenntnisaktes nicht verdunkeln oder gar löschen möchte.

Das Bekenntnis ist und bleibt Erstes und Letztes. Das Bekenntnis zu dem Christus, der uns Gott und Leben herbeischafft und der Gedanken und Herzen *gegen* die falschen Götter richtet und zugleich sie *zu* ihren Opfern wendet.

Widerstand siedelt im politischen Kalkül, im rationalen Bedenken des Erfolges, der angemessenen Taktik und Strategie; er muß warten und schweigen können, oder er muß den offenen Schlag riskieren.

Bekenntnis kann sich nicht um Erfolg oder Fehlschlag kümmern. Es lebt allein von dem, den es bekennt, dem Gekreuzigten und Auferstandenen. Bekenntnis ist eine öffentliche Angelegenheit. Offen spricht es den Namen Christi aus und verweigert öffentlich den Lobpreis teutonisierter oder auch amerikanisierter Messiasse; auf der Lauer, keinen Gleichschaltungen der Kirche zu verfallen — der Durst von Gesellschaften und Mächten, die Kirchen konform zu haben, ist zu keinem Zeitpunkt abwesend, so unterschiedlich ihre groben, milden oder subtilen Formen auch seien.

Widerstand kennt Stufen des Verheimlichens, ja der Irreführung, und das, je verantwortlicher und disziplinierter seine Widerständigkeit durchgeführt wird.

Bekenntnis sucht die Kanzel — und wenn nötig auch die Gerichtsschranke, möglichst ohne viel Aufhebens. Alles liegt ihm am klaren und eindeutigen Wort. Siehe, wie in den letzten Briefen Moltkes plötzlich die Widerstandsebene wieder gänzlich abgelöst ist von der des Bekenntnisses vor Freisler.

Widerstand lebt mit den ambivalenten Vieldeutigkeiten über und für die Akte und die Agierenden. Die vorfabrizierte Rechtfertigung ist nicht habbar, nach der die Kirche und die Christen gewohnt sind, begierig Ausschau zu halten.

In dem Moment, in welchem die bekennende Verweigerung, sich gleichschalten zu lassen, mit der Wahrnehmung der Verfolgten zusammentrifft, in diesem Augenblick beginnt das Bekenntnis, die Schwelle zum politischen Widerstand zu berühren. Wenn der Bekenner dann jene Schwelle überschreitet, verschwindet das Bekenntnis nicht einfach — obwohl es geschehen mag, daß es für eine ganze Weile kaum noch gehört wird —, das

Bekenntnis wird nicht einfach verschleudert oder mit dem Widerstand identifiziert. Das Bekenntnis bleibt mit dem, den es bekennt, wie arkan auch immer. Und das wird wichtig für den Moment des politischen Mißlingens des Widerstandes, der Niederlage, der Schwäche; vielleicht um zu heilen, was der Widerstand hat zerstören oder verwunden müssen.

Leute, die unbewegt allein im Feld des Bekenntnisses verharren und nie an jene Schwelle treten, fragen heute oft: Wie konnte ein Mann wie Pastor Bonhoeffer seine Identifikation mit den Putschisten theologisch rechtfertigen? Die Frage ist makaber, weil sie meist gestellt wird als scheinbar ernsthafte Sorge aus einer isolierten und isolierenden Situation des unbeteiligten Konfessionalismus heraus, in dem man sich täuscht über das tatsächliche Komplizentum mit den Bösewichtern. Meine Frau gab einmal die kürzeste Antwort auf die Frage: Umgekehrt muß die Frage lauten, nämlich, wie kann ein Bekenner sein Nichthandeln theologisch rechtfertigen?

Zwei Schlüsse drängen mir Erfahrungen und der Stand meiner Reflexionen über sie auf:

1. Bekenntnis und Widerstand sind nicht deckungsgleich; und sie dürfen es auch nicht werden um der Sache Christi und der Kirche willen, um der Sache der Bekenner und der Widerständler willen, um der Sache der jeweiligen Gemeinwesen und ihrer Opfer willen. Jede Einlinigkeit, in der das eine im anderen aufgeht, verfällt der Selbstzerstörung.

2. Zugleich gilt, daß eine Berührungsangst zwischen Bekennern und Widerständlern nicht die Überhand gewinnen darf. Wir sind Zeugen der Kosten dieser Berührungsangst: sechs Millionen ermordete Juden und die Überlebenden des Holocaust. Die Barmer Erklärung und das Bekenntnis mit ihr haben die Situation nicht verhindert, in welcher die Schulderklärung von Stuttgart notwendig wurde. Zwischen Barmen und Stuttgart stehen die namenlosen sechs Millionen. Unterlassene Schritte vom Bekennen zum Widerstand enden bei der Duldung des Verbrechens; sie machen aus dem Bekenntnis Alibiworte; sie lassen das Unrecht an Menschen zur unstillbaren Anklage werden auch gegen die Bekenner.

Anmerkungen

[1] Dokumente wie dieses und folgende im Besitz des Autors.

[2] Siehe über die Phasen des *Status-confessionis*-Prozesses von der Phase der Erkenntnis mit ihren Auseinandersetzungen über die der synodalen Feststellung bis zu der des Vollzuges in einem Schisma Eberhard Bethge, *Status confessionis. Was ist das?*, in: *epd [Evangelischer Pressedienst]-Dokumentation*, Nr. 46 (1982).

[3] Reinhold Niebuhr, *Christianity and Crisis*, Bd. 5 (June 25, 1945), Nr. 11,6.

[4] Dietrich Bonhoeffer, *Gesammelte Schriften*, hrsg. von Eberhard Bethge, Bd. 2, München 1959, S. 48.

Der Widerstandskreis um Dietrich Bonhoeffer und Hans von Dohnanyi

Seine Voraussetzungen zur Zeit der Machtergreifung

CHRISTOPH STROHM
Heidelberg

In seinen Berichten über die Ermittlungen nach dem 20. Juli 1944 stellt der Chef der Sicherheitspolizei und des Sicherheitsdienstes (SD), Kaltenbrunner, die gegnerische Einstellung einer „ganzen Sippschaft" fest. Ein „ganzer Kreis, der sich um den Namen Bonhoeffer gruppiert", sei an dem Umsturzversuch beteiligt.[1] Unter den der Teilnahme an der Verschwörung Beschuldigten befanden sich sechs Glieder der Familie Bonhoeffer. Neben den Brüdern Klaus und Dietrich Bonhoeffer waren die Schwäger Rüdiger Schleicher und Hans von Dohnanyi sowie dessen Frau Christine und Schleichers Schwiegersohn Eberhard Bethge unter dem Verdacht der Beteiligung an hochverräterischen Bestrebungen verhaftet worden. Während Klaus Bonhoeffer und Rüdiger Schleicher erst nach dem 20. Juli 1944 in die Fänge von Gestapo und Sicherheitsdienst gerieten, waren Hans von Dohnanyi, seine Frau Christine und deren Bruder, der Theologe Dietrich Bonhoeffer, schon über ein Jahr vorher, am 5. April 1943, verhaftet worden.

Wenn im folgenden von einem „Bonhoeffer-Dohnanyi-Kreis" die Rede ist, soll damit nicht behauptet werden, daß sich eine solche Gruppe klar aus ihrem Umfeld ausgrenzen läßt. Mit dem Begriff „Kreis" wird lediglich der Tatsache Rechnung getragen, daß hier mehrere Personen in der Opposition gegen Hitler schon durch lange währende freundschaftliche und familiäre Beziehungen miteinander verbunden waren, bevor sie dann im Widerstand gegen Hitler wiederum eng zusammenarbeiteten und über eine weitgehend übereinstimmende geistig-politische Grundhaltung verfügten.

I

Der Kreis um Hans von Dohnanyi als Teil der sogenannten nationalkonservativen Opposition gegen Hitler?

Im Blick auf seine politische Wirksamkeit hatte der Kreis sein Zentrum in dem Juristen Hans von Dohnanyi, der zunächst im Reichsjustizministerium und dann in der militärischen Abwehr unter Canaris und Oster eine bedeutende Stellung innehatte.[2] Gemeinhin rechnet man diesen Kreis zur sogenannten nationalkonservativen Opposition gegen Hitler.[3] Freilich sprechen gewichtige Gründe gegen eine Charakterisierung des Bonhoeffer-Dohnanyi-Kreises als „nationalkonservativ". Schon die sozialdemokratische Gesinnung Klaus Bonhoeffers und dessen enge Kontakte mit Sozialdemokraten wie Ernst von Harnack sind kaum damit vereinbar.

Vor allem aber ist ein Blick auf die Haltung der Genannten am Ende der Weimarer Republik erhellend. Der spätere Bonhoeffer-Dohnanyi-Kreis im Widerstand gegen Hitler hatte seine Voraussetzungen in einem Freundeskreis, zu dem neben Dohnanyi, Rüdiger Schleicher und Klaus Bonhoeffer der Staatsrechtler Gerhard Leibholz sowie Justus Delbrück, der Sohn des bekannten Historikers Hans Delbrück, gehörten.[4] In diesem Freundeskreis, dem sich Anfang der dreißiger Jahre auch der um einige Jahre jüngere Dietrich Bonhoeffer angeschlossen hatte, stand man der Weimarer Republik bejahend gegenüber. Die Freunde identifizierten sich mit der Republik gerade in der Zeit ihrer stärksten Bedrohung am Beginn der dreißiger Jahre, als die Mehrzahl von ihnen schon bald nach Studienabschluß in verantwortliche Positionen des öffentlichen Lebens eintrat.[5]

Im Falle des Staatsrechtlers Gerhard Leibholz und des Theologen Dietrich Bonhoeffer verfügen wir über Quellenmaterial, das einen guten Einblick in die staatsrechtliche Position beziehungsweise die theologische Ethik des Politischen in der Zeit der Machtergreifung ermöglicht.[6] Zwar mußte Leibholz im Jahre 1938 nach England emigrieren und konnte der Opposition gegen Hitler nur als Deutschlandberater des Bischofs von Chichester dienen; gleichwohl wird an dem Gespräch des Staatsrechtlers Leibholz mit dem Theologen Bonhoeffer der weltanschaulich-politische Horizont des Freundeskreises am Beginn des Dritten Reiches beispielhaft deutlich.

Im folgenden soll anhand verschiedener Ausarbeitungen Dietrich Bonhoeffers aus dem Winter 1932/33, die einen intensiven Austausch mit Gerhard Leibholz widerspiegeln, die Frage geklärt werden, welche geistig-politische Grundhaltung den Freundeskreis bestimmte, aus dem der spätere Bonhoeffer-Dohnanyi-Kreis im Widerstand gegen Hitler entstanden ist. Damit wird zugleich ein Beitrag zur Differenzierung der

These geleistet, die sogenannte nationalkonservative Opposition gegen Hitler sei grundsätzlich republikfeindlich gewesen und habe zu den Wegbereitern des Dritten Reiches gehört. Muß der Begriff der nationalkonservativen Opposition nicht klarer eingegrenzt werden, als das bisher in der Literatur geschehen ist?

II

Dietrich Bonhoeffers Beurteilung des Problems der Revolution angesichts der nationalsozialistischen Machtübernahme

Im Wintersemester 1932/33 besprach Bonhoeffer in einer einstündigen Vorlesung über „Jüngste Theologie" systematisch-theologische Neuerscheinungen.[7] In einer Situation, in der es nach dem Sturz des Reichskanzlers Heinrich Brüning kaum noch Hoffnungen auf eine Stabilisierung des Weimarer Staates gab, wies diese Vorlesung unter allen, die Bonhoeffer gehalten hat, die stärkste Bezugnahme zur Zeitgeschichte auf. Auffallend ist, daß zu Beginn der Vorlesung noch drei Bücher ohne besondere politische Relevanz besprochen wurden, von der ersten Januarstunde des Jahres 1933 an aber fast ausschließlich theologische Entwürfe zu Fragen der politischen Ethik.[8]

Für die Januarstunden der Vorlesung wählte Bonhoeffer die im Jahre 1932 erschienene und außerordentlich wirkungsvolle *Politische Ethik* des protestantischen Theologen Friedrich Gogarten. Unter dem Eindruck der sich anbahnenden Regierungsbeteiligung der Nationalsozialisten weitete er die Behandlung des Gogartenschen Entwurfes zu einer grundsätzlichen Beurteilung des Phänomens der Revolution aus.

Bonhoeffer leistete in dieser für die Weimarer Republik höchst bedrohlichen Situation eine sachliche theologische Kritik des strikt antirevolutionären Staatsabsolutismus Gogartens. Dessen zentrales Anliegen war paradoxerweise gerade die Ersetzung der liberalen Weimarer Republik durch einen antiliberalen Staat, der wahrhafte Autorität verbürgte. Gegenüber Gogartens Postulat einer unbedingten Unterordnung des einzelnen unter den souveränen Staat wird die Zweideutigkeit eines jeden Staates betont, dem wie allen Dingen der Welt kein absolutes Recht zugesprochen werden dürfe. Bonhoeffer stellt dem „christlichen Konservativismus" Gogartens ein relatives Recht der Revolution entgegen; jedoch wird dieses relative Recht mit Hilfe des Kriteriums, daß eine Revolution die Verwirklichung „besserer Gerechtigkeit" zum Ziel haben müsse, klar begrenzt.

Bonhoeffer hatte sich schon einmal im Jahre 1929 in einem Vortrag, den er als zweiundzwanzigjähriger Vikar vor der deutschen Auslandsgemeinde in Barcelona hielt, zum Problem der Revolution geäußert. Im Gegensatz zu dem Exkurs vom Januar 1933 sprach er hier noch ganz im Sinne der Jugendbewegung von einer umfassenden geistigen Revolution. Die Bedeutung des Revolutionsjahres 1918 lag für ihn nur zum kleinen Teil in der politischen Wende Deutschlands. „Von ungleich größerer Tragweite ist die völlige geistige Revolution, die mit zum Ausbruch kam und in der wir noch mitten darin stecken.“[9]

In der akuten Krise der Weimarer Republik seit dem Jahre 1929 gewannen die Gruppierungen des jungen Nationalismus mit ihrer Forderung einer „konservativen Revolution“ rasch an Einfluß.[10] Die große konservative Gegenrevolution sollte die Entwicklungen, die sich aus der französischen und der deutschen Revolution von 1918 ergeben hatten, rückgängig machen.

Einer der geistreichsten und wirkungsvollsten Vertreter dieser Ideen war der später von den Nationalsozialisten ermordete Publizist Edgar Julius Jung. Nach Jungs Auffassung liefen in Deutschland zwei Revolutionen nebeneinander her: „Eine, die den letzten Rest bester europäischer Tradition vernichten möchte in einem formlosen Kollektivismus; und eine andere, die nichts ist als Aufstand des Blutes gegen das Geld, des Menschen gegen den Apparat, der Würde gegen die Sklaverei.“[11] In schwärmerischer, die künftige Entwicklung völlig falsch einschätzender Weise wird die kommende deutsche Revolution der französischen gegenübergestellt. Jene werde „kaum manifestierende Formen“ annehmen wie die französische im Bastille-Sturm. Vielmehr werde sie langwierig sein wie die Reformation, aber sie werde um so gründlicher das Gesicht der Menschheit bestimmen.

Jung stellte nicht nur die französische und die anbrechende deutsche Revolution einander gegenüber, sondern ebenso liberale — wie die von 1789 — und konservative Revolutionen. Während jene Ideen gegen die Überlieferung aufmarschieren lassen, empören sich in diesen „die Kräfte der Überlieferung, Blut und geschichtlicher Geist“ gegen Intellektualismus und Doktrin. „Deshalb sind Weg und Ziel einer konservativen Revolution schwer zu umschreiben. Nicht ihr Programm ist wesentlich, sondern ihre Kraft.“[12]

Die Sätze machen deutlich, in welchem Maße Jung der von ihm zwiespältig beurteilten nationalsozialistischen Propaganda in die Arme gearbeitet hat, obwohl er ausdrücklich eine „christliche Revolution“ intendierte.[13] Bonhoeffer konnte im Jahr 1933 weder von einer christlichen Revolution noch von einer wesenhaften Programmlosigkeit der Revolution sprechen. Ihm war vielmehr zuallererst an einer staatsrechtlichen Klärung und einer theologischen Beurteilung des Revolutionsbegriffs gelegen.

Im Rückgriff auf Gerhard Leibholz' Erörterungen zum Problem eines Widerstandsrechts des Volkes in dessen Dissertation über *Die Gleichheit vor dem Gesetz* hebt Bonhoeffer zunächst den grundsätzlichen Unrechtscharakter einer revolutionären Durchbrechung der staatlichen Ordnung hervor. Wie Leibholz sieht er aber ein Recht der Revolution, wenn sie der Erhaltung oder Wiederherstellung von Recht und Gerechtigkeit im Falle des Mißbrauchs der Herrschaftsgewalt dient. Nach Leibholz' Auffassung handelt es sich dann gar nicht um ein — im übrigen widersinniges — Recht des Rechtsbruchs, sondern um das Recht, „dem offenbaren Rechtsbruch sein *besseres Recht* entgegenzusetzen".[14]

Mit seiner Rede vom relativen Recht der Revolution, das ausschließlich in dem Kriterium der Schaffung *besserer Gerechtigkeit* begründet ist, nimmt Bonhoeffer die staatsrechtlichen Überlegungen von Leibholz auf. Der in der Theologiegeschichte in anderen Zusammenhängen häufig gebrauchte Terminus der „besseren Gerechtigkeit" wird mit konkreten rechtlichen Inhalten gefüllt und im Gegensatz zu einem verbreiteten neulutherischen Zwei-Reiche-Denken in die politische Ethik eingeführt.

Noch in zwei weiteren Punkten dürfte Bonhoeffer für seinen Exkurs zum Problem der Revolution im Januar 1933 von Leibholz' staatsrechtlicher Kompetenz profitiert haben. Zum einen hat dieser in einer Analyse der neuen politischen Metaphysik den „trotz aller Legalität geistig revolutionären" Charakter der nationalsozialistischen Bewegung klar gesehen.[15] Zum anderen warnt er vor der Gefahr einer Selbstauflösung der liberalen Demokratie, wenn im Zuge eines „skeptizistischen Rationalisierungsprozesses" auch deren metaphysische Grundlagen von der allgemeinen Diskussion ergriffen werden. „Eine solche anarchistisch entartende Demokratie ... kann sogar völlig ‚legal' mit ihren eigenen Methoden ohne Revolution und Staatsstreich aus den Angeln gehoben werden. Denn diese Art Demokratie steht, will sie nicht im Widerspruch zu ihren eigenen Voraussetzungen sich selbst ein autoritäres oder sogar diktaturförmiges Gepräge geben, antiliberalen und antiparlamentarischen Bewegungen ... hilflos und selbstmörderisch gegenüber."[16]

Bonhoeffer hat wie Leibholz die Legalitätstaktik der Nationalsozialisten durchschaut. Dafür spricht schon die Tatsache seiner ausführlichen Erörterung des Revolutionsproblems in der Situation der unmittelbar bevorstehenden beziehungsweise vollzogenen Machtübernahme. Aber auch die beiden anderen angesprochenen Gesichtspunkte deuten darauf hin, daß Bonhoeffer sich der Gefahr eines scheinbar legalen, aber nicht minder schwerwiegenden Selbstauflösungsprozesses der bestehenden Rechtsordnung bewußt ist: einmal der streng auf den politischen Bereich bezogene Revolutionsbegriff im Gegensatz zu dem verbreiteten schwärmerischen und verharmlosenden Reden von einer geistigen Revolution und daneben das Beharren auf dem einen entscheidenden Kriterium der besseren Gerechtigkeit als einzigem Legitimationsgrund einer Revolution.

Grundlegend für Bonhoeffers Beurteilung der von den Nationalsozialisten angestrebten „legalen Revolution“ ist seine Bejahung der bestehenden Weimarer Republik als legitimer staatlicher Ordnung. Mit dem Exkurs zum Problem der Revolution wendet er sich gerade gegen die schroff antiliberale *Politische Ethik* Gogartens, die eine Ersetzung des liberalen Weimarer „Nachtwächterstaates“ durch einen „echten“, autoritären Staat propagierte.

III

Die Kritik an dem staatsauflösenden Reichsdenken

Neben der Beurteilung des Phänomens der Revolution macht Bonhoeffers Auseinandersetzung mit der im jungen Nationalismus weit verbreiteten und ebenso von den Nationalsozialisten propagierten Reichsidee seine Stellung zu diesen Gruppierungen offenbar.[17] Für Bonhoeffer war das Reichsdenken ähnlich wie für Leibholz das entscheidende Kennzeichen einer neuen politischen Glaubensbewegung, die eine gefährliche Irrationalisierung rein rationaler Vorgänge in Politik und Wirtschaft betrieb.[18] Grundlegend war hier die aus der Säkularisierung christlicher Lehre hervorgegangene Auffassung, daß mit dem Reich, das eine Messiasgestalt mit sich heraufführt, schon das ewige Reich herbeigekommen sei.

Eine umfangreiche Auseinandersetzung Bonhoeffers mit dem Reichsgedanken findet sich in der Besprechung von Wilhelm Stapels Werk *Der christliche Staatsmann. Eine Theologie des Nationalismus* im Rahmen der Vorlesung über „Jüngste Theologie“ am 7. und 14. Februar 1933. Stapel war mit seiner Volksnomoslehre der wohl einflußreichste Vertreter des Reichsgedankens innerhalb des Protestantismus. In dem genannten, im Bildungsbürgertum ungemein wirkungsvollen Buch suchte Stapel die deutsche Vision vom Reich theologisch zu fundieren.

In Konkurrenz zur traditionellen Bewertung des alttestamentlichen Gesetzes vertrat er die Auffassung, jedes Volk habe sein eigenes von Gott gegebenes Gesetz. Darum sei der alttestamentliche Dekalog nur für das jüdische Volk gültig, das deutsche habe seinen eigenen „Nomos“. Dieser sei die Idee des Reiches, in welchem die Deutschen die Vorherrschaft in Europa auszuüben hätten.

Wie fast in der gesamten antidemokratischen Publizistik am Ende der Weimarer Republik wird der Reichsgedanke als das spezifisch Deutsche den von der Französischen Revolution geprägten Ideen der Gleichheit, der Menschenrechte und des Nationalstaates gegenübergestellt. Bei diesem Gegensatz gehe es angeblich um die Vorherrschaft des französischen oder des deutschen Volkes in Europa. Wie einst Frankreich mit der Revolution von 1789 die geistige Vorherrschaft in Europa übernommen habe, bezeichnet die Idee des Reiches die neue Ordnung von Staat, Gesellschaft und Völkerwelt unter deutscher Führung. Sie sollte die nationalstaatliche Ordnung des 19. Jahrhunderts und des Liberalismus ablösen. Bonhoeffers Besprechung des *Christlichen Staatsmannes* beginnt mit einer grundsätzlichen Zurückweisung des in Stapels Buch entworfenen Programms. Seine Absicht, den deutschen Gedanken des Reiches theologisch zu fundieren und das Christentum ganz in den Dienst nationaler Selbstbehauptung zu stellen, mache es zu einem „gefährlichen Buch". Eine solche Intention widerspreche dem Selbstverständnis theologischer Wissenschaft überhaupt. Sie könne „nie etwas Bestehendes rechtfertigen wollen, sondern muß sich immer als dessen radikale Infragestellung verstehen".[19]

Die zweite Kritik Bonhoeffers, die alle weiteren Zurückweisungen mitbestimmt, ergibt sich aus seiner mit Beginn der dreißiger Jahre feststellbaren, grundsätzlichen Ablehnung jeder Art von Schöpfungsordnungstheologie. Theologische Argumentation kann nach Bonhoeffers Auffassung ihren Ausgangspunkt nicht in angeblichen Schöpfungsordnungen Gottes, sondern nur in Jesus Christus finden: Da Stapels Begründung der Sittlichkeit auf die radikale Autonomie alles biologisch Daseienden hinausläuft, erneuert er nur die Idee von den trotz des Sündenfalls ungebrochenen und eindeutigen Schöpfungsordnungen. Seine Lehre von den Volksnomoi projiziert unkritisch geschichtlich gewordene Zustände und Gegebenheiten in Gottes Schöpferwillen zurück und verleiht ihnen eine Art metaphysische Qualität. Das aber bedeutet letztlich nur: „So wie alles realiter ist, ist es ‚sehr gut'."

Bonhoeffer widerspricht der Behauptung Stapels, es gehe ihm von Luther her um eine Ordnung in der gefallenen Welt. Vielmehr wolle Stapel seine Ordnungen gerade ungebrochen und unmittelbar aus Schöpfung und Geschichte, die zudem primär in biologischen Kategorien betrachtet werden, ablesen. Luther ist nach Bonhoeffers Auffassung völlig mißverstanden, wenn man wie Stapel unter Berufung auf ihn die Begründung des Staates in das Paradies verlegt. Vor allem sei die theologische Rechtfertigung einer ständischen Gesellschaftsordnung illegitim, da sich das „Herrschet über..." aus Genesis 1,28 nicht auf menschliche Herrschaftsverhältnisse, sondern die Herrschaft über die Natur beziehe.

Hinter Stapels Volksnomoslehre steht nach Bonhoeffers Auffassung ferner ein grundsätzliches Mißverständnis der christlichen Gesetzesauffassung. Man könne nicht das alttestamentliche Gesetz als das biologische Gesetz des jüdischen Volkes verstehen, dem ein eigenes Volksgesetz der Deutschen entspricht. Vielmehr sei die Idee des Reiches als angeblicher

Nomos der Deutschen durch das göttliche Gesetz immer schon in Frage gestellt.[20]

Bonhoeffer beweist mit dieser Kritik[21] an Stapel nicht nur eine große Distanz zu dem Denken des jungen Nationalismus, sondern zeigt auch eine außergewöhnliche Bereitschaft, die Traditionen der westlich geprägten Welt zu respektieren. Stapel versucht das westliche Staatsideal, das er von den durch die Französische Revolution hervorgebrachten Menschenrechts- und Nationalstaatsgedanken geprägt sieht, geradezu lächerlich zu machen und verkündet den deutschen Gedanken des Reiches als allein zukunftsträchtig.

Dagegen findet sich bei Bonhoeffer eine völlig andere Wertung der Begriffe Reich und Staat. In einem wenige Tage vor der Besprechung des Stapelschen Buches, am 1. Februar 1933, gehaltenen Rundfunkvortrag stellt auch er die Alternative von Reich und Staat auf; jedoch sieht er mit dem Stichwort *Staat* die klare Autorität des *Amtes* verbunden, mit dem des *Reiches* hingegen das politisch-messianische *Führertum*, dem es an echter Autorität mangele.[22] Hier wird noch einmal Bonhoeffers kritische Distanz zu den verschiedenen Schattierungen der antirepublikanischen nationalen Rechten offensichtlich. Er verwirft nicht nur den von diesen Gruppierungen favorisierten Reichsbegriff, sondern er würdigt auch implizit den Wert westeuropäischer Traditionen, indem er den Begriff des Staates dem des Reiches bewußt vorzieht.

Auch die Kritik an dem mit der Reichsidee verbundenen ständischen Denken, das einen am Organismus des Volkes orientierten ständischen Staat einer vermeintlich formalisierten und verkrusteten Rechtsstaatlichkeit entgegensetzt, ist in diesem Sinn zu verstehen. Während Stapel Luther als Zeugen gegen eine abzulehnende Verrechtlichung, die nur Ausdruck der Überalterung und Krankheit eines Volkes sei, anruft, enthält sich Bonhoeffer jeder Kritik am Rechtsstaatsgedanken.

IV

Die neue Wertschätzung liberaler Traditionen in der Auseinandersetzung mit dem nationalsozialistischen Führerprinzip

Bonhoeffer war schon zu Beginn des Dritten Reiches der Auffassung, daß die christlichen Kirchen mit dem Führerprinzip und dessen unbedingtem, totalem Gehorsamsanspruch in Konflikt geraten mußten. Das erste Dokument einer Auseinandersetzung mit dem nationalsozialistischen Führergrundsatz bildet der schon erwähnte Rundfunkvortrag *Wandlungen des Führerbegriffes in der jungen Generation* vom 1. Februar 1933.

Der Gegensatz des Führerprinzips zur christlichen Lehre ergibt sich, sagte Bonhoeffer, aus seinem pseudo-religiösen Anspruch. Der Führer, der angeblich der gesammelten Kraft des Volkes entstammt, erscheint im Lichte des vom Volke sehnsüchtig erwarteten Erfüllers seines Lebenssinnes und seiner Lebenskraft. Damit ist der ursprünglich nüchterne Gedanke der politischen Autorität zur politisch-messianischen Führeridee geworden. In ihr „strömt nun auch das ganze religiöse Denken ihrer Anhänger zusammen. Wo der Volksgeist eine göttlich-metaphysische Größe ist, da hat der Führer, der diesen Geist verkörpert, im eigentlichsten Sinn religiöse Funktion, da ist er der Messias, und da ist mit seiner Erscheinung die Erfüllung der letzten Hoffnung angebrochen, da ist mit dem Reich, das er mit sich heraufführen muß, schon das ewige Reich nahegekommen."[23]

Bonhoeffer charakterisiert den Nationalsozialismus als „politisches Messiastum", das sich mit seinem pseudo-religiösen Anspruch in Widerspruch zur Lehre der christlichen Kirchen setzt. Ein solcher Anspruch hat zwangsläufig zur Folge, daß die nüchterne Idee der politischen Autorität aufgelöst wird.[24]

Die Darlegungen in dem Vortrag münden in eine Alternative, die Bonhoeffer als die zentrale der Gegenwart versteht. Die politisch-messianische Führeridee begegnet seiner Auffassung nach in der jungen Generation weithin entschiedener Ablehnung, denn bei aller Übereinstimmung in dem Ruf nach politischer Autorität „klafft der tiefste Gegensatz auf" bei der näheren Bestimmung dieser Autorität. Letztlich geht es um die Frage: Autorität des Führers oder Autorität des Amtes? Bonhoeffer bezeichnet sie geradezu als die „brennendste Frage der Gegenwart".[25]

Sie entspricht dem von Leibholz am Ende des Jahres 1932 herausgestellten Gegensatz eines autoritären Staates, in dem das freiheitliche Erbgut der letzten Jahrhunderte grundsätzlich respektiert wird, zu dem von den Nationalsozialisten propagierten totalen Staat.[26] Während der autoritäre Staat danach strebe, die als Mängel empfundenen Lücken seiner Rechtsordnung zu beseitigen, tendiere der totale dahin, seine Herrschaftskompetenzen zu erweitern. Alle Lebensbereiche sollten in die Sphäre des Staatlich-Politischen gezogen werden, und das Leben solle als Ganzheit radikal von dem Gesetz der Polis beherrscht werden.[27]

Nach Leibholz' Auffassung bewahrt der autoritäre Staat die durch den Liberalismus errungenen Institutionen der Gewaltenteilung, des Rechtsstaates und der Grundrechte. Der totale zerstört sie, stellt aber selbst keine wirkliche Alternative zum liberalen Staat dar, sondern ist nur „Erbe und Testamentsvollstrecker des liberal-individualistischen Staates".[28] Er führt nicht ein politisch wirklich neues Prinzip ein, auch nicht das der Autorität. Denn im totalitären Staat wird die plebiszitäre Unterbauung, die nur *eine* Voraussetzung der politischen Funktionsfähigkeit des Prinzips der Autorität sein kann, zur alleinigen Legitimationsquelle der Autorität.

Bonhoeffer nimmt die Alternative von autoritärem oder totalem Staat in Gestalt des genannten Gegensatzes der Autorität des Amtes gegenüber der Scheinautorität des Führers auf:

„Der Führer hat Autorität von unten, von den Geführten her, das Amt hat Autorität von oben her; die Autorität des Führers hängt an seiner Person, die Autorität des Amtes ist überpersönlich; Autorität von unten her ist Selbstrechtfertigung des Volkes, Autorität des Amtes ist Anerkennung der gegebenen Grenze; Autorität von unten ist geliehene Autorität, Autorität des Amtes ist ursprüngliche Autorität. Das Stichwort des Führers ist das Reich, das Stichwort des Amtes ist der Staat."[29]

Daß Bonhoeffer mit diesen scheinbar antidemokratischen Äußerungen gerade den Weimarer Staat gegen die nationalsozialistische Bedrohung in Schutz nehmen wollte, zeigt der Vergleich mit Leibholz. Dieser hat, wie ausgeführt, den totalen Staat der Nationalsozialisten ganz entgegen deren Selbstverständnis als entartete Form der liberalen Demokratie verstanden. Den Gegensatz dazu stellt das politische Strukturprinzip der Hierarchie dar, das „die Gleichordnung durch die Über- und Unterordnung, die von *unten nach oben konstruierte, liberalistische* Demokratie durch den *von oben nach unten konstruierten, autoritären* Staat ersetzen will".[30]

Bonhoeffers Rundfunkvortrag vom 1. Februar 1933 endet mit einer schroffen Warnung vor dem nationalsozialistischen Führertum. Ist sich der Führer nicht der klaren Begrenzung seiner Autorität bewußt und läßt er sich von dem Geführten dazu hinreißen, dessen Idol darstellen zu wollen, „dann gleitet das Bild des Führers über in das des Verführers, dann handelt er verbrecherisch am Geführten wie an sich selbst".[31] Nach Bonhoeffers Auffassung muß der echte Führer die Geführten von der Autorität seiner Person weg zur Anerkennung der echten Autorität der Ordnungen und des Amtes führen. Vor allem muß er sich der Versuchung, Abgott, das heißt letzte Autorität des Geführten zu werden, radikal versagen.[32]

Wie stark Bonhoeffer liberale Traditionen gegen die nationalsozialistische Bedrohung zu schützen suchte, zeigen in besonderem Maße die in den Wochen nach der Machtergreifung dem Vortrag zugefügten Ergänzungen. Am 6. März wiederholte er ihn in erweiterter Form im Auftrag von Theodor Heuss an der Berliner Hochschule für Politik. Vorher hatte er ihn schon am 23. Februar unter dem neuen Titel *Der Führer und der Einzelne in der jungen Generation* und wahrscheinlich auch in ergänzter Fassung in der Technischen Hochschule referiert. Die zweite Fassung wurde an mehreren Stellen mit teilweise umfangreichen Erweiterungen versehen, die in charakteristischer Weise kritisch auf die jüngste politische

Entwicklung bezugnehmen. Bonhoeffer sprach darin schon in den ersten Wochen nach dem 30. Januar die beginnende Entrechtung und Entmündigung des Einzelnen unmißverständlich aus.

Schon die Änderung der Überschrift der ersten Fassung „Wandlungen des Führerbegriffes in der jungen Generation" ist charakteristisch für die inhaltliche Tendenz der Erweiterungen. Fast programmatisch lautet der Titel des erweiterten Vortrags vom 23. Februar beziehungsweise 6. März nun „Der Führer und der *Einzelne* in der jungen Generation".[33] Angesichts der Entrechtung des Individuums in dem entstehenden totalen Staat und angesichts einer immensen Massenmobilisierung im Zusammenhang der Machtergreifung ruft Bonhoeffer das Recht, die Mündigkeit und die Verantwortung des Einzelnen ins Bewußtsein. Neben der Überschrift thematisieren nicht weniger als sieben der elf Einschübe ausdrücklich das Recht und den Ort des Einzelnen im politischen Leben.[34]

Bonhoeffer versucht nicht nur wie in der Erstfassung den Ort des Führers und des Amtes im Aufbau der Autoritäten zu bestimmen, sondern nun auch den des Einzelnen. Der Führer hat dem Amt zu dienen, dem jedoch auch nicht letzte Autorität zukommt; denn das Amt ist die vorletzte Autorität gegenüber einer „letzten, unsagbaren Autorität, gegenüber der Autorität Gottes. Und vor dieser Autorität weiß sich der Einzelne erst ganz als Einzelner. Vor Gott ist der Einzelne verantwortlich. Und diese Einzelheit des Stehens des Menschen vor Gott, des Sichunterwerfens unter eine letzte Autorität, ist dort vernichtet, wo die Autorität des Führers oder des Amtes als letzte Autorität gesehen werden ... Es ist die furchtbare Gefahr der Gegenwart, daß wir über dem Schreien nach Autorität des Führers oder des Amtes vergessen, daß der Mensch Einzelner ist vor der letzten Autorität und daß jeder, der sich hier am Menschen vergreift, ewige Gesetze verletzt, übermenschliche Verantwortung auf sich lädt, die ihn zuletzt erdrückt."

Bonhoeffers Ausführungen laufen auf die Schlußsätze zu:

„Das ewige Gesetz des Einzelnerwerdens vor Gott rächt sich furchtbar, wo es angetastet und gebeugt wird. So weist der Führer auf das Amt, Führer und Amt aber auf die letzte Autorität selbst, vor der Reich und Staat vorletzte Autorität sind. Führer und Amt, die sich selbst vergotten, spotten Gottes und des vor ihm einsam werdenden Einzelnen und müssen zerbrechen."[35]

Der zitierte lange Einschub stellt in verschiedener Hinsicht eine klare Verschärfung gegenüber der ursprünglichen Fassung des Vortrags dar. Zum einen wird in eindrücklichster Weise der Einzelne und sein Recht gegenüber den Ansprüchen nicht nur eines Führers, sondern auch gegenüber denen eines Amtes, das sich aus einem Vorletzten zu einem Letzten macht, in Schutz genommen. Bonhoeffer nimmt hierbei wie Leibholz

Ernst Troeltschs Auffassung von den religiösen Wurzeln des Liberalismus und der metaphysischen Stellung des Individuums auf.

Sodann spiegelt sich in den zitierten Ausführungen die neue Situation des an die Macht gekommenen Führers der nationalsozialistischen Bewegung wider. Es wird nicht mehr nur vor der Gefahr eines sich selbst vergottenden Führers gewarnt, sondern auch mehrmals vor einem Amt, das sich letzte Autorität anmaßt.

Und schließlich weist Bonhoeffer nicht allein das Amt in den Bereich des Vorletzten und Weltlichen. Vielmehr erwägt er sogar die Möglichkeit beziehungsweise Notwendigkeit eines Widerstands des Einzelnen gegen das Amt. „Es k a n n sein, daß der Einzelne *recht* hat gegen das Amt ..."[36] Die Erwägung solchen Handelns zeigt, daß Bonhoeffer nicht wie ein großer Teil der Konservativen in den ersten Wochen nach Hitlers Machtübernahme der Illusion des von Papen vertretenen Zähmungskonzepts erlag. Als der Prozeß der Entrechtung des Individuums im Zuge der „nationalen Revolution" Anfang April mit dem *Gesetz zur Wiederherstellung des Berufsbeamtentums* und dem organisierten Boykott jüdischer Mitbürger an einen vorläufigen Höhepunkt gelangt war, formuliert er in ganz ungewohnter Weise die Kriterien für ein unter Umständen gebotenes Widerstandshandeln der Kirche.[37]

Ein weiteres Thema der Ergänzungen des Vortrags ist der Zusammenhang von Individualismus und Kollektivismus. Bonhoeffer charakterisiert den Nationalsozialismus als radikal kollektivistische Bewegung und weist wie auch Leibholz auf den Zusammenhang von Kollektivismus und entartetem Liberalismus beziehungsweise Individualismus hin. Die Suche nach Überwindung der Gemeinschaftslosigkeit und einer „neuen Bindungs-Autorität" habe zu einer schlimmen Schematisierung der Begriffe „Individualismus", „Liberalismus" und „Persönlichkeit" geführt. Sie wurden zu „Ketzernamen für eine vielfach ganz mißverstandene Sache", die man unter anderem Namen selbst weitertrieb.[38] Bonhoeffer nennt hier vor allem das übersteigerte Führerprinzip, das eine Form des Kollektivismus bedeute, die in potenzierten Individualismus umschlage.

Bonhoeffers Forderung nach einer neuen Würdigung der genannten Begriffe entspricht Leibholz' Wertschätzung des Liberalismus und seinem Verständnis des Nationalsozialismus als Folge und Gestalt eines entarteten Liberalismus. Die nach Leibholz' Auffassung in der Weimarer Republik hochwertige Prägung der Institutionen wie Rechtsstaat und Grundrechte ist „entscheidend durch den Liberalismus des letzten Jahrhunderts mitbestimmt" worden. „Insoweit hat der Liberalismus in seinem Kern, nicht in seiner Entartung ... einen ... Wertgehalt, dessen Vernichtung das Ende der westlichen Kultur bedeuten würde."[39]

Für Leibholz umfaßt der Liberalismus auch die in der Staatsauffassung konservativ eingestellten Parteien. Er sieht den wirklichen Kampf sich vollziehen zwischen „den im weitesten Sinn noch irgendwie demokratischen, den Eigenwert der Persönlichkeit bejahenden Kräften“ und „den mythisch fundierten, die Freiheit des Individuums in einem mehr oder weniger radikalen Kollektivismus aufhebenden Bewegungen“.[40]

Schließlich zieht sich durch die Erweiterungen des Rundfunkvortrags eine permanente Auseinandersetzung mit dem schon bald nach der Machtergreifung einsetzenden Prozeß der Entrechtung. Den Rahmen für die Kommentierung dieser Entwicklung bildet die Alternative von maßloser, darum aber sich verlierender Autorität des Führers und wahrer Autorität des Amtes. Bonhoeffer charakterisiert die Entwicklung als einen Vorgang der „Selbstentrechtung“ und „Selbstentmündigung“.[41] Das Verhältnis des Geführten zum Führer wird nun, nachdem „der Führer“ das Amt des Reichskanzlers übernommen hat, als das einer „Übertragung des eigenen Rechtes auf ihn“ bezeichnet.

Bonhoeffer spricht sogar von einem radikalen Verzicht des Einzelnen auf „sein Recht als Individuum“. Er spielt wohl direkt auf die jüngste politische Entwicklung an, wenn er schreibt: „Der Führer nimmt dem Einzelnen vorübergehend die Entscheidung ab, muß aber diesen Zustand immer wieder als einen notwendig *vorübergehenden* verstehen und muß den Geführten immer wieder darauf hinweisen. Er darf diese Selbstentrechtung, Selbstentmündigung der Einzelnen nur im Hinblick darauf hinnehmen, daß er den Einzelnen erst in die eigentliche Mündigkeit zu führen habe.“[42]

Mit der Charakterisierung des Prozesses der Entrechtung als Selbstentrechtung und Selbstentmündigung trifft Bonhoeffer genau das Verhalten eines großen Teils des Volkes, des Parlaments und insbesondere der alten, konservativen Eliten in Politik und Verwaltung im Umgang mit den Institutionen der Weimarer Republik. Es wird ausdrücklich eine vorübergehende Abtretung von Entscheidungsbefugnis konzediert, jedoch wird sie — wie auch die Unterstreichung im Originalmanuskript zeigt — strikt zeitlich begrenzt. Dies entspricht der mit Hans von Dohnanyi und Gerhard Leibholz geteilten Überzeugung von der Notwendigkeit eines autoritären Staates gerade um der Bewahrung der Errungenschaften der Weimarer Verfassung willen. Die Notwendigkeit, daß solche Abtretung von Entscheidungskompetenz, wie sie in Artikel 48 der Weimarer Reichsverfassung ja auch vorgesehen war, zeitlich begrenzt bleiben müsse, markiert genau die Grenze zwischen autoritärem und totalem Staat.

In die gleiche Richtung zielt die Bedingung, die Bonhoeffer für die Zulässigkeit einer solchen Entrechtung nennt. Sie ist nur dann erlaubt, wenn sie dem Ziel dient, den Einzelnen erst in die eigene Mündigkeit zu führen. Dagegen haben die Maßnahmen eines totalen Staates gerade die

Tendenz einer ständig wachsenden Entmündigung. Vielleicht war für Bonhoeffer und seine Freunde mit der zwar befristeten, von den Nationalsozialisten jedoch offensichtlich in anderer Absicht durchgesetzten *Verordnung zum Schutz von Volk und Staat*, die praktisch den Grundrechtsteil der Verfassung außer Kraft setzte, eben die entscheidende Grenze eines autoritären Staates hin zum totalen überschritten. Selbst wenn man diese Grenzüberschreitung Ende Februar 1933 noch nicht als gegeben betrachten konnte, war sie doch unmittelbar vorauszusehen.

V
Ergebnis

Die Darstellung der Beurteilung des Nationalsozialismus, wie sie aus den Stellungnahmen Dietrich Bonhoeffers vom Anfang des Jahres 1933 hervorgeht, hat eine große Nähe zu den Auffassungen des Staatsrechtlers Leibholz deutlich gemacht. Während sich in Bonhoeffers Schriften vor dem Jahre 1932 keine zwingenden Hinweise auf eine zustimmende oder kritische Auseinandersetzung mit Leibholz finden, häufen sich die Hinweise auf einen Austausch im Winter 1932/33.

An den Veränderungen von der ersten zur zweiten Fassung von Bonhoeffers Vortrag zum Führerproblem wird die verstärkte Besinnung auf gemeinsame Traditionen, insbesondere die im 19. Jahrhundert erkämpften und im Weimarer Staat verwirklichten liberalen Traditionen deutlich. Was über das Verhältnis Dietrich Bonhoeffers zu Gerhard Leibholz gesagt wurde, dürfte repräsentativ für den gesamten Freundeskreis sein. Die akute Bedrohung des Weimarer Staates durch die Nationalsozialisten hatte einen verstärkten Rückgriff auf gemeinsame Grundüberzeugungen und ein Zusammenrücken des Kreises zur Folge. Insofern kann man im Rückblick vom Zeitraum der Machtergreifung als einer Phase sprechen, in der aus dem Freundeskreis um Dohnanyi und die Bonhoeffers ein Vorläufer des späteren Widerstandskreises wurde.

Bonhoeffer hat nicht nur die Legalitätstaktik der Nationalsozialisten durchschaut, sondern er grenzt sich auch gegen das verbreitete, schwärmerische Reden von einer großen konservativen Gegenrevolution ab. Das unter Nationalsozialisten wie auch im gesamten jungen Nationalismus verbreitete Reichsdenken ist für ihn Kennzeichen einer gefährlichen politischen Metaphysik. Er nimmt die im jungen Nationalismus weit verbreitete Alternative von Reich und Staat auf, wendet ihre Bedeutung jedoch gerade ins Gegenteil. Nicht der westlich-französische Staatsbegriff, der angeblich eine Gesellschaft glaubenslos und gemeinschaftslos gewordener, atomisierter Individuen impliziert, sondern die sogenannte Reichsidee der Deutschen wird verworfen. Die Begriffe Führertum und Reich werden im Gegensatz zu Amt und Staat als autoritätsauflösend zurückgewiesen.

In den zwei Fassungen des Führervortrags kritisiert Bonhoeffer den nationalsozialistischen Führergrundsatz aufs schärfste: Die Forderung des Führers nach *unbedingtem* Gehorsam zerstört gerade die wahre, begrenzte Autorität des Amtes. Die Erweiterungen zu dem Vortrag schließlich reagieren auf die neue Situation „des ins Amt gelangten Führers". Bonhoeffer nimmt schon in den ersten Wochen des Dritten Reiches einen Prozeß der Entrechtung und Entmündigung wahr und prangert ihn unmißverständlich an. Er ermahnt ausdrücklich zur Wahrung liberaler Traditionen und der Respektierung der metaphysischen Stellung des Individuums angesichts des Kollektivismus der herrschenden Bewegung und ihrer Weltanschauung. Zwar scheint Bonhoeffer nicht „von einer demokratisch-liberalen Basis" her zu argumentieren, sondern eher mittels eines konservativen Ordnungsdenkens;[43] wie besonders der Vergleich mit den Auffassungen von Leibholz am Ende der Weimarer Republik zeigt, gehörte er jedoch zu denen, die im Unterschied zum größten Teil der nationalen Rechten den Weimarer Staat gegen die nationalsozialistische Bedrohung verteidigten.

Nach Leibholz' und Bonhoeffers Auffassung bestand die grundsätzliche Trennungslinie gerade nicht zwischen Demokraten und Antidemokraten, sondern zwischen einem demokratischen Verfassungsstaat, der die Rechte des Individuums wahrt, und einer kollektivistischen Volksherrschaft, die die Rechte des Individuums ausschließlich von den Interessen des Volksganzen her versteht. Die entscheidende Streitfrage angesichts der immensen Mobilisierung der Massen durch die republikfeindlichen Parteien Anfang der dreißiger Jahre ist also die Bewertung des Liberalismus und seiner Traditionen, nicht so sehr die Stellung zur Demokratie.

Diese Erkenntnis hat für die Bewertung der Staatsvorstellungen in der sogenannten nationalkonservativen Opposition gegen Hitler am Beginn der vierziger Jahre gewichtige Folgen. Zwar ist richtig, daß sie durch die krisenhafte Situation der Demokratie am Ende der Weimarer Republik bestimmt waren; aber das Beispiel des Bonhoeffer-Dohnanyi-Kreises zeigt, daß der häufig geäußerte Vorwurf der Republikgegnerschaft modifiziert werden muß. Für den Bonhoeffer-Dohnanyi-Kreis, der ja gemeinhin zum konservativen Widerstand gerechnet wird, gilt, daß man sich einerseits klar gegen kollektivistische Ausprägungen der Demokratie abgegrenzt hat, andererseits aber vom Liberalismus geprägte Institutionen wie Rechtsstaat, Gewaltenteilungssystem und Grundrechte gegen die nationalsozialistische Bedrohung verteidigt hat. Anfang der vierziger

Jahre war wie am Ende der Weimarer Republik die entscheidende Alternative die zwischen einem kollektivistischen, mythisch-totalen und einem autoritären Staat, der das „freiheitliche Erbgut der letzten Jahrhunderte" respektiert. Keinesfalls kann man von einer grundsätzlichen Demokratiefeindschaft in diesem Kreis sprechen.

Für den Bonhoeffer-Dohnanyi-Kreis unzutreffend ist somit auch das Urteil über den sogenannten nationalkonservativen Widerstand, man habe den Einparteienstaat des Dritten Reiches als äußerste Konsequenz des Parteienstaates von Weimar verstanden. Hier können Leibholz' Überlegungen zum massendemokratischen Parteienstaat[44] als repräsentativ für den frühen Freundeskreis um die Brüder Bonhoeffer und Hans von Dohnanyi gelten. Sie zeigen, daß man durchaus von seiner Existenzberechtigung auch unter verwandelten Bedingungen überzeugt war.

Man rückte das Weimarer parlamentarische System also keineswegs in eine Linie mit dem Nationalsozialismus, sondern sah seit dem Ende der Weimarer Republik die grundlegende Alternative von autoritärem oder totalem Staat. Die Entscheidung hatte an der Frage der Stellung zu den Traditionen des Liberalismus zu fallen. In diesem Sinn bedeutete die Befürwortung eines autoritären Staates nicht ein pauschal antiliberales Denken, sondern gerade das Bemühen um eine differenzierte Würdigung liberaler Traditionen.

Entscheidend für eine der historischen Situation angemessene Beurteilung der Staatsvorstellungen in der Opposition gegen Hitler ist die Frage der Bewertung liberaler Traditionen. Nur von daher kann dann auch ein Urteil über die Stellung zur Demokratie gefällt werden. Die Gegner der Republik erhoben gerade den Anspruch, die wahre Volksherrschaft herbeizuführen und die egoistische Parteienherrschaft des Weimarer „Systems" zu überwinden. Die Traditionen des Liberalismus wie Grundrechtsgedanke, Gewaltenteilungsprinzip als Grundlage des Rechtsstaats oder Minderheitenschutz bekämpfte man aufs schärfste. Die Brüder Bonhoeffer, Hans von Dohnanyi und Gerhard Leibholz zählten dieses „freiheitliche Erbgut der letzten Jahrhunderte" hingegen zu den unabdingbaren Grundlagen des Staates. Noch nach der Machtergreifung hat Leibholz das in seiner Schrift über die *Auflösung der liberalen Demokratie* betont. Die Form der Demokratie war seiner Auffassung nach der jeweiligen Situation gemäß zu gestalten, wenn nur die metaphysisch begründete Verantwortung des Einzelnen nicht beseitigt wird. Eine Charakterisierung dieser Überzeugung als „nationalkonservativ" verkennt deren grundlegende Intentionen und trägt eine der historischen Situation nicht angemessene, durch gegenwärtige Kategorien geprägte Wertung ein.

Anmerkungen

Vorbemerkung: Der Beitrag fußt auf Erkenntnissen, die der Verfasser im Rahmen der Mitarbeit an einem Forschungsprojekt zum Widerstand des Bonhoeffer-Dohnanyi-Kreises gewonnen hat. Das Projekt wird von der Stiftung Volkswagenwerk gefördert und von Heinz Eduard Tödt (Heidelberg) und Ernst-Albert Scharffenorth geleitet. Vier Einzelstudien sollen Leben und Wirken Hans von Dohnanyis im Widerstand aufhellen (Peter Möser), die besondere Bedeutung der Judenfrage für den Widerstand des Bonhoeffer-Dohnanyi-Kreises aufzeigen (Marikje Smid u. Christine-Ruth Müller) und die Wirkungen des Gespräches des Theologen Dietrich Bonhoeffer mit den Juristen in diesem Kreis auf dessen theologische Ethik des Politischen klären (Christoph Strohm). Eine zusammenfassende Studie schließlich wird versuchen, an Hand der Entwicklung des Kreises einen Beitrag zur Aufhellung der „inneren Geschichte" der Opposition gegen Hitler zu leisten.

[1] Hans-Adolf Jacobsen (Hrsg.), *„Spiegelbild einer Verschwörung". Die Opposition gegen Hitler und der Staatsstreich vom 20. Juli 1944 in der SD-Berichterstattung. Geheime Dokumente aus dem ehemaligen Reichssicherheitshauptamt*, Bd. 1, Stuttgart-Degerloch 1984, S. 444.

[2] Interessante Einzelheiten zu Dohnanyis Tätigkeit bieten die sehr zuverlässigen Berichte seiner Frau Christine. Sie sind vollständig im Nachlaß Hans und Christine von Dohnanyis erhalten, ein Teil von ihnen liegt im Münchener Institut für Zeitgeschichte (Archiv-Nr. Zs 603) sowie im Bundesarchiv (Nachlaß Dietrich Bonhoeffer, Fiches A 87).

[3] Zu dem Begriff vgl. z. B. die Beiträge von K.-J. Müller im vorliegenden Band und den jüngst erschienenen Aufsatz von Gerhard Schulz, *Nationalpatriotismus im Widerstand*, in: *Vierteljahrshefte für Zeitgeschichte*, 32. Jg. (1984), S. 331—373.

[4] Dohnanyi hat später neben Dietrich Bonhoeffer als V-Mann auch Karl-Ludwig von u. zu Guttenberg und Justus Delbrück als Mitarbeiter in die Abwehr geholt.

[5] Vgl. Eberhard Bethge, *Dietrich Bonhoeffer. Theologe, Christ, Zeitgenosse*, 5. Aufl., München 1984, S. 159ff. H. v. Dohnanyi trat im Januar 1929 eine Stelle als persönlicher Referent bei dem liberalen Reichsjustizminister E. Koch-Weser an, die dieser zuerst G. Leibholz angeboten hatte. Leibholz war nach kurzer richterlicher Tätigkeit Italienreferent am Institut für auswärtiges öffentliches Recht und Völkerrecht. Im Jahre 1929 wurde er auf eine Professur für öffentliches Recht nach Greifswald und von dort 1931 nach Göttingen berufen. Klaus Bonhoeffer arbeitete Ende der zwanziger Jahre in Genf beim Völkerbund über Probleme des Völkerrechts, bevor er sich in Berlin als Rechtsanwalt niederließ.

[6] Zu G. Leibholz vgl. die von Franz Schneider zusammengestellte, umfangreiche Bibliographie (mit einem Geleitwort von Ernst Benda, Tübingen 1972). Zu D. Bonhoeffer vgl. die von Eberhard Bethge hrsg. *Gesammelte(n) Schriften* (Bd. 1—6, München 1958; im folgenden zitiert *GS*) und Bethges Bonhoeffer-Biographie (vgl. Anm. 5; im folgenden zitiert *DB*).

[7] *GS*, 5, S. 300ff. Die Vorlesung ist nur in Gestalt mehrerer Nachschriften erhalten. An Stellen, die für die Argumentation wichtig sind, wurde der in den *Gesammelten Schriften* rekonstruierte Text mit Hilfe der im Nachlaß D. Bonh. erhaltenen Nachschriften überprüft (BA, Nachl. D. Bonh., Fiche B 4/1—3, 2—3 u. 3—3).

[8] Bemerkenswert ist, daß die Auswahl der behandelten Ethikentwürfe auf einen

zunehmend engeren Austausch Bonhoeffers mit Leibholz weist. Mit F. Gogarten, A. de Quervain und E. Brunner werden eben die theologischen Ethiker, auf die Leibholz' im November 1932 gehaltener und im Frühsommer 1933 veröffentlichter Vortrag über *Die Auflösung der liberalen Demokratie in Deutschland und das autoritäre Staatsbild,* München-Leipzig 1933, Bezug nimmt, in der Vorlesung besprochen. Leibholz zitiert in dem genannten Text einen Vortrag Bonhoeffers, den dieser im November 1932 unter dem Titel *Dein Reich komme!* gehalten hat (vgl. *GS,* 3, S. 270—285).

[9] *GS,* 5, S. 158.

[10] Vgl. Kurt Sontheimer, *Antidemokratisches Denken in der Weimarer Republik. Die politischen Ideen des deutschen Nationalismus zwischen 1918 und 1933,* München 1978, S. 21 ff., 118 ff.

[11] Edgar J. Jung, *Deutschland und die konservative Revolution. Nachwort zu Deutsche über Deutschland. Die Stimme des unbekannten Politikers,* München 1932, S. 379 f.

[12] Edgar J. Jung, *Sinndeutung der deutschen Revolution,* Oldenburg 1933, S. 78.

[13] So der Titel eines Aufsatzes in dem Büchlein *Sinndeutung der deutschen Revolution.* In der Einleitung zu dieser Schrift bekennt er sich zur „nationalen Revolution" der Nationalsozialisten.

[14] Gerhard Leibholz, *Die Gleichheit vor dem Gesetz. Eine Studie auf rechtsvergleichender und rechtsphilosophischer Grundlage,* Berlin 1925, S. 71 (Anm. 1) (Hervorhebung vom Verf.).

[15] Vgl. G. Leibholz, *Die Auflösung der liberalen Demokratie*... [Anm. 8], S. 57.

[16] *A. a. O.,* S. 41 f.

[17] Kurt Sontheimer bezeichnet die Reichsidee als „die vielleicht wirksamste Antithese gegen den Staat von Weimar", da sich in ihr die verschiedenartigsten Gruppen zusammenfinden konnten (K. Sontheimer, *Antidemokratisches Denken*... [Anm. 10], S. 223).

[18] Vgl. *GS,* 2, S. 33, u. G. Leibholz, *Die Auflösung der liberalen Demokratie*... [Anm. 8], S. 56.

[19] *GS,* 5, S. 331; vgl. zum folgenden S. 331—333. Stapels Buch erschien 1932 in Hamburg.

[20] Vgl. *GS,* 5, S. 155 u. öfter.

[21] Vgl. die ausführliche Zusammenstellung der Diskussion um Stapels Volksnomoslehre bei Heinrich Keßler, *Wilhelm Stapel als politischer Publizist. Ein Beitrag zur Geschichte des konservativen Nationalismus zwischen den beiden Weltkriegen,* Nürnberg 1967, S. 168 (Anm. 3).

[22] *GS,* 2, S. 33.

[23] *GS,* 2, S. 32 f.

[24] Die Charakterisierung des Nationalsozialismus als „politisches Messiastum" findet sich schon in einem Aufsatz des lutherischen Pastors Richard Karwehl aus dem Jahre 1931 *(Politisches Messiastum,* in: *Zwischen den Zeiten,* 9. Jg. [1931], S. 519—543). Daraus, daß sich teilweise wörtliche Übereinstimmungen zwischen Bonhoeffers Vortrag vom Februar 1933 und dem Aufsatz Karwehls finden, ist zu schließen, daß Bonhoeffer den Aufsatz als Vorlage benutzt hat (vgl. z. B. *a. a. O.,* S. 538 u. *GS,* 2, S. 27).

[25] *GS,* 2, S. 33.

[26] Vgl. G. Leibholz, *Die Auflösung der liberalen Demokratie*... [Anm. 8], S. 70.

[27] *A. a. O.,* S. 63, 68 f.

[28] Er ist dies insofern, „als er die ursprünglich durch Aufklärung und einen glaubenserfüllten Liberalismus konstituierten metaphysischen Wertwelten der geistig autono-

men Lebensbereiche dadurch endgültig vernichtet, daß er diese nach dem Vorbild des von ihm bekämpften, glaubenslos gewordenen Liberalismus im Sinne der jeweils herrschenden Staatsmetaphysik relativiert" (*a. a.* O., S. 69 f.).

[29] *GS*, 2, S. 33.

[30] Vgl. G. Leibholz, *Die Auflösung der liberalen Demokratie*... [Anm. 8], S. 65 (Hervorhebung vom Verf.).

[31] *GS*, 2, S. 35.

[32] Vgl. *GS*, 2, S. 35 f.

[33] Vgl. *GS*, 2, S. 22 (Hervorhebung vom Verf.).

[34] Vg. *GS*, 2, S. 22—38, u. BA, Nachl. D. Bonh., Fiche A 36/1—2/4.

[35] *GS*, 2, S. 37 f.

[36] *GS*, 2, S. 36 f. Das Wort „kann" ist doppelt unterstrichen im Manuskript des im März gehaltenen Vortrags. Es ist die einzige *doppelte* Unterstreichung im gesamten Text (vgl. BA, Nachl. D. Bonh., Fiche A 36/1—2/4), während das Wort „recht" von mir hervorgehoben wurde.

[37] Vgl. *GS*, 2, S. 48.

[38] *GS*, 2, S. 27.

[39] Gerhard Leibholz, *Die Grundlagen des modernen Wahlrechts* (1932), in: *Strukturprobleme der modernen Demokratie*, Neuausg. der 3., erw. Aufl. 1967, Frankfurt a. M. 1974, S. 38.

[40] *Ebda.* Bonhoeffers Charakterisierung der die Traditionen des Liberalismus bekämpfenden „neuen politischen Metaphysik" entspricht weitgehend der Leibholzens.

[41] *GS*, 2, S. 36; vgl. zum folgenden S. 32—34.

[42] *GS*, 2, S. 36 (Die Hervorhebung findet sich im Originalmanuskript!).

[43] Vgl. *DB*, S. 308.

[44] Vgl. Gerhard Leibholz, *Das Wesen der Repräsentation unter besonderer Berücksichtigung des Repräsentativsystems. Ein Beitrag zur allgemeinen Staats- und Verfassungslehre*, Berlin-Leipzig 1929.

Katholischer Jugendwiderstand

BARBARA SCHELLENBERGER
Köln

I

Um die Bedeutung des Widerstandes der katholischen Jugend[1] im Dritten Reich zu ermessen, sollen zunächst einige Zahlen genannt werden: In einer Gesamtbevölkerung von 62,4 Millionen Deutschen, von denen ein Drittel katholisch waren, rechnen wir mit rund sieben Millionen katholischen Jugendlichen, das ist etwa ein Drittel der gesamten deutschen Jugend.[2] Von diesen sieben Millionen katholischen Jugendlichen waren 1933 etwa 1,4 Millionen in 28 Verbänden katholischer Jugend organisiert. Die Hitlerjugend hatte Anfang 1933 angeblich 50000 Mitglieder.

Von diesen 1,4 Millionen organisierten katholischen Jugendlichen wird im folgenden hauptsächlich die Rede sein, einmal weil über ihr Verhalten die meisten Zeugnisse vorliegen, zum anderen aber auch deshalb, weil das Verhalten der Verbände erhebliche Auswirkungen auch auf das Verhalten der Nichtorganisierten hatte. Dabei kann nicht auf die Geschichte jeden Verbandes im einzelnen eingegangen werden. Am Verhalten des zahlenmäßig größten und organisatorisch am besten ausgebauten Verbandes, des Katholischen Jungmännerverbandes (KJMV) mit 400000 Mitgliedern, soll beispielhaft katholischer Jugendwiderstand aufgezeigt werden. An der Spitze des Verbandes, mit der Zentrale in Düsseldorf, stand damals Generalpräses Ludwig Wolker, der immer als Anwalt der gesamten katholischen Jugend auftrat.

Schon relativ früh hat der KJMV die von nationalsozialistischer Seite drohenden Gefahren erkannt und sich bis zu den Märzwahlen 1933 auch öffentlich und kompromißlos am politischen Kampf gegen den Nationalsozialismus beteiligt.[3]

Am 17. Februar 1933 hatte der KJMV zusammen mit zwölf anderen katholischen Vereinen einen Wahlaufruf für das Zentrum unterschrieben: „Was sich seit Mitte März vorigen Jahres in unserem Lande ereignet hat, ist ein nationales Verderben ... In der Zusammensetzung und in den

Maßnahmen der neuen Regierung suchen wir vergebens die Bürgschaften für die Erneuerung unseres Volkes in christlichem und nationalem Sinne ... Wir erfahren es: Bolschewismus kann auch werden unter nationalen Vorzeichen."[4]

Der Totalitätsanspruch des nationalsozialistischen Regimes[5] auf die deutsche Jugend wurde schon in den ersten Monaten nach der Machtergreifung im Rahmen der allgemeinen Gleichschaltung aller Lebensbereiche manifest: Am 5. April 1933 beschlagnahmte die Hitlerjugend (HJ) mit Brachialgewalt die Geschäftsstelle des Reichsausschusses der deutschen Jugendverbände, in dem 5—6 Millionen Jugendliche, unter anderem auch die katholische Jugend, zusammengefaßt waren. Der amtierende Vorstand (Margarete Schuckert vom Verband der weiblichen Handels- und Büroangestellten, Generalmajor Vogt vom Jungdeutschlandbund und Prälat Wolker) wurde abgesetzt. Am 17. Juni 1933 wurde Baldur von Schirach zum „Jugendführer des Deutschen Reiches" ernannt. Der Großdeutsche Bund und der Reichsausschuß der deutschen Jugendverbände wurden aufgelöst. Im ganzen Reich kam es zu vielen ungesetzlichen Einzelaktionen gegen Vereine der katholischen Jugend: Jugendheime wurden besetzt, Sportgeräte beschlagnahmt, Präsides und Vereinsmitglieder in Schutzhaft genommen, öffentliches Auftreten wurde verboten, Mitglieder erfuhren Benachteiligungen an ihrem Arbeitsplatz, Vereinen wurde die Auflösung angedroht. Mit der Bündischen Jugend hatte die HJ es relativ leicht: Bedeutende Führer einzelner Bünde erklärten ihren Eintritt in die HJ, die meisten Bünde wurden verboten oder lösten sich selber auf, viele ihrer Mitglieder traten in das Deutsche Jungvolk ein. Zwischen der HJ und den evangelischen Jugendverbänden, die größtenteils in positiver Haltung dem neuen Staat gegenüberstanden, schwebten schon seit dem Frühjahr 1933 Verhandlungen über eine mögliche Kooperation. Diese Verhandlungen führten schließlich — gegen den Willen des Führers des evangelischen Jugendwerks — zu einer vollständigen Eingliederung am 19. Dezember 1933.

Von den rund 100 Verbänden im Reichsausschuß der deutschen Jugendverbände überstanden also fast als einzige die katholischen Jugendverbände die ersten Monate der nationalsozialistischen Herrschaft. Die Isolierung bedeutete zugleich eine noch größere Gefährdung.

Durch die Unterzeichnung des Reichskonkordats am 20. Juli 1933 wurde die Sonderstellung und Eigenständigkeit der katholischen Jugendverbände gegenüber dem Staat sogar zunächst noch vertraglich verbrieft. Ohne hier im einzelnen auf die Auseinandersetzungen um Artikel 31 des Reichskonkordats (Verbändeartikel) eingehen zu können, so kann doch gesagt werden, daß die Berufung auf das Reichskonkordat in den folgenden Jahren eine entscheidende Hilfe im Kampf um das Existenzrecht der katholischen Jugendverbände darstellte.

II

Grundsätzliche Haltung in den ersten Monaten der NS-Herrschaft

Nach den Wahlen vom 5. März 1933 war für den KJMV das wichtigste Kriterium für die Beurteilung der Lage und „konstitutives Element für das Verhältnis von Kirche und Staat ... die Anerkennung der Reichsregierung mit dem Reichskanzler Hitler als legale Autorität".[6]

Für die vorderste Front der Verbände sei diese innere Umstellung aufgrund der Kundgebung des Episkopats zur NSDAP vom 28. März 1933 nicht einfach gewesen, da ja gerade sie den weltanschaulichen Kampf im Sinne der Kirche gegen die nationalsozialistische Bewegung getragen habe, heißt es in einer Denkschrift an den deutschen Episkopat Ende Mai 1933.[7]

Auch in den folgenden Jahren war das Verhältnis der katholischen Jugendverbände zum Episkopat nicht immer unproblematisch. Die Kooperationsbereitschaft einiger Bischöfe zu Beginn der nationalsozialistischen Herrschaft und die vermeintlich inaktive Haltung des Gesamtepiskopats führten innerkirchlich zu heftigen Auseinandersetzungen. Politisch naive Bischöfe setzten zeitweilig auf eine Aufhebung des seit dem 29. Juli 1933 bestehenden Verbots der gleichzeitigen Mitgliedschaft in nationalsozialistischen und konfessionellen Jugendorganisationen, um die Konflikte zu lösen. Fast beschwörend wandten sich die Verbände in einer Denkschrift vom August 1935 an den Episkopat: Die Gefolgschaft der kirchlichen Verbände müsse wissen, daß sie im Auftrag der Kirche handele, daß ihr Leiden als Mitglieder der Verbände ein Leiden der Kirche als Kirche sei. Unmöglich sei ihnen „das Martyrium ohne Auftrag". Solche temperamentvollen Äußerungen, denen man die Handschrift Wolkers anmerkte, führten aber niemals zum Bruch mit dem Episkopat. Vielmehr stimulierte der Kampf der katholischen Verbände den Kampf der Bischöfe, deren zahlreiche Proteste längst nicht immer an die Öffentlichkeit gelangten.

Letztlich machte sich jedoch mit der Zeit der gesamte Episkopat die Worte Papst Pius XI. in der Osterbotschaft 1934 an die katholischen Jugendverbände zu eigen: „Eure Sache ist unsere Sache." Überhaupt hatte die katholische Jugend mit Kardinalstaatssekretär Pacelli, dem späteren Papst Pius' XII., in Rom einen Anwalt, der sehr gut Bescheid wußte. Die Noten des Hl. Stuhls an die deutsche Reichsregierung zu diesem Thema[8] lassen an Deutlichkeit nichts zu wünschen übrig. Klarer als in einigen katholischen Kreisen Deutschlands erkannte man in Rom von Anfang an die Auswirkungen des nationalsozialistischen Totalitätsanspruchs auf die deutsche Jugend.

Im Rahmen der Richtlinien des Episkopats ermahnte der KJMV vor allem in den ersten Monaten der nationalsozialistischen Herrschaft seine Mitarbeiter immer wieder, „ruhig Blut zu wahren" und Anordnungen der Behörden in Staat und Gemeinde in ihrem Amtsbereich Folge zu leisten. Allerdings seien die Verfügungen über Auflösung von Vereinen, Besetzung von Jugendheimen, Beschlagnahmung von Eigentum der Vereine durch nichtbehördliche Organe (HJ, SA etc.) mit Energie zurückzuweisen. Wenige Tage vor Auflösung der Zentrumspartei, am 1. Juli 1933, wurden durch die Geheime Staatspolizei die Geschäftsstellen mehrerer katholischer Verbände, unter anderem des KJMV, geschlossen. Das Vorgehen der Gestapo wurde damit begründet, daß es sich um konfessionelle Hilfsverbände des Zentrums handele, die sich staatsfeindlich betätigten und durch systematische Hetze eine natürliche Eingliederung großer Teile des katholischen Deutschlands zu sabotieren suchten.

In einer Denkschrift an den deutschen Episkopat im August 1933 beschrieb Wolker die Lage der katholischen Jugendverbände wie folgt: Der KJMV habe durch die Aktionen vom 1. Juli erheblichen wirtschaftlichen Schaden erlitten, der Mitgliederrückgang, namentlich auf dem Lande und in der Deutschen Jugendkraft (DJK) sei erheblich, ein Teil der Präsides habe versagt, die Jugend im großen und ganzen jedoch habe sich gut und tapfer gehalten.

Im Oktober 1933 kam es zu Verhandlungen zwischen Ministerialdirektor Buttmann, Obergebietsführer Nabersberg (in Vertretung v. Schirachs) und dem Reichsführer der evangelischen Jugend, E. Stange, auf die die katholischen Verbände große Hoffnungen setzten. Man hatte für diese Verhandlungen „Grundlinien für eine sinnvolle Einordnung in die Staatsjugend" erarbeitet, wonach alle bestehenden Verbände gleichberechtigt, „in sich selbständig gemäß den anerkannten Satzungen", die Staatsjugend bilden sollten. Wolkers Hoffnung auf ein Arrangement mit dem nationalsozialistischen Regime wurde bitter enttäuscht. Er hat — ähnlich wie einige Bischöfe — die tatsächlichen Machtverhältnisse in den ersten Monaten der nationalsozialistischen Herrschaft verkannt. Man baute auf die Versicherung der Vertreter des Reichsinnenministeriums und unterschätzte dabei den Einfluß der Parteiorganisationen. Daß von Juli bis Oktober 1933 nach außen hin positive Äußerungen über das nationalsozialistisches Regime von Wolker überwiegen, darf, da interne Quellen ziemlich fehlen, nicht zu falschen Schlüssen über Wolkers wirkliche Meinung benutzt werden. Immer wieder wurde von der Verbandsleitung betont, daß nicht alles in der Öffentlichkeit erörtert werden könne, daß vieles ungesagt bleiben müsse.

III

Zeit der offenen Auseinandersetzung Ende 1933 bis Mitte 1934

Seit Ende 1933 verlagerte sich der Schwerpunkt der offiziellen Verlautbarungen des KJMV von der Beteuerung der Kooperationsbereitschaft auf die Feststellung des den katholischen Jugendverbänden zustehenden Rechts. Nicht selten reagierten Vereine, einzelne Gruppen und einzelne Führer spontan auf die Angriffe der HJ, ohne die von der Zentrale als notwendig erachteten Vorsichtsmaßregeln einzuhalten. Aus der Reaktion erwuchsen hier und da eigenständige Aktionen.

Erhebliche Folgen zog ein Rundschreiben des Reichsfeldmeisters der Pfadfinderschaft St. Georg von Köln, Walter Casott, nach sich. In einem Begleitschreiben zum Jahresplan 1934 hieß es:

„Alles, was der Jahresplan bringt, wird durchgeführt, gleich wie! Mit oder ohne Tracht! Erlaubt oder verboten!! Wenn unsere Lager zu Exerzitienlagern werden oder zu den notwendigen religiösen Tagungen, so steht eines fest, wir kommen zusammen. So oder so. Wir werden ewig eine Gemeinschaft bleiben, die man weder trennen noch verbieten kann."

Die Folge war das Verbot des öffentlichen Auftretens für katholische Jugendverbände im gesamten Regierungsbezirk Köln am 19. März 1934. Im *Westdeutschen Beobachter* (20. März 1934) wurde diese Verordnung als „Akt staatlicher Notwehr" bezeichnet.

St.-Georgs-Pfadfinder in Engers (Kreis Neuwied), so berichtete der Regierungspräsident von Koblenz, seien nach der Veröffentlichung seiner Verordnung über das öffentliche Auftreten und das Tragen einheitlicher Tracht der katholischen Jugendverbände vom 13. April 1934 auf Fahrrädern hintereinander durch die Straßen gefahren: An der Spitze der Kaplan in der weltlichen Kleidung eines Geistlichen, dann folgend der Unterführer mit einer Infanteriefeldmütze auf dem Kopf, dann Jungen in weißen Hemden, von denen einer einen Zylinderhut und einer einen beschädigten Strohhut trug, am Schluß des Zuges ein Junge im grünen Hemd.

In einem Lagebericht des Sicherheitshauptamtes der SS für Mai/Juni 1934 werden „unkluge Übergriffe" der Hitlerjugend eingestanden. Es wurde dann allerdings der katholischen Jugend vorgeworfen, daß sie sich in Köln, Oliva, Augsburg und anderen Orten zur Wehr gesetzt, HJ-Angehörige überfallen, Plakate der HJ abgerissen und gegen den Eintritt geworben habe.[9] Am 25. März 1934 ereignete sich ein besonders schwerer Zwischenfall in Berlin-Hennigsdorf.[10] 1800 Mitglieder der Jungschar aus der Stadt und dem Bistum Berlin hatten sich zu einem Appell, einem Geländespiel und einem Umzug getroffen. Als die Jungschärler sich anschickten, vom Kirchengrundstück abzumarschieren, drängten sich etwa 200 HJ-Angehörige in geschlossenen Kolonnen durch ihre Reihen und beschimpften sie als Pfaffengesindel. Die Veranstaltung wurde daraufhin abgebrochen, auf dem Weg zum Bahnhof aber griffen 100 Hitlerjungen die Jungschärler tätlich an. In der nationalsozialistischen Presse wurde nach den Protesten der katholischen Kirche behauptet, daß die HJ provoziert worden sei durch die von der Jungschar mitgeführten Hakenkreuzfahnen, an Besenstielen befestigt; außerdem sei die HJ als Gotteslästerer diffamiert worden.

Gegen die Angriffe der HJ riefen katholische Jugendliche aus der Mitte Deutschlands im April 1934 zu einer Solidaritätserklärung für die Führer ihrer Verbände auf. In der Diözese Münster trafen innerhalb von drei Tagen 10000 Unterschriften zu dieser Erklärung ein.

Der Frühjahrsoffensive der HJ 1934 setzte der damalige Leiter der „Abwehrstelle gegen antichristliche Propaganda", Josef Teusch, die Aktion „Vom guten Recht der katholischen Jugend" entgegen. Am 15. Mai 1934 wurden allen Pfarreien in Köln Anweisungen für die Gestaltung von Jugend- und Elternandachten gegeben, bei denen nach einheitlichem Text „Vom guten Recht der katholischen Jugend" gepredigt werden sollte. Am selben Tag bat Generalvikar David alle Dechanten des Erzbistums Köln um Angaben, wie sich die Jugend in den einzelnen Dekanaten gehalten habe, und informierte gleichzeitig über die Aktion in der Stadt Köln. Am 17. Mai unterrichtete Teusch — vermutlich — alle Generalvikariate in Deutschland von der Aktion in Köln und bot an, bei ähnlichen Werbekampagnen der HJ — wie augenblicklich im Rheinland — Material für Gegenaktionen zu stellen. In einem der Texte hieß es: „Solange es deutsche Treue gibt, solange ein Kanzlerwort gilt, solange Verträge heilig sind, solange gibt es auch ein Recht der katholischen Jugend in Deutschland." Von der sehr schnellen Verbreitung der Schriften geben zahlreiche Meldungen über Beschlagnahmen und Verbote ein plastisches Bild. Am 19. Mai untersagte die Staatspolizei eine weitere Verbreitung des Flugblattes.

Das Frühjahr 1934 war ausweislich zahlloser Akten für die katholischen Jugendverbände insgesamt eine Zeit des Durchbruchs zu Aktionen in der Öffentlichkeit, die nicht von den Verbandszentralen ausgingen, sondern von der Initiative einzelner führender Mitglieder, einzelner Gruppen oder Vereine. Die Aktionen der katholischen Jugend konnten und wollten nicht verstanden werden wie die Offensiven der HJ im Sinne eines planmäßigen, mit allen Machtmitteln geführten Angriffs mit dem einen Ziel, den Gegner zu vernichten. Aber man kann insofern von einer Offensive der katholischen Jugend sprechen, als sie sich nicht auf einzelne Aktionen der Verteidigung ihrer Rechte beschränkte, sondern in den eigenen Reihen sammelte, aufklärte und für neue Aktivitäten warb.

Die HJ selbst sah sich bei ihrem Kampf mit den katholischen Jugendverbänden auf der ganzen Linie in der Defensive. In Berichten der HJ-Führung im Gebiet Mittelrhein wird von einer Unzahl Beleidigungen, Gewalttätigkeiten, Provokationen und Drohungen von seiten der katholischen Jugend berichtet. So heißt es im Oktober 1933: Nach dem Konkordat sei eine lebhafte Agitation gegen die HJ spürbar geworden. Es ließen sich deutlich die ganz gleichmäßig — vor allem auf dem flachen Lande auftretenden — Agitationsmaßnahmen, die oft auch bedenklich nach gewolltem Staatssturz aussähen, ihrer Intensität nach unterscheiden. Wenn keine besonderen Anlässe gegeben seien, begnügten sich die Vertreter und Vorkämpfer der katholischen Aktion damit, in höhnischer Weise die HJ-Bewegung und auch den Nationalsozialismus herabzusetzen ... Die katholische Aktion habe anscheinend vor, die Sturmscharen und den Bund Neudeutschland (ND) als ausgesprochene Kampftruppen zu organisieren. Es sei unzweifelhaft, daß im rheinischen Gebiet Köln—Aachen ein großzügiger Angriff auf alles, was nationalsozialistisch heiße, in vollster Durchführung begriffen sei ... etc.

IV

Wachstum nach innen

Schon früh zeigte sich in der katholischen Jugend mit der wachsenden Beschränkung der äußeren Tätigkeiten eine Intensivierung der geistigen Arbeit in den Gruppen, den Vereinen und im Verband. Man spürte, daß weitergehende Verbote die äußere Betätigung vollkommen verbieten könnten, und man wußte, daß man im letzten der Polizeigewalt nichts anderes entgegen zu setzen hatte als die persönliche Überzeugung jedes einzelnen Mitglieds. Infolgedessen wurde auf die religiöse Ausbildung in der gesamten Verbandsarbeit jetzt noch mehr Wert gelegt als früher, und die Basis des Widerstandes verlagerte sich von der „juristischen Position" mehr und mehr auf das „Bekenntnis".

Die rein religiöse Betätigung — wie Bekenntnistage, Wallfahrten etc. — bekam demonstrativen Charakter und wurde deshalb von nationalsozialistischer Seite argwöhnisch beobachtet.

Mitte 1934 war (obwohl die Mitgliederzahl im KJMV um rund 100 000 gesunken war) den NS-Verbänden noch kein entscheidender Einbruch in die katholischen Jugendverbände gelungen. In einem Rundschreiben des Verbandes an die Diözesanpräsides und Diözesanleiter hieß es sogar, daß es notwendig sei aus Gründen nach Matth. 12, 10c (Denn sie wollten ihn verklagen) und 12,14 (Nun gingen die Pharisäer hin und hielten Rat, wie sie ihm mit seinen Worten eine Schlinge legen könnten) den Neueintritt von Mitgliedern zu erschweren. Trotz der teilweise sehr scharfen Maßnahmen gegen die katholischen Jugendverbände sei zu bemerken, daß die innere Überzeugung für die Sache im ganzen Reich wachse und wachse. Nicht Kleinmut, sondern Sicherheit sei überall von den Gesichtern, die die Fahnen seien, zu lesen.[11]

Zum Christkönigsfest im Oktober 1934 versammelten sich 30000 Jugendliche im Kölner Dom. Anlässe zu solchen Bekenntnissen boten Heiligenfeste, Gedächtnisfeiern, der Marienmonat, Fronleichnamsprozessionen, Bischofstage etc. Die HJ versuchte mancherorts, diese Bekenntnisfeiern zu stören, etwa durch Zwischenrufe, Sprechchöre, Verkauf von Fanfaren, Sturm auf die Banner. Der Regierungspräsident von Köln berichtet, daß uniformierte Nationalsozialisten bei einer solchen Feier ostentativ mit „Treu Heil" herausgefordert worden seien. Ebenso habe die Menge mehrfach in den Ruf „Christus unser Führer, Sieg Heil" eingestimmt.

Hans Niermann, seit Ostern 1935 Reichsführer der Sturmschar, schrieb am 1. Oktober 1935 seinen Eltern von der St.-Michaels-Feier: „Ich war bei den Kölnern ... nach solchen Jahren eine solche Mannschaft mit einer solchen Kraft, das war wirklich überzeugend. Bei den Fahrten durch das Land zeigt sich überall das gleiche Bild: Unter schwersten Umständen nicht nur durchhalten und eisern stehen, sondern auch schaffen und arbeiten als Jugend der Kirche. Das hindert aber nichts daran, daß die Zukunft völlig undurchsichtig ist. Hunderte von Kerlen haben bereits ihren Beruf aufgeben müssen, weil sie dem Bunde die Treue gehalten haben."

Auf Anregung Kardinal Bertrams stellte das Reichsamt des KJMV für den Episkopat einen umfangreichen Bericht (74 Seiten) über den Kampf gegen die katholischen Jugendverbände von Mai bis November 1935 zusammen. Er umfaßte folgende Kapitel:

1. Falschmeldungen in der Presse
2. unfaire Kampfesweise
3. Äußerungen maßgebender HJ-Führer
4. Druck in den Schulen
5. Druck auf die Beamten
6. Wirtschaftlicher Druck
7. Strafverfolgung und Rechtsprechung.

Diese Aufzählung gibt ungefähr die Bandbreite der nationalsozialistischen Agitation wieder. Dazu kamen Eingriffe in die Verbandszentrale des KJMV: Schließung des Jugendhauses Düsseldorf im November 1935, Verbot von Zeitschriften, Anfang 1936 wurden Prälat Wolker und andere Mitarbeiter der Verbandszentrale verhaftet.

V

Auflösung der Verbände

Durch eine Verordnung der Geheimen Staatspolizei vom 23. Juli 1935 wurde den katholischen Jugendverbänden in ganz Preußen jede Betätigung, die nicht rein kirchlich-religiöser Art war, untersagt. Im einzelnen wurden verboten: das Tragen von Uniformen, uniformähnlicher Kleidung; das Tragen von Abzeichen; geschlossenes Aufmarschieren, Wandern und Zelten; das öffentliche Mitführen von Bannern, Fahnen etc.; jegliche Ausübung und Anleitung zum Sport. Es handelte sich im Grunde nur um eine reichseinheitliche Subsumierung schon von vielen Staatspolizeistellen praktizierter Verbote. An vielen Orten kam diese Verordnung einem vollständigen Betätigungsverbot gleich, weil es sich als unmöglich erwies, das Gruppenleben auf das rein Religiöse zu beschränken. Der Diskussion um die Auslegung von Artikel 31 des Reichskonkordats war somit von nationalsozialistischer Seite ein unzweideutiges Ende gemacht worden.

Es gab keinen Zweifel mehr an einer bald bevorstehenden Auflösung der katholischen Jugendverbände. Ihr arbeitete der deutsche Episkopat durch die *Richtlinien für die katholische Jugendseelsorge* von April 1936 vor. In diesen Richtlinien wurde die Jugendarbeit den Zeitverhältnissen entsprechend neu geordnet. Für das nationalsozialistische Regime war mit der Verkündigung des Gesetzes über die Hitler-Jugend vom 1. Dezember 1936 die Jugendfrage formell erledigt, auch wenn die katholischen Jugendverbände erst nach und nach ganz verboten beziehungsweise aufgelöst wurden.

Am 7. Juli 1937 wurde unter Berufung auf die Verordnung des Reichspräsidenten zum Schutze von Volk und Staat vom 28. Februar 1933 als erster der Diözesanverband Paderborn verboten, nach und nach erfolgte die Auflösung der anderen Diözesanverbände, und erst am 6. Februar 1939 wurde die Zentrale des Katholischen Jungmännerverbandes aufgehoben. Wenige Monate später erfaßte das Verbot weitere katholische Jugendverbände wie den Bund Neudeutschland und den Quickborn.

Die Auflösungsanordnung traf den Verband nicht unvorbereitet. Vermutlich wurde durch die relativ früh eingeleitete Umstrukturierung der kirchlichen Jugendarbeit vieles an materiellen und geistigen Mitteln des Jungmännerverbandes für die gesamte katholische Jugendarbeit nutzbar gemacht. So konnte wohl der Apparat der Verbände von den nationalsozialistischen Machthabern vernichtet werden, aus der Verbandsarbeit war jedoch geistiges Leben entsprungen, das nicht aufzulösen war und in neuen Formen weitergewirkt hat.

In den Personalakten der Gestapo tauchen nach 1938/39 viele Namen von ehemaligen Mitgliedern katholischer Jugendverbände auf. An vielen

Orten wurde die Arbeit illegal weitergeführt. Hier muß noch geforscht werden. Anschauliche Beispiele bringen persönliche Erlebnisberichte und Lokalstudien. Aus Würzburg[12] wird von der illegalen Weiterführung katholischer Jugendarbeit berichtet, die etwa 2000 Jugendliche erfaßte. Sie verbreiteten Leitlinien für die Führung illegaler Gruppen, Auszüge aus Gertrud von le Forts *Hymnen an die Kirche*, vervielfältigten die Enzyklika Pius' XI. *Mit brennender Sorge* und die Hirtenbriefe von Bischof Graf Galen von Münster. Flugblätter gegen Krieg, Kirchenverfolgung und Judenvernichtung wurden über die Grenzen Würzburgs hinaus verbreitet bis nach Frankfurt und München. Es ist nicht auszuschließen, daß diese Würzburger Flugblätter den Geschwistern Scholl den entscheidenden Anstoß für ihre Aktionen gaben.

Inge Scholl berichtet:[13] „Im Frühjahr 1942 fanden wir wiederholt hektographierte Briefe in unserem Briefkasten. Sie enthielten Auszüge aus Predigten des Bischofs von Münster, Graf Galen, und sie verbreiteten einen wunderbaren Hauch von Mut und Aufrichtigkeit: ‚Wir sehen und erfahren jetzt deutlich, was hinter den neuen Lehren steht, die man uns seit einigen Jahren aufdrängt, denen man zuliebe die Religion aus der Schule verbannt, unsere Vereine unterdrückt hat, jetzt die Kindergärten zerstören will: Abgrundtiefer Haß gegen das Christentum, das man ausrotten möchte ...' Hans ist erregt, nachdem er diese Blätter gelesen hat ... Eine Zeit lang betrachtet er nachdenklich die Drucksachen und sagt schließlich: ‚Man sollte unbedingt einen Vervielfältigungsapparat haben.'"[14]

In Eichstätt[15] wurde festgestellt, daß die Kirchen die Kriegslage in steigendem Maße nutzten, um wieder größeren Einfluß auf die Jugend zu gewinnen. Aufgrund der Berichte des SD und der Gestapo über Kirchen und Kirchenvolk[16] kann gesagt werden, daß die Jugendseelsorge nach Auflösung der Verbände einen wichtigen Widerstandsfaktor darstellte.

VI

Die Frage nach dem Widerstand

Zum Schluß soll noch einmal die Frage nach dem Widerstand angesprochen werden: welche politische Bedeutung der katholische Jugendwiderstand hatte und welche Motive dem Verhalten der katholischen Jugendverbände zugrunde gelegen haben. Auch hier muß theoretisch getrennt werden, was praktisch meist zusammengehört haben dürfte. Man kann sicherlich nicht jede spontane Reaktion katholischer Jugendlicher auf Eingriffe in ihr Jugendreich mit politischem Widerstand gleichsetzen. Oft werden lokale Auseinandersetzungen einfach auf Konkurrenzkampf und auf jugendliche Trotzhaltung zurückzuführen sein. Schon bald führten diese Zusammenstöße aber auch zu einer geistigen Auseinandersetzung. Als politischer Widerstand dürfte zum Beispiel die rein formalistische Befolgung irgendwelcher Anordnungen anzusehen sein, durch die die Öffentlichkeit auf die Unsinnigkeit von Maßnahmen aufmerksam gemacht wurde.

„Ohne die grundlegende Bezugnahme auf das Totalitäre der Alltagswirklichkeit des Dritten Reichs läßt sich ... kein angemessener Widerstands-Begriff formulieren: Gemessen an dem Ziel der totalitären Erfassung konnten Verhaltensnormen, die unter anderen, zum Beispiel den westlichen Bedingungen der Nachkriegszeit, unerheblich und belanglos wären, Widerstand darstellen. Das Grundkriterium des Widerstands-Begriffs hat daher in der Frage zu liegen, ob damals ein bestimmtes Verhalten von einzelnen oder von Gruppen Risikocharakter hatte oder nicht."[17]

Es lassen sich verschiedene Stufen des Widerstands unterscheiden:
— die punktuelle Unzufriedenheit, die sich in Widerspruchshaltung äußerte,
— Resistenz, Nicht-Anpassung, Selbstbewahrung der Identität, indem man sich dem Gleichschaltungsdruck entzog,
— Protest in der Öffentlichkeit als bewußte Offensive gegen das System,
— aktiver Widerstand, der auf politischen Umsturz ausgerichtet war, verbunden mit einem generellen Nein zum System.

Nur mit einem „so differenzierten Widerstands-Begriff läßt sich die kirchliche Antwort auf die nationalsozialistische Herausforderung historisch angemessen beschreiben".[18] Und nur auf diesem Hintergrund läßt sich auch der katholische Jugendwiderstand einordnen. Ob in der Form der Nichtanpassung oder des Protests, die katholischen Jugendlichen sind sehr fühlbare persönliche Risiken eingegangen, dafür bedurfte es nicht erst eines Attentatsversuchs.

Das eigentlich tragende Moment des Widerstandes in seinen verschiedenen Formen war ohne Zweifel die religiöse Überzeugung. Die katholische Jugend leistete wesensgemäß — wie die katholische Kirche — nicht in erster Linie politischen, sondern Gewissenswiderstand.[19] Allerdings wird im totalitären Staat auch das religiöse Bekenntnis zu einem politischen Faktor erster Ordnung.

In welchen Formen auch immer sich dieser Widerstand darstellte: Der Kampf der katholischen Jugend um ihre Existenz stimulierte den Kampf der gesamten katholischen Kirche und trug, im Zusammenwirken mit ihr, wesentlich dazu bei, daß der nationalsozialistische Totalitätsanspruch in einem äußerst wichtigen gesellschaftlichen Bereich, der deutschen Jugend, nicht voll durchgesetzt werden konnte.

Anmerkungen

[1] Vgl. dazu die ausführliche Darstellung mit Quellenhinweisen: Barbara Schellenberger, *Katholische Jugend und Drittes Reich. Eine Geschichte des katholischen Jungmännerverbandes 1933—1939 unter besonderer Berücksichtigung der Rheinprovinz* (= Veröffentlichungen der Kommission für Zeitgeschichte, Reihe B, Bd. 17), Mainz 1975; dies., *Ludwig Wolker*, in: *Zeitgeschichte in Lebensbildern*, Bd. 5, Mainz 1982, S. 133—146; Evi Kleinöder, *Verfolgung und Widerstand der katholischen Jugendvereine. Eine Fallstudie über Eichstätt*, in: *Bayern in der NS-Zeit*, hrsg. von Martin Broszat und Elke Fröhlich, Bd. 2, München-Wien 1979.

[2] Vgl. *Wahlverhalten der katholischen Bevölkerung 1932—1933*, hrsg. vom Katholischen Arbeitskreis für zeitgeschichtliche Fragen e. V., 2., verb. Auflage, Bonn 1983.

[3] Von vornherein soll hier — ohne auf Einzelheiten eingehen zu können — entschieden der Affinitätstheorie im Sinne Günter Plums, *Gesellschaftsstruktur und politisches Bewußtsein in einer katholischen Region 1928—1933*, Stuttgart 1972, S. 114, widersprochen werden. Seine Hypothese, daß gerade die katholische Jugend „fanatischem Aktionismus" und „Irrationalismus" in den Jahren vor der Machtergreifung bedrohlich nahe gewesen sei und damit „doch erheblich der Verkennung und der Mißdeutung des Kommenden vorgearbeitet" habe, vernachlässigt — zumindest was den Katholischen Jungmännerverband betrifft — die politischen Fakten zugunsten historischer Hypothesen, welche *ex post* gewonnene Einsichten für die frühere Zeit voraussetzen.

[4] Bernhard Stasiewski (Hrsg.), *Akten deutscher Bischöfe über die Lage der Kirche*, Bd. 1: *1933—1934* (= Veröffentlichungen der Kommission für Zeitgeschichte, Reihe A, Bd. 5), Mainz 1965, Nr. 2, S. 3 f.

[5] U. E. ist der Totalitarismusbegriff für die Bezeichnung des nationalsozialistischen Herrschaftssystems eindeutiger als der Faschismusbegriff, der von der kommunistischen Geschichtsschreibung sogar auf westliche Demokratien angewandt wird. Vgl. dazu Karl-Dietrich Bracher, *Der Faschismus*, in: *Meyers Enzyklopädisches Lexikon*, Bd. 8, Mannheim 1973, S. 547—551.

[6] Stellungnahme des KJMV zum neuen Staat vom 4. 4. 1933, Nachlaß Roth, Diözesanarchiv Münster.

[7] B. Stasiewski (Hrsg.), *Akten* ... [Anm. 4], Nr. 42, S. 81.

[8] Vgl. Dieter Albrecht, *Der Notenwechsel zwischen dem Hl. Stuhl und der Deutschen Reichsregierung*, Bd. 1 (= Veröffentlichungen der Kommission für Zeitgeschichte, Reihe A, Bd. 1), Mainz 1965.

[9] Vgl. Heinz Boberach, *Jugend unter Hitler*, Düsseldorf 1982, S. 151.

[10] *Ebda.*

[11] Vgl. das Gedicht von Georg Thurmair: ... Nun sind Gesichter unsere Fahnen und Leiber unser Schaft, in: *Die Wacht* vom März 1935.

[12] Oskar Neisinger, *Flugblätter. Katholische Jugend im Widerstand gegen den Nationalsozialismus*, Würzburg 1982.

[13] *Die weiße Rose*, Frankfurt a. M. 1982.

[14] Vgl. dazu Konrad Löw, *Wir und „Die Weiße Rose"*, in: *Deutsche Tagespost*, Nr. 26 vom 29. 2. 1984.

[15] Vgl. Evi Kleinöder, *Verfolgung und Widerstand* ... [Anm. 1].

[16] Heinz Boberach, *Berichte des SD und der Gestapo über Kirchen und Kirchenvolk in Deutschland 1934—1944* (= Veröffentlichungen der Kommission für Zeitgeschichte, Reihe A: Quellen, Bd. 12), Mainz 1971.

[17] Klaus Gotto/Hans Günther Hockerts/Konrad Repgen, *Nationalsozialistische Herausforderung und kirchliche Antwort. Eine Bilanz,* in: *Kirche, Katholiken und Nationalsozialismus,* Mainz 1980, S. 101 ff., Zitat S. 102.

[18] *A. a. O.*, S. 103 f.

[19] Vgl. dazu Konrad Repgen, *Katholizismus und Nationalsozialismus* (= Kirche und Gesellschaft, Nr. 99), hrsg. von der Katholischen Sozialwissenschaftlichen Zentralstelle Mönchengladbach, Köln 1983.

Vierter Teil

Konservative zwischen Anpassung und Opposition

Zu Struktur und Eigenart der nationalkonservativen Opposition bis 1938

Innenpolitischer Machtkampf, Kriegsverhinderungspolitik und Eventual-Staatsstreichplanung

KLAUS-JÜRGEN MÜLLER
Hamburg

I

1. Die terminologische Vorentscheidung[1] „nationalkonservative Opposition“ — statt der bislang gebräuchlichen Begriffe „Militäropposition“ oder „militärischer Widerstand“ wird gerechtfertigt durch die Tatsache, daß die damit gemeinte historische Erscheinung keineswegs ausschließlich eine Sache von Berufsmilitärs gewesen ist. Schon bezüglich der Reserveoffiziere, die oft maßgeblich mitgewirkt haben, ist die Bezeichnung „Militär“ problematisch, da diese von ganz anderen Sozialisationsfaktoren geprägt waren als die Berufsmilitärs. Außerdem haben sich verabschiedete hohe Offiziere wie Generaloberst Beck im Widerstand nicht als reine Militärs oder gar als Repräsentanten beziehungsweise als Vertreter „des Militärs“ verstanden. Weiterhin erlaubt das enge Zusammenwirken von Militärs mit Diplomaten, hohen Verwaltungsbeamten und Industriellen, kurzum: der erhebliche Anteil von Angehörigen traditioneller Führungsgruppen, keine terminologische Verkürzung auf das Militär.

2. „Nationalkonservative Opposition“ wird des weiteren hier als ein eigenständiges historisches Phänomen aufgefaßt, das nicht eine Art Teileinheit eines als homogen, gar monolithisch erscheinenden „Gesamtwiderstands“ war.[2]

Vielmehr ist „nationalkonservative Opposition“ als eine spezielle Erscheinungsform des Verhaltens traditioneller Eliten gegenüber dem Nationalsozialismus aufzufassen. Es geht daher in unseren Darlegungen um das Verhalten von oppositionellen Kräften aus den Kreisen der das „Dritte Reich“ mittragenden traditionellen Führungseliten vornehmlich aus Militär, Diplomatie und hoher Verwaltung.

3. Jene Kräfte der traditionellen Eliten, die 1933 auf der Grundlage einer „Entente" mit der nationalsozialistischen Führung die Regierung Hitler bildeten und das Regime mitbegründeten, glaubten, damit die Voraussetzungen zur Verwirklichung ihrer zentralen zweifachen Zielsetzung unter den seit 1918 veränderten politisch-sozialen Verhältnissen geschaffen zu haben: *innenpolitisch* die Neufundierung und Absicherung der seit 1918 als besonders bedroht empfundenen traditionellen Machtposition in Staat und Gesellschaft; *außenpolitisch* die Wiederherstellung der Großmachtstellung des Reiches, was für die Militärelite auch den *militärpolitischen* Aspekt mit einbezog, den jene, mit dem Euphemismus „Wehrhaftmachung der Nation" umschriebene permanente und totale Mobilisierung der Gesellschaft umfaßte, die im industriell-technischen Zeitalter als unumgängliche Voraussetzung nationaler Großmachtstellung angesehen wurde. Das implizierte natürlich ein militärisches und auch politisches Mitspracherecht der militärischen Führung, insbesondere auch des Generalstabes: Für das Militär war genau dies der Kern der „Erhaltung der führenden Position der Militärelite".[3]

4. Aufgrund dieses historischen Zusammenhangs erhielt der Entente-Charakter der Koalition zusammen mit der zweifachen Zielsetzung eine entscheidende Funktion für die Entwicklung des Verhältnisses von traditionellen Führungseliten und dem NS-Regime. Die künftige Entwicklung dieses Verhältnisses wurde fortan im wesentlichen bestimmt von dem Grad der Erfüllung beziehungsweise der Enttäuschung jener Erwartungen, welche die Eliten mit der damals eingegangenen Kollaboration an jene Entente von 1933 geknüpft hatten. Konkret gesprochen hieß dies, daß dieses Verhältnis sich entwickelte *innenpolitisch* nach dem Ausmaß der Verwirklichung beziehungsweise der Infragestellung einer mit-entscheidenden Machtposition im Staat und im *außenpolitischen* Rahmen gemäß der Gewährleistung, Durchsetzung oder Gefährdung der militärisch-machtpolitisch definierten Großmachtposition. Damit ist ein geeigneter interpretatorischer Raster gegeben, der eine hinreichend präzise historische Bestimmung des Phänomens ‚national-konservative Opposition' ermöglicht. In der historischen Konkretisierung stellt sich national-konservative Opposition dar als eine bestimmte Komplementärerscheinung der Entente traditioneller Eliten mit Hitler und seiner Bewegung. *National-konservative Opposition war also ein differenziertes Konfliktphänomen im Rahmen dieser Entente.*

II

5. Um dieses Konfliktphänomen in seiner ganzen konkreten Erscheinungsbreite präzise und differenziert erfassen, beschreiben und erklären

zu können, muß mit zwei analytischen Fragestellungen angesetzt werden:

Erstens: Welche der zwei wesentlichen Zielsetzungen werden in der Sicht nationalkonservativer Eliten gefährdet: der Bündnischarakter des Systems und die eigene Machtposition im System (das war etwa der Fall in der Röhm-Affäre beziehungsweise in der Fritsch-Krise) oder die Großmachtstellung (wie 1938 in der Sudetenkrise)?

Zweitens: Von wem ging aus der Sicht der jeweiligen Elitegruppen die Gefährdung aus? Von Hitler selbst oder nur von Teilen seiner Bewegung? Also die Frage nach der jeweiligen subjektiven Gegnereinschätzung.

6. Mit der Beantwortung dieser Fragen ergibt sich die Möglichkeit, die ganze Variationsbreite national-konservativer Reaktionen in Konfliktlagen präzise zu erfassen und zu beschreiben: also die Entwicklung etwa von defensiver Sicherung der eigenen Position über offensive Positionsstabilisierung (zum Beispiel „Säuberung des Regimes von ‚radikalen' Elementen" oder deren Ausschaltung aus dem außenpolitischen Entscheidungsprozeß) bis zu systemdestabilisierenden Umsturzplanungen und -versuchen. Eine Analyse verschiedener Konfliktlagen — wie etwa die ‚Röhm-Affäre', die Blomberg-Fritsch-Krise und die Sudetenkrise — oder individueller Konfliktkomplexe — etwa Carl Goerdelers oder Frhr. v. Weizsäckers Verhältnis zum Regime — vermag eindrucksvoll aufzuzeigen, wie Eigenart und Qualität der jeweiligen Reaktionen von Gruppen beziehungsweise Einzelpersonen aus den Reihen traditioneller Machteliten entscheidend bestimmt waren von der subjektiven Lageeinschätzung, welche mit den genannten zwei Fragen erfaßt werden können.

Mit diesem analytischen Raster läßt sich ebenfalls der unterschiedliche Grad von Verhaltensweisen erfassen, was angesichts des Prozeßcharakters und der Inkohärenz des national-konservativen Widerstandes von großer Wichtigkeit ist; war doch zum Beispiel ein zeitweiliges Nebeneinander von Opposition und Kooperation mit dem Regime als häufig anzutreffendes Verhaltensmuster oder als Durchgangsstufe zu fundamentalem Widerstand typisch für die national-konservative Opposition.

III

7. Aufgrund des oben geschilderten historischen Kontextes mag klar geworden sein, daß national-konservative Opposition zunächst auf weite Strecken hin der Reflex eines innerpolitischen Machtkampfes zwischen regime-tragenden Kräften, zwischen konfligierenden Machteliten gewesen ist. Schon die Haltung der Armeeführung in der sogenannten *Röhm-Affäre* zeigt dies deutlich.[4]

Die Entwicklung der national-konservativen Opposition vor dem Kriege durchlief mehrere Stadien, gewann dabei jeweils eine andere Qualität und bestand zudem aus verschiedenartigen Elementen. Außerdem kannte diese Entwicklung auch rück- und gegenläufige Momente. Eine Auffassung, die im „bürgerlich-militärischen Widerstand" — wie die lange Zeit übliche Bezeichnung lautete — eine homogene, gleichsam monolithische und von Anbeginn dem Regime gegenüber antagonistische Erscheinung sehen will,[5] greift angesichts des historischen Zusammenhanges, in dem die national-konservative Opposition eingebettet zu sehen ist, viel zu kurz.

Wenn man die Eigenart, die Entstehung und Entwicklung der national-konservativen Opposition angemessen erfassen will, muß man daher ihre personelle, politische und aktionsmäßige Struktur analysieren. Angesichts der Vielschichtigkeit und Widersprüchlichkeit sowie der historischen Wurzeln der national-konservativen Opposition greift man fehl, wenn man schlichtweg von einer „bedeutsamen Verflechtung und Weitläufigkeit der in der zweiten Hälfte der dreißiger Jahre beginnenden *Verschwörung*" [!][6] redet und dabei die Komplexität und den historischen Gesamtzusammenhang außer acht läßt.

8. Die zweite große Krise des Regimes nach der ‚Röhm-Affäre' — die *Blomberg-Fritsch-Krise* von 1938 — war in mehrfacher Hinsicht der entscheidende Markstein in der Entwicklung der national-konservativen Opposition. Diese Krise wirkte gleichsam als Katalysator: Bisher nur in lockerem Kontakt zueinander stehende Personen fanden nunmehr erstmals zu unmittelbaren und direkten Beziehungen zusammen. Dabei handelte es sich jedoch nicht um die Bildung einer Art einheitlicher Oppositionsgruppierung, sondern um Aktivitäten auf sehr verschiedenen Ebenen mit unterschiedlichen Motiven und Methoden. Somit brachte sie einen Höhepunkt im system-internen Machtkampf zwischen Armee und SS/Gestapo, die jene „radikalen Kräfte des Regimes" verkörperten, gegen welche die Stoßrichtung der Aktivitäten der damaligen Oppositionellen zielte. Dabei ging es wohl um Regime-Reform in evolutionärem Sinne, aber es zeigten sich auch schon Anzeichen von Tendenzen zur gewaltsamen Regime-Säuberung.[7] In dieser Phase war national-konservative Opposition also Symptom eines innerpolitischen Machtkampfes konfligierender Elitegruppen innerhalb des Systems.

Für die weitere Entwicklung der national-konservativen Opposition sollte im übrigen entscheidend werden, daß für etliche der späteren entschiedenen Gegner des Regimes und Schlüsselfiguren des späteren Widerstandes (etwa Hans Oster, Henning von Tresckow, Wilhelm Canaris) das Erlebnis der Fritsch-Krise zum Beginn einer lange nachwirkenden Wende wurde, welche sie von der Stufe eines innerpolitischen Machtkampfes zu einer der wichtigsten Stufen der grundlegenden Opposition schreiten ließ.[8]

9. Den nächsten und entscheidenden Entwicklungsschub brachte sodann die internationale *Sudetenkrise* im Sommer 1938. Jetzt entstand eine Kräftegruppierung, die als *Anti-Kriegs-Partei* bezeichnet werden kann. Sie verlieh den Tendenzen der evolutionären Regime-Reform wie denen der gewaltsamen Regime-Säuberung neue Dynamik. Diese drei Komponenten — Anti-Kriegs-Partei, evolutionäre Regime-Reform und gewaltsame Regime-Säuberung — verliehen damals dem Phänomen, das allzu undifferenziert und verkürzt oft „die deutsche Opposition" genannt wird, eine sehr komplexe Struktur. Begriffe wie „Verschwörung", „Konspiration" oder „Anti-Hitler-Fronde" greifen zu kurz und besitzen nicht die der Sache angemessene analytische Trennschärfe.

Die hervorragenden Repräsentanten dieser Anti-Kriegs-Partei in der internationalen Krisensituation von 1938 waren der Generalstabschef Beck,[9] dessen Nachfolger General Halder,[10] der Abwehrchef Admiral Canaris[11] und Staatssekretär v. Weizsäcker.[12] Das teilweise und zeitweilige Zusammenfließen von Bestrebungen der Kriegsverhinderung mit Erscheinungen des innerpolitischen Machtkampfes, vor allem aber die *politische Motiv-Struktur* der Anti-Kriegs-Partei hat ihre Eigenart und die Begrenzung ihrer Aktionsfähigkeit bestimmt.

Bei allen vier Repräsentanten der Anti-Kriegs-Partei war das zentrale Element ihrer außenpolitischen Zielvorstellungen die Idee einer deutschen hegemonialen Großmachtstellung in Mittel- und Mittel-Ost-Europa.[13]

Die partielle Interessen- und Ziel-Identität mit dem NS-Regime,[14] auch übrigens hinsichtlich der Methoden (machtpolitische Expansion, jedoch unter ganz bestimmten, sehr restriktiven Bedingungen) brachte diese Vertreter eines „aufgeklärten deutschen Imperialismus" bald in eine ausweglose Lage, als nämlich Hitler in der Sudetenfrage Ziele anzustreben begann, die auch sie akzeptierten, jedoch mit Mitteln und unter Umständen, die ihnen unannehmbar erschienen.[15]

Die Sorge, daß eine allzu aggressive deutsche Politik das Risiko eines nicht zu isolierenden Krieges um die Tschechoslowakei herbeiführte, solange die deutsche Rüstung unvollständig und die außenpolitische Absicherung nicht erfolgt war, ließ diese hohen Amtsträger zu entschiedenen Gegnern einer bedenkenlosen Machtpolitik werden, deren Voraussetzungen sie indessen in erheblichem Maße mitgeschaffen hatten. Das, was in diesem Zusammenhang oft allzu pauschal und undifferenziert „deutsche Opposition" genannt wird, stellte also weder eine System-Alternative noch eine grundlegende außenpolitische Alternative dar; vielmehr handelte es sich um eine über Differenzen hinsichtlich Opportunität, Methoden und Risikofaktoren deutscher Machtpolitik in Europa sich herausbildende *Anti-Kriegs-Partei* hoher Staatsfunktionäre.

Am bekanntesten in diesem Zusammenhang sind die Aktivitäten des Generalstabschefs Ludwig Beck, der damals aus Opposition gegen Hitlers Kriegspolitik zurücktrat und fortan sich zur zentralen Führungspersönlichkeit des deutschen Widerstandes entwickelte.

Sein damaliger *Konflikt um Hitlers Kriegspolitik*, der mit seinem Rücktritt endete, ist häufig beschrieben worden. Neuere Analysen der zum Teil ambivalenten Quellen haben trotz aller Versuche, die bislang übliche Interpretation noch zu verteidigen, erwiesen , daß es fehlleitend wäre, diesen Konflikt als *ersten Staatsstreichversuch*[16] aufzufassen.[17] Das geben die Quellen einfach nicht her. Ihn jedoch nur als *„Kampf gegen den Krieg“*[18] darzustellen, verkennt den Charakter des *innerpolitischen Machtkampfes* und die *militärpolitische Tiefendimension.*

In Becks damaligen Aktivitäten und Plänen flossen vielmehr drei verschiedene Elemente zusammen, die recht unterschiedlichen Entwicklungssträngen entstammten: Der akute *Kampf gegen den Krieg* floß zusammen mit dem langjährigen *Machtkampf innerhalb des Regimes* um die Bewahrung und Wiederherstellung der Position herkömmlicher Machteliten. Hinzu kam als dritte wichtige Komponente *die militärpolitische Dimension:* Es ist nämlich nicht zu übersehen, daß seine Militärpolitik, wie sie sich in der einseitigen, außenpolitisch nicht abgesicherten und ohne Rücksichtnahme auf ökonomische Rahmenbedingungen vorangetriebenen Aufrüstung manifestierte, ihn in eine zunehmend ausweglosere Lage gegenüber Hitlers Aggressionsplänen gebracht hatte.[19] Es gilt daher, gegen eine eindimensionale Betrachtung, die bei der Interpretation der Sachzusammenhänge vorschnell und ausschließlich nur den Widerstandsaspekt kennt und daher in jedem Konflikt gleich und immer eine gegen die Grundlagen des Regimes zielende Widerstandshandlung erkennen möchte, die drei wesentlichen Komponenten hervorzuheben, die damals die Aktivitäten des Generalstabschefs bestimmten: den Kampf gegen den Krieg, den innerpolitischen Kampf und die militärpolitische Dimension. Jede einseitige Hervorhebung nur einer dieser drei Komponenten wäre eine unzulässige, weil unzutreffende Verkürzung eines sehr komplexen Ereigniszusammenhanges. Becks Aktivitäten und Planungen waren damals der massivste Ausdruck der Bestrebungen jener Anti-Kriegs-Partei hoher Amtsträger im Rahmen der Auseinandersetzung antagonistischer Machteliten. Seine Schärfe und seinen grundsätzlichen Charakter nahm diese Auseinandersetzung für Beck nicht dadurch an, daß sie etwa systemzerstörende Zielsetzungen besaß — dies war *noch nicht* der Fall —, sondern in Becks Sicht aus zwei Gründen: einmal weil ein Krieg gegen die CSR zum damaligen Zeitpunkt seiner Meinung nach nicht zu isolieren war und daher das von ihm beschworene *‚finis Germaniae‘* bedeutet hätte,[20] und zweitens, weil die leichtfertige Art der Entschlußfassung und Entscheidungsfindung des Diktators, noch dazu unter Ausschaltung der zuständigen militärischen Führung, für den Generalstabschef angesichts dessen, was auf dem Spiel stand, einfach unmoralisch war.[21]

10. Festzuhalten ist somit, daß im Augenblick der akuten internationalen Zuspitzung der Sudeten-Krise unter hohen staatlichen Amtsträgern eine *Anti-Kriegs-Partei* entstand, die einen ihrer Ansicht nach zur Zeit nicht isolierbaren Konflikt vermeiden wollte, die jedoch die Zielsetzung deutscher Großmachtpolitik, nämlich die Errichtung einer hegemonialen Stellung des Reiches in Mittel-Europa, was die Zerstörung der CSR implizierte, durchaus bejahte und auch die Anwendung militärischer Machtmittel,[22] politisch-militärischen Drucks (Weizsäcker)[23] oder gezielter Subversionsmaßnahmen (Canaris)[24] keineswegs grundsätzlich ablehnte. Sie wandte sich vielmehr aus Opportunitätsgründen und Risikokalkül gegen eine militärische Lösung des Konfliktes zum damaligen Zeitpunkt. Auf einer tieferen Ebene war diese Anti-Kriegs-Politik der hohen Staatsfunktionäre zugleich der Versuch, die Konsequenzen einer deutschen Großmachtpolitik zu bewältigen. In einer dritten Dimension war die Anti-Kriegs-Politik verknüpft mit einem innenpolitischen Machtkampf, in dem es darum ging, die Position traditioneller Führungs-Eliten innerhalb des Regimes und hinsichtlich des politischen Entscheidungsprozesses wieder zu stabilisieren.

11. Canaris und Beck vermochten es nicht, den Oberbefehlshaber des Heeres und die führende Heeresgeneralität davon zu überzeugen, daß der von Hitler intendierte *militärische Konflikt nicht zu isolieren* sei, daß die Westmächte unweigerlich eingreifen würden. Denn vom rein militärisch-professionellen Standpunkt aus vermochte Beck keine überzeugenden Beweise für die Richtigkeit dieser Prognose und damit für die Richtigkeit der Prämissen des vorgeschlagenen Handelns vorzulegen:[25] Im Gegenteil, rein militärisch gesehen, schien ein Krieg gegen die CSR durchaus chancenreich zu sein. Becks Aufrüstungs- und Militärpolitik hatte also höchst ambivalente Ergebnisse gebracht. Staatssekretär von Weizsäcker stand ebenfalls vor einem Dilemma. Sein eigener Vorgesetzter, der Reichsaußenminister, war in seinen Augen einer der entschiedensten Kriegstreiber. Ihn mußte er daran hindern, Hitler in einer Politik des Kriegsrisikos zu bestärken, und gleichzeitig mußte er auf den ‚Führer' selbst im Sinne des eigenen politischen Konzeptes einzuwirken versuchen.[26] Hier aber lag ein weiteres schweres Dilemma. Seinen Einwirkungsversuchen waren bestimmte Grenzen gesetzt, da er selbst das Ziel, die Zerstörung der CSR, auch anstrebte. Die Debatte mußte sich daher um schwer beweisbare Fragen der Lageeinschätzung und der daraus zu ziehenden Konsequenzen drehen. Weizsäckers länger gehegte Auffassung, Hitler betreibe eine großangelegte Bluff-Politik, ist typischer Ausdruck dieses Dilemmas.[27]

12. An diesem Punkt der Analyse wird auch die funktionale Bedeutung der bekannten *diskreten Missionen verschiedener Emissäre und der direkten Interventionen* deutlich, die alle unter einer ganz bestimmten Zwecksetzung standen. Sie wurden von Canaris, von dem Kreis um Oster und von v. Weizsäcker initiiert, und zwar mit dem Primär-Ziel, die Richtigkeit der Prämissen jener Kriegsverhinderungspolitik zu bestätigen, nämlich daß die Westmächte im Falle eines deutschen Angriffs auf die CSR mit Sicherheit eingreifen würden. Das war die Funktion, die etwa Kleist-Schmenzin (18. bis 24. 8. 1938), die auch die Brüder Kordt (Erich Kordt durch Einwirkung auf Brauchitsch, Theo Kordt in London, zwischen dem 23. 8. und 7. 9. 1938, wobei Kordt noch eigene Überlegungen eigenmächtig einbrachte) und C. J. Burckhardt (Ende August und Anfang September) erfüllen sollten: flankierende Aktivitäten für Weizsäckers, Becks und Canaris' Anti-Kriegs-Politik. Canaris versuchte, eine negative Stellungnahme der wichtigsten deutschen Verbündeten zur Kriegspolitik Hitlers zu provozieren (Mission Groscurth in Budapest 22. 8. und seine Kontakte mit Pariani 2. 9.). Weizsäcker holte ein gemeinsames Votum der wichtigsten deutschen Botschafter ein über die Unmöglichkeit, einen deutsch-tschechischen Konflikt zu isolieren.[28]

13. Die Eigenart der Anti-Kriegs-Partei kann weiterhin durch eine *Analyse ihrer Struktur* verdeutlicht werden.

Ihren eigentlichen Kern bildeten die genannten hohen Militärs und Staatssekretär von Weizsäcker. Unterhalb dieser kleinen Gruppe hoher Staatsfunktionäre gab es den Kreis um Oster und Gisevius. Für sie wurde das Bestreben um Kriegsverhinderung rasch zum Vehikel von Staatsstreich-Überlegungen. Für sie war der Sturz des Regimes das primäre Ziel, demgegenüber die Kriegsverhinderung eine sekundäre, gleichsam instrumentale Funktion einnahm. Auf einer dritten Ebene gab es eine Reihe von Einzelpersönlichkeiten, die von diesen beiden Gruppierungen aktiviert wurden. Sie übernahmen für die Anti-Kriegs-Partei gleichsam Hilfsfunktionen, entweder als Emissäre in geheimdiplomatischen Missionen ausgesandt oder zum Zwecke interner Einwirkungen auf hohe Amtsträger angesetzt (siehe oben). Es waren sowohl Persönlichkeiten aus dem regime-kritischen national-konservativen Milieu wie Kleist, als auch Männer, die im Staatsdienst Funktionen von sehr unterschiedlichem Gewicht innehatten wie Groscurth, die Brüder Kordt oder auf hoher politischer Ebene Schacht.[29] Es waren Einzelpersönlichkeiten von unterschiedlicher oppositioneller Einstellung. Manche hatten sehr eigenwillige politische Vorstellungen, die sie, wie zum Beispiel Kleist, in selbständiger Ausweitung der ihnen übertragenen Auslandsmissionen ihren jeweiligen Gesprächspartnern gleichsam auf eigene Rechnung ebenfalls darlegten. Das hat im übrigen erheblich dazu beigetragen, daß bei ihren ausländischen Gesprächspartnern das Bild von der deutschen Oppositionslandschaft keineswegs klarer, eher verzerrter wurde.[30] Im Rahmen unserer Fragestellung spielen sie jedoch lediglich eine instrumentale Rolle als „Hilfsorgane" der Anti-Kriegs-Partei oder der Umsturz-Gruppe. Ein oppositionelles Eigengewicht besaßen sie nicht.

Von diesen funktionalen Aktivitäten sind deutlich die *Initiativen* zu trennen, die einige national-konservative Oppositionelle auf eigene Faust gegenüber ausländischen Gesprächspartnern entwickelten, wie etwa v. Koerber in seinen Gesprächen mit dem britischen Militär-Attaché oder Goerdeler auf seinen Auslandsreisen. Diese Persönlichkeiten sprachen zwar immer von ihren Beziehungen zu hohen Militärs, hatten aber — soweit erkennbar — von diesen dazu keinerlei Mandat. Sie traten zwar auch als Angehörige „der deutschen Opposition" auf; diese gab es jedoch als einheitliche, zweckgerichtete Gruppierung lediglich in ihren Wunschvorstellungen; bestenfalls beschrieben sie damit eine vage Stimmungstendenz in national-konservativen Kreisen. In die Anti-Kriegs-Politik des Beck-Weizsäcker-Canaris-Kreises oder gar in die *Coup-d'Etat*-Träume der Oster-Gisevius-Gruppe waren sie in keiner Weise einbezogen. Daher sind auch jene, oft pauschal „*der* Opposition" zugeschriebenen Auslandskontakte genau zu unterscheiden und aufzugliedern, jedenfalls soweit dies möglich ist. Es heben sich selbständige Aktivitäten, die einzelne auf eigene Rechnung durchführten, klar ab von denen der Anti-Kriegs-Partei, die wiederum in vielfältiger Weise damals auch Teil des offiziellen, mindestens aber des offiziösen deutsch-britischen Dialoges waren,[31] wie etwa die Kontakte Wiedemanns, Hewels, teilweise auch diejenigen Weizsäckers, bei dessen Aktivitäten die Trennlinie zwischen amtlichem Handeln und eigenen politischen Akzentuierungen schwer auszumachen ist.[32]

Eine derartige, auf den ersten Blick etwas schematische Differenzierung erscheint aus analytischen Gründen auch deswegen angebracht, um Vorstellungen zu begegnen, welche dem Begriff ‚Opposition' eine Kohärenz und Einheitlichkeit unterlegen, die mitnichten der Realität entsprach.

IV

14. *Mit Halders Amtsantritt (1. 9. 1938) beginnt* eine entscheidende neue Phase der Entwicklung:[33] Die Kriegsverhinderungs-Politik gewann jetzt eine neue Dimension. Kennzeichen dieser Phase wurde es, daß fortan Aktivitäten der konspirativen Staatsstreich-Planung einerseits und die politischen, geheimdiplomatischen Bemühungen der Kriegsverhinderung im In- und Ausland andererseits alternativ nebeneinanderliefen. Die schon zu Becks Zeiten begonnenen Geheimkontakte mit London, vor allem Initiativen Weizsäckers und Canaris', aber auch Halders (Mission Boehm-

Tettelbach) gingen ebenso weiter wie die Bemühungen, hohe Amtsträger wie Keitel und Brauchitsch für eine Kriegsverhinderungs-Politik und für entsprechende Einwirkungen auf Hitler zu gewinnen; gleichzeitig aber begann der Oster-Gisevius-Kreis im Auftrage Halders mit der technischen Vorbereitung einer Staatsstreich-Aktion.

Im Gegensatz zu Becks Amtszeit war nunmehr aus den Kontakten zwischen den Repräsentanten der Kriegsverhinderungspolitik in hohen Ämtern und den aktivistisch-verschwörerischen Elementen in untergeordneten Stellungen *eine konspirative Aktionsverbindung* geworden. Dabei war es auch zu einer politisch wie technisch nicht unwichtigen Basiserweiterung gekommen.[34] Jetzt kann erstmals von einer gegen die Führung des Regimes gerichteten Aktivität im militärisch-politischen Bereich die Rede sein, die man mit dem allgemeinen Begriff „Opposition" bezeichnen könnte, sofern die Komplexität und Mehrschichtigkeit des Phänomens dabei stets mitbedacht wird.

15. *Diese fundamentale Opposition war jedoch von prinzipiellen Divergenzen in Motiven und Zielsetzungen gekennzeichnet.* Was für Halder und Canaris als letzte verzweifelte Möglichkeit zur Kriegsverhinderung vorbereitet wurde — der Staatsstreich —, war für den Oster-Gisevius-Kreis das eigentliche Ziel, das man aus Anlaß eines unmittelbar drohenden Kriegsausbruchs am besten erreichen könnte. Diese Gruppe, die bereits seit einiger Zeit nach einer Plattform für einen *Coup d'Etat* gesucht hatte, begann daher Umsturzvorbereitungen mit sehr viel weitergehenden Absichten, als sie Halder im Sinne hatte. Zugespitzt kann man somit von der Existenz einer „Verschwörung innerhalb der Verschwörung" (F. W. Heinz) sprechen. Mehr noch: Planten Oster und Gisevius im Zusammenwirken mit General v. Witzleben, Hitler im Rahmen eines Staatsstreiches zu verhaften,[35] so beschlossen die dem nationalrevolutionären Freikorps-Milieu entstammenden Führer des für die Durchführung der Aktion gegen Hitler vorgesehenen Kommandos (F. W. Heinz und Liedig) in selbständiger Ausweitung ihres Auftrages, den Diktator sofort zu töten.[36] Innerhalb des Rahmens der von der Anti-Kriegs-Partei (Halder, Canaris) vorgesehenen Kriegsverhinderungspolitik hatte sich damit eine Mehrgleisigkeit entwickelt: Man kann sehr schematisch eine *Kriegsverhinderungsgruppe*, eine *Umsturz-Gruppe* und eine *Attentats-Gruppe* unterscheiden. Wenn also hier von einer „Opposition" gesprochen wird, dann nur im Sinne einer grobschnittigen Pauschalbezeichnung für drei kooperierende, wiewohl in Zielsetzung und Methoden gründlich divergierende Gruppierungen.

In dieser Divergenz der Motive, Zielsetzungen und Methoden lag auch die Ursache dafür, daß — nachdem Halder in der Krise der Godesberger Verhandlungen die unmittelbaren Staatsstreichvorbereitungen hatte anlaufen lassen[37] — die verschiedenen beteiligten, sehr unterschiedlich motivierten Kräftegruppierungen aufgrund der Nachricht von der bevorstehenden Konferenz von München rasch desintegrierten und danach für entscheidende Monate praktisch gelähmt waren. Für die eigentliche Anti-Kriegs-Partei entfiel jetzt jeder Grund für irgendwelche system-destabilisierenden Maßnahmen, da mit der Beseitigung einer Kriegsgefahr das angestrebte Hauptziel erreicht war.

Die Umsturzgruppe wie die Attentatsgruppe dagegen sahen sich durch die britische Politik, die zur Konferenz von München führte, der entscheidenden Aktionsvoraussetzung — spektakuläre diplomatische Niederlage Hitlers oder der unmittelbar bevorstehende Kriegsausbruch — beraubt und kritisierten diese Wendung der Dinge heftig.

16. Eine Strukturanalyse der in der einschlägigen Literatur auch als „September-Verschwörung" bezeichneten Aktivitäten erbringt folgendes Resultat: Im Kern handelte es sich um die Fortsetzung einer *Anti-Kriegs-Politik;* diese aber verlief nunmehr doppelgleisig: Politische und geheimdiplomatische Aktivitäten wurden ergänzt durch eine *Staatsstreich-Eventualplanung.* Primäres Ziel blieb aber dabei die Kriegsverhinderung, nicht der Umsturz. Innerhalb dieser system-destabilisierenden Anti-Kriegs-Eventualplanung lief jedoch eine sich verselbständigende und zugleich sich auffächernde *Umsturzplanung,* die viel weitergehende Ziele als die bloße Kriegsverhinderung anstrebte, nämlich Regime-Umsturz und sogar *Attentat* mit der Absicht, nicht nur die Ursache der Kriegsgefahr innerhalb der Regime-Führung zu beseitigen, sondern *zu politisch-gesellschaftlicher Neuordnung vorzustoßen.* Es waren — wie sich abschließend sagen läßt — überaus heterogene, ja disparate Kräfte auf sehr verschiedenen Ebenen aktiv geworden, denen eine gemeinsame politische Grundlage fehlte, deren Zielsetzung zudem sehr unterschiedliche Akzente (Kriegsverhütung beziehungsweise Regime-Umsturz beziehungsweise Attentat) aufwies.

V

Will man abschließend die Frage nach einer differenzierten begrifflichen Erfassung des Phänomens der national-konservativen Opposition bis 1938 zu beantworten versuchen, so wird diese Antwort nicht darin liegen können, daß man den Begriff „Opposition" schlichtweg durch einen einzigen anderen Begriff ersetzt. Dazu hat sich die historische Realität als zu komplex erwiesen. Eine derartige Realität wird höchstens in einem System aufeinander bezogener Begriffe angemessen erfaßt werden können, das die notwendige analytische Trennschärfe bietet: Das komplexe Konfliktsphänomen „national-konservativer Opposition" stellt sich demnach zunächst dar als ein *system-immanenter Machtkampf* zum Zweck der Stabilisierung national-konservativer Macht- und Einflußpositionen, der vornehmlich auf *evolutionäre Regime-Reform* abzielte, in dem aber auch gewisse, wenngleich eindeutig *schwächere Tendenzen zur gewaltsamen Regime-Säuberung* nicht fehlten. Dieser system-immanente Machtkampf floß sodann zusammen mit der *Kriegsverhinderungspolitik einer Anti-Kriegs-Partei,* die sich primär die *Durchsetzung einer alternativen Außen- und Militär-Politik* zum Ziel gesetzt hatte. In einer kritischen Phase der internationalen Entwicklung, in der Sudetenkrise, machten sich jedoch auch system-destabilisierende Tendenzen bemerkbar: Jetzt entwickelte die Anti-Kriegs-Partei parallel zu ihren system-immanenten Bemühungen um eine Alternativ-Politik eine neue Handlungs-Dimension mit einer *Staatsstreich-Eventual-Planung.* An sie hefteten sich kurzfristig *marginale Kräfte einer Umsturz- und Attentats-Politik* an. Mit ‚München' fiel jedoch diese ephemere Radikalisierung der Anti-Kriegs-Politik in sich zusammen.

Anmerkungen

[1] Zur Terminologie vgl. Peter Steinbachs Beitrag *Zum Verhältnis...* in diesen Band. Steinbach führt zur Beschreibung dieses Tatbestandes Begriffe wie „Ziviloffiziere" und „Zivilität" ein, deren letzterer m. E. noch weiterer Präzisierung bedarf. Im übrigen scheint mir der hier vorgeschlagene Begriff „nationalkonservative Opposition" inzwischen in gewissem Umfang akzeptiert worden zu sein. Der von Gerhard Schulz, *Nationalpatriotismus im Widerstand,* in: *Vierteljahrshefte für Zeitgeschichte* [im folgenden *VfZG* zitiert], 32. Jg. (1984), S. 331—372, eingeführte Begriff „Nationalpatriotismus" hat einen umfassenderen, weniger spezifischen Begriffsinhalt.

[2] Zu dieser Auffassung vgl. meine Darlegungen: Klaus-Jürgen Müller, *Die Deutsche Militäropposition gegen Hitler. Zum Problem ihrer Interpretation und Analyse,* in: Ders., *Armee, Politik und Gesellschaft in Deutschland 1933—1945,* 3. Aufl., Paderborn 1981, sowie ders., *Die national-konservative Opposition vor dem Zweiten Weltkrieg. Zum Problem ihrer begrifflichen Erfassung,* in: *Militärgeschichte. Probleme — Thesen — Wege,* im Auftrag des Militärgeschichtlichen Forschungsamtes ausgew. und zsgst. von Manfred Messerschmidt u. a., Stuttgart 1982, S. 215—242.

[3] Zu dem Problem insgesamt vgl. Klaus-Jürgen Müller, *Armee und Drittes Reich. Versuch einer historischen Interpretation,* in: Ders., *Armee...* [Anm. 2]. Helmut Krausnick, *Zum militärischen Widerstand gegen Hitler 1933—1938. Möglichkeiten, Ansätze, Grenzen und Kontroversen,* in: *Aufstand des Gewissens. Der militärische Widerstand gegen Hitler und das NS-Regime 1933—1945,* im Auftrag des Bundesministers der Verteidigung hrsg. vom Militärgeschichtlichen Forschungsamt, Herford-Bonn 1984, S. 311—364, hier S. 325, mißversteht dies, bezogen auf das Militär, gründlich; seine Kritik geht daher an meinen Ausführungen vorbei. Vgl. auch meinen *a.a.O.,* S. 263—309, abgedruckten Aufsatz *Struktur und Entwicklung der nationalkonservativen Opposition.*

[4] Hierzu und zu den weiteren genannten Sachkomplexen vgl. die in meinem Vortrag *Nationalkonservative Eliten zwischen Kooperation und Widerstand* angeführten Literatur- und Quellenangaben (in diesem Band).

[5] Vgl. dagegen zum „Prozeßcharakter" des Widerstandsphänomens außer den in diesem Band abgedruckten Beiträgen (vor allem von Hans Mommsen und Peter Steinbach) auch die Ausführungen von G. Schulz, *Nationalpatriotismus*... [Anm. 1], S. 336: „... die Bewegung eines in fortgesetzter Wandlung begriffenen Aktions- und Entscheidungskreises ..., dessen Konturen sich stetig verändern." Dagegen hält H. Krausnick, *Zum militärischen Widerstand*... [Anm. 3], offenbar ebenso an einem statischen und monolithischen Widerstandsbegriff fest wie Peter Hoffmann, *Widerstand, Staatsstreich, Attentat*, 3. Aufl., München 1979, obwohl Krausnick S. 329 f. einige der bislang vertretenen Positionen aufgibt.

[6] So P. Hoffmann, *Widerstand*... [Anm. 5], S. 52.

[7] Dies sieht H. Krausnick, *Zum militärischen Widerstand*... [Anm. 3], S. 336, nicht, der von „Ansätze(n) zur Bildung einer ... Opposition gegen *Hitler* (Hervorhebung vom Vf.) spricht; die Quellen aber sprechen nur von der SS, Gestapo und SD als Gegnern in der Fritsch-Krise.

[8] Krausnicks Kritik an meinen Ausführungen (*a.a.O.*, S. 335) ist zu undifferenziert: Er erkennt nicht, daß ich zwischen den Reaktionen der „Militär-Elite" und jenen einiger einzelner Militärs, die früh schon desillusioniert wurden, unterscheide; ebenso betone ich speziell zur Fritsch-Krise, daß *allgemein* „in den Augen der Militärs ... Hitler ... eine nicht mehr so eindeutige Rolle" zu spielen schien, daß dagegen für die Herausbildung der Opposition *speziell* die Fritsch-Krise eine überaus bedeutsame Phase darstellt, denn „für etliche Schlüsselfiguren des späteren Widerstandes (wurde die Fritsch-Krise) zum Beginn einer entscheidenden Wende" (K.-J. Müller, *Die national-konservative Opposition*... [Anm. 2], S. 220).

[9] Zu Beck vgl. die in meinem Beitrag *National-konservative Eliten*... [Anm. 4] in diesem Band aufgeführte Literatur.

[10] Zu Halder vgl. den Beitrag von Gerd R. Ueberschär im vorliegenden Band sowie ders., *Generaloberst Halder im militärischen Widerstand 1938—1940*, in: *Wehrforschung*, 1. Jg. (1973), S. 20—31; ders., *Ansätze und Hindernisse der Militäropposition gegen Hitler in den ersten beiden Kriegsjahren*, in: *Aufstand*... [Anm. 3], S. 365—394; dort die Literatur zu Halder in Anm. 18. Zu Halder 1938 vgl. auch H. Krausnick, *Zum militärischen Widerstand*... [Anm. 3], S. 346 ff., und Klaus-Jürgen Müller, *Das Heer und Hitler. Armee und nationalsozialistisches Regime 1933—1940*, Stuttgart 1969, Kap. 8.

[11] Vgl. Heinz Höhne, *Canaris. Patriot im Zwielicht*, München 1976, und H. Höhnes Beitrag im vorliegenden Band.

[12] Vgl. Rainer A. Blasius, *Für Großdeutschland — gegen den großen Krieg. Ernst von Weizsäcker in den Krisen über die Tschechoslowakei und Polen*, Köln-Wien 1981, sowie ders., *Weizsäcker contra Ribbentrop: „München" statt des großen Krieges*, in: Klaus-Jürgen Müller/F. Knipping (Hrsg.), *Machtbewußtsein in Deutschland am Vorabend des 2. Weltkrieges*, Paderborn 1984, S. 93 ff. Ebenso Ernst von Weizsäcker, *Die Weizsäcker-Papiere 1933—1950*, hrsg. von Leonidas E. Hill, Berlin 1974. Vgl. auch die Beiträge von R. A. Blasius und L. E. Hill im vorliegenden Band. Neuerdings auch Marion Thielenhaus, *Zwischen Anpassung und Widerstand: Deutsche Diplomaten 1938—1941. Die politischen Aktivitäten der Beamtengruppe um Ernst von Weizsäcker im Auswärtigen Amt*, Paderborn 1984, die weitgehend den von mir in meinem Aufsatz *Deutsche Militär-*

opposition... [Anm. 2] entwickelten Interpretationsraster und die dortigen analytischen Kategorien auf die oppositionellen Diplomaten um Weizsäcker anwendet und teilweise weiterentwickelt.

[13] Belege hierzu bezüglich Beck und Fritsch (gegen die Ansicht H. Krausnicks, *Zum militärischen Widerstand*... [Anm. 5], S. 337 ff.) in: Klaus-Jürgen Müller, *General Ludwig Beck. Studien und Dokumente zur politisch-militärischen Vorstellungswelt und Tätigkeit des Generalstabschefs des deutschen Heeres 1933—1938*, Boppard 1980, speziell S. 142 ff., für Fritsch vgl. S. 155; gegen Hoffmanns Kritik (in: *Historische Zeitschrift* [künftig *HZ* zitiert], Bd. 234 [1982], S. 101—121) vgl. meine Erwiderung in: *HZ*, Bd. 235 (1982), S. 355—371, speziell S. 369 f. Für Weizsäcker, Halder und Canaris vgl. die Lit. in Anm. 10—12.

[14] Allgemein hierzu vgl. Manfred Messerschmidt, *Die Wehrmacht im NS-Staat. Zeit der Indoktrination*, Hamburg 1969.

[15] Hierzu meine Ausführungen in dem in diesem Band abgedruckten Beitrag *Nationalkonservative Eliten*... [Anm. 4], und in: K.-J. Müller, *Die national-konservative Opposition*... [Anm. 2], S. 226 ff.

[16] So P. Hoffmann, *Widerstand*... [Anm. 5], S. 104 ff. und S. 685 ff. (dort auch die einschlägige Lit.). Die argumentative Schwäche jener Auffassung, die Becks Intentionen auf einen Staatsstreich gerichtet sieht, zeigt sich bei H. Krausnick, *Zum militärischen Widerstand*... [Anm. 3], S. 342, der ausschließlich Vermutungen zu dieser Frage äußert. Auch Hitler sprach damals, wenn man einer allerdings etwas problematischen Quelle folgen darf (G. Engel, *Heeresadjutant bei Hitler 1938—1943*, hrsg. und kommentiert von Hildegard von Kotze, Stuttgart 1974, S. 33), lediglich davon, daß der Generalstab 1938 seine (d. h. Hitlers) Politik sabotiert habe, nicht aber von Auflehnung oder Gehorsamsverweigerung. Vgl. auch Hitlers indirekte Kritik an Beck in seiner Rede vor der deutschen Presse am 10. 11. 1939, abgedr. in: *VfZG*, 6. Jg. (1958), S. 187.

[17] Hierzu vgl. die unter Anm. 21—25 in meinem Beitrag *National-konservative Eliten*... [Anm. 4] angegebene Lit.

[18] So die oft von der Literatur übernommene Formel des ersten Biographen und Vertrauten Becks, Wolfgang Foerster, *Generaloberst Ludwig Beck. Sein Kampf gegen den Krieg*, München 1953.

[19] Dies wurde inzwischen bzw. gleichzeitig auch von anderen Studien bestätigt: Wilhelm Deist, *The Wehrmacht and German Rearmament*, London 1981, und Michael Geyer, *Aufrüstung oder Sicherheit*, Wiesbaden 1980, speziell S. 419 f. und S. 430 f., sowie ders., *Rüstung und Außenpolitik. Aspekte militärischer Revisionspolitik in der Zwischenkriegszeit*, in: Manfred Funke (Hrsg.), *Hitler, Deutschland und die Mächte*, Düsseldorf 1976, S. 39—268.

[20] So (trotz der unzutreffenden Kritik H. Krausnicks, *Zum militärischen Widerstand*... [Anm. 3], S. 340) bei mir in: *General Ludwig Beck*... [Anm. 13], S. 552 (Dok. 50), und in: *Die national-konservative Opposition*... [Anm. 2], S. 227.

[21] Vgl. dazu meinen Beitrag *National-konservative Eliten*... [Anm. 4]

[22] Vgl. Becks Memorandum vom 16. 7. 1938 (abgedr. bei K.-J. Müller, *General Ludwig Beck*... [Anm. 13], Dok. 49), wo es heißt: „die Absicht der *gewaltsamen* Lösung der tschechischen Frage *solange* zurückzustellen, *bis* sich die militärischen Voraussetzungen dafür grundlegend geändert haben. Zur Zeit halte ich sie für aussichtslos..." [Hervorhebungen vom Vf.]).

[23] Hierzu vergleiche die Belege in meinem Beitrag *National-konservative Eliten*... [Anm. 4].

[24] Hierzu H. Höhne, *Canaris...* [Anm. 11], S. 277 ff.

[25] Belege hierzu bei K.-J. Müller, *General Ludwig Beck...* [Anm. 13], Kap. 4.

[26] Vgl. hierzu die unter Anm. 12 zitierte Literatur, insbes. R. A. Blasius, *Für Großdeutschland...* [Anm. 12], Kap. 2, Abschn. I, speziell S. 41 ff. Ebenso E. v. Weizsäcker, *Weizsäcker-Papiere 1933—1950...* [Anm. 12], S. 168: „Ribbentrop monopolisierte daher auch die tschechische Sache ganz auf sich", S. 145 (Aufzeichnung vom 9. 10. 1938), wo Weizsäcker im Rückblick auf die Godesberger Verhandlungen mit Chamberlain schreibt: „Es wäre der Gruppe, die den Krieg wollte, nämlich Ribbentrop und der SS, beinahe doch noch gelungen, den Führer zum Losschlagen zu veranlassen." Vgl. auch M. Thielenhaus, *Zwischen Anpassung und Widerstand...* [Anm. 12], S. 41—86, mit teilweise neuem Material.

[27] So E. v. Weizsäcker, *Weizsäcker-Papiere 1933—1950...* [Anm. 12], S. 128 (22. Mai 1938: „Wir bluffen") und S. 131 f. (Gefahren einer „Bluffpolitik") sowie im Rückblick (9. 10. 1938), S. 145 („Die Annahme ist daher unrichtig, daß der Führer etwa einen ganz großen und aufs höchste gesteigerten Bluff betrieben habe").

[28] Zu diesen Demarchen und Aktivitäten vgl. Bodo Scheurig, *Ewald von Kleist-Schmenzin. Ein Konservativer gegen Hitler,* Oldenburg-Hamburg 1968, S. 155 ff.; Helmut Krausnick, *Vorgeschichte und Beginn des militärischen Widerstandes gegen Hitler,* in: *Vollmacht des Gewissens,* hrsg. von der Europäischen Publikation e. V., Bd. 1, Frankfurt a. M.-Berlin 1960, S. 177—384; Helmuth K. G. Roennefarth, *Die Sudetenkrise in der internationalen Politik. Entstehung, Verlauf, Auswirkung,* 2 Bde, Wiesbaden 1961, hier Bd. 1, Kap. 8; Helmut Groscurth, *Tagebücher eines Abwehroffiziers 1938—1940. Mit weiteren Dokumenten zur Militäropposition gegen Hitler,* hrsg. von Helmut Krausnick, Harald Deutsch und Hildegard von Kotze, Stuttgart 1970, S. 102; Erich Kordt, *Nicht aus den Akten... (Die Wilhelmstraße in Frieden und Krieg. Erlebnisse, Begegnungen und Eindrücke 1928—1945*), Stuttgart 1950, S. 228 ff.; H. Höhne, *Canaris...* [Anm. 11], S. 287 ff.; E. v. Weizsäcker, *Weizsäcker-Papiere 1933—1950...* [Anm. 12], S. 142 f. Zur Rolle der Gebrüder Theo und Erich Kordt im Auswärtigen Amt, über den Kreis um diese und deren Kontakte mit anderen Oppositionellen vgl. R. A. Blasius, *Für Großdeutschland...* [Anm. 12], S. 55 f. und S. 141 ff. (mit entsprechenden Quellen und Literatur), und jetzt vor allem M. Thielenhaus, *Zwischen Anpassung und Widerstand...* [Anm. 12], S. 60—83.

[29] Zu Schacht: G. Schulz, *Nationalpatriotismus...* [Anm. 1], S. 338—347; dort auch weitere Literatur.

[30] Hierzu Sidney Aster, *1939. The Making of the Second World War,* London 1973, sowie Bernd-Jürgen Wendt, *München 1938. England zwischen Hitler und Preußen,* Frankfurt a. M. 1965.

[31] Hierzu vgl. die Arbeiten von S. Aster, *The Making...* [Anm. 30], Josef Henke, *England in Hitlers politischem Kalkül 1935—1939,* Boppard 1973, Wolfgang Michalka, *Ribbentrop und die deutsche Weltpolitik, 1939—1940. Außenpolitische Konzeptionen und Entscheidungsprozesse im 3. Reich,* München 1980, sowie E. von Weizsäcker, *Weizsäcker-Papiere 1933—1950...* [Anm. 12]. In der einschlägigen Literatur wird immer noch zu wenig unterschieden zwischen offiziellen, offiziösen und konspirativen Kontakten mit dem Ausland. Bezüglich Goerdeler vgl. Sidney Aster, *Carl Goerdeler and the Foreign Office,* in: Arthur P. Young, *The X-Documents,* ed. by S. Aster, London 1974, Appendix, S. 219—240; bezüglich von Koerber vgl. *Documents On British Foreign Policy* (künftig *DBFP* zitiert), II, Nr. 594, 595, 658, und E. Butler, *Mason Mac. The Life of Lt.-General Sir Noel-Mason Macfarlan,* London 1972, S. 74. Vgl. auch M. Thielenhaus, *Zwischen Anpassung und Widerstand...* [Anm. 12], S. 67 ff.

[32] R. A. Blasius, *Für Großdeutschland*... [Anm. 12], S. 51 ff., versucht eine analytische Unterscheidung in „Einflußnahme auf dem Dienstweg", „Einwirkung von innen" und „Beeinflussung von außen" vorzunehmen; dann aber übernimmt er (S. 57) Weizsäckers eigene Nachkriegsformulierung zur Kennzeichnung der Henderson-Weizsäcker-Gespräche: „Konspiration mit dem potentiellen Gegner zum Zwecke der Friedenssicherung", Ernst v. Weizsäcker, *Erinnerungen. Mein Leben,* hrsg. von Richard v. Weizsäcker, München-Leipzig-Freiburg 1947, S. 178. Hier ist der Ausdruck „Konspiration" gewiß unangebracht, eher könnte man von „persönlicher Diplomatie" oder höchstens von „Gegen-Diplomatie" des Staatssekretärs sprechen, von „Opposition mit den Mitteln des Ressorts". Ähnlich spricht M. Thielenhaus, *Zwischen Anpassung und Widerstand*... [Anm. 12], S. 85, von Weizsäckers „Sabotierung der Pläne Ribbentrops".

[33] Ausführliche Darstellung der Entwicklung bei P. Hoffmann, *Widerstand*... [Anm. 5], Kap. IV/4, sowie die eingehende Analyse bei K.-J. Müller, *Das Heer und Hitler*... [Anm. 10], Kap. VIII („Die September-Verschwörung"). Vgl. auch den Überblick bei G. R. Ueberschär, *Generaloberst Halder*... [Anm. 10].

[34] Politisch wichtig waren dabei die Fühlung zwischen Halder und Schacht sowie die über Gisevius laufenden lockeren Kontakte zu Goerdeler; technisch wertvoll waren die Beziehungen zu Polizeipräsident Helldorf und dessen Vize Schulenburg; lockere Beziehungen hatte die Gruppe um F. W. Heinz zu einigen ehemaligen Gewerkschaftlern (Leuschner).

[35] Einzelheiten über die Planung Osters bei P. Hoffmann, *Widerstand*... [Anm. 5], S. 118 ff., K.-J. Müller, *Das Heer und Hitler*... [Anm. 10], S. 369, und Romedio G. Graf v. Thun-Hohenstein, *Der Verschwörer. General Oster und die Militäropposition,* Berlin 1982, S. 100—118. Hinzuweisen ist im übrigen auf die Tatsache, daß die Quellenbasis, auf der die einschlägigen Untersuchungen beruhen, außergewöhnlich schmal und qualitativ sehr schlecht ist. Es handelt sich ausschließlich um nachträgliche Aussagen.

[36] Eine Untersuchung dieser „nationalrevolutionären" Gruppierung ehemaliger Freikorpskämpfer, die wie eine Art von „old-boy-network" zu funktionieren schien, wäre lohnend.

[37] Brauchitsch wurde in der Krise der deutsch-britischen Verhandlungen vom 26.—29. 9. 1938 von Halder und Witzleben offensichtlich in die Antikriegsaktivitäten einbezogen; unklar bleibt, ob er über die geplante Aktion informiert worden ist. Weizsäcker dagegen lehnte damals einen Sturz Hitlers als zu risikoreich ab, hatte aber Kontakte zu den Verschwörern, vgl. R. A. Blasius, *Für Großdeutschland*... [Anm. 12], S. 160. Wichtige Differenzierungen zwischen dem gegenüber einem Staatsstreich zurückhaltenden Verhalten Weizsäckers und der bewußten Unterstützung der Staatsstreichvorbereitungen durch die Gebrüder Kordt bei M. Thielenhaus, *Zwischen Anpassung und Widerstand*... [Anm. 12], S. 67 ff. und S. 85—86. Im übrigen scheinen die Staatsstreichvorbereitungen nicht über das Stadium von Improvisationen hinausgelangt zu sein: Erst am 24. September gelang es den Verschwörern, einen für den Stoßtrupp-Einsatz benötigten Grundriß-Plan der Reichskanzlei zu erhalten (E. Kordt, *Nicht aus den Akten*... [Anm. 28], S. 263). Halder monierte, Witzleben hätte sich nicht genügend um die Detailplanung gekümmert (Gerhard Ritter, *Carl Goerdeler und die deutsche Widerstandsbewegung,* Stuttgart 1954, S. 479, Anm. 75). Vgl. auch K.-J. Müller, *Das Heer und Hitler*... [Anm. 10], S. 360 und S. 375, sowie R. A. Blasius, *Für Großdeutschland*... [Anm. 12], S. 160.

Militäropposition gegen Hitlers Kriegspolitik 1939 bis 1941

Motive, Struktur und Alternativvorstellungen des entstehenden militärischen Widerstands

GERD R. UEBERSCHÄR
Freiburg i. Br.

I

Zur Situation der militärischen Widerstandsgruppen nach dem Münchener Abkommen

Die Zeitspanne von 1939 bis 1941 gilt zusammen mit den kurz davor liegenden Ereignissen der Sudetenkrise im Herbst 1938 als eine der wichtigsten Phasen des militärischen Widerstandes gegen Hitler;[1] das besondere Interesse ist dabei nicht nur den Chancen und Erfolgsaussichten eines Staatsstreiches oder der Frage, welcher Umsturzversuch dramatischer verlief als der andere, zuzuwenden, sondern es geht auch darum, hinter den Ansatzpunkten und Hindernissen dieser Militäropposition deren Alternativvorstellungen gegenüber der NS-Kriegspolitik von 1939 bis 1941 zu untersuchen. Bei der Skizzierung dieser Alternativposition muß sowohl die innenpolitische Ausgangssituation zu Beginn des Jahres 1939 als auch jenes in der Forschung als „Bündnis" oder „Entente" bezeichnete eigentümliche Verhältnis zwischen Hitler und Wehrmacht seit 1933 berücksichtigt werden,[2] das Ursache jener „seltsamen oft tragisch anmutenden Zwiespältigkeit der Haltung der deutschen Generalität und weiter Kreise des Offizierkorps" gegenüber Hitler und seiner Kriegspolitik war[3] und das letztlich die Bildung einer einheitlichen und entschlossenen Oppositionshaltung aufgrund unterschiedlicher Einstellungen und Verhaltensmuster erschwerte.[4] Dies zeigen bereits die „möglichen Ansatzpunkte" für eine „Militäropposition" vor Kriegsbeginn 1939, wie zum Beispiel die „Blomberg-Fritsch-Affäre",[5] als Hitler potentielle Träger einer militärpolitischen Alternative ausschaltete. Die Vorgänge um die Ablösung von

Generaloberst Freiherr von Fritsch als Oberbefehlshaber des Heeres wirkten zwar als Katalysator für den Übergang von allgemeiner Kritik am Regierungsstil zu Widerstandsaktivität gegenüber dem NS-Staat;[6] aber es war nur allzu deutlich, daß die Wehrmacht als eigenständiger Machtfaktor bereits entscheidendes Gewicht verloren hatte. Zudem zeigte sich, daß nach der Vergrößerung der Reichswehr seit 1935 keine einheitliche Haltung des Offizierkorps gegenüber den „Auswüchsen" des Nationalsozialismus mehr vorhanden war, daß vielmehr mit der Einführung der allgemeinen Wehrpflicht in die Wehrmacht auch „nationalsozialistischer Geist eingeströmt" war.[7] Es kam in dieser Zeit zu keiner geschlossenen Oppositionsgruppe *der* Militärs, vielmehr zu unterschiedlich motivierten Aktivitäten, die von einer sich ausbreitenden Unzufriedenheit über die „Lösung der Krise" getragen waren. Ihr Ziel war die Aufdeckung der Machenschaften und Intrigen von SS, SD und Gestapo. Insofern ging es um einen „innenpolitischen Machtkampf, keineswegs aber [um] irgendeine, auch nur im Ansatz auf Systemumsturz abzielende Verschwörung"[8] oder um den Versuch, den Weg des NS-Regimes in den Krieg zu stoppen.

Erst die Sudetenkrise und Becks Bemühungen, Hitler von seinem riskanten Kriegskurs abzubringen,[9] führten zur Festigung der Widerstandshaltung in militärischen Kreisen.[10] Im Sommer 1938 knüpfte Beck direkte Kontakte mit Goerdeler, Schacht, Gisevius, Admiral Canaris und Oberstleutnant Oster aus der Abwehrabteilung im Oberkommando der Wehrmacht (OKW). Becks Nachfolger als Generalstabschef des Heeres, General Franz Halder,[11] setzte diese Bemühungen fort. Zusammen mit dem seit April 1938 neu amtierenden Staatssekretär im Auswärtigen Amt, Freiherr v. Weizsäcker,[12] mit dem Befehlshaber des Berliner Wehrkreises (III), General v. Witzleben, und dem Oberquartiermeister I, General Karl-Heinrich v. Stülpnagel, waren Canaris und Oster[13] dann auch die Hauptakteure des im September 1938 geplanten Staatsstreiches gegen den Diktator, um die Auslösung eines Krieges wegen der Sudetengebiete zu verhindern.

Der Plan kam jedoch nicht zur Ausführung, da die von den Verschwörern selbst gesetzte Prämisse, nämlich Hitler gegenüber der deutschen Bevölkerung als Kriegstreiber entlarven zu können, aufgrund des Münchener Abkommens vom 29. September 1938 und des ausbleibenden Angriffsbefehles gegen die Tschechoslowakei letztlich fehlte. Es ist bemerkenswert, daß die von Widerstandskreisen aufgenommenen Kontakte mit London[14] die britische Regierung nicht von deren Ernsthaftigkeit als echte Alternative überzeugt hatten. Schon damals wurde wiederholt Skepsis laut, ob es überhaupt Chancen gab, Hitler bei den Soldaten und dem jüngeren Offizierkorps als Verbrecher und Zerstörer des Reiches darzustellen.[15] Auch wenn es der militärischen Opposition noch an Zusammenhalt und Entschlossenheit mangelte, so hatten sich doch einige wenige Offiziere zusammengefunden, die das Bild des militärischen Widerstandes in den nächsten Jahren maßgeblich bestimmten. Unter ihnen war nach dem Münchener Abkommen angesichts des unbestreitbaren Erfolges Hitlers eine gewisse Enttäuschung zu registrieren.[16] Es blieb fraglich, ob es gelingen würde, bei einem Umsturzversuch große Teile der Bevölkerung gegen Hitler zu mobilisieren. So boten dann auch weder der Juden-Pogrom vom 9./10. November 1938 noch die militärische Besetzung der „Rest-Tschechei" am 15. März 1939 Anlaß, um als psychologisch günstige Voraussetzungen für erneute Staatsstreichpläne zu dienen.

II

Die Haltung zum Kriegsbeginn gegen Polen

Diese Erfahrungen behinderten im Sommer 1939 die Bemühungen des früheren deutschen Botschafters in Rom, v. Hassell, sowie des von Hitler zuvor entlassenen Reichswirtschaftsministers Schacht und einiger Offiziere (Thomas v. Witzleben, Oster und Beck), dem Oberbefehlshaber des Heeres und seinem Generalstabschef die von Hitler erneut heraufbeschworene Kriegsgefahr deutlich darzulegen und beide zur Aktion gegen den Diktator zu bewegen.[17] General Halder wollte erst einen Prestigeverlust Hitlers abwarten; den absehbaren Kriegsbeginn sah er nun nicht mehr als unmittelbaren Anlaß für den Umsturz. Beck kritisierte diese Einstellung und war der Auffassung, seinem Nachfolger fehle es „am Willen zur Tat".[18] An dieser wohl zutreffenden Charakterisierung ändert auch nichts der Hinweis auf Halders „Gegen-Diplomatie", mit der er die britische und französische Regierung über ihre Berliner Botschafter bewegen wollte, Hitler durch eine energische und klare Haltung von seinen kriegerischen Absichten abzubringen.[19]

Als Hitler am 25. August 1939 die Angriffsvorbereitungen gegen Polen anhalten ließ, glaubte man in der Heeresführung und in Widerstandskreisen bereits daran, daß damit die Kriegsgefahr gebannt sei, Hitler nur geblufft habe.[20] Zu einer entscheidenden Initiative oder konkreten Umsturzplanung als Alternative von seiten der Militäropposition ist es dann am 31. August, als Hitler den endgültigen Befehl zum Angriff gab, nicht mehr gekommen. Hier zeigte sich die Ohnmacht der nach München auseinandergefallenen Opposition. Die „Kraftprobe auf Biegen und Brechen" — wie es Frhr. v. Weizsäcker rückblickend formulierte — ist im Sommer 1939 nicht gewagt worden.[21] Gisevius bestätigt: „An der Haltung der deutschen Opposition gibt es für diese dramatischen Tage vor Kriegsausbruch nichts zu heroisieren... wir müssen uns mit der schlichten

Tatsache begnügen, irgend etwas Entscheidendes, irgend etwas Mitreißendes wurde nicht getan."[22]

Es dürfte für dieses Verhalten nicht unerheblich gewesen sein, daß Hitler mit dem Abschluß des deutsch-sowjetischen Nichtangriffsvertrages vom 23. August 1939 ein beeindruckender außenpolitischer Erfolg gelungen war, der das Handeln der Militäropposition psychologisch behinderte, da dieses Übereinkommen innerhalb der Militärelite zum Teil als Wiederaufnahme der früher guten Beziehungen der Reichwehr zur Roten Armee verstanden wurde.

Zudem ist zu berücksichtigen, daß man den Angriff gegen Polen wohl prinzipiell billigte. Es bestand keine grundsätzliche Divergenz über die Notwendigkeit, Polen zu zerschlagen. Den Angriff auf Polen hielt man in militärischen Führungskreisen im Sinne der eigenen politischen Konzeption von der Großmachtstellung des Reiches zweifellos für richtig. Wie Halder waren auch andere Generale der Ansicht, die Grenzziehung im Osten müsse sowieso korrigiert werden.[23] „Die Polenfrage muß ja einmal gelöst werden", meinte der zum militärischen Widerstandskreis zählende General Hoepner zum Kriegsbeginn am 1. September 1939.[24] Bezeichnenderweise „zuckte Brauchitsch nur noch mit den Achseln", als ihn Weizsäcker darauf hinwies, daß der Krieg nicht auf Polen begrenzt werden könne und es doch an ihm liege, diesen Krieg zu verhindern.[25] Brauchitsch meinte nur, er müsse sich an die politischen Richtlinien Hitlers halten. Die konservative Militäropposition befand sich insofern in einem Dilemma, als sie fest überzeugt war, es gebe ein zu lösendes „Danzig"- und „Nord-Ost-Problem" Polen, wie es auch Weizsäcker als politisches Ziel bezeichnet hat.[26] Gleichwohl gab es Einzelpersonen, die — wie Admiral Canaris — empört waren und „jede sittliche Grundlage" für Hitlers Kriegsabsicht vermißten.[27] Seine Empörung fand aber keinen sichtbaren Widerhall. Eine übergreifende grundsätzliche Gegenposition zur Politik des Diktators kam nicht zustande.

III

Opposition gegen Westfeldzug und Kriegsausweitung

Erst die fachlich begründete Ablehnung von Hitlers Befehl,[28] den Krieg sofort nach dem Erfolg in Polen gegen die Westmächte offensiv fortzusetzen, entwickelte sich zu einem Ansatzpunkt für erneute Staatsstreichpläne der Militäropposition, da das Oberkommando des Heeres (OKH) zu dieser Zeit die Auffassung vertrat, „im Westen noch auf Jahre hinaus den Krieg nur verteidigungsweise führen zu können".[29] Der Chef des Wehrwirtschaftsstabes im OKW, Generalmajor Thomas, stimmte mit

Halder und Brauchitsch überein, daß die schlechte rüstungswirtschaftliche Situation einen längeren Abnutzungskampf gegen die Westmächte nicht gestatte. Hitler nahm am 9. Oktober in einer umfassenden Denkschrift[30] zur Ablehnung seines Offensivplanes durch das OKH Stellung. Er bekräftigte seine Absicht, möglichst rasch den Angriff auf Frankreich zu führen. Sowohl seine Ankündigung, dabei durch die neutralen Staaten Niederlande, Belgien und Luxemburg vorzugehen, als auch die Furcht vor einem möglichen Scheitern der Offensive und dem sich dann wie im Ersten Weltkrieg ergebenden Stellungskrieg waren für einige Militärs der Anstoß zum Widerspruch.

Ab Mitte Oktober kam es zur Bildung eines engeren Arbeitskreises um Halder im OKH, „der den Ablauf eines militärischen Vorgehens gegen Hitler im einzelnen ausarbeiten sollte".[31] Eine wichtige Rolle spielten dabei die Leiter der Verbindungsbüros des OKH zur Abwehr, Major i. G. Groscurth, und zum Auswärtigen Amt, Legationsrat v. Etzdorf. Die Planungen zielten darauf ab, den Staatsstreich auszulösen, sobald Hitler den Angriffsbefehl zur Westoffensive gab. Dabei sollte die Mitarbeit der höheren Truppenbefehlshaber im Westen gewonnen werden, deren fachliche Einwände und Kritik Admiral Canaris bereits bei einer Frontreise in Erfahrung bringen konnte.[32] Sowohl der Oberbefehlshaber der Heeresgruppe C, Generaloberst Ritter v. Leeb, als auch der Oberbefehlshaber der Heeresgruppe B, Generaloberst v. Bock, legten dann auch in Denkschriften ihren Widerspruch gegen Hitlers Absichten dar.[33] Sogar der zum NS-System sehr positiv eingestellte Generaloberst v. Reichenau versuchte bei einem Besuch in Berlin Mitte Oktober im Auftrage Brauchitschs, Hitler die Offensive auszureden. Dies mußte jedoch als „hoffnungslos" angesehen werden, da Hitler sich jeder sachlichen Einwendung verschloß.[34]

Eine von Erich Kordt, Hasso v. Etzdorf und Helmuth Groscurth angefertigte Denkschrift über „Das drohende Unheil"[35] wurde am 19. Oktober 1939 an Beck und durch General v. Stülpnagel auch an Halder übergeben. Die Denkschrift rief dazu auf, die Regierung Hitlers „rechtzeitig" vor Beginn der Offensive zu stürzen, da die üblichen „Argumente, Proteste oder Rücktrittserklärungen der militärischen Führung allein ... erfahrungsgemäß weder ein Einlenken noch Nachgeben [Hitlers — Verf.] bewirken" würden. Als Hitler nach wiederholten Verschiebungen den 12. November als Angriffstermin festlegte, wollten Halder und Brauchitsch am 5. November einen letzten Versuch bei Hitler unternehmen, um dann den Staatsstreich gegebenenfalls rechtzeitig einzuleiten.

Zuvor überzeugten sich sowohl General v. Stülpnagel als auch Halder auf getrennten Frontreisen bei einzelnen Befehlshabern der Westfront von deren nach wie vor bestehenden ablehnenden Positionen gegenüber dem Angriffsbefehl. Für einen direkten Putsch gegen Hitler stellten sich bei den dabei durchgeführten Sondierungen jedoch nur Generaloberst v. Leeb und v. Witzleben zur Verfügung; Generaloberst v. Bock und v. Rundstedt waren dafür nicht zu gewinnen, so daß die Reisen doch nicht die erhoffte Klarheit brachten.[36] Auch der Befehlshaber des Ersatzheeres, General Fromm, entzog sich der Teilnahme an einem Putsch.[37] Um so wichtiger war es deshalb, den nach wie vor zögernden Oberbefehlshaber des Heeres im entscheidenden Moment gewinnen und ihn als Spitze der militärischen Widerstandsaktion vorweisen zu können. Nach Rückkehr von der Frontreise beauftragte Halder Oberst Oster, die Staatsstreichpläne von 1938 „zu rekonstruieren und notfalls zu ergänzen"; auch Groscurth wurde informiert, die „Vorbereitungen anlaufen zu lassen".[38] Ferner wurden General Thomas, Osters Mitarbeiter Gisevius und von Dohnanyi, sowie Beck, der Chef des Stabes beim Generalquartiermeister, Oberst i. G. Wagner, und Reichsminister Schacht unterrichtet.[39] Eine Fühlungnahme mit Goerdeler war nicht möglich, da sich dieser in Schweden aufhielt.

Bei der entscheidenden Unterredung Brauchitschs mit Hitler am 5. November 1939 lehnte der Diktator zwar den geforderten Verzicht auf seine Angriffsabsicht ab — und insofern wäre die gewünschte Ausgangsbasis für den Staatsstreich vorhanden gewesen —, doch darüber hinaus hat Hitler den Oberbefehlshaber seinerseits mit schweren Vorwürfen und Anklagen gegen den im OKH-Hauptquartier vorherrschenden destruktiven „Geist von Zossen" überschüttet, dessen Vernichtung er androhte.[40] Halder befürchtete daraufhin, daß die Staatsstreichpläne verraten worden seien, und befahl bei seiner Rückkehr ins Zossener Hauptquartier, alle Planungen zu stoppen.[41] Gegenüber Groscurth erklärte er, der Angriffstermin stehe nunmehr fest, und es sei keine Möglichkeit mehr vorhanden, sich dem Befehl entgegenzustellen.[42] Brauchitsch, der zweifellos bis dahin immer noch mit einem Nachgeben Hitlers gerechnet hatte, lehnte die Teilnahme an einer Verschwörung ab. Eine „Meuterei" gegen Hitler wollte er nicht anführen. Halder meinte, somit müsse man die Umsturzpläne aufgeben. Die Oppositionsgruppe um Oster und Canaris in der Abwehr sah keine Möglichkeit, ohne das OKH als befehlsgebende Stelle die Verantwortung für ein Attentat auf Hitler zu übernehmen.[43] Halder und Brauchitsch entzogen mit ihrer Bereitwilligkeit, Hitlers Angriffsbefehl nunmehr zu akzeptieren, der weiteren Planung für einen Umsturz „praktisch den Boden".[44] Nach dem 5. November 1939 war Halders Haltung nicht nur „durch wachsende Zweifel an der Tat- und Schlagkraft der militärischen Widerstandsgruppe und durch Niedergeschlagenheit... bestimmt",[45] sondern letztlich mangelte es ihm an der ernsthaften Entschlossenheit zu einer Aktion. Die dann im weiteren

Verlauf parallel zu den mehrmaligen Verschiebungen des Angriffstermines für die Westoffensive bis zum Frühjahr 1940 stattfindenden Versuche, den Generalstabschef doch noch für eine Staatsstreichaktion zu gewinnen, waren nur noch ein vergebliches „Nachspiel".[46]

Aufgrund dieser Stagnation kam es bei den verschiedenen Widerstandskreisen zu heftigen Vorwürfen. Groscurth, wie Oster einer der schärfsten Hitlergegner, erklärte verbittert, „diese unentschlossenen Führer ekeln einen an".[47] Ohne positives Ergebnis blieb auch ein Besuch Halders bei Staatssekretär v. Weizsäcker, der den Generalstabschef über die isolierte politische Lage des Reiches informieren konnte.

Dagegen erklärte Beck in seiner Denkschrift vom 20. November 1939 eindringlich, es komme darauf an, den „von vornherein aussichtslosen Weltkrieg je eher je besser zu liquidieren"[48] — dies war eine Position, die Halder und Brauchitsch in dieser Rigorosität am Ende des Jahres 1939 zweifellos nicht gewonnen hatten, zumal Hitler gerade in einer Rede vor ca. 180 bis 200 Generalen und Offizieren am 23. November 1939 ein Ruhmeslied auf die Kampfkraft der deutschen Wehrmacht angestimmt und den Aufbau des Heeres insgesamt gelobt hatte. Brauchitsch konzentrierte danach seine Arbeit auf den rein dienstlichen Bereich; er war nicht bereit, weitere politische oder alternative Möglichkeiten gegen Hitlers Kriegspolitik zu erörtern. Halder erklärte gegenüber General Thomas, der im Auftrage von Popitz, Goerdeler, Beck und Oster nochmals dazu aufforderte, die Ausweitung des Krieges — notfalls durch Verhaftung Hitlers — zu verhindern, daß Brauchitsch zu einer solchen Aktion „nicht zu bewegen" sei.[49] Man habe außerdem keine Persönlichkeit, die man an Stelle Hitlers dem Volk präsentieren könne. Zudem, meinte Halder, richte sich Englands Kampf nicht nur gegen die Nazis, sondern gegen das ganze deutsche Volk. Ähnlich äußerte er sich auch gegenüber Groscurth: Es sei wirklich „nicht zu ertragen, daß Deutschland auf die Dauer ein Helotenvolk Englands" sei.[50] Wie v. Hassell überliefert, kam Admiral Canaris denn auch zu dem Ergebnis, „es habe keinen Zweck mehr, etwas in der Richtung zu versuchen".[51]

Enttäuschend und zugleich für den Zustand der Militäropposition zum Jahresbeginn 1940 symptomatisch verlief auch ein Gespräch zwischen Beck und Halder am 16. Januar 1940. Halder machte deutlich, daß er sich nicht dazu drängen lasse, einen „Kapp-Putsch" durchzuführen, wie er die Staatsstreichaktion gegen Hitler ohne breite Basis bezeichnete; die Truppe glaube nach wie vor an den „Führer".[52] In einem abschließenden Brief an Goerdeler lehnte er dann eindeutig eine Aktion während des Krieges ab und erklärte, daß der Krieg erst „durchgeschlagen werden müsse, ein Kompromißfriede sei sinnlos".[53] Diese Haltung bedeutete zugleich eine Absage an Bemühungen anderer Widerstandsangehöriger, den Krieg möglichst rasch zu beenden oder dessen Ausweitung auf jeden Fall zu verhindern.

So versuchte man im Amt Ausland/Abwehr gerade im Winter 1939/40 noch auf anderem Weg, der weiteren Ausweitung des Krieges entgegenzuwirken. Als der Oberbefehlshaber der Kriegsmarine, Großadmiral Raeder, ab Oktober 1939 mittels persönlicher Vorsprachen bei Hitler und durch Vorlage einer Denkschrift der Seekriegsleitung vom 15. Oktober 1939 versuchte, die Zustimmung des Diktators für eine Verschärfung der Seekriegführung gegen England und Frankreich zu erreichen, sprach sich die Amtsgruppe Ausland in der Abwehr mit ihrer Abteilung für Kriegs- und Völkerrecht (Gruppe VI) sehr deutlich gegen die von der Marine beabsichtigte rücksichtslose und „völkerrechtswidrige" Verschärfung des See- und Handelskrieges aus. Während das Wehrwirtschafts- und Rüstungsamt und der beim OKW neu gebildete Sonderstab für Handelskrieg und wirtschaftliche Kampfmaßnahmen (HWK) die Forderungen nach totalem Seekrieg unterstützten und das Auswärtige Amt eine abwartende Haltung einnahm, war der seit Kriegsbeginn in der Abwehr tätige und zum Kreis um Oberst Oster zählende Kriegsverwaltungsrat Graf Moltke als Bearbeiter für den Wirtschaftskrieg (VId) der wichtigste und hartnäckigste Opponent gegenüber den Bestrebungen der Seekriegsleitung, die Kriegführung zu eskalieren.[54]

Moltke verlangte, daß allein nüchterne „Zweckmäßigkeit und Durchsetzbarkeit" das deutsche Handeln im Krieg bestimmen müßten und nicht der allgemeine Wille zur Eskalation der Kriegführung.[55] In einem Thesenpapier und Vortrag für den seit Kriegsbeginn als Gutachterausschuß des OKW bei der Abteilung Ausland eingesetzten „Studienausschuß Kriegsrecht" der „Deutschen Gesellschaft für Wehrpolitik und Wehrwissenschaften" betonte Moltke, man solle nicht jede feindliche Maßnahme mit neuen Repressalien und übersteigerten Gegenaktionen beantworten; insbesondere müsse man Rücksicht auf die neutralen Staaten nehmen.[56] Es gelang dadurch, die Verschärfung des See- und Wirtschaftskrieges vorerst aufzuhalten. Hitler lehnte denn auch Ende November 1939 verschärfte Maßnahmen als Antwort auf eine neu im Londoner Parlament ausgesprochene Handelskriegs-Verschärfung vorläufig ab.[57] Nach dem Beginn des Westfeldzuges nahm die Kriegsmarine im Einvernehmen mit Hitler dann jedoch keine Rücksichten mehr auf die Vorstellungen des Amtes Ausland/Abwehr.

Ausdruck der Bemühungen, die Ausweitung des Krieges und die Westoffensive zu verhindern, waren auch die durch Kontaktaufnahme von Dr. Josef Müller aus dem Amt Ausland/Abwehr mit dem englischen Gesandten beim Vatikan — neben zum Teil vergeblichen Bemühungen von Theo Kordt und Ulrich von Hassell in der Schweiz sowie von Adam von Trott zu

Solz in den USA — sich bis Frühjahr 1940 erfolgversprechend entwickelnden Sondierungen, die Müller in Becks und Osters Auftrag seit Ende September in Rom aufgenommen hatte.[58] Über Papst Pius XII. kam es dabei mit dem britischen Gesandten beim Hl. Stuhl, Sir Francis d'Arcy Osborne, zum Austausch von politischen Fragen und Antworten, die eine spätere Verhandlungsgrundlage darstellen konnten. Ziel der Kontakte war es, die Zusage der Westmächte zu erhalten, eine Staatsstreichsituation im Reich nicht zu militärischen Offensivmaßnahmen auszunutzen sowie Zusicherungen über die politischen Friedensbedingungen zu erlangen, die einer Regierung nach Hitlers Sturz gewährt würden. Die Erklärungen der Westmächte sollten dann quasi die Entscheidung zum Staatsstreich herbeiführen. Schon die ersten Ergebnisse im Oktober 1939 ließen die Bereitschaft des Papstes zur Vermittlung und eine gewisse Aufgeschlossenheit der britischen Regierung für die Annäherungsversuche der deutschen Opposition erkennen.[59] Aufgrund des „Venlo"-Zwischenfalles vom 9. November 1939 kurzfristig unterbrochen, kamen die Gespräche im Februar 1940 zum Abschluß. Müller konnte Ende Februar/Anfang März das Ergebnis nach Berlin bringen,[60] das von ihm und Dohnanyi in einem umfangreichen Bericht zusammengefaßt wurde. Dieser „X-Bericht" sollte Halder und Brauchitsch vorgelegt werden, um beide doch noch zu einer Aktion zu veranlassen. Nach dem Zeugnis von Müller und General Thomas nannte der nach dem 20. Juli 1944 verlorengegangene Bericht folgende Bedingungen für eine Vermittlung des Papstes mit England im Falle einer Widerstandsaktion:[61] Beseitigung Hitlers und Ribbentrops, klare Trennung von den bisherigen Machthabern des NS-Regimes durch Neubildung einer Regierung, kein deutscher Angriff im Westen, Fortbestand der Grenzen von 1937, Abstimmung in Österreich über Verbleib bei Deutschland.

Als Thomas den Bericht wieder abholte, schilderte ihm Halder die ablehnende Reaktion Brauchitschs, der gesagt habe: „Sie hätten mir das nicht vorlegen sollen. Das ist glatter Landesverrat, das mitzumachen kommt für mich unter keinen Umständen in Frage. Im Kriege ist für den Soldaten keinerlei Verbindung mit einer ausländischen Macht zulässig."[62] Die Vorstellungen erzielten somit „gar keinen Erfolg".[63] Halder und Brauchitsch waren nicht bereit, aufgrund der Ergebnisse dieser Sondierungen wieder konspirative Pläne aufzunehmen. Wenige Tage darauf kam es nach dem militärischen Triumph bei dem am 9. April 1940 begonnenen Feldzug gegen Dänemark und Norwegen zu einem weiteren Anstieg von Hitlers Prestige, so daß die bevorstehende Westoffensive bei vielen oppositionell eingestellten Armeeführern immer weniger als Auslöser eines Staatsstreichs angesehen wurde.

Im Auftrag Becks hat dann Müller Anfang Mai 1940 im Vatikan seinen Kontaktleuten mitgeteilt, daß eine Aktion der Generale nun doch nicht zu erwarten sei und daß der Angriff im Westen, verbunden mit einer Neutralitätsverletzung Belgiens, Luxemburgs und der Niederlande, unmittelbar bevorstehe.[64] Durch diesen Akt des formellen Landesverrates distanzierte sich der um Beck versammelte militärisch-zivile Widerstandskreis einerseits mit aller Deutlichkeit von Hitlers Kriegspolitik, andererseits konnte dadurch dokumentiert werden, daß die „römischen Gespräche" kein Täuschungsmanöver der deutschen Seite, vielmehr Ausdruck der vorhandenen „Alternativposition" einer zum Widerstand gegen Hitler bereiten militärischen Verschwörergruppe waren.

Außer der Mitteilung Müllers, die über den Vatikan an die Regierungen in Belgien, Holland, England und Frankreich gelangte, erhielten die Westmächte und neutralen Staaten noch eine weitere, genauere Warnung über die alsbald beginnende Westoffensive, die ihnen Kenntnis von der radikalen Ablehnung der Hitlerschen Kriegspolitik durch einen Angehörigen der militärischen Führungselite vermittelte und die bei Bekanntwerden noch schärfer als Müllers Kontakte auch im Kreis der Militäropposition als Landesverrat bezeichnet worden wäre. Aufgrund persönlicher Gewissensentscheidung und der Einschätzung, daß es nicht möglich sei, über Halder und Brauchitsch auf Hitler einzuwirken, hatte der Chef der Zentralabteilung bei Admiral Canaris in der Abwehr, Oberst Hans Oster, ab Anfang Oktober wiederholt dem befreundeten niederländischen Militärattaché, Major Sas, von Hitlers Entschluß, den Angriff im Westen gegen Frankreich mit einem Überfall auf Belgien, Luxemburg und die Niederlande zu verbinden, Mitteilung gemacht.[65] Auch am Abend des 9. Mai 1940 versetzte Oster den holländischen Attaché in die Lage, den für den nächsten Tag beabsichtigten Angriff sowohl seiner Regierung in Den Haag als auch dem belgischen Militärattaché anzukündigen. Da sich aber Osters frühere Warnungen seit Oktober 1939 aufgrund der wiederholten Terminverschiebungen nicht als richtig erwiesen hatten, schenkte die niederländische Regierung auch dieser erneuten Warnung nicht die gebührende Achtung, so daß die von Oster damit verfolgte Absicht, durch ein Scheitern des deutschen Angriffs aufgrund einer gut vorbereiteten Abwehrstellung der Westmächte indirekt auf Hitlers Handeln einzuwirken, nicht zum gewünschten Erfolg führte. Statt dessen führte der am 10. Mai 1940 begonnene Westfeldzug zu einem imposanten Sieg der deutschen Wehrmacht, der zugleich Hitlers Stellung als Oberster Befehlshaber der Wehrmacht in entscheidendem Maße aufwertete und den Diktator nach der Waffenstillstandsvereinbarung mit Frankreich im Wald von Compiègne am 22. Juni 1940 auf den Höhepunkt seiner politischen Macht brachte.

Neuere Untersuchungen haben inzwischen das Ergebnis gebracht, daß nicht nur Oster und Müller den Akt des formellen Landesverrates begingen.[66] Auch Generaloberst v. Reichenau, Staatssekretär v. Weizsäcker und der spätere General Warlimont haben durch konspirative Kontakte — zum Teil über mehrere Vermittlungspersonen — mit dem potentiellen Gegner zu verschiedenen Zeiten von 1938 bis 1940 Hitlers Kriegs- und Angriffstermine an das Ausland weitergegeben. Verbindet man die Frage nach der Zulässigkeit des Landesverrates im Rahmen von Widerstandshandlungen mit der grundsätzlichen Forderung nach deutlicher Dokumentation einer Alternativposition gegenüber Hitler, dann ist die nach persönlicher Gewissensentscheidung und in alleiniger Verantwortung im Einzelfall durchgeführte Konspiration mit dem potentiellen Gegner, um den Krieg oder dessen militärische Ausweitung zum Weltkrieg zu verhindern, als herausragender Beleg zweifellos positiv zu bewerten und nicht mit einem im Auftrage und zum Teil in finanzieller Abhängigkeit von einer ausländischen Macht kontinuierlich betriebenen landesverräterischen Handeln zu vergleichen. Oster selbst hat übrigens den Vorwurf des Landesverrates für sein Handeln zurückgewiesen und es als seine Pflicht betrachtet, „Deutschland und damit die Welt von dieser [nationalsozialistischen — Verf.] Pest zu befreien".[67]

Einen Einblick in die damals bei der militärisch-konservativen Widerstandsgruppe bestehenden politischen Vorstellungen und deren grundsätzliche Gegenposition zum NS-Staat gibt das im Januar/Februar 1940 von Hassell, Beck und Goerdeler zusammengestellte politische Programm für eine Regime-Änderung nach gelungenem Staatsstreich.[68] Unter der Regentschaft eines Reichsverwesers sollte in einem Verfassungsrat die neue Verfassungsordnung ausgearbeitet, ferner die Freiheit von Presse, Wissenschaft und Lehre wieder hergestellt werden. Die Auflösung der NSDAP und des Einheitsstaates durch Wiedererrichtung der alten Reichsländer sowie die Einsetzung eines Rates, der alle seit Regierungsantritt Hitlers erlassenen Gesetze zu überprüfen hatte, dokumentiert die fundamentale Gegnerschaft dieser Gruppe zum NS-Regime. Darüber hinaus verdeutlichen die beabsichtigte sofortige Aufhebung der Judengesetze und die geplante Übertragung der vollziehenden Gewalt an die Wehrkreisbefehlshaber, daß der Wehrmacht nach wie vor eine herausragende Stellung im Staat zugesprochen wurde und daß die seit November 1939 empört registrierten Raub- und Mordaktionen der SS im besetzten Polen ein nicht gering einzuschätzendes Motiv für die Opposition gegen Hitler im Winter 1939/40 waren.

IV

Gegen die nationalsozialistische Besatzungs- und Judenpolitik in Polen

Neben den Kampf gegen die geplante Westoffensive trat dann auch im Winter 1939/40 mit zunehmender Schärfe als ein die Widerstandsplanungen vorantreibender Faktor der Abscheu vor den grausamen Verbrechen der SS-, SD- und Einsatzgruppen-Verbände in Polen, da diese Mord- und Vernichtungsaktionen unter dem Deckmantel der Militärverwaltung des Heeres durchgeführt wurden, ohne daß sie durch das OKH in eigener Verantwortung abgestellt werden konnten.

Eindringlich wurde Generalstabschef Halder darüber von Groscurth und vom Chef des Stabes beim Generalquartiermeister, Oberst i. G. Wagner, unterrichtet. Groscurth und Oster registrierten außerdem sorgfältig die von mehreren Befehlshabern — wie den Generalen Petzel, Ulex und Blaskowitz — seit November 1939 angeprangerten Vernichtungsaktionen der SS im besetzten Polen.[69] In mehreren Denkschriften wies insbesondere Generaloberst Blaskowitz, der Oberbefehlshaber Ost im besetzten Polen, auf die furchtbaren „Greuelhandlungen der Sicherheitspolizei", der SS- und SD-Exekutionskommandos hin, die er als „unerträgliche Belastung" für die Wehrmacht bezeichnete und deren baldige Einstellung er verlangte;[70] die Wehrmacht könne diesen Verbrechen nicht tatenlos zusehen, erklärte er anläßlich eines am 15. Februar 1940 beabsichtigten Besuches des Oberbefehlshabers des Heeres in seinem Stab in Spala.

Dagegen offenbart ein Befehl Brauchitschs über „Heer und SS" vom 7. Februar 1940,[71] daß dieser Verständnis zeigte für die im Rahmen der sogenannten „Sicherung des deutschen Lebensraumes" in Polen „notwendige und vom Führer angeordnete Lösung volkspolitischer Aufgaben", die ganz „zwangsläufig zu sonst ungewöhnlichen, harten Maßnahmen gegenüber der polnischen Bevölkerung des besetzten Gebietes führen" müßten. Er billigte sogar eine zu erwartende „weitere Verschärfung dieser Maßnahmen". Damit entzog er weiteren Protesten einzelner Offiziere gegen die Mordaktionen in Polen den Boden.

Dennoch wird man wohl der prinzipiellen Betroffenheit und moralischen Empörung über die „Judenpolitik" beziehungsweise die gesamte „NS-Judenverfolgungs- und Vernichtungspolitik" — gerade nach Kriegsbeginn, als die Wehrmacht damit unmittelbar viel stärker in Berührung kam — nicht nur eine „Funktion eines Auskunftsmittels über den Stand der Koalition" mit dem Nationalsozialismus zumessen,[72] sondern — zum Beispiel für den Kreis um Oster und Groscurth — viel stärker die Funktion des vorantreibenden Moments einer prinzipiellen Widerstandshaltung gegenüber dem NS-Regime zubilligen müssen. Es bleibt jedoch die Frage, warum man die in einzelnen Stäben in Polen zu registrierende Gegenposition zu Hitlers Rassenpolitik nicht stärker für die Widerstandsplanung heranzog.

V

Vorstellungen zum Krieg gegen die Sowjetunion

Das nach dem militärischen Erfolg über Frankreich veränderte psychologisch-politische Klima und das große „Vertrauen auf den Führer und seine von Sieg zu Sieg eilende Wehrmacht"[73] kamen auch in der Haltung führender Generale und Offiziere zum Ausdruck. Der spätere Generalquartiermeister Wagner notierte sich in seinen Aufzeichnungen, die „hohen Herren Oberbefehlshaber" seien nach dem Westfeldzug „unleidlich vor Beschäftigungslosigkeit";[74] Staatssekretär v. Weizsäcker berichtet, „auch diejenigen Generale, die vor dem 10.5.40 einer Offensive gegen Westen abgeneigt waren, sind jetzt von ihrer Zweckmäßigkeit überzeugt, sprechen abfällig vom Gegner und wollen nicht mehr gern an ihre früheren Urteile erinnert werden"; neue Aufgaben erklärten sie sehr bald für „reizvoll".[75] Vor dem Hintergrund dieser Siegeseuphorie muß auch die Haltung gegenüber dem von Hitler Ende Juli 1940 gefaßten Entschluß, den bisherigen Vertragspartner Sowjetunion zu überfallen und damit sein „Ostprogramm" zu verwirklichen,[76] gesehen werden. Obwohl beispielsweise Halder und Brauchitsch — ähnlich wie Staatssekretär Weizsäcker — noch im Januar 1941 der „Sinn" dieses neuen Krieges gegen die UdSSR „nicht klar" war,[77] haben sich beide an die Umsetzung der Hitlerschen Entscheidungen in eine umfangreiche operative Planung gemacht.

Als Hemmnisse für das Aufkommen einer nachhaltigen Gegenposition zu Hitlers neuer Kriegsabsicht wirkten einerseits die übereinstimmende Auffassung über die Geringschätzung der militärischen Stärke der UdSSR und andererseits die Identifikation mit der antikommunistischen Grundeinstellung des Nationalsozialismus. Dafür ist zum Beispiel die Einstellung des zum Widerstandskreis um Oberst Oster zählenden Korvettenkapitäns Franz Liedig symptomatisch, der in einer Denkschrift zur militärischen Lage vom Dezember 1939 dazu aufforderte, „die bolschewistische Weltgefahr einzudämmen" und sich militärisch gegen das „noch immer asiatisch-ungeschlachte, unberechenbare und skrupellose Staatsgebilde, wie es das heutige Rußland ist", zu wenden.[78]

So begünstigten traditionelle Hegemonievorstellungen gegenüber der Sowjetunion und Osteuropa sowie eine militant antikommunistische Grundhaltung die Aufnahme des neuen Hitlerschen Kriegszieles, auch in den oppositionellen Militärkreisen. Es kam folglich zu keinen größeren Einwänden gegen den Entschluß, die Sowjetunion zu überfallen. Nur vereinzelt wurde verhaltene Ressortkritik geäußert[79]— so von v. Weizsäcker, Jodl und Warlimont. Auch Hitlers Paladine Ribbentrop, Göring und Keitel sollen anfangs fachliche Bedenken geäußert haben. Am eindringlichsten hat wohl Großadmiral Raeder aus ressort-spezifischen Gründen versucht, Hitler vom Ostkrieg abzubringen und alternativ für die schwerpunktmäßige Fortsetzung des Krieges gegen Großbritannien zu gewinnen.

Diese Einwände resultierten aber weniger aus grundsätzlicher Gegenposition, sondern entsprachen vielmehr dem Wunsch, eine zeitliche Verschiebung des „Unternehmens Barbarossa" bis nach Abschluß des Krieges gegen England zu erreichen, um die Gefahr des Zweifrontenkrieges abzuwenden. Grundsätzlich akzeptierte man in der Regel die Richtigkeit des Kampfes gegen den Bolschewismus. So blieben dann auch sorgfältige außenpolitische Analysen — wie die im Oktober 1941 vorgelegten, für Halder bestimmten Warnungen des Gesandtschaftsrates v. Walther aus der Deutschen Botschaft in Moskau, der vor den ökonomischen und gesamtstrategischen Folgen des neuen Krieges warnte[80] — erfolglos. Es läßt sich feststellen, daß im Gegensatz zur Opposition vor Beginn des Westfeldzuges bei der Entscheidung Hitlers zur militärischen Ostlösung keine Ansatzmöglichkeit für die Formierung einer mit Staatsstreichüberlegungen verbundenen Gegenposition gesehen wurden.

Als Hitler im Verlauf der weiteren Befehle nach Jahresbeginn 1941 den Kriegsvorbereitungen immer mehr den Stempel eines rassen-ideologischen Vernichtungskrieges aufdrückte und keinen Zweifel an der besonderen Qualität dieses Krieges ließ, hat man im zivilen Oppositionskreis um Hassell, Beck, Popitz und Goerdeler die Hoffnung gehabt, daß es durch Verweigerung bei Annahme und Ausführung der „verbrecherischen Befehle" — wie des „Barbarossa-Erlasses" vom 13. Mai 1941 oder des „Kommissarbefehls" vom 6. Juni 1941[81]— einen neuen Anlaß zum Widerstand geben könnte. Man kam aber sehr bald „zu dem Ergebnis, daß auch diesmal nichts zu erwarten sei".[82] Vergeblich hat Oberstleutnant Henning v. Tresckow im Stab der Heeresgruppe Mitte seinen Oberbefehlshaber, Generalfeldmarschall v. Bock, bedrängt, gemeinsam mit den anderen Befehlshabern im Osten diese Befehle nicht zu akzeptieren.[83] Bock gab sich jedoch mit einem mündlichen Protest bei Brauchitsch zufrieden.

Bezeichnend für die Hitlers Ostkriegs-Vorstellungen zum Teil entgegenkommende Haltung innerhalb der Militäropposition ist ein von Generaloberst Erich Hoepner Anfang Mai 1941 über die Grundlagen der Kriegführung gegen die UdSSR an die ihm unterstellte Panzergruppe 4 herausgegebener Befehl.[84] Hoepner, der seit 1938 zum militärischen Widerstandskreis zu rechnen ist, griff darin Hitlers berüchtigte Ausführungen über die beabsichtigte rücksichtslose Kampfführung gegen die Rote Armee vom 30. März 1941 auf und bezeichnete den Krieg gegen die Sowjetunion als „Verteidigung europäischer Kultur gegen moskowitisch-asiatische Überschwemmung, [als] Abwehr des jüdischen Bolschewismus"; der Krieg müsse „mit unerhörter Härte geführt werden" und zur „erbarmungslosen, völligen Vernichtung des Feindes" führen. Hoepner erklärte seinen Soldaten ferner, es dürfe insbesondere „keine Schonung für die Träger des heutigen russisch-bolschewistischen Systems" geben. Betroffen über solche Befehle notierte v. Hassell, man habe sich damit gleichsam „auf das Hitlerische Manöver eingelassen, das Odium der Mordbrennerei von der bisher allein belasteten SS auf das Heer zu übertragen".[85] Der ausbleibende Protest auf der einen Seite sowie andererseits die routinemäßige Beteiligung bei der Umsetzung der Hitlerschen Ausrottungs- und Vernichtungsvorstellungen in konkrete Anweisungen für die eigene Truppe offenbaren das hohe Maß an Mitverantwortlichkeit der Wehrmachts- und Heeresführung für den von Hitler intendierten Vernichtungskrieg gegen die UdSSR.

Erst die nach dem Überfall am 22. Juni 1941 einzelnen Offizieren angesichts der Mordaktionen und Kriegsverbrechen immer deutlicher werdende eigene Verstrickung hat im Bereich der Heeresgruppe Mitte zur Bildung einer engeren Widerstandsgruppe um Oberstleutnant von Tresckow geführt,[86] die sich ab Herbst 1941 intensiv darum bemühte, eine Gegenposition zu Hitlers rassenideologisch motiviertem Vernichtungskrieg zu entwickeln und die Militäropposition neu zu formieren, um neuen Staatsstreichplänen eine breitere Basis sowie durch Verbesserung der äußeren und inneren Voraussetzungen eine größere Aussicht auf Erfolg zu verschaffen. Schließlich förderte ab Winter 1941/42 die Niederlage vor Moskau die Bereitschaft mancher Offiziere zum Widerstand gegen Hitler nach diesem militärischen Rückschlag erheblich.

VI

Vielfalt und Verschiedenartigkeit der Alternativvorstellungen militärischer Widerstandskreise

Mehrere innere und äußere Schwierigkeiten sind die Gründe für das Nicht-Zustandekommen eines militärischen Staatsstreiches gegen Hitler in der Zeit von 1939 bis 1941. Man muß ferner bei dieser Feststellung berücksichtigen, daß die „Militäropposition" damals kein einheitliches, in sich geschlossenes und auf übereinstimmende alternative Zielvorstellungen ausgerichtetes Phänomen war.

Anstoß zu oppositionellem und verschwörerischem Verhalten gegen Hitler und den NS-Staat bildeten sowohl entgegengesetzte militärpolitische Auffassungen einer Teilgruppe innerhalb der Herrschaftselite des Dritten Reiches über den weiteren außen- und machtpolitischen Weg (wie zum Beispiel bei Reichenau), die verkürzt als ressortspezifische Gründe zu kennzeichnen sind, als auch moralisch-ethische Beweggründe (wie zum Beispiel bei Oster und Groscurth), die aus den verbrecherischen Handlungsweisen der NS-Machthaber resultierten. Dadurch sind einerseits Übereinstimmungen mit den nationalsozialistischen Hegemonieplänen zu konstatieren,[87] wobei man jedoch die Hitlersche Fortsetzung und Ausweitung des Krieges zum „europäischen Großkrieg" oder Weltkrieg gegen Frankreich, Großbritannien und die USA ablehnte und verhindern wollte, und andererseits prinzipielle politische Alternativpositionen zu registrieren, die Grundlage einer unerbittlichen Gegnerschaft zum NS-System waren. Ganz unterschiedliche Ereignisse und Erkenntnisse — wie Hitlers Absicht zum Angriff im Westen oder die Praktiken der NS-Juden- und Vernichtungspolitik in Polen sowie die Ankündigung der Hitlerschen Vernichtungspolitik gegen die Bevölkerung der UdSSR — boten dann auch Anlaß für eine stärkere Formierung der Militäropposition. Als besonderes Dilemma erwies sich dabei die Annahme, erst dann gegen Hitler erfolgreich vorgehen zu können, wenn dessen Ansehen bei der deutschen Bevölkerung und im jüngeren Offizierkorps durch einen größeren militärischen Rückschlag schwerwiegend erschüttert sei.

In der Gruppe um Beck, Oster, Gisevius und Groscurth wurden ab 1939 sehr viel weitreichendere Absichten mit dem Ziel eines gewaltsamen Regimesturzes verfolgt als in der Gruppe um Halder und Brauchitsch, die vorrangig eine Kriegsausweitung verhindern wollten. Zum Hemmnis struktureller Art für den auf Beseitigung Hitlers zielenden Kreis wurde die Überzeugung, daß man beim Umsturzversuch nicht auf die Autorität des Oberbefehlshabers des Heeres und dessen Generalstabschefs verzichten wollte, man also die Unterstützung der in erster Linie „nur" um die Verhinderung der Kriegsfortführung und Kriegsausweitung bemühten Funktionsträger zu gewinnen suchte; erst mit ihnen meinte die Gruppe um Oster-Groscurth-Gisevius ein gewisses Maß an Aussicht auf Erfolg beim Staatsstreich zu erzielen.

Brauchitsch und Halder waren jedoch von der Notwendigkeit eines gewalttätigen Umsturzes mit einem Attentat gegen Hitler nie so recht überzeugt, zumal sie keine direkte Bestätigung von seiten der Westmächte gerade auf dem für sie so wichtigen außenpolitischen Gebiete erhielten, nämlich die Umsturzsituation im Reich militärisch nicht auszunutzen.

Die Furcht vor Hitlers Kriegspolitik reichte nicht aus, um als tragfähiges Fundament für eine kontinuierliche Gegenposition und entschlossene Opposition zu dienen. Einen Alleingang — eventuell gegen Brauchitsch — lehnten sowohl Halder als auch die Gruppe um Canaris und Oster ab. Ohne ihn glaubte man, die Mehrzahl der führenden Generale nicht für einen Staatsstreich gewinnen zu können. Es war dies ein Ergebnis, das auch auf die Erfahrungen Becks vom Sommer 1938 zurückging. Halder lehnte es ab, eine ausufernde Militärrevolte anzuführen, die bereits bei ihrem Beginn die militärische Ordnung und institutionellen Strukturen aufgelöst hätte, indem sie den vorgesetzten Oberbefehlshaber überging.

Zweifellos resultierte die Haltung der Gegner der Hitlerschen Kriegsausweitungspolitik weniger aus grundsätzlicher Motivation als vielmehr aus der Kritik an Hitlers Lagebeurteilungen und seinen riskanten Entschlüssen. Dies zeigt auch die jeweilige Verhaltensweise gegenüber nationalsozialistischen Anordnungen und Maßnahmen sowie das bereitwillige Mitwirken als Funktionsträger des Dritten Reiches während der ersten beiden Kriegsjahre, als Hitler noch von Sieg zu Sieg schritt. Gleichwohl befanden sich die Gegner der Kriegsausweitungspolitik gegenüber Hitler im Widerstand, da sie ihm auf dem Weg in den großen und totalen Krieg nationalsozialistischer Prägung die volle Gefolgschaft verweigerten. Das diffuse Bild militärpolitischer Alternativvorstellungen für die Zeit von 1939 bis 1941 dokumentiert, daß die Ziele der im Vergleich zum gesamten Militärapparat relativ kleinen militärischen Widerstandskreise nicht ausschließlich militärspezifisch bestimmt waren. Es läßt sich wohl einiges über verschiedene Aktionen, Kontakte, Gespräche und Umsturzpläne, aber nur wenig über genaue militär-strategische Alternativen feststellen, die zudem durch den raschen Fortgang des Krieges und Hitlers überraschende Erfolge mehrmals überholt wurden, da man außenpolitisch und militärisch nicht hinter den Stand des Erreichten zurückgehen wollte. Erst das Scheitern des Unternehmens „Barbarossa" zeigte die politische Ausweglosigkeit der deutschen Lage und erzwang gleichsam die „totale Beseitigung" Hitlers und des NS-Regimes als nunmehr notwendige Alternativposition.

Diese Widerstandshaltung einzelner Oppositioneller zum Ende des Jahres 1941 war prinzipieller Art. Die „fundamentalen Hitlergegner in Uniform" waren zwar auf sich allein zurückgeworfen; sie bildeten jedoch die Kristallisationsmöglichkeit für eine neue Oppositionsgruppe jüngerer Offiziere, deren politische Position weniger stark konservativen Vorstellungen verpflichtet war und deren Widerstandshaltung insbesondere vom Erlebnis des Ostkrieges und angesichts der bevorstehenden Katastrophe von dem Verantwortungsgefühl um die Zukunft Deutschlands geprägt war und die dann auch bereit waren, ohne die Leitfigur des Oberbefehlshabers des Heeres oder Generalstabschefs zu handeln.

Anmerkungen

[1] Zur Periodisierung siehe Harold C. Deutsch, *Verschwörung gegen den Krieg. Der Widerstand in den Jahren 1939—1940*, München 1969, S. 4; vgl. Kurt Sendtner, *Die deutsche Militäropposition im ersten Kriegsjahr*, in: *Vollmacht des Gewissens*, Bd. 1, Frankfurt a. M. 1960, S. 385—532.

[2] Vgl. Fritz Fischer, *Bündnis der Eliten. Zur Kontinuität der Machtstrukturen in Deutschland 1871—1945*, Düsseldorf 1979; *Andreas Hillgruber, Großmachtpolitik und Militarismus im 20. Jahrhundert. 3 Beiträge zum Kontinuitätsproblem*, Düsseldorf 1974; Klaus-Jürgen Müller, *Armee, Politik und Gesellschaft in Deutschland 1933—1945. Studien zum Verhältnis von Armee und NS-System*, Paderborn 1979; sowie ders., *Das Heer und Hitler. Armee und nationalsozialistisches Regime 1933—1940*, Stuttgart 1969.

[3] Walter Görlitz, *Die deutsche Militäropposition 1939 bis 1945*, in: *Frankfurter Hefte*, 4. Jg. (1949), S. 230.

[4] So auch die Hinweise bei Klaus-Jürgen Müller, *Die national-konservative Opposition vor dem Zweiten Weltkrieg: Zum Problem ihrer begrifflichen Erfassung*, in: *Militärgeschichte. Probleme — Thesen — Wege*, hrsg. vom MGFA, Stuttgart 1982, S. 215—242; zu den Entwicklungsstufen des Widerstandes siehe Dieter Ehlers, *Technik und Moral einer Verschwörung. Der Aufstand am 20. Juli 1944*, 2. Aufl., Bonn 1965; Eberhard Bethge, *Adam von Trott und der deutsche Widerstand*, in: *Vierteljahrshefte für Zeitgeschichte*, 11. Jg. (1963), S. 213—223, insbes. S. 217 ff.; Peter Hüttenberger, *Vorüberlegungen zum „Widerstandsbegriff"*, in: *Theorien in der Praxis des Historikers. Forschungsbeispiele und ihre Diskussion*, hrsg. von Jürgen Kocka (= Geschichte und Gesellschaft, Sonderh. 3), Göttingen 1977, S. 117—134.

[5] Vgl. Harold C. Deutsch, *Das Komplott oder Die Entmachtung der Generale. Blomberg- und Fritsch-Krise. Hitlers Weg zum Krieg*, München 1974 (mit Angabe weiterer Literatur).

[6] Vgl. Osters Aussage in: *Spiegelbild einer Verschwörung. Die Kaltenbrunner-Berichte an Bormann und Hitler über das Attentat vom 20. Juli 1944. Geheime Dokumente aus dem ehemaligen Reichssicherheitshauptamt*, hrsg. vom Archiv Peter, Stuttgart 1961, S. 30, 430, 451; siehe nun auch die Neuausgabe: *„Spiegelbild einer Verschwörung". Die Opposition gegen Hitler und der Staatsstreich vom 20. Juli 1944 in der SD-Berichterstattung. Geheime Dokumente aus dem ehemaligen Reichssicherheitshauptamt*, hrsg. von Hans-Adolf Jacobsen, 2 Bde, Stuttgart 1984; ferner Romedio Galeazzo Graf v. Thun-Hohenstein, *Der Verschwörer. General Oster und die Militäropposition*, Berlin 1982, S. 77; K.-J. Müller, *Das Heer und Hitler*... [Anm. 2], S. 580.

[7] Siehe dazu Hitlers Äußerung vom 21.5.1942 in: Henry Picker, *Hitlers Tischgespräche im Führerhauptquartier*, vollständig überarb. u. erweit. Neuausg., Stuttgart 1977, S. 325.

[8] K.-J. Müller, *Die national-konservative Opposition*... [Anm. 4], S. 225 f.; vgl. ders., *General Ludwig Beck. Studien und Dokumente zur politisch-militärischen Vorstellungswelt und Tätigkeit des Generalstabschefs des deutschen Heeres 1933—1938*, Boppard 1980.

[9] Über die unterschiedliche Bewertung der Bereitschaft Becks, aus machtstaatlichen Überlegungen dennoch einen Angriffskrieg zu führen, vgl. die Kontroverse zwischen Peter Hoffmann, *Generaloberst Ludwig Becks militärpolitisches Denken*, in: *HZ*, Bd. 234 (1982), H. 1, S. 101—121, und Klaus-Jürgen Müller, *Militärpolitik, nicht Militäropposition! Eine Erwiderung*, in: *HZ*, Bd. 235 (1982), H. 2, S. 355—371; weitere Literaturhinweise zu neuen Kontroversen und Interpretationen bei Gerd R. Ueberschär, *Gegner des Nationalsozialismus 1933—1945. Volksopposition, individuelle Gewissensentscheidung und Rivalitätskampf konkurrierender Führungseliten als Aspekte der Literatur über Emigration und Widerstand im Dritten Reich zwischen dem 35. und 40. Jahrestag des 20. Juli 1944*, in: *Militärgeschichtliche Mitteilungen*, Bd. 35 (1984), S. 141—196.

[10] K.-J. Müller, *Das Heer und Hitler...* [Anm. 2], S. 317 ff., 654; ders., *General Ludwig Beck...* [Anm. 8], S. 304 ff., 528 ff.; Wolfgang Foerster, *Generaloberst Ludwig Beck. Sein Kampf gegen den Krieg. Aus nachgelassenen Papieren des Generalstabschefs*, München 1953, S. 118 ff.

[11] Zur unterschiedlichen Beurteilung Halders vgl. Heidemarie Gräfin Schall-Riaucour, *Aufstand und Gehorsam. Offizierstum und Generalstab im Umbruch. Leben und Wirken von Generaloberst Franz Halder, Generalstabschef 1938—1942*, Wiesbaden 1972, und Gerd R. Ueberschär, *Generaloberst Halder im militärischen Widerstand 1938—1940*, in: *Wehrforschung*, 3. Jg. (1973), H. 1, S. 20—31.

[12] Vgl. Rainer A. Blasius, *Für Großdeutschland — gegen den großen Krieg. Staatssekretär Ernst Frhr. von Weizsäcker in den Krisen um die Tschechoslowakei und Polen 1938/39*, Köln-Wien 1981.

[13] Siehe Heinz Höhne, *Canaris. Patriot im Zwielicht*, München 1976; zu Oster vgl. R. G. Graf von Thun-Hohenstein, *Der Verschwörer...* [Anm. 6].

[14] Vgl. u. a. Erich Kordt, *Nicht aus den Akten...*, Stuttgart 1950, S. 252, 279.

[15] Vgl. die Aussage von H. B. Gisevius in: *Der Prozeß gegen die Hauptkriegsverbrecher vor dem Internationalen Militärgerichtshof* (im folgenden *IMT* zitiert), Nürnberg 1947, Bd. 12, S. 234.

[16] Vgl. Ulrich von Hassell, *Vom Andern Deutschland. Aus den nachgelassenen Tagebüchern 1938—1944*, Frankfurt a. M. 1964, S. 59; Helmut Krausnick, *Vorgeschichte und Beginn des militärischen Widerstandes gegen Hitler*, in: *Vollmacht des Gewissens...* [Anm. 1], S. 371; K.-J. Müller, *Das Heer und Hitler...* [Anm. 2], S. 393; ders., *Die national-konservative Opposition...* [Anm. 4], S. 237 f.

[17] Hjalmar Schacht, *Abrechnung mit Hitler*, Berlin-Frankfurt a. M. 1949, S. 90 f.; Georg Thomas, *Gedanken und Ereignisse*, in: *Schweizerische Monatshefte für Politik, Wirtschaft und Kultur*, 25. Jg. (1945), H. 9, S. 537—559, hier S. 542.

[18] K.-J. Müller, *Das Heer und Hitler...* [Anm. 2], S. 396.

[19] H. Krausnick, *Vorgeschichte und Beginn des militärischen Widerstandes...* [Anm. 16], S. 377; K.-J. Müller, *Die national-konservative Opposition...* [Anm. 4], S. 241; ders., *Das Heer und Hitler...* [Anm. 2], S. 394 f.

[20] So u. a. die Einschätzung von Weizsäcker, siehe R. A. Blasius, *Für Großdeutschland...* [Anm. 12], S. 132, 139.

[21] *A.a.O.*, S. 140.

[22] Hans Bernd Gisevius, *Bis zum bitteren Ende. Vom Reichstagsbrand bis zum 20. Juli 1944*, Hamburg 1961, S. 403 f.

[23] *A.a.O.*, S. 395; vgl. dazu die scharfe Kritik an Brauchitsch und Halder bei Friedrich Hoßbach, *Zwischen Wehrmacht und Hitler 1934—1938*, 2. Aufl., Göttingen 1965, S. 176; K.-J. Müller, *Das Heer und Hitler...* [Anm. 2], S. 392 (mit Anm. 73).

[24] Heinrich Bücheler, *Hoepner. Ein deutsches Soldatenschicksal des 20. Jahrhunderts*, Herford 1980, S. 80.

[25] *Die Weizsäcker-Papiere 1933—1950*, hrsg. von Leonidas E. Hill, Berlin 1974, S. 164 (7.9.39, Nachtrag zum 31.8.39).

[26] *A.a.O.*, S. 173.

[27] Helmuth Groscurth, *Tagebücher eines Abwehroffiziers 1938—1940. Mit weiteren Dokumenten zur Militäropposition gegen Hitler*, hrsg. von Helmut Krausnick u. Harold C. Deutsch, Stuttgart 1970, S. 179 (24.8.1939).

[28] Vgl. Generaloberst Franz Halder, *Kriegstagebuch. Tägliche Aufzeichnungen des Chefs des Generalstabes des Heeres 1939—1942*, Bd. 1: *Vom Polenfeldzug bis zum Ende der Westoffensive*, bearb. von Hans-Adolf Jacobsen (im folgenden zitiert Halder, *Kriegstagebuch*), Stuttgart 1962, S. 84 (25.9.1939).

[29] Walter Warlimont, *Im Hauptquartier der deutschen Wehrmacht 1939—1945*, Frankfurt a. M. 1964, S. 51; vgl. Hans-Adolf Jacobsen, *Fall Gelb. Der Kampf um den deutschen Operationsplan zur Westoffensive 1940*, Wiesbaden 1957, S. 10; *Das Deutsche Reich und der Zweite Weltkrieg*, hrsg. vom MGFA, Bd. 2: *Die Errichtung der Hegemonie auf dem europäischen Kontinent*, Stuttgart 1979, S. 238 ff., 241 ff., und *Kriegstagebuch des Oberkommandos der Wehrmacht (Wehrmachtführungsstab)*, hrsg. von Percy E. Schramm, Bd. 1: *1. August 1940 — 31. Dezember 1941*, zusammengest. u. erläutert von Hans-Adolf Jacobsen, Frankfurt a. M. 1965, S. 950.

[30] Vgl. Dokument 052-L, in: *IMT*, Bd. 37, S. 466—486.

[31] E. Kordt, *Nicht aus den Akten*... [Anm. 14], S. 356 f.; K.-J. Müller, *Das Heer und Hitler*... [Anm. 2], S. 498; Erich Kosthorst, *Die deutsche Opposition gegen Hitler zwischen Polen- und Frankreichfeldzug* (= Schriftenreihe der Bundeszentrale für Heimatdienst, H. 8), 3. Aufl., Bonn 1957, S. 56; K. Sendtner, *Die deutsche Militäropposition*... [Anm. 1], S. 395, 405, 426; Peter Hoffmann, *Widerstand, Staatsstreich, Attentat. Der Kampf der Opposition gegen Hitler*, 3. Aufl., München 1979, S. 167; H. Groscurth, *Tagebücher*... [Anm. 27], S. 51 ff., 217 ff.

[32] H. C. Deutsch, *Verschwörung gegen den Krieg*... [Anm. 1], S. 204 (mit Anm. 49), und H. Höhne, *Canaris*... [Anm. 13], S. 367 f.

[33] E. Kosthorst, *Die deutsche Opposition*... [Anm. 31], S. 159—166; Halder, *Kriegstagebuch*, Bd. 1, S. 104; Generalfeldmarschall Wilhelm Ritter von Leeb, *Tagebuchaufzeichnungen und Lagebeurteilungen aus zwei Weltkriegen.* Aus dem Nachlaß hrsg. und mit einem Lebensabriß versehen von Georg Meyer, Stuttgart 1976, S. 49 ff., 188, 468 ff.

[34] Halder, *Kriegstagebuch*, Bd. 1, S. 107.

[35] H. Groscurth, *Tagebücher*... [Anm. 27], S. 219, 498—503; vgl. U. v. Hassell, *Vom Andern Deutschland*... [Anm. 16], S. 85 f.; E. Kordt, *Nicht aus den Akten*... [Anm. 14], S. 359—366.

[36] Halder, *Kriegstagebuch*, Bd. 1, S. 116; K. Sendtner, *Die deutsche Militäropposition*... [Anm. 1], S. 406; P. Hoffmann, *Widerstand*... [Anm. 31], S. 173; E. Kosthorst, *Die deutsche Opposition*... [Anm. 31], S. 61 f.; W. Ritter v. Leeb, *Tagebuchaufzeichnungen*... [Anm. 33], S. 194 f.

[37] Halder, *Kriegstagebuch*, Bd. 1, S. 116; P. Hoffmann, *Widerstand*... [Anm. 31], S. 173; K. Sendtner, *Die deutsche Militäropposition*... [Anm. 1], S. 423 f.; E. Kosthorst, *Die deutsche Opposition*... [Anm. 31], S. 62.

[38] H. B. Gisevius, *Bis zum bitteren Ende*... [Anm. 22], S. 416; R. G. Graf von Thun-Hohenstein, *Der Verschwörer*... [Anm. 6], S. 163 f.; H. Groscurth, *Tagebücher*... [Anm. 27], S. 223.

[39] Außerdem war an die Teilnahme der Generale v. Witzleben, Olbricht, Hoepner, Geyr v. Schweppenburg, v. Reichenau und v. Falkenhausen gedacht; vgl. H. Groscurth, *Tagebücher*... [Anm. 27], S. 222 f. (mit Anm. 579).

[40] Halder, *Kriegstagebuch*, Bd. 1, S. 120; H. Groscurth, *Tagebücher*... [Anm. 27], S. 224; K.-J. Müller, *Das Heer und Hitler*... [Anm. 2], S. 521 f.

[41] H. C. Deutsch, *Verschwörung gegen den Krieg*... [Anm. 1], S. 248 f.; H. B. Gisevius, *Bis zum bitteren Ende*... [Anm. 22], S. 418.

[42] H. Groscurth, *Tagebücher*... [Anm. 27], S. 225, 305.

[43] Vgl. *a.a.O.*, S. 61, 225; H. B. Gisevius, *Bis zum bitteren Ende*... [Anm. 22], S. 419; Gerhard Ritter, *Carl Goerdeler und die deutsche Widerstandsbewegung*, Stuttgart 1956, S. 504 f. (Anm. 29), vgl. Neuauflage 1984.

[44] H. C. Deutsch, *Verschwörung gegen den Krieg*... [Anm. 1], S. 269 f.

[45] K. Sendtner, *Die deutsche Militäropposition*... [Anm. 1], S. 426; vgl. H. C. Deutsch, *Verschwörung gegen den Krieg*... [Anm. 1], S. 272, und K.-J. Müller, *Das Heer und Hitler*... [Anm. 2], S. 525.

[46] H. Groscurth, *Tagebücher*... [Anm. 27], S. 63.

[47] *A.a.O.*, S. 225.

[48] *A.a.O.*, S. 486—490.

[49] G. Thomas, *Gedanken und Ereignisse*... [Anm. 17], S. 546, auch zum folgenden.

[50] Siehe die Angaben bei H. Groscurth, *Tagebücher*... [Anm. 27], S. 236; U. v. Hassell, *Vom Andern Deutschland*... [Anm. 16], S. 93 f.

[51] U. v. Hassell, *a.a.O.*, S. 95; vgl. H. Groscurth, *a.a.O.*, S. 246 f.

[52] G. Thomas, *Gedanken und Ereignisse*... [Anm. 17], S. 546; Halder, *Kriegstagebuch*, Bd. 1, S. 159; Gert Buchheit, *Ludwig Beck, ein preußischer General*, München 1964, S. 228 f.; P. Hoffmann, *Widerstand*... [Anm. 31], S. 192 f.

[53] U. v. Hassell, *Vom Andern Deutschland*... [Anm. 16], S. 128; G. Ritter, *Carl Goerdeler*... [Anm. 43], S. 266.

[54] Vgl. dazu *IMT*, Bd. 34, Dok. 157-C, S. 608 ff.; ferner die Ausarbeitungen und Denkschriften, in: Bundesarchiv-Militärarchiv Freiburg (im folgenden BA-MA zitiert), Wi I/284, Wi I F 5/1179, 1837 und Wi VI/323; siehe auch Ger van Roon, *Graf Moltke als Völkerrechtler im OKW*, in: *VfZG*, 18. Jg. (1970), S. 12—61, hier S. 28 ff.

[55] Stellungnahme von Ausland VId vom 17.11.1939 in: BA-MA, Wi I/284, und Thesenpapier Moltkes zum Vortrag am 23.11.1939, in: BA-MA, Wi VI/323.

[56] *Ebda.*

[57] Protokoll zur „Besprechung bei Chef des Sonderstabes HWK am 5.12.1939", BA-MA, Wi I/284.

[58] Vgl. E. Kordt, *Nicht aus den Akten*... [Anm. 14], S. 441; H. Groscurth, *Tagebücher*... [Anm. 27], S. 311; Hans Rothfels, *Adam von Trott und das State Department (Dokumentation)*, in: *VfZG*, 7. Jg. (1959), S. 318—332; ders., *Trott und die Außenpolitik des Widerstandes (Dokumentation)*, in: *VfZG*, 12. Jg. (1964), S. 300—323; Christopher Sykes, *Adam von Trott. Eine Deutsche Tragödie*, Düsseldorf 1969; U. v. Hassell, *Vom Andern Deutschland*... [Anm. 16], S. 112—118, 126; H. C. Deutsch, *Verschwörung gegen den Krieg*... [Anm. 1], S. 107—157, 159 ff.; Josef Müller, *Bis zur letzten Konsequenz. Ein Leben für Frieden und Freiheit*, München 1967, S. 80 ff.

[59] Zur Bewertung der britischen Haltung siehe J. Lonsdale Bryans, *Zur britischen amtlichen Haltung gegenüber der deutschen Widerstandsbewegung*, in: *VfZG*, 1. Jg. (1953), S. 345—351; Lothar Kettenacker, *Die britische Haltung zum deutschen Widerstand während des Zweiten Weltkrieges*, in: *Das „Andere Deutschland" im Zweiten*

Weltkrieg. Emigration und Widerstand in internationaler Perspektive, hrsg. von Lothar Kettenacker, Stuttgart 1977, S. 49—76 mit Dokumentation S. 141—218.

[60] Vgl. J. Müller, *Bis zur letzten Konsequenz*... [Anm. 58], S. 125.

[61] Zur Rekonstruktion des Inhaltes vgl. G. Ritter, *Carl Goerdeler*... [Anm. 43], S. 258; K. Sendtner, *Die deutsche Militäropposition*... [Anm. 1], S. 464 ff.; H. C. Deutsch, *Verschwörung gegen den Krieg*... [Anm. 1], S. 318—324; J. Müller, *Bis zur letzten Konsequenz*... [Anm. 58], S. 126, 130 ff.

[62] G. Ritter, *Carl Goerdeler*... [Anm. 43], S. 265, und J. Müller, *Bis zur letzten Konsequenz*... [Anm. 58], S. 137.

[63] U. v. Hassell, *Vom Andern Deutschland*... [Anm. 16], S. 134.

[64] J. Müller, *Bis zur letzten Konsequenz*... [Anm. 58], S. 139.

[65] Vgl. dazu neuerdings R. G. Graf von Thun-Hohenstein, *Der Verschwörer*... [Anm. 6], S. 153 f., 190 ff.; ferner G. Ritter, *Carl Goerdeler*... [Anm. 43], S. 263—266; H. C. Deutsch, *Verschwörung gegen den Krieg*... [Anm. 1], S. 96—106, 349—356; K. Sendtner, *Die deutsche Militäropposition*... [Anm. 1], S. 507—517; Jacobus G. de Beus, *Morgen bei Tagesanbruch. Dramatische Stunden im Leben eines Diplomaten*, Berlin 1982, S. 48 ff.

[66] H. C. Deutsch, *Verschwörung gegen den Krieg*... [Anm. 1], S. 77—82; R. A. Blasius, *Für Großdeutschland*... [Anm. 12], passim.

[67] Fabian von Schlabrendorff, *Begegnungen in fünf Jahrzehnten*, Tübingen 1979, S. 185; vgl. Hermann Graml, *Der Fall Oster*, in: *VfZG*, 14. Jg. (1966), S. 37, 39.

[68] U. v. Hassell, *Vom Andern Deutschland*... [Anm. 16], S. 332—336, auch zum folgenden.

[69] Zu Einzelheiten siehe Hans Rothfels (Hrsg.), *Ausgewählte Briefe von Generalmajor Helmuth Stieff (Dokumentation)*, in: *VfZG*, 2. Jg. (1954), S. 291—305; Helmuth Krausnick, *Hitler und die Morde in Polen. Ein Beitrag zum Konflikt zwischen Heer und SS um die Verwaltung der besetzten Gebiete (Dokumentation)*, in: *VfZG*, 11. Jg. (1963), S. 196—209; Helmut Krausnick/Hans-Heinrich Wilhelm, *Die Truppe des Weltanschauungskrieges. Die Einsatzgruppen der Sicherheitspolizei und des SD 1938—1942*, Stuttgart 1981, S. 80—106; K.-J. Müller, *Das Heer und Hitler*... [Anm. 2], S. 426—456.

[70] Lagebericht von Generaloberst v. Blaskowitz als Oberbefehlshaber Ost (Ic/A.O. Nr. 80/39 g. Kdos.) vom 27.11.1939 an Generaloberst v. Brauchitsch, BA-MA, Rh 1/v. 58, auszugsweise bei H. Groscurth, *Tagebücher*... [Anm. 27], S. 426 f.; zur Denkschrift vom 6.2.1940 (Nürnberg Dok. NO-3011) siehe Martin Broszat, *Nationalsozialistische Polenpolitik 1939—1945*, Stuttgart 1961, S. 41 ff.; Hans-Adolf Jacobsen, *1939—1945. Der Zweite Weltkrieg in Chronik und Dokumenten*, 5. Aufl., Darmstadt 1961, S. 606 ff.

[71] Befehl des Oberbefehlshabers des Heeres Nr. 231/40 geh. vom 7.2.40 betr.: Heer und SS, in: BA-MA, Alliierte Prozesse 9/NOKW-1799; zu einem ähnlichen Befehl von Generaloberst von Küchler vom 22.7.1940 vgl. H. Krausnick/H.-H. Wilhelm, *Die Truppe des Weltanschauungskrieges*... [Anm. 69], S. 112.

[72] Christof Dipper, *Der deutsche Widerstand und die Juden*, in: *Geschichte und Gesellschaft*, 9. Jg. (1983), S. 349—380, hier S. 380.

[73] Siehe dazu: *Meldungen aus dem Reich. Auswahl aus den geheimen Lageberichten des Sicherheitsdienstes der SS 1939—1944*, hrsg. von Heinz Boberach, Neuwied-Berlin 1965, S. 77 (Lagebericht Nr. 99 vom 24.6.1940), S. 79 (Nr. 100 vom 27.6.1940).

[74] *Der Generalquartiermeister. Briefe und Tagebuchaufzeichnungen des Generalquartiermeisters des Heeres General der Artillerie Eduard Wagner*, hrsg. von Elisabeth Wagner, München 1963, S. 194 (7.7.40).

[75] *Die Weizsäcker-Papiere*... [Anm. 25], S. 204 (23.5.1940), S. 235 (2.2.1941, Nachtrag).

[76] Siehe dazu nun zusammenfassend Jürgen Förster, *Hitlers Entscheidung für den Krieg gegen die Sowjetunion,* in: *Das Deutsche Reich und der Zweite Weltkrieg,* Bd. 4: *Der Angriff auf die Sowjetunion,* Stuttgart 1983, S. 3 ff., und Gerd R. Ueberschär, *Hitlers Entschluß zum „Lebensraum"-Krieg im Osten. Programmatisches Ziel oder militärstrategisches Kalkül?,* in: *„Unternehmen Barbarossa". Der deutsche Überfall auf die Sowjetunion 1941. Berichte, Analysen, Dokumente,* hrsg. von Gerd R. Ueberschär und Wolfram Wette, Paderborn 1984, S. 83 ff.

[77] Halder, *Kriegstagebuch,* Bd. 2, S. 261, vgl. ähnlich die Notiz in: *Die Weizsäcker-Papiere*... [Anm. 25], S. 229 (22.12.1940): „Ich selbst vermag noch immer nicht zu erkennen, was der Sinn eines Frühjahrsfeldzuges gegen Rußland sein soll."

[78] Abgedruckt in H. Groscurth, *Tagebücher*... [Anm. 27], S. 509—514.

[79] Zum folgenden vgl. Andreas Hillgruber, *Hitlers Strategie. Politik und Kriegführung 1940—1941,* 2. Aufl., München 1982, S. 211, 227, 396; *IMT,* Bd. 9, S. 383 ff.; *Die Weizsäcker-Papiere*... [Anm. 25], S. 252; *Generalfeldmarschall Keitel. Verbrecher oder Offizier? Erinnerungen, Briefe, Dokumente des Chefs OKW,* hrsg. von Walter Görlitz, Göttingen 1961, S. 392; *Lagevorträge des Oberbefehlshabers der Kriegsmarine vor Hitler 1939—1945,* hrsg. von G. Wagner, München 1972, S. 142 ff., 151 ff., 173 f.

[80] Robert Gibbons, *Opposition gegen „Barbarossa" im Herbst 1940. Eine Denkschrift aus der deutschen Botschaft in Moskau (Dokumentation),* in: *VfZG,* 23. Jg. (1975), S. 332—340.

[81] Zu den einzelnen Befehlen vgl. nun *Das Deutsche Reich und der Zweite Weltkrieg*..., [Anm. 76], Bd. 4, S. 421 ff., dort auch Angabe weiterer Literatur; ebenso bei Manfred Messerschmidt, *Die Wehrmacht im NS-Staat. Zeit der Indoktrination,* Hamburg 1969, S. 369 ff.

[82] U. v. Hassell, *Vom Andern Deutschland*... [Anm. 16], S. 186 f.; vgl. ferner Hermann Graml, *Die deutsche Militäropposition vom Sommer 1940 bis zum Frühjahr 1943,* in: *Vollmacht des Gewissens,* Bd. 2, Frankfurt a. M. 1965, S. 429 ff.

[83] P. Hoffmann, *Widerstand*... [Anm. 31], S. 333; H. Graml, *Die deutsche Militäropposition*... [Anm. 82], S. 432 ff.; Rudolf-Christoph Frhr. v. Gersdorff, *Soldat im Untergang,* 2. Aufl., Frankfurt 1977, S. 86 ff.

[84] Zu dem Befehl Nr. 20/41 vom 2.5.1941 siehe BA-MA, LVI. A. K., 17956/7a. In der Biographie von H. Bücheler, *Hoepner*... [Anm. 24], hier vor allem S. 130 f., wird dazu keine Stellung genommen; siehe dazu auch: *Das Deutsche Reich und der Zweite Weltkrieg*... [Anm. 76], Bd. 4, S. 440 mit Anm. 134 (Beitrag Förster). Der Befehl ist auszugsweise abgedruckt in: G. R. Ueberschär/W. Wette (Hrsg.), *„Unternehmen Barbarossa"*... [Anm. 76], S. 305.

[85] U. v. Hassell, *Vom Andern Deutschland*... [Anm. 16], S. 187.

[86] Dazu umfassend Bodo Scheurig, *Henning von Tresckow. Eine Biographie,* 3. Aufl., Oldenburg 1973; Fabian von Schlabrendorff, *Offiziere gegen Hitler* (= Fischer Bücherei, Bd. 198), Frankfurt a. M. 1962, S. 57 ff., Neuauflage: Berlin 1984.

[87] Siehe bes. Hans Mommsen, *Gesellschaftsbild und Verfassungspläne des deutschen Widerstandes,* in: *Der deutsche Widerstand gegen Hitler,* hrsg. von Walter Schmitthenner und Hans Buchheim, Köln-Berlin 1966, S. 73—167; Hermann Graml, *Die außenpolitischen Vorstellungen des deutschen Widerstandes,* in: *A.a.O.,* S. 15—72; Klaus Hildebrand, *Die ostpolitischen Vorstellungen im deutschen Widerstand,* in: *GWU,* 29. Jg. (1978), S. 213—241.

Die Blomberg-Fritsch-Krise: Vom Widerspruch zum Widerstand

JÜRGEN SCHMÄDEKE
Berlin

I

Antriebe zum Bruch mit Hitler

Die Blomberg-Fritsch-Krise,[1] als deren Ergebnis Hitler im Februar 1938 selbst den militärischen Oberbefehl über die Wehrmacht übernahm, wird mit Recht als ein Wendepunkt nicht nur im inneren Machtgefüge des NS-Staates, sondern auch in der Bereitschaft hoher Militärs zum Widerspruch und zum Widerstand angesehen. Dabei erscheinen aber die Motivationen dieser Bereitschaft bisher noch nicht in allen Aspekten erhellt. Der vorliegende Beitrag soll deshalb auf eine zur Blomberg-Fritsch-Krise hinführende Entwicklungslinie hinweisen, die in diesem Zusammenhang eine nähere Betrachtung verdient und zeigt, wie selbst bei einem so regimekonformen Militär wie dem Reichskriegsminister von Blomberg und bei dem ungeachtet aller persönlichen Distanz zum „Führer" dessen Aufrüstungspolitik mittragenden Chef des Oberkommandos des Heeres, von Fritsch, wachsendes Unbehagen und divergierende Detailauffassungen schließlich in offenen Widerspruch gegen die Zielprojektionen Hitlers mündeten. Daß dieser Entwicklungsprozeß bei den beiden genannten Generalen nicht in den Widerstand, sondern in deren Ausschaltung durch eine Intrige führte, die weder sie selbst noch die übrige militärische Führung rechtzeitig und vollständig durchschauten, weist auf zwei Extreme der Möglichkeiten hin, zu denen Nichtübereinstimmung mit den Zielen der Politik Hitlers führen konnte. Als ein halbes Jahr später der Heeres-Generalstabschef Ludwig Beck während der Sudetenkrise zurücktrat, war dies für ihn dagegen der erste Schritt zum aktiven, schließlich in den 20. Juli 1944 mündenden Widerstand.

Wenn hier von Widerspruch und Widerstand gesprochen wird, ist damit nicht jene Haltung gemeint, die aus einer prinzipiellen Ablehnung des Nationalsozialismus oder Faschismus entsprang. Insbesondere Klaus-Jürgen Müller hat gezeigt, wie 1933 und danach gerade die militärische Führung angesichts vordergründiger Interessen-Identität und im Glauben an die Theorie von den „zwei Säulen“,[2] NSDAP und Militär, die den neuen Staat trügen, den Kurs der Aufrüstung mitgemacht und vorangetrieben hat. Widerstand im Militär ist deshalb, von wenigen Ausnahmen abgesehen, überwiegend das Ergebnis eines längeren Prozesses der Umorientierung, und die Blomberg-Fritsch-Krise ist ein Ereignis, das in vielen Fällen diese Umorientierung beschleunigt hat. Moralische Empörung, die insofern ambivalent war, als sie sich einerseits auf die entehrende Behandlung Fritschs bezog, während der als Hitler-Anhänger geltende Blomberg wegen einer höchst „unstandesgemäßen“ Ehe keine Verteidiger fand, war dabei ein Antrieb. Der andere war die sich verstärkende Einsicht in die Divergenz der längerfristigen Ziele, die bei Hitler über ein „traditionelles“ deutsches Großmacht- und Hegemoniestreben hinausgingen im Sinne letztlich unbegrenzter und in ihren Folgen unkalkulierbarer „Lebensraum“-Gewinnung mit einer nicht nur auf den militärischen Bereich begrenzten Gewaltanwendung. Dabei kann es kaum als purer Zufall angesehen werden, daß der Blomberg-Fritsch-Krise die durch das sogenannte „Hoßbach-Protokoll“[3] überlieferte Besprechung Hitlers mit dem Kriegsminister, den Oberbefehlshabern der drei Waffengattungen und dem Reichsaußenminister vorangegangen war, in der der „Führer“ am 5. November 1937 erstmals diese weiterreichenden Ziele in klaren Umrissen erkennen ließ.

II

Das große Revirement von 1938

Rund zwei Monate nach jener Besprechung, am 12. Januar 1938, wurde in Berlin die Nachricht von einer Hochzeit bekannt,[4] die selbst in Kreisen der militärischen Führungsspitze Überraschung auslöste:[5] Der Reichskriegsminister Werner von Blomberg habe am Vormittag Fräulein Eva Gruhn geheiratet, Hitler und Göring hätten als Trauzeugen fungiert. 14 Tage später notierte Oberst Alfred Jodl, damals Chef der Abteilung Landesverteidigung im Reichskriegsministerium, in seinem dienstlichen Tagebuch:

„26. 1. 12 Uhr teilt mir General Keitel unter Abnahme des Ehrenwortes mit, daß der Generalfeldmarschall gestürzt ist; er reist noch heute ab . . .“[6]

Nur wenige Tage zuvor waren, wie sich allmählich herumsprach, angeblich völlig überraschend Polizei-Akten aufgetaucht, die beweisen sollten, daß Blombergs junge Frau eine ehemalige Prostituierte sei. Am 4. Februar dann wurde offiziell bekannt gegeben, daß mit Blomberg auch der Oberbefehlshaber des Heeres, Generaloberst Werner Freiherr von Fritsch, entlassen sei; — wie Hitler den Spitzen der Generalität unter dem Siegel der Verschwiegenheit mitteilte, wegen des Verdachtes homosexueller Verfehlungen.[7]

Ein zugleich veröffentlichter Erlaß Hitlers begann mit dem Satz:

„Die Befehlsgewalt über die gesamte Wehrmacht übe ich von jetzt an unmittelbar persönlich aus."[8]

Doch damit nicht genug: Zugleich räumte Hitler mit Kritikern seiner seit einiger Zeit angestrebten forcierten Rüstungs- und „Lebensraum"-Politik und mit zu „konservativen" Militärs „durch Massenentlassungen und Versetzungen rangniedrigerer Generale auf".[9] Ferner wurde der den Expansionsplänen zunehmend kritisch gegenüberstehende Außenminister von Neurath durch Ribbentrop ersetzt, mehrere Botschafter mußten gehen, vor allem der unbequeme Ulrich von Hassell in Rom, und der seit langem schwelende Streit mit Hjalmar Schacht fand einen gewissen Abschluß durch die Ernennung Walter Funks zum neuen Reichswirtschaftsminister.[10]

Mag auch manches an diesem Revirement taktische Finesse gewesen sein, um die hinter den militärischen Änderungen steckenden Intrigen zu vernebeln; insgesamt trifft doch die zusammenfassende Bewertung dieser Vorgänge zu, die Harold C. Deutsch gegeben hat:

„Der 4. Februar stellt einen der bedeutendsten Marksteine in der Geschichte des Dritten Reiches dar. Dieser Tag brachte eine so ausgedehnte Wende in den innerdeutschen Machtverhältnissen, daß man die Ereignisse ohne große Übertreibung als Staatsstreich bezeichnet hat."[11]

Diese Einschätzung stimmt im Kern mit der Interpretation überein, die der „Völkische Beobachter" am 5. Februar in seinem Leitartikel unter der Überschrift „Kraftgewinnung und Konzentration" dem großen Revirement gab — allerdings mit umgekehrten, ins Positive gekehrten Vorzeichen:[12]

„... Wir haben gesehen, daß das Geheimnis der nationalsozialistischen Politik in der instinktsicheren und *konzentrierten Anwendung des Machtgedankens* an sich zu suchen ist. Denn es gehört zu den Grundgesetzen der nationalsozialistischen Politik, alle Energien des deutschen Volkes zu mobilisieren und sie zielbewußt auf einen Punkt zu vereinigen ... Die heute bekanntgegebenen Entscheidungen des Führers bilden einen *Markstein in der nationalsozialistischen Staatsführung*, denn sie sind aus dem sich stets gleichbleibenden Geiste geboren und stellen daher die konsequente Fortentwicklung des Weges dar, den der Führer in dem Augenblick betrat, als er am 30. Januar 1933 die Regierungsbildung übernahm. Die Maßnahmen, die heute auf den Gebieten der Wehrmacht, der Außenpolitik und der Wirtschaft in Kraft treten, sind nicht zufälliger Natur, sondern der *sichtbare* Ausdruck einer planmäßigen *organischen* Entwicklung ... Der 4. Februar 1938 *wird ein historischer Tag bleiben* ... Das unerschütterliche Vertrauen der Nation zum Führer wird der Garant sein für den Erfolg seiner weitschauenden und kühnen Politik."

Angesichts des Historikerstreites, ob Hitlers Weg in den Krieg einem langfristigen, wenn auch stufenweise angelegten strategischen Konzept folgte, oder ob Hitlers Politik eine Abfolge machiavellistischer Improvisationen ohne unverrückbare Zielvorstellung war,[13] ist nicht unwichtig, daß zumindest aus der Rückschau der Jahresbeginn 1938 eine tiefe Zäsur darstellt: Mit dem Frühjahr 1938 begann eine die damaligen geographischen Grenzen des Deutschen Reiches überschreitende Politik der militärischen Expansion. Über den Anschluß Österreichs, die Besetzung des Sudetenlandes (beides noch im Zeichen der „Revision von Versailles" und mit der zähneknirschenden Billigung der Siegermächte von 1918) und die Zerschlagung der restlichen Tschechoslowakei führte diese Politik zum Angriff auf Polen und damit in den Zweiten Weltkrieg, in dem Hitler seine schon in *Mein Kampf* nachzulesenden Ziele der Eroberung deutschen „Lebensraumes" und der Vernichtung des „internationalen Judentums" zu verwirklichen trachtete.[14]

Daß der „Fall Fritsch" eine bewußt inszenierte Intrige war, hatte schon die militärische Ehrengerichts-Verhandlung ergeben, die Hitler schließlich zugestehen mußte und die am 18. März 1938 — übertönt vom Jubel über den kurz zuvor vollzogenen „Anschluß" Österreichs — zu dem Urteil kam, daß Fritsch zum Opfer einer von der Gestapo inszenierten Namensverwechslung gemacht worden war. Hitler selbst kannte den auf Angaben eines Erpressers aus dem Jahre 1934 basierenden Vorfall schon seit 1936, hatte damals aber angeblich die Vernichtung der Akte angeordnet. Im Falle Blombergs gehen dagegen die Darstellungen bis heute weitgehend davon aus, daß Hitler von den amourösen Verstrickungen seines vermeintlichen Günstlings in der Tat überrascht wurde und daß, soweit hier eine Intrige vorliege, diese eher das Werk Görings sowie Himmlers und Heydrichs gewesen sei. Dem steht freilich entgegen, daß es einerseits die Affäre Blomberg war, die den Vorwand bot, die alte Akte Fritsch zu „rekonstruieren"; Hitler behauptete am 4. Februar 1938 vor den Generalen, er habe „selbstverständlich" zuerst an Fritsch als Nachfolger Blombergs gedacht und deswegen Wert darauf legen müssen, alle Verdachtsmomente auszuräumen.[15] Andererseits war das Verhältnis Hitlers zu Blomberg eben doch nicht so ungetrübt, wie es auf den ersten Blick erscheinen mochte. In eben jenem Generalstreffen vom 4. Februar, in dem Hitler sich selber als neuer Oberbefehlshaber und den General von Brauchitsch als Nachfolger Fritschs präsentierte, hielt er seinen Zuhörern nicht nur die persönliche Affäre Blombergs vor Augen, sondern warf ihm auch vor, nie die erhoffte Stütze gewesen zu sein und in kritischen Situationen „die Nerven verloren" zu haben.

Daß dieser Hinweis auf bestehende Spannungen mehr als nur ein taktisches Zusatzargument war, zeigt in der Tat ein Blick auf die Entwicklung der Jahre 1933 bis 1937/38.

III

Wehrmacht und Hitler 1933 bis 1938

Als am 30. Januar 1933 Adolf Hitler Reichskanzler und in seinem Kabinett der damalige Generalleutnant und spätere Generalfeldmarschall Werner von Blomberg neuer Reichswehrminister[16] wurden, war der letztere eine Art Kompromißkandidat: für den Reichspräsidenten und Obersten Befehlshaber Hindenburg annehmbar als bewährter Offizier und früherer Chef des Truppenamtes, der sich zudem auf der Genfer Abrüstungskonferenz als auch militärpolitisch versierter Vertreter der deutschen Sache gezeigt hatte; für Hitler andererseits akzeptabel als ein Mann, der bisher als Wehrkreis-Oberbefehlshaber in Ostpreußen mit der NSDAP in Grenzschutzfragen gut zusammengearbeitet hatte.

Die Haltung des Offizierkorps gegenüber Hitler und der NSDAP war zu jener Zeit durchaus zwiespältig. Auf der einen Seite standen neben einer kleinen Gruppe politisch bewußter Offiziere, die wie der Chef der Heeresleitung und Fritsch-Vorgänger von Hammerstein-Equord den Nationalsozialismus und Hitler prinzipiell ablehnten, alte konservative Aristokraten, für die Hitler, schlicht gesagt, „kein Herr, sondern nur ein Kerl" war.[17] Am anderen Ende eines breiten Spektrums zwischen schroffer Ablehnung, skeptischer Mitarbeit und positiver Zukunftshoffnung standen Männer wie Blomberg und Oberst von Reichenau, sein engster Mitarbeiter bis 1935. Sie beide waren die Repräsentanten einer Gruppe von Offizieren, die Hitler weder aus konservativer Gesinnung noch aus politischer Überzeugung ablehnten. In ihrer Aufgeschlossenheit gegenüber „modernen" politischen Ideen und neuen militärtechnischen Gegebenheiten haben sie ein Bündnis mit Hitler gerade angesichts der Dynamik der nationalsozialistischen Bewegung nicht gescheut.

Hitler seinerseits war geschickt genug, die Tonart seiner Reden und Erklärungen zunächst und für mehrere Jahre auf die Hoffnung derjenigen abzustimmen, die von seiner „nationalen" Regierung — in der ja die Nationalsozialisten vorerst eine Minderheit waren — vor allem die Wiedergewinnung einer gleichberechtigten Großmachtstellung und damit auch die Sprengung der militärischen Fesseln des Versailler Vertrages erhofften. Immerhin hatte die Genfer Abrüstungskonferenz das Prinzip der deutschen Gleichberechtigung auch auf militärischem Gebiet schon Ende 1932 anerkannt.

Auf diese Tonart war auch die vielzitierte Ansprache Hitlers am 3. Februar 1933 vor den militärischen Befehlshabern abgestimmt.[18] Daß in ihr auch von der „Eroberung neuen Lebensraumes im Osten und dessen rücksichtsloser Germanisierung", von „Ausrottung des Marxismus", „Todesstrafe für Landes- und Volksverrat", „straffster autoritärer Staatsführung" und „Beseitigung des Krebsschadens der Demokratie" die Rede war, scheint von den Anwesenden teils nicht weiter ernstgenommen, teils gar begrüßt worden zu sein — zumal die „Lebensraum"-Phantasien ja aus *Mein Kampf* und anderen Hitler-Äußerungen zur Genüge bekannt waren. Die Aufkündigung des Versailler Vertrages, der Austritt aus dem Völkerbund und der Genfer Abrüstungskonferenz, innenpolitisch die Ausschaltung der SA zugunsten der militärischen Monopolstellung der Reichswehr ließen sich bei allen Bedenken im einzelnen mit jenen nationalen Zielsetzungen durchaus in Übereinstimmung sehen, wenn man es so wollte.

Zudem glaubten die neuen militärischen Führer, dank ihrer eigenen Machtstellung Hitlers Dynamik „zähmen" zu können, freilich auf unterschiedlichen Wegen, die wesentlich zu den Spannungen beitrugen, die sich bis 1937 zwischen Blomberg und Fritsch entwickelten. Blomberg, beeinflußt durch Reichenau, glaubte das machtmäßige Schwergewicht der Wehrmacht gegenüber Hitler am ehesten dadurch zur Geltung bringen zu können, daß er sie durch forcierte politische Schulung einerseits dem nationalsozialistischen Geist öffnete, zugleich aber der Partei als Organisation den Weg in die Kasernen weiterhin versperrt halten wollte. So rückte mit einer gewissen Folgerichtigkeit die Person Hitlers, der seit Hindenburgs Tod im August 1934 als Staatsoberhaupt und Oberster Befehlshaber auch die repräsentative militärische Spitzenfunktion übernommen hatte, als Bindeglied zwischen militärischer Macht und Nationalsozialismus in den Vordergrund. Der von Blomberg und Reichenau nach Hindenburgs Tod den Soldaten handstreichartig aufgenötigte persönliche Treueid auf Hitler war, so gesehen, auch ein freilich illusionärer taktischer Zug, um jene — die Organisation der Partei überspielende — spezielle Partnerschaft zwischen dem „Führer" und der militärischen Macht weiter zu stärken und Hitler in eine besondere Verantwortung zu nehmen.[19] Die Unterschätzung der religiösen Bedeutung des Eides für weite Teile des Offizierkorps ließ indessen diese Fessel, die man Hitler so vielleicht anzulegen glaubte, in späteren Jahren zur tragischen Selbstfesselung der militärischen Opposition werden.

Auf der anderen Seite war auch Fritsch gewiß kein prinzipieller Hitler-

Gegner, und „daß die Grundlage unseres heutigen Heeres nationalsozialistisch ist und sein muß", schrieb er noch in einer Aufzeichnung vom 1. Februar 1938, also nach seinem erzwungenen Rücktritt.[20] Doch beruhte in seinen Augen die Eigenständigkeit des Militärs und insbesondere des Offizierkorps auf der Erhaltung der traditionell-konservativen geistigen Geschlossenheit und damit der Abwehr der nationalsozialistischen Weltanschauung im eigentlichen militärischen Bereich.

Gescheitert sind schließlich beide Konzepte — nicht zuletzt, weil sie doch eines gemeinsam hatten, das Hitler nie akzeptieren konnte: die Bewahrung der Eigenständigkeit des Militärs als Machtfaktor, der sich seinem obersten Willen nicht bedingungslos unterordnen wollte.[21] Die Ausschaltung der SA am 30. Juni 1934 und die Beschränkung des von Himmler danach zielbewußt angestrebten militärischen Ausbaues der SS mochten dabei auf militärischer Seite die Illusion nähren, auf dem richtigen Wege zu sein. Zugleich mußte dadurch allerdings Himmlers Animosität gegen jene angestachelt werden, die ihn in seinem Machtstreben behinderten. In ähnlicher Weise mußte es für Göring ein steter Stachel sein, daß er zwar als Luftfahrtminister gleichberechtigt neben dem Kriegsminister stand, diesem aber zugleich als Chef der Teilstreitmacht Luftwaffe untergeordnet blieb. So war das Szenario für Konflikte gestellt, dessen sich Hitler selber bedienen konnte, wenn die Zeit reif war. Denn spätestens, als er nach einer Epoche der Friedensbeteuerungen ab 1935 daran gehen konnte, seinen wahren Zielen näherzukommen, mußte ihm — wie vorher schon die Reaktionen auf gewisse außenpolitische Umorientierungen angedeutet hatten — bewußt werden, wie wenig er sich auf die Spitzen des Militärs und der Diplomatie verlassen konnte, wenn er die Grenzen nationaler Revisions- und Großmachtpolitik überschritt.

Schon der Abbruch der traditionellen, auch militärischen Sonderbeziehungen zu Rußland und die taktische, bis zum Nichtangriffspakt von 1934 gehende Annäherung an Polen war in militärischen und diplomatischen Kreisen zunächst auf Widerstand gestoßen. In einer grundlegenden Denkschrift vom März 1933, der Blomberg global zugestimmt hatte und die Außenminister von Neurath Anfang April dem Kabinett vortrug, hatte Staatssekretär von Bülow vom Auswärtigen Amt ein Bündnis mit Polen für weder erwünscht noch möglich erklärt. Erst nach dem Austritt aus dem Völkerbund im Oktober 1933 und der damit verstärkten außenpolitischen Isolierung wurde Hitlers Taktik widerstrebend akzeptiert.[22]

Hinhaltenden Widerstand hatten die Militärs ebenso wie das Auswärtige Amt auch gegen die Umorientierung der deutschen Fernostpolitik von China, in dem gerade die Militärs einen Ersatzpartner für die Sowjetunion sahen, auf die expansionistische Großmacht Japan geleistet.[23] Im Verhältnis zu China war Blomberg eine der aktivsten Kräfte in Fortsetzung einer Zusammenarbeit, die der frühere Chef der Heeresleitung von Seeckt schon vor 1933 zum Regime Tschiang Kai-scheks angeknüpft hatte. Hitler nahm die darin liegende Zweigleisigkeit im Verhältnis zu den beiden fernöstlichen Antagonisten zunächst hin, doch mußte das Kriegsministerium Pläne zur Einrichtung einer Militärmission nach dem Abschluß des deutsch-japanischen Antikominternpaktes und dem Ausbruch der chinesisch-japanischen Kämpfe zurückstellen. Blomberg und Neurath als Exponenten der China-Politik standen hier gegen Ribbentrop, und es ist sicher kein Zufall, daß Hitler gerade um die Jahreswende 1937/38, als er sich für die Wiederaufnahme seiner europäischen Expansionspolitik entschied, Blomberg darauf hinwies, das Kriegsministerium möge zusehen, „daß es sich von dem Geruch chinafreundlicher Einstellung befreie".[24]

Auch sonst hatte Hitler in diesen Jahren mehrfach Gelegenheit, die militärischen Grenzen der Bewunderung Blombergs für seinen „Führer" kennenzulernen. Auf den Entschluß Hitlers zur Einführung der allgemeinen Wehrpflicht reagierte er 1935, wie Hoßbach berichtet, aus Furcht vor militärischen Interventionen der Westmächte zunächst „mit Entsetzen".[25] Die Besetzung des im Versailler Vertrag zur entmilitarisierten Zone erklärten Rheinlandes wurde 1936 von Blomberg und Fritsch nur unter Zurückstellung ihrer Bedenken wegen der damit verbundenen Risiken akzeptiert. Auch Neurath hielt von dieser Aktion offensichtlich nichts, setzte sich dann allerdings für „Durchpokern" der Situation ein, während Blomberg „einige Tage nach dem Einrücken der Truppen die sofortige Räumung von Aachen, Trier und Saarbrücken verlangte, weil er den Beginn von Feindseligkeiten von seiten Frankreichs befürchtete". Diese Reaktion war es, die ihm von seiten Hitlers den Vorwurf „schwacher Nerven" eintrug.[26] Als sich Hitler einige Monate später während der Festspiele in Bayreuth für eine Unterstützung Francos im Spanischen Bürgerkrieg entschied, wurde dieser einsame Entschluß den ebenfalls anwesenden Göring und Blomberg erst danach zwecks Planung technischer Details eröffnet.[27] Diesmal war es zunächst Göring, der „mit Entsetzen" reagierte, während Blomberg schwieg; doch soll er sich, den Memoiren Warlimonts zufolge, in der kritischen Phase Ende 1936 „‚mit solcher Schärfe' gegen eine ‚stärkere Beteiligung des Heeres am spanischen Bürgerkrieg' ausgesprochen haben, daß dem Oberbefehlshaber des Heeres [d.h. also Fritsch] ‚kaum etwas zu sagen übrig blieb'". Hitler folgte in diesem Fall dem Einspruch der Militärs.[28]

Unbefriedigend mußte für Hitler auch, ganz allgemein, das ständige militärische Drängen sein, bei der seit 1935 vom Schleier der Geheimhaltung befreiten Wiederaufrüstung und zahlenmäßigen Expansion der Wehrmacht der Qualität Vorrang vor möglichst schneller Erreichung hoher Zahlen zu geben. Und wenn Blomberg auch zunächst beflissener als

Fritsch dazu neigte, hier und anderswo den Wünschen Hitlers doch entgegenzukommen, so konnte diesem eben doch nicht verborgen bleiben, daß außer Fritsch auch dieser Kriegsminister bei aller Nützlichkeit, die er als Förderer des Nationalsozialismus in der Wehrmacht besaß, für künftige Angriffskriege nicht der rechte Mann sein würde.

Dabei hatte Hitler es seit dem 3. Februar 1933 geflissentlich vermieden, seine „Lebensraum"-Fernziele in den Vordergrund zu rücken, und es vorgezogen, seine bis jetzt die Reichsgrenzen nicht überschreitenden militärischen Schritte in den Rahmen der Revision von Versailles einzupassen. Doch spätestens Ende 1937 war augenscheinlich der Punkt erreicht, wo Hitler die Notwendigkeit verspürte, den militärischen Führern zusammen mit dem Außenminister deutlich zu sagen, wohin er steuerte, und dabei zugleich nochmals ihre Brauchbarkeit für seine Pläne zu testen. Dies geschah in der schon genannten Besprechung vom 5. November 1937.[29]

IV

Hitler enthüllt seine eigentlichen Ziele

Die Eröffnung, die — der Niederschrift seines damaligen Wehrmachtsadjutanten Hoßbach zufolge — Hitler an jenem Tage machte, ging in der Tat über generalstabsmäßige Direktiven und Planungen, in denen auch zuvor schon die Besetzung Österreichs und die überfallartige Eroberung der Tschechoslowakei erörtert worden waren, weit hinaus. Ihr zentraler Punkt, dem alles andere untergeordnet blieb, war die Vorstellung vom Kampf um „größeren Lebensraum" für das deutsche Volk, der „in Europa" zu gewinnen sei. Auch wenn Hitler hier das konkrete Angriffsziel, die Sowjetunion, noch hinter der Formel vom „landwirtschaftlich nutzbaren Raum" in Europa verbarg, wird doch aus seinen Ausführungen deutlich, daß er sich nicht auf Österreich und die „Tschechei" zu beschränken gedachte. Die Annektion dieser beiden Länder soll ihm lediglich, eventuell schon 1938, „Nahrungsmittel für 5—6 Millionen Menschen", durch kürzere Grenzen das „Freiwerden von Streitkräften für andere Zwecke" und die „Möglichkeit der Neuaufstellung von Truppen bis in Höhe von etwa 12 Divisionen" bringen; dabei wurde, zur Ermöglichung der Siedlungspläne, „eine zwangsweise Emigration aus der Tschechei von zwei, aus Österreich von einer Million Menschen" eingeplant — vorsichtige Andeutung des künftigen Umgangs mit „Untermenschen". Ausgehend vom „Entschluß zur Anwendung von Gewalt unter Risiko", heißt es zu Beginn dieses Teils der Ausführungen, könne es nur noch um die „Fragen ‚wann' und ‚wie'" gehen: Es sei sein „unabänderlicher Entschluß, spätestens 1943/45 die deutsche Raumfrage zu lösen".

Fritsch und ebenso Blomberg sind diesen Plänen vor allem mit militärisch-sachlich begründeten Einwendungen entgegengetreten und haben besonders Hitlers Annahme eines Stillhaltens Englands und Frankreichs in Frage gestellt: Das ist angesichts der bei Hitler vorauszusetzenden Wirkungslosigkeit prinzipiellen Widerspruchs verständlich. Blomberg insbesondere verwies auf die Stärke der tschechischen Befestigungen, und Neurath stellte die Nähe eines von Hitler zur Ablenkung Englands und Frankreichs angenommenen Konflikts beider Staaten mit Italien im Mittelmeer in Abrede. In einer Erklärung über die „Entstehungsgeschichte der Niederschrift"[30] ergänzt Hoßbach diese unter anderem mit den Sätzen:

„Seiner ganzen Einstellung nach mußte das Verhalten Blombergs und Fritschs dem Führer deutlich gemacht haben, daß seine politischen Gedankengänge nur nüchterne, sachliche Gegenäußerungen anstatt Beifall und Zustimmung gefunden hatten. Und er wußte zur Genüge, daß die beiden Generale jeder unsererseits herausgeforderten Verwicklung ablehnend gegenüberstanden."

All diese Details sind hier vor allem deshalb geschildert worden, um zu zeigen, daß es durchaus nicht nur der Heeres-Chef Fritsch war, der Hitlers Eroberungsplänen im Wege stand, und daß gleichermaßen an Blombergs Sturz nicht nur Himmler und Göring ein starkes Interesse hatten, sondern gerade auch Hitler selbst. Die politische Logik der Pläne Hitlers mußte jedenfalls darauf hinauslaufen, die Eigenständigkeit des militärischen Apparates, die er wegen des Zieles einer schnellen und effektiven Aufrüstung und zur Täuschung des Auslandes bisher toleriert hatte, nun zu beseitigen.

V

Politischer Coup im Gewande von Privat-Affären

Eine politisch motivierte Rücktrittsforderung an die Chefs der Gesamtwehrmacht und des Heeres wäre angesichts der geschilderten Differenzen der quasi „normale" Weg gewesen. Ein solches Vorgehen hätte aber zu Gegenreaktionen führen können, die Hitlers eigene Stellung gefährdeten. Indem die tatsächliche Blomberg-Fritsch-Affäre Anfang 1938 — wie auch immer im einzelnen dirigiert — auf das Gleis privat-persönlicher Verfehlungen geschoben wurde, war diese Gefahr wesentlich verringert — zumindest solange die Intrige nicht durchschaut wurde.

Daß eben dies im Falle Fritschs — wie oben dargestellt — recht bald geschah, hätte für Hitler in der Tat gefährlich werden können. Fritschs eigene Passivität, der seinen persönlichen Fall nicht zur Staatsaffäre machen und außer dem Verlangen nach persönlicher Rehabilitierung nur den als Hauptschuldigen angesehenen Himmler zum Duell fordern wollte, haben dies ebenso vereitelt wie später der Jubel über den Anschluß Österreichs, der den Beweis seiner Unschuld übertönte. Immerhin war hier eine ordentliche Untersuchung erzwungen worden, die die Wahrheit ans Licht einer wenn auch begrenzten militärischen Öffentlichkeit brachte. Der Fall Blomberg hingegen gehört, gemessen hieran, zweifellos zu den verpaßten Gelegenheiten. Ungeprüft wurde die Version vom Zufall geglaubt, der kurz nach der Hochzeit das kompromittierende Material über die junge zweite Frau des seit mehreren Jahren verwitweten Blomberg zutage förderte.[31]

Zweifellos trug Hitler dazu selbst am meisten bei; auch jene Augenzeugen des Verhaltens Hitlers, „die im Normalfall höchst skeptisch waren, wenn es auch nur den leisesten Verdacht gab, daß Hitler eine Schau veranstaltete“, waren gemäß Harold C. Deutschs eingehender Untersuchung „davon überzeugt, daß Hitler einfach überrascht und entsetzt war“, nachdem Göring ihm das vom Polizeipräsidenten Helldorf übergebene Material gezeigt hatte. Doch mag auch Deutsch „nicht völlig die Möglichkeit ausschließen, daß es sich hier vielleicht um Hitlers gelungenste Theaterszene handelte“, und er stellt die Frage, ob nicht im folgenden „Hitler seine Unschuld allzu stark beteuerte“. Auch gibt er zu erwägen, „daß Göring und die SS-Chefs ... über sehr weitgehende Mittel verfügten, von der Braut in spe zu erfahren“.[32] Nimmt man hinzu, daß die Liaison wohl mindestens seit Mitte 1937 bestand und Heydrich bei seiner systematischen Bespitzelung aller wichtigen Persönlichkeiten gewiß nicht gerade den Kriegsminister außer acht ließ, daß Blomberg selber sich im November/Dezember, also nach den entscheidenden Enthüllungen Hitlers über seine Zukunftsziele, Hermann Göring anvertraute und ihn um Fürsprache bei Hitler für die Heiratserlaubnis bat, daß Hitler ihm schließlich diese Zustimmung am 22. Dezember persönlich gab — nimmt man all dies und viele andere von Deutsch zusammengetragene Details zusammen, so ist die Vermutung nicht abwegig, daß auch hier bewußt ein „Fall“ konstruiert wurde, um einen unliebsam gewordenen General auszuschalten. Dieser Manipulationsverdacht besteht dabei ganz unabhängig von der Frage, ob dafür gesorgt wurde, daß echtes Material über Blombergs Frau im „rechten“ Moment gefunden wurde, oder ob dieses Material wenigstens teilweise einer Fälscherwerkstatt entstammte, wofür einige Hinweise sprechen. Angesichts des strengen Ehrenkodex' des Offizierkorps war die Art der Vorwürfe auf jeden Fall geeignet, ein Verbleiben des Ministers im Amt als ausgeschlossen anzusehen; und diese Tendenz wurde zumindest in der Führung des Heeres dadurch verstärkt, daß hier ein Mann desavouiert wurde, dessen Rücktritt wegen seiner in politischen

Dingen als nachlässig gegenüber Hitler geltenden Haltung seit langem als erwünscht galt.

So mag auch eine letzte Reaktion Blombergs verständlich erscheinen: Wie er selbst im Juni 1945 nach Bekundigungen des Grafen von der Goltz, Fritschs Verteidiger vor dem Ehrengericht von 1938, enthüllte, war er, Blomberg, es, der in einem letzten Gespräch mit Hitler nach seiner Entlassung diesem vorschlug, die Stellung des Kriegsministers und Oberbefehlshabers zu übernehmen, statt einen anderen General zu seinem Nachfolger zu berufen.[33] Dabei mag eine gute Portion Rache an jenen mitgespielt haben, von denen er sich im Stich gelassen fühlte. Doch ist mehr als fraglich, ob Hitler nach allem, was vorgefallen war, eines solchen Ratschlages bedurfte, um diese Lösung als die für seine unheilvollen Zukunftspläne günstigste zu erkennen.

VI

General Ludwig Beck: Vom Widerspruch zum Widerstand

Blomberg und Fritsch wurden, als sie Hitlers Plänen im Wege standen, durch eine Intrige gestürzt. Das war, wie gesagt, das eine Extrem der Möglichkeiten. Bei beiden war der Widerspruch gegen Hitlers Planungen ein bedingter, vor allem in militärisch-technischen Zweifeln an der Erreichbarkeit konkret umrissener Angriffsziele zu einem relativ bestimmten Zeitpunkt begründet. Beide haben nach ihrer Kaltstellung den Weg in den aktiven Widerstand nicht gefunden. Das andere Extrem, auf das hier nur kurz hingewiesen werden kann, zeigt der mit dieser Affäre durchaus zusammenhängende Fall des Heeres-Generalstabschefs Ludwig Beck. Gewiß ist nicht ohne Berechtigung gerade ihm ein wesentlicher Anteil daran zuzuschreiben, daß Hitler seit 1938 ein zu militärischen Aggressionen fähiges Instrument zur Verfügung stand.[34] Doch würde Beck eine Rüstungspolitik nach denselben Maximen wohl auch verfolgt haben, wenn eine die Weimarer Verfassung respektierende Regierung sein „Partner" gewesen wäre. Er stand damit in der Seecktschen Tradition einer militärischen Führung, deren Unterordnung unter die zivile Staatsführung schon 1919/20 gescheitert war.[35] Außerdem sollte nicht übersehen werden, daß angesichts der militärischen Überlegenheit der umliegenden Staaten auch jede andere Reichsregierung das Ziel einer militärischen Aufrüstung verfolgt hätte.

Was Beck in den immer schärfer werdenden Widerspruch und nach seinem Rücktritt schließlich in den aktiven Widerstand trieb, lassen gerade die von Klaus-Jürgen Müller zitierten und interpretierten Denkschriften erkennen: Es war zunehmend die Einsicht, daß Hitler einen

Krieg ohne Grenzen plante, die Beck gegen den begrenzt erscheinenden Krieg auch da opponieren ließ, wo dieser — wie im Falle der Tschechoslowakei — seinen eigenen Zielen entsprach und zudem militärisch-technisch durchaus realistische Gewinnchancen hatte. Becks fast irrational anmutende negative Beurteilung der Erfolgschancen bei einem Angriff gegen die Tschechoslowakei und seine Beschwörung der Gefahr eines Eingreifens der Westmächte, das bei nuancierter Lagebeurteilung weit weniger Wahrscheinlichkeit hatte, wäre aber dann begreiflich, wenn dahinter die Erkenntnis stand, daß gerade der wahrscheinliche und leichter als prophezeit zu erreichende Erfolg für Hitler den Ansporn zum nächsten militärischen Coup bilden werde, dem dann weitere folgen mußten, bis schließlich der nicht zu gewinnende Weltkrieg unausweichlich war.

Das Versagen Becks und der gesamten national-konservativ geprägten Führungselite lag sicherlich darin, daß sie nicht oder doch zu spät erkannten, welche neue, selbstzerstörerische Qualität ihre „konventionelle" Großmacht- und Hegemonialpolitik bei der Verzahnung mit Hitlers völkermordender Lebensraum-Philosophie gewinnen mußte. Beck hat gerade angesichts seiner Mitverantwortung für die Aufrüstung doch als einer der ersten unter den hohen Militärs die drohende Katastrophe und die prinzipielle Unvereinbarkeit der Ziele gesehen. Hitlers im Hoßbach-Protokoll festgehaltene Enthüllungen haben dazu bei Beck einen wesentlichen Anstoß gegeben, und die darauf folgende entehrende Behandlung und Absetzung seines Oberbefehlshabers Fritsch samt der Skrupellosigkeit, mit der Hitler und seine engsten Gefolgsleute hier vorgingen, mußte bei einem Mann von Becks Charakter tiefe Spuren hinterlassen. So war es nur konsequent, daß er vor seinem Rücktritt schließlich forderte, die höchsten militärischen Führer sollten Hitler geschlossen den Gehorsam aufkündigen. Das wäre gerade jener Staatsstreich gewesen, den Hitler fürchtete und zu dessen Vermeidung die Blomberg-Fritsch-Krise als eine Skandalaffäre moralischer Verfehlungen inszeniert worden war.

Anmerkungen

1 Harold C. Deutsch, *Das Komplott oder die Entmachtung der Generale,* Neue Diana Press, o. O. 1974, mit ausführlichen Literaturhinweisen und Verzeichnis des umfangreichen, von ihm benutzten Zeugenschrifttums, u. a. aus dem Institut für Zeitgeschichte, München. Zur bibliographischen Ergänzung siehe: Rudolf Absolon, *Die Wehrmacht im Dritten Reich,* Bd. 3, Boppard 1975, S. 196ff. Grundlegend für die Geschichte der eigentlichen „Blomberg-Fritsch-Affäre" sind neben Deutschs Darstellung weiter vor allem: Hermann Foertsch, *Schuld und Verhängnis,* Stuttgart 1951; Friedrich Hoßbach, *Zwischen Wehrmacht und Hitler 1934—1938,* 2., durchges. Aufl., Göttingen 1965; Graf

Kielmansegg, *Der Fritsch-Prozess 1938. Ablauf und Hintergründe,* Hamburg 1949. Vgl. auch Klaus-Jürgen Müller, *Das Heer und Hitler. Armee und nationalsozialistisches Regime 1933—1940,* Stuttgart 1969, S. 295 ff.; Nicholas Reynolds, *Beck. Gehorsam und Widerstand,* Wiesbaden-München 1977, S. 107 ff.; Edouard Calic, *Reinhard Heydrich. Schlüsselfigur des Dritten Reiches,* Düsseldorf 1982, S. 255 ff.

2 Siehe insbes. Klaus-Jürgen Müller, *General Ludwig Beck. Studien und Dokumente zur politisch-militärischen Vorstellungswelt und Tätigkeit des Generalstabschefs des deutschen Heeres 1933—1938,* Boppard 1980, S. 65 ff.

3 Abgedruckt in F. Hoßbach, *Zwischen Wehrmacht und Hitler*... [Anm. 1], S. 181 ff.

4 Hans Bernd Gisevius, *Bis zum bittern Ende,* Bd. 1, Hamburg 1947, S. 335.

5 H. C. Deutsch, *Das Komplott*... [Anm. 1], S. 91 ff.

6 Wortlaut des dienstlichen Tagebuchs, in: *Der Prozeß gegen die Hauptkriegsverbrecher vor dem Internationalen Militärgerichtshof Nürnberg 14. November 1945 — 1. Oktober 1946,* Bd. 28, Nürnberg 1948, S. 345 ff.; hier: S. 356.

7 H. C. Deutsch, *Das Komplott*... [Anm. 1], S. 226 ff.

8 *RGBl. I, 1938,* S. 111; zitiert nach R. Absolon, *Die Wehrmacht*... [Anm. 1], S. 197.

9 H. C. Deutsch, *Das Komplott*... [Anm. 1], S. 224.

10 *A. a. O.*, S. 225 f.

11 *A. a. O.*, S. 231.

12 Zitiert nach H. Foertsch, *Schuld und Verhängnis*... [Anm. 1], S. 108 ff.

13 Siehe dazu die kontroversen Beiträge in dem Sammelband: Manfred Funke (Hrsg.), *Hitler, Deutschland und die Mächte. Materialien zur Außenpolitik des Dritten Reiches,* Nachdr.: Düsseldorf 1978 (ADTG 7213); insbes. die Aufätze von M. Funke, K. D. Bracher, H. Mommsen, W. Michalka, H. Hildebrandt, J. Dülffer und Ch. Bloch.

14 Außer dem Sammelband M. Funke (Hrsg.), *a. a. O.*, siehe dazu u. a. die knappe Zusammenfassung von Friedrich Zipfel, *Hitlers Konzept einer „Neuordnung" Europas,* im Sammelband: Jugoslavenska Akademija Znanostíi Umjetnosti (Hrsg.), *Simpozij Drugi Svjetski Rat i Mir medu Narodima,* Zagreb 1972, S. 127 ff.

15 H. C. Deutsch, *Das Komplott*... [Anm. 1], S. 226 f.

16 Vgl. dazu und zum Folgenden u. a. Wolfgang Sauer, *Die Mobilmachung der Gewalt,* in: Karl Dietrich Bracher/Wolfgang Sauer/Gerhard Schulz, *Die nationalsozialistische Machtergreifung,* 2. Aufl., Köln-Opladen 1962, S. 711 ff., K.-J. Müller, *Das Heer und Hitler*... [Anm. 1], S. 35 ff.

17 Zitat aus: Rudolf Christoph Freiherr v. Gersdorff, *Soldat im Untergang,* Frankfurt a. M.-Berlin-Wien 1977, S. 51.

18 Zitate nach der Aufzeichnung des Generalleutnants Liebmann, abgedr. in: Walther Hofer (Hrsg.), *Der Nationalsozialismus. Dokumente 1933—1945* (= Fischer Bücherei, 6084), überarb. Neuausg., Frankfurt a. M. 1982, S. 180 f.; vgl. W. Sauer, *Die Mobilmachung*... [Anm. 16], S. 719 f.

19 Vgl. K.-J. Müller, *Das Heer*... [Anm. 1], S. 133 ff.

20 Aufzeichnung Fritschs, im Beck-Nachlaß; siehe dazu K.-J. Müller, *a. a.* O., S. 57, (Anm. 109); Wortlaut (lt. K.-J. Müller, *ebda.*, unvollständig) in: F. Hoßbach, *Zwischen Wehrmacht und Hitler*... [Anm. 1], S. 59—62.

21 Vgl. K.-J. Müller, *Das Heer*... [Anm. 1], S. 56.

22 Jost Dülffer, *Zum „decision making process" in der deutschen Außenpolitik 1933—1939,* in: M. Funke (Hrsg.), *Hitler*... [Anm. 13], S. 188 ff.

[23] Hartmut Bloß, *Deutsche Chinapolitik im Dritten Reich,* in: M. Funke (Hrsg.), *a. a. O.*, S. 407 ff.

[24] *A. a. O.*, S. 418 f.

[25] F. Hoßbach, *Zwischen Wehrmacht und Hitler*... [Anm. 1], S. 82 f.

[26] *A. a. O.*, S. 83 ff.; J. Dülffer, *Zum „decision making process"*... [Anm. 22], S. 194 ff.

[27] Hans-Henning Abendroth, *Deutschlands Rolle im Spanischen Bürgerkrieg,* in: M. Funke (Hrsg.), *Hitler*... [Anm. 13], S. 475.

[28] Gerhard Schreiber, *Revisionismus und Weltmachtstreben. Marineführung und deutsch-italienische Beziehungen 1919—1944,* Stuttgart 1978, S. 100; F. Hoßbach, *Zwischen Wehrmacht und Hitler*... [Anm. 1], S. 37.

[29] Wortlaut in F. Hoßbach, *a. a. O.*, S. 181 ff.

[30] *A. a. O.*, S. 189 ff.

[31] Eine Akte mit solchem Material, die auch H. C. Deutsch benutzte, existiert noch. Vgl. H. C. Deutsch, *Das Komplott*... [Anm. 1], S. 394. Sie enthält sechs von Deutsch als „unzweifelhaft pornografisch" bezeichnete Fotos, bei denen allerdings noch zu prüfen wäre, ob es sich um echte Fotos oder Fotomontagen handelt, was nach dem Augenschein zumindest nicht auszuschließen ist. In der Akte befinden sich auch mehrere einer polizeilichen Vernehmung entstammende Fotos. Margarethe Eva Louise von Blomberg geb. Gruhn, geboren am 22. 1. 1913 in Neukölln, ist am 18. März 1878 gestorben (lt. Berliner Behörden-Auskunft). In der Akte variieren die Vornamen und ihre Schreibweise: Margarete; Margreth; Margarethe; Margreth Louise; Margreth, Eva, Luise (11.12.1934); Margarethe Eva Louise (14.4.1948). In Gisevius' kolportagehafter Darstellung, die 1948 zu einem Rechtsstreit führte, heißt sie „Eva Gruhn": H.-B. Gisevius, *Bis zum bittern Ende*... [Anm. 4], S. 334 ff. u. „Vorbemerkung des Verlages" zum Prozeß. Vgl. Gisevius' ergänzende Bemerkungen in der Neuauflage Zürich 1954, S. 249—253.

[32] *A. a. O.*, S. 98 f.

[33] F. Hoßbach, *Zwischen Wehrmacht und Hitler*... [Anm. 1], S. 114 ff.

[34] Zu diesem Ergebnis kommt K.-J. Müller, *General Ludwig Beck*... [Anm. 2]. — Vgl. dazu und zum folgenden u. a. die Rezension von Peter Hoffmann, *Generaloberst Ludwig Becks militärpolitisches Denken,* in: *Historische Zeitschrift,* Bd. 234 (1982), S. 101—121, und Klaus-Jürgen Müller, *Militärpolitik, nicht Militäropposition! Eine Erwiderung,* in: *A. a. O.*, Bd. 235 (1982), S. 356—371; sowie meine Rezension, *General Ludwig Beck und der Krieg,* in: *Der Tagesspiegel* vom 24. 9. 1981, S. 24.

[35] Siehe dazu auch: Jürgen Schmädeke, *Militärische Kommandogewalt und parlamentarische Demokratie. Zum Problem der Verantwortlichkeit des Reichswehrministers in der Weimarer Republik* (= Historische Studien, H. 398), Lübeck-Hamburg 1966.

Carl Goerdelers Versuche der Durchsetzung einer alternativen Politik 1933 bis 1937

MICHAEL KRÜGER-CHARLÉ
Bochum

I

Das von Gerhard Ritter in seiner umfassenden Studie zu Carl Goerdeler gezeichnete Bild von Persönlichkeit und politischem Wirken des Leipziger Oberbürgermeisters ist von der Forschung zum nationalkonservativen Widerstand gegen den Nationalsozialismus weitgehend unrevidiert übernommen worden.[1] Ritters Sichtweise der „deutschen Opposition gegen Hitler" entsprang dem Legitimationsbedürfnis einer moralisch tief erschütterten und politisch gespaltenen Nation, und der von ihm geführte Nachweis der „Existenz eines anderen Deutschland" stand darüber hinaus unter dem Eindruck der alliierten Kollektivschuldthese. Insofern erscheint es auch verständlich, daß Ritter im Widerstand gegen den Nationalsozialismus gleichsam eine Kontinuitätsbrücke zu der scheinbar 1933 abgerissenen nationalen Geschichte sah. Männer wie Goerdeler, Beck, Stauffenberg und Moltke repräsentieren für ihn ein Deutschland, das nicht der Maxime „Right or wrong, my country!" folgte und die Solidarität der nationalen Gemeinschaft über alle anderen menschlich-sittlichen Verpflichtungen stellte, sondern das Festhalten an moralisch-politischen und tief verwurzelten religiösen Grundüberzeugungen zum Leitbild seines politischen Handelns machte.[2]

In dieser Interpretationsperspektive entsteht ein Bild des Widerstandes und des Nationalsozialismus, das durch die Dichotomie von Gut und Böse geprägt ist und das die Verflechtung der verschiedenen Widerstandsgruppen und Einzelpersonen in die antagonistischen Machtstrukturen des Regimes in den Hintergrund treten läßt. Goerdeler erscheint als Widerstandskämpfer der ersten Stunde, dessen Bereitschaft zur Zusammenarbeit mit den neuen Machthabern in der Überzeugung begründet lag, „Schlimmeres verhüten zu müssen". Auch wenn man dieses Motiv Goerdelers keineswegs in Abrede stellen darf, so unterschätzt eine solche Bewertung seines politischen Handelns in den ersten Jahren des NS-Regimes jene kooperativen Elemente, die aus der zumindest partiellen Interessenparallelität zwischen traditionellen Führungseliten und Nationalsozialisten herrührten. Goerdelers Bemühungen, den politischen Entscheidungsprozeß mit den Mitteln traditionellen Verwaltungshandelns (Denkschriften, Eingaben und Gesetzentwürfe) zu beeinflussen, wobei er aus seiner Ablehnung bestimmter Einzelmaßnahmen des Regimes keinen Hehl machte, erscheinen somit nicht so sehr als erste Artikulation einer sich verdichtenden Widerstandshaltung, sondern zunächst einmal als der Versuch, eine alternative Politik zu formulieren und ihr durch Intervention bei den Funktionsträgern des Systems, vor allem bei Hitler, zur Durchsetzung zu verhelfen. Solche Versuche sind als politische Opposition im traditionellen Wortgebrauch zu bewerten, aber nicht oder noch nicht als Opposition im Sinne eines systemsprengenden Widerstandes.[3]

Wenn im folgenden danach gefragt wird, in welchen Politikbereichen Goerdeler Kooperationsmöglichkeiten sah, wo er alternative Positionen einnahm und von welcher Reichweite und Intensität die damit verbundene Kritik war, dann soll das keinen Zweifel ausdrücken an der moralischen Integrität seiner Persönlichkeit. Vielmehr sollen die Gründe aufgedeckt werden, die Goerdeler dazu veranlaßt haben, seine anfänglich zweifelsohne vorhandene Kooperationsbereitschaft aufzukündigen und sich durch Rücktritt vom Amt des Oberbürgermeisters in Leipzig im Dezember 1936 auch nach außen hin sichtbar vom Regime zu distanzieren. Die Annahme liegt nahe, daß dieser Ablösungsprozeß nicht geradlinig verlief, sondern vielfältig gebrochen war. Goerdelers politisches Handeln bewegte sich im Spannungsfeld zwischen Kooperation und Konfrontation; es war geprägt von Nähe und Distanz zum nationalsozialistischen Herrschaftssystem.[4]

II

Im Frühjahr 1930 wurde Goerdeler zum Oberbürgermeister von Leipzig gewählt, ein Amt, für das ihn sein bisheriger beruflicher Werdegang prädestiniert hatte. Als 1. Beigeordneter in Solingen (seit 1912) und dann als zweiter Bürgermeister von Königsberg (seit 1920) hatte er den Ruf eines außerordentlich befähigten Kommunalpolitikers erworben; seine Mitarbeit in verschiedenen Fachausschüssen des Deutschen Städtetages machte ihn zudem als versierten Finanz- und Wirtschaftsexperten über die Grenzen seines engeren kommunalpolitischen Wirkungskreises hinaus bekannt. Mit der Übernahme des Oberbürgermeisteramtes in Leipzig, einer Großstadt, die als Messemetropole des Reiches über internationales Renommé verfügte, trat Goerdeler in einen neuen Abschnitt seiner politischen und beruflichen Karriere ein. Als Brüning ihn im Dezember 1931 zum Reichspreiskommissar berief — Goerdelers rigorose Sparmaßnahmen zur Sanierung der Leipziger Stadtfinanzen empfahlen ihn als Handlungsträger der Brüning'schen Deflationspolitik —, gewann er auch in der Regierungszentrale zunehmend an Anerkennung und politischem Einfluß.[5]

In der Endphase der Republik gehörte Goerdeler zu dem Kreis konservativer Fachpolitiker, deren Gewicht im politischen Entscheidungsprozeß in dem Maße zunahm, in dem die Entparlamentarisierung des Reiches voranschritt. In der weitgehenden Ausschaltung des Reichstages und der Länderparlamente sah Goerdeler ein geeignetes Mittel, um die seiner Meinung nach durch das Weimarer System verursachten sozialen, ökonomischen und politischen Probleme auf dem Weg einer autoritären Umformung der Verfassung zu lösen. Die Republik habe abgewirtschaftet, so schrieb er in mehreren Denkschriften an Hindenburg, weil sie „die Parteiinteressen über das Staatswohl" stelle; dieser „Fluch des Parlamentarismus" könne nur durch die „Mobilisierung aller Volkskräfte" überwunden werden und dazu bedürfe es einer „Diktatur über Jahre hinaus".[6] Diese autoritäre Staatsauffassung war charakteristisch für die zahlreichen Restaurationspläne, die in einer weitreichenden Rechtsorientierung des bürgerlichen Lagers ihren Nährboden fanden und die auf Grund der damit verbundenen Preisgabe von Demokratie und Parlamentarismus den Nationalsozialisten in die Hände spielten.

Über Goerdelers Einstellung zur NSDAP in der Endphase der Republik liegen nur spärliche Zeugnisse vor. Sie lassen immerhin den Schluß zu, daß Goerdeler ebenso wie andere konservative Politiker mit der Einbindung der NSDAP in die Regierungsverantwortung die Erwartung verband, die innenpolitische Situation zu stabilisieren und außenpolitisch die Revision des Versailler Vertrages weiterzutreiben. Vor allem zwei Möglichkeiten faßte Goerdeler ins Auge: Zum einen konnten die von ihm für notwendig angesehenen einschneidenden Reformmaßnahmen auf der Grundlage einer mehrfach eindrucksvoll unter Beweis gestellten Massenverankerung der NSDAP vorgenommen werden, einer Partei, von der kein Widerstand zu erwarten war bei der erwünschten Auflösung des Reichstages, „sollte dieser bei der Rettung des Vaterlandes Schwierigkeiten machen"; zum anderen konnte eine Regierungsbeteiligung der agitatorischen Dynamik der NS-Bewegung die Spitze nehmen und die von ihr mobilisierten Kräfte in den Dienst der von den konservativen Machteliten verfolgten Politik stellen. Seine Mitarbeit im Kabinett Papen, die ihm von Schleicher angetragen worden war, machte Goerdeler dann folgerichtig unter anderem von einer Absprache mit Hitler, dem außerdem „zwei bis drei Kabinettsitze anzubieten seien", über die Grundlagen der Regierungspolitik abhängig. Diesem „mit leichtem Reitersinn gebildeten Kabinett" nicht beigetreten zu sein, begründete er später mit Papens Unfähigkeit, „das Volk hinter sich zu bringen". Im Sommer 1932 drängte er Hugenberg mehrfach zu einer Regierungsbildung mit DNVP, NSDAP und Zentrum. Daß diese Versuche scheiterten, schrieb Goerdeler im nachhinein weniger Hitlers Taktik des „Alles oder Nichts" zu, sondern vielmehr Hugenbergs zögerndem Verhalten, der nach seiner Meinung abwartete, „daß ein Gott ihm die Macht in den Schoß werfe". Der Gründung einer rechten Sammlungspartei stand Goerdeler dagegen sehr skeptisch gegenüber; für ihn bot sie keine massenwirksame Alternative zur NSDAP, denn „sie könne nur noch Trümmer retten".[7]

Goerdelers Bemühungen, die NSDAP in die Regierungsverantwortung auf Reichsebene hineinzuziehen, knüpften an die auch von Brüning ventilierten Pläne an, die NSDAP durch Regierungsbeteiligung in den Ländern sich abnutzen zu lassen, und nahmen Papens Zähmungskonzeption vorweg. An den Intrigen, die schließlich zu Hitlers Kanzlerschaft führten, war Goerdeler nicht beteiligt. Seit dem Spätsommer 1932 gehörte er nicht mehr zu dem engeren Kreis der in Berlin den Entscheidungsprozeß beeinflussenden und vorantreibenden Politiker. Er selbst führte dies auf den Einfluß der Kamarilla um Hindenburg zurück, die ihm seine kritische Einstellung gegenüber Papen verübelt und die nach Papens Ablösung seine „von ernsthaften Männern erwogene Berufung zum Reichskanzler" sehr erfolgreich hintertrieben habe. Am 30. Januar „erhellte sich [ihm] die Lage" erst in einem Gespräch mit Hugenberg. Dessen Bitte, sich dem neuen Kabinett zur Verfügung zu stellen, wollte er jedoch nur dann nachkommen, wenn er mit Sondervollmachten ausgestattet würde; Hugenberg kam darauf freilich in der Folgezeit nicht mehr zurück.[8]

III

Nach der Machtergreifung konnte Goerdeler in Leipzig zunächst ohne größere Schwierigkeiten weiteramtieren. Rückblickend schrieb er 1944, er habe „in den ersten Jahren nach 1933 mit der NSDAP vollkommen vertrauensvoll zusammengearbeitet".[9] Dies fiel ihm um so leichter, als die Vertreter der Partei in Leipzig seine Bemühungen nachhaltig unterstützten, „die Finanzen der Stadt in Ordnung zu halten, die Verwaltung nach dem Grundsatz der Leistung weiterzuführen und sachliche, dem Wohl des Ganzen dienende Arbeit zu leisten". Vor allem der Kreisleiter Dönicke, dessen „Ruhe, Menschenkenntnis und Anstand"[10] Goerdeler besonders hervorhob, trug dazu bei, daß in den ersten Monaten nach der

Machtergreifung Eingriffe von seiten der Partei in die Verwaltung der Stadt weitgehend ausblieben. Zudem wurde Goerdeler, der 1922 in die DNVP eingetreten war,[11] von den Nationalsozialisten als ein Stadtoberhaupt toleriert, das dem rechtsbürgerlichen Lager angehörte und mit dem zu kooperieren der Koalition der „nationalen Konzentration" entsprach, unter der die NSDAP im Reich an die Macht gelangt war. Nicht zuletzt respektierte man ihn auch wegen seiner fachlichen Qualifikationen, denen die nationalsozialistischen Amtsanwärter kaum Gleichwertiges entgegenzusetzen hatten.

Die weitgehend reibungslos verlaufende Zusammenarbeit mit der Partei in Leipzig[12] gab Goerdeler die notwendige Rückendeckung bei seinen bald nach der Machtergreifung wiedereinsetzenden Aktivitäten auf Reichsebene und bestärkte ihn in der Überzeugung, die mehrfach ihm gegenüber ausgesprochene Aufforderung zum Parteieintritt dilatorisch behandeln zu können. Goerdeler trat der NSDAP nicht bei — ein angesichts seiner exponierten Stellung bemerkenswerter Umstand, der von einer politischen Grundhaltung zeugt, die sich nicht von vordergründigen Opportunitätserwägungen leiten ließ. Die Mitgliedschaft in der Partei angeschlossenen Verbänden war freilich auch für ihn nicht zu umgehen: Seit Herbst 1933 gehörte er dem NS-Juristenbund und der Akademie für deutsches Recht an.[13]

Die mit dem Gleichschaltungsprozeß verbundenen Umwälzungen hatten Goerdeler nur für einen Moment ein „grundsätzliches Nein" in Betracht ziehen lassen. Gerade die in Leipzig gemachten Erfahrungen, durch eine Stärkung „der guten Kräfte in der Partei ... den Lauf der Ereignisse zum besten unseres Volkes beeinflussen"[14] zu können, gaben den Hintergrund ab für seine Entscheidung, im Amt zu bleiben und den neuen Machthabern die Mitarbeit nicht zu verweigern. Dies fiel ihm um so leichter, als der politische Umbruch Anfang 1933 „mit der Ausschaltung des Parteiensystems" jene Hindernisse beseitigt hatte, die der Durchsetzung seiner politischen Zielvorstellungen in der Republik im Wege standen. Welche anstehenden Maßnahmen in nächster Zukunft zu bewältigen seien, machte er in einer Denkschrift an Hitler vom August 1934 deutlich: „Wir müssen die innere Verwaltung vereinfachen und verbilligen, wir müssen in der gesamten Wirtschaft zu größter Klarheit und Sparsamkeit übergehen ... wir müssen endlich das deutsche Volk zu seinem endgültigen Befreiungskampf rüsten."[15]

IV

Als Goerdeler diese Denkschrift verfaßte, war er bereits seit einigen Monaten an den Beratungen über eine reichseinheitliche Reform der

Gemeindeverfassung beteiligt. Welche Hoffnungen er mit einer Reichs- und Verwaltungsreform verband, brachte er vor dem Leipziger Stadtrat am Tag nach dem Erlaß des Ermächtigungsgesetzes zum Ausdruck: „Zum ersten Mal seit der Gründung des Reiches durch Bismarck ist die Möglichkeit gegeben, die Verfassung des deutschen Reiches und der Länder, das Recht der Gemeinden und der sonstigen Selbstverwaltungskörperschaften so zu gestalten, wie es nach den Erfahrungen der letzten sechzig Jahre den Lebensinteressen des deutschen Volkes, seiner Eigenart, seinem nationalen Willen und seiner Ehre entspricht."[16] Die Zusammenfassung der kommunalen Spitzenverbände zu einem Einheitsverband, die Goerdeler als Mitglied des engeren Vorstandes des Deutschen Städtetages zusammen mit dem zum Oberbürgermeister von München ernannten Leiter des kommunalpolitischen Amtes der NSDAP, Fiehler, vorbereitete, begrüßte er als „ersten Schritt zur Inangriffnahme des großen Reformwerkes".[17]

Welche weiteren Schritte vorzunehmen seien, legte er in einer ausführlichen Stellungnahme an Frick vom Oktober 1933 dar: Am vordringlichsten sei die Neuordnung der Gemeindeverfassung, denn alle anderen „großen Reformen" wie Steuerreform, Finanzreform und Reichsverfassungsreform verlangten ein „absolut sicheres Funktionieren der unteren Verwaltungsstellen". Angesichts der Erfahrungen in der Republik, in der die „Zerstörung klarer Verantwortlichkeiten durch anonyme Mehrheitsbeschlüsse" die Ursache „für wirtschaftlichen und politischen Verfall" gewesen sei, müsse jetzt dem Grundsatz „der Wiederherstellung der Verantwortung im Sinne des Führerprinzips" Rechnung getragen werden.[18]

Darunter verstand Goerdeler eine erhebliche Ausweitung der Befugnisse des Oberbürgermeisters gegenüber den Stadtverordneten; diese sollten nicht mehr nach parlamentarisch-demokratischen, sondern nach ständestaatlichen Prinzipien rekrutiert werden. Mit der Stärkung der kommunalen Exekutivorgane verband Goerdeler das Festhalten am „deutschen Selbstverwaltungsrecht", in dem er eine „so immanente, in unserem Blute liegende Eigenart" sah, „daß beste Kräfte geistiger, sittlicher und wirtschaftlicher Art verkümmern, wenn sie nicht unten zur Mitarbeit und Verantwortung im öffentlichen Dienst erzogen werden".[19] Diese von ständisch-konservativen Vorstellungen bestimmte und von kritischer Distanz zu Weimar geprägte Stellungnahme Goerdelers stand den Konzeptionen nationalsozialistischer Kommunalpolitiker durchaus nahe. Unter dem Schlagwort „demokratisches Westlertum gegen germanisches Städterecht"[20] wurde von diesen die Auffassung vertreten, daß die Institution der Selbstverwaltung mit einem völkisch starken Führerstaat zu vereinbaren sei, und wie bei Goerdeler sollten auf berufsständischer Grundlage ausgewählte Vertreter der Bevölkerung dem Führer der Gemeinde beratend zur Seite stehen.

Die Ausgangslage für eine umfassende Reichs- und Verwaltungsreform änderte sich entscheidend, als Preußen Ende November 1933 zwei Entwürfe für ein Gemeindeverfassungs- und Gemeindefinanzgesetz vorlegte. Von bürokratisch-etatistischen Vorstellungen geprägt, die den Rekurs auf kommunale Selbstverwaltungsrechte allenfalls als deklamatorische Pflichtübung erscheinen ließen, sahen beide Entwürfe eine erhebliche Ausweitung der Staatsaufsicht vor, die die Gemeinden in ihrer Funktion auf eine weisungsgebundene untere Instanz innerhalb eines zentral gesteuerten Verwaltungssystems einschränkte. Das preußische Vorgehen schloß zunächst sämtliche kommunalpolitisch bedeutsamen Kräfte gegen Preußen zusammen.[21] In Absprache mit Fiehler wandte sich Goerdeler an Hitler mit der Bitte, Einzelaktionen der Länder zu unterbinden, um einer reichsrechtlichen Neuordnung der Gemeindeverfassung nicht von vornherein zu große Hindernisse in den Weg zu legen. Bei dieser Gelegenheit versäumte er nicht hervorzuheben, daß er mit nationalsozialistischen Kommunalpolitikern in seiner entschiedenen Ablehnung des preußischen Vorgehens völlig übereinstimme, das in letzter Konsequenz auf ein für deutsche Verhältnisse „artfremdes System wie das der französischen Präfektur" hinausliefe und unter dem die Gemeinden zur „Instanz der staatlichen Bürokratie" erstarren müßten.[22] Trotz einer massiven Ablehnungsfront, der sich mittlerweile auch die Partei angeschlossen hatte, gelang es der preußischen Ministerialbürokratie, durch eine Verabschiedung beider Gesetze im Staatsrat ein *fait accompli* zu schaffen, das Hitler nachträglich legalisierte. Dieses Vorgehen erzwang nunmehr ein beschleunigtes Verfahren zur Erstellung einer reichseinheitlichen Gemeindeverfassung und löste zudem die Kommunalreform aus dem unmittelbaren Zusammenhang einer allgemeinen Reichs- und Verwaltungsreform heraus.[23]

Im Verlauf der Verhandlungen über die DGO nahm Goerdeler in der Frage des Verhältnisses Partei — Gemeinde — Staat eine durchaus flexible Position ein. Der von ihm erstellte und bereits im Januar 1934 dem Ministerium des Inneren eingereichte Entwurf hatte der NSDAP keine besondere Funktion innerhalb der Gemeindeverfassung zugedacht und die Staatsaufsicht im Sinne einer zwar ausgedehnten, aber im Vergleich mit den preußischen Gesetzen erheblich weiter gefaßten Rechtskontrolle festgeschrieben.[24] Fiehler gegenüber, der einen Gesetzentwurf vorgelegt hatte, in dem der Parteieinfluß entscheidend betont wurde, gab Goerdeler zu erkennen, daß er sich dem Gewicht der von Fiehler in dieser Frage vorgebrachten Gründe durchaus nicht verschloß. Gleichwohl sei es taktisch klüger, „wenn wir auch ruhig mit getrennten Ansichten in diesen

Punkten vor dem Reichsministerium des Inneren auftreten. Das kann aus naheliegenden Gründen unsere Stellung eher stärken als schwächen."[25]

Den ersten Ministerialentwurf, der einen Kompromiß zwischen den Konzeptionen der beiden Oberbürgermeister suchte, bewertete Goerdeler als eine „sehr brauchbare Lösung". Die staatlichen Aufsichtsbefugnisse wurden weitgehend im Sinne Goerdelers gestaltet und der Parteieinfluß durch einen von der NSDAP zu berufenden ersten Gemeinderat sichergestellt. Mit dieser Form der gesetzlichen Verankerung des Parteieinflusses, die den Vertreter der Partei in die „Verantwortungssphäre der Gemeinde" hineinstellte, erklärte sich Goerdeler Frick gegenüber ausdrücklich einverstanden: Es sei für ihn „nichts außergewöhnliches", daß „dem ordnungsgemäß bestellten Vertreter der NSDAP als erstem Gemeinderat" innerhalb der Gemeindeverfassung „eine besondere Rolle" zukomme.[26]

Erst als in der Schlußphase der Beratungen auf Initiative von Heß hin, der Fiehler und die anderen nationalsozialistischen Kommunalpolitiker bei der Vertretung der Parteiinteressen zunehmend in den Hintergrund gedrängt hatte, eine erhebliche Ausweitung des Parteieinflusses vorgesehen wurde, sprach sich Goerdeler gegen die „Eingriffsgelüste der Partei" aus. Die in dem von Heß eingebrachten Entwurf (Fassung Braunes Haus) vorgesehenen Eingriffsmöglichkeiten des Parteibeauftragten würden, so Goerdeler, in den Gemeinden „jegliche Verantwortungsbereitschaft" und „allen Mut zur Eigeninitiative abtöten", sich also ähnlich auswirken wie die preußischen Regelungen, nur daß jetzt die Staatsaufsicht durch die Parteiaufsicht ersetzt worden sei. Ausdrücklich hob er hervor, daß er mit seinen Einwänden nicht den Einfluß der Partei grundsätzlich in Frage stellen, sondern nur insoweit beschränkt sehen wolle, daß eigenverantwortliches Handeln der kommunalen Funktionsträger nicht völlig ausgeschlossen werde. Er plädierte für eine Beibehaltung des ersten Gemeinderates als Repräsentanten der NSDAP und hielt es sogar für möglich, diesen mit noch weiter reichenden Rechten auszustatten, als sie für den von Heß verlangten Parteibeauftragten vorgesehen waren. Nicht der Parteieinfluß überhaupt, sondern die Position desjenigen, der ihn ausüben konnte, war für ihn von wesentlicher Bedeutung.[27]

Noch kurz vor der entscheidenden Kabinettssitzung konnte Goerdeler seinen Bedenken bei Hitler Gehör verschaffen. Die von ihm am gleichen Tag schriftlich zusammengefaßten Änderungswünsche zeigen freilich, daß er sich inzwischen sogar mit dem Parteibeauftragten abgefunden hatte und nur noch die von Preußen eingebrachten Genehmigungsvorbehalte durch eine Anzeigepflicht der Gemeinden an die Aufsichtsbehörden ersetzt sehen wollte.[28] Obwohl Hitler gerade in dieser Frage auf der Kabinettssitzung eine Berücksichtigung der von Goerdeler vorgebrachten Einwände verlangte und sogar ein entsprechender Beschluß gefaßt wurde, hielt das endgültige Gesetz indessen an den preußischen Vorstellungen fest.[29]

Die von Goerdeler während der Beratungen über die Deutsche Gemeindeordnung vertretenen Auffassungen berührten keine Grundpositionen nationalsozialistischer Politik. In dem zunehmend unüberschaubarer werdenden Interessengeflecht der am Gesetzgebungsprozeß beteiligten Instanzen[30] bildete Goerdeler zusammen mit nationalsozialistischen Kommunalpolitikern die Front der „kommunalen Praktiker", die für eine Stärkung der kommunalen Exekutivorgane unter Beibehaltung eingeschränkter Selbstverwaltungsrechte eintraten. Von einer Frontstellung Goerdeler—Partei, wie sie die Interpretation Ritters nahezulegen scheint,[31] wird man zu diesem Zeitpunkt und in dieser Frage noch nicht sprechen können. Seine Kritik richtete sich gegen die jeweils radikalste Lösung der Staats- oder Parteiaufsicht, die sich seiner Ansicht nach mit einer „organischen Verankerung des Führergedankens in den Gemeinden"[32] nicht vereinbaren ließ. Auch wenn sich Goerdeler in den politischen Grundsatzfragen mit seinen Auffassungen nicht hatte durchsetzen können — das Gesetz räumte der Partei in der Person ihres Beauftragten (in der Regel des Kreisleiters) erhebliche Einflußmöglichkeiten ein und gestaltete die Staatsaufsicht in einer den preußischen Vorschlägen sehr nahe kommenden Form —, bewertete er rückblickend seine Mitarbeit an der DGO „als ein[en] Erfolg", und noch in einer seiner letzten Schriften vertrat er die Auffassung, man könne die DGO, „das beste seit 1933 verabschiedete Gesetz", nach „wenigen einfachen Änderungen" (vor allem Wahl der Gemeinderäte durch die Bevölkerung) weiterbestehen lassen.[33]

V

Goerdelers Mitarbeit an der Deutschen Gemeindeordnung hat ihn fraglos in der Überzeugung bestärkt, daß sein Wort etwas galt und er sich als kompetenter Fachmann bei den Führungsspitzen des Reiches Gehör verschaffen konnte, und dies nicht nur in der Frage der Kommunalreform, sondern auch im Bereich der Wirtschafts- und Finanzpolitik. Hierzu lagen im Sommer 1933 erste Stellungnahmen vor (an Frick und Hitler), in denen er bruchlos an die Brüning'sche Deflationspolitik anknüpfte: Die „Gesundung der Staatsfinanzen durch äußerste Sparsamkeit auf allen Ebenen", die Stärkung der deutschen Außenhandelsposition durch Verbilligung der Produktion und die Beseitigung aller „die freie Entfaltung der Wirtschaftskräfte" behindernden Maßnahmen — hierin sah Goerdeler die entscheidenden Voraussetzungen für den erfolgreichen Abbau der Massenarbeitslosigkeit, nicht aber in „nur kurzfristig wirksamen Arbeitsbeschaffungsmaßnahmen", die nur mit dem Mittel „einer unsoliden Kreditpolitik" finanziert werden könnten.[34]

Sein wirtschafts- und finanzpolitisches Sparprogramm ergänzte er in einer Denkschrift für Frick vom September 1933 um ein sozialpolitisches Maßnahmenbündel, das in wesentlichen Punkten, teilweise sogar bis ins Detail hinein, die im späteren Gesetz zur Ordnung der nationalen Arbeit getroffenen Regelungen vorwegnahm. Tarifverhandlungen und der Achtstunden-Tag werden hier als „unnatürlich" bezeichnet und die Beseitigung der Gewerkschaften als ein die Unabhängigkeit der Betriebs- und Unternehmensführung wiederherstellender Schritt gutgeheißen. Vergleicht man diese Stellungnahme Goerdelers mit seinen Denkschriften aus der Kriegszeit, in denen er für die Wiederherstellung freier Gewerkschaften eintrat, dann hatte er in dieser Frage offensichtlich einen Lernprozeß durchlaufen, der zum einen den sich zunehmend ausbreitenden Machtanspruch der Deutschen Arbeitsfront reflektierte und zum anderen durch die Zusammenarbeit mit Widerstandskämpfern aus den Reihen der verbotenen Gewerkschaften erheblich beeinflußt worden sein dürfte.[35]

In der Frage der Entmachtung der Arbeiterbewegung, die Gemeingut nahezu aller konservativer Gruppen geworden war, konnte Goerdeler sich der Zustimmung der Nationalsozialisten sicher sein. Seine wirtschafts- und finanzpolitischen Vorstellungen dagegen waren weitaus weniger konsensfähig. Solange freilich die Wirtschafts- und Finanzpolitik der Regierung Hitler keine festen Konturen angenommen hatte, verband Goerdeler mit seinen wirtschaftsliberalen Grundsätzen verpflichteten Alternativvorschlägen die Hoffnung, die Regierungspolitik in seinem Sinne beeinflussen zu können. Aus dieser Einstellung heraus erklärte er sich zur Übernahme des Reichspreiskommissariats bereit, das ihm Hitler im November 1934 angetragen hatte. Für eine solche Aufgabe empfahlen ihn seine praktischen Erfahrungen in diesem Amt sowie seine Hitler gegenüber mehrfach ausgesprochenen Warnungen vor einem durch Rohstoff- und Nahrungsmittelknappheit hervorgerufenen Preisauftrieb, der die Ursache für wachsenden Unmut in der Bevölkerung sei. Das Instrument der staatlichen Preiskontrolle und Preisfestsetzung war für Goerdeler jedoch nur eine zeitlich begrenzte „Notlösung", die die grundlegende Verbesserung der Versorgungslage und damit eine natürliche Preisbildung nicht ersetzen könne.[36]

Die von Goerdeler eingeleiteten Maßnahmen bremsten zwar den Preisauftrieb, führten aber nicht zu einer dauerhaften Preisberuhigung, da sich an der Versorgungslage nichts Entscheidendes änderte. Hitlers Zusage, ihm in den zu erwartenden Kompetenzstreitigkeiten zwischen Preiskommissar, Reichsministerien, Parteidienststellen und unteren Verwaltungsorganen den Rücken zu stärken, erwies sich rasch als Lippenbekenntnis. Vor allem an dem hinhaltenden Widerstand des Reichsministeriums für Landwirtschaft und Ernährung, das im Zusammenspiel mit dem agrarpolitischen Apparat der NSDAP und dem Reichsnährstand Eingriffe in die Marktordnung für landwirtschaftliche Erzeugnisse abwehren konnte, scheiterten Goerdelers Versuche, das Niveau der Nahrungsmittelpreise abzusenken. Vor dem Hintergrund dieser Erfahrungen machte Goerdeler eine Weiterführung des Reichspreiskommissariats über den im Gesetz vorgesehenen Termin (30.6.) hinaus von einer Übertragung weitreichender Vollmachten abhängig. Diese wurden ihm jedoch verwehrt, ebenso wie eine offizielle Verabschiedung aus dem Amt, worin er eine „Mißachtung" seiner Person und Arbeit sah, die er auf einen von Darré ausgehenden Einfluß zurückführte. Dieser Affront wurde nur unwesentlich dadurch abgemildert, daß Hitler ihm durch Lammers mitteilen ließ, er schätze seine Fachkompetenz nach wie vor sehr hoch und lege auf seinen Rat größten Wert.[37]

Während Goerdelers Tätigkeit als Reichspreiskommissar verfestigte sich bei ihm die Auffassung, daß eine grundsätzliche Neuorientierung der Wirtschafts- und Finanzpolitik unumgänglich sei. Seine Kritik an „inflationstreibenden Maßnahmen", an „fehlendem Sparwillen", an „Überorganisation und Gängelung der Wirtschaft" und an „dirigistischen Eingriffen" (dazu zählte Goerdeler jetzt auch die staatliche Preisgestaltung, die sich „völlig totgelaufen" habe) nahm zunehmend schärfere Konturen an. Sie richtete sich vor allem gegen wirtschaftliche Autarkiebestrebungen, die seiner Ansicht nach nur auf dem Wege „einer staatlich gelenkten Zwangswirtschaft" durchzuführen seien. Goerdelers Alternativprogramm, das er Hitler im Herbst 1935 vorlegte, zielte auf eine Belebung des Außenhandels ab; Deutschland sei keine „wirtschaftliche Insel", sondern von Rohstoffimporten abhängig, ohne die eine „konkurrenzfähige Produktion als Grundlage für eine gesunde Volkswirtschaft nicht zu haben ist".[38]

In einer für Goerdelers Gedankenführung durchaus charakteristischen Weise, die in die Diskussion wirtschaftspolitischer Maßnahmen Überlegungen zu außen- und innenpolitischen Fragen miteinbezog, legte er dar, welche außenpolitischen Erwägungen seiner Forderung nach einer engeren wirtschaftlichen Zusammenarbeit mit dem Ausland zugrunde lagen. „Die Politik bereitet der Wirtschaft die Wege", hatte er schon im August 1934 betont und damit die Warnung verbunden, daß eine Isolierung Deutschlands vom Weltmarkt angesichts der engen weltwirtschaftlichen Verflechtungen in den „Wirtschaftskrieg" führen müsse, und dieser könne „jederzeit in den militärischen umschlagen". Hierin sah Goerdeler ein unkalkulierbares Risiko, das für ihn um so mehr ins Gewicht fiel, als der „zukünftige Befreiungskampf Deutschlands" eine Rückversicherung

„durch entsprechende Verständigung mit anderen für uns wichtigen und verläßlichen Völker[n]" vordringlich mache.[39] Offenbar dachte er dabei in erster Linie an England, das er für eine Revision der deutschen Ostgrenzen zu gewinnen hoffte. Mit der Rückgewinnung des Korridors, für den Westpreußen Goerdeler „ein Pfahl im Fleisch der deutschen Ehre", der, wenn nötig, auch durch einen „kurzen Krieg" gegen das dann außenpolitisch isolierte Polen beseitigt werden müßte, hielt Goerdeler Deutschland außenpolitisch für saturiert. Darüber hinausgehende Großmachtaspirationen scheint er nicht verfolgt zu haben, soweit sich dies auf der Grundlage seiner Denkschriften aus den Jahren 1934—37 beurteilen läßt, und in dieser Frage hätte er Hitler gegenüber sicher keine Zurückhaltung zu üben brauchen. Seine wirtschaftspolitischen Erkenntnisse, die ihn zunehmend für eine internationale Wirtschaftskooperation zur Lösung nationaler Wirtschaftsprobleme optieren ließen, haben zu einer Relativierung der auch bei Goerdeler durch das Versailles-Syndrom nationalistisch verengten Perspektive beigetragen, wovon freilich eine dem „nationalen Interesse Deutschlands" gerecht werdende Revision der deutschen Ostgrenzen auszunehmen ist — eine Forderung, an der Goerdeler bis zuletzt festhielt.[40]

Ebenfalls im Zusammenhang mit seiner Forderung nach einer engeren wirtschaftlichen Zusammenarbeit mit dem Ausland wies Goerdeler auf innenpolitische Mißstände hin, die seiner Ansicht nach dieser Zusammenarbeit im Wege standen: „Ich glaube, daß wir die Möglichkeit, unser Haus allein nach unseren eigenen Wünschen einzurichten, bei der Enge und Verbundenheit europäischer Verhältnisse überschätzt haben." Die „Freiheit der Person" und die „Unantastbarkeit des Eigentums" vor Eingriffen zu sichern, die nicht von „einem Richter auf der unerläßlichen Grundlage von Gesetzen, mögen diese so scharf wie nötig sein, angeordnet werden," gehörte für ihn zu der entscheidenden Voraussetzung, um mit dem Ausland zu „einem erträglichen Verhältnis zu kommen".[41] Dazu war auch eine „Konsolidierung der deutschen Rassepolitik" notwendig, für die sich Goerdeler bereits im Sommer 1934 ausgesprochen hatte. Eine gesetzliche Regelung des Judenproblems werde im Ausland „als Selbstschutz kaum beanstandet werden", wenn in diesem Rahmen „sich nunmehr alles unter eiserner Disziplin und unter Vermeidung von Ausartungen und Kleinlichkeiten vollzieht".[42] In welchem Maße diese Kritik an innenpolitischen Mißständen von taktisch motivierter Zurückhaltung geprägt war, entzieht sich unserem Beurteilungsvermögen. Immerhin stellt sie einen Versuch dar, gegenüber den Willkürmaßnahmen des Regimes zumindest Reste von Rechtsstaatlichkeit zu retten. Zugleich tritt hier aber auch ein Dilemma zutage, in das die zur begrenzten Kooperation bereiten konservativen Politiker geraten waren. Ihre Forderung nach einer Verrechtlichung der sich schubweise verschärfenden antijüdischen Aktionen der Partei, wie sie mit den Nürnberger Rassen-Gesetzen vorgenommen wurde, unterschätzte die der NS-Judenpolitik innewohnenden Radikalisierungstendenzen, deren Dynamik durch gesetzliche Maßnahmen eher verstärkt als eingeschränkt wurde. In dem Maße, wie der Rahmen für gesetzlich legitimiertes Handeln zur sozialen, ökonomischen und kulturellen Benachteiligung der Juden weiter gesteckt wurde, wuchs auch die Tendenz, judenfeindliche Maßnahmen als „normal" anzusehen, wodurch einer weiteren, den gesetzlichen Rahmen wiederum sprengenden Radikalisierung Vorschub geleistet wurde.[43]

VI

Aus der Analyse der wirtschaftlichen Lage im Herbst 1935 entwickelte Goerdeler die Grundzüge seines wirtschafts- und finanzpolitischen Alternativprogramms, mit dem er sich entschieden gegen Dirigismus und Autarkie aussprach und für marktwirtschaftliche Selbstregulierung und internationale Wirtschaftskooperation eintrat. Damit stand er freilich im Gegensatz zur Wirtschaftspolitik der Regierung, von der seit Anfang 1934 die Weichen für eine zunehmende Bindung der Industrie an staatliche Kontroll- und Leitungsinstrumente gestellt worden waren und die sich zur Finanzierung der Aufrüstung in Form der Mefo-Wechsel eines Mittels bediente, das Goerdeler als „im höchsten Maße unsolide Schuldenmacherei"[44] weit von sich wies. Auch auf seiten der Reichswehrführung, der er seine Denkschriften regelmäßig zukommen ließ, trafen Goerdelers wirtschaftspolitische Vorstellungen kaum auf Zuspruch, denn diese optierte ebenfalls für einen verstärkten Ausbau der heimischen Produktionsbasis im Bereich rüstungsrelevanter Roh- und Grundstoffe und sah in dirigistischen Maßnahmen ein geeignetes Mittel zur Durchsetzung der von ihr geforderten stärkeren wehrwirtschaftlichen Orientierung der gesamten Volkswirtschaft.

Auch wenn Goerdeler sich mit seinen wirtschaftspolitischen Auffassungen zunehmend isolierte, war er hier zu Konzessionen nicht bereit — auch nicht in der Öffentlichkeit, wo er seine wirtschaftsliberale Grundhaltung deutlich zum Ausdruck brachte. So zum Beispiel anläßlich der Eröffnung der Leipziger Herbstmesse 1935, bei der er die weltwirtschaftliche Verflechtung der deutschen Industrie in den Mittelpunkt seiner Ansprache stellte und die „Belebung des Warenaustausches zwischen Deutschland und anderen Ländern" zur „unabdinglichen Voraussetzung für eine gesunde Volkswirtschaft" erhob.[45] Mit solchen Stellungnahmen, die durchaus als indirekte Kritik an der offiziellen Wirtschaftspolitik zu werten sind, nutzte Goerdeler den ihm zur Verfügung stehenden Spielraum zu abweichender Meinungsäußerung, zugleich schränkte er damit seine Einflußnahme auf den politischen Entscheidungsprozeß in der Regierungszentrale erheblich ein.

Seit dem Herbst 1935 scheint Goerdeler die Durchsetzungsmöglichkeiten für seine politischen Zielvorstellungen zunehmend skeptischer beurteilt zu haben. Dies kam nicht zuletzt darin zum Ausdruck, daß er etwa zum gleichen Zeitpunkt den Gedanken sehr ernsthaft in Erwägung zog, eine Aufgabe in der Privatindustrie zu übernehmen. Die von ihm mit Krupp von Bohlen und Halbach seit Oktober 1935 geführten Verhandlungen über eine Anstellung als Mitglied des Direktoriums der Krupp AG traten im Frühjahr 1936 in ein entscheidungsreifes Stadium. Als aber im Juni, kurz nach Beginn der zweiten Amtsperiode Goerdelers in Leipzig, Hitler Krupp gegenüber die Absicht aussprach, Goerdeler wieder „für staatliche Zwecke einzubauen", stärkte dies bei Goerdeler erneut die Hoffnung, aus einem hohen Reichsamt heraus „den Gang der Dinge beeinflussen zu können".[46] Mit welchem Amt Goerdeler beauftragt werden sollte, ist nicht eindeutig zu klären. Ritter vermutet eine Aufgabe im Zusammenhang mit der Devisenbewirtschaftung, was durchaus plausibel erscheint, da Goerdeler im August 1936 von Göring mit der Abfassung eines Gutachtens zur Devisen-, Rohstoff- und Währungslage beauftragt worden war.[47]

In diesem Gutachten, das ausdrücklich an seine Stellungnahme für Hitler vom Herbst 1935 anknüpfte, trat Goerdelers Distanz zur offiziellen Wirtschaftspolitik deutlich zutage. Den Autarkiebestrebungen, in seinen Augen die Hauptursache für „Schuldenwirtschaft", „überhöhte Kreditexpansion" und „Währungsverfall", stellte er sein Ideal einer „internationalen Wirtschaftsverständigung" gegenüber, von der die deutsche Volkswirtschaft in jeder Hinsicht profitieren würde. Anstelle der „bisherigen Ausgabengewöhnung" forderte Goerdeler eine „weitgehende Einschränkung", die auch vor der Aufrüstung nicht haltmachen dürfe: „Ich kann mir nicht denken, daß es der Armee in ihrem inneren Bestande schaden könnte, wenn sie zu einem langsameren Tempo und zu einer einfacheren Form der Aufrüstung genötigt sein würde." Zwar müsse die Schlagkraft der deutschen Armee so weit wie möglich ausgebaut werden, weil „gewisse Fragen der deutschen Zukunft nur mit ihrem Einsatz gelöst werden können"; angesichts der gegenwärtigen Finanz- und Wirtschaftslage bestünde aber die Gefahr einer Überforderung der nationalen Wirtschaftskraft, wenn nicht auch bei der Aufrüstung die „insgesamt notwendige Mäßigung" geübt werde.[48] Mit dieser Forderung stand Goerdeler in offenem Gegensatz zu einer Politik, die sich gerade die Forcierung der Rüstungsmaßnahmen durch Anwendung der von Goerdeler so entschieden kritisierten wirtschafts- und finanzpolitischen Maßnahmen (Vierjahresplan) zum Ziel gesetzt hatte. Goerdelers konsequentes Festhalten an wirtschaftsliberalen Prinzipien führte ihn in der Aufrüstungsfrage, einem äußerst sensiblen Bereich nationalsozialistischer Politik, an die Grenze des ihm gewährten Spielraums zur Formulierung alternativer Positionen. Göring tat Goerdelers Gutachten als „völlig unbrauchbar“ ab, und bereits Ende September wurde die Veröffentlichung der von Goerdeler verfaßten „Wirtschaftsfibel“ durch das Reichspropagandaministerium verboten. Man habe ihm gezeigt, so Gauleiter Mutschmann bei der Amtseinführung des Nachfolgers Goerdelers in Leipzig, daß er sich „mit seinen liberalistischen Auffassungen nicht durchsetzen konnte“.[49]

Auch in Leipzig, wo Goerdeler noch im Mai 1936 „ohne irgendwelche Bedenken der Partei“[50] für die nächsten zwölf Jahre im Amt bestätigt worden war, traten jetzt Probleme auf, die einen Autoritätsverlust zur Folge hatten, den Goerdeler hinzunehmen nicht bereit war. Vor allem die in seiner Abwesenheit erfolgte Schleifung des Mendelssohn-Denkmals gab den Ausschlag für seine Entscheidung, vom Amt des Oberbürgermeisters zurückzutreten.[51] Goerdelers Versuche, von einer Position innerhalb des Systems her eine alternative Politik durchzusetzen, waren gescheitert. Gleichwohl entsprach es seiner Grundhaltung, die von optimistischer Tatkraft und von dem Vertrauen in gesunden Menschenverstand sowie in ein von Vernunft geleitetes Handeln geprägt war, wenn er auch in der Folgezeit von seinen Bemühungen nicht abließ, die Politik des Regimes, soweit ihm das überhaupt noch möglich war, zu beeinflussen.

VII

Hitler hatte im Frühjahr 1937 eine Anstellung Goerdelers im Krupp-Konzern verhindert.[52] Die Goerdeler nach seinem Ausscheiden aus dem Oberbürgermeisteramt (April 1937) zur Verfügung stehende Zeit nutzte er zu ausgedehnten Auslandsreisen.[53] Seine dabei gewonnenen Eindrücke faßte er in Reiseberichten zusammen, die er unter anderem an Göring und an Wiedemann, den persönlichen Adjutanten Hitlers, sandte, wohl in der Hoffnung, auf diesem Weg seinen außenpolitischen Auffassungen Gehör verschaffen zu können. Und noch im Januar 1939 verfaßte er im Auftrag des Reichsfinanzministeriums eine Denkschrift zur Währungslage, die ihn erneut seine entschiedenen Bedenken gegen die offizielle Wirtschaftspolitik vortragen ließ.[54]

Das aus diesen Jahren leider nur sehr spärlich vorliegende Material zeugt aber auch von einer zunehmenden Distanz zum Regime, die sich zu einer grundsätzlichen Oppositionshaltung zu verdichten begann. In einer für englische Freunde bestimmten Niederschrift vom Juli 1937 brachte er dies deutlich zum Ausdruck: „Der Nationalsozialismus hatte die Möglichkeit, das hohe Ideal der Lebens- und Arbeitskameradschaft zur Grundlage völkischen Lebens der Nation zu machen; er hatte die Möglichkeit, Deutschlands Staaten auch innerlich zu einen. Er hatte die Möglichkeit, so tatsächlich die moralische Führung in einer sich sozial neu ordnenden Welt zu übernehmen, wenn er Leistung und Kameradschaft, Anstand und Recht auf seine Fahnen schrieb. Er konnte Deutschlands außenpolitische Lebensrechte sichern. Er hat als Partei den Fehler der Diktatoren gemacht, hat Macht verlangt, Macht zusammengerafft und Macht mißbraucht. Es ist unsere Aufgabe, zu verhindern, daß dieser Mißbrauch zum Schaden des deutschen Volkes führt."[55] Aus dieser Einstellung heraus wurde Goerdeler nach Ausbruch des Krieges zum organisatorischen Kristallisationspunkt und in mancher Hinsicht auch zum konzeptionellen Katalysator des bürgerlichen Widerstandes gegen Hitler.

Anmerkungen

Vorbemerkung: Diese Arbeit legt erste Teilergebnisse vor, die im Rahmen eines Editionsprojektes der Schriften Carl Goerdelers ermittelt wurden. Der Stiftung Volkswagenwerk ist an dieser Stelle für die Finanzierung des Projektes zu danken, der Familie Goerdeler für die jederzeit hilfs- und gesprächsbereite Zusammenarbeit, die dem Verfasser die Arbeit an dem Editionsprojekt außerordentlich erleichtert hat.

[1] Gerhard Ritter, *Carl Goerdeler und die deutsche Widerstandsbewegung,* Stuttgart 1954. Wie sehr das von Ritter gezeichnete Goerdeler-Bild heute noch nachwirkt, zeigt die gerade veröffentlichte Studie von Erich Kosthorst, *Carl Friedrich Goerdeler,* in: Robert Lill/Heinrich Oberreuter (Hrsg.), *20. Juli. Portraits des Widerstandes,* Düsseldorf-Wien 1984, S. 111 ff. Zur Kritik an Ritters Interpretation vor allem der gesellschaftspolitischen Vorstellungen Goerdelers s. die Studie von Hans Mommsen, *Gesellschaftsbild und Verfassungspläne des deutschen Widerstands,* in: Walter Schmitthenner/Hans Buchheim (Hrsg.), *Der deutsche Widerstand gegen Hitler,* Köln-Berlin 1966, S. 123 ff.

[2] Vgl. G. Ritter, *Carl Goerdeler...* [Anm. 1], S. 11 f.

[3] Vgl. zu solchen begrifflichen und analytischen Differenzierungen Klaus-Jürgen Müller, *Die nationalkonservative Opposition in Deutschland,* in: *Nationalsozialismus im Unterricht. Studieneinheit 6, Widerstand im Dritten Reich,* Tübingen 1964, S. 63 ff.; s. auch Müllers Beiträge im vorliegenden Konferenzband.

[4] Im Mittelpunkt der Forschungen zu Goerdelers Widerstandstätigkeit stehen bis heute seine rastlosen Aktivitäten in den Kriegsjahren. Sein politisches Handeln als Oberbürgermeister in Leipzig und als Reichspreiskommissar unter Hitler ist dagegen nur am Rande mitbehandelt worden. Dies trifft auch für Ritters Studie zu. Gerade aber unter dem auf der Berliner Konferenz mehrfach diskutierten Aspekt der Entscheidung zum Widerstand als Prozeß scheint mir auch für Goerdeler eine stärkere Beachtung seiner politischen Tätigkeit bis zu seinem Rücktritt als Oberbürgermeister im Herbst 1936 vonnöten zu sein.

[5] Zu den biographischen Angaben s. G. Ritter, *Carl Goerdeler...* [Anm. 1], S. 27 ff.

Zu den Hintergründen für die Berufung Goerdelers als Reichspreiskommissar unter Brüning s. das Protokoll der Chefbesprechung in dem in dieser Frage federführenden Reichsministerium für Ernährung und Landwirtschaft vom 28. November 1931 sowie die Protokolle der Ministerbesprechungen vom 30. November und 2. Dezember 1931, Bundesarchiv Koblenz (im folgenden BA Koblenz zitiert) R 43 I/1163, Blatt 4 f., 11 ff. und 14 f. In einer für englische Freunde verfaßten Niederschrift vom 9. Juli 1937 berichtet Goerdeler ausführlich über seine beiden Reichspreiskommissariate unter Brüning und Hitler, Nachlaß Goerdeler, Privatbesitz Dr. Meyer-Krahmer (im folgenden NLG Meyer-Krahmer zitiert). Siehe dazu auch die von Goerdeler im Gefängnis im Auftrag der Gestapo angefertigte 82 Seiten lange Denkschrift „Die Preisüberwachung", BA Koblenz, Nachlaß Goerdeler (im folgenden BA NLG zitiert) Bd. 25.

[6] Zitate aus: „Denkschrift für den Reichspräsidenten zur Wirtschafts- und Finanzlage im Deutschen Reich", überarbeitete und erweiterte Fassung von 1931, S. 23 f., und „Denkschrift für den Reichspräsidenten zur Wirtschafts- und Finanzpolitik" vom April 1932, S. 18, BA NLG, Bd. 11. Für eine autoritäre Umformung der Weimarer Verfassung plädierte Goerdeler bereits in einem undatierten Redeentwurf (vermutlich von 1927/28) „Mehr Macht dem Reichspräsidenten", *ebda.*

[7] Zitate aus der für englische Freunde verfaßten Niederschrift vom 9.7.1937 (im folgenden zit. als *Londoner Schrift*) ... [Anm. 5], S. 5 f. und S. 7. Siehe dazu auch G. Ritter *Carl Goerdeler*... [Anm. 1], S. 61 ff., der sich freilich bei seiner Darstellung des Verhältnisses Goerdelers zur NSDAP *vor* dem Januar 1933 ausschließlich auf die von Goerdeler im Herbst 1944 verfaßten und von Ritter als *„Memoiren"* bezeichneten Aufzeichnungen stützt (BA NLG, Bd. 26), in denen Goerdeler eine weitaus kritischere Haltung zur NSDAP eingenommen haben will, als das in der Londoner Schrift zum Ausdruck kommt. Die *„Memoiren"* sind in Auszügen abgedruckt in F. Krause, *Goerdelers politisches Testament,* New York 1945. Zur Rolle Goerdelers im Zusammenhang mit den Gründungsversuchen einer rechten Sammlungspartei s. Karl Dietrich Bracher, *Die Auflösung der Weimarer Republik,* 5. Aufl., Düsseldorf 1970, S. 532 f., und Larry E. Jones, *Sammlung oder Zersplitterung? Die Bestrebungen zur Bildung einer neuen Mittelpartei in der Endphase der Weimarer Republik 1930—1933,* in: *Vierteljahrshefte für Zeitgeschichte,* 25. Jg. (1977), S. 265 ff., hier bes. S. 286.

[8] Zitat aus der *Londoner Schrift*... [Anm. 5], S. 7. Siehe auch die *„Memoiren"*... [Anm. 7], S. 22 f.

[9] So der Einleitungssatz der *„Memoiren"*..., *a.a.O.*

[10] Zit. aus der *Londoner Schrift*... [Anm. 7], S. 8.

[11] Ritter wertet Goerdelers Zugehörigkeit zur DNVP „im wesentlichen als eine Äußerlichkeit" (*Carl Goerdeler*... [Anm. 1], S. 34); Goerdeler habe der DNVP schon lange vor 1931 „nur noch dem Namen nach" angehört. Fraglos hatte sich Goerdeler seiner Partei entfremdet, nicht zuletzt durch seine Unterstützung des Brüning-Kurses. Gleichwohl versuchte er, seine Mitgliedschaft in der DNVP noch Anfang 1931 zur Erlangung einer einflußreicheren Position im Deutschen Städtetag einzusetzen. Siehe dazu den Briefwechsel Goerdeler-Mulert, in: Landesarchiv Berlin, Akten des Deutschen Städtetages (im folgenden als LA ADST zitiert) Rep. 142, StA 156, Briefe vom 7., 23. Februar und 7. Juli 1931.

[12] Leipzig gehörte zu den acht von 51 Städten mit mehr als 100 000 Einwohnern im Reich, in denen Ende 1933 noch derselbe Oberbürgermeister amtierte wie zu Beginn des Jahres. Zur kommunalen Gleichschaltung s. Horst Matzerath, *Nationalsozialismus und Kommunale Selbstverwaltung,* Stuttgart-Berlin-Köln-Mainz 1970, S. 61 ff. sowie Bruno

Weinberger/Christian Engeli, *Machtergreifung und kommunale Selbstverwaltung — Städte und Städtetag 1933*, in: *Der Städtetag*, 6. Jg. (1983), S. 414—420. Erst im Sommer 1934 trat der parteilose Stellvertreter Goerdelers, Loeser, von seinem Amt zurück. In einem Brief an Krupp v. Bohlen vom 10. 5. 1937 spricht Goerdeler von einem „freiwillige[n] Übereinkommen" zwischen Loeser und der NSDAP. Hist. Archiv der Fried. Krupp AG (im folgenden HA Krupp zitiert), WA 40/630, Dok. Loeser 98. In Goerdelers *Londoner Schrift*... [Anm. 5] deutet er freilich auch politische Motive für Loesers Rücktritt an. Dieser sei im Sommer 1934 nicht mehr bereit gewesen, „im Amt durchzuhalten" (*a.a.O.*, S. 9). Der Zeitpunkt von Loesers Rücktritt legt die Vermutung nahe, daß die Röhm-Affäre seine Entscheidung beeinflußt haben könnte. Bis zu seinem Eintritt in den Krupp Konzern (1937) übernahm Loeser einen Vorstandsposten in der Berliner Hotelbetriebe AG. S. dazu die Verhörprotokolle des Krupp-Prozesses, die auch zahlreiche Informationen über Goerdeler enthalten: HA Krupp WA 40/630, Dok. Loeser 90 ff.

[13] So hatte Heß ihn bereits im Sommer 1933 zum Eintritt in die Partei aufgefordert. S. „*Memoiren*"... [Anm. 7], S. 12. Zu Goerdelers Mitgliedschaft im NS-Juristenbund und der Akademie für Deutsches Recht s. Goerdelers persönliche Handakten „Akademie für Deutsches Recht" und „Bund Nationalsozialistischer Deutscher Juristen", NLG Meyer-Krahmer, Schreiben Goerdelers an den Gau Sachsen des BNSdJ vom 20.9.33.

[14] Zit. aus der *Londoner Schrift*... [Anm. 5], S. 9.

[15] Denkschrift Goerdelers „An den Reichskanzler Adolf Hitler" vom August 1934, BA NLG Bd. 12, S. 1 und S. 31. Die Datierung dieser Denkschrift ist nicht eindeutig zu klären; die innere Quellenkritik gibt zu der Vermutung Anlaß, daß sie zwischen Juli und September 1934 entstand; s. dazu auch G. Ritter, *Carl Goerdeler*... [Anm. 1], S. 453, (Anm. 12).

[16] Carl Goerdeler, *Die Gemeinde als Teil des Reichsganzen*, in: *Der Städtetag*, 27. Jg. (1933), S. 148, zit. nach H. Matzerath, *Nationalsozialismus und kommunale Selbstverwaltung*... [Anm. 12], S. 133 f.

[17] Zit. aus einem Schreiben Goerdelers an Frick vom 9.12.1933, NLG Meyer-Krahmer, mit dem er den vorliegenden Entwurf eines Gesetzes über den Deutschen Gemeindetag (im folgenden abgekürzt als DGT) kommentierte und einen eigenen, in der Frage der Staatsaufsicht liberaler gefaßten Entwurf einreichte. Ansonsten erklärte er sich mit der im Zuge der Gleichschaltung vorgenommenen Zentralisierung der kommunalen Spitzenverbände voll und ganz einverstanden. Dies kam auch in seiner aktiven Beteiligung an der Gleichschaltung des DST zum Ausdruck. Zu Goerdelers Rolle dabei s. LA Berlin ADST, Protokolle des Arbeitsausschusses in der Zeit vom 28.3. bis 17.5.33, STA 162.

[18] Schreiben Goerdelers an Frick vom 12.10.33. NLG Meyer-Krahmer. Dieses wie auch das in Anm. 17 zitierte Schreiben sind in den Handakten Goerdelers (3 Aktenordner) zu den Beratungen über die Deutsche Gemeindeordnung (DGO) enthalten. Hinsichtlich ihrer Überlieferung ist nichts bekannt, außer daß sie Frau Dr. Meyer-Krahmer von ihrer Mutter, Anneliese Goerdeler, übernommen hat.

[19] Zit. aus der dem Schreiben Goerdelers an Frick vom 12.10.33 beigegebenen Denkschrift zur Kommunalreform, *ebda.*, Ordner DGO I.

[20] So der Titel eines Artikels im *Völkischen Beobachter* vom 15.2.1933, zit. nach H. Matzerath, *Nationalsozialismus und kommunale Selbstverwaltung*... [Anm. 12], S. 135.

[21] Vgl. dazu die ausführliche Darstellung bei H. Matzerath, *a.a.O.*, S. 107 ff.

[22] Zit. aus der Anlage eines Schreibens Goerdelers an Hitler vom 14.12.33, NLG Meyer-Krahmer, Ordner DGO I. Goerdeler war mit Schreiben vom 30.11. durch den Staatssekretär im RMI Pfundtner aufgefordert worden, zu den preußischen Entwürfen Stellung zu nehmen. Dies tat er am gleichen Tag mit einem ausführlichen Memorandum für Frick. Beide Schreiben und eine ausführliche Aktennotiz Goerdelers zu den Auseinandersetzungen über die preußischen Gesetze, *ebda.*

[23] Vgl. dazu die ausführliche Darstellung bei H. Matzerath, *Nationalsozialismus und Kommunale Selbstverwaltung*... [Anm. 12], S. 132ff.

[24] Mit Schreiben vom 6.1.1934 an das RMI, den DGT sowie die beiden Oberbürgermeister Fiehler (München) und Weidemann (Halle) gesandt, NLG Meyer-Krahmer, Ordner DGO I.

[25] Zit. aus dem Begleitschreiben an Fiehler vom 6.1.1934, *ebda.*

[26] Zit. aus den von Goerdeler am 14.6.1934 dem RMI zugesandten „Bemerkungen zu dem letzten Entwurf einer DGO", *a.a.O.*, Ordner DGO II, S. 26. Siehe dazu auch das Schreiben Goerdelers an Staatssekretär Pfundtner vom 3.4.1934, in dem er sein „grundsätzliches Einveständnis" mit dem ersten Ministerialentwurf hervorhebt und nur in einigen Detailfragen Kritik und Änderungsvorschläge anzumelden hat. So auch in der von Goerdeler entworfenen Stellungnahme des DGT zur Diskussion über die DGO vom 8.6.1934; 14seitige Denkschrift mit Anschreiben an den Geschäftsführer des DGT Jeserich, *a.a.O.*, Ordner DGO I.

[27] Siehe dazu die Schreiben Goerdelers an Frick vom 15. und 22.11.1934, sowie an Pfundtner vom 12.12.1934, *a.a.O.*, Ordner DGO III. Hier auch die Zitate.

[28] Schreiben Goerdelers an Hitler vom 23.1.1935. Siehe auch die gleichlautenden Schreiben Goerdelers an Frick vom 11.1., an Lammers vom 12.1., an Gürtner vom 12.1., an Schacht vom 15.1. und an Reichenau vom 17.1.1935. Die Adressaten zeigen Goerdelers Bemühungen, noch in letzter Minute eine Abwehrfront insbesondere gegen die in dem vorliegenden Gesetzentwurf enthaltenen staatlichen Eingriffsrechte aufzubauen, *a.a.O.*, Ordner DGO III.

[29] Vgl. dazu H. Matzerath, *Nationalsozialismus und Kommunale Selbstverwaltung*... [Anm. 12], S. 152ff.

[30] Reichs- und preußisches Ministerium des Inneren, wobei sich der die Beratungen verschleppende Gegensatz Preußen — Reich nach der Verschmelzung beider Ministerien im Herbst 1934 in das neue Ministerium hinein verlagerte, Stab des Stellvertreters des Führers, Amt für Kommunalpolitik der NSDAP und, wenn auch ohne größeren Einfluß, der Deutsche Gemeindetag.

[31] Vgl. G. Ritter, *Carl Goerdeler*... [Anm. 1], S. 39ff. Ritter folgt hier der Darstellung Goerdelers aus den „Memoiren"... [Anm. 7].

[32] Zit. aus dem Schreiben Goerdelers an Frick vom 22.11.1934, NLG Meyer-Krahmer, Ordner DGO III.

[33] Zit. aus der *Londoner Schrift*..., [Anm. 7], S. 9 und aus den *„Memoiren"*... [Anm. 7], S. 14f. Siehe dazu auch die von Goerdeler im Gefängnis abgefaßte Denkschrift zur „Neuordnung der Selbstverwaltung", jetzt abgedruckt in *„Spiegelbild einer Verschwörung". Die Opposition gegen Hitler und der Staatsstreich vom 20. Juli 1944 in der SD-Berichterstattung. Geheime Dokumente aus dem ehemaligen Reichssicherheitshauptamt*, hrsg. von Hans-Adolph Jacobsen, 2 Bde, Stuttgart 1984, S. 873ff.

[34] Zit. aus einem in der ersten Jahreshälfte 1933 von Goerdeler verfaßten Manuskript, das in Teilen die Grundlage für seine im Sommer 1933 für Hitler angefertigte Denkschrift „Zur Behebung der Arbeitslosigkeit" bildete, NLG Privatbesitz Dr. R. Goerde-

ler (im folgenden NLG R. Goerdeler zitiert). Diese Denkschrift ist nicht überliefert, Goerdeler erwähnt sie aber in der August-Denkschrift 1934.

[35] Denkschrift für Frick vom 7.9.1933, S. 12ff., NLG R. Goerdeler. Für Goerdelers Mitarbeit an den Beratungen über das Gesetz zur Ordnung der nationalen Arbeit bedankte sich Frick in einem Schreiben vom 13.12.1933; er habe sich Goerdelers „Anregungen zu den Beratungen über das Gesetz zur Ordnung der nationalen Arbeit im wesentlichen zu eigen gemacht". NLG Meyer-Krahmer, Ordner DGO I. Vgl. dazu auch Tim Mason, *Zur Entstehung des Gesetzes zur Ordnung der nationalen Arbeit vom 20. Januar 1934: Ein Versuch über das Verhältnis ‚archaischer' und ‚moderner' Momente in der neuesten deutschen Geschichte,* in: Hans Mommsen/Dietmar Petzina/Bernd Weisbrod (Hrsg.), *Industrielles System und politische Entwicklung in der Weimarer Republik,* Düsseldorf 1974, S. 320ff., hier bes. S. 331.

[36] Dies legte er Hitler gegenüber in der *August-Denkschrift 1934* in aller Ausführlichkeit dar, BA NLG, Bd. 12, S. 14ff.

[37] Schreiben Lammers an Goerdeler vom 10.11.1935, BA R 43 II/315a. Hier auch der die Auseinandersetzung mit Darré betreffende Schriftwechsel sowie die ausführlichen Stellungnahmen Goerdelers zu der Frage der Kompetenzerweiterung und der Weiterführung des Reichspreiskommissariates in mehreren Schreiben an Lammers vom 17.7., 14.9. und 1.11.1935. Zu einer Darstellung des zweiten Reichspreiskommissariates aus der Sicht Goerdelers s. die Angaben in Anm. 5.

[38] Zit. aus der „Denkschrift zur Wirtschaftslage" vom 26.10.1935, die Goerdeler auf Bitten von Lammers hin verfaßte und die Hitler vorgelegt wurde, BA R 43 II/318a. Diese Denkschrift gehört nach meiner Auffassung zu den wichtigeren Arbeiten Goerdelers. Hier deutet sich zum ersten Mal ein gravierender Dissens zwischen der Wirtschafts- und Finanzpolitik der Regierung und den Auffassungen Goerdelers an.

[39] Zitate aus der *August-Denkschrift 1934*... [Anm. 36], S. 22f. und 24ff.

[40] So z. B. in den „Gedanken eines zum Tode Verurteilten" vom September 1944, BA NLG Bd. 26, S. 3f. Zu Goerdelers außenpolitischen Vorstellungen s. Klaus Hildebrand, *Die ostpolitischen Vorstellungen im deutschen Widerstand,* in: *Geschichte in Wissenschaft und Unterricht,* 29. Jg. (1978), S. 213ff.; Hermann Graml, *Die außenpolitischen Vorstellungen des deutschen Widerstandes,* in: W. Schmitthenner/H. Buchheim (Hrsg.), *Der deutsche Widerstand*... [Anm. 1], S. 30ff., sowie Rainer Breyer, *Carl Goerdeler und die deutsche Ostgrenze,* in: *Zeitschrift für Ostforschung,* 13. Jg. (1964), S. 128ff. Im Mittelpunkt dieser Arbeiten stehen freilich Goerdelers außenpolitische Konzeptionen aus der Kriegszeit. Eine systematische Untersuchung seiner zahlreichen Kontakte mit dem Ausland, die er während seiner Reisen in den Jahren 1937—1939 knüpfte und der von ihm dabei vertretenen außenpolitischen Auffassungen steht noch aus. Erste Hinweise finden sich in Bernd-Jürgen Wendt, *Konservative Honoratioren — eine Alternative zu Hitler? Englandkontakte des deutschen Widerstandes im Jahre 1938,* in: *Deutscher Konservativismus im 19. und 20. Jahrhundert,* hrsg. von Dirk Stegmann, Bernd-Jürgen Wendt, Peter-Christian Witt, Bonn 1983, S. 347ff. Siehe auch Sidney Aster, *1939. The Making of the Second World War,* London 1973, der die kritischen Reaktionen auf Goerdelers Informationen und die Beurteilung seiner Berichte durch das Foreign Office schildert.

[41] Zitate aus der „Denkschrift zur Wirtschaftslage" vom Oktober 1935, S. 18f., BA R 43 II/318a.

[42] Zit. aus der *August-Denskchrift 1934*... [Anm. 36], S. 29.

[43] Siehe dazu den Aufsatz von Christof Dipper, *Der deutsche Widerstand und die*

Juden, in: *Geschichte und Gesellschaft*, 9. Jg. (1983), S. 349ff., und seinen Beitrag im vorliegenden Band.

44 Zit. aus der *Londoner Schrift*... [Anm. 5], S. 11.

45 Handschriftlich korrigiertes Manuskript der Rede Goerdelers zur Eröffnung der Leipziger Herbstmesse 1935, NLG R. Goerdeler.

46 Anläßlich eines Besuchs in Essen am 4.12.1935 hat Goerdeler wohl zum ersten Mal eine Anstellung im Krupp-Konzern ernsthaft in Betracht gezogen. Das entscheidende Gespräch mit Krupp von Bohlen und Halbach fand am 12.3.1936 im Hotel Kaiserhof in Berlin statt. Siehe hierzu Krupp von Bohlens handschriftliche Aufzeichnungen über dieses Gespräch, HA Krupp FAH IV E 154. Goerdeler zögerte aber noch, das Angebot Krupps anzunehmen, wie der Briefwechsel zwischen Krupp und Wilmowsky zeigt, in dem von Goerdelers „politischen Ambitionen" die Rede ist, die dieser nach wie vor verfolge. Siehe die Briefe vom 17. und 28.3.1936, *ebda.* Erst am 5.5. signalisierte Goerdeler seine Bereitschaft, die Aufgabe im Krupp-Konzern zu übernehmen. Daraufhin fragte Krupp bei Hitler an und erhielt am 1.7.1936 die Antwort durch Wiedemann: „Der Führer hat nach Rücksprache mit Generaloberst Göring die Absicht ausgesprochen, Herrn Goerdeler doch wieder für staatliche Zwecke einzubauen, so daß es wohl besser ist, wenn Herr Goerdeler sich für diesen Fall frei hält." HA Krupp FAH IV E 154. Zu diesen Vorgängen vgl. die Darstellung bei G. Ritter, *Carl Goerdeler*... [Anm. 1], S. 151 f., der freilich nur von Hitlers Intervention bei Krupp zuungunsten Goerdelers im Frühjahr 1937 zu berichten weiß.

47 Vgl. G. Ritter, *Carl Goerdeler*... [Anm. 1], S. 76. Hier berichtet Ritter, die *„Memoiren"*... [Anm. 7] Goerdelers zitierend, von einer „geplanten Berufung Goerdelers in ein hohes Reichsamt". Dieser Vorgang kann sich nur auf die Krupp-Anfrage bei Hitler vom Frühjahr 1936 beziehen (s. Anm. 46). Nach einer Rücksprache mit der Wehrmachtsleitung, so Ritter den *„Memoiren"*, *a.a.O.*, folgend weiter, habe diese davon abgeraten, das vorgesehene Amt anzunehmen. Meines Erachtens könnte dies ein Indiz dafür sein, daß die vorgesehene Aufgabe im Zusammenhang mit dem Vierjahresplan stand, vielleicht sogar die erneute Ernennung Goerdelers zum Preiskommissar in Betracht gezogen wurde, eine Aufgabe, die später von Gauleiter Wagner übernommen wurde. Der abschlägige Rat der Wehrmachtsführung erschiene dann durchaus plausibel angesichts deren Interesse, nicht einen Wirtschaftsfachmann an einer wichtigen Position innerhalb der Vierjahresplanorganisation zu plazieren, der aus seiner offenen Ablehnung der geplanten Maßnahmen keinen Hehl machte.

48 Zitate aus Goerdelers Denkschrift zur Devisen-, Rohstoff- und Währungslage vom 17.9.1935, BA NLG Bd. 18, S. 48 f.

49 Zu Görings Urteil s. G. Ritter, *Carl Goerdeler*... [Anm. 1], S. 78. An seiner Ablehnung des Vierjahresplanes ließ Goerdeler auch nach den erheblichen Schwierigkeiten, die ihm sein Gutachten vom September 1936 bereitet hatte, keinen Zweifel aufkommen. Vgl. dazu seinen Brief an den Herausgeber der Zeitschrift *Die Bank* vom 8.12.1936, BA NLG Bd. 12, in dem er sich als einen „entschiedenen Gegner" des Vierjahresplanes bezeichnet. Zum Mutschmann-Zitat s. den Brief Goerdelers an Mutschmann (aus New York), in dem Goerdeler diesen Ausspruch Mutschmanns zitiert, BA NLG Bd. 12.

50 So Goerdeler in der *Londoner Schrift*... [Anm. 5], S. 10.

51 Siehe dazu den Brief Goerdelers an Mutschmann vom 23.9.1937... [Anm. 49].

52 Wiedemann teilte Krupp am 24.2.1937 mit, er könne mit Sicherheit sagen, „daß der Führer den Eintritt des OB Goerdeler nach den jüngsten Erfahrungen in den Vorstand

der Krupp AG nicht begrüßen würde", HA Krupp FAH IV E 154. Am 17.3. bestätigte Hitler in einem persönlichen Gespräch mit Krupp diese Einschätzung Wiedemanns. Siehe den Brief Krupps an Wilmowsky vom 18.3.1937, *ebda.;* Wiedemanns Hinweis auf die „jüngsten Erfahrungen" bezieht sich vermutlich auf einen Vorfall vom 12.1.1937. Der *Völkische Beobachter* hatte an diesem Tag eine Notiz veröffentlicht, in der der bevorstehende Eintritt Goerdelers in den Krupp-Vorstand angekündigt wurde. Dies geschah zu einem Zeitpunkt, als Goerdeler zwar schon von seinem Amt in Leipzig zurückgetreten und offiziell beurlaubt war, aber über seine weiteren beruflichen Vorhaben noch nichts hatte verlautbaren lassen, so daß die *VB*-Meldung in der Reichskanzlei als Affront aufgefaßt werden konnte. Dessen war sich Goerdeler durchaus bewußt, wie er Krupp in einem Brief vom 13.1.1937 mitteilte, *ebda.*

[53] Finanziert wurden diese Reisen durch einen von Krupp zur Verfügung gestellten Fond. Die Reisen 1937 führten Goerdeler nach Belgien und England (4.6.—15.7.) sowie nach Frankreich und Nordamerika (Ende Juli — Anfang Dezember); 1938 besuchte er England und Frankreich (Mitte März — Mitte April), dann über die Schweiz und Italien die Balkanstaaten (August — Dezember); 1939 folgten Besuche in Frankreich und Algerien (März und April) und schließlich wieder England und, noch kurz vor Ausbruch des Krieges, der Vordere Orient und die Schweiz (Mai — August).

[54] Denkschrift zur Währungslage für den Reichsfinanzminister vom Januar 1939, BA NLG Bd. 12.

[55] Zit. aus der *Londoner Schrift...* [Anm. 5], S. 8.

Canaris und die Abwehr zwischen Anpassung und Opposition

HEINZ HÖHNE
Großhansdorf bei Hamburg

I

Wilhelm Canaris und der innerdeutsche Widerstand gegen Hitler — das Thema fasziniert die Nachwelt, seit es gibt, was man Vergangenheitsbewältigung nennt. Auch vier Jahrzehnte nach seinem brutalen Ende in einem Konzentrationslager des untergehenden Hitler-Regimes ist nicht alles an Canaris und der von ihm geführten Organisation geklärt, bleibt der Admiral die wohl rätselhafteste Figur unter den höheren Funktionsträgern des Dritten Reiches, hier und da noch verdeckt von Legenden und Mythen, die schon manchen Forscher und Autor auf falsche Spuren geführt haben.

So erging es kürzlich auch dem britischen Spionage-Experten Nigel West, der bei den Recherchen zu seinem neuen Buch *MI 6* ein veritables Canaris-Geheimnis entdeckt zu haben glaubte. Canaris habe, so will West wissen, im Zweiten Weltkrieg in enger Verbindung zum britischen Geheimdienst gestanden und ihm wichtige Geheimnisse Hitler-Deutschlands offenbart. Über die auf Initiative von Canaris in die Schweiz gebrachte polnische Diplomatenfrau Halina Szymanska sei der Kontakt im Dezember 1939 zustandegekommen, worauf Canaris nach einer Verabredung mit dem *Secret Intelligence Service* seinen Vertrauten Hans Bernd Gisevius Ende Februar 1940 als Vizekonsul im deutschen Generalkonsulat in Zürich mit dem Auftrag etabliert habe, ständigen Kontakt zu Frau Szymanska und dem SIS zu halten. Bei seinen Treffs mit der Polin habe Canaris Informationen zur Weitergabe an die Briten geliefert, beispielsweise bei Zusammenkünften in Italien und in der Schweiz im April 1941 den ganzen „battle plan" einschließlich Angriffstermin des bevorstehenden deutschen Feldzugs gegen Rußland.[1]

Nun war schon früher die Verbindung zwischen Canaris und Halina Szymanska bekannt, gleichwohl wäre Wests Entdeckung eine kleine zeitgeschichtliche Sensation, würde sie einer kritischen Überprüfung standhalten. Doch sie tut es mitnichten: Canaris war im April 1941 weder in Italien noch in der Schweiz, sondern er reiste mit seinen Abteilungschefs auf dem Balkan, fest engagiert im Südostfeldzug. Gisevius kam nicht Ende Februar 1940 nach Zürich, sondern erst acht Monate später, und dies auch nicht aufgrund einer Verständigung zwischen Canaris und den Briten, wohl aber dank des Drängens des deutschen Militärattachés in Bern — ganz zu schweigen davon, daß Gisevius kein Vertrauter von Canaris war, auch kein Konfident des SIS, der noch im Juli 1943 den US-Geheimdienst vor Gisevius warnte.[2]

Mithin erweist sich auch Wests These als ein Produkt jener phantasievollen Literatur, deren Autoren der beliebten Mär vom britischen Spion Canaris immer neue Seiten abgewinnen. Bizarre „Enthüllungen" dieser Art verraten nur, wie schwer es der Nachwelt fällt, von einer Legende Abschied zu nehmen, die jahrelang die Öffentlichkeit, aber auch die historische Forschung in ihren Bann schlug.

Canaris und seine „ritterliche", gar regimekritische Abwehr gehörte in den ersten Jahren nach dem Zusammenbruch des Dritten Reiches zu den großen Themen der Vergangenheitsbewältigung, popularisiert in Literatur, Funk und Film und dankbar aufgegriffen von einer Gesellschaft, die nach den Verbrechen des NS-Staates gerne ihre Schuldgefühle mittels einer scheinbar lichtvollen Gestalt aus dem Widerstand verdrängen und sich besser machen wollte, klüger und menschlicher, als sie tatsächlich in den Jahren nationalsozialistischer Barbarei gewesen war. Bei Canaris und der Abwehr gewesen zu sein, das war wie ein Freifahrtschein in die demokratische Zukunft, standen doch beide in dem Ruf, immer „dagegen" gewesen zu sein.

II

Daß Canaris als vermeintlicher Hoch- und Landesverräter von der SS erhängt worden war und auch andere Abwehroffiziere den Märtyrertod des antinazistischen Widerständlers gestorben waren, verlockte bundesdeutsche Vergangenheitsbewältiger, die Abwehr pauschal in die Widerstandsgeschichte zu integrieren. Canaris wurde als ein früher Gegner des nationalsozialistischen Regimes und als einer der führenden Männer des Widerstandes gedeutet, die Abwehr zu einer regimefremden Organisation, ihr Kompetenzkonflikt mit SD und Gestapo zu einer politisch-moralischen Auseinandersetzung aufgewertet. Ein phantastischer Anblick, wie da die Hinterbliebenen einer Organisation des Dritten Reiches deren Lebensgeschichte umschrieben und gleichsam lautlos entnazifizierten — kein Wunder, daß Autoren wie Karl Heinz Abshagen, Oscar Reile und Gert Buchheit, die damals über die Abwehr schrieben, ihr selber entstammten oder ihr einmal dienstlich nahegestanden hatten.[3]

Doch lange konnte sich die Abwehr-Legende in ihrer gröbsten Form nicht halten. Allzu offenkundig war, daß sich Wilhelm Canaris zum Helden des Widerstandes gegen Hitler kaum eignet, undurchsichtig und widerspruchsvoll, wie er nun einmal gewesen war: jeder konkreten Festlegung abgeneigt, zwischen den politisch-ideologischen Fronten des Krieges rochierend, hier die Eroberungszüge Hitlers mit der Abwehr vorbereitend, dort mit antinazistischen Widerstandsgruppen den Sturz des gleichen Hitlers planend — wer möchte da noch heroisieren? Aber auch Canaris' Organisation, das OKW-Amt Ausland/Abwehr mit seinen 33 Abwehrstellen, 10 Kriegs-Organisationen, der zbV-Division „Brandenburg" und der dem Amt unterstellten Geheimen Feldpolizei (GFP), taugt wenig für eine Rolle in der Geschichte des Widerstands.

Schon ein erster Blick auf Personal und Struktur von Ausland/Abwehr offenbart, wie wenig sich hier Widerstand gegen das Regime artikulieren und formieren konnte. Wenn man es drastisch-statistisch ausdrücken will: Die Abwehr zählte auf dem Höhepunkt ihrer Aktivitäten 13 000 Offiziere, Beamte und Angestellte,[4] von denen allenfalls 50 als Widerständler gelten können, wobei Widerstand in diesem Kontext meint: grundsätzliche Gegnerschaft gegen den Staat Adolf Hitlers und das aktive Bemühen, ihn um nahezu jeden Preis zu beseitigen (nicht gemeint: fachlich bedingte Detailkritik an Maßnahmen oder Befehlen von „oben" und Opposition in Teilbereichen ohne prinzipielle Infragestellung des politischen Systems).

Die Zahlen lassen bereits ahnen, daß sich das Gros des Abwehr-Personals kaum von jenem in anderen Bereichen der Wehrmacht unterschied: ein harter Kern ehemaliger Reichswehroffiziere mit ihrer scheinbar unpolitischen, abstrakten Dienstideologie, dazu alte Reserveoffiziere aus den Zeiten der Monarchie und vor allem jüngere, schon ganz vom Nationalsozialismus und dessen aktivistischen Pathos durchdrungene Offiziere, alle aber zusammengehalten von dem gemeinsamen Glauben an die historische Mission einer deutschen Großmacht und an die Notwendigkeit eines nationalen Macht- und Obrigkeitsstaates. In dieser Umgebung wirkte der kämpferische NS-Gegner Hans Oster, Chef der Zentralabteilung der Abwehr, mit dem kleinen Kreis seiner von ihm in den Abwehrdienst geholten Freunde, meist Juristen aus dem politischen Widerstand, wie ein Fremdkörper, zumal die Dohnanyi, Delbrück, Gisevius und Waetjen in ihren ungewohnten Sonderführer-Uniformen einen kräftigen Hauch militärfremden Zivilistentums mitbrachten.

Das Gros der Abwehr-Angehörigen aber kannte keine Zweifel an der militärischen und politischen Ordnung des Regimes, die Abwehr spiegelte wie jede andere Institution des Dritten Reiches nationalsozialistischen

Zeitgeist wider. Den meisten Abwehroffizieren war kaum noch bewußt, wie sehr sie schon Sprache und Mentalität des NS-Regimes verinnerlicht hatten. Da schien es ihnen ganz natürlich, verdächtige Ausländer in Konzentrationslager einweisen zu lassen oder aus Gründen der Spionagebekämpfung die Berliner Juden durch einen Davidstern zu kennzeichnen,[5] und unvergessen waren noch all die Nazi-Sprüche von Canaris, die in der Forderung gipfelten, der Offizier der Abwehr müsse „im gelebten und verwirklichten Nationalsozialismus vorangehen", nur so bewahre er sich die „ihm vom Führer zugewiesene ... Stellung".[6]

Makaber all die Fälle, in denen Angehörige der Abwehr oder Canaris unterstellte Einheiten an den Massenmorden von SS und Sicherheitspolizei mitwirkten. Die Geheime Feldpolizei half im besetzten Rußland den SS-Einsatzgruppen bei der „Selektion" ihrer Opfer in Gefangenen- und Internierungslagern; die dort stationierten Offiziere der Abwehr III präparierten Listen und Unterlagen, die Heydrichs Liquidatoren ihre mörderische Arbeit erleichterten. Nicht selten waren auch die Fälle, in denen Einheiten der GFP die Kameraden von den Einsatzgruppen herbeiriefen, um mit ihnen gemeinsam flüchtige Juden einzufangen oder ihnen bereits gefangene Juden zur Exekution zu überstellen, was so häufig geschah, daß Heydrich schließlich der Abwehr ausrichten ließ, die GFP möge gefälligst „ihre Erschießungen selbst durchführen".[7]

Eine so fest in das politische System des Hitler-Staates eingebundene Militärorganisation kannte nichts als bedingungslosen Einsatz für Führer und Staat. Die ersten Schüsse des Zweiten Weltkrieges wurden von der Abwehr abgefeuert, von dem K-Trupp des Leutnants Herzner, der am 26. August 1939 den polnischen Bahnhof Mosty nahe des strategisch wichtigen Jablunka-Passes überfiel, ohne zu wissen, daß der Krieg von Hitler noch einmal um ein paar Tage verschoben worden war,[8] und dieses Vorpreschen der Abwehr war kein Zufall: Wo immer die deutsche Führung ihren nächsten Expansionsakt vorbereitete, arbeitete ihr die Abwehr konspirativ zu. Ob es um das Täuschungsspiel zur Tarnung des Barbarossa-Aufmarsches ging, ob um das Norwegen-Unternehmen oder den geplanten Überraschungsangriff auf Gibraltar — die Abwehr war immer dabei, zuverlässig und bedenkenlos.

Wen will es da noch wundern, daß wir in Canaris' unmittelbarer Umgebung, von Oster abgesehen, kaum einen Mann des Widerstandes antreffen? Der engste Vertraute und Stellvertreter des Amtschefs, der Abwehr-I-Chef Piekenbrock, gab sich bewußt als unpolitischer Soldat, und auch die anderen Abteilungschefs von Canaris standen schwerlich im Lager des Widerstandes: der Amtsgruppenchef Ausland, Konteradmiral Bürkner, ein politisch naiver Soldat, im Banne des Hitler-Kults, der Chef der Abwehrabteilung III, Oberst von Bentivegni, schon wegen seiner Zusammenarbeit mit dem Reichssicherheitshauptamt immer etwas im Verdacht, zur „anderen Seite“ zu neigen, und Oberst Lahousen, der Chef von Abwehr II, allenfalls ein vorsichtiger Sympathisant der NS-Gegner.

Erst nach dem Sturz Osters im Frühjahr 1943 kamen mit den Nachfolgern Piekenbrocks und Lahousens, den Obersten Hansen und von Freytag-Loringhoven, engagierte Widerständler in den Führungkreis um Canaris, die freilich kaum noch Zeit hatten, in der autonomen Abwehr entscheidend zu wirken. Es scheint überhaupt das Schicksal der entschiedenen Hitler-Gegner in der Abwehrführung gewesen zu sein, immer nur kurz amtiert zu haben, wie etwa der couragierte Major Groscurth, der praktisch nur ein halbes Jahr die Abwehr II leitete. Im Gegensatz dazu steht die lange Amtszeit der angepaßten und NS-konformen Abteilungschefs, so in der Abwehr III: erst der Major und Heydrich-Intimus Bamler sechs Jahre lang bis vor Kriegsausbruch, dann Bentivegni bis zum Ende der Abwehr.

Ähnlich das Bild auf der nächsten Rangstufe, der Canaris persönlich unterstellten Abwehrstellen- und KO-Leiter, und auch in der dann folgenden Reihe der Gruppenleiter in der Berliner Amtszentrale. Unter den KO-Leitern gab es keinen einzigen Widerständler, unter den Ast-Leitern mindestens zwei, unter den Gruppenleitern einen: Hans von Dohnanyi. Das Gros stellten auch hier die Angepaßten und die NS-Anhänger, wobei nur als Kuriosum erwähnt sei, daß ausgerechnet in Osters Zentralabteilung ein Gruppenleiter (Ministerialrat Dr. Herzlieb, Leiter von ZR) saß, der sogar Mitglied des Volksgerichtshofs war, und bei der Abwehr III ein leibhaftiger SS-Standartenführer ressortierte, der Feldpolizeichef Krichbaum, Kommandeur der Geheimen Feldpolizei.[9]

Auch eine Organisationsanalyse kann nur ergeben, daß Zentrale, Außenstellen und Verbände der Abwehr überaus regimekonform operierten, von keinem Zweifel an dem Sinn ihres Tuns und am nationalsozialistischen Staat berührt. Nehmen wir das krasseste Beispiel bedenkenloser Regimetreue im Umkreis der Abwehr, die Geheime Feldpolizei (GFP) mit ihren 5000 bis 6000 Angehörigen, gefürchteten Funktionären militärischer Personenkontrolle: Was waren die GFP-Männer anderes denn als Soldaten verkleidete Beamte aus dem Amtsbereich des Chefs der Sicherheitspolizei und des Sicherheitsdienstes (SD), erzogen und gedrillt in den Maximen inhumaner Überwachung und „Gegner“-Bekämpfung?

Ebensowenig Widerständlerisches haftet der „Brandenburg“ an, der Abwehrtruppe für konspirative Einsätze hinter der gegnerischen Front, später von den Apologeten als Eingreiftruppe eines Staatsstreichs gegen Hitler mißdeutet. Der Schöpfer der Truppe, Oberst von Hippel, hielt solche These mit Recht für „abwegig“: „Die Brandenburger hatten nach

1940 sicher eine hohe Zahl von Nazibegeisterten aufgenommen, ihre soldatische Einsatzbereitschaft machte sie für eine Volkserhebung unfähig."[10]

Nicht anders die Abteilungen in der Zentrale. Die für die Spionageabwehr zuständige Abteilung III, durch mancherlei Querverbindungen mit Gestapo und SD verfilzt, war so stark auf den autoritären Staatsschutzgedanken ausgerichtet, daß ihre Offiziere nicht selten das Reichssicherheitshauptamt (RSHA) ob der Lückenhaftigkeit seines Kontrollsystems rügten. Bentivegnis Abteilung ließ sich immer neue Vorschläge einfallen, die darauf abzielten, den polizeilichen Überwachungsapparat noch zu verstärken — zum vermeintlichen Wohl der Wehrmacht und ihrer Sicherheit. Manche Erweiterung polizeilicher Macht ging auf Anregung der Abwehr III zurück: die Errichtung einer Sichtvermerkzentrale beim Reichsführer-SS und Chef der Deutschen Polizei, die Schaffung von Sperrzonen an der Grenze, schärfere Personenkontrolle, die Hinausdrängung aller Zigeuner aus Grenzgebieten und Rüstungsbetrieben.[11]

Auch die für Sabotage und psychologische Kriegsführung zuständige Abwehr II und der Geheime Meldedienst (Abwehr I) waren gehalten, mit den Organen der Sicherheitspolizei und des SD eng zusammenzuarbeiten. Wie heftig man auch in Kompetenzfragen zerstritten war, welche Mühe auch die Abwehr darauf verwenden mußte, Eingriffe des RSHA in Hoheitsrechte des militärischen Geheimdienstes abzuwehren — für die meisten Männer der Abwehr war es eine Selbstverständlichkeit, mit SD und Gestapo zu kooperieren. Man denke nur an die gemeinsamen Inspektionsreisen von Canaris und Heydrich, den engen gesellschaftlichen Kontakt zwischen führenden Männern der beiden Apparate, die zahlreichen gemeinsamen Gegenspiele gegen den britischen Geheimdienst!

Nicht einmal die „Z", Osters Zentralabteilung, konnte als ein sicherer Stützpunkt des Widerstandes gelten. Zwar war die Gruppe ZB (Berichterstattung) fest in der Hand von Widerständlern, auch reichte ihr Einfluß weit in die Gruppe ZF (Finanzen) hinein, doch dem stand die Rechtsgruppe der Abteilung entgegen, die als eine Hochburg von Nationalsozialisten und Angepaßten galt — gemildert nur durch den Umstand, daß die Gruppe außerhalb der Abwehrzentrale in einem Haus am Matthäikirchplatz untergebracht war. Das änderte freilich nichts daran, daß die schärfsten Widersacher Osters just in dieser ZR (Recht) saßen und ihm das Leben schwer machten.[12]

III

So blieb den Angehörigen des Widerstandes in der Abwehr nur übrig, den Versuch zu wagen, sich strategisch günstige Positionen im Führungsapparat zu sichern und von hier aus — verdeckt gegenüber andersdenkenden

Kameraden — den Kampf gegen das Regime zu führen. Manchem gelang es: Der Kriegsverwaltungsrat Graf Moltke in der Auslandsabteilung I, der Major Dr. Kiep in der Auslandsabteilung II, Oberst Oster an der Spitze von „Z", die beiden Sonderführer Dohnanyi und Delbrück in der Gruppe ZB, Oberstleutnant Schrader in der Abwehrgruppe der Heereswesenabteilung im Oberkommando des Heeres — jeder dieser engagierten NS-Gegner saß auf einem wichtigen Platz und suchte, neue Helfer für den geplanten Umsturz zu finden.

Dabei fällt allerdings auf, daß den Widerständlern die „klassischen" Bereiche der Abwehr nahezu völlig verschlossen blieben, also Abwehr I und III, in denen die Profis der militärischen Feindaufklärung, Spionageabwehr und Gegenspionage dominierten. Den Hitler-Gegnern standen eher die sozusagen neumodischen Arbeitsgebiete der Abwehr offen, die politisch-psychokriegerischen Bereiche, in erster Linie die Abwehr II, in der die wirkungsvollsten Widerständler der Abwehr agierten: Groscurth, Schrader, Fiedler, um nur einige zu nennen.

Entsprechend waren diese Widerständler in Uniform keine „echten", will sagen: keine professionellen Abwehroffiziere mit einem linearen Werdegang, denen die Abwehr und jedwede geheimdienstliche Arbeit einen Wert an sich bedeuteten. Die Männer des Widerstandes waren vielmehr Außenseiter, durch den Krieg oder Osters Personalpolitik in die Abwehr verschlagen, die ihnen nur Mittel zum Zweck war, Tarnung und Instrument ihrer konspirativen Arbeit gegen das Regime. Und sie waren nicht zuletzt Menschen mit einer vielfach gebrochenen Biographie: der 1932 wegen einer Frauenaffäre aus der Armee verabschiedete Oster, der trotz Canaris' Protektion nie wieder den Rückweg in das Korps der Generalstabsoffiziere finden konnte, der als Politiker und Literat gestrandete Heinz, der auch als Regimentskommandeur in der „Brandenburg" scheiterte, der von Hitler als „Ehrenarier" bestätigte Dohnanyi, der zwischen Ministerien und Wirtschaft ruhelos rochierende Gisevius.[13]

Doch diese Außenseiter, wie unbeliebt sie auch in der Abwehr sein mochten, waren politisch hochsensibilisiert, sie durchschauten die Umwelt schärfer als ihre durch Karriererücksichten und Anpassungszwänge gehemmten Kameraden. Die kritischen Beobachter am Rande der Abwehr erkannten mit sicherem Instinkt die politisch-moralische Bodenlosigkeit, ja Verderbnis des Regimes, und das berührte bei dem Amtschef Canaris eine verwandte Saite. Nichts faszinierte ihn an seinem Freund Oster mehr als dessen schlichte, unreflektierte Lebensphilosophie mit ihren soldatisch-christlichen Maximen, die ihn hieß, inmitten all der Barbarei und Menschenverachtung des Hitlerismus der „anständige Kerl" zu bleiben, „wie wir es in der Kinderstube und in der Soldatenzucht gelernt haben".[14]

Das machte Canaris aufnahmebereit für die Wünsche und Intentionen der NS-Gegner in seiner Abwehr. Es waren meist ihre Anregungen und Informationen, die den Abwehrchef gegen das nationalsozialistische Regime handeln ließen. Seine Proteste gegen die ersten Judenerschießungen im deutschbesetzten Polen, seine Brandmarkung der verbrecherischen Kriegsgefangenenpraxis im Rußlandkrieg, die Rettung einzelner Juden vor dem Zugriff von Gestapo und Einsatzgruppen, die Aufnahme gefährdeter Gegner des Regimes in den Reihen der Abwehr — dahinter standen fast immer Oster und Moltke und deren Gesinnungsfreunde, überzeugend genug, den keineswegs konfliktbereiten Amtschef zu einer riskanten Aktion zu bewegen.

IV

Doch es wäre verfehlt, Wilhelm Canaris deshalb zu den zentralen Figuren des deutschen Widerstands zu zählen. Er war es nicht — es sei denn, man will auf ihn noch immer jenen diffusen Widerstandsbegriff der fünfziger und sechziger Jahre anwenden, der jede Abweichung von der Linie Hitlers oder der Norm des Regimes zum Widerstand erklärte. Mit so realitätsfremden Erklärungsformeln wird man Canaris kaum verstehen können. Canaris war kein Widerständler im Sinne Osters und dessen Anhänger, ihm war viel zu „radikal", was der Freund da plante und trieb. Kein Wunder, daß Canaris die von ihm selber verbotene „innenpolitische" Arbeit der Oster-Gruppe immer etwas unheimlich war und er sich im Sommer 1940, nach dem Abwehr-internen Eklat um den Verrat des Angriffstermins der Westoffensive, von Oster abwendete.[15]

Canaris konnte sich nie dazu entschließen, grundsätzlich mit dem Regime zu brechen, und es ist schwerlich ein Zufall, daß er an der Vorbereitung und Tat des 20. Juli 1944 keinerlei Anteil genommen hat. Schon im Februar 1945 stellte Gisevius in einem Report für das Office of Strategic Services fest, daß „Canaris an der Verschwörung gegen Hitler niemals planend und verantwortlich teilnahm". Auch Josef Müller, der legendäre „Ochsensepp", ließ im Juli 1947 protokollieren: „Canaris war nicht eingeweiht, weil die zentrale Leitung von Oster aus selbständig arbeitete." Müller wußte dafür einen Grund: „Canaris war eminent klug, aber vor lauter Klugheit konnte er oft nicht über Schwierigkeiten hinweg"; er habe einfach seine „Hemmungen nicht überwunden".[16]

Selbst in der Zeit engster Vertrautheit mit Oster offenbarte Canaris deutliche Distanz in einigen Kernfragen des Widerstandes: Er lehnte ein Attentat auf Hitler ab, er versagte sich auch dem, was sich seinem konventionellen Politikverständnis als Landesverrat darstellte. Wohl kaum ein anderer hoher Funktionsträger der Wehrmacht hatte einen solchen Abscheu vor dem Landesverrat. Unvorstellbar, daß er etwa, wäre sie ihm bekannt gewesen, die Bedenkenlosigkeit von Gisevius gebilligt hätte, der auch militärische Spionage zugunsten des Kriegsgegners für einen legitimen Widerstandsakt hielt und sie selber praktizierte.[17]

Wenn Canaris dennoch an einigen Aktionen des Widerstandes zumindest als Mitwisser teilnahm, so deshalb, weil ihnen der offenkundig regimefeindliche Charakter fehlte. Beispiel: Müllers Friedensmission in Rom 1939/40. Sie war nicht — wie neue, noch nicht publizierte Forschungen ergeben — der große Widerstandsakt, als der sie noch heute verstanden wird, sondern ein ganz normales geheimdienstliches Gegenspiel, an dem sogar der SD beteiligt wurde. Erst am Rande dieses Geheimdienstspiels nutzte Müller die Chance, die ihm speziell von Oster im Namen des Widerstands erteilten Aufträge auszuführen, was nun wiederum Canaris nicht wußte.

Gleichwohl gehört Canaris zur Anti-Hitler-Opposition, zumindest war er der große Schutzherr des militärischen Widerstandes, der die Arbeit der Verschwörer zum Teil erst möglich machte. Was ihn jedoch vom eigentlichen Widerstand unterschied, war der andersartige Ausgangspunkt seiner Intentionen. Ihm ging es nicht um eine politische Neuordnung, die Frage des künftigen Regimes in Deutschland ließ ihn desinteressiert. Im Mittelpunkt seines Strebens stand ein einziger zentraler Gedanke: Verhinderung des *Finis Germaniae*, Rettung der nationalen und staatlichen Substanz Deutschlands, sofortiger Friedensschluß mit dem Westen.

Damit wird zugleich deutlich, daß Canaris bei aller Hamlet-artigen Unentschiedenheit der Mann der militärischen Friedenspartei blieb, der er seit 1938 immer gewesen war. Auch hier der gravierende Unterschied zu engagierten Widerständlern von der Art Osters oder Schulze-Boysens, für die Erhaltung des Friedens kein zentraler Gedanke war, im Gegenteil: Frieden bedeutete für sie eine Verlängerung, ja eine Verewigung der Herrschaft Hitlers. Dem Abwehrchef Canaris aber ging es in erster Linie um die Erhaltung beziehungsweise Rückgewinnung des Friedens, war er doch überzeugt, daß jeder Krieg mit der ihm innewohnenden Tendenz zur Uferlosigkeit die Zerstörung des traditionellen deutschen Machtstaates bedeutete, eben: *Finis Germaniae.*

Daher kommt auch der scheinbar wunderliche Umstand, daß Canaris' Opposition, so sehr sie sich tendenziell gegen Hitlers Politik richtete, im weitesten Sinne doch regimekonform blieb. Mit dem herkömmlichen Widerstand hatte sie nur wenig gemein. Die Opposition des Abwehrchefs in der Blomberg-Fritsch-Krise war Bestandteil der machtpolitischen Auseinandersetzung zwischen der Wehrmachtführung und dem SS/Polizei-Apparat Himmlers und Heydrichs, seine Opposition in den Anfängen der

Sudetenkrise zeigt uns Canaris in der Rolle eines der Wortführer der militärisch-diplomatischen Kriegsverhinderungspartei, die sich allerdings nach der Resignation des Generalstabschefs Beck für kurze Zeit den Putschplänen der radikaleren Opposition um Oster öffnete — der einzige Augenblick, in dem Canaris an einem Komplott zum Sturz Hitlers wirklich teilgenommen hat.

V

Was dann folgte, war wieder der konventionelle Canaris, der Mann des militärischen Establishments: im Sommer 1939 erneut Stichwortgeber der Kriegsverhinderungspartei, im Winter 1939/40 bei den Auseinandersetzungen über Hitlers Westoffensivpläne einer der Inspiratoren der Kriegsverkürzungspartei, die so wenig den NS-Staat in Frage stellte, daß ihr sogar ein Reichenau angehören konnte. Schließlich die letzte Rolle, die Canaris blieb, eine Rolle voller Zwielicht und Illusionen: die des geheimen Drähteziehers im Ausland, Missionen des Abwehrchefs, der durch Kontakte zum Kriegsgegner, vor allem zu dessen Geheimdiensten, einen Sonderfrieden anbahnen wollte, um Deutschland noch in letzter Minute davor zu bewahren, für die Verbrechen des Nationalsozialismus den vollen, bitteren Preis zu zahlen.

Aber auch diesem letzten, verzweifelten Kampf von Canaris fehlt ein engerer Zusammenhang mit dem deutschen Widerstand. Es ist bezeichnend, daß keine Widerständler in der Abwehr dabei assistierten, sondern nur Profis aus der Welt der Geheimdienste, deren Namen in keiner Geschichte des Widerstands vorkommen: der Canaris-Konfident Baron Kaulbars, der schwedische Militärattaché Juhlin-Dannfelt, der baltische V-Mann Klaus, der griechische Abwehrchef Theofanides, der amerikanische Oberst Amoss, der spanische Geheimdienstchef Martínez Campos y Serrano. Zu ihnen muß man wohl ebenfalls V-Männer wie den Rechtsanwalt Langbehn und den Prinzen von Hohenlohe-Langenburg rechnen, deren sich auch der skrupellose SD-Chef Schellenberg bediente, der nach Stalingrad zumindest in der machtpolitischen Analyse ähnlich dachte wie Canaris und Kontakt zu den Alliierten suchte.

Canaris und Schellenberg im gleichen Boot? Das kann nur den überraschen, der vergessen hat, daß es Himmler war, der wiederholt Fahndungen der Gestapo gegen Canaris unterband und der 1943 in der Korruptionsaffäre Schmidthuber/Dohnanyi dazu beitrug, den schwer angeschlagenen Abwehrchef noch einmal vor dem Sturz zu bewahren.[18] Himmler und Schellenberg hatten zweifellos ihre besonderen Gründe, Canaris zu halten — jenen Canaris, der gerade dabei war, sich einen scheinbar aussichtsreichen Weg zu den Westalliierten zu bahnen. So kam es, daß sich Canaris und Schellenberg, unabhängig voneinander, zuweilen der gleichen Ansprechpersonen und der gleichen Mittelsleute bedienten.

Sicherlich ginge es zu weit, hier von einem Komplott der beiden so verschiedenen Geheimdienstchefs zu sprechen, und doch trieben Canaris und Schellenberg etwas, was auch den Geheimdienstchefs der anderen Seite, dem Briten Menzies und dem Amerikaner Donovan, nicht fremd war: die Utopie, mit den Tricks ihres Gewerbes die Fronten des Krieges aufweichen und dem Krieg ein sofortiges Ende bereiten zu können.

Nur so ist zu erklären, daß sich Canaris, Menzies und Donovan 1943 immer mehr aufeinander zubewegten und allen Ernstes einen Treff in einem neutralen Land anvisierten. Anthony Cave Brown hat im Nachlaß Donovans Telegramme seiner Geheimdienstler aus dem Februar und März 1943 gefunden, die belegen, daß damals tatsächlich eine Zusammenkunft zwischen Canaris und Donovan vorbereitet wurde.[19] Ob sie dann wenige Wochen später im spanischen Santander stattgefunden hat, wie ein Abwehroffizier angibt, der dabei gewesen sein will, muß einstweilen noch offen bleiben, da eindeutige Belege fehlen.[20]

Doch Washington und London unterbanden die Kontakte zum Kriegsgegner, die Alliierten waren unwandelbar auf das Konzept der bedingungslosen Kapitulation Deutschlands fixiert. Ein knappes Jahr später war Canaris gestürzt, die Abwehr als eigenständige Organisation aufgelöst — auch dies freilich nicht Ergebnis eines Intrigenspiels von SD und Gestapo, wie die Legende will, sondern Resultat all der fachlichen Unzulänglichkeiten und Deformierungen der Abwehr, denen schon Oster und sein Kreis ein Jahr zuvor zum Opfer gefallen waren.

So blieb Wilhelm Canaris bis zum Ende, was er gewesen war: ein Geheimdienstchef, der klüger und menschlicher war als das Regime, dem er diente, eine Figur am Rande des Widerstandes, Helfer im Kampf gegen die Diktatur, ohne sich ihm bedingungslos zu verschreiben.

Anmerkungen

1 Nigel West, *MI 6. British Intelligence Service Operations 1939—45*, London 1983, S. 116 ff. Dazu auch Angus Macpherson, *Nigel West. The Real Ace of Spies*, in: *The Mail on Sunday*, London, 16. Oktober 1983, S. 31 ff.

2 Hans Rudolf Fuhrer, *Spionage gegen die Schweiz. Die geheimen deutschen Nachrichtendienste gegen die Schweiz im Zweiten Weltkrieg 1939—1945*, Frauenfeld 1982, S. 33 ff. Zu den SIS-Warnungen: Anthony Cave Brown, *The Last Hero. Wild Bill Donovan*, New York 1982, S. 288.

3 Vgl. Karl Heinz Abshagen, *Canaris*, Stuttgart 1949, und Gert Buchheit, *Der deutsche Geheimdienst*, München 1966.

[4] Zahlen bei David Kahn, *Hitler's Spies. German Military Intelligence in World War II*, New York 1978, S. 243 ff.

[5] Heinz Höhne, *Canaris — Patriot im Zwielicht*, München 1976, S. 443.

[6] *Die nationalpolitische Stellung des Offiziers in der Deutschen Wehrmacht.* Vortrag von Vizeadmiral Canaris, Oberkommando der Wehrmacht, am 22. April 1938, S. 2; Photokopie im Institut für Zeitgeschichte, F 6/1.

[7] Helmut Krausnick/ Harold C. Deutsch/ Hildegard v. Kotze, *Tagebücher eines Abwehroffiziers*, Stuttgart 1970, S. 272.

[8] H. Höhne, *Canaris*... [Anm. 5], S. 334 ff.

[9] Geschäftsverteilungsplan von ZR, 21. Januar 1942; Bundesarchiv/Militärarchiv, Arb. Loos. 727. Zu Krichbaum: R. u. S.-Fragebogen Krichbaum, Wilhelm; im Privatbesitz.

[10] Schreiben von Theodor v. Hippel an Helmut Krausnick, 30. Oktober 1968; Institut für Zeitgeschichte, ZS 2055/I.

[11] Siehe beispielsweise das Memorandum der Abwehr III betr. Abwehrmaßnahmen in Deutschland auf dem Gebiet der Personenüberwachung, 6. Februar 1940; Akten des Persönlichen Stabes Reichsführer-SS und Chef der Deutschen Polizei, Mikrofilme des National Archives, Alexandria (USA), T-175/463.

[12] Darüber Näheres bei: Aufzeichnung von Christine v. Dohnanyi, undatiert (etwa: 1948/49); Akten der Staatsanwaltschaft Lüneburg im Ermittlungsfall Roeder, Bd. 1, Blatt 126 ff.

[13] Zum Fall Dohnanyi: Anklageschrift des Oberreichskriegsanwalts, 16. September 1943, und Stellungnahme der Rechtsanwälte Graf von der Goltz und Kurt Peschke, 19. Februar 1944; Akten der Staatsanwaltschaft Lüneburg... [Anm. 12], S. 4 ff.

[14] Zitiert nach Hermann Graml, *Der Fall Oster*, in: *Vierteljahrshefte für Zeitgeschichte*, 14. Jg. (1966), S. 29.

[15] Dazu die Befragung von Franz Liedig durch Helmut Krausnick und Harold C. Deutsch, undatiert; Institut für Zeitgeschichte, ZS 2125.

[16] Zu Gisevius: Von OSS-Resident A. W. Dulles verfaßter Bericht über die Vorgeschichte und Geschichte des 20. Juli, „entstanden auf Grund von Mitteilungen, die mir Herr Dr. H. B. Gisevius in der Woche vom 4. 2.—11. 2. 1945 machte", S. 4; OSS-Akte Breakers, National Archives, NND 84 30 99. Zu Müller: Fragen und Erläuterungen von Dr. Müller, Juli 1947; Akten der Staatsanwaltschaft Lüneburg... [Anm. 12], Bd. 9, Blatt 66.

[17] In seinem Rechenschaftsbericht an Präsident Truman vom 22. Juni 1945 hielt Donovan fest, dank der „frühzeitigen Informationen über die Vorbereitungen von V 1 und V 2" durch Agent 512 (Gisevius) sei die Identifizierung der deutschen Versuchsanstalt Peenemünde und ihre Bombardierung möglich gewesen; A. C. Brown, *The Last Hero*... [Anm. 2], S. 290.

[18] Aussage des ehemaligen Kriminalkommissars Franz Xaver Sonderegger, 9. September 1948; Akten der Staatsanwaltschaft Lüneburg... [Anm. 12], Bd. 9, Bl. 299.

[19] A. C. Brown, *The Last Hero*... [Anm. 2], S. 292 ff.

[20] Schreiben von F. Justus v. Einem an Dr. Josef Müller, 29. Dezember 1967; Privatbesitz von Dr. Müller.

Fritz Dietlof Graf von der Schulenburg

Das Problem von Kooperation und Opposition und der Entschluß zum Widerstand gegen das Hitler-Regime

ULRICH HEINEMANN
Bochum

I

Der Verwaltungsjurist Fritz Dietlof Graf von der Schulenburg, Jahrgang 1902, gebürtiger Mecklenburger und Sohn des ehemaligen Chefs der Heeresgruppe Kronprinz, Friedrich Graf von der Schulenburg, entwickelte sich im Vorfeld des 20. Juli 1944 zu einem der engsten Vertrauensmänner Stauffenbergs und zu einem der bedeutendsten Mittler zwischen militärischem und zivilem Widerstand. Er arbeitete im Rahmen der Verschwörung auch an den Konzepten für die Verwaltungs- und Reichsreform mit, wurde am Abend des 20. Juli in der Bendlerstraße verhaftet und nach längeren Verhören sowie nach mutigem Auftreten vor dem Volksgerichtshof am 10. August 1944 in Plötzensee hingerichtet.[1]

Schulenburgs Weg in den Widerstand war bei Hitlers Machtergreifung noch keineswegs vorgezeichnet. Der junge Assessor hatte sich zu Beginn der dreißiger Jahre begeistert zum Nationalsozialismus bekannt. Im März 1932 war er der NSDAP beigetreten, und im Frühjahr 1933 gehörte er zu den Aktivisten der nationalsozialistischen Gleichschaltung in der Provinz Ostpreußen.

Schulenburgs in vieler Hinsicht extremer Einstellungswandel gegenüber dem NS-Regime ist dennoch paradigmatisch für den Erfahrungs- und Leidensweg der meisten seiner Freunde und Mitkämpfer im Umfeld des 20. Juli. Der bürgerlich-aristokratische Widerstand — und das gilt für Carl Goerdeler ebenso wie für Ludwig Beck und für Helmuth James Graf von Moltke ebenso wie für Claus Graf Schenk von Stauffenberg — entwickelte sich in der Spannung von Konsens und Dissens, von Kooperation und systemsprengender Opposition. Diesem Spannungsverhältnis gilt unsere besondere Aufmerksamkeit. Es kann als wachsende Distanzierung vom Hitler-Regime beschrieben werden,[2] als ein Prozeß, der in Zyklen verlief und Brüche und Umwege aufwies.

Aufgabe der nachfolgenden Betrachtung wird es sein, diesen Prozeß am Beispiel Schulenburgs, eines von der Forschung bislang eher vernachlässigten Widerstandskämpfers,[3] nachzuzeichnen. Dabei sollen die Motive und Bedingungen, die Schulenburgs Entschluß zum Widerstand bewirkt haben, in weit stärkerem Maße analytisch herausgearbeitet werden, als das in vergleichbaren Fällen die ältere Widerstandsliteratur mit ihrer Überbetonung des ethisch-moralischen Gewissensaktes getan hat.[4]

II

Auf den ersten Blick scheint im Falle Schulenburg der Bruch mit dem Nationalsozialismus, der Übergang von Konsens und Kooperation zu Dissens und zumindest zur Verweigerung schon aus den äußeren Stationen der Berufslaufbahn ablesbar zu sein. Er durchlief zunächst zwar eine Reihe durchaus bemerkenswerter Karrierepositionen, war seit März 1933 als Regierungsrat beim Oberpräsidium Königsberg zeitweilig der für die höhere Verwaltung Ostpreußens ausschlaggebende Personalreferent, ging Ende 1934 als Landrat in das samländische Fischhausen und seit Mitte 1937 als Polizeivizepräsident nach Berlin, um im August 1939 Regierungspräsident und Stellvertreter des Oberpräsidenten der Provinz Schlesien in Breslau zu werden. Seit dem Sommer 1940 verschloß sich Schulenburg jedoch den weiterhin verheißungsvollen Karriereangeboten seiner vorgesetzten Behörden und zog sich als Leutnant der Reserve (später Oberleutnant) in das Potsdamer Infanterieregiment 9, das berühmte „Graf 9“ zurück. Unterbrochen wurde diese „Emigration ins Heer“, die Schulenburg im Juni 1940 an die Westfront nach Frankreich und im Sommer/Herbst 1941 an die Ostfront führte, durch die Übernahme einer Reihe von Positionen auf Zeit in der höheren Zivil- und Militärverwaltung, wo er in den Jahren 1942/43 zunächst im Reichsernährungsministerium und im Reichswirtschaftsministerium, später im Sonderstab von Unruh, der berühmten „Heldenklau-Kommission“, Vorschläge für Verwaltungsvereinfachungen und Personalabbau erarbeitete.[5]

Ähnlich konsequent, wie er sich jeder festeren Einbindung in den höheren Verwaltungsdienst des Dritten Reiches entzog, forcierte er in den Jahren nach 1938/39 sein Engagement im Widerstand gegen das Hitler-Regime.[6] Gehörte er noch in der denkwürdigen Blomberg-Fritsch-Affäre und in der Sudetenkrise zu den Randfiguren der Militär-Fronde, die sich zunächst gegen SS und Gestapo, später dann auch gegen Hitler selbst richtete,[7] so gab es nach Kriegsausbruch, wie Eberhard Zeller zutreffend festgestellt hat, „kaum einen Brückenschlag innerhalb der

Widerstandsgruppen, kein zusammenwachsendes Komplott, bei dem nicht ‚Fritzi' Schulenburg mit am Werke" war.[8] Schulenburg stand nicht nur in mehr oder weniger enger Beziehung zu den bedeutendsten Persönlichkeiten des 20. Juli, er betätigte sich auch — ohne selbst einem der Oppositionszirkel anzugehören — als der herausragende Mittler zwischen den einzelnen, sich häufig mißtrauisch gegenüberstehenden Gruppen und Persönlichkeiten im Widerstand.[9] Er brachte die konservativen Honoratioren um Goerdeler und Hassell mit den „Jungen" um Moltke, Peter Graf Yorck von Wartenburg und Adam von Trott zu Solz zusammen[10] und bemühte sich durch Kontaktaufnahmen zu dem christlich-nationalen Gewerkschafter Max Habermann und dem Sozialdemokraten Julius Leber um eine Verbreiterung der sozialen Basis der Bewegung des 20. Juli.[11] Schulenburg war in den bürgerlichen Widerstandszirkeln ebenso zu Hause wie in der Militäropposition. Mit Hans Oster arbeitete er seit der Fritsch-Affäre eng zusammen,[12] und mit Stauffenberg, den er zusammen mit seinem Onkel, Graf von Üxküll, von der Unumgänglichkeit des aktiven Widerstandes überzeugt hatte, verband ihn seit Herbst 1943 eine immer enger werdende Freundschaft.[13] Schulenburg war der wichtigste Vertrauensmann zur Militäropposition in Paris um General Karl Heinrich von Stülpnagel und dessen engsten Vertrauten, den Oberstleutnant Cäsar von Hofacker.[14] Schulenburg war es auch, der die jungen Offiziere Ewald Heinrich von Kleist-Schmenzin und Axel Frhr. von dem Bussche dazu bewegte, sich als Attentäter für Anschläge auf Hitler und Himmler zur Verfügung zu halten.[15]

Doch erschöpfte sich seine Leistung für den deutschen Widerstand nicht in diesen Aktivitäten. Er beteiligte sich darüber hinaus engagiert an den Plänen für die Verwaltungs- und Reichsreform, die nach dem geglückten Umsturz in Kraft treten sollte, und nahm die Verbindung zu zahlreichen Persönlichkeiten aus der höheren Verwaltung auf, die seiner Meinung nach willens und in der Lage waren, dieses Reformwerk mit Leben zu erfüllen.[16] Das Ergebnis dieser Sondierungen hat er in einem „Neubesetzungsplan" für die höheren Verwaltungsstellen des Reiches niedergelegt, der leider in den Wirren des letzten Kriegsjahres verschollen ist.[17]

Nach dem, was wir bisher gehört haben, gibt es bei Schulenburg zumindest für die Zeit nach 1938/39 keinen Hinweis auf jene Verflechtung von kollaborativen und oppositionellen Elementen, wie sie bis in die letzten Kriegsjahre hinein das Wirken des Chefs der Abwehr, Wilhelm Canaris, durchzieht.[18] Die von Albert Krebs im Jahre 1964 vorgelegte Schulenburg-Biographie stützt dieses Bild. Sie ist noch ganz in der Apologetik der älteren deutschen Widerstandsliteratur abgefaßt, die die Bewegung des 20. Juli als „die moralische Selbstbehauptung" des ‚anderen', besseren Deutschland interpretierte, den unbeugbaren ethischen Rigorismus ihrer

Protagonisten hervorhob und diese selbst als „sittliches Urgestein" heroisierte.[19] Ein Blick auf die Motive und Vorstellungen Schulenburgs, wie sie sich aus den zum Teil noch unveröffentlichten Berichten von Zeitzeugen, aus seinen Briefen und Selbstzeugnissen und aus Aktenfunden über seine berufliche Tätigkeit ergeben, legt jedoch zumindest eine Modifizierung der Krebsschen Deutung nahe.[20] Danach entwickelte Schulenburg vor allem seit 1938/39 ein komplexes Verhältnis zum nationalsozialistischen Staat und seinen Zielen, zu dem unversöhnliche Kritik und aktiver Widerstand genauso gehörten wie Kooperation in begrenzten Bereichen und temporäre beziehungsweise partielle Interessenparallelitäten.

III

Preußentum und Sozialismus zum Nationalsozialismus zu verschmelzen, mit diesem Ziel hatte der Regierungsrat Schulenburg im Frühjahr 1933 seine berufliche Laufbahn in Königsberg angetreten. Die politischen und sozialen Vorstellungen des jungen Verwaltungsbeamten,[21] die sich in den Krisenjahren der Weimarer Republik herausgebildet hatten, waren augenfällig durch die Schriften Oswald Spenglers und Arthur Moeller van den Brucks beeinflußt worden und trugen stark utopische Züge. Hier vermischten sich antikapitalistische und antizivilisatorische Affekte mit organologischem Gesellschaftsdenken und einem starken Zug völkischer Blut-und-Boden-Mythologie. Den negativen Bezugspunkt stellte das „Weimarer System" dar, das Deutschland unter der „Maske des Sozialismus" an das nationale und internationale Kapital ausgeliefert habe. Schulenburgs Zielhorizont lag in der Rückkehr zur Ordnung und Harmonie der agrarisch geprägten Dorf- und Lebensgemeinschaft, die „um die Pole Blut und Boden kreist", und in der Renaissance eines starken, nach innen und außen wehrhaften Staates, wie ihn Preußen unter den „drei großen Herrschern", dem Großen Kurfürsten, Friedrich Wilhelm I. und Friedrich II., im 17. und 18. Jahrhundert besessen habe. Säulen dieses Staates sollten das Beamtentum und das Heer sein, die nunmehr wieder die Chance erhielten, sich nach einer Zeit des Niedergangs im Wilhelminischen Kaiserreich und in der Weimarer Republik an den Tugenden des friderizianischen Preußens, an Pflichterfüllung und fachlichem Können, Zucht und Leistungswillen, Verantwortungsbereitschaft und christlichem Ethos, aufzurichten.

In der Idee und der Massenbewegung des Nationalsozialismus sah Schulenburg das alte Preußen wiedererstehen. In der Trinität von Heer, Beamtentum und Partei — letztere führte dem Gemeinwesen nach Ansicht Schulenburgs neue Energien aus urtümlicher Volkskraft zu — sollte sich der nationalsozialistische „Führerstaat" im preußischen Geiste realisieren.

Doch schon in den ersten beiden Jahren nach der Machtergreifung Hitlers erfuhr der junge Personalreferent im Oberpräsidium in Königsberg, wie wenig politische Substanz und soziale Bindungskraft das Bündnis der alten Eliten mit der neuen politischen Kraft in Wirklichkeit besaß. Schulenburgs Personalvorschläge für die höhere Verwaltung, die neben der nationalsozialistischen Grundüberzeugung der Kandidaten immer auch „Charakter und Können" zu berücksichtigen suchten, stießen bei den Parteigenossen, die für ihren Kampf gegen das „Weimarer System" endlich belohnt werden wollten, auf wenig Gegenliebe. Schulenburg selbst entfremdete sich immer mehr seinem Gauleiter und Oberpräsidenten Erich Koch, dessen aufwendige Lebensweise und byzantinischen Führungsstil er scharf kritisierte. Bereits im November 1934 ist er von seinen ehemaligen nationalsozialistischen Mitkämpfern in Königsberg ausgebootet worden und zog sich auf das Landratsamt nach Fischhausen in Ostpreußen zurück.[22]

Die persönliche Betroffenheit über die ‚Verbonzung' der Partei und die Korrumpierbarkeit ihrer Führung leitete in den Jahren 1934—37 die Entfremdung Schulenburgs vom Hitler-Regime ein. Die Distanz vergrößerte sich noch dadurch, daß Schulenburg mit ansehen mußte, wie die neue Führungselite das Berufsbeamtentum, die eigentlichen „Pioniere, Schaffer und Schöpfer" des neuen Staates, Zug um Zug aus den angestammten Aufgaben und Rechten verdrängte. Verbittert und enttäuscht stellte Schulenburg im September 1937 aus Anlaß eines Vortrags vor der Verwaltungsakademie Stuttgart fest, daß seine Standesgenossen „von der Partei in ihrer Pflichterfüllung allein gelassen, als treulos verschrien und wirtschaftlich weitgehend proletarisiert" würden.[23] Die bewußt atheistische Attitüde vieler führender Nationalsozialisten bildete schließlich einen weiteren entscheidenden Anknüpfungspunkt für seine zunehmend kritischere Einstellung.[24] Schulenburg wird später vor der Gestapo die Tatsache, daß der Nationalsozialismus „mit seinem Kampf gegen das Christentum die religiöse Basis schlechthin verlassen habe", als einen wichtigen Grund für seinen Übertritt in den Widerstand anführen.[25]

Früher und konsequenter als viele seiner Mitverschwörer bezog Schulenburg die Staats- und Parteispitze in seine Kritik mit ein. Der Hitler-Mythos,[26] dem Männer wie Beck und Canaris lange Zeit erlegen waren[27] und der sie geneigt machte, den Diktator zunächst einmal von der Verantwortung für alle Fehlentwicklungen des NS-Regimes auszunehmen, hat auf Schulenburg nie besondere Anziehungskraft ausgeübt. Er war von Anfang an kein begeisterter Parteigänger des „Führers" gewesen. Schon vor dem 30. Januar 1933 hat Schulenburg am staatsmännischen Profil

Hitlers gezweifelt, ebenso an dessen Fähigkeit, das „Bonzentum" um Röhm, Goebbels und Göring in seine Schranken zu verweisen. Er mißtraute besonders den engen Beziehungen Hitlers zur Industrie, die er als das „Hissen der weißen Fahne vor dem Herrenclub" auffaßte.[28] Dagegen zeigte er sich fasziniert von Gregor Strasser, den er als „neuen Typ des Führers", als „Volksmann und Führer zugleich", persönlich verehrte und dessen „militant-sozialistischer Kurs" ihm imponierte.[29] Die Ermordung Strassers aus Anlaß der berüchtigten Röhm-Affäre am 30. Juni 1934 hat seinem Vertrauen in die Staats- und Parteispitze einen ersten schweren Stoß zugefügt. Schulenburgs Loyalität zur neuen politischen Kraft war von Anfang an nicht unbegrenzt. Dies hatte er schon im Oktober 1932 gegenüber seiner Braut deutlich gemacht. „An die Idee", so schrieb er damals, „glaube ich felsenfest. Ich bleibe bei ihr, es sei denn, daß man das Volk und seinen Glauben verrät."[30]

Die Überzeugung, daß die NS-Führung, wo sie nur konnte, ihre politische Glaubwürdigkeit aufs Spiel setzte, hat sich bei Schulenburg in den Jahren 1935/36 immer stärker gefestigt. Unter dieser zunehmenden Gewißheit hat er allem Anschein nach seelisch und körperlich gelitten. An seine Frau schrieb er im Mai 1936:

„Mein Kranksein im vergangenen und in diesem Jahr war ein Ausdruck des Nichtfertigwerdens mit den Dingen. Ich haßte, grollte, zürnte und ritt dauernd auf den kleinen Gegnern herum. Das ist alles unfruchtbar. Diese Dinge lassen sich nur von einer höheren Ebene aus überwinden. Ich glaube, daß ich jetzt den Weg zu Gott gefunden habe ... Ich glaube immer mehr, daß Preußentum anders als christlich nicht zu denken ist und daß wir beide — Preußentum und Christentum — gerade heute mehr brauchen denn je."[31]

Rückbesinnung auf den christlichen Glauben und Distanzierung von der nationalsozialistischen Realität, in diesen beiden Punkten wußte sich Schulenburg einig mit einem Kreis von jungen Adligen, mit dem er seit Herbst 1937 — nunmehr als Polizeivizepräsident von Berlin — eine immer engere Beziehung pflegte. In der sogenannten Grafengruppe, zu der unter anderen Peter Graf Yorck von Wartenburg, Cäsar von Hofacker, Ulrich Graf von Schwerin-Schwanenfeld und Albrecht von Kessel gehörten, festigte sich Schulenburgs Oppositionshaltung gegen das Hitler-Regime.[32]

In der Fritsch-Affäre des Frühjahres 1938 trat Fritz Dietlof von der Schulenburg zum erstenmal als Handelnder in Erscheinung. Der mit Billigung Hitlers inszenierte Enthauptungsschlag gegen die Heeresführung bedeutete nicht nur für ihn die entscheidende Wende im Verhältnis zum NS-Regime. In dieser Affäre, ausgelöst durch die Gestapo, die dem Oberbefehlshaber des Heeres mit fadenscheinigen Beweisen eine homosexuelle Veranlagung nachzuweisen suchte, formierte sich zum erstenmal der bürgerlich-aristokratische Widerstand. In den Augen der Fritsch-Helfer um Oster, Hoßbach, Gisevius, Schulenburg, Goerdeler und Canaris waren SS und Gestapo zu weit gegangen.[33]

In General Werner Frhr. von Fritsch griff man eine Institution an, die in Schulenburgs Vorstellungswelt neben der Verwaltung dazu berufen war, die zweite tragende Säule des neuen Staates zu werden. Mehr als alle anderen Institutionen betrachtete er das Heer als „Sinnbild des überlegenen deutschen Ordnungs- und Gestaltungswillen überhaupt".[34] Am Vorbild des Heeres sollten sich alle übrigen Staatsorgane im neuen Deutschland auf- und ausrichten. Obwohl als Berliner Polizeivizepräsident nur eine Randfigur des Geschehens, war er entschlossen, die Ehre des Oberbefehlshabers und die moralische Substanz des Heeres mit allen Mitteln zu verteidigen. Es ist glaubhaft bezeugt, daß sich Schulenburg auf dem Höhepunkt der Affäre zum Oberbefehlshaber des Wehrkreises Berlin, von Witzleben, begab, „um das bewaffnete Eingreifen der Wehrmacht vorzubereiten".[35]

Mit ähnlicher Entschlossenheit hat er sich in der nachfolgenden Sudeten-Krise dem Abwehroffizier Hans Oster zur Verfügung gestellt, dessen Planungen im Herbst 1938 nicht mehr nur auf die „aktive Selbsthilfe" des Militärs gegen SS und Gestapo, sondern auf den Staatsstreich und die Verhaftung, ja wenn nötig sogar auf die Liquidierung Hitlers hinausliefen.[36]

Gleichwohl wäre es verfehlt, Schulenburgs Aktivität im Jahre 1938 mit einer grundlegenden Änderung seiner früheren politischen Einstellungen und mit einer kompromißlosen Ablehnung aller Ziele gleichzusetzen, unter denen der Nationalsozialismus im Januar 1933 angetreten war. Schulenburgs Entschluß zum Widerstand entsprang weniger der Einsicht in die strukturellen Defizite des NS-Regimes und in die Problematik seiner Ideologie, sondern richtete sich vielmehr gegen die in seinen Augen machtbesessenen und korrupten Nationalsozialisten an den Schaltzentralen von Staat und Gesellschaft. Wie der Graf vor seinem „Damaskus" stets davon ausging, daß der Nationalsozialismus und alle seine Errungenschaften mit den Persönlichkeiten, die sie trugen, stand und fiel,[37] so hat er später den kriminellen Charakter des Dritten Reiches mit den Untugenden seiner Führer identifiziert.

Hinter dieser Ansicht trat ein Politikverständnis mit einem starken Zug zur Personalisierung aller politischen Probleme zutage.[38] Der Ministerialdirigent Heinrich Hassmann, ein Vertrauter Schulenburgs aus der Zeit im Reichswirtschaftsministerium, hat diesen Sachverhalt einfühlsam kommentiert:

„Schulenburgs Weltbild war stark geprägt von persönlichen Zügen.

Allgemeine Ideen und Systeme verdichteten sich ihm in Personen, und diese Art des Sehens bestimmte auch sein politisches Urteil. Wenn andere von einem neutral-distanzierten Beobachtungspunkt aus die Ursachen der heraufziehenden Katastrophe in allgemeinen Mängeln und Unzulänglichkeiten erblickten, faßte Schulenburg diese Ursachen durchaus in ihrer persönlichen Verkörperung ins Auge. Mit seiner Kritik wies er nicht etwa auf militärische oder wirtschaftliche Schwächen, auf politische oder diplomatische Fehler hin, sondern er zielte immer unmittelbar auf das gefährliche Triumvirat, in dem sich ihm der Urgrund unseres Abfalles darstellte ... Himmler, Goebbels, Hitler waren für ihn das System, und wenn er davon sprach, daß das System fallen müsse, meinte er damit ganz konkret, daß diese drei Männer fallen müssen."[39]

Die starke Personalisierung aller Politik war keineswegs eine persönliche Eigenheit Schulenburgs, sondern wurde von vielen seiner Zeitgenossen geteilt. Der neokonservative Staatsrechtler Carl Schmitt hatte bereits in den frühen 30er Jahren die Konsequenzen dieses Denkens auf den Begriff gebracht, indem er „als einfaches Kriterium des Politischen ... die Unterscheidung von Freund und Feind" in die Diskussion einführte. Es lag nach Schmitt auf der Linie eines solchen Politikverständnisses, daß der Feind als „Negation der eigenen Existenz" gedeutet wurde, die abgewehrt und bekämpft werden mußte, „um die eigene, seinsmäßige Art von Leben zu bewahren".[40] Der ethische Rigorist Schulenburg hat die Regeln dieses Denkens wie kaum ein zweiter im Umfeld des 20. Juli beherzigt.[41] Dies erklärt, weshalb er früher und entschiedener als andere bereit war, den Kampf gegen Hitler und die NS-Spitze aufzunehmen,[42] und spätestens seit Herbst 1942 selbst vor dem Attentat nicht zurückschreckte.[43] Wie der Diplomat Albrecht von Kessel berichtet, handelte Schulenburg dabei nach der Devise, „erst einmal müsse, koste es, was es wolle, Hitler beseitigt werden. Was nachher komme, lasse sich nur schwer voraussehen. Man werde dann in vielen Einzelpunkten improvisieren müssen."[44]

In der Frage des Vorgehens gegen Hitler stellten für Schulenburg weder das im Militär allgegenwärtige Dolchstoß-Syndrom noch der persönliche Eid auf Hitler, der viele auch oppositionelle Offiziere moralisch band, unüberwindliche Handlungsbarrieren dar. Es galt jedoch auch für ihn bis weit in den Krieg hinein der Grundsatz, daß eine Ausschaltung Hitlers und „der obersten Führungsschicht in Reich und Provinzen"[45] weder die militärische Schlagkraft Deutschlands noch die innere Ordnung des Reiches beeinträchtigen dürfe. Im Kriegstagebuch aus dem Sommer 1941, das Schulenburgs kritische Vorstellungen relativ offen wiedergibt, heißt es dazu: „Jedermann weiß also heute in Deutschland, was uns blüht, wenn wir den Krieg verlieren. Die alliierten Mächte werden daher vergebens auf eine defätistische Revolution warten."[46] Diese Einstellung sollte sich auch in den folgenden Jahren nicht wesentlich ändern. In einem Memorandum für den inneren Widerstandskreis aus dem Februar 1943 drang Schulenburg darauf, unter allen Umständen „vor der militärischen Katastrophe" zu handeln. Andernfalls sei die Gefahr groß, daß die Widerstandsbewegung „ins radikale Fahrwasser" gerate, und dann sei „alles vorbei".[47]

Schulenburgs Gastrollen im Reichsernährungsministerium und im Reichswirtschaftsministerium sowie im Sonderstab von Unruh dienten daher nie allein dazu, Informationen für den Staatsstreich zu sammeln oder Mitverschwörer zu gewinnen, so wichtig diese Absicht in Einzelfällen auch immer gewesen sein mag. Der Krieg durfte auch in Schulenburgs Augen nicht verloren werden, die seit 1933 gewachsene Ordnung war nach Ausschaltung der NS-Spitzen allerhöchstens zu reformieren, nicht zu revolutionieren. Der Krieg war überdies für Schulenburg die beste Zeit für Reformen. Seine „starke Faust" bot, wie er in seinem Kriegstagebuch ausführte, die Möglichkeit, „im Innern aufzuräumen ..., Kriegsgewinnler, Beutemacher und Wirtschaftshyänen" auszuschalten und den „verruchten Gegensatz von Partei und Staat" zu beseitigen.[48]

Hier tat sich ein Zielkonflikt auf, der die Verflechtung von kooperativen und oppositionellen Elementen im Wirken auch so entschiedener Widerstandskämpfer wie Schulenburg zu erklären hilft, dessen Lösung aber einer Quadratur des Zirkels gleichkam. Denn die Mitarbeit an der Erhaltung und Stärkung der militärischen Schlagkraft des Reiches kam nicht nur einem Regime zugute, das man innenpolitisch bis aufs Messer bekämpfte, ein solches Engagement rückte auch verschiedene Exponenten des militärischen Widerstands — wie die überaus aktive Rolle der Abwehr und ihrer Führung bei der Vorbereitung des Gleiwitz-Überfalls in der Nacht zum 1. September 1939 zeigt — in bedenkliche Nähe zu den Methoden der Kriegführung Hitlers.[49]

Von diesem Dilemma ist auch Schulenburg nicht verschont geblieben, wie sich im Fall der vom schlesischen Oberpräsidenten beantragten „Zurückverlegung der vorläufigen Verwaltungs- und Zollgrenzen der Provinz Schlesien" belegen läßt, die er im Februar 1940 gegenüber dem Reichsinnenministerium und verschiedenen anderen beteiligten Behörden vertrat. In der längeren Denkschrift,[50] auf die Schulenburg in seinem mündlichen Vortrag Bezug nahm, wurden für die gewünschte Ausgliederung von Teilen der Regierungsbezirke Oppeln und Kattowitz, die nach der Zerschlagung Polens an das Reich gefallen waren, „rassische, volkspolitische" und rüstungswirtschaftliche Gründe angegeben. Dort hieß es unter anderem, daß die in den bezeichneten Gebieten lebenden 400 000 Nationalpolen „allein durch ihr Dasein den Volkstumskampf im umstrittenen Ostoberschlesien aufs schwerste" belasteten. Unter den rüstungswirtschaftlichen Argumenten war vermerkt, daß „die Ausnutzung der Betriebe" in dieser Region nach einer Zurückverlegung „besser und billiger" erfolgen könne, da die Region dann „von der Angleichung an die deutschen Verhältnisse auf dem Gebiet der Löhne und Versorgung" ausgeschlossen sei.

Diese Argumente weisen eine bedenkliche Nähe zur Diktion der nationalsozialistischen Kriegspolitik auf, die die besetzten Gebiete bestenfalls als nahezu unbeschränkt ausbeutbare Lieferanten von Arbeitskräften, Rohstoffen und Rüstungsgütern begriff. Und auch über Schulenburgs Tätigkeit in der Sonderkommission von Unruh lag ein Schatten, hatte doch deren Chef, General von Unruh, in einem vertraulichen Tätigkeitsbericht vermerkt, daß die Kommission überall dort, wo sie tätig geworden sei, „die Judenaktionen des Reichsführers SS ... gefördert und unterstützt" habe.[51]

IV

Im Falle Schulenburgs, dessen moralische Integrität außer Zweifel steht, war die Nähe zu den kriminellen Methoden des Hitlerschen Krieges sicherlich unbeabsichtigt. Er gehörte später zu den entschiedenen Kritikern der deutschen Besatzungspolitik im Westen wie im Osten, und das vertrauliche Eingeständnis von Unruhs dürfte er, so es ihm bekanntgeworden wäre, aufs schärfste mißbilligt haben. Wir werden jedoch zeigen können, daß Schulenburg zumindest bis in das Jahr 1942 hinein bestimmte Leitvorstellungen der nationalsozialistischen Kriegspolitik geteilt hat und dabei zum Teil erheblich von den Ansichten einer Reihe seiner Mitverschwörer abwich. Dies betraf vor allem den Krieg gegen die Sowjetunion.

Den sogenannten Rußland-Feldzug begriff Schulenburg als eine Art Weltanschauungskrieg. Er unterschied sich hier sowohl von den „Jungen" im Widerstand wie Moltke, Trott und York[52] als auch von den konservativ-nationalen Honoratioren wie Goerdeler, Hassell, Popitz und Kleist-Schmenzin,[53] deren außen- und wirtschaftspolitische Vorstellungen an den großdeutsch-mitteleuropäischen Aspirationen des wilhelminischen Imperialismus orientiert blieben. Der Krieg gegen die Sowjetunion war, wie Schulenburg im Sommer 1941 in sein Kriegstagebuch schrieb, „ein Auftrag des Schicksals".[54] Der „Führung des Reiches", so heißt es dort, sei „vom Schicksal übertragen die Auslöschung des Bolschewismus, die Schaffung des Reiches und Großwirtschaftsraumes Europa mit östlichen Aufbaugebieten, die Auflösung Rußlands und die Ersetzung des parasitären Kapitalismus durch eine neue Gemeinschaftsordnung". Das waren nach Schulenburg die Ideen der neuen Zeit, die durch die deutsche Führung und das deutsche „Schwert" vollzogen werden mußten. Demgegenüber waren die Ideen, welche die angelsächsischen Mächte zu vertreten vorgaben, „nur Feigenblätter des altgewordenen Kapitalismus und Imperialismus". In der Besiedlung des Ostens sah Schulenburg die „positive Zukunftsaufgabe" des Reiches, das „große soziale Befreiungswerk von der Enge und Not des deutschen Raumes". Die Bewältigung dieser Aufgabe entschied darüber, ob das Volk endgültig der „städtischen Zivilisation" verfalle oder im Osten noch einmal Wurzeln schlage und sich von seiner Kraft her erneuere. Grundlegende Voraussetzung dafür war seiner Meinung nach die Beseitigung der „bolschewistischen Herrschaft", die Schulenburg als den die ganze Menschheit gefährdenden Höhepunkt industrieller und zivilisatorischer Entwicklung begriff. Im Bolschewismus verkörperte sich für ihn der „Traum von der Allmacht der Technik und des Zentralismus" sowie die Vergötzung des Verstandes.

In diesen Vorstellungen verdichtete sich die politische und soziale Utopie, die der junge Schulenburg bereits zu Beginn der 1930er Jahre formuliert hatte. Auf den ersten Blick wies der hier aufscheinende unversöhnliche Antibolschewismus frappierende Gemeinsamkeiten mit der zeitgenössischen nationalsozialistischen Propaganda auf. Schulenburgs Version wich jedoch in einem entscheidenden Punkt von der offiziellen Doktrin ab. Ihr fehlte der menschenverachtende rassebiologische Impetus, der diese so unheilvoll durchzog. Schulenburgs Leitbild eines christlichen Kreuzzuges zur „Befreiung" Rußlands vom Bolschewismus vertrug sich wenig mit Himmlers Vorstellungen vom slawischen Untermenschen und mit der in der SS-Propaganda üblichen Degradierung der Bevölkerung Rußlands zum „Helotenvolk".[55] Namentlich das russische Bauerntum, der einzige „innere Gegner" des Sowjetstaates, sollte gestärkt werden. Ihm wollte Schulenburg nicht nur das Eigentum an „Haus, Hof und Garten" belassen, sondern auch das Deputat reichlich bemessen, was in seinen Augen freilich schon die Sicherung des deutschen Nachschubs im Feldzug dringend erforderlich machte. In der russischen Bauernschaft sah er darüber hinaus den „Kern des neuen Rußland", und in der „urhaft natürlichen Kraft des slawischen Volkstums" erblickte er eine wesentliche Kraftquelle der Erneuerung für die zukünftig nach Osten gewandte Großmacht Deutschland.

Die Unterschiede zwischen den hier skizzierten Vorstellungen und der parteioffiziellen Doktrin sind unübersehbar. Andererseits zeigt aber die Mythisierung des Ostens Schulenburgs fortdauernde Affinität zu völkisch-neokonservativem Denken, aus dessen Schlagwortarsenal auch der Nationalsozialismus seine propagandistischen Versatzstücke bezog. Das Gleiche gilt für den unverhüllt expansionistischen Tenor der Ost- und Mitteleuropa-Pläne des Grafen. Das „neue Europa mit Ostglacis", von dem Schulenburg im Sommer und im Herbst 1941 träumte, war ein Europa von „Schutzvölkern" unter der Führung der Hegemonialmacht Deutschland.

V

Der Widerstandskämpfer Fritz Dietlof Graf von der Schulenburg, im Kampf gegen das Hitler-Regime einer der wenigen im Umfeld des 20. Juli, die die Kunst der Konspiration und der Verstellung beinahe perfekt beherrschten, blieb in politischer Hinsicht seinen einmal gefaßten Überzeugungen treu. Dies beweisen nicht nur die aus dem Sommer und Herbst 1941 stammenden Tagebuchaufzeichnungen, sondern auch eine Reihe von Denkschriften, die Schulenburg in den Jahren 1942/43 zu Fragen der Wirtschafts- und Sozialpolitik sowie der Gemeindeordnung verfaßte und die uns nur als Fragmente überliefert sind.

Die sozialpolitischen Vorstellungen, die Schulenburg im Jahre 1942/43 im wesentlichen für die Zeit nach Hitler entwickelte, lassen in ihrem antikapitalistischen Zuschnitt noch deutlich die Handschrift des ehemaligen Strasser-Anhängers erkennen. Gleichzeitig zeigt die dort festgeschriebene strikte Ablehnung des Prinzips moderner Sozialstaatlichkeit und das Plädoyer für die ständische Eingliederung der Arbeiter in „natürliche Bindungen und Herrschaftsverhältnisse", daß sich Schulenburgs soziales Engagement, das ihm unter Bekannten schon in den zwanziger Jahren das Etikett „der rote Graf" eintrug, aus anderen Quellen speiste als die entsprechenden Forderungen der sozialdemokratischen Arbeiterbewegung.[56] Für die Rolle der Gewerkschaften als kollektive, gleichberechtigte Tarifpartner der Unternehmer, wie sie sich im Zuge der Weimarer Republik herausgebildet hatte, war in Schulenburgs sozialpolitischem Denken wenig Raum. Das zeigte sich vor allem in seinem Eintreten für die „harmonische Betriebsgemeinschaft" und für die Stärkung der patriarchalischen Pflichten (und Rechte) des „Betriebsherren". Alles in allem formulierte er in sozialpolitischer Hinsicht Grundsätze, die vom Tenor des „Gesetzes zur Ordnung der nationalen Arbeit vom 20. 1. 1934"[57] nicht allzu weit entfernt waren.

In wirtschaftspolitischer Hinsicht zeigten seine Reformpläne das Bestreben, den Kapitalismus zu domestizieren und ihm durch die Einbindung der Industrie in zunftartige Organisationsstrukturen, durch die Auflösung der Großbetriebe zugunsten des „Maschinen-Handwerks" und durch scharfe Wettbewerbskontrollen des Staates seinen traditionszerstörenden, krisenhaften Charakter zu nehmen. Die Gemeinde- und Verwaltungsreformvorschläge dienten demselben Zwecke. Sie richteten sich auf die säkulare Urbanisierung und damit gewissermaßen auf die ‚andere' Seite der Industrialisierung. Mit administrativen Mitteln wollte Schulenburg hier den Prozeß der Verstädterung aufhalten, das Wachstum der Großstädte zurückstauen und „die natürliche Kraft" der Landschaft stärken.

Die Rezepte, die er dafür anbot, wiesen deutliche Bezüge zum allgemeinen preußischen Landrecht von 1792 auf. Die rigide Beschränkung der Wohn- und Bürgerrechte sollte die alte Trennung von Stadt und Land wiedereinführen. Zuzugssperren für bestimmte Berufe wie für bestimmte soziale Schichten, eine straffe berufsständische Binnenstruktur und die agrarische Bindung der Stadtoberschicht sollten die innere Wachstumsdynamik der Städte eindämmen. Ein Stadtregiment, dessen Anordnungsbefugnisse weit in die gesellschaftlichen und kulturellen Lebensbereiche eindrangen, sollte diese Entwicklung steuern. Bürgerrepräsentationen nach demokratischen Vorbildern waren nicht oder allerhöchstens als Beratungsorgane für die sogenannten Regierungsträger vorgesehen.

VI

Man wird davon ausgehen können, daß Schulenburg an diesen Vorstellungen über die seiner Ansicht nach ideale Gestaltung von Staat und Gesellschaft bis in die Hinrichtungskammer von Plötzensee hinein festgehalten hat.[58] Für die ebenfalls skizzierten außenpolitischen Vorstellungen des Grafen dürfte dies dagegen nur eingeschränkt gelten. Schulenburg war nüchtern und pragmatisch genug, unter dem Eindruck der katastrophalen Kriegslage von den 1941 formulierten Zielen abzurücken. Von dem Bankier Paul Binder wissen wir, daß Schulenburg sich im Sommer 1943 für das Reich in der Friedensfrage keinen „großen Manövrierraum“ mehr versprach, und ein ehemaliger Mitarbeiter aus der schlesischen Zeit, Gerhard Ziegler, berichtet, daß er zu Beginn des Jahres 1944 selbst für den Fall eines geglückten Umsturzes große Gebietsabtrennungen vom Reich voraussah.[59]

Einen Separatfrieden mit Rußland schloß Schulenburg jedoch entgegen einer weitverbreiteten Ansicht in der Forschung[60] von vornherein aus. In dieser Frage stimmte er sicherlich mit Stauffenberg überein, der sich noch am 16. Juli 1944 bei einer der letzten Zusammenkünfte der Verschwörer in Gegenwart Schulenburgs dafür aussprach, „auf die Entscheidungen der Heerführer im Westen Einfluß zu nehmen. Aus ihrer Initiative sollten die Feindseligkeiten eingestellt, die deutschen Truppen auf den Westwall zurückgenommen und die Voraussetzungen für ein gemeinsames Vorgehen der Westmächte und Deutschlands gegen die Sowjetunion mit der Absicht des baldigen Kriegsabschlusses geschaffen werden.“[61]

Ob dieses Abrücken von den auf dem Höhepunkt der deutschen Kriegserfolge geäußerten außenpolitischen Zielen freilich der grundsätzlichen Erkenntnis entsprang, daß die traditionelle deutsche Großmacht- und Hegemonialpolitik in Ost-, Mittel- und Südosteuropa prinzipiell gleichgewichtsfeindliche und damit kriegstreibende Züge trug, muß bezweifelt werden. Schulenburgs Äußerungen gegenüber Binder und Ziegler dürften vielmehr als eine Art Anpassung an die unabweisbaren Erfordernisse der Zeit zu interpretieren sein. In dieser Beziehung drückt eine Äußerung Schulenburgs, die uns Axel von dem Bussche überliefert hat, das Denken und Fühlen des Grafen in den kritischen Tagen vor dem Attentat sicherlich sehr viel zutreffender aus. Am Krankenlager des schwerverletzten Bussche im ostpreußischen Insterburg hatte Schulenburg ganz im Sinne jener Kriegermentalität, die auch in seinem Kriegstagebuch aufscheint, geäußert, „wenn es nicht mehr gelinge, zur Tat zu kommen, so müsse man sich einen Eid geben und zu einem ‚Orden' zusammenschließen, um nach dem Zusammenbruch Deutschlands in der dann von allen Seiten einbrechenden Fremdherrschaft ohne äußeres Band eine Gruppe von Männern zusammenzuhalten, die voneinander weiß und unverrückbar am Vaterland festhält".[62]

VII

Hans Mommsen hat bereits im Jahre 1966 darauf hingewiesen,[63] daß die meisten der Beteiligten am 20. Juli, obgleich nach 1945 als geistig-moralische Ahnherren der Bundesrepublik glorifiziert, in ihren Plänen für ein Nachkriegsdeutschland keineswegs eine parlamentarische Demokratie vor Augen gehabt haben. Dies gilt für die „Jungen" im Kreisauer Kreis ebenso wie für die konservativen Honoratioren um Beck, Goerdeler, Hassell und Popitz. Dies gilt auch für Fritz Dietlof Graf von der Schulenburg, den man mit Abstrichen zu den „Jungen" im Umfeld der Bewegung des 20. Juli zählen kann. Eine solche Feststellung schmälert keineswegs die moralische Leistung des bürgerlich-aristokratischen Widerstandes. Mit ihr ist auch nicht beabsichtigt, dem Denken und Handeln der Exponenten des 20. Juli den gebührenden Respekt zu versagen oder ihr Tun mit der den Nachgeborenen eigenen Leichtfertigkeit geringzuschätzen. So steht etwa Schulenburgs persönliche Integrität ebenso außer Zweifel wie seine bedeutende Rolle als Motor und Koordinator der Verschwörung. Wie kaum ein Zweiter verkörperte er, um ein Wort Ralf Dahrendorfs zu gebrauchen, den „Aufstand des Anstandes gegen eine von allen guten Geistern verlassene Staatsführung".[64]

Schulenburgs Verhältnis zum Nationalsozialismus blieb jedoch ambivalent. Es muß als seine persönliche Tragik gewertet werden, daß er selbst noch als Widerstandskämpfer die Ideen des Nationalsozialismus, wie er sie verstand, zu retten versuchte gegen die „Verräter aus Fanatismus", die Hitler, Goebbels und Himmler, aber auch gegen die skrupellosen Karrieristen „ohne Stand und Beruf", denen er in Königsberg, Berlin und andernorts begegnet war. Die doppelte Befangenheit gegenüber dem Nationalsozialismus verschloß Schulenburg die Einsicht in den Charakter des NS-Regimes, das seine kriminelle Energie mindestens ebensosehr aus seiner menschenverachtenden Ideologie und aus seinen Strukturdefiziten wie aus dem persönlichen Fehlverhalten seiner führenden Protagonisten herleitete. Diese Befangenheit brachte Schulenburg, wie seine Bewertung des Rußland-Feldzuges zeigt, in bedenkliche Nähe zur Kriegspolitik des Dritten Reiches und zwang ihn schließlich auch um der Vermeidung einer „Katastrophe" willen zur begrenzten Kooperation mit dem NS-Staat, dessen Unrechtspraxis er verabscheute und dessen Führung er entschieden und unversöhnlich wie kaum ein zweiter bekämpfte.

Anmerkungen

Vorbemerkung: Dieser Aufsatz geht aus einem Forschungsprojekt hervor, in dessen Mittelpunkt eine wissenschaftliche Edition der Denkschriften, Briefe und Selbstzeugnisse Fritz Dietlof Graf von der Schulenburgs steht. Dieses Forschungsprojekt wird von der Stiftung Volkswagenwerk Hannover finanziell gefördert. Der Verfasser möchte an dieser Stelle der Stiftung Volkswagenwerk für die großzügige Hilfe danken. Charlotte Gräfin von der Schulenburg, Dr. Heinrich Hassmann und Dr. Friedrich Hielscher haben die Bemühungen des Verfassers durch viele Anregungen und Ratschläge unterstützt. Ihnen sei dafür herzlich gedankt.

[1] Zum Lebensweg Schulenburgs vgl. Albert Krebs, *Fritz Dietlof Graf von der Schulenburg. Zwischen Staatsräson und Hochverrat* (= Hamburger Beiträge zur Zeitgeschichte, Bd. 2), Hamburg 1964.

[2] Vgl. dazu: Dieter Langewiesche, *Was heißt „Widerstand gegen den Nationalsozialismus?"*, in: *1933 in Gesellschaft und Wissenschaft. Ringvorlesung der Universität Hamburg im WS 1982/83 und im SS 1983*, Teil 1: *Gesellschaft,* hrsg. von der Pressestelle der Universität Hamburg, Hamburg 1983, S. 143—159.

[3] Vgl. dazu jetzt Hans Mommsen, *Fritz Dietlof Graf von der Schulenburg und die preußische Tradition,* in: *Vierteljahrshefte für Zeitgeschichte,* 32. Jg. (1984), S. 213—239.

[4] Vgl. stellvertretend dazu: Hans Rothfels, *Die deutsche Opposition gegen Hitler,* Frankfurt 1969, S. 15; vgl. auch: Wilhelm Ritter von Schramm (Hrsg.), *Beck und Goerdeler. Gemeinschaftsdokumente für den Frieden 1941—1944,* München 1965, S. 13—17.

[5] Hierzu im einzelnen A. Krebs, *Fritz Dietlof Graf von der Schulenburg*... [Anm. 1], S. 87ff.

[6] Schulenburg lehnte es im Herbst 1941 beispielsweise ab, als Generalkommissar für die Ukraine nach Kiew zu gehen, und seinen Dienst als Militärverwaltungschef von Lyon trat er im Juni 1944 gar nicht erst an. Vgl. dazu: *A. a. O.*, S. 218 und 294.

[7] Vgl. Harold C. Deutsch, *Das Komplott oder Die Entmachtung der Generale. Blomberg- und Fritsch-Krise, Hitlers Weg zum Krieg,* o. O. 1974, S. 49f. und 271f. Vgl. ders., *Verschwörung gegen den Krieg. Der Widerstand im Jahre 1939—1940,* München 1969, S. 216.

[8] Vgl. Eberhard Zeller, *Geist der Freiheit. Der zwanzigste Juli 1944,* 4. Aufl., München 1969, S. 170.

[9] Zu den Konflikten innerhalb der Verschwörung vgl. Christian Müller, *Oberst i. G. Stauffenberg. Eine Biographie,* Düsseldorf 1970, S. 364ff.

[10] Ulrich von Hassell, *Vom andern Deutschland,* Zürich 1948, S. 236f., vgl. auch C. Müller, *Oberst i. G. Stauffenberg...* [Anm. 9], S. 276.

[11] Vgl. Dorothea Beck, *Julius Leber. Sozialdemokrat zwischen Reform und Widerstand* (= Deutscher Widerstand 1933—1945), Berlin 1983, S. 182f.

[12] Für die Abwehr fungierte Schulenburg einmal sogar als eine Art Geldbriefträger. Er übergab anläßlich seines Urlaubs in Stuben am Arlberg im Februar 1939 10 000 Mark in Devisen an Südtiroler Kreise, die der Abwehr nahestanden. Das Geld hatte ihm vorher der Abwehroffizier Helmuth Groscurth übergeben. Vgl. dazu: Helmuth Groscurth, *Tagebücher eines Abwehroffiziers 1938—1940,* hrsg. von Helmut Krausnick u. a. (= Quellen und Darstellungen zur Zeitgeschichte, Bd. 19), Stuttgart 1970, S. 174.

[13] C. Müller, *Oberst i. G. Stauffenberg...* [Anm. 9], S. 293.

[14] Wilhelm von Schramm, *Aufstand der Generale. Der 20. Juli 1944 in Paris,* ungekürzte Taschenbuchausgabe, München 1977, S. 14ff.

[15] Vgl. A. Krebs, *Fritz Dietlof Graf von der Schulenburg...* [Anm. 1], S. 245; vgl. Bodo Scheurig, *Ewald von Kleist-Schmenzin. Ein Konservativer gegen Hitler,* Oldenburg 1968, S. 186f.

[16] Vgl. dazu die Korrespondenz Dr. Erich Keßlers über Fritz Dietlof Graf von der Schulenburg, in: Bundesarchiv Koblenz (im folgenden BA zitiert), *Kleine Erwerbungen,* Nr. 759.

[17] Vgl. dazu das Schreiben Keßlers an Heinrich von zur Mühlen vom 2. 12. 1948, *ebda.*

[18] Vgl. dazu: Heinz Höhne, *Canaris. Patriot im Zwielicht,* München 1976, S. 205ff.

[19] Vgl. dazu besonders das Schlußkapitel bei A. Krebs, *Fritz Dietlof Graf von der Schulenburg...* [Anm. 1], S. 298—305.

[20] Zu einer solchen modifizierenden Betrachtung vgl. auch den Aufsatz von Hans Mommsen, *Fritz Dietlof Graf von der Schulenburg...* [Anm. 3].

[21] Zum politischen und sozialen Weltbild des jungen Schulenburg vgl. seinen Aufsatz *Partei und Beamtentum,* in: *Deutschlands Erneuerung. Monatsschrift für das deutsche Volk,* 16. Jg. (1932), S. 347—353. Schulenburgs Gedanken zum Verhältnis von Partei, Staat und Beamtentum sind niedergelegt in dem im April 1933 entstandenen Manuskript *Neuaufbau des höheren Beamtentums,* BA Koblenz, NL 301/1, Bl. 43—57.

[22] Vgl. A. Krebs, *Fritz Dietlof Graf von der Schulenburg...* [Anm. 1], S. 87ff.; vgl. auch das Schreiben Schulenburgs an Gauleiter Erich Koch vom 31. 12. 1935, Privatbesitz Charlotte von der Schulenburg.

[23] Das Manuskript dieses Vortrags befindet sich im BA Koblenz, NL 301/1, Bl. 103—106. In abgewandelter Form ist Schulenburgs Aufsatz vor der Verwaltungsakademie Stuttgart abgedruckt in: *Württembergische Verwaltungszeitschrift,* 33. Jg., Nr. 8/9 (Sept. 1937), S. 147—156. Der Aufsatz trägt den Titel *Das Erbe des preußischen Staates.*

[24] Eine Reihe von Briefen Schulenburgs an seine Ehefrau zeigt die sich vertiefende Religiosität des Grafen, die offensichtlich seine Einbindung in den Widerstand begleitete. Vgl. hierzu exemplarisch die Briefe vom 18. 11. 1936, 8. 6. 1940, 17. 4. 1941 und vom 21. 6. 1943. In diesem letzten Brief äußert Schulenburg die Absicht, nach dem Krieg „Pfarrer zu werden". In diesem Brief sieht er auch „die entscheidende Aufgabe unseres Jahrhunderts" in der „religiösen Wiedererneuerung".

[25] Vgl. dazu *Spiegelbild einer Verschwörung. Die Kaltenbrunner-Berichte an Bormann und Hitler über das Attentat vom 20. Juli 1944. Geheime Dokumente aus dem ehemaligen*

Reichssicherheitshauptamt, hrsg. vom Archiv Peter für historische und zeitgeschichtliche Dokumentation, Stuttgart 1961, S. 146.

26 Vgl. dazu Ian Kershaw, *Der Hitler-Mythos. Volksmeinung und Propaganda im Dritten Reich* (= Schriftenreihe der Vierteljahrshefte für Zeitgeschichte, Nr. 41), Stuttgart 1980.

27 Für Canaris vgl. dazu H. Höhne, *Canaris*... [Anm. 18], S. 205 ff.; für Beck vgl. Klaus-Jürgen Müller, *General Ludwig Beck. Studien und Dokumente zur politisch-militärischen Vorstellungswelt und Tätigkeit des Generalstabschefs des Heeres 1933—1938* (= Schriften des Bundesarchivs, Nr. 30), Boppard a. Rh. 1980, S. 138—141.

28 Vgl. dazu das Schreiben Schulenburgs an seine Braut vom 11. 10. 1932, Privatbesitz Charlotte von der Schulenburg.

29 Vgl. die Schreiben vom 17. 10. 1932 und vom 13. 11. 1932, *ebda.*

30 Vgl. das Schreiben vom 11. 10. 1932, *ebda.*

31 Vgl. das Schreiben an seine Ehefrau vom 20. 5. 1936, *ebda.*

32 Zu diesen Beziehungen vgl. das unveröffentlichte, in den Jahren 1944 und 1945 entstandene Manuskript von Albrecht von Kessel, *Die verborgene Saat. Das „andere" Deutschland,* S. 73—75 (Privatbesitz Kurt-Albrecht von Kessel), und den Beitrag von Detlef Graf Schwerin im vorliegenden Band.

33 Vgl. H. C. Deutsch, *Das Komplott*... [Anm. 7], S. 173 ff. und S. 217 ff.

34 So Schulenburg in seiner aus dem Juni 1940 stammenden Aufzeichnung *Reise nach Frankreich,* S. 5, Privatbesitz Charlotte von der Schulenburg.

35 H. C. Deutsch, *Das Komplott*... [Anm. 7], S. 430, Anm. 130.

36 Vgl. H. Höhne, *Canaris*... [Anm. 18], S. 192 f.

37 Vgl. dazu Schulenburgs Gutachten über eine Reform der Verwaltung der kreisangehörigen Gemeinden (1936/1937), BA Koblenz, Ost-Dok, V/103, Bl. 163.

38 Bezeichnenderweise begründete Schulenburg im Verhör seine Distanzierung vom Nationalsozialismus mit der „Abkehr einer ganzen Führerschicht von den Grundsätzen der Einfachheit und Schlichtheit, die sie in der Kampfzeit gepredigt hat". Die Tatsache, daß in Deutschland „für den Hoheitsträger etwa vom Kreisleiter aufwärts alles erlaubt sei", markierte für Schulenburg und andere Mitverschwörer den „Charakter des Systems", eines Systems, dem, so Schulenburg im Verhör, der „uneingeschränkte Machttrieb der einzige Maßstab seines Handelns war" *(Spiegelbild einer Verschwörung*... [Anm. 25], S. 453).

39 Heinrich Hassmann, *Persönliche Erinnerungen an Fritz Dietlof von der Schulenburg und Dr. Arvid Harnack,* unveröffentl. Manuskript (geschrieben im Winter 1946/47), S. 27, Privatbesitz Dr. Heinrich Hassmann.

40 Vgl. Carl Schmitt, *Der Begriff des Politischen, Text von 1932 mit einem Vorwort und drei Corollarien,* Berlin 1963, S. 26—28.

41 Die Personalisierung alles Politischen als Wesenszug des Schulenburgschen Denkens ist aber auch eine der wesentlichen Begründungen für die überragende Vermittlerrolle, die der Graf im Widerstand spielte. Schulenburg war im Kontakt mit anderen Gruppen und Personen im Umfeld der Verschwörung stets bereit, weltanschauliche Vorbehalte hinter die gemeinsame Sache zurückzustellen, sofern er die Angesprochenen für moralisch integer hielt und sofern in „ihren Herzen", wie er sich auszudrücken pflegte, „die Glocke von Potsdam" schlug. Vgl. E. Zeller, *Geist*... [Anm. 8], S. 170.

42 Wenn nötig wollte Schulenburg sogar, wie er seinem Freund und Mentor August Winnig, dem ehemaligen Arbeiterführer und Oberpräsidenten von Ostpreußen, im

Jahre 1937 anvertraute, „der Fouché Hitlers" werden. Vgl. A. Krebs, *Fritz Dietlof Graf von der Schulenburg*... [Anm. 1], S. 129.

[43] Wenngleich bei Schulenburg die Notwendigkeit einer Ausschaltung Hitlers und der Parteispitze auf Reichs- und Länderebene seit der Sudeten-Krise außer Zweifel gestanden haben dürfte, so zeigte er sich, glaubt man den Berichten von Zeitzeugen, was die physische Beseitigung Hitlers und seiner engsten Vertrauten durch ein Attentat anbelangte, durchaus schwankend. Vgl. Gotthard Freiherr von Falkenhausen, *Erinnerungen an die deutsche Widerstandsbewegung* (geschrieben Juli/August 1945), S. 6, Nachlaß Cäsar von Hofacker (Privatbesitz Alfred von Hofacker). Vgl. auch Rüdiger Graf von der Goltz, *Zur Vorgeschichte des 20. Juli*, S. 2, Institut für Zeitgeschichte, FZ 49. Vgl. Paul Binder, *Meine Zusammenarbeit mit Fritz Graf von der Schulenburg*, in: Otto Kopp (Hrsg.), *Widerstand und Erneuerung. Neue Berichte und Dokumente vom inneren Kampf gegen das Hitler-Regime*, Stuttgart 1966, S. 234.

[44] Vgl. A. v. Kessel, *Die verborgene Saat*... [Anm. 32], S. 204. In einem Gespräch mit dem General der Waffen-SS Felix Steiner soll Schulenburg im Mai 1943 geäußert haben: „Wir verlieren den Krieg, weil wir im Sumpf ersticken ... und wir machen uns mitschuldig, wenn wir nichts dagegen tun. Hitler ist der Hauptschuldige. Er läßt die Dinge treiben, obwohl er darüber Bescheid weiß. Deshalb muß er weg." Auf Steiners Frage, wie das zu bewerkstelligen sei, antwortete Schulenburg: „Wenn nicht anders, dann mit Gewalt." Vgl. Felix Steiner, *Die Armee der Geächteten*, 2. Aufl., Göttingen 1962, S. 185 f.

[45] Vgl. H. Hassmann, *Persönliche Erinnerungen*... [Anm. 39], S. 32.

[46] *Kriegstagebuch von der Schulenburg*, S. 72, Privatbesitz Charlotte von der Schulenburg

[47] Vgl. *Tagebuch des Hauptmanns der Reserve Hermann Kaiser*, S. 23 f., Privatbesitz Dr. Peter M. Kaiser.

[48] Vgl. *Kriegstagebuch von der Schulenburg*, S. 73, Privatbesitz Charlotte von der Schulenburg.

[49] H. Höhne, *Canaris*... [Anm. 18], S. 320 ff.

[50] Der Vorgang über die *„Änderung der vorläufigen Verwaltungs- und Zollgrenze Schlesiens"* befindet sich im Institut für Zeitgeschichte, NG-3750.

[51] Vgl. *Bericht über die Tätigkeit des OKW-Stabes z. b. V.*, (von Unruh) vom 28. Sept. 1942, BA Koblenz R 43 II, Nr. 681, Bl. 5 f. Dieser Bericht bezog sich auf die von Mai bis September 1942 durchgeführte Arbeit der Sonderkommission in Rußland und in Polen. Hier hieß es u. a.: Auch „durch Konzentration der Kräfte wurde auf die Bekämpfung des Bandenwesens besonders hingewirkt ... Das Gefangenenwesen wurde zusammengelegt, Konzentrationslager für arbeitsscheue Polen freigemacht und viele Bewachungskräfte für vorn zur Verfügung gestellt." Im besagten Zeitraum war Schulenburg noch nicht in der Sonderkommission tätig.

[52] Vgl. A. v. Kessel, *Die verborgene Saat*... [Anm. 32], S. 213—216.

[53] Vgl. dazu jetzt: Bernd-Jürgen Wendt, *Konservative Honoratioren — Eine Alternative zu Hitler? England-Kontakte des deutschen Widerstandes im Jahre 1938*, in: Dirk Stegmann u. a. (Hrsg.), *Deutscher Konservatismus im 19. und 20. Jahrhundert. Festschrift für Fritz Fischer*, Bonn 1983, S. 347—349. In diesem Aufsatz findet sich auch die ältere Literatur zum Themenkomplex.

[54] *Kriegstagebuch von der Schulenburg*, Privatbesitz Charlotte von der Schulenburg. Hiernach auch die folgenden Ausführungen.

[55] Vgl. dazu Heinz Höhne, *Der Orden unter dem Totenkopf. Die Geschichte der SS*, München 1967, S. 270—297.

[56] Für das Folgende BA Koblenz, NL 301/2, Bl. 2—27.

[57] Vgl. dazu Wolfgang Spohn, *Betriebsgemeinschaft und innerbetriebliche Herrschaft*, in: Carola Sachse u. a., *Angst, Belohnung, Zucht und Ordnung. Herrschaftsmechanismen im Nationalsozialismus*, Opladen 1982, S. 140—208.

[58] Im gleichen Tenor ist die Aufzeichnung über „*Bombenzerstörung und Wiederaufbau*" gehalten, die Schulenburg wahrscheinlich Ende 1943 verfertigt hat, die er aber noch im Juni 1944 an Behörden und Privatpersonen verschickte. Vgl. dazu BA Koblenz, NL 301/4, Bl. 2—6.

[59] Vgl. P. Binder, *Meine Zusammenarbeit*... [Anm. 43], S. 227. Vgl. auch das Schreiben Gerhard Zieglers an Heinrich von zur Mühlen vom 15. Februar 1949, Korrespondenz Dr. Erich Keßler, [vgl. Anm. 16].

[60] In diese Richtung hat vor allen Dingen die DDR-Literatur zum deutschen Widerstand argumentiert: Vgl. dazu besonders Kurt Finker, *Stauffenberg und der 20. Juli 1944*, Berlin [Ost] 1967, S. 203 ff.

[61] Vgl. C. Müller, *Oberst i. G. Stauffenberg*... [Anm. 9], S. 451.

[62] Vgl. E. Zeller, *Geist*... [Anm. 8], S. 523, (Anm. 31).

[63] Vgl. dazu Hans Mommsen, *Gesellschaftsbild und Verfassungspläne des deutschen Widerstandes*, in: *Der deutsche Widerstand gegen Hitler*, hrsg. von Walter Schmitthenner u. Hans Buchheim, Köln-Berlin 1966, S. 73—167.

[64] *Die Zeit*, Nr. 16 vom 13.4.1984, S. 24.

Zwei Generationen im militärischen Widerstand gegen Hitler

WOLFGANG SCHIEDER
Trier

I

Immer wieder habe man ihn gefragt, erklärte Franz Halder nach dem Zusammenbruch des „Dritten Reiches", „warum denn die Generale Adolf Hitler nicht kurzerhand beseitigten, gleichsam als wäre das ihre verdammte Pflicht und Schuldigkeit gewesen". Der ehemalige Generalstabschef war über solche Fragen „maßlos erstaunt". Er konnte nicht begreifen, daß man die Beseitigung Hitlers ausgerechnet von denen verlangte, „die durch einen besonderen Eid zu einem besonderen Maß von Gehorsam verpflichtet" waren.[1] Er spielte damit zweifellos auf die Nürnberger Prozesse an, in deren Verlauf dieser Vorwurf von der Anklage wiederholt erhoben worden ist. Wenn aber ein Mann wie Halder, der zu Hitler in oppositioneller Distanz gestanden hat, selbst noch nach 1945 den Gedanken an den Tyrannenmord weit von sich wies, ist zu vermuten, daß seine Auffassungen in der Militäropposition im „Dritten Reich" weiter verbreitet waren. In der Tat ist vielfach belegt, daß sich an der Frage des Attentats auf Hitler im Offizierkorps der Wehrmacht die Geister schieden.

Halders Äußerungen lassen auch erkennen, was Hitlers Generale vor der letzten Konsequenz zurückschrecken ließ: der Korpsgeist ihrer Gemeinschaft, der persönliche Eid auf den „Führer" und die Sorge um die Einheit der Armee. Viele Zivilisten, die mit den Militärs im Widerstand zusammenarbeiteten, glaubten deshalb, daß mit dem hohen Offizierkorps bei einem Attentat auf Hitler überhaupt nicht zu rechnen sei. Der Botschafter Ulrich von Hassell sprach davon, daß die Generale sich auf die „tollsten Gespräche" einließen, aber „den Mut für die Tat" nicht aufbrächten.[2] Der Industrielle Nikolaus Christoph von Halem sah sich, von den Militärs enttäuscht, im Sommer 1938 nach einem berufsmäßigen Killer um.[3] Und als Hans Oster am 1. November 1939 im Gespräch eingestehen mußte, daß man niemanden hätte, „der die Bombe werfe, um unsere Generale von ihren Skrupeln zu befreien", stellte sich ihm der Diplomat Erich Kordt spontan als Attentäter zur Verfügung.[4]

Und doch ist das Attentat vom 20. Juli 1944 von einer militärischen Verschwörung vorbereitet und von einem Offizier, Claus Graf Schenk von Stauffenberg, ausgeführt worden. Wir wissen heute auch, daß es nicht der erste Attentatsversuch war, der vom Militär ausging. So scheint zwischen 1941 und 1942 im Stab des Generalfeldmarschalls Erwin von Witzleben in Paris zweimal ein Attentat auf Hitler vorbereitet worden zu sein.[5] Da Hitler nicht nach Paris kam, konnten diese Anschläge nicht ausgeführt werden. Nach der Katastrophe von Stalingrad ist dann seit 1943 in der Heeresgruppe Mitte an der Ostfront immer wieder aufs neue an Attentatsplänen gearbeitet worden. Anfang 1943 hatte man zunächst die Idee eines Kollektivattentats, nachdem selbst Georg Freiherr von Boeselager, der einer der besten Sportschützen des Heeres war, die Chancen eines Einzelattentats skeptisch beurteilt hatte.[6] Auch bei der Heeresgruppe Nord hatte man gleichzeitig ähnliche Pläne, bei denen ein Attentat zumindest in Kauf genommen wurde. Hitler besuchte jedoch zu dieser Zeit die Front überraschend im Bereich der Heeresgruppe Süd, bei der keine Widerstandszelle bestand.[7] Erst bei einem weiteren Frontbesuch kam Hitler im März 1943 ins Hauptquartier der Heeresgruppe Mitte nach Smolensk. Bei dieser Gelegenheit wurde der vielleicht erfolgversprechendste Attentatsversuch vor dem 20. Juli gemacht. Trotz scharfer Kontrollen und besonderer Bewachung des Diktators durch die SS gelang es dem Oberleutnant Fabian von Schlabrendorff, eine Bombe in das Flugzeug Hitlers zu schmuggeln. Was als Initialzündung eines Putsches gedacht war, mißlang jedoch, da die Zündung der Bombe versagte und Hitler unversehrt in seinen Bunker nach Rastenburg zurückkehren konnte.[8]

Noch einen Schritt weiter gingen im Laufe des Jahres 1943 der Oberst Rudolf Frhr. von Gersdorff, der Hauptmann Axel Frhr. von dem Bussche, der Oberleutnant Ewald Heinrich von Kleist und der Rittmeister Eberhard von Breitenbuch, die sämtlich bereit waren, ihr eigenes Leben bei einem Bombenanschlag auf Hitler aufs Spiel zu setzen.[9] Keiner von ihnen fand zwar Gelegenheit, dieses äußerste Opfer zu bringen, da Hitler sich jedesmal instinktiv den vorbereiteten Zusammentreffen entzog. Aber sie waren in ihrer Entschlossenheit Vorgänger des Attentäters Stauffenberg. Dieser besaß allerdings als einziger die Kaltblütigkeit, am 20. Juli ein drittes Mal einen Anschlag zu wagen, nachdem er schon am 11. und 14. Juli 1944 vergeblich eine Sprengladung in die Nähe Hitlers zu bringen versucht hatte.[10]

Alle diese Tatbestände sind seit langem bekannt. Sie haben, je nach

Fragestellung und Bewertungsmaßstab, in der Forschung zu unterschiedlichen Urteilen über den militärischen Widerstand geführt. Auf der einen Seite wird die Unfähigkeit eines großen Teiles der militärischen Opposition hervorgehoben, sich ganz von Hitler und seinem Regime zu lösen.[11] Andererseits gilt die Unbedingtheit des Widerstandswillens, der bei den Verschwörern des „20. Juli" sichtbar wird, als letztlich maßgebend für die historische Beurteilung der Offiziere gegen Hitler.[12] Es dürfte heute jedoch feststehen, daß der militärische Widerstand durch beides bestimmt worden ist: sowohl durch das Unvermögen zum Handeln als durch die entschlossene Aktion. Der Zwiespalt zwischen beidem konnte bis zum Ende des „Dritten Reiches" nicht überwunden werden, auch und gerade nicht durch die Verschwörung des „20. Juli". Der militärische Widerstand ist in erster Linie wegen dieses inneren Widerspruchs erfolglos geblieben, nicht aufgrund äußerer Umstände, schon gar nicht aufgrund von Zufällen wie dem Fehlschlag aller Attentate auf Hitler.

Für das widersprüchliche Verhalten der Militäropposition gegen Hitler gibt es verschiedene Erklärungen. Häufig wird nur auf die Persönlichkeitsstruktur der Verschwörer verwiesen. Der Cunctator Beck oder der Opportunist Fromm werden dem Frondeur Tresckow oder dem Tatmenschen Stauffenberg gegenübergestellt.[13] Daß die Bereitschaft zum Handeln von der Persönlichkeit der einzelnen Widerstandskämpfer abhing, soll hier auch nicht bestritten werden. Die Spannungen innerhalb des militärischen Widerstandes können jedoch allein auf diesem Wege nicht ausreichend erklärt werden. Eher leuchtet es schon ein, die soziale Herkunft und den gesellschaftlichen Status der militärischen Verschwörer zur Erklärung heranzuziehen.[14] Jedoch entstammte offensichtlich die gesamte Militäropposition einem relativ einheitlichen sozialen Milieu, so daß sich auch hieraus keine Handlungsvarianten ableiten lassen. Der militärische Widerstand setzte sich nämlich, soweit das bisher festzustellen ist, größtenteils aus Abkömmlingen der traditionellen Führungseliten des kaiserlichen Deutschlands zusammen, das heißt, aus Söhnen von höheren Beamten, Gutsbesitzern, Industriellen, Akademikern und vor allem Offizieren. Besonders bemerkenswert ist der hohe Anteil an Adeligen. Bedauerlicherweise liegen hierzu zwar bisher keine exakten Zahlen vor; denn eine zuverlässige Datei aller Teilnehmer des militärischen Widerstands gibt es nicht.[15] Sie dürfte auch nur schwer aufzubauen sein, da die Übergänge von der Mitwisserschaft über die passive Teilnahme bis zur aktiven Beteiligung fließend waren.[16] Man kann aber annehmen, daß der eigentliche Kern der Militäropposition in den fünf bisher vorliegenden Gesamtdarstellungen des deutschen Widerstandes von Hans Rothfels, Eberhard Zeller, Terence Prittie, Ger van Roon und Peter Hoffmann genannt wird.[17]

Ich habe auf dieser Basis 185 militärische Verschwörer, darunter 39 Generale, ausgezählt.[18] Daß diese Liste nicht vollständig ist, versteht sich von selbst. Tatsächlich dürften sich aber, die Angehörigen des „Nationalkomitees Freies Deutschland" einmal ausgenommen, nicht sehr viel mehr militärische Widerstandskämpfer ermitteln lassen.[19] Von den 185 Offizieren waren, soweit biographisch bisher faßbar, 27 Reserveoffiziere, die aufgrund ihrer unterschiedlichen Sozialisation von den Berufsoffizieren unterschieden werden könnten. Männer wie Werner von Haeften, Cäsar von Hofacker, Fabian von Schlabrendorff, Fritz-Dietlof Graf von der Schulenburg, Ulrich Wilhelm Graf Schwerin von Schwanenfeld oder Peter Graf Yorck von Wartenburg für die Zeit des Zweiten Weltkriegs nicht auch zum militärischen Widerstand zu rechnen, wäre jedoch abwegig. Sie unterschieden sich zwar in ihrer ursprünglichen Berufskarriere, nicht jedoch mehr in ihrem Widerstandsverhalten von den Berufsoffizieren. „Militärischer Widerstand" ging seit 1939 nicht nur von Berufsoffizieren aus, sondern auch von im Krieg aktivierten Reserveoffizieren.[20]

Das „Sample" der 185 militärischen Verschwörer belegt zweifelsfrei den hohen Adelsanteil. Nicht weniger als 83 (das sind 44,9 %) von ihnen, darunter 17 der 27 Reserveoffiziere, waren nämlich adeliger Herkunft. Von den 146 Offizieren waren 43,8 % (64), von den 39 Generalen sogar 48,7 % (19) Adelige. Es ist keine Frage, daß diese Anteile weit über dem des gesamten Offizierkorps lagen. Wie Reinhard Stumpf neuerdings nachgewiesen hat, waren nämlich insgesamt nur 18,1 % der Generale und Admirale des Dritten Reiches adeliger Herkunft.[21] Etwas anders sah es im Generalstab aus. Hier lag der Adelsanteil 1932 bei durchschnittlich 23,8 %, davon 27,1 % bei den Leutnants und Obristen, jedoch 52,0 % bei den Generalen.[22] 1944 waren aber auch im Generalstab nur noch 19,0 % der Generale adeliger Herkunft.[23] Der besondere Charakter des den militärischen Widerstand bestimmenden Sozialmilieus tritt damit deutlich zutage. Dieser Befund könnte mit Sicherheit noch weiter erhärtet werden, wenn, was aufgrund fehlender Daten bisher leider nicht möglich ist, auch der beruflich-familiäre Hintergrund der militärischen Widerstandskämpfer stärker ausgeleuchtet würde.

Wenn der soziale Hintergrund in so hohem Maße homogen war, lassen sich die den militärischen Widerstand kennzeichnenden Gegensätze auch daraus nicht ausreichend erklären. Sowohl die militärischen Gegner Hitlers, die sich zu aktivem, bis zur Gewaltanwendung reichendem Widerstand entschließen konnten, wie diejenigen, die bei bloßer, das NS-Regime nicht grundsätzlich in Frage stellender Opposition verharrten, entstammten demselben stark aristokratisch geprägten sozialen Milieu. Es ist deshalb anzunehmen, daß die soziale Herkunft allein ebensowenig wie der individuelle Charakter das Verhalten der militärischen Verschwörer bestimmte; ausschlaggebend war vielmehr der zwischen ihnen bestehende *Generationsunterschied*. Das konträre oppositionelle Verhalten des militärischen Widerstandes war vorrangig das Ergebnis unterschiedlicher Generationserlebnisse.

Als „Generation" verstehe ich in Anlehnung an Karl Mannheim keine biologische, sondern eine gesellschaftliche Einheit von Menschen, die durch gemeinsame historische Erfahrungen so geprägt ist, daß sie auf spätere Herausforderungen ähnlich reagiert.[24] Selbstverständlich kann ein solches Generationsmodell nicht alle individuellen Verhaltensweisen in einer gesellschaftlichen Gruppe erklären. Wenn man jedoch bei dieser bestimmte Übereinstimmungen feststellt, die sich mit Hilfe anderer analytischer Verfahren nicht erklären lassen, bietet es sich an, von generationsspezifischen Eigenheiten auszugehen.

Im vorliegenden Fall des militärischen Widerstandes gegen Hitler scheint mir dieser Ansatz deshalb besonders geeignet zu sein, weil sich die Generationen weitgehend hierarchisch abgrenzen lassen: Die *ältere Generation* umfaßte das höhere Offizierkorps von den Generalmajoren bis zu den Generalfeldmarschällen, die *jüngere* das niedere Offizierkorps von den Leutnants bis zu den Obersten. Man kann deshalb auch von einer „oberen Linie" und einer „unteren Linie" des militärischen Widerstandes sprechen, wie das der Schriftsteller Günther Weisenborn schon 1953 getan hat.[25] Weisenborn wollte damit allerdings zwischen dem Widerstand der Offiziere und dem der Soldaten unterscheiden.

Das ist von der ostdeutschen Forschung aufgegriffen worden, die behauptet, daß der kleinen Zahl der militärischen Verschwörer des „20. Juli" eine um ein Vielfaches höhere Zahl von Widerstandskämpfern an der Basis der Wehrmacht gegenübergestanden hätte. Dazu verweist man unter anderem auf die Kriminalstatistik der Wehrmacht, die für die Zeit des Zweiten Weltkriegs 16000 Todesurteile ausweist, von denen 14500 vollstreckt worden sind.[26] So eindrucksvoll diese Zahlen sind, ist es jedoch zweifelhaft, ob man die seit 1942 überproportional zunehmenden Fälle von Fahnenflucht, Gefangenenbefreiung und Meuterei tatsächlich durchweg als Widerstandshandlungen interpretieren kann. Auch wo dies nachweisbar ist, handelte es sich meist um spontane Einzelaktionen, die nicht planmäßig vorbereitet waren.

Von militärischem Widerstand kann aber erst gesprochen werden, wo es organisierten Widerstand gab. Und dieser ist fast ausnahmslos erst auf der Kommandoebene der Offiziere nachzuweisen, kaum schon bei den Soldaten. Wenn ich von einer „unteren Linie" spreche, meine ich somit den Widerstand der Offiziere vom Leutnant aufwärts, wenn ich von einer „oberen Linie" spreche, den der Generale, vom Generalmajor aufwärts.

II

Die 39 Generale, die der *oberen Linie* der Militäropposition zugerechnet werden können, waren in irgendeiner Form aktiv an der Fronde gegen Hitler beteiligt. Als Mitwisser, von denen wiederum viele eine aktive Beteiligung ausdrücklich abgelehnt haben, kommen sicherlich noch eine Reihe weiterer Generale in Frage. Auch wenn die Gesamtzahl der Eingeweihten somit höher anzusetzen ist, ergibt das insgesamt doch nur eine kleine Gruppe. Während es nämlich in Deutschland 1932 erst 44 Offiziere im Generalsrang gab, waren es Ende 1938 schon 261 und im Mai 1943 weit über 1000.[27] Insgesamt dienten Hitler zwischen 1933 und 1945 3191 Generale und Admirale.[28] Nur eine kleine Minderheit von ihnen kann also überhaupt der Militäropposition zugerechnet werden. Die ganz große Mehrheit hat dem „Dritten Reich" bis zum Ende mehr oder weniger loyal gedient. Allerdings gehörten eine Reihe der bekanntesten Generale zu den Eingeweihten. Ich nenne nur die Generalstabschefs Beck und Halder, die von Hitler im Laufe des Krieges nach dem Vorbild Napoleons zu Generalfeldmarschällen ernannten Generale von Kluge, von Witzleben und Rommel, die Militärbefehlshaber im besetzten Belgien und Frankreich von Falkenhausen und von Stülpnagel sowie Admiral Canaris, den Chef der militärischen Abwehr.

Alle diese Generale entstammten dem Heer des Kaiserreichs. Sie wurden, soweit bisher bekannt, in den zwei Jahrzehnten zwischen 1880 und 1900 geboren und im monarchischen Geist des Heeres erzogen. Als junge Offiziere gingen sie in den Ersten Weltkrieg. (Nur 3,6 % aller Generale des „Dritten Reiches" können nicht mehr an diesem Krieg teilgenommen haben, weil sie nach 1900 geboren wurden.[29]) Der Krieg und die deutsche Niederlage waren ihre ersten gemeinsamen Generationserlebnisse.[30] Viele von ihnen sahen sich in den Freikorps der Revolutionszeit wieder, im Berufsheer der Weimarer Republik machten sie Karriere. Bei Hitlers Machtergreifung waren sie entweder schon in Führungsrängen der Reichswehr oder doch auf dem Sprung in diese. Spätestens 1938 gehörten sie zum Generalkorps Hitlers.[31]

Es besteht aber kein Zweifel, daß die Jahre der Republik für sie das zweite negative Generationserlebnis waren. Die Begrenzung auf 100 000 Mann und die empfindlichen Einschränkungen in der Bewaffnung, die der Versailler Vertrag der Reichswehr auferlegte, wurden vom Generalkorps als diskriminierend empfunden. Zum Trauma der als unverschuldet angesehenen Niederlage kam das der als ungerechtfertigt empfundenen Zurücksetzung. Beides trug wesentlich dazu bei, daß auch Generale der Reichswehr, die später zur Opposition gehörten, Hitlers Machtergreifung von 1933 zunächst als Chance für die eigene Rehabilitierung angesehen haben. Bezeichnenderweise war die Machtübernahme Hitlers 1933 selbst für Ludwig Beck „der erste große Lichtblick seit 1918".[32] Die Generale glaubten mit Hitler durchsetzen zu können, was sie von den Regierungen der Weimarer Republik vergeblich gefordert hatten: den militärischen Wiederaufstieg Deutschlands.

Man hat deshalb von einer „Teilidentität der Ziele" von Reichswehr und Nationalsozialismus gesprochen.[33] Besser wäre es, von einer Scheinidentität der Ziele auszugehen, da die Reichswehrführung 1933 die politischen Endziele Hitlers nicht erkannt hat. Es war das gemeinsame Interesse an der Wiederaufrüstung, das die Reichswehr mit Hitler 1933 eine informelle Allianz eingehen ließ. Ohne die Zustimmung der Reichswehr hätte Hitler sich nicht durchsetzen können.[34] Die Reichswehr wäre ohne ihn andererseits nicht so schnell ausgebaut worden. Die Basis der gegenseitigen Verständigung war die sogenannte Zwei-Säulen-Theorie, die von Hitler geschickt ins Spiel gebracht wurde, ohne daß dies für ihn mehr als eine rhetorische Floskel gewesen wäre.[35] Die NSDAP und die Wehrmacht sollten danach angeblich die beiden „Säulen" des neuen Staates sein. Der nationalsozialistische Totalitätsanspruch wurde damit scheinbar zurückgestellt. Das Militär schien wieder den Sonderstatus zu erhalten, den es im Kaiserreich gehabt hat. Es besteht kein Zweifel, daß viele der konservativ geprägten Generale der Reichswehr, auch diejenigen, die später in Opposition zu Hitler geraten sollten, die Allianz mit dem NS-Regime deshalb zunächst begrüßt haben. Die Parole „Hinein in den neuen Staat", die 1933 von dem General von Reichenau ausgegeben wurde, entsprach durchaus den Überzeugungen vieler Generale, auch wenn sie manchem etwas riskant erscheinen mochte.[36] Von den Generalen war daher zunächst keine Opposition gegen Hitler zu erwarten. Die Stunde der Wahrheit schlug für sie erst 1938, als es Hitler in der von ihm inszenierten Blomberg-Fritsch-Affäre gelang, die Wehrmacht politisch zu entmachten und seinem Führerbefehl zu unterwerfen.

Dabei hatte Hitler frühzeitig erkennen lassen, daß er der Reichswehr die politische Autonomie, die er ihr 1933 zugestehen mußte, keineswegs auf Dauer lassen wollte. Schon die gleichberechtigte Anerkennung der Hakenkreuzfahne neben der schwarz-weiß-roten Kriegsflagge, die Teilnahme an „nationalen Kundgebungen" des Regimes, die Übernahme nationalsozialistischer Erziehungsprogramme waren 1933 erste Schritte eines stufenweisen Anpassungsprozesses an den Nationalsozialismus. Am gravierendsten war, daß die Reichswehr aus eigenem Antrieb den sogenannten „Arier-Paragraphen" übernahm, obwohl sie dazu gesetzlich eigentlich gar nicht verpflichtet gewesen wäre.[37] Die Generale haben es dann 1934 nicht nur widerspruchslos hingenommen, daß mit der SA-Führung auch zwei der Ihren, darunter der ehemalige Reichskanzler von Schleicher, ermordet wurden, sondern Blomberg und Reichenau machten sich durch die Verschleierung der Umstände von Schleichers Tod geradezu zu „Komplizen des Mordes an ihm".[38] Wenig später hat die Reichswehr schließlich nicht dagegen protestiert, daß Hitler nach dem Tode des Reichspräsidenten Hindenburg dessen Funktionen usurpierte und die Soldaten auf den „Führer und Reichskanzler" vereidigt wurden.[39]

Als Hitler die Wehrmacht 1938 gleichschaltete, war diese gar nicht mehr zur Gegenwehr fähig. Die Generale mußten es hinnehmen, daß sie nach der Abschaffung des Reichskriegsministeriums direkt dem militärischen Oberbefehl Hitlers unterstellt wurden. Wie wenig sie dem kaltblütigen Intrigenspiel Hitlers gewachsen waren, zeigte sich etwa daran, daß Fritsch mit Unterstützung Becks erwog, zu seiner Rehabilitierung Himmler zum Duell aufzufordern.[40] Die Blindheit der in altpreußischen Ehrvorstellungen befangenen Generalität gegenüber dem totalitären Herrschaftsanspruch Hitlers konnte nicht deutlicher zum Ausdruck kommen als in dieser bizarren Episode.

Die Blomberg-Fritsch-Affäre von 1938 war jedoch auch der Ausgangspunkt für die Formierung einer Generalsopposition gegen Hitler. So ist bekannt, daß Erich Hoepner, Karl Heinrich von Stülpnagel und Erwin von Witzleben, aber auch Wilhelm Canaris 1938/39 erstmals in Distanz zu Hitler gingen.[41] Vor allem aber war 1938 für den Generalstabschef Ludwig Beck der Punkt erreicht, an dem er seine Opposition gegen Hitler begann. „Opposition gegen Hitler" bedeutete für ihn zunächst noch nicht Staatsstreich. Beck dachte an einen kollektiven Protestschritt aller Generale bei Hitler. „Kurze, klare Parolen", notierte er: „Für den Führer! Gegen den Krieg! Gegen die Bonzokratie! Friede mit der Kirche! Freie Meinungsäußerung!"[42] Das war noch kein Programm zur Beseitigung der Naziherrschaft,[43] das war vielmehr der paradoxe Versuch, *mit* Hitler eine Reform des Regimes durchzusetzen.[44] Erst mit seinem Rücktritt begab sich Beck auf den Weg des Widerstandes *gegen* Hitler.

Etwas anders ist der Umsturzplan zu beurteilen, der 1938 nach dem Rücktritt Becks von dessen Nachfolger Halder betrieben wurde. Es ist heute unbestritten, daß dieser „Septemberverschwörung" eine ernsthafte Umsturzplanung zugrunde lag.[45] Ob sie als das nach den Ereignissen des 20. Juli 1944 „wichtigste Faktum in der Geschichte der deutschen Militäropposition" bezeichnet werden kann,[46] ist allerdings zweifelhaft. Zu wenig sind wir trotz intensiver Nachforschungen über Einzelheiten dieser Planungen informiert, zu gering müssen aufgrund der unzureichenden Vorbereitung vor allem ihre Erfolgschancen eingeschätzt werden. Die beteiligten Generale, neben Halder vor allem Witzleben, ferner Stülpnagel, Graf Brockdorff-Ahlefeld, Paul von Hase und Canaris, waren sich zwar einig, daß sich der Militärputsch gegen Hitler richten sollte. Man lehnte es jedoch übereinstimmend ab, diesen gewaltsam zu beseitigen. Der Diktator sollte nach den Vorstellungen der militärischen Verschwörer vor ein Volksgericht gestellt oder für unzurechnungsfähig erklärt werden. Was nach seinem Sturz an die Stelle des NS-Regimes treten sollte, blieb jedoch bis zuletzt unklar.[47]

Noch weniger erfolgversprechend war der zweite Versuch Halders, eine militärische Fronde gegen Hitler aufzubauen. Die Gelegenheit hierzu bot Hitlers Ankündigung, nach dem Erfolg in Polen unverzüglich auch Frankreich anzugreifen. Bei dieser Gelegenheit kam es zwar zu einer erheblich besseren Koordination der militärischen Opposition mit zivilen Oppositionsgruppen. Die militärische Umsturzplanung blieb jedoch in den Anfängen stecken.[48]

Was war unter diesen Umständen von den Umsturzplänen der Generale 1938 und 1939 zu erwarten? Die Verschwörer selbst waren der Meinung, vor allem an äußeren Umständen gescheitert zu sein. Die Forschung ist ihnen hierin weitgehend gefolgt.[49] In der Tat wurden dem Umsturzplan Halders im September 1938 durch das Münchener Abkommen, den Plänen vom Herbst 1939 durch die Verschiebung des Angriffstermins im Westen der Wind aus den Segeln genommen. Auch wenn Großbritannien und Frankreich aber Hitler 1938 nicht nachgegeben und wenn Hitler schon im Herbst 1939 Frankreich angegriffen hätte, wäre es fraglich gewesen, ob die militärischen Verschwörungen Erfolg gehabt hätten. Nach meiner Auffassung spricht alles dafür, daß der geplante Staatsstreich in allen Fällen gescheitert wäre.[50]

Für diese Annahme sprechen vor allem zwei Gründe: Zum *ersten* trat sowohl 1938 wie 1939 nur eine ganz kleine Minderheit der Generale in Opposition zu Hitler. Die große Masse der Generale blieb Hitler treu, und es war keineswegs abzusehen, wie sie im Falle eines Staatsstreichs reagiert hätte. Mit Sicherheit war zu dieser Zeit, aber auch später, auszuschließen, daß sich die Kommandeure der neuen Waffengattungen an irgendeiner gegen Hitler gerichteten Aktion beteiligten. Die Luftwaffe und die Panzertruppen wurden im wesentlichen erst im „Dritten Reich" aufgebaut. Hier gab es keine eigenständige Tradition. Die Generale und das meist junge Offizierkorps dieser Waffengattungen waren mit wenigen Ausnahmen voll auf Hitler eingeschworen.[51]

Noch wichtiger scheint mir ein *zweiter* Umstand zu sein. Aufgrund der für jede Armee charakteristischen hierarchischen Ordnung hing der Erfolg eines militärischen Staatsstreiches gegen Hitler entscheidend davon ab, daß auch von denjenigen Offizieren Befehle befolgt wurden, die vorher nicht eingeweiht waren. Weder Beck noch Halder konnten als Generalstabschef solche Befehle geben. Diese konnten nur von den kommandierenden Generalen erteilt werden. Da es ausgeschlossen war, den hitlerhörigen Chef des Oberkommandos der Wehrmacht, Wilhelm Keitel, sowie die Oberbefehlshaber von Luftwaffe und Marine zu gewinnen, brauchten die Verschwörer deshalb wenigstens die Mithilfe des Heeres-Oberbefehlshabers Walther von Brauchitsch. Dieser aber konnte sich 1938 trotz des heftigen Drängens von Beck zu keiner eindeutigen Entscheidung durchringen. Becks Nachfolger Halder hat es dann 1938 nach eigener Aussage gar nicht erst riskiert, Brauchitsch voll in seine Umsturzpläne einzuweihen. Er wollte ihn erst im allerletzten Moment einschalten, ohne indessen zu wissen, wie dieser dann handeln würde.[52]

Nach dem Krieg in Polen versuchte Halder im Herbst 1939, wenigstens die Oberbefehlshaber der drei Heeresgruppen, die an der deutschen Westgrenze aufmarschiert waren, zum Handeln gegen Hitler zu bewegen. Gert von Rundstedt, Fedor von Bock und Wilhelm Ritter von Leeb erhoben daraufhin gegenüber Hitler zwar militärische Einwände gegen eine Offensive gegen Frankreich, versagten sich aber bezeichnenderweise einem Staatsstreich. Ihre Opposition beschränkte sich, mit Ausnahme derer von Leebs, auf ihr militärisches Metier.[53] Auch die Bemühungen um rangniedrigere Generale im Westheer schlugen fehl. Halder hat daraufhin selbst aufgegeben. Statt seine Autorität weiter bei den zögernden Generalen einzusetzen, zog er sich selbst aus dem militärischen Widerstand zurück, um Hitler noch bis zu seiner Entlassung im Jahre 1942 bei der Planung von dessen Kriegen zu dienen. Was er nachträglich zu seiner eigenen Rechtfertigung vorbrachte, galt ähnlich für fast alle kommandierenden Generale, die sich 1938/39 oder später dem Widerstand gegen Hitler versagten: „Es besteht ein Unterschied zwischen dem, der ausspricht, was geschehen müßte oder sollte, und dem, der ... vor Augen hat, daß er zugleich Chaos und Zerstörung durch einen Krieg im Innern wagt."[54]

III

Den wankelmütigen Generalen der oberen Linie der Gegner Hitlers in der Armee stand eine *untere Linie* der Leutnants und Obersten gegenüber. Bei diesen handelte es sich erst recht um eine kleine Minderheit. Gab es am 1. September 1939 in der Wehrmacht insgesamt 89075 Offiziere, so stieg deren Zahl bis zum Höhepunkt am 1. September 1943 auf 246453, um dann langsam wieder zurückzugehen. Am 1. Juli 1944, kurz vor dem Attentat auf Hitler, hatte die Wehrmacht 232670 Offiziere, von denen zu diesem Zeitpunkt mehr als 80 % Reservisten waren.[55] Die Gesamtzahl der Offiziere, die in Hitlers Heeren gedient haben, ist noch nicht errechnet worden. Wie hoch der Ersatzbedarf mit der Ausweitung und Verschärfung des Krieges gewesen sein muß, läßt sich aber daran ablesen, daß zwischen dem 1. September 1939 und dem 31. Januar 1945 69 361 Offiziere gefallen sind und 107 265 verwundet wurden, von denen etwa 40 % nicht mehr dienstfähig waren.[56]

Die Offiziere der unteren Linie entstammten einer anderen Generation. Zwischen ihnen und den kaiserlichen Vorkriegsoffizieren entstand eine Kluft, „die über das hinaus ging, was die Natur an Trennendem zwischen verschiedene Generationen zu legen pflegt".[57] Etwa zwischen 1900 und 1915 geboren, wurden die Jüngeren als Soldaten nicht mehr durch den spezifisch wilhelminischen Militarismus geprägt. Auch der Erste Weltkrieg war nicht ihr prägendes Generationserlebnis.[58] Nur die ältesten von ihnen (z. B. Helmuth Groscurth, Helmuth Stieff und Henning von Tresckow) haben daran im letzten Kriegsjahr überhaupt noch als junge Soldaten teilgenommen.[59] Es war die Zeit der Weimarer Republik, in der sie den Übergang ins militärische Berufsleben vollzogen oder wegen der beschränkten Aufnahmekapazitäten der Reichswehr daran gehindert wurden, diesen zu vollziehen. Im ersten Fall konnten sie zwar ihren Berufsweg als Offizier beginnen, sahen aber keine Möglichkeit zu einer militärischen Karriere. Im zweiten Fall kamen sie überhaupt erst nach der Wiedereinführung der allgemeinen Wehrpflicht durch Hitler zum Zuge. In beiden Fällen lasteten sie ihre beruflichen Enttäuschungen der Republik an.

Der Umsturz von 1933 wurde von ihnen deshalb begrüßt. Anders als die konservative und überwiegend monarchistisch gesinnte Generation der Generale erhoffte sich die jüngere Offiziersgeneration von Hitler aber nicht die Wiederherstellung von politischen Verhältnissen, wie sie im wilhelminischen Militärstaat bestanden hatten. Auch wenn sie konservativem Denken verhaftet waren, hatten ihre politischen Vorstellungen keine rein restaurative Tendenz. Eher standen sie, wie zum Beispiel Fabian von Schlabrendorff, am Ende der Weimarer Republik der „Konservativen Revolution" nahe.[60] So glaubte etwa Fritz-Dietlof Graf von der Schulenburg, ausgehend von Oswald Spengler, Preußentum und Nationalsozialismus verschmelzen zu können.[61] Oftmals waren gerade diejenigen, die sich später am entschiedensten gegen Hitler stellten, 1933 am stärksten von diesem beeindruckt. So begrüßte etwa Henning von Tresckow Hitlers Regierungantritt mit großer Zustimmung. Er traute dem Nationalsozialismus die außenpolitische Revision des Versailler Friedensvertrages ebenso zu wie eine soziale Ausgleichspolitik, für die es für ihn in der Republik keine Chance mehr gab. Vor allem zog ihn bezeichnenderweise Hitlers Aufrüstungswille an.[62] Helmuth Stieff distanzierte sich 1930 deutlich vom „System" der Weimarer Republik, sprach von den Angehörigen des „Reichsbanners Schwarz-Rot-Gold" als „diesen Schuften".[63] Albrecht Ritter Mertz von Quirnheim ließ sich 1933 sogar zur SA abkommandieren.[64] Und selbst Claus Graf Schenk von Stauffenberg scheint 1933 zunächst eine gewisse Sympathie für das neue Regime gehabt zu haben. Von rückhaltloser Zustimmung konnte bei ihm allerdings nie die Rede sein.[65]

Es liegt mir fern, mit diesen Hinweisen den aus dieser Generation kommenden Widerstand in ein Zwielicht zu stellen. Im Gegenteil: Während die durch das preußisch-deutsche Obrigkeitsdenken geprägten Generale sich auch dann nicht voll von Hitler lösen konnten, als sie dessen verbrecherische Handlungsweise durchschauten, fühlten sich die Jüngeren frei, sobald ihnen die Augen über den wahren Charakter des NS-Regimes geöffnet wurden. Unbedingter Widerstand gegen Hitler konnte gerade aus enttäuschten Hoffnungen erwachsen. Der Umschwung erfolgte dabei meist weniger aufgrund politischer oder militärischer Differenzen, wie bei den Generalen, als vielmehr infolge moralischer Entscheidungen. Viele der Offiziere, die sich im Laufe des Krieges auf der unteren Linie für den Kampf gegen Hitler entschieden, wurden bezeichnenderweise durch das Erlebnis willkürlicher Massenerschießungen von Polen und Russen und durch organisierte Mordaktionen an Juden in den Widerstand getrieben.[66]

So wurde Axel von dem Bussche im Herbst 1942 auf dem Flugplatz von Dubno in der Ukraine Zeuge einer Massenerschießung von mehr als 1000 Juden. Der Schock dieses Erlebnisses veranlaßte ihn, sich den militärischen Verschwörern als Attentäter zur Verfügung zu stellen.[67] Eine ähnliche Wirkung hatte die bestialische Ermordung aller Einwohner des jüdischen Ghettos in Borissow durch eine lettische SS-Einheit, die die Grafen Carl Hans von Hardenberg und Heinrich von Lehndorff im Dezember 1941 aus dem Flugzeug mitansehen mußten.[68] Als der Oberst Rudolf-Christoph Freiherr von Gersdorff davon erfuhr, hatte er den Mut, die Judenmorde im offiziellen Kriegstagebuch der Heeresgruppe Mitte anzuprangern:

„Bei allen längeren Gesprächen mit Offizieren wurde ich nach den Judenerschießungen gefragt. Ich habe den Eindruck gewonnen, daß die Erschießungen der Juden, der Gefangenen und auch der Kommissare fast allgemein im Offizierskorps abgelehnt werden, die Erschießung der Kommissare vor allem auch deswegen, weil dadurch der Feindwiderstand besonders gestärkt wird. Die Erschießungen werden als eine Verletzung der Ehre der deutschen Armee, in Sonderheit des deutschen Offizierskorps betrachtet."[69]

Helmuth Stieff schrieb schon im November 1939 nach einer Reise durch Polen:

„Ich schäme mich, ein Deutscher zu sein! Diese Minderheit, die durch Morden, Plündern und Sengen den deutschen Namen besudeln, wird das

Unglück des gesamten deutschen Volks werden, wenn wir ihnen nicht bald das Handwerk legen."

Im November 1941 bezeichnete er die Judendeportationen aus dem Reich, die er bei Minsk miterleben mußte, dann als „eines angeblichen Kulturvolkes unwürdig". Entsetzt stellte er fest, daß „alles noch viel schlimmer" geworden sei „als vor zwei Jahren in Polen".[70] Stauffenberg schließlich scheint sich zur gewaltsamen Beseitigung Hitlers entschlossen zu haben, als er von einem Befehl Kaltenbrunners erfuhr, „der für 40000 oder 42000 ungarische Juden ‚Sonderbehandlung' in Auschwitz anordne".[71]

Von den älteren Generalen sind solche Äußerungen kaum überliefert. Aufgrund ihrer national-konservativen Herkunft aus dem Kaiserreich hatten sie sich nicht so vollständig mit dem Nazi-Regime identifiziert wie viele jüngere Offiziere. Sie fühlten sich daher weniger betroffen als die Jüngeren, denen mit der Einsicht in den verbrecherischen Charakter des Regimes oft eine Welt zusammenbrach. Es spricht deshalb viel dafür, daß es die größere Betroffenheit war, die zu entschlossenerem Widerstand führte.

IV

Unterschiede in der oberen und in der unteren Linie des militärischen Widerstandes zeigten sich schon erstmals im Herbst 1938. Im Zusammenhang der von Halder betriebenen Umsturzplanungen bildete sich eine Gruppe von 10 bis 20 jüngeren Offizieren, die von dem Major Friedrich Wilhelm Heinz und dem Kapitänleutnant Franz Maria Liedig angeführt wurde.[72] Diese Gruppe war davon überzeugt, daß ein Staatsstreich nur nach einem Attentat auf Hitler Erfolg haben könne. Da sie mit dieser Auffassung, außer bei Canaris, bei den zum Handeln entschlossenen Generalen und den mit diesen zusammenarbeitenden Zivilisten (vor allem Goerdeler) keine Zustimmung fand, bildete sie eine „Verschwörung in der Verschwörung".[73] Der innere Widerspruch zwischen oberer und unterer Linie des militärischen Widerstandes hätte schon hier nicht deutlicher in Erscheinung treten können.

Ein zweites Mal bildete sich nach dem deutschen Einmarsch in Rußland im Herbst 1941 innerhalb der Heeresgruppe Mitte eine Offiziersfronde heraus. Dieses Mal ging die Initiative schon eindeutig von der unteren Linie des Offizierkorps aus. *Spiritus rector* der Verschwörergruppe war Henning von Tresckow, seit dem deutschen Einfall in Rußland Erster Generalstabsoffizier (I a) und seit dem Dezember 1943 Chef des Generalstabs der Heeresgruppe.

Durch gezielte Werbung und durch geschickte Personalpolitik gelang es Tresckow, die wohl größte und schlagkräftigste militärische Oppositionsgruppe aufzubauen, die während des „Dritten Reichs“ überhaupt je existiert hat. Die Mitglieder der Gruppe waren fast durchweg Offiziere des Generalstabs, um Truppenoffiziere hat man sich weniger bemüht.[74] Unermüdlich haben Tresckow, Schlabrendorff, Gersdorff, Lehndorff, Hardenberg und Berndt v. Kleist, um nur die „Keimzelle der Fronde“ zu nennen,[75] zwischen 1941 und 1943 an Attentatsplänen gegen Hitler gearbeitet.[76] Es war ein Unglück, daß diese sämtlich scheiterten. Aber es ist sehr die Frage, ob allein der gewaltsame Tod Hitlers schon einen Umsturz bewirkt hätte. Tresckow hat sich zwar von Anfang an mit Erfolg um Verbindungen zum zivilen Widerstand in der Heimat bemüht.[77] Aber alle seine Versuche, zumindest die kommandierenden Generale an der Ostfront für einen Staatsstreich zu gewinnen, sind gescheitert.[78] Von seiner Stellung im Generalstab aus konnte Tresckow so zwar weiter an Attentatsplänen gegen Hitler arbeiten.[79] Im Falle eines Staatsstreichs wäre die kämpfende Truppe aber nicht seinen Befehlen, sondern nur denen der kommandierenden Generale gefolgt.

Von den Kommandeuren schlug sich zwar nach langem Zögern der Generalfeldmarschall Günther von Kluge auf die Seite der Verschwörer.[80] Durch einen Autounfall fiel er aber bald darauf wieder aus, um dann im Sommer 1944 als Oberbefehlshaber in Frankreich wieder hin- und herzuschwanken.[81] Erich Hoepner, der einzige General, der an der Ostfront zu aktivem Widerstand bereit gewesen wäre, war schon im Januar 1942 von Hitler entlassen worden, weil er entgegen einem strikten Führerbefehl die Front der 4. Panzerarmee zurückgenommen hatte.[82] Er stand dann allerdings 1944 ebenso vorbehaltlos für den Staatsstreich zur Verfügung wie einige der Generale (an der Spitze Beck, aber auch Witzleben und Stülpnagel), die schon 1938/39 in Opposition gewesen waren.[83] Die meisten der Generale aber, die erst während des Krieges mit dem Widerstand in Berührung kamen, haben allenfalls den Schritt in die unverbindliche Opposition, aber nicht in den entschiedenen Widerstand getan. Die negative Symbolfigur für diesen Generalstyp war der auf beiden Schultern tragende Generaloberst Friedrich Fromm, der am 20. Juli 1944 als Befehlshaber des Ersatzheeres eine Schlüsselposition innehatte.[84] Auch der Generalfeldmarschall Erwin Rommel, auf dessen Popularität die Verschwörer des 20. Juli 1944 einige Hoffnungen setzten, war nicht voll zu gewinnen. Er scheint zwar von der Planung des Staatsstreichs gewußt zu haben, konnte sich aber nicht zu aktivem Widerstandshandeln durchringen.[85] Aufgrund seiner Verwundung fiel er dann am 17. Juli aus, ehe er überhaupt Farbe bekennen konnte. Tresckow hat das Zaudern der Generale mit zunehmender Erbitterung kritisiert,[86] ändern konnte er es ebensowenig wie

Groscurth, der schon 1939 in sein Tagebuch schrieb: „Diese unentschlossenen Führer ekeln einen an. Grauenvoll."[87]

Wenn die Verschwörergruppe an der Ostfront überhaupt noch eine Chance zum Handeln erhielt, so nur deshalb, weil es Tresckow im Herbst 1943 gelang, mit Claus Graf von Stauffenberg im Generalstab des Heimatheeres einen Mann für den Umsturz zu gewinnen, der aufgrund seiner ungewöhnlichen Tatkraft und seiner besonderen organisatorischen Begabung rasch ins Zentrum der Verschwörung rücken und bis zum 20. Juli 1944 der Motor aller Attentatsversuche werden sollte. Bezeichnenderweise begründete Stauffenberg seinen Entschluß zum Handeln im vertraulichen Gespräch damit, daß sich „nun die Obersten einschalten" müßten, „nachdem die Generäle bisher nichts erreicht haben".[88] Neue Teilnehmer an der Verschwörung warb er auch fast ausnahmslos unter Altersgenossen, die entweder mit ihm verwandt waren oder mit denen er aus früherer Zeit bekannt oder befreundet war.[89] So ergab es sich fast von selbst, daß sein Bruder Berthold und seine Vettern Cäsar von Hofacker und Peter Graf Yorck von Wartenburg die ersten waren, die er ins Vertrauen zog. Sie alle waren, wie er selbst, schon von Stauffenbergs Onkel Nikolaus Graf von Üxküll mit dem Widerstand bekanntgemacht worden.[90] Über Yorck wurden offensichtlich dessen Freund Ulrich Wilhelm Graf Schwerin von Schwanenfeld und über Hofacker dessen Freund Fritz-Dietlof Graf von der Schulenburg für den Stauffenbergkreis geworben.[91] Schulenburg war es dann wiederum, der Stauffenberg den ihm seit der gemeinsamen Dienstzeit im Potsdamer 9. Infanterieregiment freundschaftlich verbundenen Axel von dem Bussche als Attentäter präsentierte.[92] Das stark vom Adel geprägte preußische Traditionsregiment war überhaupt eine sichere Rekrutierungsbasis der militärischen Konspiration.[93] Ähnliches gilt für das süddeutsche Gegenstück, das in Bamberg stationierte 17. Reiterregiment, aus dem Stauffenberg beispielsweise die ihm entweder seit seiner dortigen Dienstzeit oder aus der Berliner Kriegsakademie bekannten Rudolf Graf Marogna-Redwitz, Ludwig Freiherr von Leonrod, Roland von Hößlin und Albrecht Mertz von Quirnheim heranzog.[94] So waren es im wesentlichen verwandtschaftliche sowie ältere freundschaftliche oder berufliche Verbindungen gleichaltriger Offiziere, welche 1943/44 das Gerüst der militärischen Verschwörung bildeten. Die Generationsbestimmtheit des militärischen Widerstandes trat damit hier besonders klar zutage.

Auch die Zusammenarbeit Tresckows mit Stauffenberg konnte die fehlende Zustimmung auf der Generalsebene jedoch nicht ersetzen. Welch entscheidende Bedeutung die Mitwirkung von Generalen in militärischen Schlüsselstellungen für den Widerstand hatte, beweist der Ablauf der Ereignisse des 20. Juli 1944 in Paris. Hier war es den militärischen

Verschwörern gelungen, einen wichtigen General, Karl-Heinrich von Stülpnagel, zu gewinnen. Dieser war kraft seiner eigenen Befehlsgewalt in der Lage, alle SS-, SD- und Parteiführer in der französischen Hauptstadt verhaften zu lassen, obwohl der Oberbefehlshaber Kluge auch dieses Mal wieder nicht voll mitspielte.[95] In Berlin dagegen arbeiteten neben Witzleben zwar die Generale Olbricht, Thiele und Hoepner mit, nicht aber der oberste Befehlshaber des Heimatheeres, Generaloberst Fromm. Nur dessen Befehl aber konnte letztlich schwankende Offiziere und Generale veranlassen, ihre Truppen für den Staatsstreich zu mobilisieren. So genial unter den gegebenen Umständen die Idee von Tresckow sein mochte, die an sich zur Bekämpfung innerer Unruhen vorgesehene Aktion „Walküre" für den Staatsstreich umzufunktionieren, bedurfte es doch eines Kommandos für ihre Auslösung. Da dieses von Fromm nicht kam, brach der Aufstand in Berlin im Grunde schon zusammen, bevor Klarheit darüber bestand, daß Hitler das Attentat in der Wolfsschanze überlebt hatte.

V

Der militärische Widerstand gegen Hitler ist so großenteils an einem inneren Widerspruch gescheitert, der vornehmlich generationsbedingt war. Die Offiziere auf der unteren Linie des Widerstandes besaßen die Entschlossenheit zu entschiedenem Handeln. Ihre Attentatsplanungen waren sicherlich nicht perfekt, sie mußten jedoch nach menschlichem Ermessen eigentlich irgendwann zum Ziele führen. Das Attentat allein, auch wenn Hitler dabei getötet worden wäre, garantierte jedoch noch nicht den Erfolg des Staatsstreichs. Für diesen bedurfte es der Kommandogewalt der Generale. Auf der oberen Linie des militärischen Widerstandes wurde sowohl 1938/39 wie 1943/44 zwar an einem Staatsstreich gearbeitet, das befreiende Attentat auf Hitler wollte man jedoch vermeiden. Nur wenige Generale waren auch zu diesem äußersten Schritt bereit. Dies gilt neben Oster und Fellgiebel besonders für Ludwig Beck, der wegen seiner Verbindungen zur zivilen Opposition vor dem 20. Juli 1944 eine der Zentralfiguren des Widerstandes war. Jedoch hatte gerade er keine Kommandogewalt. Untere und obere Linie des militärischen Widerstandes konnten generationsbedingt nicht zusammenkommen. Dieser war damit schon aufgrund seiner eigenen Voraussetzung zum Scheitern bestimmt, ganz davon abgesehen, daß überhaupt nur ein kleiner Teil des Offizierkorps daran beteiligt war. Da ohne das Militär ein Staatsstreich keine Aussicht auf Erfolg hatte, war der innere Zwiespalt der militärischen Gegner Hitlers eine wesentliche Ursache für die Schwäche des gesamten deutschen Widerstandes.

Die historische Leistung des militärischen Widerstandes soll damit nicht relativiert werden. Stauffenberg und vor allem Tresckow haben am Ende durchaus gewußt, daß allenfalls noch das Attentat auf Hitler, nicht aber mehr der Staatsstreich gelingen konnte.[96] Sie haben sich dadurch nicht vom Handeln abhalten lassen. Je deutlicher deshalb heute das Dilemma des militärischen Widerstandes erkannt wird, desto mehr tritt nur dessen besondere Qualität hervor.

Anmerkungen

[1] Peter Bor, *Gespräche mit Halder,* Wiesbaden 1950, S. 79.

[2] Ulrich von Hassell, *Vom andern Deutschland. Aus den nachgelassenen Tagebüchern 1938—1944,* Frankfurt a. M.-Hamburg 1964, S. 272.

[3] Peter Hoffmann, *Widerstand — Staatsstreich — Attentat. Der Kampf der Opposition gegen Hitler,* 2. Aufl., Frankfurt a. M.-Berlin-Wien 1974, S. 299f.

[4] Erich Kordt, *Nicht aus den Akten: Die Wilhelmstraße in Frieden und Krieg,* Stuttgart 1950, S. 371.

[5] So P. Hoffmann, *Widerstand*... [Anm. 3], S. 307f.

[6] Fabian von Schlabrendorff, *Offiziere gegen Hitler,* Frankfurt a. M.-Hamburg 1959, S. 131f.; vgl. auch Dieter Ehlers, *Technik und Moral einer Verschwörung. 20. Juli 1944,* Frankfurt a. M.-Bonn 1944, S. 125, und P. Hoffmann, *Widerstand*... [Anm. 3], S. 329.

[7] Vgl. Peter Hoffmann, *Widerstand gegen Hitler. Probleme des Umsturzes,* München 1979, S. 42.

[8] F. v. Schlabrendorff, *Offiziere*... [Anm. 6], S. 92—99; Rudolf-Christoph Freiherr v. Gersdorff, *Soldat im Untergang,* Frankfurt a. M.-Berlin-Wien 1977, S. 126—128; D. Ehlers, *Technik*... [Anm. 6], S. 126; P. Hoffmann, *Widerstand*... [Anm. 3], S. 333f.

[9] R.-C. Frh.v. Gersdorff, *Soldat*... [Anm. 8], S. 128—133; Axel von dem Bussche, *Eid und Schuld,* in: *Göttinger Universitätszeitung,* Nr. 7 vom 7.3.1947, S. 1—4; Eberhard Zeller, *Geist der Freiheit. Der Zwanzigste Juli,* 5. Aufl., München 1965, S. 336f. (zu Kleist); F. v. Schlabrendorff, *Offiziere*... [Anm. 6], S. 137 (zu Breitenbuch); sowie zusammenfassend P. Hoffmann, *Widerstand*... [Anm. 3], S. 378—392.

[10] Vgl. dazu die bisher zuverlässigste Stauffenberg-Biographie von Christian Müller, *Oberst i. G. Stauffenberg. Eine Biographie,* Düsseldorf 1970, S. 431—456, S. 476—488.

[11] So zuerst George K. Romoser, *The Politics of Uncertainty: The German Resistance Movement,* in: *Social Research,* 31. Jg. (1964), S. 73—93, und Hannah Arendt, *Eichmann in Jerusalem,* München 1964, S. 134—139. Vgl. ferner z. B. Reinhard Kühnl, *Das Dritte Reich in der Presse der Bundesrepublik. Kritik eines Geschichtsbildes,* Frankfurt a.M. 1966, S. 125—170. — Ähnliche, wenn auch anders begründete Auffassungen werden von sowjetischen und ostdeutschen Autoren vertreten. Vgl. z. B. Daniil Melnikow, *20. Juli 1944. Legende und Wirklichkeit,* 2. Aufl., Berlin 1968, und Klaus Mammach, *Die deutsche antifaschistische Widerstandsbewegung 1933—39,* Berlin 1974.

[12] Grundlegend Hans Rothfels, *Die deutsche Opposition gegen Hitler. Eine Würdigung,* Frankfurt a. M.-Hamburg 1958. Daran anknüpfend P. Hoffmann, *Widerstand*... [Anm. 3], passim. Ähnlich auch E. Zeller, *Geist der Freiheit*... [Anm. 9], bes. S. 173—490.

[13] Vgl. zu Beck: Klaus-Jürgen Müller, *General Ludwig Beck. Studien und Dokumente zur politischen Vorstellungswelt und beruflichen Tätigkeit des Generalstabschefs 1933—1938*, Boppard 1980; zu Fromm: P. Hoffmann, *Widerstand*... [Anm. 3], S. 486—520, 571—623; zu Tresckow: Bodo Scheurig, *Henning von Tresckow. Eine Biographie*, Oldenburg-Hamburg 1975, und neuerdings Karl Otmar Frhr. von Aretin, *Henning von Tresckow*, in: Rudolf Lill/ Heinrich Oberreuter (Hrsg.), *20. Juli. Porträts des Widerstands*, Düsseldorf-Wien 1984, S. 307—320; zu Stauffenberg: Ch. Müller, *Oberst i. G. Stauffenberg*... [Anm. 10], sowie Joachim Kramarz, *Claus Graf Stauffenberg. 15. November 1907—20. Juli 1944. Das Leben eines Offiziers*, Frankfurt a.M. 1965, und (allerdings einseitig) Kurt Finker, *Stauffenberg und der 20. Juli 1944*, Berlin [Ost] 1975.

[14] Vgl. dazu vor allem Klaus-Jürgen Müller, *Armee und Drittes Reich. Versuch einer historischen Interpretation*, in: Ders., *Armee, Politik und Gesellschaft in Deutschland 1933—1945. Studien zum Verhältnis von Armee und NS-System*, 3. Aufl., Paderborn 1979, S. 11—50.

[15] Zu Einzelbiographien vgl. die bibliographischen Angaben bei Regine Büschel, *Der deutsche Widerstand im Spiegel von Fachliteratur und Publizistik seit 1945*, München 1975, S. 83—114. Sammelbände mit Kurzbiographien: Annedore Leber (Hrsg.), *Das Gewissen entscheidet. Bereiche des deutschen Widerstandes von 1933—1945 in Lebensbildern*, 4. Aufl., Berlin-Frankfurt a. M. 1960; Annedore Leber (Hrsg.), *Das Gewissen steht auf. 64 Lebensbilder aus dem deutschen Widerstand 1933—1945*, 9. Aufl., Berlin-Frankfurt a.M. 1960, neu hrsg. von Karl Dietrich Bracher, Mainz 1984; *Deutsche Widerstandskämpfer 1933—1945. Biographien und Briefe*, 2 Bde, Berlin 1970. Vgl. ferner Hans Jürgen Schultz, *Der Zwanzigste Juli. Alternative zu Hitler?*, Stuttgart-Berlin 1974, S. 78—204 (14 Biographien) und R. Lill/ H. Oberreuter (Hrsg.), *20. Juli*... [Anm. 13], S. 73—376 (20 Biographien).

[16] H. Rothfels, *Die deutsche Opposition*... [Anm. 12], S. 81, spricht von „konzentrischen Kreisen von verschiedener Dichte".

[17] Hans Rothfels, *a. a. O.*; Eberhard Zeller, *Geist der Freiheit*... [Anm. 9]; Terence Prittie, *Deutsche gegen Hitler. Eine Darstellung des deutschen Widerstands gegen den Nationalsozialismus*, Tübingen 1965; Ger van Roon, *Widerstand im Dritten Reich*, 2. Aufl., München 1981; Peter Hoffmann, *Widerstand — Staatsstreich — Attentat. Der Kampf der Opposition gegen Hitler*, München 1974 (= Taschenbuch der 2. Aufl. 1970).

[18] Eine Publikation der Namen und biographischen Daten der militärischen Widerstandskämpfer bereite ich an anderer Stelle vor.

[19] Darauf läßt ein Vergleich mit drei publizierten Listen in der Folge des 20. Juli 1944 verurteilter Widerstandskämpfer schließen: F. v. Schlabrendorff, *Offiziere*... [Anm. 6], S. 173—178; D. Ehlers, *Technik*... [Anm. 6], S. 233—236; Ulrike Eich, *Suizid, Volksgerichtshof — Standgerichte: Die Opfer des 20. Juli*, in: R. Lill/ H. Oberreuter (Hrsg.), *20. Juli*... [Anm. 13], S. 393—409. In diesen Listen finden sich lediglich zehn militärische Widerstandskämpfer, die in den fünf Gesamtdarstellungen nicht erwähnt werden: Hans Martin Dorsch, Karl Heinz Engelhorn, Wilhelm Kubarth, Karl Michel, Horst von Petersdorff, Karl Ernst Rathgens, Günther Smend, Gustav Tellgmann, Busso Thoma und Gustav (Heistermann) von Ziehlberg. Außer im Falle von Engelhorn, Smend und Thoma (vgl. Peter Hoffmann, *Der militärische Widerstand in der zweiten Kriegshälfte 1942—1944/45*, in: *Der militärische Widerstand gegen Hitler und das NS-Regime 1933—1945*, Herford-Bonn 1984, S. 116, und *„Spiegelbild einer Verschwörung". Die Kaltenbrunner-Berichte an Bormann und Hitler über das Attentat vom 20. Juli 1944. Geheime Dokumente aus dem ehemaligen Reichssicherheitshauptamt*, hrsg. vom Archiv Peter für historische und zeitgeschichtliche Dokumentation, Stuttgart 1961, S. 95, 125f., 146,

224, 458f., 515), die deshalb zusätzlich berücksichtigt werden, dürfte sich bei diesen Verurteilten aber nur ein indirekter Zusammenhang mit dem militärischen Widerstand nachweisen lassen. So wurde der Kommandeur der 28. Jägerdivision, General Gustav Heistermann von Ziehlberg (geb. 10. 12. 1898), der bei U. Eich, *a. a. O.*, S. 409, und D. Ehlers, *a. a. O.*, S. 236, ohne nähere Angaben aufgeführt wird, am 19. 11. 1944 verhaftet und Anfang 1945 auf Befehl Hitlers erschossen, weil sein am 20. Juli 1944 beteiligter I a (Major Joachim Kuhn) zu den Russen übergelaufen war. Vgl. Wolfgang Keilig, *Das deutsche Heer 1939—1945. Gliederung, Einsatz, Stellenbesetzung*, Bd. 3, Bad Nauheim o. J., Nr. 211, S. 128. Der ehemalige Freikorpsführer und Altnationalsozialist Horst von Petersdorff kam vor Gericht, weil er den flüchtigen General Lindemann unwissentlich eine Nacht bei sich untergebracht hatte. Vgl. „*Spiegelbild einer Verschwörung*"..., S. 563—568.

[20] Problematisch scheint es mir dagegen zu sein, auch „der Herkunft nach dem zivilen Widerstand angehörende Kriegsdienstleistende" wie Hans von Dohnanyi, Dietrich Bonhoeffer, Josef Müller, Hans Bernd Gisevius oder Helmuth Graf von Moltke zum militärischen Widerstand zu zählen, wie Peter Hoffmann, *Der militärische Widerstand in der zweiten Kriegshälfte 1942—1944/45*, in: *Der militärische Widerstand*..., [Anm. 19], S. 112, dies vorschlägt. Die Grenzen zum zivilen Widerstand werden dadurch zu stark verwischt.

[21] Reinhard Stumpf, *Die Wehrmacht-Elite. Rang- und Herkunftsstruktur der deutschen Generale und Admirale 1933—1945*, Boppard 1982, S. 282.

[22] Detlev Bald, *Der deutsche Generalstab 1859—1939. Reform und Restauration in Ausbildung und Bildung* (= Schriftenreihe Innere Führung. Reihe Ausbildung und Bildung, H. 28), München 1977, S. 120.

[23] *Ebda.*

[24] Karl Mannheim, *Das Problem der Generationen*, in: *Kölner Vierteljahreshefte für Soziologie*, 7. Jg. (1928), S. 157—185, 309—330. Aus der neueren Literatur zum Generationsproblem vgl. Manfred Riedel, *Wandel des Generationsproblems in der modernen Gesellschaft*, Düsseldorf 1969; Fritz Redlich, *Generations: A Critique and Reconstruction*, in: *Belgisch Tijdschrift voor Nieuwste Geschiedenis*, 7. Jg. (1976), S. 243—271, und besonders Hans Jäger, *Generationen in der Geschichte. Überlegungen zu einer umstrittenen Konzeption*, in: *Geschichte und Gesellschaft*, 3. Jg. (1977), S. 429—452.

[25] Günther Weisenborn, *Der lautlose Aufstand. Bericht über die Widerstandsbewegung des deutschen Volkes 1933—1945*, 4. Aufl., Frankfurt a. M. 1981, S. 139—168. Eine Studie des niederen deutschen Offizierkorps im Krieg ist demnächst von dem israelischen Historiker Omer Bartov zu erwarten. Vgl. vorläufig seine ungedruckte Ph. D. Thesis über *The Barbarisation of Warfare. German Officers and Soldiers on the Eastern Front 1941—1945* (Oxford 1963).

[26] Vgl. Kurt Finker, *Probleme des militärischen Widerstandes und des Umsturzversuches vom 20. Juli 1944 in Deutschland*, in: Christoph Kleßmann/ Falk Pingel (Hrsg.), *Gegner des Nationalsozialismus. Wissenschaftler und Widerstandskämpfer auf der Suche nach historischer Wirklichkeit*, Frankfurt a. M.-New York 1980, S. 158f.

[27] Vgl. Herbert Schottelius/ Gustav-Adolf Caspar, *Die Organisation des Heeres 1933—1939*, in: *Deutsche Militärgeschichte in sechs Bänden 1648—1939*, Bd. 4, Herrsching 1983, S. 373; Wolf Keilig, *Das deutsche Heer 1939—1945. Gliederung, Einsatz, Stellenbesetzung*, Bd. 2, Bad Nauheim o. J., Nr. 203, S. 16—22.

[28] R. Stumpf, *Die Wehrmacht-Elite*... [Anm. 21], S. 46.

[29] *A. a. O.*, S. 285.

[30] Vgl. die Studie von Gotthard Breit, *Das Staats- und Gesellschaftsbild deutscher Generale beider Weltkriege im Spiegel ihrer Memoiren*, Boppard 1973, bes. S. 61—140.

[31] 1938 ist als Stichjahr wichtig, weil zu diesem Zeitpunkt die Militäropposition gegen Hitler einsetzte. Entscheidend ist aber, *wann* jemand nachweislich in Opposition zu Hitler trat: im niederen Offiziersrang oder im Generalsrang. Henning v. Tresckow und Helmuth Stieff werden so beispielsweise der unteren Linie der Militäropposition zugerechnet. Eine Zwischenstellung nehmen im gewissen Sinne Hans Oster (Jahrgang 1888) und Eduard Wagner (Jahrgang 1894) ein. Obwohl beide schon 1938 als einfache Offiziere in die Militäropposition eintraten, rechne ich sie generationssoziologisch zur oberen Linie des Widerstandes, der sie in der Militärhierarchie erst seit ihrem Aufstieg in einen Generalsrang im Jahre 1942 (Oster) bzw. 1940 (Wagner) angehörten. Vgl. Romedio Graf v. Thun-Hohenstein, *Der Verschwörer. General Oster und die Militäropposition*, München 1984, und Elisabeth Wagner (Hrsg.), *Der Generalquartiermeister. Briefe und Tagebuchaufzeichnungen des Generalquartiermeisters des Heeres General der Artillerie Eduard Wagner*, München-Wien 1963.

[32] Brief Becks an Julie von Gossler vom 17. 3. 1933, in: K.-J. Müller, *General Ludwig Beck*... [Anm. 13], S. 339.

[33] Manfred Messerschmidt, *Die Wehrmacht im NS-Staat. Zeit der Indoktrination*, Hamburg 1969, S. 1—17; vgl. auch Klaus-Jürgen Müller, *Das Heer und Hitler. Armee und Nationalsozialistisches Regime 1933—1940*, Stuttgart 1969, S. 35—88, und Michael Salewski, *Die bewaffnete Macht im Dritten Reich 1933—1939*, in: *Deutsche Militärgeschichte*, Bd. 7, Herrsching 1983, S. 34—40.

[34] Wolfgang Sauer, *Die Mobilmachung der Gewalt*, in: Karl Dietrich Bracher/Wolfgang Sauer/Gerhard Schulz, *Die nationalsozialistische Machtergreifung. Studien zur Errichtung des totalitären Herrschaftssystems in Deutschland 1933/34*, 2. Aufl., Köln-Opladen 1962, S. 708—744. Vgl. auch Karl Dietrich Bracher, *Die deutsche Diktatur. Entstehung, Struktur, Folgen des Nationalsozialismus*, 5. Aufl., Köln-Berlin 1976, S. 266 f.

[35] So schon W. Sauer, *Die Mobilmachung*... [Anm. 34], S. 965.

[36] Zit. nach K.-J. Müller, *Das Heer und Hitler*... [Anm. 33], S. 53 f.

[37] Vgl. dazu M. Messerschmidt, *Die Wehrmacht*... [Anm. 33], S. 40—47, K.-J. Müller, *Das Heer und Hitler*... [Anm. 33], S. 78 ff.

[38] Helmut Krausnick, *Zum militärischen Widerstand gegen Hitler 1933—1938. Möglichkeiten, Ansätze, Grenzen und Kontroversen*, in: *Der militärische Widerstand*... [Anm. 19], S. 40; vgl. dazu im einzelnen auch Klaus-Jürgen Müller, *Reichswehr und „Röhm-Affäre"*, in: *Militärgeschichtliche Mitteilungen*, 3. Jg. (1968), S. 107—144.

[39] Vgl. dazu Karl Otmar Frhr. v. Aretin, *Der Eid auf Hitler. Eine Studie zum moralischen Verfall des Offizierskorps der Reichswehr*, in: *Politische Studien. Monatsschrift der Hochschule für Politische Wissenschaften München*, 7. Jg. (1956), S. 1—19, sowie in allgemeinerem Zusammenhang Theodor Schieder, *Der Fahneneid als politisches Problem in der deutschen Geschichte*, in: *Der Fahneneid. Die Stellung des Soldaten in Staat und Gesellschaft* (= Cappenberger Gespräche der Stein-Gesellschaft, Bd. 4), Köln-Berlin 1970, S. 15—39.

[40] Hermann Foertsch, *Schuld und Verhängnis. Die Fritsch-Krise im Frühjahr 1938 als Wendepunkt der Geschichte der nationalsozialistischen Zeit*, Stuttgart 1951, S. 134. Zur Blomberg-Fritsch-Krise insgesamt Harold C. Deutsch, *Das Komplott oder die Entmachtung der Generale. Blomberg- und Fritsch-Krise. Hitlers Weg zum Krieg*, Zürich 1974.

[41] Vgl. zu Hoepner: Heinrich Bücheler, *Hoepner. Ein deutsches Soldatenschicksal des*

20. Jahrhunderts, Herford 1980, S. 74 f., zu Oster: Hermann Graml, *Der Fall Oster*, in: *Vierteljahrshefte für Zeitgeschichte*, 14. Jg. (1966), S. 31 f.; zu Tresckow: B. Scheurig, *Henning von Tresckow*... [Anm. 13], S. 59; zu Stülpnagel und Witzleben: P. Hoffmann, *Widerstand*... [Anm. 13], S. 106; zu Canaris: Heinz Höhne, *Canaris. Patriot im Zwielicht*, München 1976, S. 248 f.

[42] Vortragsnotiz Becks vom 19.7.1938, zit. nach der Edition von K.-J. Müller, *General Ludwig Beck*... [Anm. 13], S. 556.

[43] So wenig einleuchtend sowohl P. Hoffmann, *Widerstand*... [Anm. 3], S. 104, als auch neuerdings H. Krausnick, *Zum militärischen Widerstand*... [Anm. 38], S. 57 f. Sowohl Hoffmann wie Krausnick kommen nicht an dem heute zwar schwer begreiflichen, aber doch eindeutigen Tatbestand vorbei, daß Beck im Juli 1938 trotz der für ihn als „unausbleiblich" angesehenen „Auseinandersetzung mit der SS" doch „keinen Zweifel darüber aufkommen" lassen wollte, „daß dieser Kampf für den Führer geführt" werde. Vgl. K.-J. Müller, *General Ludwig Beck*... [Anm. 13], S. 555 (Dokument Nr. 51: Nachtrag am 19.7.1938). Der Weg Becks in den Widerstand vollzog sich eben stufenweise, nicht in einem einzigen Schritt.

[44] So überzeugend K.-J. Müller, *Das Heer und Hitler*... [Anm. 33], S. 327—331, und ders., *General Ludwig Beck*... [Anm. 13], S. 309 f.

[45] Dazu schon grundlegend Helmut Krausnick, *Vorgeschichte und Beginn des militärischen Widerstandes gegen Hitler*, in: *Vollmacht des Gewissens*, Bd. 1, München 1956, S. 336—365; ferner: P. Hoffmann, *Widerstand*... [Anm. 3], S. 109—129; K.-J. Müller, *Das Heer und Hitler*... [Anm. 33], S. 345—377; H. Höhne, *Canaris*... [Anm. 41], S. 283—299.

[46] So M. Salewski, *Die bewaffnete Macht*... [Anm. 33], S. 242.

[47] Vgl. übereinstimmend H. Krausnick, *Zum militärischen Widerstand*... [Anm. 38], S. 62 ff.; Gerd R. Ueberschär, *Generaloberst Halder im militärischen Widerstand 1938—1940*, in: *Wehrforschung*, 2. Jg. (1973), S. 20 ff.; P. Hoffmann, *Widerstand*... [Anm. 3], S. 122.

[48] Vgl. dazu zuletzt Gerd R. Ueberschär, *Ansätze und Hindernisse der Militäropposition gegen Hitler in den ersten beiden Kriegsjahren (1939—1941)*, in: *Der militärische Widerstand*... [Anm. 19], S. 87—90.

[49] So z. B. H. Krausnick, *Zum militärischen Widerstand*... [Anm. 38], S. 66, der den Tag des Münchener Abkommens als einen „dies ater der deutschen Opposition gegen Hitler, zumal der militärischen" bezeichnet. Ähnlich M. Salewski, *Die bewaffnete Macht*... [Anm. 33], S. 254, der im selben Zusammenhang von der „Katastrophe Halders, der Verschwörung, Deutschlands" spricht, und G. v. Roon, *Widerstand*... [Anm. 17], S. 129.

[50] Vgl. auch Eberhard Jäckel, *Wenn der Anschlag gelungen wäre*, in: H. J. Schultz (Hrsg.), *Der Zwanzigste Juli*... [Anm. 15], S. 69—76.

[51] Vgl. dazu P. Hoffmann, *Widerstand*... [Anm. 3], S. 96; D. Ehlers, *Technik*... [Anm. 6], S. 153, der v. Witzlebens Äußerung wiedergibt, daß die jüngeren Offiziere von Hitler „besoffen" seien; Freya v. Moltke/ Michael Balfour/ Julian Frisby, *Helmuth James v. Moltke 1907—1945. Anwalt der Zukunft*, Stuttgart 1975, S. 147, wo von „Parteigläubigkeit und Hurrapatriotismus" bei der Luftwaffe die Rede ist.

[52] Vgl. P. Hoffmann, *Widerstand*... [Anm. 3], S. 119; Erich Kosthorst, *Die deutsche Opposition gegen Hitler zwischen Polen- und Frankreichfeldzug*, 2. Aufl., Bonn 1955, S. 54 f.

[53] Generalfeldmarschall Ritter v. Leeb, *Tagebuchaufzeichnungen und Lagebeurteilungen aus zwei Weltkriegen.* Aus dem Nachlaß hrsg. und mit einem Lebensabriß versehen

von Georg Meyer, Stuttgart 1976, S. 49ff., S. 468ff.; Generaloberst Franz Halder, *Kriegstagebuch. Tägliche Aufzeichnungen des Chefs des Generalstabes des Heeres 1933—1942*, Bd. 1: *Vom Polenfeldzug bis zum Ende der Westoffensive (14. 8. 1939—30. 6. 1940)*, bearb. von Hans-Adolf Jacobsen, Stuttgart 1962, S. 104. Vgl. dazu P. Hoffmann, *Widerstand...* [Anm. 3], S. 173, sowie Harold C. Deutsch, *Verschwörung gegen den Krieg. Der Widerstand in den Jahren 1939—1940*, 2. Aufl., München 1969, S. 204.

54 P. Bor, *Gespräche...* [Anm. 1], S. 120. Vgl. D. Ehlers, *Technik...* [Anm. 6], S. 96.

55 Hans-Hubert Hoffmann (Hrsg.), *Das deutsche Offizierskorps 1860—1960*, Boppard 1980, S. 247—250.

56 *A. a. O.*, S. 253.

57 Leo Freiherr Geyr von Schweppenburg, *Gebrochenes Schwert*, 2. Aufl., Berlin 1952, S. 54.

58 Der Erste Weltkrieg wird auch von Omer Bartov (vgl. Anm. 25) als Generationsscheide angesetzt. Vgl. auch den Aufsatz von Francis L. Carsten, *Nationalrevolutionäre Offiziere gegen Hitler*, in: *Aus Politik und Zeitgeschichte. Beilage zur Wochenzeitung „Das Parlament"*, Nr. 29 vom 15. 7. 1964, S. 47.

59 Tresckow (Jg. 1901) rückte als Sechzehnjähriger ein und wurde am 5. 6. 1918 mit siebzehn Jahren Leutnant. Vgl. O. Frh. v. Aretin, *Henning von Tresckow...* [Anm. 13], S. 309. Stieff (Jg. 1901) zog 1917 in den Krieg, wurde jedoch erst 1922 in der Reichswehr zum Leutnant ernannt. Vgl. K. Finker, *Stauffenberg...* [Anm. 3], S. 170; Hans Rothfels, *Ausgewählte Briefe von Generalmajor Stieff (hingerichtet am 8. August 1944)*, in: *Vierteljahrshefte für Zeitgeschichte*, 2. Jg. (1954), S. 292. Groscurth (Jahrgang 1898) trat 1916 in das Heer ein und wurde, nachdem er in britische Gefangenschaft geraten war, 1917 zum Leutnant ernannt. Er kehrte erst im Oktober 1919 nach Deutschland zurück, um im Frühjahr 1920 seinen Abschied zu nehmen. Erst 1924 wurde er reaktiviert. Vgl. Helmuth Groscurth, *Tagebücher eines Abwehroffiziers 1938—1940. Mit weiteren Dokumenten zur Militäropposition gegen Hitler*, hrsg. von Helmut Krausnick und Harold C. Deutsch, Stuttgart 1970, S. 18.

60 Vgl. E. Zeller, *Geist der Freiheit...* [Anm. 9], S. 133.

61 Vgl. den eindringlichen Aufsatz von Hans Mommsen, *Fritz-Dietlof Graf von der Schulenburg und die preußische Tradition*, in: *Vierteljahrshefte für Zeitgeschichte*, 32. Jg. (1984), S. 225.

62 B. Scheurig, *Henning von Tresckow...* [Anm. 13], S. 42f.

63 K. Finker, *Stauffenberg...* [Anm. 13], S. 169.

64 Zit. nach F. L. Carsten, *Nationalrevolutionäre Offiziere...* [Anm. 58], S. 47.

65 Vgl. Ch. Müller, *Oberst i. G. Stauffenberg...* [Anm. 10], S. 93—114, wo zahlreiche Legenden, die sich um Stauffenbergs angebliche nationalsozialistische Vergangenheit gerankt haben, widerlegt werden.

66 Der von Christof Dipper, *Der deutsche Widerstand und die Juden*, in: *Geschichte und Gesellschaft*, 9. Jg. (1983), S. 349—380, innerhalb des nationalkonservativen Widerstandes aufgewiesene latente Antisemitismus und die daraus gefolgerte — „wenn auch vielfach unterschwellig und ungewollt" — „antisemitische Komplizenschaft" des Widerstandes mit Hitler endete da, wo erkannt wurde, was den rassenbiologisch motivierten Vernichtungswillen Hitlers von traditioneller Judenfeindlichkeit unterschied.

67 P. Hoffmann, *Widerstand...* [Anm. 3], S. 381.

68 E. Zeller, *Geist der Freiheit...* [Anm. 9], S. 200; F. v. Schlabrendorff, *Offiziere...* [Anm. 6], S. 62f.; P. Hoffmann, *Widerstand...* [Anm. 3], S. 316.

69 R.-C. Frh. v. Gersdorff, *Soldat...* [Anm. 8], S. 99f., und neuerdings Helmut

Krausnick/ Hans Heinrich Wilhelm, *Die Truppe des Weltanschauungskrieges. Die Einsatzgruppen der Sicherheitspolizei und des SD 1938—1942,* Stuttgart 1981, S. 257.

[70] H. Rothfels, *Ausgewählte Briefe*... [Anm. 59], S. 300, 302.

[71] Zit. nach Ch. Müller, *Oberst i. G. Stauffenberg*... [Anm. 10], S. 382. Vgl. auch Ch. Dipper, *Der deutsche Widerstand und die Juden*... [Anm. 66], S. 360.

[72] Dazu ausführlich P. Hoffmann, *Widerstand*... [Anm. 3], S. 122—129.

[73] P. Hoffmann, *Widerstand*... [Anm. 3], S. 125.

[74] B. Scheurig, *Henning von Tresckow*... [Anm. 13], S. 96—99; P. Hoffmann, *Widerstand*... [Anm. 3], S. 311—314.

[75] B. Scheurig, *Henning von Tresckow*... [Anm. 13], S. 99. Außerdem gehörten zu der Oppositionsgruppe u.a. Hans-Alexander von Voß, Hans-Ulrich von Oertzen, Albrecht Eggert, Hans Albrecht von Boddien, Georg Schulze-Büttger, Philipp Freiherr von Boeselager, Georg Freiherr von Boeselager, Walter Schmidt-Salzmann, Hans Schach von Wittenau, Carl-Ludwig Graf von Berg-Schönfeld, Edgar Graf von Matuschka, Horst Pretzell, Eberhard von Breitenbuch. Vgl. B. Scheurig, *a. a. O.*, S. 152; P. Hoffmann, *Widerstand*... [Anm. 3], S. 312—314, 327; F. v. Schlabrendorff, *Offiziere*... [Anm. 6], S. 54—57.

[76] Vgl. dazu B. Scheurig, *Henning von Tresckow*... [Anm. 13], S. 121—146, sowie P. Hoffmann, *Widerstand*... [Anm. 3], S. 309—355.

[77] Wichtigster Verbindungsmann zur zivilen Opposition in der Heimat war Schlabrendorff. Vgl. F. v. Schlabrendorff, *Offiziere*... [Anm. 6], S. 64—66, 71—77.

[78] Vgl. dazu P. Hoffmann, *Widerstand*... [Anm. 3], S. 342f. (über Manstein), S. 343 und 351—355 (über Kluge), S. 351—353 (über Guderian); B. Scheurig, *Henning von Tresckow*... [Anm. 13], S. 150f., 166f. (über Manstein, Kluge und Küchler).

[79] Vgl. B. Scheurig, *Henning von Tresckow*... [Anm. 13], S. 180, und P. Hoffmann, *Widerstand*... [Anm. 3], S. 389—392 (Attentatsversuch von Breitenbuch).

[80] *„Spiegelbild einer Verschwörung"*... [Anm. 19], S. 88 (Aussagen von Stieff und Schulenburg); S. 410—412 (Aussage Goerdelers). Dazu Gerhard Ritter, *Carl Goerdeler und die deutsche Widerstandsbewegung,* Stuttgart 1954, S. 363; F. v. Schlabrendorff, *Offiziere*... [Anm. 6], S. 126.

[81] Vgl. Wilhelm Ritter von Schramm, *Aufstand der Generale. Der 20. Juli in Paris,* 2. Aufl., München 1964, S. 70—93; Hans Speidel, *Invasion 1944. Ein Beitrag zu Rommels und des Reiches Schicksal,* 3. Aufl., Tübingen 1950, S. 142—144.

[82] H. Bücheler, *Hoepner*... [Anm. 41], S. 169—173, hier auch S. 169 die bemerkenswerte Erklärung Hoepners gegenüber v. Kluge: „Herr General Feldmarschall, ich habe Pflichten, die höher stehen als die Pflichten Ihnen gegenüber und die Pflichten gegenüber dem Führer. Das sind die Pflichten gegenüber der mir anvertrauten Truppe."

[83] H. Bücheler, *Hoepner*... [Anm. 41], S. 181—196; Wolfgang Foerster, *Generaloberst Ludwig Beck. Sein Kampf gegen den Krieg. Aus nachgelassenen Papieren des Generalstabschefs,* München 1953; Rainer Pommerin, *Erwin von Witzleben,* in: R. Lill/H. Oberreuter (Hrsg.), *20. Juli*... [Anm. 13], S. 349—361; Volker Schmidtchen, *Karl Heinrich von Stülpnagel,* in: *A. a. O.*, S. 287—306.

[84] F. v. Schlabrendorff, *Offiziere*... [Anm. 6], S. 148—151; Hans Bernd Gisevius, *Bis zum bitteren Ende. Vom Reichstagsbrand bis zum 20. Juli 1944,* Sonderausgabe Hamburg o. J., S. 514—521; Ch. Müller, *Oberst i. G. Stauffenberg*... [Anm. 10], der S. 337 ein Urteil Stauffenbergs über den „schlauen Opportunisten" wiedergibt: „Lieber schlage ich mir zehnmal in die Schnauze, als daß ich auch nur einen Finger für Fromm rühre."

[85] Rommels Verhalten im Widerstand gegen Hitler ist umstritten. Zum inneren

Kreis des aktiven Widerstands wurde er vor allem von H. Speidel, *Invasion 1944*... [Anm. 81], und danach von Helmut Krausnick, *Erwin Rommel und der deutsche Widerstand gegen Hitler,* in: *Vierteljahrshefte für Zeitgeschichte,* 1. Jg. (1953), S. 358—371, W.R. v. Schramm, *Aufstand*... [Anm. 81], S. 24—28, und P. Hoffmann, *Widerstand*... [Anm. 3], S. 415 f. gerechnet. Zurückhaltender G. v. Roon, *Widerstand*... [Anm. 17], S. 185. David Irving, *Rommel. Eine Biographie,* Hamburg 1978, S. 451 f., 548—556, 618—621, behauptet, daß Rommel mit dem Widerstand überhaupt nichts zu tun gehabt hätte. Am zutreffendsten wohl das Fazit von Dieter Ose, *Erwin Rommel,* in: R. Lill/ H. Oberreuter (Hrsg.), *20. Juli*... [Anm. 13], S. 267, Rommel sei „in einer Art ‚Grauzone' anzusiedeln".

86 Vgl. B. Scheurig, *Henning von Tresckow*... [Anm. 13], S. 152 f.

87 H. Groscurth, *Tagebücher*... [Anm. 59], S. 225 (Eintragung vom 6.11.1939).

88 J. Kramarz, *Claus Graf Stauffenberg*... [Anm. 13], S. 132, und B. Scheurig, *Henning von Tresckow*... [Anm. 13], S. 167 (Mitteilungen von Nina Gräfin von Stauffenberg).

89 Vgl. das Ermittlungsergebnis in den Kaltenbrunner-Berichten, wonach „die Werbung neuer Mitwisser und Verschwörer... meist aufgrund früherer Bekanntschaft oder Verwandtschaft erfolgte", *„Spiegelbild einer Verschwörung"*... [Anm. 19], S. 523.

90 E. Zeller, *Geist der Freiheit*... [Anm. 9], S. 243, 295; J. Kramarz, *Claus Graf Stauffenberg*... [Anm. 13], S. 138 f., S. 154.

91 Vgl. Ch. Müller, *Oberst i. G. Stauffenberg*... [Anm. 10], S. 356 (zu Graf Schwerin); Albert Krebs, *Fritz-Dietlof von der Schulenburg. Zwischen Staatsräson und Hochverrat,* Hamburg 1965, S. 157 f. (zu Schulenburg).

92 Vgl. A. Frh. von dem Bussche, *Eid und Schuld*... [Anm. 9], S. 3 f.; A. Krebs, *Fritz-Dietlof von der Schulenburg*... [Anm. 91], S. 215; Ch. Müller, *Oberst i. G. Stauffenberg*... [Anm. 10], S. 342.

93 Vgl. dazu den Beitrag von Ekkehard Klausa in diesem Band, wo von 19 Offizieren im Widerstand die Rede ist. Weniger ergiebig ist Wolfgang Paul, *Das Potsdamer Infanterie-Regiment 1918—1945. Preußische Tradition in Krieg und Frieden,* Osnabrück 1983.

94 Ludwig Jedlicka, *Der 20. Juli 1944 in Österreich,* Wien-München 1965, S. 33—50; *„Spiegelbild einer Verschwörung"*... [Anm. 19], S. 27, 36, 52, 80 und 259 f.; Ch. Müller, *Oberst i. G. Stauffenberg*... [Anm. 10], S. 355 (zu Marogna-Redwitz); E. Zeller, *Geist der Freiheit*... [Anm. 9], S. 283, 286 (zu Leonrod und Hößlin); Sigrid Wegner-Korfes, *Der 20. Juli 1944 und das Nationalkomitee „Freies Deutschland". Aus persönlichen Unterlagen der Familie von Oberst Ritter Albrecht Mertz v. Quirnheim,* in: *Zeitschrift für Geschichtswissenschaft,* 27. Jg. (1979), S. 536 f. (zu Quirnheim).

95 Vgl. W. R. v. Schramm, *Aufstand*... [Anm. 81], S. 43—130.

96 Vgl. die bekannte Äußerung Tresckows vom Juni 1944 bei F. v. Schlabrendorff, *Offiziere*... [Anm. 6], S. 138. Ähnliche Äußerungen Stauffenbergs *a. a.* O., S. 144; J. Kramarz, *Claus Graf Stauffenberg*... [Anm. 13], S. 201.

Der Weg der „Jungen Generation" in den Widerstand

DETLEF GRAF SCHWERIN
Berlin

I

8. Januar 1943, Berlin-Lichterfelde, Hortensienstraße 50. In der Wohnung Peter Graf Yorck von Wartenburgs fand endlich die Aussprache zwischen den „Jungen" und den „Alten" statt. Sie war vor allem auf Betreiben Fritz Dietlof Graf von der Schulenburgs zustandegekommen. Der Wortführer der „Alten" war Carl Goerdeler, der der „Jungen" Helmuth James Graf von Moltke. Ulrich von Hassell, ein weiterer Teilnehmer, notierte sich über den Gesprächsverlauf: „Scharfer, von Goerdeler bewußt, aber erfolglos verschleierter Gegensatz zwischen ihm und den ‚Jungen' vor allem auf sozialem Gebiet." Moltke, der zum Grundsätzlichen neigte und drängte, sorgte schließlich kurz vor Mitternacht für den Eklat des Abends, indem er die von Goerdeler vorgetragenen Gedankengänge als Kerenski-Lösung apostrophierte. Also als eine Zwischenetappe auf dem Weg zur kommunistischen Machtübernahme. Der ehemalige Leipziger Bürgermeister wirkte offenbar an diesem Abend nicht sehr überzeugend, denn selbst sein Freund Hassell meinte von ihm, er sei „doch eine Art von Reaktionär". Um so positiver bewertete der alte Diplomat die „Jungen", die im Gegensatz zu den „Exzellenzen" — wie Moltke halbironisch die Männer der älteren Generation aufgrund ihrer hohen Ämter nannte — als Einheit auftraten. Lediglich Schulenburg bildete nach Hassell an diesem Abend eine Ausnahme. Er sei „realpolitischer" und lasse sich nicht so ohne weiteres in die Einheit der „Jungen" integrieren.[1]

Von der Generation Goerdelers und Hassells waren an jenem Januar-Abend im Hause Yorck noch Ludwig Beck, Johannes Popitz und Jens Peter Jessen anwesend. Von den Jüngeren hatten sich — neben dem Gastgeber Yorck — Moltke, Adam von Trott zu Solz, Eugen Gerstenmaier und Schulenburg eingefunden. Die Unterschiede im Alter und damit in der Erfahrung wie auch in der beruflichen Stellung waren unübersehbar. Während die eine Gruppe bis auf Jessen (geb. 1895) den Jahrgängen 1880 bis 84 angehörte, waren die anderen rund zwanzig Jahre jünger. Die Gruppe der „Jungen" hatte weder das Kaiserreich noch den Ersten Weltkrieg als Erwachsene erlebt; bis auf Schulenburg fehlte ihnen auch die Erfahrung einer verantwortlichen Spitzenstellung. Hassell sah diesen Generationenunterschied deutlich und kam in seinem Tagebuch immer wieder darauf als Erklärung für bestehende Gruppierungen und Spannungen im Widerstand zurück. Auch Paul van Husen, einer der „Jungen", brachte die Differenzen auf diesen Nenner: „Es war im Grunde ein Generationenproblem; auf der einen Seite standen die Konservativen, in den alten Bahnen Wandelnden, auf der anderen die Jungen, die neue Wege suchten, sie gefunden hatten und auf ihnen fortschreiten wollten."[2]

Goerdeler dagegen versuchte ebenfalls notorisch wie am 8. Januar 1943, diesen und andere Gegensätze zu überbrücken. Sehr typisch schrieb er Ende März 1943 von der „unsinnigen Spaltung nach Generationen. Geschichte und Geschick eines Volkes werden durch den harmonischen Zusammenklang der die verschiedenen Lebensalter beherrschenden Kräfte bestimmt und erreicht, nicht durch das törichte Geschwätz vom Unterschied in den Generationen. Die einzige Spaltung, die es in Deutschland geben darf, ist die zwischen anständig und unanständig."[3] Dies ist eine sympathische, wenn auch undifferenzierte Hoffnung; mehr Wunsch nach Harmonie als Wirklichkeit. In der Realität spielten die verschiedenen Lebenserfahrungen, die die Männer in ihre Widerstandstätigkeit einbrachten, eine positiv belebende, aber auch konfliktträchtige Rolle.

Das Jungsein der Gruppe um Moltke beruhte nur auf der Relation zu jener um Goerdeler. Diese Männer standen in der Mitte des Lebens und waren keineswegs zum Beispiel mit der Altersgruppe der Geschwister Scholl zu vergleichen. Diese und deren Freunde waren noch einmal um zwanzig Jahre jünger, die eigentlichen Hoffnungsträger des Nationalsozialismus. Himmler soll einmal über diese verschiedenen Generationen gesagt haben, daß die Weltkriegsteilnehmer ausgezeichnet seien, ebenso die Jugend, nur auf die Jahrgänge, die nach Kriegsende erwachsen geworden seien, sei kein Verlaß. Albrecht von Kessel, einer der „Jungen", entgegnete auf diesen Ausspruch, „das sei auch ganz natürlich, sie seien jung genug, um noch zu wollen, und alt genug, um schon zu denken".[4] Das scheint die Situation zu treffen. Weder Pennäler noch Greise bewegen die Geschichte, es sind in der Regel die Dreißig- bis Vierzigjährigen; bei Militärcoups sind es allemal die Hauptleute bis Obristen. So war es auch hier. Ohne Claus Graf Schenk von Stauffenberg, Henning von Tresckow und ihre gleichaltrigen Freunde wäre es bei rastlosem Diskutieren und müßigem Zorn geblieben. Das Tresckowsche „coûte que coûte" war nicht das Wort eines Hasardeurs, sondern eines Menschen, der die Kraft hatte, seinen Einsichten verantwortliches Handeln folgen zu lassen.

Diese Differenzierung der am Widerstand beteiligten Männer vermittelt auf jeden Fall tiefere Einsichten, als es sich die Gestapo von ihrer Unterteilung des Gesamtgebietes in 14 Untersuchungskomplexe erhoffen durfte. Dies war der kriminalpolizeilich angezeigte und gängige Weg und führte unter anderem zu Etikettierungen wie „Kreisauer Kreis" und „Grafengruppe".[5] Diese Gliederung der „Sonderkommission 20. 7. 1944" unter Amtschef Müller führte zwar zu einer oberflächlichen Kenntnis der Ereignisse und reichte aus, um die Männer an den Galgen zu bringen, verstellte jedoch den Blick auf die dahinter liegenden Zusammenhänge. Es führte zu einer Schubladenbildung, die auch die Erörterung nach 1945 weitgehend bestimmte.

Typisch dafür ist auch die Diskussion, wer nun eigentlich zum Kreisauer Kreis zu rechnen sei und wer nicht.[6] Die Frage ist letztlich nicht befriedigend zu beantworten, weil es zur menschlichen Natur gehört, stets mehr Aspekte aufzuweisen, als ihr eine derartige Klassifizierung erlauben will. Der 8. Januar 1943 war nach allen Indizien eine Veranstaltung des Kreisauer Kreises. Zustande gekommen war das Treffen jedoch auf Drängen des „Nicht-Kreisauers" Schulenburg, der mit Peter Yorck befreundet war. Durch Peter Yorck hielt eine ganze Reihe von Männern Kontakt zu den Arbeitsergebnissen der Kreisauer, oder soll man sagen, die Kreisauer hielten über Yorck Verbindung zu anderen Teilen des Widerstandes? Hierbei ging es nicht um Über- oder Unterordnung, sondern um Ergänzung. Wenn man überhaupt von Kreisen sprechen will — das Wort Freundesgruppen erscheint richtiger —, so muß man sich diese nicht abgeschottet, sondern sich überlagernd und in manchen Mitgliedern berührend vorstellen. Daher sind Zuordnungen und Klassifizierung einzelner oftmals schwierig.

Der Weg des einzelnen in den Widerstand beziehungsweise zur Opposition, wie sie es damals nannten, war kein Alleingang, sondern geschah in der Regel in Verbindung mit zumindest einem Teil der langjährigen Freunde. Will man die Entstehungsgeschichte des Widerstandes begreifen, seine Mechanik verstehen, muß man den verschiedensten Freundeszirkeln und -grüppchen nachgehen. Diese waren relativ homogen, bedingt durch einen ähnlichen sozialen Hintergrund, eventuell auch Verwandtschaft, gemeinsame Schulzeiten, gleichen Beruf etc. Derartige Gruppen sind die Bausteine der Gesellschaft. Die Freundesgruppen des Widerstandes verhielten sich unangepaßt aufgrund spezieller Lebensumstände. Dazu gehörten unter anderem ein besonderes politisches Selbstverständnis, politische Vorerfahrungen, Auslandsaufenthalte, beruflich bedingte Einblicke in die Machenschaften des Regimes und der Wille, hinzusehen und nicht die Augen zu verschließen, zu hören und nicht eine Taubheit aus Bequemlichkeit vorzuschützen. Letztlich gehörte dazu Mut. In einer Zeit, in der schon ein politischer Witz mit der Todesstrafe geahndet werden konnte, war eine kritische Auseinandersetzung mit dem herrschenden Regime nur möglich, wenn man Menschen fand, denen man vertrauen konnte. In einer Welt der Denunziation wurde Vertrauen zu einem kostbaren Gut. Ohne Vertrauen kein Dialog, und ohne Dialog keine politische Analyse. Wenn man den anderen schon für die politische Diskussion brauchte, so erst recht, wenn man von gewonnenen Einsichten zur Umsetzung in die Tat kommen wollte.

Das Vertrauen zum anderen gründete in vielen Fällen auf langjährige Freundschaften, basierend auf gemeinsamen Schul-, Universitäts- und Militärdienstzeiten oder auch verwandtschaftlichen Beziehungen. Entlang dieser Linien reaktivierte man auch bewußt Verbindungen und suchte Menschen anzuwerben, die aus irgendeinem Grund, wie zum Beispiel der beruflichen Funktion, von Interesse zu sein schienen. Ein großes Maß an Anstrengung und Zeit war dieser Suche nach Gleichgesinnten gewidmet. Der Gestapo waren diese Aspekte der Widerstandstätigkeit schon bald nach dem Putschversuch aufgefallen. Bereits am 29. Juli 1944 berichtete sie:

„Der Verschwörerkreis war durch vielfältige sippenmäßige, verwandtschaftliche, dienstliche und berufliche, gesellschaftliche und andere Bindungen und Beziehungen stärkstens verknüpft. Auf dieser Basis ist eine zielbewußte Personalpolitik innerhalb des OKH betrieben worden, wie sie den Interessen der Verschwörer dienlich war. Wie auch für die gesamte Planung des Putsches bis in den zivilen Bereich hinein die persönlichen Verbindungen, oft langjähriger Art, z. T. von den Vätern her Tradition geworden, wesentlich mitspielten."[7]

II

Der Freundeskreis Schwerin und seine Verzweigungen

Diese Feststellung soll beispielhaft an einer Gruppe von Männern der „jungen Generation" dargestellt werden. Es handelt sich um den engeren Freundeskreis von Ulrich-Wilhelm Graf Schwerin von Schwanenfeld. Ähnliches ließe sich über die Verbindung anderer Widerstandsgruppen sagen, aber das Exemplarische muß hier genügen. Zu diesen Freunden gehörten zwei Teilnehmer des Treffens vom 8. Januar 1943, nämlich Yorck und Schulenburg, ferner Albrecht von Kessel, Eduard Brücklmeier und Botho von Wussow. Vier der sechs Männer, nämlich Kessel, Schwerin, Wussow und Yorck, waren seit gemeinsamer Internatszeit in Roßleben und gemeinsamem Studium in München und Breslau in unterschiedlichem Maße miteinander befreundet. In diesen Freundschaften spielte Kessel eine bestimmende Rolle. In Gesprächen mit ihm, nicht unbedingt in der Gruppe, kristallisierte und festigte sich die deutlich ablehnende Haltung der Freunde gegenüber dem Regime. Zusätzliche verwandtschaftliche Beziehungen bestanden zwischen Schwerin, Kessel und Schulenburg. Sie waren Vettern ersten und zweiten Grades. Nun darf man diese mehr oder weniger enge Verwandtschaft nicht überstrapazieren, sie war nur die Ebene, auf der man sich treffen konnte. Wenn man sich mochte, konnte man die Beziehung ausbauen, wenn nicht, ließ man es sein.

Die Freundschaft Schulenburgs und Yorcks reichte bis in die Elternhäuser zurück. Die Eltern hatten Teile der großen Kinderschar in den Ferien ausgetauscht. Wieweit diese Kinderbeziehungen bei Peter Yorck in das Erwachsenenleben hineingerettet wurden, ist nicht deutlich, ganz sicher ist dies aber bei Paul, dem Ältesten der Yorck-Brüder geschehen. Vielleicht wegen dieser alten Beziehung, wahrscheinlich jedoch aufgrund einer Anregung Nikolaus Graf von Üxkülls wurde Schulenburg wenige Tage nach Dienstantritt als Polizeivizepräsident in Berlin zum Abendessen zu Yorcks geladen (7. August 1937), wo er unter anderem Kessel und Üxküll antraf. Die Gästeliste legt nahe, in dieser Einladung eine Etappe der in diesen Jahren ständig stattfindenden Suche nach Gleichgesinnten zu sehen. Kessel und Yorck waren sich bereits seit langem in der Ablehnung des Regimes einig, über die Haltung des neuen Vizepräsidenten, der zumindest in der Öffentlichkeit als enragierter Nationalsozialist auftrat, werden sie spekuliert haben, wenn ihnen nicht Üxküll einen Wink gegeben hatte. Dieser sechzigjährige Herr war ein alter Freund sowohl von Schulenburg wie von Yorck.

Bevor wir diesen Verzweigungen weiter nachgehen, eine Erklärung zu Brücklmeier. Er war ein Freund Kessels aus dem Auswärtigen Amt, der ihn nun seinen anderen Freunden weiterreichte. Schwerin und Brücklmeier kannten sich über Kessel zwar auch schon seit 1929, richtig eng wurden die Beziehungen aber erst in der gemeinsamen Berliner Zeit und Wohngemeinschaft 1943/44.

Auf diese Weise war der engere Freundeskreis Schwerins zustandegekommen. Aber dies war ja nur ein kleiner Ausschnitt der gesamten persönlichen Beziehungen, die diese Männer unterhielten. Jeder von ihnen pflegte noch weitere Bekanntschaften und Freundschaften, die unter Umständen in andere „Widerstandskreise" hineinreichten. Bei Schwerin wäre zum Beispiel noch Hans Oster zu nennen, den er schon als Achtzehnjähriger kennengelernt hatte. Die für Schwerin so wichtigen Beziehungen zu

Oster wurden ganz offensichtlich 1934/35 bereits im Zeichen der Opposition reaktiviert. Oder auch Karl Ludwig Frhr. von Guttenberg wäre anzuführen, ein Freund aus der Münchener Universitätszeit; schließlich noch Gottfried von Nostitz aus gemeinsamer Schul- und Universitätszeit.

Ein in diesem Zusammenhang wichtiger weiterer Freund Kessels war Adam von Trott, den er und Nostitz 1929 durch einen gleichaltrigen englischen Diplomaten kennengelernt hatten. Durch Kessel kam Trott 1939 in Kontakt mit Yorck und daher später auch mit dem Kreisauer Kreis. Kessel und Josias von Rantzau, sogenannte Crewkameraden im Auswärtigen Amt, sorgten schließlich 1940 für eine Anstellung Trotts durch das Amt.[8] Zu Trott gab es auch noch eine andere Verbindung, die von Wussow über den ältesten Trott-Bruder Werner führte. Beide kannten sich aus der Kindheit. Eine ebensolche Verbindung existierte zwischen Schwerin und Nikolaus von Halem. Halem war später Mitschüler in Roßleben gewesen und kannte aus dieser Zeit ebenfalls Kessel, Wussow und Yorck.

Bei Schulenburg ist vor allem Caesar von Hofacker zu nennen: mit dem sechs Jahre älteren Leutnant des ersten Krieges befreundete sich Schulenburg während seiner Göttinger Universitätszeit. Durch Hofacker lernte Schulenburg nicht nur dessen Onkel Nikolaus von Üxküll, sondern auch dessen Vettern Claus und Berthold Stauffenberg kennen.

Die Beziehungen zu Üxküll wurde rasch so herzlich, daß sich Schulenburg 1928 in dessen Haus auf sein Assessorenexamen vorbereiten konnte; Yorck wiederum war Üxküll über seine Mutter in sehr entfernter Verwandtschaft verbunden. In den gemeinsamen Berliner Jahren wurde daraus ebenfalls eine sehr herzliche Beziehung. Aufgrund dieser Verwandtschaft bezeichnete Yorck die Stauffenberg-Brüder der Gestapo gegenüber stets als seine Vettern.

All dies waren Freundschaften und Beziehungen, die im allgemeinen lange vor dem Dritten Reich entstanden waren und nach 1933 mehr oder weniger früh in die gemeinsame Ablehnung des Regimes und später in die aktive Widerstandsarbeit mündeten. Natürlich hatten diese Männer auch Freunde gleicher Nähe und Dauer, die vielleicht nicht im Lager des Regimes standen, die aber mit dem Widerstand gar nichts im Sinne hatten. Diese Freundschaften traten dann im Laufe der Jahre etwas in den Hintergrund und wurden schon aus Zeitgründen nicht mehr so intensiv gepflegt. Bei der ständigen Suche nach neuen Kontakten und Bundesgenossen wurden auch neue, für die betreffenden Männer sehr wichtige Freundschaften geschlossen. Eine der für den Widerstand fruchtbarsten war sicherlich die zwischen Yorck und Moltke, die erst 1940 entstand und auf der gemeinsamen Gegnerschaft basierte. In der Regel blieb dies aber eher die Ausnahme.

Viele der Männer, die hier genannt wurden, sind für den Teil des deutschen Widerstandes, der im 20. Juli 1944 kulminierte, ganz wesentlich gewesen. Wenn Hassell von der „Jungen Generation" sprach, dann meinte er vor allem auch sie. Es ist nicht zufällig, daß drei von ihnen am 20. Juli 1944 in der Bendlerstraße anwesend waren und für zentrale Staatssekretärsposten in der neuen Regierung vorgesehen waren, nämlich zur Unterstützung des Staatsoberhauptes, des Kanzlers und des Innenministers. Bis auf vier, von denen drei außerhalb der Reichweite der Gestapo im Ausland saßen, sind sie alle hingerichtet worden.

Wenn bisher nur die „Mechanik" des Weges in den Widerstand aufgezeigt wurde — mit dem Vehikel lang etablierter Freundschaften und Beziehungen —, so soll jetzt dargestellt werden, welche Umstände und Beweggründe die Männer veranlaßte, diesen Weg zu gehen.

III

Sozialer Hintergrund — Auslandsaufenthalte — Wahlverhalten

Es kann dies wiederum nur an dem begrenzten Beispiel der Schwerinschen Freunde gezeigt werden. Für Männer ihrer Generation und *sozialen Herkunft* sind sie jedoch wohl typisch. Zunächst: Es handelt sich hier um Söhne der deutschen Oberschicht, und zwar bis auf Brücklmeier aus dessen traditionellstem Teil, dem Adel. Ihre Väter waren in den Augen der Welt relativ erfolgreich gewesen. Sie hatten dem Staat und dem öffentlichen Interesse in verschiedenen Funktionen gedient: als Minister (Wussow), Gesandter (Schwerin), Generalmajor (Schulenburg), als Mitglieder des preußischen Landtages (Kessel) wie Herrenhauses (Yorck) und als Anwalt beim Reichsgericht in Leipzig (Brücklmeier). Sie waren „Stützen den Thrones" und „Säulen der Gesellschaft" gewesen. 1918 hatte für alle nicht nur ein politisches Trauma bedeutet, sondern hatte auch bei einigen von ihnen zu ihrer Demission mit folgender finanzieller Enge geführt. Am politischen Leben der Weimarer Republik hatten zwei aktiv teilgenommen und zwar, was nicht überraschen kann, bei der Deutschnationalen Volkspartei (DNVP). Der ehemalige Generalmajor und Pour-le-mérite-Träger Schulenburg hatte für vier Jahre sogar ein DNVP-Reichstagsmandat inne.

Die Väter hatten damit weitgehend einer traditionellen adligen Forderung entsprochen, die den Adel vorrangig als Diener der Krone, des Staates sieht. Aufgrund der Tätigkeit und Interessen der Väter waren es politisch engagierte Elternhäuser, in denen diese Söhne aufgewachsen waren. So wundert es auch nicht, daß sie alle in den Staatsdienst drängten. Nur Schwerin konnte seinem Wunsch, in den Auswärtigen Dienst einzutreten, nicht nachgeben, da er große landwirtschaftliche Betriebe in Mecklenburg und Polen geerbt hatte, die wirtschaftlich und politisch bedrängt waren. Als Eintrittskarte für den Staatsdienst galt damals das Jurastudium, das sie alle bis auf die Landwirte Schwerin und Wussow mit Erfolg und in zwei Fällen zusätzlich mit einer Promotion abschlossen. Die Jahre an den Hochschulen und in den Vorbereitungsdiensten verliefen regulär. Ob sie vornehmen schlagenden Verbindungen oder der nicht-schlagenden Münchner Gesellschaft beitraten oder ob sie illegal bei der Reichswehr übten; die Elternhäuser ihrer Mitstudenten und deren nationale Gesinnung waren mit der ihren identisch.

Sie wandten sich keineswegs gegen die politischen wie gesellschaftlichen Konventionen ihrer Schicht. Und doch fielen sie in einigen Punkten ihres Lebenslaufes aus der Konvention heraus. So heirateten zum Beispiel Schulenburg, Schwerin, Wussow und Yorck bürgerlich.[9] Zum anderen verfügte eine Anzahl von ihnen über langjährige *Auslandserfahrung:* Die jungen Diplomaten Brücklmeier, Kessel und Gottfried von Nostitz traten ab Mai 1930 ihre ersten Auslandsposten an, wo sie unter anderem so profilierte Vorgesetzte wie Hassell und Ernst Frhr. von Weizsäcker als Lehrmeister vorfanden. Wussow lebte mehr als zehn Jahre in Südamerika. Schwerin war durch seine Erbschaft seit 1926 fortlaufend in Polen. Hier wurde er für die deutsche Volksgruppe aktiv und gewann eigene politische Negativerfahrungen mit dem Nationalsozialismus im Konflikt zwischen der Jungdeutschen Partei, einem Ableger vom geistigen Stamme der NSDAP, und der Deutschen Vereinigung. Ihr von außen auf Deutschland gerichteter Blick war für die Beurteilung politischer Entwicklungen sicherlich förderlich und relativierte den auch in ihrer Schicht grassierenden Nationalismus. Hinzu kam seit der Gleichschaltung und Zensierung der deutschen Presse der Informationsvorsprung, den der Zugang und das Lesen ausländischer Zeitungen mit sich brachten.[10] Für die persönliche Entwicklung ähnlich wichtige Auslandsaufenthalte erlebten von der „Jüngeren Generation" unter anderem auch Hans Bernd von Haeften, Moltke, Adolf Reichwein und Trott.

Ein weiterer Punkt, der schließlich eine milde, aber doch signifikante Abwendung von der politischen Ausrichtung ihrer Schicht bedeutete, war ihr *Wahlverhalten.* Ihre Herkunft sowie ihre berufliche oder familiäre Verbindung zur Landwirtschaft verlangten von Kessel, Schwerin und Yorck eigentlich treue DNVP-Gefolgschaft. Von dieser Partei und damit vom politischen Verhalten der Vätergeneration müssen sie sich jedoch bereits relativ früh emanzipiert haben. Ab 1928 wählten sie die Deutsche Volkspartei oder unterstützten auch das kurzlebige Experiment der Konservativen Volkspartei, eines gemäßigen deutschnationalen Splitters. Sicher, dies waren auch Parteien des rechten Spektrums, aber es waren

Parteien, die bereit waren, konstruktiv im Weimarer Rahmen mitzuarbeiten. Die drei Freunde unterstützten den außenpolitischen Kurs Stresemanns und die Politik Brünings. Sie hatten sich gegen die Obstruktionspolitik Hugenbergs und seiner DNVP entschieden. Dies bedeutete auch eine Vorentscheidung gegen die Harzburger Front und Hitler.

IV

Erste Erfahrungen und Auseinandersetzungen mit dem Nationalsozialismus

Eine gewisse Distanz zum Nationalsozialismus und zu Hitler, auch schon vor 1933, kam nicht von ungefähr. Brücklmeier spottete später, er hätte eigentlich Blutordensträger der Partei sein müssen, da er am 9. November 1923 auf dem Münchner Odeonsplatz, wenn auch nur als Zuschauer, anwesend gewesen sei. Schwerin hatte ebenfalls unter den Zuschauern gestanden. Guttenberg, Kessel, Nostitz und Wussow waren in der Stadt. Man darf diese frühen politischen Eindrücke sicher nicht überbetonen, aber es ist eindeutig, daß das Desaster vor der Feldherrenhalle und die Folgen unter anderem an der Universität einen negativen Eindruck hinterlassen hatte. Guttenberg beschreibt sieben Tage später den gescheiterten Marsch als die „Scheidung in Herz und Verstand", "Hitlers Wahnsinnsunternehmen", „den verfrühten Staatsstreich", „den Freiheitskampf". Seine ambivalente Haltung ist deutlich, aber ebenfalls seine Kritik an der Unseriosität der Vorbereitung, an dem mangelnden Realitätsbezug.[11]

Zehn Jahre später hatten sich zu dieser ersten nicht positiven Erfahrung mit dem Nationalsozialismus weitere hinzugesellt. Der Mord an einem kommunistischen Arbeiter im oberschlesischen Potempa am 9. August 1932 und fast noch schlimmer Hitlers anschließendes Telegramm an die SA-Mörder bildeten für Kessel und Schwerin einen wichtigen Markstein in ihrer Ablehnung der Bewegung.

Nun war es nicht so, daß die Freunde in ihrer Haltung gegenüber der Partei von Anfang an endgültig negativ festgelegt waren. Schulenburg und sein alter Freund Hofacker stellten sich im Gegenteil voll hinter die Bewegung. Sie sahen den Beginn einer neuen Epoche, eine deutsche Lösung der Krise ihrer Zeit. Sie wußten, daß das Debakel des ersten Krieges, seine politische, wirtschaftliche und soziale Erbschaft nicht durch Reaktion, sondern nur durch den Aufbruch in die Zukunft, die Verbindung der zwei beherrschenden politischen Ideen ihrer Generation zu überwinden seien. Die Wortschöpfung National-Sozialismus war ein politisch genialer Einfall gewesen.

Brücklmeier, Kessel, Schwerin und Yorck dagegen waren schon vor der Machtergreifung kritisch gewesen, aber doch auch bereit, ihre Einstellung zu überprüfen. Der enorme Zulauf, den die Nationalsozialisten 1932/33 erhalten hatten, mußte ja nachdenklich machen und eigene Positionen infrage stellen. So gaben sie dem Regime der ersten Monate „the benefit of doubt"; aber die neuen Machthaber entsprachen all ihren Zweifeln. Laut Kessel hatten er, Brücklmeier, Schwerin und Yorck um die Jahreswende 1933/34 bereits endgültig von dem Gedanken Abstand genommen, daß das Regime für Deutschland eine positive Lösung darstellen könnte. Sie waren im Gegenteil „von der Skepsis zur totalen Ablehnung" vorgestoßen. Als Gründe führte Kessel an: die Abkehr von Moral und Recht, der Terror und die Gleichschaltung beziehungsweise Monopolisierung der Medien.[12] Nach dem 30. Juni 1934 stieß Schwerin daher den Stoßseufzer aus: „Wer es jetzt noch nicht kapiert..." Trotz dieser relativ frühen ablehnenden Haltung stellten sie alle bis auf den kompromißlosen Yorck einen Aufnahmeantrag an die Partei. Dafür waren taktische Überlegungen (bei Schwerin zum Beispiel seine Minderheitenarbeit) und Druck in den Dienststellen ausschlaggebend. Tatsächlich wurden schließlich nur Schwerin und nach einer fast vierjährigen [!] Antragsbearbeitung Brücklmeier in die Partei aufgenommen. Kessel und Wussow hatten sich zu entziehen verstanden. Als Wussow 1935 nach elf Jahren Chile wieder nach Deutschland zurückkehrte, fand er seine alten Roßleber Schulfreunde, in der gemeinsamen Ablehnung des Regimes vereint, vor. Sie wußten aber auch bereits, daß mehr erforderlich war als nur die verbale Verurteilung der Machthaber. Sie suchten daher nach Wegen.[13]

V

Von der Ablehnung zum Widerstand

Kessel schreibt, in den Jahren 1933 bis 1937, in der ersten Phase also, hätten er und seine Freunde geglaubt, „es genüge, die Majorität des deutschen Volkes von den verbrecherischen Neigungen und Absichten der Nazis zu überzeugen, um das Regime gleichsam automatisch zu stürzen". Der Terror habe jedoch derartige „demokratische" Methoden vereitelt.[14] Bei dieser Überzeugungsarbeit spielte die unzensierte Information, die nur unter Mühen und mit großem Zeitaufwand zu erhalten war, eine wesentliche Rolle. Aus diesem Grunde rieten die Freunde zum Beispiel Wussow, als ihm 1935 eine Stelle im noch jungen Büro Ribbentrop angeboten wurde, sehr zur Annahme. Durch ihre Tätigkeit im Auswärtigen Dienst und bei Ribbentrop waren sie über das ständige Vabanquespiel Hitlers in der Außenpolitik bestens informiert. Oster profitierte von diesen Informationen; wie sie auch von ihm auf dem laufenden gehalten worden sein werden. Jeder trug aus seinem Arbeits- und Lebensbereich Nachrichten zusammen. Die Analyse dieser Mosaiksteine gab ständig neuen Nährstoff für die Ablehnung des Regimes.

Dieser kontinuierliche Austausch und die daraus folgende Lagebeurteilung wurden ab 1937/38 wesentlich dadurch erleichtert und intensiviert, daß sich der Freundeskreis, bedingt durch entsprechende Versetzungen, auf einmal in Berlin, dem politischen Zentrum, zusammenfand. Yorck war dort beim Reichspreiskommissar tätig, Kessel zuerst im Protokoll der Wilhelmstraße, wichtiger dann im Vorzimmer von Weizsäcker. Brücklmeier landete mit Erich Kordt im Ministerbüro Ribbentrops und Wussow wieder in der Dienststelle Ribbentrops. Der durch denselben Wohnort gegebene erleichterte und häufigere Gedankenaustausch war eine ganz wichtige Voraussetzung für die folgende Entwicklung.

Schulenburg war im Juli 1937 bereits als Gegner der Regimes an das Berliner Polizeipräsidium gekommen. Seine Wandlung vom begeisterten Anhänger zum Gegner kann hier nicht im Detail nachgezeichnet werden. Bereits kurz vor dem „Röhmputsch" war seine Distanzierung für Nahestehende deutlich geworden, wenig später verließ er Kochs „Inneren Kreis" im Oberpräsidium und in der Gauleitung und „emigrierte" an ein ostpreußisches Landratsamt. Seine Ideale an persönlichem Auftreten und Anforderungen an die staatliche Personalpolitik waren in der Praxis unter Koch nicht durchsetzbar gewesen. Daraus folgte ein immer weiteres Abrücken von der Partei. In Berlin, in der fortgesetzten Diskussion mit den Freunden, mündete die Ablehnung dann sehr bald in den ersten konkreten Schritt, den dieser Freundeskreis gegen das Regime unternahm.

Dieser Schritt von der Ablehnung zur Aktion, die auf eine Veränderung oder den Sturz des Regimes abzielte, ist der Entscheidende. Voraussetzungen dafür waren intensiver Austausch und Auseinandersetzungen im Freundeskreis, der ab 1937/38 durch denselben Wohnort erleichtert wurde, ferner die berufliche Nähe zu Vorgängen, die sie nicht billigen konnten. So war Schulenburg mit dem „polizeilichen Teil" der Blomberg-Fritsch-Krise amtlich befaßt, die Diplomaten waren es mit der Sudetenkrise. Vor allem die Gefahr eines erneuten Krieges mit den westlichen Alliierten veranlaßte sie dann, an der Vorbereitung des durch die Münchner Konferenz 1938 vereitelten Staatsstreich zum Teil sehr konkret und direkt mitzuwirken.

Was sie letztlich in den Hochverrat trieb, war auf der einen Seite die berufliche Verantwortung, die bei den Amtsträgern am unteren Ende der Hierarchie aber auch nicht überstrapaziert werden darf (bei Schwerin traf das sowieso nicht zu), und viel entscheidender andererseits ihr Selbstverständnis, als Mitglieder einer traditionellen Elite zu einer besonderen Verantwortung für das deutsche Volk berufen zu sein. Ohne die Herausforderung der Diktatur, die die von ihnen vertretenen Anschauungen und

Werte karikierte oder mit Füßen trat, hätten diese Männer sehr wahrscheinlich in den normalen Möglichkeiten ihrer Berufe die Erfüllung gefunden. Bis vielleicht auf Schulenburg hätten sie sich nicht politisch organisiert, um Einfluß auf die Geschicke des Staates zu nehmen. In „normalen" Zeitläuften wären sie keineswegs engagierte Parteipolitiker geworden. Sie wären politisch interessierte Privatleute geblieben, deren berufliche Tätigkeit in Teilbereiche der Politik hineinreichte.

Allein die Unerträglichkeit der Gewaltherrschaft riß sie aus der vorgezeichneten Bahn bürgerlicher Ordnung und Wohlanständigkeit. Es gab in jener Zeit sicherlich viele sehr ähnlich gelagerte Freundeskreise, die doch nie den Absprung von der Ablehnung zur Tat gegen das Regime fanden. Neben allen angeführten Bedingungen der sozialen Herkunft und der äußeren Lebensumstände ist hier wahrscheinlich die Empfindlichkeit des Gewissens als auslösendes Moment zu nennen, deren unterschiedliche Ausprägung sich der Beschreibung entzieht.

Anmerkungen

[1] Ulrich von Hassell, *Vom anderen Deutschland,* Zürich 1946, S. 290, 370 f.; Freya von Moltke/Michael Balfour/Julian Frisby, *Helmuth James von Moltke 1907—1945. Anwalt der Zukunft,* Stuttgart 1975, S. 204 ff.

[2] *Dr. Heinrich v. z. Mühlen. Interview mit Dr. Paulus van Husen* (ca. 1948), Bundesarchiv Koblenz, Nachlaß Ritter 151.

[3] Gerhard Ritter, *Carl Goerdeler und die deutsche Widerstandsbewegung,* Stuttgart 1956, S. 353, 607.

[4] Albrecht von Kessel, *Verborgene Saat,* Rom 1944/45 (Ms.), S. 80.

[5] *Vernehmungen von W. Huppenkothen, 1948,* Institut für Zeitgeschichte, ZS 249, S. 80 f.

[6] Siehe dazu Eugen Gerstenmaier, *Der Kreisauer Kreis,* in: *Vierteljahrshefte für Zeitgeschichte,* 15. Jg. (1967), S. 221—246.

[7] *Spiegelbild einer Verschwörung. Die Kaltenbrunner-Berichte an Bormann und Hitler über das Attentat vom 20. Juli 1944,* hrsg. vom Archiv Peter, Stuttgart 1961, S. 96.

[8] Henry O. Malone, *Adam von Trott zu Solz,* Austin 1980 (Ms.), S. 151, 568.

[9] Dies war auch der Fall bei Haeften, Hofacker, Moltke, Trott. Es war generationsbedingt, die Geschwister heirateten u. U. noch traditionell, d. h. adelig.

[10] Kessel schrieb im Zusammenhang mit einer Erörterung des NS-Medienmonopols: „Wer nicht das seltene Glück hatte, die Dinge ab und zu vom Ausland aus betrachten und sich ein abgerundetes Bild der Lage machen zu können, fiel ratlos von einem Extrem ins andere." A. v. Kessel, *Verborgene Saat...* [Anm. 4], S. 17.

[11] Anton Ritthaler, *Karl Ludwig Freiherr von und zu Guttenberg,* in: *Neujahrsblätter der Gesellschaft für fränkische Geschichte,* 34. Jg. (1970), S. 13.

[12] A. v. Kessel, *Verborgene Saat...* [Anm. 4], S. 14 ff.

[13] Botho von Wussow, *Erinnerungen,* Lissabon 1945 (Ms.), S. 17 a.

[14] A. v. Kessel, *Verborgene Saat...* [Anm. 4], S. 24 f.

Fünfter Teil

Gesellschaftliche und politische Zielvorstellungen des Widerstands

Revolutionäre Perspektiven des kommunistischen Widerstands

ARNOLD SYWOTTEK
Hamburg

„Revolutionäre Perspektiven des kommunistischen Widerstands" — das kann in der einschlägigen historisch-politischen Diskussion dreierlei heißen:

— die Weltsicht und Prognosen von kommunistischen Widerständlern, die als revolutionär gelten;

— Handlungsbedingungen, die diese Widerständler als revolutionär beurteilten;

— die Vorbereitung der Widerständler auf Vorgänge, die im nachhinein als revolutionär charakterisiert werden.

Ich will versuchen, diesen drei Ausdeutungen des mir gestellten Themas gerecht zu werden, indem ich die zusammenfassende Darstellung der KPD-Programm-Geschichte zwischen 1935 und 1945 unter drei Leitfragen stelle:

1. Waren die deutschen kommunistischen Widerständler der 1930er und 1940er Jahre Revolutionäre?

2. Welche Vorgänge verbanden diese kommunistischen Widerständler mit Vorstellungen von „Revolution"?

3. In welchem Sinne lassen sich die von den kommunistischen Widerständlern angestrebten Zustände als revolutionär klassifizieren?

I

Revolutionäre oder „Kader"? Zur Struktur und Tradition des kommunistischen Widerstands 1935 bis 1945

Während es nicht an Vorschlägen fehlt, Vorstellungen von Revolution zu verallgemeinern,[1] sind Versuche, Revolutionäre zeitübergreifend zu charakterisieren, selten. Tendenziell führen solche Bemühungen auf jenen „Berufsrevolutionär" zurück, den schon Lenin für die Mitglieder der „Avantgarde der Arbeiterklasse" entwarf.[2] Jedoch erhellt dieses Modell im Rückblick weder das Verhalten der Bolschewiki vor 1917, für die es vor allem gedacht war,[3] noch das Verhalten all der Kommunisten, die sich in ihre Tradition gestellt sahen.[4] Eher kann dieses Modell helfen, die bolschewistische Herrschaft durch „Kader" in der Sowjetunion und in den ihr nachgebildeten Regimen historisch zu erklären,[5] und in diesem Sinn ist es auch in der Geschichte der KPD in der hier zu betrachtenden Zeit wirksam gewesen.

Die oberste KPD-Führung im Exil, die aus verschiedenen Gründen dem Widerstand im weiteren Sinne zugerechnet werden kann,[6] bestand zweifellos aus Kadern, erfahrenen Parteiangestellten, die ihren Lebensunterhalt mit Arbeit im Umkreis des Organisationszentrums der „kommunistischen Weltbewegung" verdienten;[7] einige KPD-Exponenten, so der Vorsitzende Wilhelm Pieck (seit 1935) und Wilhelm Florin, gehörten sogar Leitungsgremien dieses Organisationsgeflechts an, dessen materielle und politische Abhängigkeit von der Führung der Sowjetunion bekannt war und das auch nach seiner formellen Auflösung 1943 in Ansätzen bestehen blieb.[8] Auch die deutschen Kommunisten, die die Verbindung aufrechterhalten sollten zwischen der Exil-Führung und den Genossen in Deutschland, wird man den Kadern zurechnen können; ihre Tätigkeit entsprach wohl am ehesten der des disziplinierten, gleichwohl zu flexiblem Handeln fähigen leninschen Berufsrevolutionärs; Wilhelm Knöchel, Karl Mewis und Herbert Wehner seien hier als Beispiele genannt.[9] Freilich kann von den bisher angeführten Personen nur Wilhelm Knöchel als Widerständler im engen Sinne des Wortes gelten; nur er hatte 1942/43 auftragsgemäß Gelegenheit zu versuchen, in Deutschland die Opposition gegen die nationalsozialistische Herrschaft zu organisieren.[10] Den übrigen blieb es vorbehalten, die illegale Untergrundtätigkeit aus weniger lebensgefährlichen Stellungen vom Ausland her vorbereiten und unterstützen zu helfen; gleichwohl hatten auch sie sich — wie alle „Berufsrevolutionäre" — oft konspirativ zu verhalten.[11]

Nicht wenige dieser Kader gerieten während des Krieges auch im Ausland in die Gewalt deutscher Behörden (zum Beispiel Franz Dahlem).[12] Andere schlossen sich den nationalen Widerstands- und Befreiungsbewegungen ihrer Gastländer an (zum Beispiel Otto Niebergall) oder konnten sich mit deren Hilfe durch die Flucht in nicht von Deutschen besetzte Länder weiteren Verfolgungen entziehen und dort von zentralen Weisungen weniger abhängigen antinationalsozialistischen Engagements nachgehen, als es die Kader-Tätigkeit erlaubte. Gedacht sei hier besonders an den als politischer Schriftsteller arbeitenden Paul Merker, der seit 1942 an dem ein Jahr zuvor gegründeten „Komitee ‚Freies Deutschland'" in Mexiko leitend mitwirkte.[13] Auch in neutralen Staaten Europas und in den Feindländern Deutschlands gab es solche „freideutschen" Vereinigungen, in denen deutsche Kommunisten Kontakt zu politisch anders gebundenen oder orientierten Exilanten suchten, um sie in antifaschistischem Sinne zu mobilisieren. Als das „Nationalkomitee ‚Freies Deutschland'" in der Sowjetunion 1943 von der Exil-Führung und kriegsgefangenen Soldaten und Offizieren gebildet wurde, konnte es sich als Zentrum einer weit verbreiteten deutschen Freiheits- und Friedensbewegung darstellen, die nicht zuletzt im Deutschen Reich ihre Stützpunkte hatte.[14]

Eine revolutionäre Situation, wie sie die meisten Kader am Ende des Ersten Weltkrieges als Jugendliche erlebt, manche (zum Beispiel Fritz Heckert) auch schon aktiv beeinflußt hatten,[15] stellte sich in Deutschland bis zur Auflösung des „Dritten Reiches" im Frühjahr 1945 nicht wieder ein;[16] die beste Testmöglichkeit zur Beantwortung der Frage, ob die Kader Revolutionäre gewesen seien, entfällt mithin. In dem für sie maßgeblichen Verständnis vom Lauf der Geschichte hatte eine derartige revolutionäre Situation allerdings zunehmend nachrangige Bedeutung: Ihre Arbeit war, seit die Bolschewiki 1917 auf Initiative Lenins die politische (Staats-)Macht ergriffen hatten, nicht primär darauf gerichtet, revolutionäre Situationen zu erzeugen und zu nutzen, sondern den „Sieg der Revolution" zu sichern.[17] Der zeitgenössische Sinn dieser Formulierung schimmerte auf, als die KPdSU 1934 ihren „Parteitag der Sieger" veranstaltete.[18] „Revolution" bezeichnete für die Komintern fortan weniger die Ablösung der überkommenen Herrschaft und die Eroberung der politischen Macht durch die kommunistische Partei als die von ihr nach dem Machtwechsel gelenkte Umwälzung der sozialökonomischen Verhältnisse auf eine als „Sozialismus" ausgegebene Ordnung hin.[19]

Den „Sieg der Revolution" zu sichern, bedeutete deshalb den Beschlüssen des VII. Komintern-Kongresses (1935) zufolge zweierlei: zum einen, die Revolution dort zu schützen, wo sie bereits vollzogen war, das heißt zunächst und vor allem in der Sowjetunion, und zum anderen, Umwälzungen so einzuleiten, daß das Erreichte durch die „Konterrevolution" nicht gefährdet würde.[20] An der Geschichte der spanischen Republik 1936—1939, die zunächst nahezu idealtypisch den von der Komintern neu entdeckten Möglichkeiten, die bürgerliche Demokratie für den „Sieg der Revolution" zu nutzen, zu entsprechen schien,[21] konnten die Exil-Kader erfahren, daß die offensive — wenn man so will: weltrevolutionäre — Dimension des 1935 für verbindlich erklärten Konzepts nicht trug.[22] Nicht wenige deutsche Kommunisten haben sich in den Internationalen Brigaden an der vergeblichen Verteidigung der Republik beteiligt;[23] die sowjetische Führung war dagegen bestrebt gewesen, sich nicht in einen am spanischen Bürgerkrieg sich entzündenden Konflikt zu verwickeln.[24]

Nachdem das spanische Experiment gescheitert war und auch die eigenen Bemühungen, durch Vereinbarungen mit anderen Organisationsleitungen, besonders dem Exil-Vorstand der SPD, das antinationalsozialistische Engagement zu stärken und dabei zugleich die eigene Isolation innerhalb der deutschen Opposition gegen die NS-Herrschaft zu überwinden, erfolglos geblieben war,[25] sah sich die Exil-KPD Anfang 1939 gewissermaßen zurückgeworfen auf den „Glauben an die revolutionäre Kraft der Arbeitermassen", wie Wilhelm Pieck formulierte.[26] „Fähigkeit und Kraft für den Kampf um den Sieg der Arbeiterklasse in Deutschland" würden die Kader aus dem gründlichen Studium des gerade veröffentlichten „Kurzen Lehrgangs" zur Geschichte der KPdSU gewinnen. Das „große Beispiel" der „KPdSU unter Führung Lenins und Stalins" sollte jetzt — so läßt sich dieser Hinweis deuten — die wenig ermutigenden eigenen Erfahrungen der vorausgegangenen dreieinhalb Jahre aufwiegen, die Pieck später als eine Zeit des Lernens im Umgang mit Nichtkommunisten charakterisierte.[27]

Es ist unbekannt, wie die Kader individuell auf diese gleichsam als Rückzug auf den Mythos begreifbare neuerliche Wende reagierten. Es erscheint symptomatisch, daß sie in einer Situation, in der das Scheitern aller bisherigen Komintern-Konzepte offensichtlich war, an Leninsche Reflexionen über die Eigenart des *politischen* Verhaltens erinnert wurden, die sich auf den Kampf zweier Gegner bezogen.[28] „Politik" war hier offensichtlich als bewußtes Reagieren auf die Veränderungen der internationalen Entwicklung gefaßt, die im Regierungshandeln Ausdruck fanden. Darauf zu reagieren, wurde ihnen als Norm vorgehalten; zugleich wurde ein Defizit an „Politik" in diesem Sinne — nicht ohne Berechtigung — bei den Kommunisten in Deutschland registriert.[29] Die bis dahin oft vermißte Geschlossenheit der tagespolitischen Aussage, die sich unterscheiden sollte von der Propaganda für typische kommunistische Ziele, sollte nun über die Integrationsformel „Frieden (für die Sowjetunion)" als Tagesparole hergestellt werden. Das „offensive Element" in der Agitation über die „elementaren" Unterschiede „zwischen den kapitalistischen Staaten und der sozialistischen Sowjetunion" sollte gestärkt und die Massen sollten gegen die sich gegen die Sowjetunion richtenden „Kriegspläne des Hitlerfaschismus" mobilisiert werden, „damit sie die Verteidigung der Sowjetunion als Verteidigung ihrer eigenen Lebensinteressen" verstünden. Das Werben für die eigenen prinzipiellen Ziele sollte vor der Mobilisierung gegen das nationalsozialistische Regime rangieren, auf die zuvor das Verhalten der Kader gerichtet war.[30] Im Rückblick müssen diese Sätze auch als Einstimmung auf die politische Situation des sowjetisch-deutschen Bündnisses ab Sommer 1939 erscheinen.[31]

Die Anlehnung an die Sowjetunion war in den ersten Jahren des „Dritten Reiches" auch von vielen illegal in Deutschland tätigen Kommunisten propagiert worden; sie verbreiteten die Zielperspektive eines „Sowjetdeutschlands" oder eines „Rätedeutschlands" im Bunde mit der Sowjetunion noch zu einer Zeit, als die Zentrale im Exil längst andere Losungen in den Mittelpunkt gestellt wissen wollte.[32] Doch ließ der Terror in Deutschland sehr bald den Zusammenhalt oder den Neuaufbau kommunistischer Gruppen als Akte des Widerstands wichtiger werden als die benutzten Agitationsformeln.[33] Bis 1938 gelangten noch hin und wieder Beschlüsse der Exilführung und Erläuterungen von führenden Funktionären ins Land;[34] später, als die wechselseitigen Kommunikationsverbindungen fast völlig abgerissen waren, wurde die Deutung der vor allem über den Rundfunk ins Reich gelangenden Exil-Propaganda[35] auch für die Illegalen zu einem Problem. Besonders ab 1943 trat ein, was von den Kadern 1939, wie erwähnt, als Defizit registriert wurde: Einige Illegale begannen, zur „Selbstverständigung" die bestehende Situation zu analysieren und Prognosen zu stellen, die in einigen Erwartungen und Einstellungen jedoch von denen abwichen, die heute aus den Erklärungen und den damals internen Erörterungen der Exil-KPD ablesbar sind.[36] Besonders das „Nationalkomitee ‚Freies Deutschland'" rief Skepsis bei den Illegalen hervor. Einem vergleichsweise schwachen Bekenntnis zu diesem Bündnis zwischen den Kommunisten und den früheren Soldaten des „Dritten Reiches" stellten sie eine starke Betonung der zu revitalisierenden bolschewistischen Parteitradition zur Seite.[37]

Der Streit zwischen einigen Historikern über die Frage, ob die Exilführung der KPD das Verhalten der Illegalen faktisch gesteuert habe, soll hier nicht nachvollzogen werden; die wesentlichen Differenzen liegen nicht in der Beurteilung der Entwicklung bis Kriegsende, sondern in der Bewertung der Ansprüche, mit denen die Exilführung nach dem Krieg ihre Tätigkeit in Deutschland wieder aufnahm und sie historisch zu legitimieren suchte.[38] Wenn auch von einer direkten operativen Anleitung ab 1943 nicht mehr die Rede sein kann — es gab auch keine „operative" Inlandsleitung zu diesem Zeitpunkt —, ist doch über eine erklärte Abwendung der Illegalen von der Führung im Exil bisher nichts bekannt, und auch über eine ausdrückliche Kritik in den Reihen der Illegalen an der Haltung der Führung sagen die bisher — leider manchmal in unbefriedigender Form gekürzt[39] — veröffentlichten Quellen nichts aus. So kann man wohl mit zureichenden Gründen davon sprechen, daß die KPD als einzige politische Bewegung mit Parteicharakter das „Dritte Reich" zwar in zeitweise nur schwacher Ausprägung, doch mindestens als virtuelle Organisation ungebrochen überdauert hat.[40]

Auch für die Illegalen läßt sich die Frage, ob sie Revolutionäre gewesen seien, nicht an einer revolutionären Situation überprüfen. Zwar waren einige der Führer wohl vage über Vorbereitungen auf den dann am 20. Juli 1944 unternommenen Putschversuch — den einzigen Vorgang, der eine Revolution hätte herbeiführen können — informiert.[41] Doch bevor dieser Putschversuch stattfand und scheiterte, wurde das größte Netz, das Kommunisten in Deutschland während des Krieges hatten knüpfen können, zerrissen, die wichtigsten Verbindungsleute an den Knotenpunkten waren bereits oder wurden bald darauf verhaftet und größtenteils hingerichtet.[42] Die „Klassenkraft der Arbeiter", die in Bewegung zu setzen die konspirativen Führer kurz zuvor als nächstes Ziel verabredet haben sollen[43] — eine wohl als illusionär zu bezeichnende Vision —, wurde nicht sichtbar. Übrig blieben lokale Initiativen, die hervortraten, als der „Zusammenbruch" sich jeweils vor Ort abzeichnete, zum Beispiel in Leipzig.[44] Dieses Verhalten entsprach übrigens auch Prognosen und Hinweisen der Exilführung ab Anfang August 1944, die zum Teil die Illegalen über Rundfunk (und Funk) erreichen konnten; zuvor hatte die KPD-Führung einige Tage lang zu einem zweiten „20. Juli" aufgerufen.[45]

Um Kader im oben angedeuteten Sinne handelt es sich bei den meisten dieser zum Engagement für ihr Bekenntnis bereiten Kommunisten nicht, auch nicht in einem eher dem Leninschen „Berufsrevolutionär" nahekommenden Sinne, der zeitgenössisch geläufig war.[46] Die Illegalen standen überwiegend in üblichen Arbeitsverhältnissen — eine Voraussetzung für unauffällige politische Betätigung und Gruppenbildung und für die Erkundung der Stimmung der Bevölkerung.[47] Viele befanden sich in Gefängnis- oder Konzentrationslagerhaft — an Orten, die die Solidarität der politisch Verfolgten begünstigten, auch über die jeweiligen parteipolitischen Bindungen hinaus;[48] die meisten Anstöße für einen Zusammenschluß der Arbeiterparteien und eine sie übergreifende Zusammenarbeit aller Hitlergegner wurden nach dem Kriege mit den gemeinsamen Hafterfahrungen begründet.[49] Vergleichsweise wenige schließlich — manche hatten eine längere Haftzeit hinter sich — lebten illegal und ohne gültige Dokumente in Deutschland. Franz Jacob sei hier als Beispiel genannt.[50] Ihm, einem der wenigen Führer der illegalen KPD, von denen programmatische Überlegungen bekannt sind, ist wohl die Klassifizierung „Berufsrevolutionär" angemessen. Relativ jung (geb. 1904), stellte er sein Leben in den Dienst der Organisation, die ihm seine politische Überzeugung vermittelt hatte — eine Überzeugung, die alle Elemente dessen aufwies, was man als „kommunistische Weltanschauung" bezeichnen kann: den Glauben an die Sowjetunion und den dort im Aufbau befindlichen Sozialismus, die Wahrnehmung und Analyse der gesellschaftlichen und politischen Verhältnisse in marxistischen Kategorien und die Kenntnis einiger Grundmuster Leninscher Strategie. Wieviele illegale Kommunisten seine programmatischen „Kader-Materialien", die durch Abschriften verbreitet wurden, lesen konnten, ist unbekannt. Daß in den illegalen Gruppen Fragen der kommunistischen Strategie und der internationalen Politik, wie er sie formulierte, diskutiert wurden, ist unzweifelhaft. Auch frühere Angehörige der KPD-Opposition beteiligten sich an diesen Erörterungen.[51]

Will man nicht allein die Existenz einer oppositionellen Gruppe angesichts des nationalsozialistischen Anspruchs auf totale Herrschaft als revolutionär klassifizieren, wird man für die illegale KPD einen revolutionären Charakter allenfalls aus der Tradition ableiten können, bei der für viele Kommunisten nicht nur oder nicht primär die erwähnte „Weltanschauung" maßgeblich war, sondern die überkommene Zugehörigkeit zu einem politischen Milieu, das die Bereitschaft zum Protest kennzeichnete. Diese Verhaltensdisposition und das ihr entsprechende radikale Engagement hatte die KPD in der Weimarer Republik zeitweilig zu einer Massenpartei werden lassen, die besonders Jugendliche anzog.[52] Sicherlich wird man in den kommunistischen Widerständlern nicht primär Angehörige jenes nur vorübergehend mobilisierbaren Protestpotentials sehen dürfen, sondern eher Aktivisten des organisatorischen Gerüsts der Partei (immerhin sollen in ihm 50 % der Mitglieder von 1932 tätig gewesen sein);[53] und für diese Parteiarbeiter kann tendenziell gelten, was Ende der 1920er Jahre Kritiker dem damals über 50jährigen Wilhelm Pieck vorhielten: Revolutionäre zu sein, die sich nach Ruhe und Ordnung sehnen.[54] Doch das Image, die Attitüden und auch die politische Funktion der KPD im politischen Spektrum der deutschen Gesellschaft blieben erhalten, da es ihr gelang, das aktionistische Revolutionsverständnis im umgangssprachlichen Sinne an ihre schwerfällige, arbeitsteilig funktionierende Organisation zu binden.[55] Die Zeiten freilich, in der der Einsatz eines charismatischen Sozialrebellen wie Max Hölz die Situation wendete,[56] waren vorüber; der Niedergang des Anarchosyndikalismus, vielleicht der letzten historischen Ausprägung dieses traditionalen antiautoritären Revolutionarismus in Deutschland,[57] spiegelte diese gesellschaftsgeschichtliche Tendenz unübersehbar: Gesellschaftliche Veränderungen vermittelten sich eher durch Organisation als durch Aktion. Insofern reflektierte der oben erwähnte sowjetische Revolutionsbegriff nicht nur legitimatorisch die Verhältnisse in der Sowjetunion.

Allerdings scheint es für den Stand der theoretischen Diskussion über diese Problematik bezeichnend, daß die illegalen Führer die für sie seit fast zwei Jahrzehnten zentrale Auffassung, die Revolution sei durch die Partei zu organisieren, nicht mit dem historischen Strukturwandel begründeten, sondern — wie Franz Jacob — mit dem offensichtlich generell geringen Maß an Bereitschaft zur Revolte bei den deutschen Arbeitern, gleichsam mit dem Volkscharakter also. Weniger der Revolution — sie würde sich in einem langen Prozeß vollziehen — als den „revolutionären Aufgaben" galt das Nachdenken über den Tag und die für die KPD seit ihrer Gründung 1919 selbstverständlichen Vorbehalte gegen das kapitalistische System hinaus. Besonders einzelne Biographien, zum Beispiel die Theodor Neubauers,[58] lassen erkennen, wie sich dabei allgemeine moralisch-humanitäre Motive und Verhaltensweisen mit dem politisch-organisationsbezogenen Engagement für die und im Sinne der Partei verbinden konnten.

II

Von der Erwartung der „proletarischen Revolution" zur aktiven Vollendung der „bürgerlich-demokratischen Umbildung". Zum Wandel von „Revolution" im politischen Kalkül der KPD 1935 bis 1945

Es hat nach der Übertragung der Regierungsgewalt in Deutschland an Hitler über drei Jahre gedauert, bis die KPD von der intensiven Propaganda von Vorstellungen und Handlungsmustern, mit denen sie zuvor ihre Anhänger begeistert und Außenstehende erschreckt, ja abgestoßen hatte, erklärtermaßen Abstand nahm: von der teils schwächer, teils stärker betonten Erwartung, die Revolution würde durch Arbeiter-Massenkämpfe bis hin zum (bewaffneten) Generalstreik eingeleitet, aus denen Räte (Sowjets) hervorgehen würden, die den Kommunisten als Herrschaftsform zur Verwirklichung ihrer Ziele, der gesellschaftlichen Umwälzung hin zum Sozialismus, dienen würden. Veranlaßt wurde das Abrücken von dieser Fixierung in einem komplizierten Entscheidungsprozeß, bei dem, wie angedeutet, das sowjetische Sicherheitsinteresse 1935 den Ausschlag gab. Abgeschwächt werden sollte vor allem das seit Mitte der 1920er Jahre bestehende Primärziel, durch Bekämpfung der rivalisierenden Sozialdemokratie die gesamte Arbeiterklasse unter kommunistischer Führung zu vereinigen.[59] Vor allem in Frankreich sollte zunächst mit dieser neuen Komintern-Haltung die staatliche Bündnispolitik der Sowjetunion gestützt und glaubwürdig werden.[60]

In Deutschland galt es zu versuchen, die faschistische Herrschaft zu schwächen und, wenn möglich, zu stürzen, nachdem die Fixierung der KPD auf die Sozialdemokratie die Errichtung dieser Herrschaft eingestandenermaßen begünstigt hatte.[61] Die KPD strebte jetzt, wie es hieß, eine „Einheitsfront auf neue Art" an, eine im Gegensatz zur bis dahin üblichen Praxis der „Einheitsfront“ partnerschaftliche Zusammenarbeit. Doch diese „Einheitsfront“, die den Kern einer alle Gegner der nationalsozialistischen Herrschaft umfassenden „Volksfront“ bilden sollte, ist nicht zustande gekommen.[62] Die KPD blieb in der von ihr zuvor selbstbewußt geschätzten Isolierung, und die Furcht der bis zur „Brüsseler Konferenz“ im Anschluß an den VII. Komintern-Kongreß (1935) amtierenden Mehrheit in der Parteiführung, die Partei könne durch den neuen Komintern-Kurs ihre Identität verlieren, erwies sich — vom Ende her gesehen — als unbegründet. Allerdings trugen der im Kalkül des Konzepts wohl nicht mitbedachte Terror in der Sowjetunion und die „Trotzkisten“-Bekämpfung innerhalb der Komintern[63] zu diesem Ergebnis bei, außerdem praxisbezogene Auslegungen des Kurses, zum Beispiel das Bemühen um rechtsnationale Kreise der deutschen Opposition, die selbst in Führungskreisen der KPD auf Vorbehalte stießen.[64]

Die „Brüsseler Konferenz“ hatte offensichtlich solchen Befürchtungen Rechnung tragen wollen, indem sie Bündnisse mit anderen politischen Organisationen nur für den Zweck des Sturzes Hitlers vorschlug und für die Zeit danach die Anwendung der überkommenen Handlungsmuster vorsah[65] — im Gegensatz zu Komintern-Ratschlägen, die der KPD-Führung schon bei dieser Gelegenheit nahelegten, ein „Regierungsprogramm“ für die angestrebte Volksfront auszuarbeiten, um sich von den Partnern in einer solchen Volksfront „nicht auf einen falschen Weg stoßen zu lassen“ (Togliatti). Doch erst Mitte 1936 wurde ein entsprechendes Programm formuliert, nachdem die KPD-Spitze hatte feststellen können, daß besonders der Exil-Vorstand der SPD dem Verhalten der Kommunisten nach einem Sturz Hitlers viel Bedeutung beimaß und in Paris ein „Ausschuß zur Vorbereitung einer deutschen Volksfront“ gebildet war, an dem sich die Exil-SPD offiziell nicht beteiligte.[66] In öffentlichen Verlautbarungen legte sich die KPD erstmals auf ein Konzept fest, das ihre bisher verkündeten Erwartungen in einem wesentlichen Punkt revidierte: Sie sagte zu, sich an einer Regierung der Einheits- und Volksfront in einer „Demokratischen Republik“ zu beteiligen, die den „Sieg der Demokratie sichern und alle Maßnahmen ergreifen“ sollte, „die eine Wiederkehr der faschistischen Barbarei unmöglich machen“ würde. Der KPD sollte es — wie allen anderen antifaschistischen Gruppen — gestattet sein, für ihre speziellen Ziele propagandistisch einzutreten. Die Analogien zur gleichzeitig von der sowjetischen Führung angestrebten Politik der kollektiven Sicherheit waren und sind offensichtlich; die Sowjetunion erhielt 1936 die Verfassung einer sozialistischen Demokratie.[67]

Der Sturz Hitlers wurde in diesem Zusammenhang als „Volksrevolution“ charakterisiert; ihre Träger würden die Einheits- und Volksfront sein. Gemeint war damit, daß es den in Einheits- und Volksfront organisierten Widerständlern gelingen könne, eine „Krise des Hitlerregimes" auszulösen. Erziehung zum Klassenbewußtsein und zur Auseinandersetzung mit dem Faschismus vom Standpunkt des Marxismus-Leninismus aus erschien Exil-Funktionären der KPD dazu 1936 als taugliche Vorbereitung; aus der Bemerkung, daß dafür eine besondere Literatur geschaffen werden müßte, kann man schließen, daß diese „Volksrevolution" nicht als schnell zu realisierendes Vorhaben gedacht wurde. Die mögliche Beeinträchtigung des Konzepts durch die intensive Fixierung auf die Ideologie wurde offenbar nicht bedacht. Als ab Herbst 1939 erneut an zentraler Stelle in programmatischen Aussagen der KPD von „Volksrevolution" die Rede war, bezeichnete diese Formel eher — diesmal fast schon im Sinne einer Utopie — ein Fernziel; handlungsrelevant war es nur insofern, als es deutlich machte, daß die KPD allein die Vorbereitung auf diese Revolution würde leisten müssen. Die schon Anfang 1939 auf der „Berner Konferenz" erstmals anvisierte Einheitspartei der Arbeiterklasse aus Kommunisten und Sozialdemokraten[68] ist in dieser Perspektive zu deuten. Dieses Handlungsmodell der „Volksrevolution" wurde nach der deutschen Invasion in die Sowjetunion 1941 ansatzweise modifiziert, als die KPD versuchte, unter den kriegsgefangenen deutschen Soldaten Einfluß zu gewinnen, und die Ziele „Frieden" und „Sturz Hitlers" zunehmend als identisch ausgab. Die Vorstellung, die „Volksrevolution" könnte dadurch erleichtert werden, dürfte mindestens bei den Exilkadern dadurch kaum verstärkt worden sein.[69]

Folgenreicher als diese Einstellung auf die aktive Beteiligung an der Einleitung des Sturzes Hitlers und die damit verbundene Vision einer maßgeblich von der KPD vorbereiteten Revolution erwiesen sich Erläuterungen, die Führungs-Kader zur Begründung des Eintretens für die „demokratische Republik" 1936/37 gaben. Walter Ulbricht zum Beispiel verteidigte das für die KPD damals neue Engagement für „demokratische Freiheiten" — zu denken ist besonders an die KPD-Forderung nach Wiederzulassung der Gewerkschaften, eine hier weitgehend ausgesparte Problematik[70] — unter anderem damit, daß „manche Forderungen der bürgerlich-demokratischen Revolution noch nicht zuende geführt wurden, wie zum Beispiel die Beseitigung der Vorrechte der Junker, der Besitzrechte der abgetakelten Fürsten"; eine solche Sicht ziehe die „Möglichkeit von Übergangsetappen in Erwägung". Und die „Rote Fahne" (Paris) schrieb etwa gleichzeitig: „Im konsequenten Kampf um Demokratie und um die Interessen des Volkes gegen die großkapitalistischen Feinde des Volkes werden die Arbeiterklasse und die Massen des Mittelstandes und der Bauern sich durch die eigenen Erfahrungen überzeugen, daß man vorwärts zum Sozialismus gehen muß"; kein Mensch könne sagen, in welchem Tempo die Massen die Erfahrungen machen würden;

dies hänge nicht zuletzt von der Fähigkeit der KPD ab, „den konsequenten Kampf für den Frieden, die Demokratie und den Wohlstand des Volkes zu organisieren". Ein Dreivierteljahr später schrieb das ZK-Mitglied Anton Ackermann: „Die allgemein-demokratischen Aufgaben so weitgehend zu lösen, daß die Vorrechte des Großkapitals praktisch beseitigt werden, das ist die Demokratie neuen Typs. Seht nach Spanien, und Ihr habt diesen Typ vor euch." — Nach dem Ende des Zweiten Weltkriegs dienten ähnliche Sätze der KPD-Führung zur Rechtfertigung ihrer gerade verfolgten praktischen Politik.[71]

Im Rückblick sind einige Modellelemente dieses zugleich als Staats- und Gesellschaftsordnung charakterisierten Demokratie-„Typs" und einige Handlungsmuster für seine Verwirklichung erkennbar, die besonders bei einem Vergleich von Neuordnungskonzepten der unterschiedlich orientierten und gebundenen Richtungen und Kreise des politisch motivierten Widerstands in Deutschland[72] von Interesse erscheinen:

— Das künftige Deutschland sollte eine starke zentrale Exekutive erhalten, die auf einer gestuften regionalen „Selbstverwaltung" aufbauen sollte.[73]

— Die politische Willensbildung sollte sich maßgeblich über einen Mechanismus (Gremium, Organisation oder „Bewegung") vollziehen, der — außerhalb des Parlaments — die bestehenden Parteien und andere dabei mitwirkende Verbände (zum Beispiel Gewerkschaften) zu integrieren hätte.[74]

— Der Maßstab des politischen Handelns und die Basis des politischen Konsenses sollte die Gegnerschaft zum „Dritten Reich" und seinen Repräsentanten im Innern und der Wille zu freundlicher Nachbarschaft gegenüber der Sowjetunion nach außen sein.[75]

— Die Ablösung der Funktionsträger des „Dritten Reiches", also die Entnazifizierung, sollte pragmatisch erfolgen. Abgesehen von der Auflösung der nationalsozialistischen Organisationen und der Neubesetzung politisch-symbolisch exponierter Positionen (zum Beispiel Bürgermeister, Landräte usw.), sollte besonders in innenpolitisch und politisch-kulturell wichtigen Bereichen, zum Beispiel der Polizei, der Justiz und der öffentlichen Erziehung, das Augenmerk auf besondere Loyalität der Amtsträger zu den neuen politischen Verhältnissen gerichtet werden. Für die KPD lag es nahe, gerade in diesen Bereichen ihren eigenen Anhängern Schlüsselpositionen einzuräumen. Folgerichtig wurden die Personaldezernate in den einzelnen Verwaltungen als für die KPD zentrale Positionen betrachtet (und später genutzt). Als Sonderbereich muß dabei — mindestens im Sommer 1943 — das Militär gelten, dem bei einem die Beendigung des Krieges beschleunigenden Verhalten eine größere Autonomie bei der

Gestaltung seiner inneren Ordnung in Aussicht gestellt wurde als den übrigen Verbänden.[76]

— Pragmatisch, ohne Fixierung auf ein fest umrissenes Ordnungsmodell, sollte die Wirtschaft geordnet werden. Fest standen allein einige Richtpunkte wie staatliche Lenkung, Förderung und Kontrolle der Volkswirtschaft, Entprivatisierung der Großindustrie und der Banken, Optimierung der Produktion für den nationalen Bedarf und Umverteilung des landwirtschaftlich genutzten Bodens zugunsten von Klein- und Mittelbetrieben.[77]

Diese Programmatik, verbunden mit dem zentralen Ziel, an der Exekutive führend beteiligt zu sein und dadurch auch die Erfahrung der Bevölkerung maßgeblich steuern zu können, verdeutlicht, daß nicht die Weimarer Republik gemeint war, wenn 1936 und dann wieder 1943 KPD-Kader sinngemäß von der „Wiederherstellung" der Rechte des deutschen Volkes sprachen, und KPD-Exilanten, die sich an 1937 diskutierte Unterschiede zwischen der Revolution in Deutschland 1918 und einer „Volksrevolution" erinnerten, konnten Wilhelm Pieck verstehen, als er im Sommer 1943 auf der Gründungsversammlung des „Nationalkomitees ‚Freies Deutschland'" versicherte: „Niemand von uns [das heißt den KPD-Kadern] will ein neues 1918, wie hier und da befürchtet wird." Den Illegalen freilich, die an solchen Erörterungen nicht teilgenommen hatten, fiel es, wie angedeutet, schwer, die so begründete Haltung der Führung im Exil nachzuvollziehen, und es scheint fraglich, ob sich ein dieser zerbrechlichen Kompromißformel entsprechendes Verhalten in der KPD insgesamt hätte erzielen lassen.

Die Terminologie zur Kennzeichnung der für die Zeit nach Hitler angestrebten Ordnung in der KPD-Propaganda war weder während des Krieges noch zuvor einheitlich; von der „demokratischen Republik" war 1936, von der „demokratischen Volksrepublik" 1937 die Rede, 1943 wurde vom „starken Staat" gesprochen, 1944 en passant schon von „Volksdemokratie".[78] Und auch die kurzfristigen Handlungsziele, denen so umrissene Perspektiven zugeordnet wurden, variierten. Den Widerstand gegen Hitler zu steigern, den Sturz Hitlers vorzubereiten, auf Herbeiführung des Friedens zu drängen und, gegen Ende des Krieges, Deutschland als Staat und Nation zu retten — dazu wurde mit wechselnder Betonung mobilisiert und zur Bildung darauf gerichteter Volks- oder Volksfrontausschüsse oder -bewegungen, Friedens- oder Freiheitskomitees oder entsprechender nationaler Bewegungen aufgerufen.[79] „Schafft Volksausschüsse, daß das Ausland sie als einen innenpolitischen Faktor spürt" — dieser im Februar 1945 nach der Krimkonferenz in der Zeitschrift *Politische Information*, die von deutschen Kommunisten in

Schweden redigiert wurde, veröffentlichte Appell verdeutlicht ihr Scheitern bis zu diesem Zeitpunkt kurz vor Ende des Krieges.

Der Exil-KPD ging es bei dieser Mobilisierung nicht zuletzt darum, Anhaltspunkte für ihr Handeln zu gewinnen, um die künftige Gestaltung Deutschlands nicht völlig den militärischen Siegern zu überlassen, aber auch, um von den von deutschen Repräsentanten gebildeten Exekutivinstanzen nicht ausgeschlossen zu werden.[80] Die Exil-Funktionäre propagierten dabei für Deutschland zunächst eine Entwicklung, wie sie andernorts im Zuge der Befreiung von der faschistischen Besetzung eingetreten war, wo nationale Befreiungsbewegungen geholfen hatten, die profaschistischen Regime ihrer Staaten zu stürzen. Außer in Jugoslawien hatten dabei in Osteuropa die Rote Armee und die in ihrem Gefolge aus dem Exil zurückkehrenden Kommunisten mitgewirkt, zuweilen — wie in Polen — auch ihnen ergebene Militärverbände.[81] Die Illegalen, deren Nachdenken über solche Vorgänge nur bis Juni 1944 verfolgt werden kann, rechneten besonders mit diesem Faktor. Sie hielten ganz Europa reif für eine Revolution, in der ein „Block sozialistischer Staaten im Bunde mit der Sowjetunion die sicherste Voraussetzung" für den Sieg der Revolution sein würde. Wenn sie diese Revolution auch theoretisch als lang andauernden und von den Kommunisten gesteuerten Prozeß bezeichneten, so richteten sich ihre Erwartungen vermutlich jedoch nur auf eine kurze Übergangszeit.[82]

In diesem Punkt disponierten die Exil-Kader skeptischer. Sie zogen ab Ende 1944 als wichtigste Determinante in Betracht, daß Deutschland von den Streitkräften aller großen Partner der Anti-Hitler-Koalition besetzt werden würde, und rechneten nicht damit, in den nicht von der Roten Armee kontrollierten Gebieten die Rolle spielen zu können wie im sowjetischen Besatzungsgebiet.[83] Unsicherheit über die politische Struktur des Widerstandes, die nach wie vor bestehende Isolation im Exil und die pessimistische Prognose über ihre Wirkungsmöglichkeiten in ganz Deutschland haben sie dann offensichtlich veranlaßt, ihre Programmplanungen für einen „Block der kämpferischen Demokratie", die einige Kader in der zweiten Hälfte des Jahres 1944 beschäftigten, Anfang 1945 zurückzustellen.[84] Dieser „Block der kämpferischen Demokratie" war als die institutionalisierte Form der deutschen Befreiungsbewegung gedacht, in der die KPD, ihr Konzept von 1936/37 wieder aufnehmend, eine führende Rolle spielen wollte.

Die mit der Roten Armee nach Deutschland zurückkehrenden Exilanten kamen dann im Dienste der sowjetischen Besatzungsmacht, um das militärische Kontrollgebiet nach sowjetischen Weisungen politisch und administrativ organisieren und konsolidieren zu helfen.[85] Als schließlich die KPD mit ihrem viel zitierten Aufruf vom 11. Juni 1945, der wiederum gleichsam als „Regierungsprogramm“ für eine Volksfront dienen sollte, an die Öffentlichkeit trat und das Ziel der Errichtung eines „Sowjetsystems“ für nicht historisch angemessen erklärte und die „Vollendung der bürgerlich-demokratischen Umbildung“ forderte,[86] ging es in der internationalen Politik wiederum um das Problem, einen Konsens zwischen der sowjetischen Führung und den Regierungen der Westmächte zu stützen beziehungsweise zu ermöglichen.[87] Dieser Konsens, genauer: das Bemühen um diesen Konsens, wich spätestens Anfang 1947 dem Kalten Krieg.[88] Er hatte zur Folge, daß die Anfang 1946 aufkommende Charakterisierung dieses Konzepts als „besonderer deutscher Weg zum Sozialismus“ aufgegeben werden mußte,[89] auf die Klassifizierung der inzwischen entstandenen Verhältnisse als „antifaschistisch-demokratische Ordnung“ („mit allen Rechten und Freiheiten für das Volk“) wurde jedoch vorerst nicht verzichtet; erst viel später wurde diese Ordnung als „Volksdemokratie“ identifiziert.[90]

III

Zur historischen Beurteilung des Konzepts der revolutionären Übergangsetappen zum Sozialismus

Es hat in der DDR eine lange Diskussion über den historischen Charakter der dort durchlaufenen Entwicklung gegeben, die hier nicht nachvollzogen werden kann. Diese Bemühungen endeten vorläufig Anfang der 1970er Jahre in der Einordnung der Zeit zwischen 1945 und 1960 als „Übergangsperiode“ mit zwei in einem „einheitlichen revolutionären Prozeß“ verflochtenen Phasen: der „antifaschistisch-demokratischen“ und der „sozialistischen Revolution“, die sich in Analogie zur Geschichte der nichtsowjetischen Staaten Osteuropas dem „revolutionären Weltprozeß“ einfügen.[91]

Bis gegen Ende der 1960er Jahre war das zu Zeiten der Komintern intensiv diskutierte Thema der „Weltrevolution“ in den sich an die Sowjetunion anlehnenden kommunistischen Parteien offensichtlich tabuisiert.[92] Auch die kommunistische Politik im Nachkriegsdeutschland wurde nicht in dieser historischen Perspektive analysiert und klassifiziert. Erst im Zuge der sogenannten Breschnew-Doktrin[93] kamen die Betrachtungsweisen auf, die der „Befreiungsmission“ der Roten Armee bei der Errichtung der inzwischen gewachsenen Ordnungen entscheidendes Gewicht beimaßen.[94] Das politische Kalkül dieser Geschichtsideologie ist offensichtlich, und besonders für die deutsche Entwicklung, in der es so gut wie keine revolutionäre Situation gab und nach dem Willen der an Sicherheit interessierten Roten Armee auch keine geben sollte,[95] besteht hier kein Anlaß, sich intensiv mit ihr auseinanderzusetzen. Gewiß, gerade die illegalen Führer hatten der Roten Armee bei der von ihnen vorausgesehenen Revolution eine entscheidende Rolle zugesprochen, doch die Frage, wie sie die von ihnen nicht intensiv reflektierte Rolle der Sowjetunion als Besatzungsmacht beurteilt hätten, ist nicht beantwortbar. Die Polemik der zurückgekehrten Exil-Kader gegen zahlreich vorhandene „Sektierer" weist mindestens auf große Verständigungsschwierigkeiten hin, die wohl nicht nur auf theoretische Fragen beschränkt blieben.

Verzichtet man mithin auf eine Deutung der Entwicklung der programmatischen Diskussion und ihrer partiellen Umsetzung nach 1945 in welthistorisch-revolutionärer Perspektive — die erwähnten Reflexionen über „Politik" Anfang 1939 geben dazu auch bei einer quellennahen Betrachtung einige Legitimation —, dann bleibt als Resultat dieses Überblicks die Anpassung der KPD an eine Transformationspraxis, die zwar dem angestrebten Endzustand Rechnung trug, ihre entscheidenden Impulse jedoch aus der politischen Bindung an die Sowjetunion und die von ihrer Führung für erforderlich erklärte Haltung bekam. Man mag diese Transformation als Revolution „von oben" bezeichnen und sie damit kritisch in Bezug setzen zur Tradition der geschichtlichen Gewißheit einer Revolution („von unten"), von der auch diese Strategie ihren Ausgang nahm. Angesichts des intensiven technologischen und technischen Wandels im 20. Jahrhundert mutet mindestens für die deutsche Gesellschaft eine solche Betrachtung jedoch anachronistisch an.[96] Historisch angemessener erscheint hier fast ein Rückgriff auf jene archaischen weitmaschigen Deutungsmuster, die die Geschichte von Völkern im Rahmen der Imperien, denen sie mehr oder minder fest eingefügt sind, zu begreifen suchen. Man braucht dabei nicht an den politisch-polemischen Begriff der „Sowjetisierung"[97] aus den 1950er Jahren anzuknüpfen.

Anmerkungen

[1] Zuletzt Ekkart Zimmermann, *Krisen, Staatsstreiche und Revolutionen. Theorien, Daten und neuere Forschungsansätze*, Opladen 1981, Kap. 5.4.1., David C. Schwartz, *Eine Theorie des revolutionären Verhaltens*, in: *Empirische Revolutionsforschung*, hrsg. und eingel. von Klaus v. Beyme, Opladen 1973, S. 225—265.

[2] W. I. Lenin, *Was tun? Brennende Fragen unserer Bewegung*, in: Ders., *Ausgewählte Werke in zwei Bänden*, Bd. 1, Moskau 1946, S. 175—324, bes. S. 280ff., vgl. dazu z. B. Chalmers Johnson, *Revolutionstheorien*, Köln-Berlin 1971, S. 179ff., Astrid von Borcke, *Die Ursprünge des Bolschewismus. Die jakobinische Tradition in Rußland und die Theorie der revolutionären Diktatur*, München 1977.

[3] David Lane, *The Roots of Russian Communism. A Social and Historical Study of Russian Social-Democracy 1898—1907*, Assen 1969.

[4] Die Problematik des Vorbilds der KPdSU unter dem Stichwort „Bolschewisierung" in den 1920er Jahren wird deutlich bei H. D. Heilmann/Bernd Rabehl, *Die Legende von der „Bolschewisierung" der KPD*, in: *Sozialistische Politik*, 2. Jg. (1970), H. 9, S. 65 ff., und 3. Jg. (1971), H. 10, S. 1 ff.

[5] Dazu Bálint Balla, *Kaderverwaltung. Versuch zur Idealtypisierung der ‚Bürokratie' sowjetisch-volksdemokratischen Typs*, Stuttgart 1972.

[6] Sie versuchte durchgängig — auch 1939 bis 1941 —, die innerdeutsche Opposition zu stärken, mindestens durch die organisatorische Zusammenfassung. Vgl. Horst Duhnke, *Die KPD von 1933 bis 1945*, Köln 1972, bes. S. 324 ff.

[7] Charakterisierung der Komintern durch Horst Schumacher, *Vorwort*, in: *Studien zur Geschichte der Kommunistischen Internationale. Sammelband*, Berlin [Ost] 1974, S. 7.

[8] Siehe Hermann Weber, *Die Wandlung des deutschen Kommunismus. Die Stalinisierung der KPD in der Weimarer Republik*, Bd. 2, Frankfurt a. M. 1969, S. 247, 122; Heinz Voßke/Gerhard Nitzsche, *Wilhelm Pieck. Biographischer Abriß*, Berlin [Ost] 1975, bes. S. 199 ff.

[9] Karl Mewis, *Im Auftrag der Partei: Erlebnisse im Kampf gegen die faschistische Diktatur*, Berlin [Ost] 1972. Zu Wehner siehe seine Aufzeichnungen von 1946, in: Herbert Wehner, *Zeugnis*, hrsg. von Gerhard Jahn, Köln 1982, S. 27—273, und Alfred Freudenhammer/Karlheinz Vater, *Herbert Wehner. Ein Leben mit der deutschen Frage*, München 1978. Vgl. ferner Peter Brandt/Jörg Schumacher u. a., *Karrieren eines Außenseiters. Leo Bauer zwischen Kommunismus und Sozialdemokratie 1912 bis 1972*, Berlin-Bonn 1983, S. 41 ff.

[10] Detlev Peukert, *Die KPD im Widerstand. Verfolgung und Untergrundarbeit an Rhein und Ruhr 1933 bis 1945*, Wuppertal 1980, S. 336 ff.

[11] Versuch einer epischen Erfassung und Verarbeitung des Milieus des politischen Exils: Peter Weiss, *Die Ästhetik des Widerstands. Roman*, 3 Bde, Frankfurt a. M. 1975—1981; dazu Arnold Sywottek, *Die Ästhetik des Widerstands als Geschichtsschreibung?*, in: Alexander Stephan (Hrsg.), *Die Ästhetik des Widerstands*, Frankfurt a. M. 1983, S. 312—341.

[12] Franz Dahlem, *Am Vorabend des Zweiten Weltkrieges. 1938 bis August 1939. Erinnerungen*, Bd. 2, Berlin [Ost] 1977, S. 439 ff. Zum folgenden siehe Karlheinz Pech, *An der Seite der Résistance. Zum Kampf der Bewegung „Freies Deutschland" für den Westen in Frankreich (1943—1945)*, Berlin [Ost] 1975.

[13] Wolfgang Kießling, *Alemania Libre in Mexiko*, 2 Bde, Berlin [Ost] 1974; neuerdings Fritz Pohle, *Das mexikanische Exil. Ein Beitrag zur Geschichte des politischen und literarischen Exils (1936—1946)*, Phil. Diss., Hamburg 1984 (Ms.).

[14] Siehe Arnold Sywottek, *Deutsche Volksdemokratie. Studien zur politischen Konzeption der KPD 1935—1946*, Düsseldorf 1971, S. 123 ff.; Birgit Petrick, *„Freies Deutschland" (1943—1945). Eine kommunikationsgeschichtliche Untersuchung*, München-New York usw. 1979; Alexander Fischer, *Die Bewegung „Freies Deutschland" in der Sowjetunion: Widerstand hinter Stacheldraht?*, in: *Aufstand des Gewissens. Der militärische Widerstand gegen Hitler und das NS-Regime 1933—1945*, hrsg. vom Militärgeschichtlichen Forschungsamt, Herford-Bonn o. J. [1984], S. 439—464.

[15] Helga und Hansgeorg Meyer, *Fritz Heckert. Lebensbild eines Zeitgenossen*, Berlin [Ost] 1984, bes. S. 148 ff.

[16] Für einen diskussionswerten Versuch der Erklärung dieses Sachverhalts siehe Hajo Dröll, *Die Zusammenbruchskrise des faschistischen Deutschlands*, in: Lutz Niethammer/

Ulrich Borsdorf/Peter Brandt (Hrsg.), *Arbeiterinitiative 1945. Antifaschistische Ausschüsse und Reorganisation der Arbeiterbewegung in Deutschland,* Wuppertal 1976, S. 130—174.

[17] Dazu Peer H. Lange, *Stalinismus versus „Sozialfaschismus" und „Nationalfaschismus". Revolutionspolitische Ideologie und Praxis unter Stalin 1927—1937,* Göppingen 1969.

[18] So der inoffizielle, vom Zentralorgan *Prawda* erfundene Slogan für den 17. Parteitag der KPdSU; siehe Robert H. McNeal (Hrsg.), *Resolutions and Decisions of the Communist Party of the Soviet Union,* vol. 3: *1929—1953,* Toronto-Buffalo (Canada) 1974, S. 129. Die zeitgenössische Bedeutung der „Sieges"-Formel zeigen die ersten Sätze der Eröffnungsrede Wilhelm Piecks zum VII. Weltkongreß der Komintern, in: *Protokoll des VII. Weltkongreß der Kommunistischen Internationale. Moskau 25. Juli—20. August 1935. Ungekürzte Ausgabe,* Bd. 1, Erlangen 1974, S. 4.

[19] Als Versuch, diese Entwicklung in ihrer programmatischen, praxisrelevanten Ausprägung für die Kominternsektion KPD nachzuzeichnen, siehe A. Sywottek, *Deutsche Volksdemokratie...* [Anm. 14], Abschnitt A. Als eher affirmative Darstellung aus distanziert polemischer Perspektive siehe Kermit E. McKenzie, *Comintern and World Revolution 1928—1943. The Shaping of a Doctrine,* London-New York 1964.

[20] Gestützt wurde diese Strategie auf diplomatischer Ebene durch das sowjetische Eintreten für die Politik kollektiver Sicherheit, auf internationaler Ebene durch den Versuch, eine vor allem von Intellektuellen getragene sowjetunionfreundliche Friedensbewegung zu organisieren, und in den nationalen Handlungsfeldern durch das Engagement für einen Antifaschismus, der zugleich die kommunistischen Parteien aus ihrer Isolierung herausführen sollte.

[21] Walther L. Bernecker, *Anarchismus und Bürgerkrieg. Zur Geschichte der Sozialen Revolution in Spanien 1936—1939,* Hamburg 1978, S. 27ff.

[22] F. Dahlem, *Am Vorabend...* [Anm. 12], Bd. 1, S. 130.

[23] *Interbrigadisten. Der Kampf deutscher Kommunisten und anderer Antifaschisten im nationalrevolutionären Krieg des spanischen Volkes, 1936—1939,* hrsg. von Horst Kühne, Berlin [Ost] 1966; Patrik von zur Mühlen, *Spanien war ihre Hoffnung. Die deutsche Linke im spanischen Bürgerkrieg,* Bonn 1983.

[24] Wolfgang Schieder/Christof Dipper (Hrsg.), *Der spanische Bürgerkrieg in der internationalen Politik (1936—1939). 13 Aufsätze,* München 1976, Einleitung und Teil 2.

[25] Zur zeitgenössischen Beurteilung: Referat Wilhelm Piecks am 30. Januar 1939: *Die gegenwärtige Lage und die Aufgaben der Partei,* in: Klaus Mammach (Hrsg.), *Die Berner Konferenz der KPD (30. Januar — 1. Februar 1939),* Frankfurt a. M. 1974, S. 80ff. Für die rückblickende Analyse der Wirkung dieser Bemühungen siehe Rüdiger Griepenburg, *Volksfront und deutsche Sozialdemokratie. Zur Auswirkung der Volksfronttaktik im sozialistischen Widerstand gegen den Nationalsozialismus,* Marburg (1972); Ursula Langkau-Alex, *Volksfront für Deutschland,* Bd. 1: *Vorgeschichte und Gründung des „Ausschusses zur Vorbereitung einer deutschen Volksfront", 1933—1936,* Frankfurt a. M. 1977.

[26] W. Pieck, *Die gegenwärtige Lage...* [Anm. 25], S. 80, zur Charakterisierung der Sozialdemokraten, die diesen Glauben verloren hätten. Das folgende Zitat *a. a.* O., S. 90f.

[27] Wilhelm Pieck, *Zur Geschichte der KPD* (Dez. 1943), in: Ders., *Reden und Aufsätze. Auswahlband,* Berlin 1948, S. 222.

[28] W. Pieck, *Die gegenwärtige Lage...* [Anm. 25], S. 81.

[29] *Ebda.* Bemerkungen über unzulängliche Schulung, *a. a. O.*, S. 87ff.

[30] *A. a. O.*, S. 82.

[31] Reinhard W. Weber, *Die Entstehungsgeschichte des Hitler-Stalin-Paktes 1939*, Frankfurt a. M.-Bern-Cirencester (U. K.) 1980; für die Zeit des Bündnisses neuerdings Bianka Pietrow, *Stalinismus, Sicherheit, Offensive. Das „Dritte Reich" in der Konzeption der sowjetischen Außenpolitik 1933—1941*, Melsungen 1983, Teil 2.

[32] Vgl. A. Sywottek, *Deutsche Volksdemokratie*... [Anm. 14], S. 51. Die Sammlung von Margot Pikarski/Günter Uebel, *Der antifaschistische Widerstandskampf der KPD im Spiegel des Flugblattes 1933—1945*, Berlin [Ost] 1978, weist dagegen kaum Abweichungen von den historiographischen Hauptlinien auf.

[33] Exemplarisch Manfred Weißbecker, *Die Kommunistische Partei Deutschlands im Kampf gegen die faschistische Diktatur in Thüringen*, Phil. Diss., Jena 1962 (Ms.), und unter Einbeziehung älterer Lokalstudien D. Peukert, *Die KPD*... [Anm. 10], S. 252f.

[34] Sehr detaillierte Informationen *a. a. O.*, S. 262f.

[35] Winfried B. Lerg/Ulrich Schulte-Döinghaus, *Der Rundfunk und die kommunistische Emigration. Zur Geschichte des „Deutschen Freiheitssenders" 1937—1939*, in: Winfried B. Lerg/Rolf Steininger (Hrsg.), *Rundfunk und Politik 1923 bis 1973. Beiträge zur Rundfunkforschung*, Berlin 1975, S. 179—214.

[36] Hermann Weber/George Kennan (Hrsg.), *Dokumentation: Aus dem Kadermaterial der illegalen KPD 1943*, in: *Vierteljahrshefte für Zeitgeschichte*, 20. Jg. (1972), S. 422—446.

[37] Gertrud Glondajewski/Gerhard Rossmann (Hrsg.), *Ein bedeutendes Dokument des illegalen antifaschistischen Kampfes der Kommunistischen Partei Deutschlands*, in: *Beiträge zur Geschichte der Arbeiterbewegung*, 8. Jg. (1966), S. 644—675.

[38] Gerhard Rossmann, *Der Kampf der KPD um die Einheit aller Hitlergegner*, Berlin [Ost] 1963.

[39] So z. B. das von G. Glondajewski u. G. Rossmann [Anm. 37] veröffentlichte Dokument „Wir Kommunisten und das Nationalkomitee ‚Freies Deutschland'".

[40] Eine in diesem Sinne haltbare Gesamtdarstellung legte neuerdings vor: Heinz Kühnrich, *Die KPD im Kampf gegen die faschistische Diktatur 1933—1945*, Berlin [Ost] 1983.

[41] H. Duhnke, *Die KPD*... [Anm. 6], S. 505ff.

[42] Ausführlichste Zusammenfassung noch immer *a. a. O.*, S. 457ff.

[43] H. Kühnrich, *Die KPD*... [Anm. 40], S. 251f.

[44] Dazu generell L. Niethammer u. a. (Hrsg.), *Arbeiterinitiative 1945*... [Anm. 16]; zu Leipzig siehe den Beitrag von Horst W. Schmollinger, *a. a. O.*, S. 219ff.

[45] A. Sywottek, *Deutsche Volksdemokratie*... [Anm. 14], S. 145f.

[46] Vgl. z. B. die Ausarbeitungen Franz Jacobs von 1944 hrsg. von Heinz Kühnrich/Karlheinz Pech, *Am Beginn der letzten Phase des Krieges. Ein neues bedeutsames Dokument aus dem illegalen Kampf der KPD in Deutschland 1944*, in: *Beiträge zur Geschichte der Arbeiterbewegung*, 20. Jg. (1979), S. 402—425.

[47] Instruktiv dafür D. Peukert, *Die KPD*... [Anm. 10], S. 401ff.

[48] Erhard Pachaly, *Herausbildung und Wirken der illegalen Organisation der KPD im KZ Buchenwald bis zum Beginn des Zweiten Weltkrieges*, in: *Jahrbuch für Geschichte*, Bd. 26 (1982), S. 178—191.

[49] Grundlegend dazu Frank Moraw, *Die Parole der „Einheit" und die Sozialdemokratie. Zur parteiorganisatorischen und gesellschaftspolitischen Orientierung der SPD in der Periode der Illegalität und in der ersten Phase der Nachkriegszeit 1933—1948*, Bonn-Bad Godesberg 1973.

[50] Zum folgenden siehe Ursel Hochmuth/Gertrud Meyer, *Streiflichter aus dem Hamburger Widerstand 1933—1945. Berichte und Dokumente*, Frankfurt a. M. 1969, S. 341 ff.; H. Kühnrich/K. Pech, *Am Beginn*... [Anm. 46]; H. Kühnrich, *Die KPD*... [Anm. 40], S. 255; D. Peukert, *Die KPD*... [Anm. 10], S. 416.

[51] So besonders Otto Engert in der Schumann-Engert-Kresse-Gruppe in Leipzig. H. Weber hat in der Einleitung zur Dokumentation, *Aus dem Kadermaterial*... [Anm. 36], die ideologische Führungsrolle Engerts vermutlich überbetont.

[52] H. Weber, *Die Wandlung*... [Anm. 8], Bd. 1, S. 281 f.

[53] So Wilhelm Pieck in: *Die Brüsseler Konferenz der KPD (3.—15. Oktober 1935)*, hrsg. u. eingel. von Klaus Mammach, Berlin [Ost] 1975, S. 68.

[54] Berichtet bei H. Weber, *Die Wandlung*... [Anm. 8], Bd. 2, S. 247.

[55] Dazu exemplarisch Lore Heer-Kleinert, *Die Gewerkschaftspolitik der KPD in der Weimarer Republik*, Frankfurt a. M.-New York 1983. Siehe dagegen die zeitgenössischen theoretischen Bemühungen um einen dem Stand theoretischer Reflexion genügenden Revolutionsbegriff des Sozialisten Arkadij Gurland, *Marxismus und Diktatur*, hrsg. von Dieter Emig, Frankfurt a. M. 1981, bes. S. 155.

[56] Werner T. Angress, *Stillborn Revolution. The Communist Bid for Power in Germany, 1921—1923*, Princeton, N. J. 1963, S. 146 f.

[57] Hans Manfred Bock, *Syndikalismus und Linkskommunismus von 1918 bis 1923. Zur Geschichte und Soziologie der Freien Arbeiter-Union Deutschlands (Syndikalisten), der Allgemeinen Arbeiter Union Deutschlands und der Kommunistischen Arbeiterpartei Deutschlands*, Meisenheim a. Glan 1965.

[58] Franz Hammer, *Theodor Neubauer. Aus seinem Leben*, 3., durchges. u. erg. Aufl., Berlin [Ost] 1970. — Vgl. auch *Deutsche Widerstandskämpfer 1933—1945. Biographien und Briefe*, 2 Bde, Berlin [Ost] 1970.

[59] Vgl. B. Pietrow, *Stalinismus*... [Anm. 31], T. 1, 2, bes. S. 95.

[60] *A. a. O.*, S. 97; glaubwürdiger Erinnerungsbericht von Célie und Albert Vassart, *The Moscow Origin of the French „Popular Front"*, in: *The Comintern: Historical High Lights. Essays, Recollections, Documents*, ed. by Milorad M. Drachkovitch and Branko Lazitch, New York-London 1966, S. 234—252.

[61] Zum folgenden siehe vor allem, auch hinsichtlich hier nicht im einzelnen angeführter Quellen- und Literaturbelege, A. Sywottek, *Deutsche Volksdemokratie*... [Anm. 14], S. 39 ff. Vgl. auch den Beitrag von Hermann Weber im vorliegenden Band.

[62] Dazu resümierend Peter Brandt, *Einheitsfront und Volksfront in Deutschland*, in: *Prokla*, 6. Jg. (1976), H. 26, S. 35—74.

[63] Zum Diskussionsstand in bezug auf dieses noch nicht intensiv untersuchte Thema B. Pietrow, *Stalinismus*... [Anm. 31], S. 121.

[64] H. Wehner, *Zeugnis*... [Anm. 9], S. 158 f.

[65] Dazu das Manifest der Konferenz in: *Die Brüsseler Konferenz*... [Anm. 53], S. 606—612, bes. S. 611: „Wir Kommunisten wollen den Sieg der Sowjetmacht! Der endgültige Sieg des Sozialismus in der Sowjetunion ... zeigt allen Werktätigen den Weg aus der kapitalistischen Knechtschaft, den Weg zur Freiheit und zum Wohlstand."

[66] U. Langkau-Alex, *Volksfront*... [Anm. 25]; für das Programm siehe Wilhelm Pieck, *Gesammelte Reden und Schriften*, Bd. 5, *Februar 1933 bis August 1939*, Berlin [Ost] 1972, S. 356 ff.

[67] Für diesen Zusammenhang vgl. die Aussagen Manuilskijs auf dem VII. Weltkongress, zit. bei A. Sywottek, *Deutsche Volksdemokratie*... [Anm. 14], S. 38, u. ein bisher nicht interpretiertes, auf 1936 datiertes Flugblatt des ZK der KPD mit der Überschrift

„Was würde ein Freundschaftsbündnis mit der Sowjetunion dem deutschen Volk nützen?" bei M. Pikarski/G. Uebel, *Der antifaschistische Widerstandskampf...* [Anm. 32], Nr. 78.

[68] Siehe die Resolution der Konferenz in: K. Mammach (Hrsg.), *Die Berner Konferenz...* [Anm. 25], S. 138 ff. Es führt — das kann hier nur angedeutet werden — kein gerader Weg von diesem Beschluß zur SED-Gründung 1946.

[69] Für die Illegalen war er dagegen 1943/44 eine zentrale Leitformel; siehe die in Anm. 36, 37 u. 46 genannten Materialien.

[70] Dazu bisher nur Horst Bednareck, *Die Gewerkschaftspolitik der kommunistischen Partei Deutschlands — fester Bestandteil ihres Kampfes um die antifaschistische Einheits- und Volksfront zum Sturze der Hitlerdiktatur und zur Vorbereitung des Krieges (1935 bis August 1939)*, Berlin [Ost] 1969.

[71] Hinweise auf die neuere einschlägige Literatur bei Dietrich Staritz, *Ein „besonderer deutscher Weg zum Sozialismus"?*, in: *Ziele, Formen und Grenzen der ‚besonderen' Wege zum Sozialismus. Zur Analyse der Transformationskonzepte europäischer kommunistischer Parteien in den Jahren zwischen 1944/45 und 1948*, hrsg. vom Arbeitsbereich Geschichte und Politik der DDR am Institut für Sozialwissenschaften der Universität Mannheim, Mannheim 1984, S. 127 ff.

[72] Vgl. dazu besonders Hans Mommsen, *Gesellschaftsbild und Verfassungspläne des deutschen Widerstandes*, in: Hermann Graml (Hrsg.), *Widerstand im Dritten Reich. Probleme, Ereignisse, Gestalten*, Frankfurt a. M. 1984, S. 14—91 (zuerst 1966). Zum folgenden Horst Laschitza, *Kämpferische Demokratie gegen Faschismus. Die programmatische Vorbereitung auf die antifaschistisch demokratische Umwälzung in Deutschland durch die Parteiführung der KPD*, Berlin [Ost] 1969 (mit einem ausführlichen Dokumententeil); Walter Ulbricht, *Zur Geschichte der deutschen Arbeiterbewegung. Aus Reden und Aufsätzen*, Bd. 2, Zusatzband und 2. Zusatzband, Berlin [Ost] 1955, 1966, 1968, sowie Wilhelm Pieck, *Gesammelte Reden und Schriften*, Bd. 5 und 6, Berlin [Ost] 1972 und 1979.

[73] Bemerkenswert erscheint, daß die KPD-Führung den in Deutschland traditionellen Föderalismus offensichtlich nicht ins Kalkül zog.

[74] Die KPD-Führung faßte ein solches Gremium erstmals 1936 ins Auge, u. a. mit dem Argument, ohne eine entsprechende Festlegung auf die Zeit nach Hitler sei keine Zusammenarbeit mit der SPD-Führung im Exil möglich.

[75] Daß dabei der zweite Gesichtspunkt Priorität hatte, zeigte sich 1939—1941; vgl. auch oben Anm. 67.

[76] Die Problematik der Position des NKFD im Sommer 1943 für die KPD wird deutlich, wenn man bedenkt, daß sie 1936 betont hatte, die Kommandostellen in Heer und Polizei seien mit solchen Personen zu besetzen, die Gewähr böten, daß der Polizeiapparat „rücksichtslos gegen die faschistischen Reaktionäre eingesetzt wird".

[77] Bemerkenswert erscheint, daß die KPD-Führung 1936 die staatliche Planung der Wirtschaft als entscheidendes Kriterium für die sozialistische Ordnung ansah.

[78] Ob man mit William O. McCagg, Jr., *Stalin Embattled. 1943—1948*, Detroit 1978, S. 57 f., einen Brief Georgi Dimitroffs vom 26. 9. 1944 an die bulgarische KP an den Anfang der Geschichte der späteren Volksdemokratie stellen kann, erscheint mir angesichts der seit 1935 recht unscharfen Terminologie in der KP-Propaganda fragwürdig. Wichtiger erscheint, daß z. B. Walter Ulbricht im November 1944 für Deutschland eine „Volksfront"-Regierung voraussagte.

[79] Ab Herbst 1943 wurde dem von den späteren Hauptsiegermächten vereinbarten

Wiedererstehen Österreichs Rechnung getragen. Die neue Ostgrenze an der Oder wurde zwar nicht als definitiv dargestellt, doch wurden schon Ende Juli 1944 „neue Grenzen" gegenüber Polen vorausgesagt.

[80] Dazu Rededispositionen Wilhelm Piecks für Lektionen vor den späteren KPD-Remigranten ab November 1944, abgedr. in W. Pieck, *Gesammelte Reden*... [Anm. 72], Bd. 6, S. 276 ff.

[81] Zum Forschungsstand D. Staritz, *Ein „besonderer deutscher Weg"*... [Anm. 71].

[82] H. Weber/G. Kennan, *Dokumentation*... [Anm. 36], S. 452 f., 456. Zum folgenden siehe die in Anm. 37 und 46 angeführten Materialien und Lutz Niethammer in: *Arbeiterinitiative 1945*... [Anm. 16], S. 182 ff.

[83] Wie Anm. 80.

[84] Vgl. dazu besonders H. Laschitza, *Kämpferische Demokratie*... [Anm. 72].

[85] Vom 10. März 1945 an — so kann man nach einer Rededisposition Wilhelm Piecks für diesen Tag schließen — spielte das Nationalkomitee „Freies Deutschland" und die Einstellung auf Aufgaben einer zentralen deutschen Exekutive keine Rolle mehr; siehe W. Pieck, *Gesammelte Reden*... [Anm. 72], Bd. 6, S. 368 ff. Zum Forschungsstand für die jetzt einsetzende Entwicklung siehe Gregory W. Sandford, *From Hitler to Ulbricht. The Communist Reconstruction of East Germany 1945—46*, Princeton, N. J. 1983; auch Heinz Voßke, *Walter Ulbricht. Biographischer Abriß*, Berlin [Ost] 1983, S. 187 ff.

[86] Abdruck u. a. in: *Der deutsche Kommunismus. Dokumente*, hrsg. u. komm. von Hermann Weber, Köln-Berlin 1964, S. 421—429.

[87] Dietrich Staritz, *Parteien für ganz Deutschland? Zu den Kontroversen über ein Parteiengesetz im Alliierten Kontrollrat 1946/47*, in: *Vierteljahrshefte für Zeitgeschichte*, 32. Jg. (1984), S. 240—268.

[88] Für Hinweise siehe die Skizze von Arnold Sywottek, *Die sowjetische Kriegszielpolitik im Zweiten Weltkrieg 1941—1945. Zum Stand der historisch-politischen Analyse und Diskussion*, in: Gerd R. Ueberschär/Wolfram Wette (Hrsg.), *„Unternehmen Barbarossa". Der deutsche Überfall auf die Sowjetunion 1941*, Paderborn 1984, S. 237—252.

[89] Die bisherige Forschung hat sich auf den dezidierten Widerruf dieses Konzepts konzentriert, ist der ihn in der SED begleitenden Diskussion aber noch nicht nachgegangen.

[90] Siehe Christoph Kleßmann, *Die deutsche Volksdemokratie. Geschichte, Theorie und Rezeption des Begriffs in der SBZ/DDR*, in: *Deutschland Archiv*, 8. Jg. (1975), S. 375—389.

[91] Christina v. Buxhoeveden, *Geschichtswissenschaft und Politik in der DDR. Das Problem der Periodisierung*, Köln 1980; Rolf Badstübner/Heinz Heitzer (Hrsg.), *Die DDR in der Übergangsperiode. Studien zur Vorgeschichte und Geschichte der DDR 1945 bis 1961*, Berlin [Ost] 1979.

[92] Zu den Umständen der erneuten Reflexion in diesen Bahnen siehe Ulrich Neuhäußer-Wespy, *Neue Tendenzen in der Geschichtswissenschaft in der DDR*, in: *Deutschland Archiv*, 8. Jg. (1975), S. 393—399.

[93] Boris Meissner, *Die „Breschnew-Doktrin". Das Prinzip des proletarisch-sozialistischen Internationalismus und die Theorie von den „verschiedenen Wegen zum Sozialismus"*, Köln 1969.

[94] Autorenkollektiv unter Leitung von Ernstgert Kalbe, *Geschichte der sozialistischen Gemeinschaft. Herausbildung und Entwicklung des realen Sozialismus von 1917 bis zur Gegenwart*, Berlin [Ost] 1981, Abschnitt 2.1.

[95] Lagebeurteilung von Wilhelm Pieck am 9. 11. 1944 in W. Pieck, *Gesammelte Re-*

den... [Anm. 72], Bd. 6, S. 276 ff. „Unser Volk ist in tiefster Seele krank, vergiftet von der Nazipest. Und doch dürfen wir den Glauben an unser Volk nicht verlieren, weil wir sonst unsere Arbeit als Kommunisten einstellen können" (S. 288); vgl. dagegen die Beurteilung aus der Perspektive der Illegalen bei Franz Jacob, Mitte 1944 [Anm. 46].

[96] Vgl. dazu die Einleitung von Klaus von Beyme in: Ders. (Hrsg.), *Empirische Revolutionsforschung*... [Anm. 1]. Meine eher bürokratische und technokratische Handlungsmuster reflektierende Auffassung ist skizziert in Arnold Sywottek, *„Kriegswirtschaft" und „demokratische Wirtschaft". Zur Diskussion um „Übergangsgesellschaft" am Beispiel der Sowjetischen Besatzungszone Deutschlands 1945—1948*, in: Dirk Stegmann/Bernd-Jürgen Wendt/Peter-Christian Witt (Hrsg.), *Industrielle Gesellschaft und politisches System. Beiträge zur politischen Sozialgeschichte. Festschrift für Fritz Fischer zum siebzigsten Geburtstag*, Bonn 1978, S. 151—171.

[97] *Die Sowjetisierung Ost-Mitteleuropas. Untersuchungen zu ihrem Ablauf in den einzelnen Ländern*, im Auftrag des Johann Gottfried Herder-Forschungsrates hrsg. von Ernst Birke, Rudolf Neumann, Eugen Lemberg, Frankfurt a. M.-Berlin 1959.

Vom Widerstand zur Neuordnung?

Zukunftsperspektiven des demokratischen Sozialismus im Exil als Kontrastprogramm zur NS-Diktatur

DETLEF LEHNERT
Berlin

I

Seit den zum Zeitpunkt ihrer Veröffentlichung bahnbrechenden Studien von Matthias und Edinger sind die programmatischen Vorstellungen in der sozialdemokratischen Exilpresse nicht mehr eingehend untersucht worden.[1] Während die Widerstandsforschung durch erweiterte Fragestellungen und Quellenmaterialien im letzten Jahrzehnt viele Impulse erhalten hat, besteht somit die Gefahr, daß die Interpretation der sozialdemokratischen Neuordnungskonzeptionen auf dem Informationsstand und dem Denkhorizont der fünfziger Jahre stagniert. Ausgehend von einer knappen Skizzierung der Defizite dieser älteren Darstellungen sollen im folgenden einige Problemkreise neu akzentuiert und anhand von exemplarischen Dokumenten aus der Exildiskussion des demokratischen Sozialismus im zeitgenössischen Kontext erörtert werden. Eine umfassende Betrachtung der geistig-politischen Fundamente des sozialdemokratischen Widerstandes ist mit diesen Überlegungen nachdrücklich anzuregen, aber nicht bereits in erschöpfender Weise durchzuführen.

II

Der Entstehungszeitraum der bis heute einschlägigen Untersuchungen von Matthias und Edinger fällt in eine zeitgeschichtliche Periode, in der die Folgewirkungen des Nationalsozialismus noch unmittelbar zu spüren waren und der Ost-West-Konflikt das politische Bewußtsein prägte. Vor diesem Hintergrund, dem eine beträchtliche Anzahl stark ideologieträchtiger Darstellungen zugeschrieben werden muß, ist beiden Autoren ein bemerkenswertes Maß an reflektierter Distanz zum Forschungsgegenstand und dem gesellschaftspolitischen Umfeld zu bescheinigen. Gleichwohl wird aus den Schwerpunktbildungen und den anklingenden Werturteilen deutlich, daß mittlerweile eine strengere Differenzierung zwischen quellengesättigten Befunden von unveränderter Geltungskraft und generationsspezifischen Erfahrungshorizonten mit den ihnen entsprechenden Interpretationsmustern erforderlich ist.

Die als Überblicksdarstellung höchst verdienstvolle Studie Edingers steht in ihrer Anlage unter dem grundsätzlichen Verdikt der Vergeblichkeit der sozialdemokratischen Exilpolitik: „Die Botschaften aus dem Ausland fielen entweder der Gestapo in die Hände oder erreichten nur eine stets kleiner werdende Gruppe unversöhnlicher Gegner des Nationalsozialismus, die keinerlei Einfluß auf den Lauf der Ereignisse hatte."[2] Da die Sozialdemokratie vor und nach 1933 gegenüber den Herausforderungen des Nationalsozialismus insgesamt versagt habe, sei ihre Führung aus der Sicht von innerparteilichen Kritikern „der Schande und Verachtung preisgegeben" worden und „zu einem Häuflein ohnmächtiger und in Streitigkeiten verwickelter Männer" herabgesunken. Lediglich die Rolle der „am Leben gebliebenen Mitglieder des Exilvorstandes als loyale, treue Wächter der demokratisch sozialistischen Prinzipien" und der darauf gegründete Wiederaufbau der SPD nach 1945, „ohne durch ein Bündnis mit den Kommunisten ... kompromittiert und behindert zu sein",[3] wird bei Edinger von der ansonsten eher negativen Bilanz ausgenommen. Vielfach werden die aktivistischen Vorstellungen kleinerer Widerstandsgruppen wie „Neu Beginnen" unterschwellig zum Maßstab für die Darlegung des Versagens einer ‚traditionalistisch erstarrten' Sozialdemokratie.

Im Vergleich zu manchen apodiktischen Urteilen Edingers bleibt Matthias stärker um ein abgewogenes Urteil über die sozialdemokratische Exilpolitik bemüht. Allerdings geraten bei ihm die „Bewußtseinsschranken der Vorkriegssozialdemokratie"[4] zu einem universellen Erklärungsfaktor für die Schwierigkeiten der Partei, die veränderten politischen Rahmenbedingungen der NS-Diktatur strategisch zu bewältigen. Die Bedeutung, die der Autor den sozialdemokratischen Vorstellungen über die deutsche Nation und eine freiheitliche Demokratie beimißt, ist unverkennbar aus der rückblickenden Perspektive der Nachkriegszeit gespeist. Noch problematischer fällt die Übertragung zeitgenössischer Werthorizonte aus, wenn Matthias „östlich" und „westlich" orientierte Sozialdemokraten einander gegenüberstellt und hervorhebt, „welche entscheidende Rolle das Verhältnis zur Sowjetunion für die ideologischen Differenzen innerhalb der Emigrationssozialdemokratie" gespielt habe.[5] Während darin eine unzweideutige antikommunistische Abgrenzungsmentalität als Prüfstein für die freiheitlich-demokratischen Grundsätze der SPD erscheint, haben kommunistische Autoren seit jeher ‚bündnisfähige' Sozialdemokraten nach ihrer positiven Würdigung der Sowjetunion eingeordnet.[6] Gerade diese gegenseitige faktische Ergänzung konträrer Urteilsmaßstäbe erschwerte bislang eine angemessene Würdigung der sozialdemokratischen Programmdebatten im Kontext der spezifischen Exilsituation.

III

Unter Berücksichtigung dieses Forschungsstandes wird eine vergleichende Analyse der sozialdemokratischen Exilpresse zu wesentlich anderen Themenschwerpunkten führen müssen: Weder war der aus dem benachbarten Ausland koordinierte Widerstand gegen Hitlerdeutschland in erster Linie ein Problem der nationalen Identität der Sozialdemokraten, noch hatte das Verhältnis zum Kommunismus oder die Frage der Einheitsfront einen dermaßen hohen Stellenwert, wie zumeist in der Literatur angenommen wird. Wenn zum Beispiel der linkssozialdemokratische Publizist Alexander Schifrin „die sozialistische und die europäische Lösung der deutschen Frage"[7] propagierte, ist dieser Begriff im Sinne der seit Marx und Engels immer wieder beklagten ‚deutschen Misere' eines starken Obrigkeitsstaates und gescheiterter Volksbewegungen und nicht etwa im eingeengten Blickwinkel der ‚Einheits'-Problematik zu interpretieren.

Ebenso setzte Richard Löwenthal als Theoretiker von „Neu Beginnen" die nationale Dimension der sozialdemokratischen Politik offenkundig mit einer Verbreiterung von der Klassen- zur allgemeinen Volksbewegung gegen die NS-Diktatur gleich:

„In jedem Land, wo die Demokratie der Interessenten in die Krise gerät, wird der Klassenkampf zum Entscheidungskampf um die Führung der Nation. Die Partei, die siegen will, muß ihren Führungsanspruch vor der ganzen Nation begründen, muß eine konkrete Stellung zu allen gesamtnationalen Problemen besitzen."[8]

Insofern hat die bittere Erfahrung der nationalsozialistischen Agitationserfolge zweifellos dazu beigetragen, daß demokratischen Sozialisten — über frühere Fraktionsgrenzen hinweg — die sozialpsychologische Dimension der politischen Massenbeeinflussung stärker bewußt wurde und ihnen die Fixierung auf ein spezifisches Parteimilieu zunehmend problematisch erschien.

Die Frage einer möglichen ‚Einheitsfront' mit den Kommunisten ist nur für eine sehr kurze Zeitspanne der Jahre 1935/36 — vom VII. Weltkongreß der Komintern bis zum Bekanntwerden des stalinistischen Terrors der Moskauer Prozesse — ein zentrales Thema des sozialdemokratischen Exils gewesen. Ansonsten wird das Gewicht dieser Problematik gemeinhin überschätzt, weil umgekehrt das Verhältnis zur Sozialdemokratie tatsächlich im Mittelpunkt der kommunistischen Identität stand. Während jedoch die KPD bereits in der Weimarer Republik nur zwischen völliger Isolation und einer taktischen Orientierung auf die Einheitsfront mit der SPD wählen konnte, waren für die Mehrheit der Sozialdemokraten die katholischen Arbeiter der Zentrumspartei nicht weniger Ansprechpartner als die kommunistischen, die linksliberalen Intellektuellen ebenso bedeutsam wie die linkssozialistischen. Lediglich in Teilen der sozialdemokratischen Linken wurden die Kommunisten als Partner eines prinzipiellen Bündnisses betrachtet und nicht nur — wie andere Gegner des NS-Regimes — als vorübergehende Weggefährten bis zum Sturz der Despotie.

Andererseits bestand für Sozialdemokraten, gerade weil der Antikommunismus damals keineswegs ein konstitutives Element ihrer politischen Identität war, kaum ein besonderes Abgrenzungsbedürfnis gegenüber der Sowjetunion und ihren Fürsprechern. Entgegen der höchst willkürlichen Konstruktion von Matthias, die aus der Retrospektive der Nachkriegskonfrontation begreiflich ist, pflichtete der „westlich orientierte" Friedrich Stampfer dem angeblich „östlich orientierten" Otto Bauer in der globalen Sicht der internationalen Entwicklung des Sozialismus durchaus bei:

„Jeder Sozialdemokrat wird ihm zustimmen, wenn er in Sowjetrußland einen Abbau der Diktatur wünscht, von den Parteien des demokratischen Sozialismus aber die Anspannung ihres sozialistischen Willens verlangt. Auf diesem Wege liegt irgendwo die Zusammenfassung aller sozialistischen Strömungen zu einer höheren Einheit, das, was Bauer den ‚integralen Sozialismus' nennt."[9]

Ebenso wie die Sozialdemokraten im Kampf gegen die NS-Diktatur innenpolitisch nahezu jeden Bundesgenossen — von rechtsstaatlich gesinnten Konservativen bis zu den Kommunisten — akzeptierten, haben sie außenpolitisch gleichermaßen die Westmächte und die Sowjetunion als Gegengewicht zu Hitlerdeutschland im Grundsatz anerkannt. Anstelle einer scharfen Trennung in westlich und östlich orientierte Sozialdemokraten fand vielmehr eine partielle Korrektur früherer selbstgerechter Klischeebilder über „kapitalistische Imperialisten" einerseits und die „bolschewistische Blutdiktatur" andererseits statt, ohne die Vorstellung eines (zentraleuropäisch geprägten) Dritten Weges aufzugeben.

IV

Der Untersuchungszeitraum für die anschließende Analyse der sozialdemokratischen Exildiskussion soll nicht nur aus pragmatischen, sondern auch aus systematischen Gründen auf die Entwicklungsperiode vom

Sommer 1933 bis zur Jahreswende 1935/36 festgelegt werden. Die Ereignisse der ersten Jahreshälfte 1933 gehören thematisch noch in den Zusammenhang des legalistisch geführten Abwehrkampfes der SPD gegen die nationalsozialistische Machtstrategie und sind deshalb als unmittelbare Konsequenz der krisenhaften Endphase der Weimarer Republik interpretierbar.[10] Spätestens aber das offizielle Verbot der SPD am 22. Juni markierte den Übergang zur Periode der Illegalität, die den im Inlandswiderstand verbliebenen Genossen ebenso wie den Exilpolitikern grundlegend neuartige Agitations- und Aktionsformen abverlangte.

Die Begrenzung auf den Zeitraum bis Anfang 1936 rechtfertigt sich aus einer doppelten Zäsur hinsichtlich der Chancen des sozialdemokratischen Widerstandes: Zum einen hatte sich die NS-Diktatur angesichts spektakulärer außenpolitischer Erfolge und des allmählichen Abbaus der Arbeitslosigkeit schon in einem Maße konsolidiert, daß innenpolitische Opposition nicht mehr in nennenswertem Umfange zu verzeichnen war. Zum anderen waren bis zu diesem Zeitpunkt die meisten Widerstandsgruppen dem immer perfekteren und brutaleren Zugriff der Gestapo zum Opfer gefallen, so daß der sozialdemokratischen Exilpolitik forthin weitgehend die Aktionsbasis an der „Heimatfront" fehlte. Diese entmutigende Situation änderte sich erst wieder in den beiden letzten Kriegsjahren im Zuge der sich abzeichnenden militärischen Niederlage Hitlerdeutschlands, deren innenpolitische Chancen — vor allem im Umkreis des 20. Juli 1944 — nicht mehr Inhalt dieses auf das sozialdemokratische Exil konzentrierten Beitrages sein können.

Mit der Fragestellung „Vom Widerstand zur Neuordnung?" soll angedeutet werden, daß die Sozialdemokraten in der betrachteten Zeitspanne ganz überwiegend davon ausgingen, die als nicht überlebensfähig eingeschätzte nationalsozialistische Willkürherrschaft durch eine gesellschaftliche Umwälzung rasch zu beseitigen. Aus diesem Grunde wurde die Exildiskussion nicht als abstrakte Theorie, sondern als programmatische Anleitung zum politischen Handeln verstanden. Im Blickwinkel unseres heutigen Kenntnisstandes mag eine solche Erwartung als übertrieben optimistisch oder gar illusionär erscheinen. Dabei ist allerdings zu bedenken, daß im Falle eines entschiedenen Auftretens der Siegermächte des Ersten Weltkrieges die provozierende Außenpolitik Hitlers durchaus auch in einem frühzeitigen Fiasko hätte enden können. Sofern aber die nationale Integrationsideologie in dieser Weise offenkundig scheiterte, wäre dem NS-Regime die Überlagerung der dann aufbrechenden inneren Spannungen schwerlich reibungslos gelungen. Dieses Kalkül hat sich historisch nicht bestätigen lassen, doch benötigte der sozialdemokratische Widerstand für die lebensgefährliche Untergrundtätigkeit eine hoffnungsvollere Zukunftsvision als die resignative Vermutung, daß die NS-

Diktatur ein volles Jahrzehnt von innen heraus keinen Ansatzpunkt für erfolgversprechende demokratische Emanzipationsbewegungen bieten würde.

V

Es gehört zu den Pauschalurteilen über die unzureichende Vorbereitung der Sozialdemokratie auf die nationalsozialistische Herausforderung, daß der Partei die Umstellung auf die Illegalität nur sehr mühsam gelang.[11] In dieser Hinsicht ist zumindest eine Differenzierung nach politischen Gruppierungen in der SPD sowie den Entwicklungsphasen der NS-Machtergreifung erforderlich: Während der ersten Jahreshälfte 1933, als sich das NS-Regime erst allmählich durch Abstreifen der Verkleidung eines Koalitionskabinetts machtpolitisch konsolidierte, ist die im Reich verbliebene Partei- und Fraktionsführung zweifellos Gefangene ihrer Legalitätsillusion gewesen. Nachdem hinter der Fassade einer vierten Präsidialregierung (in der Nachfolge der Kabinette Brüning, v. Papen und v. Schleicher) jedoch der ungeschminkte Diktaturanspruch Hitlers und der NSDAP zum Vorschein gelangt war, hat sich die SPD erstaunlich schnell auf die bedrückende Realität des gegen sie geführten Vernichtungsfeldzuges eingestellt. Dieser Kurswechsel wäre ohne die Vorarbeiten ungezählter namenlos gebliebener Genossen, aber auch der rechtzeitig ins Exil gegangenen Teile der Parteiführung nicht möglich gewesen.

In dem letzten legalen sozialdemokratischen Presseorgan, der in Saarbrücken erscheinenden *Deutschen Freiheit*, wurde bereits einen Tag nach dem Verbot der Partei die neue Situation klar erfaßt:

„Die Sozialdemokratie ist aus der Legalität, ist aus jeder Arbeit im Staate und für den Staat hinausgedrängt. Sie hat keine Wahl mehr; die Arbeit der Sozialdemokratie kann nur noch illegal, ihr Kampf um Deutschland, um dessen sozialistische Erneuerung kann nur noch revolutionär sein."[12]

Ebenso formulierte Stampfer als Chefredakteur des im Prager Exil herausgegebenen *Neuen Vorwärts* wenige Tage später diese grundlegende strategische Leitlinie. „Gegenüber der Despotie hat die Sozialdemokratie nur noch eine Existenzberechtigung: die einer revolutionären Partei!"[13] lautete die für Anhänger wie Kritiker der SPD gewiß ungewohnt radikale Kampfparole.

Mit seinen näheren Erläuterungen gab Stampfer deutlich zu erkennen, daß die verfassungsloyale Reformarbeit der SPD an die Existenz einer demokratischen Republik gebunden war und deren Beseitigung den Rückgriff auf die Ursprünge einer systemsprengenden Arbeiterbewegung notwendig machte:

„Die revolutionäre Sozialdemokratie ist nicht verbietbar und nicht zerstörbar. Zerstört ist nur der Apparat der alten staatserhaltenden Sozialdemokratie, die es in der demokratischen Republik gegeben hat. Nachdem die Demokratie durch die Despotie ersetzt worden ist, ist an die Stelle der staatserhaltenden die revolutionäre Sozialdemokratie getreten."[14]

Im Sprachrohr einer vermeintlich ‚bürokratisch erstarrten' Partei klangen solche ‚idealistischen' Töne recht bemerkenswert. Allerdings blieb das euphorische Motto „Der Apparat ist tot — es lebe die Bewegung!"[15] auf einige linke Sozialdemokraten beschränkt. Die Mehrheitsströmung entschied sich für die Abkehr von einem institutionen- und organisationsgebundenen Politikverständnis wohl eher aus jenem Realitätssinn, der in den Weimarer Verhältnissen eine beharrliche Aufbauarbeit der kleinen Schritte nahegelegt hatte.

Über innerparteiliche Fraktionsgrenzen hinweg wurde hervorgehoben, daß sich die revolutionäre Neuorientierung der Sozialdemokratie gleichermaßen auf die Methoden des politischen Kampfes wie seine Zielsetzung erstrecken mußte.[16] Als Begründung für die veränderte Strategie war in der Exilpublizistik mehrfach zu lesen, daß den „totalen Staat" des Nationalsozialismus nur die „totale Revolution" überwinden könne.[17] Der zuvor angestrebte gradualistische Weg zu einer sozialistischen Gesellschaft war verstellt, da „die Auflockerung und der teilweise, stufenweise Abbau eines totalen Staates unmöglich" sind und allein „seine Unterminierung und seine Sprengung" in Frage kamen.[18] Eine Abkehr von sozialdemokratischen Traditionen und die Hinwendung zu kommunistischen Gedankengängen waren mit dieser Einsicht in keinem Falle verbunden. Schließlich hatte die reflektierte Bolschewismuskritik des sozialdemokratischen Marxismus der Partei Lenins nicht die Kampfmethoden unter der zaristischen Despotie vorgeworfen, sondern die Übertragung dieser Prinzipien auf mittel- und westeuropäische Staaten mit demokratischen Verfassungen.

Die in der Literatur häufig anzutreffende Vermutung, daß die Motive für die revolutionäre Neuorientierung des sozialdemokratischen Exilvorstandes „taktischer Natur"[19] gewesen seien, d. h. primär auf die Integration radikaler Kritiker abzielten, ist in dieser Form nicht stichhaltig. Selbst die sich als „Arbeitskreis revolutionärer Sozialisten" konstituierende äußerste Linke der sozialdemokratischen Bewegung sah in den entschiedenen Kampfparolen der Parteiführung mehr eine Anpassung an die veränderte Situation als ein taktisches Manöver im Sinne bewußter Irreführung. Folglich verlangte dieser Kreis von Linkssozialisten eine generelle Abkehr von der früheren Reformstrategie:

„Der Reformismus, wie er als Extrem die Bewegung in Deutschland beherrschte, ist nicht jetzt erst unter dem Diktat des Faschismus zur Unmöglichkeit geworden, sondern war ein verhängnisvoller Irrweg von Anfang an."[20]

Wenn allerdings der Bedeutungsgehalt des in der Arbeiterbewegung recht verbreiteten militärwissenschaftlichen Jargons zugrunde gelegt wird, so war die gegen eine Diktatur erforderliche Untergrundarbeit tatsächlich nur eine neue ‚Taktik', während die ‚Strategie' für den späteren Aufbau einer sozialistischen Gesellschaft davon nicht unbedingt berührt sein mußte.

Als Exponent der linken Minderheit des Exilvorstandes ließ Karl Böchel keinen Zweifel daran, welche Konsequenz er und seine Gesinnungsfreunde aus dem Bruch mit dem Reformismus ableiten wollten: „Wer die Revolution gegen den Faschismus nicht nur auf dem Papier, sondern als Tat will, muß die Gewalt wollen."[21] Die Niederlage des bewaffneten Abwehrkampfes der österreichischen Sozialdemokratie im Februar 1934 galt als Beleg dafür, „daß die Beschränkung auf eine defensive Gewaltanwendung, d. h. eben, daß die grundlegende Konzeption des demokratischen Sozialismus durch den Gang der Geschichte überwunden wird".[22] Der Sturz eines Terrorregimes war insofern ohne eine offensive Gewaltstrategie von außen oder innen, d. h. Weltkrieg oder Bürgerkrieg, nur schwer vorstellbar.

In dieser Kernfrage der politischen Identität traten innerhalb der sozialdemokratischen Exildebatten freilich auch diametral entgegengesetzte Aufassungen hervor:

„Nichts wäre demoralisierender für unsere Partei, als die Schuldlegende zu pflegen, wir wären deshalb unterlegen, weil wir waffenlos oder ungenügend bewaffnet waren. Daraus folgte ja, daß wir nur durch eine der der Gegner überlegene Bewaffnung uns befreien könnten, es folgte also daraus eine Aufgabe, die wir tatsächlich nicht zu erfüllen imstande sind."[23]

Einer eher pazifistischen Grundüberzeugung war folgerichtig die Konzeption des ‚passiven Widerstandes' zugeordnet, solange das Gewaltpotential der NS-Diktatur übermächtig war:

„Unsere Aufgabe als illegale Partei, Aufgabe für all die, die nicht an die militärische Aufrüstung glauben, kann nur darin bestehen, überall und mit allen Mitteln die Anpassung an die Diktatur zu verhindern."[24]

Eine derartige gewaltfreie Strategie mußte auf die Erosion des Herrschaftssystems infolge ökonomischer Krisen oder politischen Loyalitätsentzugs durch die große Mehrheit der Bevölkerung vertrauen.

VI

Die Zusammenfassung der politischen Antworten auf die neue Situation machte entsprechend sozialdemokratischen Traditionen eine programmatische Willenserklärung notwendig: Jede grundlegende Veränderung der staatlichen Rahmenbedingungen — von der Reichsgründung (Gothaer Programm 1875), über die Aufhebung des Sozialistengesetzes (Erfurt 1891) bis hin zur Weimarer Republik (Görlitz 1921) — hatte stets eine revidierte theoretische Plattform der SPD zur Folge. Aus der Sicht des linken Flügels mußte diese Kurskorrektur prinzipiellen Charakter haben:

„Die Voraussetzung der Kontinuität der Sozialdemokratie ist der Bruch, der bewußte, offene und rücksichtslose Bruch mit eigener Vergangenheit und der alten Form der Organisation."[25]

Gleichzeitig sollte aber die Neuorientierung auch die Gestalt eines Rückgriffs auf Vorkriegspositionen annehmen:

„Die geistige Kontinuität der Sozialdemokratie bedeutet nichts anderes, als daß sie in einer beispiellosen schweren und tragischen Lage zu ihrer eigenen revolutionär-marxistischen Tradition zurückkehrt."[26]

Andererseits wurde in einer redaktionellen Notiz der *Sozialistischen Aktion* vor abstrakten Diskussionen ebenso wie vor Konzeptionslosigkeit gewarnt: „Es ist ja die Gefahr jeder Emigration, daß sie sich, losgelöst vom eigentlichen Kampffeld, im luftleeren Raum der Theorie verliert."[27] Noch drastischer formulierte Georg Decker, der als einer der produktivsten Autoren des Theorieorgans *Die Gesellschaft* am Ende der Weimarer Republik selbst die Grundsatzdebatten der Partei mitgeprägt hatte, diese Aufgabe einer selbstkritischen Besinnung:

„Für die heutige deutsche Emigration ist die Gefahr, sich ein fingiertes Deutschland zurechtzumachen, um so größer, da viele schon seit mehreren Jahren in ihren politischen Konstruktionen und dementsprechend in ihrem politischen Handeln nicht mehr von der Wirklichkeit, sondern von einem imaginären Volk, von imaginären Klassen oder mindestens von einer imaginären Klassenpsychologie und von falschen Auffassungen über den Prozeß der politischen Willensbildung ausgingen."[28]

Die Bereitschaft zu einer vorbehaltlosen Vergangenheitsbewältigung erfaßte somit auch die geistig beweglichen Teile der sozialdemokratischen Mehrheitsfraktion und war keineswegs ein Privileg der innerparteilichen Opposition.

Das unter dem programmatischen Titel *Kampf und Ziel des revolutionären Sozialismus* am 28. Januar 1934 in der Exilpresse veröffentlichte *Prager Manifest* der Sozialdemokratie formulierte unzweideutig, daß unter der nationalsozialistischen Diktatur „für Reformismus und Legalität keine Stätte" sei und „eine Elite von Revolutionären" entstehen müsse.[29] In seinen Erläuterungen zu dem von ihm maßgeblich geprägten Programmtext erschien Rudolf Hilferding dementsprechend der „radikale Bruch mit dem Reformismus"[30] einer besonderen Hervorhebung bedürftig. Auch in einem nicht für die Öffentlichkeit bestimmten Schreiben unterstrich Hilferding die Überzeugung, „daß die Abkehr vom Reformismus nicht nur eine subjektive Bekehrung, sondern eine durch die Situation herbeigeführte objektive, aber auch grundlegende Notwendigkeit ist".[31] Als ehemaliger USPD-Politiker, der in den Jahren 1923 und 1928/29 Finanzminister der Weimarer Republik geworden war, konnte Hilferding durchaus glaubwürdig vermitteln, daß ein Wechsel politischer Strategien unter verschiedenen Rahmenbedingungen nichts mit Opportunismus gemein haben mußte.

Die naheliegende Vermutung, der ursprüngliche Entwurf der Redaktion des *Neuen Vorwärts* um Stampfer sei gewissermaßen die ‚liberaldemokratische' Alternative des ‚marxistisch-radikalen' Prager Manifestes gewesen, kann nicht überzeugen. Die Reformismuskritik dieser eher dem rechten Flügel der „Sopade" (wie das modifizierte Parteikürzel in Distanz zur alten SPD nunmehr lautete) zuzurechnenden Gruppierung fiel kaum weniger deutlich aus:

„Gescheitert ist aber auch der Versuch der Sozialdemokratischen Partei in Deutschland, nach der Eroberung der politischen Demokratie durch die Besserung der Lage der Arbeiterklasse, durch den Ausbau der Sozialpolitik, durch die Steigerung des politischen und gewerkschaftlichen Einflusses der Arbeiterschaft das kapitalistische System allmählich in das sozialistische überzuleiten — ohne revolutionäre Eingriffe in die Wirtschaftsverfassung und das Eigentum an den ausschlaggebenden Produktionsmitteln."[32]

An demokratischer Gesinnungsfestigkeit gegenüber „bolschewistischen" Versuchungen war umgekehrt ein Hilferding schwerlich zu übertreffen. Folglich reduzierte sich die weltanschauliche Differenz im wesentlichen auf die mehr marxistisch-analytischen Nuancierungen Hilferdings und die stärker ethisch bestimmten Formulierungen der Gruppe um Stampfer, der die „großen Menschheitsprinzipien" und „ewigen Menschenrechte"[33] als ein geeignetes Kontrastprogramm zur barbarischen NS-Diktatur erschienen.

Die Reaktion des linken Flügels auf das neue Programm der Sozialdemokratie war überaus zwiespältig:

„Prag hat damit theoretisch die Stellung der früheren Opposition bezogen, nur mit dem Unterschied, daß mittlerweile die Entwicklung schon wieder weiter gerast ist und sehr konkrete Forderungen aufstellt, um die sich das Prager Manifest leider noch herumzuschlängeln versucht."[34]

Des weiteren wurde die „unhistorische Betrachtungsweise in dem Manifest und der Verzicht auf eingehende sachliche Selbstkritik“[35] bemängelt. Überdies sei der „Vorstand der SPD, in seiner jetzigen Besetzung ein Splitter des alten, innerlich zusammengebrochenen und zersprengten Parteiapparats, nicht legitimiert, der aus den Trümmern der Niederlage sich erhebenden sozialdemokratischen Bewegung das Programm zu geben“.[36] Schließlich müsse es „nach den Erfahrungen von 1918/19 merkwürdig anmuten, wenn bereits im ersten Manifest für den Kampf um den revolutionären Sozialismus die Propaganda für die Einberufung einer Volksvertretung nach allgemeinen gleichen direkten und geheimen Wahlen einsetzt“.[37]

In der Antwort auf diese Kritik bemühte sich Friedrich Geyer, die Zweifel an der politischen Entschlossenheit der Parteiführung, die radikalsten Kampfmittel anzuwenden, gründlich zu zerstreuen:

„Das Manifest sagt deutlich genug, daß es unter dem Kampf mit revolutionären Mitteln nicht den Kampf mit Stimmzetteln versteht, sondern die Niederringung des Faschismus im Bürgerkrieg. Es sagt ebenso deutlich, daß der Sieg in diesem Kampfe zu einer revolutionären Regierung führen wird, die ihre Legitimation durch den Sieg im Kampf und nicht durch Wahlen erhält.“[38]

Im Saarbrücker Parteiorgan wurde das Manifest als „ein revolutionäres Dokument, wie es in der Geschichte der Sozialdemokratie bisher nicht vorhanden war“, enthusiastisch begrüßt. Selbst gegenüber früheren marxistischen Programmen offenbare es den Vorzug einer „viel stärkeren Anspannung der Willensfaktoren. Das Erfurter Programm sprach von der ‚naturnotwendigen Entwicklung‘. Die Kundgebung von Prag ruft zur Revolution.“[39] Ebenso berechtigt war jedoch der Hinweis der linken Opposition, daß sich die Einigkeit über die Methoden des Sturzes der NS-Diktatur als trügerisch erweisen konnte: „Der Weg zur Revolution gegen Hitler steht außer Diskussion. Was am Tag nach der Revolution geschieht, darauf kommt es an.“[40] Unter den Perspektiven dieser Neuordnung war die Problematik der Staatsorganisation, wie sich zeigen sollte, am weitaus stärksten umstritten.

VII

Über die Notwendigkeit weitgehender Eingriffe in die Eigentumsverhältnisse nach der erstrebten Beseitigung des nationalsozialistischen Herrschaftssystems bestanden innerhalb der Sozialdemokratie kaum Meinungsverschiedenheiten: Der Entwurf der Redaktion des *Neuen Vorwärts* um Stampfer favorisierte eindeutig die „sozialisierte Planwirtschaft“.[41]

Ein linker Sozialdemokrat wie Schifrin setzte darüber hinaus allenfalls noch einen machtstrategischen Akzent:

„Die erste Phase der Sozialisierung ist die politische Sozialisierung, die Sozialisierung zum Zweck der sozialen Entmachtung der Gegenrevolution und des Großbesitzes.“[42]

Das antikapitalistische Bewußtsein der Sozialdemokratie hatte sich angesichts der Verstrickung von großindustriellen Kreisen in die Machtübergabe an Hitler gegenüber früheren Epochen eher noch verschärft.

Eine unverkennbare Distanzierung vom sozialdemokratischen Konsens der Weimarer Republik war jedoch in bezug auf die Überlegungen des linken Flügels zu verzeichnen, diktatorische Mittel nicht nur bei der Zerschlagung der NS-Diktatur einzusetzen. In dieser Hinsicht lebten die ein breites Spektrum umfassenden Positionen der USPD aus der Revolutionsära 1918/19 in modifizierter Form wieder auf.[43] Als sozialistische Staatsorganisation war durchweg eine Rätedemokratie vorgesehen:

„Die Verfassung des revolutionären Staates wird sich stützen müssen auf die in den Selbstverwaltungskörpern zusammengeschlossenen und von unten nach oben aufgebauten Arbeiter- und Bauernräte, deren Legitimation durch die freie, geheime und gleiche Wahl festzustellen ist.“[44]

Gleichzeitig waren aber in der Regel einige Wahlrechtsbegrenzungen vorgesehen:

„Der Ausschluß der aktiven Gegenrevolutionäre und der großbürgerlichen Schichten widerspricht nicht den Grundsätzen des allgemeinen Wahlrechts: Der bürgerliche Staat, der den Wohlfahrtsunterstützungsempfängern, oder gar wie in den romanischen Ländern den Frauen, das Wahlrecht entzieht, verliert dadurch nicht seine demokratische Grundlage.“[45]

An diesem Konzept, dem Bürgertum „in gleicher Münze heimzuzahlen“, war gewiß die Gleichsetzung noch nicht gewährter mit wieder zu entziehenden demokratischen Rechten (was weitaus konfliktträchtiger zu werden versprach) der am meisten problematische Aspekt.

Der deutlichste Bruch mit sozialdemokratischem Gedankengut wurde in der *Plattform für die Einheitsfront* des „Arbeitskreises revolutionärer Sozialisten“ vom Herbst 1934 vollzogen. Die Verknüpfung des Modells einer „Diktatur des Proletariats“ mit einem von der sozialistischen Einheitspartei gelenkten Rätesystem ohne Gewaltenteilung wies tatsächlich in Richtung ‚bolschewistischer‘ Vorstellungen:

„Trägerin der Diktatur wird die geeinte revolutionäre Partei sein, die mit den breiten Massen der Arbeiter und der Werktätigen verbunden ist und unter deren Führung die von den werktätigen Massen gewählten Räte die Macht ausüben, in deren Händen gleichzeitig Legislative und Exekutive liegen.“[46]

Insofern war begreiflich, daß Geyer für die Sopade-Mehrheit diese Passage polemisch kommentierte:

„Dürfen die Räte die Macht nur ausüben, wenn sie die Führung der Partei anerkennen, also in dem von der Partei gewünschten Sinne wirken? Dieser Satz der Plattform ist streng logisch unsinnig — aber er enthüllt einen Hintergedanken: Und der Sowjet absolut — wenn er unsern Willen tut!"[47]

Im Blickwinkel traditioneller Sozialdemokraten war zudem offenkundig, „daß der Diktaturgedanke gar nichts Festumrissenes ist, sondern nur ein Tummelplatz für das Bedürfnis, sich wenigstens in Gedanken auszutoben".[48] In diesem Sinne konnten manche verbalradikalen Machtphantasien des Exils als sozialpsychologisch verständliche, aber realpolitisch irreführende Reaktionen von Ohnmächtigen interpretiert werden. Entschiedene Gegner der Diktaturkonzepte wie Erich Rinner, der spätere Herausgeber der Sopade-*Deutschlandberichte,* propagierten den „Grundgedanken der Selbstverwaltung" als verfassungspolitisches Fundament einer künftigen Gesellschaftsordnung: „Anstatt dem Machtstaatgedanken zu erliegen, müssen wir ihm das Bild einer freien sozialistischen Gesellschaft entgegenstellen."[49] Die stärkere Betonung dezentraler Organisationsprinzipien war die politische Konsequenz jener Sozialdemokraten, die das parlamentarische System über das gescheiterte Weimarer Experiment hinaus weiterentwickeln, aber nicht grundsätzlich infrage stellen wollten.

Eine mittlere Position zwischen diesen nur schwer zu vereinbarenden Ausgangspunkten beider Strömungen des sozialdemokratischen Exils wurde frühzeitig in der Saarbrücker SPD-Zeitung *Deutsche Freiheit* formuliert:

„Gegen den entarteten ‚Sozialismus' heißt es das Erbe des ehemals bürgerlichen Freiheitsdenkens aufrecht erhalten. Gegenüber der neufeudalistischen Diktatur aber heißt es die Fahne der sozialistischen Diktatur aufpflanzen. Nur durch diese kann jene überwunden werden. Eine nur noch in revolutionärer Gestalt mögliche deutsche Sozialdemokratie wird schärfer ‚liberalistisch' und zugleich schärfer ‚antidemokratisch' sein müssen."[50]

Zumindest in dieser Terminologie hatten die Erfahrungen des Unterganges der Weimarer Republik und die tiefgreifenden Strukturveränderungen unter der NS-Diktatur eine Wertverschiebung mit sich gebracht: Während die Theoretiker der SPD im 19. Jahrhundert den Liberalismus als Gegner kaum weniger als den Konservatismus bekämpft hatten, andererseits aber das demokratische Erbe der 1848er Revolution lebendig erhalten wollten, gewannen Freiheitsrechte nunmehr einen erhöhten Stellenwert und reduzierte sich das kritische Bild der Demokratie zuweilen auf einen ‚formal' gebliebenen parlamentarischen Mechanismus.

VIII

Neben den inhaltlichen Kontroversen über die Neuordnungsperspektiven in Staat und Gesellschaft waren die politischen Überlegungen des sozialdemokratischen Exils maßgeblich von den unterschiedlichen Beurteilungen der Situation in Deutschland geprägt. Der größte Teil des ins Dritte Reich eingeschleusten Propagandamaterials bestand ohnehin aus Informationen, die von den gelenkten Massenmedien des NS-Regimes systematisch unterdrückt wurden. Eine wahrheitsgetreue Beschreibung und Kommentierung der politischen und sozialen Realität Hitlerdeutschlands aus dem Blickwinkel der Sozialdemokratie darf als der wesentliche Inhalt ihrer Widerstandsarbeit gelten. Diese in der alltäglichen Praxis alternativlose Schwerpunktbildung sollte selbstverständlich nicht als Ausweichen vor dem Versuch eines Sturzes der NS-Diktatur, sondern als langfristige Vorbereitung auf dieses Ziel verstanden werden.

Mit der Autorität eines halben Jahrhunderts politischer Erfahrungen warnte der Parteitheoretiker Karl Kautsky die Genossen vor einem falschen Heroismus, der die erlittene Niederlage zur Katastrophe ausweiten könne:

„Erhebender für den Beschauer sind die dramatischen Formen, oft auch für die Kämpfer. Aber man täuscht sich, wenn man meint, daß die Niederlage im Bürgerkrieg die revolutionären Massen weniger deprimiert als der Verzicht auf kampflose [sic!] Abwehr — ganz abgesehen davon, daß einem Entscheidungskampf auf ungünstigem Terrain auszuweichen noch lange nicht eine Kapitulation bedeutet."[51]

Ein aufmerksamer Leser konnte in diesem Hinweis eine Wiederbelebung der traditionellen „Ermattungsstrategie" erkennen, die Kautsky bereits vor dem Ersten Weltkrieg einer allzu risikoreichen „Niederwerfungsstrategie" vorgezogen hatte.[52]

Als am 12. November 1933 das Plebiszit über die Institutionalisierung der Diktatur immerhin weit über drei Millionen Nein-Stimmen erbracht hatte und mehr als anderthalb Millionen Wahlberechtigte der Abstimmung ferngeblieben waren, formulierte der *Neue Vorwärts* die euphorische Schlagzeile „Vier Millionen deutsche Revolutionäre".[53] Der trotz seines Fehlschlages eindrucksvolle Aufstandsversuch der österreichischen Sozialdemokratie gegen das rechtsautoritäre Dollfuß-Regime nährte auch im deutschen Widerstand die Hoffnung auf baldige Chancen zum bewaffneten Kampf: „Die revolutionäre Arbeiterbewegung ist eine Tatsache."[54] Allerdings entsprang der auf das austromarxistische Vorbild gemünzte

Glaubenssatz „Ideen sind stärker als Kanonen“[55] wohl mehr einer moralischen als einer „materialistischen“ Betrachtung von gesellschaftlichen Entwicklungsprozessen.

Der nüchternen Wirklichkeit konnte sich die Sopade-Publizistik gleichwohl nicht verschließen, so daß die sozialpsychologische Bedeutung von positiven Beispielen einer mutigen Auflehnung gegen den Despotismus transparent wurde: „Die deutsche Arbeiterschaft liegt so am Boden, daß man nicht einmal mehr von Defensive sprechen kann. Blickt auf Wien! Denkt nicht nur an das Heute, denkt an die geschichtliche Aufgabe!“[56] Der Zwiespalt im Realitätsbewußtsein des sozialdemokratischen Exils trat unübersehbar hervor, wenn das nationalsozialistische Herrschaftssystem in der *Sozialistischen Aktion* einerseits als der „wankende Koloß“ erschien, andererseits aber die oppositionellen Strömungen keineswegs überschätzt werden sollten: „Der Meckerer ist noch kein Revolutionär, und die passive Resistenz allein kann den Machtapparat der Diktatur nicht ernsthaft erschüttern.“[57] Immerhin mußte es die Sozialdemokraten mit Genugtuung erfüllen, daß die vom NS-Regime manipulierten und unterdrückten Resultate der Wahlen zu den Betriebsvertretungen ein beträchtliches Maß an Widerstandskraft in der Arbeiterschaft dokumentierten.[58]

In einer relativ kurzen Zeitspanne des Sommers 1934 mochte es den Anschein haben, daß sich die optimistischen Prognosen über einen raschen Bankrott der Hitlerdiktatur durchaus bewahrheiten konnten. Das Blutbad des 30. Juni 1934 war auch aus der Sicht eines nüchternen Analytikers wie Hilferding ein deutliches Indiz für die Demontage der ideologischen Fassade eines Terrorregimes:

„Die Mystik, der religiöse Glaube an den Nationalsozialismus und seine Führer hat einen schweren Stoß erfahren. Die Autorität ist erschüttert, die Totalität existiert nicht mehr, und die Opposition erscheint als sittliches Gebot.“[59]

In welchem Maße gerade die Reduktion der NS-Herrschaft auf eine skrupellose Machtstrategie zur Festigung des Regimes beitrug, ist den Sozialdemokraten erst allmählich bewußt geworden. Die skeptische Frage „Stabilisierung des Dritten Reichs?“[60] wurde im November 1934 bereits in der Exilpresse angedeutet, ohne allerdings weitgehende Konsequenzen im Hinblick auf den politischen Erwartungshorizont zu ziehen. Der entscheidende Wandel zu der Überzeugung, daß man sich auf eine längere Periode des Widerstandes gegen den Nationalsozialismus einzustellen habe, erfolgte in den Jahren 1935 und 1936 angesichts einer auf allzu wenig Gegenwehr stoßenden außenpolitischen und rüstungswirtschaftlichen Expansionsstrategie.

IX

Wenn bislang im Zusammenhang mit der Widerstands- und Exilperiode pauschal von der Sozialdemokratie die Rede war, bezog sich dies grundsätzlich nur auf die seit längerem in der SPD organisierten Strömungen. Die linkssozialistischen Splittergruppen wie „Neu Beginnen", Sozialistische Arbeiter-Partei Deutschlands (SAP) und Internationaler Sozialistischer Kampf-Bund (ISK) sind jedoch im einzelnen auf ihr Verhältnis zur Sozialdemokratie zu untersuchen, da sich der Zusammenschluß in der Nachkriegs-SPD während der Exilzeit anbahnte: Die Bildung der „Union deutscher sozialistischer Organisationen in Großbritannien" im März 1941 vereinigte die genannten drei Gruppierungen mit der Sopade.[61] Andererseits hatten sich die Linkssozialisten am Ende der Weimarer Republik im Zweifelsfalle eher für die „revolutionäre" KPD entschieden, weil ihnen die „reformistische" SPD in keiner Weise attraktiv erschien.[62] Insofern darf ihr spezifischer Standort zwischen demokratisch-sozialistischen und kommunistischen Positionen als eine klärungsbedürftige Problematik gelten.

Die Gründungsmitglieder der von vornherein konspirativ arbeitenden Widerstandsgruppe „Neu Beginnen" entstammten überwiegend der KPD-Opposition; sie hatten sich aber zur Mitarbeit in der sozialdemokratischen Bewegung entschlossen und vor allem jüngere Parteimitglieder für eine revolutionäre Untergrundtätigkeit gewonnen.[63] Das von Walter Löwenheim unter dem Pseudonym „Miles" veröffentlichte Manifest mit dem programmatischen Titel *Neu beginnen!* distanzierte sich freilich von der Weimarer SPD kaum weniger deutlich als von der KPD:

„Der erste entscheidende Fehler der deutschen Sozialdemokratie war ihre Bejahung der bürgerlich-demokratischen Republik als politisches Endziel der sozialdemokratischen Bewegung."[64]

Das Bestreben der revolutionären Kräfte müsse vielmehr darauf gerichtet sein, die „Alleinherrschaft der sozialistischen Partei" zu erringen, um „damit alle Klassenherrschaft sowie auch alle Parteien und Parteienherrschaft absterben zu lassen".[65] Diese Zielsetzung ließ es — weit mehr als das mit den besonderen Kampfbedingungen der Illegalität zu rechtfertigende Kaderprinzip der Organisation — fraglich bleiben, ob die Gruppe „Neu Beginnen" von der Sozialdemokratie zu integrieren war.

Mit der Veröffentlichung der „Miles"-Schrift im Parteiverlag der Sopade zeigte die sozialdemokratische Exilführung insofern ein bemerkenswertes Maß an Toleranz, das den linkssozialistischen Splittergruppen seitens der KPD nicht entgegengebracht wurde. Zumindest das populäre Stichwort der aktivistischen Widerstandsgruppe fand offenkundig eine positive Aufnahme: „In Deutschland selbst und in weiten Kreisen der sozialistischen Emigration ist man sich darüber einig und glaubt, daß man ‚neu beginnen' muß."[66] Selbst Kautsky als Gralshüter der sozialdemokratischen Traditionen war sichtlich um die Bagatellisierung der Differenzen bemüht:

„Entscheidend jedoch ist der Gedankengang, den Miles anerkennt, daß wir Hitler nur überwinden können im Kampf um die Demokratie und daß wir zu diesem Kampfe nicht nur alle proletarischen, sondern sogar alle demokratischen Elemente zusammenfassen müssen."[67]

Die Interpretation von Rinner war ersichtlich zutreffender und berührte die schwächste Stelle der Argumentation:

„Es ist offensichtlich das Vorbild der russischen Revolution, das Miles leitet. Erst müssen wir die bürgerliche Revolution, die wir 1918 schlecht gemacht haben, noch einmal machen, und dann kommt das ‚Weitertreiben' der politischen Revolution zur sozialistischen ... Hält es aber Miles für eine zugkräftige Sammlungsparole, wenn den Verbündeten von Anfang an in Aussicht gestellt wird, daß nach dem gemeinsam erfochtenen Sieg erst der eigentliche Kampf beginne und die Sozialisten dann alles daran setzen werden, an die Stelle der Alleinherrschaft der faschistischen die der sozialistischen Partei zu setzen?"[68]

Die Pointe dieser Kritik des Sopade-Vorstandsmitgliedes lief aber anstelle eines gemäßigteren Programms sogar darauf hinaus, „von Anfang an die ganze Macht für uns in Anspruch nehmen" und den „sozialistischen Ausweg als den einzigen zeigen" zu wollen.[69]

Während die radikale Linke des sozialdemokratischen Exils der KPD einen „sektiererischen Charakter"[70] bescheinigte, wurde der Weimarer SPD in Übereinstimmung mit den Auffassungen von „Neu Beginnen" ein Versagen bei der Massenmobilisierung vorgeworfen:

„Mit dem Begriff der Führerschaft verbunden aber ist es, die geistige Elite einer Bewegung zu sein, und da in dieser Elite das revolutionäre Bewußtsein am höchsten entwickelt sein muß, so hätte die revolutionäre Phase dauernd erfüllt sein müssen von dem Drängen der vorwärtstreibenden aktiven Führerschaft, um die nicht oder nur zögernd folgende passive Masse in Bewegung zu setzen."[71]

Auch im Saarbrücker Parteiorgan fanden sich bereits vor dem Erscheinen der „Miles"-Broschüre ganz ähnliche Gedanken:

„Das dichte Netz legaler Organisationen — der Panzer des Proletariats gegen alle Anschläge des Klassenfeindes — wird zum Bleigewicht, das die Bewegungsfreiheit der proletarischen Avantgarde hemmt und sie, ohne ihr Schutz bieten zu können, organisatorisch und politisch zu Boden drückt."[72]

Noch zu Jahresbeginn 1935 wurde in der *Sozialistischen Aktion* die „zielbewußte Aktion der sozialistischen Avantgarde"[73] ins Zentrum der revolutionären Perspektiven gestellt — in diesem Exilorgan fanden ohnehin zunehmend die Auffassungen der Gruppe „Neu Beginnen" eine Plattform.[74]

Von sämtlichen anderen Widerstandsgruppen unterschied sich „Neu Beginnen" frühzeitig durch eine sehr viel realistischere Beurteilung der politischen Situation in Deutschland. Unbeschadet der nachweisbaren Manipulationen wurde in dem monatlich aus dem Prager Exil erscheinenden *Bericht über die Lage in Deutschland* schon hinsichtlich des Plebiszits am 12. November 1933 eingeräumt, „daß die Wahlergebnisse im großen und ganzen der wirklichen Stimmung entsprechen" und die Arbeiterbewegung einem „ungemein raschen und starken Faschisierungsprozeß der Gesellschaft" gegenüberstehe.[75] Auch in den folgenden Schilderungen der innenpolitischen Verhältnisse blieb die radikale Desillusionierung über leichtfertige Erwartungen des baldigen Zusammenbruchs der NS-Diktatur ein bestimmendes Anliegen dieser sozialistischen Strömung.

Ebenso wie die anderen kleineren Widerstandsgruppen bedachte „Neu Beginnen" durch ihren Theoretiker Richard Löwenthal später die kommunistische Volksfronttaktik mit Kritik von links:

„Wer die Parole der Nationalversammlung, die Parole des Abschlusses der Revolution, als Inhalt der Revolution verkündet und der Verwirklichung der Bedingungen der Demokratie voranstellt, der lenkt die sozialistische Arbeiterbewegung von ihrer revolutionären Aufgabe ab und erleichtert das Spiel der Konterrevolution von morgen."[76]

Gleichzeitig sollte sich die Arbeiterbewegung aber nicht auf das Prinzip der Rätediktatur festlegen: „Wie die Orientierung am abstrakt-demokratischen Schema die sozialdemokratische und kommunistische Parteiführung, so verhindert die Orientierung am Schema der russischen Revolution die SAP am konkreten Verständnis der Aufgaben."[77] Dieses betont undogmatische, zugleich aber streng marxistische Politikverständnis ermöglichte in der Zukunft die Annäherung an sozialdemokratische Traditionen, obwohl die Meinungsverschiedenheiten in einigen Grundsatzfragen lange Zeit unüberbrückbar erschienen.

Demgegenüber war die SAP zwar aus einer Linksabspaltung der SPD hervorgegangen, im Exil jedoch auf der Führungsebene unter die Kontrolle ehemaliger KPD-Oppositioneller geraten.[78] Folglich propagierte diese — häufig unzutreffend als linkssozialdemokratisch eingestufte — Splitterpartei „eine wahrhaft kommunistische Politik" im Sinne „leninistischer Massenpolitik"[79] und nicht etwa einen ‚dritten Weg', wie die Kritik nach beiden Seiten suggerierte:

„Wir wollen keine reformistische SPD, wir wollen auch keine stalinistische KP mehr, wir wollen die eine, unteilbare, internationale revolutionäre Partei, fußend auf den Grundlagen des Marxismus-Leninismus."[80]

Während nach dem Kurswechsel zur Volksfronttaktik im SAP-Organ *Die Neue Front* fast im Stile der Ultralinken zu lesen war, „daß die KPD den Kommunismus aufgibt",[81] befürwortete man durchaus die „Liquidierung der Sozialdemokratie. Was wir der KPD vorwerfen ist nicht, daß sie den Reformismus vernichten wollte, sondern im Gegenteil, daß sie auf Grund einer falschen, verhängnisvollen, nicht kommunistischen Politik dieses Ziel nicht erreichte."[82] Indem die SAP rückblickend auch gegen die „zentristische, für die Arbeiterklasse verderbliche Politik der USP"[83] polemisierte, stellte sie sich in die Tradition des von Moskau noch unabhängigeren, aber nicht minder schroff antisozialdemokratischen Spartakusbundes der Revolutionsära.

Der ebenfalls durch Ausschluß (1925) aus der SPD hervorgegangene ISK wollte erklärtermaßen eine „gleichzeitig antifaschistische und antidemokratische politische Anschauung" beibehalten und die „offenbare Torheit demokratischer Praktiken" durch „Führerschaft und Autorität" im Sinne konsequent ethisch-sozialistischer Prinzipien ersetzen.[84] Die Leitbilder „Lenin, Liebknecht, Luxemburg"[85] und die Forderung, ein „internationaler Generalstab der Revolution"[86] müsse geschaffen werden, zeugten ebensowenig von einer Annäherung an die Sozialdemokratie. Dem elitären Charakter der Kaderorganisation entsprach eine puristische Abwehrhaltung gegenüber einer breiten antifaschistischen Volksallianz:

„Ist man so stark, daß man den Sozialismus gegen alle anderen durchführen kann, braucht man deshalb keine Bündnisse. Ist man so schwach, daß man beim Paktieren mit Bürgerlichen den Kürzeren ziehen müßte, ist es besser, nicht zu paktieren."[87]

Als Fazit ist zu konstatieren, daß die linkssozialistischen Widerstandsgruppen in den ersten Jahren des Exils keineswegs auf sozialdemokratische Grundsätze zusteuerten. Der Weg in die Nachkriegs-SPD dürfte somit eher durch die Einsicht in die Wirkungslosigkeit von Splittergruppen und insbesondere das abstoßende Erscheinungsbild der KPD gefördert worden sein, die den Mordserien der Moskauer Prozesse und dem Hitler-Stalin-Pakt blinde Gefolgschaft geleistet hatte.

X

Eine Bilanz der sozialdemokratischen Exildiskussionen in den Jahren 1933 bis 1935/36 wird mit dem Hinweis beginnen müssen, daß der vielfach als bloßes taktisches Manöver interpretierte Radikalismus der Sopade als strategische Neuorientierung durchaus ernstzunehmen ist. Im Gegensatz zu der Deutung von Matthias, der darin die endgültige Abkehr vom Prager Manifest sehen will,[88] hat der programmatische Aufruf *Für Deutsch-*

land — gegen Hitler! zum dritten Jahrestag der Machtergreifung am 30. Januar 1936 eine Kontinuität dokumentiert:

„In diesem Sinne bekräftigen wir, was schon in unserer Erklärung von Januar 1934 ausgeführt wurde: ‚Der Sturz der Despotie wird sich, wenn nicht äußere Katastrophen ihn herbeiführen, nur in der gewaltsamen Niederringung, nur durch den Sieg im revolutionären Kampfe vollziehen. Er wird sich ergeben, wenn die Bedingungen einer objektiv revolutionären Situation ausgenützt werden von einer entschlossenen, von radikalem Kampfgeist durchseelten, von einer erfahrenen Elite geführten Partei des revolutionären Sozialismus. Er kann nur erwachsen aus der Tat der Massen selbst.‘"[89]

Die Realität des Dritten Reiches hat diese und ähnliche Hoffnungen radikal desillusioniert. Aus diesem Grunde waren die Sozialdemokraten in dem noch verbleibenden Jahrzehnt der Verfolgung und Vernichtung mehr als jemals zuvor in ihrer Geschichte gezwungen, ihre strategische Grundorientierung zu überprüfen. Die Entwicklung der SPD kann nicht als geradliniger Wandel von revolutionär-marxistischen zu evolutionär-demokratischen Konzeptionen interpretiert werden, sondern vollzog sich über mehrere generationsprägende Bruchstellen in der Kontinuitätslinie: Das Sozialistengesetz, die Epoche des Ersten Weltkrieges und der Revolution 1918/19 sowie besonders nachdrücklich die NS-Zeit haben tiefe Spuren im sozialdemokratischen Selbstverständnis hinterlassen.[90]

Der Politikwissenschaftler Karl W. Deutsch hat das Phänomen der Macht einmal recht einprägsam mit der Möglichkeit definiert, nicht lernen zu müssen. In diesem Sinne hat die verzweifelte Ohnmacht von zwölf langen Jahren des Exils, der äußeren wie der inneren Emigration, den deutschen Sozialdemokraten gewiß jenen Lernprozeß abverlangt, der nach 1945 früher und umfassender als in den Nachbarländern zur Abkehr von zahlreichen Traditionsbeständen der Arbeiterbewegung führte.

Anmerkungen

1 Lewis J. Edinger, *Sozialdemokratie und Nationalsozialismus. Der Parteivorstand der SPD im Exil von 1933—1945,* Hannover 1960; Erich Matthias, *Sozialdemokratie und Nation. Ein Beitrag zur Ideengeschichte der sozialdemokratischen Emigration in der Prager Zeit des Parteivorstandes 1933—1938,* Stuttgart 1952.

2 L. J. Edinger, *Sozialdemokratie*... [Anm. 1], S. 204.

3 *A. a. O.,* S. 210f.

4 E. Matthias, *Sozialdemokratie und Nation*... [Anm. 1], S. 85.

5 *A. a. O.,* S. 195ff. u. 246.

6 Vgl. dazu Jutta v. Freyberg, *Sozialdemokraten und Kommunisten. Die Revolutionä-*

ren Sozialisten Deutschlands vor dem Problem der Aktionseinheit 1934—1937, Köln 1973; Bärbel Hebel-Kunze, *SPD und Faschismus. Zur politischen und organisatorischen Entwicklung der SPD 1932—1935*, Frankfurt a. M. 1977.

[7] Alexander Schifrin, *Die Konsequenzen des revolutionären Programms*, in: *Zeitschrift für Sozialismus* (im folgenden *ZfS* zitiert), 1. Jg. (Juni 1934), S. 291.

[8] Paul Sering (= Richard Löwenthal), *Was ist der Volkssozialismus?*, in: *ZfS*, 3. Jg. (September 1936), S. 1112.

[9] Friedrich Stampfer, *„Integraler Sozialismus"*, in: *Neuer Vorwärts* (im folgenden *NV* zitiert), Nr. 156 vom 7. Juni 1936.

[10] Vgl. im Sinne dieser Darstellungseinheit die Studie von Erich Matthias, *Die Sozialdemokratische Partei Deutschlands*, in: Ders./Rudolf Morsey (Hrsg.), *Das Ende der Parteien 1933. Darstellungen und Dokumente*, Düsseldorf 1960 (Neuausgabe 1979), S. 101—278.

[11] Dies ist tendenziell auch das Fazit in: *A. a. O.*, S. 196 ff.

[12] *Deutsche Freiheit* (im folgenden *DF* zitiert), Nr. 4 vom 23. Juni 1933.

[13] Friedrich Stampfer, *Deutschland eine Despotie!*, in: *NV*, Nr. 3 vom 2. Juli 1933.

[14] *Ebda.*

[15] (Siegfried Aufhäuser,) *Der Apparat ist tot — es lebe die Bewegung!*, in: *Ebda.*

[16] Vgl. Alexander Schifrin, *Revolutionäre Sozialdemokratie*, in: *ZfS*, 1. Jg. (Dezember 1933), S. 81 f.; Max Klinger (= Friedrich Geyer), *Der Sinn eines neuen Programms*, in: *NV*, Nr. 32 vom 21. Januar 1934.

[17] Vgl. *ZfS*, 1. Jg. (Oktober 1933), S. 10; *Sozialistische Aktion* (im folgenden *SoAk* zitiert) vom 3. Dezember 1933.

[18] A. Schifrin, *Die Konsequenzen*... [Anm. 7], S. 284.

[19] L. J. Edinger, *Sozialdemokratie*... [Anm. 1], S. 91.

[20] *Der Weg zum sozialistischen Deutschland*, in: *ZfS*, 1. Jg. (September/Oktober 1934), S. 387.

[21] Karl Böchel, *Zwischen Revolution und Gewalt*, in: *NV*, Nr. 78 vom 9. Dezember 1934.

[22] Marius Alter, *Österreichische Tragödie und demokratischer Sozialismus*, in: *DF*, Nr. 58 vom 10. März 1934.

[23] Oda Olberg, *Die Gewalt in der Politik*, in: *NV*, Nr. 116 vom 1. September 1935.

[24] *Ebda.*

[25] A. Schifrin, *Revolutionäre Sozialdemokratie*... [Anm. 16], S. 86.

[26] *Ebda.*

[27] *Drinnen und Draußen*, in: *NV*, Nr. 13 vom 10. September 1933.

[28] Georg Decker, *Wir und die deutsche Wirklichkeit*, in: *DF*, Nr. 143 vom 24./25. Juni 1934.

[29] Vgl. den Text in: *SoAk* vom 28. Januar 1934; *NV*, Nr. 33 vom 28. Januar 1934.

[30] Richard Kern (= Rudolf Hilferding), *Revolutionärer Sozialismus*, in: *ZfS*, 1. Jg. (Februar 1934), S. 145.

[31] Hilferding an Geyer vom 10. Januar 1934, zit. nach: Erich Matthias/Werner Link (Hrsg.), *Mit dem Gesicht nach Deutschland. Eine Dokumentation über die sozialdemokratische Emigration*, Düsseldorf 1968, S. 213.

[32] Programmentwurf von Stampfer, Geyer und Rinner, in: *A. a. O.*, S. 199.

[33] *A. a. O.*, S. 198.

[34] K. B. Neuendorf, *Das Prager Manifest*, in: *ZfS*, 1. Jg. (März 1934), S. 187.

[35] Siegfried Aufhäuser, *Bemerkungen zum Aufruf des Parteivorstandes,* in: *NV*, Nr. 36 vom 18. Februar 1934.

[36] A. Schifrin, *Die Konsequenzen...* [Anm. 7], S. 281.

[37] S. Aufhäuser, *Bemerkungen...* [Anm. 35].

[38] Max Klinger (= Friedrich Geyer), *Der Weg zur revolutionären Politik,* in: *NV*, Nr. 37 vom 25. Februar 1934.

[39] *Die Tat*, in: *DF*, Nr. 23 vom 28./29. Januar 1934.

[40] K. B. Neuendorf, *Der Weg zur revolutionären Politik?*, in: *NV*, Nr. 39 vom 11. März 1934.

[41] Zitiert nach: E. Matthias/W. Link (Hrsg.), *Mit dem Gesicht...* [Anm. 31], S. 209.

[42] A. Schifrin, *Die Konsequenzen...* [Anm. 7], S. 286.

[43] Vgl. dazu Detlef Lehnert, *Sozialdemokratie und Novemberrevolution. Die Neuordnungsdebatte 1918/19 in der politischen Publizistik von SPD und USPD,* Frankfurt a. M. 1983.

[44] K. B. Neuendorf, *Das Prager Manifest...* [Anm. 34], S. 197.

[45] A. Schifrin, *Die Konsequenzen...* [Anm. 7], S. 288.

[46] *Der Weg zum...* [Anm. 20], S. 399f.

[47] Max Klinger (= Friedrich Geyer), *Der Weg zur Verwirrung,* in: *ZfS*, 1. Jg. (September/Oktober 1934), S. 415.

[48] Oda Ohlberg, *Kritik der Kritik,* in: *NV*, Nr. 14 vom 17. September 1933.

[49] Ernst Anders (= Erich Rinner), *Neu beginnen — zu welchem Ziel?,* in: *ZfS*, 1. Jg. (Dezember 1933), S. 101.

[50] Marius Alter, *Sozialismus und Freiheitsidee,* in: *DF*, Nr. 23 vom 16./17. Juli 1933.

[51] Karl Kautsky, *Zur Frage des gewaltsamen Widerstandes,* in: *Ebda.*

[52] Vgl. Karl Kautsky, *Was nun?,* in: *Die Neue Zeit,* 28. Jg., Bd. 2 (1909/10), S. 38.

[53] *NV*, Nr. 23 vom 19. November 1933.

[54] *Die Februarschlacht von Wien,* in: *NV*, Nr. 36 vom 18. Februar 1934.

[55] *Blutendes Österreich,* in: *SoAk* vom 4. März 1934.

[56] *Sie töten den Geist nicht!,* in: *SoAk* vom 18. Februar 1934.

[57] *Der wankende Koloß,* in: *SoAk* vom 29. April 1934.

[58] Vgl. dagegen auch die spätere Entwicklung in: Timothy W. Mason, *Arbeiterklasse und Volksgemeinschaft. Dokumente und Materialien zur deutschen Arbeiterpolitik 1936—1939*, Opladen 1975.

[59] Richard Kern (= Rudolf Hilferding), *Die Zersetzung der deutschen Diktatur,* in: *DF*, Nr. 159 vom 13. Juli 1934.

[60] Karl Henrichsen, *Stabilisierung des Dritten Reichs?,* in: *ZfS*, 2. Jg. (November 1934), S. 433.

[61] Vgl. Werner Röder, *Die deutschen sozialistischen Exilgruppen in Großbritannien. Ein Beitrag zur Geschichte des Widerstandes gegen den Nationalsozialismus*, Hannover 1968, S. 93ff.

[62] Vgl. die entsprechenden Aussagen in: Hanno Drechsler, *Die Sozialistische Arbeiterpartei Deutschlands (SAPD)*, Meisenheim 1965; Werner Link, *Die Geschichte des Internationalen Jugend-Bundes (IJB) und des Internationalen Sozialistischen Kampf-Bundes (ISK)*, Meisenheim 1964.

[63] Vgl. Kurt Kliem, *Der sozialistische Widerstand gegen das Dritte Reich. Dargestellt an der Gruppe „Neu Beginnen"*, Phil. Diss., Marburg 1957; Hans J. Reichhardt, *Neu Beginnen. Ein Beitrag zur Geschichte des Widerstandes der Arbeiterbewegung gegen den*

Nationalsozialismus, in: *Jahrbuch für die Geschichte Mittel- und Ostdeutschlands*, 12. Jg. (1963), S. 150—188.

[64] Miles, *Neu Beginnen!*, in: Kurt Klotzbach (Hrsg.), *Drei Schriften aus dem Exil*, Berlin 1974, S. 54.

[65] *A. a. O.*, S. 82f.

[66] G. Peter, *Lehren der Niederlage*, in: *NV*, Nr. 16 vom 1. Oktober 1933.

[67] Karl Kautsky, *Eine Diskussionsgrundlage*, in: *ZfS*, 1. Jg. (November 1933), S. 58.

[68] E. Anders (= E. Rinner), *Neu beginnen...* [Anm. 49], S. 99.

[69] *Ebda.*

[70] *Der Weg zum...* [Anm. 20], S. 391.

[71] *A. a. O.*, S. 388.

[72] *Die Hauptaufgabe der Sozialdemokratie*, in: *DF*, Nr. 5 vom 25./26. Juni 1933.

[73] *Zwei Jahre Hitler*, in: *SoAk* vom Februar 1935.

[74] Vgl. den Hinweis bei E. Matthias, *Sozialdemokratie und Nation...* [Anm. 1], S. 291 (Anm. 37), daß der Redakteur Paul Hertz sich in dieser Richtung bewegte.

[75] *Dezember-Bericht über die Lage in Deutschland*, S. 1.

[76] Paul Sering (= Richard Löwenthal), *Die Aufgaben der deutschen Revolution*, in: *ZfS*, 3. Jg. (Juni 1936), S. 1049.

[77] *Ebda.*

[78] Vgl. H. Drechsler, *Die Sozialistische...* [Anm. 62], S. 330.

[79] *Revolutionäre Theorie und Praxis*, in: *Die Neue Front* (im folgenden *NF* zitiert), Nr. 10 vom Mai 1934.

[80] *Zwischen gestern und morgen*, in: *NF*, Nr. 1 vom 1. Januar 1934.

[81] *November-Gedanken*, in: *NF*, Nr. 22 vom November 1935.

[82] *SAP zur Plattform der Linken in der SPD*, in: *NF*, Nr. 34 vom Dezember 1934.

[83] *Ebda.*

[84] *Neue Wege*, in: *Sozialistische Warte* (im folgenden *SW* zitiert), Nr. 1 vom Mai 1934.

[85] *SW*, Nr. 1 vom Januar 1935, S. 1.

[86] Martin Hart (= Willi Eichler), *Die Überwindung des Klassenstaates*, in: *SW*, Nr. 7 vom November 1934, S. 165.

[87] Martin Hart (= Willi Eichler), *Eine Front der Neinsager?*, in: *SW*, Nr. 9 vom September 1935.

[88] Vgl. E. Matthias, *Sozialdemokratie und Nation...* [Anm. 1], S. 38; an späterer Stelle (S. 216) wird jedoch das in Anm. 89 aufgeführte Zitat angegeben, aber bagatellisiert.

[89] *Für Deutschland — gegen Hitler!*, in: *SoAk* vom Februar 1936.

[90] Zu dieser Interpretation vgl. Detlef Lehnert, *Sozialdemokratie zwischen Protestbewegung und Regierungspartei 1848—1983*, Frankfurt a. M. 1983.

Zwischen Standesvertretung und Werksgemeinschaft

Zu den Gewerkschaftskonzeptionen der Widerstandsgruppen des 20. Juli 1944

MICHAEL SCHNEIDER
Bonn

I

Daß es den Widerstandsgruppen des 20. Juli nicht nur um die Klärung der Fragen ging, wie das nationalsozialistische Regime zu stürzen, wie ein Bürgerkrieg zu vermeiden und der Krieg zu beenden sei, zeigt schon die Vielzahl von Plänen für die „Zeit danach".[1] Insbesondere von der Gruppe um Carl Friedrich Goerdeler und vom Kreisauer Kreis um Helmuth James Graf von Moltke wurden Programmentwürfe diskutiert und schließlich „verabschiedet", deren Aussagen zur Staats-, Verfassungs- und Verwaltungsreform in mehreren Beiträgen zu dieser Konferenz beleuchtet werden. Waren die Widerstandsgruppen des 20. Juli auch verbunden durch die moralisch fundierte Ablehnung der nationalsozialistischen Gewaltherrschaft, so reichte dieser Konsens nicht aus, sowohl über die eigentliche Aktion als auch über die Form des gesellschaftlichen Neuaufbaus Einigkeit zu erzielen. Nur die Grundsätze der neuen wirtschaftlichen und staatlichen Ordnung waren unbestritten: Moralische Erneuerung und Rechtsstaatlichkeit sollten Grundprinzipien dieses Neuaufbaus sein; auch gesellschaftliche Reformen — darüber bestand in und zwischen den Widerstandsgruppen des 20. Juli Einmütigkeit — seien nötig.

Mehrheitlich akzeptierte Ansicht war zudem, daß der gesellschaftliche Neuaufbau nur unter mitverantwortlicher Beteiligung der Arbeiterschaft erfolgen könne und dürfe. Gerade unter diesem Aspekt kam der Gewerkschaftsfrage zentrale Bedeutung zu, ging es dabei doch zunächst um die Lösung des Problems, diese Beteiligung der Arbeiterschaft organisatorisch zu bewältigen. Die Gewerkschaftsfrage war jedoch noch unter einem weiteren Gesichtspunkt von Wichtigkeit; denn mehrere ehemalige Führer der 1933 aufgelösten Richtungsgewerkschaften waren konkret an den Widerstandsplanungen beteiligt. Beide Aspekte wurden aufs engste dadurch miteinander verknüpft, daß mit Wilhelm Leuschner und Jakob Kaiser zwei Vertreter des im April 1933 gebildeten Führerkreises der vereinigten Gewerkschaften[2] zum Widerstandskreis gehörten. Schon damit war eine Wiederkehr der „alten" Richtungsgewerkschaften in den Konzeptionen des Widerstandes zur Reorganisation der Gewerkschaften nahezu ausgeschlossen.

Wurde die Beteiligung von Sozialdemokraten und Gewerkschaftern auch nicht von allen Angehörigen der Widerstandsgruppen des 20. Juli — zu denken ist an Johannes Popitz und Ulrich von Hassell — gleichermaßen begrüßt, so war doch sowohl im Goerdeler- als auch im Kreisauer Kreis die Bereitschaft vorherrschend, mit Gegnern des Nationalsozialismus auch aus nicht bürgerlich/konservativen politischen Lagern zusammenzuarbeiten. So zählten zum Kreis um Goerdeler neben dem ehemaligen Freien Gewerkschafter und sozialdemokratischen Innenminister Hessens, Leuschner, und dem Sozialdemokraten Julius Leber auch Kaiser und Elfriede Nebgen von den Christlichen Gewerkschaften. Daß die Gewerkschaftsfrage zu den zentralen Programmpunkten der Papiere Goerdelers gehörte, wurde sicherlich dadurch unterstützt, daß zu seinem Kreis mit Rechtsanwalt Josef Wirmer und dem früheren Staatspräsidenten von Württemberg, Eugen Bolz (Zentrum), weitere Männer rechneten, die der Gewerkschaftsfrage Interesse entgegenbrachten. Und an den Beratungen des Kreisauer Kreises nahmen die Sozialdemokraten Theodor Haubach, Adolf Reichwein und Carlo Mierendorff teil, nach dessen Tod am 4. Dezember 1943 Julius Leber verstärkt hervortrat; zu nennen sind auch Ernst von Harnack, Otto Stegemann und Gustav Dahrendorf; Leuschner wurde im Kreisauer Kreis durch Hermann Maaß vertreten.

Die Beteiligung der Gewerkschafter folgte — bei allen Vorbehalten — doch dem Interesse der konservativen Kreise daran, die (ehemals) organisierte Arbeitnehmerschaft in den Aufstands-Versuch einzubinden, sie mit dem neuen Staatsaufbau von vornherein zu verknüpfen und ein Aufkommen revolutionärer oder auch kommunistischer Bewegungen zu verhindern. Das letztgenannte Motiv sei durch den Hinweis auf Moltke illustriert, der 1943 nachdrücklich dafür eintrat, die Widerstandsbewegung auf Sozialdemokratie und Gewerkschaften zu stützen, um einen Sieg nationalbolschewistischer Strömungen zu verhindern.[3] Andererseits war den Gewerkschaftern klar, daß sie ohne und erst recht gegen das Militär kaum wirksam ein Ende des nationalsozialistischen Regimes würden herbeiführen können. Aber die Gewerkschafter standen den Militärs nicht ohne Mißtrauen gegenüber, was sich zum Beispiel 1939/40 zeigte, als im Kreis um Goerdeler und Ludwig Beck erwogen wurde, den Umsturz durch einen Generalstreik der Arbeiterschaft auszulösen, der dann von der Wehrmacht unterstützt würde. Dieser Plan wurde von Leuschner glatt abgelehnt:

„Wir haben Hitler nicht in den Sattel gehoben und auch diesen Krieg, der über kurz oder lang zu einer Katastrophe führen muß, nicht angefangen. Wir werden uns auch nicht, um Hitler zu beseitigen und den Krieg zu beenden, in irgendwelche Abenteuer stürzen, bei denen wir obendrein noch damit rechnen müssen, daß die Generale auf die Arbeiter schießen lassen, wenn wir sie zum Generalstreik aufrufen."[4]

Dieses Mißtrauen lebte im Frühjahr 1944 wieder auf, als die Gewerkschafter, besonders Leuschner, ungeduldig auf Aktionen des militärischen Widerstandes warteten und befürchteten, von den Militärs „an der Nase" herumgeführt zu werden.[5]

Trotz der Vorbehalte und des immer wieder aufflackernden Mißtrauens gegen eine Kooperation von Vertretern so unterschiedlicher Gruppen wie Adel, Arbeiterbewegung, Industrie, Kirche und Militär bildeten die Verwurzelung in christlichen Moralvorstellungen sowie die Prinzipien von Rechtsstaatlichkeit und sozialer Reform eine starke Klammer, die ausreichte, ein Regierungsbündnis für die Zeit nach dem Umsturz zu vereinbaren. Neben Beck und Goerdeler waren Leuschner und Leber als Kanzler beziehungsweise Vizekanzler oder Innenminister im Gespräch; die christliche Arbeiterbewegung sollte — so die letzte Ministerliste vom Juli 1944 — durch Bernhard Letterhaus als Minister für Wiederaufbau (oder: ohne Portefeuille) im Kabinett vertreten sein. Für den ersten Reichstag war an Paul Löbe (SPD) als Reichstagspräsidenten gedacht.[6]

Waren auch Vertreter der Richtungsgewerkschaften — Leuschner von den Freien Gewerkschaften, Kaiser von den Christlichen Gewerkschaften und Max Habermann vom Deutschnationalen Handlungsgehilfenverband — an den Beratungen der Widerstandskreise beteiligt, so bedeutete dies doch nicht, daß sie sich mit ihrer im April 1933 vereinbarten Konzeption der Einheitsgewerkschaft hätten durchsetzen können. Schon mit der Vereinbarung des Führerkreises war im übrigen auf die spezielle Situation des Frühjahres 1933 Rücksicht genommen worden. So finden sich nicht alle Prinzipien ungebrochen in diesem Dokument, zu denen sich die Gewerkschafter gewiß unter anderen Umständen bekannt hätten. Als Gewerkschaften — so kann man zusammenfassend sagen — galten (und gelten) unabhängige und selbstbestimmende, auf freiwilliger Mitgliedschaft beruhende dauerhaft organisierte Interessenvertretungen der Arbeitnehmerschaft, die gegen die ökonomische, soziale und politische Unterprivilegierung der Arbeitnehmerschaft kämpfen.[7] An dieser „Gewerkschaftsdefinition" wird man die von den Widerstandsgruppen des 20. Juli ausgearbeiteten Pläne messen können, die allein darin übereinstimmten, daß die „alten" Richtungsgewerkschaften als überholt galten, zumal die Zersplitterung der Gewerkschaftsbewegung überdies den Sieg der Nationalsozialisten erleichtert habe und demgemäß überwunden werden müsse.

II

Konkrete Gewerkschaftspläne entwickelte im Grunde nur Goerdeler. Er hatte — im Unterschied etwa zu den meisten Angehörigen des Kreisauer Kreises — in den 1920er Jahren Erfahrungen im Umgang mit Gewerkschaftern gesammelt; als stellvertretender Vorsitzender des Arbeitgeberverbandes deutscher Gemeinde- und Kommunalverbände hatte er eine konservative, indessen nicht scharfmacherische Arbeitgeberpolitik verfolgt und dabei Verantwortungsbewußtsein und Verläßlichkeit seiner gewerkschaftlichen Verhandlungspartner schätzen gelernt. Diese Erfahrungen fand er auch in seiner Arbeit als Preiskommissar unter Heinrich Brüning bestätigt. Schon in einer Denkschrift an Reichspräsident Paul von Hindenburg vom April 1932[8] beklagte Goerdeler die Zersplitterung der deutschen Gewerkschaftsbewegung und sprach sich für einen verstärkten Zusammenschluß der Richtungsgewerkschaften aus, der gegebenenfalls durch staatlich verordnete Arbeiter-Berufskammern mit Selbstverwaltung herbeigeführt werden solle. Goerdeler erwartete jedoch, die Gewerkschaften würden sich, seien die ihnen gestellten Aufgaben nur groß genug, auch von alleine zusammenschließen. So sollten die Arbeitslosenversicherung und die gesamte Sozialversicherung der gewerkschaftlichen Selbstverwaltung übergeben oder mit den gemeindlichen Sparkassen zusammengelegt werden. Gerade weil die „Einschaltung der Arbeiter in das Staatsleben" eine „unabweisbare Folgerung der sozialen und wirtschaftlichen Entwicklung" sei, gehe es um die Wiederherstellung der „Einzelverantwortlichkeit des einzelnen Menschen oder seiner Berufsvertretung". Selbstverantwortung und Selbstverwaltung sollten Kernbegriffe seines gesellschaftspolitischen Konzepts bleiben.

In Goerdelers Denkschriften aus den Jahren 1940/41, insbesondere in den Überlegungen unter dem Titel *Das Ziel*, war dann allerdings nicht von Gewerkschaften im oben beschriebenen Sinne die Rede.[9] Vorgesehen war vielmehr eher eine Reform der Deutschen Arbeitsfront (DAF), sollten doch die „bisherigen Organisationen (Gruppen) vorerst bestehen" bleiben; an der Zwangsmitgliedschaft aller Arbeitnehmer über 18 Jahre sei festzuhalten; nur müßten die Finanzen der Organisation öffentlicher Kontrolle unterliegen. Ebenfalls beizubehalten seien die Treuhänder der Arbeit als Schlichter in Arbeitsstreitigkeiten, deren Austragung in Form von Streik (und Aussperrung) weiterhin verboten sein würde. Durch die Schaffung von Kammern, in denen Unternehmer, Arbeiter und Angestellte vertreten sein sollten, würden die Arbeitnehmer „in die verantwortliche Mitarbeit an Wirtschaftsfragen einbezogen. Sie sollen und müssen“ — so Goerdelers Grundthese — „diese Verantwortung tragen. Nur Verantwortung und Wissen heilen sie von vernunftwidrigen und phantastischen wirtschaftlichen und politischen Ideen und Anforderungen.“ Außerdem sollte das bisherige „reine“ Zeitlohnsystem durch Leistungslöhne abgelöst werden.

Wohl erst unter dem Einfluß der Gewerkschafter entwickelte Goerdeler dann das Konzept der „Deutschen Gewerkschaft“, über das indessen keine vollständige Einigkeit mit Leuschner erzielt werden konnte. Die Bereitschaft, die Vorstellungen der Gewerkschafter bei seinen Planungen zu berücksichtigen, folgte wohl auch und vor allem der von Goerdeler immer wieder betonten Einsicht, die Arbeiterschaft müsse den neu zu bildenden Staat voll mittragen.[10] Als Versäumnis des Kaiserreichs galt ihm: Man hätte die Arbeiterschaft durch soziale Reformen in den Staat integrieren müssen, statt sie durch Unterdrückung und Behinderung der Arbeiterbewegung auszugrenzen.[11]

Auch das endgültige Konzept der Deutschen Gewerkschaft[12] zeigte deutlich die Einflüsse der DAF-Realität, sollte doch die Deutsche Gewerkschaft durch den Beitrittszwang für alle Arbeitnehmer über 18 Jahre ein allumfassender, allerdings vom Staat unabhängiger, das heißt sich selbst verwaltender Verband werden. Die Organisation sollte straff gegliedert werden: Zehn Industrieverbände[13] und ein Angestelltenverband seien zu bilden; nach Leuschners Auskünften war überdies die Gründung von Verbänden für die Landwirtschaft und den Fremdenverkehr erwogen worden. Vertikal sollte die Gewerkschaftsbewegung durch zentrale Leitung[14] und zwölf Bezirkssekretariate[15] geführt werden.

Folgende Aufgaben sollte die Deutsche Gewerkschaft übernehmen: Lohnverhandlungen mit den Verbänden der Arbeitgeber; Sozialversicherung; Arbeitsvermittlung; Schulung der Arbeitnehmer in wirtschaftlichen Fragen. Ziel war es, die Arbeitnehmer zur Mitarbeit bei der Betriebsführung zu befähigen; ein bis zwei Gewerkschafter sollten in die Vorstände der großen Kapitalgesellschaften (mit mehr als 50 Millionen Reichsmark Kapital) einrücken. Vertreten sollten die Gewerkschaften zudem in den Industrie-, Handels- und Landwirtschaftskammern sowie im Reichsständehaus sein. Damit war die Deutsche Gewerkschaft nach den Vorstellungen Goerdelers im Grunde die Standesorganisation der Arbeitnehmerschaft, durch die diese in eine auf wirtschaftliche Leistungsfähigkeit und Gemeinwohlverpflichtung aufgebaute Ordnung eingebunden sein sollte.

Während Gewerkschafter wie Leuschner und Kaiser offenbar die Zwangsmitgliedschaft sowie die ständische Orientierung des Konzepts „Deutsche Gewerkschaft“ zu akzeptieren bereit waren, ergab sich ein

Dissens über Goerdelers Vorhaben, die Sozialversicherung insgesamt, das heißt einschließlich der Arbeitslosenversicherung, in die Regie der Gewerkschaft zu übergeben. Die Gewerkschafter nahmen zwar hin, daß die Sozialbeiträge — nach entsprechender Lohnerhöhung — von den Arbeitnehmern allein aufzubringen seien, doch schien ihnen dieses Prinzip der Finanzierung nicht geeignet zu sein, auch das Risiko der Arbeitslosenversicherung in Krisenzeiten abzudecken; das Problem der Arbeitslosenversicherung blieb denn auch ungeklärt.

Die Gewerkschaftsfrage hatte — was nicht zuletzt durch den relativ hohen Grad inhaltlicher Konkretion der Planung und auch durch die Vormerkung von Personen für die einzelnen Positionen in Zentral- und Bezirksleitungen unterstrichen wird — in den Programmvorschlägen Goerdelers einen hohen Stellenwert. Leuschner war denn auch überzeugt, die Gewerkschaften würden beim gesellschaftlichen Neuaufbau eine „wichtige Rolle spielen".[16] Auffallend ist, daß sich Leuschner und Kaiser nur in begrenztem Umfang an der Konzipierung der Deutschen Gewerkschaft beteiligten. Sorgten auch Leuschner und Maaß ebenso wie Kaiser durch die Belebung personeller Kontakte — über deren Umfang und Verzweigung noch zu wenig Kenntnisse gesichert sind — für den Neubau der Gewerkschaften vor,[17] und beauftragte auch Kaiser den Österreicher Ludwig Reichhold im Januar 1943 mit der Ausarbeitung eines gewerkschaftlichen Grundsatzprogramms,[18] so traten die Gewerkschafter doch im Kreis der Widerstandsgruppen des 20. Juli nicht durch eigenständige Programmvorschläge hervor. Gerade daran mag es liegen, daß die Pläne Goerdelers letztlich nur in deutlich modifizierter Form die Realität der Gewerkschaften, wie sie sich historisch entwickelt hatte, berücksichtigten.

Mag auch Kaiser (vorsichtig) zuzustimmen sein, wenn er rückblickend meint, Goerdeler habe „nicht zuletzt unter dem Einfluß des Arbeiterflügels und der linken Demokraten demokratische und soziale Einsichten gewonnen und sich dazu bekannt",[19] so ist doch nicht zu übersehen, daß Goerdelers Pläne auf die Schaffung einer konstitutionellen Monarchie mit berufsständischem Unterbau hinausliefen; der den Gewerkschaften in einer derart organisierten Gesellschaft eingeräumte Platz fand dennoch einerseits bei einzelnen Konservativen wie Popitz, von Hassell und Jens Peter Jessen Kritik, andererseits auch bei Angehörigen des Kreisauer Kreises.

III

Auch der Kreisauer Kreis — als lockere Gruppierung, die auf der Basis des christlichen Glaubens die nationalsozialistische Gewaltherrschaft verurteilte und Pläne für die zukünftige Gestaltung Deutschlands und Europas, aber nicht für eine konkrete Widerstandsaktion im Sinne eines Umsturzversuchs entwarf — war weitgehend übereinstimmend der Ansicht, daß die Arbeiterschaft den notwendigen gesellschaftlichen Neuaufbau verantwortlich mitgestalten und mittragen solle und müsse. Diese Überzeugung wurde gestärkt durch die zumindest von einzelnen verspürte Schuldenlast gegenüber der Arbeiterschaft. So schrieb Peter Graf Yorck von Wartenburg:

„Die durch den Nationalsozialismus Betrogenen sind nämlich primär die Arbeiter. Und wenn wir uns einbilden, etwas ähnliches wie eine Elite zu sein, oder eine Führungsaufgabe zu haben, dann haben wir versagt und zwar dem einfachen Manne, dem Arbeiter gegenüber, denn sonst hätte das Dritte Reich nicht passieren dürfen. Wir haben eine Schuld gutzumachen am deutschen Arbeiter, deshalb müssen wir dieses Regime beseitigen. Dazu brauchen wir Echo und Rückhalt in das arbeitende Volk hinein."[20]

Kontakte zum „arbeitenden Volk" hatte der Kreisauer Kreis, wie gezeigt, indessen nur in sehr vermittelter Form. Von besonderer Bedeutung für die Gewerkschaftskonzeption der Kreisauer hätte allerdings sein können, daß Mierendorff im Mai 1942 Leuschner und Moltke miteinander bekannt machte. In den Kontaktgesprächen erzielte man Konsens über die Selbstverwaltungsideen Moltkes, die im übrigen Berührungspunkte zum Konzept Goerdelers zeigten; die Gewerkschaftspläne Moltkes stießen jedoch auf die Ablehnung Leuschners. Dennoch war aber die Bereitschaft vorhanden, die Verbindung zu intensivieren; Hermann Maaß — ehemals Geschäftsführer des Reichsausschusses der deutschen Jugendverbände und Mitbegründer des „Deutschen Jugendfunks", dann Prokurist in der Firma Leuschners — nahm im Auftrag Leuschners an Vorbereitungen und Verhandlungen der Oktober-Tagung des Kreises teil.

Manche der Überlegungen des Kreisauer Kreises muten durchaus aktuell an, denkt man etwa an die Denkschrift *Die Gestaltungsaufgaben der Wirtschaft* von Horst von Einsiedel und Carl Dietrich von Trotha aus dem Jahre 1942.[21] An der bestehenden Wirtschaftsordnung wurde bemängelt: Sie habe das Recht auf Arbeit nicht verwirklicht; es sei nicht gelungen, „eine Mißhandlung der Natur durch wirtschaftlichen Raubbau zu verhindern"; sie habe zu einer Massierung der Menschen in „trostlosen Industriequartieren" geführt; schließlich sei die internationale wirtschaftliche Arbeitsteilung unzulänglich. Angesichts dieser Probleme sei eine „Wiederherstellung der bisherigen Ungebundenheit der Wirtschaft oder gar eine völlige Ungebundenheit im Sinne extremer liberaler Wirtschaftstheorie ... schlechthin undenkbar. Diese Auffassung [wurde] nicht allein mit sachlichen Notwendigkeiten [begründet], so gewichtig uns diese auch erscheinen, da die Beseitigung der strukturellen Arbeitslosigkeit, wirtschaftlichen Raubbaus und der anderen von uns erwähnten Notstände ohne staatlichen Eingriff unmöglich ist. Entscheidender ist in diesem Zusammenhang, daß die heutigen Menschen nicht mehr bereit sind, ihr Schicksal dem freien Kräftespiel der Wirtschaft allein anzuvertrauen. Sie fordern von ihrer politischen Gemeinschaft, daß diese zu Grundfragen der bestehenden wirtschaftlichen und gesellschaftlichen Ordnung Stellung nimmt und, wenn erforderlich, eingreift."

Der Staat müsse — vornehmlich durch Mittel der indirekten Lenkung — den Rahmen des Wirtschaftens vorgeben, während die Einzelentscheidungen den Wirtschaftenden überlassen bleiben sollten. Allerdings war auch vorgesehen, Schlüsselindustrien zu verstaatlichen. Sowohl in diesem Punkt als auch in der vorgesehenen Bestrafung der nationalsozialistischen Gewalttaten ging das Konzept der Kreisauer über die Pläne Goerdelers hinaus.

Mit den Grundsätzen dieser Denkschrift stimmte auch das am 18. Oktober 1942 „verabschiedete" Wirtschaftsprogramm überein, von dem allerdings nur die „Präambel" eingehend erörtert worden zu sein scheint.[22] Eher undeutlich bleiben die Angaben über die Gewerkschaftsfrage. So wird in der Präambel dem „arbeitenden Menschen" das „Existenzminimum [zu]gesichert, welches der Menschenwürde angemessen ist und seiner Bedeutung für die Gesamtheit entspricht". Und weiter heißt es: „In diese von dem Einzelnen, dem Betriebe, den Selbstverwaltungskörperschaften der Wirtschaft, der Deutschen Gewerkschaft und dem Staat getragenen Existenzsicherung ist die von dem arbeitenden Menschen abhängige Familie eingeschlossen." Die hier genannte „Deutsche Gewerkschaft" wird erst in Punkt VI des Programms erneut angesprochen:

„1. Die Deutsche Gewerkschaft ist ein Mittel zur Durchsetzung des in I—V dargestellten wirtschaftspolitischen Programms und des in diesem vorausgesetzten Staatsaufbaues. Sie findet ihre Erfüllung in der Durchsetzung dieses Programms und der Überleitung der von ihr wahrgenommenen Aufgaben auf die Organe des Staates und der wirtschaftlichen Selbstverwaltung.

2. Sollten die Aufgaben, die die Deutsche Gewerkschaft wahrzunehmen hat, ihr Weiterbestehen erfordern, so ist ihr Aufbau dem Staats- und Wirtschaftsaufbau anzupassen."

War also die Deutsche Gewerkschaft nur als Übergangsmaßnahme geplant, deren organisatorische und politisch-programmatische Konzeption denn auch nicht weiter behandelt wurde, beharrten die Kreisauer auf ihren werksgemeinschaftlichen Zielvorstellungen, die unter dem durchaus irreführenden Begriff der Betriebsgewerkschaft vorgestellt wurden. In Punkt III des Programms vom Oktober 1942 wurde dazu unter der Überschrift „Der Betrieb" ausgeführt:

„1. Der Betrieb ist die Wirtschaftsgemeinschaft der in ihm schaffenden Menschen.

2. Ihre Form findet diese Wirtschaftsgemeinschaft in der Betriebsgewerkschaft, die von den Eigentümern des Betriebes und der Gesamtheit der Belegschaft des Betriebes gebildet wird.

3. Die Betriebsgewerkschaft betreibt ihr wirtschaftliches Unternehmen gemeinschaftlich. Die Betriebsführung obliegt dem Betriebsführer, der die Vertretung der Belegschaft laufend unterrichtet und von ihr beraten wird. Die Rechte und Pflichten der Mitglieder der Betriebsgewerkschaft, insbesondere der Anteil der Belegschaft am Gewinn und Wertzuwachs des Betriebes wird vertraglich zwischen den Eigentümern des Betriebes und der Vertretung der Belegschaft festgelegt. Der Vertrag unterliegt der Genehmigung der wirtschaftlichen Selbstverwaltungskörperschaft des Landes."

Daß Maaß einem solchen werksgemeinschaftlichen Konzept mit Befremden gegenüberstand, dürfte einleuchten.[23] So verwundert es, nach Dahrendorfs Darstellung zu vernehmen, daß in einer Diskussion der Sozialdemokraten in kleinem Kreis vom Frühjahr 1943 Maaß und Mierendorff für Betriebsgewerkschaften eingetreten seien, während Leuschner das Konzept der Berufsverbände favorisiert habe.[24] Demgegenüber dürfte gewiß eher zutreffen, daß der ehemalige Gewerkschafter Leuschner und auch sein Vertrauensmann Maaß am Konzept der Einheitsgewerkschaft festhielten und demgemäß den wirtschaftsfriedlichen Werksgemeinschaftsplänen wie der Idee einer Gewerkschaft als Übergangsmaßnahme kritisch bis ablehnend gegenüberstanden.[25] Den Kreisauern erschien indessen das Festhalten an der Idee einer zentralistisch organisierten Gewerkschaft sowohl ihren Selbstverwaltungsideen zu widersprechen als auch ein Rückfall in die Zeit des Klassenkampfes zu sein, den man überwunden glaubte.[26]

Die im Oktober 1942 vorgelegten Überlegungen zur „Wirtschaft" wurden auf der 3. Kreisauer Tagung zu Pfingsten 1943 (12.—14. Juni) nochmals eingehend besprochen. Die dabei vorgenommenen Änderungen finden sich wohl in den *Grundsätzen für die Neuordnung* vom 9. August 1943.[27] Ebenso deutlich wie im Programm vom Oktober wurde auch in diesem Entwurf, daß es sich bei der „Betriebsgewerkschaft" — in Weiterentwicklung des traditionellen „Gewerke"-Begriffs — um die „Wirtschaftsgemeinschaft" der in einem Betriebe gemeinsam „schaffenden Menschen" und nicht um eine Gewerkschaft als Interessenvertretung der Arbeitnehmerschaft handeln sollte. Zwar rückte die Behandlung der „Deutschen Gewerkschaft" im Programm nunmehr direkt hinter die Vorstellungen zur Betriebsgewerkschaft, auch wurde die Deutsche Gewerkschaft nun als „notwendiges Mittel" zur Durchführung von Wirtschaftsprogramm und Staatsaufbau apostrophiert, doch es blieb dabei, daß „eigentliche" Gewerkschaften nur als Übergangsmaßnahme vorgesehen waren. Auch wurde jede Zentralisierung der Gewerkschaftsbewegung programmatisch ausgeschlossen.

Allenfalls für die Phase des Neuaufbaus waren Existenz und Beteiligung der Gewerkschaften eingeplant. In dem Entwurf einer *Ersten Weisung an die Landesverweser* vom 9. August 1943[28] wurde nicht nur betont, die „freiheitlich gesonnene deutsche Arbeiterschaft und mit ihr die christlichen Kirchen vertreten und führen diejenigen Volkskräfte, aus denen heraus der Aufbau in Angriff genommen werden kann"; sondern es wurde auch gefordert:

„Insbesondere soll der Landesverweser die verantwortliche Mitwirkung der Werktätigen in Verwaltung und Wirtschaft herbeiführen. Zu diesem Zweck treten Sie unverzüglich mit den Beauftragten der Deutschen Gewerkschaft in Verbindung, die als allein berechtigte Vertreterin der Werktätigen anzuerkennen ist."

Nur am Rande sei erwähnt, daß im Wirtschaftsprogramm vom Oktober 1942[29] wie im Programm vom August 1943[30] der Aufbau einer nach Ländern gegliederten wirtschaftlichen Selbstverwaltung vorgesehen war: Die Betriebe von Industrie, Handel und Handwerk seien in Gewerbekammern zusammenzufassen, die dann mit den Landwirtschaftskammern zu Landeswirtschaftskammern zusammengeschlossen werden sollten. Alle Kammern seien paritätisch von „Betriebsführern" und „Belegschaftsmitgliedern" zu besetzen. Die Landeswirtschaftskammern sollten in einer Reichswirtschaftskammer, die parallel dazu aufgebauten (staatlichen) Landeswirtschaftsämter im Reichswirtschaftsministerium ihre Spitze haben. Die Nennung der Aufgaben der Kammern — „Überwachung der auf eine 9jährige Schulzeit sich aufbauenden beruflichen Lehre" — ist jedoch eher dürftig; sie gibt weder konkrete Hinweise auf den Inhalt der Selbstverwaltung noch auf die Aufgabenabgrenzung zu den behördlichen Landeswirtschaftsämtern.

IV

Daß man sich trotz der Unstimmigkeiten in der Wirtschafts- und speziell Gewerkschaftsfrage im Laufe des Jahres 1943 offenbar im Kreisauer Kreis auf ein Programm einigte, mag dadurch erleichtert worden sein, daß andere Konflikte — die Frage des Attentats und die Führungsrolle Goerdelers — programmatische Fragen überdeckten; eine Rolle könnte auch gespielt haben, daß die Gewerkschafter ohnehin erwarteten, nach dem Umsturz — quasi in der „zweiten Welle" — maßgeblich die politische Entwicklung bestimmen zu können.

Mochte die Gewerkschaftskonzeption Goerdelers auch ständisch-konservativ und wirtschaftsfriedlich geprägt sein, so knüpfte sie doch wenigstens partiell an die Realität der Verbändeentwicklung an, machte aber den angesichts der Weimarer Erfahrungen vielleicht verständlichen, jedoch von vornherein zum Scheitern verurteilten Versuch, die Entwicklung zurückzudrehen. Demgegenüber blieb das Gewerkschaftskonzept der Kreisauer, denen Goerdeler wohl insgesamt — trotz aller Unterschiede — als „reaktionär" galt, zumal er eine Rückkehr zum Parteienstaat nicht ausschloß,[31] ziemlich undeutlich: Weder Aufgaben und Mittel der Deutschen Gewerkschaft noch der betrieblichen Werksgemeinschaften (Betriebsgewerkschaften) waren klar umschrieben. Lohnfindung und Arbeitszeitregelung — die „klassischen" Konfliktfelder — kommen in den programmatischen Grundsatzdokumenten nicht vor.[32] Mit ihrem sozialreformerischen Engagement, das an den Realitäten einer Parteien- und Verbändedemokratie vorbeiging, die Frage der Parteien im übrigen völlig ausklammerte, in manchem eher an die Gemeinwirtschaftskonzeption Wissell-Moellendorffscher Provenienz erinnerte, boten die Kreisauer eine merkwürdige Mischung von sozial-romantischen Vorstellungen, christlicher Moralität und Willen zur staatlichen Intervention in die Wirtschaft, überformt von der Erwartung, für die staatliche Wirtschaftslenkung die „geeigneten Menschen" zu finden, die „ausschließlich das Gemeinwohl zur Richtschnur ihres Handelns zu machen" bereit seien.[33]

Der Widerstand des 20. Juli war geeint durch moralische Empörung über die nationalsozialistische Herrschaft und durch das Eintreten für die Prinzipien von Anständigkeit und Rechtsstaatlichkeit, weniger durch konkrete politische Zielvorstellungen — und schon gar nicht durch ein zukunftsweisendes Gewerkschaftskonzept. Basis, aber auch Grenzen der Gemeinsamkeit der Widerstandsgruppen des 20. Juli wird man deutlich in der Aussage Leuschners finden:

„Wir wollen den Staat auf den Grundsatz des Rechts verpflichten, nicht nur auf das geschriebene, sondern auch auf das moralische Recht."[34]

Anmerkungen

[1] Grundlegend dazu: Gerhard Ritter, *Carl Goerdeler und die deutsche Widerstandsbewegung,* Stuttgart 1954; Ger van Roon, *Neuordnung im Widerstand. Der Kreisauer Kreis innerhalb der deutschen Widerstandsbewegung,* München 1967; Hans Rothfels, *Deutsche Opposition gegen Hitler,* hrsg. u. eingel. von Hermann Graml, neue, erw. Ausg., Frankfurt a. M. 1977; Hans Mommsen, *Gesellschaftsbild und Verfassungspläne des deutschen Widerstandes,* in: Walter Schmitthenner/Hans Buchheim (Hrsg.), *Der deutsche Widerstand gegen Hitler,* Köln-Berlin 1966, S. 73—167.

[2] Siehe dazu Gerhard Beier, *Einheitsgewerkschaft. Zur Geschichte eines organisatorischen Prinzips der deutschen Arbeiterbewegung,* in: *Archiv für Sozialgeschichte,* 13. Jg. (1973), S. 207—242; ders., *Zur Entstehung des Führerkreises der vereinigten Gewerkschaften Ende April 1933,* in: *A.a.O.,* 15. Jg. (1975), S. 365—392.

[3] Siehe dazu Hans Mommsen, *Politische Perspektiven des aktiven Widerstands gegen Hitler,* in: Hans Jürgen Schultz (Hrsg.), *Der zwanzigste Juli. Alternative zu Hitler?,* Stuttgart-Berlin 1974, S. 25—35, hier S. 33.

[4] Zitiert nach Joachim G. Leithäuser, *Wilhelm Leuschner. Ein Leben für die Republik,* Köln 1962, S. 194 f.

[5] Siehe G. Ritter, *Carl Goerdeler...* [Anm. 1], S. 384 f.

[6] Siehe die Kabinettslisten in G. Ritter, *Carl Goerdeler...* [Anm. 1], S. 602 f.

[7] Siehe dazu Frank Deppe, *Gewerkschaften,* in: *Sowjetsystem und demokratische Gesellschaft,* Bd. 2, Freiburg-Basel-Wien 1968, Sp. 1030—1065, hier Sp. 1030 f.

[8] Siehe G. Ritter, *Carl Goerdeler...* [Anm. 1], S. 51 f.

[9] Abgedruckt bei Detlev Peukert, *Arbeiterwiderstand — Formen und Wirkungsmöglichkeiten,* in: *Widerstand und Exil der Deutschen Arbeiterbewegung 1933—1945* (= Schriftenreihe der Bundeszentrale für politische Bildung, Bd. 180), Bonn 1981, S. 215—364, hier S. 332—336, bes. S. 334.

[10] Siehe z. B. Denkschrift vom September 1944, nach G. Ritter, *Carl Goerdeler...* [Anm. 1], S. 281.

[11] Denkschrift von Anfang 1941, *a.a.O.,* S. 275 ff.

[12] Siehe *a.a.O.,* S. 286 f., 559 f., 563 ff.

[13] Folgende Industrieverbände waren vorgesehen: Holz, Bau, Steine und Erde, Eisenbahn, Metall, Leder und Bekleidung, Textil, Buchdrucker, Transport, Bergarbeiter (Kaltenbrunner-Bericht vom 13. 9. 1944, abgedruckt *a.a.O.,* S. 563 ff.).

[14] Acht bis zehn Abteilungen waren vorgesehen: Presse, Wirtschaftspolitik, Sozialpolitik, Jugend, Rechtsberatung, Finanzverwaltung, Personalverwaltung, Angestellte, Schulung und Bildung (G. Ritter, *ebda.*).

[15] Vorgesehen waren: Berlin; Ost-Westpreußen; Stettin, Pommern, Mecklenburg; Hamburg, Holstein, Oldenburg; Hannover; Schlesien; Sachsen; Thüringen; Bayern; Württemberg; Süd-Westdeutschland; Rheinland (G. Ritter, *ebda.*).

[16] Zitiert nach Max Braubach, *Der Weg zum 20. Juli 1944. Ein Forschungsbericht* (= Arbeitsgemeinschaft für Forschung des Landes Nordrhein-Westfalen, Geisteswissenschaften, H. 13), Köln-Opladen 1953, S. 34.

[17] Siehe bes. J. G. Leithäuser, *Wilhelm Leuschner...* [Anm. 4], passim; Gerhard Beier, *Die illegale Reichsleitung der Gewerkschaften 1933—1945,* Köln 1981. Vgl. auch Elfriede Nebgen, *Jakob Kaiser. Der Widerstandskämpfer,* 2. Aufl., Stuttgart 1970.

[18] Siehe Ludwig Reichhold, *Arbeiterbewegung jenseits des totalen Staates. Die Gewerkschaften und der 20. Juli 1944,* Wien-Köln-Stuttgart-Zürich 1965.

[19] Zitiert nach M. Braubach, *Der Weg...* [Anm. 16], S. 39.

[20] Zitiert nach G. van Roon, *Neuordnung...* [Anm. 1], S. 226.

[21] Abgedruckt *a.a.O.,*S. 523—539; Zitate S. 524, 526 f.

[22] Abgedruckt *a.a.O.,* S. 547—550.

[23] So *a.a.O.,* S. 254.

[24] So *a.a.O.,* S. 232 f.; vgl. auch S. 430.

[25] So schreibt H. Mommsen, *Gesellschaftsbild...* [Anm. 1], S. 148, nur Mierendorff habe das Konzept der Betriebsgewerkschaft akzeptiert. Auch G. Ritter, *Carl Goerdeler...* [Anm. 1], S. 304, betont, Leuschner und Maaß hätten derartige Pläne abgelehnt.

[26] Siehe dazu schon Kurt Finker, *Graf Moltke und der Kreisauer Kreis,* Berlin [Ost] 1978, S. 165 und 206.

[27] Abgedruckt bei G. van Roon, *Neuordnung*... [Anm. 1], S. 561—567, hier S. 566 f.

[28] Abgedruckt *a.a.O.*, S. 567—570, hier S. 568 f.

[29] Siehe *a.a.O.*, S. 549 f. (Punkt IV und V des Programms).

[30] Siehe *a.a.O.*, S. 567 (Punkt 4 des Teils über die „Wirtschaft").

[31] Siehe K. Finker, *Graf Moltke*... [Anm. 26], S. 161 ff.

[32] Eine Ausnahme bildet die Denkschrift von Günter Schmölders über „Wirtschaft und Wirtschaftsführung nach dem Kriege" (1942/43); siehe dazu G. van Roon, *Neuordnung*... [Anm. 1], S. 438.

[33] Siehe die Denkschrift von Einsiedels und von Trothas (1942), *a.a.O.*, S. 528.

[34] Zitiert nach J. G. Leithäuser, *Wilhelm Leuschner*... [Anm. 4], S. 211.

Preußische Soldatentradition und Widerstand

Das Potsdamer Infanterieregiment 9 zwischen dem „Tag von Potsdam" und dem 20. Juli 1944

EKKEHARD KLAUSA
Berlin

I

Vor vierzig Jahren starben, unter vielen anderen, zwei deutsche Generale: Der eine, Hitlers Chefadjutant Rudolf Schmundt, wurde Opfer der Bombe, die seinem Führer und Idol zugedacht war; der andere, Henning von Tresckow — jahrelang einer der wichtigsten Köpfe der Offiziersverschwörung gegen Hitler — starb von eigener Hand nach dem Scheitern des deutschen Rettungsversuches vom 20. Juli 1944.

Die beiden waren befreundet und entstammten dem Potsdamer Infanterieregiment 9. Neunzehn Angehörige und Ehemalige dieses I. R. 9 finden wir unter den Aufständischen des 20. Juli: Kein anderes Wehrmachtsregiment hat so viel zum Widerstand beigetragen. Kein anderes war auch so fest in der Überlieferung preußischen Soldatentums verwurzelt. Das „I. R. Graf Neun", wie es wegen seiner vielen Adligen scherzhaft genannt wurde, trug offiziell die Tradition mehrerer preußischer Garderegimenter, darunter des Ersten Garderegiments zu Fuß, in dem die meisten Hohenzollern-Prinzen gedient hatten. War es gerade die preußische Tradition und Gesinnung im I. R. 9, die so viele seiner Offiziere schließlich in den Widerstand trieb?

Viele im Regiment fühlten sich als die letzten Preußen. Sie führten ihre Rekruten nach der Vereidigung in die Potsdamer Garnisonkirche an die Särge Friedrichs des Großen und des Soldatenkönigs. Die Orgel intonierte den Choral von Leuthen, die Kesselpauken und Fanfaren der Regimentskapelle den Hohenfriedberger Marsch. Der Küster, selbst Reserveoffizier bei Neun, predigte über das preußische Soldatentum. Den Abschluß bildete das Deutschlandlied ohne Horst-Wessel-Zusatz. Dieser bemerkenswerten Blüte preußischer Traditionspflege machte allerdings der evangelische Militärbischof 1938 ein Ende: Er belegte den „heidnischen Gottesdienst", wie er ihn nannte, mit seinem Verbot.[1]

II

Die meisten Aufständischen des 20. Juli und fast alle, die zum nationalkonservativen Lager zählen, sind erst lange nach 1933 in den entscheidenden Widerspruch zum NS-Regime getreten — sehr viele erst dann, als der Krieg auch für Kurzsichtige sichtbar verloren war.

Vielleicht ist diese Feststellung trivial. Schaltete doch der Nationalsozialismus alle organisierten gegnerischen Kräfte aus; demnach konnten überhaupt nur diejenigen Kräfte in handlungsfähigen Positionen bleiben oder neu in sie einrücken, die eine nennenswerte Gegnerschaft bis 1933 nicht hatten erkennen lassen. Wer demnach erstens überhaupt politisch sichtbar gehandelt hatte und zweitens Nazigegner gewesen war, der konnte nach 1933 kaum zum handlungsfähigen „U-Boot" werden.

Jedoch gilt diese Überlegung nur begrenzt für das Rückgrat des Aufstandes vom 20. Juli, das Militär. Dessen autonome Rekrutierung überdauerte das Jahr 1933 noch um viele Jahre. Dabei entschieden eigene Anforderungen und Werte, nicht die bekannte oder vermutete politische Meinung des Anwärters. Sicher wäre es denkbar, daß ein bekannter Nazigegner nicht eingestellt oder befördert worden wäre. Bezeichnenderweise gibt es dafür aber kaum Beispiele unterhalb der hohen Generalität, die auch im demokratischen Staat nicht ganz unpolitisch berufen wird.

Am Beispiel des I. R. 9 soll erörtert werden, welche sozial-psychologischen Antriebe und Hemmnisse für aktive Nazigegnerschaft aus Tradition und Berufsperspektive derjenigen Soldaten erwuchsen, die noch preußisch geprägt waren.

III

Was also wurde aus den letzten preußischen Gardisten vom I. R. 9 im Dritten Reich? Machten sie unter Hitler begeistert mit oder standen sie abseits oder widerstanden sie? Natürlich gibt es auf diese Frage viele unterschiedliche Antworten — nicht nur je nach Person, sondern auch für ein und dieselbe Person zu verschiedenen Zeiten. Nehmen wir als Beispiel nur einen der tapfersten Kämpfer gegen Hitler, Fritz-Dietlof Graf von der Schulenburg. Er war Reserveoffizier beim I. R. 9 und wurde dort zur Seele des Widerstandes. Wenige Jahre zuvor war er noch idealistisch begeisterter Nazi und stellvertretender Polizeichef von Berlin gewesen.[2]

Um diesen Mann, und nicht nur um ihn, liegt ein Rätsel: Peter Hoffmanns Standardwerk *Widerstand, Staatsstreich, Attentat* nennt ihn schon für das Jahr 1938 als aktiven Verschwörer gegen Hitler;[3] Hans Mommsen und Ulrich Heinemann verlegen seinen endgültigen Bruch mit dem Nationalsozialismus als Weltanschauung tief in die Kriegsjahre.[4] Wahrscheinlich haben sie alle recht. Ein Verschwörer, der immer noch Nationalsozialist ist — wäre der nicht eine Symbolfigur für die deutsche Verwirrung der Gefühle?

Die Geschichte des I. R. 9 spiegelt ein Stück preußischer Tradition im deutschen Untergang: Sie spiegelt die geistige Igelstellung der alten preußischen Gardisten und ihrer Nachfolger in der ungeliebten Weimarer Republik; sie spiegelt die Verführbarkeit durch Hitler — was Wunder: von 29 Hauptleuten und Stabsoffizieren, die 1933 im Regiment dienten, brachten es 27 zum General.[5] Sie spiegelt aber auch die Ablehnung brauner Vulgarität durch die alten und neuen Preußen und schließlich ihren Widerstand. Am 20. Juli 1944 hat der soldatische „Geist von Potsdam" noch kurz vor Toresschluß Hitlers „Tag von Potsdam" widerlegt — jenen Tag von 1933, an dem Hitler sich von Hindenburg symbolisch zum Erben Preußens salben ließ.

Beiläufig: Das I. R. 9 ist auch deshalb aktuell, weil eine erstaunliche Anzahl seiner Ehemaligen maßgeblich die deutsche Nachkriegsgeschichte mitgestaltet hat und zum Teil heute noch gestaltet. Vom Generaldirektor der Gutehoffnungshütte v. Menges bis zum RIAS-Intendanten v. Hammerstein, vom Vorsitzenden des CDU-Wirtschaftsrates v. Bismarck über den Bundeswehrgeneral Graf Baudissin, der die „Innere Führung" schuf, bis zum neuen Bundespräsidenten v. Weizsäcker trugen sie alle einst mit Stolz die Neun auf den Schulterstücken. — Das könnte freilich so belanglos sein wie eine längst vergangene gemeinsame Bahnfahrt im selben Abteil — wenn diese Männer und viele andere nicht noch heute dem Geist von Potsdam und ihren alten Kameraden mit Kopf und Herz verbunden blieben. Insofern berührt die Frage nach Anpassung und Widerstand im I. R. 9 nachhaltig das Traditions- und Selbstverständnis eines (überwiegend konservativen) Teils der bundesrepublikanischen Elite.

IV

Fragt man alte Neuner, was denn eigentlich so besonders war an ihrem Regiment, dann antworten sie oft in Gleichnissen. Sie erzählen einem etwa die Geschichte vom adligen Rekruten, der sich auf dem Exerzierplatz beim Übungszielen auf ein bewegliches Flugzeugmodell dumm anstellte. Daraufhin schlug ihm sein Zugführer, ein Aufstiegsoffizier, mit dem Lineal auf die Glatze. Der Rekrut fuhr herum und donnerte ihn an: „Herr

Oberleutnant, ich verbitte mir das!" Worauf der Vorgesetzte sich sogleich vor versammelter Mannschaft entschuldigte, die er eigens antreten ließ.

Oder sie erzählen die Geschichte vom gestrengen Hauptmann Graf Eulenburg, über die sie sich heute noch ausschütten können vor Lachen: Bei einer Paradeaufstellung fuhr der nervöse Bataillonskommandeur ihn an: „Eulenburg, lassen Sie nochmal ausrichten, bei Ihnen hat die Front sich verschoben!" Der schmetterte zurück: „Die Welt ist rund, Herr Oberstleutnant, da verschiebt sich manches!" Er gehörte eben zur „Republik der autonomen Grenadiere", wo ein freies Wort auch nach oben erlaubt war.

Solche atmosphärischen Geschichten, was immer ihre Aussagekraft sein mag, sind rar in der kürzlich erschienenen Regimentsgeschichte.[6] Als Quelle dominieren die Erinnerungen alter Herren aus dem Abstand eines halben Jahrhunderts nach dem Motto „von Zitzewitz erinnert sich". Interessanter wäre, was die Offiziere *damals* gedacht, gefühlt und geschrieben haben, denn des Lesens und Schreibens kundig waren viele von ihnen.

Allerdings können manche ihrer heutigen Aussprüche und Erinnerungen aufschlußreich sein, gelegentlich sogar unfreiwillig. Nehmen wir die Äußerung des ehemaligen Hauptmanns der Reserve Dr. Hans Fritzsche, der sich am 20. Juli in der Bendlerstraße als Stauffenbergs Helfer verdient gemacht hat:

„Wir wollten gegenüber dem neuen Staat (nach 1933) genauso gute Soldaten sein wie einstmals die Garde gegenüber dem preußischen König. Wir waren stolz auf die Tradition. Die Leibstandarte der SS verachteten wir. Ich ging ... zu I. R. 9 ..., um dem ‚Roi de Prusse' zu dienen. Ich war glücklich, dem politischen Betrieb an der Universität entronnen zu sein. Es war eine Erlösung."[7]

Tatsächlich wählte mancher das I. R. 9 als „graue Emigration". Dort verharrte man in einem preußischen Pflichtethos und merkte kaum, daß es keinen König von Preußen mehr gab. Man diente einem Staat, der nur in der Phantasie existierte — dem philosophischen Idealstaat des alten Hegel.

Gewiß verachtete man die braunen Parteibonzen und die schwarze SS-Konkurrenzgarde. Aber lag das wirklich daran, daß man der Nazi-Ideologie politisch-moralische Grundsätze entgegenstellte? Oder handelten nicht viele eher im Geiste des alttestamentlichen Joseph, der sich einen bunten Rock anzog und sich besser dünkte als seine Brüder? Störte an den Nazis vielleicht viel mehr, daß sie grell und pöbelhaft auftraten, als daß sie Sozis und andere zersetzende Elemente ins KZ warfen?

Entscheidend ist, daß *einer* über allem schwebte und von der Kritik an den Braunen kaum berührt wurde: Der Oberste Befehlshaber Adolf Hitler. Dem konnte es nur recht sein, wenn seine feldgrauen Untertanen den braunen und schwarzen nicht grün waren. Denn solche Rivalitäten gehörten bekanntlich zu Hitlers Machtpolitik des Teilens und Herrschens.

Hitlers späterer Generalgouverneur in Polen, Hans Frank, diente als Reservist im Regiment und schrieb kurz vor seiner Hinrichtung in Nürnberg über die Potsdamer Kasinogespräche:

„Hitler war in diesem Kreise hoch geachtet, schon wegen der Wiederherstellung der Wehrmacht, aber nicht geliebt. Man hatte die aus altem Blut aufsteigende besorgte Ahnung seiner Katastrophenanfälligkeit und war überhaupt mit der Aufdringlichkeit des überlauten Goebbelstons, den Hanswurstiaden Görings, der Brutalität Himmlers und Heydrichs nicht einverstanden. Das war alles andere als ‚preußisch' ... Keiner von diesen Offizieren verstand den Antisemitismus der spezifischen ‚Nazi-Art', den sie für verrückt erklärten. Den Rosenbergschen ‚Christenkoller' verspotteten sie als eine ‚geistige Entwicklungsstörung'. Himmler war für sie der ‚blutige Dschersinsky' Hitlers, Göring ein ‚eitler Hanswurst', Heß ein ‚Mondkalb'. Da hatte ich es oft schwer, für eine gerechte Auffassung zu wirken, der nur aus rein gesellschaftlicher Höflichkeit, nicht aus Überzeugung zugestimmt wurde. Die Offenheit des Kasinotons war übrigens eine altpreußische Einrichtung und Gewohnheit ... Ich fand jedenfalls, daß diese Potsdamer Männer prächtige Kerle waren, die zwar am Dritten Reich kaum ein gutes Haar ließen, aber doch ihre Pflicht für den Staat und auch für Hitler genauso eifrig und erfolgreich erfüllten wie jemals sonst in ihrer Geschichte."[8]

Für Hitler und gegen die Nazis (aber eher spöttisch als rabiat dagegen) — das dürfte eine angemessene Antwort auf die Frage nach der im I. R. 9 vorherrschenden Einstellung bis zum Kriege sein. Die Achtung vor Hitler hängt sicher wesentlich damit zusammen, daß Hitler als Außenpolitiker lange Zeit scheinbar nur die von den Nationalkonservativen heiß ersehnte Revision von Versailles betrieb und daß er innenpolitisch die Gesellschaft militärähnlich formierte und den Krieger zum Leit- und Vorbild für das ganze Volks erhob.

Dennoch erklärt diese Teilidentität der Interessen von Führer und Soldaten nicht alles. Ein psychologisches Moment kommt hinzu: Das Selbstverständnis des preußisch-deutschen Soldaten war in der Identifikation mit dem Obersten Befehlshaber verankert. Dieser Anker war nur unter Ebert gelockert, seit Hindenburg wieder fest.

Wie sehr Hitler für die meisten Neuner in die psychologische Rolle des *Roi de Prusse* geschlüpft war, mag eine kleine Begebenheit andeuten. Eine der prägenden Gestalten in Potsdam war ein alter königlich-preußischer Offizier aus dem Ersten Garderegiment zu Fuß, dem wichtigsten Traditionsgeber des I. R. 9. Bei Festlichkeiten pflegte er das Glas auf die abgedankte Majestät im holländischen Doorn zu heben. Zur Hochzeit eines Neuners im Jahre 1938 wurde der alte Herr gebeten, wiederum einen Trinkspruch auf den Kaiser auszubringen. Das war damals eine winzige nonkonforme Geste gegenüber dem NS-Staat, wenn auch natürlich nicht im demokratischen Sinne.

Der alte Herr erhob sich tatsächlich — und hielt zur grenzenlosen Verblüffung der Festgemeinde einen flammenden Trinkspruch auf „unseren geliebten Führer", der — in der Sudetenkrise — wieder einmal gegen eine Welt von Feinden stand. Wohlgemerkt: Dies war ein Erster Gardist und kein Nazi. Er hatte einfach den *Roi de Prusse* verwechselt, und so ging es vielen, die sich mit dem Garde-Traditionsspruch *Semper talis,* stets der Gleiche, beruhigten und sich einem „ewigen Soldatentum" verpflichtet fühlten. Darüber verschliefen sie viel zu lange die Erkenntnis, daß ihr Dienst — dank des Dienstherrn — längst nicht mehr *talis* war, sondern ein schlimmes *aliud.*

Unverdientes Glück hatte das Regiment, daß Hitler die ihm 1936 angetragene Ehre ausschlug, Chef des I. R. 9 zu werden, wie einst der Kaiser Chef des Ersten Garderegiments zu Fuß gewesen war. Angetragen hatte ihm das der Oberbefehlshaber des Heeres, Freiherr v. Fritsch, der im nachhinein immer wieder als vornehmes Beispiel der alten, gegen Hitler kritischen militärischen Elite genannt wird. Es steht zu befürchten, daß die Neuner stolz und glücklich gewesen wären, wieder den *Roi de Prusse* zum Ehrenhäuptling zu haben. Nicht die preußische Garde verschloß sich Hitler, sondern Hitler ihr.[9]

Hier soll nicht tapferen und anständigen Menschen mit der Klügelei des Nachgeborenen am Zeuge geflickt werden. Aber es ist einfach wahr, daß auch charakterlich so vorbildliche Männer wie der Bamberger Kavallerist Stauffenberg und der Erste Gardist und spätere Neuner Tresckow 1933 und danach eben nichts gegen Hitler hatten. Das ist keine Minderung der *persönlichen* Verdienste der beiden, sondern eine Aussage über die *politische* Substanz einer unter vielen versagenden deutschen Institutionen. Das von Hitler hofierte Militär war naturgemäß ein schlechterer Pflanzboden für den Widerstand gegen Hitlers Militarismus als etwa die Gewerkschaftsbewegung oder der von den Nazis geschmähte Liberalismus.

Ungewollt prophetisch wirkt der bei Wolfgang Paul zitierte Bericht, den der Obergrenadier Bierstedt von der 1. Kompanie/I. R. 9 1933 nach dem Tage von Potsdam niederschrieb: „Plötzlich erschallten die Kommandos, die Musik setzte sich in Bewegung, gefolgt in tadelloser Ordnung von grau, braun und schwarz."[10]

Als sechs Jahre später die Kommandos zum Überfall auf Europa erschollen, da war dieselbe Marschordnung wiederum tadellos — fast bis zum 20. Juli 1944: Die Feldgrauen voran — sie eroberten den braunen

Goldfasanen und den Henkern vom Schwarzen Korps immer größere Operationsgebiete.

Die militärische Standesehre, also ein kastenartiges Sonderbewußtsein, ließ Soldaten damals und läßt noch heute manchen alten Kameraden in Zorn geraten, wenn jemand meint, sie hätten mit den widerwärtigen Rückwärtigen irgendetwas zu tun oder trügen gar Mitverantwortung für deren Taten. Beim I. R. 9 war dieses militärische Sonderbewußtsein auf die Spitze getrieben: Das macht das Regiment so interessant.

V

Was hat das I. R. 9 nun eigentlich mit Preußen zu tun? Sein Geburtsjahr 1920 wird von Sebastian Haffner als eines der möglichen Todesdaten von Preußen genannt, denn damals ging die preußische Armee in der Reichswehr auf. Als Alternativdaten nennt Haffner die Reichsgründung 1871, den Kaisersturz 1918, Papens Staatsstreich 1932 und den Zusammenbruch 1945.[11]

Die Traditionsseligkeit des Regiments ist eigentlich unpreußisch, denn Preußen war — nach Haffner — ja gerade der traditionslose, keinem Volksstamm verbundene Rationalstaat der Aufklärung. Innerhalb von wenigen Jahren, nämlich zwischen Dritter Polnischer Teilung und Wiener Kongreß, konnte dieser Staat aus der Retorte ganz unterschiedlichen Völkern von Warschau bis Trier übergestülpt werden.

In Wahrheit ist das I. R. 9 so altpreußisch wie die Romantik mittelalterlich — nämlich nur im Sinne einer nostalgischen Seelenverschmelzung. Herrschende Weltanschauung im Regiment war jener deutsche Nationalismus, der dem alten Preußen den Garaus gemacht hatte; im I. R. 9 in seiner nationalkonservativen Spielart.

Dennoch ist die Selbstverklärung des Soldatentums, die den Regimentsgeist noch stärker prägte als die Wehrmacht allgemein, eine preußische Eigenart. Mirabeau hat Preußen mit einem gewissen Recht eine Armee genannt, die sich zur Befriedigung ihrer logistischen Bedürfnisse einen Staat hält. Folgerichtig war dieser Staat militärähnlich organisiert.

Die vielfach bemerkte gesellschaftspolitische „Verspätung" des kaiserlichen Deutschland gegenüber anderen Industriestaaten lag zum Teil darin begründet, daß der Soldat immer noch „schönster Mann im Staat" war, als dieser Staat schon längst nicht mehr feudal, sondern bürgerlich geprägt ist. Das Bürgertum setzte seinen politischen Führungsanspruch weithin nicht durch, sondern äffte den adligen Offizier nach und erstrebte den Reserveleutnant als Ausweis höheren Menschentums. Nirgendwo war dieser Ausweis fälschungssicherer zu haben als in der Potsdamer

Garde und zuletzt beim I. R. 9. Insofern dürfen wir das Regiment zumindest als neu- oder restpreußisch ansprechen.

VI

Lassen wir die Geschichte des Regiments kurz vor uns ablaufen. Wichtigste Urzelle waren die aus dem Ersten Weltkrieg zurückkehrenden Reste des Ersten Garderegiments zu Fuß. Das „Regiment Potsdam" warf auf Befehl Noskes 1919 die Spartakisten aus dem „Vorwärts"-Gebäude im Berliner Zeitungsviertel hinaus. Nach einem Zwischenspiel als I. R. 5 des Übergangsheeres wurde 1920 das 9. (Preußische) Infanterieregiment gebildet. Eines seiner drei Bataillone stand in Spandau-Ruhleben, einige Kompanien lagen in Lichterfelde. Von 16 Kompanien trugen acht die Tradition preußischer Garderegimenter, andere die der Preußischen Fliegertruppe und der Deutschen Schutztruppe in Ost-Afrika.

General Hans von Seeckt, der oberste Soldat, erbat beim Abschied aus dem aktiven Dienst das Recht, künftig statt der allgemeinen Generalsuniform das Neuner-Kleid mit Generalsabzeichen zu tragen. Denn er hatte im traditionsgebenden Kaiser-Alexander-Garde-Grenadierregiment Nr. 1 gedient. Er stürzte als Chef der Heeresleitung in der „Prinzen-Krise" 1926, als er dem ältesten Sohn des Kronprinzen erlaubte, in der Uniform des Ersten Garderegiments zu Fuß mit dem I. R. 9 ins Manöver zu ziehen. Die kaiserliche Friedensuniform trugen bei nichtoffiziellen Anlässen übrigens auch einige Neuner, die noch im Ersten Garderegiment gedient hatten.

Im Regiment herrschte eine Art preußischer Sozialismus. Seeckt lud zu seinen Jahresessen im Spandauer Kasino neben ausländischen Botschaftern und Berliner Gesellschaftsspitzen auch die Feldwebel und je einen Mann aus den vier in Ruhleben stationierten Kompanien ein.

Zwischen Offizier und Mann war der Ton patriarchalisch — und das heißt auch: persönlich. Der preußische Krautjunker war ja mit seinen erbuntertänigen Bauern und später seinen Landarbeitern in einer Art Familienbetrieb vereinigt — viel enger als die meisten westlichen Granden es mit ihren Pächtern waren. Leuteschinder gab es unter den preußischen Landjunkern zwar, aber sie wurden von ihren Standesgenossen mißbilligt.[12]

Das geistige Leben im Kasino stand vermutlich unter einem höheren Anspruch als heute bei der Bundeswehr — trotz aller Diplome von der Bundeswehrhochschule. Denn damals kamen viele Berufsoffiziere aus gebildeten alten Eliteschichten. Dagegen ist heute der seines Feudalnimbus entkleidete Berufsoffizier sehr viel eher ein Aufstiegsberuf für Kleinbürger. Das ist wahrscheinlich für eine Demokratie auch sehr viel gesünder als ein elitäres Offizierkorps. In der Armee mit der ältesten demokratischen Tradition, nämlich der amerikanischen, sind die Offiziere viel schlichter nach Herkunft und Anspruch — oft auch im geistigen Niveau — als in der französischen und britischen mit ihren Feudalresten.

Im I. R. 9 war in den letzten Friedensjahren Regimentsadjutant der spätere Bundeswehrgeneral Graf Baudissin. Er wurde damals, wie alle seines Zeichens, im Regiment ebenso vorschriftswidrig wie selbstverständlich mit „Herr Graf" angeredet. Er veranstaltete Kaminabende mit Vertretern des geistigen Lebens und der Politik aus der nahen Weltstadt. Baudissin hält diese Kaminabende für eine der Urzellen des späteren Widerstandes. Hier wurde der unpreußische Unrechtsstaat offen kritisiert. Zwar gab es auch im aktiven Regiment eine kleine Handvoll Nazis — die Schätzungen schwanken zwischen zwei und fünf. Aber es verstand sich von selbst, daß keiner einen Kameraden denunziert hätte.

Das I. R. 9 machte mehrere Zellteilungen durch: Bei der Heeresvermehrung 1934/35 stellte es, wie jedes Regiment, drei neue auf. Bei Kriegsausbruch gebar es noch ein weiteres, das I. R. 178.

Das alte I. R. 9 wurde im Winter 1941 vor Moskau fast aufgerieben, danach doppelt neu aufgestellt, und zwar als Panzergrenadierregiment 9 und als Grenadierregiment 9 in zwei verschiedenen Divisionen (26. Panzer- beziehungsweise 23. Infanteriedivision). Das Grenadierregiment versank bei Kriegsende in Ostpreußen. Zuvor war es schon einmal auf Bataillonsstärke zusammengeschmolzen und dem I. R. 67 vorübergehend eingegliedert worden. Es heißt, man habe auf diese Weise das Regiment 9 nach dem 20. Juli von der Bildfläche verschwinden lassen wollen, weil es den Machthabern mißliebiger aufgefallen war als jede andere Truppe.

Das Tochterregiment 178 endete in Stalingrad, wurde neu aufgestellt und 1944 in Rumänien abermals aufgerieben. Die letzte Neuaufstellung ging bei Kriegsende in der Tschechoslowakei in Gefangenschaft. Das gleiche Schicksal erlitt das Panzergrenadierregiment 9 in Italien.

Die ständigen Verdünnungen ließen vom ursprünglichen Geist von Potsdam nicht viel übrig. Eine späte Blüte fand diese Gesinnung im Ersatzbataillon 9 in Potsdam, wo Genesende und neue Rekruten sich sammelten. Hier warb der energische Oberleutnant der Reserve Graf Schulenburg Gleichgesinnte gegen Hitler an. Mit vier jungen Neunern (Fritzsche, Hammerstein, Kleist, Oppen) half er Stauffenberg am 20. Juli in der Befehlszentrale des Ersatzheeres.

Ludwig von Hammerstein erinnert sich, daß er und seine Kameraden vor dem Einsatz am 20. Juli die „9" von ihren Schulterstücken entfernten. Er meint, an dieser Ziffer hätten hitlertreue Offiziere sofort erkannt, auf welcher Seite sie standen, als es am bitteren Ende zum Kampf zwischen Stauffenbergs und Hitlers Getreuen kam.[13]

VII

War demnach das I. R. 9 ein Hort des Widerstandes gegen Hitler? Von den neunzehn Offizieren, die sich dem Widerstand anschlossen, waren mehrere Reservisten, darunter die Schlüsselfigur Schulenburg (dieser war allerdings gerade deshalb ins Regiment eingetreten, weil er dort noch ein unverfälschtes Preußentum und damit eine Ausgangsbasis für seinen Widerstand zu sehen glaubte).[14] Andere, die zu den neunzehn gerechnet werden, wie der Berliner Stadtkommandant von Hase, waren 20 Jahre zuvor kurz im Regiment gewesen. Rechnet man so, dann zählt die Gesamtheit der bei Neun einmal durchgelaufenen Offiziere einschließlich der Reservisten und der Tochterregimenter an die 1000. Die unvollständige Regimentsliste, die ein Ehemaliger zusammenstellte,[15] enthält etwa 800 Namen.

Trotzdem war die Atmosphäre des Widerstandes im I. R. 9 viel stärker als anderswo in der Wehrmacht. Die aktiven Aufständischen wären kaum zu ihrem Entschluß gekommen ohne ein Umfeld von Gesinnungsfreunden, die zum gleichen Opfer bereit gewesen wären. Viele waren 1944 schon gefallen oder in Gefangenschaft, und auch die an der Front hatten kaum eine Chance zu handeln.

Es ist also aller Achtung wert, daß die aktiven Widerständler im Regiment zahlenmäßig die überzeugten Nazis wohl überwogen. Aber viel typischer für das I. R. 9 als die von Schulenburg vertretene radikale kleine Minderheit der Widerständler waren die vielen in der Mitte. Ein Überlebender erinnert sich: Schulenburg kam 1943, schäumend vor Zorn, von einem Regimentskameraden zurück, der einen alten preußischen Namen trug. Schulenburg hatte ihn für den Widerstand gewinnen wollen und schimpfte nun: „Ein Opportunist! Wenn die SS diesen Krieg gewinnt, dann macht der auch bei denen mit!“

Der Neuner Axel von dem Bussche entschloß sich zum Widerstand und zum Attentat auf Hitler, nachdem er Zeuge des Massenmordes an Zivilisten in Rußland geworden war. Nach einer solchen Nagelprobe auf das Wesen des NS-Regimes bedurfte es zum Widerstand nur noch des Charakters; das ist sehr viel und selten genug, aber es ist doch etwas ganz anderes als eine tiefere oder gar rechtzeitige politische Einsicht, die den Nationalsozialismus auch schon in seinen zivilisierteren Phasen hätte durchschauen oder bekämpfen können.

Vorherrschend und prägend für das Regiment war wohl der unpolitische Nur-Soldat, und der war schließlich ein vortreffliches Instrument in der Hand des Länderräubers. Im übrigen versteckte sich im unpolitischen Selbstverständnis des Soldaten nicht selten eine ganz bestimmte Politik. Ein 21jähriger Neuner schrieb 1935 in sein Tagebuch:

„Es wird andauernd betont, daß ein starkes Heer der beste Garant des Friedens ist. Ich glaube nicht daran, ebenso daran nicht, daß der Friede ein erstrebenswertes Endziel ist. Dieses ist das Wohl des Volkes oder Staates, oder besser: daß das Volk seine Sendung erfülle ... Aufgabe der Politik ist es nicht, Kriege zu vermeiden, sondern für die notwendigen Kriege die günstige Konstellation zu schaffen ... Was wollen wir: ein neues Reich, welches die Neuordnung Europas mit sich bringt ... Es wird die geistige Führung im Südostraum und der angrenzenden Volksstaaten übernehmen, im Ostseeraum dagegen Kolonisation betreiben müssen ...“[16]

Der das schrieb, war beileibe kein Nazi, sondern ein jugendbewegter Jüngling mit hohem altpreußisch-moralischem Anspruch an sich selbst, bald darauf ein wegen seiner Schneidigkeit gefürchteter Rekrutenoffizier. Im Selbstverständnis trennte diesen adelsstolzen konservativen Christen eine Welt von den Braunen. Aber ist das sehr tröstlich für die Völker Osteuropas, die als Objekte deutscher „geistiger Führung“ beziehungsweise „Kolonisation“ vorgesehen waren?

Aus diesen Tagebuchzeilen spricht dieselbe machtstaatliche Militanz der Nationalkonservativen, die Klaus-Jürgen Müller selbst noch bei Beck und anderen militärischen Verschwörern gegen den Krieg festzustellen meint.[17] Dabei sprechen Tagebücher oft eine deutlichere Sprache als amtliche Denkschriften, wo es ja denkbar wäre, daß ein Verfasser wie Beck moralische Bedenken gegen den Krieg verschwiegen und technische vorgeschützt hätte.

Wenn also das Zitat des jungen Neuners halbwegs repräsentativ für den damaligen Regimentsgeist war, dann eignete sich dieser Militärkonservatismus trefflich für viele — sicher nicht für alle — Ziele der Hitlerschen Außenpolitik. Selbstverständlich sind hiervon die spezifischen „Nazi-Schweinereien“ wie etwa die Kristallnacht auszunehmen — aber die waren für Deutschlands imperiale Größen ja auch entbehrlich, ja, mehr noch: schädlich. Dagegen dürfte für die letzte Demokratie östlich der Schweiz, nämlich die Tschechoslowakei, im I. R. 9 keine Träne geflossen sein.

Aber liegt in dieser Feststellung nicht vielleicht eine unhistorische Beckmesserei? Es ist doch wahrhaftig keine Besonderheit Preußens, daß seine Grenadiere im Jahre 1740 nicht gefragt haben, was ihr König in Breslau verloren habe, oder 1795, mit welchem Recht er Warschau einverleibe. Vielmehr fragten Englands Füsiliere in Amerika und Indien ebensowenig, sondern jeder Soldat diente ganz selbstverständlich der Landräuberei seines Kriegsherrn, und das war nach der Zeitmoral auch nicht anstößig.

Gewiß. Aber im Jahre 1935 dürften die Soldaten der westlichen Demokratien schon anders gedacht haben und nicht mehr so leicht für Angriffskriege einsetzbar gewesen sein. Zumindest hätte man ihnen den Kopf mit mehr Propaganda vernebeln müssen. Dagegen wußten die Schlaueren unter den deutschen Soldaten 1939 ganz gut, daß sie nicht das Vaterland gegen einen Angriff verteidigten. Lust auf Krieg hatten die Deutschen zwar überhaupt nicht, aber wohl auch meist kein schlechtes Gewissen gegenüber Polen, Tschechen und ähnlichen Kolonisationsobjekten.

Die Frage, ob englische, französische oder amerikanische Soldaten sich 1939 dem Befehl einer landräuberischen Politik verweigert hätten, ist natürlich Spekulation. Denn in den westlichen Demokratien waren die Sicherungen gegen eine faschistische Kriegspolitik im politischen System selbst verankert und nicht in den Armeen. Es wäre unfair, von der deutschen Armee zu verlangen, sie hätte die demokratischen und humanistischen Barrikaden gegen Hitler besetzen müssen, als die deutschen Politiker sie 1933 fast kampflos geräumt hatten. Dennoch: Die relative „Verspätung" des deutschen militärischen Sonderbewußtseins mag Hitlers Spiel zumindest erleichtert haben.

Der Fairneß halber sei immerhin angemerkt, daß der englische Militärhistoriker Liddell-Hart, ein genauer Kenner der deutschen Generalität, privat einmal bemerkte, die britische Generalität sei keinen Deut besser gewesen, sie habe es lediglich besser gehabt.[18]

VIII

Aber auch in die andere Waagschale fällt Gewicht: Als gegen Kriegsende Deutschland moralisch und charakterlich vielleicht noch ausgebrannter war als militärisch, da wurden die Reste des preußischen Bewußtseins zu einem der letzten Bollwerke gegen die nationale Selbsterniedrigung. Wäre einer der von den Neunern Tresckow und Schulenburg inspirierten Attentatsversuche ab 1943 erfolgreich gewesen — hätte etwa der Neuner Axel von dem Bussche Gelegenheit bekommen, sich, wie geplant, mit Hitler in die Luft zu sprengen —, so hätte sich die preußische Garde mit einem unbestrittenen Ruhmesblatt aus der Geschichte verabschiedet. „Wäre" und „hätte" zählen zwar nicht, was den geschichtlichen Erfolg betrifft — aber die tatbereite Gesinnung, um die es hier nur geht, war ja wirklich vorhanden. Spät, wohl auch 1943 schon viel zu spät, aber immerhin.

Zum Schluß wollen wir uns die Worte ins Gedächtnis rufen, die Tresckow seinen Söhnen im Jahre 1943 über Preußen sagte, als sie in der Potsdamer Garnisonkirche eingesegnet wurden:

„Vergeßt niemals, daß Ihr ... heute an der heiligsten Stätte des alten Preußentums eingesegnet seid. Es birgt eine große Verpflichtung in sich; die Verpflichtung zur Wahrheit, zur innerlichen und äußerlichen Disziplin, zur Pflichterfüllung bis zum Letzten. Aber man soll niemals vom

Preußentum sprechen, ohne darauf hinzuweisen, daß es sich darin nicht erschöpft. Es wird so oft mißverstanden. Vom wahren Preußentum ist der Begriff der Freiheit niemals zu trennen... Ohne diese Verbindung läuft es Gefahr, zu seelenlosem Kommiß und engherziger Rechthaberei herabzusinken..."[19]

Henning von Tresckow stand in dieser „wahren" preußischen Tradition, wenn sie denn so war; aber stand dort auch das I. R. 9 „mit Masse"? Oder auch nur mit seinen tonangebenden Teilen? Und selbst dieser Tresckow brauchte noch längere Zeit, sich von Hitlers Faszination zu befreien, als ungezählte namenlose Arbeiter, Liberale und Christen längst schon ihre Haut im Widerstand riskiert hatten. Diese Verspätung hat sicherlich weniger mit Tresckows Persönlichkeit zu tun als mit seiner Berufswelt.

Anmerkungen

[1] Wolfgang Paul, *Das Potsdamer Infanterie-Regiment 9 1918—1945. Preußische Tradition in Krieg und Frieden,* Osnabrück 1983, S. 104f.

[2] Vgl. Albrecht Krebs, *Fritz-Dietlof Graf von der Schulenburg. Zwischen Staatsräson und Hochverrat,* Hamburg 1964.

[3] Peter Hoffmann, *Widerstand, Staatsstreich, Attentat. Der Kampf der Opposition gegen Hitler,* München 1969, S. 121.

[4] Hans Mommsen, *Fritz-Dietlof Graf v. d. Schulenburg und die preußische Tradition,* in: *Vierteljahrshefte für Zeitgeschichte,* 32. Jg. (1984), S. 213—239; vgl. auch den Beitrag von Ulrich Heinemann im vorliegenden Band.

[5] W. Paul, *Das Potsdamer Infanterie-Regiment 9*... [Anm. 1], S. 89.

[6] *Ebda.*

[7] *A.a.O.*, S. 112.

[8] Hans Frank, *Im Angesicht des Galgens,* München 1953, S. 253f.

[9] W. Paul, *Das Potsdamer Infanterie-Regiment 9*... [wie Anm. 1], S. 103.

[10] *A.a.O.*, S. 86.

[11] Sebastian Haffner, *Preußen ohne Legende,* Hamburg 1979, S. 20.

[12] *A.a.O.*, S. 81.

[13] Persönliche Mitteilung von Ludwig Frhr. v. Hammerstein.

[14] A. Krebs, *Fritz-Dietlof Graf von der Schulenburg*... [Anm. 2], S. 61.

[15] Ekkehard von Saldern, *Infanterieregiment 9. Offiziere, Beamte, Offizieranwärter,* Limburg 1969.

[16] Ekkehard Baron von Ardenne, *Tagebuchblätter, Briefe und Verse eines Frühvollendeten,* Privatdruck o. J. (1942), S. 12.

[17] Vgl. Klaus-Jürgen Müller, *General Ludwig Beck,* Boppard 1980.

[18] Persönliche Mitteilung von Ludwig Frhr. v. Hammerstein.

[19] Bodo Scheurig, *Henning von Tresckow. Eine Biographie,* Berlin 1980, S. 154.

Der Weg zum Neuen Reich: Die politischen Vorstellungen von Claus Stauffenberg

Ein Beitrag zur Geistesgeschichte des deutschen Widerstands

STEVEN KROLAK

München

I

Die Voraussetzungen

Axel Freiherr von dem Bussche hat einmal geschrieben, daß Claus Graf Schenk von Stauffenberg nur unter drei Voraussetzungen zu verstehen sei: seiner Herkunft aus einer dem schwäbischen Ritterstand angehörenden Familie, seiner katholischen Erziehung und der spezifischen intellektuellen Welt um Stefan George, dem er eng verbunden war.[1]

Bussche hat seine Worte mit Bedacht gewählt. Ritterstand betont anders als der Begriff Aristokratie die Bedeutung der Pflicht und des Dienens. Religiöse Erziehung betont mehr als theologische Dogmen sich aus der Tradition herleitende ethische Wertvorstellungen und Bräuche. Die „intellektuelle Welt“ des Dichters Stefan George stellt einen fast hermetischen Komplex von Idealen dar, die Stauffenberg als gültig erkannte. Claus Stauffenberg glaubte an die Notwendigkeit einer nach gesellschaftlichen Schichten aufgebauten politischen Ordnung, als deren Ideale ihm der Dienst, die Opferbereitschaft, die Ehrfurcht und die Fürsorge des Staates für seine Bürger galten und die aus den heroischen und glänzenden Taten einer geistigen Elite hervorgegangen sei, wie sie in den Werken von Stefan George gefeiert wird.[2] Georges Vorstellungen und Sprache bildeten den Rahmen, in dem Stauffenberg seine Gedanken ausgesprochen fand, und die Behauptung, daß „Claus Stauffenberg von Stefan George gelernt hat, der Attentäter Hitlers zu werden“,[3] ist keineswegs übertrieben. Man könnte sogar sagen, daß die Anziehungskraft der politischen Vorstellungen Georges ihm nicht nur die Kraft zur Überwindung traditioneller moralischer und nationalistischer Werte gaben und ihn damit befähigten, den Anschlag vom 20. Juli auszuführen, sondern daß sie positiv auch dadurch wirkten, daß er auf dieser Grundlage ein in sich geschlossenes politisches Modell entwickeln konnte. Seine schon früh formulierten Vorstellungen fanden ihren Ausdruck in zahlreichen politischen Programmen, die er zur Vorbereitung der Nachkriegszeit entwarf. Der Anschlag vom 20. Juli 1944 hatte nicht nur die Beseitigung Hitlers zum Ziel, sondern „die völlige Beseitigung des Nationalsozialismus".[4] An seiner Stelle hoffte Stauffenberg das „Neue Reich" im Sinne Stefan Georges errichten zu können.

II

Sozialer Hintergrund und frühe politische Entwicklung

Stauffenberg war durch sein aristokratisches Erbe für das Elite-Prinzip und die Ideale von Dienst und Opfer prädisponiert. Die Stauffenberg-Brüder sahen in ihrer Zugehörigkeit zum Adel eine Verantwortung. Dieses Ideal des Dienens fand seinen Ausdruck zum Beispiel in der Mitgliedschaft der Brüder in der Jugendbewegung Neupfadfinder, die sie als einen „Versuch ... das Leben neu zu gestalten" auf der Basis eines paternalistischen Volksgemeinschaftsbegriffs verstanden.[5]

Und doch begründet die Tradition allein nicht das Besondere an den Vorstellungen Stauffenbergs. Daß die Person und die Ideen Stefan Georges einen so entscheidenden Einfluß auf Stauffenberg haben konnten, lag an der hervorragenden Bedeutung, die die Literatur neben anderen Werten in der Stauffenberg-Familie stets gehabt hatte. Diese „musische Empfänglichkeit" wurde in der Schulzeit von 1918 bis 1926 am Eberhard-Ludwig-Gymnasium in Stuttgart verstärkt. Die Brüder entwickelten eine anhaltende Liebe zu den klassischen Schriften des antiken Griechenlands und Roms, zur deutschen Klassik und zur modernen deutschen Literatur.[6]

Die Beschäftigung mit der Dichtung Friedrich Hölderlins scheint für die Bildung der politischen Vorstellungen Stauffenbergs wichtig gewesen zu sein. Der Dichter war 1909 von dem jungen Heidelberger Gelehrten Norbert von Hellingrath „wiederentdeckt" worden. Zusammen mit Stefan George und Friedrich Gundolf hatte Hellingrath vor seinem Tode im Jahre 1916 eine Gesamtausgabe der Werke Hölderlins herausgegeben und mehrere Aufsätze zur Interpretation von Hölderlins Dichtung veröffentlicht.[7]

Für Hellingrath und den George-Kreis war Hölderlin ein Seher und Prophet, dessen Werk von einem neuen, spezifisch deutschen Geist geprägt war und dessen Hellas-Vision eine Alternative zu den rationalistischen Werten des Industrie-Zeitalters bot. Hier konnte der einzelne Mensch seinen Einfluß, seine Stärke in der Gesellschaft bewahren und in heilsamer Ehrfurcht und Harmonie mit den griechischen und christlichen Idealen der Liebe, der Freiheit und der Opferbereitschaft leben. Von Hölderlin ausgehend, postulierte Hellingrath die Ideale von Nation und Stammesgemeinschaft als die wichtigsten Reichtümer eines jeden Volkes, die aus gemeinsamen Sitten, Traditionen und Werten bestünden und die ihm seine kulturelle Identität durch die Sprache seiner Dichter vermittelten. Für die junge Elite in Stuttgart, die die klassische Literatur auswendig lernte und in einer Zeit der politischen und geistigen Umwälzung auf eine „Erneuerung" Deutschlands hoffte, war Hölderlin ein Dichter-Held, der die Tugenden des „wahren" deutschen Geistes lebendig hielt.[8]

Schon in ihrer Schulzeit lernten die Stauffenberg-Brüder die Dichtung Stefan Georges kennen, und sie begannen, seinen poetischen Stil nachzuahmen. Claus Stauffenberg formulierte Überlegungen über seine Möglichkeiten, das Schicksal Deutschlands zu beeinflussen, in Gedichten, die eine starke Anlehnung an Georges Gedankengut verraten. Stauffenbergs Jugend-Gedichte enthüllen sein ausgeprägtes Elitedenken und sein paternalistisches Pflichtverständnis: Der Führende müsse seines Amtes würdig sein und seine Vorbilder im klassischen Altertum suchen, wenn auch jedes Herrschaftsprinzip in einer nationalen Idee wurzeln müsse, in diesem Fall in der deutschen Tradition.

Stauffenberg lehnte die zersplitterte und entfremdete urbane Massengesellschaft zugunsten der Unterwerfung der Städte unter den Willen der Landesfürsten ab, denn es mangele den Massen an einer starken politischen Vision. Kern dieser Ordnung sollte „der Meister" mit seiner „Schar" sein, die „zu der Sicht berufen ist": eine eindeutige Bezugnahme auf den George-Kreis, den George selbst in seinen Gedichten oft als Schar bezeichnet; George wurde von Mitgliedern seines Kreises und von Stauffenberg als „der Meister" angesprochen. Stefan George also besaß für Stauffenberg die Vision, die das wahre Herrschaftsprinzip erkannte; aber nicht er, sondern einer aus seiner Schar, der „Ehrfucht-einflößende Held", müsse dieses Prinzip durch die beispielhafte Personifizierung der dichterischen Ideale in die Tat umsetzen.[9]

Stauffenberg glaubte sein Volk vor dem moralischen Verfall retten zu können, wenn der „käufliche" Charakter der modernen Gesellschaft durch die klassischen Tugenden der abendländischen Kultur als Leitprinzip ersetzt werde. Die literarische Tradition der Heldensagen vermittelte das Prinzip von Nation oder Stammesgemeinschaft. Er, Abkömmling der Staufer, empfand dieses Prinzip als Teil seiner selbst. In diesem Sinne Held sein, hieß für ihn, die Prinzipien zu Idealen zu machen und sie umzusetzen in die Taten einer verantwortlichen Führung der ihrem

Landesherrn treu ergebenen Bürger. An die Stelle der pluralistischen Staatsordnung wurde so eine paternalistische gesetzt.[10]

Stauffenbergs Vertrautheit mit dem Werk und Denken Stefan Georges wurde noch vertieft, als sich die Stauffenberg-Brüder dem George-Kreis anschlossen. Claus von Stauffenberg lernte George im Herbst 1924 kennen und wurde bald ein Liebling des Meisters, für den er seinerseits „eine besondere Verehrung und Zuneigung" empfand und den er „vorbehaltlos" bewunderte. Stauffenberg besuchte den Dichter öfter in den Jahren 1926 bis 1933, wenn auch nicht so oft wie andere Kreis-Angehörige.[11]

Die Rolle, die Stefan George in diesem Kreis spielte, hatte sich nach dem Ersten Weltkrieg verändert. Während George vor dem Krieg von seinen Jüngern als „Kritiker seiner Zeit und Prophet der Zukunft" gefeiert wurde, verstand er sich jetzt als Lehrer einer neuen Jugend, deren verborgene Talente er zu wecken versuchte und in deren Geist er den Keim innerer Erneuerung pflanzen wollte in der Hoffnung, daß diese jungen Männer sich eines Tages, jeder auf seinem Gebiet und jeder im Einklang mit seiner eigenen Natur, völlig verwirklichen würden.[12] Er nannte seinen Kreis jetzt „der Staat" und definierte seine Aufgaben so:

„‚Der sinn aber unsres staates ist dieser, dass für eine vielleicht nur kurze zeit ein gebilde da sei, das, aus einer bestimmten gesinnung hervorgegangen, eine gewisse höhe des menschentums gewährleistet...' Unter Staat versteht der Dichter... nicht äussere Staatenbildung, sondern das Verhalten von Mensch zu Mensch, eine neue Gemeinschaftsbildung, zu der wenige von Geburt aus, wie er glaubte, befähigt sind, eine grössere Zahl aber durch Erziehung geeignet gemacht werden kann."[13]

Diese antimoderne Erziehung zielte auf die volle Entfaltung des Menschen durch die Überwindung des Materialismus, des Rationalismus und der Massengesellschaft. Stauffenbergs Utopie ist ein Spiegelbild derjenigen Georges, mit dem bemerkenswerten Unterschied, daß Stauffenberg sich selbst als einen „Ehrfucht-einflößenden Helden" versteht. Sicher spielt dieser Gedanke in Stauffenbergs Wahl des Offiziersberufes mit hinein, da er dadurch seine Ideale von exakter Planungsarbeit, Menschenerziehung, Verantwortung und Dienst an der Allgemeinheit (die im George-Kreis entweder herangebildet oder vertieft wurden) verwirklichen und vereinigen konnte und somit einen Einfluß auf den Kurs der Nation haben würde.[14]

In den Jahren von 1926 bis 1933 beobachtete George wie Stauffenberg das Aufkommen des Nationalsozialismus mit einer Mischung von akutem Interesse und fatalistischer Besorgnis. Während George vieles von der auch durch die Nationalsozialisten beanspruchten völkischen Gedankenwelt bejahte — so die Betonung der nationalen Erneuerung —, lehnte er die Massenpartei Hitlers selbst und ihre rassistische Ideologie als eine Perversion der ohnehin korrupten darwinistischen Geisteshaltung des späteren 19. Jahrhunderts ab. Der Nationalsozialismus war für ihn eine verhängnisvolle Erscheinung, die Deutschland in eine über alle NS-Brutalitäten hinausgehende Katastrophe hineinführen würde: „Wenn ich an das denke, was Deutschland in den nächsten fünfzig Jahren bevorsteht, ist mir die Judensach' im Besonderen nicht so wichtig.“[15]

Claus von Stauffenberg betrachtete den Nationalsozialismus „vom ersten Augenblick bis zum Ausbruch des Krieges mit Widerwillen, ja sogar mit Verachtung“.[16] Doch teilte auch er viele der grundsätzlichen Vorstellungen einer antidemokratischen „konservativen Revolution“:

„Der Gedanke des Führertums, der selbstverantwortlichen und sachverständigen Führung, verbunden mit dem einer gesunden Rangordnung und dem der Volksgemeinschaft, der Grundsatz ‚Gemeinnutz geht vor Eigennutz‘ und der Kampf gegen die Korruption, die Betonung des Bäuerlichen und der Kampf gegen den Geist der Großstädte, der Rassegedanke und der Wille zu einer neuen deutschbestimmten Rechtsordnung erschienen uns gesund und zukunftsträchtig.“[17]

Doch diese Gedanken hatten sich aus dem Zusammenhang mit dem George-Kreis entwickelt beziehungsweise sich in diesem Kreis gefestigt, und sie gingen nicht auf die NSDAP zurück. Obgleich die Grundideen des Nationalsozialismus dem Korpus der nationalen/völkischen Gesinnung entstammten und von Stauffenberg zum größten Teil bejaht wurden, sah er sie aber innerhalb kurzer Zeit „in der praktischen Durchführung durch das Regime fast alle in ihr Gegenteil verkehrt“.[18]

III

Politische Überlegungen nach 1933

Stauffenberg setzte seine Offiziersausbildung 1934 in Hannover fort, beschäftigte sich aber weiterhin mit Literatur, Philosophie, Politik und Kunst. Seine Gedanken über die Rolle des „Geistes“ in der Politik entwickelte er auch nach dem Ableben des „Meisters“ am 4. Dezember 1933 weiter, ohne daß seine Analysen von Georges Elitedenken abwichen.[19] Er sah im Aufstieg des Nationalsozialismus weiterhin den Triumph eines Demagogen, der trotz der Niedrigkeit seiner Natur echte Bedürfnisse nach Erneuerung artikuliert und so andere Menschen „mit hohen Idealen“ für das Programm der Nazis gewonnen hatte. Der Versailler Vertrag hatte in seinen Augen Hitler die Chance gegeben, sich als Held einer unterdrückten Nation darzustellen, und seine sozialen Maßnahmen hatten die Anziehungskraft, die der Kommunismus im Proletariat besaß, unterhöhlt; Hitlers ungewöhnliche demagogische Wirkungskraft und der meisterhafte Einsatz der Massenmedien zu Propagandazwecken machten es ihm möglich, die Weimarer Republik mit demokratischen Mitteln zu zerstören.[20]

Für Stauffenberg mußte jede Massendemokratie auf Demagogie hinauslaufen; er sah seine Vorstellungen von einer elitären Opferbereitschaft eher beim Militär verwirklicht, einem politischen Instrument, das „zu den wesentlichen Stützen der Nation gehört, deren Sicherheit und Ansehen es zu garantieren berufen ist". Nach dem „Röhm-Putsch" vom 30. Juni 1934, als Stauffenberg die Möglichkeit in Betracht zog, Hitler eines Tages gewaltsam beseitigen zu müssen, hob er in einem Gespräch mit Hans Walzer ausdrücklich hervor, daß eine solche Revolution nur dann erfolgreich sein könne, wenn sie von oben gemacht werde, um die kostbaren nationalen Werte, insbesondere des Katholizismus, vor der Zerstörung zu retten.[21]

Dieses Elite-Prinzip gewann für Stauffenberg in der Zeit von 1936 bis 1939, während seiner Generalstabsausbildung an der Kriegsakademie in Berlin, weiter an Bedeutung. Das Heer drohte seine Glaubwürdigkeit zu verlieren, wenn es ebenfalls der „Demokratie" der vollständigen Mechanisierung unterworfen würde, schrieb er 1936 in einem Plädoyer für die Beibehaltung der Kavallerie.[22]

IV

„Gneisenau"

Im Jahre 1938 schrieb der Germanist Professor Rudolf Fahrner auf Anregung des Bildhauers Frank Mehnert, eines Mitglieds des George-Kreises, eine Biographie über August Neidhardt von Gneisenau, den preußischen Militär-Reformer zur Zeit der deutschen Befreiungskriege, der ein Ur-Ur-Großvater Stauffenbergs war. Stauffenberg, der Fahrner durch Mehnert kennengelernt hatte, beteiligte sich aktiv an dem Entwurf für diese Arbeit, die zeigt, wie kontinuierlich Stauffenberg auch in den Jahren 1938—1940 dem Denken Georges verpflichtet war. Das Buch artikulierte so zugleich Stauffenbergs Vorstellung von einer nationalen Revolution, angeführt von einer Elite, die von den Werten der Nächstenliebe, des Patriotismus, der zivilen Verantwortlichkeit und der Opferbereitschaft durchdrungen ist.

Christian Müller hat auf die Absichtlichkeit hingewiesen, mit der Fahrner und Stauffenberg Parallelen zwischen der Napoleonischen und der Hitler-Diktatur gezogen haben;[23] dies gibt der Arbeit eine zusätzliche Bedeutung als Zeugnis für die wachsende oppositionelle Haltung Stauffenbergs gegenüber dem Regime. In Gneisenaus Absichten, wie dieses Buch sie darstellt, erkennen wir die Ziele des George-Kreises wieder:

„Im Innern des Staates das Ganze verwandeln statt notdürftig am Einzelnen zu bessern, das Unrecht bekämpfen, weil es unfruchtbar ist, durch eine gerechte großzügige Ordnung des gemeinsamen Lebens Freude und Stolz in allen erwecken und höhere Geister zur Mittätigkeit anlocken, Hochherzige und Tüchtige überall an die Spitze stellen, den übrigen Grundsätze und Lebensformen geben, die sie lieben und an denen sie wachsen können — das ist sein Staatsplan."

Diese neue Ordnung verachtet Kapitalismus und Utilitarismus, und der Staat stellt den technischen Fortschritt der Allgemeinheit zur Verfügung. Das politische Gemeinwesen ist nichts anderes als die natürliche Entwicklung des inneren Lebens und der inneren Kraft des einzelnen. Der Staat ist die Gesamtheit ererbter Werte, die Grundlage der sozialen Ordnung sind und die Stauffenberg in der Gemeinschaft des Heeres verkörpert sieht: „Die Blüte des Volkes als Heer, das Heer als Staat." Der Georgesche Führer schafft einen staatstragenden Stand, der sich als Georges Schar entpuppt:

„Er [Ernst Moritz Arndt] zeigt ihn [Gneisenau] als den Helden der Stunde, um den sich alle drängten, der um sich eine Schar von Jünglingen, Männern und hochgesinnten Frauen sammelte, und auf den viele in Hoffnung schauten als auf den künftigen Führer und Feldherrn . . . Winken Sie — wir folgen! Seien Sie der Heerführer einer deutschen Heiligen Schar! Nur den Großen, Außerordentlichen entspricht das Große, Ewiglebende. Dem Gottgeweihten ist nichts zu kühn. Was *ein* Mann vermag, lehrt die Geschichte — wollen Sie, und Sie stehen nicht allein."[24]

Der George-Kreis bewahrte weiterhin für Stauffenberg die Vorstellung des Reiches als eines geistig geprägten, die Wirkungskraft des einzelnen gewährleistenden Staatswesens.

V

Widerstand

Obwohl Claus Graf Stauffenberg zu den frühen Kritikern des Nationalsozialismus gehörte, schloß er sich dem aktiven Widerstand erst im Spätherbst 1942 an. Nachdem er Zeuge massiver Verluste deutscher Soldaten in Rußland gewesen war, die Inkompetenz der Luftwaffe erfahren und die brutale Behandlung der Zivilbevölkerung im Osten gesehen hatte, erklärte er: „Es kommt nicht darauf an, ihm [Hitler] die Wahrheit zu sagen, sondern es kommt darauf an, ihn umzubringen, und ich bin dazu bereit."[25] Als er endlich in eine Position berufen wurde, die ihm Zugang zu Hitler gab (als Stabschef des Befehlshabers des Ersatzheeres, General Fromm), wurde er zur treibenden Kraft bei den Vorbereitungen des Attentats auf den Diktator. Diese schwere Entscheidung — und die Stauffenbergs waren sich bewußt, daß sie die Opferung des eigenen Lebens bedeuten konnte — lief zusammen mit dem verstärkten Bewußtsein, einen Auftrag erfüllen zu müssen. Zu seiner Frau sagte er: „Ich habe das Gefühl, daß ich jetzt etwas tun muß, um das Reich zu retten." Hier war das deutsche Reich im Sinne Georges gemeint. Stauffenberg fühlte sich in höchstem Maße gegenüber seinem Volk verpflichtet, das er von Hitler dem Verderben preisgegeben glaubte; um den wahren Interessen seines Volkes zu dienen, war er als Soldat aufgerufen, Widerstand zu leisten.[26]

VI

Das Programm von Lautlingen

Ende August 1943 zogen sich Claus und sein Bruder Berthold von Stauffenberg nach Lautlingen zurück, um die Aussichten eines aktiven Widerstands zu diskutieren. Zusammen mit Rudolf Fahrner dachten sie über die Probleme nach, denen ein neues Deutschland ohne Hitler gegenüberstehen würde. Das daraus resultierende „Programm" ist ein Zeugnis für die Kontinuität der politischen Konzeptionen des George-Kreises.

Es mußte eine neue Ordnung gefunden werden, basierend auf den geistigen Prinzipien, von denen viele vom Christentum nicht zu trennen waren. Daß „menschliche Existenz auch im Staat ohne Bindung an Göttliches nicht gedeihen könne und daß man niemand, der diese Bindung noch in den Kirchen fände, stören oder beeinträchtigen dürfe",[27] war eine Konsequenz des liberal praktizierten Christentums der Stauffenbergs und verweist auch auf die Aussage Bertholds ein Jahr später: „... wir sind zwar nicht das, was man im eigentlichen Sinne Katholiken nennt, ... aber es ist immer Wert darauf gelegt worden, daß die Kinder katholisch wurden." Der Katholizismus behielt seine historische Bedeutung als Träger und Vermittler abendländischer Werte und war organisch verflochten mit allen Aspekten des Lebens der westlichen Zivilisation.[28] Aus diesem Grunde erschienen ihnen die nationalen Unterschiede zwischen den europäischen Völkern nicht so gravierend wie zunächst angenommen. Stauffenberg fragte sich, „inwiefern Einigungen unter den Völkern schon in den Völkern vorgegeben seien und vielleicht gerade spruchreifer als je, wenn sie von den jeweils Regierenden nicht hintertrieben, sondern gefördert würden?" Dieser Gedanke war für den George-Kreis nicht neu.

Wie das Christentum integraler Bestandteil abendländischer Erfahrung sei, so auch die Entstehung sozialer Schichten. Die Demokratie sei etwas

Künstliches, ihr Fehlen in Deutschland bewies den Stauffenbergs die Unmöglichkeit, organisch gewachsenen Verhaltensmustern einer politischen Entwicklung eine fremde politische Form aufzuzwingen. Dennoch blieb das Problem, „wie es möglich sei, unter Menschen eines Volkes ein freies Verhältnis zu den mit Notwendigkeit sich immer wieder ergebenden Unterschieden an Stellung, Besitz und Ansehen zu begründen..." Die politische Lösung schien ein nationales Parlament zu sein, das sich aus Delegationen zusammensetzt, die den „politischen Realitäten von Gemeinden, Berufsgruppen und Interessengemeinschaften" entsprechen, und dessen Ziel es sein muß, Eigeninteressen der Parteien zu verhindern und die nationale Einheit zu stärken. Die Gesetze und Einrichtungen des Staates sollten sich damit befassen, „Möglichkeiten für die menschliche Entwicklung zu schaffen und offenzuhalten". Ein besitzendes, aber materiell desinteressiertes Bürgertum (wir erinnern an Gneisenaus staatstragenden Stand) würde die Elite sachverständig unterstützen. Dieser Entwurf einer elitären korporativen politischen Ordnung sollte die Basis bilden für „Veränderungen vielfacher Art" durch das selbstlose Wirken einzelner nach dem Fall Hitlers.[29]

VII

Die Kontinuität politischer Vorstellungen

Nachdem Stauffenberg am 1. Oktober 1943 das Amt als Chef des Stabes beim Ersatzheer erhalten hatte, übernahm er die Führung des militärischen Widerstands, der nach dem Zusammenbruch des Abwehr-Kreises am 5. April 1943 erlahmt war. Trotz der Vorbehalte derer, die — wie Goerdeler — Stauffenberg eine politische Planung, die über die rein militärische Vorbereitung des Umsturzes hinausging, nicht zutrauten,[30] beteiligte er sich zunehmend mehr an den politischen Diskussionen der Widerständler. Unvermeidlich wurden hier seine Ideen wegen der Terminologie, in der er sie vortrug, oft mißverstanden. Hans-Bernd Gisevius sah in Stauffenberg einen fanatischen militaristischen Sozialisten, während die Linken, etwa Hermann Maaß, ihn als „reaktionären Adeligen" empfanden, dessen Auffassungen „so wenig konkret ausgedrückt" seien, „daß seine wahre politische Absicht nicht zu erkennen gewesen sei".[31] Bei anderen, die den gleichen sozialen Hintergrund und die gleiche intellektuelle oder berufliche Bildung hatten, gewann er Respekt und Vertrauen, etwa bei Adam von Trott zu Solz, Julius Leber, seinem Cousin Peter Graf Yorck von Wartenburg, Henning von Tresckow und Fritz-Dietlof Graf von der Schulenburg.[32]

Wir können nur vermuten, welche Auswirkungen die Kontakte zu diesen Männern auf die politischen Auffassungen Stauffenbergs hatten. Mit Sicherheit kann gesagt werden, daß es keinerlei Anhaltspunkte gibt für eine radikale Abkehr Stauffenbergs von den in seinen Jugendgedichten festgehaltenen Ideen. Er drückte sich weiterhin in der Terminologie des George-Kreises aus, was einige seiner neuen Kollegen und Freunde durchaus schätzten.[33] Diese Überzeugung, eine neue Haltung zum Staat sei in der Sprache Georges vorhanden, kommt auch in einer von Stauffenberg und Fahrner gemeinsam ausgearbeiteten Rundfunkansprache zum Ausdruck, in der es heißt, nach der Beseitigung Hitlers gelte es nicht nur einen Rechtsstaat wiederherzustellen, sondern mehr noch, ein völlig neues deutsches Staatswesen auf der Basis neuer geistiger Voraussetzungen zu bilden.[34]

VIII

Der Eid

Tage vor dem 20. Juli 1944 formulierten Berthold und Claus von Stauffenberg einen Eid, in dem die grundsätzlichen Ideale der Angehörigen des Widerstands zum Ausdruck kommen sollten. Dieser Eid, der sorgfältig und fast ausschließlich in der Terminologie Stefan Georges formuliert war, ist ein weiteres Zeugnis für Stauffenbergs anhaltende Hingabe an die Ideen seines „Mentors“:

„Wir wollen eine Ordnung, die alle Deutschen zu Trägern des Staates macht und ihnen Recht und Gerechtigkeit verbürgt, verachten aber die Gleichheitslüge und beugen uns vor den naturgegebenen Rängen. Wir wollen ein Volk, das in der Erde der Heimat verwurzelt, den natürlichen Mächten nahe bleibt, das im Wirken in den gegebenen Lebenskreisen sein Glück und sein Genüge findet und in freiem Stolze die niederen Triebe des Neides und der Mißgunst überwindet. Wir wollen Führende, die aus allen Schichten des Volkes wachsend, verbunden den göttlichen Mächten, durch großen Sinn, Zucht und Opfer den anderen vorangehen.“[35]

In den „Trägern des Staates“ erkennen wir Gneisenaus „staatstragenden Stand“, und mit den „Führenden“ aus allen Volksschichten kommen wir wieder auf die unabhängigen, dem Staat dienenden Bürger Gneisenaus und werden auch erinnert an den Plan des korporativen Parlaments aus dem Jahr 1943. Die „Gleichheitslüge“ läßt sich von Georges Formulierungen „seichten Sumpf erlogener Brüderei“ und dem „frommen Wahn“ der „Gleichheit von allen und ihr breitestes Glück“ ableiten. Die Verwurzelung des Staates „in der Erde der Heimat“ und die Betonung auf Recht und Zucht finden ihre Entsprechung im Neuen Reich des „Ewigen Rechts“, wo „das wahre sinnbild auf das völkische banner“ geheftet wird und wo „zucht wiederum zucht" ist. Die „naturgegebenen Ränge" und die „gegebenen Lebenskreise", die im Eid die unorganisch gewachsene Massendemokratie ersetzen, dürften auch von dem „zubedungnen range" der Freiheit in Georges *Stern des Bundes* abgeleitet sein.[36]

IX

„Geheimes Deutschland"

„Es lebe das heilige Deutschland", sollen die letzten überlieferten Worte Stauffenbergs gewesen sein. Bei Edgar Salin heißt es hingegen „heimliches" oder „geheimes Deutschland". Das ist durchaus möglich, weil Stauffenberg sich oft auf den Widerstand als auf das „geheime Deutschland" bezog. „Geheimes Deutschland" ist auch der Titel eines wichtigen Gedichts von George, und dies führt zu einem ganzen Gedankenkomplex, der hilfreich, wenn nicht möglicherweise grundlegend für das Verständnis der elitären politischen Auffassungen Stauffenbergs sein kann.[37]

Das „Geheime Deutschland" war der George-Kreis selbst. In Georges Gedicht stellt jede Strophe ein anderes Mitglied des Kreises dar.[38] Die Mitglieder des Kreises werden zu geistigen Erben der universalistischen Idee Georges, die das „letzte Geheimnis" der Götter verborgen hält, bis der Tag der Heldentat naht. „Geheimes Deutschland" stand im Widerspruch zum modernen Deutschland.

Hölderlin, Paul Lagarde und Julius Langbehn waren für George seine hervorragendsten Vertreter. Langbehn suchte die Erneuerung des Landes durch einen „geheimen Kaiser", der „alles Mechanische, Materielle und Brutale aufs äußerste verabscheut und dem Individuellen, dem Geistigen, dem Ethischen äußerst zugeneigt ist" und der für George durch Kaiser Friedrich II. von Hohenstaufen verkörpert worden war, der christliche, gnostische und römische Traditionen in sich vereint und dadurch seinen Platz als Held des „wahren Volkes" verdient habe.[39] Der wahre „Nationalismus" des George-Kreises war also ein oft recht vage formulierter Universalismus im Sinne des Heiligen Römischen Reiches, in dem die besten Grundsätze der Bürgerrechte, von „Freiheit und Stolz ... edlem Geist, Integrität und Opferbereitschaft" den „göttlichen Mächten" entsprechend in die Praxis umgesetzt sind.[40] Die junge „Schar„ des „Geheimen Deutschland" war berufen, diesen Geist wiederzuerwecken.

Claus Stauffenberg, „Erbe der Stauffen", fühlte sich selbst zum Handeln aufgerufen, vielleicht sogar zum Regieren im Dienste dieses universalen Prinzips und des Bildes vom Menschen als einem freien, ethisch verantwortlichen Einzelwesen. Am 20. Juli 1944 handelte er als Führer dieses „Geheimen Deutschlands".

Anmerkungen

Vorbemerkung: Dieser Essay ist in der Folge eines Seminars über den deutschen Widerstand gegen Hitler entstanden, das Prof. Peter Hoffmann an der McGill-Universität in Montreal durchgeführt hat. Seine Aussage und Zielrichtung zeigt die Unterstützung, die ich von Prof. Hoffmann erfahren habe, dem ich zu großem Dank verpflichtet bin. Außerdem danke ich Prof. Ger van Roon von der Freien Universität Amsterdam für sein Interesse, seine konstruktive Kritik, seine hilfreichen Hinweise und seine intellektuelle Unterstützung.

[1] Axel von dem Bussche, *Eid und Schuld,* in: *Göttinger Universitätszeitung,* 2. Jg. (1947), Nr. 7 vom 7.3.1947; vgl. auch Peter Hoffmann, *Claus Graf Stauffenberg und Stefan George. Der Weg zur Tat,* in: *Jahrbuch der deutschen Schillergesellschaft,* Bd. 12 (1968), S. 539.

[2] Günter Katsch, *Zu einigen Aspekten des sogenannten Nonkonformismus. Alexander von Stauffenberg,* in: *Das Altertum,* 17. Jg. (1971), S. 61; Fabian von Schlabrendorff, *Revolt against Hitler,* hrsg. von Gero von Gaevernitz, London 1948, S. 91; Karl Josef Partsch, *Stauffenberg. Das Bild eines Täters,* in: *Europa-Archiv,* 5. Jg. (1950), S. 3200; P. Hoffmann, *Claus Graf Stauffenberg*... [Anm. 1], S. 538.

[3] P. Hoffmann, *a.a.O.,* S. 538 f.

[4] *Spiegelbild einer Verschwörung. Die Kaltenbrunner-Berichte an Bormann und Hitler über das Attentat vom 20. Juli 1944,* hrsg. vom Archiv Peter, Stuttgart 1961, S. 17 (im folgenden *KB* zitiert); Robert Boehringer, *Mein Bild von Stefan George,* München 1951, S. 192; Kurt Finker, *Stauffenberg und der 20. Juli,* Berlin [Ost] 1971, S. 217.

[5] Joachim Kramarz, *Claus Graf Stauffenberg. 15. November 1907—20. Juli 1944,* Frankfurt a. M. 1965, S. 15—21; Theodor Pfizer, *Die Brüder Stauffenberg,* in: *Robert Boehringer. Eine Freundesgabe,* hrsg. von Erich Boehringer und Wilhelm Hoffmann, Tübingen 1957, S. 499.

[6] Th. Pfizer, *a.a.O.,* S. 493—497; P. Hoffmann, *Claus Graf Stauffenberg*... [Anm. 1], S. 521—524; Ludwig Thormählen, *Die Grafen Stauffenberg,* in: *Robert Boehringer*... [Anm. 5], S. 695; Eugen Gerstenmaier, *Den Dolch im Lorbeerstrauße tragen,* in: *Christ und Welt,* Nr. 29 vom 19.7.1968, S. 22.

[7] Th. Pfizer, *Die Brüder Stauffenberg*... [Anm. 5], S. 491, 494 f.; Allessandro Pellegrini, *Friedrich Hölderlin. Sein Bild in der Forschung,* Berlin 1965, S. 51—54.

[8] Norbert von Hellingrath, *Hölderlin und die Deutschen,* in: Ders., *Hölderlin-Vermächtnis,* hrsg. von Ludwig von Pigenot, München 1936, S. 124—127, 134.

[9] Die Gedichte erschienen erstmals bei P. Hoffmann, *Claus Graf Stauffenberg*... [Anm. 1], S. 522—524.

[10] *A.a.O.,* S. 524.

[11] Ludwig Thormählen, *Erinnerungen an Stefan George,* Hamburg 1962, S. 222; ders., *Die Grafen Stauffenberg*... [Anm. 6], S. 695; P. Hoffmann, *Claus Graf Stauffenberg*... [Anm. 1], S. 526, 534.

[12] Christian Müller, *Oberst i. G. Stauffenberg,* Düsseldorf 1970, S. 48, 51.

[13] Zitiert nach Berthold Vallentin, *Gespräche mit Stefan George. 1902—1931,* Amsterdam 1961, S. 75.

[14] Nina Gräfin Stauffenberg an Kramarz. Vgl. J. Kramarz, *Claus Graf Stauffenberg*... [Anm. 5], S. 33.

[15] Edith Landmann, *Gespräche mit Stefan George,* München 1963, S. 162; siehe auch Georges Bemerkungen, *a.a.O.,* S. 209; Kurt Hildebrandt, *Erinnerungen an Stefan Ge-*

orge und seinen Kreis, Bonn 1965, S. 232; Elisabeth Gundolf, *Stefan George und der Nationalsozialismus,* in: *Castrum Peregrini,* Bd. 69 (1965), S. 70; P. Hoffmann, *Claus Graf Stauffenberg...* [Anm. 1], S. 528, 534.

[16] Kurt Nettesheim zu Hoffmann am 22. 8. 1968. Vgl. Hoffmann, *a.a.O.,* S. 535.

[17] Berthold von Stauffenberg in *KB,* S. 447f.

[18] *KB,* S. 326. Auch Hans Christian Freiherr von Stauffenberg bestätigt die gemischten Gefühle vieler, die von dem kriegerischen Charakter des neuen Regimes abgestoßen wurden, gleichzeitig aber beeindruckt waren von der Durchsetzung vieler wahrhaft nationaler Ziele, vor allem im Bereich der Außenpolitik (vgl. *Protokoll des Vortrags von Hans Christoph Freiherr von Stauffenberg,* Privatbestand Prof. Ger van Roon, Institut für Zeitgeschichte München, ZS/A 18, Bd. 7, S. 118). Der „Rasse-Gedanke" der Stauffenbergs scheint sehr wenig mit dem zu tun gehabt zu haben, was sie als „überspitzte und übersteigerte" Härte der Nazis in der Behandlung der Juden bezeichneten; die *Kaltenbrunner-Berichte* deuten an, daß die Verschwörer einerseits zwar die Absichten der Nazis, eine Lösung der „Judenfrage" herbeizuführen, theoretisch bejahten, die von der Gruppe des 20. Juli vertretene Politik hätte den Juden jedoch ihre früheren gesetzmäßigen Rechte zurückgegeben und ihnen keinerlei Beschränkungen bei der Berufs- bzw. Gewerbewahl auferlegt (*KB,* S. 449f.).

[19] Hans Walzer zu Kramarz. Vgl. J. Kramarz, *Claus Graf Stauffenberg...* [Anm. 5], S. 39; Heinz Greiner zu Kramarz. Vgl. *a.a.O.,* S. 47.

[20] Eberhard Zeller, *Geist der Freiheit,* München 1963, S. 240; J. Kramarz, *Claus Graf Stauffenberg...* [Anm. 5], S. 47.

[21] Hans Walzer zu Kramarz. Vgl. J. Kramarz, *a.a.O.,* S. 49.

[22] Claus von Stauffenberg, *Heereskavallerie,* in: *A.a.O.,* S. 53.

[23] Chr. Müller, *Oberst i. G. Stauffenberg...* [Anm. 12], S. 150.

[24] Rudolf Fahrner, *Gneisenau,* München 1942, S. 16ff., zitiert nach Chr. Müller, *Oberst i. G. Stauffenberg...* [Anm. 12], S. 156—160.

[25] J. Kramarz, *Claus Graf Stauffenberg...* [Anm. 5], S. 113.

[26] Peter Hoffmann, *Widerstand gegen Hitler,* München 1979, S. 67; J. Kramarz, *Claus Graf Stauffenberg...* [Anm. 5], S. 132.

[27] E. Zeller, *Geist...* [Anm. 20], S. 253.

[28] *KB,* S. 19, 435.

[29] E. Zeller, *Geist...* [Anm. 20], S. 253f.; Hans Rothfels, *Die deutsche Opposition gegen Hitler. Eine Würdigung,* Frankfurt a. M. 1958, S. 136.

[30] Hans-Bernd Gisevius, *Bis zum bitteren Ende,* Hamburg o. J., S. 287; Gerhard Ritter, *Carl Goerdeler und die deutsche Widerstandsbewegung,* Stuttgart 1954, S. 360.

[31] H.-B. Gisevius, *Bis zum bitteren Ende...* [Anm. 30], S. 314; *KB,* S. 204—206. Maaß, ein früheres SPD-Mitglied und Geschäftsführer des Reichsausschusses der deutschen Jugendverbände, wurde durch Goerdeler im Winter 1943/44 Stauffenberg vorgestellt, der eine breitere Basis für die neue Regierung suchte. Maaß hielt die Vorstellungen Stauffenbergs in ihrer Georgeschen Abstraktion für trügerisch und nur darauf ausgerichtet, seine wahren Absichten zu verbergen, um so die Arbeiterklasse für die Unterstützung einer Militärdiktatur zu gewinnen.

[32] J. Kramarz, *Claus Graf Stauffenberg...* [Anm. 5], S. 137f.

[33] F. v. Schlabrendorff, *Revolt...* [Anm. 2], S. 91; E. Zeller, *Geist...* [Anm. 20], S. 521, Anm. 4a; Chr. Müller, *Oberst i. G. Stauffenberg...* [Anm. 12], S. 300.

[34] E. Zeller, *Geist...* [Anm. 20], S. 328.

[35] *A.a.O.,* S. 489f.

[36] Stefan George, *Der Stern des Bundes,* in: Ders., *Werke,* Bd. 1, München 1958, S. 378; ders., *Das Neue Reich,* in: *A.a.O.*, S. 451, 418.

[37] Karl Schweizer, Alix von Winterfeld, Delia Ziegler an Hoffmann. Vgl. P. Hoffmann, *Claus Graf Stauffenberg*... [Anm. 1], S. 540, Anm. 88—89; dagegen Edgar Salin, *Um Stefan George,* Godesberg 1948, S. 324.

[38] Ernst Morwitz, *Kommentar zu dem Werk Stefan Georges,* Düsseldorf 1969, S. 443.

[39] Stefan George, *Geheimes Deutschland,* in: Ders., *Werke*... [Anm. 36], S. 428; Eckhart Grünewald, *Ernst Kantorowicz und Stefan George,* Wiesbaden 1982, S. 77—79; siehe zum Beispiel Georges *Die Gräber in Speier,* in: Ders., *Werke*... [Anm. 36], S. 237.

[40] E. Gundolf, *Stefan George*... [Anm. 15], S. 58—63; Ernst Kantorowicz, *Über Grenzen, Möglichkeiten und Aufgaben der Darstellung mittelalterlicher Geschichte,* zitiert nach E. Grünewald, *Ernst Kantorowicz*... [Anm. 39], S. 95 f.

Aus dem Englischen von Barbara Peymann

Staatsvorstellungen des Kreisauer Kreises

GER VAN ROON
Amsterdam

I

Der Kreis

Der Kreisauer Kreis,[1] später von der Gestapo so bezeichnet nach dem Landgut Helmuth James Graf von Moltkes (1907 bis 1945) in Kreisau (Schlesien), bestand in seiner Mehrheit aus Gruppen, die die Weimarer Republik unterstützt hatten. Zentrum des Kreises war eine Initiativgruppe, die überwiegend zur jüngeren Generation gehörte, sich aber bei der Ausarbeitung ihrer Zielvorstellungen von älteren Sachverständigen beraten ließ. Die Personen, die sich im Kreisauer Kreis zusammenfanden, waren entscheidend beeinflußt von Bewegungen und Entwicklungen während des Ersten Weltkrieges und der Jahre danach. Die Jugendbewegung, die Arbeitslager für Studenten, Bauern und Arbeiter, der Religiöse Sozialismus, der Jungsozialismus, der Jungkonservatismus und Auflockerungen im deutschen Katholizismus hatten für sie als persönliche Stimuli gewirkt; die Folgen des Ersten Weltkrieges, die Jahre der Weltwirtschaftskrise und massenhaften Arbeitslosigkeit, Jahre auch des Aufstiegs und Zuwachses des Nationalsozialismus, waren persönliche Erfahrungen gewesen. Die meisten späteren „Kreisauer" waren von Anfang an Gegner des Nationalsozialismus. Während der ersten Phase des Dritten Reiches zum Beispiel wurden die Sozialdemokraten Carlo Mierendorff, Theodor Haubach und Julius Leber verhaftet, wurden der Pädagogik-Professor Adolf Reichwein, der Oberpräsident von Oberschlesien, Hans Lukaschek, der Landrat von Rendsburg, Theodor Steltzer, der Oberverwaltungsgerichtsrat Paulus van Husen aus ihren Ämtern entlassen.

Als um 1938 von einem Putsch gegen das nationalsozialistische Regime gesprochen wurde, waren einige der Jüngeren der Auffassung, daß es keine Rückkehr zu veralteten Zuständen geben dürfe, sondern daß eine fundamentale Erneuerung notwendig sei. Dies führte dazu, daß sie nach dem Ausbleiben des Staatsstreichs ihre Ansichten konkretisierten und Verbindungen zu Experten suchten. So entstand der Kreisauer Kreis um Helmuth Moltke und Peter Graf Yorck von Wartenburg. Der politische Kopf war der frühere SPD-Reichstagsabgeordnete Carlo Mierendorff. Die wichtigsten Grundprinzipien der Kreisauer waren: gesellschaftlicher Aufbau von unten, Personalismus und Europa-Politik.

In der Entwicklung des Kreises lassen sich sechs Phasen unterscheiden:

1. Mitte 1938 bis Mitte 1940: Vorgeschichte, Bildung von Gruppen um Moltke und Yorck und erste Auslandssondierungen.

2. Zweite Hälfte 1940: Grundlagendiskussion zwischen Moltke, Yorck, Horst von Einsiedel und Otto-Heinrich von der Gablentz und erste Wochenendbesprechung in Kreisau.

3. Ende 1940 bis Ende 1941: Fühlungnahme mit Repräsentanten der Kirchen — dem Berliner katholischen Bischof Konrad Graf von Preysing, dem Jesuiten-Provinzial Augustinus Rösch, dem evangelischen Geistlichen Harald Poelchau — und der Sozialdemokratie — Mierendorff, Haubach — und Erweiterung der Kontakte.

4. Ende 1941 bis Mitte 1943: programmatische Phase — Kreisauer Tagungen, Verbindung mit besetzten Gebieten und westlichen Alliierten.

5. Zweite Hälfte 1943: organisatorische Phase — Ausarbeitung der *Weisungen an die Landesverweser* und Pläne für ein Übergangsgremium nach dem Umsturz, das vom Militärbefehlshaber in Belgien und Nordfrankreich, General Alexander von Falkenhausen geleitet werden sollte.

6. 6. Januar bis Juli 1944: Auseinanderfallen des Kreises nach der Verhaftung Moltkes, Annäherung mehrerer Kreisauer an Stauffenberg, Kontaktversuch zu den Kommunisten.

Bis zum Ende der 1960er Jahre wurde der Kreisauer Kreis meist als eine Gruppe theoretisierender Intellektueller am Rande des aktiven Widerstandes betrachtet. Die Sprachregelung der verhafteten Mitglieder, die Unkenntnis der Gestapo auszunutzen, vor dem Volksgerichtshof die aktive Mitwirkung am Umsturzversuch Stauffenbergs zu bestreiten und so zu tun, als ob man sich auf die Planung der zukünftigen Neuordnung beschränkt habe, schließlich auch die Einleitung der kurz nach dem Kriege veröffentlichten *Letzten Briefe* Moltkes an seine Frau in englischer Sprache haben in der älteren Literatur verschiedentlich zu der irrigen Auffassung geführt, die Kreisauer seien vor der Konsequenz ihres Tuns zurückgeschreckt. Durch das heute bekannte Material einschließlich neuer Funde der letzten Jahre ist diese Vorstellung wohl widerlegt.

Die Kreisauer *Weisungen an die Landesverweser*[2] waren Bestandteile einer systematischen politischen Planung zur Vorbereitung eines aktiven Eingreifens. Im großen und ganzen war sie im August 1943 abgeschlossen. An dieser Vorbereitung waren Arbeiterführer, Bischöfe und Politiker wie Konrad Adenauer[3] und Carlo Mierendorff beteiligt. In Verbindung mit anderen Gruppen des zivilen und militärischen Widerstandes unterbreitete Moltke den Amerikanern Ende 1943 in einer von ihm inspirierten Denkschrift[4] Vorschläge, die die Bildung einer Gegenregierung in Aussicht stellten und auf politische und militärische Zusammenarbeit mit den westlichen Alliierten abzielten. Die Neuordnungspläne der Kreisauer rückten damit in ein anderes Licht.

Außerdem müssen alle diese Gedanken aus der damaligen Zeit des Nationalsozialismus verstanden werden. Moltke und seine Freunde waren der Meinung, daß großen Gruppen der Bevölkerung, deren politische Aktivität sich während der nationalsozialistischen Diktatur in bequemem Mitläufertum äußerte, erst in einem langsamen politischen Reifungsprozeß zu staatsbürgerlicher Verantwortung zurückfinden könnten. Auch fehlte bis vor kurzem die richtige Perspektive, weil in manchen Fällen das Jahr 1933 vielfach als eine absolute Zäsur betrachtet wurde. Dabei fehlte es an Kenntnissen dessen, was sich vor dieser Zeit im Leben des einzelnen abgespielt hatte. Schon Ende der 1920er Jahre hatte es die „Löwenberger Arbeitsgemeinschaft“[5] gegeben, die in gewissem Sinne als eine Art „Vorphase“ der späteren Kreisauer Arbeit zu bezeichnen wäre, eine Tätigkeit, mit der ein Teil der späteren Kreisauer zu tun hatte und worauf in den Gesprächen während des Dritten Reiches manchmal zurückgegriffen wurde.

Die politischen Konzeptionen des Kreisauer Kreises lassen sich in den sogenannten Grundtexten, in kleineren Schriften und Briefen auffinden. Dabei sollte man die Differenzen innerhalb dieses Kreises nicht außer acht lassen. Zu den Kreisauern gehörten ja Protestanten und Katholiken, Konservative, Liberale und Sozialdemokraten. Ihre Auffassungen von Staat und Gesellschaft konnten sich nicht in nahtlose Übereinstimmung bringen lassen. Dennoch fällt sofort auf, daß sie auf jeden Fall einen Bruch mit dem sakrosankten Obrigkeitsstaat bedeuteten. Nicht aus der Rückkehr zu angeblich bewährten, zum Teil vorrepublikanischen Formen mehr oder minder autoritärer Prägung erhofften sich die Kreisauer die Rettung ihres Landes. Sie suchten, von unten nach oben aufbauend, eine weitgehende Selbstverwaltung mit dem Ziele, Freiheit und Verantwortung in einer neuen gerechten Ordnung zu verbinden. An die Stelle der staatlichen Zwangsorganisationen sollte eine Vielzahl von sich spontan bildenden, einander überlappenden „kleinen Gemeinschaften“ treten, die bei begrenztem Tätigkeitsfeld sich der Gesellschaft verantwortlich fühlten. Es war die Absicht, die politische Struktur durch vermehrte Partizipation — vergleichbar etwa den heutigen Bürgerinitiativen — zu verstärken. Als Konsequenz wurden auch Betriebsgewerkschaften gefordert, der heutigen Arbeiterselbstverwaltung in Jugoslawien nicht unähnlich.

Bei der Beurteilung der Auffassungen und Pläne soll man nicht vergessen, daß es sich dabei um zwei Ebenen handelte: um ein Sofort-Programm mit Empfehlungen für eine neue Regierung und um ein Ziel-Programm mit grundsätzlichen Zielvorstellungen auf längere Sicht. Nur von dieser Doppelstrategie her sind die Reformvorschläge der Kreisauer zu verstehen.

II

Staatsauffassung

Als Anfang Juni 1940, nach dem „siegreichen Westfeldzug", von Moltke, Yorck und Fritz Dietlof Graf von der Schulenburg die Entwicklungen besprachen,[6] war Schulenburg bereit zu wetten, daß es in zehn Jahren einen Staat geben werde, den sie voll und ganz würden billigen können. Als sie sich dann fragten, was der wesentliche Unterschied dieses Staates zu dem heutigen sein werde, nannte Moltke als wichtigstes Merkmal die Gerechtigkeit. Wie manifestiere sich aber diese Gerechtigkeit im Staat? Sie einigten sich auf die Definition: „Gerechtigkeit bestünde darin, daß im Rahmen des Staatsganzen ein jeder sich voll entfalten und entwickeln könnte." Das war York aber nicht ganz recht, da es seines Erachtens eine zu große Freiheit des einzelnen bedeuten würde, die sich auf Kosten des Staates negativ auswirken könnte. Daher erklärte er, dieser freien Entfaltungsmöglichkeit eine „schwere Hypothek" aufladen zu wollen.

Moltke interessierte es sehr, zu wissen, wie Yorck sich das Verhältnis des einzelnen zum Staat dachte. Selbst hatte er 1939 in einer Denkschrift *Die kleinen Gemeinschaften* seine Gedanken dem Papier anvertraut.[7] Damals schrieb er: „Ich gehe also davon aus, daß es für eine europäische Ordnung erforderlich ist, daß in jedem Einzelnen das Gefühl der Verantwortung für alles, was geschieht, geweckt wird; daraus folgt, daß ich die Verwaltungsorganisation für die beste halte, die dem Einzelnen den weitesten Spielraum für die Betätigung seines Verantwortungsgefühls und seines Dranges, anderen nützlich zu sein, gewährt, und daß auch außerhalb des reinen Verwaltungssektors mir eine Gesellschaftsordnung mit einer möglichst großen Zahl möglichst kleiner Gemeinschaften das erstrebenswerte Ziel zu sein scheint."

Nachdem er Yorck in einem Brief an das Gespräch erinnert hatte, bemerkte Moltke, daß er sich gern mit ihm über den Begriff und Umfang der „Hypothek" unterhalten möchte, weil er diese Frage für eine künftige Staatserneuerung als eine der wichtigsten betrachte. Dabei formulierte er seine eigene Auffassung so:

„Die Grundlage aller Staatslehren besteht für mich etwa in folgenden Grundsätzen:

1. Es ist nicht die Bestimmung des Staates, Menschen zu beherrschen und durch Gewalt oder durch Furcht vor Gewaltanwendung zu zügeln; vielmehr ist es die Bestimmung des Staates, die Menschen in eine solche Beziehung zueinander zu bringen und sie darin zu erhalten, daß der Einzelmensch von jeder Furcht befreit in voller Sicherheit und doch ohne Schaden für seinen Nächsten zu leben und zu handeln vermag.

2. Es ist nicht die Bestimmung des Staates, Menschen zu wilden Tieren oder zu Maschinen zu machen; vielmehr ist es die Bestimmung des Staates, dem Einzelmenschen den Rückhalt zu geben, der es ihm ermöglicht, Körper, Geist und Verstand ungehindert zu betätigen und zu entwickeln.

3. Es ist nicht die Aufgabe des Staates, unbedingten Gehorsam und blinden Glauben an sich oder an etwas Anderes vom Menschen zu fordern; vielmehr ist es die Bestimmung des Staates, den Einzelmenschen dahin zu führen, daß er nach den Geboten der Vernunft lebt, diese Vernunft bei allen Dingen betätigt, und ihn zugleich dahin zu leiten, daß er seine Kraft nicht in Haß, Ärger, Neid verschwendet oder sonst unrecht handelt.

Die letzte Bestimmung des Staates ist es daher, der Hüter der Freiheit des Einzelmenschen zu sein. Dann ist es ein gerechter Staat."

Auffällig ist, daß Moltke mit einer Negation beginnt und ihr dann die positive Aufgabe gegenüberstellt, wodurch die Wirkung um so stärker ist. Die negativen Aspekte sind meist der Praxis des Nationalsozialismus entnommen. Diesen Ausschreitungen des Dritten Reiches setzt Moltke dann seine eigenen Ansichten von den Aufgaben eines Staates entgegen. Nüchtern bemerkt er, daß er an eine völlige Verwirklichung dieser Gedanken nicht glaube, sondern sie als das Ziel betrachte, „an dem wir alle staatsrechtliche Gestaltung messen" müssen. Ist für Moltke auch die Freiheit des einzelnen das Ziel, so hält er doch nach der nationalsozialistischen Zwangsherrschaft eine Zeit der Erziehung für notwendig: Das ist für Moltke die Zeit des Kompromisses, der „Hypothek". Daher schreibt er:

„Der Staat, den wir bestenfalls erwarten können, wird mit einer sehr schweren Hypothek auf den Einzelnen anfangen, und es wird die Aufgabe sein müssen, diese Hypothek so schnell wie möglich abzutragen."

Jaspers schrieb später:

„Einem Amerikaner, der mich um meine Meinung fragte über den Plan, Länderparlamente zu schaffen, sagte ich unter anderem etwa: Sie sollten nicht Menschen, die politisch Kinder oder politisch verdorben sind, gleich so große Aufgaben stellen. Selbsterziehung in der Politik muß schrittweise vor sich gehen."

In seiner Antwort bejahte Yorck die Bedeutung dieser Fragen. Für ihn war das preußische Ideal des „Dienens“ eine Selbstverständlichkeit. Daher betonte er die „Rückbezogenheit von Einzelmensch und Gemeinschaft“, die „Freiheit für die Anderen“ und die sittliche Grundlage des Staates. Nach Yorck war die Staatslehre nur von der Theologie her zu begründen. Moltke wußte daraufhin Yorck davon zu überzeugen, daß es für den Staat keine ethischen Gebote gebe und daß Theologie und Staatslehre getrennte Gebiete seien. Diese Phase der Diskussion wurde dann abgerundet mit Gesprächen über Moltkes Ausarbeitung *Über die Grundlagen der Staatslehre,*[8] an denen sich auch Einsiedel und Gablentz beteiligten. In einer größeren Denkschrift vom April 1941, *Ausgangslage, Ziele und Aufgaben,*[9] gab Moltke dann als Ziele an: „Das Ende der Machtpolitik; das Ende des Nationalismus; das Ende des Rassegedankens; das Ende der Gewalt des Staates über den Einzelnen.“

Bevor auf die Dokumente des Kreises eingegangen wird, ist noch wichtig, sich mit den Staatsauffassungen von Hans Peters und Theodor Steltzer zu beschäftigen. Hans Peters hatte zur Fraktion des Zentrums im Preußischen Landtag gehört und war 1932 nach dem Papenschen Staatsstreich einer der Verteidiger der preußischen Regierung gewesen. Steltzer war bis 1933 Landrat des schleswig-holsteinischen Kreises Rendsburg gewesen. In einem im Jahre 1936 in Österreich veröffentlichten Beitrag *Der totale Staat und die Kirche* hat Peters sich mit den Auffassungen nationalsozialistischer Staatsrechtler wie Carl Schmitt und Ernst Forsthoff auseinandergesetzt und eine eigene persönliche Sphäre des einzelnen gefordert:

„Der totale Staat beruht nicht nur auf einer universalistischen Staatsauffassung, sondern ist in seiner ganzen Einstellung typisch kollektivistisch, dem Individuum als solchem feindlich ... Das völlige Aufgehen des Einzelnen in der Gemeinschaft und die Auffassung von der Existenzberechtigung des Individuums nur innerhalb der Gemeinschaft, wie es der folgerichtig durchgeführte totale Staat verlangt, widersprechen der natürlichen Ordnung und werden von der Kirche abgelehnt.“[10]

Steltzer hatte kurz vor der Machtübernahme am Verfassungstag 1932 sich ausführlich über die Staatsauffassung geäußert. Zunächst bemerkte er, daß es unmöglich sei, einen idealen Staat aus einer Ideologie heraus zu konstruieren. Besonders grenzte er dann Staat und Volk voneinander ab:

„Der Staat kann deshalb niemals Selbstzweck sein. Er findet seine Aufgabe, seine Grenze und seine Rechtfertigung nur in seiner Bezogenheit auf das Volk, dem er zu dienen hat.“

Wird also von Steltzer die Bedeutung des Staates beschränkt, so erhält das Volkstum eine starke Betonung. Wie für Peters der Herrschaftsanspruch der Kirche, so ist für Steltzer der Totalitätsanspruch des Volkes mit dem Anspruch eines totalen Staates unvereinbar.[11]

Weil die Basis für eine Staatserneuerung schon in den Anfängen des Kreises geklärt worden war, enthalten die Kreisauer Dokumente eher die praktischen Vorschläge für die Aufbauarbeit. Aber vereinzelte Formulierungen zeigen, daß die bis dahin festgelegte Linie auch später befolgt wurde. So wird in den Texten der Kreisauer Tagungen die Mitarbeit und Mitverantwortung der Bürger an der politischen Struktur des Staates betont. Im Protokoll der dritten Tagung heißt es: „Brechung des totalitären Zugriffs auf die freie Gewissensentscheidung und Anerkennung der unverletzlichen Würde der menschlichen Person als Grundlage der zu erstrebenden Rechts- und Friedensordnung." Und die erste *Weisung an die Landesverweser* betont die Notwendigkeit von Rechtssicherheit, persönlicher Freiheit und echter Mitverantwortung der Bevölkerung an ihrer „natürlichen Entfaltung". In seinem Aufruf für eine *Sozialistische Aktion* hat Carlo Mierendorff Pfingsten 1943 für Menschenwürde und politische Freiheit in einer sozialistischen Gesellschaft plädiert. Der Aufruf wurde von Moltke bei den Grundtexten des Kreises aufbewahrt.[12] Zusammenfassend ist zu sagen, daß sich die Staatsauffassung des Kreisauer Kreises aus individualistischen und universalistischen Elementen zusammensetzte. Sie war ein Bekenntnis zur pluralistischen demokratischen Gesellschaft und zur freien Entfaltung von Individuen und Gruppen.

III

Staatsgliederung

Wer sich während der Zeit des Dritten Reiches mit der Frage der Staatsgliederung befaßte, mußte mindestens eines in Erwägung ziehen: Die Entwicklung zeigte schon unter Bismarck, aber besonders in der Weimarer Republik und noch stärker in der Zeit des Nationalsozialismus eine unitarische Linie. Eine Reaktion dagegen konnte nicht ausbleiben, schon deshalb nicht, weil die Abneigung gegen den Nationalsozialismus sich auch gegen dessen Maßnahmen richtete. Auch deshalb hatte der Kreisauer Kreis die Bedeutung der kleinen Gemeinschaften dem Staat gegenüber so sehr betont. Außerdem gab es noch die Forderung von alliierter Seite nach einer weitgehenden Föderalisierung Deutschlands und einer Auflösung Preußens. Auch um eine europäische Verständigung zu ermöglichen, mußte in der Gliederungsfrage mit solchen Forderungen gerechnet werden.

Nachdem Moltke schon vorher einzelne wie Lukaschek gebeten hatte, die Diskussion über dieses Thema vorzubereiten, wurde auf der zweiten

Kreisauer Tagung im Oktober 1942 auch über das Verhältnis zwischen Reich und Ländern gesprochen. Im Sinne von Constantin Frantz, aber auch in Übereinstimmung mit der Auffassung vom organischen Aufbau des Staates und dem katholischen Gedanken der Subsidiarität bekannte sich der Kreis zu einem weitgehenden Föderalismus etwa gleicher Staaten. Für die Bestimmung der Größe der Länder waren nicht die früheren Staaten oder die Reichsgaue des Nationalsozialismus der Ausgangspunkt. Eine maximale Einwohnerzahl von fünf Millionen bedeutete die Auflösung Preußens. Versuche, auch Bayern aufzulösen, stießen auf kräftigen Einspruch der Bayern. Auch durch die verstärkte Stellung des Reichsrats wurde die Bedeutung der Länder zum Ausdruck gebracht.

IV

Staatsaufbau

In den Äußerungen mehrerer Kreisauer spielte der Gedanke der Selbstverwaltung als Aufbauprinzip des Staates eine zentrale Rolle. Auch als Reaktion gegen die Zeit des Dritten Reiches wurde systematisch ein Aufbau von unten angestrebt: Auf diese Weise übe der einzelne seine politischen Rechte und Pflichten in einem für ihn „überschaubaren" Raum aus und könne sich seine Einstellung in erster Linie aus eigener Einsicht, statt durch Beeinflussung von oben oder draußen, entwickeln. Grundsatz der Aufgabenverteilung sei, daß „jede Körperschaft für die selbständige Erledigung aller Aufgaben zuständig ist, die sie sinnvoller Weise selbst durchführen kann".

Daß es den Kreisauern mit dem Aufbau von unten ernst war, ist sowohl den *Grundsätzen für die Neuordnung* zu entnehmen als auch aus den für die einzelnen Organe festgestellten Wahlvorschriften ersichtlich:

— Ausgangspunkt waren die *Gemeinden* und die Untergliederungen kreisfreier Städte. Dort sollte jeder, der 21 Jahre alt oder Kriegsteilnehmer war, das aktive und jeder, der 27 Jahre alt, kein Waffenträger war und dessen Name von einer bestimmten Zahl Wahlberechtigter vorgeschlagen wurde, das passive Wahlrecht haben.

— Zweite Stufe waren die *Kreise* und die kreisfreien Städte als Gesamtkörperschaften, deren Vertretungen nach ähnlichen Grundsätzen unmittelbar vom Volke gewählt werden sollten.

— Dann folgte das *Land.* Der Landtag sollte von den Vertretungen der Kreise und Städte beziehungsweise von den Vertretungen der politischen Untergliederungen solcher Städte gewählt werden. Nicht nur Waffenträger, sondern auch politische Beamte sollten nicht wählbar sein. Mindestens die Hälfte der Gewählten sollte keiner der wählenden Körperschaften angehören.

— Die letzte Stufe, die des *Reichstages,* sollte auf ähnliche Weise mittelbar von den Landtagen gewählt werden, wobei die gleichen Sonderbestimmungen galten wie bei der Wahl der Landtage. Auf diese Weise sollte erreicht werden, daß die Mitglieder des Reichstages über Sachkenntnisse und Erfahrungen verfügten.

Schon in einer Denkschrift aus dem Jahre 1933 hatte Steltzer für einen organischen Aufbau des Staates plädiert. Kritisch wandte er sich damals gegen „die Herrschaft zentralistischer Parteien"; doch aus der Zusammensetzung des Kreisauer Kreises, aber auch aus Äußerungen von Hans Peters darf man schließen, daß an eine unmittelbare Beschränkung des Parteiwesens kaum gedacht wurde. Die Parteien sollten sich nur dem Aufbauprinzip anpassen.

Für die Kreisauer war aus innen- und außenpolitischen Gründen eine Wandlung der staatlichen Struktur Deutschlands unbedingt notwendig. Als Moltke Anfang 1941 die Gründe für eine Neugestaltung überdachte, schrieb er:

„Es ist wohl nicht übertrieben, wenn man sagt, daß alles, was absolut sein sollte, relativ geworden ist. Dafür sind Dinge, denen jeder absolute Wert fehlt, wie Staat, Rasse, Macht absolutiert worden."

Diese Haltung führte die Kreisauer zu einer starken Personalisierung der Gesellschaft. Das zeigt sich in der Betonung der persönlichen Freiheit, der persönlichen Verantwortlichkeit für den Mitmenschen und die Gesellschaft, der Erziehung und des sozialen Aufstiegs des einzelnen. Weil sie sich dabei auf die Forderungen der Zukunft einstellen wollten, lehnten die Kreisauer eine Restauration ab. Daß sie aus psychologischen Gründen an frühere Entwicklungen anknüpfen wollten, mag heute vielleicht etwas romantisch oder utopisch erscheinen, hatte damals jedoch einen tiefen Sinn.

Daß es dennoch nach dem Kriege zu einer Restauration gekommen ist, haben überlebende Kreisauer wie Peters, Lukaschek, Steltzer und Gablentz mit Bedauern festgestellt.[13]

Anmerkungen

[1] Siehe dazu einschließlich detaillierter Quellen- und Literaturangaben, auf deren Wiederholung hier verzichtet wird: Ger van Roon, *Neuordnung im Widerstand. Der Kreisauer Kreis innerhalb der deutschen Widerstandsbewegung,* München 1967.

[2] *A.a.O.,* S. 567 ff.

[3] Dies auf Grund eines in jüngster Zeit in München gefundenen Briefes.

[4] G. van Roon, *Neuordnung*... [Anm. 1], S. 582 ff.

[5] *A.a.O.*, S. 30 ff.

[6] *A.a.O.*, S. 479 f.

[7] Diese Denkschrift befindet sich in dem Nachlaß, im Besitz von Gräfin Dr. Freya von Moltke.

[8] G. van Roon, *Neuordnung*... [Anm. 1], S. 498 ff.

[9] *A.a.O.*, S. 507 ff.

[10] Hans Peters, *Der totale Staat und die Kirche*, in: Erich Kleineidam/Otto Kuss, *Die Kirche in der Zeitenwende*, 2. Aufl., Salzburg-Leipzig 1936, S. 329—330.

[11] *Schleswig-Holsteinische Landeszeitung* vom 12. 8. 1932.

[12] G. van Roon, *Neuordnung*... [Anm. 1], S. 589—590. — Siehe dazu den Beitrag von Richard Albrecht im vorliegenden Band.

[13] Dazu: Ger van Roon, *German Resistance to Hitler: Count von Moltke and The Kreisau Circle*, London 1971, S. 281 ff.

Verfassungs- und Verwaltungsreformpläne der Widerstandsgruppen des 20. Juli 1944

HANS MOMMSEN
Bochum

I

Für die Geschichte des deutschen Widerstands gegen den Nationalsozialismus ist es charakteristisch, daß keine der daran beteiligten Richtungen an eine bloße Restauration der vor der nationalsozialistischen Machteroberung bestehenden gesellschaftlichen und politischen Verfassung gedacht hat. Für die Kommunistische Partei (KPD)[1] war dies aufgrund ihrer massiven Frontstellung gegen das parlamentarische System von Weimar ohne weiteres gegeben, wenngleich die sogenannte Brüsseler Konferenz von 1935, die Berner Konferenz von 1939 und nach Stalingrad die Gründung des „Nationalkomitees Freies Deutschland" (NKFD) deutliche taktische Zäsuren darstellen.[2] Für den sozialdemokratischen Widerstand ergab sich ebenfalls eine Distanzierung von der als Fehlentwicklung eingeschätzten Weimarer Republik. Insbesondere die illegalen sozialistischen Widerstandsgruppen vertraten ein radikales sozialistisches Programm, während die Haltung der Emigration differierte, zumal sie den Anschluß an das westliche Verfassungsdenken nicht verlor und mit der alliierten Deutschlandplanung in Verbindung kam.[3]

Weit bemerkenswerter ist, daß auch die der Bewegung des 20. Juli 1944 angehörenden Oppositionsgruppen, die als bürgerliche Opposition bezeichnet, jedoch präziser unter dem Begriff des nationalkonservativen Widerstands zusammengefaßt werden, eine grundlegende gesellschaftliche und politische Neuordnung anstrebten, die über die Beseitigung des nationalsozialistischen Herrschaftssystems hinausreichte und die Voraussetzungen für einen säkularen Neuanfang legen sollte, der bis in das Kaiserreich zurückgehende soziale und politische Weichenstellungen korrigierte. Es handelte sich bei den von den einzelnen Gruppierungen vorgelegten Neuordnungsplänen keineswegs nur um modellhafte Entwürfe überwiegend theoretischen Charakters. Vielmehr wurde deren unmittelbare Umsetzung angestrebt.

Eine Rückkehr zur Weimarer Reichsverfassung, die trotz zahlreicher verfassungsdurchbrechender Gesetzgebungsakte vom nationalsozialistischen Regime nicht formell derogiert wurde, ist auf keiner Seite erwogen worden. Vielmehr beeilte sich gerade der Kreis um Carl Goerdeler zu versichern, daß „die Aufwärmung alter Verhältnisse" nicht angestrebt werde. Die parlamentarisch-demokratische Regierungsform schien durch den Gang der Entwicklung definitiv widerlegt zu sein. Die Weimarer Republik war in den Augen der Verschwörer nicht nur hoffnungslos diskreditiert; sie wurde für den Aufstieg des Nationalsozialismus verantwortlich gemacht, und sie galt als Notgeburt des Friedensvertrags von Versailles und der Novemberrevolution. Selbst die gemäßigten Sozialisten, die zum Kreisauer Kreis stießen, dachten nicht an eine Restauration des parlamentarischen Systems. Julius Leber hatte von der mechanistischen Übertragung westlicher Verfassungsbilder auf Deutschland gesprochen.[4] Der Niedergang des parlamentarischen Systems in der großen Mehrheit der europäischen Staaten seit den frühen 20er Jahren schien der Auffassung, daß der Parlamentarismus eine überholte Verfassungsform sei, Recht zu geben.[5]

Es ist gleichwohl ein keineswegs selbstverständlicher Vorgang, daß der nationalkonservative Widerstand zu keinem Zeitpunkt daran gedacht hat, durch den Rekurs auf die Reste des Weimarer Verfassungsrechts die Absetzung des Kabinetts Hitler und die Bildung der Übergangsregierung zu legitimieren. Es wäre denkbar gewesen, die Durchbrechung und einseitige Verlängerung des Ermächtigungsgesetzes durch Hitler geltend zu machen und von der Fiktion eines geschäftsführenden Übergangskabinetts der Fachleute in Anknüpfung an die Präsidialkabinette auszugehen. Gewiß wäre dies eine in vieler Hinsicht problematische rechtstechnische Konstruktion gewesen. Daß derartige Erwägungen zur Legitimierung eines Umsturzkabinetts jedoch gar nicht erst angestellt wurden, beleuchtet den Tatbestand, daß die maßgebenden Nationalkonservativen völlig im Banne der verfassungsdurchbrechenden Zielsetzungen der späten Präsidialkabinette standen und die Schaffung des autoritären Führerstaates begrüßten, wenngleich er sich nicht in ihrem Sinne entwickelte.

Wenn man bedenkt, daß sich die autoritäre Beseitigung des republikanischen Systems von Weimar innerhalb weniger Jahre vollzogen hatte, erscheint die völlige Eliminierung der Weimarer parlamentarischen Tradition, die zur bloßen Vorgeschichte des Nationalsozialismus derangierte, erstaunlich. Dies wird nur vor dem Hintergrund der von neokonservativen Autoren vielfältig variierten Auffassung verständlich, daß der NSDAP noch die Schlacken der „Parteibewegung" anhafteten und daß es gelingen müsse, sie in eine „wirkliche“ autoritäre Staatsbildung zu überführen.[6] Konservative Kreise hatten nicht zuletzt deshalb ihre Hoffnung in die Person Hitlers gesetzt, weil sie erwarteten, daß sich dieser von den radikalen Elementen in der nationalsozialistischen Bewegung trennen, diese in einen politischen Orden, dem vor allem die Führungsauslese zu übertragen sei, zurückverwandeln und „parteimäßige“ Egoismen und partikulare Interessen zugunsten des abstrakt verstandenen „Staatswohls“ zurückdrängen werde.[7]

Es ist nicht zu verkennen, daß diese Erwartungen in den Augen vieler Konservativer zunächst in Erfüllung zu gehen schienen. Dies erklärt die allgemein positive Aufnahme der Liquidierung der SA-Führung im Zusammenhang mit den Vorgängen des 30. Juni 1934, obwohl Hitlers „Durchgreifen“ andererseits die Ansätze eines konservativen Umsturzes, den damals auch Generaloberst Beck ins Auge faßte, zerschlug.[8] In konservativen Verschwörerkreisen überwog anfänglich die Vorstellung, daß Hitler in den Händen „falscher Ratgeber“ sei. Das ursprüngliche Ziel mußte daher deren Ausschaltung und Ersetzung sein. Bei Carl Goerdeler wirkten solche Erwägungen lange nach. Er gab sich immer wieder der Illusion hin, daß energische Vorstellungen der hohen Militärs Hitler zum Einlenken bringen würden. Zugleich schien sich in den Anfangsjahren des Regimes der Staatsapparat gegenüber der Partei zu behaupten. Die Hoffnung, die vielseitigen Mißstände der Konsolidierungsphase des Regimes ließen sich im Wege der Reform beheben, war keineswegs nur bei Vertretern der Opposition anzutreffen. Die Vorstellungen des Reichsministers des Innern, Wilhelm Frick, berührten sich in vieler Hinsicht mit denjenigen der frühen Verschwörergruppe um Hassell und Popitz. Männer wie Fritz-Dietlof von der Schulenburg und Graf Helldorf standen in den letzten Kriegsjahren mit dem Staatssekretär im Reichsinnenministerium, Stuckart, in enger Verbindung.[9]

Es ist verständlich, daß sich der nationalkonservative Widerstand, von wenigen entschlossenen Persönlichkeiten wie Generalmajor Oster abgesehen, erst nach 1937 formierte, als die innenpolitische Entwicklung endgültig aus dem Ruder geriet und der bis dahin relativ unversehrte Staatsapparat einschließlich der Spitzengliederung der Reichswehr durch die Intrigen und den Machtehrgeiz der nationalsozialistischen Satrapen, insbesondere Himmlers, Goebbels' und Görings, zunehmend ausgehöhlt wurde. Die tschechoslowakische Krise stellte daher in gewisser Beziehung nur den Auslösungspunkt für die Formierung der Opposition dar, die, wie Klaus-Jürgen Müller gezeigt hat, zunächst alternative Strategien, keineswegs einen Umsturz des Systems anstrebte.[10] Die nationalkonservative Verschwörung handelte nicht aus der Perspektive einer Rückgängigmachung der „nationalen Revolution“ von 1933; sie betrachtete sich vielmehr weithin als deren eigentliche Erbin, während die durch Hitler begünstigte Korruption, Cliquenherrschaft und Gesetzlosigkeit das Erreichte zu verspielen drohte, und das galt nicht anders in außenpolitischer Hinsicht. Sowohl die hochkonservative Verschwörergruppe im Umkreis von Ulrich von Hassell, Johannes Popitz, Jens Jessen, Ewald von Kleist-Schmenzin und Erwin Planck — im weiteren Sinne sind Persönlichkeiten wie Dietrich Bonhoeffer und Carl Langbehn dazuzurechnen — als auch der deutschnationale Flügel des Goerdeler-Kreises, desgleichen Canaris und Oster, empfanden sich als Repräsentanten und Vollstrecker der „nationalen Revolution" von 1932/33, deren Rückbildung in ein Parteiregime sie beklagten.[11]

Fritz-Dietlof von der Schulenburg sprach wiederholt von dem „kommenden Reich", und seine bekannte Formel, daß „die preußische Forderung an das Reich" bestehen bleibe, bezeichnet die Perspektive, aus der heraus die Verschwörer zunächst handelten. Sie wollten den säkularen Auftrag, der in den falschen Händen Hitlers und seiner korrupten Satrapen zur politischen Farce wurde und in der Schaffung eines im Innern befriedeten, auf einer wahren „Volksgemeinschaft" beruhenden hegemonialen Reiches bestand, zu Ende führen. Hitlers Vision, die fanatische Geschlossenheit einer im Innern geeinigten Nation erreichen zu können, für die es der langfristigen Erziehung der jüngeren Generation bedurfte, hatte ein gemäßigtes Gegenstück im nationalkonservativen Denken. Das „klassengelöste Gefühl der Volksgemeinschaft", so drückte es Goerdeler aus, müsse an die Stelle der sich in der nationalsozialistischen Ämterrivalität spiegelnden partikularen Interessen treten. Die Anknüpfung an den Mythos des „preußischen Sozialismus" stellte eine Grundströmung im nationalkonservativen Widerstand dar; er präsentierte die Vision einer homogenen inneren Ordnung, in der nur die Besten und Qualifiziertesten öffentliche Ämter im Dienst des nationalen Interesses einnehmen würden.[12]

Die Mehrheit der nationalkonservativen Verschwörer dachte daher nicht an eine generelle Rückgängigmachung der nationalsozialistischen Politik. Vielmehr galt es, auf deren Grundlagen, soweit sie tragfähig waren, aufzubauen und eine grundlegende Neuordnung anzustreben, in der das Reich nicht nur außenpolitisch als europäische Führungsmacht hervortreten, sondern auch innenpolitisch den Gegensatz von Kapitalismus und Sozialismus aufheben und westlichen Materialismus und östlichen Kollektivismus in einer säkularen Synthese überwinden werde. Dieses bereits während des Kabinetts von Papen aktualisierte Konzept, an das der rechte Flügel der Verschwörung ungebrochen anknüpfte, trat bei den einzelnen Persönlichkeiten in vielfältiger Brechung hervor und verknüpfte sich mit einer moralisch gefärbten Kritik an den Zersetzungserscheinungen und dem sittlichen Verfall des Dritten Reiches. Die Neuordnungspläne des nationalkonservativen Widerstandes, deren historische Perspektivik durchweg hinter das Revolutionsjahr von 1918/19 zurückreichte und damit die Weimarer Republik in die Rolle eines verhängnisvollen oder doch despektierlichen Zwischenspiels zurückdrängte, so daß jede Anknüpfung darin als politischer Rückfall erschien, wurden von diesen Vorstellungen maßgeblich beeinflußt.

Ebensosehr muß an die einfache Tatsache erinnert werden, daß die Verschwörer auf lange hinaus nicht einen Zusammenbruch des bestehenden Systems ins Auge faßten oder auch nur für möglich hielten. Auch Stauffenberg hoffte zunächst, einen militärischen Zusammenbruch abwenden zu können. Wenn von einem grundlegenden „Neuanfang“ die Rede war, darf dieser nicht in die Parallele zur „Stunde 0“ des völlig darniederliegenden Deutschland von 1945 gestellt werden. Anders verhielt sich dies bei den Vorstellungen des Kreisauer Kreises, die ursprünglich das innere „Ausbrennen“ des nationalsozialistischen Regimes zur Voraussetzung hatten.[13] Die hier konzipierte Revolution war das gerade Gegenteil der Regenerierung des deutschen nationalen Machtstaates. Sie setzte jedoch ebenfalls die Auslöschung der politisch-staatlichen Traditionen, damit eine politische *tabula rasa* als Folge der nationalsozialistischen Politik, voraus.

Bei aller Herausstellung der utopischen Bestandteile des Kreisauer politischen Denkens ist diese durch Moltke und Yorck frühzeitig entwickelte Einschätzung der im nationalsozialistischen Herrschaftssystem zum Durchbruch gelangenden Triebkräfte bis heute gültig, wenngleich nicht immer hinreichend erkannt. In der parasitären Zersetzung überkommener Strukturen und mentaler Dispositionen, die ein Übermaß zerstörerischer und inhumaner Antriebe freisetzte, lag dessen innerstes Wesen begründet; aber dies mußte in Beziehung gesetzt werden sowohl zu der obrigkeitsstaatlichen Tradition wie zu der geronnenen Macht der staatlichen bürokratischen Apparate und der gesellschaftlichen Strukturen, die dem Nationalsozialismus zur Macht verhalfen und ihm Gefolgschaft sicherten. Tatsächlich zerschlug das System mit den normativen und institutionellen Grundlagen öffentlicher Gewalt auch jeden Ansatzpunkt, an dem alternative politische Kräfte hätten anknüpfen und den sie zu ihrer äußeren Legitimierung hätten benützen können, nachdem die Position des Reichspräsidenten beseitigt, die der Reichsregierung institutionell ausgehöhlt worden war und die Armee — wie dann auch der Ausgang des „Walküre“-Unternehmens erweisen sollte — nicht mehr als unabhängige Kraft existierte.

Diese Konstellation zwang die Verschwörer, abgesehen von dem Legitimierungsdruck, den sie gegenüber einer von der nationalsozialistischen

Propaganda indoktrinierten Bevölkerungsmehrheit empfanden, dazu, nicht nur das Wie eines möglichen Umsturzes zu erörtern, sondern auch ein umfassendes Konzept für die anzustrebende Neuordnung vorzulegen. Gewiß kommen weitere Faktoren hinzu, die die Abdrängung der Tätigkeit eines beträchtlichen Teils der Verschwörer auf planerische Aspekte erklären. Die zutreffende Erkenntnis, daß ein Umsturz nur von der Wehrmachtsführung ausgehen könne, wie das zähe und immer wieder enttäuschende Warten auf eine Putschauslösung verwies viele Verschwörer darauf, Vorbereitungen für „den Tag danach" zu treffen.

Es fällt auf, daß bis Anfang 1943 kaum Überlegungen bestanden, die auf eine Mobilisierung der Bevölkerung abzielten und die die Grundlegung einer „Volksopposition" wenigstens ansatzweise zum Ziel hatten. Der ins Auge gefaßten „Revolution von oben" hafteten durchweg autoritär-gouvernementale Züge an. Die Mittel der europäischen Revolutionen — das Flugblatt, das Plakat — scheinen für den Umsturzfall nicht erwogen worden zu sein, und das keineswegs allein aus konspirativer Vorsicht. Was an Rundfunkansprachen und Proklamationen erhalten ist, trägt den Stempel der amtlichen Regierungsverlautbarung oder reflektiert ein paternalistisches Umgehen mit dem Bürger, der zur Pflichterfüllung, nicht zur Aktion aufgerufen wird.[14]

II

Den Formierungsphasen der Verschwörung entsprechen jeweils charakteristische Stufen der Neuordnungspläne. Die erste läßt sich anhand von Denkschriften aus dem Umkreis der Abwehr, der oppositionellen Zirkel im Auswärtigen Amt und vor allem der von Hassell und Popitz Anfang 1940 verfaßten programmatischen Aufzeichnung einschließlich des Entwurfs eines *vorläufigen Staatsgrundgesetzes* rekonstruieren, wobei die überlieferte Fassung des letzteren aus dem Herbst 1943 stammt.[15] Die Übertragung der vollziehenden Macht an die militärische Führung und eine Umbildung der Regierung sollten den Ausgangspunkt einer tiefgreifenden Verfassungsreform abgeben. Die als positiv empfundenen Errungenschaften des nationalsozialistischen Herrschaftssystems, darunter die Beseitigung des Länderparlamentarismus und die Zurückführung der Länder auf den Status von Provinzen, die Ausschaltung des politischen Parteiwesens und der organisierten Arbeiterbewegung, sollten übernommen werden. Mit der Ausschaltung der SS, dem Verbot von NSDAP und SA und der Absetzung der wegen Korruption und Amtsanmaßung untragbar erscheinenden nationalsozialistischen Funktionäre war der Dualismus von Partei und Staat zu beseitigen und eine klare administrative Führung sicherzustellen.

Inhaltlich knüpfte der Verfassungsentwurf an die Ideengänge des Kabinetts von Papen an, ging aber über dessen unklares Programm des „Neuen Staates" weit hinaus. Das parlamentarische System sollte auf lange Sicht durch eine berufsständische Vertretung „auf breiter Grundlage", also zusammen mit einer fühlbaren Einschränkung beziehungsweise Modifizierung des allgemeinen und gleichen Wahlrechts, ersetzt werden. Kennzeichnend war die Schaffung einer weitgehend unabhängigen, handlungsfähigen Regierung. Dem vorgesehenen Reichsverweser war, trotz der formell beibehaltenen Gegenzeichnungspflicht des Reichskanzlers, eine nahezu unbegrenzte Machtstellung eingeräumt. Die Frage der Staatsform, also der im Prinzip angestrebten Rückkehr zur Monarchie, wurde noch offen gelassen. Vor allem deshalb war von einer Übergangsverfassung die Rede, denn in Abgrenzung vom zunächst vorgesehenen militärischen Ausnahmezustand waren die einzelnen administrativen Reformmaßnahmen auf einen längeren Zeitraum hin angelegt. Es handelte sich um eine Mischform zwischen der konstitutionellen Monarchie und der autoritären Diktatur.

In unserem Zusammenhang interessieren nicht so sehr die inhaltlichen Details als vielmehr die in den späteren Umsturzplanungen beibehaltene Form der Machtsicherung. Die Exekutive befindet sich in den Händen einer Regentschaft, die aus dem Reichsverweser, der zugleich Oberster Befehlshaber der Streitkräfte ist, und zwei weiteren Persönlichkeiten besteht. Es handelt sich um eine Direktoriumslösung, für die Popitz noch unmittelbar vor dem 20. Juli 1944 gegenüber Stauffenberg plädierte.[16] Eine auf den Einfluß von Popitz zurückgehende Eigentümlichkeit liegt in dem ausgeprägt unitarischen Grundzug. Der Reichsverweser ist zugleich Staatskommissar für Preußen, während in den übrigen Ländern die vollziehende Gewalt von den vorherigen Reichsstatthaltern an die vom Reichsverweser ernannten Wehrbefehlshaber übergeht. Der militärische Ausnahmezustand in den außerpreußischen Gebieten bleibt also anscheinend bis zur territorialen und administrativen Neugliederung bestehen.

Es handelt sich somit um einen Dreistufenplan. Die Machteroberung erfolgt auf dem Wege des militärischen Ausnahmezustands, der unter der Herrschaft eines Direktoriums teilweise überflüssig wird. Die Wiederherstellung eines „normalen Verfassungslebens" wird ausgesetzt; in der Zwischenzeit arbeitet ein von der Regentschaft eingesetzter Verfassungsrat Vorschläge aus, die „eine Mitarbeit des Volks und eine Kontrolle des Staatslebens auf der Grundlage der örtlichen und körperschaftlichen Selbstverwaltung" sicherstellt.[17] In den Entwürfen fehlen Hinweise auf die Einberufung einer konstituierenden Versammlung. In der Tat war dies nicht vorgesehen; sowohl von Hassell wie Popitz wiesen 1941 den von Goerdeler ausgehenden Vorschlag, möglichst rasch ein Plebiszit zur Bestätigung der neuen Regierungsform abzuhalten, zurück, da sie mit innenpolitischen Widerständen rechneten. Im *Gesetz über die Wiederherstellung geordneter Verhältnisse im Staats- und Rechtsleben* war mit der Inaussichtstellung einer „endgültigen Verfassung", die „unter Mitwirkung aller Schichten des Volkes" zustandekommen sollte, an eine formale Legitimierung der neuen Regierungsform gedacht.[18]

Der Sache nach übertrug dieser Entwurf die aus dem nationalsozialistischen Führerprinzip fließende faktische Souveränität auf den Regentschaftsrat, der in der späteren Fassung entfiel. Eine Schwäche des ausgeprägt zentralistischen Verfassungsaufbaus liegt im Fehlen einer demokratischen Legitimierung, die, den Umständen entsprechend, zwar nicht durch Wahlen, aber durch die Zusammenarbeit mit politischen Parteien, die virtuell fortexistierten, denkbar gewesen wäre. Demgegenüber wird das Verbot der Gründung politischer Vereinigungen in Analogie zur entsprechenden nationalsozialistischen Vorschrift beibehalten. Wie alle früheren rechtskonservativen Umsturzversuche oder -pläne versagte auch dieser vor der Legitimationsfrage, zumal die unmittelbare Rückkehr zur Hohenzollernmonarchie nicht realisierbar war.[19] Die Veranstaltung einer Volksabstimmung, die bei Vermeidung einer Ausweitung des Krieges technisch durchführbar gewesen wäre, widersprach dem Selbstverständnis der handelnden Honoratiorenpolitiker, die sich als Repräsentanten der preußisch-deutschen Staatstradition begriffen.

Bekanntlich wurde diese Frühphase der politischen Neuordnungspläne, die hochkonservative Züge trug, durch die eigenständigen Planungen Carl Goerdelers abgelöst, die ihren wichtigsten Niederschlag in der Ende 1941 verfaßten Denkschrift *Das Ziel* fanden, in die er Vorarbeiten Ludwig Becks einbezog.[20] Zwar blieben auch in diesem Entwurf charakteristische autoritäre Züge bestehen, doch war darin der Wille zu politischer Integration weit stärker ausgebildet. Ein kompliziertes System stufenhafter Repräsentativkörperschaften und flankierender berufsständischer Interessenvertretungen nahm einen breiten Raum ein. Die Kombination von weitgehenden Prärogativen von Staatsoberhaupt und Reichsregierung mit einem Ausbau der regionalen und lokalen Selbstverwaltung unter Zurückdrängung föderativer Elemente entsprach den Bestrebungen der Papen-Zeit, das parlamentarische System zu beseitigen. Insbesondere zielte das Modell darauf ab, die Rolle zentralistischer Parteien zu begrenzen und durch indirekte Delegation von den jeweiligen Repräsentationsebenen plebiszitäre Momente so gering wie möglich zu halten. Direkte Wahlen gab es nur auf der kommunalen Ebene.

Die ausgeprägt verwaltungsstaatlich ausgerichteten Verfassungsvorstellungen Goerdelers, die in den darauffolgenden Jahren nur geringfügig modifiziert wurden, knüpften an die verfassungspolitischen Konzepte der

Ära von Papen an und verwerteten die Erfahrungen der Ära Brüning insbesondere in finanz- und etatpolitischer Beziehung. Sie stellten keineswegs eine Neuauflage der Regierung des Artikels 48 der Weimarer Reichsverfassung dar, sondern schränkten das parlamentarische Prinzip auf konstitutionelle Kontrollrechte sowohl des Reichstags wie der Reichsständekammer ein; die konkurrierende Gesetzesinitiative von Reichsregierung und Reichstag war angesichts der Möglichkeiten, dessen Widerstand zu überwinden, fiktiv und gab der ersteren ein eindeutiges Übergewicht. Insoweit griffen diese Vorschläge noch hinter die Bismarcksche Reichsverfassung zurück, enthielten aber auch Elemente, für die Mussolinis Italien als Vorbild diente. Die Furcht vor der „Massendemokratie" bewirkte eine hybrid erscheinende Beschränkung des Zugangs zu politischen Ämtern und Repräsentationsgremien. Technisch war das komplizierte System indirekter Wahlen und Wahlrechtsmodifikationen und von hohen Qualifikationsanforderungen an politische Repräsentanten, insbesondere der zentralen Vertretungskörperschaften, nicht funktionsfähig und übrigens extremen Manipulationsmöglichkeiten ausgesetzt, was ähnlich für die vergleichbaren Verfassungsvorstellungen des Kreisauer Kreises galt.[21]

Goerdeler stieß mit den von ihm vorgelegten Neuordnungsplänen auf scharfe Kritik bei Hassell und Popitz, die insbesondere das Festhalten am wirtschaftspolitischen Liberalismus ablehnten und ihn unberechtigterweise bezichtigten, an Weimarer Verhältnisse anknüpfen zu wollen, was sie als Rückfall in eine für überwunden geltende Stufe ansahen und daher als „reaktionär" bezeichneten.[22] In der Tat waren Diktion und Intention des Goerdelerschen Entwurfs wesentlich liberaler gestimmt als das *Vorläufige Staatsgrundgesetz*. In der Praxis hätte dies sich freilich wegen der typischen Übersteuerung der Schutzvorschriften zugunsten der Exekutive nicht ausgewirkt. Die Frontstellung gegen die Gruppe um Popitz und Hassell bewog Goerdeler, seine Kontakte mit freien und christlichen Gewerkschaftlern zu intensivieren. Goerdeler strebte ein Zusammengehen mit ihnen aber auch deshalb an, weil er in den Gewerkschaften ein mögliches Gegengewicht gegen die von ihm befürchtete Radikalisierung der Arbeiterschaft im kommunistischen und linkssozialistischen Sinne erblickte.[23] Zugleich bewies er damit ein größeres Verständnis für die Legitimierungsproblematik, wenngleich er von der ursprünglichen Vorstellung, die Zustimmung der Bevölkerung vermittels eines Referendums (sicherlich in problematischer Übernahme der propagandistischen Techniken Hitlers) einzuholen, abging und — ähnlich wie der Kreisauer Kreis — durch Intensivierung des Selbstverwaltungsbereichs die erforderliche politische Integration gewährleisten wollte, während er nationale Wahlen bis nach Kriegsende aufschieben wollte.[24]

Das Bündnis mit den Gewerkschaftlern brachte ein strukturfremdes Element in den von Goerdeler angestrebten Verfassungsaufbau. Die Wahrnehmung öffentlich-rechtlicher Aufgaben durch die Gewerkschaften, insbesondere im Bereich der sozialen Sicherung, verstärkte den Einfluß berufsständischer Gruppen und war schwerlich mit dem von Goerdeler bejahten Prinzip der freien Unternehmerwirtschaft und der Nichtintervention des Staates vereinbar.[25] Gemessen an den Ausgangsbedingungen, lag in der Einbeziehung des von Leuschner im Anschluß an die Vorstellungen des Führerkreises der Vereinigten Gewerkschaften vom April 1933[26] vertretenen Programms der Einheitsgewerkschaft, die weitgehend in die Funktionen der DAF eintrat, ein konstruktiver Gedanke. Goerdeler beschritt damit gleichsam den Weg, den von Schleicher gegangen war, um das politische System Ende 1932 zu stabilisieren. Wenn man, wie Goerdeler und die meisten Nationalkonservativen, die Entstehung nationaler politischer Parteien verhindern oder deren Einfluß begrenzen wollte, war die Abstützung auf Interessenverbände der einzig denkbare Ausweg, und er entsprach sowohl der deutschen sozialpolitischen Tradition[27] wie dem Selbstverständnis der Gewerkschaften, insbesondere ihres christlichen Flügels, der seit langem mit korporativistischen Lösungsmodellen in Anlehnung an die katholische Soziallehre sympathisierte. Das auch bei Hassell und Popitz vorhandene berufsständische Element, das von ihnen eher im negativen Sinne, das heißt zur Aufgliederung der Wählerschaft und damit zu deren Manipulierbarkeit im Sinne der Regierungsinteressen fungierte, diente hier einer bewußten Abstützung des Systems.

Es ist eine andere Frage, ob diese Rechnung im Falle eines geglückten Umsturzes aufgegangen wäre. Die organisatorischen Vorbereitungen für die „Deutsche Gewerkschaft" durch Leuschner und Kaiser beschränkten sich im wesentlichen darauf, die Führungskader für den Tag X zusammenzustellen. Julius Leber äußerte sich ausgesprochen skeptisch über die Effizienz dieser revolutionären Bedingungen der keineswegs gewachsenen und, wie auch die Gestapo feststellte, hoffnungslos überalterte Funktionärsgruppe. Die Erfahrungen vom Frühsommer 1945 zeigten jedoch, daß die Regeneration der Gewerkschaften innerhalb kürzester Zeit möglich war, und zwar durchaus im Anschluß an das frühere Führungspersonal.[28] Obwohl vieles dafür spricht, daß die geplante Einheitsgewerkschaft unter dem Druck des linken Flügels nach einem Umsturz sehr viel weitergehende Forderungen angemeldet hätte als dies Goerdeler lieb war, bestanden doch gute Chancen, daß von den Gewerkschaften in Fortsetzung der von Leipart 1932 eingeschlagenen Linie eine wichtige politische Stützung des Übergangsregimes ausgegangen wäre. Diese Überlegung scheint auch Moltke bewogen zu haben, einen Kompromiß mit Leuschner einzugehen und für eine Übergangsperiode Leuschners „Deutsche Gewerkschaft“ zu akzeptieren.[29]

Keiner der Verfassungspläne löste das Problem, das Wiederaufleben eines Vielparteiensystems zu verhindern; jeder atmete das Bestreben, Parteien möglichst überflüssig zu machen. Wie stark die Weimarer Erfahrungen mit denjenigen der nationalsozialistischen Diktatur zusammen gesehen wurden, geht aus dem Sachverhalt hervor, daß der Strukturunterschied zwischen demokratischen Parteien und der NSDAP nicht wirklich anerkannt wurde. Die NSDAP erschien nicht als Gegenbild, sondern als Konsequenz des noch nach 1945 als „Parteienstaat“ abqualifizierten parlamentarischen Systems. Der Antiparteienaffekt, der für die deutsche politische Kultur kennzeichnend war, fand im nationalkonservativen Widerstand verstärkten Widerhall. Auf allen Flügeln der Bewegung des 20. Juli bestand Übereinstimmung darüber, daß Parteien als Vertreter partikularer Interessen nicht in der Lage seien, die Interessen der Gesamtheit zu repräsentieren, da sie die wirklichen Wünsche und Nöte des Bürgers nur durch ideologische Zutaten und Demagogie verfremdeten. Die bürgerlichen und aristokratischen Honoratioren, die im Widerstand dominierten, waren durchweg parteilos. Als Kommunalpolitiker stand Goerdeler, obwohl er mit der DNVP sympathisierte, der Rolle der Parteien ablehnend gegenüber, die er zumindest im kommunalpolitischen Bereich für überflüssig hielt.[30] Auch die Sozialisten waren voller Reserven gegenüber der bürokratisch erstarrten und sich in parlamentarischen Taktiken erschöpfenden eigenen Partei.[31]

Daher erwog Goerdeler — wohl unter dem Einfluß der Kreisauer Idee der „kleinen Gemeinschaften“[32] — das Nominationsrecht für die untersten Repräsentativorgane durch die Verbände vornehmen zu lassen, was nach Lage der Dinge eine realistische Umsetzung der Kreisauer Überlegung darstellte, die Kandidatenaufstellung den „kleinen Gemeinschaften“ zu übertragen. Darin äußerte sich eine totale Verkennung der Ursachen, die zur Verantwortungsscheu und ideologischen Fixierung der Weimarer Parteien geführt hatten. Denn der übermäßige Verbändeeinfluß hatte deren mangelnde Koalitionsfähigkeit in erster Linie begründet. Goerdeler war sich freilich unsicher, ob es möglich sei, die Entstehung zentralistisch organisierter Parteien auf die Dauer zu verhindern. Deshalb erwog er, nur die drei stärksten Parteien bei der Mandatsverteilung zu berücksichtigen, während er im Prinzip, in fälschlicher Einschätzung der britischen Verhältnisse, für das Zweiparteiensystem eintrat, was er und andere zugleich durch das reine Mehrheitswahlrecht zu erreichen hofften.[33]

Der Antiparteienaffekt und die für den Kommunalpolitiker typische Gleichsetzung von Politik mit der Lösung von Sachaufgaben bewogen Goerdeler dazu, sich für die Wiedereinführung der Monarchie einzusetzen, da er angesichts der deutschen Verhältnisse „eine von Wahlen unabhängige Staatsspitze“ für unerläßlich hielt. Bismarcks taktisch gemeinte Polemik gegen die deutsche *itio in partes* wirkte bei ihm offenkundig nach. Das Festhalten am monarchischen Gedanken trotz der nahezu unüberwindlichen Schwierigkeiten, die Hohenzollerndynastie zu restaurieren — keiner der preußischen Prinzen zeigte sich bereit, das Risiko eines Restaurationsversuche einzugehen[34] —, erklärt sich nicht zuletzt aus dem Unbehagen darüber, daß das komplizierte Verfassungssystem, das Goerdeler vorschlug, durch eine normale, das heißt direkt gewählte Konstituante nicht bestätigt werden konnte, da diese das Prinzip der indirekten Repräsentation von vornherein zurückweisen mußte.

Die Restaurationsfrage spielte jedoch in den konkreten Planungen der Verschwörer eine völlig untergeordnete Rolle. Einige von ihnen, wie Fritz-Dietlof von der Schulenburg, waren entschiedene Gegner einer Rückkehr zur Monarchie, und dies widersprach auch dem grundsätzlichen Konzept des Kreisauer Kreises, der, indem er den Begriff des Reichsverwesers aufnahm, allerdings mißverständlichen Interpretationen Vorschub leistete.[35] Daß man mit einer derartigen Terminologie bemüht war, dem Führermythos ein Äquivalent entgegenzusetzen, erscheint begreiflich. Bemerkenswert ist, daß Beck als präsumtiver Staatschef und Oberbefehlshaber des Heeres den Titel „Generalstatthalter“ bevorzugte. Die Identität von oberstem militärischem Befehlshaber und Staatsoberhaupt war indessen mehr als eine Reminiszenz an das wilhelminische System. Sie betraf vielmehr die Staatsstreichstrategie als solche.

III

Für den nationalkonservativen Widerstand gab es nicht den geringsten Zweifel, daß ein Umsturz nur auf dem Wege des militärischen Staatsstreichs erfolgen konnte. Dies war jedoch nicht nur die Anerkennung des unter totalitären Bedingungen einzig möglichen Vorgehens, sondern entsprach auch der in der Weimarer Republik von der konservativen Rechten befolgten und von der Reichswehr wiederholt praktizierten Politik. Popitz' *Richtlinien zur Handhabung des Gesetzes über den Belagerungszustand*, dessen Entwurf nicht erhalten ist, stehen in dieser Tradition.[36] Sowohl im Ersten Weltkrieg wie in der Revolutionsphase und in der Krise von 1923 hatten die Militärs Erfahrungen mit der Anwendung des Ausnahmezustands sammeln können. Im sogenannten *Planspiel Ott*, einer im Reichswehrministerium am 25. und 26. November 1932 durchgeführten Planübung für den Fall eines Generalstreiks der Linken, war vor allem das Verhältnis von militärischer und ziviler Gewalt überprüft worden, das in der Gründungsphase der Republik wiederholt zu Konflikten geführt hatte.[37] Während nach dem Kapp-Putsch verfügt worden war, daß militärische Verbände erst auf Weisung des zuständigen Zivilkommissars eingesetzt werden sollten, kehrte man jetzt zu der Unterstellung der zivilen Behörden unter den jeweiligen Militärbefehlshaber zurück.[38] Das entsprach der frühen Weimarer Praxis, in der die Militärs sämtliche relevanten innenpolitischen Zuständigkeiten, darunter die Lebensmittelversorgung, die Wirtschafts- und Sozialpolitik bis hin zur Lohnfindung, an sich gezogen hatten.

Die Anordnungen der „Walküre"-Planung schlossen sich durchweg diesem herkömmlichen Muster an. Bemerkenswert erscheint, daß der Entwurf von Popitz, der freilich weit weniger detailliert war als die sorgfältig ausgearbeiteten Einzelweisungen, der Vorbereitung des Ausnahmezustands zugrunde gelegt und in einem Falle wörtlich in die am 20. Juli 1944 ergehenden Befehle übernommen wurde.[39] Die vorgesehenen politischen Beauftragten entsprachen den in Weimar auf der Ebene der Wehrkreise tätig werdenden Zivilkommissaren. Im Unternehmen „Walküre" wurden sie ausdrücklich auf beratende Funktionen beschränkt. Das stand im Gegensatz zu den Absichten des Kreisauer Kreises. In der *Ersten Weisung an die Landesverweser* war diesen ausdrücklich ein Weisungsrecht gegenüber den „militärischen Inhabern der vollziehenden Gewalt" zugesprochen worden.[40] Die Abdrängung der Politischen Beauftragten auf nachgeordnete administrative Funktionen, die mit „Walküre" erfolgte, löste bei einem Teil der Verschwörer Bedenken und gelegentlich Widerspruch aus. Goerdelers wiederholt geäußerte Befürchtung, „daß die Generale etwas Politisches unternehmen", muß auch in diesen Zusammenhang gestellt werden.[41]

Das Verhältnis zwischen ziviler und militärischer Gewalt war in der Tat im Vorfeld des Umsturzes nicht hinreichend festgelegt worden. Die Doppelstellung Becks als Generalstatthalter und Oberster Befehlshaber der Wehrmacht verschob die Balance zugunsten der Militärs. Es ist nicht zu bezweifeln, daß die militärische Führungsgruppe die zivile Opposition keineswegs ausschalten wollte. Aber es war symptomatisch, daß man darauf verzichtete, das präsumtive Kabinett vor dem Attentat zusammenzurufen, und daß vor dem 20. Juli, überwiegend aus Sicherheitsgründen, eine Unterrichtung Goerdelers nicht stattfand, so daß, wie Ehlers hervorgehoben hat, der Umsturzversuch nahezu ohne die Beteiligung der zivilen Verschwörer ausgelöst wurde.[42] Immerhin war erwogen worden, die Politischen Beauftragten zu einer Besprechung zusammenzurufen, was aus Gründen der Geheimhaltung dann unterblieb.[43] Man gewinnt den Eindruck, daß die Installierung der vorgesehenen Reichsregierung, abgesehen von der Berufung Becks, mit einer gewissen zeitlichen Verzögerung, erst nach der vollen Durchsetzung des Ausnahmezustands, erfolgen sollte. Das mag erklären, daß am 20. Juli der Text des für Beck vorgesehenen politischen Aufrufs nicht zur Hand war, so daß dieser Gisevius in aller Eile beauftragte, einen Entwurf zu erstellen.[44]

In allen diesen Fragen sind wir, da die entscheidenden Unterlagen in Zossen vernichtet worden sind, auf Vermutungen angewiesen. Dies gilt zunächst für das Problem, inwieweit Stauffenberg und seine Mitarbeiter an den mehrfach redigierten Entwürfen Goerdelers Änderungen vorgenommen haben und was der Tenor der in Zusammenarbeit mit Rudolf Fahrner ausgearbeiteten Erklärungen gewesen ist.[45] Dies betrifft auch die Frage, inwieweit die sich in den vorausliegenden Monaten verdichtenden Erwägungen, eine stärker nach links gerichtete Regierung zu bilden, noch konkret umgesetzt worden sind. Es ist möglich, daß eine Entscheidung darüber aufgeschoben wurde, da die vollziehende Gewalt ohnehin bei der militärischen Führung lag. Die veränderte Einschätzung der außenpolitischen Situation aufgrund der unmittelbar vor dem Attentat eingehenden Informationen durch John und Trott könnte Stauffenberg veranlaßt haben, gestützt auf den militärischen Ausnahmezustand, das Heft in der Hand zu halten und Verhandlungen „von Heerführer zu Heerführer" zu suchen.[46]

Goerdeler selbst hat die tatsächliche Lage weitgehend verkannt, nicht nur in außenpolitischer Hinsicht, sondern auch bezüglich der nach einem Umsturz zu erwartenden innenpolitischen Konstellation. Er glaubte, die Rolle der Militärs auf die bloße technische Machtsicherung beschränken zu können, wozu sie mit Gewißheit nicht bereit waren. Im Gegensatz zu der Mehrheit der Verschwörer war er optimistisch genug zu glauben, daß die Übergangsregierung das spontane Vertrauen der Mehrheit der Bevölkerung finden werde, was Stauffenberg, aber auch die Vertreter des Kreisauer Kreises, wesentlich skeptischer beurteilten. Das bedingte auch eine unterschiedliche Einschätzung der Intensität und der Dauer des militärischen Ausnahmezustands. Ursprünglich hatten die Verschwörer diesen auf wenige Tage begrenzen und den Eindruck einer Militärdiktatur vermeiden wollen. Tatsächlich aber war eine innenpolitische Stabilisierung nur auf dieser Grundlage möglich, da mit erheblichen Widerständen von seiten nationalsozialistischer, möglicherweise auch kommunistischer Kräfte zu rechnen war.

Im Vergleich zur perfekten Vorbereitung des militärischen Ausnahmezustands sticht die Unfertigkeit der politischen Umsturzvorbereitungen ins Auge, wenn man von den relativ fortgeschrittenen, aber notwendigerweise unvollkommenen Stellenbesetzungsplänen ausgeht, die nicht zuletzt durch die unermüdliche Tätigkeit Fritz-Dietlof von der Schulenburgs zustandegekommen waren. Die ursprüngliche Fiktion des legalen, gegen einen Putsch „gewissenloser" und „frontfremder Parteiführer", der erst schrittweise aufgedeckt wurde, gerichteten Staatsstreichs behinderte ein politisches Hervortreten. Die vorbereitenden Erklärungen Goerdelers waren auf diese Sprachregelung in keiner Weise abgestimmt. Zu dem in den „Walküre"-Befehlen artikulierten Anspruch, in die verwaiste Staatsgewalt einzutreten und die Lebensinteressen der Nation in der Stunde höchster Gefährdung wahrzunehmen, paßte die Ankündigung einer Übergangsverfassung, die die Regierung selbst binden sollte, in keiner Weise. Selbst wenn es gelungen wäre, die Presse voll in den Dienst des Umsturzes zu stellen, wofür merkwürdig wenig Vorbereitungen getroffen waren, hätten die konfligierenden Sprachregelungen Verwirrung ausgelöst und dem Putsch eine politische Ambivalenz gegeben, die sich selbst dann negativ ausgewirkt haben würde, wenn das Attentat erfolgreich verlaufen wäre.[47]

All dies zeigt, daß man von unterschiedlichen Einschätzungen der Umsturzsituation ausging. Goerdeler faßte, wie Christian Müller eindrücklich dargelegt hat,[48] den Machtübergang wesentlich als Regierungswechsel auf und übersah dessen revolutionäre Implikationen. Die von ihm vorbereitete Regierungserklärung vermied es, auf die politischen Gruppierungen, die hinter dem Umsturz standen, Bezug zu nehmen, und kündigte einen Verfassungsoktroi an, wobei er offenbar die technischen Schwierigkeiten verkannte, zu einer verabschiedungsfähigen Fassung der bisherigen Entwürfe zu gelangen. Die politische Legitimation des neuen Kabinetts war, den überlieferten Texten zufolge, nicht angesprochen.[49]

Demgegenüber gingen die Kreisauer Entwürfe von einer völlig anderen Situation aus. Sie berücksichtigten die Eventualität, daß eine Zentralregierung nicht vorhanden sein und daß das Reichsgebiet in einzelne Zonen zerfallen werde. Desgleichen rechneten sie bei einer Teilbesetzung, wie aus der Vorschrift hervorgeht, damit, daß die Landesverweser ihre Aufgabe im Falle der alliierten Okkupation nach Möglichkeit fortführen sollten.[50] In realistischer Einschätzung der tatsächlichen Bedingungen hielten sie einen vorübergehenden Zerfall der zentralstaatlichen Autorität für wahrscheinlich. Sie antizipierten in mancher Hinsicht den in der „Stunde 0" tatsächlich eintretenden Zustand, hielten aber auch eine begrenzte Fortsetzung des Krieges für möglich.

Die Kreisauer Planungen umfaßten unmittelbare Anweisungen für einen Wiederaufbau des politischen Lebens, wobei im Gegensatz zu den Absichten Goerdeler von einem weitgehend selbständigen Vorgehen der Landesverweser, insbesondere in personalpolitischen Fragen, ausgegangen wurde. Dabei hatte der Aufbau der lokalen Selbstverwaltung im Sinne der von Kreisau ausgearbeiteten Prinzipien vorrangige Bedeutung. Die Landesverweser wurden aufgefordert, durch die Aktivierung des Prinzips der „kleinen Gemeinschaften" und der Selbstverwaltungseinrichtungen ihre Autorität „von unten her fest zu begründen". Erst auf dieser Grundlage erschien es denkbar, die vorgesehenen Repräsentativkörperschaften auf der Reichsebene ins Leben treten zu lassen. Zugleich wurden die Landesverweser beauftragt, eine enge Zusammenarbeit mit der „Deutschen Gewerkschaft" zu suchen und auf diesem Wege die Arbeiterschaft in das entstehende neue Gemeinwesen zu integrieren.[51]

Dies verweist auf die unterschiedliche Stoßrichtung der von Goerdeler und von Kreisau vorgeschlagenen Verfassungsmodelle, während sie hinsichtlich des Prinzips gestufter indirekter Repräsentation, bei Varianten im einzelnen, übereinstimmten. Anders als bei Goerdeler fanden sozialstaatliche Prinzipien in die Kreisauer Entwürfe ausdrücklich Eingang. Desgleichen war ein weitreichendes staatliches Interventionsrecht in die Wirtschaft vorgesehen, was, durch die Notwendigkeit zentraler Entscheidungsebenen, ein gewisses Ungleichgewicht in das Modell hineinbrachte, das das Prinzip subsidiärer Selbstverwaltung noch stärker betonte als Goerdeler. In beiden Fällen war die Verfassungsreform mit umfangreichen Veränderungen des Verwaltungsaufbaus verbunden, wobei das Prinzip der Einheitsverwaltung, das auch von Verwaltungsexperten des Dritten Reiches favorisiert wurde, Eingang fand.[52]

Bei den Kreisauer Verfassungreformvorschlägen trat die Spannung zwischen unmittelbarer Machtsicherung durch den militärischen Ausnahmezustand und den angestrebten Neuordnungsmaßnahmen nicht im gleichen Umfang in Erscheinung wie bei Goerdeler. Aber auch hier wurde ein Zustand weitgehender Depolitisierung, die Reduzierung des Interesses der Bürger auf die Befriedigung ihrer unmittelbaren Bedürfnisse vorausgesetzt. Politik erschien überwiegend als Beteiligung des Bürgers an der Verwaltung, und wenngleich auf eine hohe Partizipation abgestellt wurde und das Modell insofern demokratische Züge trug, wurde diese doch sorgsam kanalisiert, um sachfremde Entscheidungen zu vermeiden und zu verhindern, daß durch die Parteien ideologische Faktoren von außen in den Willensbildungsprozeß hereingetragen wurden. Desgleichen bewirkte die in den Kreisauer Vorschlägen nicht ganz so stark ausgeprägte Abkehr vom parlamentarischen Prinzip eine gewiß unbeabsichtigte extreme Stärkung der Stellung des Reichsverwesers.[53]

IV

Das durch neokonservative und korporativistische Einflüsse geprägte Verfassungsdenken des Goerdeler- und des Kreisauer Kreises erfuhr jedoch durch den Gedanken, eine demokratische Volksbewegung zur Abstützung der Umsturzregierung zu schaffen, eine neuartige Dimension. Er ging ursprünglich auf Carlo Mierendorff und Theodor Haubach zurück, die nach Rücksprache mit Moltke und Yorck einen Entwurf zur Bildung der *Sozialistischen Aktion* vorlegten, der mit guten Gründen in die Kreisauer Dokumente aufgenommen wurde, obwohl es sich zunächst um eine Einzelinitiative gehandelt hatte.[54] Das alsbald allgemein aufgegriffene Konzept einer „überparteilichen Volksbewegung", die alle aufbauwilligen antinationalsozialistischen Kräfte umfassen sollte, überwand die Phase überwiegend statischer Neuordnungspläne und zielte auf eine politische Mobilisierung der Bevölkerung, wobei die Erinnerung an die deutsche Erhebung von 1813 Pate stand. Goerdeler griff den Gedanken in veränderter Form auf; die Volksbewegung sollte zunächst von der Regierung gelenkt, später von ihr unabhängig sein und nach Art des Blocksystems unterschiedliche Parteirichtungen integrieren.[55] Er sah in der Volksbewegung zudem eine Chance, die gefürchtete Parteienzersplitterung abzuwenden.

Das Konzept der „überparteilichen Volksbewegung" stellte einen Formelkompromiß dar, in den unterschiedliche Auffassungen eingehen konnten. Moltke und die Kreisauer erblickten darin die institutionalisierte Zusammenfassung der von ihnen angestrebten neuen Elite, die sich aus allen Schichten des Volkes zusammensetzen sollte und durch die Vision einer neuen Gesellschaft jenseits der überkommenen Parteibindungen verbunden war. Julius Leber verband damit die Bildung „einer Art neuer Volksfront auf der Grundlage aller überlebenden und lebensfähigen sozialen und demokratischen Kräfte". Für die christlichen Gewerkschaftler entsprach dieses Konzept den Plänen, eine breite, christlich orientierte Volkspartei, eine „Partei aller werktätigen Menschen" nach dem Vorbild der britischen Labour Party an die Stelle der richtungspolitisch zersplitterten Arbeiterbewegung zu setzen. Es enthielt zugleich Analogien zum faschistischen Einparteienstaat und fand zumindest als Auffangorganisation auch die Billigung von ansonsten betont etatistisch und autoritär eingestellten Gruppen.[56]

Die „überparteiliche Volksbewegung" stellte eine Variante der als Antwort auf die faschistischen Bewegungen allgemein vordringenden Tendenz zur Bildung von Sammlungsparteien dar, die in der kommunistischen Volksfront- und späteren Blockpolitik wie im Gaullismus Ausdruck fand. Allerdings kam es innerhalb der Widerstandsbewegung des 20. Juli nicht mehr zu einer Konkretisierung dieses Plans, dessen Verwirklichung erst für die Zeit nach dem Umsturz ins Auge gefaßt wurde. Vielmehr entzündeten sich an der Frage der Programmatik der Volksbewegung scharfe richtungspolitische Konflikte, die nur mühsam geglättet wurden und auch nach dem gescheiterten Attentat fortbestanden. Gewiß trug die nervöse Gereiztheit, die die Verschwörer angesichts der Verzögerung des Attentats und der dahinschwindenden äußeren Voraussetzungen für den

Umsturz erfaßte, zu den Spannungen bei. Entscheidend war jedoch die gegensätzliche Einschätzung der nach einer Ausschaltung der nationalsozialistischen Führung zu erwartenden innenpolitischen Situation. Einigkeit bestand darin, daß man eine tiefgreifende Zerrüttung und die Gefahr des Zerfalls jeder Autorität befürchten mußte. Das Bild, das die deutsche Gesellschaft in den kurzen Stunden zwischen dem Zusammenbruch der nationalsozialistischen Behörden und der alliierten Besetzung bot, bestätigt diese Prognose. Auch Goerdeler hielt eine innenpolitische Radikalisierung zugunsten der Kommunisten für eine gefährliche Bedrohung, und er trieb die Generalität mit diesem Argument zu rascherem Handeln an.[57] Hingegen unterschätzte er das konkrete Gewicht, das der aus dem Untergrund heraustretenden, von der Sowjetunion unterstützten KPD zukommen mußte, während Julius Leber und Adolf Reichwein, aber auch Moltke und Yorck dies sehr ernst nahmen. Sie zogen daraus die Konsequenz, daß die geplante Volksbewegung mit einem starken linken Flügel operieren müsse; dies schloß eine christlich geprägte Programmatik, wie sie Leuschner in Rücksicht auf die christlichen Gewerkschaftskollegen forderte, wie sie aber auch für die große Mehrheit der von unterschiedlichen Lagern kommenden Verschwörer bestimmend war, von vornherein aus.

Die Gegensätze, die über die „überparteiliche Volksbewegung" aufbrachen, sind nicht negativ zu bewerten, da sie anzeigen, daß der nationalkonservative Widerstand sich von der Vorstellung zu lösen begann, die angestrebte Neuordnung auf einer weitgehenden politischen *tabula rasa* realisieren zu können. Sie wurden jedoch durch grundlegende taktische Differenzen zwischen Leber und dem von Leuschner geführten Gewerkschaftsflügel vertieft. Leber war zwar zu unbeschränkter Kooperation bereit, den Umsturz des Regimes mitzutragen, und er zögerte nicht, sich für das Amt des Innenministers im Übergangskabinett, möglicherweise auch als Reichskanzler zur Verfügung zu stellen. Er war jedoch entschlossen, sich nicht für die politische Konstellation, die nach Beendigung des Krieges eintreten würde, die Hände zu binden, zumal er, bei aller Distanz zur offiziellen Sozialdemokratischen Partei, die Existenz des Exils nicht ignorieren konnte. In dem Maße, in dem der Zeitraum, in welchem das Übergangskabinett noch wirksam sein konnte, infolge der sich täglich verschlechternden militärischen Lage zusammenschmolz, verlor ein Zusammengehen mit Goerdeler und den freilich ebenfalls von diesem abrückenden Hochkonservativen an politischer Attraktivität. Das mag die bemerkenswert scharfe Distanzierung erklären, die in seinen Aussagen vor dem Volksgerichtshof enthalten war.[58]

Eine der mit am schwierigsten zu beantwortenden Fragen ist diejenige nach dem politischen Gehalt des sich seit Ende 1943 abzeichnenden

Zusammengehens von Stauffenberg und Leber, für das trotz aller Gegensätze der Herkunft bestimmte persönliche Berührungspunkte zwischen den beiden Männern hilfreich waren. Stauffenberg scheint in Leber den unentbehrlichen „Volksmann“ erblickt zu haben, der allein imstande war, die erforderliche plebiszitäre Abstützung der Umsturzregierung zu gewährleisten, was von Goerdeler nicht gesagt werden konnte. Zugleich verdichtete sich der nicht ganz berechtigte Eindruck, daß Goerdeler zu den Verhältnissen der Weimarer Republik zurückstrebe, während im engeren Verschwörerkreis Einigkeit darüber herrschte, dies unter allen Umständen zu vermeiden.[59] Stauffenberg schwebte eine Konstellation vor, die den November 1918 in umgekehrter Frontstellung wiederholte: Ein Bündnis von Armee und Arbeiterschaft sollte die Fundamente einer auf einem grundlegenden sozialen Ausgleich beruhenden Staatsordnung legen.[60] Der „Revolution von oben“ mußten revolutionäre Schritte „von unten“ entgegenkommen, wenn eine Chance bestehen sollte, das angestrebte politische System durchzusetzen, zu sichern und dauernd zu behaupten. Die „überparteiliche Volksbewegung“, die zugleich eine Gegenkraft zu der durchaus ernst genommenen Agitation des NKFD darstellen sollte, steht daher im Zusammenhang mit einer dritten, nicht mehr ausgereiften Stufe des nationalkonservativen Widerstands.

V

Die Neuordnungsvorstellungen des nationalkonservativen Widerstands trugen problematische und in vieler Beziehung utopische Züge. Dies ist ihm angesichts der politischen Gesamtsituation, die erfahrene Routinepolitiker resignieren ließ, schwerlich zum Vorwurf zu machen. Nur aus der Vision eines grundlegenden Neuanfangs, einer umfassenden politisch-gesellschaftliche Wende heraus, vermochte die Opposition die Kraft und die innere Rechtfertigung ziehen, sich mitten im Kriege eines Regimes zu entledigen, dessen unerhörte destruktive Energien sich nicht nur in einer beispiellosen Übergipfelung der Gewalt und des Verbrechens ausdrückten, sondern auch darin, daß die Grundlagen für eine innenpolitische Stabilisierung des in einen Amoklauf hineintreibenden politischen Systems hinweggeschwemmt worden war. Im übrigen ging auch die alliierte Deutschlandpolitik von der verfehlten Vorstellung aus, eine Periode politischer Karenz zur Verfügung zu haben, um den angestrebten Demokratisierungsprozeß in Deutschland einzuleiten. Wenn Ludwig Bergstraesser, der politische Berater Wilhelm Leuschners, die Erwartung aussprach, daß sich das politische Leben nach dem Umsturz in erster Linie auf Kirchen und Gewerkschaften abzustützen habe,[61] so nahm dies die anfängliche Strategie der angelsächsischen Besatzungspolitik vorweg, die ebenfalls die Bildung überregionaler politischer Parteien zurückzuhalten suchte, was indessen durch den Befehl der Sowjetischen Militäradministration in Deutschland (SMAD) zur Wiederzulassung politischer Parteien in der Sowjetischen Besatzungszone vom Juni 1945 durchkreuzt wurde.

Andererseits ist nicht zu bestreiten, daß die politischen Ideen der Verschwörer, indem sie auf die nationalsozialistischen Zielsetzungen zu antworten versuchten, Vorstellungen verfochten, die auf derselben politischen Ebene lagen. Die Fiktion der nationalsozialistischen Propaganda, daß es möglich sei, eine tatsächliche Integration der antagonistischen Interessen in einer „konfliktfreien Gesellschaft"[62] zu erreichen, wurde von den Verschwörern, indem sie diese als nicht eingelöst denunzierten, übernommen. Sie blieben überwiegend einem identitätsphilosophisch geprägten Politik-Begriff verpflichtet. Zugleich standen sie unter dem Einfluß der Ideologie des „deutschen Weges". Sie glaubten, einen „Dritten Weg" zwischen Kapitalismus und Sozialismus gehen und Deutschland eine weltgeschichtliche Brückenfunktion zuweisen zu können, die zwischen westlichem Individualismus und östlichem Kollektivismus vermittelte.

Im ganzen enthielten die Verfassungsvorstellungen der Nationalkonservativen, die hierin dem neokonservativen Denken folgten, ein ahistorisches Moment. Trotz aller neoromantisch-idealistischen Anklänge ist das ausgeprägt planifikatorische Moment der Verfassungs- und Verwaltungsvorschläge, die vielfach historisch gewachsene Strukturen zerschlugen und gelegentlich auf vorindustrielle Entwicklungsstadien zurückgriffen, nicht zu übersehen. Technokratische Züge finden sich insbesondere bei Goerdeler und bei den Überlegungen des Freiburger Kreises zur künftigen Wirtschafts- und Sozialverfassung, aber auch in Schulenburgs gewaltsam anmutenden Vorschlägen zur Verwaltungsvereinfachung und zur Dezentralisierung der Sozialpolitik.[63] Auch sonst schimmert in den Plänen und Denkschriften des nationalkonservativen Widerstands der Glaube an die unmittelbare Durchsetzbarkeit umfassender Strukturreformen durch. Ihr gesinnungsethischer Charakter spiegelte ihre politische Isolierung. Ihnen mangelte der catilinarische Grundzug, der für eine wirkliche „Gegenrevolution", wie sie Zeit und Umstände erforderten, unentbehrlich war. Dies hängt mit dem politischen Klima im Dritten Reich zusammen, das politikfreies technokratisches Denken begünstigte, zumal man nicht mehr auf den mühseligen Interessenausgleich des demokratischen Systems angewiesen zu sein schien. In der autoritär-paternalistischen Färbung der Neuordnungsvorschläge spiegelt sich zugleich das Selbstverständnis der konservativen Eliten, stellvertretend für das Gemeinwohl zu handeln.

Die teilweise ungewöhnlich detaillierten und durchaus auch Fragen von untergeordneter politischer Bedeutung wie die Reform des Schul- und

Universitätswesens betreffenden Eventualplanungen sind daher nicht nur zu verstehen als innere Legitimierung der angestrebten Beseitigung der Herrschaft Hitlers. Sie entsprangen zugleich dem Bewußtsein, einer grundlegenden Wende entgegenzugehen, die eine nicht rasch wiederkehrende Chance des politischen Neuanfangs bot. Von dem indirekten Zusammenhang mit der nationalen Aufbruchsideologie, die als Reflex der nicht eingestandenen Kriegsniederlage 1918 auftauchte und 1933 von nationalsozialistischer Seite erfolgreich mobilisiert wurde, ist bereits die Rede gewesen. Sie wurzelte auch in der ästhetizistischen Pflege eines abendländischen Krisenbewußtseins, das die Vision zur Überwindung dieser Krise durch dezisionistische Wertsetzung einschloß. Der keineswegs auf die NSDAP beschränkte Führerkult nährte sich aus derartigen Vorstellungen.[64]

Helmut von Moltkes Vision einer epochalen „Einkehr“ und eines fundamentalen gesellschaftlichen Neuanfangs steht in gewisser Verwandtschaft zu dem Krisenbewußtsein der 20er Jahre, trägt aber eigenständige Züge, für die unmittelbare Vorbilder nicht erkennbar sind.[65] Er ging von dem Grundgedanken aus, „daß das Kriegsende eine Chance zur günstigen Neugestaltung der Welt bietet, wie die Menschheit sie seit dem Zerfall der mittelalterlichen Kirche noch nicht gehabt hat“.[66] Dies stellte ohne Zweifel utopisches Denken dar, das die Entstehung einer gleichsam geschichtslosen „Ausgangslage“ für umfassende Neuordnungen und vor allem eine gesinnungsmäßige Erneuerung erwartete. Auf der Grundlage dieses universalistischen geschichtsphilosophischen Ansatzes erlangte das Programm von Kreisau nicht nur eine bemerkenswerte innere Geschlossenheit, die Moltke bei der Auswahl der Teilnehmer bewußt im Auge hatte, sondern verknüpfte sich im Detail mit nüchternen und realistischen Vorhersagen über die bei der Niederlage des nationalsozialistischen Herrschaftssystems eintretende Konstellation. Moltkes Konzept der „kleinen Gemeinschaften“, das den Schlüssel zum Verständnis der Kreisauer Pläne abgibt, ist ebensosehr ein eigenwilliges, subjektive Erfahrungen verallgemeinerndes und utopisches Konstrukt wie ein faszinierender philosophischer Ansatzpunkt zur radikalen Neubestimmung des Wesens der Politik als unverzichtbarer Dimension menschlicher Existenz. Insoweit ist der Kreisauer Entwurf gegenüber dem Kriterium technischer Realisierbarkeit sakrosankt.

Indessen stellt sich die Frage, warum in das Kreisauer Denken Einflüsse des angelsächsischen Politikverständnisses nur in untergeordnetem Maße eingeflossen sind, obwohl insbesondere Moltke und Trott über umfassende Erfahrungen in dieser Beziehung verfügten. Ihre Verbindungen zum britischen intellektuellen Leben scheint sie eher in ihren antiegalitären Einstellungen bestärkt zu haben. Doch soll dieser Frage hier nicht im einzelnen nachgegangen werden. Es ist nicht nur auf das Fehlen einschlägigen Sachverstands zurückzuführen, daß die von den Nationalkonservativen unterbreiteten Verfassungsvorstellungen generell von den Bedingungen der fortgeschrittenen Industriegesellschaft abstrahierten, was nicht ausschloß, daß einzelne Überlegungen etwa zur europäischen wirtschaftlichen und politischen Integration zukunftsweisenden Charakter besaßen.[67] Vielmehr schließen sie — bei Varianten und unterschiedlichen Schichten — an die Alternativmodelle zum parlamentarischen System an, die vor allem von der Weimarer rechtsbürgerlichen und neokonservativen Publizistik unterbreitet worden sind. Die Erfahrung des Nationalsozialismus, die das Vorurteil gegen eine „Vermassung" der Politik noch verschärfte, hat die nüchterne Überprüfung dieser Positionen nicht erleichtert, sondern geradezu verhindert.

Psychologisch gesehen muß die hermetische Absperrung vom westlichen politischen Denken, damit von einem pragmatischen Politikverständnis, das von der Existenz und der Notwendigkeit antagonistischer gesellschaftlicher Interessen ausging, als wichtiger Faktor berücksichtigt werden. Zwar mangelte es den nationalkonservativen Verschwörern nicht an Informationen und Kontakten zum westlichen Ausland, aber sie setzten sich in der Atmosphäre, in der sie handelten, nicht um. Die Unmöglichkeit des öffentlichen kritischen Diskurses hat intellektuelle Isolierung nachhaltig befördert. Dies hat sich in den gesellschafts- und verfassungspolitischen Überlegungen deutlich niedergeschlagen. Indem man Alternativen zur nationalsozialistischen Wirklichkeit suchte, griff man auf nationale historische Vorbilder zurück, die gleichsam unverbrauchte geschichtliche Alternativen zu enthalten schienen. Dies war die Ära der späten Präsidialkabinette, die Revolution von 1918/19, die Zeit der Bismarckschen Reichsgründung, die Phase der Preussischen Reform und der Freiheitskriege, und Unterschiede in der politischen Gesamteinstellung sind vielfach an diesen wechselnden historischen Bezugsfeldern, die als Sinnstiftung dienten, abzulesen.

Es ist möglicherweise unangemessen, die Verfassungspläne der Verschwörer am Kriterium der Durchsetzbarkeit zu messen, und sicherlich bringt dies ein spekulatives Moment ins Spiel, das gesicherte Antworten nahezu unmöglich macht. Die innere Begrenztheit der vom Widerstand formulierten Alternativen verweist auch auf die relative Rückständigkeit der deutschen politischen Kultur der Weimarer Zeit hin, die den Durchbruch des Nationalsozialismus erst ermöglichte. Das Syndrom eines besonderen „deutschen Weges", das dem antiparlamentarischen Denken der Weimarer Republik in vielfältigen Brechungen entgegentritt, fand im nationalkonservativen Widerstand seinen Höhe- und in gewisser Beziehung auch seinen Endpunkt.[68] Demgegenüber löste sich die Emigration in aller Regel von dem durch autistische Züge gekennzeichneten politischen Selbstverständnis der deutschen Mittel- und Oberschicht. Mit der Niederlage und der Zerschlagung des Dritten Reiches vollzog sich, zum Teil in Anknüpfung an eine neu interpretierte Weimarer Verfassungstradition, ein Wandel des politischen Denkens, der die überlebenden Vorkämpfer des Widerstands und dessen politische Ideen einholte und sie in der entstehenden Bundesrepublik weitgehend isolierte.

Wenn man gleichwohl den Gedanken durchspielt, was von den Planungen des nationalkonservativen Widerstands im Falle eines erfolgreichen Attentats und einer gelungenen militärischen Machtstabilisierung durchsetzungsfähig gewesen wäre, stellt sich erneut die Frage, inwieweit es hätte gelingen können, ihrer Politik einen Rückhalt in der breiten Öffentlichkeit zu verschaffen. Dafür konnte es nicht genügen, einsichtige Argumente und plausible Zielsetzungen vorzutragen. Es mußte vielmehr der Schritt zur politischen Organisation getan werden. Für den Aufbau der „überparteilichen Volksbewegung" fehlte es jedoch, selbst wenn man sich über die programmatischen Grundlinien hätte einigen und den mit Sicherheit eintretenden Druck der KPD abwehren können, an dem geeigneten Personal und der notwendigen Erfahrung. Es hätte sich die Konstellation der späten 20er Jahre wiederholt, in der die Neokonservativen von der spontanen Herausbildung einer „Dritten Front" träumten, während die Nationalsozialisten mit dem Mittel organisatorischer Manipulation die gleichzeitige Auflösung des bürgerlichen Parteienfelds wirkungsvoll ausnutzten. Vermutlich wäre aber im Sommer 1944 ein völliger Zerfall der gesamtstaatlichen Autorität, eine regional unterschiedlich geprägte bürgerkriegsartige Entwicklung und ein auf die militärische Lage zurückwirkender völliger Zusammenbruch im Innern nicht abzuwenden gewesen, da das Mittel des militärischen Ausnahmezustandes die Kräfte auf die Dauer überfordert hätte. Der 20. Juli 1944 hätte daher, selbst bei einem erfolgreichen Attentat, nicht zu einem starken Regierungssystem geführt, wohl aber hätte er die Chance eröffnet, das demokratische System selbst zu erkämpfen.[69]

Anmerkungen

[1] Hermann Weber, *Die KPD in der Illegalität,* in: Richard Löwenthal/Patrick von zur Mühlen (Hrsg.), *Widerstand und Verweigerung in Deutschland 1933—1945,* Bonn 1982, S. 83—102; Horst Duhnke, *Die KPD von 1933—1945,* Köln 1971; Detlev Peukert, *Die KPD im Widerstand. Verfolgung und Untergrundarbeit an Rhein und Ruhr 1933—1946,* Wuppertal 1980; Heinz Kühnrich, *Die KPD im Kampf gegen die faschistische Diktatur 1933—1944,* Berlin 1983.

[2] Bodo Scheurig, *Freies Deutschland. Das Nationalkomitee und der Bund Deutscher Offiziere in der Sowjetunion 1943—45,* München 1960; vgl. D. Peukert, *Die KPD im Widerstand...* [Anm. 1], S. 416 f.

[3] Vgl. Hans Mommsen, *Aktionsformen und Bedingungen des Widerstands in der Arbeiterschaft,* in: *Widerstandsbewegungen in Deutschland und Polen während des Zweiten Weltkriegs* (= Schriftenreihe des Georg-Eckert-Instituts für Internationale Schulbuchforschung, Bd. 22/I), 2. Aufl., Braunschweig 1983, S. 64 ff.

[4] So kritisierte Leber die Männer der Revolution von 1918, die „von der zu errichtenden neuen deutschen Gemeinschaft" keine Vorstellungen gehabt und das Beispiel der westlichen Demokratien befolgt hätten, „ohne zu sehen, daß auch deren inneres Wesen der äußeren Form schon lange nicht mehr entsprach" (Julius Leber, *Ein Mann geht seinen Weg,* Berlin 1952, S. 203).

[5] Die nach der Pariser Friedenskonferenz in Kontinentaleuropa errichteten parlamentarischen Systeme überlebten nur im Fall der Tschechoslowakischen Republik, in der sich nach der Münchner Konferenz ebenfalls autoritäre Regierungsformen durchsetzten, die 20er Jahre. Die Abkehr Frankreichs vom parlamentarischen System, die mit der Vichy-Regierung definitiv wurde, hatte sich schon seit dem Volksfrontexperiment Leon Blums vorbereitet. Vgl. auch meinen Aufsatz: *Gesellschaftsbild und Verfassungspläne des deutschen Widerstands,* in: Walter Schmitthenner/ Hans Buchheim (Hrsg.), *Der deutsche Widerstand gegen Hitler,* Köln 1966, S. 123 ff.

[6] Vgl. Albert Krebs, *Fritz-Dietlof Graf von der Schulenburg. Zwischen Staatsräson und Hochverrat,* Hamburg 1965, S. 84 f.; Ernst Günther Gründel, *Die Sendung der jungen Generation,* München 1933, S. 420 ff.

[7] Vgl. Hans Mommsen, *Fritz-Dietlof Graf von der Schulenburg und die preußische Tradition,* in: *Vierteljahrshefte für Zeitgeschichte,* 32. Jg. (1984), H. 2, S. 213—239.

[8] Vgl. H. Mommsen, *Gesellschaftsbild...* [Anm. 5], S. 92; zum 30. Juni 1934 vgl. die Dissertation von Karl-Martin Graß, *Edgar Jung, Papenkreis und Röhmkrise 1933/34,* Phil. Diss., Heidelberg 1966. Neuerdings auch Heinz Höhne, *Mordsache Röhm. Hitlers Durchbruch zur Alleinherrschaft 1933—34,* Hamburg 1984, S. 232 ff., 248 f. Eine systematische Klärung der konservativen Staatsstreichpläne steht immer noch aus.

[9] Vgl. H. Mommsen, *Fritz-Dietlof Graf von der Schulenburg...* [Anm. 7], S. 228 f. In beamtenpolitischen Fragen bestand ein enger Meinungsaustausch zwischen Schulenburg und Stuckart.

[10] Vgl. zuletzt Klaus-Jürgen Müller, *Die Nationalkonservative Opposition in Deutschland,* in: *Nationalsozialismus im Unterricht.* Studieneinheit 6: *Widerstand und Opposition im Dritten Reich,* Tübingen 1984, S. 63 f.

[11] Vgl. Hildemarie Dieckmann, *Johannes Popitz. Entwicklung und Wirksamkeit in der Zeit der Weimarer Republik,* Berlin 1960, S. 132.

[12] H. Mommsen, *Gesellschaftsbild...* [Anm. 5], S. 110 f.; vgl. auch Klaus Fritzsche, *Politische Romantik und Gegenrevolution. Fluchtwege in der Krise der bürgerlichen Gesellschaft,* Frankfurt a. M. 1976, S. 134 ff.

[13] Grundlegend die Darstellung von Ger van Roon, *Neuordnung im Widerstand. Der Kreisauer Kreis innerhalb der deutschen Widerstandsbewegung,* München 1967, S. 345 f.; vgl. meine Interpretation in: *Gesellschaftsbild...* [Anm. 5], S. 84 ff.

[14] Vgl. Dieter Ehlers, *Technik und Moral einer Verschwörung. Der Aufstand am 20. Juli 1944,* Bonn 1964, S. 79 f., 85 f.

[15] Abgedruckt im Anhang zu Ulrich von Hassell, *Vom anderen Deutschland. Aus den nachgelassenen Tagebüchern 1938—1945,* Neuausg. Frankfurt a. M. 1964, S. 332 ff. Nach

Angabe von Cornelia Popitz ist das *Gesetz über die Wiederherstellung geordneter Verhältnisse im Staats- und Rechtsleben* in der vorliegenden Form im Herbst 1943 abgefaßt worden. Es enthält nicht mehr das Direktorium. Es geht aber mit Sicherheit auf Vorfassungen von 1940/41 zurück.

[16] H. Mommsen, *Gesellschaftsbild*... [Anm. 5], S. 131; vgl. Peter Hoffmann, *Widerstand, Staatsstreich, Attentat. Der Kampf der Opposition gegen Hitler*, München 1969, S. 431, 435.

[17] Ulrich v. Hassell, *Vom andern Deutschland*... [Anm. 15], S. 335.

[18] *A. a. O.*, S. 337. Der Begriff der „Mitwirkung" schließt die Anwendung des Prinzips der Volkssouveränität aus.

[19] Vgl. Gerhard Ritter, *Carl Goerdeler und die deutsche Widerstandsbewegung*, München 1964, S. 308 ff.

[20] Siehe Wilhelm Ritter von Schramm (Hrsg.), *Beck und Goerdeler. Gemeinschaftsdokumente für den Frieden 1941—1944*, München 1965, S. 81 ff. Zur Datierung H. Mommsen, *Gesellschaftsbild*... [Anm. 5], S. 269 f. (Anm. 109).

[21] Dies beruht auf der Begrenztheit des Potentials abkömmlicher und den Qualifikationsanforderungen entsprechender Kandidaten. Wie Emil Henk dem Verfasser mitteilte, hat dieser in einem Gespräch mit Mierendorff, der von den Verfassungsplanungen in Kreisau berichtete, das vorgesehene indirekte Wahlverfahren zu dessen Betroffenheit mit der Bemerkung kommentiert: „Das ist ja wie bei den Bolschewisten!"

[22] U. v. Hassell, *Vom anderen Deutschland*... [Anm. 15], S. 260; vgl. H. Mommsen, *Gesellschaftsbild*... [Anm. 5], S. 106 f.

[23] Geheime Denkschrift Goerdelers, für die Generalität bestimmt, vom 26. März 1943, bei G. Ritter, Carl *Goerdeler*... [Anm. 19], S. 570 f.

[24] Siehe die vorbereitete Regierungserklärung, in: *Spiegelbild einer Verschwörung. Die Kaltenbrunner-Berichte an Bormann und Hitler über das Attentat des 20. Juli 1944*, hrsg. vom Archiv Peter, Stuttgart 1961, S. 152: „Eine endgültige Verfassung kann erst nach Beendigung des Krieges mit Zustimmung des Volkes festgesetzt werden."

[25] Vgl. G. Ritter, *Carl Goerdeler*... [Anm. 19], S. 304 ff.; Goerdeler wollte die Sozialversicherung, die Arbeitsvermittlung und wenn möglich die Arbeitslosenversicherung auf die Gewerkschaften abwälzen und die sozialstaatliche Intervention so gering wie möglich halten, um das Prinzip der freien Unternehmerwirtschaft zu sichern. Er räumte indessen Mitbestimmungsrechte und die gemeinwirtschaftliche Betreibung der Kohle- und Energieproduktion ein.

[26] Vgl. dazu Gerhard Beier, *Zur Entstehung des Führerkreises der Vereinigten Gewerkschaften Ende April 1933*, in: *Archiv für Sozialgeschichte*, 15. Jg. (1975), S. 365 ff.; Hans Mommsen, *Die deutschen Gewerkschaften zwischen Anpassung und Widerstand*, in: Ders., *Arbeiterbewegung und nationale Frage. Ausgewählte Aufsätze*, Göttingen 1979, S. 366 ff.

[27] Siehe Hans Mommsen, *Die Freien Gewerkschaften und die Sozialdemokratie vor dem Ersten Weltkrieg*, in: Wolfgang J. Mommsen/Hans-Gerhard Husung (Hrsg.), *Auf dem Weg zur Massengewerkschaft. Die Entwicklung der Gewerkschaften in Deutschland und Großbritannien 1880—1914*, Stuttgart 1984, S. 475 f.

[28] *Spiegelbild*... [Anm. 24], S. 458 f.; H. Mommsen, *Gesellschaftsbild*... [Anm. 5], S. 147 ff.

[29] Vgl. G. v. Roon, *Neuordnung*... [Anm. 13], S. 231 ff., 430.

[30] Vgl. G. Ritters Skizze über Goerdelers politische Einstellung in der ausgehenden Weimarer Republik, in: Ders., *Carl Goerdeler*... [Anm. 19], S. 31 ff.

[31] Vgl. Dorothea Beck, *Julius Leber. Sozialdemokrat zwischen Reform und Widerstand*, Berlin 1983, S. 186 ff.; *Spiegelbild*... [Anm. 24], S. 499 (Urteil Reichweins). Eine nähere Analyse der Sozialisten steht noch aus.

[32] H. Mommsen, *Gesellschaftsbild*... [Anm. 5], S. 136. Unzweifelhaft haben die Kreisauer Pläne die Auffassungen des Goerdeler-Kreises beeinflußt.

[33] Vgl. Denkschrift Goerdelers „Gedanken eines zum Tode Verurteilten", bei G. Ritter, *Carl Goerdeler*... [Anm. 19], S. 543; systematische Analyse bei H. Mommsen, *Verfassungsbild*... [Anm. 5], S. 146 ff.

[34] Vgl. Anm. 22. Goerdeler hielt noch in den „Gedanken eines zum Tode Verurteilten" (siehe Anm. 33) am monarchischen Prinzip, jedenfalls einer stabilen Staatsspitze, fest.

[35] Vgl. G. v. Roon, *Neuordnung*... [Anm. 13], S. 389 f.

[36] Über die Handhabung des militärischen Ausnahmezustands findet sich reiches Material bei Heinz Hürten (Hrsg.), *Zwischen Revolution und Kapp-Putsch. Militär und Innenpolitik 1918—1920* (= Quellen zur Geschichte des Parlamentarismus und der politischen Parteien, 2. Reihe, Bd. 2), Düsseldorf 1977; ders., (Hrsg.), *Das Krisenjahr 1923. Militär- und Innenpolitik 1922—1924* (= Quellen zur Geschichte des Parlamentarismus und der politischen Parteien, 2. Reihe, Bd. 4), Düsseldorf 1980, S. 73 ff.

[37] Vgl. Fritz Arndt, *Vorbereitungen der Reichswehr für den militärischen Ausnahmezustand*, in: *Zeitschrift für Militärgeschichte*, 4. Jg. (1965), S. 195—203.

[38] *Spiegelbild*... [Anm. 24], S. 67; in den *Richtlinien zur Handhabung des Gesetzes über den Belagerungszustand* (U. v. Hassell, *Vom anderen Deutschland*... [Anm. 15], S. 345) heißt es: „Zu einem Berater bestellt der WKK (Wehrkreiskommandeur) einen leitenden Beamten der allgemeinen und inneren Verwaltung." Desgleichen war die Unterstellung der Polizeibehörden unter den Militärbefehlshaber vorgesehen.

[39] *Spiegelbild*... [Anm. 24], S. 67: „Die Bevölkerung muß sich des Abstandes zu den willkürlichen Methoden der bisherigen Machthaber bewußt werden." Bei Popitz (U. v. Hassell, *Vom anderen Deutschland*... [Anm. 15], S. 348) heißt es unter § 16: „Bei allen Maßnahmen ist, unbeschadet des nach der Lage des Falles unnachsichtigen Durchgreifens, so zu verfahren, daß sich die Bevölkerung des Abstandes zu den willkürlichen Methoden der bisherigen Machthaber bewußt wird."

[40] Abgedruckt bei G. v. Roon, *Neuordnung*... [Anm. 13], S. 569.

[41] Formulierung von Hermann Maaß, s. *Spiegelbild*... [Anm. 24], S. 206. Inwieweit, wie die Vernehmungsbeamten unterstellten, in der Gewerkschaftsgruppe Überlegungen zur Ablösung des Militärregimes angestellt wurden (*a. a. O.*, S. 205), ist nicht hinreichend geklärt.

[42] D. Ehlers, *Technik und Moral*... [Anm. 14], S. 175 f.; nach den freilich nicht immer verläßlichen Angaben von Fabian von Schlabrendorff, *Offiziere gegen Hitler*, Neuausgabe Berlin 1984, S. 86 f., war der militärische Ausnahmezustand nur für ein Vierteljahr geplant, und die Vollmachten des Notstandsrechts sollten möglichst bald an die zivile Regierung übergehen.

[43] Siehe *Spiegelbild*... [Anm. 24], S. 57.

[44] Schilderung bei P. Hoffmann, *Widerstand*... [Anm. 16], S. 594. Nach Wirmer (*Spiegelbild*... [Anm. 24], S. 211) war vor der endgültigen Regierungsbildung an die Einsetzung eines Direktoriums gedacht, da nur ein Teil der Ministerkandidaten angesprochen worden war.

[45] Dazu vgl. im einzelnen Christian Müller, *Oberst i. G. Stauffenberg. Eine Biographie*, Düsseldorf o. J. (1971), S. 344 ff.

[46] Vgl. *Spiegelbild*... [Anm. 24], S. 111; vgl. C. Müller, *Oberst i. G. Stauffenberg*... [Anm. 45], S. 440 f.

[47] Die herausgegangenen Walküre-Befehle in: *Spiegelbild*... [Anm. 24], S. 24 ff. Otto Kiep war als Pressechef vorgesehen. Zu den einschlägigen Bemühungen Lebers vgl. D. Beck, *Julius Leber*... [Anm. 31], S. 192 ff.

[48] C. Müller, *Oberst i. G. Stauffenberg*... [Anm. 45], S. 467 ff.

[49] Siehe die „Regierungserklärung", *Spiegelbild*... [Anm. 24], S. 147 ff., sowie „Vorbereitete Rundfunkansprache" bei W. Ritter v. Schramm, *Beck und Goerdeler*... [Anm. 20], S. 152 f.

[50] G. v. Roon, *Neuordnung*... [Anm. 13], S. 570 f.: Sonderweisung an die Landesverweser, Entwurf vom 9. 8. 1943.

[51] *A. a. O.*, S. 569: „Zu diesem Zweck setzten sie sich unverzüglich mit den Beauftragten der Deutschen Gewerkschaft in Verbindung, die als allein berechtigte Vertreterin der Werktätigen anzuerkennen ist."

[52] Neben der teilweise überholten Darstellung von Werner Münchheimer, *Verfassungs- und Verwaltungsreformbestrebungen der deutschen Opposition gegen Hitler zum 20. Juli 1944*, in: *Europa-Archiv*, 5. Jg. (1950), S. 3188 ff., und G. Ritter, *Carl Goerdeler*... [Anm. 19], S. 212 ff., vgl. H. Mommsen, *Gesellschaftsbild*... [Anm. 5], S. 103, 143 ff., sowie ders., *Fritz-Dietlof Graf von der Schulenburg*... [Anm. 7]. Vgl. auch Peter Diehl-Thiele, *Partei und Staat im Dritten Reich*, München 1969.

[53] H. Mommsen, *Gesellschaftsbild*... [Anm. 5], S. 140; mit Nachdruck ist zu betonen, daß die vorgesehenen Regelungen nichts mit dem konstruktiven Mißtrauensvotum zu tun haben.

[54] Abgedruckt bei G. v. Roon, *Neuordnung*... [Anm. 13], S. 589; vgl. Beck, *Julius Leber*... [Anm. 31], S. 187 ff.

[55] „Gedanken eines zum Tode Verurteilten", bei G. Ritter, *Carl Goerdeler*... [Anm. 19], S. 543: „In ihr [der Volksbewegung] sind auch Oppositionsgruppen gestattet, die Volksbewegung soll ihnen bei der Aufstellung der Kandidaten Rechnung tragen. Später mögen sich daraus Parteien — konservativ — liberal — Sozialisten — Kommunisten — entwickeln."

[56] Vgl. im einzelnen H. Mommsen, *Gesellschaftsbild*... [Anm. 5], S. 151 ff.

[57] Denkschrift für die Generalität, G. Ritter, *Carl Goerdeler*... [Anm. 19], S. 571.

[58] Nach *Spiegelbild*... [Anm. 24], S. 497, hat Leber erklärt, „daß die Feindmächte eine gewisse Zahl von Männern aus der Emigration mitbringen würden"; vgl. Paul Sethe, *Carl Goerdelers letzte Monate*, in: *Frankfurter Allgemeine Zeitung*, Nr. 18 vom 22. Januar 1955.

[59] Vgl. C. Müller, *Oberst i. G. Stauffenberg*... [Anm. 45], S. 391.

[60] *A. a. O.*, S. 370 f.; H. Mommsen, *Gesellschaftsbild*... [Anm. 5], S. 156 f., 159.

[61] Vgl. Joachim Leithäuser, *Wilhelm Leuschner. Ein Leben für die Republik*, Köln 1962, S. 221 f. Vgl. Ulrich Borsdorf/Hans O. Hemmer/Martin Martiny (Hrsg.), *Grundlagen der Einheitsgewerkschaft*, Köln 1977, S. 234 ff.

[62] Vgl. Ralf Dahrendorf, *Gesellschaft und Demokratie in Deutschland*, München 1965.

[63] Vgl. H. Mommsen, *Fritz-Dietlof Graf von der Schulenburg*... [Anm. 7], S. 227 ff., 237 (Anm. 81).

[64] Vgl. dazu K. Fritzsche, *Politische Romantik*... [Anm. 12]; Walter Struve, *Elites Against Democracy. Leadership Ideals in Bourgeois Political Thought in Germany, 1890—1933*, Princeton 1973, S. 228 f. und passim.

[65] Gewisse Übereinstimmungen weist Moltkes Konzept mit der Hervorhebung nachbarschaftlicher Bindungen als Ausgangspunkt einer „organischen" Elitebildung im Jungdeutschen Manifest Artur Mahrauns auf, doch sind allenfalls indirekte Beziehungen über den Boberhauskreis zum Jungdeutschen Orden vorhanden. Desgleichen kann der indirekte Einfluß Edgar Jungs insofern vermutet werden, als dieser die Brücke vom katholischen Korporativismus, insbesondere der Spannschen Ganzheitslehre, zum Protestantismus geschlagen hat.

[66] Vgl. „Ausgangslage, Ziele und Aufgaben", Denkschrift vom 24. 4. 1941, bei G. v. Roon, *Neuordnung...* [Anm. 13], S. 511.

[67] Vgl. *a. a. O.*, S. 452f.

[68] Vgl. Klemens von Klemperer, *Konservative Bewegungen zwischen Kaiserreich und Nationalsozialismus,* München o. J., S. 233 ff.

[69] Vgl. Eberhard Jäckel, *Wenn der 20. Juli gelungen wäre,* in: Hans Jürgen Schultz (Hrsg.), *Der 20. Juli: Alternative zu Hitler?,* Stuttgart 1974.

Der Widerstand und die Juden

CHRISTOF DIPPER
Trier

I

Bei der Erforschung des deutschen Widerstandes gegen Hitler ist von der Geschichtswissenschaft bisher ein Problem so gut wie völlig ausgeklammert worden: die Haltung der Opposition gegenüber Entrechtung und Vernichtung der Juden.[1] Zwar kann schwerlich behauptet werden, daß dies ein nebensächliches Thema wäre — schon die gereizte Reaktion Golo Manns und anderer auf einen beiläufig geäußerten Vorwurf Hannah Arendts beweist dies —, dennoch standen zunächst Fragen der Entstehung, Organisation und politischen Zukunftsplanung jener Gruppen im Vordergrund des Interesses, die auf den Sturz des Regimes aktiv hingearbeitet hatten. Die Eigengesetzlichkeiten historischer Forschung haben im Laufe der letzten Jahre diese Themen zwar etwas in den Hintergrund treten lassen, an ihrer Stelle zogen aber mit Problemfeldern wie Nonkonformität, Verweigerung und Protest ganz andere Bevölkerungsschichten als bisher die Aufmerksamkeit der Historiker auf sich. Beide Fragestellungen waren der hier angeschnittenen Thematik offensichtlich nicht günstig. Hinzu kommt, daß die Geschichte der Juden in Deutschland fast immer ein Gegenstand für Spezialisten jüdischer Herkunft gewesen ist, eine Tradition, die, wie man weiß, seit 1933 mehr oder weniger untergegangen ist.

Wie in der Geschichte des „Dritten Reiches" insgesamt, so lassen sich auch in dessen sogenannter „Judenpolitik" zwei deutlich voneinander getrennte Phasen erkennen. Als Hitler 1937/38 sich von seinen nationalkonservativen Bündnispartnern zu lösen begann, die er für Erringung und Ausbau seiner Herrschaft benötigt hatte, konnte sich die Radikalität des Nationalsozialismus immer ungehemmter entfalten. Für die Juden bedeutete dies, daß Entrechtung, Verdrängung und Vertreibung zunächst erheblich verschärft, schließlich aber von den Vorbereitungen zur Vernichtung abgelöst wurden.

Dies legt die Frage nach der Einstellung der nachmals am aktiven Widerstand beteiligten Kräfte gegenüber den Juden nahe. Schon ein erster Blick auf das reichhaltige Material zeigt, daß für die Rechte eine „Judenfrage" durchweg existierte. Dementsprechend häufig begegnet man „Lösungsversuchen", die sich bei aller Vielfalt im einzelnen auf folgende zwei Varianten reduzieren lassen: Während die konservativ-junkerlichen Traditionen verpflichteten Kreise einen typischen Oberklassen-Antisemitismus vertraten, der die assimilierten Juden zu akzeptieren bereit war, die anderen aber zu „Ostjuden" stempelte und loszuwerden versuchte, propagierte die Neue Rechte den unterschiedslosen Kampf gegen alle Juden (und andere als volksgefährdend eingeschätzte Gruppen) und sah für sie bestenfalls einen minderen Rechtsstatus („Fremdenrecht") vor. Beide Richtungen lehnten Gewaltmaßnahmen im allgemeinen ab, und namentlich die Führungszirkel betonten, ihre Ziele seien mit der Idee des Rechtsstaates vereinbar, da nicht Menschenrechte, mithin materiell bestimmte Vorstellungen, den Maßstab bildeten, sondern eine formal einwandfreien Handlungsabläufen verpflichtete Obrigkeit.

Um solche Ansichten in die Tat umzusetzen, bestanden seit langem Pläne für eine Säuberung des Beamtenapparates; Hugenberg führte spätestens seit Sommer 1931 Personallisten der Reichs- und preußischen Ministerien, in denen die als politisch mißliebig und die als jüdisch gekennzeichneten Beamten zur sofortigen Entfernung vorgemerkt waren.[2] Wie sich dann bei der Durchführung des Berufsbeamtengesetzes zeigen sollte, war die Zahl der zu entlassenden jüdischen Beamten viel geringer als erwartet, und zwar auch in stark republikanisch beeinflußten Verwaltungszweigen.[3] Noch erfolgreicher als die Bürokratie war hinsichtlich der Verteidigung einer autonomen Personalpolitik in der Weimarer Zeit die Reichswehr, bei der die Pflege antisemitischer Vorurteile zum Traditionsbestand zählte; darum waren auch nach der Einführung des Arierparagraphen nur zehn Offiziere zu entlassen.[4]

Als Institutionen spielten die Kirchen, auch wenn dies gelegentlich anders gesehen wird, beim Widerstand keine Rolle, denn wo sie sich zur Wehr setzten, ging es ihnen um die Bewahrung der hergebrachten Zuständigkeiten und um die Verteidigung ihrer Autonomie.[5] Ihr Verhalten verdient hier dennoch Berücksichtigung, weil sich ihnen so viele der nachmaligen Verschwörer verbunden fühlten. Zunächst gilt für beide Bekenntnisse, daß sie ihre Aversionen gegenüber der Weimarer Demokratie nie haben überwinden können. Es wäre jedoch falsch, daraus auf eine generelle Affinität zum Nationalsozialismus schließen zu wollen; namentlich der katholische Episkopat betonte unablässig die weltanschaulichen, nach 1933 zunehmend auch die kulturpolitischen Differenzen, während im Protestantismus, zumal lutherischer Prägung, eine gründliche Sachauseinandersetzung mit Ideologie und Programm der Nationalsozialisten mehr oder weniger ausblieb. Auf der anderen Seite sorgten jedoch die Bollwerkstheorie, der zufolge Hitler als der entschiedenste Antibolschewist galt und deswegen Sympathie verdiente, und insbesondere die traditionelle antijudaistische Theologie für einen Abbau der Trennwände. Das Kirchenvolk überhörte zumeist die ohnedies immer weniger lautstark vorgetragenen Vorbehalte gegenüber der Rassenlehre[6] und war sich jedenfalls mit vielen Geistlichen einig in der Überzeugung, daß es eine „Judenfrage" gebe, die nunmehr zu „lösen" sei.

Dieser knappe Überblick, der die Befangenheit bei Teilen der Mitte und der Linken hier nur deshalb ausklammert, weil nach Lage der Dinge von dieser Seite keine Beteiligung an Putschversuchen zu erwarten war, zeigt, wie verbreitet das Vorurteil gegenüber den Juden bei der deutschen Bevölkerung und namentlich bei den Eliten damals gewesen ist. So erklärt es sich, daß die „Judenpolitik" des „Dritten Reiches", die mit der sich unter tumultartigen Umständen vollziehenden Ausschaltung eines Großteils der Juden aus der bayerischen und der preußischen Justiz Ende März und mit den Boykottmaßnahmen gegen jüdische Geschäfte am 1. April 1933 begann, nur insofern auf prinzipielle Ablehnung bei denjenigen stieß, die später als Opposition hervortraten, als Krawalle und Gewaltanwendung nicht als Mittel zur Durchsetzung politischer Ziele galten. Das *Gesetz zur Wiederherstellung des Berufsbeamtentums* vom 7. April hingegen samt seiner antisemitischen Stoßrichtung entsprach, wie bereits angedeutet, einer schon alten Forderung der Rechtsparteien und begegnete darum von dieser Seite zunächst keiner Kritik. Zur Überraschung selbst Hitlers ordnete Kriegsminister Blomberg am 2. Februar 1934 die sinngemäße Übernahme des Berufsbeamtengesetzes samt seinem Arierparagraphen für die Reichswehr an; gegen diese Maßnahme protestierte einzig der damalige Oberst i. G. von Manstein, aber auch nur, weil das Heer es „nicht nötig" habe, sich „dem Spruch Außenstehender zu beugen".[7] Die Verachtung gegenüber dem Antisemitismus Streicherscher Prägung blieb davon unberührt.[8] Die Entstehungsgeschichte der Nürnberger Rassengesetze von 1935 zeigt gleichfalls, daß die weitere Ausschaltung der Juden, soweit sie sich formal in gesetzlichen Bahnen bewegte, von den Spitzen der Bürokratie selbst herbeigeführt wurde, damit, wie einer der Initiatoren, Reichswirtschaftsminister Schacht, feststellte, „das Programm der NSDAP durchgeführt werden" könne, ohne „daß das gesetzlose Treibenlassen" weiterhin den Ton bestimme; Popitz stimmte dieser Argumentation nachdrücklich zu.[9]

Ebensowenig wie dem Militär versuchte das neue Regime den Kirchen die Übernahme des Arierparagraphen aufzudrängen. Wo es zu entsprechenden Initiativen kam, gingen solche darum aus den Organisationen selbst hervor. Die katholische Kirche blieb davon unberührt, da im Zeichen des am 20. Juli 1933 unterschriebenen Reichskonkordats die ersehnte Abgrenzung von geistlicher und weltlicher Sphäre endlich verwirklicht zu werden schien. Auf evangelischer Seite haben jedoch die Deutschen Christen noch vor dem Erlaß des Berufsbeamtengesetzes neben Gleichschaltung, Führerprinzip und Reichskirche die Einführung des Arierparagraphen verlangt. Weil dieser Vorstoß gegen die Bekenntnisgrundlagen des Christentums verstieß und zugleich die Autonomie der Kirche zu beseitigen drohte, löste er mit der Gründung des Pfarrernotbundes und anderer Aktivitäten den Kirchenkampf aus. Weder die protestantischen noch die katholischen Kirchenleitungen haben sich aber, trotz entsprechender Aufforderungen durch eine unbekannte Zahl von Geistlichen und Gläubigen, zu einem Einspruch gegen die staatlichen Maßnahmen verstanden.[10] Um so größere Beachtung verdient darum der Anfang April 1933 verfaßte Aufsatz des nachmaligen Verschwörers Dietrich Bonhoeffer. Obgleich er die „Judenfrage" als „eines der geschichtlichen Probleme, mit denen unser Staat fertig werden muß", bezeichnete und dazu feststellte, „ohne Zweifel ist der Staat berechtigt, hier neue Wege zu gehen", verlangte er von der Kirche, den Staat an die Beschränkung seiner diesbezüglichen Kompetenzen zu erinnern, den eventuellen Opfern ungeachtet ihres Bekenntnisses zu helfen und notfalls sogar „dem Rad selbst in die Speichen zu fallen".[11]

II

Das hier nur knapp skizzierte Verhalten der deutschen Eliten in den Anfangsjahren des „Dritten Reiches" ist deshalb so wichtig, weil es das Dilemma jener konservativen Kräfte verdeutlicht, die mit dem Regime zusammengearbeitet, dabei aber doch eine gewisse Distanz niemals unterschritten haben; denn dieses Dilemma hat die Einstellung des Widerstandes zur „Judenpolitik" insgesamt weithin vorbestimmt. Die Überzeugung, es gebe wirklich eine „Judenfrage", die der Staat zu lösen habe, schwächte von vornherein ihre Kritikfähigkeit und Abwehrbereitschaft. Man sprach kein grundsätzliches Veto aus, sondern hielt die staatlichen Maßnahmen für immerhin diskutabel; die Abkehr vom Status der Emanzipation war nicht von vornherein ausgeschlossen. Das hatte weitreichende Konsequenzen. Was sich wie ein roter Faden durch die Geschichte des sich erst ganz allmählich formierenden konservativen Widerstandes ziehen sollte, zeigte sich somit — und nicht nur in der „Judenfrage" — schon gleich in seinen allerersten Anfängen: der Versuch, zwischen prinzipiell gutzuheißender Politik, deren Übersteigerung und vermeintlichen Einzelexzessen unterscheiden zu können. Solange der Widerspruch aber nicht aufs Grundsätzliche zielte, mochte wohl eine zeitweilige Mäßigung des nationalsozialistischen Antisemitismus möglich sein, doch wurde eben dadurch, wenn auch ungewollt, der Weg in die Katastrophe, der sonst eventuell an der eigenen Radikalität vorzeitig gescheitert wäre, vielleicht überhaupt erst geebnet.

Die Opposition der Militärs, die sich seit Ende 1938 formierte, mißbilligte die Ausschreitungen der „Reichskristallnacht" scharf,[12] bewertete sie aber vor allem als außenpolitischen Schaden, der auch militärische Nachteile mit sich bringen werde. Damit klingt ein Gedanke an, der alsbald zum Leitmotiv der Argumentation werden sollte, da man zusehen mußte, wie das gemeinsam bis 1938 Errungene nunmehr von Hitler „leichtfertig", wie man meinte, verspielt zu werden drohte. Diese Perspektive erklärt auch, warum weder der Polenfeldzug trotz aller rasch bekannt werdenden Greuel noch gar der Frankreichfeldzug den Kräften des Widerstands Auftrieb brachte.

Eine neue Lage trat allerdings mit Beginn des Rußlandkrieges ein, der von Anfang an als „Volkstumskampf" ausgegeben wurde und der auch das Startzeichen für die „Endlösung" gab. Nunmehr war das Argument, es handle sich um Exzesse einzelner, nicht mehr möglich, denn die sich immer enger zusammenschließende Opposition erfuhr von den verschiedenen Befehlen und den Berichten der „Einsatzgruppen" teilweise sogar auf dem Dienstweg.[13] Das ganze Ausmaß der Mordaktionen war selbst einem im Ruhestand befindlichen Manne wie Ulrich von Hassell bereits Ende 1941 bekannt, wie wir aus seinem Tagebuch wissen.[14]

Dieser Sachverhalt legt die Frage nahe, ob und in welcher Weise die Kenntnis jener beispiellosen Verbrechen die Überlegungen und Aktivitäten der Gegner des Regimes beeinflußt hat. Die Belege hierfür sind äußerst dünn gesät. Aus den überlieferten Plänen und Denkschriften geht jedoch hervor, daß das Wissen um die „Endlösung" auf die Staatsstreichplanungen nur in begrenztem Umfang eingewirkt hat. Immerhin hat es den Kreisauer Kreis 1942/43 dazu gebracht, einem bewaffneten Widerstand zuzustimmen[15] — wie überhaupt die Kreisauer ein besonderes Gespür für die sich wandelnde Lage besessen haben. Aber Goerdelers zentrale Denkschrift *Das Ziel* ist nach ihrer Entstehung zu Anfang des Jahres 1941, das heißt vor Beginn der „Endlösung" und auf dem Höhepunkt der deutschen Machtentfaltung, offenbar nicht mehr geändert worden. Auch das *Freiburger Memorandum,* 1942 erstellt und im Januar 1943 verabschiedet, wußte zwar zu berichten, daß „Hunderttausende von Menschen ... lediglich wegen ihrer jüdischen Abstammung systematisch umgebracht worden sind",[16] aber die Folgerungen, die sein Verfasser daraus zog, lassen nicht den Schluß zu, daß er die wahre Bedeutung dieses beispiellosen Vorgangs erkannt hat. Im Gegensatz dazu sind jüngere Front- und Generalstabsoffiziere vielfach überhaupt erst „durch das Erlebnis von willkürlichen Massenerschießungen von Polen und Russen oder durch organisierte Mordaktionen an Juden in den Widerstand getrieben" worden.[17] So war beispielsweise für Stauffenberg, im Frühjahr 1944 durch Yorck von einem Befehl Kaltenbrunners unterrichtet, in dem jener „für 40000 oder 42000 ungarische Juden ‚Sonderbehandlung' in Auschwitz anordne", die „Endlösung" ein Argument für die rasche und gewaltsame Beseitigung Hitlers.[18] Berühmt sind auch die Worte Tresckows, der auf die erneuten Zweifel Stauffenbergs im Juli 1944 antwortete, Attentat und Putsch seien nunmehr ausschließlich aus moralischen Überlegungen zu wagen, auch wenn ein Erfolg zweifelhaft sei.[19]

Für die Mehrzahl der hier behandelten Verschwörer repräsentativ erscheint jedoch Goerdelers Haltung, dessen Widerstandsziel in erster Linie die Abwendung der Niederlage und die Erhaltung der Bündnisfähigkeit Deutschlands gegenüber dem Westen war und der noch in der Todeszelle fest daran geglaubt hat, die vordringlichste Aufgabe seines Landes bestehe „im Schutze Europas gegen russische Übermacht und gegen den Bolschewismus".[20] Aus dieser Sicht mußte die „Endlösung" nicht nur als höchst unmoralisches Werk erscheinen, sondern darüber hinaus als ein Vorgang, der dem weltpolitischen Auftrag Deutschlands genau entgegenlief. Bezeichnenderweise kam Goerdeler in seiner letzten großen Denkschrift daher nur im Abschnitt über „Außenpolitik und Krieg" des „Dritten Reiches" auf die Judenvernichtung zu sprechen, wo er in bitterem Ton feststellte:

„Die deutsche Außenpolitik hielt es für nützlich, noch während des Krieges den Beweis dafür zu liefern, daß Deutsche einem geschlagenen Volk gegenüber jede Ritterlichkeit, jede Betätigung von Soldatentugenden, jedes Gesetz der Menschlichkeit mit Füßen treten würden. Die deutsche Außenpolitik verschloß die Augen vor den verhängnisvollen Wirkungen solchen Vorgehens auf die Gesamtlage Deutschlands. Über die Ungeheuerlichkeit der planmäßig und bestialisch vollzogenen Ausrottung der Juden ist kein Wort zu verlieren; daß aber die moralischen und politischen Wirkungen nicht einmal von der Außenpolitik in Rechnung gestellt wurden, kann man nur als Wahnsinn bezeichnen."[21]

Mit seiner Bewertung der „Endlösung" als einer ebensosehr moralischen wie außenpolitischen Katastrophe gab Goerdeler zu erkennen, daß er die gegenwärtige verhängnisvolle Lage auch als eine Folge der beispiellosen Verbrechen auf deutscher Seite betrachtete. Welche Konsequenzen daraus zu ziehen seien, blieb an dieser Stelle unausgesprochen. Unverkennbar ist jedoch selbst hier der Primat der Außenpolitik, woraus kürzlich ein Historiker den Schluß gezogen hat, daß für Verfasser und Adressaten dieser Denkschrift „Betroffenheit und die Auseinandersetzungen über die versuchte Lebensvernichtung des europäischen Judentums nur von marginaler Bedeutung waren".[22]

III

Eine solche Einordnung des Massenmordes wirft natürlich die Frage auf, wie sich die Verschwörerkreise überhaupt eine „Lösung" der „deutschen Judenfrage" vorgestellt haben. Aus der Zeit, in der die militärische Abwehr das Zentrum aller Widerstandsplanungen bildete, also 1938/40, sind keine Aussagen über das künftige Schicksal der Juden in Deutschland überliefert. Es war dies die Zeit, in der der Typ des „unpolitischen" Soldaten den Charakter der Opposition im wesentlichen bestimmte, was eine deutliche Zurückhaltung in programmatischen Aussagen zur Folge hatte. Dies gilt *mutatis mutandis* auch für die Bekennende Kirche, der sich so viele Verschwörer nahe fühlten. So fehlten denn auch vor Beginn der „Endlösung" langfristige Überlegungen zu diesem Thema innerhalb der Widerstandsgruppen beinahe vollständig. Über die Gründe für diesen Umstand kann man natürlich nur Vermutungen anstellen. Mit einiger Sicherheit ist dieser negative Befund nicht etwa einer schlechten Quellenlage zuzuschreiben. Vielmehr haben die wichtigsten Repräsentanten der konservativen Opposition die bis 1938 praktizierte bürokratisch-pseudolegale Entrechtung der Juden als immer noch akzeptabel hingenommen, denn selbst die verschiedentlichen Pogrome haben zwar das Pöbelhafte der Partei als unauslöschlichen Makel in den Augen von Besitz und Bildung stets aufs neue bestätigt, aber nur bei einer Minderheit der Frondeure den völligen Bruch mit dem Regime herbeigeführt. Dies haben offenbar erst die Deportationen und Massenmorde im Osten besorgt.

Im Kreisauer Kreis, der sich im Laufe des Jahres 1940 gebildet hat, scheint, gemessen an der schriftlichen Überlieferung, die „Judenfrage" kein eigentliches Thema gewesen zu sein. Lapidar sprach Helmuth James Graf von Moltke in seiner als Arbeitsgrundlage gedachten Denkschrift vom Frühsommer 1941 unter dem Titel „Ausgangslage, Ziele, Aufgaben" davon, daß mit dem Zusammenbruch des Nationalsozialismus auch „das Ende des Rassegedankens" gekommen sei. Moltke begründete seine Vorhersage mit der Feststellung, „der Rassegedanke ist absurd, wenn das angeblich die Rasse stützende und hochhaltende Land sich mit den ausgesprochenen Rassefeinden [das heißt, Stalins Sowjetunion] verbündet, das rassentolerante Land [das heißt, Großbritannien] aber die Rasseninteressen schützt".[23]

Dieser Satz tauchte in der dritten Fassung der Denkschrift nicht wieder auf. Andere Äußerungen legen aber den Schluß nahe, daß manche der

Kreisauer durchaus der Ansicht waren, es werde auch nach dem Zusammenbruch noch eine Rassenfrage geben. Denn der Ende Mai 1943 mit Wissen des Kreisauer Kreises nach Stockholm gereiste Pfarrer Schönfeld überreichte dort seinem englischen Mittelsmann, Bischof Bell, ein zuvor in Moltkes Umgebung diskutiertes Memorandum, in dem dem jüdischen Bevölkerungsteil für die Zukunft neben der Rückgabe geraubten Eigentums ein „decent status" innerhalb Deutschlands, zugesichert wurde; auch versicherte man, man wolle nach dem Kriege mit allen Nationen „for a comprehensive solution of the Jewish problem" zusammenarbeiten.[24] Das waren keine ganz eindeutigen und eventuell mißverständliche Formulierungen. Schönfelds Gesprächspartner Bell, dem antisemitische Vorurteile gänzlich fremd waren, nahm sie allerdings positiv auf und berichtete zusammenfassend an Eden, diese Gruppe innerhalb des deutschen Widerstands wünsche nichts als „immediate repeal of Nuremberg laws, and co-operation in international settlement of the Jewish problem".[25]

Es scheint jedoch, als habe sich damals bei manchen der Kreisauer ein Sinneswandel vollzogen, denn die *Erste Weisung an die Landesverweser* vom 9. August 1943 enthält hinsichtlich der „Judenfrage" tatsächlich nur noch den lapidaren Satz:

„Alle Gesetze und Anordnungen, die Einzelne wegen ihrer Zugehörigkeit zu einer bestimmten Nation, Rasse oder Religion benachteiligen, sind nicht anzuwenden; darauf beruhende diskriminierende Maßnahmen sind sofort aufzuheben."[26]

Diese Wendungen verraten deutlich die Handschrift Moltkes, der sich schließlich mit seiner Meinung durchgesetzt hat. Moltke berichtete jedoch seiner Frau, es habe bei der Schlußredaktion der 1943 fertiggestellten Dokumente „allerlei wichtige Differenzen gegeben".[27]

In Kreisau hat man demnach in der Frage, welche Position gegenüber den Juden einzunehmen sei, zu keiner einheitlichen Meinung gefunden. Zweifellos hielten alle die Garantie elementarer Menschenrechte für selbstverständlich. Aber ihren Vorbehalten gegenüber modernen ökonomischen und politischen Erscheinungsformen und vor allem ihren starken Bindungen an das Christentum lutherischer oder katholischer Prägung, das sie zur „Grundlage für die sittliche und religiöse Erneuerung unseres Volkes",[28] aber auch zur Voraussetzung ihres innen- und außenpolitischen Reformprogramms erhoben, ist es zuzuschreiben, daß sie den traditionellen christlichen Judenbegriff und die in ihm enthaltenen Vorbehalte gegenüber einer vollständigen Emanzipation des Judentums mehrheitlich erst spät aufgegeben haben.

Weitaus besser als im Falle des Kreisauer Kreises sind die Vorstellungen der Gruppe um Goerdeler, Beck und von Hassell belegt. Auch diese Männer lehnten rückhaltlos die nationalsozialistischen Gewaltmaßnahmen ab. „Die Judenverfolgung, die sich in den unmenschlichsten, tief beschämenden und gar nicht wieder gut zu machenden Formen vollzogen hat, ist sofort eingestellt", hieß es in der von Goerdeler verfaßten *Regierungserklärung Nr. 2*, die er kurz vor dem Attentat auf Hitler entworfen hat.[29] Um die tragische Situation des deutschen Widerstandes zu ermessen, muß man sich jedoch vergegenwärtigen, daß sich der Vollzug der „Endlösung" im Falle eines Gelingens am 20. Juli nur um etwa drei Monate verkürzt hätte, denn Himmler befahl selbst — freilich nicht aus humanitären Motiven — in der zweiten Septemberhälfte 1944 das Ende der Vergasungen.

Wichtiger als diese selbstverständliche Maßnahme sind für die hier interessierende Problematik jedoch die Pläne, die der Kreis um Goerdeler hinsichtlich der Juden überhaupt hatte. Von beiläufigen Äußerungen abgesehen, kommt hierfür vor allem Goerdelers eigene Denkschrift *Das Ziel* in Frage, die Anfang 1941, also vor Beginn der Massendeportationen und -tötungen entstanden ist. Im Abschnitt II, das heißt im außenpolitischen Teil, ist Ziffer 11 ganz dieser Frage gewidmet. Sie nimmt verhältnismäßig viel Raum ein, da Goerdeler gleich zu Beginn betont, „eine Neuordnung der Stellung der Juden erscheint in der ganzen Welt erforderlich".[30] Goerdeler unterscheidet zwischen „Sofortmaßnahmen", in deren Genuß die dem deutschen Zugriff ausgesetzten Juden kommen sollten, und einer langfristigen Lösung, die der „Welt" die „ersehnte Ruhe" bringen werde.

Als spätere Maßnahme erklärte sich Goerdeler „im Hinblick auf unsere Stellung in der Welt und auf unser eigenes Gewissen" zu einer in erster Linie materiellen Wiedergutmachung bereit, während er „aus außenpolitischen Gründen..., zur Wiederherstellung der deutschen Selbstachtung... und aus klarem und vollkommen bewußtem Gerechtigkeitsgefühl" an ersten Schritten vorschlug, „die Beschränkungen der Juden auf dem Gebiete des Ernährungs-, des Wohnungs- und des Fernsprechwesens, der kulturellen Betätigung, der Gesundheitspflege, der Namensgestaltung" zu beseitigen. Außerdem seien „die Ghettos in den besetzten Gebieten... menschenwürdig zu gestalten". Präzisierend fügte Goerdeler dabei hinzu, daß die Ansprüche beispielsweise der assimilierten holländischen Juden an die Menschenwürde höher seien als die der Ostjuden.

Der diskriminierende Charakter dieser Sofortmaßnahmen erklärt sich aus Goerdelers langfristigem Ziel — als Konsequenz der „Binsenweisheit", „daß das jüdische Volk einer anderen Rasse angehört" —, einen Judenstaat „unter durchaus lebenswerten Umständen entweder in Teilen Kanadas oder Südamerikas" in internationaler Zusammenarbeit zu schaffen. Sobald dies erreicht sei, wollte Goerdeler alle Juden automatisch aus Deutschland ausbürgern und davon nur solche ausnehmen, die ihr Assimilationsbestreben durch Teilnahme am Ersten Weltkrieg, Einbürgerung vor 1871 oder Taufe dokumentieren können, sowie einem christlichen Bekenntnis angehörende „Abkömmlinge einer Mischehe“, die vor der „Machtergreifung“ geschlossen worden war.

Der Vergleich mit den „Nürnberger Gesetzen“ liegt in mancher Hinsicht nahe, und Goerdeler selbst hat ihn an dieser Stelle angesprochen, wenn er feststellte, jene Gesetze „erledigen ... sich durch diese Regelung auch vollkommen“. In der Tat strebte sein Plan unzweideutig einen Sonderstatus für die überwiegende Mehrheit der deutschen Juden an, der insbesondere die Niederlassungsfreiheit und die freie Berufswahl beseitigt ließ. Andererseits glaubte er die Frage der „Rassenvermischung“ aber „dem gesunden Sinn des Volkes überlassen“ zu können, nachdem vorgesehen war, daß jede deutsche Frau durch Heirat mit einem Juden ihre Staatsangehörigkeit verlieren würde und im umgekehrten Fall vielfach erst die Enkel eingebürgert werden würden. Und schließlich ist, sei es aus Gründen der Praktikabilität, vergleichbar etwa dem Falle der Definition des „Juden“ in der *Ersten Verordnung zum Reichsbürgergesetz* von 1935, sei es aus christlich-konservativer Grundhaltung, an die Stelle der rassischen Begründung faktisch die religiöse getreten.

Inwiefern diese Vorschläge „eine recht originelle Weise“ der Lösung des „Judenproblems“ gewesen sein sollen, bleibt das Geheimnis Gerhard Ritters.[31] Denn mit dem Entwurf einer rassisch motivierten Dauerlösung in Übersee und seiner Einteilung der Juden in vaterländisch-religiöse Kategorien, deren oberste das deutsche Bürgerrecht behalten durften, deckte er eine außerordentliche Spannweite altbekannter antisemitischer Vorstellungen ab: Einerseits konnte er damit Bundesgenossen bis weit in die Kreise der SS und der Partei finden, an deren Zusammenarbeit ihm bis zum Ende dringend gelegen war, weil er einer unblutigen Form der Beseitigung Hitlers den Vorzug gegenüber Stauffenbergs Attentatsplänen gab; andererseits konnte er mit seinen Formulierungen auch auf die Zustimmung von Personen rechnen, die damals in der Bekennenden Kirche eine einflußreiche Rolle spielten und damit bei der künftigen Neuordnung Deutschlands ebenfalls an zentraler Stelle stehen sollten.

In seiner Umgebung traf Goerdeler mit diesen Vorstellungen auf vollkommene Zustimmung. Hatte von Hassell in seinem im Januar oder Februar 1940 fertiggestellten Regierungsprogramm, das in Absprache mit Beck, Goerdeler und Popitz zustandegekommen war, noch lapidar festgestellt, „insbesondere auch die Judengesetzgebung“ sei im Falle der Machtübernahme sofort „hinfällig“,[32] so schränkte er im Zuge von Goerdelers Bündnispolitik mit hochgestellten Nationalsozialisten dieses Vorhaben ein, obwohl er von der inzwischen begonnenen „Endlösung“ erfahren hatte. Im *Vorläufigen Staatsgrundgesetz* von 1943 hieß es ganz im

Sinne von Goerdelers Unterscheidung zwischen kurzfristigen Übergangs- und langfristigen Dauerlösungen: „Soweit die Gesetze und Verordnungen für Juden besonders bestimmen, werden diese Bestimmungen bis zur endgültigen Regelung ausgesetzt."[33] Im Gegensatz zum Verhalten anderer Mitglieder des Widerstandes, die unter dem Eindruck der Ausrottungsmaßnahmen zur Einschränkung ihrer durch die Tradition des Antisemitismus geprägten Vorurteile tendierten oder diese gänzlich überwanden, scheinen Goerdeler, Popitz und von Hassell eher einen umgekehrten Weg beschritten zu haben. Dies freilich nicht, weil sie der Rassenlehre des Nationalsozialismus jetzt mehr Glauben schenkten als früher, sondern wohl aus der Überlegung heraus, mit einer Mischung von rassischen und religiösen Argumenten, die eine inhaltliche Festlegung bewußt vermieden — insofern nur von einer späteren „endgültigen Regelung" die Rede war —, lasse sich die Reihe ihrer Anhängerschaft bis auf die Führungsebenen des Regimes erweitern.[34]

Daß solche Äußerungen in weit geringerem Maße, als man zunächst annehmen möchte, Zugeständnisse an nationalsozialistische Adressaten waren, wird durch eine andere Denkschrift bestätigt, die sich gar nicht an einstweilen noch regimetreue Oppositionskandidaten richtete, sondern auf Initiative Bonhoeffers im Auftrag des Dahlemer Flügels der Bekennenden Kirche und mit Wissen Goerdelers erstellt worden ist, um nach Kriegsende der Ökumene vorgelegt werden zu können. Es handelt sich um das Ende 1942/Anfang 1943 verabschiedete Memorandum *Politische Gemeinschaftsordnung. Ein Versuch zur Selbstbesinnung des christlichen Gewissens in den politischen Nöten unserer Zeit* des „Freiburger [Bonhoeffer-]Kreises", in dem Universitätsprofessoren und Theologen zusammengefunden hatten. Anlage 5 — „Vorschläge für eine Lösung der Judenfrage in Deutschland" — offenbart in überraschender Deutlichkeit, wie wenig der traditionelle Antisemitismus selbst unter dem Eindruck der „Endlösung" an Geltung eingebüßt hat. Tritt in den politischen Vorstellungen und insbesondere in dem ihnen zugrundeliegenden, weitgehend auf Gerhard Ritter zurückgehenden Geschichtsbild die nun schon von anderen Widerstandszirkeln bekannte Verquickung altertümlicher, ja konservativ-reaktionärer Werthaltungen mit überraschend zukunftsweisenden Absichtserklärungen namentlich im gesellschafts- und wirtschaftspolitischen Bereich zutage, so enthüllt die von dem Nationalökonomen und nachmaligen Präses der Gesamtdeutschen Synode der EKD, Constantin von Dietze, verfaßte Anlage 5 Gedanken, deren zweckorientiertes Argumentieren den seit 1941, das heißt seit dem Datum der Abfassung von Goerdelers großer Denkschrift eingetretenen Vernichtungsmaßnahmen Rechnung zu tragen versucht.

Von Dietze hält einerseits kirchliche Rassenschranken — sie gebe es „in allen christlichen Kirchen der Welt"[35] — und eine staatliche Rassenpolitik —„um dem unheilvollen Einfluß einer Rasse auf die Volksgemeinschaft zu wehren" — für selbstverständlich, äußert andererseits aber Entsetzen darüber, daß vom Nationalsozialismus „Hunderttausende von Menschen ... lediglich wegen ihrer jüdischen Abstammung systematisch umgebracht worden" sind. Eine Wiedergutmachung sei Pflicht des Staates, die allerdings „nicht so hoch ausfallen [darf], daß die Betroffenen in dieselbe wirtschaftliche Lage gesetzt werden, welche sie vor den Schädigungen genossen", weil „die geschädigten Juden ... nicht von der allgemeinen Verarmung ausgenommen werden" dürften.

Für eine Lösung der „Judenfrage" zeigt von Dietze drei Möglichkeiten auf: Entweder auf internationaler Ebene in Gestalt einer „Konvention" zum Schutze der Rechte und Pflichten jüdischer Staatsangehöriger oder in der Form eines „Judenstatuts", das die Zusammenfassung der Judenschaft mit eigener Repräsentation festlegt und ferner ihren „Anspruch auf wirtschaftliche Betätigung und Bildungsgelegenheit" als Gegenleistung für die automatische Ausbürgerung aller Juden völkerrechtlich zusichert. Der dritte Weg betrifft Deutschland allein. Hier hielt der Verfasser „Sonderbestimmungen" für die Juden künftig nur deshalb für überflüssig, „weil die Zahl der überlebenden und nach Deutschland zurückkehrenden Juden nicht so groß sein wird, daß sie noch als Gefahr für das deutsche Volkstum angesehen werden können".[36]

So eindeutig die Verurteilung des Holocaust durch von Dietze war, sie bedeutete nicht schon eine vorurteilsfreie Position. Vielmehr war seine „judenpolitische" Perspektive nur scheinbar liberal, denn sie glaubte nur infolge von Vertreibung und Vernichtung der Mehrheit der deutschen Juden von gesetzlichen Beschränkungen absehen zu dürfen.

IV

Unter diesen Umständen erscheinen die in den sogenannten Kaltenbrunner-Berichten enthaltenen Materialien zur Einstellung der Opposition gegenüber den Juden nicht mehr von vornherein unglaubwürdig, jedenfalls was die als wortgetreue Wiedergaben gekennzeichneten Passagen der Verhörprotokolle betrifft. Zwar rücken, verglichen mit dem internen Material des Widerstandes, die Verhafteten jetzt gegenüber den Vernehmungsbeamten verständlicherweise den Rassegedanken in den Vordergrund, um so die Distanz zum Nationalsozialismus geringer erscheinen zu lassen. Im übrigen aber wird nach wie vor dem Staat das Recht zur Rassenpolitik zuerkannt.

So erklärte beispielsweise Heinrich Graf von Lehndorff, „er sei zwar Judengegner, habe aber trotzdem die nationalsozialistische Auffassung von der Rasse nie ganz gebilligt, insbesondere aber nicht ihre praktische Durchführung".[37] Ähnlich Berthold Graf Schenk von Stauffenberg, der Bruder des Attentäters, der aussagte: „Auf innerpolitischem Gebiet hatten wir die Grundideen des Nationalsozialismus zum größten Teil bejaht ... Der Rassegedanke ... erschien uns gesund und zukunftsträchtig"; allerdings hätten er und sein Bruder die Durchführung „für überspitzt und übersteigert gehalten".[38]

Auch die schon vor dem 20. Juli nachweisbaren Unterschiede der Haltung der Verschwörer gegenüber dem Judentum setzten sich in der Haft fort. Johannes Popitz, eine der umstrittensten Figuren des Goerdeler-Kreises, hielt an seiner scharf antisemitischen Einstellung fest: „In der Judenfrage war ich als recht eingehender Kenner der Zustände in der Systemzeit durchaus der Auffassung, daß die Juden aus dem Staats- und Wirtschaftsleben verschwinden müssen. In der Methode habe ich mehrfach ein etwas allmählicheres Vorgehen empfohlen, insbesondere aus Rücksichten gegenüber der äußeren Politik."[39]

Am anderen Ende der Skala stand Klaus Bonhoeffer, der außerordentlich klar und mutig bekannte: „Ich lehne den nationalsozialistischen Staat ab, insbesondere mit Rücksicht auf seine Politik in der Kirchen- sowie Judenfrage sowie wegen fehlender Garantien der Rechtssicherheit."[40]

Den Standpunkt der Mehrheit der Verschwörer brachte Graf Üxküll, als er die Zukunftspläne Goerdelers und seines Neffen Stauffenberg zusammenfaßte, auf die Formel: „Am Rassegedanken sollte festgehalten werden, soweit dies möglich war."[41]

Die Gestapo kommentierte in einem ersten Bericht die bisherigen Aussagen nicht ganz unrichtig, wenn sie feststellte, daß die Verschwörer „bei grundsätzlicher Bejahung des Antisemitismus die Methode seiner Durchsetzung ablehnten. Zum Teil werden dabei humanitäre Motive herausgestellt, etwa derart, daß das Vorgehen nicht menschlich genug gewesen sei und deutschem Wesen nicht entsprochen habe, zum Teil werden Fragen der politischen Zweckmäßigkeit erhoben, daß die kurzfristige rigorose Ausschaltung des Judentums starke Spannungen mit der übrigen Welt hervorgerufen habe."[42]

Erst in der Schlußphase der Untersuchungen, als mit dem Ausmaß der Konspiration auch deren ganze Gefährlichkeit offenbar geworden war, betonte Obersturmbannführer von Kielpinski, der Autor der über Kaltenbrunner an Bormann und Hitler gerichteten Zusammenfassungen der Verhöre, „die ganze innere Fremdheit" der Verschwörer „gegenüber den Ideen des Nationalsozialismus", die „vor allem in der Stellung zur Judenfrage zum Ausdruck" komme. Unter offensichtlicher Verdrehung der Tatsachen machte er den gesamten Widerstand zum Vorkämpfer vorurteilsloser Emanzipationspolitik; die Verhafteten „stehen ... stur auf dem

Standpunkt des liberalen Denkens, das den Juden grundsätzlich die gleiche Stellung zuerkennen will wie jedem Deutschen".[43]

Zu diesem Urteil war der oberste Vernehmungsbeamte unter anderem auch durch das mutige Eintreten vieler Verhafteter zugunsten verfolgter Juden gelangt. Die hier aufgeführten Zeugnisse wären darum unvollständig, würde man die zahlreichen Beweise außer acht lassen, die von Versuchen berichten, bei denen namentlich etliche der zum innersten Verschwörerkreis Zählenden sich persönlich den Verfolgungsmaßnahmen entgegenzustellen versucht haben.

So hatte Goerdeler noch als Leipziger Oberbürgermeister bei den Ausschreitungen der SA im April 1933 jüdische Ladenbesitzer persönlich beschützt.[44] Helmuth Groscurth wollte als Bataillonskommandeur im Rußlandfeldzug eine Erschießungsaktion notfalls mit Gewalt verhindern und schaltete dazu Dienststellen bis hinauf zum Ia seiner Heeresgruppe ein.[45] Moltke rettete zusammen mit Theodor Steltzer eine unbekannte Zahl dänischer und norwegischer Juden durch rechtzeitige Warnungen und bemühte sich auch sonst nach Kräften, „dem Rad der Judenverfolgung zumindest hemmend ein wenig in die Speichen zu fahren".[46] Wilhelm Canaris schließlich beauftragte Hans von Dohnanyi und Dietrich Bonhoeffer mit der Abwicklung von „Unternehmen 7", mit dem zur Alarmierung der Weltöffentlichkeit im Herbst 1942 fünfzehn Juden als angebliche Abwehragenten in die Schweiz geschleust worden sind; weil diese Juden große Devisenbeträge als Wiedergutmachung erhalten hatten und dabei gegen Reichsbankanordnungen verstoßen worden war, wurden von Dohnanyi, Josef Müller und Bonhoeffer im April 1943 verhaftet und Hans Oster kaltgestellt.[47]

Diese Aktivitäten sind um so bemerkenswerter, als Hans Rothfels mit Recht darauf hingewiesen hat, daß für den organisierten Widerstand individuelle Rettungsmaßnahmen vornehmlich aus Gründen der Tarnung eher untypisch waren.[48] Auch zeigt eine neuere empirische Untersuchung, daß die typischen Helfer und Retter anderen Kreisen entstammten und keine eigentlich politischen Ziele verfolgt haben.[49]

V

Vergleicht man alle Antworten auf Hitlers „Judenpolitik" miteinander, so zeichnet sich das Spektrum durch Ungleichzeitigkeit der Reaktionen und Vielfalt der Inhalte aus. Allen gemeinsam ist nur die eine Tatsache, daß mit Ausnahme des Freiburger Kreises keine einzige der hier behandelten Organisationen aus Anlaß der Judenverfolgungen entstanden ist. Sozialistische und kommunistische Exilgruppen lehnten ebenso wie die Liberalen von Anfang an jede Abweichung vom Zustand vor 1933 rundheraus ab und kamen demgemäß ohne „Judenprogramm" in ihren Überlegungen und Denkschriften aus. Die im wesentlichen von Militärs getragene Opposition der Jahre 1938 bis 1940 formulierte zwar ebenfalls keine programmatischen Aussagen, obwohl sie scharf die militanten Aktionen von SA und SS kritisierte, doch wird man bei ihr gleichwohl daraus nicht auf eine vorurteilslose Haltung gegenüber den Juden schließen dürfen. Die sich erst 1940 formierenden Kreisauer dagegen gelangten während ihres mehrjährigen Gedankenaustausches zu einer immer unbefangeneren Position und ließen sich von ihrer Bereitschaft zu einer grundlegenden Erneuerung der inneren Verhältnisse auch nicht durch ihre zunehmende Zusammenarbeit mit dem Heer und der Gruppe um Goerdeler abbringen. Diese letztere, die ohne Zweifel tonangebende und einflußreichste Richtung innerhalb des Widerstandes, vertrat zwischen 1941 und 1944 ein Programm, das die jüdische Assimilation zum Ausnahmefall, Sonderstatus und Ausbürgerung dagegen zur Regel machen wollte, wobei sie allerdings davon ausging, mit dieser Politik international auf die ihr so wichtige Zustimmung rechnen zu können. Über alledem sei nicht vergessen, daß neben solchen unbestreitbar antisemitischen Grundüberzeugungen hochherzige Rettungsversuche und natürlich schärfste Ablehnung der „Endlösung" standen.

An dem Vorhandensein antisemitischer Ressentiments bei einer nicht geringen Zahl der Verschwörer, teilweise sogar an einem Verlust sittlicher Maßstäbe unter dem Eindruck des Unfaßbaren, kann nach allem nicht mehr gezweifelt werden. Welche Rolle spielte dann, so die abschließende Frage, die Judenverfolgung für die Entstehung des Widerstandes selbst? Obwohl beide, die konservativen Partner Hitlers und die Nationalsozialisten, an einer „Lösung" der sogenannten Judenfrage interessiert waren, erlaubten gerade die unterschiedlichen Vorstellungen über die Verwirklichung auch Urteile über den Stand der Koalition überhaupt.

Solange das Regime vornehmlich die Ziele der von Weimar enttäuschten konservativ-reaktionären Kreise zu verwirklichen schien, trugen es die Bündnispartner Hitlers trotz aller Spannungen und Vorbehalte mit. Mit den übrigen Maßnahmen fand daher auch die „Judenpolitik" in diesen Kreisen weitgehende Zustimmung. Die Wende kam 1938/39 mit der Radikalisierung der gesamten Politik. Auf dem Gebiet der antisemitischen Aktivitäten bedeutete sie jenen als „wahnhafte Vertauschung von Kampfsymbol und Endziel" bezeichneten Umschwung, der die Genesis der „Endlösung" anzeigte.[50] Nunmehr fühlten sich die Verbündeten in ihrer alten Einschätzung endgültig bestätigt, daß der „Führer" tatsächlich nur der vulgäre Exponent einer verbrecherisch-radikalen „Politik der Gosse" sei und wegen seiner Gefährlichkeit beseitigt werden müsse. Daß dieser Entschluß zu einem Zeitpunkt fiel, als ungefähr 250000 deutsche

Juden bereits geflohen waren, weil sie die fortwährenden Erniedrigungen in Gestalt der täglichen Übergriffe von SA und Polizei und die administrative Entrechtung nicht länger ertragen wollten, unterstreicht noch einmal das ganze Ausmaß von Zustimmung und Mitarbeit. Beides endete, wo die physische Existenz der Verfolgten in Gefahr geriet, denn den traditionellen Eliten hätte es genügt, wenn der Staat eine fernere „Gefahr" für die „Volksgemeinschaft" durch die wehrlosen, in Deutschland verbliebenen Reste der jüdischen Gemeinden auf legislativem Wege ausgeschlossen hätte. Die Abkehr des modernen Antisemitismus christlich-konservativer Prägung vom genuin nationalsozialistischen Antisemitismus fiel darum in die Geburtsstunde des Widerstandes gegen das „Dritte Reich".

Anmerkungen

[1] Gekürzte und streckenweise umgearbeitete Fassung eines Aufsatzes, der unter dem Titel *Der deutsche Widerstand und die Juden,* in: *Geschichte und Gesellschaft,* 9. Jg. (1983), S. 349—380, erschienen ist. Dort finden sich auch jene hier aus Platzgründen gestrichenen Belege, die über unmittelbare Fundstellen hinausgehen.

[2] Bundesarchiv Koblenz, Nachlaß Hugenberg, Nr. 85; auszugsweise Faksimiles im Katalog der von der Staatlichen Kunsthalle Berlin veranstalteten Ausstellung *1933 — Wege zur Diktatur,* Berlin 1983, S. 161 ff.

[3] Zahlen bei Hans Mommsen, *Beamtentum im Dritten Reich,* Stuttgart 1966, S. 53 ff.

[4] Ferner elf Offiziersanwärter, 16 Unteroffiziere und 32 Mannschaftsdienstgrade; *Deutsche Militärgeschichte 1648—1939,* hrsg. vom Militärgeschichtlichen Forschungsamt, Bd. 4, Neuaufl., Herrsching 1983, S. 58.

[5] Während im Protestantismus dieser Anspruch weitgehend der Bereitschaft zur Selbstkritik gewichen ist, wird von katholischer Seite nach wie vor die Haltung der Kirche vielfach als Widerstand bezeichnet; als Beleg hierfür zuletzt Klaus Gotto/Hans Günther Hockerts/Konrad Repgen, *Nationalsozialistische Herausforderung und kirchliche Antwort. Eine Bilanz,* in: Klaus Gotto/Konrad Repgen (Hrsg.), *Kirche, Katholiken und Nationalsozialismus,* 2. Aufl., Mainz 1983, S. 122—139. Damit ist selbstverständlich nicht geleugnet, daß Katholiken sich am Widerstand beteiligt haben.

[6] Hermann Greive sprach im Hinblick auf den Katholizismus gar davon, „daß die Unterscheidung von christlicher Judenfeindschaft und heidnischem Antisemitismus als wesentlich verschiedener Phänomene mit Rücksicht auf die behandelte Zeit unhaltbar ist"; *Theologie und Ideologie. Katholizismus und Judentum in Deutschland und Österreich 1918—1935,* Heidelberg 1969, S. 223. Das ganze Ausmaß theologischer Anpassung an die sich wandelnde politische Konjunktur betonte für den Protestantismus jüngst Manfred Jacobs, *Kirche, Weltanschauung, Politik. Die evangelischen Kirchen und die Option zwischen dem Zweiten und Dritten Reich,* in: *Vierteljahrshefte für Zeitgeschichte,* 31. Jg. (1983), S. 108—135.

[7] Zit. *Deutsche Militärgeschichte*... [Anm. 4], S. 58. Trotz vieler Versuche ließ sich von Manstein später nicht zur Teilnahme am Widerstand überreden.

[8] Von Stauffenberg wird berichtet, er habe demonstrativ 1934 in Bamberg eine Parteiveranstaltung verlassen, als Streicher „sich in einer wahren Orgie zotenhafter antisemitischer Verbalinjurien erging"; Christian Müller, *Oberst i. G. Stauffenberg. Eine Biographie,* Düsseldorf 1971, S. 134.

[9] Niederschrift einer „Chefbesprechung über das Judenproblem" im Reichswirtschaftsministerium am 20.8.1935, verfaßt von Bernhard Lösener, dem Rassereferenten im Reichsinnenministerium; die Belege hat mir freundlicherweise Prof. Otto D. Kulka, Jerusalem, mitgeteilt; sie sind inzwischen gedruckt in seinem Aufsatz: *Die Nürnberger Rassengesetze und die deutsche Bevölkerung im Lichte geheimer NS-Lage- und Stimmungsberichte,* in: *Vierteljahrshefte für Zeitgeschichte,* 32. Jg. (1984), S. 615 ff.

[10] Ein Beispiel aus dem katholischen Lager, es handelt sich um einen Brief des später emigrierten Dominikanerpaters Stratmann vom 10.4.1933 an Kardinal Faulhaber, zitiert bei Burkhard van Schewick, *Katholische Kirche und nationalsozialistische Rassenpolitik,* in: K. Gotto/K. Repgen (Hrsg.), *Kirche*... [Anm. 5], S. 105 f. Für die protestantische Seite Günther van Norden, *Der deutsche Protestantismus im Jahr der nationalsozialistischen Machtergreifung,* Gütersloh 1979, Kap. IV.

[11] Dietrich Bonhoeffer, *Die Kirche vor der Judenfrage,* in: Ders., *Gesammelte Schriften,* hrsg. von Eberhard Bethge, Bd. 2, München 1965, S. 45, 48. Die Formulierungen, die heute — nach Auschwitz — mißverständlich wirken, wurden ausführlich erläutert von Eberhard Bethge, *Dietrich Bonhoeffer und die Juden,* in: Ernst Feil/Ilse Tödt (Hrsg.), *Konsequenzen. Dietrich Bonhoeffers Kirchenverständnis heute,* München 1980, S. 171—214, und von Heinz-Eduard Tödt und Ernst-Albert Scharffenorth, in: Wolfgang Huber/Ilse Tödt (Hrsg.), *Ethik im Ernstfall. Dietrich Bonhoeffers Stellung zu den Juden und ihre Aktualität,* München 1982, S. 139—183, bzw. S. 184—234. Ob Bonhoeffer mit seiner lapidaren Feststellung einer staatlichen Befugnis zur Neuregelung der „Judenfrage" nur pragmatisch-ergeben den Staat der Partei hat vorziehen wollen oder ob er selbst ernstlich an eine Alternative zur Emanzipation geglaubt hat, blieb zwischen den beiden Theologen umstritten. Trotzdem ist damit die von mir bisher vertretene Einschätzung Bonhoeffers (vgl. meinen Aufsatz *Der deutsche Widerstand*... [Anm. 1], S. 354) in der hier erfolgten Weise zu revidieren.

[12] Helmuth Groscurth, *Tagebücher eines Abwehroffiziers 1938—1940,* Stuttgart 1970, S. 157 (Eintrag vom 9.11.1938).

[13] Für das Auswärtige Amt: Christopher R. Browning, *The Final Solution and the German Foreign Office. A Study of Referat D III of Abteilung Deutschland 1940—43,* New York 1978, S. 74. Für das Ostheer: Helmut Krausnick/Hans-Heinrich Wilhelm, *Die Truppe des Weltanschauungskrieges. Die Einsatzgruppen der Sicherheitspolizei und des SD 1938—1942,* Stuttgart 1981, bes. S. 205 ff., 598 ff. Zum Kenntnisstand der Abwehr, die nicht in den Dienstweg eingeschaltet war, siehe Eberhard Bethge, *Dietrich Bonhoeffer. Theologe, Christ, Zeitgenosse,* 4. Aufl., München 1978, S. 836 ff., 842.

[14] Ulrich von Hassell, *Vom Andern Deutschland. Aus den nachgelassenen Tagebüchern 1938—1944,* Neudr. Frankfurt a. M. 1964, S. 207 f. (1.11.1941).

[15] Ger van Roon, *Neuordnung im Widerstand. Der Kreisauer Kreis innerhalb der deutschen Widerstandsbewegung,* München 1964, S. 283.

[16] Vorschläge für eine Lösung der Judenfrage in Deutschland (Anl. 5, verfaßt von Constantin von Dietze), abgedruckt in: *In der Stunde Null. Die Denkschrift des Freiburger „Bonhoeffer-Kreises": Politische Gemeinschaft. Ein Versuch zur Selbstbesinnung des christlichen Gewissens in den politischen Nöten unserer Zeit,* eingeleitet von Helmut Thielicke, hrsg. von Philipp von Bismarck, Tübingen 1979, S. 149.

[17] Wolfgang Schieder, *Zwei Generationen im militärischen Widerstand gegen Hitler*, im vorliegenden Band. Oster soll vor dem SS-Standgericht im KZ Flossenbürg Anfang 1945 erklärt haben, er habe Widerstand geleistet, weil „die Judenverfolgung und die Ausrottungspolitik, aber auch der Krieg und die unvermeidliche deutsche Niederlage ihn zu der Erkenntnis gebracht haben, daß zur Reinigung Deutschlands die Beseitigung der SS und der Gestapo nicht genüge"; Fabian von Schlabrendorff, *Begegnungen in fünf Jahrzehnten*, Tübingen 1979, S. 183.

[18] Zit. bei Ch. Müller, *Oberst i. G. Stauffenberg*... [Anm. 8], S. 382.

[19] Zit. bei Fabian von Schlabrendorff, *Offiziere gegen Hitler*, Neudr. Frankfurt a. M. 1962, S. 138.

[20] Brief an Anton Kippenberg vom 13.1.1945; abgedruckt in: Egon Schwarz (Hrsg.), *Nation im Widerspruch. Deutsche über Deutschland*, Hamburg 1963, S. 190.

[21] Denkschrift *Der Weg* (1944); abgedruckt in: Bodo Scheurig (Hrsg.), *Deutscher Widerstand 1938—44. Fortschritt oder Reaktion?*, München 1969, S. 263.

[22] Konrad Kwiet, *Zur historiographischen Behandlung der Judenverfolgung im Dritten Reich*, in: *Militärgeschichtliche Mitteilungen*, Bd. 27 (1980), S. 173.

[23] Abgedruckt in: G. van Roon, *Neuordnung*... [Anm. 15], S. 570f.

[24] Abgedruckt *a.a.O.*, S. 577.

[25] George K. A. Bell, *Memorandum of a Conversation;* abgedruckt in: D. Bonhoeffer, *Gesammelte Schriften*... [Anm. 11], Bd. 1, München 1958, S. 373.

[26] Abgedruckt in: G. van Roon, *Neuordnung*... [Anm. 15], S. 570.

[27] Zit. *a.a.O.*, S. 256.

[28] Zit. *a.a.O.*, S. 561.

[29] 3. Fassung des Textes. Abgedruckt in: *Spiegelbild einer Verschwörung. Die Kaltenbrunner-Berichte an Bormann und Hitler über das Attentat vom 20. Juli 1944*, hrsg. vom Archiv Peter, Stuttgart 1961, S. 149.

[30] Dieses und die folgenden Zitate sind entnommen aus B. Scheurig (Hrsg.), *Deutscher Widerstand*... [Anm. 21], S. 75f.

[31] Gerhard Ritter, *Carl Goerdeler und die deutsche Widerstandsbewegung*, Neudruck München 1964, S. 314.

[32] U. v. Hassell, *Vom Andern Deutschland*... [Anm. 14], S. 335.

[33] *A.a.O.*, S. 344.

[34] Vgl. dazu den Briefentwurf Goerdelers vom 25.7.1943 an Generalfeldmarschall Kluge, in dem er überlegte, „Herrn Goebbels oder Herrn Himmler zum Bundesgenossen [zu] machen, denn auch diese beiden Männer haben längst begriffen, daß sie mit Hitler verloren sind"; G. Ritter, *Carl Goerdeler*... [Anm. 31], S. 574.

[35] Dieses und die folgenden Zitate sind entnommen aus Ph. v. Bismarck (Hrsg.), *In der Stunde Null*... [Anm. 16], S. 146ff.

[36] Man sollte bei diesen Formulierungen nicht übersehen, daß der Kreis, in dem diese Denkschrift entstanden ist, „sich kurz nach der Judenverfolgung des November 1938" gebildet hat, und zwar „angeregt durch Prof. Dr. v. Dietze"; G. Ritter, *Carl Goerdeler*... [Anm. 31], S. 512 (Anm. 71).

[37] *Spiegelbild*... [Anm. 29], S. 450.

[38] *A.a.O.*, S. 326, 450.

[39] *A.a.O.*, S. 449.

[40] *A.a.O.*, S. 443.

[41] *A.a.O.*, S. 449.

[42] *A.a.O.*, S. 168 (Bericht vom 7.8.1944).

[43] *A.a.O.*, S. 471 (Bericht vom 28.10.1944).

[44] G. Ritter, *Carl Goerdeler*... [Anm. 31], S. 69.

[45] H. Groscurth, *Tagebücher*... [Anm. 12], S. 88 ff., 534 ff. (Bericht an General von Sodenstern vom 21.8.1941).

[46] Moltke an seine Frau, 13.11.1941; Freya von Moltke u. a., *Helmuth James von Moltke 1907—1945. Anwalt der Zukunft*, Stuttgart 1975, S. 174.

[47] E. Bethge, *Dietrich Bonhoeffer*... [Anm. 13], S. 838 f., 917 ff. Vgl. Romedio G. Graf von Thun-Hohenstein, *Der Verschwörer. General Oster und die Militäropposition*, Berlin 1982, S. 243 ff.

[48] Hans Rothfels, *Die deutsche Opposition gegen Hitler. Eine Würdigung*, Neudr. Frankfurt a. M. 1964, S. 36 f.

[49] Michael Wolfson, *Zum Widerstand gegen Hitler: Umriß eines Gruppenporträts deutscher Retter von Juden*, in: Joachim Hütter u. a. (Hrsg.), *Tradition und Neubeginn. Internationale Forschungen zur deutschen Geschichte im 20. Jahrhundert*, Köln 1975, S. 391—407.

[50] Martin Broszat, *Soziale Motivation und Führerbindung im Nationalsozialismus*, in: *Vierteljahrshefte für Zeitgeschichte*, 18. Jg. (1970), S. 409.

Wiederherstellung des Rechtsstaats als zentrale Zielsetzung des Widerstands

PETER STEINBACH
Passau

Für Karl Ibach zum 70. Geburtstag

I

Die gesellschaftlichen und politischen Zielvorstellungen des Widerstands gegen den Nationalsozialismus sind Gegenstand heftiger Kontroversen gewesen, welche erheblich zur Entmystifizierung der Widerstandskämpfer beigetragen haben.[1] Allerdings wurde in der Diskussion und Kritik grundsätzlich anregender Arbeiten[2] nur selten die Forderung ernstgenommen, den Widerstand gegen Hitler in seiner phasenweise verlaufenden Entwicklung graduell und zeitlich zu differenzieren und dabei auch in seinen Handlungsmöglichkeiten und Handlungsalternativen zu sehen. Denn im Hinblick auf die politischen oder gesellschaftlichen Ordnungsvorstellungen des Widerstands ist zu berücksichtigen, daß in der Krise des liberalen Systems nach 1918 viele der liberaldemokratischen Perspektiven verbraucht schienen. So liegt es an der zeitbedingten Prägung vieler Widerstandskämpfer, wenn deren politische Vorstellungswelt — Weltsicht und Weltanschauung gleichermaßen — sich nur schwer mit den Grundprinzipien einer heute allgemein akzeptierten freiheitlich-demokratischen Verfassungsordnung in der Art des Grundgesetzes in Einklang bringen läßt.

Trotz dieser Grenzen verkörpert der deutsche Widerstand zwischen 1933 und 1945 eine entscheidende Alternative in seiner Zeit und gegenüber den Erscheinungen nationalsozialistischer Wirklichkeit.[3] Dies verlangt, die Vorstellungen des Widerstands auch auf dessen jeweiligen Erfahrungshorizont zu beziehen und vor den Diskussionen der dreißiger und vierziger Jahre mit ihren realpolitischen Handlungsmöglichkeiten zu sehen.[4] Zugleich bedeutet dies, die Begrenzungen und Beschränkungen politischer Zukunftsperspektiven vieler Widerstandskämpfer weniger auf die Demokratievorstellungen der Nachkriegszeit und unserer Gegenwart als vielmehr auf die Erfahrungen zu beziehen, welche die späteren Widerstandskämpfer während der Weimarer Republik und des NS-Reiches machten.[5]

Überdies spiegelt die Bewertung der vielfältigen Zielvorstellungen der deutschen Widerstandsbewegung stets auch unsere eigenen Schwierigkeiten mit dem Widerstand schlechthin. Denn jede Diskussion über das Widerstandsrecht berührt die Frage der Ziele und Zwecke unseres Staates und seiner verfassungsrechtlich faßbaren Grundlagen. Damit zielt die Widerstandsdiskussion auf die Fixierung der Schwellen, die gute von schlechter Herrschaftsrealität und politischer Ordnung trennen.[6] Insofern ist die Frage nach den Voraussetzungen und Möglichkeiten, den Zielen und Kosten des Widerstands eine Kernfrage jeder politischen Ordnung und fordert zu Stellungnahmen aus aktuell geprägter Erfahrung auf.[7]

Diese Erfahrung kann sich zumindest in Deutschland niemals von den zeitgeschichtlichen Entwicklungen der eigenen Geschichte lösen und hat sie stets mitzubedenken. Darin liegt aber auch eine Chance für die aktuelle Widerstandsdiskussion, denn prinzipielle rechts- und staatstheoretische Überlegungen können durch historisch prägnante und nachvollziehbare Beispiele illustriert werden.[8]

Mit Fritz Bauer sehen wir in Widerstandsbewegungen häufig Menschenrechtsbewegungen.[9] In diesem Sinn gibt es sogar ein Widerstandsrecht in der Demokratie — in präzise bestimmten Situationen der Rechtlosigkeit und Hilflosigkeit. Widerstand ist hier ein letztes Auskunftsmittel gegen Verfassungsverletzungen, die irreversibel sind.[10] Unbestritten läßt Widerstand sich ohne verfassungsrechtliche Einbindung ebenfalls rechtfertigen: Insbesondere Axel von dem Bussche hat stets auf den Notwehrcharakter jedes Widerstands insistiert.[11] Abgesehen von derartig beschriebenen Extremsituationen rechtfertigt sich Widerstand in der Regel durch seinen Einsatz für eine menschenwürdige Ordnung, die in einer freiheitlichen Demokratie durch Recht zugunsten und zu Lasten des einzelnen und des Staates und unter Reglementierung der gesellschaftlichen Zumutungen und Zwänge charakterisiert ist. Recht in diesem Sinne ist „Schutz der Schwachen".[12] Widerstand als Rechtswiderstand ist nicht Widerstand gegen das Recht, sondern für die Durchsetzung allgemeinverbindlicher Normen von Menschenrechtsqualität.

Eine Herausforderung bleibt dabei die Bestimmung des Spannungsverhältnisses zwischen Individuum, Gesellschaft und Staat. Darum kreisen Überlegungen der politischen Theorie und Philosophie, der Staatsrechtslehre und der rechtsethischen Diskussion. Unter dieser Voraussetzung läßt sich Widerstand niemals als Auflehnung und Aktion schlechthin definieren, sondern bedarf wesentlicher Komplementärbegriffe, um eine verbrecherische politische Ordnung zu charakterisieren. Rechtsbeugung und Rechtsschändung stellen dabei grundlegende Verformungen des Gesetzesbegriffs dar. In der Reaktion auf derartige negative Entwicklungen konzentriert sich Widerstand darauf, den Schaden willkürlicher Handlungen staatlicher Organe oder gesellschaftlicher Organisationen, die sich durchaus in Rechtsform kleiden können, zu mildern, zu korrigieren oder wiedergutzumachen.

II

In diesen Überlegungen spiegelt sich die Erfahrung vieler Widerstandskämpfer nach 1933 und zugleich eine zentrale Motivation ihres Handelns.

Das Dritte Reich erscheint als Unrechtsstaat,[13] als eine politische Ordnung, die sich nicht durch den Willen zur „Herrschaft des Gesetzes"[14] auszeichnet. Hannah Arendt hat in ihrem Lebenswerk über *Totale Herrschaft* die Zerstörung des Gesetzesbegriffs als Voraussetzung einer Vernichtung von Handlungsmöglichkeiten des Menschen und damit von Freiheit identifiziert.[15] Sie stand dabei nicht allein unter dem Einfluß einer neubelebten Naturrechtsdiskussion, sondern zugleich auf dem Boden eines Rechtspositivismus, der im bestehenden Recht Ausdruck von Stabilität und Kalkulierbarkeit, damit aber eine Voraussetzung für die Abwesenheit von Willkür erblickte. So gesehen, lehnte Hannah Arendt den Gegensatz von Naturrecht und Rechtspositivismus ab, denn das bestehende Recht sollte einen wesentlichen Bezugspunkt in seinem Dienst für den Menschen besitzen. Die durch ihre Erfahrungen für den Schutzcharakter des Rechts und die Schutzfunktion des Gesetzes hochgradig sensibilisierte Schülerin von Karl Jaspers erblickte in der Verbindung von „Ideologie und Terror" eine Grundvoraussetzung für die Verfälschung des Gesetzes zu einem Bewegungsbegriff, in der Verformung der Gesetzesvorstellung und des Rechtsbewußtseins aber die Voraussetzung für das Ende der menschlichen Freiheit.

Alle Staatsformen, die Menschen bis zum Beginn totaler Herrschaft beschrieben, gerechtfertigt und kritisiert hatten, spiegelten für Arendt Grundprinzipien des menschlichen Miteinanderlebens und Miteinanderhandelns. Recht und Gesetz gaben dieser mitmenschlichen Beziehung Struktur und Stabilität. Totale Herrschaft aber verkörperte eine neue „menschliche Erfahrung ..., die nie zuvor zur Grundlage menschlichen Miteinanderlebens gemacht worden ist." So betrachtet, stellte die Entstehung totaler Herrschaft die Krise dar, „in der wir heute alle und überall leben".[16]

Ausdruck dieser vor der geschichtlichen Erinnerung unvergleichlichen und deshalb aus historisch-politischer Erfahrung nicht zu bewältigenden Krise waren die Verbrechen der Systeme totalitärer Herrschaft. Sie entzogen sich herkömmlicher Verurteilung als Vergehen oder Sünde und damit einer juristischen oder theologischen Beurteilung. Ihre Realisierung war möglich, weil die Abkehr vom positiven Recht den Unterschied zwischen Schuld und Unschuld beseitigte und die Begründung eines höher legitimierten „übermenschlichen Gesetzes" zugleich eine besondere Form der Gesetzestreue zu ermöglichen schien, die vor Verbrechen nicht zurückschreckte, sondern in ihnen sogar die Erfüllung eines hohen Auftrags erblickte.

Die totalitären Staaten leben somit nach Arendt von einem Bedeutungswandel des Gesetzesbegriffs: Gesetz „deutet nicht mehr auf den Zaun des Gesetzes hin, dessen relative Stabilität den Raum der Freiheit schafft und behütet, in welchem menschliche Bewegungen und Handlungen stattfinden und sich abspielen; sondern es bezeichnet vorerst und wesentlich eine Bewegung".[17]

Mit den Gesetzen schwand die Kontinuität. Terror ebnete die „Zäune der Gesetze" ein, die den Freiheitsraum markierten, und errichtete anstelle der „gesetzmäßig etablierten und geregelten Kanäle menschlicher Kommunikation sein eisernes Band, das alles so eng aneinanderschließt, daß nicht nur der Raum der Freiheit, wie er in verfassungsmäßigen Staaten zwischen den Bürgern existiert, sondern auch die Wüste der Nachbarlosigkeit und des gegenseitigen Mißtrauens, die der Tyrannis eigentümlich ist, verschwindet".[18] Auf diesem Boden konnte die Gefühllosigkeit gedeihen, die schließlich industriemäßig betriebene Tötungsfabriken hervorbrachte.

Eine Folge der Gesetzlosigkeit war die Willkür. Sie bestimmte Handlungsräume, ohne sie kalkulierbar werden zu lassen. Der gesetzlich umhegte Freiheitsraum wurde in die beliebige Verfügbarkeit des Diktators gestellt, der seine Herrschaft allein auf Angst und Furcht stützen konnte. Menschen konnten in dieser Stimmung kaum mehr miteinander handeln, sondern verfielen in die völlige Isolation. Angst, Furcht, Mißtrauen hatten nicht einmal mehr eine Funktion, weil ihre warnende Wirkung leer lief: Denn die Opfer des Terrors konnten, ausgeliefert in die Recht- und Gesetzlosigkeit, ihr Schicksal nicht wenden, indem sie auf ihre inneren Stimmen hörten. Ihr Schicksal hing nicht mehr von ihrem Handeln ab — die Zerstörung von Recht und Gesetz hatte der „Präparierung"[19] der Opfer durch Feindschaftserklärungen einen Endpunkt gewiesen.

Hannah Arendt glaubte, in der Neuformulierung des Gesetzesbegriffs das Prinzip totalitärer Diktaturen gefunden zu haben. Ihre Einschätzung traf sich mit der Analyse sozialdemokratischer Kritiker des nationalsozialistischen Herrschaftssystems, die den „Doppelstaat"[20] als modernen

„Behemoth“[21] identifiziert hatten. Gesetzes- und Maßnahmestaat wurden gegenübergestellt, der Maßnahmestaat auf die Ansprüche der „Bewegungsparteien“ bezogen, die Recht nicht mehr als Stabilisierungsfaktor, sondern als zukunftsweisende „Verordnung“ begriffen. Bestimmend blieb die Partei als „totale Bewegung“, repräsentiert durch den „totalen Führer“.[22]

Franz Neumann hat deshalb in seiner Arbeit über die „Herrschaft des Gesetzes“ hervorgehoben: „Das Recht ist der Wille des Führers in der Form des Gesetzes.“[23] Exekutive und Legislative unterwerfen sich dem Führerwillen ebenso wie alle einzelnen „Volksgenossen“; der „neutrale Staat“ besteht nicht einmal mehr dem Anspruch nach. Die Unterscheidung von Staat und Gesellschaft wird nivelliert, damit verringern sich zusätzlich die Chancen der Freiheit und Sicherheit. Das Individuum ist bar jeden rechtlichen Schutzes, bleibt politisch verfügbar, kann jederzeit ohne ernsthafte Möglichkeit einer Gegenwehr dem Terror ausgeliefert werden oder in die Bedrängnisse einer postulierten Zukunftsgestaltung geraten, die um eines Zieles willen Opfer verlangt. Die ethische Dimension des Rechts, der Zusammenhang von Recht und Moral, die Berechenbarkeit des Rechts schließlich sind gleichermaßen zugunsten des totalen Herrschaftsanspruchs von Bewegung und Führung außer Kraft gesetzt. Rechtlosigkeit bedeutet auch Maßstabslosigkeit — Maßstabslosigkeit kann in die willkürliche Zügellosigkeit münden, die mit der Verantwortungslosigkeit einhergeht. Sosehr die Anhänger des totalen Staates mit Sanktionen und Terror drohen, so sehr ist aber das Recht des Verbrechers auf Bestrafung an das feststehende Recht gebunden.[24]

Deshalb ist es nur verständlich, wenn die Gedanken vieler Gegner des Nationalsozialismus um das Recht kreisten und schließlich die Wiederherstellung von Recht und Rechtsstaat eine zentrale Handlungsmotivation des Widerstands gegen Hitler und die nationalsozialistische Herrschaft wurde.

III

Erneuerung des Rechts meinte mehr als die Rückkehr zur Verfassungsordnung der Weimarer Republik. Sie war ursprünglich ein großes Verfassungsangebot und orientierte sich an der Tugend der Achtung vor Minderheiten, des Schutzes sozialer Gruppen, der Rechtssicherheit in Staat und Gesellschaft, der Überprüfbarkeit von Rechtssprüchen, der ordnungsgemäßen Gesetzgebung im Parlament, der Öffentlichkeit der Verhandlungen und der Rechtmäßigkeit der Strafverbüßung. Recht und Gerechtigkeit waren zwar niemals in völlige Deckung zu bringen; nach dem Willen der Weimarer Nationalversammlung sollten sie sich jedoch möglichst weit in einer Kongruenz annähern. So entstand mit der Novemberrevolution von 1918 eine Ordnung, die zunächst durchaus eine Chance besaß, sich zu einem neuen Kapitel der deutschen Rechtsstaatsgeschichte zu entfalten.

Es war die Tragik der Republik, daß Ansätze einer rechtlichen Ausgestaltung der Weimarer Verfassungsordnung nach wenigen Jahren gekappt und zurückgedrängt wurden; dadurch geriet die republikanische Rechts- und Verfassungsordnung selbst bei denen in Mißkredit, die sich ursprünglich für den Weimarer Verfassungskompromiß eingesetzt und ihn politisch in der Weimarer Koalition getragen hatten. Die nationalsozialistische Führung aber hatte den Kampf gegen das Weimarer Staatsmodell zur wichtigsten Rechtfertigung ihrer politischen Praxis erhoben: Gegen Demokratie und Verfassung, gegen Pluralismus und Sozialismus richtete sich der nationalsozialistische Anspruch, alle „antimarxistischen" Bestrebungen zusammenzufassen. Die Beseitigung des „Systems" bedeutete aber die systematische Zerstörung des Rechtsstaates und die Verfemung eines Staatsmodells, welches vom Geist der Aufklärung und des Liberalismus, vom Konzept des Ausgleichs durch Kompromisse und der Grundüberzeugung des Minderheitenschutzes und Menschenrechts geprägt war.

Ernst Fraenkel analysierte als einer der ersten den neuen nationalsozialistischen „Doppelstaat"; Carl Schmitts Aufsätze beschrieben auf eine andere Weise den zum Bewegungsstaat gewordenen totalen Staat, der die Vorstellung der absoluten „Feindschaft"[25] zur neuen Staatsraison erhoben hatte und das Recht nicht mehr zum Schutz der Schwachen, sondern zum Instrument des Wandels um ferner, rassenpolitisch motivierter und ideologischer Ziele willen machte.[26] Gesetz, Verordnung, Erlaß wurden zu nicht mehr streng geschiedenen rechtlichen Grundlagen einer Willkür, die sich vom Recht als Norm im Dienste des Menschen und einer institutionengemäßen, den Zielen einer „guten Herrschaft" verpflichteten politischen Ordnung löste.

Überzeugte Republikaner waren im April 1933 aufgrund des *Gesetzes zur Wiederherstellung des Berufsbeamtentums* aus ihren Positionen vertrieben und jeder ernsthaften Möglichkeit des Widerspruchs beraubt worden; nicht derart entschiedene Republikaner wurden allein durch die Drohung ihrer Entlassung diszipliniert und verharrten in einer Passivität, die schließlich in eine willig vollzogene Selbstgleichschaltung[27] mündete. Sie ermöglichte schließlich die völlige Gleichschaltung der Justiz,[28] aber auch der Rechtswissenschaft. Unabhängige Wissenschaftler emigrierten innerlich oder gingen ins Exil.

Die Reflexion über die Prinzipien des Rechtsstaates konnte deshalb nur im kleinen Kreis angestellt werden. Dabei galt es zunächst, mit überkommenen Vorstellungen und Wertschätzungen des Obrigkeitsstaates zu brechen, um sich nicht durch die Kritik an der Weimarer Rechtsordnung den offenen Blick auf grundlegende Fragen der Rechtsmoral und Staatsethik verstellen zu lassen. Die nationalsozialistische Wirklichkeit erleichterte die Entwicklung einer neuen Sichtweise, die dann rasch in eine neue Wertschätzung der häufig als überholt eingeschätzten Institutionen und Normen des Rechtsstaates münden konnte.

Wiederherstellung des Rechts konnte angesichts der in Rechtsnorm gebrachten Unterdrückung im Innern, der Pervertierung des Rechts zum beliebigen Herrschaftsmittel einer weltanschaulich skrupellosen Führungsschicht, der Verbrechen an politischen Gegnern, an Juden, an den Einwohnern der besetzten Gebiete zunehmend weniger eine abstrakte Forderung sein; hinter dem Anspruch, die „vollkommene Majestät des Rechts"[29] zu sichern, waren die geschändeten Rechte der vom Tode bedrohten und extremer Willkür ausgelieferten Mitmenschen deutlich sichtbar. Jeder Eingeweihte begriff das Ziel, wenn der Verfall der Rechtsordnung und die Zerstörung der Rechtssicherheit konstatiert wurde. Erst vor diesem Hintergrund wird verständlich, weshalb in allen Überlegungen des deutschen Widerstands, der sich seit 1938/39 zur Möglichkeit eines Anschlags auf die Führungsschicht des NS-Staates und damit auch Hitlers durchrang,[30] die Frage der neuen Fundierung eines rechtlich eingehegten und klaren sittlich-moralischen Prinzipien verpflichteten Staates eine zentrale Rolle spielte.

Dies läßt sich für die Zusammenkünfte der Berliner Mittwochsgesellschaft[31] vereinzelt, für den Kreisauer Kreis um Helmuth James Graf von Moltke und Peter Graf Yorck von Wartenburg ganz deutlich greifen.[32] So ist bereits aus dem Jahre 1940 ein Brief Moltkes an Yorck überliefert, in dem die staatstragenden Prinzipien des Rechts deutlich ausgedrückt und als Auftrag für zukünftige Überlegungen formuliert werden. In der Erwartung eines „Triumphs des Bösen", der auch durch den „schlimmen Sumpf von äußerem Glück, Wohlbehagen und Wohlstand" nicht verdeckt werden konnte, will sich Moltke im Juni 1940, zum Zeitpunkt also des als Triumph der Machtpolitik empfundenen Siegs über Frankreich, mit Schulenburg und Yorck über die Grundlagen einer „positiven Staatslehre" auseinandersetzen.[33] Schulenberg glaubte zu dieser Zeit noch an die Möglichkeit eines Wandels des NS-Staates zum Guten; Moltke forderte ihn nun in einer Weise heraus, die an Platons Dialog *Politeia* erinnerte. Kriterium eines akzeptablen Staates sollte die Verwirklichung der Gerechtigkeit sein. Im Unterschied aber zum antiken Dialog einigten sich die Kontrahenten offensichtlich rasch auf eine Definition. Gerechtigkeit bestünde darin, „daß im Rahmen des Staatsganzen ein jeder sich voll entfalten und entwickeln könnte". Dabei ging es nicht um eine ungehinderte

Selbstverwirklichung, denn jedem einzelnen sollte eine „schwere Hypothek" auferlegt werden, die Einschränkungen „im Rahmen des Staatsganzen" verlangen könnte.[34]

Angesichts der nationalsozialistischen Wirklichkeit kam es darauf an, die „Hypothek"[35] präzise zu bestimmen und damit auch die Opfer und Leiden zu begrenzen, die der einzelne im Rahmen der bestehenden politischen Ordnung für seinen Staat auf sich zu nehmen hätte, ohne daß es sich um die Verwirklichung und Praktizierung des Unrechts handelte. Moltke reflektierte über die klassische Frage der Staatsgrenzen und Staatsziele, die in jeder Widerstandsdiskussion verborgen ist.

1. Der Staat dürfe keineswegs „Menschen ... beherrschen und durch Gewalt oder durch die Furcht vor Gewaltanwendung ... zügeln, sondern müsse „die Menschen in eine solche Beziehung zueinander ... bringen und sie darin ... erhalten, daß der Einzelmensch von jeder Furcht befreit in voller Sicherheit und doch ohne Schaden für seinen Nächsten zu leben und zu handeln vermag".

2. Der Staat habe nicht das Recht, „Menschen zu wilden Tieren oder zu Maschinen zu machen". Vielmehr habe er „dem Einzelmenschen denjenigen Rückhalt zu geben, der es ihm ermöglicht, Körper, Geist und Verstand ungehindert zu betätigen und zu entwickeln".

3. Schließlich sei es „nicht die Aufgabe des Staates, unbedingten Gehorsam und blinden Glauben an sich oder an etwas Anderes vom Menschen zu fordern", sondern er müsse „den Einzelmenschen dahin ... führen, daß er nach den Geboten der Vernunft lebt". Dies gewährleiste, daß der Mensch „seine Kraft nicht in Haß, Ärger, Neid verschwendet oder sonst unrecht handelt". — Das Fazit lautete:

„Die letzte Bestimmung des Staates ist es daher, der Hüter der Freiheit des Einzelmenschen zu sein. Dann ist es ein gerechter Staat."[36]

Die hier formulierten Grundsätze mußten sich an der staatlichen Wirklichkeit des totalen NS-Staates stoßen und sich letztlich gegen dessen Grundlagen richten. Konsequent zielte Moltke deshalb auf einen Kern seiner Motivation, die sich seitdem verfestigte und bis zur Stunde seines Todes nicht erschüttert wurde: Mit „Furcht, Macht und Glaube, soweit sie nicht von den einzelnen Staatsbürgern abgeleitet sind" — also individualistisch geprägt sind —, will er Grundanschauungen des „heutigen Staates beseitigen".[37] Dabei war er sich bewußt, daß Furcht, Macht und Glaube auch im wünschenswerten Staat Grundlagen menschlichen Zusammenlebens seien. Entscheidend war jedoch, daß im neuen Staat die „Hypothek" zugunsten des Staates präzisiert werden sollte. Sie mußte aus einem Kompromiß verschiedener Möglichkeiten und Wirklichkeiten hervorgehen und sollte durch eine Minimierung ihrer realen Last charakterisiert sein.

Die Hypothek als Kompromiß — die positive Verwendung eines aus der Weimarer Zeit belasteten Begriffs signalisiert einen Wandel politischer Grundanschauungen. Es ging nicht mehr um das Absolute, welches das Recht außer Kraft setzte und den einzelnen beliebigen Zukunftszielen verfügbar machte, die sich als schwere Belastung entlarven mußten, sondern es ging um ein bewußtes „Zugeständnis an die Wirklichkeit, welches man so klein halten muß wie eben möglich".[38]

Hypotheken, die aufgenommen worden waren, mußten — wie Moltke genau wußte — abgetragen werden. Es ging also keineswegs um die Chance des NS-Staates, sich zur Gerechtigkeit zu wandeln, als vielmehr um die Übernahme der historischen Hypothek als schwere Last für die Zukunft, die im Zuge einer Überwindung dieses Staates getragen werden mußte: Deshalb resümierte Moltke in seinem Brief an Yorck:

„Der Staat, den wir bestenfalls erwarten können, wird mit einer sehr schweren Hypothek auf den Einzelnen anfangen, und es wird die Aufgabe sein müssen, diese Hypothek so schnell wie möglich abzutragen."[39]

IV

In seiner Antwort auf Moltkes Schreiben bezweifelte Yorck die Möglichkeit, den Freiheitsbegriff präzise bestimmen zu können und die Aufgabe des Staates, Hüter der Freiheit zu sein, verbindlich festzulegen. Für Yorck kam der „Rückbezogenheit" des Einzelmenschen auf die Gemeinschaft eine große Bedeutung zu, denn der Einzelmensch solle „voller Sicherheit" leben können und seinem „Nächsten" keinen Schaden zufügen, ja sogar *für* ihn leben und handeln.[40] Freiheit war nicht individualistisch definiert, sondern ethisch durch Mitmenschlichkeit geprägt. Recht und Pflicht verbanden sich und machten den Kern der Hypothek aus, um die Moltkes Gedanken kreisten und die er als Belastung der Gegenwart und Verpflichtung für die Zukunft zu bestimmen suchte. Freiheit war für Yorck durch ihren Fremdbezug geprägt, der Konsequenzen für das Rechtsverständnis, aber auch die Praxis des Widerstands als stellvertretendes mitmenschliches Handeln zeitigte. Er schrieb an Moltke:

„Ich wollte damit die Freiheit für sich selbst umwerten zu der Freiheit für die Anderen, die nach meinem Dafürhalten nur die Grundlage staatlichen Lebens sein kann. Ich wollte zum Ausdruck bringen, daß die Zeit der Bedrängnis, die trotz der äußeren Erfolge kommen wird, die Pflicht zum gemeinnützigen Handeln, zum ‚Dienen' besonders hervortreten lassen wird."[41]

Angesichts des Mißbrauchs des Begriffs und der Praxis des Dienens war sich Yorck dessen bewußt, daß er es bei der bloßen Verwendung dieses Schlagwortes nicht belassen konnte. Deshalb präzisierte er die Verpflichtung des Dienens durch den signifikanten Bezug der Tat auf das Recht und die Rechtmäßigkeit.[42] Recht wurde dabei nicht als Schutz der Schwachen verstanden, sondern als Verpflichtung und qualifizierte Normierung des individuellen Verhaltens in Staat und Gesellschaft. Allein durch diese Bindung an das Recht ließ sich auch das Risiko der „Hypothek" mindern, welches ursprünglich den Ausgangspunkt der Staats- und Rechtsdiskussion zwischen den führenden Vertretern des späteren Kreisauer Kreises gebildet hatte. Dienen geschehe, so stellte Yorck fest,

„im Rahmen der Rechtsidee, wonach die objektive staatliche und rechtliche Ordnung zugleich ein persönliches Rechtsgut des einzelnen ist, der nicht der politischen Willkür des allgewaltigen Staates ausgeliefert sein darf, demgegenüber sich der Staat vielmehr auch in dem Verhältnis von Recht und Pflicht befindet".[43]

Aus dieser Überzeugung mußte unvermeidlich eine fundamentale Kritik der nationalsozialistischen Herrschaftspraxis resultieren, denn die Inpflichtnahme des Staates für das Recht band den Staat selbst an die Grundlagen einer rechtlich bestimmten Sittlichkeit:

„Der wahre Inhalt des Staates ergibt sich mir nun dort, wo er als Trieb göttlicher Ordnung den Menschen erscheint und von ihnen empfunden wird."[44]

In den Diskussionen des Kreisauer Kreises verbanden sich verschiedene Traditionen und Entwicklungsmöglichkeiten politischen Denkens in den Auseinandersetzungen mit den konkreten und philosophisch zunächst nicht zu bewältigenden Erscheinungen der Gegenwart, die dem Staatsbürger nicht eine „Hypothek" aus „Pflicht und Recht" bedeutete, sondern ihn durch staatlich gewollte und sanktionierte, politisch und ideologisch motivierte und nur aus der Lösung an das Recht denkbare Verbrechen belastete. Die Erörterungen zwischen Moltke und Yorck zeitigten insofern Folgen, als sie weit davon entfernt waren, „Pflicht und Recht" pauschal zu diskreditieren. Alle neue Ordnung mußte sich vielmehr durch die Wiederherstellung des Rechts und die rechtmäßige Bestrafung der „Rechtsschänder"[45] legitimieren.

So wurde der wünschenswerte Zustand auf den verabscheuten Stand politischer Ordnungen bezogen, sosehr sich die beiden Kreisauer auch bemühten, die „Bestimmung des Staates" positiv zu betrachten und nicht aus den Erscheinungen der Tyrannis heraus negativ zu begründen. Dennoch bedurften sie gerade dieses Bezugs ihrer Überlegungen auf die Realität, um die bestehenden Differenzen bei der Begründung der „letzten Rechtfertigung"[46] staatlichen Handelns zu überwinden.

Moltke konnte den Zweck des Staates nämlich nicht aus seiner Sittlichkeit ableiten. Ethik band seiner Überzeugung nach den einzelnen, nicht aber das Staatsganze. So akzeptierte er lediglich den kategorischen Imperativ Kants, der einer langen Reihe von Verwaltungsbeamten Richtschnur ihres Handelns war und — wie etwa im Schlußwort des Mitglieds der Weißen Rose, Professor Kurt Huber, sichtbar wird — auch viele Widerstandskämpfer zu einer Radikalität ihres Denkens führte, die dann auch die letzten Konsequenzen bewußt ins Kalkül zog. Auch die göttliche Ordnung akzeptierte Moltke nicht als Grundlage staatsphilosophischer Erörterungen:

„Ich stehe auf dem Standpunkt, daß die Staatslehre zu dem Gebiet der Philosophie, nicht zu dem der Theologie gehört, und ich halte es für außerordentlich gefährlich, einer staatlichen Ordnung eine religiöse Erklärung und einen religiösen Unterbau zu geben."[47]

Bezugspunkt des Staates und seines Rechts müsse der einzelne Mensch sein. Sinn des Staates sei es, „Menschen die Freiheit zu verschaffen, die es ihnen ermöglicht, die natürliche Ordnung zu erkennen und zu ihrer Verwirklichung beizutragen".[48] Die daraus resultierende Herstellung ordnungsgemäßer Zustände wurde vielfach durch den Begriff des Rechts charakterisiert. Recht war das Gegenteil von „Willkür", die als „polizeiliche Willkür" in das Leben vieler Menschen und Völker eingegriffen hatte. So stand die Proklamation, das Recht wiederherzustellen, für den Anspruch, die Ordnung des nationalsozialistischen Unrechtsstaates zu überwinden — und zwar auf eine denkbar rasche Weise.

In dieser Hinsicht berührten sich die Ziele des Kreisauer Kreises mit den Zielen der Widerstandskreise um Goerdeler und Stauffenberg, die in viel stärkerer Weise die Lasten des konkreten Neuaufbaus dort übernehmen wollten, wo die Kreisauer zunächst lediglich „Klarheit" in die gegenwärtigen "Erscheinungsformen" zu bringen suchten, um sich niemals in die Gefahr einer innerlichen Aussöhnung mit einem zu beseitigenden Zustand begeben zu müssen.

V

In den Denkschriften und Proklamationen Goerdelers nimmt das Denken über die Sicherung des Rechts in der Neuordnung einen breiten Raum ein.[49] Auch für Goerdeler war Recht durch die Erfahrung des Unrechts konkret spürbar geworden. Wo Recht fehlte, konnte sich Willkür entfalten — diese Willkür steigerte sich zu den Verbrechen, welche nicht einmal die führenden Widerstandskämpfer in ihren vorbereiteten Rundfunkansprachen unverblümt ansprechen mochten, weil sie sich der menschlichen Vorstellungskraft entzogen.[50] Die gemeinsame Zielvorstellung wurde auf den Begriff der „Wiederherstellung der vollkommenen Majestät des Rechts"[51] gebracht. Goerdelers Regierungserklärung konnte sich möglicherweise mit dieser Vorstellung begnügen, weil allen die Folgen des

Postulats bewußt waren: Recht wurde wieder zum Instrument einer sicheren und menschenwürdigen Ordnung. Damit wurde zugleich die verfahrensformale Struktur des Rechtsstaates überwunden, wie sie im Laufe des 19. Jahrhunderts in der Auseinandersetzung mit dem vorkonstitutionellen Staat entwickelt worden war. Legalität und Legitimität, Rechtssicherheit und Zukunftsgestaltung sollten gleichzeitig ermöglicht werden, unter strikter Beachtung von Rechtsnormen und Verfahrensgewohnheiten, von Staatszielen und Staatspraxis. Angesichts der kritischen Bewertung der Gesellschaftsvorstellungen und Verfassungspläne des Widerstands[52] ist die feste und konsequente Übernahme von Rechtsstaatsvorstellungen hervorzuheben, die geradezu den Konsens des Widerstands gegen Hitler ausmachte.

Deshalb konnte Goerdeler noch in der Todeszelle in seinen *Gedanken eines zum Tode Verurteilten*[53] zentrale Aussagen seiner Regierungserklärung vom 20. Juli 1944 variieren, als er niederlegte:

„Das Recht muß in der Hand unabhängiger Gerichte gesichert werden. Diese dürfen *nur nach dem Gesetz,* nicht nach Weltanschauung Recht sprechen...

Die Persönlichkeitsrechte: Freiheit der Meinung, des Gewissens, der Religion, der Lehre, des Körpers müssen gegen jeden Eingriff, den nicht der Richter kraft Gesetzes verfügt, geschützt, aber durch Verfassung und Gesetz unter das Gemeinwohl geordnet werden...

Grundlage des staatlichen Wirkens müssen Anstand und Lauterkeit sein, sie müssen auch die Beziehungen des Menschen untereinander bestimmen, und zwar auf allen Gebieten des Zusammenwirkens."[54]

Goerdelers letzte Denkschriften verdeutlichen in beeindruckender Weise, daß sich im Begriff des Rechts Ansprüche des Staates, aber auch des Individuums annäherten und zum gemeinsamen Bezugspunkt von politisch-staatlicher und politisch-gesellschaftlicher Praxis wurden. Im Recht, das wegen seiner hohen Bedeutung besonders zu schützen, aber auch *zuallererst* wieder zu etablieren war, war Gerechtigkeit zu greifen: Zumindest dies war Anspruch und Verpflichtung staatlichen Wirkens. Recht verkörperte die Prinzipien einer guten Ordnung, die ihre Rechtfertigung in der Freiheit des Individuums fand und deshalb als gerecht erschien. Eine derartige Ordnung mochte sich in den Kategorien der führenden Kreisauer Moltke und Yorck als „Hypothek" für die Entfaltung des einzelnen darstellen und ihn in die „Pflichten" des Rechts nehmen: Sie war aber zu dieser Inpflichtnahme um so mehr berechtigt, als sie Freiheit als Lebensbedingung der Menschen untereinander und miteinander definierte und Widerstand rechtfertigen konnte aus der Absicht, diese Freiheit durch die Wiederherstellung des Rechts erneut in die Möglichkeit ihrer Verwirklichung zu erheben.

VI

Für den Widerstand gegen Hitler war Widerstand nicht ohne Rechts- und Gewissensbezug denkbar, mochte der Kampf gegen die nationalsozialistische Diktatur von innen — von der „deutschen Opposition" — oder von außen — von dem „Exil" der aus politischen und rassischen Gründen vertriebenen und in schweres Unrecht gesetzten Gegner Hitlers und seiner Herrschaft — geführt werden. Auch die aus Deutschland vertriebenen Gegner des Nationalsozialismus fanden seit der Mitte der dreißiger Jahre und vollends dann nach dem Beginn des von Hitler entfesselten Krieges zur positiven Würdigung des Rechts und damit des Rechtsstaates zurück.

Eine führende Rolle nahmen bei der Durchsetzung rechtsstaatlicher Prinzipien die sozialistischen und sozialdemokratischen Emigranten vor allem des Londoner Exils ein. Sie hatten die grundlegende Kritik ihres Verhaltens in der Novemberrevolution und in der Auflösungsphase der Weimarer Republik, die noch die frühen Analysen der Prager Emigrationszeit geprägt hatten, allmählich modifiziert und waren zu den bewährten Grundsätzen liberaldemokratischer Verfassungstheorie zurückgekehrt. Hatte das *Prager Manifest* vor allem Machtkritik[55] reflektiert, so spiegelten die von Erich Ollenhauer 1942 in London vorgetragenen „Grundgedanken" über die *Möglichkeiten und Aufgaben einer geeinten sozialistischen Partei in Deutschland* konkrete Neuordnungsvorstellungen wider, die einem menschlichen Verlangen nach Recht entsprachen.

„Die Hitlerdiktatur, die sich das Ziel gesetzt hatte, den Freiheitswillen der Menschen zu vernichten, hat das Verlangen nach persönlicher Freiheit und sozialer Sicherheit, nach Recht und Frieden mit neuer elementarer Kraft erfüllt."[56]

Die sozialistische Opposition interpretierte die abzusehende Niederlage Hitlers als den Fehlschlag eines Angriffs auf jene „alten Vorstellungen", denen zufolge „der Fortschritt der Menschheit sich nur auf dem Boden eines demokratischen Rechtsstaates dauerhaft und beständig entwickeln kann".[57] So betrachtet, habe die NS-Diktatur durch ihren Terror das Bedürfnis nach rechtlich klarer Sicherheit und das „Verlangen nach Recht, Gesetzlichkeit und Schutz der Persönlichkeit vor Willkür und Gewalt" entscheidend verstärkt.

„Neben dem Verlangen nach sozialer Sicherheit ist das Verlangen nach Freiheit und Rechtssicherheit die stärkste Triebkraft aller oppositionellen Regungen gegen das Naziregime. Sie wird nach dem Sturz der Hitlerdiktatur ihre Erfüllung suchen."[58]

In dem Bekenntnis zu Recht und Gesetzlichkeit fanden sich innere Opposition und Exil zusammen. Ihre gemeinsamen Vorstellungen brauchten nicht einmal theoretisch begründet zu werden, denn die Plausibilität sprach für ihre Ziele. Als Unrechtsstaat verkörperte das „Dritte Reich" eine Ordnung jenseits des Rechts und fern der Gesetzlichkleit; jeder wußte also, was mit der Forderung nach der Wiederherstellung von Recht und Gerechtigkeit gemeint war.

Die zu erkämpfende Ordnung sollte sich durch ordnungsgemäß gesetztes, parlamentarisch legitimiertes, durch Parteien und Verbände vermitteltes und geklärtes Recht auszeichnen. Es allein bot durch die klar bestimmte Prozedur seines Entstehens die Gewähr, daß es nicht die Freiheit des Menschen zerstöre und ihn in seiner sozialen Entfaltung behindere.

Die Verwirklichung dieses Zieles ließ sich durch die Aufhebung des NS-Rechts — die ‚Entnazifizierung' von Normen und Rechtsprechung — erreichen. In dieser Hinsicht bedurfte es keiner umständlichen theoretischen Rechtfertigungen. Innerhalb der Widerstandskreise bestanden hier Übereinstimmung und Vertrauen in die eigene Fähigkeit, Unrecht zu beenden, Verantwortung zu fordern, aber auch zu übernehmen und sich zur nationalen Verantwortung zu bekennen. Mit neuem Unrecht sollte die Reinigung der Rechtskultur nicht einhergehen, sondern Gesetzlichkeit war Ausdruck des Willens zur ordnungsgemäßen Gesetzgebung, zur Unabhängigkeit der Rechtsprechung und zur begrifflich präzisen Rechtssprache. Dies schloß Denunziation, die viele Übergriffe der Gestapo ermöglicht hatte, aus.[59]

In seinem Entwurf einer Regierungserklärung bekannte sich Goerdeler zu den tragenden Prinzipien des Rechtsstaates und zu den Grenzen der Rechtsprechung. Naturrechtliche Begründung und rechtspositivistische Verteidigung der Rechtssicherheit standen nebeneinander:

„Gott hat uns in seiner Ordnung des Weltalls, in seiner Schöpfung und in seinen Geboten die Notwendigkeit des Rechts gegeben. Er hat uns Einsicht und Kraft verliehen, die irdischen Einrichtungen zu ihrer Sicherung im Recht zu führen."[60]

Die Beziehung staatlicher Institutionen auf rechtlich sanktionierte und kontrollierte Aufgaben bedurfte der „richterlichen Unabhängigkeit, Unversetzbarkeit und Unabsetzbarkeit". Zwar anerkannte Goerdeler, der wenig später dem Volksgerichtshof ausgeliefert wurde und einen Schauprozeß zu überstehen hatte,[61] die Handlungszwänge an, in denen sich auch Richter befanden; dennoch schloß er die besondere Betonung richterlicher Verantwortung auch unter Strafandrohung für Rechtsprechungswillkür ausdrücklich in seinen Maßnahmenkatalog ein.

„Wir wissen wohl, daß viele von ihnen nur unter dem Druck des äußersten Terrors gehandelt haben; aber es wird mit unbeugsamer Strenge nachgeprüft werden, ob darüber hinaus Richter das Verbrechen begangen haben, das Recht zu beugen."[62]

Rechtsprechung sollte nicht nur durch eine Betonung institutionalisierter Rechtsbindung, sondern auch durch Laienkontrolle durchsichtig gemacht werden. Damit nahm Goerdeler, dessen Konzeption von unten nach oben aufgebauter Herrschaft der Selbstverwaltungsidee der Reformer des 19. Jahrhunderts verpflichtet war, auch die Forderung des Konstitutionalismus nach Geschworenengerichten auf. Schließlich aber ging es um Grundsätze der Rechtsstaatlichkeit. Keine Lynchjustiz, unverzügliche Auflösung aller Konzentrationslager, Scheidung der Insassen in Unschuldige und „Schuldige", also nach dem Strafrecht schuldig Gewordene, schließlich Rechtsklarheit waren die Tagesforderungen:

„Es ist nicht Sache des Richters, neues Recht zu schaffen; er hat das Recht anzuwenden und dies auf das Peinlichste zu tun. Das Gesetz soll kein starres Buchstabenrecht, aber es muß fest und klar sein. Es war ein Verbrechen gegen das Volk und gegen die Richter, diesen verschwommenen Begriff und eine angebliche Weltanschauung als Richtschnur zu geben. Es ist unerträglich, daß Menschen verurteilt werden, die nicht wissen konnten, daß ihr Tun strafbar war."[63]

Die Wiederherstellung des Rechtsstaates war unteilbar — auch über Wandel und Zeiten hinweg. Deshalb sollte die nationalsozialistische Gesetzgebung sogar rückwirkend aufgehoben werden — eine klare Konsequenz des Grundsatzes, daß die Folgen des Unrechts von Anfang an die Ungültigkeit von Rechtstatsachen und -maßnahmen nach sich ziehen. Auf nachträgliche Rechtmäßigkeitsdeklarationen, wie sie etwa die Verbrechen im Zusammenhang mit dem „Röhm-Putsch" straffrei stellten, aber auch auf Befehlsnotstand und guten Glauben an die Pflicht zum Gehorsam sollte sich augenscheinlich niemand berufen können.[64]

Indem die Wiederherstellung des Rechtsstaates durch Institutionalisierung des Rechts Willkür beenden und Ungerechtigkeit ausgleichen wollte, wurden augenscheinlich die leichtfertig eingerissenen „Zäune des Rechts" aufgerichtet und der „Staat gleichen Rechts für alle unter einer gerechten Führung" vorausgeplant.[65] Damit sollte auch der Schuldige seinen Anspruch auf Bestrafung erfüllt bekommen — dieser Anspruch ist nach Hannah Arendt Ausdruck von Verantwortung und Mündigkeit und damit einer Autonomie des Individuums, welche die Zerstörung des Rechtsstaates preisgibt.[66] Insofern lassen sich in den Überlegungen zur Wiedereinsetzung des Rechts Staatsvorstellungen und politisch-anthropologische Grundannahmen gleichermaßen greifen.

Sie lenken den Blick auf Prinzipien, die zwar die uns heute begrenzt anmutenden Gesellschafts- und Verfassungskonzeptionen prägen, aber zugleich in ganz grundsätzlicher und politisch-philosophisch anmutender

Weise über diese zeitgeprägten Vorstellungen hinausgehen. Insoweit verkörpert sich gerade in der Rechtsstaatsidee und den Überlegungen zur Durchsetzung der Sicherheit aus dem Recht eine wesentliche Alternative zum nationalsozialistischen Unrechtsstaat, die auch aktuelle Deutungspotentiale der Prinzipien des Rechtsstaats einschließt. Hier ist die Aktualität des Widerstands zu greifen, und zeitorientierte und gegenwartsorientierende Deutungen haben gerade deshalb auf das Rechtsdenken im Widerstand als Voraussetzung einer Verwirklichung des Rechts im Spannungsverhältnis von Individuum, Gesellschaft und Staat zwischen Hypothek der Vergangenheit und Antizipation konkreter Zukunftsvorstellungen hingewiesen.[67]

Anmerkungen

[1] Vgl. als Forschungsüberblick Günter Plum, *Widerstandsbewegung*, in: Claus D. Kernig (Hrsg.), *Marxismus im Systemvergleich — Geschichte*, Bd. 5, Frankfurt a. M.-New York 1974, Sp. 294—320.

[2] Walter Schmitthenner/Hans Buchheim (Hrsg.), *Der deutsche Widerstand gegen Hitler. Vier historisch-kritische Studien*, Köln-Berlin 1966; Hermann Graml (Hrsg.), *Widerstand im Dritten Reich. Probleme, Ereignisse, Gestalten*, Frankfurt a. M. 1984.

[3] Peter Steinbach, *Widerstand gegen den Nationalsozialismus. Geschichte und Deutung im Spannungsfeld der Traditionsbildung*, in: Rudolf Lill/Heinrich Oberreuter (Hrsg.), *Machtverfall und Machtergreifung. Aufstieg und Herrschaft des Nationalsozialismus*, München 1983, S. 305—338.

[4] Vielfältiges Material in Rudolf Lill/Heinrich Oberreuter (Hrsg.), *20. Juli. Portraits des Widerstands*, Düsseldorf 1984. Die Forderung einer zeitlichen und graduellen Differenzierung hat zuerst entschieden Andreas Hillgruber erhoben. Vgl. jetzt Andreas Hillgruber, *Endlich genug über Nationalsozialismus und Zweiten Weltkrieg? Forschungsstand und Literatur*, Düsseldorf 1982, S. 47. Klaus Hildebrand, *Das Dritte Reich*, München-Wien 1979, S. 181 ff., hat diese Forderung nachdrücklich aufgenommen. Auch die Arbeiten von Karl Dietrich Bracher über den deutschen Widerstand gegen Hitler kommen der Forderung nach einer inneren Motivations- und Entwicklungsgeschichte nach. Deshalb konnte die Kritik an der Widerstandsgeschichte diese Studien eigentlich niemals treffen. Vgl. allgemein zu begrifflichen und historiographischen Problemen Peter Steinbach, *Das Problem des Widerstands und die politische Zeitgeschichte*, in: Gerhard Besier/Gerhard Ringshausen (Hrsg.), *Bekenntnis und Widerstand. Die Evangelische Kirche in Deutschland zwischen Barmen und Plötzensee*, Göttingen 1985.

[5] Vgl. Karl Otmar von Aretin, *Der deutsche Widerstand gegen Hitler*, in: Ulrich Cartarius (Hrsg.), *Opposition gegen Hitler. Ein erzählender Bildband*, Berlin 1984, S. 5—26. Sehr klar auch die Einleitung von R. Lill und H. Oberreuter, in: Dies. (Hrsg.), *20. Juli* ... [Anm. 4]. Ansonsten ist eine innere Geschichte des Widerstands ein Desiderat.

[6] Vgl. Arthur Kaufmann (Hrsg.), *Widerstandsrecht*, Darmstadt 1972, mit wichtigen Aufsätzen zur Geschichte des Problems in Antike, Mittelalter und früher Neuzeit.

[7] Vgl. zu dieser Diskussion Peter Glotz (Hrsg.), *Ziviler Ungehorsam im Rechtsstaat*, Frankfurt a. M. 1983; Basilius Streithofen (Hrsg.), *Frieden im Lande. Vom Recht auf Widerstand*, Bergisch Gladbach 1983; Thomas Meyer u. a. (Hrsg.), *Widerstandsrecht in der Demokratie — pro und contra*, Düsseldorf 1984; Günter Grass, *Widerstand lernen — Politische Gegenreden 1980—1983*, Darmstadt-Neuwied 1984; Claus Arndt u. a., *Widerstand in der Demokratie, Hamburg 1984; Aspekte der Widerstandsdiskussion* (= Materialien zur Politischen Bildung, 1 [1984]); Martin Kriele, *Das Rechtfertigungsmodell des Widerstands*, in: *Aus Politik und Zeitgeschichte*, B 39/83, S. 12—31.

[8] Vgl. in diesem Zusammenhang Günter Plum, *Widerstand und Resistenz*, in: Martin Broszat/Horst Möller (Hrsg.), *Das Dritte Reich. Herrschaftsstruktur und Geschichte*, München 1983, S. 248—273. In diesen Zusammenhang gehört auch das bahnbrechende Buch von Margret Boveri, *Verrat im 20. Jahrhundert. Für und gegen die Nation*, Hamburg 1956—1960, in einem Band, Reinbek 1976.

[9] Fritz Bauer, *Widerstandsrecht und Widerstandspflicht des Staatsbürgers* (1962), in: A. Kaufmann (Hrsg.), *Widerstandsrecht...* [Anm. 6], S. 482—504, bes. S. 497: „Mit der Gefährdung der Menschenrechte reifen die Widerstandsrechte des einzelnen ... Widerstandspflicht heißt nicht Pflicht zum Tyrannenmord, nicht Pflicht zu Aufständen und Gewalttaten. Der einzelne mag hierzu berechtigt sein, eine *Pflicht* zu Gewalttaten besteht nicht, wohl aber besteht eine Pflicht zur Gehorsamsverweigerung, wenn Verbrechen befohlen werden oder eine Verletzung der eigenen Menschenwürde oder der Menschenwürde anderer gefordert wird."

[10] Vgl. Art. 20 Abs. 4 des Grundgesetzes; dazu bis heute grundlegend Josef Isensee, *Das legalisierte Widerstandsrecht. Eine staatsrechtliche Analyse des Art. 20 Abs. 4 GG*, Bad Homburg usw. 1969.

[11] Bericht Axel von dem Bussche, in: Christoph Kleßmann/Falk Pingel (Hrsg.), *Gegner des Nationalsozialismus. Wissenschaftler und Widerstandskämpfer auf der Suche nach historischer Wirklichkeit*, Frankfurt a. M.-New York 1980, S. 272—275, und sein Diskussionsbeitrag auf der Tagung des Militärgeschichtlichen Forschungsamtes für Dozenten der Wehrgeschichte in Münster über das Problem des Widerstands und die Widerstandsgeschichte, September 1983.

[12] Peter Steinbach, *Widerstand als Problem zwischen Recht und Geschichte*, in: *Recht und Politik*, 20. Jg. (1984), H. 2, S. 57—67; die Formulierung dieses schützenden Rechtsbegriffs geht auf Gustav Radbruch zurück. — Die grundsätzliche Bedeutung des Themas liegt m. E. darin, daß die Kritik der Verfassungs- und Gesellschaftsvorstellungen, die vor allem Hans Mommsen frühzeitig in seinem Beitrag *Gesellschaftsbild und Verfassungspläne des deutschen Widerstandes* für den von W. Schmitthenner und H. Buchheim hrsg. Sammelband *Der deutsche Widerstand...* [Anm. 2] vorgetragen hat, durch eine Untersuchung prinzipieller und unverrückbarer Ordnungsvorstellungen modifiziert wird. Gerade für die Widerstandsgeschichte im allgemeinen und insbesondere für die Erfassung der Motivationslage hat zu gelten, das zeitbedingte Wort nicht wörtlich zu nehmen, sondern auf Weltvorstellungen und Zielverständnis zu beziehen. Sonst ist die Gefahr groß, die Intention des Widerstands zu verfehlen. Exemplarisch zeigt sich dies etwa bei Christoph Dipper, *Der deutsche Widerstand und die Juden*, in: *Geschichte und Gesellschaft*, 7. Jg. (1983), H. 3, S. 349—380, wo entscheidende Zitate nicht in die zeitspezifischen Zusammenhänge eingeordnet werden und deshalb der Eindruck entsteht, als sei es dem Widerstand nicht in aller Entschiedenheit um die Beseitigung des Unrechts an den

Juden gegangen. Insbesondere Goerdelers zweifellos zeitverhaftete, in vielem aber unwandelbar prinzipiell-rechtsstaatliche Grundvorstellungen werden verzeichnet oder falsch eingeordnet. An seiner nationalkonservativen Grundorientierung sind keine Zweifel möglich. Entscheidend für die Kooperationsmöglichkeit der Widerstandskreise und ihren Willen zur gemeinsamen Neuordnung sind aber ihre Bereitschaft und ihre Fähigkeit, interne Kontroversen konsensbildend auszutragen. Es geht also auch um politische Methoden, die in ihrer Akzeptanz und Praktikabilität Weimar überwinden helfen. Dies lenkt wiederum den Blick auf die Bedeutung des Rechts. Es hängt ja nicht nur unveräußerlich am Himmel, sondern hat menschliches Zusammenleben im Spannungsverhältnis von Individuum, Gesellschaft und Staat ganz konkret zu regeln. Auf die Prinzipien des rechtlichen Regelungssystems konnten sich die Widerstandskreise weitgehend einigen.

[13] *Der Unrechts-Staat. Recht und Justiz im Nationalsozialismus*, hrsg. von der Redaktion der ‚Kritischen Justiz', Baden-Baden 1983.

[14] Franz Neumann, *The Governance of the Rule of Law*, Phil. Diss., London 1936, jetzt dt. unter dem Titel *Die Herrschaft des Gesetzes* (vgl. Anm. 23).

[15] Hannah Arendt, *Elemente und Ursprünge totaler Herrschaft*, Bd. 3: *Totale Herrschaft*, Frankfurt a. M. 1975; eine gekürzte Fassung existiert unter dem Titel *Elemente totaler Herrschaft*, Frankfurt a. M. 1958. Ich zitierte nach dieser Ausgabe.

[16] *A.a.O.*, S. 225.

[17] *A.a.O.*, S. 259.

[18] *A.a.O.*, S. 265.

[19] *A.a.O.*, S. 267.

[20] Ernst Fraenkel, *Der Doppelstaat*, Frankfurt a. M. 1974.

[21] Franz Neumann, *Behemoth. Struktur und Praxis des Nationalsozialismus 1933—1944*, Köln-Frankfurt a. M. 1977.

[22] Carl Schmitt, *Staat, Bewegung, Volk. Die Dreigliederung der politischen Einheit*, Hamburg 1934; ders., *Der Führer schützt das Recht*, in: *Deutsche Juristenzeitung*, 39. Jg. (1934).

[23] Franz Neumann, *Die Herrschaft des Gesetzes. Eine Untersuchung zum Verhältnis von politischer Theorie und Rechtssystem in der Konkurrenzgesellschaft*, hrsg. von Alfons Söllner, Frankfurt a. M. 1980, S. 349.

[24] Daran erinnert H. Arendt, *Elemente*... [Anm. 15], S. 261: „Wie der Gesetzesstaat positives Recht benötigt, um das unveränderliche *ius naturale* oder die ewigen Gebote Gottes oder die aus unvordenklichen Zeiten stammenden und darum geheiligten Gebräuche und Traditionen zu verwirklichen..."

[25] Carl Schmitt, *Der Begriff des Politischen* (1932), Berlin 1963, S. 26.

[26] An die Stelle des schützenden Rechts trat die Beziehung zwischen „Schutz und Gehorsam". Vgl. *a.a.O.*, S. 53, die lebensgeschichtliche Konsequenz dieser Verbindung, die schließlich zur Unterwerfung unter den Terror führt — in Pervertierung des bei Hobbes angelegten Gedankens —, reflektiert Schmitt in *Ex captivitate salus* (1949).

[27] Karl Dietrich Bracher, *Stufen der Machtergreifung*, Frankfurt a. M. 1974, S. 392, wo die „innere Aufnahmebereitschaft" als Voraussetzung der ideologischen Gleichschaltung analysiert wird.

[28] Ilse Staff, *Justiz im Dritten Reich. Eine Dokumentation*, Frankfurt a. M. 1979 (Neubearb.).

[29] Goerdeler, *Regierungserklärung*, in: Wilhelm Ritter von Schramm (Hrsg.), *Beck*

und Goerdeler. Gemeinschaftsdokumente für den Frieden. 1941—1944, München 1965, S. 233.

[30] Peter Hoffmann, *Widerstand, Staatsstreich, Attentat*, München 1984 (Neubearb.).

[31] Klaus Scholder, *Die Mittwochsgesellschaft. Protokolle aus dem geistigen Deutschland 1932—1944*, Berlin 1982.

[32] Ger van Roon, *Neuordnung im Widerstand. Der Kreisauer Kreis innerhalb der deutschen Widerstandsbewegung*, München 1967; eine Neuedition der Schriften Moltkes bereitet Ger van Roon vor.

[33] Moltke an Yorck, 17.6.1940, in: G. v. Roon, *Neuordnung*... [Anm. 32], S. 479—481.

[34] *A.a.O.*, S. 480.

[35] Yorck an Moltke, 7.7.1940, *a.a.O.*, S. 482.

[36] Moltke an Yorck, 17.6.1940, *a.a.O.*, S. 480.

[37] *Ebda.*

[38] *A.a.O.*, S. 481.

[39] *Ebda.*

[40] Yorck an Moltke, 7.7.1940, *a.a.O.*, S. 482.

[41] *Ebda.*

[42] *A.a.O.*, S. 483.

[43] *Ebda.*

[44] *Ebda.*

[45] Vgl. die Denkschriften *Deutsche Beteiligung an der Bestrafung für Schandtaten* vom 14.6.1943; *Bestrafung von Rechtsschändern* vom 23.7.1943; *Instruktion für die Verhandlungen über die Bestrafung von Rechtsschändern durch die Völkergemeinschaft* vom 23.7.1943, in: *A.a.O.*, S. 553—560.

[46] Yorck an Moltke, 7.7.1940, *a.a.O.*, S. 483. Moltke ging auf diese Ansicht in seinem Schreiben an Yorck vom 12.7.1940 ein, wo es heißt: „Es ist unsere Aufgabe, uns zu einer so klaren Erkenntnis durchzuringen, daß wir es uns und anderen ermöglichen, aus dieser Klarheit heraus die jetzige Erscheinungsform zu überwinden." *A.a.O.*, S. 484.

[47] Moltke an Yorck, 15.7.1940, *a.a.O.*, S. 484f.

[48] Moltke an Yorck, 31.8.1940, *a.a.O.*, S. 490.

[49] W. Ritter v. Schramm (Hrsg.), *Beck und Goerdeler*... [Anm. 29], passim.

[50] *A.a.O.*, S. 249: „Ihr sollt so schnell wie möglich Verbrecher und Verbrechen erfahren. Ihr werdet selbst in die Lage versetzt werden, festzustellen, daß Ungeheuerliches geschehen ist."

[51] Goerdeler, Regierungserklärung, in: *A.a.O.*, S. 233.

[52] Vgl. dazu H. Mommsen, *Gesellschaftsbild*... [Anm. 12], S. 73ff.

[53] Zit. nach Gerhard Ritter, *Carl Goerdeler und die deutsche Widerstandsbewegung*, München 1964, S. 539ff.

[54] *A.a.O.*, S. 539. In der Regierungserklärung heißt es in diesem Zusammenhang: „Aber wir werden auch dafür sorgen, daß nur gerechte Bestrafung nach den Gesetzen stattfindet. Niemand von euch lasse sich zu einer voreiligen Handlung hinreißen; denn über allen Rachegefühlen steht die Notwendigkeit, den Staat gleichen Rechts für alle unter einer gerechten Führung wiederherzustellen." Zit. nach W. Ritter v. Schramm (Hrsg.), *Beck und Goerdeler*... [Anm. 29], S. 249.

[55] Vgl. das *Prager Manifest der Sopade 1934*, in: Dieter Dowe/Kurt Klotzbach (Hrsg.), *Programmatische Dokumente der deutschen Sozialdemokratie*, Berlin-Bonn 1973, S. 213ff.

[56] Erich Ollenhauer, *Möglichkeiten und Aufgaben einer geeinten sozialistischen Partei in Deutschland,* in: *A.a.O.,* S. 227ff., hier S. 233.

[57] *A.a.O.,* S. 234.

[58] *A.a.O.,* S. 235.

[59] „Wer eine Anklage gegen erlittenes Unrecht auf dem Herzen hat, erhebe sie selbst oder durch einen Mann seines Vertrauens an der Stelle, zu der es ihn treibt. Alle diese Stellen werden hiermit verpflichtet, die bei ihnen erhobenen Anklagen an den neuen Reichsminister der Justiz weiterzuleiten, der für ihre ordnungsmäßige unverzügliche Bearbeitung Sorge zu tragen hat. Jeder wird seinen Bescheid erhalten. Nur solche Anklagen werden bearbeitet, die der Anzeigende mit seinem Namen deckt. Alle anderen wandern ohne Prüfung dahin, wohin sie gehören: in den Papierkorb. Ist die Klage berechtigt, so wird das gesetzlich vorgeschriebene Verfahren eingeleitet; aber ebenso wird auch jeder zur Verantwortung gezogen, der wider besseres Wissen anklagt..." *Vorbereitete Rundfunkansprache,* zit. nach: *Der 20. Juli 1944,* hrsg. von E. Zimmermann u. Hans-Adolf Jacobsen, Bonn 1961, S. 171. Zum Ausmaß der Denunziationen in der NS-Zeit vgl. Reinhard Mann, *Politische Penetration und gesellschaftliche Reaktion — Anzeigen zur Gestapo im nationalsozialistischen Deutschland,* in: *Soziologische Analysen — Referate auf dem 19. Deutschen Soziologentag in Berlin 1979,* Berlin 1980, S. 965ff.

[60] Goerdeler, *Regierungserklärung,* in: *Der 20. Juli...* [Anm. 59], S. 171 (Nr. 2, 3. Fassung).

[61] Walter Wagner, *Der Volksgerichtshof im nationalsozialistischen Staat,* Stuttgart 1974, S. 715ff.

[62] *Regierungserklärung Nr. 2, 3. Fassung,* in: *Der 20. Juli...* [Anm. 59], S. 174. Vgl. jetzt die scharfsinnige Analyse bei Gunter Sprendel, *Rechtsbeugung durch Rechtsprechung,* Berlin 1984.

[63] *Ebda.*

[64] *Ebda.:* „Soweit etwa der Staat durch Gesetz Handlungen seiner eigenen Organe nachträglich für straffrei erklärt hat, die in Wahrheit strafwürdig sind, werden diese Befreiungsbestimmungen als mit der Natur des Rechts unvereinbar aufgehoben und die Verantwortlichen zur Rechenschaft gezogen werden."

[65] *A.a.O.;* auch hier zeigt sich, daß die Vorstellungen des Widerstands keineswegs nur restaurativ waren. Dies schließt den Gedanken der Wiedergutmachung ein.

[66] Zur Kategorie der „Verantwortung" vgl. H. Arendt, *Elemente...* [Anm. 15], S. 256.

[67] Abschließend sei deshalb auf F. Bauer, *Widerstandsrecht...* [Anm. 9], verwiesen, der aus dem Widerstand eine Ethik des Pluralismus ableitet: „Nichts wäre falscher als die Annahme, Pluralismus sei Relativismus, Neutralismus, Indifferentismus oder gar Nihilismus. Pluralismus heißt ja sagen nicht zu einem abstrakten Menschenbild, sondern zur Fülle der Individualitäten... Pluralismus bedeutet daher Toleranz — freilich ausgenommen eine Toleranz gegenüber den Intoleranten. Toleranz fordert Leben und Lebenlassen... Das Ethos von Pluralismus und Toleranz gipfelt in der Nächstenliebe." In diesem Sinne, nicht als konkreter Ordnungsentwurf, ist die Auseinandersetzung mit den Handlungsprinzipien und zentralen Motivationen des Widerstands gegen den Nationalsozialismus ein gegenwartsbedeutsamer Klärungsversuch.

Sechster Teil

Auslandsbeziehungen des Widerstands

Nationale oder internationale Außenpolitik des Widerstands

KLEMENS VON KLEMPERER
Northampton, Mass.

I

Die Begriffe „national", „international", „Außenpolitik" müssen neu definiert werden, wenn man sie auf den Widerstand bezieht. Grundsätzlich müssen wir immer die „Grenzsituation"[1] im Auge behalten, in die der deutsche Widerstand verwickelt war. Außenpolitik im üblichen Sinne des Wortes, also Politik eines souveränen Staates in Wechselbeziehung mit anderen souveränen Staaten, führten nur diejenigen, die dazu offiziell berufen waren, also als Beamte des Auswärtigen Amtes (AA) in offizieller Funktion oder, dem besonderen Charakter des Dritten Reiches entsprechend, als Funktionäre der verschiedenen Parteiorganisationen, die sich mit dem Ausland befaßten. In diesem Sinne müßte man also aus den Kreisen des Widerstandes *pro forma* bestimmt Männer wie Staatssekretär Ernst von Weizsäcker, die Brüder Theodor und Erich Kordt, Adam von Trott zu Solz, Gottfried von Nostitz, Albrecht von Kessel, Hans-Bernd von Haeften als offizielle Vertreter deutscher Außenpolitik betrachten, wenn auch natürlich mit wichtigen und entscheidenden Vorbehalten. Ganz am Rande standen Figuren wie die Botschafter Ulrich von Hassell und Friedrich Werner Graf von der Schulenburg.

Aber schon Weizsäckers[2] Lage war gar nicht eindeutig. Wie auch seine Politik, seine Absichten, seine Wirksamkeit einzuschätzen sein mögen, so betrieb er, wenn man seiner nachträglichen Rechtfertigung Glauben schenken kann, Widerstand im Dienst. In seinem Falle waren die offiziellen Funktionen, so zum Beispiel beim von ihm angeratenen „chemischen Auflösungprozeß" der Tschechoslowakei eng mit seiner sogenannten „Sonderpolitik"[3] verbunden, die ihn und seine Vertrauten weit in das Gebiet der „Konspiration mit dem potentiellen Gegner" führte.[4]

Adam von Trott trat eigens in das AA ein, um so seine eigenen Sondierungen und die der Kreisauer und endlich auch Stauffenbergs decken zu können. Der Mann also, der für das AA die Invasion Englands vorbereitete, war unentwegt damit beschäftigt, vom Ausland aus Beziehungen mit englischen Freunden anzuknüpfen, um durch sie die britische Regierung zu Verpflichtungen gegenüber dem Widerstand zu bewegen.

Botschafter von Hassell, der ja im Jahre 1938 aus dem Dienste ausgeschieden war, wurde wohl anfangs noch von Weizsäcker zu Rate gezogen, mußte aber doch eine Deckung für seine Auslandsreisen finden, die er auch mit Hilfe des Freiherrn Thilo von Wilmowsky in dem Mitteleuropäischen Wirtschaftstag und später im Institut für Wirtschaftsforschung fand: „Für mich eine gute Plattform, die sich praktisch auswirkt, und gute Tarnung."[5]

Carl Goerdeler wählte die ihm ganz eigentümliche Art, seine gefährlichen Schritte im Ausland sowie auch im Inland, soweit möglich, sozusagen im hellen Tageslicht zu unternehmen. Er überschätzte eben, wie Gerhard Ritter es treffend ausdrückte, „die Überzeugungskraft ruhiger Vernunft".[6] Der Zweideutigkeit seiner Lage, zwischen Anpassung und Konspiration, trat er, seinem Temperament gemäß, mit beinahe ahnungsloser Unbekümmertheit und Aufrichtigkeit gegenüber.

Die subversive Seite der Außenpolitik des Widerstandes war aber um so mehr von ganz eigener Art und unorthodox. Als Wortführer des Widerstandes dem Auslande gegenüber hatten die Oppositionellen keinerlei Akkreditierung oder Legitimation. Von seiten der Linken, soweit man dort überhaupt von Widerstands-Außenpolitik sprechen kann, wurden Kontakte mit dem Ausland durch subversive Parteikanäle geleitet und insbesondere mit Exilgruppen im Ausland hergestellt, die dann wiederum verschiedentlich mit den bürgerlich-konservativen Auslandsbestrebungen in Berührung kamen. Trott und Helmuth James Graf von Moltke bahnten sich ihre Wege mittels Freundschaften.[7] Außenbeziehungen waren für diese zwei „Kreisauer" dadurch erleichtert, wenn nicht überhaupt ermöglicht, daß ihnen von Standes wegen viele Türen im Ausland offen standen. Goerdeler hatte anfänglich ein besonderes Verhältnis zu Sir Robert Vansittart, das auch in jeder Beziehung von dessen Mittelsmann, dem britischen Industriellen Arthur P. Young gefördert wurde, dann aber bald in pathologisches Mißtrauen von seiten Vansittarts umschlug. Im neutralen Schweden hatte Goerdeler schon vor dem Kriege Beziehungen zu einflußreichen Bankiers, den Brüdern Wallenberg, angeknüpft, die er bis zum bitteren Ende aufrechterhalten konnte.

Im großen und ganzen verschloß sich, besonders nach der deutschen Offensive im Frühjahr 1940, die offizielle Außenwelt den Abgesandten des Widerstandes. Dann kam im Januar 1941 Winston Churchills Anordnung einer „absolute silence" jeglichen von außen kommenden Schritten gegenüber und fiel der Beschluß der Alliierten im Januar 1943, die „bedingungslose Kapitulation“ (*unconditional surrender*) Deutschlands zu verlangen. Kann man danach überhaupt noch von Widerstandspolitik sprechen? Bestimmt blieb seitdem jeglicher Dialog zwischen Außenämtern und dem Widerstand aus, und was übrig blieb, waren Geheimdienstkontakte, die allerdings von den deutschen oppositionellen Reisenden eher gemieden wurden und sonst nur auf der Ebene der Spiegelfechterei zwischen dem Abwehrchef Admiral Canaris und seinem britischen Gegenspieler Sir Stewart Menzies gepflogen wurden, sowie Beziehungen über neutrale Länder, besonders Schweden und die Schweiz, mit der Ökumene. Über diese letzteren Beziehungen wird später noch mehr zu sagen sein. Und kurz vor Kriegsende die Fieberträume der Opposition, noch einmal Deutschland zwischen Westen und Osten in den Sattel zu heben: einerseits Stauffenbergs verschiedene Versuche, zu Churchill oder, „von Soldat zu Soldat“, zu General Eisenhower durchzudringen; andererseits die Pläne, Schulenburg durch die Frontlinie zu Stalin „durchzuschleusen“.

Die Außenpolitik des Widerstandes ist schon verschiedentlich unter die Lupe genommen worden, unter dem Gesichtspunkt ihres Wirklichkeitswertes und unter demjenigen ihrer teilweise stark nationalistischen Tendenz. Bevor wir aber auf diese Frage eingehen, sei hier betont, daß letztlich die Außenpolitik des Widerstandes oder — besser gesagt — Widerstands-Außenpolitik, nicht mit dem Maßstab gewöhnlicher Außenpolitik gemessen werden kann. Widerstands-Außenpolitik an sich ist ein neues Phänomen in der Landschaft unseres Jahrhunderts, der Landschaft — wie Margret Boveri es ausdrückte — des Verrates oder — mehr prosaisch ausgedrückt — der Loyalitätskonflikte zwischen nationalen und übernationalen Belangen, wobei die letzteren nun allgemein menschlicher, ideologischer oder religiöser Art sein konnten.

Die Krise des Nationalstaates, die in der ersten Hälfte unseres Jahrhunderts vor allem durch das Aufkommen der Ideologien akzentuiert war, fand auch in der Lage des Widerstandes ihren Ausdruck, dessen Opposition gegen den Nationalsozialismus ungleich den Widerstandsbewegungen in den besetzten Gebieten sich zugleich in den Gegensatz gegen die eigene Regierung und sogar gegen die unmittelbaren Interessen des Vaterlandes setzen mußte. Die Außenpolitik des deutschen Widerstandes war also ein Paradigma moderner Widerstands-Außenpolitik, einer Außenpolitik in ungewöhnlicher Form, nämlich auf der Suche — wie Helmuth von Moltke es ausdrückte — nach „der Verbindung mit der großen Welt“[8] in Umgehung der Dimension der nationalen Souveränität.

In diesem Sinne ist also Widerstands-Außenpolitik die Bemühung einer Widerstandsgruppe, wenn nötig unter Umgehung offizieller Wege, Beziehungen zur Außenwelt herzustellen mit dem Ziel, diese Außenbeziehungen dem inneren Zwecke, nämlich der Strategie der Verschwörung und Konspiration, dienstbar zu machen. In all ihrer Improvisation, mit all ihren Unabgestimmtheiten und Risiken grenzt sie an den idyllischen Bereich dessen, was Carl Friedrich von Weizsäcker „Weltinnenpolitik“ genannt hat. Aber in der Klemme zwischen den Prärogativen der Souveränität und der weiteren Welt mußte der deutsche Widerstand sich damit abfinden, von beiden Seiten auf Mißtrauen und Anfeindung zu stoßen und am Ende zermalmt zu werden. Der Preis dafür, sich im Vorraum der „Weltinnenpolitik“ zu bewegen, war der Fehlschlag und das Opfer.

II

Nun zur Frage des Wirklichkeitswertes der Außenpolitik des deutschen Widerstandes; er ist allgemein in der Literatur angezweifelt worden.[9] Doch nehmen wir einmal kurz die Friedensbemühungen des Widerstandes unter die Lupe. Gewiß spielten sie sich nur am Rande der großen Politik und später der Kriegsführung ab. Aber es muß hinzugefügt werden, daß alle Friedensschritte, nicht nur die deutschen oppositionellen, eine ähnliche marginale Rolle spielten, bestimmt seit dem Mai 1940, als der Krieg seine eigene unwiderstehliche Eigendynamik entwickelte. All dies bedeutet nicht, daß die oppositionellen Friedensfühler in einem Vakuum lanciert wurden. Namentlich die Initiativen vor der deutschen Westoffensive erreichten die „andere Seite“ und wurden dort auch eingehend erwogen, wenn sie auch letzten Endes zu nichts führten. Sie können und müssen also als im Bereich des Möglichen betrachtet werden. Und die *if-question*, also die Frage, was geschehen wäre, wenn es zu einem Verständnis zwischen dem Widerstand und den Alliierten gekommen wäre, ist nicht mehr und nicht weniger gerechtfertigt als alle Fragen, die realistischen Alternativen in Politik und Kriegführung nachgehen.

Dazu kommt noch, daß die Friedenspolitik des Widerstandes eng mit den Interessen ihrer Urheber verbunden — wenn nicht ihnen untergeordnet — war, daß man sogar in diesem Falle von einem „Primat der Innenpolitik“ sprechen könnte. Außenpolitik in der Form der Friedensfühler wäre dann ein Instrument der Innenpolitik. Es könnte dann behauptet werden, daß die Friedensinitiativen nicht *bona fide* unternommen wurden. Aber welche werden das überhaupt? Nur Pazifisten erstreben den Frieden um seiner selbst willen. Sonst ist wohl jede Friedensbemühung durch irgendein — ob nun soziales, nationales oder wirtschaftliches — Interesse ausgelöst. Sicher sollten die Sondierungen des sozialistischen Exils in London den Interessen der deutschen Sozialdemokratie dienen;[10] sicher können die Bemühungen Generaloberst Becks, wie sein allzu strenger Richter Klaus-Jürgen Müller betont hat, auch als Kapitel eines innenpolitischen Machtkampfes angesehen werden mit dem Ziel, die Stellung der Armee gegenüber der Partei zu stärken;[11] sicher auch soll man die Bemühungen der jungen oppositionellen Beamten des AA um Kriegsverhütung, wie es Albrecht von Kessel auch bezeugt hat, als auf innenpolitische Ziele ausgerichtet ansehen,[12] und das gilt später ebenso für die Vorschläge zur Kriegsverkürzung von seiten der verschiedenen Emissäre des Widerstandes. Entscheidend aber ist doch in allen Fällen, ohne Ausnahme, daß diese Schritte darauf hinzielten, die Machtstellung Hitlers und der Partei zumindest zu kompromittieren und meistenfalls zu erschüttern. *Appeasement* im Sinne der Befriedung Hitlers kam nicht von seiten des Widerstandes. In dieser Beziehung gab von Anfang an, zur Zeit des Münchener Abkommens, Carl Goerdeler die Direktive, nämlich „Festigkeit".[13] So kann wohl ohne Übertreibung behauptet werden, daß die entschiedensten *Anti-Appeasers* auf der Seite des deutschen Widerstandes zu finden waren.[14] Gar so unrealistisch war der Rat Goerdelers also doch nicht, nur fügte er dann resigniert in einem Brief an seinen Freund A. P. Young hinzu, daß es allerdings doch nicht seine Aufgabe sei, „für das Britische Empire zu disponieren".[15]

So liegt eine tiefe Ironie darin, daß die alliierte Politik der Festigkeit, die mit dem Krieg und bestimmt mit der Regierungsübernahme Churchills begann und die äußerste Konzentration auf eine Kriegführung „bis zum bitteren Ende"[16] — wie Churchill sie schon im August 1938 Ewald von Kleist-Schmenzin gegenüber andeutete — verlangte, einem weiteren Dialog zwischen dem Widerstand und den alliierten Staatsmännern im Wege stand. *Absolute silence* und *unconditional surrender* wurden die Meilensteine der alliierten Kriegspolitik. Für den Widerstand, der darauf abzielte, günstige Friedensbedingungen für den Fall eines Aufstandes in Deutschland zu erreichen, erwiesen sie sich als unverrückbare Hindernisse.

Der Historiker sollte nicht darüber erstaunt sein, daß die deutsche Opposition sich gegen die Politik des *unconditional surrender* wehrte und auf eine Formulierung von Kriegs- und Friedenszielen drängte. Hätte der Widerstand dem deutschen Volk und besonders den Generalen, die er doch auf seine Zwecke zu verpflichten suchte, nichts als Niederlage und Demütigung zu bieten gehabt, hätte er von Anfang an auf deren Unterstützung verzichten können. In einem in der Mitte des Krieges verfaßten Memorandum an Visser't Hooft, welches über ihn zu Churchill gelangte, schrieb Adam von Trott die Schwierigkeiten des Widerstandes in Deutschland der „vollständigen Ungewißheit bezüglich der britischen und amerikanischen Einstellung auf einen Regierungswechsel in Deutschland"[17] zu, und bei allen seinen Auslandsreisen drängte er zumindest auf eine Einschränkung der *Unconditional-surrender*-Formel. In dieser Frage bestand allgemeine Übereinstimmung unter beinahe allen Mitgliedern des

Widerstandes einschließlich denen der Linken. Es war ein eher außergewöhnlicher Schritt, als Helmuth von Moltke gelegentlich seiner Mission in der Türkei im Juli 1943 auf Drängen eines befreundeten deutschen Emigranten[18] sich entschloß, seine Vorbehalte gegenüber *unconditional surrender* als Bedingung für Verhandlungen mit den (westlichen) Alliierten fallen zu lassen.

Nichtsdestoweniger darf der Einwand des Widerstandes gegen die bedingungslose Kapitulation nicht als leichtfertig und inkonsequent abgetan werden. Vor Kriegsausbruch war es nicht so unrealistisch gewesen, vor der Politik der Beschwichtigung Hitlers zu warnen und auf einen festen Stand gegen ihn zu drängen, und so leuchtet es auch ein, daß es von seiten der Kritiker des *unconditional surrender* nicht von zu weit hergeholt war, die Interessengemeinschaft zwischen der deutschen Opposition und den Westmächten zu betonen und ihren Besorgnissen um die Folgen eines verlängerten Krieges Ausdruck zu geben. Es kann nicht von der Hand gewiesen werden, daß der Widerstand doch eine nicht vollständig unrealistische Alternative zum *unconditional surrender* zu bieten hatte. Eine solche Alternative hätte es ihm ermöglicht, auf entschlossenere Unterstützung der Generalität, wenn nicht überhaupt der deutschen öffentlichen Meinung zu rechnen; sie hätte den Krieg verkürzt und, wie Churchill es selbst zugestand, Hunderttausende von Leben auf den Schlachtfeldern gerettet;[19] und auf weite Sicht hin hätte sie eine russische Beherrschung Mittel- und Osteuropas verhindert. Diese Aktiva der Widerstandspolitik mußten natürlich gegen die Gefahr abgewogen werden, daß ohne „bedingungslose Kapitulation“ ein Reich, das wie 1918/1919 nicht auf die Knie gezwungen wurde, leicht einer erneuten Dolchstoßlegende Vorschub geleistet hätte — das befürchtete ja besonders Präsident Roosevelt — und daß außerdem die Gefahr eines Zerfalls des Bündnisses mit Rußland heraufbeschworen worden wäre.

III

Wenn also die Widerstands-Außenpolitik nicht nur eine Randerscheinung war, so wird die Thematik nationaler oder internationaler Außenpolitik um so mehr wesentlich und akut. Dabei ist die alternative Formulierung „national“ oder „international“ nicht treffend. Man muß sich doch immer wieder vor Augen halten, daß der Zweite Weltkrieg an sich bestimmte Dimensionen hatte, die über den Bereich eines Krieges zwischen Nationen hinausgingen: Er war auch ein Krieg zwischen Weltanschauungen, und er hatte ausgesprochene Merkmale eines internationalen Bürgerkrieges.[20] Unter einem rein strukturellen Gesichtspunkt gingen alle außenpolitischen Schritte des Widerstandes über das rein Nationale hinaus. Und wenn Goerdeler sich auch nicht anmaßen wollte, für das Britische Empire zu disponieren, so fügte er doch gleich hinzu: „Mein Volk braucht ein ausgeglichenes Europa."[21] Adam von Trott wiederum sah, was in Deutschland vorging, immer im europäischen Zusammenhang und erklärte den Nationalsozialismus nicht nur als eine deutsche, sondern auch als eine allgemein europäische Krankheit; so betonte er auch wiederholt den bürgerkriegsähnlichen Aspekt des Krieges, der ihn an die Fehden zwischen den griechischen Stadtstaaten erinnerte.[22] Sicher war der deutsche Widerstand, von der Linken bis zur Rechten, von Beck, Goerdeler und Hassell bis zu Trott, Moltke und Bonhoeffer auf Europa ausgerichtet, und vom streng nationalen und staatlichen Gesichtspunkt aus grenzte ihr Denken und Tun immer an Verrat. Der „Fall Oster" war in dieser Beziehung nicht eine Ausnahme, sondern die Norm.

Begreiflicherweise haben sich die Historiker, besonders die „revisionistischen" Historiker, an den nationalistischen Perspektiven und Friedenszielen, vor allem des konservativen Widerstandes, gestoßen, die weit über den Bereich des verständlich Patriotischen hinausgingen und so doch die oben von mir postulierte europäische Orientierung in Frage stellten. Ohne Zweifel verbanden Beck, Goerdeler, Hassell ihren „neuen Universalismus" mit dem nationalstaatlichen Prinzip.[23] Bei allen unorthodoxen, gewagten, verratsnahen Schritten, die sie unternahmen, blieben sie doch in Vorstellungen vom „Reich als europäische Ordnungsmacht" befangen.[24] Wenn Beck auch mit allen Mitteln den Krieg zu verhindern trachtete, so zielten er sowie auch Goerdeler und Hassell doch auf eine hegemoniale Stellung Deutschlands im mitteleuropäischen Raume[25] hin.

Es war also verständlich, wenn das britische *Foreign Office* und besonders Sir Robert Vansittart Goerdeler gegenüber Mißtrauen schöpfte und ihn, wie der Engländer es ausdrückte, als „Schrittmacher für deutsche militärische Expansion" abstempelte.[26] Aber selbst Vansittart warnte den *Secretary of State* noch nach Hitlers Besetzung der Rest-Tschechei, daß es „ziemlich verheerend" sein würde, die deutschen *moderates* zu verlieren,[27] und zumindest bis zur Zeit des Kriegsausbruchs rechnete man im *Foreign Office* immer noch mit den sogenannten *moderates* im Reich als eventuellem Gegengewicht gegen die *extremists.* Dabei notierte noch Ende 1939 Gladwyn Jebb, der Privatsekretär des *Permanent Secretary of State,* daß es „verheerend und unmöglich" wäre, die Tschechoslowakei in ihren ursprünglichen Grenzen wiederherzustellen,[28] und das *Foreign Office* fand sich auf lange Zeit hin bereit, auf Vorschläge deutscherseits, die auf eine Revision des Versailler Vertrages oder auf ethnische Grenzen hinzielten, einzugehen.

Die Außenpolitik der konservativen Widerstandsgruppe darf also nicht als einseitig nationalistisch abgestempelt werden. Sie war ungewiß und war, wie der Kopf des Janus, zugleich nach der — deutschen hegemonialen — Vergangenheit und nach der — europäischen — Zukunft orientiert. Aber weder in ihrem Geiste noch in ihren Mitteln und Zielen war sie mit der von Hitler und seinem Außenminister gleichzusetzen. In all ihrer Ungereimtheit stellte sie doch eine Alternative zur offiziellen Außenpolitik des Dritten Reiches dar und wurde auch als solche im *Foreign Office* lange in Erwägung gezogen.[29]

Sicher waren besonders die Mitglieder der jungen Generation, und vor allem die Kreisauer, auf Europa hin ausgerichtet. Nationale und europäische Erwägungen waren hier nicht im Konflikt, sondern harmonisch verbunden. Im Falle Moltkes muß man sogar feststellen, daß die nationale Dimension überhaupt fehlte. Sein Denken war, zum Teil unter dem Einfluß von Lionel Curtis, von der Tradition des *Commonwealth* genährt, von einem Föderalismus geprägt, der — wie Hermann Graml es richtig ausgedrückt hat — „auf ganz Europa übertragen" werden sollte.[30] Er war durch und durch realistisch in seiner Abwendung vom Europa der „Grenzen und Soldaten" und radikal in seiner Vision einer neuen Ordnung, die, wie er sich ausdrückte, „das Bild des Menschen in den Herzen unserer Mitbürger" wiederherstellen sollte.[31] Wie schon angedeutet, gab Moltke, wenn auch zögernd, schließlich seine Bedenken gegen die „bedingungslose Kapitulation" auf; das war ein ungewöhnlicher Schritt auch im Kreise der Kreisauer.

Trott, der ja der „Außenminister" der Kreisauer und am Ende auch Stauffenbergs war, war Patriot und Europäer zugleich. Der junge Mann, der kurz nach der Machtergreifung an seinen Vater, den preußischen Kultusminister der Monarchiezeit, schrieb: „Der Dienst an den Rechten des Einzelnen — des ‚Menschen', wie die Naturrechtler sagen — ... ist mir ungleich wichtiger als der Dienst am ‚Staat' (der zur Willkür geworden ist)",[32] der war kein Nationalist und bestimmt kein Freund des neuen Regimes. Er hatte vieles mit seinem Freund Moltke gemein: Er war tief im Angelsachsentum verwurzelt, und sein Denken war stark vom Studium des internationalen Rechtes geprägt. Dazu kam besonders in seinem Fall eine eingehende Vertrautheit mit sozialistischem Ideengut, die bestimmt seine Gedanken über die Zukunft Europas prägte. Wenn er auch auf seinen vielen Auslandsreisen, wie auf seiner Englandreise vom Juni 1939, als unaufrichtig oder, wie anläßlich seiner Amerikareise im Winter 1939/1940, sogar als Spion für die Nazis verdächtigt wurde, und wenn er auch seinen verletzten Nationalstolz hie und da aufbrausen ließ und in der letzten verzweifelten Phase seiner unentwegten, aber vergeblichen Bemühungen um ein Einvernehmen mit den westlichen Alliierten der Möglichkeit einer Beziehung zu Sowjetrußland nachging, so blieb er doch seinem und dem Kreisauer Ziel einer „solidarischen" Neuordnung — das war ein Lieblingsbegriff Trotts — im Sinne „moderner sozialistischer Grundsätze" und einer „Überwindung des europäischen Nationalismus" verpflichtet.[33]

IV

Auf zwei weitere, sehr wichtige Dimensionen der Widerstands-Außenpolitik soll noch hingewiesen werden, besonders im Hinblick darauf, daß die bisher besprochenen Wege so erfolglos blieben. In der zweiten Hälfte des Krieges kam der Widerstand mit den Widerstandsbewegungen in den besetzten Gebieten, besonders in Holland und Norwegen, in Verbindung. Moltke spielte in einem seiner Briefe an seine Frau Freya darauf an, als er von der „Übersetzung auf das europäische Niveau" schrieb.[34] Hier war also ein Fall reinster Widerstands-Außenpolitik, das heißt ein Zusammentreffen von Widerstandsgruppen verschiedener Nationalitäten.[35] Was also *Foreign Office* und *State Department* dem deutschen Widerstand verweigerten, waren nun die europäischen Widerstandsbewegungen bereit, ihm zu erweisen: Vertrauen und Anerkennung.

Es soll hier auch betont werden, daß die Ablehnung der deutschen Initiativen von seiten der Westmächte nur zum Teil auf Mißtrauen gegenüber dem außergewöhnlichen Vorgehen der deutschen Emissäre zurückging, auf Argwohn gegen ein Wiederaufleben deutscher hegemonialer Ansprüche oder auf die alliierten Verpflichtungen gegenüber Rußland, die Sonderverhandlungen mit der anderen Seite ausschlossen. Sie war nicht weniger ein Symptom einer wachsenden Spannung zwischen den alliierten Regierungen und den europäischen Widerstandsbewegungen. Walter Lipgens hat hervorgehoben, daß am Anfang des Krieges die Nachkriegsplanung von Großbritannien und den Vereinigten Staaten auf eine europäische Föderation in der einen oder anderen Form hinauslief und so im Einklang mit den Plänen des europäischen Widerstandes war, daß diese Politik aber auf Druck der Vereinigten Staaten in der zweiten Hälfte 1943 aufgegeben wurde, um den sowjetischen Forderungen auf territoriale Konzessionen entgegenzukommen, denen dann auch im November 1943 in Teheran entsprochen wurde.[36] So wurde im Denken der alliierten Regierungen die europäische Neuordnung vom Ziel der Annektion verdrängt, die vor allem den Interessen der außereuropäischen Supermächte diente. Aber der europäische Widerstand blieb der Zukunft Europas verpflichtet, und in dieser Beziehung waren sich der deutsche und außerdeutsche Widerstand einig.

Eine zweite abschließende Erwägung soll auf eine weitere Dimension der Widerstandsbemühungen im Ausland hinweisen, nämlich auf das starke Engagement für die Ökumene. Je mehr die Fühlungnahmen mit den kriegführenden Mächten sich in nichts verliefen, desto wichtiger wurden für den Widerstand die Verbindungen mit den Neutralen. Aber das war nicht alles. Wir würden die Außenbeziehungen des Widerstandes mißverstehen, wenn wir nicht die geistigen, ja religiösen Impulse berücksichtigten. Diese Bemerkung trifft schon auf Goerdeler zu und bestimmt auf die Kreisauer, so auf Moltke, Trott, Haeften, auf Eugen Gerstenmeier und, wenn man ihn auch genau genommen nicht zu den Kreisauern rechnen kann, auf Pastor Hans Schönfeld. Und wenn einer der religiöse Wortführer des Widerstandes war, dann Pastor Dietrich Bonhoeffer. Sie gingen hinaus nicht nur, um zu warnen oder zu verhandeln oder einfach Brücken zu schlagen. Der Aufschrei „Wir brauchen euch" mischte sich mit dem Verlangen, in der Welt Zeugnis dafür abzulegen, daß es ein „anderes Deutschland" gab. So in der Botschaft Adam von Trotts vom 26. September 1942 an Dr. Harry Johansson, dem Direktor des Nordischen Ökumenischen Instituts in Sigtuna, in Trotts ein wenig umständlichem Englisch geschrieben:

„I feel that you have fully understood that we do *not* intend to plead for support or even encouragement from friends on the other side — but that we wish to deposite [*sic*] our faith in the necessity of some movement springing from solidaric minds in the whole of Chr[istian] Europe to make salvation possible."[37]

Die Botschaft des Widerstandes an die Ökumene kam an. Wohl fand Bischof George Bell von Chichester, dessen jetzt allbekanntes Treffen Ende Mai 1942 mit den zwei deutschen Pastoren, Schönfeld und Bonhoeffer, in Stockholm stattfand, keinerlei Ermutigung von Seiten Anthony Edens, der jegliches Eingehen auf die Anliegen der Pastoren als nicht im „nationalen Interesse"[38] gelegen ablehnte. Dennoch verkündete Bell laut und deutlich, daß der Krieg doch eine Frage rivalisierender Weltanschauungen sei und daß die Vereinten Nationen gemeinsame Sache mit allen Anti-Nazis machen sollten.[39] Dietrich Bonhoeffer wiederum hatte in Stockholm davon gesprochen, daß seine Aktion von der Welt als ein „Akt der Buße" verstanden werden müsse.[40] War das „nationale" oder „internationale" „Außenpolitik", „Widerstands-Außenpolitik"? Was war ihr „Wirklichkeitswert"? War das „Weltinnenpolitik"? Es soll hier auf diese schwierigen Fragen mit den Worten des Pioniers der Widerstandsforschung in der Bundesrepublik, Hans Rothfels, geantwortet werden. Zu Bonhoeffers Bekenntnis schrieb er das Folgende: „So war es fern aller politischen Absicht eben darum ein echtes Politikum."[41]

Anmerkungen

[1] Es war Theodor Heuss, der diesen Begriff in Hinsicht auf den Widerstand prägte; Theodor Heuss, *Zur 10. Wiederkehr des 20. Juli,* in: Europäische Publikation (Hrsg.), *Vollmacht des Gewissens,* Bd. 1, Frankfurt a. M.-Berlin 1960, S. 538, 545.

[2] Siehe dazu die kontroversen Beiträge von Leonidas E. Hill und Rainer A. Blasius im vorliegenden Band mit weiteren Literaturangaben. Blasius kommt zu dem Schluß, Weizsäcker nicht als „Mann des Widerstandes" zu betrachten.

[3] Vgl. Hans Rothfels, *Adam von Trott und das State Department,* in: *Vierteljahrshefte für Zeitgeschichte* [im folgenden *VfZ zitiert*], 7. Jg. (1959), S. 319.

[4] Ernst von Weizsäcker, *Erinnerungen,* München-Leipzig-Freiburg i. Br. 1950, S. 178.

[5] Ulrich von Hassell, *Vom anderen Deutschland. Aus den nachgelassenen Tagebüchern 1938—1944,* Frankfurt a. M. 1946, S. 143.

[6] Gerhard Ritter, *Carl Goerdeler und die deutsche Widerstandsbewegung,* Stuttgart 1955, S. 166.

[7] Im Falle Trotts waren es besonders die Astors, durch die er ja während seiner Englandreise im Juni 1939 Lord Halifax und Neville Chamberlain traf, Willem A. Visser't Hooft, der Generalsekretär des provisorischen Weltkirchenrates in Genf — ein Freund der Familie, und dann auch seine vielen Oxforder Beziehungen. Im Falle Moltkes war es besonders Lionel Curtis, der Vater der Commonwealth-Bewegung und Gründer des Royal Institute of International Affairs und ein Freund der Familie Rose Innes, aus der Moltkes Mutter stammte.

[8] Brief Helmuth von Moltkes an Lionel Curtis, London, 12. Juli 1935; Lionel Curtis-Nachlaß, Fasz. 28; Bodleian Library, Oxford University.

[9] George K. Romoser tat die Memoranden von Goerdeler, Hassell „oder sogar Adam von Trott zu Solz" als „vage und unrealistisch" ab (George K. Romoser, *The Politics of Uncertainty: The German Resistance Movement,* in: *Social Research,* 31. Jg. [1964], S. 73—93.) Bernd Martin warnte vor Überbewertung der „unrealistischen Alternativen", die die Friedenspläne des Widerstandes darstellten, und sieht sich so gerechtfertigt, sie insgesamt in seiner sonst vorzüglichen Darstellung der Friedensinitiativen im Zweiten Weltkrieg auszuklammern (Bernd Martin, *Friedensinitiativen und Machtpolitik im Zweiten Weltkrieg 1939—1942,* Düsseldorf 1974, S. 520); Lothar Kettenacker setzt sich mit Historikern wie Hans Rothfels auseinander, die genau wie die Widerstandskämpfer selbst den außenpolitischen Realitäten fremd blieben und die Männer des 20. Juli „ohne Rücksicht auf die außenpolitischen Prämissen" zu einer „ernstzunehmenden Alternative" formierten und sie so in ein „fiktives Koordinatensystem internationaler Beziehungen" einfügten (Lothar Kettenacker, *Die britische Haltung zum deutschen Widerstand während des Zweiten Weltkrieges* in: Lothar Kettenacker [Hrsg.], *Das „Andere Deutschland" im Zweiten Weltkrieg. Emigration und Widerstand in internationaler Perspektive,* Stuttgart 1977, S. 49); Klaus-Jürgen Müllers revisionistische Widerstandsbeurteilung hat u. a. die Unstimmigkeiten in der Friedenspartei betont und so ihre Wirksamkeit bezweifelt (Klaus-Jürgen Müller, *The German Military Opposition before the Second World War,* in: Wolfgang J. Mommsen/Lothar Kettenacker [Hrsg.], *The Fascist Challenge and the Policy of Appeasement,* London 1983, S. 65 f.).

[10] Vgl. Anthony Glees, *Exile Politics during the Second World War: The German Social Democrats in Britain*, Oxford 1983.

[11] *A. a. O.*, S. 66.

[12] Albrecht von Kessel, *Verborgene Saat. Das „Andere Deutschland"* (Privatdruck), S. 174f.

[13] Arthur P. Young, *The 'X' Documents*, London 1974, S. 115; vgl. auch Sidney Aster, *1939. The Making of the Second World War*, London 1973, S. 39.

[14] Es soll in dieser Beziehung betont werden, daß Adam von Trott, trotz seiner engen Beziehungen zu dem sogenannten „Cliveden Set", keine „Appeasement"-Politik im gewöhnlichen Sinne des Wortes betrieben hat. Die Absicht seiner vielbesprochenen Englandreise vom Juni 1939 war, den Krieg zu verhindern, um so den Anschlag gegen Hitler, von dem er sich in Kriegsverhältnissen keinerlei Erfolg versprach, zu ermöglichen.

[15] „It is not my task to think for [the] British Empire"; Brief Carl Goerdelers an A. P. Young, 21. September 1938, abgedruckt *a. a.* O., S. 100f.

[16] Brief Winston Churchills an Ewald von Kleist-Schmenzin, 19. August 1938 (von letzterem von Churchill erbeten, um den oppositionellen Elementen in Deutschland in ihrer Haltung Hitler gegenüber den Rücken zu stärken); *Documents of British Foreign Policy 1919—1939*, Third Series, vol. 2, London 1949, S. 688.

[17] Trotts Denkschrift „Strictly private and confidential", Ende April 1942, bei: Hans Rothfels, *Zwei außenpolitische Memoranden der deutschen Opposition (Frühjahr 1940)*, in: *VfZ*, 5. Jg. (1957), S. 394.

[18] Professor Alexander Rüstow.

[19] Vgl. Winston Churchill to Foreign Secretary, 10 Downing Street, 14. August 1943; Public Record Office (im folgenden P.R.O. zitiert), F. O. 371/34450/C 9706/155/G.

[20] Vgl. Donald C. Watt, *The European Civil War*, in: W. J. Mommsen/L. Kettenacker (Hrsg.), *The Fascist Challenge*... [Anm. 9], S. 3—21.

[21] „My people need a well-balanced Europe"; A. P. Young, *The 'X' Documents*... [Anm. 13], S. 101.

[22] Brief Adam von Trotts an Lord Lothian, Peking, 4. Dezember 1937, Rhodes Trust, Oxford. Vgl. auch Adam von Trott an Shiela Grant Duff, Imshausen, 14. September 1936: „But there must be a way out of the world-civil-war that is threatening to break out..." (Sammlung Mrs. Shiela Sokolov-Grant).

[23] Vgl. Hermann Graml, *Die außenpolitischen Vorstellungen des deutschen Widerstandes*, in: Walter Schmitthenner/Hans Buchheim (Hrsg.), *Der deutsche Widerstand gegen Hitler*, Köln-Berlin 1966, S. 15—72; bes. S. 39.

[24] *A. a.* O., S. 30ff.

[25] K.-J. Müller, *The German Military Opposition*... [Anm. 9], S. 66.

[26] Sir Robert Vansittart an Sir Alexander Cadogan und Sir O. Sargent, 7. Dezember 1938; P.R.O., F.O. 371/21659/C 15084/42/18.

[27] Sir Robert Vansittart an Secretary of State, 27. März 1939, P.R.O., F.O. 371/22968/C4495/15/18.

[28] P.R.O., F.O. 371/23058/C 14840/104, zitiert in A. Glees, *Exile Politics*... [Anm. 10], S. 46. Erst im August 1942 fand sich die britische Regierung bereit, das Münchener Abkommen vom September 1938 förmlich zu widerrufen; John Wheeler-Bennett/Anthony Nicholls, *The Semblance of Peace. The Political Settlement after the Second World War*, London 1972, S. 611 ff.; Appendix A: „Note on the Present Position of the Munich Agreement of 29 September 1938."

[29] Völlig aus dem Rahmen fallend allerdings war der Schritt, den der deutsche Exkanzler Joseph Wirth, der, auch im Namen des ehemaligen Reichswehrministers Otto Gessler und, wie er angab, von Offizieren des „alten" Generalstabes sprechend, dem englischen Militärattaché in Bern gegenüber im September 1940 unternahm. Er

schlug vor, daß das Reich auf einige Jahre hinaus im Besitz der Kanalhäfen von Dünkirchen bis Boulogne bleiben sowie auch freie Hand im Osten haben solle. Das War Office riet dann auch dem Gesandten in Bern, David Kelly, alle weiteren Beziehungen zu Wirth auf Informationen aus dem Reich zu beschränken; auf jeden Fall sei Wirth eine unwichtige Person in Deutschland und hätte sich auch dem Trunk ergeben; „Summary of Principal Peace Feelers, September 1939 — March 1941", P.R.O., F.O. 371/26542/C 4216/610/G.

30 H. Graml, *Die außenpolitischen Vorstellungen...*, in: W. Schmitthenner/H. Buchheim (Hrsg.), *Der deutsche Widerstand...* [Anm. 23], S. 51 f.

31 Brief Helmuth von Moltkes an Lionel Curtis, Stockholm, 18. April 1942, in: Freya von Moltke/Michael Balfour/Julian Frisby, *Helmuth James von Moltke 1907—1945. Anwalt der Zukunft,* Stuttgart 1975, S. 185.

32 Brief Adam von Trotts an seinen Vater, 13. Februar 1933; Clarita von Trott zu Solz, *Adam von Trott zu Solz, Eine erste Materialsammlung,* Priv. Maschinenschrift, Reinbek 1958, S. 46 f.

33 Trotts Denkschrift „Strictly private and confidential", Ende April 1942, *a. a. O.*, S. 392 ff. Wie bekannt, wurde diese Denkschrift von Sir Stafford Cripps dem Premierminister vorgelegt, der „very encouraging" am Rand notierte.

34 Brief Helmuth von Moltkes an Freya von Moltke, 17. November 1942; siehe die bevorstehende Ausgabe der von Beate Ruhm von Oppen bearbeiteten Moltke-Briefe.

35 Den Einzelheiten kann hier nicht nachgegangen werden. Die wichtigsten Schritte in dieser Beziehung wurden von den Kreisauern (Moltke, Trott, Theodor Steltzer) sowie auch von dem Vetter Stauffenbergs, Cäsar von Hofacker, in Paris unternommen. Auch fand im Frühjahr 1944 unter Leitung von Visser't Hooft in Genf ein Treffen von Vertretern der europäischen Widerstandsbewegung statt, an dem zwei deutsche Frauen aus dem sozialistischen Widerstand teilnahmen; vgl. Ger van Roon, *Neuordnung im Widerstand. Der Kreisauer Kreis innerhalb der deutschen Widerstandsbewegung,* München 1967, S. 323 ff.; Briefe an den Autor von Dr. C. L. Patijn, 18. Juni 1979 und von Dr. J. H. van Roijen, 12. Mai 1978; Theodor Steltzer, *Sechzig Jahre Zeitgenosse,* München 1966; Arvid Brodersen, *Mellom Frontene* (1979); Befragung von Professor Arvid Brodersen, 22. November 1980; Karlheinz Pech, *An der Seite der Résistance. Zum Kampf der Bewegung „Freies Deutschland" für den Westen in Frankreich (1943—1945),* Berlin [Ost] 1974; Walter Lipgens, *Europa-Föderationspläne der Widerstandsbewegungen 1940—1945,* München 1968, S. 388 ff.; Willem A. Visser't Hooft, *Memoirs,* London-Philadelphia 1973, S. 177 ff.

36 Walter Lipgens, *European Federation in the Political Thought of Resistance Movements during World War II,* in: *Central European History,* 1. Jg. (1968), S. 14 ff.

37 Adam von Trott an Dr. Harry Johansson, 26.9.1942, zit. nach Henrik Lindgren, *Adam von Trotts Reisen nach Schweden 1942—1944,* in: *VfZ,* 18. Jg. (1970), S. 274.

38 George K. A. Bell, Bischof von Chichester, *Die Ökumene und die innerdeutsche Opposition,* in: *VfZ,* 5. Jg. (1957), S. 376.

39 George K. A. Bell im Upper House of the Convocation of Canterbury, 15. Oktober 1942, zit. nach Ronald C. D. Jasper, *George Bell, Bishop of Chichester,* London 1967, S. 273.

40 G. K. A. Bell, *Die Ökumene...* [Anm. 38], S. 369.

41 H. Rothfels, *Zwei außenpolitische Memoranden...* [Anm. 17], S. 389.

Adam von Trott zu Solz: Nationalismus als Motiv für den Widerstand?

HENRY MALONE
Fort Monroe, Virginia

I

Das Thema, das in diesem Beitrag im Mittelpunkt unseres Interesses steht, ist die Frage, inwieweit der Nationalismus für Adam von Trott zu Solz ein Motiv für den Widerstand war. Da Trott überwiegend als überzeugter Nationalist beschrieben wird, mag dies ein fruchtbarer Ansatzpunkt für eine Untersuchung sein. Motive für den Widerstand sind jedoch äußerst schwierig zu präzisieren, besonders dann, wenn jene, die sie später beurteilen sollen, von anderen Zusammenhängen und Voraussetzungen ausgehen als diejenigen, deren Ausgangspunkt die eigene Erfahrung war. Wahrscheinlich wird es nie eine einmütige Beurteilung des Widerstandes im allgemeinen oder Trotts im besondern geben, aber es ist sicher möglich, der Wahrheit etwas näherzukommen, als das in einem großen Teil der Literatur der vergangenen Jahrzehnte geschah.

Die beste Möglichkeit, Einblick in die Motive Trotts zu erhalten, scheint eine Untersuchung seiner Haltung gegenüber dem Nationalsozialismus in der Zeit *vor* 1939 zu sein, das heißt bevor er aktiv und als Angehöriger des „Kreisauer Kreises" an der Verschwörung gegen Hitler teilnahm. Zunächst muß man aber einen kurzen Blick darauf werfen, wie sein Verhältnis zum Nationalismus von der Öffentlichkeit gesehen wurde.

Obwohl Adam von Trott schon zu Lebzeiten eine umstrittene Persönlichkeit war, war dies nach seinem Tode in noch stärkerem Maße der Fall. Ein zentrales Problem in der Diskussion war die Frage, von welchen Motiven sein Handeln während der nationalsozialistischen Ära bestimmt war. Niemand bezweifelte ernsthaft, daß er hingerichtet wurde, weil er an dem Putschversuch gegen Hitler beteiligt war. Und tatsächlich ging auch kein Kritiker so weit, ihn als Opportunisten abzustempeln, der sich mit dem Hitler-Regime identifizierte, solange dieses erfolgreich war, und nur versuchte, sich von ihm zu trennen, bevor es zu spät war. Aber bestimmte Kritiker sahen in Trott einen deutschen Nationalisten, der trotz antinationalsozialistischer Ressentiments oft der Versuchung nicht entgangen war, aus nationalistischen Impulsen eine betont loyale Haltung gegenüber dem Regime zu zeigen. Andere Interpreten sahen in Trott einen verwirrten Hegelianer, dessen politische Ideen von der Realität abgelöst waren und dessen Tendenz zu europäischen oder gar weltumfassenden Visionen verdrängt wurde von dem fast mystischen Glauben an die einzigartige Bestimmung Deutschlands, einem Glauben, der dem slawischen Osten einen niederen Stand zuwies und der in Trott den Wunsch weckte, die Früchte der Außenpolitik Hitlers zu ernten.

Den Ausgangspunkt für viele Urteile über den „Nationalismus" von Trott in der Nachkriegszeit bildete die Arbeit des verstorbenen John Wheeler-Bennett, dessen Hauptwerk über die Rolle der deutschen Armee in der Politik 1953 erschienen ist. Wheeler-Bennetts Haltung gegenüber dem innerdeutschen Widerstand als Ganzem war herablassend kritisch. Er widmete Trott seine besondere Aufmerksamkeit und beschrieb ihn als jemanden, der „einen bestimmten wirren politischen Mystizismus" ausstrahlte, eine „verschwommene Hegelsche Weltanschauung, die in ihm ... eine tiefe Verehrung für die deutsche politische und militärische Tradition" ausgelöst habe.[1] Sowohl Trott als auch Helmuth James Graf von Moltke wurden als ausgesprochen national gesinnte Männer beschrieben, die starke antitschechische Gefühle äußerten und nicht den leisesten Hinweis dafür erkennen ließen, daß ein entnazifiziertes Deutschland bereit wäre, auf das von Hitler annektierte Österreich und das Sudetenland zu verzichten.[2]

Schon 1943 äußerte Wheeler-Bennett gegenüber dem britischen *Foreign Office,* daß Trott zwar ein aufrichtiger Nazi-Gegner sei, aber trotz allem ein deutscher Nationalist, darauf bedacht, soviel wie möglich aus einer gegebenen Situation für Deutschland herauszuschlagen.[3] Wheeler-Bennetts Urteil über Trott wurde von der Historikerin Elizabeth Wiskemann übernommen, die — dem Büro Wheeler-Bennetts in London unterstellt — während des Krieges als Attaché in der britischen Botschaft in Bern arbeitete.[4] Beide hatten mit ihrer Einschätzung Trotts einen starken Einfluß auf Christopher Sykes, der in den späten sechziger und frühen siebziger Jahren, von der Arbeit Wheeler-Bennetts ausgehend, Trott in einer Biographie als Nationalisten darstellte. Darauf schrieb zum Beispiel Sir Robert Birley, bekannter Rektor des Eton-College, daß Trott seinen Abscheu gegenüber Hitler und dem Nationalsozialismus zu verbinden wußte mit der Unterstützung einiger der „most unpardonable actions" in Mitteleuropa. Sir Robert beschrieb Trott als jemanden, der aktiv und äußerst mutig gegen die Nazis agierte und dennoch an der Idee festhielt, daß Deutschland berufen sei, die slawischen Völker zu beherrschen. Sir Robert bezog seine Informationen von Sykes, der sich wiederum auf Elizabeth Wiskemann stützte.[5] Dagegen stellte Margret Boveri die Behauptung Sir Roberts, Trott sei einer jener Deutschen, die sich den slawischen Völkern überlegen fühlten, infrage. Sie versicherte, daß weder sie noch irgendein anderer der überlebenden Freunde Trotts jemals eine derartige Äußerung von ihm gehört hätten.[6]

Die Sykes-Biographie, 1968 unter dem Titel *Troubled Loyalty* erschienen, konnte die Diskussion hinsichtlich der Motivation Trotts nicht beilegen, sondern ließ im Gegenteil die Kontroverse mit neuer Intensität wieder aufleben. Der Titel paßte zu der Geschichte, die Sykes erzählte: Die Geschichte eines jungen Deutschen, der nicht konsequent Nazi-Gegner war, sondern angesichts der Versuchung, sich mit dem Nationalsozialismus zu arrangieren, hin- und herschwankte. Nach Ansicht von Sykes widerstand Trott dieser Versuchung nur mit Schwierigkeiten und oft nur teilweise, was dazu beitrug, die Größe seines „ultimate moral triumph" noch zu steigern.[7] Sykes glaubt, Trott sei während seines Aufenthaltes in China von einer milderen Beurteilung des Nazismus als Ergebnis eines emotional fehlgeleiteten Patriotismus[8] befallen worden, der es ihm ermöglicht habe, die Kriegsanstrengungen des nationalsozialistischen Regimes mit gutem Gewissen zu unterstützen,[9] während er voll trüber, unklarer Gedanken einen eigenwilligen Weg auf der Suche nach der moralischen Wahrheit gegangen sei.[10]

Die Gesamtwirkung dieser Interpretation durch Sykes war schließlich, daß Trott als rätselhaft, geheimnisvoll erschien, und so haben ihn viele Leser von *Troubled Loyalty* dann auch tatsächlich gesehen. Hugh Trevor-Roper, einer der ersten Kommentatoren der neuen Trott-Biographie, beschrieb ihn etwa als einen zweideutigen, letztlich rätselhaften Charakter, der als tief überzeugter deutscher Hegelianer und Nationalist entschieden territoriale Ambitionen und imperialistische Vorstellungen vertreten habe, die einhergingen mit seinem lebenslangen Glauben an den „Drang nach Osten". In der Beurteilung Trevor-Ropers war Trott Befürworter eines neuen Deutschlands, das zuweilen dem Nazi-Deutschland gefährlich ähnlich schien.[11]

Ähnlich äußerte sich ein anonymer Autor in einem Artikel für *The Times Literary Supplement*, dessen Ausführungen den Einfluß (und das Vokabular) Wheeler-Bennetts widerspiegelten. Es heißt dort, selbst wenn die schlecht koordinierten und dilettantisch geplanten Verschwörungen erfolgreich gewesen wären, bleibe doch der Verdacht, daß der *furor Teutonicus* damit keineswegs ausgerottet worden wäre, denn es gebe genügend Gründe zu bezweifeln, daß der deutsche Widerstand tatsächlich ein Deutschland angeführt hätte, das sich von dem der Nazis wesentlich unterschied.[12] Mit anderen Worten: In den Augen dieses Kritikers war der Nationalismus ein wesentliches Fundament für das Handeln des deutschen Widerstandes.

Eine weitere Darstellung Trotts als eines unbelehrbaren deutschen Nationalisten finden wir in dem autobiographischen Bericht von Sheila Grant Duff über ihre Erfahrungen zwischen 1934 und 1939, *Fünf Jahre bis zum Krieg*, mit dem etwas irreführenden Untertitel *Eine Engländerin im Widerstand gegen Hitler*. Ihr Buch gibt einer emotionalen Feindschaft Deutschland gegenüber Ausdruck — die darauf zurückgeht, daß sie ihren Vater im Ersten Weltkrieg verloren hatte —, und man liest es mit dem Gefühl, daß Trott die Personifizierung ihrer unterdrückten Ablehnung Deutschlands darstellt. So ist auch bezeichnend, daß die Autorin in einer angefügten biographischen Notiz über Trott gesteht, daß das Buch ihrem deutschen Freund sicher nicht gerecht werde.[13]

Eine etwas andere Einstellung zu Trotts „Nationalismus" hatte sein ehemaliger Freund Richard Crossman, der während des Krieges versuchte, das britische *Foreign Office* von der Notwendigkeit zu überzeugen, den deutschen Widerstand zum Nutzen der Regierung Seiner Majestät zu „mißbrauchen". Crossman argumentierte in einem „anonymen" Memorandum, daß die Annäherungsversuche Trotts an die britische Regierung politisch und intellektuell unredlich seien, und er gab zu verstehen, daß Trott nicht den Mut habe, für eine Revolution in Deutschland zu arbeiten![14] Ganz offensichtlich bewirkte Crossmans eigenes schlechtes Gewissen, daß er Trott nach dem Kriege so ausdrücklich verteidigte. In einem Artikel beschrieb Crossman Trott als einen guten Deutschen, der seine schlechten Landsleute nicht gehaßt habe: Trott sei ein Mann gewesen, dessen Patriotismus von ihm verlangt habe, ausgleichend zwischen Ost und West zu stehen. Er habe es abgelehnt, den Feinden Deutschlands zum Sieg zu verhelfen, aber auch seine bösen Geister nicht in dem Versuch unterstützt, das Traumbild des „Deutschen Reiches" mit niederträchtigen Mitteln zu realisieren.[15] Das wirkliche Problem für Engländer wie Sykes war nach Ansicht Crossmans die unbeirrte Treue Trotts gegenüber der deutschen Idee, die es ihm als Deutschem nicht erlaubt habe, zum Komplizen der britischen oder französischen Deutschfeindlichkeit zu werden. Statt dessen wollte Trott, nach Crossmans Urteil, die westlichen Demokratien davon überzeugen, daß ihre eigene Sicherheit ein vereintes Europa verlangte, in dem Deutschland, vom Nationalsozialismus gereinigt, sein angemessener Platz eingeräumt werden müsse. Für Trott, so folgerte Crossman, waren die Nazis nicht kriminell, weil sie Versailles rückgängig machen und die Deutschen vereinigen wollten, sondern weil die Mittel, die sie anwandten, um dieses legitime Ziel zu erreichen, eine Schande für die deutsche Ehre waren.[16]

Der oben genannte Unterschied ist im Falle Trevor-Ropers besonders wichtig, weil er die Zustimmung Trotts zum „Anschluß" Österreichs als endgültigen Beweis für Trotts nationalistische Tendenzen sieht, indem er dessen Ausspruch zitiert, dies sei „der größte Erfolg unserer neuen Politik".[17] Es kann aber nicht legitim sein, diesen Ausschnitt aus dem Kontext herauszunehmen, um irgendeine vorgefaßte Meinung zu untermauern. Der Brief, aus dem dieser Satz zitiert ist, zeigt klar, daß Trott ihn ironisch meinte. Die Bemerkung stand im Zusammenhang mit einer Überlegung, welchen Einfluß wohl diese Annektion für den Frieden in Europa haben könnte. Darüber hinaus mußte Trott, der aus Übersee schrieb, bei der Kommentierung politischer Ereignisse, in die das nationalsozialistische Regime so direkt verwickelt war, umsichtig sein, wenn er nach Deutschland zurückkehren wollte. Vom Mittelpunkt des Geschehens in Europa weit entfernt, erkannte Trott erst später, daß der „Anschluß" den Wendepunkt in der europäischen Politik markierte, indem er einer diktierten Lösung des „mitteleuropäischen Problems" Tür und Tor öffnete.[18] Als das Münchener Abkommen kam, war Trott trotz der ihm von Crossman zugeschriebenen Sympathie für „Großdeutschland" unsicher und in großer Sorge wegen der brutalen Methoden, durch die dieses Abkommen erreicht wurde, und weil er nicht darauf vertraute, daß Hitlers expansionistische Neigungen damit ein Ende haben würden.[19]

In der Diskussion, die dem Erscheinen der Sykes-Biographie folgte, untersuchte Harold C. Deutsch die Stichhaltigkeit der Annahme, daß die Verschwörer einfach deutsche Nationalisten waren, die die Ziele Hitlers ohne Hitler wollten. Er schrieb, daß um 1939 herum viele Nationalisten „reumütig" wurden, weil sie merkten, wohin ein ungehemmter Nationalismus führen konnte. Daneben aber betonte Deutsch die scharfe Trennung der Wege zwischen den Zielen der Verschwörer, die eine Revision der Versailler Verträge wollten, und dem blinden Expansionismus der Nationalsozialisten zur Gewinnung von Lebensraum.[20]

Noch früher, in einem Aufsatz aus dem Jahre 1966 über *Gesellschaftsbild und Verfassungspläne des deutschen Widerstandes,* hob Hans Mommsen, der sich mit den Ideen Trotts ausführlich auseinandersetzte, die grundsätzliche Ähnlichkeit zwischen den Kreisauer Auffassungen und den traditionellen deutschen Vorstellungen von Politik und Gesellschaft hervor, die die Unfähigkeit der Verschwörer bewirkte, aus der Isolation dieses deutschen politischen Denkens auszubrechen, um die Politik der nationalsozialistischen Diktatur wirksam bekämpfen zu können.[21]

Trotz dieser wichtigen Grundlage im national orientierten politischen Denken betonte Hermann Graml in seinem Beitrag über *Die außenpolitischen Vorstellungen des deutschen Widerstandes* den „europäischen Internationalismus" des Kreisauer Kreises. Von besonderem Interesse dabei ist, daß Gramls Erörterung des Internationalismus sich fast ausschließlich auf die Vorstellungen Trotts konzentrierte, bei einigen Vergleichen mit denen Moltkes.[22]

Ein weiterer Aspekt zur Beurteilung der Behauptung, daß Nationalismus das Motiv für die Aktivitäten des Widerstandes gewesen sei, kommt aus den Niederlanden. Ein früheres Mitglied der niederländischen Widerstandsbewegung, J. H. van Roijen, der während des Krieges Kontakte zu Trott hatte, betonte die Tatsache, daß er und seine Freunde in Trott keinen deutschen Nationalisten sahen, sondern einen Mann, dessen Treue der Menschheit galt.[23] Als Mitglieder einer Gruppe, die aktiven Widerstand gegen die deutsche Besatzungsmacht leisteten, erkannten sie, daß es in einer Zeit, in der die Nation in Gefahr war, „eines besonderen moralischen Mutes" bedurfte, einer innerdeutschen Widerstandsgruppe anzugehören und die Führung des eigenen Landes zu bekämpfen.[24]

II

Der Begriff der „Sohnespflicht" spielte im Leben Trotts eine wichtige Rolle, und seine Entscheidung für das Jurastudium beruhte sicherlich auf der engen Bindung an die elterliche Tradition des Staatsdienstes. Gegen Ende seines Studiums machte er die Erfahrung einer inneren Verpflichtung und Kraft, die das Ergebnis der verständnisvollen, ratgebenden Erziehung durch seinen Vater und von dessen langer administrativer und politischer Tätigkeit waren. Kurz vor dem Staatsexamen wurde er sich der Bedeutung familiärer Bindungen voll bewußt, der Realität von Hegels „Geist der Penaten", der dem einzelnen Kraft und die Fähigkeit verleiht, sich aktiv am Leben des Staates zu beteiligen. Er erkannte, daß Hegel die Familie als Grundpfeiler des Staates verstand. Zu dieser Zeit verpflichtete er sich seinem Vater gegenüber, daß der Dienst am Staat der einigende und unerschütterliche Grundsatz seines Lebens sein werde.[25]

Wie bereits erwähnt, hatte Trott große Achtung vor seinem Vater; die Tradition aber, die dieser alte Herr repräsentierte, schuf eine innere Spannung in ihm, die ihn in manchen Situationen für andere als ambivalent oder unsicher erscheinen ließ. Dieses Unsicherheitsmoment verstärkte sich, als er nicht nur die Kluft zwischen seinen persönlichen Überzeugungen und dem konservativen, aristokratischen Erbe berücksichtigen mußte, sondern auch das potentielle Dilemma, dem er gegenüberstand, sollten die noch in den Anfängen steckenden Veränderungen in Deutschland jegliche Spur eines konstitutionellen Rechtsstaates hinwegfegen. Dennoch stand für ihn fest, daß er Mittel und Wege finden mußte, um sich am politischen Leben seines Landes zu beteiligen. Der Zwang, seinen eigenen Platz und seine eigenen Möglichkeiten für diesen

Dienst zu finden, ließ ihn in den Augen einiger seiner Oxforder Freunde als ambivalent oder unsicher erscheinen, denn er erkannte die Probleme, die auf ihn zukommen würden, wenn er weiterhin Ansichten vertrat, die sich angesichts der drohenden Veränderung in Deutschland als nicht gerade ratsam erweisen mußten.[26]

Sein Versuch, einem amerikanischen Freund diese Veränderungen zu beschreiben, ist in diesem Zusammenhang nicht uninteressant. Im Frühjahr 1932 schrieb Trott an Tracy Strong, obgleich die Hitlerbewegung zum größten Teil von unreifen, gewalttätigen Fanatikern getragen werde, nenne sie berechtigte Klagen und Mißstände beim Namen, was zahlreiche vernünftige und sensible Menschen dazu bringe, sich ihr anzuschließen, weil sie glaubten, daß Deutschlands Sache durch die gegenwärtige Regierung nicht richtig vertreten werde. Trott aber zählte sich selbst nicht zu dieser Gruppe, er betonte sein volles Vertrauen zu Brüning und seine Unterstützung für dessen politische Linie.[27]

Dennoch empfand er es als eine schwierige Aufgabe, sein Land im Ausland zu vertreten. In einem Vortrag, den er am 14. Jahrestag der Beendigung des Ersten Weltkrieges vor einem englischen Publikum hielt, erinnerte Trott seine Zuhörer daran, daß die öffentliche Meinung in Deutschland einhellig die in den Versailler Verträgen festgelegte Kriegsschuld ablehne. Und er hob die ökonomischen und geographischen Aspekte des Vertrages hervor, die die Spannungen in der Welt nach dem Krieg förderten. Obgleich es auch Deutsche gebe, die bereit seien, sehr unfriedliche Methoden anzuwenden, um eine Revision des Friedensvertrages zu erreichen, forderte er die englischen Zuhörer auf, zu erkennen, daß es unterschiedliche Antworten innerhalb der deutschen öffentlichen Meinung darüber geben könne, wie dieses Ziel zu erreichen sei. Ohne die Gefahr einer allgemeinen Tendenz zum Chauvinismus und Militarismus, wie sie von Hitler, dem ‚Stahlhelm' und ähnlichen Organisationen dargestellt werde, zu unterschätzen, betonte Trott die Bedeutung der Römisch-Katholischen Kirche, der organisierten Arbeiterbewegung und der Sozialdemokratischen Partei als in Deutschland für den Frieden arbeitende Kräfte. Er sah in der SPD die zuverlässigste Basis für einen solchen Frieden, da sie gegen den militanten Nationalismus wie auch gegen den militanten Kommunismus kämpfe. Die Frage sei, so warnte er, ob angesichts des offensichtlichen Übergangsstadiums der deutschen Regierung die vereinten Kräfte der organisierten Kirche und des gemäßigten Sozialismus das Land davon abhalten könnten, in eines dieser beiden Extreme zu fallen. Wenn diese gemäßigten Kräfte scheiterten, würden der militante Kommunismus und Nationalismus zusammen den Frieden in Europa und in der Welt zunichte machen.[28] Er hatte keine Illusionen darüber, wie die Zukunft aussehen würde, wenn Hitler an die Macht kommen sollte.

Als Hitler dann tatsächlich Reichskanzler wurde, begann Trott neu zu überdenken, was der Dienst für den Staat unter dem Nationalsozialismus bedeuten würde. Die Erkenntnis, daß Deutschland in eine faschistische Ära eintrat, in der die Partei den Staat beherrschen und ihre Macht durch brutale Unterdrückung jeder abweichenden Meinung aufrechterhalten würde, verstörte ihn zutiefst, und er gelobte sich, keinerlei Bündnis mit dem autoritären Nationalismus einzugehen, indem er deutlich machte, daß der Dienst für die Rechte des einzelnen weit wichtiger für ihn war als der Dienst für einen Staat, der sich in eine Willkürherrschaft verwandelt hatte.[29] Diese Gedanken äußerte er zwei Wochen nach der Machtübernahme durch die Nationalsozialisten.

Nach Ablegung seines Assessor-Examens Ende 1936 war Trott sich nicht sicher, wie er zu einem politischen Wechsel in seinem Land beitragen könnte. Anfang 1937 reiste er als Rhodes-Stipendiat über Nord-Amerika nach China. Die Zeit, während der er sich im Fernen Osten aufhielt, sollte ihm Gelegenheit geben, über dieses Problem nachzudenken. Als sich 1938 der Zeitpunkt seiner Rückkehr näherte, faßte er seine Lage wie folgt zusammen:

„... I know now that as I am going back to my home country the basis for remaining true to the old fight will be very narrow and precarious indeed — especially if my nearest frieds too begin to think that it is an impossible position which they must deny and fight...

... everything I have experienced in the outer world goes to convince me that we must work to the last moment for peaceful adjustment and only if violent destruction of the present national states proves inevitable fight for a united Europe."[30]

Die politische Krise im September 1938 veranlaßte Trott zu einer weiteren Neubeurteilung der Situation. Trotz seines sehr starken Wunsches, so bald wie möglich nach Europa zurückzukehren, war die internationale Lage für ihn auch Anlaß, noch einmal über die Möglichkeit der Emigration, vielleicht nach Amerika, nachzudenken.[31] Trott jedoch war weit entfernt davon, ein Emigrant werden zu wollen. Letztlich entschied er sich für die Rückkehr. Auf seiner Rückreise lieferte ein ganz bestimmtes Ereignis ihm die Gründe für diesen Entschluß. In seinem Abschlußbericht an den Sekretär des Rhodes Trust, der seinen Studienaufenthalt in China finanziert hatte, betonte Trott, daß er ganz unabhängig davon, was ihn zu Hause erwartete, eine Rolle bei der Neugestaltung der politischen Orientierung seines Landes spielen wolle.[32] Am 9. November 1938 jedoch, noch während seiner Überfahrt, fanden die Pogrome der Kristallnacht statt, und als sein Schiff am 10. im Hafen von Colombo anlegte und er die Möglichkeit hatte, sich über die Greueltaten der Nationalsozialisten im einzelnen zu unterrichten, waren seine Gedanken sofort bei seinem jüdischen Freund in Berlin, Wilfrid Israel. In einem Brief an eine englische Freundin bekannte er:

„You know it is we who are humiliated by what has passed and it is for us to wonder whether our former friends wish to have anything more to do with one who, after all, (in my case through my very absence) has to accept his full share of the responsibility."[33]

Ganz eindeutig glaubte er also, daß die Verantwortung für all das, was im nationalsozialistischen Staat vorging, nicht nur auf diejenigen Deutschen begrenzt werden konnte, die in ihrem Lande geblieben waren, sondern nach genauer Analyse von all jenen geteilt werden mußte, die dieses Land freiwillig verlassen hatten, obgleich sie hätten bleiben können. Und der von ihm benutzte Begriff der Erniedrigung zeigt, daß er in dem Hitler-Regime eine Schande für die deutsche Ehre sah.

Sechs Jahre zuvor hatte er in einer kritischen Analyse der Dialektik zwischen der moralischen Entscheidung des Gewissens und dem souveränen Willen des Staates seine Auffassung dargelegt, daß die Entwicklung einer verbindlichen internationalen Ordnung nur dann möglich sei, wenn die innere moralische Haltung einer Nation durch ihr Handeln manifest werde, das heißt durch einen souveränen Staatswillen zum Ausdruck komme, der bereit sei, die grundsätzliche moralische Verantwortung für politisches Handeln sowohl in seinem internen Bereich als auch nach außen hin zu übernehmen. Seine Frage: „Was sollen wir tun?" konnte nicht mit Begriffen beantwortet werden, die mit seinem Verständnis von der moralischen Bedeutung der Staatsmacht übereinstimmten, ohne dabei den Gegensatz zwischen Individuum und Staat zu erkennen.[34] Sein Verständnis von politischer Verantwortung erforderte seine Rückkehr nach Deutschland, zusammen mit seiner Überzeugung, daß der herrschende Staatswille seine wahre Funktion nur solange ausüben konnte, als er von einer inneren Moral bestimmt wurde. Der Weg, den er vom Zeitpunkt seiner Rückkehr an ging, war die nach außen sichtbare Erwiderung auf diese schwierige Frage. Diese äußere Antwort war aber nur möglich, weil er sie intellektuell und emotional schon gegeben hatte, als er, noch im Fernen Osten, die politische Lage neu überdachte. Sie hatte mit Nationalismus im üblichen Sinne des Wortes wenig zu tun, viel jedoch mit seinem durch das Elternhaus vermittelten Verständnis vom Dienst am Staat.

III

Am Tage seines Prozesses vor dem Volksgerichtshof schilderte Trott in einem Brief an seine Frau seine Arbeit im Widerstand:

„Es war alles ein aus der Besinnung und Kraft unserer Heimat, deren tiefe Liebe ich meinem Vater verdanke, aufsteigender Versuch, ihr in allen modernen Wandlungen und Erschwerungen unwandelbar bleibendes Recht und ihren tiefen, unentbehrlichen Beitrag gegen den Übergriff fremder Mächte und Gesinnungen zu erhalten und zu vertreten. Darum bin ich aus der Fremde mit allen ihren Verlockungen und Möglichkeiten immer mit Unruhe und begierig dorthin zurückgeeilt, wo ich mich zu dienen berufen fühlte."[35]

Bemerkenswert ist, daß Trott angesichts des Todes auf seine Beteiligung am Widerstand zurückblickte als die Erfüllung seiner Berufung zum Dienst am Staat. In Oxford hatte Trott Hegel neu interpretiert, um seine Lehre für die Gegenwart relevant zu machen. Im Hitler-Deutschland interpretierte Trott die Bedeutung des Dienstes für den Staat neu, indem er die bestehende Ordnung von dem trennte, was das Wesen des Staates tatsächlich ausmacht. Durch sein Handeln beantwortete er die Frage: „Was sollen wir tun?" Im Einklang mit der Überzeugung, daß der herrschende Staatswille von einer inneren Moral geleitet sein muß, wenn er seine wahre Funktion ausüben will, übernahmen Trott und seine Freunde die Rolle dieser „inneren Sittlichkeit". Und so gesehen, war es nicht von entscheidender Bedeutung, daß der deutsche Widerstand seine politischen Ziele nicht erreichte.

Wichtiger war die Überzeugung Trotts und seiner Landsleute, daß es ihre Pflicht war, die moralische persönliche Gewissensentscheidung im deutschen Staat weiterhin lebendig zu erhalten, selbst in der Ära des Dritten Reiches. Der deutsche Widerstand zeigte der Welt, daß es auch im nationalsozialistischen Staat Deutsche gab, die bereit waren, unter Einsatz ihres Lebens das Böse herauszufordern, selbst wenn es nur eine geringe Chance für politischen Erfolg gab. Das moralische Gebot Trotts und seiner Freunde fand Ausdruck im politischen Widerstand gegen einen Staat, der seine moralischen Grundsätze verloren hatte. Die Verschwörung gegen die kriminelle Handlungsweise dieses Staates wurde für Trott zur höchsten Form des Dienstes, den er seinem Land erweisen konnte.

Anmerkungen

[1] John W. Wheeler-Bennett, *The Nemesis of Power. The German Army in Politics, 1918—1945,* London 1953, S. 442—443; dt. Ausg. u. d. Titel *Die Nemesis der Macht. Die deutsche Armee in der Politik 1918—1945,* Düsseldorf 1954, S. 466.

[2] *A.a.O.*, S. 443; dt. Ausg. S. 466.

[3] John W. Wheeler-Bennett, *Adam von Trott and Peace Feelers,* Memorandum für das Foreign Office, 21. April 1943, in: Akte C 5218, FO 371, 3449, *Public Record Office,* London [im folgenden *PRO* zitiert].

[4] Interview mit Elizabeth Wiskemann, London, 14. Mai 1971. Siehe auch ihren Artikel, *A Fact of History*, in: *The Times*, London, 30. November 1968.

[5] Robert Birley, Artikel *Early Death*, in: *Spectator*, London, 13. Dezember 1968.

[6] Siehe Christopher Sykes, *Troubled Loyalty: A Biography of Adam von Trott zu Solz*, London 1968, S. 359 u. Anm. 72; dt. Ausg. u. d. T., *Adam von Trott. Eine deutsche Tragödie*, Düsseldorf-Köln 1969. — Brief Margret Boveri an Sir Robert [Birley], 19. August 1969, Durchschlag in Margret Boveris Papieren.

[7] Ch. Sykes, *Troubled Loyalty*... [Anm. 6], S. 455.

[8] *A.a.O.*, S. 215.

[9] *A.a.O.*, S. 354.

[10] *A.a.O.*, S. 370, 455.

[11] Hugh Trevor-Roper, *The Man Who Tried to Use Hitler*, in: *The Sunday Times*, London, 24. November 1968.

[12] *Troubled Resistance*, in: *The Times Literary Supplement* vom 27. März 1969, S. 322.

[13] Sheila Grant Duff [Sokolov], *Fünf Jahre bis zum Krieg (1934—1939). Eine Engländerin im Widerstand gegen Hitler*, München 1978; siehe biographische Anmerkung und korrigierende Aussage S. 311. Inzwischen ist eine englische Ausgabe erschienen: *The Parting of Ways: A Personal Account of the Thirties*, London 1982.

[14] [R. H. S. Crossman,] *Freiherr Adam von Trott*, o. D. [Mai 1942], C 5428, FO 371/30912, *PRO*. Das anonyme Foreign-Office-Memorandum stammt zweifelsfrei von Crossman: Innere und äußere Beweise zeigen dies.

[15] Richard Crossman, *Third Man as Hero*, in: *The Observer*, London, 24. November 1968.

[16] *Ebda.*

[17] H. Trevor-Roper, *The Man*... [Anm. 11], S. 60; Brief Trotts an seinen Vater, Shuzenji, 8. April 1938: „der bisher größte Erfolg unserer neuen Politik."

[18] Auszug aus einem Brief an Shiela Grant Duff, Shanghai, 6. Oktober 1938; zusammengefaßt in der vervielfältigten „Materialsammlung" Clarita von Trotts (1958), S. 128.

[19] R. Crossman, *Third Man*... [Anm. 15]; Interview des Autors mit R. H. S. Crossman, London, 30. April 1971.

[20] Harold C. Deutsch, *Overlooking Historical Facts*, in: *Encounter*, 33 (September 1969), S. 94, 96.

[21] Hans Mommsen, *Gesellschaftsbild und Verfassungspläne des deutschen Widerstandes*, in: Walter Schmitthenner/Hans Buchheim (Hrsg.), *Der deutsche Widerstand gegen Hitler. Vier historisch-kritische Studien*, Köln 1966, S. 164—165.

[22] Hermann Graml, *Die außenpolitischen Vorstellungen des deutschen Widerstandes*, in: W. Schmitthenner/H. Buchheim (Hrsg.), *Der deutsche Widerstand*... [Anm. 21], S. 45, 49—53, 68.

[23] In seiner Hegel-Monographie hatte Trott betont, daß die Anwendung des Rechts auf Persönlichkeit nicht durch die Nationalität beschränkt ist. Hegel zitierend, schreibt er: „Der Mensch gilt so, weil er Mensch ist, nicht weil er Jude, Katholik, Protestant, Deutscher oder Italiener usf. ist." Adam von Trott zu Solz, *Hegels Staatsphilosophie und das Internationale Recht*, Göttingen 1967 (= Neudr. d. Ausg. 1932), S. 46.

[24] J. H. van Roijen, *Adam von Trott in Holland*, in: *Encounter*, 33 (September 1969), S. 91.

[25] Brief Trotts an seinen Vater, Göttingen (ca. 20. November 1930).

[26] Tagebuch Adam von Trott, Göttingen, 1930 (in englischer Sprache); Brief Trotts an seinen Vater, „Freitag“ (wahrscheinlich im Juni 1932).

[27] Brief Trotts an den Rev. Tracy Strong, Imshausen, 5. April [1932]: Papers of Tracy Strong, University of Washington, Seattle.

[28] Unveröffentlichter Aufsatz Adam von Trotts zum Thema Deutschland und der Frieden, ohne Datum [November 1932]. Sammlung Trott, Berlin.

[29] Brief Trotts an seinen Vater, Oxford, 13. Februar 1933: „*Darauf* werde ich mich vorbereiten — und einstweilen mit dem autoritären Nationalismus keinerlei Bündnisse eingehen.“

[30] Brief Trotts an Shiela Grant Duff, Peking, 20. Juli 1938.

[31] Brief Trotts an Shiela Grant Duff, Tsingtao, 1. Oktober 1938.

[32] Brief Trotts an Lord Lothian, Shanghai, 11. Oktober 1938, Rhodes House, Oxford.

[33] Brief Trotts an Diana Hopkinson von Ende November 1938, zitiert in einem unveröffentlichten Manuskripts von Diana Hopkinson.

[34] A. von Trott, *Hegels Staatsphilosophie*... [Anm. 23], S. 140—141.

[35] Brief Trotts an seine Frau aus dem Gefängnis Berlin-Plötzensee, vom 15. August 1944, in: Annedore Leber u. a. (Hrsg.), *Das Gewissen steht auf*, Berlin 1954, S. 222.

Aus dem Englischen von Barbara Peymann

Alternative Politik des Auswärtigen Amtes bis zum 1. September 1939

LEONIDAS E. HILL
Vancouver

In diesem Aufsatz geht es darum,
— den Titel im Zusammenhang mit den politischen Zielen des Nationalsozialismus zu erklären, sowie Kommentare zur deutschen Außenpolitik in ihrer begrenzten „revisionistischen" Phase von 1933—1937 zu liefern;
— festzustellen, ob und inwiefern das Auswärtige Amt (AA) „nazifiziert" oder zu jenem Zeitpunkt zu einem rein „technischen Apparat" reduziert worden war;
— das Erbe der Neurathschen Politik und
— Ernst von Weizsäckers frühe Aufzeichnungen zur deutschen Außenpolitik zusammenfassend darzustellen und die alternative Politik im Zusammenhang mit Opposition und Widerstand zu untersuchen, und zwar
— vom Anschluß Österreichs bis zum Münchener Abkommen;
— von München bis zur Besetzung Prags;
— vom 15. März 1939 bis zum Einmarsch in Polen.

I

Da der Titel nicht ohne weiteres verständlich ist, stecken wir zunächst die Grenzen der Materie ab. Wir haben es hier mit Vorschlägen zur Politik und zur Verfahrensweise zu tun, die vom Auswärtigen Amt ausgingen, nicht mit solchen, die außerhalb desselben zu hören waren. Es bleibt festzustellen, ob diese Vorschläge und Methoden eine „Alternative" darstellten und ob sie Oppositions- und Widerstandselemente gegen Hitler und den Nationalsozialismus in sich trugen. Zunächst muß jedoch geklärt werden, was Hitler und der Nationalsozialismus in der Sicht der Historiker letztlich von der Außenpolitik erwarteten. In der Beantwortung dieser Frage herrscht vermutlich großenteils Übereinstimmung.[1]

Die nationalsozialistische Außenpolitik basierte auf Darwinismus und Rassismus. Hitler war davon überzeugt, daß der Überlebenskampf, der Krieg zwischen Völkern und „Rassen", die Hauptantriebskraft in der Geschichte sei. Die Stärkeren erwiesen sich als überlegen und wertvoller, die Minderwertigen kamen um. Ein Krieg sollte auch ihm dazu dienen, „Lebensraum" und wirtschaftliche Autarkie zu erhalten, und er sollte zum Triumph der „nordischen Rasse" über Juden und Slawen führen; es sollte ein Weltreich errichtet werden, das über Europa hinaus bis an den Ural im Osten und im Westen über den Atlantik hinweg reichte. Hitler verlor diese grandiosen Ziele während seiner ganzen politischen Karriere nicht aus den Augen, Ziele, die ohne einen Krieg gar nicht zu verwirklichen waren; aber davon abgesehen wollte er einen Krieg ohnehin als Prüfstein für sein eigenes Volk und andere Völker. Er begeisterte sich an der Aussicht auf die Zerstörung ganzer Kulturen und die Ausrottung minderwertiger „Rassen". Er gab immer wieder zu erkennen, daß er erbarmungslos und amoralisch war, daß er Kompromisse haßte und Diplomaten, Diplomatie und die üblichen Gepflogenheiten im internationalen Umgang und im internationalen Recht verachtete. Nach dem erfolgreichen Anschluß Österreichs im Jahre 1938 war Hitler überzeugt, daß ein Angriffskrieg zur Eroberung von Gebieten, die nicht von einer Mehrheit von Deutschen besiedelt waren, durchaus vertretbar sei. Erst unter diesen Gegebenheiten wurden im Auswärtigen Amt anders ausgerichtete Ziele und Methoden erwogen, die es verdienen, in der Geschichtsschreibung der Opposition oder des Widerstandes erwähnt zu werden.

Bestrebungen im Auswärtigen Amt, die es verdienen, als *Opposition* bezeichnet zu werden, müssen die nationalsozialistischen Ziele und Methoden auf grundlegende Art und Weise unterwandert, eingeschränkt oder im Widerspruch zu ihnen gestanden haben. Der *Widerstand* muß die Schwächung oder den Sturz des Regimes zum Ziel gehabt haben.[2] Bis zum Jahre 1938 waren die Meinungsverschiedenheiten in bezug auf politische Ziele nicht grundsätzlicher Art; über die revisionistischen Ziele, die nicht den Stempel der Nazi-Ideologie trugen — mit Ausnahme der die Juden betreffenden Politik —, bestand weitgehend Übereinstimmung. Keines dieser Ziele schien einen Angriffskrieg zur Eroberung nichtdeutschen Gebietes heraufzubeschwören. Es gab allerdings Meinungsverschiedenheiten über Reihenfolge, Tempo und Verfahren.[3] Eine Reihe leitender Beamter des Auswärtigen Amts, wie Neurath und Weizsäcker, hatten seit 1933 die Befürchtung, daß eine Fehlentscheidung der Nazis Deutschland unbeabsichtigt in einen Krieg verwickeln konnte und daß Hitlers „Überraschungen" eine militärische Reaktion provozieren könnten.[4]

II

Um die Fähigkeit des Auswärtigen Amts, seine Politik zu konzipieren und durchzusetzen, in der richtigen Perspektive zu sehen, muß zunächst geklärt werden, ob das Auswärtige Amt dadurch, daß die Juden hinausgedrängt und die Beamten zum Parteibeitritt gezwungen wurden, „nazifiziert" worden war. War das Auswärtige Amt 1936—1937, wie Weizsäcker meinte, auf den Stand eines „technischen Apparates", eines Maschinenteils, herabgesunken, anstatt die Rolle des „Motors" in der Außenpolitik zu spielen?[5] War die Außenpolitik „nazifiziert" worden? Wenn nicht, was hatte diese Entwicklung verhindert? Dienten frühere diesbezügliche Bestrebungen der späteren Opposition als Vorbild?

Schon bald nach Hitlers Machtübernahme versuchte die Partei, die Juden aus dem Auswärtigen Amt zu entfernen und der Beamtenschaft die Parteimitgliedschaft aufzuzwingen. Während der folgenden Jahre versuchten Neurath und seine leitenden Beamten, Zeit zu gewinnen oder stellten sich schützend vor diejenigen „jüdische[n] Beamte[n], die [im Auswärtigen Amt] bleiben wollten".[6] Erst nach der Verkündung der Nürnberger Gesetze am 15. September 1935 wurden die prominentesten unter den jüdischen Beamten, Gerhard Köpke und Richard Meyer, zum Rücktritt gezwungen.[7] Von größerer Bedeutung war die Rolle, die das Auswärtige Amt und besonders die nazifizierte „Abteilung Deutschland" im Zusammenhang mit der Diplomatie des „Transfer Agreement"[8] gespielt hatte.

Im Jahre 1933 schlug Weizsäcker vor, daß entweder der Eintritt in die NS-Partei für Mitglieder des AA gesperrt werden solle, damit die diplomatischen Vertreter im Ausland von Parteipolitik unberührt blieben, oder aber, daß der Auswärtige Dienst als Kollektiv zum Parteimitglied gemacht werden solle.[9] Die Partei lehnte dies ab. Ein relativ geringer Anteil des AA war bis 1938 in die Partei eingetreten.[10] Das AA war also nur teilweise und nur oberflächlich „nazifiziert".

Während dieser Zeit machte eine Reihe von scheindiplomatischen Behörden, die versuchten, die Kontrolle über verschiedene Aspekte der Außenpolitik zu gewinnen, dem Auswärtigen Amt stark zu schaffen. Einige Diplomaten hatten schon damals, und einige Geschichtsforscher[11] seither, die Vermutung, daß diese Behörden die Autorität des Auswärtigen Amtes so stark unterwandert hatten, daß es bis zum Jahre 1937 auf den Stand eines rein „technischen Apparates" gesunken war. Die Bilanz dieser Entwicklung sieht etwa folgendermaßen aus:

1. Joseph Goebbels und sein *Propagandaministerium*[12] hatten vergeblich versucht, die Presseabteilung des Auswärtigen Amtes zu übernehmen; die Arbeit der beiden Ämter war eine Zeitlang, vor allem in Österreich,

schlecht koordiniert, aber danach war die Propaganda in erster Linie Dienstmagd der Diplomatie; nach seiner Ernennung zum Außenminister gewann Ribbentrop hier einiges an Autorität zurück.

2. Alfred Rosenbergs *Außenpolitisches Amt der NSDAP* (APA)[13] fiel schon bald der Unfähigkeit seines Leiters zum Opfer und war nach 1933 für das Auswärtige Amt eher ein Irritationsmoment als eine ernsthafte Bedrohung.

3. Ernst Bohles *Auslandsorganisation der NSDAP* (AO)[14] bemühte sich um die Nazifizierung der deutschen Auslandsgemeinden in vielen Ländern und machte Diplomaten im Ausland, wenn sie die Bemühungen der Partei nicht unterstützten, das Leben schwer. Daß die AO Hitlers Aufmerksamkeit auf die Möglichkeit eines Eingreifens in den spanischen Bürgerkrieg gelenkt hatte, war ein einmaliger Zufall und sagt nichts über die Bedeutung dieser Behörde aus. Neurath reagierte prompt und entschlossen, und die AO wurde praktisch vom Auswärtigen Amt absorbiert, als Bohle 1937 innerhalb desselben eine Beförderung erhielt.

4. Die *Volksdeutsche Mittelstelle* (VOMI)[15] stritt sich zunächst mit dem Auswärtigen Amt um die Kontrolle über die Volksdeutschen im Sudetenland und in Polen, arbeitete aber schließlich mit dem AA zusammen; als Außenminister benutzte Ribbentrop die VOMI zur Unterwanderung in der Karpathenukraine, in der Slowakei und in Danzig. Bei Kriegsausbruch wurde die VOMI von der SS absorbiert.

5. Von 1933 bis 1937 reiste *Hermann Göring*[16] als Gesandter in eine Reihe von Balkanländern, 1935, 1936 und 1937 nach Polen und Italien, wo er an der Gründung der Achse im November 1936 mit beteiligt war. Er spielte bei der Entscheidung, in den spanischen Bürgerkrieg einzugreifen, eine Rolle und war stark an der Förderung deutscher wirtschaftlicher Interessen in Spanien interessiert. Ende 1937 spielte er den Gastgeber für eine Reihe von Besuchern aus England, darunter auch Halifax. Nach Ribbentrops Ernennung zum Außenminister verlor Göring an Einfluß; er spielte jedoch noch eine wichtige Rolle beim „Anschluß“ Österreichs, gab sich in der Maikrise 1938 als „Pazifist“,[17] war unmittelbar vor München Mitglied der sogenannten „Friedenspartei“ und hatte im Sommer 1939 die Wohltat-Hudson-Gespräche vermittelt.

6. Das Auswärtige Amt konnte *Joachim von Ribbentrop* und sein Büro Ribbentrop bis 1935 in Schach halten, aber danach hatte er einen Erfolg nach dem anderen, was seine gelegentlichen Fehler und Schwächen überdeckte.[18] Neurath bot wiederholt seinen Rücktritt an, um Ribbentrops Ernennung zum Staatssekretär zu verhindern, aber er ernannte Ribbentrop zum Nachfolger des verstorbenen Hoesch zum Botschafter in London, einmal, um ihn aus Berlin fortzubekommen, und zum anderen in der Hoffnung, daß er sich dort blamieren würde. Einige wohlinformierte

Beobachter, wie zum Beispiel Weizsäcker, hatten die ganze Zeit über erwartet, daß Ribbentrop Neuraths Nachfolger werden würde.[19]

Ribbentrop und Göring bildeten somit wichtige Ausnahmen zu der Regel, daß es nämlich den diversen Nazis und ihren scheindiplomatischen Behörden nicht gelang, die Kontrolle über die Außenpolitik zu gewinnen oder letztere auch nur zu beeinflussen. Die Ausnahmestellung dieser beiden beruhte jedoch hauptsächlich auf ihrem persönlichen Verhältnis zu Hitler und hatte wenig mit ihrer Kompetenz oder dem Einfluß ihrer Ämter zu tun. Weder das Personal des Auswärtigen Amtes noch die kurzfristigen Ziele oder die Leitung der Außenpolitik waren „nazifiziert" worden, ebensowenig wie die Verwicklung in Spanien oder die Bündnisse mit Italien und Japan nur Resultate nationalsozialistischer Ideologie waren, obwohl bei allem eine politische Komponente mit im Spiel war.

III

Es war weniger von Bedeutung, daß das AA nach 1935 einen Teil seiner Autorität an die scheindiplomatischen Behörden verloren hatte, als daß Hitler immer häufiger selbst wichtige Entscheidungen[20] traf und sich auf den Rat derjenigen verließ, die seine Ansichten teilten und — wie er — Nazis und Aktivisten waren. 1936 entschied er sich für die militärische Besetzung des Rheinlandes, für das Einschreiten in Spanien und für die Gründung der Achse mit Italien und des Antikominternpaktes mit Japan. Auf der Konferenz am 5. November 1937 entwickelte er seine Vision einer neuen Phase der Außenpolitik, deren Ziele außerhalb Deutschlands lagen und das Risiko eines Krieges einschlossen.

Von diesem Zeitpunkt an war er den Ansichten des Auswärtigen Amtes weniger zugänglich als zuvor. Unter der Führung Neuraths hatte das Auswärtige Amt damit argumentiert, daß Zeit, ein „Reifeprozeß", geduldiger Druck und hartnäckige Diplomatie zum Erfolg führen würden, wie zum Beispiel in Österreich, wo sich 1934 übereiltes Handeln als gefährlich erwiesen hatte und beständiger Druck 1936 die Belohnung in Form der Juli-Vereinbarung gebracht hatte. Neurath war ebenfalls davon überzeugt, daß das Rheinland durch Verhandlungen, ohne den Einsatz von Truppen, wiederzugewinnen sei.[21] Er war für eine ideologiefreie und realistische Außenpolitik und hatte sich aus diesem Grund den Bündnissen mit Italien mit Japan widersetzt; er glaubte nicht, daß diese beiden Länder Deutschland von großem Nutzen sein konnten,[22] aber wenigstens handelte es sich nur um ideologische, nicht um militärische Bündnisse. Er betrachtete die Möglichkeit einer Allianz mit Großbritannien[23] sehr skeptisch und scheute vor einem Eingreifen in den Spanischen Bürgerkrieg zurück.

In der ersten Hälfte des Jahres 1936 hatte Neurath eine Reihe seiner engsten Mitarbeiter und Berater verloren; Meyer (Rußland und Osteuropa) und Köpke (Westeuropa) wie schon erwähnt durch frühzeitige Pensionierung aus „rassischen" Gründen, die Botschafter Köster (Paris) und Hoesch (London) und Staatssekretär Bülow durch Tod. All dies schwächte Neuraths Stellung.[24] Ein Historiker ist zu dem Schluß gekommen, daß Neurath Hitler 1936 zu meiden begann, daß das AA im Frühjahr 1937 völlig isoliert gewesen sei, daß Hitler seinen Außenminster nicht mehr auf dem Laufenden gehalten und keinen wirklichen Rat mehr gesucht habe.[25] Einige Aufzeichnungen Weizsäckers über Neuraths Schwächen und darüber, daß das AA an die Staatsmaschine angekoppelt werden müsse, bestätigen diese Ansicht.[26] Neurath reagierte jedoch entschlossen und negativ auf die Visionen von Expansion und Krieg, die Hitler auf der Konferenz vom 5. November 1937 verkündete, und bot wiederum seinen Rücktritt an,[27] eine Geste, die als Opposition zu werten ist.

Daß Hitler Neurath wenig später durch die Ernennung zum Präsidenten des Geheimen Kabinettsrats „nach oben pensionierte", hing scheinbar mit der Fritsch-Blomberg-Krise zusammen. Lediglich der Zeitpunkt von Ribbentrops Ernennung überraschte; die Beamten des AA waren nicht ausgesprochen gegen die Ernennung, da sie einerseits Neurath für faul hielten und andererseits wohl glaubten, daß sie sich das Büro Ribbentrop einverleiben konnten, ebenso wie es mit Bohles AO geschehen war. Auch hofften sie sicherlich, Ribbentrop beeinflussen zu können, und daß das Auswärtige Amt unter ihm wieder die Kontrolle über die Außenpolitik gewinnen würde.[28] Den Anschluß Österreichs, der zu dem Zeitpunkt seiner Ernennung stattfand, fürchteten sie nicht sonderlich, da es kaum wahrscheinlich schien, daß es darüber zu einem Krieg kommen könnte.[29] Die nächste Phase in der Außenpolitik begann für sie in dem Moment, als Hitler und Ribbentrop ihre Ansicht verkündeten, das „Große Programm",[30] die Annexion nicht nur des Sudentenlandes, sondern auch der Tschechoslowakei, durch einen Krieg in die Tat umzusetzen.

IV

Politische Maßnahmen innerhalb des Auswärtigen Amtes in den Jahren 1938—1939, die als Opposition oder Widerstand gewertet werden können, wurden hauptsächlich von Ernst von Weizsäcker angeregt, der seit August 1936 Leiter der Politischen Abteilung des AA war und im März 1938 von Ribbentrop zum Staatssekretär ernannt wurde. Der Hintergrund zu seinen Anregungen ist in der jüngeren Geschichtsschreibung[31] nur unzureichend geschildert worden und verdient, hier näher beleuchtet zu werden.

Weizsäcker war kein typischer Vertreter der wilhelminischen Elite,[32] was immer man darunter verstehen mag; er war auch weder ein typischer Marineoffizier noch ein typischer Diplomat der Weimarer Republik. Er hatte aus seiner eigenen Erfahrung und aus der Geschichte gelernt und wollte die Fehler der Vergangenheit vermeiden. Daher war auch seine Reaktion auf manche frühen Entwicklungen des Dritten Reiches in gewisser Hinsicht untypisch. Weizsäcker hielt einige von Hitlers „Überraschungen" für gefährlich, weil andere Staaten sich dadurch provoziert fühlen konnten und es zu einem Krieg kommen konnte. Er war der Meinung, daß es „dumm" und „verbrecherisch"[33] sei, ein solches Risiko einzugehen und Verträge und das internationale Recht zu verletzen. Mit dieser Ansicht verurteilte er nicht das Regime als Ganzes, aber seine ausführlichen Aufzeichnungen aus den Jahren 1936 und 1937 bestätigen seine Behauptung, daß er aus anderen Gründen als mit dem Ziel des zu erwartenden Gebietsgewinns im Dienst des Dritten Reiches verblieben war. Seine Opposition in den Jahren 1938—1939 basierte auf religiösen, ethischen und juristischen Überlegungen, nicht nur auf der Tatsache, daß er gegen einen großen Krieg war, von dem er annahm, daß Deutschland ihn verlieren würde.[34]

Diese Aufzeichnungen[35] bieten eine überraschende Vielfalt an Ansichten und Überlegungen. Er glaubte, daß als Reaktion auf die Kirchenverfolgung eine solche Welle von religiöser, ethischer und kultureller Besorgnis von dem deutschen Volk ausgehen werde, daß das Dritte Reich sich dem gar nicht widersetzen könne und seine eigene nationalistische und sozialistische Ideologie[36] damit in Einklang bringen werde. Weizsäcker gestand dem Regime beachtliche „soziale Erfolge"[37] zu und dachte dabei vermutlich vor allem an die Verminderung der Arbeitslosenzahl. Er wollte diese Erfolge retten und hoffte, daß das Regime sich von innen heraus entwickeln würde, so wie es im faschistischen Italien geschehen war; andererseits fürchtete er, daß eine mögliche kommunistische Gegenrevolution, eine zweite nationalsozialistische Revolutionswelle, die Errichtung einer militärischen Diktatur oder ein durch inneren oder äußeren Druck ausgelöster Krieg alles gefährden konnten. Wenn eine dieser Möglichkeiten eintrat, war seine Nützlichkeit als Staatssekretär in Frage gestellt, er konnte möglicherweise den Respekt vor sich selbst verlieren und sich praktisch gezwungen sehen, seinen Rücktritt einzureichen.[38]

Seine Tätigkeit im Auswärtigen Amt konnte jedoch dazu beitragen, der deutschen Außenpolitik zum Erfolg zu verhelfen und eine evolutionäre Entwicklung zu begünstigen; die religiösen, kulturellen und ethischen Ideale des deutschen Volkes, die im Widerspruch zur nationalsozialistischen Ideologie standen, in der Außenpolitik zum Ausdruck zu bringen; eine von diesen Idealen geprägte Friedensordnung zu schaffen; Deutschland möglicherweise (wie Hitler es bereits zu planen schien)[39] in den Völkerbund zurückzuführen, wenn auch hauptsächlich nur, um ihn zu unterwandern. Weizsäcker war für eine stärkere Beteiligung am Haager Gerichtshof, für Nichtangriffspakte und für die Definition des Angreifers, wenn das einen Krieg verhindern konnte.[40]

All dies konnte nur verwirklicht werden, wenn die Autorität des Auswärtigen Amtes wiederhergestellt wurde. Das Auswärtige Amt sollte Material über die Schäden sammeln, die von diesen scheindiplomatischen Behörden angerichtet wurden, und versuchen, nach und nach seine Autorität wiederzuerlangen.[41]

Das Auswärtige Amt sollte dann eine Außenpolitik entwickeln, die Deutschland zum Wiedereintritt in die Reihe der Großmächte verhelfen, eine Auflockerung des dem Dritten Reich feindlich gegenüberstehenden Mächteblocks mit sich bringen und einen Kreis von Mächten schaffen konnte, die Deutschland freundlich gesonnen waren, ohne daß es deshalb zu einer Blockbildung kam; dies alles eventuell unter Zurückstellung weltanschaulicher Gesichtspunkte. Auf diese Art und Weise und mit Hilfe anderer Ersatzkonstruktionen konnte Deutschland nach Weizsäckers Ansicht versuchen, das antideutsche Zentrum im Völkerbund zu schwächen.[42]

Weizsäcker erkannte wohl, daß Deutschland in eine neue Phase eingetreten war, in der die politischen Ziele *jenseits* seiner Grenzen lagen.[43] In dem Memorandum vom Juli 1936 beschreibt Weizsäcker unter dem Titel „Wahrung des Lebensraumes“ Deutschlands territoriale Ansprüche in einer Weise, die verrät, daß er zu jenem Zeitpunkt gar nicht verstand, was Hitler mit diesem Begriff meinte. Weizsäcker meinte, daß Deutschland es trotz der anti-englischen Tendenz in einem normalen friedlichen Zeitablauf riskieren konnte, Kolonien zu erwerben, ohne die bestehenden internationalen Beziehungen zu stören. In einer anomalen Periode, in Konfliktsperioden mit dritten Mächten, mußten die Ziele im Osten, wie Danzig, Memel und der Korridor, im Vordergrund stehen und erst an zweiter Stelle Eupen, Tondern und das Elsaß.[44] „Marsch auf eines dieser Ziele durch einen eigens dazu geführten Krieg ist nicht zu planen.“[45] In den Aufzeichnungen vom Januar 1937 diskutiert er die Gebietsansprüche aus einer recht anderen Sicht. Deutschland könne seine unbefriedigende Lage auf dem europäischen Kontinent nicht verbessern, ohne eine große Erschütterung in Europa zu bewirken.

„Bestimmte positive Ziele für den Fall einer solchen Erschütterung lassen sich nicht im voraus aufstellen, etwa ähnlich denen wie die Einigung des Reichs vor dem Krieg 1870. Man kann als Ziel höchstens ganz allgemein an ein föderatives Großdeutschland denken, das Ostpreußen (durch den bisherigen Korridor) mit Deutschland wieder direkt verbände, Österreich u. das Sudetendeutschtum nahe an uns anschlösse u. gewisse Grenzkorrekturen in Oberschlesien, vielleicht auch bei Tondern, bei Eupen u.s.w. aufwiese."[46]

Er sagte nicht, daß dies seine persönlichen Ziele seien, sondern daß man daran denken könne. Die Form seiner Aussage deutet an, daß er Hitlers Ziele so beschrieb, wie er sie verstand; obgleich er bis zu einem gewissen Grad zweifelsohne die gleichen Ziele anstrebte, betrachtete er die Möglichkeit, sie alle zu verwirklichen, mit großer Skepsis und sah die Gefahr in Hitlers Vision. Er sprach von einer „föderativen" Struktur und sah ganz sicher nicht die Eingliederungen voraus, die 1938 stattfanden. Die vorsichtige Art, in der er diese Ziele im Zusammenhang mit der neuen Phase der Außenpolitik in den Jahren 1936—1937 beschreibt, und die zahlreichen Abstriche in den folgenden Abschnitten des gleichen Dokumentes berechtigen einen nicht dazu, in Weizsäcker den Befürworter eines Großdeutschlands zu sehen.[47]

Er sagte weiterhin, daß die Verwirklichung dieser Ziele einen überwältigenden Sieg der deutschen Sache voraussetzen würde, der kaum zu erringen wäre, wenn die Ziele auch nur als Absicht und in großen Zügen bekannt würden. Aus diesem Grund mußte Deutschland sehr vorsichtig vorgehen und der Welt ein friedliches Gesicht bieten; es mußte sich den Ruf der Stärke, der Stabilität, Verläßlichkeit und Würde erwerben und sich militärisch, wirtschaftlich, finanziell und politisch eine ganz andere Position schaffen. Kam es nicht zu einer großen europäischen Erschütterung, das heißt in „sogenannten Friedenszeiten", sollte Deutschland weniger drastische Mittel anwenden, um nach und nach kleine Vorteile und Verbesserungen zu bewirken. Die Anerkennung als Großmacht konnte es nur leichter machen, auf diplomatischem Wege eine international, rechtlich und ethisch begründete Friedensordnung zu finden. „Aus dieser Ordnung sind alle, auch anspruchsvolle Willenskundgebungen des Reichs abzuleiten."[48] Der Aufruf zum Kampf gegen den Kommunismus besaß nicht die notwendige moralische Anziehungskraft, um eine Verletzung dieser Ordnung zu rechtfertigen oder auszureichen, um Deutschlands echte politische Ziele zu überdecken.[49]

Den Aufzeichnungen aus den Jahren 1936 und 1937 liegt Weizsäckers Hoffnung zugrunde, daß tiefeingewurzelte Kräfte in Deutschland einen wohltuenden Einfluß auf das Dritte Reich haben würden, daß das Auswärtige Amt die Formulierung und die Führung der Außenpolitik wieder übernehmen würde, daß Deutschland wieder den Status einer Großmacht erlangen würde und seine Ziele auf diplomatischem Wege, ohne Europa in einen Krieg zu stürzen, verwirklichen konnte. Sein Bestehen auf einer rechtlich, politisch und moralisch begründeten Ordnung geht teilweise auf seine Erfahrungen im Ersten Weltkrieg zurück. Er war sich bewußt, welches Unheil der Krieg gewesen war und ein wieviel größeres Unheil ein neuer Krieg sein würde, und er sah andererseits ein, daß ein Land, das Verträge und das Völkerrecht als „Papierfetzen" abtat, wie Bethmann es im Falle der belgischen Neutralität getan hatte, es sehr schwer haben würde, wenn es versuchte, seine eigenen Ziele zu verwirklichen.

Kein Land konnte es sich leisten, von jener Ordnung abzuweichen, ohne selbst Schaden zu nehmen, wie er in seinem Vortrag vor Seeoffizieren im Jahre 1931 darlegte;[50] aus dem gleichen Gefühl heraus verurteilte er Hitlers Methoden nach 1933. Während seiner Tätigkeit in der Politischen Abteilung des Auswärtigen Amtes von August 1936 bis März 1938 sah Weizsäcker deutlich, daß Hitler und seine engsten Mitarbeiter nichts als Verachtung für diese rechtlichen und moralischen Argumente und jeden, der sie äußerte, hatten. Nach 1937 erwähnte er sie daher selten und gebrauchte andere, hauptsächlich machtpolitische Argumente, um seine Vorgesetzten zu überzeugen.[51]

V

Als Ribbentrop Weizsäcker das Amt des Staatssekretärs anbot und von Hitlers „Großem Programm" sprach, das nicht ohne Krieg zu verwirklichen sei, wies Weizsäcker auf die Notwendigkeit hin, dem AA die angemessene Rolle in der Regierung zurückzugeben; er versuchte, Ribbentrop darauf festzulegen, daß kein Krieg geplant sei, und meinte, daß keiner mit Aussicht auf Erfolg geführt werden könne. Privat hatte Weizsäcker seit langem von Hitler und Ribbentrop als „Narren" und „Verbrechern" gesprochen. Sein Hauptbestreben ging auf die Verhinderung eines Krieges, der seiner Meinung nach *Finis Germaniae* bedeuten würde.[52]

In einer Reihe von Aufzeichnungen und mündlich, mit anderen Worten auf normalen, offiziellen Wegen, vertrat Weizsäcker Methoden und Ziele, die als „Politik"[53] gewertet werden können und von denen er annahm, daß sie Alternativen zu den politischen Zielen Hitlers und Ribbentrops darstellten. Im Sommer und Frühherbst besprach Weizsäcker mit Ribbentrop,[54] Schwerin von Krosigk[55] und Hess[56] die Wahl zwischen einem „chemischen" und einem „mechanischen" Verfahren zur Eroberung des Sudetenlandes anstelle des ganzen Gebietes von Böhmen, Mähren und der Slowakei.[57] Er gebrauchte die Metaphern „mechanisch" für Krieg und „chemisch" für andere Verfahren, zum Beispiel wirtschaftlichen Druck, Störtätigkeiten der sudetendeutschen Minderheit innerhalb der Tschechoslowakei, das moralische Gewicht des Schlagwortes „Selbstbestimmung", Druck auf die Tschechoslowakei von anderen Staaten, vor allem Frankreich und Großbritannien, um sie zu Konzessionen zu bewegen; das alles sollte zu Verhandlungen und einer Lösung führen, die Deutschland die Kontrolle über das Sudetenland, also ein hauptsächlich von Deutschen besiedeltes Land, gegeben und die Tschechoslowakei ihrer Verteidigungsmöglichkeit beraubt und die Rumpf-Tschechei[58] zu einem Vasallenstaat gemacht hätte.

In Aufzeichnungen und Gesprächen argumentierte Weizsäcker immer wieder, daß ein Krieg nicht örtlich zu begrenzen sei. Deutschland habe den Überraschungsmoment verpaßt, und Frankreich und Großbritannien seien zu stark und könnten unter Umständen eingreifen. Deutschland sei nicht so gut gerüstet wie 1914,[59] sei zu Lande schwach, könne mit der Luftwaffe nicht gewinnen und könne überhaupt keinen langen Krieg führen. Die Mitglieder des Antikominternpaktes seien nicht stark genug, um die Westmächte abzuschrecken oder zu besiegen.[60] Deutschland solle keine militärischen Bündnisse mit Italien oder Japan abschließen, da kein Verlaß darauf bestehe, daß die beiden Länder in einen Krieg eintreten würden, bei dem es um die Tschechoslowakei ging. Deutschland habe nicht die Absicht, für Italiens Ziele zu kämpfen, und könne in einem Krieg gegen Frankreich und England nicht viel Hilfe von Italien erwarten. Falls ein Konflikt mit England im Interesse Japans liege, werde Japan kämpfen, aber wenn ein solcher Konflikt nicht in seinem Interesse liege, werde es nicht kämpfen, selbst wenn ein Bündnis bestand.[61] Ungarn und Polen würden sich nicht auf eine aussichtslose Sache einlassen und würden überhaupt nur mitmachen, wenn sie etwas umsonst oder zu einem sehr geringen Preis erhalten würden.[62] Um mit diesem Standpunkt durchzudringen, betonte Weizsäcker immer wieder, daß ein Krieg in der Niederlage und Zerstörung von Hitlers Errungenschaften[63] enden werde; was nicht bedeutete, daß er Hitler und das Dritte Reich retten wollte.

Im Spätsommer 1938 war Weizsäcker durch Beck, Halder, Geyer und Kordt über Hitlers aggressive Absichten gut unterrichtet. Sein alter Freund, General Hermann Geyer, berichtete ihm zum Beispiel von Hitlers kriegshetzerischer Ansprache vor den Offizieren in Jüterbog am 15. August. Weizsäcker hatte den Posten als Staatssekretär angenommen, um die Möglichkeit zu haben, das zu tun, was er jetzt tat: Er benutzte sein Amt und einige seiner „jüngeren Freunde"[64] im AA wie Albrecht von Kessel und die Brüder Erich und Theodor Kordt, um seine Argumente durch ausländische Botschafter, die teils neutral (Burckhardt), teils fast Alliierte (Attolico) oder Freunde (die Ungarn), teils Gegner (Henderson, Harrison, Wilson, Vansittart) waren, weiterzuleiten. Er benutzte zwar den Dienstweg, aber der Inhalt seiner Mitteilungen bestand aus vertraulichen Äußerungen zu Hitlers und Ribbentrops Absichten und aus Ratschlägen, wie sie eventuell beeinflußt werden konnten.[65] Er beging damit zumindest Indiskretionen, im Höchstfalle Landesverrat; in jedem Falle versuchte er, die Politik dieser anderen Länder und ihre Verfahrensweise zu beeinflussen und zu ändern.

Zur Zeit des Besuchs von Admiral Horthy und seinem Stab am 22. und 23. August empfahl Weizsäcker den ungarischen Ministern Imredy und Kanya und ihrem Botschafter Csaky, Hitler gegenüber zu äußern, daß Deutschland für das Sudetenland „keinen Krieg riskieren", sondern mit den Verhandlungen fortfahren solle.[66] Hitler unterbrach ihr Gespräch und brüllte Horthy an: „Unsinn! Schweigen Sie!"[67] Weizsäcker warnte auch den ungarischen Militärattaché, Koloman Hardy, vor Hitlers Absichten,[68] und durch die Brüder Kordt warnte er Großbritannien.

Der Verdacht, daß Weizsäcker und die Brüder Kordt gar nicht zusammen gearbeitet hatten, sondern dies erst bei dem Prozeß zur Sprache kam, wurde 1949 von Hans Rothfels geäußert und von Theo Kordt bestritten.[69] Es ist seit langem bekannt, daß Weizsäcker und die Kordts den Engländern nicht genau den gleichen Rat gegeben hatten, besonders in bezug auf die Frage, ob eine Warnung privat oder öffentlich ausgesprochen werden sollte.[70] Auf jeden Fall hatte aber Erich Kordt am Abend des 4. September mit Weizsäcker gesprochen und dessen Einwilligung erhalten, ehe er über seine Kusine Susanne Simonis eine Botschaft an seinen Bruder Theo in London schickte. Am 1. September unterrichtete Weizsäcker Carl J. Burckhardt von Hitlers aggressiven Absichten; Burckhardt fuhr nach Genf, um die britischen Diplomaten dort zu informieren, die ihrerseits lange Berichte an das Foreign Office in London schickten, wo man Weizsäcker trotz der Anonymität als Quelle dieser Informationen identifizierte.[71]

Auf dem Nürnberger Parteitag vom 7. bis 8. September 1938 sprach Weizsäcker mit den deutschen Botschaftern Dieckhoff, Dirksen, Welczeck, Moltke und Mackensen und berichtete Ribbentrop, daß sie mit ihm nicht übereinstimmten, „da sie an eine Enthaltung der westlichen Demokratien im Fall des deutsch-tschechischen Konfliktes nicht glaubten".[72] Zu jenem Zeitpunkt und während der folgenden Wochen forderte Weizsäcker Botschafter Henderson wiederholt auf, Ribbentrop klarzumachen, daß „England sich an einem Krieg in Mitteleuropa beteiligen" werde, und riet zu einer „nicht-öffentlichen, einschüchternden" Warnung seitens Großbritanniens.[73] Im Einverständnis mit Weizsäcker berichtete Albrecht von Kessel dem Zweiten Sekretär der Britischen Botschaft, Harrison, von Hitlers neuesten Plänen und schlug vor, Großbritannien solle Deutschland dabei helfen, alle Deutschen innerhalb seiner Grenzen zu vereinigen, und gleichzeitig Hitler vor jedweder Aggression warnen.[74] Weizsäcker forderte Botschafter Attolico auf, Mussolini dazu zu bewegen, seinen mäßigenden Einfluß auf Hitler und Ribbentrop auszuüben. Bei zwei Gelegenheiten, dem ungarischen Besuch Ende August und nach einem Treffen mit Chamberlain, gab Weizsäcker Hitler gegenüber zu verstehen, daß er um seine Entlassung nachsuchen werde, falls es zu einem Krieg kommen sollte;[75] er wollte damit seine Opposition klar zum Ausdruck bringen und Hitler von seiner Ansicht überzeugen. Das Gleiche versuchte er in einer Unterredung mit Ribbentrop Anfang September,[76] aber er hatte weder in dem einen noch dem anderen Fall großen Erfolg.

Im August besprach Weizsäcker seinen eigenen Rücktritt mit General Beck, der ihn, zusammen mit Albrecht Haushofer und Albrecht Graf von Bernstorff und anderen, drängte, im Amt zu verbleiben.[77] Beck selbst trat zurück, obwohl Weizsäcker ihm davon abgeraten hatte;[78] auf Hitler machte das gar keinen Eindruck und führte nur dazu, daß Beck praktisch allen Einfluß auf das übrige Militär verlor.[79] Beck wurde durch Halder ersetzt, der zu jenem Zeitpunkt ein stärkerer Gegner Hitlers war, als er es 1939 sein sollte. Es gibt überzeugende Beweise dafür, daß Weizsäcker zuerst Beck und dann Halder gegenüber geäußert hat, daß Hitler zur Erhaltung des Friedens beseitigt werden müsse, und daß sie darüber gesprochen haben, wie Hitler am besten „unschädlich" gemacht werden könne.[80] Weizsäcker glaubte, daß es am besten sei, beides gleichzeitig zu planen,[81] das heißt einen Coup und eine diplomatische Beilegung des Konfliktes mit der Tschechoslowakei. Er hatte dabei allerdings das erste Datum, für den ein Staatsstreich geplant war, den 13. September, im Sinn, nicht das zweite, den 27. September.

In Weizsäckers Darstellungen und denen der meisten Historiker seither sind beide Daten zu einem verschmolzen, ohne daß den beträchtlichen Unterschieden Rechnung getragen wird. Am 13. September, dem ersten Datum, wollte eine größere Gruppe einen Coup arrangieren, der nicht von einem Angriff auf die Tschechoslowakei begleitet sein sollte. Als Chamberlain nach Berchtesgaden kam, schien es, als würde Deutschland einen Gebietszuwachs erhalten, die Tschechoslowakei zerstückelt werden und als ob ein Krieg vermieden werden würde.[82] Wie Weizsäcker bemerkte: „Sie beraubte den Plan [Hitler festzunehmen] seines zugkräftigsten Motivs."[83] Ende des Monats war die Situation grundlegend anders; Weizsäcker hatte den Eindruck, daß Ribbentrop die Verhandlungen absichtlich mißlingen lassen und Hitler wiederholt zum Krieg überreden wollte.[84] In der Nacht vom 27. zum 28. September sprach Hitler selber davon, daß er einen Krieg wollte, und Weizsäcker war überzeugt, daß er das nicht nur um des Eindrucks auf Dritte willen sagte.[85] Angesichts der geringen Zahl von Verschwörern und der verringerten Aussicht auf Erfolg, des hohen Risikos eines Krieges, egal ob der Coup mißlang oder erfolgreich war, erscheint Weizsäckers Beurteilung des Münchener Abkommens als „beste Lösung", in dem Sinne, daß es die beste Lösung war, die unter den gegebenen Umständen zu erzielen war, und nicht eine „zweitbeste" Lösung, durchaus plausibel. Erich Kordt, der seinerseits das Münchener Abkommen eine „zweitbeste" Lösung genannt hatte, gab Weizsäcker in einem Brief an seinen Bruder recht:

„Bei Weizsäcker stand bei allen Überlegungen die Rettung des Friedens im Vordergrund. Er war jederzeit für eine Beseitigung des Regimes, mit der einen Ausnahme, daß dadurch der Friede nicht gefährdet werden dürfte. Er hat die mir gegebene Instruktion, so wie ich sie ausgeführt habe, gebilligt. Nach der Reise Chamberlains mag er nicht ohne Grund daran gezweifelt haben, ob ein Sturz des Regimes zu diesem Zeitpunkt bewirkt werden konnte. Daraufhin mag bei ihm der Gedanke an Boden gewonnen haben, daß der Friede nur mit diplomatischen Mitteln gerettet werden könne, indem von britischer Seite das Prinzip der Selbstbestimmung anerkannt, auf der anderen Seite aber Hitler daran gehindert werde, seinen ‚kleinen Krieg' mit dem Ziel der Annexion der ganzen Tschechoslowakei zu führen."[86]

Zu jenem Zeitpunkt war Erich Kordt aktiver als Weizsäcker, hatte mehr Vertrauen in das Gelingen eines Coups und glaubte an die Möglichkeit, die Macht zu ergreifen und einen Krieg zu verhindern; auch war er weniger um eine Invasion und die Niederlage Deutschlands besorgt. Erich Kordt schrieb in dem gleichen Brief: „Es bestand sicherlich zwischen uns ein Unterschied der Temperamente, was aber unsere Hochschätzung des Mannes Weizsäcker und auch seines Mutes nicht beeinträchtigt hat. Ohne seine schützende Hand wäre die Organisation einer Opposition im AA kaum möglich gewesen."[87] Seine „jungen Freunde" im AA waren tatsächlich so davon überzeugt, daß Weizsäcker eine große Rolle bei dem Zustandekommen des Münchener Abkommens und der Erhaltung des Friedens gespielt habe, daß einer von ihnen auf einer Gesellschaft in seinem Haus am 8. Oktober gesagt hatte: „Sie [das heißt die „jungen Freunde"] werden sich für ihn in Stücke hauen lassen."[88]

Vor München hatte Hitler die von Weizsäcker empfohlenen „chemischen" Verfahren angewandt, jedoch nur, um letztlich das „mechanische" Verfahren für eine „mechanische" Lösung zu benutzen. Die „chemische Lösung" widersprach seinen Wünschen und seiner Überzeugung, nicht nur, weil sie ihm nicht lag, sondern auch weil sie ihm nur das Sudetenland ohne den Rest der Tschechoslowakei gebracht hätte. Zu diesem Zeitpunkt hielt Weizsäcker also die „chemischen Verfahren" und die „chemische Lösung", im Gegensatz zu Hitler, für Möglichkeiten einer alternativen Politik. Er sah darin einen Verzicht auf die kurzfristigen und die langfristigen Methoden und Ziele des Nationalsozialismus. Weizsäcker argumentierte, daß die „chemische Lösung" das Regime vor der Zerstörung in einem Krieg bewahren würde, aber letztlich ging es ihm um die

Vermeidung eines Krieges, nicht darum, das Regime zu retten. Er war ein Befürworter eines Coups, ohne direkt daran teilzunehmen.

VI

Weizsäcker vertrat auch nach München eine alternative Politik, einmal, um das Münchener Abkommen durchzuführen, und dann, um den Status der Tschechoslowakei zu regeln. Als Vorsitzender des Botschafterausschusses, der die neuen Grenzen für die Tschechoslowakei festlegen sollte, wollte er nicht das ethnographische Prinzip verletzen, aber schließlich gaben er und der Ausschuß dem Drängen Hitlers, Ribbentrops und des deutschen Militärs auf Einverleibung eines möglichst großen Gebietes nach. Hitler tobte, daß er in München zu kurz gekommen sei, Ribbentrop stieß in das gleiche Horn, und das Militär verlangte strategische Vorteile Befestigungen und Waffen.[89] Es gibt Beweise dafür, daß Weizsäcker versucht hatte, Kompromisse zu finden,[90] aber seine Bemühungen hatten keine nennenswerte Wirkung.

Fast unmittelbar nach München beschloß Hitler die militärische Besetzung des Restes der wehrlosen Tschechoslowakei. Das Auswärtige Amt arbeitete jedoch einen „Freundschaftpakt" aus, der der Tschechoslowakei einen Teil ihrer Autonomie belassen und sie vor der Besetzung bewahrt, jedoch in den Status eines Vasallen- oder Satellitenstaates gebracht hätte. Weizsäcker kehrte im Dezember von einem ausgedehnten Urlaub am Mittelmeer zurück und kämpfte mit Ribbentrop um die Annahme des Paktes.[91] Er sah ein, daß die Besetzung der Tschechoslowakei und die Verletzung des Selbstbestimmungsprinzips, das die Basis des Münchener Abkommens darstellte, ein Fehler wäre. Die Mitunterzeichner des Münchener Abkommens, Frankreich und Großbritannien, würden sich düpiert fühlen und nicht so leicht, wenn überhaupt, bereit sein, Deutschlands revisionistischen Forderungen gegenüber Polen nachzugeben.[92] Weizsäcker warnte vor den Schwierigkeiten, die Deutschland dabei haben würde, die zahlreiche nichtdeutsche Bevölkerung der Tschechoslowakei in Schach zu halten.[93] Er versuchte, Ribbentrop von seinem Ziel abzulenken und ihn für Polen und das Memelland zu interessieren,[94] womit er nicht ganz erfolglos war.

Im Januar schlug Ribbentrop Polen wiederum eine Regelung vor, die zu dem Zeitpunkt genauso unannehmbar war wie später, weil sie Deutschland einen Durchgang durch den Korridor gegeben, Polens Zugang zur Ostsee durchschnitten und es so vermutlich zu einem Vasallenstaat gemacht hätte.[95] Mit seinem überheblichen Benehmen und einer absichtlich nachlässigen Diplomatie wollte Ribbentrop vermutlich eine Regelung verhindern,[96] und es kam auch zu keiner.

Hitler fuhr also so fort, wie er es ohnehin beabsichtigt hatte, nämlich mit der Unterwanderung der Tschechoslowakei von der Slowakei aus und schließlich mit der militärischen Besetzung des Landes. Daraus sollten erhebliche wirtschaftliche Vorteile erwachsen, zum Beispiel die Kontrolle über Rohstoffe und die Industriekapazität, militärische Vorteile mit der Beschlagnahme von Flugzeugen, Panzern und Waffen und strategische Vorteile Polen gegenüber. Weizsäcker war der Ansicht, daß das Militär bei den Vorbereitungen für die Besetzung der Tschechoslowakei eine wichtige Rolle gespielt habe;[97] einige Historiker haben diesen wichtigen Punkt leider völlig übersehen.[98] Weizsäckers eigene Aufzeichnungen bezeugen, daß Hitler einen Monat vor der Besetzung Prags das Datum dafür festgesetzt hatte[99] und daß Weizsäcker selbst die Orchestrierung der Ereignisse vorgeschlagen haben könnte.[100] Er hatte sich also dem von Hitler und Ribbentrop verfolgten Kurs vorübergehend widersetzt und eine Alternative vorgeschlagen. Das bedeutete „Opposition", allerdings, im Gegensatz zu der Zeit vor München, durchaus im Rahmen seiner Amtspflichten. Wäre das Regime seinem Rat gefolgt, hätte es sich wiederum (wie im Falle des Münchener Abkommens) zumindest scheinbar, zeitweise und taktisch als inkonsequent erwiesen. Es hätte dem Anschein nach das Prinzip der Selbstbestimmung akzeptiert. Aber letztlich versuchte Weizsäcker lediglich, den Schaden, den eine Annexion der Rest-Tschechei anrichten würde, auf ein Minimum zu reduzieren. Einen Krieg erwartete er davon zu Recht nicht.[101] In beiden Phasen bewies er mit seinen Ratschlägen Vernunft und Vorausschau und versuchte dann, die Ereignisse durch aktive Beteiligung mitzusteuern.

VII

Nach der Besetzung der Rest-Tschechei und des Memellandes war Weizsäcker überzeugt, daß Deutschland mit dieser Verletzung des Münchener Abkommens und des Selbstbestimmungsprinzips sein Konto endgültig überzogen hatte,[102] aber er war in gleichem Maße seit langem überzeugt, daß Deutschland ein Recht auf Danzig und zumindest auf einen Durchgang durch den Korridor hatte.[103] Diese Ziele waren für ihn aber keinen Krieg wert, und er war sicher, daß sie auf diplomatischem Wege zu verwirklichen waren. Als Hitler vor seinen Generalen erklärte, daß er Polen im Herbst auf die Knie zwingen werde, suchte Weizsäcker nach Wegen, um einen Krieg zu vermeiden und die Forderungen, die er für gerechtfertigt hielt, durchzusetzen. Er stand konsequent zu seiner Meinung, daß Großbritannien sein Versprechen Polen gegenüber halten und danach handeln werde und daß es einen langen Krieg geben werde. Sein Argument, daß Deutschland sich wegen der Rohstoffknappheit keinen langen Krieg leisten könne,[104] machte weder auf Hitler noch auf Ribbentrop oder das Militär Eindruck, so daß Weizsäcker auf eine alternative Politik verfiel, ähnlich der vor München: Er versuchte auf verschiedene Weise, einen Angriff auf Polen vor Ende der Feldzugsaison zu verhindern,[105] und bemühte sich um eine langfristige diplomatische Lösung, die Deutschland Konzessionen und Polen den Status eines Vasallenstaates bringen würde.

Starker diplomatischer und wirtschaftlicher Druck konnte Polen vielleicht dazu zwingen, Konzessionen zu machen und Deutschland dazu, sie zu akzeptieren. Weizsäcker riet dringend, von provozierenden Ereignissen, wie zum Beispiel dem deutschen Flottenbesuch in Danzig,[106] Abstand zu nehmen. Großbritannien sollte Polen dazu bringen, Zwischenfälle zu vermeiden und angemessene Konzessionen zu machen; weiterhin sollte es die an Polen gegebene Garantie abschwächen, die in Weizsäckers Augen einen „Blankoscheck"[107] darstellte und Teil einer „Einkreisungs"-Politik[108] war, die zu einem Krieg und dem Untergang des Empires führen konnte.[109] Gleichzeitig drängte er Großbritannien durch Burckhardt dazu, Hitler und Ribbentrop privat und überzeugend *(un silence menaçant)*[110] klarzumachen, daß es zu seiner Garantie stehen würde. Daß Weizsäcker hinter Adam von Trott zu Solz' Vorschlag an Großbritannien und Hitler für eine Wiederherstellung des tschechischen Staates im Sommer 1939 gestanden haben könnte, ist zweifelhaft.[111]

Bei seinem Prozeß behaupteten sowohl Weizsäcker als auch die Kordts, daß er Erich Kordts Reise nach London am 15. Juni 1939, um Großbritannien zum Abschluß eines Pakts mit der Sowjetunion zu überreden, bevor Hitler ihn schließe, gebilligt oder ihn dazu ermutigt hatte. Ein Historiker,[112] der meint, daß sie alle gelogen hätten und daß Weizsäcker Kordts Unterfangen nicht unterstützt haben könne, ignoriert Argumente und Beweise, die ihre Aussage und veröffentlichte Berichte untermauern:

1. Die erwähnte Behauptung spielte bei Weizsäckers Prozeß keine größere Rolle,[113] und mit einer Lüge hätte er die Widerlegung durch englisches Beweismaterial riskiert.

2. Daß Weizsäcker diese Warnung in den unveröffentlichten früheren Fassungen seiner Autobiographie und anderen Schriften nicht erwähnte, beweist nichts. Er erwähnte auch die überzeugend dokumentierte Unterhaltung mit Burckhardt von Anfang September 1938 nicht, deren Inhalt Burckhardt an die britischen Diplomaten in Genf gegeben und die diese nach London weitergeleitet hatten.[114] Bis Burckhardt ihn im Jahre 1947 davon unterrichtete, wußte Weizsäcker vermutlich nichts von dem Schicksal ihres Gespräches und hatte die britischen Berichte aus Genf natürlich nicht vor ihrer späteren Veröffentlichung gesehen. In ähnlicher Weise könnte Weizsäcker in Gesprächen mit Kordt um den 15. Juni 1939

herum seine Zustimmung zu einer Warnung an Großbritannien angedeutet haben, ohne genau zu wissen, wie Kordt daraufhin handeln würde.[115] Nach dem Krieg beurteilte Weizsäcker seine eigene Rolle mit ehrlicher Bescheidenheit und hielt seine Bemühungen nicht für einen Teil des „Widerstands"; daher war er über die Schildung in Hans Rothfels' Buch einigermaßen erstaunt.[116]

3. Im Zusammenhang mit seiner Aussage für das *State Department* im Oktober 1945 schrieb Erich Kordt, daß er viele Einzelheiten, Ereignisse und auch Namen absichtlich ausgelassen habe.[117] Mehrere Jahre lang sprach er öffentlich überhaupt nicht über seine Bereitschaft, Hitler im November 1939 zu ermorden. Aber sein Freund Hasso von Etzdorf schilderte die Episode 1946, und Hans Bernd Gisevius erwähnt sie 1946 in seinem Buch *Bis zum bittern Ende.*[118] Kordt war deprimiert und beschämt darüber, daß sie 1938 und vor allem 1939 nicht gehandelt hatten, und wollte ihr Versagen nicht diskutieren oder die Aufmerksamkeit auf sich, auf Kosten derjenigen, die am 20. Juli 1944 umgekommen waren, lenken.[119]

4. 1946 schrieb Theo Kordt, völlig unabhängig von seinem Bruder, in einem Bericht für das amerikanische *State Department,* daß Weizsäcker hinter allen ihren Handlungen gestanden habe, erwähnt aber Weizsäcker nicht speziell im Zusammenhang mit der Warnung vom Juni 1939.[120]

5. In einem 1947 geschriebenen Bericht erinnert sich Theo Kordt daran, wie er am Himmelfahrtstag, dem 18. Mai 1939, R. A. Butler gegenüber geäußert hatte, daß Weizsäcker das Haupt der aktiven Opposition im Auswärtigen Amt sei;[121] bei der gleichen Gelegenheit erwähnte Butler, daß Großbritannien Verhandlungen mit der UdSSR begonnen habe. Am 24. Dezember 1947 bat Theo Kordt Butler, diese Version zur Benutzung in dem Prozeß zu bestätigen,[122] was er, wenn sie nicht gestimmt hätte, kaum gewagt hätte.

6. Weizsäcker wollte eine „Schwebelage",[123] einen „Balancezustand",[124] bei dem in den Beziehungen zwischen der UdSSR und Deutschland auf der einen Seite sowie Frankreich und England auf der anderen so etwas wie ein *Status quo* aufrechterhalten werden konnte. Ein solcher Zustand hätte beiden Seiten eine Annäherung an die UdSSR und eine Verbesserung der gegenseitigen Beziehungen ermöglicht, wäre aber aus dem Gleichgewicht geraten, sobald eine der beiden Seiten einen Pakt abschloß, was zunächst seitens Großbritanniens und dann seitens Deutschlands im Bereich des Möglichen zu liegen schien. Im Frühsommer waren Gerüchte im Umlauf, denen zufolge Hitler ein Bündnis mit der UdSSR abschließen wolle. Weizsäcker erfuhr, daß Hitler zu einigen Generalen gesagt habe: „Nehmen Sie sich einen Stuhl und halten Sie sich fest. Ich will mich mit Stalin vertragen."[125] Göring stand hinter einer gleichartigen Geschichte, die im

Mai auch von General Bodenschatz verbreitet wurde.[126] Gegen Ende Mai war auch Weizsäcker in die Annäherungsversuche an die UdSSR verwickelt, die er billigte, weil sie seiner Meinung nach die ideologischen Feindseligkeiten in den Beziehungen zwischen den beiden Ländern reduzieren, Hitler von seinen Eroberungsträumen in Rußland ablenken, den Druck auf Polen, einer diplomatischen Regelung zuzustimmen, verstärken und Hitler damit eines Vorwandes für einen Krieg berauben würden.[127]

Es ist durchaus möglich, daß Weizsäcker und Kordt über diese komplizierten Beziehungen eingehender gesprochen haben, weil sie vermutlich gehört hatten,[128] was Botschafter Schulenburg nach dem 11. Juni in Berlin gesagt haben soll,[129] nämlich daß deutsche Vorschläge in Moskau in dem Sinne gemacht werden sollten, „daß die Sowjetunion auf den Abschluß des Vertrages verzichtet, über den sie zur Zeit mit England und Frankreich verhandelt".[130] Bis zu diesem Zeitpunkt hatte Weizsäcker geglaubt, daß die UdSSR zu mißtrauisch und zu langsam sein werde, um ein Bündnis mit einer der beiden Seiten vor Hitlers geplantem Angriff auf Polen abzuschließen.[131] Aber als Kordt am 15. Juni mit der Nachricht zu ihm kam, Moskau habe in einem Gespräch zwischen dem sowjetischen Geschäftsträger Astachov und dem bulgarischen Gesandten in Berlin, Draganoff, angedeutet, daß es lieber mit Deutschland ein Bündnis abschließen werde als mit Großbritannien, „wenn Deutschland die Erklärung abgeben würde, daß es die Sowjetunion nicht angreifen wolle oder mit ihr einen Nichtangriffspakt abschließen würde",[132] und daß Hitler daraufhin gesagt habe, wenn die Westmächte mit leeren Händen nach Hause gingen, „so kann ich Polen ohne die Gefahr eines Konfliktes mit dem Westen zerschlagen",[133] mag Weizsäcker wohl zugestimmt haben, daß Großbritannien gewarnt werden sollte; im Gegensatz zu Kordt wollte er zu diesem Zeitpunkt nicht, daß Großbritannien ein Bündnis mit der UdSSR schließen sollte, noch glaubte er, daß ein solcher Versuch Erfolg haben würde, aber es kann sein, daß Weizsäcker überzeugt war, ein energisches Vorgehen seitens Großbritanniens sei notwendig, um die „Schwebelage", ein Ausdruck den er erst nach dem Kriege gebrauchte, im vollkommenen Gleichgewicht zu halten.

Das Beweismaterial als Ganzes gesehen, bestätigt die von ihnen während des Prozesses aufgestellten Behauptungen im Zusammenhang mit dieser Episode.

In den Monaten Juni, Juli und August hatte Hans von Herwarth, ohne sich mit Weizsäcker und Kordt abzusprechen und seit Mai überzeugt davon, daß Hitler einen Pakt mit der UdSSR abschließen werde, die Italiener in Moskau von Hitlers Plänen unterrichtet, und zwar in der Hoffnung, daß Mussolini sich, wie er es im September 1938 getan hatte, einschalten werde. Von Mitte Juli an warnte Herwarth englische, französische und amerikanische Diplomaten vor der Gefahr.[134] Am 15. August machte Weizsäcker in Berlin Henderson und Coulondre gegenüber Andeutungen in bezug auf einen deutsch-russischen Pakt und eine Teilung Polens.[135] Zu diesem Zeitpunkt zog er vermutlich eine britisch-französisch-sowjetische Allianz einem deutsch-sowjetischen Pakt vor.[136]

Zu dieser Zeit, wahrscheinlich in Absprache mit Weizsäcker, schickte Erich Kordt Susanne Simonis wiederum nach London, um dort Hitlers wahre Absichten klarzumachen und die Engländer dazu zu bewegen, auf Italien Druck auszuüben, damit dieses seinerseits in Berlin einschritt.[137] Während des Sommers hatte Weizsäcker gehofft, daß Italien in Berlin im Rahmen des frisch abgeschlossenen Stahlpaktes einen mäßigenden Einfluß ausüben werde; er bat Attolico im August, in Berlin persönlich vorzusprechen und Mussolini und Ciano zu stärkerem Einschreiten zu bewegen.[138] Weizsäcker war für Mussolinis Vorschlag einer europäischen Konferenz als einer Möglichkeit, einen Krieg zu verhindern, aber er wollte auch eine bilaterale Regelung der deutsch-polnischen Frage, von der er annahm, daß sie eher die gewünschten Ergebnisse bringen werde. Ein zweites München hielt er nicht für möglich.[139] Durch Burckhardt (über Kessel und Ulrich Wilhelm Graf Schwerin von Schwanenfeld)[140] bat Weizsäcker am 21. August die Engländer, noch einmal eine starke Note an Hitler zu schicken, und er brachte dann Henderson mit der Note zu Hitler, als Ribbentrop in Moskau war.[141]

Weizsäcker hatte mehrere Male versucht, Ribbentrop davon zu überzeugen, daß England und Frankreich an ihre Garantie für Polen gebunden waren, und stellte seinen Posten für den Fall zur Verfügung, daß es zu einem Krieg kommen sollte.[142] Er versuchte in Gesprächen in Berchtesgaden am 23. und 24. August Hitler davon zu überzeugen, daß England zu seiner Garantie stehen werde, daß der deutsch-russische Pakt nicht den Sturz der Chamberlain-Regierung bewirken und daß Italien nicht kämpfen werde, daß Deutschland mit Polen verhandeln solle und daß er im Kriegsfalle zur Marine entlassen werden wolle, was in seinem Falle einem Rücktrittsangebot gleichkam.[143] In den letzten Augusttagen nahm Weizsäcker an der Ausarbeitung eines ihm vernünftig erscheinenden Kompromisses teil und versuchte wiederum, einen Krieg zu verhindern, und zwar nicht nur durch Attolico, Henderson und Hassell, sondern auch durch Keitel, Brauchitsch und Göring.[144]

Vor der Invasion Polens bestand kein Plan, Hitler zu stürzen, und Weizsäckers Bemühungen zielten nicht auf die Zerstörung des Regimes. Er hielt vieles, was Hitler 1938 und 1939 sagte, für Bluff.[145] Hitler zweifelte nie an der wohltuenden Wirkung eines Krieges auf die Jugend[146] und das deutsche Volk als Ganzes oder an der Notwendigkeit eines Krieges zur Verwirklichung seiner größenwahnsinnigen Ziele. Aus dieser Perspektive heraus war Weizsäckers Politik, waren seine Ziele und Methoden eher die Verneinung der Hitlerschen Politik und Ziele als eine Alternative zu ihnen. Die Wiederherstellung des Primats des Auswärtigen Amtes in der Außenpolitik war in dem Moment hinfällig geworden, als Hitler sich entschloß, seine radikalen, außerhalb Deutschlands liegenden Ziele mit Hilfe eines Krieges zu verwirklichen; Ribbentrop als sein Außenminister vertraute völlig auf Hitlers Genie und empfahl Weizsäcker, das Gleiche zu tun.[147]

Ribbentrop versuchte, im Sommer 1938 die tschechische[148] und im Sommer 1939 die polnische Politik zu monopolisieren.[149] Er blieb Berlin fern und hinderte in beiden Krisen die leitenden Botschafter daran, in die ihnen zugewiesenen Hauptstädte zu fahren.[150] Er versuchte eine Lösung durch Verhandlung zu verhindern, ignorierte die Wohltat-Hudson-Gespräche und sabotierte italienische Bemühungen um die Verhinderung von Aggression.[151] Ebenso wie 1938 versuchte Weizsäcker auch 1939 wieder auf offiziellen Wegen, durch seine diplomatischen Beziehungen und durch andere Beamte des Auswärtigen Amtes, wie Kessel und die Brüder Kordt, gegen den ausdrücklichen Wunsch Hitlers und Ribbentrops eine friedliche Lösung zu finden. Herwarth handelte hauptsächlich allein, aber in Übereinstimmung mit Weizsäckers Bemühungen. In beiden Jahren hatte Weizsäcker versucht, selbst Hitler und Ribbentrop zu beeinflussen, sie von anderen Ländern (Großbritannien; Italien) beeinflussen zu lassen (Rikoschet-Methode),[152] und hauptsächlich, Ribbentrop zu umgehen und direkt an Hitler zu gelangen.

VIII

Weizsäcker hatte es für möglich gehalten, daß ein wieder erstarktes Auswärtiges Amt an einer neuen Friedensordnung für Europa mitarbeiten konnte. Daß er das für möglich halten konnte, beweist, wie wenig er den Nationalsozialismus, Hitler und nicht einmal Ribbentrop verstanden hat. Hitler, Ribbentrop und der Nationalsozialismus brauchten einen Krieg und hätten sich niemals mit der Einverleibung von hauptsächlich deutsch besiedelten Gebieten zufrieden gegeben. Die weitestreichenden territorialen Ziele, die Weizsäcker 1938—1939 für erreichbar hielt — Ziele, die er 1936—1937 für völlig unmöglich gehalten hatte —, waren bescheiden im Vergleich zu denen Hitlers, hätten aber Deutschland eine außerordentlich starke, ja hegemoniale Machtstellung in Europa verschafft. Er sah deutlich, daß ein Deutschland ohne eine solche Begrenzung eine neue Friedensordnung unmöglich machen und zu einem Krieg führen könnte. Er dachte in erster Linie an den Krieg und die Menschenverluste — einschließlich seiner eigenen Söhne und seines Schwiegersohnes —, die er dem deutschen Volk ersparen wollte.[153] 1938 hatte Weizsäcker Beck und Halder gegenüber geäußert, daß der Frieden nur bewahrt werden könne, wenn Deutschland Hitler los werde,[154] aber in demselben Jahr hatte die Aussicht auf Erhaltung des Friedens ein Attentat als überflüssig erscheinen lassen. Es kam 1939 nicht zu einer Verschwörung, und gerade weil Weizsäcker, wie er immer wieder betonte, mit seinen Akten nicht schießen konnte,[155] nahm er am Vorabend des Krieges eine Pistole mit zu einer Besprechung, um Hitler und Ribbentrop zu töten.[156] Das war im Grunde nicht seine Art, und er wußte nicht nur, daß er weder ein Attentäter noch ein Revolutionär oder ein Märtyrer war, sondern wahrscheinlich auch, daß seine Chancen, ein erfolgreiches Revolver-Attentat zu verüben, 1 : 20[157] standen. Wenn die politischen Maßnahmen, die er vorschlug, letztlich keine Alternativen zu denen des Nationalsozialismus waren, sondern zu ihnen im Widerspruch standen, waren seine Ziele somit fast ein Spiegelbild dessen, was die *Appeasement*-Politik im Falle ihres Erfolges wahrscheinlich gebracht hätte: Frieden um einen hohen Preis — die Verdammung zweier Staaten in Osteuropa zum Status von Vasallen eines schrecklichen Regimes und eine ungeheuer vergrößerte Machtposition eben dieses Regimes. Das war weniger als das, was das Dritte Reich schließlich erreichte, und sehr viel weniger als das, was seinen monströsen Appetit befriedigt hätte.

Anmerkungen

1 Vgl. zum Forschungsstand: Klaus Hildebrand, *Deutsche Außenpolitik 1933—1945. Kalkül oder Dogma?*, Stuttgart 1971; Manfred Funke (Hrsg.), *Hitler, Deutschland und die Mächte. Materialien zur Außenpolitik des Dritten Reiches*, Düsseldorf 1976; Karl Dietrich Bracher/Manfred Funke/Hans-Adolf Jacobsen (Hrsg.) *Nationalsozialistische Diktatur 1933—1945*, Düsseldorf 1983, S. 390—406.

2 Siehe Klaus-Jürgen Müller, *Die national-konservative Opposition vor dem Zweiten Weltkrieg. Zum Problem ihrer begrifflichen Erfassung*, in: *Militärgeschichte. Probleme — Thesen — Wege*, Stuttgart 1982, S. 240—241. Überblick über die verschiedenen Arten von Opposition und Widerstand bei Leonidas E. Hill, *Towards a New History of German Resistance to Hitler*, in: *Central European History*, 14. Jg. (1981), S. 369—399.

3 Wolfgang Michalka, *Die nationalsozialistische Außenpolitik im Zeichen eines „Konzeptionen-Pluralismus". Fragestellungen und Forschungsaufgaben*, in M. Funke (Hrsg.), *Hitler*... [Anm. 1], S. 57—60.

4 John L. Heineman, *Hitler's First Foreign Minister. Constantin Freiherr von Neurath. Diplomat and Statesman*, Berkeley 1979, S. 92, 276, Anm. 3; Leonidas E. Hill (Hrsg.), *Die Weizsäcker-Papiere 1933—1950*, Berlin 1974, S. 26 (im folgenden *WP* zitiert). Der

Weizsäcker-Nachlaß ist jetzt auf Mikrofilm im Bundesarchiv in Koblenz (im folgenden *BA* zitiert) für Historiker frei zugänglich.

[5] *Trials of War Criminals before the Nuremberg Military Tribunal under Control Council Law No. 10, Case XI. U.S. vs. Ernst von Weizsäcker et al.* (im folgenden *Wilhelmstraßenprozeß* zitiert), Weizsäcker, Aussage, S. 7604 (engl.); *WP*, S. 96 (Juli 1936), S. 109—110 (? 1.1937), S. 121 (20.2.38; 5.3.38 [B]), S. 122 (5.3.38 [T]).

[6] Ernst von Weizsäcker, *Erinnerungen*, München 1950, S. 107 (im folgenden *Erinnerungen* zitiert); J. L. Heineman, *Hitler's*... [Anm. 4], S. 135—136.

[7] J. L. Heineman, *a. a. O.*, S. 139.

[8] Siehe Christopher R. Browning, *The Final Solution and the German Foreign Office. A Study of Referat D III of Abteilung Deutschland 1940—43*, New York-London 1978.

[9] *Erinnerungen*, S. 107.

[10] Hans-Adolf Jacobsen, *Nationalsozialistische Außenpolitik 1933—1938*, Frankfurt a. M.-Berlin 1968, S. 28. Zu Weizsäckers Eintritt in die Partei siehe *WP*, S. 83 (17.6.34), S. 484, Anm. 25, S. 124 (26.3.38).

[11] *Erinnerungen*, S. 129. Leonidas E. Hill, *The Wilhelmstraße in the Nazi Era*, in: *Political Science Quarterly*, 82. Jg. (1967), S. 546—570.

[12] L. Hill, *a. a. O.*, S. 552f.

[13] *A. a. O.*, S. 553f.

[14] *A. a. O.*, S. 554f.

[15] *A. a. O.*, S. 555f.

[16] *A. a. O.*, S. 557f.; J. Heineman, *Hitler's*... [Anm. 4], S. 119f.

[17] *WP*, S. 128 (22.5.38), S. 129 (30.5.38).

[18] H.-A. Jacobsen, *Nationalsozialistische Außenpolitik*... [Anm. 10], S. 252—318.

[19] *WP*, S. 91 (20.6.35), S. 98 (4.8.36).

[20] Jost Dülffer, *Zum „decision-making process" in der deutschen Außenpolitik 1933—1939*, in: M. Funke (Hrsg.), *Hitler*... [Anm. 1], S. 186—204.

[21] J. Heineman, *Hitler's*... [Anm. 4], S. 111, 114.

[22] *A. a. O.*, S. 102, 103, 108, 141, 153f.; über alle Unterschiede in der Politik Japan und China gegenüber siehe John P. Fox, *Germany and the Far Eastern Crisis 1931—1938. A Study in Diplomacy and Ideology*, Oxford 1982.

[23] J. Heineman, *Hitler's*... [Anm. 4], S. 95.

[24] *A. a. O.*, S. 141.

[25] *A. a. O.*, S. 147.

[26] *WP*, S. 120 (20.2.38); siehe die Hinweise in Anm. 5 oben.

[27] J. Heineman, *Hitler's*... [Anm. 4], S. 159—166; Harold C. Deutsch, *Hitler and his Generals. The Hidden Crisis January—June 1938*, Minneapolis 1974, S. 64, 70—72.

[28] L. Hill, *The Wilhelmstraße*... [Anm. 11], S. 563; *Erinnerungen*, S. 145—147; Erich Kordt, *Nicht aus den Akten*, Stuttgart 1950, S. 200.

[29] Gerhard L. Weinberg, *The Foreign Policy of Hitler's Germany. Starting World War II 1937—1939*, Chicago 1980.

[30] *WP*, S. 122 (5.3.38).

[31] Rainer A. Blasius, *Für Großdeutschland — gegen den großen Krieg. Ernst von Weizsäcker in den Krisen um die Tschechoslowakei und Polen*, Köln-Wien 1981 (im folgenden *Blasius* zitiert). Fast alle Stellen, die Blasius aus Weizsäckers 1947er Erinnerungen zitiert, sind in der veröffentlichten Version von 1950 zu finden.

[32] Wolf Jobst Siedler in: *Die Zeit* vom 2. Dez. 1983.

[33] *WP*, S. 490, Anm. 8.

[34] Der Hinweis bezieht sich auf den Titel von Blasius' Buch.

[35] *WP*, S. 96—98 (Juli 1936), S. 100—102 (Nov. 1936), S. 109—112 (?1.37).

[36] *WP*, S. 96 (Juli 1936).

[37] *WP*, S. 109 (?1.1937).

[38] *Ebda.*

[39] James T. Emmerson, *The Rhineland Crisis 7 March 1936. A Study in Multilateral Diplomacy*, Ames/Iowa 1977, S. 94.

[40] *WP*, S. 97 (Juli 1936).

[41] *WP* S. 96 (Juli 1936), S. 109—110 (?1.1937).

[42] *WP*, S. 96—97 (Juli 1936), S. 111 (?1.1937).

[43] *WP*, S. 97 (Juli 1936), S. 101 (Nov. 1936 [?]).

[44] *Blasius*, S. 19, Anm. 70, meint, daß Weizsäcker Elsaß-Lothringen wollte. Er hat Weizsäckers eigene Aussage in einer Notiz vom 30.6.1948, „Elsaß-Lothringen für Deutschland zu fordern, hätte ich abgelehnt", nicht beachtet. Nachlaß E. v. Weizsäcker, Nr. 66, S. 90, *BA*.

[45] *WP*, S. 97 (Juli 1936).

[46] *WP*, S. 111 (?1.1937).

[47] *Blasius*, S. 19—20.

[48] *WP*, S. 111 (?1.1937).

[49] *Ebda.*

[50] *WP*, *1900—1932*, S. 413—421 (8.1.1931).

[51] *Wilhelmstraßenprozeß* [Anm. 5], Weizsäcker, Aussage, S. 7717 (engl.).

[52] *WP*, S. 121—122 (5.3.38).

[53] Über die mannigfaltige Bedeutung von „Politik" siehe Carl J. Friedrich, *Policy — A Science?*, in: *Public Policy*, 4. Jg. (1953), S. 271—274.

[54] *WP*, S. 128 (22.5.38).

[55] *WP*, S. 132 (20.7.38).

[56] *WP*, S. 139 (28.8.38).

[57] *WP*, S. 146 (17.12.1938).

[58] Weizsäcker gebrauchte diesen Ausdruck vor der Münchener Konferenz. *WP*, S. 131 (8.6.1938).

[59] *WP*, S. 134 (2.8.1938).

[60] *WP*, S. 130 (8.6.1938).

[61] *WP*, S. 126 (19.6.1938).

[62] *WP*, S. 140 (30.8.1938).

[63] *WP*, S. 139 (28.8.1938), S. 140 (30.8.1938).

[64] Mit diesem Satz meint Weizsäcker Erich und Theo Kordt, Albrecht von Kessel, Gottfried von Nostitz, Hasso von Etzdorf, Bernd Otto von der Heyden-Rynsch, Eduard Brücklmeier und Otto von Wussow. *Wilhelmstraßenprozeß* [Anm. 5], Weizsäcker, Aussage, S. 7707—7708 (engl.).

[65] Siehe K.-J. Müller, *Die national-konservative Opposition...* [Anm. 2], S. 234, Anm. 56.

[66] *WP*, S. 168 (Mitte Okt. 1939); *Erinnerungen*, S. 168—170; *Blasius*, S. 56.

[67] *Documents on British Foreign Policy, 1919—1939*, Third Series, Bd. 2, London 1949, S. 689, Appendix iv, Skrine Stevenson an Strang, Genf, 8. Sept. 1938.

[68] *WP*, S. 505, Anm. 114.

[69] „Wie Sie sich denken können, hatten unsere Freunde [Weizsäcker] und wir es vorgezogen, über diesen Versuch mit untauglichen Mitteln überhaupt zu schweigen,

obwohl ich zugeben muß, daß eine vergangene und nicht zum Zuge gekommene Wirklichkeit eben auch eine Wirklichkeit ist." Theo Kordt an Hans Rothfels, 24. Feb. 1949. Nachlaß Erich Kordt, Bad Godesberg. Für Benutzungserlaubnis möchte ich Frau Lore Kordt danken.

70 *WP*, S. 506, Anm. 127; jetzt in *Blasius*, S. 60—61.

71 *Blasius*, S. 58—60.

72 *WP*, S. 142f. (?9.38); *Erinnerungen*, S. 181f.

73 *WP*, S. 142; *Erinnerungen*, S. 178.

74 *WP*, S. 507, Anm. 133.

75 *WP*, S. 137 (23.8.38), S. 170 (Mitte Okt. 1939).

76 *WP*, S. 136 (12.8.38), S. 137 (22.8.38), S. 141f. (4.9.38).

77 Heinz Haushofer, Weizsäcker, Dokument Nr. 205; Botho von Wussow, Weizsäcker, Dok. Nr. 386; Rainer Hildebrandt, Weizsäcker, Dok. Nr. 229; alle in *Wilhelmstraßenprozeß* [Anm. 5], *Dokumentenbuch der Verteidigung*, Nr. 5.

78 *WP*, S. 169 (Mitte Okt. 1939); *Erinnerungen*, S. 173.

79 Eine Ansicht, die Theo Kordt in seinen 1946 geschriebenen Erinnerungen vertritt. Institut für Zeitgeschichte, Bestand ED 157, Bd. 22, S. 31f.

80 *Erinnerungen*, S. 174. *Blasius*, S. 55, Anm. 144, glaubt Weizsäckers Behauptung in: *Erinnerungen* (1950), S. 176f., offensichtlich nicht, hat aber zwei Beweisstücke übersehen oder nicht beachtet: Weizsäckers Notiz vom 7. April 1946 und Franz Halders Eidesstattliche Versicherung vom 26. Januar 1948, derzufolge Weizsäcker im Herbst 1938 mehrmals gesagt habe, „daß ohne Beseitigung des Hitlerregimes der Friede auf die Dauer nicht zu bewahren sei". *Wilhelmstraßenprozeß* [Anm. 5], Franz Halder, Weizsäcker, Dok, Nr. 145, *Dokumentenbuch der Verteidigung*, Nr. 5, Fall XI.

81 *Erinnerungen*, S. 193.

82 *Erinnerungen*, S. 183.

83 *Erinnerungen*, S. 174.

84 *WP*, S. 145 (9.10.38).

85 *WP*, S. 145 (9.10.38), S. 170, 172 (Mitte Okt. 1939).

86 Erich Kordt an Theo Kordt, 5. Oktober 1951, Briefwechsel mit H. Lutz, E. Kordt, Nachlaß, Bad Godesberg.

87 *Ebda.*

88 Persönliche Mitteilung von Marianne von Weizsäcker; Kordt erwähnte dieses Zusammentreffen in seiner Aussage im *Wilhelmstraßenprozeß* [Anm. 5], S. 7550 (engl.).

89 *WP*, S. 146 (9.10.38), S. 172 (Mitte Okt. 1939), S. 517, Anm. 118; *Blasius*, S. 72—75.

90 *Blasius*, S. 72, Anm. 4.

91 *WP*, S. 32, 173 (Mitte Okt. 1939), S. 518, Anm. 122; *Blasius*, S. 82—85.

92 *WP*, S. 174 (Mitte Okt. 1939).

93 *WP*, S. 152 (16.3.39), S. 173 (Mitte Okt. 1939).

94 *WP*, S. 150 (Feb. 1939), S. 152 (16.3.39), S. 173 (Mitte Okt. 1939).

95 Eine Eisenbahnlinie durch den Korridor wäre vermutlich nicht zu verteidigen gewesen; die eigentliche Gefahr war ein wiederbewaffnetes Danzig.

96 *WP*, S. 175 (Mitte Okt. 1939).

97 *WP*, S. 174 (Mitte Okt. 1939).

98 M. Messerschmidt, *Außenpolitik und Kriegsvorbereitung*, in: *Ursachen und Voraussetzungen der deutschen Kriegspolitik* (= Das Deutsche Reich und der Zweite Weltkrieg, Bd. 1), Stuttgart 1979, S. 660—664, erwähnt weder den „Freundschaftspakt" (Anm. 91 oben) noch die Rolle des Militärs im Zusammenhang mit der Einverleibung am 15. März.

[99] *WP*, S. 32, 150 (13.2.39); von M. Messerschmidt, *Außenpolitik*... [Anm. 98], und von Klaus Hildebrand, *Das Dritte Reich*, München-Wien 1980, nicht beachtet.

[100] *WP*, S. 150f. (2. Hälfte Feb. 1939).

[101] *WP*, S. 174 (Mitte Okt. 1939).

[102] *WP*, S. 153 (27.3.39).

[103] *WP*, S. 97 (Juli 1936), S. 111 (?1.37), S. 150 (2. Hälfte Feb. 1939).

[104] *WP*, S. 154 (18.6.39), S. 157 (30.7.39).

[105] *WP*, S. 155 (9.7.39).

[106] *WP*, S. 156 (21.7.39, 30.7.39).

[107] *WP*, S. 176 (Mitte Okt. 1939); *Blasius*, S. 101, meint, daß Weizsäcker den Ausdruck „Blankoscheck" erst nach dem Kriege benutzt habe.

[108] *WP*, S. 153 (16.4.39), S. 157 (30.7.39).

[109] *WP*, S. 138 (23.8.38), S. 154 (18.6.39); *Blasius*, S. 101, Anm. 54, ist falsch.

[110] *WP*, S. 33, 467, Anm. 67; *Blasius*, S. 102.

[111] Christopher Sykes, *Tormented Loyalty. The Story of a German Aristocrat Who Defied Hitler*, New York 1969, S. 236—238.

[112] *Blasius*, S. 145—157, 161.

[113] *Blasius*, S. 150—152; Hellmut Becker, *Plädoyer für Ernst von Weizsäcker*, in: *Quantität und Qualität. Grundfragen der Bildungspolitik*, 2. Aufl., Freiburg 1968, S. 27—28; Harold C. Deutsch, *Verschwörung gegen den Krieg*, München 1969, S. 176.

[114] *Blasius*, S. 59, Anm. 165.

[115] Da immer die Möglichkeit bestand, daß sie belauscht oder beobachtet wurden, sprachen sie in einer getarnten und diskreten Art und Weise. Weil sie sich 1947—1949 nicht unbedingt an acht bis neuen Jahre zurückliegende Ereignisse deutlich erinnern konnten und einander während Kempners Kreuzverhör im Prozeß nicht widersprechen wollten, waren sie darum besorgt, das Gleiche auszusagen. Das ist kein Beweis dafür, daß sie entlastende Geschichten fabriziert hätten. Siehe *Blasius*, S. 145.

[116] Weder in irgendeiner der Versionen seiner Erinnerungen noch in separaten Aufzeichnungen hatte er behauptet, daß seine Rolle seine Eingliederung in den „Widerstand", wie er ihn verstand, rechtfertigte. Manche Historiker werden seine Meinung teilen, andere nicht. Siehe *WP*, S. 437 (20.7.48), S. 438 (29.7.48).

[117] *Erich Kordt an E. A. Baynes, Oct. 1945*, E. Kordt, Nachlaß, Bad Godesberg.

[118] *Erich Kordt an Werner Haag*, 10. März 1947, *a. a. O.*

[119] *Ebda.;* siehe auch Gottfried von Nostitz, *Eidesstattliche Erklärung für Erich Kordt; Erich Kordt an Theo Kordt, 14. Juli 1946:* „Ich hatte gehofft, nie mehr von diesen schmerzlich erfolglosen Versuchen sprechen zu müssen, da ich die Tatsache des Versagens als zu beschämend empfunden habe." Alle in E. Kordt, Nachlaß, Bad Godesberg. Siehe auch H. Deutsch, *Verschwörung*... [Anm. 113], S. 239—240.

[120] Theo Kordt, *Bericht für das State Department*, März 1946, S. 5 (Theo Kordt, Nachlaß, Bd. 4, Institut für Zeitgeschichte (IfZ).

[121] Bei *Blasius*, S. 99, Anm. 45, fehlt dieser Satz.

[122] *Theo Kordt an R. A. Butler, 24. Dez. 1947*, Theo Kordt, Nachlaß, Bd. 8, IfZ.

[123] *Blasius*, S. 98—100.

[124] Hans Rothfels, *Die deutsche Opposition gegen Hitler*, Frankfurt a. M. 1958, S. 70.

[125] Ernst von Weizsäcker, *Deutsch-russische Beziehungen 1937 bis 1941*, Original 1.4.47 in Nürnberg Dr. Kempner übergeben, S. 2, E. v. Weizsäcker Nachlaß, BA.

[126] Lewis B. Namier, *Diplomatic Prelude 1938—1939*, London 1948, S. 141, 189.

[127] Siehe Anm. 125.

[128] Hewel war ihre beste Informationsquelle innerhalb Hitlers näherer Umgebung.

[129] Es gibt offenbar keine Beweise für Schulenburgs Gespräche, die er vermutlich mit Ribbentrop und Hitler in Berlin vom 11.—26. Juni geführt hatte.

[130] Hans von Herwarth, *Zwischen Hitler und Stalin. Erlebte Zeitgeschichte 1931—1945*, Frankfurt a. M.-Berlin-Wien 1982, S. 168; Mario Toscano, *Italy and the Nazi-Soviet Accords of August 1939*, in: *Designs in Diplomacy*, Baltimore-London 1970, S. 84; nicht in *Blasius*.

[131] „Ich vertraue aber auf das tief eingewurzelte und begreifliche russische Mißtrauen gegen Hitler und auf die in Moskau übliche langsame Art zu verhandeln." Für die Quelle siehe Anm. 125.

[132] *Akten zur Deutschen Auswärtigen Politik*, Reihe D, Bd. 6, Nr. 529.

[133] E. Kordt, *Nicht aus den Akten*... [Anm. 28], S. 310; vgl. *WP*, S. 157 (30. 7. 39).

[134] H. v. Herwarth, *Zwischen Hitler*... [Anm. 130], S. 174—183.

[135] *Blasius*, S. 119.

[136] E. v. Weizsäcker, Aussage, *Wilhelmstraßenprozeß* [Anm. 5], S. 9029 (engl.)

[137] *Blasius*, S. 121—122.

[138] Weizsäckers Entwurf eines Vernehmungsprotokolls o. D., Nachlaß Weizsäcker, Bd. 63, BA.

[139] *WP*, S. 158 (6. 8. 39), aber siehe S. 181 (25. 10. 39), daß Ribbentrop den Vorschlag einer von Weizsäcker gewünschten Konferenz sabotiert hatte.

[140] *Blasius*, S. 124, Anm. 43, hat die folgenden Belegstellen übersehen: *Wilhelmstraßenprozeß* [Anm. 5], Gräfin Schwerin von Schwanenfeld, Weizsäcker Dok. Nr. 141, *Dokumentenbuch der Verteidigung*, Nr. 5.

[141] *WP*, S. 34, 159 (23. 8. 39), S. 181 (25. 10. 39).

[142] *WP*, S. 163 (31. 8. 39).

[143] *WP*, S. 34, 159—161 (23., 24., 25.8.39), S. 182 (25.10.39).

[144] Weizsäckers Bemühungen über die Botschafter sind in *WP*, S. 34—35, S. 161—163 (28., 29., 31. 8. 39), S. 164 (7. 9. 39) S. 182 (25. 10. 39) beschrieben.

[145] *WP*, S. 163 (31. 8. 39), S. 176, 177 (Mitte Okt. 1939).

[146] *WP*, S. 143 (15. 9. 1938), S. 168 (Mitte Okt. 1939).

[147] *WP*, S. 141—142 (4. 9. 38).

[148] *WP*, S. 168 (Mitte Okt. 1939).

[149] *WP*, S. 176 (Mitte Okt. 1939).

[150] *WP*, S. 158 (14. 8. 39), S. 168 (Mitte Okt. 1939).

[151] *WP*, S. 176 (Mitte Okt. 1939) über Wohltat-Hudson; *WP*, S. 159 (20. 8. 39), S. 161 (28. 8. 39), S. 163 (31. 8. 39), S. 181 (25. 10. 39) über Ribbentrops Sabotage der italienischen Bemühungen.

[152] Weizsäcker Aussage, *Wilhelmstraßenprozeß* [Anm. 5], S. 7703 (engl.).

[153] *WP*, S. 29, 131 (3. 7. 38), S. 173 (Mitte Okt. 1939).

[154] *Erinnerungen*, S. 173.

[155] *Erinnerungen*, S. 176.

[156] *WP*, S. 35; Erich Kordt erinnerte sich, daß Weizsäcker in den letzten Stunden vor Kriegsausbruch zu ihm gesagt hatte: „Sie mögen es Schwäche nennen, aber ich kann niemanden töten." (Auf englisch zitiert: „You may call it a weakness but I can't kill anybody.") Institut für Zeitgeschichte, Bestand ED 157, Bd. 47, Kordts Anfertigung seiner Aussage zugunsten Weizsäckers.

[157] Albrecht von Kessel, *Verborgene Saat. Das „Andere" Deutschland*, Manuskript, Vatikanstadt Sept. 1944 — April 1945, S. 50.

Über London den „großen Krieg" verhindern

Ernst von Weizsäckers Aktivitäten im Sommer 1939*

RAINER A. BLASIUS
Bonn

> „Das Rothfels-Buch habe ich nur teilweise gelesen, der Artikel darüber sagt eigentlich alles Nötige. Merkwürdig wie die ‚Widerstands'-Literatur schon fast nicht mehr zu übersehen ist. Schon schreibt einer vom andern ab. Man kann gut dabei beobachten, wie geschichtliche Thesen geprägt werden. Und da sollen sich die Historiker zum Schluß herausfinden."
>
> Ernst von Weizsäcker am 8. März 1949[1]

I

Vorbemerkung

Über den Staatssekretär des Auswärtigen Amtes, Ernst Frhr. von Weizsäcker, stellte der Botschafter Großbritanniens in Berlin, Sir Nevile Henderson, einmal fest, er gehöre zu den „mehr gemäßigten Deutschen", die einen Krieg um „fast jeden Preis" zu verhindern wünschten.[2] Daß sich Weizsäcker um dieses Zieles willen im Sommer 1939 sogar der Unterstützung der Regierung Großbritanniens bedienen wollte, wird in Studien über die internationalen Beziehungen vor Kriegsbeginn 1939 und über den Widerstand im Dritten Reich häufig erwähnt.[3] Jedoch werden seine Kontakte nach London aufgrund von Selbst- und Zeugenaussagen im „Wilhelmstraßenprozeß" (1948/49 stand Weizsäcker wegen „Verbrechen gegen den Frieden" und „Verbrechen gegen die Menschlichkeit" vor einem amerikanischen Militärgerichtshof), der Memoiren Erich Kordts (1950)[4] und der publizierten Fassung der „Erinnerungen" Weizsäckers (1950)[5] mit denen von Regime-Gegnern in Verbindung gebracht beziehungsweise „vermischt".

Deshalb erscheint der Staatssekretär in einer Doppelrolle: einerseits als Ausführender von Dienstgeschäften auf Anordnung der politischen Führung des Reiches, andererseits als Initiator von Aktionen zum Schaden oder gar als Vorbereitung zum Sturz des nationalsozialistischen Regimes. Damit wird Weizsäcker allerdings überschätzt, weil er lediglich auf recht ungewöhnliche Weise auf den außenpolitischen Entscheidungsprozeß in Berlin einzuwirken versuchte — quasi auf dem Umweg über London. Denn direkter Einflußnahme auf Hitler fühlte sich Weizsäcker durch seine ständigen Meinungsverschiedenheiten mit Reichsaußenminister von Ribbentrop beraubt, und subjektiv empfand er sich in einem Machtkampf gegen Ribbentrop um die Beratung des „Führers".

II

Erfahrungen und außenpolitische Lagebeurteilung eines „Gemäßigten" im Frühjahr 1939

Als Weizsäcker am 5. März 1938 seiner Ernennung zum Staatssekretär zustimmte, hoffte er, daß zum einen die von ihm gemeinsam mit dem Nationalsozialisten Joachim von Ribbentrop zu leitende Behörde die zentrale Instanz für Vorbereitung und Durchführung der außenpolitischen Entscheidungen Hitlers werden würde, zum anderen der neue — relativ unerfahrene — Außenminister durch Fachwissen und ausgezeichnete Kenntnis des Apparates „gelenkt" und über ihn auf den „Führer" eingewirkt werden könnte.

Weizsäcker strebte in den Jahren 1938/39 eine Zusammenfassung aller Deutschen innerhalb der Grenzen des Reiches an, also sowohl eine Rückgliederung der aufgrund des Versailler Vertrages vom 28. Juni 1919 abgetretenen Gebiete (Danzig, große Teile des „Korridors") als auch — bei Gewährung einer gewissen Eigenständigkeit, um das Deutsche Reich nicht von der katholischen Bevölkerung majorisieren zu lassen — eine Einverleibung Österreichs (die am 12. und 13. März 1938 erfolgte) und der Sudetengebiete, um einem „föderativen Großdeutschland" eine Einfluß- und Vormachtstellung in Mittel- und Osteuropa zu sichern. Solche mittels des Selbstbestimmungsrechts der Völker international vertretbaren Ziele mußten aus seiner Sicht durch Absprachen mit den Großmächten erreicht werden, zumindest aber durften Großbritannien und Frankreich nicht zu einem Eingreifen gegen das Deutsche Reich veranlaßt werden, weil ein „großer Krieg" dann „nicht nur das Ende des III. Reiches, sondern Finis Germaniae wäre". Die in dieser Hinsicht dem Deutschen Reich von der nationalsozialistischen Außenpolitik drohenden (und seit 1936 erkannten) Gefahren wollte Weizsäcker, der keineswegs von pazifistischen

Erwägungen geleitet wurde, sondern — dem Zeitgeist verhaftet — Krieg als adäquates Mittel der Politik begriff, unbedingt abwenden.[6]

Während der Sudetenkrise 1938, als Hitler eine militärische Zerschlagung der Tschechoslowakei plante und dabei mit einem lokalisierbaren Unternehmen rechnete, zeigte sich aber bereits, daß Weizsäcker die dem Reichsaußenminister Ende Mai/Anfang Juni 1938 vorgeschlagene Alternative eines „chemischen Auflösungsprozesses"[7] des kleinen Nachbarstaates (der durch einen inneren Zersetzungsprozeß zu einer von den Westmächten sanktionierten Abtretung der Sudetengebiete führen sollte) auf dem Dienstweg — also durch schriftliches und mündliches Vorstelligwerden bei Ribbentrop — nicht durchsetzen konnte. Mitte August 1938 kam Weizsäcker zu der Überzeugung, daß gerade der als Sprachrohr für seine eigenen, ihm international vertretbar erscheinenden Ziele, Mittel und Methoden in der Außenpolitik vorgesehene Ribbentrop ein „Kriegstreiber" sei und Hitler über die Haltung Großbritanniens in einem Konfliktfall falsch beraten würde.[8] Weizsäcker, dem ein Krieg Großbritanniens und Frankreichs gegen das Deutsche Reich bei einem deutschen Überfall auf die Tschechoslowakei zwangsläufig erschien, nutzte zwar weiterhin alle sich bietenden Möglichkeiten einer „Einflußnahme auf dem Dienstweg" und der „Einwirkung von innen"[9] auf Hitler durch prominente deutsche Amtsträger, um dem Einfluß des Reichsaußenministers entgegenzuwirken. Den Schwerpunkt seiner Aktivitäten legte Weizsäcker allerdings auf eine „Beeinflussung von außen".[10] Über das Ausland sollten die Wahrheiten an Hitler herangetragen werden, für die er auf direktem Wege nicht zugänglich war.

Von zwei Prämissen ging der Staatssekretär diesbezüglich aus:

1. Seiner Meinung nach war die britische Haltung in der Juli-Krise 1914 mißverständlich gewesen und hatte zu Illusionen auf deutscher Seite über ein Abseitsstehen Großbritanniens bei einem Krieg auf dem Kontinent geführt. Daher wollte er nun die Regierung Großbritanniens zu einer eindeutigen Darlegung ihrer Absichten bewegen.

2. Weizsäcker betrachtete Hitlers Entschluß zu einem gewaltsamen Vorgehen gegen die Tschechoslowakei als Reaktion des „Führers" auf die „Maikrise" 1938 (tschechoslowakische Mobilmachung, öffentlich bekanntgewordene Demarche des Botschafters Großbritanniens in Berlin sowie ausländische Pressestimmen über einen tschechoslowakischen Triumph und eine Niederlage Hitlers). Dementsprechend waren nach Weizsäckers Auffassung öffentliche britische Erklärungen unter allen Umständen zu vermeiden, um nicht die Kriegsmentalität Hitlers zu steigern.

Durch den Botschafter Großbritanniens in Berlin, Henderson, aber auch durch geheime Kontaktaufnahme mit der Regierung Großbritanniens — über den Hohen Kommissar des Völkerbundes für Danzig, Carl J. Burckhardt, und über den deutschen Geschäftsträger in London, Theodor Kordt — bemühte sich Weizsäcker sowohl um eine „Warnung aus London", mit der Hitler die Tragweite eines militärischen Abenteuers gegenüber der Tschechoslowakei bewußtgemacht werden sollte, als auch um eine Regelung der Sudetenfrage in Form einer Abtretung der Sudetengebiete an das Deutsche Reich.

Zwar unterhielt Weizsäcker im Sommer 1938 informelle Verbindungen zu militärischen Verschwörerkreisen, die — von der Gefährlichkeit der Außenpolitik Hitlers überzeugt — für einen Staatsstreich Vorbereitungen trafen. Auch duldete er im Auswärtigen Amt einen von Erich Kordt, dem Chef des Ministerbüros, lose geführten Kreis von Regime-Gegnern, die mit der Oster-Gisevius-Gruppierung, die den *Coup d'Etat* anvisierte, kooperierten.

Erich und Theodor Kordt beabsichtigten Anfang September 1938 dann sogar, über die Regierung Großbritanniens mittels einer Rundfunkansprache an das deutsche Volk einen auslösenden Faktor für die anlaufenden Umsturzpläne in Deutschland herbeizuführen. Über die „Radikalität" der Zielsetzungen der Kordts und anderer war Weizsäcker offenbar nicht unterrichtet.[11] Er versorgte lediglich Admiral Canaris, den Abwehr-Chef, mit Informationen über die außenpolitische Lage, arbeitete aber wegen der zu hohen Risiken (Scheitern der Putsch-Pläne und Auslösung des „großen Krieges" im Anschluß daran durch Hitler[12] oder aber „Eingriff dritter von außen"[13] bei einem geglückten Umsturz) und seiner durchaus noch positiven Meinung über Hitler nicht auf den Sturz des Diktators hin, sondern auf einen Anschluß der Sudetengebiete an das Deutsche Reich ohne den Einsatz militärischer Mittel.

Nachdem sich im internationalen Bereich durch die Ansage des Chamberlain-Besuches bei Hitler Mitte September 1938 die Voraussetzungen für den „chemischen Auflösungsprozeß" der Tschechoslowakei abgezeichnet hatten, mußte Weizsäcker allerdings noch die „Kriegspartei" in Berlin (Exponenten waren aus seiner Sicht Ribbentrop und Himmler) „ausspielen". Das gelang ihm durch seine engen Beziehungen zu dem Botschafter Italiens in Berlin, Attolico, der den italienischen Diktator Mussolini aktivierte („Freundesrat aus Rom" an Hitler zur Beilegung der Krise durch eine internationale Konferenz) und einen von dem Oberbefehlshaber der Luftwaffe, Göring, dem ehemaligen Reichsaußenminister von Neurath und Weizsäcker ausgearbeiteten Konferenzvorschlag für das Münchener Treffen der vier Regierungschefs unter Umgehung Ribbentrops nach Rom weiterleitete. Diesen Vorschlag gab Mussolini am 29. September 1938, dem „glücklichsten" und seine Aktivitäten mit Erfolg krönenden Tag in Weizsäckers Leben, als eigenen aus. In der Folgezeit, bis zum Sommer 1939, agierte Weizsäcker dann wieder ausschließlich auf dem Dienstweg.

Aus den zwischen dem Frühjahr 1938 und dem Münchener Abkommen gesammelten Erfahrungen zog Weizsäcker folgende Schlüsse, die mehr oder weniger für sein Verhalten in der Krise um Polen ausschlaggebend werden sollten:

1. Hitler habe sich „in München noch nicht von Mussolinis Einfluß freigemacht".[14]

2. Hitler, den Weizsäcker „nicht gut genug" kannte,[15] sei letztlich als einsichtig einzustufen, wenn entsprechende Warnungen und Ratschläge an ihn herangetragen würden (vielleicht wisse er sogar, wann man eine Bluff- und Drohpolitik abbrechen müsse).[16]

3. Unterstützung in einer kommenden Krise könne von Göring erwartet werden.

4. Ribbentrop müsse unbedingt zu den „Kriegstreibern" gezählt werden, würde sich aber vielleicht „umstellen".[17]

5. Demnach war noch Spielraum für eine Einwirkung auf die deutsche Außenpolitik vorhanden. 1947 stellte Weizsäcker im Rückblick auf den Herbst 1938 fest: „Vielleicht würde es so wie in München doch auch weiterhin gelingen, die Kriegshetzer zu überspielen."[18] Zum Testfall wurde bereits der Sommer 1939!

Von den negativen Konsequenzen, die Hitlers Bruch des Münchener Abkommens durch den Marsch nach Prag am 15. März 1939 — „der große Knick in der bisher so erfolgreichen Terminologie des III. Reiches, daß Deutsche zu Deutschen" wollten[19] — international nach sich zog, wußte der Staatssekretär. Deshalb hoffte er aber nach der britischen Garantieerklärung für die Unabhängigkeit (nicht die territoriale Integrität) Polens vom 31. März 1939 und dem Beginn britisch-französisch-sowjetischer Bündnisgespräche im Frühjahr 1939 auf einen vertragslosen Zustand zwischen den Westmächten und der UdSSR (von dem unter „Einkreisungs"-Vorstellungen leidenden Weizsäcker einmal als „Schwebelage"[20] bezeichnet). Daher begrüßte und förderte er — als Ausweg aus der „Sackgasse", in die Hitler durch die Zerschlagung der Rest-Tschecho-Slowakei die deutsche Außenpolitik manövriert hatte — die Einleitung von deutsch-sowjetischen Geheimverhandlungen, die eine „Triple-Entente" verhindern und die Regierung Polens zu Konzessionen gegenüber deutschen Territorialforderungen veranlassen sollten. Denn die britische Garantie für Polen betrachtete Weizsäcker nicht als einen „Blankoscheck" für die Regierung Polens (diesen Eindruck versuchte er erst nach dem Zweiten Weltkrieg zu erwecken),[21] sondern für polnische Verwaltungsinstanzen,[22] die sich dadurch zu Übergriffen gegen die deutsche Minderheit in Polen bestärkt fühlen könnten.

Während nun der Staatssekretär aufgrund seiner Lageanalyse zu dem Schluß gekommen war, daß die Danzig- und „Korridor"-Frage seit der britischen Garantie und der Einbeziehung der UdSSR in Verhandlungen mit den Westmächten internationalisiert war (sich dementsprechend das nach Weizsäckers Meinung stets vorrangigste und dringendste Territorialproblem nicht mehr in einem deutschen Alleingang regeln ließ), schien nach seinen Informationen gerade Ribbentrop dies ignorieren zu wollen. Beispielsweise äußerte der Minister nach der Unterzeichnung des „Stahlpaktes" (22. Mai 1939) mit Italien: „Polen ist kein Problem mehr."[23] Um einer solchen Meinung entgegenzutreten und einer politischen Lösung dieser Territorialfrage allmählich den Boden zu bereiten, bemühten sich Weizsäcker und Henderson wieder gemeinsam.

III

Deutsch-britische Zusammenarbeit gegen die Berliner „Extremisten"

Um Ribbentrop von seiner Fehlbeurteilung der internationalen Lage zu überzeugen und gleichzeitig die Regierung Großbritanniens über die neuesten Ansichten des „Extremisten" in Kenntnis zu setzen, kam Weizsäcker ein Gespräch mit Burckhardt gelegen, der sich am 1. Juni 1939 in Berlin aufhielt: „Bitte sagen Sie es Herrn von Ribbentrop, wie ich es ihm selbst immer wieder sage, daß Frankreich und England diesmal marschieren werden."[24]

Über die Unterredung vom 1. Juni 1939 und Weizsäckers Empfehlungen für die britische Politik informierte Burckhardt am 11. Juni 1939 in Basel einen Angehörigen des *Central Department* des britischen Außenministeriums, Roger M. Makins. Makins hielt in einem Memorandum fest:

„Herr von Weizsäcker had been preoccupied. He has always been in favour of finding a new solution for Danzig and the Corridor. He ... thought that nothing much would occur before the ‚Parteitag'. He considered that the best chance for peace was that England should maintain a solid front, ‚un silence menaçant'. Otherwise Herr Ribbentrop would again succeed with his thesis that the British would not march. He thought that the door to negotiation should be kept ajar, but only just."[25]

Weizsäckers Rat wurde im britischen Außenministerium streng befolgt; das „drohende Schweigen" wurde zum Schlagwort für die britische Deutschlandpolitik.[26]

Nach Weizsäckers Vorstellungen durfte und mußte das „drohende Schweigen" von London relativiert werden, und zwar in doppelter Hinsicht. Einerseits strebte Weizsäcker an, daß „in der Stille ... die Reichsregierung von der britischen Bündnistreue zu Polen“ überzeugt werden sollte, weil „an Deutschland gerichtete öffentliche Intimidationsversuche Hitler nur aufreizen“ könnten und „man im deutschen Hauptquartier ... die öffentliche Beistandsversicherung für Bluff“ hielt[27] (hier dachte der Staatssekretär wohl vornehmlich an seinen Minister). Andererseits wollte Weizsäcker die Regierung Großbritanniens darauf verpflichten, „öffentlich die Polen an ihre europäische Verantwortung zu erinnern“.[28] Mehrfach gab der Staatssekretär dem britischen Botschafter zu verstehen, daß für Ausschreitungen in Polen gegen die deutsche Minderheit letztlich die Londoner Regierung durch die Garantie die Verantwortung trage.[29] Daß die für die britische Polen-Politik einmal ausnahmsweise von Weizsäcker empfohlene Publizität zugleich einer deutschen „Zermürbungs“-Taktik gegenüber Polen dienen sollte, darf wohl angenommen werden.

Bis Mitte August 1939 stellte Henderson den Hauptkontakt Weizsäckers nach London her. Den Botschafter, der am 7. August 1939 über Weizsäcker nach London berichtete, daß er „more confidence in him than anyone else here“ habe,[30] und den Staatssekretär verband seit der „Maikrise“ 1938 ein besonderes Vertrauensverhältnis, als Henderson Weizsäcker gestanden hatte, daß er die Äußerungen des „Kriegstreibers“ Ribbentrop nicht einmal zur Hälfte nach London weitergeben könnte, weil sie dort zu alarmierend wirken würden.[31] Beide empfanden sich in der Folgezeit mehr und mehr in gemeinsamer Frontstellung gegen den Reichsaußenminister, und beide stimmten auch auffallend in der Beurteilung des zwischen „Gemäßigten“ und „Extremisten“ stehenden Adolf Hitler überein. Henderson und Weizsäcker hatten außerdem Ende September 1938 die Erfahrung gemacht, daß man Hitler von seinen „radikalen“ Anhängern trennen und zu den Befürwortern einer international vertretbaren Außenpolitik hinüberziehen konnte. Am 18. Februar 1939 bestätigte der deutsche Diplomat seinem britischen Kollegen noch einmal, daß es zwei Richtungen in Deutschland in der Sudetenkrise gegeben habe: „pro- and anti-war“. Die „Kriegspartei“ — so Weizsäcker — glaube immer noch, daß ein deutsch-tschechoslowakischer Krieg im September 1938 lokalisierbar gewesen wäre; weil jedoch Henderson den „Führer“ vom Gegenteil überzeugt habe, fluche sie nun heftig auf den britischen Botschafter. Außerdem erwähnte Weizsäcker, daß die ausländische und speziell die britische Presse Ende Mai 1938 Hitler auf die Seite der „Kriegspartei“ getrieben habe. Diese Äußerung führte Henderson sogar auf eine persönliche Mitteilung Hitlers an Weizsäcker zurück.[32]

In den Monaten Juni, Juli und zunächst im August ging es Weizsäcker darum, die Westmächte zu „kalmieren“ und die polnische Politik, insbesondere gegenüber Henderson, anzuprangern. Der Deutsche und der Brite konnten sich in ihrer äußerst negativen Grundhaltung über die Polen nur bestätigen. Am 28. Juni berichtete Henderson an Viscount Halifax:

„Weizsäcker's only suggestion for the moment is to allow temperature to fall before attempting anything. But will it fall? It does not seem to me that the Poles are doing much to help it fall. Unwelcome though I feel that my warnings are in London about Polish provocations, I cannot help for it, for it is my duty to repeat to you that they constitute a serious danger... And as Weizsäcker said yesterday ‚You are putting the sword of Britain in the hands of Poles and Russians.' It may be argued that this is German propaganda but, apart from neutrals the people who take most serious view of the Polish extravagances are the more moderate Germans..."[33]

Am 5. August 1939 — zur Zeit des Danzig-polnischen Zollinspektorenstreits, als Weizsäcker als einzigen Kriegsgrund einen von polnischer Seite provozierten Zwischenfall darstellte — führte Henderson in einem Schreiben aus, daß er einen „heiligen Schrecken" vor den Polen als Bundesgenossen habe:

„But I cannot, for the life of me, see that salutory advice to the Poles is in any way prejudicial to our attitude of firmness. If we want to exercise a restraining influence on the Germans we must be able to prove that we are equally ready to make the Poles see legitimate reason."[34]

Aber nicht nur über Gespräche mit Botschafter Henderson versuchte Weizsäcker auf die Außenpolitik einzuwirken. Als er nämlich Mitte Juli 1939 vom Oberkommando der Wehrmacht über geplante deutsche Provokationen gegenüber Polen (Flottenbesuch in Danzig etc.) unterrichtet wurde, bemühte er sich anfangs, diese durch Stellungnahmen auf dem Dienstweg zu unterbinden, dann aber mittels einer — mit Botschafter Attolico abgesprochenen — Einflußnahme Mussolinis auf Hitler („Freundesrat aus Rom"). Zu einem Treffen der beiden Diktatoren, das für den 4. August 1939 angesetzt wurde, kam es jedoch nicht. Mussolini entschloß sich stattdessen zur Entsendung des Außenministers Ciano, der vom 11. bis 13. August in Salzburg war, jedoch Hitler nicht nachdrücklich vor den internationalen Konsequenzen („großer Krieg") bei einem deutschen Überfall auf Polen zu warnen vermochte.[35] Am 13. August erfuhr Weizsäcker definitiv, daß der „Freundesrat" fehlgeschlagen war und Hitler kein Eingreifen der Westmächte bei einem militärischen Schlag gegen Polen einkalkulierte. Letzteres führte Weizsäcker auf den „150 %" zum Krieg entschlossenen Ribbentrop zurück.[36] Deshalb mußte der Staatssekretär wieder verstärkt dem als verhängnisvoll empfundenen Einfluß Ribbentrops entgegensteuern.

Exkurs
Weizsäckers vermeintliche Emissäre nach London im Juni 1939: Adam von Trott zu Solz und die Kordt-Brüder

Vom 1. bis 8. Juni 1939 fand eine Informationsreise Adam von Trotts nach Großbritannien statt, zu der Ribbentrops „Verbindungsmann" zu Hitler, Walter Hewel, seine Zustimmung erteilt hatte. Trott unterbreitete in Cliveden und London der britischen Führung einen Plan über die Wiederherstellung der tschechischen Unabhängigkeit im Austausch für polnische Zugeständnisse an das Deutsche Reich. Absicht dieses Kompensationsplanes war es, Hitler in langwierige Verhandlungen zu verwickeln und damit kostbare Zeit für einen Staatsstreich des Militärs in Deutschland zu gewinnen,[37] der allerdings zu diesem Zeitpunkt überhaupt nicht erwogen wurde.

Immer wieder ist behauptet worden, daß dieser Vorschlag Trotts auf eine Initiative des Staatssekretärs von Weizsäcker zurückgehen könnte oder aber zumindest mit dessen Wissen und Billigung erfolgt sein müßte (durch die Verbindung, die Trott über Albrecht von Kessel zu Weizsäcker hatte).[38] Für diese Legende scheint Margret Boveri verantwortlich zu sein, die nach dem Zweiten Weltkrieg zunächst in überaus wohlwollender Weise den Prozeß gegen Weizsäcker publizistisch begleitete und später in einem ihrer Bücher einen solchen Zusammenhang zwischen Weizsäcker und Trott herstellte.[39] Im Nachlaß Weizsäckers, auch in den Papieren aus der Prozeßzeit, gibt es allerdings keine Anhaltspunkte für eine mit Weizsäcker abgesprochene Aktion; auch Weizsäckers Haltung Ende Mai und Anfang Juni 1939 läßt sich nicht mit dem kühnen und realitätsfernen Plan Trotts in Verbindung bringen.[40]

Im Juni 1939 nahmen — wie im September 1938 — die Brüder Theodor und Erich Kordt geheime und gegen das nationalsozialistische Regime gerichtete Kontakte mit der Regierung Großbritanniens auf. Theodor Kordt traf sich am 13. Juni 1939 mit einem Angehörigen des *News Department* des britischen Außenministeriums, um unter anderem eine Aufklärung der deutschen Öffentlichkeit über die Gefahren der Hitlerschen Außenpolitik durch Großbritannien zu erreichen[41] (vielleicht, um ein für einen Staatsstreich förderliches Klima in Deutschland zu schaffen). Dies konnte ganz und gar nicht im Sinne des von Weizsäcker empfohlenen „drohenden Schweigens" sein, mit dem Kurzschlußhandlungen Hitlers vermieden werden und die Regierung Polens zu einer nachgiebigen Haltung bei zukünftigen deutschen Territorialforderungen veranlaßt werden sollten.

Wenige Tage später warnte dann der aus Berlin angereiste Erich Kordt den wenig einflußreichen Ersten Diplomatischen Berater der Regierung

Großbritanniens, Sir Robert Vansittart, vor der deutsch-sowjetischen Annäherung und stellte einen Pakt-Abschluß zwischen Großbritannien und der UdSSR als ideales Abschreckungsmittel für Hitler hin, drängte also auf beschleunigte Verhandlungen.[42] Vor Gericht 1948 und in den 1950 publizierten „Erinnerungen" bekannte sich Weizsäcker zu den Schritten Erich Kordts und übernahm für sie sogar die „persönliche Verantwortung".[43] Jedoch stellten diese Aussagen lediglich eine Rechtfertigung gegenüber den von der Anklage im „Wilhelmstraßenprozeß" erhobenen Vorwürfen dar, daß Weizsäcker an der Vorbereitung von Angriffskriegen mitgearbeitet habe. Denn weder in den 1944 noch in den 1947 verfaßten „Erinnerungen" Weizsäckers findet sich eine Andeutung auf eine Warnung an Großbritannien vor den deutsch-sowjetischen Geheimverhandlungen, und er machte auch nicht die — in den veröffentlichten Memoiren eingefügte — Bemerkung, daß „die Zusammenballung einer Triple-Entente London-Paris-Moskau ... für den Frieden immer noch minder bedenklich als ein Pakt Berlin-Moskau mit dem Hintergedanken einer neuen Teilung Polens"[44] gewesen sei.

Außerdem lag für Weizsäcker noch Ende Juli 1939 — wie zwei zum internen Gebrauch der Verteidigung im „Wilhelmstraßenprozeß" angefertigte Kommentare von ihm zu zwei Dokumenten der Anklage belegen — das Zustandekommen von weitgehenden Vereinbarungen zwischen dem Deutschen Reich und der UdSSR (nach Art des Hitler-Stalin-Paktes) in relativ kurzer Zeit überhaupt nicht im Bereich des Möglichen.[45] (Daß dies ein Irrtum war, erkannte Weizsäcker erst am 20. August — unmittelbar vor Ribbentrops Reise nach Moskau.)

Erst während der Prozeß-Zeit wurde systematisch damit angefangen, Weizsäckers Beurteilung der internationalen Lage 1938/39 und sein Hitler-Bild in eine andere Richtung zu drängen, um ihn zu einem „Seher" und „Mann des Widerstandes" gegen Hitler zu stilisieren.[46] Dabei traten — hinter den Kulissen — Divergenzen zwischen Erich Kordt und Ernst von Weizsäcker auf, die sich nicht auf die Qualität des jeweiligen Erinnerungsvermögens zurückführen ließen, sondern sowohl durch die unterschiedliche Sicht der Außenpolitik der Weimarer Republik und des Dritten Reiches als auch durch zum Teil vollkommen verschiedene Zielvorstellungen und Verhaltensweisen vor dem Zweiten Weltkrieg bedingt waren.[47] Trotzdem gelang es — aus verteidigungstaktischen Erwägungen durchaus verständlich —, vor dem Gericht, der Öffentlichkeit und der Zeitgeschichtsforschung (wenn man von Skeptikern wie B. L. Namier und Peter de Mendelssohn einmal absieht)[48] die Absichten der Kordt-Brüder und Weizsäckers zu einer „Einheit" zusammenzufassen.

Zu bedenken ist dabei außerdem, daß das von den Kordt-Brüdern nach dem Zweiten Weltkrieg herausgestellte gemeinsame Handeln *der* Oppositionellen im Auswärtigen Dienst den Nebeneffekt hatte, durch künstliche Inanspruchnahme des Staatssekretärs ihren eigenmächtigen Aktionen erst wirkliche Bedeutung zu verleihen (denn beide befanden sich in vergleichsweise wenig herausgehobenen Dienststellungen) und dem sich im Aufbau befindlichen Auswärtigen Amt der Bundesrepublik (durch den Vorläufer: das Deutsche Büro für Friedensfragen in Stuttgart) einen positiven Traditionsstrang zu verschaffen. Allerdings verstellten ihre Zeugenaussagen und ihre publizistischen Aktivitäten sowie die durch den „Wilhelmstraßenprozeß" offensichtlich notwendig gewordenen „Korrekturen" in den Memoiren des Staatssekretärs[49] den Blick auf Weizsäckers Denken und Handeln in der Krise um Polen.

IV

Krisenmanagement hinter dem Rücken des „Kriegstreibers" Ribbentrop

Nachdem eine Einflußnahme durch den Bundesgenossen Italien auf Hitler gescheitert war und Ribbentrop dem „Führer" zu einem Krieg mit Polen riet (so die Nachrichten für Weizsäcker aus Salzburg), traten der deutsche Staatssekretär, Botschafter Attolico und Botschafter Henderson ab 15. August 1939 wieder verstärkt und nach vorheriger Absprache beziehungsweise häufiger Konsultierung in Aktion, um Ribbentrops Beratung zu torpedieren und eine politische Lösung der Krise um Polen, die nun auch propagandistisch von nationalsozialistischer Seite geschürt wurde, zu erreichen.

Attolico flog am 15. August — nachdem er zuvor noch den britischen Kollegen von der Notwendigkeit einer italienisch-britischen Kooperation zur Wahrung des Friedens überzeugt hatte (aufgrund eines Weizsäcker-Attolico-Gesprächs am Vortage) — nach Rom; nach eingehenden Beratungen mit Mussolini und Ciano traf er am 18. August in Salzburg ein, um dem Reichsaußenminister die von der italienischen Führung abgegebene und von der deutschen stark divergierende Beurteilung der internationalen Lage vorzutragen. Vor seinem Rückflug nach Rom am 19. August kam es dann zu einer heftigen Auseinandersetzung zwischen dem italienischen Diplomaten und Ribbentrop, der ihm und der italienischen Botschaft „Defaitismus" vorwarf (Attolico kehrte erst am 23. August wieder nach Berlin zurück).[50]

Am 15. August hatten auch Weizsäcker und Henderson eine längere Unterredung. Der Staatssekretär erwähnte, er schätze die Lage nun ernster ein als im September 1938, weil Chamberlain nicht noch einmal nach Deutschland kommen könne. Dann hob er hervor, daß die „russische Hilfe für Polen nicht nur völlig unbeträchtlich sein würde, sondern daß sich letzten Endes die UdSSR mit in die polnische Beute teilen würde" (als Anspielung auf die laufenden deutsch-sowjetischen Geheimverhandlungen).[51] Außerdem gab Weizsäcker zu verstehen, daß eine Regelung deutsch-polnischer Gravamina nicht nur aus der Sicht Hitlers, sondern der Deutschen überhaupt dringend erforderlich erscheine.

Sodann erwähnte Weizsäcker den Gedanken, einen Sonderbeauftragten der Regierung Großbritanniens zu Hitler zu entsenden (dies hatte Weizsäcker auch am 1. September 1938 mit Carl J. Burckhardt besprochen). Er sagte dem Botschafter, daß es nützlich sein werde, wenn ein britischer Politiker, der sowohl gut Deutsch spreche als auch dem inneren Kabinettsrat angehöre, nach Deutschland kommen würde. Henderson nannte darauf — als den einzig in Frage kommenden — Versorgungsminister Leslie Burgin:

„Weizsäcker at first said that his impression of Burgin was that he was too civil and agreeable: but he corrected himself; and his eagerness to do so seemed to me the measure of his anxiety to see something done to avoid the catastrophe which he sees looming near."[52]

Am 17. und 18. August besprachen Weizsäcker und Henderson dann den Plan, daß General Ironside einen Brief Chamberlains Hitler überbringen sollte, der drei Themenkreise zu behandeln hätte:

„The first and most important point should be definite statement of Britain's obligations and her intention to fulfil them. Britain's readiness, if Hitler adopts peaceful solutions, to discuss other and general problems is second point but it should be explained in such a manner as not to give the impression that it is a bargain or bribe. Thirdly, there should be assurances that we intend to secure a settlement of Danzig and Corridor questions which will satisfy both Poles and Germans."[53]

Am 20. August — nachdem er Informationen über Attolicos erfolglose Vorstöße in Salzburg erhalten hatte und da ihm die Situation der „Volksdeutschen" in Polen Sorgen bereitete — drängte Weizsäcker sogar Henderson, daß er eine „sofortige Aktion" veranlasse, um Ribbentrop zu diskreditieren.[54]

Wahrscheinlich noch am 15. August entschloß sich Erich Kordt, seine Cousine Susanne Simonis als Kurier nach London zu schicken, um über seinen Bruder Theodor auf die britische Politik einzuwirken. Ob er Weizsäcker von diesem Schritt in Kenntnis setzte, läßt sich nicht feststellen, ist jedoch sehr wahrscheinlich, weil Theodor Kordts Aktivitäten — im Gegensatz zum September 1938 — gewissermaßen parallel zu Weizsäckers Anstrengungen in Berlin liefen. Die Instruktionen für Theodor Kordt zielten „darauf hin, durch Italien einen Druck im Sinne der Friedenserhaltung auszuüben";[55] über den Stand der deutsch-sowjetischen Geheimverhandlungen wurde dem deutschen Geschäftsträger keine Mitteilung gemacht[56] (daran ist die diesbezügliche Fehleinschätzung Erich Kordts und Weizsäckers deutlich abzulesen). Theodor Kordt führte daraufhin mehrere Gespräche und erklärte Gladwyn Jebb, dem Privatsekretär des Staatssekretärs Sir A. Cadogan, daß das Deutsche Reich früher oder später die Kontrolle über den „Korridor" gewinnen müsse und Polen sich in einer hoffnungslosen Lage befinde, weil aus polnischer Perspektive sowjetische Hilfe und ein deutscher Angriff auf Polen gleichzusetzen seien.[57] So machte Kordt, ganz im Sinne Weizsäckers, auf die Notwendigkeit politischer Entscheidungen zugunsten Deutschlands aufmerksam.

Am 19. August 1939 entschied sich Außenminister Viscount Halifax wegen der in London eingegangenen Informationen zu einem Appell an Mussolini, den Botschafter Percy Loraine am 20. August in Rom übermittelte; darüber hinaus ließ er den Entwurf für einen Brief Chamberlains an Hitler anfertigen.[58]

An diesem 20. August erkannte Weizsäcker, daß er sich über die Entwicklung der deutsch-sowjetischen Beziehungen geirrt hatte.[59] Als dann am nächsten Tag ein von Mussolini nach der Vorsprache Loraines vorgeschlagenes Gespräch Ciano—Ribbentrop wegen Ribbentrops bevorstehender Moskau-Reise verschoben wurde (auf Wunsch Cianos, der nun davon überzeugt war, daß „die Deutschen ein Meisterstück fertiggebracht" hatten), blieb also aus Weizsäckers Sicht nicht nur der ersehnte „Freundesrat aus Rom" aus, sondern es war eine politische Konstellation eingetreten, die er nicht einkalkuliert hatte. Jedoch änderte sich seine Einschätzung durch den bevorstehenden Pakt mit Stalin nicht: Er ging weiterhin davon aus, daß ein deutscher Überfall auf Polen das Eingreifen der Westmächte zur Folge haben würde, und die Sorge vor einem solchen „großen Krieg" motivierte ihn zu neuen Versuchen einer Einflußnahme auf Hitler.

Noch am Abend des 21. August bat er einen engen Vertrauten im Auswärtigen Amt, den Legationsrat Albrecht von Kessel, über dessen Vetter Ulrich Graf Schwerin von Schwanenfeld sofort dem Hohen Kommissar des Völkerbundes in Danzig Empfehlungen zur Weiterleitung nach London nahezulegen. Burckhardt unterrichtete am 22. August den britischen Generalkonsul in Danzig, Shepherd: Weizsäcker wolle darauf aufmerksam machen, daß zur Kriegsverhütung der Besuch eines Engländers bei Hitler dringend sei; wichtig sei es, daß Ribbentrop nichts von einer solchen Aktion erfahre, weil er sie wahrscheinlich durchkreuzen werde: „The best time fot the visit would accordingly be August 23 or August 24 when Herr von Ribbentrop would be in Moscow. If anyone is sent it should preferably be an officer."[60]

Das Telegramm Shepherds über das Gespräch mit Burckhardt spielte für den Beschluß des britischen Kabinetts, unverzüglich eine persönliche

Mitteilung an Hitler zu richten (statt einer öffentlichen Erklärung, die einige Minister bevorzugten), eine wichtige Rolle.[61] Am Abend des 22. August gab Halifax nun Henderson Bescheid, daß die Regierung Großbritanniens die Absicht habe, Hitler eine persönliche Botschaft zukommen zu lassen, jedoch beschlossen worden sei, keinen besonderen Überbringer zu entsenden. Henderson wurde angewiesen, das Schreiben sofort Hitler anzukündigen.[62]

Am 23. August übergab Henderson dann auf dem Obersalzberg das Schreiben — ein Vorgang, über den laut Weizsäckers dringendem Rat an Henderson vom Vortage nichts in die Öffentlichkeit dringen durfte.[63] Weizsäcker hatte zunächst noch fernmündlich Hitler von der Notwendigkeit überzeugen können, den britischen Botschafter während der Abwesenheit Ribbentrops zu empfangen. Aber weder das Schreiben Chamberlains, noch die Unterredung zwischen Henderson und Hitler, noch eine von Weizsäcker dem „Führer" persönlich vorgetragene Lagebeurteilung konnten Hitler umstimmen. Weizsäcker erkannte, daß Hitler zu einem Angriff auf Polen entschlossen blieb und von einem Sturz des Kabinetts Chamberlain — wegen des deutschen Erfolgs einer Einigung mit Moskau — ausging. Stattdessen schlossen Großbritannien und Polen am 25. August einen Bündnis-Vertrag.

Am 25. August erteilte Hitler dann den Befehl für den Angriff auf Polen, der allerdings wenige Stunden später widerrufen wurde — eine Reaktion des vorübergehend schwankend gewordenen „Führers" auf den britisch-polnischen Beistandspakt und eine durch Botschafter Attolico überbrachte Absage Italiens auf den deutschen Kriegsplan.

In den folgenden Tagen blieb Weizsäcker stark mißtrauisch gegenüber den Absichten Hitlers und Ribbentrops,[64] glaubte aber auch, daß Hitler wahrscheinlich nur das Ausland bluffe, um „schließlich doch einzulenken",[65] und daß Ribbentrop weiterhin der eigentliche „Kriegstreiber" sei. In den letzten Augusttagen hatte der Staatssekretär wiederholt heftige Auseinandersetzungen mit dem Reichsaußenminister aufgrund der unterschiedlichen Beurteilung der internationalen Lage.[66]

V

Zusammenbruch eines illusionären Hitler-Bildes in der Wilhelmstraße

Am 28. August teilte die Regierung Großbritanniens dem deutschen Diktator mit, daß „eine vernünftige Lösung der Differenzen zwischen Deutschland und Polen auf dem Wege der Vereinbarung zwischen den beiden Nationen erzielt werden" sollte.[67] Daraufhin nahm Hitler am 29. August zwar die vorgeschlagene Vermittlung der Regierung Großbritanniens an, forderte aber gleichzeitig die „Entsendung einer mit allen Vollmachten versehenen polnischen Persönlichkeiten nach Berlin" für den darauffolgenden Tag. Außerdem ließ er ein „Sechzehn-Punkte-Programm" (unter anderem sofortige Rückkehr Danzigs zum Deutschen Reich, Volksabstimmung im „Korridor") als Verhandlungsgrundlage ausarbeiten,[68] über das Weizsäcker feststellte: „Wir arbeiten einen vernünftigen Kompromißplan aus, die erste konstruktive Idee seit Monaten — ob aber nur for show?"[69]

Jedoch weigerte sich Ribbentrop am 30. August — gegen Mitternacht —, den Text des Programms dem britischen Botschafter auszuhändigen. Dadurch kam es zu einem heftigen Wortwechsel zwischen Henderson und dem Minister.[70] Anschließend begab sich Ribbentrop in die Reichskanzlei und berichtete Hitler — im Beisein Weizsäckers — über die Unterredung. „Damit stehen wir von Neuem vor dem Krieg. R[ibbentrop] geht strahlend nach Hause", hielt Weizsäcker in seinem Tagebuch fest.[71] Bis zu diesem Zeitpunkt hatte der Staatssekretär immer noch an einen „sehr hochgespannten Bluff" Hitlers geglaubt und auf sein Einlenken gehofft.[72] Nun erkannte er, daß er den „Führer" falsch beurteilt hatte.

Trotzdem unternahm Weizsäcker am 31. August noch diverse Anstrengungen, um Hitlers Entscheidung zu ändern: Attolico wurde wieder eingeschaltet,[73] Ulrich von Hassell zu Henderson geschickt, damit dieser den Botschafter Polens und die Warschauer Regierung dazu bewege, am Mittag des 31. August einen bevollmächtigten Unterhändler nach Berlin zu entsenden oder wenigstens anzukündigen. Außerdem sollte Hassell Kontakt mit Göring aufnehmen und ihm mitteilen, daß „Ribbentrop der Totengräber des Reiches und des Nationalsozialismus" sei;[74] Mussolini sollte noch einmal mit Hitler telefonieren[75] und der Oberbefehlshaber des Heeres, von Brauchitsch, mäßigend auf Hitler einwirken.[76] Doch alles war vergeblich. In den frühen Morgenstunden des 1. September 1939 begann der deutsche Überfall auf Polen. Am 3. September erklärten Großbritannien und Frankreich dem Deutschen Reich den Krieg.

Weizsäckers Anstrengungen in der zweiten Augusthälfte 1939 liefen darauf hinaus, sein im Sommer 1938 erprobtes Krisenmanagement zu wiederholen: Die Parallelität der einzelnen Aktionen ist augenfällig. Er schätzte die Reaktion der Westmächte auf einen deutschen militärischen Schlag gegen Polen richtig ein, aber auch Italiens Haltung, in einem Konfliktfall abseits zu stehen. Allerdings irrte er sich hinsichtlich des Ergebnisses der deutsch-sowjetischen Geheimverhandlungen, die ihm nach den Ereignissen des März 1939 als Ausweg aus der außenpolitischen „Sackgasse" erschienen waren, und hinsichtlich des Willens Hitlers zum Krieg. Auf den „Führer" wollte Weizsäcker Einfluß nehmen, und aus seiner Sicht rang er um dessen Entschlüsse mit dem Reichsaußenminister. Weizsäckers Kampf gegen den „großen Krieg" wurde im Laufe der eineinhalb Jahre seit seiner Ernennung zum Staatssekretär mehr und mehr zu einem Kampf gegen Ribbentrop, der — nach seiner Vermutung — auch am 30. August für Hitlers Kriegsentscheidung „den Ausschlag gab".[77] Zu Beginn des Polenfeldzuges äußerte Weizsäcker dann gegenüber dem Grafen Welczeck, man müsse „Ribbentrop als den Hauptschuldigen" betrachten, „der nichts anderes verdiene, als ‚Unter den Linden' aufgehängt zu werden".[78] Weizsäckers Hitler-Bild hat Carl J. Burckhardt einmal treffend umrissen: „Ich glaube, Weizsäcker hat diese Persönlichkeit immer verharmlost... Er war ein Mensch von großem moralischem und vernünftigem Gleichgewicht, die dämonischen Seiten der Welt waren ihm unzugänglich, allem Pathetischen war er abhold."[79]

Um es herauszustellen: Weizsäcker war gewiß kein glühender Anhänger des Nationalsozialismus, dessen brutale und lärmende Erscheinungsformen seinem persönlichen Stil und seinem vornehmen Auftreten, das sowohl seine Untergebenen und Mitarbeiter als auch die ausländischen Diplomaten sehr beeindruckte, geradezu widersprachen. In Hitler sah Weizsäcker nach 1933 in erster Linie einen Veränderer auf innenpolitischem Gebiet, das für den außenpolitischen Experten höchstens ein sekundärer Bereich zu sein schien. Und er betrachtete noch im September 1938 seine Position als „Lötstelle zwischen Zünftigen und Amateuren";[80] mit seinem Fachurteil gedachte er die „Amateure" Ribbentrop und Hitler auf seine eigenen — ihm international vertretbar erscheinenden — Ziele, Mittel und Methoden in der auswärtigen Politik festzulegen. Jedoch deckten sich Weizsäckers außenpolitische Zielvorstellungen von einem „Großdeutschland" nicht mit Hitlers weitgesteckten und brutalen Rasse- und Raum-Gedanken.

A. J. P. Taylor hat Weizsäcker in einer Besprechung der „Erinnerungen" einmal vorgeworfen, er habe ausländische Staatsmänner getäuscht, indem er versucht habe, sie zu der Einschätzung zu verleiten, die deutsche Politik sei versöhnlicher, als sie tatsächlich war.[81] Nun war es eine Konstante des britischen Deutschlandbildes seit der „Machtergreifung", daß Hitler zwischen „Gemäßigten" und „Extremisten" stand; nicht Weizsäcker war der „Erfinder" dieser Illusion, aber er bestärkte das britische Außenministerium in diesem Zerrbild, weil er selbst an einen im Grunde kompromißbereiten Hitler glaubte. Deshalb betrieb er eben auch keine regime-destabilisierenden Maßnahmen mittels seiner Auslandsverbindungen, sondern „Gegendiplomatie": „ein Zusammenspiel mit Verbündeten und Vertretern von Staaten, mit denen die Reichsführung im Moment in kontroverser Diskussion stand, die aber ebenfalls an der Kriegsverhinderung interessiert waren" (K.-J. Müller).

Bei Weizsäcker kommt allerdings noch hinzu, daß er lediglich Ribbentrop ausschalten und Hitler durchaus beschwichtigen wollte, also ein deutscher *Appeasement*-Befürworter war (zumal er durch die einen *Appeasement*-Kurs verfolgenden britischen Politiker Möglichkeiten der Umsetzung eigener außenpolitischer Zielvorstellungen erkannt hatte). Tatkräftige Unterstützung fand Weizsäcker in dem oft als gutgläubiger Trottel und Bewunderer des Nationalsozialismus abgestempelten Henderson. Der Botschafter setzte aber lediglich ganz und gar auf den Staatssekretär und ließ sich in seiner Berichterstattung nach London mehr und mehr zum Sprachrohr des deutschen Diplomaten machen. Henderson war dadurch kein objektiver Beobachter mehr — und darüber hinaus dann zusehends in Weizsäckers Machtkampf gegen Ribbentrop involviert (zumal ihm Weizsäcker bestätigt hatte, daß er in Berlin etwas ausrichten konnte).

Weizsäckers Verdienst bleibt es, daß er mit ganzer Kraft und unter Ausnutzung aller sich bietenden Möglichkeiten eine katastrophale Niederlage des Deutschen Reiches vermeiden wollte, jedoch „im dschungelhaften Wirrwarr totalitärer Politik war er verloren" (P. de Mendelssohn).

Anmerkungen

* Meinem sehr verehrten Lehrer, Herrn Prof. Dr. Andreas Hillgruber, zum 60. Geburtstag am 18. Januar 1985.

[1] Weizsäcker sprach hier das Buch *Die deutsche Opposition gegen Hitler* von Hans Rothfels an. Vgl. Nachlaß Ernst Frhr. von Weizsäcker (im folgenden NL Weizsäcker zitiert), Bd. 35, Brief Ernst von Weizsäckers vom 8. März 1949 an seine Frau. Bei diesem Quellenstück handelt es sich um einen der „Gefängnisbriefe" Weizsäckers, der sich nicht in den als Privatdruck vorliegenden Briefauszügen (Ernst von Weizsäcker, *Geboren 25. Mai 1892 in Stuttgart. Gestorben am 4. August 1951 in Lindau. Aus seinen Gefängnisbriefen 1947—1950*, o. O., o. J.) befindet. L. E. Hill, dem Herausgeber der Weizsäcker-Papiere, standen die äußerst wichtigen „Gefängnisbriefe" Weizsäckers nicht zur Auswertung zur Verfügung, die während meiner Recherchen 1978/79 uneingeschränkt — und wahrscheinlich zum ersten Mal — benutzt werden konnten. Es handelt sich um die Bde 33, 34, 35 und 36 des Nachlasses, der sich im Familienbesitz in Lindau befindet, aber auch mikroverfilmt im Bundesarchiv vorliegt. Marianne Freifrau von Weizsäcker (1889—1983), der meine dankbare Erinnerung gilt, ermöglichte den Zugang zum Nachlaß ihres Gatten Ernst von Weizsäckers.

[2] Public Record Office London (im folgenden PRO zitiert), FO 800/270 (Henderson am 28. Juni 1939 an Halifax).

[3] Vgl. die Literaturhinweise bei Rainer A. Blasius, *Für Großdeutschland — gegen den großen Krieg. Staatssekretär Ernst Freiherr von Weizsäcker in den Krisen um die Tschechoslowakei und Polen 1938/39*, Köln-Wien 1981 (im folgenden *Blasius* zitiert), S. 4 und S. 145 (Anm. 4, 5).

[4] Erich Kordt, *Nicht aus den Akten ... Die Wilhelmstraße in Frieden und Krieg. Erlebnisse, Begegnungen und Eindrücke 1928—1945*, Stuttgart 1950.

[5] Ernst von Weizsäcker, *Erinnerungen*, hrsg. von Richard von Weizsäcker, München 1950 (im folgenden *Erinnerungen* zitiert). Vgl. zur Biographie Weizsäckers die sich auf eine Paraphrasierung der veröffentlichten Memoiren Weizsäckers aus dem Jahr 1950 konzentrierende Einleitung von Leonidas E. Hill (Hrsg.), *Die Weizsäcker-Papiere 1933—1950*, Frankfurt a. M.-Berlin-Wien 1974 (im folgenden *WP* zitiert), S. 11 ff.; Leonidas E. Hill (Hrsg.), *Die Weizsäcker-Papiere 1900—1932*, Frankfurt a. M.-Berlin-Wien 1982, S. 10 ff. — Zu Weizsäckers Aktivitäten während der Jahre 1933 bis 1945 vgl. jetzt auch: Rainer A. Blasius, *Ein konservativer Patriot im Dienste Hitlers — Ernst Freiherr von Weizsäcker*, in: Werner Filmer/Heribert Schwan (Hrsg.), *Richard von Weizsäcker. Profile einer Persönlichkeit*, Düsseldorf 1984, S. 321 ff.

[6] *Blasius*, S. 9 ff.: Weizsäckers außenpolitischer Ansatz (dort auch die Nachweise für die Quellenzitate).

[7] *WP*, S. 128 (22. Mai 1938), S. 129 (26. Mai 1938 und 31. Mai 1939): *Akten zur deutschen Auswärtigen Politik 1918—1945*, Serie D: *1937—1945* (im folgenden *ADAP*, D, Band- und Dokumentennummer zitiert), Bd. 2, Nr. 29 (Aufzeichnung Weizsäckers vom 8. Juni 1938).

[8] *WP*, S. 136 f.; *ADAP*, D, 2, Nr. 374 (Aufzeichnung aus dem Auswärtigen Amt vom 19. August 1938).

[9] Peter Hoffmann, *Widerstand — Staatsstreich — Attentat. Der Kampf der Opposition gegen Hitler*, Frankfurt a. M.-Berlin-Wien 1974, S. 87.

[10] NL. Weizsäcker, Bd. 47, *Lebenserinnerungen/Fassung von 1947*, S. 296. Diese handschriftlichen und unter Hinzuziehung der Privatpapiere verfaßten Memoiren Weizsäckers, die noch vom „Wilhelmstraßenprozeß“ unberührt waren, wurden von L. E. Hill nicht ausgewertet, der sich statt dieser Fassung vornehmlich auf die veröffentlichten *Erinnerungen* Weizsäckers (Anm. 5) stützte.

[11] Was das Problem einer öffentlichen Warnung Großbritanniens an Hitler betrifft, so hat sich Hills Sicht geändert und meiner Position angenähert. Vgl. Leonidas E. Hill, *Three Crises, 1938—39*, in: *Journal of Contemporary History*, 3. Jg. (1968), S. 117 (Anm. 7), *WP*, S. 506 (Anm. 127) und jetzt seinen Beitrag im vorliegenden Band. Allerdings ist gegenüber Hill noch hinzuzufügen: Die Kordt-Brüder wollten den Staatsstreich, Weizsäcker nicht. Auch Marianne Freifrau von Weizsäcker teilte mir am 29. September 1978 in einem Brief mit: „Meiner Erinnerung nach aber war mein Mann zu keiner Zeit für eine öffentliche Warnung seitens der Engländer an Hitler.“ Zum Gesamtkomplex vgl. *Blasius*, S. 141 ff.

[12] NL Weizsäcker, Bd. 47, *Lebenserinnerungen/Fassung von 1947*, S. 248 f.

[13] Institut für Zeitgeschichte, München, Nachlässe Theodor und Erich Kordt (im folgenden IfZ München, NL Th. u. E. Kordt zitiert), *Vermerk Weizsäckers vom 23. Februar 1949*.

[14] NL Weizsäcker, Bd. 47, *Lebenserinnerungen/Fassung von 1947*, S. 242.

[15] *A.a.O.*, S. 237 und 325 f.

[16] Die Ursachen für Weizsäckers Fehleinschätzung der Absichten Hitlers im Sommer 1939 sind höchstwahrscheinlich auf seine Erfahrungen im September 1938 zurückzuführen.

[17] So Marianne Freifrau von Weizsäcker in einem Brief vom 30. September 1938: „Peter [Deckname für Ribbentrop] war ganz für den Krieg gewesen. Er muß sich nun eben umstellen.“ Vgl. *WP*, S. 144.

[18] NL Weizsäcker, Bd. 47, *Lebenserinnerungen/Fassung von 1947*, S. 252.

[19] *WP*, S. 174 (Mitte Oktober 1939, Rückblick).

[20] Für Einzelnachweise und Weizsäckers außenpolitische Lageanalyse im Frühjahr 1939 vgl. *Blasius*, S. 98 ff.

[21] *A.a.O.*, S. 101 (Anm. 54).

[22] *Ebda.* (Anm. 55). Hill läßt Weizsäckers diesbezügliche wichtige Differenzierung zwischen der Regierung Polens und den polnischen Verwaltungsinstanzen unberücksichtigt.

[23] NL Weizsäcker, Bd. 49, *Lebenserinnerungen/Fassung von 1944*, S. 107.

[24] Carl J. Burckhardt, *Meine Danziger Mission 1937—1939*, München 1960. S. 302.

[25] *Documents on British Foreign Policy 1919—1939*, ed. by E. L. Woodward/R. Butler. Third Series. London 1949 (im folgenden *DBFP*, 3 S. zitiert, Band- und Dokumentennummer), vol. 6, no. 36 (Memorandum von R. Makins vom 12. Juni 1939).

[26] Sidney Aster, *1939. The Making of the Second World War*, London 1971, S. 234.

[27] NL Weizsäcker, Bd. 49, *Lebenserinnerungen/Fassung von 1944*, S. 109 f.

[28] *Ebda.* NL Weizsäcker, Bd. 47, *Lebenserinnerungen/Fassung von 1947*, S. 299. Von Hill bleibt dieser Aspekt unbeachtet, weil in *Erinnerungen*, S. 237, öffentliche Warnungen an Polen nicht mehr erwähnt werden: „Die Aufgabe, Polen zu verwarnen, ohne Hitler zu ermutigen, und gleichzeitig Hitler zu warnen, ohne Polen zu ermutigen, war eine Zwickmühle, die sich vor der Öffentlichkeit überhaupt nicht auflösen ließ."

[29] *Blasius*, S. 109 f.

[30] PRO, FO 800/270 (Henderson am 7. August 1939 an Cadogan).

[31] *WP*, S. 128 (22. Mai 1938).

[32] PRO, FO 800/270 (Henderson am 18. Februar 1939 an Halifax).

[33] PRO, FO 800/270 (Henderson am 28. Juni 1939 an Halifax).

[34] PRO, FO 800/270 (Henderson am 5. August 1939 an Halifax).

[35] *Blasius*, S. 114 ff.

[36] Tagebuch Marianne Freifrau von Weizsäcker, Eintragung vom 13. August 1939 (mir vorgelesen am 12. September 1979 und schriftlich bestätigt): „Ribbentrop 150 % entschlossen. Italiener vertreten die Auffassung, daß England mitmacht. Ribbentrop glaubt das nicht."

[37] Christopher Sykes, *Adam von Trott. Eine deutsche Tragödie*, Düsseldorf-Köln 1969, S. 183 ff.; David Astor, *Adam von Trott: A Personal View*, Oxford (maschinenschriftlich) 1983.

[38] So zuletzt Gerhard L. Weinberg, *The Foreign Policy of Hitler's Germany*, vol. 2: *Starting World War II 1937—1939*, Chicago-London 1980, S. 618 f.

[39] Margret Boveri, *Der Verrat im XX. Jahrhundert*, Bd. 2: *Für und gegen die Nation. Das unsichtbare Geschehen*, Hamburg 1956 (Taschenbuch), S. 11 f. (Anm. 1).

[40] Vgl. dazu Rainer A. Blasius, *Adam von Trott zu Solz*, in: Rudolf Lill/Heinrich Oberreuter (Hrsg.), *20. Juli. Portraits des Widerstands*, Düsseldorf 1984, S. 326 f.

[41] *DBFP*, 3. S., vol. 6, Appendix I, (v); FO 371/22973/C 8408.

[42] E. Kordt, *Nicht aus den Akten*... [Anm. 4], S. 311 ff.; Ian Colvin, *Vansittart in Office*, London 1965, S. 324 f.; S. Aster, *1939*... [Anm. 26], S. 274 f.; Norman Rose, *Vansittart. Study of a Diplomat*, London 1978, S. 236 f. Vor seiner Unterredung mit Vansittart führte Erich Kordt am 15. Juni 1939 in London noch ein Gespräch ähnlichen Inhalts mit dem Vertreter der französischen Nachrichtenagentur HAVAS in London, Pierre Maillaud. Vgl. *DBFP*, 3. S., vol. 6, Appendix I, (iii). — Die Kordt-Brüder wurden in Kreisen des britischen Außenministeriums nicht nur positiv eingeschätzt. Staatsse-

kretär Sir Alexander Cadogan stellte beispielsweise am 7. April 1939 fest: „I regret to say that I don't trust either of the Kordts" (PRO, FO 371/22969/C 5062).

[43] IfZ München, *Wilhelmstraßenprozeß, Protokoll vom 8. Juni 1948,* S. 7844, Vernehmung Ernst von Weizsäckers; *Erinnerungen,* S. 235.

[44] *Erinnerungen,* S. 235.

[45] NL Weizsäcker, Bd. 64, „*Wilhelmstraßenprozeß*", Notiz ohne Datum (Kommentar zu NG 5642 und NG 5642 B).

[46] Vgl. dazu die Quellen bei *Blasius,* S. 156f. Hills Darstellung der Aktivitäten Weizsäckers im Sommer 1939 fußte Ende der sechziger und Anfang der siebziger Jahre auf den von der Verteidigung Weizsäckers in Nürnberg vorgebrachten Argumenten. Im vorliegenden Band spricht Hill — leider ohne sich mit dem von mir 1981 vorgelegten Material auseinanderzusetzen — nur noch davon, daß Weizsäcker zu den Schritten der Kordts im Juni 1939 seine Zustimmung gegeben haben „könnte". Hill übersieht allerdings weiterhin die unterschiedlichen Zielvorstellungen und die stark abweichende außenpolitische Lageanalyse zwischen Weizsäcker und den Kordt-Brüdern.

[47] Vgl. dazu NL Weizsäcker, Bd. 34, „*Gefängnisbriefe*", Brief Ernst von Weizsäckers vom 25. August 1948 an seine Frau; Bd. 35, Brief vom 19. März 1949 an seine Frau und Brief vom 20. März 1949 an seine Frau.

[48] Lewis B. Namier, *Ernst von Weizsäcker,* in: Ders., *In the Nazi Era,* London 1952, S. 62ff.; Peter de Mendelssohn, *Die verhinderten Hochverräter. Wege und Irrwege neuerer deutscher Memoirenliteratur,* in: *Der Monat,* 3. Jg. (Februar 1951), H. 29, S. 495ff.

[49] Vgl. zu diesem Komplex insgesamt: *Blasius,* S. 141 ff. Hill hat auf einen kritischen Vergleich der verschiedenen Fassungen der Memoiren Weizsäckers verzichtet. Aufschlußreich auch der Brief Weizsäckers vom 18. September 1950 an seine Frau über seine 1950 von Richard von Weizsäcker herausgegebenen *Erinnerungen* (Anm. 5): „Ich muß gestehen, daß mich heute das Wiederlesen des Sommers 1939 ziemlich angegähnt hat. Nürnberger Atmosphäre." Vgl. NL Weizsäcker, Bd. 36, „*Gefängnisbriefe*".

[50] *Blasius,* S. 118f.

[51] *Blaubuch der britischen Regierung,* Nr. 48, Henderson an Halifax, 16. August 1939; vgl. auch *Erinnerungen,* S. 247f.: „Zum Abschluß des Gesprächs machte ich von dieser beabsichtigten Entsendung Ribbentrops eine Andeutung..." Weizsäcker erwähnte dies weder in den 1944 noch in den 1947 verfaßten Lebenserinnerungen. Weil er allerdings Mitte August 1939 noch nicht mit einem erfolgreichen Abschluß der deutsch-sowjetischen Geheimverhandlungen rechnete, wurde seine Bemerkung in der Rückschau und auch von Hill (vgl. *WP,* S. 34) überinterpretiert. Weizsäcker wollte Großbritannien über Henderson zum Handeln im Sinne einer politischen Lösung der Krise um Polen bewegen und gleichzeitig deutlich machen, wie schwach nach seiner Auffassung die Position Polens zu beurteilen war.

[52] *DBFP,* 3. S., vol. 7, no. 35 (Henderson am 16. August 1939 an Halifax).

[53] *DBFP,* 3. S., vol. 7, no. 56 (Henderson am 18. August 1939); NL Weizsäcker, Bd. 47, *Lebenserinnerungen/Fassung von 1947,* S. 315.

[54] *A.a.O.,* no. 117 (Henderson am 21. August 1939 an Halifax).

[55] IfZ München, NL Th. u. E. Kordt, *Übersicht Theodor Kordt,* S. 10.

[56] IfZ München, NL Th. u. E. Kordt, *Memoiren Theodor Kordts,* Fassung A („Die Welt hallt wider..."/Entstehungszeit: ca. 1945), S. 56.

[57] *DBFP,* 3. S., vol. 7, Appendix I, (viii), Memorandum von G. Jebb vom 19. August 1939; *The Memoirs of Lord Gladwyn [Jebb],* London 1972, S. 90.

[58] *DBFP*, 3. S., vol. 7, no. 79, Telegramm von Viscount Halifax vom 19. August 1939 an Sir Percy Loraine; Ferdinand Siebert, *Italiens Weg in den zweiten Weltkrieg*, Frankfurt a. M.-Bonn 1962, S. 261; David Dilks (Hrsg.), *The Diaries of Sir Alexander Cadogan 1938—1945*, London 1971, S. 261 (19. August 1939).

[59] *Blasius*, S. 123 f. Weizsäckers Irrtum wird in Hills Analyse nicht einbezogen.

[60] *DBFP*, 3. S., vol. 7, no. 138, Telegramm von Shepherd vom 22. August 1939 an Viscount Halifax.

[61] S. Aster, *1939*... [Anm. 26], S. 332.

[62] *DBFP*, 3. S., vol. 7, no. 142 (Telegramm von Viscount Halifax vom 22. August 1939 an Sir Nevile Henderson).

[63] *A.a.O.*, no. 200 (Telegramm von Sir Nevile Henderson vom 23. August 1939 an Viscount Halifax).

[64] Vgl. dazu: *WP*, S. 161 f. (28. und 29. August 1939); Ulrich von Hassell, *Vom andern Deutschland. Aus den nachgelassenen Tagebüchern 1938—1944*. Mit einem Geleitwort von Hans Rothfels, Frankfurt a. M.-Hamburg 1964, S. 69 ff. (über die Gespräche mit Weizsäcker am 28. und 30. August 1939).

[65] *WP*, S. 163 (31. August 1939).

[66] IfZ München, *Wilhelmstraßenprozeß, Verteidigung Weizsäcker*, Dokumentenbuch 1 b, Dok. Nr. 180 (Eidesstattliche Erklärung von R. Schulze) und Dok. Nr. 20 (Eidesstattliche Erklärung von F. von Sonnleithner).

[67] *DBFP*, 3. S., vol. 7, no. 447 (Enclosure); *ADAP*, D, 7, Nr. 384 (Anlage).

[68] *ADAP*, D, 7, Nr. 458, Vorschlag für eine Regelung des Danzig-Korridor-Problems sowie der deutsch-polnischen Minderheitenfrage; Nr. 421, Note der Deutschen Regierung vom 29. August 1939 an die Britische Regierung.

[69] *WP*, S. 162 (30. August 1939).

[70] Paul Otto Schmidt, *Statist auf diplomatischer Bühne 1923—1945. Erlebnisse des Chefdolmetschers im Auswärtigen Amt mit den Staatsmännern Europas*, Neudruck, Frankfurt a. M.-Bonn 1968, S. 456 ff.

[71] *WP*, S. 162 (30. August 1939).

[72] *A.a.O.*, S. 163 (31. August 1939).

[73] F. Siebert, *Italiens Weg*... [Anm. 58], S. 325; IfZ München, *Wilhelmstraßenprozeß, Verteidigung Weizsäcker*, Dokumentenbuch 1 a, Dok. 152 (Sworn Affidavit of Countess Eleonora Attolico).

[74] U. von Hassel, *Vom andern Deutschland*... [Anm. 64], S. 72 ff. (31. August 1939).

[75] *A.a.O.*, S. 75 (31. August 1939).

[76] *WP*, S. 164 (7. September 1939).

[77] *A.a.O.*, S. 163 (31. August 1939).

[78] IfZ München, *Wilhelmstraßenprozeß, Verteidigung Weizsäcker*, Dokumentenbuch 1 b, Dok. Nr. 177 (Eidesstattliche Erklärung von J. Graf Welczeck). Vgl. dagegen *WP*, S. 35. Jedoch hält Hills Auswertung dieser Quelle einer Überprüfung nicht stand, weil in Welczecks Erklärung Hitler überhaupt nicht erwähnt wird.

[79] Brief von Hermann Lutz vom 5. September 1951 an Theodor Kordt mit einem längeren Zitat aus einem Brief von Carl J. Burckhardt vom 26. August 1951 an Hermann Lutz. Ich danke Frau Lore Kordt, Bonn, herzlich für den Zugang zum Nachlaß ihres Gatten Erich Kordt und ihres Schwagers Theodor Kordt.

[80] *WP*, S. 141 (1. September 1938).

[81] Zitiert nach P. de Mendelssohn, *Die verhinderten Hochverräter*... [Anm. 48], S. 500.

Der nationalkonservative Widerstand aus angelsächsischer Sicht

LOTHAR KETTENACKER
London

I

In einer Studie über *Geheimdienste und Widerstandsbewegungen im Zweiten Weltkrieg* hat Gerhard Schulz 1982 erneut darauf hingewiesen, daß die Geschichte der Résistance gegen die deutsche Besatzungsmacht den Charakter einer staatserhaltenden oder staatserneuernden Tradition angenommen habe.[1] Auch die Historiographie über den deutschen Widerstand war gegen eine solche Tendenz nach dem Krieg nicht immun, obwohl von einem bewaffneten, der Partisanenkriegführung in den besetzten Ländern vergleichbaren Widerstand nicht die Rede sein kann. Gerade für eine durch die bedingungslose Kapitulation und die nunmehr zutage tretenden ungeheuerlichen Verbrechen des Hitler-Regimes gedemütigte Nation war die legitimitätsstiftende Wirkung des Kampfes gegen den Nationalsozialismus unwiderstehlich.

Die Arbeiten von Gerhard Ritter, Hans Rothfels und Helmut Krausnick standen ganz im Zeichen einer Ehrenrettung des deutschen Volkes, indem sie den Blick auf die Repräsentanten des sogenannten anderen, besseren Deutschlands lenkten.[2] Daß es sich zugleich um Angehörige jener gesellschaftlichen Eliten handelte, die Hitler zur Macht verholfen und das Instrumentarium für seine Expansionspolitik mitgeformt hatten, wurde dabei ausgeblendet. Um so mehr wurde auch das Ausland für den Aufstieg Hitlers und das Scheitern eines im September 1938 geplanten Staatsstreichs mitverantwortlich gemacht. Eine neue Dolchstoßlegende schien sich anzubahnen. Die Kritik an den zum Münchner Abkommen führenden Ausgleichsbemühungen des britischen Premierministers Chamberlain blieb vor allem deshalb zunächst unwidersprochen, weil sie sich nicht nur in die angelsächsische Vergangenheitsbewältigung einfügte, sondern zugleich auch dem Widerstand des Westens gegen das ebenfalls als totalitär eingestufte Sowjetregime in Osteuropa das Siegel einer Legitimation aus historischer Erkenntnis aufdrückte. Feinde von gestern und Verbündete von heute konnten sich ein versöhnendes *nostra culpa* zurufen. Die historiographischen und politischen Gegebenheiten ließen eine kritische Auseinandersetzung mit dem deutschen Widerstand nicht zu.

Daß deutsche Generale, ja sogar Chefs des Generalstabs, Hitler durch einen Staatsstreich vom Krieg abhalten wollten, sich dann aber von den westlichen Demokratien im Stich gelassen fühlten, war angesichts der grauenvollen Bilanz des Weltkrieges eine so erschütternde Entdeckung, daß sich alle Maßstäbe der historischen Kritik dagegen ausgesprochen kleinlich ausnahmen. Noch 1983 konnte David Astor in einem dem Andenken seines Freundes Adam von Trott verpflichteten Vortrag seiner grenzenlosen Verwunderung darüber Ausdruck geben, daß die britische Regierung, die sich angeblich im September 1938 bietende einmalige Chance zur Beseitigung Hitlers nicht genutzt habe — „the ideal and perhaps only opportunity to strike Hitler down in circumstances that would have been understood, accepted and supported by the German public at large".[3] Mit Recht ist dagegen eingewandt worden, daß die „Honoratioren", wie die nationalkonservative Widerstandsgruppe um Beck, Schacht und Goerdeler gelegentlich bezeichnet wird, den Staatsstreich auch in der Absicht planten, außenpolitisch ihr Revisionsprogramm vor einem militärischen Abenteuer Hitlers zu retten.[4]

Erst Mitte der 1960er Jahre hatte sich die deutsche Geschichtsschreibung soweit von den unmittelbaren psychologischen Auswirkungen des Krieges erholt, nicht zuletzt bedingt durch einen Wechsel der Generationen, daß mit den kritischen Untersuchungen von Hermann Graml und Hans Mommsen über die außen- und gesellschaftspolitischen Vorstellungen der deutschen Widerstandsbewegung gegen Hitler eine gewisse Ernüchterung einkehrte.[5] Bernd-Jürgen Wendt hat dann in einer kleinen, kaum beachteten Studie die Konsequenzen gezogen, die sich daraus für eine angemessene Beurteilung der englischen Vorkriegspolitik ergaben.[6] Denn innerhalb *Whitehalls* war schon den Zeitgenossen nur allzu bewußt, was sich in Deutschland erst als das Ergebnis eines dialektischen Erkenntnisprozesses herauskristallisieren sollte, nämlich die lakonische Gewißheit, daß die Verbindung von Preußentum und Nationalsozialismus, die Kollaboration der alten und neuen Elite auf der Basis partieller Zielidentität,[7] keine bloße Ausgeburt Goebbelsscher Phantasie war.

Damit soll nun freilich nicht der Regierung Chamberlain gewissermaßen die Absolution erteilt werden, erwies es sich doch, daß die Vorstellung von der Kontinuität preußisch-deutscher Großmachtpolitik unter Hitler in England so tief verwurzelt war, daß dadurch das qualitativ Neue der Hitlerbewegung außer acht blieb,[8] der keineswegs länger an den Maßstäben preußischer Staatsraison orientierte, vielmehr ideologisch motivierte

Lebensraumimperialismus, der alles Dagewesene in den Schatten stellen sollte. Die opportunistische Rationalität der deutschen Außenpolitik spiegelte keineswegs die Phantasmagorie der Endziele Hitlers wider. Um dem Amokläufer nationalsozialistischer Politik Einhalt zu gebieten, hätte es des Einsatzes geradezu phantastischer Abschreckungsmittel bedurft, nicht britischen Understatements. So war denn am Ende allein Churchill mit seinem Sinn für das Spektakuläre der überzeugende Widerpart Hitlers. Doch war die Erwartung einer Regierungsübernahme durch Churchill vor Kriegsausbruch ebenso unrealistisch wie es etwa die Forderung gewesen wäre, den stocknüchternen Unterstaatssekretär im *Foreign Office*, Sir Alexander Cadogan, durch einen Filmdirektor Hollywoods auszuwechseln, der seine Sache auch gewiß besser gemacht hätte.

II

Hitler war in der britischen Sicht der deutschen Entwicklung eine unbekannte Größe, ein *homo novus*, der immerhin „the benefit of the doubt" für sich in Anspruch nehmen konnte.[9] Bis zum deutschen Einmarsch in Prag stand keineswegs mit letzter Gewißheit fest, daß sich seine Ambitionen nicht wirklich nur auf die Zusammenfassung aller Deutschen in einem Nationalstaat beschränkten. Dagegen repräsentierten die Abgesandten des deutschen Widerstandes, die sich in ihrer Mehrheit auf den preußisch-deutschen Generalstab beriefen, eine vergleichsweise bekannte, aber deshalb durchaus nicht harmlose Richtung der deutschen Politik. Sie ließen sich immerhin mit jener Militärkaste in Verbindung bringen, der Großbritannien im Ersten Weltkrieg den größten Blutzoll seiner Geschichte entrichtet hatte. Die Bedrohung des europäischen Gleichgewichts und damit des britischen Empire schien in erster Linie von der Wiederauferstehung eines militarisierten Machtstaates in Mitteleuropa auszugehen und nicht so sehr von einer sich vulgär darbietenden Hitlerbewegung. Hitler mochte dann nach 1933 wie ein antiker Imperator über Tod und Leben gebieten, die Verstetigung des deutschen Aggressionspotentials lag in den Händen deutscher Militärs, Bürokraten und Industriebarone, die sich inzwischen kein neues, geläutertes Machtbewußtsein zugelegt hatten.

Hinzu kam das von Widersprüchen, Ungereimtheiten und Anmaßungen gekennzeichnete Auftreten der Emissäre eines durchaus mysteriösen deutschen Widerstandes. Es wirkte kaum vertrauenerweckender als die Politik Hitlers, gegen das es sich richtete. Gewiß, es waren einige Konstanten erkennbar, wie die ständigen Ermahnungen an die Adresse der britischen Regierung, Hitler gegenüber eine feste Haltung zu zeigen. Doch auch hier gab es Ausnahmen: Trott zu Solz plädierte im Juni 1939 in

London für eine konziliante Haltung gegenüber Hitler, um diesem keinen Vorwand für einen Angriff auf Polen zu geben.[10] In der Regel standen die Ratschläge der Abgesandten des deutschen Widerstands im Gegensatz zu den Empfehlungen des britischen Botschafters in Berlin, der stets davor warnte, den erregbaren Diktator durch brüske Verlautbarungen zu provozieren.[11] Kein Wunder, daß in London mitunter Ungewißheit herrschte, ob man es mit deutschen Patrioten, Hochverrätern oder gar Provokateuren im Dienste des nationalsozialistischen Regimes zu hatte.

Nicht frei von Widersprüchen war die Verbindung von politischer Abschreckung und wirtschaftlichem Entgegenkommen, eine Politik, die gerade von Goerdeler und Schacht stets mit Nachdruck vertreten wurde. Gewiß war die britische Regierung auch nach dem deutschen Einmarsch in Prag prinzipiell dazu bereit, politische Entspannung durch wirtschaftliche Konzessionen zu honorieren. Dies aber konnte nicht heißen, mysteriösen Emissären des Widerstands auf vage Friedenszusicherungen hin einen Wechsel für die Zukunft auszustellen, der „ein — dann möglicherweise von Hitler befreites — nationalkonservatives Deutschland aus seiner schwersten Wirtschaftskrise seit der großen Depression herausführen" würde.[12]

Auch hinsichtlich seiner territorialen Forderungen gab sich Goerdeler unverzeihliche Blößen, die ihn und den konservativen Widerstand in London in Mißkredit brachten. Sir Robert Vansittart scheint sich in dem Augenblick von Goerdeler abgewandt zu haben, als dieser gesprächsweise die Abtretung des Sudetenlandes just zu einem Zeitpunkt für unverzichtbar hielt, als selbst Berlin diese Forderung noch gar nicht offiziell angemeldet hatte.[13] Ernst von Weizsäcker, die „Graue Eminenz" des Widerstands, setzte sich derweil intern für den „chemischen Auflösungsprozeß"[14] der Tschechoslowakei ein, und zwar als Alternative zur militärischen Zerschlagung. Rainer Blasius hat mit dem Titel seiner Weizsäcker-Studie, *Für Großdeutschland — gegen den großen Krieg*, das politische Konzept der konservativen Opposition treffend auf einen Nenner gebracht. Als Goerdeler im Anschluß an die Aufteilung der Tschechoslowakei durch das Münchner Abkommen als nächstes eine entsprechende Lösung für Polen anvisierte, als Konzession an eine neugebildete deutsche Regierung, war für Vansittart das Maß voll. Er sah keinen Unterschied mehr zwischen den expansionistischen Zielen der Militärkaste und der Nationalsozialisten: „There is really very little difference between them. The same sort of ambitions are sponsored by a different body of men, and that is about all."[15] Auch Chamberlain mochte mit Goerdeler und seinesgleichen nichts zu tun haben, nicht zuletzt weil er fürchtete, daß ein politisch belangvolles Zugeständnis der britischen Regierung geeignet war, diese bei einer Aufdeckung eventueller Umsturzpläne in äußerste

Bedrängnis zu bringen. Ihn erinnerten die Gegner des nationalsozialistischen Regimes an die „Jacobiten am Hofe Frankreichs zur Zeit König Wilhelms".[16] Sie wollten das Rad der Geschichte zurückdrehen, ohne auf die außenpolitischen Erfolge Hitlers Verzicht leisten zu müssen, ja sogar in der Erwartung, daß London die Versicherung abgab, einen Staatsstreich in Deutschland durch weitere Revisionsleistungen honorieren zu wollen.

Im Juni 1939 stieß Adam von Trott bei engsten Oxforder Freunden auf völliges Unverständnis, als er eine vage definierte Unabhängigkeit des tschechischen Volkes als Gegenleistung für territoriale Zugeständnisse in Polen anbot, ein Vorschlag, den er auch als Gast der Astors in Gesprächen mit Halifax und Chamberlain ventilierte.[17] Manch einem seiner Freunde erschien dieses Spiel noch gefährlicher als das brutale Vorgehen Hitlers. Doch bestand in London kaum letzte Klarheit darüber, welche Zusicherungen die deutsche Opposition gegen Hitler im einzelnen erwartete. Offenbar gab es gar kein abgestimmtes und für alle im Ausland agierenden Emissäre verbindliches außenpolitisches Programm.[18] „These people must do their own job", so kennzeichnete Cadogan die britische Einstellung in einer Tagebucheintragung.[19] Er ging davon aus, daß die konspirierenden Generale, wenn sie sich ihrer Sache sicher waren, wissen mußten, daß Deutschland von außen keine Gefahr drohte.

Die letzten Meldungen Goerdelers, die das *Foreign Office* wenige Tage vor Kriegsausbruch aus Stockholm erreichten, bestätigten nur, daß auf die deutsche Generalität letztlich kein Verlaß war, daß sie durch ihre Agenten im Ausland das Blaue von Himmel versprach, sofern man ihr schönes Wetter zusicherte, im übrigen aber alle Befehle ausführte, ob unter Protest oder auch nicht, die Hitler ihr erteilte. Goerdeler ließ verlauten, nicht Göring, sondern die Wehrmachtsspitze habe Hitler am 26. August davon abgehalten, Polen mit Krieg zu überziehen. Es gehe daraus hervor, daß Hitler nicht länger die einzige Person in Deutschland sei, auf die es ankomme. „Even Hitler", heißt es in einer Analyse der Stockholmer Gespräche, „cannot make war without full consent of his generals."[20] Drei Tage später begann der Zweite Weltkrieg.

III

Während das *Foreign Office* nach Kriegsausbruch seine Aufgabe vor allem darin sah, den Prozeß der Ernüchterung, „the unwinding of appeasement",[21] wie es einmal bezeichnet wurde, konsequent fortzuführen, waren auf Kabinettsebene noch nicht alle Hoffnungen geschwunden, daß es vielleicht doch zu einem Umsturz in Deutschland kommen würde. Diese

Hoffnung hegte insbesondere Chamberlain, der sich noch nicht mit dem öffentlich eingestandenen Scheitern seiner Friedenspolitik abfinden mochte, sondern der Auffassung zuneigte, daß es nun für alle verantwortungsbewußten Deutschen ersichtlich sein müsse, daß Hitler den Bogen überspannt hatte und von der Bühne verschwinden mußte. Es ist hier nicht der Ort, auf die zahlreichen Friedensfühler von deutscher Seite, und zwar auch von seiten des Widerstandes, im einzelnen einzugehen.[22] Immer wieder war von Göring und/oder von einer bestimmten Generalsgruppe die Rede, die es angeblich auf einen Kompromißfrieden abgesehen hatte. Dazu heißt es in einer Aufzeichnung des *Foreign Office* über die Friedensfühler in der Zeit vom September 1939 bis März 1941, die das unglaubwürdige Gebaren des militärischen Widerstandes in aller Offenheit bloßlegte:

„These gentlemen were said to fear the outcome of the pact with the Soviet Union and to favour a peace of compromise, accompanied by the removal of Hitler and his replacement by a more moderate Government. They never suggested, however, any detailed basis for discussion and they never afforded any evidence of their ability to carry out such terms as might be agreed upon or to bring about the promised change of Government; while they gave no proof that the new Government would be any more trustworthy than the old."[23]

Seit Kriegsausbruch verstärkte sich im britischen Außenministerium in zunehmendem Maße der Widerwille gegen einen Kompromißfrieden mit Preußen-Deutschland, der das Machtpotential des Reiches unangetastet ließ. William Strang gab den Bedenken seiner Kollegen gegen die 1939/40 von der psychologischen Kriegsführung im „phoney war" („Sitzkrieg"/ „drôle de guerre" an der deutschen Westgrenze) vorgenommene Unterscheidung zwischen Nationalsozialisten und alten Eliten wie folgt Ausdruck:

„Without Hitler Germany might be less evil, but might not necessarily be less dangerous. If her military power were not first broken, peace would be but a brief and uneasy respite."[24]

Aus der Sicht Vansittarts war der Nationalsozialismus ganz einfach die letzte Ausgeburt des stets auf Expansion ausgerichteten preußischen Militarismus, „the old Adam" beziehungsweise „Prussianism supercharged by Nazism".[25] Mit seinen Lagebeurteilungen suchte das *Foreign Office* den Ernüchterungsprozeß innerhalb der Regierung zu beschleuniscgen, indem immer wieder vor der illusionären Hoffnung auf einen Umsturz in Deutschland, auf ein Ende des Krieges ohne weitere Anstrengungen, gewarnt wurde.[26] Nichtsdestoweniger wäre ein Kompromißfrieden mit einer von der Wehrmacht protegierten Regierung, die sich Hitlers und der SS entledigt und aus Polen zurückgezogen hätte, möglich gewesen, solange Chamberlain im Amt war. Bis zum Frühjahr 1940 war die Autorität des Premierministers unangefochten, innerhalb der Konservativen Partei, im Lande, vor allem in den Dominions.[27] Noch beschränkte sich die Opposition gegen einen Kompromißfrieden im wesentlichen auf Churchill und Eden, die freilich auch auf die Unterstützung des französischen Bündnispartners zählen konnten. Solange sich die Verpflichtung gegenüber Frankreich in Grenzen hielt und auch die Labour Party noch kein entscheidendes Wort mitzusprechen hatte, war das Arrangement mit einer aus einem Staatsstreich hervorgegangenen nationalkonservativen Reichsregierung keineswegs ausgeschlossen, so sehr sich auch die mit der britischen Außenpolitik befaßten Beamten dagegen sträuben mochten.

Bezeichnenderweise wurden um diese Zeit, um die Jahreswende 1939/40, konservative Hitler-Gegner wie Hermann Rauschning, die vor den Gefahren einer Proletarisierung und Bolschewisierung Deutschlands warnten, in London sehr viel ernster genommen als wenige Jahre später.[28] Gewisse Hoffnungen weckten auch die über den früheren Zentrumsführer Kaas laufenden, von ähnlichen Motiven inspirierten Vermittlungsversuche Pius' XII.[29] Das Szenario sah meist die vorübergehende Errichtung einer Militärdiktatur vor, die dann einer demokratisch-konservativen Regierung Platz machen würde. Daß es der deutsche Generalstab in dieser ersten Phase des Krieges wiederum nur bei unverbindlichem, durch Mittelsmänner ins Ausland übermitteltem Wehklagen beließ und nicht, wie im Falle eines Krieges in Aussicht gestellt, Hitler und seinem Regime ein Ende machte, hatte die fatalsten Folgen für Deutschland, die Welt und nicht zuletzt für die preußisch-deutsche Armee, die sich damit als politischer Faktor aus der Geschichte verabschiedete.

Hatte man nicht im *Foreign Office* allen Grund zu der Annahme, daß der Generalstab nicht so sehr an Hitlers Blitzkriegsstrategie Anstoß nahm, sondern an dem territorial teuer erkauften Stillhalteabkommen mit Stalin und der Kriegserklärung der westlichen Demokratien, die einen langdauernden Zermürbungskrieg befürchten ließ? Tatsächlich hat ja der konservative Widerstand in der Kriegspolitik Hitlers nicht etwa die Veranlassung zum Staatsstreich gesehen, jedenfalls nicht, solange das OKW nur Siege zu vermelden hatte; vielmehr gab er sich außenpolitischen Planspielen hin, auf der Grundlage einer Realpolitik, welcher der Realitätssinn abhanden gekommen war: Während man sich 1939 noch mit den Grenzen von 1933 zufrieden gab, forderte Goerdeler im Mai 1941 „die Wiederherstellung der Grenzen Deutschlands von 1914 gegenüber Belgien, Frankreich, Polen".[30]

Mit dem Regierungsantritt Churchills war jede Aussicht auf eine politische Beendigung des Krieges geschwunden. Die Politik wurde nunmehr ganz den strategischen Notwendigkeiten der Kriegführung unterworfen.

Nach dem Westfeldzug und der Luftschlacht über England hatten Göring und die Generalität ihren letzten Kredit eingebüßt. Als Baron Bonde, ein schwedischer Vertrauensmann Görings, seine Vermittlungsdienste anbot, wurden alle Missionen im neutralen Ausland auf Veranlassung des Premierministers angewiesen: „Our attitude towards all such inquiries or suggestions should be henceforth absolute silence."[31] Lange vor Casablanca war die bedingungslose Kapitulation der Wehrmacht bereits vorprogrammiert, denn schon im Sommer 1940 verstand sich London als Zentralagentur einer im Entstehen begriffenen weltweiten Allianz gegen das nationalsozialistische Deutschland, die nur auf dieser Basis, der bedingungslosen Kapitulation des Gegners, zustande kommen konnte. Im September 1941 rechtfertigte Churchill die grundsätzliche Ablehnung aller Kontakte mit deutschen Widerstandskreisen ausdrücklich mit dem Hinweis auf die neuen Alliierten:

„Nothing would be more disturbing to our friends in the United States or more dangerous with our new ally, Russia, than the suggestion that we were entertaining such ideas."[32]

Das dann im Mai 1942 abgeschlossene Bündnis mit der Sowjetunion lief in seiner Konsequenz ebenfalls auf eine Vorwegnahme der Forderung nach bedingungsloser Kapitulation hinaus. Wenige Wochen später setzten in London die Vorarbeiten für einen Waffenstillstandsvertrag auf eben dieser Grundlage ein.[33]

Je mehr es dem Kriegsende zuging, um so mehr waren beide Seiten, die Londoner Regierung und der nationalkonservative Widerstand, der sich zunehmend auch eine über Deutschland hinausgehende europäische Mission zuschrieb, auf die Erfahrungen der Vergangenheit fixiert, die dann freilich zu völlig unterschiedlichen Schlußfolgerungen führten. Schon sehr früh stand sowohl auf britischer wie amerikanischer Seite der Entschluß fest, ganz Deutschland zu besetzen, um den Mythos deutscher Unbesiegbarkeit ein für alle Mal zur Strecke zu bringen; die totale Niederlage mußte allen Deutschen auf das Eindringlichste zu Bewußtsein gebracht werden, gewissermaßen als Schocktherapie, um nicht wieder eine Dolchstoßlegende aufkommen zu lassen. Die wichtigste Lektion sollte die Erkenntnis sein, „that war does not pay", ein ständig wiederkehrender Refrain der angelsächsischen Propaganda.[34] Die Entmilitarisierung, im materiellen wie im sozialpsychologischen Sinne, war noch entscheidender als die Entnazifizierung, die sich gewissermaßen von selbst verstand.

Der Militarismus, das Erzübel der deutschen Gesellschaft, wurde freilich gerade mit jenen Führungseliten identifiziert, aus denen sich die zu einem Staatsstreich befähigten Kreise des Widerstands vorwiegend rekrutierten. Man wolle nicht die Deutschen ausrotten, versicherte Lord Simon im Namen der Regierung im März 1943, sondern das fürchterliche, hassenswerte Regierungssystem. „By that system I mean“, erläutert er, „not only Hitler but the whole Prussian régime.“[35] Auch Churchill hat in seinen Kriegsreden immer wieder auf die Beseitigung des preußischen Militarismus als eines der Hauptziele verwiesen.[36] Die Hitler mochten kommen und gehen, um ein Stalin-Wort abzuwandeln, aber der preußisch-deutsche Machtstaat blieb bestehen, wenn man ihm nicht gründlich den Garaus machte. So gab es zunächst im *Foreign Office* auch große Bedenken gegen die Beibehaltung einer Berliner Reichsregierung, weil sie sich angesichts des Mangels an demokratischem Führungspersonal gerade aus jenen Elementen zusammensetzen würde, „which it is our fundamental aim to destroy“.[37] Die Beteiligung der Sowjetunion an der Besetzung und Kontrolle Deutschlands wurde nicht nur widerwillig akzeptiert, sondern galt als ebenso unerläßlich für die Befriedung Europas wie die Einbeziehung der USA, die nach dem Ersten Weltkrieg mißlungen war.[38] Die konkrete Kooperation auf der Basis gemeinsamer Sicherheitsinteressen gegenüber Deutschland, so schien es, bot die einzige Chance zur Verhinderung revolutionärer Umwälzungen mit ungewissem Ausgang.

IV

Aus der Sicht des nationalkonservativen Widerstandes mußten jedoch aus den Erfahrungen des revolutionären Umbruchs der Jahre 1918/19 ganz andere Lehren gezogen werden: Chaos und in seinem Gefolge die Bolschewisierung Mitteleuropas waren nur zu verhindern, wenn die Wehrmacht als Macht- und Ordnungsfaktor nicht ganz ausgeschaltet würde. Andernfalls, so die Prognose, mußte dem zweiten Versuch der Bolschewisierung Deutschlands, nunmehr mit aktiver Unterstützung der Roten Armee, zwangsläufig Erfolg beschieden sein.[39] Verdrängt wurden dabei zwei Gesichtspunkte:

1. daß die von den angelsächsischen Mächten anvisierte Besetzung Deutschlands auch eine *Law-and-order*-Funktion hatte;[40]

2. daß nur durch die rechtzeitige Kapitulation die staatliche Ordnung Deutschlands und damit ein Mindestmaß an Selbstbestimmung erhalten bleiben konnten.

Nichts hat dem Widerstand mehr geschadet als der Eindruck im Westen, daß er es, aus welchen Motiven auch immer, auf eine Spaltung der Allianz abgesehen hatte, deren Sicherung sich gerade Großbritannien, der Hauptadressat des deutschen Widerstands, seit dem Bündnisvertrag vom Mai 1942 so sehr zu eigen gemacht hatte. Ob es frühere Reichskanzler wie Wirth oder Brüning waren, die vor einem Machtvakuum in Mitteleuropa warnten,[41] ob sozialdemokratische Exilpolitiker in London, die sich gegen ein Zusammengehen mit den Kommunisten sträubten,[42] ob deutsche Kriegsgefangene, die sogleich wieder mit neuen Verbündeten gegen Osten marschieren wollten,[43] ob Abgesandte einer imaginären Opposition wie Trott zu Solz, der von den Amerikanern eine öffentliche Parteinahme für die sozialdemokratische Arbeiterschaft forderte,[44] sie alle galten als kompromittiert, weil sie sich kaum von den Diplomaten Ribbentrops unterschieden, die in den Hauptstädten des neutralen Auslandes die Botschaft vom Kreuzzug gegen den Bolschewismus verkündeten.

Was Eden und seine Beamten, die diese Informationen registrierten und als Symptome einer noch ungebrochenen deutschen Machtstaatstradition bewerteten, allerdings nicht bedachten, war, daß alle ihre Vorkehrungen an der Sichtweise Moskaus nichts zu ändern vermochten, wonach die Interessenkongruenz der demokratischen und faschistischen Führungseliten ideologiegesetzlich vorgegeben war und deshalb früher oder später auch zum Vorschein kommen mußte. Mit angelsächsischem *common sense,* der ganz und gar für die Kontinuität der Kriegskoalition sprach, war dem prinzipiellen Mißtrauen einer auf ganz anderen Prämissen gegründeten Politik nicht beizukommen.

Diese resignierende Feststellung des im nachhinein urteilenden Historikers soll jedoch nicht als Rechtfertigung der antikommunistischen Einstellung des Widerstandes mißverstanden werden. Dieser konnte sich im Westen nur Anerkennung verschaffen, wenn er seine Entschlossenheit unter Beweis stellte, sei es durch aktive Resistenz, also einen erfolgreichen Staatsstreich, oder durch die Erkenntnis, daß an der Kapitulation an allen Fronten kein Weg vorbei führte. So ist es zu erklären, daß nur Persönlichkeiten wie Bonhoeffer oder Gisevius, welche die vollständige Niederlage Deutschlands als unabdingbare Voraussetzung seiner Erneuerung akzeptierten, im westlichen Ausland wirkliches Vertrauen entgegengebracht wurde, nicht aber Männern wie Trott, die bis zuletzt als Protagonisten eines wie auch immer reduzierten deutschen Machtstaats in Erscheinung traten.[45] Es ist Graml beizupflichten, wenn er hervorhebt, daß die vorbehaltlose Anerkennung des Unvermeidlichen, der von moralischer Betroffenheit diktierte Verzicht auf alle außenpolitischen Lösungen, unter den gegebenen Umständen die einzige politisch erfolgversprechende Alternative war.[46] Erst mit der glaubwürdigen Berücksichtigung sowjetischer Sicherheitsinteressen waren die Voraussetzungen gegeben, um darüber hinausgehenden Ansprüchen Moskaus entgegenzutreten.

So sehr man sich in London gegen alle politischen Anfechtungen und Einflüsterungen seitens deutscher Emigranten und Widerstandskreise gefeit wußte, so war man sich doch keineswegs sicher, ob dies auch in gleichem Maße für die Vereinigten Staaten galt. Die Vermittlungsversuche amerikanischer Geschäftsleute am Anfang des Krieges[47] und später die an die deutschen „Patriots“ gerichteten Rundfunksendungen der Kolumnistin Dorothea Thompson ließen Schlimmes ahnen, sollte es zu einem Umsturz in Berlin oder einer Machtübernahme der Republikaner in Washington kommen. In einem Bericht über den verhängnisvollen Einfluß der bisher stets auch in London wohlgelittenen Journalistin heißt es: „A peace offensive by the dissident German generals might create a situation where a German Darlan would find a sympathetic reception.“[48]

Nicht der Präsident, der sich mit prosowjetischen Beratern umgeben hatte, galt als anfällig für das, was man im Jargon des *Foreign Office* die „good German theory“ nannte, sondern die von einem starken deutschen Element durchsetzte, in weiten Bereichen nach wie vor antibolschewistisch eingestellte öffentliche Meinung. Zur „German Lobby“ zählten 1,6 Millionen in Deutschland geborene Einwanderer sowie sieben Millionen Amerikaner, die von deutschen Eltern abstammten.[49] Viele von ihnen hatten sich in Organisationen wie „Loyal Americans of German Descent“ (1941) zusammengeschlossen, die sich für einen annehmbaren Frieden mit einem von Hitler befreiten Deutschland einsetzten. Die Aktivitäten solcher Gruppen wurden von britischen Diplomaten mit Argwohn verfolgt, weil sie den Zusammenhalt der heterogenen Allianz, aber auch die Beziehungen Londons zu den Exilregierungen der kleineren Alliierten, zu gefährden schienen. Britische Diplomaten wachten auch darüber, daß sich an dem Status der deutschen Emigranten als „enemy aliens“ nichts änderte. Im Jahre 1944 gab die Gründung eines „Council for a Democratic Germany“ erneut Anlaß zur Beunruhigung. Die Botschaftsbeamten in Washington kamen überein, die öffentliche Meinung entlang der Ostküste durch eine diskrete *Anti-soft-peace-Kampagne* gegen die Aktivitäten deutscher Emigranten zu immunisieren.

Sorge bereitete vor allem die von konservativen Emigranten betriebene Verteidigung des deutschen Generalstabs sowie die ebenfalls verbreitete Vorstellung, daß nach dem Krieg in Deutschland das große Geschäft locke. Die von der Zentrale gelieferte Argumentationshilfe suggerierte dagegen, daß die Sowjetunion nach dem Krieg viel lukrativere Aussichten für amerikanische Konsumgüter und Investitionen biete: „You may have to choose between the German market and the Russian market. And the Russian market is going to be bigger.“[50] Der in britischen Diensten stehende Historiker John Wheeler-Bennett sah seit einiger Zeit die Gefahr eines „American Appeasement“ heraufziehen, eine unheilvolle Allianz zwischen *Big Business* und deutschen Militärs. Dagegen stand für den ausgewiesenen Deutschlandkenner fest, „that there is within the political, social or religious structure no category which can be trusted *per se* with the task of government before the process of the political and ideological ‚de-lousing‘ of Germany has been completed“.[51] Regelmäßig berichtete

Wheeler-Bennett über die Ansichten und Aktivitäten deutscher Emigranten, wie Heinrich Brünings und anderer, deren besonderes Vertrauen er genoß und deren Absichten und Hoffnungen er doch zu konterkarieren suchte.

V

Die britischen Befürchtungen waren insofern völlig grundlos, als man auch in Washington keineswegs zu einem Kompromißfrieden aufgelegt war und an dem *Unconditional-Surrender*-Prinzip noch kompromißloser festhielt als in London; Roosevelt war irritiert über die weitere Verwendung des Begriffs *armistice* (Waffenstillstand), von dem sich die in traditionellen Kategorien denkenden britischen Planungsstäbe zunächst nicht trennen mochten.[52] Schließlich ging die Verkündigung der vom Widerstand als besonders verhängnisvoll empfundenen Formel von Casablanca auf seine Initiative zurück;[53] offenbar hatte er dabei die Form der Beendigung des amerikanischen Sezessionskrieges vor Augen, ein weiteres Indiz für die stärker ideologisch geprägte Konzeption der Kriegführung auf amerikanischer Seite.

Churchill hat dann diese Entscheidung, für die Stalin zunächst — er war sich der dadurch provozierten Stärkung des deutschen Widerstandswillens nur allzu bewußt — wenig Verständnis aufbrachte, loyal mitgetragen und sich in der Folgezeit sowohl gegen verharmlosende als auch gegen übertreibende Interpretationen ausgesprochen. Die Forderung enthielt, so radikal sie auch klingen mochte, keine inhaltliche Aussage; die Italiener, die rechtzeitig kapituliert hatten, und zwar auch bedingungslos, fuhren nicht schlecht damit.

Unconditional Surrender hieß im Grunde nicht mehr und nicht weniger, als daß die Sieger in Deutschland freie Hand hatten und sich nicht schon jetzt, worauf es dem Widerstand so sehr ankam, auf bestimmte Kriegsziele innerhalb der Allianz einigen mußten. „If we are bound", ließ sich Churchill im Unterhaus vernehmen, „we are bound by our own consciences to civilisation. We are not bound to the Germans as a result of a bargain struck."[54] Jede konkrete Kriegszielerklärung der westlichen Alliierten, etwa nach dem keineswegs ermutigenden Vorbild der 14 Punkte Wilsons, hätte mit Stalin ausgehandelt werden müssen, was das Risiko eines Entfremdungsprozesses in sich barg, und zwar just zu dem Zeitpunkt, als sich die Großen Drei auf den Konferenzen von Moskau und Teheran erstmals näherkamen. *Unconditional Surrender,* aus dem dann das Recht auf die Besetzung Deutschlands und die Beseitigung des bestehenden Regimes abgeleitet werden sollte, war der einzige gemeinsame Nenner der Verständigung innerhalb einer politisch außerordentlich heterogenen Koalition.

Dieses auf beiden Seiten des Atlantiks intern längst vor seiner Verkündigung feststehende Minimalziel — nur aus der Sicht des zunächst noch ganz in Großmachtvorstellungen befangenen Widerstands nahm es sich als Maximalziel aus — erlaubte den britischen und amerikanischen Stäben eine rationale, von keinen unvorhersehbaren Imponderabilien abhängige Planung der bei Kriegsende notwendige Maßnahmen. Dieses Vorgehen empfahl sich als der Weg des geringsten Widerstands. Bewußt forcierte die britische Regierung einen Entscheidungsprozeß, der die kontroverse Materie zunächst ausklammerte, indem sie den Konsens im technischen, vermeintlich unpolitischen Bereich, dem der inter-alliierten Organisationsstrukturen, voranzutreiben suchte. Churchill wußte sehr wohl, wie schmal die Ende Mai 1944 erreichte Verständigungsbasis war, als Eisenhower vor Beginn der Invasion eine die alliierten Kriegsziele verharmlosende Erklärung durch die BBC ausstrahlen wollte. Er erinnerte ihn daran, daß über die zahlreichen mit der Teilung Deutschlands verbundenen Fragen noch nichts entschieden sei, auch nichts über die Anzahl der für den Arbeitseinsatz in Rußland vorgesehenen deutschen Männer: „Nothing is decided between the Great Allies on all these matters."[55] Wie sollte man unter diesen Umständen von den anglo-amerikanischen Staatsmännern die Bereitschaft erwarten, dubiosen, nach außen im Dienst des NS-Regimes stehenden Emissären eines imaginären, bisher durch keine Heldentaten hervorgetretenen Widerstands konkrete Zugeständnisse für die Zukunft zu machen, Zugeständnisse, die möglicherweise nur dazu dienten, die fragile Allianz der Hitler-Gegner zu sprengen?

Für die eher dem Westen zuneigenden Widerstandskämpfer, die eine Bolschewisierung des Reiches als Folge der Niederlage auf sich zukommen sahen, war die Einstellung der Feindseligkeiten an allen Fronten, also auch im Osten, gewiß die am schwersten zu erfüllende Bedingung. Daran führte jedoch kein Weg vorbei, wie die einsichtigeren unter ihnen, so James Graf von Moltke und Claus von Stauffenberg, am Ende auch erkannten;[56] die Erwartung, im Westen einen Separatfrieden schließen zu können, um im Osten den Kampf mit vereinten Kräften fortzusetzen, war völlig illusionär. Es gab jedoch einen schmalen und riskanten Ausweg aus diesem Dilemma: die gelegentlich erwogene Öffnung der Front im Westen oder eine Folge von Teilkapitulationen, um so wenigstens erst einmal die Besetzung ganz Deutschlands durch anglo-amerikanische Truppen sicherzustellen. Es war dies die einzige Chance, die auf die Aufteilung Deutschlands in Besatzungszonen zurückgehende Teilung des Reiches zu verhindern.

Die in der *European Advisory Commission* zwischen den drei Hauptalliierten geführten Verhandlungen über das Zonenprotokoll zogen sich von Januar bis November 1944 hin.[57] Es gibt Anzeichen dafür daß gewisse amerikanische Kreise, darunter Allen Dulles, der Beauftragte des *Office of Strategic Services* in Bern, den Widerstand gerade im Hinblick auf diese Alternative zum Handeln drängten.[58] Immerhin gab es gravierende Einwände der Amerikaner gegen die im Herbst 1943 vorliegenden britischen Okkupationspläne, und zwar sowohl gegen die Einteilung Deutschlands in Besatzungszonen als auch gegen die Ausdehnung der sowjetischen Zone.[59] Obwohl auch die britischen Stabschefs die Vormachtstellung der Sowjetunion in Mitteleuropa mit Mißbehagen betrachteten, schreckten sie doch vor der Vorstellung zurück, gemeinsam mit den Amerikanern den weitaus größten Teil Deutschlands besetzen zu müssen, und dies angesichts eines Verbündeten, der sich am Ende um seinen Anteil am Sieg betrogen fühlen mochte. Sie glaubten, auf die Beteiligung der Roten Armee bei der Besetzung und Kontrolle des besiegten, aber potentiell immer noch gefährlichen Feindstaates nicht verzichten zu können. Es galt als völlig ungewiß, wie lange amerikanische Besatzungstruppen in großer Zahl in Europa bleiben würden. Nichts erfüllte die britischen Militärs mit größerer Sorge, als am Ende die unliebsame Aufgabe übernehmen zu müssen, allein, allenfalls im Verein mit den zweitrangigen Verbündeten Londons, Deutschland unter Kontrolle zu halten. Ein mit der britischen Zone deckungsgleicher Nordwest-Staat ließ sich notfalls leichter dirigieren als ein zwischen Ost und West lavierender Gesamtstaat, selbst für den Fall einer feindseligen Einstellung der Sowjetunion.[60] Von jenem Land, so das Fazit dieser Überlegungen, auf das sich die Hoffnungen und Bemühungen des Widerstands von Anbeginn konzentrierten, hatte man objektiv am wenigsten zu erwarten.

VI

Das Scheitern des 20. Juli 1944 brachte die britischen Pläne für die Besetzung Deutschlands nur insoweit durcheinander, als diese das Vorhandensein einer noch intakten obersten Reichsverwaltung voraussetzten, die sich als Exekutivorgan der alliierten Kontrollbehörde verwenden ließ. Auch wenn man mit dem Putschversuch einer weitverzweigten Widerstandsbewegung im Sommer 1944 in London nicht gerechnet hatte, so galt es doch nichtsdestoweniger als ausgemachte Sache, daß es wie am Ende des Ersten Weltkriegs im Interesse der Armeeführung liegen mußte, so rechtzeitig die Kapitulation anzubieten, daß dem Reich selbst die mit der Eroberung des Landes einhergehende Zerstörung und das Chaos eines in Auflösung begriffenen Staatsapparates erspart blieben.[61] In der fälschlichen Annahme, daß man es immer noch zugleich auch mit preußischen Militaristen von altem Schrot und Korn zu tun hatte, unterstellte man der deutschen Generalität mehr Verantwortungsbewußtsein und Selbstbehauptungswillen, als diese dann, zumal nach dem Fehlschlag vom 20. Juli, noch aufzubringen vermochte. Nun stand in der Tat zu erwarten, daß das jetzt von allen guten Geistern verlassene Regime bis zuletzt das Heft in der Hand behalten und mit seinem Untergang auch den des Reiches als Staatsgefüge besiegeln würde. Die offensichtlichen Nachteile eines Kampfes „bis zum bitteren Ende" wurden zum Teil jedoch dadurch aufgewogen, daß die Regierungskoalition aus Konservativen und Labour, vor allem aber die Allianz der Großen Drei, keine politischen Belastungen zu gewärtigen hatten, die sich mit einer aus Widerstandskämpfern zusammengesetzten Berliner Regierung zwangsläufig einstellen mußten.

So ist es zu erklären, daß das Scheitern des Widerstands in *Whitehall* mit einer gewissen Erleichterung aufgenommen wurde;[62] so auch, daß Churchill die Widerstandskämpfer mit Worten bedachte, die er später bedauern sollte, indem er sie unterschiedslos mit den führenden Trägern des Regimes gleichsetzte. „The highest personalities in the German Reich", ließ er sich im Unterhaus vernehmen, „are murdering one another, or trying to, while the avenging armies of the Allies close upon the doomed and ever narrowing circle of their power".[63] Die Diskreditierung des Widerstands, des gescheiterten Widerstands notabene, diente natürlich nicht zuletzt dazu, alle Verdachtsmomente in Moskau zu zerstreuen. Der Krieg konnte nunmehr nach Plan zu Ende gehen.

Anmerkungen

1 Gerhard Schulz (Hrsg.), *Geheimdienste und Widerstandsbewegungen im Zweiten Weltkrieg*, Göttingen 1982, S. 19.

2 Vgl. Gerhard Ritter, *Carl Goerdeler und die deutsche Widerstandsbewegung*, Stuttgart 1954; Hans Rothfels, *Die deutsche Opposition gegen Hitler*, Frankfurt a. M. 1958 (= Fischer Taschenbuch), sowie Hermann Graml/Helmut Krausnick, *Der deutsche Widerstand und die Alliierten*, in: *Vollmacht des Gewissens*, hrsg. von der Europäischen Publikation e. V., Bd. 2, Berlin-Frankfurt a. M. 1965, S. 447—521.

3 David Astor, *The Man Who Plotted Against Hitler*, in: *The New York Review, 30* (28. 4. 1983), S. 17.

4 Bernd-Jürgen Wendt, *Konservative Honoratioren — Eine Alternative zu Hitler? Englandkontakte des deutschen Widerstandes im Jahre 1938*, in: Dirk Stegmann/Bernd-Jürgen Wendt/Peter-Christian Witt (Hrsg.), *Deutscher Konservatismus im 19. und 20. Jahrhundert*, Bonn 1983, S. 359.

5 Hermann Graml, *Die außenpolitischen Vorstellungen des deutschen Widerstandes*, in: Walter Schmitthenner/Hans Buchheim (Hrsg.), *Der deutsche Widerstand gegen Hitler.*

Vier historisch-kritische Studien, Köln 1966, S. 15—72, sowie Hans Mommsen, *Gesellschaftsbild und Verfassungspläne des deutschen Widerstandes,* in: *A.a.O.*, S. 73—167.

[6] Bernd-Jürgen Wendt, *München 1938. England zwischen Hitler und Preußen,* Frankfurt a. M. 1965.

[7] Dieser erhellende Begriff wurde m. W. zuerst von Wilhelm Deist geprägt, der von einer „Teilidentität der Ziele" spricht, welche die militärische Führung an das Regime band. Wilhelm Deist, *Die Aufrüstung der Wehrmacht,* in: *Das Deutsche Reich und der Zweite Weltkrieg,* Bd. 1, hrsg. vom Militärgeschichtlichen Forschungsamt, Stuttgart 1979, S. 519.

[8] Vgl. dazu den Beitrag des Vf., *Die Diplomatie der Ohnmacht. Die gescheiterte Friedensstrategie der britischen Regierung vor Ausbruch des Zweiten Weltkrieges,* in: Wolfgang Benz/Hermann Graml (Hrsg.), *Sommer 1939. Die Großmächte und der europäische Krieg,* Stuttgart 1979, S. 223—279.

[9] Freilich hat London die Karriere Hitlers vor 1933 genau im Auge behalten, wie jetzt Francis Carsten nachgewiesen hat (*Britain and the Weimar Republic — The Documents,* London 1984).

[10] Siehe D. Astor, *The Man...* [Anm. 3], S. 18f. Zu Trott als letztes: Rainer A. Blasius, *Adam von Trott zu Solz,* in: Rudolf Lill/Heinrich Oberreuter (Hrsg.), *20. Juli. Portraits des Widerstands,* Düsseldorf 1984, S. 321—334. Siehe im übrigen Christopher Sykes, *Troubled Loyalty. A Biography of Adam von Trott zu Solz,* London 1968.

[11] Vgl. dazu Felix Gilbert, *Two British Ambassadors: Perth and Henderson,* in: Gordon A. Craig/Felix Gilbert (Hrsg.), *The Diplomats 1919—1939,* Bd. 2, New York 1965, S. 537—554.

[12] B.-J. Wendt, *Konservative Honoratioren...* [Anm. 4], S. 363.

[13] Siehe Gerhard Ritter, *Carl Goerdeler und die deutsche Widerstandsbewegung,* München 1964, S. 172ff. (dtv Tb), der hier Goerdelers Verhalten in unzweideutigen Wendungen tadelt und auch ohne Kenntnis der Akten die britische Reaktion richtig wiedergibt.

[14] Rainer A. Blasius, *Für Großdeutschland — gegen den großen Krieg. Staatssekretär Ernst Freiherr von Weizsäcker in den Krisen um die Tschechoslowakei und Polen 1938/39,* Köln 1981, S. 29—72.

[15] Zit. nach Sidney Aster, *Carl Goerdeler and the Foreign Office,* Appendix zu: A. P. Young, *The ‚X' Documents,* hrsg. von Sidney Aster, London 1974, S. 234.

[16] Vgl. *a.a.O.*, S. 237, sowie B.-J. Wendt, *München 1939...* [Anm. 6], S. 36.

[17] Siehe D. Astor, *The Man...* [Anm. 3], S. 18, sowie die Memoiren von Trotts englischer Freundin: Sheila Grant Duff, *The Parting of Ways,* London 1982, S. 198—213.

[18] Darauf weist mit Recht Bernd Martin in seinem in diesem Bande abgedruckten Beitrag hin.

[19] David Dilks (Hrsg.), *The Diaries of Sir Alexander Cadogan,* London 1971, S. 129 (11. 12. 1939).

[20] *Public Record Office* (im folgenden *PRO* zitiert), FO 371/22981/C1278. Das Gespräch, in dem Goerdeler die britische Regierung zu einer letzten umfassenden Friedensinitiative aufforderte, wurde am 28. 9. 1939 mit Dr. Reinhold Schairer (zu Schairer: G. Ritter, *Carl Goerdeler...* [Anm. 13], S. 168) geführt, im Beisein eines britischen Agenten, dessen Name aus den Akten nicht hervorgeht. Der Bericht ist eigentlich zu optimistisch abgefaßt, als daß er von einem britischen Diplomaten stammen könnte. Dem Bericht über Goerdelers Botschaft schließt sich eine Analyse des Geschehens in der letzten Augustwoche an, die mit einem hoffnungsvollen Ausblick endet: „Hitler is no

longer the only person who counts in Germany. Even Hitler cannot make war without full consent of his generals. It seems clear to me that that consent was not given last week. This explains the sense of a change of plan. This is in keeping with the attitude of the generals in earlier crises of Nazi adventure. It is in keeping with G's statements and explanation. It is, I believe, the most important factor in Germany today. It is a factor which is working for good." Der dazu von Ashton Gwatkin, einem der wenigen Fürsprecher der sog. „moderates" in Whitehall, abgegebene Kommentar ist sehr viel zurückhaltender (29. d. M.): „The degree of influence which they (i. e. the Generals, L. K.) can really in the last resort exercise over Hitler is, however, very difficult to gauge." Berichte Goerdelers, wie dieser letzte vor Kriegsausbruch, haben maßgeblich zur Diskreditierung der deutschen Generale und ihres angeblichen Widerstandswillens beigetragen.

[21] Vgl. Peter Ludlow, *The Unwinding of Appeasement,* in: Lothar Kettenacker (Hrsg.), *Das ‚Andere Deutschland' im Zweiten Weltkrieg,* Stuttgart 1977, S. 9—48.

[22] Siehe dazu im einzelnen Bernd Martin, *Friedensinitiativen und Machtpolitik im Zweiten Weltkrieg 1939—1942,* Düsseldorf 1974, sowie die beiden Übersichten des Foreign Office für die Zeit vom September 1939 bis Juni 1942, abgedruckt bei: L. Kettenacker (Hrsg.), *Das ‚Andere Deutschland'*... [Anm. 21], S. 164—200.

[23] *A.a.O.,* S. 164 f.

[24] Aufzeichnung vom 8. 11. 1939, *PRO,* FO 371/22985/C16404. Der gleiche Gedanke findet sich in einer frühen Schrift des nach England emigrierten Sebastian Haffner, (*Germany: Jekyll and Hyde,* London 1940, S. 288 f.): „The generals may be personally more sympathetic, more cultivated, and cleverer than the Nazis. That does not prevent them from serving the same cause. And it is not accident but historical necessity that, in spite of personal antipathies and constant friction, they have clung to the Nazis until today. Both serve ‚Deutschland über Alles'. Both serve the cause of expansion at any price which the German Reich inherited from Frederick's Prussia." Die Beamten des Foreign Office hätten ihre eigenen Anschauungen nicht deutlicher formulieren können!

[25] *The origins of Germany's Fifth War,* Memorandum vom 28. 11. 1939, *PRO* FO 371/22986/C19495.

[26] Siehe dazu z. B. den Bericht des Intelligence Department des Foreign Office (PID) vom 27. 10. 1939, *PRO,* FO 371/22986/C18065.

[27] Zur Rolle der Dominions siehe Ritchie Ovendale, *‚Appeasement' and the English Speaking World,* Cardiff 1975, sowie die Kurzfassung in: Wolfgang Mommsen/Lothar Kettenacker (Hrsg.), *The Fascist Challenge and the Policy of Appeasement,* London 1983, S. 323—338.

[28] Vgl. dazu meinen Beitrag: *Der Einfluß der deutschen Emigranten auf die britische Kriegszielpolitik,* in: Gerhard Hirschfeld (Hrsg.), *Exil in Großbritannien,* London 1983, S. 83 ff.

[29] Siehe dazu die Memoiren von Josef Müller, *Bis zur letzten Konsequenz,* München 1975, sowie, was die britische Reaktion betrifft, Peter Ludlow, *Papst Pius XII, die britische Regierung und die deutsche Opposition im Winter 1939/40,* in: *Vierteljahrshefte für Zeitgeschichte,* 22. Jg. (1974), S. 299—341.

[30] Friedensplan vom 30. 5. 1941, zur Übermittlung an die britische Regierung bestimmt, zit. nach G. Ritter, *Carl Goerdeler*... [Anm. 13], S. 551.

[31] Anweisung des Premierministers vom 20. 1. 1941, *PRO,* FO 371/26542/0610.

[32] *PRO,* FO 371/26543/C10855. Vgl. dazu auch den Beitrag des Vf.: *Die britische Haltung zum deutschen Widerstand während des Zweiten Weltkrieges,* in: L. Kettenacker (Hrsg.), *Das ‚Andere Deutschland'*... [Anm. 21], S. 59 f.

[33] Siehe dazu den Band der offiziellen Kriegsgeschichte von F. S. V. Donnison, *Civil Affairs and Military Government. Central Organisation and Planning,* London 1966, S. 83. Text des britisch-sowjetischen Bündnisvertrages, der eigentlich die Zukunft Deutschlands besiegelte, bei Llewellyn Woodward, *British Foreign Policy in the Second World War,* Bd. 2, London 1971, S. 663—665.

[34] Dies war auch das Hauptziel der britischen „Re-education"-Politik. Vgl. Henry Faulk, *Die deutschen Kriegsgefangenen in Großbritannien. Re-education,* München 1970, S. 63.

[35] *Parl. Debates, House of Lords,* Bd. 126, Sp. 574. Vgl. auch den Beitrag des Vf., *Preußen-Deutschland als britisches Feindbild im Zweiten Weltkrieg,* in: Bernd-Jürgen Wendt (Hrsg.), *Das britische Deutschlandbild im Wandel des 19. und 20. Jahrhunderts,* Bochum 1984, S. 145—168.

[36] Siehe dazu vor allem seine Rundfunkrede am Tage des deutschen Angriffs auf die Sowjetunion, in: Charles Eade (Hrsg.), *The War Speeches of the Rt. Hon. Winston S. Churchill,* Bd. 1, London 1951, S. 450—454.

[37] Siehe dazu das Memorandum *Recognition of a German Government* vom 15. 7. 1944, *PRO,* FO 371/39116/C9330, auch in: L. Kettenacker (Hrsg.), *Das ‚Andere Deutschland'...* [Anm. 21], S. 203—210.

[38] Grundlage einer gesicherten Nachkriegsordnung war der sog. *Four Power Plan* des *Foreign Office* vom 5. 11. 1942, der die besonders enge Zusammenarbeit der USA, der UdSSR, Großbritanniens und Chinas stipulierte. Vgl. dazu Llewellyn Woodward, *Britisch Foreign Policy in the Second World War,* Bd. 5, London 1976, S. 1—18.

[39] Vgl. dazu das Kapitel über Trott bei Peter Hoffmann, *The History of the German Resistance 1933—1945,* London 1977, S. 228—234. Die These von der Bolschewisierung Deutschlands hat Rauschning schon seit Anfang des Krieges im westlichen Ausland vertreten. Vgl. L. Kettenacker, *Der Einfluß...* [Anm. 28], S. 83 f.

[40] Darauf weist Edward H. Carr in seinem das offizielle Meinungsbild hinsichtlich Deutschlands Zukunft treffend wiedergebenden Buch hin: *Conditions of Peace,* London 1942, S. 226.

[41] Zu Brüning siehe die Memoiren des Historikers John Wheeler Bennett, *Special Relationships,* London 1975, S. 166 f.; zu Wirth siehe L. Kettenacker (Hrsg.), *Das ‚Andere Deutschland'...* [Anm. 21], S. 181 f. Brüning und Wirth hofften beide auf ein politisches *come-back* mit Hilfe der westlichen Demokratien.

[42] Vgl. Anthony Glees, *Exile Politics during the Second War. The German Social Democrats in Britain,* Oxford 1982, S. 187—226; auch Werner Röder, *Die deutschen sozialistischen Exilgruppen in Großbritannien (1940—1945),* 2. Aufl., Bonn-Bad Godesberg 1973, S. 193—215.

[43] Zur Einstellung der deutschen Soldaten in britischer Kriegsgefangenschaft siehe das Ergebnis von Massenverhören: *The Mind of the German Army,* 21. 9. 1944, *PRO,* FO 371/40666/U7549.

[44] Allen W. Dulles, *Germany's Underground,* New York 1947, S. 137 f.

[45] Zu Gisevius siehe *a.a.O.,* S. 125—146: „Gisevius often took the same line as Trott, but he was also realistic enough to accept my word for it that there could be no question of Germany surrendering to the West alone" (S. 133).

[46] Hermann Graml, *Resistance Thinking on Foreign Policy,* in: Hermann Graml/Hans Mommsen u. a., *The German Resistance to Hitler,* London 1970, S. 52. Es handelt sich um die englische Übersetzung des unter Anm. 5 zit. Buches.

[47] Vgl. dazu L. Kettenacker (Hrsg.), *Das ‚Andere Deutschland'...* [Anm. 21], S. 171 f., sowie B. Martin, *Friedensinitiativen...* [Anm. 22], S. 132—153; auch ders.,

Friedensplanung der multi-nationalen Großindustrie als politische Krisenstrategie (1932—40), in: *Geschichte und Gesellschaft*, 2. Jg. (1976), S. 66—88.

[48] *Dorothy Thompson and „the Patriots"*, 18. 1. 1943, *PRO*, FO 371/34456/C770. Vgl. auch das ausführliche Vorwort zur Auswahl ihrer Rundfunkvorträge: *Listen Hans*, Boston 1942.

[49] Siehe das Memorandum *The „German Lobby" in the United States* (J. A. Hawgood/PID), 21. 1. 1943, *PRO*, FO 371/34456/C883, auch abgedr. bei L. Kettenacker (Hrsg.), *Das ‚Andere Deutschland'*... [Anm. 21], S. 218—221.

[50] *Talking Points*, o. d. (Juli 1944), FO 371/39119/C8883. Die Gegenargumente richteten sich vor allem „A. Against the Prussian Legend", „B. Against the belief in the ‚Good Germans'", „C. Against the influence of émigrés", „D. Against the belief in the purity of the German Army", „E. Against the belief that Allied policy before 1933 is to blame", „F. Against the belief that ‚the Japs are ten time worse'", „G. Against the belief that you can do good business with Germany", „H. Against suspicion of Russia".

[51] *The New American Appeasement*, Februar 1943, *PRO*, FO 371/34451/C4055.

[52] Aufz. Ronalds vom 3. 6. 1943 über eine Unterredung zwischen US-Botschafter Winant und Sir Alexander Cadogan, *PRO*, FO 371/35319/U2522.

[53] Vgl. Sir John Wheeler-Bennett/Anthony Nicholls, *The Semblance of Peace. The Political Settlement after the Second World War*, London 1972, S. 51—64; ferner Michael Balfour, *Another Look at ‚Unconditional Surrender'*, in: *International Affairs*, 46. Jg. (1970), S. 719—736, sowie Günter Moltmann, *Die Genesis der Unconditional-Surrender-Forderung*, in: Andreas Hillgruber (Hrsg.), *Probleme des Zweiten Weltkrieges*, Köln-Berlin 1967, S. 171—198.

[54] Rede vom 22. 2. 1944, in: C. Eade (Hrsg.), *The War Speeches*... [Anm. 36], Bd. 3, S. 91.

[55] *PRO*, PREM 3/193/1.

[56] Vgl. P. Hoffmann, *The History*... [Anm. 39], S. 248 und 362; siehe auch Ger van Roon, *Neuordnung im Widerstand. Der Kreisauer Kreis innerhalb der deutschen Widerstandsbewegung*, München 1967, S. 319f.

[57] Siehe dazu Tony Sharp, *The Wartime Alliance and the Zonal Division of Germany*, Oxford 1975, S. 56—101.

[58] Vgl. dazu den Beitrag von Bernd Martin in diesem Band, der zu Recht betont, daß auch Dulles auf der bedingungslosen Kapitulation bestanden habe. Es ist eine Frage der Interpretation, ob nicht doch beides möglich gewesen wäre: das Festhalten an der bedingungslosen Kapitulation, verbunden mit der Besetzung ganz Deutschlands durch anglo-amerikanische Truppen.

[59] Vgl. T. Sharp, *The Wartime Alliance*... [Anm. 57], S. 42—50. Cordell Hull mißfiel die Besetzung nach Zonen, weil sich daraus unterschiedliche Interessensphären entwickeln mochten; im übrigen hielt er auch nichts von dem Gedanken einer Teilung Deutschlands, den nun wieder Roosevelt favorisierte. Dieser sprach sich allerdings für eine viel weiter nach Osten reichende Nordwest-Zone aus (Stettin — Berlin — tschechoslowakische Grenze).

[60] Siehe dazu den Beitrag des. Vf., *The Anglo-Soviet Alliance and the Problem of Germany, 1941—1945*, in: *Journal of Contemporary History*, 17. Jg. (1982), S. 435—458.

[61] Auf dieser Annahme basierte die erste Kabinettsvorlage des *Foreign Office* über die Behandlung Deutschlands: *The Future of Germany*, 8. 3. 1943, *PRO*, FO 371/34457/C2864.

[62] Nach dem mißlungenen Staatsstreich wurde Wheeler-Bennett als einer der Experten von Lord Cranborne, dem damaligen Under-Secretary of State for Foreign Affairs, konsultiert. „I said", berichtet der Historiker, „that in the long run it was a good thing that the coup had failed. It was regrettable that so many ‚good Germans', some of whom I had known personally, and who might have played a useful role in a new Germany, had sacrificed their lives in vain, but had they succeeded the complications would have been incalculable. At once there would have arisen rival schools of thought in both Britain and America advocating a ‚soft' as against a ‚hard' peace with the New Germany, which would have missed no chance of playing one off against the other" (J. Wheeler-Bennett, *Special Relationships*... [Anm. 41], S. 200).

[63] Unterhausrede vom 2. 8. 1944, also erst zwei Wochen nach dem mißglückten Staatsstreich, in: C. Eade (Hrsg.), *The War Speeches*... [Anm. 36], Bd. 3, S. 203.

Im Widerstreit der Ziele: Die britische Reaktion auf den deutschen Widerstand

HEDVA BEN-ISRAEL
Jerusalem

I

Die Auseinandersetzung mit dem deutschen Widerstand und die Untersuchung seiner unterschiedlichen Aspekte sind weitgehend von moralischen Gesichts- und Ansatzpunkten bestimmt. Jahrzehntelang waren moralisierende Betrachtungen in der Geschichtsschreibung verpönt gewesen, bis die Nürnberger Prozesse zu einer extremen moralischen Beurteilung der Geschichte zurückführten. Die Urteile des Nürnberger Gerichts waren der Versuch, Geschichte mit den Methoden eines Beweisverfahrens nach rechtsstaatlichen Grundsätzen zu rekonstruieren, doch der Tenor dieser Urteile war moralisch gefärbt.

Die ersten historischen Arbeiten, die danach erschienen, folgten ihnen im Stil und im Inhalt. Die Arbeiten Namiers zeigen das beispielhaft. Namiers kritische Auseinandersetzung mit der ersten Serie von Widerstands-Memoiren[1] wird oft als Beispiel für seine unnachgiebige Haltung zitiert.[2] Er kämpfte gegen zwei Vorwürfe, die die Überlebenden des Widerstands gegen England erhoben:

— zum einen, daß Chamberlain Hitler 1938 vor den Generalen gerettet habe;

— zum zweiten, daß Churchill die Bemühungen der Widerstandsbewegung während des Krieges vereitelt habe, indem er die bedingungslose Kapitulation verlangte.

Diese Fragen werden bis heute unter dem Gesichtspunkt der persönlichen Verantwortung diskutiert: Wie Chamberlain persönlich schuldig geworden sei, weil er den Hitler-Staat falsch eingeschätzt habe, so sei auch Churchill schuldig geworden, weil er den deutschen Widerstand falsch beurteilt und ihm mißtraut habe. Fast ebenso verbreitet ist die Auffassung, daß der Widerstand ignoriert wurde, damit man später ungehindert Vergeltung üben könne.[3]

Namiers Art der Argumentation kann heute als überholt betrachtet werden, aber ganz ist sie nicht verschwunden. Auch neue scharfsinnige Untersuchungen sind noch von dem Ziel bestimmt, Verdienste oder Versagen gegeneinander aufzurechnen.[4] So zum Beispiel die neu belebte Diskussion über die Motive General Becks, ob nämlich sein Widerstand sich grundsätzlich gegen den Krieg richtete oder erst dann, als er ihn verloren glaubte, und auch, ob dieser Widerstand seine Ursache in beruflichen und persönlichen Interessen hatte.[5] Dies gilt auch für die Diskussionen über die englische Politik, die durch die in England geschriebenen Biographien über Trott und Moltke ausgelöst wurden.[6]

Bei einem Thema wie diesem kommen wir zwar um das menschliche Moment nicht herum, ich will aber versuchen, mich auf die einzelnen Streitfragen zu konzentrieren. Die grundsätzlichen Tatbestände, die Anlaß für diese Untersuchung bilden, sind,

— daß der deutsche Widerstand, der vor und während des Krieges beständig Hilfe und Ermutigung in England gesucht hatte, diese von dort nie bekommen hat;

— daß einige Mitglieder des deutschen Widerstands, obwohl sie außerordentlich günstige Möglichkeiten hatten, um ihre Sache zu vertreten, doch stets erfolglos blieben;

— daß diese Haltung der Engländer eine Ausnahme darstellt angesichts ihrer ausdrücklich formulierten Politik, den europäischen Widerstandsbewegungen Hilfe zu leisten.[7]

In meinem Beitrag geht es nicht um Schuldzuweisungen oder die Aufhebung dieser Schuldzuweisungen, und es geht nicht hauptsächlich um diplomatische Aktivitäten. Er setzt sich mit der englischen Reaktion in einem weiter gefaßten Sinne auseinander, der die öffentliche und die private Stimmung erfaßt und von der Voraussetzung ausgeht, daß die Politik das Produkt einer Gesellschaft ist, indem sie deren Erfahrungen und Überzeugungen, seien diese nun starr festgelegt oder veränderbar, zum Ausdruck bringt. Mein Hauptgegenstand ist eine Gesellschaft, die sich in ständiger Bewegung und innerer Spaltung befand, die auf eine andere Gesellschaft reagierte, den nicht definierten deutschen Widerstand, von dem England so gut wie nichts wußte. England reagierte auf Nachrichten, Propaganda, geheime oder öffentliche Botschaften, indem es diese nach bestimmten Prinzipien oder Vorurteilen, im Sinne einer Ideologie oder geschichtlicher Erfahrungen interpretierte. Einige Punkte dieser öffentlichen Auseinandersetzung, dieser Erfahrungen, mögen sie nun die Politik beeinflußt haben oder nicht, sind, für sich genommen, von Interesse, weil sie uns mehr über die Vorgänge der Kriegszeit erzählen als so manche Debatten im Kabinett. Das Folgende ist deshalb kein Versuch, Verantwortlichkeiten auszumachen, sondern, einer bestimmten Ordnung folgend, die Reaktionen Englands auf den deutschen Widerstand zu analysieren und einige grundsätzliche Erklärungen für Musterbeispiele des wechselseitigen Mißverstehens und Aneinander-Vorbei-Agierens (mit einem englischen Ausdruck: für „cross purposes") anzubieten, die alle Bemühungen um eine gemeinsame Aktion zunichte gemacht haben. Was den deutschen Widerstand angeht, so beschäftige ich mich mit dem Teil dieser Bewegung, der sich in seiner Außenpolitik auf Großbritannien ausrichtete. Mir ist dabei vollkommen bewußt, daß die interessanteren Widerstandsaktivitäten außerhalb meines Themenbereiches liegen.

Folgende Punkte will ich in den Vordergrund stellen:

1. Zu keinem Zeitpunkt nach 1938 gab es irgendeine Annäherung zwischen den britischen und den deutschen Zielen und Interessen.

2. Die britischen Reaktionen waren immer nur ein Glied in einer Kette miteinander verquickter Streitfragen wie *Appeasement*-Politik, Kriegsziele, Feindbild, politische Entwürfe für die Nachkriegszeit und gesellschaftlicher Wandel.

3. Bei den Gruppen, die den deutschen Widerstand in England unterstützten, wurde schon in der Art, wie sie sich für ihn einsetzten, die Hoffnungslosigkeit ihres Tuns deutlich.

4. Unabhängig von politischen Entscheidungen oder der öffentlichen Meinung war die Sinnlosigkeit aller Versuche der Zusammenarbeit bereits in der Struktur der Beziehungen zwischen Großbritannien und dem deutschen Widerstand angelegt.

II

Zunächst die Politik. In diesem Musterbeispiel des Aneinander-Vorbei-Agierens hat die Umkehrung der *Appeasement*-Politik der Beschwichtigung, des Ausgleichs mit Hitler eine leitmotivische Rolle gespielt. Der Begriff, das Verständnis von *Appeasement* hat seit der Lehre von der „schuldigen Menschheit" einen langen Weg zurückgelegt.[8] Vor dem Kriege galt es als eine aktive Politik, die Strukturveränderungen innerhalb des europäischen Systems in Gang setzte, nicht als passives Preisgeben von Grundsätzen und Interessen. Es war auch Ausdruck einer bestimmten kulturellen Stimmung, die nicht nur gegen den Krieg war, sondern auch von einer intellektuellen und toleranten Haltung gegenüber anderen Gesellschaften und politischen Kulturen geprägt wurde. Als der Umschwung zur Ablehnung der *Appeasement*-Politik gegenüber Deutschland einsetzte, bedeutete das mehr als die Entscheidung, Polen zu verteidigen. Während aber die britische Politik alle dem *Appeasement* und der deutsch-englischen Zusammenarbeit zugrundeliegenden Prinzipien aufgab, rechnete der deutsche Widerstand nach wie vor mit eben diesen Prinzipien, und so kam es zu einer Serie von Fehlplanungen.

Doch bevor sich beide Wege trennten, gab es bei der Umsturzplanung von 1938 ein Moment der Harmonie zwischen dem britischen *Appeasement* und der deutschen Widerstandsbewegung. Die Einzelheiten sind bekannt und unbestritten, ihre Interpretation jedoch ist unterschiedlich. Die Verschwörer vor München schickten Unterhändler nach England, um die britische Regierung zu einer Drohgebärde gegenüber Hitler zu veranlassen und diesen so von einem Angriff auf die Tschechoslowakei zurückzuhalten.[9] Sollte Hitler dennoch den Befehl zum Angriff geben, könnte man ihn als rücksichtslosen Abenteurer entlarven, der sein Land in einen aussichtslosen Krieg hineinzieht, und der Widerstand hätte seine Rechtfertigung gehabt, ihn zu beseitigen. Einige Autoren haben die Entschlossenheit oder auch die Fähigkeit des Widerstandes, diesen Umsturzplan auszuführen, bezweifelt, andere haben gezeigt, daß die militärischen Pläne gut fundiert waren. Wichtiger ist es nach meiner Meinung, diese Episode als die eine Gelegenheit zu sehen, in der die britische Politik und die der deutschen Widerstandsbewegung ein gemeinsames Ziel hatten und synchron liefen.

Angehörige des Widerstands aus militärischen und Zivilkreisen richteten ihre Ziele ganz offen auf eine „Lösung" der Tschechoslowakei-Krise im Sinne deutscher Expansion, allerdings mit friedlichen Mitteln.[10] General Beck hatte Hitler versichert, daß das machbar sei.[11] Die Initiative der deutschen Widerstandsbewegung muß Chamberlain darin bestärkt haben, der Lösung einer einvernehmlichen Teilung als tragfähiger Alternative zu der Eroberung der Tschechoslowakei zuzustimmen.[12] Chamberlain zog ihnen deshalb nicht „den Boden unter den Füßen weg", sondern ließ ihnen eine der Alternativen, die sie wollten. Einige der Unterhändler mögen weiterreichende Hoffnungen gehegt haben,[13] ihren Anführern brachten sie jedoch die Zusicherung, daß das Tschechoslowakei-Problem friedlich gelöst und ein Krieg, in dem sie sowohl eine militärische als auch soziale Gefahr für Deutschland sahen, verhindert werden könne. Die Verschwörer hatten allen Grund, ihre Initiative als Beitrag zu einem Erfolg zu werten — den die Briten allerdings nicht durch Drohungen, sondern durch Überzeugungsarbeit auf dem Verhandlungswege erreicht hatten.

Als ein Jahr später während der Polen-Krise versucht wurde, nach einem ähnlichen Schema zu verfahren, stellte sich heraus, daß der Widerstand und die Vertreter des *Appeasement* bereits getrennte Wege gingen. Die Forderungen, die der Widerstand machte, waren undurchsichtiger. Man verlangte von der britischen Regierung eine gewisse Festigkeit, die

Hitler davon abhalten sollte, einen Krieg anzufangen, aber doch nicht so weit gehen sollte, daß die Polen in ihrer Ablehnung der deutschen Forderungen bestärkt würden.

Die Dinge wurden noch weiter kompliziert durch nicht miteinander zu vereinbarende Forderungen, die die Unterhändler überbrachten. Einer verlangte das Erscheinen eines englischen Kriegsschiffes in der Ostsee, und daß Churchill ins Kabinett geholt werden müsse, um Hitler einzuschüchtern, während andere um Zugeständnisse gegenüber Deutschland baten, damit die Widerstandsbewegung Zeit gewönne. Letzterer, Adam von Trott, zeigte sich überrascht von dem Stimmungswechsel in England zugunsten einer kriegerischen Haltung. Er plädierte für die alte Politik, die in der Tat am Ende war. Die Engländer hatten den Eindruck, daß, wenn sie *Appeasement* praktizierten, der deutsche Widerstand Festigkeit und Entschlossenheit wollte und, wenn diese gezeigt wurden, nach *Appeasement* rief. Diese Ambivalenz vor dem Kriege trug dazu bei, ein bestimmtes Konzept des deutschen Widerstandes als unklar in seinen Zielen und damit als unzuverlässig erscheinen zu lassen. Die englische Wendung gegen eine pro-deutsche Politik traf alle deutschen Vorschläge, ob sie nun von der Regierung oder aus dem Widerstand kamen, und ein entscheidender Punkt dabei ist, daß die Politik des Widerstands sich in den Augen des Auslands nicht hinreichend von der des Nazi-Regimes unterschied. In Zusammenstellungen der verschiedenen „Friedensfühler" für das Kabinett sind Regime-Gegner und -Anhänger ohne Unterscheidung aufgeführt.

All dies geschah parallel mit dem sich zunehmend verringernden Ansehen eines der Hauptakteure in dieser Verbindungskette, Adam von Trott zu Solz. In Cliveden bei den Astors, in Diskussionen mit Halifax, Lothian, Inskip, alles bisher Befürworter der *Appeasement*-Politik, spürte er eine veränderte Stimmung. Die Tatsache, daß ihm von Freunden in Oxford einschließlich Rowse, Stuart Hampshire, Christopher Hill, Isaiah Berlin, die kalte Schulter gezeigt wurde, weil man glaubte, er sei zum Nazi geworden, ist mehr als ein seine Person betreffendes Faktum. Maurice Bowra forderte ihn auf, sein Haus zu verlassen, nachdem er gefragt hatte, ob der Widerstand auf territoriale Gewinne verzichten würde. Als Rowse vom All Souls College seine enge Freundschaft mit Trott abbrach, begründete er das mit seiner Ablehnung des Trottschen Hegelianismus, in dem er ein deutsches intellektuelles Leiden sah, dessen Wirkung die Undurchsichtigkeit, die Vieldeutigkeit war oder, mit seinen Worten, „daß schwarz immer im Begriff war, weiß zu werden und weiß schwarz", daß alles mit allem vermengt werde.[14] Dieses Bild einer deutschen Widerstandsbewegung, die halb für, halb gegen den Nationalsozialismus, zwar gegen Hitler, aber nicht gegen die Expansion war, schälte sich schon vor

Kriegsbeginn heraus, und zu weiterer Verwirrung führte die Tatsache, daß viele Mitglieder des Widerstands ihre Aktivitäten aus Positionen innerhalb des Nazi-Systems betrieben.

Den Höhepunkt der Friedensbemühungen bildeten die letzten Ausläufer der *Appeasement*-Politik während des „Sitzkrieges" 1939/40[15] vor der deutschen Westoffensive. Sie scheiterten immer wieder aus dem gleichen Grund: weil der Unterschied zwischen den tatsächlich eingenommenen Positionen und denen, die aufgrund früherer Erfahrungen auf der jeweils anderen Seite vorausgesetzt wurden, immer mehr zunahm. Während zum Beispiel im Oktober 1939 Halifax noch der Ansicht war, daß es darum ging, Hitler abzusetzen, stellte im Dezember 1939 die Regierung bereits klar, daß die Beseitigung Hitlers und seiner Gefolgschaft nicht mehr ausreiche. Das Bild von einer auf Expansion ausgerichteten Widerstandsbewegung festigte sich während der Verhandlungen in den Jahren 1939 und 1940, und das Schweigen der Widerstandsbewegung, vor allem das der Generale in der Zeit der militärischen Erfolge, ließ bei den Engländern Zweifel an deren antinationalsozialistischer Einstellung aufkommen.

Die ständigen Themen, an denen die zunehmende Kluft abgelesen werden kann, waren: die deutschen Grenzen, der Einfluß Deutschlands außerhalb seiner Grenzen, das Wesen dieses Regimes, Deutschlands Platz in Europa, die gemeinsame Furcht vor dem Kommunismus, die Ablehnung der Balkanisierung Europas, Gemeinsamkeit im Bereich der Kultur. All diese Themen waren für die britischen *Appeasement*-Befürworter in den dreißiger Jahren Elemente einer aktiven Politik. Und für jedes dieser Themen verlangte der deutsche Widerstand eine Lösung innerhalb immer derselben alten Richtlinien: Revision der Grenzen, ökonomischer und politischer Einfluß in Ost-Europa, angemessene Mitsprache bei allen europäischen Entscheidungen, bessere Möglichkeiten für wirtschaftliche Entwicklungen und eine größere Solidarität gegenüber dem Kommunismus. Die Widerstandsbewegung ignorierte die Tatsache, daß der Richtungswechsel in der britischen Politik die Folge der Ablehnung einer Politik war, von der man glaubte, daß sie England auf den falschen Weg geführt habe. Diese bleibende Änderung der Politik schuf die Voraussetzungen dafür, daß die unterschiedlichen Ziele beider Seiten zu Mißverständnissen führten und sich so — als „cross-purposes" — wechselseitig durchkreuzten.

Im Verlaufe des Krieges tendierte die britische Politik immer stärker zu einer Negierung aller einzelnen Bestandteile des *Appeasement,* und sie mündete schließlich in ein ganzes Bündel politischer Vorstellungen. Dazu zählten eine vollständige Zerstückelung Deutschlands oder die Abtrennung von Teilen, die Unabhängigkeit aller von den Deutschen besetzten Territorien, einschließlich der Deutschland noch vor Kriegsbeginn überlassenen, die Zerstörung des Regimes, eine Beschneidung des deutschen Einflusses, harte Beschränkungen für die Wirtschaft und eine Anerkennung des sowjetischen Einflußbereiches in Osteuropa.

Der deutsche Widerstand erkannte nicht, daß in der britischen Politik die Geschichte rückwärts gelesen wurde. Mit der Ablehnung der *Appeasement*-Politik gingen die Engländer in das Jahr 1918 zurück; bei ihrer Revision des Revisionismus wurde Versailles wieder zum Ausgangspunkt. In jedem Stadium der Kontaktaufnahme war der deutsche Widerstand mit seinen Forderungen auf einen Kollisionskurs zur britischen Politik, die zur entgegengesetzten Richtung tendierte. „Kündigt uns kein zweites Versailles an", sagten Widerständler zu einer Zeit, als die Engländer schon meinten, daß man in Versailles nicht weit genug gegangen sei. Die Grenzen von 1937 und der Sturz des Regimes waren für England Mindestforderungen geworden, während Kordt im Oktober 1939, von Hassell im Februar 1940, Trott 1942, das Memorandum des Bischofs von Chichester 1942 und Goerdeler im Dezember 1943 alle noch an den territorialen Gewinnen festhielten.[16] Trott sprach 1942 von der Wiederherstellung Polens und der Tschechoslowakei „innerhalb ihrer ethnographischen Grenzen". Trotts Biograph sah hierin eine für den feindlichen Leser schlecht gewählte Formulierung. Cripps, an den das Memorandum gerichtet war, war alles andere als feindlich eingestellt, doch seine Reaktion war: „Keine Verhandlungen, es sei denn nach der Niederlage." Als die Angebote des Widerstands auch die Forderung nach einem antisowjetischen Block miteinbezogen, sah man darin einen überholten Nazi-Trick zur Ankurbelung der Zusammenarbeit.

III

Diese Entwicklung in der offiziellen Politik verlief in England während des ganzen Krieges in engem Zusammenhang mit der öffentlichen Diskussion über alle Deutschland betreffenden zentralen Themen. War es gerecht, die ganze deutsche Nation zu verurteilen? Sollte man den preußischen Militarismus verantwortlich machen? Was lehrt uns die Geschichte? Wie sollte man sich gegenüber dem Nachkriegs-Deutschland verhalten? Die bedingungslose Kapitulation war eine zentrale Frage. Und welcher Punkt auch immer die Diskussion auslöste, zwangsläufig berührte sie alle diese miteinander verflochtenen Streitfragen und stand in direktem Zusammenhang mit der Frage nach einem „anderen Deutschland".

Diese Debatten fanden im Parlament statt, in der Presse, in Publikationen und auf Parteitagen. Sie waren nicht Ausdruck tiefgehender Überlegungen, sondern mehr einer allgemeinen Volksstimmung und -mentalität, die sich einen Reim auf die mißliche Kriegssituation zu machen versuchte.

Studiert man Akten des „Political Warfare Executive“ und der BBC, so stellt sich heraus, daß die dort behandelten Themen mit denen der öffentlichen Auseinandersetzung übereinstimmten, das heißt, dieselben Grundsatzprobleme der historischen Wahrheit, moralischen Prinzipien oder politischen Praxis behandelten.[17] Sollte zum Beispiel die Propaganda gegenüber den Deutschen zwischen guten Deutschen und Nazis unterscheiden? Ein Standpunkt erfahrener Propaganda-Fachleute hierzu war, wenn man alle Deutschen unterschiedslos als Nazis verdamme, werde man sie um so fester an das Regime binden. Dagegen waren andere der Meinung, wenn man den Deutschen zusichere, daß nur eine „Clique“ oder gar nur eine Person bestraft werde, ermutige man sie damit zu weiteren Greueltaten. Die Politik schwankte zwischen Nachsicht und Härte hin und her und fand niemals wirklich eine Antwort auf das Problem, das das „andere Deutschland“ darstellte.

Der Ton in der öffentlichen Auseinandersetzung wurde durch die von Vansittart vertretene extreme Haltung bestimmt, wenn auch sein Einfluß auf die Politik immer überschätzt worden ist.[18] Diese extreme antideutsche Haltung gab der Auseinandersetzung schärfere Umrisse und rief eine Fülle von Behauptungen und Äußerungen hervor, die uns helfen, ihren wesentlichen Verlauf, den Tenor der öffentlichen Meinung zu beurteilen. Vansittart schrieb dem deutschen Volk nationale Eigenschaften wie Brutalität, Aggression, Selbstmitleid zu und behauptete, daß die Unterstützung des Hitler-Regimes dazu passe. Der Vansittartismus war für die einen so schockierend und für die anderen so befriedigend, daß die Diskussion niemals nachließ, sondern sich auf andere Themen wie die Greueltaten, die Vernichtung der Juden, den Widerstand, die sozialistischen Exilgruppen ausweitete. Der Begriff Vansittartismus wurde oft benutzt, um allgemein die Vertreter der harten Linie zu bezeichnen, er schloß aber auch jene ein, die sich über die sogenannten Rassen-Theorien empörten. Vansittart machte aus Meinungen, die schon vorher bekannt waren, eine Theorie; er übernahm zum Beispiel die Äußerung Rumbolds, der 1933 Botschafter in Berlin war, über die Neigung der Deutschen zur Brutalität oder die von Dalton, der sie „eine Rasse fleischfressender Schafe“ nannte. D.C. Watt hält den Vansittartismus für „non British“, gibt aber zu, daß er damals weit verbreitet war.[19]

Interessanter als diese extremen Einstellungen ist die Tatsache, daß der offizielle, der öffentliche und auch der akademische Sprachgebrauch von Klischeevorstellungen und -begriffen durchsetzt war. Und das bestimmte auch die Haltung gegenüber dem Widerstand, denn je mehr man dazu neigte, alle Deutschen als gleich schuldig anzusehen, desto weniger kam es darauf an, wer die in Deutschland tatsächlich regierenden Personen waren. Während die Angehörigen des deutschen Widerstands zu einem

Feindbild neigten, das auf eine Partei oder Gruppe begrenzt war, und meinten, deren Sturz werde die Errettung Deutschlands und Europas bringen, sahen die Engländer hierin keine Lösung für das Problem der grundsätzlichen Fähigkeit der Deutschen zum Bösen.

Ein Beispiel für die Durchsetzung verallgemeinernder Begriffe ist die Debatte im Oberhaus vom März 1943.[20] In ihr setzte sich der Bischof von Chichester leidenschaftlich für die Anerkennung des „anderen Deutschlands" ein, und Lord Vansittart antwortete mit seiner Standardbehauptung, zwischen Nazis und Deutschland gebe es keinen Unterschied. Was die anderen Sprecher sagten, waren Nuancierungen dieser Ansichten. Die Zusammenfassung Lord Simons war voller Stereotypen: daß aufgrund des Temperaments, des Charakters der Deutschen ein neuer Hitler erstehen werde; daß der Deutsche niemals glücklich sei, es sei denn, er schikaniere oder werde schikaniert; daß ein Volk für seine Regierung verantwortlich sei; daß alle anderen Völker mit Ausnahme des deutschen Männer hervorgebracht hätten, die das Regime bekämpften; daß die Verantwortung der Deutschen für das System um so größer werde, je länger sie es tolerierten; daß es mit diesem gegenwärtigen System — womit nicht nur Hitler, sondern das ganze preußische System gemeint war — keinerlei Verhandlungen geben werde.

Als diese Debatte stattfand, ergaben Meinungsumfragen, daß Rache- und Haßgefühle zunahmen, und zwar besonders 1942,[21] als die Nachrichten über deutsche Greueltaten sowohl den Widerstand veranlaßten, seine Bemühungen um Verhandlungen zu verstärken, als auch gleichzeitig zunehmend antideutsche Gefühle hervorriefen; beides hob sich gegenseitig auf. Die öffentliche Debatte wurde zudem durch die Auseinandersetzung mit der Goebbels-Propaganda angereichert, die die Invektiven Vansittarts mit Freuden aufgriff.[22] Die englische Presse warf Vansittart vor, Nazis zu produzieren, selbst eine Art Nazi zu sein.[23] Dieser extreme Angriff, der sich gegen die Propaganda des Rassenhasses und der Rache richtete, ging von Victor Gollancz aus.[24] Seine ethisch begründete Weigerung, selbst einen Hitler zu hassen, wurde von den deutschen Sozialisten im Exil sehr bewundert (das erinnere, sagten sie, an Spinoza), wenn sie dieser Weigerung auch nicht zustimmten.

Stereotypes Denken bestimmte auch die literarische und akademische Sprache. Harold Nicolson sprach von ungeheuer viel Neid und Mißtrauen, die in der deutschen Seele begründet seien, von einer merkwürdigen Verbindung, die die Deutschen zwischen Manneskraft und Gewalt herstellen, zwischen Mut und Herrschaft. Gilbert Murray sprach von Selbstmitleid, Selbstverherrlichung und verzweifeltem Kampfeswillen.[25] Dies alles war Gegenstand, war Thema von Universitätsseminaren über den Deutschen Geist, die 1942, 1943 von Gooch, Ginsburg und anderen abgehalten wurden und in denen man über tiefgreifende kulturelle Unterschiede reflektierte, deren man sich bewußt geworden war.[26]

Neben dem Begriff des „nationalen Charakters" gab es einen anderen zentralen, besonders politisch verstandenen Begriff, nämlich den des preußischen Militarismus, der der Nazi-Terrorherrschaft gleichgesetzt beziehungsweise mit ihr in Verbindung gebracht wurde; damit waren die beiden das Feindbild ausmachenden Kräfte bestimmt. Beide Begriffe tauchten in Reden, öffentlichen politischen Erklärungen und amtlichen Papieren immer wieder auf. Die Älteren wie Churchill haben diese Begriffe aus dem Ersten Weltkrieg übernommen und fügten ihnen den neuen Begriff der Nazi-Terrorherrschaft hinzu. Diese Begriffe spiegeln die Überzeugung wider, daß sich der zweite Krieg mit Deutschland nicht nur gegen das Nazi-Regime richtete. Die Auswirkungen dieser Standpunkte auf die Haltung gegenüber dem deutschen Widerstand lassen sich an zwei Zitaten genau ablesen: Bevin sagte 1941, daß die deutschen Kriegsvorbereitungen schon vor Hitler begonnen hätten und daß es nichts geändert hätte, wenn Göring oder andere ihn kaltgestellt hätten; denn es sei der preußische Militarismus mit all seiner schrecklichen Philosophie, der geschlagen werden müsse.[27] Im Juli 1943 sprach Attlee in einem dem Kabinett übergebenen Papier seine Befürchtung aus, daß Deutschland die wirklich aggressiven Kräfte in Armee und Beamtenschaft, in Großgrundbesitz und Industrie wieder unangetastet lassen würde. Und er fügte hinzu: Es könne sogar möglich sein, daß diese Hitler und seine Bande liquidierten und dann als die einzigen aufträten, die in der Lage seien, Europa von der Anarchie zu befreien. Das vorige Mal hätten sie sich nur behaupten können, weil die Alliierten den Bolschewismus fürchteten, aber dies dürfe nicht noch einmal geschehen.[28] Diese Sätze, ein Jahr vor dem Juli 1944 geschrieben, geben eine klare Vorstellung von der zu erwartenden Reaktion auf den Attentatsversuch und dessen politische und soziale Hintergründe. Die Reaktion Churchills darauf — „Die höchsten Persönlichkeiten des Deutschen Reiches bringen sich gegenseitig um"[29] — war eigentlich nicht überraschend.

IV

Wer waren andererseits die Freunde des deutschen Widerstands? Ich möchte hier auf *drei Gruppen* hinweisen, nämlich auf die religiös Orientierten, die Pro-Deutschen und die Sozialisten.

Bekannt sind die Treffen des Bischofs von Chichester mit den deutschen Pastoren und der Mißerfolg seiner Bemühungen, von Eden etwas für die Deutschen zu erreichen.[30] Uns interessiert dabei, ob der Mißerfolg seiner Bemühungen Ursachen hatte, die unabhängig von den staatsmännischen Qualitäten Edens waren. Der Bischof überbrachte Mitteilungen des Widerstands, die zum Beispiel das Angebot enthielten, militärische Operationen aufzuhalten und die Armee schrittweise aus den okkupierten Ländern zurückzuziehen. Sie besagten aber auch, daß der Widerstand auf die Kampfkraft der Armee vertraue und bis zum bitteren Ende kämpfen werde, sollten die Alliierten nicht zu Verhandlungen bereit sein. Zunächst könnten sie methodisch nach den Plänen Himmlers verfahren, später müsse aber auch er gehen. Dies waren die Vorschläge, die der Bischof überbrachte. Seine eigenen Vorstellungen waren allerdings ganz andere, obgleich er der Widerstandsbewegung sehr wohlwollend gegenüberstand. Er glaubte, daß die Zahl derer, die zum Aufstand bereit waren, Millionen betrug; die Menschen jedoch, an die er dachte, waren nicht Generalen unterstehende Truppen, sondern Christen, die von mutigen Geistlichen zum Handeln motiviert würden. Darüber hinaus sprach er von Deutschland als einem besetzten Land, dachte an Hilfe in Form moralischer und auch materieller Unterstützung der Streitkräfte und an einen bewaffneten Beistand. Die deutsche Widerstandsbewegung dagegen hat niemals um bewaffneten Beistand gebeten. Die Erklärung, um die Chichester die britische Regierung ersuchte, betraf ein Deutschland, das unter anderem die militärische Vorherrschaft ablehnen und auf die Kriegsgewinne Hitlers verzichten würde. Er vertrat also eine Politik, die auf einer Linie mit den britischen Standpunkten lag, die aber von der Widerstandsbewegung, so wie sie in Erscheinung trat, und ihren Wünschen, die er selbst übermittelt hatte, durchaus verschieden war.

Die *zweite Gruppe*, die für den deutschen Widerstand sprach, bestand vor allem aus persönlichen Freunden Trotts und Moltkes. Beide hatten englische Vorfahren und Verwandte und hatten in England studiert. Sie betrachteten es als ihre geistige Heimat und hatten in Erwägung gezogen, dorthin zu emigrieren. Die beiden jungen Deutschen waren einander zufällig in Oxford begegnet. Ihre englischen Förderer, Lord Lothian und Lionel Curtis, waren schon lange durch ihre gemeinsame Arbeit für das Empire, die *Appeasement*-Politik gegenüber Deutschland und ihr Eintreten für föderalistische Pläne in bezug auf Europa und die Welt eng miteinander verbunden. Die gemeinsame Basis dieser einander verwandten Geister bestand in ihrer Zugehörigkeit zur Oberschicht, ihren intellektuellen Ambitionen und ihren gesellschaftlichen und internationalen Verpflichtungen. Lothian sprach in seinen Reden, die er während der Kriegszeit als Botschafter in Washington hielt, über den Föderalismus, und Curtis hielt vor Soldaten, die einen Studienaufenthalt in Oxford absolvierten, Vorlesungen zu diesem Thema.[31]

Hier bestand eine geistige Verbindung zum Kreisauer Kreis, und wir wissen, daß einige von dessen Papieren damals nach England gelangt sind.

Auf dem Gut Kreisau im preußischen Schlesien wurden — bildlich gesprochen — Träume von einem föderativen Europa gewoben, das aus der englisch-deutschen Freundschaft hervorgehen würde. Das britische Gegenstück, das einem in diesem Zusammenhang in den Sinn kommt, ist Cliveden, der Landsitz der Astors, wo die *Appeasement*-Politik an vielen Wochenenden diskutiert worden und wo Trott zu Gast gewesen war. Doch diejenigen, die nun für den deutschen Widerstand sprachen, hatten vor dem Krieg für Nazi-Deutschland gestimmt. Warum sollte man sie jetzt ernstnehmen? Den Geist von Cliveden gab es nicht mehr. Die symbolische Rolle, die beide Landsitze spielten, zeigt die Hoffnungslosigkeit der *Appeasement*-Politik, ihre verlorene Sache, was von Hassell schon frühzeitig erkannte, als er im Dezember 1941 in sein Tagebuch schrieb, daß die christlich-pazifistischen Kreise unter den angelsächsischen Völkern, auf die Trott stark zählte, vollkommen nutzlos seien. Und das waren sie denn auch für den deutschen Widerstand.

Die *dritte Gruppe*, die sich für das „andere Deutschland" einsetzte, war die der Intellektuellen auf seiten der sozialistischen Linken, dieselbe kleine Gruppe von Leuten, die während der dreißiger Jahre in ihrer Partei wegen übertriebenen Ideologieeifers kritisiert und von der Labour Party wegen extremer Aktivitäten zum Beispiel für eine Einheitsfront ausgeschlossen wurden. Unter veränderten Umständen setzten sie ihren Kampf gegen die Parteimehrheit fort, und auch hier ging es um Deutschland. Wie bei den religiösen Gruppen waren auch für sie der Glaube und moralische Prinzipien das Motiv, die unterschiedslose Verurteilung des deutschen Volkes zu bekämpfen.[32]

Die Debatte über Deutschland war am lautesten innerhalb der Labour Party, weil diese Partei stärker als andere dazu neigte, über moralische Prinzipien zu debattieren, weil es eine starke Polarisierung der Meinungen innerhalb der Partei gab und weil der Gegenstand der Auseinandersetzung in Verbindung stand mit den in England im Exil lebenden Sozialdemokraten. Die Debatte spitzte sich zu, als ein prominenter Labour-Funktionär in einer Publikation schrieb, „daß nicht einmal die Sozialdemokratie in Deutschland mit der Macht betraut werden könnte". Im Verlauf einer anhaltenden Kontroverse, in der Laski und Noel Baker zum Gegenangriff übergingen, entstanden innerhalb der Labour Party Gruppierungen, die einerseits den Vansittartismus repräsentierten, andererseits den sozialistischen Idealismus und Pazifismus.

Von den Intellektuellen der Linken wurde weiterhin die ideologische Seite vertreten, während die Parteiführer und die Mehrheit zunehmend und immer extremer die harte Linie vertraten, je länger der Krieg dauerte. Als Dalton 1943 ein Papier über die Kriegsziele der Labour Party verfaßte, schlug er darin auch vor (aus praktischen, nicht aus ideologischen Gründen), die Russen in Osteuropa tun zu lassen, was sie und wie sie es wollten. Das brachte die Intellektuellen der Linken, die gegen Moskaus Vorherrschaft in Osteuropa waren, in eine schwierige Lage. Sie beabsichtigten und erhofften die Zusammenarbeit mit den Sowjets für ihr eigenes nachsichtiges und pro-deutsches Programm. Als 1944 auf dem Jahres-Parteitag der Labour Party der Streit um ein Deutschland-Programm ausgefochten wurde, gewannen die von Dalton angeführten Vertreter der harten Linie. In der angenommenen Resolution wurde auf die Untätigkeit des deutschen Widerstands verwiesen und ein Beschluß gegen die Unterstützung selbst einer sozialistischen Bewegung im Nachkriegsdeutschland gefaßt.

Die Intellektuellen der Linken, wie Laski und Gollancz, Noel Baker, Brailsford, G. D. H. Cole und Kingsley Martin waren die einzige Gruppe in England, die Absprachen mit Deutschland forderte. Sie behaupteten nach wie vor, daß ökonomische Mißstände und nicht die deutsche Aggression Anlaß für den Krieg gewesen seien. Sie waren in all ihren Hoffnungen enttäuscht worden, am meisten in der Hoffnung auf eine Revolution in Deutschland, und dennoch vertraten sie die Sache, die sie zu der ihren gemacht hatten, weiter. So beharrten sie, wie in den dreißiger Jahren, hartnäckig darauf, den Feind nicht im deutschen Nazismus, sondern im europäischen Faschismus zu sehen. In den dreißiger Jahren verhinderte dieser doktrinäre Ansatz eine weitreichende Unterstützungskampagne. In der Tat bekämpften sie gleichzeitig den Faschismus und setzten sich für Deutschland ein, und das mußte folgen- und effektlos bleiben.

Waren diese Intellektuellen der Linken, die bei ihrer Theorie von der „nicht schuldigen Nation" blieben, das Ebenbild des deutschen Widerstands? Es gibt ähnliche Fragenkomplexe bei beiden, zum Beispiel den Internationalismus, die Vereinigung Europas, vor allem aber die europäische Dimension, unter der die Ursachen des Krieges erfaßt, aber auch die Möglichkeiten zur Abhilfe konzipiert wurden. Während die Vertreter der harten Linie in der Labour Party an eine teilweise oder vollständige Entindustrialisierung Deutschlands dachten, sprach die Linke von der Reorganisation der Industrie in allen kapitalistischen Ländern, gleich ob es sich dabei um Verbündete oder Feindländer handelt.

Aber das übernationale und sozialistische Denken, das sich im deutschen Widerstand in seiner späteren Periode zusammen mit mittelalterlichen, christlichen, monarchistischen und anti-industriellen Ideen entwickelt hatte, stand in Wirklichkeit den sozialdemokratischen Plänen der englischen Linken entgegen.[33] Trott, der verärgert und frustriert war, griff in seinen letzten Botschaften den englischen bürgerlichen Kapitalismus scharf an und drohte damit, sich an den Osten zu wenden und zusammen mit dem russischen Volk nach einer christlichen und sozialen Lösung zu suchen.[34]

Dies war keine gemeinsame Basis mehr. Die englische Linke reichte nicht antikapitalistischen Genossen in Deutschland die Hand, sondern ihre Nachsicht gegenüber dem deutschen Volk entsprang aus ihrer eigenen Ideologie. Cripps, ein aufrichtiger Freund Trotts, konnte keine wirkliche Brücke zwischen den sozialistischen und religiösen Gruppen in beiden nationalen Lagern schlagen. In der Realität wirkte sich der praktisch ausgeübte Sozialismus in England gegen die Sympathie für den deutschen Widerstand aus. Die Veränderung der Gesellschaft durch den „Kriegs-Sozialismus“ wurde von den Zwängen des Krieges diktiert und wirkte gleichzeitig als die Demokratie förderndes Moment. Die Minister der Labour Party nutzten den Krieg für sozialistische Reformen. Die Kriegspropaganda für die Truppen wurde überwiegend den Schreibern der Linken anvertraut. Die Haltung der Bevölkerung gegenüber Deutschland als ganzem war beeinflußt von dem zunehmenden Selbstbewußtsein der Engländer als einer progressiven und demokratischen Gesellschaft angesichts eines reaktionären Deutschlands, in dem man sogar die Widerstandsgruppen für konservativ, nationalistisch und rückwärtsgewandt hielt.

V

Ich habe versucht, das Muster der Widersprüchlichkeiten und Unvereinbarkeiten auf der politischen und geistigen Ebene und innerhalb der Gruppen, die dem Widerstand positiv gegenüberstanden, auszubreiten. Die politische Entwicklung hat die zentrale Bedeutung des Problems anti-expansionistischer Außenpolitik gezeigt, eine Rückkehr zu den während des Ersten Weltkriegs vertretenen Ansichten und einen Mangel an Differenzierung zwischen den verschiedenen deutschen Friedensplänen. Und auch die öffentliche Debatte hat erkennen lassen, daß in der Bevölkerung ein eher gegen die Deutschen als gegen die Nazis gerichtetes Feindbild herrschte. Regierung und Öffentlichkeit setzten sich vorrangig mit der deutschen Aggression auseinander. Die dem Widerstand positiv gegenüberstehenden Minderheitsgruppen hatten andererseits am wenigsten Einfühlungsvermögen in außenpolitische Vorstellungen. Ihre Motivation bezogen sie aus den eigenen Ideologien, und sie befanden sich deshalb in Kontinuität zu den dreißiger Jahren: Zu ihnen gehörten die wenigen verbliebenen pro-deutschen *Appeasement*-Politiker der Rechten, die religiösen Gruppierungen, die an einen religiös motivierten Aufstand glaubten, und die Intellektuellen der Linken, die die Hoffnung auf eine soziale Revolution in Deutschland aufgegeben hatten, aber für die guten Deutschen eintraten als Teil ihrer eigenen Ideologie.

Ausgehend von diesen Überlegungen möchte ich zum letzten Punkt kommen, dem Charakter der Beziehungen, die unter dem Gesichtspunkt einer möglichen Zusammenarbeit zwischen England und dem inneren Widerstand in Deutschland, aber auch dem Widerstand der im Exil lebenden Deutschen bestanden.

Das besondere Charakteristikum der Außenpolitik des deutschen Widerstands war, daß er sich selbst als eine Alternativ-Regierung darstellte, die für das ganze Deutschland sprach. Die im englischen Exil lebenden Sozialdemokraten waren in dieser Außenpolitik kein Glied, weil man sie als Splitterpartei ansah. Aber auch sie betrieben eine Außenpolitik, die darauf ausgerichtet war, ihre Zukunft in Deutschland zu sichern. Sie bewahrten sich ihre Unabhängigkeit, und ihre Bemühungen standen im Dienst für ihr Land. Die von den Verbündeten angekündigten harten Maßnahmen gaben ihnen die Chance, für Deutschland als Ganzes zu sprechen, für Friedensverhandlungen einzutreten sowie die Bombardierungen und die geplanten Zerstückelungs- und Strafmaßnahmen zu verurteilen. Als sie dann sogar die Abtrennung Österreichs von Deutschland öffentlich rügten, bezichtigte man sie des Pan-Germanismus und Expansionismus.[35]

Die Führer der Widerstandsbewegung im Innern wie die des Exils, die diese Haltung eindrucksvoll und offiziell vertraten, sahen die Bedürfnisse des Nachkriegsdeutschlands anders als die Engländer. Für beide kam es darauf an, daß es weder einen Bürgerkrieg noch eine Befreiung, noch Verrat geben würde. Sie dachten nie daran, sich für den Sieg über Deutschland mit einer fremden Armee zu verbünden; nur das aber wäre für die Alliierten von Nutzen gewesen.

Das bedeutete für die britische Regierung, daß sie es mit Deutschland an drei getrennten Fronten zu tun hatte: an der militärischen Front, mit dem Widerstand in Deutschland und mit den Sozialdemokraten im britischen Exil. Die oft wiederholte Aufforderung „Wenn sie das Regime loswerden wollen, so laßt sie endlich damit anfangen“, war nicht nur eine ungeduldige Aufforderung an den Widerstand, seinen Mut zu beweisen. Es war auch der Wunsch nach einer klaren Identifikation.

Der Widerstand in Deutschland sprach wie eine alternative Kriegsregierung, die bereit war, über einen Friedensvertrag zu verhandeln oder aber weiterzukämpfen. Der bedingungslosen Kapitulation stellte sie einen an Bedingungen gebundenen Widerstand gegenüber. Die Anomalie der Lage des deutschen Widerstands bestand nicht nur darin, daß die unentschiedene Haltung gegenüber der eigenen Regierung sein Handeln hemmte, die Gefahr erhöhte und zu geistiger Isolation und Gewissenskonflikten führte. Die Anomalie war auch, daß der Widerstand seine Hoffnungen in die Auslandsbeziehungen setzte, daß diese Auslandsbeziehungen aber gleichsam ein Sieb voller Widersprüche waren: Man handelte wie Feindesland und verhandelte wie eine verbündete Nation.

Die Briten waren nicht gegen das Nazi-Regime in den Krieg gezogen, sondern gegen dessen Außenpolitik. Sie wollten den Frieden nicht für einen Wechsel des Regimes. Und das war das große Mißverständnis auf seiten des deutschen Widerstands. Sie glaubten, daß ihre Verbündeten an den innerdeutschen Fragen ebenso interessiert seien wie sie selbst. Der alte Grundsatz, daß Außenpolitik stets Außenpolitik provoziert, hatte es der britischen Regierung in den dreißiger Jahren möglich gemacht, friedliche Beziehungen zu Nazi-Deutschland zu unterhalten. Und eben dieser Grundsatz hinderte sie jetzt daran, einen Frieden mit dem Widerstand zu schließen.

Das größte Problem für beide Seiten war die Rolle, die die Armee in den Plänen des Widerstands spielte. Dabei ist es belanglos, ob man nun an den territorialen Gewinnen festhielt, um die Generale für sich einzunehmen, oder ob man die Generale wollte, um die territorialen Gewinne zu halten. Die entscheidende Tatsache ist, daß der Widerstand das Bündnis mit der Armee nicht nur als ein Machtmittel für wesentlich hielt, sondern auch, weil die Armee die nationalen Interessen repräsentierte und deshalb das sichere Verbindungsglied zum Staat und ein mögliches zur Bevölkerung war, vielleicht sogar das einzige Verbindungsglied zur Bevölkerung. Mit der Armee auf seiner Seite hatte der Staatsstreich die Chance der Legitimation in Deutschland.

Unter dem Gesichtspunkt einer Kooperation mit den Briten jedoch stellte die Rolle, die die Armee spielte, ein unüberwindliches Hindernis dar. Es ging dabei nicht um die Frage, ob die Generale sich zum Handeln entschließen konnten,[36] — und auch nicht darum, ob die Engländer sich entschließen konnten, von dem historischen Begriff des preußischen Militarismus abzugehen. Die Rolle der Armee in den Plänen des Widerstands bedeutete, daß es sich in den Augen Englands immer noch um dieselbe Kombination von Staat und Armee handelte. Ein Friedensschluß mit dem deutschen Widerstand schien daher, auch technisch, so zu sein, als kämpfte man auf der Seite des Feindes.

Diese abweisende britische Haltung entstand nicht aus der Notwendigkeit, die Russen zu beruhigen und doch bündnisfrei zu bleiben.[37] Sie war vielmehr die durchgehende Reaktion der Engländer schon vor dem großen Bündnis mit Moskau gewesen. Tatsächlich wäre die einzige theoretische Alternative für den deutschen Widerstand gewesen, sich nicht mit der Armee zu verbünden, um den Staat zu gestalten, sondern mit der Bevölkerung, um eine revolutionäre Regierung zu errichten. Eine derartige Kombination, wäre sie möglich gewesen, hätte gerade angesichts der unvermeidbaren russischen Rivalität nicht zum Verlust der britischen Unterstützung und Hilfe geführt.

Der deutsche Widerstand wollte keine soziale Revolution, und das deutsche Volk wollte sie auch nicht. Der Widerstand konnte die Generale nicht zum Handeln veranlassen, bevor sie die Bedingungen kannten, noch konnte er ohne die Generale handeln. Die Engländer andererseits hätten einen Volksaufstand unterstützt, konnten aber keinen Frieden mit einem deutschen Staat schließen, dessen Stütze die Armee war. Es war in der Tat ein Teufelskreis.

Ein letzte Bemerkung: Als ich begann, diesen Mißverständnissen nachzuspüren, erwartete ich, einige dem Scheitern zugrundeliegende Erklärungen zu finden, die auf anderes hinweisen als auf klassisches menschliches Versagen. Und ich fand, daß sich hinter diesem unvermeidbaren Scheitern ein tragisches Zusammenspiel verbarg. Die Formel der bedingungslosen Kapitulation diente letztlich der Sache des Widerstands. Was immer sie taten, es konnte auf die Dauer nicht als Ausschau nach günstigen Gelegenheiten oder geheimen Absprachen mit dem Feind gedeutet werden. Das haben Leute wie James Graf Moltke gespürt, der sich mit der unvermeidlichen Niederlage abfand, aber auch die moralische und politische Notwendigkeit dafür sah. Und es war auch Moltke, der schon zu einem frühen Zeitpunkt sagte, daß man nicht mit den Generalen hätte gehen sollen. Wir brauchen eine soziale Revolution, keinen Staatsstreich, schrieb er.[38]

Anmerkungen

Vorbemerkung: Dieser Beitrag wurde erstmals in englischer Sprache auf einem Symposion über „Opposition against Nationalsocialismus: Potential, Praxis and Limits" vorgetragen, das vom 11. bis 14. März 1984 in der Hebräischen Universität von Jerusalem abgehalten wurde. Er behandelt in einer Kurzfassung die Grundzüge einer Studie über die englischen Reaktionen auf den deutschen Widerstand. — Ich bin Avner Halpern und Naomi Shepherd für ihre Hilfe bei der Materialauffindung für dieses Papier zu Dank verpflichtet.

1 Lewis B. Namier, *Missed Opportunities,* in: Ders., *In the Nazi Era,* London 1952, zu den Memoiren von Schacht, Weizsäcker, Dirksen, Kordt, Schmidt, Meissner.

2 Vgl. Hans Rothfels, *Die deutsche Opposition gegen Hitler,* Frankfurt a. M. 1958; Harold C. Deutsch, *The Conspiracy against Hitler in the Twilight War,* Minneapolis 1968.

3 Vgl. Harold C. Deutsch, *a.a.O.*

4 Leonidas E. Hill, *Towards a New History of German Resistance to Hitler,* in: *Central European History,* 14. Jg. (1981), S. 369—399.

5 Klaus-Jürgen Müller, *General Ludwig Beck. Studien und Dokumente zur politisch-militärischen Vorstellungswelt und Tätigkeit des Generalstabschefs des Deutschen Heeres*

1933—1938, Boppard 1980; Peter Hoffmann, *Ludwig Beck: Loyalty and Resistance,* in: *Central European History,* 14. Jg. (1981), S. 332—350.

[6] Christopher Sykes, *Troubled Loyalty: A Biography of Adam von Trott zu Solz,* London 1968; ders., *Heroes and Suspects,* in: *Encounter,* 31. Jg. (1968), S. 39—47; David Astor, *The Mission of Adam von Trott,* in: *Manchester Guardian Weekly* vom 7.6.1956, S. 7; Anthony Howard, *London Diary,* in: *The New Statesman and Nation,* Nr. 77 vom 23.5.1969, S. 724; David Astor, *Why the Revolt against Hitler Was Ignored,* in: *Encounter,* 32. Jg. (1969), S. 3—24; Michael Balfour, *Helmuth von Moltke. A Leader against Hitler,* London 1972.

[7] Vgl. das Memorandum des Special Operation Executive, abgedruckt in: J. M. A. Gwyer, *Grand Strategy,* Bd. 3, Teil 1, London 1964, S. 42—43.

[8] Vgl. *British Journal of International Studies,* 6. Jg. (1980), H. 3 (Sonderheft zur Appeasement-Politik).

[9] Vgl. Hendersons Brief, mit dem er Kleists Besuch ankündigt, „to obtain material with which to convince the Chancellor of the strong probability of Great Britain intervening should Germany take violent action against Czechoslovakia". (*Documents on British Foreign Policy,* 3. Reihe, Bd. 2, London 1938, App. IV, S. 683—692.)

[10] Ritter zeigt, daß Goerdeler in Diskussionen in England vor dem Krieg klargemacht hat, daß das Sudetengebiet an das Reich fallen sollte. Gerhard Ritter, *The German Resistance. Carl Goerdeler's Struggle against Tyranny,* New York 1958.

[11] General Becks Memorandum vom 7. Mai 1938.

[12] G. Ritter, *The German Resistance...* [Anm. 10], Kap. IV.

[13] Vgl. auch Martin Gilbert, *Winston S. Churchill,* Bd. 2: *1922—1939,* London 1976, S. 963—968; K.-J. Müller, *General Ludwig Beck...* [Anm. 5], S. 562—579.

[14] A. L. Rowse, *Appeasement in All Souls: A Contribution to Contemporary History,* London 1961.

[15] Peter W. Ludlow, *The Unwinding of Appeasement,* in: Lothar Kettenacker (Hrsg.), *The „Other Germany" in the Second World War,* Stuttgart 1977; H. C. Deutsch, *The Conspiracy against Hitler...* [Anm. 2]; Herbert S. Levine, *Burckhardt's Efforts to Avert War,* in: *Journal of Modern History,* 45. Jg. (1973), S. 439.

[16] Hermann Graml, *Die außenpolitischen Vorstellungen des deutschen Widerstandes,* in: Walter Schmitthenner/Hans Buchheim (Hrsg.) *Der deutsche Widerstand gegen Hitler,* Köln-Berlin 1966 (Übersetzung: *The German Resistance to Hitler,* Berkeley 1970).

[17] Charles G. Cruickshank, *The Fourth Arm. Psychological Warfare 1938—45,* London 1977; Martin Esselin, *The Art of Black Propaganda,* in: *Encounter,* 42. Jg. (1979), S. 42; Asa Briggs, *The History of Broadcasting in the United Kingdom. The War of Words,* London 1970; Daniel Lerner, *Psychological Warfare against Nazi Germany. The Skywar Campaign D-Day to VE-Day,* London 1971.

[18] Robert G. Vansittart, *Black Record. Germans Past and Present,* London 1941; ders., *Lessons of My Life,* London 1943; ders., *Roots of the Trouble,* London 1941; ders., *Bones of Contention,* London 1945; Jan D. Colvin, *Vansittart in Office,* London 1965; Norman A. Rose, *Vansittart,* London 1978. Dieser Abschnitt basiert weitgehend auf Aaron Goldman, *Germans and Nazis. The Controversy over Vansittartism in Britain during the Second World War,* in: *Journal of Contemporary History,* 14. Jg. (1979), S. 155—191.

[19] Donald C. Watt, *Britain Looks to Germany. A Study of British Opinion and Policy Towards Germany since 1945,* London 1965.

[20] Debatte im englischen Oberhaus am 10. März 1943.

[21] Angus Calder, *The People's War. Britain 1939—1945*, New York 1969, S. 490—491.

[22] Louis P. Lochner (Hrsg.) *The Goebbels Diaries 1942—1943*, New York 1948.

[23] Vgl. Heinrich Fraenkel, *Vansittart's Gift to Goebbels. A German Exile's Answer to Black Record*, London o. J.

[24] Victor Gollancz, *Shall our Children Live or Die. A Reply to Lord Vansittart on the German Problem*, London 1942.

[25] A. Goldman, *Germans and Nazis*... [Anm. 18].

[26] Gordon P. Gooch u. a., *The German Mind and Outlook*, London 1945. — Robert Birley, der die Regierung bei den Plänen für die „re-education" Deutschlands beriet, hielt die Burge-Vorlesung von 1947, in der er ausführte, was die Deutschen unbestreitbar nicht gezeigt hätten, sei „that almost primitive and unconscious reaction which is the basis of social morality of ordinary people".

[27] Bevin-Zitat in Trevor D. Burridge, *British Labour and Hitler's War*, London 1976, S. 59—60.

[28] Kabinettsakte 87/65, 322, zitiert nach T. D. Burridge, *a.a.O.*, S. 94.

[29] Churchill-Zitat, Aug. 1944, in der Unterhaus-Debatte. Vansittart (*Spectator* vom 11.8.1944) schreibt, daß es nach fünf Jahren Krieg niemanden mehr in Deutschland gebe, der bereit sei, sein Leben zu riskieren.

[30] George K. A. Bell, *Germany and the Hitlerite State*, London 1944; ders., *The Background of the Hitler Plot*, in: *Contemporary Review*, Bd. 168 (1945), S. 203—208; ders., *The Church and Humanity*, London 1946, S. 165—176.

[31] J. R. H. Butler, *Lord Lothian*; Lionel Curtis, *The Master Key to Peace*, London 1947; ders., *War and Peace*, London 1946; ders./Philip Kerr, *The Prevention of War*, London 1923.

[32] Anthony Glees, *Exile Politics during the Second World War*, Oxford 1982; Ben Pimlott, *Labour and the Left in the 1930's*, Cambridge 1977; John F. Naylor, *Labour's Foreign Policy*, London 1966; Henry Pelling, *A Short History of the Labour Party*, London 1961; David Howell, *British Social Democracy*, Croom Helm 1976; T. D. Burridge, *British Labour*... [Anm. 27].

[33] Hans Mommsen, *Gesellschaftsbild und Verfassungspläne des deutschen Widerstandes*, in: W. Schmitthenner/H. Buchheim (Hrsg.), *Der deutsche Widerstand*... [Anm. 16].

[34] Trotts Memorandum an Dulles von 1943 in Ch. Sykes, *Troubled Loyalty*... [Anm. 6], S. 389—390.

[35] In bezug auf die Geschichte der im englischen Exil lebenden Sozialdemokraten habe ich mich auf A. Glees, *Exile Politics*... [Anm. 32], gestützt; Louis J. Edinger, *German Exile Politics. The Social Democratic Executive Committee in the Nazi Era*, Berkeley 1956.

[36] Nach Ansicht von Wheeler-Bennett war der fehlende moralische Mut die Hauptursache für ihr Scheitern.

[37] Richard Crossmann in der Unterhaus-Debatte vom 26.10.1945; Michael Balfour, *Another Look at Unconditional Surrender*, in: *International Affairs*, 46. Jg. (1970), S. 719; Hugh Trevor Roper, *The Philby Affair*, in: *Encounter*, 30. Jg. (1968), S. 3—27.

[38] Moltkes Brief in: M. Balfour, *Helmuth von Moltke*... [Anm. 6], S. 215—244 (zuerst veröffentlicht von H. Lindgren in: *Vierteljahrshefte für Zeitgeschichte*, 18. Jg. [1970], S. 274—291); Golo Mann, *Helmuth James von Moltke*, in: *Journal of European Studies*, 4. Jg. (1974), S. 368—389.

Aus dem Englischen von Barbara Peymann

Widerstand und Landesverrat am Beispiel des Generalmajors Hans Oster

ROMEDIO GRAF VON THUN-HOHENSTEIN
Salzau bei Kiel

I

Die exemplarische Behandlung des Phänomens „Widerstand" an Hand einzelner Persönlichkeiten stößt noch heute auf Interesse. Besonderes Gewicht kommt dabei den Angehörigen der Wehrmacht zu, soweit diese durch eine breitgefächerte Skala von Handlungen, die vom passiven Widerstand bis hin zum Landesverrat reichen, den Weg in die Opposition gegen Hitler und den Nationalsozialismus fanden. Die Tatsache, daß nur über die Waffenträger der Nation, also die Wehrmacht, ein erfolgversprechender Versuch zum Sturz des NS-Regimes unternommen werden konnte, hat nicht zuletzt zu einer intensiven historischen Auseinandersetzung mit der Militäropposition geführt. Probleme entstanden allerdings aus dem zuweilen etwas unklaren Widerstandsbegriff, unter dem die Aktivitäten der Beteiligten subsumiert wurden. Die in der Regel moralische und ethische Bewertung des militärischen Widerstandes verschloß häufig den Blick für Motivationen, die aus dem beruflich-militärischen Bereich stammten und zunächst nicht unbedingt eine moralische oder ethische Qualität besaßen. Auf der anderen Seite wurde der rein fachlich-militärisch bedingte Widerstand vieler Angehöriger der Militäropposition im Laufe der Zeit von ethischen und moralischen Gesichtspunkten überlagert, so daß eine Trennung der verschiedenen Motivgruppen ungemein erschwert wurde.

Hinzu kamen historische Interpretations-Ansätze, die in den letzten Jahren gerade den militärischen Widerstand auf einen Konflikt um die Rolle der militärischen Führung innerhalb des Systems reduzierten. Erst nachdem die Großmachtstellung Deutschlands durch Hitlers Kriegspolitik entscheidend gefährdet war, hätten die am Widerstand beteiligten Soldaten eine gewaltsame Korrektur des Herrschaftssystems in Erwägung gezogen. Dieser Interpretationsrahmen fügt sich nahtlos in die heute verstärkt vertretene These von der grundsätzlichen Mitschuld der Wehrmacht am NS-Staat, die einer Kollektivschuld gleichkommt, für die sogar die Existenz einer Militäropposition als Beweis dienen kann, da es dieser lediglich um eine effektivere Kriegsführung gegangen sei.[1]

Diese Argumentation entbehrt zwar nicht einer gewissen Folgerichtigkeit, doch darf nicht übersehen werden, daß gerade für die Verschwörer die Berufung auf militärische Notwendigkeiten zu den wenigen überzeugungskräftigen Argumenten zählte, wollten sie die Unterstützung zumindest von Teilen der Wehrmacht erreichen. Gerade am Beispiel des Generalmajors Hans Oster, der zu den konsequenten und unbedingten Gegnern des Nationalsozialismus zählt, läßt sich die häufige Vermischung moralisch-ethischer, militärisch-fachlicher und schließlich politischer Motive zeigen, die allesamt für sein Handeln bestimmend waren.[2]

II

Dem Weltbild des 1887 geborenen, hochdekorierten Offiziers des Ersten Weltkrieges hatte das wilhelminische Deutschland seinen unverwechselbaren Stempel aufgedrückt. Noch dreißig Jahre später sah er im Deutschland der Kaiserzeit eine bessere und heile Welt. Unpolitisch wie die Mehrzahl seiner Kameraden, besaß Oster einfache, klare Wertvorstellungen. In einer starken Armee erblickte er den Garanten für eine machtvolle, nationale Außenpolitik, die seinen Vorstellungen von der Großmachtrolle Deutschlands entsprach. Eingebettet in ein persönlich empfundenes Treueverhältnis zum Herrscherhaus, fürchtete er bei Kriegsausbruch lediglich, nicht mehr rechtzeitig an die Front zu kommen, da er infolge eines Reitunfalles vorübergehend dienstunfähig war.

Dieses einfache, aber festgefügte Weltbild zerbröckelte unter dem Eindruck der Revolution von 1918. Das Ende der Monarchie wirkte auf Oster wie „ein Schlag mit dem Hammer auf den Kopf",[3] ihn entwurzelnd und seines politischen Halts beraubend. Der neuen Republik stand er skeptisch gegenüber; er sah sie als „brüchigen Parteienstaat"[4] an und diente ihr ohne innere Anteilnahme.

Nachdem Oster im Jahre 1919 kurzfristig der Abteilung I des Ministeriums für Militärwesen in Dresden unterstellt gewesen war, gehörte er bis September 1924 dem Wehrkreiskommando 4 (Dresden) an. Danach verrichtete er den für Generalstabsoffiziere üblichen Truppendienst beim Artillerieregiment 2 in den Garnisonen Güstrow und Schwerin, bis er am 4. Februar 1929 als Major und dritter Generalstabsoffizier (Ic) zum Stab der 6. Division nach Münster versetzt wurde. Münster markierte allerdings auch das vorläufige Ende seiner Karriere, denn eine Liebesaffäre führte am 31. Dezember 1932 zu seinem Ausscheiden aus dem aktiven Truppendienst.

In dieses berufliche Vakuum stieß am 30. Januar 1933 die Machtergreifung Hitlers, die von Oster keineswegs abgelehnt wurde. Schließlich versprach Hitler nicht nur die endgültige Revision von Versailles, sondern auch eine „starke nationale Politik" und die Wiederaufrüstung, Ziele, die Osters Vorstellungen von der politischen Rolle Deutschlands in Europa entsprachen. Er hatte bis dahin in der Reichswehr die einzige funktionsfähige Basis der konservativen und nationalen Traditionen Deutschlands gesehen und zählte zu jenen, für die sich in der Reichswehr eine überzeitliche Staatsidee verkörperte. Mit dieser Vorstellung war aber auch ein Anspruch verknüpft, der die Armee zur Hüterin der deutschen Politik im innen- und außenpolitischen Bereich ernannte.

Bei diesem Verständnis von der politischen Rolle der bewaffneten Macht läßt sich verstehen, daß Oster später in der Gestapohaft den „Umbruch" von 1933 für viele Soldaten als „eine Erlösung aus den Gewissenskonflikten" bezeichnete, „die für sie in der Systemzeit entstanden waren".[5] Immerhin schien Hitler der Armee den ihr gebührenden Platz im Staat wieder einzuräumen. Daß er außerdem eine totale Mobilisierung und wehrmäßige Erfassung der Gesellschaft ankündigte, die nach den Erfahrungen des Ersten Weltkrieges zur Bedingung einer Bewahrung von Deutschlands Machtposition im industriellen Zeitalter gehörte, kam Osters machtpolitischen Ideen zweifellos entgegen. Schließlich bot die von Hitler geplante Vergrößerung der Armee für eine Wiederverwendung Osters reelle Chancen.

Zu Beginn der NS-Herrschaft bewegten sich Osters außenpolitische Zielsetzungen völlig im Rahmen der von der Mehrzahl des Offizierskorps gewünschten Großmachtpolitik, so daß von daher zunächst keine Gegenposition zu den neuen Machthabern entstand. Auf innenpolitischem Gebiet läßt sich dagegen schon vor Januar 1933 eine deutliche Zurückhaltung Osters bei der Beurteilung der NSDAP erkennen. Parteiinterna aus der Umgebung des NS-Gauleiters von Westfalen-Nord, die Oster als Ic in Münster erfuhr, trugen nicht unerheblich zu einer reservierten Stellung gegenüber der neuen Partei bei. Diese Haltung wurde offenkundig, als im April 1932 der Kronprinz den Versuch unternahm, im zweiten Wahlgang der Reichspräsidentenwahl mit den Stimmen der NSDAP gegen Hindenburg zu kandidieren. Der Kaiser verbot allerdings von seinem holländischen Exil aus die Kandidatur des Kronprinzen. Osters scharfe Ablehnung dieses Versuches ist überliefert, offenbar bestand für ihn eine unüberbrückbare Kluft zwischen der NS-Bewegung und dem Haus Hohenzollern.

Ähnlich verhielt sich Oster nach dem 30. Januar 1933, als sein ehemaliger Abteilungskommandeur sich bemühte, ihn in die SS zu ziehen. Trotz seiner unklaren beruflichen Lage entzog sich Oster diesem Ansinnen und nahm statt dessen eine Stelle beim sogenannten Forschungsamt an, einer Behörde, die hauptsächlich Telefongespräche abhörte. Von Oster selbst als lästige Übergangslösung bezeichnet,[6] vermittelte ihm die Tätigkeit dort Einblicke in die Praxis der NS-Regierung, die seine kritische Einschätzung der NSDAP bestärkte. Zwar war Oster noch weit entfernt davon, etwa in den Kategorien eines Widerstandes gegen das System zu denken, doch die gehäuften Rechtsbrüche, der Machtanspruch der Partei, der Beginn des Kampfes gegen die Kirchen und das brutale Auftreten der SA trieben ihn mehr und mehr in eine geistige Gegenposition zum Nationalsozialismus, die zur Grundlage seines späteren Widerstandes wurde.

III

Seit Oktober 1933 war Oster in der Abwehr-Abteilung im Reichswehrministerium angestellt, zunächst als Zivilangestellter, ab Februar 1934 als Referent und ab März 1935 als Oberstleutnant und E-(Ergänzungs-) Offizier. Die Ereignisse des 30. Juni 1934, als Hitler mit Hilfe der SS den Stabschef der SA, Ernst Röhm, zahlreiche SA-Führer und viele tatsächliche und vermeintliche Regimegegner einfach ermorden ließ, bildeten auch für Oster eine nachhaltige Zäsur. Der 30. Juni 1934 ließ Osters Skepsis dem Nationalsozialismus gegenüber in Haß umschlagen, und dieser Haß richtete sich zunächst eindeutig gegen die SS. Osters Entsetzen über die brutalen Morde war echt und nicht von taktischen Überlegungen bestimmt, wie es bei vielen Offizieren der Fall war. Obwohl mit den Generalen von Schleicher und von Bredow zwei ihrer Kameraden ermordet worden waren, blieben sie untätig, weil Hitler ihnen die Auseinandersetzungen mit dem lästigen Nebenbuhler SA ersparte, der das Gewaltmonopol der Armee bedrohte. In den Augen der Reichswehrführung hatte sich Hitler als loyaler Vertreter ihrer Interessen erwiesen.[7] Daß er sich dabei moralisch verwerflicher Methoden bediente, die sich über jedes Recht hinwegsetzten, war zwar bedauerlich, doch akzeptabel, wie die Äußerung Witzlebens zeigt, der auf die Nachricht von der Erschießung der SA-Führer sagte, das sei ja „prächtig".[8]

Neben unmittelbarer Betroffenheit über die Morde des 30. Juni stand für Oster die Erkenntnis, daß die Reichswehr eine empfindliche politische Niederlage erlitten hatte. Die Duldung der Morde an den beiden Generalen und vielen anderen, die alsbald bekannt wurden, belastete nach Osters Ansicht die Reichswehr schwer und verringerte ihren politischen Aktionsradius beträchtlich. Darüber hinaus fürchtete er in der in den nächsten Jahren zielstrebig vergrößerten SS nicht nur einen gefährlichen Konkurrenten der Armee, sondern auch ein Instrument, mit dem sich der totale Machtanspruch der Partei durchsetzen ließ. Die Reichswehr hatte die erste Runde in diesem Kampf verloren, wie Oster später vor der Gestapo formulierte: „Die Ereignisse des 30. Juni 1934 waren die erste Gelegenheit, die Methoden einer Räuberbande im Keim zu ersticken."[9] Himmler und Heydrich seien jedoch als Sieger aus dem Kampf zwischen Wehrmacht und SS hervorgegangen.

Dennoch hat auch Oster nach dem Tode Hindenburgs den neuen Eid auf Hitler nicht verweigert, obwohl er dessen Problematik gespürt hat. Für ihn galt das Gleiche wie für so viele Vertreter des Offizierkorps, die Unbehagen und Erschrecken über die immer unverhüllter zutage tretenden Rechtsbrüche der Staatsorgane und der Partei empfanden, andererseits aber in Hitler noch den Garanten zur Erfüllung ihrer außenpolitischen Ziele sahen. Aus dieser Situation konnte es solange keinen Ausweg geben, wie man sich nicht grundsätzlich zum Widerstand entschloß, der nicht auf einzelne Organe und Erscheinungsformen des Regimes beschränkt blieb, sondern sich gegen das System und Hitler selbst richtete. Dies erforderte aber eine Gegner-Einschätzung, die über die damals von Oster bekämpften Zielgruppen SS und Gestapo hinausging. Daß er diesen Schritt dann 1938 relativ leicht vollzogen hat, lag vor allem an den Ereignissen der Jahre 1934—1937, die durch Kirchenkampf, Abbau der Rechtssicherheit und die fortschreitende Politisierung aller Lebensbereiche die schrittweise Zerstörung seiner ordnungspolitischen Vorstellungen darstellten.

Dies gab auch schließlich den Ausschlag, als Oster im Februar 1938 erstmalig eine staatsstreichartige Aktion gegen die SS und die Gestapo erwog. Anlaß hierfür war die schmutzige Intrige, mit der Göring, Hitler, Himmler und Heydrich den Oberbefehlshaber des Heeres, Generaloberst Freiherrn von Fritsch, aus seiner Stellung entfernten. Auf den ersten Blick konnte diese Angelegenheit auf ein Problem zwischen Hitler und Fritsch reduziert werden, und sie wurde auch von der Generalität vielfach so empfunden. In Wirklichkeit aber handelte es sich um den ersten großen Schritt zur Gleichschaltung der Armee, denn im Zuge der Ablösung Fritschs wurden zahlreiche Generale in den Ruhestand geschickt, von denen Hitler und seine Umgebung annahmen oder wußten, daß sie der nationalsozialistischen Politik im Wege sein würden.

Oster hat die damit verbundene Gefährdung und den Abbau der Machtposition des Heeres sogleich registriert. Da er im Heer das letzte Bollwerk gegen die Errichtung und dauerhafte Verankerung des nationalsozialistischen Staates sah, war er nur konsequent, wenn er jetzt ein bewaffnetes Vorgehen der Truppe gegen die Gestapo forderte. Daß ein solcher Schritt auch eine Modifikation des Regimes bedeutet hätte, war ihm durchaus klar, er hielt aber eine Aktion für durchführbar: „Man muß den ganzen Laden der Gestapo ausheben und besetzen; Hitler hat immer vollzogene Tatsachen anerkannt."[10]

Die grundsätzlichen, den machtpolitischen Aspekt der Affäre betrachtenden Überlegungen Osters wurden von sehr starken persönlichen Motiven noch verstärkt. Fritsch war mehrere Jahre Osters Regimentskommandeur gewesen, und in dieser Zeit hatte Oster ein Gefühl starker Verehrung für Fritsch entwickelt, das ihn vor der Gestapo sagen ließ: „Ich habe die Sache Fritsch zu meiner eigenen gemacht."[11] Indes muß ihm schmerzlich aufgegangen sein, daß es letztlich Fritsch war, an dem Osters Pläne scheiterten. Daß auch von seiten der Heeresgeneralität keine ernsthaften Versuche zu Gunsten einer Rehabilitierung Fritschs unternommen wurden, bestätigte Osters Erfahrungen vom 30. Juni 1934. Die stillschweigende Hoffnung auf eine gemeinschaftliche Reaktion der Heeresspitze erfüllte sich nicht. Offenbar fehlte den meisten Generalen neben dem politischen Instinkt auch das kollektive Betroffensein von den Vorwürfen gegen Fritsch, die sich letztlich gegen das Offizierkorps selber richteten und im Ergebnis die politische Entmachtung des Heeres einleiteten.

Daß Oster sehr bald zum entschiedenen Verfechter eines Staatsstreiches gegen Hitler wurde, war nicht allein die Reaktion auf die Angriffe gegen Fritsch und auf die innenpolitischen Entwicklungen. Hitlers Pläne zur Zerschlagung der Tschechoslowakei, die unmittelbar nach dem „Anschluß" Österreichs im März 1938 offenkundig wurden, ließen Oster zu der Überzeugung kommen, daß Hitler Deutschland in einen Krieg hineinsteuerte, der nur mit einer deutschen Niederlage enden konnte. Während des Sommers 1938 war Oster Zeuge, wie sich der Generalstabschef Beck allmählich gegen Hitlers Kriegspolitik wandte. Als häufiger Gast in Becks Amtsräumen, die er zum Mißvergnügen des Oberquartiermeisters Halder „oft halbe Tage"[12] blockierte, hat Oster entscheidend dazu beigetragen, daß Beck, dem es zunächst nur um die Wahrung von Heeresinteressen ging, schließlich in Hitler selbst den Urheber der Kriegspolitik sah.

Becks ergebnislose Bemühungen, die dann zu seinem Rücktritt führten, zeigten Oster in aller Deutlichkeit, daß Hoffnungen auf ein geschlossenes Vorgehen der Generalität ebenso als illusionär einzustufen waren wie Überlegungen, Hitler durch vernünftige Argumente überzeugen zu wollen. Damit schied auch die Möglichkeit eines begrenzten Staatsstreiches etwa gegen Gestapo und SS aus, um den Charakter des Systems zu verändern. Oster zog daraus die Folgerung, daß nur ein Staatsstreich gegen Hitler selbst Deutschland aus der politischen Einbahnstraße hinausführen konnte.

IV

Vom Spätsommer 1938 bis zu seinem Ausscheiden aus dem aktiven Dienst im April 1943 hat Oster konsequent an diesem Kurs festgehalten und sich auch nicht durch Enttäuschungen, fehlgeschlagene Planungen und außenpolitische Erfolge Hitlers beirren lassen. In diesen viereinhalb Jahren spielt Oster bei allen Putschplanungen und -vorbereitungen eine zentrale Rolle. Wesentlich erleichtert wurden seine vielfältigen Tätigkeiten durch sein Amt in der Abwehr, das ihm den Zugang zu umfassenden Informationen über die inneren Vorgänge Deutschlands ermöglichte, so daß er zu den am besten unterrichteten Personen in Deutschland zählte. Mit Hilfe und Wissen des Abwehrchefs Admiral Canaris wurde Oster innerhalb der Abwehr bald zu einem Kristallisationspunkt derer, die aus moralischen und politischen Gründen mit dem Regime unzufrieden waren.

Im September 1938 gehörte Oster neben dem neuen Generalstabschef Halder und dem Kommandierenden General des Berliner Wehrkreises III, Erwin von Witzleben, zu den Planern eines Staatsstreiches, der bei einem Angriff Hitlers auf die Tschechoslowakei ausgelöst werden sollte. Aus Raumgründen kann hier nicht auf die Einzelheiten der von Oster durchgeführten Vorbereitungen eingegangen werden. Bemerkenswert ist jedoch, daß Oster über den Ablauf des Staatsstreiches durchaus eigene Vorstellungen entwickelte, die sich nicht unbedingt mit denen Halders oder Witzlebens deckten. Im Mittelpunkt von deren Gedanken stand die Behandlung Hitlers, der durch einen von Osters Freunden, dem Hauptmann und Abwehr-Angehörigen Heinz geführten Stoßtrupp in der Reichskanzlei festgenommen und anschließend vor ein ordentliches Gericht gestellt werden sollte.[13]

Oster hielt einen lebenden Hitler für ein unkalkulierbares Risiko, da er zum Sammelpunkt einer Gegenbewegung werden und durch seine physische Existenz die Mehrheit des Offizierkorps, die sich möglicherweise durch ihren Fahneneid gebunden fühlte, in ein großes Dilemma stürzen konnte. Gemeinsam mit Heinz entschied Oster in nüchterner Einschätzung der zu erwartenden Probleme, daß Hitler bei einem provozierten Zwischenfall erschossen werden sollte.[14] Darüber hinaus war Oster mit Witzleben übereingekommen, den Staatsstreich auch ohne Zustimmung Halders auszulösen, der in der Beteiligung des von Oster ungünstig beurteilten Oberbefehlshabers des Heeres, Generaloberst von Brauchitsch, eine Bedingung für den Staatsstreich sah.

Eines der größten Probleme lag jedoch in der von Oster gewünschten harten Haltung Englands, der in seinem Kalkül große Bedeutung zukam, da es galt, auch den politisch weniger Bedarften unter den Generalen die Gefahr eines großen europäischen Krieges vor Augen zu führen. Daß er nacheinander drei Emissäre nach London sandte, belegt diese Einschätzung Osters; doch gelang es ihm nicht, verbindliche Zusagen von der britischen Regierung zu erhalten. Oster hatte nicht nur das Beharrungsvermögen britischer *Appeasement*-Politik unterschätzt, sondern er war auch zunächst davon ausgegangen, daß die sich formierende Opposition in London ernst genommen werden würde. Er übersah dabei aber, daß vor allem im *Foreign Office* die Meinung vorherrschte, die traditionellen Eliten Deutschlands seien keineswegs vertrauenswürdig; dieser Mangel an Vertrauen erstreckte sich auch auf Nationalisten, Liberale und Sozialisten und führte zu der Schlußfolgerung, daß diese Deutschen sich von jenen, die an der Macht waren, nicht grundlegend unterschieden. Indes entzog das Münchener Abkommen den Staatsstreichvorbereitungen den Boden. Auf Oster mußte dies wirken, als sei ihm die britische Regierung in die Parade gefallen.[15] So haben die Ereignisse des September 1938 seine grundsätzlichen Erwägungen über die Notwendigkeit eines Staatsstreiches gegen Hitler bestärkt und ihm andererseits die Fragwürdigkeit des Strebens nach politischer Unterstützung aus dem Ausland bewiesen.

Eine Neuformierung der militärischen Widerstandsgruppe unter Einschluß Osters ergab sich erst ein Jahr später, als Hitler nach dem Sieg über Polen noch im Herbst eine Offensive im Westen beginnen wollte. Diese Absicht Hitlers, von der er Brauchitsch und Halder bereits am 27. September unterrichtet hatte, führte zu einem Staatsstreichplan, der im Oberkommando des Heeres unter der Führung Halders entstand, ohne allerdings über Ansätze hinauszukommen. Halder sah in Hitlers Offensivplänen eine Bedrohung der Großmachtrolle Deutschlands, die es seiner Ansicht nach jetzt zu festigen galt, während Hitler sie aufs Spiel zu setzen schien. Da Halder wie fast alle seine Generalskameraden von einem Mißlingen der Offensive im Westen ausging, fürchtete er nach der für ihn unausweichlichen Niederlage einen Frieden, der wesentlich härter sein würde als der von Versailles. Da Deutschland ohnehin bereits diesen Krieg begonnen hatte, drohte die für den 12. November geplante Angriffsoperation unter Verletzung der neutralen Beneluxländer vollends eine für Deutschland politisch ausweglose Lage zu schaffen.

Primär ging es Halder um die Verhinderung der von Hitler befohlenen Offensive. Daß sich dabei die Gelegenheit ergeben konnte, das Regime zu beseitigen, mag ihn in seinen Plänen bestärkt und veranlaßt haben, Oster zu den Staatsstreichplanungen hinzuzuziehen. Dies geschah jedoch erst am 4. November, als Halder Oster den Auftrag gab, die Vorbereitungen vom Herbst 1938 auf den neuesten Stand zu bringen. Obgleich Oster sofort mit der Arbeit begann, blieb seine Haltung zu den Plänen im OKH von einer grundlegenden Skepsis gekennzeichnet — einer Skepsis, deren Berechtigung sich schon am nächsten Tag zeigen sollte, als Halder nach einer erregten Auseinandersetzung zwischen Brauchitsch und Hitler sämtliche Vorbereitungen wieder abblasen ließ. Osters Vorbehalte galten zunächst der Person Halders, der seine Pläne zu stark vom Verhalten des schwachen und wankelmütigen Brauchitsch abhängig machte. Entscheidend jedoch war, daß es zwischen Oster und Halder grundsätzliche Meinungsverschiedenheiten gab, auch wenn sie das gleiche Ziel zu verfolgen schienen.

Oster sah in Hitler einen Hasardeur, der Deutschlands Schicksal aufs Spiel setzte. Und während Halder und mehrere der an den Vorbereitungen beteiligten Offiziere den Staatsstreich als äußerstes Mittel ansahen, um die von ihnen für aussichtslos gehaltene *Offensive* zu verhindern, hielt Oster die Beseitigung des *Systems* für das entscheidende Ziel. Gelang die Verhinderung der Offensive ohne Beseitigung des Systems, so war damit lediglich eine unmittelbare Gefahr für Deutschland gebannt, andere würden folgen. Oster kam es darauf an, die Ursachen, nicht die Symptome zu beseitigen, und zur Beseitigung der Ursachen war ein Staatsstreich gegen Hitler die einzige Lösung.

Daß Osters Skepsis gegenüber der Generalität nur zu berechtigt war, erwies sich Anfang des Jahres 1940, als die gestiegenen Aussichten auf eine erfolgreiche Kriegführung im Westen Halder und die Planer des Staatsstreichs vom Herbst 1939 unzugänglich für jegliche Gedanken dieser Art machten. Dennoch bediente er sich bei seinen zahlreichen Versuchen, auf die verschiedenen Vertreter der Generalität einzuwirken, meist militärischer Argumente, da er sich von diesen die größte Überzeugungskraft versprach. Zudem hat Oster im Herbst 1939 — darin bestärkt von Beck — ebenfalls an das Mißlingen der Offensive geglaubt.[16]

Fraglich war für Oster, ob die Furcht vor einer militärischen Niederlage genügen würde, um die kritischen unter den Generalen von der Notwendigkeit der Systemveränderung durch einen Staatsstreich zu überzeugen. Im Auftrage Becks leitete Oster daher im Oktober 1939 durch die Vermittlung des bayerischen Rechtsanwalts Dr. Josef Müller über den Vatikan Verhandlungen mit London ein. Diese sollten sicherstellen, daß ein Staatsstreich von England und Frankreich nicht zu einem Überraschungsangriff auf Deutschland ausgenützt werden würde. Ferner sollten die Friedensbedingungen der Westmächte gegenüber einem nicht-nationalsozialistischen Deutschland erkundet werden, um mit den Ergebnissen die Sorgen der Generale zu zerstreuen.

Nach den negativen Erfahrungen mit der britischen Regierung im Herbst 1938 war ein Erfolg dieses Versuchs von vornherein unsicher. Offenbar hofften Beck und Oster, das große Ansehen des Vatikans nutzen zu können, um in London glaubwürdig zu erscheinen. Papst Pius XII. schaltete sich persönlich in die Verhandlungen ein. Aus London kam eine zurückhaltend formulierte Antwort des britischen Außenministeriums, aus der sich durchaus Möglichkeiten zu einer Verständigungsbereitschaft mit einem nicht-nationalsozialistischen Deutschland ableiten ließen; doch blieb ein glaubwürdiger Beweis für die Existenz einer deutschen Opposition aus. Diese Tatsache bewog Beck und Oster Ende April 1940 zu einem ungewöhnlichen Schritt; Oster beauftragte Dr. Müller, in Rom das Ausbleiben des Staatsstreiches zu erklären und gleichzeitig vor dem unmittelbar bevorstehenden Angriff im Westen zu warnen. Dahinter stand die Befürchtung, daß man durch die Verhandlungen möglicherweise zu hohe Erwartungen auf britischer Seite geweckt hatte, die man nicht enttäuschen wollte, um nicht allen Kredit wieder zu verspielen.

Osters Befürchtungen hinsichtlich des mangelnden Widerstandswillens der Generalität, die schmerzliche Erkenntnis, daß sich vorerst kein General finden werde, der den Staatsstreich führen könnte, haben ihn schließlich mit zu der Tat veranlaßt, mit der er sich aus dem Rahmen der Widerstandsbewegung heraussprengte: Am 8. Oktober 1939 unterrichtete er den ihm befreundeten holländischen Militärattaché Gijsbertus Jacobus Sas über die geplante deutsche Offensive gegen Frankreich und die Beneluxländer. In den folgenden Monaten übermittelte Oster — soweit er es vermochte — die von Hitler ständig verschobenen Angriffstermine. Insgesamt hat Oster bis zum 10. Mai 1940 26mal vor einem deutschen Angriff im Westen gewarnt; Hitler hat den Termin 30mal verschoben. Oster wußte, daß er mit diesen Warnungen auch Belgien erreichte, da Sas seine Erkenntnisse stets dem belgischen Militärattaché Georges Goethals weitergab, und er hoffte, daß auch die britische und französische Regierung unterrichtet würden.

V

Fragen wir nach Osters Beweggründen, so ist zunächst festzustellen, daß seine grundsätzliche Gegnerschaft gegen das Regime bestimmenden Einfluß auf seine Entscheidung ausgeübt hat. Es ist jedoch unwahrscheinlich, daß diese Ablehnung des Regimes und sein verbürgter Haß auf Hitler ausgereicht hätten, ihn zu einer Handlung zu bewegen, mit der er nicht nur gegen das Ethos seines eigenen Berufsstandes, sondern auch gegen das patriotische Empfinden fast aller seiner Mitverschwörer verstieß. Politische und militärische Erwägungen mußten hinzukommen. Sichtbare Gegenmaßnahmen der Westmächte hätten den geplanten, aber nach Meinung nicht nur Osters zum Scheitern verurteilten Angriff verhindern können. Dadurch wäre die Gefährdung der Staatsstreichvorbereitungen entfallen, die ein neuer Waffengang mit Sicherheit erst einmal beendet hätte. Hinzu kamen die soeben eingeleiteten Gespräche in Rom, die durch einen heißen Krieg im Westen im Keime erstickt worden wären. Daß England vermutlich nur solange verhandlungsbereit sein würde, wie Deutschland nicht angriff, hat Osters Entschluß Anfang Oktober erleichtert.

Diese Zielsetzung änderte sich etwa ab Mitte November 1939. Unter dem Eindruck der Handlungsunfähigkeit der Generalität und der Gleichgültigkeit der Holländer und Belgier wollte Oster jetzt durch seine fortgesetzten Warnungen wenigstens einen militärischen Rückschlag zu Beginn der Offensive als Ausgangsbasis für einen Putsch erreichen. Möglicherweise befürchtete Oster außerdem eine Konsolidierung des Regimes, falls die Offensive nicht stattfand. Die bis dahin erreichten außenpolitischen Erfolge Hitlers wurden von der Masse des Volkes und den meisten Generalen begrüßt, die sich mit der Wahrung dieses Besitzstandes auch unter nationalsozialistischer Herrschaft zufrieden gegeben hätten. Eine militärische Niederlage dagegen konnte einen Sinneswandel hervorrufen, der die Generale einem Staatsstreich gegenüber geneigter machen würde, und sei es nur, um die deutschen Großmachtaspirationen zu bewahren. Diese „Rückschlagstheorie“ Osters verlangte allerdings eine frühzeitige Niederlage, da nach deutschen Anfangserfolgen mit einer Verständigungsbereitschaft der Alliierten kaum mehr zu rechnen war.

Bei einem längeren Krieg rechnete Oster über kurz oder lang mit dem Eingreifen der USA, während andererseits die bereits in Polen praktizierte deutsche Besatzungspolitik einen maßvollen Frieden immer unwahrscheinlicher machte. Man kann Oster unterstellen, daß er damals auf eine für Deutschland noch günstige außenpolitische Lösung hoffte, falls sein Plan gelang. Seine Zielsetzung war aber eine gänzlich andere als die jener, die eine Offensive nur solange nicht wünschten, wie der Erfolg nicht verbürgt werden konnte. Im Gegensatz dazu überwog bei Oster die grundsätzliche Überzeugung von der Notwendigkeit einer Systemveränderung und eines Attentats auf Hitler, die er allerdings zu diesem Zeitpunkt noch mit politischen Überlegungen verknüpfte, die das feindliche Ausland mit einbezogen. Diese traten dann nach dem Sieg über Frankreich in den Hintergrund, da Oster sich bis zu seiner Entlassung im April 1943 vor allem um die effektive Verbindung der Staatsstreich- mit den Attentatsplänen bemühte, wie es ihm seit Herbst 1938 vorschwebte.

Anmerkungen

[1] Manfred Messerschmidt sieht die Wehrmacht als „stählernen Garant des Systems" (*Süddeutsche Zeitung*, Nr. 34 vom 21./22.2.1981, S. 9).

[2] Zum Folgenden vgl. Romedio G. Graf v. Thun-Hohenstein, *Der Verschwörer. General Oster und die Militäropposition*, Berlin 1982 (auch 1984 als dtv-Taschenbuch Nr. 10291).

[3] *Spiegelbild einer Verschwörung. Die Kaltenbrunner-Berichte an Bormann und Hitler*, hrsg. vom Archiv Peter, Stuttgart 1961, S. 51 (im folgenden *KB* zitiert).

[4] *A. a. O.*, S. 302.

[5] *Ebda.*

[6] A. Oster an Verfasser, 31. 12. 1981.

[7] Nach neuesten Untersuchungen H. Krausnicks scheint es eher fraglich, ob hier die „Zwei-Säulen-Theorie" Hitlers (Partei und Wehrmacht) anwendbar ist, die Hitler erst nach dem 30. 6. 1934 in abgewandelter Form erwähnte. Die Reichswehrführung schätzte ihr innenpolitisches Gewicht offenbar falsch ein, wenn sie sich auf Dauer als gleichberechtigten Partner neben der Partei sah. Helmut Krausnick, *Zum militärischen Widerstand gegen Hitler 1933—1938. Möglichkeiten, Ansätze, Kontroversen*, in: *Aufstand des Gewissens. Der militärische Widerstand gegen Hitler und das NS-Regime 1933—1945*, Herford 1984, S. 354 f. (Anm. 41 u. 42).

[8] Walter Görlitz, *Kleine Geschichte des deutschen Generalstabes*, 2. Aufl., Berlin 1977, S. 298.

[9] *KB*, S. 451.

[10] Aussage des Grafen v. d. Goltz. Institut für Zeitgeschichte, Zeugenschrift (im folgenden IfZ-ZS zitiert), Nr. 49.

[11] *KB*, S. 430.

[12] Aussage Halders. IfZ-ZS 240, Bd. 5, S. 10 a.

[13] Zu den Staatsstreichplänen im Herbst 1938: R. G. Graf v. Thun-Hohenstein, *Der Verschwörer*... [Anm. 2], S. 100—118, und Peter Hoffmann, *Widerstand, Staatsstreich, Attentat. Der Kampf der Opposition gegen Hitler*, München 1979, S. 118 f. Die Quellenbasis ist allerdings sehr schmal.

[14] Friedrich Wilhelm Heinz, Material für „*Von Canaris zur N.K.W.D.*", unveröff. Manuskript a. d. Jahre 1946/47, im Besitz von Dr. Michael Heinz, Wiesbaden, S. 82. F. W. Heinz kritisiert darin zu Recht die „wahrhaft unbeschreibliche politische Naivität der deutschen Generalität", die der Auffassung war, Hitler würde unter Zwang zusammenbrechen und mehr oder weniger freiwillig von der „Bildfläche verschwinden".

[15] Vgl. die Äußerung des britischen Botschafters Sir Nevile Henderson in einem Brief an den Außenminister Halifax vom 6. 10. 1938: „Dadurch, daß wir den Frieden gerettet haben, haben wir Hitler und sein Regime gerettet." Rudi Strauch, *Sir Nevile Henderson. Britischer Botschafter in Berlin von 1937—1939. Ein Beitrag zur diplomatischen Vorgeschichte des Zweiten Weltkrieges*, Bonn 1959, S. 176.

[16] Zu den Staatsstreichplänen vom Oktober/November 1939 — soweit sie Oster betreffen: R. G. Graf v. Thun-Hohenstein, *Der Verschwörer*... [Anm. 2], S. 146—178, sowie Harold C. Deutsch, *Verschwörung gegen den Krieg. Der Widerstand in den Jahren 1939—1940*, München 1969, und Gerd R. Ueberschär, *Ansätze und Hindernisse der Militäropposition gegen Hitler in den ersten beiden Kriegsjahren (1939—1941)*, in: *Aufstand des Gewissens*... [Anm. 7], S. 365—395.

Auslandsdeutschtum vor der Wahl

Kollaboration und Widerstand am Beispiel Albrecht Haushofers

RONALD SMELSER
Salt Lake City

I

Im Jahre 1919 befanden sich in Europa etwa 10,2 Millionen Menschen deutscher Herkunft außerhalb der Grenzen des Reiches; von ihnen lebten 3,72 Millionen in Gebieten, die Deutschland zwangsläufig als Folge des Versailler Vertrages hatte abtreten müssen, weitere 5,68 Millionen bewohnten Gebiete, die ehemals Rußland oder Österreich-Ungarn zugehört hatten, jetzt aber zum größten Teil das Territorium unabhängig gewordener Staaten waren.[1]

Ob ehemalige Reichsdeutsche, die plötzlich Staatsbürger anderer Länder geworden waren, oder echte Volksdeutsche, die auf eine jahrhundertlange Tradition der Siedlung zurückblicken konnten — diese Menschen standen jetzt vor einer dramatisch geänderten Lage, die sie zum größten Teil als nachteilig empfanden. Wie zu erwarten war, widerstrebten die ehemaligen Reichsdeutschen in der überwiegenden Mehrheit einer Entwicklung, die sie zu Minderheiten unter Völkern abzustempeln drohte, auf die sie bis vor kurzem als dominierendes Staatsvolk hatten herabblicken können. Aber auch viele traditionell volksdeutsche Gruppen, trotz langer Erfahrung als Siedler unter Fremden, empfanden ihre neue Situation als Bürger zumeist neugeschaffener Staaten, die unter der Herrschaft manchmal streng nationalistisch eingestellter Völker waren, als höchst unerfreulich.

Daher fingen beide Gruppen von Deutschen an, ihre Orientierung zur Politik, ja ihre Identität selbst zu ändern. In vielen Fällen fühlten sie sich als eingekreiste, in ihrer ethnischen Substanz bedrohte Volksteile. An die Terminologie des Weltkrieges anlehnend, betrachteten viele jetzt die Grenzen zwischen eigenem und fremdem Volkstum als „Fronten", die verteidigt werden mußten, um nicht der eigenen Identität verlustig zu gehen. Das Versagen des Minderheitenschutzvertrages in den meisten Fällen bestärkte nur dieses Gefühl. Obwohl viele Volksdeutsche sich mit ihrem Dasein abfinden konnten, sprach immerhin die neue Terminologie des Auslandsdeutschtums für die radikal neu entstandene Situation in Europa. Siebenbürger Sachsen und Banater Schwaben zum Beispiel betrachteten sich nun, in einer Preisgabe der alten regionalen Stammesbezeichnungen, als „Ungarndeutsche" oder „Rumänendeutsche". Gleichzeitig trat in der Tschechoslowakei der einheitliche Begriff „Sudetendeutsche" an die Stelle der althergebrachten Termini „Deutschböhme" und „Deutschmährer".[2]

Kurz gesagt deutete diese neue Lage und Identität auf eine sich lockernde Bindung an die Tradition und eine wachsende Anfälligkeit der Auslandsdeutschen für eine völkische Ideologie hin, die einerseits zwar als Mittel zur Stärkung und Festigung des Deutschtums dienen, dann aber auch in radikalster Form als Werkzeug einer imperialistischen Alldeutschtums-Ideologie fungieren konnte. Und hierin liegt der Zusammenhang des Auslandsdeutschen mit dem NS-Regime ebenso wie mit dem Widerstand gegen dieses Regime.

Der Nationalsozialismus selber entstand aus einer weitverbreiteten völkischen Bewegung, deren Sprache, Ideengut und Haltung die Nationalsozialisten sich sehr bald bemächtigten. Die völkische Ideologie, obwohl oft vage und erst im Entstehen begriffen, war stets anti-demokratisch, anti-liberal, manchmal rassistisch und alldeutsch zugleich, und der Nationalsozialismus reflektierte diese Werte; anti-demokratisch zu sein, völkisch eingestellt zu sein, bedeutete aber noch lange nicht, Nationalsozialist zu sein. Die Ausdrücke mögen oft die gleichen gewesen sein, der Inhalt aber war meistens verschieden: Es kam darauf an, wo einer in einem breiten Spektrum von „konservativ" und „konservativ-revolutionär" bis „nationalsozialistisch" stand. Die scheinbare Ähnlichkeit in Sprache und Zielsetzung war aber für den Aufstieg der Hitlerbewegung von großem Vorteil, weil viele rechts-orientierte Nicht-Nazis vor und nach der Machtergreifung meinen konnten, daß ihre Ziele und die der NSDAP die gleichen seien oder einander auf jeden Fall sehr ähnelten.[3]

Was die nationalsozialistischen Führer, die Traditionalisten im Reich (eine Bezeichnung, die Konservative und Konservativ-Revolutionäre einschließen soll) und die Auslandsdeutschen in einer tragischen Schicksalsgemeinschaft verbinden sollte, war eben diese völkische Ideologie, die alle drei mit verschiedenem Inhalt für eigene Zwecke benutzten, die aber am Ende einen Nebelvorhang darstellte, hinter dem das NS-Regime das eigene imperialistische Machtstreben allmählich entfalten konnte. Man findet keine besseren Beispiele der Blindheit gegenüber dieser Vernebelung als diejenigen Menschen in Deutschland, die in den zwanziger und dreißiger Jahren ihre Hauptaufgabe darin sahen, Organisationen im Reich aufzubauen, die mit der Unterstützung eines „neuen Deutschland" die Auslandsdeutschen betreuen, unterstützen und möglicherweise als Hilfsmittel für eine revisionistische deutsche Außenpolitik benutzen sollten. Es waren Menschen, die sich vollkommen dem „Volkstumskampf" widmeten und nur langsam, manchmal allzu langsam, die wahre Natur des Regimes erkannten und dann auf ihre Weise eine Art Widerstand leisteten. Es war ein Widerstand, der typischerweise die Form einer vorsichtigen Zusammenarbeit annahm, dessen Zweck es aber war, „das Schlimmste zu verhüten" und die neuen Machthaber zu beraten und zu „erziehen".[4]

II

Albrecht Haushofer, 1903 in München als Sohn des bekannten „Geopolitikers" Karl Haushofer geboren, ist ein wichtiges Beispiel eines Traditionalisten, der kein Nationalsozialist war, in der Tat viel Abstoßendes an dem Regime fand, der aber gleichzeitig viele Aspekte der völkischen Ideologie mit dem Nationalsozialismus gemeinsam hatte. Ferner hat er auch dem Regime lange Zeit wichtige Dienste geleistet in einer komplexen Verbindung von Kollaboration und Widerstand, um dann am Ende als ernüchtertes Opfer des Regimes sein Leben zu lassen.[5]

Ein sehr wichtiger Bestandteil seiner Motivation und Zähigkeit bei der Kollaboration mit dem Regime wie auch in der Form seines Widerstandes gegen das Regime entstand aus den Umständen seiner Tätigkeit in der Volkstumsarbeit mit auslandsdeutschen Gruppen, eine Tätigkeit, die er schon 1933 im Auftrage des Regimes unternahm. Es ist also von großer Wichtigkeit, Albrecht Haushofer erst als Volkstumskämpfer zu verstehen, um diesen Mann dann auch als „Widerständler" zu begreifen.

Es gibt bekanntlich unter Wissenschaftlern eine Kontroverse über Albrecht Haushofers historische Rolle, vor allen Dingen während der ersten acht Jahre des Regimes. Auf der einen Seite kann man auf seine langjährigen Dienste erst für Hitlers „Stellvertreter" Rudolf Heß, dann für Joachim von Ribbentrop im Auswärtigen Amt, der ein Schüler seines Vaters war, hinweisen als Beweismaterial dafür, daß er dem Regime wertvolle Dienste geleistet hat, bis Heß mit seinem Flug nach England im Jahre 1941 als Schutzpatron wegfiel und Haushofer als Vierteljude dem Zorn des Regimes ausgesetzt war. Auf der anderen Seite könnte man auch seine vielfältigen, in Briefen an die Eltern ausgedrückten, pessimistischen und abfälligen Bemerkungen über das Regime und dessen Führer dahin deuten, daß er von vornherein ein Nazigegner war, dessen Zusammenarbeit nur eine Tarnung für seine manchmal verzweifelte oppositionelle Tätigkeit war. Beide Interpretationen lassen die Kompliziertheit Haushofers und seiner Lage außer acht.[6]

Albrecht Haushofer war ein hochbegabter, sehr empfindlicher, intelligenter und komplizierter Mensch, der von Jugend an durchdrungen war von konservativen Nostalgien und vagen, romantischen, teilweise völkischen Vorstellungen, die in Spannung mit seinem scharfen Verstand standen. Diese Kombination stellte sicher, daß er den Nationalsozialismus wie auch die „Erneuerungsbewegungen“ unter den Auslandsdeutschen mit einer gewissen Zwiespältigkeit betrachtete. Erst diese Ambivalenz, gepaart mit einem starken Patriotismus, machte es möglich, daß Haushofer, trotz ernster Bedenken, dem Regime in der Hoffnung diente, anfänglich durch einen bewußten Erziehungsprozeß, später in der Rolle des „unbequemen Warners“ auf die Formulierung der deutschen Außenpolitik einwirken zu können.[7]

Diese Entscheidung wiederum war sicher geformt durch seine langjährige Erfahrung mit der Volkstumspolitik schon vor der Machtergreifung. Aus dieser Erfahrung heraus ergaben sich bestimmte Verhaltensmuster, ideologische Begriffe und taktische Manöver, von deren Wirkung nicht nur in volksdeutschen Angelegenheiten, sondern auch später in den deutsch-englischen Beziehungen Haushofer überzeugt war. In beiden Fällen täuschte er sich, vielleicht weil sie einander so ähnlich waren.

In beiden Fällen fand man Verbündete außer Landes. Man arbeitete darauf hin, die Position dieser Verbündeten zu stärken und glaubwürdig zu machen, damit man sich rühmen konnte, draußen gute Kontakte und Einfluß zu haben. Man bediente sich dabei derselben Sprache, die die eigenen Führer verwandten, um glaubwürdig erscheinen zu können. Man registrierte Erfolge, um die eigene Position gegenüber den Rivalen zu stärken. Der Zweck: Einfluß auf die deutsche Außenpolitik auszuüben, in Richtung auf eine Revision der Resultate des Ersten Weltkrieges durch alle Mittel außer einem neuen Krieg.

Ohne seine Erfahrungen als Helfer des Regimes im Volkstumskampf ist es unwahrscheinlich, daß Haushofer dieselbe Taktik verwendet hätte, als er später versuchte, Vermittler zwischen dem Regime und konservativen Kreisen in England zu spielen.

III

Es ist wichtig, wenn man das Phänomen Kollaboration/Widerstand während des Dritten Reiches verstehen will, auch die Periode *vor* der Machtergreifung in die Untersuchung mit einzubeziehen. Denn zu wissen, welche Haltung die Traditionalisten gegenüber der Weimarer Republik einnahmen, hilft uns, sowohl ihre Bereitwilligkeit zu einer gewissen Anpassung an das Regime wie auch ihren Mangel an Einsicht in die wahre Natur des Regimes zu erklären.

Haushofer, zum Beispiel, der ewige Elitäre, von dem einmal gesagt wurde, „er ging sozusagen auf dem Trottoir, wenn die anderen auf der Straße marschierten",[8] hatte kein Verständnis für das Zeitalter der Massenpolitik, sei es nun demokratisch oder totalitär. Für Revolution hatte er gar nichts übrig; zehn Jahre nach den Ereignissen des November 1918 konnte er noch an seine Eltern schreiben, daß diese Geschehnisse „eine unerschöpfliche Quelle von Haß, Mißtrauen, Zorn und Spott" gewesen seien.[9]

Für das Produkt dieser Ereignisse, die Weimarer Republik und deren Führer, hatte er meist nur Spott übrig. „Der Berliner Sumpf stinkt zum Himmel", schrieb er 1929 an den Vater: „Gut. Demokratie ist Sumpf, und ein Volk muß wohl hinein, bis es halb erstickt darin."[10] Und das Volk, auf dem die Demokratie beruht? Hier meinte Haushofer:

„Im übrigen sehe ich allmählich mit trüber und ironischer Genugtuung, wie sich unser Volk in wenigen Jahrzehnten selbst zur Verminderung bringt ... Aber können wir wirklich im Zeitalter des allgemeinen gleichen Wahlrechts die Vermehrung der Herde wünschen? Ich jedenfalls kann es nicht ..."[11]

Für die Weimarer Politiker, vor allem die linken, aber auch — wohl bemerkt — die Konservativen hatte er ebenso wenig Achtung wie für das System selber. „Daß Herr Ebert tot ist", meinte er 1925, „wird wohl niemanden von uns mit besonderer Trauer erfüllen."[12] Zwei Jahre später charakterisierte er das Reichskabinett als „so ziemlich das schlechteste, das wir je gehabt haben ... Die Deutschnationalen haben eine Auswahl von Leuten hineingeschickt, mit der sie wirklich nur beweisen können, daß von ihnen ganz sicher keine Rettung kommt ... Zwei alte erwiesene Unfähigkeiten, und zwei gesinnungslose Schreier ... Das ist die Elite!"[13]

Tatsächlich trauerte er einer politischen Elite nach, einer Führungselite, die fähig, autoritär, pflichtbewußt und durch Auslese begabt war, einer Elite, die mit den Normen der Massendemokratie nichts zu tun hatte. Wenn er diesen Wünschen und antidemokratischen Vorurteilen Ausdruck gab, unterschied sich Haushofer (wie viele andere Traditionalisten) in seinem Sprachgebrauch kaum von den Nationalsozialisten, gegen die er eines Tages Widerstand leisten sollte.

Haushofer hätte kaum Anstoß nehmen können an den Worten Hitlers in *Mein Kampf:* „Die beste Staatsverfassung und Staatsform ist diejenige, die mit natürlichster Sicherheit die besten Köpfe der Volksgemeinschaft zu führender Bedeutung und leitendem Einfluß bringt."[14] Noch hätten die Nationalsozialisten kaum etwas zu beanstanden gehabt an Haushofers Einschätzung von Papens Staatsstreich in Preußen im Juli 1932:

„Das Absägen von Herrn Weismann, einem üblen Schieber, von Herrn Abegg, von Grzesinski, Weiss und Heimannsberg, ist nur zu begrüßen. Weiss ist einer der übelsten Juden, die in Berlin herumlaufen, Heimannsberg und Grzesinski sind dumm-brutale Menschen, die man physiognomisch in den übelsten Bezirken der Großstadt ansiedeln würde, wenn man nichts von ihnen wüßte."[15]

Daß Traditionalisten wie Albrecht Haushofer die gleiche antidemokratische, anti-linke und antisemitische Sprache wie die Nationalsozialisten im Munde führten, hat nicht nur erheblich zum Sturz der Weimarer Republik beigetragen, sondern auch zur anfänglichen Begrüßung des Regimes der „nationalen Erhebung" und zur Unterschätzung seiner tödlichen Natur geführt.

Haushofer, Viertel-Jude und ein Mensch von außerordentlicher politischer Hellsichtigkeit zugleich, hätte es besser wissen müssen. Aber er litt, wie viele seiner Generation und sozialen Herkunft, an Pessimismus, Verzweiflung und moralischem Relativismus, und er war daher ebenso unfähig, die wahre Natur des Regimes zu durchschauen, wie dazu, in die äußere oder innere Emigration zu gehen.[16] Ohne einen sicheren politischen oder moralischen Kompaß ließ er sich ins Schlepptau des Regimes nehmen — ein Vorgang, der im Schutzbrief von Heß, in der Annahme der (ihm ebenfalls von Heß) angebotenen Dozentenstelle an der Berliner Hochschule für Politik und in seinen vielen Dienstleistungen im Auftrage des Regimes gut zum Vorschein kommt.

In diesem Zusammenhang sind seine abwechselnd pessimistisch-kritischen und optimistischen Bemerkungen über das Regime und dessen Führer zu sehen. Derselbe Mann, der 1933 schreiben konnte: „Es gibt für mich in dem neuen Deutschland keine persönliche Zukunft, weil ich menschlich mit den neuen Leuten so wenig klarkommen kann, wie etwa Erasmus von Rotterdam mit den Wiedertäufern ...",[17] oder im gleichen Jahr über Heß: „Habe den Eindruck heftigen guten Willens in jeder Richtung, aber ich habe nicht das Gefühl, daß es langt",[18] hat sich auch immer wieder über seine Fähigkeit, das Regime beeinflussen zu können, getäuscht. So hat er zum Beispiel seine Annahme der Dozentenstelle so rationalisiert:

„Daß ich vieles besser leisten könnte, als andere; daß an dieser Stelle ein halbwegs vernünftiger Mensch besser ist als ein unvernünftiger, daß ich wohl das nötige Geschick besäße, mir von dieser Tätigkeit aus weiteren Einfluß zu schaffen."[19]

IV

Ähnlich mußte er auch noch den im Herbst 1933 wieder von Heß zugeteilten (von Haushofer aber erbetenen) Auftrag, in der Volkstumspolitik weiterhin aktiv zu bleiben, gerechtfertigt haben.

Der *Volksdeutsche Rat*, der im Oktober 1933 mit dem Segen von Heß ins Leben gerufen wurde, bestand aus erprobten Männern wie Hans Steinacher, Bundesführer des Volksbundes für das Deutschtum im Ausland, Robert Ernst, Leiter des Deutschen Schutzbundes, und, als seines Vaters Vertreter, Albrecht Haushofer: Alle hatten viel Erfahrung in der Volkstumsarbeit und kannten sich unter den verschiedenen deutschen Auslandsgruppen in Europa gut aus. Albrecht Haushofer selber war von 1927 bis 1930 bei der Zeitschrift *Volk und Reich* tätig, wo er einen monatlichen Bericht „Weltpolitische Umschau" schrieb, der sich hauptsächlich mit den Problemen der auslandsdeutschen Gruppen befaßte.[20] Es war auch Albrecht Haushofer gewesen, der Heß schriftlich gebeten hatte, eine Organisation gründen zu lassen, durch die die Volksdeutschen einheitlich betreut werden konnten, ohne daß Regierungs- und Parteistellen sichtbar direkt daran teilnähmen.

„Es ist dringend notwendig, daß Sie selbst auf diesem Gebiet die oberste Kontrolle übernehmen. Es schleifen schon zu viele wichtige Fäden am Boden; und die geschlossenen deutschen Volksgruppen im Osten sind für die Zukunft doch ein sehr wichtiger Posten."[21]

Der Volksdeutsche Rat war diese Organisation. Albrecht Haushofer konzipierte diese Organisation so, daß sie gleichzeitig die Integrität der deutschen Volksgruppen bewahren, die Reichsregierung durch Beratungsfunktion in eine gemäßigte außenpolitische Richtung steuern und radikale Parteistellen aus der Volkstumspolitik heraushalten sollte. „Let us educate our masters", meinte Haushofer, der keine Idee davon hatte, daß er eine Organisation inspiriert hatte, die in wenigen Jahren unter SS-Kontrolle zu einer Kommandostelle umfunktioniert werden sollte, mit dem Zweck, die deutschen Volksgruppen als Fünfte Kolonnen und als Versuchstiere in Umsiedlungsexperimenten zu benutzen.[22] Nochmals war der völkische Sprachgebrauch eine Falle für die Traditionalisten. Nirgends kam diese Tatsache klarer zum Ausdruck als in der Sprache der Außenpolitik und der Volkstumspolitik.

Albrecht Haushofer hatte sich für Deutschland eine hegemoniale Rolle in Mitteleuropa ausgedacht. Als „koordinierende Führungsmacht" sollte das Reich mit Zustimmung Englands französischen Einfluß in Ostmittel- und Osteuropa ausschalten und in einem Zusammengehen mit den deutschen Volksgruppen, die als eine Art Bindemittel unter den Fremdvölkern fungieren sollten, Europa vom Baltikum zur Adria, von Frankreich bis

Rußland vereinigen. „Von den Völkern in diesem an anderer Stelle ‚Teufelsgürtel' genannten Bereich", schrieb Haushofer, „hat keines die Kraft, eine Einigung herbeizuführen. Diese Aufgabe fällt Deutschland zu."[23] Er entwickelte eine Vision, die — für die nahe Zukunft wenigstens — sich nicht viel anders anhörte als die öffentliche Version der Nationalsozialisten. Es war eine Vision, die englandfreundlich und frankreichfeindlich war, die ein klares außenpolitisches Potential für die deutschen Volksgruppen voraussah und im Grunde genommen großdeutsch war. Die Begriffe waren ähnlich, aber die Inhalte verschieden. Das hatte Albrecht Haushofer nicht durchschaut, ebensowenig wie die Auslandsdeutschen, die sich freuten, als Hitler am 20. März 1933 in einer Rede meinte:

„Besonders am Herzen liegt uns das Schicksal der außerhalb der Reichsgrenzen lebenden Deutschen, die durch Sprache, Kultur und Sitte mit uns verbunden sind und um diese hohen Güter schwer kämpfen. Die nationale Regierung ist entschlossen, mit allen ihr zu Gebote stehenden Mitteln für die den deutschen Minderheiten international garantierten Rechte einzutreten."[24]

Es ist vielleicht nicht überraschend, daß große Teile der auslandsdeutschen Gruppen vor allem in Osteuropa stark beeinflußt waren von der Sprache der „nationalen Erhebung" in Deutschland. Seit dem Ende des Ersten Weltkrieges hatten sie ja in vielen Fällen angesichts der völlig veränderten politischen Lage eine Entwicklung durchgemacht, die analog zu der in Deutschland war. Die politischen Kategorien waren manchmal sehr ähnlich: das Gefühl, von fremden politischen Kräften bedroht zu sein; eine desintegrierende konservative Tradition, die in einem völlig neuen Zusammenhang plötzlich weniger Glaubwürdigkeit hatte; das verspürte Bedürfnis, die gefährdete nationale Substanz retten zu müssen, hauptsächlich durch einen nationalen „Aufbruch", getragen von einer „Erneuerungsbewegung" der jungen Generation.

Unter den deutschen Volksgruppen entstanden dann etwa folgende Gruppierungen:

— *Erstens* organisierten sich die traditionell konservativen Kräfte. Schon in der Vorkriegszeit aktiv, waren diese Kräfte meistens unpolitisch, aber dafür stark kulturell orientiert, manchmal mit starkem kirchlichem Einfluß. Sie waren national eingestellt, aber immer noch ziemlich fest eingebettet ins Gefüge traditioneller Siedlungsmentalität, bereit, sich mit den neuen Machthabern und der neuen politischen Lage abzufinden, solange die deutsche Minderheit in ihren Rechten und ihrer Identität nicht bedroht wurde. Im Falle einer solchen Bedrohung verließen sich diese Kräfte auf die jahrzehntelange Tradition des Selbstschutzes, durch Verwendung der Schutzverbände.

— Als *zweite* Gruppierung entstanden nach 1919 unter vielen deutschen Volksgruppen sogenannte „Erneuerungsbewegungen". Als Folge des Weltkrieges und des Versailler Friedens ins Leben gerufen und auf der jungen Frontgeneration basierend, unterschieden diese neuen Bewegungen sich sehr von den älteren konservativen Organisationen.

Oft mehr politisch als kulturell orientiert, weniger bereit, sich mit der neuen politischen Lage abzufinden als die Älteren und manchmal von jungen Menschen geführt, die in Deutschland studiert und dort gute Kontakte hergestellt hatten, waren diese Bewegungen der Erneuerung nicht annähernd so fest in die alte Siedlungsmentalität eingebettet. Im Gegenteil, sie verstanden sich in neuen Kategorien wie „Sudetendeutsch" und „Ungarndeutsch", bedienten sich der von Deutschland ausstrahlenden völkischen Sprache und verließen sich nicht so sehr auf die Tradition des Selbstschutzes als auf die Hoffnung, Hilfe und Rückhalt aus dem Reich zu erhalten. Es waren eben diese letzteren, die mehr als andere ideologisch angreifbar waren durch den Aufstieg des Nationalsozialismus. In Deutschland waren ihre Gegenstücke Menschen, die ich als „Traditionalisten" bezeichnet habe (Albrecht Haushofer gehörte dazu) und die dort einem Nationalsozialismus zum Opfer fielen, der sich als „Erneuerungsbewegung" tarnte und die allgemeine völkische Terminologie benutzte.

— Als Folge des Aufstiegs des Nationalsozialismus entwickelte sich, *drittens,* innerhalb der Erneuerungsbewegung gegen Ende der 1920er/Anfang der 1930er Jahre eine Spaltung zwischen gemäßigten Traditionalisten und radikaleren Nationalsozialisten. Weil aber beide Gruppen, und in wachsender Zahl auch die älteren Konservativen, mehr oder weniger die gleiche Sprache im Munde führten, war es manchmal schwierig, sich in dieser bunten kaleidoskopischen Mischung von Konservativen, Konservativ-Revolutionären und Nationalsozialisten zu orientieren — ein Problem, das die Volkstumsarbeit in Deutschland ungemein erschwerte.

V

Einige konkrete Beispiele sollen diese Verallgemeinerungen belegen. In der *Tschechoslowakei* entstanden nach dem Krieg unter anderem die Böhmerlandbewegung und der Bund der Böhmerländischen Freischaren, die die älteren Schutzverbände zu einem gewissen Grad ablösten. Später entstand als typische politische Erneuerungsbewegung die von Konrad Henlein geführte Sudetendeutsche Heimatfront (später Sudetendeutsche Partei), die dann ihre gemäßigten und radikal-nationalsozialistischen Flügel unter Karl Hermann Frank entwickelte.[25] In *Jugoslawien* entstanden nach dem Krieg ein konservativer Schwäbisch-deutscher Kulturverband, dessen Zweck die Förderung von kulturellen und wirtschaftlichen Tätigkeiten war, wie auch eine Partei der Deutschen im Königreich der Serben, Kroaten und Slowenen. Anfang der dreißiger Jahre dann rief ein Dr. Awender eine „Erneuerungsbewegung" der jungen Generation ins Leben, die als Rivale zur älteren Organisation fungierte, bis sie sich 1936 in einen moderaten Flügel unter Awender und einen radikalen Flügel unter Altgayer spaltete.[26]

In *Ungarn* wurde nach dem Krieg der alte Ungarländisch-Deutsche Volksbildungsverein unter Gratz und Bleyer wiederbelebt. Anfang der dreißiger Jahre kam dann eine „Erneuerungsbewegung" *innerhalb* des UDV unter Franz Kussbach auf. Es entstand schnell dann die gewöhnliche Spaltung, als Kussbach sich der Herausforderung von Radikalen wie Franz Basch, Gründer einer volksdeutschen Kameradschaft, ausgesetzt sah.[27]

Unter den geographisch und politisch schon nach dem Krieg gespaltenen Volksdeutschen in *Polen* stellt man eine ähnliche Entwicklung fest. Der konservative Deutsche Volksbund unter Ulitz und Pant wurde allmählich unter dem Einfluß von Otto von Ulitz, Herausgeber der Zeitung *Aufbruch*, von innen „erneuert". Bald aber erschien die typische Spaltung, als radikale NS-orientierte Männer die Jungdeutsche Vereinigung gründeten. 1935 hatten die Jungdeutschen 100 Ortsgruppen mit rund 15000 Mitgliedern, der Volksbund 130 Ortsgruppen mit 20000 Mitgliedern.[28] Man kann eine analoge Enwicklung in *Lettland* und *Rumänien* feststellen.[29]

Die Kämpfe, die unter diesen auslandsdeutschen Gruppierungen in den 1930er Jahren ausgetragen wurden, spiegelten sich in Deutschland wider in den Rivalitäten zwischen radikalen NS-Organisationen in der Volkstumspolitik (wie der Auslandsorganisation der Partei unter Ernst Bohle oder dem Büro Ribbentrop) und dem von Steinacher und Haushofer geführten Volksdeutschen Rat. Ob in Deutschland oder außerhalb, der Kampf wurde oft getarnt durch die Notwendigkeit, wenigstens bis 1937 eine gewisse politische Vorsicht zu üben. Die wirklichen Streitfragen wurden hinter dem Nebelvorhang der völkischen Frage verborgen. Nichtsdestoweniger wurde bald aus zwei Kampfhandlungen eine — ob im Reich oder unter den Volksgruppen.[30]

Zwar konnten die Traditionalisten eine Reihe von Erfolgen registrieren, indem sie durch die erfolgreiche Unterstützung verschiedener gemäßigter volksdeutscher Führer die eigene Position gegenüber Rivalen befestigten und ausbauten. Albrecht Haushofer zum Beispiel brachte im Juli 1934 das sogenannte Zoppoter Abkommen zustande, das vorübergehend einen Burgfrieden zwischen rivalisierenden Gruppen in Polen zugunsten der Gemäßigten herstellte.[31] Im selben Jahr gelang es Haushofer auch, eine starke Verbindung zwischen dem Volksdeutschen Rat und Henlein in der Tschechoslowakei herbeizuführen, die direkt zum großen Wahlerfolg der Sudetendeutschen Partei im folgenden Jahr führte, ein Triumph, den die Traditionalisten im Reich als ihren eigenen feierten.[32]

Am Ende aber war dieser Triumph wie alle anderen nur vorübergehend. Diese Art von konservativem Widerstand durch Kollaboration führte schließlich nur zur Selbsttäuschung, nicht nur von seiten Haushofers und seinen Kollegen, sondern auch seitens der gemäßigten volksdeutschen Führer. Die Traditionalisten im Reich waren überzeugt, insofern sie einen teilweisen Erfolg als Stütze für die gemäßigten volksdeutschen Führer erzielt hatten, daß sie stärker waren und mehr Einfluß auf die Gestaltung der deutschen Außenpolitik ausübten, als es in Wirklichkeit der Fall war. Die Führer der Volksgruppen wiederum konnten glauben, daß ihre Position stark war, weil ihre primären Helfer in Deutschland nachgerade vernünftige Männer waren, die das echte auslandsdeutsche Erlebnis verstanden und respektierten. Die volksdeutschen Führer hatten allen Grund zu glauben, daß sich die deutsche Außenpolitik in bezug auf die Auslandsdeutschen bloß auf Schutz und Erhaltung der Volksdeutschen als autonomer Minderheiten begrenzte; auf das Reich könne man sich ruhig verlassen.

VI

In beiden Fällen waren die Annahmen grundfalsch, wie der schließliche Triumph der SS bezüglich der Volkstumspolitik in Deutschland zeigte. Zu dieser Zeit aber war der Zug abgefahren. Diese Tatsache sah Albrecht Haushofer allerdings keineswegs ein. Nach der Niederlage des Volksdeutschen Rates, die 1937 in der Beurlaubung von Steinacher zum Ausdruck kam, setzte Haushofer seine Tätigkeit als widerwilliger Helfer des Regimes fort, diesmal unter Obhut von Ribbentrop.[33] Jetzt verfolgte er das Ziel, den Krieg mit England zu verhindern — und dann, nach Kriegsausbruch, den Frieden wieder herzustellen. Für diese Aufgaben fand er in der alten Volkstumspolitik seine Inspiration und seine Verhaltensmuster.

Früher hatte er gehofft, seine Kontakte und Erfolge mit den „richtigen" volksdeutschen Führern als Hebel benutzen zu können, um einen mäßigenden Einfluß auf die Führer des Reiches auszuüben, seine Glaubwürdigkeit ausnutzend, „in order to educate our masters". Später dachte er, seine ebenfalls guten Kontakte mit den „richtigen" Engländern ausnutzen zu können, um seine erzieherische Funktion weiterhin fortzuführen in Richtung auf den Frieden mit England. Dabei bediente er sich einer getarnten Sprache, mit dem Zweck, ein gemeinsames sprachliches Fundament zwischen den Führern Deutschlands und Englands zu finden.

Seine warnenden Artikel in der *Zeitschrift für Geopolitik*, die sein Vater Karl herausgab, unterstreichen diese Tatsache.[34]

Schließlich aber täuschte er sich noch ein letztes Mal. Das mußte spätestens nach dem Flug von Heß klar gewesen sein. Der Krieg, den Albrecht Haushofer zu verhindern suchte, hat ihn, der nach dem 20. Juli 1944 verhaftet und am 23. April 1945 von der Gestapo erschossen wurde, am Ende zerstört, ebenso wie die auslandsdeutschen Volksgruppen, denen er vergebens zu helfen versucht hatte.

Anmerkungen

[1] Einteilung nach Ländern bei Hans-Adolf Jacobsen, *Nationalsozialistische Außenpolitik 1933—1938*, Frankfurt a. M. 1968, S. 160 f.

[2] Martin Broszat, *Die völkische Ideologie und der Nationalsozialismus*, in: *Deutsche Rundschau*, 84. Jg. (1958), S. 53—68; auch Paul Rohrbach, *Deutsches Volkstum als Minderheit*, Berlin 1926.

[3] Kurt Sontheimer, *Antidemokratisches Denken in der Weimarer Republik*, München 1962; auch Armin Mohler, *Die konservative Revolution in Deutschland. Ein Handbuch*, Darmstadt 1972.

[4] Allgemein über Volkstumspolitik Hans-Adolf Jacobsen (Hrsg.), *Hans Steinacher, Bundesleiter des VDA, 1933—1937: Erinnerungen und Dokumente*, Boppart 1970; ders. *Nationalsozialistische Außenpolitik*... [Anm. 1], S. 160—251; Max Hildebert, *Volkstheorie und Volkstumspolitik der Gegenwart*, Berlin 1935; John Hiden, *The Weimar Republic and the Problem of the Auslandsdeutsche*, in: *Journal of Contemporary History*, 12. Jg. (1977), S. 273—289.

[5] Sehr wichtig hier ist die Haushofer-Biographie von Ursula Laack-Michel, *Albrecht Haushofer und der Nationalsozialismus*, Stuttgart 1974, vor allem wegen des umfangreichen dokumentarischen Anhangs, der eine große Anzahl von Briefen zwischen Albrecht Haushofer und seinen Eltern enthält; siehe auch Walter Stubbe, *In Memoriam Albrecht Haushofer*, in: *Vierteljahrshefte für Zeitgeschichte*, 8. Jg. (1960), H. 3, S. 236 ff.; Rainer Hildebrandt, *Wir sind die Letzten. Aus dem Leben des Widerstandskämpfers Albrecht Haushofer*, Neuwied-Berlin 1939; und James Douglas-Hamilton, *Motive for a Mission: The Story behind Hess' Flight to Britain*, London 1971.

[6] Der erste Standpunkt wird z. B. durch George Romoser vertreten: *The Politics of Uncertainty: The German Resistance Movement*, in: *Social Research*, 31. Jg. (1964), S. 72—93; auch Leonidas Hill, *Towards a New History of the German Resistance to Hitler*, in: *Central European History*, 14. Jg. (1981), S. 369—399; der zweite durch R. Hildebrandt, *Wir sind die Letzten*... [Anm. 5]. Am 16. März 1941, kurz vor Heß' Abflug, schrieb Ulrich von Hassell in seinem Tagebuch über eine Besprechung mit Albrecht Haushofer: „Dieser, der immer noch von Heß verwendet wird, erzählte von dem dringenden Wunsch oben zum Frieden zu kommen. Er selbst denkt jetzt (nach einigen geistigen Irrefahrten zu Astheimer/Ribbentrop) so wie wir..." Ulrich von Hassell, *Vom andern Deutschland. Aus den nachgelassenen Tagebüchern 1938—1944*, Zürich 1947, S. 187 f.

[7] Interessante Charakterisierung von Haushofer bei U. Laack-Michel, *Albrecht Haushofer*... [Anm. 5], S. 15ff.

[8] Hermann Heimpel, *Die halbe Violine*, Stuttgart 1949, S. 225.

[9] Brief vom 7. November 1928, abgedruckt in: U. Laack-Michel, *Albrecht Haushofer*... [Anm. 5], S. 286f., Dokumentenanhang, Nr. 13.

[10] Brief vom 26. Oktober 1929, *a.a.O.*, S. 289f., Nr. 17.

[11] Brief an die Eltern vom 5. August 1928, *a.a.O.*, S. 285f., Nr. 11.

[12] Brief an die Mutter vom 4. März 1925, *a.a.O.*, S. 280, Nr. 2.

[13] Brief an die Mutter vom 29. Januar 1927, *a.a.O.*, S. 283, Nr. 6.

[14] 151. Auflage, München 1925, S. 172.

[15] Brief an den Vater vom 25. Juli 1932, in: U. Laack-Michel, *Albrecht Haushofer*..., [Anm. 5], S. 301, Dokumentenanhang, Nr. 30.

[16] In seinem Brief an die Mutter vom 25. Februar 1930 meinte er:
„Wissenschaft! Die ‚hohe Flamme des Geistes' — wofür, wozu? Um andere ebenso lebensunwillig zu machen wie einen selbst? Lehren, wie Mephisto seinen Schüler lehrt — ‚daß wir nichts wissen können'?... Gedichte machen, Fugen schreiben? Gewiß, besser als saufen und tanzen... Aber wozu soll man sie schreiben?... Was ‚kann' ich sonst?... Das Abgleiten in den großväterlichen Tabak habt Ihr auch nicht haben wollen. Im übrigen wäre das jetzt auch eine Pleite. Wie überhaupt Wirtschaft im heutigen Deutschland ebenso sinnlos ist wie Politik..." *A.a.O.*, S. 292—293, Nr. 20.

[17] Brief an die Eltern vom 22. Juni 1933, *a.a.O.*, S. 209f., Nr. 39.

[18] Brief an die Mutter vom 30. Mai 1933, *a.a.O.*, S. 134.

[19] Brief an die Eltern vom 22. (23.?) Juni 1933, *a.a.O.*, S. 301f., Nr. 40.

[20] Über die personelle Zusammensetzung des Volksdeutschen Rates siehe H.-A. Jacobsen, *Nationalsozialistische Außenpolitik*... [Anm. 1], S. 186—197; auch Hans Steinacher, *Lebensaufzeichnungen.* Unveröffentliches Manuskript.

[21] *Brief Albrecht Haushofers an Heß vom 7. September 1933*, Nationales Archiv (NA) Mikrofilm T253/46/150087-88; *Heß' Verfügung über den Volksdeutschen Rat vom 9. Oktober 1933*, Politisches Archiv des Auswärtigen Amtes, Bonn, PA/VIA/VR/Vol. 1/Deutschtum 7.

[22] Haushofer hat selber diesen englischen Ausdruck verwendet, siehe U. Laack-Michel, *Albrecht Haushofer*... [Anm. 5], S. 132, 149. Aus dem Volksdeutschen Rat wurde schließlich die von der SS dominierte Volksdeutsche Mittelstelle. Die Siedlungspläne der SS wurden behandelt in Robert Koehl, *RKFDV: German Resettlement and Population Policy 1939—1945*, Cambridge 1957, S. 210—237. Die rassistische Ideologie und Siedlungspolitik der SS sind am vollständigsten während des Krieges durch Ulrich Greifelt, *Die Festigung deutschen Volkstums als zentrale Ostaufgabe*, dargestellt worden (RKFDV Stabshauptamt, o. D. aber nach Juni 1941, 4ff. NA [Anm. 21], Mikrofilm T-74/10/38180).

[23] So schrieb Haushofer in seinem *Götzenbild*, zitiert nach U. Laack-Michel, *Albrecht Haushofer*... [Anm. 5], S. 82; siehe auch seine Denkschrift *Deutschlands außenpolitischer Apparat*, Bundesarchiv Koblenz, Nachlaß Haushofer, 833, Bl. 156—157.

[24] Zitiert nach *Europäischer Geschichtskalender 1933*, S. 74.

[25] Siehe Ronald Smelser, *Das Sudetenproblem und das Dritte Reich 1933—1938*, München 1980; ders., *The Betrayal of a Myth. National Socialism and the Financing of Middle-Class Socialism in the Sudetenland*, in: *Central European History*, 5. Jg. (1972), S. 256—277.

[26] Siehe Anthony Komjathy/Rebecca Stockwell, *German Minorities and the Third*

Reich, New York-London 1980, S. 125—146; Johann Wünscht, *Ursachen und Hintergründe des Schicksals der Deutschen in Jugoslawien*, Kehl 1966; auch folgende ungedruckte Dissertationen: Helga Harriman, *The German Minority in Jugoslavia*, Oklahoma State University 1973, und Prisca Bagnell von Dorotka, *The Influence of National Socialism on the German Minority in Jugoslavia*, Syracuse University 1977.

[27] Für Ungarn siehe Matthias Annabring, *Das ungarische Deutschtum*, Stuttgart 1972; Carlile A. Macartney, *Hungary and her Successors*, Oxford 1937; A. Komjathy/R. Stockwell, *German Minorities*... [Anm. 26], S. 43—64; Geza C. Paikert, *The Danube Swabians*, Den Haag 1976.

[28] Siehe Richard Breyer, *Das deutsche Reich und Polen 1932—1937. Außenpolitik und Volkstumsfragen*, Würzburg 1955, S. 242 ff.; Theodor Bierschenk, *Die deutsche Volksgruppe in Polen 1934—1939*, Würzburg 1954, S. 24 ff.

[29] Für Lettland siehe Hans von Rimscha, *Zur Gleichschaltung der deutschen Volksgruppen durch das Dritte Reich. Am Beispiel der deutschbaltischen Volksgruppe in Lettland*, in: *Historische Zeitschrift*, Bd. 182 (1956), S. 29—63; für Rumänien siehe Anton Valentin, *Die Banater Schwaben*, München 1959; und A. Komjathy/P. Stockwell, *German Minorities*... [Anm. 26], S. 103—124.

[30] Diese Verflechtung der beiden Streitpunkte wird besonders klar im Falle der Entwicklung des Sudetenproblems. Siehe R. Smelser, *Das Sudetenproblem*... [Anm. 25], S. 216—222.

[31] H.-A. Jacobsen, *Nationalsozialistische Außenpolitik*... [Anm. 1], S. 588.

[32] R. Smelser, *Das Sudetenproblem*... [Anm. 25], S. 110 ff.

[33] Siehe Wolfgang Michalka, *Ribbentrop und die Weltpolitik 1933—1940*, München 1980, S. 294; auch J. Douglas-Hamilton, *Motive for a Mission*... [Anm. 5], S. 58—65.

[34] Siehe W. Stubbe, *In Memoriam*... [Anm. 5], wo aus mehreren Artikeln zitiert wird.

Siebenter Teil

Widerstand als Volksbewegung?

„Widerstand ohne Volk?"
Dissens und Widerstand im Dritten Reich

IAN KERSHAW
Manchester

I

Die Historiographie des Widerstandes gegen Hitler hat in der Bundesrepublik verschiedene Phasen durchlaufen. In der ersten, bis in die 1960er Jahre dauernden Phase galt als fast ausschließlicher Schwerpunkt der Forschung der Widerstand der konservativen Eliten. In den 1950er Jahren wurde in der Opposition gegen den Nationalsozialismus hauptsächlich die konspirative Tätigkeit einer Oberschicht gesehen, die in dem mutigen Attentatsversuch des 20. Juli 1944 ihren spektakulären Höhepunkt gefunden habe. Bezeichnend für diese Konzentration auf den Widerstand „von oben" war zum Beispiel die mangelnde Anerkennung der in der letzten Kriegsphase entstandenen „Antifaschistischen Komitees", die sich aus Aktivisten der sozialistischen Arbeiterbewegung gebildet hatten. So galt die Opposition im Dritten Reich eindeutig als ein „Widerstand ohne Volk".

Zum Teil als Reaktion auf diese Vernachlässigung der Arbeiteropposition entwickelte sich in den 60er Jahren als neuer Schwerpunkt die Erforschung der illegalen Organisationen des sozialistischen und kommunistischen Widerstandes. (Ich schließe bewußt die DDR-Forschung aus dieser schematischen Übersicht aus, da ihre Konzentration vor allem auf den organisierten Widerstand der KPD, wenn sie auch nuanciert worden ist, im Grunde genommen vom Anfang an unverändert blieb.) Während dieser zweiten historiographischen Phase sind Ausmaß und Charakter des mutigen Arbeiterwiderstandes, der trotz drakonischer Repressalien und vielfach auf Kosten von Freiheit und Leben den Kampf gegen den Nationalsozialismus bis 1945 ununterbrochen fortsetzte, durch eine Reihe von Lokal- und Regionalstudien eindrucksvoll dargestellt worden.[1] Die Vorstellung von einem „Widerstand ohne Volk"[2] mußte angesichts dieser verspäteten Anerkennung des Anteils der deutschen Arbeiterklasse an der Opposition gegen Hitler revidiert werden. Dazu schien die Erkenntnis der vielfach restaurativen und autoritären Zukunftspläne der bürgerlichen Widerstandsgruppen — im Kontrast mit den „progressiven" Zielen der linken Opposition — zum Teil sogar die Legitimation eines Widerstandes „von oben" in Frage zu stellen.[3]

In den 1970er Jahren setzte eine dritte, noch anhaltende Phase der Widerstandsforschung ein, als Teil der allgemeinen neuen Perspektive der „Alltagsgeschichte" oder „Geschichte von unten", aus dem Blickwinkel des „kleinen Mannes". Damit einher ging eine Hervorhebung nichtorganisierter, vielfach spontaner Erscheinungsformen einer „Volksopposition" im alltäglichen Leben der „Durchschnittsbürger", die — aus welchen Motiven auch immer — eine effektive Begrenzung des nationalsozialistischen Herrschaftsanspruchs als Resultat gehabt habe.

Die Möglichkeiten dieses Ansatzes zur Erforschung der Herrschafts-Verhältnisse im NS-Staat zeigten beispielhaft die Ergebnisse des großen Forschungsprojekts „Widerstand und Verfolgung in Bayern 1933—1945", das vom Münchener Institut für Zeitgeschichte und von der bayerischen Archivverwaltung durchgeführt wurde.[4] Diese Akzentverschiebung auf den „Widerstand im Alltag", den „Widerstand des kleinen Mannes" hat die Revision der Interpretation der 50er Jahre weitgehend vollendet: Statt der Beschränkung auf kleine Elitegruppen ist die Opposition gegen den Nationalsozialismus in den Haltungen und im Verhalten des „Normalbürgers" auffindbar geworden. Der „Widerstand ohne Volk" wurde in einen „Widerstand mit Volk", wenn nicht einen „Volkswiderstand" verwandelt.

Bei aller Anerkennung der dadurch ermöglichten Fortschritte für die Widerstandsforschung wie überhaupt für die Gesellschaftsgeschichte des Dritten Reiches könnte aber aus einer Überbewertung solcher nicht systemkonformen Verhaltensweisen ein verzerrtes, wenn nicht gar apologetisches Bild des deutschen Widerstandes unter dem Nationalsozialismus entstehen. So attraktiv das Thema „Herrschaft und Gesellschaft im Konflikt"[5] gerade für das Dritte Reich erscheint, besteht doch bei unkritischer Betrachtung die Gefahr, die damals für die Gegner so deprimierende Popularität herunterzuspielen, die das Regime oder zumindest wesentliche Aspekte der NS-Herrschaft bei großen Teilen der Bevölkerung bis in die Kriegsmitte hinein hatten.

Im einen Teil meines Beitrags werde ich deshalb einige neuere Definitionen der Begriffe „Widerstand" und „Resistenz" kritisch betrachten. Ich hoffe dabei zu zeigen, daß sie für eine Analyse nicht systemkonformer Verhaltensweisen im Dritten Reich ungeeignet sind. Im anderen Hauptteil stelle ich die These in Frage, daß eine Eindämmung des nationalsozialistischen Herrschaftsanspruchs durch gesellschaftliche Resistenz oder Verweigerung die Effektivität des Herrschaftssystems behindert habe.

II

Der Widerstandsbegriff in der neueren Historiographie

Die neue sozialgeschichtliche Perspektive der Widerstandsforschung hat den Begriff „Widerstand" von seinem engen Gebrauch für organisierte Gruppen, die direkt den Sturz des Regimes anstrebten, auf praktisch alle gesellschaftlichen Bereiche ausgedehnt. Bedeutsam waren hierfür die theoretischen Ausführungen zum Widerstandsbegriff in einem 1976 erschienenen Aufsatz von Peter Hüttenberger.[6] Dieser Definition zufolge war Widerstand „jede Form der Auflehnung im Rahmen asymmetrischer Herrschaftsbeziehungen gegen eine zumindest tendenzielle Gesamtherrschaft". Diese Definition setzt ein Wechselspiel von Herrschaftsmechanismen und gesellschaftlichen Reaktionen darauf voraus, wobei unter „Herrschaft" ein Prozeß verstanden wird, der die Ziele, Interessen, Maßstäbe und Normen von Regierenden und Regierten einander mehr oder weniger angleicht. „Symmetrische Herrschaftsbeziehung" bedeutet dann ein System, in dem ein solcher Ausgleich möglich ist. In diesem System gibt es keinen „Widerstand", sondern nur Rivalitäten und Konflikte, die ihm immanent sind. „Widerstand" entsteht nur unter „asymmetrischen" Herrschaftsbeziehungen — wenn also der Versuch gemacht wird, ein totales oder vollkommenes Herrschaftssystem ohne solche Ausgleichsmöglichkeit zu errichten. (So kann also der politische Kampf zwischen NSDAP und KPD/SPD in der Weimarer Republik nicht als Widerstand der letzteren gegen die NSDAP angesehen werden.) Widerstand ist demnach Produkt und Reflexion des Herrschaftssystems selbst; die Art der Herrschaft bestimmt die Art des Widerstands; und je umfassender der Herrschaftsanspruch, desto *mehr,* nicht weniger Widerstand ist die Folge, denn das Regime selbst verwandelt Verhalten und Aktionen in Widerstand, die unter „normalen" Bedingungen — zum Beispiel unter den „symmetrischen" Herrschaftsbeziehungen einer pluralistischen Demokratie — häufig überhaupt keine politische Bedeutung beanspruchen könnten. Dieses dialektische Verhältnis zwischen Herrschaftsanspruch und Erscheinungsformen und Ausmaß des Widerstandes ist eine wichtige Erkenntnis. Doch Hüttenbergers Definition weitet den Rahmen für die Kategorisierung und Auswertung von Widerstand enorm aus. Das ist auch bei der zweiten Definition, der des „Bayern-Projekts", dessen erster Leiter Hüttenberger war, der Fall.

Zu Beginn ihrer Arbeit gelangte das am „Bayern-Projekt" beteiligte

Team der bayerischen Archivverwaltung zu der folgenden Definition:

„Unter Widerstand wird jedes aktive oder passive Verhalten verstanden, das die Ablehnung des NS-Regimes oder eines Teilbereichs der NS-Ideologie erkennen läßt und mit gewissen Risiken verbunden war."

Diese breite Definition sollte die „Verhaltensweisen von konservativer Resistenz, partiellem Ungehorsam, defensiver Oppositionshaltung, Nonkonformismus, Solidarisierung mit aus politischen oder rassischen Gründen Verfolgten oder Diskriminierten, ostentativem Festhalten an einer weltanschaulichen oder religiösen Überzeugung oder direkten Aktivitäten gegen die NS-Herrschaft" umfassen.[7]

Der Forschungsstab des Instituts für Zeitgeschichte arbeitete dann jedoch mit einem neuen Begriff — dem der „Resistenz" —, der zwar dem erweiterten Widerstandsbegriff verwandt, aber anders nuanciert ist. Dem Projektleiter Martin Broszat zufolge sollte „Resistenz" ein struktureller, moralisch neutraler Begriff sein, etwa der „Immunität" im medizinischen Bereich analog, der dazu beitragen sollte, die „wirksame Abwehr, Begrenzung, Eindämmung der NS-Herrschaft oder ihres Anspruches, gleichgültig von welchen Motiven, Gründen und Kräften her", zu untersuchen und „wirkungsgeschichtlich" zu analysieren. Insoweit unterscheidet er sich, nach Broszat, vom moralisch-politischen Legitimationsbegriff „Widerstand", der dadurch von den aktuellen sozialen und politischen Einflüssen, Auswirkungen und Konsequenzen oppositioneller Aktionen und Aktivitäten ablenkte, daß er sich zu sehr auf die subjektive Motivation, die Organisation und den ethisch-moralischen Rahmen dieser Aktionen konzentriere.[8] „Resistenz" scheint dennoch mit dem erweiterten Widerstandsbegriff (zum Beispiel Hüttenbergers und der bayerischen Archivverwaltung) fast identisch zu sein und außerdem, in der Betonung des „wirkungsgeschichtlichen" Aspekts, dem Begriff des „funktionalen Widerstandes", der zum Beispiel von Michael Voges im Hinblick auf das Verhalten der Industriearbeiter im Dritten Reich verwendet worden ist, nahezukommen.

Voges hält den ökonomischen Klassenkampf in den Betrieben — soweit es um die Intention ging — nur für teilweise politisch motiviert, bezeichnet ihn aber „von der Funktion her" als Widerstand in dem Sinne, daß das Regime gezwungen war, sich politisch damit auseinanderzusetzen, und daß er für das Regime eine politische Bedrohung darstellte. (Voges trägt allerdings zu einer begrifflichen Klärung nicht bei, wenn er vorschlägt, in der „Intentionalität" einen notwendigen Bestandteil von „Resistenz" zu sehen, denn Broszat schließt dies als Kriterium ausdrücklich aus.)[9] Ähnlich unterscheidet Tim Mason zwischen eindeutig politisch motivierten Aktionen der Arbeiter (politischer Widerstand) und der Weigerung der Arbeiterklasse, sich dem NS-Regime völlig zu unterwerfen, was im ökonomischen Klassenkampf (Opposition) zum Ausdruck kam, wobei sich allerdings aus der „Opposition" ein partielles politisches Bewußtsein entwickele, sie also aufgrund ihrer funktionellen Auswirkungen auf das Regime doch teilweise politisch sei.[10]

Die Ausweitung des Widerstandsbegriffes auf den Bereich des Alltags hat anregende sozialgeschichtliche Perspektiven eröffnet. Der Widerstand ist dadurch weitgehend entmythologisiert worden.[11] Die Möglichkeit, fließende Übergänge und unterschiedliche Abstufungen von Verhaltensweisen zu sehen, wirft scharfes Licht auf die alltägliche Realität im Dritten Reich, in der Verwirrungen, zwangsweise Entscheidungen und schwierige Kompromisse an der Tagesordnung waren. Andererseits liegt ein Hauptproblem des „Widerstandes im Alltag" in der Tendenz, den Widerstandsbegriff so auszudehnen, daß er fast jedes Verhalten außer ausgesprochener Begeisterung für das Regime mit einschließt.[12] Dieser Vorwurf trifft genauso auf den Resistenzbegriff zu, der theoretisch von „Widerstand" abgrenzbar ist, aber in der Praxis mehr oder weniger synonym mit dem erweiterten Widerstandsbegriff gebraucht wird und — wie seine Unübersetzbarkeit ins Englische, Französische und Italienische zeigt — rein sprachlich eine zu enge Verwandtschaft mit dem moralisch beladenen Terminus *resistance,* beziehungsweise *résistance* oder *resistenza* = „Widerstand" hat. Ein dem Widerstand so verwandter Begriff wie Resistenz irritiert natürlich auch, wenn er auf „resistente" Aktionen sogar eingefleischter Nazis angewandt wird, deren Sympathien für das System außer Frage stehen. Schließlich kann der Resistenzbegriff in seiner praktischen Anwendung Intention und Motivation von der Bewertung des Verhaltens doch nicht sauber trennen.

Zum Teil wegen dieser und anderer Schwierigkeiten haben einige Historiker die Notwendigkeit erkannt, eine Typologie des Widerstandes zu entwickeln. Wenn sich diese Typologien im Detail auch unterscheiden, so arbeitet doch jede auf der Basis einer breiten pyramidalen Kategorisierung „abweichenden" Verhaltens und akzeptiert die Notwendigkeit, zwischen überwiegend privaten und eher öffentlichen Verhaltensformen, zwischen organisiertem und spontanem Handeln und zwischen fundamentaler und partieller Opposition zu unterscheiden. Nach dem Schema Detlev Peukerts zum Beispiel läuft eine breite (und fließende) Skala „nonkonformen" Verhaltens (wovon vieles private, überwiegend partielle Kritik am Nationalsozialismus ist) über die „Verweigerung" und den „Protest" und gipfelt in dem eng gefaßten wirklichen „Widerstand", den er — sehr vernünftig — auf Verhaltensformen beschränkt, „die das NS-Regime als Ganzes ablehnten".[13] Die Schwierigkeiten, eine unanfechtbare Definition für alle Abstufungen dieser Skala zu finden, liegen auf der Hand, selbst wenn man davon absieht, daß die in den Akten nachweisbaren oppositionellen Aktionen zweifellos nur die Spitze des Eisbergs sind.[14]

Einige Definitionsprobleme sind auch in der gut abgewogenen Typologie von Gerhard Botz klar ersichtlich. In seiner Grundeinteilung gehören zum „abweichenden Verhalten" zum Beispiel „jugendliches Randalieren, sogenanntes ‚asoziales' Verhalten überhaupt, aber auch bloßes Beibehalten gewohnter Lebensformen in spezifischen Milieus, Brauchtum, kirchengebundene Religiosität", während der „soziale Protest" unter anderem das Aufrechterhalten von Kontakten zu ehemaligen Parteifreunden, das Verbreiten von Führer-Witzen, das „Schwarzschlachten", die „Arbeitsbummelei", das Ausstreuen von Gerüchten und das Abhören ausländischer Sender, den Umgang mit Juden, die „Rassenschande" und die „demonstrative Jazzbegeisterung" umfaßt.[15] Botz unterscheidet zwischen eher offensiven und defensiven Aktionen. Wiederum sind aber die Kriterien für eine Kategorisierung dort weniger überzeugend, wo eine Trennung zwischen der Intentionalität und der durch das Regime bewirkten Politisierung „unpolitischen" Verhaltens auftritt. Der „soziale Protest" zum Beispiel schließt ganz heterogene Handlungen mit ein, die vielfach wohl nur wenig mit gewolltem Protest gegen das Regime zu tun hatten und wahrscheinlich zum Teil sogar vom Regime selber nicht als „Protest" angesehen wurden.

Die Schwierigkeiten mit anderen Typologien, die die breite Skala und die fließenden Übergänge in den Formen abweichenden Verhaltens zu Recht hervorheben, liegt darin, daß „Widerstand" sowohl als ordnender Begriff für die ganze Spanne der systemnonkonformen Verhaltensweisen gilt, als auch (mit all seinen moralischen, ethischen, politisch normativen Bedeutungen) gleichzeitig einem engen politischen Aktionsbereich, der sich qualitativ von anderen Bereichen absetzt, vorbehalten werden soll. Charakteristisch dafür ist der durchaus instruktive und abgewogene Beitrag zur Reflexion des Widerstandsbegriffs von Richard Löwenthal, der eine Unterscheidung zwischen „politischer Opposition" (= Widerstand im engeren Sinne), „gesellschaftlicher Verweigerung" (synonym mit der Bedeutung von „Resistenz" im „Bayern-Projekt" — und genausowenig übersetzbar) und „weltanschaulicher Dissidenz" (= der sogenannten inneren Emigration im Kulturbereich) macht, das ganze Spektrum dieser verschiedenartigen Verhaltensweisen aber als „Widerstand im totalen Staat" beziehungsweise „drei Grundformen des antitotalitären Widerstandes" bezeichnet.[16] Obwohl es mir klar ist, daß sich die drei Bereiche teilweise überschneiden, scheint es mir doch recht problematisch, alles unter den Oberbegriff „Widerstand" einzuordnen. Weil es aber wahrscheinlich unmöglich ist (abgesehen davon, ob es wünschenswert ist), auf die normativen Assoziationen, die mit dem Widerstandsbegriff verbunden sind, ganz zu verzichten und daraus einen „sauberen" analytischen Begriff zu machen, plädiere ich dafür, die von dem Wort nicht trennbaren Bedeutungen zu akzeptieren und es, wie auch Peukert und Botz vorschlagen, auf politisch bewußte Verhaltensformen zu beschränken, die sich fundamental gegen das Regime richteten.

Als Oberbegriff scheint es mir notwendig, mit einem weniger emotional und moralisch belasteten Terminus zu arbeiten, der zwar alle abweichenden Verhaltensformen *und* Haltungen umfaßt, aber von der unvermeidlich moralischen Nebenbedeutung des Widerstandsbegriffs und von den semantischen Problemen und Assoziationen des Resistenzbegriffs befreit ist. Ein solcher Begriff — wie zum Beispiel „politisch abweichendes Verhalten" oder „politische Nonkonformität" — wird kaum klinisch exakt in seiner Bezeichnung sein können und klingt außerdem etwas schwerfälliger als „Resistenz". Ich selbst finde „Dissens" einen brauchbaren Begriff, der eine Möglichkeit bietet, auch spontane, unbewußte Handlungen und Äußerungen, die in überhaupt keiner Weise im Widerspruch zur NS-Herrschaft standen, zu umfassen. Indem er den Bereich der Meinungsbildung auch mit berücksichtigt, wirft der „Dissens"-Begriff Fragen nach der Mentalität auf, die Aktionen möglich (aber häufiger unmöglich) machte. Dadurch sagt der „Dissens"-Begriff genausoviel über die Konsenssphären und Integrationsbereiche im Dritten Reich aus, wie über die gesellschaftlichen Voraussetzungen für Widerstand und Opposition. Der Dissens kann sogar nur aus jenen Elementen des Nationalsozialismus heraus eine Perspektive gewinnen, die auf Bindung, Integration und Zustimmung ausgerichtet waren. Und wenn auch der Konflikt zwischen Herrschaft und Gesellschaft durch den „Dissens"-Begriff automatisch suggeriert wird, so bleibt doch die Frage immer offen, ob der Konflikt innerhalb einer generellen Zustimmung zum NS-System als Ganzem oder zu zentralen Bestandteilen des Herrschaftssystems stattfindet.

III

Charakter und Potential von Dissens

Hier soll nicht das nonkonformistische Verhalten verschiedener sozialer Gruppen beschrieben, sondern allein danach gefragt werden, ob der Dissens das NS-Herrschaftssystem und dessen Potential, seine Ziele durchzuführen, ernsthaft beeinträchtigt hat. Dem „Resistenz"-Ansatz zufolge stellte die Eindämmung des nationalsozialistischen Herrschaftsanspruchs — gleich aus welchen Motiven — für das Regime ein Hindernis dar. Nach Richard Löwenthals Worten konnte der Widerstand — hier im umfassenden Sinne gemeint — das Regime zwar nicht stürzen, „doch er hat es geschwächt". Und speziell im Hinblick auf die Rolle der „gesellschaftlichen Verweigerung" (der „Resistenz" synonym) schreibt er: „Auch ein Teilwiderstand aus religiöser oder moralischer Überzeugung, aus Anhänglichkeit an überlieferte soziale Bindungen und Lebensformen, aus der Suche junger Menschen nach einem freieren und aufrichtigeren Leben oder auch aus materiellen Teilinteressen setzt dem totalitären Machtwillen Grenzen."[17] Diese etwas optimistische Optik von den „Grenzen des totalitären Machtwillens" ist wohl, historiographisch betrachtet, als völlig gerechtfertigte Reaktion auf die alten Totalitarismustheorien vom monolithischen totalitären Staat und von der ebenfalls monolithischen totalitären Massengesellschaft entstanden. In mancher Hinsicht geht aber die Reaktion wohl zu weit. Daß der NS-Staat kein monolithischer Block war, der die deutsche Gesellschaft total durchdringen und umformen konnte, gilt inzwischen als Binsenwahrheit. Zu fragen ist dennoch — auch aus der Erkenntnis der beschränkten Möglichkeiten, selbst in einer pluralistischen Demokratie dem Mißbrauch der Staatsmacht Grenzen zu setzen —, ob die vielfach feststellbare mangelnde gesellschaftliche Durchdringungskraft des Nationalsozialismus den Handlungsspielraum der NS-Machthaber tatsächlich bedeutend eingeschränkt beziehungsweise die Durchführung ihrer Herrschaftsziele ernsthaft erschwert hat. Löwenthals These steht die folgende Bemerkung Hüttenbergers gegenüber, auf die sich meine weiteren Überlegungen beziehen:

„Bei aller spürbaren Distanz und Verdrossenheit der Arbeiterschaft, Teilen des Mittelstandes und der Bauern, ist allerdings nicht zu übersehen, daß es der Führung des Dritten Reiches weitgehend gelang, insoweit Konformität, ja Bereitschaft zur Mitarbeit zu erzeugen, daß ihre Pläne, zumal die Vorbereitung auf den Krieg, von innen her nicht gefährdet waren."

Hüttenberger fügt hinzu, daß nach seiner Ansicht dieser Widerspruch bisher durch die Forschung nicht erklärt worden ist.[18]

Drei „Dissens-Bereiche" werden im folgenden berücksichtigt: der Bereich des sozio-ökonomischen Dissenses, der konfessionelle Bereich und der Bereich des Dissenses gegenüber der NS-Rassenpolitik.[19]

1. Der sozio-ökonomische Dissens

Das Ausmaß der Kritik aus *bäuerlichen* Kreisen an der NS-Agrarpolitik — zum Beispiel an dem Erbhofgesetz, an den verschiedenen Maßnahmen der „Zwangswirtschaft" und an dem zunehmenden, ernsthaften Mangel an landwirtschaftlichen Arbeitskräften — ist für jeden, dem das vorhandene Quellenmaterial vertraut ist, frappierend. Der Dissens in diesem Bereich war aber überwiegend oberflächlich, begrenzt auf bestimmte Maßnahmen und außerdem wegen der ganz unterschiedlichen Erfahrungen innerhalb der Bauernschaft — zum Beispiel je nach Art und Größe des landwirtschaftlichen Betriebes — zersplittert. Vielfach war es die auf dem Lande traditionelle Nörgelei, die eine politische Dimension nur erhielt, weil das Regime im wesentlichen „unpolitisches" Verhalten politisierte, und deren eigentliche politische Bedeutung gering war. Ein großer Teil der Bauern war schon vor 1939 unzufrieden, enttäuscht und ernüchtert wegen der NS-Agrarpolitik, aber die tatsächliche Opposition in der Landwirtschaft — im Gegensatz zum alltäglichen Meckern — war minimal, vergleicht man sie zum Beispiel mit der Opposition der sowjetischen Bauern während der stalinistischen Kollektivierung, wo fraglos ein weitaus größerer Terror herrschte. Die Abhängigkeit des NS-Regimes von einer wachsenden landwirtschaftlichen Produktion gab zwar den Bauern einen gewissen Handlungsspielraum, aber trotz ihres Aufbegehrens bemühten sie sich im allgemeinen um so eifriger um Kooperation in der „Erzeugungsschlacht". Und zweifellos war nicht zuletzt das negative ideologische Moment — der in bäuerlichen Kreisen tief verwurzelte Antimarxismus — ein entscheidender Faktor, der zugunsten des Regimes ausschlug. Zwischen zwei Feuern fürchteten viele, „der Bolschewismus würde ihnen ihren Grund und Boden nehmen, da finden sie sich lieber mit den Nazis ab, die sie nur halb enteignen".[20]

Auch im *Mittelstand* ist das Ausmaß an Beschwerden und Kritik auffallend. Beobachter der Exil-SPD, der *Sopade*, sahen im Mittelstand 1934 und oft auch in den folgenden Jahren gerade die soziale Schicht, die das Regime am lautesten und nachhaltigsten kritisierte. Wie aber die *Sopade* immer wieder hinzufügte, war der Dissens — wie bei den Bauern — selten mehr als eine weitgehende materialistische und partikularistische Nörgelei, die kaum zur aktiven Auflehnung gegen Regierungsmaßnahmen führte. Mittelständler waren in vielen einzelnen Belangen desillusioniert, frustriert, querulant und oft aufgebracht. Aber sie standen, wie die Bauern, als soziale Schicht dem Nationalsozialismus nicht total ablehnend gegenüber, und ihre Haltung stellte für die Durchführung der Hauptlinien der NS-Politik nicht die geringste Bedrohung dar. Die *Sopade*-Berichterstatter kommentierten resignierend, daß es falsch wäre, in der allgemeinen Unzufriedenheit eine direkt feindliche Einstellung gegenüber dem Regime zu sehen, und sie wiesen auf die Bereitschaft hin, trotz Kritik sich der Autorität der Machthaber zu beugen und auf die Häufigkeit, mit der „Leute, die sehr ausgiebig über die Zustände schimpfen, dann doch wieder die lautesten Schreier sind, wenn sie in irgendeiner Kundgebung von Nazirednern wieder begeistert werden".[21] Unzufriedenheiten in einer Richtung wurden in der Regel durch Einbindung in einen anderen Bereich kompensiert, so im Falle der Volksschullehrer, deren Mißmut über ihre berufliche Stellung und ihre Arbeitsbedingungen sie nicht daran hinderte, als Rückgrat der Parteiorganisation und deren Gliederungen in der Provinz zu dienen. In diesem, wie auch in anderen Teilen des Mittelstandes, herrschte eine überwiegende Zustimmung zu zentralen Komponenten der NS-Herrschaft und zu den wichtigsten Herrschaftszielen und, was ihre materiellen Belange anging, zumindest die anhaltende Hoffnung auf entscheidende Verbesserungen, wenn „die Aufgabe des Führers" erfüllt sei.

Die Situation in der *Arbeiterklasse* war bekanntlich eine völlig andere, da sich die Arbeitersubkulturen nach 1933 wie vorher als weitgehend unempfänglich für den Nationalsozialismus erwiesen. Zunehmende Ablehnung der NS-Sozialpolitik ging, wie vor allem Mason gezeigt hat,[22] in der Phase der Vollbeschäftigung nach 1936 einher mit einem Anstieg aktiver Formen des kollektiven und individuellen Dissens', den das Regime politisch interpretierte, wenn er auch nicht unbedingt politisch motiviert war. Potentiell war die Durchführung der Herrschaftsziele dadurch gefährdet, und die NS-Führung war bekanntlich äußerst sensibel für Unruhe in der Arbeiterschaft und die bedrohenden Konsequenzen für die Stabilität des Regimes. Dennoch sollte man die Auswirkungen des ökonomischen Dissens' in den Betrieben für die Funktionsfähigkeit des Regimes nicht überschätzen. Der illegale Arbeiterwiderstand war zwangsläufig von der Masse der Arbeiterklasse isoliert und abgesehen von einer kurzen Periode in den Jahren 1935—36 nicht in der Lage, die Unruhe in den Industriebetrieben politisch auszunutzen. Kollektive „Protest"-Aktionen wie Streiks, die ihren zahlenmäßigen Höhepunkt 1935—37 hatten, waren in ihrem Umfang begrenzt und politisch uneffektiv, selbst im Vergleich mit dem faschistischen Italien.[23] Neuere Studien über Schlüsselgruppen, wie die Bergarbeiter, und über die Lage und Haltung der Arbeiterschaft während des Krieges haben manche etwas übertriebenen Beurteilungen der politischen Bedeutung des Lohnkampfes in den Betrieben und dessen Einfluß auf das Funktionieren des Regimes erheblich relativiert.[24]

Die NS-Führung hatte, wie es scheint, in den späten dreißiger Jahren keine direkte politische Besorgnis im Hinblick auf das Verhalten der industriellen Arbeiterschaft. Und selbst wenn die Masse der Industriearbeiter für das Dritte Reich nicht eindeutig gewonnen werden konnte, waren Teilaspekte der NS-Politik — zum Beispiel „Kraft durch Freude", das Volkswagenprojekt und die Arbeitsbeschaffungsmaßnahmen — und nicht zuletzt auch die Person des Führers auch in Arbeiterkreisen durchaus populär. Denunziationen selbst in geschlossenen Arbeiterbezirken zeigen, daß Arbeitersubkulturen nicht absolut homogen und uneinnehmbar waren — eine Feststellung, die durch neuere *Oral-history*-Untersuchungen verstärkt wird, indem sie trotz aller methodologischen Probleme aufweisen können, daß viele Arbeiter (zum Beispiel im Ruhrgebiet) auf die dreißiger Jahre nicht unbedingt mit negativen Gefühlen, sondern als eine Periode relativer „Normalität" zwischen der Weltwirtschaftskrise und dem Krieg zurückblicken.[25] Die vielleicht etwas zu rosige Auffassung, daß nämlich der ökonomische Kampf in den Betrieben eine ernsthafte politische Bedrohung für das NS-Regime dargestellt habe, hat langsam einer nuancierteren und pessimistischeren Betrachtung der Arbeiterklasse im Dritten Reich Platz gemacht — als neutralisiert, resigniert und demoralisiert, keinesfalls integriert, aber auch nicht rebellisch. Der Zeitraum, in dem das Empfinden der NS-Führung gegenüber Unruheerscheinungen in der Industriearbeiterschaft den politischen Entscheidungsprozeß beeinflußte, lag außerdem wohl nicht in den Jahren 1938—39, sondern in der Zeit von 1935—36. Damals aber und mehr noch zu späteren Zeitpunkten hatte das zur Folge, daß die NS-Führung gerade dadurch in eine Richtung getrieben wurde, in die sie ohnehin gehen wollte.

Die soziale Lage der *Frauen* im Dritten Reich ist vielfach Gegenstand der neueren Forschung gewesen, wenn auch viele Fragen in bezug auf frauenspezifische Haltungen und Verhaltensweisen noch offen bleiben. Es scheint inzwischen als ein Forschungsergebnis festzustehen, daß die „Arbeitsdisziplin" — an der Häufigkeit von Fehlzeiten und ähnlichem gemessen — im allgemeinen unter Arbeiterinnen wesentlich schlechter als unter den Arbeitern war, vor allem während des Krieges. Die Schwierigkeiten, die die „Dienstpflicht" der Frauen, namentlich aus bürgerlichen Kreisen, dem Regime bereiteten, sind bekannt, und die Zurückhaltung der NS-Machthaber bei der Durchführung der Dienstpflicht ist zu Recht als ein Barometer von politischer Empfindlichkeit und nicht nur als Beweis von ideologischer Hartnäckigkeit betrachtet worden.[26] Es waren besonders die „feinen Damen", die eindeutig abgeneigt waren, auch ihren Beitrag zu den Kriegsanstrengungen zu leisten und in den Rüstungsfabriken zu arbeiten. Es läßt sich allerdings noch fragen, ob die Folgen für die Kriegswirtschaft so ernst waren, wie manchmal behauptet. Und daß der Dissens der Frauen meistens mit Widerstand oder politischer Opposition wenig zu tun hatte, scheint offensichtlich zu sein. Auch dieser Dissens ging häufig einher mit regimefreundlichen Haltungen und Verhaltensweisen, wie zum Beispiel im Falle einer jungen und unpolitischen Stenotypistin, die ihren sozialistischen mitfahrenden Begleiter dadurch schockierte, daß sie plötzlich aus der Straßenbahn heraussprang, um einer vorbeimarschierenden SS-Kolonne freiwillig und unaufgefordert einen enthusiastischen „Heil-Hitler"-Gruß entgegenzurufen. Später zur Rede gestellt, erklärte sie, daß sie dies nicht für die SS oder die Nazis getan habe, sondern aus „einer vaterländischen Pflicht..., weil ich eine Deutsche bin".[27]

Schließlich gibt es keinerlei Anzeichen dafür, daß der Antifeminismus oder der „soziale Rassismus“ der Nazis einen großen Teil der Frauen abgeschreckt hätte; viele von ihnen hatten ja ohnehin schon vor 1933 nicht nur die NSDAP, sondern auch andere antifeministische Parteien gewählt, da die bürgerlichen Parteien in diesem Aspekt kaum von den Nationalsozialisten zu unterscheiden waren. Man könnte spekulieren, daß sich auch im Dritten Reich eine grundsätzliche Ablehnung des Nationalsozialismus hauptsächlich auf jene Frauen beschränkte, die vorher den linken und konfessionellen Parteien nahestanden. Eine weitere Spekulation wäre, daß der Frauen-Dissens für das Funktionieren des NS-Herrschaftssystems kaum die negative Bedeutung hatte, die vielfach angenommen wird.

Einige wichtige Arbeiten über die „Opposition der Jugend“ im Dritten Reich haben in letzter Zeit deutlich gezeigt, wie eine wachsende Desillusionierung zusammen mit der öden Uniformität der Hitler-Jugend zu neuen Dissens-Formen unter den *Jugendlichen* führten. Die Aktivitäten von Jugendgruppen wie den Edelweißpiraten, Meuten und Swinggruppen zeigen unverkennbar das Weiterleben von Jugend-Subkulturen, die außerhalb der Hitler-Jugend fortbestanden und gegen sie revoltierten.[28] Und indem die Gruppen vom Regime intensiv verfolgt wurden, hatten ihre Aktionen unbestreitbar eine politische Dimension. Dennoch läßt sich die Bedeutung ihrer Tätigkeit für das Funktionieren des Herrschaftssystems leicht überbewerten. Ausmaß und Rahmen der Aktivitäten dieser Jugendgruppen blieben selbstverständlich gering, sieht man sie im Vergleich zur Konformität und kontinuierlichen enthusiastischen Pro-Haltung breiter Teile der Jugend gegenüber dem NS-Regime, die durch nationalsozialistische „Sozialisierung“ in der HJ und der Schule, im Arbeitsdienst und in der Wehrmacht gefördert wurde.[29] Einige Aktivitäten dieser Jugendgruppen und auch einzelner Jugendlicher, wie Schlägereien und zum Teil auch „normale“ kriminelle Aktionen, waren, wie es scheint, in Wesen und Intention unpolitisch, obwohl sie durch das Regime politisch verfolgt wurden. Freilich, die drakonische Verfolgung zeigt, wie ernst das Regime die Nonkonformität der Jugendgruppen nahm, und die paranoide Verfolgung sonst „normaler“ und vielfach harmloser Verhaltensformen kostete unangemessen viel Zeit und Energie. Aber das Argument der „funktionellen Opposition“ sollte nicht zu weit gegriffen werden. Das Problem der Jugend-Nonkonformität hielt sich im Dritten Reich durchaus in Grenzen, vergleicht man es mit der Situation in einigen Nachkriegsgesellschaften, wo sozial und politisch abweichendes und ablehnendes Verhalten wesentlich größeren Ausmaßes unter Jugendlichen mit politischer Stabilität noch völlig vereinbar gewesen ist.

2. Dissens im konfessionellen Bereich

Kein anderer Aspekt der NS-Herrschaft hat so große Teile der Bevölkerung aufgeregt wie der Angriff auf die bestehenden Institutionen, Traditionen, Bräuche und Werte der christlichen Kirchen. Bei der Entfernung der Kruzifixe aus den Schulzimmern, wo es also im Kirchenkampf um das Symbol des Christentums selber ging, führte der Dissens — wie im Münsterland 1936 und in der bayerischen Provinz 1941 — zu erfolgreichen Massenprotesten.[30] Die im Laufe des Kirchenkampfes vertiefte Entfremdung insbesondere der katholischen Bevölkerung, deren Subkultur bekanntlich den Nationalsozialisten so gut wie undurchdringlich war, wurde vor allem im Krieg wegen der potentiell zersetzenden Auswirkung auf die Kriegsmoral vom Regime sehr ernst genommen. Sicherlich hatte der Kirchenkampf zu bestimmten Zeiten (zum Beispiel 1934, 1936—37, 1941) vorübergehend und partiell störende Auswirkungen für das Regime, dem die Existenz von wichtigen „Freiräumen" außerhalb seiner Kontrolle schwer erträglich war.

Aber auch der Kirchenkampf schwächte kaum die Funktionsfähigkeit des Herrschaftssystems. Wiederum war die „funktionelle Opposition" in ihrer Auswirkung auf die zentralen Linien der NS-Politik durchaus beschränkt. Schließlich wurden die Herrschaftsziele des Nationalsozialismus selbst von den Kirchen, etwa durch ihre wesentliche Unterstützung der Außen- beziehungsweise der Kriegspolitik, ihre öffentliche Verehrung der Person des Führers, ihr Schweigen oder zumindest ihre Zurückhaltung gegenüber der Judenpolitik indirekt mitgetragen. Die Opposition brach immer dort zusammen, wo nationalsozialistische und konservativreaktionäre, antiliberale Wertvorstellungen zusammenliefen; die Ablehnung, insbesondere im katholischen Kirchenvolk, war zwar tiefgehend, wurde aber fast völlig in der Verteidigung der konfessionellen Institutionen und Subkultur aufgesaugt, so daß der Weg für Kompromisse in anderen — vom humanitären Standpunkt aus gesehen weitaus wichtigeren — Bereichen offen war. Dissens und direkte Opposition gegen bestimmte kirchenpolitische Maßnahmen gingen einher mit der teilweise enthusiastischen Unterstützung zentraler Bereiche der NS-Politik, die die Kirchen nicht betrafen. So entstand der erfolgreiche Massenprotest der fränkischen Bevölkerung 1934 gegen die Amtsenthebung des bayerischen evangelischen Landesbischofs in einer Region, die für einen weitverbreiteten rabiaten Antisemitismus geradezu berüchtigt war. Wie gerade dieses Beispiel zeigt, rief der Kirchenkampf ohne Zweifel erhebliche Spannung in den Herrschaftsbeziehungen hervor. Die Spannung war aber begrenzt und vorübergehend, das Regime in seiner Stabilität und Funktionsfähigkeit nie ernsthaft bedroht.

Nachweisbare Fälle von Unterstützung und Hilfe für Juden bieten mit Sicherheit kein umfassendes Bild der solidarischen Beziehungen der nichtjüdischen Bevölkerung zu den vom Regime wegen ihrer Rasse Verfolgten. Viele spontane Helfer von jüdischen Nachbarn und Bekannten haben dafür ihr Leben geopfert. Solche Beispiele der Menschlichkeit und des zivilen Muts ändern aber nichts an der Tatsache, daß in der Judenpolitik, also in einem zentralen Belang der NS-Herrschaft, der Dissens im Ausmaß gering und in der Erscheinungsform überwiegend passiv und verbal war. Selbst wo der Dissens zum Beispiel in Äußerungen über antijüdische Maßnahmen zum Ausdruck kam, wie sehr deutlich nach der „Reichskristallnacht" im November 1938, richtete er sich in der Hauptsache nicht gegen die Zielsetzung der Politik, sondern nur gegen die Art der Durchführung. Eine breite und, wie es scheint, zunehmende Bereitschaft in breiten Kreisen der Bevölkerung, die grundsätzliche Berechtigung des NS-Antisemitismus, trotz mancher Vorbehalte über die Brutalität der Methoden, anzuerkennen, bestimmte — ganz abgesehen von der existentiellen Angst und Einschüchterung — die latente Aggression, Passivität und Indifferenz gegenüber dem Schicksal der Juden, die das Verhalten und die Haltung der nicht-jüdischen Bevölkerung weitgehend charakterisierten.[31]

Der minimale Dissens gegenüber der „Judenfrage" hat das Regime in diesem zentralen Punkt kaum geschwächt. Zwar wurde die NS-Führung 1935 und 1938 von der Volksmeinung unter Druck gesetzt, Änderungen in der Judenpolitik einzuführen — 1935 wegen der negativen Auswirkungen der antijüdischen Kampagne auf die Wirtschaft, der Aufregung wegen Ruhestörungen der Nazi-Banden und der Ungeduld der Parteiaktivisten über den mangelnden Fortschritt in der Ausschaltung der Juden, und 1938 nach der Ablehnung des Pogroms durch große Teile der Bevölkerung. Aber in beiden Fällen war das Ergebnis eine weitere Radikalisierung und größere Autonomie für die NS-Führung in ihrer Durchführung der antijüdischen Politik.[32]

Es überrascht wenig, daß das Dissens-Verhalten gegenüber anderen, das heißt nicht-jüdischen sogenannten „Gemeinschaftsfremden" — aufgrund ihrer sozialen Situation oder rassischen Herkunft Ausgestoßenen — noch geringer war als gegenüber den Juden selber. Das Regime hatte es hier leicht, die bestehenden und weitverbreiteten Vorurteile der bürgerlichen Gesellschaft zu artikulieren und hervorzuheben, und konnte sich von vornherein auf eine breite Unterstützung verlassen.[33] Wenn nicht alles trügt, spielte zum Beispiel die Sterilisierungsfrage, die sich in erster Linie gegen eine mehr oder weniger ausgeschaltete soziale Minderheit richtete, in den Jahren nach 1933 so gut wie keine Rolle in der Volksmeinung. Der Weg zum „Gesetz zur Verhütung erbkranken Nachwuchses" vom Juli 1933 wurde durch die über Jahre währende Indoktrination mit Hilfe der „angewandten Sozialwissenschaften", die besonders von medizinischen Kreisen ausging, in nicht geringem Maße bereitet.[34] Infolgedessen war der Widerspruch zum Sterilisierungsgesetz, der vorwiegend, aber relativ schwach von seiten der katholischen Kirche geäußert wurde, minimal und nur von kurzer Dauer.

Der klassische Fall der „Euthanasie-Aktion" der Jahre 1939—41 liegt selbstverständlich anders. Das wachsende Unbehagen in der Bevölkerung über die geheim durchgeführte Aktion, die potentiell die eigenen Familienangehörigen betreffen konnte, trug entscheidend dazu bei, die Kirchen zu verschiedenartigen und zum Teil mutigen Protestformen zu zwingen. Aber auch hier kann die Bedeutung des Protestes für das Funktionieren des Regimes leicht überschätzt werden. Ganz abgesehen davon, daß die weit verbreitete Unruhe wegen der „Aktion" nicht unbedingt humanitären Gefühlen entsprang, sondern teilweise nur die Klärung der gesetzlichen Basis der „Vernichtung unwerten Lebens" anstrebte, spricht einiges dafür, daß der „halb-offizielle" Stop der Aktion in Deutschland, der nach der berühmten Predigt des Bischofs von Galen im August 1941 angeblich angeordnet wurde, nur die Folge eines bewußt vom Reichspropagandaministerium ausgestreuten Gerüchts war, daß nämlich der Führer, sofort nachdem er entdeckt habe, was vor sich ging, der Sache ein Ende gemacht habe.[35] Wenn dies zutrifft, so bestand die Reaktion des Regimes auf den geäußerten Dissens eher in der Verteidigung des Führer-Images als in einer vom öffentlichen Protest erzwungenen Beendigung der „Aktion". In jedem Fall war die Opposition weniger wirksam, als häufig angenommen wird: Als Bischof Galen seine Predigt hielt, überschritt die Zahl der durch die „Aktion" ermordeten Menschen bei weitem jene der „geeigneten" Patienten, die die Ärzte schon vor dem Anfang der „Aktion" dem Regime ausgeliefert hatten.

IV

Auf der Basis dieses Überblicks über verschiedene Dissens-Erscheinungsformen können wir den Schluß ziehen, daß die Funktionsfähigkeit des Regimes dadurch kaum geschwächt, sein „Machtwille" bestenfalls nur vorübergehend und sehr partiell begrenzt wurde. Das Ausmaß von Dissens ist vielfach frappierend, aber seine Vereinbarkeit mit einer grundsätzlichen Übereinstimmung mit den Hauptlinien der NS-Politik ist noch frappierender. Und für das Funktionieren des Regimes waren die großen Konsens-Sphären zweifellos viel bedeutender als die in diesem Beitrag untersuchten Dissens-Bereiche. Ein weitreichender Grundkonsens gegenüber zentralen Elementen der NS-Herrschaft, der — selbstverständlich mit großer Ausnahme der ehemaligen Linken — bis tief in den Krieg hinein andauerte, vermochte außerdem den Dissens zu neutralisieren und die Ablehnung bestimmter Aspekte des Nationalsozialismus zu kompensieren. Der Grundkonsens basierte nicht nur auf einer affektiven Übereinstimmung mit wesentlichen Teilaspekten der NS-Ideologie, sondern auch auf der Fähigkeit des Regimes, vor dem Krieg den Lebensstandard fast aller Bevölkerungsgruppen gegenüber der Zeit der Weltwirtschaftskrise wesentlich zu verbessern — oder jedenfalls Hoffnungen auf eine baldige Verbesserung zu wecken. Selbst als während des Krieges der tatsächliche Lebensstandard sank, blieb diese Hoffnung lange Zeit erhalten und brach erst zusammen, als der ersehnte Endsieg in die weite Ferne rückte. Die massive Eskalation des Terrors in den Jahren 1944—45 war in nicht geringem Maße eine Reaktion des Regimes auf die Tatsache, daß der Grundkonsens nunmehr fast verschwunden war und daß lediglich eine „negative“ Übereinstimmung noch übrigblieb, die die rasche Beendigung des Krieges sehnlichst herbeiwünschte.

Es wurde in Deutschland mutiger Widerstand aus allen Bevölkerungsschichten, ganz besonders aber aus der Arbeiterklasse, gegen den Nationalsozialismus geleistet, der Tausende von Todesopfern und unzählige Inhaftierte, Gefolterte und Gequälte verlangte. War er ein „Widerstand ohne Volk“? Mehr als eine Interpretation dieser rhetorischen Frage ist möglich.

Einfach betrachtet, ist die Antwort auf die Frage naheliegend. Selbst unter autoritären Regimen mit einem weniger effektiven Terrorapparat, als die Nazis ihn hatten, ist der aktive Widerstand immer die Sache einer kleinen Minderheit der Bevölkerung, die bereit ist, nötigenfalls ihr Leben aufs Spiel zu setzen. Der Sturz eines solchen Regimes ist in der Regel nur durch die Beteiligung desillusionierter Gruppen aus der Führungsschicht, namentlich aus dem Militär, möglich. Angesichts des Terrorpotentials des modernen Polizeistaates ist ein Massenwiderstand fast von vornherein ausgeschlossen, wie die KPD im Falle Deutschlands bald erfahren mußte. Allein die Präsenz eines rücksichtslosen Unterdrückungsapparates genügt meistens, die Masse der Bevölkerung von einer aktiven Unterstützung des Widerstandes zurückschrecken zu lassen.

Auf einer zweiten Ebene war der Widerstand selbstverständlich kein „Widerstand ohne Volk“, wenn man die Tatsache anerkennt, daß ein wesentlicher Beitrag zur fundamentalen Opposition gegen die NS-Herrschaft nicht nur von der Gesellschaftsspitze, sondern vielfach von einfachen Menschen, insbesondere aus Arbeiterkreisen, geleistet wurde. Günther Weisenborn zeigte schon früh genug, daß sich der Widerstand gegen Hitler — auch wenn er „lautlos" war — nicht auf die Eliten beschränkte.[36] Der wesentliche Anteil der organisierten — vielfach ganz heroischen — Arbeiteropposition sowohl der SPD als auch in ganz anderem Maße und in anderer Form der KPD steht inzwischen außer jedem Zweifel und braucht wohl keine besondere Betonung. Viele andere namenlose Einzelpersonen und Gruppen „aus dem Volk" beteiligten sich ebenfalls an dem fundamentalen Widerstand gegen die NS-Tyrannei. In diesem Sinne war er sicherlich kein „Widerstand ohne Volk".

Von einem dritten Gesichtspunkt aus betrachtet ist die Antwort auf die Frage „Widerstand ohne Volk?" wiederum eine andere. Der Widerstand gegen Hitler handelte nicht nur ohne aktive Massenunterstützung der Bevölkerung, sondern große Teile der Bevölkerung unterstützten den Widerstand bis zum Ende sogar auch nicht passiv, ja verurteilten ihn in großem Maße. In anderen Ländern — man denke nur an Spanien, Portugal, Griechenland, Argentinien und andere Länder Lateinamerikas und nicht zuletzt an Ungarn, die Tschechoslowakei und an Polen vor kurzer Zeit — hat es in der Tat Widerstandsbewegungen gegeben, die mit Hilfe einer breiten Unterstützung durch die Massen der Bevölkerung auch autoritäre Diktaturen zum Sturz gebracht haben und Einparteistaaten mit rigorosen Unterdrückungsapparaten ernsthaft bedroht haben. Vielleicht wäre in Deutschland nach einem gelungenen Attentat auf Hitler der Zeitpunkt dafür erreicht gewesen. Andererseits ist es durchaus zweifelhaft, ob ein erfolgreicher Staatsstreich, selbst im Juli 1944 nach dem schweren Leiden eines langen Krieges, die Zustimmung der Massen gefunden hätte und ob die Aussichten für eine von den Attentätern geführte Regierung so rosig gewesen wären. Jedenfalls scheint Hitlers persönliche Popularität nach dem 20. Juli 1944 — wenn auch vorübergehend — wieder aufgelebt zu sein.[37] Die Tatsache läßt sich wohl nicht leugnen: Im Vergleich mit vielen anderen autoritären Systemen hat das NS-Regime — haben jedenfalls wesentliche Bestandteile davon — trotz der vielen großen Dissens-Bereiche bis tief in den Krieg hinein einen hohen Grad von Popularität genossen. Die Popularität beruhte auf einem Grundkonsens, der ein Klima schuf, in dem der Widerstand gegen Hitler vom Anfang an isoliert und ohne wesentliche Unterstützung durch die Bevölkerung, ehrenvoll aber politisch so gut wie völlig wirkungslos arbeiten mußte. In diesem letzten, doch fundamentalen Sinne war der Widerstand gegen Hitler tatsächlich ein „Widerstand ohne Volk".

Anmerkungen

[1] Kurt Klotzbach, *Gegen den Nationalsozialismus. Widerstand und Verfolgung in Dortmund 1933—1945*, Hannover 1969; Hans-Josef Steinberg, *Widerstand und Verfolgung in Essen 1933—1945*, Hannover 1969; Kuno Bludau, *Gestapo! Geheim! Widerstand und Verfolgung in Duisburg 1933—1945*, Duisburg 1973.

[2] Eine Formulierung von Hans Mommsen, die ursprünglich als Kritik an der frühen elitären Widerstandsforschung gemeint war.

[3] Siehe die für die damalige Widerstandsforschung richtungweisenden Aufsätze von Hans Mommsen, *Gesellschaftsbild und Verfassungspläne des deutschen Widerstandes*, und Hermann Graml, *Die außenpolitischen Vorstellungen des deutschen Widerstandes*, in: Walter Schmitthenner/Hans Buchheim (Hrsg.), *Der deutsche Widerstand gegen Hitler*, Köln 1966.

[4] Siehe Martin Broszat u.a. (Hrsg.), *Bayern in der NS-Zeit*, 6 Bde, München-Wien 1977—1983.

[5] So der Untertitel der Bde 2—4 von *Bayern in der NS-Zeit*... [Anm. 4].

[6] Peter Hüttenberger, *Vorüberlegungen zum „Widerstandsbegriff"*, in: Jürgen Kocka (Hrsg.), *Theorien in der Praxis des Historikers*, Göttingen 1977, S. 117—139, für die folgende Definition, S. 126.

[7] Harald Jaeger/Hermann Rumschöttel, *Das Forschungsprojekt „Widerstand und Verfolgung in Bayern 1933—1945"*, in: *Archivalische Zeitschrift*, 73. Jg. (1977), S. 214.

[8] *Bayern in der NS-Zeit*... [Anm. 4], Bd. 1, S. 11, Bd. 4, S. 697—699.

[9] Michael Voges, *Klassenkampf in der „Betriebsgemeinschaft"*, in: *Archiv für Sozialgeschichte*, 21. Jg. (1981), S. 376f. (u. Anm. 189), S. 382f.

[10] Tim Mason, *Arbeiteropposition im nationalsozialistischen Deutschland*, in: Detlev Peukert/Jürgen Reulecke (Hrsg.), *Die Reihen fast geschlossen*, Wuppertal 1981, S. 293—313, hier S. 293—295, 309—312.

[11] Richard J. Evans, *From Hitler to Bismarck: „Third Reich" and Kaiserreich in Recent Historiography*, pt. 2, in: *The Historical Journal*, 26. Jg. (1983), S. 1011.

[12] *A.a.O.*, S. 1013.

[13] Detlev Peukert, *Volksgenossen und Gemeinschaftsfremde*, Köln 1982, S. 97.

[14] Siehe Reinhard Mann, *Was wissen wir vom Widerstand? Datenqualität, Dunkelfeld und Forschungsartefakte*, in: Christoph Kleßmann/Falk Pingel (Hrsg.), *Gegner des Nationalsozialismus*, Frankfurt a. M. 1980, S. 35—54.

[15] Gerhard Botz, *Methoden- und Theorieprobleme der historischen Widerstandsforschung*, in: Helmut Konrad/Wolfgang Neugebauer (Hrsg.), *Arbeiterbewegung — Faschismus — Nationalbewußtsein*, Wien-München-Zürich 1983, S. 137—151, hier S. 145ff. Vgl. auch Gerhard Botz, *Widerstand von Einzelnen*, in: *Widerstand und Verfolgung in Oberösterreich 1934—1945. Eine Dokumentation*, Bd. 2, Wien 1982, S. 351—363.

[16] Richard Löwenthal, *Widerstand im totalen Staat*, in: Richard Löwenthal/Patrik von zur Mühlen (Hrsg.), *Widerstand und Verweigerung in Deutschland 1933 bis 1945*, Berlin-Bonn 1984, S. 11—24.

[17] R. Löwenthal, *Widerstand im totalen Staat*... [Anm. 16], S. 13, 19.

[18] Peter Hüttenberger, *Nationalsozialistische Polykratie*, in: *Geschichte und Gesellschaft*, 2. Jg. (1976), S. 440.

[19] Für eine ausführliche Diskussion dieser Themen siehe Ian Kershaw, *Popular Opinion and Political Dissent in the Third Reich. Bavaria 1933—1945*, Oxford 1983.

[20] *Deutschland-Berichte der Sopade 1934—1940*, 7 Bde, Frankfurt a. M. 1980, Jg. 1937, S. 1104.

[21] *Deutschland-Berichte der Sopade, a.a.O.*, Jg. 1935, S. 1012.

[22] Timothy W. Mason, *Arbeiterklasse und Volksgemeinschaft*, Opladen 1975.

[23] Vgl. Tim Mason, *Arbeiter ohne Gewerkschaften. Massenwiderstand im NS-Deutschland und im faschistischen Italien*, in: *Journal für Geschichte*, (Nov. 1983), S. 28—36.

[24] Siehe Klaus Wisotzky, *Der Ruhrbergbau im Dritten Reich*, Düsseldorf 1983; Wolfgang Werner, *,Bleib übrig!' Deutsche Arbeiter in der nationalsozialistischen Kriegswirtschaft*, Düsseldorf 1983; Stephen Salter, *The Mobilisation of German Labour 1939—1945*, Phil. Diss., Oxford 1983. Siehe auch die wichtigen Überlegungen in dem Aufsatz von Tim Mason, *Die Bändigung der Arbeiterklasse im nationalsozialistischen Deutschland*, in: Carola Sachse u.a., *Angst, Belohnung, Zucht und Ordnung. Herrschaftsmechanismen im Nationalsozialismus*, Opladen 1982, S. 11—53.

[25] Lutz Niethammer (Hrsg.), *„Die Jahre weiß man nicht, wo man die heute hinsetzen soll". Faschismuserfahrungen im Ruhrgebiet*, Berlin-Bonn 1983.

[26] Zu den wichtigsten neueren Arbeiten zur Lage der Frauen im Dritten Reich gehören: Jill Stephenson, *Women in Nazi Society*, London 1975; Tim Mason, *Women in Germany 1925—1940*, in: *History Workshop Journal*, 1.—2. Jg. (1976); Dörte Winkler, *Frauenarbeit im Dritten Reich*, Hamburg 1977; Dörte Winkler, *Frauenarbeit versus Frauenideologie*, in: *Archiv für Sozialgeschichte*, 17. Jg. (1977); Stefan Bajohr, *Die andere Hälfte der Fabrik*, Marburg 1979; Gisela Bock, *Frauen und ihre Arbeit im Nationalsozialismus*, in: Annette Kuhn/Gerhard Schneider (Hrsg.), *Frauen in der Geschichte*, Düsseldorf 1979; Ludwig Eiber, *Frauen in der Kriegsindustrie. Arbeitsbedingungen, Lebensumstände und Protestverhalten*, in: *Bayern in der NS-Zeit...* [Anm. 4], Bd. 3; Frauengruppe Faschismusforschung (Hrsg.), *Mutterkreuz und Arbeitsbuch*, Frankfurt a. M. 1981; Stephen Salter, *The Mobilisation of German Labour...* [Anm. 24].

[27] *Bericht vom Feb. 1937*, Archiv der sozialen Demokratie, Bonn, Bestand Emigration Sopade, M 65.

[28] Vgl. Detlev Peukert, *Edelweißpiraten, Meuten, Swing. Jugendsubkulturen im Dritten Reich*, in: Gerhard Huck (Hrsg.), *Sozialgeschichte der Freizeit*, Wuppertal 1980, S. 307—327; Lothar Gruchmann, *Jugendopposition und Justiz im Dritten Reich*, in: Wolfgang Benz (Hrsg.), *Miscellanea. Festschrift für Helmut Krausnick*, Stuttgart 1980, S. 103—130; Matthias von Hellfeld, *Edelweißpiraten in Köln*, Köln 1981; Arno Klönne, *Jugend im Dritten Reich. Die Hitler-Jugend und ihre Gegner*, Düsseldorf 1982; Heinrich Muth, *Jugendopposition im Dritten Reich*, in: *Vierteljahrshefte für Zeitgeschichte*, 30. Jg. (1982), S. 369—417.

[29] In der zweiten Hälfte 1943 jedoch berichtete der SD über weitverbreitete negative Haltungen unter Jugendlichen und Schulkindern gegenüber der NSDAP und verschiedenen Aspekten der NS-Herrschaft. Siehe SD-Berichte zu Inlandsfragen, Bericht vom 12. August 1943, MA-441/8 — 760132-9 und SD-Berichte zu Inlandsfragen, Bericht vom 22. November 1943, MA-441/9 — 760996-9, Institut für Zeitgeschichte, München.

[30] Siehe Jeremy Noakes, *The Oldenburg Crucifix Struggle of November 1936: A Case-Study of Opposition in the Third Reich*, in: Peter D. Stachura (Hrsg.), *The Shaping of the Nazi State*, London 1983, und I. Kershaw, *Popular Opinion...* [Anm. 19], S. 340—357.

[31] Siehe Marlis G. Steinert, *Hitlers Krieg und die Deutschen*, Düsseldorf-Wien 1970, S. 236—263; Lawrence D. Stokes, *The German People and the Destruction of the European Jews*, in: *Central European History*, 6. Jg. (1973), S. 167—191; Ian Kershaw, *The Persecution of the Jews and German Popular Opinion in the Third Reich*, in: Leo Baeck Institute, *Year Book*, 26. Jg. (1981), S. 261—289; William Sheridan Allen, *Die deutsche Öffentlichkeit und die „Reichskristallnacht" — Konflikte zwischen Werthierarchie und Propaganda im Dritten Reich*, in: D. Peukert/J. Reulecke (Hrsg.), *Die Reihen fast geschlossen*... [Anm. 10], S. 397—411; Otto Dov Kulka, *„Public Opinion" in Nazi Germany and the „Jewish Question"*, in: *The Jerusalem Quarterly*, 25./26. Jg. (1982/83); und neuerdings auch Sarah Gordon, *Hitler, the Germans, and the „Jewish Question"*, Princeton 1984.

[32] Der Einfluß der Volksmeinung auf den Entscheidungsprozeß bei der Entstehung der Nürnberger Gesetze ist in dem neu erschienenen Aufsatz von Otto Dov Kulka, *Die Nürnberger Rassengesetze und die deutsche Bevölkerung im Lichte geheimer NS-Lage- und Stimmungsberichte*, in: *Vierteljahrshefte für Zeitgeschichte*, 32. Jg. (1984), S. 582—624, überzeugend nachgewiesen worden.

[33] Siehe D. Peukert, *Volksgenossen*... [Anm. 13], insbes. Kap. 11—12.

[34] Siehe Jeremy Noakes, *Nazism and Eugenics. The Background to the Nazi Sterilisation Law of 14. July 1933*, in: R. J. Bullen (Hrsg.), *Ideas into Politics. Aspects of European History, 1880—1950. Festschrift for James Joll*, London 1984, S. 75—94; Dirk Blasius, *Psychiatrischer Alltag im Nationalsozialismus*, in: D. Peukert/J. Reulecke (Hrsg.), *Die Reihen fast geschlossen*... [Anm. 10], S. 367—380; Kurt Nowak, *„Euthanasie" und Sterilisierung im „Dritten Reich"*, Göttingen 1978.

[35] Ernst Klee, *Euthanasie im NS-Staat*, Frankfurt a. M. 1983, S. 341. Ich bin Frau Susanne Willems (Ruhr-Universität Bochum) für diesen Hinweis sehr dankbar.

[36] Günther Weisenborn, *Der lautlose Aufstand. Bericht über die Widerstandsbewegung des deutschen Volkes 1933—1945*, Hamburg 1953.

[37] M. Steinert, *Hitlers Krieg*... [Anm. 31], S. 469—490; Ian Kershaw, *Der Hitler-Mythos. Volksmeinung und Propaganda im Dritten Reich*, Stuttgart 1980, S. 186ff.; Ortwin Buchbender/Reinhold Sterz (Hrsg.), *Das andere Gesicht des Krieges. Deutsche Feldpostbriefe 1939—1945*, München 1982, S. 20ff., 141ff.

Aus dem Englischen vom Autor und Barbara Peymann

Soziale Grundlagen von Resistenz und Widerstand

KLAUS TENFELDE
München

I

Seit rund einem Jahrzehnt ist das Problem einer klaren Widerstandsdefinition bekanntlich wieder auf der Tagesordnung der historischen Forschung über die NS-Zeit. Solange Widerstand weitgehend „von oben", also aus der Perspektive derjenigen erforscht wurde, die unzweifelhaft widerstanden, blieb der Terminus jenseits grundsätzlicher Kritik. Es schien leicht, ihn jeder Aktion zuzuschreiben, die aus prinzipiellen, oft bestimmten Wertvorstellungen verpflichteten Erwägungen bewußt und absichtsvoll unter Inkaufnahme eines Risikos für Gesundheit und Leben gegen das Regime mit der klaren Perspektive seiner Ablösung gerichtet war. Ein derartig klarer Begriff hat arbeitsökonomische und forschungsstrategische Vorteile, und er paßte unübersehbar in eine (forschungs-)politische Landschaft, in der der noch unmittelbar verspürte Traditionsbruch von 1933/45 Legitimationsblößen zu bedecken erzwang, so daß gar eine Art Arbeitsteilung in der Widerstandsforschung der beiden Deutschland eintrat, dergestalt, daß sich die einen ganz überwiegend dem antifaschistischen Widerstand von Arbeiterführern vornehmlich aus dem Umkreis der KPD widmeten, während die anderen den konservativen, militärischen und religiösen Widerstand erforschten.[1]

In der DDR hat sich hieran bis heute nicht viel geändert. Das mag an den geschichtspropagandistischen Gefahren liegen, die aus einer genaueren Kenntnis der Verhaltensgeschichte in der NS-Zeit (und der Spielräume für das Verhalten und Handeln einzelner gegenüber demokratisch nicht legitimierter Herrschaft) drohen können; ähnlich wird beispielsweise die Erforschung der Streikgeschichte in der DDR eher vernachlässigt.

In der Bundesrepublik ist eine sehr tiefgreifende Veränderung der Sichtweisen offenbar im Zuge der Adaption sozialhistorischer Methoden und vorwiegend auf dem Feld der Lokal- und Regionalforschung über die

Spätphase der Weimarer Republik und die sogenannte Machtergreifung angebahnt worden. Studien dieser Art haben, von frühen Ausnahmen wie Günther Weisenborns Bericht über den „lautlosen Aufstand" abgesehen,[2] mit William S. Allens Northeim-Studie eingesetzt,[3] und sie mehrten sich in den 1970er Jahren, so daß bis heute ein sehr vielfarbiges Bild über die Formen und den Verlauf der Machtanmaßung bis hin zur Stabilisierung des Regimes auf lokaler und regionaler Ebene entstanden ist. Nicht zuletzt dürfte die jüngst auch im nichtakademischen Raum so verbreitete „Alltagsgeschichte" wesentliche Anstöße ebendieser forschungsstrategischen Veränderung verdanken, wobei größeren Unternehmungen wie insbesondere dem Projekt *Bayern in der NS-Zeit* des Münchner Instituts für Zeitgeschichte eine stimulierende Bedeutung zukommt.[4]

Es ist hier nicht der Platz für eine detaillierte Kritik der NS-Alltagsgeschichte,[5] aber es sei doch auf wenigstens einen problematischen Grundzug hingewiesen: auf die Tendenz, sich auf „abweichendes" Verhalten unter den Bedingungen der diktatorischen Herrschaft in einer weiten Spanne zwischen leichten Anzeichen von Unzufriedenheit und tatsächlichem Widerstand zu konzentrieren. Ob nun im nachhinein der kommunistische Generalstreikversuch auf dem schwäbischen Land in der Phase der Machtübernahme gefeiert und darüber die längst resignierte oder passive Haltung der Bevölkerungsmehrheit vergessen wird,[6] oder ob die Aufmerksamkeit in der Blütephase des Regimes 1936 bis 1940 ausschließlich den wenigen Andersdenkenden und -handelnden statt der Konsensbereitschaft der überwältigenden Bevölkerungsmehrheit gilt[7] — in beiden Fällen drohen signifikante Verzerrungen, wenn die Moral bei jenen Wenigen gesucht wird, um wie immer unbeabsichtigt die Vielen zu exkulpieren.

Und weitergehend: Je umfassender und eindrucksvoller das Spektrum der Termini zwischen Anpassung und Widerstand entwickelt wird und je breiter sich die Kenntnis über verschiedene Verhaltensmöglichkeiten auch in dieser Zeit entfaltet, desto mehr könnte die Fähigkeit zum zusammenfassenden Urteil über den Zustand der Gesellschaft verkümmern, und nebenbei würde die Frage nach der Schuld gar eskamotiert.

II

Auf der anderen Seite hat die sozial- und gesellschaftsgeschichtliche Erforschung der NS-Zeit, auch wenn darin die Lücken noch einstweilen überwiegen mögen, auf zwei unterschiedlich zu akzentuierenden, jedoch miteinander verknüpften Feldern Erfolge gezeitigt: zum einen durch die empirische Differenzierung des Totalitarismus-Paradigmas, zum anderen durch den verhaltensgeschichtlichen Nachweis sehr unterschiedlicher individueller und kollektiver Spielräume des Denkens und Handelns im

Alltag. So konnte die jüngere, oftmals kleinräumig operierende Sozialgeschichte der NS-Zeit problemlos die ältere Kritik am Totalitarismus-Erklärungsmuster aufnehmen, unter dessen Dominanz ein Bild monolithischer Macht und Herrschaft entstanden war, dem eine „Tendenz zur Identifizierung des Widerstandes mit dem großen Märtyrertum", zur Mystifizierung des Widerstandes als eine „alles aufopfernde, alles riskierende Oppositionshaltung" korrespondierte.[8] Fern der großen Politik wurden vielmehr zunehmend Hinweise gewonnen und zusammengefügt, wonach, trotz der im allgemeinen unzweifelhaft totalitären Herausforderung durch die NS-Herrschaft im Bereich der Innenpolitik, die Situationen, in denen einzelne und Kollektive lebten, im besonderen stark variieren konnten.

Unter geringfügigen Konzessionen an die Äußerlichkeiten des Regimes mochte, wer stets schon der Politik ferngestanden hatte, diese Haltung nach 1933 beibehalten, obwohl auch das Unpolitische nunmehr einen anderen Stellenwert einnahm. Es gab auch nach 1933 zahllose Möglichkeiten, sich von den öffentlichen Angelegenheiten und der Politik fernzuhalten, obwohl die politische Herausforderung nunmehr öfter und in anderer Form an den einzelnen herantrat. Auch bleibt zu bedenken, daß, wie Josef Henke jüngst hervorgehoben hat,[9] nicht jedermann notwendig und immer in der Lage war, zwischen Gut und Böse zu unterscheiden; längst nicht jedem offenbarte sich das Regime als zutiefst unrechtmäßig und ungerecht, und der NS-Terrorismus war keineswegs gleichmäßig gegenwärtig, sondern wies, etwa im Vergleich von Stadt und Land, große Unterschiede auf. Und schließlich dürfen in keiner Phase des Regimes dessen Versuchungen übersehen werden — sei es in Gestalt von wie immer im einzelnen zu bewertenden wirtschaftlichen, innen- und außenpolitischen Erfolgen, sei es in seinem *mass appeal*, in den virtuos gehandhabten Formen der Selbstdarstellung und den damit verbundenen Identifikationsangeboten.

Die Vielfalt möglicher Wirklichkeiten auch unter der totalitären Herausforderung hat überdies eine Vielfalt möglicher Verhaltensweisen weit vor der Schwelle eines damit mehr und mehr eingeengten Widerstandes aufgezeigt. So ist überzeugend gezeigt worden, daß Unzufriedenheit, Zurückhaltung und Opposition nicht notwendig aufgrund tiefster ethischer Haltungen stattfanden, so daß die von Gerhard Ritter und Hans Rothfels eröffnete Argumentationslinie vom moralischen „Urgestein" als dem Nährboden des Widerstands[10] an Bedeutung verlor.

Zweitens ließ sich im lokalen Mikrokosmos zeigen, daß sich weitgehende, gar fanatische Anpassung und partielle Opposition in derselben Person vereinigen konnten, etwa im Falle des lokalen NS-Führers, der als Kirchenratsmitglied seinen Pfarrer in der Nichtbeflaggung der Kirche am Führergeburtstag unterstützte.

Drittens erschien das Arbeiterverhalten in neuem Licht. So ist diskutiert worden, ob angesichts des strikten Streikverbots die tatsächlichen Arbeitseinstellungen vor allem der Jahre 1937 bis 1939 als Widerstand zu werten seien oder eher als stark beeinträchtigte, aber doch konventionelle Formen des Verteilungskampfes zu verstehen sind, die durch eine starke Nachfrage auf dem Arbeitsmarkt begünstigt wurden. Jedenfalls wurde deutlich, daß nach wie vor Gruppeninteressen das Verhalten einzelner stark bestimmten.

Und schließlich die Vielzahl von Einzelfällen, die jeder für sich symptomatisch auf Gruppenverhalten hinzuweisen scheinen, ohne daß die Frage der Repräsentativität immer hinreichend beantwortet werden kann: Der bayerische Bauer und der katholische Kleinstadt-Volksschullehrer, die den Hitlergruß wenn nicht verweigern, so doch möglichst unterdrücken; der Priester, der unter Hinweis auf Beichtpflichten der Teilnahme am Mai-Aufmarsch entgeht; der lauthals verkündete Ärger über lokale Parteimißwirtschaft; der Hausfrauenprotest gegen Hitlerjungen-Sammlungsaktionen; endlich gar der Ruhrbergmann, der nachweislich am Betriebsappell wegen des Freibiers und wegen sonst nichts teilnimmt — waren das Fälle von Widerstand? So verstanden, müßte Widerstand sich zu einem auf unteren Parteiebenen vielfach tolerierten Verhalten auswachsen.

Ein Beispiel kann die Spannweite solchen Verhaltens zeigen: Die aus Industriegegenden häufiger berichtete Ablehnung von Arbeitervätern, ihre Söhne — unter Inkaufnahme des Umstands, daß ihnen damit eine formelle Lehrzeit verschlossen blieb — der Hitlerjugend anzuvertrauen, ist anscheinend durchweg toleriert worden, solange sich solche Väter ansonsten nicht betätigten. Andererseits konnte die gegenteilige Entscheidung, die Söhne der Hitlerjugend anzuvertrauen, das familiäre Klima entlasten und zugleich dem möglicherweise politisch „vorbelasteten" Vater Freiräume verschaffen. Beide Verhaltensmöglichkeiten enthalten sehr spezifische, schwer zu typisierende Antworten auf eine Herausforderung.

III

Im Lichte solcher Beispiele ist der inflationäre Gebrauch des Widerstandsbegriffs längst kritisiert worden, und die Suche nach Begriffen zur möglichst präzisen Beschreibung anderer nichtkonformer Verhaltensweisen erscheint noch keineswegs abgeschlossen. Unter Begriffen wie Protest, Opposition, Volksopposition, Nonkonformität, Widerständigkeit oder Verweigerung mit jeweils zugehörigen Attributen hat Martin Broszats „Resistenz" Kritik wegen der Unübersetzbarkeit, aber auch viel Zustimmung vor allem deshalb gefunden, weil der Ausdruck nicht notwendig auf den Vollzug von Nonkonformität, sondern vielmehr auf eine wie immer begründbare, durchweg sehr verschiedenartig verwurzelte Fähigkeit dazu abhebt.[11] In einem Typisierungsversuch haben Gotto, Hockerts und Repgen, am Kriterium des Risikogrades orientiert, vier Stufen des Widerstands unterschieden: punktuelle Unzufriedenheit, Resistenz (das heißt Nichtanpassung, Selbstbewahrung), öffentlicher oder potentiell öffentlicher Protest und aktiver Widerstand „im engeren Sinne", der sich global gegen das Regime richtet.[12] Eine verfeinerte Skala der Begriffe nach den beiden Kriteriengruppen der relativen Privatheit beziehungsweise Öffentlichkeit sowie der relativen Partialität beziehungsweise Globalität einer Handlung (oder der Vorenthaltung einer mit gegebenem Nachdruck erwarteten Handlung) hat Detlef Peukert[13] entwickelt und Dieter Langewiesche leicht modifiziert.[14]

Solche Skalen der Zuordnung dienen unzweifelhaft der begrifflichen Präzision und erleichtern die Vergleichbarkeit und wertende Kategorisierung nachweislich nonkonformen Verhaltens. Zu warnen wäre vor einem Fehlverständnis, wonach die Formulierung gleichsam gleitender Skalen des Verhaltens eine zwingende Perspektivik jeweils nachweislichen Verhaltens mit dem Ziel eines jeweils höheren Grades an relativer Öffentlichkeit beziehungsweise Globalität unterstellte;[15] vielmehr muß eine begriffliche Klassifikation statt individueller vorwiegend kollektive Motivationen im Blick behalten und wird damit notwendig bestimmte Verhaltenstypen bestimmten sozialen Gruppen zuzuschreiben versuchen, für die freilich, man denke an Kirchen, Arbeiterschaft oder Frauen, relative Öffentlichkeit und Globalität des Verhaltens jeweils Unterschiedliches bedeuten kann. Darüber hinaus möchte ich an der prinzipiellen Andersartigkeit von Widerstand „im engeren", das heißt durchaus im eingangs erläuterten konventionellen „Sinn", festhalten.

IV

Der verhaltensgeschichtliche Ansatz hat insbesondere gezeigt, daß sich nonkonformes Verhalten im wesentlichen und vorwiegend innerhalb beschreibbarer sozialer Milieus ereignete. Diese Beobachtung hat die Untersuchung der strukturierenden Determinanten solcher Milieus, das heißt der demographischen und der Erwerbsbedingungen, der Konfessionsverhältnisse, der Lebenshaltung sowie der sozialen und politischen Traditionen im Wandel veranlaßt. Auf diesem Wege ließ die Frage nach den Antworten auf die Herausforderungen des Regimes Alters- und Geschlechtsgruppen, Berufsgruppen und berufliche Karrieregruppen, Klassen und Statusgruppen, unterschiedliche Lebensverhältnisse und damit verbundene Chancen, Gewohnheiten und Traditionen in den Gruppenbeziehungen unterscheiden.[16]

Eine wichtige Argumentationslinie bedient sich dabei, implizit oder explizit, der Begriffe und Perspektiven einer historischen Sozialisationsforschung,[17] wie sie beispielsweise (eher implizit) bereits in der Untersuchung von Kollektivmerkmalen der NS-Führungskader eine Rolle gespielt hat.[18] In diesem Sinne würde Milieu nicht allein in einer strukturorientierten Annäherung, sondern möglicherweise mehr noch im Rekurs auf das Werden des Milieus, auf schicht- und gruppenspezifische Konventionen der Lebensführung, Formen von Gruppenbewußtsein, Wertorientierungen und politische Loyalitäten, aber auch auf erfahrungsprägende und gruppenspezifisch verarbeitete Großereignisse (Weltkrieg, Inflation, Weltwirtschaftskrise; Kaiserzeit) erkundet, wie dies in der historischen Wahlforschung bereits geschehen ist.[19] Hierin würden sich unterscheidbare Alters- auch als Generationsgruppen abheben und die Typik der genannten Sozialgruppen zusätzlich differenzieren.

Bei allen methodischen Vorbehalten birgt insbesondere der Ansatz der „oral history" Chancen einer so verstandenen historischen Sozialisationsforschung[20] mit dem Ziel eines genaueren Verständnisses der Ursachen und Motive nonkonformen Verhaltens. Es ist dabei selbstverständlich, daß in dieser Perspektive Nonkonformität stets nur im Bezug auf die jeweilige (regional, im Stadt/Land-Vergleich, in den verschiedenen Sozialgruppen unterschiedliche) Konkretheit der totalitären Herausforderung angemessen verstanden werden kann und daß die Frage nach ihren Ursachen stets auch eine Frage nach den Ursachen von Anpassung ist.

Denn nachweisliches Verhalten hat immer einen Situationsbezug, und insofern veranlaßt die verhaltensgeschichtliche Fragestellung auch zur Unterscheidung verschiedener Phasen der Regimeentwicklung. Zum Teil aus „Jubiläumsgründen", aber auch wegen der Fülle und vielfach noch erhaltenen Perspektivenvielfalt lokaler Quellen, schließlich auch wegen der Chance zur Unterscheidung verschiedener Verhaltenstypen in Krisenzeiten hat dabei bisher vor allem die Phase der lokalen Machtanmaßungen im ersten Halbjahr 1933 im Mittelpunkt der Aufmerksamkeit gestanden. Zum Ertrag dieser Arbeiten gehört neben vermehrter Kenntnis über die Typik der Ereignisse etwa die Betonung konfessioneller und erwerbsstruktureller Faktoren zur Deutung des Verhaltens in der Machtergreifungsphase, aber auch eine Erweiterung der Sachkenntnis, beispielsweise die Korrektur jener älteren Meinung, wonach Aufstandsversuche seitens der Arbeiter in dieser Phase nicht stattgefunden hätten.[21]

Daß die Wirtschaftskrise noch mindestens bis Ende 1935 ganz besonders die Lebenslagen der unteren Erwerbsschichten belastete und darin sozialdisziplinierend wirkte, wird bei der verhaltensgeschichtlichen Einschätzung dieser Phase künftig vermehrt zu beachten sein, wie andererseits die rasche Umkehrung der Arbeitsmarktlage nach 1936 in ihrer Bedeutung für das Arbeiterverhalten etwa durch die Arbeiten Tim Masons besser bekannt ist.[22] Wie es scheint, dämpfte Arbeitslosigkeit die Protestbereitschaft mindestens so sehr wie SA- und Polizeiterrorismus, aber auch hier wäre zunächst noch genauer in den Wirkungen auf unterschiedliche Alters- (Jugend!), Geschlechts- (Frauen!), Erwerbsgruppen (Angestellte!) und andere zu unterscheiden.

V

Gibt es nun, vor dem Hintergrund dieser Fragestellungen, zusätzliche kategoriale Unterscheidungen auf der oben vorgestellten Skala von „Widerständigkeit", Unterscheidungen, die nach wie vor eine schärfere Abgrenzung des Widerstands im konventionellen Verständnis von jener Vielfalt nonkonformer Verhaltensweisen, die von der jüngeren sozialgeschichtlichen Forschung aufgedeckt worden sind, nahelegen? Oder, um die empirische Bedeutung der Frage stärker zu akzentuieren, begründete sich aus der Tatsache der Nonkonformität auch eine Fähigkeit zum Widerstand?

Da wäre, *erstens*, ein wenig abseits der bisher vorgezeichneten verhaltensgeschichtlichen Fragestellung zunächst an die Zwänge und Erfordernisse von Widerstand „im engeren Sinn" zu erinnern. Generell wird bekanntlich die Frage, ob dem Widerstand gegen unrechtmäßige Herrschaft in hochdifferenzierten und -kontrollierten Gesellschaften Massenunterstützung zuwachsen kann, negativ beantwortet: Totalitäre Regime sind technisch, bürokratisch, polizeilich und propagandistisch hinreichend gerüstet, um potentielle Masse/Führer-Beziehungen abseits ihres Einflußmonopols zu unterbinden. Formelle Organisationen lassen sich nicht erstellen; anders vielmehr, ein anderer Organisationstyp ist unter dem Postulat größter konspirativer Übung und Intelligenz herauszubilden. Dies ist auch den Kommunisten, die immerhin über wenn auch geringe konspirative Erfahrung und Vorbereitung verfügten,[23] nicht auf Dauer gelungen.[24] Umgekehrt ließe sich sagen, daß Widerstand um so mehr Erfolg versprach, je weniger er sich um Massenanhang bemühte. Darüber hinaus verhinderte die weitgehende Informations- und Kommunikationskontrolle jegliche Verdichtung neuerlich entstandener Unzufriedenheit zum Widerstand etwa unter der Arbeiterschaft während der Vollbeschäftigungsphase nach 1936.

Versuche zur Verbreiterung der Einflußzonen sind vielmehr in der Regel auf eine Wiederbelebung älterer formeller und informeller Bindungen und Beziehungen beschränkt geblieben. Freundschaften, gemeinsam geteilte Überzeugungen und alte Organisationsbeziehungen waren der Polizei ebensogut bekannt und sind größtenteils in der Verfolgungsphase bis 1934 vernichtet worden. Darüber hinaus disponierte in der Arbeiterschaft das Exil prominenter Arbeiterführer zu bestimmten, in der Regel zusätzlich beschränkten Einflußformen, während unter den im Reich verbliebenen Partei- und Gewerkschaftsführern nach deren gewaltsamer Einschüchterung in der Machtanmaßungsphase und angesichts anhaltend drohenden Terrors gegen Gesundheit und Leben anscheinend eine Hoffnungs- und Erwartungsstrategie überwog, wonach Verbindungen in aller Vorsicht für den Fall der Regimekrise zu wahren waren[25] — Kommunisten prognostizierten, weitergehend, auf theoretischer Grundlage den Zusammenbruch des Faschismus und zeigten entsprechend größere Opferbereitschaft. Von den bürgerlichen Parteianhängern und -führern verfügten Zentrum und Bayerische Volkspartei noch am ehesten über Rückhalt in der Kirchenhierarchie, während die Bereitschaft zum Widerstand im Rahmen überkommener Beziehungen eher niedrig einzuschätzen ist.[26] Hier wie in konservativen und militärischen Kreisen spielte die Frage der Massenunterstützung überdies eine traditionell weit geringere Rolle, während die Kirchen insoweit naturgemäß sehr gesonderte Aktionsbedingungen innerhalb der ihnen zudiktierten Handlungsspielräume hatten. Nach allem kann man behaupten, daß es in manchen Fällen schon aus Erwägungen, die mit den Trägern, Traditionen und Zielen von Widerstand zusammenhingen, im übrigen jedoch wegen der inneren Zwänge widerständigen Verhaltens nicht dessen vornehmstes Ziel sein konnte, Massenunterstützung zu gewinnen.

Mit diesen Bemerkungen ist, *zweitens,* die durchaus bekannte Tatsache bereits berührt, daß zu den wichtigsten Voraussetzungen für Gruppenbildungen im Widerstand die Existenz von Gruppenbindungen schon in der Zeit vor der NS-Diktatur gehört hat. Diese Bindungen waren mehr oder weniger fest auf der Grundlage der Religion und Konfession, des kollektiven Interesses, einer Ideologie oder politischen Überzeugung, aber auch als konventionelle Eliten-Gruppenbeziehungen in Offizierskreisen, im Adel oder auch in der höheren Bürokratie etabliert. In einem Versuch, die Bedeutung solcher Gruppenbeziehungen zu werten, haben Peter Lösche und Michael Scholing jüngst den Ausdruck „Solidargemeinschaft“ für die illegale Arbeit einiger SPD-Intellektueller geprägt.[27]

Jeder Versuch zur Erweiterung solcher Gruppenbeziehungen war nach 1933 gefährlich. Darüber hinaus prägten die überkommenen Kommunikationsformen die Aktivitäten und politischen Perspektiven im Widerstand. Insoweit lassen sich als die wichtigsten Gruppen der proletarische Widerstand unter kommunistischen, sozialdemokratischen und gewerkschaftlichen Führern vom kirchlichen Widerstand und vom Widerstand der Elitegruppen unterscheiden. Jede der drei Hauptgruppen traf, ihre inneren Strukturbedingungen komplizierend, auf sehr unterschiedliche Umgebungen, die ihre Arbeit mitbestimmen mußten.

Beispielsweise war proletarischer Widerstand in der Regel an den Großstädten orientiert, wo illegale Gruppenbeziehungen zumeist schwerer zu kontrollieren waren, im Gefahrenfall eher Fluchtwege bereitstanden und alle Aktionen größere Resonanz erhoffen durften. Kirchlicher Widerstand hing naturgemäß von der konfessionellen Situation und deren Schattierungen ab, blieb aber unabhängig von dem Grad der jeweiligen Industrialisierung und Urbanisierung; die Aktivitäten der Seelsorger trugen oftmals stark individuelle Züge, im Ruhrgebiet so sehr wie auf dem bayerischen Land. — Soziale Erklärungsansätze für Motive, Formen, Strategien und auch Wirkungen von Widerstand im engeren Sinn können deshalb in der Regel nicht überzeugen. Die Bereitschaft zum Risiko für Leben und Gesundheit impliziert wohl stets einen Willensakt und geht auf oftmals langjährige, langsam reifende Überlegungen zurück.

Anders hingegen, *drittens*, bei den vielfältigen Manifestationen von Unzufriedenheit. Versuche einer Gruppierung dieser Manifestationen nach sozialen Kriterien wie Klasse, Status, Lebensbedingungen und Interessen versprechen weit größeren Erfolg. Die bayerischen Forschungen haben mindestens zwei große Manifestationsfelder für Unzufriedenheit und Proteste hervortreten lassen: Die Arbeiterschaft und die katholischen Landgemeinden, wobei beide Bereiche in sich Differenzierungen nach zusätzlichen sozialen Kriterien aufweisen.[28]

Nach wie vor vermitteln die Ergebnisse der Reichstagswahlen während der Weltwirtschaftskrise wichtige Indikatoren für die Disposition zur Unzufriedenheit auch nach 1933. Es ist gut bekannt,[29] daß der Anteil der NSDAP-Wähler unter den Arbeitern durchschnittlich signifikant, um zwischen 10 und 15 Prozent, unterhalb der generellen Durchschnittsmarke blieb, aber auch, daß diese Ziffer nach Beruf, Konfession, Wohngegend und Lebensbedingungen, schließlich nach gewachsenen politischen Loyalitäten starke Schwankungen aufwies. Der evangelische Landarbeiter tendierte zur Radikalisierung nach rechts, und dasselbe mag in geringerem Umfang für solche protestantischen Arbeiter zutreffen, die sich geringen Besitzes erfreuten. In anderer Weise dürften unter evangelischen Bergarbeitern ständische Traditionen stärker virulent gewesen sein und manche Neigung nach rechts begründet haben. Gleichwohl haben für evangelische Arbeiter auch andere Bedingungen wie landschaftlich politische Traditionen in der „linken Hochburg" Sachsen eine Rolle gespielt. Unter katholischen Industriearbeitern, insbesondere in monoindustriellen Regionen, läßt sich im ganzen eine stärkere Radikalisierung nach links nachweisen, wie vereinzelte Studien über das Ruhrgebiet und andere Industrieorte zeigen.[30]

Solche Disposition zum Protest ist nach 1933, vor allem im konjunkturellen Wandel, gehemmt und gestärkt worden. Im allgemeinen läßt sich dabei feststellen, daß größere, auf verschiedene Weise (Beruf, Konfession, Lebensbedingungen) herstellbare Homogenität Unzufriedenheit und die Bereitschaft zum Protest mehrte — sowohl unter Arbeitern wie in Landgemeinden. In Großstädten, die sich stets durch eine Tendenz zur Heterogenität auszeichnen,[31] konzentrierte sich Protest deshalb anscheinend auf Stadtviertel mit vergleichsweise einförmigen Arbeits-, Lebens- und insbesondere Wohnbedingungen. Gerade hier, wie auch in monoindustriellen Kommunen, reproduzierte sich die überkommene Arbeiterkultur ständig aufs neue, auch wenn ihr die Gleichschaltung das Gerüst der Vereine entrissen hatte.

Auf dem Lande hatte die Gleichschaltung schon wegen der geringeren Bedeutung des Vereinswesens weniger Wellen geschlagen, während überkommene vorindustrielle Daseinsstrukturen in Familie und Kirchengemeinde noch weitgehend intakt waren und trotz nationalsozialistischer Eingriffe intakt blieben. Gerade auf dem bayerischen Land vermochten letztere den religiösen Bindungen kaum Schaden zuzufügen.[32]

In diesen Milieus wurde aber vermehrt nachweisliche Unzufriedenheit „seldom ... translated into political opposition“[33] und Widerstand im engeren Sinn. Zunächst: Wie die Frage nach den Ursachen von Widerstand stets jene weitere Frage impliziert, warum Widerstand *nicht* stattfand, so gilt ähnliches für Resistenz, und überhaupt kann deren Häufung in bestimmten Milieus nicht über gleichermaßen vielfältige Anpassungsformen hinwegtäuschen, sondern allenfalls Urteile über den Zustand des Milieus und die Erfolge nationalsozialistischer Durchdringungsversuche erlauben. Ferner ist die geringe sachlich-politische Reichweite jeweiliger Manifestationen von Resistenz ohne weiteres ersichtlich: Die Tatsache, daß Arbeiter im konjunkturellen Aufschwung ihre günstige Position auf dem Arbeitsmarkt nutzten und auch sonst murrten, wenn ihre tagtäglichen Lebensbedingungen berührt und beeinträchtigt wurden, erlaubt noch kein Urteil über ihre politische Haltung insgesamt und über die Wirkungen der außen-, innen- und sozialpolitischen Versuchungen, die das Regime vor allem in den späten 1930er Jahren bereithielt, im besonderen.

Weitere, für Arbeiter und Bauern sehr verschiedene Gründe kommen hinzu. So waren unter ersteren die fatalen politischen Gräben der Jahre vor 1933 auch nach 1933 durchaus noch wirksam, wie ja auch die Arbeiterführer selbst im Exil gegenseitiges parteipolitisches Mißtrauen nur gelegentlich überwanden. Auch hielt die deutsche „Klassentradition“ die

Arbeiterschaft nach wie vor fern vom Kleinbürgertum, und diese Distanz mag durch die starke NS-Affiliation des letzteren in der Krise und nach 1933 gar noch vergrößert worden seien. Nicht zu vergessen sind die erwerbsstrukturellen Umschichtungen, die sich mit dem konjunkturellen Aufschwung und vor allem der Rüstungspolitik verbanden; auch wirkte in diesem Zusammenhang eine zunehmende Aufstiegsmobilität vor allem dann desorientierend, wenn sie sich mit politischem Wohlverhalten verband. Schließlich dürfen die zunehmenden Einflüsse der NS-Massenorganisationen, auch der Deutschen Arbeitsfront, nicht unterschätzt werden.

Anders auf dem bayerischen Lande. Hier bedeutete Resistenz eher den Willen zur Bewahrung des Gewohnten gegen die Herausforderungen des Regimes als irgendeine politische Kritik; im Gegenteil, politische Gemeinsamkeiten dürften auf dem Lande, beispielsweise hinsichtlich des NS-Terrors gegen die verhaßte Linke, überwogen haben.

VI

Darüber hinaus: Resistenz ist im wesentlichen eine verbale Erscheinung geblieben; Widerstand verlangte weit mehr. Sicher hat es, in vielen Einzelfällen, eine Art Steigerung des Verhaltens auf der Skala der Nonkonformität bis hin zum Widerstand gegeben, aber man kann mindestens die oben näher beschriebenen Milieus nicht als einen Nährboden bezeichnen. Es liegt vielmehr in der Tendenz eines aktionsgebundenen Widerstands, sich auf der Grundlage umfassender politischer, aber auch moralischer Reflexionen zu formieren; soziale Formationsbedingungen sind von geringerer Bedeutung. Das gilt nicht durchweg. Im Verhalten von Geistlichen beider Konfessionen fällt es schwer, Resistenz und Widerstand zu unterscheiden; für sie galten, nicht zuletzt wegen erhaltener legaler Handlungsspielräume, Sonderbedingungen. Auch minderte sich in den Kriegsjahren, von der Seite der Strafandrohung betrachtet, die Distanz zwischen Resistenz und Widerstand. Mochte bisher, wer sich in der Gaststätte „ungebührlich" geäußert hatte, mit leichten Freiheitsstrafen oder, schlimmstenfalls, „Schutzhaft" weggekommen sein, so konnte gegen Kriegsende wiederholtes Hören der Feindsender mit dem Tode bestraft werden; eine genauere Untersuchung der Strafmaße steht allerdings noch aus. Dennoch läßt sich sagen, daß aus der Sicht des Risikos Resistenz im Kriege zum Widerstand wurde.

Anmerkungen

Vorbemerkung: Einige der nachfolgenden Gedanken habe ich auf Symposien in Cambridge/Mass. (Harvard University) am 19. 5. 1983 und in Jerusalem (The Hebrew University) am 12. 3. 1984 vorgetragen.

[1] Vgl. etwa Günter Plum, *Der Widerstand gegen den Nationalsozialismus als Gegenstand der zeitgenössischen Forschung in Deutschland,* in: *Deutscher Widerstand 1933—1945. Aspekte der Forschung und der Darstellung im Schulbuch,* Heidelberg 1967, S. 30; ferner u. a. Peter Hüttenberger, *Vorüberlegungen zum „Widerstandsbegriff"*, in: Jürgen Kocka (Hrsg.), *Theorien in der Praxis des Historikers,* Göttingen 1977, S. 117—139.

[2] Günther Weisenborn, *Der lautlose Aufstand. Bericht über die Widerstandsbewegung des deutschen Volkes 1933—1945,* Neudruck Frankfurt a. M. 1974.

[3] William Sheridan Allen, *„Das haben wir nicht gewollt!" Die nationalsozialistische Machtergreifung in einer Kleinstadt 1930—1935,* Gütersloh 1966.

[4] *Bayern in der NS-Zeit,* Bd. 1: *Soziale Lage und politisches Verhalten der Bevölkerung im Spiegel vertraulicher Berichte,* hrsg. von Martin Broszat, Elke Fröhlich, Falk Wiesemann; Bd. 2: *Herrschaft und Gesellschaft im Konflikt,* Teil A, hrsg. von Martin Broszat u. Elke Fröhlich; Bd. 3 u. 4: *Herrschaft und Gesellschaft im Konflikt,* Teile B u. C, hrsg. von Martin Broszat, Elke Fröhlich, Anton Grossmann; Bd. 5: *Die Parteien KPD, SPD, BVP in Verfolgung und Widerstand,* hrsg. von Martin Broszat u. Hartmut Mehringer; Bd. 6: Elke Fröhlich, *Die Herausforderung des Einzelnen. Geschichten über Widerstand und Verfolgung,* hrsg. von Martin Broszat und Elke Fröhlich, München-Wien 1977—1983. Vgl. für weitere Veröffentlichungen den Bericht von Werner Müller, *Opposition und Widerstand gegen die nationalsozialistische Herrschaft im Alltag,* in: *Internationale wissenschaftliche Korrespondenz zur Geschichte der deutschen Arbeiterbewegung,* 20. Jg. (1984), S. 35—44.

[5] Vgl. im einzelnen Klaus Tenfelde, *Schwierigkeiten mit dem Alltag,* in: *Geschichte und Gesellschaft,* 10. Jg. (1984), S. 376—394.

[6] Vgl. Hans-J. Althaus u. a., *Da ist nirgends nichts gewesen außer hier. Das „rote Mössingen" im Generalstreik gegen Hitler. Geschichte eines schwäbischen Arbeiterdorfes,* Berlin 1982, S. 9f.

[7] Unter richtiger Akzentuierung: Detlev Peukert, *Volksgenossen und Gemeinschaftsfremde. Anpassung, Ausmerze und Aufbegehren unter dem Nationalsozialismus,* Köln 1982, S. 78—93 u. ö.

[8] Martin Broszat, *Resistenz und Widerstand,* in: *Bayern in der NS-Zeit,* Bd. 4... [Anm. 4], S. 693.

[9] Josef Henke, *Verführung durch Normalität — Verfolgung durch Terror. Gedanken zur Vielfalt nationalsozialistischer Herrschaftsmittel,* in: *Aus Politik und Zeitgeschichte,* B 7/84, 18. 2. 1984, S. 21—31.

[10] Gerhard Ritter, *Carl Goerdeler und die deutsche Widerstandsbewegung,* Stuttgart 1954; Hans Rothfels, *Deutsche Opposition gegen Hitler,* erw. Ausg., hrsg. von Hermann Graml, Frankfurt a. M. 1977. Vgl. auch Peter Hoffmann, *Widerstand — Staatsstreich — Attentat. Der Kampf der Opposition gegen Hitler,* 3. Aufl., München 1979; Ger van Roon, *Widerstand im Dritten Reich. Ein Überblick,* 2. Aufl., München 1981, S. 11—28.

[11] Vgl. Anm. 8 sowie Richard Löwenthal/Patrik von zur Mühlen (Hrsg.), *Widerstand und Verweigerung in Deutschland 1933 bis 1945,* Berlin-Bonn 1982, S. 14 m. Anm. 1 (Einl. von Löwenthal).

[12] Klaus Gotto/Hans Günter Hockerts/Konrad Repgen, *Nationalsozialistische Herausforderung und kirchliche Antwort. Eine Bilanz*, in: Klaus Gotto/Konrad Repgen (Hrsg.), *Kirche, Katholiken und Nationalsozialismus*, Mainz 1980, S. 101—118, 103 f.

[13] D. Peukert, *Volksgenossen*... [Anm. 7], S. 47.

[14] Dieter Langewiesche, *Was heißt „Widerstand gegen den Nationalsozialismus"?*, in: *1933 in Gesellschaft und Wissenschaft*, T. 1: *Gesellschaft*, Hamburg 1983 (Ringvorlesung an der Univ. Hamburg), S. 143—159, 148.

[15] Peukert und Langewiesche (Anm. 13, 14) betonen eher eine Abgehobenheit von Widerstandsverhalten.

[16] Vgl. Klaus Tenfelde, *Proletarische Provinz. Radikalisierung und Widerstand in Penzberg/Oberbayern 1900—1945*, München-Wien 1982, S. 221 ff.

[17] Vgl. jüngst Ulrich Herrmann, *Neue Wege der Sozialgeschichte. Zur Forschungspraxis der Historischen Sozialisationsforschung und zur Bedeutung ihrer Ergebnisse für pädagogische Theoriebildung*, in: *Pädagogische Rundschau*, 38. Jg. (1984), S. 171—187.

[18] Mit weiteren Hinweisen: Klaus Tenfelde, *Großstadtjugend in Deutschland vor 1914. Eine historisch-demographische Annäherung*, in: *Vierteljahrschrift für Sozial- und Wirtschaftsgeschichte*, 69. Jg. (1982), S. 182—218, 217 f.

[19] Vgl. schon Arthur Dix, *Die Reichstagswahlen 1871—1930 und die Wandlungen der Volksgliederung*, Tübingen 1930.

[20] Vgl. Lutz Niethammer (Hrsg.), *„Die Jahre weiß man nicht, wo man die heute hinsetzen soll". Faschismuserfahrungen im Ruhrgebiet*, Bd. 1, Berlin-Bonn 1983; Onno Poppinga/Hans Martin Barth/ Hiltraud Roth, *Ostfriesland. Biographien aus dem Widerstand*, 3. Aufl., Frankfurt a. M. 1980.

[21] Vgl. H.-J. Althaus u. a., *Da ist nirgends*... [Anm. 6], sowie K. Tenfelde, *Proletarische Provinz*... [Anm. 16], S. 235 ff.; dagegen: Hans J. Reichhardt, *Möglichkeiten und Grenzen des Widerstandes der Arbeiterbewegung*, in: Walter Schmitthenner/Hans Buchheim (Hrsg.), *Der deutsche Widerstand gegen Hitler*, Köln-Berlin 1966, S. 169—213, 183 f.

[22] Vgl. etwa Timothy W. Mason, *Arbeiteropposition im nationalsozialistischen Deutschland*, in: Detlev Peukert u. a. (Hrsg.), *Die Reihen fast geschlossen. Beiträge zur Geschichte des Alltags unterm Nationalsozialismus*, Wuppertal 1981, S. 293—313.

[23] Vgl. Horst Duhnke, *Die KPD von 1933 bis 1945*, Köln 1972; Ossip K. Flechtheim, *Die Kommunistische Partei Deutschlands in der Weimarer Republik*, Offenbach 1948, S. 176 f.; K. Tenfelde, *Proletarische Provinz*... [Anm. 16], S. 243.

[24] Vgl. bes. Detlev Peukert, *Die KPD im Widerstand. Verfolgung und Untergrundarbeit an Rhein und Ruhr 1933 bis 1945*, Wuppertal 1980.

[25] Vgl. etwa Ulrich Borsdorf, *Hans Böckler. Arbeit und Leben eines Gewerkschafters von 1875 bis 1945*, Köln 1982, S. 318 ff.

[26] Vgl. Klaus Schönhoven, *Der politische Katholizismus in Bayern unter der NS-Herrschaft 1933—1945*, in: *Bayern in der NS-Zeit*, Bd. 5 ... [Anm. 4], S. 541—646.

[27] Peter Lösche/Michael Scholing, *Solidargemeinschaft im Widerstand: Eine Fallstudie über „Blick in die Zeit"*, in: *Internationale wissenschaftliche Korrespondenz zur Geschichte der deutschen Arbeiterbewegung*, 19. Jg. (1983), S. 517—561. Vgl. ferner etwa D. Peukert, *Volksgenossen*... [Anm. 7], S. 99; R. Löwenthal/P. v. zur Mühlen (Hrsg.), *Widerstand*... [Anm. 11], S. 20 f.

[28] Vgl. bes. *Bayern in der NS-Zeit*, Bde 2—4 ... [Anm. 4], sowie u. a. Elke Fröhlich/ Martin Broszat, *Politische und soziale Macht auf dem Lande. Die Durchsetzung der NSDAP im Kreis Memmingen*, in: *Vierteljahrshefte für Zeitgeschichte*, 25. Jg. (1977),

S. 546—572; Ludwig Eiber, *Arbeiter unter der NS-Herrschaft. Textil- und Porzellanarbeiter im nordöstlichen Oberfranken 1933—1939,* München 1979; Zdenek Zofka, *Die Ausbreitung des Nationalsozialismus auf dem Lande. Eine regionale Fallstudie zur politischen Einstellung der Landbevölkerung in der Zeit des Aufstiegs und der Machtergreifung der NSDAP 1928—1936,* München 1977.

[29] Vgl. im Überblick: Klaus Tenfelde, *Zur Sozialgeschichte der Arbeiterbewegung im Ruhrgebiet 1918—1933,* in: Kurt Düwell/Wolfgang Köllmann (Hrsg.), *Rheinland-Westfalen im Industriezeitalter,* Bd. 2: *Von der Reichsgründung bis zur Weimarer Republik,* Wuppertal 1984, S. 333—348, 342 f., mit der weiteren Literatur.

[30] Etwa: Günter Plum, *Gesellschaftsstruktur und politisches Bewußtsein in einer katholischen Region 1928—1933. Untersuchung am Beispiel des Regierungsbezirks Aachen,* Stuttgart 1972; vgl. K. Tenfelde, *Proletarische Provinz*... [Anm. 16], S. 193 ff.; ferner Frank Bajohr, *Verdrängte Jahre. Gladbeck unter'm Hakenkreuz,* Essen 1983; Michael Zimmermann, *„Ein schwer zu bearbeitendes Pflaster": Der Bergarbeiterort Hochlarmark unter dem Nationalsozialismus,* in: D. Peukert u. a. (Hrsg.), *Die Reihen fast geschlossen*... [Anm. 22], S. 65—84.

[31] Vgl. immer noch: Louis Wirth, *Urbanität als Lebensform* (zuerst engl. 1938), in: Ulfert Herlyn (Hrsg.), *Stadt und Sozialstruktur,* München 1974, S. 42—66.

[32] Vgl. Ian Kershaw, *Popular Opinion and Political Dissent in the Third Reich: Bavaria 1933—1945,* Oxford 1983, S. 376.

[33] *A.a.O.,* S. 374.

Chancen eines Umsturzes im Spiegel der Berichte des Sicherheitsdienstes

HEINZ BOBERACH
Koblenz

I

In den Lageberichten des Sicherheitsdienstes (SD) der SS stand der nationalsozialistischen Führung seit 1938 ein Instrument zur Verfügung, das sie in die Lage versetzte, „an Stelle einer öffentlichen Kritik die im Volke vorhandenen oder entstehenden Auffassungen kennenzulernen und zu berücksichtigen“,[1] und das die herkömmliche Berichterstattung der Verwaltungsbehörden ergänzte. 30000 ehrenamtliche Mitarbeiter und Vertrauensleute lieferten dem Amt III des Reichssicherheitshauptamtes das Material für die „Meldungen aus dem Reich“, die zweimal wöchentlich ein „ungeschminktes Bild“ der Auswirkungen von Ereignissen und Maßnahmen „auf allen Lebensgebieten“ vermitteln sollten; sie sollten nach repräsentativen Gesichtspunkten ausgewählt werden.[2]

Ob diese Berichte Beteiligten an der Verschwörung vom 20. Juli regelmäßig oder gelegentlich zur Kenntnis kamen oder ob sie gar von ihnen für Planungen und Entscheidungen benutzt wurden, ist nicht festzustellen; zumindest für relativ weit gestreute Teilberichte über bestimmte Gebiete der Verwaltung und Wirtschaft ist es nicht auszuschließen. Wegen ihrer angestrebten Objektivität und ihres kritischen Tenors bilden die Meldungen und Analysen des SD jedoch eine einzigartige Quelle, wenn man — gewiß nicht ohne methodische Bedenken — versuchen will, die spekulative Frage der Chancen eines Umsturzes am 20. Juli 1944 zu beantworten. Dabei ist allerdings zu berücksichtigen, daß die Berichterstattung gerade im Juni 1944 unter dem Druck von Bormann und Goebbels, die dem SD Defaitismus vorwarfen, wesentlich eingeschränkt worden war und schon aus der ersten Jahreshälfte nicht alle Berichte überliefert sind, so daß als Wirkung der Kritik auch Beschönigungen nicht ausgeschlossen werden können.

Für die Untersuchung der gestellten Frage sind aus der Fülle der Meldungen diejenigen heranzuziehen, die seit der Kriegswende im Sommer 1943 „Grundfragen der Stimmung und Haltung des deutschen Volkes“[3] behandelten, und die Berichte über die Reaktion auf aktuelle Ereignisse im Sommer 1944.[4] Zum ersten Komplex gehören Aufgaben über die langfristige Beurteilung des weiteren Kriegsverlaufs, über Nachkriegsvorstellungen, die Einstellung zu Staat, Partei und Wehrmacht und zu führenden Persönlichkeiten, insbesondere Hitler selbst, und über die Wirksamkeit von Gegnergruppen. Als für die Stimmung relevante Ereignisse 1944 kommen Invasion, russische Offensive, Einsatz der V-Waffen, Luftangriffe und Versorgungsschwierigkeiten in Betracht. Schließlich sind noch die wenigen Berichte zu berücksichtigen, die sich mit den Folgen des Attentats befassen.

II

Am 22. November 1943 untersuchte ein „SD-Bericht zu Inlandsfragen“ die Einstellung des Volkes zum Thema „Totaler Sieg, Kompromißfrieden oder Frieden um jeden Preis?“[5] Er stellte eine „tiefe Friedenssehnsucht“ fest und „eine wachsende Bereitschaft für einen Kompromißfrieden“. Zwar halte erst eine Minderheit aus gegnerischer Grundeinstellung oder unter dem Einfluß feindlicher Propaganda den Krieg schon für verloren, doch „beträchtlich größer“ sei „die Zahl derjenigen, die mit einem eindeutigen Sieg des Reiches nicht mehr rechneten“, wenn sie auch nicht „für einen Frieden um jeden Preis“ seien. Zu dieser Auffassung trugen, wie sich aus einem Bericht vom 11. November 1943 ergibt,[6] nicht zuletzt Feldpostbriefe und Erzählungen von Fronturlaubern aus dem Osten bei, durch die sich „bei vielen Volksgenossen schon die Ansicht festgesetzt“ habe, „es bestehe die Gefahr, daß der Widerstand der deutschen Truppen einmal erlahme“. Nach einer leichten Besserung der Stimmung im Februar 1944 war dann nach den „Meldungen über die Entwicklung in der öffentlichen Meinungsbildung“ vom 16. März 1944[7] im „gesamten Reichsgebiet die Bevölkerung außerordentlich stark erschrocken“ und fand es „immer schwerer, an einen guten Ausgang des Krieges zu glauben“, man hoffe „in tiefer Sorge und Angst“ auf das „große Wunder“ der Vergeltung. Am 20. April 1944 hieß es,[8] „allgemein habe man den Krieg bis obenhin satt“, und eine Woche vor dem Attentat wurde am 14. Juli aus Mitteldeutschland gemeldet: „Die pessimistische Meinung über die Gesamtkriegslage hält bei einem sehr großen Teil der Bevölkerung nach wie vor an.“[9]

Mit diesem Pessimismus verband sich ein gewisser Optimismus bei den Vorstellungen über die Folgen einer Niederlage. Die Propaganda vom Vernichtungswillen der Feinde Deutschlands erwies sich als wenig wirkungsvoll, wenn „eine ganze Menge von Volksgenossen“ offen daherrede, „daß es bei einem verlorenen Krieg auch nicht schlimmer sein könne als jetzt“.[10] „Mancher Volksgenosse“ ließ „hinsichtlich der kommunistischen Gefahr durchblicken“, sie sei weniger gefährlich, da er nichts besitze und auch nichts zu verlieren habe,[11] andere rechneten mit einem gemeinsamen Feldzug Deutschlands und der Westmächte gegen Rußland oder damit, daß „lediglich Preußen zur Bestrafung der Herrschaft der Sowjets“ preisgegeben werde.[12]

Der SD verschwieg auch nicht, daß das „Vertrauen zur Führung“, so der Titel eines Berichts vom 29. November 1943,[13] beeinträchtigt war und „häufiger die Frage aufgeworfen wurde, ob die Führung wirklich alles richtig gemacht habe“. Schon im August 1943 wurde nach dem Umsturz in Italien „nicht mehr vereinzelt von einer Militärdiktatur als letztem Ausweg geredet“,[14] und am 31. Mai 1944 berichtete der Generalstaatsanwalt beim Berliner Kammergericht,[15] „heimtückische und wehrkraftzersetzende Äußerungen“, die sich gegen die „Regierung und deren Maßnahmen“ richteten, hätten weiter zugenommen. Von dieser Vertrauenskrise waren die staatlichen Behörden jedoch nach den SD-Berichten am wenigsten betroffen; ihnen wurde nur immer wieder in der Diskussion über den „totalen Krieg“ Schwerfälligkeit und unzureichende Ausschöpfung aller Menschen- und Materialreserven vorgeworfen.[16]

Sehr viel stärker hatte die NSDAP an Vertrauen verloren, wobei noch zu berücksichtigen ist, daß der SD die Partei bei seiner Berichterstattung stets möglichst auszusparen suchte, um Konflikte zu vermeiden.[17] Vor allem wurde gemeldet, daß „Hoheitsträger“ in den Verdacht der Korruption gerieten oder als unfähig galten. Hitlers Appell in seiner Rede vom 10. September 1943, die Partei müsse in allem Vorbild sein, wurde als Bestätigung begründeter Kritik verstanden.[18] Soldaten warfen den Parteifunktionären in der Besatzungsverwaltung Weißrutheniens Versagen vor,[19] Juristen stellten die Begünstigung von „Ehrenzeichenträgern“ in Prozessen wegen Kriegswirtschaftsverbrechen fest,[20] aus der Wirtschaft kamen Äußerungen über die „Selbstbedienung“ der lokalen Parteigrößen mit Kriegsverdienstkreuzen.[21] Entsprechende politische Witze wurden registriert. Am 12. August 1943 mußte ein Bericht auch feststellen, daß trotz jahrelanger Erziehung in der HJ „die meisten Jungen und Mädel gar kein Interesse daran haben, Mitglied der NSDAP zu werden“.[22] Propagandistische Maßnahmen Bormanns sind als Reaktion auf den Vertrauensverlust der Partei anzusehen.[23]

Kritik richtete sich auch gegen die Wehrmacht. Sie galt vor allem den Heimatdienststellen und den Verhältnissen in der Etappe. Berichtet wurde von „Auswüchsen des Etappenlebens“, die zu einer „wachsenden Kluft zwischen Offizieren und Mannschaften“ führten, von „Führern und

Stäben", die „durch ihre Alkoholgelage zu einer überlegenen Abwehr nicht imstande gewesen wären", von Mißwirtschaft mit Material und Bevorzugung von Soldaten, die Lebensmittel und Waren „besorgen" könnten. Ein Bericht vom 23. März 1944[24] faßte derartige „kritische Äußerungen aus der Bevölkerung über angebliche Mißstände in der Wehrmacht" zusammen. Allerdings ist nicht auszuschließen, daß diese Berichte auch davon beeinflußt waren, die Waffen-SS gegenüber dem Heer als vorbildlich erscheinen zu lassen.

III

Bei ihren kritischen Betrachtungen machte „die Bevölkerung", wie der Bericht vom 29. November 1943 feststellte,[25] „einen sehr wesentlichen Unterschied zwischen dem Führer und den übrigen führenden Persönlichkeiten". Das „Vertrauen zum Führer" sei trotz „starker Belastungsproben" nahezu unerschüttert, und derartige Feststellungen wiederholen sich. Hitlers Reden konnten immer wieder, wenn auch für kürzere Zeit, „teilweise einen gewissen Auftrieb" der Stimmung bewirken, selbst wenn sie, wie seine Ansprache vor Wirtschaftsführern Anfang Juli 1944, nur inhaltlich in der Presse wiedergegeben wurden.[26] Noch in der ersten Meldung nach der Invasion sah man in der gelungenen Landung der Alliierten „die weitsichtige Planung des Führers",[27] der möglichst viele Gegner an Land kommen lassen wolle, um sie zu vernichten. Dieses Vertrauen hielt sich bis in die letzten Kriegsmonate, erst ein Bericht vom 28. März 1945 stellte zu Hitlers Proklamation vom 24. Februar zum 25jährigen Jubiläum des Parteiprogramms fest:[28] „Die Zweifel an der Führung nehmen auch die Person des Führers nicht aus."

Ein derartiges Vertrauensverhältnis bestand zu Göring nicht mehr, der doch immer noch als sein Nachfolger im Todesfall angesehen werden mußte. Gerüchte darüber, daß er wegen des Versagens der Luftabwehr seine Ämter verloren habe, waren weit verbreitet.[29] Wenn am 29. November 1943 die Äußerungen wiedergegeben wurden, „man hätte früher nicht soviel reden sollen", man solle „lieber weniger versprechen, aber mehr halten",[30] dann richtete sich das ebenso gegen Görings Prophezeiungen wie gegen die von Goebbels zu verantwortende Propaganda schlechthin. Daß er in den SD-Berichten nicht gut wegkam, war für den Propagandaminister Anlaß zu verärgerten Tagebucheintragungen.[31] Positive Äußerungen über Himmler können in der Berichterstattung eines Organs der SS andererseits nicht überraschen.

Von dieser Kritik an den führenden Männern von Staat und Partei hebt sich das positive Bild der Heerführer ab. „Hinsichtlich der Wehrmacht sei die Bevölkerung von den sachlichen und persönlichen Qualitäten der deutschen militärischen Führung überzeugt", hieß es ebenfalls am 29. November 1943, die „Namen mancher Generalfeldmarschälle würden den besten Namen der alten preußischen Armeen gleichgestellt". Das galt besonders für Rommel. „Das Vertrauen zu Rommel ist groß", wurde nach Invasionsbeginn aus Breslau, Berlin, Kiel und Koblenz gemeldet,[32] von „Vertrauensäußerungen über unsere Führung, vor allem aber über Marschall Rommel" war auch am 25. Juni 1944 die Rede,[33] und bei den im März registrierten Vorwürfen gegen Offiziere wurde er positiv hervorgehoben: Bei einer Besichtigung habe er die Offiziere aus „Wohnquartieren, in die sie auch gelegentlich Französinnen aufnahmen", zum Umzug zu den Mannschaften und Unteroffizieren in die Bunker veranlaßt.[34]

IV

Zu den Teilen der Bevölkerung, in denen Zweifel am Endsieg und an der Führung besonders verbreitet waren, gehörten nach den Feststellungen des SD die praktizierenden Christen beider Konfessionen.[35] Sie belegen, daß die Kirchen bei ihrem Widerstand gegen die Religionspolitik des Staates und die antichristliche Propaganda der Partei eine breite Basis im Volk hatten und daß die nationalsozialistische Weltanschauung sich als ungeeignet erwiesen hatte, den Menschen einen seelischen Halt zu geben. Die Berichte bestätigen die regional vielfach nachgewiesene „Existenz einer religiös fundierten Volksopposition".[36] Dem widerspricht nicht, wenn an den Treuekundgebungen nach dem 20. Juli auch in Paderborn und Freiburg 20 Prozent und mehr Einwohner teilnahmen (in der nationalsozialistischen Hochburg Kreis Schaumburg 70 Prozent).[37] Die Erklärung dürfte darin zu suchen sein, daß die Bindung an Hitler, der ja seine persönliche „Gottgläubigkeit" hervorhob und von der „Vorsehung" gerettet erschien, auch bei gläubigen Katholiken noch stark war.

Weniger ergeben die SD-Berichte für die spezielle Einstellung der Arbeiterschaft, wenn man davon absieht, daß die Kritik an unzureichenden Anstrengungen für den „totalen Krieg", vor allem beim Arbeitseinsatz der Frauen aus den Mittel- und Oberschichten, sich auf „Stimmen von Arbeitern" berief.[38] Lediglich Berichte des Oberreichsanwalts beim Volksgerichtshof und des Generalstaatsanwalts in Hamm warnten in der ersten Hälfte 1944 vor verstärkter Aktivität von „Kommunisten",[39] und die „Meldungen wichtiger staatspolizeilicher Ereignisse" des Reichssicherheitshauptamtes begründeten am 1. September 1944 die erhöhte Zahl von Festnahmen wegen staatsfeindlicher Äußerungen marxistisch-kommunistischen Charakters mit dem Anteil von Enttäuschten über das Mißlingen des Attentats.[40]

Die Wirkung der Feindpropaganda, insbesondere der Rundfunksendungen, auf die Stimmung in Deutschland wird in den SD-Berichten ebenfalls kaum berücksichtigt und ergibt sich vorwiegend aus den Meldungen über die Verhaftung und strafrechtliche Verfolgung von „Rundfunkverbrechern" u. a. in den „Meldungen wichtiger staatspolizeilicher Ereignisse". Allerdings stellte ein undatierter SD-Bericht von Anfang 1944 über „Argumentationen der Pessimisten und ihre Übereinstimmung mit den Bestrebungen des innen- und außenpolitischen Gegners" fest:[41] „Auf Grund der gegenwärtig schwierigen militärischen und außenpolitischen Situation ist die Zahl der Pessimisten und Skeptiker mehr und mehr gestiegen. [Sie] bieten den Einflüsterungen der Gegner ein günstiges Angriffsziel und zeigen sich ihnen gegenüber aufgeschlossener denn je. [Ihre Befürchungen] sind geeignet, lähmend auf das Vertrauen zur Führung zu wirken."

V

Zwischen dem Invasionsbeginn am 6. Juni und dem 20. Juli 1944 verstärkten die Ereignisse die festgestellten langfristigen Tendenzen der öffentlichen Meinung. Unter der Überschrift „Luftkrieg und Volksmoral in Deutschland" berichtete die schwedische *Morgon-Tidningen* am 10. Juli:[42] „So hat sich ein gewisser unpolitischer Defaitismus ausgebreitet. Die Zahl der Menschen, die mit dem besten Willen in der Welt nicht mehr imstande sind weiterzukämpfen, nimmt ständig zu. Sie sind so müde, daß sie um jeden Preis das Ende ihrer Leiden erleben möchten."

Die SD-Berichte bestätigten diesen Eindruck. Die Luftangriffe auf Industrieanlagen verstärkten „das Gefühl, daß wir der Willkür des Feindes ausgeliefert sind", und „in den Meinungsäußerungen kommt zum Ausdruck, daß wir diesem Luftterror völlig ohnmächtig gegenüberständen", hieß es in Meldungen aus Mittel- und Südostdeutschland am 18. und 21. Juli.[43] Noch negativer wirkte sich aus, daß die Hoffnungen, die man auf einen Erfolg über die in Frankreich gelandeten Amerikaner und Engländer gesetzt hatte und die am 8. Juni „der gedrückten Stimmung einen starken Auftrieb gegeben" hatten, sich nach mehr als 6 Wochen und dem Verlust von Cherbourg als nicht mehr realistisch erwiesen. Am 14. Juli hatte „die gewaltige Überlegenheit des Gegners an Menschen und Material" bereits eine „starke stimmungsmäßige Beeindruckung der Volksgenossen" verursacht und „zu der bestimmten Vorstellung verdichtet, daß an der Invasionsfront etwas nicht stimmt". Pessimisten hatten sogar schon Ende Juni Paris für bedroht gehalten und bei der Analyse der Wehrmachtsberichte Vergleiche mit den Meldungen über Stalingrad im Winter 1942/43 gezogen.[44] Das verband sich mit der weiteren Enttäuschung, daß die so groß angekündigten Vergeltungswaffen, deren Einsatz mit der V-1 am 16. Juni begonnen hatte, wenig Wirkung zeigten, nachdem sie erst als „kriegsentscheidend" angesehen worden waren. Schon am 29. Juni bedauerte man, wir hätten „zu früh gejubelt", und am 7. Juli spottete man, man werde wohl auch noch den Einsatz von V-99 abwarten müssen.[45]

All das wurde übertroffen durch die Wirkung der Nachrichten von der Ostfront, an der als Ergebnis der am 22. Juni 1944 begonnenen russischen Offensive der Zusammenbruch der Heeresgruppe Mitte zu erkennen war, der den Weg an die Reichsgrenze freimachte. Am 13. Juli „beschäftigte das unerwartete rasche Vordringen der Sowjets die Gemüter mehr als alles andere". Einen Tag später war der Verlust von Wilna bekannt, und in Ostpreußen wurde „eine tiefe Unruhe über das Schicksal" der Provinz verzeichnet, wo die Bevölkerung einen „so plötzlichen Einbruch der Russen" befürchtete, daß es für Räumungsmaßnahmen zu spät sei. Nach einer weiteren Woche erschien der Bevölkerung Mitteldeutschlands „die deutsche militärische Gesamtsituation infolge der Verschärfung der Lage im Osten als äußerst bedrohlich", und in Ostdeutschland hatte sich „eine Art schleichender Panikstimmung zahlreicher Volksgenossen bemächtigt". In Westdeutschland machte man sich Sorgen um die in Ostprovinzen verschickten Kinder und hörte „aus allen Kreisen, vornehmlich aber aus denen der Intelligenz, größte Vorwürfe gegen die Führung, die es dazu habe kommen lassen, daß der Feind vor der Reichsgrenze stehe". Die bereits im April erstmals registrierte Sorge, der „Verlust der wichtigen Ostgebiete" werde „die Zukunft unserer Ernährung" gefährden, konnte zu einer weiteren Verschlechterung der Stimmung beitragen.[46]

VI

In genau diese Situation fielen das Attentat und der Umsturzversuch am 20. Juli 1944. Wenn es keinen Grund gibt, das Bild von der Stimmung und Haltung des Volkes, das die SD-Berichte liefern, trotz möglicher Unschärfen für unwahr zu halten, muß die Deutung zulässig sein: Der Umsturz hätte Erfolg gehabt, wenn Hitler in der Wolfsschanze getötet worden wäre. Er allein war in der Lage, noch einmal die Wirkung aller Ereignisse, die zu Verzweiflung, Hoffnungslosigkeit, ja „Panikstimmung" bei vielen Deutschen geführt hatten, zu überwinden, das Vertrauenskapital, das er besaß, war noch immer nicht aufgezehrt. Bezeichnenderweise steht in den Meldungen über die Stimmung nach dem Attentat „die Freude darüber, daß der Führer dem Volk aufs neue erhalten blieb", im Mittelpunkt, der Anschlag im Führerhauptquartier würde mehr besprochen als die Vorgänge in der Bendlerstraße.[47] Derselbe Schluß ergibt sich aus einer wohl repräsentativen Auswahl von Feldpostbriefen.[48]

Man wird weiter sagen können, daß zu einem Erfolg des Umsturzes nach dem Tod Hitlers wesentlich beigetragen hätte, wenn Rommel sich an die Spitze der Verschwörer gestellt hätte, die beteiligten Sozialdemokraten in den Vordergrund getreten wären und die Kirchen sich positiv zur neuen Lage geäußert hätten. Die NSDAP und ihr Apparat war so weit abgewirtschaftet, daß sie als Gegenkraft in den meisten Teilen des Reichs wohl nicht zu fürchten gewesen wäre, kein Minister, Reichs- oder Gauleiter hätte mit Rommel konkurrieren können. Freilich dürfte auch stimmen, daß die Verschwörer bei der Masse des Volkes sowenig wie Widerstand eine begeisterte Zustimmung erwarten konnten, sondern denselben Gehorsam, den sie nun noch einmal für neun Monate Hitler entgegenbrachte, obwohl sie nicht mehr an den Sieg oder den Nationalsozialismus glaubte. Der Korrespondent der Osloer *Aftenposten* in Berlin, Theo Findahl, hatte wahrscheinlich recht, als er am 21. und 22. Juli seine Beobachtungen notierte:[49] „Die Masse ist apathisch, [sie] sieht weder noch hört sie etwas und bleibt daher völlig unberührt ... Sie weinen weder noch jubeln oder wüten sie."

Anmerkungen

[1] Eine Auswahl der Berichte wurde 1965 als: *Meldungen aus dem Reich,* hrsg. von Heinz Boberach, Neuwied-Berlin, veröffentlicht; dort S. 533 ff. die hier zitierte Denkschrift von SS-Gruppenführer Otto Ohlendorf, des Chefs des Amtes III, SD-Inlandsnachrichtendienst, des Reichssicherheitshauptamtes vom Mai 1945 an die Regierung Dönitz. Eine vollständige Ausgabe aller im Bundesarchiv in Koblenz überlieferten Berichte, aus der nachfolgend zitiert wird: Heinz Boberach (Hrsg.), *Meldungen aus dem Reich. Die geheimen Lageberichte des Sicherheitsdienstes der SS 1938—1945,* 17 Bde, Herrsching 1984 [im folgenden *Meldungen* zitiert, mit Band-/Seitenangabe].

[2] Vgl. *Meldungen* 1/18—38, eine Analyse der Berichte aus den Kriegsjahren bietet Marlis G. Steinert, *Hitlers Krieg und die Deutschen. Stimmung und Haltung der deutschen Bevölkerung im Zweiten Weltkrieg,* Düsseldorf-Wien 1970.

[3] *Meldungen* 15/6049 ff., 6064 ff., 6131 ff., 16/6228 ff., 6300 ff.

[4] *Meldungen* 17/6558—6710.

[5] *Meldungen* 15/6049.

[6] *Meldungen* 15/5990.

[7] *Meldungen* 16/6412.

[8] *Meldungen* 16/6498.

[9] *Meldungen* 17/6645, vgl. auch M. Steinert, *Hitlers Krieg...* [Anm. 2], S. 469, und die Berichte lokaler Dienststellen in: Martin Broszat/Elke Fröhlich (Hrsg.), *Bayern in der NS-Zeit,* Bd. 1: *Soziale Lage und politisches Verhalten der Bevölkerung im Spiegel vertraulicher Berichte,* München 1977, S. 177, 649, 657, 668.

[10] *Meldungen* 16/6499.

[11] Bericht der Gendarmeriestation Aufseß vom 24. Februar 1944 bei M. Broszat/E. Fröhlich (Hrsg.), *Bayern...* [Anm. 9], S. 179.

[12] *Meldungen* 15/6052, 17/6643.

[13] *Meldungen* 15/6064.

[14] *Meldungen* 14/5620.

[15] Bundesarchiv, R 22/3356.

[16] Z. B. *Meldungen* 15/6133 ff.

[17] *Meldungen* 1/23.

[18] *Meldungen* 14/5620, 15/5822, 6133, 16/6328, 17/6643.

[19] *Meldungen* 17/6694.

[20] *Meldungen* 17/6713.

[21] *Meldungen* 17/6658.

[22] *Meldungen* 14/5603.

[23] Vgl. M. Steinert, *Hitlers Krieg*... [Anm. 2], S. 448, 485.

[24] *Meldungen* 16/6437.

[25] *Meldungen* 15/6066.

[26] *Meldungen* 17/6637.

[27] *Meldungen* 17/6579, vgl. zum Vertrauen auf Hitler auch M. Steinert, *Hitlers Krieg*... [Anm. 2], S. 430, 459, 464, 475 f., 478 f.

[28] *Meldungen* 17/6733.

[29] *Meldungen* 14/5620, 17/6643.

[30] *Meldungen* 15/6065.

[31] Vgl. *Meldungen* 1/27.

[32] *Meldungen* 17/6579.

[33] *Meldungen* 17/6599.

[34] *Meldungen* 16/6440.

[35] Sämtliche derartigen Berichte bei Heinz Boberach (Hrsg.), *Die Berichte des SD und der Gestapo über Kirchen und Kirchenvolk in Deutschland 1934—1944* (= Veröffentlichungen der Kommission für Zeitgeschichte der Katholischen Akademie in Bayern, Reihe 1, Bd. 19), Mainz 1971.

[36] Dieter Albrecht bei Helmut Witetschek, *Die kirchliche Lage in Bayern nach den Regierungspräsidentenberichten*, Bd. 1, Mainz 1966, S. XI.

[37] M. Steinert, *Hitlers Krieg*... [Anm. 2], S. 482.

[38] *Meldungen* 12/4759 u. ö.

[39] Bundesarchiv, R 22/3367, 3390.

[40] Bundesarchiv, R 58/213.

[41] *Meldungen* 16/6228.

[42] Georg Holmsten, *Deutschland Juli 1944. Soldaten, Zivilisten, Widerstandskämpfer*, Düsseldorf 1982, S. 14.

[43] *Meldungen* 17/6650, 6656.

[44] *Meldungen* 17/6576, 6649, 6617.

[45] *Meldungen* 17/6614, 6635.

[46] *Meldungen* 17/6636, 6646, 6651 ff.

[47] Berichte vom 21.—24. Juli an die Parteikanzlei bei Hans-Adolf Jacobsen (Hrsg.), *Spiegelbild einer Verschwörung. Die Opposition gegen Hitler und der Staatsstreich vom 20. Juli 1944 in der SD-Berichterstattung*, Stuttgart 1984, S. 1—11.

[48] Ortwin Buchbender/Reinhold Sterz, *Das andere Gesicht des Krieges. Deutsche Feldpostbriefe 1939—1945*, München 1982, S. 142—148.

[49] G. Holmsten, *Deutschland Juli 1944*... [Anm. 42], S. 131.

Das Problem der „Volksbewegung" im deutschen Widerstand

CHRISTOPH KLESSMANN
Bielefeld

I

Die Frage, wer befugt und legitimiert ist, in einer entsprechenden Situation aktiven Widerstand gegen eine unrechtmäßig handelnde oder verbrecherische Regierung zu leisten, durchzieht wie ein roter Faden die Diskussion um das Widerstandsrecht seit dem Mittelalter.[1] Von Ausnahmen abgesehen, war die Antwort auf diese Frage im Zeitalter ständischer Ordnungen und ständischen Denkens in der Regel bei Theologen und Juristen eindeutig: Nicht das einfache Volk und im allgemeinen auch nicht die „niederen Obrigkeiten" sind zum Widerstand berechtigt, sondern nur die durch ihre soziale und politische Stellung Ausgezeichneten und eine besondere Verantwortung Tragenden.

Da die Tradition der Diskussion um ein Widerstandsrecht im 19. Jahrhundert in Deutschland durch den Rechtspositivismus faktisch abgebrochen wurde, hat sie keine wesentliche Rolle im Denken der führenden Männer des 20. Juli 1944 gespielt. Zwar hat Stauffenberg unter Berufung auf die katholische Überlieferung eine positive Stellung zum Tyrannenmord eingenommen,[2] im übrigen aber hat es keine intensiven Auseinandersetzungen der Verschwörer mit der Tradition des Widerstandsrechts gegeben. Als Denkfigur und politisches Argumentationsmuster hat sich dieses zentrale Element der Widerstandsrechtsdiskussion dennoch bis ins 20. Jahrhundert gehalten, wenn auch mit anderer Akzentsetzung und bezogen auf die spezifische Situation in einem totalitären Staat. Offenkundig ist dabei — zumindest in der nachträglichen Auseinandersetzung mit dem Nationalsozialismus — im konservativen Denken das Recht zum aktiven Widerstand mit elitären Konzepten verflochten worden. So findet sich in dem Sammelband *Vollmacht des Gewissens* von 1960 folgender Passus aus einer Diskussion zwischen dem General Haseloff und dem Historiker Stadtmüller:[3]

„*Haseloff:* Wer ist überhaupt dazu berufen, diese Art von Landesverrat zu begehen? Ich möchte meinen, daß der Personenkreis, der dafür in Frage kommt, sehr eng begrenzt ist. Wie wenige wußten um die verbrecherischen Handlungen des Regimes, und wie wenige waren überhaupt in der Lage, den verbrecherischen Charakter von Führerbefehlen zu erkennen! Der einfache SS-Soldat, der vielleicht 300 Juden auf Befehl erschoß, hatte gar nicht das Bewußtsein, daß das Unrecht war. Aber der Minister oder der Chef des Generalstabes oder wer es sonst sein mochte, der kraft seiner Stellung und dank seiner Bildung und großen Verantwortung das Unrecht erkennen konnte, ist völlig anders zu beurteilen."

„*Stadtmüller:* Da muß ich Ihnen, Herr General, unbedingt zustimmen. Es liegt in der Natur der Sache, daß die Zahl derer, die zu einer solchen Widerstandstätigkeit im letzten Sinne sittlich berechtigt sind, nicht allzu groß ist. Denn das sind jene Männer, die Einsicht in den Ablauf des Geschehens haben und die Möglichkeit besitzen zu handeln."

In seinem in den fünfziger Jahren viel zitierten Buch *Befehl im Widerstreit* hat Adolf Heusinger in einem fiktiven Dialog das Legitimationsproblem des militärischen Widerstandes auf einer ähnlichen Ebene formuliert, dabei allerdings deutlicher auf das konkrete historische Problem der Massenloyalität gegenüber Hitler verwiesen.[4] Unter katholischen Theologen der Nachkriegszeit war diese verengte Sicht des Legitimationsproblems von Widerstand ebenfalls ausgeprägt. Max Pribilla SJ schrieb 1948:

„Es muß eine moralische, d. h. vernünftig begründete Sicherheit vorhanden sein, daß der aktive Widerstand sich durchsetzen, also Erfolg haben wird ... Eben weil der aktive Widerstand die unerträglich gewordenen Mißstände beseitigen will, muß er über die genügende Macht und den Weitblick verfügen, eine Änderung herbeizuführen. Schon aus diesem Grunde ergibt sich die wichtige, einschränkende Folgerung, daß die Entscheidung in solchen Dingen nicht dem kleinen Manne zustehen kann, dem sowohl der Überblick über die wirkliche Lage und die möglichen Mittel als auch die Beziehungen zur Organisation des Widerstandes fehlen."[5]

Noch deutlicher sprach Richard Hauser 1963 die Kontinuität der tradierten Lehre an:

„Nicht der einzelne unbekannte Bürger ist dazu [zum aktiven Widerstand gegen den Tyrannen] bevollmächtigt. Berufen und unter Umständen verpflichtet zum Handeln sind vor allem Männer, die vermöge ihrer Kenntnis, Einsicht und Stellung die Lage richtig beurteilen können und ein gewisses Ansehen haben. Die Alten sprachen hier gern von Obrigkeiten zweiten Ranges. Das wären wohl die führenden politischen und militärischen Verantwortlichen. Eine revolutionäre Aktion darf auch nur in

Gang gesetzt werden, wenn sie vernünftigerweise Aussicht auf Erfolg hat."[6]

Diese symptomatischen Passagen verdeutlichen den antidemokratischen und elitären Zug, der eine bestimmte Phase der bundesrepublikanischen Auseinandersetzung mit dem Widerstand im Dritten Reich charakterisiert. Sie lassen erkennen, wie sehr auf diese Weise die Frage nach der notwendigen breiten Absicherung eines Attentats im Volk von vornherein verstellt wurde.

Demgegenüber ist in der marxistisch-leninistischen Interpretation die fehlende demokratische Absicherung seit jeher als eine der Hauptursachen des Fehlschlags vom 20. Juli diagnostiziert worden.[7] Das Problem ist hier jedoch durch den eindeutigen Rekurs auf den kommunistischen Widerstand als Repräsentanten „des Volkes" allzu schematisch und isoliert von den tatsächlichen historischen Bedingungen und Möglichkeiten „gelöst" worden. Denn ungeachtet einer historisch adäquaten Würdigung der Breite und Intensität des kommunistischen Widerstands wird eine nüchterne Analyse kaum um die Einsicht herumkommen, daß er gemessen an seinen Zielen sozial isoliert war.[8]

Im folgenden sollen zunächst einige prinzipielle Aspekte dieses für den 20. Juli zentralen Problems der Verbindung „nach unten" und dann insbesondere die wenigen Hinweise, die von Julius Leber dazu überliefert sind, erörtert werden.

II

Der deutsche Widerstand gegen den Nationalsozialismus hat sich in Etappen entwickelt, die wesentlich von den Maßnahmen und von der Veränderung des nationalsozialistischen Herrschaftssystems bestimmt waren.[9] Von denjenigen, die als erste den Terror des Regimes zu spüren bekamen, von der organisierten Arbeiterbewegung, ging auch der erste Widerstand aus. Bald folgten die Kirchen — in unterschiedlicher Intensität, aus unterschiedlichen Anlässen und in divergierenden Formen —, und als letzte relevante Machtgruppierung erkannten die Militärs den wahren Charakter und die wirklichen Ziele des Nationalsozialismus, die mit dem tradierten militärischen Ehrenkodex, aber auch mit den nationalen Gruppeninteressen der Militärelite kaum in Einklang zu bringen waren. Daß sich jeweils nur ein Teil — durchweg sogar der geringere Teil — der betroffenen sozialen Schichten und gesellschaftlichen Gruppen angesprochen und zu Opposition und Widerstand motiviert fühlte, ist in diesem Zusammenhang nicht zu erörtern.[10] Mit der Veränderung der Rahmenbedingungen, das heißt mit der Festigung des nationalsozialistischen Herrschaftssystems und dem bis zum Krieg ständig wachsenden Loyalitätsgewinn in der breiten Bevölkerung, veränderten sich auch die Möglichkeiten, Methoden und Erscheinungsformen des Widerstandes.

Aus dem Scheitern der Zielsetzung, einen illegalen Massenkampf gegen Hitler zu organisieren, zogen herausragende Vertreter der Arbeiterbewegung den strategisch einzig richtigen Schluß, dort nach Bündnispartnern zu suchen, wo allein noch eine Chance bestand, die Spitze des Dritten Reiches zu Fall zu bringen: beim Militär. Zudem wuchsen zwangsläufig die organisatorischen Schwierigkeiten, zwischen Gruppen, Schichten und politischen Milieus übergreifende Kontakte herzustellen, je stärker es dem Regime gelang, den organisierten Widerstand der Arbeiterbewegung zu zerschlagen und zugleich durch die sozialpolitischen und ideologischen Zugeständnisse (Lohnkonzessionen, Volksgemeinschaftsideologie) sich zumindest die passive Loyalität der Masse der Arbeiterschaft zu sichern. Wie groß das Potential an aktiver Loyalität und Unterstützung war, ist schwer abzuschätzen und historiographisch nach wie vor umstritten.[11] Der Ausbruch des Krieges traf ohne Zweifel auf keine Begeisterung in der deutschen Bevölkerung, er mobilisierte aber ebensowenig eine offene Opposition der Gegner von 1933.[12]

Die in jüngster Zeit intensiv verfolgte Frage nach der „Resistenz" bestimmter regionaler, konfessioneller, sozialer und gesinnungsmäßiger Milieus hat den Blick dafür geschärft, daß jenseits des intentionalen Widerstandes ein breites Feld partieller Ablehnung, Gegnerschaft und Verweigerung existierte.[13] Damit werden Möglichkeiten demonstriert, die kleinen und unheroischen Akte zu beleuchten, die sich gegen die Zumutung des Regimes richteten. Aus diesem Umfeld konnte Widerstand erwachsen, es konnte jedoch ebenso beim tradierten, milieugesteuerten Verhalten bleiben, das nun lediglich als Widerstand wahrgenommen wurde, weil es angesichts der neuen totalitären Ansprüche des Nationalsozialismus für das System dysfunktional erschien. Hypothetisch ließe sich nun der 20. Juli als Testfall verstehen, an dem zu zeigen wäre, ob und wieweit aus der Resistenz Widerstand in großem Umfang hervorgehen konnte, der sich in diesem Fall als Unterstützung oder zumindest nicht als dezidierte Ablehnung einer neuen Regierung nach Hitler hätte erweisen müssen.

Diejenigen Vertreter der Arbeiterbewegung, die die Problematik eines gewaltsamen Umsturzes erkannt hatten, waren sich darüber im klaren, daß es nicht ausreichen würde, mit einem gelungenen Attentat lediglich einen Austausch der politischen Elite vorzunehmen. Vielmehr bestand eine der schwierigsten Aufgaben darin, einer neuen Führung die Unterstützung und Loyalität relevanter Teile der Bevölkerung zu sichern, um so zum einen den Bürgerkrieg zu verhindern und zum anderen nach außen gegenüber den Kriegsgegnern zu dokumentieren, daß die Verschwörung nicht bloß von einer „kleinen Clique ehrgeiziger Offiziere" getragen war, wie die offizielle Sprachregelung suggerierte, sondern auf breiter Resonanz auch in der Bevölkerung beruhte.

Zahlreiche Aufrufe für den „Tag X" zielten auf diesen Punkt.[14] Sie argumentierten freilich primär auf einer politisch-moralischen Ebene und sprachen weder bestimmte soziale Schichten noch organisatorische Strukturen an. Besonders Goerdeler ging von der Vorstellung aus, die Wahrheit werde dem Volk sofort die Augen öffnen. So fragte er in seiner für die Generalität bestimmten Denkschrift vom 26. März 1943:

„Wie ist es möglich, daß das so anständige deutsche Volk so lange ein so unhaltbares System trägt? Die Erklärung ist einfach: nur weil sich alle Verstöße gegen Recht und Anstand im Schutze der Geheimhaltung und unter dem Druck des Terrors vollziehen. Dies ändert sich mit einem Schlage, wenn das Licht der Wahrheit in aller Öffentlichkeit auf die Unhaltbarkeit der Zustände gerichtet wird ... Es handelt sich also praktisch nur darum, einen Zustand herzustellen, in dem es auch nur 24 Stunden möglich ist, die Wahrheit wieder zu Wort kommen zu lassen ..."[15]

Den Kriegsgegnern eine Vorstellung davon zu vermitteln, daß der deutsche Widerstand nicht nur von einer schmalen Elite aus Militär, Adel und Bürgertum getragen würde, erwies sich als besonders schwierig, denn der Einfluß von Emigranten war gering, und die Außenkontakte der Verschwörer blieben zwangsläufig punktuell auf persönliche Verbindungen bezogen. Die Attentäter standen also im Falle des Gelingens vor einem doppelten Legitimationsproblem.

Das Stichwort „Volksbewegung" umfaßt inhaltlich diese doppelte Dimension und legt jenseits aller organisatorischen Probleme eines Umsturzes den politisch-sozialen Kern der Problematik des Widerstandes vom 20. Juli offen. Geht man von dem oben skizzierten Ansatz einer Gesamtbetrachtung des Widerstandes aus, das heißt eines partiellen Zusammenwachsens der anfänglich sozial und politisch segmentierten Teile, versteht man somit die deutsche Widerstandsbewegung als tendenziellen Lernprozeß, durch den sich Gegner des Regimes aus verschiedenen Schichten und politischen Lagern trotz aller Differenzen zusammenfanden,[16] weil nur so eine realistische Aussicht auf Erfolg bestand, dann stellt sich die Frage, wie dieses Kernproblem eines Staatsstreichs von den Beteiligten gesehen und behandelt wurde und welche Chancen für den Fall eines technisch geglückten Attentats bestanden. Schließlich hängt der Charakter des 20. Juli in hohem Maße vom Stellenwert dieser Volksbewegungs-Disskussion ab: War er, wie Dahrendorf gemeint hat,[17] ein „Aufstand der Tradition" und auch der „Illiberalität und des Autoritarismus", oder bewegten sich die Neuordnungspläne „in der Richtung dessen, was heute unter einer freiheitlichen Demokratie verstanden wird"?[18]

Daraus lassen sich weitere Teilfragen ableiten:

1. Wann und in welcher Form taucht die Diskussion um eine Abstützung des Umsturzes im Volk auf, wie intensiv wurde sie von den Verschwörern im Umkreis des 20. Juli aufgenommen und wie weit wurde die politische Strategie darauf abgestellt?

2. Welche Chancen hatte eine solche projektierte Volksbewegung? Anders formuliert: Wie breit und wie tief war die Resistenz, die sich im Konfliktfalle des geglückten Attentats in politischen Widerstand beziehungsweise Unterstützung der Verschwörer ummünzen ließ?

Auch wenn sich keine der gestellten Fragen befriedigend beantworten läßt, sollten sie doch zur Klärung der spezifischen Schwierigkeiten des 20. Juli deutlich gestellt werden. Daß der Arbeiterbewegung und insbesondere ihren Repräsentanten Julius Leber und Wilhelm Leuschner hierbei eine zentrale Rolle zufiel, versteht sich fast von selbst.

Die soziale und politische Ausgangslage — Widerstand war effektiv nur „von oben" möglich — führte dazu, daß das „Volk" als Adressat und eventuelle Stütze zunächst eine geringe Rolle spielte. Erst 1943/44 begann eine intensivere Diskussion um die Volksbewegung. Der Widerstand wurde von Individuen, von „ehrlich gesinnten Honoratioren" getragen, es war keine „Bewegung" mit dem Ziel, das Volk und die (geheime) öffentliche Meinung zu gewinnen. Der Anspruch auf Repräsentation des „Ganzen" wurde aus der sozialen Stellung und der politischen Verantwortung abgeleitet. Wieweit der Umsturz von oben auch von unten zu legitimieren sei, blieb daher bis 1944 sehr umstritten.[19]

So wenig Präzises wir über die Volksbewegungsdiskussion im einzelnen wissen, so einleuchtend ist doch die Überlegung, daß es der Mehrzahl der Verschwörer angesichts ihrer prinzipiellen, aus verschiedenen Motiven gespeisten Ablehnung von Massendasein und Massenherrschaft und angesichts der geringen Bedeutung plebiszitärer Elemente im Verfassungsdenken des Widerstandes[20] sehr schwer fallen mußte, dieses zentrale Problem hinreichend zu erkennen, zu diskutieren und für die politische Strategie eines Attentats zu berücksichtigen. Daß es in den dreißiger und frühen vierziger Jahren gar nicht auftauchte, dann aber 1944 von verschiedenen Seiten aufgegriffen wurde, läßt sich insofern als Indikator für einen Lernprozeß der tendenziellen Überwindung sozialer und politischer Vorurteile interpretieren.

Aufgrund der Unklarheit über die Haltung der Bevölkerung stellte sich für die Verschwörer ein weiteres Problem: Angesichts der tiefen Loyalität gegenüber Hitler war im Falle des Umsturzes mit starken Reaktionen zu rechnen. Diese waren jedoch schwerlich mit demokratischen Mechanismen zu kontrollieren, so daß eine zentralistisch-autoritäre Führung zumindest zeitweilig nötig schien. Julius Leber brachte dieses Problem auf die Formulierung, „daß die Diktatur nicht über Nacht auf demokratische Verhältnisse umgestellt werden könne". Wie bei einer Entziehungskur schwebte ihm ein langsam fortschreitender Abbau der unumschränkten Exekutivgewalt des Naziregimes vor.[20a] Aus diesem Blickwinkel und aus der Unsicherheit der Prognose über das Verhalten der Bevölkerung war insofern das anfängliche Fehlen einer Diskussion um eine Volksbewegung durchaus naheliegend.[21]

Erstmals formulierte Carlo Mierendorff 1943 in seinem Aufruf für die *Sozialistische Aktion* die Grundelemente einer solchen Bewegung:[22]

„Die sozialistische Aktion ist eine überparteiliche Volksbewegung zur Rettung Deutschlands. Sie kämpft für die Befreiung des deutschen Volkes von der Hitlerdiktatur, für die Wiederherstellung seiner durch die Verbrechen des Nazismus niedergetretene Ehre und für seine Freiheit in der sozialistischen Ordnung. Den Aktionsausschuß bilden Vertreter der christlichen Kräfte, der sozialistischen Bewegung, der kommunistischen Bewegung und der liberalen Kräfte als Ausdruck der Geschlossenheit und Einheit."

Die Intensivierung der Diskussion ergab sich zum einen aus der wachsenden Kritik an den reaktionären Staats- und Gesellschaftsvorstellungen Goerdelers und Popitz', zum anderen aus der mit zunehmender Unruhe beobachteten Aktivität des „Nationalkomitees Freies Deutschland" (NKFD). So übte Yorck Kritik an Goerdeler und Popitz, weil sie zu alt und zu reaktionär für eine tragfähige Regierung seien. Es müsse eine viel breitere Basis geschaffen werden „unter Einbeziehung der Arbeiterschaft bis zum linken Flügel der Sozialdemokratie".[23] Auch Stauffenbergs Stellungnahme ging in die gleiche Richtung, wenn er argwöhnte, der geplante Umsturz könne als „Revolution der Greise" erscheinen, wenn Goerdelers Gruppe weiterhin dominiere.[24] Hier traf er sich mit Leber, der — nach den Kaltenbrunner-Berichten — mit Goerdeler mehrfach hart aneinandergeriet. Dabei spielte die Frage, wie „nach dem militärischen Zusammenbruch" die Grundlage für eine „neue Volksbewegung" zu schaffen sei und wie eine „Einigung von aus verschiedenen alten politischen Richtungen stammenden Menschen" zustandekommen könne,[25] die zentrale Rolle. Für Leber und Stauffenberg, die sich menschlich und politisch sehr nahe gekommen waren, bildete die deutsche Erhebung von 1813 gegen Napoleon einen historischen Orientierungspunkt für die Verbindung von staatlicher und militärischer Erneuerung von oben und unten.[26]

Lebers Vorstellungen einer deutschen Volksbewegung deckten sich in den Grundzügen mit denen Mierendorffs, bis auf die christlichen Züge, die Leber ablehnte. Nicht nur der Inhalt des Mierendorffschen Aufrufs, sondern auch die knappe Prägnanz des Textes mußten Leber mehr entgegenkommen als die differenzierte Programmatik Goerdelers und des Kreisauer Kreises. Hier lag ein wirkliches Massenprogramm vor. Mierendorff verstand unter Volksbewegung „das arbeitende Volk in Stadt und Land und unsere tapferen Soldaten". Um den Umsturz von unten aufzufangen, wollte Leber auf der Grundlage „aller überlebenden und lebensfähigen sozialen und demokratischen Kräfte" eine „umfassende Volksbewegung" schaffen.[27] Konsequent zu Ende gedacht, bedeutete dies auch, sich mit den Kommunisten auseinanderzusetzen und sie entweder mit einzubeziehen oder sich dezidiert abzugrenzen. Leber und Mierendorff waren zur Öffnung bereit, Stauffenberg möglicherweise ebenfalls. Dagegen lehnten sowohl die Kreisauer als auch die Goerdeler-Gruppe solche Kontakte ab. Leber war der Überzeugung, wie seine Frau überliefert hat, daß „nur eine breite Volksbewegung stark genug sein konnte, sich auf eine Auseinandersetzung mit Hitler einzulassen". Daher versuchte er, auch Leuschner zu überzeugen, daß eine Abstimmung mit den Kommunisten notwendig sei.[28] Als am 21. Juni 1944 bei einer Besprechung in Yorcks Wohnung Kreisauer und Sozialdemokraten die Öffnung zu den Kommunisten erörterten, warnten außer Reichwein und Leber alle davor, auch Leuschner. Durch seine KZ-Erfahrung hatte Leber die Distanz aus der Weimarer Zeit zu den Kommunisten überbrückt. Trotz der Warnung beschlossen Leber und Reichwein daher, den Kontakt aufzunehmen.[29]

Unabhängig von der konkreten Entscheidung für oder gegen den Kontakt spielte das NKFD eine wichtige Rolle als politischer Katalysator. Schon Ende 1943 war im Auftrag Moltkes in einer in der Türkei verfaßten Denkschrift auf die Gefahr des Nationalbolschewismus hingewiesen worden. Um einer neuen Regierung nicht bei der Arbeiterschaft von vornherein jede Chance zu nehmen, müsse man mit einem möglichst starken linken Flügel von Sozialdemokratie und Gewerkschaften unter Einschluß ungebundener Kommunisten operieren.[30] Ähnliche Sorgen brachte Trott zum Ausdruck, wenn er über die wachsende Linksorientierung des deutschen Widerstandes angesichts der unnachgiebigen Haltung der Westalliierten berichtete.[31] Auch wo das NKFD somit mehr oder minder dezidiert abgelehnt und die Öffnung nach links verweigert wurde, aktualisierte die Auseinandersetzung mit dieser Frage das Volksbewegungs-Problem und stimulierte das Nachdenken über eine zentrale politische Dimension des Umsturzes.[32]

So taucht die Vorstellung schließlich auch bei Goerdeler auf, der ja durchgehend seiner dezidierten antikommunistischen Haltung treu blieb. Hier zeigt sich freilich, wie leicht das Volksbewegungs-Konzept zur Variante der nationalsozialistischen Volksgemeinschaft — nur ohne Hitler — werden konnte. So hat Goerdeler nach den Kaltenbrunner-

Berichten den Vorschlag gemacht, die NSDAP aufzulösen und durch eine Volksbewegung zu ersetzen. Diese sollte „von oben" initiiert werden, blieb in ihren Konturen aber völlig vage: „Auch wir wollen keinen Parteienstaat mehr", erklärte Goerdeler. „Eine Volksbewegung sollte alle Stände, Schichten und Gaue einen." Parteipolitisch sollte sie das Spektrum von der Sozialdemokratie über das Zentrum bis zu den Deutschnationalen umfassen.[33] In seinen „Gedanken eines zum Tode Verurteilten" (September 1944) konzipierte Goerdeler eine „Volksbewegung auf breitester Grundlage", die „zunächst von der Regierung, später selbständig zu führen ist. In ihr sind auch Oppositionsgruppen gestattet, die Volksbewegung soll ihnen bei der Aufstellung der Kandidaten Rechnung tragen. Später mögen sich daraus Parteien — konservativ-liberal — Sozialisten — Kommunisten entwickeln."[34]

Joseph Wirmer, der zur Goerdeler-Gruppe gehörte, unternahm den Versuch, einen Kompromiß zwischen Lebers und Goerdelers Vorstellungen von Volksbewegung zustandezubringen, und legte einen eigenen Vorschlag einer „Deutschen Gemeinbewegung" vor. Ein Kompromiß kam aber wohl nicht mehr zustande. Die Kaltenbrunner-Berichte konstatieren daher, daß es angesichts der Spannungen „niemals zu einer endgültigen Einigung über die Proklamation für die ‚Volksbewegung' und ihren politischen Inhalt gekommen" sei.[35] Unabhängig von den inhaltlichen Kontroversen um eine Volksbewegung waren sich die Vertreter der Arbeiterbewegung Leuschner, Leber und Kaiser darin einig, daß sie unmittelbar nach einer gewaltsamen Beseitigung Hitlers nicht „in die vorderste Reihe der Verantwortlichen" gerückt werden dürften, um nicht erneut der Entstehung einer Dolchstoßlegende Vorschub zu leisten.[36]

Die Diskussion um die Volksbewegung auf den verschiedenen Flügeln des Widerstandes signalisierte, daß der Umsturz über die „technische" Seite hinaus immer deutlicher als politisches Zukunftsproblem erkannt wurde und somit auch als politischer Lernprozeß interpretiert werden kann. Dennoch bleibt kaum erkennbar, wo die Brücke zwischen den divergierenden Konzepten liegen sollte. So wird man kaum umhin können, den Kaltenbrunner-Berichten formal zuzustimmen, wenn sie den Versuch, „eine Einheit zu konstruieren", als ein „politisches Monstrum" charakterisieren.[37] Darüber hinaus stellt sich schließlich unabhängig von der bestenfalls schattenhaft erkennbaren Einigung über ein Volksbewegungskonzept die Frage nach den Chancen. Konnte eine — zwangsläufig — von oben proklamierte Volksbewegung auf ein breites Echo bei ihren eigentlichen Adressaten rechnen?

III

Folgt man zunächst den Kaltenbrunner-Berichten, so ergibt sich ein relativ eindeutiges Bild. Bereits im ersten Bericht wird die nahezu geschlossene Ablehnung des Attentats bei der Bevölkerung betont. Am 21. Juli heißt es:

„Bisher ist nicht eine einzige Äußerung erfaßt worden, die auch nur andeutungsweise erkennen lassen würde, daß irgendein Volksgenosse mit dem Anschlag einverstanden wäre. Es wird im Gegenteil durchweg beobachtet, daß selbst Teile der Bevölkerung, die sonst nicht hundertprozentig zum Nationalsozialismus stehen, das Attentat verabscheuen."[38]

Dieser Tenor veränderte sich in späteren Berichten kaum.

Nun ist freilich quellenkritisch zu berücksichtigen, daß der Sicherheitsdienst (SD) erstens eine machtpolitische Absicht verfolgte und Hitler insbesondere von der Breite der Verschwörung in der Wehrmachtsspitze und dem Adel ein dramatisches Bild liefern wollte, zweitens aber die Loyalität des breiten Volkes, insbesondere der einfachen Arbeiterschaft zu betonen versuchte. Daher sind die Aussagen der Kaltenbrunner-Berichte mit großer Vorsicht aufzunehmen. Dennoch wird das zitierte Urteil tendenziell durch andere Zeugnisse bestätigt.[39]

In vielen späteren Einzelberichten fällt nun allein sprachlich ins Auge, wie ausgeprägt gehässig der Tonfall der Aussagen über den „Gewerkschaftsklüngel", die alte SPD und die politischen Ambitionen der Vertreter der Arbeiterbewegung ist.[40] Daraus ließe sich als Indiz der Schluß ziehen, daß der SD-Apparat, der durchaus in politischen Kategorien dachte und dem die politische Brisanz der desolaten militärischen Lage voll bewußt war, die besondere Gefährlichkeit dieser Situation zweifellos erkannte. Tim Masons überzeugende These, das Trauma der Revolution von 1918 sei eine zentrale Determinante zum Verständnis der NS-Sozial- und Kriegswirtschaftspolitik,[41] erfährt hier in einem scheinbar peripheren Zusammenhang ihre hypothetische Bekräftigung.

Über diese zunächst nur äußerlichen Eindrücke hinaus zeichnen die Kaltenbrunner-Berichte inhaltlich ein Bild, dessen Konturen vor allem durch zwei Linien bestimmt werden:

— Leber und Leuschner verkörpern als Repräsentanten der alten Arbeiterbewegung den politisch besonders gefährlichen Teil der Verschwörung, weil sie allein schon als Person das Ziel der breiten Absicherung eines Umsturzes bei der Arbeiterbewegung zum Ausdruck brachten; gerade deshalb werden sie besonders lächerlich gemacht.

— Die vermeintliche oder tatsächliche Stimmungslage der Bevölkerung wird demgegenüber durchweg in diametralem Gegensatz zu diesen Zielsetzungen gesehen, so daß der Putsch scheitern mußte, selbst wenn das

Attentat erfolgreich gewesen wäre. Die Loyalität der Bevölkerung gegenüber Hitler erscheint in der Situation eines vermeintlichen Verteidigungs- und Überlebenskampfes und auch gerade angesichts der Form des Attentats (besonders schwierige Frontlage, Unschuldige werden als Opfer in Kauf genommen, Stauffenberg „rettet sich") ungebrochen oder gar noch größer als zuvor.[42]

Die tatsächliche „Volksmeinung" zu erfassen und das Verhalten der Bevölkerung nach einem erfolgreichen Tyrannenmord zu prognostizieren, ist ungemein schwierig. Nach Emil Henk wurde die alliierte Invasion zum Auslöser, um systematisch das Kontaktnetz der Gewerkschafter und Sozialisten zu vertiefen. Sie sollten in der Umsturzsituation schlagartig weitere Nazigegner alarmieren und die lokalen Machtapparate beseitigen.

„Es waren Männer genug für das erste Glied der Massenaktion vorhanden! Es gab kaum einen Ort, wo nicht die politische Avantgarde in diesen Wochen stand. Und es gab kaum einen Ort, wo hinter diesem ersten Glied nicht zehn weitere Glieder greifbar waren."

Nach Henk entstand also „in kurzer Zeit über ganz Deutschland ein unsichtbares Netz von oben herab bis hinunter in die kleinsten Gemeinden".[43] Dennoch bleibt die Frage, ob dieses von Henk ohne Zweifel in seinem Umfang erheblich überzeichnete Netz zur Abstützung eines Putsches ausgereicht hätte. Seine eigene Antwort fällt eher negativ aus. Seine stellenweise recht ungenaue und widersprüchliche Darstellung vermittelt zwar einerseits den Eindruck, als habe hinter dem 20. Juli das „ganze politische Deutschland" gestanden,[44] zieht dann aber aus seinem Versuch, eine grobe quantitative Größenordnung über das Netz von Verbindungsleuten anzugeben, eher den Schluß, daß 20 000 bis 40 000 Menschen, die in irgendeiner Form einbezogen und zum Aufstand bereit waren, keine Chance hatten, im Bürgerkrieg nach einem Attentat zu bestehen, da sie nicht an zentralen Stellen, besonders in den Städten konzentriert waren.[45]

Ehlerts skeptischem Urteil ist daher wohl zuzustimmen, das Netz von Vertrauensleuten habe lediglich eine Gesinnungsgemeinschaft erfaßt. Daraus den Ansatz einer Massenerhebung abzuleiten, sei von daher nicht mehr als eine vage Hoffnung geblieben.[46] Solange hier nicht detaillierte Untersuchungen vorliegen, ist über die potentiellen Stützen des Attentats in der illegalen Arbeiterbewegung kaum etwas genaues festzustellen.[47]

Daß nach dem Zusammenbruch 1945 die Organisationen der Arbeiterbewegung in kurzer Zeit wieder entstanden, ein vorhandenes Potential somit mobilisierbar war, kann schwerlich als Indiz für eine mögliche breite Unterstützung des Umsturzes ins Feld geführt werden. Denn die Rahmenbedingungen waren zu unterschiedlich, als daß sich aus hohen Mitgliederzahlen 1945 Rückschlüsse auf eine — politisch sehr riskante — aktive Bereitschaft nach einem erfolgreichen Attentat ziehen lassen.

Die Skepsis gegenüber einer zu optimistischen Beurteilung der Chancen eines Attentats in der Bevölkerung und insbesondere auch in der Arbeiterschaft hat Ehlert mit dem treffenden Hinweis begründet, daß neben der Kriegsgewöhnung der „Vaterländische Krieg" schon fast zu einer Zwangsvorstellung geworden war:

„Die junge Generation und die Grenadier gewordenen Arbeiter waren 1944 soziologisch und politisch dem Einfluß der illegalen Arbeiterführer entzogen. Das aktuelle Lebensinteresse der Uniformierten, der Eingezogenen und Dienstverpflichteten konzentrierte sich auf kriegsbedingte, hautnahe Tagesnöte und Sorgen ... oder aber Durchhalten bis zum versprochenen Endsieg ..."[48]

Insofern stellte sich insbesondere das Problem eines populären „Volksführers" nach dem Umsturz. Leber, den Freisler später als „Lenin der deutschen Arbeiterbewegung" apostrophierte, gehörte zu den wenigen, die möglicherweise eine solche Rolle übernehmen konnten. Ehlert hält ihn am ehesten, vielleicht sogar als einzigen für „fähig und bereit", als „Trommler einer levée en masse der Arbeiterschaft aufzutreten".[49]

Das Problem der Volksbewegung bestand strategisch — unabhängig von unterschiedlichen Konzepten der Beteiligten — darin, die politische Loyalität der Bevölkerung gegenüber Hitler zu brechen. Wie Kershaw gezeigt hat, gab es zwar eine wachsende Unzufriedenheit und Opposition gegenüber dem NS-System und seinen führenden Funktionären, aber Hitler blieb davon weitestgehend verschont.[50] Insofern war kaum zu erwarten, daß nach einer Auswechslung der Führungsspitze auch der Gehorsam ohne weiteres gesichert werden konnte. Gerade ein Attentat konnte in Deutschland kaum auf ein positives Echo rechnen, war es doch nicht einmal unter den politisch aktiven Verschwörern unumstritten und distanzierte sich die evangelische Kirche noch nach dem Krieg vom Tyrannenmord.[51] Eben hier zeigte sich jene fatale obrigkeitsstaatliche Kontinuität und die politische Relevanz einer fehlenden Tradition von zivilem Ungehorsam und Widerstandsrecht. Um diese zu erwartende Ablehnung des Attentats in der Bevölkerung und beim Heer[52] aufzufangen, wäre der ursprünglich geplante Weg der öffentlichen Bekanntgabe sicher richtig gewesen: Hitler sei Opfer einer Intrige von frontfremden Parteiführern geworden und die Armee als von Korruption unberührter Ordnungsfaktor habe die Macht übernommen.

Denkt man diese Konstruktion hypothetisch weiter, bleibt jedoch fraglich, ob diese Version überhaupt als wahrscheinlich und glaubhaft aufrechtzuerhalten war. Überdies wäre auf diese Weise gerade die politische Legitimation gegenüber dem Ausland ins Zwielicht geraten: Ein solcher Neuanfang konnte kaum überzeugen, und der Eindruck mußte entstehen, der Teufel sei durch Beelzebub ausgetrieben worden.

Als Resümee bleibt festzuhalten, daß unter den spezifischen sozialen und politischen Voraussetzungen in Deutschland eine Volksbewegung als politische Absicherung des Attentats kaum realisierbar war. Die Diskussion unter den Verschwörern darüber war Ausdruck eines Lernprozesses und eines tendenziellen Zusammenwachsens der verschiedenen Zweige der deutschen Widerstandsbewegung. Aber sie kam viel zu spät und blieb zudem ohne konkrete planerische und personelle Konsequenzen. Dieses Problem wurde nicht nur von den Beteiligten erst spät erkannt, sondern auch in der Nachkriegsdiskussion über den Widerstand wurden lange Zeit unvermindert antiquierte Positionen einer auf elitäre Personenkreise begrenzten Legitimität des Widerstandes verfochten. Dies zeigt, wie mühsam sogar historiographisch der Weg zu einer adäquaten Erfassung und Diskussion eines der zentralen Probleme des 20. Juli war.

Anmerkungen

1 Vgl. dazu die von Arthur Kaufmann herausgegebene Aufsatzsammlung: *Widerstandsrecht* (= Wege der Forschung, Bd. 173), Darmstadt 1972. Sie bleibt zwar für den Historiker sehr unbefriedigend, bietet aber doch einen Einstieg in die verschiedenen Aspekte und eine umfassende Bibliographie. Vgl. als beliebiges Beispiel aus Lexika-Artikeln: *Handlexikon zur Rechtswissenschaft*, hrsg. von Axel Görlitz, Darmstadt 1972, S. 526 ff.

2 Joachim Kramarz, *Claus Graf Stauffenberg*, Frankfurt a. M. 1965, S. 156. Christian Müller, *Oberst i. G. Stauffenberg*, Düsseldorf 1970, S. 463.

3 *Vollmacht des Gewissens*, hrsg. von der Europäischen Publikation e. V., Bd. 1, 3., verb. Aufl., Frankfurt a. M. 1960, S. 42 („Deutsche Gespräche über das Recht zum Widerstand").

4 „Der General: Immer sind es in der Geschichte nur wenige Persönlichkeiten gewesen, die in ähnlichen Lagen zur Tat schritten. Sie dürfen nicht übersehen, was dieser Entschluß gerade für den Soldaten bedeutete: der Offizier erhebt die Waffe gegen seinen obersten Befehlshaber mitten im Kriege, im Ringen seines Volkes auf Leben und Tod ... Er tut es, um seinem Volke größere Leiden zu ersparen. Aber er weiß, die Masse dieses Volkes verurteilt seine Handlungsweise und glaubt noch immer an den ‚Führer', blind und betäubt durch Propaganda. Nicht nur das. Auch die meisten Frontsoldaten lehnen den Schritt ab." Adolf Heusinger, *Befehl im Widerstreit*, Tübingen 1950, S. 385 ff. Der Text ist u. a. in dem Schulbuch *Weltgeschichte im Aufriß. Quellen- und Arbeitsbuch*, Bd. 3, 13. Aufl., Frankfurt a. M. 1966, S. 248 ff., (Diesterweg-Verlag) wiedergegeben.

5 Max Pribilla SJ, *An den Grenzen der Staatsgewalt* (1948), in: A. Kaufmann (Hrsg.), *Widerstandsrecht* ... [Anm. 1], S. 211—234, hier S. 226 f.

6 Richard Hauser, *Sinn und Grenze politischen Gehorsams*, in: *A.a.O.*, S. 170—195, hier S. 193.

7 Im *Sachwörterbuch der Geschichte Deutschlands und der deutschen Arbeiterbewegung*, Berlin [Ost] 1969, S. 724 f., heißt es: „Die Verschwörung (vom 20. Juli 1944) blieb erfolglos, weil sie letztlich gegen die Interessen des deutschen Volkes gerichtet und ohne

Verbindung mit der antifaschistischen Widerstandsbewegung und deren führender Kraft, der Vorhut der Arbeiterklasse, vorbereitet worden war." Ähnlich lautet das Urteil in der *Geschichte der deutschen Arbeiterbewegung*, Kapitel 11: Periode vom September 1939 bis Mai 1945, Berlin [Ost] 1968, S. 185: „Der Putsch blieb erfolglos, weil er dilettantisch und ohne Verbindung mit der antifaschistischen Widerstandsbewegung vorbereitet war und die an diesem Putsch teilnehmenden Offiziere für die Zeit unmittelbar nach der Beseitigung Hitlers keine politische Konzeption hatten. Unter den Bedingungen des nazistischen Terrorsystems konnte selbst der bestorganisierte Offiziersaufstand nicht erfolgreich sein, wenn er von der Vorhut der Arbeiterklasse und den antifaschistischen Widerstandsorganisationen isoliert blieb."

[8] Vgl. dazu Detlev Peukert, *Die KPD im Widerstand. Verfolgung und Untergrundarbeit an Rhein und Ruhr 1933 bis 1945*, Düsseldorf 1980, S. 421 ff.

[9] Vgl. dazu detaillierter Christoph Kleßmann, *Gegner des Nationalsozialismus. Zum Widerstand im Dritten Reich*, in: *Aus Politik und Zeitgeschichte*, B 46/79, S. 25—37.

[10] Vgl. dazu Klaus-Jürgen Müller, *Die deutsche Militäropposition gegen Hitler. Zum Problem ihrer Interpretation und Analyse*, in: Ders., *Armee, Politik und Gesellschaft in Deutschland 1933—1945*, Paderborn 1979, S. 101—123. Andreas Hillgruber, *Die „Endlösung" und das deutsche Ostimperium als Kernstück des rasseideologischen Programms des Nationalsozialismus*, in: Manfred Funke (Hrsg.), *Hitler, Deutschland und die Mächte*, Düsseldorf 1976, S. 94—114, bes. S. 112 ff.

[11] Vgl. David Schoenbaum, *Die braune Revolution. Eine Sozialgeschichte des Dritten Reiches*, Köln 1968. Tim W. Mason, *Sozialpolitik im Dritten Reich. Arbeiterklasse und Volksgemeinschaft*, Opladen 1977. Vgl. für einen Teilbereich Gunther Mai, *Die nationalsozialistische Betriebszellenorganisation. Zum Verhältnis von Arbeiterschaft und Nationalsozialismus*, in: *Vierteljahrshefte für Zeitgeschichte*, 31. Jg. (1983), S. 573—613.

[12] Dazu sehr aufschlußreich in der Analyse langfristig entstandener Dispositionen und Verhaltensweisen: Wolfram Wette, *Ideologien, Propaganda und Innenpolitik als Voraussetzung der Kriegspolitik des Dritten Reiches*, in: *Das Deutsche Reich und der Zweite Weltkrieg*, Bd. 1, Stuttgart 1979, S. 25—173, bes. S. 141.

[13] Martin Broszat, in: *Bayern in der NS-Zeit. Herrschaft und Gesellschaft im Konflikt*, Bd. 4, hrsg. von M. Broszat u. a., München 1981, S. 691—709.

[14] Vgl. die Texte der verschiedenen Aufrufe an die Bevölkerung, in: Hans Adolf Jacobsen (Hrsg.), *Spiegelbild einer Verschwörung. Die Opposition gegen Hitler und der Staatsstreich vom 20. Juli 1944 in der SD-Berichterstattung*, Stuttgart 1984, S. 139 ff., 199 ff., 213 ff., 265 ff.

[15] Gerhard Ritter, *Carl Goerdeler und die deutsche Widerstandsbewegung*, Stuttgart 1954, S. 577 ff., hier: S. 594.

[16] Detlev Peukert, in: *Widerstand und Exil der deutschen Arbeiterbewegung 1933—1945. Grundlagen und Materialien*, Bonn 1982, S. 228 ff.

[17] Ralf Dahrendorf, *Gesellschaft und Demokratie in Deutschland*, München 1965, S. 442 f.

[18] Dieter Ehlers, *Technik und Moral einer Verschwörung. 20. Juli 1944*, Frankfurt a. M. 1964, S. 16.

[19] Hans Mommsen, *Gesellschaftsbild und Verfassungspläne des deutschen Widerstandes*, in: Walter Schmitthenner/Hans Buchheim (Hrsg.), *Der deutsche Widerstand gegen Hitler*, Köln 1966, S. 73—167, hier S. 78.

[20] *A.a.O.*, S. 80 ff., 115.

[20a] Zit. b. Ch. Müller, *Oberst i. G. Stauffenberg...* [Anm. 2], S. 374.

[21] H. Mommsen, *Gesellschaftsbild...* [Anm. 19], S. 126.

[22] Der vollständige Text bei Ger van Roon, *Neuordnung im Widerstand. Der Kreisauer Kreis innerhalb der deutschen Widerstandsbewegung,* München 1967, S. 589.

[23] H. A. Jacobsen (Hrsg.), *Spiegelbild...* [Anm. 14], S. 257.

[24] Zitiert bei Dorothea Beck, *Julius Leber. Sozialdemokrat zwischen Reform und Widerstand,* Berlin 1983, S. 185.

[25] H. A. Jacobsen (Hrsg.), *Spiegelbild...* [Anm. 14], S. 179.

[26] D. Beck, *Julius Leber...* [Anm. 24], S. 183 ff.

[27] Zitiert *a.a.O.*, S. 186 ff.

[28] Annedore Leber im *Telegraf* vom 16. 4. 1946, zitiert bei Kurt Finker, *Stauffenberg und der 20. Juli 1944,* Köln 1977, S. 242.

[29] D. Beck, *Julius Leber...* [Anm. 24], S. 189.

[30] H. Mommsen, *Gesellschaftsbild...* [Anm. 19], S. 153.

[31] Allen Welsh Dulles, *Verschwörung in Deutschland,* Zürich 1948, S. 177 f.

[32] Ob Finkers Urteil, es könne „als sicher gelten, daß Stauffenberg nach gelungenem Umsturz die Verbindung zum NKFD gesucht hätte", zutrifft, bleibt letztlich spekulativ. Zuzustimmen ist jedoch seinem Urteil, das NKFD habe den Differenzierungsprozeß im bürgerlich-konservativen Lager beschleunigt und verschärft. K. Finker, *Stauffenberg...* [Anm. 28], S. 253, 259.

[33] H. A. Jacobsen (Hrsg.), *Spiegelbild...* [Anm. 14], S. 501.

[34] G. Ritter, *Carl Goerdeler...* [Anm. 15], S. 543.

[35] H. A. Jacobsen (Hrsg.), *Spiegelbild...* [Anm. 14], S. 501; D. Beck, *Julius Leber...* [Anm. 24], S. 192.

[36] Elfriede Nebgen, *Jakob Kaiser. Der Widerstandskämpfer,* Berlin 1967, S. 167.

[37] H. A. Jacobsen (Hrsg.), *Spiegelbild...* [Anm. 14], S. 501.

[38] *A.a.O.*, S. 1 f.

[39] Vgl. Marlis Steinert, *Hitlers Krieg und die Deutschen,* Düsseldorf 1970, S. 478.

[40] H. A. Jacobsen (Hrsg.), *Spiegelbild...* [Anm. 14], S. 233, 263, 496 f.

[41] T. Mason, *Sozialpolitik...* [Anm. 11], S. 31, 37.

[42] H. A. Jacobsen (Hrsg.), *Spiegelbild...* [Anm. 14], S. 2 f., 6 f., weitere Stimmungsberichte, die die Aussagen bestätigen, im Anhang, S. 620 f., 625 f., 629 f. Vgl. ferner Ian Kershaw, *Der Hitler-Mythos. Volksmeinung und Propaganda im Dritten Reich,* Stuttgart 1980, S. 186 ff. Auf eine Umfrage im Juni 1951 „Wie soll man Ihrer Ansicht nach die Männer vom 20. Juli beurteilen?" antworteten nur 40 % positiv, 30 % negativ, 16 % hatten kein Urteil, der Rest war schwankend im Urteil oder hatte keine Erinnerung an den 20. Juli. *Jahrbuch der öffentlichen Meinung 1947—1955,* Allensbach 1956, S. 139.

[43] Emil Henk, *Die Tragödie des 20. Juli 1944. Ein Beitrag zur politischen Vorgeschichte,* 2., erw. Aufl., Heidelberg 1946, S. 47 f.

[44] *A.a.O.*, S. 7.

[45] *A.a.O.*, S. 60.

[46] D. Ehlers, *Technik...* [Anm. 18], S. 164.

[47] Bislang gilt das auch für entsprechende Aussagen bei Gerhard Beier, *Die illegale Reichsleitung der Gewerkschaften,* in: Richard Löwenthal/Patrik von zur Mühlen (Hrsg.), *Widerstand und Verweigerung in Deutschland 1933 bis 1945,* Bonn 1982, S. 48 f. Aussagen Haubachs, nach denen sich Mierendorff, Leber und Haubach sehr skeptisch oder gar abfällig über Leuschners Anhang geäußert haben, sind ohne großen Wert, da in Gestapo-Verhören selbstverständlich versucht wurde, diesen potentiellen Anhang als möglichst klein erscheinen zu lassen. H. A. Jacobsen (Hrsg.), *Spiegelbild...* [Anm. 14],

S. 497. Finker kommt anhand verschiedener Indizien (nachträgliche Befragung, erhöhte Überläuferzahlen) zu dem optimistischen, aber gleichwohl vage formulierten Fazit: „man darf wohl ohne Übertreibung feststellen, daß der positive Widerhall ... bei den werktätigen Massen und bei den einfachen Soldaten verhältnismäßig groß war." K. Finker, *Stauffenberg...* [Anm. 28], S. 388.

[48] D. Ehlers, *Technik...* [Anm. 18], S. 166.

[49] *A.a.O.*, S. 165.

[50] I. Kershaw, *Der Hitler-Mythos...* [Anm. 42].

[51] Ernst Wolf, *Zum Verhältnis der politischen und moralischen Motive in der deutschen Widerstandsbewegung*, in: W. Schmitthenner/H. Buchheim (Hrsg.), *Der deutsche Widerstand...* [Anm. 19], S. 215—255, hier S. 243.

[52] Nicht uninteressant erscheint in diesem Zusammenhang das Urteil Remers, auch wenn der aufschneiderische Ton ins Auge fällt: „Es bedarf keiner Frage, was geschehen wäre, wenn das Unternehmen des 20. Juli Erfolg gehabt hätte. Die deutsche Ostfront, die sich gerade in schwersten Abwehrkämpfen verwickelt sah, wäre ohne Zweifel infolge des notwendigerweise ausbrechenden Bürgerkrieges und der damit verbundenen Unterbrechung des Nachschubs zusammengebrochen. Ich selbst habe damals über 10000 Briefe (sic!) deutscher Frontkämpfer und aus dem Heimatgebiet erhalten, die mir mitteilten, sie hätten sich mit ihren Waffen gegen die Heimatkrieger gewandt, wenn auch nur der Verdacht einer Rebellion im Bereich des Ersatzheeres aufgetaucht wäre. Immer wieder erschien das böse Wort vom Dolchstoß in den Rücken der kämpfenden Front." Otto Ernst Remer, *Verschwörung und Verrat um Hitler. Urteil des Frontsoldaten*, 2. Aufl., Preußisch Oldendorf 1982, S. 310.

Carl Mierendorff und das Konzept einer demokratischen Volksbewegung

RICHARD ALBRECHT
Mannheim

„Berlin, den 14. 6. 43.

Am heutigen Tag, dem Pfingstmontag 1943, haben die Unterzeichneten feierlich beschlossen, ihr gemeinsames Handeln als Sozialistische Aktion durch die Aufstellung des nachstehenden Aktionsprogramms zu bekräftigen.

Die Sozialistische Aktion ist eine überparteiliche Volksbewegung zur Rettung Deutschlands.

Sie kämpft für die Befreiung des deutschen Volkes von der Hitlerdiktatur, für die Wiederherstellung seiner durch die Verbrechen des Nazismus niedergetretenen Ehre und für seine Freiheit in der sozialistischen Ordnung.

Den Aktionsausschuß bilden Vertreter der christlichen Kräfte, der sozialistischen Bewegung, der Kommunistischen Bewegung und der liberalen Kräfte als Ausdruck der Geschlossenheit und Einheit.

Der Kampf wird geführt unter dem Banner der Sozialistischen Aktion, der roten Fahne mit dem Symbol der Freiheit: dem mit dem Kreuz vereinten sozialistischen Ring als Zeichen unverbrüchlicher Einigkeit des arbeitenden Volkes.“[1]

Diesen so emphatisch wie zielgerichtet beginnenden Aufruf fand der niederländische Historiker Ger van Roon bei den *Grundtexten* des Kreisauer Kreises, also jener intellektuellen Untergrundgruppe von Nazigegnern, in der recht verschiedene politische Vertreter und Strömungen mitarbeiteten und die auch die Entwicklung nach dem Sturz Hitlers diskutierte. Der Autor beruft sich aufs gemeinsame Handeln christlicher, sozialistischer, kommunistischer und liberaler Kräfte und wußte natürlich, daß noch zum damaligen Zeitpunkt — Mitte Juni 1943 — „der Kontakt [zum Kommunisten] im allgemeinen strikt abgelehnt wurde“.[2]

Der Aufruf beruft sich gleichwohl aufs *gemeinsame Handeln* bürgerlicher Kräfte auch mit Vertretern der kommunistischen Bewegung und skizziert als *Sozialistische Aktion* ein erstes programmatisches *Aktionsprogramm;* steht also erkennbar in der Tradition der deutschen Arbeiterbewegung, die infolge Machtübergabe, Machtübernahme und Machtausübung der Nationalsozialisten zehn Jahre zuvor zerschlagen wurde. Und auch wenn der Aufruf zu *Sozialistischer Aktion* noch 1980 als „bürgerlich-aristokratisches" Anti-Nazi-Dokument gewertet wurde,[3] ist doch diese Tradition ebenso unübersehbar wie die in diesem Zusammenhang vom Verfasser eingangs betonte Ausrichtung aufs „Symbol der Freiheit"[4] als „Zeichen unverbrüchlicher Einheit des arbeitenden Volkes", die an den Symbolkampf der Eisernen Front von vor 1933 anknüpft.

Erarbeitet hat den Aufruf ein „Tatmensch"[5] — so nennt ihn van Roon zutreffend. Der Mann war in der Widerstands- und Untergrundgruppe des Kreisauer Kreises als Dr. Friedrich bekannt.[6] Er mag im Mai/Juni 1943 in Berlin am ersten Programmentwurf einer *Sozialistischen Aktion* gearbeitet haben, um seine im Text selbst aufgespeicherten politischen Vorstellungen auf der dritten — und letzten — Kreisauer Tagung Pfingsten 1943 zur Diskussion zu stellen. Mehr noch: Die Datierung des Dokuments mit seiner doppelten Aufgabe — einerseits zur Mobilisierung und Einheit im Kampf gegen die Hitlerdiktatur, andererseits zur gesellschaftlichen Organisation nach Hitler beizutragen — auf den 14. Juni 1943 als letzten Tag der Diskussion auf dem Gutshof des Grafen Helmuth James von Moltke im oberschlesischen Kreisau läßt vermuten, daß der Autor zumindest eine Diskussion, wenngleich gewiß nicht eine mehrheitliche Annahme seines Aufrufs für möglich hielt.

Dr. Friedrich selbst freilich konnte — wie es seinerzeit hieß — aus „polizeilichen Gründen" nicht an der letzten großen Kreisauer Zusammenkunft teilnehmen,[7] sondern fuhr nach Heidelberg,[8] der Stadt seiner studentischen Jugend und seiner ersten, nun mehr als zwanzig Jahre zurückliegenden Kämpfe gegen Vertreter der deutsch-völkischen politischen Reaktion.[9] Die Sicherheit der Untergrundgruppe Kreisauer Kreis erforderte, daß der Autor der *Sozialistischen Aktion*, der erst Anfang 1938 nach viereinhalb leidvollen Jahren in Konzentrationslagern des „Dritten Reiches" nach Berlin entlassen worden war, der letzten großen Zusammenkunft in Kreisau und der Kreisauer fernblieb. Auch dies mag dazu beigetragen haben, daß sein Aufruf schließlich dort nicht diskutiert wurde.

Wenn auch nicht unter dem Kreisauer Decknamen, so war der Mann, der der deutschen antifaschistischen Widerstandsbewegung im Juni 1943 programmatisch und aktionistisch Einigkeit vermitteln und insofern auch ein politisches Gesicht geben wollte, den nationalsozialistischen Verfolgerbehörden wohl bekannt; auch wenn die politische und Sicherheitspolizei seinen wahren Namen wiederholt falsch schrieb und seinem Träger nach der schließlichen Entlassung aus dem KZ Buchenwald zunächst die Annahme eines neuen Namens — Dr. Willmer — ermöglichte und ihm gestattete, sich als Schriftsteller in Berlin aufzuhalten.[10] In einer Aktennotiz vom 29. Oktober 1937 heißt es über ihn:

„Karl *Mierendorf*, 24. 3. 97 Grossenhain geb., Schriftsteller. War Sekretär im Deutschen Transportarbeiter-Verband, Redakteur der Zeitung ‚Hessischer Volksfreund', ... Sekretär der sozialdemokratischen Reichstagsfraktion und seit 1929 Pressereferent im Hessischen Innenministerium und MdR. Befindet sich seit 1933 in Schutzhaft."[11]

Und ein SS-Material vom Juni 1939 zur „Erfassung führender Männer der Systemzeit" erklärt knapp:

„*Mierendorf*, Dr. Karl, geb. 24. 3. 97 zu Grossenheim, *vor 1933:* M.d.R. der S.P.D. und Fraktionssekretär, Pressechef der hessischen Landesregierung, *nach 1933:* Befand sich in Schutzhaft, wohnt heute in Berlin und ist als Schriftleiter tätig."[12]

Schließlich findet sich der Name Carl Mierendorff — gemeinsam unter anderen mit den sozialdemokratischen Funktionären Severing, Noske, Löbe, Leber, Haubach und Leuschner — auf einer geheimen Liste von Politikern, die bei Kriegsbeginn „vorsichtshalber" festzunehmen seien;[13] auch wenn Mierendorff selbst nicht wie sein Freund und Gefährte Theodor Haubach dann Ende August 1939 erneut als politischer Gefangener in ein Konzentrationslager verbracht wurde, sondern ab September 1939 im rüstungswirtschaftlichen Großunternehmen BRABAG erstmals seit seiner Entlassung aus dem hessischen Staatsdienst Anfang März 1933 wieder eine reguläre Stelle erhielt.[14]

Angesichts der so bitteren Niederlage der gesamten politischen Arbeiterbewegung 1932/33 einerseits und der so demütigenden individuellen Erfahrungen Carl Mierendorffs als jahrelanger politischer Gefangener der nationalsozialistischen Herrscher, die zudem auch nach seiner Freilassung aus dem Konzentrationslager Buchenwald Mierendorffs bürgerliche Existenz direkt bestimmten,[15] verkörpert der Sozialist Carlo Mierendorff[16] ein um so höher moralisch zu bewertendes Stück Lebens- und Widerstandswillens: Denn Mierendorff war in der Tat einer jener, die unter den schwierigen Kampfbedingungen im politischen Untergrund — so schreibt Peter Hoffmann zutreffend — „seit Jahren aktiv auf den Umsturz" hinarbeiteten,[17] also auch — in den Worten Emil Henks, des Heidelberger Freundes und Kampfgenossen — „das lebensbedrohliche Spiel gegen das Dritte Reich"[18] wagten.

In diesem Sinn ist denn auch Mierendorffs Eintreten Mitte 1943 für „eine überparteiliche Volksbewegung zur Rettung Deutschlands" und

„für die Befreiung des deutschen Volkes von der Hitlerdiktatur" mit Blick auf die kämpferische, militante Persönlichkeit des Autors der *Sozialistischen Aktion* Moment der Stetigkeit einer Entwicklung.

Das Moment des Bruches in Mierendorffs politischer Programmatik liegt nicht auf dieser Ebene, sondern vielmehr in der vorgestellten Form der Volksbewegung als über die traditionellen Partei- und Lagergrenzen hinausgreifender Bewegung zum Sturz der Hitlerdiktatur, die auch Vertreter der „Kommunistischen Bewegung" einschließen sollte — eine Vorstellung, die Mitte Juni 1943 gewiß so avantgardistisch wie minoritär erscheinen mußte, auch wenn sie dann ab Frühjahr 1944 von anderen ehemaligen sozialdemokratischen Funktionären der Weimarer Republik — namentlich Adolf Reichwein und auch Julius Leber[19] — unterstützt werden sollte.[20]

Gewiß hatte diese „rudimentäre ‚Volksfront' im Untergrund" (Hoffmann) auch beim Zusammenwirken von Sozialdemokraten und Kommunisten als Sozialisten unter dem Vorrang der „Befreiung des deutschen Volkes von der Hitlerdiktatur" keinerlei „breite Unterstützung im Volk",[21] sondern mußte sich massenhafte Unterstützung und Handlungsbereitschaft auch innerhalb der vielfältig gegen Kriegsende umgeschichteten und politisch orientierungslosen Arbeiterklasse erst organisieren. Aus diesem Tatbestand folgt jedoch keineswegs, daß nun die „einzige Hoffnung" gerade der am 20. Juli 1944 beteiligten Sozialisten die zumeist bürgerlichen Kräfte einer „Revolte von oben" waren.[22]

Was der Widerstandshistoriker Kurt Finker mit Blick auf das von Mierendorff erarbeitete programmatische Dokument bündig als „Wandlung vom antikommunistisch eingestellten rechten Sozialdemokraten der zwanziger Jahre zum Befürworter der Aktionseinheit und einer Volksfront im Jahre 1943"[23] bezeichnet und was ihn zur Bewertung Mierendorffs als eine der „progressivsten und aktivsten Kräfte des Kreisauer Kreises"[24] kommen läßt, wäre zu erklären.

Hier gibt es innerhalb des sicherlich möglichen Spektrums von Deutungen bereits verschiedene, durchaus gleichgerichtete politische Bewertungen und Einschätzungen, die alle als *Resonanz-These* verstanden werden können. Sie findet sich bereit 1946 bei Johann Dietrich von Hassel, wird von Wolfgang Abendroth in den sechziger Jahren wiederaufgenommen und zuletzt und aktuell von Hans Mommsen vertreten: So erscheint Mommsen der Programmentwurf *Sozialistische Aktion* einerseits als verspäteter Anknüpfungsversuch an sozialdemokratische Politik von vor 1933 zwecks Mobilisierung der „Gegenkräfte gegen Kommunismus und Faschismus";[25] andererseits wertet er die unverkennbare „Öffnung nach links" als „vornehmlich taktisch" motivierte Politik Mierendorffs[26] und erklärt so die Resonanz-These und damit auch Mierendorffs Aufruf *Sozia-*

listische Aktion als „demokratische Sammlungsbewegung" zur „plebiszitären Abstützung" eines politisch-militärischen Umsturzes von oben.[27]

Was sich aus der Sicht der aktiv auf den 20. Juli 1944 zusteuernden Offiziere — so schrieb von Hassel 1946 — als durch Vertreter der deutschen Arbeiterbewegung ingangzusetzende „Hoffnung auf eine breite Resonanz im Volke" darstellt, die geeignet wäre, „die Umsturzbewegung psychologisch und massenpolitisch zu tragen",[28] deutet Wolfgang Abendroth aus der Sicht der handelnden politischen Arbeiterbewegung und zugleich als besonderen Beitrag zur Vorgeschichte des politischen Ereignisses 20. Juli 1944. Ihm gilt denn auch das Verhalten von Vertretern der SPD und KPD als taktisch angemessen:

„Die illegalen Arbeiterorganisationen wußten..., daß es notwendig war, die Opponenten Hitlers in den gesellschaftlichen Führungsgruppen zum Handeln voranzutreiben, um nach einem erfolgreichen Putsch der Generale und konservativen Bürokraten das Volk zu mobilisieren, damit es eventuell auch gegen den Willen einer neuen Regierung, die lediglich für die spätkapitalistischen Westmächte verhandlungsfähig sein wollte und den Krieg im Osten weiterzuführen gewillt war, den Frieden auch mit der Sowjetunion und die Demokratie zu erzwingen. Die Widerstandsgruppen hielten es demnach für ihre Pflicht, die Kader für diese Mobilisierung der Massen schon vor diesem Umschwung zu bilden und vorzubereiten und dabei kein Opfer zu scheuen. Die Führer dieser Widerstandsgruppen waren andererseits bereit, Verbindungen zu den Kreisen aufzunehmen, die einen Umschwung von oben vorbereiteten."[29]

Wird hier also auf das politisch eigenständige Handeln von Vertretern der Arbeiterbewegung abgehoben, so sollte das im Kommentar Abendroths zu den Handlungsperspektiven deutlich werdende sozialistische Sendungsbewußtsein nicht darüber hinwegsehen lassen, daß Mierendorffs Aufruf einerseits diesen taktischen Handlungsmöglichkeiten Rechnung trug — andererseits aber auch angesichts der für Sozialdemokraten und Kommunisten gleichermaßen beschränkten praktischen Einflußmöglichkeiten[30] sowohl auf Vertreter der Ober- wie der Unterklassen die sozialen und demokratischen Interessen breiter nicht-kapitalistischer — mittelständischer und proletarischer — Schichten politisch zu bündeln versuchte:

„Die Sozialistische Aktion ruft in dieser schweren Stunde das arbeitende Volk in Stadt und Land und unsere tapferen Soldaten zum Kampf auf in der Überzeugung, daß die Rettung des gemeinsamen Vaterlandes vor politischem, moralischem und wirtschaftlichem Verfall nur möglich ist durch:

1. Wiederherstellung von Recht und Gerechtigkeit.

2. Beseitigung des Gewissenszwanges und unbedingte Toleranz in Glaubens-, Rassen- und Nationalitätenfragen.

3. Achtung vor den Grundlagen unserer Kultur, die ohne das Christentum nicht denkbar ist.

4. Sozialistische Ordnung der Wirtschaft, um Menschenwürde und politische Freiheit zu verwirklichen und die Existenzsicherheit der Angestellten und Arbeiter in Industrie und Landwirtschaft sowie des Bauern auf seiner Scholle zu schaffen, die die Voraussetzung von sozialer Gerechtigkeit und Freiheit ist.

5. Enteignung der Schlüsselbetriebe der Schwerindustrie zu Gunsten des deutschen Volkes als Grundlage der sozialistischen Ordnung der Wirtschaft, um mit dem verderblichen Mißbrauch der politischen Macht des Großkapitals Schluß zu machen.

6. Selbstverwaltung der Wirtschaft unter gleichberechtigter Mitwirkung des arbeitenden Volkes als Grundelement der sozialistischen Ordnung.

7. Sicherung der Landwirtschaft vor der Gefahr, zum Spielball kapitalistischer Interessen zu werden.

8. Abbau des bürokratischen Zentralismus und organischer Aufbau des Reiches aus den Ländern.

9. Aufrichtige Zusammenarbeit mit allen Völkern, insbesondere mit Großbritannien und Sowjetrußland."[31]

Sicherlich mag manchen — zumal im Zusammenhang eines Aufrufs zur *Sozialistischen Aktion* — zunächst das Gebot der „Achtung vor den Grundlagen unserer Kultur, die ohne das Christentum nicht denkbar ist", so verwundern wie verwirren; diese Forderung jedoch dürfte deshalb noch lange keinen ideologischen Unterboden für eine wie auch immer zu verstehende „konservative Revolution", als deren Fortsetzer die Männer des 20. Juli oft erscheinen,[32] abgeben. Denn eine Ausrichtung auf bewahrende Umwälzung oder umwälzende Bewahrung der (und im sozialen Interesse der) sozialen Oberklassen und gesellschaftlichen Führungs- und Machtgruppen enthält der von Mierendorff ausgearbeitete Aufruf *Sozialistische Aktion* sicherlich nicht. Denn neben zunächst interessen- und klassenunspezifisch erscheinenden demokratischen Forderungen nach Recht, sozialer Gerechtigkeit, Toleranz und Kultur fordert Carlo Mierendorffs Aufruf Mitte 1943 immer auch eine entscheidende — materielle — *Grundlage* zur Verwirklichung von *Menschenwürde und politischer Freiheit*: nämlich eine „sozialistische Ordnung der Wirtschaft", als deren Fundierung ihm sowohl „Enteignung der Schlüsselbetriebe der Schwerindustrie zu Gunsten des deutschen Volkes", als auch — als „Grundelement der sozialistischen Ordnung" — „Selbstverwaltung der Wirtschaft unter gleichberechtigter Mitwirkung des arbeitenden Volkes" galten.

Zugleich bleibt der Sozialist Carlo Mierendorff auch im Programmaufruf zehn Jahre nach Hitlers Machtübernahme Reformist und Sozialdemokrat. Das freilich schließt unter den konkreten Bedingungen des illegalen Kampfes zur „Rettung des gemeinsamen Vaterlandes vor politischem, moralischem und wirtschaftlichem Verfall" die Bildung eines „Aktionsausschusses" aus Vertretern christlicher, sozialistischer, kommunistischer und liberaler Kräfte nicht nur nicht aus, sondern bedingt vielmehr ihre innenpolitische Zusammenarbeit sowohl zum Sturz der faschistischen Diktatur als auch zum Wiederaufbau eines entzentralisierten und entbürokratisierten Deutschland.

So gesehen, bietet — ganz unabhängig vom persönlichen Glauben des Programmautors Mierendorff[33] — der Aufruf *Sozialistische Aktion* einerseits eine politische Bündnisperspektive, und andererseits enthält er im Kernbestand die Vorstellungen einer reformistisch verstandenen „sozialistischen Ordnung der Wirtschaft".

Insofern stellt das von Mierendorff schon in verdichteter Form als *Aufruf*[34] vorliegende Konzept sich durchaus widersprüchlich dar: nämlich, bezogen auf Weimarer politische Verhältnisse — mithin retrospektiv —, als *Kontinuität;* dies gilt für den Kernbestand der wirtschaftspolitischen Forderungen. Zugleich gibt es einen prospektiven *Bruch* in doppelter Hinsicht: einmal bezogen auf den ausgedrückten Zusammenhang von Christentum und Kultur — insofern politisch nach rechts — und zum anderen hinsichtlich der grundsätzlich offengehaltenen Zusammenarbeit auch mit Vertretern der kommunistischen Bewegung — insofern traditionell nach links.

Diese — doppelte — Erweiterung herkömmlicher sozial-demokratischer Politikmuster dürfte denn auch den Kern des von Carlo Mierendorff verfaßten Programmdokuments ausmachen. Zugleich entspricht sie nicht nur individuellen Idiosynkrasien und biographischen Merkwürdigkeiten, sondern drückt, wenn auch zunächst oft nur in der Öffnung nach rechts, eine allgemeinere Tendenz illegaler Sozialdemokraten im Widerstand an prominenter Stelle aus.[35]

Drittens schließlich dürfte — auch wenn hier bisher keine persönlichen Zeugnisse aufgefunden werden konnten — der während der Arbeit am Aufruf *Sozialistische Aktion* fast vier Jahre lang in einem großen Rüstungsunternehmen beschäftigte Autor recht genau Auswirkungen nationalsozialistischer Herrschaft innerhalb der Arbeiterschaft ebenso wie ihre Veränderung erfahren und damit wohl auch gewußt haben, daß aus der Zusammenarbeit von Sozialdemokraten und Kommunisten im Kontext des gesamten inneren Widerstands gegen den Nationalsozialismus 1943 trotz der unübersehbaren außenpolitisch-militärischen Niederlage keine breite, zumindest wichtige soziale Schichten der Arbeiterschaft umgreifende Massenaktionen werden konnte — erst recht nicht als Abstützung einer von Teilen der alten Führungskräfte getragenen „Revolte von oben".

Carlo Mierendorff dürfte auch eine diesen Zustand bestimmende entscheidende Ursache nicht nur erahnt, sondern bewußt bedacht haben — auch wenn sie sich im Programmaufruf als direkter *politischer Appell* zur sozialen Vorherrschaft der Arbeiterklasse nicht findet. Wolfgang Abendroth hat diesen sozialpsychologisch wichtigen Gesichtspunkt zusammenfassend benannt und verweist damit auch auf eine entscheidende Handlungssperre in der durch zehnjährige faschistisch-despotische Herrschaft sozial zersetzten und politisch demoralisierten Arbeiterschaft des Dritten Reiches: „Das liegt eben im wesentlichen daran, daß das Denken und Empfinden in potentiell humanen Zukunftsperspektiven tatsächlich aus der deutschen Gesellschaft völlig verdrängt war."[36]

Ob und inwieweit sich nicht nur für die illegale Gruppe des Kreisauer Kreises, sondern darüber hinaus für die gesamte Widerstandsbewegung und ihre politischen Aktionsvorbereitungen bis hin zum 20. Juli das Fehlen des Anfang Dezember 1943 bei einem Bombenangriff auf Leipzig umgekommenen politischen Denkers und deutschen Sozialisten Carlo Mierendorff spürbar bemerkbar machte[37] oder nicht, ist eine wissenschaftlich gesehen ebenso spekulative wie moralisch berechtigte Frage. Sie gilt gleichermaßen für das Fehlen kämpferischer Persönlichkeiten der Widerstands- und Arbeiterbewegung beim demokratischen und sozialen Wiederaufbau nach der militärischen Niederlage des Nationalsozialismus, wie etwa Festnahme und Tötung gerade der erstmalig im Mai/Juni 1944 in zögerlichen Kontakt kommenden Sozialdemokraten und Kommunisten veranschaulichen mögen.

Der als Grunddokument des Kreisauer Kreises von Helmuth von Moltke — einem weiteren bedeutenden Blutopfer des faschistischen Terrors — aufbewahrte und zu Recht ohne Retuschen publizierte Aufruf *Sozialistische Aktion* jedenfalls zeigt eine Grundanlage, die in der Tat auf eine antifaschistische und demokratische Bewegung im Volk setzte, die aus vergangenen Fehlern und Fehlern der Vergangenheit lernen sollte.

Insofern mag denn, ohne zusätzliche Interpretation, der letzte — dritte — Teil des Aufrufs auch eine moralische Haltung sprechen machen:[38]

„Noch hat das deutsche Volk keine Möglichkeit, seine Stimme zu erheben. Um so lauter rufen die Ruinen und Gräber zur Sammlung, zur Aktion! Es gilt zu handeln, ehe unsere Heimat ganz zerstört und der Zusammenbruch vollständig ist. Nur die Einheitsfront aller Feinde des Nationalsozialismus kann diese Tat vollbringen.

Im Gedenken an die Toten des Krieges und die Märtyrer der Freiheit, die vom Machtwahn des Faschismus hingemordet wurden, und an die Leiden unserer Soldaten geloben wir:

Nie wieder soll das deutsche Volk sich im Parteienstreit verirren! Nie wieder darf die Arbeiterschaft sich im Bruderkampf zerfleischen! Nie wieder Diktatur und Sklaverei!

Ein neues Deutschland muß entstehen, worin sich das schaffende Volk sein Leben im Geist wahrer Freiheit selbst ordnet.

Der Nationalsozialismus und seine Lügen müssen mit Stumpf und Stiel ausgerottet werden, damit wir die Achtung vor uns selbst zurückgewinnen und der deutsche Name wieder ehrlich wird in der Welt. Das Gebot der Stunde lautet: Fort mit Hitler! Kampf für Gerechtigkeit und Frieden!

Schwere Jahre stehen uns bevor. Fast übersteigt es Menschenkraft, das wieder aufzurichten, was Hitlers Machtwahn und Krieg vernichtet haben.

Dennoch! Die Sozialistische Aktion geht entschlossen an die Aufgabe heran. Sie ruft alle aufrechten Deutschen zu ehrlicher Mitarbeit. Wir werden unsere ganze Kraft einsetzen, unser ganzes Können, unser ganzes Selbstvertrauen; und werden dadurch schließlich vor der Geschichte den Beweis erbringen, daß wir doch stärker sind als unser Schicksal, indem wir es meistern."

Anmerkungen

[1] Ger van Roon, *Neuordnung im Widerstand. Der Kreisauer Kreis innerhalb der deutschen Widerstandsbewegung,* München 1967, S. 589—590; auch in: Klaus Drobisch/Gerhard Fischer (Hrsg.), *Ihr Gewissen gebot es. Christen im Widerstand gegen den Hitlerfaschismus,* Berlin [Ost] 1980, S. 294—296.

[2] Eugen Gerstenmaier, *Streit und Friede hat seine Zeit. Ein Lebensbericht,* Frankfurt a. M.-Berlin-Wien 1981, S. 152.

[3] So K. Drobisch/G. Fischer (Hrsg.), *Ihr Gewissen...* [Anm. 1].

[4] Carlo Mierendorff u. Sergej Tschachotin [S. S. Čachotin] entwickelten 1931/32 die zum Teil noch 1932 im ‚Volksstaat Hessen' mit beachtenswerten politischen und Wahlerfolgen angewandte Drei-Pfeile-Kampagne im Rahmen der ‚Eisernen Front', in der der *Symbolkampf* eine große Rolle spielte.

[5] G. van Roon, *Neuordnung...* [Anm. 1], S. 130.

[6] Das ‚Kreisauer' Pseudonym wurde den Sicherheitsbehörden erst relativ spät bekannt; vgl. *Spiegelbild einer Verschwörung. Die Kaltenbrunner-Berichte an Bormann und Hitler über das Attentat vom 20. Juli 1944. Geheime Dokumente aus dem ehemaligen Reichssicherheitshauptamt,* hrsg. vom Archiv Peter, Stuttgart 1961.

[7] E. Gerstenmaier, *Streit...* [Anm. 2], S. 171; vgl. auch Michael Balfour/Julian Frisby, *Helmuth von Moltke. A Leader Against Hitler,* London 1972; Freya von Moltke/dies., *Helmuth James von Moltke 1907—1945. Anwalt der Zukunft,* Stuttgart 1975, S. 191—192 bzw. 193—194.

[8] Nach unveröffentlichten Materialien, die Emil Henk zusammengestellt hat.

[9] Der badische Justizminister sprach seinerzeit vom „‚*Fall Mierenbach*' [!] und Genossen, der als ‚*Fall Lenard*' gewöhnlich bezeichnet zu werden pflegt". (Badischer Land-

tag, 24. Sitzung vom 12.4.1923 [Amtliche Niederschrift, Sp. 925—936, hier Sp. 933]). — Vgl. weiter Wilhelm Michel, *Lenard und Mierendorff,* in: *Die Weltbühne,* 19. Jg. (1923/I), Nr. 17 vom 26.4.1923, S. 447—449; Theodor Haubach, *Republik und Universität,* in: *Die Glocke,* 8. Jg. (1922), H. 21 vom 21.8.1922, S. 539—543; sowie die Erinnerungen von Hugo Marx, *Werdegang eines jüdischen Staatsanwalts und Richters in Baden (1892—1923). Ein soziologisch-politisches Zeitbild,* Villingen 1965, S. 167—188.

[10] Nach der Akte Mierendorff im Berlin Document Center (Bestand „Reichsschrifttumskammer").

[11] Nach Dokument St 3/327, Institut für Marxismus-Leninismus, Berlin [Ost].

[12] Nach ‚Himmler-Records', hier: Der Reichsführer SS/Chef des Sicherheitshauptamtes, *Erfassung führender Männer der Systemzeit — Marxisten — Kommunisten,* T. 1, Berlin 1939, S. 117.

[13] Vgl. Gerhard Beier, *Willi Richter. Ein Leben für die soziale Neuordnung,* Köln 1978, S. 143.

[14] Brief Mierendorffs an (Cousine) Hella Manigh vom 27.9.1939 mit Anspielungen auf die Festnahmen von Haubach und Leuschner; Original im „Nachlaß-Splitter", Stadtarchiv Darmstadt.

[15] Freilassung aus dem KZ, Zulassung als freier Schriftsteller (1938/39), schließlich ab Herbst 1939 Beschäftigung in der Sozialabteilung der Braunkohle-Benzin AG (BRABAG), einem rüstungs-wirtschaftlichen Großunternehmen (gegr. 1934).

[16] Vgl. ad personam die bisherigen Porträts u. a. von Theodor Haubach, (*Rede beim Begräbnis in Darmstadt am 22.2.1944*), in: Karl O. Paetel (Hrsg.), *Deutsche innere Emigration. Anti-nationalsozialistische Zeugnisse aus Deutschland,* New York 1946, S. 108—115; auch in: Kasimir Edschmid u. a., *In Memoriam Carlo Mierendorff 1897—1943. Literarische Schriften,* Darmstadt 1947, S. XIV—XX; Arthur E. Bratu, *A Friend of Freedom Died,* in: *Message. Belgian Revue,* (1944), no. 3, S. 17—18; Carl Zuckmayer, *Carlo Mierendorff. Portrait eines deutschen Sozialisten,* (1944), zuletzt in: Ders., *Aufruf zum Leben. Porträts und Zeugnisse aus bewegten Zeiten,* Frankfurt a. Main 1982, S. 20—42; G. van Roon, *Neuordnung*...[Anm. 1], S. 123—131; Peter Grasmann, *Sozialdemokraten gegen Hitler 1933—1945,* München-Wien 1976, S. 87—93; Kurt Finker, *Graf Moltke und der Kreisauer Kreis,* 2. Aufl., Berlin [Ost] 1980, S. 84—88.

[17] Peter Hoffmann, *Widerstand — Staatsstreich — Attentat. Der Kampf der Opposition gegen Hitler,* München 1969, S. 438.

[18] Emil Henk, *Carlo Mierendorff. Rede zur Einweihung der Carlo-Mierendorff-Schule am 6. Mai 1960 in Griesheim,* in: Kasimir Edschmid (Hrsg.), *Reden für eine Bürgerschaft,* Darmstadt 1962, S. 99—116; Vgl. auch Emil Henk, *Die Tragödie des 20. Juli 1944. Ein Beitrag zur politischen Vorgeschichte,* Heidelberg 1946.

[19] Zu Reichwein vgl. die Biografie von James J. Henderson, *Adolf Reichwein. Eine politisch-pädagogische Biographie,* Stuttgart 1958 (mit zahlreichen Detail-Irrtümern); zu Leber vgl. jetzt die Biografie von Dorothea Beck, *Julius Leber. Sozialdemokrat zwischen Reform und Widerstand* (m. e. Einl. von Willy Brandt u. e. Vorwort von Hans Mommsen), Berlin 1983.

[20] Vgl. Peter Hoffmann, *History of the German Resistance 1933—1945,* Cambridge (Mass.) 1977, S. 360—363.

[21] Peter Hoffmann, *Widerstand gegen Hitler. Probleme des Umsturzes,* München 1979, S. 30.

[22] Vgl. OSS/Strategic Services Unit, *Political Implications of the 20th of July* (= Field Intelligence Study, No. 31), o. O. 1945, S. 32—33.

[23] K. Finker, *Graf Moltke...* [Anm. 16], S. 184.

[24] K. Finker, *Graf Moltke...* [Anm. 16], S. 87—88.

[25] Hans Mommsen, *Die deutschen Gewerkschaften zwischen Anpassung und Widerstand*, in: Ders., *Arbeiterbewegung und Nationale Frage. Ausgewählte Aufsätze*, Göttingen 1979, S. 366—383 u. 420—422 (Anm.), hier S. 380.

[26] Hans Mommsen, *Politische Perspektiven des aktiven Widerstands gegen Hitler*, in: Hans Jürgen Schulz (Hrsg.), *Der zwanzigste Juli. Alternative zu Hitler?*, Stuttgart-Berlin 1974, S. 25—36, hier S. 34.

[27] Hans Mommsen, *(Vorwort)*, in: D. Beck, *Julius Leber...* [Anm. 19], S. 9—17, hier S. 15—16.

[28] Johann Dietrich von Hassel, *Verräter? Partrioten? Der 20. Juli 1944*, Köln 1946, S. 17.

[29] Wolfgang Abendroth, *Der Widerstand der Arbeiterbewegung*, in: Edgar Weick (Hrsg.), *Deutscher Widerstand 1933—1945. Aspekte der Forschung und Darstellung im Schulbuch*, Heidelberg 1967, S. 76—96, hier S. 93—94.

[30] Auch die KPD war wie die verbliebenen sozialdemokratischen Funktionäre und Kader von der Masse der Arbeiterschaft isoliert.

[31] Zitiert nach G. van Roon *Neuordnung...* [Anm. 1], S. 489—590.

[32] Vgl. Hans Mommsen, *Gesellschaftsbild und Verfassungspläne des deutschen Widerstands*, in: Hans Buchheim/Walter Schmidthenner (Hrsg.), *Der deutsche Widerstand gegen Hitler. Vier historisch-kritische Studien*, Köln-Berlin 1966, S. 77.

[33] Nach Steltzer soll Mierendorff „kurz vor seinem Tode" gegenüber Pater Roesch bekannt haben, daß „nur das Christentum dem Leben Sinn und Halt geben könnte"; vgl. Theodor Steltzer, *Von deutscher Politik. Dokumente, Aufsätze und Vorträge*, hrsg. von Friedrich Minssen, Frankfurt a. M. 1949, S. 75.

[34] Nach E. Henk, *Die Tragödie...* [Anm. 18], S. 51—52, sollte der Aufruf *Sozialistische Aktion* rasch nach erfolgreicher Beseitigung Hitlers veröffentlicht werden, um die „Massen des Volks" in Bewegung zu setzen; Emil Henk betrachtet den Aufruf als „Regierungsproklamation, der man den Verfasser, Carlo Mierendorff, am glänzenden Stil anmerkte" *(ebda.)*.

[35] Das könnte auch *vice versa* gelten: daß die ‚namenlosen' Sozialdemokraten im Land gleichzeitig nach links tendierten.

[36] Wolfgang Abendroth in: *Dialektik. Beiträge zu Philosophie und Wissenschaften*, 7. Jg. (1983), S. 105f.

[37] So zuletzt E. Gerstenmaier, *Streit...* [Anm. 2], S. 181.

[38] G. van Roon, *Neuordnung...* [Anm. 1], S. 590.

Die sozialdemokratische Untergrundbewegung: Zur Kontinuität der subkulturellen Werte

WILLIAM SHERIDAN ALLEN
Buffalo, N. Y.

„Ich betrachte die sozialistische Politik als nicht einer besonderen Theorie, sondern einem Glauben verbunden. Je mehr die sozialistischen Theorien ‚wissenschaftlich' zu sein behaupten, desto vergänglicher sind sie.

Aber die sozialistischen Werte sind dauerhaft. Der Unterschied zwischen Theorien und Werten wird nicht genügend anerkannt, obwohl er fundamental ist. Auf einer Gruppe von Theorien kann man eine Schule gründen. Aber auf einer Gruppe von Werten kann man eine Kultur, eine Zivilisation, eine neue Art des Zusammenlebens der Menschen gründen." *Ignazio Silone*[1]

I

Ein Hauptgrund dafür, daß es keine allgemeine Geschichte der sozialdemokratischen Widerstandsbewegung im Dritten Reich gibt, ist das Problem, Sinn und Bedeutung der Fülle von Einzelheiten, die man jetzt darüber weiß, darzustellen. Sieht man das Thema als Bestandteil der Geschichte Deutschlands in den Jahren 1933 bis 1945 an, so scheint die Rolle des sozialistischen Untergrunds beinahe bedeutungslos zu sein. Die Sozialdemokraten scheinen nur einen minimalen Anteil an der Dynamik der Geschehnisse gehabt zu haben, und selbst das war auf die ersten Jahre des Dritten Reiches und die Teilnahme einiger weniger Persönlichkeiten — wie etwa Julius Leber — an der Verschwörung vom 20. Juli beschränkt.

Sieht man das Thema als Bestandteil der Geschichte des Widerstands an, dann scheint es nur eine endlose Wiederholung derselben traurigen Erzählung des Fehlschlagens zu sein: Kleine Gruppen von Sozialisten schlossen sich zusammen; sie fingen an, eine illegale Zeitung zu verteilen; sie wurden von der Gestapo verhaftet. Diese Taten sind kaum vergleichbar mit den tatkräftigen Widerstandsbewegungen des besetzten Europas während des Zweiten Weltkriegs. Und sieht man das Thema als Bestandteil der politischen Geschichte der SPD von 1863 bis zur Gegenwart, dann erscheint schlechthin eine große Lücke zwischen 1933 und 1945, die nur mit den Aufrufen der Emigranten gefüllt ist.

Mein Aufsatz soll auf die Möglichkeit verweisen, daß wir bisher das Thema von einem falschen Punkt aus betrachtet und deshalb die falschen Fragen gestellt haben. Statt dessen sollten wir den grundsätzlichen Massencharakter der SPD vor 1933, das heißt ihre Struktur als demokratische Subkultur, betrachten und die Fortdauer ihrer überkommenen Werte durch die dunklen Jahre des Dritten Reichs verfolgen. Fragen der Organisation, der Politik und der sichtbaren Tätigkeiten können dabei nur als untergeordnete Elemente in Erscheinung treten.

Aber wenn wir unser Interesse auf die Subkultur und ihre Werte konzentrieren, können wir auch andere Fragen über die Beziehung zwischen dem sozialdemokratischen Untergrund und dem Widerstand, zur Geschichte der Partei und ihrer Rolle in der allgemeinen Geschichte des Dritten Reichs beantworten. Schließlich können wir nicht einfach einen sehr wichtigen Teil der deutschen Bevölkerung ignorieren. Am Anfang des Jahres 1933 zählte die SPD eine Million Parteimitglieder und stand in einem engen Zusammenhang mit dem ebenfalls millionenstarken „Reichsbanner" und den über vier Millionen Gewerkschaftlern des Allgemeinen Deutschen Gewerkschaftsbundes (ADGB). In den letzten freien Wahlen der Weimarer Republik erhielt die SPD 7 1/4 Millionen Stimmen: Das war ein Fünftel der deutschen Wähler.[2] Alle die oben erwähnten Organisationen wurden schon im Sommer 1933 verboten. Aber die Menschen, die ihnen angehörten, waren damit nicht einfach verschwunden.

Eine Kontinuität irgendeiner Art war schon deshalb zu erwarten, weil die SPD lange vor 1933 viel mehr war als nur eine politische Partei: Sie war, wie Günther Roth es formulierte, eine „Lebensart". Der Grund dafür, meinte Roth, war „ein sich ausdehnendes Netz von politischen, Wirtschafts- und Kulturorganisationen", die die deutsche Arbeiterbewegung gebildet hatten und die er als erster eine „Subkultur" nannte.[3] Verwendete man diesen Begriff in seinem eigentlichen Sinn (um eine vollständig abgetrennte Gesellschaft zu bezeichnen), so wäre das natürlich eine Übertreibung. Die Sozialdemokraten teilten die herrschenden kulturellen Werte, wie etwa den Patriotismus oder das vorherrschende Sexualverständnis. Immerhin ist jedoch klar, daß die verschiedenen Nebenorganisationen der SPD ihren Anhängern einen Zusammenhalt gaben, der die Verpflichtung auf politische Programme oder gar auf eine Ideologie weit übertraf.

Das Festhalten an der Treue zur Subkultur ist daher von zentraler Bedeutung für ein Verständnis der Haltung des einzelnen Parteimitglieds unter der NS-Diktatur. Hinzufügen muß man die Grundwerte, von denen die Sozialdemokratie durchdrungen war: die Bindung an das humanistische und demokratische Verhalten, das über zwei Generationen von den Sozialdemokraten gelernt und von ihnen praktiziert wurde, bevor Hitler diese Werte durch neue, die nahezu das genaue Gegenteil oder doch zumindest eine grobe Verzerrung der echten sozialistischen Werte darstellten, zu ersetzen versuchte. Die Untersuchung ergibt, was anzunehmen war: eine Kontinuität der subkulturellen Werte, die tiefer verwurzelt waren als die des entgegenstehenden Wertesystems.[4]

1933 wurde die SPD so zerstört, wie dies bei einer politischen Organisation nachhaltiger nicht denkbar ist. Die Partei war verboten, die Neben- und Kulturorganisationen waren zerschlagen; die Gebäude, die Büroakten, das Vermögen, die Zeitungen waren restlos beschlagnahmt; die Parteiführer waren ermordet, verhaftet oder ins Exil vertrieben. Diejenigen, die der Verfolgung durch die SA entkommen waren und noch in Deutschland blieben, erkauften ihr persönliches Überleben mit gänzlichem Rückzug aus der Politik und äußerlicher Unterwerfung unter die neue Diktatur.[5] Den einzelnen Sozialdemokraten war es verboten, sozialistische Ideen zu äußern oder sich als Sozialisten mit ihren Gesinnungsgenossen zu versammeln — unter Androhung von Konzentrationslager, Folterung oder Todesstrafe.[6]

Dennoch war die SPD, als das Hitler-Regime zwölf Jahre später zu Ende ging, wieder da. Sobald eine deutsche Stadt vom Nationalsozialismus befreit war, wurde ein sozialdemokratisches Büro eingerichtet, und der Beobachter konnte sehen, wie sich die ehemaligen Mitglieder der SPD im neuen Büro wieder versammelten. Oft brachten sie die Mitgliedsbeiträge von zwölf Jahren mit, die sie Woche für Woche alle Jahre des Dritten Reichs hindurch ins Sparschwein gelegt hatten, um jetzt alle Rückstände auf einmal bezahlen zu können. Schon weniger als ein Jahr nach dem Tode Hitlers zählte die SPD mehr Mitglieder als 1933.[7] Obwohl Hitler in einem seiner ersten Aufrufe als Reichskanzler seine Parteigenossen ermahnt hatte, daß ihr Hauptziel „die Vernichtung des Marxismus"[8] sei, war dieses Ziel offensichtlich nicht erreicht worden.

Das Engagement für die eigenen Wertvorstellungen bestand also fort. Aber hatten sich daraus Taten ergeben? Zunächst muß man verstehen, warum die SPD in Deutschland keine *Résistance* im Sinne des *Maquis* oder der *Sabotage* im besetzten Europa entwickeln konnte. Aktivitäten wie die militärische Sabotage waren mit Ausnahme Osteuropas auf eine entschiedene Minderheit beschränkt. In erster Linie wurde die *Résistance* aktiv als politische Opposition gegenüber dem *collaborateur* sowie in der Gegenpropaganda zu Hitlers „Neuer Ordnung". In Deutschland begannen Sozialdemokraten erst gegen Ende des Dritten Reiches und nur an einigen wenigen Plätzen (vor allem in Hamburg), sich zu bewaffnen. Die überwiegende Mehrheit der deutschen Sozialdemokraten wollte derartige Organisationen nicht, und es gab auch vor dem Zweiten Weltkrieg keine historischen Beispiele dafür. Ich kenne keinen einzigen Sozialdemokraten, sei es in Deutschland oder unter den Emigrierten, der einen Guerillakampf gegen Hitler vorgeschlagen hätte.[9] Es gab nur eine sozialistische Gruppe — den winzigen und sektiererischen Internationalen Sozialistischen Kampfbund (ISK) —, die Terroranschläge gegen den Nationalsozialismus erwog, und ihre Führer haben diesen Gedanken recht schnell als wahrscheinlich nutzlosen Energieverschleiß zurückgewiesen.[10] Die marxistische Tradition führte die Sozialisten selbst als Untergrundpartei zu der Überzeugung, daß es die wirtschaftlichen, gesellschaftlichen und politischen Kräfte seien, die die Entwicklung formen — nicht aber Einzelaktionen und Gewalt. Kurz gesagt, sie glaubten noch an das, was Rosa Luxemburg schon 1918 behauptet hatte: „Die proletarische Revolution braucht keinen Terror, um ihre Ziele zu erreichen!"[11]

Der sozialistische Untergrund im Dritten Reich war also eine ausgesprochen politische Bewegung, gerade auch, wenn sie hoffte, letztlich durch eine „Revolution gegen Hitler" (so hieß der Titel, mit dem der Exil-Vorstand das erste Programm in den Hitlerjahren versah) den Sieg davonzutragen.[12] Wir sollten sie, besonders mit dem Blick auf ihre Bestrebungen in den ersten Jahren, als eine Bewegung verstehen, die die Tradition der revolutionären Untergrundparteien des 19. Jahrhunderts fortsetzte. Vergleichbare Beispiele wären die Menschewisten und die Bolschewisten Rußlands vor 1917. Tatsächlich verwendeten die Sozialdemokraten zur Beschreibung ihres Zustands nach 1933 meistens das Wort „Illegalität". Sie betrachteten sich — und hier zitiere ich den Titel des Buches von Otto Bauer über die SPD — als eine „illegale Partei".[13]

Diese Formulierung ist aber problematisch, da sie viel mehr impliziert als das, was der Untergrund im Dritten Reich leisten konnte. Eine politische Partei, ob legal oder illegal, bedeutet normalerweise eine weit ausgedehnte Organisation, die in koordinierter Weise unter zentraler Führung handeln kann. Außerdem liegt das Hauptziel einer politischen Partei darin, die öffentliche Politik durch Werbung beziehungsweise Organisierung der Massen zur Förderung eines gemeinsamen Programms zu beeinflussen. In den ersten Jahren des Dritten Reiches hat die sozialdemokratische

Untergrundbewegung beides versucht: eine zentral gelenkte Organisation aufrechtzuerhalten und die breiten Massen durch eine anti-nationalsozialistische Propaganda zu gewinnen. Sie entdeckte recht bald, daß unter den herrschenden diktatorischen Verhältnissen weder das eine noch das andere möglich war.

II

Die anfängliche Taktik der „illegalen Partei" bestand in der herkömmlichen politischen Überzeugungsarbeit. Das heißt, die Sozialdemokraten hofften, eine Massenbasis zu gewinnen, die schließlich groß genug sein würde, um das Dritte Reich zu stürzen.[14] Damals glaubten die Führer des Untergrunds, daß die inneren Widersprüche und die schon offensichtlichen Tendenzen des Nationalsozialismus helfen würden, eine Massenopposition gegen die Hitlerdiktatur zu schaffen.[15] Ihr hauptsächliches Propagandamittel war das geschriebene Wort: Kleinzeitungen, Broschüren, Flugblätter. In den Anfangsjahren des Dritten Reichs wurden große Mengen derartiger schriftlicher Propaganda innerhalb und außerhalb Deutschlands hergestellt. Die unterschiedlichsten Maschinen wurden dabei verwendet, von der Druckpresse bis zum Hektographierapparat, und diese Schriften wurden mit einer verwirrenden Vielfalt der Methoden dann geheim an alle deutschen Bevölkerungsschichten verteilt.[16] Die Idee, Druckschriften zu verteilen, wurde gleichzeitig von beinahe allen Exilgruppen und den zahllosen spontan gebildeten örtlichen Organisationen innerhalb Deutschlands aufgenommen. Während der ersten drei Jahre der Hitlerdiktatur wurden gut zwei Millionen solcher Schriftstücke von den Exilsozialisten ins Reich eingeschmuggelt.[17] Wahrscheinlich eine weitere Million wurde in Deutschland selbst oft mit den primitivsten Mitteln hergestellt — wobei man die genauen Zahlen nie wissen wird.

Die weite Verbreitung dieser vielen Schriftstücke hatte, nach leninistischem Vorbild, mehr als einen Zweck. Am Anfang sollte sie neue Anhänger für die sozialistische Opposition werben; im Laufe der Zeit aber, und für einige auch schon von Anfang an, ging es ganz einfach darum, das Fünftel der deutschen Wähler zusammenzuhalten, die die SPD auch noch unterstützten, nachdem Hitler an die Macht gelangt war.[18] Die Zeitungsverteilung sei auch, so schrieb Lenin in seinem zu der Zeit oft gelesenen Buch *Was tun?* ein Mittel, um die Untergrundkader organisatorisch zusammenzuhalten.

Gleich, zu welchem Zweck unternommen, die Verteilung anti-nationalsozialistischer Propagandaschriften im Hitler-Deutschland erwies sich sehr bald als selbstmörderisch. Wann immer die Gestapo subversives Propagandamaterial fand — und früher oder später fand sie solches für die

Massenverteilung bestimmtes Material — konnte sie auch fast ausnahmslos die Verteilerorganisation aufdecken und zerstören.[19] Das passierte besonders schnell bei Sozialisten, die neue Anhänger zu werben versuchten. Es geschah aber auch jenen, die die Verteilung illegaler Schriftstücke als ein Mittel benutzten, die Bindungen zu den bereits vorhandenen Anhängern aufrechtzuerhalten.

Die ersten Hitler-Gegner, die diese Erfahrung machen mußten, waren die Kommunisten, deren Kader infolge ihrer unablässigen, verwegenen Versuche, „Massen-Aktionen" zu initiieren, fast vollständig vernichtet wurden. Dennoch lehnte der kommunistische Untergrund eine Änderung der Taktik ab, da die kommunistische Theorie in jenen frühen Jahren des Dritten Reichs davon ausging, daß das Hitlersche Regime von kurzer Dauer sein werde und seine aktivsten Gegner die Herrschaft in Deutschland übernehmen würden — weil die Kommunisten prinzipiell dazu neigen, die Theorie vor die Erfahrung zu stellen. Das Ergebnis dieses Verhaltens war, daß es schon 1936 praktisch im ganzen Reich keine aktiven Kommunisten mehr gab, die nicht inhaftiert waren.[20]

Ein zweites Ergebnis war, daß die deutschen Arbeiter jeden Kontakt mit den Kommunisten vermieden, und dies aus dem verständlichen Grund, daß schon eine Unterhaltung mit einem Kommunisten eine Reise ins KZ bedeuten konnte — ohne daß man dabei Hitler auch nur im geringsten schwächte.[21] Drittens glaubte die Gestapo, daß die Schriftenverteilung und die dafür notwendige weitläufige straffe Organisation eine echte Gefahr für die Regierung darstellte.[22] Schließlich haben die Sozialdemokraten aus dem Beispiel der Kommunisten gelernt und haben deswegen ihre eigenen Vorstellungen über Notwendigkeit und Nutzen der Schriftenverteilung überprüft.[23]

Die Folge war, daß sie sehr schnell — aber nicht schnell genug — aufhörten, schriftliche Propaganda als Werbemittel zu verwenden; sie begannen Schriften in begrenzter Zahl und in längeren Zeitabständen, oft auch nur für die Kaderorganisation bestimmt, zu verteilen. Für die erste Pseudowahl des Dritten Reichs (im November 1933) schickte der Exil-Vorstand Zeitungen und Flugblätter in Auflagen von Hunderttausenden in das Reich. Das Verteilungsnetz umfaßte in erster Linie die kämpferischsten Elemente der sozialdemokratischen Subkultur, besonders militante Angehörige aus den Jugendgruppen und dem Reichsbanner. Diese waren die ersten Opfer der neugebildeten Geheimen Staatspolizei (Gestapo). Aber nicht nur sie, sondern auch viele andere bekannte Sozialisten wurden Opfer der Gestapo, denn die übliche Reaktion der Gestapo auf die Aufdeckung irgendwelcher organisierter sozialistischer Aktivitäten waren wahllose Massenverhaftungen.[24]

Anfang 1934 gaben die überlebenden sozialistischen Organisationen innerhalb Deutschlands, ob örtlich gebildet oder von Exilgruppen abhängig, grundsätzlich die schriftliche Propaganda als Werbemittel und damit in der Folge jede Mitgliederwerbung überhaupt auf. Sie reorganisierten und stellten sich auf den langfristigen Kampf ein, für dessen eventuellen Erfolg das Überleben die Grundvoraussetzung war. Die regelmäßige Schriftenverteilung aber sahen sie als wesentlich und notwendig auch für das organisatorische Überleben an. Die Untergrundzeitungen, so war das Argument, würden die Moral der Kader stützen, und sie würden den einzelnen Sozialisten angesichts des ständigen Goebbelsschen Propagandabombardements vor Unwissenheit und Isolation schützen. Sie würden durch das Verteiler-System auch zwangsläufig eine nationale oder zumindest doch überregionale Verbindung aufrechterhalten. Und da die Untergrundzeitung nur an treue Anhänger ausgehändigt werde, würde die Organisation vor der Gestapo auch unsichtbar bleiben.[25]

Für eine gewisse Zeit traf dies alles zu. In den Jahren 1934 bis 1935 erreichte die sozialdemokratische Untergrundbewegung mit ihrer Zeitung *Sozialistische Aktion* als Schwerpunkt eine Größe, ein Selbstbewußtsein und einen Zusammenhalt, wie sie das später nie wieder erreichen konnte. Ihre Mitglieder waren durchweg frühere Anhänger der Subkultur. In einer statistischen Analyse, in der ich eine Auswahl von 355 vor Gericht angeklagten Aktivisten aus Nordrhein-Westfalen, die alle in den Jahren 1935 bis 1938 verhaftet wurden, untersuchte, stellte ich folgendes fest: „Hier handelt es sich einfach um die alte SPD, oder besser die sozialdemokratischen Gruppen, Gesangvereine, Esperanto-Clubs u. a. in ihrem Untergrund-Gewand."[26] Angenommen, das Durchschnittsmitglied der Untergrundorganisation ist ihr schon Ende 1933 beigetreten, so war es zu der Zeit „ein Mann im Alter von 36 Jahren, verheiratet und wahrscheinlich Vater von zwei minderjährigen Kindern; er ist Arbeiter ..., er ist zweifellos Mitglied der SPD gewesen (seit 11 Jahren), des Reichsbanners (seit 5 1/2 Jahren) und der Freien Gewerkschaften (seit 14 1/2 Jahren), in denen er sehr wahrscheinlich eine offizielle Funktion übernommen hat."[27]

Ich glaube, daß man mit ziemlicher Sicherheit dieses statistische Profil für das ganze Reich verallgemeinern kann. Vielleicht zwei- oder dreihunderttausend solcher Leute verteilten, lasen und diskutierten die *Sozialistische Aktion* (obwohl sicher nicht alle gleichzeitig oder jeden Monat) in den Jahren 1934 bis 1936.

Die Gestapo wußte kaum darüber Bescheid. Im Oktober 1934 zum Beispiel berichteten 21 der 25 preußischen Gestapo-Stellen (Preußen machte damals 3/5 der Fläche und Bevölkerung des Reichs aus), daß es in ihren Bezirken überhaupt keine illegale sozialdemokratische Tätigkeit gebe, während die restlichen Gestapostellen nur Unbedeutendes zu berichten hatten.[28] Spätere Verhaftungen und Prozesse sollten jedoch zeigen, daß eine funktionierende Untergrundorganisation tatsächlich in jedem dieser Bezirke existierte und die illegale *Sozialistische Aktion* erhielt. Das gleiche ist auch aus sozialdemokratischen Quellen zu ersehen. Mehr noch: In mindestens 12 der berichterstattenden Gestapo-Bezirke waren die illegalen sozialistischen Organisationen sehr groß, das heißt, sie hatten durchschnittlich mehrere tausend Mitglieder in den größeren Städten.[29]

Die Untergrundorganisation war erheblich größer, als man aus der nominellen Auflage der illegalen Zeitung schließen kann. Denn es war die Regel, daß der Empfänger eines Zeitungsexemplars dieses mit anderen teilen sollte. In manchen Gebieten war ein solcher „Leserkreis" auf fünf Personen begrenzt (die dann eine Anlaufstelle bildeten). In anderen Orten wurde die Zeitung buchstäblich in Stücke gelesen. Ein Empfänger aus Berlin zum Beispiel hatte im Mai 1935 abgemacht, daß jeder Leser seines Exemplars ein Nadelloch in die Zeitung stechen sollte; als er es endlich zurückbekam, hatte es 216 Löcher.[30] Dazu muß gesagt werden, daß die Verteilung der *Sozialistischen Aktion* nur ein Bestandteil der Agitation war. Es gab daneben viele andere „wilde", gegenüber dem Exil-Vorstand dissidente, sektiererische oder örtlich gebildete Gruppen — zum Beispiel die hannoversche „Sozialistische Front" mit etwa 3000 Mitgliedern —, die gleichzeitig ihr eigenes hektographiertes Rundschreiben herstellten und an (auf ganz Deutschland gerechnet) Zehntausende innerhalb ihrer Organisationen verteilten. In den meisten Städten existierten also mehrere, unabhängig voneinander fungierende sozialistische Gruppen, meistens sogar, ohne voneinander Kenntnis zu haben.[31]

Eine Untergrundbewegung von einem solchen Ausmaß und belastet mit Tausenden von so handgreiflichen Beweisen wie diesen Schriftstücken, konnte nicht lange der Aufmerksamkeit der Gestapo entgehen. 1935 und 1936 gab es überall im Lande Wellen von Massenverhaftungen. Immer war die Zeitung der Auslösepunkt, der zunächst zu blinden Razzien führte. Es folgten die Folterung der Verhafteten und dann weiterere Verhaftungen aufgrund der Aussagen, die von den zuerst Verhafteten erpreßt worden waren.[32]

Diese Verhaftungen haben die Reihen der Untergrundpartei zwar dezimiert, aber sie haben sie mit Ausnahme einiger kleiner lokaler Splitterorganisationen nicht vernichten können. Zum einen nicht, weil die Sozialdemokraten, anders als die Kommunisten, keine straffe Organisationsstruktur hatten; sie hatten auch für die Untergrundorganisation kein zentralisiertes System, sondern sich auf örtliche Initiativen verlassen. Deshalb gab es annähernd so viele improvisierte Organisationsmethoden wie es Ortsgruppen überhaupt gab. Die Gestapo konnte nicht auch nur annähernd alle erfassen und konnte deswegen nie wissen, ob sie tatsächlich alle gefangen hatte, die darin verwickelt waren. Zweitens haben die Sozialisten, sobald sie Nachricht erhielten von ersten Verhaftungen, in dem jeweils betroffenen Gebiet die Zeitungslieferungen sofort eingestellt. Das hat den Schaden begrenzt. Zweifellos trug auch das Vorurteil der Gestapo dazu bei, denn die Beamten glaubten, daß man die Sozialdemokraten nicht so ernstnehmen müsse wie die wirklich gefährlichen, obwohl jetzt zumeist ausgeschalteten Kommunisten.

Es war übrigens auch verhältnismäßig selten, daß nach einer Verhaftungswelle eine sozialdemokratische Gruppe die Zeitungsverteilung wieder aufnahm. Die Gruppen haben zunehmend erkannt, daß die illegale Zeitung ein an sich unnötiges Risiko darstellte. Der Verteilungsapparat war schon überwiegend auf persönliche Freundschaften auf regionaler Ebene sowie auf der gemeinsamen früheren Mitgliedschaft in den alten SPD-Nebenorganisationen auf örtlicher Ebene aufgebaut. Mit anderen Worten: Nicht die Verteilungstätigkeit hielt die Mitglieder zusammen, sondern die persönlichen Beziehungen der Mitglieder waren es, die den Umlauf der Zeitung ermöglichten. Was den Inhalt betrifft, so konnten die Sozialisten Informationen über den ausländischen Rundfunk oder die Presse erhalten; sie konnten eigene Interpretationen der Ereignisse vornehmen (wie die oben erwähnte Statistik zeigt, sind die Genossen keineswegs ungeschult gewesen), oder sie konnten Informationen von den wenigen Genossen, die noch Verbindung zu den vom Exil-Vorstand eingerichteten Grenz-Sekretariaten hielten, mündlich bekommen.[33] Ein dritter Grund für die begrenzten Schäden als Folge der Verhaftungswellen liegt auch im Wesen der Partei. Fast alle Basisgruppen des sozialistischen Untergrunds bestanden aus Menschen, deren Beziehungen untereinander aufgrund ihrer früheren Zusammenarbeit in den subkulturellen Organisationen eng und langfristig waren. Diese Art Solidarität machte es für die Gestapo fast unmöglich, Spitzel in die sozialistische Untergrundbewegung einzuschleusen.[34]

III

Spätestens ab 1936 trat die Untergrundbewegung in die dritte Etappe ihrer Organisationsgeschichte. Sie hatte den Versuch der breiten Mitgliederwerbung und auch den Versuch der bloßen Aufrechterhaltung einer breiten Organisation aufgegeben. Wenn sie überhaupt überleben wollte, so mußte sie sich radikal dezentralisieren, sich auch politisch auf das aus früheren persönlichen Beziehungen resultierende persönliche Vertrauen verlassen. Für eine normale politische Partei hätte die Aufgabe der zentralen Lenkung das Aussterben der Partei bedeutet. Wegen der früheren, aus der sozialdemokratischen Subkultur hervorgegangenen Struktur jedoch konnten diese persönlichen Verbindungen die äußere Organisation ersetzen. Und diese innere Struktur wurde für die Dauer des Dritten Reichs fast gleichbedeutend mit dem Begriff „die Partei".[35]

Schon lange bevor Hitler an die Macht kam, schien die deutsche Sozialdemokratie „mehr eine Loge als eine Partei" zu sein.[36] Ihre Unterorganisationen waren verblüffend stark entwickelt. Man denke an die Wirtschaftsorganisationen, so zum Beispiel die Konsumgenossenschaften mit mehr als 600 Millionen Reichsmark jährlichem Umsatz, oder die Versicherungsgesellschaften mit über einer Million Verträgen, und erst recht an die Freien Gewerkschaften. Es gab Bildungsvereine in etwa 1000 Orten, Sportvereine mit 800000 Mitgliedern, einen Radfahrerverband mit 200000 Mitgliedern samt eigener Fabrik, Clubs für Schachspieler, Naturfreunde, Turner, Sänger. Von der Geburt bis zum Tode, vom Kinderfreunde-Verein bis zur Arbeiterbestattungskasse war der Sozialdemokrat von seinen subkulturellen Organisationen begleitet.[36a]

Die Angehörigen dieser Organisationen waren oft an mehrere Vereine gebunden. Als ein Musterbeispiel wollen wir den Fall eines Sozialisten aus dem Rheinland nehmen, der im November 1939 zu neun Jahren Zuchthaus wegen Hochverrat verurteilt wurde. Er hieß Ernst Hilbig und stammte aus Merkstein bei Aachen. Seine Gerichtsakten begannen wie folgt:

„Der Angeklagte Hilbig ist Bergmann und der Sohn eines Bergmanns. Er war seit 1925 Mitglied der SPD und seit 1931 des Reichsbanners. Er war vor 1933 Vorsitzender des Reichsbanners in Kirchberg. Ab 1919 war er Mitglied des Arbeiter-Turnvereins, ab 1923 des Arbeiter-Radfahrervereins „Solidarität" und der Naturfreunde-Bewegung. Ab 1925 gehörte er dem Freidenker-Verband an sowie dem Arbeiter-Esperanto-Bund. Von 1925 bis 1930 gehörte er dem Arbeiter-Samariter-Bund an. Ab 1918 war er Mitglied des Alten Bergarbeiter-Verbands, einer Gewerkschaft ..."[37]

Zwei Schlüsse darf man aus dem Werdegang dieses Bergarbeiters ziehen, einer Entwicklung, die tausend andere Gestapoakten widerspiegeln: Erstens haben die sozialistischen Kulturorganisationen ihm Sinn und Zweck des Lebens geschenkt; zweitens hat seine Zugehörigkeit zu diesen Verbänden ihm die nahe Verbindung mit anderen Gesinnungsgenossen ermöglicht. Die Nationalsozialisten haben diese Organisationen schon 1933 verboten, aber wer hätte das Andenken, die Werte und vor allem die Verbindungen, die aus den jetzt verbotenen Organisationen entstanden waren, verhindern können?[38] Nach 1936 waren diese Verbindungen und der sozialdemokratische Untergrund im Dritten Reich ein und dasselbe.

Die Berichte der Gestapo und des SD zeigen, daß die Machthaber des Dritten Reichs sich darüber im klaren waren, daß es überall in Deutschland „Freundeskreise" der ehemaligen SPD-Angehörigen gab, die sich regelmäßig trafen. Die Überwachungsbehörde wußte auch, daß diese Gruppen Sammelpunkte der Dissidenz waren, daß sie sich gegenseitig in ihrer oppositionellen Haltung gegenüber dem Regime bestärkten.[39] Da aber diese Sozialisten vorsichtshalber die formale Organisation und offene Aktivitäten vermieden, konnte die Gestapo kaum etwas anderes tun, als sie unter Beobachtung zu stellen und in besonderen Krisensituationen (so etwa die Katastrophe von Stalingrad) wahllos präventive Verhaftungen vorzunehmen. Kurz gesagt: Das Dritte Reich mußte die kontinuierliche Existenz Hunderttausender von „Nein-Sagern" überall im Lande dulden, die sich allein auf der Basis persönlicher Beziehungen und gemeinsamer anti-nationalsozialistischer Werte organisiert hatten.[40]

Wir müssen, wenn wir den Grenzbereich dieser „unsichtbaren Organisationen" bezeichnen, sehr sorgfältig sein. Sie waren zum einen völlig dezentralisiert; es gab kaum irgendeine überregionale Verbindung zwischen den Gruppen, und selbst auf regionaler Ebene fand man fast nie eine formelle Organisation. Andererseits konnte fast blitzartig ein regionaler oder gar überregionaler Zusammenschluß hergestellt werden. So wurden zum Beispiel sehr oft Bestattungen von einst prominenten sozialdemokratischen Führern durch eine Mund-zu-Mund-Propaganda und lose Verabredungen der Genossen zu massiven „stummen Demonstrationen" umgestaltet, wie die Gestapo regelmäßig notierte.[41] Binnen weniger Wochen wurde vor dem Attentatsversuch des 20. Juli eine breite regionale Unterstützungsorganisation für die vorgesehene neue Regierung im hessischen Gebiet aufgebaut.[42] Als die alliierten Armeen 1945 ins Reich einrückten, wurden sie fast überall von örtlichen „Antifa"-Komitees, einige davon bewaffnet, begrüßt.[43] Und wie gesagt, im Augenblick des Untergangs des Dritten Reichs hat sich die SPD fast über Nacht formal neu gebildet.[44] Solange jedoch das Hitler-Regime seinen Terror ausübte, und das tat es bis zum bitteren Ende, waren die sozialdemokratischen Organisationen genau genommen nur potentiell vorhanden.

Zweitens handelte diese Untergrundbewegung nicht offen sichtbar. Es ist daher schwer, ihre Wirkung von anderen spontan und aus anderen Impulsen heraus entstandenen Aktivitäten zu unterscheiden. Es gibt eine Fülle von Beweisen für eine weitreichende antinationalsozialistische Agitation während des Zweiten Weltkriegs (Mundpropaganda, Grafitti usw.), und es wurden jeden Monat mehrere hundert Deutsche — insgesamt mehr als eine Million bis 1945 — deswegen verhaftet; es gibt aber keine Beweise dafür, daß es für diese Aktionen einen gemeinsam abgestimmten Plan gab.[45] Kam es zu Verhaftungen, so aufgrund spontaner individueller Handlungen. Das gleiche gilt für das oft begangene „Verbrechen" des Abhörens von Feindsendern (auf das die Todesstrafe durch Enthaupten stand). Daß diese „Verbrechen" immer individuelle Taten waren, heißt nichts anderes, als daß die sie auslösende Kraft auf den alten Wertvorstellungen der Sozialdemokratie beruhte.

Die wichtigste und zugleich problematischste Auswirkung der sozialdemokratischen Untergrundbewegung auf den Verlauf des Zweiten Weltkrieges liegt im Bereich der Munitionsherstellung. Schon 1937 hatte der Exil-Vorstand der SPD dem deutschen Arbeiter nahegelegt, er solle „langsamer arbeiten", das sei das wirksamste und sicherste Mittel, das Regime zu schädigen. Während des Krieges gingen die Leistungen dann tatsächlich so zurück, daß die Produktivität der ausländischen Zwangsarbeiter größer war als die der deutschen Arbeiter.[46] Bis jetzt besteht allerdings noch keine Klarheit darüber, ob das ein Ergebnis bewußter Aktion auf seiten der deutschen Arbeiter war oder die Folge anderer Faktoren, die sicher auch dazu beigetragen hatten, wie etwa die allgemeine Ermüdung oder die nationalsozialistische Mißwirtschaft.[47] Tim Mason, der die Lage der Arbeiter im Nationalsozialismus am gründlichsten untersucht hat, behauptet, daß die Arbeiter die Regierung bewußt sabotiert haben, und er meint, daß das eine Folge des Klassenkampfes war. Bis heute hat er keinen direkten Beweis dafür gefunden, daß zwischen Wirtschaftssabotage und Untergrundbewegung ein Zusammenhang bestand.[48] Richtig ist zweifellos, daß das Dritte Reich selbst während seines Todeskampfes den eigenen Arbeitern derart mißtraute, daß es von ihnen keine Opfer verlangen wollte. Bis zum Ende fürchtete Hitler die proletarische Revolution, wie er sie einst 1918 erlebt hatte.[49] Das mag eine Folge seines Verfolgungswahns gewesen sein; es ist aber auch möglich, daß er den Wert der „marxistischen" Subkultur und ihre Auswirkungen nur allzu gut begriff.

Schon seit langem steht fest, daß ein sehr großer Teil des deutschen Volkes den Krieg fürchtete und haßte.[50] Und diese Tatsache hat wiederum weitgehend die Politik Hitlers bestimmt. Am Ende mag er teilweise den Krieg deswegen verloren haben, weil er sich gezwungen fühlte, nur kurze Kriege mit dem geringsten Einsatz von Mitteln zu führen. Ein Grundwert der sozialdemokratischen Subkultur war die Friedensliebe. Während des Dritten Reiches konnten die Sozialisten ihr nur passiv Ausdruck verleihen; das aber reichte anscheinend, um die Grundlinie der Regierungspolitik zu beeinflussen (natürlich im Zusammenhang mit anderen Faktoren). Es gab so viele Motive für die Antikriegsstimmung im Volk, daß man sie nicht eindeutig den sozialistischen Werten allein zuschreiben kann, aber man darf diesen Einfluß auch nicht einfach als unwesentlich abtun.

IV

Ein Aspekt der Geschichte des Dritten Reichs bleibt eindeutig: Die nationalsozialistische Diktatur strebte ein Monopol auf die gesellschaftliche Organisation und die Loyalität ihrer Menschen an. Sie wollte die Isolation des einzelnen Bürgers und die Unterstützung des ganzen Volks: ein Reich heroischer Roboter. Die sozialistische Untergrundbewegung konnte das verhindern, selbst als sie auf die dezentralisierten Grundorganisationen und ihre ursprünglichen Werte zurückgedrängt war. Millionen von Deutschen blieben entschiedene Gegner des Dritten Reichs. Sie konnten ihre Stimme nicht dagegen erheben, aber sie haben den Nazis auch nicht zugejubelt.

Schließlich ist zu bemerken, daß Hitler die Menschheit neu definieren wollte. Die Sozialdemokraten aber blieben ihrer eigenen Definition treu. Im Sinne von Albert Camus bestimmten sie ihr Menschsein insofern, als sie sich nicht der nationalsozialistischen Weltanschauung unterwarfen und es darüber hinaus ablehnten, selbst in ihrem Kampf gegen die Nationalsozialisten deren Methoden nachzuahmen. Dadurch erfüllten sie das existentialistische Gebot: Selbst in einer sinnlosen und absurden Lage muß der Mensch sich selbst definieren. Die Kontinuität der subkulturellen Werte als Basis der Untergrundorganisation hat sicher dazu beigetragen.

Darf man aber diese äußerlich strukturlose, auf persönliche Beziehungen aufgebaute „Organisation", die es unter den Sozialdemokraten gab (und die nach 1936 als einzige geblieben war), eine „Untergrundpartei" nennen? Sie war nicht zentral gelenkt, nicht koordiniert, sie konnte keine gemeinsamen Aktionen durchführen, ihre besondere Kraft war die Erfahrung gemeinsamer Werte. Andererseits war sie fast überall vorhanden, konnte schnell mobilisiert werden, sie führte sich selbst ohne Hilfe von außen und oben und war das Resultat der politischen Bildung durch die Zugehörigkeit zur Subkultur. Kurz gesagt, bewirkte sie alles, was eine traditionelle Untergrundpartei zu schaffen versuchte.

Die „illegale Partei" der NS-Ära hat nichts zu tun mit dem, was wir gewöhnlich unter einer „politischen Partei" verstehen. Sie weist aber bestimmte Ähnlichkeiten auf zu dem, was Karl Marx über die „Partei der Arbeiter" schrieb.[51]

Daß sie aber existiert hat und der Geschichte der sozialdemokratischen Untergrundbewegung Sinn und Bedeutung gibt, scheint mir unstreitig.

Anmerkungen

Archiv-Abkürzungen und benutzte Bestände

ABA Arbeter Bevegelings Arkiv, Kopenhagen (No 874: „Tyske Socialdemokraten Korrespondance").

AdSD	Archiv der Sozialen Demokratie der Friedrich-Ebert Stiftung, Bad Godesberg („Emigrations-Bestand, PV-Korrespondenz").
ARA	Arbeter Rörelsens Arkiv, Stockholm („S.A.P.").
BA	Bundesarchiv Koblenz (Gestapo, SD, RSHA).
BDC	Berlin Document Center, Berlin-Zehlendorf (NS-Gerichtsurteile).
PA	Parteiarchiv der SPD, Bonn („G", „Emigration-Sopade").
IISH	International Institute for Social History, Amsterdam („Neubeginnen")
IML	Institut für Marxismus-Leninismus beim ZK der SED, Berlin [Ost] (Gestapo und Politische Polizei).
GStA	Geheimes Staatsarchiv Preußischer Kulturbesitz, Berlin-Dahlem (Rep. 90P: Preußisches Ministerium des Innern, Gestapo 1933—1936).

[1] Motto aus Ignazio Silones autobiographischem Aufsatz in Richard Crossman (Hrsg.), *The God that Failed*, New York 1950, S. 115 (Übersetzung).

[2] Richard N. Hunt, *German Social Democracy 1918—1933*, New Haven 1964, S. 100f. Die am 6. November 1932 für die SPD abgegebenen Stimmen betrugen 7 248 000 oder 20,1 % der Gesamtstimmen. Bei den Wahlen vom 5. März 1933 in der Zeit des Terrors sank die Stimmenzahl um 66 400. Statistiken in: Hans-Gerd Schumann, *Nationalsozialismus und Gewerkschaftsbewegung*, Hannover 1958, S. 163; Karl Rohe, *Das Reichsbanner Schwarz-Rot-Gold*, Düsseldorf 1966, S. 73.

[3] Guenther Roth, *The Social Democrats in Imperial Germany*, Tottowa, N.J. 1963, S. 159, S. 8—10.

[4] Richard Breitman, *German Socialism and Weimar Democracy*, Chapel Hill, N.C. 1981. Siehe auch Karl Dietrich Bracher, *Die deutsche Diktatur. Entstehung, Struktur, Folgen des Nationalsozialismus*, Köln 1969, S. 401—410, besonders S. 406: „... während eine umfassende Darstellung dieser weitverstreuten, namenlosen Opposition an der Quellenlage scheitert."

[5] Beispiele für das, was die Sozialdemokraten durchgemacht haben, in: Theodor Kraemer, *Blutmärz 1933*, Luxemburg o. J. (1934), und die ADGB-Korrespondenz, GStA Rep. 90P, Nr. 71.

[6] Lewis J. Edinger, *German Exile Politics: The Social Democratic Executive Committee in the Nazi Era*, Berkeley (Cal.) 1956, und Erich Matthias/Rudolf Morsey (Hrsg.), *Die Sozialdemokratische Partei Deutschlands*, in: *Das Ende der Parteien 1933*, Düsseldorf 1960.

[7] Wolfgang H. Kraus/Gabriel A. Almond, *Resistance and Repression under the Nazis*, in: Gabriel A. Almond (Hrsg.), *The Struggle for Democracy in Germany*, Chapel Hill, N.C. 1949, S. 65; Theo Pirker, *Die SPD nach Hitler. Die Geschichte der Sozialdemokratischen Partei Deutschlands 1945—1965*, München 1965, S. 35, 55; Franz Osterroth/Dieter Schuster, *Chronik der deutschen Sozialdemokratie*, Hannover 1963, S. 405, 412, 418; Fenner Brockway, *German Diary*, London 1946, S. 31, 46.

[8] *Aufruf Adolf Hitlers an die NSDAP vom 1. März 1933*, in: Walther Hofer (Hrsg.), *Der Nationalsozialismus. Dokumente 1933—1945*, Hamburg 1957, S. 55.

[9] Selbst der Vorschlag der Sopade, das *Reichsbanner* als getrennte Untergrund-Kampforganisation neu zu formieren, lehnte Karl Höltermann in einem ausführlichen Memorandum (das unter Umständen von der Gestapo abgefangen wurde) ab. *Geheimes Staatspolizeiamt Berlin an Preuß. Ministerpräsident u. Chef der Geheimen Staatspolizei, 8. VI. 34*, GStA, Rep. 90P, Nr. 92.

[10] Interview mit Willi Eichler; vgl. auch Werner Link, *Die Geschichte des Internationalen Jugendbundes und des Internationalen Sozialistischen Kampf-Bundes,* Meisenheim 1964; Günther Weisenborn, *Der lautlose Aufstand,* Berlin 1953, erzählt auf S. 301 f., daß eine Gruppe von Sozialdemokraten 1940 in Danzig wegen geplanter Sprengstoffattentate hingerichtet worden ist, gibt aber keine Details hierzu und dokumentiert den Vorgang nicht.

[11] Zitiert aus: Francis L. Carsten, *Freedom and Revolution. Rosa Luxemburg,* in: Leopold Labedz (Hrsg.), *Revisionism. Essays on the History of Marxist Idees,* New York 1962.

[12] Ganz abgedruckt bei L. J. Edinger, *German Exile Politics...* [Anm. 6].

[13] Otto Bauer, *Die illegale Partei* (= Schriftenreihe des sozialistischen Kampfes, Nr. 1), Paris 1939. Kopie in: Hoover Institution, Stanford, Cal.

[14] L. J. Edinger, *German Exile Politics...* [Anm. 6]; Erich Matthias, *Sozialdemokratie und Nation,* Stuttgart 1952.

[15] Typische Beispiele für diese Standpunkte bei: Hans Dill/Hans Vogel, *Bericht für April 1935;* Gustav Ferl an die Sopade, 4.5.34; *„Hertel" (F. Bögler) an die Sopade, Bericht für Juli 1936,* beide AdSD. Ein zusammenfassender Bericht über diese Haltung bei: *Erich Rinner an Dr. Alfred Braunthal, Prag d. 17.4.1935,* PA, G-81.

[16] Ausführliche Informationen hierzu in der Sammlung von Gerichtsurteilen des BDC, besonders 6 OJs 596/35 und 548/35. Es gibt zwei Beschreibungen von Angehörigen der Gruppe „Neu Beginnen": Evelyn Lend (Anderson), *The Underground Struggle in Germany,* New York 1938, und Jan Jansen/Stefan Weyl (= Bernd Traurer/Georg Eliasberg), *The Silent War. The Underground Movement in Germany,* New York 1943.

[17] Bericht über die Tätigkeit des PV, Paris 1939, PA, G-3, Nr. 16. Aus diesem Bericht gehen folgende Angaben über von der Sopade allein eingeschmuggeltes Material hervor: Zeitungen (bis März 1938): 1 450 000 Exemplare; Flugblätter und Plakate: ca. 100 000; Informationshefte: 52 000.

[18] Die Gründe einer Organisation, die die Schriftenverteilung abgelehnt hat, sind nachzulesen in: IISH Außenkorresp. usw. NB/Sopade-SAI 1934—36: Auslandsbüro Neu-Beginnen, *„Über den Stand der illegalen Organisation in Deutschland. Beantwortung der Fragen der Dreier-Kommission der S.A.I., überreicht von der Auslandsvertretung ‚Neu-Beginnen'"*. (Vervielfältigt im Herbst 1934?), IISH. Andere lehnten die Verteilung von Schriftenmaterial ab, weil sie unter Beobachtung standen, keine Verbindungen zu anderen aufnehmen konnten oder den Gedanken grundsätzlich ablehnten. Jede einzelne Gruppe aber fand letztlich die ihr eigene Form der Kontaktaufnahme.

[19] Diese Methode scheint die Gestapo in fast allen Gerichtsverfahren angewendet zu haben, die im BDC zusammengetragen sind. Details über zwei regionale Fälle in Hans-Josef Steinberg, *Widerstand und Verfolgung in Essen 1933—1945,* Hannover 1969, und Kurt Klotzbach, *Gegen den Nationalsozialismus. Widerstand und Verfolgung in Dortmund 1930—1945,* Hannover 1969.

[20] Vgl. Anm. 19; siehe auch Hans-Joachim Reichhardt, *Möglichkeiten und Grenzen des Widerstandes der Arbeiterbewegung,* in: Walter Schmitthenner/Hans Buchheim (Hrsg.), *Der deutsche Widerstand gegen Hitler,* Köln 1966; Siegfried Bahne, *Die KPD,* in: E. Matthias/R. Morsey (Hrsg.), *Das Ende...* [Anm. 6].

[21] Vgl. die Berichte der Grenz-Sekretariate der Sopade, der SAP oder von Neu Beginnen. Die Gestapo-Berichte von 1936 belegen eine genaue Kenntnis vom kommunistischen Untergrund vor allem dadurch, daß die KPD schon lange vor 1933 von Polizeispitzeln durchsetzt war. Vgl. auch K. D. Bracher, *Die deutsche Diktatur...* [Anm. 4], S. 375—378.

[22] Beispiele siehe *Lagebericht, X.1934, Wesermünde* und *Lagebericht für Juli 1935, Staatspolizeistelle Berlin,* GStA, Rep. 90P, Nr. 79, 82.

[23] *Monatsbericht des Gebietssek. Karlsbad, V.1934 u. VI.1934,* PA, G-7; *Konferenz mit den maßgebenden Funktionären des bisherigen Sopade-Arbeitskreises in Dresden ... am 8.IX.35,* PA, G-8; *„Georg" (E. Schöttle) an die Sopade, 14.V.36,* PA, G-10; vgl. auch *Dill an Vogel, 19.VI.34, Bericht für Juni, Abt. C,* AdSD. Die SAP kam zu demselben Schluß: Walther Pöppel, *Denkschrift,* S. 14, ARA; *Richtlinien für die SAP, X.1937,* ARA; *Das Banner* vom Dezember 1935 und Januar 1936.

[24] H.-J. Reichhardt, *Möglichkeiten und Grenzen...* [Anm. 20].

[25] Siehe *Monatsbericht des Gebietssek. Karlsbad, VI.1934,* PA, G-7; *Monatsbericht Bez. 23, Rhein-Ruhr-Westfalen, 22. Jan. 1935, zur C (Gustav Ferl),* AdSD. Das wurde die offizielle Politik der Sopade. Vgl. *Rinner an Blumenberg, Paris 31.V.39* und *Rinner an Brost, Paris, 24.IV.39,* PA, G-80. Die Verbreitung dieser Zeitungen wurde auch zurückgenommen, weil der Sopade nur geringe Geldmittel zur Verfügung standen.

[26] William S. Allen, *Eine statistische Analyse der sozialistischen Untergrundbewegung in Nordrhein-Westfalen 1933—1938,* in: Helmut Esters (Hrsg.), *Widerstand, Verfolgung und Emigration* (= Studien und Berichte aus dem Forschungsinstitut der Friedrich-Ebert-Stiftung), Bad Godesberg 1967, S. 34f.

[27] *A.a.O.,* S. 35.

[28] *Lageberichte für X.1934,* GStA, Rep. 90P, Nr. 79. (Von den verschiedenen Staatspolizeistellen). Von den folgenden Bereichen wurde über keinerlei Aktivitäten berichtet, obwohl gleichzeitig in den kursiv hervorgehobenen Orten umfangreiche sozialistische Operationen stattfanden: Königsberg, Tilsit, *Potsdam, Frankfurt/O.,* Stettin, Köslin, Schneidemühl, *Breslau, Magdeburg,* Halle, *Altona, Hannover, Harburg, Wilhelmshaven,* Osnabrück, Aurich, *Recklinghausen, Bielefeld, Dortmund, Köln, Aachen* und Sigmaringen. Über einzelne Aktivitäten berichteten Erfurt, *Düsseldorf, Koblenz* und Wiesbaden. In Nr. 77, *Lagebericht der Stapostelle Dortmund, August 1934,* heißt es, daß sie „in diesem Monat *zum ersten Mal nach der nationalen Revolution* nachgewiesen werden konnte". (Hervorhebung durch den Verfasser.) Ähnlich: Mitteilung Nr. 1 des Geheimen Staatspolizeiamts, BA, R 58/1069.

[29] Statistiken über Festnahmen in: *Festnahmen wegen Betätigung für die KPD u. SPD im Monat (3/1935—10/1935),* BA, R 58/67. Typische Berichte über Untergrundaktivitäten in: *Bögler an die Sopade, „Besprechung mit 2 Breslauer Genossen am 7.VI.1935"* und *Bericht aus Schlesien, April 1937,* AdSD. Zur zunehmenden Aufmerksamkeit der Gestapo siehe *Lagebericht für Juli 1935, Stapostelle Frankfurt a.M.* und *Der Polizeipräsident Berlin d. 21.V.35, Bericht über die innenpolitische Lage im Landespolizeibezirk Berlin, März-April, 1935,* GStA, Rep. 90P, Nr. 82 u. 87. Vgl. auch die Aktensammlung des BDC über Einzelverfahren, die chronologische Aufstellungen enthält.

[30] *Bericht aus Schlesien, Aug. 1935,* AdSD. Bestätigung durch die Gestapo in: *Regierungspräsident Lüneburg d. 5.VI.1935: Lagebericht,* GStA, Rep. 90P, Nr. 88. Beispiele für eine gut ausgebaute „Lesekreis"-Struktur finden sich in H. J. Steinberg, *Widerstand...* [Anm. 19], S. 70—80.

[31] Zu den unabhängig voneinander existierenden und nicht voneinander wissenden sozialistischen Gruppierungen siehe *Persönliche Eindrücke über den Stand der Bewegung in Westdeutschland, Anfang Nov. 1933* (G. Ferl), AdSD. Lokale Beispiele abweichender (oppositioneller) sozialistischer Gruppierungen in K. Klotzbach, *Gegen den Nationalsozialismus...* [Anm. 19], (Dortmund); H.-J. Steinberg, *Widerstand...* [Anm. 19], (Essen); Gerda Zorn, *Stadt im Widerstand,* Frankfurt 1965 (Hannover).

[32] Dokumente über Gestapo-Methoden in: H.-J. Steinberg, *Widerstand*... [Anm. 19]. Himmlers Eingeständnis von Foltermethoden, in: *H. Himmler an Reichsjustizminister, Berlin d. 28.II. 1935*, GStA, Rep. 90P, Nr. 104.

[33] *R. Hansen an E. Rinner, Copenhagen 18.I.1937*, PA, G-86; *Rinner an Schöttle, 29.IV.37*, PA, G—98. 1938 war das auch der Gestapo bewußt: *Geheimes Staatspolizeiamt II A, Jahresbericht über kommunistische und marxistische Bewegung, 1938*, IML St 3/120; *Jahreslagebericht 1938 des Sicherheitshauptamtes*, Bd. I, S. 90, BA, R 2313/524.

[34] Eine Analyse der Gestapo darüber findet sich in: *(SD) Monatsbericht über Linksbewegung, Aug. 1936*, IML, St 3/107, S. 185. Wie frühere persönliche Beziehungen in den kulturellen Organisationen zu Untergrundaktivitäten führten, siehe in: *Memorandum gerichtet an den Vorstand der SPD über das Feststellungsverfahren gegen Walter Spengemann*, Privatarchiv Fritz Tobias, Hannover; *G. Ferl an die Sopade, 29.IV.35* und *H. Dill an die Sopade, 6.X.1936*, AdSD. Die Gestapo löste regelmäßig alle Arbeiterorganisationen als mögliche Widerstandszentren auf, vgl. Kuno Bludau, *Nationalsozialismus und Genossenschaften*, Hannover 1968, S. 124ff. Anonym (Franz Neumann), *Festschrift Paul Löbe*, Berlin o. J. (1949?), S. 54, wird der „Fichte-Georginia Männergesangverein" der Nazi-Ära „als praktisch traditionelle Einrichtung der Berliner Sozialdemokratie" beschrieben. T. Pirker, *Die SPD nach Hitler*... [Anm. 7], S. 35, weist ebenfalls auf die engen Kontakte hin, sieht ihre Bedeutung aber nur begrenzt; er bezieht sich jedenfalls auf die früheren SPD-Funktionäre und nicht auf das ‚Fußvolk' der Partei.

[35] Ein Beispiel hierfür auf lokaler Ebene in William S. Allen, *The Nazi Seizure of Power. The Experience of a Single German Town 1922—1949*, Neuaufl., New York 1984, S. 16f.

[36] Richard W. Reichard, *Crippled from Birth. German Social Democracy, 1844—1870*, Ames, Iowa 1969, S. vii. Eine wohlwollendere Beurteilung siehe bei William H. Maehl, *Recent Literature on the German Socialists 1891—1932*, in: *Journal of Modern History*, 33. Jg. (1961), S. 292ff.

[36a] Statistiken aus dem *SPD-Jahrbuch* von 1927. Einen guten kritischen Überblick bietet R. N. Hunt, *German Social Democracy*... [Anm. 2], der jedoch die verbindende Rolle, die die SPD gespielt hatte, unberücksichtigt läßt.

[37] *Strafsache gegen Ernst Hilbig und Johann Beckendahl*, BDC, 9 J 209/38, 2 H 81/38.

[38] Für eine breitere Analyse vgl. meinen in Anm. 26 zitierten Aufsatz.

[39] Diesen Punkt hat Franz Neumann hervorgehoben: Leopold Franz [Pseudonym], *Die Träger der antifaschistischen Bewegung in Deutschland*, in: *Der Kampf*, Nr. 9 vom September 1937. Die Gestapo versandte Kopien davon an alle Hauptstellen mit einem Begleitschreiben, das besagt, daß der Artikel „vollständig mit der Erfahrung übereinstimmt, die wir hier mit dem illegalen Kampf der SPD und ihren illegalen Kämpfern in Deutschland gemacht haben". Vgl. *Geheimes Staatspolizeiamt Berlin, d. 23. Okt. 1937, an alle Staatspolizeileit- und Staatspolizeistellen: Betr. illegale SPD*, BA, R 58/211.

[40] Repräsentive Gestapo-Berichte in: *Monatsbericht der Stapostelle Köln, 1.VII.1934*, GStA, Rep. 90P, Nr. 76; *Lagebericht für Dez. 1935, Kiel*, GStA, Rep. 90P, Nr. 85; *Monatsbericht für Nov. 1935, Stapostelle Wesermünde*, GStA, Rep. 90P, Nr. 84; *Lagebericht für Juli u. Aug. 1938, Aachen 27.VIII.38* und *Jahresbericht für 1937, Gestapo Dortmund d. 6.I.38*, BA, R 58/fol. 1—389 und R 58/457; *Gestapo Braunschweig d. 25.12.1940 an RSHA IV A—1, betr. Verhalten komm. u. marx. Kreise*, IML, St 3/257. Parallel dazu Akten der Sozialisten, einschließlich des AdSD: *G. Ferl an die Sopade, 17.VIII.1934; H. Dill an die Sopade, 25.III.1935. R. Hansen an E. Ollenhauer, Copenhagen, d. 24.VI.1937* und *G. Ferl an E. Rinner, Brüssel, 25.V.1939*, PA, G—86. Vgl. K.

Klotzbach, *Gegen den Nationalsozialismus...* [Anm. 19], S. 145, und Joseph Buttinger, *In the Twilight of Socialism*, New York 1953, S. 59 ff.

[41] Berichte der Sozialisten über „politische Begräbnisse" sind zu finden in: AdSD *H. Hertel (Franz Bögler) an die Sopade. Aug. 1935, März, April, Juli, Aug. 1936.* Parallele Gestapo-Berichte: *Lagebericht für X.34 (Düsseldorf), für IV.35 (Dortmund), für VI. 35 (Bielefeld)*, GStA, Nr. 79—81. Siehe auch *Monatsbericht über Linksbewegung im Mai 1936* (Leipzig und Berlin), BA, R 58/358; *Stapostelle Darmstadt d. 21. IV. 1937*, IML, St 3/276, S. 151. Heydrichs Verbot von Begräbnisreden durch frühere SPD-Führer: *Geheime Staatspolizei, der Stellvertretende Chef an die außerpreußischen politischen Polizeien und alle Staatspolizeistellen, 21.III.1936, betr. Weltliche Grabredner*, BA, R 258/211. Zu dem Versuch der Sozialisten, Verhaftungen auf einem Begräbnis zu verhindern, siehe *Todesanzeige Johann Sassenbach, Frankfurt a.M. 19. Nov. 1940*, ABA, Nr. 874.

[42] Emil Henk, *Die Tragödie des deutschen Widerstandes*, Frankfurt a.M. 1947.

[43] W. Kraus/G. Almond, *Resistance...* [Anm. 7], S. 65—66.

[44] SPD, *Die Wiedergeburt der deutschen Sozialdemokratie*, London 1945, S. 4—9. Philip Windsor, *City on Leave. A History of Berlin 1945—1962*, New York 1963, S. 47: Der Krieg war in Berlin am 5. Mai 1945 beendet, Mitte Mai hatte die SPD „125 Gruppen früherer Mitglieder" reorganisiert.

[45] Zu anti-nationalsozialistischen Aktivitäten während der Kriegszeit siehe die Sammlung im BA, *Meldungen wichtiger staatspolitischer Ereignisse;* Eugen Kogon, *The Theory and Practice of Hell*, New York 1960, S. 251, listet 1 663 550 Einlieferungen in die Konzentrationslager während des Krieges auf. Statistiken über die Verhaftungen, die in Deutsche, Ausländer und durch die Art der Vergehen (einschließlich des „Marxismus-Kommunismus") unterteilt waren, in: IML, St 3/175, S. 104 (August 1941); *Zusammenstellung der in den Tagesrapporten der Stapostellen im Monat ... gemeldeten Festnahmen, a.a.O.*, St 3/179, S. 111 (November 1941). Siehe auch *Monatsstatistik X. 39* und *Monatsstatistik Jan. 1941*, BA, R 58/719 und R 58/652. W. Kraus/G. Almond, *Resistance...* [Anm. 7], S. 60, haben für ausgewählte Distrikte für die Monate April—Juni 1944 eine Tabelle aufgestellt. Die Gesamtzahl der Verhaftungen aufgrund politischer Aktivitäten während des Dritten Reiches kann nicht ermittelt werden.

[46] *M. Bergmann an die Sopade, Paris d. 10.VI. 1939*, PA, G-80. Der Slogan „Arbeitet langsamer" wurde auch durch die Rundfunksendungen der Sozialisten im BBC während des Krieges immer wieder verbreitet. Leistungs- und Produktionszahlen, die oft auch unglaublich hohe Abwesenheitszeiten aufweisen, finden sich in: United States Army Air Force, *Strategic Bombing Survey Reports*, Washington, D.C. 1946. Siehe auch Edward L. Homze, *Foreign Labor in Nazi Germany*, Princeton, N.J. 1967.

[47] Alan S. Milward, *The German Economy at War*, London 1965.

[48] Timothy W. Mason, *Arbeiteropposition im nationalsozialistischen Deutschland*, in: Detlev Peukert u.a. (Hrsg.), *Die Reihen fast geschlossen. Beiträge zur Geschichte des Alltags unterm Nationalsozialismus*, Wuppertal 1981, S. 293—314.

[49] Timothy W. Mason, *Arbeiterklasse und Volksgemeinschaft. Dokumente und Materialien zur deutschen Arbeiterpolitik 1936—1939*, Opladen 1975, S. 100—159. Zu der fast panischen Angst der Nazis vor den Arbeitern siehe Dietrich Orlow, *The History of the Nazi Party 1933—1945*, Pittsburgh 1973, S. 263 ff.

[50] Marlis G. Steinert, *Hitlers Krieg und die Deutschen. Stimmung und Haltung der deutschen Bevölkerung im Zweiten Weltkrieg*, Düsseldorf 1970.

[51] Richard N. Hunt, *The Political Ideas of Marx and Engels*, Bd. 1, Pittsburgh, Pa. 1974.

Aus dem Englischen vom Autor und Barbara Peymann

Die Haltung der Arbeiterschaft zum NS-Regime

HANS-JOSEF STEINBERG
Bremen

Im folgenden geht es nicht um den Widerstand, der aus der deutschen Arbeiterschaft, besonders von Mitgliedern der Linksparteien der Weimarer Republik, vor allem in den Jahren 1933 bis 1936 geleistet worden ist. Auch wenn dieser Widerstand, der sich in vielfältiger Weise manifestierte — von der illegalen Massenorganisation über den Nachrichtenvermittlungsapparat bis hin zum gut abgeschotteten Lesezirkel bei der illegalen Feier des 1. Mai und der demonstrativen Teilnahme an der Beerdigung eines ermordeten Genossen — beeindruckend breit war, wie inzwischen viele Lokal- und Regionalstudien zeigen, so umfaßte er doch nur einen geringen Teil der Arbeiterschaft. Nach großen Erfolgen der Verfolgungsinstanzen und der sichtbaren Stabilisierung des Systems im Laufe des Jahres 1935 war organisiertes Widerstandshandeln bis auf wenige Ausnahmen unmöglich geworden. Die Arbeiterschaft hatte sich einzurichten in diesem System, und wie sie das tat, soll im folgenden skizziert werden.

Dabei stütze ich meine Argumentation in erster Linie auf Forschungen und Befragungen, die im Rahmen eines Forschungsprojektes in den vergangenen drei Jahren in Bremen durchgeführt worden sind. Die Gefahr lokaler Beschränktheit scheint dabei gering zu sein, weil die Ergebnisse in oft geradezu verblüffender Weise mit denen übereinstimmen, die Gerhard Hetzer in bezug auf Augsburg und Klaus Tenfelde über Penzberg im Rahmen des Projektes *Bayern in der NS-Zeit* vorgelegt haben.[1] Auch der Vergleich mit den Aussagen von Detlef Peukert über Arbeiteralltag und Arbeiteropposition im NS-Reich[2] sowie mit den Interviews von Lutz Niethammer und anderen im Ruhrgebiet[3] macht deutlich, daß es in unterschiedlichen Regionen mit verhältnismäßig starker Arbeiterschaft gleiche oder ähnliche Verhaltensweisen gegeben hat.

I

Es besteht heute kein Zweifel daran, daß die NS-Bewegung in der Zeit ihres Aufstiegs in der Arbeiterschaft nicht Fuß fassen konnte. Wahlanalysen im lokalen Bereich, die bis in die einzelnen Stimmbezirke reichen, zeigen die besondere Resistenz — um einen aktuellen Begriff zu bemühen — der Arbeiterschaft gegenüber dem Nationalsozialismus. Entscheidend für diese Stabilität war ein Arbeitermilieu, dessen Anfänge schon unter dem Bismarckschen Sozialistengesetz seit 1878 zu beobachten sind, das sich im Wilhelminischen Kaiserreich seit 1890 verfestigte und seine stärkste Ausprägung in den 1920er Jahren fand. Neben der Nachbarschaft, dem Zusammenwohnen im Arbeiterviertel, gab es eine Fülle von Bindungen und Verflechtungen, die gerade den Freizeitbereich betrafen. Der sozialdemokratische Facharbeiter des Jahres 1928 war nicht nur Mitglied seiner Partei, sondern auch der Gewerkschaft. Als bildungsbeflissener Arbeiter war er Mitglied der sozialdemokratischen Buchgemeinschaft „Der Bücherkreis" und der Buchgemeinschaft der Gewerkschaften „Büchergilde Gutenberg". Einmal in der Woche traf er seine Genossen im Männergesangverein „Vorwärts". Die Frauen nutzten die Chorprobe zum „Klönschnack", und der älteste Sohn war im Radfahrklub „Solidarität". Einkaufen ging man in den Konsum, wo man Mitglied war und wo man sich wieder traf. Wie Peukert zutreffend bemerkt, änderte die Spaltung der politischen Arbeiterbewegung, die vor allem in der Phase 1928 bis 1933 wirksam wurde, wie schon die Verschiebung der Wählerstimmen im Bereich der Arbeiterparteien sichtbar macht, nichts an dieser umfassenden Subkultur. Sie führte nur zu einer „Quasi-Verdoppelung" der den ganzen Reproduktionsbereich umfassenden Organisationen.[4]

Angesichts heute gängiger Hochschätzungen dieses Arbeitermilieus muß allerdings gesagt werden, daß es in der Endphase der Weimarer Republik zunehmend von Not, Mangel und natürlich von Arbeitslosigkeit geprägt war.

Die Arbeiterbewegung hat es nicht vermocht, die nationalsozialistische Machtergreifung zu verhindern. Es hat keinen Sinn, darüber zu spekulieren, ob eine politisch geeinte Arbeiterbewegung in der Lage gewesen wäre, den unheilvollen Gang der Geschichte zu ändern. Das österreichische Beispiel spricht eher gegen eine solche Vermutung. Tatsache ist, daß die deutsche Arbeiterschaft erleben mußte, wie im Verlauf eines halben Jahres ihre imposanten Organisationen — Parteien, Gewerkschaften, Genossenschaften —, Vereine und Kassen aller Art zerschlagen oder gleichgeschaltet wurden. Das betrifft nicht nur die sozialdemokratischen Arbeiter, sondern auch die kommunistischen, deren Führung in jeder Hinsicht unvorbereitet war auf das, was in den Wochen und Monaten nach dem 30.

Januar 1933 geschah. Der wohlvorbereitete bewaffnete Aufstand von dieser Seite war ein Produkt der NS-Propaganda.

Die Nationalsozialisten begnügten sich nicht mit der Zerschlagung der Organisationen. Ihre in der Weimarer Zeit unternommenen vergeblichen Versuche, die Arbeiterviertel aufzurollen und zu erobern, führten jetzt zum Ziel: Die Arbeiterviertel wurden „geknackt". Polizei und die zur Hilfspolizei ernannte SA praktizierten bis zum Spätsommer 1933 einen Terror, der die alten Strukturen in den Arbeitervierteln schwächen und die Menschen einschüchtern sollte. Was ich für Essen[5] und Bremen[6] im einzelnen nachweisen kann, gilt offensichtlich für alle proletarischen Viertel oder Siedlungen. Sie wurden in genau geplanten Razzien „überholt", und die Tatsache, daß heute sozialistische und kommunistische Literatur aus der Weimarer Zeit nahezu unerschwinglich ist, hat ihren Grund darin, daß reichsweit bei diesen Aktionen alles erfaßt und vernichtet worden ist. Die spezifische Arbeiter-Parzellenkultur in Bremen hat dazu geführt, daß immerhin in diesen Kleingarten-Gebieten einiges vergraben werden konnte und — wenn auch meist mit Wasserschäden — das NS-Regime überstanden hat. Einerseits wurde das Ziel, die Arbeiterschaft einzuschüchtern, erreicht. Die Menschen, die sich ihrer Wehrlosigkeit bewußt waren, waren nach solchen Aktionen kaum noch bereit, illegales Material aufzubewahren oder gar untergetauchte Parteifunktionäre zu beherbergen. Andererseits führte dieser Terror, der Kommunisten und Sozialdemokraten in gleicher Weise traf, dazu, daß die Gräben innerhalb der Arbeiterbewegung weitgehend eingeebnet wurden. Vor allem durch die Unterstützung der Angehörigen inhaftierter oder ermordeter Arbeiter entstand in den Straßen der Arbeiterviertel und in den Schrebergarten-Gebieten eine neue Solidarität, bei der frühere Parteizugehörigkeit kaum noch eine Rolle spielte.

Während das spezifisch kommunistische Milieu durch Massenverhaftungen und die großen Opfer, die die erste Phase des kommunistischen Widerstands kostete, nachhaltig geschädigt wurde, blieb das sozialdemokratische Milieu bis in den Krieg hinein relativ intakt. Von großer Bedeutung war dafür, daß trotz der Verbote und Gleichschaltungen einige Sport- und Kulturvereine weiterbestanden. In der Regel saßen einige Nationalsozialisten in den Vorständen, womit die Vereine gegenüber der Gestapo, die die Aktivitäten argwöhnisch beobachtete, etwas abgesichert waren. So waren Nischen entstanden, so erhielt sich auch ein auf permanente Kontakte aufbauendes Widerstandspotential, das aber für die Zeit nach 1935 nicht überschätzt werden darf. Was die Menschen zusammenführte, war nicht nur Opposition, sondern auch kollektive Resignation und die Einsicht, bei Wahrung eines gewissen Zusammenhaltens sich doch mit dem Regime arrangieren zu müssen.

In den Jahren 1933 bis 1935 stand das Arbeitermilieu dem neuen Regime ablehnend und feindlich gegenüber, wie Gestapoberichte und nicht zuletzt die Wahlen der Vertrauensräte 1934 und 1935 zeigen. Wie groß die Verweigerung im Einzelfall war, zeigt das Beispiel der Bremer Vulkan-Werft, wo 1935 zu der aus Anlaß der Wahl einberufenen Betriebsversammlung von 2500 Beschäftigten nur 250 erschienen. Darauf wurde eine zweite Versammlung anberaumt, und der Kandidat der NS-Betriebszellen-Organisation (NSBO) beantragte in Anbetracht der Stimmung unter den Arbeitern bei der Direktion die Schließung der Werkstore während der Versammlung. Dies wurde abgelehnt, und zur zweiten Betriebsversammlung erschienen 200 Beschäftigte.[7]

Generell änderte sich die Haltung der Arbeiterschaft nach 1936, und zwar durch die erreichte Vollbeschäftigung im Zusammenhang mit der Rüstungskonjunktur. Wie Hans Dieter Schäfer in seiner wichtigen Studie *Das gespaltene Bewußtsein* zu Recht feststellt, besagt es offensichtlich wenig, wenn man die Reallöhne im NS-Reich mit denen der Weimarer Zeit vergleicht und dabei feststellt, daß diese erst 1938/39 das Niveau von 1928 erreicht haben.[8] Die Interviews aus dem Ruhrgebiet und unsere Befragungen zeigen schlagend, daß im Leben der Arbeiter die Rückkehr in den Betrieb einen neuen Lebensabschnitt markiert hat. Eine „Normalisierung" war eingetreten, eine Lebensperspektive gegeben. Der feste Arbeitsplatz war vor allem für jüngere Arbeiter die Basis für die Gründung einer Familie, die Anmietung und Einrichtung einer eigenen Wohnung, den Bau eines Wochenendhäuschens. Damit verbunden war der Rückzug ins Private, die Auflockerung alter Zusammenhänge, die Verselbständigung des Familienlebens, die Wandlung des Milieus zum „Bekanntenkreis", die Abstinenz von der Politik. Schäfers These, daß in der zweiten Hälfte der dreißiger Jahre ein sozialpsychologisches Klima entstanden sei, das dem Wirtschaftswunder in der Zeit der fünfziger Jahre näher stand als den Auseinandersetzungen der Weimarer Zeit,[9] wird durch Befragungen bestätigt, in denen beide Zeitabschnitte als normal geschildert werden; normal im Gegensatz zu den Jahren der Wirtschaftskrise, des Krieges und der Nachkriegszeit bis hin zur Währungsreform. Die Erweiterung des Freizeitbereiches — 1938 nahm jeder dritte Arbeiter an „Kraft-durch-Freude"-Reisen teil — und eine Aufstiegsmobilität haben zusätzlich dazu geführt, daß es partielle Zustimmungen zu Maßnahmen des Regimes gab, die einhergingen mit Ablehnung in anderen Bereichen. Zunehmend wurde das NS-System nicht mehr als Ganzes wahrgenommen und natürlich auch nicht mehr als Ganzes abgelehnt. Was die Gesamtheit der Arbeiterschaft angeht, so war am Vorabend des Zweiten Weltkrieges weniger die materielle Lage als vielmehr der sich ankündigende Krieg Grund, mit Bangen in die Zukunft zu sehen. Mir scheint, daß der vom Bayern-Projekt veröffentlichte Auszug aus dem Monatsbericht der Wehrwirtschafts-Inspektion VII/München vom 9. September 1938 in dieser Hinsicht besonders eindrucksvoll ist:

„...Die Arbeitslosigkeit, das grausige Gespenst einer gar nicht weit zurückliegenden Vergangenheit, ist ins Gegenteil umgeschlagen... Auf der ganzen Linie herrscht volle Beschäftigung, noch dazu bei steigenden Löhnen, die sozial erfreulich, wirtschaftlich aber nicht unbedenklich sind. Die Theater sind gut besetzt, die Kinos voll und die Cafés bei Musik und Tanz bis in die späten Nachtstunden überfüllt, der Ausflugsverkehr an Sonntagen weist Rekordzahlen auf. Und trotz aller dieser Symptome einer guten Wirtschaftslage ist die Stimmung in weiten Kreisen des Volkes nicht so, wie sie der günstigen Konjunktur entsprechen würde. Sie ist vielfach gedrückt wegen der Zukunft...

[Es] besteht in weitesten Volkskreisen die ernste Sorge, über kurz oder lang würde ein Krieg der wirtschaftlichen Blüte den Garaus machen und einen für Deutschland schrecklichen Ausgang nehmen. Dabei drängt sich bei den Leuten der älteren Generation, auch in Arbeiterkreisen, der naheliegende Vergleich mit der Zeit vor dem Kriege auf. Auch da ging wirtschaftlich alles glänzend, Produktion, Außenhandel, Verbrauch, Sparkasseneinlagen, überall ging es aufwärts und vorwärts..., bis schließlich im August 1914 die furchtbare Katastrophe über Deutschland hereinbrach...[10]

II

Wenn man über die Haltung der Arbeiterschaft zum NS-Regime begründete Aussagen machen will, muß man natürlich auch die Situation am Arbeitsplatz, im Betrieb, analysieren. Wie schon Hetzer im Vergleich der Situation bei MAN und Messerschmidt gezeigt hat, waren die Verhältnisse in den verschiedenen Betrieben und Branchen sehr unterschiedlich, so daß es schwer ist, zu sinnvollen Verallgemeinerungen zu gelangen. Im folgenden sollen einige Erkenntnisse aus Bremen in aller Kürze vorgestellt werden.

Die Werftarbeiter standen in ihrer überwiegenden Mehrheit während der gesamten Zeit der NS-Herrschaft dem Regime ablehnend gegenüber, man kann durchaus von einem bewußten Antifaschismus sprechen. Insbesondere die Arbeiter der „AG Weser" spielten eine herausragende Rolle. Das hatte verschiedene Gründe. Zum einen gab es auf der Werft einen Stamm hochqualifizierter Facharbeiter, die in den Organisationen der Arbeiterbewegung verankert waren und nach dem Abflauen der Krise auf die Werft zurückkehrten. Die dezentralen Arbeitsabläufe auf der Werft ermöglichten den Zusammenhalt in relativ kleinen Gruppen und zugleich die Kommunikation der Gruppen untereinander. Hinzu kam, daß die Betriebsleitung die Arbeiter gegenüber der Gestapo schützte und gezielt verfolgte Sozialdemokraten und Kommunisten auf der Werft einstellte. Andererseits empfahl auch die Gestapo aus der Haft oder aus dem KZ entlassenen Arbeitern, sich bei der AG Weser um Arbeit zu bemühen. Die Motive dafür sind nicht ganz klar, vielleicht hielt man es für besser, „unzuverlässige Elemente" in einem Betrieb zusammenzufassen. Die wenigen Nationalsozialisten auf der Werft waren isoliert. Ein Bericht eines Zellenwarts der Nationalsozialistischen Volkswohlfahrt (NSV) auf der Werft vom August 1935 liefert ein anschauliches Bild:

„Wird der deutsche Gruß von einem der Arbeiter geboten, so löst dieses eine eisige Abwehr von mindestens 90 % der Belegschaft aus. Derjenige, welcher den Gruß geboten hat, stößt auf sehr große Schwierigkeiten, wo man ihm schaden kann, wird es bestimmt getan ... Abzeichen gleich welcher Art sieht man mit ganz geringen Ausnahmen überhaupt nicht ... weiter habe ich bisher keinen gesehen, welcher es wagt, mit der braunen Hose zur Arbeit zu kommen."[11]

Gewiß ein Ausnahmefall unter den deutschen Betrieben, aber angesichts des Selbstbewußtseins der für die Aufrüstung dringend benötigten qualifizierten Arbeitskräfte war die Gestapo machtlos, vor allem auch, da Aktivitäten der Arbeiter sich offenkundig unterhalb der Schwelle der Sabotage bewegten. Resigniert äußerte man sich in der bremischen Gestapo dahingehend, das Beste sei, einen Zaun um das Gebäude der Werft zu ziehen und diese zum KZ zu erklären.[12]

Die Situation in den erst in der NS-Zeit expandierenden Betrieben des Flugzeugbaus und der Automobilherstellung unterschied sich wesentlich von der auf den Werften. Bei Weser-Flug, Focke-Wulff und Borgward waren in kurzer Zeit die Belegschaften immens gewachsen. Im Unterschied zu den Werften handelte es sich hierbei zum größten Teil um Arbeiter, die aus anderen Branchen kamen, durch Umschulungsmaßnahmen zu Drehern, Schweißern usw. ausgebildet wurden und häufig aus anderen Städten nach Bremen gezogen waren. Insbesondere Focke-Wulff zahlte trotz offiziellen Lohnstops schon früh übertarifliche Löhne und zog dadurch Arbeiter aus anderen Betrieben, wie den Häfen, ab.

Focke-Wulff war ein sogenannter NS-Musterbetrieb. Durch den Neubau von Werkswohnungen, durch ein Netz betrieblicher Sozialleistungen, kulturelle Betreuung, ein umfangreiches Angebot für den Betriebssport, eine Werkbücherei, die sogenannte Kameradschaftskasse und nicht zuletzt durch relativ hohe Löhne wurden die Arbeiter an den Betrieb gebunden und lernten das Regime von seiner „guten Seite" kennen. Nicht zu unterschätzen ist auch der Stolz der Focke-Wulff-Arbeiter auf „ihre" Flugzeuge. Die Faszination der Technik, verbunden mit dem Gefühl, beteiligt zu sein an der „Pioniertätigkeit" der Konstrukteure und Ingenieure, förderte die Identifizierung der Arbeiter mit ihrem Werk.

Zwischen den Extremen AG Weser und Focke-Wulff war der Arbeitsbereich gekennzeichnet durch die nicht mehr gegebene Interessenvertretung der Arbeiter in Form von Gewerkschaften. In den Jahren des Arbeitskräftemangels fanden die Arbeiter vielfältige Wege, auch so ihre Interessen geltend zu machen. Neben der von Peukert beschriebenen „Tarifpolitik" auf eigene Faust[13] war es vor allem der Arbeitsplatzwechsel, der gezielt zur Verbesserung von Einkommen und Arbeitsbedingungen eingesetzt wurde. Dabei wurde die Arbeit als eine spezifische Rückzugsmöglichkeit begriffen; das Bewußtsein, „gute Arbeit" zu leisten, gab Selbstbewußtsein und machte einen praktisch unangreifbar gegenüber Zumutungen aus dem Bereich der „Politik". So zeigen die Befragungen aus dem Ruhrgebiet den Betrieb in der zweiten Hälfte der dreißiger Jahre als einen „abgeschlossenen Kosmos, in dem die individuelle Qualifikation zu gerechtem Lohn, Schutz vor den Nazis und zur Bewahrung der eigenen Würde führt".[14] Das Fazit von Peukert — „Mangel an Begeisterung für die politischen Angebote des Regimes und mangelnder Arbeitseifer in den Betrieben gingen einher mit einem mißtrauischen Rückzug auf die private Sphäre und in die solidarische Atmosphäre kleiner vertrauter Zirkel im eigenen Sozialmilieu" —[15] ist offenkundig zu differenzieren.

Der Krieg schließlich brachte die deutschen Arbeiter, die nicht an die Front mußten, spätestens 1942 in die spezifische Situation des privilegierten, Leitungs- und Aufsichtsfunktionen wahrnehmenden Betriebsmitglieds. Dabei gab es immer Fälle, in denen die deutschen Arbeiter praktische Solidarität mit ihren ausgebeuteten elenden ausländischen Kollegen übten. Das Verhältnis der deutschen Arbeiter zu den Fremdarbeitern und den KZ-Häftlingen, die im Arbeitseinsatz standen, ist noch nicht erforscht. Bedenklich stimmt allerdings, daß viele Befragte heute voll Stolz sagen, daß „ihren" Fremdarbeitern nichts passiert sei, mit dem Nachsatz: „Wir machten aber auch prima Arbeit."

Der Zweite Weltkrieg war schließlich auch verantwortlich dafür, daß das alte Arbeitermilieu endgültig verschwand. Was die Nationalsozialisten nur begrenzt schafften, das brachten Fronteinsatz, Evakuierung von Frauen und Kindern, Auslagerung der Betriebe und schließlich die Flächenbombardierungen gerade der dichtbewohnten Arbeiterviertel fertig.

Anmerkungen

[1] Gerhard Hetzer, *Die Industriestadt Augsburg. Eine Sozialgeschichte der Arbeiteropposition,* in: *Bayern in der NS-Zeit,* Bd. 3: *Herrschaft und Gesellschaft im Konflikt,* Teil B, hrsg. von Martin Broszat, Elke Fröhlich, Anton Grossmann, München-Wien 1981, S. 1—233. Klaus Tenfelde, *Proletarische Provinz. Radikalisierung und Widerstand in Penzberg/Oberbayern 1900—1945,* München 1982.

[2] Detlev Peukert, *Volksgenossen und Gemeinschaftsfremde. Anpassung, Ausmerze und Aufbegehren unter dem Nationalsozialismus,* Köln 1982, vor allem S. 120—130.

[3] Lutz Niethammer (Hrsg.), *„Die Jahre weiß man nicht, wo man die heute hinsetzen soll". Faschismuserfahrungen im Ruhrgebiet. Lebensgeschichte und Sozialkultur im Ruhrgebiet 1930—1960,* Bd. 1, Berlin-Bonn 1983.

[4] D. Peukert, *Volksgenossen...* [Anm. 2], S. 121.

[5] Hans-Josef Steinberg, *Widerstand und Verfolgung in Essen 1933—1945,* 2. Aufl., Bonn-Bad Godesberg 1973, S. 48, 197.

[6] Inge Marßolek/René Ott (unter Mitarbeit von Peter Brandt, Hartmut Müller und Hans-Josef Steinberg), *Widerstand und Verfolgung in Bremen unter dem Nationalsozialismus 1933—1945,* maschinenschr. Manuskript, Bremen 1984.

[7] *A.a.O.,* S. 205.

[8] Hans-Dieter Schäfer, *Das gespaltene Bewußtsein. Deutsche Kultur und Lebenswirklichkeit 1933—1942,* 2. Aufl., München-Wien 1982, S. 116.

[9] *A.a.O.,* S. 160 f.

[10] Auszug aus dem Monatsbericht der Wehrwirtschafts-Inspektion VII/München, 9. 9. 1938 abgedr. in: *Bayern in der NS-Zeit,* Bd. 1: *Soziale Lage und politisches Verhalten der Bevölkerung im Spiegel vertraulicher Berichte,* hrsg. von Martin Broszat, Elke Fröhlich, Falk Wiesemann, München-Wien 1977, S. 277.

[11] Bericht vom 23. 8. 1935 an die Kreisleitung der NSDAP in Bremen, in: I. Marßolek/R. Ott, *Widerstand...* [Anm. 6], S. 206 f.

[12] Vgl. Peter Brandt, *Antifaschismus und Arbeiterbewegung. Aufbau-Ausprägung — Politik in Bremen 1945/46,* Hamburg 1976, S. 309 (Anm. 161).

[13] D. Peukert, *Volksgenossen...* [Anm. 2], S. 134 ff.

[14] L. Niethammer (Hrsg.), *Die Jahre...* [Anm. 3], S. 90.

[15] D. Peukert, *Volksgenossen...* [Anm. 2], S. 132.

Volksfront und Volksbewegungskonzept im kommunistischen Widerstand

Thesen

DETLEV J. K. PEUKERT

Essen

I

Vorbemerkung

Die folgenden Thesen sind bewußt nicht als ein um Ausgewogenheit bemühtes Literaturreferat gehalten. Vielmehr wollen sie Problemlagen durch Kontrastbildung und überscharfe Zeichnung identifizieren. Was hier für die KPD konstatiert wird, gilt *cum grano salis* auch für andere Widerstandsströmungen. Wer das Ansehen der im Kampf gegen den Nationalsozialismus Umgekommenen dadurch ehren will, daß er sich um ein vorbehaltloses historisches Lernen bemüht, darf um die fundamentalen Tatsachen der Niederlage, der Isolation und der Vergeblichkeit (gemessen an den vom Widerstand selbst gesetzten Zielen) keinen Bogen machen. Die Geschichte des Widerstands ist die Geschichte von Verlierern. Wir lernen nur von ihnen, wenn wir darüber staunen, warum sie trotzdem nicht aufgegeben haben.

II

Widerstand ohne Volk

Die Forschung über den deutschen Widerstand hat im letzten Jahrzehnt immer neue, bisher vernachlässigte Aspekte erschlossen. Nachdem der Widerstand in seiner ganzen politischen und ideellen Breite vermessen, in seiner regionalen Vielfalt dokumentiert und in ein engmaschiges Netz alltäglicher sozialer Konflikte eingespannt worden ist, sollte, gerade um dieses neue Informationsniveau verarbeiten zu können, erneut kritisch gewichtet werden. Die sozialgeschichtliche Rekonstruktion von Milieukontexten und Handlungsbedingungen des Widerstands mit ihrer differenzierenden Zeichnung einer ganzen Skala abweichenden Verhaltens von der Nonkonformität über die Verweigerung bis zum Protest und letztlich zum Widerstand als Handeln, das direkt oder mittelbar auf den Sturz des Regimes zielt, bedarf der Gewichtung durch die politische Kernfrage nach dem beabsichtigten und dem erreichten Beitrag zur Erreichung dieses Ziels des Widerstands. Die geschichtliche Bedeutung des Widerstands liegt gerade in der Spannung zwischen Ziel und Erreichtem, beziehungsweise Erreichbarem. Die Leistung des Widerstands hebt sich nur ab, wenn sie mit dem Hintergrund der Niederlage von 1933 und der Isolierung von der überwiegenden Mehrheit des deutschen Volkes kontrastiert wird.

Dieser Grundwiderspruch der ganzen Bewegung gegen Hitler, daß sie ein Widerstand ohne Volk war, prägt auch die Geschichte der KPD 1933 bis 1945: Obwohl sie nach Zahl der Illegalen, Umfang der Aktivitäten, Bereitschaft zum Risiko und Zahl der gebrachten oder in Kauf genommenen Opfer die größte Untergrundorganisation stellte, war sie isoliert und geriet im Laufe des Widerstands weiter in die Isolation. Die Rhetorik von Volksrevolution und Volksfront konnte die Entfernung vom Volk nicht überbrücken.

III

Kaderpartei ohne Transmissionsriemen

Alle Widerstandsgruppen standen vor dem gleichen Dilemma, daß der totalitäre Anspruch des NS-Regimes und die Verfolgung durch die Gestapo zu konspirativer Abschließung drängten, während das Ziel der Bewegung, der Sturz des Regimes die (je nach Konzept früher oder später zu erfolgende) Einbeziehung (von Teilen) der Bevölkerung erforderte. Für die Kommunisten als revolutionäre Partei aber war dieses Dilemma konstitutiv. Konspiration und Massenorganisation hatten sich (selbst nach der Einsicht von Lenin in seinem 1902 erschienenen Buch *„Was tun?"*) schon angesichts der zaristischen Geheimpolizei ausgeschlossen. Die Erfahrung des totalitären Terrors der Nationalsozialisten, für den es keinen historischen Vergleich gab, sollte zeigen, daß unter diesen Bedingungen nicht einmal eine konspirative Kaderorganisation aufrechtzuerhalten war, geschweige denn die notwendigen Transmissionsriemen ins Volk zum Laufen gebracht werden konnten.

In einem widersprüchlichen Lernprozeß erprobte die Kommunistische Partei Deutschlands unter dem Druck der Verfolgung und Isolation die verschiedenen Typen von Widerstandsorganisation (illegale Massenorganisation; Kaderpartei; getarnte Legalität des „Trojanischen Pferdes"; lockerer Freundeskreis usw.). Sie konnte darüber und über die Konsequenzen des jeweiligen illegalen Organisationsverhaltens auf den „Masseneinfluß", den sie erstreben mußte, aber nicht rückhaltlos und konsequent reflektieren, weil sie an die Prämissen der leninistischen Ideologie in ihrer zeitgenössischen Stalinschen Ausführung gebunden war und als Revolutionspartei ihre *raison d'être* nicht aufgeben konnte, beide Seiten des Paradoxons zu vertreten: Sie mußte konspirativ und volksnah zugleich sein wollen.

Als Transmissionsriemen zwischen Partei und Volk standen der KPD traditionell folgende Varianten zur Verfügung: die Vorfeld- oder Nebenorganisationen, die Einheitsfront in der Arbeiterbewegung (von oben und/oder von unten), Massenorgane der Arbeiterschaft (wie sie etwa die Räte 1918/19 gebildet hatten) und Bündnisangebote an nichtproletarische Schichten (etwa an die Bauern). Auch nach 1933 versuchte die KPD ihre Einflußstrategien im Rahmen der mehr oder minder modifizierten traditionellen Typologie von Transmissionsriemen auszuüben. Das Grunddilemma blieb, daß diese eine Öffentlichkeit vorraussetzten, die im Dritten Reich erstickt war.

IV

Attentismus und Naherwartung: „Deutscher Oktober 1933"

Eines der frappantesten Phänomene des 30. Januar 1933 war das rasche Verschwinden der KPD aus dem Straßenbild. Einige Demonstrationsverbote und gelegentliche Polizeiaktionen im Februar 1933 reichten aus, jene Partei aus der Öffentlichkeit zu verdrängen, deren Aktivität und demonstrative Präsenz in den Arbeitervierteln und der weiteren städtischen Öffentlichkeit Allgegenwärtigkeit und revolutionäre Potenz vorgespiegelt hatten. Am 30. Januar 1933 vermieden die Führer der KPD jedoch die Kraftprobe mit der neuen Regierung. Generalstreik-Aufrufen und Demonstrations-Appellen folgten in realistischer Einschätzung der eigenen Kräfte keine Taten. Trotz der fatalen Konsequenz, daß sie damit kampflos eine Niederlage (wie man im Nachhinein weiß: von katastrophalen Ausmaßen) hinnahmen, war diese Entscheidung der KPD-Führung verantwortungsbewußt. Man spielte nicht mit der Revolution.

Aber man hatte jahrelang von ihr geredet. Nach vielen politischen Kurswechseln im Jahre 1932, hektischen Kampagnen, die die Anhängerschaft in ständiger fiebriger Aktivität hielten, hatte Thälmann Anfang 1933 auf die Zersetzung der NSDAP, den weiteren Aufschwung der KPD und die Vertiefung der Wirtschaftskrise gesetzt und sich zur Prognose eines bevorstehenden „Deutschen Oktober" hinreißen lassen. Seine Analogie mit dem sowjetischen „Oktober" und dem Hamburger Aufstand von 1923 sollte sich als fatal erweisen: 1933 wurde ein überdimensionales „1923" für die KPD. Wieder verharrte die Führung in einem durch Massenaktionen aufgeheizten Attentismus, der sich von revolutionärer Naherwartung nährte, jedoch vor dem entscheidenden Schritt (realistischerweise) zurückschreckte.

Die kommunistische Revolutionspropaganda hatte sich als erfolgreicher Mobilisierungsfaktor unter sozialen Krisenbedingungen bei formaler Ausnutzung der politischen Freiheiten der Weimarer Republik erwiesen. Das Wachstum der Parteimitgliedschaft und mehr noch der Wählerschaft täuschten jedoch eine Kraft vor, die sich im entscheidenden Moment nicht einsetzen ließ. Dieses Dilemma spiegelt sich in der innerkommunistischen „Fehler"-Diskussion: Wenn die Politik vor 1933 „richtig" war, hatte die Führung am 30. Januar 1933 versagt. War deren Entscheidung, nicht zu kämpfen, verantwortungsvoll, mußte die vorherige Politik als „falsch" beurteilt werden.

V

Das kommunistische Lager: Stärke durch Isolation

Mochten die kommunistische Politik und das Führungspersonal auch vor allem durch ihre Ausrichtung an der Kommunistischen Internationale und den Bedürfnissen von deren Leitsektion, der KPdSU, geprägt gewesen sein, so erlangten sie ihre innere Bewährung aus der Mobilisierung eines Massenanhangs. Gerade die ultralinke Politik und Führung seit 1929 war in diesem Sinne erfolgreich: Die „Massen" strömten ihr zu, als Wähler, wie als — jedoch stark fluktuierende — Mitgliedschaft. Die Attraktion der KPD lag gerade in ihrer — auch gemessen am Arsenal kommunistischer Taktiken — ultraradikalen Ausrichtung. Mit scharfen Frontstellungen gegen die „Sozialfaschisten" und die Republik von Weimar profitierte sie von der tiefen und in der Weltwirtschaftskrise noch wachsenden Segmentierung der deutschen Arbeiterschaft (nach Trennungslinien wie: gelernt/ungelernt, Opfer und Nutznießer der Rationalisierung, erwerbstätig/arbeitslos, vor allem auch zwischen der älteren und der jungen Arbeitergeneration). Die KPD setzte auf die in solchen Segmentierungen benachteiligten und ausgegrenzten Gruppen und übersteigerte deren Ressentiment zum Fundamentalprotest. Die Überführung elementarer sozialer Konfliktbereitschaft in Straßenkämpfertum, das Angebot unablässiger kollektiver Aktivität, die Attraktion massenhafter „Stärke" und „gerechter" Gewalt gipfelten in der chiliastischen Sinnperspektive der bevorstehenden Revolution. Die KPD errang ihre Erfolge als aktivistischer, organisierter Hoffnungsträger für eine sozial segmentierte und in die Perspektivlosigkeit abgedrängte Arbeiterschaft.

Damit signalisierte das Wachstum des kommunistischen Lagers zugleich eine fortschreitende Isolierung. Je stärker die KPD wurde, desto näher rückte sie an die Grenzen jener Sektoren, aus denen sie ihre Klientel rekrutierte, desto notwendiger wurde die ultralinke Revolutionspropaganda als Integrationsfaktor und Hoffnungsindikator, desto schärfer geriet die Konfrontation zur nichtkommunistischen Außenwelt. Die KPD bezahlte ihr Wachstum mit fortschreitender Bündnisunfähigkeit. Damit aber wurde sie letztlich politikunfähig, wie der 30. Januar 1933 demonstrierte.

VI

1933: Die verdrängte Niederlage

Die Paradoxie des kommunistischen „Erfolgs" vor 1933 bestimmte auch die Reaktion auf den in seiner Zügellosigkeit von niemandem vorhergesehenen NS-Terror nach dem Reichstagsbrand. Obwohl der Terror das ganze Funktionärskorps und die aktive Mitgliedschaft bis in die letzte Ortsgruppe traf, reorganisierte sich der kommunistische Untergrund erstaunlich schnell, wo immer das kommunistische Lager nach Größe und sozialer Verankerung noch die Möglichkeit bot, auch nach dem Verlust der „ersten Garnitur", auf Kader zurückzugreifen. Trotz immer neuer Unterbrechungen durch Verhaftungen gelang es, die Partei in ihrer ganzen komplizierten hierarchischen Gliederung samt der Nebenorganisationen in die Illegalität zu überführen.

Die ursprünglichen Vorkehrungen der KPD für die Illegalität hielten dem Terror nicht stand. Die tatsächliche Reorganisation in der Illegalität konnte sich an ihnen kaum orientieren. Dennoch war das bis zur Dreier- oder Fünfergruppe hierarchisch durchgliederte Organisationsschema den Kommunisten so selbstverständlich, daß sie es immer wieder illegal reproduzierten. Zellenbildung, Leitungsbildung, Verbindung nach „oben", Beitragskassierung und Verbreitung illegaler Schriften machten den Alltag einer Partei aus, die, um sich trotz des Terrors aufrechtzuerhalten, vornehmlich mit sich selbst beschäftigt war. Der Hauptinhalt der illegalen Arbeit bestand im Organisieren.

Diese notgedrungene Selbstbezogenheit der illegalen Arbeit erlaubte es, eine ernüchternde Reflektion der neuen Lage vor sich her zu schieben. Während der NS-Terror, vor allem mit den Groß-Razzien in den Arbeitervierteln im Frühjahr und Sommer 1933, die alltägliche Infrastruktur der proletarischen Öffentlichkeit zerschlug, riefen die Kommunisten die „Massen“ zu Demonstrationen auf, die längst unmöglich geworden waren. Ohne die Trennung von konspirativer Partei und Arbeiterschaft zu reflektieren, reduzierten sich die spektakulären Widerstandsaktionen der Kommunisten auf die eine Botschaft: Es gibt uns noch, trotz alledem!

VII

Chiliasmus und Opfermut des „Massenwiderstands“

Diese Leistung war nur möglich, weil das Ausmaß der Niederlage von 1933 verdrängt wurde. Nach einigen halbherzigen Versuchen zur Kursänderung faßte die Partei mit einem noch schärfer angeschlagenen ultralinken Takt wieder Tritt: Sozialfaschismusparole, Revolutionserwartung und das Leitbild „Sowjetdeutschland“ prägten den kommunistischen Antifaschismus 1933/34. Der Terror der Nazis in den Arbeitervierteln und die außerhalb des kommunistischen Lagers um sich greifende Depressionsstimmung vertieften noch die Entfremdung der jetzt konspirativ Aktiven gegenüber ihrer Um- und Außenwelt. In dieser Isolierung gewann die heroische, öffentlich beachtete Widerstandsaktion nicht selten Selbstzweckcharakter. Die unvermeidlichen Opfer legitimierten sich durch die nahe bevorstehende revolutionäre Erlösung. Die unerträgliche Grausamkeit des NS-Terrors evozierte Heroismus und Märtyrertum.

Für allen Widerstand 1933 dürfte gelten, daß er nur unter gewisser Ausblendung realistischer Kalküle möglich war. Sonst nämlich wäre „Abwarten“ angesagt gewesen. Solchem Handeln „trotz alledem“ eignet Größe, gerade in seiner Vergeblichkeit. Die Kommunisten konnten in massenhaftem Widerstand solche Opfer bringen, weil sie an die revolutionäre Sinnperspektive ihrer sozialen und politischen Fundamentalopposition glaubten. Diese Sinnperspektive hing aber genau an der von der heutigen DDR-Forschung eher verwischten oder verlegen zugestandenen ultralinken Orientierung. Sie war nicht etwa ein Makel auf dem ansonsten richtigen Programm, sie war vielmehr der Impulsgeber der heroischen Phase des kommunistischen Antifaschismus 1933/34.

Die KPD entwarf 1933/34 ausgreifende Programme zur Einbeziehung von Sozialdemokraten, Christen, Bauern und Mittelständlern in ihre Revolutionsperspektive. Dabei ging es jedoch nicht um Kompromiß und Kooperation, sondern um die Aufforderung, in das siegesgewisse kommunistische Lager überzuwechseln. Der Gipfel der Realitätsfremdheit war erreicht, als das ZK nach dem 30. Juni 1934 aufrief: „Alle Macht den Räten!“ Mit der Konsolidierung des NS-Regimes nach der Röhm-Krise war die Ernüchterung nicht mehr aufzuhalten. Die Isolation wurde spürbar, die gelichteten Reihen ließen sich nicht mehr auffüllen, und die Zeitperspektive der revolutionären Naherwartung verlor ihre suggestive Kraft.

VIII

Rochade ohne Bauern: Der neue Kurs 1934 bis 1936

Die von der Komintern im Sommer 1934 eingeleitete Kurswende erreichte die KPD genau in jenem Moment, als die ultralinken Parolen ihre Zugkraft verloren. Der Appell zur Einheitsfront mit den Sozialdemokraten gab dem verunsicherten Parteilager mit dem neuen Ziel eine neue Dynamik. Eine Vielzahl örtlicher Aktivitäten und Absprachen zur Einheitsfront folgte, auch wenn die emigrierten Parteispitzen distanziert blieben.

Aber mit dieser Kampagne war die innere Kraft der KPD erschöpft. Unter den Schlägen der Gestapo schrumpfte das zur Reorganisation überhaupt noch zur Verfügung stehende Reservoir. Auf dem Höhepunkt der Einheitsbewegung zwischen Herbst 1934 und Frühjahr 1935 zerbrach die KPD in den meisten Bezirken endgültig. Zur sogenannten Brüsseler Konferenz im Herbst 1935, die den neuen Kurs konsolidieren sollte, kamen Generale ohne Armee zusammen.

Dennoch blieb die politische Wende der KPD bedeutsam, wenn auch nicht unmittelbar handlungsrelevant. Sie erlaubte — in gewissen Grenzen — eine Analyse der Niederlage von 1933, eine Revision der ultralinken Koppelung von gleichzeitiger Mobilisierung und Isolierung des kommunistischen Lagers zumindest in der Konzeption, eine Entkrampfung des Verhältnissen zu anderen Opfern und Gegnern Hitlers. Kurz: Sie machte die KPD potentiell wieder politikfähig.

Die einzelnen Facetten der Diskussion über Einheitsfront, Volksfront und Demokratische Republik mögen hier unberücksichtigt bleiben. Die Geschichte etwa der italienischen und französischen Kommunistischen Parteien zeigt, daß sie eine Rückbindung der in der Phase der Stalinisierung extern definierten Parteien in die Kontexte der jeweiligen nationalen Arbeiterbewegung erlaubte (jedenfalls solange der neue Kurs galt). Ideelle Ansätze dazu sind auch in den Resten des kommunistischen Widerstands, vor allem aber im kommunistischen Exil auf seiten der KPD zu finden Eine Breitenwirkung konnten sie angesichts der Zerschlagung der Organisationen durch die Gestapo nicht mehr erreichen.

IX

Ernüchterung 1935 bis 1939

Die heroische Phase des kommunistischen Massenwiderstands war mit der politischen Kurswende und dem gleichzeitigen organisatorischen Zusammenbruch 1935 beendet. Die Mehrzahl der Parteimitglieder beschränkte sich fortan auf die Wahrung des Zusammenhalts im kleinen Kreis, auf das Abhören ausländischer Sender und die Bestärkung der Gesinnung durch Diskussionen unter Vertrauten. Das war unspektakulär, aber genau das, was bei nüchterner Lagebeurteilung möglich war. Auch die emigrierte Parteiführung stellte sich auf den Widerstand auf kleiner Flamme ein.

Der Anteil solcher informeller Gesinnungsgemeinschaften an der Gesamtzahl der KP-Mitglieder vor 1933 ist schwer auszumachen. Ein Teil mag resigniert haben, jedoch beeindruckt die Beharrungskraft der übrigen, die sich bis 1945 bewährte.

Die Exilführung versuchte, den Verlust an organisatorischer Konsistenz durch eine Taktik getarnter Breitenarbeit in den nationalsozialistischen Massenorganisationen und durch ein Eingehen auf die Forderungen und alltäglichen Konflikte der Arbeiter, etwa um den Lohn, auszugleichen. Ersteres mißlang völlig, weil die dafür geforderte Tarnung sich mit den ideologischen Zumutungen des Anti-„Marxismus" und Antisemitismus der Nazis nicht vertrug; letzteres traf den Kern des Problems wohl, verfehlte aber eine Lösung: Tatsächlich wuchsen die elementaren sozialen Konflikte vor allem im Rüstungsboom an; tatsächlich regte sich alltägliche Arbeiteropposition. Aber sie blieb punktuell, vorpolitisch und eher individualistisch denn kollektiv. Wo es zu massiveren betrieblichen Bewegungen kam, mußten sich als Kommunisten bekannte Kollegen eher zurückhalten. Alltagsopposition und politischer Widerstand ließen sich nicht koppeln. Dennoch bleibt der (wenn auch vergebliche) Versuch, auf die tatsächlichen Alltagsprobleme der Arbeiter zu hören, von ihren Erfahrungen zu lernen und sich im eigenen Programm an die Syntax der spontanen Bewegung anzuschmiegen, eine bedeutende politische Leistung, ein weitgehendes Sich-Einlassen auf die Wirklichkeit nach Jahren der illusionären Rhetorik.

X

Suche nach der neuen Wirklichkeit

Die Jahre des neuen Kurses (von Herbst 1934 bis 1936) gehören zu den kreativsten und facettenreichsten Etappen in der Geschichte des deutschen Kommunismus. In vieler Hinsicht können sie als die zweite Gründerzeit der KPD angesehen werden. Unter der mit einiger Verzögerung zur Kenntnis genommenen Erfahrung der katastrophalen Niederlage von 1933 gingen die Kommunisten auf die Suche nach der neuen Wirklichkeit und nach einer Politik, die den Realitäten der dreißiger Jahre angemessen war.

Die Erfolge des Faschismus wurden nicht länger hinwegdisputiert, seine relative Konsolidierung und sein Masseneinfluß wurden analysiert. Allerdings stießen die einzelnen oft durchaus tiefschürfenden Analysen nicht bis zu einem revidierten Gesamtbild des Faschismus vor, weil die Schranken der eigenen ideologischen Tradition nicht offen gesprengt werden konnten. So verwandte Dimitroff auf dem berühmten VII. Weltkongreß der Komintern für seine Faschismus-Definition genau jene Formel, die das XII. Plenum des Exekutiv-Komitees der Komintern (EKKI) im Dezember 1933 zur analytischen Fundierung seiner ultralinken Linie verkündet hatte. Aus der Fixierung auf ein Konzept von Faschismus als Staatsmonopolistischem Kapitalismus (Stamokap) ergab sich sowohl eine Unterschätzung der relativen politischen Selbständigkeit des NS-Regimes und damit ein Unverständnis für dessen spezifische Dynamik als auch die Unfähigkeit, reale soziale Verbesserungen für Arbeiter im Dritten Reich und das tatsächliche Ausmaß der Einbindung vor allem der jüngeren Generation in die NS-Organisationen und deren Aufstiegsangebote anzuerkennen. Mit der Unterschätzung der Massenbindungen des Nationalsozialismus auch in der Arbeiterschaft blieben aber auch die realistischen Teileinsichten fragmentarisch.

Erst unter dem Eindruck der Massenloyalität während des Krieges gelangten KP-Führer wie Ulbricht im sowjetischen Exil oder Wilhelm Knöchel in der illegalen Reichsleitung der Partei zu weitergehenden Einschätzungen. Für Knöchel hatte der Nationalsozialismus die „Atomisierung“ der Gesellschaft und damit die Unfähigkeit zur oppositionellen Solidarität bewirkt. Ulbricht bedrückte nach Gesprächen mit deutschen Kriegsgefangenen deren tiefverwurzelter Glaube an die Propagandasprüche von der „Volksgemeinschaft“ und vom „Deutschen Sozialismus“ der NSDAP.

Die landläufige antifaschistische Propaganda der KPD kümmerte sich vor allem im Zeichen der Bündnisangebote zur Einheitsfront und Volksfront um solche subtilere Faschismus-Analyse nicht. Vielmehr legitimierte sie ihre immer ausgreifenderen Koalitionspläne mit dem angeblichen Hauptwiderspruch zwischen einer kleinen Gruppe von namens des Monopolkapitals herrschenden Nazis und dem ganzen übrigen Volk. Die Volksfrontidee erforderte vielleicht einen so weitherzigen „Volks“-Begriff. Fatalerweise blockierte dieses Desiderat der politischen Taktik nicht nur eine nüchterne Faschismusanalyse, sondern auch ein glaubwürdiges Eingehen auf die wirklichen Bewußtseinslagen der angesprochenen Volksschichten. In der kommunistischen Volksfrontliteratur blieben zwei sich ausschließende Analysefiguren unvermittelt nebeneinander stehen: erstens die Begründung der Notwendigkeit einer breiten Volksfront mit der Stärke und der Massenverankerung des Faschismus; zweitens die Begründung der Möglichkeit der Volksfront aus der Behauptung wachsender Widersprüche zwischen Regime und „Volk".

Die Vermittlung beider Seiten des Paradoxons geschah in jenen programmatischen Entwürfen, die sich detaillierter über die notwendigen Sicherungen der angestrebten Volksdemokratie ausließen. Neben der Enteignung der Monopole wurden Maßnahmen der Erziehungsdiktatur gegenüber allen potentiellen Opponenten und Unbelehrbaren für nötig gehalten. Die „Volksdemokratie" kam also nicht ohne Umerziehung des Volkes zustande. Diese pessimistische Einschätzung teilten die Kommunisten, je länger das NS-Regime dauerte und mit Massenloyalität rechnen konnte, mit um so mehr anderen Gruppen in Widerstand und Exil. Sie spiegelt die Grundtatsache des Widerstands ohne Volk nachdrücklich wider.

Zugleich verweist die in den meisten Widerstandsplanungen vorhandene Konzeption der Erziehungsdiktatur auf ein ambivalentes Verhältnis fast aller Gruppen zur klassischen parlamentarischen Demokratie, deren simple Restitution nicht zur Debatte stand. Vielmehr vermengten sich jeweils Konzepte einer irgendwie „echteren" Partizipation des Volks über basisnahe Vertretungsorgane mit einer Hochschätzung staatlicher Zwangsanwendung und Regulierung. Insofern steht die volksdemokratische Verknüpfung von Massenpartizipation und Erziehungsdiktatur in einer weiteren ideengeschichtlichen Tradition der Krise liberaler Demokratie.

XI

Säuberung und Rückzug ins Sektierertum 1937 bis 1941

Die Wechsel auf eine antifaschistisch-demokratische Zukunft, die die kommunistische Volksfrontpolitik ausgestellt hatte, wurden von der KPD schon bald nicht mehr eingelöst. So wie der neue Kurs von der Komintern initiiert worden war, so wurde er mit dem Wandel der sowjetischen Politik sukzessive zurückgenommen. Die Moskauer Säuberungen, der Terror der sowjetischen Geheimpolizei (GPU) in Spanien und die Diffamierung von „Trotzkisten" unter den deutschen Exilierten zerschlugen den Kredit der KPD bei den präsumtiven Partnern schon, als die ideologische Ausweitung der Volksfrontplattform noch in vollem Gange war. Die sogenannte Berner Konferenz Anfang 1939 markierte diese Spannung zwischen programmatischer Weitherzigkeit und sektiererischer Verengung in der Substanz. So haftete dem dort verkündeten Projekt der sozialistischen „Einheitspartei" die gleiche Irrealität an wie dem organisationspolitischen Beschluß, erneut Leitungen „im Lande" aufzubauen.

Der Hitler-Stalin-Pakt vertiefte nicht nur die Kluft zu den anderen NS-Gegnern, sondern demonstrierte auch, daß unter formaler Beibehaltung von Parolen des neuen Kurses die sektiererische Selbstabkapselung der KPD ein bisher unerreichtes Ausmaß annehmen konnte. Die folgende Anpassung der KPD an die Erfordernisse der „deutsch-sowjetischen Freundschaft" reichte bis zum Verzicht auf den Faschismusbegriff und auf die Forderung nach dem Sturz Hitlers sowie zum Projekt einer allmählichen Legalisierung der KPD in Deutschland. Da diese Linie von Ende 1939 so illusionär war wie die vorherige Drapierung des Hitler-Stalin-Pakts mit Volksfront- und Friedens-Vokabeln, schlug die Einflußlosigkeit solcher Politik auf die Genossen im Lande mangels geeigneter Verbindungen langfristig eher positiv zu Buche.

Immerhin fielen in die Jahre 1939 bis 1941 jene ersten Ansätze zur zunächst stillen Sammlung der Kräfte, die nach dem Überfall Hitlers auf die Sowjetunion und besonders seit der Schlacht vor Moskau den kommunistischen Widerstand schlagartig anwachsen ließen.

XII

„Abwarten ist Untergang!"

Befreit von der lähmenden Wirkung des Hitler-Stalin-Paktes und angespornt davon, daß das „Vaterland der Werktätigen" selbst jetzt in die direkte Konfrontation mit dem NS-Regime geraten war, expandierte der kommunistische Widerstand in der zweiten Jahreshälfte 1941 und während des Jahres 1942. Dabei wurden drei unterschiedliche Lagebeurteilungen ins Spiel gebracht:

— In Analogie zum Ende des Ersten Weltkriegs prognostizierte man eine Serie von Revolutionen, unter anderem in Deutschland, die im Verein mit der vorrückenden Roten Armee die Weltrevolution vorantreiben würden (Robert Uhrig und Genossen).

— Die meisten Analysen konstatierten den noch geringen Grad von Widerstandsbereitschaft im deutschen Volk, prognostizierten jedoch eine schnelle Verschärfung der Regimekrise und ein gleichzeitiges Anwachsen des Volkswiderstands.

— Ansätze zu einer eher skeptischen Beurteilung der Widerstandsbereitschaft der Deutschen verwiesen auf die Atomisierung und daraus folgende Unfähigkeit zum Widerstand, die das deutsche Volk im Ergebnis der NS-Gesellschaftspolitik charakterisiere (Wilhelm Knöchel); demzufolge war der Aufruf zum Widerstand primär ein moralischer und politischer Imperativ: Abwarten wäre Untergang, weil dann das deutsche Volk zu Recht von den Völkern Europas mit den nationalsozialistischen Verbrechen identifiziert und zum nationalen Untergang verurteilt würde.

In allen drei Lagebeurteilungen war die Spannung zwischen dem geforderten Widerstandshandeln und der tatsächlichen Widerstandsbereitschaft in Deutschland konstitutiv. Wenn die in der Illegalität organisierten Kommunisten dennoch — zu früh und ohne Massenrückhalt — handelten, so wiederum aus einem Heroismus und Opfermut, der das als notwendig geglaubte Handeln nicht von einem Erfolgskalkül abhängig machte.

Die nach zentralen und regionalen Verhaftungsserien 1942/43 im Jahre 1944 neu formierten KP-Organisationen waren der gleichen Problematik ausgesetzt. Jedoch boten die fortgeschrittene Regimekrise und die militärische Lage ebenso einige Aussicht auf einen erfolgreicheren Widerstandsversuch wie die Kenntnisnahme und zuletzt Fühlungnahme gegenüber der nationalkonservativen, militärischen Opposition und den Sozialdemokraten um Leber. Was das 1943 bei Moskau gegründete „Nationalkomitee Freies Deutschland" (NKFD) etwas künstlich von außen zu forcieren suchte, schien sich unter Umständen auch im Innern anbahnen zu können. So jedenfalls stellte sich die Lage für die letzte kommunistische Inlandsleitung im Frühjahr 1944 dar.

XIII

Massenbewegung und Spitzenkoalition

Die kommunistischen Projektionen einer deutschen Widerstandsbewegung spannten sich 1943/44 zwischen dem Konzept einer Spitzenkoalition als Ergebnis weitestmöglicher Sammlungspolitik um den kleinsten gemeinsamen Nenner des Friedensschlusses und dem zum Drei-Stufen-Plan einer „permanenten Revolution" entwickelten Konzept einer proletarisch geführten Massenbewegung im Sinne der Räte von 1918.

Während die Exil-KP sich im Dienste der NKFD-Linie programmatisch disziplinierte, sprach die Inlands-KP den kurzfristigen und instrumentalen Charakter der Spitzenkoalition offen aus: Sie sollte nach dem Friedensschluß und Sturz Hitlers einer demokratischen Republik Platz machen, in der die notwendig anstehenden Klassenkämpfe durch die

Räteorgane dynamisiert und auf die Diktatur des Proletariats hingetrieben werden sollten.

Anfang Juli 1944, bevor mit der Verhaftung der miteinander konferierenden KPD- und SPD-Führer die letzte große Terrorwelle gegen den Widerstand begann, die nach dem gescheiterten Putschversuch immer ausgreifender wurde, schienen die Kommunisten — wie auch die Sozialdemokraten — auf die auslösende Aktion des Militärs zu warten, die sie durch die Impulse ihrer konspirativ vorbereiteten Parteiverbindungen auf die Arbeiterschaft breit fundieren und politisch vorantreiben wollten.

Insofern lag zuletzt auch für die KPD die Lösung des Dilemmas eines Widerstands ohne Volk darin, daß sie auf die Initiative der dissidenten Machtträger setzte.

XIV

Im Kielwasser der Roten Armee

Als sich während der Befreiung der deutschen Städte durch die alliierten Armeen vielerorts spontane „Antifa"-Komitees bildeten, die die Kommunisten als späte Antwort auf ihre Appelle interpretieren konnten, hatte die KPD-Führung in Moskau aus dem Ausbleiben des Volkswiderstands bereits die Konsequenzen gezogen. Die Reorganisation der KPD und die ersten politischen Schritte im befreiten Deutschland vollzogen sich ganz im Gefolge der Roten Armee.

Die allfällige Präsenz von Widerstandskämpfern in Antifa-Komitees konnte die alliierten Besatzer nicht darüber hinwegsehen lassen, daß der deutsche Widerstand keinen sichtbaren Erfolg seines Kampfes als Legitimation für den Anspruch auf die Gestaltung Nachkriegsdeutschlands vorweisen konnte. Insofern war die Linie der „Gruppe Ulbricht" Realpolitik. Zugleich erlaubte die Besatzungshoheit der Roten Armee erstmals, den für den Widerstand der KPD konstitutiven Widerspruch zwischen Minderheitenposition und revolutionärem Machtanspruch „realpolitisch" zu lösen. Aus der Volksfront ohne Volk wurde die Volksdemokratie gegen das Volk.

Anmerkung

Im vorstehenden Beitrag wird auf Einzelnachweise zur Literatur verzichtet. Der Forschungsstand erschließt sich leicht durch die folgenden Texte:

Hermann Weber, *Kommunismus in Deutschland 1918 bis 1945*, Darmstadt 1983; Detlev Peukert, *Die KPD im Widerstand*, Wuppertal 1980; Klaus Mammach, *Widerstand 1933—1939. Geschichte der deutschen antifaschistischen Widerstandsbewegung im Inland und in der Emigration*, Köln 1984 (Lizenzausgabe von Berlin [Ost] 1983).

Protest, Opposition und Widerstand im Umkreis der (untergegangenen) Zentrumspartei

Ein Überblick. Teil II: Widerstand*

HUGO STEHKÄMPER

Köln

I

Fehlende Anlagen und Kräfte in der untergehenden Zentrumspartei

„Für die Nationalsozialisten gehörten Repräsentanten und Anhänger des politischen Katholizismus von vornherein zu den Gegnern des ‚Dritten Reiches'", schreibt Rudolf Morsey in seinem Buch über den Untergang der Zentrumspartei nach Hitlers Machtantritt.[1] Als Partei indessen nahm das Zentrum diese Feindschaft nicht auf. Im Gegenteil. Die Zustimmung zum Ermächtigungsgesetz hatte alsbald jeden Gedanken an die Sammlung von Kräften zu offenem oder verstecktem Widerstand erstickt. Der im Wahlergebnis vom 5. März sich offenbarende Widerstandswille sowie die ungebrochene Treue der Anhänger hätten — vielleicht mit aufgefrischten Erinnerungen an die Heldenzeit des Kulturkampfes — zu Widerstandsplänen ermutigen können. Doch nicht allein schlossen die äußeren Machtverhältnisse dies aus, mehr noch nahmen die Kundgebung der deutschen Bischöfe vom 28. März[2] sowie vor allem Kaas' Träume noch am 5. April 1933 von einer vermeintlich durch die Ermächtigungs-Zustimmung eröffneten Zentrums-Mitarbeit im nationalsozialistischen Staat[3] Kraft und Mut. Mochten einzelne Zentrums-Anhänger sich damals noch berechtigt

* Der hier abgedruckte Beitrag bildete ursprünglich mit dem Beitrag auf S. 113—150 dieses Bandes ein zusammenhängendes Manuskript. (Vgl. die Anmerkung auf S. 113.) Titel, die bereits in den Anmerkungen zum ersten Beitrag des Verfassers vollständig genannt sind, werden hier in den Anmerkungen nicht noch einmal im ganzen, sondern abgekürzt unter Verweis auf die erste Belegstelle in der Form [Anm. I/7] angeführt.

fühlen, durch „Einschaltung“ „Schlimmeres zu verhüten“,[4] so hätten Kaas die erlebten Enttäuschungen jedoch lehren müssen, daß die Nationalsozialisten das Zentrum nicht wollten und auch nicht brauchten. Es war gewiß die überkommene Staatsbejahung des Zentrums, die seinen Vorsitzenden — nun zu übermächtig — leitete. Einen Willen zum Widerstand löschte indes vor allem der harmlos „Gleichschaltung“ genannte Terror im Keime aus. Er beseitigte raschestens, was den Machthabern mißfiel. Das Zentrum verfiel in Lähmung.

Die Beamten und die Presse wurden von den Nationalsozialisten zuerst angegriffen. Ihnen folgten die Gewerkschaften, Vereine und schließlich die Partei selbst. Die einsetzenden Verfolgungen — das hier aufgegebene Thema verbietet, sie darzustellen — verbreiteten Angst. Die Verhaftungen zum Beispiel von Andreas Hermes, Thomas Eßer, Heinrich Hirtsiefer, Heinrich Köhler, Eugen Bolz, Josef Ersing usw., schließlich die von fast 2000 Politikern der Bayerischen Volkspartei am 25. Juni,[5] überdies die Flucht von Joseph Wirth, Carl Spiecker, Ludwig Kaas, später von Heinrich Brüning, Friedrich Dessauer, Götz Briefs, Heinrich Imbusch, Johannes Schauff usw. ließen viele andere um Leben und Überleben fürchten. Das Vertrauen in die Führungsschicht erschütterten die Bestechungsbeschuldigungen zum Beispiel gegen Adenauer, Eßer und Hermes, die Schauprozesse um die Kölner Görreshaus A.G.[6] und den Volksverein in Mönchengladbach mit den Vorverurteilungen von Marx, Brauns, Stegerwald, Mönnig, Dessauer usw.,[7] endlich die „Enthüllungen“ in Hetzschriften gegen Kaas,[8] Adenauer und Marx.[9]

Später erwies sich das alles als nicht stichhaltig. Aber zunächst brachte es die Betroffenen in Verruf. Wehren konnten sie sich, wenn überhaupt, nur bei Behörden und vor Gerichten, niemals vor der Öffentlichkeit. Ihnen, ihren Angehörigen und früheren politischen Anhängern blieb für die Zeit des „Dritten Reiches“ nur die „innere Emigration“[10] oft bei kärglicher Lebensfristung.[11] Unfehlbar wäre ihr Schicksal besiegelt gewesen, hätten sie auch nur den Verdacht von Widerstand auf sich gelenkt. Selbst Freundes-„Kränzchen“, die zur Unterhaltung dienten, bargen Gefahren.[12] Für Proteste war die Zeit vorüber. Wirth machte sein Telegramm der Presse nicht bekannt, als er am 16. April aus Rom sich bei Hindenburg für verhaftete badische Zentrums-Politiker als „Geisel für jede politische Schutzhaft“ anbot.[13]

Die Zentrumspartei löste sich am 5. Juli als letzte der bürgerlichen Parteien selbst auf. Sie war auch innerlich zerfallen. Nationalsozialistischer Terror, eine verfehlte Politik der Führung, der Opportunismus vieler Mitglieder hatten dazu je ihr Teil beigetragen.

Die „Selbstpreisgabe“ schloß für die Zukunft jede Art von illegaler Weiterarbeit aus. Nichts hatte die Partei dafür vorbereitet; sie hat daran auch zu keiner Zeit gedacht. Von ihrem Selbstverständnis her fehlten ihr dazu alle Voraussetzungen. Das *Westfälische Volksblatt* in Paderborn sah am 8. Mai voraus, wie es weiterging: Wenn das Zentrum weiterbestehen werde, dann in völlig veränderter Gestalt, nämlich nur noch in den „Köpfen und Herzen" seiner Anhänger.[14]

II

Emigranten

Aus der Zentrumspartei floh eine Anzahl von Politikern vor Hitler ins Ausland. Vor allem zählten zu ihren Emigranten bekannte Persönlichkeiten: der Parteivorsitzende und zwei ehemalige Reichskanzler.[15]

Joseph Wirth

Joseph Wirth, Reichskanzler 1921—1922, zuletzt 1930—1931 Reichsminister des Innern, hatte in seinem letzten Amt eine von seinem Vorgänger Carl Severing begonnene Auseinandersetzung mit dem nationalsozialistischen Innenminister Wilhelm Frick von Thüringen weiterführen müssen. Bevorzugt zog er den Haß der Nationalsozialisten auf sich; in Freiburg eröffneten sie 1932 gegen ihn einen Prozeß; schon wenige Tage nach der Annahme des Ermächtigungsgesetzes wich er daher nach Rom aus. Diese frühe Flucht soll nach Brüning in der zentrumsnahen Arbeiterschaft starke Mutlosigkeit ausgelöst haben. Wirth selbst wollte damals von aktivem Widerstand gegen Hitler „nichts hören". Als aber im ersten Kriegswinter 1939/1940 sich einige hohe Offiziere mit Erhebungsplänen trugen und sicherstellen wollten, daß einmal die Alliierten den Schwächeaugenblick des Putsches militärisch nicht ausnutzten und überdies einen maßvollen Frieden versprachen, traten sie über den früheren Reichswehrminister Otto Geßler an Wirth heran, der diese Wünsche Ende 1939 der britischen Regierung übermittelte. Diese schickte im Februar 1940 einen Diplomaten, dem Wirth die Vorschläge erläuterte. Er reiste deswegen auch am 19. April 1940 nach Paris; ermöglicht hatte ihm diese Fahrt die französische Gesandtschaft in Bern. Doch andere deutsche Widerstandsmänner — Josef Müller, Heinrich Brüning, Gottfried Reinhold Treviranus — warnten vor Wirth und seiner allzu großen „Gesprächigkeit."[16] In Bern wandte sich immerhin 1942 Allen W. Dulles, der Leiter des US-Geheimdienstes in Europa, an Wirth. Über den Inhalt dieser Fühlungnahme und den weiteren Kontakt mit Richard Kuenzer und Otto C. Kiep ist bislang nichts bekannt.[17] Zu erinnern ist jedoch an Wirths seltsame Doppelgleisigkeit; bis 1943 bestürmte er ständig die

Reichskanzlei, um von dort seine „nationale Ehre" bestätigt zu bekommen.[18]

Ludwig Kaas

Ludwig Kaas[19] galt dem nationalsozialistischen Gauleiter Josef Bürckel 1938 als „eine Gefahr in Rom" und als Vertreter des „politischen Katholizismus", der das Deutsche Reich anfeinde. Alfred Rosenbergs *Handbuch der Romfrage* unterstellte ihm „offen zutage tretende Greuelhetze" und „stille Wühlarbeit". Immerhin wollte Kaas nach Pacellis Wahl zum Papst nach Kanada auswandern, um Pius XII. nicht zu belasten; doch der neue Papst hielt ihn fest. An Kaas trug ebenfalls nach dem Polenfeldzug noch im September 1939 — früher als an Wirth — die Militäropposition in der Abwehr um Admiral Canaris und Oberst Oster durch Josef Müller die Bitte heran, bei den Feindmächten zu erkunden, ob sie einen Putsch gegen Hitler unterstützten und später durch einen ehrenvollen Frieden würdigten. Kaas kam im Oktober 1939 von Castel Gandolfo mit der Nachricht zurück, daß Pius XII. sich für jede Möglichkeit zum Frieden tatkräftig einsetze. Sicherlich mit Wissen und Willen des Papstes tastete sich Kaas etwa im November 1939 an den britischen Vatikan-Botschafter Sir Francis d'Arcy Osborne heran. Als diesem Fühler die Briten mißtrauisch begegneten, bestellte Pius XII. bekanntlich am 12. Januar und mit größerem Nachdruck am 7. Februar den Botschafter, bekräftigte von sich aus die Glaubwürdigkeit von Kaas und Müller und unterstützte damit mittelbar das Anliegen der deutschen Opposition. Am 23. Februar 1940 stellte Kaas noch einmal Osborne vor, „daß die Lage einer deutschen Regierung sehr unsicher sein würde, wenn man sie nach einem Sturz Hitlers zu einer Art Kniefall vor den Alliierten zwingen würde". — Es war dies, wie Peter Hoffmann schreibt, „der einzige im Sinne der Verschwörer erfolgreiche Kontakt mit der britischen Regierung ..., weil er [im Papst] einen Mittler mit dem nötigen Ansehen und Einfluß fand".

Heinrich Brüning

„Überlegungen, wie die Hitler-Regierung zu stürzen sei", begann Brüning zusammen mit dem eben abgelösten Reichskanzler Kurt von Schleicher und Kurt Frhr. von Hammerstein-Equord, dem Chef der Heeresleitung, „schon bald" nach Hitlers Kanzler-Ernennung. Hammersteins Kaltstellung sowie der „leider naive und etwas wirklichkeitsfremde ..., dabei noch charakterschwache" Reichswehrminister Werner von Blomberg entzogen allen Planungen die Grundlage.[20] Dem Alt-Kanzler schrieben am 22. Oktober 1935 Joos und Letterhaus — dieser traf sich mit dem Alt-Kanzler bis zum Kriegsausbruch regelmäßig in den Niederlanden[21] —, daß man in der Kölner KAB-Zentrale hoffe, die Reichswehr werde Hitlers zu erwartenden Kriegsabenteuern durch einen Putsch zuvorkommen.[22] Aus dem Auswärtigen Amt hielt anfangs den Führer des ehemaligen Zentrums Legationsrat Erich Kordt auf dem laufenden.[23] Brüning stand nach seiner Flucht aus Deutschland in einem „nahezu ständigen Gedankenaustausch mit hochgestellten ausländischen Regierungs- und Parlamentsmitgliedern, Diplomaten und Journalisten". Zahlreiche Berichte und Denkschriften ließ er ihnen zukommen.[24] Er wußte von Becks Umsturzplänen gegen Hitler, streckte 1941 Fühler zu Popitz aus,[24a] suchte Goerdeler zu helfen und Vertretern der deutschen Opposition in Washington Gehör zu verschaffen. So vermittelte er ihren Abgesandten Besuche bei Regierungsstellen der Alliierten. Nachdem er selbst sich im Frühjahr 1939 mit Churchill getroffen hatte, wollte der britische Oppositionsführer Goerdeler dank Brünings Empfehlung im Juli 1939 sprechen.[25] Als Adam v. Trott zu Solz in Amerika war, bemühte sich der Alt-Kanzler persönlich im Weißen Haus, um ihm eine Einladung zu erwirken: „Präsident Roosevelt zeigte sich zuerst an der Idee einer Unterstützung der deutschen Untergrundbewegung interessiert, bald darauf aber und offenbar unter dem Einfluß von Männern seiner näheren Umgebung erklärte er weitere Fühlungnahme für untunlich."[26] Vom Militär freilich erwartete Brüning nichts Entscheidendes zur rechten Zeit: „Während des Krieges ging er davon aus, daß ein Militärputsch solange nicht erfolgen werde, wie die Wehrmacht siegreich sein werde." Einig fühlte sich Brüning mit vielen Mitgliedern der deutschen Opposition in dem Glauben, mit dem angeblich „gemäßigten" Göring Hitler stürzen zu können, um ihn danach durch die Militärs zur Wiedereinsetzung der Hohenzollern zu zwingen. Den Kirchenkampf, besonders den der katholischen Kirche, verkannte er. Die Bildung einer Exil-Regierung vermochte er mit seinem Patriotismus nicht zu vereinbaren.[26a] Mit aller Kraft widersetzte er sich einer maßgeblichen politischen Tätigkeit von Emigranten im Deutschland nach Hitler.[26b] Vor allem indessen ist hervorzuheben: „Der prominenteste deutsche Politiker im Exil verzehrte sich in der Sorge um die Wiederherstellung des Rechtsstaates in einer ‚gemäßigten Demokratie' im Reich."[27]

Die Zentrums-Emigranten, die untereinander keine Verbindung hielten,[28] weder eine Exil-Partei noch gar eine geschlossene Widerstands-Organisation vom Ausland her aufbauten, haben alle dem deutschen Widerstand ihre Hilfen angedeihen lassen. Sie besaßen in ihren Gastländern Ansehen und Einfluß bis zu den Regierungsspitzen, scheiterten jedoch — gleich den innerdeutschen Bemühungen — an der grundsätzlichen Weigerung der Alliierten, mit deutschen Widerstandskämpfern Hand in Hand zu arbeiten. Trotz ihres Exils und wegen ihres Widerstandes drohten ihnen Gefahren. Wirth und Brüning[29] sollten eingefangen werden; auch Kaas rechnete mit einem deutschen Zugriff; er wurde beobachtet und verbrannte seine Papiere, als der Vatikanstaat 1943 mit einem deutschen Einmarsch rechnete.[30]

III

In deutschen Widerstandskreisen

Solf-Kreis

Schon vor dem Hitler-Attentat deckte die Gestapo Widerstandskreise auf, die zu den Verschwörern des 20. Juli Fühlung hatten. Der Umfang dieser Verbindungen blieb ihr freilich verborgen. Verhüten konnte sie daher den Anschlag nicht. Um Hanna Solf, Witwe des 1936 verstorbenen ehemaligen Außenministers und späteren Botschafters in Tokio, Wilhelm Solf, versammelten sich in lockerer Vereinigung vornehmlich Hitler-Kritiker des diplomatischen Dienstes. Vor allem suchte man Verfolgten zu helfen, beließ es in den Gesprächen indessen weitgehend bei hitlerfeindlichen Betrachtungen. Vorträge und Denkschriften blieben wohl Ausnahmen.[31]

Es war jedoch ein Manifest, das der Gestapo einen ersten Einbruch in den Solf-Kreis ermöglichte. Der in Berlin lebende Freiburger Diözesanpriester Dr. Max Josef Metzger[32] richtete es an den schwedischen Erzbischof von Uppsala; er entwarf darin in getarnter Form Grundlinien einer demokratischen Staatsordnung für ein Nachkriegs-Deutschland. Eine Denunziantin hatte Metzger bei einem Solf-Treffen zu diesem Ausschreiben bewogen und es alsdann der Gestapo zugespielt. Am 29. Juni 1943 wurde Metzger verhaftet, am 14. Oktober von Freisler zum Tode verurteilt und am 17. April 1944 hingerichtet. Er stand dem „Friedensbund deutscher Katholiken" nahe; vor allem hatte er sich indes als Gründer der „Una-Sancta"-Bewegung hervorgetan.

Den Solf-Kreis insgesamt hob die Gestapo nach dem 12. Januar 1944 aus. Am 15. November 1944 klagte der Oberreichsanwalt Hanna Solf und fünf ihrer Freunde an. Als Gegner des Nationalsozialismus sollten sie führende Männer Deutschlands verunglimpft, einen gewaltsamen Umsturz und die Bildung einer neuen Reichsregierung erwogen sowie ein vorzeitiges Kriegsende und einen Friedensschluß ohne einen deutschen Sieg erörtert haben. Als eigentlichen Kopf des Solf-Zirkels sah die Gestapo den Wirklichen Legationsrat a. D. Richard Kuenzer an.[33] Schon 1923 war er aus dem diplomatischen Dienst ausgeschieden, hatte als Direktor einige Jahre das Zentrums-Blatt *Germania* geleitet und sich danach in der Wirtschaft umgetan. Doch 1926 verhandelte er für das Auswärtige Amt mit Belgien über Eupen-Malmedy; er verteidigte zudem das deutsch-russische Nichtangriffs-Abkommen vom 24. April 1926.[34] Besonders belasteten ihn eine Verbindung zu Wirth, seine Bekanntschaft mit Metzger und eine Äußerung zu einem Solf-Sohn, man müsse Hitler niederschießen wie einen tollen Hund. Außerdem war er nach der Errichtung des Protektorats Böhmen-Mähren nach London geflogen; dort hätte er die englische Regierung gedrängt, Churchill ins Kabinett aufzunehmen und Hitler in nichts mehr nachzugeben. Schließlich verfaßte er noch in der Haft einen regierungsfeindlichen Aufruf. Nicht bekannt geworden war seine Teilnahme an Vorbereitungen, die zivilen und militärischen Widerstandsgruppen im Winter 1938/39 zu einer „Einheitsfront" zusammenzufassen. Die Volksgerichts-Verhandlung war für Dezember 1944 vorgesehen, dann mehrfach verschoben und endlich auf den 28. April 1945 angesetzt worden. Drei Tage zuvor aber waren die Russen in Berlin. Die Gestapo jedoch hatte den siebzigjährigen Kuenzer zusammen mit einem Mitstreiter, dem Botschaftsrat a. D. Albrecht Graf von Bernstorff, am 24. April 1945 ermordet.

Generalkonsul a. D. Otto C. Kiep, ebenfalls Mitglied des Solf-Kreises, stand am 1. Juli 1944 vor dem Volksgerichtshof. Einen Tag nach der Kapitulation Italiens, am 10. September 1943, hatte er in einem Vortrag vor der Vereinigung den Krieg verloren gegeben und einen Staatsstreich befürwortet. Am 16. Januar 1944 war er festgenommen und am 26. August hingerichtet worden. Er war kein Zentrums-Mann, aber gewiß ein Zentrums-Sympathisant. Denn lange Jahre unterhielt er enge Verbindung zu Alt-Kanzler Marx,[35] und ein Versuch, mit Wirth in der Schweiz Fühlung zu bekommen, brachte die Gestapo auf Kieps Spur.[36]

Der Solf-Kreis beschränkte sich von seinem Ursprung her auf Beamte des Auswärtigen Dienstes. Er strebte kaum nach Erweiterung. Wegen der geringen Zahl von Zentrums-Anhängern in der Diplomatie des Reiches mußten sie bei den Solf-Tees zwar in der Minderzahl bleiben, stellten jedoch mit Richard Kuenzer den Kraft-Kern.

Kreisauer Kreis

In dieser Gemeinschaft[37] um Helmuth James Graf von Moltke versammelten sich tiefreligiöse Menschen mit starken sozialen Antrieben. Ein Attentat auf Hitler lehnten sie lange aus Gewissensgründen ab. Ebenfalls im Unterschied zu Goerdeler dachten sie zunächst nicht an einen Umsturz. Sie zweifelten am Gelingen und wollten vor der Geschichte überdies Hitlers Verantwortung für das deutsche Verhängnis voll gewahrt wissen. Sie verstanden sich als eine Art Auffang-Organisation. Wenn der Krieg verloren und der Nationalsozialismus zusammengebrochen war, dann wollten sie mit ihren bis in Einzelheiten ausgearbeiteten und umfassend begründeten Verfassungs-, Wirtschafts-, Sozial-, Bildungs- und Kulturplänen auftreten und wirken. Konservative und Sozialisten, Aristokraten und Bürgerliche, Protestanten und Katholiken stimmten sich im Kreisauer Kreis in ihren Anschauungen ab und förderten einander zu gemeinsamen Zielen.

Eindrucks- und wirkungsvollster katholischer Vertreter im Kreisauer Kreis war der Münchener Jesuitenpater Dr. Alfred Delp.[38] Nach dem Prozeßbericht trug er Mitte 1942 über die soziale Frage vor, erörterte „die Vereinbarkeit des katholischen Staatsgedankens mit den herrschenden Regierungsformen", schnitt die Gewerkschaftsfrage an und „entwickelte für den Fall eines Zusammenbruchs des Nationalsozialismus die Idee der Betriebsgewerkschaft". In der Fuldaer KAB-Hauptarbeitsstelle arbeitete er seit 1940 ständig mit. Hier unterrichtete er Nikolaus Groß von Letterhaus' kommender Versetzung zur Abwehr, befürchtete dessen Vereinnahmung durch Goerdelers „wirtschaftsreaktionäre Kreise" und empfahl mittelbar die Kreisauer, die „aufgeschlossener ... mehr ‚unserem Denken' entsprechen".[39] Auch an Otto Müller wandte sich Delp, während v. Moltke selbst Bolz von Goerdeler abhalten wollte. Das löste bei Kaiser, Leuschner und Goerdeler zunächst Verwirrung und Verstimmung aus.[40] Im Februar oder März 1943 trafen sich Delp, Kaiser, Letterhaus und Groß im Kölner Ketteler-Haus. Für Delp, so die Kaltenbrunner-Berichte, ergab die Aussprache: „am Ende sei aus der ‚kleinen Katastrophe', die Groß mit seiner Warnung an Letterhaus zu verursachen drohte, noch etwas Gutes herausgekommen. Beide Gruppen, Goerdeler und die Adligen, hätten sich gefunden".[41] Danach kam Delp öfter ins Ketteler-Haus und besuchte dabei die Familie Letterhaus; er kam hier auch mit Wirmer zusammen. Am 6. Juni 1944 begegneten sich Delp und Stauffenberg in Bamberg. Delp „nannte in dieser von ihm selbst so genannten ‚Bestandsaufnahme des katholischen Sektors' Stauffenberg die Persönlichkeiten und Organisationen, die nach seiner Ansicht für eine politische Arbeit in Betracht kämen".[42] Das alles läßt auf Zentrums-Einstellung schließen. Doch Delp wohnte in München außerhalb des Zentrums-Bereichs, und er ist auch aufgewachsen, ohne vom Zentrum geprägt zu sein. Daß er sich aber als Verbindungsmann zwischen dem Kreisauer Kreis und der Katholischen Arbeiterbewegung, damit zur Goerdeler-Gruppe betätigte — übrigens ähnlich in Bayern zu ehemaligen Mitgliedern der Bayerischen Volkspartei wirkte —, folgt bester Überlieferung alten Zentrums-Geistes, dem ein redlicher Ausgleich von Gegensätzen und die anschließende Zusammenarbeit der früheren Interessengegner ein Kernanliegen waren. War Delp und verstand er sich auch zu Recht als Kirchen- und Ordensmann, in vielem handelte er wie ein Zentrums-Politiker, und für seinen politischen Einsatz nahm er schließlich den Opfertod auf sich.

Am 19. April 1945 verhandelte der Volksgerichtshof — schon unter dem Lärm russischer Artillerie — gegen den Juristen und Rittmeister Dr. Paulus van Husen. Er hatte auf der Kreisauer Pfingsttagung 1943 über die künftige Bestrafung nationalsozialistischer Verbrechen vorgetragen. „In der Tat gehören die beiden Entwürfe ... zu den eindrücklichsten Bekundungen der in den Jahrhunderten moderner Geschichte erwachsenen und als Eckstein der Zivilisation betrachteten Idee des ‚Rechtsstaates'."[43] Seit Oktober 1944 in Haft, konnte ihm der Volksgerichtshof die Vorbereitung eines gewaltsamen Umturzes jedoch nicht nachweisen; er verurteilte ihn wegen Unterlassung einer Anzeige zu drei Jahren Zuchthaus. Wenige Tage später, am 25. April 1945, befreiten die Russen van Husen bei der Einnahme Berlins.

Nur in Umrissen läßt sich bislang die Rolle beschreiben, die der Staatsrechtler Hans Peters bei den Kreisauern gespielt hat. Er wußte von ihren Anfängen innerhalb des Oberkommandos der Wehrmacht. Dort tarnten sich Beamte und Offiziere verschiedener Dienststellen „mit dem offiziellen vom OKW zu genehmigenden Ziele, die Wünsche der Wehrmacht im Falle eines endgültigen Sieges auszuarbeiten" (Rothfels). Peters hatte Gespräche geführt mit „Persönlichkeiten", die „dem Hause Hohenzollern nahestanden",[44] und war vor 1943 mit Harro Schulze-Boysen von der Roten Kapelle bekannt und in Verbindung. Peters war im März 1933 als Zentrums-Abgeordneter in den Preußischen Landtag eingezogen und hatte am 31. Mai 1933, als die Zentrums-Führung zusammen mit den Reichstags- und Landtagsabgeordneten beriet, auf Brünings besonderen Wunsch über Grundfragen des Rechtsstaates gesprochen.[45] Mutig schrieb er 1935 in der Untersuchung *Der totale Staat und die Kirche:* „Die ganze Grundeinstellung des totalen Staates ist aber schon deshalb unhaltbar, weil sie ihre Rechtfertigung darin sucht, daß die menschliche Gesellschaft außerhalb des Staates ungeordnet sei und erst der vom Staat erlassenen Ordnungsprinzipien bedürfe."[46]

Hans Lukaschek, Zentrums-Politiker und ehemaliger schlesischer Oberpräsident, zählte zwar auch zu den Kreisauern, unterhielt indessen engere Beziehungen zum Goerdeler-Kreis.[47]

Die Mitglieder des Kreisauer Kreises stammten vornehmlich aus Mittel- und Ostdeutschland. An diesem geographischen Schwerpunkt dürfte es gelegen haben, daß das Zentrum in dieser Gemeinschaft nur mit wenigen Persönlichkeiten vertreten war. In den früheren Zentrums-Hochburgen standen selbstverständlich viel mehr Männer und Frauen gegen Hitler. Doch sie hielten sich zu einem anderen Verband.

Goerdeler-Kreis[48]

Die Bezeichnung dieser Widerstandsgruppe ist gleichsam ein Kürzel. Goerdelers Namen wären billig die von Ludwig Beck, Jakob Kaiser, Wilhelm Leuschner und Josef Wirmer hinzuzufügen. Das rechtfertigten ihr Einfluß auf Goerdelers Anschauungen und Pläne, namentlich aber die Zahl und das Gewicht der Persönlichkeiten, die sie seinem Kreis zubrachten. Sie veränderten zudem Wesen und Aufbau des vorher hochkonservativen Goerdeler-Bundes. Erst aus dem gleichrangigen und gleichwertigen Zusammenwirken dieser Männer erwuchs eine Widerstandsbewegung, die alle Volksschichten und alle Weltanschauungen — bis auf die kommunistische — umfaßte. Der Mittler, der ihre Bereitschaft zum Ausgleich der Standpunkte und Ziele geweckt hatte und der die Einigung fortwährend kräftigte, war Jakob Kaiser, „Zentrum vieler Oppositionskreise und eine[r] der bedeutendsten Partner Goerdelers".[49] Kaisers wichtigster Gehilfe mit wachsendem Eigengewicht wurde Josef Wirmer.

Jakob Kaiser versah seit 1919 leitende Stellungen im Generalsekretariat und im Vorstand der Christlichen Gewerkschaften in Berlin und war außerdem seit 1924 deren Landesgeschäftsführer für Rheinland und Westfalen in Köln. Als stellvertretender Vorsitzender der Zentrumspartei zunächst Kölns, dann der Rheinlande, seit 1928 auch als Mitglied des geschäftsführenden Reichspartei-Vorstands sah und wertete er alsbald die besonderen gewerkschaftlichen Belange in dem weiteren Rahmen der politischen und gesellschaftlichen Erfordernisse des Staates.[50] Am 5. März 1933 in den Reichstag gewählt, lehnte er in der Probeabstimmung der Fraktion das Ermächtigungsgesetz mit einer Minderheit um Brüning und Wirth ab, fügte sich dann freilich bei der entscheidenden Abstimmung der Fraktions-Mehrheit. Diese Zustimmung zu Hitlers Alleinherrschaft warf er sich stets als „persönliches Versagen" vor; danach kam er den Nationalsozialisten in nichts mehr entgegen.[51] Ende April 1933 mißlang sein — zusammen mit Wilhelm Leuschner — gewagter Versuch, die weltanschaulich geprägten einzelnen Gewerkschaftsverbände zu einer weltanschaulich und politisch neutralen Einheitsgewerkschaft zu einigen, um dem Zugriff der nationalsozialistischen Deutschen Arbeitsfront zuvorzukommen.[52]

Obwohl in Köln zu Hause, übernahm es Kaiser, von einem Büro in Berlin aus als eine Art Abwicklungsbeauftragter bei Reichsbehörden und nationalsozialistischen Dienststellen die Versorgungsansprüche von rund 600 entlassenen Angestellten der aufgelösten Christlichen Gewerkschaften zu vertreten. Dies war sein legaler Weg durch das Dritte Reich. Er tarnte vorzüglich den illegalen.[53]

Als Wilhelm Leuschner, 1928—1933 hessischer Innenminister, angesehener sozialdemokratischer Gewerkschaftler,[54] im Juni 1934 aus dem

Konzentrationslager entlassen worden war, kamen er und Kaiser, wenige Zeit später auch der ehemals Brüning nahestehende Max Habermann vom Deutschnationalen Handlungsgehilfenverband bei häufigen, regelmäßigen, von wachsendem Vertrauen geprägten Zusammenkünften überein, Pläne und Ziele für einen Staats- und Gesellschaftsaufbau in einem nichtnationalsozialistischen Deutschland zu entwerfen. Sie gingen systematisch vor und ließen sich fachlich beraten. Wie schon im April 1933 Kaiser und Leuschner bevorzugte nun auch Habermann statt Richtungsgewerkschaften eine Einheitsgewerkschaft. Auch andere politische Neuheiten zeichneten sich ab. Statt der Weimarer Parteienvielfalt sollten demnächst nur große Parteien auftreten. Dieser Gedanke gipfelte schließlich in einer umfassende „Partei der Arbeit": Als linke Volkspartei sollte sie auf christlicher Grundlage ohne alle marxistische Mitgift weltanschauliche Schranken überbrücken und eher zweckgerichtet die Anliegen des schaffenden Volkes vertreten. Nachdem Kaisers sozialdemokratische Freunde, vor allem Leuschner und Leber, hingerichtet waren, glaubte er, dieses Vorhaben nicht mehr verwirlichen zu können.[55] Den weitaus meisten christlichen Gewerkschaftlern und Zentrums-Anhängern galt es nach 1933 beinahe als Selbstverständlichkeit, daß nach Hitler ein Zentrum mit enger konfessioneller Bindung nicht erneuert und statt dessen eine überkonfessionelle christliche Partei von liberalen und sozialen Demokraten angestrebt werden sollte. Dahin ist es auch gekommen.[56] Einzelheiten von Kaisers Gedanken zu erkennen, erlaubt die schmale Hinterlassenschaft seiner Schriften aus der Widerstandszeit nicht. Es gibt aber Zeugnisse über seine geistige Führung. Der amerikanische Journalist Louis P. Lochner, jahrelang Leiter des Berliner Büros von „Associated Press", erhielt im November 1941 eine Einladung der Widerstands-Kämpfer zu einer nächtlichen Zusammenkunft: „Jakob Kaiser erschien M. Lochner als die leitende Figur des Kreises."[57] Der Dominikaner Eberhard M. Welty berichtet über Goerdelers Köln-Besuch an der Jahreswende 1943/44: „Bei dem ... Gespräch im Kettelerhaus ... erkannte ich bald, daß Jakob Kaiser einen gewissen Mittelpunkt des Kreises bildete."[58]

So wichtig die Gewerkschaftler das Planen nahmen, vorankommen wollten sie vor allem durch tatkräftiges Handeln. Einen Arbeiter-Aufstand gegen Hitler lehnten sie allerdings ab. „Mit bloßen Händen läßt sich gegen ein schwer bewaffnetes, mit ausgeklügeltem Terror arbeitendes System keine Revolution machen", schrieb Kaiser 1947 aus der Erinnerung.[59] Nur die Wehrmacht konnte Hitler und seinen Anhang beseitigen. Schon 1936 hatte Kaiser mit Generaloberst Kurt Frhr. von Hammerstein-Equord, ehemals Chef der Heeresleitung, wenig später mit Generaloberst Werner Frhr. von Fritsch, dem Oberbefehlshaber des Heeres, sprechen können; sie nahmen danach Denkschriften an. Mit Hammerstein tauschten sich die drei Gewerkschaftsführer danach öfters aus. Zu einer Begegnung von Generaloberst a. D. Ludwig Beck, dem Haupt des militärischen Widerstands, mit Kaiser, Leuschner und Habermann kam es erst 1941. Beck klagte wie vorher oft v. Hammerstein über die Entschlußlosigkeit oder Unzuverlässigkeit vieler Generale.

Das feste Vertrauen von Beck besaß Carl Friedrich Goerdeler, bis 1937 Oberbürgermeister von Leipzig. Beck, der als Reichsverweser zunächst Staatsoberhaupt werden sollte, wollte das Kanzleramt erst einmal Goerdeler übergeben. Daran hielt er trotz wachsender Kritik hervorragender Widerstands-Männer fest.

„Eine neue Periode im Widerstand" (E. Nebgen) wurde eingeleitet, als Ende 1941 nach eingehenden Aussprachen sich Goerdeler mit Wissen und Willen seiner konservativ-liberalen Gesinnungsgenossen der Gruppe um Kaiser, Leuschner, Habermann, Wirmer fest eingliederte. Den Gewerkschaftlern wuchsen auf diese Weise Einblick und — in gewissem Maße — Einfluß auf die Pläne des militärischen Widerstandes zu. Umgekehrt gewannen die Offiziere und Goerdeler eine breitere Unterstützung im Volk; sie bot die zuverlässigste Gewähr für einen verhältnismäßig reibungslosen Übergang vom Umsturz zu einer neuen Ordnung. Das Bündnis, das sich zu tiefer Freundschaft zwischen den regelmäßig alle zwei Wochen beratenden Männern festigte, wirkte sich unmittelbar auf Goerdelers Pläne zur Neugestaltung des Reiches aus. Der Einheitsgewerkschaft, die sich selbst verwalten sollte, übertrug er die gesamte Sozialversicherung, die Arbeitsvermittlung und die Berufsfortbildung; in die Gemeinde- und Länderparlamente sollte sie Abgeordnete entsenden.

Der Umfang und die Verbreitung des Widerstands unter Politikern des ehemaligen Zentrums und der Christlichen Gewerkschaften gaben Kaiser, wie Elfriede Nebgen schreibt, „die Autorität, in Begegnungen mit Repräsentanten der Wehrmacht wie der bürgerlichen Welt als Sprecher einer bedeutsamen Widerstandsgruppe aufzutreten". Für den Berliner Widerstandskreis nennt sie viele Dutzend Namen. Den bedeutsamsten Rang danach besaß gewiß das Kölner Ketteler-Haus, „eine wirkliche Heimstatt für den Widerstand". Hier nahm Goerdeler am Jahresende 1943 an einer mehrtägigen Konferenz mit Vorträgen der Walberberger Dominikaner Siemer und Welty teil.[60] Er machte auch einen Abstecher nach Bonn. Dort sammelte der christliche Gewerkschaftler Heinrich Körner, der „einen geradezu urwüchsigen Haß gegen Hitler hegte" (E. Nebgen), seit 1933/1934 Mitstreiter. Der bedeutsamste war seit 1942 Andreas Hermes. Goerdeler suchte ihn auch in Godesberg auf.[61] Ein Besuchsbegehren bei Konrad Adenauer — wie das von Kaiser 1936 so auch das Goerdelers durch Paul Franken vermittelt — scheiterte; der ehemalige Kölner Oberbürgermeister hatte seine Ansicht von 1936 über den Erfolg eines Aufstands auch 1943 nicht geändert.[62] Den Düsseldorfer Kreis hielt Karl Arnold seit 1933 besonders mit Rechtsanwalt Franz Etzel, später Bundesfinanzminister, Paul Franken und Walther Hensel, später Oberstadtdirektor, zusammen.[63] Von dort her erhielt Kaiser durch den ehemaligen Oberbürgermeister Robert Lehr eine Empfehlung an Generaloberst v. Hammerstein; Lehr drängte 1941 Kaiser auch zu der überfälligen Zusammenarbeit mit Goerdeler.[64] In Stuttgart arbeiteten Josef Ersing und nach einigen Jahren auch Eugen Bolz[65] Kaiser und Goerdeler zu. Sie gewannen nicht nur weitere Gesinnungsgenossen, sondern gründeten weitere Stützpunkte in Waldkirch bei Freiburg, Rastatt, Karlsruhe, Baden-Baden und Nürnberg. In Breslau und Dresden hielten ebenfalls Hitler-Gegner zu Kaiser. Offene Ohren fand er außerdem bei österreichischen Gewerkschaftlern in Wien. Einmal reiste er mit Goerdeler dorthin.

Jakob Kaiser war im Widerstand aus Kreisen des ehemaligen Zentrums unstreitig die Zentralfigur. Ohne Wanken stand er von Anfang an gegen Hitler. Eine mehrmonatige Gefängnishaft 1938 vermochte ihn nicht zu brechen. Er spannte und verdichtete in Deutschland und Österreich mit Zentrums- und Gewerkschafts-Freunden ein Netz von Widerstands-Zentren, einigte und verband sich mit anderen, ähnlich umfassend angelegten Widerstands-Bünden der sozialdemokratischen und deutschnationalen Gewerkschaften, führte sie mit den Freunden aus diesen Lagern Goerdeler zu, der der Vertrauensmann der gegen Hitler allein handlungsfähigen Offiziere war. Plante der Goerdeler-Kreis — wie die Kreisauer — verantwortungsbewußt ein neues Deutschland, so bot er doch — im Gegensatz zu den Kreisauern — zuerst alle Kräfte auf, um Hitler zu stürzen und den Nationalsozialismus zu beseitigen. Die Einigung dieses Kräfteaufgebots und sein stetes Bemühen um dessen Zusammenhalt sind vor allem Jakob Kaisers Leistung und Verdienst.[66]

Zur Seite stand ihm der Berliner Rechtsanwalt Josef Wirmer, der dem Kartellverband katholischer Studentenvereine (KV) als Rechtswahrer diente.[67] Er stieß im Frühsommer 1936, als Kaisers Bonner und Düsseldorfer Gesinnungsfreunde Berlin besuchten, endgültig zum Widerstand. Bald schon überarbeitete er für Kaiser die Denkschrift eines Marburger Professors Albrecht. Viele folgten bis zu der des Wiener Professors Ludwig Reichhold im Mai 1944. Wirmer selbst beteiligte sich an den Denkschriften der Gewerkschaftler für Hammerstein und Fritsch. Fest wuchs er mit den Freunden Kaiser, Leuschner und Habermann, seit 1941 mit Goerdeler und seit 1942 mit Letterhaus zusammen. Auch er knüpfte Verbindungen: so nach Oldenburg zu Hermann Siemer, nach Walberberg zu Laurentius Siemer, zur Abwehr im Oberkommando der Wehrmacht, über Klaus Bonhoeffer und Otto John zum preußischen Prinzen Louis Ferdinand, den er mit Kaiser und Leuschner aufsuchte, für Kaiser über Fritz von der

Schulenburg zum Grafen Stauffenberg, zu Julius Leber usw. Ferner vermittelte er bei Unstimmigkeiten, etwa als Hermes Goerdeler wegen des Landwirtschaftsministeriums absagte.[68] Dann entschied er mit bei Personalfragen;[69] bei der Auswahl der politischen Beauftragten in den Wehrkreisen benannte er für Schlesien Adolf Kaschny und für Oldenburg Theodor Tantzen (SPD); er wollte den ablehnenden Otto Lenz als Staatssekretär in der Reichskanzlei. Wirmer selbst sollte Reichsjustizminister werden. Er befürwortete die — verhängnisvolle — Weitergabe der Liste der politischen Beauftragten an die einzelnen Wehrkreis-Kommandos. Schließlich stellte er den Verschwörern seine Wohnung zur Verfügung: Im November 1941 tagten sie dort mit dem amerikanischen Journalisten Lochner und wichen dorthin im Februar und Mai 1944 aus, als der übliche Treffpunkt, Kaisers Büro in der Wittelsbacher Straße,[70] durch Bombenschäden vorübergehend nicht benutzbar war. Wirmer beklagte mit Leuschner das überlange Zögern der Militärs. Er brach den Bann, als sie hörten, daß Stauffenberg den Anschlag selbst ausführen wollte, Kaiser darüber erschrak und Habermann und Letterhaus schwiegen. Mit beinahe frivolem Mut nahm er sich Goerdelers an, als dieser seit dem 17. Juli 1944 untergetaucht war. Bei der Abwehr versuchte er — vergeblich —, ihm einen falschen Paß zu verschaffen, und beriet am 20. Juli — noch vor der Attentats-Nachricht — über diese Verlegenheit mit Kaiser, Leuschner und Habermann. Als Goerdeler am 25. Juli im Zigarrengeschäft der Mina Ammann in der Rosenthaler Straße zu den vier Vertrauten stieß, ermunterte Wirmer die Runde mit seinem „Temperament und Humor". Derselbe Zirkel feierte am selben Ort am 31. Juli auch des flüchtigen Goerdeler 60. Geburtstag in „fast sorglosem Zusammensein". Am 2. August besprach Wirmer mit Goerdeler in Friedrichshagen dessen Fluchtpläne; am 3. August verhaftete ihn die Gestapo. Elfriede Nebgen schildert ihn als Mann „in stets kämpferischer Stimmung", von „vorwärtsdrängendem Temperament" und unverwüstlicher Heiterkeit.

Kosten von diesen Gaben konnte auch Roland Freisler: „Wenn ich hänge, habe nicht ich die Angst, sondern Sie", sagte er dem drohenden Richter. Und als dieser ihm eine rasche Hölle ankündigte, antwortete er: „Es wird mir ein Vergnügen sein, wenn Sie bald nachkommen, Herr Präsident!" Am 7. und 8. September hatte der Volksgerichtshof gegen ihn zusammen mit Goerdeler, Leuschner, v. Hassell und Lejeune-Jung verhandelt. Noch am Tage der Verkündung wurden die Urteile an Wirmer, von Hassell und Lejeune-Jung vollstreckt.

Bernhard Letterhaus,[71] ursprünglich Bandwirker, im Ersten Weltkrieg mit dem Eisernen Kreuz I. Klasse ausgezeichnet, arbeitete zunächst hauptberuflich für die Zentrumspartei in seiner Heimat Barmen, ab 1920 für den Zentralverband christlicher Textilarbeiter in Düsseldorf und seit

1927 als Verbandssekretär der KAB. Dem Preußischen Landtag gehörte er 1928—1933 an. Eng mit Brüning befreundet, traf er sich 1934—1939 alle Jahre mit dem Alt-Kanzler in Holland. Wenige Tage vor Beginn des Zweiten Weltkriegs wieder einberufen, kam er, nach Einsätzen in Frankreich und Rußland zum Offizier befördert, 1942 zur Abwehr in die Presse- und Informationsgruppe. Hatte er seit 1933 bis zum Kriegsausbruch tatkräftig vom Kölner Ketteler-Haus in der Katholischen Arbeiterbewegung den Widerstand auszubreiten gesucht, so verbrachte er von nun an viele seiner Abende bei Jakob Kaiser und zählte fortan zu dessen engstem Kreis. Über die politischen, gewerkschaftlichen und Bildungsneuerungen in einem Deutschland nach Hitler stimmten sie durch die Jahre währende Zusammenarbeit längst überein. Ganz besonders drängte Letterhaus — gleich Otto Müller — auf Hitlers vorzeitige Ausschaltung. Hatte ihn 1938 der Fehlschlag zunächst enttäuscht, so glaubte er 1944 um so fester an einen Erfolg. Seinem Freunde Hans Berger kündigte er Monate vor dem 20. Juli Zeitungen mit großen Trauerrändern an. Nach dem Mißlingen war er vor allen anderen gefährdet. Stand sein Name doch auf den bei den Generalkommandos hinterlegten Listen; er sollte politischer Beauftragter für den Wehrkreis VI (Münster/W.) werden. Die Freunde um Jakob Kaiser drängten ihn zur Flucht nach Holland; dort hätten ihn bekannte Gewerkschaftler verborgen. Das jedoch ging ihm gegen seine Soldatenehre: „Ich bleibe, ich bin es meiner Uniform schuldig“, hatte er geantwortet. Aber wie alle übrigen wußte er noch nicht, „daß es ums Leben ging“.[72] Letterhaus war in einer Goerdeler-Regierung auch als Wiederaufbauminister vorgesehen. Leuschner hätte ihn lieber an der Spitze des Bezirks Rheinland und Westfalen der geplanten Einheitsgewerkschaft gehabt. Am 13. November 1944 stand er vor Freisler; schon am folgenden Tag wurde das Todesurteil durch Erhängen vollstreckt.[73]

Andreas Hermes, 1878 in Köln geboren, war viel gereist, leitete 1911—1914 das Internationale Landwirtschafts-Institut in Rom, wurde 1919 Ministerialdirektor im Reichswirtschaftsministerium, 1920 Reichsernährungs- und 1922—1923 Reichsfinanzminister, danach Präsident der christlichen Bauernvereinigung. Im Preußischen Landtag saß er 1924—1928, im Reichstag 1928—1933. Er war 1933 der erste Zentrumsabgeordnete, der auf nationalsozialistischen Druck sein Mandat aufgab, bald verhaftet wurde und erst nach fünf Monaten freikam. In Kolumbien arbeitete er 1936—1939 als Wirtschaftsberater der Regierung. Wohl 1942 entschied er sich für den Widerstand; Jakob Kaiser, Wilhelm Elfes, Nikolaus Groß und Heinrich Körner hatten ihn hauptsächlich dazu bewogen.[74] Mit ihnen arbeitete er „Punkt für Punkt“ am Programm für „eine große, alle christlich gesinnten Menschen von den Sozialdemokraten bis zu den

Konservativen umfassenden Partei, die die Grundlage einer künftigen Regierung bilden sollte".[75]

Überdies geht eine Initiative der praktischen Politik des Goerdeler-Kaiser-Leuschner-Kreises auf Hermes zurück. Hermes war mit dem mecklenburgischen Gutsbesitzer Magnus von Knebel-Döberitz, ebenfalls einem offenen Hitler-Feind, eng befreundet. Schon zuvor hatten Kaiser, Wirmer und Leuschner überlegt, ob sich mit einer wiedereingerichteten Monarchie etwas gegen Hitler ausrichten ließe; sie hatten bei dem Kaiserenkel Louis Ferdinand deswegen vorgesprochen. Knebel-Döberitz unterbreitete Hermes einen anderen Hohenzollern-Plan: der Kronprinz sollte wegen des Chaos, in das der Nationalsozialismus Duetschland gestürzt hatte, nicht als Monarch, sondern unter Aufrechterhaltung seines Thronverzichts von 1918 als Reichsverweser an der Spitze des Widerstandes Hitler stürzen; nach zehn Jahren sollte das deutsche Volk endgültig über die Staatsform entscheiden. Doch der Kronprinz versagte sich.[76] Hermes' späteres Zerwürfnis mit Goerdeler, der ihm das Landwirtschaftsministerium angeboten hatte,[77] rettete ihn nicht vor einem Todesurteil des Volksgerichtshofs am 11. Januar 1945. Da die Vollstreckung sich aus unbekannten Gründen hinzog, konnte Hermes — es grenzte an ein Wunder — am 25. April 1945 aus der Haft befreit werden.[78]

Eugen Bolz[79] stand am 21. Dezember 1944 vor dem Volksgerichtshof. Er kam aus der Richterlaufbahn. In Württemberg war er seit 1919 Staatsminister, seit 1928 Staatspräsident. Er gehörte auch viele Jahre dem Reichstag an und stellte sich im März 1933 in der Zentrums-Fraktion zunächst gegen das Ermächtigungsgesetz. Seine Teilnahme am Parteitag der Christlich-Sozialen Partei Österreichs Anfang Mai 1933 nahm die Gestapo zum Vorwand, ihn öffentlicher Beschimpfung auszusetzen und vom 19. Juni bis 12. Juli 1933 in „Schutzhaft" zu nehmen. Jakob Kaiser und Josef Ersing bestimmten ihn, bei dessen Neffen Max Ersing mit Goerdeler zusammenzutreffen. Dieser Begegnung folgten weitere. Bolz kam nun regelmäßig unter anderem mit dem ehemaligen Reichstagsabgeordneten Josef Andre, Stuttgart, Regierungsrat Valentin Eichenlaub, Karlsruhe, August Kuhn, Rastatt, Rechtsanwalt Dr. Reinhold Frank, Karlsruhe, zusammen.

Diese südwestdeutschen Politiker und Gewerkschaftler „führten Goerdeler über seinen ehemals nur konservativen Kreis hinaus" (E. Nebgen). Ganz besonders schätzte er Bolz. Nach den Planungen vom Januar 1943 sah er ihn als Innenminister vor. Als im Juni 1944 die Sozialdemokraten dieses Amt für Julius Leber forderten, setzte Goerdeler Bolz als Reichskultusminister auf die Liste.[80] Ob Bolz davon wußte, steht dahin. Am 12. August 1944 wurde er festgenommen, bald nach Berlin und dann in das Konzentrationslager Ravensbrück überführt. Er gestand — übrigens gefoltert —, sich für die Übernahme eines Regierungsamtes bereitgefunden zu haben, bestritt jedoch die Befürwortung eines Attentats; darin läge der Grund einer neuen Dolchstoß-Legende. Bolz hat keinen Mitarbeiter belastet, obwohl dem Volksgerichtshof seine Reise nach Wien 1943 und viele seiner Treffen mit Kaiser, Wirmer, Hermes, Leuschner, Goerdeler, Ersing sowie den Damen Christine Teusch[81] und Helene Weber[82] bekannt waren. Hermann Pünder, der gleichzeitig vor Freisler stand, erinnerte sich, Bolz hätte sich „geradezu rührend schlecht" verteidigt,[83] der ebenfalls anwesende Mitangeklagte Andreas Hermes verbürgt dagegen: „mit großem Geschick als erfahrener und kluger Jurist".[84] Nach den Tonbändern im Lautarchiv des Deutschen Rundfunks in Frankfurt urteilt Walter Wagner: „In der Hauptverhandlung setzte Bolz dem Toben Freislers unerschütterliche Ruhe und würdevolle Haltung entgegen und verteidigte sich mit großem Geschick." Mutig hatte er zu Beginn des Prozesses erklärt, er sei Gegner des Nationalsozialismus: „Er vermisse bei uns (d. h. den Nationalsozialisten) die individuelle Freiheit!"[85]

Aus den Reihen des untergegangenen Zentrums standen außerdem vor dem Volksgerichtshof[85a]: Hauptmann der Reserve Michael Graf von Matuschka, ehemals Abgeordneter des Preußischen Landtags, am 14. September 1944; Hermann Pünder, früher Staatssekretär in der Reichskanzlei und dann Regierungspräsident in Münster, am 21. Dezember 1944;[86] Reinhold Frank, Rechtsanwalt aus Karlsruhe, am 12. Januar 1945; Nikolaus Groß am 15. Januar 1945;[87] Bartholomäus Koßmann, Rechtsanwalt und Versicherungsdirektor aus Saarbrücken, ehemals deutsches Mitglied der Völkerbundskommission an der Saar, am 18. und 19. Januar 1945; Otto Lenz, Rechtsanwalt aus Berlin, am 19. Januar 1945;[88] Franz Leuninger aus Breslau, ehemals Sekretär der Christlichen Gewerkschaften, am 28. Februar 1945;[89] Heinrich Körner, christlicher Gewerkschaftler aus Bonn, am 5. April 1945; Hans Lukaschek, Rechtsanwalt aus Breslau, früher schlesischer Oberpräsident, am 19. April schon unter dem Donner russischer Geschütze. Graf Matuschka, Groß, Leuninger und Frank wurden zum Tode verurteilt und auch hingerichtet. Lenz, Lukaschek und Körner erhielten mehrjährige Freiheitsstrafen und kamen nach dem Russeneinmarsch frei — bis auf Körner, der bei der Befreiung nach Elfriede Nebgen in einer russischen Feuersalve starb, aber nach späteren Nachrichten durch eine SS-Maschinengewehrgarbe „bewußt und gewollt getötet" wurde.[90] Koßmann und Pünder wurden mangels Beweises freigesprochen, Pünder danach sogleich in ein Konzentrationslager eingeliefert.[91]

Die Benennung „Goerdeler"-Kreis verdeckt eine Tatsache von historischem Gewicht: hätten Ende 1941/Anfang 1942 Kaiser und Leuschner die Zusammenarbeit mit Goerdeler nicht aufgenommen, ihm die christliche und sozialdemokratische Arbeiterschaft, soweit sie im Widerstand hinter ihnen stand, nicht zugeführt, die ihnen vertrauenden schöpferischen Persönlichkeiten nicht für ihn gewonnen, das über ganz Deutschland dicht gespannte Netz ihrer Widerstandszellen ihm nicht zugebracht, dann hätte Goerdeler, den ihn begünstigenden Militärs und seinen konservativen Freunden eine breitere Abstützung im deutschen Volk gefehlt. Konnten Kaisers, Wirmers, Otto Müllers, Letterhaus', Bolz' Gesinnungsfreunde aus den christlichen Gewerkschaften, der Katholischen Arbeiterbewegung und dem untergegangenen Zentrum sowie Leuschners Anhänger aus den freien Gewerkschaften und der Sozialdemokratie nur abwarten, bis das herrschende System durch die Feindmächte niedergezwungen war, so boten Goerdelers militärische Freunde die Möglichkeit und die Fähigkeit, Hitler und den Nationalsozialismus vorzeitig auszuschalten. Aber Wehrmacht und Konservative fürchteten, daß das deutsche Volk ihnen den Anschlag vielleicht verübelte, ihnen nicht vertraute, beiseite bliebe. Kaisers und Leuschners Bündnis mit Goerdeler vergewisserte die Offiziere, daß sie für das Volk, nicht ohne das Volk handelten.

Ebenso verhüllt die Bezeichnung „Goerdeler"-Kreis, daß Goerdeler seine Anfangspläne für ein neues Deutschland unter Kaisers, Leuschners und Wirmers Einfluß im Ziel und Wesen änderte, daß er seit dem Bündnis für einen deutschen Wiederaufbau die Hilfe aus allen Volksschichten erwarten konnte, die alte weltanschauliche Gegensätze überwinden wollten, und daß er seitdem auf Mitarbeiter nicht nur in Berlin für oberste Regierungsämter, sondern auch in den Städten, Gemeinden, Provinzen, vor allem in den ihm bis dahin verschlossenen süddeutschen Ländern rechnen durfte.[92] Kaiser und Leuschner haben den „Goerdeler"-Kreis erst zu einem weit ins Reich und tief ins Volk greifenden Widerstands-Verband erweitert, wie es ihn sonst in der zweiten Kriegshälfte nach Umfang, Verbreitung und Schlagkraft nicht gegeben hat. Den erheblichen Anteil des Zentrums belegen — in Andeutungen und als Beispiel — die dargelegten Volksgerichtshof-Prozesse. Hinzuzufügen wären die Aburteilungen durch andere (Sonder-)Gerichte, die deswegen bei der „Gewitteraktion" verfügten Festnahmen[93] und die zahllosen Gestapo-Verhaftungen. Dies endlich zusammenzustellen, erbrächte nicht nur eine erwünschte Klärung über Ausmaß, Form und Grenzen der Opposition im deutschen Volk, sondern würde auch eine Ehrenschuld einlösen, die die Bekenner durch ihr Opfer den Nachfahren auferlegt haben.

IV

Zusammenfassung

Läßt sich das Zentrum, obwohl es als Partei 1933 nur noch ein halbes Jahr und dann nicht mehr da war, überhaupt als politische Kraft während der

Hitler-Zeit werten? Diese Frage beantworteten die Nationalsozialisten immer wieder selbst. Hitler erklärte am 6. Juli 1933 vor der Reichsstatthalterkonferenz das Parteiende vom Vortage für einen politischen Schachzug: „Die Selbstauflösung ... ist erfolgt, um zu retten, was sonst verloren gewesen wäre: besonders beim Zentrum."[94] Er dachte gewiß an eigene Erlebnisse aus der Geschichte der NSDAP. Im „Lagebericht des Chefs des Sicherheitsamtes des Reichsführers SS" von Mai/Juni 1934 heißt es über das in der sogenannten „Deutschen Front" aufgegangene Saar-Zentrum: „Das Zentrum ist nicht tot. Das Zentrum hat sich aufgelöst, aber es besteht weiter, auch ohne Organisation."[95] Das war und blieb feste nationalsozialistische Ansicht auch über das Zentrum im übrigen Reich. Kirchliche oder kirchenverbundene Organisationen wurden als „Hilfstruppen" des Zentrums betrachtet,[96] ihre leitenden Persönlichkeiten als Verfechter eines politischen Katholizismus angesehen,[97] der Kirche selbst Zentrumsnähe angelastet,[98] „die ehemals politisch hervorgetretenen Parteigänger des Zentrums ... ermittelt",[99] die ehemalige Zentrums-Zugehörigkeit von der Gestapo bei Prüfungen sorgfältig vermerkt.[100] Als Freisler am 14. September 1944 gegen Michael Graf v. Matuschka verhandelte, unterstellte er dem früheren preußischen Landtags-Abgeordneten wie selbstverständlich, als Zentrums-Mann besonders durchtrieben und gefährlich zu sein.[101] Zäh hielt sich bei den Machthabern die Einschätzung, das Zentrum bedeute für den Nationalsozialismus eine Gefahr, bis in die letzten Tage des Dritten Reiches. Alfred Rosenberg griff noch am 21. Dezember 1944 in einer Rede Kaas und die Zentrumspartei heftig an.[102]

Das steht in eigentümlichem Gegensatz zur Wirklichkeit. Im verendenden Zentrum rührte sich keine Hand, um ein Fortleben der Partei im Untergrund vorzubereiten. Niemand dachte an ein Wiederaufleben nach Hitler.

Das Zentrum unterschied sich 1930—1933 auch nicht von den übrigen Parteien, Gruppen und Organen im Fehlurteil und in der Hilflosigkeit gegenüber dem Nationalsozialismus. Wie alle anderen unterlag es der „verwirrenden und lähmenden Wirkung völlig neuer Erfahrungen" und dem „Gewicht der evolutionären und legalistischen Überlieferungen".[103] Die Proteste, die noch von der Partei und den ihr zuarbeitenden Organisationen ausgingen, forderten Freiheit der Bürger, die Herrschaft des Rechts und einen demokratischen Staat ohne Auswüchse, bestritten die angebliche nationale Unzuverlässigkeit von Zentrums-Katholiken und wandten sich gegen den brutalen Terror, zweierlei Maß in der Rechtsprechung, Einschränkung der Pressefreiheit, Unterwanderung der Organe der öffentlichen Gewalt, Beseitigung der Selbstverwaltung. Wie tief der Systemwandel ging und daß er im Verderben enden mußte, erkannten

— wie die meisten — auch die Zentrums-Politiker nicht. Immerhin hatten die Proteste mindestens den Erfolg, daß — die Wahl am 5. März erwies es — in überwiegend katholischen Reichsgebieten die NSDAP keine Mehrheiten erhielt. Hitler hat sie — er sah das am 7. März sehr nüchtern[104] — auch nicht mehr erwartet. „Im katholischen Bevölkerungsteil Deutschlands [konnte sich die] ... nationalsozialistische Weltanschauung nicht durchsetzen. Die nationalsozialistische Herrschaft wurde dadurch und insoweit blockiert."[105] Wohl nicht zuletzt durch die Zentrums-Proteste geweckt, sperrte sich die katholische Bevölkerung gegen den Nationalsozialismus. Ihre Immunisierung politisch mit eingeleitet zu haben, dürfte eines der letzten Verdienste des abgehenden Zentrums sein.

Opposition suchten nach dem Ende des Zentrums standhafte Anhänger zunächst in einigen Tageszeitungen und, als dies nicht mehr möglich war, in Kulturzeitschriften vorsichtig zu verbreiten. Eine bestimmte, dafür aufgeschlossene Leserschaft hatte gelernt, verschleierte Nachrichten, zweideutige Formulierungen, amtlich dementierte Mitteilungen, Beispiele aus der Geschichte und dem Naturgeschehen, anzügliche Fabeln, Kleingedrucktes und Fettgedrucktes sinngemäß zu deuten. Auch wenn politische Artikel mit Bekenntnissen zum „neuen Staat" begannen, fand damals der Leser ohne weiteres die eigentliche An- und Absicht, wenn gegen den Nationalsozialismus Grenzen gezogen und weltanschauliche Selbständigkeit beansprucht wurde. Dagegen lehnte die Emigranten-Publizistik Hitler nach wie vor grundsätzlich und kämpferisch ab.

Die katholischen Verbände, einst Basis- und Hilfsorganisationen der Zentrumspartei, untersuchten nationalsozialistisches Gedankengut in Vortragsveranstaltungen, Schulungskursen, Gesprächskreisen, festigten so die eigenen Überzeugungen und verstanden es selbstverständlich, sich bedeckt zu halten. Zu dem Thema *Der heilige Josef als Vorbild der Arbeiter* habe man „natürlich sehr viel" sagen können, bemerkte rückschauend ein früherer Arbeitersekretär.[106] Die christlichen Gewerkschaftler, Männer der Katholischen Arbeiterbewegung und ehemaligen Zentrums-Anhänger streuten seltener Flugblätter, malten keine Parolen an Wände, legten keine Bomben, schossen nicht und prügelten nicht.[107]

Trotzdem bildeten sie Keimzellen des Widerstandes.[108] Sie reihten sich, soweit es sie anging, in den kirchlichen Widerstand ein, fanden daran ohne Zweifel ideellen, sicherlich bisweilen schützenden Rückhalt, gingen aber für ihre politischen und sozialen Ziele weit über die kirchlichen Ziele hinaus. Neben dem Kampf der Kirche kämpften sie für ein erneuertes Deutschland. Auf Männer und Gruppen, die nach 1933 beharrlich nach Ansatzpunkten zur Überwindung des nationalsozialistischen Regimes suchten, traf Jakob Kaiser auf seinen vielen Reisen allenthalben. Aus den Erfahrungen mit dem nationalsozialistischen Regime erwuchsen grundsätzlich neue Erfahrungen mit Staat und Obrigkeit. Sie verbreiteten oppositionelle Haltungen. Einzelpersönlichkeiten und lockere Gruppen fanden sich in ihrem Gewissen aufgerüttelt. Aus sittlichen Überzeugungen entstanden offenbar jetzt eher Gemeinsamkeiten als aus wirtschaftlichen und gesellschaftlichen Interessen. Es gab viele Kreise, und unterschiedliche Elemente hielten zusammen und verknüpften sich mit anderen. Eine strenge Organisation indes fehlte. Um so wichtiger war es, daß man sich gegenüber den Nachstellungen der Gestapo aufeinander verlassen konnte. Insofern kamen aus früheren Gemeinsamkeiten in Partei und Organisationen feste Kerne zustande.

Alles deutete nicht so sehr auf „eine unmittelbare Aktion"; es war vielmehr als „Vorbereitung zum Handeln bedeutsam".[109] Viele hielten sich bereit, falls etwas gegen den Nationalsozialismus geschah, ohne zu wissen, daß etwas unternommen wurde. Freilich war es, wie Hermann Pünder es ausdrückt,[110] bei der Masse des Volkes — auch der Katholiken — „mit der Stimmung und Haltung ... in jenen Jahren ein eigen Ding": „Die meisten schimpften still und freuten sich andererseits über jede schlechte Nachricht, welche die Nazis ärgerte oder sie enttäuschte. Aber von der Ablehnung des Regimes im geheimen bis zu einer aktiven Widerstandsbereitschaft war ein himmelweiter Weg. Kopf und Kragen zu riskieren, ist nicht jedermanns Sache. Dann schon lieber den Kopf etwas geduckt und mitgelaufen. Ich bedauere es sagen zu müssen, daß von allen Volksschichten das Bürgertum und nicht zuletzt die Intelligenz den geringsten Mannesmut zeigte."

Den Widerstand gegen Hitler haben Zentrumsmänner nicht wegen ihrer Partei geführt. Im Inland entstand kein Untergrund- und im Ausland kein Exil-Zentrum. Ebensowenig fochten die christlichen Gewerkschaftler um den Bestand ihrer Organisation. Sie hatten Zentrum und Christliche Gewerkschaften längst aufgegeben. Staatspolitisch sinnvoller erschienen ihnen Zusammenschlüsse, die Schichten vereinigten und Weltanschauungen überwölbten. Es war — sozusagen — ein umfassendes und überhöhend gedachtes Zentrum, das auf allgemein christlicher Grundlage zu ruhen und Klassengegensätze in sich auszukämpfen habe. Einem Deutschland nach Hitler sollte die Weimarer Parteienzersplitterung erspart bleiben. Um Weltanschauungen sollten die großen Parteien weniger gegeneinander, sondern im eigenen Schoße ringen. Das erleichterte dann den Parteien die notwendigen Kompromisse über die Parteigrenzen hinweg, sicherte dem Parlament die Arbeitsfähigkeit und konzentrierte den Staat auf die Ordnungs- und Friedensaufgaben.

Brücken zwischen den demokratischen Parteien wollte das Zentrum schon während der Beratungen über das Ermächtigungsgesetz bauen: Nach rechts streckte Brüning am 21. März 1933 Fühler zu Hugenberg aus, um das Gesetz mit Hilfe der DNVP zu entschärfen,[111] und nach links wahrte das Zentrum mit seiner Zustimmung zugleich sozialdemokratische Interessen, wofür Otto Wels ausdrücklich dankte.[112] Wenn auch nur wenige davon wußten und schließlich alles im Sande verlief, klar zu greifen ist ein starkes Bemühen des Zentrums, mit Blick in die Zukunft die Demokraten gegen den Nationalsozialismus zu sammeln. Diesem Ziel ordnete es das eigene Parteiinteresse nach.

Dazu gab es kurz danach eine gewerkschaftliche Parallele. Eine Einheitsgewerkschaft hatten Jakob Kaiser und Wilhelm Leuschner Ende April 1933 aus dem Boden stampfen wollen. Durch eigenständige und freiwillige Gleichschaltung hofften sie, die Gewerkschaften vor der nationalsozialistischen Gleichschaltung zu bewahren.[113] Nicht die Gewerkschaften, aber dieser Plan überlebte. Er brachte 1934 nach Leuschners Entlassung aus dem Konzentrationslager die beiden Urheber wieder zusammen und bildete den Ansatz, weitere Pläne für die Neugestaltung eines nicht-nationalsozialistischen Deutschland zu entwickeln. Daran beteiligte sich alsbald mit demselben Ziel Max Habermann vom Deutschnationalen Handlungsgehilfen-Verband. Die drei Männer schlossen einen festen Freundschafts-Bund. Wer sich vom Zentrum, von den Christlichen Gewerkschaften und der Katholischen Arbeiter-Bewegung gegen Hitler stellte, hielt sich meistens an diesen Dreier-Kern. Innerhalb dieses Kerns indessen war Jakob Kaiser letztlich der Gewährsträger: für Leuschner gegen eine konservative Reaktion nach Hitler und für Habermann gegen einen sozialistischen Staatsumbau.

Die Einigung, der Zusammenhalt und die Gemeinsamkeit der drei Richtungsgewerkschaften prägten gleichsam einen ähnlichen politischen Bund vor: den dieser geplanten Einheitsgewerkschaft von 1941 mit Carl Friedrich Goerdeler und den ihn stützenden Generalen. Hätten sich Arbeiter- und nationalbürgerliche Parteien schon in der Weimarer Zeit zur Zusammenarbeit entschlossen gehabt, der Nationalsozialismus wäre zweifellos nicht hochgekommen. Erst in der Not der gemeinsamen Verfolgung und unmittelbar vor der drohenden Katastrophe fanden sich die konservative, bürgerliche und Arbeiteropposition zu vereintem Handeln gegen Hitler und zu einmütigen Absprachen über Deutschlands Neuaufbau. Ihre überideologische, vor allem — aus der leidvollen Minderheits-Erfahrung früherer Jahrzehnte — auf die Wiederherstellung des Rechtsstaates und die Sicherung der bürgerlichen Freiheiten zielende, den eigenen Parteistandpunkt vernachlässigende Staatsgesinnung haben die Zentrums-Männer dabei offenbar auf ihre Partner links wie rechts übertragen können.

Wie Jakob Kaiser die Bedenken Leuschners und Julius Lebers gegen den konservativen Goerdeler ausräumen konnte, ist bekannt. Er hat sie an die

Dolchstoß-Legende erinnert, mit der die Rechtsparteien den Linksparteien die Schuld am Verlust des Ersten Weltkrieges zugeschoben haben: Besser stünde deswegen die Arbeiterschaft nach Hitlers Ausschaltung nicht in der ersten Reihe der Verantwortlichen; ferner hätten die Arbeiter und ihre Führer 1933 Hitler nicht zur Macht verholfen; billig verantworteten daher deutschnationale Politiker, die 1933 an Hitlers Zähmung geglaubt hatten, in erster Linie auch seine Beseitigung.[114] Diese Gründe überzeugten.

Oftmals vermittelten vor allem Jakob Kaiser, aber auch Wirmer und Letterhaus in Streitigkeiten innerhalb des Goerdeler-Kreises. An sie hielt sich der Jesuitenpater Delp als Verbindungsmann zwischen Kreisauer und Goerdeler-Kreis.[115] Die Scharnierfunktion der Männer des ehemaligen Zentrums spiegelt sich schließlich darin, daß ihnen im geplanten Goerdeler-Kabinett bis zu fünf Ministerien — Justiz, Ernährung, Wiederaufbau, Verkehr und Kultus — sowie das Amt des Staatssekretärs in der Reichskanzlei anvertraut werden sollten.[116] Verbindungen nach allen Seiten, Vertrauen von maßgebenden Persönlichkeiten unterschiedlichster Gesinnung und die Fähigkeit, am ehesten einen inneren Ausgleich erwirken zu können, ließen diesen unverhältnismäßig hohen Zentrums-Anteil der neuen Führung — kunstvoll in Ressorts nur mittleren Ranges — wohl als notwendig erscheinen. Den zusammenführenden, aufbauenden politischen Kompromiß von der gemäßigten Linken bis zur gemäßigten Rechten, der während der Weimarer Jahre nie zustande gekommen und an dessen Fehlen die Republik zugrunde gegangen ist, hatte der Goerdeler-Kreis vor allem seinen Zentrums-Politikern zu danken. Sie haben nicht allein Kaas' Kölner Widerstands-Voraussage vom 1. März 1933[117] vollgültig — viele mit dem Opfer ihres Lebens — eingelöst, sie haben im Widerstand überdies den Aufbau von wahrhaft demokratischen Überzeugungen eingeleitet und darüber hinaus von diesem Geist schon erste Erfolgsproben vorgeführt.

Anmerkungen

[1] R. Morsey, *Der Untergang*... [Anm. I/7], S. 222. — Zum folgenden Abschnitt: *A.a.O.*, S. 101—222.

[2] U. v. Hehl, *Katholische Kirche*... [Anm. I/90], S. 32—37, 251—253; Paul Mikat, *Zur Kundgebung der Fuldaer Bischofskonferenz über die nationalsozialistische Bewegung vom 28. März 1933*, in: Josef Listl (Hrsg.), *Religionsrechtliche Schriften und Abhandlungen zum Staatskirchenrecht und Eherecht*, 2 Bde, Berlin 1974.

[3] G. May, *Ludwig Kaas*... [Anm. I/10], S. 376—381.

[4] Hans Rothfels, *Die deutsche Opposition gegen Hitler. Eine Würdigung* (= Fischer-Tb.), Frankfurt a. M. 1969, S. 60.

[5] Liste der am 28. Juni 1933 verhafteten BVP-Mitglieder im Bayerischen Hauptstaatsarchiv München, Min. d. Innern 73690.

[6] Vgl. Anm. I/54 und 59.

[7] H. Stehkämper (Bearb.), *Der Nachlaß*... [Anm. I/20], T. 4, S. 140—203.

[8] G. May, *Ludwig Kaas*... [Anm. I/10], T. 2, S. 69—82, T. 3, S. 490—509.

[9] H. Stehkämper (Bearb.), *Der Nachlaß*... [Anm. I/20], T. 2, S. 116—122.

[10] Beispielsweise: *A.a.O.*, T. 1, S. 158 (Abs), S. 166 (Clemens Lammers), S. 169 (Quadt), S. 174 (Hans Bell), S. 144 (Wilhelm Hamacher), R. Morsey, *Adenauer*... [Anm. I/37], S. 491—493. — Zu betonen ist — Adenauers Beispiel lehrt dies —, daß die „innere Emigration" auch Verfolgungen einschloß. Diese erstreckten sich ebenfalls auf die Familien: Adenauer, *Briefe 1945—1947*, bearb. von Hans Peter Mensing, Berlin o. J. [1983], S. 112f., 588f.; A. Kuhlmann, *Das Lebenswerk*... [Anm. I/45], S. 375—382; Hermann Pünder, *Von Preußen nach Europa*, Stuttgart 1968, S. 153f.

[11] Gronowski als Wein-, Kaffee- und Teevertreter: K. Teppe, *Johannes Gronowski*... [Anm. I/21], S. 35; Krone als Öl- und Kaffeevertreter: Klaus Gotto, *Heinrich Krone*, in: Walther L. Bernecker/Volker Dotterweich (Hrsg.), *Persönlichkeit und Politik in der Bundesrepublik Deutschland. Politische Porträts*, Bd. 2, Göttingen o. J., S. 42. — Zu erinnern ist an die Hilfsorganisationen, die ehemaligen Zentrums- und Gewerkschaftsangestellten sowie wegen ihrer Zentrumszugehörigkeit entlassenen Beamten helfen sollten: K. Gotto, *a.a.O.*, S. 42f.; Martin Höllen, *Heinrich Wienken (1883—1961)*, in: *Zeitgeschichte*... [Anm. I/44], Bd. 5 (1982), S. 183.

[12] Johann Baptist Gradl, *Vom Zentrum zur CDU. Heinrich Krones politischer Weg*, in: *Unitas. Monatsschrift des Verbandes der wissenschaftlichen katholischen Studentenvereine*, 115. Jg. (1975), S. 113; H. Stehkämper (Bearb.), *Der Nachlaß*... [Anm. 20], T. 1, S. 154—158. — Über Kaas' unterbliebene Glückwünsche — im Gegensatz zu Pius XII. — zu Festtagen von Wilhelm Marx vgl. die ansprechenden Vermutungen von G. May, *Ludwig Kaas*... [Anm. I/10], S. 505.

[13] R. Morsey, *Der Untergang*... [Anm. I/7], S. 169.

[14] *A.a.O.*, S. 179.

[15] Zum folgenden Abschnitt: Rudolf Morsey, *Leben und Überleben im Exil. Am Beispiel von Joseph Wirth, Ludwig Kaas und Heinrich Brüning*, in: P. Gordan (Hrsg.), *Um der Freiheit willen*... [Anm. I/83].

[16] Ernest Pezet, *Contre Hitler et la guerre. Une mission secrète du chancelier Wirth à Paris (Avril 1940)*, in: *Revue politique et parlementaire*, Bd. 224 (1958), S. 289ff.

[17] Peter Hoffmann, *Widerstand, Staatsstreich, Attentat. Der Kampf der Opposition gegen Hitler*, 3. Aufl., München 1979, S. 196f.; W. Wagner, *Der Volksgerichtshof*... [Anm. I/9], S. 665, 667.

[18] R. Morsey, *Der Untergang*... [Anm. I/7], S. 103.

[19] G. May, *Ludwig Kaas*... [Anm. I/10], S. 436, 510—515; R. Morsey, *Leben und Überleben*... [Anm. 15], S. 98—102; Peter Ludlow, *Pius XII., die britische Regierung und die deutsche Opposition im Winter 1939/40*, in: *VfZ*, 22. Jg. (1974), S. 299—341; Josef Müller, *Bis zur letzten Konsequenz. Ein Leben für Frieden und Freiheit*, München 1975, S. 12f., 17, 82, 90, 101f., 104, 112—123; P. Hoffmann, *Widerstand*... [Anm. 17], S. 203—207.

[20] P. Hoffmann, *a.a.O.*, S. 43.

[21] Jürgen Aretz, *Bernhard Letterhaus (1894—1944)*, in: *Zeitgeschichte*... [Anm. I/44], Bd. 2 (1975), S. 19. — Letterhaus versuchte sogar, deutsche Bischöfe — etwa Albert Stohr von Mainz — im Ausland mit Brüning zusammenzubringen: J. Aretz, *Katholische*

Arbeiterbewegung... [Anm. I/16], S. 199. — Auch H.-J. Schmitt gehörte zu Brünings persönlich öfter konsultierten Verbindungsmännern: Jürgen Aretz, *Hermann-Josef Schmitt (1896—1964)*, in: *Zeitgeschichte*... [Anm. I/44], Bd. 6 (1984), S. 119.

[22] *J. Aretz, Katholische Arbeiterbewegung*... [Anm. I/16], S. 224; vgl. auch S. 74.

[23] H. Rothfels, *Die deutsche Opposition*... [Anm. 4], S. 61.

[24] Zum folgenden: R. Morsey, *Leben und Überleben*... [Anm. 15], S. 102—109, hier S. 104; Rudolf Morsey, *Brüning, ein Staatsmann aus Westfalen*, in: Walter Först (Hrsg.), *Beiträge zur neueren Landesgeschichte des Rheinlandes und Westfalens*, Bd. 5 (1972), S. 106—111; ders., *Emigration und Nachkriegsplanung. Vorschläge und Vorstellungen Heinrich Brünings über den Neuaufbau in Deutschland*, in: Lothar Albertin/Werner Link (Hrsg.), *Politische Parteien auf dem Weg zur parlamentarischen Demokratie in Deutschland*, Düsseldorf 1981, S. 223—237.

[24a] Ulrike Nyassi (Bearb.), *Der Nachlaß Wilhelm Sollmann* (= Mitteilungen aus dem Stadtarchiv von Köln, Bd. 68), Köln-Wien 1985, S. 87.

[25] Gerhard Ritter, *Carl Goerdeler und die deutsche Widerstandsbewegung*, 4. Aufl., Stuttgart 1984, S. 230; S. 166, 170: Die Zusammenkunft zerschlug sich „im letzten Augenblick infolge seltsamer Mißverständnisse".

[26] H. Rothfels, *Die deutsche Opposition*... [Anm. 4], S. 145.

[26a] U. Nyassi (Bearb.), *Der Nachlaß*... [Anm. 24a], S. 86f., 172, 222, 440, 444—447.

[26b] *A.a.O.*, S. 87; zusammen mit Otto Braun.

[27] R. Morsey, *Leben und Überleben*... [Anm. 15], S. 104.

[28] G. May, *Ludwig Kaas*... [Anm. I/10], S. 368—370 (Brüning), S. 506 (Wirth).

[29] R. Morsey, *Leben und Überleben*... [Anm. 15], S. 87f., 103; H. Pünder, *Von Preußen nach Europa*... [Anm. 10], S. 146.

[30] G. May, *Ludwig Kaas*... [Anm. I/10], S. 483, 491, 507.

[31] Zum folgenden vor allem: W. Wagner, *Der Volksgerichtshof*... [Anm. I/9], S. 402f., 664—668; P. Hoffmann, *Widerstand*... [Anm. 17], S. 50f., 87, 124, 135, 466; H. Rothfels, *Die deutsche Opposition*... [Anm. 4], S. 37.

[32] M. Möhring, *Täter des Wortes. Max Josef Metzger, Leben und Wirken*, Meitingen-Freising 1960; Werner Becker, *Max Josef Metzger*, in: Werner Becker/Bruno Radom (Hrsg.), *Ökumenische Menschen*, Leipzig 1970, S. 92—104; Klaus Drobisch, *Wider den Krieg. Dokumentarbericht über Leben und Sterben des katholischen Geistlichen Dr. Max Josef Metzger*, Berlin [Ost] 1970; Hugo Ott, *Möglichkeiten und Formen kirchlichen Widerstands*, in: *HJb.*, 92 (1972), S. 330.

[33] Eine genauere Untersuchung von Kuenzers Widerstands-Tätigkeit ist erwünscht. — M. Miller, *Eugen Bolz*... [Anm. I/2], S. 487, berichtet von einen Besuch Kuenzers bei Bolz in Stuttgart für September 1941.

[34] G. May, *Ludwig Kaas*... [Anm. I/10], Bd. 1, S. 612, 692, 655.

[35] H. Stehkämper (Bearb.), *Der Nachlaß*... [Anm. 20], T. 1 S. 186, T. 2 S. 170.

[36] W. Wagner, *Der Volksgerichtshof*... [Anm. I/9], S. 773, Anm. 279.

[37] Zum folgenden siehe vor allem: Ger van Roon, *Neuordnung im Widerstand. Der Kreisauer Kreis innerhalb der deutschen Widerstandsbewegung*, München 1967; W. Wagner, *Der Volksgerichtshof*... [Anm. I/9], S. 770—786, 933—942 (Delp), mit falscher Zuordnung von Nikolaus Groß; P. Hoffmann, *Widerstand*... [Anm. 17], passim.

[38] F. v. Tattenbach, *Das entscheidende Gespräch*... [Anm. I/68], S. 321—329; Oskar Simmel SJ, *Delp, Alfred*, in: *Neue Deutsche Biographie*, Bd. 3, Berlin 1957, S. 589; R. Bleistein SJ, *Alfred Delp*... [Anm. I/68], S. 56—62.

[39] J. Aretz, *Katholische Arbeiterbewegung*... [Anm. I/16], S. 205, 229.

[40] E. Nebgen, *Jakob Kaiser*... [Anm. I/97], S. 136 ff.; P. Hoffmann, *Widerstand*... [Anm. 17], S. 444.

[41] Zitiert bei J. Aretz, *Katholische Arbeiterbewegung*... [Anm. I/16], S. 229.

[42] W. Wagner, *Der Volksgerichtshof*... [Anm. I/9], S. 777 Anm. 289.

[43] H. Rothfels, *Die deutsche Opposition*... [Anm. 4], S. 127; vgl. S. 200 Anm. 146 und 137.

[44] Hans Peters, *Verfassungs- und Verwaltungsreformbestrebungen innerhalb der Widerstandsbewegung gegen Hitler* (= Schriften der Frhr.-vom-Stein-Gesellschaft e.V. Schloß Cappenberg, 3), Münster 1961, S. 15.

[45] Kurzfassung in der Anm. 46 angeführten Schrift, S. 18—20. — Starken Nachhall behielt dieses Thema in Peters' Erinnerung: „Wie stark es *allen* Widerstandsgruppen darauf ankam, zunächst einmal rechtsstaatliche Zustände wiederherzustellen, ist in seiner ganzen Tragweite nur denen klar, in deren vollem Bewußtsein das damalige Unrechtssystem mit seinen amtlichen Verbrechen geblieben ist. Denn nicht, daß es Verbrechen *gab*, — so etwas gibt es stets und wird es auch weiterhin geben —, war das für jene Epoche so kennzeichnende Element, sondern daß das Verbrechen als gute Tat etikettiert und amtlich angeordnet wurde, sowie daß es einen Rechtsschutz dagegen nicht gab —, jedenfalls nicht für diejenigen, die als die Verfolgten oder politisch und sozial Schwachen gerade dieses Schutzes am dringendsten bedurften": H. Peters, *Verfassungs- und Verwaltungsreformbestrebungen*... [Anm. 44], S. 7 f.

[46] Hans Peters, *Der totale Staat und die Kirche*, in: Erich Kleineidam/Otto Kuß (Hrsg.), *Die Kirche in der Zeitenwende*, Paderborn 1935, S. 303—334. — Vgl. Ernst Friesenhahn, *Nachruf auf Hans Peters*, in: Hermann Conrad u. a. (Hrsg.), *Gedächtnisschrift Hans Peters*, Berlin-Heidelberg-New York 1967, S. 4.

[47] W. Wagner, *Der Volksgerichtshof*... [Anm. I/9], S. 762 f.

[48] Das folgende Kapitel beruht vor allen auf den Angaben in: W. Wagner, *a.a.O.*, S. 698—785, 902—919. P. Hoffmann, *Widerstand*... [Anm. 17], passim; E. Nebgen, *Jakob Kaiser*... [Anm. I/97], passim. — Für Einzelnachweise siehe die dortigen Personenregister.

[49] P. Hoffmann, *a.a.O.*, S. 53.

[50] Erich Kosthorst, *Jakob Kaiser (1888—1961)*, in: *Zeitgeschichte*... [Anm. I/44], Bd. 2 (1975), S. 143—158.

[51] R. Morsey, *Der Untergang*... [Anm. I/7], S. 140, 254 Anm. 29.

[52] Michael Schneider, *Die Christlichen Gewerkschaften 1894—1933*, Bonn 1982, S. 719—728.

[53] Listen der etwa 600 von Kaiser betreuten ehemaligen Gewerkschaftsangestellten im Caritas-Archiv in Freiburg/Br., R 610 I—II (1933—34); III—IV (1935—37); V (1938—41), sowie im Archiv für Christlich-Demokratische Politik, St. Augustin bei Bonn, Bestand Krone I — 28 — 77 und 078.

[54] Joachim G. Leithäuser, *Wilhelm Leuschner. Ein Leben für die Republik*, Köln 1962.

[55] A. Hermes, *Und setzet ihr*... [Anm. I/44], S. 117—119; Josef Hofmann, *Journalist*... [Anm. I/59], S. 115 f., über eine Vorsprache deswegen beim Bischof Joh. Josef von der Velden von Aachen Ende 1944.

[56] *Verfolgung*... [Anm. I/64]; Klaus Gotto, *Verfolgung und Widerstand unter dem NS-Regime*, in: Günter Buchstab/Klaus Gotto (Hrsg.), *Die Gründung der Union. Traditionen, Entstehung und Repräsentanten*, München-Wien 1981, S. 65—68.

[57] H. Rothfels, *Die deutsche Opposition*... [Anm. 4], S. 145 f.

[58] E. Nebgen, *Jakob Kaiser*... [Anm. I/97], S. 187.

[59] Angeführt bei E. Nebgen, *a.a.O.*, S. 55f. Dagegen eine — im Unmut gesprochene Äußerung des Generalobersten Halder bei P. Hoffmann, *Widerstand*... [Anm. 17], S. 166, sowie Brauchitsch: *A.a.O.*, S. 169; vgl. auch H. Rothfels, *Die deutsche Opposition*... [Anm. 4], S. 62f.

[60] J. Aretz, *Katholische Arbeiterbewegung*... [Anm. I/16], S. 229—231.

[61] A. Hermes, *Und setzet ihr*... [Anm. I/44].

[62] R. Morsey, *Adenauer*... [Anm. I/37], S. 492.

[63] W. Hensel, *3 x Kommunalpolitik*... [Anm. I/99], S. 33f., 45f., 52f.; E. Forschbach, *Edgar J. Jung*... [Anm. I/99], S. 134—148; *Verfolgung*... [Anm. I/64], S. 26f., S. 53 Taf. 53.

[64] W. Hensel, *a.a.O.*, S. 39.

[65] *Eugen Bolz*... [Anm. I/9], S. 488—518.

[66] H. Pünder, *Von Preußen nach Europa*... [Anm. 10], S. 145f.

[67] Rudolf Lill, *Josef Wirmer*, in: Heinrich Oberreuter (Hrsg.), *20. Juli. Portraits des Widerstands*, Düsseldorf-Wien 1984, S. 335—347; W. Wagner, *Der Volksgerichtshof*... [Anm. I/9], S. 722f. — Die Kennzeichnung „klerikaler Repräsentant" ist ein falscher Zungenschlag.

[68] A. Hermes, *Und setzet ihr*... [Anm. I/44], S. 119.

[69] Etwa im Falle Loeser für das Reichsfinanzministerium oder Otto Lenz als Staatssekretär in der Reichskanzlei: E. Nebgen, *Jakob Kaiser*... [Anm. I/97], S. 170, 176.

[70] H. Rothfels, *Die deutsche Opposition*... [Anm. 4], S. 146.

[71] Zu Letterhaus siehe neben den in Anm. I/91 genannten Titeln vor allem: J. Aretz, *Bernhard Letterhaus*... [Anm. 21], S. 11—24; *Widerstand*... [Anm. I/23], S. 385f.; J. Aretz, *Katholische Arbeiterbewegung*... [Anm. I/16], S. 68 und passim.

[72] E. Nebgen, *Jakob Kaiser*... [Anm. I/97], S. 196f.

[73] W. Wagner, *Der Volksgerichtshof*... [Anm. I/9], S. 731, reiht ihn unter die „sozialistischen" Widerstandskämpfer ein; das trifft nicht zu.

[74] A. Hermes, *Und setzet ihr*... [Anm. I/44], S. 115f.; G. Buchstab, *Andreas Hermes*... [Anm. I/44], S. 108.

[75] E. Nebgen, *Jakob Kaiser*... [Anm. I/97], S. 189, über den Unterschied zu Kaisers anfänglich geplanter Partei der Arbeit.

[76] Anscheinend erinnerte man sich nicht mehr daran, daß Kronprinz Wilhelm 1932 bei der Reichspräsidentenwahl für Hitler eingetreten und überdies im Ausland wenig angesehen war.

[77] A. Hermes, *Und setzet ihr*... [Anm. I/44], S. 117—119.

[78] Nach G. Buchstab, *Andreas Hermes*... [Anm. I/44], S. 108, hatten „— wahrscheinlich — einige Beamte in der Spitze des Reichsjustizministeriums ... seine Akten in ihren Schubladen" vergraben.

[79] Rudolf Morsey, *Eugen Bolz (1881—1945)*, in: *Zeitgeschichte*... [Anm. I/44], Bd. 5 (1982), S. 88—103; Joachim Köhler, *Eugen Bolz*, in: Michael Bosch/W. Niess (Hrsg.), *Der Widerstand im deutschen Südwesten 1933—1945*, Stuttgart 1984, S. 227—235; M. Miller, *Eugen Bolz*... [Anm. I/9], S. 486—510.

[80] G. Ritter, *Carl Goerdeler*... [Anm. 25], S. 369.

[81] Sr. Dominica Ballof, *Christine Teusch (1888—1968)*, in: *Zeitgeschichte*... [Anm. I/44], Bd. 2 (1975), S. 207; J. Aretz, *Katholische Arbeiterbewegung*... [Anm. I/16], S. 232, 336.

[82] Hermann Joseph Schmitt, *Begegnungen mit Frau Dr. h. c. Helene Weber*, in: *Ernte eines Lebens. Blätter der Erinnerung zum 80. Geburtstag von Dr. h. c. Helene Weber am*

12.3.1961, Köln 1961, S. 66; Marlene Lenz, *Helene Weber,* in: *Christliche Demokraten der ersten Stunde,* Bonn 1966, S. 403—419, hier S. 410f.; Rudolf Morsey, *Helene Weber (1881—1962),* in: *Zeitgeschichte...* [Anm. I/44], Bd. 3 (1979), S. 223—234; Michael Braun, *Helene Weber,* in G. Buchstab/K. Gotto (Hrsg.), *Die Gründung der Union...* [Anm. 56], S. 152.

[83] H. Pünder, *Von Preußen nach Europa...* [Anm. 10], S. 165.

[84] M. Miller, *Eugen Bolz...* [Anm. I/9], S. 510.

[85] W. Wagner, *Der Volksgerichtshof...* [Anm. I/9], S. 744, 912.

[85a] W. Wagner, *Der Volksgerichtshof...* [Anm. I/9], jeweils nach dem Register.

[86] H. Pünder, *Von Preußen nach Europa...* [Anm. 1], S. 148—168.

[87] W. Wagner, *Der Volksgerichtshof...* [Anm. I/9], S. 736, teilt Groß irrig dem Kreisauer Kreis, S. 748 dem „sozialistischen" Flügel der Goerdeler-Gruppe zu. J. Aretz, *Katholische Arbeiterbewegung...* [Anm. I/16], S. 234f.; *Widerstand...* [Anm. I/23], S. 386—388.

[88] Hans Edgar Jahn, *Otto Lenz,* in: *Christliche Demokraten...* [Anm. 82], S. 244f.

[89] Günter Buchstab, *Porträt aus dem Widerstand* [Franz Leuninger], in: *Themen,* Nr. 36 vom 1. Juni 1984 [Beilage zu *Soziale Ordnung,* 6./7. Jg. (1984)], hrsg. von der Stiftung für Christlich-Soziale Politik und Bildung, Königswinter, S. XIf.

[90] E. Forschbach, *Edgar J. Jung...* [Anm. I/99], S. 147.

[91] H. Pünder, *Von Preußen nach Europa...* [Anm. 10], S. 167—184; Tilman Pünder, *In jenen Jahren* [Privatdruck], Köln 1962.

[92] Hinweise z. B. bei: J. Aretz, *Katholische Arbeiterbewegung...* [Anm. I/16], S. 231, 236 Anm. 134.

[93] Beispielsweise Köln: *Widerstand...* [Anm. I/23], S. 388—393; *Verfolgung...* [Anm. I/64], S. 34, 58—60 Taf. 70—72.

[94] K. H. Minuth (Bearb.), *Die Regierung Hitler I...* [Anm. I/50], S. 629, Nr. 180.

[95] H. Boberach (Bearb.), *Die Berichte...* [Anm. I/55], S. 44. — Natürlich werden die alten Separatismus-Verdächtigungen aufrecht erhalten: S. 43ff. für die Saar, S. 50f. für Oberschlesien.

[96] Beispiele hierfür siehe: H. Boberach (Bearb.), *a.a.O.,* S. 17 („Bezirksdamen" des Katholischen Frauenbundes), S. 31 (Katholische Studentenverbände CV und KV); S. 901 (Kath. Akademikerverband, Kath. Jungmännerverband, Kolpingschar, Studentenbund Neu-Deutschland); S. 916 (Zerschlagung der Vereine, Bildung von Nachfolge- oder Auffangorganisationen), S. 166f., 282 (Kath. Arbeiterbewegung); S. 183, 290, 292 (Kath. Akademikerverband); S. 14, 166, 192, 194, 900f. (Katholische Aktion als neue Stoßorganisation des politischen Katholizismus); S. 871 (Liga katholischer junger Deutscher, Kampfbund für christlichen Glauben und deutsche Art, Wien).

[97] H. Boberach (Bearb.), *a.a.O.,* S. 121 (Ludwig Wolker, Generalpräses des Kath. Jungmännerverbandes); S. 121 (Jakob Clemens, Generalsekretär des Kath. Jungmännerverbandes); S. 121 (Georg Puchowski, Berlin); S. 166 (Bernhard Letterhaus); S. 169 (Josef Joos); S. 167 (Josef Gockeln); S. 183, 282 (Franz Landmesser); S. 282 (Franz Xaver Münch).

[98] H. Boberach (Bearb.), *a.a.O.,* S. 31 (wegen Abrückens der *Danziger Landeszeitung* vom Zentrum); S. 929 (Kirche neben dem Staat der größte Grundeigentümer Deutschlands, politischer Einfluß des Zentrums für die Sicherheit und Förderung der katholischen Kirche bis 1933, Kapitalverschiebung nach dem Ausland seit 1933, Devisenprozesse).

[99] H. Boberach (Bearb.), *a.a.O.,* S. 916.

[100] Beispiele: H. Boberach (Bearb.), *a.a.O.*, S. 476, 553, 653, 871.

[101] W. Wagner, *Der Volksgerichtshof*... [Anm. I/9], S. 903.

[102] Otto Bräutigam, *So hat es sich zugetragen. Ein Leben als Soldat und Diplomat*, Würzburg 1968, S. 707.

[103] H. Rothfels, *Die deutsche Opposition*... [Anm. 4], S. 52.

[104] K.-H. Minuth (Bearb.), *Die Regierung Hitler I*... [Anm. I/50], S. 159, Nr. 44.

[105] Klaus Gotto/Hans Günter Hockerts/Konrad Repgen, *Nationalsozialistische Herausforderung und kirchliche Antwort. Eine Bilanz*, in: K. Gotto/K. Repgen (Hrsg.), *Die Katholiken*... [Anm. I/91], S. 130.

[106] J. Aretz, *Katholische Arbeiterbewegung*... [Anm. I/16], S. 197.

[107] H. Rothfels, *Die deutsche Opposition*... [Anm. 4], S. 54f. — Ähnlich verhielt sich die Sozialdemokratie: Karl Dietrich Erdmann, *Die Zeit der Weltkriege*, in: Bruno Gebhardt, *Handbuch der Deutschen Geschichte*, hrsg. von Herbert Grundmann, Bd. 4/2, 9., neubearb. Aufl., Stuttgart 1973, S. 573; auch sie hielt ihre Basis von offener Werbung und Propaganda ab, weil der politische Erfolg in keinem Verhältnis zu den zugemuteten Gefahren stand.

[108] J. Aretz, *Bernhard Letterhaus*... [Anm. 21], S. 19.

[109] H. Rothfels, *Die deutsche Opposition*... [Anm. 4], S. 59.

[110] H. Pünder, *Von Preußen nach Europa*... [Anm. 10], S. 145.

[111] R. Morsey, *Der Untergang*... [Anm. I/7], S. 129f.

[112] R. Morsey, *a.a.O.*, S. 134 mit S. 253 Anm. 4, sowie S. 144 mit S. 256 Anm. 5f.

[113] M. Schneider, *Die Christlichen Gewerkschaften*... [Anm. 52], S. 719—728.

[114] E. Nebgen, *Jakob Kaiser*... [Anm. I/97], S. 167, 174.

[115] J. Aretz, *Katholische Arbeiterbewegung*... [Anm. I/16], S. 229.

[116] E. Nebgen, *Jakob Kaiser*... [Anm. I/97], S. 168—171, 176; P. Hoffmann, *Widerstand*... [Anm. 17], S. 441—455 mit Tabelle S. 453f.; übersichtliche graphische Darstellung in: *Verfolgung*... [Anm. I/64], S. 28. — Dazu kamen Zentrumsleute in verschiedenen Wehrkreisen als ‚Politische Beauftragte': E. Nebgen, *Jakob Kaiser*... [Anm. I/97], S. 177—179; P. Hoffmann, *Widerstand*... [Anm. 17], S. 430—441.

[117] *KV*, 2.3.1933: „Ich kenne mich aus in meinen Zentrumsmännern und Zentrumsfrauen und vor allem bei meiner Zentrumsjugend. Sie sind eines höchsten Maßes staatspolitischer und auch parteipolitischer Disziplin fähig, aber wenn sie spüren, daß mit zweierlei Maß gemessen werden soll [= Unrecht geschieht], dann beginnt sich in ihnen ein gewisses innenpolitisches potentiel de guerre zu bilden, das nicht sofort aktiv wird, von dem wir aber einmal in einem Augenblick werden zehren können, wo die Dinge vielleicht noch ernster sind als heute."

Widerstand von Unternehmern und Nationalökonomen

WILHELM TREUE
Göttingen/Salzburg

Der Widerstand gegen Hitler und den Nationalsozialismus ist — zumindest in beiden Teilen Deutschlands — in erster Linie für die Bereiche des sozialistischen Arbeitertums, der Diplomaten und der Offiziere, schon weniger für die der Geistlichen und der höheren Beamtenschaft wissenschaftlich untersucht worden, dagegen praktisch überhaupt nicht für den Bereich der Wirtschaft, im besonderen der Wirtschaftspolitik und -verwaltung, der Banken, der Industrie und der Landwirtschaft. Das hat eine ganze Reihe von Gründen, auf die ich hier nicht im einzelnen eingehen, sondern von denen ich nur einige wenige nennen möchte.

Die Geschichtsschreibung auf diesem zeitgeschichtlichen Gebiet hat sich lange Zeit auf den Widerstand der Arbeiterbewegung und auf das „Nationalkomitee Freies Deutschland" konzentriert, auch auf den Widerstand der Offiziere, Diplomaten, Beamten, auf den Kreisauer Kreis, auf Stauffenberg und andere, die den Umsturz geplant und Attentate unternommen haben und von denen die allermeisten hingerichtet worden sind. In Westdeutschland haben lange Zeit Gerhard Ritter und Hans Rothfels die Forschung auf diesem Gebiet entscheidend beeinflußt. Beide waren an dem Komplex der Wirtschaft, insbesondere des Unternehmertums, nicht interessiert, verstanden auch wenig davon; die historische Darstellung von Goerdelers Leistung und Bedeutung sowie das Urteil über die Einstellung des Adels, insbesondere der adligen Großgrundbesitzer, ist dadurch bis heute beeinflußt.

Es kommt hinzu, daß Historiker, welche die Auffassung vertreten, die Unternehmerschaft schlechthin habe Hitler zur Macht verholfen oder ihn im eigensten Profit-Interesse in den Sattel gehoben, von dieser Voraussetzung her nur sehr schwer oder gar nicht die Frage stellen können, ob zu irgendeiner Zeit zwischen 1933 und dem Ende des Zweiten Weltkrieges Männer aus den Kreisen der Wirtschaft Widerstand gegen Hitler und den

Nationalsozialismus geleistet haben und beide beseitigen wollten, um rechtsstaatliche Verhältnisse im Sinne der liberalbürgerlichen privatkapitalistischen Gesellschaft wiederherzustellen.

Christof Dipper hat kürzlich überzeugend zusammengefaßt, was im einzelnen großenteils und seit langem bekannt war, in der Widerstands-Literatur aber ausgeklammert wurde: daß nämlich Goerdeler, Popitz, Hassell, Lehndorff, die beiden Stauffenberg, Üxküll und andere bildungsbürgerliche Widerständler zwar Hitlers Art der Judenpolitik falsch fanden, wohl aber durchaus nach ihrer eigenen Machtergreifung zum „traditionellen Antisemitismus" ihrer Kreise zurückkehren wollten und „Sonderbestimmungen", „Sonderstatus", selbst Ausbürgerung der Juden in Aussicht nahmen.[1] Sicher hätten sie mit einer solchen antijüdischen Politik Zustimmung auch bei Unternehmern gefunden. Aber so wie die aktiven Widerständler unter den vielen Militärs, Beamten und Arbeitern, welche Hitler und seine „Bewegung" innerlich ablehnten, nur eine winzige Minderheit waren, so gab es auch wirtschaftliche Unternehmer, welche nach langer guter Zusammenarbeit mit Juden diese jahrelang, über die ganzen „tausend Jahre" des Dritten Reiches schützten, beschäftigten, mit Geld und Lebensmöglichkeiten versorgten, ihnen zur Auswanderung unter Rettung von Vermögensteilen verhalfen, ohne dadurch sich selber bewußt zum „Widerstand" zu bekennen. Die Judenpolitik von Schacht, auf den noch zurückzukommen sein wird, ist bekannt. Sie hat nachweislich eine Zeitlang vielen Juden die Existenz und die Auswanderung erleichtert. Bei Robert Bosch in Stuttgart hat man Juden selbst noch beschäftigt und geschützt, als nationalsozialistisch organisierte Arbeiter dagegen protestierten. Wie Hermann Josef Abs mehreren jüdischen Bankiers und Unternehmern menschlich und wirtschaftlich geholfen hat, wird noch darzustellen sein.

Als der mit der Entnazifizierung im Bereich der Wirtschaft in Hagen (Westfalen) Beauftragte, ein früherer jüdischer Mitarbeiter des Konzerns von Günter Quandt, im Sommer 1946 die Personalakten des Konzerns durcharbeitete, stellte er fest, daß nach dem 30. Januar 1933 alle jüdischen Mitarbeiter in ihren Stellungen verblieben waren, bis nach der Kristallnacht die weitere Beschäftigung der meisten von ihnen unmöglich geworden war. Man bemühte sich für sie um Arbeitsplätze in ausländischen Niederlassungen und befreundeten Unternehmen. Einer konnte bis zum Einmarsch der Alliierten gehalten werden, einer, nämlich dieser Entnazifizierungs-Beauftragte selber, wurde sogar erst 1941 eingestellt, als ein anderes Großunternehmen ihn entlassen hatte. Er wurde im Herbst 1944 verhaftet und überlebte in einem Konzentrationslager das Kriegsende.[2]

Robert Pferdmenges, auf den gleichfalls noch einzugehen sein wird, rettete das nicht-arische Bankhaus Sal. Oppenheim Junior und Cie. in

Köln und damit das Vermögen seiner Besitzer, indem er es auf seinen — ohnehin politisch belasteten — Namen übernahm, nachdem er dafür gesorgt hatte, daß ein anderes, jüdisches Bankhaus in Köln, A. Levy, vom Hause Oppenheim übernommen worden war. Der Hamburger Bankier M.M. Warburg hat das letzte Kapitel seiner Aufzeichnungen[3] seinem „wirklichen Freunde", dem Leiter der Gute-Hoffnungs-Hütte, Paul Reusch, gewidmet. Darin heißt es: „Die Offenheit seiner Kritik — unter den Industriellen von seinem Landsmann Carl Bosch ähnlich geübt — machte jeden Kompromiß unmöglich, und so legte er seine sämtlichen Ämter nieder..."

Ohne Zweifel haben sich andere Bankiers und Unternehmer, über die es keine Literatur gibt, genauso oder ähnlich verhalten. Der Unternehmensgeschichte stehen in dieser Hinsicht noch große Möglichkeiten offen. Sie waren vor zwanzig und dreißig Jahren, als viele Unternehmensarchive noch nicht vernichtet worden waren, noch viel größer. Aber die Zeitgeschichtler, die politischen und die Widerstandshistoriker haben diese Möglichkeit nicht wahrgenommen.

Nach dieser Vorbemerkung über das Verhältnis von Unternehmern zu einem der Kernprobleme der Widerstandshaltung möchte ich mich im folgenden skizzierend mit fünf Bereichen des Widerstandes beschäftigen: dem Widerstand im Rahmen der Wirtschaftspolitik, von Bankiers, von industriellen Unternehmern — darunter insbesondere Robert Bosch —, von Wirtschaftstheoretikern und von Landwirten.

I

Wirtschaftspolitiker

Hjalmar Schacht ist in dieser Beziehung die schillerndste aller Personen. Er leistete Hitler wiederholt Widerstand, doch tat er es nicht allein aus prinzipiellen ethischen Überlegungen, sondern zweifellos auch, weil er das Dritte Reich vor Schaden bewahren wollte. Die sorgfältigsten Urteile über seine Einstellung zum Nationalsozialismus werden in der historischen Literatur kaum beachtet. Sie befinden sich in der offiziellen Festschrift der Deutschen Bundesbank.[4] Dort heißt es: „In jedem Falle identifizierte sich Schacht zunächst, das heißt zumindest bis zum Erreichen der Vollbeschäftigung im Jahre 1936, mit den wirtschaftspolitischen Absichten Hitlers, von da an allerdings, das heißt mit der Möglichkeit von Zielkonflikten zwischen Aufrüstung und Geldwertstabilität, verschoben sich die politischen Bedingungen drastisch." Und weiter: „Die zunehmenden Gegensätze zu Göring waren es schließlich, die Schacht 1937 zum

Rücktritt als Reichswirtschaftsminister veranlaßten. Schachts elf Seiten langes Schreiben vom 5. August 1937 an Göring bildet die eine der beiden außerordentlich mutigen Widerstandsleistungen von Schacht."

Die Autoren zitieren dann das berühmte vertrauliche Schreiben des gesamten Reichsbankdirektoriums vom 7. Februar 1939, das ein ebenso klares Stück Widerstand gegen Hitlers Schulden- und Inflationspolitik bildete wie manche Denkschrift von Politikern und Militärs, im Gegensatz zu fast allen solchen Aufzeichnungen aber direkt an Hitler gerichtet war, von diesem gelesen und mit seiner schriftlich festgehaltenen Anweisung an Lammers beantwortet wurde, „unverzüglich die Vorbereitung der Entlassungsurkunde" für Schacht und Dreyse vorzunehmen. In dem Buch der Bundesbank heißt es: „Zweifellos muß der Mut der Denkschrift bewundert werden."[5] Und weiter folgt ein Satz, der ähnlich auch für viele Vorstellungen anderer Widerständler gilt: „Zugleich stellt sich aber auch Verwunderung über die offenkundige Selbstüberschätzung Schachts ein, ja, über die Naivität, mit der er glaubte, dem Nationalsozialismus finanziell Zügel anlegen zu können." Dieses generelle Problem innerhalb des Widerstandes ist, soweit ich sehe, leider nicht nur bei Schacht von der Forschung vernachlässigt worden.

Geht man vom Reichswirtschaftsminister selber zu seinen engsten Mitarbeitern über, dann will ich hier nur erwähnen, daß Dr. Otto Schniewind auf Goerdelers leichtfertiger Kabinettsliste als Reichswirtschaftsminister vorgesehen war und nach dem 20. Juli deswegen ebenso verhaftet wurde wie Schacht und sein Ministerialdirigent Friedrich Sperl.[6]

II

Bankiers

Ich beginne mit der Deutschen Bank. Sie hat als Institution natürlich so wenig Widerstand geleistet wie die Reichsbank und das Reichswirtschaftsministerium. Aber immerhin ist in dem Verleumdungsprozeß der Deutschen Bank und ihres Vorstandsmitgliedes Hermann Josef Abs gegen Eberhard Czichon im Jahre 1970 vom Landgericht Stuttgart festgestellt worden, daß die Deutsche Bank in Nazikreisen als die „katholische Bank" bezeichnet wurde, bei der die meisten Vorstandsmitglieder, wie Abs, „kaum den Voraussetzungen entsprachen, welche die NSDAP an die Träger derartiger Schlüsselstellungen stellte".[7] Auch kann festgestellt werden, daß diejenigen, welche Geschäftsberichte zu verstehen vermochten, in den öffentlich zugänglichen Berichten der Deutschen Bank durchaus Kritik und Warnungen finden konnten. So hieß es in dem 1942 veröffentlichten Geschäftsbericht der Deutschen Bank über das Jahr 1941, daß der „Staat zum weitaus größten Schuldner der Banken" geworden sei, was naturgemäß die Zukunftsaussichten der Geldinstitute sehr unsicher erscheinen lassen mußte. 1944 wurde für 1943 auf die wachsende Inflation mit den Worten „Verstärkung der Ursachen" hingewiesen, welche „die Entstehung neuer Geldüberschüsse begünstigten". Und schließlich: Als das Bankhaus Oppenheim in Köln, das den Nazis auch noch verhaßt war, nachdem es 1938 den Namen Pferdmenges angenommen hatte, 1944 total ausgebombt wurde, so daß es eigentlich den Betrieb hätte einstellen müssen, hat ihm die Deutsche Bank sofort Räume in der eigenen Filiale angeboten.

Aber ich will mich auf Abs selber beschränken. Erst in dem Prozeß gegen Czichon wurde zusammengestellt und der Öffentlichkeit bekannt, in welchem Umfange Abs persönlich Widerstand geleistet hat, indem er christlichen und jüdischen Bankiers und Unternehmern gegen den Nationalsozialismus beigestanden, die notwendig gewordene Arisierung erleichtert und bei der Auswanderung durch Rettung von Vermögensteilen Hilfe geleistet hat. Aber wie hat Abs sich verhalten, bevor er im Jahre 1938 in den Vorstand der Deutschen Bank berufen wurde? Darüber liegt ein als historische Widerstandsleistung ebenso unbestreitbares wie eindrucksvolles Zeugnis vor. Im Jahre 1935 mußten der Verleger Samuel Fischer und sein Schwiegersohn Bermann mit ihren Familien vor den Nazis flüchten. Einen Teil ihres Verlages wollten und mußten sie unter der Leitung ihres Teilhabers Suhrkamp in Deutschland lassen. Gottfried Bermann-Fischer schreibt in seinen 1971 veröffentlichten Erinnerungen[8] dazu: „Damals Ende 1935 wandten wir uns gemeinsam an Hermann J. Abs, der zu dieser Zeit dem Bankhaus Delbrück-Schickler vorstand, um Rat. Als Bankier mit weltweiten Beziehungen, der den neuen Herrschern ablehnend gegenüberstand, konnte er uns vielleicht den Weg weisen, wie der für den Verbleib in Deutschland bestimmte Verlagsteil unter Leitung Suhrkamps finanziert und in welcher Form er weitergeführt werden konnte. Wir hatten uns nicht getäuscht."

Im Jahre 1938 wechselte Abs in den Vorstand der Deutschen Bank über. Ich will mich in bezug auf diese Position auf die zwei Fälle beschränken, die mir aus eigener Quellenforschung bekannt sind.

Das Bankhaus Mendelssohn & Co.[9] mußte 1938 arisiert oder liquidiert werden, als der bereits genannte Direktor der Reichsbank, Dreyse, der ein Jahr später gemeinsam mit Schacht den zitierten Brief an Hitler unterschrieb, dem Teilhaber dieses Berliner Bankhauses, Rudolf Loeb, am 14. März 1938 dargelegt hatte, daß die Firma aus politischen Gründen mit wirtschaftlichen Schwierigkeiten rechnen müsse und daß man sich bei der

Reichskreditgesellschaft bereits auf die Übernahme von Mendelssohn & Co. vorbereite.

Äußerst erschrocken erwiderte Loeb, der natürlich Abs kannte und jede Verhandlung mit der von Dreyse genannten Bank vermeiden wollte, wahrheitswidrig, er sei in dieser Hinsicht bereits bei Abs „im Wort". Loeb ging von Dreyse direkt zu Abs, berichtete diesem und bat um Entschuldigung. Abs erklärte sich grundsätzlich zu der gewünschten Absprache bereit, fügte aber hinzu, Loeb solle „die Antwort, die er hören wolle, selbst bestimmen". Loeb war für die Großzügigkeit dieser Antwort sehr dankbar und von ihr, wie er oft betonte, „stark beeindruckt". Die Verhandlungen fanden zwischen dem 7. April 1938 und dem 23. Dezember 1938 statt und betrafen hauptsächlich die Übernahme der 94 Angestellten und der Pensionäre, nach Möglichkeit unter Beibehaltung der gewohnten Bezüge, sowie der Aktiva und Passiva von Mendelssohn & Co.

Die Zeitschrift *Das Bankarchiv* schrieb Ende 1938 über diese Arisierung der Bank, „die bilanzmäßig wohl an der Spitze des Gewerbes stand": „... der Weg, der in diesem Falle gewählt worden ist (Überleitung des Geschäfts auf eine Großbank), ist allerdings ein Sonderfall."[10]

Loeb, der 1966 in Boston gestorben ist, hat am 20. Dezember 1947, also 23 Jahre vor dem Czichon-Prozeß, erklärt: „Unter den Banken in Deutschland war die Deutsche Bank diejenige, mit welcher ... uns seit vielen Jahrzehnten freundschaftliche Beziehungen verbunden hatten... Schließlich stand nach unserem Eindruck fast der gesamte Vorstand der Nazi-Partei fern... Mit voller Überzeugung kann ich bestätigen, daß die Verhandlungen, welche sich aus dieser Initiative ergaben, von Herrn Abs in mustergültiger Weise geführt worden sind. Dabei war die Aufgabe, welche ihm gestellt worden war, keineswegs leicht." Abs war, so schrieb Loeb weiter, „nach seiner Einstellung und seinen Eigenschaften die für solche Verhandlungen vom Standpunkt des Bankhauses aus erwünschteste Persönlichkeit".[11]

Abs hat zweitens den vier Brüdern Petschek, den Söhnen des Begründers eines Braunkohlen-Bergbau-Konzerns, Ignatz Petschek, mit denen seine Familie freundschaftlich und geschäftlich verbunden war, bei ihrer erzwungenen Emigration die Rettung eines erheblichen Teiles ihrer Vermögenswerte ermöglicht. Der Überlebende der vier Brüder, William Petschek, hat am 22. Juli 1970 geschrieben: „Ich weiß, daß in der ganzen Sache nichts von Ihrer Seite erfolgte oder unternommen wurde, ohne engste Fühlungnahme und im Einverständnis mit unserer Familie, insbesondere verweise ich auf die Absprache am 19. September 1939 in Zürich zwischen Ihnen und meinem Bruder Ernst, indem Sie sich bereiterklärten, alles zu tun, um unser Vermögen für die Zukunft zu erhalten."[12]

Ich komme auf das Kölner Bankhaus Sal. Oppenheim Junior & Cie. zurück, über dessen Schicksal im Dritten Reich ich aus öffentlichen und privaten Quellen eine eingehende Studie veröffentlicht habe, so daß ich mich an dieser Stelle auf den Widerstand von Dr. Robert Pferdmenges gegen den Nazismus in diesem Rahmen beschränken kann.[13] Pferdmenges war 1931, von der Deutschen Bank und Disconto-Gesellschaft kommend, Teilhaber des Hauses Oppenheim geworden. Als bald nach dem 30. Januar 1933 die Politik der Kölner NSDAP sich gegen seine beiden nicht-arischen Teilhaber Waldemar und Friedrich-Carl von Oppenheim wandte, stellte er sich vor sie, übernahm einige ihrer Aufsichtsrats-, Kammer- und Vereinsfunktionen, so daß sie und ihre Familien bei wachsender Gefährdung in den Hintergrund treten konnten. Mit seiner vollen Zustimmung übernahm man sogar 1936[14] das in Schwierigkeiten geratene jüdische Bankhaus A. Levy in Köln, was starkes Aufsehen in der Presse erregte, zumal er es gegen den Widerstand der Behörden durchsetzte, daß die beiden jüdischen Teilhaber von A. Levy Kommanditisten der Firma Oppenheim wurden. „Ich bin über 70 Jahre alt und habe etwa 50 Jahre Geschäftserfahrung hinter mir. Ich habe niemals eine Situation kennengelernt, in der ein Geschäftsmann so fair und großzügig von seinen Geschäftspartnern behandelt wurde, wie ich von den Herren Pferdmenges und Oppenheim", gab einer der beiden, Dr. Chan, am 18. Dezember 1945 vor einem Notar in New York zu Protokoll. Im Mai 1938 mußte man einen Schritt weitergehen. Der Name Oppenheim sollte verschwinden; Pferdmenges gab ohne jede juristische oder wirtschaftliche Änderung des Unternehmens seinen eigenen Namen her: Nach dem Mai 1938 firmierte das Haus „Pferdmenges & Co.".

Pferdmenges unterstützte die Bekennende Kirche, evangelische Kranken- und Diakonissenhäuser, half Juden und Sozialdemokraten bei der fluchtartigen Auswanderung. Er stand am 30. Juni 1934 auf einer Mordliste der Kölner NSDAP. Nach dem 20. Juli 1944 wurde er am 2. September unter dem Verdacht der Beteiligung an der Verschwörung sowie wegen der oben genannten Handlungen verhaftet, in Berliner Gefängnisse gebracht und dort mit dem Tode bedroht, nach zwei Monaten entlassen, aber unter strenger SS-Aufsicht gehalten, bis die Rote Armee sich seinem Gut bei Fürstenwalde näherte. Am 10. Juni 1945 war er wieder in Köln.

Schließlich ein letzter Fall des Widerstandes gegen das Ziel der Arisierung eines Bankhauses. Die Geschäfte des jüdischen Bankhauses M. M. Warburg & Co. in Hamburg, das neun Jahre nach dem Kölner Bankhaus Oppenheim 1798 gegründet worden, also 1938 genau 140 Jahre alt war, verloren nach dem 30. Januar 1933 sehr schnell einen großen Teil ihres Umfanges. Seit 1934 wandte man sich mehr und mehr der Hilfsleistung für flüchtende Mitglieder der jüdischen Gemeinde und der Vermittlung von jüdischen Exporten aus Palästina zu. Aber, so heißt es in der Geschichte des Hauses Warburg:[15] „Mit Schachts Verabschiedung im Herbst 1937 ... war der Weg für die Einführung einer viel härteren Politik gegen Juden in der deutschen Wirtschaft frei ..." Die Warburgs kehrten von einer Reise nach New York, die sie im August 1939 angetreten hatten, nicht wieder zurück. Zwei ehemalige Mitarbeiter von ihnen, Dr. Rudolf Brinckmann und Paul Wirtz, übernahmen die Bank und führten sie umsichtig und erfolgreich unter einem nicht geringen persönlichen Risiko durch die dunkelsten Jahre der Kriegsvernichtung. Als Eric Warburg im Frühjahr 1945 aus den USA zurückkehrte, konnte er die unterbrochene Tradition des Familien-Geschäfts fortsetzen: seit 1948 als Kommanditist, im Jahre 1956 als Teilhaber, seit 1970 auch unter Hinzufügung des Namens „M. M. Warburg" zu Brinckmann, Wirtz & Co.

Noch einmal sei daran erinnert, daß M. M. Warburg selber in seinen Aufzeichnungen 1952 den Industriellen Paul Reusch einen „kompromißlosen Nazigegner" genannt hat. Er fährt fort: „Nach dem Kriege war er einer der ersten, mit dem ich die Verbindung wieder aufnehmen konnte. Er war in allen Zeitläuften der alte Freund geblieben."[16]

III

Industrielle

Damit wende ich mich einigen Beispielen des Widerstandes im Bereich von Bergbau und Industrie zu. Das erste betrifft die heute als Bergwerksgesellschaft nicht mehr bestehende Dahlbusch Bergbau AG in Gelsenkirchen, eine Gesellschaft, deren Kapital sich seit der Gründung im Jahre 1845 fast ausschließlich in belgischem und französischem Besitz befand.

Für die Vorstellung vieler erfahrener, kenntnisreicher und meist gut informierter Spitzenfunktionäre in der Wirtschaft bezeichnend war es, daß nach Hitlers Machtergreifung noch im Jahre 1933 der „Nichtarier" Dr. Solmssen, Vorstandsmitglied der 1929 fusionierten Deutschen Bank und Disconto-Gesellschaft, in den Aufsichtsrat von Dahlbusch eintrat und neben einem belgischen Großaktionär dessen Vizepräsident wurde. Im folgenden Jahre wurde er sogar Präsident. Als solcher mußte er am 4. Juni 1936 zur Vermeidung von politischen Schwierigkeiten die Aufnahme von weiteren Deutschen in den Aufsichtsrat empfehlen, damit dieser ein deutsches Übergewicht erhalte. Im Frühjahr 1938 mußte Solmssen den Vorsitz im Aufsichtsrat aufgeben. Auch ein ausländisches jüdisches Mitglied des Aufsichtsrates mußte aufgrund einer Verfügung betreffend jüdische Gewerbebetriebe sein Amt zur Verfügung stellen. Solmssens Nachfolger wurde durch einstimmige Wahl der Belgier, Franzosen und Deutschen Hermann J. Abs, der kurz zuvor in den Vorstand der Deutschen Bank eingetreten war.

Im Frühjahr und Sommer 1940 besetzte das Dritte Reich Belgien und Frankreich. Eine der Folgen war, daß ein „Reichskommissar für die Behandlung feindlicher Vermögen" eingesetzt wurde. Dieser Kommissar, der sich der Dahlbusch AG gegenüber ebenso taktvoll benahm, wie deren Vorstand und Abs sich ihm gegenüber diskret verhielten, wurde im Jahre 1944 nützlich für die Gesellschaft, als die Reichswerke Hermann Göring von mehreren Seiten wertvolle Steinkohle-Vorkommen an sich zogen und dabei auch von Dahlbusch die Abtretung wichtiger Felder verlangten. Abs und der Generaldirektor von Dahlbusch argumentierten sehr geschickt, daß einem solchen Besitzwechsel der Reichskommissar zustimmen müsse, und verstanden es, als Görings Mitarbeiter Pleiger einen Feldestausch anbot, durch die Bestellung von Gutachtern die Angelegenheit so in die Länge zu ziehen, daß sie sich schließlich von selbst erledigte. Niemand hatte 1944 vor der Landung der Alliierten voraussagen können, wie lange der Krieg noch dauern und welche Rechts- und Besitzordnung nach seiner Beendigung gelten würde. Die beiden Männer hatten daher in schwieriger Situation gegen Göring Widerstand geleistet, Erfolg erzielt und den Aktionären von Dahlbusch ihren Besitz gerettet.[17]

Vielleicht ist es Zufall, daß die beiden nächsten Beispiele für Widerstand in der Wirtschaft gleichfalls aus dem Bereich des Bergbaues stammen. Doch könnte es auch einen wirklichen Grund haben. Den Wirtschaftshistorikern ist bekannt, daß seit den preußischen Bergbauministern Heinitz und Reden auf der Wende vom 18. zum 19. Jahrhundert die höheren preußischen Bergbeamten ein Korps von sehr selbstbewußten konservativen Männern geworden waren, das die Bergakademie und die Bergbaubehörden mit Nachdruck und mit Erfolg gegen alle Veränderungen, insbesondere gegen die verschiedentlich diskutierte Inkorporation in das Reichswirtschaftsministerium, verteidigten. Gerade eine solche Reorganisation und Konzentration aber führten Schacht als Reichswirtschaftsminister und Göring als Beauftragter für den Vierjahres-Plan durch. Damit haben sie gewiß manchen Bergrat und Berghauptmann, der von Hitler und Hugenberg eine Gesundung der Wirtschaft erhofft hatte, auf die Seite einer Einstellung zur Regierung getrieben, die zwar nicht Attentate plante, aber von Jahr zu Jahr kritischer wurde und schließlich mehr an eine bessere Zukunft nach einer Niederlage als an deren Verhinderung dachte. Auch Speer hat solche Männer kennengelernt, und Himmlers Staatssekretär im Reichswirtschaftsministerium, der höhere SS-Führer Otto Ohlendorf, hat sogar mit ihnen zusammengearbeitet, um das Dritte Reich im Sinne eines SS-Sozialismus zu verändern.[18]

Nur kurz sei noch einmal der Petschek-Konzern erwähnt. Er wurde Anfang 1939 aufgrund der Verordnung über den Einsatz jüdischer Vermögen einer Treuhandschaft unterstellt, die schon nach wenigen Wochen zu einer Veräußerungs-Treuhandschaft verschärft wurde. Das Ziel war die Arisierung und der Erwerb der Aktien durch Görings parteistaatlichen Konzern. Der Vorstand der Gesellschaft, der sich, gedeckt durch Abs, so geschickt und mutig wie der von Dahlbusch für die Interessen der Aktionäre einsetzte, weigerte sich wiederholt den Finanzbehörden gegenüber, die Dividende für 1938 bis 1943 auszuschütten und anschließend die alten Aktien und Genußscheine für ungültig zu erklären, so daß schließlich die Finanzbehörde nicht den Mut aufbrachte, die „Arisierung" während des Krieges zum Abschluß zu bringen. Der Widerstand hat also die Auflösung des Konzerns verhindert, zu dem unter anderem die Ilse Braunkohle AG gehörte, die das bedeutendste ostdeutsche Braunkohlen-Unternehmen genannt wurde.

Über den möglicherweise extremsten Fall des Widerstandes im Bereich des Bergbaus kann ich leider nur einige Andeutungen machen. Als ich 1963 Quellenstudien zur Geschichte der 1704 gegründeten, heute nicht mehr bestehenden, in Schlesien ansässigen Gesellschaft Georg von Giesche's Erben trieb, die bis 1945 eines der bedeutendsten Unternehmen der Welt im Bereich des Zink- und Bleibergbaues gewesen ist, besuchte ich mehrmals auch ihren letzten Generaldirektor. Er war 1944 von Breslau aus nach Zürich gereist, um dort vorhandene Vermögenswerte der Gesellschaft für den späteren Wiederaufbau sicherzustellen. Im Zuge der weiteren Entwicklung blieb er dort, wo er auch eine schlesische Jüdin heiratete, die er jahrelang geschützt hatte. In den vielen langen Gesprächen mit ihm deutete er mehrmals an, daß er in Zürich für den amerikanischen Geheimdienst gegen das Dritte Reich gearbeitet habe.

Vom Bergbau zur Industrie: Dazu ist eine Vorbemerkung nötig. Die Quellenlage ist äußerst kompliziert, nicht, weil man dort keinen Widerstand geleistet hätte, sondern weil man verständlicherweise nicht oder nur wenig darüber schriftlich festgehalten hat — im Gegensatz etwa zu Goerdeler. Es kommt hinzu, daß bisher niemand systematisch Quellenstudien zur Geschichte des Widerstandes in einzelnen Branchen, Konzernen, Syndikaten getrieben hat. Daß es in nicht wenigen Unternehmens-Archiven Aktenbestände gibt, aus denen ein erfahrener und unermüdlicher Forscher das eine oder andere über Widerstand herauslösen und mit ähnlichen Stücken aus anderen Bereichen zusammenfügen kann, steht fest. Das gilt für die bereits genannten Archive ebenso wie für die von Bayer-Leverkusen, der Gute-Hoffnungs-Hütte und von Daimler-Benz, vor allem aber für die weitverstreuten Akten der entflochtenen Vereinigten Stahlwerke,[19] darüber hinaus für das Westfälische Wirtschaftsarchiv in Dortmund. Krieg, Demontage, Entflechtung, Rekonzentration und Liquidation haben viele Akten vernichtet. Das Archiv der AEG zum Beispiel ist durch die Ereignisse der letzten Jahre mindestens auf längere Zeit unzugänglich geworden. Nicht einmal die Protokolle der Nürnberger Prozesse sind bisher systematisch durchgearbeitet worden. Noch leben auch ein paar Männer, die sich — nach vierzig und fünfzig Jahren mehr oder weniger genau — erinnern können. In einigen Unternehmerbiographien und Memoiren stehen ein paar Sätze zu meinem Thema — meist sehr wenig inhaltsreich, wie etwa in den Erinnerungen von Gattineau und in den „Notizen" von Hans-Günther Sohl.

Bei solchen mühsamen Detailforschungen und Befragungen erfährt der Historiker zum Beispiel, daß Günter Quandt wegen kritischer Äußerungen über Hitler schon am 3. Mai 1933 verhaftet wurde und vier Monate lang im Gefängnis saß. Er schrieb später dazu: „Mir war nun am eigenen Leibe klar geworden, daß ein bis dahin unbekannter Zustand der Rechtsunsicherheit eingetreten war. Das bedeutete für mich, der ich zu unbedingter Staatstreue erzogen worden war, ein erschütterndes Erlebnis." Er erlebte weiter, daß Göring ihm einen sehr befähigten leitenden Angestellten fortengagierte, „obwohl er durch langjährige Verträge gebunden war". Er mußte die Majoritätsbeteiligung an der Philipp Holzmann AG weit unter ihrem Wert verkaufen und schrieb dazu: „Das war glatter Raub. Doch ich mußte mich fügen." Solche Erlebnisse machten Quandt zum Kritiker des Regimes. Er hat sich nie einen Widerständler im Sinne von Goerdeler oder Stauffenberg genannt; aber als er während des Krieges erleben mußte, daß nicht nur Goebbels und der Gauleiter von Mecklenburg seine gefährlichsten Gegner wurden, als 1934, 1943 und 1944 engste Mitarbeiter mehrere Monate in Konzentrationslager kamen und entweder gebrochen entlassen oder nach dem 20. Juli 1944 erhängt wurden, wurde der Kritiker zum Gegner des Regimes.

Den als pazifistischer Demokrat bekannten berühmten Flugzeugkonstrukteur und größten deutschen Flugzeugproduzenten Hugo Junkers,[20] der in seinen Betrieben Gegner des Nationalsozialismus in Schlüsselstellungen beschäftigte, forderte Göring wenige Tage nach der Machtergreifung auf, seine 133 persönlichen Patente für Flugzeuge und Motoren auf die Junkers-Werke zu übertragen und diese ganz in den Dienst der Rüstung zu stellen. Als Junkers die totale Konzentration auf die Kriegsvorbereitung ablehnte und damit Widerstand gegen Hitlers Politik leistete, erklärte man ihn für „politisch unzuverlässig" und bedrohte ihn wegen seiner Zusammenarbeit mit der Sowjetunion in den 1920er Jahren, die erfolgt war, weil Deutschland aufgrund des Versailler Vertrages keine Flugzeuge bauen durfte, mit einer Landesverratsanklage. Junkers mußte nachgeben und die Patente ausliefern. Dennoch enteignete Göring Junkers im Oktober 1933, vertrieb ihn aus Dessau und stellte ihn unter Hausarrest. Physisch und psychisch gebrochen, starb der 76jährige am 3. Februar 1935 in Gauting bei München unter dem Druck dieser ständig fortgesetzten Bedrohung. In der DDR hat man ihn im Februar 1984 als einen großen Erfinder und als Gegner und Opfer des Dritten Reiches gefeiert.

Noch einmal: Günter Quandt war kein Widerstandskämpfer. Waren es die emigrierten Unternehmer und Ingenieure? Jüngste Forschungen haben in dieser Hinsicht folgendes ergeben:[21] Von den 1000 bis 1300 vor dem Kriegsausbruch nach England Geflüchteten dieser Kategorien sind dort durch etwa 300 Firmengründungen 15 000 bis 25 000 neue Arbeitsplätze geschaffen worden. Sie brachten manche in England bis zu dieser Zeit nicht bekannte Produktionsverfahren mit — zum Beispiel zur Aufbereitung von Altmetall. Daß sie damit der englischen Kriegswirtschaft nützlich geworden sind und Englands Kriegspotential gegen das Dritte Reich verstärkt haben, daß sie selber der nazistischen Rüstungswirtschaft verloren gegangen sind, steht außer Frage. Wieweit der einzelne Emigrant und Firmengründer damit bewußt Rache genommen und Widerstand geleistet hat, würde sich heute meist kaum noch, in einigen wenigen Fällen aber mit Sicherheit feststellen lassen.

IV

Robert Bosch

Ich komme zum letzten und vermutlich wichtigsten, sicher aber interessantesten Beispielfall für Widerstand in der Wirtschaft: zu Robert Bosch und einigen seiner engsten Mitarbeiter. Dieser Widerstand ist aus der Bosch-, Heuss- und Goerdeler-Literatur stückweise bekannt, aber bis heute nicht systematisch erforscht worden. Das hat mehrere Gründe, zu denen die Zurückhaltung der heutigen Unternehmensführung und der Mangel an Quellen gehören. Doch läßt sich selbst unter diesen Umständen ein eindrucksvolles Bild zeichnen, das hier allerdings nach einem ersten kurzen Einblick in das Archivmaterial vorerst nur skizziert werden kann.

Will man die Entstehung und die Art von Robert Boschs Gegnerschaft gegen den Nationalsozialismus richtig verstehen, dann muß man wohl von zwei Grundzügen seines Charakters ausgehen. Er war von frühauf ein radikaler württembergischer Liberaldemokrat mit einer starken Abneigung gegen das Preußische im allgemeinen und den preußischen, wenn nicht überhaupt gegen allen Adel, im besonderen. Und im Nationalsozialismus sah er wohl mehr preußische und adlige Elemente, als in Wirklichkeit darin waren.

Am 3. Mai 1946 hat die Geschäftsführung der Robert Bosch AG betont, daß Bosch „einer der wenigen wirklichen Demokraten unter den Großindustriellen Deutschlands", daß seine Firma „eine der stärksten Stützen der Demokratie in Württemberg" und darüber hinaus in Deutschland überhaupt gewesen sei. Zu Boschs Demokratie-Verständnis gehörte unter anderem, daß er dieses und eine entsprechende Humanismus-Auffassung in einem relativ großen Kreis von einflußreichen Männern und in seinem Werk deutlich spürbar bis zu einfachen Arbeitern und Angestellten bei allen seinen Handlungen vertrat. Das mußte ihn schon nach kurzer Zeit zum Gegner des Nationalsozialismus machen und zu einer Art des Widerstandes bewegen, die ganz gewiß nicht weniger bewirkte als die Widerstandsformen von Goerdeler und Stauffenberg. Schon ein Jahrzehnt vor Hitler war er 1924 Ossietzky bei der Gründung einer politischen Partei behilflich, und 1925 fand er die Wahl Hindenburgs zum Reichspräsidenten entschieden falsch.

Zum anderen war Bosch jedoch ein die Verpflichtung zur Staatstreue betonender Mensch, der nach den Ereignissen in der Zeit von Brüning, Schleicher, Papen und dem Hindenburg-Kreis insgesamt eine Erneuerung des Staates für nötig hielt und Hitler zunächst als legales Oberhaupt eines bürgerlichen, nichtadligen Verfassungs-Staates anerkannte. Diese Tatsache bildete den Ausgangspunkt für ein nach Form und Inhalt heute sehr eigenartig anmutendes Gespräch Boschs mit Adolf Hitler. Es fand im Jahre 1933 statt, nachdem Bosch sich bereits öffentlich negativ über den „Geist von Potsdam" und die mit diesem verbundene Machtanmaßung nicht allein der NSDAP, sondern auch der Wehrmachtsführung geäußert hatte. Er hatte vor diesem Gespräch mit Hitler auch bereits einen sozialdemokratischen Landtagsabgeordneten und Lehrer, der ohne Pension entlassen worden war, sowie mehrere gemaßregelte Lehrer und sonstige Beamte in seine Unternehmen eingestellt. Boschs engster Mitarbeiter, Hans Walz, hielt sie nicht allein gegen den Einspruch der Kreisleitung der NSDAP, sondern ließ sie in der Folge sogar avancieren.

Am 22. September 1933 fand dann Boschs Gespräch mit Hitler statt, über das ein unmittelbar danach geschriebener Brief von Bosch an den von ihm sehr geschätzten Verwalter seiner land- und forstwirtschaftlichen Betriebe, Mauck, vorliegt. Bosch erklärte Hitler, er halte eine Verständigung mit Frankreich für nötig. Es müsse für Hitler „ein stolzer Gedanke sein, an der Stelle Bismarcks zu sein". Hitler habe einen neuen Geist einzuführen, denn „sozial" sei man namentlich im Norden Deutschlands „wenig". „Ich schloß dann damit, daß ich sagte, mit seinem großen Ziele der Beseitigung des Klassenkampfes und der Schaffung des Einheitsstaates sei ich einverstanden und wünschte ihm vollen Erfolg. Damit war die Unterredung zu Ende."

In einem weiteren Brief an Mauck vom 3. Oktober 1933, der den Bericht vom 22. September also gewissermaßen fortsetzte und vertiefte, schrieb Bosch über die Verständigung mit Frankreich: „Wird diese eine Tatsache, so sind die drei Gefahrenpunkte: Hugenberg, Röhm, die Radikalen und die Adelswelt zu 2/3 erledigt." Allerdings bestünden die Folgen von Hugenbergs und Röhms Mitwirkung an der Regierung fort. Er fuhr fort: „Ich hoffe und kann nichts weiter tun, daß die Verständigung noch früh genug kommt, das heißt bevor wir wirtschaftlich erliegen. Was hilft uns das Trara mit dem Bauerntum? Geholfen wird ihm nicht... Aber der Schwerindustrie wird geholfen auf Kosten des Ganzen, darüber sind wir uns ja einig."

Nicht daß Bosch sich in diesen Briefen in mancher Hinsicht irrte, ist für unser Thema wichtig, sondern daß er sich wenige Tage nach dem Gespräch mit Hitler gänzlich von seiner Anerkennung des Führers als akzeptables Staatsoberhaupt getrennt hatte. Umgekehrt hatte Hitler auch Boschs Persönlichkeit erkannt. Er wollte ihn nicht wiedersehen.

Fortan waren Bosch und Walz Skeptiker, in bezug auf die Politik gegenüber Juden und Sozialdemokraten Gegner und bald auch Widerständler. Bosch kannte Hitlers Berater Wilhelm Keppler aus der Zeit vor 1933. Keppler ernannte Walz, ohne ihn zu fragen, zum Mitglied des „Freundeskreises" um Himmler. Aber Walz nahm an dessen Zusammenkünften nur sehr selten teil, und am 21. April 1943 schrieb der im Sinne der SS gegen das privatkapitalistische Unternehmertum eingestellte Unternehmens-Direktor Fritz Kranefuß, ein Schützling von Keppler, der mehr als einem Unternehmer das Leben schwergemacht hat, an Himmler: „Unerquickliche Erörterungen, in deren Verlauf ich jegliches Verständnis vermissen mußte, hat es bisher nur mit Herrn Walz gegeben." Auf 36 Einladungen habe er 25mal mit Absagen reagiert. Er werde künftig nicht mehr eingeladen.[22]

Am leichtesten ist bei solchen Männern im allgemeinen ihre Hilfsleistung für einzelne mißhandelte und verfolgte Menschen festzustellen. Maria Zelzer hat generell Boschs „spürbar rettende Hilfe" hervorgehoben und ihn eine „Festung des Widerstandes gegen Unmenschlichkeit" genannt.[23] Er und Walz hätten seit 1938 „reichlich" Geld zur Hilfe für Juden gespendet.[24] Walz, der von SD und Gestapo bespitzelt wurde, habe über Mittelsmänner Geld an die jüdische Mittelstelle gelangen lassen.[25] Bosch ließ Geld über das Bankhaus Mendelssohn und Devisen in New York für die Juden bereitstellen und beging damit ein „Devisenverbrechen". Dr. Karl Adler schrieb später über Walz: „Dessen menschliche Größe wird in unseren Kreisen nie vergessen werden. Herr Walz hat vielen Stuttgarter

Juden geholfen. Er kannte mich nicht persönlich." Im Entnazifizierungsverfahren wurde am 9. Juni 1948 bekannt, daß Walz Schmuck von Juden ins Ausland gebracht und dort für sie sichergestellt hatte. Am 22. August 1945 traten 14 ehemalige „Verfolgte" für Walz ein, der ihnen geholfen habe. Im Frühjahr 1947 stand in der Werkzeitung von Bosch, dem „Bosch-Zünder": „Rund 30 KZ-Leute und Personen, die von Behörden, kommunalen Betrieben und anderen Firmen wegen ihrer politischen Einstellung entlassen worden waren, wurden bei uns aufgenommen oder wieder beschäftigt" — auch Kommunisten, die zum Teil sogar UK-gestellt wurden. Bei anderen vereitelte man die Verschleppung in ein Konzentrationslager noch im April 1945. 40 jüdische und halbjüdische Personen sowie solche mit einem jüdischen Ehepartner wurden trotz wiederholter Drohungen weiterbeschäftigt. Entsprechende Feststellungen konnten über Fremdarbeiter und Kriegsgefangene veröffentlicht werden.

Am 26. März 1947 schrieb Federico Jaffee, ein führendes Mitglied der jüdischen Gemeinde in La Paz, im Jahre 1934 hätten Walz und der bei Bosch beschäftigte Baurat Fischer mit Leo Baeck ein „gentleman's agreement" geschlossen: „Herr Walz und Sie, lieber Herr Baurat, haben Ihr Versprechen meisterhaft gehalten. Keiner — weder Jud noch Christ — hatte in den Judenfragen einen solchen Mut wie Sie beide."

Vielleicht mag man das alles nicht als Widerstand bezeichnen, sondern einfach den Ausfluß einer selten gewordenen Mitmenschlichkeit nennen. Aber man darf nicht übersehen, daß solche Handlungen für Bosch, Walz, Baurat Fischer und andere Bosch-Mitarbeiter ebenso lebensgefährlich waren wie die gleiche Haltung in anderen Unternehmen.

Dazu trat dann allerdings seit 1937 unbestreitbar die Beteiligung an der Verschwörung des Goerdeler-Kreises.[26]

Goerdeler wurde durch einen für Bosch bezeichnenden Zufall dessen Finanzberater. Bosch war inzwischen ein eindeutiger Gegner des Dritten Reiches geworden — spätestens, seitdem er 1935 unter Görings Druck seine Beteiligungen an Zeitungen an Amann hatte abtreten müssen. Seine Beziehungen zu Goerdeler begannen im Frühjahr oder Sommer 1936, als dieser noch Oberbürgermeister von Leipzig war. Ein Versuch, den Reichskriegsminister von Blomberg in diese Verbindung einzubeziehen, scheiterte an dessen Ablehnung. Walz hat im November 1945 in den ersten Tagen seiner Gefangenschaft bei der amerikanischen Besatzungsmacht ein Manuskript über seine „Mitarbeit an der Aktion Goerdeler" im Umfange von 16 Maschinenseiten niedergeschrieben. Walz wußte, unter anderem von Eugen Diesel, daß Goerdeler „als Gesinnungsgenosse von den gleichen Besorgnissen erfüllt" war, „wie sie Bosch und unseren Kreis wegen der ferneren Entwicklung des öffentlichen Lebens in Deutschland und wegen der politischen Auslandsbeziehungen erfüllten". Bereits die erste Unterredung, die im Leipziger Rathaus stattfand, da Goerdeler noch Oberbürgermeister war, „ergab volle Übereinstimmung in allen wesentlichen Punkten, vor allem in der Erkenntnis, daß, sollte einer Fortsetzung der unheilvollen Politik Hitlers Einhalt geboten werden und sollte eine verderbliche Entwicklung für Deutschland wie für die übrige Welt hintangehalten werden, das nationalsozialistische Regime unbedingt beseitigt werden müsse" und daß man dafür Hilfe von seiten der Wehrmacht brauche.

Allerdings war und blieb Walz immer ein Gegner der Ermordung führender Nazis — aus religiösen Gründen, weil er meinte, man dürfe einen neuen Rechtsstaat nicht auf einem Verbrechen aufbauen, und weil er fürchtete, viele Deutsche würden nach einer Ermordung überzeugt bleiben, daß Hitler das germanische Herrenvolk an die Spitze der Weltmächte geführt hätte. In bezug auf die Einstellung der Generalität war Walz „von Anfang an weniger optimistisch in der Frage einer aktiv-ausschlaggebenden Beteiligung militärischer Befehlshaber an dem vorgesehenen Aufstandsunternehmen, weil ich der hohen deutschen Generalität zwar einen bis zur passiven Aufopferung der eigenen Persönlichkeit reichenden Gehorsam, aber keine aufgrund charaktervoller Entscheidung frei gedachte eigenverantwortliche Handlungsweise zutraute". Walz hat diese Überzeugung, die auch die von Bosch war, wieder und wieder in immer neuen scharfen Formulierungen vertreten, dringend vor der Beteiligung von Militärs an einer neuen Regierung und überhaupt vor der Gefahr einer Militärregierung gewarnt. Er verständigte sich weiter mit Goerdeler dahin, daß „in einem kommenden Deutschland die alles erdrückende Vorherrschaft Großpreußens irgendwie aufgehoben werden" und daß „andere, insbesondere süddeutsche Reichsteile im Rahmen des Ganzen zur gebührenden Geltung gelangen" sollten.

Nach Goerdelers Rücktritt von seinem Amt wollte ihn eigentlich Krupp engagieren. Doch fragte Krupp vorsichtigerweise Hitler, und dieser verbot Goerdelers Aufnahme in das Krupp-Direktorium. Nun machte ihn Bosch offiziell zu seinem Finanzberater und Vertreter des Unternehmens gegenüber Berliner Regierungsstellen und -behörden. Als solcher erhielt er die Möglichkeit und die Mittel für seine vielen In- und Auslandsreisen. Ihn als „reisefreudig" zu bezeichnen, wie Gerhard Schulz es getan hat,[27] geht an einer entscheidenden Tatsache vorbei. Bei den Goerdeler von einigen Industriellen ermöglichten Reisen sah er, der bis dahin vieles am Nationalsozialismus gut gefunden und begrüßt und zum Beispiel an der Deutschen Gemeindeordnung sehr aktiv mitgearbeitet hatte, zum ersten Male Hitler, seine engsten Mitarbeiter und den Nationalsozialismus insgesamt von außen, lernte er Urteile kenntnisreicher Ausländer kennen. Jetzt erst, durch diese Reisen, wurde er ein eindeutiger und entschlossener Gegner des Nationalsozialismus. Bosch und Walz berichtete Goerdeler über seine Arbeit „mindestens alle zwei-drei Wochen" in Stuttgart, wobei häufig auch andere Bosch-Mitarbeiter anwesend waren — zum Beispiel Boschs mit einer Jüdin verheirateter Sekretär Schloßstein.

Die unmittelbaren Bemühungen von Bosch und Walz „richteten sich zuvörderst darauf, durch einen Sturz des Regimes die Voraussetzung für eine friedliche Verständigung mit Frankreich und England zu schaffen". Aber durch Hitlers Sieg über Polen „hatte die Entschlußkraft der Generalität einen unheilvollen Bruch erlitten". „Und auch", so Walz ausdrücklich, „in der Wirtschaft gab es wenige Einsichtige, mutig genug zu einer Opposition".

Am 12. Juli 1943 hielt Walz seine sogenannte „Feuerbacher Rede" vor einer Versammlung deutscher Wirtschaftler in Anwesenheit nationalsozialistischer Funktionäre — eine Rede, die in diesen Kreisen und zu dieser Zeit nicht ihresgleichen hatte.[28] Darin betonte er, daß das „Werden und Wachsen unseres Hauses wesenhaft ... nicht das Ergebnis irgendwelcher zeit- oder konjunkturbedingter Entwicklung, sondern das Werk eines ebenso besonnenen als mutig gestaltenden und unternehmerischen Geistes" sei. Die „Staats- und Kriegskonjunktur" seit etwa 1935/36 habe „mehr negative als positive Wirkungen auf unsere Firma ausgeübt. Ohne Aufrüstung und ohne Krieg hätten wir uns nach allem Ermessen bis jetzt zwar etwas weniger stürmisch, dagegen aber besser und gesünder entwickelt." Mit Nachdruck trat Walz den Autarkiebestrebungen entgegen und forderte die Wiederherstellung eines gesunden Welthandels.

In diesem Sinne unterstützten Bosch und Walz auch in der Folgezeit Goerdelers Bemühungen, mußten aber immer wieder feststellen, daß „die hohe Generalität trotz mehrfacher Ansätze den Absprung zum Handeln nicht gewinnen konnte".[29] In dem Mißlingen der Aktion am 20. Juli 1944 sah Walz auch eine Bestätigung seines Mißtrauens gegen die Generale.

Goerdeler hatte Walz schriftlich auf seine Kabinettsliste als Reichsverkehrsminister gesetzt. Walz, der sich Bosch gegenüber verpflichtet hatte, von der Führung seines Unternehmens nie zurückzutreten, und auch überzeugt war, für ein Ministeramt nicht geeignet zu sein, „bestand ... darauf ..., daß mein Name gelöscht wurde — zu meinem Heil".

Übrigens hat ein SS-Obergruppenführer Gottlob Berger, Chef des Hauptamtes und Ergänzungsamtes der Waffen-SS, mit dessen Vater Robert Bosch gemeinsam Soldat gewesen war und der von sich aus Beziehungen zu Walz unterhielt, diesem am 4. Oktober 1944 in erstaunlicher Offenheit mitgeteilt, daß Goerdeler sehr vieles und alles ohne Druck ganz freiwillig aussage — woraus Walz entnehmen mußte, daß Goerdeler auch über ihn und andere süddeutsche Hitler-Gegner sprechen würde.

Das Manuskript Walz' endet mit einem Absatz, der für mein Referat entscheidende Bedeutung hat. In ihm steht der Satz: „So war ich von Anfang bis zum Ende aufs Engste und Aktivste an der Vorbereitung und Durchführung von Dr. Goerdelers Aktion beteiligt."

Es gibt ähnliche, auch ausführlichere Aufzeichnungen von anderen leitenden Mitarbeitern von Bosch und Walz. Doch fehlt hier der Raum, aus ihnen weitere Belege dafür zu zitieren, daß es in der Wirtschaft durchaus Widerstand gegen Hitler gegeben hat und daß er am mutigsten und aktivsten bei Walz und Bosch gewesen ist.

Die Nationalsozialisten haben das in großen Zügen gewußt. Sie haben daher versucht, das Unternehmen in eine Stiftung zu verwandeln und so unter ihre Kontrolle zu bringen. Bosch und Walz haben dagegen erfolgreich Widerstand geleistet und sind dabei von Keppler unterstützt worden, der vermutlich fürchtete, daß Göring eine solche Stiftung an sich ziehen und damit seine wirtschaftliche Macht auf einen sehr wichtigen Produktionsbereich ausdehnen würde.

Als Bosch starb, hoffte man in der Führung der NSDAP, die Hinterbliebenen könnten die Erbschaftssteuer nicht aufbringen, so daß nun die Umwandlung in eine Stiftung sich von selbst ergebe. Aber die Familie und Walz waren auch auf diese Gefahr vorbereitet.

Soweit der Widerstand im Hause Bosch und die Unterstützung des Widerstandes von Goerdeler und anderen Zivilisten, die dann ihrerseits mit Militärs in Verbindung standen. Ich habe den Eindruck, daß Walz und Bosch niemals selber mit Offizieren konferiert haben, obwohl ihr engster Kollege Merkle sich im Stabe von Generaloberst Stülpnagel in Paris befand. Ihr Mißtrauen gegenüber Generalen, ihre Abneigung vollends gegen Offiziere preußischer Herkunft, wahrscheinlich auch ihre Erfahrung mit Offizieren im Rahmen der Rüstungs- und Kriegswirtschaft scheinen bei beiden eine geradezu radikale Verachtung für gewisse Charakterzüge bei Offizieren schlechthin verursacht zu haben. Walz hat nach dem 20. Juli 1944 diese Radikalität der Kritik ausdrücklich wenigstens in bezug auf Beck aufgegeben. Namen anderer Offiziere hat er in diesem Zusammenhang nicht genannt.

V

Nationalökonomen

Das Referat über Widerstand in der Wirtschaft gegen das Dritte Reich sollte hier eigentlich enden. Aber zur Wirtschaft gehören nicht nur die Rohstoffe gewinnenden und verarbeitenden Unternehmer, sondern ebenso wie die Wirtschaftsministerien auch die Kammern, Verbände,

Syndikate usw. und schließlich Volkswirtschaftler in Universitäten und wirtschaftsnahen Instituten.

Dieser Komplex ist bisher überhaupt nicht zusammenfassend untersucht worden. Im einzelnen sind einigen wenigen Interessenten die Leistungen und Leiden von Adolf Lampe in Freiburg, Jens Jessen, Müller-Armack in Münster, Walter Eucken, Erwin von Beckerath und einigen anderen an Universitäten und die Leistung von Ludwig Erhard bekannt, der schließlich in den Schutz einflußreicher Unternehmer flüchten mußte. Eucken hat in einer Arbeit *Wettbewerb der Grundprinzipien der Wirtschaftsverfassung* 1941 den vorübergehenden Charakter der von den Nationalsozialisten etablierten Zwangswirtschaft mit einer Konsequenz betont, zu der sich ein Nationalsozialist kaum verstehen konnte. Er, Franz Böhm und andere gaben seit 1936 die antinazistische Schriftenreihe *Ordnung der Wirtschaft* heraus. Jessen wurde nach dem 20. Juli 1944 hingerichtet. Im Jahre 1982 hat sich Ludolf Herbst in den Schlußkapiteln seiner Habilitationsschrift mit Fragen beschäftigt, die in diesen Bereich gehören.[30] Christine Blumenberg-Lampe hat 1973 „Das wirtschaftliche Programm der Freiburger Kreise" dargestellt und als einen „Entwurf einer freiheitlich-sozialen Nachkriegswirtschaft" bezeichnet.[31] Erhards 300 Seiten umfassende Denkschrift über die Schulden des Dritten Reiches von 1943/44 wurde 1977 veröffentlicht. Sie setzte für eine gesunde Nachkriegswirtschaft die Vernichtung des Nationalsozialismus voraus und bildete so ein Stück volkswirtschaftlichen und rechtsstaatlichen Widerstandsdenkens.

VI

Landwirte und Gutsbesitzer

Ist über Widerstand bei Banken, in der Industrie und im Bergbau in der Zeitgeschichtschreibung wenigstens hier und da etwas veröffentlicht worden, so existiert über den Widerstand in der Landwirtschaft eigentlich gar nichts. „Widerstand in der Landwirtschaft" — das ist nicht der Widerstand von Bürgerlichen und Adligen, die als Beamte, Offiziere, Diplomaten, Geistliche usw. tätig waren und ein Gut besaßen oder einer agrarisch ansässigen und tätigen Familie angehörten, sondern es ist Widerstand von bäuerlich und gutsbesitzerlich tätigen und lebenden Männern und Frauen. Carl Wentzel-Teutschenthal,[32] seit 1915 durch Erbfall Besitzer eines Güterverbandes in der Provinz Sachsen, ist am 13. November 1944 vom Volksgerichtshof in Berlin unter anderem vorgeworfen worden, er habe „bedauert, daß sich kein Offizier finde, unseren Führer zu erschießen; er ließ sich von Goerdeler für seinen Verrat gewinnen und erlaubte ihm sogar (zum Beispiel im November 1943 in Gegenwart von Reusch und Mitgliedern des Reusch-Kreises), seine Verratspläne in seinem Haus seinen Gästen werbend vorzutragen; er gehörte also zu den Verrätern, die mitten in unserem schweren Kampf uns unserer nationalsozialistischen Führung und Lebensweise berauben wollten und die daran gingen, uns wehrlos unseren Kriegsfeinden auszuliefern ..." Wentzel wurde zum Tode „verurteilt" und umgebracht.

Unter den 161 Personen, die in Plötzensee auf der „Ehrentafel der Toten des 20. Juli 1944" genannt werden, befinden sich 12 Landwirte beziehungsweise Gutsbesitzer.[33] Zu ihnen gehören der mit Rommel befreundete und als dessen Verbindungsoffizier zur italienischen Armee tätige Gutsbesitzer Oscar Caminecci, der von Goerdeler als Landesverweser vorgesehene Landwirt Heinrich Graf zu Dohna-Tolksdorf, der bei General Fellgiebel tätige Max Ulrich Graf von Drechsel, der dem Stabe von Canaris angehörige Gutsbesitzer Karl Ludwig Freiherr von und zu Guttenberg, der Landwirt Major d. R. Georg Konrad Kissling, der sich Goerdeler als Experte für Agrarfragen zur Verfügung gestellt hatte, der pommersche Großgrundbesitzer Ewald von Kleist-Schmenzin, Heinrich Graf von Lehndorff-Steinort, der gleichzeitig mit Carl Wentzel verurteilte westfälische Gutsbesitzer Ferdinand Freiherr von Lüninck, Witzlebens Adjutant Gutsbesitzer Fr.-W. Graf zu Lynar, Helmuth James Graf von Moltke, Witzlebens Ordonnanzoffizier Ulrich Wilhelm Graf Schwerin von Schwanenfeld und schließlich Carl Wentzel. Mit einigen von ihnen, zum Beispiel mit Caminecci und Wentzel, hat sich die Zeitgeschichts- und Widerstandsforschung so wenig beschäftigt, daß ihre Namen fast nur im Zusammenhang mit dem 20. Juli 1944 erwähnt werden, obgleich sie ja schließlich eigenständige politische Persönlichkeiten gewesen sind, die jeweils in ihrer Umgebung Einfluß ausgeübt haben.

Das bildet den besten Beweis dafür, daß der „Widerstand" gegen den Nationalsozialismus von der deutschen Geschichtschreibung (und von nicht wenigen Politikern) sehr einseitig untersucht und dargestellt worden ist — praktisch unter Vernachlässigung, ja, Auslassung des privatkapitalistischen Unternehmertums in allen Bereichen der Wirtschaft. Dort sind also noch weite Felder zu bearbeiten. Erst sorgfältige Forschungen auf ihnen werden die heute bestehenden politisch wirksamen ungleichgewichtigen Vorstellungen berichtigen und allmählich beseitigen können.

Anmerkungen

1 Christof Dipper, *Der deutsche Widerstand und die Juden,* in: *Geschichte und Gesellschaft,* 9. Jg. (1983), S. 366 ff.; siehe auch Dippers Beitrag im vorliegenden Band.

2 Wilhelm Treue, *Herbert Quandt,* Homburg v.d.H. 1980, S. 86 f.

[3] Max M. Warburg, *Aus meinen Aufzeichnungen,* New York 1952, S. 152.

[4] Karl-H. Hansmeyer/Rolf Caesar, *Kriegswirtschaft und Inflation 1935—1948,* in: *Währung und Wirtschaft in Deutschland 1876—1975,* hrsg. von der Deutschen Bundesbank, Frankfurt a.M. 1976, S. 376ff.

[5] *A.a.O.,* S. 385.

[6] Willi A. Boelcke, *Die deutsche Wirtschaft 1930—1945,* Düsseldorf 1983, S. 351 f.

[7] Urteilsbegründung des Landgerichts Stuttgart, Nr. 17 0 242/70, 5. 11. 1970, S. 31.

[8] Gottfried Bermann Fischer, *Bedroht — Bewahrt. Der Weg eines Verlegers* (= Fischer Taschenbuch 1169), Berlin-Frankfurt a. M. 1971, S. 99.

[9] Wilhelm Treue, *Das Bankhaus Mendelssohn als Beispiel einer Privatbank im 19. und 20. Jahrhundert* (= Mendelssohn-Studien I), Berlin 1972, S. 28ff., bes. S. 68ff.

[10] *Das Bankarchiv,* Jg. 1938, S. 756.

[11] Urteilsbegründung... [Anm. 7], S. 39.

[12] *A.a.O.,* S. 41 f., und ungedrucktes Manuskript des Verfassers über die Geschichte der Ilse-Bergbau-Gesellschaft, die zum Petschek-Konzern gehörte.

[13] Wilhelm Treue, *Das Schicksal des Bankhauses Sal. Oppenheim jr. & Cie. im Dritten Reich* (= *Zeitschrift für Unternehmensgeschichte,* Beih. 27), Wiesbaden 1983.

[14] *A.a.O.,* S. 31, 107.

[15] Ernst Rosenbaum/A. J. Sherman, *M.M. Warburg & Co. 1798—1938,* London 1979, S. 165.

[16] *A.a.O.,* S. 152.

[17] Wilhelm Treue, Ungedrucktes Dahlbusch-Manuskript.

[18] Ludolf Herbst, *Der totale Krieg und die Ordnung der Wirtschaft,* Stuttgart 1982.

[19] Lutz Hatzfeld, *Die archivische Überlieferung der Vereinigten Stahlwerke AG,* in: *Archivar,* 36. Jg. (1983), Spalte 383 ff.

[20] David Irving, *The Rise and Fall of the Luftwaffen Fieldmarshal Erhard Milch,* Boston 1973, S. 34ff. *Rudolf Heydeloff. Staranwalt der Rechtsextremisten,* in: *Vierteljahrshefte für Zeitgeschichte,* 32. Jg. (1984), S. 416. *Frankfurter Allgemeine Zeitung* vom 9. Februar 1984, S. 7 u. 8.

[21] Wolfgang Mock, *Emigration und Exil. Deutschsprachige Ingenieure in Großbritannien 1933—1945,* in: *Exil,* 11. Jg. (1982), Nr. 2, S. 60ff.

[22] Reinhard Vogelsang, *Der Freundeskreis Himmler,* Göttingen 1972, S. 147.

[23] Maria Zelzer, *Stuttgart unterm Hakenkreuz,* Stuttgart 1980, S. 160.

[24] *A.a.O.,* S. 408.

[25] Maria Zelzer, *Weg und Schicksal der Stuttgarter Juden,* Stuttgart 1983, S. 204.

[26] Die folgenden, nicht im einzelnen nachgewiesenen Zitate stammen aus dem Manuskript von Hans Walz, *Meine Mitarbeit an der Aktion Goerdeler.*

[27] Gerhard Schulz, *Nationalpatriotismus im Widerstand,* in: *Vierteljahrshefte für Zeitgeschichte,* 32. Jg. (1984), S. 351.

[28] Die folgenden Zitate entstammen der Rede.

[29] Die folgenden Zitate entstammen wieder dem Manuskript Walz.

[30] Vgl. Anm. 18.

[31] Im Druck: Christine Blumenberg-Lampe (Hrsg.), *Ausarbeitungen der Arbeitsgemeinschaft Erwin von Beckerath.*

[32] Hubert Olbricht, *Carl Wentzel-Teutschenthal 1876—1944* (= Schriften aus dem Zuckermuseum, H. 14; TU Berlin, UB, Abt. Publikationen), Berlin 1981.

[33] *A.a.O.,* S. 197ff.

Selbstbehauptung und Widerstand in nationalsozialistischen Konzentrationslagern

JOHANNES TUCHEL
Berlin

I

Widerstand gegen das nationalsozialistische Herrschaftssystem war aus den unterschiedlichsten Motiven heraus möglich. Die Entscheidung zum Widerstand fiel jedoch selbst unter den Bedingungen des totalitären Polizeistaates immer in der relativen Entscheidungsfreiheit des nach außen aufrecht erhaltenen „Normenstaates". Die folgenden Überlegungen sollen sich jedoch mit widerständigem Verhalten in der Extremsituation des nationalsozialistischen Konzentrationslagers befassen und zeigen, welche Formen „Widerstand" im Konzentrationslager überhaupt annehmen konnte und wie die Rahmenbedingungen hierzu aussahen.

Der Begriff des Konzentrationslagers wird dabei im folgenden für die Lager gebraucht, die nach einer Etablierungsphase ab Sommer 1934 in der Verantwortung der „Inspektion der Konzentrationslager", der späteren Amtsgruppe D des SS-Wirtschaftsverwaltungshauptamtes, standen. Nicht darin inbegriffen sind die Vernichtungslager der „Aktion Reinhard" auf polnischem Gebiet (Belzec, Chelmno, Treblinka, Sobibor), die den Gestapo(leit)stellen unterstehenden „Arbeitserziehungslager" und alle anderen Lager, Ghettos und Sammelplätze des nationalsozialistischen Verfolgungsapparates.

Die Einzigartigkeit des Herrschaftssystems „Konzentrationslager" im Nationalsozialismus rechtfertigt schon deshalb die Frage nach Möglichkeiten und Grenzen widerständigen Verhaltens unter diesen Bedingungen. Politischer Widerstand, der in seiner letzten Konsequenz zum Sturz und zur Überwindung des nationalsozialistischen Herrschaftssystems führen mußte, war unter den Zwängen des Konzentrationslagers nicht möglich. „Widerstand" konnte unter diesen Bedingungen nicht in den außerhalb der Konzentrationslager möglichen Formen stattfinden. Vor der Möglichkeit, aktiv in den Kampf gegen den Nationalsozialismus einzugreifen, stand zuerst die Verarbeitung des Schocks des Lagererlebnisses, die Abwehr von Unterdrückung und Gewalt und zuallererst die Sicherung der materiellen Überlebenschancen. „Widerstand" im Konzentrationslager muß daher unter anderen Gesichtspunkten als der Widerstand gesehen werden, der nicht in diesen extremen Zwängen des nationalsozialistischen Terrors stand.

Hier war schon die gegenseitige Hilfe und Unterstützung „Widerstand" gegen all die Bedrohungen, unter denen der Häftling lebte. Möglich waren Formen der Hilfe untereinander, der Solidarität und Mitmenschlichkeit, der Hilfe zum Überleben. Begrifflich erscheint es daher sinnvoller, im Vordergrund der Analyse des Widerstandes im Konzentrationslager von „Selbstbehauptung" und „Solidarität" zu sprechen. Die Fragen nach den einzelnen Bedingungen von Selbstbehauptung und Solidarität, nach Motiven, Affinitäten und Hintergründen sollen im folgenden näher untersucht werden.

Bereits bald nach 1945 haben Mediziner und Psychologen die äußeren Fragen des Überlebens in einem nationalsozialistischen Konzentrationslager der Kriegsphase und die Möglichkeiten, hier überhaupt Gegenwehr zu leisten, sorgfältig untersucht und sind zu einer Reihe von heute noch gültigen grundlegenden Erkenntnissen über die Bedingungen menschlichen Verhaltens in der Extremsituation des nationalsozialistischen Konzentrationslagers gekommen.[1] In den vergangenen Jahren haben sich die Arbeiten von Pingel,[2] Langbein[3] und Dunin-Wasowicz[4] vor allem auf der Basis unveröffentlichter und veröffentlichter Häftlingsberichte mit den Möglichkeiten und Grenzen des Widerstehens in den nationalsozialistischen Konzentrationslagern befaßt und versucht, eine Anzahl Parameter von Selbstbehauptung und Solidarität zu entwickeln.

Unter Berücksichtigung der dort gewonnenen Ergebnisse, die hier nicht extra referiert werden sollen, vor allem aber vor dem Hintergrund der Entwicklung des Konzentrationslagersystems im Dritten Reich sollen hier die Selbstbehauptungs- und Solidaritätsformen in ihren Gemeinsamkeiten und Unterschieden kurz dargestellt werden. Dabei ist erkennbar, daß die jeweiligen Änderungen der nationalsozialistischen Funktionszuweisungen der Konzentrationslager grundlegende Auswirkungen auf die Möglichkeiten und Handlungen der Häftlinge in den Lagern besaßen.

Selbstbehauptung — und dies ist allererste Grundlage von Solidarität oder sogar weitergehenden Formen der Hilfe — kann eine Reihe von psychischen und physischen Aktions- und Reaktionsweisen zur Grundlage haben. Die Formen der Selbstbehauptung, die über die bloße Sicherung der eigenen Existenz hinausgingen, waren rar und wurden — quantitativ gesehen — nur von einer kleinen Minderheit nachvollzogen. Pingels

These von der besonderen Bedeutung der „vorkonzentrationären Prägung" scheint jedoch hauptsächlich für einige Gruppen von politischen Häftlingen anwendbar. Die Überlegung, „daß insbesondere dann, wenn diese Prägung auf eine bewußte Verarbeitung gesellschaftlicher Prozesse zurückzuführen war und Ausdruck in einem ideologischen System gefunden hatte, besondere Voraussetzungen für Solidaritäts- und Widerstandshandlungen gegeben waren", trifft für das im folgenden „politische Solidarität" genannte Verhalten „reichsdeutscher Häftlinge" zu, nicht aber für die zahlenmäßig wesentlich bedeutendere Gruppe ausländischer Gefangener, die ihre Selbstbehauptungs- und Solidaritätsformen aus anderen Strukturen herleiteten.[5]

Kultureller Zusammenhalt, Formen der Kunst oder die Flucht in den intellektuellen Diskurs waren in den nationalsozialistischen Konzentrationslagern zwischen 1933 und 1945 immer nur die Angelegenheit einer Minderheit; für diese allerdings von sehr großer Bedeutung. Nico Rost[6] hat dies eindrucksvoll beschrieben.

Selbstbehauptung — hier im Sinne des biologischen Überlebens — war die erste Voraussetzung für die Interaktion von Häftlingen. Nur wer selbst die Kraft zum Überleben hatte, konnte vielleicht einmal anderen Häftlingen solidarische Hilfe geben oder ihnen bei der Selbstbehauptung beistehen. Die Solidarität, die nach der Selbstbehauptung kam, war in den nationalsozialistischen Konzentrationslagern vor allem in drei Ausprägungen vorhanden:

— *Persönliche Solidarität* war die ursprüngliche Form der Hilfe unter Verfolgten, die nicht von politischem oder interessengebundenem Verhalten bestimmt war. Ihre Ursache lag oft in einer persönlichen Bekanntschaft aus der Zeit vor dem Lageraufenthalt oder in den im Lager entstehenden neuen sozialen Zusammenhängen.

— *Politische Solidarität* bestimmte das Verhalten von Häftlingen bestimmter politischer Grundüberzeugungen, vor allem unter den „politischen" Häftlingen. Sie wurden um so wirksamer, je mehr „Häftlingsfunktionen" der Lagerverwaltung von Häftlingen dieser Kategorie übernommen wurden.

— *Nationale Solidarität* entstand, als die ersten ausländischen Häftlinge (1938 Tschechen, 1939 Polen, danach Menschen aus allen von deutschen Truppen besetzten Ländern) in die Lager kamen. Der starke Zusammenhalt der einzelnen nationalen Häftlingsgruppen ist vor allem auch für die Zeit ab 1943 besonders kennzeichnend; ihre Bedeutung wuchs, je stärker die Zahl der „reichsdeutschen" Häftlinge in den Konzentrationslagern abnahm.

Die Möglichkeiten und Ausprägungen von Selbstbehauptung und Solidarität in den nationalsozialistischen Konzentrationslagern werden sichtbar, wenn die Stufenfolge der Entwicklung des Konzentrationslager-Systems genauer analysiert wird.

II

1933 bis 1934

Bereits im März 1933 wurden die ersten nationalsozialistischen Konzentrationslager gegründet. Rasch gab es über 70 regionale Konzentrationslager und eine Fülle von SA-Heimen und SA-„Sturmlokalen“, in denen politische Gegner gefangen gehalten, geprügelt und gefoltert wurden. In dieser Frühphase besaßen vor allem die starken regionalen Unterschiede große Bedeutung für die Behandlung der Häftlinge. Während die zentralistische Politik Himmlers in Bayern Dachau in kürzester Zeit zum bayerischen Monopol-Konzentrationslager machte, entstanden zum Beispiel in Preußen rund 20 Lager, die der SA, der SS, dem Land Preußen oder sogar einzelnen regionalen Machthabern unterstanden. Die Wachmannschaften dieser Lager wurden aber zumeist von schlecht ausgebildeten SA-Männern gestellt.

Brutalität und Terror herrschten auch hier schon, nicht aber die von der SS gewollte Brutalität der Jahre danach. Langhoffs berühmte Beschreibung des „Zirkus Konzentrazani“ in einem der preußischen Konzentrationslager des Emslandes zeigt, wie die Langeweile der Einöd-Wachmannschaften den Häftlingen ein kulturell-intellektuelles Widerstehen ermöglichte, das von den Wachmannschaften nicht einmal erkannt wurde.[7] So war es auch zur gleichen Zeit möglich, den Häftlingen der Strafkompanie des Berliner „Columbia-Hauses“ statt trockenen Brotes solches zuzuspielen, das zumindest auf der Unterseite bestrichen war.[8] Möglichkeiten der Hilfe und Solidarität boten sich immer dort, wo sich in den dezentralisierten Lagern Gewohnheiten herausbildeten. Gewohnheiten, die Wächtern und Bewachern gleichermaßen Vorteile boten, wurden zu dieser Zeit gerne auch von den Wachmannschaften akzeptiert. Die regionalen Unterschiede führten in einigen Fällen sogar zu einem direkten „Freikauf“ von Häftlingen.[9]

Viele Häftlinge waren einander bekannt, konnten sich gegenseitig unterstützen und erfuhren nicht wie die späteren Häftlinge das Lager isoliert und vereinzelt. Die Erhaltung vorher vorhandener Strukturen war in einigen Fällen möglich, nur in Ansätzen gemeinsame Selbstbehauptung.[9a] Politische Solidarität wurde aber immer noch durch die vorhandenen Gegensätze der Weimarer Zeit erschwert.[10]

III

1934 bis 1935

Die zweite Phase in der Geschichte der nationalsozialistischen Konzentrationslager ist von einer Verringerung der Lager- und Häftlingszahl gekennzeichnet. Bereits in der Weihnachtsamnestie 1933 wurden viele Häftlinge entlassen; nach der Ausschaltung der SA in der „Röhm-Affäre" verlor die SA die Kontrolle über die letzten Lager. An ihre Stelle trat die SS. Heinrich Himmler, 1933 von der eher bedeutungslosen Position des Chefs der „Bayerischen Politischen Polizei" ausgehend, verstand es, die Politische Polizei in allen Ländern mit Billigung Hitlers seiner Verantwortung zu unterstellen. Die Konzentrationslager, bisher offiziell „Ländersache" und dezentral organisiert, vertraute Himmler als Reichsführer SS dem neuen „Inspekteur der Konzentrationslager RFSS", dem vorherigen Dachauer Kommandanten Theodor Eicke, an.

Eicke vereinheitlichte die Lagerführung, löste die letzten SA-Lager auf und machte in seiner „Disziplinar- und Strafordnung", die er in allen ihm unterstehenden Konzentrationslagern einführte, den Versuch, die Brutalität im Lager zu normieren und die Häftlinge in ein Geflecht von genau kalkulierten Drohungen einzubinden.

1935 gab es nur noch sechs Lager: Neben dem „Stammlager" Dachau, aus dem Eicke das Führungspersonal für die anderen Lagerkommandanturen rekrutierte, standen die preußische „Lichtenburg", die sächsische „Sachsenburg", das emsländische „Esterwegen", das kleine thüringische Lager in Bad Sulza und — als Sondergefängnis des Geheimen Staatspolizeiamtes — das „Columbia-Haus" in Berlin-Tempelhof. Die Zahl der Schutzhäftlinge verringerte sich bis Mitte 1935 von Monat zu Monat: In den Lagern Esterwegen, Lichtenburg und dem Frauenkonzentrationslager Moringen befanden sich im Juni 1935 zusammen nur knapp 1000 Häftlinge.[11] Meist waren dies schon länger inhaftierte politische Häftlinge aus dem Funktionärsstamm von SPD und KPD und weniger Häftlinge anderer Gruppen. Die Konzentrationslager waren übersichtlich — „man kennt sich". Doch auch die gegenseitige Bekanntschaft verhinderte nicht, daß Eickes Versuche einer normierten Brutalität von Erfolg gekennzeichnet waren. Das Verhältnis zwischen der SS im Lager und den Gefangenen war durch den von Himmler definierten „Zweck" der „Schutzhaft" gekennzeichnet: Politische Gegner sollten ohne irgendeine Möglichkeit der Gegenwehr möglichst zentral isoliert und dabei „erzogen" werden. „Erziehung" ist dabei ein reiner Euphemismus für Prügel und für die Qual, die die Häftlinge auszustehen hatten; sie bedeutete die mit Gewalt erzwungene Akzeptierung des politischen Status quo durch die Häftlinge.

Kennzeichnend für diese Phase des nationalsozialistischen Konzentrationslagersystems ist auch die relativ geringe Zahl der Häftlingsberichte. Bei den erhaltenen — meist nach 1945 gefertigten — Berichten stehen Schilderungen einzelner Exzesse, Momente der Qual und physischen wie psychischen Erniedrigung im Vordergrund — so etwa in Überlieferungen aus Lichtenburg und Sachsenburg.[12] Eine Analyse der „Diensttagebücher" des Reichsjustizministers aus dieser Zeit läßt — nach einem leichten Rückgang im Winter 1934/35 — wieder verstärkt Todesfälle durch Erschießungen und Folter in Konzentrationslagern erkennen.[13] Möglichkeiten kollektiver Selbstbehauptung wurden vor diesem Hintergrund immer stärker eingeschränkt.

IV

1936 bis 1939

Die Zeit von 1936 bis 1939 ist von einer Konsolidierung des Konzentrationslagersystems, einer Reihe von Lagerneubauten und einer allmählichen Erhöhung der Häftlingszahl gekennzeichnet. 1936 wurden Esterwegen und das Columbia-Haus aufgelöst; an ihre Stelle trat das nördlich von Berlin gelegene Sachsenhausen. Bad Sulza wurde durch das auf Erweiterung ausgerichtete Lager Buchenwald bei Weimar 1937 ersetzt. 1939 entstand in Österreich das Konzentrationslager Mauthausen und in den Steinbrüchen der Oberpfalz das Konzentrationslager Flossenbürg. Für die weiblichen Häftlinge, deren Zahl auch wieder zunahm, war ab Frühjahr 1939 das Lager Ravensbrück in der Uckermark fertiggestellt.

In den Funktionsmittelpunkt der Konzentrationslager rückte ab etwa 1938 die Ausnutzung der Häftlingsarbeitskraft für die Interessen der SS. Arbeitskraftintensive, teils unproduktive Unternehmen wurden errichtet, die die Steinbrüche von Mauthausen, Buchenwald und Flossenbürg durch Häftlinge ausbeuten ließen, und andere, für die Häftlinge ebenso Ziegel brannten wie Teppiche knüpften und Möbel bauten.[14]

Die Häftlingszahlen stiegen immer weiter. Neue Häftlingsgruppen, „Asoziale" und „Berufsverbrecher", die in zunehmendem Maße von der nun auch Himmler unterstehenden Kriminalpolizei in die Konzentrationslager eingewiesen wurden, veränderten die Zusammensetzung der „Häftlingsgesellschaft". Nicht mehr nur politische Häftlinge prägten das Gesicht des Lagers. Die Massenverhaftungen von Juden nach den Pogromen des November 1938 gaben in den Konzentrationslagern einen Vorgeschmack auf die Lebensbedingungen in den überfüllten Lagern der Kriegsphase. Mangelhafte Planung und unzureichende Ausrüstung führten zu ersten hygienischen Katastrophen. Die Todeszahlen stiegen dramatisch an. Die SS war — dies zeigen die Konzentrationslager im Winter 1938/39 genau — derartigen Situationen nicht gewachsen.

So erhielten die Häftlinge in der Organisation des Lagers eine größere Bedeutung. Sie übernahmen Aufgaben in den Lagerschreibstuben und in anderen Funktionen. Damit setzte zum ersten Male im großen Maßstab der Prozeß der „Häftlingsselbstverwaltung" ein, der im Krieg erst den störungsfreien Ablauf im Lager überhaupt ermöglichte. Gleichzeitig sind hier erste Ansatzpunkte vorhanden, über die Tätigkeit von Häftlingen im Lager größere Versuche der Solidarität zu ermöglichen. Der Punkt, so — auch nur minimalen — Einfluß auszuüben, war hier für die Häftlinge erstmals wieder erreicht.

Gleichzeitig stellte sich hier das Problem der Kooperation zwischen Häftlingen und der SS im Lager. „Funktionshäftlinge" — so der SS-Sprachgebrauch — konnten viel für ihre Mithäftlinge erreichen, aber auch alle Vorteile nur für sich selbst nutzen. Die in der SS vorhandene Korruption konnte zur Erleichterung für viele oder zur Bereicherung von wenigen führen. Es gab in den Lagern unterschiedliche Funktionshäftlinge, helfende und eigennützige, solidarische und extrem korrupte. Wie die einzelnen, in ihrer Stellung von den Mithäftlingen abgehobenen Häftlinge reagierten, konnte vorher niemand sagen. Solidarität als automatische Folge des vermehrten Einsatzes von Häftlingen in der Lagerorganisation zu sehen, wäre eine verfehlte Mythisierung.

Das von Eicke seit 1933 geplante und aufgebaute „System der Konzentrationslager" war im Sommer 1939 in seiner reinsten Form vorhanden; 1939 änderten sich Aufgaben und Funktionen dieser Lager so sehr, daß die systematischen Ansätze des klar kalkulierten Terrors zugunsten der Praktikabilität der Unterbringung Zehntausender Häftlinge zurückstehen mußten.

Ein Blick auf die einzelnen Lager zeigt, daß durchaus schon Differenzierungen nach Häftlingsgruppen und Art der Arbeit vorgenommen wurden:

Dachau, bis dahin „Musterlager", wurde von Häftlingen geräumt, da hier eine SS-Formation kriegsbereit aufgestellt werden sollte; die Häftlinge kamen in andere Lager und stellten in ihren Berichten ziemlich übereinstimmend die Verschlechterung ihrer Lage fest.[15] Das 1938 errichtete KZ Flossenbürg hatte bis zur Aufnahme der „Dachauer" fast nur „kriminelle" und „asoziale" Häftlinge — und diese Kategorien wurden nur allzu oft unberechtigt verliehen. Die Flossenbürger Häftlinge arbeiteten in einem SS-Steinbruch körperlich hart, unzureichend verpflegt und ohne jede Möglichkeit der weitergehenden Solidarität. Das Äußerste war in diesem Lager die individuelle Hilfeleistung für den Nächsten — mehr nicht.[16]

Buchenwald kam nach den Überbelegungen des Winters 1938/39 wieder zu seiner ursprünglichen Stärke von 2000 bis 3000 Häftlingen. Häftlingsfunktionen wurden zu dieser Zeit fast nur von den „grünen" (kriminellen) Häftlingen wahrgenommen; erst später kam es zu Ansätzen politischer Solidarität, als die „roten" (politischen) Häftlinge Lagerfunktionen vermehrt übernahmen.[17]

Das neue Lager in Mauthausen wurde schon in den ersten Monaten zu einem der schlimmsten. Schlechte Lebensbedingungen und die harte Arbeit in den zum Lager gehörenden Steinbrüchen führten dazu, daß dieses Lager eine überdurchschnittlich hohe Todesrate hatte. Auch hier beschränkte sich die Solidarität vorerst auf individuelle Hilfe.[18]

Sachsenhausen bei Berlin hatte durch die Nähe des Geheimen Staatspolizeiamtes — ab Oktober 1939 des Amtes IV des Reichssicherheitshauptamtes (RSHA) — eine hohe Häftlingsfluktuation. Politische Solidarität ist auch hier — ähnlich wie in Buchenwald — in Ansätzen zu erkennen, zahlenmäßig aber ebenfalls gering.[19]

V

1939 bis 1943

Seit Beginn des deutschen Überfalls auf Polen stiegen die Häftlingszahlen in allen deutschen Konzentrationslagern stetig an. Neue Lager wie Neuengamme (1940), Stutthof (1941), Groß-Rosen (1941) kamen hinzu; 1940/41 auch die Lager Auschwitz und Maidanek, die, zuerst für Kriegsgefangene geplant, dann sowohl Konzentrations- als auch Vernichtungslager wurden. Waren bis Kriegsende vor allem Deutsche, Österreicher und Tschechen in den Konzentrationslagern, so kamen jetzt in großem Maße Angehörige aller von Deutschland überfallenen Völker in die Lager. Die Lager wuchsen stetig; immer größere Bedeutung erhielt die Mitarbeit der Häftlinge bei der Organisation des Lagers: Sie arbeiteten mittlerweile in der Lagerschreibstube, in der Arbeitsverwaltung, aber auch schon in der der Gestapo unterstehenden „Politischen Abteilung". Da die SS zuerst vor allem „grüne" (kriminelle) Häftlinge mit Funktionen ausstattete, versuchten die „roten (politischen) Häftlinge den Einfluß dieser oft nur auf den eigenen Vorteil bedachten Häftlingsfunktionäre zu untergraben. Die SS, nach dem *Divide-et-impera*-Prinzip weiterhin „Grüne" einsetzend — zumindest in der ersten Zeit —, sah diese zunehmende Rivalität nicht ungern. In einigen Lagern gelang es den „Roten", wichtige Positionen zu übernehmen (Dachau, Buchenwald), in anderen (zum Beispiel Stutthof, Groß-Rosen, Neuengamme) blieb die „Vorherrschaft" der Grünen weitgehend bestehen.

1942 wurden die Konzentrationslager unter der „Amtsgruppe D“ (vorher: Inspektion der Konzentrationslager) in das SS-Wirtschafts-Verwaltungshauptamt eingegliedert. Diese Unterstellung markiert den Versuch, die Häftlinge nun auch in die deutsche Rüstungsproduktion einzuspannen. Versuche Himmlers, die Rüstungsfertigung in Konzentrationslager zu verlegen, scheiterten an der Unfähigkeit der SS und an den Gegenvorstellungen des neuen Rüstungsministers Albert Speer. Es gelang Speer, seine Konzeption durchzusetzen: Die Produktionsstätten wurden nicht in den Konzentrationslagern errichtet, sondern die Häftlinge kamen als „Außenkommandos“ der großen Lager zu den bereits bestehenden Produktionsstätten.

Damit war Eickes Konzept, die Häftlinge in großer Zahl zu konzentrieren und mit systematischer, normierter Brutalität zu behandeln, endgültig nicht mehr anwendbar. Die Möglichkeiten der Häftlinge, sich gegenseitig zu unterstützen, wuchsen. Dabei ermöglichte es zum Beispiel die Unübersichtlichkeit der Außenlager und die ständig anwachsende Zahl der Toten und der Häftlinge, in Einzelfällen Häftlinge aus der unmittelbaren Gefahrenzone des Hauptlagers zu entfernen und in einem Außenlager „untertauchen“ zu lassen. Zur gleichen Zeit aber war die Korruption in der „Häftlingsaristokratie“ am größten; gleichzeitig stieg die Willkür von Häftlingen gegenüber Häftlingen ständig.

Muß bereits für die Zeit vor 1939 bei der Betrachtung der Möglichkeiten von Selbstbehauptung und Solidarität nach der Häftlingskategorie differenziert werden, so tritt ab 1939 ein neues Moment mit in den Vordergrund: die Nationalität. Dem rassistischen Gedankengut selbst im Konzentrationslager treu, behandelten die Nationalsozialisten ihre Gegner noch unterschiedlich: Am oberen Ende der Wertskala standen die „Reichsdeutschen“ (und mit ihnen die Österreicher), dann die Angehörigen der „germanischen Völker“ (zu denen etwa alle Skandinavier gehörten), danach die „Protektoratsangehörigen“ aus der CSR und schließlich am unteren Ende die Polen und Russen sowie alle anderen slawischen Völker.

Bei der Analyse von Selbstbehauptung und Solidarität stehen damit in dieser Phase des nationalsozialistischen Konzentrationslagerwesens zwei Punkte im Vordergrund:

— Die nationalsozialistischen Konzentrationslager waren zunehmend nur noch mit Hilfe und Mitarbeit von Häftlingen organisierbar. Dies bot die Möglichkeit, einzelnen Häftlingen zu helfen und Einfluß auf die SS zu nehmen. Umgekehrt ergaben sich — bei falschen Funktionsträgern — sogar schlechtere Lebensbedingungen für die Gefangenen.[20]

— Voraussetzung für Solidarität war die Sicherung der biologischen Existenz. Dabei gelang es bestimmten Häftlingskategorien oder nationalen Gruppen, durch Organisationsfähigkeiten oder Hilfe von außen (Ernährung etc.) ihr Überleben besser zu sichern. Formen der Selbstbehauptung und Solidarität konnten dadurch erst entstehen.

Das Überleben aber wurde von Monat zu Monat schwerer. Dadurch konnten die neuen potentiellen Möglichkeiten einer besseren Organisation des Widerstehens der Häftlinge durch die Unterstützung und Zusammenarbeit in der Häftlingsselbstverwaltung nur in geringem Maße genutzt werden. Die positive Entwicklung der Organisations*möglichkeit* konnte durch die reale Verschlechterung der Lebensbedingungen nicht genutzt werden.

VI

1944/1945

Im Jahr 1944 hatte die Zahl der Außenlager nationalsozialistischer Konzentrationslager ihren Höhepunkt erreicht. Statt von einem „System", kann man nun von einem „Netz" sprechen, das sich über Deutschland ausbreitete. Immer stärker wurden die Schwierigkeiten der Versorgung, immer mehr wuchs der Hunger. Nur kleine Gruppen von — meist „politischen" — Häftlingen fanden sich zusammen, die auch über den Tag der Befreiung hinaus zu denken versuchten. Engere organisatorische Zusammenschlüsse waren viel zu gefährlich; bis zuletzt funktionierte das Spitzelsystem in den Lagern. Ansätze von Organisationen wurden zerstört (Dachau) oder geschwächt (Sachsenhausen). Eine ernsthafte Gefahr ging für die SS von all diesen Formen der Organisation nicht aus; der Bestand des KZ-Wesens wurde nicht gefährdet. Aufstandsversuche, Ansätze zu Revolten und Massenfluchten konnten von der SS bis in die letzten Kriegstage noch unterdrückt werden.[21] Kollektive Verweigerungen fanden sich fast nur in den Tagen und Wochen vor der Befreiung.[22]

Die Deutschen waren — nachdem viele von ihnen noch in den letzten Wochen zur Einheit „Dirlewanger" zwangsrekrutiert worden waren — in den Lagern endgültig zu einer kleinen Minderheit geworden. Die verschiedenen nationalen Organisationsversuche von KZ-Häftlingen erlangten dagegen immer größere Bedeutung. Die große Ausbruchsaktion aus Mauthausen, die dann mit tatkräftiger Unterstützung der einheimischen Bevölkerung blutig niedergeschlagen wurde und den Beinamen „Mühlvierteler Hasenjagd" erhielt, war ein Werk meist sowjetischer Soldaten.[23]

Je näher jedoch das Kriegsende rückte, desto stärker wurde die Position der Häftlinge. Die nachträgliche Mythisierung und Legendenbildung um die „Selbstbefreiung" und „Internationale Militärorganisation" des Konzentrationslagers Buchenwald entsprang jedoch einem durchsichtigen politischen Kalkül, das ein schiefes Licht auf die Bedingungen wirft, die in einem Konzentrationslager 1944/45 tatsächlich vorhanden waren.[24]

VII

Überleben und Selbstbehauptung

Nach einer SS-Statistik befanden sich am 1. Januar 1945 rund eine dreiviertel Million Menschen in den Konzentrationslagern, die dem SS-Wirtschaftsverwaltungshauptamt unterstanden. Dies ist ungefähr ein Viertel all derer, die jemals insgesamt in nationalsozialistische Konzentrationslager eingewiesen worden sind. Der quantitative Höhepunkt der Ausdehnung von nationalsozialistischen Konzentrationslagern war damit Ende 1944 erreicht. Deshalb stützen sich die folgenden Gedanken vor allem auf die Jahre zwischen 1943 und 1945.

Wie sah die materielle Wirklichkeit in einem nationalsozialistischen Konzentrationslager 1944 aus? Abbé P. Jorands treffendes Fazit „misère physique, misère morale“[25] ist angemessen. Hunger, Nässe, Kälte und Krankheit waren die lebensbestimmenden Faktoren für den Häftling — alles andere stand dahinter zurück. Diese Lebensbedingungen wurden jedoch nicht allein von der SS bestimmt — im engen Rahmen des „Blocks“ oder „Kommandos“ agierte genauso der „Kapo“, selbst ein Häftling. Häftlinge auch organisierten die Versorgung im Lager. Hier setzt ein grundsätzliches Problem der Selbstbehauptung von Häftlingen ein: Die SS ließ ein bestimmtes Quantum an Nahrungsmitteln hinein, die genaue Verteilung oblag dann oftmals den Häftlingen selbst. Solidarität und Hilfe waren damit für einzelne auf Kosten anderer möglich. Die Menge des zur Verfügung stehenden Materials — sei es Ernährung oder Kleidung — wurde nicht größer, sie konnte nur *anders* verteilt werden. Hier setzt dann die wichtige Frage nach der Bedeutung von Gruppensolidarität und nationaler Solidarität ein.

Walter Poller beschreibt dies eindringlich in seinem Erlebnisbericht „Arztschreiber in Buchenwald“:

„Von fast jedem Häftling hinter dem Ausgabetisch [bei der Einkleidung] werde ich zuerst gefragt, welche Farbe ich habe. Neben mir steht ein „Schwarzer“ [„asozialer“ Häftling]. Er bekommt offensichtlich schlechtere Kleidungsstücke als ich. Bei der Stiefelausgabe erhalte ich zunächst ein Paar ausgetretene Latschen. Als der Häftling sie mir aushändigen will, fragt er: ‚Politisch?‘, und als ich bejahe, holt er mir ein Paar bessere Stiefel. Nur wir Politischen werden gefragt, ob wir einen Pullover oder eine Wolljacke hätten. Wer es nicht hat, bekommt ein solches Kleidungsstück, die anderen Häftlingskategorien nicht. ...

Aber warum werden nur die Politischen bevorzugt: Sind jene Violetten [„Bibelforscher"], Schwarzen [„Asoziale"], Grünen [„Berufsverbrecher"] nicht auch Menschen? Sind sie im Grunde nicht auch solche armen Schächer wie wir Roten? Ja, verstößt diese Bevorzugung nicht gegen alle unsere Grundsätze? Habe ich nicht hundertfach und mehr erfahren, daß jeder wahrhaft politische Mensch zuerst an seine Mitmenschen und zuletzt an sich selbst denkt? Wer gibt hier wem das Recht, solche Bevorzugung zu organisieren? Welches sittliche Gesetz stützt diese unterschiedliche Behandlung?"[26]

Das in der Entscheidung zur Hilfe liegende Spannungsmoment, *wem* denn nun beim Überleben geholfen werden soll, beschreibt aus anderer Sicht der dänische Häftlingsarzt Dr. Paul Thygesen:

„Ziemlich konstant befanden sich sechs bis sieben oder mehr diagnostizierte Fälle von Lungenentzündung im Lager, und in der Regel hatte ich kein Sulfonamid zur Behandlung. Aber einige Male befand ich mich doch in der Lage, Sulfonamid zur Behandlung eines einzigen Patienten zu haben — für die Auswahl lasse man mich niemals Rechenschaft ablegen."[27]

Thygesen half, wie er später sagte, zuerst seinen Landsleuten — hier half die nationale Solidarität.

Edgar Kupfer-Koberwitz berichtet über seine Dachauer Erfahrungen. Als er versuchte, mehreren Häftlingen aus seiner relativ sicheren Stellung heraus Nahrung zukommen zu lassen, erregte dies durch die gegenseitige Rivalität der Hungernden Aufmerksamkeit. So mußte er, um nicht „aufzufallen", seine Hilfe für diese einstellen und sich nur auf zwei Häftlinge beschränken.[28]

Die drei Formen der Solidarität, die politische, die nationale und die genuin menschliche, lassen sich in dieser Form in der Endphase der nationalsozialistischen Konzentrationslager noch oft finden. All diese Handlungen waren jedoch — und darüber sollte in der Rückschau keine noch so reichhaltige Memoirenliteratur hinwegtäuschen — nicht der Regelfall, sondern die Ausnahme.

Es zeigt sich, daß mitmenschliche Hilfe beim Überleben im Konzentrationslager nicht oft möglich war. Zu oft konnte auch nicht vielen, sondern nur einigen geholfen werden. Diese Auswahl — und Poller und Thygesen zeigen den Mechanismus — war durch die Umstände gerechtfertigt. Die Verhältnisse im Konzentrationslager bedingten es jedoch, daß nicht mehr von umfassender Solidarität von Häftlingen gegenüber anderen Häftlingen gesprochen werden kann. Wir finden vielmehr eine Reihe von Einzelsolidaritäten, die an bestimmten Merkmalen zu erkennen sind.

Neben die gruppenspezifisch definierte Solidarität trat die Solidarität aus individuellen Lebenszusammenhängen. Bekannte aus „vorkonzentrationärer" Zeit halfen einander ebenso wie Freunde oder Familienangehörige. Erst *nach* diesen Formen der Solidarität kam die Hilfe für andere, der eigenen Gruppe oder den eigenen Lebenszusammenhängen nicht angehörenden Häftlingen.

Der „Schutzschild", der sich in Buchenwald über Walter Poller legte, war nichts anderes als die in diesem Lager mögliche Form der Gruppensolidarität unter politischen Häftlingen. Bei der Verteilung von Überlebenschancen im Lager — und um nichts anderes ging es in den ersten Tagen des Aufenthaltes in einem Konzentrationslager in dieser Phase — hatten es die Politischen verstanden, aus ihrer Position heraus neu kommende politische Häftlinge zu schützen und zu versorgen. Nicht übersehen werden darf dabei, daß der hinter Poller stehende „Schwarze" nicht in den Genuß dieses Schutzes kam: Seine Chancen waren damit in Buchenwald geringer als die des „Roten". In anderen Lagern, die andere Häftlingsgruppen als Funktionäre hatten, bevorzugten zum Beispiel die Grünen („Kriminellen") die Häftlinge ihrer Kategorie — auch hier Gruppensolidarität, aber meist durch Einschränkung der Lebenschancen anderer Häftlinge.

Gruppensolidaritäten als Erscheinungsformen menschlichen Verhaltens in der Extremsituation des Konzentrationslagers können jedoch nicht — wie heute vielfach unternommen — als „politischer Widerstand" apostrophiert werden. Dies entspricht weder der Realität noch den Möglichkeiten der Häftlinge in den nationalsozialistischen Konzentrationslagern 1943 bis 1945.

In jedem Lager — und besonders in den Außenlagern — dominierte der von Paul Thygesen beschriebene „Muselmann":

„Er kommt den Rand des Appellplatzes entlang und ist wohl auf dem Weg zu einem Ort, wo er seine Notdurft verrichten kann. Er geht sehr langsam, vornübergebeugt, mit schlurfenden Schritten, wie wenn kleine Kinder Eisenbahn spielen. Die Stiefel sind ohne Schnürband und schlappen um seine nackten Füße herum. Ab und zu bleibt er kurz stehen. Vielleicht hat er seine Decke über den Kopf geworfen, und unten sieht man nur die langen, zum Skelett abgemagerten Beine herausgucken.

Deshalb heißt er ‚Muselmann'.

Er ist das eigentliche Endprodukt der meisten Krankheiten und der lebende Ausdruck für das Ziel der Verbrecher. Er ist die Folge von Rüben und Zellstoffen. Er prägt das Revier, er prägt das ganze Lager.

Die Augenhöhlen sind groß, leere Augen starren aus ihnen hervor, um sich an die Umgebung zu heften. Die Kiefer treten scharf hervor da, wo ein Kinn sein sollte, Lippen und Mund sind trocken und verkrustet. ...

Er ist stumpf, abgestumpft — ohne stolze Träume und Gedanken. Er ist verdreckt, und er hat immer Exkremente in der Hose. Eines Tages stirbt er, ohne es selbst zu bemerken."[29]

Möglichkeiten, die sich potentiell aus der vermehrten Mitarbeit der Häftlinge in der Lagerorganisation ergeben hätten, wurden so konterkariert und durch Hunger, Durst, Krankheit und Verfall in ihrer Wirkung mehr als zunichte gemacht.

VIII

Sieht man die Gesamtheit der Formen von Solidarität und Selbstbehauptung, läßt sich als Fazit folgendes festhalten:

— Die in den nationalsozialistischen Konzentrationslagern vorhandenen Formen der Solidarität und Selbstbehauptung müssen zeitlich und gruppenspezifisch genau differenziert werden. Die Solidarität als einzig mögliche Form des Widerstandes stand dabei in starker Abhängigkeit von der nationalsozialistischen Funktionszuweisung für die Konzentrationslager.

— Die potentiell größeren Möglichkeiten zur Organisation widerstehenden Verhaltens etwa ab 1942, die in der zunehmenden Bedeutung der Häftlingsverwaltung begründet sind, wurden durch die tatsächliche Verschlechterung der Lebensbedingungen der Häftlinge nicht oder nur in sehr kleinem Umfang wirksam. Im Mittelpunkt der Solidarität und Selbstbehauptung mußte der Kampf um das biologische Überleben stehen. Alles andere hatte demgegenüber sekundäre Bedeutung.

— Daher kam es in den Konzentrationslagern — und auch hier muß sorgfältig nach der Geschichte jedes einzelnen Lagers gefragt werden — nur zu Formen gruppenspezifischer Solidarität. Erstes Kennzeichen dieser Solidarität war die Identifizierung nach den nationalsozialistischen Häftlingskategorien oder der nationalen Zugehörigkeit. Der höhere Organisations- und Durchsetzungsgrad einer bestimmten Gruppe von Häftlingen war jedoch meist nur in der Umverteilung materieller Ressourcen manifest, die dann auch die Chancen anderer Häftlingsgruppen zumindest nicht erhöhte, meist sogar verringerte.

— Vor diesem Hintergrund erscheint es als Überbewertung, die legitimen Formen der gruppenspezifisch orientierten Solidarität als umfassenden und zielgerichteten politischen „Widerstand" zu bezeichnen. Die Bedeutung der gegenseitigen Solidarität in den Konzentrationslagern soll damit aber nicht abgewertet werden; die Häftlinge gingen bis an die Grenze des für sie Möglichen. Hätten die Konzentrationslager unter den Bedingungen der von Eicke gewollten und bis 1939 perfekt organisierten Brutalität auch noch 1943 bis 1945 gestanden, so wäre nicht einmal die durch die Häftlingsverwaltung möglich gewordene Einflußnahme der Häftlinge auf die Geschehnisse im Lager vorhanden gewesen. In dem oft durchgeführten Versuch der Verbesserung der Lebensbedingungen einzelner oder der Gruppe, der man sich zugehörig fühlte, lag schon die extensive Nutzung der Möglichkeiten, die den Häftlingen in ihrer Extremsituation zur Verfügung standen.

Anmerkungen

[1] Elie A. Cohen, *Human Behavior in the Concentration Camp,* New York 1953. Pel Helweg Larsen u. a., *Famine Disease in German Concentration Camps. Complications and Sequels with Special Reference to Tuberculosis, Mental Disorders and Social Consequences* (= Acta medica skandinavica, Suppl. Bd. 274), Copenhagen 1952.

[2] Falk Pingel, *Häftlinge unter SS-Herrschaft. Widerstand, Selbstbehauptung und Vernichtung im Konzentrationslager* (= Historische Perspektiven, Bd. 12), Hamburg 1978.

[3] Hermann Langbein, *... nicht wie die Schafe zur Schlachtbank. Widerstand in den nationalsozialistischen Konzentrationslagern,* Frankfurt a. M. 1980.

[4] Krysztof Dunin-Wasowicz, *Resistance in the Nazi Concentration Camps 1933—1945,* Warszawa 1982.

[5] F. Pingel, *Häftlinge...* [Anm. 2], S. 10ff.

[6] Nico Rost, *Goethe in Dachau,* Hamburg 1981.

[7] Wolfgang Langhoff, *Die Moorsoldaten,* Stuttgart 1978, S. 175ff.

[8] Mündlicher Bericht. Abschrift im Besitz des Verfassers.

[9] So z. B. auf der Stettiner Vulkanwerft. Vgl. etwa im Geheimen Staatsarchiv, Berlin, Rep 90 P, Band 104. Auch im Konzentrationslager Eutin waren „Freikäufe" möglich. Zu Eutin jetzt die herausragende Arbeit von Lawrence D. Stokes, *Kleinstadt und Nationalsozialismus. Ausgewählte Dokumente zur Geschichte von Eutin 1918—1945* (= Quellen und Forschungen zur Geschichte Schleswig-Holsteins, Bd. 82), Neumünster 1984, S. 513ff.

[9a] Vgl. etwa den Hungerstreik in Moringen, dargestellt bei: Klaus Mlynek, *Der Aufbau der Geheimen Staatspolizei in Hannover und die Errichtung des Konzentrationslagers Moringen,* in: *Hannover 1933. Eine Großstadt wird nationalsozialistisch,* Hannover 1981, S. 65ff.

[10] Zur Qualität der politischen Diskussion in den Lagern vgl. die noch unveröffentlichte Dissertation von Elke Suhr, *Die Emslandlager,* Phil. Diss., Oldenburg 1983.

[11] Institut für Marxismus-Leninismus beim Zentralkomitee der Sozialistischen Einheitspartei Deutschlands, Zentrales Parteiarchiv, St. 3/271.

[12] Vgl. etwa die Berichte bei Karl Otto (Hrsg.), *Tausend Kameraden Mann an Mann. Beiträge zur Geschichte des antifaschistischen Widerstandskampfes im Konzentrationslager Sachsenburg,* Hainichen 1962.

[13] Bundesarchiv Koblenz, R 22/131 u. a.

[14] Vgl. hierzu Enno Georg, *Die wirtschaftlichen Unternehmungen der SS,* Stuttgart 1963.

[15] Archiv des Museums im KZ Dachau.

[16] Toni Siegert, *Das Konzentrationslager Flossenbürg. Ein Lager für sogenannte Asoziale und Kriminelle,* in: Martin Broszat u. a. (Hrsg.), *Bayern in der NS-Zeit,* Bd. 2, München 1979.

[17] Eugen Kogon, *Der SS-Staat. Das System der deutschen Konzentrationslager,* München 1974, S. 308ff.

[18] Hans Marszalek, *Die Geschichte des Konzentrationslager Mauthausen. Dokumentation*, 2. Aufl., Wien 1980.

[19] Bericht W. P. über Sachsenhausen. Im Besitz des Verfassers.

[20] So etwa K. Dunin-Wasowicz, *Resistance*... [Anm. 4], S. 55 ff.

[21] *A.a.O.*, S. 258 ff. H. Langbein, ... *nicht wie die Schafe*... [Anm. 3], S. 294 ff.

[22] Vgl. etwa die Übersicht bei H. Langbein, *a.a.O.*, S. 345 ff.

[23] Valentin Sacharov, *Aufstand in Mauthausen*, Berlin 1961. *Widerstand und Verfolgung in Oberösterreich 1934—1945*, hrsg. vom Dokumentationsarchiv des Österreichischen Widerstands, Bd. 2, München-Linz 1982, S. 559 ff.

[24] Die Literatur zur „Selbstbefreiung" des Konzentrationslagers Buchenwald ist mittlerweile fast unüberschaubar geworden. Als deutlichste Vertreter des Mythus treten dabei hervor: Günther Kühn/Wolfgang Weber, *Stärker als die Wölfe. Ein Bericht über die illegale militärische Organisation im ehemaligen Konzentrationslager Buchenwald und den bewaffneten Aufstand*, Berlin [Ost] 1978; Klaus Drobisch, *Widerstand in Buchenwald*, Frankfurt a. M. 1978; früh publizierte Hälftlingsberichte dagegen stellen die Ereignisse wesentlich anders dar, so etwa: Werner Anton Beckert, *Die Wahrheit über das Konzentrationslager Buchenwald*, Weimar 1946. In der Dokumentation von Manfred Overesch, *Ernst Thapes Buchenwalder Tagebuch von 1945*, in: *Vierteljahrshefte für Zeitgeschichte*, 29. Jg. (1981), S. 631 ff., wird klar auf den Ablauf der Ereignisse des 11. April 1945 eingegangen.

[25] Paul Jorand, *Husum ... ici on extermine*, Nancy 1946, S. 27. Die Erinnerungen Jorands sind ansonsten besonders quellenkritisch zu betrachten.

[26] Walter Poller, *Arztschreiber in Buchenwald*, Offenbach 1960, S. 32 ff. Der Bericht wurde bereits kurze Zeit nach der Befreiung Buchenwalds geschrieben.

[27] Paul Thygesen, *Arzt im Konzentrationslager*, in: Klaus Bästlein u. a. (Hrsg.), *Das KZ Husum-Schwesing. Außenkommando des Konzentrationslagers Neuengamme*, 2. Aufl., Bredstedt 1983, S. 28. Ich danke Klaus Bästlein für viele Hinweise und Anregungen zu den hier vorgetragenen Gedanken.

[28] Edgar Kupfer-Koberwitz, *Die Mächtigen und die Hilflosen. Als Häftling im Konzentrationslager Dachau*, Bd. 2, Stuttgart 1960, S. 62 ff.

[29] P. Thygesen, *Arzt*... [Anm. 27], S. 29.

Die Bewegung „Freies Deutschland" in der Sowjetunion: Widerstand hinter Stacheldraht?

ALEXANDER FISCHER
Frankfurt a. M.

I

In dem selbstverordneten Wettstreit um die rechte Bewahrung des nationalen Erbes der Deutschen, wie ihn die DDR seit ihrer Gründung mehr oder minder heftig mit der Bundesrepublik Deutschland führt,[1] nahm und nimmt die Bewegung „Freies Deutschland" als „Kampfbündnis" von Kommunisten mit Vertretern von Bürgertum und Adel eine Sonderstellung ein. Die Geschichte[2] dieser im Jahre 1943 in der Sowjetunion aus dem Nationalkomitee „Freies Deutschland" und dem Bund Deutscher Offiziere gebildeten, in der DDR gelegentlich zu einem Teil „der weltumspannenden Anti-Hitler-Koalition" hochstilisierten Bewegung[3] erschließe nämlich dem deutschen Volke, so behauptete es jedenfalls ein führender Funktionär der SED wie Hermann Matern im Jahre 1957, „einen wichtigen Abschnitt der dramatischen Geschichte des Kampfes deutscher Patrioten zur Rettung des Vaterlandes aus faschistischer Barbarei und vor der drohenden nationalen Katastrophe".[4] In der DDR erfreut sich vor allem das Nationalkomitee bis in unsere Tage hoher Wertschätzung: Die Gründung des Nationalkomitees „Freies Deutschland", so schrieb das Zentralorgan der SED anläßlich des vierzigsten Jahrestages dieses Vorganges am 12. Juli 1983, sei „ein Markstein in der Geschichte des deutschen antifaschistischen Widerstandes und des Kampfes ihrer führenden Kraft, der KPD".[5]

Im allgemeinen historischen Bewußtsein hierzulande dürften derartige Deutungen bis heute kaum einen Niederschlag gefunden haben. Geprägt von einer Historiographie und von einer Publizistik, die Widerstand zunächst vor allem mit dem 20. Juli 1944 und seinem Umfeld gleichsetzten,[6] blieb die Bewegung „Freies Deutschland", wie ihr Historiograph

Bodo Scheurig schon frühzeitig festgestellt hat, „von Anfang an verfemt". Wo immer von ihr die Rede war, erweckte sie stets von neuem „die abwehrende Leidenschaft, die jede maßvolle Erörterung unterdrückt".[7] Noch 35 Jahre nach Kriegsende konnte Karl-Heinz Frieser bei Befragungen von ehemaligen Kriegsgefangenen zur Vorbereitung seiner im Jahre 1981 erschienenen und damit vorerst letzten Monographie über das Nationalkomitee immer wieder die Erfahrung machen, daß bei seinen Gesprächspartnern die Ereignisse des Zweiten Weltkrieges weitgehend bewältigt schienen, ein Reizwort jedoch geblieben war, das „für viele ein Trauma, für manche auch ein Tabu" darstellte: Es lautete „Nationalkomitee ‚Freies Deutschland'".[8]

Mit den folgenden Ausführungen wird nicht der Anspruch erhoben, eine endgültige Klärung der Frage zu erreichen, ob die Bewegung „Freies Deutschland" als ein Teil der deutschen Widerstandsbewegung gegen Hitler anzusehen sei. Vielmehr geht es zunächst einmal darum, mit unserem heutigen Wissen über die Beweggründe jener Offiziere und Soldaten zu informieren, deren Entscheidung für eine Mitarbeit in sowjetkommunistisch beherrschten Organisationen nicht nur von den meisten ihrer Schicksalsgenossen in sowjetischer Kriegsgefangenschaft als eine Perversion deutschen Soldatentums angesehen worden ist. Erst danach kann in kritischer Distanz zur politischen Vereinnahmung des Nationalkomitees durch die DDR der Versuch einer wertenden Stellungnahme gewagt werden.

Dementsprechend gliedern sich die folgenden Darlegungen in drei Abschnitte:

— Zunächst wird versucht, die Voraussetzungen und die Entstehungsgeschichte des Nationalkomitees „Freies Deutschland" wie des Bundes Deutscher Offiziere zu klären.

— Im Anschluß daran ist beabsichtigt, eine kritische Bewertung der Historiographie der DDR über die Bewegung „Freies Deutschland" vorzunehmen.

— Abschließend geht es darum, einen Denkanstoß im Hinblick auf die Frage zu geben, ob und inwieweit Nationalkomitee und Offiziersbund als ein Teil der deutschen Widerstandsbewegung gegen Hitler begriffen werden können. Letzteres geschieht in der Erkenntnis, daß die Erörterung dieser Frage besonders dann not tut, wenn sich — wie am Beispiel des Nationalkomitees festzustellen — erweist, daß die Nachwirkungen einer historischen Erscheinung viel intensiver sind als ihr unmittelbarer Erfolg.

II

Die Bewegung „Freies Deutschland" war keine spontane Gründung des Sommers 1943. Versuche, deutsche Soldaten zum Widerstand, zum Kampf gegen Hitler und sein „Drittes Reich" zu veranlassen, gab es auf sowjetischer Seite von Beginn des Rußlandfeldzuges an.[9] In seinen Tagebuchaufzeichnungen berichtet Walter Ulbricht über entsprechende Aktivitäten deutscher kommunistischer Emigranten unter Kontrolle sowjetischer Dienststellen.[10] Über die inhaltliche Ausrichtung dieser Bemühungen wurde in einem Rundfunkpropaganda-Lagebericht des OKW vom 14. Juli 1941 korrekt festgestellt, daß ihr Ziel sowohl die „Herbeiführung der militärischen Niederlage Deutschlands durch Demoralisierung der deutschen Wehrmacht und des deutschen Volkes, insbesondere des deutschen Rüstungsarbeiters", als auch der „Zusammenbruch des nationalsozialistischen Staatsgefüges" gewesen sei.[11]

Weil das Feindbild der Roten Armee wie ihrer deutschen Helfer aus den Reihen der KPD offenkundig von der Überzeugung getragen war, daß im Falle eines Krieges mit Sowjetrußland alsbald in Deutschland eine Revolution gegen das Hitler-Regime ausbrechen werde, richteten die sowjetischen und die deutschen Propagandisten aus den Reihen der Politischen Hauptverwaltung der Roten Armee das Hauptaugenmerk aus ihrer Sicht folgerichtig zunächst „auf die eigentliche Zersetzungstätigkeit", wie die unverhüllten Aufforderungen zu Desertion und Sabotage in dem OKW-Bericht genannt wurden. So kam es vor, daß die — gelegentlich sogar als „Genossen" angesprochenen — deutschen Soldaten in dutzendfacher Wiederholung aufgefordert wurden, zur Sowjetarmee überzulaufen, die Waffen umzukehren und für ein sozialistisches Deutschland zu kämpfen.[12] Zugleich ergingen an die deutschen Rüstungsarbeiter bis ins einzelne gehende Anweisungen, „was zu tun und zu lassen sei, damit die deutsche Kriegsmaschine zum Entgleisen gebracht wird, damit Räder und Getriebe stehen bleiben, Eisenbahnzüge zusammenstoßen und damit der Prozentsatz von Ausschuß und Blindgängern in der Rüstungsproduktion hoch ist".[13]

Als freilich nach wochenlanger „Aufklärung" der erhoffte Erfolg ausblieb und in Moskau der Verdacht aufzukeimen begann, es könnte Hitler vielleicht gelungen sein, „das Klassenbewußtsein der [deutschen] Arbeiter völlig auszulöschen",[14] rückte neben Frontagitation und Rundfunkpropaganda die Arbeit unter den Kriegsgefangenen immer stärker in den Mittelpunkt der Bemühungen. Wie ein auf Initiative Georgi Dimitroffs, des Generalsekretärs der Kommunistischen Internationale, zurückgehender Aufruf von 158 sorgfältig aus „verschiedenen Klassen und Schichten des werktätigen Volkes" ausgewählten Soldaten zeigt, vertraute man in Moskau dabei auch weiterhin auf die Durchschlagskraft der „antifaschistischen" Diversions- und Aufstandsparolen.[15] Indessen blieb dieser *Appell der 158*, der von der sowjetischen wie von der Historiographie der DDR als „ein wichtiges Zeugnis der deutschen Widerstandsbewegung" bezeichnet wird,[16] ebenso ein Aufruf ohne Widerhall, wie sich die politisch-ideologische Offensive der Roten Armee und der mit ihr verbundenen „antifaschistischen Kräfte des deutschen Volkes" als ein Fehlschlag erwies.

Auch eindrucksvolle Zeugnisse geistiger Unabhängigkeit kriegsgefangener deutscher Soldaten wie Ernst Hadermanns von bürgerlichem Patriotismus geprägtes und humanistischem Geist verpflichtetes *Manneswort eines deutschen Hauptmanns* aus dem Jahre 1942, mit dessen Hilfe „nationale Töne in das klassenkämpferische Einerlei der sowjetischen Propaganda an der Front und in den Gefangenenlagern" eingeführt wurden,[17] konnten nicht darüber hinwegtäuschen, daß alle diese ernsthaften Aufforderungen aus der Sowjetunion zum Widerstand gegen Hitler lange Zeit ohne jegliches Echo blieben. Erst im Sommer 1943 trat eine Situation ein, die einer militärischen Widerstandsaktion gegen Hitler Sinn und Ziel zu geben schien. Es ist in der westlichen Forschung heute unumstritten, daß sie von sowjetischer Seite herbeigeführt wurde: Unter dem Eindruck des Scheiterns von Sonderfriedensgesprächen in Stockholm,[18] zudem enttäuscht von der aus Moskauer Sicht halbherzigen Kriegführung seiner westlichen Verbündeten,[19] begann Stalin seinerzeit wieder auf die deutsche Karte zu setzen. Er versuchte, sein kurzfristig verfolgtes außenpolitisches Ziel, die Herauslösung der Sowjetunion aus dem Verbund der „Anti-Hitler-Koalition", mit Hilfe einer nationalen Sammlungsbewegung deutscher Hitlergegner durchzusetzen.[20]

Spektakulärer Ausdruck dieser patriotischen Variante der Stalinschen Deutschlandpolitik war der im Sommer 1943 von den sowjetischen Behörden gestattete „Zusammenschluß antifaschistischer Kräfte" zur Bewegung „Freies Deutschland". Sie bestand aus dem langfristig vorbereiteten, jedoch offiziell erst am 12. und 13. Juli 1943 von kriegsgefangenen Angehörigen der Wehrmacht und kommunistischen deutschen Emigranten gegründeten Nationalkomitee „Freies Deutschland" (NKFD) sowie aus dem kurzfristig am 11. und 12. September desselben Jahres ins Leben gerufenen, auf „die Spitzen der Wehrmacht" ausgerichteten Bund Deutscher Offiziere (BDO). Unter dem Gründungsmanifest des Nationalkomitees fanden sich die Namen von Offizieren, Unteroffizieren und Soldaten aller Dienstgrade sowie — ohne ausdrücklichen Hinweis auf ihre Parteizugehörigkeit — mit Wilhelm Pieck, Walter Ulbricht und Wilhelm Florin die Namen der nach Moskau emigrierten Führungsspitze der KPD; unter dem *An die deutschen Generale und Offiziere!* sowie *An Volk und*

Wehrmacht! gerichteten Aufruf des Offiziersbundes standen die Unterschriften von zum Teil hochrangigen und hochdekorierten Angehörigen nahezu aller Waffengattungen.[21]

Die große Publizität in Rundfunk und Presse, die den Gründungsversammlungen des Nationalkomitees im Stadtsowjet von Krasnogorsk wie des Offiziersbundes im Lager Lunjowo von sowjetischer Seite sogleich verschafft worden ist, hat frühzeitig den Eindruck entstehen lassen, als habe es sich bei der Bewegung „Freies Deutschland" vor allem um ein Druckmittel der Moskauer Außenpolitik gegenüber den westlichen Alliierten gehandelt. Es läßt sich auch nicht ganz ausschließen, daß ein solcher Effekt von den sowjetischen Initiatoren der Gründung, zu denen wohl auch Stalin selbst gerechnet werden muß, erzielt werden sollte. Indessen sprechen gewichtige Anzeichen dafür, daß in erster Linie die deutsche Wehrmachtführung oder eine innerdeutsche Opposition dazu veranlaßt werden sollte, Hitler zu beseitigen und einen Waffenstillstand anzustreben, der im Jahre 1943 noch im sowjetrussischen Interesse lag.[22]

Durch die sensationelle, dem deutschlandpolitischen Prinzip der „Anti-Hitler-Koalition" zuwiderlaufende Gründung des Nationalkomitees „Freies Deutschland" wollte Moskau offenbar einen solch ungewöhnlichen Schritt erleichtern und dem deutschen Volk seine grundsätzliche Bereitschaft zu einer politischen Zusammenarbeit mit einem künftigen deutschen Staat ohne Hitler dokumentieren. Dabei sollte mit dem Zugeständnis, einen eigenen Offiziersbund zu bilden, vor allem der Wehrmacht ein Zeichen gegeben werden, durch den Sturz des Diktators die Voraussetzungen für eine sofortige Beendigung der Kampfhandlungen zu schaffen.

Was die verantwortlichen sowjetischen Funktionäre bewog, auf die Zusammenarbeit mit einer deutschen Widerstandsregierung zu setzen, kann nur vermutet werden. Es gab jedenfalls Anzeichen dafür, daß die Sowjetunion damals „keinen revolutionären Umschwung in Deutschland verlangte, sondern bereit war, mit einem demokratisch regierten Reich Frieden zu machen", wie es ein führendes Mitglied der Bewegung „Freies Deutschland", der ehemalige Generalmajor Dr. Otto Korfes, bei seiner Gefangennahme im Kessel von Stalingrad Kommandeur der 295. Infanteriedivision, ausdrückte.[23] Sieht man von einer nüchternen Analyse der außenpolitischen und der militärischen Interessenlage der Sowjetunion einmal ab, die eine solche Interpretation ebenfalls als haltbar erscheinen läßt, dann wären hier zu nennen

— das „nach eingehenden Beratungen mit dem Nationalkomitee und den Generalen des Offiziersbundes" angeblich geäußerte Einverständnis der sowjetischen Regierung, „daß Nationalkomitee und Offiziersbund das deutsche Heer aufforderten, die Waffen zu behalten, unter seinen

Führern diszipliniert zusammen zu bleiben und gesondert zur Grenze zurückzugehen";[24]

— die im Auftrag der sowjetischen Regierung von General Melnikow an General von Seydlitz gemachte Zusicherung, Moskau werde bei einer erfolgreichen Aktion der Wehrmachtführung gegen Hitler ein Reich in den Grenzen von 1937 akzeptieren und als Bedingung lediglich „eine bürgerlich-demokratische Regierung" fordern, „die durch Freundschaftsverträge mit dem Osten verbunden sein sollte";[25]

— die verstärkten Versuche politisch-ideologischer Einflußnahme auf die Wehrmacht und die deutsche Bevölkerung durch die sogenannte Frontorganisation des Nationalkomitees;[26]

— vor allem jedoch die Unerbittlichkeit Dmitrij Manuilskijs, des verantwortlichen Vertreters des ZK der KPdSU in der Politischen Hauptverwaltung der Roten Armee, gegenüber den klassenkämpferischen Intentionen der kommunistischen Emigranten und damit die entscheidende Rolle sowjetischer Funktionäre beim Zustandekommen der Bewegung „Freies Deutschland", insbesondere des Bundes Deutscher Offiziere.[27]

Unübersehbar blieb, daß die Bewegung „Freies Deutschland" mit einer beträchtlichen Hypothek belastet war: mit dem Zwang zum Erfolg. Das Nationalkomitee und der zur Erhöhung von dessen Glaubwürdigkeit gebildete Offiziersbund waren mit den von ihnen eingeleiteten Maßnahmen — zum Beispiel mit den millionenfach über den deutschen Linien abgeworfenen Flugblättern, mit der in ganz Europa vernehmbaren Stimme des Senders „Freies Deutschland", mit den zahlreichen persönlichen Briefen kriegsgefangener Generale an ihre Kameraden auf der anderen Seite der Front und mit den unzähligen Aufrufen an die Soldaten der Wehrmacht über Grabenlautsprecher — auf ein kurzfristiges Ziel ausgerichtet: auf die Auslösung des „Rächermarsches der Wehrmacht gegen Hitler" und die damit verbundene Herauslösung der Sowjetunion aus der „Anti-Hitler-Koalition".[28]

Als sich nach einem halben Jahr intensiver Bemühungen herausstellte, daß die von der Bewegung „Freies Deutschland" ausgegebene Losung „Beendigung des Krieges durch eine geordnete Rückführung der Wehrmacht nach Deutschland" in einen „Wald des Schweigens" (Heinrich Gerlach) fiel, war es um die deutsche „Anti-Hitler-Koalition" geschehen. Nationalkomitee und Offiziersbund hatten zwar „einen Wechsel auf die Zukunft gezogen", so faßte Bodo Scheurig die Situation am Ende des Jahres 1943 zusammen, aber „Führung und Truppe hatten ihn nicht eingelöst". Auf der 6. Plenartagung des Nationalkomitees Anfang Januar 1944 wurden die Konsequenzen gezogen: Die neue Parole „Einstellung der Kampfhandlungen und Übertritt auf die Seite des Nationalkomitees" kam dem Eingeständnis der Führungsgremien von Nationalkomitee und

Offiziersbund gleich, daß die Bewegung „Freies Deutschland“ keine Chance mehr besaß, ihr ursprünglich vorgegebenes politisches Ziel, den Sturz Hitlers, zu verwirklichen.[29]

Die Unbedenklichkeit, mit der sich die Sowjets daraufhin derer entledigten, die nicht umzulernen bereit waren, und die Unerbittlichkeit, mit der sie diese schließlich straften, verdeutlicht ein heute in östlichen Darstellungen gern übersehenes Faktum: daß die Bewegung „Freies Deutschland“ den Gesetzen eines politischen Kräftespiels unterlag, die weder von ihrer Vollversammlung noch von ihrem Geschäftsführenden Ausschuß oder gar von ihrem Präsidenten bestimmt werden konnten. Ihr Schicksal zeigt vielmehr, daß es sich bei der Koalition auf Zeit zwischen Angehörigen der Wehrmacht und kommunistischen Funktionären um nichts anderes als ein Instrument der sowjetischen Deutschlandpolitik handelte.

III

Wenn es aufgrund unserer heutigen Einsichten einer Überlegung wert ist, über die Frage der Einordnung der Bewegung „Freies Deutschland“ in das Spektrum der deutschen Widerstandsbewegung gegen Hitler neu nachzudenken, dann erscheint es unerläßlich, die in der DDR derzeit gängige Bewertung dieser Bewegung einer kritischen Prüfung zu unterziehen. Insbesondere verdient die Behauptung unsere Aufmerksamkeit, das Nationalkomitee „Freies Deutschland“ sei das nationale Zentrum des Widerstandskampfes gegen Hitler gewesen.[30] Diese Interpretation leugnet nicht nur das Faktum, daß die kommunistischen Widerstandsgruppen in Deutschland während des Zweiten Weltkrieges keineswegs unter der „operativen Leitung“ der in Moskau residierenden Führungsspitze der KPD standen,[31] sondern übersieht auch geflissentlich das sang- und klanglose Ende der Bewegung „Freies Deutschland“ nach Kriegsschluß.

Die Auflösung des Nationalkomitees im November 1945 erweckt wahrlich nicht den Eindruck, als habe es sich bei diesem — wie es Walter Ulbricht im Jahre 1968 formulierte — um „die Verkörperung des anderen, des wahren Deutschlands“ gehandelt.[32] Auch rhetorische Glanzlichter, wie sie Erich Weinert auf der letzten Sitzung offenbar zu setzen vermochte, konnten nicht über die Erkenntnis hinwegtäuschen, daß die „Art Waffenbrüderschaft im Kampfe gegen den Faschismus“, wie sie in der Sowjetunion zwischen Soldaten und Kommunisten praktiziert worden war, nicht von Dauer sein würde. Von der vielbeschworenen Gemeinschaft im Kampf gegen Hitler war jedenfalls zum Zeitpunkt der Auflösung, folgt man dem nach einer geretteten stenographischen Niederschrift angefertigten Protokoll der Schlußsitzung des Nationalkomitees, kaum noch etwas zu spüren. Der Krieg hatte vielmehr, um dem Fazit Bodo

Scheurigs zu folgen, „zugunsten der Linken im Nationalkomitee entschieden“.[33] Für die gemäßigten Kräfte dieses sowjetisch kontrollierten Zweckbündnisses winkten nur noch Chancen für eine politische Rolle beim Aufbau des neuen Deutschland, wenn sie bereit waren, sich dem von der KPD beherrschten linken Flügel des Nationalkomitees bedingungslos unterzuordnen. Jene aber, die nicht gewillt waren, Funktionen in der sowjetischen Besatzungszone Deutschlands zu übernehmen oder sich als Spitzel in den sowjetischen Kriegsgefangenenlagern zu verpflichten, gerieten nun in „jene heillose Verurteilungsmaschinerie, die jedem Rechte Hohn sprach und unterschiedslos Strafen der Zwangsarbeit und Verbannung verhängte“.[34] Sie verschonte letztlich auch den Präsidenten des Bundes Deutscher Offiziere und Vizepräsidenten des Nationalkomitees, General von Seydlitz, nicht: Er wurde unter fadenscheinigen Beschuldigungen im Sommer 1950 als „Kriegsverbrecher“ zum Tode verurteilt und schließlich zu 25 Jahren Kerker „begnadigt“.[35]

Auch eine Bilanz der marxistisch-leninistischen Historiographie und Publizistik der DDR zum Thema „Bewegung ‚Freies Deutschland'“ spricht nicht gerade für die Glaubwürdigkeit der These, das Nationalkomitee habe sich ab dem Sommer 1943 zum „politischen und organisatorischen Zentrum der deutschen Antifaschisten“ im Zweiten Weltkrieg entwickelt. Eher kann diese Behauptung als ein Beispiel für die in der DDR übliche Art und Weise gelten, mit der dort mit Hilfe der Geschichtsschreibung ein gesamtdeutscher Führungsanspruch untermauert werden soll. Es sei nur daran erinnert, daß im zweiten deutschen Staat erst mit einiger Verzögerung das Andenken an das Nationalkomitee wieder wachgerufen wurde. Das geschah im Jahre 1957, zwei Jahre nach der Rückkehr des Generals von Seydlitz aus sowjetischer Haft, durch die Herausgabe des im Dezember 1945 im Manuskript abgeschlossenen Berichts des ehemaligen Präsidenten Erich Weinert.[36] Seinerzeit war im Zuge des Bemühens um Traditionsfindung für die Nationale Volksarmee (NVA) viel von deutsch-russischer Waffenbrüderschaft, nicht jedoch vom Nationalkomitee als dem „politischen und organisatorischen Zentrum der deutschen Antifaschisten“ die Rede.[37]

Erst als der VI. Parteitag der SED im Januar 1963 ein Programm „des umfassenden Aufbaus des Sozialismus“ vorlegte und damit unmißverständlich den Führungsanspruch der DDR im Ringen um die politische Gestaltung der deutschen Nation zum Ausdruck brachte,[38] änderten sich auch die historiographischen Voraussetzungen für die Darstellung und Deutung der Bewegung „Freies Deuschland“. Hatte Otto Winzer im Jahre 1957 noch „führende deutsche Kommunisten und eine Anzahl bei Stalingrad gefangener Offiziere und Soldaten“ fast gleichrangig für die Gründung des Nationalkomitees verantwortlich gemacht,[39] war ein Jahrzehnt später und in der Folgezeit nur noch von einer Initiative des ZK der KPD die Rede.[40] Mit der damit gleichzeitig einhergehenden Sprachregelung vom Nationalkomitee „Freies Deutschland" als dem „nationalen Zentrum des antifaschistischen Widerstandskampfes" wurde nicht nur die Funktion der KPD — und in ihrer Nachfolge der SED — als politische Avantgarde unterstrichen, sondern auch deutlich zu erkennen gegeben, daß für eine gleichrangige Berücksichtigung und unvoreingenommene Würdigung „bürgerlichen" Widerstandes in der Historiographie der DDR kein Platz war.

Im Zusammenhang mit diesem für die SED typischen Beispiel der Manipulation von Geschichte zur Legitimation ihrer Herrschaft sind auch die — bislang nicht überzeugenden — Bemühungen von Historikern und Publizisten der DDR zu sehen, zumindest für einige herausragende Persönlichkeiten aus dem Kreis der am Attentat des 20. Juli 1944 Beteiligten, zum Beispiel für Stauffenberg, eine Verbindung zum angeblichen deutschen nationalen Widerstandszentrum in Moskau zu reklamieren.[41] Recht einseitig erfolgt auch die Bewertung der Bewegung „Freies Deutschland" in der Traditionspflege durch die NVA der DDR. Die „Rechten" in dieser Bewegung, die Militärs von Lunjowo, traten spürbar hinter die „Linken" von Krasnogorsk, die kommunistischen Mitglieder des Nationalkomitees und ihre Anhänger, zurück. Für einen Mitarbeiter des Militärgeschichtlichen Instituts in Potsdam war es deshalb selbstverständlich, in der Wochenzeitung der NVA des 40. Jahrestages der Gründung des Nationalkomitees zu gedenken, nicht aber acht Wochen später auch an den Jahrestag der Bildung des Offiziersbundes zu erinnern.[42]

Auffällig an diesem Gedenkartikel ist die für die Historiographie der DDR typische Hervorhebung des Wirkens der sogenannten Frontorganisation des Nationalkomitees.[43] Deren Angehörige — bei Kriegsende immerhin 1800 bis 2000 Mann — schrieben allerdings nicht nur Briefe an Truppenkommandeure von eingekesselten Verbänden der Wehrmacht, um sie zur Kapitulation aufzufordern. Sie schickten auch nicht nur deutsche Kriegsgefangene zu ihren alten Einheiten zurück, „um dort die Wahrheit über das NKFD zu verbreiten und Kameraden für den Übergang zu ihm zu gewinnen". Groß sei auch, so wird in diesem Zusammenhang stets hervorgehoben, „die Zahl von militärischen Aufklärungs- und Erkundungseinsätzen" gewesen, die Angehörige der Frontorganisation durchgeführt hätten und deren Ergebnisse den Kommandostellen der Sowjetarmee übermittelt worden seien.[44]

Diese Einsätze von Diversionstrupps oder Unternehmungen von Kampfgruppen an der Seite der Sowjetunion in der Endphase des „Großen Vaterländischen Krieges", zum Beispiel bei den Kämpfen im Kurland-Kessel oder um Graudenz und Breslau im Winter 1944/45 sowie im

Frühjahr 1945,[45] sind für die Historiographie und Publizistik der DDR nichts Anstößiges. Ganz im Gegenteil gehören Aktionen wie die des Leutnants Horst Viedt, der Anfang Mai 1945 mit etwa 80 deutschen „Antifaschisten“ in Wehrmachtsuniformen in das umkämpfte Breslau eindrang, um — notfalls mit Waffengewalt — „Teile eingeschlossener SS-Einheiten und Soldaten zur Kapitulation [zu] bewegen“,[46] in der NVA der DDR zu den selbstverständlichen Bestandteilen der Traditionen deutsch-sowjetischer Waffenbrüderschaft.[47]

Es wäre freilich verfehlt, sich von diesem oder ähnlich gelagerten Beispielen den Zugang zur Erörterung der Frage verstellen zu lassen, ob oder inwieweit die Bewegung „Freies Deutschland“ dem Spektrum des deutschen Widerstandes zuzuordnen sei. Zu ihrer hinreichenden Beantwortung reicht der im allgemeinen oberflächlich zwiespältige Eindruck von dieser Organisation, der von Hitler und der Wehrmachtführung „schamloser Hoch- und Landesverrat“ unterstellt[48] und von der Historiographie der DDR heute unter anderem bescheinigt wird, „eine feste Kampfgemeinschaft zwischen den deutschen Antifaschisten und den Angehörigen der Sowjetarmee“ gewesen zu sein,[49] nicht aus. Bei näherer Betrachtung dieses umstrittenen Widerstandes hinter Stacheldraht wird vielmehr deutlich, daß die parteiamtlich dekretierte Geschichtsschreibung der DDR mit ihrem klassenorientierten Widerstandsbegriff den Versuch einer Würdigung der Bewegung „Freies Deutschland“ als Widerstandsorganisation eher behindert als fordert.

Für die Traditionspflege des deutschen „Arbeiter- und Bauernstaates“ hat zwar vor allem das Nationalkomitee aufgehört, wie Bodo Scheurig schon im Jahre 1968 feststellen konnte, „ein Problem oder gar ein Stein des Anstoßes zu sein“, jedoch geht die einseitige Festlegung auf die kommunistischen Emigranten sowie auf die der Antifa-Bewegung verpflichteten Generale, Offiziere und Soldaten so weit, daß an der Identität von Original und parteiamtlicher Überlieferung erhebliche Zweifel angebracht sind.[50] Eine hierzulande erforderliche Differenzierung in der Bewertung des Widerstandes aus den Kriegsgefangenenlagern in der Sowjetunion wird daher die ehrenhaften Motive vor allem der militärischen Mitglieder der Bewegung „Freies Deutschland“ zu berücksichtigen haben, ohne den verbreiteten Opportunismus und die verständliche Lebensangst zu übersehen sowie jene Tatbestände zu verschweigen, die den Vorwurf des Hoch- und Landesverrates ohne jeden Zweifel rechtfertigen.

IV

Nach meiner Überzeugung kann kein Zweifel daran bestehen, daß sich viele militärische Mitglieder der Bewegung „Freies Deutschland“ als Widerständler gegen Hitler und sein „Drittes Reich" verstanden haben. Mit dieser These können verbreitete Vorbehalte gegenüber dem Nationalkomitee gewiß nicht ausgeräumt werden. Es klang zum Beispiel bei der Gründungsversammlung des Nationalkomitees eben allzu sehr nach rhetorischer Pflichtübung, wenn der kommunistische Schriftsteller Erich Weinert, Vorsitzender des Vorbereitenden Ausschusses und späterer Präsident des Nationalkomitees, davon sprach, daß man in den Lagern der Kriegsgefangenen „die Fahne der Erhebung gegen den Verderber Hitler" ergriffen habe, weil dieser sich weigere, „vom Schauplatz der Geschichte abzutreten".[51]

In deutlichem Gegensatz zu Weinerts allzu pathetischem und damit wenig glaubwürdigem Appell standen aber die in sich konsequenten Aufrufe zum Widerstand aus den Reihen des von den Stalingradkämpfern geprägten *Offiziersbundes*.[52] Es gibt eindrucksvolle Zeugnisse aus diesem Kreis, die belegen, daß ihre Aufforderung „zum gemeinsamen Kampf gegen den Mann, der das deutsche Volk zum Untergang führt, gegen Hitler",[53] aus der von ihnen durchlittenen „eisigen Atmosphäre bitterster Enttäuschung, verborgener Angst und steigender Trostlosigkeit" erwuchs.[54] Joachim Wieder, ehemaliger Leutnant und Ordonnanzoffizier in der Abteilung für Feindaufklärung (Ic) beim Stabe des VIII. Armeekorps, hat in seiner lesenswerten kritischen Auseinandersetzung mit der Schlacht um Stalingrad und der Verantwortung des Soldaten etwas von den Voraussetzungen deutlich machen können, die solch ungewöhnlichem Engagement zugrunde lagen.

Seine und seiner Kameraden Empfindungen während der Schlacht an der Wolga faßte er in die folgenden Worte zusammen: „Die Katastrophe, die uns zu verschlingen drohte, enthüllte sich uns in vielfacher Hinsicht als das natürliche Ziel eines langen Irrweges, vor dem uns unsere inneren Vorbehalte nicht zurückgerissen hatten. Die geistigen Wurzeln unseres Unglücks tauchten vor unseren Blicken auf sowie die Krise des echten Soldatentums, das hier bei Stalingrad trotz aller persönlichen Einsatzbereitschaft und Aufopferung der einzelnen Soldaten zu einem seelenlosen Militarismus entartete mit mißverstandener Pflichterfüllung und mechanischen Ehrbegriffen." Man habe sich gegenseitig bewußter gemacht, so erinnert sich Wieder, „daß die herannahende militärische Katastrophe auch eine politische Katastrophe war, die Folge vermessener Anschauungen und Handlungen, durch die seit langem die gesunden Grundlagen unseres geistig-kulturellen und nationalen Lebens erschüttert worden waren".

Die Parallelen zu Hadermanns *Manneswort eines deutschen Hauptmanns* aus dem Jahre 1942 sind unüberhörbar, wenn Wieder unter dem Eindruck des Sterbens von Stalingrad davon spricht, daß „eine geistfeindliche politische Machtreligion" das deutsche Volk „im zerstörerischen Kampf gegen die universalen Bildungsmächte der Antike, des Humanismus und des Christentums" immer mehr „aus der besten gemeineuropäischen Gedankenwelt und damit zugleich aus seiner Verpflichtung gegenüber den objektiven Ideen der Wahrheit, Güte und Gerechtigkeit" herausgelöst habe.[55]

Die schmerzliche Empfindung, daß die soldatischen Tugenden der Tapferkeit, der Hingabe, der Treue und der Pflichterfüllung schändlich mißbraucht worden waren, löste seinerzeit offenbar unterschiedliche Reaktionen unter den Soldaten und Offizieren der 6. Armee aus. So mancher habe, berichtet Wieder aus eigener Anschauung, „in seiner Verzweiflung angesichts des Zusammenbruchs einer ganzen Welt von Vorstellungen und im Hinblick auf die Sinnlosigkeit der Katastrophe zur Pistole gegriffen und seinem Leben ein Ende gemacht". Nicht wenige scheinen ihre innere Angst und geistige Leere hinter „einer verkrampft soldatischen Haltung" oder gar hinter „einer betonten Landsknechtsgesinnung" versteckt zu haben: „Wenn sie nun schon einmal dazu verurteilt seien ‚draufzugehen'", so wird diese Einstellung bezeugt, „dann wollten sie wenigstens bis zuletzt ihre Haut teuer verkaufen und noch möglichst viele Russen ‚mitnehmen'."[56] Wieder anderen aber öffneten die grauenvollen Erlebnisse und Bilder des Unterganges einer ganzen Armee die Augen für die von Hitler herbeigeführte Welt der Lüge, des Hasses, der Gewalt, des Unrechts und der Unmenschlichkeit. Sie erkannten schlagartig: „Wir hatten Wind gesät, jetzt mußten wir Sturm ernten."[57]

Von Selbstzweifeln geplagt, aber als Kriegsgefangene von der sowjetischen Gewahrsamsmacht psychologisch nicht ungeschickt behandelt, zeigten sich — von Opportunisten und „Kaschisten" abgesehen — nicht wenige Offiziere aus grundsätzlichen Erwägungen bereit, etwas zu unternehmen, um ihren Kameraden wie dem deutschen Volk ein ähnliches Schicksal wie das der 6. Armee zu ersparen. Sind bei einigen Namen unter dem Aufruf des Nationalkomitees diesbezüglich erhebliche Vorbehalte am Platz,[58] so kann das von den meisten Unterzeichnern des Aufrufes des Offiziersbundes, vor allem von der dort versammelten militärischen Prominenz wie zum Beispiel Walther von Seydlitz, General der Artillerie und Kommandierender General des LI. Armeekorps; Alexander Edler von Daniels, Generalleutnant und Kommandeur der 376. Infanteriedivision; Luitpold Steidle, Oberst und Kommandeur des Grenadierregiments 767; Alfred Bredt, Oberstleutnant und Kommandeur der Versorgungstruppen des XI. Armeekorps; oder Dr. Otto Korfes, Generalmajor und Kommandeur der 295. Infanteriedivision, nicht behauptet werden.[59]

Für viele dieser erfahrenen Soldaten dürfte eine nüchterne Lagebeurteilung nicht unwesentlich zu ihrer Entscheidung beigetragen haben. Seinerzeit spielten sich die Kämpfe im Süd- und Mittelabschnitt der Ostfront ungefähr in den gleichen Räumen ab wie im September und Oktober des Jahres 1941. Der Rückzug der deutschen Armeen, so war leicht zu erkennen, ging schneller als ihr Vormarsch: „Vom Bug, wo Hitler im Juni 1941 begann", so rechnete das „Freie Deutschland" am 15. September 1943 in einem *Bericht zur Frontlage* vor, „bis nach Stalingrad, dem östlich[st]en Punkt, den Hitler erreichte, sind es in der Luftlinie 1500 Kilometer. Dafür benötigten die deutschen Armeen siebzehn Monate. Von Stalingrad bis nach Bachmatsch sind es 900 Kilometer, für die die russischen Armeen knapp neun Monate brauchten." Damit schien das Ergebnis dieser Rechnung einfach:

„Zwei Drittel ihres Siegesmarsches im Osten hat die deutsche Armee als Todesmarsch bereits wieder in umgekehrter Richtung zurücklegen müssen. Noch 600 Kilometer und sie ist wieder dort angelangt, wo sie begann. Und vom Bug bis zur oberschlesischen Grenze sind es nur noch weitere 400 Kilometer. Dann ist der Krieg auf deutschem Boden, und dann wird es, wenn Hitler nicht zum Rücktritt gezwungen wird, keine deutsche Armee mehr geben."[60]

Lag es unter solchen Umständen nicht nahe, wenn sich zur Warnung vor einer unübersehbaren militärischen Niederlage und zur Aufklärung über die verlogenen Kriegsziele Hitlers gerade eine beträchtliche Anzahl jener Generale und Offiziere berufen fühlte, die sich von ihrem Treueid auf Hitler nach dem Massensterben an der Wolga entbunden meinte? Man wird zur Kenntnis nehmen müssen, daß vor allem die Überlebenden der Katastrophe von Stalingrad damals mit dem erklärten Ziel antraten, dem deutschen Volk „den Rettungsweg zu zeigen".[61] Totgesagt und „zu neuem Leben erstanden", wie es in Anspielung auf die berüchtigte Thermopylen-Rede Görings vom 30. Januar 1943 hieß,[62] hielten sie es für ihr Recht und ihre Pflicht, aus der bitteren Erkenntnis der Schlacht an der Wolga „die rettende Tat" hervorgehen zu lassen. Vor allem „zu den Heerführern, den Generalen, den Offizieren der Wehrmacht" gewandt, riefen sie dazu auf, Deutschland ein Schicksal, wie sie es gerade erlebt hatten, zu ersparen: „Fordert den sofortigen Rücktritt Hitlers und seiner Regierung!", so lautete ihre Devise. „Kämpft Seite an Seite mit dem Volk", so forderten sie ihre Kameraden auf, „um Hitler und sein Regime zu entfernen und Deutschland vor Chaos und Zusammenbruch zu bewahren!"[63]

Die Argumente für einen solchen „nationalen Befreiungskampf", wie ihn der Alterspräsident des Offiziersbundes, Oberstleutnant Bredt, forderte,[64] entbehrten nicht der gründlichen militärischen, politischen und wirtschaftlichen Analyse. Oberst Hans Günther van Hooven, der letzte Armeenachrichtenführer der 6. Armee, erinnerte dabei nicht ohne Grund warnend an die Situation von 1918. Diesmal, so machte er auf wichtige Unterschiede zur Sachlage am Ende des Ersten Weltkrieges aufmerksam, gebe es in Deutschland keinen Reichstag, keine politischen Parteien, keine Organiationen wie damals. Es existiere auch kein Faktor, „der nach Zerschlagung der Wehrmacht das Schlimmste verhüten, Ordnung und Sicherheit verbürgen" und damit verhindern könnte, daß Deutschland „ohne eigenes Gewicht" und nur noch Objekt sei. Nur ein rechtzeitiger Friedensschluß werde an diesem voraussehbaren Schicksal etwas ändern, weil er die Wehrmacht als „das einzige Instrument bewahrt, das die Ordnung sichern und das Chaos verhindern kann". Da mit einer entsprechenden Initiative oder gar mit einem freiwilligen Rücktritt Hitlers nicht zu rechnen sei, blieb nach van Hooven nur eine — „ungeheuer schwere" — Wahl: „Entweder Krieg unter Hitler bis zur völligen Vernichtung oder Sturz des Regimes und Bildung einer neuen, starken, nationalen Volksregierung."[65]

Die gelegentliche Berufung der Offiziere auf die Prinzipien der Atlantik-Charta verdient in diesem Zusammenhang ebenso unsere Aufmerksamkeit wie ihr Eingeständnis, daß die Entscheidung für eine Mitwirkung in der Bewegung „Freies Deutschland" bei vielen von ihnen erst „nach schwerem inneren Ringen" fiel.[66] Der — wie Luitpold Steidle besonders betonte — „außergewöhnlichen Form" ihres Engagements bewußt,[67] zeigten sich die Mitglieder des Offiziersbundes dazu bereit, „dem verderblichen Regime Hitlers den Kampf anzusagen und für die Schaffung einer vom Vertrauen des Volkes getragenen und auf ausreichende Machtmittel gestützten Regierung einzutreten, damit auch von unserer Seite alles geschehe, was unserem Vaterland den Frieden und eine glückliche Zukunft sichern kann".[68] In Propagandaaktionen über die Front hinweg in Form von Rundfunkaufrufen, Lautsprecherdurchsagen und Briefkontakten sahen sie offenbar jene außergewöhnlichen Maßnahmen, die sie in ihrer außergewöhnlichen Situation für erforderlich hielten.[69]

V

Eine Auswertung des einschlägigen Schrifttums läßt keinen Zweifel daran, daß viele Offiziere und Soldaten in den sowjetischen Lagern der ehrlichen Überzeugung waren, im Nationalkomitee „Freies Deutschland" und im Bund Deutscher Offiziere „eine von deutschen Kriegsgefangenen ... getragene Widerstandsorganisation gegen Hitler sehen zu können".[70] Es ist freilich auch nicht zu bestreiten, daß der militärische Widerstandsversuch in der Bewegung „Freies Deutschland" in der westdeutschen Öffentlichkeit nie den ihm gebührenden Respekt gefunden hat. Das lag weniger an der verbreiteten Auffassung, sowohl im Nationalkomitee als auch im

Offiziersbund habe man versucht, „den Teufel mit Beelzebub auszutreiben".[71] Wie Karl-Heinz Frieser kürzlich nachgewiesen hat, gründen die Vorbehalte gegenüber der Bewegung „Freies Deutschland" vor allem auf der Überzeugung, daß

— diese im Gegensatz zu den am Staatsstreich des 20. Juli 1944 Beteiligten, deren Einsatz für deutsche Interessen unumstritten ist, als „ein Hilfsinstrument der Machtpolitik Stalins" angesehen wird;

— ihre Glaubwürdigkeit durch ihr Wirken hinter Stacheldraht und die damit verbundene Auslieferung an die sowjetische Gewahrsamsmacht zu stark belastet war; und

— die Widerstandskämpfer um Stauffenberg ein hohes Risiko auf sich nahmen und ihren Oppositionsversuch zum Teil mit dem Leben bezahlen mußten, während die Angehörigen der Bewegung „Freies Deutschland" unter dem Schutz ihrer Gewahrsamsmacht standen.[72]

Zudem ist man gegenüber der Bewegung „Freies Deutschland" rasch mit dem Vorwurf des Hoch- und Landesverrats bei der Hand gewesen.

Diese Bezichtigungen sind zwar geeignet, auf die — von den meisten militärischen Mitgliedern der Bewegung „Freies Deutschland" auch so empfundene — außergewöhnliche Situation eines Engagements hinter Stacheldraht aufmerksam zu machen, reichen aber meines Erachtens nicht aus, um zumindest den Mitgliedern des Bundes Deutscher Offiziere um General von Seydlitz die Qualität von Widerstandskämpfern gegen Hitler ganz abzusprechen. Vielmehr ist davon auszugehen, daß viele von ihnen „nur aus Gegnerschaft zum nationalsozialistischen Regime" in der Überzeugung gehandelt haben, mit den von ihnen als zweckmäßig erkannten Mitteln „zu der noch möglichen Rettung großer Teile Deutschlands und des deutschen Volkes beizutragen".[73] Das gilt zumindest für den Zeitraum, als die Bewegung „Freies Deutschland" mit der Parole „Beendigung des Krieges durch eine geordnete Rückführung der Wehrmacht nach Deutschland" arbeitete und das sowjetische Interesse an einer Kooperation mit Deutschland als echt eingeschätzt werden kann: also für den Zeitraum vom Sommer 1943 bis zum Jahreswechsel 1943/44, ehe mit der Parole „Rettung durch Übertritt auf die Seite des Nationalkomitees" die „Konzeption der Zersetzung" (Scheurig) Platz griff.[74]

Daß der Bewegung „Freies Deutschland" im allgemeinen und den Militärs im Offiziersbund im besonderen der Erfolg letztlich versagt blieb, kann für die moralische Beurteilung einer Opposition hinter Stacheldraht ebensowenig ausschlaggebend sein wie das Scheitern des Attentats vom 20. Juli 1944 für eine moralische Bewertung des Kreises um Stauffenberg. Es hieße mit zweierlei Maß messen, so hat speziell im Blick auf die Rolle Walther von Seydlitz' ein ehemaliger aktiver Offizier wider ein gängiges Urteil angeschrieben, „wenn man den innerdeutschen Widerstandskämpfern Achtung und Ehre erweist, aber einen Mann verfemt, ihm die Ehre abspricht, der ein Jahr früher aus den gleichen Motiven, mit dem gleichen Idealismus, mit der gleichen Entschlossenheit in den ihm durch die Gefangenschaft gezogenen Grenzen handelte".[75] Diese Ungereimtheit unseres geschichtlichen Bewußtseins wird nur dann beseitigt werden können, wenn man sich hierzulande dazu durchringt, das Spektrum des militärischen Teils der deutschen Widerstandsbewegung gegen den Nationalsozialismus zu erweitern: Ihm sollten auch jene Offiziere und Soldaten zugerechnet werden, die aus sittlichem Gebot, aus menschlichem Empfinden und aus Liebe zu Volk und Heimat[76] hinter dem Stacheldraht sowjetischer Kriegsgefangenenlager nicht tatenlos zusehen wollten, wie Hitler das Deutsche Reich in den Abgrund stürzte — auch wenn sie dabei erleben mußten, „daß sie zum zweiten Mal von einem Diktator für machtpolitische Ziele mißbraucht wurden".[77]

Anmerkungen

Vorbemerkung: Die folgenden Ausführungen basieren im wesentlichen auf einem Vortrag, der im Rahmen eines vom Militärgeschichtlichen Forschungsamt im September 1983 in Münster veranstalteten Fortbildungslehrgangs für Lehrstabsoffiziere und Dozenten der Wehrgeschichte an den Ausbildungseinrichtungen der Bundeswehr gehalten wurde (vgl. *Der militärische Widerstand gegen Hitler und das NS-Regime 1933—1945*, Herford-Bonn 1984, S. 187 ff.). Für den Wiederabdruck, der mit der freundlichen Genehmigung des Militärgeschichtlichen Forschungsamtes in Freiburg/Brsg. erfolgt, wurde der Text leicht überarbeitet.

1 Als Beispiele einer Geschichtsschreibung, der die DDR als „die staatliche Verkörperung der besten Traditionen der deutschen Geschichte" (Erich Honecker) verordnet wird, vgl. den vom Zentralinstitut für Geschichte der Akademie der Wissenschaften der DDR herausgegebenen Grundriß: *Klassenkampf — Tradition — Sozialismus. Von den Anfängen der Geschichte des deutschen Volkes bis zur Gestaltung der entwickelten sozialistischen Gesellschaft in der Deutschen Demokratischen Republik*, Berlin [Ost] 1974, sowie das vom Wissenschaftlichen Beirat für Geschichtswissenschaft beim Ministerium für Hoch- und Fachschulwesen der DDR herausgegebene Lehrbuch: *Geschichte der Deutschen Demokratischen Republik*, Berlin [Ost] 1981.

2 Zur Geschichte der Bewegung „Freies Deutschland" in der Sowjetunion nach wie vor grundlegend: Bodo Scheurig, *Freies Deutschland. Das Nationalkomitee und der Bund Deutscher Offiziere in der Sowjetunion 1943—1945*, München 1960; vgl. außerdem Gert Robel, *Die deutschen Kriegsgefangenen in der Sowjetunion — Antifa* (= Zur Geschichte der deutschen Kriegsgefangenen des Zweiten Weltkrieges, Bd. 8), München 1974, und Karl-Heinz Frieser, *Krieg hinter Stacheldraht. Die deutschen Kriegsgefangenen in der Sowjetunion und das Nationalkomitee „Freies Deutschland"*, Mainz 1981. Zum Forschungsstand der Historiographie der DDR vgl. die Berichte von Heinz Schumann/ Wilhelm Wehling, *Literatur über Probleme der deutschen antifaschistischen Widerstands-*

bewegung, in: *Zeitschrift für Geschichtswissenschaft* (im folgenden *ZfG* zitiert), 8. Jg. (1960), Sonderheft *Historische Forschungen der DDR*, S. 396 f.; Gerhard Förster/Bruno Löwel/Wolfgang Schumann, *Forschungen zur deutschen Geschichte 1933—1945*, in: *ZfG*, 18. Jg. (1970), Sonderband *Historische Forschungen in der DDR 1960—1970*, S. 563 ff., und Dieter Lange u. a., *Forschungen zur deutschen Geschichte 1933—1945*, in: *ZfG*, 28. Jg. (1980), Sonderband *Historische Forschungen in der DDR 1970—1980*, S. 284 ff.

[3] Vgl. *Kleines Politisches Wörterbuch*, 3. Aufl., Berlin [Ost] 1978, S. 617; dazu *Geschichte der deutschen Arbeiterbewegung*, Bd. 5, Berlin [Ost] 1966, S. 350.

[4] So im Geleitwort zum Bericht Erich Weinerts, des ehemaligen Präsidenten des Nationalkomitees: *Das Nationalkomitee „Freies Deutschland" 1943—1945. Bericht über seine Tätigkeit und seine Auswirkung*, Berlin [Ost] 1957, S. 7.

[5] *Zum 40. Jahrestag der Gründung des Nationalkomitees „Freies Deutschland"*, in: *Neues Deutschland* vom 12. Juli 1983, S. 2.

[6] Als charakteristisches Beispiel dieser Sicht sei hier nur auf die verschiedenen Auflagen der Darstellung von Hans Rothfels verwiesen: *Deutsche Opposition gegen Hitler. Eine Würdigung*, zuletzt Frankfurt a. M. 1977. Zur Information über die Vielfalt der politischen Strömungen und praktischen Formen des deutschen Widerstandes gegen Hitler und das „Dritte Reich" vgl. Richard Löwenthal/Patrik von zur Mühlen (Hrsg.), *Widerstand und Verweigerung in Deutschland 1933 bis 1945*, Berlin-Bonn 1982.

[7] B. Scheurig, *Freies Deutschland*... [Anm. 2], S. 9.

[8] K.-H. Frieser, *Krieg*... [Anm. 2], S. 9.

[9] Vgl. Alexander Fischer, *Sowjetische Deutschlandpolitik im Zweiten Weltkrieg 1941—1945*, Stuttgart 1975, S. 17 f.

[10] Walter Ulbricht, *Zur Geschichte der deutschen Arbeiterbewegung*, Bd. 2, Berlin [Ost] 1963, S. 267.

[11] A. Fischer, *Sowjetische Deutschlandpolitik*... [Anm. 9], S. 18.

[12] Ernst Fischer, *Erinnerungen und Reflexionen*, Reinbek 1969, S. 431.

[13] A. Fischer, *Sowjetische Deutschlandpolitik*... [Anm. 9], S. 18; vgl. auch die Ausführungen des amtierenden Vorsitzenden der KPD, Wilhelm Pieck, in der Zeitschrift *Die Kommunistische Internationale* vom Juli 1941: Wilhelm Pieck, *Gesammelte Reden und Schriften*, Bd. 6, Berlin [Ost] 1979, S. 82 f.

[14] K. L. Sselesnjow, *Mit Walter Ulbricht im sowjetischen Kriegsgefangenenlager (Oktober 1941)*, in: *Beiträge zur Geschichte der Arbeiterbewegung*, 11. Jg. (1969), H. 5, S. 810.

[15] Vgl. A. Fischer, *Sowjetische Deutschlandpolitik*... [Anm. 9], S. 22 ff.

[16] K. L. Sselesnjow, *Mit Walter Ulbricht*... [Anm. 14], S. 810; *Geschichte der deutschen Arbeiterbewegung*... [Anm. 3], S. 318.

[17] [Ernst Hadermann,] *Wie ist der Krieg zu beenden? Ein Manneswort eines deutschen Hauptmanns*, Moskau o. J. [1942]. Vgl. dazu B. Scheurig, *Freies Deutschland*... [Anm. 2], S. 36 ff.; und A. Fischer, *Sowjetische Deutschlandpolitik*... [Anm. 9], S. 46 ff.

[18] Vgl. Vojtech Mastny, *Moskaus Weg zum Kalten Krieg. Von der Kriegsallianz zur sowjetischen Vormachtstellung in Osteuropa*, München-Wien 1980, S. 91 ff.; und A. Fischer, *Sowjetische Deutschlandpolitik*... [Anm. 9], S. 43 ff.

[19] Vgl. *Geschichte der sowjetischen Außenpolitik 1917 bis 1945*, Berlin [Ost] 1969, S. 483 f.

[20] Helmut Krausnick/Hermann Graml, *Der deutsche Widerstand und die Alliierten*, in: *Vollmacht des Gewissens*, Bd. 2, Frankfurt a. M.-Berlin 1965, S. 513.

[21] A. Fischer, *Sowjetische Deutschlandpolitik*... [Anm. 9], S. 53 f.; B. Scheurig, *Freies*

Deutschland... [Anm. 2], S. 42ff. und 55ff., sowie ders. (Hrsg.), *Verrat hinter Stacheldraht? Das Nationalkomitee „Freies Deutschland" und der Bund Deutscher Offiziere in der Sowjetunion 1943—1945,* München 1965, S. 13ff.

[22] Vgl. Bodo Scheurig, *Das Manifest von Krasnogorsk,* in: Ders., *Um West und Ost,* Hamburg 1969, S. 66. Zum Folgenden vgl. A. Fischer, *Sowjetische Deutschlandpolitik...* [Anm. 9], S. 54, und V. Mastny, *Moskaus Weg...* [Anm. 18], S. 101.

[23] Otto Korfes, *Das Nationalkomitee „Freies Deutschland", seine Kritiker und seine Gegner,* in: *Mitteilungsblatt der Arbeitsgemeinschaft ehemaliger Offiziere,* Jg. 1960, H. 9, S. 12.

[24] Vgl. dazu Bruno Löwel, *Die Gründung des NKFD im Lichte der Entwicklung der Strategie und Taktik der KPD,* in: *Beiträge zur Geschichte der Arbeiterbewegung,* 5. Jg. (1963), H. 4, S. 625, und Gerhard Zirke, *Im Tosen des Krieges geschrieben,* Berlin [Ost] 1964, S. 67.

[25] Hans Martens, *General v. Seydlitz 1942—1945. Analyse eines Konflikts,* Berlin o. J., S. 32f.; vgl. dazu B. Scheurig, *Freies Deutschland...* [Anm. 2], S. 57; ders. (Hrsg.), *Verrat...* [Anm. 21], S. 97f., und G. Robel, *Die deutschen Kriegsgefangenen...* [Anm. 2], S. 81.

[26] Vgl. die Angaben bei Willy Wolff, *An der Seite der Roten Armee. Zum Wirken des Nationalkomitees „Freies Deutschland" an der sowjetisch-deutschen Front 1943 bis 1945,* Berlin [Ost] 1973, S. 41ff.

[27] B. Scheurig, *Freies Deutschland...* [Anm. 2], S. 42f. und 51f.

[28] A. Fischer, *Sowjetische Deutschlandpolitik...* [Anm. 9], S. 58; vgl. außerdem G. Zirke, *Im Tosen...* [Anm. 24], S. 67.

[29] B. Scheurig, *Freies Deutschland...* [Anm. 2], S. 32; ders. (Hrsg.), *Verrat...* [Anm. 21], S. 26; A. Fischer, *Sowjetische Deutschlandpolitik...* [Anm. 9], S. 83; G. Robel, *Die deutschen Kriegsgefangenen...* [Anm. 2], S. 86.

[30] Vgl. *Grundriß der Geschichte der deutschen Arbeiterbewegung,* Berlin [Ost] 1963, S. 191; *Meyers Neues Lexikon* in acht Bänden, Bd. 6, Leipzig 1964, S. 50; und *Geschichte der deutschen Arbeiterbewegung...* [Anm. 3], S. 333 und 350; dazu die von der Bewegung „Freies Deutschland" in der Schweiz herausgegebene Broschüre: *Um Deutschlands nächste Zukunft,* Zürich o. J., S. 26f.

[31] Vgl. George Kennan/Hermann Weber (Hrsg.), *Aus dem Kadermaterial der illegalen KPD 1943,* in: *Vierteljahrshefte für Zeitgeschichte,* 20. Jg. (1972), H. 4, S. 426f.; dazu Hermann Weber, *Die KPD in der Illegalität,* in: R. Löwenthal/P. von zur Mühlen (Hrsg.), *Widerstand und Verweigerung...* [Anm. 6], S. 99.

[32] Else und Bernt von Kügelgen (Hrsg.), *Die Front war überall. Erlebnisse und Berichte vom Kampf des Nationalkomitees „Freies Deutschland",* 3. Aufl., Berlin [Ost] 1968, S. 11.

[33] B. Scheurig (Hrsg.), *Verrat...* [Anm. 21], S. 37 und 254ff.

[34] B. Scheurig, *Freies Deutschland...* [Anm. 2], S. 171.

[35] H. Martens, *General v. Seydlitz...* [Anm. 25], S. 64ff.

[36] E. Weinert, *Das Nationalkomitee...* [Anm. 4]. Vgl. dazu die kritischen Anmerkungen von Bodo Scheurig, *Freies Deutschland...* [Anm. 2], S. 188.

[37] *Geschichte der deutschen Arbeiterbewegung...* [Anm. 3], S. 350. Vgl. dazu auch Otto Winzer, *Zwölf Jahre Kampf gegen Faschismus und Krieg. Ein Beitrag zur Geschichte der Kommunistischen Partei Deutschlands 1933 bis 1945,* Berlin [Ost] 1957, S. 205.

[38] Vgl. *Protokoll der Verhandlungen des VI. Parteitages der SED,* Bd. 4, Berlin [Ost] 1963, S. 330ff. und 337ff.

[39] O. Winzer, *Zwölf Jahre*... [Anm. 33], S. 205.

[40] Gerhard Rossmann, *Der Kampf der KPD um die Einheit aller Hitlergegner*, Berlin [Ost] 1963, S. 48; G. Zirke, *Im Tosen*... [Anm. 24], S. 67; *Geschichte der deutschen Arbeiterbewegung*... [Anm. 3], S. 350; Kurt Finker, *Probleme des militärischen Widerstandes und des Umsturzversuches vom 20. Juli 1944 in Deutschland*, in: Christoph Klessmann/Falk Pingel (Hrsg.), *Gegner des Nationalsozialismus. Wissenschaftler und Widerstandskämpfer auf der Suche nach historischer Wirklichkeit*, Frankfurt a. M.-New York 1980, S. 160.

[41] Kurt Finker, *Stauffenberg und der 20. Juli 1944*, Berlin [Ost] 1967, S. 213; ders., *Probleme*... [Anm. 40], S. 179; dazu Sigrid Wegner-Korfes, *Der 20. Juli und das Nationalkomitee „Freies Deutschland". Aus persönlichen Unterlagen der Familie von Oberst Ritter Albrecht Mertz v. Quirnheim*, in: *ZfG*, 27. Jg. (1979), H. 6, S. 535 ff.

[42] Willy Wolff, *Auf Initiative der KPD wurde vor vierzig Jahren das Nationalkomitee „Freies Deutschland" gegründet*, in: *Volksarmee*, Nr. 27 (1983), S. 3.

[43] Zur Tätigkeit der Frontorganisation des Nationalkomitees vgl. E. Weinert, *Das Nationalkomitee*... [Anm. 4], S. 41 ff.; B. Scheurig, *Freies Deutschland*... [Anm. 2], S. 92 und 113 ff.; W. Wolff, *An der Seite*... [Anm. 26], passim; G. Robel, *Die deutschen Kriegsgefangenen*... [Anm. 2], S. 87 f.; und K.-H. Frieser, *Krieg*... [Anm. 2], S. 84 ff.

[44] W. Wolff, *An der Seite*... [Anm. 26], S. 17, und ders., *Auf Initiative*... [Anm. 42], S. 3.

[45] Vgl. W. Wolff, *An der Seite*... [Anm. 26], S. 197, 230 f. und 250 f.; dazu ders., *Bewaffnete Gruppen der Bewegung „Freies Deutschland"*, in: E. und B. von Kügelgen (Hrsg.), *Die Front*... [Anm. 32], S. 251 ff.

[46] W. Wolff, *An der Seite*... [Anm. 26], S. 250 f.; Werner Pilz, *Horst Viedt, ein Kämpfer für das neue Deutschland*, in: E. und B. von Kügelgen (Hrsg.), *Die Front*... [Anm. 32], S. 346 ff.

[47] W. Wolff, *Auf Initiative*... [Anm. 42], S. 3.

[48] B. Scheurig, *Das Manifest*... [Anm. 22], S. 64.

[49] W. Wolff, *Auf Initiative*..., [Anm. 42], S. 3. Vgl. dazu Hans Gossens, *Die militärpolitische Tätigkeit des Nationalkomitees „Freies Deutschland" — Bestandteil der fortschrittlichen militärischen Traditionen des deutschen Volkes*, in: *Zeitschrift für Militärgeschichte*, 2. Jg. (1963), H. 2, S. 154 ff.

[50] B. Scheurig, *Das Manifest*... [Anm. 22], S. 67; K.-H. Frieser, *Krieg*... [Anm. 2], S. 94.

[51] *Deutsche, Wohin? Protokoll der Gründungsversammlung des Nationalkomitees Freies Deutschland und des Deutschen Offiziersbundes*, hrsg. vom Lateinamerikanischen Komitee der Freien Deutschen, Mexiko o. J., S. 18.

[52] Vgl. als Beispiel den ersten Aufruf des Offiziersbundes: *A. a.* O., S. 79 ff.; und B. Scheurig (Hrsg.), *Verrat*... [Anm. 21], S. 102 ff.

[53] *Deutsche, Wohin?*... [Anm. 51], S. 31.

[54] Siehe Joachim Wieder, *Stalingrad und die Verantwortung des Soldaten*, München 1962, S. 43.

[55] *A. a.* O., S. 79.

[56] *A. a.* O., S. 80 f.

[57] *A. a.* O., S. 112.

[58] Vgl. B. Scheurig, *Freies Deutschland*... [Anm. 2], S. 49.

[59] *A. a.* O., S. 53 ff.

[60] Zitiert nach Egbert von Frankenberg, *Meine Entscheidung*, Berlin [Ost] 1963, S. 170.

[61] *Deutsche, Wohin?*... [Anm. 51], S. 79.

[62] Vgl. J. Wieder, *Stalingrad*... [Anm. 54], S. 101 f.

[63] *Deutsche, Wohin?*... [Anm. 51], S. 80f.

[64] *A. a.* O., S. 83.

[65] *A. a.* O., S. 90 und 93.

[66] *A. a.* O., S. 98; vgl. dazu E. Fischer, *Erinnerungen*... [Anm. 12], S. 458 f.

[67] *Deutsche, Wohin?*... [Anm. 51], S. 96f.

[68] *A. a.* O., S. 100.

[69] B. Scheurig, *Freies Deutschland*... [Anm. 2], S. 87ff.; K.-H. Frieser, *Krieg*... [Anm. 2], S. 86ff.; *Deutsche, Wohin?*... [Anm. 51], S. 114.

[70] K.-H. Frieser, *Krieg*... [Anm. 2], S. 209.

[71] *A. a.* O., S. 208.

[72] *A. a.* O., S. 209 f.

[73] H. Martens, *General v. Seydlitz*... [Anm. 25], S. 92.

[74] B. Scheurig (Hrsg.), *Verrat*... [Anm. 21], S. 24 ff.

[75] H. Martens, *General v. Seydlitz*... [Anm. 25], S. 44.

[76] *Deutsche, Wohin?*... [Anm. 51], S. 89.

[77] K.-H. Frieser, *Krieg*... [Anm. 2], S. 12.

Achter Teil

Außenpolitik und innere Situation als Voraussetzungen des Umsturzversuchs

Zum Verhältnis der Ziele der militärischen und zivilen Widerstandsgruppen

PETER STEINBACH
Passau

Für Lothar Albertin
zum 60. Geburtstag

„Begreife bitte, eine Diktatur ist eine Schlange. Wenn Du sie auf den Schwanz trittst, beißt sie Dich ins Bein. Du mußt den Kopf treffen. Und das kannst Du nicht und das kann ich nicht. Das kann nur das Militär — darum ist das Einzige, was Sinn hat, die Militärs zu überzeugen, daß sie handeln müssen."*

I

Das Problem

Im Sommer 1940, am Beginn der „Schlacht um Frankreich", stellte der deutsche Hauptmann Hermann Kaiser Überlegungen an, die sich von der wenig später allenthalben zu spürenden deutschen Siegeseuphorie unterschieden. In einem Brief an seine Schwester schrieb der durch den Krieg aus seiner bürgerlichen Lebensweise eines Studienrates für Geschichte und Philosophie hinausgeworfene „Ziviloffizier":

„Vielleicht kommt es doch so, daß eine siegreiche Armee dann auch innenpolitisch durchgreift und alle unreinen Elemente aus der Verwaltung wieder beseitigt, Schulen und Universitäten wieder aufbaut, die Wirtschaft reinigt, die Kirche achtet als höchste Instanz eines gläubigen Volkes, das durch ein tiefes Tal mußte, um geläutert zu werden."[1]

Diese Distanzierung erinnert an die gleichzeitig eingeleitete Kontaktaufnahme des Verwaltungsbeamten Helmuth James Graf von Moltke mit seinem Vetter Peter Graf Yorck von Wartenburg. Auch Moltke blickte hinter die Fassade der überall spürbaren Euphorie und erkannte den Triumph des Bösen hinter den nationalsozialistischen Erfolgen.[2]

Die Überlegungen von Kaiser und Moltke, gleichzeitig und doch unabhängig voneinander angestellt, weisen auf eine der erregendsten Beziehungen zwischen dem militärischen und zivilen Denken im Umfeld des deutschen Widerstands und lassen sich gleichsam als Konkretion der in Grenzsituationen angestellten Überlegungen von Clausewitz über das Verhältnis von militärischem Denken und politischer Verantwortung interpretieren.

Moltke und Kaiser, die die nationalsozialistische Regierungsübernahme, zunächst innerlich sehr erwartungsvoll und positiv gestimmt, begrüßt und die Überwindung des Weimarer Systems erstrebt hatten, distanzierten sich bereits zu einer Zeit, die uns heute als Höhepunkt der Faszination nationalsozialistischer Herrschaft erscheint, unverblümt von der Ordnung, die sie ursprünglich innerlich erstrebt haben mochten, die sie aber augenscheinlich bereits lange Zeit vor den militärischen Niederlagen der deutschen Wehrmacht in sich überwunden hatten.[3]

Ihre klaren Bemerkungen sind aber nicht nur von biographischer, sondern von exemplarischer Bedeutung, belegen sie doch, daß der sich in der Wehrmacht formierende Widerstand keineswegs allein militärische Bezugspunkte, sondern moralische Perspektiven aufwies. Damit wird in diesen beiläufigen Zitaten ein Thema angeschlagen, welches bis heute in der Forschungsdiskussion nicht abschließend behandelt wurde, obwohl das populäre Bild des militärischen Widerstands vielfach als Militärputsch erscheint.

Die Frage lautet hingegen:

Ging es der „Militäropposition", die sich zum „letzten" und „entscheidenden Wurf" des Anschlags auf Hitler durchrang, um die Verfolgung spezifisch militärischer Ziele angesichts der drohenden Katastrophe, oder handelten die Widerstandskämpfer stellvertretend für alle anderen Gegner des Nationalsozialismus, weil sie sich ihrer allein erfolgversprechenden Möglichkeiten bewußt waren?

Diese Frage zu beantworten, bedeutet, Übereinstimmungen der angestrebten Ziele, aber auch Entsprechungen in Traditionen und Perspektiven unterschiedlicher Widerstandskreise aufzuzeigen, Kontakte zwischen den verschiedenen Gruppierungen und einzelnen Widerstandskämpfern darzustellen und zu überprüfen, wie weit die Ähnlichkeiten des politischen Willens und die persönlichen Verbindungen auch nach dem 20. Juli 1944 trugen. Der Rahmen einer möglichen Antwort wurde bereits unmittelbar nach dem Krieg von Hans Rothfels, dem Nestor der deutschen Widerstandsgeschichte, in seinem klassischen und bis heute weder übertroffenen noch überholten Werk *Die deutsche Opposition gegen Hitler*[4] gezeichnet. Rothfels verwies als erster auf die Breite der deutschen „Opposition“ und zeichnete nicht allein die Schattierungen der nuancenreichen Militäropposition, sondern auch der vielfältigen Ziele und Wege widerständigen Verhaltens in zeitlicher und gradueller Differenzierung unter Einschluß ziviler Widerstandsgruppierungen nach.

Nach dem Anschlag vom 20. Juli und den Untersuchungen des Reichssicherheitshauptamtes[5] wurde der NS-Führung schnell bewußt, daß der Anschlag auf Hitler keineswegs das „Komplott“ einer „ganz kleinen Clique ehrgeiziger, gewissenloser und zugleich verbrecherischer dummer Offiziere“[6] war. Denn die systematische Ausforschung des Hintergrundes des Attentäters Stauffenberg machte die vielfältigen, langen und intensiven Verbindungen zwischen den zum Handeln entschlossenen Militärs und den zivilen Widerstandskreisen sichtbar;[7] erst diese Verbindung machte den Umsturzversuch derart bedrohlich, daß die Weiterungen in der Tat an die Substanz des NS-Systems selbst zu gehen drohten.

Bald zeigte sich nämlich, daß von einem „Putsch militärischer Kreise“[8] nicht gesprochen werden konnte, sondern daß viele Bemühungen und Traditionen des Widerstands nach 1933 sich brennspiegelgleich im Attentat Stauffenbergs konzentrierten.

Es ist das Verdienst von Hans Rothfels, sehr frühzeitig diese Verbindungen als Charakteristikum des Umsturzversuches vom 20. Juli 1944 herausgestellt zu haben. Das bis heute gültige Ergebnis seiner bahnbrechenden Deutung lautet, die „Motive der militärischen Opposition“ seien weder von „rein beruflicher noch von klassenbedingter Art“[9] gewesen. Diese Feststellung hat eine grundlegende These zum Verhältnis zwischen der Opposition der Militärs und zivilen Trägern des Widerstands zur Folge: Beim Attentat auf Hitler habe es sich „in gar keiner Weise ... um ein rein militärisches Vorgehen“ gehandelt, stellt Rothfels mit Blick auf die Beteiligten und Eingeweihten fest: „Es hatte seine Motive sowie seine Ziele im politischen und moralischen Bereich.“[10]

Die Übereinstimmung politischer und moralischer Ziele prägte auch die unterschiedlichen Gruppierungen des Widerstands, die in der Regel[11] nach Persönlichkeiten benannt werden. So steht einer Goerdeler-Gruppe die Gruppe um Beck, der Stauffenberg-Leber-Gruppe die Saefkow-Gruppe, dem Kreisauer Kreis etwa die Rote Kapelle um Harro Schulze-Boysen und Arvid Harnack gegenüber.[12] Bezeichnenderweise gehören diese Gruppen in fast gleiche Zeiträume: Nach Kriegsbeginn und frühen Siegen spiegeln sie die Abkehr vom NS-System und die Notwendigkeit, die Zeit „danach“, nach einer den deutschen Nationalstaat bedrohenden Niederlage, vorzubereiten und im Vorausdenken zu gestalten. Die Gruppen stehen damit aber am Ende einer Entwicklung, die unterschiedliche Widerstandsmotivationen und -traditionen zusammenführt. Jede Gruppe vereinigt ganz unterschiedliche Individuen, die kulturelle und politische, weltanschauliche und pädagogische, schichten- und gruppen-, generations- und regionalspezifische Traditionen verkörpern. Die Betonung nur einer Motivation, die Isolierung eines Zieles mußte die Komplexität, die Vielfalt und Breite des Widerstands verfehlen und seine Pluralität reduzieren. Die Erfassung dieser Breite scheint eine Aufgabe der modernen Widerstandsgeschichte zu sein, die immer in der Gefahr stand, gesellschaftliche und politische, konfessionelle und kulturelle Teilbereiche ohne Blick auf das Gesamtgeflecht des Widerstandes zu beschreiben und letztlich die Gemeinsamkeit der Widerstandskämpfer zu übersehen, die das Ergebnis eines langwierigen und häufig quälenden, schließlich aber bewußten Prozesses war.

Die Klärung dieses Verhältnisses gegenseitiger Abhängigkeit und gegeneinander bewiesenen Respekts aus gemeinsamer Erfahrung war im Jahre 1943 weitgehend abgeschlossen. Ehe aber die Motivationslage in der Mitte des Krieges und dann im Sommer 1944 angesichts der als sicher erwarteten Niederlage analysiert werden kann, ist Klarheit in den Grad der allmählich erfolgten Annäherung der militärischen und zivilen Kreise zu bringen und der Eindruck zu problematisieren, beiden Gruppen sei es vor allem um die Abwehr des nationalstaatlichen Zusammenbruchs gegangen.

II

Zur Motivationslage des Widerstandes

Der traditionsorientierten und -verhafteten, der soziologisch bedingten und politisch geprägten Vielfalt des Widerstands entspricht seine reich differenzierte Motivationslage. Sie bezieht sich sowohl auf die Motivation zum Handeln aus gemachten Erfahrungen und gewonnenen Beobachtungen als auch auf die Motivationen, die auf Zielvorstellungen und Zukunftsvorstellungen für die Zeit „danach“ verweisen.

Die Motivationslage spiegelte zunächst die traditionsgeprägten Ausgangssituationen: Entrüstung und Empörung über Verfolgungsmaßnahmen und Unterdrückung, über Kirchenkampf und Sondergesetze waren abhängig von politischen Optionen. Diese Optionen schränkten das Wahrnehmungsvermögen ebenso ein wie die Fähigkeit zur moralischen Entrüstung oder zur mitmenschlichen Solidarität. Insofern hatte gerade der militärische und zivile Widerstand eine ungünstige Startposition, denn die Unterdrückungsmaßnahmen der ersten Stunde bestimmten kaum die Motivationslage der Jahre 1933 und 1934. Als „eigentlich kritischer Zeitpunkt"[13] gilt deshalb die Ermordung Schleichers 1934; diese Tat sensibilisierte für Übergriffe des Staates und nationalsozialistische Gewaltverbrechen. Deshalb faßte General Adolf Heusinger die allgemeine Stimmung rückblickend, aber wahrscheinlich zutreffend zusammen, als er in einem Gespräch mit Guido Knopp betonte:

„... ich würde auf die Frage, von welchem Moment an ich die Sache ausdrücklich als verbrecherisch angesehen hätte, antworten: Das begann mit der Ermordung von Schleicher und fand ihren Höhepunkt in den Judenverfolgungen."[14]

Allerdings handelte es sich noch nicht um eine Einschränkung, die in zugespitzter Weise politisches Verhalten und militärische Führung beeinflußte, sondern eher um eine Stimmung des Unbehagens, die rückblickend die Bedeutung beginnender innerer Distanzierung erhielt. Diese Stimmung war nicht identisch mit einer regimekritischen Motivationslage, begünstigte aber deren Entstehung in der Folgezeit.

Die Beendigung der Röhm-Affäre durch Ermordung der SA-Führung hatte die Reichswehr zugleich begünstigt und schuldig werden lassen: Die militärische Stellung wurde von der NS-Führung augenscheinlich respektiert, aber zugleich war angesichts der an Angehörigen der bewaffneten Macht verübten Verbrechen die Loyalität vieler Offiziere und damit ihr Gewissen und ihr Rechtsbewußtsein herausgefordert. Zum erstenmal mochten einige Offiziere die Spannung zwischen Befehl und Gehorsam, zwischen Gehorsam und Schuld empfinden.[15] In den Folgejahren mochte diese Erfahrung zunächst verdrängt werden; als später angesichts neuer Zumutungen und offensichtlicher Verbrechen[16] des Systems dieses Gefühl der Ohnmacht und Verstrickung erneut die verantwortungsbewußtesten Offiziere belastete,[17] erinnerten sich viele der Juni- und Julitage des Jahres 1934, denen überdies der Eid der Wehrmacht auf Hitler nach dem Tode Hindenburgs gefolgt war.

Etwa vier Jahre später rührte eine weitere politisch-militärische Krise an das Selbstverständnis der militärischen Führung: Die Ablösung des Kriegsministers von Blomberg und des Heeres-Oberbefehlshabers von Fritsch zeigte, daß die Armee ihre Position im nationalsozialistischen Herrschaftssystem nicht wie selbstverständlich behaupten konnte, sondern in der SS und insbesondere im Sicherheitsdienst (SD) des Reichssicherheitshauptamtes einen Gegner besaß, dem Hitler allmählich zuzuneigen schien. Das Motivationsbündel des militärischen Widerstands erhielt nun insofern eine entscheidende Färbung, als Hitler in die Rechtfertigung umstürzlerischer Überlegungen ausdrücklich einbezogen wurde. Die Verpflichtung gegenüber Fritsch als dem unrechtmäßig und ehrenwidrig behandelten Kameraden motivierte ebenso wie die Empörung über Hitlers unwürdiges Verhalten gegenüber Fritsch. Deshalb machten sich vereinzelt Gedanken breit, das Regime sei zu reinigen und von Verantwortlichen zu „säubern“, die das Unrecht symbolisierten. Damit tauchten Vorstellungen auf, die in der Folgezeit variiert, vor allem in ihrer Argumentationsstruktur aber auch später beibehalten wurden. Angesichts der politischen Verwicklungen im Zusammenhang der Sudetenkrise und der Verbrechen nach Ausbruch des Krieges vertiefte sich allerdings die moralische Dimension.[18]

In der Ablehnung des totalen Herrschaftsanspruchs des NS-Staates und seiner Träger trafen sich seit 1937/38 zunehmend die Vertreter der militärischen und zivilen Opposition. In ihren politischen Grundvorstellungen, die Klaus-Jürgen Müller als „nationalkonservativ“ bezeichnet hat, in ihren Handlungsmöglichkeiten und Zielvorstellungen verfügten beide Stränge über Gemeinsamkeiten. Diese ließen die Ziele der einzelnen Widerständigen und Gruppen des Widerstands zwar niemals deckungsgleich werden, waren aber eine wesentliche Voraussetzung praktischer Kooperation aus einer ähnlichen Motivationslage heraus.[19]

Diese Lage wurde überdies durch die gleichartige Verstrickung in das System selbst mitgeprägt. Sowohl die Vertreter der militärischen Gegenströmungen als auch die Gegner des Regimes innerhalb der Verwaltung — der Abwehr, des Auswärtigen Amtes und der Justiz — handelten aus Machtpositionen heraus, die sie zu Teilen des Systems machten. Sie nutzten dabei Handlungsspielräume, die von der polykratisch[20] orientierten Zeitgeschichtsforschung dargestellt werden konnten. Entscheidend war aber nicht die Unübersichtlichkeit des in seinen Kompetenzen nicht streng monolithisch strukturierten Systems, das letztlich auf die Zielvorstellungen der Führung orientiert blieb, sondern die sich abzeichnende weltanschauliche Vielfalt der opponierenden Teilträger dieses Systems selbst. Erst durch die wachsende weltanschauliche Unabhängigkeit der Beamten und Offiziere, die sich angesichts der Blomberg-Fritsch-Krise auch moralisch und handlungsethisch rechtfertigen ließ,[21] konnte dem Handeln aus den Herrschaftspositionen des Regimes heraus gegen dieses System ein neuer Sinn gegeben werden.

Entscheidend für die Motivationslage wie für die Handlungsfähigkeit der Opposition gegen Hitler ist also die Unabhängigkeit von den politischen Zielen der NS-Führung, nicht die Erfahrung der Polykratie — diese stellt nur eine Handlungsvoraussetzung dar.

Die Ziele selbst waren ebenso vielfältig wie die Motive. Neben der Ansicht, das System müsse völlig gesäubert werden, wie sie etwa Oster vertrat, stand der Versuch, in der Beeinflussung der Willensbildungsprozesse eine Verhinderung des Krieges zu erreichen — sei es durch Denkschriften, die sich an Hitler selbst wandten, sei es durch die Beeinflussung der auswärtigen Mächte.[22] Die Motivation, das Regime wenn nicht zu stürzen, so doch wenigstens grundlegend zu reformieren, bestimmte die Verhaltensweise. Da Reform nur von innen heraus erfolgen konnte, richteten sich die Bemühungen zunächst vor allem auf die Beeinflussung der inneren Entscheidungsprozesse. An diesem Punkt trafen sich Vertreter der militärischen Opposition um Beck und Halder mit Einzelgängern des nichtmilitärischen Bereiches, insbesondere mit dem ehemaligen Leipziger Bürgermeister Goerdeler.[23] An die Erfahrungen der Fritsch-Krise und der Kriegsgefahr im Umfeld des Münchener Abkommens konnte in der Folgezeit immer wieder angeknüpft werden.

Die Motivationslage war seit 1938 durch die wachsende Kriegsgefahr geprägt. Verstärkt wurde sie ganz zweifellos durch die offensichtliche Entrechtung der jüdischen Mitbürger, die selbst bei denen auf Kritik stieß, die grundsätzlich eine „Lösung der Judenfrage" positiv bewerteten und darin auch eine Rechtfertigung für Sonderbestimmungen gegen Juden zu sehen geneigt waren.[24] Denn die Fülle von Sonderrechten, die tief in den Alltag jüdischer Mitbürger und Nachbarn, Freunde und Bekannter eingriffen, entwickelten sich zu einem System der Schikane und Entwürdigung, der Ausgrenzung und Diffamierung, die den Anstand vieler Menschen verletzten.[25] Entzündete sich die Empörung in der Regel auch nur am „Einzelfall", so konnten sich dann aus diesem Funken Begründungen für weitergehende Distanz und Kritik entwickeln.

Die Motivationslage der militärischen und zivilen „nationalkonservativen" Opposition war aber, unbeschadet der Kritik an der Entrechtung der Juden, gerade dadurch geprägt, daß zunächst Funktionskonflikte stärker im Vordergrund standen als die völlige Ablehnung der Unrechtsakte. Sie setzten als Auseinandersetzungen ein, die politische Zielvorstellungen berührten: Fragen der Rüstungspolitik ebenso wie der Wirtschaftspolitik, der Auseinandersetzungen über Stufen und Stadien der Außenpolitik sowie über die Behandlung von auswärtigen Diplomaten und Mächten. Zunächst wurde die Opposition noch keineswegs durch einen Fundamentalgegensatz geprägt, sondern durch den Willen zur politischen Kurskorrektur. Insofern hatte der Widerstand zwischen 1937 und 1939 charakteristische Züge eines Elitenkonflikts.[26] Die Entwicklung dieser Auseinandersetzungen schildern andere Beiträge;[27] sie lenken das Hauptaugenmerk auf die Militäropposition, die sich in Gruppen und Methoden, Ziele und Ansprechpartner differenzieren läßt. Innerhalb des Spektrums der nationalkonservativen Opposition scheint 1938/39 zum ersten Male der aktive Umsturzversuch auf, der bewußt den Tod Hitlers in sein Kalkül zieht.

In dieser Radikalität wirkten sich Fehlentscheidungen und Übergriffe des NS-Systems aus, das die Neutralität gegenüber Wehrmacht und Offizierkorps ebenso aufgab, wie es sich innenpolitisch radikalisierte und die Ziele der nationalsozialistischen Weltanschauung zum Bezugspunkt politischer Praxis machte. Immer stärker rückten die nationalsozialistischen Gewaltverbrechen in den bestimmenden Umkreis der Motivationslage der Kritiker und Gegner des NS-Staates.

Die Ablehnung der Verbrechen entzündete sich besonders an den gewaltsamen Übergriffen des Novemberpogroms vom 9./10. November 1938.[28] Die Untaten verstärkten die Unzufriedenheit mit der Außenpolitik Hitlers, der immer bewußter einen Krieg nicht nur riskierte, sondern gezielt anstrebte. In der Kritik an der nationalsozialistischen „Volkstumspolitik" gegenüber den deutschen Nachbarstaaten — der Eingliederung des Sudetenlandes, der „Zerschlagung der Resttschechei", der Proklamation eines „Großdeutschland" nach der Einverleibung von Österreich, schließlich der sich abzeichnenden Herausforderung des von den westeuropäischen Mächten Großbritannien und Frankreich besonders garantierten Polens — formierten sich innerhalb der militärischen Opposition von Beck und Halder, aber auch der diplomatischen Opposition im Auswärtigen Amt, innerhalb der Abwehr und schließlich in der zivilen Opposition um Goerdeler Strömungen, die Umsturzpläne verfolgten und darüber immer näher aneinanderrückten.[29]

Nach der Entfesselung des europäischen Krieges, der sich zum Weltkrieg ausweitete, erhielt die Motivationslage durch die bereits von den ersten Kriegswochen an verübten Verbrechen eine entscheidene Prägung.[30] Zwar zeigten sich keineswegs alle Offiziere von den Nachrichten über die Übergriffe der nationalsozialistischen Einsatzgruppen erschüttert; bei einigen wirkten die unmittelbar beobachteten Verbrechen jedoch schockierend.[31] In Polen rotteten Einheiten von SS und SD, von Sicherheitspolizei und Wehrmacht die kulturelle und politische Elite des Landes aus, verübten Geiselerschießungen ohne Beachtung des Völkerrechts und nahmen die Bildung von Ghettos, das heißt von besonderen jüdischen Wohngebieten, im Generalgouvernement vor.

Die Verbrechen, die in den Folgejahren weiterhin systematisch vorbereitet und ausgeführt wurden, steigerten sich schließlich zur systematischen Ermordung weltanschaulicher Gegner, wie der „Bolschewisten" und „marxistischen Kommissare",[32] schließlich der europäischen Juden.[33] Einsatzgruppen töteten im Rücken der kämpfenden Truppe, aber auch unter Beteiligung einzelner Wehrmachtsverbände Hunderttausende von Juden; mehrere Millionen russische Kriegsgefangene verhungerten in den großen Gefangenenlagern,[34] und schließlich steigerte die NS-Führung den Völkermord an Juden und Zigeunern zur „industriemäßig betriebenen Massentötung".[35] Die Reaktion auf die Verbrechen machte, wie bei Axel von dem Bussche,[36] einen wesentlichen Bezugspunkt ihrer entschiedenen Gegnerschaft zum Nationalsozialismus aus; allerdings kam die Wendung zum Widerstand nicht allein aus der Empörung über Massenmorde. Auch die sich abzeichnende Niederlage, die Suche nach innenpolitischen Alternativen, die Kritik an der Behandlung der „fremdvölkischen" Menschen Osteuropas[37] und Bemühungen, mit Großbritannien zum Friedensschluß zu gelangen, bestimmten die Motivationslage.

Nach dem Überfall auf die UdSSR wurde der verbrecherische Charakter des nationalsozialistischen Rassen- und Weltanschauungskampfes vollends sichtbar. Der „Generalplan Ost"[38] bedeutete die Unterjochung der als „Untermenschen" behandelten Weißrussen und Ukrainer, die Wannsee-Konferenz koordinierte die schon länger beschlossene „Endlösung der Judenfrage",[39] von seiten der Kriegsgegner Deutschlands schränkten zugleich die *Unconditional-Surrender*-Forderung ebenso wie die „Moskauer Erklärung" die Handlungsalternativen der deutschen Opposition ein. Angesichts der Verbrechen und der unübersehbaren Folgen für die deutsche Politik wurden die diplomatischen Kontakte zu den Kriegsgegnern immer wichtiger, steigerte sich aber auch der Zwang, eine Wende aus eigener Kraft herbeizuführen. Der Anschlag auf Hitler sollte eine Abkehr von Verbrechen und eine Verhinderung der den Nationalstaat gefährdenden Niederlage gleichermaßen ermöglichen, aber auch den Alliierten die Ernsthaftigkeit der Oppositionsbestrebungen beweisen. Deshalb nahmen nicht nur die diplomatischen Kontakte zwischen der deutschen Opposition und Vertretern der britischen und schwedischen Diplomatie und Kirchen zu,[40] sondern verstärkten sich auch die Attentatsbemühungen selbst.

Auch vor 1938/39 hatte es verschiedene Attentatsversuche gegeben, die allerdings ausnahmslos nicht die „Sicherheit des Diktators"[41] zerstören konnten, möglicherweise sogar teilweise inszeniert worden waren, um Hitlers Unverwundbarkeitsmythos zu bekräftigen. Nach 1939 nahmen diese Attentatsbestrebungen jedoch eine neue Qualität an, denn sie waren wesentliche Voraussetzung und Grundbestandteil von Staatsstreichplanungen. Wie alle Rechtfertigungen von Opposition und Widerstand waren auch die Motivationen dieser Staatsstreichabsichten vielfältig; ebenso vielgestaltig waren die Zusammenhänge zwischen den Widerstandsgruppen und -kreisen und die Formen ihrer Arbeit. Im Kern ging es aber nicht mehr um die Bewahrung von Nonkonformität und Resistenz, sondern um die Schaffung günstiger Voraussetzungen einer Widerstandstat, die sowohl Voraussetzung eines realen Umsturzes des Systems war als auch ein Zeichen für die Westmächte setzen sollte.

Damit hatte sich die Widerstandsmotivation entscheidend verändert und die Reformorientierung und Kriegsverhinderungsabsicht der späten dreißiger Jahre verloren. Die nationalkonservative Motivation bezog sich nicht mehr auf den Willen, Entscheidungen beeinflussend zu modifizieren oder zu verhindern, denn sie reflektierte die Praxis des NS-Systems grundsätzlich-kritisch, gleichsam von außen kommend. Die Träger des Widerstands mochten aufgrund ihrer aktuellen Position noch Teil des Herrschaftssystems sein, weil sie innerhalb des Staates Funktionen ausübten. Mental standen sie aber außerhalb. Deshalb handelte es sich zunehmend weniger um den Kampf einer „Teileinheit" des Systems gegen übergeordnete, dominierende Herrschaftseinheiten, als vielmehr um einen entschiedenen Akt von „Systemgegnern" gegen Anspruch, Rechtfertigung und Praxis des Systems und seiner Träger selbst.[42]

Der motivierende Durchbruch war das Ergebnis eines Prozesses, dessen Anfänge lange zurückreichten, der immer wieder von Mitgliedern anderer Widerstandskreise beeinflußt worden war und der nicht zuletzt aktuelle Erfahrungen des Krieges, aber auch der Verwaltungspraxis spiegelte. Dies kann den moralischen Anspruch des Widerstands, der schließlich formuliert und mit dem Leben bezahlt wurde, nicht schmälern, sondern lediglich die Komplexität der Entscheidungsfindung von Widerstandskämpfern verdeutlichen. Der Kritik an der Kriegführung, an der sinnlosen und verantwortungsfernen Opferung von Menschen, an der dilettantischen, kaum sachadäquaten Aufstellung von Reserven und Materialersatz[43] konnte sich eine Haltung der Distanz entwickeln, die die Gewinnung einer grundsätzlichen Widerstandsposition erleichterte. So läßt sich Stauffenbergs Erfahrung in der Verwaltung des Heeres und beim Befehlshaber des Ersatzheeres durchaus in seine Motivation zum Widerstand einbinden.

Bei aller Kritik an der Dominanz der militärischen Trägerschicht des Widerstands gegen Hitler ist jedoch unbestreitbar, daß selbst zur Zeit abzusehender militärischer Schwierigkeiten und Niederlagen die aussichtslose Stellung der deutschen Wehrmacht nicht die Primärmotivation darstellte. Im Vorfeld des Krieges und vollends nach 1939 mußten Angehörige der Wehrmacht das Gesetz des Handelns an sich ziehen, weil sie allein erfolgversprechend mit den Mitteln der Gewalt das Regime Hitlers zu stürzen vermochten. Wurde deshalb auch vereinzelt die These aufgestellt, erst angesichts der militärischen Niederlage, die den deutschen Nationalstaat von außen bedrohte, nachdem die Verstrickung in Verbrechen bereits seine innere Legitimation und damit die deutsche Identität zerstört hatte, hätten die zum Umsturz bereiten Offiziere die entscheidenden Anstöße gefunden, so umgreift diese Behauptung keineswegs das aufgeführte Motivbündel. Die These spiegelt eher die Auseinandersetzungen in den 1950er Jahren, die sogar das Verdienst Stauffenbergs und Tresckows relativierten, weil beide — die heute als „Motoren" des Widerstands anerkannt sind — primär die engen Interessen der Junker, wenn nicht sogar der Generalität vertreten hätten, die sich für einen späteren Waffengang hätte schonen wollen.

Heute stehen gerade Claus Graf Schenk von Stauffenberg und Henning von Tresckow[44] für eine moralische Rigidität, die nicht aus ihrer militärischen Tradition allein zu erklären ist. Vor allem aber standen Stauffenberg und Tresckow mit den Widerstandskreisen um Beck und Goerdeler, um Helmuth James Graf von Moltke und Peter Graf Yorck von Wartenburg in enger Verbindung. Niemals hätten sie den Begriff der „Militäropposition" akzeptiert, sondern ihre Umsturzbemühungen in den Zusammenhang politischer Zielvorstellungen einbezogen. Die Armee sollte die Voraussetzungen einer Befreiung vom nationalsozialistischen Unrechtssystem schaffen; sie war — in den Worten von Rothfels — ein „Sektor" der gesamten Widerstandsbewegung, „ein Teil des Ganzen".[45] Die führenden Attentäter stellten niemals in Frage, gemeinsam mit „Zivilisten" den festen politischen Willen zu verwirklichen, die „Herrschaft des Rechts"[46] als Voraussetzung für Freiheit und „Reform" wiederherzustellen. Dies drückte Goerdelers Regierungserklärung aus, die nach dem gelungenen Anschlag auf Hitler im Rundfunk verlesen werden sollte.[47]

Daß diese Erklärung die Handschrift der Zivilisten trug, verdeutlichte schlagend, daß keineswegs eine „kleine Clique ehrgeiziger Offiziere" Hauptantriebskraft der für die Nationalsozialisten unerwartet breiten Widerstandsbewegung war, sondern daß politische, „zivile" Ideen von Anfang vorwalteten und bis zum Ende vieler Widerstandskämpfer bestimmend blieben. Dies kann ihre Bedeutung nicht schmälern, sondern zusätzlich hervorheben. Sie waren auf Ziele und Maßstäbe verpflichtet, die den Geist einer „Menschenrechtsbewegung" aufwiesen.[48] Diese Anschauung kollidiert keineswegs von vornherein mit den Prinzipien militärischen Denkens,[49] und sie bildet schon gar keinen Widerspruch zur soldatischen Moralität. Insofern greift jeder Versuch, militärischen und zivilen Widerstand zu trennen, immer dann zu kurz, wenn die Ziele und Rechtfertigungen des Widerstands mit der Absicht erörtert werden, die Kreise des Widerstands prinzipiell voneinander zu trennen.

III

Ziele des Widerstands militärischer und ziviler Gruppen

Seit der Sudentenkrise bildeten sich allmählich Gruppierungen und Kreise, Zirkel und Verbindungen heraus, die — oberflächlich betrachtet — Ausdruck einer „Vereinsmeierei"[50] waren, aber unter schwierigen Bedingungen die Vereinzelung des Individuums unter totalitären Lebensverhältnissen günstig zu beeinflussen suchten. Teilweise aktivierten diese Gruppierungen persönliche Beziehungen aus der vornationalsozialistischen Zeit, teilweise mußten sie unter dem Einfluß der durchpolitisierten

Lebenswirklichkeit nahezu unvermeidlich in die Gegnerschaft zum Nationalsozialismus geraten.[51] So wandelte sich in der Kontinuität der organisatorisch verfestigten Tätigkeit die Stoßrichtung des Vereinslebens, damit aber auch das ursprüngliche Ziel der Vereinigung. Allmählich schälten sich Kontakte zwischen den einzelnen Kreisen und Gruppen heraus, sofern sie nationalkonservativen Wertvorstellungen verhaftet waren. Das zeigte sich vor allem beim Kreis um das Ehepaar Solf und bei der traditionsreichen Mittwochsgesellschaft.[52] Diesen Kreisen gehörten Verwaltungsbeamte, Diplomaten, Wissenschaftler, im Ruhestand lebende Offiziere, vereinzelt auch Geistliche an; soziologisch vergleichsweise eng auf das höhere Bildungsbürgertum beschränkt, herrschte auch eine eher konservative Grundströmung vor, die allerdings nicht im Widerspruch mit der Radikalität bürgerlichen Denkens und bürgerlicher Traditionen zu stehen brauchte, wie es von Dolf Sternberger 1949 in der von ihm entscheidend geprägten Zeitschrift *Die Wandlung* definiert worden war.[53] „Bürgerlich" stellte für ihn keinen sozialgeschichtlichen oder gegenwartssoziologischen, sondern einen „philosophischen Begriff" dar, welcher die „Freiheit der Erkenntnis" verlangte. Diese Freiheit war unter dem Nationalsozialismus nicht gegeben und mußte deshalb immer wieder in der Praxis des Diskutierens und Denkens, der wissenschaftlichen Arbeit und der politischen Meinungsbildung im Alltag, im kleinen Kreis der Angehörigen und Freunde, der guten Bekannten und Kollegen verwirklicht werden.

Zwangsläufig mußten deshalb die „Unbestechlichkeit des Denkens" und die „Beschränkung des Individuums auf seine Autonomie" zur Berührungsfurcht gegenüber dem Nationalsozialismus und schließlich zur bewußten Ablehnung führen. Passivität des Verhaltens angesichts der Herausforderungen des Systems — von der zur Pflicht gemachten Konsumierung eines Eintopfgerichtes bis zur Begrüßung verfemter, ehemals guter Bekannter nach dem Erlaß der Nürnberger Gesetze —, innere Emigration, Nonkonformität, schließlich bewußt praktizierte Dissidenz waren die Folge. Einige entschiedene Opponenten ließen es damit nicht genug sein. „Pflicht" und „Gesetz" wurden ihnen zur inneren Norm, zur moralischen Verpflichtung, die schließlich die ganze Persönlichkeit forderte.[54] Dieser Norm diente der in der „Radikalität des bürgerlichen Denkens" stehende „Bürger" aus einem Eifer für das verpflichtende „höhere Ganze". Angesichts einer Gefährdung des Denkens, der Moral und des Gewissens konnte der einzelne schließlich sogar zum „moralischen Terroristen" werden: „tückisch, verräterisch an einzelnen Menschen, grausam gegen seinen Nächsten, immer in der Verfolgung seiner Grundsätze". Schließlich „verbündet er sich mit der Idee des Ganzen, mit der Idee des Staates, um gegen die einzelnen Mächtigen und Glänzenden, gegen die Autoritäten eine stärkere Stellung zu haben".[55]

Dieser Rigorismus traf sich in der Vorbereitungsphase des Krieges mit einem militärischen Gefühl der Widersetzlichkeit, die auf radikalen Wandel der politischen und militärischen Entscheidungsstrukturen zielte. Der moralische Rigorismus, teilweise aus Traditionen entstanden, teilweise in der aktuellen Auseinandersetzung mit weltanschaulichen Bedrängnissen des Gewissens und in der Konfrontation mit Verbrechen, sicherlich auch aus der Kritik an der konkreten Kriegführung Hitlers gewachsen, verband sich mit dem kritischen Bewußtsein einer Funktionselite hoher Beamter und Militärs, die sich durch das Regime beengt und behindert wähnten, entsprechend ihrer Einsicht und ihrem Gewissen verantwortungsvoll zu handeln.

Bereits in der Sudetenkrise hatte Beck den Kontakt zu Goerdeler gefunden, der nahezu als isolierter und ohne breite Resonanz schreibender und Teile der Führung in Gesprächen erfolglos beeinflussender einzelner Opponent die als schädlich eingeschätzte politische Entwicklung korrigieren wollte. Dieser Kontakt fand eine starke inhaltliche Gemeinsamkeit, bei allen Kontroversen im Detail und auch in der Zielfrage. Er hielt auch, als die NS-Führung von Triumph zu Triumph stürmte und fast die Herrschaft über ganz Europa errang.[56] Denn die Opposition ließ sich aufgrund ihrer festen Ziele nicht leicht vom militärischen Erfolg faszinieren. Lediglich ihre Isolation von vereinzelten, zur initiierenden Handlung nicht bereiten, aber sich einem Umsturz möglicherweise anschließenden Kräften wurde größer.[57] Die daraus resultierende Begrenzung des Handelns konnte aber allmählich ausgeweitet werden, weil der ältere Kreis der Widerstandsgruppen um Beck, von Hassell, Goerdeler und Canaris sich um jüngere Mitglieder erweiterte, die weniger stark nationalkonservativen Vorstellungen verpflichtet waren und deshalb in unerschrockener Radikalität und vertraut mit den politischen Strukturen neue Ziele formulierten. Diese Zielsetzung ging mit einer Entschlossenheit des Handelns einher, die versprach, auch die praktische Initiative im Zuge einer überraschenden Tat zu erringen.

Bemerkenswert dabei ist, daß die Ziele keineswegs militärspezifisch bestimmt waren: Sie spiegelten vielmehr Wertvorstellungen, die teils nationalkonservative Traditionen neu artikulierten, teils aber auch neue Wege politischer Zielfindung beschritten. Die Aktivitäten stützten sich überdies aber nicht nur auf politische Übereinstimmungen, sondern wurden durch ein dichtes Netz familiärer, kollegialer und kameradschaftlicher Bindungen ermöglicht. Die Vertreter einer sich radikalisierenden Opposition, die schließlich den harten Kern des militärischen und zivilen Widerstands gegen Hitler ausmachten, kannten sich überwiegend seit langen Jahren, waren verschwägert, hatten gemeinsam gedient — insbesondere dem Potsdamer Infanterieregiment Nr. 9 kam dabei eine Schlüsselstellung zu — und sich seitdem niemals aus den Augen verloren. Die Kasinofreiheit und die Atmosphäre des Salons ermöglichten die Entwicklung eines unabhängig-kritischen politischen Geistes, der auch überkommene und im strengen Sinne hinter Weimar zurückgehende politische Vorstellungen, wie sie viele der Ordnungsvorstellungen Becks und Goerdelers prägten,[58] in einer zukunftsgerichteten Weise überwand.

Diese Zieldiskussion hat die Forschung in den vergangenen Jahren intensiv beschäftigt und Klarheit in viele Konzeptionen, aber auch Unklarheit in mancherlei Wertungen gebracht. Die wertende Ablehnung der Repräsentanten des nationalkonservativen Widerstands kann aus einer kritischen Beurteilung ihrer Denkvorstellungen nicht folgen, denn den in engen Zeitvorstellungen ihrer Gegenwart und in Grundanschauungen des deutschen Obrigkeitsstaates verhafteten Widerstandskämpfern kann doch kaum vorgehalten werden, daß sie die innen- und außenpolitischen Maßstäbe, Werte und Ziele einer parlamentarischen Demokratie damals noch nicht als ihre eigenen betrachteten. Dies würde bedeuten, die „politische Gedankenwelt der Widerstandskämpfer mit den für sie nicht verbindlichen und insgesamt für die damalige politische Kultur in Deutschland wohl nicht zeitgemäßen Maßstäbe zu messen".[59]

Der Widerstand verkörperte in seinen Zielen entscheidende und damals gegen breite Denkströmungen entwickelte Alternativen zur Wirklichkeit des Dritten Reiches. Diese Alternativen sind auch an der Wirklichkeit zu messen, die sie ablehnten und überwinden wollten. Ihre Vielfalt auf eine einzige charakteristische Prägung der Staats- und Gesellschaftsvorstellungen zu reduzieren würde bedeuten, die Pluralität des Widerstands ganz unterschiedlicher Gruppen in je spezifischen Traditionen — vom Christentum und der Tradition der Arbeiterbewegung bis hin zu unterschiedlichen Strömungen der Jugendopposition — zu übersehen oder gar zu leugnen.

Unbestreitbar lassen sich in Stellungnahmen Goerdelers ständische Vorstellungen, antiparlamentarische und parteienfeindliche Grundannahmen benennen. Sie spiegeln aber stärker die mit der Weimarer Republik gemachten negativen Erfahrungen als ein starres politisches Programm. Wie sich bei einzelnen überlebenden Widerstandskämpfern nach dem Kriege zeigte, konnten die engen politischen Vorstellungen, die in einigen Zielvorstellungen des Widerstands greifbar waren, rasch überwunden werden und in den Neuaufbau eines parlamentarisch verfaßten Parteienstaates rechtsstaatlichen Typs einmünden.[60] Nicht die Frage der Ziele ist entscheidend, sondern die Methode der Auseinandersetzung zwischen den Anhängern unterschiedlicher Zielvorstellungen und die Dominanz der eine größere gruppenübergreifende Resonanz findenden Programmpunkte, die dem Widerstand ihre Richtung geben.

Für das Verhältnis zwischen den militärischen und zivilen Widerstandsgruppen ist bestimmend, daß im Verlauf des Krieges ihre Grenzen zunehmend verflossen. Alle Richtungen einte die doppelte Front: „Zwischen Bomben und Gestapo",[61] damit auch die Gefährdung des Lebens und des Erfolgs ihres Umsturzversuches. Bereits auf der Grundlage dieser Unsicherheiten mußten die Verbindungen enger werden, um unvorhersehbare Ereignisse — etwa die Versetzung an von Berlin weit entfernte Frontabschnitte oder die schwere Kriegsverletzung eines zum Attentat entschlossenen Verschwörers — bewältigen zu können. Die Verbindungen zwischen der sich aus den unterschiedlichen Ansätzen einer Kriegsverhinderungsstrategie herausbildenden Opposition von Militärs und dem sich im Umkreis von Goerdeler und einzelner „Ziviloffiziere" bildenden Widerstandskreise wurden personell stabilisiert. Eine wichtige Scharnierfunktion übernahm dabei Hauptmann Hermann Kaiser, der zum engen Vertrauten Goerdelers wurde. Er hatte Kontakte zwischen den hohen Offizieren zu knüpfen, sie über die Zielvorstellungen Goerdelers zu informieren, schließlich auch die Schwierigkeiten zu bewältigen, die immer wieder in Lähmung und Passivität, Rückzug von mündlich bekräftigten Positionen und Erringung neuer Ausgangspositionen mündeten.[62]

Den engsten Kontakt zu den Kreisen der Zivilisten hielt der in den Ruhestand versetzte Beck,[62a] ein Mitglied der Mittwochsgesellschaft. Allerdings belastete sich Beck nicht selten durch Goerdeler, der keineswegs eine unangefochtene Position im Kreis der zivilen Widerstandsgruppen einnahm. Weil Becks Ausstrahlung auf seine ehemaligen Offizierskameraden ungebrochen war, konnte er immer wieder neue Unterstützung bei ehemaligen Kameraden mobilisieren. Entscheidend wurde schließlich der Kontakt zum Allgemeinen Heeresamt und zu General Olbricht, der sicherlich stark unterschätzten[62b] treibenden Kraft im Bendlerblock, die sich bis heute weitgehend einem abwägenden Urteil verstellt. Olbricht ist eher der Typ des Verwaltungsoffiziers. Er führte immer wieder Gespräche mit Goerdeler, der sich über seine abwartende Haltung mehrfach erregte.[63] Zurückhaltung ist aber kein Ausdruck militärischer Dominanz über die Widerstandsbestrebungen. Auch die übrigen Verschwöreroffiziere dachten nicht primär militärbezogen, sondern erhielten durch die Verteidigung spezifisch militärischer Prinzipien eine mitreißende Gewalt über jüngere Kameraden und auch Einfluß auf die Offiziere, die aus ihren Zivilberufen zur Wehrmacht eingezogen wurden. Zu ihnen zählen Berthold von Stauffenberg, Caesar von Hofacker, Hermann Kaiser — sie forderten vielfach ihre länger dienenden Kameraden heraus und schärften ihr moralisches Urteil. Die Frage nach dem Verhältnis zwischen militärischem und zivilem Widerstand stellte sich für sie nicht, weil sie im Kern einer gemeinsamen Zivilität übereinstimmen.

Die vielfältigen und im Zeitablauf schwankenden, Abwehr, Kirchen, Oberkommando des Heeres/Ost-Mitte und Kreisau einbeziehenden Verbindungen sind in den Kaltenbrunner-Berichten aufgeschlüsselt worden. Sie zeigen, daß die Widerstandskreise zu gemeinsamen Zielen kamen, die sich in klarer Form in späteren Denkschriften Goerdelers, in den Stellungnahmen des Kreisauer Kreises, schließlich in den Regierungserklärungen fanden, die nach einem gelungenen Anschlag auf Hitler und die NS-Führungsspitze verlesen werden sollten.[64] Diese Ziele waren durch das Vertrauen in die aufgeklärte, moralisch sensibilisierte Öffentlichkeit geprägt, die — vorausgesetzt, die Verschwörer erhielten für wenige Stunden die Gelegenheit, die „Wahrheit" über das Regime und seine Politik zu verbreiten — nach einem gelungenen Anschlag auf die Seite der Umstürzler einschwenken müßte.[65] Sie waren überdies durch den Willen geprägt, die Willkürherrschaft mit Lagern und Terrorjustiz, Völkermord und Unterdrückung der abweichenden Meinung wieder an die Herrschaft des Rechts zu binden. Diese Wiederherstellung des Rechts und die Sicherung seiner Majestät schienen als der innenpolitisch relevante gemeinsame Nenner.[66]

Außenpolitisch konnten die Richtungen des Widerstands nicht mit einer ähnlich geschlossenen Konzeption aufwarten. Die Frage des Friedensschlusses, des Separatfriedens an einer Front, die Sicherung des Nationalstaates und die künftige Friedensordnung, die angesichts der alliierten Kriegsziele ohne reale Grundlage bedacht wurde, brachte unterschiedliche Antworten hervor — von der Befestigung eines Nationalstaatskonzepts bis zu europäischen Konföderationsplänen.[67] Einheitsbildend wirkten auf diesem Gebiet die Friedensbekräftigungen, die Ablehnung von Gewalt, die Forderung einer internationalen Friedensordnung — schließlich auch die Befürwortung demokratischer Grundprinzipien.

So bestanden nicht nur Gemeinsamkeiten in der Bestimmung des Unrechts, sondern auch im Hinblick auf Zukunftsvorstellungen. Dennoch sollten die Kontroversen, die zum Teil heftig ausdiskutiert wurden und noch im unmittelbaren Vorfeld des Attentats zu neuen Kabinettslisten führten, nicht ungebührlich harmonisiert werden. Entscheidend war, daß der Widerstand die Vielfalt von Motivationen und Zielen akzeptierte und dennoch zur Gemeinsamkeit des Handelns kommen wollte. In diesem Ziel lag das gemeinsame, von keinem gravierenden Mißtrauen geprägte Wirken militärischer und ziviler Kreise unter gleichzeitig erstrebter möglichst breiter politischer Auffächerung begründet. Denn in der Auseinandersetzung mit dem nationalsozialistischen Unrechtsstaat hatten sich Grundprinzipien eines politischen Zusammenlebens herauskristallisiert, die im

Kern von ganz unterschiedlichen Opponenten und Gruppen geteilt werden konnten.

IV

Zum Verhältnis zwischen militärischem und zivilem Widerstand

Die Widerstandskämpfer gegen die Herrschaft Hitlers haben aus der Tradition des 19. Jahrhunderts heraus über die klassische Frage nach dem Verhältnis von Militär und Politik allem zufolge, was wir wissen, kaum nachgedacht. Die zivilen Widerstandskämpfer akzeptierten die initiierende Schlüsselposition der Offiziere beim erstrebten Umsturz, während die Militärs aus dieser starken Position nicht die Verneinung des politischen Primats ableiteten. Dies zeigen bereits die Kabinettslisten, die Beck als provisorisches Staatsoberhaupt und auch einige Minister- oder Staatssekretärsposten als Einflußbereich der Wehrmacht ausweisen, den entscheidenden politischen Gestaltungsbereich aber Mitgliedern der zivilen Opposition unter Anerkennung einer denkbar breiten politischen, gewerkschaftlichen und weltanschaulich-konfessionellen Grundlage zuerkannten.[68] Obwohl der Umsturz selbst ausschließlich in die Hand von Militärs gegeben war — vom Attentat bis zur von Olbricht gelenkten Operation Walküre —, kann er deshalb wegen seiner begrenzten und falschen Assoziationsmöglichkeiten nicht als Offiziersrevolte oder „Militärputsch" bezeichnet werden.

Allerdings münden nicht alle Widerstandsaktivitäten in das Attentat vom 20. Juli 1944, wie auch unabhängig davon Widerstandshaltungen innerhalb der Wehrmacht, bis hinunter zum einfachen Soldaten, nachzuweisen sind. In einer Gesellschaft, die unter dem von Goebbels erklärten „totalen Krieg" lebte, waren überdies immer nahezu unvermeidlich „Uniformträger" in Widerstandsaktionen einbezogen. Spezifisch militärische Perspektiven und Wahrnehmungsweisen herrschten allerdings bei den zum Militärdienst verpflichteten Mitgliedern der zivilen Oppositionsgruppen Berlins selten vor. Die übergreifende Gemeinsamkeit aller Gruppierungen war die Ablehnung des allein rechtfertigenden Effizienz- und Erfolgsprinzips. Es ging nicht primär um das Gelingen des Umsturzes, sondern bald nurmehr um die Auflehnung gegen ein verbrecherisches Regime, um die Demonstration von Zielen, die gemeinsames Handeln rechtfertigten und bestimmten.

Auf dieser Grundlage konnten ganz unterschiedliche Denkvorstellungen, Traditionsbindungen und Ziele zu einem neuen Konsens gebündelt werden.[69] Diese Gemeinsamkeit stellte einen grundlegenden und zukunftsweisenden Neuansatz des konkreten politischen Denkens der Deutschen dar und führte zur Überwindung des Weimarer Erfahrungssyndroms. Kooperation und Kompromiß, lange Jahre aus einem Unbedingtheitsdenken heraus abgelehnt, bestimmten nun viel stärker als jemals zuvor die Form der Willensbildung — erst dieser Wille zur neuen Gemeinsamkeit erklärt die Versuche Stauffenbergs, den Kreis des Widerstandes über die Gruppe um Beck und Goerdeler, um Moltke und Yorck, um Schulenburg und seine engeren Kameraden hinaus auszudehnen.[70] Deshalb wurden Politiker der Weimarer Zeit bewußt integriert und mit wichtigen Aufgaben versehen: Liberale wie Bolz, Sozialdemokraten wie Leber, Gewerkschafter wie Leuschner und Kaiser, Zentrumsvertreter ebenso wie Interessenvertreter waren zur Mitarbeit aufgerufen und hatten entscheidende Zukunftsaufgaben erhalten.[71] Militärs und reine Verwaltungsbeamte waren statt dessen für die Sicherung des Umsturzes selbst vorgesehen worden und erhielten ihren Wirkungsbereich in den Wehrkreisen und ehemaligen Länderverwaltungen.

So zeigt sich gerade im militärischen Widerstand die Selbstbegrenzung des Handelns und die Akzeptierung des Primats der Politik. Erst auf dieser Grundlage konnte der Gesamtwiderstand den politischen Konsens verkörpern, der sich nach 1945 in der Auseinandersetzung mit dem Widerstand gegen Hitler allmählich herausbildete und eine auf die Verfassungsinhalte bezogene, wertgeprägte und zielorientierte Widerstandsdiskussion gestattete, die bis heute unser Denken über die Grenzen und Rechtfertigungen von Widerstand bestimmen.[72] Angesichts modischer Inflationierung des Widerstandsbegriffs scheint dieses Bewußtsein in der Gegenwart verloren zu gehen. Gerade die Vielfalt der Ansätze, Traditionen und Gruppen, die insgesamt die deutsche Widerstandsgeschichte prägen, verkörpert einen Neuansatz deutscher Innenpolitik aus dem Geist von Solidarität.[73] Widerstandshandeln genügte niemals sich selbst und diente einem engen Gruppeninteresse ebensowenig wie dem begrenzten Vorteil einer Funktionselite. Gerade die vielfältigen Beziehungen zwischen dem militärischen und zivilen Widerstand zeigen, daß Widerstand durch den Willen zum stellvertretenden mitmenschlichen, gemeinsamkeitsbewußten Handeln geprägt war.

Dies verbindet den militärisch-zivilen Widerstand des nationalkonservativen Umfeldes mit den alltäglichen Bereichen des Widerstands gegen den Nationalsozialismus — im Kriegsalltag, in Lagern und Gefängnissen, in Nachbarschaften und Kirchengemeinden ebenso wie in Teilbereichen des Herrschaftssystems, die nicht in unmittelbarer Verbindung zum Widerstand im Umkreis des 20. Juli standen. Gerade dies zeigt, daß es trotz der Eigenständigkeit anderer Dimensionen des Widerstands keine trennende Konkurrenz zwischen militärischem und zivilem Widerstand gab. Dissens und Konsens waren zumindest in den Debatten der Widerstandskreise in gleicher Weise ermöglicht worden.

V

Historisch-politische Perspektiven

Im Anschlag auf Hitler, den Stauffenberg in der Wolfsschanze stellvertretend für den deutschen Widerstand verübte, vereinigten sich die Erwartungen und Zielvorstellungen unterschiedlichster Widerstandskreise, wenngleich die volle Bedeutung dieser Tat erst in den Folgewochen und -monaten erkannt wurde. Zugleich bündelte sich eine langwierige und schwierige zeitgeschichtliche Widerstandsdiskussion, die in ihrer Klarheit jedoch überschaubar war und mit der Verteidigung von Prinzipien einen „Grund von Politik"[74] schlechthin verdeutlicht hatte. Der 20. Juli 1944 erscheint nicht nur als Ergebnis eines durch vielfache Brüche[75] gekennzeichneten Prozesses.

Als unabdingbare Bezugspunkte[76] unserer Auseinandersetzung mit dem Widerstand lassen sich Menschen- und Naturrecht, klare Staatsziele und Staatszwecke, die Verbindlichkeit des Rechts als „Schutz und Schirm" der Schwachen und der Untertanen im Spannungsfeld von Staat und Gesellschaft, schließlich die Achtung vor dem menschlichen Leben und die Respektierung der Gottesebenbildlichkeit des einzelnen benennen. Ohne jeden Zweifel dachten die Widerstandskämpfer nicht die konkrete Ordnung des Grundgesetzes voraus; aber sie antizipierten seine Prinzipien und gaben einer Zivilität Ausdruck, die sogar die bewaffnete Macht prägte. Nicht zuletzt wurde die Tradition der Widerstandsdiskussion in der politischen Philosophie angesichts der Wirklichkeit nationalsozialistischer Herrschaft erfahrbar und für jeden bis in seinen Alltag hinein spürbar. Insofern geht heute jede Widerstandsdiskussion in Deutschland von den Erfahrungen des Dritten Reiches aus, ohne sich in der zeitgeschichtlichen Reflexion erschöpfen zu können.[77]

Die Einigung der Gruppen und Richtungen erfolgte zunächst in den Zielbestimmungen, anschließend in der Tat — die Nationalsozialisten respektierten diese Gemeinsamkeit, indem sie alle Anhänger der deutschen Opposition in gleicher Weise verfolgten und gleichermaßen bestraften. Sie unterschieden nicht nach Haltungen der Dissidenz und Resistenz, der Nonkonformität und Verweigerung, des Umsturz- und Attentatswillens. Der gemeinsame Nenner der Strafgründe war vielmehr der Vorwurf, sich den „Kopf des Führers zerbrochen zu haben", wie Freisler den Mitgliedern des Kreisauer Kreises vorwarf. Die Anstrengung der nationalsozialistischen Unterdrückungsorgane richtete sich gegen die *Zukunfts-*

gewißheit der Widerstandsbewegung und ihre Integrität. Ausdruck dieser Integrität war die Standhaftigkeit, mit der viele der nach dem 20. Juli 1944 Verhafteten und Verfolgten die Untaten der deutschen Führung und ihrer Handlanger geißelten und eine Bestrafung verlangten. Die Unsicherheit der Nationalsozialisten wurde noch größer, als sie erkannten, daß es dem Widerstand niemals um Vergeltung, sondern stets um Sühne und Wiedergutmachung, um eine Übernahme der Schuld durch Bestrafung der Schuldigen ging. Sie verstanden den Anspruch Bonhoeffers, die Widerstandsbewegung dürfe nicht die Menschenverachtung ihrer Gegner praktizieren,[78] als eine Bedrohung, denn gerade durch diesen Anspruch lehnte der Widerstand die Vergeltung, die Rache ab und erhob sich zu jener Moralität, die vielleicht die schärfste Waffe der Widerstandsgruppen darstellte.[79]

Der Herrschaftsanspruch der NS-Führung wurde aber vor allem dadurch beschränkt, daß die Widerstandsbewegung einen eigenen Zukunftsanspruch erhob, demonstrierte und schließlich durchsetzte. Ihre Anhänger überwanden Furcht und Angst, die sie wie jeder Mensch angesichts des Todes empfanden, indem sie über ihren Todestag hinausschauten und sich eine Nachkriegsordnung vorstellten, die sich als scharfe Alternative zum NS-Staat darstellt. In diesem Sinne beschwor Dietrich Bonhoeffer die Zukunft, als er den *Optimismus als die Grundtriebkraft des Widerstandes* beschwor und ihn als eine „Kraft" bezeichnete, welche „die Zukunft niemals dem Gegner überläßt, sondern sie für sich in Anspruch nimmt".[80] Dieser Optimismus hatte die Vielfalt des Widerstands gegen den Nationalsozialismus geprägt und schließlich die Gruppen, Individuen und Strömungen zu jener Aktion vereinigt, die „nahe zum Ziele kam".[81]

Das gemeinsame Anstehen gegen Zumutungen der Unrechtmäßigkeit, der Widerstand gegen die politischen Urheber schuldhafter Verstrickung zeichnet den deutschen Widerstand unbeschadet seiner weltanschaulichen, sozialen, kulturellen, konfessionellen und politischen Differenzierung aus. Deshalb greift das eingangs aufgeführte Zitat aus dem Tagebuch des Hauptmanns Hermann Kaiser — der das Kriegstagebuch beim Befehlshaber des Ersatzheeres führte und ein wichtiger „Verbindungsmann und Vermittler zwischen dem militärischen und zivilen Widerstand"[82] war — das gemeinsame Anliegen des Gesamtwiderstandes nach 1938/39 auf. In einem Brief drückte Kaiser die gemeinsam vorherrschende Motivationslage aus:

„Das ist die höchste Kunst, wo die politische Tat beim Erringen großer Erfolge vermeidet, gemeine Mittel anzuwenden und Verbrechen zu begehen. Der wirkliche Staatsmann wird vor solchen Versuchungen immer bewahrt bleiben, weil die tiefe Quelle für seine staatsmännische Kraft seine moralische Festigkeit ist."[83]

Hier findet sich das gemeinsame Menschenbild des Widerstandes, das zu verwirklichen ist; hier wird auch die Begrenzung der Staatsgewalt sichtbar und leuchtet die pragmatische Bewertung der Staatsgewalt auf, die wie jede Institution eine dienend-zweckbestimmte Funktion haben soll. In diesem Sinn schreibt Kaiser im März 1942, daß die „Schranke der weltlichen Gewalt“ dort liege, wo über die „Seele“ des Menschen befohlen würde.[84] Die enge Verbindung zwischen dem militärischen und zivilen Widerstand überwindet die Politikferne der sensibelsten und politisch offensten Offiziere und die Isolierung des bürgerlich motivierten Widerstands, indem sie die alte Frage nach dem Primat von Politik und Kriegführung neu löst. Es war ein Offizier, der das Folgende formulierte:

„Der moralische Mensch, als Träger der Politik, wird sich nie vermessen, in Glaubensfragen einzugreifen und die letzten Dinge des Seelenlebens mit Gewalt zu beeinflussen. Er wird die Schranken erkennen, vor denen die Staatsgewalt halt machen muß, und die Bürger vor Konflikten zwischen dem Gewissen und ihren staatlichen Pflichten bewahren. Als Inhaber der staatlichen Gewalt wird er auch seine Aufgabe darin sehen, die Kirche als Gemeinschaft der Gläubigen gegen äußere Einflüsse und Gefahren zu schützen.“[85]

Diese Zivilität der Militärs ermöglichte ihnen den Weg in den Widerstand und stellt ein positives Moment der deutschen Tradition dar — zumindest, wie Axel von dem Bussche sagt — „post festum“.[86]

In dieser Zivilität wird zugleich die politische, militärische und moralische Dimension des Widerstands unterschiedlicher und seit 1942/43 zunehmend enger aufeinander bezogener Gegner und Widerstandsgruppen deutlich. Sie bestimmte die Ziele und ließ sie, aus ganz unterschiedlichen Anfangsmotivationen, Vorstellungshorizonten und Erfahrungen heraus, zunehmend ähnlicher und dabei auch präziser, prinzipieller und entschlossener werden. In dieser Konzentration verkörperte sich für die NS-Führung das Wesen und die Gefährlichkeit des Widerstandes — aus dem Widerstand erwuchs so in der Tat eine Neuordnungskonzeption, welche nach 1945 ihre Chance erhielt.

Anmerkungen

* Emmi Bonhoeffer über ein Gespräch mit ihrem Mann, zit. nach der Gedenkrede von 1981 in der Gedenk- und Bildungsstätte Stauffenbergstraße zu Berlin.

1 Hermann Kaiser an seine Schwester, 6. 6. 1940, zit. nach Ger van Roon, *Hermann Kaiser und der deutsche Widerstand*, in: *Vierteljahrshefte für Zeitgeschichte* [im folgenden *VfZ* zitiert], 24. Jg. (1976), S. 265.

2 Moltke an Yorck, 17. 6. 1940, Zit. bei: Ger van Roon, *Neuordnung im Wider-*

stand. Der Kreisauer Kreis innerhalb der Widerstandsbewegung, München 1967, S. 479.

[3] Rüdiger von Voss, *Vorwort,* in: Otto-Ernst Schüddekopf, *Der deutsche Widerstand gegen den Nationalsozialismus,* Frankfurt a. M. 1977, S. XII.

[4] Hans Rothfels, *Deutsche Opposition gegen Hitler,* erw. Aufl., Frankfurt a. M. 1977.

[5] Vgl. zu dieser Forderung Andreas Hillgruber, *Endlich genug über Nationalsozialismus und Zweiten Weltkrieg? Forschungsstand und Literatur,* Düsseldorf 1982, S. 47.

[6] *20. Juli 1944,* bearb. von Hans Royce, Bonn 1961, S. 185 f.; Deutsches Rundfunkarchiv Frankfurt a. M., Nr. 641. Im Laufe seiner Rundfunkansprache variierte Hitler diese Begriffe bis zum „Klüngel" ehrgeiziger erbärmlicher Kreaturen.

[7] *Spiegelbild einer Verschwörung. Die Kaltenbrunner-Berichte an Bormann und Hitler über des Attentat vom 20. Juli 1944. Geheime Berichte aus dem Reichssicherheitshauptamt,* hrsg. vom Archiv Peter, Stuttgart 1961, Neuedition, bearb. von Hans-Adolf Jacobsen, Stuttgart 1984.

[8] Kaltenbrunner an Bormann, 21. 7. 44, in: *Spiegelbild*... [Anm. 7], S. 2.

[9] H. Rothfels, *Deutsche Opposition*... [Anm. 4], S. 101.

[10] *A. a. O.,* S. 97.

[11] Ausnahmen sind sich programmatisch nennende Zirkel wie die Gruppen „Neu Beginnen", Gesinnungskreise wie die schon in die Weimarer Zeit zurückreichende „Mittwochsgesellschaft", Widerstandsgruppen Jugendlicher und Studenten wie die „Weiße Rose", die sogenannte, organisatorisch allerdings weniger verfestigte „Swing-Jugend" oder die unterschiedlichen Gruppen der „Edelweißpiraten".

[12] Die Bezeichnung nach Namen ist in der Regel erst ein Ergebnis der zeitgeschichtlichen Forschung, keine Gewohnheit der Widerstandskämpfer selbst. Zu einem guten Teil spiegelt sich in den Benennungen auch die nationalsozialistische Ermittlungspraxis. Die Widerstandskämpfer selbst benutzten Tarnnamen, wie etwa das Tagebuch von H. Kaiser zeigt, sobald sie bewußt konspirativ gegen das NS-Regime arbeiteten.

[13] Adolf Heusinger, in: Guido Knopp/Bernd Wiegmann, *Warum habt ihr Hitler nicht verhindert? Fragen an Mächtige und Ohnmächtige,* Frankfurt a. M. 1983, S. 106.

[14] *Ebda.*

[15] Vgl. die Diskussion in: *Vollmacht des Gewissens,* 2 Bde, Frankfurt a. M. 1960 und 1965; ferner die Diskussion im Umfeld des Prozesses gegen Remer. Dazu eine kurze Darstellung der Positionen bei Hans-Jochen Markmann, *Der deutsche Widerstand gegen den Nationalsozialismus 1933—1945,* Mainz 1984, S. 173 ff.

[16] In diesem Zusammenhang muß nur an die Verbrechen in Polen, an die Einsatzgruppen und die Behandlung der sowjetischen Kriegsgefangenen sowie die Realität des Besatzungsregimes erinnert werden. Vgl. zu den „nichtkonformistischen Tendenzen im Ostheer" Helmut Krausnick/Hans-Heinrich Wilhelm, *Die Truppe des Weltanschauungskrieges,* Stuttgart 1981, S. 255 ff.

[17] Vgl. Manfred Messerschmidt, *Die Wehrmacht im NS-Staat,* Hamburg 1969; Klaus-Jürgen Müller, *Das Heer und Hitler. Armee und nationalsozialistisches Regime 1933—1940,* Stuttgart 1969; Harold C. Deutsch, *Das Komplott oder die Entmachtung der Generale,* Zürich 1974.

[18] Vgl. den Aufruf, den Beck und Witzleben an die Wehrmacht richten wollten, in: Bodo Scheurig (Hrsg.), *Deutscher Widerstand 1938—1944. Fortschritt oder Reaktion?,* München 1969, Nr. 24.

[19] Dazu, wenngleich mit problematischer Zuschreibung der Verfasserschaft, Wilhelm Ritter vom Schramm (Hrsg.), *Beck und Goerdeler. Gemeinschaftsdokumente für den Frieden 1941—1944,* München 1965.

[20] Klaus Hildebrand, *Monokratie oder Polykratie? Hitlers Herrschaft und das Dritte Reich*, in: Karl Dietrich Bracher u.a. (Hrsg.), *Nationalsozialistische Diktatur 1933—1945. Eine Bilanz*, Düsseldorf 1983, S. 73—96 (mit weiterführenden Literaturangaben).

[21] Vgl. dazu den Beitrag von Jürgen Schmädeke im vorliegenden Band.

[22] Helmut Groscurth, *Tagebücher eines Abwehroffiziers 1938—1940. Mit weiteren Dokumenten zur Militäropposition gegen A. Hitler*, hrsg. von Helmut Krausnick u. Harold C. Deutsch, Stuttgart 1970.

[23] Gerhard Ritter, *Carl Goerdeler und die deutsche Widerstandsbewegung*, München 1964, S. 158 ff. (Neuaufl. Stuttgart 1984).

[24] Vgl. Christof Dipper, *Der deutsche Widerstand und die Juden*, in: *Geschichte und Gesellschaft*, 9. Jg. (1983), S. 349—380, und Dippers Beitrag im vorliegenden Band.

[25] Joseph Walk (Hrsg.), *Das Sonderrecht für die Juden im NS-Staat. Eine Sammlung der gesetzlichen Maßnahmen und Richtlinien — Inhalt und Bedeutung*, Heidelberg-Karlsruhe 1981. Insbesondere für den evangelischen Kirchenkampf wird die Judenfrage als Frage der Juden an die Christen aufgefaßt und zum Scheitelpunkt bestimmt. Vgl. Eberhard Busch, *Juden und Christen im Schatten des Dritten Reiches*, München 1979. Auch Eberhard Bethge, *Dietrich Bonhoeffer*, München 1967, betont immer wieder die Bedeutung der Judenfrage für die Motivationslage des Kerns der Bekennenden Kirche.

[26] Vgl. Klaus-Jürgen Müller, *Armee, Politik und Gesellschaft in Deutschland 1933—1945*, Paderborn 1979; ders., *Militärpolitik, nicht Militäropposition*, in: *Historische Zeitschrift*, Bd. 235 (1982), S. 355.

[27] Vgl. jetzt Militärgeschichtliches Forschungsamt (Hrsg.), *Der militärische Widerstand gegen Hitler und das NS-Regime 1933—1945*, Bonn-Herford 1984.

[28] Peter Freimark/Wolfgang Kopitzsch, *Der 9./10. November 1938 in Deutschland. Dokumentation zur ‚Kristallnacht'*, Hamburg 1978.

[29] Vgl. dazu die Beiträge von K.-J. Müller und G. R. Ueberschär im vorliegenden Band.

[30] Helmut Krausnick, *Hitler und die Morde in Polen. Ein Beitrag zum Konflikt zwischen Heer und SS um die Verwaltung der besetzten Gebiete*, in: *VfZ*, 11. Jg. (1963), S. 196—209.

[31] Hans Rothfels, *Ausgewählte Briefe von Generalmajor Helmuth Stieff*, in: *VfZ*, 2. Jg. (1954), S. 291—305.

[32] Alfred Streim, *Die Behandlung sowjetischer Kriegsgefangener im ‚Fall Barbarossa'*, Heidelberg-Karlsruhe 1981; ders., *Sowjetische Gefangene in Hitlers Vernichtungskrieg*, Heidelberg 1982.

[33] Raul Hilberg, *Die Vernichtung der europäischen Juden. Die Gesamtgeschichte des Holocaust*, Berlin 1982.

[34] Christian Streit, *Keine Kameraden. Die Wehrmacht und die sowjetischen Kriegsgefangenen 1941—1945*, Stuttgart 1978.

[35] Adalbert Rückert (Hrsg.), *NS-Vernichtungslager im Spiegel deutscher Strafprozesse*, München 1977.

[36] *Bericht Axel von dem Bussche*, in: Christoph Kleßmann/Falk Pingel (Hrsg.), *Gegner des Nationalsozialismus. Wissenschaftler und Widerstandskämpfer auf der Suche nach historischer Wahrheit*, Frankfurt a. M. 1980, S. 272—275.

[37] Hans von Herwarth, *Zwischen Hitler und Stalin. Erlebte Zeitgeschichte 1931—1945*, Frankfurt a. M. 1982, S. 241 ff.

[38] Helmut Heiber, *Der Generalplan Ost*, in: *VfZ*, 6. Jg. (1958), S. 281—325.

[39] Wolfgang Scheffler, *Zur Entstehungsgeschichte der ‚Endlösung'*, in: *Aus Politik und Zeitgeschichte*, B 43/82 vom 30. 10. 1982, S. 3—10.

[40] Hans Rothfels, *Trott und die Außenpolitik des Widerstandes,* in: *VfZ,* 12. Jg. (1964), S. 300—323; Henrik Lindgren, *Adam von Trotts Reisen nach Schweden 1942—1944. Ein Beitrag zur Frage der Auslandsverbindung des deutschen Widerstandes,* in: *VfZ,* 18. Jg. (1970), S. 274—291; Ger van Roon, *Graf Moltke als Völkerrechtler im OKW,* in: *VfZ,* 18. Jg. (1970), S. 12—61; ders., *Oberst Wilhelm Staehle. Ein Beitrag zu den Auslandskontakten des deutschen Widerstandes,* in: *VfZ,* 14. Jg. (1966), S. 209—223; Hans Rothfels, *Zwei außenpolitische Memoranden der deutschen Opposition,* in: *VfZ,* 5. Jg. (1957), S. 388—397. — In diesem Zusammenhang kommt es weniger auf die Darstellung der außenpolitischen Konzeptionen als auf die Tatsache an, daß die „zivilen" Gruppen des Widerstands im außenpolitisch-diplomatischen Bereich die Initiative übernommen hatten, weil sie auf diesem Feld der Aktivität der militärischen Opposition überlegen waren. Auch hier trägt also ein Konzept der Arbeitsteilung, wie es in Anlehnung an Rothfels' Überlegungen entwickelt wurde.

[41] Peter Hoffmann, *Die Sicherheit des Diktators,* München 1975.

[42] In dieser Hinsicht sind viele Widerstandsdefinitionen und Dimensionen zu modifizieren. Denn es ging nicht um „Leistungsverweigerung", sondern um einen aktiven Kampf gegen das System, der in Einklang gebracht werden mußte mit einer Erfüllung soldatischer Aufgaben und Pflichten an der Front. Die grundsätzlich geschiedene Praxis des Widerstandskämpfers, der vor allem als Soldat zwischen Gehorsam und höheren Verpflichtungen stand, ist bisher nur ungenügend berücksichtigt worden.

[43] Besonders Stauffenberg wurde durch seine Erfahrungen im AHA/BdE geprägt und für die Notwendigkeit eines aktiven Widerstands sensibilisiert. Es wäre zu untersuchen, inwieweit die Motivationslage von „Zivil-Offizieren" und Berufsoffizieren unterschiedlich war.

[44] Bodo Scheurig, *Henning von Tresckow. Eine Biographie,* Oldenburg-Hamburg 1973; Fabian von Schlabrendorff, *Offiziere gegen Hitler,* Frankfurt a. M. 1959 (Neuausgabe Berlin 1984).

[45] H. Rothfels, *Deutsche Opposition* ... [Anm. 4], S. 101.

[46] Besonders klar finden sich die rechtspolitischen Argumentationen in den Protokollen der Kreisauer Zusammenkünfte. Vgl. G. van Roon, *Neuordnung* ... [Anm. 2], Anhang.

[47] Goerdeler, Regierungserklärung, in: B. Scheurig (Hrsg.), *Deutscher Widerstand* ... [Anm. 18], Nr. 22, 23.

[48] Fritz Bauer, *Widerstand gegen die Staatsgewalt. Dokumente der Jahrtausende,* Frankfurt a. M. 1965.

[49] Dies hebt gerade Rothfels hervor, weil er das Konzept der Arbeitsteilung, wie es sich innerhalb der Widerstandsbewegung als einer deutschen Gesamtopposition herausschälte, immer wieder reflektiert.

[50] H. Rothfels, *Deutsche Opposition* ... [Anm. 4], S. 39.

[51] Erst der totale Staat maßt sich an, unbestreitbar zu definieren, wann der Widerstandsfall vorliegt. Ziele und Zweck begrenzen den totalen Staat nicht mehr aus der Tradition des politischen Denkens heraus, sondern aus seinen gegenwarts- und zukunftsbezogenen Herrschafts- und Verfügungansprüchen über Individuen in der Gegenwart und ihrer Zukunft.

[52] Klaus Scholder (Hrsg.), *Die Mittwochsgesellschaft. Protokolle aus dem geistigen Deutschland 1932—1944,* Berlin 1982.

[53] Dolf Sternberger, *Aspekte des bürgerlichen Charakters,* in: Ders., *,Ich wünschte, ein Bürger zu sein'. Neun Versuche über den Staat,* Frankfurt a. M. 1967, S. 10—27.

[54] *A. a. O.*, S. 24f.

[55] *A. a. O.*, S. 25.

[56] G. Ritter, *Carl Goerdeler...* [Anm. 23], drückte diese Unabhängigkeit und geistige Beständigkeit in den Worten aus: „Wider den Siegestaumel — Zukunftspläne für Deutschland".

[57] G. van Roon, *Hermann Kaiser...* [Anm. 1].

[58] Vgl. Walter Schmitthenner/Hans Buchheim (Hrsg.), *Der deutsche Widerstand gegen Hitler,* Köln-Berlin 1966, insbesondere den Aufsatz von Hans Mommsen über die Staats- und Gesellschaftsvorstellungen sowie die Verfassungspläne des Widerstands.

[59] Vgl. dazu schon Hermann Graml, *Deutscher Widerstand zwischen gestern und morgen,* in: *Merkur,* 20. Jg. (1966), S. 760—774; Hans Mommsen, *Der deutsche Widerstand und die pluralistische Gesellschaft,* in: *A.a.O.*, S. 775—779; Klaus Hildebrand, *Das Dritte Reich,* München 1979, S. 185.

[60] Dies konnte Winfried Becker in einem Vortrag zeigen, der sich auf den Nachlaß Hermes (im Archiv der Adenauer-Stiftung Bonn) stützte: „Die Neugründung der CDUD in der sowjetischen Besatzungszone", Vortrag Passau, 27. 2. 1984.

[61] Ursula von Kardorff, *Berliner Aufzeichnungen. Aus den Jahren 1942—1945,* München 1976, S. 192. An anderer Stelle spricht sie von der „äußeren und geheimen inneren Front" (S. 144).

[62] G. van Roon, *Hermann Kaiser...* [Anm. 1], S. 266, arbeitet den inneren Wandlungsprozeß von Kaiser sehr verständnisvoll heraus.

[62a] Vgl. Klaus-Jürgen Müller, *General Ludwig Beck. Studien und Dokumente zur politisch-militärischen Vorstellungswelt und Tätigkeit des Generalstabschefs des deutschen Heeres 1933—1938,* Boppard 1980; ders., *Staat und Politik im Denken Ludwig Becks,* in: *Historische Zeitschrift,* Bd. 215 (1972), S. 607—631; Nicholas Reynolds, *Beck. Gehorsam und Widerstand. Das Leben des deutschen Generalstabschefs 1935—1938,* München 1983. Das Bild Becks steht stark unter dem Eindruck seiner Tätigkeit als aktiver Offizier; hingegen ist die Entwicklung nach 1938 bisher außerordentlich blaß. Gerade bei Beck müßte der Beginn des Krieges in seiner biographischen Konsequenz erfaßt werden.

[62b] Günther Wollstein, *General Olbricht,* in: Rudolf Lill/Heinrich Oberreuter (Hrsg.), *20. Juli,* Düsseldorf 1984.

[63] G. van Roon, *Hermann Kaiser...* [Anm. 1], S. 277.

[64] Vgl. durchgängig Bodo Scheurig (Hrsg.), *Deutscher Widerstand,* München 1984.

[65] Goerdeler war sich sicher, daß einige Stunden Freiheit, um die Wahrheit im Rundfunk zu verbreiten, den Sturz des Regimes besiegeln müßten. Auch Beck knüpfte in seinem Auftrag an die Wehrmacht an ähnliche Hoffnungen an.

[66] Vgl. den Tagungsbeitrag von P. Steinbach zur Wiederherstellung des Rechts.

[67] Walter Lipgens, *Europa-Föderationspläne der Widerstandsbewegung 1940—1945,* München 1968; Klaus Hildebrand, *Die ostpolitischen Vorstellungen im deutschen Widerstand,* in: *Geschichte in Wissenschaft und Unterricht,* 29. Jg. (1978), S. 213—241.

[68] G. Ritter, *Carl Goerdeler...* [Anm. 23], Anhang.

[69] Peter Steinbach, *Gruppen, Zentren und Ziele des deutschen Widerstandes,* in: R. Lill/H. Oberreuter (Hrsg.), *20. Juli...* [Anm. 62b], S. 29ff.

[70] In dieser Hinsicht bleibt eine frühe Gesamtdarstellung wie Eberhard Zeller, *Geist der Freiheit,* 4. Aufl., München 1969, unersetzbar.

[71] Karl Dietrich Bracher (Hrsg.), *Das Gewissen steht auf. Lebensbilder aus dem deutschen Widerstand 1933—1945,* Mainz 1984. Dabei handelt es sich um eine Neuauflage der beiden Bände *Das Gewissen steht auf* und *Das Gewissen entscheidet,* die in der Mitte

der fünfziger Jahre das Gespür für die individuelle Dimension des Widerstandes geweckt haben.

[72] Wer Aussagen über den Widerstandsfall macht, bestimmt zugleich Ziele, Zweck und Grenzen des Staates, die gegen Mißbrauch zu schützen sind. Insofern hätte das Grundgesetz gar nicht eines Widerstandsartikels bedurft. Die mit rechtsstaatlichen und verfassungsmäßigen Mitteln nicht zu korrigierende Verletzung eines Grundrechtes rechtfertigt zumindest jeden, entsprechend seinem Gewissen zu handeln. Allerdings ist hier an einen Satz von Adolf Arndt zu erinnern, der sagte: „Wenn Gesetz und Gewissen zueinander in Widerspruch geraten, befreit Art. 4 Abs. 1 GG allein von der Verpflichtung, die vom Gewissen unüberwindlich als böse erkannte Handlung eigenständig zu vollziehen. Die Gewissensfreiheit erspart insoweit einzig das Selber-Tun." Widerstand erfolgt aus einer individuellen Gewissensentscheidung; weil aber gerade die freiheitlich-demokratische Verfassung in der Würde des Menschen ihren wichtigsten Bezugspunkt findet, ist sie besonders sensibilisiert für Verstöße gegen Ziele, Zwecke und Grenzen des Verfassungsstaats, die in der Reflexion über Voraussetzungen, Formen und Konsequenzen des Widerstandes gebündelt werden.

[73] Fritz Bauer, *Widerstandsrecht und Widerstandspflicht des Staatsbürgers,* in: Arthur Kaufmann (Hrsg.), *Widerstandsrecht,* Darmstadt 1972, S. 500f.

[74] Richard von Weizsäcker, *Der 20. Juli 1944 — Attentat aus Gewissen,* in: Ders., *Die deutsche Geschichte geht weiter,* Berlin 1983, S. 21—42, als erster Aufsatz des Teiles „Der Grund der Politik".

[75] G. van Roon, *Hermann Kaiser*... [Anm. 1], S. 283, weist beispielsweise auf die eigenständige Bedeutung der Widerstandsversuche von 1943 hin, die sich nicht ohne weiteres in die praktische Kontinuität des Widerstandes einfügen.

[76] Neben A. Kaufmann (Hrsg.), *Widerstandsrecht*... [Anm. 73], ist auf die Kommentierung von Art. 20 Abs. 4 GG hinzuweisen. Dazu Josef Isensee, *Das legalisierte Widerstandsrecht. Eine staatsrechtliche Analyse des Art. 20 Abs. 4 Grundgesetz,* Bad Homburg 1969. Ferner Martin Kriele, *Die Rechtfertigungsmodelle des Widerstands,* in: *Aus Politik und Zeitgeschichte,* B 39/83 vom 1. 10. 1983, S. 12—32.

[77] Die Geschichte der Verfolgung des Widerstands muß polizeigeschichtliche, verwaltungsrechtsbezogene und schließlich auch prozeßgeschichtliche Aspekte berücksichtigen. Vgl. Wolfgang Wagner, *Der Volksgerichtshof im nationalsozialistischen Staat,* Stuttgart 1974, bes. S. 660ff.

[78] Dietrich Bonhoeffer, *Nach zehn Jahren,* in: Ders., *Widerstand und Ergebung. Briefe und Aufzeichnungen aus der Haft,* hrsg. von Eberhard Bethge, 10. Aufl., Gütersloh 1978, S. 17.

[79] So betrachtet, erscheint Widerstand als exemplarische „Beschwerde des Menschen". Vgl. Peter Steinbach, *Widerstand gegen den Nationalsozialismus,* in: Rudolf Lill/Heinrich Oberreuter (Hrsg.), *Machtverfall und Machtergreifung,* München 1983, S. 324ff.

[80] D. Bonhoeffer, *Nach zehn Jahren*... [Anm. 78], S. 23.

[81] H. Rothfels, *Deutsche Opposition*... [Anm. 4], S. 20.

[82] G. van Roon, *Hermann Kaiser*... [Anm. 1], S. 259.

[83] Hermann Kaiser an Oberst Martin, 13. 11. 1942, zit. nach G. van Roon, *a. a. O.,* S. 273.

[84] Hermann Kaiser an Leutnant Stath, 6. 3. 1942, zit. *a. a. O.,* S. 272.

[85] *A. a. O.,* S. 273.

[86] *Bericht Axel von dem Bussche*... [Anm. 36], S. 275.

Stauffenberg und die Veränderungen der außen- und innenpolitischen Handlungsbedingungen für die Durchführung des „Walküre"-Plans

PETER HOFFMANN
Montreal

I

Stauffenbergs Eintritt in die Führung der Opposition

Stauffenbergs Auftreten in der Umsturzbewegung gegen Hitler und das nationalsozialistische Regime ging anscheinend weniger auf seine Gewinnung für die Opposition und die Verschwörung zurück, als auf seinen eigenen Entschluß, von der Ressortopposition und -obstruktion zur Verschwörung mit dem Ziel eines Staatsstreiches überzugehen.

Stauffenbergs Haltung gegenüber dem Regime bis Ende 1942 war differenziert und schloß zur gleichen Zeit Zustimmung zu wesentlichen Inhalten der Politik der 1933 eingesetzten Regierung und Ablehnung anderer Inhalte ein.[1] Das erste, die Zustimmung, gilt zum Beispiel für die Wiederherstellung der deutschen Wehrfähigkeit und auch für einige territoriale Revisionen der Ordnung von Versailles, das zweite, die Ablehnung, für die Methoden der Volkstumspolitik und für die außenpolitische Vabanquepolitik, die nach Stauffenbergs Ansicht zum Krieg führen mußte. Die Erkenntnis, ob ein Krieg aus einer von allen Beteiligten mehr oder weniger verantwortlich herbeigeführten Zwangslage entstanden oder mutwillig begonnen worden sei, stand einem 31jährigen Hauptmann nicht ohne weiteres offen. Die Tatsache eines Kriegszustandes konnte auch schwerlich einem Berufssoldaten Anlaß zur Kritik werden. Die Kritik wird also eher an der Frage der Methoden eingesetzt haben, sowohl im Felde unmittelbar wie in der Führung im größeren Rahmen. Im taktischen und operativen Bereich, in der Führung etwa der Kriegsmarine oder der Luftwaffe, fehlten Stauffenberg die Kenntnisse und auch die Zuständigkeit; Polen-, Frankreich- und Balkanfeldzug waren jeweils rasch vorüber, die Kritik fand kaum Zeit zur Entwicklung und zu Konsequenzen. All dies traf für den Krieg gegen die Sowjetunion nicht mehr zu. Stauffenbergs Auffassung, der Krieg müsse möglichst gewonnen werden (was die Zustimmung zu seinem Beginn durchaus nicht notwendig einschloß), führte zuerst zum Kampf gegen die Methode der Kriegführung, dann gegen das Regime und gegen die Fortsetzung des Krieges selbst.[2]

Die Methode, den Feldzug gegen die Sowjetunion zu gewinnen, führte nach Stauffenbergs Meinung über die Gewinnung und Beteiligung der Bevölkerung der Sowjetunion; die Aktionen gegen Kommissare, Intellektuelle, Juden und die Zivilbevölkerung im allgemeinen hatten aber die gegenteilige Wirkung.[3] Hitlers Politik zielte bekanntlich auf die weitgehende Entvölkerung der eroberten Gebiete und auf Vernichtung sowohl von Trägern eines Widerstandes gegen die deutsche Herrschaft als auch von großen Massen nichtdeutscher Bevölkerungen: Es gehe um die Gewinnung von Land, nicht von Menschen, sagte er den Oberbefehlshabern der Wehrmacht und dem Reichsaußenminister in der berüchtigten Besprechung des 5. November 1937.[4]

Stauffenberg lebte 1942 in der Vorstellung, das Heer könne erst nach dem Erfolg im Ostfeldzug mit der „braunen Pest" des nationalsozialistischen Regimes aufräumen; seine tätige Mitarbeit diente also in Wirklichkeit der Opposition.[5] Dazu mußte er gegen die von Hitler befohlenen Methoden der Kriegführung wirken, um den Erfolg des Feldzuges herbeizuführen, indem er entgegen ausdrücklichen Weisungen Hitlers die Aufstellung von Heereseinheiten aus Volksangehörigen der Sowjetunion zum Kampf gegen die Rote Armee forderte. In seiner Stelle in der Organisationsabteilung im Oberkommando des Heeres/Generalstab des Heeres hatte er dazu die Möglichkeit.[6]

Im Laufe des Jahres 1942 mußte er einsehen, daß seine Gegenpolitik sich selbst sabotierte, indem sie sowohl das konventionelle (von Stauffenberg zur Ermöglichung des Umsturzes geförderte) als auch das revolutionäre (von Stauffenberg bekämpfte) Kriegsziel unerreichbar machte. Dazu kamen Fehler der Führung, die den professionellen Vorstellungen vom Handwerk des Krieges ins Gesicht schlugen und die deutschen Heere in Rußland in die ungeheuerliche Katastrophe bei Stalingrad hineintrieben.

Im Oktober 1942 sagte er im Hauptquartier des Generalstabs in Winniza vor etwa vierzig Generalstabsoffizieren: Die deutsche Ostpolitik sei auf einem verhängnisvollen Kurs, sie säe einen Haß, der sich einst an den Kindern der jetzt lebenden Generation rächen werde, angesichts der deutschen Truppenersatzlage sei es völlig klar, daß der Krieg im Osten nur gewonnen werden könne, wenn es gelänge, die dortigen Menschen für die deutsche Seite zu gewinnen, doch sei die deutsche Ostpolitik nur dazu angetan, die Menschenmassen im Osten zu Feinden Deutschlands zu machen; es sei ein Skandal, daß sich unter den führenden Männern niemand finde, der den Mut habe, sich den Helm aufzusetzen und dem Führer diese Dinge ganz offen zu sagen, auch auf die Gefahr hin, daß er das mit seinem Leben bezahlen müsse.[7] Stauffenberg war auch bewußt, daß jeder Beteiligte, ob einverstanden oder nicht, an den Verbrechen des Regimes mitschuldig wurde, an den militärischen Fehlern, die Millionen Soldatenleben und vielleicht die Existenz des Reiches kosteten, ebenso wie an den Rassen- und Völkermordaktionen.[8] Ungefähr zur selben Zeit sagte Stauffenberg auch schon im Hauptquartier, als ein anderer Generalstabsoffizier sich dafür aussprach, Hitler die Wahrheit zu sagen: „Es kommt nicht darauf an, ihm die Wahrheit zu sagen, es kommt darauf an, ihn umzubringen, und ich bin dazu bereit."[9]

An ein anarchistisches Attentat war nicht gedacht, Stauffenberg hat jedenfalls die Gelegenheit dazu damals offenbar nicht gesucht. Vielmehr spricht seine Reise ins Hauptquartier von Generalfeldmarschall Erich von Manstein (Heeresgruppe Don) dafür, daß er sich immer noch bemühte, höhere Führer an verantwortlicher Stelle zu einer entscheidenden Intervention bei oder gegen Hitler zu bewegen. Am 18. Januar 1943 sprach Stauffenberg in Taganrog mit Manstein.[10]

Vorstellungen von einer Änderung der militärischen Spitzengliederung, wie man sagte, gingen seit Jahren um, inzwischen waren die Mängel der Führungsorganisation empörend und für Millionen Soldaten wie für ganz Deutschland existenzbedrohend geworden. Es gab keine Oberbefehlshaber für die verschiedenen Kriegsschauplätze, auf dem russischen führte Hitler selbst, als Oberbefehlshaber des Heeres und durch die Heeresgruppenkommandos, auf dem nordafrikanischen durch den Wehrmachtführungsstab oder ebenfalls persönlich, und auch Marine- und Luftwaffenführung überließ er nicht den jeweiligen Oberkommandierenden. Dazu kamen Rivalitäten zwischen Generalstab des Heeres und Oberkommando der Wehrmacht, Zuständigkeitsstreitigkeiten mit Reichskommissaren und anderen.[11] Das Führerhauptquartier und der Wehrmachtführungsstab befanden sich zeitweise in Südbayern, auf dem „Berghof" bei Berchtesgaden, während der Generalstab in der Ukraine oder in Ostpreußen lag, oder die eine oder andere Kommandobehörde befand sich auf tagelangen Bahnreisen zwischen den verschiedenen Hauptquartieren. Es war unmöglich für einen Obersten Befehlshaber der Wehrmacht, allen Kriegsunternehmen die gleiche Aufmerksamkeit zu widmen; während Hitler in Winniza in der Ukraine war, entstand die gefährliche Lage in Afrika, und während er sich um diese seit November 1942 von Berchtesgaden aus mehr kümmerte, entging ihm zunächst die bei Stalingrad heraufziehende tödliche Gefahr.[12] Überdies war Hitler Staatsoberhaupt und Regierungschef, Parteiführer und *Spiritus rector* der Rassen- und Volkstumspolitik. Manstein konnte das alles sehen, verschloß sich aber dem Drängen Stauffenbergs, zog sich auf einen engen Soldatenstandpunkt zurück und meinte, ein Krieg sei erst verloren, wenn man ihn verloren gebe.

Bald nach dem Mißerfolg bei Manstein trat Stauffenberg seinen turnusmäßigen Fronteinsatz in einem Divisionsstab in Nordafrika an, von dem er im April 1943 schwerverwundet und fast ohne Aussicht auf Genesung zurückkam: Er hatte eine Hand, zwei Finger der anderen, ein Auge, eine Kniescheibe verloren.[13] Er überwand die Krise. Seit Anfang Juni 1943 stellten Besucher im Lazarett fest, daß Stauffenberg von fieberhaftem Tatendrang beseelt war. Bei Gesprächen kam immer wieder die Frage der Rettung des Reiches auf; zu manchen Besuchern sagte Stauffenberg, er müsse jetzt selbst etwas dazu tun.[14]

Stauffenberg wußte schon lange, sicher spätestens seit 1938, von der Existenz einer mit Mitteln des Hochverrats auf den Sturz des Regimes hinarbeitenden Opposition. Seine eigene Verbindung zu ihr beginnt nicht mit einem bestimmten Datum, sie bestand längst in freundschaftlichen und verwandtschaftlichen Beziehungen, die in einigen Fällen bis in die frühe Jugend zurückreichten. So war er mit Oberstleutnant von Hofacker verwandt, mit Oberst i. G. Finckh befreundet, mit Oberst i. G. von Tresckow schon lange in Verbindung, war doch Tresckow seit Beginn des Rußlandfeldzuges der unermüdlichste Kritiker und Opponent der Ostpolitik Hitlers.[15]

1942 bestand noch der aktive Kern der Umsturzbewegung um den Generalmajor Oster im OKW/Amt Ausland/Abwehr in Berlin, der Initiator mehrerer Attentats- und Umsturzversuche war.[16] Das Attentat als Voraussetzung des Umsturzes war in dieser Gruppe Grundsatz, Tresckow hatte sich auch schon lange dafür eingesetzt und hielt enge Verbindung mit der Berliner Gruppe.[17] Es bestand auch schon in Ansätzen die Konzeption der Verwendung der im Reichsgebiet liegenden Ersatz- und Ausbildungseinheiten für den Staatsstreich. Olbricht, ein Mitverschworener, war Chef des Allgemeinen Heeresamts (AHA) im Befehlsbereich des Chefs der Heeresrüstung und Befehlshabers des Ersatzheeres (Chef H Rüst u BdE); dem AHA unterstanden Infanterie-, Panzer-, Pionier-, Nachrichtentruppen- und andere Schulen; zumal in und um Berlin herum gab es zur Besetzung der Hauptstadt ausreichende und genügend bewaffnete Einheiten, die es mit etwa eingesetzten SS-Einheiten aufnehmen konnten. Olbricht bereitete die Maßnahmen zur Inbesitznahme von Berlin, Köln, München und Wien vor.[18] Ende 1942 wollte General Olbricht in einer Mitteilung an Tresckow noch etwa acht Wochen Zeit, bis alles vorbereitet wäre; Gisevius kam aus der Schweiz nach Berlin, um bei der Überarbeitung der Putschpläne und ihrer Koordination mit der Berliner Polizei federführend zu wirken.[19] Tresckow bemühte sich, durch seinen

Neffen, Oberleutnant Stahlberg, Ordonnanzoffizier bei Generalfeldmarschall von Manstein, dafür zu sorgen, daß Stauffenberg im Januar 1943 ausführlich und ungestört mit Manstein sprechen konnte. Stauffenbergs Reise zu Manstein stand also anscheinend in einem größeren Zusammenhang.[20]

Die Attentatsversuche des 13. und 21. März 1943 fanden ohne Stauffenberg statt, er war in Afrika, bis er am 7. April bei Gafse schwer verwundet wurde.[21] Zur selben Zeit, am 5. April und in den folgenden Tagen, gelang der Gestapo ein schwerer Einbruch in die Verschwörung durch die Verhaftung Hans von Dohnanyis, Dr. Joseph Müllers, Dietrich Bonhoeffers und seiner Schwester Frau von Dohnanyi; Hans Oster wurde unter Hausarrest beurlaubt.[22] Henning von Tresckow kam bald darauf mehrere Male nach Berlin, nur kurz im April und Mai, für längere Zeit im Juli.[23] Nach dem Ausfall der Zentrale in der Abwehr übernahm er deren Rolle und trieb die Umsturzvorbereitungen voran, zugleich nach den Kristallisationspunkten, nach der Initialzündung suchend.[24] Vor allem versuchte Tresckow, sich in die Nähe des Führerhauptquartiers versetzen zu lassen, vorzugsweise in die Operationsabteilung des OKH, aber es gelang nicht.[25]

Andere Pläne, wie die Ersetzung des Chefs des Generalstabes des Heeres, General Kurt Zeitzler, durch Generalfeldmarschall Günther von Kluge, zerschlugen sich ebenfalls, Anfang Juni 1943. Keiner der Generale — Eduard Wagner, Erich Fellgiebel, Friedrich Olbricht und andere — brachte die Tatkraft zum entscheidenden Schritt auf, wie sich der Kriegstagebuchführer beim Chef der Heeresrüstung und Befehlshaber des Ersatzheeres, Hauptmann d. R. Hermann Kaiser, resigniert notierte.[26] Zu dieser Zeit befand Stauffenberg, es sei an der Zeit, daß er nun etwas für die Rettung des Reiches tue, wie er mit leichter Selbstironie sagte; wenn die Generale es nicht täten, müßten eben die Obersten handeln.[27]

II

Innenpolitische Grundlagen

Inzwischen erhielt Stauffenberg durch Entscheidung des Heerespersonalamtes (eine Einwirkung der Opposition auf die Entscheidung ist nicht bekannt) die Stelle des Chefs des Stabes bei General Olbricht, dem Chef des Allgemeinen Heeresamtes, und damit die Möglichkeit, in die Fußstapfen Osters und Tresckows als Zentralleiter der Umsturzvorbereitungen zu treten (Tresckow mußte bald wieder ein Frontkommando übernehmen).[28] Die Hoffnung, angesichts der Kriegslage und der Vorbereitungen in der Heimat würden doch einer oder mehrere der Feldherren gegen Hitler vorgehen, hatte man noch nicht aufgegeben. Tresckow sagte zu

Goerdeler Anfang August, Manstein, Kluge und Küchler seien sich klar, daß nun gehandelt werden müsse, und Goerdeler kündigte seinem Freund, dem schwedischen Bankier Jakob Wallenberg, den Putsch für den September 1943 an.[29]

Während diese Bemühungen nicht aufgegeben wurden, wurde allmählich eine neue Struktur des Umsturzplanes erarbeitet, die sich in den folgenden vier Punkten zusammenfassen läßt:

1. Die Umsturzplanung kam nicht ohne Generale mit bekannten Namen aus, aber sie stützte sich nun (abgesehen von dem Anfang 1944 allmählich in die Verschwörung gezogenen Generalfeldmarschall Rommel) nicht mehr auf Frontbefehlshaber, sondern auf anscheinend entschlossene Mitverschworene im Reich und in Paris und Brüssel: Generaloberst Hoepner, Generalfeldmarschall von Witzleben, Generaloberst Beck, General von Stülpnagel, General von Falkenhausen, die nicht wie Kluge die Teilnahme zusagten und zurückzogen oder wie Manstein gar nicht einsahen, warum gegen Hitler etwas unternommen werden müsse.[30] Trotzdem wären Frontbefehlshaber vorzuziehen gewesen; am 20. Juli, und auch davor, erwiesen sich der Mangel eines aktiven Kommandos und auch ein Mangel an Tatkraft als verhängnisvoll.[31]

2. Die Mobilmachungspläne unter dem Stichwort „Walküre", mit denen Ersatz- und Ausbildungseinheiten im Falle von inneren Unruhen, Sabotageunternehmen, Aufständen von Kriegsgefangenen oder Fremdarbeitern eingesetzt werden konnten, wurden überarbeitet und sowohl dem legitimen Zweck wie dem unterschwelligen Staatsstreichzweck besser angepaßt. Mit den im Mobilmachungsfall zu bildenden Kampfgruppen konnten Regierungs-, Rundfunk- und andere wichtige Gebäude und Objekte besetzt, SS-Garnisonen umstellt werden. Ausdrücklich war befohlen, daß niemand außerhalb der Wehrmacht, also auch keine Partei- oder SS-Stelle, „von den Absichten bzw. Vorarbeiten" Kenntnis erhalten dürfe.[32]

3. Auch die im engeren Sinn innenpolitischen Vorarbeiten waren gründlicher als je zuvor. Für alle Wehrkreiskommandos wurden „Verbindungsoffiziere des OKH" als Vertrauensleute bestimmt, die im Staatsstreichfall für die Ausführung der „Walküre"-Befehle und der weiteren militärischen Anweisungen der Staatsstreichzentrale in Berlin sorgen sollten. Zugleich waren den Wehrkreiskommandos „Politische Beauftragte" zugeordnet, die für die Übergangszeit die militärischen Verbindungsleute und eventuell die Wehrkreisbefehlshaber politisch beraten sollten. Generaloberst Beck hatte auf der Aufstellung entsprechender Listen und auch einer zivilen Regierungsliste bestanden; denn einerseits wollte man keinen bloßen Militärputsch, sondern den Übergang zu geordneten Rechtsverhältnissen, andererseits war zu befürchten, daß die militärischen Verbin-

dungsleute den Parteifunktionären und anderen politischen Machthabern nicht ohne weiteres gewachsen sein würden.[33] Beck und Goerdeler bestanden auf der Liste der Politischen Beauftragten Ende 1943 sogar mit der Drohung, ohne sie werde nicht gegen Hitler gehandelt werden.[34] Übrigens bestanden Beck und Goerdeler auch auf strenger Trennung der technischen und politischen Vorbereitungen des Staatsstreiches.[35] Diese Trennung war nur annähernd durchführbar: Goerdeler wandte sich durch persönliche Reisen und Briefe unmittelbar an Frontbefehlshaber, und Stauffenberg stand in naher Verbindung zum Moltke-Kreis, zu Trott, zu dem Kontakt mit den Kommunisten im Juni 1944.[36]

4. Verbindung und Zusammenarbeit mit nicht-nationalsozialistischen politischen Kräften wurden gesucht und hergestellt, von rechtskonservativen und monarchistischen Kreisen um den preußischen Minister der Finanzen, Johannes Popitz, und Otto John bis zu den Sozialisten und Kommunisten.[37] Dazwischen befanden sich die Goerdeler-Gruppe und der Moltke-Kreis, dieser selbst schon ein Querschnitt durch das politische Spektrum, ferner die früheren Führer der christlichen Gewerkschaften, und viele weniger eindeutig politisch orientierte Beamte, Verwaltungsfachleute, Ingenieure, Geschäftsleute, von denen so mancher früher einmal der NSDAP angehangen oder angehört hatte.[38] Am linken Flügel standen Namen wie Leber, Reichwein und Mierendorff; von diesen wurden auch die Fäden zum Zentralkomitee der Kommunistischen Partei im Untergrund gesponnen. In einer dramatischen Zusammenkunft in der Wohnung eines Berliner Arztes trafen sich Reichwein und Leber mit Anton Saefkow und Franz Jacob am 22. Juni 1944, aber die Herstellung einer Volksfront mißlang. Weder die Kommunisten noch die Sozialisten hatten „Massen“ hinter sich, und die Gestapo hatte das Untergrundzentralkomitee infiltriert, so daß bei der nächsten vereinbarten Zusammenkunft am 4. Juli, zu der Leber aus Mißtrauen nicht mehr gekommen war, die Kommunisten und Reichwein verhaftet wurden, Leber am folgenden Tag.[39] Der Vorgang illustriert die Aussichten des Versuchs der Herstellung der „Massenbasis“, nach der Kritiker und Ideologen so gerne rufen: Solche Aussichten gab es nicht.

Daran knüpfen sich Fragen. Es ist eindeutig, daß Stauffenberg in seinen unabhängig artikulierten politischen Anschauungen jedenfalls nicht den Sozialdemokraten und noch weniger den Kommunisten zuneigte. Was bedeutete also die enge Zusammenarbeit mit Leber? Was bedeutete der von Stauffenberg nach glaubwürdigen Zeugnissen gutgeheißene Kontakt mit dem Zentralkomitee der Untergrund-KPD?[40] Die erste Frage läßt sich wenigstens versuchsweise beantworten: Leber war Veteran des Ersten Weltkrieges und als Reichstagsabgeordneter Wehrexperte seiner Partei, er und Stauffenberg hatten einiges gemeinsam.[41] Ferner war Leber im

Kreis um Moltke (Kreisauer Kreis), zu dem auch Stauffenbergs Vetter Peter Graf Yorck von Wartenburg gehörte und mit dem Adam von Trott zu Solz verbunden war, deren Meinung für Stauffenberg gewichtig gewesen ist.[42] Schließlich hatte das Ziel der Beseitigung Hitlers, der Beseitigung der NS-Diktatur, der Beendigung des Krieges, der Rettung der deutschen Ehre für die Verschwörer Vorrang vor dem parteipolitischen Standpunkt.

Etwas komplizierter ist die Frage nach dem Sinn des Kontaktes mit der KPD, obwohl auch in diesem Fall die Zusammenfassung aller gegen Hitler gerichteten Kräfte als Motiv genügt hätte. Zugleich aber leitet die Frage über zur Erwägung der außenpolitischen Voraussetzungen für den Sturz des NS-Regimes. Denn es ging auch um die Frage, ob nach dem Sturz Hitlers wirklich an allen Fronten kapituliert werden müsse oder ob die Front im Osten an einer bis nahe an die — wie immer definierte — deutsche Reichsgrenze zurückgenommenen Linie gehalten und die Westfront den Westalliierten geöffnet werden könnte und ob dann die deutschen Kommunisten und in einer innenpolitisch explosiven Situation die so oft genannten und so wenig greifbaren Arbeitermassen, die in der Sowjetunion als „Antifaschisten" organisierten deutschen Kriegsgefangenen und die sowjetischen Kriegsgefangenen dem Vorhaben in den Rücken fallen oder es stützen würden.[43]

III

Außenpolitische Bedingungen

Die Phase von 1942 bis 1944 ist die Zeit zwischen dem Höhepunkt deutscher Machtausdehnung und dem Zusammenbruch der deutschen Fronten im Osten und Westen im Sommer 1944. Obwohl sich die deutsche militärische Lage insgesamt ständig verschlechterte, konnte die deutsche Militärmacht den Sieg ihrer Gegner noch solange verhindern, den Gegnern noch so viel Schaden zufügen, daß die Erwartung einer Verhandlungsbereitschaft auf alliierter Seite nach dem Sturz Hitlers nicht unvernünftig war, zumal auch Japan im Herbst 1943 und bis Juli 1944 noch nicht besiegt war.

Andererseits hat man sich wohl auf deutscher Seite zu wenig klar gemacht, wie sehr auf der Seite der Gegner, vor allem in England und Amerika, der Krieg als Wiederholung des Ersten Weltkrieges verstanden wurde, wie sehr man dort gesonnen war, aus den in der Behandlung Deutschlands nach 1918 gesehenen Fehlern zu lernen. Schon damals war die Kapitulation im Grunde bedingungslos gewesen — Deutschland mußte als Waffenstillstandsbedingung einseitig die besetzten Gebiete räumen, einen Teil Deutschlands dazu, alle schweren Waffen übergeben und mit der Demobilmachung beginnen; die Alliierten bestanden darauf, sich die Mittel zur Durchsetzung jeder Forderung an Deutschland zu sichern, wie aus den Noten des amerikanischen Staatssekretärs für Auswärtiges, Robert Lansing, zu entnehmen ist.[44] Es hatte sich dann gezeigt, daß die von Deutschland als so unerträglich empfundene Versailler Friedensordnung Deutschland große Möglichkeiten zur Wiederherstellung seiner Macht offengelassen hatte.

Diesen Fehler wollten die Alliierten des Zweiten Weltkrieges nicht wiederholen. In der Atlantik-Charta vom August 1941 war die Entwaffnung der Angreiferstaaten schon festgelegt, die Freiheits- und Gleichheitszusicherungen in der Charta wurden von Churchill als für Feindstaaten ungültig erklärt.[45] Ferner, wie es zu den festen Bestandteilen von Kriegskoalitionen gehört, kamen die Kriegführenden überein, bis zum vollständigen Sieg zu kämpfen und nicht separat Frieden zu schließen (Washington-Pakt, 1. Januar 1942).[46] Es lag auch im Interesse der Allianzpartner, die Vereinbarungen einzuhalten; denn besonders die Westmächte waren in vielen Teilen der Erde gebunden, sie überschätzten die deutsche Militärmacht,[47] die Rote Armee trug 1941 bis Sommer 1944 die Hauptlast des Landkrieges gegen Deutschland, und Japan war noch nicht besiegt. Man durfte sich also nicht einmal bei einer Andeutung von Verhandlungsbereitschaft ertappen lassen — oder jedenfalls jeweils nur soweit sich vorwagen, wie es die Koalitionspartner auch taten.[48]

Schließlich konnte es zwischen den Vorstellungen der Alliierten und denen der innerdeutschen Opposition gegen Hitler keine Gemeinsamkeit geben; denn die Opposition wollte das Reich retten, während die Alliierten sich anschickten, es aufzuteilen. Oppositionsführer wie Trott meinten, es läge im Interesse der Westmächte, die Sowjetunion aus Europa fernzuhalten;[49] sie übersahen aber den Grad der Dringlichkeit der kurzfristigen Interessen an der erfolgreichen Beendigung des Krieges gegen die „Angreiferstaaten".

Obwohl die alliierten Antworten auf die von der Opposition ausgestreckten Fühler seit 1940 niemals ermutigend waren, wurden die Versuche fortgesetzt — über Stockholm, Madrid, Lissabon, Bern, Zürich, Istanbul und Ankara, von Bonhoeffer, Moltke, Trott, John, Gisevius, Goerdeler.[50] Immer wieder versuchte man, Zusagen günstiger Bedingungen zu erhalten; denn man befand sich ebenfalls in einer Zwangslage: Wollte man die Unterstützung höherer militärischer Führer und wollte man nach dem Umsturz die Ziele der Neuordnung erreichen, wozu man politisch überleben mußte, so mußte man als Erfolg des Umsturzes die Rettung des Reiches vorweisen können. Hier bestand eine unüberbrückbare Kluft zwischen innerdeutscher Opposition und alliierten Regierungen.

Generalfeldmarschall von Kluge, auf dessen Gewinnung für den Umsturz so gute Aussichten zu bestehen schienen, wollte im September 1943 von Goerdeler wissen, welche außenpolitischen Aussichten für den Abbruch des Krieges wenigstens im Westen bestünden.[51] Goerdeler meinte, wenn England aus dem Krieg mit Deutschland herauskommen könne, werde es den russischen Koalitionspartner fallenlassen, es müsse immer um ein starkes Deutschland als Gegengewicht gegen Rußland besorgt sein. Folgende Bedingungen seien von England zu haben: Ostgrenze von 1914; Österreich, Sudetenland, Südtirol und Eupen-Malmedy deutsch; deutsch-französische Verhandlungslösung für den Status von Elsaß-Lothringen; volle Erhaltung der deutschen Souveränität; keine Reparationen.

Man kann ein solches Programm nicht einfach als Zweckoptimismus abtun, Goerdeler konnte nicht hoffen, Kluge mit Utopien zu gewinnen, er muß also an seine Vorstellungen geglaubt haben — dies acht Monate nach Stalingrad und unmittelbar nach dem Verlust der bisher größten Panzerschlacht der Geschichte bei Kursk. Goerdeler hat — mit welcher Absicht, ist ungeklärt — noch im Mai 1944 gegenüber Stauffenberg geäußert: Jede Besetzung des Reiches solle vermieden werden, und es müßten die Reichsgrenzen von 1914 im Osten garantiert, Österreich und das Sudetenland erhalten, Tirol bis Bozen gewonnen, Elsaß-Lothringen autonom werden. Goerdeler hatte ein Jahr vorher in Stockholm auf Veranlassung Jacob Wallenbergs zur Weiterleitung nach England etwa dieselben Vorstellungen nur in anderen Formulierungen niedergeschrieben, wonach zum Beispiel Polen und die Tschechoslowakei wieder frei werden, die polnische Ostgrenze von 1938 wiederhergestellt und über Polens Westgrenze verhandelt werden, also vermutlich der polnische „Korridor" beseitigt bleiben sollte; da über das Sudetengebiet nichts gesagt wurde, sollte es wohl so wie auch Österreich stillschweigend bei Deutschland belassen werden.[52] Noch am 12. Juli 1944 glaubte Goerdeler, die Alliierten würden nach dem innerdeutschen Umsturz nicht auf bedingungsloser Kapitulation bestehen.[53] Leber auf der anderen Seite trat am 16. Juni 1944 für Verzicht auf Ostpreußen, Elsaß-Lothringen, Sudetenland „usw." ein, was freilich bei den Mitverschworenen nicht auf allgemeine Zustimmung stieß.[54]

Im Juli 1943 erklärte Moltke bei einem Besuch in Istanbul für westalliierte Ohren, seine Freunde, die nicht ohne Rückhalt beim deutschen Militär seien, befürworteten die Öffnung der deutschen Fronten nach Westen, das Halten der Ostfront und die Vermeidung der Bolschewisierung Deutschlands; wesentlich sei die Zurücknahme der Formel von der bedingungslosen Kapitulation.[55] Mitte Dezember war Moltke wieder in Istanbul, und als Ergebnis seines Besuches entstand ein Exposé, das diese

Grundsätze ausführlich darlegte sowie auf das Bestehen eines starken pro-russischen Flügels besonders im Militär hinwies und auf die Veränderung der Lage durch die Gründung des Nationalkomitees „Freies Deutschland", den Bund Deutscher Offiziere (der starken Widerhall gefunden habe) und durch die sowjetische Proklamation vom Juli 1943.

Wie sehr das zutraf, mag dahingestellt bleiben, handelte es sich doch darum, mit einer Seite, und zwar mit der westlichen, zu Verhandlungen zu kommen. Moltke bestand auch darauf, daß die deutschen Fronten im Westen nur geöffnet werden könnten, wenn die rasche Besetzung des Reiches durch die *West*alliierten gewährleistet sei.[56] In diesem Sinne schrieb er in einem Brief noch kurz vor seiner Verhaftung. Die Alternative war die Besetzung Deutschlands durch die Rote Armee; angesichts dessen, was von dem russischen Vorgehen in Polen, in den baltischen Ländern und in Finnland bekannt war, und eingedenk der ungeheuerlichen, von deutscher Seite in Rußland begangenen Verbrechen konnte kein Patriot für die Besetzung Deutschlands durch die Rote Armee eintreten.[57] Moltke hatte keinen Erfolg. Am 19. Januar 1944 wurde er verhaftet. Die Bemühungen gingen gleichwohl weiter.

Stauffenberg versuchte auch, eigene Kontakte zum Westen herzustellen.[58] Im Dezember 1943 und Januar 1944 hatte sein Bruder, Marineoberstabsrichter Berthold Graf Schenk von Stauffenberg, Gelegenheit zu Gesprächen in Stockholm. Nach Aussage Trotts vor der Gestapo hatte Oberst Graf Stauffenberg ihm im Juni 1944 den Auftrag gegeben, auf seiner Schwedenreise zu erkunden, wie sich Amerika und England verhalten würden, wenn Deutschland zur kurzfristigen Aufnahme von Verhandlungen genötigt wäre, das heißt nach einem Umsturz.[59] Stauffenberg hat auch Goerdeler gegenüber damals von einem eigenen Mittelsmann zu Churchill gesprochen.[60] Um dieselbe Zeit oder etwas früher, kurz vor der alliierten Invasion der Normandie, erwog Stauffenberg mit Leber noch die Westlösung, die Öffnung der Westfront.[61]

Eine abschließende Antwort auf die Frage, was Stauffenberg gehofft und erwartet hat für den Fall eines erfolgreichen innerdeutschen Umsturzes wird nicht möglich sein. Die zahlreichen Kontakte der Verschwörer zu den Kriegsgegnern hatten alle kein greifbares Ergebnis. Die Frage, wann Stauffenberg das bewußt geworden sei, hat immerhin ein gewisses Interesse. Im Mai 1944 hoffte er noch, die alliierte Invasion in Frankreich könnte zurückgeschlagen werden, und das von Trott für Juni 1944 berichtete Interesse Stauffenbergs an englisch-amerikanischen Äußerungen wird von Trott auch nicht ganz erfunden sein.[62] Trott vertrat offenbar, wenn man den Aussagen Oberst Hansens glaubt, noch am 16. Juli 1944 den Standpunkt, nach einem Wechsel des Regimes würden die Kriegsgegner verhandlungsbereit sein, und in der weiteren Aussprache zwischen Hansen, Claus und Berthold Stauffenberg, Trott, Fritz-Dietlof Graf von der Schulenburg und Oberstleutnant von Hofacker wurde auch die Auffassung vertreten, es müsse von Militär zu Militär verhandelt werden, und zwar sowohl mit den Westmächten als auch mit der Sowjetunion.[63]

Immer wieder taucht die Frage auf, ob Stauffenberg etwa „ostorientiert" gewesen sei. Hierzu ist an anderer Stelle mit kritischer Abwägung der Zeugnisse Stellung genommen worden, und eine Wiederholung würde hier zu weit führen.[64] Die Antwort muß „nein" lauten. Der von Stauffenberg gutgeheißene, vielleicht auch befürwortete Kontakt zu den Kommunisten beweist keine Ostorientierung, sondern eher das Gegenteil: Es kam darauf an, sich der Haltung der Kommunisten für die Zeit nach dem Umsturz zu vergewissern, wenn man hoffte, den Krieg im Westen beenden und die Front im Osten halten zu können.

Hat Stauffenberg am 16. Juli 1944 für Verhandlungen mit West und Ost plädiert? Am 12. Juli hatte er Gisevius gegenüber gemeint, er habe sich noch nicht entschieden, ob er mit dem Westen oder mit dem Osten zusammengehen solle, aber für Verhandlungen mit dem Westen sei es eigentlich zu spät, man müsse wohl mit Stalin verhandeln.[65] Die im Mai 1944 noch erhoffte Zurückweisung einer alliierten Landung in Frankreich[66] hätte allerdings einen Verhandlungsdruck auf die Westmächte erzeugen können. Inzwischen war im Westen die Front nach Einschätzung Stauffenbergs auf Grund der ihm von Hofacker überbrachten Informationen noch vier bis sechs Wochen zu halten.[67] Andererseits berichtet Otto John, er habe wiederholt versucht, Stauffenberg von der Unvermeidbarkeit der bedingungslosen Kapitulation zu überzeugen, aber Stauffenberg habe sich das anscheinend nicht vorstellen können.[68] An anderer Stelle schreibt John: „Es bleibt die Tatsache, daß ich bewußt und absichtlich gegen mein besseres Wissen, also vorsätzlich, die bestehenden Illusionen über die Möglichkeit eines Verhandlungsfriedens nicht nur nicht zerstört, sondern unterhalten habe."[69] Der Effekt ist derselbe: Stauffenberg hatte demnach nicht an die Unvermeidbarkeit der bedingungslosen Kapitulation und der Besetzung ganz Deutschlands geglaubt.

Es gibt aber auch die glaubwürdige Aussage von Peter Graf Yorck von Wartenburg vor der Gestapo und vor dem Volksgerichtshof, wonach Stauffenberg schon Anfang Juni 1944 mit der Notwendigkeit der bedingungslosen Kapitulation rechnete.[70]

IV

Bei allen diesen Überlegungen dürfen die folgenden Tatsachen nicht vergessen werden:

1. Stauffenberg war gar nicht in der Lage, allein oder maßgeblich über Innen- oder Außenpolitik zu entscheiden; wollte er es versuchen, so war dazu eine Militärdiktatur erforderlich. Nach allem, was darüber bekannt ist, würden weder Beck noch Goerdeler, noch Leber oder Moltke eine solche Diktatur akzeptiert haben.

2. Stauffenbergs Arbeit war der Umsturz vor allem anderen, er mußte, wenn es überhaupt versucht werden sollte, mit Energie vorgehen, was Gespräche, die er sehr schätzte, nicht ausschloß.

3. Stauffenberg war, wie die Ereignisse zeigen, entschlossen, so oder so zu handeln. Er handelte, obwohl die innenpolitische Grundlage durchaus nicht sicher war: Es fehlte die Massenbasis, es war nicht sicher, ob die Regierungsbürokratie und die Wehrmacht sich auf die Seite der Umsturzregierung stellen würden. Er handelte, obwohl ein außenpolitischer Boden überhaupt nicht existierte, er handelte, wie Trott formulierte, „außenpolitisch ins Nichts",[71] wenn er nicht über bestimmte Inspirationen hinsichtlich Verhandlungsmöglichkeiten verfügte, wofür es keine Anzeichen gibt. Das schloß nicht aus, daß man bis zuletzt noch nach etwa erreichbaren Vergünstigungen Ausschau hielt. So sehr Stauffenberg an außenpolitischen Kontakten interessiert und an Versuchen zu ihrer Herstellung beteiligt war, so wenig scheint er sein Handeln oder Nichthandeln davon abhängig gemacht zu haben.

„Handeln" hieß für Stauffenberg wenigstens bis etwa zum 20. Juni 1944 das Ingangsetzen und Führen des Staatsstreiches nach erfolgtem Attentat. Ohne Attentat, also ohne diejenige „Veränderung" der Führungsverhältnisse, ohne die die höheren militärischen Führer, die die Macht dazu hatten, zur Beteiligung am Umsturz nicht geneigt waren, also ohne die Veränderung der Machtverhältnisse vor der gründlichen inneren Umwälzung, würde es keinen Staatsstreich geben. Stauffenberg selbst konnte nicht an die Ausführung des Attentats denken: Er war in Berlin ganz unentbehrlich, er war körperlich durch seine Verstümmelung ungeeignet, und er hatte keinen Zugang zu Hitler. Andererseits schlugen Versuche und Anläufe im Dezember 1943, Januar und März 1944 fehl (Bussche, Kleist, Breitenbuch), und Mitverschworene, die Zugang zum Führerhauptquartier hatten, wie Oberst i.G. Stieff und Oberst d.G. Meichßner, waren nicht zur Ausführung des Attentats bereit.[72]

Spätestens um den 20. Juni 1944, nachdem Stauffenberg beim Befehlshaber des Ersatzheeres Chef des Stabes geworden war[73] und nun Zugang zu Hitlers Lagebesprechungen bekommen hatte, entschloß sich Stauffenberg, wenn nötig, das Attentat bei gegebener Gelegenheit selbst auszuführen. Das komplizierte die Lage und die Erfolgsaussichten ungemein. Die „Walküre"-Befehle konnten nur vom Befehlshaber des Ersatzheeres ausgelöst werden;[74] man mochte hoffen, daß er sich nach gelungenem

Attentat nicht verweigern werde oder daß anderenfalls die Unterschrift und die Bestätigung durch seinen Chef des Stabes genügen würde. Ferner war das Attentat gar nicht so leicht auszuführen, wie es wohl scheinen mochte, schon gar nicht, wenn der Attentäter entkommen und sofort nach Berlin zurückfliegen mußte. Vergebliche Anläufe am 6., 11. und 15. Juli waren wenig ermutigend, das Verhalten der Mitverschworenen in Berlin am 15. Juli erwies sich als mangelhaft. Stauffenbergs Entkommen aus dem Hauptquartier nach dem Attentat war völlig ungewiß.[75] Aber Stieff, Meichßner, Fellgiebel, Wagner ließen den Schwerverwundeten vorangehen und für sie „handeln", ehe sie selbst in Aktion treten wollten.

Es sind also zwei wesentliche Schlüsse aus den dargelegten Tatsachen und Umständen zu ziehen.

1. Stauffenbergs Motivierung veränderte sich von 1942 bis 1944. Er hatte damit begonnen, den Krieg zuerst mit einem Erfolg beenden zu wollen, und gelangte dahin, ohne innen- oder außenpolitische Sicherung zu handeln, die bedingungslose Kapitulation und Besetzung des Reiches als Folge des verlorenen Krieges so oder so zu akzeptieren.

2. Stauffenberg hatte sich entschlossen, das Attentat trotz fast völlig fehlender Erfolgsaussichten selbst auszuführen, also seine Person zu opfern. Damit setzte er zugleich jeden denkbaren Erfolg des Staatsstreiches aufs Spiel, weil offenbar nur er ihn tatkräftig auslösen und führen konnte.

Dies führt zu einer schlüssigen Einsicht in die letzten Motive Stauffenbergs, in seine Beweggründe zum Handeln. Stauffenberg selbst hatte sich wiederholt dazu geäußert. Es müsse geschehen, denn es gehe um das ganze deutsche Volk; schlimmer als das Mißlingen sei, der Schande und dem lähmenden Zwang tatenlos zu verfallen.[76] Stauffenberg nahm auch auf sich, daß der Täter in die deutsche Geschichte als Verräter eingehen werde — wenn er nicht handle, werde er jedoch zum Verräter vor seinem eigenen Gewissen. Kurz nach der Invasion der Normandie durch die Alliierten, Mitte Juni, hatte Stauffenberg bei Tresckow durch Graf Lehndorff gefragt, ob denn der Umsturzversuch noch sinnvoll wäre. Tresckow hatte ihm antworten lassen:

„Das Attentat muß erfolgen, coûte que coûte. Sollte es nicht gelingen, so muß trotzdem in Berlin gehandelt werden. Denn es kommt nicht mehr auf den praktischen Zweck an, sondern darauf, daß die Widerstandsbewegung vor der Welt und vor der Geschichte den entscheidenden Wurf gewagt hat. Alles andere ist daneben gleichgültig."[77]

Danach handelte Stauffenberg schließlich.

Anmerkungen

[1] Joachim Kramarz, *Claus Graf Stauffenberg 15. November 1907—20. Juli 1944. Das Leben eines Offiziers*, Frankfurt a. M. 1965, S. 41—50, 68—73, 87—90.

[2] *A.a.O.*, S. 90—120; vgl. Christian Müller, *Oberst i. G. Stauffenberg. Eine Biographie*, Düsseldorf [1970], S. 219—280.

[3] J. Kramarz, *Claus Graf Stauffenberg*... [Anm. 1], S. 101—111; Hans von Herwarth, *Zwischen Hitler und Stalin. Erlebte Zeitgeschichte 1931 bis 1945*, Frankfurt a. M. 1982, S. 241—261.

[4] *Der Prozeß gegen die Hauptkriegsverbrecher vor dem Internationalen Militärgerichtshof Nürnberg 14. November 1945—1. Oktober 1946*, Bd. 25, Nürnberg 1947, Dok. 386-PS, S. 403—413; Walter Bußmann, *Zur Entstehung und Überlieferung der „Hossbach-Niederschrift"*, in: *Vierteljahrshefte für Zeitgeschichte* (im folgenden *VfZ* zitiert), 16. Jg. (1968), S. 373—384.

[5] Rede von Hans Christoph Freiherr von Stauffenberg am 2. August 1963 [Bad Boll], S. 126; Eberhard Zeller, *Geist der Freiheit. Der Zwanzigste Juli*, 5. Aufl., München 1965, S. 246—249.

[6] H. v. Herwarth, *Zwischen Hitler*... [Anm. 3], S. 252; C. Müller, *Oberst i. G. Stauffenberg*... [Anm. 2], S. 246 f.

[7] E. Zeller, *Geist der Freiheit*... [Anm. 5], S. 247.

[8] Vgl. C. Müller, *Oberst i.G. Stauffenberg*... [Anm. 2], S. 254 f.

[9] Walter Bußmann, *Die innere Entwicklung des deutschen Widerstandes gegen Hitler*, Berlin [1964], S. 29; ders., mündliche Mitteilung an d. Verf. vom 27. August 1974.

[10] J. Kramarz, *Claus Graf Stauffenberg*... [Anm. 1], S. 115—118; C. Müller, *Oberst i.G. Stauffenberg*... [Anm. 2], S. 274—280.

[11] *A.a.O.*, S. 219—280.

[12] *Kriegstagebuch des Oberkommandos der Wehrmacht (Wehrmachtführungsstab)*, Bd. 2, Frankfurt a. M. 1963, S. 12—13, 855—900, 940, 970, 983; vgl. C. Müller, *a.a.O.*, S. 262—263; Peter Hoffmann, *Die Sicherheit des Diktators. Hitlers Leibwachen, Schutzmaßnahmen, Residenzen, Hauptquartiere*, München-Zürich [1975], S. 197.

[13] J. Kramarz, *Claus Graf Stauffenberg*... [Anm. 1], S. 121—129.

[14] *A.a.O.*, S. 129—132.

[15] *A.a.O.*, S. 68—73, 138, 168, 25, 111; C. Müller, *Oberst i.G. Stauffenberg*... [Anm. 2], S. 275.

[16] Zum Folgenden siehe Peter Hoffmann, *Widerstand, Staatsstreich, Attentat. Der Kampf der Opposition gegen Hitler*, 3. Aufl., München 1979, S. 327—366.

[17] *Ebda.*

[18] *A.a.O.*, S. 338.

[19] *A.a.O.*, S. 350.

[20] C. Müller, *Oberst i.G. Stauffenberg*... [Anm. 2], S. 275.

[21] J. Kramarz, *Claus Graf Stauffenberg*... [Anm. 1], S. 121—128; P. Hoffmann, *Widerstand*... [Anm. 16], S. 395.

[22] *A.a.O.*, S. 364—365.

[23] *A.a.O.*, S. 361—362, 371.

[24] *A.a.O.*, S. 327—366.

[25] Fabian v. Schlabrendorff, *Offiziere gegen Hitler*, Zürich 1946, S. 122—123.

[26] Hermann Kaiser, *Tagebuch 28. Mai, 2. und 9. Juni, 14. Juli 1943*, in: *Generäle. Neue Mitteilungen zur Vorgeschichte des 20. Juli*, in: *Die Wandlung*, 1. Jg. (1945/46), S. 528—537.

[27] J. Kramarz, *Claus Graf Stauffenberg*... [Anm. 1], S. 131—132.

[28] *A.a.O.*, S. 130; H. Kaiser, *Tagebuch*... [Anm. 26], passim; F. v. Schlabrendorff, *Offiziere*... [Anm. 25], S. 83; *Handliste der Generalstabsoffiziere 1943*, OKH/HPA Ag P 3, National Archives microcopy T-78 roll R-57; Wolf Keilig, *Das deutsche Heer 1939—1945. Gliederung — Einsatz — Stellenbesetzung*, Loseblattwerk, Bad Nauheim 1956 ff., 211/342 mit Abweichungen von jeweils wenigen Tagen in den Daten.

[29] F. v. Schlabrendorff, *Offiziere*... [Anm. 25], S. 84—85; Gerhard Ritter, *Carl Goerdeler und die deutsche Widerstandsbewegung*, 3. Aufl., Stuttgart 1956, S. 337.

[30] Wie Anm. 10 und 26.

[31] P. Hoffmann, *Widerstand*... [Anm. 16], S. 458—485, 506 f.

[32] Der Chef der Heeresrüstung und Befehlshaber des Ersatzheeres AHA/Ia (I) Nr. 3830/43 g.Kdos., 31. Juli 1943, betr. „Walküre", *Spiegelbild einer Verschwörung: Die Kaltenbrunner-Berichte an Hitler und Bormann über das Attentat vom 20. Juli 1944*, hrsg. vom Archiv Peter, Stuttgart 1961, S. 160—163; vgl. P. Hoffmann, *Widerstand*... [Anm. 16], S. 768 (Anm. 169).

[33] Jakob Kaiser, *Deutschlands Teilung war vermeidbar*, in: *Das Parlament*, 20. Juli 1954; Elfriede Nebgen, *Jakob Kaiser. Der Widerstandskämpfer*, Stuttgart usw. 1967, S. 165, 177; G. Ritter, *Carl Goerdeler*... [Anm. 29], S. 369, 618; vgl. *a.a.O.*, S. 543 (Anm. 61).

[34] Wie Anm. 33.

[35] F. v. Schlabrendorff, *Offiziere*... [Anm. 25], S. 97; E. Nebgen, *Jakob Kaiser*... [Anm. 33], S. 140; Hans Bernd Gisevius, *Bis zum bittern Ende*, Bd. 2, Zürich [1946], S. 302.

[36] G. Ritter, *Carl Goerdeler*... [Anm. 29], S. 352—360, 612—616; *Spiegelbild*... [Anm. 32], S. 410—412; Eugen Gerstenmaier, *Der Kreisauer Kreis. Zu dem Buch Gerrit van Roons „Neuordnung im Widerstand"*, in: *VfZ*, 15. Jg. (1967), S. 231; *Spiegelbild*... [Anm. 32], S. 101, 110—111, 173—176, 195, 198, 234, 264, 299—300; Henrik Lindgren, *Adam von Trotts Reisen nach Schweden 1942—1944. Ein Beitrag zur Frage der Auslandsverbindungen des deutschen Widerstandes*, in: *VfZ*, 18. Jg. (1970), S. 289—291; Hans Rothfels, *Trott und die Außenpolitik des Widerstandes*, in: *VfZ*, 12. Jg. (1964), S. 309—310; P. Hoffmann, *Widerstand*... [Anm. 16], S. 446—448; ders., *War Stauffenberg „ostorientiert"?*, in: *Die Zeit*, Nr. 53 vom 29. Dezember 1978, S. 10.

[37] P. Hoffmann, *Widerstand*... [Anm. 16], S. 429—458.

[38] Vgl. G. Ritter, *Carl Goerdeler*... [Anm. 29], passim; Ger van Roon, *Neuordnung im Widerstand. Der Kreisauer Kreis innerhalb der deutschen Widerstandsbewegung*, München 1967, passim.

[39] P. Hoffmann, *Widerstand*... [Anm. 16], S. 447 f.

[40] P. Hoffmann, *War Stauffenberg „ostorientiert"?*... [Anm. 36].

[41] Julius Leber, *Ein Mann geht seinen Weg. Schriften, Reden und Briefe*, Berlin-Schöneberg-Frankfurt a. M. 1952, S. 8, 269—270, 273—275, 286—287; Annedore Leber, *Den toten, immer lebendigen Freunden. Eine Erinnerung zum 20. Juli 1944*, Berlin 1946, S. 11—12; Dorothea Beck, *Julius Leber. Sozialdemokrat zwischen Reform und Widerstand*, Berlin 1983, Kap. I, V und S. 11, 182—186.

[42] G. v. Roon, *Neuordnung*... [Anm. 38], S. 87, 150, 158, 198—199, 208, 288—289.

[43] *A.a.O.*, S. 317—322; Freya von Moltke/Michael Balfour/Julian Frisby, *Helmuth James von Moltke 1907—1945. Anwalt der Zukunft*, Stuttgart [1975], S. 260—271; ferner P. Hoffmann, *Widerstand*... [Anm. 16], S. 736—737 (Anm. 68a—68c).

[44] *Amtliche Urkunden zur Vorgeschichte des Waffenstillstandes 1918. Auf Grund der Akten der Reichskanzlei, des Auswärtigen Amtes und des Reichsarchivs*, hrsg. vom Reichsministerium des Innern, 2. Aufl., Berlin 1924, Nrn. 2, 34, 37, 47, 48, 64, 76, 98 a, 105; *Der Waffenstillstand 1918—1919*, im Auftrage der Deutschen Waffenstillstandskommission... hrsg. von Edmund Marhefka, Bd. 1, Berlin 1928, S. 16—17.

[45] *Department of State Bulletin V*, 16. August 1941, S. 125—126; *Roosevelt and Churchill. Their Secret Wartime Correspondence*, New York 1975, S. 186, 234.

[46] *Agreement between His Majesty's Government in the United Kingdom and the Government of the Union of Soviet Socialist Republics Providing for Joint Action in the War against Germany, with Protocol Signed at Moscow, July 12th, 1941*, in: *Société des Nations Recueil des Traités*, vol. 204, 1941—1943, No. 4808; *Foreign Relations of the United States. The Conferences at Washington, 1941—1942, and Casablanca, 1943*, Washington 1968, S. 362—376; *Foreign Relations of the United States. Diplomatic Papers. 1942*, vol. 1, Washington 1960, S. 25—26.

[47] Ernst Nolte, *Deutschland und der Kalte Krieg*, München-Zürich [1974], S. 157—164.

[48] Vgl. hierzu Bernd Martin, *Verhandlungen über separate Friedensschlüsse 1942—1945*, in: *Militärgeschichtliche Mitteilungen*, 1976, H. 2, S. 95—113.

[49] Vgl. H. Rothfels, *Trott*... [Anm. 36], passim; H. Lindgren, *Adam von Trotts Reisen*... [Anm. 36], passim.

[50] Vgl. P. Hoffmann, *Widerstand*... [Anm. 16], Kap. VII.

[51] G. Ritter, *Carl Goerdeler*... [Anm. 29], S. 363; vgl. *Spiegelbild*... [Anm. 32], S. 410—412; F. v. Schlabrendorff, *Offiziere*... [Anm. 25], S. 113.

[52] Der in der Nacht vom 19. auf 20. Mai 1943 handschriftlich niedergeschriebene „Plan" ist im Besitz von Jacob Wallenberg in Stockholm, eine Abschrift ist im Bundesarchiv Koblenz [BA], Nl. Goerdeler 23; ferner Carl Goerdeler, *Unsere Idee*, November 1944, BA Nl. Goerdeler 26; Jacob Wallenberg, mündliche Mitteilungen an den Verfasser vom 16. September 1977; G. Ritter, *Carl Goerdeler*... [Anm. 29], S. 333—338; zu den 11 Punkten vom Mai 1944 siehe P. Hoffmann, *Widerstand*... [Anm. 16], S. 747—748 (Anm. 159).

[53] H. B. Gisevius, *Bis zum bittern Ende*... [Anm. 35], S. 304.

[54] *Spiegelbild*... [Anm. 32], S. 118.

[55] Wie Anm. 43, auch zum Folgenden.

[56] F. v. Moltke/M. Balfour/J. Frisby, *Helmuth James von Moltke*... [Anm. 43], S. 264—271; Moltke an Freya von Moltke, 7. Januar 1944, *a.a.O.*, S. 285.

[57] Vgl. Helmut Krausnick/Hans-Heinrich Wilhelm, *Die Truppe des Weltanschauungskrieges. Die Einsatzgruppen der Sicherheitspolizei und des SD 1938—1942* (= Quellen und Darstellungen zur Zeitgeschichte, Bd. 22), Stuttgart 1981.

[58] Otto A. W. John, *Some Facts and Aspects of the Plot against Hitler* [Masch.], London 1948, S. 42—45; vgl. P. Hoffmann, *Widerstand*... [Anm. 16], S. 747 (Anm. 154) und S. 301—302.

[59] *Spiegelbild*... [Anm. 32], S. 175.

[60] *A.a.O.*, S. 247—248; vgl. G. Ritter, *Carl Goerdeler*... [Anm. 29], S. 550 (Anm. 104).

[61] J. Leber, *Ein Mann*... [Anm. 41], S. 286.

[62] *Spiegelbild*... [Anm. 32], S. 175.

[63] *A.a.O.*, S. 101.

[64] P. Hoffmann, *War Stauffenberg „ostorientiert"?*... [Anm. 36]; P. Hoffmann, *Widerstand*... [Anm. 16], S. 308, 744—746 (Anm. 139).

[65] H. B. Gisevius, *Bis zum bittern Ende*... [Anm. 35], S. 308—310, 319.

[66] O. John, *Some Facts*... [Anm. 58], S. 42.

[67] *Spiegelbild*... [Anm. 32], S. 101.

[68] O. John, *Some Facts*... [Anm. 58], S. 42—45; Otto John, *An Eye Witness' Account of the 20th July 1944 Plot against Hitler that Failed* [Masch.], [London] 1946, S. 1—2, 10.

[69] Otto John, *Der 20. Juli 1944* [Masch.], London o. J., S. 11; vgl. P. Hoffmann, *Widerstand*... [Anm. 16], S. 749 (Anm. 161).

[70] *Der Prozeß*... [Anm. 4], Bd. 33, Nürnberg 1949, S. 423.

[71] *Spiegelbild*... [Anm. 32], S. 111.

[72] *Prof. Dr. R. Fahrner an Prof. Dr. W. Baum 25. Juli 1962*, Institut für Zeitgeschichte, München, ZS 1790; J. Kramarz, *Claus Graf Stauffenberg*... [Anm. 1], S. 163; *Spiegelbild*... [Anm. 32], S. 130.

[73] *Handliste der Generalstabsoffiziere [1944]*, OKH/HPA Ag P 3 H 8/6a, National Archives microcopy T-78 roll R 48.

[74] Wie Anm. 32.

[75] P. Hoffmann, *Widerstand*... [Anm. 16], S. 468—480, 506—513.

[76] Delia Ziegler (Sekretärin bei Stauffenberg), *Bericht über den 20.7.1944* [Masch.], o. O. o. J. [ca. 1946], S. 2; Erwin Topf, *Klaus Graf Stauffenberg*, in: *Die Zeit* vom 18. Juli 1946; J. Kramarz, *Claus Graf Stauffenberg*... [Anm. 1], S. 201.

[77] Fabian von Schlabrendorff, *Offiziere gegen Hitler* (= Fischer Bücherei), Frankfurt a.M.-Hamburg 1959, S. 138; ders., *Offiziere*... [Anm. 25], S. 129.

Militärische Motive zur Durchführung des Umsturzes

MANFRED MESSERSCHMIDT
Freiburg i. Br.

I

Der Anschlag auf Hitlers Leben, der am 20. Juli 1944 beinahe zum Erfolg geführt hätte, ist zwar — mit Hans Rothfels' Feststellung — als der „sichtbarste Ausdruck des Widerstandes" zu kennzeichnen,[1] aber seine Motive waren vielschichtig und kompliziert. Sie sind auch in ihrer historischen Nachwirkung nicht eindeutig. Schon 1938 ist der Gedanke an ein Attentat gefaßt worden und seither bis 1944 festgehalten, mit verschiedenen Aktionsplänen verbunden und von verschiedenen Personen erwogen worden. Er stand im Zusammenhang mit Umsturzplänen, fungierte für manchen auch als Alibi für Untätigkeit in der Staatsstreichvorbereitung. Der Attentatsgedanke war wohl stets verbunden mit Putschplänen, erhielt aber in ihrem Rahmen im Fortgang des Krieges eine sich wandelnde Bedeutung. Zu bedenken ist der von der Sache her gegebene grundsätzliche Unterschied in der Einstellung zur Tat bei den dazu Ausersehenen und innerlich Bereiten und bei denjenigen, die die Tat vorbereiten halfen und nützen wollten. In diesem weiteren Kreis befanden sich ehemalige aktive Nationalsozialisten neben Soldaten, die sehr früh diesen Weg gehen wollten, und solchen, die erst nach Überwindung schwerster Bedenken dazu bereit waren.

Es ist daher nicht möglich, von *den* Motivationen der das Attentat in ihr Kalkül einstellenden Hitlergegner zu sprechen. Dies gilt sowohl für die zivilen als auch für die militärischen Angehörigen des Widerstandes. In den meisten Fällen ist ein individuell gelagertes Mischungsverhältnis von innen- und außenpolitischen, von moralischen und teilweise auch von religiös bestimmten Argumenten zu konstatieren, das es kaum zuläßt, das Gewicht der einzelnen Bestimmungsfaktoren exakt zu erfassen.

Ein differenzierendes Verfahren, das den Reaktionen der Soldaten auf

Hitlers politisch-militärische Maßnahmen, auf seine Erfolge und Mißerfolge nachgeht, verspricht Teilerkenntnisse; sie sind ja auch in mancher Hinsicht schon gewonnen worden. Gerade weil die Lage der Opposition im NS-Regime, und zumal für den eidgebundenen Soldaten im Kriege, so außergewöhnlich war, lassen derartige Reaktionen Rückschlüsse zu, wie sie Reaktionen im politischen Alltag nicht liefern könnten. General Graf Kielmansegg hat auf einer dem Widerstand gegen Hitler gewidmeten Tagung im Blick auf diese exzeptionelle Situation gemeint, es hätte einer nur dem Soldaten eigenen besonderen Verantwortung bedurft, „die Grenzen des Gehorsams zu überschreiten".[2] Dies vorausgesetzt, wäre zu unterstellen, daß die zum Widerstand Bereiten ihre „besondere Verantwortung" erkannt, die anderen aber sie nicht wahrgenommen hätten, zumal ja das Wissen um Hitlers politische und militärische Aktionen nicht auf die Opposition beschränkt blieb.

Hier liegt ein interessanter Ansatz. Der Entschluß zum Widerstand und schließlich zu einem Widerstand, der das Attentat in seine Strategie einbezog, ist eine Frage der individuellen und politischen Verantwortungsbereitschaft gewesen, nicht eine aus speziellem Wissen resultierende Haltung. Die von den Verschwörern bearbeiteten führenden Generale „wußten" ebensoviel wie jene über Hitlers Praktiken und über die Risiken seiner Politik. Dennoch war in vielen Fällen, wie es hiernach scheinen könnte, der Entschluß zum äußersten Mittel — wie auch vielfach zu Oppositionshaltungen von geringerer Energie — nicht allein eine charakterlich oder psychologisch bedingte Entscheidung. Dies zeigen vor allem die Schwankungen einzelner Persönlichkeiten aus Anlaß bestimmter Ergebnisse der Politik oder Kriegführung.

Diese Entwicklungen haben sich auf die außenpolitischen Konzeptionen vor allem der „Honoratioren" — etwa Goerdeler und von Hassell — ausgewirkt,[3] und so taten sie es auch auf Soldaten, die das Attentat in ihre Überlegungen einbezogen hatten oder später einbeziehen sollten. Diese Auswirkungen konnten wie bei Halder soweit gehen, daß wieder eine Identifizierung mit Hitlers Zielen eintrat. Was kann dies besagen im Hinblick auf die ursprüngliche Widerstandsmotivation?

Anders gefragt: Läßt sich aus der Analyse des Mischungsverhältnisses von ethischen und politischen Motiven ein Schluß auf die innere Festigkeit der Oppositionshaltung ziehen? Es gibt Beispiele, die eine solche Annahme widerlegen. Generaloberst Wilhelm Ritter von Leeb gehörte im Winter 1939/40 zu den wenigen Generalen, die bereit waren, Halder bei einem Putsch zu unterstützen. Seine in verschiedenen Denkschriften und Briefen erkennbaren Motive lagen primär in militär- und innenpolitischen Befürchtungen: Er war überzeugt, daß die von Hitler geplante Offensive im Westen steckenbleiben und damit die Niederlage Deutschlands einleiten werde. Er sah den Einfluß des Heeres im NS-Staat zerbröckeln. Das Auftreten der Polizei in Polen sei „einer Kulturnation unwürdig". Gegen die Übergriffe der Polizei gegenüber der Wehrmacht verlangte Leeb Kampf, ebenso gegen eine sich tendenziell abzeichnende „Alleinherrschaft der SS in unserem Volke".[4] Da Halder um diese Zeit mit dem Gedanken an ein Attentat umging, geriet Leeb durchaus in die Nähe eines mit einem solchen Schlag eingeleiteten Staatsstreichs. Halders Zögern und schließlich seine nervös-resignative Überreaktion am 5. November entzogen den getroffenen Vorbereitungen Osters, Stülpnagels und Groscurths die Grundlage. Leeb hatte sich exponiert, im Gegensatz zu den beiden anderen Heeresgruppenbefehlshabern.

Am 18. Dezember 1939 fuhr Groscurth mit neuem Material über das Verhalten von SS und Polizei in Polen zu den Befehlshabern im Westen. Er legte ihnen unter anderem den Bericht des Oberbefehlshabers Ost, Generaloberst Blaskowitz, an den Oberbefehlshaber des Heeres vom 27. November 1939[5] vor. Daraus ging klar hervor, was im Osten ablief. Blaskowitz sprach vom Blutrausch der Polizei und von Greuelhandlungen. Groscurth ergänzte das Bild mit weiteren Detailangaben. Die einsetzende Kritik der Befehlshaber im Westen zwang Brauchitsch aus seiner Untätigkeit heraus, aber zu mehr als Gesprächen mit Himmler, die ja zu nichts führten, reichte es nicht. Brauchitsch war weit davon entfernt, im Sinne der Forderungen des Oberbefehlshabers Ost durchzugreifen, etwa den militärischen Ausnahmezustand zu verhängen, den Wagner vorbereitete.

Für die Motive der Empörung, der Kritik und der Befürchtungen, daß im Osten „ein militärischer Unruheherd herbeigeführt" werde (Blaskowitz) — eine Mischung aus politischen und moralischen Bedenken, die auch dem zögernden Brauchitsch zugebilligt werden muß — ist bezeichnend, daß sie nicht durchschlagend genug waren, um überhaupt zu einem Schritt bei Hitler zu führen. Leeb hielt es immerhin für nötig, Halder am 19. Dezember daran zu erinnern, „daß ja das Heer, entschlossen geführt, nach jeder Seite hin der stärkste Machtfaktor ist".

Der Maßstab für die Kraft der sittlich-moralischen Motivationen des Widerstandes, bei den Vertretern der Attentats-Strategie wie bei den anderen, ist sicherlich nicht aus ihren Reden, sondern nur aus ihrem Handeln zu gewinnen, aus ihrer Bereitschaft zur Mitarbeit an Planungen und Maßnahmen zur Änderung der Verhältnisse in Deutschland. Weil es so schwierig ist, die von jedem Beteiligten zu überwindenden inneren Schwellen zu erkennen — aufgebaut in Elternhaus, Schule, Militär, in der ganzen historisch-politischen und kirchlichen Tradition der Generationen von der Spätbismarckzeit bis in die Endphase der Weimarer Republik —, bleibt als sicherer Wegweiser eigentlich nur, die Reaktionen zu prüfen, die aus der Kenntnis politisch gewollter Verbrechen folgten, und die Konsequenzen, die daraus gezogen worden sind.

Seit dem Bekanntwerden der Vorgänge in Polen gehörte dieser Sachverhalt in eminentem Maße zur Geschichte des Widerstandes. Dennoch läßt sich nicht allgemein sagen, daß sich hier die Geister schieden. Sicher ist aber zu unterstellen, daß die Eingeweihten aus der „nur ihnen eigenen besonderen Verantwortung" (Kielmansegg) heraus hier erkennbar an die Grenzen des Gehorsams geführt worden sind, im Sinne der von Beck in seiner Vortragsnotiz vom 16. 7. 1938 getroffenen Feststellung:

„Es stehen hier letzte Entscheidungen für den Bestand der Nation auf dem Spiel; die Geschichte wird diese Führer mit einer Blutschuld belasten, wenn sie nicht nach ihrem fachlichen und staatspolitischen Wissen und Gewissen handeln. Ihr soldatischer Gehorsam hat dort eine Grenze, wo ihr Wissen, ihr Gewissen und ihre Verantwortung die Ausführung eines Befehls verbietet."[6]

Militärisch überzeugt, daß die Offensive im Westen fehlschlagen würde, moralisch entrüstet über das Wirken von Polizei und SS im Osten und besorgt um die Zurückdrängung des Heeres innerhalb des NS-Systems, hatten sie allen Grund, ihre Verantwortung wahrzunehmen.

Dieser Zusammenhang ist bald aufgebrochen worden. Zwar hat Blaskowitz dem Oberbefehlshaber des Heeres bei dessen Besuch in Spala vom 20. bis 22. Februar 1940 noch von wesentlich massiveren Vorgängen berichtet. In seinen Notizen spricht er von dem „politischen Schaden", der durch die Aktionen der SS und Polizei angerichtet werde, „einige 10 000 Juden und Polen, so wie es jetzt geschieht, abzuschlachten"[7] — eine Formulierung, die deutlich macht, daß hier nicht von Übergriffen die Rede sein konnte. Inzwischen aber waren das Oberkommando des Heeres und die Befehlshaber im Westen mit der Offensivplanung für den Westen, nicht mehr mit ihrer Sabotage beschäftigt. Der Manstein-Plan stand zur Diskussion. Manstein trug ihn selbst am 17. Februar 1940 Hitler vor; wahrscheinlich war der Weg dazu über die Verbindung Tresckow—Schmundt gebaut worden.[8] Mit der Verbesserung der Aussichten der Westoffensive veränderte sich das Motivationsknäuel. Selbst Tresckow, der Ende Oktober 1939 als I a/op (Gehilfe des Ia) zum Stab der Heeresgruppe A (von Rundstedt) und damit in den Wirkungskreis ihres Chefs des Stabes, von Manstein, ging, konnte sich der Faszination des Operationsplans nicht entziehen. Dabei war er doch mit dem Vorsatz dorthin gegangen, für die Opposition dort zu wirken — freilich ein bei Rundstedt und Manstein aussichtsloses Unterfangen. Tresckow hatte Nachrichten über die Greuel der SS und Polizei in Polen. Er sah eine Mörderbande am Werk, die „Deutschlands Namen schändete".[9] Er hielt überdies nicht einmal die Erhaltung des Sudetenlandes und Österreichs für notwendig.

Dennoch setzte er sich für Mansteins Plan nach Versetzung des Generals ein, damit jedoch auch für Hitlers Sieg im Westen. Er wünschte den Sieg des Heeres. Den Haltebefehl vor Dünkirchen hat er heftig kritisiert: Man habe die einmalige Gelegenheit verpaßt, „das gesamte auf das Festland überführte englische Heer zu vernichten".[10] Die Euphorie verflog bald.

Steckt in dieser Motivationsüberblendung ein allgemeines Phänomen? Bei Leeb läßt sich eine ähnliche Wendung zu einer dann aber durchgängig bleibenden Richtung feststellen. Am 20. Juli 1940, nach seiner Ernennung zum Feldmarschall, schrieb er für eine Dankrede aus Anlaß einer von seinem Stab arrangierten Feier nieder:

„Das eine steht aber fest, daß, wenn der Feind die Friedenshand zurückstößt, das ganze deutsche Volk hinter seinem Führer stehen wird, vielleicht mit noch größerer Entschlossenheit und Kampfesmut diesem letzten Gegner zu Leibe rücken wird. Daß wir auch diesen letzten Kampf ebenso siegreich bestehen wie die bisherigen ..." [11]

Seit der Zeit der optimistischer werdenden Einschätzung der Offensivaussichten im Westen verblaßte bei manchem Oppositionellen die Wirkung der Nachrichten aus Polen. Bei einigen erledigte sich das Thema. Andere schwenkten, wenn auch nur vorübergehend, auf antisemitisch-antibolschewistische Argumente ein, aus denen Hitler die innere Rechtfertigung seines „Weltanschauungskrieges" herleitete. Bei den „Honoratioren" bewirkte der Sieg im Westen eine Belebung von Hegemonialvorstellungen. Popitz und Goerdeler gehörten zu Vertretern der aufkommenden Renaissance des Reichsgedankens.[12] Goerdeler legte zwar dar, daß alle Erfolge mit Hitler kein gutes Ende nähmen, sprach aber vom Ziel eines schöpferischen Aufbaus freier Völker unter deutscher Führung.

II

Dieses Großmachtdenken und Großraumdenken ist neben den speziell nationalsozialistischen Vorstellungen von einer neuen „Ordnung" durch die Erfolge der Wehrmacht belebt worden. Der „deutsche" Sieg ließ sich eben nicht vom Sieg Hitlers oder für Hitler trennen. Tresckow sah dies von Anfang an und blieb doch nicht frei von innerer Bewegung über den militärischen Triumph: „Aller Kleinmut, dessen ich mich freudig schuldig bekenne, ist angesichts unserer ungeheuren Erfolge verflogen."[13]

Es ist schwer nachzuvollziehen, wie aus dieser Einstellung der Entschluß zum Attentat gefunden werden konnte. Ein erster Anhaltspunkt findet sich in der Hoffnung auf einen bald folgenden guten Frieden. Versailles war begraben, jetzt konnte Ruhe einkehren; so hat er gehofft. Andere taten dies auch. Aber sie sahen im folgenden Angriff auf die Sowjetunion die Chance zu weiter ausgreifenden Möglichkeiten für ein deutsches Imperium. Mit dieser Hoffnung verband sich zugleich die auf Vernichtung des Bolschewismus. Diese Einstellung reichte weit über die Soldaten hinaus bis in die beiden Kirchen hinein.[14] Der katholische Feldbischof hat dazu wahrscheinlich das eklatanteste Signal in seinem „Hirtenwort an die katholischen Wehrmachtsangehörigen zu dem großen Entscheidungskampf im Osten“ vom 29. Juli 1941 gesetzt.[15] Hassell glaubte jetzt an die Möglichkeit einer europäischen Führerrolle für Deutschland, ohne Hitler selbstverständlich. Einerseits gab der Angriff im Osten der Opposition Auftrieb, weil sie damit rechnete, daß Hitler den Krieg nicht gewinnen könne, andererseits löste er auch machtpolitische Illusionen aus.

Hinsichtlich der Bedeutung des Krieges gegen die Sowjetunion für die Haltung von Angehörigen des militärischen Widerstandes ist für manchen der später auch das Attentat bejahenden Offiziere die Überlagerung moralisch-humanitärer oder christlicher Maßstäbe durch politisch-ideologische oder militärisch-imperialistische bezeichnend. Hier sind etwa Stülpnagel und Hoepner zu nennen. Halder hat schon früher diesen Überlagerungseffekt, der bei ihm wohl besser noch als Verdrängungsphänomen zu charakterisieren ist, erkennen lassen. Nicht nur die Tatsache, daß er die Hauptverantwortung für die aus dem OKH kommenden Entwürfe zum Barbarossa- und Kommissarbefehl trug, weist darauf hin, sondern schon vorher die in Abstimmung mit dem Generalquartiermeister Wagner — ebenfalls Angehöriger des Widerstandes und Opfer des 20. Juli 1944 — getroffenen Vereinbarungen zwischen Generalstab und dem Chef des Sicherheitsdienstes (SD), Heydrich, über den Einsatz der Sonderkommandos in Polen.

Schon am 11. September 1939 teilte Wagner dem Armee-Oberkommando (AOK) 4 mit, „daß die Organe des Reichsführers SS ... nicht zu behindern seien“.[16] Seine Besprechungen mit Heydrich und Werner Best liefen offensichtlich problemlos: man kam „schnell überein“.[17] Heydrich beschrieb am 19. September 1939 Wagner als Ziel des Einsatzes seiner Organe: „Flurbereinigung: Judentum, Intelligenz, Geistlichkeit, Adel“.[18] Bei der Vorbereitung des Rußlandkrieges führte Wagner im März 1941 wiederum die Verhandlungen mit Heydrich. Er hielt Halder unmittelbar auf dem laufenden. Die zum Widerstand zählenden Spitzen des Generalstabes waren mithin direkt in die „volkstumspolitischen“ Vorbereitungen eingeschaltet, Halder allerdings hatte den Gedanken an Widerstand längst begraben.

Leeb, der ihn im Winter 1939 noch ermutigt hatte, schraubte seine Ansprüche an die Würde einer Kulturnation herab. Als ihm am 8. Juli 1941 in Kowno von General v. Roques, dem Befehlshaber des rückwärtigen Heeresgebietes, Massenerschießungen von Juden auf Veranlassung der deutschen Polizei gemeldet wurden, bemerkte er, damals Oberbefehlshaber der Heeresgruppe Nord: „Wir haben auf diese Maßnahmen keinen Einfluß. Es bleibt nur übrig, daß man sich fern hält. Roques meinte wohl zutreffend, daß auf diese Weise die Judenfrage wohl nicht gelöst werden kann. Am sichersten wäre sie durch Sterilisierung aller männlichen Juden zu lösen."[19]

Leebs Auffassung, daß es eine „Judenfrage" gebe, die gelöst werden müsse, scheint auf den ersten Blick befremdlich für einen ehemaligen Angehörigen der Opposition. Die Frage liegt nahe, ob nicht die Tatsache der jedenfalls im Ziel, wenn auch nicht in den Methoden bestehenden Übereinstimmung darin, daß Europa judenfrei zu machen sei, als Teilmotiv für das Abschwenken aus der Opposition aufzufassen ist. Als direktes Movens ist sicher der Sieg im Westen ausschlaggebend gewesen. Das heißt aber, daß der wesentliche Grund für Leebs Oppositionshaltung Ende 1939 nicht die Sorge um die „Würde einer Kulturnation", sondern die Sorge vor einer militärischen Niederlage im Westen gewesen ist. Diese letztere Sorge entfiel nach dem Sieg über Frankreich. Die Loyalität zum Führer pendelte sich wieder ein. Sittlich-moralische Bedenken rissen Leeb nicht mehr aus dieser Haltung heraus.

Außen- und militärpolitische Gesichtspunkte haben auch bei anderen zum Widerstand zählenden Soldaten und Zivilisten einen höheren Rang besessen als die Anteilnahme am Schicksal der Juden.[20] Selbst Goerdeler geht in der Denkschrift *Das Ziel*[21] davon aus, daß die Welt nur zur Ruhe komme, wenn das jüdische Volk seinen eigenen Staat erhalte, vielleicht in Kanada oder Südamerika.

Nach dem Polenfeldzug machte sich die Heeresführung sogar den Gedanken der Notwendigkeit des Volkstumskampfes im Osten zu eigen und hat damit Widerstandsneigungen wegen solcher Vorkommnisse den Boden zu entziehen gesucht. In diesem Zusammenhang ist auf den Brauchitsch-Befehl an die Oberbefehlshaber der Heeresgruppen und Armeen betr. „Heer und SS" vom 7. Februar 1940 hinzuweisen, der erklärt, warum die Proteste des Generals Blaskowitz und anderer in der Heeresspitze ohne Wirkung blieben. Brauchitsch fand eine Formel, die sozusagen sicherstellen sollte, daß das Heer im Angesicht der Verbrechen seine militärischen Aufgaben erfüllen konnte:

„Die für die Sicherung des deutschen Lebensraumes notwendige und vom Führer angeordnete Lösung volkspolitischer Aufgaben mußte schon zwangsläufig zu sonst ungewöhnlichen, harten Maßnahmen gegenüber der polnischen Bevölkerung des besetzten Gebietes führen. Die durch den bevorstehenden Entscheidungskampf des deutschen Volkes erforderliche beschleunigte Durchführung dieser Aufgaben brachte naturgemäß eine weitere Verschärfung dieser Maßnahmen mit sich.

Meine bei Abgabe der vollziehenden Gewalt gegenüber den politischen Stellen aufgestellte Forderung, zum mindesten die im Zusammenhang mit diesem Volkstumskampf zu erwartenden, dem Geist und der Manneszucht des Heeres schädlichen Vorgänge und Handlungen von der Truppe fernzuhalten, wurde anerkannt und ihre Erfüllung zugesagt."[22]

Halder überlieferte für April 1940 eine Äußerung von Brauchitsch, die belegt, daß der Oberbefehlshaber des Heeres offenbar den Krieg als Kampf zwischen Weltanschauungen akzeptiert hatte.[23] Diese Zusammenhänge sind wichtig für die Beurteilung der Rahmenbedingungen der Arbeit des Widerstandes. In der Heeresführung existierte seit Frühjahr 1940 eigentlich kein Ansprechpartner mehr. Es stand nicht länger zu erwarten, daß hier die Koordination, Abschirmung und Unterstützung zu finden sein würden, die dringend erforderlich waren für aussichtsreiche Aktionen. Im Gegenteil, hier war auch nicht mehr auf Verständnis zu hoffen.

Während der Vorbereitungen auf den Krieg gegen die Sowjetunion schlugen Halder, Brauchitsch und Eugen Müller, der General zbV beim Oberbefehlshaber des Heeres (ObdH), die gleiche Linie ein: Unterstützung Hitlers bei der Planung des Weltanschauungskrieges bei gleichzeitigem Versuch, die Disziplin des Heeres vor den Folgen der ins Auge gefaßten Kriegführung abzuschirmen. Dies war der Grund für den vielzitierten Disziplinarerlaß des ObdH vom 24. Mai 1941 zum Gerichtsbarkeitserlaß. Damit hat er die um die Disziplin besorgten Generale beruhigt, etwa Generalfeldmarschall von Bock.[24] General von Tippelskirch, der Himmler die Einladung des ObdH zu einer Ansprache vor den Generalen über die Aufgaben der SS im Osten überbrachte, erklärte dem SS- und Polizei-Chef, es gelte andere, die skeptischer seien, aufzuklären. Nicht die in Polen angewandte Härte mißfalle dem Heer, sondern „die Gefahr der Verrohung" der eingesetzten Leute.[25] Himmler hatte sich folgende Stichworte für den Vortrag notiert:[26]

„Exekutionen — der führenden Köpfe der Gegenbewegung — sehr hart aber notwendig — selbst dabei gewesen, keine wilden Angelegenheiten von Unterführern — ebensowenig von mir, weiß sehr genau, was vorgeht."

Seit dieser Zeit lief der Prozeß einer Aufeinanderzubewegung von Heeresführung und den Organen der ideologischen Kriegführung an. General Wagner war hier aktiv eingeschaltet. Die von der Spitze her kommende Einstimmung hat sich auf einige Befehlshaber übertragen. Man hat hier die Übereinstimmung im Feindbild als politisch-psychologischen Hintergrund vorauszusetzen. Der „jüdisch-bolschewistische" Feind, den es zu vernichten galt, das war ein Topos, auf den man sich einigen konnte. Frontbefehlshaber, die später zum Kreis der Verschwörer des 20. Juli gehören sollten, lieferten Beispiele für diese Überzeugung, so General Hoepner schon am 2. Mai 1941 in einem Aufmarschbefehl, der folgende Formulierung enthielt:

„Jede Kampfhandlung muß in Anlage und Durchführung von dem eisernen Willen zur erbarmungslosen, völligen Vernichtung des Feindes geleitet sein. Insbesondere gibt es keine Schonung für die Träger des heutigen russisch-bolschewistischen Systems."[27]

Eine offensichtlich von eigener Überzeugung mitgetragene Bejahung des brutalen ideologischen Krieges, insbesondere mit Zielrichtung gegen Juden, ist auch bei General Karl-Heinrich v. Stülpnagel, dem Oberbefehlshaber der 17. Armee, feststellbar. Kollektive Maßnahmen, so befahl er am 30. Juli 1941 unter Verschärfung eines vom OKH ergangenen Befehls, sollten nicht wahllos getroffen werden. Bei Sabotageakten könne notfalls auf Angehörige der russischen Staatsjugend zurückgegriffen werden. Vor allem seien die jüdischen Komsomolzen als Träger der Sabotage- und Bandenbildung anzusehen. In einem Schreiben vom 21. August 1941 an die Abteilung Wehrmachtpropaganda forderte Stülpnagel überdies „vermehrten Kampf gegen das Judentum".[28]

In diesen Befehlen und in den Vereinbarungen Wagner—Heydrich erreichte die Zusammenarbeit von Angehörigen des Widerstandes, die 1944 wieder aktiv dabei waren, die größte Distanz zu einer moralisch-sittlich zu begründenden Opposition. Man wird ihre Haltung kaum als nur persönliches Problem charakterisieren können. Zu viele Militärs, beginnend im OKH, nahmen ähnliche Positionen ein. Auch Werner Frhr. von Fritsch, der von allen verehrte ehemalige Oberbefehlshaber des Heeres, hatte ja 1938 den Kampf gegen das Judentum als den noch ausstehenden wichtigsten Kampf angesehen. Zutreffender wird man diese Befehle als Reflexe der politischen Überzeugungen der von der Revolution 1918, den Enttäuschungen in der Weimarer Zeit und der Bejahung der Politik Hitlers in den Anfangsjahren nach 1933 geprägten Soldatengeneration ansehen müssen.

III

Die eigentliche Frage ist, wie diese Männer zu einer kompromißlosen Widerstandshaltung zurückfinden konnten. Haben wir es mit einer auf die Interessen der eigenen Nation reduzierten Moralität zu tun? Sicherlich haben Stalingrad und die Schrumpfung der Aussichten auf einen tragbaren Ausgang des Krieges mit Hitler eine wichtige Rolle für das Umdenken gespielt. Von nicht wegzudenkender Bedeutung ist darüber hinaus die Fortexistenz oppositioneller Gruppierungen gewesen, zu denen die „verlorenen Söhne" wieder aufschließen konnten.

Aber auch die mittlere Generation, Männer wie Claus Graf Schenk von Stauffenberg, hatten erst durch einen Wall von Illusionen und politischen Fehleinschätzungen hindurchzustoßen zur Erlangung der inneren Freiheit und Kraft zum Widerstand. Stauffenberg glaubte Ende 1941 an eine Verbesserung der militärischen Chancen, weil Hitler selbst den Oberbefehl über das Heer übernommen hatte. Die Kampfkraft der Roten Armee hielt er um diese Zeit für schwer angeschlagen. Bei diesen Prämissen war keine positive Reaktion zu erwarten, als er Ende 1941 auf indirektem Weg von Helmuth James Graf v. Moltke auf eine Staatsstreichbeteiligung — ohne Attentat — angesprochen wurde. „Während des Krieges", so meinte er, „darf man so was nicht machen, vor allem nicht während eines Krieges gegen die Bolschewisten." Danach würde man mit der braunen Pest aufräumen.[29]

Zu dieser Haltung paßten die von Christian Müller herausgearbeiteten Bemühungen Stauffenbergs — der hier ähnlich dachte wie Tresckow — um die Aufstellung von Einheiten aus russischen Kriegsgefangenen: ein Plan, der zwar auch gegen die deutsche Besatzungspolitik gerichtet, aber doch vor allem auf den Sieg im Osten, auf einen Sieg mit Hitler gerichtet war. Als diese Planungen anliefen, im Jahre 1942, war Stauffenberg die prekäre Ersatzlage des Heere genau bekannt. Er sah ein, „daß die Sowjetunion nur mit Hilfe der dort lebenden Russen und der anderen vielen Völkerschaften zu schlagen war".[30] Ob sich diese Position mit Christian Müller als „utilitaristisch-idealistisch" motiviert umschreiben läßt, ist fraglich. Politisches Wunschdenken ist hier beteiligt gewesen und ein christlich-nationalistisches Geschichtsbild, das den Realitäten nach all den deutschen Praktiken im Osten keinesfalls gerecht werden konnte.

Auf der anderen Seite kritisierte Stauffenberg scharf innenpolitische Entwicklungen in Deutschland, so die sich in Hitlers Reichstagsrede vom 26. April 1942 ankündigende neue „Rechtspolitik". Kritisches Potential war angehäuft.

Der zündende Funke sprang über im Herbst 1942. Militärische Einsichten und Kritik am Wesen des NS-Systems verbanden sich zu einer nun auch Hitler einbeziehenden Umsturzbereitschaft, die Stauffenberg von nun an stets im Zusammenhang mit der Beseitigung Hitlers gesehen hat. Im Oktober war er innerlich schon bereit zum Attentat. Umsturz und Attentat, wenn auch um diese Zeit keineswegs konkret durchdacht, sollten die politischen Chancen — wohl auch die militärischen — verbessern helfen. Sie waren nicht mit dem Ziel der sofortigen Beendigung des Krieges verknüpft. Die Erkenntnis, daß in Hitler die Wurzel allen Übels gefaßt werden mußte, hat Stauffenberg schon vor Stalingrad gewonnen. Die Niederlage an der Wolga machte ihm deutlich, daß der Krieg nicht mehr zu gewinnen sei.[31] Damit war für ihn das Kapitel der „konspirativen Kooperation“ (Müller) in der Frage der Freiwilligenverbände erledigt.

Im August/September 1943 war Stauffenberg sich völlig im klaren, daß die NS-Verbrechen und Hitlers sinnlose Kriegführung nicht länger hingenommen werden durften. Hitlers Regime mußte fallen, etwas Neues an seine Stelle gesetzt werden: keine Restauration. Sicherlich haben Stauffenberg die von ihm in dem Begriff der „deutschen Erhebung“ zusammengefaßten innenpolitischen und sozialpolitischen Vorstellungen stark motiviert: eine Art Modell für eine neue Ordnung christlich-konservativen und zugleich sozialausgleichenden Zuschnitts, ebenso der Gedanke, das „Reich“ zu erhalten und seine Wehrhaftigkeit. Den NS-Staat hielt er für unfähig, Frieden zu schließen, weil die „Revolution“ von anderen Völkern stets als Bedrohung empfunden werde.[32] Ihm schwebte ein Verhandlungsfriede vor, solange noch annehmbare Bedingungen zu erreichen seien, eine „politische Entscheidung“, wie er Sauerbruch auseinandersetzte.

Schon diese Vorstellungen belegen seine immer noch vorhandenen Illusionen. Sie markieren auch, warum er sich so eindeutig auf das Attentat festgelegt hatte: Nur dies konnte mit Aussicht auf Erfolg bewerkstelligt werden. Wertvolle Zeit war zu gewinnen, um Verhandlungschancen wahrnehmen zu können. Hier unterschied er sich grundsätzlich von den Kreisauern, insbesondere von Moltke, der die alliierte Forderung der bedingungslosen Kapitulation illusionsfrei in seine Überlegungen einbezog und darüber hinaus Sorge vor einer Neuauflage der Dolchstoßlegende hatte. Stauffenberg sah noch im März 1944 Möglichkeiten, die zwischen Deutschlands Gegnern bestehenden Spannungen auszunutzen. Die „Zusammengehörigkeit der europäischen Völker“ und die Betonung des Christentums deuten an, gegen welche Gefahr er operieren zu können glaubte: die Sowjetunion.[33]

Ähnliche Gedanken über einen noch vorhandenen Spielraum der deutschen Politik ohne Hitler finden sich auch in der wohl von Stauffenberg stammenden kurzen Denkschrift, die er am 20. Juli in der Bendlerstraße verloren hat.[34] Adam von Trott zu Solz hat in den Gestapo-Vernehmungen ebenfalls Hinweise dieser Art gegeben. Das Attentat sollte nach den angeführten Hinweisen mithin einem außenpolitisch motivierten Vorhaben dienen. Stauffenberg hat aber auch aus sittlich-moralischen Gründen rasch handeln wollen, etwa zur Verhinderung der Vernichtung der ungarischen Juden.

Damit schälten sich relativ deutlich politische und humanitäre Motive für Stauffenbergs Attentatsbereitschaft heraus. Die so präzise vorgetragenen außenpolitischen Vorstellungen wurden der Lage Deutschlands nicht gerecht. Aber aus dieser Illusion hat Stauffenberg gerade die Kraft zu seinem Entschluß bezogen.

Henning v. Treskow ist in seiner Einschätzung der deutschen Kriegspolitik und der deutschen Möglichkeiten insgesamt und früher weitaus realistischer gewesen als Stauffenberg. Nach der Euphorie während des Westfeldzuges war auch er zu Beginn des Unternehmens „Barbarossa" von der strategischen Planung überzeugt, sah dann aber schnell die Unmöglichkeit, diesen Krieg zu einem siegreichen Ende zu führen. Gegen die verbrecherischen Befehle vor Kriegsbeginn hat er den Oberbefehlshaber der Heeresgruppe Mitte, v. Bock, mit aller Energie zu „programmieren" versucht. Im Bereich der Heeresgruppe Mitte gewann Tresckow ein Bild von der deutschen Ausrottungspolitik. Schon im Herbst 1941 nahm er Kontakt zur Opposition in der Heimat auf. Seinen Stab besetzte er mit entschlossenen Offizieren.

Das Zentrum des Widerstandes lag jetzt eindeutig bei der Heeresgruppe Mitte. Hier war man auch von Anfang an zum Attentat entschlossen. Ab Mitte 1942 erprobte Tresckow Sprengstoffe. Deutschland und die Welt von dem größten Verbrecher der Weltgeschichte zu befreien, hat er als sein Ziel bezeichnet.[35] Peter von Groeben gegenüber sprach er davon, unter Hitlers Führung könne der Krieg nicht gewonnen werden. Eine Verhaftung Hitlers genüge nicht, nur bei einem Attentat werde es keine Schwierigkeiten geben. Die bei ihm festzustellende Ungeduld und häufig fieberhafte Suche nach Attentatsmöglichkeiten entsprang einmal der Sorge um die Bewahrung der materiellen und geistigen Substanz Deutschlands und zum anderen der Einschätzung, daß der Tag nahte, an welchem die westlichen, dem Sieg entgegeneilenden Mächte nicht mehr zu halten, nicht mehr zu Verhandlungen zu bringen waren.

Wie Goerdeler und Beck, aber auch Stauffenberg, schätzte er die Position und die Möglichkeiten Großbritanniens falsch ein. Deshalb rechnete er mit dem britischen Interesse an Bewahrung des Gleichgewichts in Europa zur Eindämmung der Sowjetunion. Ja, er unterstellte offenbar in dieser Hinsicht eine gemeinsame Linie der angelsächsischen Mächte.[36] In solchen Auffassungen ist er sicherlich durch Goerdeler bestärkt worden. Die Verbindungen der Verschwörer mit britischen Kontakten beflügelten solchen Optimismus.

Wie alle diese bürgerlichen und militärischen Verschwörer war er ein Feind des „Bolschewismus". So war es naheliegend, die „Westlösung" mit einer pro-russischen, aber antibolschewistischen Strategie zu verbinden. Mit Stauffenberg suchte er die nationalrussischen Kräfte zu stärken. Er war ein eifriger Förderer des Gedankens, aus Gefangenen russische Verbände zu bilden, eine russische zentrale Selbstverwaltung schwebte ihm vor. Hitler hat diese Strategie durchkreuzt und damit erreicht, daß Tresckow sich dem Gedanken Werner Graf von der Schulenburgs öffnete, mit Stalin zu verhandeln, um vielleicht dadurch die Rote Armee von Europa fernzuhalten. West- und Ostlösung standen zeitweise nebeneinander. Die militärische Entwicklung verschob die „Option" wieder einseitig auf die Westseite. Diese „Lösung" lag einmal in der Logik der eigenen Anstrengungen zur Stärkung der antibolschewistischen Kräfte in der Sowjetunion und dann in der Auffassung, daß aus dem Osten die größeren Gefahren drohten. Stieff gegenüber bezeichnete er als innere Voraussetzung des „Walküre"-Plans schon im Sommer 1943 die Absicht, nach gelungenem Attentat den Kampf im Westen einzustellen und die Front im Osten aufrechtzuerhalten.[37] Einer solchen Strategie konnte die „Operation Zitadelle", die dann im Juli 1943 fehlschlug, während gleichzeitig die Alliierten in Sizilien landeten, nützlich erscheinen und Zeitgewinn bringen.

Die taktische und strategische Linie Tresckows und Stauffenbergs hat eine Zeitlang auch für Kluge Sinn gehabt. In gemeinsamer Anstrengung brachten Olbricht, Beck, Goerdeler und Tresckow Kluge im September 1943 zu der Ansicht, daß Hitler mit Gewalt beseitigt werden müsse, um Verhandlungschancen mit dem Westen auf der Grundlage der (freilich illusionistischen) außenpolitischen Vorstellungen Goerdelers und der anderen Verschwörer zu gewinnen.[38] Der Zauderer Kluge war auf dieser Linie nicht zu halten, sicherlich auch, weil das Gedankengebäude der Verschwörer allzu kunstvoll war.

Die jungen Offiziere um Tresckow, Männer, die selbst Attentatsversuche seit Frühjahr 1943 unternommen hatten, wie Rudolf Frhr. von Gersdorff, Axel von dem Bussche, Fabian von Schlabrendorff, Ewald von Kleist und Eberhard von Breitenbuch, sind im wesentlichen von den gleichen Zielvorstellungen ausgegangen.[39] Das von der NS-Perversion nicht erreichte und nicht zerstörte politische Urteilsvermögen und die moralische Substanz dieser Männer läßt sich an bestimmten Schlüsselerlebnissen deutlich machen. Gersdorff war zugegen, als Himmler auf einer Tagung für NS-Führungsoffiziere (NSFO) in Posen im Januar 1944 vor etwa 300 Generalen von der Endlösung, der „totalen Lösung der Judenfrage", gesprochen hat. Er erhielt lebhaften Beifall. Nur eine kleine Minderheit, zu der auch Graf Schwerin-Schwanenfeld gehörte, war sich über die „ungeheuerliche Bedeutung der Worte Himmlers im klaren".[40] Bei Groscurth und von dem Bussche standen Erlebnisse deutscher Greueltaten am Anfang des Prozesses, der sie in den Widerstand geführt hat.

Stauffenberg glaubte offenbar nach der Invasion im Westen, nun entfalle der politische Sinn des Attentats. Aus der Sicht der Illusionisten der „Westlösung" brachen tatsächlich alle Hoffnungen in sich zusammen. Konnte es jetzt noch sinnvoll sein, die Besten bei einem Fehlschlag des Umsturzes zu opfern? Tresckow öffnete den Blick für diesen Sinn. Er fand ihn in einer von allen Wunschvorstellungen freien Tat, in der Setzung eines Zeichens vor der Welt und der Geschichte. Deshalb mußte das

Attentat erfolgen *coûte que coûte,*[41] und danach müsse die Westfront geöffnet werden, um einen Durchbruch der Alliierten zu ermöglichen.[42] Kluge aber erklärte Tresckows Abgesandtem, Oberstleutnant Freiherrn von Boeselager, er brauche keine Lücken mehr aufzureißen. Der Durchbruch sei ohnehin nicht mehr zu verhindern. Der Zauderer Kluge hat den Zusammenhang zwischen Fanal und letzter militärpolitischer Aktion im Sinne einer nun nicht mehr auszuhandelnden Westlösung nicht sehen wollen.

Die Kraft zur Aktion von der Peripherie her, wo alle Befehlshaber sich versagten, war wohl nur noch vorhanden, weil ein eingespielter Kreis Entschlossener um Tresckow vorhanden war und ein Mann, der die Tat subjektiv ausführen wollte und objektiv die Möglichkeit dazu besaß, nämlich den Zugang zu Hitler. Die Gruppe der Verschwörer, die jahrelang zusammenstand, gehalten durch Oster, Tresckow und später durch Stauffenberg, hat das Attentat überhaupt erst ermöglicht und damit zu mehr gemacht als zur Tat eines einzelnen. Sie haben im Grunde Goerdeler widerlegt, der ohne Anschlag auf Hitler zum Ziel zu kommen hoffte. In der Beseitigung Hitlers lag auch ein militärischer Sinn. Sie hätte den Soldaten die echten oder vorgeschützten Eidskrupel genommen und so die Handlungsfreiheit nach innen gesichert. Zugleich aber konnte sie allein die Aussichten eines Staatsstreichs auf eine solide Grundlage stellen. Selbst die Dotationsempfänger unter den ehemals zur Opposition gehörenden Vertretern der Generalität wären aus ihrer peinlichen Lage befreit worden, wie Leeb, der über 800 000 Reichsmark kassiert hatte.[43] Sie, die zur Opposition gehört hatten, auch der schwankende Kluge, wären vielleicht wieder eingefangen worden. So mancher war ja bereit, sich nach gelungenem Staatsstreich zur Verfügung zu stellen.

Zu den Voraussetzungen des Zusammenhalts der Widerstandsgruppen gehörten in hohem Maße die militärischen und politischen Illusionen, aber ebenso Abscheu und moralische Integrität, die auch bei denen manifest werden, die sich nicht persönlich zum Attentat durchringen konnten wie etwa Generalmajor Stieff. Die Illusionen reduzierten sich 1944 auf die Hoffnung einer vielleicht möglichen Substanzerhaltung. Dies ließ soviel Hoffnung, daß sie es ertrugen, „als Verräter in die Geschichte einzugehen".[44] Von ihrem Denkansatz her war es vielleicht nicht möglich zu erfassen, daß Moltkes Haltung realistischer war. Sie suchte bewußt jede Gefahr einer neuen Dolchstoßlegende zu vermeiden, konnte es auch, weil sie auf einer klaren Erkenntnis der Stellung Deutschlands in der Nachkriegszeit beruhte. Aber die geleistete Tat hat doch die größere Wirkung für die Identitätsfindung nach der Katastrophe gehabt, und so ist aus Illusionen die stärkere politisch-moralische Wirkung auf die revolutionsungeübte deutsche Mentalität erwachsen.

Anmerkungen

[1] Hans Rothfels, *Die deutsche Opposition gegen Hitler,* Frankfurt a. M. 1958 (Fischer Taschenbuch), S. 14.

[2] Johann Adolf Graf v. Kielmansegg, *Gedanken eines Soldaten zum Widerstand,* in: *Der militärische Widerstand gegen Hitler und das NS-Regime 1933—1945* (= Vorträge zur Militärgeschichte, 5), Herford 1984, S. 13—26 (15).

[3] Vgl. Hermann Graml, *Die außenpolitischen Vorstellungen des deutschen Widerstandes,* in: Walter Schmitthenner/Hans Buchheim (Hrsg.), *Der deutsche Widerstand gegen Hitler,* Köln 1966, S. 15—72.

[4] Generalfeldmarschall Wilhelm Ritter v. Leeb, *Tagebuchaufzeichnungen und Lagebeurteilungen aus zwei Weltkriegen,* hrsg. von Georg Meyer, Stuttgart 1976, S. 468—474 (Denkschriften vom 11. Oktober 1939, Briefe an Brauchitsch vom 31. 10. 1939 und Halder vom 19. 12. 1939, Anlagen V—VII).

[5] Auszug in: Helmuth Groscurth, *Tagebücher eines Abwehroffiziers 1938—1940,* hrsg. von Helmut Krausnick und Harold C. Deutsch, Stuttgart 1970, S. 426 f. (Anhang I, Dok. 43).

[6] In: Klaus-Jürgen Müller, *General Ludwig Beck. Studien und Dokumente zur politisch-militärischen Vorstellungswelt und Tätigkeit des Generalstabschefs des deutschen Heeres 1933—1938,* Boppard 1980, S. 552 (Dok. Nr. 50).

[7] Helmut Krausnick/Hans-Heinrich Wilhelm, *Die Truppe des Weltanschauungskrieges,* Stuttgart 1981, S. 102.

[8] Erich v. Manstein, *Verlorene Siege,* Bonn 1955, S. 118 f.; Bodo Scheurig, *Henning von Tresckow,* Oldenburg 1973, S. 84.

[9] B. Scheurig, *Henning von Tresckow...* [Anm. 8], S. 73 f.

[10] *A. a. O.,* S. 87.

[11] W. v. Leeb, *Tagebuchaufzeichnungen...* [Anm. 4], S. 250.

[12] Goerdeler schon in seiner Denkschrift vom 1. Juli 1940, Popitz im Dezember in der „Mittwochsgesellschaft", wo er den Nationen im Osten im Rahmen eines von Deutschland beherrschten Großraums ein bestimmtes Maß „notwendigen Verlustes an Eigengestaltung" zumutete, siehe H. Graml, *Die außenpolitischen Vorstellungen...* [Anm. 3], S. 37. Zu Goerdeler vgl. Gerhard Ritter, *Carl Goerdeler und die deutsche Widerstandsbewegung,* Stuttgart 1955, S. 267 ff. und 499 f.

[13] B. Scheurig, *Henning von Tresckow...* [Anm. 8], S. 89.

[14] Ernst Wolf, *Zum Verhältnis der politischen und moralischen Motive in der deutschen Widerstandsbewegung,* in: *Der deutsche Widerstand...* [Anm. 3], S. 240; Manfred Messerschmidt, *Zur Militärseelsorgepolitik im Zweiten Weltkrieg,* in: *Militärgeschichtliche Mitteilungen,* 1. Jg. (1969), S. 64 ff.

[15] Einlage zum *Verordnungsblatt des Katholischen Feldbischofs,* Bd. 5 (1941), Nr. 8.

[16] Bundesarchiv-Militärarchiv Freiburg (im folgenden BA-MA zitiert), W 6969/5; dazu Hans Umbreit, *Deutsche Militärverwaltungen 1938/39. Die militärische Besetzung der Tschechoslowakei und Polens,* Stuttgart 1977, S. 143.

[17] Eduard Wagner, *Der Generalquartiermeister,* hrsg. von Elisabeth Wagner, München 1963, S. 103.

[18] Franz Halder, *Kriegstagebuch,* Bd. 1, Stuttgart 1962, S. 79.

[19] W. v. Leeb, *Tagebuchaufzeichnungen...* [Anm. 4], S. 288.

[20] Dazu näher Christof Dipper, *Der deutsche Widerstand und die Juden*, in: *Geschichte und Gesellschaft*, 9. Jg. (1983), S. 349—380.

[21] Abdruck in: *Deutscher Widerstand 1938—1944*, hrsg. von Bodo Scheurig, München 1969, S. 53—129.

[22] BA-MA, Alliierte Prozesse 9, NOWK (Nürnberg — Oberkommando der Wehrmacht) 1799, siehe auch Manfred Messerschmidt, *Völkerrecht und ‚Kriegsnotwendigkeit'* in: *German Studies Review*, 2. Jg. (1983), S. 237—269 (251 f.), und in: *Revue de droit pénal militaire et de droit de la guerre*, 1983, Nr. 3—4, S. 211—241.

[23] Vgl. Helmut Krausnick, *Die Einsatzgruppen vom Anschluß Österreichs bis zum Feldzug gegen die Sowjetunion. Entwicklung und Verhältnis zur Wehrmacht*, in: H. Krausnick/H.-H. Wilhelm, *Die Truppe*... [Anm. 7].

[24] BA-MA N 22/7. Nachlaß v. Bock, Tagebuch-Eintrag, S. 22 (nach dem 4. Juni 1941).

[25] Klaus-Jürgen Müller, *Zur Vorgeschichte und Inhalt der Rede Himmlers vor der höheren Generalität am 13. März 1940 in Koblenz*, in: *Vierteljahrshefte für Zeitgeschichte* (im folgenden *VfZ* zitiert), 18. Jg. (1970), S. 95—120 (112), und Manfred Messerschmidt, *Die Wehrmacht im NS-Staat*, Hamburg 1969, S. 393.

[26] Stichwortnotizen Himmlers zum Vortrag vom 13. 3. 1940, IFZ F 37/3, zit. bei H. Krausnick/H.-H. Wilhelm, *Die Truppe*... [Anm. 7], S. 105.

[27] BA-MA 17956/7, Panzergruppe 4, I a Nr. 20/41, Anlage 2.

[28] H. Krausnick/H.-H. Wilhelm, *Die Truppe*... [Anm. 7], S. 218—220.

[29] Christian Müller, *Oberst i. G. Stauffenberg*, Düsseldorf 1970, S. 216 f.

[30] *A. a. O.*, S. 224.

[31] Joachim Kramarz, *Claus Graf Stauffenberg*, Frankfurt 1965, S. 120 (überliefert durch Helmut Kleikamp).

[32] Chr. Müller, *Oberst i. G. Stauffenberg*... [Anm. 29], S. 299 f.

[33] *Spiegelbild einer Verschwörung. Die Kaltenbrunner-Berichte an Bormann und Hitler über das Attentat vom 20. Juli 1944. Geheime Dokumente aus dem ehemaligen Reichssicherheitshauptamt*, hrsg. vom Archiv Peter, Stuttgart 1961, S. 19.

[34] *A. a. O.*, S. 34 f. J. Kramarz, *Claus Graf Stauffenberg*... [Anm. 31], S. 181.

[35] B. Scheurig, *Henning von Tresckow*... [Anm. 8], S. 128, nach einer Mitteilung v. Gersdorffs.

[36] So hat Schlabrendorff berichtet; B. Scheurig, *a. a. O.*, S. 153.

[37] Peter Hoffmann, *Widerstand, Staatsstreich, Attentat*, 2. Aufl., Frankfurt a. M. 1970, S. 353 f.; B. Scheurig, *Henning von Tresckow*... [Anm. 8], S. 153; *Spiegelbild einer Verschwörung*... [Anm. 33], S. 87 f.; Hans Rothfels (Hrsg.), *Ausgewählte Briefe von Generalmajor Helmuth Stieff*, in: *VfZ*, 2. Jg. (1954), S. 291—305.

[38] *Spiegelbild*... [Anm. 33], S. 410 ff. (Vernehmung Goerdelers). Gerhard Ritter, *Carl Goerdeler und die deutsche Widerstandsbewegung*, 2. Aufl., Stuttgart 1956, S. 363.

[39] Dazu Rudolph-Christoph Frhr. v. Gersdorff, *Soldat im Untergang*, Frankfurt a. M. 1977, Fabian von Schlabrendorff, *Offiziere gegen Hitler*, Frankfurt a. M. 1959.

[40] R. v. Gersdorff, *Soldat im Untergang*... [Anm. 39], S. 145 f.

[41] B. Scheurig, *Henning von Tresckow*... [Anm. 8], S. 184.

[42] F. v. Schlabrendorff, *Offiziere*... [Anm. 39], S. 138.

[43] Gerhard L. Weinberg, *Zur Dotation Hitlers an Generalfeldmarschall Ritter von Leeb*, in: *Militärgeschichtliche Mitteilungen*, 2. Jg. (1970), S. 97—99.

[44] J. Kramarz, *Claus Graf Stauffenberg*... (Anm. 31), S. 201.

Das außenpolitische Versagen des Widerstands 1943/44

BERND MARTIN
Freiburg i. Br.

I

Einführung

In der von Carl Goerdeler vorbereiteten Rundfunkansprache, die er als neuer Reichskanzler nach dem gelungenen Staatsstreich an die Deutschen zu richten gedachte, findet sich etwas lapidar und den Tenor der innenpolitischen Erneuerungsverheißungen sogar störend der Satz: „Wir wissen noch nicht, wie sich das Ausland zu uns stellt.“[1] Demnach existierten zum Zeitpunkt des Attentates gegen Hitler keinerlei Absprachen der Widerstandskreise mit den Regierungen der Feindmächte, im Westen wie im Osten, etwa in der Form, einen solchen Umsturz zu fördern oder gar mit den neuen Machthabern Frieden zu schließen und auf die bedingungslose Kapitulation zu verzichten. Der designierte Regierungschef Goerdeler gestand das Scheitern seiner seit der Sudetenkrise unermüdlich betriebenen Bemühungen ein, im Ausland, vor allem in London, Gehör zu finden, und somit implizit das Versagen des außenpolitischen Konzepts der von ihm angeführten Oppositionsbewegung.

Gründe für das außenpolitische Versagen der von der Gestapo als „Verschwörerclique“ bezeichneten Widerstandskreise werden bereits in einem der seltenen Kommentare zu den Verhörprotokollen beziehungsweise Dokumenten des Kaltenbrunner-Berichtes genannt. Nach einer verkürzten Wiedergabe von Goerdelers grundsätzlicher Denkschrift *Das Ziel*[2] werden deren Vorstellungen eines imperialistischen Interessenausgleiches mit England als „nebelhafte Hoffnungen“ und „wirklichkeitsferne Luftgebilde“ hingestellt, die zudem zeigten, daß die Verschwörer *„auch nicht über einen einzigen neuen fruchtbaren und konstruktiven Gedanken verfügten“*.[3]

Dieser unterstrichene Schlußsatz des Berichtes, der wie alle anderen zu Hitlers Lektüre bestimmt war, enthält eine ambivalente Aussage. Die offen an der Konzeptionslosigkeit der Verschwörer festgemachte Kritik wird angesichts der inhaltlich weitgehenden Überschneidungen von Goerdelers und Hitlers Englandvorstellungen indirekt auch gegen das erstarrte außenpolitische Konzept des „Führers“ erhoben. Offensichtlich berührten sich die außenpolitischen Vorstellungen der Putschisten in einem so hohen Maße mit den geläufigen Nahzielen Hitlers, daß auch diese Männer — so eine mögliche Vorstellung hochgestellter SS-Kreise — die drohende Niederlage und somit den Untergang Deutschlands ebensowenig wie Hitler aufgehalten hätten. Zur Rettung eines restgermanischen Reiches schien nach dem gescheiterten Aufstand nunmehr allein die SS unter Himmler berufen, die fortan — wie einst die Widerstandskreise — in Konkurrenz zu Ribbentrops Außenamt Friedensfühler ausstreckte und dabei im Spätsommer 1944 eine Ostlösung favorisierte,[4] zu der sich der Widerstand und auch Hitler nie hatten durchringen können.

Der deutsche Widerstand scheiterte nicht am Ausland, etwa an der Intransigenz eines zynischen Machtpolitikers Churchill oder an dem überspannten Weltpazifierungskonzept Roosevelts, sondern an sich selbst. Wenn schon die SS versteckt Parallelen in den außenpolitischen Leitlinien des nationalsozialistischen und des „anderen“ Deutschlands kritisierte, obgleich sie sich selbst an einigen der außenpolitischen Fühlungnahmen des Widerstandes beteiligt hatte, so war es den Regierungen in London und Washington schlichtweg unmöglich, in der weitgespannten Palette von Friedensofferten durch Abwehragenten, SS-Männer, Kirchenführer, Diplomaten und Angehörige des Widerstandes die offiziellen von den inoffiziellen zu unterscheiden.

II

Die ungefestigte Allianz der Kriegsgegner: Deutsche Sondierungen für einen Separatfrieden (1941—1943)

Der deutsche Überfall auf die Sowjetunion zwang das Urland des Kapitalismus, Großbritannien, an die Seite des bolschewistischen Rußland. Sowohl die deutsche Führung, vor allem Hitler, als auch die sich allmählich erst wieder formierenden deutschen Widerstandskreise hielten diese britisch-sowjetische Front für eine brüchige Notgemeinschaft, die wegen der unterschiedlichen gesellschaftlichen Systeme am gegenseitigen Mißtrauen zerbrechen müsse. Als die vehement antikommunistisch eingestellten Vereinigten Staaten im Dezember 1941 ebenfalls in diese ungleiche Zweckgemeinschaft mit der Sowjetunion gezwungen wurden, galt aus deutscher Sicht die Dominanz des Westens in dieser Koalition als gegeben. Die Westalliierten mit ihrer noch dazu dem deutschen bürgerlichen Gesellschaftssystem verwandten Sozialordnung waren Ansprech- und potentielle Koalitionspartner. Während des deutschen Vormarsches in Rußland konzentrierte sich das Werben des Widerstandes genauso wie offizielle Sondierungen der deutschen Diplomatie auf die Engländer, um den Wunschpartner aus dem amerikanischen Zugriff zu befreien und mit dem Köder des vermeintlich in Rußland errungenen Sieges für die alte Interessenabgrenzung zu gewinnen. Ab etwa Frühjahr 1943, nach der alliierten erfolgreichen Landung in Nordafrika und der Niederlage von Stalingrad, verschob sich das deutsche Interesse bei offiziellen wie inoffiziellen Sondierungen merklich von Großbritannien auf die USA als einzig möglichen Retter Europas vor der roten Flut aus dem Osten.

Die Verbindungswege der Widerstandskreise zum amerikanischen Nachrichtendienst und über diesen nach Washington, die von Anfang 1943 bis zum Attentat auf Hitler als wichtigster außenpolitischer Kommunikationsstrang dienten, wurden nicht eigenständig, sondern mit Hilfe der Nachrichtendienste geebnet. Vermittelte die militärische Abwehr (Canaris) deutschen Widerstandskämpfern in der Türkei den Zugang zu amerikanischen Regierungsvertretern, so bahnte der Auslandsnachrichtendienst der SS die noch wichtigere Verbindung zum Chef des amerikanischen Nachrichtendienstes (OSS) in Europa, zu Allen Dulles in der Schweiz an. Ende 1942 übernahmen SS-Agenten in Gesprächen mit ihren amerikanischen Kollegen in Lissabon im Grunde die Argumente des Widerstandes, wenn sie ein deutsches Nachgeben im Westen bei einer gemeinsamen Front im Osten vorsichtig offerierten und sogar in der Frage eines Regierungswechsels mit sich reden ließen.[5]

Aufgrund dieser ungewöhnlichen und die Amerikaner verwirrenden Informationen wurden drei Treffen in Bern abgehalten, bei deren letztem ein Vertreter der Opposition, der ehemalige Reichskanzler Wirth, einträchtig mit einem SS-Mann zusammen ein längeres Gespräch mit Dulles führte. Angelegentlich erkundigte sich Dulles nach den oppositionellen Führern Beck, Halder und Weizsäcker, sicherte bei Kriegsende Süddeutschland eine bessere Behandlung zu und versprach, in Washington darauf hinzuwirken, „mit einer wirklich ernst zu nehmenden Opposition in Deutschland Verhandlungen aufzunehmen".[6] Einige Tage zuvor hatten Prinz Max von Hohenlohe, der im wesentlichen unabhängig agierte, jedoch über ausgezeichnete Verbindungen zur SS, zum Auswärtigen Amt und zu Widerstandskreisen verfügte, eine Aussprache mit Dulles gehabt,[7] bei der dieser ein großes amerikanisches Interesse an einem wirtschaftlich geordneten, konföderierten Großdeutschland bekundete, um eine britisch-sowjetische Aufteilung Europas zu verhindern. Allein — und das klang in allen Berner Unterredungen an — Hitler stehe einem Arrangement zwischen Deutschland und Amerika im Wege. Der Auslandsnachrichtendienst der SS kannte seit jenen Unterredungen die Auffassung des amerikanischen Nachrichtendienstes über die Zurückdrängung des russischen Einflusses in Europa, eine Position, die sowohl dem Widerstand als auch der SS Anknüpfungspunkte zu Verhandlungen mit dem Westen bot und die Antipoden des Dritten Reiches sogar in gemeinsame Aktionen verstrickt sah.

Auch wenn am Quellenwert der deutschen Unterredungsprotokolle Zweifel angebracht erscheinen, so wird die Grundposition von Allen Dulles durch seine Berichte aus Bern an die Washingtoner Zentrale bestätigt. In einem seiner ersten Berichte beklagte er die Abwendung der europäischen nichtkommunistischen Widerstandsbewegungen vom Westen mit dem Argument, daß sich vor allem die Vereinigten Staaten nur ungenügend vom Kommunismus distanzierten.[8] In einer weiteren Meldung (1. Februar 1943) riet er Washington, die „alten Sünden" der Deutschen und Italiener zu vergessen, da sonst in Europa eine Serie von Revolutionen ausbrechen und alles im Kommunismus enden werde.[9]

Da der deutsche Nachrichtendienst zumindest einige der amerikanischen Codes entschlüsselt hatte, steht zu vermuten, daß im Amt Canaris ein Teil dieser Meldungen mitgelesen wurde[10] und wohl ähnliches Befremden wie in der Roosevelt-Administration hervorgerufen hat. Mit Sicherheit kann daher angenommen werden, daß der deutsche Widerstand diese ihm genehme antikommunistische Grundhaltung von Dulles kannte und sie vermutlich in seinen in Bern übermittelten Nachrichten und Memoranden bewußt instrumentalisierte.[11] Auch die hochgespannten und letztlich falschen Erwartungen der deutschen Verschwörer von einem amerikanischen Einlenken dürften in solchen antisowjetischen Äußerungen von Dulles begründet gewesen sein und die Widerständler verleitet haben, die Auffassungen des Nachrichtendienstes mit denen des Präsidenten Roosevelt zu identifizieren.

In der Türkei bemühten sich die militärische Abwehr, die Diplomaten unter Botschafter Papen und nicht zuletzt der Widerstand, von amerikanischer Seite Zusagen für den Fall eines Regierungswechsels in Deutschland zu erlangen. Vor allem sollte die Washingtoner Regierung die Forderung nach bedingungsloser Kapitulation stillschweigend fallenlassen, da diese nur den deutschen Abwehrwillen stärke. Anfang Februar 1943 sprach Canaris den amerikanischen Sonderbeauftragten für den Balkan, Earle, direkt auf die amtliche amerikanische Auslegung der erlassenen Kapitulationsformel an, Papen spannte die Diplomatie in einen Friedensfühler zu den Westmächten ein und ließ sich im April in Berlin in die Ziele des Widerstandes einweihen,[12] und schließlich reisten Trott und kurz darauf Moltke in die Türkei. Trott vermochte keine Verbindung zu den Amerikanern zu erreichen,[13] Moltke gelang dies vermutlich dank der Protektion durch Canaris.[14] Der geistige Kopf des Kreisauer Kreises,[15] der grundlegende soziale Reformen und die militärische Niederlage des Reiches als Voraussetzung eines Neubeginns verfocht, unterschied sich indes in seiner antikommunistischen Ausrichtung kaum von den konservativen Verschwörern. Die kommunistische Gefahr hatte er bereits in einem Brief, einige Monate zuvor an einen englischen Freund gerichtet, als real hingestellt, der in Deutschland besonders die Intellektuellen und die Arbeiterschicht anheimfielen. Hingegen sei der landbesitzende Adel gegen jede Art von Totalitarismus gefeit.[16]

In Istanbul offerierte Moltke dann erstmals einen Plan, der in vielfachen Varianten bis zum 20. Juli den Amerikanern unterbreitet wurde: Nach militärischen Absprachen zwischen hohen Generalstabsoffizieren beider Seiten sollte die Front im Westen für alliierte Truppen geöffnet werden, ihnen sollte also eine friedliche Invasion auch mit Luftlandungen ermöglicht werden, während man die Front im Osten halten wollte. Obwohl der amerikanische Geheimdienst bereit war, die Kontakte auszubauen und Moltke das erwünschte Treffen mit dem ihm persönlich bekannten amerikanischen Gesandten in Kairo, Kirk, zu vermitteln,[17] scheint die Washingtoner Zentrale ihre Einwilligung versagt zu haben. Eine zweite Reise Moltkes in die Türkei Anfang Dezember 1943 bedeutete daher eine herbe Enttäuschung.

Roosevelt und das *State Department* sahen, wie die Engländer in der Anfangsphase des Krieges, in den deutschen Angeboten keine grundlegenden Unterschiede zwischen denen aus vermeintlichen Widerstandskreisen und den etwa zur gleichen Zeit wie Moltkes Sondierungen in Stockholm von Himmler vorgebrachten Fühlern.[18]

Die deutsch-amerikanischen Sondierungen, vor allem die Berner Gespräche, und die über Stockholm abgewickelten sowjetisch-deutschen Kontaktaufnahmen standen in Wechselwirkung. Die beiden zukünftigen Supermächte versuchten die europäische Mitte ihrer Einflußzone zu sichern beziehungsweise Deutschland als unabhängigen, neutralisierten Machtfaktor zu erhalten und schürten mit den entsprechenden Verhandlungen, die in groben Umrissen jeweils der Gegenseite bekannt waren, ein abgrundtiefes Mißtrauen, das sich trotz vorübergehender Übereinkunft Ende 1943 nach der gemeinsamen Niederringung Deutschlands im Kalten Krieg entladen sollte.

Gerüchte von einer erneuten deutsch-sowjetischen Übereinkunft waren schon wenige Wochen nach dem deutschen Einmarsch durch die Nachrichtendienste der neutralen und kriegführenden Mächte geschwirrt.[19] Obgleich in der Phase der deutschen Siege im Sommer und Herbst 1941 und erneut im Spätsommer 1942 ein solches politisches Arrangement auf eine sowjetische Kapitulation zu deutschen Bedingungen hinausgelaufen wäre, interessierten sich weder Hitler, aus dogmatischer Fixierung auf den Lebensraumkrieg, noch die konservative Opposition, aus ihrer antibolschewistischen Grundeinstellung, für eine solche politische Lösung im Osten. Erst mit der sich in Stalingrad abzeichnenden militärischen Katastrophe ging die deutsche Diplomatie, und auch hier wiederum gefolgt von den Widerstandskreisen, auf russische Fühler ein und begann, eine sogenannte „Ostlösung" zu erwägen.

Nach vorangegangenen Fühlungnahmen über Agenten der deutschen militärischen Abwehr in Stockholm bot die russische Seite einem Mitarbeiter des Auswärtigen Amtes am 14. Dezember 1942 einen Friedensschluß auf der Grundlage der Grenzen von 1939 an.[20] Da die offizielle Außenpolitik auf Geheiß Hitlers solche Sondierungen mit den Russen untersagt hatte, berichtete der deutsche Unterhändler Kleist in Berlin nicht in der ‚Wilhelmstraße' von diesem sensationellen Angebot, sondern weihte allein Trott und Graf Schulenburg, den letzten deutschen Botschafter, in diese Möglichkeit eines Separatfriedens ein.[21] Als nach erneuter Kontaktaufnahme in Stockholm, bei der die russische Seite wegen der kurz zuvor erfolgten Verschiebung einer entlastenden zweiten Front auf sofortige Verhandlungen drängte,[22] Hitler und vermutlich auch Canaris[23] aus prinzipiellen Überlegungen die Gespräche sabotierten, dürfte in Widerstandskreisen des Militärs (Tresckow im Stabe der Heeresgruppe Mitte) die Bereitschaft gewachsen sein, selbständig zu handeln. Doch Goerdeler, den Tresckow in die entsprechenden Überlegungen einweihte, hatte — wie Hitler — Bedenken, sein außenpolitisches Konzept um 180 Grad zu schwenken und wollte erst auf eine Ostlösung eingehen, wenn sich eine Verständigung mit dem Westen als absolut aussichtslos erwies.[24]

Die Gründung des „Nationalkomitees Freies Deutschland" (12./13. Juli 1943) und die von ihm ausgegangene Aufforderung an die innerdeutsche Opposition, Hitler zu stürzen, um ein bürgerlich-demokratisches Deutschland in den Grenzen von 1937 zu errichten,[25] gab den Plänen einer Ostlösung Auftrieb, auch wenn die führenden Köpfe der Widerstandsbewegung und vermutlich sogar Stauffenberg das Komitee für ein raffiniertes Propagandainstrument zur Unterhöhlung der deutschen Kampfmoral hielten.[26] Nach längerer, wohl mehrere Tage beanspruchender Diskussion wurde anscheinend auf Geheiß von Beck, der Hassell als Protagonisten einer Westlösung den Vorrang vor Schulenburg gab, entschieden, vorläufig von dem Vorhaben einer deutschen Kontaktaufnahme mit Stalin abzusehen.[27]

Als im September 1943 dem deutschen Unterhändler in Stockholm nochmals von russischer Seite ein Ausgleich, nunmehr auf der Grundlage der Grenzen von 1914, angeboten wurde,[28] scheint im Kreise um Goerdeler und Tresckow erneut die Idee aufgegriffen worden zu sein, Schulenburg zu Stalin zu schicken.[29] Wie die offizielle deutsche Außenpolitik, so konnte sich auch die inoffizielle des Widerstandes nicht zu einem radikalen Kurswechsel entschließen.

Die Chance, zumindest mit der sowjetischen Seite ins Gespräch zu kommen, war von der Hitler blind ergebenen deutschen Diplomatie vertan, wurde aber auch aus verwandten ideologischen Vorbehalten vom Widerstand nicht genutzt, als sie im Herbst 1943 am größten war. Im November sprachen Schulenburg, Goerdeler und Hassell erneut über die Aussichten einer Ostlösung, von der anscheinend nur der ehemalige Moskau-Botschafter nach wie vor voll eingenommen war. In realistischer Einschätzung der Politik Stalins betonte Schulenburg, „das Ergebnis von Verhandlungen mit Stalin werde völlig davon abhängen, was man ihm bieten wolle und könne".[30]

Geboten hatten jedoch inzwischen, ohne daß es die Widerständler wußten, die Westmächte auf der Moskauer Konferenz in Größenordnungen, mit denen weder das offizielle noch das „andere" Deutschland mithalten konnten. Nicht die von Roosevelt in Casablanca proklamierte Formel der bedingungslosen Kapitulation Deutschlands, der sich Stalin nur zögernd und halbherzig am 1. Mai 1943 angeschlossen hatte,[31] sondern die Übereinkunft der drei zukünftigen Sieger, alle deutschen Friedensfühler zurückzuweisen und sich sogleich gegenseitig zu informieren, beendete alle Aussichten auf separate Übereinkünfte, gleichermaßen für den Widerstand wie für die offizielle deutsche Außenpolitik.

III

Deutschland als Objekt der Supermächte: Separatfrieden als politisches Druckmittel

Die Entscheidung, Deutschland zu einer bedingungslosen Kapitulation mit Waffengewalt zu zwingen und anschließend militärisch zu besetzen, war auf den Konferenzen von Moskau und Teheran gefallen. Obgleich deutsche Regierungsstellen und wohl auch der Widerstand durch Agentenberichte die Verhandlungsergebnisse in groben Zügen kannten, wurde das Ausmaß der inneren Festigkeit im gegnerischen Lager unterschätzt. Die „European Advisory Commission", ein in London tagender ständiger Ausschuß der drei zukünftigen Siegermächte, einigte sich bereits Anfang Mai 1944 auf die den Deutschen zu übermittelnde Kapitulationsformel und die Aufteilung der Besatzungszonen.[32] Ob eine deutsche Zentralregierung unter interalliierter Oberaufsicht fortbestehen sollte, wurde vorerst offengelassen und hing wohl — so ein Memorandum des britischen Foreign Office[33] — von der Zusammensetzung der deutschen Regierungsmannschaft ab. Auch eine womöglich für die Siegermächte akzeptable Regierung des Widerstandes hätte folglich nur als Konkursverwalter des „Großdeutschen Reiches" walten können.

Wären solche Einzelheiten alliierter Nachkriegsplanungen zu deutschen Widerstandskreisen damals durchgesickert, hätte man ihnen keinen Glauben geschenkt. Zu fest waren das offizielle und das gegen Hitler aufbegehrende Deutschland davon überzeugt, daß die Westmächte eine sowjetische Einflußnahme in Ost- und Mitteleuropa verhindern und doch noch eines Tages zusammen mit den Deutschen auch eine militärische Front gegen den Osten beziehen würden. Hitler und sein Außenminister Ribbentrop hingen diesen Vorstellungen bis zum Scheitern der Ardennenoffensive an, die als militärischer Auftakt eines offiziellen deutschen Friedensangebotes — des einzigen während des ganzen Zweiten Weltkrieges[34] — an die Westmächte gedacht war. Die Widerstandskreise blieben, auch wenn sie die Karte einer Bolschewisierung Europas überreizten und mit einer Ostwendung permanent drohten, ebenfalls der Idee eines Ausgleichs mit dem Westen, vor allem den USA, bis zum Vorabend des Attentats verhaftet. Die militärisch verzweifelte Lage, insbesondere nach der alliierten Invasion (6. Juni 1944) und dem Beginn der sowjetischen Sommeroffensive (22.Juni 1944), scheint zwar die Entschlußbildung, das Attentat durchzuführen, entscheidend beschleunigt, auf die außenpolitischen Vorstellungen indes kaum Rückwirkungen gezeitigt zu haben. Eine Ostorientierung, die zumindest 1943 ernsthaft von den Verschwörern erwogen wurde, stand 1944 nicht länger zur Debatte und scheint nur noch von einzelnen weiterverfolgt worden zu sein. Der Separatfrieden im Osten wurde lediglich als Druckmittel ausgespielt, blieb jedoch gegen die westlichen Politiker eine stumpfe politische Waffe, als der sich abzeichnende Sieg über Deutschland zum verläßlichsten Unterpfand der Anti-Hitler-Koalition wurde.

Die britische Regierung scheint 1944 nicht einmal mehr verläßliche Informationen über den deutschen Widerstand gesammelt zu haben. Kontaktversuche der Hitlergegner und Sondierungen der halboffiziellen Diplomatie zu England waren ohnehin nicht mehr zahlreich, da sich die Bemühungen auf die USA konzentrierten, und wurden in der Regel gleich im Vorfeld von britischen Diplomaten oder Agenten abgebrochen. Als Trott im März 1944 in Stockholm über einen Mittelsmann an die britische Gesandtschaft herantrat und als einzigen Ausweg in der durch die alliierten Luftangriffe stabilisierten innenpolitischen Lage nicht den Regimewechsel, sondern den Frieden im Osten bezeichnete, hielt ihn das Foreign Office für einen Geheimagenten.[35]

Die britische Regierung schottete sich bewußt vor ihr womöglich unbequemen Informationen aus Deutschland ab. Ein Regimewechsel im Reich hätte aus Londoner Sicht nur die Frage der alliierten Kriegsziele auf den Tisch und die Deutschen womöglich als Verhandlungspartner an eben denselben gebracht. Da die Fragen der deutschen Ostgrenzen und der Reparationen sowie die nach dem zukünftigen Staatsaufbau Deutschlands noch nicht endgültig geregelt und Großbritannien sich als Juniorpartner der USA in deren vollständiger Abhängigkeit befand, weigerte sich Churchill in einer öffentlichen Unterhausrede (22.12.1944), den Deutschen irgendwelche Zusagen in Form der 14 Punkte Wilsons zu machen.[36] Eindeutig bestand er auf der bedingungslosen Kapitulation. Ende Mai torpedierte Churchill das Roosevelt von seinen Diplomaten und Militärs nahegelegte Vorhaben, im Zusammenhang mit der Invasion eine Proklamation[37] an die Deutschen zu erlassen. Churchill konnte sich nicht damit abfinden, daß Roosevelt lediglich die nationalsozialistische Weltanschauung als das Hauptübel geißeln wollte. Die deutsche Seite könne eine solche Verlautbarung mißverstehen und den Alliierten unliebsame Forderungen präsentieren.[38] Roosevelt, der sich ohnehin nur auf Drängen seiner Ratgeber halbherzig zu diesem Schritt entschlossen hatte, war von den britischen Einwänden vermutlich angetan und gab bereitwillig nach.

Ein Memorandum über „German Dissident Groups“,[39] das im britischen *Foreign Office* Anfang Juni 1944 zusammengestellt wurde, kam mangels gesicherter Informationen und wegen der vom Premier vorgegebenen Leitlinien zu dem Schluß, daß in Deutschland keine organisierte Opposition existiere. Bestenfalls könne ein Handeln von seiten der Armee erwartet werden, so daß zu überlegen wäre, ob nicht die wegen ihrer kritischen Haltung gegenüber Hitler bekannten höchsten Offiziere an der Westfront beeinflußt werden könnten, um das Landungsunternehmen zu erleichtern. Auch der Koalitionspartner der Konservativen, die Labour Party, identifizierte sich weitgehend mit den Auffassungen des Premiers und schien, wie ihr Sprecher in einer Rede (6. Juli 1944) bekundete, über das Ausbleiben jeglicher Widerstandsaktionen in Deutschland enttäuscht.[40] Wenige Tage vor dem Attentat konstatierte ein Memorandum des britischen Außenamtes erneut, in völliger Fehleinschätzung der innerdeutschen Situation und ganz im Gegensatz zu den amerikanischen Verbündeten, es gebe in Deutschland keine Anzeichen für eine organisierte Opposition, da die Gestapo eine wirksame Kontrolle ausübe.[41] Die britische Regierung wollte nichts wissen und wußte auch tatsächlich nichts von den Planungen und Vorbereitungen des Attentats. Und selbst Stauffenberg hätte es kaum gelingen können, diese britische Isolation zu durchbrechen und direkte Fühlung mit Churchill aufzunehmen.

Im Gegensatz zu den Engländern verfügte die US-Regierung mit Hilfe des von Allen Welsh Dulles in Europa geleiteten Nachrichtendienstes (OSS) über recht zuverlässige Informationen über die Zusammensetzung des deutschen Widerstandes, seine führenden Köpfe und seine Vorstellungen. Die europäischen Repräsentanten des OSS schätzten die sowjetische Einflußnahme, die sich in Osteuropa bereits abzeichnete und in den außerdeutschen Widerstandsbewegungen manifest war, höher ein als die Roosevelt-Administration, die eher dazu neigte, die militärischen Anstrengungen der Russen politisch zu honorieren, um den vollständigen Sieg, in Europa wie im Fernen Osten, nicht unnötig aufs Spiel zu setzen. Auch Allen Dulles hätte sicherlich mit einer Hitler nachfolgenden Regierung keinen separaten Frieden geschlossen, so wurden alle deutschen Unterhändler immer sehr deutlich beschieden, doch wollte er Washington zu einem energischen Auftreten gegenüber Moskau bewegen und ein geeintes Deutschland in die westliche Interessensphäre einbeziehen. Die amerikanische Abwehr nutzte daher die seit Anfang 1944 zur Beck-Goerdeler-Gruppe bestehenden Kontakte, um über einen Regimewechsel in Deutschland eine Beendigung des Krieges in Form einer bedingungslosen Kapitulation des Reiches herbeizuführen, bevor die Rote Armee deutsche Gebiete besetzt hatte. Das Hauptanliegen von Dulles in seiner Berichterstattung bestand folglich darin, die seinen eigenen Vorstellungen entsprechenden Befürchtungen des Widerstandes über den wachsenden kommunistischen Einfluß herauszustreichen, um Washington zu einer politischen Kurskorrektur zu bewegen, und nicht so sehr, um dem deutschen Widerstand aktiv zu helfen.

Selbst Dulles scheint, wie einem Bericht von Ende Januar 1944 zu entnehmen ist, Schwierigkeiten gehabt zu haben, die von Widerstandskreisen in Spanien und Portugal ausgehenden Sondierungen mit den ihm in Bern überbrachten Nachrichten zu vereinbaren.[42] Daß hier zwei Gruppierungen unabhängig voneinander vorgingen, auf der iberischen Halbinsel die „Katholische Fraktion"[43] für einen deutschen Südblock und in der Schweiz die Verschwörergruppe des 20. Juli, hat auch der amerikanische Nachrichtendienst nicht auseinanderhalten können, zumal der Auslandsnachrichtendienst der SS die Madrider Planungen infiltrierte.[44] Dulles scheint entsprechend seiner Berichterstattung den Plänen des Beck-Goerdeler-Kreises die größten Erfolgschancen beigemessen zu haben. In einem Bericht über die „Breakers"[45] stellte Dulles zwei Widerstandsgruppen vor, die evolutionäre Richtung (Kreisauer Kreis) und die revolutionär-militärische (Beck-Goerdeler). Wolle die erste Gruppe die nationalsozialistische Führung nicht aus der Verantwortung für die Niederlage entlassen, so strebe die zweite drastische Aktionen gegen Hitler an, um einen Regierungswechsel herbeizuführen. Die westliche Orientierung überwiege in beiden Lagern, obgleich auch die Befürchtung bei ihnen wachse, durch den Gang der Ereignisse zu einer Öffnung nach Osten gezwungen zu werden. Wohl in Kenntnis der rigiden britischen Haltung gegenüber deutschen Fühlern schlug Dulles vor, die Engländer nicht über die Situation der „Breakers" zu informieren.[46] Um ihren Argumenten Nachdruck zu verleihen, scheinen die deutschen Mittelsmänner die Gefahr eines deutsch-sowjetischen Separatfriedens, zu dem nationalsozialistische Parteikreise neigten,[47] herausgestrichen zu haben.[48]

Deutsche Agenten versuchten in der Residenz von Dulles den Amerikanern drastisch vor Augen zu führen, daß im Falle einer Bolschewisierung Europas auch das kapitalistische England und schließlich sogar die USA gefährdet seien. Beide Länder, die für eine demokratische Neuordnung in den Krieg gegen Hitler-Deutschland gezogen seien, würden sich schließlich auf der Verliererseite wiederfinden. Die westlichen Gesprächspartner hörten diesen Ausführungen wohl interessiert zu, wollten auch eine gewisse Berechtigung der Argumentation gelten lassen, erinnerten jedoch die Deutschen daran, sie hätten schon vor 25 Jahren Ähnliches vorgebracht, so daß man jetzt erst einmal den Krieg gewinnen müsse. Diese Schilderung eines Zuhörers[49] vieler solcher Gespräche trifft vermutlich den Sachverhalt der Gespräche und die Atmosphäre in diesen Geheimdienstkreisen am besten. Denn beide Seiten scheinen von den Argumenten der Gegenseite jeweils die aufgegriffen zu haben, die in das jeweilige, häufig illusionäre eigene Konzept paßten.

Ende März[50] und, nach einer Vorsprache von Trotts Mittelsmann, erneut Anfang April[51] bestürmte Dulles die Washingtoner Zentrale, die Forderung nach bedingungsloser Kapitulation zu modifizieren, um der Attraktivität des Moskauer Nationalkomitees eine klare Aussage der Westmächte entgegenzustellen. Trott ließ sogar vorschlagen, die Amerikaner möchten der deutschen Arbeiterschaft und den Sozialistenführern aufmunternde Botschaften zukommen lassen, um ein Abgleiten Deutschlands in den Kommunismus zu verhindern. Die Quintessenz dieser Dulles-Berichte vom Frühjahr 1944 ging darauf hinaus,[52] daß die deutsche militärische Opposition wirkungslos bleiben müsse, solange sie keine Zusagen vom Westen erhalte.

Erst als diese allgemeinen Appelle an den gesunden Menschenverstand der Amerikaner trotz der tendenziell antikommunistischen Berichterstattung von Dulles keine Reaktion zeitigten, trat Gisevius als Verbindungsmann zur Beck-Goerdeler-Gruppe mit konkreten Angeboten des Widerstandes an die Amerikaner heran. Im April bot der deutsche Unterhändler an, im Falle einer westlichen Invasion den deutschen Abwehrkampf einzustellen und Luftlandeunternehmen der Alliierten an strategisch wichtigen Punkten in Deutschland zu arrangieren. Doch wollte die Gruppe nur direkt mit den Westmächten nach einem innerdeutschen Machtwechsel verhandeln und Europa auf diese Weise vor dem Bolschewismus bewahren.[53] Im Mai präzisierte Gisevius das Angebot, nannte Namen der Verschwörer (nicht immer die richtigen) und geeignete Plätze für amphibische Landungen in Deutschland. Über das genaue Vorgehen gegen Hitler machte Gisevius nur vage Andeutungen; er sollte aus seiner politischen Allmachtsposition verdrängt beziehungsweise zusammen mit weiteren hohen Führern auf dem Obersalzberg gefangengesetzt werden.[54] Warum die seit langem angelaufenen Attentatsplanungen von der deutschen Seite den Amerikanern nicht mitgeteilt wurden, ist nur zu vermuten: Hätten die Verschwörer eingestanden, bereits in Vorbereitungen für einen Anschlag gegen Hitler verwickelt zu sein, ohne daß die gewünschten politischen Zusicherungen des Westens vorlagen, dann waren solche als westliche Voraussetzungen für ein aktives Vorgehen des Widerstandes überflüssig. Die Person Hitlers war der größte Trumpf, den der deutsche Widerstand im politischen Poker mit den Westmächten ausspielen konnte, und dieser sollte so lange wie möglich in der Hinterhand behalten werden.

Der amerikanische Gesandte in der Schweiz sekundierte dem OSS und warnte ebenfalls vor einem Stalinschen Schachzug, durch Immunitätsversprechen und politische Offerten ein vor dem Kollaps stehendes Deutschland auf seine Seite zu ziehen. Statt dessen sollte die Wehrmacht zu einem Vorgehen gegen die Nazis ermuntert werden und eine gesellschaftliche Umgestaltung im Sinne des Westens einleiten.[55] Schließlich kündigte Dulles in Berichten vom 13. und 15. Juli unmittelbar bevorstehende Aktionen des inzwischen um weitere hohe Offiziere vergrößerten Verschwörerkreises an.[56] Die Amerikaner haben sich anscheinend nie auf die deutsche Forderung, die Russen von einem Arrangement auszuschließen, eingelassen. Statt dessen wurde der Inhalt der wichtigsten OSS-Meldungen, entsprechend der Moskauer Übereinkunft, der britischen und der sowjetischen Regierung mitgeteilt. Auch wurden dem deutschen Widerstand von Washington keinerlei anderweitige Zusagen, etwa im Hinblick auf eine Anerkennung der neuen Regierung, gemacht, obgleich Dulles in Anfragen vom 15. und 18. Juli um solche bei seiner vorgesetzten Dienststelle nachsuchte.[57] In Gesprächen mit den deutschen Mittelsmännern mag er hingegen weitergegangen sein, als es der Washingtoner Zentrale recht war. Auf der entscheidenden Sitzung der Verschwörer (16. Juli 1944) vor dem Attentat konnte daher Trott die Auffassung vertreten, daß man „auf der Feindseite verhandlungsbereit sei, sobald dafür die Voraussetzung, ein völliger Wechsel des Regimes, geschaffen werde".[58] Die Reaktion des Westens nach dem Attentat spricht nicht für diese Behauptung, die wohl doch eher in der Situation nach einem soeben gescheiterten Attentatsversuch[59] den Verschwörern neuen Mut machen sollte.

Die politische Führungsgruppe des Attentats hat in ihren Kontakten zu Dulles bis zuletzt die einseitige Kapitulation im Westen bei Fortführung des Krieges im Osten angestrebt,[60] obgleich sie durch die ausbleibende Reaktion aus Washington und die stereotypen Einwände der Amerikaner gegen einen solchen Separatfrieden eines Besseren hätte belehrt sein müssen. Angesichts dieser intransigenten Haltung des Westens hätte es nahegelegen, wenn schon für den Widerstand eine bedingungslose Kapitulation an allen Fronten nicht in Frage kam, die verbalen Drohungen einer Ostorientierung zu realisieren und Kontakte mit der Sowjetunion aufzunehmen. Diese Schwenkung wurde jedoch gar nicht erst versucht. Die entsprechenden Sondierungen überließ der Widerstand 1944 dem Auswärtigen Amt und der SS. Ribbentrop, Goebbels, Bormann und Kaltenbrunner favorisierten insgeheim 1944 einen politischen Ausgleich mit der Sowjetunion, vermochten sich indes nicht gegen Hitler durchzusetzen, ganz abgesehen davon, daß die sowjetische Seite solche deutschen Fühlungnahmen — im Gegensatz zu 1943 — lediglich als politisches Druckmittel den Westmächten gegenüber ausgespielt hätte.

Die Westorientierung des deutschen Widerstandes, der Diplomatie und der im inneren Gefüge des Dritten Reiches zum stärksten Faktor gewordenen SS und die zahlreichen Fühlungnahmen mit westlichen, vor allem amerikanischen Regierungsvertretern schürten trotz aller erzielten Übereinkünfte das Mißtrauen zwischen Moskau und seinen westlichen Verbündeten. Die *Prawda* warf daher mit einer Meldung, Ribbentrop verhandele in Spanien,[61] eine „Stinkbombe" gegen die Alliierten, die jedoch — so vermutete Hassell wohl zu recht — weniger den offiziellen deutschen Fühlern als vielmehr den Kontaktbemühungen des deutschen Widerstandes gelte.[62] In jedem Fall wurden die Amerikaner zur größeren Vorsicht gemahnt, brachen sogleich die Verbindungen zur SS in Stockholm ab[63] und unterrichteten fortan folgsam den mißtrauischen Verbündeten von deutschen Fühlern.[64]

Ob in Moskau die von Washington übermittelten Meldungen, der deutsche Widerstand plane die Front im Westen zu öffnen und die frei werdenden Divisionen an die Ostfront zu werfen, als originäre Auffassung deutscher Verschwörer oder als Manöver der Westalliierten, Friedensgespräche zu vertuschen, aufgefaßt wurde, läßt sich kaum mit Bestimmtheit entscheiden. Der Stalinschen Mentalität und diplomatischen sowjetischen Praxis in der Friedensfrage dürfte eher die zweite Interpretation geläufiger gewesen sein. Der schnelle Vormarsch der alliierten Landungsarmee und die im Vergleich zum Osten relativ „humane" deutsche Kriegführung im Westen ließen bei Stalin den Verdacht nach geheimen Absprachen zwischen Deutschen und den Westmächten aufkommen. Als daher das Auswärtige Amt am 22. Juni 1944 den Unterhändler Kleist mit Nachrichtenmaterial, das der sowjetischen Seite übergeben werden sollte, und beschränkten Verhandlungsvollmachten nach Stockholm in Marsch setzte, griff die sowjetische Seite das Material und den Verhandlungsfaden sofort auf.[65] Die Bemühungen von Trotts, mit der sowjetischen Gesandtin in Stockholm, Aleksandra Kollontai, ins Gespräch zu kommen, sind nicht als Verzweiflungsschritte eines vom Westen enttäuschten Einzelgängers — so die amerikanischen Berichte[66] —, sondern wie schon seine Fühlungnahme im Herbst 1943[67] im Zusammenhang mit den Sondierungen und Gesprächen des ihm persönlich bekannten Peter Kleist zu sehen. Daß Kleist, der offiziell für Ribbentrop verhandelte, aber als Angehöriger der SS auch Kaltenbrunner berichtete, auch noch die Widerstandskreise zumindest mündlich informierte, darf angesichts der Ende 1942 von ihm weitergeleiteten Informationen über die russische Gesprächsbereitschaft wohl vermutet werden. Die sowjetische Seite deutete ihr Interesse an Gesprächen an, hielt jedoch Kleist hin.

Anscheinend setzte die Beck-Goerdeler-Gruppe auf diese Verhandlungen in Stockholm unmittelbar vor dem Attentat gegen Hitler doch gewisse Hoffnungen, so daß am 15. Juli Schulenburg „im Hinblick auf die Entwicklung der politisch-militärischen Lage“ zum Außenminister der neuen Regierung bestellt wurde. Denn „Schulenburg sei bei Stalin zweifellos persona grata“.[68] Die sowjetische Seite nahm die plötzliche Abreise von Kleist zwei Tage nach dem Attentat für den Beweis, daß der deutsche Unterhändler auch für die Verschwörer gesprochen habe, und verlangte bei der Wiederaufnahme der Gespräche im September ausdrücklich eine amtliche Legitimation seiner Person.[69] Auch der in die Verhandlungen mit den Russen seit 1941 eingeweihte, an der Stockholmer Botschaft als Filmreferent akkreditierte Agent wurde zurückgerufen und unter der Beschuldigung, mit den Verschwörern zusammengearbeitet zu haben, des Hoch- und Landesverrates angeklagt.[70] Bei den Stockholmer Kontaktaufnahmen zur sowjetischen Seite dürften daher von Dezember 1942 bis zum Attentat gegen Hitler Querverbindungen zwischen den deutschen Unterhändlern und Widerstandskreisen bestanden haben.

Stauffenberg, Initiator und Ausführender des Anschlags auf Hitler, hatte mit dieser letzten und vergeblichen Kontaktaufnahme zur russischen Seite vermutlich nichts zu tun. Das von ihm gebilligte Gespräch zwischen Leber und Reichwein mit Vertretern der KPD (Saefkow/Jacob), das am 22. Juni genau zum Zeitpunkt der Kontaktaufnahme in Stockholm stattfand,[71] hängt möglicherweise mit dieser außenpolitischen Sondierung zusammen, diente jedoch wohl in erster Linie einer breiten Absicherung des Putschvorhabens. Die Stauffenberg aufgrund von Indizien nachgesagten Ostkontakte und seine Bereitschaft zu einem Arrangement mit den demokratischen Kräften des „Nationalkomitees Freies Deutschland" (NKFD) lassen sich jedoch weitaus schlechter belegen[72] als die entsprechenden Kontakte der konservativen Widerstandsgruppe um Goerdeler und Beck.

Vielmehr scheint Stauffenberg, der erst ab Oktober 1943[73] aktiv an der Widerstandsarbeit in Berlin teilhatte, gewissermaßen als „Nachzügler" außenpolitisch die Fehler der Beck-Goerdeler-Gruppe aus den Anfangsjahren des Krieges wiederholt zu haben. Stauffenberg setzte auf England als Ansprechpartner und formulierte noch am 25. Mai 1944 Friedensbedingungen (Grenzen von 1914 unter Einschluß Österreichs, der Sudetenlande und Südtirols bei Autonomie Elsaß-Lothringens),[74] die Goerdeler in dieser Form letztmals auf dem Höhepunkt der deutschen Siege den Engländern übersandt hatte.[75] Wenn diese Gedanken Stauffenbergs tatsächlich, wie er im Gespräch mit Goerdeler gesagt haben soll, zu Churchill gelangten,[76] dann sind sie mit Sicherheit nicht einmal beachtet worden. Stauffenberg scheint sich überdies lange der Illusion hingegeben zu haben, die Invasion sei noch aufzuhalten und auf diese Weise, das heißt nach einem deutschen Abwehrerfolg, ein Frieden mit dem Westen auszuhandeln.[77] Ähnliches hofften auch Hitler und Himmler.[78] Als die Landung der Alliierten geglückt war, befürwortete Stauffenberg noch immer eine Westlösung durch Verhandlungen zwischen deutschen und englischen Militärs. Die USA waren für das militärische Haupt der Verschwörung eine auf den fernöstlichen Kriegsschauplatz konzentrierte Macht — für 1944 eine groteske Fehleinschätzung —, während England „durch den bedrohlichen Machtzuwachs der Sowjetunion versöhnlich gestimmt sein" müsse.[79] Noch in der Schlußbesprechung des Verschwörerkreises habe Stauffenberg Teilaktionen im Westen gutgeheißen, sich jedoch schließlich der Mehrheit gebeugt, die Verhandlungen im Westen und im Osten auf militärischer Ebene nach einem gelungenen Umsturz vorsahen.[80] Dazu sollten Schulenburg und der ehemalige Militärattaché in Moskau, General Köstring, die Gespräche mit den Russen führen; für die Aufnahme von Verhandlungen im Westen waren Trott und vermutlich General Falkenhausen vorgesehen.[81] Endlich, unmittelbar vor dem erneuten Anschlagsversuch auf Hitler und nach vielen gescheiterten Vorhaben, hatten sich die Verschwörer dazu durchgerungen, von der Idee eines separaten Friedensschlusses im Westen abzusehen und den Krieg nach einem Regierungswechsel an allen Fronten zu beenden. Wie weit die Stockholmer Fühlungnahmen zu den Russen für diese Kurskorrektur in letzter Minute verantwortlich sind, oder ob der Zusammenbruch der Heeresgruppe Mitte, eine in den Ausmaßen viel größere Katastrophe als Stalingrad, den

Ausschlag dazu gab, die Sowjetunion nicht länger zu übergehen, diese Fragen müssen offen bleiben.

Die Reaktion des feindlichen Auslandes auf den gescheiterten Staatsstreich vom 20. Juli 1944 war für die überlebenden beziehungsweise inhaftierten Verschwörer, sofern diese überhaupt davon erfuhren, enttäuschend, entsprach jedoch der bisherigen Haltung der Mächte gegenüber der Widerstandsbewegung. In London wurde das Ereignis — wie schon zuvor alle Fühler der Deutschen — als störend empfunden. Noch am fairsten urteilte Außenminister Eden, der die Bewegung der Generale für echt erachtete und nun, nach dem Scheitern des Putsches, einen gesteigerten Terror in Deutschland erwartete.[82] Das Kriegskabinett hingegen befürwortete ein Herunterspielen der Angelegenheit und widersetzte sich einer offiziellen Stellungnahme der Regierung.[83] Diese konnte nur so negativ ausfallen wie die wenigen Sätze Churchills im Unterhaus.[84] Der Premier disqualifizierte den Aufstandsversuch als interne Rangelei um die Macht, als Manifestation einer inneren Erkrankung. Die Regierung könne sich nicht auf solche Ereignisse, so entscheidend sie auch sein mögen, verlassen, sondern allein auf den Sieg der Waffen. Ängstlich war Churchill bemüht, Spekulationen um ein vorzeitiges Kriegsende entgegenzuwirken und, wie das Foreign Office in einem Rundtelegramm an die Missionen, darauf bedacht, jede Friedensdiskussion abzublocken.[85] Um den Argwohn des russischen Verbündeten zu besänftigen, der sich über angebliche deutsch-englische Fühlungnahmen beschwert hatte, hielt sich Churchills Verlautbarung inhaltlich weitgehend an die amtliche Meldung der *Prawda*.[86]

In Washington herrschte trotz der Berichte von Dulles Unklarheit über den Verlauf des Putsches und die Ziele der Verschwörer. Offensichtlich vermochte auch Dulles in seinen ersten Berichten über das Attentat diese Fragen nicht hinreichend zu beantworten,[87] war er doch schließlich nie in den Plan eines Anschlages eingeweiht worden. In der Roosevelt-Administration schien selbst eine Woche nach dem Putsch noch die Auffassung vorzuherrschen, die Nazis hätten das Ganze als Spektakel selbst inszeniert, um die wegen der militärischen Niederlagen ständig sinkende Popularität des Führers aufzubessern.[88] Als schließlich zuverlässige Informationen die Echtheit des Staatsstreiches erhärteten, fiel Dulles in eine verschärft antikommunistische Berichterstattung: Nach dem Ausschalten der westlich orientierten Gruppe des Widerstandes müsse nunmehr erst recht mit einer Ostwendung gerechnet werden.[89]

Die Aufrufe des Nationalkomitees und die in Stockholm im September 1944 wiederaufgenommenen Verhandlungen zwischen Kleist und der sowjetischen Seite dürften Dulles in seiner politischen Grundposition bestätigt haben. Hatte das offizielle Moskau den Putsch als internen Machtkampf bezeichnet, der Deutschlands auf den Schlachtfeldern zu erzwingende Niederlage nur beschleunigen könne,[90] so überbot sich das Nationalkomitee in patriotischen Sympathieerklärungen für die „Helden".[91] Die Westmächte reagierten mit Befremden, obgleich die sowjetische Regierung sie im Januar 1944 hatte wissen lassen, das Komitee diene lediglich Propagandazwecken,[92] und Außenminister Molotow diese Zusicherung nach einem Aufruf von Paulus wiederholte.[93]

Das Mißtrauen unter den drei Verbündeten war durch den Putsch eher gestärkt als abgebaut worden, da jede Seite argwöhnte, die andere habe mit den Verschwörern gemeinsame Sache gemacht und eventuelle Zusagen gegeben. Die Friedenssondierungen von offiziellen deutschen Stellen, der SS, von Widerstandskreisen und, in den letzten Kriegswochen, von führenden Nationalsozialisten hielten bis zur bedingungslosen Kapitulation des Reiches an und trugen weiterhin in den feindlichen Hauptstädten zur Verwirrung und anhaltendem Mißtrauen bei.[94]

IV

Alternativen

Bei aller historisch notwendigen Kritik an dem Konzept eines Separatfriedens, das der deutsche Widerstand in seinen führenden Kreisen um Beck/Goerdeler, Stauffenberg und Moltke verfocht, spricht es für die Ehrenhaftigkeit der Akteure und die Aufrichtigkeit ihrer Motive, den Anschlag gegen Hitler und den Staatsstreich gewagt zu haben, ohne daß die Verschwörer außenpolitisch abgesichert waren und ohne daß sie sichergehen konnten, die Masse der Soldaten und des Volkes werde ihnen folgen. Ausschlaggebend für ihr Handeln am 20. Juli war nicht der mögliche Erfolg, sondern allein die Tat, das Aufbegehren gegen Hitler als die Inkarnation des Unrechts schlechthin. Ethisch-religiös begründetes Verantwortungsbewußtsein einer traditionellen Elite in der Sorge um Volk und Staat begründete ihr Vorgehen, doch diese Geisteshaltung, die ideologische Verwurzelung in dem preußisch-deutschen Machtstaat, trug auch wesentlich zum Scheitern des Widerstandes bei. Die Männer des 20. Juli, die sich aus ethischen Motiven zum Handeln gegen Hitler gezwungen sahen, vermochten der Tragödie ihres persönlichen Scheiterns nicht zu entrinnen, da ihr Vorgehen außenpolitisch in weit stärkerem Maße als innenpolitisch falsch angelegt war. Sie waren aufgrund ihrer Herkunft und Erziehung außerstande, die gesamtgesellschaftlich und durch die internationale Politik vorgegebenen Realitäten zu erfassen.

Weniger reden — mehr handeln, so läßt sich die Kritik am Widerstand des 20. Juli auf eine bündige Formel bringen. Die Flut von Denkschriften, mit denen zum Beispiel Goerdeler die Mitverschwörer traktierte, weist ihren Verfasser kaum als „sanguinisches“ Temperament (Ritter), sondern als manisch-neurotische Person aus, voll idealistisch-naiver Leichtgläubigkeit. Die Ohnmacht des Nicht-Handeln-Könnens mag für diesen Schreibzwang bei vielen der Verschwörer zur Erklärung mit herhalten, einer konspirativen Tätigkeit konnte das viele Schriftgut, das noch die Gestapo vorfand, nur abträglich sein. Das schon in Widerstandskreisen nicht koordinierte Vorgehen bei Kontaktaufnahmen zum feindlichen Ausland trug dort erheblich zur Verwirrung, Enttäuschung und schließlich abschätzigen Meinung über den deutschen Widerstand bei. Querverbindungen zu offiziellen Regierungsstellen, ja sogar zur SS und zu Parteidienststellen, und die Doppelfunktion der meisten Widerständler, im Dienste des Regimes gegen dasselbe zu arbeiten, machten die Unterhändler im Ausland vollends unglaubwürdig. Sie galten als raffiniert getarnte Sprecher des amtlichen Deutschlands oder schlicht als Nazi-Spione.

Offensichtlich haben die Verschwörer sich kaum Gedanken darüber gemacht, wie sie ihre persönliche Glaubwürdigkeit und folglich die der gesamten Widerstandsbewegung im Ausland hätten erhöhen können. Mit dem inhaltlichen Ausformulieren von Planungen vollauf beschäftigt, dilettierten sie als Verschwörer in der Kontaktaufnahme mit den Feindmächten. Das Hin und Her um den zukünftigen Außenminister, ob Hassell oder Schulenburg, war für die verworrene Situation und die auf einen Separatfrieden fixierte Handlungsweise der Verschwörer symptomatisch. Anstatt sich auf einen außenpolitischen Sprecher, einen nicht in Diensten des Regimes stehenden ehemaligen hohen Diplomaten zu einigen und eine Sprache gegenüber dem Ausland zu führen, traten viele Köpfe mit noch dazu wechselhaften Zungen auf.

Das Dogma vom Separatfrieden und die antikommunistische Grundüberzeugung der Verschwörer, auch der meisten Mitglieder des Kreisauer Kreises und selbst Stauffenbergs, verleiteten den Widerstand zum Insistieren an der falschen, der westlichen, Front und verbauten ihm die Möglichkeiten, die Chancen einer Übereinkunft im Osten auch nur auszuloten. Wenn schon Separatfrieden, dann hätte die realistischere Aussicht im Osten bestanden. Ideologische Befangenheit und in den außenpolitischen Zielen partielle Identifikation mit nationalsozialistischen Plänen eines großdeutschen, Europa beherrschenden Reiches ließen ein offenes Eingestehen der Niederlage und Akzeptieren der bedingungslosen Kapitulation bei den Verschwörern nicht zu. Der Widerstand des 20. Juli, der als einziger eine Alternative hätte sein können und der als einziger den Anschlag gegen Hitler wagte, scheiterte außenpolitisch an sich selbst.

Anmerkungen

Vorbemerkung: Eine die Zeit vor 1943/44 mit einbeziehende Fassung des Beitrages erscheint unter dem Titel *Deutsche Oppositions- und Widerstands-Kreise und die Frage eines separaten Friedensschlusses im Zweiten Weltkrieg* in dem von Klaus-Jürgen Müller besorgten Sammelwerk *Deutscher Widerstand*, Paderborn 1985.

[1] Wilhelm Ritter von Schramm, *Beck und Goerdeler. Gemeinschaftsdokumente für den Frieden 1941—1944*, München 1965, S. 250.

[2] *A. a. O.*, S. 81—166: vollständiger Abdruck.

[3] *Spiegelbild einer Verschwörung. Die Kaltenbrunner-Berichte an Bormann und Hitler über das Attentat vom 20. Juli 1944. Geheime Dokumente aus dem ehemaligen Reichssicherheitshauptamt*, hrsg. vom Archiv Peter für historische und zeitgeschichtliche Dokumentation, Stuttgart 1961, S. 134 (im folgenden *Kaltenbrunner-Berichte* zitiert).

[4] Hansjoachim W. Koch, *The Spectre of a Separate Peace in the East: Russo-German ‚Peace Feelers', 1942—44*, in: *Journal of Contemporary History*, 10. Jg. (1975), S. 531—549. Bundesarchiv Koblenz, Dossier R 58/1225, Berichte Kaltenbrunners, Schellenbergs und Kleists über die von letzterem im Auftrage Ribbentrops in Stockholm 1944 vorgenommenen Sondierungen bei den Russen. Bundesarchiv Koblenz NS 19/184: Schreiben von Obergruppenführer und General der Waffen-SS Berger an Himmler vom 26. September 1944 über die Notwendigkeit eines Separatfriedens im Osten.

[5] Tagebuch der deutschen Botschaft Madrid 1941—Februar 1945. Aufzeichnung Brackelmanns (Madrid) und Interview des Vf. mit einem der damaligen Unterhändler der SS, Reinhard Spitzy, am 19. März 1971 in München. Alles Privatbesitz des Vf. Dulles kam in einem Gespräch mit Hohenlohe im Februar 1943 in Bern auf die Kontakte in Portugal zu sprechen. (Vgl. Anm. 6, Frame 297 50 29.) In diese Überlegungen, Hitler durch SS-Einheiten zu entführen und an die Alliierten auszuliefern, wurde das spanische Außenministerium im Herbst 1943 durch Hohenlohe eingeweiht (José Maria Doussinague, *España tenía razón (1938—1945)*, 2. Aufl., Madrid 1950, S. 294 ff.

[6] Reichssicherheitshauptamt, RSHA/VI D 7 (Englandreferat des Auslandsnachrichtendienstes); Handakten Otto-Ernst Schüddekopf: Außenpolitische Kriegsziele Englands. Originale im Bundesarchiv nicht auffindbar. Mikrofilm Kopie Nr. 1195, Serial 458, Roll 458 Frame 2975035. Interview des Vf. mit Reinhard Spitzy (dem Vertreter der SS bei dem Treffen) am 19. März 1971 in München.

[7] *A. a. O.*, Frames 2975024—2975030. Zu den Berner Gesprächen siehe Bernd Martin, *Verhandlungen über separate Friedensschlüsse 1942—1945. Ein Beitrag zur Entstehung des Kalten Krieges*, in: *Militärgeschichtliche Mitteilungen*, 21 (1976), S. 95—113, hier S. 100.

[8] Bradley F. Smith, *The Shadow Warriors. O.S.S. and the Origins of the C.I.A.*, New York 1983, S. 191 (Bericht vom 6. Dezember 1942).

[9] *Ebda.*

[10] *A.a.O.*, S. 193. In den Akten Schüddekopf (vgl. Anm. 6, Frames 297 50 43 f.) findet sich ein abgefangenes Telegramm des amerikanischen Gesandten in Bern an das State Department vom 7. 4. 1943 über ein Gespräch mit Hohenlohe, in dem letzterer vor einer separaten deutsch-englischen Übereinkunft gewarnt und Himmlers SS als Garanten des Antibolschewismus (und somit der Westorientierung) bezeichnet hatte. (Vgl. Anm. 80, abgefangener Dulles-Bericht.)

[11] Bei seiner ersten indirekten Fühlungnahme mit Dulles über Gisevius im Januar 1943 übernimmt Trott genau die Argumentation von Dulles. Allen W. Dulles, *Germa-*

ny's Underground, New York 1947, S. 131; Hans-Bernd Gisevius, *Bis zum bittern Ende*, Bd. 2: *Vom Münchener Abkommen bis zum Juli 1944*, Zürich 1946, S. 278.

[12] B. Martin, *Verhandlungen über separate Friedensschlüsse*... [Anm. 7], S. 99; Franz von Papen, *Der Wahrheit eine Gasse*, München 1952, S. 566.

[13] Christopher Sykes, *Adam von Trott. Eine deutsche Tragödie*, Düsseldorf 1969, S. 335 ff.

[14] Freya von Moltke/Michael Balfour/Julian Frisby, *Helmuth James von Moltke 1907—1945. Anwalt der Zukunft*, Stuttgart 1975, S. 260 ff.; Peter Hoffmann, *Widerstand — Staatsstreich — Attentat. Der Kampf der Opposition gegen Hitler*, 3. Aufl., München 1979, S. 278 ff.

[15] Ger van Roon, *Neuordnung im Widerstand. Der Kreisauer Kreis innerhalb der deutschen Widerstandsbewegung*, München 1967; Kurt Finker, *Graf Moltke und der Kreisauer Kreis*, Berlin [Ost] 1978.

[16] Brief an Lionel Curtis vom 25. März 1943. F. v. Moltke u. a., *Helmuth James von Moltke*... [Anm. 14], S. 212—220; K. Finker, *a. a. O.*, S. 174, spricht sogar von „antikommunistischer Borniertheit“, da diese eindeutige Westorientierung Moltkes nicht zu der Interpretation paßt, der Kreisauer Kreis habe der sowjetischen Politik offen gegenübergestanden.

[17] P. Hoffmann, *Widerstand*... [Anm. 14], S. 279.

[18] *Foreign Relations of the United States. Diplomatic Papers* (im folgenden *FRUS* zitiert), 1944, vol. 1, S. 489 f.: Bericht des amerikanischen Gesandten in Stockholm an Hull vom 10. Januar 1944 über Gespräche zwischen Kersten (Leibarzt Himmlers) und Schellenberg mit Abram Hewitt (Official of the United States Commercial Company in Sweden), die sich von Anfang Oktober 1943 bis Dezember hinzogen. Schellenberg wollte ein Treffen Hewitt — Himmler in Deutschland organisieren.

[19] Bernd Martin, *Friedensinitiativen und Machtpolitik im Zweiten Weltkrieg 1939—1942*, 2. Aufl., Düsseldorf 1976, S. 456 ff.; ders., *Verhandlungen über separate Friedensschlüsse*... [Anm. 7], S. 101.

[20] *Ebda.*

[21] Peter Kleist, *Zwischen Hitler und Stalin 1939—1945. Aufzeichnungen*, Bonn 1950, S. 242 f.

[22] Kontaktaufnahme am 18. Juni 1943, bei der die sowjetische Seite die Entsendung von Alexandrow (Leiter der Europaabteilung des Außenministeriums) ankündigte und um Verhandlungsvollmachten für Kleist nachsuchte. Politisches Archiv, Ausw. Amt Bonn, Akten Staatssekretär Schweden: Telegramme des deutschen Gesandten Werner Thomsen an das Ausw. Amt Nr. 1767 und 1768 vom 21. Juni 1943. P. Kleist, *a. a. O.*, S. 243 ff.

[23] Möglicherweise hat Canaris durch die gezielte Indiskretion bei Hitler, Edgar Klauss, der von der Abwehr selbst in Stockholm plazierte Agent und Verbindungsmann zu den Sowjets, sei Jude, die Sondierungen auffliegen lassen. Kleist wurde daher bei seiner Rückkehr aus Stockholm sogleich verhaftet. P. Kleist, *a. a. O.*, S. 252. Interviews des Vf. mit Peter Kleist am 15./16. April 1970 in Westerham/Obb.

[24] *Kaltenbrunner-Berichte* (28. August 1944), S. 308. Die dortige Chronologie in der Darstellung der Ostkontakte des Widerstandes ist nicht eindeutig.

[25] Alexander Fischer, *Sowjetische Deutschlandpolitik im Zweiten Weltkrieg 1941—1945*, Stuttgart 1975, S. 53 f. (Fischer sieht einen direkten Zusammenhang zwischen dem Scheitern der Stockholmer Gespräche im Juni 1943 und der knapp einen Monat später erfolgten Gründung des Nationalkomitees).

[26] *Kaltenbrunner-Berichte* (8. August 1944), S. 174: „Auch Stauffenberg hat angeblich gegen derartige ‚Proklamationen hinter Stacheldraht' Stellung genommen"; *a. a.* O. (10. August 1944), S. 190—193: „Verschwörerclique und Nationalkomitee ‚Freies Deutschland' in Moskau". Vgl. die Deutung bei Kurt Finker, *Stauffenberg und der 20. Juli 1944*, 2. Aufl., Köln 1977, S. 252 ff., der versteckte Sympathien der Putschisten für das Komitee betont.

[27] Vgl. Anm. 24.

[28] B. Martin, *Verhandlungen über separate Friedensschlüsse*... [Anm. 7], S. 103.

[29] Vgl. Anm. 24.

[30] Vgl. Anm. 24; ausführlicher *Kaltenbrunner-Berichte* (8. August 1944), S. 301. Vgl. Ulrich von Hassell, *Vom andern Deutschland. Aus den nachgelassenen Tagebüchern 1938—1944*, Zürich 1948 (Eintragung vom 5. Dezember 1943).

[31] A. Fischer, *Sowjetische Deutschlandpolitik*... [Anm. 25], S. 43.

[32] Lothar Kettenacker (Hrsg.), *Das „Andere Deutschland" im Zweiten Weltkrieg. Emigration und Widerstand in internationaler Perspektive*, Stuttgart 1977, S. 72.

[33] *A. a.* O., S. 73 (vom 15. Juli 1944).

[34] B. Martin, *Verhandlungen über separate Friedensschlüsse*... [Anm. 7], S. 104.

[35] *FRUS*, 1944/1, S. 550 f. Bericht des amerikanischen Gesandten Johnson in Stockholm an Hull vom 12. September 1944 über Trotts März-Besuch und die britische Reaktion. P. Hoffmann, *Widerstand*... [Anm. 14], S. 286.

[36] L. Kettenacker (Hrsg.), *Das „Andere Deutschland"*... [Anm. 32], S. 63.

[37] *FRUS*, 1944/1, S. 520 ff. (geplanter Wortlaut).

[38] *A. a.* O., S. 517: Churchill an Roosevelt vom 25. Mai 1944.

[39] L. Kettenacker (Hrsg.), *Das „Andere Deutschland"*... [Anm. 32], S. 200—203.

[40] Rede Attlees: Gerhard Ritter, *Carl Goerdeler und die deutsche Widerstandsbewegung*, 3. Aufl., Stuttgart 1956, S. 395.

[41] L. Kettenacker (Hrsg.), *Das „Andere Deutschland"*... [Anm. 32], S. 67.

[42] *FRUS*, 1944/1, S. 497 f.: Memorandum „Breakers" von A. Dulles, Anhang zu einem Bericht von Berle vom 2. Februar 1944.

[43] Denkschrift Pater Konrad Simonsen: „Die Geschichte eines Friedensfühlers" (im Besitz des Vf.). Pater Conrado stand tatsächlich mit dem amerikanischen Botschaftsrat Beaulac in Kontakt, den Berle (Anm. 42) in seinem Bericht als Anlaufstelle deutscher Oppositionkreise angeführt hatte. Am 17. September 1943 hatte der amerikanische Botschafter Hayes bereits darüber nach Washington berichtet (*FRUS*, 1944/1, S. 546 f., insbes. Anm. 95).

[44] Siehe Anm. 5.

[45] Siehe Anm. 42.

[46] Der Bericht wurde nicht, wie sonst üblich, vereinbarungsgemäß an die britische und sowjetische Regierung weitergeleitet.

[47] Hauptverfechter war Goebbels. *Goebbels-Tagebücher (Aus den Jahren 1942—43, mit anderen Dokumenten*, hrsg. von Louis P. Lochner, Zürich 1948), 10. September 1943; auch Wilfred von Oven, *Mit Goebbels bis zum Ende*, 2 Bde, Buenos Aires 1949 f. (Bd. 1, S. 153—159: Ausführungen Goebbels' vom 25. November 1943). Auch Ribbentrop neigte stärker einer Ost- als einer Westlösung zu und unterstützte die Verhandlungen Kleists, soweit dies bei der grundsätzlichen Ablehnung Hitlers gegenüber einem politischen Arrangement im Osten möglich war. Joachim von Ribbentrop, *Zwischen London und Moskau. Erinnerungen und letzte Aufzeichnungen. Aus dem Nachlaß* hrsg. von Annelies von Ribbentrop, Leoni 1954, S. 264.

[48] *FRUS*, 1943/1, S. 714, Bericht des amerikanischen Gesandten in der Schweiz, Harrison, nach Washington vom 11. Oktober 1943. Abgefangener Dulles-Bericht vom 23. Februar 1944 (Bundesarchiv-Militärarchiv Freiburg im Breisgau, OKW/Ag.-Ausl. Schweiz — WO 1-7/310). Da sich in dem Dossier zwei Versionen dieses Dulles-Berichtes finden, scheint die Vermutung angebracht, daß solche Nachrichten von der Abwehr gezielt ausgebaut wurden, um eine Ostlösung zu unterlaufen und die Westlösung zu favorisieren, „da gewisse Führer der Partei bereit wären, zu einem Separatfrieden im Osten zu kommen". Dulles sei — so ein Bericht des deutschen Militärattachés (*ebda.*) — davon überzeugt, „daß man in kürzester Zeit mit Deutschland zu einem Arrangement kommen sollte. Diese Auffassung wurde jedoch in England nicht geteilt".

[49] Hack-Bericht vom 10. März 1944. Hack-Papiere im Besitz des Verfassers.

[50] *FRUS*, 1944/1, S. 506 f., Bericht Dulles vom 31. März 1944.

[51] *A. a. O.*, S. 510—513. Bericht des stellvertretenden Direktors des Office of Strategic Services, Magruder, an das State Department vom 16. Mai 1944.

[52] A. W. Dulles, *Germany's Underground*... [Anm. 11], S. 137 f.

[53] *A. a. O.*, S. 139 (vgl. Anm. 51).

[54] *Ebda.* und Magruder-Bericht... [Anm. 51].

[55] *FRUS*, 1944/1, S. 515 f. Bericht Harrison vom 24. Mai 1944 an Hull.

[56] *A. a. O.*, S. 530; A. W. Dulles, *Germany's Underground*... [Anm. 11], S. 140.

[57] B. F. Smith, *The Shadow Warriors*... [Anm. 8], S. 267.

[58] *Kaltenbrunner-Berichte*, S. 101 (30. Juli 1944).

[59] Am 15. Juli 1944. P. Hoffmann, *Widerstand*... [Anm. 14], S. 471 ff.

[60] Vgl. Dulles-Berichte vom 13. und 15. Juli (Anm. 56): „The group's proposed plan of action would call for an ordered retreat from the West and the transfer of the best divisions to the defense of the eastern front."

[61] Vom 17. Jan 1944. Zur britischen Reaktion Llewellyn Woodward, *British Foreign Policy in the Second World War*, London 1971, vol. 3, S. 106 ff. (Notenwechsel Churchill — Stalin) zur amerikanischen *FRUS*, 1944/1, S. 495 ff. und *FRUS*, 1944/4, S. 824 ff..; zur deutschen W. von Oven, *Mit Goebbels*... [Anm. 47], S. 179 (Goebbels sah die Chancen einer Ostlösung steigen) und Bundesarchiv-Militärarchiv Freiburg i. Br. H3/45 Fremde Heere Ost, Vortragsnotiz Gehlens vom 25. Januar 1944, daß die *Prawda*-Notiz „nichts anderes bedeuten kann, als eine Drohung einer deutsch-russischen Verständigung").

[62] U. von Hassell, *Vom andern Deutschland*... [Anm. 30], Eintragung vom 7. Februar 1944.

[63] *FRUS*, 1944/1, S. 496, Anweisung von Außenminister Hull an den amerikanischen Gesandten Johnson in Schweden vom 19. Januar 1944, die Hewitt übermittelten Vorschläge Kerstens seien nicht zu beachten. Die Substanz dieses „Friedensfühlers" werde der sowjetischen und britischen Regierung mitgeteilt.

[64] Siehe Anm. 63; ferner wurde der Magruder-Bericht [Anm. 51], in: *FRUS*, 1944/1, S. 510—513, weitergeleitet.

[65] Bundesarchiv Koblenz, Dossier R 58/1225. Amtschef Auslandsnachrichtendienst im Reichssicherheitshauptamt (Schellenberg) VI-B. Nr. 38/44 g. Rs. vom 4. August: Vermerk mit Anlage: „Bei seinem letzten Aufenthalt in Schweden überbrachte K(leist) einige Meldungen über antisowjetische militärische Pläne in England einem Mittelsmann, der sie der Sowjetgesandtschaft — zu der er nachgewiesenermaßen beste und höchste Verbindungen hat — übergab. Die Sowjets sind offensichtlich sehr interessiert an dem Material und stellten eine Reihe von Rückfragen." Auch der Bericht des

amerikanischen Gesandten in Stockholm, Johnson, an Hull vom 27. Juni 1944 (*FRUS* 1944/1, S. 526): Demzufolge hatte Kleist vergeblich die schwedische Regierung ersucht, einen Kontakt zwischen den Deutschen und den Russen anzubahnen. Der Generalsekretär des schwedischen Außenministeriums bezeichnete Kleist als „extremely useful man" bei der Evakuierung der Estland-Schweden und mit großem Einfluß auf Himmler.

66 *FRUS*, 1944/1, S. 523 ff. Bericht Johnson (Stockholm) an das State Department vom 26. Juli 1944.

67 C. Sykes, *Adam von Trott*... [Anm. 13], S. 399; P. Hoffmann, *Widerstand*... [Anm. 14], S. 309.

68 *Kaltenbrunner-Berichte*, S. 309 (28. August 1944).

69 Bundesarchiv Koblenz, Dossier R 58/1225: Aufzeichnung Kleist (vermutlich für Ribbentrop auf Führerschreibmaschine) vom 10. Oktober 1944 „... nach meiner Abreise am 22. Juli der Eindruck entstanden, daß ich lediglich als Privatmann auf eigene Faust den Kontakt mit den Russen gesucht ... (hätte), so daß ich mit unter die Clique des 20. Juli gerechnet worden sei. Das Verschwinden des früheren Filmreferenten der Gesandtschaft Boening, der auch Beziehungen zu Klauss gehabt hätte, sei ebenso beurteilt worden." Hesse, Ribbentrops Englandspezialist, berichtet in seinen häufig unzutreffenden Erinnerungen (Fritz Hesse, *Hitler and the English*, London 1954, S. 348 f.), daß Schulenburg im Juni/Juli 1944 über seinen früheren Kanzler in Moskau in Stockholm Kontakt zu den Russen aufgenommen habe. Stalin sei bereit gewesen, mit der Opposition gegen Hitler einen Frieden auf der Grundlage von 1914 zu schließen. Der 20. Juli habe diese Verhandlungen beendet.

70 Vgl. Anm. 69; ferner Interview Vf. — Boening am 16. April 1970 in München und Aktenvermerk über Befragung Boenings durch Heiber, Institut für Zeitgeschichte München (13. 12. 1957, Sign. 2128/58). Boening bestätigte in beiden Interviews diesen Sachverhalt, ohne daß die Dokumente aus Koblenz damals bekannt waren.

71 P. Hoffmann, *Widerstand*... [Anm. 14], S. 447 f.

72 K. Finker, *Stauffenberg*... [Anm. 26], S. 220 ff., überzeugt nicht, vgl. die Auseinandersetzung mit dieser marxistischen Interpretation bei Hoffmann, *a. a. O.*, S. 308. Die Frage einer West- bzw. Ostorientierung von Widerstandskreisen stellt immer noch ein Politikum dar, um in beiden deutschen Staaten jeweils die besseren Patrioten zu reklamieren. Bei diesem ‚Wettstreit' wird Stauffenberg in Ost wie West als Mythos verklärt.

73 Am 1. Oktober 1943 wurde Stauffenberg nach längerem Genesungsurlaub zum Chef des Stabes im Allgemeinen Heeres-Amt unter General Olbricht (einem der bis dahin tatkräftigsten militärischen Verschwörer) ernannt und konnte seitdem auf die Planungen für ‚Walküre' (Staatsstreich im Innern mit Hilfe des Ersatzheeres) und für ein Attentat entscheidenden Einfluß nehmen. Stauffenberg war erst im Juli 1942, vornehmlich aus militärisch-immanenten Gründen, zu einer oppositionellen Haltung gelangt (P. Hoffmann, *a. a. O.*, S. 389 ff.; K. Finker, *a. a. O.*, S. 124 ff.). Mit Goerdeler traf Stauffenberg vermutlich nicht vor September 1943 zusammen. (Eberhard Zeller, *Geist der Freiheit. Der zwanzigste Juli*, München 1963, S. 292).

74 *Kaltenbrunner-Bericht*, S. 126 f. (1. August 1944).

75 Siehe oben.

76 *Kaltenbrunner-Bericht*, S. 247 (17. August 1944).

77 Otto John, *Am 8. Tage der Verschwörung*, in: *Das Parlament*. Sonderausgabe vom 20. Juli 1952, S. 2.

78 W. von Oven, *Mit Goebbels*... [Anm. 47], Bd. 1, S. 208 (März 1944), Unterredung

Goebbels — Himmler. Ders., *Mit Goebbels*... [Anm. 47], Bd. 2, S. 11 und S. 40 (11. Juni und 4. Juli 1944). Zu Himmlers Verbindungen zu Widerstandskreisen (Popitz, Langbehn), die seit August 1943 bestanden und eindeutig auf eine Westlösung abzielten, siehe Heinz Höhne, *Der Orden unter dem Totenkopf. Die Geschichte der SS*, Gütersloh 1967, S. 485 ff. Auch U. von Hassell, *Vom andern Deutschland*... [Anm. 30], Eintragungen 24./25. Mai 1943 und 13. November 1943.

[79] *Kaltenbrunner-Berichte*, S. 111 (31. Juli 1944); ähnlich Aussage Trotts, *Kaltenbrunner-Berichte*, S. 367 (7. September 1944).

[80] *Kaltenbrunner-Berichte*, S. 111 (31. Juli 1944), und S. 101 f. (30. Juli 1944).

[81] *Kaltenbrunner-Berichte*, S. 493 (21. November 1944).

[82] L. Kettenacker (Hrsg.), *Das „Andere Deutschland"*... [Anm. 32], S. 68.

[83] *A. a. O.*, S. 69 (Kabinettsbeschluß).

[84] *Ebda.*: Originalwortlaut der Stelle aus der Unterhausrede vom 2. 8. 1944. *Kaltenbrunner-Berichte*, S. 243 (16. August 1944), zutreffende deutsche Übersetzung.

[85] Rundschreiben des Foreign Office an die Auslandsmissionen vom 23. Juli 1944. L. Kettenacker (Hrsg.), *Das „Andere Deutschland"*... [Anm. 32], S. 69 f.

[86] *A. a. O.*, S. 69, und *FRUS*, 1944/1, S. 538 f.: Britische Antwort vom 23. Juli 1944 auf die sowjetische Anfrage vom 8. Juli 1944.

[87] B. F. Smith, *The Shadow Warriors*... [Anm. 8], S. 268.

[88] *Ebda.*

[89] *Ebda.*

[90] Siehe oben Anm. 86.

[91] Bodo Scheurig, *Freies Deutschland. Das Nationalkomitee und der Bund Deutscher Offiziere in der Sowjetunion 1943—1945*, München 1960, S. 137 ff. L. Kettenacker (Hrsg.), *Das „Andere Deutschland"*... [Anm. 32], S. 69. Ob ein Aufruf von Seydlitz kurz vor dem Attentat, „Die russische Armee will nicht die Vernichtung des deutschen Volkes, sie kämpft nur für die Ausrottung des Nationalsozialismus", mit den Stockholmer Sondierungen zusammenhängt, läßt sich nicht nachweisen (Bundesarchiv-Militärarchiv WO 1-7/327 vom 15. Juli 1944).

[92] *FRUS*, 1944/4, S. 805, Harriman (Moskau) — Hull vom 13. Januar 1944.

[93] *FRUS*, 1944/4, S. 872, Anm. Nr. 62. Aufruf von Paulus vom 8. August 1944, Hitler abzuschwören und eine neue Regierung zu bilden, und beschwichtigende Erklärung Molotows.

[94] B. Martin, *Verhandlungen über separate Friedensschlüsse*... [Anm. 7], S. 103 ff. Reimer Hansen, *Ribbentrops Friedensfühler im Frühjahr 1945*, in: *Geschichte in Wissenschaft und Unterricht*, 18. Jg. (1967), S. 716—730. Oppositionskreise, die mit den Verschwörern des 20. Juli keinen Kontakt gehabt hatten, verfolgten die Pläne eines süddeutschen katholischen Blockes weiter. Unter Generalfeldmarschall von Leeb sollte ein Regierungswechsel nach dem Vorbild des Badoglio-Putsches durchgeführt werden. Die amerikanische Regierung, über dieses Vorhaben informiert, verweigerte jede Zusage. (K. Simonsen, „Die Geschichte eines ‚Friedensfühlers'..." [Anm. 43]; *FRUS*, 1944/1, S. 546 f.: Bericht Hayes (Madrid) an Hull vom 27. August und Antwort Hulls vom 1. September 1944).

Außenpolitische Illusionen des nationalkonservativen Widerstands in den Monaten vor dem Attentat

WINFRIED HEINEMANN
Rheine

Die auch im nationalkonservativen Widerstand im Sommer 1944 allgemein akzeptierte Tatsache, daß der Krieg für das Deutsche Reich nicht mehr zu gewinnen war, ließ die Frage nach seiner Beendigung als eines der zentralen Probleme einer etwaigen Umsturzregierung erscheinen.

Am 25. Mai 1944 trafen Stauffenberg und Hauptmann d. R. Kaiser in dessen Büro zusammen. Dabei legte Kaiser, Goerdelers Verbindungsmann zu Stauffenberg, einen 11-Punkte-Plan vor, über den mit Vertretern der Alliierten gesprochen werden sollte. In den Kaltenbrunner-Berichten ist er, mit Ausrufezeichen an zwei Stellen, so zitiert:[1]

„1. Sofortiges Einstellen des Luftkrieges;
2. Aufgabe der Invasion;
3. Vermeiden weiterer Blutopfer;
4. dauernde Verteidigungsfähigkeit im Osten, Räumung aller besetzten Gebiete im Norden, Westen und Süden (!);
5. Vermeiden jeder Besetzung;
6. freie Regierung, selbständige, selbstgewählte Verfassung;
7. vollkommene Mitwirkung bei der Durchführung der Waffenstillstandsbedingungen, bei der Vorbereitung der Gestaltung des Friedens;
8. Reichsgrenze von 1918 im Osten, Erhaltung Österreichs und der Sudeten beim Reich, Autonomie Elsaß-Lothringens, Gewinnung Tirols bis Bozen, Meran;
9. tatkräftiger Wiederaufbau unter Mitwirkung am Wiederaufbau Europas;
10. Selbstabrechnung mit Verbrechern im Volk (!);
11. Wiedergewinnung von Ehre, Selbstachtung und Achtung."

Es handelte sich also um Forderungen zu unterschiedlichen Problembereichen, die heute als sehr weitgehend erscheinen mögen. Sie lassen meines Erachtens erkennen, daß Goerdeler, auf den sie in ihrem Kern wohl zurückzuführen sind, zwei Monate vor dem Attentat die außenpolitischen Konstellationen zum Teil noch unzutreffend einschätzte. Das scheint vor allem darauf zurückzuführen zu sein, daß Ende März oder Anfang April Goerdelers Verbindungsmann in Zürich, Gisevius, noch eher ermutigende Nachrichten über die Bereitschaft der Westalliierten zu Verhandlungen gebracht hatte.[2] Gisevius meldete damals, der Vertreter des amerikanischen Geheimdienstes OSS, Dulles, sei bereit, nicht nur Mitteilungen der Verschwörer nach Washington weiterzugeben, sondern auch, sie und ihre Anliegen dort nachdrücklich zu unterstützen. Konkrete Antworten blieben dann jedoch aus.

Als dies nach einiger Zeit deutlich wurde, kam auch Goerdeler zu einer realistischeren Betrachtung der Lage. Er hoffte jetzt darauf, die Alliierten, die bisher jede Zusage *vor* einem Staatsstreich abgelehnt hatten, würden *nach* dem Umsturz zu Verhandlungen mit einer neuen Regierung bereit sein.[3] Zu diesem Zeitpunkt scheinen Goerdeler und Beck auch zum erstenmal an ein militärisches Zusammengehen mit den Westalliierten gedacht zu haben. Dulles[4] und Ritter[5] erwähnen Planungen für eine Luftlandung an strategischer Stelle (Berlin), leider aber ohne genaue Quellenangaben.[6] Da sie aber verknüpft waren mit der Vorstellung, Hitler lebend festnehmen zu können, was eine wiederkehrende Überlegung von Goerdeler war, scheint es, daß dieser Plan tatsächlich von ihm oder aus seinem Umfeld stammte.[7] Den Angaben von Dulles folgend ist davon auszugehen, daß diese Idee erst Anfang Mai übermittelt wurde, das heißt, zu einem Zeitpunkt, als eine Antwort auf die frühere Anfrage ausblieb. Zu dieser Zeit sprach sich Goerdeler also noch offen für eine Lösung ohne Attentat aus. Aber er war jetzt fast bereit, die Formel der „bedingungslosen Unterwerfung" anzunehmen — allerdings noch immer in der Hoffnung, die Westmächte würden Deutschland nicht den Sowjets überlassen. Es ist auch nicht eindeutig erkennbar, welches Verhalten gegenüber dem Feind im Osten beabsichtigt war; ob es dort, wenn auch später, ebenfalls zu einem Waffenstillstand kommen sollte, oder ob, gegebenenfalls zusammen mit den Westalliierten, dort weitergekämpft werden sollte, bleibt offen.

Bei einem Treffen am 12. Juli will Gisevius Goerdeler gewarnt haben, daß im Westen nur eine Kapitulation denkbar sein könne, die die Westalliierten vor den Russen nach Berlin gelangen lassen würde.[8] Während Gisevius angibt, Goerdeler habe sich seiner Meinung angeschlossen,[9] sagte dieser im Gefängnis etwas anderes aus. Nach den Kaltenbrunner-Berichten plante Goerdeler eine Abmachung mit den Westalliierten, die das deutsche Westheer an die Ostfront abrücken lassen sollten. Es ist bezeichnend, daß er selbst nach seiner Verhaftung noch an die Möglichkeit eines separaten Waffenstillstands, eines Gewinnens der Bevölkerung durch Aufklärung und eines militärischen Handelns gegen einen noch lebenden Hitler glaubte.[10] Bei der Schilderung von Gisevius handelt es sich dagegen wohl um eine nachträgliche Verfälschung.[11]

Selbst unmittelbar vor dem Attentat am 20. Juli, zu einer Zeit, als der Putsch schon mindestens zweimal fast ausgelöst worden wäre, bestand eine klare Konzeption für die unmittelbar nach dem Staatsstreich zu treffenden Maßnahmen nicht einmal innerhalb des Goerdeler-Kreises. Goerdelers Meinung unterschied sich von der von Gisevius, Beck scheint sich stärker an Stauffenberg angelehnt zu haben,[12] ähnliches gilt für Leber.[13] Auch bei einem Gelingen des Attentates und des Putsches wäre eine schnelle Entscheidung über die in dieser Frage zu verfolgende Politik nicht zu erwarten gewesen.

Kurz vor der Invasion, in den ersten Junitagen, kam es in der Wohnung von Julius Leber zu einer Aussprache zwischen diesem, Stauffenberg und dem Vertreter der deutschen Lufthansa in Madrid, Otto John. Aus den Berichten, die von verschiedenen Seiten über dieses Gespräch erhalten sind,[14] geht hervor, daß Stauffenberg zu dieser Zeit noch nicht davon überzeugt war, daß es zu einer anglo-amerikanischen Invasion kommen würde, und falls doch, ob sie Erfolg haben würde. Man könne „mit ziemlicher Sicherheit, bestimmt aber 50 : 50, damit rechnen, daß die Invasion ins Meer zurückgeschlagen wird."[15] Stauffenberg ging davon aus, daß ein solcher Rückschlag die Briten verhandlungsbereiter machen werde, vor allem, weil diese bisher noch kaum Verluste erlitten hätten.

Offensichtlich war Stauffenberg gewillt, diese Position der vermeintlichen Stärke zu nutzen. In der gleichen Besprechung beriet er mit Leber, „ob es nicht im deutschen Interesse liege, den alliierten Invasionstruppen den Weg durch die deutschen Minenfelder zu weisen; vielleicht könne dadurch auch der befürchtete Zusammenbruch der Ostfront aufgehalten werden. Sie kamen allerdings zu dem Ergebnis, daß der Plan unrealistisch sei und die einzige Chance darin bestehe, den Umsturz noch vor der Invasion auszulösen."[16]

Stauffenbergs Auffassung bedeutete eine wenig zutreffende — wenn auch weit verbreitete — Einschätzung der militärischen Lage im Westen kurz vor der Invasion. Sie läßt aber gleichzeitig erkennen, daß die Gruppe um Stauffenberg bereit war, Lösungen zuzustimmen, die den Feind an der Westfront militärisch begünstigen würden, wenn dies praktikabel erschien. Stauffenberg glaubte dabei an die Möglichkeit einer Verhandlung „von Heerführer zu Heerführer", so etwa mit Eisenhower oder Marshall. Seine Absicht, „alle Zivilisten und Politiker auszuschalten",[17] brachte ihn in einen Gegensatz zu Goerdeler. Dabei ging es ihm nicht um einen einfachen Einsturz der Westfront. Vielmehr wollte er für die Aufgabe des militärischen Widerstandes gegen die Alliierten einen echten Preis verlangen — eine „politische Westlösung".[18] Daher wurden Ende Juni 1944 drei Punkte erarbeitet, die an einen etwaigen Verhandlungspartner übermittelt werden sollten:

„Stauffenberg hat
a) eine Liste von Männern übermittelt, die zukünftige Verhandlungspartner Englands sein sollten,
b) den Wunsch, daß Österreich beim Reich bleibt,
c) die Bitte, daß die Abrechnung mit den Kriegsverbrechern der künftigen deutschen Regierung überlassen bleiben sollte (!)."[19]

Dies erscheint wesentlich angemessener, als es Goerdelers 11 Punkte vom Mai waren. Grund dafür ist wohl außer den unterschiedlichen Charakteren von Stauffenberg auf der einen und Goerdeler und Kaiser auf der anderen Seite auch die inzwischen gelungene Invasion, die nach allgemeiner Auffassung die etwaige Verhandlungsposition entscheidend schwächen mußte.

In diesen zeitlichen Zusammenhang fällt auch ein Gespräch, das Stauffenberg am 12. Juli mit Gisevius führte. Dieser behauptete später,[20] Stauffenberg habe sich für eine „Ostlösung" ausgesprochen, während er selbst darauf hingewiesen habe, daß eine bedingungslose Kapitulation mit darauf folgender Besetzung wohl nicht mehr zu vermeiden sei. Dieser Bericht verfälscht wohl stark.[21] Alle anderen Quellen widersprechen Gisevius.[22] Es ist davon auszugehen, daß Stauffenberg zu diesem Zeitpunkt eine „Ostlösung" nicht mehr von vornherein verworfen hat, vielleicht auch unter dem Einfluß des die Situation recht genau einschätzenden Leber;[23] eine Präferenz zugunsten einer „politischen Westlösung" kann aber trotz der Darstellung von Gisevius nicht angezweifelt werden.

Stauffenberg war zu diesem Zeitpunkt auf Gisevius als Verbindungsmann zu den Westalliierten auch nicht mehr angewiesen. Vielmehr hatte er sich durch John einen eigenen Kontakt geschaffen. John stellte sicher, daß Mitteilungen der Verschwörer unverzüglich General Eisenhower erreichen konnten. Johns Berichte konnten jedoch keinen Zweifel daran aufkommen lassen, daß die Westmächte zu Zugeständnissen nicht bereit waren.[24] Die Tatsache, daß Stauffenberg sich immer stärker auf Johns realistischere Berichte stützte als Goerdeler, der den optimistischeren Voraussagen von Gisevius mehr Glauben schenkte, erklärt auch ein Stück weit die unterschiedlichen Lagebeurteilungen der beiden Männer.

Zu einer letzten großen Besprechung der Verschwörer kam es am 16. Juli in der Wohnung der beiden Stauffenberg-Brüder am Wannsee. Anwesend waren — außer den beiden Brüdern — Graf von Schwerin, Yorck,

Fritz-Dietlof von der Schulenburg, Trott, der Oberstleutnant d. R. Caesar von Hofacker vom Stab des Militärbefehlshabers in Frankreich, Oberst Hansen von der Abwehr und Oberst i. G. Mertz von Quirnheim, letzterer Stauffenbergs Nachfolger als Chef des Stabes im Allgemeinen Heeresamt. Dabei wurden noch einmal die möglichen Wege, den Krieg zu beenden, durchgesprochen.

Zunächst berichtete Hofacker über die militärische Lage an der Westfront. Nach seinen Angaben würde die Wehrmacht die Front noch höchstens sechs Wochen halten können und dann unter der erdrückenden Übermacht zusammenbrechen. Stauffenberg teilte diese Meinung.[25] Er ging jedoch davon aus, daß die Westalliierten nach einem Umsturz noch zu Gesprächen bereit seien:

„Die anglo-amerikanische Sorge über das Vordringen der Sowjetunion sei groß. Die angelsächsischen Blutopfer in Frankreich hätten zweifellos innerpolitische Rückwirkungen in den betreffenden Ländern. Für die USA liege der eigentliche Kriegsschauplatz im Fernen Osten. *Die Engländer müßten durch den bedrohlichen Machtzuwachs der Sowjetunion versöhnlich gestimmt sein.*"[26]

Auch wenn Stauffenberg realistischer dachte als Goerdeler, scheint er sich von Illusionen nicht völlig freigemacht zu haben.

Bei dieser „Wannsee-Besprechung"[27] wurden zuletzt drei denkbare Vorgehensweisen ins Auge gefaßt.[28] Die erste, die sogenannte *Westlösung*, sah vor, auf die deutschen Oberbefehlshaber im Westen, also Kluge und Rommel, einzuwirken, damit diese von sich aus mit Hitler brachen, die Kampfhandlungen einstellten und durch eine Zurücknahme der Front auf den Westwall „die Voraussetzungen für ein gemeinsames Vorgehen der Westmächte *und* Deutschlands gegen die Sowjet-Union mit der Absicht des baldigen Kriegsabschlusses geschaffen" würden.[29] Gegen diese Lösung sprach vor allem die zögernde Haltung von Kluge und Rommel. Hofacker berichtete sehr eindeutig, daß beide nicht vor einer Auslösung des Putsches in Berlin handeln würden.[30] Diese Lösung schied also aus.

Ein zweites Denkmodell war die sogenannte *Berliner Lösung.* Dabei sollte Hitler für 24 Stunden nachrichtentechnisch isoliert werden; in dieser Zeit wollte man über den zentralen Nachrichtenapparat der Wehrmacht Befehle an die Heeresgruppen herausgeben, die zu einer Zurücknahme der Fronten führen würden. Hitler und das Führerhauptquartier würden gezwungen sein, diese Befehle nachträglich zu sanktionieren. Der so gebildete stärkere „Widerstandskern" sollte Friedensverhandlungen ermöglichen. Dies war sicher der Vorschlag mit den geringsten Aussichten auf Erfolg. Die Idee, Hitler nicht zu töten, und die Ähnlichkeit mit anderen Plänen läßt eine Verwandtschaft zu Goerdelers Vorstellungen erkennen. An eine Verwirklichung war gleichwohl nicht zu denken. Nicht nur, daß die gleichen Bedenken wegen der Marschälle ins Feld geführt werden mußten, es kam auch hinzu, daß eine Isolierung Hitlers technisch nicht durchführbar war. Am 20. Juli sollte sich zeigen, daß es nicht einmal möglich war, auch nur für einige Stunden das Führerhauptquartier von der Außenwelt abzuschneiden.[31]

Also war auch diese Lösung zu verwerfen. Die Kaltenbrunner-Berichte halten lakonisch fest: *„c) Zentrale Lösung:* Nach vielem Hin und Her blieb es schließlich bei der sogenannten ‚Zentralen Lösung', *die in dem Plan der Ermordung des Führers gipfelte.*" Auch vom Gesichtspunkt der Kriegsbeendigung war eine Planung ohne Attentat unrealistisch. „Im Gegensatz zu Goerdeler verschob Stauffenberg seine Hoffnungen auf den Zeitpunkt nach dem Attentat. Bis dahin hatten alle Schritte außer jenem zu Hitlers ‚Lagezimmer' — mit Sprengladung — keinen Sinn."[32] Zu diesem Zeitpunkt muß Stauffenberg die Hoffnung auf eine Lösung ohne Besetzung des Reiches schon aufgegeben haben. Dies wäre nach einem geglückten Staatsstreich ein wichtiger Konfliktpunkt geworden.

Während in Berlin über die Möglichkeit eines selbständigen Handelns an der Westfront nachgedacht wurde, hätten aber doch nur die Verschwörer in Paris tatsächlich die Möglichkeit gehabt, einen solchen Schritt herbeizuführen. Nach David Irving[33] hat Rommels Stabschef Speidel am Tage der Invasion genau das getan. Speidel habe zwei kampfkräftige Infanteriedivisionen nicht in die Invasionsschlacht geworfen, sondern sie näher an Paris herangezogen, um sie im Falle eines Staatsstreiches gegen Waffen-SS-Verbände in Paris einsetzen zu können. Diese Behauptung hält einer eingehenden Nachprüfung nicht stand. Auch in der neueren Literatur zur deutschen Kriegführung in der Invasionsschlacht wird diese Behauptung nicht aufgegriffen.[34] Zu einem tatsächlichen Eingreifen der Verschwörer in die laufende Kriegsanstrengung ist es nie gekommen; einer neuen „Dolchstoßlegende" fehlt jede Grundlage.

In der Frage der Kriegsbeendigung gab es keine einheitliche Meinung. Verschiedene Gruppen, teilweise sogar politisch kontrovers diskutierend, prägen das Bild. Die entscheidende Nahtstelle, an der es immer wieder zu Friktionen innerhalb des Widerstands gekommen ist, war dabei die zwischen den politisch Planenden und denen, die über die Mittel zur Durchführung verfügten. Diese beiden Elemente der nationalkonservativen Widerstandsgruppen zeichneten sich dabei vor anderen dadurch aus, daß sie zu prinzipieller Zusammenarbeit bereit waren. Dies ging jedoch nicht ohne Probleme ab. Die nationalkonservativen Gruppen waren gekennzeichnet durch eine vornehmlich bürgerliche Ausrichtung der Politik. Dazu gehörte ein starker Antikommunismus, der außerdem auch bei den sozialdemokratisch-gewerkschaftlich orientierten Vertretern anzutreffen war. Daher kann es nicht überraschen, daß sich Planungen für eine Beendigung des Krieges zunächst auf ein Ende im Westen richteten. Dabei wurde eine Interessenidentität der Westmächte und des deutschen Reiches unter Führung einer neuen Regierung gegenüber der Sowjetunion vorausgesetzt. Dem lag eine Interpretation des Krieges als einer von Hitler allein verschuldeten Fehlentwicklung der europäischen Politik zugrunde.

Aufgrund der nicht zutreffenden Einschätzung der politischen Situation und geleitet durch ihre von der Reichseinheit ausgehenden, außenpolitisch revisionistischen Vorstellungen beabsichtigten Goerdeler und seine Freunde bis ins Jahr 1944 eine Politik, bei der in Verhandlungen mit den Westalliierten die deutschen Eroberungen zumindest bis zu den Grenzen von 1918 im wesentlichen abgesichert und die Vereinigung Österreichs mit dem Reich von den Westmächten sanktioniert werden sollten. Diese Planung mußte mit dem Fortschreiten des Krieges immer illusionärer erscheinen. Goerdeler scheint nur zögernd bereit gewesen zu sein, die zunehmende Einengung seines außenpolitischen Handlungsspielraums zu akzeptieren und von seinen Forderungen Abstriche zu machen. Daraufhin wurde er von einigen Mitverschworenen immer weniger an den Planungen beteiligt. Die dann über einige seiner engsten Vertrauten (Gisevius) gemachten Vorschläge entfernten sich mehr und mehr auch von dem, was militärisch möglich war. In der Zeit unmittelbar vor dem Attentat stand er in der Frage der Kriegsbeendigung politisch so gut wie allein.

Goerdeler hatte sehr weitreichende Kontakte, und viele seiner Bekannten weihte er — oft unvorsichtig — in die Planung des Umsturzes ein. So war die Zahl derer recht groß, die im Groben von der Existenz einer Widerstandsgruppe wußten, mit ihr jedoch nur in lockerer Verbindung standen. Dies führte zur Bildung von „Nebenzentren", die teils mit Goerdelers Absichten übereinstimmten, teils sie ihrer jeweiligen Situation entsprechend veränderten. Ein solches Nebenzentrum war der Kreis um Strölin und Speidel, ein anderes scheint Gisevius gewesen zu sein, und die Art, wie er Goerdelers Vorschläge Anfang Mai in einer etwas „erweiterten" Version zu Dulles gelangen ließ, unterstreicht dies.[35]

Stauffenberg nutzte seine Stellung im Ersatzheer, um zügig eine neue Organisation für den Staatsstreich zu errichten. Dabei legte er neue Kanäle auch dorthin an, wo Goerdeler schon Vertrauensleute hatte; dies gilt etwa für John und Gisevius, aber auch für Hofacker und Speidel in Frankreich. Mit dieser neuen Staatsstreichorganisation einher ging ein neuer Realismus in bezug auf eine Beendigung des Krieges. Die Forderungen Goerdelers wurden zu wesentlich bescheidener klingenden Bitten Stauffenbergs. Allerdings war auch dieser bis kurz vor dem 20. Juli nicht zu einer völligen Kapitulation nur mit dem Ziel bereit, den Krieg so schnell wie möglich zu beenden. Erst in den letzten Tagen vor dem Putschversuch scheint er die Hoffnung auf irgendwie geartete Zugeständnisse aufgegeben zu haben.

Goerdeler hat sich mit der selbständigen Handlungsweise Stauffenbergs nie abfinden können. Seinen Vorstellungen von der Unterordnung des Militärs unter die Politik stand Stauffenbergs Enttäuschung über die nicht handelnden Politiker gegenüber. Einen wesentlichen Konfliktstoff boten dabei neben Stauffenbergs Kontakten zu den Arbeiterführern dessen eigenmächtige Verbindungsaufnahmen mit dem Ausland, vor allem über John. Es scheint vor allem der Vermittlung Becks zu verdanken zu sein, daß es hierüber zu keinen größeren Zerwürfnissen gekommen ist.[36]

Die Verschwörung bietet in der Frage der Kriegsbeendigung kein Bild völliger Zerrissenheit. Dafür ist die generelle Westorientierung zu wenig in Frage gestellt. Gleichwohl zeigt sich aber auch an der Frage der Kriegsbeendigung ein Grundproblem der Widerstandsbewegung gegen Hitler, daß nämlich ohne eine einheitliche konspirative Struktur und mangels konspirativer Erfahrung einerseits, mangels politischer Schulung und Erfahrung andererseits die unter der allgemein anerkannten Gesamtlinie sich entwickelnden Konflikte ungelöst blieben. Die von den Politikern entworfenen Pläne wurden von den zum Handeln vorgesehenen Militärs nur begrenzt akzeptiert; die Politiker ihrerseits waren nicht bereit, den Militärs eine eigenständige Rolle bei der Formulierung der Politik zuzuerkennen.

Daß es dennoch in den meisten Untergruppen zu einer ähnlichen Entwicklung gekommen ist, so daß die zunächst sehr hochgeschraubten Erwartungen bald über die Absicht, zu recht mäßigen Bedingungen zu kapitulieren, zum Schluß in den Plan mündeten, den Krieg, koste es, was es wolle, zu beenden, liegt in der Natur der sich ständig verschlechternden militärischen Lage.

Zwar war die politische Führung durch Goerdeler in weiten Kreisen unbestritten — vereinzelte Überlegungen Stauffenbergs, Leber oder Leuschner an seine Stelle zu setzen, traten nie in das Stadium konkreter Planung ein —, jedoch wurden seine Ansichten nicht ohne Widerspruch angenommen. Dazu trug vor allem bei, daß Goerdelers Überlegungen, die auf eine Absetzung Hitlers ohne Attentat und auf eine Friedenslösung ohne Besetzung des Reiches zielten, den pragmatischer denkenden Verschwörern als undurchführbar erscheinen mußten. Die Frage, wer im Widerstand Entscheidungen zur Kriegsbeendigung letztlich gefällt habe, muß unbeantwortet bleiben: Wie so vieles, was nach dem Putsch kommen sollte, war auch dies nicht vorher entschieden.

Alle Planungen mußten jedoch, sollte der Staatsstreich noch einen materiellen Gewinn für Deutschland bringen, der über die reine Beendigung des Mordens hinausging, von irgendeiner Bereitschaft der Westalliierten zu Zugeständnissen ausgehen. Im Laufe der Zeit wurde jedoch deutlich, daß das nicht zu erwarten war. Bis zum 20. Juli war den meisten Angehörigen des Widerstands klargeworden, daß eine bedingungslose Kapitulation und eine Besetzung Deutschlands sich nicht vermeiden ließen. Das einzige, worauf sie noch hoffen konnten, war, daß die Westalliierten vor den Russen in Berlin sein würden. Sie waren sich der Tatsache bewußt, daß sie auch außenpolitisch quasi als „Konkursverwalter" des „Dritten Reiches" in die Geschichte eingehen würden, wenn der Staatsstreich gelänge. Daß sie den Putsch dennoch wagten, zeugt von einer ethischen Motivation und widerlegt die Interpretation des Aufstandes vom 20. Juli 1944 als Palastrevolte unzufriedener Militärs.

Anmerkungen

[1] *Spiegelbild einer Verschwörung. Die Kaltenbrunner-Berichte an Bormann und Hitler über das Attentat vom 20. Juli 1944,* hrsg. von Archiv Peter für historische und zeitgeschichtliche Dokumentation, Stuttgart 1961, S. 126f., vom 2.8.1944 (im folgenden *KB* zitiert). Peter Hoffmann, *Widerstand — Staatsstreich — Attentat,* München 1969, S. 750 Anm. 141, gibt eine geringfügig andere Fassung wieder, die auf dem Urteil des Volksgerichtshofes gegen Kaiser beruht. Dort ist inbesondere die „Gewinnung" Südtirols nicht erwähnt. Nach Christian Müller, *Oberst i. G. Stauffenberg. Eine Biographie,* Düsseldorf 1970, S. 393 und S. 582, Anm. 108, stammt der Plan von Kaiser. Müller weist nach, daß die Stelle in *KB,* S. 126, vom 2.8.1944, wonach Kaiser den Plan „für Stauffenberg" ausgearbeitet hat, nicht als „im Auftrag von" mißverstanden werden darf, und widerlegt damit Gerhard Ritter, *Carl Goerdeler und die deutsche Widerstandsbewegung,* Stuttgart 1956, S. 537, Anm. 104 und S. 609; Joachim Kramarz *Claus Graf Stauffenberg,* Frankfurt a.M. 1965, S. 180f., 188, und P. Hoffmann, *Widerstand...,* S. 294, 432 und 749f. In neueren Auflagen übernimmt Hoffmann diese Version; er datiert auf den 26. Mai.

[2] Zu diesem Komplex siehe Hans Bernd Gisevius, *Bis zum bittern Ende,* 2 Bde, Zürich 1946, und Allen Welsh Dulles, *Verschwörung in Deutschland,* Kassel 1949; hier: G. Ritter, *Carl Goerdeler...* [Anm. 1], S. 386.

[3] *Ebda.*

[4] *A.a.O.,* S. 174.

[5] *A.a.O.,* S. 387.

[6] In den *KB* findet sich diese Überlegung nicht.

[7] P. Hoffmann, *Widerstand...* [Anm. 1], S. 749, Anm. 141. Vgl. H. B. Gisevius, *Bis zum bittern Ende...* [Anm. 2], S. 174. Daß der Plan von der militärischen Gruppe der Verschwörer stammt, erscheint angesichts seiner offenbaren Unmöglichkeit kaum glaublich.

[8] G. Ritter, *Carl Goerdeler...* [Anm. 1], S. 400.

[9] H. B. Gisevius, *Bis zum bittern Ende...* [Anm. 2], S. 343.

[10] G. Ritter, *Carl Goerdeler...* [Anm. 1], S. 400.

[11] Ch. Müller, *Oberst i.G. Stauffenberg*... [Anm. 1], S. 585 Anm. 29.

[12] *A.a.O.*, S. 435.

[13] *A.a.O.*, S. 286.

[14] Otto A.W. John, *Am achten Jahrestag der Verschwörung*, in: *Das Parlament*, Sonderausgabe „20. Juli", 20.7.1952, S. 2. Julius Leber, *Ein Mann geht seinen Weg. Schriften, Reden und Briefe*, hrsg. von seinen Freunden, Berlin 1952.

[15] O. John, *Am achten Jahrestag*... [Anm. 14].

[16] J. Leber, *Ein Mann*... [Anm. 14].

[17] Otto John, *Bericht über den 20. Juli in der Bendlerstraße*, in: Heinrich Fraenkel/Roger Manvell, *Der 20. Juli*, Frankfurt a. M. 1964, S. 227—230, hier S. 227.

[18] Ch. Müller, *Oberst i. G. Stauffenberg*... [Anm. 1], S. 410f.

[19] *KB*, S. 127, vom 2.8.1944. Dort auch das Ausrufezeichen.

[20] *A.a.O.*, S. 308f.

[21] Ch. Müller, *Oberst i. G. Stauffenberg*... [Anm. 1], S. 142.

[22] So etwa *KB*, S. 248, vom 17.8.1944, und S. 364, vom 7.9.1944.

[23] Ch. Müller, *Oberst i. G. Stauffenberg*... [Anm. 1], S. 441.

[24] So etwa die Aussage Klaus Bonhoeffers, in: *KB*, S. 441, vom 12.10.1944.

[25] Aussage Hansens vor der Gestapo; *KB*, S. 101, vom 30.7.1944.

[26] *KB*, S. 111, vom 31.7.1944.

[27] *KB*, S. 101, vom 30.7.1944.

[28] Darstellung nach *KB*, S. 175, vom 8.8.1944, Vernehmung Trott.

[29] *Ebda.;* Hervorhebung im Original.

[30] Ch. Müller, *Oberst i. G. Stauffenberg*... [Anm. 1], S. 594, Anm. 148, unter Berufung auf Tonbandfunde vom Volksgerichtshof-Prozeß gegen Hofacker.

[31] P. Hoffmann, *Widerstand*... [Anm. 1], S. 479—486, 894—896.

[32] Ch. Müller, *Oberst i.G. Stauffenberg*... [Anm. 1], S. 453.

[33] *Ebda.*

[34] Dieter Ose, *Entscheidung im Westen. Der Oberbefehlshaber West und die Abwehr der Alliierten Invasion*, Stuttgart 1982.

[35] A. W. Dulles, *Verschwörung*... [Anm. 2], S. 174.

[36] Ch. Müller, *Oberst i. G. Stauffenberg*... [Anm. 1], S. 436.

Der 25. Juli 1943 in Italien und der 20. Juli 1944 in Deutschland

Zur Technik des Staatsstreichs im totalitären System

JERZY W. BOREJSZA
Warschau

I

Vor über fünfzig Jahren veröffentlichte Curzio Malaparte in Paris *La technique du coup d'état,* ein Buch, das den damals frondierenden Faschisten berühmt machte und sofort in mehrere Sprachen übersetzt wurde. Die erste deutsche Ausgabe, *Der Staatsstreich,* erschien 1932.[1] Malaparte sagte darin voraus, daß Adolf Hitler, der die Machtübernahme auf legalem Wege über Wahlen anstrebte, keine Chancen hätte. Er erwies sich als ein sehr schlechter Prophet.

In den dreißiger und vierziger Jahren galt *Der Staatsstreich* vielen als Handbuch für den Kampf um die Macht. Als Mao Tse-tung den Verfasser — nun schon Antifaschist und Sympathisant des Kommunismus — 1956 in Peking empfing, gratulierte er ihm zu seinem Werk, aus dem er, wie er sagte, viel gelernt habe.

Malaparte brachte die Revolutionen beziehungsweise Staatsstreiche Lenins, Trotzkis, Mussolinis, Piłsudskis und Primo de Riveras, die er zum Teil miterlebt hatte, auf einen Nenner: Eine organisierte Minderheit unterwirft die Mehrheit ihrer absoluten Herrschaft. Er kannte die Methoden. In Absprache mit Mussolini hatte er nach 1922 das theoretische Periodikum *La conquista dello Stato* herausgegeben. Anregungen fand er in den Schriften von Louis Auguste Blanqui, dem Lehrmeister der Verschwörer und Anhänger der zentralisierten Macht im 19. Jahrhundert, den auch Karl Marx bewundert hatte. Zum Gelingen eines Staatsstreichs war es — nach Malaparte — notwendig, unter völliger Geheimhaltung zu handeln, sofort alle Nachrichten- und Verkehrsverbindungen und die Presse in die Hand zu bekommen sowie Armee und Polizei zu gewinnen oder zumindest zu neutralisieren. Eine entschlossene, verschworene, gut organisierte Minderheit habe um so größere Chancen, je passiver sich die Mehrheit der Bevölkerung verhalte oder je unzufriedener sie mit dem herrschenden System und der Regierung sei.

Jedoch — alle diese Maximen galten für den Kampf gegen die im Ersten Weltkrieg zusammengebrochenen feudal-kapitalistischen Monarchien oder die neuen bürgerlich-demokratischen Staaten. Wie die auf deren Trümmern entstandenen totalitären Staaten zu beseitigen seien, wußte der Faschist Malaparte nicht. (Für uns hat *Der Staatsstreich* heute seine Originalität größtenteils verloren.) Ja, entgegen der Legende, die er später so überzeugend in seinen großen Romanen *Kaputt* und *Die Haut* um sich schuf, gehörte er nicht einmal zu den ersten, die den Untergang des Dritten Reiches und des faschistischen Italiens voraussahen. Noch 1942 und selbst 1943 war seine Haltung gegenüber den totalitären Regimen nicht eindeutig. Im Nachhinein stellte er sich wie Tausende von Italienern und Deutschen als überzeugter Antifaschist dar.

Bald nach dem Zusammenbruch der beiden Faschismen begann man die Frage wissenschaftlich zu untersuchen, ob ein totalitäres Regime von innen zu stürzen war und welche Kräfte dazu imstande wären; ob dies möglich wäre, ohne eine Kriegsgefahr oder eine militärische Intervention von außen zu riskieren; welche Rolle der Emigration in einem totalitären System zukommt und welche der inneren Opposition.

Anfang der 1970er Jahre brachen nacheinander die Diktaturen in Portugal und Spanien und auch das Athener Obristenregime zusammen. Sie fielen unter den Schlägen der inneren Opposition. Die europäische Geschichte war um eine Erfahrung reicher. Doch diese drei autoritären Systeme lassen sich nicht mit den totalitären Regimen in einer Großmacht wie Deutschland oder in einer Mittelmacht wie Italien vergleichen,[2] und selbst die Widerstands- und Staatsstreichtechniken zwischen abgeschlossenen, „vollendeten" totalitären Systemen (Deutschland) und Systemen eines nicht abgeschlossenen, „unvollendeten" Totalitarismus (Italien) sind höchst unterschiedlich.

Erstaunlich ist jedoch, daß man aus deutscher Sicht, selbst aus einer Distanz von vierzig Jahren, so wenig Verbindungslinien zwischen dem Sturz Mussolinis am 25. Juli 1943 und dem Attentat auf Hitler am 20. Juli 1944 sehen will. Ich habe bewußt geschrieben: „aus deutscher Sicht"; denn in italienischer Optik vergrößert man sogar — und zwar von Anfang an, seit dem Zustandekommen der Achse — die Bedeutung der Verbindungen mit dem Dritten Reich und die Abhängigkeit von ihm. Dieses Bild reproduziert auch die italienische Geschichtsschreibung, wobei sie mitunter zu leicht die italienischen Initiativen und die italienische Verantwortung für die Taten des Faschismus zwischen 1936 und 1943 vergißt.

Im Jahre 1983 erschienen die Memoiren von Dino Grandi, der den

Hauptanstoß zu Mussolinis Sturz am 25. Juli 1943 gab. Das noch lebende Mitglied des Faschistischen Großrats urteilt lapidar über den Duce, der Italien drei Jahre zuvor an Hitlers Seite in den Krieg eintreten ließ:

„Innerhalb eines einzigen Tages machte er all das zunichte, was er an Gutem geschaffen hatte. Innerhalb eines einzigen Tages stieß er das Vaterland in den bisher schrecklichsten Abgrund seiner Geschichte."[3]

Seit dem 10. Juni 1940 ist Mussolinis Italien wenig mehr als der „erste Vasall Hitlers" gewesen. Die Realität der Kriegszeit sowie der französische und der griechische Feldzug hatten die Schwächen des faschistischen Italiens bloßgelegt und die Beziehungen — genauer: die Art der Abhängigkeit — zwischen Rom und Berlin während der nächsten Kriegsjahre bestimmt. Trotzdem hatten die Politik und die Ereignisse im Staat des „ersten Vasallen" einen wichtigen Einfluß auf den Verlauf des Zweiten Weltkriegs und die Reaktionen der Bevölkerung im Dritten Reich gehabt. Schließlich hatte man den Nationalsozialisten und den Deutschen jahrelang eingehämmert, Mussolinis Italien, die Heimat des Faschismus, sei *das* Vorbild, und die Erfolge des Duce bewiesen, daß sämtliche Systeme dieses Typs unbesiegbar seien. Italiens Niederlage und Mussolinis Sturz *hatten* tatsächlich eine direkte Einwirkung auf die Stimmung der NS-Machtelite und der breiten Bevölkerung.

II

Hitlers erste Reaktion auf Mussolinis Absetzung und Verhaftung war das dann oft wiederholte Wort „Verrat". Sein Adjutant notierte: „Hitler war entsetzt, wie sang- und klanglos die faschistische Herrschaft endete."[4]

Nach einigen Wochen unterrichtete Hitler den rumänischen Staatsführer Marschall Ion Antonescu bereits ruhiger von der seiner Ansicht nach ausschlaggebenden Rolle des italienischen Hofes und unterstellte — was so nicht der historischen Wahrheit entspricht —, daß der Staatsstreich noch vor dem 25. Juli bis ins kleinste vorbereitet worden sei.[5] Hitler ließ sich nicht zufällig vor seinem rumänischen Gast so ausführlich über dieses Thema aus. Er schätzte die Vorkommnisse in Rom in ihrer Auswirkung auf die Balkanstaaten durchaus richtig ein. Er fürchtete eine Nachahmung — und zu Recht. Am 23. August 1944 beseitigte der Hof in Bukarest im Einvernehmen mit der Opposition Ion Antonescu, und die rumänische Armee richtete ihre Bajonette sofort gegen den bisherigen deutschen Verbündeten.[6]

Die Version, der Staatsstreich vom 25. Juli sei hauptsächlich vom Königshof vorbereitet worden, hat sich in der öffentlichen Meinung weitgehend durchgesetzt. Der Wirklichkeit entspricht sie allerdings nicht. Doch für Hitler erschien es undenkbar, daß ein faschistischer Führer und sein System von der eigenen *Parteielite* gestürzt werden könnte. Gerade Hitler befahl, die Legende über die Rolle des Königs und der Generale aufrechtzuerhalten. Es wäre das Eingeständnis einer ideologischen Niederlage gewesen, eine Absage an den eigenen zwanzigjährigen Einsatz für die Zusammenarbeit mit den italienischen Faschisten, wenn er sich zur Wahrheit bekannt hätte. Max Domarus unterstreicht hier mit Recht die ideologischen Beweggründe Hitlers.[7] Schließlich ist aus anderer Quelle bekannt, daß Hitler schon nicht mehr so sehr an eine Rückkehr Mussolinis zur Macht glaubte und daß er auch dem „Meister" selbst nicht mehr vertraute, von dem er argwöhnte, daß er ihn verraten könnte.

Es gibt bislang kein Gesamtbild von den Reaktionen der NSDAP-Führung, der Regierung, der Gestapo und der SS auf die Nachricht von der Absetzung und Verhaftung Mussolinis; kein Bild davon, wie die italienische Entscheidung auf sie wirkte, am 8. September den Waffenstillstand zu verkünden und — unter deutschem Druck — den Schauprozeß in Verona zu führen. Er endete bekanntlich am 11. Januar 1944 mit der Exekution von fünf verhafteten Mitgliedern des Großen Rats — Ciano und De Bono waren die prominentesten —, die in der Nacht vom 24. auf den 25. Juli 1943 gegen Mussolini gestimmt hatten. Als Hitler Mussolini aus dem Gefängnis befreien ließ, die Gründung der „Repubblica Sociale Italiana" in Norditalien erzwang und dem Duce diese harte Ablehnung mit seinen Gegnern diktierte, wollte er damit vorwiegend beweisen, daß Systeme vom Typ des Nationalsozialismus unzerstörbar und ihre Führer unsterblich seien. Mir scheint, daß hier eine Lücke in der deutschen Historiographie klafft, eine Lücke, die um so nachdenklicher stimmt, als die Separierung der Tätigkeiten der deutschen Widerstandskreise in den Jahren 1942 bis 1944 von den Ereignissen in Italien die seit langem in der europäischen öffentlichen Meinung eingebürgerte These stärkt, alles, was im Dritten Reich geschah, sei ausschließlich und genuin deutsch gewesen.

Es ist auch verständlich, daß die italienische antifaschistische Geschichtsschreibung weder gleich nach 1943 noch später geneigt war anzuerkennen, daß die Faschisten eine so zentrale Rolle beim Sturz Mussolinis und seines Systems gespielt hatten. In der bedeutendsten Gesamtdarstellung der italienischen Geschichte heißt es in der Fassung von 1976, die von dem prominenten kommunistischen Historiker Ernesto Raggioneri bearbeitet worden ist: „Die Rolle der dissidenten Faschisten war bedeutend aber nicht entscheidend", und: „Der Faschismus stürzte aufgrund der Initiative des Königs und nicht infolge einer ausgereiften und organisierten Aktion des Volkes."[8]

Himmler hatte bereits am 19. Juli Bormann, Ribbentrop und andere davon unterrichtet, daß in Italien der Sturz Mussolinis drohe und der Duce durch Badoglio ersetzt werden sollte.[9] Am 22. Juli noch hatte

Roberto Farinacci, damals bekanntlich Berlins erster Vertrauensmann, ein langes Gespräch mit Botschafter von Mackensen über die politische Lage in Italien geführt und Mussolini dabei heftig kritisiert. Beide Gesprächspartner gingen jedoch davon aus, daß der König „mit dem Duce unlösbar verbunden" sei und die Masse der Bevölkerung im Falle der Unterstützung durch Deutschland bereit sei, den Alliierten weiterhin Widerstand zu leisten.[10] Wie weit diese Masse gegen das Regime eingenommen war, darüber waren sich beide nicht im klaren oder wollten es nicht sein. Die Aufzeichnung dieses Gesprächs zeigt im Falle Mackensens die Beschränktheit, im Falle Farinaccis die bewußte Selbstindoktrinierung der Gesprächspartner.

Erst am 27. Juli, zwei Tage nach Mussolinis Sturz also, schickte Mackensen einen sachlichen Bericht, in dem es heißt:

„Wie weit der innere Verfall der Faschistischen Partei tatsächlich fortgeschritten war, scheint mit die Tatsache zu beweisen, daß sie, wie der Verlauf des heutigen Tages bestätigt hat, sang- und klanglos von der Bühne verschwunden ist."[11]

Dies war das Fazit eines längeren Gesprächs mit Dino Alfieri, Mitglied des Faschistischen Großrats und Botschafter in Berlin.

Alfieri zog aus seinem Gespräch mit Mackensen den Schluß, daß das Dritte Reich umgehend in Italien eingreifen werde. Hitler entschloß sich auch tatsächlich sofort zu einer Intervention und Repressalien. Auf Ribbentrops Wunsch war bereits am 26. Juli depeschiert worden:

„Aus grundsätzlichen Erwägungen würde uns interessieren, eine Liste von etwa 30 bedeutenden Persönlichkeiten aus Armee, Politik, Königlichem Haus zu erhalten, die als notorische Gegner von uns bekannt sind."[12]

Mackensen antwortete geradezu entwaffnend:

„Von den Mitgliedern des Königlichen Hauses ist niemand als notorischer Gegner anzusprechen."[13]

Am 3. August, nun bereits aus seiner Lethargie erwacht, stellte er richtig fest:

„Träger der antideutschen Hetzpropaganda ist die anonyme Masse."[14]

Man befürchtete, daß die im Reich lebenden Italiener — bis vor kurzem noch Bundesgenossen — nun die Seuche des Defätismus verbreiten könnten. Ribbentrop sandte daher am 7. August ein persönliches Telegramm nach Rom, in dem er seine Empörung über das Verhalten des italienischen Konsuls in München, Remigio Grillo, zum Ausdruck brachte. In einem Gespräch mit dem Münchener Polizeipräsidenten, SS-Obergruppenführer von Eberstein, hatte Grillo gesagt, der Krieg sei absolut verloren, und es sei an der Zeit, Verhandlungen aufzunehmen. Ribbentrop mahnte Mackensen:

„Ich bitte Sie, Außenminister Guariglia unverzüglich aufzusuchen, ihm von diesen unglaublichen und defätistischen Äußerungen Grillos Kenntnis zu geben und ihm dazu folgendes zu erklären: Wenn ein Deutscher solche unerhörten Äußerungen abgäbe, würde er sofort wegen Zersetzung des deutschen Wehrwillens vor das Volksgericht gestellt, zum Tode verurteilt und gehängt werden.“[15]

Am 9. August informierte Ribbentrop seine diplomatischen Vertreter im Ausland:

„Ich habe meinerseits den italienischen Vertretern gegenüber keinen Hehl daraus gemacht, daß die völlig überraschende Ausschaltung des Duce und die Beseitigung des Faschismus sowohl bei der Reichsregierung als auch im ganzen deutschen Volk eine außerordentlich starke Reaktion hervorgerufen habe.“[16]

Es genügt, die Berichte des Sicherheitsdienstes (SD) heranzuziehen, um sich davon zu überzeugen, daß Ribbentrop nicht übertrieb. Nicht nur Parallelen zwischen den Kriegsschicksalen der verbündeten Mächte wurden gezogen, sondern auch zwischen ihren politischen Systemen. So meldete die SD-Außenstelle Kitzingen am 2. August 1943:

„Daß die fleißigen Kirchgänger einen deutschen Sieg nicht wünschen, ist bekannt. Eine als sehr fromm bekannte Frau aus Kitzingen Siedlung sagte in einem Ladengeschäft mit einem vielsagenden Lächeln zum Fall Mussolini: ‚Ja, ja, es kommt alles so wie es kommen muß und das, was jetzt passiert, ist bloß der Anfang.‘ Viele Vg. [Volksgenossen] aller Schichten können kaum ihre Freude verbergen, daß die Faschistische Partei aufgelöst und verboten worden sei.“[17]

Am nächsten Tag schrieb die SD-Hauptaußenstelle Würzburg:

„Verschiedentlich wurde die jetzige Lage Italiens mit der Deutschlands verglichen, besonders aus Kreisen, die dem NS-Staat wegen ihrer reaktionären oder kirchlichen Einstellung nicht gewogen sind, die ähnliche Vorgänge wie in Italien auch gerne in Deutschland sehen würden. Dabei spielt man mit dem Gedanken einer Militärdiktatur (Göring).“[18]

In den SD-Berichten der zentralen Ebene vom 29. Juli lesen wir unter der Überschrift „Meldungen zum Regierungswechsel in Italien“:

„Die Nachrichten über den Rücktritt des Duce haben nach allen vorliegenden Meldungen auf die Bevölkerung zunächst schockartig gewirkt. Alsbald setzten überall, auf der Straße, in den Geschäften, Gaststätten und Betrieben erregte Erörterungen über die mutmaßlichen Auswirkungen dieses Ereignisses ein. Hierbei ist von fast der gesamten Bevölkerung in allen Reichsteilen die Meinung vertreten worden, daß der *Faschismus offensichtlich ‚erledigt‘* sei. Aus der Tatsache, daß in den Aufrufen des Königs von Italien und Marschalls Badoglio weder der Faschismus noch die Person des Duce erwähnt sei, sowie daraus, daß Mussolini selbst sich mit keinem Wort an das italienische Volk gewandt habe, müsse der Schluß gezogen werden, daß der Faschismus über Nacht zusammengebrochen sei. Diese Überlegungen haben zu ganz verschiedenen Reaktionen geführt. Vielfach werde mit einer gewissen Genugtuung festgestellt, daß die weit verbreiteten Ansichten über die Unzuverlässigkeit der Italiener und die mangelnde Stabilität des faschistischen Regimes durch die jüngsten Ereignisse ihre Bestätigung erfahren hätten. Vorherrschend ist aber unter den Nationalsozialisten und weiteren großen Teilen des Volkes eine starke Depression darüber, daß der Sturz eines Regierungssystems von immerhin zwanzigjähriger Dauer binnen weniger Stunden möglich sein konnte. Ausgesprochen oder andeutungsweise sei in allen Gesprächen, so heißt es in den Meldungen, eine *Parallele zu Deutschland* gezogen worden. Hierbei hat es sich gezeigt, daß ein sehr großer Teil der Volksgenossen die *verfassungsmäßigen und staatsrechtlichen Unterschiede zwischen Italien und Deutschland* gar nicht kenne. Daher seien zahlreiche Volksgenossen dazu gelangt, eine ähnliche Umwälzung, wie sie sich in Italien vollzogen habe, auch in Deutschland nicht mehr außerhalb des Bereiches der Möglichkeiten zu sehen.“[19]

Dieses Thema taucht noch öfter wieder auf. Die Berichterstatter sind bemüht, das Echo auf Mussolinis Sturz herunterzuspielen, aber ein Bericht folgt dem anderen, und man erkennt daraus, daß der Widerhall sehr stark war. So erfahren wir unter dem Datum des 2. August 1943:

„*Eine stärkere Reaktion hat die Auflösung der faschistischen Organisationen bei gegnerisch eingestellten Elementen* und dem politisch labileren Teil der Bevölkerung gehabt. Hier ist man immer wieder geneigt, Vergleiche zwischen dem Faschismus und dem Nationalsozialismus zu ziehen. Das Argument, daß es in Deutschland unter Umständen eine ähnliche Entwicklung geben könne, ist ständig zu hören, ohne daß sich allerdings die meisten Volksgenossen mit einem solchen Vorbringen identifizieren. Folgende typische Äußerungen wurden zum Beispiel erfaßt:

‚Es dauert nicht mehr lange, dann wird es bei uns genauso sein. Eine Militärdiktatur ist doch das Beste.‘

oder:

‚Das ist der Anfang vom faschistisch-nationalsozialistischen Ende.‘

oder:

‚Es hat immer geheißen, der Nationalsozialismus und der Faschismus sind die tragenden und aufbauenden Weltanschauungen in Europa. Es gibt schon sehr zu denken, wenn eine solche Weltanschauung wie der Faschismus über Nacht gestürzt werden kann. Wie schnell kann dies über Nacht auch einmal mit dem Nationalsozialismus gehen. Wenn der Faschismus nach 20jähriger Macht an einem Tag beseitigt wird, könnte der

Nationalsozialismus nach 10jähriger Herrschaft einmal noch rascher beseitigt werden.'"[20]

III

Mussolinis Sturz war ein monatelanges politisches Intrigenspiel vorangegangen. Der „Anfang vom Ende" des Duce begann nach neuesten Feststellungen im Oktober/November 1942.[21] Die Niederlage italienischer Truppen an allen Fronten, die massierten Luftangriffe auf Genua, Turin, Mailand und Neapel führten eine kritische Situation herauf. Der bedenkliche Gesundheitszustand des Duce seit Herbst 1942 erweckte bei verschiedenen Nachfolgekandidaten Hoffnungen; die Krankheit war übrigens durch einen Nervenzusammenbruch bedingt. Das macht auch die psychische Immobilität und die Resignation Mussolinis besser verständlich und erklärt, weshalb er seinen Gegnern im Faschistischen Großrat nicht entschieden die Stirn bot.

Im Herbst 1942 entschieden sich einerseits die Militärs und andererseits Grandi, der geschickteste Politiker unter den „gemäßigten Faschisten", für eine Änderung der Konstellation innerhalb der Regierung. Ihre Entschlüsse faßten sie unabhängig voneinander, ja sogar ohne Wissen der anderen. 1942 formierte sich die Opposition auch langsam in politischen Parteien (Katholiken, Liberal-Demokraten, Sozialisten, Kommunisten, Partito d'Azione). Im Januar 1943 kam ein erstes Treffen der Oppositionsgruppen zustande. Die Militärs, Grandi und ein Teil der antifaschistischen Opposition richteten ihre Erwartungen sofort auf König Viktor Emanuel III. beziehungsweise auf das Haus Savoyen — das Symbol der Einheit und nationalen Unabhängigkeit —, unbeschadet der langjährigen Verbindung des Königs mit dem Faschismus und Mussolini persönlich. Eindeutige Pläne, Mussolini auszuschalten, wurden jedoch erst 1943 ausgearbeitet. 1943 kam es zu wesentlichen personellen Veränderungen in der Regierung und in der Partei. Ganz offensichtlich bevorzugte nun der Duce die radikalen Faschisten gegenüber den gemäßigteren. Doch waren diese — wie Scorza oder Farinacci — keineswegs willenlose Werkzeuge in seinen Händen. Sie gingen vielmehr davon aus, daß Mussolini „prigioniero del partito", ein Gefangener in *ihren* Händen sein werde.

Die Zeit der 1930er Jahre, als die Popularität des Duce ihren Höhepunkt erreicht hatte, war unwiederbringlich vorbei, ebenso wie die Zeit der Attentate der 20er Jahre, der echten wie der von der Polizei veranlaßten. Die Parteiopposition würdigte aber, unabhängig von allen Meinungsverschiedenheiten, seine Verdienste. Hier spielten die Sentiments der verflossenen zwanzig faschistischen Jahre eine große Rolle. Diese Faschisten sahen, daß Mussolinis Ende als Politiker gekommen war, dennoch blieb er für sie der charismatische, vergötterte Führer ihrer Jugendzeit und ihrer Triumphe. Einigen Ideen blieben sie treu. Diese Einstellung bestimmte nicht allein das Verhalten der Mitglieder des Großen Rats in jener denkwürdigen Nacht des 24./25. Juli 1943. Wie später einer der bekanntesten Führer der antifaschistischen Opposition, der Senator der Republik und Historiker Leo Valiani, zu Recht sagte:

„Man kann den Faschismus nicht ausschließlich auf Kriminalität reduzieren. Er war nicht nur eine Bewegung zum Schutz der besitzenden Klassen. Auch er hatte seine Idealisten."[22]

Während des Krieges unterhielt Mussolini engen Kontakt zu seiner Gefolgschaft. Er diktierte nicht nur, er hörte auch zu. Bereits 1942 wußte er, daß der Krieg nicht populär war, und rechnete mit der Möglichkeit einer Niederlage.[23] Mussolini, der weit mehr Realitätssinn besaß als Hitler, versuchte, diesen im Frühjahr 1943 zu bewegen, einen Separatfrieden mit der Sowjetunion zu schließen und den Krieg nur noch gegen die westlichen Alliierten fortzusetzen.[24] Nach dem letzten mißlungenen Treffen mit Hitler am 19. Juli 1943 in Feltre hatte er vermutlich dem König zugesagt, sich bis zum 15. September vom Dritten Reich zu lösen.[25] Das mochte ihn zusätzlich in seiner Überzeugung bestärken, daß der Monarch sich nicht von ihm trennen und den Antrag des Faschistischen Großrats ignorieren werde. Auf der Sitzung des Großrats wurde er hauptsächlich wegen des für Italien verhängnisvollen Bündnisses mit dem Dritten Reich und wegen des Kriegseintritts kritisiert.

Der Protest gegen die Teilnahme Italiens am Krieg und die Reaktion auf die Niederlagen, insbesondere nach der Landung der Alliierten auf Sizilien, bestimmten die Haltung der Generalität und der Opposition innerhalb der Faschistischen Partei. Die Reaktion auf die Grausamkeiten des Regimes, die im übrigen unvergleichlich geringer waren als im Dritten Reich, spielten hier bei weitem nicht die Rolle wie für Opposition und Widerstand in Deutschland.

IV

Widerstand war im totalitären System des Dritten Reiches erheblich schwieriger zu leisten als im faschistischen Italien, wo es bereits 1941—1942 massive Protestaktionen gegeben hatte, angefangen von Senats- und Regierungssitzungen bis hin zu den Massenstreiks im März 1943. Am Rande sei erwähnt, daß in Italien wie in Deutschland die Kirche als Organisation in der Widerstandsbewegung keine erstrangige Rolle spielte. Bezeichnenderweise sieht ein nichtdeutscher Historiker wie Gordon A. Craig den Grund dafür in der hierarchischen, autoritären Struktur der Kirchen, die sie geneigt gemacht hätte, ähnliche staatliche Strukturen zu akzeptieren.[26]

Entgegen einer weitverbreiteten Ansicht wurde Mussolini durch eine legale Abstimmung auf einer legal zum 24. Juli 1943 einberufenen Sitzung des Faschistischen Großrats mit 19 Stimmen bei 8 Gegenstimmen und einer Enthaltung gestürzt. Die bündige „ordine del giorno", die Grandi aufgesetzt und Giuseppe Bottai nach einigen Verbesserungen verlesen hatte, knüpfte an die traditionellen Werte der Einheit, Unabhängigkeit und Freiheit des Vaterlandes an, das dank der Hingabe und Anstrengung „von vier Generationen vom Risorgimento bis heute" entstanden sei. Unter Berufung auf Artikel 5 des Statuts des Königreichs Italien schlug der Große Rat der Regierung vor, sie möge den König auffordern, das vereinigte Oberkommando zu übernehmen. Er verlangte, alle Staatsfunktionen der Krone, des Großrats, der Regierung, des Parlaments und der Korporationen wiederherzustellen.[27] Das Wort „Faschismus" tauchte nicht ein einziges Mal im „Tagesbefehl" des Großrats auf, aber der Hinweis auf die Wiederherstellung einer gebührenden Rolle des Faschistischen Großrats und der Korporationen dürfte darauf hindeuten, daß die Antragsteller erwarteten, die bisherigen Staats- und Parteistrukturen würden prinzipiell beibehalten. Ob einer der Beteiligten wirklich daran glaubte, muß offen bleiben. Grandi selbst wußte, daß der Sturz Mussolinis gleichbedeutend mit der Beseitigung des Faschismus war.[28] Man hielt dies zur „Rettung des Vaterlands" und für den Abschluß eines Separatfriedens für unerläßlich.[29]

Unterschiedlich war die Einstellung bei Italienern und Deutschen in bezug auf die Fortsetzung des Krieges. In Italien war der Krieg von Anfang an unpopulär. Schon 1941/42 sprach man von „seinem" (Mussolinis) beziehungsweise „ihrem" (der Faschisten) Krieg. Für die Italiener verband sich mit Mussolinis Sturz die Hoffnung auf einen Rückzug aus dem Krieg, wobei man damit die Einheit und Unabhängigkeit des italienischen Staates retten zu können glaubte. Die Frage, ob man die in der faschistischen Ära erworbenen Gebiete behalten könne, war dabei zweitrangig.

Das Verhältnis der Deutschen zum Krieg war bekanntlich ein anderes. Unabhängig davon, ob Hitler bleiben oder gestürzt werden sollte und ob das nationalsozialistische System zu reformieren war oder nicht, gingen sie davon aus, daß eine bedingungslose Kapitulation das Ende deutscher Staatlichkeit bedeuten könnte, und viele waren sich auch der Möglichkeit bewußt, daß man für Hitlers Völkermord zur Verantwortung gezogen würde. Es sei hinzugefügt, daß sogar Widerstandskreise lange eine Wiederherstellung der deutschen Grenzen vor 1914 im Sinn hatten beziehungsweise daran dachten, wenigstens an einigen der Eroberungen des Dritten Reiches festzuhalten.

Die Lage der italienischen Opposition war eine andere als die der deutschen nicht zuletzt insofern, als die Monarchie und die Kontinuität der staatlich-nationalen Tradition niemals im Verlauf der ganzen Ära des Faschismus oder doch nie ganz mit diesem identifiziert worden sind. Die Monarchie und die Traditionen des italienischen Staats haben für viele während der gesamten faschistischen Ära einen höheren Rang als der Faschismus beansprucht.

Viktor Emanuel III. entschied sich erst in letzter Minute unter dem Einfluß des Antrags des Großrats zum Handeln. Badoglio selbst erklärte am 18. Oktober 1943:

„Von uns ist der Faschismus nicht beseitigt worden, das heißt weder von Seiner Majestät noch von mir. Der Faschismus fiel nicht unter dem Druck äußerer Kräfte, sondern infolge einer inneren Krise: Er war einfach nicht mehr in der Lage weiterzuexistieren. Die Mitglieder des Großen Rats haben ihn selbst abgeschafft.“[30]

Mussolinis Sturz war nicht das Ergebnis antifaschistischer Tätigkeiten, sondern eines äußerst komplizierten Kompromisses zwischen den Faschisten samt ihren Mitläufern aus dem monarchistischen Lager und den Antifaschisten, zwischen Militärs und Politikern, zwischen Befürwortern des Krieges und Befürwortern des Friedens.[31] Badoglio, ein Mussolini-Anhänger, solange es opportun schien, gehörte zu den Militärs, die am stärksten mit dem Faschismus verbunden waren.

Diejenigen, die den Duce stürzten, sahen nicht voraus, welche Kettenreaktion sie damit auslösten. Binnen kurzem gingen auch die unter, die direkt zum Sturz des Systems beigetragen hatten.

Es wäre eine lohnende Aufgabe, die Reaktionen der italienischen Massen auf den 25. Juli, an dem sie von einer Stunde zur anderen von den vergangenen zwanzig Jahren Abschied nahmen, mit dem Echo zu vergleichen, das in Deutschland die Nachrichten von dem mißglückten Attentat auf Hitler am 20. Juli hervorriefen. Der „Führer“ war 1944 immer noch ein Symbol der nationalen Identifikation für Millionen Deutsche, er war weiterhin populär, so ungewiß auch ist, wie weit diese Unterstützung tatsächlich reichte.

V

In Italien waren die Ereignisse in jener Julinacht des Jahres 1943 das Werk der Elite der Regierungspartei. In Deutschland war Hitler seit 1934 in Parteikreisen nie auf nennenswerten Widerstand gestoßen. Am 20. Juli traten gegen Hitler und seine Machtelite hauptsächlich Vertreter jener

Kreise auf, die ihn einstmals an die Macht gelassen hatten. Das hatte gerade im Ausland zu einer Unterschätzung der Breite geführt, die der Widerstand auch in Deutschland gehabt hat. Und während in Italien der 25. Juli ein gemeinsames Stichwort für alle politischen Richtungen ist, obwohl die Darstellung der jeweiligen Verdienste im Kampf gegen den Faschismus, das Bild des eigenen Platzes in den Ereignissen um den 25. Juli 1943 stark von der gegenwärtigen Parteizugehörigkeit abhängt, gibt es im geteilten Nachkriegs-Deutschland bis heute zwei kontrastierende Teilbilder der Oppositionsbewegung.[32] Die lange vorherrschende westdeutsche Auffassung stimmt mit der Definition Peter Hoffmanns überein:

„Mit Widerstand ist also hier die Tätigkeit gemeint, die auf den Sturz der nationalsozialistischen Regierung von innen gerichtet war und die im großen und ganzen von denjenigen Gruppen getragen wurde, die an dem Versuch des 20. Juli 1944 direkt oder indirekt beteiligt waren."[33]

Auf der anderen Seite wird die führende Rolle der Kommunisten im antifaschistischen Widerstand übertrieben. Beides verdeckt die wirkliche politische Vielschichtigkeit der Opposition und ihrer Formen in Deutschland während des Zweiten Weltkriegs, der sich die neuere Forschung mit verstärkter Intensität widmet.[34] Ein so renommierter ausländischer Zeuge wie Allen Welsh Dulles, der diese Zusammenhänge schon damals klarer wahrnahm, bedauerte, daß — im Unterschied zu Moskau, das bereits am 21. Juli durch den Mund gefangener deutscher Generale die propagandistische Hoffnung ausdrücken ließ, hinter dem Attentat stehe eine breite Bewegung, ja, das ganze deutsche Volk — in Washington und London „das Attentat auf das Leben Hitlers als bedeutungslos angesehen und ad acta gelegt wurde. Churchill gab zu verstehen, daß es sich um nichts weiter handele als um einen Kampf der Hunde untereinander."[35]

Aber Churchill war nicht gänzlich blind aus Haß. Die Attentäter waren in der Tat Offiziere ohne Armee. Hinter dem faschistischen Marschall Badoglio, der angeblich Mussolini gestürzt hatte, standen Millionen Italiener. Die Alliierten paktierten mit der Regierung Badoglio. Das amerikanische *State Department* und das britische *Foreign Office* haben im Verlauf des Krieges verschiedene Varianten einer Lösung der italienischen Frage erwogen. In der Emigration lebten seit vielen Jahren nichtkommunistische italienische Politiker wie Carlo Sforza, die man deswegen konsultierte. Gaetano Salvemini und einige andere Anführer der demokratischen Emigration fürchteten anfangs sogar, daß die Westalliierten bereit sein könnten, in Italien ein faschistisches System ohne Mussolini zu dulden.[36] Der plötzliche und unvorhergesehene Zusammenbruch des faschistischen Regimes konfrontierte sie mit einer Vielzahl bislang gar nicht bedachter politischer und militärischer Probleme.[37]

Das Opfer einer kleinen Gruppe deutscher Offiziere und Politiker wurde im Krieg vom Westen nicht anerkannt. 1944 war im Ausland das Wissen um die Verbrechen, die Bürger des Dritten Reiches begangen hatten, zu weit verbreitet und die Überzeugung, das deutsche Volk unterstütze Hitler bedingungslos, zu allgemein (unbeschadet formaler Unterschiede in der östlichen und westlichen Propaganda), als daß die Deutschen eine Chance für Verhandlungen mit den Alliierten hätten haben können.

In der Tat waren auch nur wenige von Anfang an Gegner Hitlers gewesen, und an den verschiedenen Verschwörungen und Attentatsversuchen nahmen nur wenige Vertreter der Generale im aktiven Dienst teil. Demgegenüber entschlossen sich 1943 in Italien, wenn auch erst nach 20jähriger Zusammenarbeit mit dem Regime, die militärische Spitze und die Parteielite fast kollektiv zum Widerstand.

Das Dilemma der italienischen Generale war allerdings nicht so schwer wie das der deutschen. Sie hatten Viktor Emanuel III., nicht Mussolini die Treue geschworen. Ihre militärische Tradition unterschied sich von der deutschen. Viele deutsche Generale, die gelobt hatten, „dem Führer des deutschen Volkes und Reiches, Adolf Hitler, unbedingten Gehorsam zu leisten", lösten sich nur unter Mühen von diesem Eid, wie die Beispiele eines Günther von Kluge oder Alfred Kesselring zeigen. A. W. Dulles schrieb im Zusammenhang mit dem Verhalten Kesselrings in den letzten Apriltagen 1945, als er zögerte, die Kapitulation der deutschen Armee in Norditalien zu erklären, und seine Entscheidung von einer Bestätigung der Meldung über Hitlers Tod abhängig machte:

„Die Macht dieses Eides, sowohl eine Verpflichtung zur Treue als auch eine Ausflucht für Teilnahmslosigkeit oder Furcht, war selbst noch in den letzten Tagen des Krieges offenbar."[38]

Hinter der Betonung der Rolle dieses Eides steckte allerdings auch viel an Selbstrechtfertigung; darauf machte Dieter Ehlers aufmerksam, als er schrieb:

„Das Eid-Problem hat die Verschwörer weit weniger bedrückt als heute gemeinhin angenommen wird. Das Eid-Problem hatte sich erübrigt durch die evidente Hinfälligkeit aller moralischen Voraussetzungen, unter denen die Verschwörer ihren Eid auf Hitler geleistet hatten. Für sie war nur die Wortmagie einer Formel geblieben, an die sie sich nicht mehr gebunden fühlten. Nebenbei beriefen sie sich dabei auch auf das Militärstrafgesetzbuch, Paragraph 47/2, wonach sich strafbar macht, wer kriminelle Befehle eines Vorgesetzten befolgt."[39]

Im nationalsozialistischen System in Deutschland war die Handlungsfreiheit von Politikern und Generalen, die in den Rahmen des Machtapparats gepreßt waren, vor allem aus anderen Gründen minimal. Die Partei- und Polizeiaufsicht über das Heer waren unvergleichlich stärker als in Italien. „General Angst" mußte eine größere Rolle spielen — und spielte sie auch — als das ganze Eid-Problem. Die fast absolute Treue der NSDAP, der Gestapo und der SS zu Hitler bewirkte bei der gegebenen Atomisierung und Schwäche sämtlicher militärischer Verschwörungen, daß ein Anschlag auf das Leben des Führers nur begrenzte Erfolgsaussichten hatte. Von besonderer Bedeutung war — und das muß wohl ganz klar gesagt werden — der während des Krieges trotz aller Niederlagen, Schwierigkeiten und Verbrechen des Systems weiterhin starke nationale Kult um die Person Adolf Hitlers.

Die Tat des Claus Graf Schenk von Stauffenberg und seines Kreises hatte im Juli 1944 vor allem die Bedeutung eines moralischen Protests. Ernst Jünger erfaßte das, als er nach dem 20. Juli schrieb:

„Es gibt Lagen, in denen man auf Erfolg nicht achten darf; man steht dann freilich außerhalb der Politik. Das gilt auch für diese Männer, und daher gewannen sie moralisch, als sie historisch scheiterten."

Die deutschen Attentäter hatten zuvor 1942—1944 auch verschiedene Programme zum Umbau des Staates ausgearbeitet, die Gordon Craig — um nochmals einen viel gelesenen ausländischen Autor zu zitieren — zu dem Urteil veranlaßten, es sei „nicht übertrieben zu sagen, daß Beck und Goerdeler politische Romantiker waren, die von den gesellschaftlichen und geistigen Veränderungen, die sich in Deutschland binnen zweier Generationen vollzogen hatten, nur eine äußerst verschwommene Vorstellung besaßen, und die zu glauben schienen, es sei das Beste für ihr Land, den Kalender auf das Jahr 1913 zurückzustellen".[40]

Ich stimme denjenigen Historikern zu, die sagen, daß die meisten Attentäter sich der Tatsache bewußt waren, daß sie quasi als „Konkursverwalter des Dritten Reichs" in die Geschichte eingehen würden, wenn der Staatsstreich gelänge.

Die italienischen Attentäter vom 25. Juli hatten ein erstaunlich begrenztes und kurzfristiges Programm: die Rettung ihres Vaterlandes vor einer großen militärischen Niederlage und die Berufung auf die Institution der Monarchie. Das war im Grunde genommen alles. Selbst die, die wußten, daß sie das Todesurteil für das faschistische System unterschrieben, handelten in der Überzeugung, übergeordnete nationale Werte zu verteidigen: das Vaterland, seine Unabhängigkeit und seine territoriale Integrität. Die nationalen Parolen überwogen die faschistischen eindeutig. Die Mitglieder des Faschistischen Großrats erwiesen sich nicht erst bei der Durchführung des Umsturzes in der Praxis als weitaus größere wirkliche Machttechniker, als man das später meinte und zu schätzen wußte. Im deutschen Fall hatten Hitler und seine Gefolgschaft bei der Durchführung ihrer Rassen- und Lebensraum-Utopien die Realitäten ignoriert und damit das System wie auch die Nation zu Vernichtung und Niederlage verurteilt.

Grandi und Stauffenberg gingen mit Granaten und Bomben in die entscheidende Auseinandersetzung, mit den seit eh und je unverzichtbaren Requisiten der Attentäter. Doch Stauffenbergs Bomben spielten eine andere Rolle als Grandis Granaten. Stauffenberg war nahezu allein. Grandi, der befürchtet hatte, Mussolini könnte sich zur Verhaftung oder gar zu einer sofortigen physischen Abrechnung mit den Mitgliedern des Großrats entschließen, hatte zwei Granaten auf die Sitzung mitgenommen. Als er den Saal betrat, schlug er Cesare De Vecchi, dem ersten Mitglied des Großrats, das er traf, vor, eine Granate zu übernehmen, worin dieser sofort einwilligte.[41] Die italienische Elite ging quasi kollektiv in den Kampf.

VI

Was hat sich verändert, seitdem Malaparte sein Buch *Der Staatsstreich* schrieb? Die Erfahrungen mit den großen totalitären Systemen in Europa haben gezeigt, daß sie nicht ohne Krieg von außen durch die Opposition gegen das Regime gestürzt werden können (sei es durch die Opposition im Lande, sei es gar durch die Emigration). Als am gefährlichsten für diese Systeme hat sich die Opposition innerhalb der Machtelite, innerhalb des Systems, erwiesen. Die perfekte totalitäre Staatsmaschinerie in den Großmächten, ausgestattet mit moderner Technik, hat nicht so sehr die Gegner des Regimes zu fürchten — wie es zur Zeit der feudal-kapitalistischen Monarchien in Malapartes Jugend der Fall war —, als vielmehr die Fronde innerhalb der machtausübenden Elite.

Der italienische Versuch endete mit dem Sturz des totalitären Systems. Er zeigte, daß für dieses System am gefährlichsten diejenigen Änderungsversuche und Reformen sind, die von der Machtelite selbst eingeleitet werden. Reformiert die machtausübende Elite einer totalitären Monopartei das System in demokratischer Richtung in einem Moment, in dem es bereits die Unterstützung der Masse verloren hat, dann erweisen sich diese Reformen als selbstmörderisch für das System. Diese Regel hat sich auch durch die Reformpolitik in Spanien bestätigt. Sowohl im faschistischen Italien als auch im Dritten Reich war die einzige wirkliche Kraft neben der Partei, die sich der Politik des Diktators entgegenstellen konnte, die Armee. Weder im deutschen noch im italienischen Fall stürzte sie den Diktator.

Weder in Italien noch in Deutschland war die antifaschistische Opposition in der Lage, das Regime von innen zu beseitigen, weil sie zu weit von allen Machthebeln entfernt war. Geht in totalitären Systemen das Staatsstreichprogramm über eine Palastrevolte hinaus, ist es nicht allein wesentlich, daß sich die Verschwörer möglichst nah an der Machtspitze befinden; nicht weniger wichtig sind die potentielle Unterstützung durch die Armee und die Stimmung der Masse. Je breiter die Zonen sind, wo sich Opposition gegen das Regime und Fronde innerhalb des Regimes berühren, desto größere Möglichkeiten hat die Opposition, nach dem Wechsel oder Sturz des Regimes auf die neue Staatsform Einfluß zu nehmen. Das bewies das italienische Beispiel ganz deutlich. Der nächste Schritt nach dem 25. Juli 1943 war die Ausschaltung der ehemaligen Parteigänger Mussolinis — voran Badoglios und all jener, die die Macht unmittelbar nach Mussolini übernommen hatten — durch die antifaschistische Opposition.

Stauffenberg und Grandi schritten mit den traditionellen Requisiten zur Tat, doch unter völlig neuen historischen Umständen. So haben ihre Erfahrungen das Gewicht von historischen Präzedenzfällen im Kampf gegen totalitäre Regime.

Anmerkungen

Vorbemerkung: Mein Text stellt lediglich den Versuch dar, die Technik des Staatsstreichs in den beiden faschistischen Staaten zu vergleichen. Ich beabsichtige hingegen nicht, die spezielle Frage zu erörtern, welches Echo der Sturz Mussolinis und der Zusammenbruch seines Regimes in Deutschland ausgelöst haben und inwieweit diese Vorgänge die Vorhaben und Konzepte deutscher Oppositionskreise im Lande oder in der Emigration beeinflußt haben. Die Klärung dieser Zusammenhänge würde eingehende archivalische Recherchen anderer Art erfordern als diejenigen, die ich bisher unternommen habe. Es ist jedoch einerseits verblüffend zu sehen, wie deutlich die SD-Berichte auf der regionalen wie der zentralen Ebene zu erkennen geben, daß Mussolinis Sturz für die Stimmung innerhalb der NSDAP wie in der deutschen Öffentlichkeit insgesamt große Bedeutung hatte; andererseits überrascht, daß auf diesem Gebiet bis heute praktisch nicht geforscht worden ist. Man braucht nur Peter Hoffmanns klassisches Werk *Widerstand, Staatsstreich, Attentat. Der Kampf der Opposition gegen Hitler*, München 1970, aufzuschlagen oder Ger van Roons *Widerstand im Dritten Reich*, München 1979, um sich davon zu überzeugen, daß die Frage nach dem Einfluß der italienischen Ereignisse auf die deutsche Opposition eigentlich nicht existent ist. Ger van Roon läßt es in seiner handbuchartigen Darstellung mit einem Satz bewenden: „Ende Juli 1943 gaben die Lage an der Ostfront und der Sturz Mussolinis in Italien neuen Auftrieb“ (*a.a.O.*, S. 136). Aber auch in den Spezialuntersuchungen kommt im Grunde weder die Frage eines Vergleichs der Staatsstreiche gegen Mussolini und Hitler vor noch das Problem der Reaktionen des deutschen Widerstands auf die Vorgänge in Italien. Als Beispiel wäre das ältere Standardwerk von Frederick William Deakin, *The Brutal Friendship. Mussolini, Hitler and the Fall of Italian Fascism*“, London 1962, zu nennen oder auch das Buch des hervorragenden Kenners der deutsch-italienischen Beziehungen, Josef Schröder, *Italiens Kriegsaustritt 1943. Die deutschen Gegenmaßnahmen im italienischen Raum: Fall „Alarich“ und „Achse“*, Zürich-Frankfurt 1969. Der letztgenannte Autor weist auch in seiner zehn Jahre später herausgegebenen Bibliographie zum italienischen Faschismus keine Position zu dieser Frage nach. — Vergleicht man, so stellt man freilich fest, daß auch italienische Autoren dazu neigen, die Aktivitäten innerhalb der italienischen Widerstandsbewegung losgelöst von den deutschen Ereignissen (wenn auch nicht von den europäischen) zu betrachten. Das zeigt etwa das Buch von Roberto Battaglia, *Storia della Resistenza,* Turin 1974. Recht wenig wissen wir über die Reaktion der italienischen Faschisten auf das Attentat vom 20. Juli 1944; freilich mag dies auch nicht so wichtig sein, da für die meisten von ihnen schon seit 1943 feststand, daß Hitlers Niederlage absehbar und unausweichlich war.

[1] Curzio Malaparte, *Der Staatsstreich,* Leipzig-Wien 1932.

[2] Richard Löwenthal erwähnt dies zu Recht in seinem Text *Widerstand im totalen Staat,* in: Ders./Patrik von zur Mühlen (Hrsg.), *Widerstand und Verweigerung in Deutschland 1933 bis 1945,* Bonn 1982.

[3] Dino Grandi, *25 luglio. Quarant'anni dopo,* hrsg. von Renzo De Felice, Bologna 1983, S. 189.

[4] Nikolaus von Below, *Als Hitlers Adjutant 1937—1945,* Mainz 1980, S. 342.

[5] Hitler hat zu Antonescu unter anderem gesagt: „Der Staatsstreich sei bereits beschlossene Sache gewesen, bevor noch der Großfaschistische Rat in einer unglaublichen Verblendung die moralische Begründung dafür geliefert hätte. Ein Teil der Mitglieder dieses Rats sei bewußt gegen den Duce vorgegangen. Ein weiterer Teil habe sich wegen seiner Dummheit mißbrauchen lassen, noch andere wieder hätten in verbrecherischem Ehrgeiz geglaubt, es besser machen zu können als der Duce (dazu gehöre Farinacci), während der Rest vergeblich versucht habe, sich der unheilvollen Entwicklung entgegenzustellen. Obwohl der Duce vor dem Staatsstreich gewarnt worden war, glaubte er in seiner Loyalität gegenüber dem Königshaus nicht, daß ihn dieses fallen lassen würde." Zitiert nach: *Staatsmänner und Diplomaten bei Hitler,* hrsg. von Andreas Hillgruber, Bd. 2, Frankfurt am Main 1970, S. 301—302.

[6] Die Behauptung von Renzo De Felice, daß die italienische Armee am 25. Juli 1943 ihre Bajonette nicht gegen die Deutschen richten konnte, weil sie seit drei Jahren zusammen mit ihnen einen Krieg geführt hatte, läßt sich schwer ohne Vorbehalte akzeptieren. Daß sie dies nicht getan hat, bleibt eine historische Tatsache. Aber die Ursachen dafür lagen darin, daß ein Teil der die Armee befehlenden Generale (u. a. Badoglio) nicht so sehr mit den Deutschen als vielmehr mit dem Faschismus verbunden war, und zwar weitaus mehr, als es die rumänischen Generale und Attentäter von August 1944 mit dem Antonescu-Regime waren (vgl. Einleitung Renzo de Felices zu D. Grandi, *25 luglio* ... [Anm. 3], S. 23). Diese Verbindungen beeinflußten die Haltung der italienischen Generalität den Alliierten gegenüber.

[7] Max Domarus, *Hitler. Reden und Proklamationen 1932—1945,* Bd. 2, 2. Halbbd., München 1965, S. 2025.

[8] *Storia d'Italia,* Bd. 4: *Dall'Unità a oggi,* Torino 1976, S. 2332, 2334.

[9] R. Brandt-Wagner, Telegramm 19. 7. 1943, Büro des Staatssekretärs, Politisches Archiv des Auswärtigen Amts, Bonn, Italien (1. 7. 1943—31. 7. 1943), Bd. 14, S. 72411—72412.

[10] *A.a.O.,* S. 72423. Vgl. *Akten zur Deutschen Auswärtigen Politik 1918—1945,* Serie E: *1941—1945,* Bd. 6, Göttingen 1979, S. 286—288.

[11] Politisches Archiv ... [Anm. 9], S. 72463. Vgl. die Berichterstattung des Italieners über dieses Gespräch: Dino Alfieri, *Due dittatori di fronte,* Milano 1953, S. 354—355.

[12] Politisches Archiv... [Anm. 9], S. 72486. Vgl. auch den Rapport vom 3. 8. 1943, S. 72757.

[13] *A.a.O.*, S. 72945; *Akten...* [Anm. 10], S. 305.

[14] Politisches Archiv... [Anm. 9], S. 72758.

[15] *A.a.O.*, S. 72845.

[16] *A.a.O.*, S. 72880.

[17] *Bayern in der NS-Zeit. Soziale Lage und politisches Verhalten der Bevölkerung im Spiegel vertraulicher Berichte,* hrsg. von Martin Broszat, Elke Fröhlich, Falk Wiesemann, München-Wien 1977, Bd. 1, S. 644.

[18] *Ebda.*

[19] *Meldungen aus dem Reich. Die geheimen Lageberichte des Sicherheitsdienstes der SS 1938—1945*, hrsg. von Heinz Boberach, Herrsching 1984, Bd. 14, S. 5541. (Hervorhebungen in der Vorlage.)

[20] *A.a.O.*, S. 5561. (Hervorhebungen in der Vorlage.)

[21] Einleitung R. De Felice ... [Anm. 6], S. 25.

[22] Zitiert nach Giordano Bruno Guerri, *Giuseppe Bottai, un fascista critico,* Milano 1976, S. 7.

[23] Vgl. Mario Luciolli, *Palazzo Chigi: Anni Roventi. Recordi di vita diplomatica italiana dal 1933 al 1948*, Milano 1976, S. 101; Galeazzo Ciano, *Diario 1937—1943*, Milano 1980, S. 602—603.

[24] Zusätzliche Berichterstattung darüber vgl. Mackensen-Rapport vom 31. 7. 1943, Büro des Staatssekretärs, in: Politisches Archiv... [Anm. 9], S. 72650—72651.

[25] Einleitung R. De Felices ... [Anm. 6], S. 87.

[26] Gordon A. Craig, *Deutsche Geschichte 1866—1945*, 2. Aufl., München 1983, S. 586.

[27] Vgl. Giuseppe Bottai, *Diario 1935—1944*, Milano 1983, S. 406.

[28] Einleitung R. De Felices ... [Anm. 6], S. 22.

[29] G. Bottai, *Diario...* [Anm. 27], S. 337.

[30] Nach Ruggiero Zangrandi, *1943: 25 luglio — 8 settembre*, Milano 1964, S. 1056.

[31] Siehe hier auch die grundlegenden Arbeiten: Charles F. Delzell, *Mussolini's Enemies. The Italian Anti-Fascist Resistance*, Princeton 1961; Gianfranco Bianchi, *Perché e come cadde il fascismo. 25 luglio crollo di un regime*, Milano 1972.

[32] Günter Plum, *Widerstand und Resistenz*, in: *Das Dritte Reich. Herrschaftsstruktur und Geschichte*, hrsg. von Martin Broszat und Horst Möller, München 1983, S. 256.

[33] Peter Hoffmann, *Widerstand, Staatsstreich, Attentat. Der Kampf der Opposition gegen Hitler*, München 1970, S. 10.

[34] Dies zeigt im ganzen gerade der vorliegende Konferenz-Band. Deshalb wird hier, soweit es um den deutschen Widerstand geht, auf Einzelbelege weitgehend verzichtet.

[35] Allen Welsh Dulles, *Verschwörung in Deutschland*, Zürich 1948, S. 220.

[36] Gaetano Salvemini, *L'Italia vista dall'America*, Milano 1969, S. 186.

[37] Antonio Varsori, *Gli alleati e l'emigrazione democratica antifascista (1940—1943)*, Firenze 1982.

[38] A. W. Dulles, *Verschwörung...* [Anm. 35], S. 57—58.

[39] Dieter Ehlers, *Technik und Moral einer Verschwörung. Der Aufstand am 20. Juli 1944*, Bonn 1964, S. 59.

[40] G. A. Craig, *Deutsche Geschichte...* [Anm. 26], S. 591.

[41] Cesare Maria De Vecchi, *Il Quadrumviro Scomodo*, Milano 1983, S. 261.

Aus dem Polnischen von Jürgen Hensel

Neunter Teil

Politische und moralische Motivation beim Entschluß zum Widerstand

Motive

PETER HOFFMANN
Montreal

I

„Widerstand" bezeichnet die vielgestaltige Gegnerschaft gegen das NS-Regime im Volk und in Behörden, in gesellschaftlichen, politischen, religiösen Organisationen, von dem hier oft die Rede war. Nach dem Zusammenbruch von 1945 wurde der Begriff auf die aktive Opposition gegen das nationalsozialistische Regime ausgedehnt und insbesondere auf die Versuche, Hitler zu stürzen und zu töten.

Die Motive dazu reichen von moralisch minderbewerteten zu den höchstbewerteten. Das Spektrum durchzieht die gegensätzlichsten sozialen und politischen Gruppierungen.

Ein wesentlicher Kristallisationspunkt — gewiß nicht der einzige — war die Ermordung der Juden. Bestanden bei den Funktionären dieser Massenmorde sogenannte moral-analoge Hemmungen, wie Hans Mommsen formuliert hat,[1] so wurden in der Opposition viele gerade durch die Verfolgung der Juden zum Widerstand, zur tätigen Mitwirkung in der Verschwörung gegen Hitler motiviert. Die schriftlichen erhaltenen Zeugnisse dafür sind nicht so zahlreich, wie man heute wohl wünschen möchte, sie sind aber gewichtiger, als manche heutige Interpreten gelten lassen.[2] Hier wie bei der Beurteilung Ernst von Weizsäckers[3] oder Ludwig Becks[4] bemerkt man die starke Tendenz der heutigen Generation, nachträglich radikale und kompromißlose Haltungen zu verlangen, durch die in der Realität wenig oder nichts erreicht worden wäre als persönlicher Nachruhm. Becks von ihm selbst damals niedergeschriebene und dem Oberbefehlshaber des Heeres Generaloberst von Brauchitsch vorgetragene Parolen vom 19. Juli 1938 belegen zeitgenössisch seine ethischen Motive: „... gegen den Krieg, gegen die Bonzokratie, Friede mit der Kirche, freie Meinungsäußerung, Schluß mit den Tschekamethoden, wieder Recht im Reich, ... preußische Sauberkeit und Einfachheit."[5]

Begreiflich ist der Wunsch, es möchte das ganze Volk, es möchten wenigstens alle mit der Ausführung der Verbrechen Beauftragten sofort opponiert haben; der Wunsch lenkt ab von der Erkenntnis der Taten und Antriebe derer, die den Widerstand geleistet haben. Wenigstens zwanzig der im Zusammenhang mit dem 20. Juli 1944 verhafteten Verschwörer gaben im Verhör durch die Geheime Staatspolizei, oft unter Schlägen und gewiß nicht zum eigenen Vorteil oder zur Rechtfertigung, ihre Ablehnung der Behandlung der Juden als Motiv für den Widerstand an.[6] Zu nennen sind Alexander und Berthold Graf Schenk von Stauffenberg, Hans von Dohnanyi, Klaus Bonhoeffer, Julius Leber, Hans Kloss, Adolf Reichwein, Professor Adolf Lampe, Franz Kempner, Heinrich Graf von Lehndorff, Admiral Wilhelm Canaris, Peter Graf Yorck von Wartenburg, Dr. Rüdiger Schleicher, Carlo Mierendorff, Hans Oster, Franz Sperr, Carl Goerdeler, Oberst Alexis Frhr. von Roenne, Helmuth James Graf von Moltke. Yorck bezeugte dasselbe Motiv für Claus Graf Stauffenberg vor dem Volksgerichtshof. Rudolf Frhr. von Gersdorff und Axel Frhr. von dem Bussche empfanden den existentiellen Anstoß zur aktiven Opposition angesichts der Ermordung der Juden in Rußland. Kirchenführer, freilich in kleiner Zahl, haben sich in dieser Sache persönlich eingesetzt, Dietrich Bonhoeffer von allem Anfang an und bis zu seiner Verhaftung im April 1943.[7] Der württembergische Landesbischof Theophil Wurm schrieb am 28. Januar 1943 an einen Ministerialdirektor im württembergischen Innenministerium von „systematischer Ermordung von Juden und Polen", an den Gauleiter Murr am 8. Februar 1943 von „Maßnahmen, durch die Menschen anderer Völker oder Rassen ohne Urteilsspruch eines zivilen oder militärischen Gerichts lediglich wegen ihrer Volks- oder Rassezugehörigkeit zu Tode gebracht werden", ähnlich an den Reichsminister des Innern am 14. März 1943, und endlich an Hitler am 16. Juli 1943, die aus den Judenverfolgungen sich ergebenden Familientrennungen stünden „ebenso wie die gegen die anderen Nichtarier ergriffenen Vernichtungsmaßnahmen, im schärfsten Widerspruch zu dem Gebot Gottes und verletzen das Fundament alles abendländischen Denkens und Lebens: das gottgegebene Urrecht menschlichen Daseins und menschlicher Würde überhaupt".[8]

Es ist auch nicht recht, Teilnehmern der Opposition zum Vorwurf zu machen, sie seien Antisemiten, da sie feststellten, es gebe eine Judenfrage.[9] Es gab sie nun einmal in der Tat. Die Juden, und nicht nur die aus Deutschland, wurden auch in England, Amerika, Frankreich, Polen und in der Schweiz nur in Ausnahmen aufgenommen, für die Einwanderung nach Palästina galten rigoros durchgeführte Einschränkungen der britischen Mandatsmacht.

II

Es soll nun versucht werden, von einer anderen Seite her den Motiven, vor allem für die letzten Jahre des Krieges, derjenigen Regimegegner nachzugehen, die zur Verschwörung des 20. Juli 1944 zu zählen sind.

Der Einsatz des Lebens in der Gegenwirkung gegen Politik und Handlungen des Regimes, auch ohne Aussicht auf Erfolg, charakterisiert auch den Umsturzversuch.

1. Wie Beck 1938 vorausgesagt hatte, wurde der Zweite Weltkrieg nicht allein zur Wiederherstellung der Tschechoslowakei und Polens geführt, sondern als Kampf auf Leben und Tod gegen Deutschland.[10] Abgesehen von den Kontakten der Untergrundopposition zur britischen Regierung zwischen Anfang November 1939 und März 1940 gab es keine Aussichten auf Zusicherungen, daß einer Umsturzregierung bessere Bedingungen gewährt würden als der nationalsozialistischen Regierung.[11] Die Vereinbarungen zwischen Großbritannien und der Sowjetunion vom Juli 1941 und die *Atlantic Charta,* auf die Churchill und Roosevelt sich im August 1941 einigten, verpflichteten die Kriegskoalition zum gemeinsamen Kampf bis zum Sieg ohne separate Waffenstillstands- oder Friedensverhandlungen und mit dem Ziel der Entwaffnung der Angreiferstaaten.[12] Das eiserne Gesetz der Kriegskoalition wurde bekräftigt im *Washington Pact* vom Januar 1942 und trug der im Dezember 1941 erfolgten Ausweitung des Krieges auf die ganze Welt Rechnung.[13] Die bedingungslose Kapitulation sollte diesmal im Gegensatz zu 1918 so vollständig durchgesetzt werden, daß ein neuer Revanchekrieg unmöglich gemacht würde. Die Vereinbarungen von Teheran und Yalta und die verschiedenen Pläne zur Teilung Deutschlands sprechen eine deutliche Sprache.[14] Es gab also spätestens seit August 1941 kaum noch realistische Aussichten auf die Erhaltung des Reiches in den Grenzen von 1937 oder 1938. Der Zwang der Kriegskoalition und der gegenüber den Kontaktversuchen der innerdeutschen Opposition seit 1940 immer wieder unverändert ausgesprochene Wille der alliierten Kriegsgegner Deutschlands schloß eine solche Aussicht auch für eine nach dem Sturz Hitlers etwa gebildete Regierung der Opposition aus.[15] Bis zur westalliierten Invasion der Normandie mußte man mit der Besetzung Deutschlands durch die Rote Armee rechnen, und zwar eingedenk des Verhaltens der Roten Armee in den baltischen Ländern und in Polen, und eingedenk der deutschen in der Sowjetunion begangenen Verbrechen.

Die Unvermeidbarkeit der militärischen Besetzung Deutschlands überhaupt war Verschwörern wie Beck lange vor dem 20. Juli 1944, anderen im Sommer 1944 klar.[16] Die Bemühungen Trotts um Vermeidung der Besetzung und um alliierte Zusicherungen dienten der Sache selbst,[17] doch wohl in erster Linie der Schaffung der Bedingungen für die Gewinnung höherer militärischer Führer für den Umsturz. Solchen Bemühungen war freilich Generalfeldmarschall Erich von Manstein als Oberbefehlshaber der Heeresgruppe Süd unzugänglich, als gegen Ende 1942 Beck an ihn schrieb: Das Militär müsse für ein Remis sorgen, meinte Manstein, damit Hitler verhandlungsfähig würde.[18]

2. Die Umsturzbewegung blickte ebenso in ein innenpolitisches Nichts wie in ein außenpolitisches. Pläne und Ideen gab es genug für die Wiederherstellung des Rechts und zur Vermeidung einer Wiederholung von Weimarer Zuständen.[19] Aber die konservativ-sozialistische Umsturzkoalition hatte kaum Rückhalt im Volk oder in der Wehrmacht. Man glaubte beim Staatsstreich nicht ohne die Fiktion auskommen zu können, Parteikreise wollten nach Hitlers Tod die Macht an sich reißen und das Heer wolle dies verhindern.[20] Eine Umsturzregierung, die sich notgedrungen der bedingungslosen Kapitulation unterwarf, hatte auch ohne alliierte Besetzung Deutschlands keine Aussicht auf politisches Überleben. Da schließlich die Alliierten nach Belieben über Deutschland zu verfügen gedachten, gab es auch so gut wie keine Aussicht auf Verwirklichung der eigenen Neuordnungspläne.

3. Der Umsturzversuch selbst hatte nur wenig Aussicht auf Erfolg. Unsicher war, ob die Verschwörer das militärische Machtinstrument so in die Hand bekommen würden, daß die Exekutivgewalt im Staat damit zu erringen war. Der Befehlshaber des Ersatzheeres, dem die für den Umsturz einzusetzenden Truppen unterstanden, nahm eine zwielichtige, eher ablehnende Haltung gegenüber dem Staatsstreichplan ein, auf viele Schlüsselfiguren in stellvertretenden Generalkommandos und Wehrkreiskommandos war kein Verlaß, manche Mitverschworene in Berlin waren nicht so tatkräftig und entschlossen wie Stauffenberg selbst, ja unentschieden und zögernd,[21] Voraussetzung für reale Erfolgsaussichten war der Tod Hitlers, und in sicherlich richtiger Einschätzung der Volksstimmung wollte man die eigene Rolle beim Tod des Führers möglichst verschleiern.

Das Herrschaftssystem als Ganzes mußte umgestürzt werden, wenn eine Änderung der Politik möglich werden sollte. Wenn die These von der Diffusität der Antriebe zur Ermordung der Juden und von der bloßen Hintergrundrolle Hitlers zuträfe — und die Verschwörer mögen sie wohl geglaubt haben —, so konnte der Tod Hitlers nicht für die durchgreifende Änderung ausreichen, die mit dem Attentat gekoppelte Umwälzung war *conditio sine qua non.*[22]

4. Die Erfolgsaussichten für das Attentat selbst waren außerordentlich gering und durch äußere Schwierigkeiten wie Sicherheitsmaßnahmen, Zugang und Verfügbarkeit von Attentatwilligen bedingt.[23] Durch die Unsicherheit des Erfolgs eines Attentatversuches wuchs die Unsicherheit für das Gesamtunternehmen weit über ein kalkulierbares Risiko hinaus. Im Juli 1944 blieb schließlich als einziger, der das Attentat versuchen konnte und wollte, der schwerverwundete Oberst i. G. Claus Graf Stauffenberg übrig, für den der Erfolg wegen seiner körperlichen Behinderungen, von allen anderen Unsicherheitsfaktoren abgesehen, schon sehr zweifelhaft war.

5. Wenn Stauffenberg, der Chef des Stabes beim Befehlshaber des Ersatzheeres, auf dessen Schultern die Ausführung des militärischen Umsturzes ruhte, das Attentat ausführte, bedeutete dies, daß der Führer einer militärischen Operation seine eigenen Befehle an der Front selbst ausführen und zugleich die Gesamtoperation leiten mußte, und ferner, daß er gleichzeitig an zwei wenigstens fünfhundert Kilometer voneinander entfernten Orten, im Führerhauptquartier und in Berlin, handeln mußte. Es war ein nach generalstabsmäßigen Gesichtspunkten absurdes Unternehmen.

6. Aus all dem kann kein anderer Schluß gezogen werden, als der, den Stauffenbergs Bruder, der Marineoberstabsrichter in der Völkerrechtsabteilung des Oberkommandos der Kriegsmarine/1. Seekriegsleitung, Dr. Berthold Graf Stauffenberg, formuliert hat: „Das Furchtbarste ist, zu wissen, daß es nicht gelingen kann und daß man es dennoch für unser Land und unsere Kinder tun muß."[24] Innerhalb traditioneller nationalstaatlicher Kategorien war der Umsturz kaum denkbar, deutsche Interessen konnten durch ihn nicht annähernd gesichert werden, es mußten also andere Motive wirksam gewesen sein.

III

Volk und Land sollten aus dem Umsturzversuch die geistige Kraft und soweit möglich die materielle Grundlage zum Weiterleben erhalten. Moltke, Bonhoeffer, beide Brüder Stauffenberg, Beck und Tresckow haben dies im gleichen Sinn auch ausgesprochen. Claus Stauffenberg nahm es auf sich, als Verräter in die deutsche Geschichte einzugehen, weil er den Frauen und Kindern der Gefallenen nicht in die Augen sehen könnte, wenn er „nicht alles täte, dieses sinnlose Menschenopfer zu verhindern".[25] Der Kriegsverwaltungsrat im OKW Graf Moltke schrieb am 11. November 1941 seiner Frau von einem mühsamen Tag, vom „Kampf gegen die neueste Judenverordnung" und von der damit verbundenen Gefahr, die er gerade dafür besonders bereitwillig in Kauf nehme.[26] Generaloberst Beck genügte die Dokumentation der Existenz einer Gegnerschaft gegenüber dem Verbrecherregime, als er sah, daß andere deutsche Interessen nicht mehr gewahrt oder verfolgt werden konnten.[27] Generalmajor von Tresckow ließ Stauffenberg durch Graf Lehndorff sagen, das Attentat müsse unbedingt erfolgen, und in Berlin müsse der Staatsstreich auch dann versucht werden, wenn das Attentat mißlungen wäre; denn es komme nicht mehr auf den praktischen Zweck an, „sondern darauf, daß die deutsche Widerstandsbewegung vor der Welt und vor der Geschichte den entscheidenden Wurf gewagt hat", und er sah den sittlichen Wert eines Menschen in dessen Bereitschaft, für seine Überzeugung sein Leben hinzugeben.[28]

Das sind einfache Formulierungen; sie eignen sich nicht zur Kodifizierung in Verfassungsartikeln. Ihre Analyse und Interpretation reicht über die historische Wissenschaft hinaus in andere Gebiete.

Das Handeln angesichts solcher Einsichten und angesichts der fast völlig aussichtslosen Situation kann nur noch als Selbstopfer verstanden werden mit dem Ziel der Beendigung des Krieges und des Sterbens sowie der Rettung eines Restes der Ehre Deutschlands.

Anmerkungen

[1] Hans Mommsen, *Die Realisierung des Utopischen. Die „Endlösung der Judenfrage" im „Dritten Reich"*, in: *Geschichte und Gesellschaft*, 9. Jg. (1983), S. 411.

[2] Christof Dipper, *Der deutsche Widerstand und die Juden*, in: *A.a.O.*, S. 349—380.

[3] Rainer Blasius, *Über London den ‚großen Krieg' verhindern. Ernst von Weizsäckers Aktivitäten im Sommer 1939*, im vorliegendem Band.

[4] Klaus-Jürgen Müller, *General Ludwig Beck. Studien und Dokumente zur politisch-militärischen Vorstellungswelt und Tätigkeit des Generalstabschefs des deutschen Heeres 1933—1938* (= Schriften des Bundesarchivs, Bd. 30), Boppard am Rhein 1980; ders., *Struktur und Eigenart der nationalkonservativen Opposition bis 1938: Innenpolitischer Machtkampf und militärpolitische Alternativpositionen*, in diesem Band.

[5] K.-J. Müller, *General Ludwig Beck*... [Anm. 4], S. 554—556 (Dokument Nr. 51).

[6] *Spiegelbild einer Verschwörung. Die Kaltenbrunner-Berichte an Bormann und Hitler über das Attentat vom 20. Juli 1944*, hrsg. vom Archiv Peter, Stuttgart 1961, S. 471—474; Freya von Moltke/Michael Balfour/Julian Frisby, *Helmuth James von Moltke 1907—1945. Anwalt der Zukunft*, Stuttgart [1975], S. 215; Ger van Roon, *Graf Moltke als Völkerrechtler im OKW*, in: *Vierteljahrshefte für Zeitgeschichte*, 18. Jg. (1970), S. 39; *Der Prozeß gegen die Hauptkriegsverbrecher vor dem Internationalen Militärgerichtshof Nürnberg 14. November 1945—1. Oktober 1946* (im folgenden *IMG* zitiert), Bd. 33, Nürnberg 1949, S. 424; *Kriegstagebuch Nr. 1 (Band Dezember 1941) des Oberkommandos der Heeresgruppe Mitte*, geführt von Hauptmann d. R. z. V. Petersen, Anlage zu Seite 1943, *Bericht v. Major i. G. Frhr. von Gersdorff vom 9. 12. 1941*, Kopie im Institut für Zeitgeschichte, München; *IMG*, Bd. 31, Nürnberg 1948, S. 441—450 (Dokument 2992-PS); Axel von dem Bussche, *Eid und Schuld*, in: *Göttinger Universitätszeitung*, 2. Jg. (1947), Nr. 7 vom 7. März 1947, S. 1—4; ders., *Freiheitskämpfer gegen Hitler*, in: *Die Zeit* vom 22. Juli 1948, S. 3; Interview Daniel Schorr mit Bussche in: *The Twentieth Century. The Plots against Hitler*, Part II, CBS-Fernsehen 1. Dez. 1964; *Kaltenbrunner an OKW*

z. *Hd. Generalfeldmarschall Keitel 14. Juli 1944,* in: Ger van Roon, *Wilhelm Staehle. Ein Leben auf der Grenze 1877—1945,* München [1969], S. 88—89.

[7] Benedicta Maria Kempner, *Priester vor Hitlers Tribunalen,* München o. J., S. 232—233; Eberhard Bethge, *Dietrich Bonhoeffer. Theologe, Christ, Zeitgenosse,* München 1967, S. 834—841.

[8] Gerhard Schäfer/Richard Fischer, *Landesbischof D. Wurm und der nationalsozialistische Staat 1940—1945,* Stuttgart 1968, S. 156—171.

[9] C. Dipper, *Der Deutsche Widerstand*... [Anm. 2], passim.

[10] K.-J. Müller, *General Ludwig Beck*... [Anm. 4], S. 540 (Dokument Nr. 48).

[11] Peter Ludlow, *Papst Pius XII., die britische Regierung und die deutsche Opposition im Winter 1939/40,* in: *Vierteljahrshefte für Zeitgeschichte,* 22. Jg. (1974), S. 299—341; *Dokumente zur Deutschlandpolitik,* Reihe 1, Bd. 1, bearb. von Rainer A. Blasius, Frankfurt a. M. 1984, S. 269; Peter Hoffmann, *Widerstand, Staatsstreich, Attentat. Der Kampf der Opposition gegen Hitler,* 3. Aufl. , München 1979, S. 254—314.

[12] *Agreement between His Majesty's Government in the United Kingdom and the Government of the Union of Soviet Socialist Republics Providing for Joint Action in the War against Germany, with Protocol Signed at Moscow, July 12th, 1941,* in: *Société des Nations Recueil des Traités,* vol. 204, *1941—1943,* No. 4808; Department of State Bulletin 5 (16. Aug. 1941), S. 125—126; *Roosevelt and Churchill. Their Secret Wartime Correspondence,* New York 1975, S. 186, 234; vgl. Bernd Martin, *Verhandlungen über separate Friedensschlüsse 1942—1945,* in: *Militärgeschichtliche Mitteilungen,* H. 2 (1976), S. 95—113.

[13] *Foreign Relations of the United States. The Conferences at Washington, 1941—1942, and Casablanca, 1943,* Washington 1968, S. 362—376; *Foreign Relations of the United States. Diplomatic Papers. 1942,* vol. 1, Washington 1960, S. 25—26.

[14] *Foreign Relations of the United States. Diplomatic Papers. The Conferences at Malta and Yalta 1945,* Washington 1955, S. 158—160 et passim.

[15] *Dokumente zur Deutschlandpolitik*... [Anm. 11], S. 269; P. Hoffmann, *Widerstand*... [Anm. 11], S. 254—314.

[16] Dietrich Bonhoeffer, *Gesammelte Schriften,* Bd. 1, München 1958, S. 372—389, 488—503; Hans Bernd Gisevius, *Bis zum bittern Ende,* Bd. 2, Zürich [1946], S. 322; Ger van Roon, *Neuordnung im Widerstand. Der Kreisauer Kreis innerhalb der deutschen Widerstandsbewegung,* München 1967, S. 319—320; vgl. ferner die in P. Hoffmann, *Widerstand*... [Anm. 11], S. 740 (Anm. 106), angeführten Quellen; F. v. Moltke/M. Balfour/J. Frisby, *Helmuth James von Moltke*... [Anm. 6], S. 178—198.

[17] Vgl. P. Hoffmann, *Widerstand*... [Anm. 11], S. 265—268, 283—295.

[18] *IMG,* Bd. 20 (1948), S. 680—681.

[19] Hans Mommsen, *Gesellschaftsbild und Verfassungspläne des deutschen Widerstandes,* in: Walter Schmitthenner/Hans Buchheim (Hrsg.), *Der deutsche Widerstand gegen Hitler. Vier historisch-kritische Studien,* Köln-Berlin 1966, S. 73—167; P. Hoffmann, *Widerstand*... [Anm. 11], Kap. VI; *Spiegelbild*... [Anm. 6], S. 111.

[20] *Spiegelbild*... [Anm. 6], S. 68.

[21] P. Hoffmann, *Widerstand*... [Anm. 11], S. 471—479, 506—507.

[22] H. Mommsen, *Die Realisierung*... [Anm. 1], S. 384—399.

[23] Peter Hoffmann, *Die Sicherheit des Diktators. Hitlers Leibwachen, Schutzmaßnahmen, Residenzen, Hauptquartiere,* München-Zürich 1975.

[24] Annedore Leber, *Das Gewissen steht auf. 64 Lebensbilder aus dem deutschen Widerstand 1933—1945,* 9. Aufl., Berlin-Frankfurt a. M. 1960, S. 126.

[25] G. van Roon, *Graf Moltke*... [Anm. 6], S. 39; E. Bethge, *Dietrich Bonhoeffer*... [Anm. 7], S. 834, 850; A. Leber, *Das Gewissen*... [Anm. 24], S. 126; Joachim Kramarz, *Claus Graf Stauffenberg 15. November 1907—20. Juli 1944. Das Leben eines Offiziers*, Frankfurt a. M. 1965, S. 201, 132.

[26] G. van Roon, *Graf Moltke*... [Anm. 6], S. 39.

[27] Elfriede Nebgen, *Jakob Kaiser. Der Widerstandskämpfer*, Stuttgart-Berlin-Köln-Mainz 1967, S. 193.

[28] Fabian v. Schlabrendorff, *Offiziere gegen Hitler*, Zürich [1946], S. 130, 153.

Sie gingen ihren Weg ...

Ein Beitrag zur Frage des Entschlusses und der Motivation zum Widerstand

KLEMENS VON KLEMPERER
Northampton, Mass.

I

Es soll hier noch einmal hervorgehoben werden, daß Widerstand einen Grenzfall, ein außerordentliches Geschehen darstellt. Er hat in der Geschichte wohl eine Rechtmäßigkeit, aber keine übliche Gesetzmäßigkeit. Wer in den Widerstand geht, folgt, wie Antigone es tat, dem Gebot eines ungeschriebenen höheren Rechts, dem „unwandelbaren Gesetz des Himmels", wenn die gesetzmäßige Herrschaft in die Tyrannis entartet und so ihre Legitimität gegenüber dem höheren Recht verliert.

Widerstand ist also alles andere als Routine. Kein Widerstandsrecht ist eindeutig, und der Weg in den Widerstand ist ungeebnet. Über diesen Weg will ich hier sprechen. Es ist eigentlich nur in den seltensten Fällen eine Frage eines bestimmten und bewußten Entschlusses. „Ein Mann geht seinen Weg", so heißt der Titel einer Dokumentation des Lebens von Julius Leber.[1] Und dabei will ich es einleitend belassen. Warum ist ein Julius Leber oder ein Johann Georg Elser, Franz Jägerstätter, ein Beck, Goerdeler, „Fritzi" von der Schulenburg, Moltke, Bonhoeffer, Stauffenberg, jeder seinen Weg gegangen? Sie alle hätten so leicht mitmachen können, wie einige von ihnen es wohl auch anfänglich taten, im Rausche der „nationalen Erhebung", im Triumph der deutschen Annexion und Siege gegen den äußeren Feind. Sie hätten einfach mitmachen können, wie man sonst einfach mitmacht, besonders in Kriegszeiten, wenn man die Reihen schließt und dient; sie hätten mitmachen können in der Hoffnung, „Schlimmeres zu verhüten"; sie hätten sich in „innere Emigration" zurückziehen können, oder sie hätten auswandern können in der Erwartung, vom Ausland aus auf das Vaterland einwirken zu können. Jeder von denen, derer wir hier dieser Tage gedenken, wählte seinen Weg: einen, wie gesagt, unbetretenen Weg, einen einsamen, abgründigen Weg, der mit beinahe mathematischer Sicherheit in den Opfertod führte.

Die Frage nach den Motiven, die zu dem Entschluß beitrugen, ist wohl die Kardinalfrage und dabei eine der schwierigsten. Einfache Antworten, die sie auf Klassenkriterien oder sonstige kollektive Erklärungen reduzieren zu können glauben, gehen fehl. Die sogenannte „Repräsentationstheorie des Widerstandes"[2] wird der Einzigartigkeit des Widerstandes nicht gerecht, geschweige denn dem „selbständigen Wagnis", wie Eberhard Bethge es ausdrückte,[3] das ihnen allen gemein war. Was sonst hatte der Kommunist Elser mit dem ehemaligen Nationalsozialisten Schulenburg gemein, der österreichische Kriegsdienstverweigerer Jägerstätter mit den Generalen im Widerstand oder der einfache Bäckergeselle namens Joachim Günther mit den Trägern großer Namen, die, wie er, in Plötzensee erhängt wurden — was anders als den eigenen Weg, das selbständige Wagnis? Dietrich Bonhoeffer sprach von der „verantwortlichen Tat".

Dies führt mich aber zu einigen Prämissen, die wir uns in unserer Betrachtung vor Augen halten müssen:

1. Vom Entschluß, wie schon angedeutet, können wir genau genommen gar nicht sprechen. Wie kann man sich entschließen, in den Widerstand zu gehen, wenn nicht einmal das Wort „Widerstand" im Umlauf war? Dies übrigens ganz im Gegensatz zur *Résistance,* zu den Widerstandsbewegungen in den besetzten Gebieten. Dort war, wie wir wissen, der Entschluß auch so eine Sache. Ich sage das, ohne ungebührlich psychologisieren zu wollen: Man ging in die *Résistance* nicht nur aus Patriotismus, aus moralischer oder politischer Entrüstung, sondern oft, weil man, ins unbesetzte Südfrankreich verweht, sowieso entwurzelt war, aus Abenteuerlust, weil man einem Freund folgte, und oft ganz aus Zufall. Aber die französischen Fifis, die jugoslawischen Chetniks und Partisanen waren greifbare, wenn auch geheime Verbände. Im Reich gab es kaum eine Organisation, mit Ausnahme vielleicht der alten, aber doch zerschlagenen Linksparteien, und sonst nur Freundeskreise oder Organisationen wie die Armee, die Abwehr, das Auswärtige Amt, die Kirchen, wo man einigen Schutz, aber sicher keine allgemeine Unterstützung erwarten konnte. Ja, nicht einmal das Wort Widerstand war allgemeine Münze. Die Geschwister Scholl riefen zur Unterstützung der „Widerstandsbewegung" auf,[4] aber das war eine Ausnahme. Marie-Louise Sarre, eine der wenigen Überlebenden des Widerstandes, erklärte mir das einmal ganz einfach: „Wir dachten uns gar nicht als zu einem ‚Widerstand' gehörend. Wir wollten ja nur irgendwie anständig überleben."

2. Widerstand stellt keine klar umschriebene, identifizierbare Handlung dar, sondern ein ganzes Spektrum von Einstellungen und Handlungen. Zuerst einmal muß betont werden, daß sogar die Trennungslinie zwischen Anpassung und Widerstand nicht so scharf ist, wie deren „Idealtypen“ es andeuten würden. Das trifft auf allen europäischen Widerstand zu. Wie soll der Historiker den Entschluß König Christians X. von Dänemark einschätzen, der im Lande blieb, um sich so vor seine Landsleute zu stellen, oder das Bestreben der Nederlandsche Unie, „alle Patrioten ... in loyaler Haltung gegenüber der Besatzungsmacht“[5] zu sammeln, um die Ernennung einer faschistischen Marionettenregierung unter Anton Mussert zu verhindern? „Man könnte sogar sagen“, so schrieb Louis de Jong, der Historiker des holländischen Widerstandes, „daß — mit Ausnahme derer, die stets ausschließlich aktiv am Widerstand oder an der Kollaboration beteiligt waren — fast alle Menschen gleichzeitig Widerstand und Kollaboration leisteten.“[6] Im deutschen Gebiete selbst war der Fall Weizsäcker sicherlich ein Schulbeispiel für die Verwischtheit der Grenzen zwischen Anpassung und Widerstand; er ging auch seinen Weg, und es war bestimmt kein leichter. Er machte mit, um so für den Frieden arbeiten zu können — Marion Gräfin Dönhoff schrieb über seinen Fall als „Hochverrat um des Friedens willen“[7] — und um die konspirativen Tätigkeiten seiner jungen Mitarbeiter im Auswärtigen Amt zu decken. Im deutschen Fall besonders war, das muß hier gar nicht mehr hervorgehoben werden, der Widerstand mittels vorgeschützter Kollaboration, so wie Weizsäcker ihn ausübte, im Hinblick auf die repressive Natur des Naziregimes besonders angezeigt. So gab es ein ganzes Spektrum von Einstellungen und Taten, die ineinander übergingen, die von „bedingter“ und „taktischer“ Kollaboration[8] in die verschiedenen Formen des Widerstandes führten. Der Widerstand selbst ist wiederum kein einheitliches Phänomen, und eine weite Spanne zieht sich von der bloßen sogenannten „Resistenz“ oder „gesellschaftlichen Verweigerung“, von Dissidenz, vom passiven Widerstand und Teilwiderstand zum Widerstand und endlich zur Konspiration.[9]

All dem muß ich schon hier eine Frage anschließen: Wenn man sich vor Augen hält, daß Weizsäcker also „mitgemacht“ hat, während ein ausgesprochener Nazi wie Graf Helldorf im „Widerstand“ landete, müßte man dann nicht zum Schluß kommen, daß es so etwas wie ehrenhafte Kollaboration und zweifelhaften Widerstand gab? Aber ich soll mich hier nicht in Werturteilen verlieren.

3. Die besonders in der angelsächsischen Literatur verbreitete Annahme, daß in den Widerstand zu gehen ein natürlicher Schritt jedes rechtschaffenen Menschen sein sollte, ist nicht haltbar. Widerstand, auch unter rechtschaffenen Menschen, ist Ausnahme und nicht die Regel. Selbst die Hugenotten, in deren Tradition das Recht des Widerstandes eine so große Rolle spielte, zögerten lange, ehe sie die Grenze zwischen passivem und aktivem Widerstand überschritten. Und besonders in

Deutschland, wo die Naturrechtslehre nie wirklich Fuß gefaßt hat, wurde dem Gehorsam immer der Vorzug gegen den Aufruhr gegeben. Johann Friedrich Adolf von der Marwitz, der preußische Junker, der es vorzog, Ungnade zu wählen, „wo Gehorsam nicht Ehre brachte", war doch ein Unikum in der preußischen und deutschen Geschichte. Mit diesem Problem hat sich ja Dietrich Bonhoeffer in der für seine Freunde in der Verschwörung verfaßten Niederschrift *Nach zehn Jahren* mit großer Einsicht und großem Verständnis auseinandergesetzt. In dem Kapitel „Civilcourage?" wies er darauf hin, daß die Deutschen in ihrer langen Geschichte „die Notwendigkeit und die Kraft des Gehorsams" haben lernen müssen, ohne damit zu rechnen, daß diese „Bereitschaft zur Unterordnung, zum Lebenseinsatz für den Auftrag, mißbraucht werden könnte zum Bösen".[10] Diese Bereitschaft wurde allerdings dann im Dritten Reich gründlich mißbraucht. Die Fiktion der Legalität, der Rausch der sogenannten „nationalen Revolution" hat auch vielen der „Vernünftigen" den Kopf verdreht und „die große Maskerade des Bösen", wie Bonhoeffer es ausdrückte, „hat alle ethischen Begriffe durcheinander gewirbelt". Und darum die Frage: „Wer hält stand?"[11] Das war wohl Bonhoeffers Art, zu fragen: „Wer geht seinen Weg?" Leichten Herzens ging kaum einer in den Widerstand. Denn der Weg führte sowohl von Geschichte und Tradition fort als auch von dem häßlichen Konsens des Drittens Reiches.

II

Nach all dem bisher Gesagten dürfte offenkundig geworden sein, wie heikel die Frage nach dem Entschluß und den Motiven ist. Der Verweis auf das Gewissen, das „aufsteht" und „entscheidet",[12] ist deshalb umsomehr angemessen. Aber wir müssen weiter gehen, um zu ermitteln, wer wann und warum den entscheidenden Schritt tat.

Eindeutig war der Weg des Bauern Jägerstätter. Seine schlichte Frömmigkeit ließ ihn von Anfang an einen geraden Kurs steuern, denn für ihn war der Nationalsozialismus des Teufels und der Krieg ungerecht; so mußte er den Kriegsdienst verweigern, und er blieb trotz aller kirchlichen Versuche, ihn umzustimmen, standhaft. Aber hier schon drängt sich eine Frage auf, die die mir zugewiesene Aufgabe bezüglich „politischer und moralischer Motivation" sprengen könnte: War der zweifellos religiöse Impuls Jägerstätters auch unbedingt moralisch? Ließ der hartnäckige Bauer nicht seine Frau und drei Kinder im Stich? Ich will es hier bei diesen Fragen belassen. Ich werde später wieder auf sie zurückkommen. Indessen will ich aber doch eine diesbezügliche Stelle aus Bonhoeffers Werk zitieren, nämlich die ersten Sätze seiner *Ethik:* „Das Wissen um Gut und Böse scheint das Ziel aller ethischen Besinnung zu sein. Die christliche Ethik hat ihre erste Aufgabe darin, dieses Wissen aufzuheben.“[13]

Auf der Linken gab es, wie zu erwarten, verschiedene Möglichkeiten. Wenn auch die kommunistische Untergrundarbeit sich durch einen eher „irrationalen Fanatismus“ auszeichnete,[14] so bedeutete es wiederum, anfangs wenigstens, für den Kommunisten gar keinen großen Schritt, in die SA einzutreten.[15] Innerhalb der Sozialdemokratie, das heißt hauptsächlich in der Führerschaft, stellte sich die Frage, ob man seinen Garten bestellen — das war Paul Löbes Lösung —, ob man auswandern oder eben in den Widerstand gehen solle. Wichtig ist die Antwort Carlo Mierendorffs an seine Freunde, die ihm zur Flucht verhelfen wollten: „Was sollen unsere Arbeiter denken, wenn wir sie allein lassen?“ Und: „Sie können doch nicht alle an die Riviera ziehen!“. Ganz ähnlich, das soll schon hier vorweggenommen werden, war die Reaktion Trotts, Moltkes, Bonhoeffers zur Alternative der Emigration. Im Falle eines Mierendorff und Leber führte ein gerader Weg von ihrer politischen Tätigkeit in der Zeit der Weimarer Republik in den Widerstand. Die Formel „Menschlichkeit und Gerechtigkeit“, der Leber Ausdruck gab,[16] begleitete sie durch die Jahre des Kampfes und Leidens. Abschließend, solange ich noch bei den Linken bin, muß ich noch eine Frage stellen: Warum ist der kommunistische Schreiner Elser vor seinem Bürgerbräu-Attentat im November 1939 wiederholt in Kirchen, katholischen oder protestantischen, eingekehrt, um dort sein Vaterunser zu beten?[17]

In der neuesten Literatur ist besonders das Vorkommen der sogenannten „Resistenz“[18] betont worden. Sie ist bestimmt eine wichtige und bisher vernachlässigte Dimension, die sich abseits bewußt motivierter und konspirativer Widerstandsarbeit in der Form weniger profilierter individueller oder institutioneller „sozialer Verweigerung“[19] abspielte. Zweifellos müssen wir Historiker die vielen Formen des undemonstrativen individuellen Nonkonformismus im Dritten Reich zur Kenntnis nehmen, die letzten Endes auch irgendwie ins Gewicht fielen. Doch war die institutionelle Verweigerung, die vorwiegend im konservativen Lager auf der Ebene des traditionellen Establishments sowie der Armee, im öffentlichen Dienst und in den Kirchen vor sich ging, vorwiegend daraufhin ausgerichtet, deren jeweilige Autonomie gegenüber der Partei zu wahren. Dies ging aber auf Kosten allgemeiner Prinzipien, die man, allzu bequem, unbeachtet ließ. In diesem Fall war dann Resistenz eine Art interessenpolitischer und daher wertfreier Widerstand, wenn überhaupt Widerstand. So kam es auch dazu, daß zur Zeit des Schleicher-Mordes und der Fritsch-Krise nichts geschah, daß die katholische Kirche sich hinter dem Konkordat versteckte und die protestantischen Kirchen sich mehr um das Los der Judenchristen als das der Juden kümmerten.

Aber ich sehe die Gefahr einer Mißdeutung, wenn die Geschichtsschreibung, wie das in der revisionistischen Literatur der Fall ist,[20] die Resistenz den Widerstand allzu sehr überschatten läßt. Eine Überbetonung der Resistenz würde zur Folge haben, unser Verständnis totalen Machtanspruchs und totaler Machtausübung des Nationalsozialismus in einem Maße auszulöschen, daß sie ihn wegerklärt. Aber der deutsche Widerstand fand eben im Rahmen einer politischen Dynamik und repressiven Machtausübung ohne Beispiel statt; und das müssen wir uns immer wieder vor Augen halten, besonders wenn wir uns mit seinen Schwächen und Mißerfolgen auseinandersetzen.

Wir stimmen ja wohl alle überein, daß wir einem Goerdeler und Beck die ethische Motivierung nicht absprechen dürfen. Auch dies will ich in diesem Zusammenhang noch hinzufügen: daß sich Goerdeler, Trott, Moltke, Bonhoeffer, und nicht nur sie, im Widerstand ernstlich um das Los ihrer jüdischen Mitbürger gesorgt haben. Und wenn es auch tief beklagt werden muß, daß im großen und ganzen die Kirchen, ja die Christen Deutschlands, nicht ihrer jüdischen Brüder Hüter waren, so müssen wir uns die traurige Tatsache vor Augen halten, daß keine der europäischen Widerstandsbewegungen, mit der möglichen Ausnahme der dänischen und belgischen, den Schutz der Juden in den Mittelpunkt ihrer Anliegen stellte.

Wenn es also an der ethischen Motivierung im Widerstand bestimmt nicht gefehlt hat, so wären doch folgende Bemerkungen am Platz — alle, das will ich hier betonen, mit dem Vorbehalt, daß wir Historiker im Rückblick allzu leicht der Versuchung nachgeben, die Verwicklungen in der Vergangenheit, so wie sie in der Nazizeit bestanden, zu unterschätzen und abzuurteilen.

1. Der Übergang von der institutionellen Resistenz zum Widerstand ging allzu zögernd vor sich und kam zu spät. Das anfängliche Vorwiegen der Resistenz erlaubte den verschiedenen Gruppen, für ihre partikulären Interessen einzustehen, hinderte sie aber, die Reihen zu schließen und aufs Ganze zu gehen.

2. Wenn es beim Widerstand an etwas gefehlt hat, dann nicht an ethischer, sondern eher an politischer Motivation. Dieses Urteil trifft besonders für die Generale zu und deren Zögern vor der Tat. Sicherlich war der Treueid, den die Wehrmacht nach Hindenburgs Tod entgegen allen Verfassungsbestimmungen auf die Person des Führers schwören mußte, ein entscheidendes Hindernis für viele Offiziere, sich der Verschwörung anzuschließen. Andererseits muß das Phänomen des verzögerten Widerstandes der 1930er Jahre dem des vorbeugenden Widerstandes der 1960er, 70er und 80er Jahre in den westlichen Demokratien gegenübergestellt werden, das praktisch immerwährenden Widerstand befürwortet und so das Gespenst der Selbstjustiz einzelner Bürgergruppen und der Gesetzlosigkeit heraufbeschwört. Sicher, die offensichtliche Tyrannis der dreißiger Jahre verlieh dem Widerstand Legitimität und Dringlichkeit. Aber die allzufertige Bereitschaft der Widerstands-Fürsprecher unserer Jahrzehnte läßt uns mit Nachsicht und einigem Verständnis auf jene blicken, für die Widerstand an sich abstoßend war und deren Mut — vielleicht zu spät — aus der Notwendigkeit geboren war.

3. Während auf der Seite der Linken im allgemeinen ein gerader Weg in den Widerstand führte, war dies nicht unbedingt auf konservativer Seite der Fall. Man war dort allzusehr, allzulange von der „Maskerade des Bösen" bezaubert, sei es von der „Rührkomödie" der Potsdamer Reichstags-Eröffnung — wie Friedrich Meinecke sie nannte — oder der Wiedererlangung der Wehrfreiheit und der Zerbrechung der Fesseln von Versailles. Und die jüngere Generation war auch von den Ideen der sogenannten „konservativen Revolution" beeindruckt, die in vielem und besonders in ihrem Vokabular dem Nationalsozialismus nahe kam. Das bedeutet, daß der „Entschluß" zum Widerstand in vielen Fällen eine allmähliche Emanzipation von den Vorstellungen des nationalen, nationalistischen, wenn nicht nationalsozialistischen Gedankengutes bedeutete. Der Großteil des Kreisauer Kreises und Dietrich Bonhoeffer stellten die Ausnahme dar. Die Kreisauer gingen ihren geraden Weg...

Einen Sonderfall und ein Rätsel in vielen Beziehungen stellen die früheren Nazis im Widerstand dar. Ich habe keine Antwort auf die Frage, warum der Graf Helldorf diesen Weg ging. War es im Falle des Grafen Fritz-Dietlof von der Schulenburg seine strenge preußische Dienstauffassung und Enttäuschung über die Reichsreform im Dritten Reich, die ihn in die Reihen des Widerstandes verschlug? Oder war er einer der vielen „Suchenden" seiner Generation, einer jener vielen ungestümen Draufgänger, die so viel vom Nationalsozialismus erwarteten, die sich dann aber mit gleichem Ungestüm von ihm abwandten? Jedenfalls wurde er einer der treuesten, unentwegtesten, furchtlosesten unter den Verschwörern. Er war ein stolzer Junker in der Nachfolge von Marwitz.

III

Die Frage nach politischer oder moralischer Dimension des „Entschlusses" läßt, wie schon angedeutet, eine Dimension, und vielleicht die wichtigste, nämlich die religiöse, aus. Die religiöse Motivation spielte ohne Zweifel eine wesentliche Rolle, besonders bei der konservativen Opposition. Bonhoeffer ist bestimmt in dieser Beziehung die hervorragende Figur. Doch wer dem Denken und Handeln Goerdelers, Trotts, Hans-Bernd von Haeftens, Moltkes, ja, des Sozialisten Theodor Haubach nachgeht, kann nicht um deren tief religiöse Einstellung umhin. Sie verstärkte sich wohl in allen Fällen im Laufe der schlimmen Zeit oder führte, wie im Falle Theodor Haubachs, zur Konversion. Ob sie Motivierung zum Widerstand war oder eine Begleiterscheinung, soll hier dahingestellt bleiben; sie war wohl beides. Wichtig in dieser Beziehung ist die Stelle aus einem Brief, den Moltke im April 1942 von Stockholm an seinen englischen Freund Lionel Curtis sandte:

„Vielleicht erinnern Sie sich, daß ich in Gesprächen vor dem Kriege der Meinung war, daß der Glaube an Gott nicht wesentlich sei ... Heute weiß ich, daß ich unrecht hatte, ganz und gar unrecht. Sie wissen, daß ich die Nazis vom ersten Tag bekämpft habe, aber der Grad der Gefährlichkeit und Opferbereitschaft, der heute von uns verlangt wird und vielleicht morgen von uns verlangt werden wird, setzt mehr als gute ethische Prinzipien voraus."[21]

Ob Moltke damit wohl meinte, daß „gute ethische Prinzipien" allein nicht das Böse in der Welt erklären könnten und daß allein der christliche Glaube die Kraft verleihe, das Böse zu ergründen und zu überstehen?

Im Falle Bonhoeffers kam dann auch der Glaube in Konflikt mit der Moral. Die christliche Ethik, wie gesagt, hebt das Wissen um Gut und Böse auf. Diese Erkenntnis wurde für Bonhoeffer in der Frage der Verschwörung und besonders des Attentates akut. Seine starke Verstrickung in den „weltlichen Sektor" hat ihm sicher, wie er zugab, „zu denken" gegeben:[22] Die Mahnung seines Schwagers Hans von Dohnanyi, „wer das Schwert nimmt, soll durch das Schwert umkommen",[23] wurde bestimmt nicht leicht beiseite geschoben. Jedoch entsprang Bonhoeffers positive Einstellung zum Attentat seinem Verständnis des „verantwortlichen Lebens". Nicht politischer Leichtsinn und nicht eine Abwendung von seiner Pflicht als gläubiger Christ bewogen Dietrich Bonhoeffer zur Befürwortung des Attentats, sondern ganz im Gegenteil sein Selbstverständnis als gläubiger Christ, der in der Welt handeln muß, auch für die vielen anderen, die dazu nicht imstande sind. Letzten Endes fand er den Weg ins Martyrium als Sünder, der als solcher vor Gott steht und sich ihm überläßt. Wenn er auch im einzelnen, in seiner Bejahung des Attentats, von vielen seiner Mitverschwörer abwich, so sprach er doch für alle in der Bejahung und Artikulierung des christlichen Motivs.

Also gingen sie alle ihren Weg, ob es nun ein gerader war oder nicht. Ihre Motive waren vielfältig und nicht leicht ergründlich, und doch hoffe ich, ihnen halbwegs gerecht geworden zu sein. Entscheidend ist, daß die Männer und Frauen des Widerstandes in der schweren Zeit ihren Leidensweg furchtlos bis ins Martyrium hinein gingen. Wir sind hier zusammengekommen, um ihrer zu gedenken, und wir haben allen Grund dazu, sie zu ehren.

Bevor ich aber schließe, ist noch ein Hinweis vonnöten auf die tapferen Familien der Verschwörer. In meinen umfangreichen Studien über den Widerstand bin ich auf keine Familie gestoßen — Mütter, Väter, Schwestern, Brüder, die guten Ehefrauen —, die nicht treu zu den Verschwörern gehalten und ihnen Verständnis, Trost und Hilfe entgegengebracht hätte. So sollen wir bei dieser Gelegenheit auch der Familien dankbar gedenken. Da wäre noch viel zu sagen. Die Familie als Hafen und Stütze ist noch völlig vernachlässigt in der Literatur über den Widerstand, und das Thema ist wirklich wichtig.

Hier will ich nur zum Abschluß eine Stelle vorlesen aus einem Brief, den die vorzügliche Eleanore von Trott, Adams Mutter, Ende 1936 an ihren Sohn schrieb:

„Ich glaube, daß der Kampf, in dem wir stehen, denkbar ernst ist... Nur durch Christus..., nur dadurch, daß wir Führer bekommen, die in seinem Geist und seiner Kraft wirken, kann es besser werden. Aber wenn es besser werden soll, dann müssen die, die an diese Ideen glauben, sich bis zum letzten dafür einsetzen und das ‚dein Wille geschehe' nicht wie üblich nur in müder Resignation sagen, sondern mit dem überwältigenden und sieghaften Nachsatz: ‚wie im Himmel, also auch auf Erden'. Dafür lohnt es sich zu kämpfen.

So, lieber Adam, da habe ich Dir gesagt, was ich über die Dinge denke. Kannst Du mir zustimmen?"[24]

Adams Antwort zu diesem Brief haben wir nicht. Doch wir brauchen sie nicht. Wir haben sein und seiner Weggefährten Leben und Tod vor uns. Die Haltung der Mutter war sicher ganz wesentlich für die Frage des Entschlusses und der Motivation zum Widerstand.

Anmerkungen

[1] Julius Leber, *Ein Mann geht seinen Weg. Schriften, Reden und Briefe,* Berlin-Frankfurt a. M. 1952.

[2] Peter Hüttenberger, *Vorüberlegungen zum „Widerstandsbegriff"*, in: Jürgen Kocka (Hrsg.), *Theorien in der Praxis des Historikers,* Göttingen 1977, S. 118.

[3] Eberhard Bethge, *Adam von Trott und der deutsche Widerstand,* in: *Vierteljahrshefte für Zeitgeschichte,* 11. Jg. (1963), S. 217.

[4] Inge Scholl, *Die weiße Rose,* Frankfurt a. M. 1955, S. 150.

[5] Werner Warmbrunn, *The Dutch under German Occupation 1940—1945,* Stanford, Cal. 1963, S. 133.

[6] Louis de Jong, *Zwischen Kollaboration und Résistance,* in: Andreas Hillgruber (Hrsg.), *Probleme des Zweiten Weltkrieges,* Köln 1967, S. 252.

[7] *Die Zeit* vom 22. November 1974.

[8] Eine wichtige Studie über das Verhältnis zwischen Kollaboration und Widerstand

ist Werner Rings, *Life with the Enemy. Collaboration and Resistance in Hitler's Europe 1939—1945*, New York 1982.

[9] Vgl. *ebda.* und auch die Kategorien von Eberhard Bethge: passiver Widerstand, offener ideologischer Widerstand, Mitwisserschaft, aktives Vorbereiten eines Danach, verantwortlich konspirative Konspiration; E. Bethge, *Adam von Trott*... [Anm. 3], S. 221 f.

[10] Dietrich Bonhoeffer, *Widerstand und Ergebung. Briefe und Aufzeichnungen aus der Haft*, München-Hamburg 1964, S. 12f.

[11] *A.a.O.*, S. 10ff.

[12] Siehe die zwei sehr schönen und wichtigen Bände von Annedore Leber, *Das Gewissen steht auf* und *Das Gewissen entscheidet* (Berlin-Frankfurt a. M. 1960), in einem Band Mainz 1984.

[13] Dietrich Bonhoeffer, *Ethik*, München 1975, S. 19.

[14] Vgl. Martin Broszat/Elke Fröhlich/Anton Grossmann (Hrsg.), *Bayern in der NS-Zeit*, Bd. 4: *Herrschaft und Gesellschaft im Konflikt*, Teil C, München-Wien 1981, S. 705.

[15] Vgl. besonders die neue Studie von Conan Fischer, *Stormtroopers. A Social, Economic and Ideological Analysis, 1929—1935*, London 1983, bes. S. 206ff.

[16] Brief Julius Leber an seine Frau, Untersuchungsgefängnis Marstall, 27. Juli 1933, in: Dorothea Beck, *Julius Leber. Sozialdemokrat zwischen Reform und Widerstand*, Berlin 1983, S. 257.

[17] Vgl. Lothar Gruchmann (Hrsg.), *Autobiographie eines Attentäters. Johann Georg Elser*, Stuttgart 1970, S. 75.

[18] Siehe besonders M. Broszat/E. Fröhlich/A. Grossmann (Hrsg.), *Bayern in der NS-Zeit*... [Anm. 14], S. 691—709.

[19] Für den von Richard Löwenthal geprägten Begriff, der sich im wesentlichen an Broszats „Resistenz" anlehnt, vgl. Richard Löwenthal, *Widerstand im totalen Staat*, in: Richard Löwenthal/Patrik von zur Mühlen (Hrsg.), *Widerstand und Verweigerung in Deutschland 1933 bis 1945*, Berlin-Bonn 1982, bes. S. 18—22.

[20] Siehe besonders George K. Romoser, *The Politics of Uncertainty: The German Resistance Movement*, in: *Social Research*, 31. Jg. (1964), S. 73—93, und die verschiedenen Arbeiten von Klaus-Jürgen Müller über General Ludwig Beck und die Armee.

[21] Brief Helmuth von Moltke an Lionel Curtis, Stockholm, 18. April 1942, zit. in Freya von Moltke/Michael Balfour/Julian Frisby, *Helmuth James von Moltke 1907—1945. Anwalt der Zukunft*, Stuttgart 1975, S. 176, 184ff.

[22] Brief Dietrich Bonhoeffer an Eberhard Bethge, 25. Juni 1942, zit. in: Dietrich Bonhoeffer, *Gesammelte Schriften*, hrsg. von E. Bethge, Bd. 2, München 1959, S. 420.

[23] Mitteilung Eberhard Bethges an den Verf.

[24] Brief Eleanore von Trott an Adam von Trott, 16. Oktober 1936; Briefe an die Eltern, Sammlung Trott.

Widerstand: Ein wertfreier oder ein wertbezogener Begriff?

FRANCISZEK RYSZKA
Warschau

I

1. „Widerstand" ist ein Begriff, der sich in der politischen Sprache verhältnismäßig spät eingebürgert hat; er bleibt in den verschiedenen Sprachkreisen der europäischen Zivilisation vielgesichtig. Dennoch ist das Wort „Widerstand" seit dem 2. Weltkrieg vor allem auf politische und militärische Handlungen gegen die „Achsenmächte" bezogen, die aus Verzweiflung, Protest und schließlich zur Erhaltung der nationalen Substanz unternommen und durchgeführt wurden. In der deutschen Geschichtsschreibung — hier gebe ich Peter Hüttenberger[1] recht — ist der Begriff aufgrund der besonderen Lage eher „ethozentrisch" verstanden gewesen, und das wird weiterhin wahrscheinlich so bleiben, wie unsere Konferenz (wenigstens zum Teil) beweist. Trotzdem bin ich persönlich der Meinung, daß Widerstand gegen eine menschenfeindliche Tyrannei sich auf einen gemeinsamen Nenner bringen läßt, unter der Bedingung allerdings, daß wir auch einige gemeinsame methodologische Grundsätze anerkennen. Mit Peter Hüttenberger stimme ich darin überein, daß der Widerstand in dessen deutschen Erscheinungsformen allzu breit verstanden wurde, was zu weitgehender Verwirrung führen konnte und tatsächlich geführt hat.

2. Der Widerstand als Handlung vereinzelter Personen wie auch als Gruppenaktion läßt sich schematisch folgendermaßen vorstellen:

Motivierung ⟶ Handlung ⟶ Ergebnisse

Dabei mag jedes Stadium nach anderen Methoden erforscht, erläutert und schließlich beurteilt werden. Den Historiker werden eher das zweite und das dritte Stadium interessieren, den Soziologen oder den Politologen das erste und das dritte, um so mehr, wenn die letzteren sich auf Methoden der experimentellen Psychologie stützen. Doch unabhängig davon, welche Methoden und Techniken im Laufe der Forschung angewendet werden, läßt sich der eigentliche Terminus „Widerstand" nach zwei verschiedenen methodologischen Grundkonzepten interpretieren, die wir a) das „phänomenologische" und b) das „normative" nennen können.

a) Das erstere setzt sowohl empirische Studien als auch historische Beschreibung voraus. Dazu gehören gleichermaßen einfache Tatsachenberichte und komplizierte theoretische Verfahren, wie das „two-persons (oder: N-persons) bargaining-game", das uns Peter Hüttenberger anbietet. Mir liegt die soziologische Methode näher. Ihr würde ich mich gerne anschließen, mit dem Vorbehalt allerdings, daß die Strategien der „sozialen Einheiten" (die am Spiel teilnehmen beziehungsweise teilgenommen haben) unterschiedlich gewichtet werden müssen. Ein Vergleich zwischen der Staatsmacht einerseits und den vereinzelten Kreisen der Widerständler andererseits macht von vornherein die ungeheure Ungleichheit der „Spieler" (und deren potentieller Strategien) klar. Zwar ist eine Ungleichheit der Teilnehmer kein Hindernis für die Anwendung der Spiel-Theorie, aber eine andere methodologische Schwierigkeit tritt sogleich hinzu. Die Theorie stützt sich nämlich auf das Konzept der „Interessen", die unbedingt operationell definiert werden müssen, sowohl auf seiten der „Herrschenden" (die jeden Widerstand erstickt haben wollen), wie seitens der „Beherrschten" (die einen Widerstand leisten oder nur beabsichtigen). Dementsprechend muß, schon in der Phase des Vorverständnisses der Forschungsaufgaben, eine präzise Definition der jeweiligen Interessen vorgenommen werden. Diese aber waren — wie sich aus der Geschichte ergibt — ziemlich undurchschaubar. Die Berufung auf die grundlegenden menschlichen Werte — der Freiheit, der Sicherheit und des Wohlstands — ist wohl unzureichend. Die soziologische Auffassung, der historisch-deskriptiven ähnlich (obwohl nach unterschiedlichen Methoden handelnd) ist im Grunde genommen wertfrei; beide haben uns lediglich Zeugnisse zu liefern: „wie es eigentlich gewesen ist". Dazu eine Randbemerkung: Die Vergangenheit zu beschreiben schließt sicherlich eine Wertorientierung nicht aus. Der Historiker und der Sozialwissenschaftler haben das gute Recht, ihre Einschätzungen zu offenbaren, es besteht aber hierbei die Gefahr, einer „Alternativ-Geschichte" anheimzufallen, deren Brauchbarkeit so gut wie nichtig ist. Die Akteure des historischen Prozesses, die sich unserer Meinung nach unrichtig verhalten haben, *ex post* zu belehren, was sie wirklich hätten tun sollen, ist vielleicht attraktiv, doch wissenschaftlich sinnlos.

b) Die „Alternativ-Geschichte" ist mit der normativen Auffassung nicht zu verwechseln. Die letztgenannte richtet sich nicht so stark auf die Analyse der Tatsachen, sondern fragt nach den Normen schlechthin, die zur Zeit des Geschehens gegolten haben, seien es nun Normen der Ethik, der Moral, des Glaubens an die göttliche Ordnung oder schließlich die Rechtsnormen. Hier wäre nach derjenigen Rechtsordnung zu fragen, die den Vorstellungen, den Wünschen und dem Wertsystem der Widerständler entsprach, sie dazu motivierte, Widerstand zu leisten, und diesen gleichzeitig gerechtfertigt hat. Das normative Grundkonzept erfaßt also den Bereich *des Sollens* gegenüber dem Bereiche *des Seins.* Die Spannung, die immer zwischen dem Sollen und dem Sein existiert, weist uns direkt auf einige normative Probleme des deutschen Widerstandes hin. Meiner Ansicht nach stehen moralische Probleme der juristischen Problematik sehr nahe. Beide werden hier deshalb gleichberechtigt behandelt.

II

1. In der Sprache, die sich im Laufe der europäischen Rechtsgeschichte herausgebildet hat, assoziiert der Terminus „Widerstand" eine spontane Handlungsweise gegen eine organisierte Macht (vor allem gegen eine Staatsgewalt), welche die Machtausübung mißbraucht, menschliche Rechte verletzt oder ihr erteilte und allgemein anerkannte Verpflichtungen in grober Weise vernachlässigt. In seiner historischen Auslegung geht jener Begriff des Widerstandes auf die *Magna Charta Libertatum,* sowie nachfolgende beziehungsweise ähnliche staatsrechtliche Entscheidungen zurück, die dazu beitrugen, das Verhältnis zwischen Herrscher und Beherrschten zu gestalten. Verfassungsrechtliche Reformen wie diejenigen von Brabant (1339), Burgund (1468), Polen (1573) und Ungarn (1604) bilden die Meilensteine dessen, was sich unter dem Namen *Ius resistendi* als Vorstellung von einer legitimen Institution in der europäischen Staats- und Rechtsauffassung eingebürgert hat. Zwar stand der Alleinanspruch des herrschenden und souveränen Subjektes auf politische Entscheidung in klarem Widerspruch zum ethischen Charakter des *Ius resistendi,* tatsächlich aber war die Lehre von der Souveränität nur in einem Teile der europäischen Staaten verwirklicht worden, und nur in der relativ kurzen Periode der absolutistischen Monarchien. Nichtsdestoweniger blieb die Vorstellung lebendig, daß man den Machthabern widerstehen könne, falls diese widerrechtlich regieren, solange das menschliche Denken und die menschliche Hoffnung an der Idee des Widerstandsrechts festhielten. Die Geschichte der politischen Ideologien und Rechtstheorien der Neuzeit ist von dieser Idee tief geprägt worden. Das *Ius resistendi* ausüben zu können und zu dürfen, bedeutete einerseits, daß das Recht vor der Macht stünde, zweitens — und das scheint mir von höherer Bedeutung zu sein —, daß es ausschließlich relationell, nicht aber substantiell verstanden werden müsse. Mit anderen Worten: Macht ist keine Substanz transzendenten

Ursprungs, sondern ein zwischenmenschliches Verhältnis. Nur ein Schritt trennt jene Auffassung von der Theorie des *Contrat social* — nicht im Sinne eines Jean-Jacques Rousseau, aber eines Thomas Hobbes.

2. In der vorerwähnten Auffassung ist der Widerstand nicht unbedingt mit einer Revolution identisch, setzt also keineswegs Gewaltanwendung voraus. Dennoch unterscheidet sich meiner Ansicht nach der Begriff des Widerstandes qualitativ von einem allgemeinen Begriff der politischen Opposition, die unangefochten und ohne Risiko handeln kann. Wo aber soll die Grenze liegen, oder welches ist der Differenzierungsgrad? Die Frage kann nur für die jeweilige geschichtliche Situation beantwortet werden. Trotzdem scheint mit empfehlenswert, eine Trennungslinie zwischen beiden Begriffen von vornherein zu ziehen. Widerstand ist weder Revolution noch Anwendung von Gewalt für politische Zwecke, ist also nirgends und nirgendwo mit Guerilla oder Partisanentum, noch weniger mit Verschwörung zu identifizieren, obwohl die meistbekannten Formen des politischen sowie des präpolitischen Widerstandes beinahe automatisch die Vorstellung vom kämpfenden Guerillero oder vom heimtückischen Verschwörer hervorrufen. Geschichte des Widerstandes in dessen präpolitischen Formen, die zum Beispiel Eric Hobsbawm einmal erörtert hat,[2] zeigt uns manchmal jene bunten und zwiespältigen Figuren, die am Rande der sozialen Rebellion und der gemeinen Kriminalität handelten und weiterhin zu solchen Handlungen bereit sind, wie zum Beispiel moderne Terroristen. Dieses soziale Phänomen dürfen wir sicherlich außer acht lassen, obwohl der primitive vorpolitische Kampf aus einem einzigen Grund erwähnenswert ist. Es sind nämlich seine Erscheinungsformen, die von objektiven Gegebenheiten geprägt wurden — das heißt analoge Formen für verschiedene und jeweilig historisch bedingte Akte des Protestes, der Verzweiflung und der Verteidigung schlechthin. In der Geschichte des deutschen Widerstandes gegen Hitler dürfen sie nicht übersehen werden, wie sich aus dem Verlauf der Konferenz ergab. Doch eine politische, organisierte Aktion scheint unvergleichbar wichtiger zu sein.

3. Hiermit sind wir zur Frage der Politik gekommen. Politik bestimmt das Phänomen des Widerstandes *sensu largo* und *in abstracto* wie des Widerstandes *sensu stricto* in den raum-zeitlichen Grenzen, die uns die deutsche Geschichte 1933—1945 geliefert hat. Die Situation, deren Ausgangspunkt ein multiplizierter psychischer Zwang ist, bildet gleichzeitig eine politische Situation, und zwar eine Grenzsituation, deren Grenze zweifach gekennzeichnet werden könnte: aufgrund moralischer und aufgrund rechtlicher Kriterien. Der Widerstand, der uns interessieren sollte, stellt nicht nur politische, sondern moralische und rechtliche Probleme. Ihre Geschichte beginnt mit der politischen Philosophie des Altertums. Aristoteles' Lehre über die Tyrannei (*Politik*, IV, I; *Rhetorik*, I, 8), die

— seiner Meinung nach — lediglich eigene Interessen des Tyrannen äußert, setzt *explicite* Ungehorsam gegenüber dem Machthaber voraus. Ähnliche Ideen und Schlußfolgerungen wurden von Thomas von Aquino (*De regimine principium*, I, 3) vertreten und wirkten — dank der Lehre der Naturrechtler — weit bis ins Zeitalter der Aufklärung nach. Tyrannei beziehungsweise Despotie (so Montesquieu, *De l'esprit des lois*, III, 9; IV, 5) — moralisch verurteilt — stellte gleichfalls die Legitimation derjenigen Macht in Frage, die mit entsprechenden moralischen Auffassungen unvereinbar war. Das Studium einer Tyrannei setzt also von vornherein Zusammenhänge zwischen dem moralischen und juristischen Standpunkt der Beurteilung voraus. Jede sinnvolle Einschätzung der Tyrannei ist weniger von der Legalität der Machtergreifung abhängig als von der Legitimität, wobei unter „Legitimität" nicht unbedingt die Kontinuität im Rahmen einer Staatsverfassung verstanden werden soll. Es handelt sich eher um die Übereinstimmung der staatlichen Praxis mit dem System der geltenden moralischen Normen, das heißt derjenigen, die kulturgeschichtlich und zivilisatorisch anerkannt sind. Ein Tyrann *cum titulo*, wie es bei Hitler der Fall gewesen ist, blieb nichtsdestoweniger Tyrann, weil er die Tyrannei *ab exercitio* eingeführt hat. Die existentielle Auffassung der Tyrannei (Tyrann ist man lediglich deswegen, weil man tyrannisch regiert) schafft zu gleicher Zeit theoretische Grundlagen für das Problem der Legitimität. Mit anderen Worten: Wenn sich eine Tyrannei etabliert hat, würde das gleichzeitig bedeuten, daß die Staatsmacht gegen menschliche Werte handelt. Der Legitimitätsanspruch — von der freiwilligen menschlichen Entscheidung abgeleitet — geht damit verloren.

4. Jede Rechtsnorm, die von einem Tyrannen gesetzt wurde, erweckt moralische Bedenken, sogar wenn sie sich auf neutrale Tatbestände bezieht. Das muß nicht unbedingt heißen, daß jeder Sachverhalt und jede Beziehung im rechtlichen Sinne unmoralisch seien. Wenn aber das ganze Rechtssetzungssystem von einer unmoralischen Grundnorm unmittelbar abhängig ist, dann kann alles in Frage gestellt werden, was im juristischen Bereiche geschieht. Recht ist nämlich eine bloße Norm, die einmal — einer vorgeschriebenen Prozedur gemäß — verabschiedet wurde. Recht ist das wirklich geltende, das praktizierte Recht, das tatsächlich angewandt wird — von Richtern, Staatsbeamten und verschiedenen Vertretern der Staatsmacht. Rechtswidrig wäre also das System als Ganzes, obwohl dessen vereinzelte Elemente ihre normale Funktion unbeanstandet ausüben können und keineswegs in der öffentlichen Meinung den Anschein erwecken beziehungsweise bestätigen, daß ihre Tätigkeit rechtswidrig sei. Dennoch muß das Urteil der öffentlichen Meinung solange in Frage gestellt werden, wie diese öffentliche Meinung das tyrannische System als solches unterstützt, wie sie durch ihre Unterlassungen oder durch ihre

Passivität der Tyrannei Folge leistet. „Wer sich nicht mit Politik befaßt" — stellte einmal Max Frisch fest —, „hat die politische Parteinahme, die er sich ersparen möchte, bereits vollzogen: Er dient der herrschenden Partei." Die bitteren Worte des Verfassers von *Biedermann und die Brandstifter* scheinen nicht allzu übertrieben zu sein. Jedenfalls wäre es vom Standpunkt der wissenschaftlichen Akribie gefährlich, die Bedeutung der öffentlichen Meinung im tyrannischen System zu überschätzen. Allzuoft wird sie verfälscht oder manipuliert, in Widersprüche und Unzulänglichkeiten verwickelt. Manchmal ist sie auf eine Widerspiegelung der amtlichen Propaganda reduziert und verliert damit ihren eigentlichen Sinn. Unterschätzen sollte man sie trotzdem nicht. Die öffentliche Meinung ist sowohl ein Problem der Zahlen wie der Intensität; vor allen Dingen ist sie veränderlich.

5. Unsere Aufgabe besteht aber nicht darin, moralische Werturteile über die Tyrannei vorzuführen. Wenn man über den Widerstand gegen eine moderne Tyrannei reden soll, dann bleibt nichts anderes übrig, als die unmoralischen und widerrechtlichen Eigenschaften der Tyrannei zu benennen. Die Frage, ob das in einem allgemeinen und objektiven Normsystem möglich sei, ist meines Erachtens überflüssig. Es handelt sich hier — *hic et nunc* — um ein konkretes System der Tyrannei, das einen konkreten Widerstand hervorbrachte. Die Geschichte jener Tyrannei und jenes hoffnungslosen und heroischen Widerstandes, wie sie sich in Deutschland ereignet hat, ist doch Gegenstand unserer Diskussion. Wer eigentlich recht gehabt hat, ist nicht selten erst im Urteil der Geschichte beschlossen, nicht also von den Zeitgenossen, die übrigens nicht viel davon wußten oder darüber nichts wissen wollten. Mag die Antwort in unserem Falle eindeutig sein, aufgrund des verbrecherischen Charakters der Tyrannei, die uns interessiert, so reicht das noch nicht aus für eine allgemeine Theorie des Widerstandes, die einem allgemeinen Begriff genügt.

Wir haben mit dem Versuch angefangen, möglichst deutlich zu beantworten, was der Widerstand im politischen Sinne nicht ist. Hätten wir es aber positiv erklären müssen, dann wäre eine Typologie vonnöten, und zwar im Zusammenhang mit dem Charakter der agierenden Subjekte. Diese hatten eine Entscheidung zu treffen, die mit einer moralischen anfing. Wer Widerstand leisten will, braucht jedoch nicht unbedingt zwischen dem „absolut Guten" und dem „absolut Bösen" zu wählen. Widerstand muß sich keineswegs an einem polarisierten „Entweder-Oder" ausrichten. Er beginnt zwar öfters mit moralischen Urteilen, bewegt sich aber trotzdem im Bereich der Politik. Gegen ihrer Meinung nach illegitime Ansprüche reagiert die Tyrannei repressiv. Ihrer inneren Logik folgend, stellt sie nicht nur jede eventuelle Opposition außerhalb der Legalität, sondern versucht sie von vornherein zu kriminalisieren. Weil das System sich überwiegend auf vage Vorstellungen des Rechts stützt und bewußt das Recht mit der von ihm eingeführten Moral identifiziert, wird die Repression zum größten Teil in außerordentlicher Weise ausgeübt. Rechtliche Sicherheit ist mit dem System unvereinbar. Jeder Versuch der oppositionellen Tätigkeit muß also außerhalb der Legalität erfolgen. Sie wird also „Widerstand" heißen müssen.

III

1. Daraus ergeben sich als Merkmale des Widerstandes die Überzeugung, daß
a) das herrschende System keine legale Möglichkeit zur Veränderung (Reformen) bietet;
b) das System moralisch und juristisch illegitim und ungerecht ist;
c) das Streben zur Veränderung des Systems die höchsten Werte verkörpert, aber gleichzeitig das höchste Risiko einschließt.

Die persönlichen Gefahren, die die Widerständler einkalkulieren mußten, bilden das geeignete „Maß" des Widerstandes — in subjektiver Hinsicht. Das System stützt sich auf die Permanenz der Angst.[3] Die Angst zu überwinden, um seiner moralischen Überzeugung Folge zu leisten und sie in die Tat umzuwandeln, war nicht nur das erste Gebot, sondern auch die erste Eigenschaft eines Widerstandskämpfers. Im Rahmen dieser Kriterien zählen zum Widerstand sowohl der einsame Attentäter im Bürgerbräukeller in München am 9. November 1939 wie die Helden des 20. Juli 1944.

2. Es stellt sich nun die Frage, inwieweit der Widerstand objektiv beurteilt werden kann, das heißt bei wem die richtige Entscheidung lag. Nach dem Prinzip der „normativen Kraft des Faktischen" wird jeder Widerstand legitim — zumindest *ex post* —, wenn seine Anhänger gesiegt haben oder der Seite der siegreichen Partei sich anschließen konnten. Es sind wohl die amerikanischen Revolutionäre oder die spanischen Guerilleros, die für eine gerechte Sache gekämpft haben, nicht aber die englische Kolonialmacht oder die Streitkräfte Napoleons. Die Erstgenannten opferten doch ihr Leben für die Freiheit schlechthin, die genauso die Schicksalsfrage der ganzen Nation wie den Wohlstand einer geschlossenen Gruppe bedeutete. Doch die Tatsache, daß sie für eine gerechte Sache gekämpft haben, ist erst durch die Geschichte bestätigt. Zu ihrer Zeit haben sie gegen ein herrschendes System kämpfen müssen, das sich auf eine Legitimität berufen hatte. Diese Legitimität des Systems stellte alles außer Frage, was ihren Prinzipien widersprach, und was ihr widersprach, war *ex definitione* außergesetzlich. Die außergesetzlichen und ausdrücklich verbotenen Handlungen wurden immer verfolgt und bestraft, oft

sogar mit äußerster Strenge, wie es zum Beispiel in ganz Ost- und Mitteleuropa zur Zeit der Heiligen Allianz praktiziert wurde. Revolutionäre und Freiheitskämpfer haben auf keine Milde zu rechnen gehabt; Galgen und Erschießungen, Kerker und Verbannungen begleiteten ununterbrochen ihre Wege. Dennoch bestand zu jener Zeit zwischen Tat und Repression ein fixierter Zusammenhang. Der Staat war an eigene Vorschriften gebunden. Er war ungerecht, er war böse — so liest man auf den Seiten der Geschichtsbücher. Verbrecherisch war er trotzdem nicht im Sinne einer allgemeinen Kriminalitätsauffassung, die ausdrücklich in seiner eigenen Gesetzgebung definiert wurde. Kriminelles Verhalten seitens der Staatsbehörde ist erst nach dem 2. Weltkrieg völker- und strafrechtlich definiert worden. Daß ein Staat mittels amtlicher Handlungen seiner Vertreter Betrug und andere schwere Delikte wie Totschlag, Mord, Nötigung, Raub verübt und daß diese nicht nur gerechtfertigt wurden, sondern im Namen der Staatsgewalt und im Rahmen des Staatsprogramms erfolgten, ist ein Charakterzeichen der modernen Tyrannei. Ein solcher Staat mußte einen moralischen Protest erwecken, sobald seine Missetaten bekannt geworden waren. Vom moralischen Protest führt der Weg direkt zum politischen Widerstand, der sich zu jeder Zeit in einen unerbittlichen Kampf mit allen verfügbaren Mitteln verwandeln konnte. Am Anfang war — wie gesagt — die einzelne Entscheidung. Sie war von vornherein moralisch begründet, wenn jemand vom Ausgangspunkt der moralischen Abneigung zur Handlung gegen die Tyrannei sich entschloß. Es ist die Tyrannei, die allein durch ihre Existenz und ihre Art der Gewaltanwendung den Widerstand provoziert hat.

3. Die Tyrannei — jetzt ist wohl konkret über das Dritte Reich zu reden — ist auf dem Konzept des Feindes aufgebaut. Dieses Konzept galt gegenüber bestimmten gesellschaftlichen, nationalen beziehungsweise ethnischen Gruppen sowohl im eigenen Lande wie in fremden Ländern. Schon das Vorhandensein des „Feindes" belästigte die Existenz des Reiches bis an die Grenzen der Unerträglichkeit. Der Feind sollte verschwinden. Mit anderen Worten: Ihm drohte eine totale Vernichtung. Vernichtung bedeutete ursprünglich nicht Massenmord. Es fehlt an Beweisen, daß zum Beispiel die „feindlichen Elemente" nach dem 30. Januar 1933 zur Vernichtung, das heißt zum Tode, „abgeschrieben" wurden. Dennoch kommt Vernichtung — nicht nur in der Form des „genocidum"[4] — dem Massenmord gleich.

Das krasseste Beispiel hierfür bildet die Judenverfolgung. Den Juden wurden erst die Menschenrechte aberkannt: in Deutschland allmählich und stufenweise, in den besetzten Ländern östlicher Hemisphäre (angefangen mit Polen) in einem kurzen Prozeß der Erniedrigung und Zerstörung der Persönlichkeit bis zum anonymen Tod in den Gaskammern. Die

Juden, die laut Hannah Arendts treffendem Urteil[5] als „objektiver Feind" galten (ihre „Feindschaft" wurde als unlösbar, unverbesserlich, „ewig" und „von Natur bedingt" verstanden und verkündigt), verfielen in erster Linie der Vernichtung. Dem Feind, der wegen seiner politischen Zugehörigkeit oder wegen bloßer Gesinnung verfolgt wurde — vor allem Kommunisten, Sozialdemokraten, Mitglieder „politisierender Kirchen" usw. —, ging es wenigstens im eigenen Lande besser, obgleich auch gegen ihn in jeder Art der außerrechtlichen Repressionen vorgegangen wurde, aber doch nicht immer bis zur vollständigen Vernichtung oder — um die bekannte kryptonymische Beziehung in Erinnerung zu bringen — bis zur „Endlösung".

4. Das Dritte Reich ist oft als ein „totalitäres" System bezeichnet worden. Persönlich bin ich kein Anhänger dieses Begriffs, aber wenn man schon über „Totalität" reden will, dann nicht wegen des Quantums der angewandten Mittel (Kontrolle der ganzen Gesellschaft, „Monopolisierung" des Gedankens, Repression usw.), sondern wegen der Ausweitung der Feindschaft auf alle Gebiete der zwischenmenschlichen Beziehungen: auf die Wirtschaft, auf die Kultur und alle anderen Bereiche des sozialen Lebens. Um etwas als „Feind" zu erklären, genügte die bloße vermutete Zugehörigkeit zu einer der als feindlich angezeigten Gruppen. Der Feind verlor damit seine menschlichen Konturen. Er befand sich überall, an jeder Stelle der sozialen Landschaft. Der Begriff des Feindes ließ sich nicht mehr im Rahmen der festgesetzten juristischen Normen definieren; „Feindschaft" wird auf einmal intersubjektiv berufen. Jene Auffassung der Feindschaft forderte, wie gesagt, die Vernichtung. Die totale Auffassung der Feindschaft bis zur geplanten Vernichtung legitimierte nicht nur den Charakter des Widerstandes, sondern sie gestaltete ihn. Der Widerstand wurde letztlich zur Notwehr. Als Notwehr gegen den extensiven Begriff des Feindes ließ er sich mit extensiven Methoden führen; an Extensivierung der Methoden wird er am besten gemessen. Das ist ein weiterer Beitrag zur Charakteristik des Widerstandes gegen das nationalsozialistische Herrschaftssystem.

IV

Die Methoden des deutschen Widerstandes waren, wie sich aus den zahlreichen Referaten ergab, genauso unterschiedlich, wie die Zielsetzung unterschiedlich war. In groben Linien läßt sich die Problematik in doppelter Weise klassifizieren: entweder quantitativ nach dem Ausmaß der Erscheinungsformen (Anhänger, Aktionen, Ergebnisse) oder qualitativ nach dem Typus der Organisation (politische Gesinnung, Ideologie, Verbündete, Sympathisanten) und der Handlung. So weit er auch differenziert (im quantitativen wie im qualitativen Sinne) war, hatte der deutsche

Widerstand gegen Hitler doch ein oberstes programmatisches Ziel: die Abschaffung der Diktatur mit der Beseitigung des Tyrannen, was einen politischen Umsturz verlangte. Ein Verzicht auf die Annexionen war auch vorgesehen worden, obwohl in begrenztem Umfange und in zwielichtiger Deutung. Die Beendigung des Krieges sollte nur stufenweise erfolgen, und zwar unter anderen Bedingungen gegenüber dem östlichen Feind und den westlichen Mächten. Die Abschaffung der nationalistischen Institutionen und Normen verstand sich von selbst, doch sollte dies nicht sofort und automatisch geschehen. Keines von den festgesetzten Zielen hat sich verwirklichen lassen. Die Zahl der Opfer vor dem 20. Juli 1944, besonders aber nach dem mißglückten Attentat, stand im klaren Mißverhältnis zu der Planung und den Hoffnungen der Widerständler aller Orientierungen und aller Gruppen.

Die Bilanz des Widerstandes im politischen Sinne fällt also eindeutig negativ aus. Es ist jedoch nicht die Tatsachengeschichte, also der Bereich des Seins, der uns interessiert hat. Der deutsche Widerstand gegen Hitler und Hitlers verbrecherisches Regime ist unserer Meinung nach mit normativen Kriterien zu messen. Der Widerstand war moralisch legitim und seinem Wesen nach legal, weil er vom obersten Recht abgeleitet war, von jenem Recht, das die höchsten menschlichen Werte verteidigen und notfalls erkämpfen wollte.

Anmerkungen

[1] Peter Hüttenberger, *Vorüberlegungen zum „Widerstandsbegriff"*, in: Jürgen Kocka (Hrsg.), *Theorien in der Praxis des Historikers,* Göttingen 1977, S. 118 ff.

[2] Eric Hobsbawm, *Primitive Rebels,* London 1955.

[3] Lothar Bossle, *Politischer Terror und Manipulation der Angst,* in: *Die politische und gesellschaftliche Rolle der Angst,* Frankfurt a. M. 1967, S. 56 ff.; Wanda von Bayer-Katte, *Das Zerstörende in der Politik,* Heidelberg 1958; Franz L. Neumann, *Angst und Politik,* Tübingen 1954.

[4] Rafael Lemkin, *Axis Rule in Occupied Europe,* Washington D. C. 1944.

[5] Hannah Arendt, *The Origins of Totalitarism,* New York 1951 (dt.: *Ursprünge und Elemente der totalitären Herrschaft,* Frankfurt a. M. 1963).

Zehnter Teil

Diskussionen und Perspektiven

Diskussionen zur Geschichte des Widerstands

Ein Tagungsresümee*

Die Widerstandsforschung befindet sich nicht nur im Hinblick auf Fragestellungen, Interpretationen, Methoden und Schwerpunkte im Fluß, sondern auch hinsichtlich ihrer politischen Implikationen und wertmäßigen Prämissen. Deshalb konnte es bei der Vorbereitung der hier dokumentierten Konferenz niemals allein um die Addition von einzelnen Studien und Referaten gehen. Es kam vielmehr darauf an, die Gesamttagung zu einem Forum der Forschung zu machen. Positionen sollten knapp akzentuiert, vergleichende Fragestellungen entwickelt und begründet, Konsequenzen für die Deutung des modernen Forschungsstandes und die Entwicklung einer Forschungsperspektive erörtert werden.

Zu diesem Zweck wurde nach einem bisher nur selten erprobten Modell verfahren. Von den Konferenzteilnehmern wurden Beiträge zu Schwerpunktthemen erbeten. In Einzelsitzungen sollten Berichterstatter die schriftlich vorliegenden Papiere kurz vorstellen, Verbindungslinien zeichnen und auf offene Fragen oder Gegensätze hinweisen, nach Möglichkeit die sich anschließende Diskussion schon vorab inhaltlich abstecken oder eigene Lösungsvorschläge in die Erörterung einführen.

Insgesamt wurden acht mehrstündige Diskussionsrunden und eine Abschlußsitzung vorbereitet. Außerdem fand eine von Richard *Löwenthal* geleitete öffentliche Podiumsdiskussion statt — mit ehemaligen Widerstandskämpfern aus von deutschen Truppen besetzten Ländern Europas als Zeitzeugen. Die Veranstaltung wurde aufgezeichnet und soll eigenständig veröffentlicht werden.

Im folgenden Bericht werden Grundlinien der Einführungen der Berichterstatter und der Diskussionen nachgezeichnet. Er soll kein Wortprotokoll sein, sondern offene Probleme, Akzente der Forschung, Perspektiven und nicht zuletzt die immer wieder aufbrechenden Grundkonflikte zwischen den Positionen der einzelnen Tagungsteilnehmer sichtbar machen. Abschließend wird ein Gesamtresümee versucht, um eine weiterführende Beschäftigung mit dem Thema anzuregen und zu erleichtern.

* Die Zusammenfassung der Diskussionen durch die Herausgeber beruht auf dem Tonband-Mitschnitt der Konferenz sowie auf Mitschriften und Protokollen von Barbara *Flenker*, Ansgar *Hinz*, Brigitte *Oleschinski*, Tilla *Siegel*, Nicolaus *Starost*, Johannes *Tuchel* und Wilhelm Ernst *Winterhager*.

I

Die *1. Sitzung* über die *Formierung des Widerstands in der Konsolidierungsphase des NS-Regimes* leitete Walther *Hofer.* Allen Beiträgen sei gemeinsam — so lautete sein Fazit —, daß der fehlerhaften Einschätzung des Nationalsozialismus in der Endphase der Weimarer Republik große Bedeutung auch für die Möglichkeiten aktiven Widerstands und sein Scheitern zugeschrieben werde: Der Sozialfaschismus-Konzeption auf seiten der KPD entspreche auf seiten der SPD ein Legalitätsdenken, das die Folge einer verhängnisvollen „Unterschätzung" des Nationalsozialismus sei. Das NS-Regime wurde schlimmstenfalls als Kombination von Bismarckschem Antisozialismus und italienischem Faschismus verstanden. Die Ambivalenz der Haltung des Allgemeinen Deutschen Gewerkschaftsbundes sei eine Folge der Funktion von Gewerkschaften als Ordnungsfaktor und Gegenmacht gewesen. Dieser Vorstellung habe auf konservativer Seite die illusionäre Erwartung entsprochen, den Nationalsozialismus „zähmen" und „einrahmen" zu können. Auch im Pressebereich seien Fehleinschätzungen nachweisbar. In der Einbeziehung auch der bündischen Jugend in das Widerstandspotential sah der Berichterstatter die Folge einer weitergefaßten Widerstandsvorstellung, nämlich des Begriffs eines „widerständigen Verhaltens". Insgesamt sei die Palette der Begriffe vielfältig und nicht ganz widerspruchsfrei. Definitorische Überlegungen sollten deshalb die Sitzungsdiskussion leiten. Der Berner Historiker führte in diesem Zusammenhang aus:

„Es ist die Rede unter anderem von *Widerstand, Opposition, Gegenarbeit* und *Resistenz.* Einige Referenten richten ihr Augenmerk mehr auf die Darstellung oppositioneller Haltungen, andere mehr auf die Frage nach der Wirkungslosigkeit von Alternativen zu Hitler. Jene, die sich mit den traditionellen Parteien und Verbänden beschäftigten, gehen in ihrer Geschichtsschreibung „von oben" eher vom Begriff des Widerstandes aus. Andere haben sich der methodischen Schwerpunktverlagerung zu einer Wirkungsgeschichte „von unten" und zur Alltagsgeschichte angeschlossen, wodurch der Widerstandsbegriff eine Ausweitung durch den Terminus der Resistenz erfährt. Diese Ausweitung der Begriffe, von Widerstand über Opposition zu Resistenz, mag geeignet sein, die Perspektive über den aktiven Widerstand hinaus zu erweitern in Richtung auf andere Formen des Dissenses zum Nationalsozialismus. Voraussetzung dafür, daß dies auch zu einem erhöhten Verständnis für das Problem des Widerstands führen könnte, wäre allerdings, daß zwischen dem engeren Begriff des Widerstands und den weitergefaßten von Opposition und Resistenz schärfere Trennlinien gezogen würden. Der Gebrauch des Begriffes *Widerstand* als nur loser Oberbegriff, dem jegliche Nonkonformität subsumiert würde, scheint mir nicht sehr hilfreich. Einer generellen Deutung von Opposition und Resistenz als Widerstand stehen meines Erachtens folgende Bedenken entgegen:

1. Der Begriff der *Resistenz,* dem Bereich der Medizin entlehnt, meint inhaltlich das Gegenteil von *résistance* und *resistenza,* denen er zum Verwechseln gleicht. Während nämlich die französischen und italienischen Begriffe für den aktiven Widerstand gegen die deutsche Besatzungsmacht stehen und in der Forschung dieser Länder über Deutschland besonders der aktive Widerstand gegen Hitler am 20. Juli 1944 als *résistance* bezeichnet wird, steht es mit dem Begriff der *Resistenz* gerade umgekehrt: Die in Deutschland damit umschriebenen Handlungsweisen werden nämlich in der französischen und italienischen Forschung teilweise schon als *collaboration* bezeichnet, womit durch den neueren Resistenzbegriff die deutsch-französisch-italienische Wissenschaftskonfusion vorprogrammiert ist. Wenn man an Begriffe die Forderung stellt, in einem die internationale Forschung beschäftigenden Bereich Klarheit zu schaffen, so muß man feststellen, daß der Resistenzbegriff dies nicht leistet.

2. Auf einen weiteren kritischen Punkt des Resistenzbegriffes verweisen Peter *Lösche*/Michael *Scholing* im Zusammenhang mit dem Projekt *Bayern in der NS-Zeit,* auch wenn sie grundsätzlich die Vorzüge eines wirkungsgeschichtlichen Ansatzes anerkennen. Der angeblich wertneutrale Begriff der Resistenz lasse nämlich jedes disfunktionale Verhalten als resistent erscheinen, wodurch die Verantwortung von einzelnen, Gruppen, Organisationen und Institutionen am Nationalsozialismus verschleiert würde. Wie schon andernorts gegen einen erweiterten Widerstandsbegriff eingewendet wurde, führt der Begriff der Resistenz zu einer Nivellierung von grundsätzlichem Widerstand gegen das System einerseits und Aktionen, die mehr oder weniger zufällige, äußerliche Erscheinungsformen kritisierten, andererseits: Der Tyrannenmörder erscheint auf derselben Stufe wie der Schwarzschlächter. Ich kann mich in diesem Zusammenhang auch wenig befreunden mit der Tendenz, die die Betonung von sittlicher Qualität und politischem Gehalt des Widerstands als moralisierende Geschichtsbetrachtung abqualifiziert und dabei von der Notwendigkeit spricht, das Forschungsthema Widerstand und Verfolgung aus monumentalistischer Erstarrung zu lösen, eine Erstarrung, die ich nicht recht zu erkennen vermag. Indem moralisch-politische Urteile aus der Widerstandsdebatte ausgeschlossen werden, huldigt man einer falschen Objektivität.

3. Der Mangel eines den Widerstandsbegriff auflösenden Resistenzbegriffes tritt am deutlichsten zutage, wenn wir uns vergegenwärtigen, in welchem analytisch-theoretischen Zusammenhang letzterer steht. Es besteht nämlich die Gefahr, daß die Fehler, die die Gegner des Nationalsozialismus in ihrer Analyse der Situation von 1933 gemacht haben, nun in der Wissenschaft gewissermaßen wiederholt werden, indem aus der wirkungsgeschichtlichen Perspektive eine breite Skepsis und Verweigerung, ja eine effektive, relevante Machteinschränkung festgestellt und damit der totalitäre Charakter des Dritten Reiches abgestritten wird. Es besteht also ein innerer Zusammenhang zwischen der Verwendung des Resistenzbegriffes und der Entdämonisierung des Nationalsozialismus durch die These der kumulativen Radikalisierung und der Polykratie. Die Darstellung des Konfliktes zwischen dem nationalsozialistischen Totalitätsanspruch und wirksamen Gegenkräften gerät dabei in die Gefahr, daß, unter Vernachlässigung der insgesamt krassen Machtdisparitäten zwischen dem Regime und seiner Opposition, festgestellter Dissens überbewertet wird. Daß die Gesellschaft nicht ebenso schnell und vollständig gleichgeschaltet werden konnte wie das organisierte politische Leben, ist gewiß keine neue Erkenntnis. Totalitäre Tendenzen hatte das NS-Regime indessen, seit es die Macht ergriffen hatte, auch wenn selbstverständlich nicht von einem Tag auf den andern jeglicher Dissens erstickt werden konnte. Ich habe in diesem Zusammenhang immer darauf hingewiesen, daß der Nationalsozialismus stets so totalitär war, wie es Umstände und Machtverhältnisse erlaubten.

Dies sei hier klargestellt: Wir verschließen uns nicht der Notwendigkeit, die breite Palette gesellschaftlichen Verhaltens gegenüber dem Nationalsozialismus zu untersuchen. Dazu ist es aber notwendig, klare Begriffe zu schaffen, sofern sie nicht vorhanden sind, und zwischen diesen Begriffen klare Grenzen anzugeben. Meines Erachtens würde man am besten zwischen aktivem Widerstand einerseits und Opposition als weiter gefaßtem Begriff andererseits unterscheiden. Jedenfalls scheint es mir wenig sinnvoll, einer lange Zeit verhaltensgeschichtlich ausgerichteten Forschung nun eine einseitige wirkungsgeschichtliche folgen zu lassen, besonders wenn deren Vertreter gelegentlich selbst zugeben müssen, daß die unter dem neuen Begriff der Resistenz subsumierten oppositionellen Haltungen gerade wenig oder überhaupt keine für das herrschende totalitäre Regime irgendwie relevante Wirkung erzeugt haben."

*

Die *Diskussion* konzentrierte sich in starkem Maße auf die von Hofer angesprochenen Komplexe.

Heinz *Boberach* forderte, Widerstand auch aus der Perspektive der Träger des NS-Staates zu definieren, und wurde von Manfred *Messerschmidt* unterstützt. Marlis *Steinert* lehnte den Resistenzbegriff entschieden ab, weil er in der Regel stumme Hinnahme, Resignation, Apathie bedeute und keineswegs eine Integration in das Regime ausschließe. Klaus-Jürgen *Müller* verband mit der Vorstellung des Widerstands den Willen zur Überwindung des Systems. Hingegen möchte Richard *Löwenthal* auch den Teilwiderstand, der sich nicht gegen die Natur des Staates richtete und dennoch in Konflikt mit den Trägern der Macht geriet, in die historische Analyse einbeziehen. Peter *Steinbach* warnte vor der Verwendung einer starren Definition, weil sie der Vielfalt von Ansatzpunkten, Möglichkeiten und Schwellen der Widerstandspraxis nicht entspreche. Hans *Mommsen* lehnte ebenfalls eine starre Definition ab. Dem einzelnen stelle sich die Situation des Widerstands als eine jeweils spezifische Herausforderung. Auch die Rekrutierungsbedingungen schlössen einen normierenden, starren Widerstandsbegriff aus. P. *Steinbach* schlug vor, in der

Analyse gradueller Steigerung und zeitlicher Differenzierung Widerstand als einen Prozeß zu beschreiben; dies böte, auch nach H. *Mommsen*, die Chance, den dualistischen Ansatz zu überwinden und Konfliktüberschneidungen aus Anpassung und Widerständigkeit zum Thema der Widerstandsgeschichte zu machen. Diese Überschneidung gehe bis in die Persönlichkeit einzelner Widerstandskämpfer hinein. Hermann *Weber* bestritt die allgemeine Anwendbarkeit dieser Vorstellung, indem er auf die Erfahrungen des Widerstands der Arbeiterbewegung hinwies. Ihre Anhänger seien nicht im Zuge eines Prozesses in den Widerstand geraten. Deshalb könne die vorgeschlagene Perspektive „höchstens für den konservativen Widerstand“ gelten.

Ein weiterer Schwerpunkt berührte die *Startvoraussetzungen des Widerstands.* Francis L. *Carsten* hatte als Zeitzeuge die Diskussion bereits mit einem persönlichen Bericht begonnen: über die Enttäuschung vieler Mitglieder von SPD und KPD, daß beide Parteien nichts gegen die NS-Machtergreifung unternahmen, aber auch über die Vielzahl illegaler sozialistischer Gruppen, die solche Passivität nicht mitmachten, jedoch durch ihren Aktivismus bald Verfolgungen auf sich zogen und größtenteils von der Gestapo zerschlagen wurden. Patrik *von zur Mühlen* sah die Gesellschaft durch ihre tiefe innere Spaltung, durch den Verlust jeden Konsenses charakterisiert. Diese Trennung habe vereinzelt bis in die jeweiligen Blöcke hineingereicht. Auch R. *Löwenthal* erinnerte an die Erfahrung, daß zwischen den gesellschaftlichen und politischen Blöcken lange Zeit kein Brückenschlag möglich gewesen sei. Erst im Umkreis der Attentäter des 20. Juli sei es hierzu gekommen. P. *Steinbach* warf die Frage auf, inwieweit die scharfen politischen Auseinandersetzungen der Endphase der Weimarer Republik eine gemeinsame Widerstandsperspektive behindert hätten und gerade in der Selbstisolierung einzelner Gruppen die Erklärung für die Fragmentierung des Widerstands liege. Soziale und politische „Blindheit“ auch gegenüber nationalsozialistischen Übergriffen finde hier möglicherweise eine Erklärung.

In diesem Zusammenhang stand auch die Kritik am Begriff der sozialdemokratischen *„Solidargemeinschaft“* (Lösche/Scholing), in dessen Verwendung H. *Mommsen* die Gefahr sah, die Verhältnisse zu beschönigen; denn tragfähige Gegenkonzepte seien von der „Solidargemeinschaft“ nicht entwickelt worden. So sei insbesondere nicht das Dilemma gelöst worden, angeben zu können, „wohin die Reise“ nach der Überwindung des Regimes zu gehen habe. Der Rückzug in die sozialdemokratische Identität komme so einer Flucht aus der Wirklichkeit gleich. H. *Weber* machte darauf aufmerksam, daß die Startbedingungen des Widerstands in entscheidendem Ausmaß durch das System selbst bedingt worden seien: „Der Widerstand der KPD wird nicht nur durch den Gegensatz zum Nationalsozialismus erklärbar, sondern ebenso durch die Entschlossenheit der NS-Führung, die Arbeiterbewegung zu zerschlagen.“ H. *Boberach* maß der Aggressivität des Systems ebenfalls entscheidende Bedeutung zu und warnte deshalb vor falschen Vorstellungen hinsichtlich der Möglichkeiten, Teil- oder Eventualwiderstand zu leisten.

P. *Steinbach* sah als entscheidend an, daß es nicht zu „Partnerschaften" verschiedener Gruppen im Widerstand kam und so die Isolation einzelner Milieus niemals überwunden wurde. Das „Überwintern" von Traditionen sei bestenfalls eine Voraussetzung für einen langfristigen aktivierbaren Widerstand, aber keinesfalls von vornherein damit gleichzusetzen. R. *Löwenthal* hob hervor, daß es für die Bildung „halbwegs stabiler Widerstandsgruppen" allerdings auch kaum Möglichkeiten gegeben habe. Dies liege im Wesen des totalitären Systems, welches neben dem Monopol der politischen Entscheidung auch das der gesellschaftlichen Organisation und Information verteidigen müsse.

Die Kritik an der Konzeption einer „Solidargemeinschaft" richtete sich insbesondere auf die Frage nach den Wirkungsmöglichkeiten der Zeitschrift *Blick in die Zeit.* H. *Mommsen* und Bernd *Sösemann* bestritten, daß ein Oppositionsblatt überhaupt ungehindert hätte erscheinen können; so sei wahrscheinlich, daß die Gestapo durch das Blatt willkommene Informationen über den Zusammenbruch der alten Sozialdemokratie verbreitet sah, die den Glauben an Zusammenhalt und Solidarität erschüttern und letztlich destruktiv wirken konnten. Michael *Scholing* wandte ein, daß sich die Mitarbeiter in einem von ihnen durchschauten aussichtslosen Kampf befunden und ihr Ziel primär in der Erhaltung von Kommunikationswegen gesehen hätten. Gerhard *Beier* verwies in diesem Zusammenhang darauf, daß heute manche Widerstandsaktivität — auch einer Gruppe wie „Neu Beginnen" — wie Sektiererei anmute, doch müsse bedacht werden, wie überraschend und enttäuschend damals zum Beispiel die Stillhaltepraxis der Gewerkschaften, die sich vor 1933 als Gegenmacht und Widerstandsorganisation gegen das Kapital und den Klassenstaat gefühlt hätten, gewesen sei.

So ergab die Diskussion insgesamt das Doppelbild einerseits der Vergeblichkeit von Versuchen, wirksamen Widerstand zu leisten, andererseits der Bemühungen, wenigstens den Zusammenhalt unter Gesinnungsgenossen für die Zukunft zu bewahren. In diesem Sinne wurde von R. *Löwenthal* die Bedeutung der Erfahrung des Scheiterns 1933 und der Entwicklung einer Widerstandshaltung zwischen 1933 und 1944 für das politische Bewußtsein der zweiten deutschen Demokratie nach 1945 akzentuiert: Es sei auf der Linken niemals um Widerstand allein gegangen, sondern stets zugleich um die Überlebensfähigkeit des demokratischen Sozialismus überhaupt. Deshalb sei jede Verengung der Frage auf die alleinige Wirkungsgeschichte kritikwürdig. Vielmehr müsse immer die Bedeutung des Widerstands für die Zeit nach 1945 miterfaßt werden.

II

Die *2. Sitzung* behandelte die Rolle der *Kirchen und Konfessionen zwischen Kooperation und Teilwiderstand* und wurde von Günther *van Norden* eingeleitet. Er bereitete eine vergleichende Bewertung der aus christlichen Motiven wachsenden Widerständigkeit vor und verwies damit indirekt auf ein gravierendes Desiderat interkonfessioneller Erforschung des Widerstands. Die Beiträge der Sektion gruppierte van Norden in ihrer durchaus gegensätzlichen Argumentation unter folgende vergleichende Leitfragestellungen (vgl. seinen Beitrag im vorliegenden Band):

1. Gab es Kooperation der Kirchen mit dem NS-System?

2. Wie verhielten sich christliches Bekenntnis und Resistenzmöglichkeiten?

3. Welche Bedeutung hatte das Bekenntnis für die Manifestation eines offensiven Protestes?

4. Welchen Beitrag leisteten die Kirchen zur Begründung natürlicher Rechte des Menschen?

5. Wie gestaltete sich das Verhältnis zwischen der Behauptung der „reinen Lehre“ und dem Komplizentum?

6. Wie läßt sich — unter Hinweis auf den Widerstand — das „politische Mandat“ der Kirchen begründen?

Übereinstimmung konstatierte van Norden in der Einschätzung des aktiven politischen Widerstands: Er sei nicht von den kirchlichen Institutionen, sondern lediglich von einzelnen Christen geleistet worden.

*

Die *Diskussion* griff die kontroverse Deutung des Widerstandsverhaltens der Kirchen intensiv auf, ohne allerdings voll der Breite der Argumentation van Nordens entsprechen zu können.

Während Heinz *Hürten* und Barbara *Schellenberger* verneinten, daß die Haltung der katholischen Kirche zum Nationalsozialismus primär politisch begründet gewesen sei und darum unter politischen Gesichtspunkten adäquat interpretiert werden könne, spitzte Klaus *Scholder* seine Kritik auf die Frage zu, ob in der katholischen Kirche die Wendung zur Entpolitisierung niemals bereut worden sei. H. *Hürten* bezeichnete es als „Illusion“, eine unpolitische Form gesellschaftlicher Existenz überhaupt für möglich zu halten. Deshalb könne auch die „gesellschaftliche Verweigerung“ (Löwenthal) nicht als eine unpolitische Handlungsweise beschrieben werden. Für die katholische Kirche sei die Frage der Selbstbehauptung zentral gewesen. Die politische Wirkung dieser Selbstbehauptung werde nicht zuletzt darin deutlich, daß die Kirche bei dieser Wahrung ihrer moralischen Identität auch für Naturrecht und Menschenwürde einzustehen hatte, die in der kirchlichen Verkündigung zunehmendes Gewicht erhielten.

B. *Schellenberger* knüpfte an die These Hürtens von der Distanzierung gegenüber dem System an und sah in der Gewissensbildung die Hauptaufgabe kirchlichen Handelns. Das System habe die Gefahr dieser Gewissensschulung erkannt und deshalb einen Weltanschauungskampf geführt. Dieser Beurteilung stimmte Eberhard *Bethge* nachdrücklich zu.

Die Frage nach dem Politischen des kirchlichen Handelns bestimmte auch die späteren Beiträge von H. *Mommsen,* Ian *Kershaw* und Bernd *Martin.* — H. *Mommsen* nannte es die „Lebenslüge" beider Kirchen, das eigene Verhalten als unpolitisch zu bezeichnen. Kirche habe vielmehr eine politische Funktion und habe diese auch durch ihre Vertreter wahrgenommen. Die apolitische Haltung der Kirchen sei nicht als theologische, sondern als bewußt antiliberale Haltung zu deuten. I. *Kershaw* steigerte diese These in wirkungsgeschichtlichem Zugriff, indem er betonte, jeder Versuch, Kirche als Institution zu erhalten — eine Zielvorstellung, welche H. *Hürten* und B. *Schellenberger* als „Widerstand an sich" bezeichnet hatten — müsse „unvermeidlich zum Komplizentum mit dem Terrorsystem" führen. Er lenkte überdies den Blick auf die Verankerung der Kirchen in der deutschen Gesellschaft und sah die Stellung der katholischen und der evangelischen Gemeinden durch die Integration in politische und ideologische Wertsysteme des bürgerlichen Sozialmilieus belastet. Dies habe nicht von vornherein Kooperation bedeutet, zumindest jedoch „breite Akzeptanz nationalsozialistischer Wertvorstellungen".

Besonders deutlich zeigten sich die Folgen dieser Haltung in der Reaktion auf die *Judenpolitik* und den praktizierten *Antibolschewismus.* E. *Bethge* kritisierte, daß die Kirchen niemals die Positionen des — weitgehend intern geführten — Kirchenkampfes verlassen und zum Judenproblem Stellung bezogen hätten. Gerhard *Besier* und Romedio *Graf von Thun-Hohenstein* griffen diese Kritik auf, indem sie nach den geistigen Voraussetzungen fragten. G. *Besier* sah in der evangelischen Kirche weitgehend eine primär theologische Geisteshaltung wirksam, die christliche Nächstenliebe von der liberalen Humanitätsidee unterscheiden wollte. R. *Graf Thun* wies auf die unterdrückte Tradition des lutherischen Widerstandsdenkens hin, die durchaus Orientierungspunkt kirchlichen Verhaltens hätte sein können. Im Antibolschewismus erblickten K. *Scholder,* H. *Mommsen* und B. *Martin* einen Schlüssel für das kirchliche Versagen. Eine heftige Kontroverse entzündete sich dabei an der Rolle des Bischofs von Münster, Clemens August von Galen. Während B. *Martin* ihn als Verfechter des antibolschewistischen Kreuzzugs bezeichnete, der in der Tradition der katholischen Soziallehre (Enzyklika *Quadragesimo anno,* 1932) stand, erinnerte H. *Hürten* an die Bedeutung des Bischofs für die Mobilisierung der katholischen Gläubigen und die Ablehnung der Morde an Geisteskranken.

Die Kontroverse mache ein Defizit der modernen Widerstandsgeschichte deutlich, die immer wieder Differenzierung verlangt, jedoch in den Argumentationen nicht streng verwirklicht habe, bemerkte dazu P. *Steinbach* und wies darauf hin, daß lediglich eine konsequente Entwicklungsanalyse die graduelle Differenzierung des kirchlich motivierten Widerstands erfassen könne. Der Streit um Begriffe und Wertungen, der Austausch von Anklagen und Rechtfertigungen, könnten dies nicht ersetzen. Das Widerstandsverhalten sei in den Kirchen niemals synchron verlaufen. Dem Zusammenbruch der evangelischen Kirche 1933 habe eine relativ weitgehende Kooperation zwischen katholischer Kirche und NS-System bis 1935 entsprochen. Überdies sei wichtig, auch die Entscheidung für Verweigerung, Protest und Konfrontation, schließlich auch für aktive Konspiration in gradueller Steigerung zu sehen.

Einen eigenen Akzent setzte Hugo *Stehkämper*, indem er von den kirchlich-theologischen Aspekten auf die parteiorientierten verwies. Das Zentrum habe sich als politische Kraft verstanden und indirekt aus der Selbstbehauptung und Selbstbewahrung der Kirche Unterstützung gezogen. Viele Zentrumsleute seien von der „matten" Haltung vieler Vertreter der katholischen Hierarchie enttäuscht gewesen und hätten beklagt, daß der Seelsorge und Glaubenspflege ein Primat zugesprochen worden sei. Es habe langer Jahre bedurft, bis einzelne „Stützpunkte" christlich-politischer Widerständigkeit in das Gesamtgeflecht des im 20. Juli 1944 kulminierenden Widerstands einbezogen wurden. Dabei kam, wie Günter *Buchstab* betonte, auch den christlichen Gewerkschaften große Bedeutung zu.

Ungelöst blieb die Frage nach dem Verhältnis von verteidigten „Freiräumen" (H. *Mommsen*) und gleichzeitiger Kooperation, vielfach auf der Grundlage einer Übereinstimmung kirchlicher und gesellschaftlicher konservativer Wertvorstellungen. Die Voraussetzungen für Widerstand seien, wie die Haltung der katholischen Bevölkerung vor 1933 zeigte, nicht unbedingt ungünstig gewesen (I. *Kershaw*); um so fragwürdiger sei, daß angesichts der NS-Herrschaft das Grundproblem des Spannungsverhältnisses zwischen politischem Mandat und politischem Widerstand nicht befriedigend gelöst werden konnte. Denn der Erhalt der Organisation Kirche sei keineswegs als Erfüllung des Widerstands anzusehen. Deshalb spitzte K. *Scholder* in seiner Schlußfeststellung die an beide Kirchen gerichtete Frage darauf zu, ob der Erhalt einer Großgruppe Grund dafür biete, stolz sein zu können, wenn — während Katholiken und Protestanten den Bestand ihrer Kirche sicherten — zu gleicher Zeit viele Juden vertrieben, entrechtet und schließlich umgebracht worden seien.

III

In der *3. Sitzung*, die von Harold C. *Deutsch* geleitet wurde, standen ebenfalls Probleme einer *Abgrenzung von Kooperation und Opposition* im Mittelpunkt der Diskussionen. Dabei konzentrierten sich die Diskutanten vor allem auf Beispiele eines Widerstands *„nationalkonservativer" Gruppen und Einzelpersonen*, also auf die Kreise um Beck und Oster sowie Schulenburg, Goerdeler und Popitz. Über die angemessene Verwendung des Attributs „nationalkonservativ“ konnte dabei keine Einigung erzielt werden. Deutsch charakterisierte die Breite der Fragestellungen und Analyseebenen, die gerade in seiner Arbeitsgruppe festzustellen sei: Gruppenspezifische und biographische, verhaltensanalytische und aktionsdeskriptive Ansätze, zum Teil in generationsspezifischer Differenzierung, machte er aus. Indem er auf seine persönliche Begegnung mit Goerdeler verwies, lenkte Deutsch die Erörterungen auf die Frage nach den Motiv- und Antriebskräften der nationalkonservativen Opposition gegen den Nationalsozialismus:

„Carl Goerdeler ist für mich von besonderem Interesse, da ich mit ihm im Juni 1936 eine zweistündige Unterredung im Leipziger Rathaus hatte. Ich studierte zu jener Zeit die Folgen der neuen deutschen Gemeindeordnung, mit der er so viel zu tun hatte... Goerdeler gehörte sicherlich zu den Konservativen, die mit dem Bau der Entente von 1933 zu tun hatten. Er hatte die Republik als Hort der Parteiinteressen aufgegeben und suchte eine autoritäre Lösung der deutschen Wirren. Mit dem Umbruch von 1933 hatte er nichts zu tun, da die Kamarilla um Hindenburg ihm gram war. Von da an suchte er eine Alternative, besonders in wirtschaftlichen Fragen. Seine Aktivität paßte in das Konzept der Anpassung und war keine Opposition im Sinne eines systemsprengenden Widerstands. Er wollte die Wiederbelebung des Außenhandels und warnte, daß Wirtschaftskriege schnell in militärische Kriege ausarten könnten. Als Westpreuße war Goerdeler Feuer und Flamme für die Rückgewinnung alter Ostgrenzen, hielt Deutschland aber sonst für saturiert. Als Befürworter größter öffentlicher Sparsamkeit widerstand er extremen Forderungen der Reichswehr. Als die Enttäuschungen zunahmen und seine Ratschläge ignoriert wurden, wuchs seine Bereitschaft, sein Amt zu verlassen. Ob die moralischen oder die wirtschaftspolitischen Motive größer waren, ist oft diskutiert worden und wird hier sicher auch erörtert werden. Als ich gleich am Anfang fragte: ‚Was sind die größten Probleme des heutigen Deutschlands?‘ antwortete er blitzschnell: ‚Das größte Problem meines Landes ist die Wiederherstellung des menschlichen Anstands.‘ Die Wirtschaftslage nannte er erst an zweiter Stelle!“

Deutsch betonte die Quellenprobleme, die besonders bei der Erforschung des deutschen Widerstands gegen den Nationalsozialismus weit größer als in der normalen historischen Arbeit seien. Verständnis- und Auslegungsprobleme sind — so Deutsch — vor allem vor dem Entstehungshintergrund der Quellen zu betrachten; „hochmoralische Sprache war nicht ratsam“. Besonders sorgfältig seien die Zeugnisse zu werten, die nach dem Ende des Nationalsozialismus entstanden sind: „Persönliche Momente (militärisches Prestige, öffentlicher und historischer Ruf, Interessen in der Zeit der Wiederbewaffnung usw.) reizten Empfindlichkeit.“

*

Forschungsdifferenzen und noch nicht genügend erforschte Fragen lassen sich, wie die nachfolgende *Diskussion* zeigte, vor allem an vier Punkten erkennen:
— an der Frage des Staatsstreiches 1938;
— an der Haltung der im Widerstand tätigen Mitarbeiter von Auswärtigem Amt und Abwehr;
— bei der Einschätzung der Motive und Handlungen des Generalobersten Beck im Ablauf der militärischen Opposition;
— bei der Bewertung der unterschiedlichen „Generationen" im militärisch-nationalkonservativen Widerstand.

Die Diskussion folgte dem Vorschlag und der Schwerpunktsetzung des Nestors der modernen Widerstandsgeschichte. Die Frage der *Staatsstreichplanung im Jahre 1938* betreffend, herrschte ein bemerkenswert breiter Konsens darüber, daß gerade die militärische und die „nationalkonservative" Opposition nicht als ein von Anfang an systemsprengendes Verhalten gesehen werden kann, sondern immer nur im Spannungsfeld zwischen Anpassung, Kooperation, Teilopposition und unbedingtem Kampf gegen den Nationalsozialismus genau zu analysieren sei. Doch bestehen um so größere Differenzen über die Frage, an welchem Punkt die Schwelle von der systemimmanenten Kritik und der Teilopposition zum systembekämpfenden Widerstand lag. In der Diskussion wurde dies an der Frage des Staatsstreichversuchs von 1938 erörtert. Dabei standen für Peter *Hoffmann* die noch nicht vollständig geklärten Intentionen der Akteure und für K.-J. *Müller* die realen Bedingungen und Möglichkeiten eines Staatsstreichs zu diesem Zeitpunkt im Vordergrund. Während ernste Zweifel an der Durchführbarkeit und am tatsächlichen Potential des Putschversuches von Teilen der Generalität während der Krise um die Tschechoslowakei 1938 bestehen und Becks Vortragsnotiz an Brauchitsch vom 19.7.1938 als „großes moralisches Postulat" (K.-J. *Müller*) gesehen werden kann, ist ebenso die Möglichkeit der Interpretation dieses Vortrags als „Überredung zum Staatsstreich" (P. *Hoffmann*) offen. Trotz ausführlicher Untersuchungen bestehen im Bereich der Konstituierung der Militäropposition im Umfeld des Jahres 1938 erhebliche Forschungslücken.

Im Hinblick auf den zweiten Problemkomplex war unstrittig, daß *Abwehr und Auswärtiges Amt* bis heute als besondere Zentren und Refugien des deutschen Widerstands gegen das Dritte Reich zu gelten haben. Besonders am „Zweifelsfall von Weizsäcker" (H. *Mommsen*) ist das Spannungsfeld zwischen systemkonformer und systemfördernder Politik und einer ethisch und moralisch fundierten Opposition gegen den Nationalsozialismus zu erkennen. Aus den Handlungen und hinterlassenen Papieren von Weizsäckers läßt sich nicht nur eine Ablehnung der Hitlerschen Politik erkennen, sondern auch eine große Teilidentität der Ziele der deutschen Außenpolitik. Wenn von Weizsäcker aber nur „Hitlers Fehler vermeiden" wollte (H. *Mommsen*), läßt sich dann wirklich noch von einer alternativen und oppositionellen Politik sprechen? Vieles deutet darauf hin, daß gerade Weizsäcker und die von ihm beeinflußten Mitarbeiter des

Auswärtigen Amtes sich „auf den Grenzen des Widerstands" (Leonidas *Hill*) bewegt haben. Auch das Bild der Abwehr als einer Widerstandszentrale ist, wie Heinz *Höhne* unter Verweis auf seinen schriftlichen Beitrag ergänzte, ganz deutlich zu revidieren. Es seien auch hier noch sorgfältig die einzelnen Bereiche auszuloten, in denen oppositionelle Kräfte überhaupt zur Wirkung kamen.

Im Hinblick auf den dritten Themenkomplex, also den Weg und die Motive, die *Generaloberst Ludwig Beck* zum unbestrittenen Kopf des militärischen Widerstands gegen den Nationalsozialismus werden ließen, besteht ebenfalls keine Übereinstimmung. Besonders seine Handlungen des Jahres 1938 lassen verschiedene Möglichkeiten der Interpretation offen. Sah Beck während der Frühjahrskrise 1938 operative Planungen zur Ausschaltung und Besetzung der ČSR wirklich nur als Hilfsmaßnahme für den Fall eines bewaffneten Konflikts mit Frankreich, die dann aus taktischen Gründen unabweisbar sei (P. *Hoffmann*), oder plante er „an einer offensiven kriegerischen Aktion" (K.-J. *Müller*) mit? Die Vielschichtigkeit der Motive, die Beck 1938 beeinflußt haben können, läßt sich auch in der begründet erscheinenden Überlegung erkennen, daß Beck einen Konflikt mit der Tschechoslowakei — sei es als reiner Angriffskrieg oder als Behelfsmaßnahme bei einem Krieg im Westen — für gewinnbar hielt und gerade im Falle eines deutschen Sieges die Gefahr eines Fortgangs des Konfliktes und eines Weltkrieges sah (Jürgen *Schmädeke*). Auch dies mag zu seinem Rücktritt während der Sudetenkrise beigetragen haben. Ob die zeithistorische Forschung völlig klären kann, wie hoch die jeweiligen Einflüsse auf die Entscheidung Becks waren, läßt sich nach dem Verlauf dieser Diskussion noch nicht erkennen.

Als innovatorisch und in ein offenes Forschungsfeld führend wurde der letzte Diskussionskomplex aufgenommen und eingeschätzt. Die bisherige *biographische Forschung über den Widerstand* im Dritten Reich hat sich vor allem einzelnen Persönlichkeiten gewidmet. Die Kombination soziologischer Fragestellungen mit einer Aktions- und Motivationsanalyse eröffnet jedoch zumindest für Teilbereiche der als militärisch-nationalkonservativ bezeichneten Opposition neue Erkenntnismöglichkeiten (Detlev *Graf von Schwerin*). Die größere Radikalität und höhere Aktionsbereitschaft der „jüngeren Grafengruppe" gegenüber den „Älteren" um Goerdeler und Popitz werden dabei ebenso erkennbar wie die daraus resultierenden und im Zeitverlauf immer größer werdenden Spannungen zwischen beiden Kreisen. Die Hypothese, daß es gerade bei der militärischen Opposition von der Entente mit Hitler 1933 über sachlich begründete militärpolitische Einwendungen und Teiloppositionen schließlich zu unterschiedlichen Zeitpunkten zu einem grundsätzlichen Widerstand gegen den Nationalsozialismus gekommen sei (K.-J. *Müller*), könnte vermutlich bei einer genaueren Analyse der „jüngeren Generation" innerhalb der Aktivisten des 20. Juli zumindest für diese Gruppe relativiert werden.

Als Ergebnis der Diskussionen bleibt festzuhalten, daß über den Begriff des *Nationalkonservatismus* im Widerstand weiter diskutiert werden muß. Zweifel wurden besonders insofern angemeldet, als die Verengung des Begriffs nicht gestatte, auch liberale und liberaldemokratische Traditionen, die sich im Widerstand fanden und etwa für Hans von Dohnanyi und Rüdiger Schleicher in ganz bemerkenswerter Weise nachzuweisen sind, angemessen zu erfahren. (Vgl. in diesem Zusammenhang den zusätzlich aufgenommenen Aufsatz von Christoph Strohm, der Mitglied der Heidelberger Forschungsgruppe um Professor Tödt ist, die sich insbesondere der Erforschung der Bonhoeffer-Dohnanyi-Leibholz-Gruppe zugewendet hat.)

Eine weitere Klärung der Begrifflichkeit, die auch Gerhard Schulz jüngst aufgenommen und überprüft hat, wird erst möglich sein, wenn weitere Untersuchungen über die Entwicklung des Widerstands im zeitlich differenzierten Prozeß angestellt worden sind. Denn im Zeitverlauf, der unterschiedliche Konfrontationen mit dem sich dynamisierenden NS-System brachte (P. *Steinbach*), veränderten sich sowohl Anstöße, Motivationen und Empfindlichkeitsgrade des Widerstands als auch seine realen Handlungsmöglichkeiten. Anerkannt wurde in der Diskussion, daß die Untersuchung von einzelnen und Gruppen, also der biographische und der gruppenbeschreibende Ansatz, gute Voraussetzungen für weitergehende Ergebnisse bieten. Eine Kombination beider Zielrichtungen und Forschungsstrategien gestatte eine Verbesserung der Erkenntnismöglichkeiten, um das Spannungsverhältnis zwischen Anpassung, Teilanpassung, Kooperation, Teilwiderstand und Konspiration in nachvollziehbarer, nicht also allein postulierender, abstrakter Weise zu analysieren.

Auf eine wichtige Unterscheidung wies Klemens *von Klemperer* hin, indem er betonte, daß die in den nationalsozialistischen Großorganisationen tätigen Widerstandskämpfer immer „Schrittmacher, Komplizen oder Opfer waren", während *zugleich* der Grundstein für wirksames oppositionelles Verhalten in der Gruppe und im Gewissen des einzelnen gelegt wurde. Wie die Studien über die Abwehr und die generations- beziehungsweise sozialisationsspezifischen Voraussetzungen einer zum Widerstand sich steigernden Widerständigkeit zeigten, könnten die häufig verschleierten Motive, Ziele, Absichten, inneren Bindungen und äußeren Verbindungen im Rückblick anschaulich gemacht werden. Diese „innere Widerstandsgeschichte" (P. *Steinbach*) werde auf der durch Quelleneditionen verbesserten Grundlage zweifellos die Widerstandsforschung der Zukunft bestimmen.

IV

In der *4. Sitzung* über *gesellschaftliche und politische Zielvorstellungen des Widerstands* erinnerte Karl Otmar *von Aretin* eingangs an die prozeßorientierte Definition des Widerstands, wie sie die vorangegangenen Diskussionen beeinflußt hatte, und regte die Differenzierung des Begriffes der antidemokratischen Haltung des Widerstands an: Es gab Antidemokraten, für die Demokratie schlechthin ein „Feindbild" darstellte, und es gab Antidemokraten, die in der Demokratie eine gescheiterte Staatsform erblickten. In keiner Widerstandsgruppe sei in der einfachen Rückkehr zur politischen Ordnung der Weimarer Republik ein Ziel des Widerstands erblickt worden. Dabei wirkte sich aus, daß selbst der Aufstieg des Nationalsozialismus als Ergebnis der „Parteienherrschaft" gedeutet wurde. Vor diesem Hintergrund entfaltete von Aretin Fragestellungen zu den Zieldiskussionen, historisch-politischen Erfahrungen und zum politischen Verhalten der einzelnen Widerstandsgruppen:

1. Welche Bedeutung kam einer Ablehnung der Demokratie in den Neuordnungsvorstellungen zu, und wie wirkte sich die Konzeption des nationalkonservativen Widerstands auf die Legitimitätsproblematik und die Durchsetzungschancen der angestrebten politischen Alternative aus?

2. Welche Grundüberzeugungen prägten die Gewerkschaftskonzeption Goerdelers und seines Kreises, aber auch der aus der sozialdemokratischen und gewerkschaftlichen Tradition stammenden Widerstandskämpfer? Hier müßte auch erneut die optimistische Einschätzung Gerhard *Beiers* überprüft und mit den Ergebnissen von Michael *Schneider* konfrontiert werden.

3. Steht die Hervorhebung eines neuen, die engen Vorstellungen des 19. Jahrhunderts überwindenden Rechtsstaatsdenkens im Einklang mit der Behauptung, daß selbst in der Lösung der „Judenfrage" im Widerstand keine klare Alternative zu erkennen gewesen sei?

4. Wie ist die Wandlung der politischen Konzeption der KPD zu bewerten, die nach der Revolutions- eine Transformationsstrategie zur Zusammenarbeit mit anderen politischen Parteien entwickelte? Läßt sie sich als taktisches Manöver oder als Öffnung interpretieren?

*

Die Diskussion nahm die Fülle dieser Fragen nur in Grenzen auf. Die Kontroversen, bei denen es insgesamt um die grundsätzliche Beurteilung des Widerstands ging, kreisten um die Bestimmung des rechtsstaatlichen Potentials vor dem Hintergrund des Verhaltens zur Entrechtung und Vertreibung der Juden und um die Gewerkschaftsfrage.

Zum Kernpunkt der Diskussion um den *Rechtsstaatsbegriff* des Widerstands entwickelte sich die von H. *Mommsen* aufgeworfene Frage, ob die von Steinbach unterstellte Rechtsstaatsvorstellung nicht die Diskussion unzulässig im positivistischen Sinne verkürze. Mommsen betonte, der Begriff müsse vielmehr demokratische Legitimation und Vorstellungen sozialer Gerechtigkeit einschließen, da das Ziel bloßer Herstellung formaler Rechtsstaatlichkeit nicht auf Kreise der Opposition beschränkt gewesen und auch von führenden Nationalsozialisten, wie Hans Frank, gefordert worden sei. Unumstritten war, daß die Rechtsstaatsvorstellungen für die einzelnen Gruppen des Widerstands differenziert werden müßten. Allerdings wies P. *Steinbach* die zuspitzende Vorstellung zurück, die Rechtsstaatsvorstellung des Widerstands habe weithin lediglich im Positivismus des 19. Jahrhunderts gewurzelt. Parlamentarisch-demokratische Vorstellungen hätten erst nach gelungenem Umsturz voll ihre potentielle Wirksamkeit entfalten können. Ferner sei zu fragen, welche Alternativen eigentlich nach der Krise der liberalen Systeme und ihrem Ende in den 30er Jahren, schließlich auch nach den plebiszitären Exzessen der NS-Zeit, nach Volksabstimmung und manipulierten Wahlen, nach der Entfesselung der Volksmeinung und ihrer moralischen Disqualifizierung etwa im Anschluß an die Novemberpogrome im Hinblick auf die von Mommsen geforderte demokratische Legitimierung des Rechtsstaatsbegriffs erwartet werden konnten. Gerade die Verletzung individueller Rechte durch Staat *und* Gesellschaft habe das individuelle Rechtsbewußtsein vieler Widerstandskämpfer stimuliert oder zumindest erneut geweckt; und insoweit müsse der Wunsch nach Wiederherstellung der Rechtssicherheit als ein starkes Motiv für die Beteiligung am Widerstand gewertet werden. Im Unterschied zu Mommsen sah Steinbach in den Rechtsstaatsvorstellungen des Widerstands eine Überwindung des Positivismus und eine Öffnung auf Rechtsstaatsvorstellungen hin, die politische und soziale Grundvorstellungen in Einklang bringen sollten.

In der Diskussion über die *Gewerkschaften* wurde die Kluft zwischen den Neuordnungsvorstellungen der Gruppen des 20. Juli („Deutsche Gewerkschaft", „Betriebsgewerkschaft") auf der einen Seite und der realen Lage von arbeitender Bevölkerung und ehemaligen Gewerkschaftsfunktionären unter den Bedingungen des Bombenkriegs auf der anderen Seite deutlich, allerdings mit unterschiedlichen Akzenten. So wurde auf den hohen Grad der Ungewißheit über die zukünftige Verfaßtheit von Staat und Gesellschaft hingewiesen, was den Vorwurf des mangelnden Realitätsbezugs mildern könne. Relativ marginal sei zudem eine heute so wichtige Frage wie die der Tarifautonomie gewesen, da die damaligen Vorstellungen sich völlig auf eine ausgesprochene Mangelwirtschaft bezogen.

Weitgehend kontrovers blieb im dritten Abschnitt der Sitzung die Diskussion über die These vom *latenten Antisemitismus* in der Programmatik weiter Kreise des Widerstands, wie sie von Christof Dipper vertreten wurde. Heftig bestritten wurde dieser Vorwurf vor allem, wenn er sich gegen einzelne Widerstandskämpfer, insbesondere gegen Popitz, Hassell und Goerdeler richtete. K. *Scholder* hob hervor, daß Popitz, der in den zwanziger Jahren als „ausgesprochener Judenfreund" gegolten hatte, sich über die Novemberpogrome stark erregt hatte und seit dem 9. November 1938 „als erbitterter Gegner, als Widerstandsmann" gelten mußte. F. L. *Carsten* zitierte den britischen Botschafter Sir Horace Rumbold, der Ende März 1933 nach London berichtete, mehrere seiner deutschen Bekannten hätten ihre Empörung über die „evil methods" der nationalsozialistischen Rassenpolitik nicht verheimlicht. Besondere Beachtung fanden die Ermahnungen zur Differenzierung, die Wolfgang *Scheffler* begründete: Die Haltung der gesamten deutschen Gesellschaft zur Judenfrage könne wahrscheinlich nur am einzelnen Beispiel sichtbar und auch „tragbar" gemacht werden; dies schließe aber notgedrungen Mißverständnisse und Verzeichnungen ein. Der Mangel an empirischer Forschung insbesondere zur „Verfolgungsgeschichte" münde in eine Verzeichnung historischer Realität durch Verallgemeinerung. Einzelne Äußerungen würden aus dem Zusammenhang gerissen, zugleich werde aber in der Regel der allgemeine Zusammenhang übersehen. So komme es zur Ablösung der Entwicklungsgänge und Entwicklungsstufen nationalsozialistischer Judenpolitik von der Intention und dem realen Verhalten einzelner Widerstandskämpfer. Tatsache sei, daß sich die meisten Mitglieder des Widerstands durchaus „im Denken ihrer Zeit und ihrer Schicht bewegt" und dennoch deutliche Stellungnahmen abgegeben hätten, „als es um Massenmord ging". Scheffler wies nachdrücklich mahnend darauf hin, daß griffige und kurzfristig provozierende Thesen nicht Jahrestagen und Tagungen zugeordnet werden dürften, wenn eine detaillierte Forschung noch fehle. Diese durchzuführen sei eine wichtige Aufgabe.

Aus der Sicht der kirchlichen Zeitgeschichte schloß sich G. *van Norden* diesem Urteil an und wies insbesondere die Verzeichnung und Verurteilung von Dietrich Bonhoeffer zurück. Demgegenüber verteidigte H. *Mommsen* die Thesen Dippers. Seit den sechziger Jahren habe er selbst dieses Thema untersuchen wollen, es aber wegen der belastenden Bedeutung der Judenfrage für den Widerstand nicht gewagt. Mommsen plädierte für eine „Mehrebenenforschung", um die Judenfrage als Indikator für die Entfernung des Widerstands vom „klassischen" liberalen Nationalismus und für die Lösung von rechtsstaatlichen Grundpositionen zu nutzen. Der Charakterisierung des nationalkonservativen und -patriotischen Popitz widersprach er entschieden. Es dürfe nicht übersehen werden, daß Popitz zunächst an der rassischen Diskriminierungspolitik aktiv beteiligt gewesen sei und sich für ein Programm der Diskriminierung der nichtassimilierten Juden eingesetzt habe: „Boykott oder Pogrom" hätten zwar Proteste provoziert, ohne allerdings zur aktiven Bekämpfung der rassischen Diskriminierung gesteigert worden zu sein. Die Übereinstimmung der Juden-Auswanderungspläne von Vertretern des Regimes und des Widerstands sei so nur „fatal"; allerdings könne nicht ausgeschlossen werden, daß der Widerstand nach 1942/43 diese teilweise Übereinstimmung überwunden und antisemitische Vorstellungen abgestreift habe.

Auch Michael *Krüger-Charlé* verwies darauf, daß Goerdeler nach der Entfesselung des Zweiten Weltkrieges den millionenfachen Mord an Juden „mit größtem Entsetzen kommentiert und ganz entschieden abgelehnt" habe. Andererseits könne nicht übersehen werden, daß Goerdeler 1934 eine „Konsolidierung der Judenpolitik" im Sinne einer „Verrechtlichung" gefordert habe. Sein Hinweis wurde von Ch. *Dipper* bekräftigt, der in Goerdelers Verhalten die Folgen einer Rechtsstaatlichkeit erkannte, welche Willkürherrschaft ablehnte, allerdings gegenüber einer gesetzlich verbrämten Willkür hilflos schien. Dipper hob hervor, daß er im grundsätzlichen Sinne zu argumentieren beabsichtige und nach den Strukturen der weiteren Zukunftsgestaltung frage, wie sie im Widerstand in der Auseinandersetzung mit der historischen und politischen Realität entwickelt worden seien. Der entscheidende Punkt sei, daß offenbar keineswegs alles abgelehnt worden sei, was nationalsozialistische Herrschaft ausmache.

H. C. *Deutsch* hielt diese Interpretation nicht für angemessen, weil Widerstand gerade die „Wiederherstellung des menschlichen Anstands" beabsichtigte. Auch P. *Steinbach* verstärkte diese Bedenken. Er sah Widerstand zwar als Teil der deutschen Gesellschaft und deshalb auch belastet von Vorurteilen und Grenzen. Dennoch müsse man die verbreiteten Stufen eines diffusen Antisemitismus unterscheiden von der Bereitschaft, Verbrechen zu decken, zu begehen oder gar, wie es Dippers These impliziere, nach einem gelungenen Umsturz fortzusetzen. Entscheidend sei, was im Widerstand gewußt wurde, wie dieses Wissen in Handeln umgesetzt und schließlich in Widerstand überführt werden konnte. Schließlich müsse auch berücksichtigt werden, daß Goerdelers Programm durchaus eine Lösung der Judenfrage im zionistischen Sinne, vielleicht nicht bezogen auf Palästina, sondern auf einen „Judenstaat", bedeuten konnte. Insgesamt komme es darauf an, die unbestreitbar überraschenden und auch belastenden Quellen zur Beleuchtung der Judenfrage in die zeitlichen Diskussionszusammenhänge und historisch ganz konkret gegebenen Möglichkeiten zu stellen.

Ch. *Dipper* räumte in seinem Schlußwort ein, die abschließende Würdigung des Problems könne angesichts noch fehlender Quellenstudien nicht gewagt werden. Er bekräftigte allerdings seine Überzeugung, daß der Widerstand „alles" über die Endlösung der Judenfrage wußte. Wo Einspruch erhoben worden sei, hätten sich die Motive vermischt, sei es doch weniger um eine Verteidigung der Juden als um eine Stabilisierung der eigenen Autonomie gegangen. Auch der Plan einer palästinensischen Lösung der Judenfrage, mithin die zionistische Lösung, lasse sich beim jetzigen Kenntnisstand nicht nachweisen. Dennoch sei an der eindeutigen Ablehnung der nationalsozialistischen Judenvernichtung im Gesamtspektrum des Widerstands nicht zu zweifeln. Nur angeschnitten wurde in diesem Zusammenhang die zeittypische Ambivalenz, in der Empörung über den organisierten Judenmord durchaus einhergehen konnte mit Vorstellungen von einer rassischen Dissimilation oder einer rechtlich sanktionierten Ungleichbehandlung der Juden.

V

Die 4. Sitzung spiegelte in der Schärfe solcher Auseinandersetzungen deutlich unterschiedliche Grundpositionen der neueren Widerstandsforschung wider, die bis in die Schlußsitzung und Generaldiskussion hinein der Tagung auch weiterhin Gesicht gaben. Die *5. Sitzung* wurde von Karl W. *Deutsch* mit vergleichenden Betrachtungen über das *Verhältnis des Widerstands zum Ausland* eingeleitet. Deutsch stützte sich dabei auf die Referate seiner Sitzung, entwickelte jedoch weniger Fragestellungen aus vergleichender Perspektive, als daß er die unterschiedlichen Ergebnisse zu einer Synthese verband. Auf der Suche nach Grundzügen und Gemeinsamkeiten unterschied Deutsch spezifische Weltbilder und Zielvorstellungen des Widerstands, leitete aus ihnen Motivations- und Entschlußlagen ab und führte dazu unter anderem aus:

„An der tiefen moralischen Qualität des deutschen Widerstands kann schon angesichts der Bereitschaft so vieler, das eigene Leben als Opfer einzusetzen, kein Zweifel bestehen. Was demgegenüber den kognitiven Rahmen und die politisch vertretenen Ziele betrifft, so sind für die führenden Männer des Widerstands — dies gilt vor allem für Trott und Haushofer — die national-machtpolitischen Prägungen kennzeichnend gewesen. Ihr übergreifendes Ziel bestand darin, die Position, die Deutschland und das deutsche Volk traditionell für mehrere Jahrhunderte in Mitteleuropa besessen hatten, als politische Hegemonie und auch als soziale Privilegierung aufrechtzuerhalten. Daß die Welt sich in einem tiefgreifenden Wandel befand, ist dem deutschen Widerstand nicht bewußt geworden. Seine ‚kognitive Weltkarte' war noch ganz am Modell des Britischen Empire ausgerichtet. Eine weltweite imperial-hegemoniale und sozial-privilegierte Stellung ist lange Zeit als angemessener Platz für Deutschland empfunden worden. Diese Orientierung am Britischen Empire ist im übrigen in der damaligen deutschen Weltsicht durchgängig nachzuweisen und selbst in Hitlers ‚Mein Kampf' anzutreffen, wenngleich die Mittel zur Durchsetzung jener Ziele bei Hitler völlig andere gewesen sind. Das tragische Fehlurteil der deutschen Konservativen lag deshalb darin, daß sie noch zu einer Zeit an das britische imperiale Modell glaubten, als sich das Empire bereits in der Auflösung befunden hat. Besonders deutlich war diese Haltung bei Adam von Trott zu Solz. Es scheint, als habe Trott bei seinem mehrjährigen Aufenthalt in Asien kaum je mit Eingeborenen in Indien, Singapur oder China gesprochen, je von Gandhi gehört oder erkannt, wie sehr die Welt sich im Umbruch befand. Das gleiche galt für Europa: Es gibt keinen Hinweis darauf, daß Trott, der es sehr liebte, mit den Engländern zu sprechen, je mit einem Polen, Tschechen oder Ungarn engeren Kontakt gepflegt hätte. Mit anderen Worten: Jene Männer, die es für ungemein wichtig hielten, über die Position Deutschlands nachzudenken, sahen auf die übrigen Einwohner Zentraleuropas mit den Augen eines Veterinärs, dessen Patienten sprachlos sind. Hier bestand eine ungeheure Kluft zwischen der stets lebhaften, einfühlsamen, dabei oft unrealistischen Suche nach einem Dialog mit den Engländern und dem völligen Fehlen jedes ernsthaften Dialogs mit den ‚niederen', nicht-nordwesteuropäischen, nicht-germanischen Völkern Europas. Dieser Realitätsverlust ist in ähnlicher Weise auch bei Haushofer zu finden. Die einzige Ausnahme gegenüber dem allgemeinen Streben nach deutscher Machtstellung stellte Helmuth James von Moltke dar, der den Gedanken des *unconditional surrender* akzeptierte. Im ganzen dagegen blieb das Verlangen nach militärischem, wirtschaftlichem und sozialem Vorrang Deutschlands bestimmend, was sich insbesondere in der Blickrichtung auf Osteuropa zeige. Die deutsche Position in Europa vor 1914 galt als normal und alles andere nur als eine bedauerliche zeitweilige Abweichung von der Normalität; dem allgemeinen Meinungsklima nach erschien die Welt als ein guter Ort für die unbegrenzte Fortführung des Britischen Empire und Osteuropa als ein guter Ort für das unbegrenzte Fortleben einer deutsche Hegemonialstellung.

Diese Haltung machte aber Kontakte mit dem *Foreign Office* und der britischen Außenpolitik sehr schwierig. Die Großmachtposition, die der deutsche Widerstand weiter in Anspruch nahm, ließ die Briten angesichts der Folgerungen, die sich daraus für ihre eigene Weltstellung ergeben konnten, nicht gleichgültig. Mit der emotionalen Abneigung gegen die Deutschen, die seit den Tagen des Ersten Weltkriegs aufgerührt war und etwa bei Sir Robert Vansittart vorherrschte, verband sich hier die ebenso schon von 1914 her gegebene Überzeugung, daß die deutschen imperialen Wünsche damals wie jetzt mit den britischen Interessen nicht zu vereinbaren seien. So fehlte aus dieser Einstellung und einer bewußt kultivierten Politik des Mißtrauens gegen Deutschland heraus die Bereitschaft, über Zugeständnisse an den potentiellen Rivalen nachzudenken. Gerade aber solche Zugeständnisse suchte der deutsche Widerstand und insbesondere auch Weizsäcker mit seiner Politik 1938/39 zu erreichen. Weite Teile des Widerstands akzeptierten insoweit auch das Streben Hitlers nach Wiederaufrichtung der deutschen Großmachtstellung und lehnten nur die unmoralischen, grausamen, mörderischen Methoden, die allmählich zunehmende Blindheit und den Wahnsinn der Hitlerschen Kriegspolitik ab.

Dabei war die moralische Motivation in der Opposition gegen die nationalsozialistische Kriegspolitik oft stärker, als es aus den Quellenzeugnissen direkt abzulesen ist. Wenn als Argumente für die Notwendigkeit des Widerstands vielfach nur militärisch-politische Beweggründe vorgebracht wurden, so darf dies nicht hinwegtäuschen über andere, verdeckte und tieferliegende Motive. In der Politik ist wohlbekannt, daß derjenige, der um die Unterstützung einer Zuhörerschaft nachsucht, sich der Sprache bedienen muß, die bei dieser Gruppe den größten Anklang findet. Dementsprechend haben diejenigen, die bei der Gruppe der deutschen Berufsoffiziere um Hilfe für den Umsturz gegen Hitler warben, es naturgemäß als nützlich angesehen, eher militärische als moralische, ethische oder religiöse Überlegungen vorzubringen. Das rationale Argument, daß der Krieg letztlich nicht zu gewinnen sei, erhielt so Vorrang gegenüber anderen Formen der ethisch-moralischen Begründung. Und doch ist diese ethische, emotional verankerte Motivation bei vielen die eigentliche Triebkraft gewesen. Aus psychologischen Untersuchungen ist erwiesen, daß kognitive Argumente auf diejenigen stärkeren Eindruck machen, die zugleich emotional bereit sind, sie zu akzeptieren. So sind die gleichen technischen Argumente bei manchen, nicht in diesem Sinne voreingenommenen Militärs auf Ablehnung gestoßen, bei anderen dagegen auf fruchtbaren Boden gefallen, eben weil sie von ihrer emotionalen Grundhaltung her dafür empfänglich waren. So schwach die kognitive Orientierung mitunter auch gewesen ist, hat doch die moralische Bindung viele, wenn auch oft erst Schritt für Schritt, zum Weg in den Widerstand geführt."

*

Derart pointierte Thesen fanden in der Diskussion naturgemäß Widerspruch. So betonte Henry *Malone,* daß Trott einen breiten internationalen Freundeskreis hatte und durch seine ökumenische Sichtweise prädestiniert gewesen sei, einen Standpunkt des engen Nationalismus zu überwinden. K. *von Klemperer* hob die Vielschichtigkeit der Motive und Zielsetzungen hervor und betonte, es sei häufig gerade darum gegangen, das Ausland zu warnen und aufzuklären, nicht aber, deutsche Hegemonialinteressen zu vertreten. Dabei erinnerte Klemperer an die einschlägigen Studien von Walter Lipgens, der sogar Kontakte zwischen dem deutschen Widerstand und den ausländischen Widerstandsgruppen nachweisen konnte. Im Widerstand seien neue Perspektiven entwickelt, nicht aber alte Vorurteile bekräftigt worden. Lothar *Kettenacker* hingegen unterstützte Deutschs Perspektive und erblickte in der Befangenheit in außenpolitischen Illusionen eine „große Begrenzung" des Widerstands: Zu wenig habe man sich von den alten Machtstaatsvorstellungen gelöst, sich zu wenig Gedanken gemacht darüber, welches Bild man dem Ausland bot durch das Festhalten an den Zielen gerade jenes „Preußen-Deutschlands", das von den Briten und Amerikanern, auch unabhängig vom Nationalsozialismus, als das große Feindbild empfunden worden sei. Die „einzige realistische Alternative" für den Widerstand habe darin bestanden, vor dem Kriegsende rechtzeitig eine Situation zu schaffen, in der Deutschland (wie es auch den britischen Vorstellungen entsprochen habe) zum Zeitpunkt der Kapitulation einigermaßen intakt den Alliierten hätte „übergeben" werden können, nach Möglichkeit mit einer verhandlungsfähigen Regierung, die sich aus nicht kompromittierten Fachleuten zusammensetzte. Auf dieses Konzept aber habe sich der Widerstand nicht eingelassen, vielmehr allzu lange noch Zukunftsvisionen verfolgt, die in ihrer Realitätsferne von einer an „Autismus" grenzenden extremen Isolierung als einem Charakteristikum der damaligen deutschen Führungsschicht und der Widerstandskreise zeugten.

Hingegen betonte R. *Löwenthal* die Bedeutung der ethisch-moralischen Dimension, die sich gerade an der Bereitschaft zum Landesverrat zeige. Das Verhalten gegenüber dem Ausland dürfe nicht nur unter dem Eindruck eines durchaus vorhandenen Weltbildes mit nationalistischen Elementen gesehen werden; wesentlicher sei der Versuch gewesen, für die

Zeit nach dem Krieg ein vernünftiges Verhältnis zur Welt zu finden und entsprechend vorzubereiten.

Hedva *Ben-Israel*, Teilnehmerin aus Israel, erklärte die ausgebliebene Unterstützung des Widerstands insbesondere durch Vertreter Großbritanniens mit dem fehlenden Interesse Londons an einem Wechsel nur der Personen in Deutschland. Die „große Fehleinschätzung" des Widerstands habe darin gelegen, nicht erkannt zu haben, daß es für die Alliierten ohne größere Bedeutung war, ob Hitler oder eine andere Persönlichkeit an der Regierung gewesen sei. Denn die Alliierten hätten nicht ausschließlich gegen Hitler, sondern gegen die deutsche Expansionspolitik gekämpft. Die Abkehr von ihr sei Friedensvoraussetzung gewesen.

W. *Hofer* machte auf die Verschränkung von Innen- und Außenpolitik aufmerksam, um die These vom „Realitätsverlust" des Widerstands zu relativieren. Denn der Widerstand habe sich vor dem Problem gesehen, den inneren Umsturz auch durch ein außenpolitisches Programm rechtfertigen zu müssen. Sei es aber möglich gewesen, mit den traditionellen außenpolitischen Prämissen der Deutschen offen zu brechen? Unabhängig von der Tatsache, daß hier ein Lernprozeß stattgefunden habe, sei jedenfalls die außenpolitische Konzeption des Widerstands auch „von der inneren Front her" zu sehen, von der Frage her, was eine alternative Führung zu Hitler dem deutschen Volk habe zumuten können, um überhaupt eine Chance zu haben.

Hiergegen wandte H. *Mommsen* ein, daß nur bei kleinen Gruppen ein Lernprozeß im Sinne Hofers eingesetzt habe, vor allem im Kreisauer Kreis. Hingegen habe Goerdeler bei überkommenen Überzeugungen verharrt. Die Selbstüberschätzung, man könne die deutsche Großmachtstellung sichern, also die Idee, gleichsam die Erfolge Hitlers für eine antifaschistische deutsche Regierung übernehmen zu können, stelle sich hier doch als eine „länger anhaltende deutsche Krankheit" dar. Ähnlich wie die innenpolitischen Planungen des Widerstandes seien insoweit auch die außenpolitischen Pläne nur zu erklären aus jenem Phänomen der „geistigen Einsperrung", der man im Widerstand ausgesetzt gewesen sei, jener Verengung der eigenen Vorstellungswelt, die wesentlich auch den Mißerfolg der vielen Emissäre des deutschen Widerstands im Ausland mitbewirkt habe.

K. *von Klemperer* knüpfte an Hofers Überlegungen an und sah in der Furcht, es könne eine neue Dolchstoßlegende entstehen, einen wichtigen Grund für innenpolitische Rücksichtnahme. In diesem Zusammenhang müsse man auch auf die außenpolitischen Handlungszwänge, insbesondere durch Forderung nach bedingungsloser Kapitulation, verweisen. Gerade vor dem Hintergrund der alliierten Kriegsziele sei der deutsche Widerstand ungeheuer „radikal" in der Neuformulierung europäischer Politik gewesen. Diese Bereitschaft zum außenpolitischen Neuanfang sei von europäischen Widerstandsbewegungen besser verstanden worden als von London und Washington. Dabei hätten die Alliierten die Möglichkeit besessen, eine „Außenpolitik verschiedener Ebenen" zu betreiben und somit flexibel auf gebotene Alternativen zu reagieren. H. C. *Deutsch* entwickelte eine derartige Alternative zu der Formel des *unconditional surrender:* Die bloße Zusicherung, diese Forderung gegebenenfalls zu überdenken, hätte Wirkung zeigen können. Deutsch kritisierte überdies die Gewohnheit, jeglichen Versuch, die Versailler Ordnung zu revidieren, als Expansionismus zu disqualifizieren. H. *Malone* hob hervor, daß viele Kontakte zwischen dem Widerstand und den Alliierten von deren Geheimdiensten kontrolliert und in den Dienst der Informationsbeschaffung gestellt worden seien.

Schwerwiegende Einwände erhob Ludwig *von Hammerstein-Equord* aufgrund seiner persönlichen Kenntnis der Verhältnisse und der Personen gegen die von Zeiten, Besonderheiten und Möglichkeiten, aber auch von innerer Motivation absehenden Urteile der Historiker. Eine nationale Grundhaltung sei bei allen, Konservativen wie Sozialdemokraten, gleichermaßen vorhanden gewesen, doch müsse es als unwahrscheinlich gelten, daß Goerdeler die in seinen Denkschriften angemeldeten Ziele wirklich in der unterstellten Naivität persönlich vertreten und für durchsetzbar gehalten habe. Diese Denkschriften seien ganz bewußt und berechnend für die Generale geschrieben gewesen, die man für eine Aktion habe gewinnen müssen. Aus persönlichen Äußerungen von Goerdeler und seiner Umgebung sei, so betonte auch die ebenfalls anwesende Tochter Goerdelers, Frau Marianne *Meyer-Krahmer,* zu entnehmen, daß Goerdeler nicht im unterstellten Maße an die Realisierung solcher Ziele „geglaubt", in seinen Erwartungen für den Kriegsausgang vielmehr sehr viel realistischer gedacht habe.

Die Diskussion führte auch am Ende nicht zur Auflösung oder Angleichung der unterschiedlichen Bewertungen und Positionen. L. *Kettenacker* bot schließlich eine vermittelnde Deutung an: Er warnte davor, die Frage der bedingungslosen Kapitulation zu einem Ansatzpunkt neuer Dolchstoßlegenden „aufzuwerten". Ohne dieses Kriegsziel der Alliierten wäre der Umsturzversuch ebenso fehlgeschlagen. Allerdings sei unbestreitbar, daß ein „change of heart" im Sinne einer Absage an alle Machtstaatsvorstellungen eine Voraussetzung für größeres Entgegenkommen der Alliierten gewesen sei. So sei es für den Widerstand insgesamt verhängnisvoll gewesen, daß bei den militärischen Gegnern der Eindruck vorherrschend war, die Widerstandskämpfer wollten mit der Warnung vor der Sowjetunion die Front der Alliierten spalten. Es habe ein klares Signal gefehlt, daß der Widerstand zur unstrittigen, klaren Erkenntnis des totalen Versagens der deutschen Machtstaatstradition und Machtstaatselite bereit gewesen sei.

VI

Die Diskussion der fehlenden Unterstützung des Widerstands von außen hatte — wie oben berichtet — zugleich zur Erörterung der Basis für Widerstand und Umsturz im Innern geführt. Zwei Diskussionsrunden widmeten sich dann ganz speziell diesem Thema. Die *6. Sitzung,* von Theo *Pirker* eingeleitet, kreiste um die Frage der *Verankerung und Unterstützung des Widerstands im Volk.* Pirker erblickte in der Themenstellung den Versuch, die Fixierung auf eine Personengeschichte des Widerstands zu überwinden und die Ausklammerung von Widerstandsgruppen zu korrigieren, die allein aufgrund der Quellenlage lange Zeit vernachlässigt wurden. Die Erschließung neuer Themen sei auch im regionalen und lokalen Rahmen von der Entwicklung sozialgeschichtlicher Fragestellungen und sozialwissenschaftlich-historischer Methoden abhängig. Für die Untersuchung des „Volkswiderstands" seien vor allem insofern wesentliche Ergebnisse zu erwarten, als die Trennung in Flügel und Richtungen der Arbeiterbewegung auf regionalistischer und lokalistischer Basis fragwürdig sei und auch die Totalitarismustheorie revidiert werden müsse. In kritischer Auseinandersetzung mit der *oral history,* die zu unkontrollierbaren Aussagen neige und häufig der „sentimentalen Heroisierung", ja sogar der „Individualheroisierung der Aussagenden" nicht Herr werde, betonte Pirker, daß es keinen „breiten Volkswiderstand" gab. Dies bedeute, von der „extremen Isolation der einzelnen Widerstandskämpfer" auszugehen: „Wir sind oft erschüttert von den Reaktionen der Widerstandskämpfer, die sich periodisch die Frage vorlegten: Wer ist nun verrückt? Wir, die Minderheit der isolierten Opponenten, oder die Mehrheit der Bevölkerung?" Ausgehend von dieser Frage, bestimmte Pirker Widerstand als „Akt", in dem „die Identität des Widerständigen nicht nur gegenüber dem Nationalsozialismus, sondern auch gegenüber dem eigenen Volk klargemacht werden mußte". Die Funktion des Widerstands habe also auch in der „permanenten Regenerierung der Identität" gelegen. Die Schwierigkeiten, diese Identitätsbildung und -stabilisierung zu analysieren, resultierten aus der „hoheitlich geprägten Quellenlage", die schließlich zur verzerrten Darstellung nationalsozialistischer Herrschaft führen könne.

Abschließend versuchte Pirker, eine weiterführende Fragestellung vergleichender, regional spezifizierender Widerstandsforschung zu entwickeln. Eine Addition von regionalen Studien in Anlehnung an das Forschungsprojekt über „Bayern in der NS-Zeit" lehnte er als zu zeit- und personalaufwendig ab. Gruppenspezifische Studien auf regionaler Grundlage böten einen gangbaren Weg und versprächen besonders im konfessionsgeschichtlichen Zugriff gute Ergebnisse. Von zentraler Bedeutung sei es schließlich, „Nationalsozialismus und Widerstand nicht als Sonderfall, sondern als Problem deutscher Kontinuität und Diskontinuität bestimmter Vergesellschaftungs-, Herrschafts- und Disziplinierungsformen zu begreifen und Widerstand als Teil einer Darstellung der Politik in der NS-Zeit zu behandeln". Dies schlösse die Bestimmung von Reaktionen auf zentrale Inhalte nationalsozialistischer Politik — etwa Judenpolitik, Behandlung der osteuropäischen Völker, der Fremdarbeiter oder der antikommunistischen Stoßrichtung des Regimes — ein. Insbesondere müsse dabei noch die Hinnahme oder Ablehnung der Disziplinierungspolitik der

Nationalsozialisten als Voraussetzung, Begleiterscheinung oder Hindernis für Widerstand in den Blick genommen werden.

*

Die *Diskussion* nahm die Anregungen Pirkers weitgehend auf. R. *Löwenthal* verteidigte das *Totalitarismuskonzept,* indem er es als Aspekt politischer Geschichte bestimmte. Deshalb werde es durch die Grenzen einer Atomisierung der Gesellschaft, auf die von Sozialhistorikern hingewiesen wird, nicht in Frage gestellt. Auch Wolfgang *Wippermann* bekräftigte die Überzeugung, daß ein sich an Hannah Arendt und Franz L. Neumann anlehnendes Totalitarismuskonzept weiterhin zugrunde gelegt werden könne.

Als zweiter Komplex rückte die *Einschätzung des kommunistischen Widerstands* in den Vordergrund. Detlev *Peukert* bestritt, daß die „Rückzugssphäre" gesellschaftlicher und politischer Gruppen bereits als Ansatzpunkt für Widerstand erscheinen könne, und setzte sich damit vor allem von Thesen ab, die von katholischen Zeithistorikern vertreten worden waren. Dem müsse er entgegenhalten, daß der kommunistische Widerstand das *aktive* Handeln von 10 000 bis 100 000 Menschen gewesen sei. Die Ansicht der Mehrzahl der Kommunisten damals, daß eine Revolution unmittelbar bevorstehe, habe sich aus den Erfahrungen der wirtschaftlichen und politischen Krise am Ende der Weimarer Republik ergeben. Der KP-Widerstand sei durch Chiliasmus und große Opferbereitschaft geprägt gewesen. Erstaunlich sei die Lernfähigkeit des KP-Widerstands — die Wende zur Einheitsfront und dann der Versuch, betriebliche und alltägliche Verweigerungsaktionen in ein politisches Konzept einzubringen (1936—1939). Dieser Lernprozeß sei allerdings abhängig von der UdSSR gewesen. Den Leistungen aller Widerstandsgruppen werde man nicht gerecht, wenn man sie nicht sehe vor dem Hintergrund der Niederlage von 1933, der Aktionen der Gestapo, der Ereignisse von 1944 und der Situation von 1945, als die Besatzungsmächte einen eigenen Weg nicht zuließen.

Sowohl T. *Pirker* als auch R. *Löwenthal* widersetzten sich der Anwendung religionssoziologischer Begriffe. Löwenthal hob insbesondere hervor, Peukert habe nicht genau zwischen den Vorstellungen der kommunistischen Aktivisten und den Zielen der Parteiführung, die keinen chiliastischen Glauben besessen habe, unterschieden. Es könne lediglich von einer „Anpassungsfähigkeit" treuer kleiner Kommunisten an die Parteilinie gesprochen werden, nicht jedoch von ihrer Anpassungsfähigkeit aufgrund der Einsicht in die wechselnde Situation. Die Lernfähigkeit in Moskau sei jedoch nur sehr begrenzt gewesen. D. *Peukert* stimmte der These zu, daß die Grenze zwischen nicht angepaßtem Verhalten und aktivem Widerstand scharf gezogen werden müsse. Überdies sei auch Löwenthals Beschreibung des Verhältnisses von Führung und Partei 1933 zuzustimmen. Allerdings sei die Lernfähigkeit einiger führender Leute größer als behauptet gewesen. Diese Lernfähigkeit sei erst durch Stalin und den Kalten Krieg gebrochen worden.

Pierre *Bertaux*, der wie H. C. Deutsch unmittelbar mit Goerdeler zusammengekommen war, lenkte den Blick auf die Hinnahme des Hitler-Stalin-Paktes. Der französische Kommunistenführer Roger Garaudy habe lediglich acht Tage wegen dieses Nichtangriffs- und Teilungsvertrages Gewissensbisse gespürt. Danach habe es geheißen: „Ich habe verstanden. Stalin hat recht." T. *Pirker* verwies darauf, daß die deutschen Kommunisten nicht ganz so elegant reagiert, dann aber auch „verstanden" hätten, „daß Stalin recht hatte". Allerdings sei in Leipzig von Kommunisten weiterhin Widerstand geleistet worden. R. *Löwenthal* fügte hinzu, daß Ulbricht damals in Moskau einen denunziatorischen Artikel gegen die Deutschen geschrieben habe, die weiterhin Widerstand gegen Hitler leisteten. D. *Peukert* bestätigte, daß die Masse der Kommunisten damals verwirrt und deprimiert gewesen sei. Ihr Spielraum sei nur so groß gewesen, wie ihn ihnen die UdSSR zugestand. Wenn Moskau ihn verengt habe, dann seien sie brav oder deprimiert gewesen. T. *Pirker* verwies auf die Bedeutung kommunistischer Informationsdienste, der „Inprekorr". Ulbricht habe in dieser Situation das Argumentationsmaterial geliefert.

Als dritter Komplex wurden *alltagsgeschichtliche Perspektiven* der modernen Widerstandsgeschichte angesprochen. W. Sheridan *Allen* verteidigte die *oral history* und hob hervor, bei dieser Methode gebe es keine grundsätzlich anderen Probleme als bei sonstiger Überlieferung. Problematisch erscheine ihm die in der Diskussion zum Ausdruck kommende Auffassung von Politik. Die dort gebotenen Abstraktionen seien kaum den konkret gegebenen Möglichkeiten politischen Verhaltens angemessen. Es müsse vielmehr gefragt werden, wie neue politische „Spielregeln" des Systems zu einem Formwandel politischen Verhaltens geführt hätten. Der Widerstand habe sich als lernfähig erwiesen, als er auf einfache Abwehrmittel zurückgegriffen habe und dabei auch die Tradition der Selbstbehauptung und Abwehr aufgenommen und stabilisiert habe.

Klaus *Tenfelde* plädierte nachdrücklich für eine angemessene Bewertung des Resistenz-Konzepts und kritisierte gleichzeitig die bisher geübte „konventionelle" Beschäftigung mit dem Widerstand. Die Resistenzforschung eröffne seines Erachtens wichtige Perspektiven: In einer resistenzhistorischen Untersuchung sei im Gegensatz zur Widerstandsforschung die plakative Herausstellung des einzelnen nicht möglich. Sie sei differenzierter. Der Begriff Resistenz erfasse auch die zumeist milieubedingte Fähigkeit zu einem bestimmten Verhalten. Die gezielte Unschärfe des Begriffs sei anfangs nützlich gewesen; nun aber müsse er schärfer definiert werden. In der Tat sei der Widerstand ohne Volk gewesen. In der von ihm untersuchten bayerischen Gemeinde Penzberg habe es das Beispiel eines evangelischen Pfarrers gegeben, dem in seinem Widerstand die Resistenz der Kommune keinen Rückhalt gegeben habe. Resistenz und Widerstand seien also manchmal zweierlei gewesen. Resistenz sei das Verhalten der *nobodies.* Es sei also ein Begriff der Alltagsgeschichte, die eine verhaltens- und sozialisationsgeschichtliche Ausdehnung des zeitlichen Horizonts erfordere. Die Konzentration liege dabei auf dem Menschen in der Krise.

Oral history beziehungsweise Interviewforschung frage, wie der Mensch seine Geschichte erlebt. Sie sei also Wahrnehmungsgeschichte. In der Erforschung des Nationalsozialismus müsse der Ausgangspunkt die Strukturgeschichte sein; *oral history* könne als Korrektiv dienen. Unter dem Nationalsozialismus entwickelten sich neue Milieus für Resistenz, beziehungsweise die Milieus, aus denen heraus gehandelt wurde, veränderten sich. In der Frage nach der gesellschaftspolitischen Funktion von Resistenz müsse die Vielschichtigkeit von Verhalten berücksichtigt werden. Resistenz könne auch stabilisierend gewirkt haben.

Auch I. *Kershaw* präzisierte den Resistenzbegriff, weil er in sich die Gefahr weitausgreifender Ausdehnung auf lediglich partielle Formen der Nonkonformität berge. Wegen fehlender Trennschärfe könne leicht alles mit Resistenz bezeichnet werden, was nicht totale Zustimmung war. Deshalb seien Begriffe wie *Dissens* oder *nonconformity* besser. Die Erforschung von Widerstand, Resistenz oder ähnlichem müsse auch die Bereiche der Zustimmung zu Teilgebieten der nationalsozialistischen Politik wie etwa zur Sterilisationspolitik einbeziehen.

D. *Peukert* hingegen betonte gegenüber den Ausführungen von K. *Tenfelde*, daß die Faschismuserfahrungen der Arbeiter im wesentlichen gefärbt gewesen seien durch die Weltwirtschaftskrise und ihre Bewältigung und durch ihre spezifische Generationserfahrung. Widerstand nach 1933 sei zu 90 % bis 100 % Arbeitslosenwiderstand gewesen — besonders bei den Kommunisten und Sozialdemokraten. Später habe es weniger Widerstand gegeben, weil diese Gruppen nun auch Arbeit und damit auch weniger Zeit hatten. Die Generation habe damit zum ersten Mal eine Lebensphase einer gewissen Normalität erfahren.

VII

Die Diskussion über die Basis des Widerstands in der deutschen Bevölkerung wurde in der *7. Arbeitssitzung* über *Volksbewegung und 20. Juli* fortgesetzt. Die Berichterstatterin Marlis *Steinert* sah die Hauptschwierigkeit einer angemessenen Erörterung des Themas in der mit diesem unterstellten hypothetischen Annahme, eine „ungeschehene Zukunft“ überhaupt analysieren zu können. Sowohl die Schaffung einer breiten Untergrundopposition unter den Bedingungen des totalitären Regimes als auch die Praktizierung einer erfolgreichen konspirativen Tätigkeit habe sich in Deutschland als Illusion erwiesen.

Aus den Beiträgen ihrer Sektion zog die Berichterstatterin den Schluß, daß die Möglichkeiten und Formen einer Öffnung von Widerstandsbewegungen zur Masse der Bevölkerung in den Konzeptionen verschiedener Gruppen sehr unterschiedlich gesehen wurden. Die Spannweite reiche dabei von Überlegungen, der NS-„Volksgemeinschaft“ quasi eine Massenbewegung mit umgekehrtem Vorzeichen gegenüberzustellen, bis zur

Initiative Carlo Mierendorffs, eine „demokratische Sammlungsbewegung“ mit gleichzeitiger Öffnung nach links, zu den Kommunisten, zu schaffen. Das in sowjetischer Kriegsgefangenschaft gebildete „Nationalkomitee Freies Deutschland“ (NKFD) habe offenkundig als Katalysator und Anstoß gewirkt, sich über die Notwendigkeit einer Massenabstützung Gedanken zu machen und Initiativen zu ergreifen. Ernsthaft sei die „Volksbewegung“ wohl erst als Reaktion auf Goerdelers Gesellschaftsvorstellungen und die Aktivitäten des NKFD diskutiert worden. Dennoch hätten solche Überlegungen — auch weil sie so spät einsetzten — nicht das große Handicap des Widerstands überwinden können, außenpolitisch isoliert zu sein und gleichzeitig innenpolitisch „ins Nichts hinein zu handeln“, mithin das Attentat wagen zu müssen, „ohne das Volk hinter sich zu wissen“: Dabei hätten nicht nur unterschiedliche Zielsetzungen, sondern mehr noch „sowohl die repressive Natur des Regimes, seine auf Atomisierung der gegnerischen Kräfte abgestellte Politik, wie auch seine außenpolitischen Erfolge“ einen illegalen Machtkampf auf breiter Basis wie auch die Entstehung einer zusammenhängenden oppositionellen Volksbewegung vereitelt. „Es gab Rückzug, Abkapselung, Verweigerung, schließlich Dissens, ohne daß diese Verhaltensweisen zur Unterstützung oder gar Legitimierung eines Staatsstreiches ausreichten.“

Mit einer Reihe von Fragen leitete M. Steinert zur Diskussion über:

„Muß das Fazit lauten: Es gab keine Volksbewegung, aber es hätte auch keinen Widerstand gegen das Gelingen eines Umsturzes von oben gegeben? Oder muß man die Unmöglichkeit einer Entstehung von Volksopposition auf Grund der strukturellen Voraussetzungen einer totalen Herrschaft in den Vordergrund stellen? Wie aber steht die These von der Wirksamkeit von Sub- und Gegenkulturen mit dieser Annahme im Einklang? War möglicherweise am 20. Juli 1944 die günstigste Gelegenheit für einen Umsturz vorüber? Hätte ein Versuch auf dem Höhepunkt der italienischen Krise größere Aussichten gehabt? Aber auch der Frage, ob die verbreitete Apathie und Resignation der Bevölkerung sogar einen Umsturz begünstigt hätten, darf man nicht ausweichen. Eine solche Haltung hätte jedoch nach erfolgreichem Umsturz beim Ausbleiben eines Friedensschlusses umschlagen und wahrscheinlich im Falle einer bedingungslosen Kapitulation sogar die radikalen Gegenkräfte begünstigen können, seien es nationalsozialistische Elemente oder deutsche Kommunisten. Man muß auch das Problem aufgreifen, daß zwischen den Vorstellungen und Planungen der Eliten und den Zukunftshoffnungen und Erwartungen breiter Volkskreise durchaus Differenzen bestanden. Schließlich muß auch die Frage nach der möglichen Loyalität oder Opposition von Wehrmacht- und SS-Verbänden gegenüber der Umsturzaktion und ihrem Einfluß auf relevante Bevölkerungsgruppen gestellt werden, wobei die Möglichkeit von Gegenregierungen nicht ausgeschlossen werden kann.“

*

Die *Diskussion* griff diese Fragen auf und konzentrierte sich auf Planungsprobleme und die Versuche, das Potential einer Volksbewegung zu nutzen. Dies leitete dann zu hypothetischen Erörterungen über, wie sich nach einem gelungenen Anschlag eine Volksbewegung hätte formieren können.

H. Mommsen erklärte die Volksbewegungskonzepte dezidiert als „Reflex auf die Aktivitäten des NKFD". Die zur kommunistischen Volksfrontkonzeption entwickelte Sammlungsbewegungs-Alternative des konservativen Widerstands erkläre sich zu einem Großteil aus der Furcht, im Fall einer neuen politischen Situation mit einem kommunistischen Vorstoß rechnen zu müssen. Insgesamt lasse sich dieses Konzept wenigstens als teilweise demokratisch bezeichnen, und es sei ein „bemerkenswerter Lernschritt" gegenüber den älteren „bloß autoritären" Verfassungsplänen.

R. *Löwenthal* betonte, das NKFD sei vor allem als Instrument sowjetischer Deutschlandpolitik im Sinne eines Separatfriedenskonzeptes mit der deutschen Armeeführung anzusehen. Zielgruppe des NKFD sei niemals das deutsche Volk, sondern seien die deutsche Generalität und die deutschen Offiziere in der Wehrmacht gewesen: Die Aktivitäten des NKFD standen unter dem Schirm der sowjetischen Interessen; folglich war der NKFD-Bewegung auch der Boden entzogen, seit Ende 1943 die Krise im Bündnis der Alliierten beendet werden konnte und die sowjetische Deutschlandpolitik sich durch eine Tendenz charakterisieren ließ, auch den deutschen Kommunisten Kollektivschuld anzulasten. Ingeborg *Fleischhauer* sah im NKFD eine von mehreren Optionen der sowjetischen Deutschlandpolitik; doch könne es in psychohistorischer Sicht als eine zeitlich und räumlich verschobene Widerstandshaltung in einem gewählten oder auferlegten „Freiraum" verstanden werden.

B. *Martin* schloß sich Löwenthals Urteil an und bestritt den Oppositionscharakter des NKFD schlechthin. Auf keinen Fall seien die Volksbewegungspläne innerhalb der bürgerlichen Widerstandskreise als Reaktion auf kommunistische Volksfrontkonzepte zu interpretieren. Statt dessen werde man die Volksbewegungskonzeptionen auf die politischen und sozialen Vorstellungen der nicht-nationalkonservativen Kräfte im bürgerlichen Widerstand zurückführen müssen, wie auf Carlo Mierendorff, denen es *vor* dem Umsturz nur darum gehen konnte, eine Absicherung des geplanten Attentates von „unten" *vorzubereiten*. Deshalb hätten auch, so betonte R. *Löwenthal*, unter den Bedingungen eines totalitären Regimes die Diskussion und Organisation der Volksbewegungskonzepte notwendigerweise auf Kader und „elitäre" Gruppen beschränkt bleiben müssen. Ihre demokratische Grundrichtung könne jedenfalls unter Hinweis auf diese Zusammenhänge und Umstände nicht bestritten werden.

Die hypothetische Frage, welche Haltung die deutsche Bevölkerung nach einem gelungenen Anschlag eingenommen hätte, bestimmte die weiteren Überlegungen. Wurde dabei einerseits die breite Zustimmung zu einem erfolgreichen Attentat ausgeschlossen, so unterstützten andere entschieden die These H. *Boberachs* von der „passiven Akzeptanz", das heißt: Eine Begeisterung für den Umsturz und eine Identifikation mit ihm wären in der Bevölkerung nicht entstanden, ebensowenig wäre es aber zu einer von der Bevölkerung getragenen Gegenbewegung gegen die Verschwörer gekommen. Zweifel an Boberachs Hypothese äußerte vor allem Christoph *Kleßmann*, der auch für das Jahr 1944 in der deutschen Bevölkerung noch eine ausreichende Loyalität zu Hitler sah. Die Ablehnung des Tyrannenmordes, im Widerstand verbreitet, könne ebenfalls als repräsentativ für die Bevölkerung gelten. Angesichts derartiger Verhältnisse sei ein Bürgerkrieg als Folge der Ermordung Hitlers eine durchaus reale Möglichkeit gewesen. Auch Hans-Josef *Steinberg* betonte, nicht der Abfall weiter Kreise vom Hitler-Regime stelle das Hauptproblem dar, sondern die fortdauernde Massenloyalität. Denn neben einer zunehmenden Kritik an der nationalsozialistischen Politik hätten sich die Massendenunziationen verstärkt, wie vor allem die Zunahme der Sondergerichtsprozesse gegen Kriegsende verdeutlichte.

E. *Bethge*, der im Freundeskreis von Bonhoeffer Einblick in Diskussionen des Widerstands hatte und sie mittrug, drückte in einem abschließenden Beitrag seine Verwunderung darüber aus, wie kontrovers sich die Frage nach der Haltung der Bevölkerung aus heutiger Sicht darstelle. Zwar sei dies anfangs ein zentraler Diskussionspunkt gewesen, doch spätestens seit 1942 sei diese Problematik nicht mehr relevant gewesen. Die Frage, ob ein Attentat eine Volksbewegung auslösen werde oder nicht, habe seitdem keine Rolle mehr gespielt, da sich die Ansicht durchgesetzt habe, sie könne nicht beantwortet werden, vielmehr gelte es, unabhängig davon, den entscheidenden Schritt in jedem Falle zu unternehmen.

VIII

Die *8. Sitzung* wurde von Ernst *Nolte* geleitet und versuchte die *Chancen des Umsturzversuches* aus der *Entschlußlage des Frühsommers 1944* abzuleiten. Nolte zeigte nach einer Darstellung der Grundzüge der Sektionsbeiträge eine Perspektive auf, die „manche der Probleme und Differenzen in ein anderes Licht zu rücken" suchte:

„Die große Hauptfrage in allen Beiträgen ist, ob die Männer des ‚bürgerlich-militärischen' — das heißt des einzigen potentiell erfolgreichen — Widerstands in Deutschland, abgesehen von wenigen Ausnahmen wie Moltke und Bonhoeffer, Illusionisten und antikommunistische, ja hitlernahe Nationalisten gewesen sind oder ob sie in der Hauptsache, wenngleich nicht durchweg von vornherein, von ethischen Motiven sich hätten leiten lassen, ohne daß sie deshalb die Hoffnung auf eine Bewahrung der nationalen Substanz hätten aufgeben müssen."

Trotz schwerwiegender Gründe, die für die These vom Illusionismus angeführt würden, sei andererseits doch festzuhalten, daß die Überzeugung des Widerstands vom Bestehen eines tiefgreifenden Gegensatzes zwischen den Westmächten und der Sowjetunion sich sehr bald als völlig realistisch erwiesen habe, anders als der entgegengesetzte Glaube an die Festigkeit des ‚demokratischen Weltbündnisses'. „Beruhte nicht dieses Bündnis ganz und gar auf dem gemeinsamen Gegensatz gegen den Faschismus und gegen Hitler? Wenn aber der Faschismus und Hitler weggefallen wären und wenn dann ein immer noch sehr ausgedehntes und machtvolles Deutsches Reich faktisch auf die Seite der Westmächte übergegangen wäre, so ist durchaus zu fragen, was in einer solchen Situation aus jenem Bündnis geworden wäre und welche Konsequenzen sich aus der nach dem 20. Juli 1944 erwiesenermaßen noch überraschend großen militärischen Stärke des Deutschen Reiches hätten ergeben können."

Auch in bezug auf den Vorwurf des unmoralischen Nationalismus seien in den Beiträgen „gravierende und sogar konsternierende Gründe" vorgebracht worden. Dem „ethischen Idealtyp", so der Berichterstatter, hätte in der Tat die Entschlossenheit entsprechen müssen, „Hitler als den ‚Menschheitsverbrecher' und Urheber unerhörter Massenmorde gerade auf der Höhe seiner Erfolge ohne Rücksicht auf die negativen, aber jedenfalls bloß empirischen Folgen zu beseitigen". Diesem Ideal aber seien im Widerstand nur wenige gerecht geworden, und es sei zu fragen, ob ein solches Handeln unter historisch-politischen Gesichtspunkten von einer größeren Anzahl von Menschen überhaupt zu erwarten sei. In Wahrheit erscheine es vielmehr sehr begreiflich, daß das Attentat erst dann ernsthaft geplant wurde, „als zu der gesinnungsethischen Empörung auch die verantwortungsethische Einsicht in die für Deutschland und Europa verhängnisvollen Auswirkungen der Hitlerschen Kriegsführung" hinzugetreten sei.

„Mit der Stärke ihrer ethischen Tendenz wie auch durch das neue Interesse für die Alltagsgeschichte" sah Nolte die deutsche Widerstandsforschung in der Gefahr, „sich ihrerseits, wenn auch mit umgekehrten Vorzeichen, in einer nationalen ‚Borniertheit' einzurichten und die umfassendere Perspektive aus dem Auge zu verlieren, innerhalb derer allein der Nationalsozialismus und mit ihm der Widerstand aus der angemessenen Distanz in den Blick zu nehmen ist". Dazu habe „wesentlich die Furcht Anlaß gegeben, der ‚Aufrechnung' oder sonstiger böser Absichten geziehen zu werden". Wenn er diese Perspektive im weiteren anzudeuten suche, so geschehe dies „im Vertrauen auf ein instruiertes und dem Prinzip historischen Verstehens verpflichtetes Publikum, das eine aus der unumgänglichen Kürze sich ergebende Zuspitzung als das zu empfinden vermag, was sie ist, nämlich Umriß und Andeutung, nicht dogmatische These":

„Der Bolschewismus ist kein ‚Gespenst', sondern die Grundvoraussetzung für das Begreifen des Nationalsozialismus. Ihrerseits steht schon seine frühsozialistische und marxistische Vorgeschichte in einem sehr prononcierten Verhältnis zu der modernen Entwicklung seit der Industriellen Revolution, die in ihrem Ursprungsbereich durch ein stets von neuem und mühsam austariertes Verhältnis universalisierender und partikularisierender Tendenzen bestimmt ist. Der Bolschewismus ist von dieser Vorgeschichte her als militanter Universalismus zu charakterisieren, aber von seinen russischen Prämissen her ist ihm gerade ein durchaus partikularer Charakter aufgeprägt. In der einen dieser Traditionen war der Begriff der ‚Vernichtung des Klassenfeindes' enthalten, der aber bei Marx nichts als die Beseitigung einiger Kapitalmagnaten bedeuten sollte, und in der anderen zeichnete sich schon früh dasjenige ab, was Stalin 1952 als den Weg der siegreichen russischen Sprache bezeichnete. In der komplexen Wirklichkeit realisierte sich die erste Vorstellung in der ‚Liquidierung' des russischen Bürgertums sowie der Millionenmasse der tatkräftigsten Schicht der Bauern und die zweite in der staunenswerten Erhaltung des großrussischen Vielvölkerstaates, des größten Staates der Welt.

Daß angesichts dieses ungeheuren und verwirrenden Phänomens die Gegenbewegung eines ebenso militanten Partikularismus aufkommen würde, war so gut wie sicher, und deren Sieg war möglich. Er war aber nicht zwingend notwendig, und der Bolschewismus hätte bei allem Gegensatz ein einseitiger und modernisierender Außenposten des Liberalen Systems oder des ‚Kapitalismus' bleiben können. Wer aber Hitler auf einen bloßen Sozialdarwinisten oder Lebensraumpolitiker reduziert, der muß sehr angestrengt die Augen davor verschließen, welchen ganz außerordentlichen Eindruck der Bolschewismus auf Hitler gemacht hatte, und zwar gerade durch seine Vernichtungsmaßnahmen. Was Hitler hervorzubringen suchte, war ein Partikularismus (mit seiner Rassenlehre), der ebenso militant und in gewisser Weise ebenso universalistisch wäre wie der Bolschewismus. Dies war das Telos von Hitlers Existenz, nicht dessen vollständige und alltägliche Realität.

Aber die Basis seiner Wirksamkeit war der preußisch-deutsche Nationalismus, der als einziger Nationalismus in Europa nach dem Prinzip des Selbstbestimmungsrechts der Völker an zahlreiche Menschen appellieren konnte — wie der Bolschewismus der Tendenz nach an noch zahlreichere in der ganzen Welt. Diese Basis war legitim, aber sie trug Hitler nicht weit genug: weder zum stabilen Weltimperium im Osten noch zur Herrschaft des arischen Rassenkerns noch zur Vernichtung der angeblichen Urheber des Universalismus, der Juden. Andererseits war es den Vertretern des deutschen Nationalismus, wie Brüning und Goerdeler und tendenziell auch Trott und Stauffenberg, von den Westmächten verwehrt worden, ihre grundsätzlich legitimen, wenngleich vielleicht historisch schon obsoleten, Ziele zu verwirklichen. Sie konnten sich nur noch demjenigen anschließen, welcher der stärkste und populärste Mann ihrer Richtung zu sein schien, nämlich Hitler.

Ihre Situation war mithin tragisch, und die Einsicht in diese Tragik ist nach meiner Auffassung das erste Gebot für ein historisches Verständnis des deutschen Widerstands. Und daher sind diese Männer unzureichend charakterisiert, wenn sie mit negativem Beiklang als Antikommunisten bezeichnet werden. Sie waren eben keine *militanten* Antikommunisten im Sinne Hitlers, sondern sie waren Antikommunisten im Sinne der Hinnahme einer essentiellen Asymmetrie, und wer war in diesem Sinne außer den Kommunisten im Westen kein Antikommunist, Roosevelt, Churchill und Leon Blum eingeschlossen? Sie wußten allerdings besser als Roosevelt und Churchill, daß die Forderung nach der Vernichtung des ‚Klassenfeindes' dem Willen zur Vernichtung des ‚Rassenfeindes' vorhergegangen war, daß (um eine metaphorische Wendung zu gebrauchen, die aus schwerwiegenden, wenngleich beklagenswerten Gründen von einer breiteren Öffentlichkeit schwerlich ertragen werden würde) Katyn ursprünglicher war als Auschwitz. Aber Katyn war zugleich rationaler, denn die polnischen Offiziere waren tatsächlich ‚Klassenfeinde', und ihre ‚Liquidierung' war eine Voraussetzung der totalitären Parteiherrschaft. Die Vernichtung der Juden dagegen beruhte auf einer bloßen, wenn auch alteingewurzelten Vermutung, und sie diente allein der Herbeiführung einer Gleichheit der Militanz, obwohl doch Mussolinis Beispiel bewies, daß eine faschistische Herrschaft sehr wohl auch ohne Bekämpfung der Juden möglich war."

Damit werde „die eigentliche Bedeutung und Größe des deutschen Widerstands und insbesondere Stauffenbergs und seiner Freunde" deutlich:*

„Das schwierigste Lernen und der tiefste Wandlungsprozeß waren da gegeben, wo Männer wie Stauffenberg, Schulenburg, Reichwein und Leber einem Bündnis mit den Kommunisten zustimmten. Ihnen konnte nicht verborgen sein, daß die Kommunisten zwar tapferer und verlustreicher als alle anderen gegen den Nationalsozialismus gekämpft hatten, daß sie aber trotzdem nicht eigentlich zum ‚Widerstand' gezählt werden durften. Sie waren vielmehr die Reste des angreifenden Heeres, das während der ganzen Weimarer Periode den Ruf zum ‚bewaffneten Aufstand' hatte erschallen lassen und dadurch zur wichtigsten Voraussetzung des nationalsozialistischen Sieges geworden war ... Aber Stauffenberg und Leber ließen sich offenbar von dem Empfinden leiten, daß dieser Feind mit seiner ideellen Verwurzelung in der Zeit des Deutschen Idealismus ihnen näher stand als der Todfeind — der ‚große Vollstrecker des Bösen', wie Hans-Bernd von Haeften vor dem Volksgerichtshof sagte —, mit dem sie zunächst durch bedeutende, jetzt als untergeordnet enthüllte Zielsetzungen verbunden gewesen waren. Damit und mit dem Attentat gegen Hitler, das sie primär um der moralischen Fortexistenz Deutschlands willen ins Werk setzten, taten sie den Schritt in ein neues Zeitalter. Es war ein Zeitalter, das sie nicht hätten lieben können und das zu neuen Kämpfen führen mußte, aber zu Kämpfen, in denen die Überlebenden und ihresgleichen in der Lage waren, sich in gewandelter Gestalt zu behaupten

* Der folgende Absatz ist aus dem Manuskript eines am 21. Juli 1985 in der *Frankfurter Allgemeinen Zeitung* erschienenen Artikels (Ernst Nolte, *Verräter, Patrioten, Reaktionäre — Vorbilder für heute?*) zitiert.

und schließlich vielleicht auch dem temporär verbündeten Feinde die Möglichkeit der Wandlung zu geben."

*

In der *Diskussion* bestritt P. *Hoffmann*, daß ein Erfolg des Staatsstreichs die Ziele der Alliierten reduziert hätte. In jedem Fall hätten die Westmächte den politischen und militärischen Wiederaufstieg Deutschlands verhindern, sein Territorium reduzieren und teilen wollen. Allerdings könne vermutet werden, daß ein Kriegsende bereits im Sommer 1944 den Kampf um die Mitte Europas gemildert und vielleicht mit der Neutralisierung Deutschlands und Beteiligung der KPD an der Regierung geendet hätte. Zunächst sei allerdings, betonte H. *Ben-Israel*, die Unterscheidung zwischen antideutscher und antisowjetischer Orientierung der westlichen Regierungen irrelevant gewesen. Ein gelungener Staatsstreich hätte so nur bedingt eine neue Situation geschaffen, denn das Feindbild sei durch den „deutschen Militarismus" stärker geprägt gewesen als durch langfristige euro- oder geopolitische Interessenlagen.

Eine Hauptkontroverse entzündete sich an den Thesen B. *Martins*, der dem Widerstand die Verengung ostpolitischer Konzeptionen aus einem traditionellen Antibolschewismus vorwarf. Die Frage E. *Noltes*, ob überhaupt ein Politiker der Kriegszeit in der Lage gewesen wäre, politische Konstellationen unabhängig von Herkunft und Erziehung zu analysieren, wies B. *Martin* als verfehlt zurück und hob statt dessen hervor, allein der Ostfrieden hätte für den Widerstand eine realistische Alternative geboten. Wenn die Verschwörer mithin „nationalistische Machtpolitik" betreiben wollten, hätten sie sich mit den Gegnern des Reiches arrangieren müssen, insbesondere mit dem ähnlich machtbewußten Stalin. So betrachtet, sei der unreflektierte Antibolschewismus des Widerstands das „Haupthindernis" für seinen möglichen außenpolitischen Erfolg gewesen. Winfried *Heinemann* bezeichnete das Programm Goerdelers als „geradezu unglaubliche Maximalforderung". Insgesamt sei festzuhalten, daß die Unklarheit unter den Verschwörern vor allem in der außenpolitischen Zielsetzung gelegen habe und die für das weitere Handeln „fehlende Entscheidungsstruktur" auch bei einem Erfolg des Attentats den Erfolg des Staatsstreichs gefährdet hätte.

M. *Messerschmidt* differenzierte diese Bewertung, unterstrich einerseits die Auffassung von den illusionären Vorstellungen des Widerstands, modifizierte andererseits die These von der weitgehenden Übereinstimmung der „Feindbilder" des NS-Regimes und des Widerstands. Insbesondere lasse sich in Kenntnis der Vorstellungen über den Ostkrieg nicht einheitlich vom Widerstand sprechen. Vielmehr seien je nach Personen und Zeitabschnitten „stark divergierende Motive, Ziele und Handlungsformen zu unterscheiden". Dennoch sei es schwer, viele der Zielaussagen von dem zu lösen, was sich im Osten ereignet habe.

P. *Steinbach* warf in seiner Kritik an Martin und Heinemann die grundsätzliche Frage auf, ob manche heutige Distanzierung vom Widerstand nicht ein mangelndes Verständnis für dessen Vorstellungen und Lebensverhältnisse wie auch für die eng begrenzten Informationsmöglichkeiten im Dritten Reich zeige. Von der Lage des Widerstands her sei es angemessener, etwa den 11-Punkte-Plan Goerdelers als Diskussionsgrundlage und Sondierungsplan zu interpretieren. Entschieden wandte Steinbach sich gegen den von B. Martin erhobenen Vorwurf des unreflektierten Antibolschewismus auf seiten des Widerstands — ein Begriff, der belastet sei und Unterstellungen gegenüber dem Widerstand enthalte. Jedenfalls sei festzuhalten, daß eine „antibolschewistische" Haltung keineswegs etwa mit einer Zustimmung zu der massenhaften Erschießung von sowjetischen Kommissaren gleichzusetzen sei. Bei aller kritischen Differenzierung gelte es doch, den Widerstand — in seinen Grenzen, aber auch mit dem ganzen Anspruch, der dahinter gestanden habe — als „Alternative zum Dritten Reich" ernst zu nehmen und einem in der Öffentlichkeit leicht aufkommenden Vorurteil vorzubeugen, als seien die Widerstandskämpfer „auch nicht besser" als das Dritte Reich gewesen.

L. *von Hammerstein-Equord* bestärkte diese Zweifel und hob die moralische Position des Widerstands hervor, der zufolge Hitler als Verbrecher und „Verderber Deutschlands" als Motiv für ihr Handeln ganz im Vordergrund gestanden habe. Dabei sei es für Beck, nach einer Äußerung, die er ihm, Hammerstein, gegenüber im Winter 1943/44 getan habe, „völlig klar" gewesen, daß die Sowjetunion nach dem von ihm erwarteten Verlust des Krieges, auch bei erfolgreicher Beseitigung Hitlers, auf das künftige Schicksal Deutschlands einen „gewaltigen Einfluß" ausüben werde. Gleichwohl seien Beck, Goerdeler und die anderen angesichts der Methoden, die aus dem Stalinschen Rußland bekannt gewesen seien, „ganz selbstverständlich" antikommunistisch gewesen, woraus ihnen „kein Vorwurf" zu machen sei, was vielmehr auch angesichts der tatsächlichen Vorgänge nach Kriegsende gerechtfertigt erscheine. Das bedeute aber nicht, daß man die deutschen Untaten in Rußland, das Reden von den Russen als „Untermenschen" und die Behandlung der russischen Kriegsgefangenen gebilligt habe; all dies habe man im Gegenteil mit Scham und Entsetzen abgelehnt.

Auch K. *von Klemperer* erhob gegen das „sehr harte Urteil" von Martin Einwände. Der Widerstand sei gewiß nicht primär an sich gescheitert. Statt einseitige Anklagen zu erheben, komme es darauf an, die Lage des Widerstands einzuschätzen und in ihrer Tragik zu verstehen. Nicht hinnehmbar sei es, wenn Martin den Widerstandskämpfer Goerdeler als eine „manisch-neurotische Person" bezeichne. Goerdeler sei ein „mutiger, unentwegter Mensch" gewesen, der den Widerstand stets vorangetrieben habe, und es dürfe nicht durch unangebrachte Psychologisierung das ethische Motiv im Widerstand zerstört werden. Jerzy *Borejsza* wandte sich gegen Noltes Vergleich zwischen Katyn und Auschwitz.

In seiner Entgegnung hielt B. *Martin* am Begriff des Antibolschewismus zur Charakterisierung der ideologischen Befangenheit des Widerstands fest, die ein realpolitisches Konzept verbaut habe. R. *Löwenthal* versuchte die Kontroverse auf eine prinzipielle Ebene zu beziehen und knüpfte an Noltes These vom „Bolschewismus als Grundvoraussetzung des Nationalsozialismus" an. Die These sei geistesgeschichtlich „teilweise korrekt", politikgeschichtlich jedoch „total falsch". Das Argument der „bolschewistischen Gefahr" habe im Bewußtsein derer, die Hitler zur Macht verhalfen, im wesentlichen nur propagandistische Bedeutung gehabt, da eine „reale bolschewistische Gefahr im Weimarer Deutschland gegen Ende seiner Existenz nicht bestanden" habe. Vor Hitlers Krieg mit Stalin habe „keine Gefahr der stalinistischen Offensive in Europa" bestanden; erst Hitler habe Stalin nach Europa gebracht. Nicht also die „sogenannte" bolschewistische Gefahr sei die Voraussetzung für den Nationalsozialismus gewesen. Hitlers Sieg sei vielmehr einerseits durch die in der deutschen Rechten maßgebende nationalistische Tradition einer eigenen „Zwischenkultur" und gleichzeitigen Überlegenheit nach Westen und Osten ermöglicht worden sowie andererseits durch „die engherzige und kurzsichtige Politik der Westmächte gegenüber dem Weimarer Deutschland". Zu differenzieren sei auch bei der späteren Politik der Westmächte zwischen Deutschland und Rußland. Während Roosevelt die kommunistische Nachkriegsgefahr überhaupt nicht erkannt habe, sei Churchill sich der Bedrohung durch einen sowjetischen Vormarsch in Europa sehr wohl bewußt gewesen und habe auch die alliierte Kriegsstrategie in diesem Sinne zu beeinflussen gesucht. Die Vorstellung, die Westmächte während dieses Kampfes von der Sowjetunion trennen zu können, sei „natürlich völlig illusionär" gewesen. Eine richtige und wichtige Frage sei es dagegen, „ob nicht eine solche Trennung nach dem Umsturz, nach dem Ende des Hitler-Regimes eventuell möglich gewesen wäre". Dies sei heute schwer zu beurteilen. Gleichwohl sei zu Martins These die „Halsgefährlichkeit" einer Annäherung an den Osten zu konstatieren. Goerdeler hätte mit einer derartigen Politik mit Sicherheit im Innern keine Kräfte mobilisieren können. Und die Folgen hätte er nicht einschätzen können. B. *Martin* hielt trotz dieser Einwände an seiner These fest, die außenpolitischen Vorstellungen des Widerstands hätten keine Alternative zur offiziellen nationalsozialistischen Außenpolitik dargestellt, und die außenpolitischen Friedensziele des Widerstands seien über lange Zeit hinweg auch die offiziellen Kriegsziele des Regimes gewesen. Das impliziere aber nicht eine Gleichsetzung von Widerstand und Nationalsozialisten auf der moralischen Ebene. Im übrigen habe es ihm, Martin, völlig ferngelegen, etwa die ethischen Motive Goerdelers in Abrede zu stellen.

Eine weitere Grundsatzdebatte regte H. *Mommsen* an, der vor der „verheerenden Schlußfolgerung" aus Noltes Bestimmung des Verhältnisses von Bolschewismus und Nationalsozialismus warnte. Verhängnisvoll sei es, sich explizit die Neigung des frühen nationalkonservativen Widerstands zu eigen zu machen, „im Nationalsozialismus nur eine braune Variante des Bolschewismus zu erblicken", in dem Sinne, daß beide in ihrer Stoßrichtung gegen das Abendland mit seiner christlichen Tradition und der historisch gewachsenen Gesellschaft letztlich dieselben Ziele verfolgt hätten. Dieses Syndrom habe anfangs im deutschen Widerstand, zwischenzeitlich noch verstärkt durch den Hitler-Stalin-Pakt, eine ganz wesentliche Rolle gespielt. Der deutsche Angriff auf die Sowjetunion habe dann freilich eine Widerlegung dieser Erwartungshaltung und bei Teilen der Verschwörer aus ihrem konservativen, durchaus auch antisemitisch geprägten Antibolschewismus heraus eine Annäherung an den Nationalsozialismus und seine Ziele und Methoden im Ostkrieg gebracht. Trotz gleichzeitig klarer Gegnerschaft gegen Hitler und die Unrechtszüge des Systems seien teilweise im Widerstand Pläne verfolgt worden, die ein eindeutiges Bild bei seiner Analyse als Alternative zu den eigentlich nationalsozialistischen Kräften in der deutschen Gesellschaft nicht möglich machten; hier zeige sich, daß die deutsche Gesellschaft so stark nazifiziert gewesen sei, daß es oft schwierig sei, die vielfach utopischen Gegenpositionen des Widerstands systematisch als Alternative von der nationalsozialistischen Politik abzuheben.

Das bedeute indes keine Verurteilung der persönlichen Haltung der Verschwörer und der am Ende für ihr Handeln doch ausschlaggebenden, anderen Ziele. Der entscheidende Lernfortschritt sei hier die Zusammenarbeit mit den Kommunisten und deren Einbeziehung in die vorgesehene Umsturzregierung gewesen, und insofern könne man nicht, wie in der Einführung geschehen, „die antibolschewistische Zielsetzung gleichsam für den Widerstand als Rechtfertigung heranziehen, weil er in der entscheidenden Phase sich eben erfreulicher- und bemerkenswerterweise zu wesentlichen Teilen davon gelöst" habe. Die „nationalistischen Motive" im Widerstand herauszuarbeiten müsse im übrigen noch keine Fundamentalkritik an der Politik des Widerstands bedeuten. Demgegenüber sei es merkwürdig und problematisch, „durch den Rekurs auf die Haltung der übrigen Weltmächte mit dem Versuch, den deutschen Widerstand zu rechtfertigen, plötzlich auch das nationalsozialistische Regime mit zu rechtfertigen".

E. *Nolte* ging in seinem Schlußwort auf die prinzipielle Kontroverse ein, die nicht allein Grundsatzfragen einer angemessenen Erforschung des Widerstands, sondern auch des Umgangs der Nachkriegszeit mit dieser Geschichte spiegele, und hob den entscheidenden Unterschied zwischen den viel weiter gesteckten Zielen Hitlers und dem Ziel des Widerstands hervor, dem es um „deutsche Selbstbestimmung in Europa" gegangen sei — „ein Ziel, gegen das vom alliierten Standpunkt nichts eingewandt werden konnte, das aber *eo ipso* eine Großmacht- und Hegemonialposition bedeuten mußte". Mit dem Kampf hiergegen hätten „die Alliierten mindestens von einem bestimmten Zeitpunkt an sich nicht nur gegen Hitler, sondern auch gegen das Ziel des Widerstands gerichtet" und insofern in der Tat den Krieg als „einen Krieg gegen Deutschland" geführt, woraus sich die Tragik des Widerstandes ergebe.

H. *Mommsen* erwiderte hierauf, daß er dem Berichterstatter nicht eine Rechtfertigung des Nationalsozialismus habe unterstellen, sondern nur auf die Gefahr und unerwünschte Konsequenz habe hinweisen wollen, wonach das Mißverständnis entstehen könne, „daß man, indem man problematische Teilziele des Widerstands rechtfertigt, indirekt auch das NS-Regime rechtfertigt".

IX

Die von Nolte geleitete Sitzung berührte bereits zentrale Inhalte der *Abschlußdiskussion*, die unter dem Thema *Politische und moralische Motivation des Widerstands* stattfand und von Peter *Steinbach* geleitet wurde. Besondere Beachtung fand ein Diskussionsbeitrag von Frau Marianne *Meyer-Krahmer*, der Tochter Goerdelers, in dem als Ergebnis der Tagung „viel Bedenklichkeit" hervorgehoben wurde. Als Zeitzeugin habe sie angesichts der „kalten, analytischen Diskussionen" oftmals das Gefühl gehabt, „mit dem Rücken zur Wand zu stehen", weil heute wohl kaum die Leidenschaftlichkeit nachvollzogen und das Wertesystem nachempfunden werden könnten, welche Menschen im Widerstand prägten und motivierten. Habe heute auch niemand ein ungebrochenes Verhältnis zu dem, „was man Vaterland" nenne — auch ihr habe die Gestapo das „‚geliebte Vaterland'" ausgetrieben —, so dürfe man doch niemals aus den Augen verlieren, daß die Widerstandskämpfer dieses ungebrochene Verhältnis noch besaßen. Deshalb müsse man es in den Kontext der Untersuchungen einbeziehen. Der Aufruf zur Wiederherstellung des „Anstandes" müsse als Kritik am damals verheerenden Opportunismus verstanden werden. Die Bedeutung des Leidenschaftlich-Emotionalen als Anstoß für den Schritt in den Widerstand sei hoch zu veranschlagen, nicht zuletzt vor dem Hintergrund weitgehender geistiger Verwirrung der Zeit: „Erzogen in einem loyalen Staatsverständnis", mußten die Widerstandskämpfer ihren Weg gehen und „Eigenirritationen" überwinden. Innerhalb dieser Verwirrung und Unentschlossenheit müßten viele Diskussionen, Pläne und Taten gedeutet werden — erst dann ließe sich Widerstand als Prozeß begreiflich machen. Dabei dürfe man die Isolation, den Mangel an Austauschmöglichkeiten, das immer neu gefährdete Vertrauen in die Umwelt nicht übersehen. Die Widerstandskämpfer seien eben nicht so häufig zusammengekommen, wie man das unter heutigen Verhältnissen vermute — deshalb seien viele Kontroversen nicht ausdiskutiert worden. Unter diesen Kommunikationsschwierigkeiten hätten nicht nur die Umsturzvorbereitungen, sondern auch der geistige Austausch, die Auseinandersetzung über gravierende Probleme der Neuordnung gelitten. „Hektische Treffen" seien an die Stelle „ruhiger Überlegungen" getreten — gerade Nachgeborene schienen aber „durchdiskutierte" Fragen zu erwarten.

Unbestreitbar sei ein früher Dissens mit dem System, ohne daß „das Ganze des Widerstands" schon spürbar gewesen wäre. Diese partiellen Hinweise müßten gesehen und in ihrem zeitspezifischen Zusammenhang gedeutet werden. Häufig habe der Prozeß der Entscheidung für die Konspiration als „innere Abwendung", als „innere Emigration" begonnen, sich als „tiefe emotionale Beunruhigung" fortgesetzt und sei in einen konspirativen Willen eingemündet, der bald nicht mehr als ein „Nichts an

Hoffnung war". Dennoch sei es niemals allein darum gegangen, das „Bild des Menschen wiederherzustellen", sondern auch darum, „Millionen von Menschen zu retten": Letzteres richtete sich gegen die Deutung Goerdelers als eines Antisemiten, der kein klares Gegenkonzept zur nationalsozialistischen Judenpolitik besessen habe.

E. *Bethge,* für den gerade dieses Problem im Mittelpunkt des Widerstands zu stehen gehabt hätte, regte eine intensivere Beschäftigung mit der Bedeutung der Judenfrage im Widerstand an. Zwar bestritt Bethge nicht, daß es im Widerstand auch Antisemitismus gegeben habe. Dies bedeute jedoch in keiner Weise, daß auch die nationalsozialistische Rassenpolitik verteidigt oder gar die Tatsache der Judenmorde gebilligt worden sei. Bethge erinnerte an die klaren Worte Bonhoeffers und an einzelne Maßnahmen, die in der Forschung weitgehend „unbekannt" geblieben seien und deshalb auch für Verzeichnungen verantwortlich gemacht werden müßten. Dennoch habe es Versagen gegeben, etwa in der theologischen Diskussion und der karitativen Praxis, bei Solidarisierungen mit Verfolgten und vor allem im weiten „theologischen Bewußtseinsfeld". Wenngleich es mithin *im* Widerstand Antisemitismus gegeben habe, bedeute dies nicht, daß *der* Widerstand antisemitisch war, und schon gar nicht könne man sich zur These versteigen, Auschwitz sei kein Motiv für Widerstand gewesen.

K. *von Klemperer* lenkte in seinem Diskussionsbeitrag den Blick auf die Bedeutung der Familie für die Struktur des Widerstands. Gerade in den Kreisen der Widerstandskämpfer des 20. Juli 1944 sei in bemerkenswertem Umfang aus den Familien Unterstützung, Verständnis, schließlich auch Rechtfertigung gekommen. Dies schlösse tragische Ausnahmen ein. M. *Meyer-Krahmer* differenzierte: Familien seien teilweise einbezogen, teilweise aus Schutzerwägungen abgeschottet worden. Dennoch wußten viele Angehörige stets, „worum es ging"; diese Einbeziehung mache gerade die Tragik mancher Widerstandskämpfer aus. Mit ihrer Tat hätten sie ihre bürgerliche Existenz aufs Spiel gesetzt und ihre engsten Angehörigen gefährdet. Die Alternative sei 1944 doch auch gewesen, für einige Monate noch „den Kopf einzuziehen" und dann nach dem Ende des Regimes bedeutende Positionen einzunehmen. Hier hätten sich die Widerstandskämpfer eindeutig für ihre Tat noch vor der Niederlage und Befreiung entschieden.

H. *Boberach* lenkte den Blick auf die grundsätzliche Frage, wie Motivationen des Widerstands überhaupt angemessen erfaßt werden könnten. Neben den konservativen, christlichen und militärischen Motivationen und dem Widerstand der Arbeiterbewegung müßten auch Bauern, die sich gegen Enteignungen für die Wehrmacht wehrten, und Unternehmer, die sich von der Bürokratie unterdrückt sahen, gewürdigt werden.

Wendungen zum Allgemeinen wie diese ließen den Wunsch erkennen, das in den einzelnen Diskussionen mit aller Schärfe herausgearbeitete kontroverse Bild des Widerstands zu einer Gesamtdeutung auf breiter Grundlage zu integrieren. In diesem Sinne einer weiteren Perspektive wollte auch der Diskussionsleiter P. *Steinbach* sein Schlußwort verstanden wissen, in dem er unter anderem ausführte:

„Es kann nicht ausbleiben, daß wir als Nachgeborene unsere Fragen an den Widerstand gegen den Nationalsozialismus immer neu stellen und daß uns dabei auch Voraussetzungen und Möglichkeiten, Perspektiven und Traditionen dieses Widerstands immer wieder neu problematisch werden. Wir leben heute in einer Zeit, in der die Rechtfertigung von Widerstand zu den Bestandteilen einer demokratischen Kultur gehört; wir haben den Widerstandsartikel im Grundgesetz. Widerstand, der in den aktuellen Diskussionen und in seiner prinzipiellen Rechtmäßigkeit keineswegs angezweifelt werden kann, sollte allerdings zu allererst die Reaktion auf Machtmißbrauch, auf Verfassungsbruch, auf Menschenrechtsverletzung sein. Widerstand ist nicht ein irgendwie gearteter Akt der Selbstjustiz. Immer wenn Widerstand aus der Defensive gegen Machtmißbrauch erfolgt und die Grundprinzipien einer demokratischen Ordnung gegen Übergriffe verteidigen will, gilt er als gerechtfertigt. Über diese Grundprinzipien einer demokratischen Verfassungsordnung besteht, glaube ich, auch bei uns nach vier heißen Tagen Übereinstimmung.

Viele mögen irritiert sein über das Bild des Widerstands, das hier entrollt worden ist. Dieses Bild, das wir hier auf solider quellenmäßiger Grundlage und mit großen interpretatorischen Anstrengungen gezeichnet haben, unterscheidet sich erheblich von dem lange Jahre vorherrschenden Bild des deutschen Widerstands. Ich glaube, diese Perspektive rechtfertigt es, daß wir uns weiterhin intensiv mit dem Problem des Widerstands beschäftigen, auch wenn sicherlich manche Brüche, Probleme, Fragezeichen und vielleicht auch ein Unbehagen bleiben."

X

Als Fazit der Diskussionen bleibt festzuhalten, daß die Bilanzierung der Ergebnisse moderner Widerstandsforschung nicht uneingeschränkt gelang, daß trotz mancher Annäherungen und Modifikationen von Standpunkten auch wesentliche Differenzen geblieben sind. Nicht alle Historiker des deutschen Widerstands konnten teilnehmen. Es fehlten neben mehreren Historikern des Widerstands aus der Bundesrepublik insbesondere die eingeladenen Historiker der DDR und der Sowjetunion. Vielfach konzentrierten sich die Auseinandersetzungen der Tagungsteilnehmer auf die Fortsetzung oder Erneuerung alter Grundsatzdebatten. Zentrale Kontroversen betrafen etwa die Einschätzung des konfessionell motivierten Widerstands in der evangelischen und katholischen kirchlichen Zeitgeschichte, die Verwendung einer den zeitlichen Besonderheiten gerecht werdenden Begrifflichkeit, die von politischen Diskussionen seit 1968 geprägte Bewertung insbesondere des sich angeblich „antibolschewistisch" verengenden Widerstands und die Kritik an punktuellen Diskussionen über neu erschlossene Quellen ohne deren Einbettung in die Entwicklungsgeschichte des Widerstands. Von zentraler Bedeutung waren die Debatten über antisemitische Vorstellungen im Widerstand und über die Einbindung außenpolitischer Vorstellungen der Opposition gegen Hitler in die Auseinandersetzung zwischen Ost und West, die sich dann nach der Befreiung vom Nationalsozialismus zum Kalten Krieg steigerte. Auch die Grundsatzdebatte zwischen Intentionalisten und Revisionisten war durchgängig zu spüren. Die Ausdehnung der modernen alltagsgeschichtlichen Dimensionen wurde auch für die Untersuchung des Widerstands im Umkreis des 20. Juli 1944 gefordert; in diesem Sinne wurde auf die Diskrepanz zwischen schriftlicher Überlieferung und dem damals mit den verwendeten Begriffen verbundenen „Sinn" hingewiesen und die Notwendigkeit einer Widerstandsforschung betont, welche die „analytische Kälte" der modernen Widerstandsgeschichte vermeide, wie sie aus der Soziologisierung vieler Begriffe resultiere, und statt dessen das Lebensgefühl der Widerstandskämpfer mitbedenke. Umstritten blieb die grundsätzliche Bedeutung des Widerstands als Ansatz, Weimarer politische Vorstellungen zu überwinden und Orientierungen für eine Nachkriegsordnung vorzubereiten. Zu den Hauptergebnissen der Tagung gehören die Feststellung vieler offener Fragen und der offene Austausch gegensätzlicher Argumente und Interpretationen. So hat sich mit der Bilanz zugleich eine Ausgangsposition zur Fortsetzung der Forschungen und Diskussionen ergeben; vielleicht kann auch die neue Gedenkstätte Deutscher Widerstand in Berlin hierfür ein Zentrum produktiver Auseinandersetzung werden.

Autoren- und Teilnehmerverzeichnis

Das Verzeichnis enthält die Namen der Autoren dieses Bandes, der im Diskussionsbericht am Schluß des Bandes genannten Berichterstatter/Diskussionsleiter und Diskussionsteilnehmer, der Teilnehmer an der öffentlichen Podiumsdiskussion sowie der an der wissenschaftlichen Vorbereitung und Realisierung der Konferenz und dieses Bandes Beteiligten. Darüber hinaus waren im Laufe der Konferenz rund 100 weitere Wissenschaftler, ehemalige Widerstandskämpfer und deren Angehörige sowie Journalisten von Presse, Hörfunk und Fernsehen anwesend und z. T. an den Diskussionen beteiligt, und zu den vier öffentlichen Veranstaltungen kamen jeweils rund 500 Zuhörer.

AGNOLETTI, Enzo Enriques (geb. 1909), Dr. jur., Vizepräsident des Senats der Italienischen Republik; Dozent für Zeitgeschichte, Universität Florenz; Vorsitzender der Vereinigung der italienischen Partisanenverbände (FIAP); Mitglied des Istituto per la Storia Contemporanea, Mailand, und des Istituto per la Storia della Resistenza, Florenz. *Veröffentlichungen* u. a.: Aufsätze in: Il Ponte, Esprit, La Resistenza e gli Aleati (1967), L'epurazione in Italia (1981).

ALBRECHT, Richard (geb. 1945), Dr. phil. (Bremen 1976), Autor und Kulturwissenschaftler. *Veröffentlichungen* u. a.: Carlo-Mierendorff-Biographie (in Vorbereitung).

ALLEN, William Sheridan (geb. 1932), Dr. phil. (Minnesota 1962), Prof. für Geschichte, Staats-Universität New York, Buffalo/USA. *Veröffentlichungen* u. a.: Das haben wir nicht gewollt! (1966); The Infancy of Nazism (1976); Die deutsche Öffentlichkeit und die Reichskristallnacht, in: D. Peukert/J. Reulecke (Hrsg.), Die Reihen fast geschlossen (1981).

ARETIN, Karl Otmar Freiherr von (geb. 1923), Dr. phil. (München 1952), Prof. für Geschichte, TH Darmstadt; Direktor des Instituts für Europäische Geschichte, Mainz. *Veröffentlichungen* u. a.: Heiliges Römisches Reich 1776—1806, 2 Bde. (1967); Die Weimarer Republik (Mitverf., ^{2}1974); Vom Deutschen Reich zum Deutschen Bund (1980).

BEIER, Gerhard (geb. 1937), Dr. phil. (Kiel 1966), Privatdozent, Universität Kiel; Lehrbeauftragter, Universität Frankfurt a. M. *Veröffentlichungen* u. a.: Illegale Reichsleitung der Gewerkschaften (1981); Geschichte und Gewerkschaft (1981); Schulter an Schulter (1983); Hundert Jahre im Wort (1983); Arbeiterbewegung in Hessen (1984).

BEN-ISRAEL, Hedva (geb. 1925), Ph. D. (Cambridge 1955), Prof. für Geschichte, Hebräische Universität Jerusalem/Israel. *Veröffentlichungen* u. a.: The Rise and Fall of a Small State — Czechoslovakia from Versailles to Munich (1974); Harold Laski and the British Left Facing Nazi Germany, in: Jews in Revolutionary Movements (1982).

BERTAUX, Pierre (geb. 1907), Dr. habil. (Paris 1936), Prof. für Germanistik, Universität Paris. *Veröffentlichungen* u. a.: Mutation der Menschheit (1963/71); Hölderlin und die Französische Revolution (1969); Civilisation urbaine (1971); Libération de Toulouse (1973); Friedrich Hölderlin (1978).

BESIER, Gerhard (geb. 1947), Dr. theol. (Tübingen 1976), Rektor des Religionspädagogischen Instituts, Loccum; Privatdozent, Kirchliche Hochschule Bethel. *Veröffentlichungen* u. a.: Krieg — Frieden — Abrüstung (1982); Altpreußische Kirchengebiete auf neupolnischem Territorium (1983); Die protestantischen Kirchen Europas im Ersten Weltkrieg (1984).

BETHGE, Eberhard (geb. 1909), Dr. h. c., DD, em. Honorar-Prof. für Religion, Kirchengeschichte und Praktische Theologie, Universität Bonn. *Veröffentlichungen* u. a.: Dietrich Bonhoeffer, Ethik (Hrsg., ⁹1981); Dietrich Bonhoeffer, Widerstand und Ergebung (Hrsg., ¹⁴1952); Dietrich Bonhoeffer, Ges. Schriften (Hrsg., 1958—1974); Dietrich Bonhoeffer. Theologe — Christ —Zeitgenosse (⁵1983).

BLASIUS, Rainer Achim (geb. 1952), Dr. phil. (Köln 1980), Wiss. Mitarbeiter, Gesamtdeutsches Institut, Bonn. *Veröffentlichungen* u. a.: Für Großdeutschland — gegen den großen Krieg. Staatssekretär Ernst Freiherr von Weizsäcker in den Krisen um die Tschechoslowakei und Polen 1938/39 (1981); Dokumente zur Deutschlandpolitik. Band I/1: 3. September 1939 bis 31. Dezember 1941. Britische Deutschlandpolitik (1984).

BOBERACH, Heinz (geb. 1929), Dr. phil. (Köln 1957), Leitender Archivdirektor, Bundesarchiv, Koblenz. *Veröffentlichungen* u. a.: Meldungen aus dem Reich. Auswahl aus den geheimen Lageberichten des Sicherheitsdienstes der SS 1933—1944 (1965); Berichte des SD und der Gestapo über Kirchen und Kirchenvolk in Deutschland 1934—1944 (1971); Jugend unter Hitler (1982); Findbuch zum Bestand R 58, Reichssicherheitshauptamt, im Bundesarchiv (1982).

BOREJSZA, Jerzy (geb. 1935), Dr. phil. (Warschau 1962), Prof. für die Geschichte Europas des 19. und 20. Jahrhunderts, Polnische Akademie der Wissenschaften, Warschau. *Veröffentlichungen* u. a.: Mussolini war der erste (in Polnisch, 1979); Il Fascismo e l'Europa Orientale. Dalla Propaganda all' Aggressione (1981); Polonia, Italia, Germania alla vigilia della seconda guerra mondiale (1981).

BRODERSEN, Arvid (geb. 1904), Dr. phil. (Berlin 1931), Oslo/Norwegen, em. Prof. an der Graduate Faculty der New School for Social Research,

New York. *Veröffentlichungen* u. a. (in Norwegisch): Zwischen den Fronten (1979); Memoiren (1982).

BUCHSTAB, Günter (geb. 1944), Dr. phil. (Bonn 1974), stellv. Institutsleiter des Archivs für Christlich-Demokratische Politik der Konrad-Adenauer-Stiftung, St. Augustin. *Veröffentlichungen* u. a.: Die Gründung der Union (Mithrsg., 1981); Keine Stimme dem Radikalismus. Christliche, liberale und konservative Parteien in den Wahlen 1930—1933 (Mithrsg., 1984); Verfolgung und Widerstand 1933—1945. Christliche Demokraten gegen Hitler (Mithrsg., 1985).

CARSTEN, Francis L. (geb. 1911), Dr. phil. (Oxford 1942), Dr. Litt. (Oxford 1961), em. Prof. für Mitteleuropäische Geschichte, Universität London. *Veröffentlichungen* u. a.: Reichswehr und Politik 1918—1933 (1964); Fascist Movements in Austria (1977, dt. 1977); The Rise of Fascism (^{2}1982, dt. 1968); Britain and the Weimar Republic (1978).

DEUTSCH, Harold C. (geb. 1904), Dr. phil (Harvard 1929), Prof. für Militärgeschichte, U.S. Army War College, Carlisle, Pa./USA. *Veröffentlichungen* u. a.: Verschwörung gegen den Krieg (1968); Helmuth Groscurth. Tagebücher eines Abwehroffiziers 1932—1940 (Mithrsg., 1970); Das Komplott oder Die Entmachtung der Generale (1974).

DEUTSCH, Karl W. (geb. 1912), Dr. jur. (Prag 1938), Dr. phil. (Harvard 1951); em. Prof. für Internationale Friedensforschung, Harvard-Universität/USA; Direktor des Internationalen Instituts für Vergleichende Gesellschaftsforschung am Wissenschaftszentrum Berlin. *Veröffentlichungen* u. a.: Nationalism and Social Communication (^{2}1966); Politische Kybernetik (1976); Staat, Regierung, Politik (1977); The Analysis of International Relations (^{2}1978); Tides Among Nations (1979).

DIPPER, Christof (geb. 1943), Dr. phil. (Heidelberg 1972), Privatdozent für Geschichte, Universität Trier. *Veröffentlichungen* u. a.: Der Spanische Bürgerkrieg in der Internationalen Politik 1936—1939 (zus. mit W. Schieder, 1976); Der deutsche Widerstand und die Juden, in: Geschichte und Gesellschaft, 9. Jg. (1983); „Mare nostro“ und „British Interest“. Das Mittelmeer in der Zwischenkriegszeit, in: Trierer Beiträge, H. 13 (1983).

FISCHER, Alexander (geb. 1933), Dr. phil. (Tübingen 1964), Prof. für osteuropäische Geschichte, Universität Frankfurt a. M. *Veröffentlichungen* u. a.: Russische Sozialdemokratie und bewaffneter Aufstand im Jahre 1905 (1967); Sowjetische Deutschlandpolitik im Zweiten Weltkrieg 1941—1945 (1975); Teheran — Jalta — Potsdam (^{3}1985).

FLEISCHHAUER, Ingeborg (geb. 1942), Dr. phil. (Konstanz 1970), zuletzt Gastdozentin für Osteuropäische Studien, Hebräische Universität Jerusalem; z. Zt. freie Forschung, Bonn. *Veröffentlichungen* u. a.: Über die Jüdische Identität (1978); „Unternehmen Barbarossa“ und die Zwangsumsiedlung der Deutschen in der UdSSR, in: Vierteljahrshefte für Zeitgeschichte, 30. Jg. (1982); Das Dritte Reich und die Deutschen in der Sowjetunion (1983).

FLENKER, Barbara (geb. 1948), Wiss. Mitarbeiterin, Bergische Universität/ Gesamthochschule Wuppertal; Doktorandin.

GÖBEL, Wolfgang (geb. 1939), Leiter der Gedenkstätte Deutscher Widerstand, Berlin.

HAMMERSTEIN-EQUORD, Ludwig Frhr. von (geb. 1919), Oberleutnant a. D., Intendant des RIAS Berlin a. D.

HEINEMANN, Ulrich (geb. 1950), Dr. phil. (Bochum 1981), Wiss. Mitarb., Universität Bochum. *Veröffentlichungen* u. a.: Linksopposition und Spaltungstendenzen in der Weimarer Sozialdemokratie, in: W. Luthardt (Hrsg.), Sozialdemokratische Arbeiterbewegung und Weimarer Republik (1978); Die verdrängte Niederlage. Politische Öffentlichkeit und Kriegsschuldfrage in der Weimarer Republik (1983).

HEINEMANN, Winfried (geb. 1956), Rheine/Westf., z. Zt. Hauptmann bei der Bundeswehr; Doktorand.

HILL, Leonidas E. (geb. 1934), Ph. D. (Harvard 1963), Prof. für Geschichte, British-Columbia-Universität Vancouver/Kanada. *Veröffentlichungen* u. a.: Die Weizsäcker-Papiere 1900—1932 (Hrsg., 1982), 1933—1950 (Hrsg., 1974); The Wilhelmstrasse in the Nazi Era, in: Political Science Quarterly, 82. Jg. (1967); Towards a New History of German Resistance to Hitler, in: Central European History, 14. Jg. (1981).

HINZ, Ansgar (geb. 1959), Stud. Mitarbeiter, Historische Kommission zu Berlin.

HÖHNE, Heinz (geb. 1926), Journalist und Schriftsteller, Ressortleiter beim Nachrichtenmagazin „Der Spiegel", Hamburg. *Veröffentlichungen* u. a.: Der Orden unter dem Totenkopf (1967); Kennwort: Direktor (1970); Canaris (1976); Die Machtergreifung (1983); Mordsache Röhm (1984).

HOFER, Walther (geb. 1920), Dr. phil. (Zürich 1947), Prof. für Neuere Allgemeine Geschichte, Universität Bern/Schweiz. *Veröffentlichungen* u. a.: Die Entfesselung des Zweiten Weltkrieges (Neuaufl. 1984); Die Diktatur Hitlers bis zum Beginn des Zweiten Weltkrieges, in: L. Just (Hrsg.), Handbuch der Deutschen Geschichte (1965); Der Nationalsozialismus (Neuaufl. 1983); 50 Jahre danach, in: Geschichte in Wissenschaft und Unterricht, 34. Jg. (1983); Das Attentat der Offiziere und das Ausland, in: R. Lill/H. Oberreuter, 20. Juli. Portraits des Widerstandes (1984).

HOFFMANN, Peter (geb. 1930), Dr. phil. (München 1961), Prof. für deutsche Geschichte, McGill-Universität Montreal/Kanada. *Veröffentlichungen* u. a.: Widerstand, Staatsstreich, Attentat ([4]1985); Widerstand gegen

Hitler: Probleme des Umsturzes (^{2}1984); Die Sicherheit des Diktators (1975).

HÜRTEN, Heinz (geb. 1928), Dr. phil. (Münster 1955), Prof. für Neuere und Neueste Geschichte, Katholische Universität Eichstätt. *Veröffentlichungen* u. a.: Waldemar Gurian (1972); Militär und Innenpolitik 1918—1924 (Bearb., 1977—1981); Reichswehr und Ausnahmezustand (1977); Friedenssicherung und Abrüstung seit dem Wiener Kongreß (1982); Deutscher Katholizismus. Eine Bibliographie (Mithrsg., 1983); Kirchen und Novemberrevolution (1984).

KERSHAW, Ian (geb. 1943), Dr. phil. (Oxford 1969), Senior Lecturer in Modern History, Universität Manchester/Großbritannien. *Veröffentlichungen* u. a.: Der Hitler-Mythos 1920—1945 (1980); Popular Opinion and Political Dissent in the Third Reich (1983).

KETTENACKER, Lothar (geb. 1939), Dr. phil. (Frankfurt a. M. 1968), Privatdozent, Universität Frankfurt a. M., Wiss. Mitarb. und stellvertretender Direktor am Deutschen Historischen Institut London. *Veröffentlichungen* u. a.: Nationalsozialistische Volkstumspolitik im Elsaß (1973); Das „Andere Deutschland" im Zweiten Weltkrieg (Hrsg., 1977); Der Einfluß der deutschen Emigranten auf die britische Kriegszielpolitik, in: G. Hirschfeld (Hrsg.), Exil in Großbritannien (1983).

KLAUSA, Ekkehard (geb. 1941), Dr. jur. (Berlin 1971), Privatdozent für Soziologie, Freie Universität Berlin, Regierungsdirektor in der Senatskanzlei Berlin. *Veröffentlichungen* u. a.: Soziologische Wahrheit zwischen subjektiver Tatsache und wissenschaftlichem Werturteil (1974); Deutsche und amerikanische Rechtslehrer (1981).

KLEMPERER, Klemens von (geb. 1916), Ph. D. (Harvard 1949), Prof. für Geschichte, Smith College Northampton, Mass./USA. *Veröffentlichungen* u. a.: Konservative Bewegungen zwischen Kaiserreich und Nationalsozialismus (1963); Ignaz Seipel (1976); Glaube, Religion, Kirche und der deutsche Widerstand gegen den Nationalsozialismus, in: Vierteljahrshefte für Zeitgeschichte, 28. Jg. (1980); Adam von Trott zu Solz and Resistance Foreign Policy, in: Central European History, 14. Jg. (1981).

KLESSMANN, Christoph (geb. 1938), Dr. phil. (Bochum 1969), Prof. für Zeitgeschichte, Universität Bielefeld. *Veröffentlichungen* u. a.: Die Selbstbehauptung einer Nation (1971); Polnische Bergarbeiter im Ruhrgebiet (1978); Gegner des Nationalsozialismus (Mithrsg. 1980); Die doppelte Staatsgründung (1982).

KLÖNNE, Arno (geb. 1931), Dr. phil. (Marburg 1955), Prof. für Sozialwissenschaften, Universität/Gesamthochschule Paderborn. *Veröffentlichungen* u. a.: Gegen den Strom: Bericht über den Jugendwiderstand im Dritten Reich (1958); Die deutsche Arbeiterbewegung (^{2}1981); Jugend im Dritten Reich (^{2}1984).

KOLENDIĆ, Anton (geb. 1914), Dr. phil. (Belgrad 1961), Prof. für die Geschichte der internationalen Beziehungen, Belgrad/Jugoslawien; ehem. Chef der jugoslawischen Militärmission in Berlin (West). *Veröffentlichungen* u. a.: Verhältnisse zwischen den sozialistischen Ländern (1966); Jugoslawien und die Bundesrepublik Deutschland (1967); Machtkampf im Kreml (1980); Der Renaissancezirkel auf Hvar (1982).

KOTOWSKI, Georg (geb. 1920), Dr. phil. (Berlin 1951), Prof. für die Wissenschaft von der Politik, Freie Universität Berlin; stellv. Vorsitzender der Historischen Kommission zu Berlin. *Veröffentlichungen* u. a.: Friedrich Ebert. Der Aufstieg eines deutschen Arbeiterführers (1963); Rasse statt Nation. Die Ideologie des Nationalsozialismus, in: K. Megerle (Hrsg.), Warum gerade die Nationalsozialisten? (1983).

KROLAK, Steven (geb. 1960), B.A. (Montreal 1983), Mc Gill-Universität, Montreal/Kanada; Doktorand.

KRÜGER-CHARLÉ, Michael (geb. 1949), Dr. phil. (Bochum 1984), Wiss. Angestellter, Universität Bochum.

LEHNERT, Detlef (geb. 1955), Dr. phil. (Berlin 1981), Hochschulassistent, Freie Universität Berlin. *Veröffentlichungen* u. a.: Sozialdemokratie zwischen Protestbewegung und Regierungspartei 1848—1983 (1983); Sozialdemokratie und Novemberrevolution (1983).

LÖSCHE, Peter (geb. 1939), Dr. phil. (Berlin 1966), Prof. für Politikwissenschaft, Universität Göttingen. *Veröffentlichungen* u. a.: Der Bolschewismus im Urteil der deutschen Sozialdemokratie 1903—1920 (1967); Industriegewerkschaften im organisierten Kapitalismus (1974); Anarchismus (1977); Wovon leben die Parteien? (1984).

LÖWENTHAL, Richard (geb. 1908), Dr. phil. (Heidelberg 1931), em. o. Prof. für die Wissenschaft von der Politik, Freie Universität Berlin. *Veröffentlichungen* u. a.: Chruschtschow und der Weltkommunismus (1963); Der romantische Rückfall (1970); Die zweite Republik (Mithrsg., 1974); Jenseits des Kapitalismus (Pseudonym Paul Sering, 1947; Neuaufl. 1977).

MALONE, Henry O. (geb. 1934), Dr. phil. (Austin 1980), Chief Historian, Hauptquartier des U.S. Army Training and Doctrine Command, Fort Monroe, Virginia/USA. *Veröffentlichung:* Adam von Trott zu Solz. Werdegang eines Verschwörers 1909—1938 (1985).

MARTIN, Bernd (geb. 1940), Dr. phil. (Marburg 1967), Prof. für Geschichte, Universität Freiburg i. Br. *Veröffentlichungen* u. a.: Deutschland und Japan im Zweiten Weltkrieg (1969); Friedensinitiativen und Machtpolitik im Zweiten Weltkrieg 1939—1942 (^{2}1976); Die Juden als Minderheit in der Geschichte (Mithrsg., ^{2}1983); Agriculture and Food Supply in World War Two (Mithrsg., 1985).

Messerschmidt, Manfred (geb. 1926), Dr. phil. (Freiburg 1954), Leitender Historiker, Militärgeschichtliches Forschungsamt, Freiburg i. Br. *Veröffentlichungen* u. a.: Die Wehrmacht im NS-Staat (1969); Militär und Politik in der Bismarckzeit und im Wilhelminischen Deutschland (1975); Außenpolitik und Kriegsvorbereitung, in: W. Deist u. a. (Hrsg.), Das Deutsche Reich und der Zweite Weltkrieg (1979).

Meyer-Krahmer, Marianne, geb. Goerdeler (geb. 1919), Dr. phil. (Leipzig 1943), Oberstudiendirektorin a. D., Heidelberg.

Mommsen, Hans (geb. 1930), Dr. phil. (Tübingen 1959), Prof. für neuere Geschichte, Ruhr-Universität Bochum. *Veröffentlichungen* u. a.: Beamtentum im Dritten Reich (1966); Nationale Frage und Arbeiterbewegung (1979); Fritz-Dietlof Graf von der Schulenburg und die preußische Tradition, in: Vierteljahrshefte für Zeitgeschichte, 32. Jg. (1984).

Mühlen, Patrik von zur (geb. 1942), Dr. phil. (Bonn 1971), Wiss. Angestellter, Forschungsinstitut der Friedrich-Ebert-Stiftung, Bonn. *Veröffentlichungen* u. a.: „Schlagt Hitler an der Saar!" (1979); Widerstand und Verweigerung in Deutschland 1933—1945 (Mithrsg., 1982); Spanien war ihre Hoffnung. Die deutsche Linke im Spanischen Bürgerkrieg 1936 bis 1939 (1983).

Müller, Klaus-Jürgen (geb. 1930), Dr. phil. (Hamburg 1955), Prof. für neuere Geschichte, Hochschule der Bundeswehr, Hamburg, Universität Hamburg. *Veröffentlichungen* u. a.: Das Heer und Hitler (1969); Armee, Politik und Gesellschaft in Deutschland (^{3}1980); General Ludwig Beck (1980); Militarismus in der Weimarer Republik (Mithrsg., 1978); Machtbewußtsein in Deutschland am Vorabend des Zweiten Weltkrieges (Mithrsg., 1984).

Nolte, Ernst (geb. 1923), Dr. phil. (Freiburg 1952), Prof. für neuere Geschichte, Freie Universität Berlin. *Veröffentlichungen* u. a.: Der Faschismus in seiner Epoche (^{5}1979); Deutschland und der Kalte Krieg (^{2}1985); Die faschistischen Bewegungen (^{4}1973); Marxismus und Industrielle Revolution (1983).

Norden, Günther van (geb. 1928), Dr. phil. (Köln 1955), Prof. für neuere Geschichte, Bergische Universität/Gesamthochschule Wuppertal. *Veröffentlichungen* u. a.: Kirche in der Krise (1963); Der deutsche Protestantismus im Jahr der nationalsozialistischen Machtergreifung (1979); Kirchenkampf im Rheinland (1984); „Wir verwerfen die falsche Lehre". Arbeits- und Lesebuch zur Barmer Theologischen Erklärung und zum Kirchenkampf (Mithrsg., 1984).

Oleschinski, Brigitte (geb. 1955), Dipl.-Pol. (1983), Wiss. Mitarbeiterin, Ausstellung „Widerstand gegen den Nationalsozialismus" in der Gedenkstätte Deutscher Widerstand, Berlin.

PEUKERT, Detlev J. K. (geb. 1950), Dr. phil. (Bochum 1979), Wiss. Assistent, Universität/Gesamthochschule Essen. *Veröffentlichungen* u. a.: Die KPD im Widerstand (1980); Die Edelweißpiraten (1980); Die Reihen fast geschlossen (Mithrsg., 1981); Volksgenossen und Gemeinschaftsfremde (1982).

PIRKER, Theo (geb. 1922), Dr. phil. (Mannheim 1966), Prof. für Soziologie, Freie Universität Berlin. *Veröffentlichungen* u. a.: Die SPD nach Hitler (1965); Komintern und Faschismus (Dokumente, 1965); Die verordnete Demokratie (1977).

RABOFSKY, Eduard (geb. 1911), Dr. jur. (Wien 1948), Prof. Dr. sc. jur. (Humboldt-Universität Berlin 1970), Vorstandsmitglied des Dokumentationsarchivs des österreichischen Widerstandes, Wien. *Veröffentlichungen* u. a.: Das Wesen der „Gruppe Soldatenrat", in: Konrad/Neugebauer (Hrsg.), Arbeiterbewegung, Faschismus, Nationalbewußtsein (1983); Verborgene Wurzeln der NS-Justiz (zus. m. G. Oberkofler, 1985).

ROON, Ger van (geb. 1933), Dr. phil. (Amsterdam 1967), Prof. für Zeitgeschichte, Freie Universität Amsterdam. *Veröffentlichungen* u. a.: Neuordnung im Widerstand. Der Kreisauer Kreis innerhalb der deutschen Widerstandsbewegung (1967); Wilhelm Staehle (1969); Widerstand im Dritten Reich (³1984); Europäischer Widerstand im Vergleich (Hrsg., 1985); Völkerrecht im Dienste der Menschen. Graf Helmuth James von Moltke und die völkerrechtliche Gruppe bei Ausland-Abwehr (1985).

RYSZKA, Franciszek (geb. 1924), Dr. jur. (Wroclaw/Breslau 1951), Prof. für Zeitgeschichte und Politische Wissenschaft, Universität Warschau. *Veröffentlichungen* u. a. (in Polnisch): Der Staat des Ausnahmezustandes (²1974); Politik und Krieg. Theorie und allgemeines Bewußtsein (1975); Einführung in die Politische Wissenschaft (1978).

SAGAVE, Pierre-Paul (geb. 1913), Dr. phil. (Paris 1950), Professor der Germanistik, Universität Paris-Nanterre; Gründer des Centre de Recherches sur la RFA et Berlin. *Veröffentlichungen* u. a.: Réalité sociale et idéologie religieuse dans les romans de Thomas Mann (1954); Berlin-Paris 1871 (1971); Berlin und Frankreich 1685—1871 (1980).

SAUERMANN, Uwe (geb. 1947), Dr. phil. (Augsburg 1984), Journalist beim Bayerischen Rundfunk — Fernsehen —, München. *Veröffentlichungen* u. a.: Ernst Niekisch (1980); Ernst Niekisch und der revolutionäre Nationalismus (1985).

SCHEFFLER, Wolfgang (geb. 1929), Dr. phil. (Berlin 1956), Prof. für politische Wissenschaft, Freie Universität Berlin. *Veröffentlichungen* u. a.: Judenverfolgung im Dritten Reich 1933—1945 (1960/61, letzte Aufl. 1981); Der Brandanschlag im Berliner Lustgarten im Mai 1942 und seine Folgen, in: Jb. d. Landesarchivs Berlin (1984); Widerstand im nationalsozialistischen

Staat, in: Tribüne, H. 90 (1984); Wege zur Endlösung, in: H. Strauss/N. Kampe, Antisemitismus (1984).

Schellenberger, Barbara (geb. 1946), Dr. phil. (Bonn 1974), Wiss. Mitarbeiterin, Fördergemeinschaft für Schulen in freier Trägerschaft, Köln. *Veröffentlichungen* u. a.: Katholische Jugend und Drittes Reich (1975); Ludwig Wolker, in: Zeitgeschichte in Lebensbildern, Bd. 5 (1982).

Schieder, Wolfgang (geb. 1935), Dr. phil. (Heidelberg 1962), Prof. für Neuere und Neueste Geschichte, Universität Trier. *Veröffentlichungen* u. a.: Anfänge der deutschen Arbeiterbewegung (1963); Erster Weltkrieg. Ursachen, Entstehung und Kriegsziele (Hrsg., 1969); Der Faschismus als soziale Bewegung (Hrsg., ²1983).

Schildt, Axel (geb. 1951), Dr. phil. (Marburg 1980), Lehrbeauftragter, Universität Hamburg. *Veröffentlichungen* u. a.: Militärdiktatur mit Massenbasis? Die Querfrontkonzeption der Reichswehrführung um General von Schleicher am Ende der Weimarer Republik (1981).

Schmädeke, Jürgen (geb. 1937), Dr. phil. (Berlin 1964), Wiss. Referent des Internationalen Konsultationsprogramms, Historische Kommission zu Berlin. *Veröffentlichungen* u. a.: Militärische Kommandogewalt und parlamentarische Demokratie (1966); Der Deutsche Reichstag (³1981); Deutschlands Weg in die Diktatur (Mithrsg., 1983); Deutschland 1933 (Mithrsg., 1984).

Schneider, Michael (geb. 1944), Dr. phil. (Bremen 1974), Wiss. Mitarbeiter, Forschungsinstitut der Friedrich-Ebert-Stiftung, Bonn. *Veröffentlichungen* u. a.: Unternehmer und Demokratie (1975); Das Arbeitsbeschaffungsprogramm des ADGB (1975); Die Christlichen Gewerkschaften 1894—1933 (1982).

Scholder, Klaus (1930—1985), Dr. phil. (Tübingen 1956), Prof. für Kirchenordnung und kirchliche Zeitgeschichte, Universität Tübingen. *Veröffentlichungen* u. a.: Die Kirchen und das Dritte Reich, Bd. 1/2 (1977/1985); Die Mittwochs-Gesellschaft (Hrsg., 1982); Die theologische Grundlage des Kirchenkampfes, in: Evangelische Theologie, Jg. 44 (1984).

Scholing, Michael (geb. 1954), Dipl.-Sozialwirt (Göttingen 1979). *Veröffentlichung*: Solidargemeinschaft im Widerstand: Eine Fallstudie über „Blick in die Zeit“, in: Internationale wissenschaftliche Korrespondenz zur Geschichte der deutschen Arbeiterbewegung, 19. Jg. (zus. m. Peter Lösche, 1983).

Schwerin von Schwanenfeld, Detlef Graf von (geb. 1944), Dr. phil. (Heidelberg 1974), Referatsleiter, Deutscher Entwicklungsdienst (DED), Berlin. *Veröffentlichung*: Von Armut zu Elend. Kolonialherrschaft und Agrarverfassung in Chota Nagpur 1858—1908 (1977).

SIEGEL, Tilla (geb. 1944), Dr. rer. pol. (Berlin 1979), Wiss. Mitarbeiterin, Zentralinstitut für Sozialwissenschaftliche Forschung, Freie Universität Berlin. *Veröffentlichungen* u. a.: Angst, Belohnung, Zucht und Ordnung. Herrschaftsmechanismen im Nationalsozialismus (Mitverf., 1982); Wage Policy in Nazi Germany, in: Politics and Science (1985).

SMELSER, Ronald (geb. 1942), Dr. phil. (Madison 1970), Prof. für moderne europäische Geschichte, Universität Utah, Salt Lake City/USA. *Veröffentlichungen* u. a.: Das Sudetenproblem und das Dritte Reich (1980); Nazis without Hitler. The DNSAP and the First Republic, in: East Central Europe, 4. Jg. (1977); Die Henleinpartei. Eine Deutung, in: Karl Bosl (Hrsg.), Probleme der Parteiengeschichte der ersten Tschechoslowakischen Republik (1978).

SÖSEMANN, Bernd (geb. 1944), Dr. phil. (Göttingen 1976), Hochschulassistent, Universität Göttingen. *Veröffentlichungen* u. a.: Das Ende der Weimarer Republik in der Kritik demokratischer Publizistik (1976); Theodor Wolff. Tagebücher 1914—1919 (Hrsg., 1984); Periode des Übergangs oder „Ende des Systems"? Liberale Publizistik im Weimar der Präsidialkabinette, in: Th. Koebner (Hrsg.), Weimars Ende (1982).

STAROST, Nicolaus (geb. 1944), Dipl.-Pol. (Berlin 1973), Referent für politische Bildung, Redaktion der „Beiträge zum Thema Widerstand", Gedenkstätte Deutscher Widerstand, Berlin.

STEHKÄMPER, Hugo (geb. 1929), Dr. phil. (Münster 1954), Leitender Stadtarchivdirektor, Historisches Archiv der Stadt Köln. *Veröffentlichungen* u. a.: Der Nachlaß des Reichskanzlers W. Marx (Bearb., 1968); Konrad Adenauer als Katholikentagspräsident 1922 (1977); Konrad Adenauer — Oberbürgermeister von Köln (Hrsg., 1976).

STEINBACH, Peter (geb. 1948), Dr. phil. (Marburg 1973), Prof. für Historische und theoretische Grundlagen der Politikwissenschaft, Universität Passau; wiss. Leiter der ständigen Ausstellung „Widerstand gegen den Nationalsozialismus" in der Gedenkstätte Deutscher Widerstand, Berlin. *Veröffentlichungen* u. a.: Industrialisierung und Sozialsystem im Fürstentum Lippe (1966); Nationalsozialistische Gewaltverbrechen (1981); Sozialdemokratie und Verfassungsordnung (1983); Felix Fechenbach (1983); Vergangenheitsbewältigung durch Strafverfahren? (1984); Wahlen und Wahlkämpfe im Bismarckreich (1985).

STEINBERG, Hans-Josef (geb. 1935), Dr. phil. (Köln 1966), Prof. für neuere Geschichte, Universität Bremen. *Veröffentlichungen* u. a.: Widerstand und Verfolgung in Essen 1933—1945 (^{2}1973); Die deutsche sozialistische Arbeiterbewegung bis 1914 (1979).

STEINERT, Marlis G., Dr. phil. (Saarbrücken 1956), Prof. für Geschichte der Internationalen Beziehungen, Universität Genf. *Veröffentlichungen*

u. a.: Die 23 Tage der Regierung Dönitz (1967); Hitlers Krieg und die Deutschen. Stimmung und Haltung der Bevölkerung im Zweiten Weltkrieg (1970); L'Allemagne nationale-socialiste 1933—1945 (1972); Le Japon en quête d'une politique étrangère (1981).

STROHM, Christoph (geb. 1958), Wiss. Mitarbeiter, Universität Heidelberg; Doktorand.

SYWOTTEK, Arnold (geb. 1942), Dr. phil. (Hamburg 1970), Prof. für neuere Geschichte, Universität Hamburg. *Veröffentlichungen* u. a.: Deutsche Volksdemokratie. Studien zur politischen Konzeption der KPD 1935—1946 (1971); Geschichtswissenschaft in der Legitimationskrise (1974); Arbeiter in Hamburg (Mithrsg., 1983).

TENFELDE, Klaus (geb. 1944), Dr. phil. (Münster 1975), Privatdozent, Universität München. *Veröffentlichungen* u. a.: Sozialgeschichte der Bergarbeiterschaft an der Ruhr im 19. Jahrhundert (²1981); Proletarische Provinz. Radikalisierung und Widerstand in Penzberg/Obb. 1900—1945, in: Bayern in der NS-Zeit, Bd. 4 (1981).

THUN-HOHENSTEIN, Romedio Galeazzo Graf von (geb. 1952), Dr. phil. (Kiel 1980). *Veröffentlichungen* u. a.: Der Verschwörer. General Oster und die Militäropposition (1982).

TREUE, Wilhelm (geb. 1909), Dr. phil. (Berlin 1935), em. Prof. für Geschichte, TU Hannover; Honorarprofessor, Universität Salzburg. *Veröffentlichungen* u. a.: Deutsche Geschichte (¹⁵1978); Allgemeine Wirtschaftsgeschichte der Neuzeit (³1973); Wirtschafts- und Technikgeschichte Preußens (1984).

TREUE, Wolfgang (geb. 1916), Dr. phil. (Berlin 1940), Vorsitzender der Historischen Kommission zu Berlin. *Veröffentlichungen* u. a.: Deutsche Parteiprogramme seit 1861 (⁴1968); Parlamentarismus in Deutschland (zus. mit Wilh. Treue, ³1965); Deutsche Parteien vom 19. Jahrhundert bis zur Gegenwart (1975); Deutschlands Weg in die Diktatur (Mithrsg., 1983); Deutschland 1933 (Mithrsg., 1984).

TUCHEL, Johannes (geb. 1957), Dipl.-Pol. (Berlin 1981), Wiss. Mitarbeiter, Austellung „Widerstand gegen den Nationalsozialismus" in der Gedenkstätte Deutscher Widerstand, Berlin. *Veröffentlichungen* u. a.: Kein Recht auf Leben. Beiträge und Dokumente zur Entrechtung und Vernichtung „lebensunwerten Lebens" im Nationalsozialismus (Hrsg., 1984); Von der Kunstgewerbeschule zur Geheimen Staatspolizei (Hrsg., 1985).

UEBERSCHÄR, Gerd R. (geb. 1943), Dr. phil. (Frankfurt 1976), Wiss. Oberrat, Militärgeschichtliches Forschungsamt, Freiburg i. Br. *Veröffentlichungen* u. a.: Hitler und Finnland 1939—1941 (1978); Bomben und Legenden. Die schrittweise Aufklärung des Luftangriffs auf Freiburg am 10. Mai 1940 (zus. mit W. Wette, 1981); „Unternehmen Barbarossa" (Mithrsg.,

1984); Gegner des Nationalsozialismus 1933—1945, in: Militärgeschichtliche Mitteilungen, 35. Jg. (1984).

WEBER, Hermann (geb. 1928), Dr. phil. (Mannheim 1968), Prof. für Politische Wissenschaft und Zeitgeschichte, Universität Mannheim. *Veröffentlichungen* u. a.: Die Wandlung des deutschen Kommunismus. Die Stalinisierung der KPD in der Weimarer Republik (1969); DDR. Grundriß der Geschichte 1945—1981 (1981); Kommunismus in Deutschland 1918—1945 (1983); Widerstand gegen den Nationalsozialismus in Mannheim (Mithrsg., 1985).

WINTERHAGER, Wilhelm Ernst (geb. 1949), Dr. phil. (Berlin 1982), Hochschulassistent für Neuere Geschichte, Freie Universität Berlin. *Veröffentlichungen* u. a.: Mission für den Frieden — Europäische Mächtepolitik und dänische Friedensvermittlung im Ersten Weltkrieg (1984); Der Kreisauer Kreis — Porträt einer Widerstandsgruppe (Ausstellungsband, 1985).

WIPPERMANN, Wolfgang (geb. 1945), Dr. phil. (Berlin 1975), Prof. für Neuere Geschichte, Freie Universität Berlin. *Veröffentlichungen* u. a.: Faschismustheorien ([4]1983); Faschistische und neofaschistische Bewegungen (zus. mit H.-U. Thamer 1977); Europäischer Faschismus im Vergleich (1983); „... stoßet nicht um weltlich Regiment" — Erzähl- und Arbeitsbuch vom Widerstehen im Nationalsozialismus (Mithrsg., 1985).

ZAWADZKI-ZENCZYKOWSKI, Tadeusz (geb. 1907), Jur. Mag. (Warschau), Publizist und Schriftsteller, London. Propaganda-Chef der Heimat-Armee in Polen während des Zweiten Weltkrieges. *Publikationen* (in Polnisch) u. a.: Dramatisches Jahr 1945 (1982); Zwei Komitees 1920—1944 (1983); General Grot am Ende des Kampfes (1983), Warschaus einsame Schlacht (1985).

Personenregister

Das folgende Register enthält vor allem die in den Texten erwähnten Personen aus der Zeit des NS-Regimes. Nicht aufgenommen sind im allgemeinen Personen, die allein als Autoren von Werken über die hier behandelte Epoche, Konferenzteilnehmer oder Gegenwartspolitiker angesprochen sind, sowie der Name Adolf Hitler. In den Anmerkungen genannte Personen sind in der Regel aufgenommen, wenn es sich nicht um reine Beleg-Angaben handelt.

Historische Kommission zu Berlin

Kirchweg 33 ('Mittelhof'). D-1000 Berlin 38 (Nikolassee)

Zur Geschichte des Nationalsozialismus

Karl Dietrich Bracher
Zeitgeschichtliche Kontroversen
Um Faschismus, Totalitarismus, Demokratie
5., überarb. Aufl., 19. Tsd. 1984.
159 Seiten. Serie Piper 142

Georg Denzler
Widerstand oder Anpassung?
Katholische Kirche und Drittes Reich.
1984. 154 Seiten. Serie Piper 294

Theodor Eschenburg
Die Republik von Weimar
Beiträge zur Geschichte einer improvisierten Demokratie.
1984. 335 Seiten. Serie Piper 356

Joachim C. Fest
Das Gesicht des Dritten Reiches
Profile einer totalitären Herrschaft.
7. Aufl., 43. Tsd. 1980. 515 Seiten.
Serie Piper 199

Peter Hoffmann
Widerstand gegen Hitler
Probleme des Umsturzes.
2. Aufl., 10. Tsd. 1984. 104 Seiten.
Serie Piper 190

Zur Geschichte des Nationalsozialismus

Peter Hoffmann
Widerstand Staatsstreich Attentat
Der Kampf der Opposition gegen Hitler.
4., neu überarb. Aufl., 18. Tsd. 1985. 1003 Seiten mit Karten, Skizzen und 8 Fotos. Geb.

Ernst Nolte
Der Faschismus in seiner Epoche
Action française, Italienischer Faschismus, Nationalsozialismus.
6. Aufl., 21. Tsd. 1984. 633 Seiten. Serie Piper 365

Ernst Nolte
Die Krise des liberalen Systems und die faschistischen Bewegungen
1968. 475 Seiten. Leinen

Ernst Piper
Ernst Barlach und die nationalsozialistische Kunstpolitik
Eine dokumentarische Darstellung zur »entarteten Kunst«.
1983. 283 Seiten mit 18 Abbildungen. Geb.

Der Weg ins Dritte Reich
1918–1933.
4. Aufl., 26. Tsd. 1983. 221 Seiten. Serie Piper 261